Gerald C. Davison/John M. Neale
Klinische Psychologie

Die DSM-IV-Klassifikation (Fortsetzung)

Kokaininduzierte Störungen
Kokainintoxikation / Kokainentzug / Kokainintoxikationsdelir / Kokaininduzierte Psychotische Störung / *Mit Wahn / Mit Halluzinationen* / Kokaininduzierte Affektive Störung / Kokaininduzierte Angststörung / Kokaininduzierte Sexuelle Funktionsstörung / Kokaininduzierte Schlafstörung / NNB

Störungen im Zusammenhang mit Nikotin
Störungen durch Nikotinkonsum
Nikotinabhängigkeit
Niktotininduzierte Störungen
Nikotinentzug / NNB

Störungen im Zusammenhang mit Opiaten
Störungen durch Opiatkonsum
Opiatabhängigkeit / Opiatmißbrauch
Opiatinduzierte Störungen
Opiatintoxikation / Opiatentzug / Opiatintoxikationsdelir / Opiatinduzierte Psychotische Störung / *Mit Wahn / Mit Halluzinationen* / Opiatinduzierte Affektive Störung / Opiatinduzierte Sexuelle Funktionsstörung / Opiatinduzierte Schlafstörung / NNB

Störungen im Zusammenhang mit Phencyclidin (oder Phencyclidinähnlichen Substanzen)
Störungen durch Phencyclidinkonsum
Phencyclidinabhängigkeit / Phencyclidinmißbrauch
Phencyclidininduzierte Störungen
Phencyclidinintoxikation / Phencyclidinintoxikationsdelir / Phencyclidininduzierte Psychotische Störung / *Mit Wahn / Mit Halluzinationen* / Phencyclidininduzierte Affektive Störung / Phencyclidininduzierte Angststörung / NNB

Störungen im Zusammenhang mit Sedativa-, Hypnotika- oder Anxiolytikaähnlichen Substanzen
Störungen durch Sedativa-, Hypnotika- oder Anxiolytikakonsum
Sedativa-, Hypnotika- oder Anxiolytikaabhängigkeit / Sedativa-, Hypnotika- oder Anxiolytikamißbrauch
Durch Sedativa, Hypnotika oder Anxiolytika Induzierte Störungen
Sedativa-, Hypnotika- oder Anxiolytikaintoxikation / Sedativa-, Hypnotika- oder Anxiolytikaentzug / Sedativa-, Hypnotika- oder Anxiolytikaintoxikationsdelir / Sedativa-, Hypnotika- oder Anxiolytikaentzugsdelir / Persistierende Sedativa-, Hypnotika- oder Anxiolytikainduzierte Demenz / Persistierende Sedativa-, Hypnotika- oder Anxiolytikainduzierte Amnestische Störung / Sedativa-, Hypnotika- oder Anxiolytikainduzierte Psychotische Störung / *Mit Wahn / Mit Halluzinationen* / Sedativa-, Hypnotika- oder Anxiolytikainduzierte Affektive Störung / Sedativa-, Hypnotika- oder Anxiolytikainduzierte Angststörung / Sedativa-, Hypnotika- oder Anxiolytikainduzierte Sexuelle Funktionsstörung / Sedativa-, Hypnotika- oder Anxiolytikainduzierte Schlafstörung / NNB

Störungen im Zusammenhang mit Multiplen Substanzen
Polytoxikomanie

Störungen im Zusammenhang mit Anderen (oder Unbekannten) Substanzen
Störungen durch Konsum von Anderen (oder Unbekannten) Substanzen
Abhängigkeit von Anderer (oder Unbekannter) Substanz / Mißbrauch von Anderer (oder Unbekannter) Substanz
Durch Andere (oder Unbekannte) Substanzen Induzierte Störungen
Intoxikation mit Anderer (oder Unbekannter) Substanz / Entzug von Anderer (oder Unbekannter) Substanz / Durch Andere (oder Unbekannte) Substanz Induziertes Delir / Durch Andere (oder Unbekannte) Substanz Induzierte Persistierende Demenz / Durch Andere (oder Unbekannte) Substanz Induzierte Persistierende Amnestische Störung / Durch Andere (oder Unbekannte) Substanz Induzierte Psychotische

Störung / *Mit Wahn / Mit Halluzinationen* / Durch Andere (oder Unbekannte) Substanz Induzierte Affektive Störung / Durch Andere (oder Unbekannte) Substanz Induzierte Angststörung / Durch Andere (oder Unbekannte) Substanz Induzierte Sexuelle Funktionsstörung / Durch Andere (oder Unbekannte) Substanz Induzierte Schlafstörung / NNB

SCHIZOPHRENIE UND ANDERE PSYCHOTISCHE STÖRUNGEN

Schizophrenie / Paranoider Typus / Desorganisierter Typus / Katatoner Typus / Undifferenzierter Typus / Residualer Typus / Schizophreniforme Störung / Schizoaffektive Störung / Wahnhafte Störung / Kurze Psychotische Störung / Gemeinsame Psychotische Störung / Psychotische Störung Aufgrund von... / *Mit Wahn / Mit Halluzinationen* / Substanzinduzierte Psychotische Störung / NNB

AFFEKTIVE STÖRUNGEN

Depressive Störungen
Major Depression / Major Depression, Einzelne Episode / Major Depression, Rezidivierend / Dysthyme Störung / NNB
Bipolare Störungen
Bipolar I Störung / *Einzelne Manische Episode / Letzte Episode Hypoman / Letzte Episode Manisch / Letzte Episode Gemischt / Letzte Episode Depressiv / Letzte Episode Unspezifisch* / Bipolar II Störung / *Zyklothyme Störung* / NNB / Affektive Störung Aufgrund von... / Substanzinduzierte Affektive Störung / NNB

ANGSTSTÖRUNGEN

Panikstörung ohne Agoraphobie / Panikstörung mit Agoraphobie / Agoraphobie ohne Panikstörung in der Vorgeschichte / Spezifische Phobie / Soziale Phobie / Zwangsstörung / Posttraumatische Belastungsstörung / Akute Belastungsstörung / Generalisierte Angststörung / Angststörung Aufgrund von... / Substanzinduzierte Angststörung / NNB

SOMATOFORME STÖRUNGEN

Somatisierungsstörung / Undifferenzierte Somatoforme Störung / Konversionsstörung / Schmerzstörung / *In Verbindung mit Psychischen Faktoren / In Verbindung mit sowohl Psychischen Faktoren wie einem medizinischen Krankheitsfaktor* / Hypochondrie / Körperdysmorphe Störung / NNB

VORGETÄUSCHTE STÖRUNGEN

Vorgetäuschte Störung / *Mit Vorwiegend Psychischen Zeichen und Symptomen / Mit Vorwiegend Körperlichen Zeichen und Symptomen / Mit sowohl Psychischen wie Körperlichen Zeichen und Symptomen*

DISSOZIATIVE STÖRUNGEN

Dissoziative Amnesie / Dissoziative Fugue / Dissoziative Identitätsstörung / Depersonalisationsstörung / NNB

NNB = Nicht Näher Bezeichnet

Fortsetzung der DSM-IV-Klassifikation auf hinterer Umschlaginnenseite

Gerald C. Davison
John M. Neale

Klinische Psychologie

Deutsche Bearbeitung herausgegeben
von Martin Hautzinger

Mit zusätzlichen Beiträgen von Steffen Fliegel
und Hans-Ulrich Wittchen

4., vollständig überarbeitete und aktualisierte Auflage

BELTZ
PsychologieVerlagsUnion

Titel der Originalausgabe:
Gerald C. Davison/John M. Neale
Abnormal Psychology. Revised Sixth Edition.
© 1996, by John Wiley & Sons, Inc., New York. All Rights Reserved.
Authorized translation from English language edition published by John Wiley & Sons, Inc.

Aus dem Amerikanischen übersetzt von Jutta Schust, Ralf Horn, Karin Ohms und Katja van den Brink

Anschrift des Herausgebers der deutschen Ausgabe:
Prof. Dr. Martin Hautzinger
Universität Tübingen
Psychologisches Institut
Abt. Klinische und Physiologische Psychologie
Gartenstraße 29
72074 Tübingen

Lektorat: Katja van den Brink, Karin Ohms und Gerhard Tinger

Wissenschaftlicher Beirat der Psychologie Verlags Union:

Prof. Dr. Walter Bungard, Lehrstuhl Psychologie I, Wirtschafts- und Organisationspsychologie,
Universität Mannheim, Schloß, Ehrenhof Ost, 68131 Mannheim

Prof. Dr. Ernst-D. Lantermann, Universität Kassel, GH, FB 3, Psychologie,
Holländische Straße 56, 34127 Kassel

Prof. Dr. Rainer K. Silbereisen, Friedrich-Schiller-Universität Jena, Institut für Psychologie,
Lehrstuhl für Entwicklungspsychologie, Am Steiger 3, 07743 Jena

Prof. Dr. Hans-Ulrich Wittchen, Max-Planck-Institut für Psychiatrie, Kraepelinstraße 10, 80804 München

1. Auflage 1970 Urban & Schwarzenberg, München – Wien – Baltimore
2. Auflage 1984 Urban & Schwarzenberg, München – Wien – Baltimore
3., überarbeitete und erweiterte Auflage 1988 Psychologie Verlags Union, München – Weinheim
4., vollst. überarbeitete und aktualisierte Auflage 1996 Psychologie Verlags Union, Weinheim

© 1996 Psychologie Verlags Union, Weinheim

Umschlaggestaltung: Dieter Vollendorf, München
Satz: Satz- und Reprotechnik GmbH, Hemsbach
Druck: Druckhaus Beltz, Hemsbach
Bindung: Druckhaus „Thomas Müntzer" GmbH, Bad Langensalza
Herstellung: Rainer Kusche, Sinzheim
Printed in Germany
Gedruckt auf säurefreiem Papier

ISBN 3-621-27212-7

Vorwort zur deutschen Ausgabe

Martin Hautzinger

Die Bedeutung der Klinischen Psychologie ist in den letzten Jahren stetig gewachsen. Das Fach hat sich ausgehend von dem klassischen Kern der klinischen Diagnostik, der experimentellen Psychopathologie und der Forschungsmethodik in die Bereiche der Psychotherapie (Individual, Paare, Gruppen und Familien), der Psychosomatik und Psychophysiologie (Verhaltensmedizin), der Rehabilitation, der Gesundheitspsychologie, der Prävention, der Epidemiologie, der Gemeindepsychologie, der Neuropsychologie und der Einbeziehung unterschiedlichster Zielgruppen (Kinder, Jugendliche, Erwachsene, Ältere) erweitert. Das Wissen über unterschiedlichste Störungsbilder hat bezüglich (Differential-) Diagnostik, Ätiologie, Verlauf, Behandlungsmöglichkeiten, Rückfallprophylaxe gewaltig zugenommen. Die Forschung, die Ausbildung, die Weiterbildung, die Tätigkeitsfelder haben sich verändert, ausdifferenziert und ausgedehnt.

Ernstzunehmende Vertreter dieses Faches, wie die beiden Lehrbuchautoren G. Davison und J. Neale, haben früher übliche geisteswissenschaftliche Spekulationen längst hinter sich gelassen und fühlen sich einem natur- und sozialwissenschaftlichen, empirischen Verständnis verpflichtet. Dabei ist für Einseitigkeit, dem Suchen nach der einen alles erklärenden Ursache und dem Festhalten an liebgewonnenen, doch empirisch nicht bestätigbaren Überzeugungen kein Platz.

Entsprechend der skizzierten Entwicklung hat auch dieses Lehrbuch über die Jahre dramatische Veränderungen erfahren. Die meisten Kapitel sind mit den früheren Auflagen nicht mehr vergleichbar, da nun neue Erkenntnisse vorliegen, die Befundlage sich durch neue Forschung verändert hat, die diagnostischen Einteilungen und Techniken neue Möglichkeiten bieten sowie mit vielen Nachbardisziplinen sich Kooperationen entwickelt haben, die für die

Klinische Psychologie neue Tätigkeitsfelder, Modellentwicklungen und Behandlungsansätze eröffnen. Die neuesten Entwicklungen des DSM-IV sind ebenso eingearbeitet wie die neuen ICD-10 Kategorien. Hinzu kommen versorgungspolititsche, berufständische und berufsrechtliche Veränderungen, die den gesellschaftlichen Stellenwert der Klinischen Psychologen erhöht haben.

Für den Einsteiger in so ein sich ausweitendes Fach ist es schwer, ein angemessenes Verständnis für die Grundlinien, die Methoden, die Entwicklungs- und Forschungsrichtungen zu bekommen. Dieses Lehrbuch erfüllt diese Aufgaben auf beeindruckende Art. Es ist in bewährter Weise gut lesbar, durch Abbildungen aufgelockert und benutzerfreundlich gestaltet. Die Auswahl des empirischen Materials ist gelungen und didaktisch geschickt mit den theoretischen Ansätzen verbunden. Die Autoren betonen die Vorläufigkeit unseres gegenwärtigen Wissens und die Problematik der Einteilungen, der klassifikatorischen Zuordnungen und eingesetzten Forschungsmethoden.

Das Lehrbuch wird seit Jahren an vielen Instituten als Grundlagentext für die „Einführung in die Klinische Psychologie" und damit auch für die mündliche Prüfung des Faches erfolgreich verwendet. Durch die Neugestaltung und Erweiterung wird sich daran nichts ändern. Der Text kann leicht durch aktuellste Forschungsbefunde angereichert werden.

Man kann den Autoren und ihrem Text bestenfalls vorwerfen, kaum von der europäischen und deutschsprachigen Entwicklung des Faches etwas mitzubekommen. Um diesen Mangel auszugleichen, wurden nur für die USA zutreffende Dinge gestrichen bzw. korrigiert sowie ergänzende Textteile eingefügt. Es ist ferner gelungen, aktuelle Entwicklungen in der Forschung, der Versorgung und den rechtlichen Aspekten im deutschsprachigen Raum einzubauen. Obgleich auch dieses Lehrbuch durch spezielle Literatur zur Diagnostik, den Forschungsmethoden, zu den verschiedenen Störungsbildern und zu Interventionsmethoden ergänzt werden muß, erfüllt es dennoch den Stellenwert eines Grundlagentextes hervorragend.

Das Lehrbuch ist neu bearbeitet und auf den neuesten Stand gebracht (die 4. Auflage hier bezieht sich auf die 6., revidierte und neueste Auflage des Lehrbuchs in den U.S.A.), entsprechend wurde der beigefügte, nur für die deutschsprachige Ausgabe existierende Fragenkatalog aktualisiert. Die Leser, die nach eingehendem Studium des Lehrbuches in der Lage sind, die Fragen ohne zu spicken zu beantworten, dürfen von sich behaupten, daß sie über gute Kenntnisse und einen Überblick über das Fach Klinische Psychologie (einschließlich Klinischer Diagnostik, Forschungs- und Interventionsmethoden) verfügen.

Mainz   *Martin Hautzinger*

Inhaltsverzeichnis

Kapitel 3   Klassifikation und Diagnostik

Kapitel 4   Klinische Erhebungsverfahren

Teil II Psychische Störungen

Kapitel 10   Persönlichkeitsstörungen

Kapitel 11   Substanzinduzierte Störungen

Teil III   Entwicklungsstörungen der Lebensspanne

Kapitel 15   Emotionale Störungen und Störungen des Verhaltens in der Kindheit und Adoleszenz

Kapitel 16   Lernbehinderungen, Geistige Behinderung und frühkindlicher Autismus

Kapitel 17 Psychische Störungen im Alter

Teil IV   Intervention, rechtliche und ethische Aspekte

Kapitel 18   Einsichtstherapien

Kapitel 19   Kognitive und Verhaltensorientierte Therapien

Teil I
Einführung und Grundlagen

1

Einführung:
Geschichtliche und
wissenschaftstheoretische
Betrachtungen

Ernst H., ein 35jähriger Polizist, saß bequem in einem Ledersessel, die Augen skeptisch auf seinen Therapeuten gerichtet, der sich bemühte, zwischen einer ganzen Reihe von Problemen einen Zusammenhang herzustellen. Ursprünglich hatte Ernst H. therapeutische Hilfe gesucht, weil er seit einiger Zeit beim Geschlechtsverkehr mit seiner Frau Schwierigkeiten hatte, die Erektion aufrecht zu halten. Doch auf das sanfte Drängen des Therapeuten kam eine Fülle anderer Probleme zutage, von denen einige ihn seit seinen Kindertagen plagten, die meisten jedoch erst in den letzten Jahren.

Ernst hatte keine glückliche Kindheit gehabt. Als er sechs Jahre alt war, starb plötzlich seine Mutter, die er zärtlich liebte, und in den folgenden zehn Jahren lebte er entweder bei seinem Vater oder bei einer Schwester seiner Mutter. Sein Vater trank so stark, daß er kaum einen Tag ohne Alkohol leben konnte. Überdies war er extrem stimmungslabil und hatte sogar mehrere Monate mit der Diagnose „manisch-depressive Psychose" in einem psychiatrischen Landeskrankenhaus verbracht. Es gab kein regelmäßiges Einkommen, nie war genug Geld da, um fällige Rechnungen pünktlich zu bezahlen, und so reichte es denn auch nur zu einem Leben in einem der heruntergekommensten Wohnviertel. Zuweilen war der Vater völlig unfähig, für sich selbst – geschweige denn für seinen Sohn – zu sorgen. Ernst verbrachte dann Wochen, manchmal auch Monate, bei seiner Tante in einem nahegelegenen Vorort. Trotz all dieser Benachteiligungen schloß Ernst die Oberschule ab und besuchte anschließend die Fachhochschule. Seinen Lebensunterhalt verdiente er als Kellner in einem kleinen Restaurant. Während dieser Jahre wurden ihm seine psychischen Probleme erstmals schmerzlich bewußt. Ohne ersichtlichen Grund war er häufig tief deprimiert, und zuweilen folgten auf diese Anfälle von Traurigkeit Perioden manischen Überschwangs. Daß er diesen Stimmungsumschwüngen so hilflos ausgeliefert war, machte ihm große Sorgen, denn dasselbe hatte er bei seinem alkoholabhängigen Vater beobachten können. Menschen gegenüber, die er in irgendeiner Form als Autorität erlebte, fühlte er sich sehr unsicher, ob es nun sein Arbeitgeber, seine Professoren oder sogar auch Studienkollegen waren, mit denen er sich verglich und denen er sich unterlegen glaubte. Besonders schämte er sich seiner Kleidung, die – verglichen mit der seiner wohlhabenderen Kameraden – alt und abgetragen war.

An seinem ersten Tag im Studium sah er seine zukünftige Frau zum ersten Mal. Als die hochgewachsene, schlanke junge Frau anmutig und selbstsicher zu ihrem Platz ging, folgten ihr nur leise Blicke. Das ganze Semester über beobachtete er sie von weitem und wählte seinen Platz mit Bedacht immer so, daß er unauffällig zu ihr hinübersehen konnte. Eines Tages dann stießen sie beim Verlassen des Unterrichtsraumes zufällig zusammen, und ihre Wärme und ihr Charme ermutigten ihn, sie zu einem Kaffee einzuladen. Als sie die Einladung tatsächlich annahm, wünschte er fast, sie hätte es nicht getan.

Für ihn erstaunlich genug, verliebten sie sich ineinander und heirateten noch während seines letzten Fachhochschuljahres. Ernst konnte nie so ganz glauben, daß sich diese ebenso intelligente wie schöne Frau wirklich etwas aus ihm machte. Im Laufe der Jahre wurden seine Selbstzweifel und die Zweifel an ihren Gefühlen für ihn immer größer.

Er hatte eigentlich Jura studieren wollen, und dem hätte auch nichts entgegengestanden: seine Noten waren gut, und die juristische Fakultät hatte positiv entschieden. Doch er entschloß sich zum Eintritt in die Polizeiakademie. Er habe an seinen intellektuellen Fähigkeiten gezweifelt, erklärte er dem Therapeuten, und sei überdies zunehmend schlechter mit Situationen fertiggeworden, in denen er sich bewertet fühlte. Die Seminare waren ihm im letzten Jahr zur Qual geworden. Er hoffte, daß ihm Insignien und Uniform eines Polizeibeamten die Anerkennung und den Respekt verschaffen würden, die aus eigener Kraft zu erringen er sich nicht zutraute.

Um ihm den Akademie-Besuch zu ermöglichen, brach seine Frau ein Jahr vor dem Abschluß ihr eigenes Studium ab und suchte sich eine Stelle als Sekretärin. Ernst war dagegen, denn er hielt sie für weitaus klüger als sich und sah nicht ein, warum sie um seiner Karriere willen ihre Möglichkeiten opfern sollte. Gleichzeitig mußte er jedoch die finanziellen Realitäten anerkennen, und so akzeptierte er denn widerwillig ihre Unterstützung.

Die Polizeiakademie erwies sich als noch belastender als die Fachhochschule. Seine Stimmungsumschwünge plagten ihn weiterhin, wenn auch weniger häufig. Und wie sein Vater, der inzwischen dauerhaft hospitalisiert war, trank er, um seine seelische Qual zu lindern. Er meinte, seine Lehrer hielten ihn für einen Idioten, wenn er es kaum schaffte, vor die Klasse zu treten und eine Antwort zu geben, von der er wußte, daß sie richtig war. Aber trotz allem stand er die körperlichen, geistigen und sozialen Zwänge der Akademie durch, schloß die Ausbildung erfolgreich ab und begann seine Polizeilaufbahn als Streifen-Polizist in einem der wohlhabenderen Viertel der Stadt.

Einige Jahre später, als das Leben eigentlich hätte leichter werden sollen, wurde alles nur noch schlimmer. Er war jetzt 32 Jahre alt, hatte einen recht sicheren und verhältnismäßig gutbezahlten Arbeitsplatz und trug sich mit dem Gedanken an ein Kind. Seine Frau teilte seinen Wunsch, aber genau zu diesem Zeitpunkt begannen seine Potenzschwierigkeiten. Zunächst gab er dem Alkohol die Schuld: Er trank allabendlich mindestens ein Wasserglas voll Whisky und schränkte seinen Alkoholkonsum nur ein, wenn er Nachtdienst hatte. Doch bald fragte er sich, ob er nicht in Wirklichkeit der Verantwortung für ein Kind aus dem Weg ging, und schließlich quälten ihn Zweifel, ob seine Frau ihn überhaupt attraktiv und begehrenswert fand. Je verständnisvoller und geduldiger sie sich bei seinen manchmal geradezu wütenden Liebesbemühungen zeigte, um so „unmännlicher" kam er sich vor. Er war unfähig, sich von seiner Frau helfen zu lassen, denn das, so glaubte er, sei ganz bestimmt nicht der „richtige" Weg zu einer befriedigenden sexuellen Beziehung. Die Probleme im Bett übertrugen sich auf andere Lebensbereiche. Sie schliefen immer seltener miteinander, was ihn nur noch mißtrauischer machte, denn seine Frau war jetzt, da sie die dreißig überschritten hatte, schöner und aufregender als je zuvor. Sie arbeitete in einer Anwaltskanzlei und war gerade befördert worden. Gelegentlich erzählte sie – vielleicht um ihn zu verspotten – von opulenten, alkoholreichen Abendessen mit ihrem Chef in einem eleganten Restaurant.

Den Anstoß zur Therapie gab ein häßlicher Streit mit seiner Frau. Ernst war schon seit Tagen eupho-risch und übererregt. Um seiner Angst, die Kontrolle über sich gänzlich zu verlieren, Herr zu werden, trank er allabendlich fast eine ganze Flasche Whisky. Als seine Frau an jenem Abend um zehn Uhr von der Arbeit kam, war Ernst bereits schwer betrunken. Er beschuldigte sie der Untreue und schlug sie. In ihrem Zorn und ihrer Angst stellte sie seine Männlichkeit in Frage, da er es nötig habe, eine Frau zu schlagen und warf ihm ihr enttäuschendes eheliches Liebesleben vor. Ernst stürmte aus dem Haus, verbrachte die Nacht in einer Bar und konnte sich am nächsten Tag immerhin soweit zusammenreißen, daß er sich um fachliche Hilfe bemühte.

Tag für Tag versuchen wir, andere Menschen zu begreifen. Herauszufinden, warum jemand dies oder jenes tut oder empfindet, ist ein schwieriges Unterfangen. Manchmal verstehen wir sogar uns selber nicht. Einsicht in das zu gewinnen, was bei uns als normales Verhalten gilt, ist schon mühsam genug. Aber noch viel verwirrender wird die Sache, wenn wir ein Verhalten verstehen wollen, das den Bereich des Normalen sprengt, wie das des Polizisten in der Fallgeschichte.

Befremdliches Verhalten oder befremdliche Gedanken kommentieren wir mit „Er ist nicht bei Verstand", „Er ist völlig verdreht", „Er ist ein Irrer", „Sie ist hysterisch" oder „Sie ist wirklich paranoid". Das Verhalten des betreffenden Menschen ist uns unerklärlich – also, so folgern wir, muß sein Geisteszustand aus dem Gleichgewicht geraten sein. Der ist aber häufig sehr viel gesünder, als derartige Charakterisierungen vermuten lassen. Erschreckende Beispiele ungewöhnlichen Verhaltens stehen im Blickpunkt des öffentlichen Interesses, auch wenn die wenigsten von uns dergleichen je selber aus der Nähe gesehen haben. Kaum eine Woche vergeht, ohne daß wir von einer Gewalttat, einem gräßlichen Mord mit einer Axt oder gar von Massenmorden hören und lesen. Der Täter, so lassen sich Polizei oder Psychiater vernehmen, sei ein „psychiatrischer Fall", dessen Lebensgeschichte von psychischer Labilität gekennzeichnet sei. Manchmal erfahren wir auch, daß der Betreffende bereits Patient einer psychiatrischen Klinik war.

Das ganze Spektrum abweichenden Verhaltens sowie die verschiedenen Erklärungen, die man in älterer und jüngerer Zeit dafür gefun-den hat, sind Gegenstand dieses Buches. Die Suche nach gültigen Erklärungen hat allerdings ihre Tücken. Wenn wir uns mit Klinischer Psychologie befassen, brauchen wir das, was man eine „große Ambiguitätstoleranz" nennen könnte: die Fähigkeit, mit sehr vorläufigen und häufig widersprüchlichen Informationen zurechtzukommen. Wirklich gesicherte Erkenntnisse auf diesem Gebiet gibt es sehr viel weniger, als wir uns wünschen würden; und das stellt Experten wie Studenten vor einige Probleme. Wie bereits erwähnt, ist recht wenig darüber bekannt, warum Menschen sich auf normale Weise verhalten, ganz zu schweigen von ihrem abweichenden Verhalten. Wenn wir uns mit der Psychopathologie beschäftigen, sollten wir uns also immer vor Augen halten, daß es in diesem Bereich selten unanfechtbare, gesicherte Antworten gibt. Viele der Ergebnisse, über die wir hier berichten, werden zweifellos in ein paar Jahren überholt sein. Doch Ambiguität der Ergebnisse bedeutet keineswegs, daß die Forschung wertlos ist. Wichtiger als die spezifischen Antworten, die zu einem bestimmten Zeitpunkt zur Verfügung stehen, sind die Fragen, die gestellt werden: sie sind der eigentliche Kern unseres Forschungsgebietes.

Ein weiteres Problem, das Fachleute mit Laien teilen, besteht darin, daß jedem Menschen Verhalten unmittelbar nahe ist. Ärzte, so scheint es, können ihrem Gegenstand emotional unbeteiligter begegnen als Psychologen, besonders wenn diese sich auf das Studium abweichenden Verhaltens spezialisiert haben. Die allgegenwärtigen, beunruhigenden Auswirkungen abweichenden Verhaltens dringen in unser aller Leben ein. Wer von uns hätte noch nie die Erfahrung irrationaler Gedanken und Gefühle gemacht? Wer hätte nicht schon bei irgendjemandem, einem Freund oder Verwandten ein Verhalten erlebt, das ihm völlig unverständlich war? Jeder, der das kennt, weiß, wie frustrierend und beunruhigend es ist, einen Menschen, der unter psychischen Schwierigkeiten leidet, zu verstehen und ihm helfen zu wollen.

Unsere Nähe zu diesem Forschungsgegenstand trägt natürlich zu der Faszination bei, die er ausübt. Kein Wunder also, daß Einführungen in die Klinische Psychologie zu den beliebtesten Studienveranstaltungen gehören. Viele fühlen sich zum Studium der Psychologie ermutigt, weil sie mit dem Gegenstand vertraut sind; darin liegt ein deutlicher Nachteil. Wir alle haben schon vorher eine bestimmte Art und Weise entwickelt, über Verhalten nachzudenken und zu sprechen, haben uns Worte und Begriffe angewöhnt, die irgendwie zu *passen* scheinen. So mag man zum Beispiel der Meinung sein, daß sich die Erforschung der Angst auf die unmittelbare Erfahrung von Angst konzentrieren sollte: ein Vorgehen, das wir als *phänomenologischen* Ansatz kennen und das eine mögliche formale Methode ist, sich menschlichem Verhalten forschend zu nähern. Als Verhaltenswissenschaftler müssen wir trennen zwischen dem, was unserem *Gefühl* nach die angemessene Form ist, über menschliches Verhalten und menschliche Erfahrung zu sprechen, und dem, was sich als der fruchtbarere Weg erwiesen hat, beides zu untersuchen. Wo die meisten Menschen von „entsetzlicher Angst" reden würden, hieße es bei uns wohl eher „Angstreaktion von großer Intensität". Das ist beileibe nicht nur ein Spiel mit Worten. Das Wort „Spiel" trifft die Sache allenfalls insofern, als wir bestimmten Regeln folgen, meint aber keineswegs, daß wir uns mit etwas wenig Ernsthaftem beschäftigen, das man nach Belieben so oder auch anders machen kann. Entscheidend ist, daß die Begriffe und Bezeichnungen, derer wir uns bei der ernsthaften Erforschung abweichenden Verhaltens bedienen, vom subjektiven Gefühl der Angemessenheit, das unseren alltäglichen Sprachgebrauch prägt, frei sind. Der Leser wird sich also mit Bezugsrahmen vertraut machen müssen, die sich von denen, die wir – ob Laien oder Experten – im Alltag gewöhnt sind, unterscheiden.

Die Fallbeschreibung zu Beginn dieses Kapitels läßt Spielraum für die verschiedensten Interpretationen. Zweifellos haben auch Sie bestimmte Vorstellungen davon, wie Ernst zu dem wurde, was er ist, wo seine eigentlichen Schwierigkeiten liegen und glauben vielleicht sogar auch zu wissen, wie ihm zu helfen wäre. Wir kennen kaum eine größere intellektuelle und emotionale Herausforderung als die, zu entscheiden, wie das Leben eines Menschen mit psychischen Schwierigkeiten begrifflich zu fassen und wie er oder sie am besten zu behandeln sei. Wir werden auf den Fall Ernst H. gegen Ende des nächsten Kapitels noch einmal zurückkommen, um zu illustrieren, wie Vertreter unterschiedlicher theoretischer Richtungen den Fall beschreiben könnten und wie jeweils ihr Versuch aussehen würde, dem Patienten zu helfen.

Wenden wir uns jetzt der Darstellung von dem zu, was wir mit dem Begriff des *abweichenden Verhaltens* meinen. Danach werden wir kurz darstellen, wie sich die Auffassung vom abweichenden Verhalten in der Geschichte zu der heute eher wissenschaftlichen Perspektive entwickelt hat.

Welches Verhalten ist abweichend?

Eine der schwierigsten Herausforderungen in der Klinischen Psychologie ist die Definition abweichenden Verhaltens. Wir werden verschiedene Merkmale analysieren, die zur Einteilung vorgeschlagen wurden, und feststellen, daß keine dieser Definitionen völlig angemessen ist. Jede hat ihre Verdienste und erfaßt einen Teil dessen, was eine vollständige Definition enthalten müßte. Wir kommen auf diese Frage zurück, wenn wir die Aspekte der statistischen Seltenheit, des Verletzens von Normen, die persönliche Belastung, die Unfähigkeit oder Dysfunktion und des Unerwarteten untersucht haben.

Statistische Seltenheit

Eine Definition schlägt als Kriterium abweichenden Verhaltens statistische Seltenheit vor. Verfechter des statistischen Ansatzes messen bestimmte Eigenschaften, z.B. bestimmte Persönlichkeitsmerkmale und Verhaltensformen, und bestimmen die Verteilung dieser Eigen-

Menschen, deren Protokolle *Neugebauer* (1979) geprüft hat. Die Untersuchungen unterstanden der Krone, die das Recht besaß, den psychisch aus dem Gleichgewicht Geratenen zu schützen. Untersucht wurden Orientierungsfähigkeit, Gedächtnis, Intellekt, Alltag und Gewohnheiten des Beklagten. Man erklärte befremdliches Verhalten normalerweise mit körperlicher Krankheit oder Verletzung oder einem emotionalen Schockerlebnis. Von all den Fällen, die Neugebauer untersucht hat, lautete das Urteil nur ein einziges Mal auf Besessenheit. Letzteres war also ganz eindeutig nicht die im Mittelalter vorherrschende Erklärung für psychische Störungen, wie man früher glaubte.

Kasten 1.1 beschreibt den berühmtesten Fall von Hexerei, der sich in den USA ereignete, den Fall Salem. Darüber hinaus liefert er einige Informationen darüber, wie verschiedene Gesichtspunkte bei dem Versuch der Erklärung des Verhaltens der Angeklagten Hexen ins Spiel kommt.

Die Entwicklung der Asyle

Bis zum Ende der Kreuzzüge, im fünfzehnten Jahrhundert, gab es in Europa praktisch keine Hospitäler für psychisch Kranke. Allerdings existierten bereits Tausende von Hospitälern für Leprakranke: im zwölften Jahrhundert allein in England und Schottland 220 bei einer Einwohnerzahl von anderthalb Millionen. Als die Zeit der großen Kreuzzüge im wesentlichen vorüber war, verschwand die Lepra allmählich aus Europa, vermutlich, weil aus dem Osten keine Infektionen mehr eingeschleppt wurden. Der Aussatz hörte also auf, Gegenstand großer nationaler Sorge und Fürsorge zu sein, und man scheint sich statt dessen vermehrt den Geisteskranken zugewandt zu haben.

Im fünfzehnten und sechzehnten Jahrhundert ging man dann ernsthaft daran, die psychisch Kranken zu internieren, manchmal in ehemaligen Lepra-Hospitälern. Einige dieser Asyle waren nicht nur für psychisch Gestörte, sondern auch für Bettler vorgesehen. Bettler wurden seinerzeit als ein großes soziales Problem angesehen. Im sechzehnten Jahrhundert schlugen sich in Paris, das damals kaum 100000 Einwohner hatte, 30000 Menschen als Bettler durch (*Foucault*, 1965). Die einzige Behandlung, die man den Insassen dieser Institutionen angedeihen ließ, war der Versuch, sie zum Arbeiten zu bringen. Aber gleichzeitig entstanden auch Hospitäler, die eigens für die Internierung psychisch Kranker bestimmt waren. 1243 wurde in London die Priory of St. Mary of Bethlehem gegründet; sie wurde 1547 von *Heinrich VIII.* der Stadt London übereignet, um von da an ausschließlich der Verwahrung von Geisteskranken zu dienen. Die Verhältnisse im Bethlehem waren erbärmlich. Im Laufe der Zeit wurde „bedlam", der volkstümliche Name des Hospitals, zur stehenden Redewendung für Aufruhr und Chaos, und die Institution selbst zu einer der größten Touristenattraktionen Londons. Im achtzehnten Jahrhundert lief sie Westminster Abbey und dem Tower fast den Rang ab. Sogar noch im neunzehnten Jahrhundert machte man sich ein Vergnügen daraus, die gewalttätigen Patienten und ihre Possen – gegen Eintrittsgeld – zu bestaunen. Die Insassen des 1784 fertiggestellten Irrenturmes in Wien waren in den Zwischenräumen zwischen den inneren quadratischen Zellen und den Außenmauern eingesperrt und den Blicken der Passanten preisgegeben. Das erste amerikanische Hospital für Geisteskranke wurde 1773 in Williamsburg, Virginia, gegründet.

Daß abweichendes Verhalten nunmehr zur Domäne von Hospitälern und Ärzten geworden war, bedeutete nicht unbedingt auch humanere und wirksamere Behandlungsmethoden. *Benjamin Rush* (1745-1813), der seit 1769 in Philadelphia als Arzt praktizierte und sehr engagiert am Kampf seines Landes um die Unabhängigkeit teilnahm, gilt als der Vater der amerikanischen Psychiatrie. Er hielt einen übermäßigen Blutandrang im Gehirn für die Ursache psychischer Störungen. Konsequenterweise war seine bevorzugte Behandlung den „Wahnsinnigen" große Mengen Blut abzunehmen: bis zu fünf Liter und mehr innerhalb weniger Monate. Kein Wunder, daß die so traktierten Patienten ruhiger wurden (*Farina*, 1976)! Eine weitere Hypothese *Rushs* war, daß man viele „Irre" heilen könne, indem man sie in Angst und Schrecken versetze. So empfahl er etwa, den Patienten von seinem bevorstehenden Tod zu überzeugen. Im neunzehnten Jahrhundert ersann ein Arzt aus Neu-England zu diesem Zweck folgendes Verfahren: „Auf seinem Grundstück stand ein großer Wasserbehälter, in den man den Patienten, der in einer durchlöcherten sargähnlichen Kiste verpackt lag, hinabließ. Er wurde unter Wasser gehalten, bis keine Luftblasen mehr aufstiegen, dann zog man

Kasten 1.1   Der Fall Salem: Hexerei oder Vergiftung?

Im Dezember 1691 wurden acht Mädchen, die in oder nahe bei Salem lebten, von seltsamen „Störungen" heimgesucht, die nach medizinischer Untersuchung verlangten. Aber die Ärzte fanden keine Erklärung für die konfuse Sprache, die seltsamen Körperhaltungen und Gesten und die Krampfanfälle der Mädchen. Eines von ihnen war die Tochter, ein anderes die Nichte des Geistlichen Samuel Parris. Eine Nachbarin beauftragte schließlich auf eigene Faust Parris' Sklaven Tituba, aus Roggenmehl und dem Urin der Mädchen einen „Hexenkuchen" zu backen und diesen an einen Hund zu verfüttern, worauf sich zeigen sollte, ob die Mädchen der Hexerei verfallen waren. 1692 beschuldigten die Mädchen ihrerseits Tituba und zwei ältere Frauen der Hexerei, und alle drei wurden verhaftet.

Aber nun hagelte es Anklagen. Die Gefängnisse Salems, seiner Nachbarstädte und sogar die des fernen Boston füllten sich mit Angeklagten, die auf ihren Prozeß warteten. Bis Ende September hatten neunzehn Menschen den Weg zum Galgen angetreten, und ein Mann war zu Tode gequetscht worden. Überführt wurden sie ohne Ausnahme durch „Geisterbeweis" (ein Geist des oder der Angeklagten war auch dem Ankläger erschienen) und mit Hilfe der Berührungsprobe (der Anfall eines Anklägers oder einer Anklägerin hörte auf, wenn er oder sie vom Angeklagten berührt wurde). Die gestörten Mädchen wohnten den Prozessen bei und störten die Verhandlungen häufig mit ihren heftigen Anfällen, Krämpfen und offensichtlichen Halluzinationen von Gespenstern und „Hausgeistern" (Geister, die dem Volksglauben nach häufig Tiergestalt annahmen und einer Hexe zu Diensten waren).

Im Januar 1693 trat ein höheres Gericht zusammen und beschäftigte sich mit den fünfzig von einer Geschworenen-Jury erhobenen Anklagen wegen Hexerei. Man eröffnete die Verhandlung gegen zwanzig Personen, siebzehn wurden freigesprochen und drei verurteilt, wenn auch nie hingerichtet. Im Mai 1693 fand diese seltsame Episode jedoch ein Ende, als Gouverneur Phips eine Generalamnestie erließ und die immerhin noch ungefähr 150 der Hexerei angeklagten Männer und Frauen freiließ.

Obwohl die angeklagten Hexen im allgemeinen reputierliche Gemeindemitglieder waren, findet man die Salemer Ereignisse häufig als

Beispiel dafür zitiert, welch furchtbare Folgen der weitverbreitete Glauben an teuflische Besessenheit für die unglücklichen psychisch Kranken hatte. Gelegentlich beschreibt man auch die Ankläger und Anklägerinnen aufgrund ihrer Halluzinationen als schizophren. Aber es ist kaum wahrscheinlich, daß Schizophrenie bei einer ganzen Gruppe junger Frauen gleichzeitig ausbricht. Oder man sieht die Episode als Fall von „Massenhysterie": Die erste Anklage wegen Hexerei fand aus irgendeinem Grund zahllose Nachahmer. In den puritanischen Gemeinden Neu-Englands, wo bereits früher Hexenprozesse stattgefunden hatten, kam es allerdings nicht zu solchen Folgen. Einer anderen Theorie (*Caporael*, 1976) zufolge, litten die Ankläger und Anklägerinnen an einer Mutterkorn-Vergiftung.

Das Mutterkorn ist ein Parasitenpilz, der auf Getreide, hauptsächlich auf Roggen, wächst und besonders gut bei warmer, feuchter Witterung gedeiht. Einige Alkaloide* des Mutterkorns basieren auf Lysergsäure, aus der sich LSD synthetisieren läßt. Nimmt man Nahrungsmittel aus mit Mutterkorn verseuchtem Mehl zu sich, können Kribbelgefühle auf der Haut und in den Fingern, Schwindel, Kopfschmerzen, Halluzinationen, Erbrechen, Durchfall und Krämpfe die Folge sein. Nach Einnahme von Mutterkorn-Alkaloiden kann es auch zu Delirien und einer Art von manisch-depressiven Stimmungsschwankungen kommen.

Ist Mutterkorn-Vergiftung tatsächlich eine mögliche Erklärung für die fraglichen Ereignisse? Das Verhalten der ersten Anklägerinnen ist mit den bekannten Symptomen einer Mutterkorn-Vergiftung durchaus vereinbar. Die Mädchen berichteten von Halluzinationen, sie erbrachen auch, hatten Krämpfe und sie sagten, sie fühlten sich, als wären sie gewürgt und mit Nadeln gestochen worden. Zweitens wurde in Salem viel Roggen angebaut, und 1691 hatte es schwere Regenfälle gegeben, der Pilz hätte also ausgezeichnet gedeihen können. Der Roggen wurde gewöhnlich im

---

* Alkaloide sind organische Substanzen, die man überwiegend in Saatpflanzen findet. Normalerweise handelt es sich dabei um Mischungen ähnlicher Alkaloide. Sie alle enthalten Nitrogen und sind diejenigen Agenzien, die einer Anzahl natürlicher Drogen ihre medizinische, aber auch ihre toxische Wirkung verleihen.

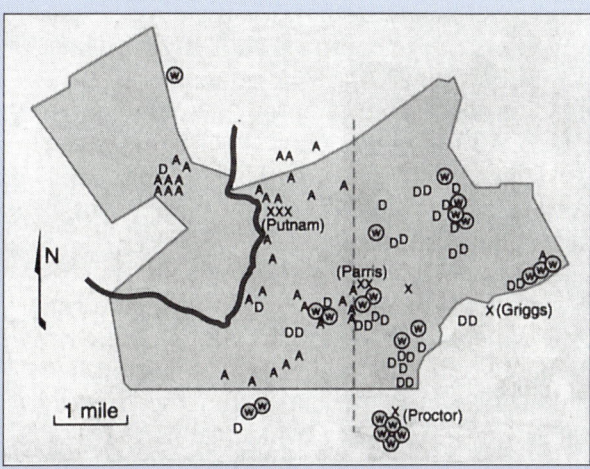

Die Besiedlung von Salem im Jahr 1692. Die Namen in Klammern bezeichnen die Häuser, in denen die „besessenen" Mädchen lebten. Die Bewohner sind folgendermaßen gekennzeichnet: X, leidende Mädchen, W, angeklagte Hexe, D Verteidiger einer angeklagten Hexe und A Ankläger. Dreißig der 32 erwachsenen Ankläger lebten im westlichen Teil des Dorfes und zwölf der vierzehn angeklagten Hexen im östlichen Teil.

August geerntet und im Spätherbst gedroschen. Das seltsame Verhalten der Mädchen setzte zu einem Zeitpunkt ein, zu dem das neue Getreide wohl schon Eingang in die Nahrung gefunden hatte. Die sich häufenden Anklagen wegen Hexerei fanden offensichtlich im folgenden Herbst ein abruptes Ende, als das Getreide des trockenen Sommers 1692 auf die Tische kam. Danach sind keine Krankheitssymptome der erwähnten Art mehr dokumentiert.

Warum hatten aber nur einige Leute das Gefühl, daß ihr Körper besessen sei? *Caporael* argumentiert, daß das Getreide im tiefer gelegenen und feuchteren westlichen Teil von Salem Village wohl am ehesten verseucht gewesen sein dürfte. Daß die jungen Mädchen und die anderen Ankläger und Anklägerinnen überwiegend in dieser Gegend gewohnt und vermutlich auch eher das dort gewachsene Getreide gegessen haben, kommt dieser Hypothese entgegen. Die meisten der Angeklagten und ihre Verteidiger lebten im östlichen Teil der Stadt.

Die Argumente, die *Caporael* für ihre Vergiftungstheorie ins Feld führt, sind recht überzeugend. Ihre Annahme bleibt natürlich eine Theorie. Gleichwohl ist es interessant, darüber zu spekulieren, für wieviele Hexenverfolgungen des späten Mittelalters wohl letztlich eine Mutterkorn-Vergiftung verantwortlich gewesen sein mag.

ihn heraus, rieb ihn ab und brachte ihn wieder zu Bewußtsein – sofern es dann noch etwas zu Bewußtsein zu bringen gab!" (*Deutsch*, 1949, S. 82).

Humanitäre Behandlung

Eine führende Persönlichkeit innerhalb der Bewegung für eine menschliche Behandlung von Asylinsassen war *Philippe Pinel* (1745-1826). 1793, also noch zur Zeit der Französischen Revolution, übertrug man ihm die Leitung eines großen Pariser Asyls, des sogenannten La Bicêtre. Ein Historiker beschrieb die Verhältnisse in diesem Hospital folgendermaßen:

„(Die Patienten waren) mit eisernen Halsbändern so eng an die Wände ihrer Zellen geschmiedet, daß sie kaum Bewegungsfreiheit hatten … In der Regel konnten sie sich nachts nicht niederlegen … Oft trugen die Patienten auch einen Eisenring um die Gürtellinie und … Ketten an Händen und Füßen … Diese Ketten (waren) gerade so lang, daß sich der Patient aus einem Napf – die Nahrung bestand gewöhnlich aus einem matschigen Schleim aus dünner Suppe und aufgeweichtem Brot – versorgen konnte. Da man über Diätetik wenig wußte, machte man sich über die Ernährung der Patienten kaum Gedanken. Man hielt sie für Tiere … und ob sie gut oder schlecht ernährt wurden, war folglich ohne Bedeutung" (*Selling*, 1940, S. 54).

Pinel wurde es gestattet, die Insassen von La Bicêtre von ihren Ketten zu befreien und sie nicht mehr wie Tiere, sondern wie kranke Menschen zu behandeln. Viele, die zuvor erregt und vollkommen unzugänglich waren, wurden ruhig und sehr viel umgänglicher. Sie, die einst als gemeingefährlich galten, spazierten jetzt in Haus und Garten umher und zeigten keinerlei Neigung, Unruhe zu stiften oder jemandem zu schaden. An die Stelle der Kerker traten helle und luftige Räume. Etliche der jahrelang Eingekerkerten wurden bald gesund und konnten das Hospital verlasssen.

Die Befreiung der Kranken von ihren Fesseln war nicht die einzige humanitäre Reform, für die *Pinel* sich einsetzte. Entsprechend dem Gleichheitsgebot der neuen Französischen Republik war er der Ansicht, daß seine geisteskranken Patienten im Grunde ganz normale Leute seien, denen man mit Mitleid und Verständnis begegnen und die man als Menschen mit persönlicher Würde behandeln sollte. Vermutlich hätten ihnen schwerwiegende persönliche und soziale Probleme den Verstand geraubt, und tröstlicher Zuspruch und sinnvolle Tätigkeit könnten sie wieder zu klarem Bewußtsein bringen.

Wir sollten hinzufügen, daß trotz der Verbesserungen, die *Pinel* für die psychisch Erkrankten erreichte, er kein Musterbeispiel für die Aufklärung und die Gleichbehandlung der Patienten war. Die menschlichere Form der Behandlung war den oberen Klassen vorbehalten. Patienten aus den unteren Schichten wurden immer noch zur Überwachung Gewalt und Zwang ausgeliefert – ein beredtes Beispiel für die Doppelnatur des Vorurteils bei der Entstehung eines neuen Behandlungsansatzes (*Szasz*, 1974).

Nach der revolutionären Arbeit von *Pinel* in La Bicêtre waren die meisten Kliniken, die in Europa und den Vereinigten Staaten eingerichtet wurden, realtiv klein und meist privat gefördert. *William Tuke* (1732-1822), ein prominenter englischer Kaufmann und Quäker, lernte die Verhältnisse im Asyl von York kennen und war schockiert. Er schlug der Society of Friends vor, eine eigene Institution zu gründen. 1796 entstand auf dem Lande außerhalb Yorks „York Retreat". Hier lebten, arbeiteten und erholten sich die Kranken in ruhiger und religiöser Atmosphäre. Sie besprachen mit den Wärtern ihre Schwierigkeiten, arbeiteten im Garten und machten Spaziergänge in der Umgebung. In den Vereinigten Staaten entstanden nach diesem Vorbild ähnliche Einrichtungen: 1817 in Pennsylvania das „Friends' Asylum" und 1824 „Hartford Retreat" in Connecticut. Auch in ei-

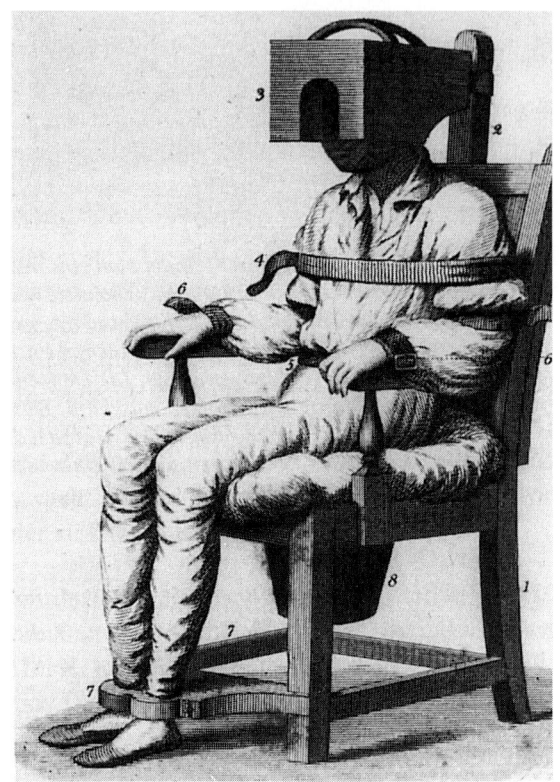

Der Beruhigungsstuhl wurde von Rush benutzt, um tobsüchtige Patienten ruhig zu stellen.

ner Reihe weiterer amerikanischer Hospitäler wurde der Einfluß von *Pinel* und *Tuke* spürbar. In Übereinstimmung mit diesem Ansatz, der als „moralische Behandlung" bekannt wurde, hatten die Wärter engen Kontakt mit den Patienten, redeten mit ihnen, lasen ihnen vor und ermutigten sie zu sinnvollen Aktivitäten. Die Insassen sollten ein so normales Leben wie nur irgend möglich führen und innerhalb der Beschränkungen durch ihre Krankheit Verantwortung für sich selbst übernehmen. Leider fand diese Behandlungsform der individuellen Zuwendung in der zweiten Hälfte des neunzehnten Jahrhunderts ihr Ende. Das Personal der großen, staatlichen Kliniken, die dafür gebaut wurden, um die Masse der Patienten, für die die privaten Einrichtungen keinen Platz hatten, aufzunehmen, konnte diese individuelle Aufmerksamkeit nicht bieten. Zudem wurden die Krankenhäuser von Ärzten geleitet, die vor allem an den biologischen Seiten der Krankheit und dem körperlichen Wohlbefinden der Geisteskranken interessiert waren. Das Geld, mit dem zuvor die Gehälter der persönlichen Wärter gezahlt worden waren, ging in klinische Ausrüstung und Laboratorien.

Die Besichtigung des Hospitals St. Mary von Bethlehem (Bedlam) stellt für die beiden Damen der höheren Gesellschaft in dem Gemälde von Hogarth aus dem 18. Jahrhundert eine Unterhaltung dar.

Die Befreiung der Patienten des Hospitals La Bicêtre durch Pinel wird häufig als das Ereignis angesehen, das zu einer humaneren Behandlung der psychisch gestörten Menschen führte.

Vor kurzem erhielt man durch eine Analyse ausführlicher Fallstudien aus den Jahren 1880-1884 des York Retreat Sanatoriums durch heutige Forscher zwei neue Erkenntnisse (*Renvoize & Beveridge*, 1989). Erstens am häufigsten verwendete Behandlung, dazu gehörten Alkohol, Cannabis, Opium und Chloralhydrat (K.O.-Tropfen). Zweitens schienen die Ergebnisse nicht sehr vorteilhaft zu sein, so wurde weniger als ein Drittel als gebessert oder geheilt entlassen. Moralische Behandlung war unter Umständen nicht immer das, wofür sie gehalten wurde.

Die Anfänge gegenwärtiger Auffassungen

Somatogenese

Nach dem Untergang der griechisch-römischen Zivilisation waren die Schriften von *Galen* die Quelle für Informationen über körperliche und geistige Krankheiten. Es dauerte bis zum Mittelalter, bis neue Erkenntnisse gewonnen wurden. Eine Entwicklung, die den Fortschritt begünstigte, war die Entdeckung von *Vesalius*, daß *Galens* Darstellung der menschlichen Anatomie fehlerhaft war. *Galen* hatte angenommen, daß die Affen, die er studiert hatte, den menschlichen Organismus widerspiegelten. Es dauerte mehr als tausend Jahre, bis durch Autopsien an Menschen – die zu dieser Zeit nicht erlaubt waren – bewiesen wurde, daß *Galen* im Unrecht war. Weiteren Auftrieb bekam die empirische Medizin durch die Bemühungen des berühmten englischen Arztes *Thomas Sydenham* (1624-1689). *Sydenham* war besonders einflußreich bei der Befürwortung eines empirischen Ansatzes bei der Klassifikation und Diagnose, der später auch diejenigen beeinflußte, die an Geisteskrankheiten interessiert waren.

Einer davon war der deutsche Arzt *Wilhelm Griesinger*, der darauf bestand, daß mit jeder Diagnose einer psychischen Störung eine physiologische Ursache spezifiziert werden müßte. Dies stellte eine Rückkehr zu der somatogenen Sichtweise, die zuerst von *Hippokrates* vertreten worden war, dar. 1883 veröffentlichte sein berühmter Nachfolger *Emil Kraepelin* (1856-1926) ein Lehrbuch der Psychiatrie mit einem Klassifikationssystem, das der Vorstellung von der organischen Natur psychischer Krankheiten den Weg bahnen sollte. *Kraepelin* stellte fest, daß mit Geisteskrankheiten häufig eine bestimmte Gruppe von Symptomen, ein sogenanntes *Syndrom*, einherging, und zwar so regelmäßig, daß der Schluß auf eine zugrundeliegende physische Ursache berechtigt schien – genauso, wie man eine medizinische Krankheit und ihr Syndrom auf eine physiologische Dysfunktion zurückführen kann. Jede psychische Krankheit, so *Kraepelins* Ansicht, sei von allen anderen verschieden, habe ihre spezifische Genese, ihre Symptome, ihren Verlauf und ihre Prognose. Auch wenn es noch keine spezifischen Behandlungsmethoden gebe, könne man zumindest den Verlauf der Krankheit vorhersagen. *Kraepelin* unterschied zwei Hauptgruppen schwerer psychischer Krankheiten: die *Dementia praecox* – die frühere Bezeichnung für die Schizophrenie – und die *manisch-depressive Psychose*. Als Ursache der Schizophrenie postulierte er ein chemisches Ungleichgewicht und als Ursache der manisch-depressiven Psychose eine Stoffwechselstörung. *Kraepelins* Klassifikationsschema wurde zur Grundlage der heute gebräuchlichen diagnostischen Kategorien in der Psychiatrie, denen wir uns im dritten Kapitel ausführlicher zuwenden werden.

Die zweite Hälfte des neunzehnten Jahrhunderts brachte viele neue Erkenntnisse über das Nervensystem, aber nicht genügend, um all den Strukturabnormitäten auf die Spur zu kommen, die man als Ursache der Geisteskrankheiten vermutete. Immerhin entdeckte man mit senilen und präsenilen Psychosen einhergehende degenerative Veränderungen in den Gehirnzellen und einige für die Oligophrenie typische strukturelle Pathologien. Der vielleicht eindrucksvollste Erfolg war die Entdeckung der wahren Natur und der Ursache von *Syphilis*. Die Geschlechtskrankheit Syphilis war seit einigen Jahrhunderten bekannt, und seit 1798 wußte man, daß es bei etlichen Geisteskranken zu einem ähnlichen und unaufhaltsamen Verfall der körperlichen und geistigen Kräfte kam. Man beobachtete bei diesen Kranken Größenwahn und progressive Paralyse und stellte bald fest, daß diese Kranken nie wieder genasen. 1825 kennzeichnete man diesen Symptomkomplex unter dem Namen *Progressive Paralyse* als Krankheit. Obwohl 1857 festgestellt wurde, daß viele Paralyse-Patienten früher Syphilis hatten, gab es über den Ursprung dieser Paralyse viele konkurrierende Theorien. Da z.B. besonders häufig Seeleute davon betroffen waren, vermuteten manche das Seewasser als Ursache. Für die höhere Erkrankungsrate bei Männern, so spekulierte *Griesinger*, seien Alkohol, Tabak und Kaffee mit verantwortlich. In den sechziger und siebziger Jahren des neunzehnten Jahrhunderts schließlich stellte *Louis Pasteur* seine Keimtheorie der Krankheiten auf und machte es so möglich, den Zusammenhang zwischen Syphilis und Progressiver Paralyse nachzuweisen. 1897 impfte *Richard von Krafft-Ebing* Paralyse-Patienten Eiter aus syphilitischen Wunden ein. Die Kranken entwickelten keine Syphilis, waren also bereits früher infiziert worden. 1905 endlich wurde der die Syphilis verursachende Mikroorganismus entdeckt. Somit war ein Kausalzusammenhang zwischen Infektion, Zerstörung bestimmter Bereiche des Gehirns und einer psychischen Störung geschaffen worden. Wenn eine Form der Psychopathologie eine biologische Ursache hatte, so könnte dies auch bei anderen der Fall sein. Die Somatogenese gewann dadurch an Überzeugungskraft und die Suche nach weiteren biologischen Ursachen begann.

Psychogenese

Die Suche nach somatischen Ursachen beherrschte die Psychiatrie bis weit in das 20. Jahrhundert, sicher nicht zuletzt angeregt durch die überwältigenden Entdeckungen im Zusammenhang mit der Progressiven Paralyse. Doch in anderen Teilen Westeuropas vermutete man im ausgehenden achtzehnten und während des ganzen neunzehnten Jahrhunderts eine völlig andere Genese der psychischen Krankheiten. In Frankreich und Österreich waren *psychogenetische* Auffassungen in Mode, die für die Geisteskrankheiten Funktionsstörungen psychischer Natur verantwortlich machten. Aus Gründen, die uns noch nicht einmal heute einsichtig sind, waren seinerzeit viele Westeuropäer Opfer hysterischer Zustände (in heutiger Terminologie: Konversionsstörungen). Sie litten an körperlichen Störungen, für die es keinerlei anatomische Erklärungen gab (vgl. S. 185f.).
Franz Anton Mesmer (1734-1815), ein in Wien und Paris im späten achtzehnten Jahrhundert praktizierender österreichischer Arzt, glaubte, daß hysterische Störungen durch eine bestimmte Verteilung eines universellen magnetischen Fluidums im Körper verursacht würden. Überdies könne, so meinte er, ein Mensch das Fluidum eines anderen beeinflussen und so dessen Verhalten ändern. Er veran-

Mesmers Verfahren der Übertragung des „tierischen Magnetismus" wurde im allgemeinen als eine Form der Hypnose angesehen.

staltete geheimnisvolle, mystische Zusammenkünfte, während derer die Patienten um ein zugedecktes *baquet* saßen, eine Wanne, aus der Eisenstäbe ragten, die in verborgenen Flaschen mit diversen Chemikalien staken. *Mesmer* pflegte, in fremdartige, lilafarbene Gewänder gehüllt, den Raum zu betreten, einige Stangen aus der Wanne zu ziehen und damit die befallenen Körperteile seiner Patienten zu berühren. Mit den Stangen, so glaubten die Beteiligten, werde „animalischer Magnetismus" übertragen, der das universelle magnetische Fluidum wieder ins Gleichgewicht bringe, wodurch hysterische Anästhesien und Lähmungen schwänden. Was immer man auch von Theorie und Praxis dieses in unseren Augen doch recht fragwürdigen Verfahrens halten mag, Tatsache ist, daß es vielen Menschen half, ihrer hysterischen Anwandlungen Herr zu werden. Daß wir das Wirken *Mesmers* unter der Rubrik der psychogenen Ursachen abhandeln, ist eine eher willkürliche Entscheidung, denn *Mesmer* selbst postulierte für hysterische Störungen körperliche Ursachen. In Anbetracht der äußeren Bedingungen, unter denen *Mesmer* mit seinen Patienten arbeitete, gilt er jedoch allgemein als einer der ersten Praktiker der modernen Hypnose, die ausführlicher in Kapitel 7 (S. 203ff.) dargestellt wird. Der Begriff „mesmerisieren" ist der ältere für „hypnotisieren". Das Phänomen selbst ist jedoch seit den Anfängen fast jeder Kultur als Teil der Zauberei und der Magie von Magiern, Fakiren und Geistesheilern bekannt.
Obwohl *Mesmer* von seinen Zeitgenossen als Quacksalber angesehen wurde, wurde das Studium der Hypnose allmählich akzeptiert. Der

Dieses berühmte Gemälde zeigt den französischen Psychiater Jean Charcot bei der Vorstellung einer hysterischen Patientin. Charcot hatte entscheidenden Einfluß bei der Wiederbelebung des Interesses an der Psychogenese.

Josef Breuer, der berühmte österreichische Arzt und Physiologe, arbeite mit Freud in der Anfangsphase der Entwicklung der Psychoanalyse zusammen. Er behandelte nur Anna O. mit der von ihm entwickelten kathartischen Methode. Erschrocken darüber, was später als ihre Übertragung und seine Gegenübertragung bezeichnet wurde, beschrieb er sein Verfahren einem Kollegen und überwies sie an ihn.

bedeutende Pariser Neurologe *Jean Martin Charcot* (1825-1893) untersuchte auch hysterische Zustände, nicht nur Anästhesie und Lähmung, sondern auch Blindheit, Taubheit, Krampfanfälle und Gedächtnislücken, die durch Hysterie ausgelöst wurden. *Charcot* nahm ursprünglich den somatogenetischen Standpunkt ein. Eines Tages jedoch hypnotisierten einige seiner interessierten Studenten eine junge Frau und suggerierten ihr einige hysterische Symptome. *Charcot* wurde in dem Glauben gelassen, daß es sich wirklich um eine hysterische Patientin handelte. Als ihm die Studenten zeigten, wie einfach sie die Symptome beseitigen konnten, indem sie die Frau aufweckten, änderte *Charcot* seine Ansicht über die Hysterie und interessierte sich für die anderen Interpretationen dieser rätselhaften Phänomene. Weitere psychologische Theorien wurden von *Pierre Janet* (1859-1947), einem Schüler von *Charcot* aufgestellt, der auch entsprechende Untersuchungen durchführte. Er nahm an, daß bei der Hysterie ein Teil des organisierten Systems der Gedanken, Emotionen und Empfindungen sich von dem übrigen aufgrund einer Schwäche des Nervensystems löst.

Gegen Ende des letzten Jahrhunderts behandelte der Arzt *Joseph Breuer* (1842-1925) in Wien eine junge Frau, die aufgrund zahlreicher hysterischer Symptome bettlägerig war. Ihre Beine und ihr rechter Arm waren gelähmt, Se-

hen und Hören waren beeinträchtigt, und oft hatte sie Mühe zu sprechen. Zuweilen verfiel sie in einen traumähnlichen Zustand, eine „Absence", murmelte vor sich hin und wurde offensichtlich von quälenden Gedanken heimgesucht. Vielleicht weil er sich sonst keinen Rat wußte, hypnotisierte *Breuer* seine Patientin Anna O. und wiederholte dann einige der Wörter, die sie gemurmelt hatte. Er erreichte so, daß sie sich freier äußerte und schließlich sehr bewegt über einige quälende Ereignisse ihrer Vergangenheit sprach. Nach der Hypnose ging es ihr oft sichtlich besser. *Breuer* hypnotisierte auch andere hysterische Patienten und stellte fest, daß Erleichterung und Symptomfreiheit länger anhielten, wenn die Patienten sich unter Hypnose an das für die Symptome verantwortliche Ereignis erinnerten und auch die Emotion, die dieses Ereignis seinerzeit begleitet hatte, zum Ausdruck kam. Dieses Wiedererleben einer früheren emotionalen Katastrophe und die Lösung der emotionalen Spannung, die das Ergebnis früherer, inzwischen vergessener Gedanken über das fragliche Ereignis war, nannte *Breuer* Katharsis. Die Methode selbst wurde als *kathartische Methode* bekannt. 1895 veröffentlichte er zusammen mit einem Kollegen die *Stu-*

Anna O., in Wahrheit Bertha Pappenheim, war die berühmte Patientin, die Breuer mit der kathartischen Methode behandelte.

dien über Hysterie, ein Buch, das als Meilenstein der Klinischen Psychologie gilt. *Breuers* Mitarbeiter, dessen Arbeit uns im nächsten Kapitel beschäftigen wird, war *Sigmund Freud*.[1]

Wissenschaft: Ein menschliches Unternehmen

Um den Weltraum zu erforschen, schießen wir hochkomplizierte Satelliten ins All, die ihre Be-

obachtungen zur Erde zurückfunken. Auch Astronauten wurden auf den Mond katapultiert, um mit ihren menschlichen Sinnen sowie mit von Menschen gemachten Apparaten weitere Beobachtungen zu sammeln. Es ist jedoch möglich, daß uns Phänomene entgehen, weil unseren Instrumenten die entsprechende Vorrichtung fehlt, um Vorhandensein oder Fehlen solcher Phänomene zu registrieren und weil wir nicht dafür ausgebildet sind, nach ihnen zu suchen. Als im Juli und September 1976 die Marssonden Viking 1 und Viking 2 mit der Suche nach Leben auf diesem Planeten begannen, warnten Weltraumforscher wiederholt vor dem voreiligen Schluß, daß es kein Leben auf dem Mars gebe, nur weil die Instrumente keines entdeckt hatten. Wissenschaftler sind aufgrund ihrer Arbeitserfahrung scharfsinnig genug, um zu wissen, daß ihnen Grenzen gesetzt sind. Wenn sie auf fremden Planeten nach Leben suchen, können sie das nur mit Instrumenten tun, die sie selbst entwickelt haben und die infolgedessen begrenzt sind wie die Vorstellungen, die ihnen zugrunde liegen. Bei den Tests auf dem Mars ist man von Annahmen über das Wesen lebender Materie ausgegangen, die dem, was sich auf diesem fernen Planeten entwickelt hat, vielleicht gar nicht gerecht werden.

Dieser Exkurs in die Weltraumforschung sollte deutlich machen, daß wissenschaftliche Beobachtung ein menschliches Bestreben ist, das sowohl die Leistungskraft menschlicher Genialität und Gelehrsamkeit als auch unsere prinzipielle Unfähigkeit, vollständige Kenntnis über das Wesen unseres Universums zu erlangen, widerspiegelt. Wissenschaftler können nur Instrumente für Beobachtungen entwickeln, von denen sie bereits irgendeine Vorstellung haben. Ihnen ist klar, daß bestimmte Beobachtungen nicht gemacht werden, weil unser Wissen über die allgemeine Natur des Universums beschränkt ist. *Thomas Kuhn*, ein bekannter Wissenschaftstheoretiker, hat das so dargestellt: „Die Entscheidung, einen bestimmten Apparat einzusetzen und ihn auf bestimmte Weise zu verwenden, beinhaltet die Annahme, daß nur ganz bestimmte Sachverhalte auftreten werden" (1962, S. 59). Einstein sagte: „Die Theorie entscheidet darüber, was wir beobachten können." (*Heisenberg*, 1971, S. 63). *Robert Pirsig* (1974) drückt diesen Sachverhalt in „Zen oder die Kunst ein Motorrad zu warten" etwas poetischer aus: „Wir nehmen eine Handvoll Sand aus der endlosen Landschaft des Bewußtseins

1 Anna O., die junge Frau, die Breuer mit seiner kathartischen Methode behandelte, wurde zu einem der berühmtesten Fälle der psychotherapeutischen Literatur. Zusammen mit vier anderen Fallberichten bildete er die Grundlage für die späteren bedeutenden Arbeiten *Freuds*. Historische Nachforschungen von *Ellenberger* (1972) erlauben jedoch ernsthafte Zweifel an der Genauigkeit von *Breuers* Bericht. Tatsächlich half Anna O. – in Wirklichkeit die aus wohlhabender Wiener Familie stammende Berta Pappenheim – *Breuers* Behandlung wohl nur vorübergehend. *C. G. Jung*, *Freuds* berühmter Kollege, soll 1925 während einer Konferenz von *Freud* erfahren haben, daß Anna O. nie geheilt worden sei. Von *Ellenberger* entdeckte Krankenblätter bestätigen, daß sie weiterhin auf Morphium zurückgriff, um ihre „hysterischen" Leiden zu lindern. Es spricht etliches dafür, daß einige ihrer Schwierigkeiten organischer und nicht psychischer Natur waren. Es ist faszinierend und zugleich nicht ohne Ironie, daß ein unrichtig dargestellter Fall den entscheidenden Anstoß zur Entwicklung der Psychoanalyse gab.

um uns herum und nennen diese Handvoll Sand die Welt." (S. 75).

Subjektivität in der Wissenschaft: Die Bedeutung von Paradigmen

Wir sind davon überzeugt, daß alle Anstrengungen bei der Untersuchung abweichenden Verhaltens unternommen werden sollten, daß sie nach wissenschaftlichen Prinzipien erfolgen. Es sollte jedoch hier bereits klar sein, daß die Wissenschaft kein völlig objektives und sicheres Unterfangen darstellt. Es ist eher so, wie wir aus dem Kommentar von *Kuhn* ableiten können, daß subjektive Faktoren, aber auch die Grenzen unserer Wahrnehmung des Universums in die Durchführung der wissenschaftlichen Untersuchungen eingehen. Nach Auffassung von *Kuhn* ist der Begriff des Paradigmas, ein begrifflicher Rahmen oder Ansatz, in dem ein Forscher arbeitet, für die Anwendung wissenschaftlicher Prinzipien zentral. Ein Paradigma ist nach *Kuhn* eine begrenzte Zahl von grundlegenden Annahmen, die ein bestimmtes Universum wissenschaftlicher Fragestellungen beschreiben und dabei sowohl die Art der Konzepte festlegen, die als legitim angesehen werden, als auch die Methoden, die verwendet werden, um Daten zu sammeln und zu interpretieren.

Ein Paradigma hat weitgehende Auswirkungen darauf, wie die Wissenschaftler zu einer bestimmten Zeit vorgehen, denn „(Menschen), deren Forschungen auf gemeinsamen Pardigmen beruhen, sind den gleichen Regeln und Standards der wissenschaftlichen Praxis verpflichtet." (*Kuhn*, 1962, S. 11). Paradigmen legen fest, welche Probleme die Wissenschaftler untersuchen und wie sie dabei vorgehen. Paradigmen sind integrale Bestandteile einer Wissenschaft, denn sie erfüllen die vitale Funktion, dem Spiel seine Regeln zu geben. Wahrnehmungspsychologisch betrachtet ist ein Paradigma einer allgemeinen Einstellung, einer Tendenz zu vergleichen, bestimmte Faktoren zu sehen und andere nicht.

Abgesehen von der Tatsache, daß in die Definition und Sammlung von Daten subjektive Tendenzen eingehen, kann ein Paradigma auch die Interpretation von Fakten beeinflussen. Mit anderen Worten, die Bedeutung oder das Gewicht, welches man Daten beimißt, kann in erheblichem Ausmaß von einem Paradigma abhängen. Wir werden die Hauptparadigmen der Klinischen Psychologie im nächsten Kapitel erörtern.

Ein Beispiel für Paradigmen in der Klinischen Psychologie

Ein Grundzug der Wissenschaft, umschrieben mit der Aussage: „Das glaube ich erst, wenn ich es sehe", zeigt sich besonders eindrucksvoll in einem Experiment von *Langer* und *Abelson* (1974). Die beiden Forscher interessierten sich für die Frage, welchen Einfluß unterschiedliche theoretische Ausrichtungen darauf haben, wie ausgebildete Klinische Psychologen die „Angepaßtheit" eines Menschen beurteilen.

Die *Verhaltenstherapie* hat ihre Wurzeln in der behavioristischen Lerntheorie, die es sich zum Ziel gesetzt hat, offenes Verhalten objektiv zu beobachten, und die Gesetze formuliert, die das Lernen beschreiben. Verhaltenstherapeuten sind davon überzeugt, daß abweichendes Verhalten nach denselben Lernprinzipien erworben wird wie normales Verhalten und daß die Beschreibung eines Menschen als psychisch krank ein soziales Urteil widerspiegele. Traditioneller ausgebildete Kliniker suchen hinter dem gestörten Verhalten den innerpsychischen Konflikt als Ursache und sind eher geneigt, in Kategorien psychischer Krankheit zu denken. *Langer* und *Abelson* erwarteten, daß sich Verhaltenstherapeuten, denen man einen Menschen als psychisch krank vorstellte, in ihrem Urteil weniger beeinflussen lassen dürften als traditionell ausgebildete Kliniker. Um diese Hypothese zu prüfen, ersannen sie folgendes Experiment. Sie führten einer Gruppe von Verhaltenstherapeuten und einer Gruppe von Psychoanalytikern ein Videoband vor, das zwei Männer in einem Interview zeigte. Zuvor hatte man den Interviewten beiden Gruppen je zur Hälfte als Stellenbewerber oder als psychiatrischen Patienten beschrieben. Von den Beurteilungen der beiden Gruppen von Verhaltenstherapeuten wurde erwartet, daß sie durch diese „Etikettierung" weniger beeinflußt würden und daher ziemlich ähnlich sein würden.

Das Videoband, das allen Beurteilern vorgeführt wurde, zeigte einen bärtigen Professor im Gespräch mit einem jungen Mann von etwa 25 Jahren. Den Interviewten hatte man mittels Zeitungsannonce gefunden, mit der man nach jemandem gesucht hatte, der sich kürzlich um eine Stelle beworben hatte und gegen ein Honorar von 10 Dollar bereit war, sich interviewen und filmen zu lassen. Die Therapeuten-Probanden sahen einen weitschweifigen biographischen Monolog des jungen Mannes. Er schilderte seine früheren Stellungen und ließ sich über seine Schwierigkeiten mit Bürokraten aus. *Langer* und *Abelson* befanden, daß er zwar einen angespannten, aber in keinerlei Hinsicht eindeutigen Eindruck machte, und daß sein Verhalten gleichermaßen als ernsthaftes Bemühen wie als konfus und gequält angesehen werden konnte.

Den Eindruck, den die Therapeuten von der psychischen Gesundheit des Interviewten gewonnen hatten, erfaßte man mit einem Fragebogen. Galt der junge Mann als Stellenbewerber, unterschieden sich die Einschätzungen von traditionellen Therapeuten und Verhaltenstherapeuten nicht wesentlich. Doch das Etikett „Patient" führte zu den erwarteten eindeutigen Unterschieden (vgl. Abb. 1.2). In den Fällen, in denen der Interviewte als Patient bezeichnet worden war, beurteilten ihn die traditionellen Kliniker als ziemlich gestört – in erheblich stärkerem Maße als die traditionellen Kliniker, die ihn als Bewerber gesehen hatten. Im Gegensatz dazu beurteilten die Verhaltenstherapeuten den „kranken" Interviewpartner als relativ gut angepaßt, nicht weniger gut als die anderen Verhaltenstherapeuten, die ihn als Bewerber für eine Stelle sahen.

Die qualitativen Einschätzungen der Kliniker unterstützten ihre Beurteilungen. Während die Verhaltenstherapeuten den Mann als „realistisch", „ernsthaft" und „verantwortungsbewußt", unabhängig von der Etikettierung beschrieben, verwendeten die traditionellen Kliniker, die ihn als Patienten sahen, Aussagen wie „strenge, abwehrende Person", „Konflikt wegen Homosexualität" und „die Impulsivität macht sich in seiner Rigidität bemerkbar".

Warum erscheinen die Verhaltenstherapeuten in diesem Experiment als wenig beeinflußbar? *Langer* und *Abelson* erklären es folgendermaßen. Der verhaltenstherapeutische Ansatz begünstigt die Konzentration der Kliniker auf das offene oder manifeste Verhalten und macht sie gegenüber Krankheiten skeptisch, die nicht unmittelbar auffallen. Diejenigen mit dieser Orientierung hatten bei dieser speziellen Untersuchung einen Vorteil, weil, wie weitschweifig der Interviewte auch immer war, sein Verhalten alles in allem nicht gestört war. Die

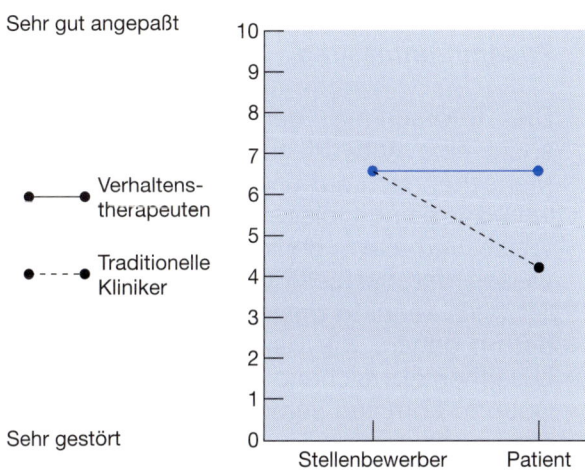

Abb. 1.2 Mittelwerte der Beurteilung der Anpassung, die dem Interviewten gegeben wurde, in Abhängigkeit der Beschreibung, die ihm vom Untersucher gegeben wurde und der Ausbildung des Diagnostikers (nach Langer und Abelson, 1974).

traditionellen Therapeuten waren andererseits darin geschult, über das hinauszugehen, was bei einem Patienten am offensichtlichsten ist. Als sie daher die negativen Äußerungen über die Bürokraten hörten, zollten sie ihnen möglicherweise zu viel Aufmerksamkeit und folgerten daraus, daß mit dem jungen Mann etwas nicht stimmen könne.

Langer und *Abelson* sind sich der Grenzen ihres Experimentes sehr wohl bewußt und machen den Leser darauf aufmerksam, daß in einer andersgearteten Untersuchung – vielleicht mit einem wirklich gestörten Interviewpartner – die Verhaltenstherapeuten ins Hintertreffen geraten könnten. Ziel des Experiments war es nicht, die eine therapeutische Orientierung gegen die andere auszuspielen. Es sollte vielmehr zeigen, wie eine theoretische Überzeugung die Wahrnehmung beeinflussen kann: Die Psychopathologie kann in der Tat im Auge des Betrachters liegen!

Subjektive Faktoren in Gestalt theoretischer Ausrichtungen sind in der Psychologie allgegenwärtig und haben bestimmenden Einfluß auf unsere Auffassung vom Wesen abweichenden Verhaltens. Jeder Wissenschaftler, ganz gleich welcher Fachrichtung, der Hypothesen aufstellt, Untersuchungen durchführt und kontrollierte Forschung betreibt, bleibt immer auch ein menschliches Wesen. Vielleicht stünde es den Wissenschaftlern unter den Psychologen ganz besonders gut an, sich dieser einfachen, aber oft übersehenen Tatsache stets bewußt zu bleiben.

Zusammenfassung

Die Erforschung der Psychopathologie sucht eine Antwort auf die Frage, warum Menschen sich auf ungewöhnliche, zuweilen bizarre und typisch selbstzerstörerische Weise verhalten, denken und fühlen. Wir wissen darüber sehr viel weniger, als uns lieb sein kann. In diesem Buch nun soll es darum gehen, wie Psychopathologen den Ursachen abweichenden Verhaltens auf die Spur zu kommen versuchen, und wie man es – nach gegenwärtigem Wissensstand – verhindern oder mildern kann.

Es wurden verschiedene Komponenten der Abnormität diskutiert: statistische Seltenheit, Verletzung von Normen, persönliches Leiden, Behinderung oder Funktionsbeeinträchtigung und Unvorhersagbarkeit. Jede Definition erfaßt einen Teil dessen, was man als abweichend betrachten kann. Die Beschreibungen ändern sich jedoch mit der Zeit und so ist es unmöglich, eine einfache Definition von Abnormität in seiner Gesamtheit zu erhalten.

Wir haben in diesem Kapitel die Geschichte des Fachgebiets nachgezeichnet und ihre Ursprünge in der alten Dämonologie und wenig differenzierten medizinischen Theorien gefunden. Von Beginn der wissenschaftlichen Erforschung abweichenden Verhaltens an wetteiferten zwei Erklärungsprinzipien miteinander: das somatogene Prinzip, das jegliche psychische Abweichung auf eine physische Funktionsstörung zurückführen möchte, und das psychogene Prinzip, das die Physis des Betroffenen für intakt hält und psychische Schwierigkeiten allein psychologisch zu erklären versucht.

Wissenschaftliche Forschung wurde als ein besonderes Mittel dargestellt, durch das Menschen Wissen über ihre Welt erwerben. Ein sehr wichtiger Aspekt dabei ist, daß Menschen nur das sehen, auf dessen Wahrnehmung sie vorbereitet sind, und manche Phänomene bleiben uns vermutlich verschlossen, weil auch Wissenschaftler nur etwas entdecken können, von dem sie bereits eine allgemeine Vorstellung haben. Der Subjektivität entgehen wir weder in der Wissenschaft noch in unserer alltäglichen Wahrnehmung der Dinge.

2

Gegenwärtige Paradigmen in Psychopathologie und Therapie

Paradigmen sind selbstgeschaffene, hauchdünne Barrieren gegen den Schmerz der Ungewißheit.
(*Yalom*, 1980, S.26)

Während wir in Kapitel 1 untersucht haben, wie man abweichendes Verhalten im Laufe der Geschichte verstanden hat, wurde auf die Bedeutung von Paradigmen hingewiesen. In diesem Kapitel geht es um die wichtigsten Paradigmen von abweichendem Verhalten. Ein *Paradigma* ist eine Reihe von grundlegenden Annahmen, die zusammen definieren, wie man Daten in Begriffe faßt, untersucht, sammelt und interpretiert und sogar wie man über bestimmte Inhalte denkt. Wie wir gleich sehen werden, gibt es einige Paradigmen, die sich mit abweichendem Verhalten beschäftigen. Die Paradigmen, die wir hier behandeln, konzentrieren sich sowohl auf das Verständnis der *Ätiologie* oder der Gründe für abweichendes Verhalten als auch auf die therapeutische Intervention. Wir werden in den Kapiteln 18-20 noch ausführlicher auf die Blickwinkel, die die verschiedenen Paradigmen in bezug auf die Behandlung von abweichendem Verhalten mit sich bringen, eingehen.

Wir werden uns im folgenden mit den vier wichtigsten Paradigmen der Klinischen Psychologie beschäftigen: dem *biologischen,* dem *psychoanalytischen,* dem *lerntheoretischen und* dem *kognitiven Paradigma.*

In den früheren Auflagen dieses Buches sind wir in diesem Kapitel auf das humanistische und existentialistische Paradigma eingegangen. In dieser Ausgabe beschränken wir jedoch die eingehendere Diskussion dieser beiden Paradigmen auf Kapitel 18, wo wir die heutigen Therapieansätze prüfen und vergleichen werden. Dieses geschieht, weil Befürworter des humanistischen und existentialistischen Paradigmas es generell ablehnen, in Krankheitskategorien, wie Schizophrenie und Angststörung, zu denken. In der Tat werden diese Paradigmen, die eher das persönliche Wachstum als die Störung im Blick haben, selten dazu verwendet, die Ursache eines psychischen Problems zu analysieren.

Obwohl sie sich in gewissen Punkten unterscheiden, teilen der humanistische und der existentialistische Ansatz einige wichtige Charakteristika: sie betonen den freien Willen; sie betrachten die phänomenologische Welt der Person, also wie sie Begebenheiten auslegt und bewertet, als die wichtigste Determinante des Verhaltens; sie fokussieren mehr auf die Stärken als auf die Schwächen einer Person; sie beschäftigen sich mit den Fragen nach dem Sinn des Lebens und wie man darin seinen Platz erkämpft; und sie unterstützen eher das persönliche Wachstum und Erfüllung als eine Erleichterung von psychischen Leiden. Hauptvertreter dieser Paradigmen sind *Carl Rogers, Abraham Maslow, Viktor Frankl* und *Frederic (Fritz) Perls.*

Viele begeben sich an die Erforschung abweichenden Verhaltens, ohne sich das Paradigma, dem sie folgen, explizit klarzumachen. Doch wie wir sehen werden, hat die Wahl des Paradigmas entscheidenden Einfluß darauf, wie man abweichendes Verhalten definiert, untersucht und behandelt. Mit der Darstellung von Paradigmen wollen wir eine Grundlage schaffen für die nachfolgende ausführliche Diskussion der Hauptkategorien psychischer Störungen und ihrer Behandlung.

Das biologische Paradigma

Das biologische Paradigma abweichenden Verhaltens ist ein breiter theoretischer Ansatz, der davon ausgeht, daß alle psychischen Störungen durch abnorme somatische oder körperliche Prozesse ausgelöst werden. Es wurde auch oft als das medizinische oder Krankheitsmodell bezeichnet, aber diese Ausdrucksweise ist in vielerlei Hinsicht zu eingeschränkt, wie wir weiter unten darstellen werden. Der heutige Ansatz des biologischen Paradigmas ist im Vergleich dazu weitreichender und hat vor allem die genetischen und biochemischen Faktoren, die den Krankheitsursachen zugrunde liegen, im Blickpunkt.

Das Krankheitsmodell

Wie wir aus Kapitel 1 wissen, ist die Erforschung abweichenden Verhaltens historisch mit der Medizin verbunden. Heute wie früher dient das Modell der körperlichen Krankheit als Grundlage für die Definition abweichenden Verhaltens. Immer noch dominiert im Bereich psychischer Störungen die medizinische Terminologie. „(Abweichendes) Verhalten wird *pa-*

thologisch genannt und auf der Grundlage von *Symptomen* klassifiziert, wobei die Klassifikation *Diagnose* heißt. Maßnahmen zur Änderung von Verhalten nennt man *Therapien,* die man bei Patienten in psychiatrischen *Kliniken* anwendet. Stellt der Patient das abweichende Verhalten ein, gilt er als *geheilt",* konstatiert *Maher* (1966, S. 22).

Dem medizinischen Modell liegt die Annahme zugrunde, daß abweichendes Verhalten einer Krankheit vergleichbar ist. Um zu verstehen, wie ein Krankheitsmodell auf abweichendes Verhalten angewandt werden kann, müssen wir uns den medizinischen Krankheitsbegriff genauer ansehen. Im Mittelalter wurde Krankheit gleichgesetzt mit beobachtbaren Anzeichen und Symptomen wie Ausschlag oder Fieber. Mit dem Fortschritt der medizinischen Wissenschaft, insbesondere auf dem Gebiet der Autopsie, lernte man, beobachtbare Symptome inneren Fehlfunktionen zuzuschreiben. Als dann *Louis Pasteur* den Zusammenhang zwischen Bakterien und Krankheit entdeckte und bald darauf die Existenz von Viren postulierte, verfügte man mit der *Keimtheorie* von Krankheit über eine neue Erklärung in bezug auf Pathologie. Nunmehr sah man in äußeren Symptomen die Folge einer Infektion des Körpers mit winzigen Organismen und Viren. Die Keimtheorie wurde zum neuen Paradigma der Medizin. Doch schon bald zeigte sich, daß nicht alle Krankheiten mit Hilfe der Keimtheorie erklärt werden konnten. Diabetes z.B., eine Fehlfunktion der insulinbildenden Zellen der Bauchspeicheldrüse, geht weder auf eine Infektion zurück, noch läßt sie sich überhaupt einer einzelnen Ursache zuschreiben. Auch für die Herzkrankheiten können eine Vielzahl von Faktoren – genetische Ausstattung, Belastungen durch Rauchen und Fettleibigkeit, Typ-A-Verhalten (vgl. S. 230ff.) usw. – verantwortlich sein. Ist hier ein einzelnes Paradigma überhaupt noch ausreichend?

Wohl kaum. Da sich selbst die medizinischen Krankheiten in Ursachen und Symptomen vielfältig unterscheiden, trägt die Behauptung, abweichendes Verhalten lasse sich als Krankheit auffassen, wenig zur Klärung des Phänomens bei (vgl. Kasten 2.1).

Heutige Forschungsansätze für das biologische Paradigma

Da unser Wissen um das Funktionieren des Körpers zugenommen hat, ist es berechtigt zu sagen, daß eine Verhaltensanomalie zumindest zum Teil auf eine Störung eines oder mehrerer physiologischer Prozesse zurückgehen kann.

Inzwischen gibt es eine beachtliche Literatur, im Bereich der Forschung wie der Theorie, welche die für die Psychopathologie relevanten biologischen Faktoren behandelt. Erblich bedingte biologische Fehlfunktionen prädisponieren z.B. zur Schizophrenie (Kapitel 14). Zur Depression kommt es möglicherweise, weil die normalen Prozesse neuraler Erregungsübertragung gestört sind (Kapitel 9), und neurotische Angst hat man verschiedentlich auf einen Defekt innerhalb des autonomen Nervensystems zurückgeführt, der eine Senkung der Erregungsschwelle verursacht (Kapitel 6). Anderen sogenannten hirnorganischen Syndromen liegen Schädigungen von Gehirnstrukturen zugrunde (s. Kap. 17). In jedem Fall wird eine psychopathologische Erscheinung mit der Störung eines biologischen Prozesses in einen Kausalzusammenhang gebracht. Forscher, die innerhalb dieses Paradigmas arbeiten, glauben, das Rätsel der Psychopathologie sei allein dadurch zu lösen, daß man nach somatischen, d.h. körperlichen Ursachen sucht.

In diesem Abschnitt werden wir zwei Forschungsansätze betrachten, deren Daten besonders interessant sind: Verhaltensgenetik und Biochemie.

Verhaltensgenetik

Wenn das Ovum, die Eizelle, mit dem männlichen Spermium verschmilzt, wird sie zur Zygote oder befruchteten Eizelle. Sie hat die für einen Menschen charakteristische Chromosomenanzahl 46. Jedes Chromosom besteht aus vielen tausend *Genen.* Die Gene sind die Träger der genetischen Information (DNA), die die Eltern an das Kind weitergeben. Jede Zelle des menschlichen Organismus enthält einen kompletten Satz Chromosome und Gene im Zellkern.

Verhaltensgenetik ist das Studium der individuellen Unterschiede im Verhalten, die zum Teil auf die unterschiedliche genetische Veranlagung zurückzuführen sind. Die vollständige

Kasten 2.1   Kritik des medizinischen beziehungsweise Krankheitsmodells abweichenden Verhaltens

Obwohl wir den Begriff des medizinischen Modells für nicht sehr sinnvoll halten, ist bei Psychopathologen und Klinikern doch soviel die Rede davon, daß ein Überblick über einige der Schwachstellen dieses Modells ganz nützlich sein kann. Ein Kliniker, so lautet ein häufiger Einwand, der mit dem abweichenden Verhalten eines Menschen konfrontiert ist, verfügt über keinerlei unabhängiges Instrumentarium, um das Vorhandensein von Krankheitsprozessen nachzuweisen. In der Medizin lassen sich sowohl die Symptome als auch die dafür verantwortlichen Faktoren und somit der Krankheitsprozeß häufig eindeutig feststellen. Fieber läßt sich genau messen, und auch der spezifische Erreger oder Mikroorganismus, der den Temperaturanstieg verursacht hat, kann – etwa durch einen Rachenabstrich und die Analyse der vorhandenen Fremdorganismen – unabhängig davon bestimmt werden. Wendet man das Krankheitsmodell jedoch auf abweichendes Verhalten an, steht man meistens vor dem Problem, daß sich weder die Symptome noch ihre vermuteten Ursachen unabhängig voneinander erfassen lassen. Man kategorisiert und benennt bestimmte Verhaltensweisen und Symptome als psychische Krankheit, zieht dann aber die Krankheitsbezeichnung als Erklärung oder Ursache dieser Symptome heran. Einen Patienten, der sich der Realität entfremdet hat und halluziniert, beschreibt man als schizophren. Wenn wir dann fragen, warum der Patient sich der Realität entfremdet hat und halluziniert, lautet die Antwort häufig, das tue er, weil er schizophren sei. Mit „Schizophrenie" wird also ein bestimmtes Verhalten, aber zugleich auch eine Ursache eben dieses Verhaltens bezeichnet. Ein klares Beispiel für einen Circulus vitiosus – den man in der Wissenschaft unbedingt vermeiden sollte.

Diese Kritik an der Art und Weise, wie psychisch Kranke diagnostiziert werden, ist zwar berechtigt, läßt sich aber nicht immer aufrechterhalten. Man könnte aus der Perspektive des medizinischen Modells auch differenzierter argumentieren und dem entgegenhalten, daß man die Schizophrenie zwar auf der Grundlage von Symptomen diagnostiziere, aber damit keineswegs behaupte, diese Symptome seien Folge der Schizophrenie. Die Ursachen der Symptome seien einfach noch nicht gefunden, doch das sei eine Frage der Zeit. Irgendwann werde man bei Schizophrenen eine abweichende chemische Verbindung entdecken und als Ursache der Krankheit identifizieren. Kurz, der differenziertere Anhänger eines Krankheitsmodells würde zugestehen, daß wir über die Ursachen im Moment zwar noch wenig wissen, daß es aber im Prinzip und wenn die notwendige Information zur Verfügung stehe, möglich sein werde, Symptome und *Ätiologie,* wie in der Medizin üblich, unabhängig voneinander zu erfassen.

Ein zweiter gängiger Einwand gegen die Übertragung medizinischer Modelle auf abweichendes Verhalten zielt auf eine prinzipielle Verschiedenheit der Symptome physischer und psychischer Krankheiten ab. Die sogenannten psychischen Symptome, so *Thomas Szasz* (1960), der wohl berühmteste Verfechter dieser Kritik, sind zunächst einmal Äußerungen des Patienten über sich und andere. Die Qualifizierung solcher Äußerungen als Symptome bedeute, daß wir innerhalb eines spezifischen sozialen und kulturellen Kontextes eine Beurteilung vornehmen. So kann zum Beispiel die Überzeugung eines Patienten, er sei Christus, Grund genug sein, ihn mit der Diagnose „paranoide Schizophrenie" zu belegen. Aber sogar in diesem Extremfall wird die Diagnose davon abhängen, ob der Therapeut der Behauptung Glauben schenkt oder nicht. Denn glaubt der Beobachter dem Patienten, wird er in dessen Verhalten sicher nicht das Symptom einer psychischen Krankheit sehen. Obwohl die Bedeutung subjektiver Faktoren, wie sie in die Definition psychischer Störungen eingehen, nicht zu gering eingeschätzt werden sollte, ist die Unterscheidung zwischen psychischer und körperlicher Erkrankung auf dieser Grundlage allein ein fragwürdiges Vorgehen.

Schließlich behaupten viele Kritiker des medizinischen Modells, daß sogenannte Geisteskrankheiten weder eine spezifische Ätiologie noch eine spezifische Symptomatologie aufweisen und also nicht als Krankheiten im eigentlichen Sinne gelten können (z.B. *Milton* und *Wahler,* 1969). In der Tat ist unser Wissen über die Ätiologie von Psychopathologien verschwindend gering. Daß wir diese Ätiologien noch nicht entdeckt haben, heißt aber, wie gesagt, nicht, daß wir die Suche nach ihnen einstellen sollten.

Sehr viel triftiger ist der Einwand, daß es immer noch nicht gelungen ist, etlichen Kategorien abweichenden Verhaltens eine spezifische Kombination von Symptomen zuzuordnen. Dem ließe sich aus der Sicht eines medizinischen Modells allerdings entgegenhalten, daß auch viele medizinische Krankheiten *keine* spezifische Symptomatologie aufweisen. Ein gutes Beispiel dafür ist die Progressive Paralyse. Bevor sie als Infektionskrankheit erkannt wurde, war heftig umstritten, ob die Symptome körperlichen Ursprungs oder Folge einer psychischen Störung waren. Verfechter der psychologischen These argumentierten, das Symptombild sei uneinheitlich, da manche Patienten nicht an Größenwahn, son-

dern an Depression litten. Folglich sei die Paralyse keine medizinische Krankheit im eigentlichen Sinne. Nun geht die Paralyse, wie sich herausstellte, tatsächlich auf ein *einzelnes* ursächliches Agens zurück, gleichwohl können sich ihre Manifestationen in *späteren* Stadien *von Patient zu Patient deutlich unterscheiden.* Sogar eine Infektionskrankheit geht also nicht unbedingt auch mit einer homogenen Symptomatologie einher.

Das alles zeigt, daß an der Entscheidung, abweichendes Verhalten als medizinische Krankheit zu sehen, auch subjektive Faktoren beteiligt sind. Gegen das medizinische Modell werden triftige und bedenkenswerte Einwände erhoben. Für jeden dieser Einwände gibt es jedoch auch Entgegnungen.

genetische Ausstattung eines Individuums wird als *Genotyp* bezeichnet. Der Genotyp eines Menschen ist sein nicht sichtbarer, physiologischer genetischer Aufbau. Dieser steht im Gegensatz zu der Gesamtheit seiner beobachtbaren Merkmale, dem sogenannten *Phänotyp*. Der Genotyp ist mit der Geburt festgelegt, während der Phänotyp sich ändert und generell als das Produkt der Interaktion des Genotyps und der Erfahrung betrachtet wird. Nehmen wir z.B. an, daß eine Person mit der Anlage für hohe intellektuelle Leistungsfähigkeit geboren wird. Ob er oder sie dieses genetische Potential auch entwickelt, hängt von Umgebungsfaktoren wie Erziehung und Ausbildung ab. Die gemessene Intelligenz (IQ) ist deshalb am besten als Kennzeichen des Phänotyps anzusehen.

Aufgrund der Unterscheidung in Phänotyp und Genotyp erkennen wir, daß etliche klinische Krankheitsbilder Störungen des Phänotyps sind. Deshalb ist es auch nicht richtig, von einer direkten Vererbung von Schizophrenie oder Angststörung zu sprechen. Am ehesten kann der Genotyp für diese Störungen vererbt werden. Ob diese Genotypen letzendlich die Störungen des Phänotyps hervorrufen, hängt von der Umgebung und Erfahrung ab; eine Prädisposition (Diathese) kann vererbt sein, aber nicht die Krankheit an sich.

Verhaltensgenetiker untersuchen, in welchem Ausmaß Merkmale wie körperliche Ähnlichkeit oder die Psychopathologie bei Familienmitgliedern übereinstimmen.

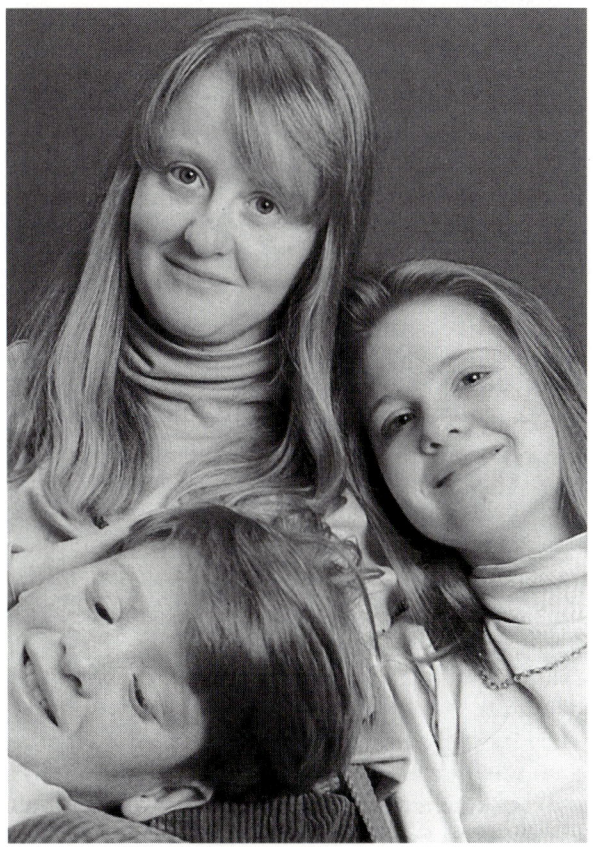

Die beiden wichtigsten Verfahren beim Studium der Verhaltensgenetik sind der Vergleich von Familienmitgliedern und Zwillingspaaren. Bei der *Familienmethode* können die Familienmitglieder verglichen werden, da die durchschnittliche Anzahl der gemeinsamen Gene von zwei Blutsverwandten bestimmt werden kann. So erhalten z.B. Kinder die Hälfte ihrer Gene von dem einen und die andere Hälfte von dem anderen Elternteil. So haben Geschwister im Durchschnitt zu 50% den gleichen genetischen Hintergrund. Im Gegensatz dazu teilen weniger enge Verwandte weniger gemeinsame Gene. So haben z.B. Nichten und Neffen 25% der genetischen Veranlagung eines Onkels. Falls eine Prädisposition für eine psychische Störung vererbt werden kann, sollte eine Familienstudie eine Korrelation zwischen der Anzahl der gemeinsamen Gene und der Häufigkeit der Störung bei Verwandten vorliegen. Den Ausgangspunkt solcher Untersuchungen bildet die Suche nach einer Personengruppe, für die die zu untersuchende Diagnose gestellt wurde, diese werden als *Indexgruppe* oder Probanden bezeichnet. Danach werden die Verwandten untersucht, um die Häufigkeit festzustellen, mit der man auch bei ihnen die fragliche Diagnose stellen kann.

Bei der *Zwillingsmethode* werden sowohl *eineiige* (monozygote, MZ) als auch *zweieiige* (dizygote, DZ) *Zwillinge* untersucht. MZ oder identische Zwillinge entwickeln sich aus einem einzigen befruchteten Ei und sind genetisch identisch. DZ-Zwillinge entwickeln sich aus getrennten Eizellen und sind nur zu 50% genetisch identisch, also nicht mehr als zwei Geschwister. Eineiige Zwillinge haben immer das gleiche Geschlecht, zweieiige Zwillinge hingegen können sowohl gleich- als auch gegengeschlechtlich sein. Auch diese Studien beginnen mit diagnostizierten Fällen und suchen daraufhin die Störung bei dem anderen Zwilling. Wenn die Zwillinge ähnlich diagnostiziert werden, bezeichnet man sie als konkordant. Für den Nachweis, daß die Prädisposition einer psychische Störung vererbt werden kann, muß die *Konkordanz* für die Störung bei MZ-Paaren größer sein als bei DZ-Paaren.

Obwohl die methodische Vorgehensweise für Familien- und Zwillingsstudien eindeutig ist, sind die Daten, die sie liefern, nicht immer einfach zu interpretieren. Angenommen es hätte sich gezeigt, daß Eltern mit Agoraphobie (einer Reihe von Ängsten, bei welchen im Mittel-

punkt die Angst vor großen Plätzen und die Angst, das Haus zu verlassen, steht) mehr als durchschnittlich viele Nachkommen mit Agoraphobie haben. Würde das bedeuten daß Agoraphobie genetisch übertragen wird? Nicht notwendigerweise. Die größere Anzahl von Angststörungen könnte genausogut die Erziehungsmethoden und die Modelle, die die Erwachsenen für das Kind bieten, widerspiegeln.

Stellen wir uns ebenso eine höhere Konkordanz für Schizophrenie bei MZ-Zwillingen als bei DZ-Zwillinge vor. Wiederum weisen diese Daten nicht notwendigerweise auf Vererbung hin, da eineiige Zwillinge aufgrund ihres ähnlichen Aussehens auch ähnlicher aufgezogen werden könnten als zweieiige Zwillinge, was die höhere Konkordanz für Schizophrenie unter ihnen erklären würde. Es gibt jedoch spezielle, aber seltene Umstände, die nicht von den zuvor erwähnten Problemen betroffen sind: ein Kind, das vollständig getrennt von seinen anomalen Eltern aufgezogen wird, und eineiige Zwillinge, die von frühester Kindheit an getrennt aufwachsen. Eine hohe Agoraphobierate bei Kindern, die getrennt von ihren agoraphobischen Eltern erzogen wurden, würden die These stützen, daß genetische Faktoren bei dieser Störung eine Rolle spielen. Ganz ähnlich würde eine höhere Konkordanz bei getrennt aufgewachsenen MZ-Zwillingen als bei DZ-Zwillingen einen schlagenden Beweis für die Vererbung der Prädisposition für eine Störung liefern.

Die Biochemie des Nervensystems

Das Nervensystem besteht aus Milliarden Neuronen. Obwohl sie sich in mancher Hinsicht unterscheiden, besteht jedes *Neuron* aus vier Hauptbestandteilen (siehe Abb. 2.1):
1. dem Zellkörper;
2. mehreren Dendriten, seinen kurzen und dicken Ausläufern;
3. einem oder mehreren Axonen, jedoch üblicherweise einem einzigen, langen, dünnen Axon, das eine beträchtliche Strecke vom Zellkörper hinausreicht;
4. terminale Endungen an den vielen Verästelungen des Axons.

Wenn ein Neuron in geeigneter Form an seinem Zellkörper (primär hemmende Erregungsleitung) oder durch seine Dendriten (primär stimulierende Erregungsleitung) stimuliert wird,

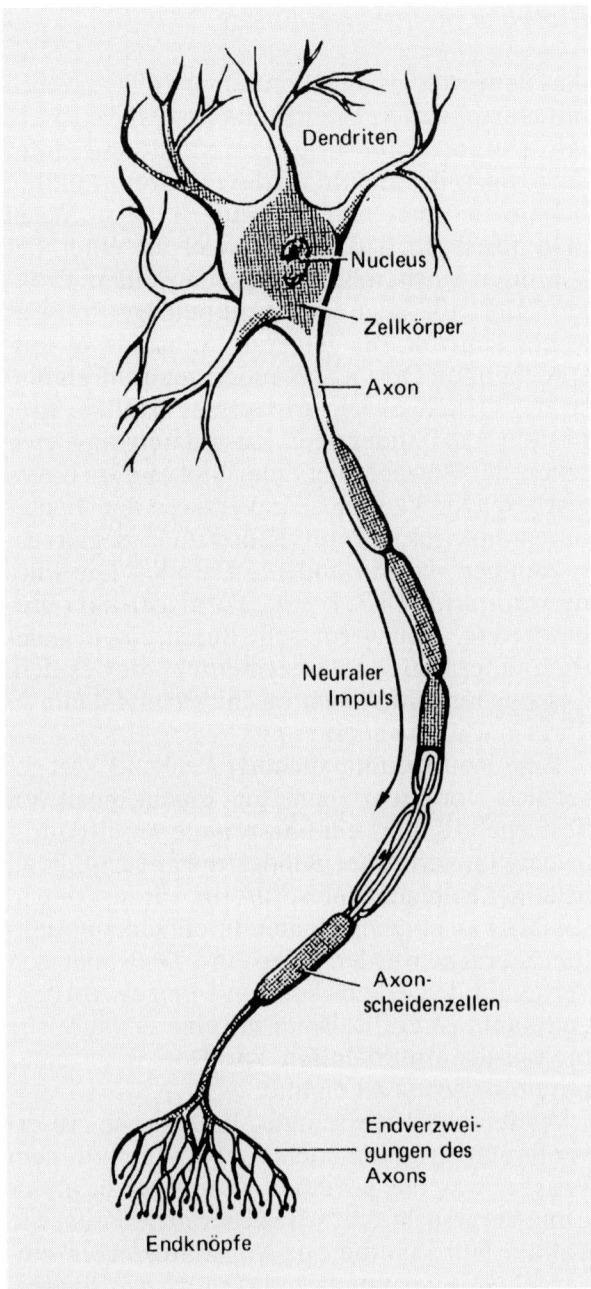

Abb. 2.1 Das Neuron, die Grundeinheit des Nervensystems

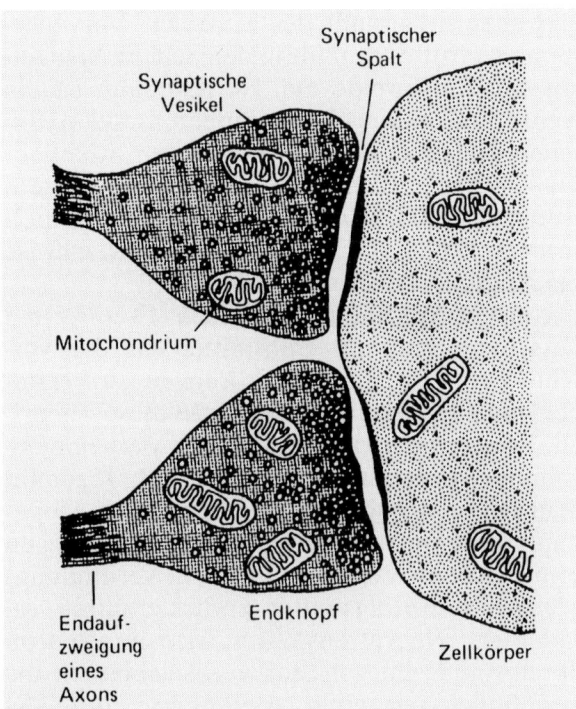

Abb. 2.2 Eine Synapse. Gezeigt sind die Endknöpfe zweier Axonverzweigungen, die in engem Kontakt zu einem kleinen Teil des Zellkörpers eines anderen Neurons stehen.

wandert ein *Nervenimpuls*, also eine Änderung des elektrischen Potentials der Zelle, das Axon entlang zu den terminalen Endungen. Zwischen den terminalen Endungen des sendenden Axons und des empfangenden Neurons befindet sich ein kleiner Zwischenraum: die *Synapse* (Abb. 2.2).

Damit ein Nervenimpuls von einem Neuron zum anderen wandern kann, benötigt er eine Möglichkeit, den synaptischen Spalt zu überwinden. Die terminalen Endungen jedes Axons enthalten synaptische Vesikel, kleine Behälter mit *Neurotransmittern*, chemischen Substanzen, die wichtig für die Übertragung eines Nervenimpulses von einem Neuron zum anderen sind. Ein Neuron synthetisiert und speichert nur einen Hauptneurotransmitter. Neuropeptide (Ketten von Aminosäuren), die als helfende Neurotransmitter dienen, können allein, mit einem anderen Neuropeptid oder zusammen mit einem Hauptneurotransmitter, dessen Wirkungen sie unterstützen oder verändern, in einem Neuron gespeichert werden. Nervenimpulse veranlassen die synaptischen Vesikel, ihre Transmitter auszuschütten, die Transmitter gelangen in den synaptischen Spalt und können das angrenzende Neuron stimulieren. Die Transmittermoleküle passen in die Rezeptoren des postsynaptischen Neurons und übertragen so den Nervenimpuls.

Mehrere wichtige Neurotransmitter konnten identifiziert werden und spielen in der Psychopathologie eine Rolle, darunter Noradrenalin, Adrenalin, Dopamin und Serotonin. Letzeres findet sich in größeren Mengen vor allem in

Geweben außerhalb des zentralen Nervensystems; so tritt es gehäuft in den Schleimhautzellen der Eingeweide auf. Noradrenalin ist ein Neurotransmitter des peripheren sympathischen Nervensystems. Ein weiterer wichtiger Transmitter im Gehirn ist die Gamma-Amino-Buttersäure (GABA), die einige Nervenimpulse hemmt und von der man annimmt, daß sie bei Angststörungen eine Rolle spielt.

Um die Verbindung zwischen Theorie und Forschung der Neurotransmitter und den verschiedenen psychischen Störungen zu verstehen, muß festgestellt werden, daß diese Theorien üblicherweise davon ausgehen, daß eine bestimmte Störung auf eine zu große (z.B. nimmt man bei Schizophrenie einen zu hohen Dopaminspiegel an) oder zu kleine (Angststörungen bringt man mit zuwenig GABA in Verbindung) Menge Neurotransmitter zurückzuführen ist. Jeder der Neurotransmitter wird im Neuron durch eine Reihe von Stoffwechselabläufen, die gewöhnlich von einer Aminosäure ausgelöst werden, synthetisiert. Jede der Reaktionen bei der Produktion eines Neurotransmitter wird durch ein Enzym katalysiert. So kann eine Transmitterüber- oder unterproduktion von einem Fehler in diesen Stoffwechselvorgängen herrühren. Ebenso können Störungen der Transmittermenge auf Veränderungen bei der Deaktivierung des Transmitters nach der Ausschüttung in die Synapse zurückgeführt werden. Üblicherweise reagiert nicht der gesamte freigesetzte Transmitter mit den Rezeptoren. Der verbleibende Transmitter muß entfernt werden, um die Synapse wieder in ihren Ursprungszustand zu versetzen. Ein Teil des ausgeschütteten Transmitters wird in das präsynaptische Neuron zurückgepumpt, ein anderer Teil wird durch Enzyme deaktiviert. Ein Versagen in einem dieser Prozesse kann zu einem zu leicht reagierendem Neuron führen und wäre damit gleichbedeutend mit einer zu hohen Transmittermenge. Schließlich könnten auch die Rezeptoren die Fehlfunktion verursachen. Wenn z.B. die Anzahl der postsynaptischen Rezeptoren zu groß ist oder sie zu leicht erregt werden, wäre das Ergebnis einer zu großen Transmitterausschüttung ähnlich. Jede dieser abweichenden biochemischen Prozesse könnte abweichendes Verhalten zur Folge haben.

Biologische Interventionen

Aus dem biologischen Paradigma folgt, daß sich mit chirurgischen Eingriffen oder Medikamenten, die das körperliche Funktionieren verändern, auch bestimmte Verhaltensabnormitäten behandeln oder sogar verhindern lassen. Wenn man feststellt, daß der Mangel an einer bestimmten biochemischen Substanz einem Problem zugrunde liegt oder dazu beiträgt, so ist es sicher sinnvoll, die fehlende Substanz in entsprechenden Dosen von außen zuzuführen und so das Gleichgewicht wiederherzustellen. Hier besteht ein eindeutiger Zusammenhang zwischen der Betrachtung einer Störung als biologischen Defekt und dem Versuch, den Fehler durch biologische Intervention zu korrigieren.

Nehmen wir ein anderes Beispiel. Die Phenylketonurie (PKU), eine Form geistiger Behinderung, wird verursacht durch einen genetisch determinierten Enzymdefekt, der es dem Organismus unmöglich macht, Phenylalanin in Tyrosin umzuwandeln.

Eine Routineuntersuchung des Kindes ist gesetzlich vorgeschrieben, bei einem positiven Testergebnis wird eine bestimmte aminosäurearme Diät verordnet. Kinder, die andernfalls zu geistiger Behinderung verurteilt wären, können so näher an einen normalen Intelligenzquotienten gebracht werden (Kap. 16). Daß man den verheerenden Folgen solchen Mangels vorbeugen kann, ist ein Beispiel für eine erfolgreiche biologische Intervention zur Korrektur einer physiologischen Anomalie.

Andere weitverbreitete biologische Interventionen gründen nicht unbedingt auf dem Wissen, was die jeweilige Krankheit in erster Linie verursacht. Mit schwächeren Sedativa wie Valium läßt sich die mit Angst-Störungen einhergehende Spannung reduzieren. Antidepressiva und Antipsychotika sind für die Behandlung von Störungen wie Depression und Schizophrenie weitverbreitet. Lithium ist die am häufigsten verwendete Substanz bei der Behandlung der bipolaren Störung, und Stimulantien werden oft bei der Behandlung von Kindern mit Aufmerksamkeits- und Hyperaktivitätsstörungen eingesetzt. Bei einigen schweren Zwangsstörungen, die auf konventionelle Therapien nicht ansprechen, werden gelegentlich noch Gehirnoperationen durchgeführt. Die umstrittene Elektroschock-Behandlung scheint schwere Depressionen zu mildern. Keine dieser somatischen Therapien läßt sich bis heute sinn-

voll den möglichen Ursachen dieser psychischen Störungen zuordnen, gleichwohl gelten
sie als biologische Behandlungsformen. Außerdem kann auch ein Anhänger des biologischen
Paradigmas, der die Meinung vertritt, daß eine
psychische Krankheit biologische Ursachen
hat, eine psychologische Behandlung empfeh-
len. Wie wir von Kapitel 1 wissen, schlug Hippokrates bei Geisteskrankheiten, von denen er
glaubte, daß ihnen eine somatische Ursache zugrunde liegt, Behandlungen vor, die nicht biologisch waren – z.B. Ruhe bei Depression. Auch
heutige Vertreter sind sich der Tatsache bewußt,
daß nicht physiologische Behandlungen positive Auswirkungen auf den Körper haben können (auch Kasten 8.1: Descartes und der Leib-
Seele-Dualismus).

Sigmund Freud (hier mit seiner Verlobten Martha Ber-
nays) war der Begründer des psychoanalytischen Paradigmas, das sowohl eine Theorie der Ursachen psychischer Störungen darstellt als auch ein neues Verfahren
der Therapie.

Das psychoanalytische Paradigma

Das in Psychopathologie und Psychotherapie
wohl am meisten angewandte Paradigma ist das
ursprünglich von *Sigmund Freud* (1856-1939)
entwickelte psychodynamische oder psychoanalytische Paradigma. Der Kern dieses Paradigmas ist die These, daß psychische Krankheiten aus Problemen des Unbewußten entstehen.
Wir werden ausführlich den bedeutenden Einfluß *Freuds* auf dieses Paradigma darstellen.
Seine Nachfolger haben jedoch im Laufe der
Jahre das Paradigma verändert und wir werden
auch auf diese Entwicklungen eingehen.

Die klassische psychoanalytische Theorie

Wir bezeichnen die ursprünglichen Ansichten
Freuds als klassische psychoanalytische Theorie. Wir werden sie in diesem Abschnitt erläutern und uns dann den späteren Versionen der
psychoanalytischen Theorie zuwenden.

Die Struktur der Psyche

Nach *Freud* besteht die Psyche aus drei Teilen:
dem *Es,* dem *Ich* und dem *Überich.* Diese drei
Metaphern stehen jeweils für spezifische Funktionen oder Energien. Das Es – jener Teil der
Persönlichkeit, der die gesamte Energie für das

psychische Geschehen liefert – ist von Geburt
an da. Es besteht aus den grundlegenden Bedürfnissen nach Nahrung, Wasser, Ausscheidung, Wärme, Zuwendung und Sexualität. Als
ausgebildeter Neurologe glaubte *Freud,* daß die
Es-Energie physiologischen Ursprungs sei und
sich später irgendwie – für uns nicht wahrnehmbar, d.h. unterhalb unserer Bewußtseinsschwel-
le – in psychische Energie umwandle.

Innerhalb des Es postuliert Freud die zwei
grundlegenden Triebe Eros und Thanatos. Dabei kommt dem Eros, einer lebensintegrierenden Kraft von grundsätzlich sexueller Natur,
die größere Bedeutung zu. Die Energie dieses
Erostriebes nennt *Freud Libido.* Manchmal
scheint *Freud* zwischen Eros, Libido und sexu-

eller Energie keinen Unterschied zu machen, aber zuweilen schreibt er Libido und Eros auch alle integrativen, lebensfördernden Kräfte zu, die nicht immer im strengen Sinne sexuellen Ursprungs sein müssen. Thanatos, der Todestrieb, spielt in *Freuds* Denken eine relativ geringe Rolle, und die ihm entsprechende Energie hat nie einen Namen erhalten.

Das Es sucht unmittelbare Befriedigung und folgt dem, was von *Freud Lustprinzip* genannt wurde. Bleibt die Befriedigung aus, entsteht Spannung, und das Es strebt danach, diese Spannung so schnell wie möglich zu beseitigen. Ein Säugling, der Hunger verspürt, also einen aversiven Trieb, wird Such- und Saugbewegungen machen, um die Spannung, die der unbefriedigte Trieb hervorruft, zu reduzieren. Solches Verhalten heißt Reflexaktivität und ist eines der Mittel, mit deren Hilfe sich das Es Befriedigung verschafft, es stellt den ersten Austausch des Organismus mit seiner Umwelt dar. Ein zweites Mittel ist der *Primärprozeß,* der das Bild des Gewünschten erzeugt. Der hungrige Säugling imaginiert die mütterliche Brust, und mit dieser wunscherfüllenden Phantasie gelingt es ihm, den Hungertrieb kurzzeitig zu befriedigen.

Aus dem Es entwickelt sich der zweite Teil der Persönlichkeit, das weitgehend bewußte sogenannte Ich: ein Prozeß, der mit der zweiten Hälfte des ersten Lebensjahres beginnt. Das Ich ist jener Teil des Es, der unmittelbar durch die Umgebung beeinflußt und modifiziert wird. Das Ich muß sich mit der Realität auseinandersetzen und daher häufig versuchen, die vom Es verlangte unverzügliche Bedürfnisbefriedigung aufzuschieben. Das Ich mißbilligt den Primärprozeß, denn Phantasien erhalten den Organismus nicht am Leben. Im sogenannten *Sekundärprozeß* plant und entscheidet das Ich und trägt damit der Tatsache Rechnung, daß das uneingeschränkte Vorherrschen des Lustprinzips, wie es dem Es entspräche, kaum der effektivste Weg zur Erhaltung des Lebens ist. Das Ich hat also zwischen den Anforderungen der Realität und den Ansprüchen des Es zu vermitteln und folgt dabei dem *Realitätsprinzip.*

Allerdings bezieht das Ich all seine Ernergie vom Es, einem Reiter vergleichbar, der die Kraft zu reiten seinem Pferd verdankt. Nun wird ein wirklicher Reiter sein Pferd mit eigener Kraft lenken, unabhängig davon, wohin dieses will, strebt oder sich bewegt. Das Ich jedoch empfängt andererseits seine ganze Energie vom Es, ist also in dieser Beziehung völlig von ihm abhängig und muß ihm doch die Richtung weisen.

Das Überich, der dritte Teil der Persönlichkeit, ist im wesentlichen Träger der moralischen Normen der Gesellschaft, wie sie dem Kind vermittelt werden. Das Überich entwickelt sich mit der Lösung des Ödipuskonflikts, den wir weiter unten behandeln werden, und ist im allgemeinen dem gleichzusetzen, was wir das Gewissen nennen. Wenn das Es nach Bedürfnisbefriedigung drängt, muß sich das Ich nicht nur mit den Zwängen der Realität, sondern auch mit den moralischen „richtig-falsch"-Urteilen des Überich auseinandersetzen. So kann z.B. ein Schüler der Meinung sein, daß es möglich wäre bei einer Klausur zu mogeln, weil der Lehrer den Raum verlassen hat, er tut es jedoch nicht, weil er sich wegen seiner Unaufrichtigkeit schuldig fühlen würde.

Freud sieht das Verhalten des Menschen also als komplexes Wechselspiel dreier psychischer Systeme, die alle ihre eigenen, zuweilen einander widersprechenden Ziele verfolgen. Dieses Wechselspiel der Kräfte nennt man die *Psychodynamik* der Persönlichkeit.

Zum Studium der menschlichen Psyche wurde Freud angeregt durch seine Arbeit mit *Breuer* über Hypnose und Hysterie (vgl. S. 186ff.). Aus der Tatsache, daß bei beiden Phänomenen offensichtlich einflußreiche Faktoren wirksam waren, deren sich die Patienten nicht bewußt zu sein schienen, schloß Freud, daß ein Großteil unseres Verhaltens von Kräften bestimmt wird, die unserem Bewußtsein nicht zugänglich sind. Sowohl die Triebe des Es als auch viele Aktivitäten des Überich bleiben dem bewußten Seelenleben verborgen. Das Ich dagegen ist in erster Linie bewußt, denn es ist die Metapher für diejenigen psychischen Systeme, die mit Denken und Planen zu tun haben. Aber auch das Ich hat seine unbewußten Seiten: die sogenannten *Abwehrmechanismen,* die es vor Angst schützen. Wir werden uns an anderer Stelle kurz damit beschäftigen. Grundsätzlich sah *Freud* die wichtigsten Faktoren unseres Verhaltens als *unbewußt* an.

Freud verstand die Persönlichkeit des Menschen als geschlossenes Energiesystem. Das Es verfügt zu jedem Zeitpunkt über einen bestimmten, gleichbleibenden Energiebetrag, um den psychischen Apparat in Gang zu halten, und jede der drei Instanzen der Persönlichkeit ist bemüht, sich ihren Anteil zu sichern. *Freuds*

gaben sich Streitigkeiten über eine Reihe wichtiger Probleme, wie z.B. die Bedeutung und Gewichtung von Es versus Ich, physiologische Triebe versus soziokulturelle Normen, Kindheitserlebnisse versus Erfahrungen des Erwachsenen, unbewußte versus bewußte Prozesse. Weitere Fragen waren, ob der Sexualtrieb auch Kern und Motiv von augenscheinlich nicht sexuellen Handlungen sein kann und ob die reflexähnliche Struktur der Es-Triebe im Gegensatz zu dem zweckgerichteten Verhalten steht, welches in erster Linie von bewußten Entscheidungen des Ich gesteuert wird.

Um einige dieser Themen näher auszuführen, greifen wir die Grundgedanken von drei Theoretikern auf, die *Freuds* Theorien in eigene weiterführende Ansätze eingearbeitet haben. Andere Vertreter, die *Freuds* Theorien modifiziert und abgewandelt haben, werden in Kapitel 10 (Objektbeziehungstheoretiker) und Kapitel 18 (Psychoanalytische Kurztherapie) besprochen.

Jung und die Analytische Psychologie

Der Schweizer Psychiater *Carl Gustav Jung* (1887-1961) wandte sich 1914, nach einem siebenjährigen intensiven Briefwechsel, in vielen Punkten von *Freud* ab. *Jung* formulierte radikal von *Freud* abweichende Gedanken, die eine Mischung zwischen analytischer und humanistischer (siehe S. 628) Psychologie waren und sich unter dem Namen *Analytische Psychologie* etablierte. Die Ähnlichkeit zur humanistischen Theorie rührt aus *Jungs* Abwertung der physiologischen Triebe als den Hauptdeterminanten des Verhaltens her und seiner Anwendung des Konzepts der Selbstaktualisierung, einem Zustand der Erfüllung, der dann auftritt, wenn eine Person allen Bereichen ihrer Persönlichkeit ausgewogen Ausdruck verleiht.

Jung stellte die Hypothese auf, daß zusätzlich zu unserem individuellen Unbewußten, worauf *Freud* abhob, unser *kollektives Unbewußtes* Informationen über die soziale Geschichte der Menschheit enthält. Das kollektive Unbewußte ist die Gesamtheit aller Erlebnisse, die die Menschen im Laufe der Jahrhunderte gesammelt haben und enthält im Gegensatz zu dem Unbewußten von Freud positive und kreative Kräfte. Jung ging auch davon aus, daß jeder von uns männliche und weibliche Persönlichkeitseigenschaften besitzt, die vermischt werden können, um eine kreative Persönlichkeit hervorzubrin-

Carl Gustav Jung war der Begründer der analytischen Psychologie, einer Mischung aus freudianischen und humanistischen Konzepten.

gen, und nahm an, daß die Menschen geistige und religiöse Bedürfnisse besitzen, die so grundlegend sind wie ihre Triebe. *Jung* katalogisierte auch verschiedene Persönlichkeitseigenschaften, wobei die wichtigste vielleicht Extraversion gegenüber Intraversion ist. Zusätzlich schrieb Jung ausführlich über religiösen Symbolismus und den Sinn des Lebens und wurde so bei Mystikern, Romanschriftstellern und Poeten recht bekannt. Im Gegensatz zu *Freud*, nach dem momentanes und zukünftiges Verhalten vor allem von der Vergangenheit abhängt, betonte Jung zielgerichtetes Handeln, Entscheidungsfindung und das Festlegen von Zielen bzw. den philosophischen Begriff der Teleologie. Um Menschen zu verstehen muß man demzufolge nicht nur die Auswirkungen ihrer Vergangenheit, so wichtig diese auch sein mögen, sondern auch ihre Träume und Ziele kennen (*Jung*, 1928).

Adler und die Individualpsychologie

Alfred Adler (1870-1937) war eher noch unabhängiger von den Instinkttheorien *Freuds* als

Alfred Adler begründete die Individualpsychologie und ist bekannt für seine Darstellung des Minderwertigkeitskomplexes.

Eric Erikson betonte die Bedeutung der psychosozialen Entwicklung über das gesamte Leben hinweg. Er war hinsichtlich der Fähigkeit der Menschen, sich ständig zu entwickeln, optimistischer als Freud.

Jung und *Freud* war nach dem Abbruch der Verbindung über den Psychiater sehr verbittert. *Adler*, der in Wien eine Kindheit voller Krankheiten erlebte und sich sehr bemühen mußte, um seine Minderwertigkeitsgefühle zu überwinden, postulierte ein Streben des Einzelnen nach Überlegenheit in einer der Gesellschaft dienlichen Weise. Adler ging davon aus, daß die Menschen unlösbar mit der Gesellschaft verbunden sind und Erfüllung finden können, indem sie etwas zum sozialen Wohl beitragen. Er betonte, wie *Jung*, die Bedeutung des zielgerichteten Handelns, und ebenso wie dieser beeinflußte seine theoretische Arbeit spätere Entwicklungen in der humanistischen Therapie (*Adler*, 1924).[2]

Ein zentrales Element in *Adlers* Arbeit lag in der Betonung der individuellen Phänomenologie oder *Individualpsychologie* als Schlüssel zum Verständnis einer Person, eine Haltung, die

auch neuere Entwicklungen in der kognitiven Verhaltenstherapie beeinflußte (S. 53). Eine weitere Verbindung mit der kognitiven Verhaltenstherapie besteht in der Art und Weise, mit der *Adler* Patienten bei der Überwindung ihrer unlogischen, irreführenden Überzeugungen und Erwartungen half: Um sich besser zu fühlen und zu verhalten, muß man zunächst rationaler denken. Schließlich förderte *Adlers* Interesse an Entstehung und Prävention von Problemen und der Verbesserung der Gesellschaft die Entwicklung von Erziehungsberatungsstellen und Elternbildung.

Erikson und die psychosozialen Stufen der Entwicklung

Erik Erikson (1902-1994), der lediglich das Abitur erreichte, wird als Ich-Psychologe bezeichnet, weil er die Entwicklung der Ich-Identität und die psychosoziale Entwicklung betonte. Während *Freud* davon ausging, daß die Entwicklung in jungen Jahren endet, liegt *Eriksons* wichtigster Beitrag in dem Bereich, der mittlerweile als Entwicklungspsychologie der Lebens-

---

2 Ausgehend davon, was wir über die Neo-Freudianer gelesen haben, müßten wir uns eigentlich wundern, weshalb sie eher der psychoanalytischen als der humanistischen Tradition zugeordnet werden. Vielleicht haben ihre historische Bindung zu Freud und ihre enge Beziehung zu ihm bis zum Bruch mit dem „Meister" unsere Wahrnehmung ihrer theoretischen Ausrichtung verfärbt.

spanne bezeichnet wird und in dessen Mittelpunkt die These steht, daß Menschen sich in ihren mittleren und späteren Jahren weiterhin verändern und differenzieren. Um einen Eindruck von der Bedeutung dieses Ansatzes zu bekommen, muß man wissen, daß „Kinderpsychologie" zuvor mit „Entwicklungspsychologie" gleichgesetzt wurde. Es ist *Erikson* zu verdanken, daß man heute zwischen beiden unterscheidet oder noch radikaler davon spricht, daß es nur eine Entwicklungspsychologie geben kann und zwar die der Lebensspanne.

Erikson postulierte acht verschiedene *psychosoziale Entwicklungsstadien*, die die Menschen durchlaufen und die jeweils durch eine bestimmte Krise oder Belastung gekennzeichnet sind. Die Bewältigung jeder Krise beeinflußt, wie das Individuum auf der folgenden Stufe zurechtkommt (Tabelle 2.1). Falls eine vorhergehende Krise nicht angemessen bewältigt wird, ist, nach Erikson, die Lösung der nächsten beeinträchtigt.

Zur Verdeutlichung wenden wir uns dem fünften und vielleicht wichtigsten Stadium zu, in dem *Erikson* den Begriff der *Identitätskrise*, der ihn bekannt gemacht hat, einführt. Diese Krise, die zwischen dem 12. und 20. Lebensjahr auftreten soll, spiegelt den Übergang von der Kindheit zum Erwachsenen wider. In dieser Zeit entwickeln wir eine Vorstellung von uns selbst, wie wir sind, und von den Zielen, die wir für uns erreichen wollen. Obwohl die Wahl einer Tätigkeit, Rolle oder eines Berufs wichtig ist – Arzt, Rechtsanwalt, Arbeiter, Vater, Mutter, usw. – geht man jedoch davon aus, daß die Identität einer Person mehr umfaßt. Wir beschäftigen uns mit der Ausrichtung unseres Lebens: welche Dinge wichtig sind und angestrebt werden sollten, welche Kompromisse wir in Kauf nehmen, um unsere Ziele zu erreichen,

Tabelle 2.1 Eriksons Modell der acht Stadien der psychosozialen Entwicklung

Stadium und Altersspanne	Psychosoziale Krise	Die wichtigsten Entwicklungsaspekte
Säuglingsalter (bis ein Jahr)	Vertrauen vs. Mißtrauen	Das Kind entwickelt innerhalb der Pflegeperson-Säugling-Beziehung ein Gefühl von Vertrauen und Mißtrauen darüber, ob Grundbedürfnisse wie Nahrung, Wärme, Sauberkeit und körperlicher Kontakt befriedigt werden.
frühe Kindheit (1-3 Jahre)	Autonomie vs. Scham und Zweifel	Das Kind lernt Selbstkontrolle als ein Mittel der Selbständigkeit wie Sauberkeitserziehung, selbständig essen, laufen und Zweifel über seine Fähigkeiten, autonom zu sein.
Kindergartenalter (3-6 Jahre)	Initiative vs. Schuldgefühle	Das Kind möchte gerne Handlungen Erwachsener erkunden, jedoch fühlt es sich auch schuldig, wenn es versucht, mutig und unabhängig zu sein.
Schulalter (7-11 Jahre)	Wertsinn vs. Minderwertigkeit	Das Kind lernt anhand von Vorstellungen und Neugierde, entwickelt ausgeprägte Lernfähigkeiten, aber auch Gefühle von Minderwertigkeit kommen auf, wenn das Kind versagt.
Adoleszenz (12-20 Jahre)	Identität vs. Rollendiffusion	Die Jugendlichen herauszubekommen, wer sie sind, wie einzigartig sie sind, ob sie eine bedeutende Rolle innerhalb der Gesellschaft inne haben möchten, wie sie sexuelle, ethnische und berufliche Identitäten festigen können. Gefühle der Rollendiffusion können dabei über alle diese Entscheidungen entstehen.
Frühes Erwachsenenalter (20-30 Jahre)	Intimität vs. Isolation	Der Wunsch nach Freundschaft und Intimität mit einer speziellen Person oder Isolation durch Vermeidung von sozialen Beziehungen.
Mittleres Erwachsenenalter (30-65 Jahre)	Generativität vs. Stagnation	Das Bedürfnis nach Produktivität – z.B. Schaffung von bleibenden Werten, Ideen oder eigenen Kindern – oder im Gegensatz dazu Stagnation.

wie wir als Menschen sein möchten; generell alle Dinge, die zu unserem Selbstkonzept als heranwachsende Erwachsene, die für sich verantwortlich sind und Verpflichtungen gegenüber Zielen und anderen Menschen eingehen, gehören. Es ist eine stürmische Phase, wenn man bedenkt, daß junge Leute gleichzeitig noch mit ihrer Sexualität zu Rande kommen müssen.[3]

Wie andere, die Vorstellungen von *Freud* übernahmen, ist *Erikson* hinsichtlich der Fähigkeit der Menschen, sich zu verändern, optimistischer als *Freud* und steht dem Wesen der menschlichen Existenz positiver gegenüber. Die Bewältigung jeder psychosozialen Entwicklungsstufe könnte nach der Annahme von *Erikson* mit angemessener Psychotherapie verändert werden (*Erikson*, 1959).

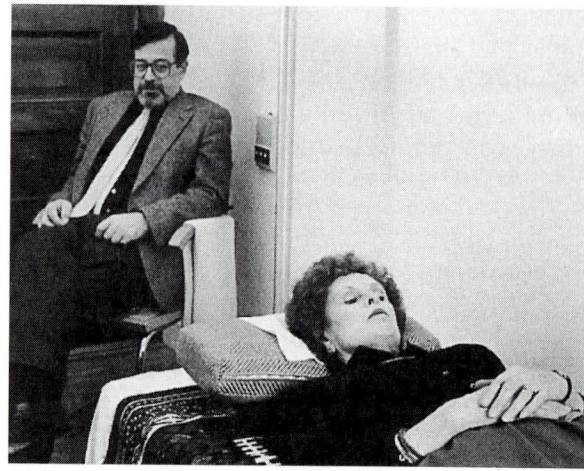

Bei einer typischen psychoanalytischen Therapiesitzung ruht der Patient auf einer Couch und der Analytiker sitzt außerhalb des Gesichtsfelds des Patienten.

Die psychoanalytische Therapie

Seit *Freud* hat sich das psychoanalytische Denken in wichtigen Punkten gewandelt, aber bestimmte Grundzüge sind allen psychoanalytischen Behandlungsformen gemeinsam. Die klassische Psychoanalyse basiert auf *Freuds* zweiter Angst-Theorie, die besagt, daß das Ich mit neurotischer Angst reagiert, wenn eine einstmals bestrafte und verdrängte Triebregung nach Ausdruck verlangt (*Freud,* 1949). Wenn der unbewußte Teil des Ich mit einer Situation konfrontiert wird, die an einen verdrängten Kindheitskonflikt – gewöhnlich sexueller oder aggressiver Art – erinnert, wird er von Spannung überwältigt und geschwächt. Die psychoanalytische Therapie versucht, die frühere Ver-

drängung aufzuheben und dem Patienten zu helfen, sich dem Kindheitskonflikt zu stellen und ihn aus der Sicht erwachsener Wirklichkeit zu lösen. Die frühe Verdrängung hat es dem Ich verwehrt, wirklich erwachsen zu werden. Die Aufhebung der Verdrängung soll es dem Patienten ermöglichen, diesen Lernprozeß nachzuholen.

Paul Wachtel (1977) hat das Wesen der Psychoanalyse in der Metapher vom *Mammut* zu fassen versucht. Einige dieser gigantischen, vor Äonen lebendig eingefrorenen Kreaturen waren bei ihrer Entdeckung so vollkommen erhalten, daß man ihr Fleisch noch hätte essen können. Für *Freud* waren neurotische Probleme die abgekapselten Überbleibsel sehr alter Konflikte. Danach sind die Schwierigkeiten des Erwachsenen Widerspiegelung oder Ausdruck dieser „eingefrorenen", innerpsychischen Konflikte.

> „Ursache der Neurose ist im wesentlichen das fortwährende und erfolglose Bemühen des Patienten, mit internalisierten Resten seiner Vergangenheit fertigzuwerden, die vom anpassungsfähigen und integrierten Ich abgespalten sind und weiterhin ihre primitiven, realitätsfremden Forderungen stellen. Die Psychoanalyse behauptet daher, daß eine erfolgreiche Behandlung Bedingungen bereitstellen müsse, unter denen diese anachronistischen Neigungen bewußt erfahren, ins Ich integriert und auf diese Weise kontrolliert und modifiziert werden können" (*Wachtel* 1977, S. 36).

Zur Aufhebung der Verdrängung stehen dem Analytiker eine Anzahl von Techniken zur Ver-

---

3 Hall, Lindzey, Loehlin und Manosevitz (1985) nahmen an, daß Eriksons eigene Kindheit und Jugend möglicherweise zu dem Konzept der Identitätskrise beigetragen haben könnte. Erikson wurde in Deutschland als Kind dänischer Eltern geboren, die sich vor seiner Geburt trennten, und er lernte seinen leiblichen Vater nie kennen. Er wurde von einem deutschen Stiefvater erzogen und hielt ihn jahrelang für seinen leiblichen Vater. Obwohl er, aufgrund seines leiblichen Vaters, ausgesprochen „nordisch" aussah, kam er in Konflikte durch die jüdische Abstammung seiner Mutter. Jüdische Gleichaltrige beschimpften ihn als „Goy" (einem jüdischen Schimpfwort für Nicht-Juden) und die nicht-jüdischen als Juden (eine schwere Belastung zu der damaligen Zeit in Deutschland). Er fühlte sich nach dem Gymnasium völlig fehl am Platz und, weil er annahm, er könnte vielleicht ein Künstler werden, wanderte er durch Europa und fertigte Skizzen an. Er begann im Alter von 25 Jahren in Wien zu unterrichten und traf Sigmund Freud und seine Tochter Anna. Erikson meldete sich im Wiener Psychoanalytischen Institut an und wurde von Anna Freud analysiert. Erikson wäre nicht der erste psychologische Theoretiker, dessen berufliche Interessen und Vorstellungen von seinen eigenen Erfahrungen geformt wären.

fügung, von denen die wohl bekannteste die *freie Assoziation* ist. Der auf einer Couch liegende Patient wird ermuntert, seinen Gedanken freien Lauf zu lassen und ohne die im normalen Leben übliche Zensur alles auszusprechen, was ihm in den Sinn kommt. Man nimmt an, daß der Analysand die Fähigkeit dazu allmählich lernen kann, und daß die über Jahre hin aufgebauten Abwehrmechanismen schließlich überwunden werden können. Eine weitere klassische analytische Technik ist die *Traumanalyse.* Die psychoanalytische Theorie lehrt, daß im Schlaf der Widerstand des Ich herabgesetzt wird und so verdrängtes Material Zugang zum Bewußtsein des Schläfers erhält. Da dieses Material aber äußerst bedrohlich ist, kann es nicht in seiner tatsächlichen Form zum Bewußtsein zugelassen werden. Das Verdrängte wird vielmehr getarnt, es erscheint im Traum als Symbol. So kann zum Beispiel eine Frau, deren Angst um aggressive männliche Annäherungsversuche kreist, träumen, sie werde von Wilden angegriffen, die Speere nach ihr werfen. Die Speere wären als Phallus-Symbole zu interpretieren und stehen für eine deutliche sexuelle Annäherung.

Die *Widerstandsanalyse,* schon lange ein Schwerpunkt psychoanalytischer Therapie, wird von zeitgenössischen Analytikern – vielfach auch *Ich-Analytiker* genannt – sogar noch mehr betont. Diese bestreiten, daß das Ich tatsächlich die ihm von *Freud* zugeschriebene relativ schwache Rolle spielt. Die Abwehrmechanismen sind, wie wir gesehen haben, die unbewußten Mittel des Ich, sich vor einer Konfrontation mit der Angst zu schützen. So kann es z.B. vorkommen, daß ein Mann, der offensichtlich Probleme mit Nähe und Intimität hat, immer dann aus dem Fenster sieht und das Thema wechselt, wenn dieser Bereich während der Sitzung in irgendeiner Form berührt wird. In einem geeigneten Moment wird der Analytiker dem Patienten eine *Interpretation* für sein Verhalten anbieten und auf dessen defensiven Charakter hinweisen, in der Hoffnung, daß der Patient erkennt und eingesteht, daß er den betreffenden Themenkomplex tatsächlich meidet.

Früher dauerte eine psychoanalytische Behandlung (bei bis zu fünf Sitzungen wöchentlich) mehrere Jahre. Interessanterweise haben die Analysen *Freuds* selten länger als sechs Monate gedauert.

Im Laufe der letzten vierzig Jahre oder mehr sind in die psychoanalytische Therapie die Vorstellungen und Erfahrungen der Neo-Freudianer, wie *Karen Horney* und *Harry Stack Sullivan* (vgl. S. 619ff.) und Ich-Psychologen bzw. Ich-Analytiker, wie *Erik Erikson* und *Heinz Hartman* übergegangen, die manchmal auch als psychodynamische Therapie bezeichnet wird. Dieser Ansatz, der zum Teil durch die Arbeit von *Alexander* und *French* (1946) entwickelt wurde, befürwortet eine kürzere, mehr auf Gegenwart und Zukunft bezogene analytische Therapie. Sie bezieht sich auf Konzepte von *Freud,* wie Abwehrmechanismen und unbewußte Motivation, aber sie verzichtet auf die Couch und zeitraubende Techniken, wie Freie Assoziation und Traumanalyse. Eine derartige Therapie ist aktiver und direkter, mehr auf gegenwärtige Probleme und Beziehungen als auf Kindheitskonflikte bezogen und ist kürzer und weniger intensiv als eine Analyse nach *Freud*.

> „Die Hoffnung auf eine völlige Wiederherstellung der Persönlichkeit wird zugunsten von zentraleren und aktuelleren Problemen fallengelassen, aber die Therapeuten wissen, daß ihre Arbeit durch *das Training von psychoanalytischen Prinzipien und einem Gespür für sie* erleichtert wird. Diese kürzeren Therapieformen machen einen großer Teil der heutigen Arbeit von Psychoanalytikern aus, es gibt nur wenige die ausschließlich die ursprüngliche Psychoanalyse ausüben." (*Korchin*, 1976, S.335, Hervorhebungen durch die Autoren).

Unserer Ansicht nach verbergen sich hinter diesen prozeduralen Nuancen jedoch keine wesentlichen theoretischen Unterschiede. Die Häufigkeit der Sitzungen und die Körperlage sind nicht das Entscheidende. Entscheidend ist, daß der Patient mit Unterstützung des Therapeuten die Verdrängung aufhebt und dadurch den wahren Quellen von Spannung und Unglück nachspürt. Ausführlicher werden wir die Psychoanalyse und verwandte Therapieformen in Kapitel 18 erörtern.

Lerntheoretische Paradigmen

Bevor wir uns den lerntheoretischen Paradigmen zuwenden, wird es nützlich sein, kurz die Entstehung des Behaviorismus zu skizzieren. Die Psychologie des frühen zwanzigsten Jahrhunderts wurde vom Strukturalismus beherrscht, der es sich zur eigentlichen Forschungsaufgabe machte, das Funktionieren und die Struktur des menschlichen Geistes zu untersuchen. Ziel der Psychologie – seinerzeit eine noch sehr junge Disziplin – war es demnach, mehr über den menschlichen Geist zu erfahren und zu diesem Zweck die elementaren Konstituenten zu analysieren, die seinen Gehalt ausmachen. 1879 begründete der Experimentalpsychologe *Wilhelm Wundt* (1882-1920) in Leipzig das erste psychologische Laboratorium und damit die Disziplin selbst. Er und *Edward Titchener* (1867-1927), der ein ebensolches Labor an der Cornell Universität hatte, brachten Probanden mittels ausgeklügelter Verfahren bei, über die grundlegendsten Aspekte von Erfahrungselementen zu berichten, während sie bestimmten Reizen ausgesetzt waren. Durch sorgfältige *Introspektion* sollten die Probanden dem Forscher Erfahrungsbausteine und die Struktur des Bewußtseins enthüllen. *Wundts* Versuchspersonen lauschten zum Beispiel einem Metronom, das über kürzere oder längere Zeitspannen mal schnell, mal langsam tickte. Die Probanden fanden, daß eine Serie schneller Klick-Töne anregend, eine langsame Serie dagegen entspannend auf sie wirke. Kurz vor jedem Klick-Ton verspürten sie ein leichtes Gefühl der Spannung, danach das einer leichten Befreiung.

Die Entwicklung des Behaviorismus

Nach einigen Jahren des Experimentierens war der Glaube, man könne mit dieser Art von Introspektion wertvollen Aufschluß über den Menschen gewinnen, erheblich erschüttert. Das Problem lag darin, daß verschiedene Forschungsgruppen, die die Introspektion anwandten, zu widersprüchlichen Ergebnissen kamen und es schien, daß die Introspektion nicht dafür geeignet war, um irgendwelche Fragen zu klären. Ihren Höhepunkt erreichte die Unzufriedenheit mit *John B. Watson* (1878 1958), der die Psychologie mit Feststellungen wie den folgenden revolutionierte:

> „Psychologie, wie der Behaviorist sie sieht, ist ein rein objektiver, experimenteller Zweig der Naturwissenschaft. Ihr theoretisches Ziel ist die Voraussage und Kontrolle von Verhalten. Weder stellt die Introspektion einen wesentlichen Bestandteil ihrer Methoden dar, noch ist der wissenschaftliche Wert ihrer Daten davon abhängig, ob diese ohne weiteres einer Interpretation in Begriffen des Bewußtseins zugänglich sind." (S. 158)

Der amerikanische Psychologe John B. Watson war für die Etablierung der Psychologie als Wissenschaft vom beobachtbaren Verhalten und nicht zur Untersuchung subjektiver Erfahrungen von Bedeutung.

Auf der Suche nach Ersatz für die Introspektion sah *Watson* sich bei denjenigen Psychologen um, die mit Hilfe experimenteller Verfahren das Lernen bei Tieren untersuchten. So rückte in der Zeit nach *Watson* das Lernen anstelle des Denkens in den Mittelpunkt psychologischen Interesses. Nunmehr galt es als Aufgabe der Psychologie herauszufinden, welche Reize oder Stimuli welche unmittelbar beobachtbaren Reaktionen auslösen. Mit solcherart objektiver S-R-Information werde es möglich, so hoffte man, menschliches Verhalten sowohl vorherzusagen als auch zu kontrollieren.

Behaviorismus kann als ein Ansatz definiert werden, der sich mehr dem Studium des beobachtbaren Verhaltens als dem Bewußtsein widmet.

Klassisches Konditionieren

Der neue Forschungsschwerpunkt regte zu einer wahren Flut von Untersuchungen und theoretischen Arbeiten an. Zwei Formen des Lernens erwiesen sich dabei als besonders attraktiv. Den ersten Typ, das *klassische Konditionieren*, hatte um die Jahrhundertwende ganz zufällig der russische Physiologe *Iwan Pawlow* (1849-1936) entdeckt. Im Verlaufe seiner Untersuchungen zum Verdauungssystem verabreichte er einem Hund zwecks Anregung des

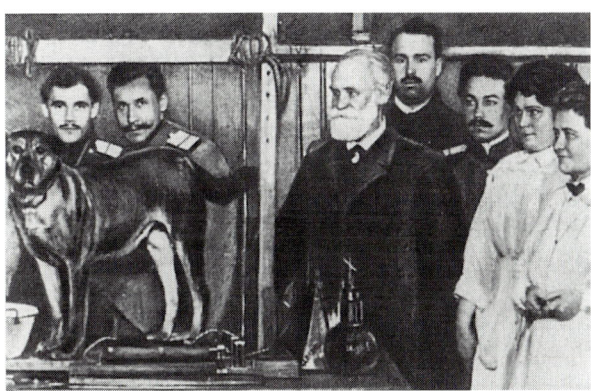

Iwan B. Pawlow, russischer Psychologe und Nobelpreisträger, war für die umfangreichen Untersuchungen und Theorien der klassischen Konditionierung verantwortlich. Sein Einfluß auf die russische Psychologie ist immer noch stark.

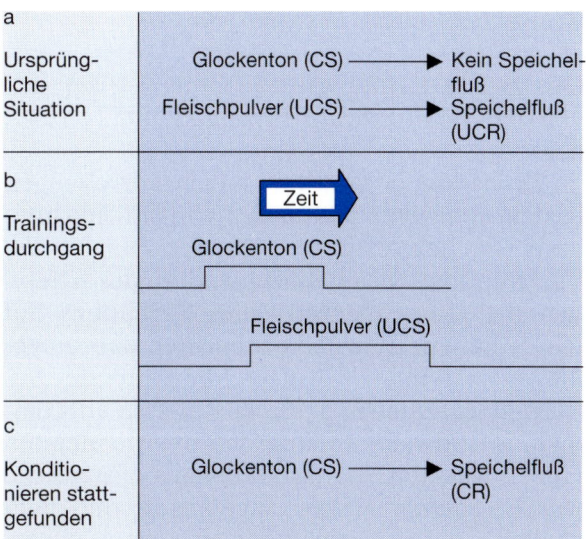

Abb. 2.3 Der Vorgang der klassischen Konditionierung. (a) Vor dem Lernvorgang löst das Fleischpulver (UCS) die Speichelsekretion (UCR) aus, der Glockenton (CS) aber nicht. (b) Die Lernversuche bestehen aus Vorgaben von CS, denen UCS unmittelbar folgt. (c) Die klassische Konditionierung ist erfolgt, wenn der vorher neutrale Glockenton die Speichelsekretion (CR) auslöst.

Speichelflusses pulverisiertes Fleisch. Nach kurzer Zeit fiel *Pawlows* Laborassistenten auf, daß der Hund bereits Speichel absonderte, wenn er die Person sah, die ihn fütterte, und schließlich auch dann, wenn er nur deren Schritte hörte. *Pawlows* Neugier war geweckt, und er beschloß, diese Reaktionen des Hundes systematisch zu untersuchen. In dem ersten der zahlreichen Experimente wurde hinter dem Hund eine Glocke angeschlossen, dann wurde ihm das Fleischpulver in die Schnauze geschoben. Als man diese Prozedur einige Male wiederholt hatte, begann der Hund zu speicheln, sobald die Glocke ertönte und bevor die Nahrung erschien.

Da das Fleischpulver automatisch, ohne vorheriges Lernen auf seiten des Hundes, Speichelfluß auslöste, nennt man es einen *unkonditionierten Reiz* (UCS) und die Reaktion darauf eine *unkonditionierte Reaktion* (UCR). Ist der Nahrungsdarbietung mehrere Male ein neutraler Reiz, etwa ein Glockenton (vgl. Abb. 2.3), vorangegangen, kann schließlich dieser *konditionierte Reiz* (CS) die *konditionierte Reaktion* (CR), in *Pawlows* Fall den Speichelfluß, auslösen. Tatsächlich unterscheidet sich die konditionierte Reaktion in der Regel leicht von der unkonditionierten Reaktion (z.B. *Rescoria*, 1988). Je häufiger Glockenton und Fleischpulver gleichzeitig dargeboten wurden, um so häufiger löste der Glockenton Speichelsekretion aus. Wenn wiederholt dem Glockenton kein Fleischpulver folgt, wird von Mal zu Mal weniger Speichel abgesondert und die konditionier-

te Reaktion verschwindet allmählich, diese Veränderung des konditionierten Reizes wird als *Extinktion* bezeichnet.

Ein anderes berühmtes, wenn auch, von einem ethischen Standpunkt her gesehen, fragwürdiges Experiment ersannen *John Watson* und *Rosalie Rayner* (1920). Sie machten einen elf Monate alten Jungen, den kleinen Albert, mit einer weißen Ratte bekannt. Albert zeigte zunächst keine Angst vor dem Tier und schien mit ihm spielen zu wollen. Aber immer, wenn Albert nach der Ratte greifen wollte, schlug der Versuchsleiter hinter Alberts Kopf auf ein Metallstück, und das dabei entstehende laute Geräusch (der unkonditionierte Reiz) erschreckte den kleinen Jungen fürchterlich (die unkonditionierte Reaktion). Nach fünf solchen Versuchen zeigte Albert beim bloßen Anblick der Ratte, auch ohne Lärm, alle Anzeichen großer Verstörung (die konditionierte Reaktion). Die Angst, die ursprünglich mit dem lauten Geräusch verbunden war, wurde nunmehr vom zuvor neutralen Reiz, der weißen Ratte (jetzt der konditionierte Reiz), ausgelöst. Diese Untersuchung legt eine mögliche Beziehung zwischen dem klassischen Konditionieren und der Herausbildung bestimmter emotionaler Störungen, in diesem Fall einer Phobie, nahe.

Operantes Konditionieren

Der zweite Grundtyp des Lernens leitet sich von dem Werk *Edward Thorndikes* (1874-1949) her.

Thorndike begann mit seinen Forschungen in den neunziger Jahren des vorigen Jahrhunderts. Ihn interessierte nicht wie *Pawlow* die Verknüpfung zweier Reize, sondern der Effekt, den die Konsequenzen eines Verhaltens auf dieses haben. Er hatte beobachtet, daß eingefangene streunende Katzen, die wütende Anstrengungen machten, ihrem Käfig zu entkommen, irgendwann zufällig den entscheidenden Hebel drückten, der ihr Gefängnis öffnete. Sie wurden immer wieder eingefangen, und bald wußten sie den Verschlußmechanismus unverzüglich und zielgerichtet zu betätigen. *Thorndike* formulierte ein Prinzip, das außerordentliche Bedeutung gewinnen sollte – das *Gesetz der Wirkung* (law of effect): Ein Verhalten, dessen Konsequenzen für den Organismus befriedigend sind, wird wiederholt, während die Häufigkeit eines Verhaltens bei unangenehmen oder schädlichen Folgen abnimmt. Verhaltensweisen oder Reaktionen, die bestimmte Folgen haben, dienen also als Mittel oder Instrument, den Organismus in der Wiederholung eben dieses Verhaltens zu bestärken oder zu entmutigen. Aus diesem Grund nannte man das Lernen aus Konsequenzen zunächst *instrumentelles Lernen*.

Vor über sechzig Jahren hat dann *Burrhus Frederick Skinner* (1904-1990) damit begonnen, das Gesetz der Wirkung auf unterschiedlichste Aspekte menschlichen Verhaltens anzuwenden. Er formulierte das Gesetz der Wirkung neu, indem er den zentralen Blickpunkt von der Verbindung zwischen Reizen und Reaktionen (S-R Verbindungen) auf die Beziehung zwischen Reaktionen und ihren Konsequenzen oder Kontingenzen richtete. Der Unterschied ist gering, aber er spiegelt die Überzeugung *Skinners* wider, daß Reize nicht so eng an Reaktionen gebunden sind, sondern eine Möglichkeit für die Auslösung einer Reaktion darstellen, wenn sie zuvor verstärkt wurden. So führte Skinner den Begriff des *diskriminanten Reizes* ein, um äußere Gegebenheiten einzubeziehen, die dem Organismus sagen, daß einem bestimmten Verhalten eine bestimmte Konsequenz folgt. In diesem Sinne könnte man *Skinner* eher als R-R (Reaktion-Verstärkung) Theoretiker als S-R (Reiz-Reaktion) Theoretiker bezeichnen.

B. F. Skinner war verantwortlich für die Untersuchung des operanten Verhaltens und die Erweiterung dieses Ansatzes auf Erziehung, Psychotherapie und die gesamte Gesellschaft.

Indem er das „Gesetz der Wirkung" in das „Prinzip der Verstärkung" umbenannte, unterschied Skinner zwei Arten von Verstärkung. *Positive Verstärkung* bezieht sich auf die Verstärkung einer Reaktionsmöglichkeit durch das Auftreten eines bestimmten Ereignisses, das als positiver Verstärker bezeichnet wird. So wird z.B. eine Taube, der Wasser vorenthalten wurde, dazu neigen, Verhalten zu wiederholen, dem die Verfügungsmöglichkeit über Wasser folgt. *Negative Verstärkung* unterstützt auch eine Reaktion, sie tut dies jedoch durch die Beendigung eines Reizes, wie z.B. das Beenden eines elektrischen Schocks, die nach *Skinner* negative Verstärker genannt werden. Durch die Übertragung seiner umfangreichen Arbeiten mit Tauben auf das komplexe menschliche Verhalten (sein Roman „Futurum Zwei" ist eine recht bekannte Utopie, in der er eine ideale Gesellschaft beschreibt, die auf seinen Verstärkungsprinzipien beruht), kam Skinner zu dem Schluß, daß die Freiheit der Wahl ein Mythos sei, denn jegliches Verhalten werde durch positive und negative Verstärkung seitens der sozialen Umwelt determiniert. Ähnlich wie *Watson*, ihr Mentor, sehen auch *Skinner* (1953) und die *Skinnerianer* als Ziel ihrer Forschung, Verhalten vorherzusagen und zu kontrollieren. Wenn man Verhalten in Form von Reizen, beobachtbaren Reaktionen und Verstärkung analysiere, so hoffen sie, werde man schließlich bestimmen können, wann bestimmte Verhaltensweisen auftreten. Mit Hilfe der gesammelten Information müßte man dann herausfinden, wie Verhalten erworben, beibehalten, geändert und aufgegeben wird. *Skinner* und seine Anhänger vermeiden in ihrem Ansatz – oft auch *operanter Ansatz* genannt, weil er Verhalten untersucht, das auf die Umwelt einwirkt – abstrakte Begriffe und Theoreme. Von Bedürfnissen, Motivationen und Wünschen ist bei ihnen z.B. nicht die Rede. *Skinner* meint, eine Psychologie, die ihrem Anspruch, eine befriedigende Erklärung für menschliches Verhalten zu finden, gerecht werden wolle, müsse ihr Forschungsinteresse auf unmittelbar beobachtbare Reize und Reaktionen und die Auswirkungen von Verstärkung beschränken. Psychologen, die sich dieser Auffassung anschließen, leugnen als Menschen keineswegs die Existenz innerer psychischer Zustände und Emotionen. Sie fordern nur, daß Forscher, die eine Wissenschaft des Verhaltens zu entwickeln versuchen, derartige *Mediatoren* nicht anwenden.

In einem typischen Experiment zum *operanten Konditionieren* setzt man z.B. eine Ratte in einen Käfig, an dessen einem Ende sich ein Hebel befindet (die berühmte „Skinner-Box"). Zunächst wird die Ratte ihre neue Umgebung erkunden und dabei zufällig auch in die Nähe des Hebels kommen. In diesem Moment läßt der Versuchsleiter eine Futterpille in den Behälter neben dem Hebel fallen. Nach einigen solchen Belohnungen wird sich das Tier immer länger in der Nähe des Hebels aufhalten. Aber jetzt wird der Experimentator den Futterbehälter nur füllen, wenn die Ratte den Hebel zufällig auch berührt. Nach ein paar belohnten zufälligen Berührungen wird die Ratte die Berührung häufig wiederholen. Ist diese Reaktion gut eingeschliffen, kann der Experimentator zu einem strengeren Belohnungskriterium übergehen: Das Tier muß den Hebel tatsächlich niederdrücken. So wird das gewünschte operante Verhalten – der Hebeldruck – allmählich *geformt* („shaping"), indem man eine Reihe von Reaktionen belohnt, die *sukzessive Annäherungen* an eben dieses Verhalten sind. Die Häufigkeit des Hebeldrückens nimmt zu, sobald dieses Verhalten zum Kriterium für das Erscheinen der Futterpillen geworden ist, und nimmt wieder ab, wenn der Hebeldruck folgenlos bleibt.

Als Beispiel, wie operantes Konditionieren auf die Ätiologie einer Störung angewendet werden kann, betrachten wir die Depression. Zunächst stünde im Zentrum der Theorie nicht der affektive Zustand an sich, da dieser nicht beobachtbar ist. Die Theorie würde sich eher auf die Häufigkeit motorischer Verhaltensweisen, die üblicherweise bei einer Depression niedrig sind, beziehen. So behauptete *Lewinsohn* (1974), daß Depression durch ein niedriges Verstärkungsniveau ausgelöst wird. Wenn die Verstärkungen abnehmen, verringern sich die Reaktionen der Person, daraufhin nehmen die Verstärkungen weiterhin ab und die Person wird letzten Endes depressiv.

Modellernen

Großes Interesse findet in der heutigen Zeit ein dritter Lerntyp, das sogenannte *Modellernen.* Wir alle stellen immer wieder fest, daß wir durch Beobachtung und Nachahmung anderer lernen. Experimente haben gezeigt, daß bestimmte Verhaltensweisen – z.B. das Teilen mit anderen, Aggression oder Furcht – nach Beobachtung des entsprechenden Verhaltens an Häufigkeit zu- oder abnehmen können. *Bandura* und *Menlove* (1968) setzten das Modellernen zum Beispiel ein, um Kindern die Angst vor Hunden zu nehmen. Ursprünglich ängstliche Kinder, die ein Modell beim furchtlosen Umgang mit einem Hund beobachteten, zeigten sich zunehmend bereit, auf einen Hund zuzugehen und ihn anzufassen. In gleicher Weise kann das Modellernen den Erwerb von abweichendem Verhalten erklären. Kinder, deren Eltern unter Phobien oder substanzinduzierten Störungen leiden, können sich ähnliche Verhaltensweisen, zumindest teilweise, durch Beobachtung aneignen.

Stellvertretende Lernparadigmen

Wir haben gesehen, daß es eine Anzahl von Lernparadigmen gibt. Mit dem Modellernen ist die wichtige Frage angesprochen, welche Rolle vermittelnde Prozesse für Lernen und Verhalten spielen. Schauen wir uns an, was im typischen Experiment zum Modellernen geschieht. Eine Person beobachtet eine andere bei einem bestimmten Tun und verändert unverzüglich das eigene Verhalten. Um zu lernen, ist also weder eine offene Reaktion noch Verstärkung nötig. Der Beobachtende lernt bereits, bevor er Gelegenheit zu beobachtbarer Reaktion hat. Solche und ähnliche Ergebnisse haben Lerntheoretiker der dreißiger und vierziger Jahre veranlaßt, auf Mediatoren unterschiedlichster Art zu schließen.

Ganz allgemein gesagt, behauptet die *Theorie des stellvertretenden oder vermittelten Lernens*, daß die offene Reaktion nicht unmittelbar vom Umweltreiz, sondern von einem zwischengeschalteten Prozeß ausgelöst wird. Man faßt diesen Prozeß als innere Reaktion auf. Ohne sich vom Behaviorismus loszusagen, vertreten Theoretiker des vermittelten Lernens die paradigmatische Position, daß es unter bestimmten Bedingungen sowohl legitim als auch unumgänglich ist, über beobachtbare Daten hinauszugehen.

Psychologen, die sich nach dem Status sehnen, der Chemikern und Physikern zuerkannt wird, verweisen darauf, daß man sich in diesen Wissenschaften mit Gewinn hypothetischer Entitäten bedient, die nicht unmittelbar beobachtbar sind, deren vermutete Existenz aber vorliegende Daten erklären und weitere Forschung sinnvoll machen kann.

Betrachten wir die auf vermitteltem Lernen beruhende Analyse von Angst, wie sie *Hobart Mowrer* und *Neal Miller* Ende der dreißiger Jahre entwickelten. In einem typischen Experiment verabreichte man Ratten bei gleichzeitigem neutralen Reiz, etwa einen Klingelton, wiederholt elektrische Schläge. Der elektrische Schlag (der unkonditionierte Reiz) löste die unkonditionierte Reaktion von Schmerz, Angst und Flucht aus. Nach einigen Durchgängen mit gleichzeitiger Präsentation von Elektroschock und Klingelton, genügte schon der Klingelton,

um die Angstreaktion auszulösen, und so nahm man an, daß Furcht die lernbare Komponente der Schmerz-Furcht-Reaktion sei. Auch wenn der elektrische Schlag schließlich ganz ausblieb, reagierte das Tier auf den ursprünglich neutralen (konditionierten) Reiz mit Angst. Überdies, so zeigte sich (z.B. *Miller,* 1948), lernte die Ratte neue Reaktionen, um den konditionierten Reiz zu meiden. Wie ließ sich die Tatsache, daß Tiere ein an sich harmloses Ereignis *vermeiden* lernen, in die Theorie einfügen? *Mowrer* (1947) und andere vermuteten, daß in diesem Falle – dem typischen Experiment zur *Vermeidenskonditionierung* – zwei Lernschritte gemacht werden (vgl. Abb. 2.4):

1. Das Tier lernt durch klassisches Konditionieren, den konditionierten Reiz zu fürchten.
2. Es lernt auf dem Wege operanten Konditionierens ein offenes Verhalten, um sich dem konditionierten Reiz zu entziehen und so die Angst abzuschwächen.

Kennzeichnend für diese Theoriebildung sind also zweierlei Erklärungsmöglichkeiten für Angst: Angst als innere Reaktion, die gelernt wird wie jede andere beobachtbare Reaktion, und Angst als Antrieb, der Vermeidungsverhalten vermitteln kann. Damit wird Angst für die gleiche experimentelle Analyse zugänglich wie die, die zur Erforschung beobachtbaren Verhaltens verwandt wird. *Mowrer* und *Miller* sprechen von „vermittelnden Angst-Reaktionen", um damit ihre Annahme zu unterstreichen, daß sich solche, obwohl erschlossene, Reaktionen von offenen Reaktionen nicht wesentlich unterscheiden. Das über offenes Verhalten angesammelte Wissen müßte sich also, so hofft man, auf die Erforschung des geistigen und emotionalen Lebens übertragen lassen. Wenn wir zum

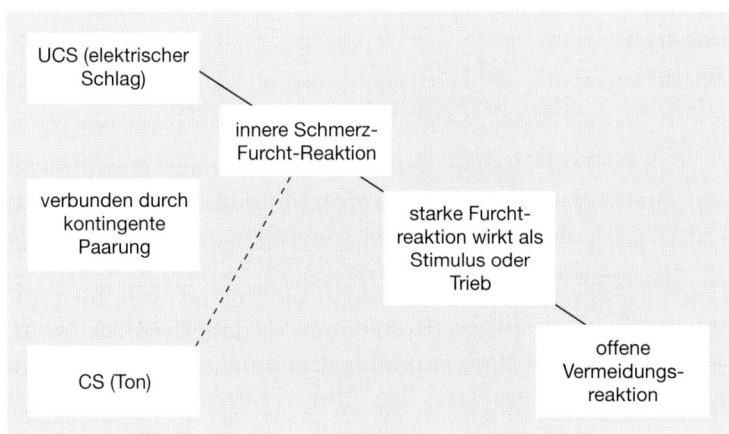

Abb. 2.4 Schematische Darstellung von Mowrers Untersuchungen zum Vermeidungslernen. Die gestrichelte Linie weist darauf hin, daß die Versuchsperson gerade die Angst vor dem Summton lernt und die ausgezogene Linie, daß die Versuchsperson lernt, den Schock zu vermeiden.

Beispiel wissen, daß unverstärkte Wiederholung einer offenen Reaktion zur Löschung dieser Reaktion führt, können wir vorhersagen, daß wiederholtes Auslösen einer Angstreaktion ohne den erwarteten Schmerz oder die erwartete Strafe die Angst allmählich verringern wird. Das ist keineswegs trivial, und tatsächlich haben Behandlungen, die auf solchen Überlegungen basieren, vielen Menschen geholfen, ihre unangemessenen Ängste zu überwinden.

Die Anwendung lerntheoretischer Gesichtspunkte auf abweichendes Verhalten

Die zentrale Hypothese behavioristischer und lerntheoretischer Ansätze ist die, daß abweichendes Verhalten genauso gelernt wird wie die meisten anderen menschlichen Verhaltensweisen. Bei dieser Betrachtung spielen biologische Faktoren nur noch eine sehr geringe Rolle. Sie konzentriert sich vielmehr darauf, die Lernprozesse zu erhellen, die vermutlich zu unangemessenem Verhalten führen. Die Kluft zwischen normalem und abweichendem Verhalten ist kleiner geworden, da man beides innerhalb desselben allgemeinen Rahmen betrachtet. Gleichzeitig ist eine Brücke zwischen allgemeiner experimenteller Psychologie und dem Gebiet der Klinischen Psychologie geschlagen. Außerdem ist „Abnormität" für viele Lerntheoretiker ein *relativistischer* Begriff. Jemanden oder jemandes Verhalten als abweichend zu etikettieren, ist untrennbar an einen bestimmten sozialen oder kulturellen Kontext gebunden.

Mit der Anwendung lerntheoretischer Betrachtung in der Psychopathologie ist ein sehr wichtiger Vorteil verbunden: Die Beobachtung ist präziser geworden. Reize müssen genau beobachtet und kontrolliert werden; Stärke und Häufigkeit von Reaktionen und ihre Latenz, die Schnelligkeit, mit der sie erfolgen, werden gemessen und festgehalten; die Beziehungen zwischen Reizen, Reaktionen und Ergebnissen werden sorgfältig aufgeschrieben. Was auf unbeobachtbare Prozesse, wie Gedanken oder Angst, hinzuweisen scheint, muß explizit gemacht und in den Begriffen meßbarer Ergebnisse beschrieben werden.

Kritik an den lerntheoretischen Paradigmen

Wir halten diese und andere Merkmale lerntheoretischer Annäherung an abweichendes Verhalten für außerordentlich vorteilhaft; aber jemanden davon zu überzeugen, der dieses Paradigma nicht bereits akzeptiert, ist schwierig. Mit dem lerntheoretischen Paradigma abweichenden Verhaltens verhält es sich ähnlich wie mit dem biologischen Paradigma. Genauso, wie es letzterem noch nicht gelungen ist, die entsprechenden biologischen Fehlfunktionen aufzuspüren, blieb es der Lerntheorie bisher versagt, Verhaltensabweichungen überzeugend auf spezifische Lernerfahrungen zurückzuführen.

Überlegen wir nur, wie schwierig der Beweis wäre, daß Depression als Folge einer bestimmten Vorgeschichte von Verstärkungen entsteht. Eine Person müßte mehrere Jahre ununterbrochen beobachtet, das Verhalten aufgezeichnet und jedes Auftreten eines Verstärkers notiert werden. Auf ähnliche Weise werden klinische Vertreter der Lernparadigmen bei eineiigen Zwillingen, die beide im Laufe ihres Lebens schizophren werden und die von ihren leiblichen Eltern aufgezogen wurden, üblicherweise darauf hinweisen, daß sie die gleichen Verstärkungserfahrungen gemacht haben.

Wird bei zweieiigen Zwillingen nur ein Zwilling schizophren und wurden beide gemeinsam zu Hause erzogen, lautet die Erklärung im Sinne der Lernparadigmen, daß beide unterschiedliche Verstärker in der Vergangenheit hatten. Solche Erklärungen sind ein nicht zufriedenstellender Zirkelschluß, wie der Schluß der Psychoanalytiker auf die unbewußten Prozesse, der von den Behavioristen zu Recht mißbilligt wurde.

Ein weiterer Punkt sollte noch erläutert werden. Auch wenn eine lerntheoretische Erklärung abweichenden Verhaltens viele Behandlungsmöglichkeiten eröffnet (vgl. den folgenden Abschnitt über Verhaltenstherapie), bedeuten Behandlungserfolge nicht zugleich auch, daß eine bestimmte Verhaltensabweichung in erster Linie das Ergebnis eines Lernprozesses ist. Daß eine auf Lernprinzipien basierende Behandlung Verhalten wirksam ändern kann, beweist nicht, daß das Verhalten selbst einst auf ähnliche Weise gelernt wurde. Wenn man z.B. die Stimmung depressiver Menschen heben kann, indem man sie für zunehmende Aktivität belohnt, folgt daraus nicht, daß die Ursache für Depression und Apathie in fehlenden Belohnungen zu suchen ist *(Rimland,* 1964).

Verhaltenstherapie

Auf der Grundlage von lerntheoretischen Paradigmen wurden in den letzten Jahrzehnten eine ganze Anzahl therapeutischer Techniken entwickelt. Man nannte sie „Verhaltenstherapie" oder „Verhaltensmodifikation", weil man zumindest zu Beginn der Entwicklung behauptete, diese Techniken basierten auf den experimentell getesteten Lerngesetzen, die von den Behavioristen formuliert wurden.

Da in der Theorie Angst als das Ergebnis eines klassischen Konditionierungsprozesses gilt, beseitigt man sie wirkungsvoll, wenn man den konditionierten Reiz mit einer nicht-ängstlichen Reaktion koppelt. Dieses Prinzip der Verhaltensänderung nennt man *Gegenkonditionierung;* dahinter steht die Annahme (vgl. Abb. 2.5), daß man eine Reaktion (R1) auf einen gegebenen Reiz (S) zum Verschwinden bringen kann, indem man in Anwesenheit des Reizes eine neue Reaktion (R2) auslöst. Wenn zum Beispiel ein Kind Angst vor einem harmlosen Tier hat (S), kann der Therapeut versuchen, in Anwesenheit des Tieres eine spielerische Reaktion (R2) auszulösen. Klinische und experimentelle Erfahrungen sprechen dafür, daß sich R1 durch Gegenkonditionieren bzw. durch den Ersatz der Reaktion tatsächlich löschen läßt.

Das Prinzip des Gegenkonditionierens hat eine zentrale Rolle im innovativen Denken *Jo-*

Abb. 2.5 Schematische Darstellung der Gegenkonditionierung, bei der die ursprüngliche Reaktion (R1) auf einen vorgegebenen Stimulus (S) dadurch eliminiert wird, daß die neue Reaktion (R2) auf den gleichen Stimulus erfolgt.

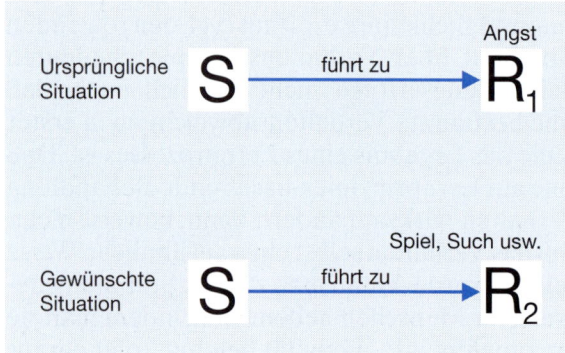

sef Wolpes (1958) gespielt. *Wolpe* entwickelte eine Reihe verhaltenstherapeutischer Techniken, deren Wirksamkeit er auf die eben beschriebenen Prinzipien zurückführte. Die größte Verbreitung hat wohl die Technik der *systematischen Desensibilisierung* gefunden. Der an Angst leidende Patient stellt zusammen mit dem Therapeuten eine Liste angstauslösender Situationen zusammen und ordnet die Situationen hierarchisch danach, wie groß die in ihnen erfahrene Angst ist. Dann lernt der Patient, sich tief zu entspannen und wird angewiesen, sich in der Entspannung Schritt für Schritt eine Reihe von Situationen – immer beginnend mit der am wenigsten angstauslösenden – vorzustellen. In einem nicht spannungsfreien Zustand würden die vorgestellten Szenen vermutlich Angst auslösen, während Entspannung die Angstentstehung hemmt. Der Patient lernt, immer schwierigere vorgestellte Situationen angstfrei zu ertragen, indem er sich so während einer Reihe von Therapiesitzungen in seiner Angsthierarchie nach oben arbeitet. Klinische und experimentelle Erfahrung haben bestätigt, daß sich mit dieser Technik eine Vielzahl von Ängsten reduzieren läßt.

Ein weiterer verhaltenstheoretisch orientierter Ansatz ist das *Selbstsicherheitstraining,* das zu freiem Sprechen und offenem Ausdruck positiver wie negativer Gefühle im Umgang mit anderen ermutigen soll. Beim *aversiven „Konditionieren"* koppelt man einen attraktiven Reiz an ein unangenehmes Ereignis, z.B. einen elektrischen Schlag in die Fingerspitzen, um so den Reiz mit negativen Eigenschaften auszustatten. Aversive Techniken sind, wie man sich denken kann, nicht unumstritten. Man hat sie eingesetzt, um – etwa bei Fetischismus – Objekten die sozial unpassende Anziehungskraft zu nehmen.

Etliche verhaltenstherapeutische Techniken leiten sich vom operanten Konditionieren her. Wenn zum Beispiel ein Lehrer verhaltensauffällige Kinder in seiner Klasse hat, kann er deren prosoziales Verhalten belohnen, unerwünschtes Betragen dagegen ignorieren und auf diese Weise schließlich löschen. *Münzverstärkung* nennt sich ein ebenfalls operantes Behandlungsprogramm, das viele psychiatrische Kliniken einsetzen, um schwer gestörte Patienten zu angepaßterem Verhalten zu motivieren. Für die Einhaltung bestimmter Regeln gibt es Belohnungen in Form von Münzen oder einem anderen Geldersatz, die der Patient in vorher

Der 35jährige Briefträger, der uns konsultierte, mußte vor sechzehn Jahren wegen seiner lähmenden Angst vor Kritik die Fachhochschule verlassen. Vor Prüfungen und wenn er vor der Klasse das Wort ergreifen sollte, hatte ihn eine extreme Spannung befallen. Als er zu uns kam, beeinträchtigte ihn Angst vor Kritik im allgemeinen und vor der Beurteilung seines Briefesortierens im besonderen. Die Folge davon war, daß er seine täglichen Aktivitäten immer mehr einschränkte. Trotz hoher Intelligenz hatte er sich offenbar mit einem Beruf begnügt, der keinerlei Erfüllung versprach.

Nachdem auch der Patient der Meinung war, daß es sinnvoll sei, seine unangemessenen Ängste abzubauen, wurde ihm während mehrerer Sitzungen beigebracht, seine Körpermuskeln zu entspannen, während er in einem verstellbaren Lehnstuhl saß. Mit unserer Hilfe stellte er eine Liste angstauslösender Situationen zusammen:

– Sie sagen zu Ihrem Chef „Guten Morgen".
– Sie stehen vor Ihrem Sortierkasten im Postamt und sortieren Briefe; und Ihr Vorgesetzter fragt Sie, warum Sie so langsam seien.
– Sie haben Ihre tägliche Route erst halb geschafft und es ist bereits 14 Uhr.
– Gerade als Sie Mrs. Mackenzies Post in den Briefkasten stecken, öffnet sie die Tür und schimpft, daß Sie so spät sind.
– Ihre Frau kritisiert Sie, weil Sie das falsche Brot gekauft haben.

– Die Kassiererin scheint ungeduldig zu werden, als Sie in Ihrer Tasche nach Kleingeld suchen.

Diese und ähnliche Szenen wurden zu einer *Angsthierarchie* geordnet. Die eigentliche Desensibilisierung begann damit, daß wir den Patienten anwiesen, sich zunächst so tief zu entspannen, wie er es gelernt hatte. Dann sollte er sich die am wenigsten Angst auslösende Szene vorstellen und dabei so entspannt wie möglich bleiben. Als er sich dieser Vorstellung angstfrei stellen konnte, nahm er sich die nächste Szene seiner Angsthierarchie vor usw. Nach zehn Sitzungen konnte er sich auch die belastendste Szene ohne Angst vergegenwärtigen. Im täglichen Leben ließ seine Spannung allmählich merklich nach.*

Obwohl die Ergebnisse von Einzelfällen nichts beweisen, war die Entwicklung dieses frühen Falls besonders positiv. Nachdem er von seinen sozialen Ängsten befreit war, setzte der Patient seine Ausbildung fort, erhielt sein Diplom und hat heute ein Anstellung als Dozent. Würde es nur allen unseren Patienten so ergehen.

---

* Fallberichte ohne Quellenangabe wie dieser entstammen unserer eigenen klinischen Praxis. Identifizierende Einzeleinheiten wurden aus Gründen der Vertraulichkeit geändert.

festgesetzten Intervallen gegen besondere Verstärker, etwa einen Kantinenbesuch oder Verlegung in ein anderes Zimmer, eintauschen kann.

Das *Modellernen* wird als therapeutische Intervention zunehmend beachtet. *Bandura, Blanchard* und *Ritter* (1969) haben es erfolgreich gegen Schlangenphobien eingesetzt. Sie führten ihren Patienten per Film und „live" nahe und angstfreie Begegnungen zwischen Menschen und (ungiftigen) Schlangen vor. Auf analoge Weise bedienen sich manche Verhaltenstherapeuten auch des *Rollenspiels*. Sie demonstrieren dem Patienten ein Verhaltensmuster, mit dem er seine Ziele vermutlich besser erreichen wird als mit seinem üblichen Verhalten, und lassen es den Patienten üben. Von *Lazarus* (1971) stammt die Technik der *Verhaltenseinübung*. Er stellt dem Patienten exemplarische Möglichkeiten vor, mit einer Situation umzugehen, und ermutigt ihn, diese Möglichkeiten während der Therapiesitzungen auszuprobieren. Ein Student hat z.B. Schwierigkeiten, seinen Professor um die Ergänzung einer Literaturliste zu bitten. Der Therapeut stellt ihm eine effektive Methode vor, diese Bitte vorzubringen, und hilft ihm dann, die neue Fertigkeit in einem entsprechenden Rollenspiel zu üben.

Das kognitive Paradigma

Der Begriff *Kognition* umfaßt die Prozesse des Wahrnehmens, Erkennens, Begreifens, Urteilens und Schließens. Die kognitive Psychologie beschäftigt sich mit der Frage, wie Menschen (aber auch Tiere!) ihre Erfahrungen *strukturieren*, wie sie ihnen einen Sinn unterlegen, indem sie Umweltreize in verwertbare Information transformieren.

Die Grundlagen der kognitiven Theorie

Wir können nicht auf alle Reize reagieren, die in jedem Augenblick auf uns einstürmen. Aber wie filtern wir diesen überwältigenden „Input"? Wie setzen wir ihn in Worte oder Bilder um, wie formen wir Hypothesen, kurz wie gelangen wir zur Wahrnehmung dessen, was um uns herum vorgeht? Kognitive Psychologen glauben, daß sich beim Lernen weit Komplexeres abspielt als die passive Bildung von neuen Reiz-Reaktions-Verknüpfungen.

Auch das klassische Konditionieren wird von den kognitiven Psychologen eher als aktiver Prozeß eingestuft, bei dem der Organismus etwas über die Beziehung zweier Ereignisse lernt, denn als automatische Prägung von Reizverbindungen (*Rescorla*, 1988).

In der Sicht der kognitiven Psychologie interpretiert der Lernende eine Situation bewußt und aktiv im Lichte dessen, was in der Vergangenheit schon erworben wurde, er versieht Erfahrung sozusagen mit einem Wahrnehmungstrichter. Neue Information wird in ein organisiertes Netzwerk vorhandenen Wissens, oft auch als *Schema (Neisser,* 1976) bezeichnet, eingepaßt. Widerspricht die neue Information dem Schema, so wird dieses in dem erforderlichen Ausmaß neu organisiert.

Der kognitive Ansatz kann den Leser u.U. an unsere frühere Diskussion der Paradigmen in der Wissenschaft erinnern. Tatsächlich sind wissenschaftliche Paradigmen der Funktion eines kognitiven Schemas sehr ähnlich, denn sie dienen als Filter für unsere Erfahrungen.

Innerhalb der Experimentalpsychologie ist das Interesse an kognitiven Prozessen gegenwärtig sehr groß. Das folgende kleine Experiment soll illustrieren, wie ein Schema oder eine *kognitive Einstellung* die Informationsverarbeitung und -speicherung beeinflussen kann.

> „Der Mann stand vor dem Spiegel und kämmte sich. Er überprüfte sorgfältig, ob die Rasur wirklich einwandfrei geraten war, und band sich dann die konservative Krawatte um, für die er sich entschieden hatte. Beim Frühstück studierte er die Zeitung sorgfältig und erörterte bei einer Tasse Kaffee mit seiner Frau die Möglichkeit, eine neue Waschmaschine anzuschaffen. Dann führte er einige Telefongespräche. Als er das Haus verließ, ging ihm durch den Kopf, daß seine Kinder im Sommer wohl wieder in das private Ferienlager würden fahren wollen. Als das Auto nicht ansprang, stieg er aus, warf die Tür zu und machte sich sehr ärgerlich in Richtung Bushaltestelle auf den Weg. Nun würde er zu spät kommen" (*Bransford* und *Johnson,* 1973, S. 415).

Lesen Sie die Geschichte noch einmal fügen aber vor „Mann" das Wort „arbeitslos" ein. Dann lesen Sie sie ein drittes Mal und ersetzen „Mann" durch „Börsenmakler". Achten Sie darauf, auf welch unterschiedliche Weise Sie den Text aufnehmen. Fragen Sie sich, welchen Zeitungsteil diese Männer lesen. Wäre diese Frage Teil eines Fragebogens gewesen, hätten Sie den arbeitslosen Mann vielleicht die Stellenanzeigen, den Börsenmakler den Wirtschaftsteil lesen sehen. Tatsächlich wird in der Geschichte mit keinem Wort erwähnt, was der Mann liest. Ihre Antworten hätten zwar nicht den Tatsachen entsprochen, wären aber in jedem Fall sinnvoll und vorhersagbar gewesen.

Kognitive Psychologen untersuchen, wie wir Information empfangen, speichern und verwenden. Orthodoxe Behavioristen in der Nachfolge *Skinners,* die Verhalten in Form offen beobachtbarer Ereignisse beschreiben, erkennen kognitive Erklärungen nicht an. Kognitive Psychologen haben sich bis vor kurzer Zeit kaum systematisch damit befaßt, welche Bedeutung ihre Forschungsergebnisse für die Psychopathologie haben könnten, oder wie sie dazu beitragen könnten, effektive Therapieformen zu entwickeln. Inzwischen bemüht man sich allerdings vermehrt um kognitive Erklärungen für Verhaltensabweichungen und um die Entwicklung neuer Interventionsmethoden. Nach einer weit verbreiteten Ansicht ist z.B. für die Depression eine bestimmte kognitive Einstellung verantwortlich, ein übermächtiges Gefühl von Hilflosigkeit (vgl. S. 262ff.). Viele depressive Menschen, so vermutet man, leben in der Überzeugung, daß sie auf ihre Umgebung, gleichgültig, was sie tun, so gut wie keinen Einfluß haben. Ihr Geschick scheint nicht in ihren eigenen Händen zu liegen. Wenn sich die Depression tatsächlich aufgrund eines Gefühls von Hilflosigkeit entwickelt, hätte das Folgen für die Art ihrer Behandlung.

Es gibt auch Kliniker, die das kognitive Paradigma für nichts anderes halten als eine der vermittelten Lerntheorie verpflichteten Reiz-Reaktions-Analyse von Verhalten (z.B. *Wolpe,* 1980), vergleichbar den historisch bedeutsamen Beiträgen von *Mowrer* und *Miller.* Wir sind anderer Meinung. Eine kognitive Analyse von Verhalten ist von einer einfachen Reiz-Reaktions-Analyse *fundamental verschieden.* Die Mediatortheorie behauptet, daß ein Umweltreiz automatisch eine vermittelnde innere Reaktion auslöse, die denselben Verstärkungsprinzipien unterworfen sei wie offene Reaktionen. Der kognitiv orientierte Forscher würde dagegen Wahrnehmung und Denken niemals als eine „kleine Reaktion" auffassen. Ihm geht es vielmehr darum, wie Menschen Umgebungsreize aktiv interpretieren, und wie diese transformierten Reize Verhalten beeinflussen. Verstärkung spielt in der Theoriebildung kognitiver Psychologen eine untergeordnete Rolle *(Davison, 1980)*.

Kritik am kognitiven Paradigma

Obwohl das kognitive Paradigma gegenwärtig unter Psychologen weitverbreitet ist, sollen doch einige Kritikpunkte erörtert werden. Die Konzepte bzw. Schemata sind vage und nicht immer besonders gut definiert. Zudem sind die kognitiven Erklärungen der Psychopathologie wenig hilfreich. Wenn gesagt wird, daß Depression durch ein negatives Schema entsteht, wissen wir, daß Depressive negative Gedanken haben. Aber wie allgemein bekannt ist, sind solche Denkmuster Teil der Diagnosekriterien. Das entscheidende Merkmal des kognitiven Paradigmas besteht darin, daß den Gedanken eine ursächliche Bedeutung zugeordnet wird, man nimmt also an, daß die Gedanken die anderen Symptome, wie z.B. Niedergeschlagenheit, auslösen. Damit ist jedoch nicht beantwortet, woher das negative Schema zunächst kam. Kognitive Erklärungen neigen dazu, den Blick auf die gegenwärtigen Bedingungen der Störungen statt auf die früheren Vorbedingungen zu richten. Demzufolge haben sie bisher auch wenig zu der Erklärung der Ätiologie beigetragen.

Kognitive Verhaltenstherapie

Der kognitive Standpunkt hat in der Verhaltenstherapie große Beachtung gefunden. Allgemein gesprochen, versuchen kognitiv orientierte Verhaltenstherapeuten die Denkprozesse ihrer Patienten zu ändern, um so auch ihre Emotionen und ihr Verhalten zu beeinflussen. Zur Veranschaulichung soll das frühe Beispiel einer *kognitiven Umstrukturierung (Davison,* 1966) dienen.

Ein etwas anderer kognitiver Therapieansatz kommt von *Albert Ellis,* (1962) einem führenden kognitiven Therapeut. Er sieht die Ursache fehlangepaßter Gefühle und Handlungen in *„irrationalen Überzeugungen"*. Solche fehlerhaften Annahmen konfrontieren die Betroffenen mit überhöhten Anforderungen an sich selbst. Ein Mann, der glaubt, er müsse in allem vollkommen sein, empfindet jeden Fehler als eine Katastrophe. Eine Frau, die an sich den

Ein Mann, der sich über „Druckpunkte" auf seiner Stirn und anderen Körperteilen beklagte, war hauptsächlich deswegen als paranoid-schizophren diagnostiziert worden. Er hielt diese Druckpunkte für Signale von Kräften außerhalb seiner selbst, die ihm halfen, Entscheidungen zu treffen. Diese paranoiden Wahnvorstellungen hatten bisher jeglicher medikamentöser und psychotherapeutischer Behandlung widerstanden. Man unterbreitete den Fall einem Verhaltenstherapeuten, und der stellte die Hypothese auf, daß jede fällige Entscheidung den Patienten in Angst und Spannung versetzte, und daß diese Angst sich als Muskelverspannung in bestimmten Körperteilen äußerte, die der Patient dann als „Druckpunkte" und Signale hilfreicher Geister mißdeutete. Patient und Therapeut beschlossen, der Möglichkeit nachzugehen, ob die Druckpunkte nicht in Wirklichkeit eine Spannungsreaktion auf spezifische Situationen waren. Der Therapeut verordnete zunächst ein Entspannungstraining, in der Hoffnung, daß es dem Patienten auf diese Weise gelingen werde, seine Spannungen und Druckpunkte zu kontrollieren.

Aber ebenso wichtig war es, den Mann dazu zu veranlassen, sein Wahnsystem in Zweifel zu ziehen. Also bat der Therapeut den Patienten in der ersten Sitzung, seinen rechten Arm auszustrecken, die Faust zu ballen und das Handgelenk einwärts zu biegen, als wolle er mit der Faust seinen Unterarm berühren. Zweck des Ganzen war, ein Spannungsgefühl im Unterarm zu erzeugen. Das gelang, und der Mann stellte fest, daß dieses Gefühl seinen Druckpunkten recht ähnlich war.

Das ausgedehnte Entspannungstraining befähigte den Patienten, seine Angst allmählich in verschiedenen Situationen innerhalb der Klinik unter Kontrolle zu halten und gleichzeitig die empfundene Intensität der Druckpunkte zu reduzieren. Sowie er Kontrolle über seine Gefühle erlangte, bezeichnete er seine Druckpunkte immer häufiger als „Empfindungen" und seine Äußerungen verloren allmählich ihre frühere paranoide Färbung.

Das Entspannungstraining hatte es ihm offensichtlich ermöglicht, eine nicht-paranoide Erklärung für seine Druckpunkte zu testen, sie bestätigt zu finden und so eine Vorstellung abzuschütteln, die ihm die Diagnose einer Paranoia eingetragen hatte.

Anspruch stellt, von jedermann geliebt zu werden, wird sich bis zur Erschöpfung bemühen, anderen zu gefallen. *Ellis* und seine Anhänger, die sogenannten *„rational-emotiven* Therapeuten", helfen ihren Patienten, solche Annahmen zu hinterfragen und sie durch Vorstellungen zu ersetzen wie „Obwohl es großartig wäre, niemals einen Fehler zu machen, heißt das nicht, daß ich ohne Fehler sein *muß"*.

Ein weiterer führender kognitiver Therapeut ist der Psychiater *Aaron Beck* (1967, 1976), auf dessen Theorie und Forschung wir im Detail in

Albert Ellis, ein kognitiver Verhaltenstherapeut, konzentrierte sich weitgehend auf die Rolle, die die irrationalen Überzeugungen als Ursache abnormen Verhaltens spielen.

Kapitel 9 und 19 eingehen werden. Hier soll es ausreichen festzustellen, daß der Mittelpunkt von *Becks* kognitivem Ansatz die Verzerrung der Wahrnehmung der Menschen ist. So betonen z.B. Depressive die Einzelheiten eines komplexen Ereignisses, die ihre negative Sichtweise stützen. Dieses Verhalten hat Beck als se-

lektive Abstraktion bezeichnet. Ein Beispiel dafür ist eine Person, die alle positiven Ereignisse eines Tages ignoriert und sich ausschließlich auf die negativen konzentriert. Die Therapie von *Beck* versucht Patienten zu überzeugen, ihre Meinung über sich selbst und ihre Art, Lebensereignisse zu interpretieren, zu verändern. Wenn z.B. ein depressiver Patient in einer Sitzung selektive Abstraktion zeigt, wird der Therapeut dem Patienten helfen, Gegenbeispiele zu finden, die zeigen, welche positiven Seiten des komplexen Ereignisses der Patient übersehen hat.

Lerntheoretische Paradigmen und kognitive Paradigmen

Ob sich die kognitive Betrachtungsweise nun grundsätzlich von lerntheoretischen Paradigmen unterscheidet und beanspruchen kann, ein eigener Ansatz zu sein, ist Gegenstand ausführlicher Kontroversen. Vieles von dem, was oben gesagt wurde, spricht dafür. Aber die zunehmende Bedeutung der „kognitiven Verhaltenstherapie" läßt uns zögern, denn hier geht es um das komplexe Wechselspiel von Meinungen, Erwartungen, Wahrnehmungen und Einstellungen auf der einen und offenem Verhalten auf der anderen Seite. *Albert Bandura* (1977), ein führender Verfechter von Verhaltensänderung mit kognitiven Mitteln, glaubt, daß sich die Er-

Aaron Beck entwickelte eine kognitive Therapie für die kognitiven Auslöser bei depressiven Menschen.

folge unterschiedlicher Therapieformen unter anderem damit erklären lassen, daß sie den Patienten ein Gefühl für die Selbstwirksamkeit und die eigenen Einflußmöglichkeiten vermitteln, den Glauben daran, daß sie angestrebte Ziele erreichen können (vgl. S. 665). Aber gleichzeitig sagt er auch, daß Verhaltensänderung durch Verhaltenstechniken der effektivste Weg sei, um den Glauben an die Selbstwirksamkeit zu stärken. Therapeuten wie *Ellis* wollen Emotionen und Verhalten dagegen mittels unmittelbarer Veränderung von Kognitionen durch Argument, Überzeugung, sokratische Dialoge u.ä. günstig beeinflussen. Doch die Sache ist noch komplizierter, denn *Ellis* und seine Anhänger legen auch großen Wert auf „Hausaufgaben" und verlangen von ihren Patienten, Verhaltensweisen auszuprobieren, die ihnen – blockiert durch negatives Denken – bisher verschlossen waren. Tatsächlich arbeiten kognitive Verhaltenstherapeuten auf kognitiver wie Verhaltensebene gleichermaßen, und die meisten von ihnen, die sich einem kognitiven Ansatz verpflichtet fühlen und Überzeugungen mit verbalen Mitteln zu ändern versuchen, setzen auch Verhaltenstechniken ein, um das Verhalten unmittelbar zu beeinflussen.

Dieses Problem spiegelt sich in der Terminologie, die im Zusammenhang mit *Beck*, *Ellis* und anderen benutzt wird, wider. Sind sie Kognitive Therapeuten oder Kognitive Verhaltenstherapeuten? Die meiste Zeit werden wir die letzte Form bevorzugen, weil sie betont, daß der Therapeut zum einen die Kognitionen als Hauptdeterminanten für Emotion und Verhalten ansieht und zum anderen den Blick auf das beobachtbare Verhalten, der die Verhaltenstherapie schon immer gekennzeichnet hat, beibehält. Es ist trotzdem wichtig, darauf hinzuweisen, daß *Beck*, obwohl er viele Verhaltensaufgaben als Teil seiner Therapie festsetzt, üblicherweise als der Gründer der kognitiven Therapie (CT) genannt wird, und oft die Auffassung vertreten wird, daß die rational-emotive Therapie (RET) von *Ellis* getrennt von der Verhaltenstherapie sei.

Wo auch immer die theoretischen und praktischen Unterschiede liegen mögen, einig sind sich Verhaltenstherapeuten und kognitive Therapeuten über ihre philosophische Nähe zur experimentellen Psychologie. Aus diesem Grund werden beide Ansätze von manchen nicht als eine Reihe von Techniken gesehen, sondern als eine bestimmte erkenntnistheoretische Einstel-

lung, die sich dem strengen Beweis verpflichtet weiß (z.B. *Davison* und *Goldfried,* 1973; *Goldfried* und *Davison,* 1976). Es wird angenommen, daß spezifische Techniken verworfen werden, wenn die Forschung bessere Wege weist, um abweichende Entwicklungen zu korrigieren und zu verhindern. Die Implikationen, die diese Betonung experimenteller Forschung und Methodologie hat, werden klarer, wenn wir uns im 19. Kapitel ausführlicher mit der Verhaltenstherapie und ihren kognitiven Spielarten beschäftigen.

Konsequenzen der Entscheidung für ein Paradigma

Wenn sich ein Wissenschaftler, der abweichendes Verhalten untersucht, ein bestimmtes Paradigma zu eigen macht, entscheidet er notwendigerweise auch darüber, welche Art von Daten er sammeln und wie er sie interpretieren wird. Er berücksichtigt nur das, was seiner Meinung nach die wahrscheinlichste Erklärung ist, und so kann es sehr wohl geschehen, daß andere Möglichkeiten ignoriert und andere Informationen übersehen werden. Ein Behaviorist, der ein bestimmtes Maß und ein bestimmtes Muster von Verstärkung für die Voraussetzung normaler Entwicklung hält, wird dazu neigen, das häufigere Vorkommen von Schizophrenie in der Unterschicht unzureichender sozialer Belohnung zuzuschreiben. Ein biologisch orientierter Theoretiker wird den Behavioristen eilends auf die vielen Menschen hinweisen, die unter ähnlich deprivierten Bedingungen aufwachsen und *nicht* schizophren werden. Dem hält der Behaviorist zweifellos entgegen, daß man es dann eben mit unterschiedlichen Verstärkungsgeschichten zu tun habe. Der biologisch orientierte Theoretiker wird erwidern, solcherart post-hoc-Behauptungen ließen sich immer aufstellen.

Unser Physiologe könnte die These vertreten, für die Korrelation zwischen sozialer Schicht und Schizophrenie seien bestimmte biochemische Faktoren verantwortlich, die sowohl zur Schizophrenie disponieren, als auch zum Mangel an den geistigen Fähigkeiten, die zur Erlangung und Beibehaltung einer beruflichen Position nötig sind. Dem wiederum wird der Behaviorist mit vollem Recht entgegenhalten, daß diese Faktoren bis heute nicht gefunden seien. „Ja," sagt dann der Verfechter der biologischen Theorie mit gleicher Berechtigung, „aber ich gehe jede Wette ein, daß es sie gibt. Nur würde ich nicht danach suchen, wenn ich nur *Deinem* Paradigma folgte. „Ja", kontert der Lerntheoretiker, „nur werden Dir bei Deiner Suche vermutlich die subtilen Verstärkungsfaktoren entgehen, die aller Wahrscheinlichkeit nach sowohl Vorhandensein als auch Fehlen dessen erklären, was Du Schizophrenie nennst."

Die Tatsache, daß beide Disputanten in einem Sinne recht und in einem anderen unrecht haben, ist so aufregend wie ärgerlich. Recht haben beide darin, daß ein bestimmtes Paradigma mit größerer Wahrscheinlichkeit auch zur Entdeckung bestimmter Daten führt. Aber unrecht haben sie mit ihrem Anspruch, es müsse letztlich ein und derselbe Faktor für die Entstehung aller psychischer Störungen verantwortlich sein. Abweichendes Verhalten ist viel zu mannigfaltig, als daß man es nur innerhalb eines der bekannten Paradigmen angemessen erklären oder behandeln könnte. Wenn wir uns im folgenden mit verschiedenen Kategorien von Psychopathologie beschäftigen, werden wir feststellen, daß biologische und lerntheoretische Paradigmen in sehr unterschiedlichem Ausmaß anwendbar sind. Im Sinne zukünftiger Entdeckungen ist es nur von Vorteil, daß Psychologen sich *nicht* einig sind, welches Paradigma das *beste* ist. Wir wissen noch viel zu wenig, um uns endgültig auf die Überlegenheit eines Paradigmas festzulegen, und wichtige Arbeit gibt es noch genug zu tun. Wir werden noch häufig sehen, daß man Daten plausiblerweise aus der Perspektive multipler Verursachung betrachten sollte, denn die Ursache bestimmter psychischer Störungen kann sehr wohl in einer Wechselwirkung physiologischer und umweltbedingter Faktoren zu suchen sein – eine Betrachtungsweise, der wir uns im folgenden Abschnitt zuwenden wollen.

Das Diathese-Streß-Modell: Ein Vorschlag für ein Paradigma

Ein Paradigma, das umfassender angelegt ist als die zuvor besprochenen Paradigmen, ist das sogenannte *Diathese-Streß-Modell*. Es verbindet biologische, psychologische und Umweltfaktoren und ist nicht auf eine bestimmte Schule, wie lerntheoretische, kognitive oder psychodynamische, beschränkt. Es untersucht die oft subtilen Wechselwirkungen zwischen der *Prädisposition* für eine Krankheit – der Diathese – und belastenden Umwelt- oder Lebensereignissen – dem Streß. „Diathese" bedeutet, ganz genaugenommen, eine konstitutionelle Prädisposition für eine körperliche Krankheit, aber man kann darunter auch jegliche Tendenz oder Neigung eines Menschen fassen, auf eine besondere Weise auf einen Umweltstreß zu reagieren.

Auf dem Gebiet der Biologie z.B. scheinen eine ganze Reihe Störungen, die wir in nachfolgenden Kapiteln besprechen werden, eine genetisch übertragene Diathese zu haben. So erhöht ein naher Verwandter, der durch die Verwandtschaft bis zu einem gewissen Grad die gleiche genetische Information trägt, mit einer Störung das Risiko einer Person, an dieser Störung zu erkranken. Obwohl die genaue Struktur dieser genetischen Diathese bisher unbekannt ist (z.B. wissen wir nicht, was vererbt wird, das für eine Person die Wahrscheinlichkeit erhöht, eher als eine andere Person an Schizophrenie zu erkranken), ist es offensichtlich, daß eine physiologische Prädisposition ein wichtiger Bestandteil vieler psychischer Störungen ist. Aus einer psychologischen Sichtweise kann z.B. das kognitive Muster mancher Depressiven, also das andauernde Gefühl der Hoffnungslosigkeit, wie bereits erwähnt, als Diathese für eine Depression betrachtet werden.

Eine solche Diathese erhöht die Möglichkeit einer Person, eine solche Störung zu entwickeln, aber es garantiert in keinem Fall, daß die Störung auch tatsächlich auftritt. Die Komponente „Streß" des Diathese-Streß-Modells soll zur Erklärung dienen, wie eine Diathese zu einer tatsächlichen Störung führen kann. Allgemein steht in diesem Zusammenhang Streß für schädliche oder ungünstige Umweltreize, die sowohl biologisch als auch psychologisch sein können.[4] Beispiele für schädliche physiologische Umweltfaktoren wären z.B. Sauerstoffmangel bei der Geburt oder schlechte Ernährung während der Kindheit, die beide zu Fehlfunktionen des Gehirns führen können. Psy-

---

4 *Streß* bezieht sich eigentlich auf die Reaktion einer Person auf einen *Stressor*, dem Ereignis in der Umwelt, das Streß verursacht. Deshalb könnte man dieses Paradigma vielleicht besser Diathese – Stressor – Paradigma nennen; wir werden aber den ersteren Terminus verwenden, da er von Psychpathologen allgemein akzeptiert wird. Diese Unterscheidung wird im Kapitel 8 ausführlicher diskutiert.

chologische Stressoren beinhalten sowohl einschneidende traumatische Erlebnisse (z.B. Vergewaltigung, Tod des Partners) als auch banalere Ereignisse, die vielen von uns zustoßen (z.B. gesetzte Ziele nicht erreicht zu haben).

Der Kern des Diathese-Streß-Modells ist die Annahme, daß sowohl die Diathese als auch der Streß zur Entwicklung einer Störung nötig sind. Es ist eine Tatsache, daß manche Menschen gewissermaßen zusammenbrechen, wenn sie bestimmten Stressoren ausgesetzt sind, während andere viel schwerere Traumata allem Anschein nach unbeschadet überstehen. Manche Menschen haben z.B. eine biologische Prädisposition ererbt, die ein hohes Schizophrenie-Risiko birgt (vgl. Kapitel 14). Ihre biologische Konstitution ist derart, daß sie bei einem bestimmten Ausmaß an Streß Gefahr laufen, schizophren zu werden. Menschen mit wenig ausgeprägtem Risikofaktor in dieser Hinsicht werden, ganz gleich, wie schwer ihr Leben ist, kaum eine Schizophrenie entwickeln.

Unterschiedliche Perspektiven zu einem klinischen Problem

Es wird zweckmäßig sein, an dieser Stelle noch einmal auf den Polizisten aus dem ersten Kapitel zurückzukommen. Was wir über ihn wissen, läßt sich – je nach Paradigma – auf unterschiedliche Weise interpretieren. Bei biologischer Betrachtungsweise wird einem auffallen, daß die sich abwechselnden manischen und depressiven Zustände des Mannes den zyklischen Stimmungsumschwüngen seines Vaters sehr ähnlich sind, denn man wird sich an Untersuchungen orientieren (vgl. Kapitel 9), die bei bipolaren affektiven Störungen einen genetischen Faktor nahelegen. Man ignoriert zwar einen gewissen Zusammenhang zwischen Umweltfaktoren und seinen Problemen nicht, aber man setzt voraus, daß ihn ein ererbter, vermutlich biochemischer Defekt zum Zusammenbruch unter Streß prädisponiert. Schließlich hat nicht jeder, der eine schwere Kindheit und Jugend hatte, mit ähnlichen Problemen zu kämpfen wie Ernst H. Zur Behandlung verschreibt man ihm vielleicht Lithium-Karbonat, ein Medikament, das nach Meinung vieler die Heftigkeit manisch-depressiver Stimmungsumschwünge abschwächt.

Nun stellen Sie sich vor, Sie seien einer kognitiv-verhaltenstherapeutischen Sichtweise verpflichtet und hätten gelernt, menschliches Verhalten in Form von Verstärkungsmustern und kognitiven Variablen zu analysieren. Sie konzentrieren sich vielleicht auf Ernsts Befangenheit während seiner Schulzeit und bringen sie damit in Zusammenhang, daß er, verglichen mit seinen Kommilitonen, eine sehr benachteiligte Kindheit hatte. Wirtschaftliche Unsicherheit und Not könnten ihn übermäßig empfindlich für Kritik und Ablehnung gemacht haben. Seine so warmherzige und charmante Frau macht ihm den eigenen angeblichen Mangel an sozialen Fähigkeiten nur noch schmerzlicher bewußt. Aus diesen Spannungen, so können Sie sagen, hat er die Flucht in den Alkohol gesucht. Der Alkoholmißbrauch und der ständige Zweifel am eigenen Wert führten schließlich zu Potenzschwierigkeiten, woraufhin sich die bereits belastete eheliche Beziehung weiter verschlechterte. Als Verhaltenstherapeut können Sie mit systematischer Desensibilisierung arbeiten. Ernst wird lernen, sich zu entspannen und sich in hierarchischer Reihenfolge Situationen vorzustellen, in denen andere ihn bewerten. Vielleicht werden Sie sich auch für eine rational-emotive Therapie entscheiden, um Ernst davon zu überzeugen, daß nicht alles, was er unternimmt, von jedermann anerkannt werden muß. Da Ernst unter seinem Mangel an sozialen Fähigkeiten leidet, können Sie ihm auch mittels Verhaltenseinübung beibringen, soziale Situationen, mit denen er wenig Erfahrung hat, zu meistern. Seine sexuellen Schwierigkeiten ließen sich mit dem Therapieprogramm von *Masters* und *Johnson* überwinden, das ihn zu nicht-fordernder und zunehmend intimerer Sexualität mit seiner Frau anleitet. Es könnten auch mehrere dieser Strategien angewandt werden.

Einem Psychoanalytiker wird sich der Fall von Ernst H. noch anders darstellen, denn sein Paradigma macht für spätere Anpassungsmuster in erster Linie frühe Kindheitserlebnisse verantwortlich. Als Psychoanalytiker können Sie z.B. vermuten, daß der kleine Ernst seinem Vater die Schuld am frühen Tod seiner Mutter gegeben hat. Die Wut auf den Vater hat er zwar verdrängt, gleichwohl hat er ihn nie als kompetenten, wertvollen Erwachsenen sehen und sich nie mit ihm identifizieren können. Die Fixierung auf der ödipalen Stufe seiner psychosexuellen Entwicklung könnte zu einer ängstlichen Haltung gegenüber Autoritäten geführt und ihm ein Leben als wirklich erwachsener Mann unmöglich gemacht haben. Als Behandlung wählen Sie vielleicht Traumanalyse und freie Assoziation, um Ernst zu helfen, das Verdrängte ins Bewußtsein zu holen und sich offen und bewußt mit seinem bis dahin verschütteten Zorn auf den Vater auseinanderzusetzen.

Eklektizismus in der Psychotherapie: Praktische Tätigkeit bedeutet Unvollkommenheit

Eine letzte Bemerkung ist über die Paradigmen und die Vorgehensweise von Psychotherapeuten erforderlich. Es könnte durch unsere Darstellung der Behandlungsansätze der Eindruck entstehen, daß die verschiedenen Therapieschulen völlig getrennt sind und sich nicht überschneiden. Es könnte die Vorstellung gefördert worden sein, daß ein Verhaltenstherapeut niemals zuhört, wenn ein Patient einen Traum erzählt und ein Psychoanalytiker niemals dabei ertappt werden könnte, wie er einem Patienten ein Selbstsicherheitstraining verordnet. Solche Annahmen könnten nicht weiter von der Realität entfernt sein. Die meisten Therapeuten haben sich dem Eklektizismus verschrieben und benutzen Thesen und Techniken einer ganzen Reihe von Schulen (*Garfield & Kurtz*, 1974). Therapeuten verhalten sich oft nicht vollständig konform mit den Ideen, die sie vertreten. Seit Jahren hören Verhaltenstherapeuten ihren Patienten mit Empathie zu, um ihre Sichtweise zu verstehen, weil sie annehmen, daß ihnen dadurch geholfen wird, ein besseres Programm zur Veränderung des problematischen Verhaltens zu entwerfen. Die Verhaltenstheorie beschreibt ein derartiges Vorgehen nirgends, aber auf der Grundlage ihrer klinischen Erfahrung und vielleicht auch durch ihre eigene Menschlichkeit, haben Verhaltenstherapeuten erkannt, daß es ihnen dadurch leichter fällt, ein enges Verhältnis zu dem Patienten entstehen zu lassen, seine wirklichen Probleme herauszufinden und ein vernünftiges Behandlungsprogramm zu planen.

Genauso wird *Freud* nachgesagt, daß er wesentlich direktiver war und deutlich mehr zur Änderung des momentanen Verhaltens tat, als man aus seinen Schriften schließen müßte. Ein lebhaftes Beispiel dafür ist einer seiner frühesten Fälle, wie er von *Freud* und *Breuer* in den „Studien zur Hysterie" beschrieben wird. *Yalom* (1980) schrieb diese Fallstudie um und betonte, daß alle erfolgreichen Therapeuten „Eingriffe" und „inoffizielle Zusätze" anwendeten:

> 1892 behandelte *Sigmund Freud* erfolgreich ein Fräulein Elisabeth von R., eine junge Frau, die unter psychogenen Gehschwierigkeiten litt. *Freud* führte seinen Erfolg ausschließlich auf seine Technik, schädliche Wünsche und Gedanken nicht mehr zu unterdrücken, sondern abzureagieren, zurück. Bei dem Studium von *Freuds* Notizen, ist man jedoch von der großen Anzahl anderer therapeutischer Techniken überrascht. So schickte er Elisabeth z.B. zum Grab ihrer Schwester und ermutigte sie, einen jungen Mann anzurufen, den sie attraktiv fand. Er zeigte ein „freundliches Interesse an ihren gegenwärtigen Lebensumständen", indem er im Interesse seiner Patientin mit der Familie in Kontakt war: er befragte die Mutter und „bat" sie, der Patientin offene Gespräche anzubieten und ihr die Möglichkeit zu geben, sich von Zeit zu Zeit auszusprechen. Nachdem Freud von der Mutter erfahren hatte, daß Elisabeth keine Möglichkeit hatte, den Ehemann ihrer Schwester zu heiraten, teilte er seiner Patientin diesen Sachverhalt mit. Er half die finanziellen Verstrickungen der Familie zu entwirren. Bei anderer Gelegenheit betonte er nachdrücklich gegenüber Elisabeth, sie solle es mit Gelassenheit ertragen, daß die Zukunft für alle Menschen unabdingbar unsicher ist. Er tröstete sie regelmäßig, indem er ihr versicherte, daß sie nicht für ihre unerwünschten Gefühle verantwortlich war und hob hervor, daß das Ausmaß ihrer Schuld und Reue für diese Gefühle ein überzeugender Beweis ihres hohen moralischen Charakters sei. *Freud* beschaffte sich schließlich nach Beendigung der Therapie, als er davon hörte, daß Elisabeth zu einer privaten Tanzveranstaltung ging, eine Einladung, um sie „in lebhaftem Tanz herumwirbeln" zu sehen. Man kommt nicht darum herum, sich zu fragen, was Fräulein von R. wirklich geholfen hat. Freuds Eingriffe stellten, daran hege ich keinen Zweifel, einflußreiche Interventionen dar, wenn man sie von der Theorie ausschließt, begeht man schwere Fehler. (S.4)

Ganz besonders heutzutage widmen Psychoanalytiker dem beobachtbaren Verhalten und der Erleichterung der Symptome mehr Aufmerksamkeit, als sie die psychoanalytische Theorie allein dazu bringen würde. Einige zeitgenössische Autoren, z.B. Paul *Wachtel* (S. 689), raten sogar dazu, daß Analytiker Verhaltenstherapien benutzen und offen anerkennen, daß die Verhaltenstherapie bei der Linderung gestörten Verhaltens einiges anzubieten hat.

Dies sind wichtige Themen, im letzten Teil des Buches werden wir uns ihnen mit der nötigen Aufmerksamkeit ausführlicher widmen. Man sollte sich dieser Komplexität jedoch von Anfang an bewußt sein, um die Feinheiten und tatsächlichen Sachverhalte der Psychotherapie besser einschätzen zu können.

Zusammenfassung

Dieses Kapitel stellt die wichtigsten Paradigmen oder Betrachtungsweisen klinisch-psychologischer Forschung und Therapie vor. Das *biologische* Paradigma nimmt eine organische Ursache psychopathologischer Phänomene an. Frühere Diskussionen um diese Betrachtungsweise haben die Form von Argumenten pro oder contra „medizinisches" bzw. „Krankheitsmodell" angenommen. Bei genauerem Hinsehen zeigt sich jedoch, daß die Bezeichnung „medizinisches Modell" hinsichtlich der Ätiologie zu vage ist, als daß darunter ein formales Modell von Psychopathologie zu fassen wäre. Eines ist allerdings darin impliziert: daß psychopathologische Phänomene biologischen Fehlfunktionen und Defekten zugeschrieben werden können. Aus diesem Grund ziehen wir die Bezeichnung „biologisches Paradigma" vor. Biologische Therapien versuchen, den einer Störung zugrundeliegenden organischen Defekt zu korrigieren, oder aber, wenn dieser nicht bekannt ist, die Symptome zu lindern.

Ein anderes Paradigma geht auf *Sigmund Freud* zurück. Die *psychoanalytische* Betrachtungsweise lenkt unsere Aufmerksamkeit auf Verdrängungen und andere unbewußte Prozesse, die ihren Ursprung in frühen Kindheitskonflikten haben. Während moderne Ich-Analytiker, die ebenfalls zu dieser Tradition zählen, das größere Gewicht auf die bewußten Ich-Funktionen legen, forscht das psychoanalytische Paradigma allgemein im unbewußten und frühen Leben der Patienten nach den Ursachen von Abnormität. Psychoanalytische therapeutische Interventionen zielen gewöhnlich darauf ab, die Verdrängungen aufzuheben, damit der Analysand den infantilen Charakter und die Unbegründetheit seiner Ängste nachprüfen kann.

Verhaltens- oder *lerntheoretische* Paradigmen vermuten, daß sich abweichendes Verhalten durch klassische Konditionierung, operante Konditionierung oder Modellernen entwickelt. Gemeinsam ist allen lerntheoretisch orientierten Forschern die Überzeugung, daß man alle Situationen, die Verhalten beeinflussen, sorgfältig untersuchen und ebenso sorgfältig die verwendeten Begriffe definieren sollte. Verhaltenstherapeuten setzen lerntheoretische und kognitive Prinzipien ein, um offenes Verhalten, Denken und Emotionen unmittelbar zu verändern. Man kümmert sich weniger um die historischen Ursachen des abweichenden Verhaltens als vielmehr darum, was es aufrechterhält, also um die Belohnungs- und Bestrafungskontingenzen, die die problematischen Verhaltensmuster immer wieder anregen.

In letzer Zeit haben kognitive Theoretiker betont, daß bestimmte Schemata und irrationale Interpretationen wichtige Faktoren bei abweichenden Verhaltensweisen sind. Sowohl in der Praxis als auch in der Theorie hat sich das kognitive Paradigma mit dem verhaltenstheoretischen vermischt, dieser Behandlungsansatz wird oft als kognitiv-verhaltenstheoretisch bezeichnet.

Das *Diathese-Streß-Paradigma* vermag vielleicht die für die Anwendung geeignetsten Merkmale der verschiedenen Betrachtungsweisen in sich zu vereinen. Menschen, so nimmt dieses Paradigma an, sind dazu disponiert, auf bestimmte Formen von Umweltstreß unangemessen zu reagieren. Die Diathese kann, wie es bei der Schizophrenie der Fall ist, konstitutioneller Art sein, oder sich auch – wie beim chronischen Hilflosigkeitsgefühl des Depressiven – auf psychologische Faktoren beziehen.

Paradigmen, und das ist ihre wichtigste Implikation, legen fest, wo und wie der Forscher nach Antworten sucht. Paradigmen schränken die Wahrnehmung der Welt notwendigerweise ein, denn je nach Standpunkt des Forschers werden die Daten unterschiedlich interpretiert. Wir halten es für ein Glück, daß in unserem Fach nicht nur innerhalb eines einzigen Paradigmas gearbeitet wird.

In der Tat gehen die meisten Klinischen Therapeuten eklektisch in ihrem Behandlungsansatz vor, sie benutzen Techniken, die sich zwar außerhalb ihres Paradigmas befinden, aber bei dem Umgang mit den komplexen, menschlichen, psychischen Problemen nützlich erscheinen.

3

Klassifikation und Diagnostik

Alex, ein 45 Jahre alter Bauarbeiter, wurde von der Polizei aufgegriffen, nachdem er am frühen Abend auf einer belebten Straße in der Stadt eine Frau sexuell belästigt hatte. Er hatte unmittelbar nach der Beendigung der Arbeit vor zwei Stunden eine Bar aufgesucht und war ziemlich betrunken, als er verhaftet wurde. Es stellte sich heraus, daß er einen Sechserpack Bier zum Frühstück und zwei Sechserpack Bier zum Mittagessen zu sich genommen hatte. Diese Angewohnheit hatte er seit vier Jahren, seit dem Tod seiner fünf Jahre alten Tochter, die in einem Verkehrsunfall mit Fahrerflucht vor seinem Haus in dem bescheidenen Viertel, in dem er mit seiner Frau seit elf Jahren lebte, zu Tode gekommen war. Er war seit früher Jugend ein starker Trinker und Mitglied einer Jugendbande in der Nachbarschaft gewesen, die für ihre brutalen Angriffe auf andere Banden und antisoziales Verhalten bekannt war. In seiner beruflichen Tätigkeit war so unbeständig wie nur möglich. Seine derzeitige Beschäftigung hatte er durch den Einfluß eines Onkels bekommen, der seit vielen Jahren seinem Neffen zu helfen versuchte, seine kriminelle Vergangenheit und seinen Alkoholismus zu überwinden. Auch vor dem Tod des Kindes hatte es ständig Ehestreitigkeiten und gegenseitige Anschuldigungen gegeben. Alex beendete jeden Streit, indem er seine Frau verprügelte, manchmal so, daß sie ihre Verletzungen im Krankenhaus behandeln lassen mußte. Seit dem tragischen Tod der Tochter hatte sich die Situation noch verschlechtert und es war allen ihren Freunden ein Rätsel, warum sie überhaupt zusammenblieben. Familienmitglieder nahmen an, daß die Frau von Alex die unrealistische Hoffnung hegte, daß sie ihren Ehemann dazu bringen könnte, den Alkoholmißbrauch, sein aggressives Verhalten und seine anderen antisozialen Verhaltensweisen aufzugeben. Obwohl er außer Haus nicht mehr so gewalttätig war wie in seinen Teenagerzeiten, hatte er Spaß am Ladendiebstahl, zahlte seine Miete selten rechtzeitig und zeigte wenig Interesse für grundlegende moralische Regeln und die Bedürfnisse anderer. Der jahrelange Alkoholmißbrauch hatte seinen Tribut gefordert, eine Leberschädigung war schon vor zwei Jahren diagnostiziert worden. Als Alex am Tag nach seiner Verhaftung im „Knast" wieder nüchtern wurde, wurde ihm klar, daß er wahrscheinlich seine Anstellung und dieses Mal vielleicht auch seine Frau verlieren würde, aber er schien sich deswegen keine Sorgen zu machen.

Dieser Fall könnte auf verschiedene Weise beschrieben werden, je nach dem Paradigma und der theoretischen Vorliebe des Therapeuten, der mit Alex zu tun hat. Die Diagnose ist ein problematischer Aspekt der Klinischen Psychologie. Es ist von grundlegender Bedeutung, daß sich Therapeuten über die Fälle, die sie behandeln oder untersuchen, in angemessener Weise austauschen. Erst in letzter Zeit hat jedoch die Diagnose die nötige Beachtung gefunden. In diesem Kapitel werden wir das gegenwärtige offizielle diagnostische System, das *Diagnostische und Statistische Manual Psychischer Störungen in der 4. Auflage*, bzw. das *DSM-IV*, wie es üblicherweise genannt wird, darstellen, das unter Klinikern weit verbreitet ist. Es wird von der Amerikanischen Psychiatrischen Vereinigung *(American Psychiatric Association)* veröffentlicht und hat eine interessante Entstehungsgeschichte, die wir im Folgenden darstellen.

Die Medizin des ausgehenden neunzehnten Jahrhunderts hatte mit der des Mittelalters, die praktisch jede Unpäßlichkeit oder Krankheit zumindest teilweise mit Schröpfköpfen und Aderlaß behandelte, kaum noch etwas gemein. Nach und nach hatte man erkannt, daß unterschiedliche Krankheiten nach unterschiedlicher Behandlung verlangten. Man verbesserte die diagnostischen Verfahren, klassifizierte die Krankheiten und bemühte sich um sinnvolle Heilmittel. Beeindruckt von den Erfolgen der neuen medizinischen Diagnostik suchten auch die Erforscher abweichenden Verhaltens nach Klassifikationsschemata, die psychische Störungen ihren Symptomen gemäß zu Gruppen zusammenfaßten. Man tat das mit um so größerer Hoffnung, als sich mit der Entwicklung von Klassifikationssystemen auch in Wissenschaften wie der Botanik und der Chemie Fortschritte eingestellt hatten.

Aber die im Laufe des 19. und auch noch des 20. Jahrhunderts entstehenden Klassifikationen abweichenden Verhaltens waren sehr uneinheitlich – ein Problem, dessen Schwere man sich Ende des neunzehnten Jahrhunderts bewußt wurde und das die Kommunikation zwischen den Fachleuten erheblich behinderte. 1889 einigte man sich in Paris während eines Kongresses auf ein einheitliches Klassifikationsschema, das jedoch in der Praxis weitgehend unberücksichtigt blieb. Bereits 1882 hatte der Statistik-Ausschuß der britischen Royal Medico-Psychological Association ein Klassifikationsschema erstellt, das trotz mehrfacher Umarbeitung von den Mitgliedern nie angenommen wurde. Eine etwas abgewandelte Version des britischen Systems übernahm 1886 die *Association of Medical Superintendents of American Institutions for the Insane,* eine Vorläuferin der *American Psychiatric Association.* 1913 wurde dieses Schema durch eine neue Klassifikation ersetzt, in die auch einige von *Kraepelins* Vorstellungen Eingang gefunden hatten. Einheitlichkeit war indes wieder nicht erreicht worden. Die New Yorker State Commission on Lunacy bestand zum Beispiel darauf, weiterhin ihr eigenes System beizubehalten *(Kendell,* 1975).

Auch späteren Versuchen, zu einem einheitlichen Klassifikationssystem zu gelangen, blieb der vollständige Erfolg versagt. 1939 erweiterte die Weltgesundheitsorganisation (WHO) die *International List of Causes of Death* um die psychischen Krankheiten. Dieses Verzeichnis wurde 1948 zur *International Statistical Classification of Diseases, Injuries, and Causes of Death* (ICD) erweitert, einer umfassenden Liste aller Krankheiten, einschließlich einer Klassifikation abweichenden Verhaltens. Auf einer WHO-Konferenz hatte man sich zwar einstimmig für diese Nomenklatur ausgesprochen, indes blieb für den Bereich der psychischen Krankheiten die allgemeine Anerkennung auch dieses Mal aus. Obwohl amerikanische Psychiater am Bemühen der WHO entscheidenden Anteil hatten, veröffentlichte die *American Psychiatric Association* 1952 ihr eigenes *Diagnostic and Statistical Manual* (DSM-I).

Breitere Anerkennung fand das 1969 von der WHO veröffentliche neue Klassifikationssystem. Eine zweite Version des DSM der *American Psychiatric Association* (DSM-II, 1968) war diesem ähnlich; und in England wurde ein Glossar mit Definitionen als Begleitmaterial dazu hergestellt *(General Register Office* 1968). Aber ob eine wirkliche Übereinstimmung erreicht wurde, ist zweifelhaft. Die WHO-Klassifikationen sind letztlich nicht mehr als eine Auflistung diagnostischer Kategorien: ihre Grundlage – das zugehörige Verhalten bzw. die Symptome – ist nicht spezifiziert. Im DSM-II und im British Glossary war diese wesentliche Information zwar enthalten, aber die Symptome entsprachen sich nicht immer. Von einer einheitlichen diagnostischen Praxis konnte also noch keine Rede sein. 1980 veröffentlichte die *American Psychiatric Association* ein wesentlich erweitertes Diagnostisches Manual, DSM-III (dt. 1984). Eine überarbeitete Version (DSM-III-R) erschien 1987 (dt. 1989).

1988 berief die American Psychiatric Association eine Kommission, unter dem Vorsitz von *Allen Frances,* um mit der Arbeit am DSM-IV zu beginnen. Es wurden Arbeitsgruppen gebildet, um Teile des DSM-III-R zu überprüfen, Literaturüberblicke zu erstellen, kürzlich erhobene Daten zu analysieren und falls nötig neue

Daten zu sammeln. Das vielleicht wichtigste Merkmal des Vorgehens war die Art und Weise wie die Diagnostischen Kriterien abgeändert werden konnten: „Entscheidungen müssen auf klar und deutlich beschriebenen Gedankengängen und dem systematischen Überblick über empirische Erkenntnisse beruhen" *(Frances* et al., 1990). In früheren Versionen des DSM waren die Gründe für die Veränderungen oft nicht so deutlich und die Überzeugungen, die ihnen zugrunde lagen, waren nie einer öffentlichen Prüfung ausgesetzt worden.

Einige Kontroversen, die diesen neuen Ansatz als Ziel hatten, kamen schnell an die Öffentlichkeit. Einige (z.B. *Zimmermann,* 1988) hatten den Eindruck, daß die diagnostischen Veränderungen bereits über jeden Zugewinn an wichtigen Erkenntnissen hinausgingen. Der Hauptgrund für den schnellen Beginn der Arbeiten an DSM-IV kurz nach der Publikation von DSM-III-R war die für 1993 erwartete Veröffentlichung der International Classification of Diseases (ICD-10). Es waren einige Ungereimtheiten zwischen der ICD und dem DSM entstanden und es erschien wünschenswert, so viele wie möglich davon auszuräumen.[1] 1991 veröffentlichte die Amerikanische Psychiatrische Vereinigung ein Buch mit Optionen für DSM-IV. Für jede Diagnose wurden Probleme und ihre mögliche Lösung dargestellt. Das DSM-IV wurde 1994 veröffentlicht und gilt seitdem als Diagnoseleitfaden.

In diesem Kapitel wollen wir zunächst einen kurzen Überblick über die Hauptkategorien des DSM-IV geben und uns dann der Kritik der Klassifikation im allgemeinen und des DSM im besonderen zuwenden. Im vierten Kapitel werden wir uns mit den diagnostischen Verfahren beschäftigen, welche die für diagnostische Entscheidungen notwendigen Daten liefern.

Seit 1991 ist die 10. Revision der ICD in deutscher Sprache verfügbar *(Dilling, Mombour & Schmidt,* 1991) und gilt seit 1994 besonders in Europa als verbindliches diagnostisches Kate-

---

1 Bei dem Versuch, die Unterschiede zwischen dem amerikanischen und dem internationalen diagnostischen Vorgehen zu verringern, tauchte die Frage nach den kulturellen Einflüssen auf die Psychopathologie auf. Sind z.B. diagnostische Kriterien, die in Industriegesellschaften formuliert wurden, auf Entwicklungsländer übertragbar? Belege dafür gibt es wenige, aber bei den beiden am gründlichsten untersuchten Störungen (Schizophrenie und Depression) scheinen die Kernsymptome in allen Kulturen ähnlich zu sein. Es gibt aber auch einige Unterschiede, so ist z.B. Schuld in der westlichen Hemisphäre ein häufiges Symptom der Depression, während es in Japan oder dem Iran nur selten auftritt *(Draguns,* 1989).

goriensystem psychischer Störungen. Soweit sinnvoll werden in den folgenden Kapiteln beide Kategoriensysteme (DSM-IV und ICD-10) dargestellt und es wird auf Unterschiede eingegangen. Eine Gegenüberstellung, die die Zuordnung der einander entsprechenden Störungen der beiden Systeme ermöglicht, findet sich im Anhang.

DSM-IV: Das diagnostische System der Amerikanischen Psychiatrischen Vereinigung

Die Achsen

Das *Diagnostische und Statistische Manual Psychischer Störungen* enthält seit seiner dritten Auflage ganz wesentliche Neuerungen. Die vielleicht durchgreifendste Änderung besteht darin, daß die Klassifikation nunmehr *multiaxial* geworden ist: Jede Person soll auf fünf gesonderten Dimensionen oder Achsen beurteilt werden. Auf diese Weise zwingt das multiaxiale System den Diagnostiker, eine große Vielfalt von Informationen zu berücksichtigen. Achse I erfaßt alle psychischen Störungen mit Ausnahme von Persönlichkeitsstörungen und spezifischen Entwicklungsstörungen, die auf Achse II registriert werden. Achse I und II stellen also die eigentliche Klassifikation abweichenden Verhaltens dar. Man hat diese beiden Achsen getrennt, um sicherzustellen, daß nicht mögliche Langzeit-Störungen übersehen werden, wenn das Augenmerk auf die gegenwärtigen Schwierigkeiten des Patienten gerichtet ist. Bei einer Heroinabhängigkeit würde man auf Achse I zum Beispiel einen aktuellen Substanzmißbrauch diagnostizieren. Es könnte zugleich aber auch eine seit langer Zeit bestehende antisoziale Persönlichkeitsstörung vorliegen, die auf Achse II registriert würde.

Die verbleibenden drei Achsen sind für die eigentliche Diagnose zwar nicht notwendig, aber mit ihrer Einbeziehung in das Manual erkennt man an, daß zur umfassenden Beurteilung eines Menschen mehr gehört als seine Symptome. Auf Achse III werden alle körperlichen Störungen und Zustände verzeichnet, die in Zusammenhang mit der psychischen Störung von Bedeutung sein könnten. Im einen Fall ist die körperliche Störung, z.B. eine neurologische Fehlfunktion, möglicherweise die Ursache des

abweichenden Verhaltens, während sie sich im anderen Fall als wichtiger Faktor auf die Allgemeinverfassung auswirken kann: z.B. Diabetes bei einem Kind mit einer Verhaltensstörung. Achse IV verschlüsselt die Schwere der psychosozialen und umweltbedingten Belastungsfaktoren, die die Person erfahren hat und die möglicherweise zu der Störung beitragen.Das können Probleme bei der Arbeit sein, ökonomische Probleme, interpersonale Schwierigkeiten mit Familienmitgliedern, und eine Vielzahl von Problemen in anderen Lebensbereichen. Auf Achse V wird schließlich eine globale Beurteilung der sozialen und beruflichen Anpassung vorgenommen. Die dabei berücksichtigten Lebensbereiche sind soziale Beziehungen, berufliche Anpassung und Freizeitverhalten. Von der Einschätzung der gegenwärtigen Anpassung erhofft man sich Informationen über den Behandlungsbedarf. Tabelle 3.1 zeigt, wie eine Diagnose im Falle von Alex nach dem DSM-IV aussehen könnte.

Tabelle 3.1   Beispiel für eine multiaxiale Diagnose nach DSM-IV

Achse I:	Alkoholabhängigkeit
Achse II:	Antisoziale Persönlichkeit
Achse III:	Zirrhose
Achse IV:	Psychosoziale und umweltbedingte Probleme: Verhaftung, Tod eines Kindes
Achse V:	Gegenwärtiges Funktionsniveau: 42

Diagnostische Kategorien

Im folgenden Abschnitt geben wir eine kurze Beschreibung der wichtigsten diagnostischen Kategorien der Achsen I und II. Ein detaillierterer Überblick, um ein schnelles Nachschlagen zu ermöglichen, befindet sich auf den vorderen Umschlaginnenseiten des Buches. Da zum Zeitpunkt der Drucklegung dieses Buches die deutsche Ausgabe des DSM-IV noch nicht erschienen ist, sind geringfügige Abweichungen von den endgültigen, genauen deutschen Benennungen möglich.

Störungen, die gewöhnlich zuerst im Kleinkindalter, in der Kindheit oder der Adoleszenz auftreten

Zu dieser umfassenden Kategorie gehören die intellektuellen, emotionalen, körperlichen und

den. Hinter dieser Einteilung stand die Annahme, daß die anderen Störungen der Achse I keine physiologische Ursache hätten. Inzwischen hat die Erforschung der physiologischen Ursachen dieser Diagnosen der Achse I zu Beweisen für die Existenz von bedeutenden physiologischen Ursachen geführt. Um diese Situation zu verbessern, wurde die Kategorie der organischen psychischen Störungen im DSM-IV fallengelassen und durch die Überschrift dieses Absatzes ersetzt.

Das *Delir* ist gekennzeichnet durch Bewußtseinstrübung, wechselnde Aufmerksamkeit und unzusammenhängende Gedankengänge. Es kann durch zahlreiche körperliche Erkrankungen verursacht werden, aber auch durch Substanzmißbrauch. Die *Demenz* stellt einen Abbau der geistigen Fähigkeiten, vor allem des Gedächtnisses dar. Sie wird mit der Alzheimerschen Krankheit, dem Schlaganfall, anderen physiologischen Krankheiten und Substanzmißbrauch in Verbindung gebracht. Da Delir und Demenz oft mit Alkoholmißbrauch verbunden sind, werden sie ausführlich in Kapitel 11 besprochen.

In der Kategorie „Organische Störungen" führten das DSM-III und das DSM-III-R einige Störungen auf, die die gleichen Symptome hatten wie die bereits beschriebenen Störungen der Achse I. Die organisch bedingte Wahnstörung glich in bezug auf das Verhalten der paranoiden Wahnstörung, die organisch bedingte Depression der Major Depression, das organische Angstsyndrom der Angststörung und das organische Persönlichkeitssyndrom der Persönlichkeitsstörung. Der Unterschied der Diagnosenpaare lag nicht in den Symptomen, sondern in der Ursache. Bei jeder organischen Störung des Gehirns nahm man eine physiologische Ursache an. So konnte z.B. ein organisches Wahnsyndrom durch den Mißbrauch von Amphetaminen, Gehirnverletzungen und Epilepsie im Temporallappenbereich ausgelöst werden. Bei organisch bedingter Depression könnte die Ursache in einer Störung der endokrinen Drüsen (Schildrüsenüberfunktion oder abnormer Kortisolsekretion), Schlaganfall und Viruskrankheit liegen. Das organische Angstsyndrom kann ebenso von endokrinen Störungen wie von Substanzmißbrauch, wie Koffein und Kokain herrühren. Gehirntumore oder andere Verletzungen des Gehirns sollten die Ursache von organischen Persönlichkeitsstörungen sein. Diese Diagnosen sind im DSM-IV nicht mehr vorhanden.

Statt dessen enthält jede Diagnose der Achse I einen Abschnitt, der darauf hinweist, daß die Störung auch auf eine körperliche Krankheit oder Substanzmißbrauch zurückzuführen sein könnte. So wäre z.B. eine Depression, die durch eine endokrine Fehlfunktion ausgelöst wurde, in der Kategorie für affektive Störungen zu finden, aber als auf ein spezifisches medizinisches Problem zurückgehend aufgeführt.

Daraus ergeben sich zwei wichtige Konsequenzen. Zum einen müssen die Therapeuten sehr vorsichtig mit der Bestimmung sein, ob z.B. der Depression einer Person ein medizinisches Problem oder ein Substanzmißbrauch zugrunde liegt. Eine Behandlung, die die physiologische Basis dieser Depression außer Acht läßt, wäre zum Scheitern verurteilt. Zum anderen ist die Tatsache, daß einige körperliche Faktoren gestörtes Verhalten hervorrufen können, Wasser auf die Mühlen der Vertreter des biologischen Paradigmas. Vielleicht werden die meisten der besprochenen Störungen eines Tages am besten auf das physiologische oder Diathese-Streß-Paradigma zurückgeführt werden können. Doch zum jetzigen Zeitpunkt bleibt die Ätiologie der Störungen, die unser zentrales Anliegen ist, nicht faßbar und keines der jeweiligen Paradigmen kann eine Vormachtstellung in Anspruch nehmen.

ICD-10: Das diagnostische System der Weltgesundheitsorganisation (WHO)

Die ICD-10 (International Classification of Diseases) Kapitel V (Abschnitt F) enthält in ihrer neuesten (zehnten) Revision eine Reihe wesentlicher Neuerungen, die zu einer Annäherung des DSM- und der ICD-Systems führten. Beide basieren auf dem Prinzip operational definierter Diagnosekriterien (Angabe von Kriterien und Entscheidungsregeln), auf dem deskriptiven (interpretationsfreien) Befund im Quer- und im Längsschnitt sowie dem Verzicht auf umstrittene nosologische bzw. ätiologische Modelle. Ätiologische (unstrittige) Überlegungen sind nur bei den organisch bedingten psychischen Störungen und bei den Anpassungsstörungen beibehalten worden. Diagnosen von ICD-10 und DSM-IV werden daher weitgehend, doch nicht vollständig vergleichbar sein. Im Gegensatz zum DSM-IV erlaubt die ICD-10 keine Beurteilungen auf mehreren Achsen. Beide Diagnosesysteme befürworten (sofern angezeigt) die Vergabe multipler Diagnosen (gemeint ist, daß für einen Patienten mehr als eine Diagnose gestellt wird), um so der in der klinischen Realität häufig anzutreffenden Komorbidität psychischer Störungen gerecht zu werden. Angestrebt wird eine möglichst umfassende Beschreibung von Störungen auf diagnostisch-kategorialer Ebene. In beiden Systemen wird ferner der Begriff „Störung" durchgängig verwendet, der den problematischen Begriff „Krankheit" ersetzt.

Die Entwicklung der ICD-10 wurde durch langjährige, internationale Feldstudien begleitet. Die Befunde zur Brauchbarkeit, Akzeptanz und Reliabilität sind mehrfach publiziert worden (*Sartorius, Kaelber, Cooper, Roper, Rae, Gulbinat, Üstün, Regier*, 1993).

Eine erste auffallende Neuerung an der ICD-10 ist die alphanumerische Verschlüsselung (für psychische Störungen von F00 bis F99) der Diagnosen. Die Anzahl der zur Verfügung stehenden Kategorien wird erheblich erweitert und zukünftige Anpassungen sind leichter möglich. Enthielt die ICD-9 30 Hauptkategorien, so sind nun in der ICD-10 100 Diagnosekategorien möglich, wenngleich noch nicht ausgenützt.

Diagnostische Kategorien

Im folgenden Abschnitt geben wir eine kurze Beschreibung der wichtigsten diagnostischen Kategorien. Ein detaillierterer Überblick, um ein schnelles Nachschlagen zu ermöglichen, befindet sich auf den hinteren Umschlaginnenseiten des Buches.

Organische und symptomatische psychische Störungen (F00-F09)

Diese Kategorie umfaßt psychische Störungen (wie Demenz, Delir) mit nachweisbarer Ätiologie in einer zerebralen Erkrankung, einer Hirnverletzung oder einer anderen Schädigung, die zu einer Hirnfunktionsstörung führt. Dabei kann die Funktionsstörung primär (z.B. Verletzung) oder sekundär (z.B. Störung des Gehirns nur als eines von vielen anderen Organen des Körpers) sein. Durch Alkohol und psychotrope Substanzen verursachte Störungen der Hirnfunktion werden nicht hier, sondern unter F1

eingeordnet. Fast alle diese hierunter gefaßten Störungen können in jedem Lebensalter beginnen, meistens beginnen sie jedoch erst im Erwachsenenalter oder im höheren Lebensalter. Einige sind irreversibel oder progredient, andere vorübergehend und gut behandelbar. Die eindeutige zerebrale Schädigung erfordert die Verwendung zumindest zweier diagnostischer Kategorien. Eine Kodierung für die Psychopathologie und eine andere für die zugrundeliegende organische Störung.

Psychische Störungen durch psychotrope Substanzen (F10-F19)

Hierunter sind Auffälligkeiten gefaßt, deren Gemeinsamkeit darin besteht, daß der Gebrauch einer oder mehrerer psychotroper Substanzen (mit oder ohne ärztliche Verordnung) zu dieser Störung führt. Der Schweregrad kann von einer unkomplizierten Intoxikation (Alkoholrausch) über den schädlichen Gebrauch bis zu eindeutig psychotischen Auffälligkeiten und Demenz reichen. Dazugehörige Kategorien sind schädlicher Gebrauch, Abhängigkeitssyndrom mit oder ohne Delir. Spezifiziert werden diese Kategorien durch die benutzte Substanz (wie z.B. Alkohol, Tabak, Kokain usw.).

Schizophrenie, schizotype und wahnhafte Störungen (F20-F29)

Die schizophrenen Störungen sind im allgemeinen durch charakteristische Auffälligkeiten im Denken, Wahrnehmen, dem Affekt, der Individualität, der Leisungsfähigkeit gekennzeichnet. Schizotype Störungen fallen durch exzentrisches Verhalten, Affektverflachung und Anomalien des Denkens auf. Ähnlichkeiten zur Schizophrenie sind vorhanden, ohne die diagnostischen Kriterien zu erfüllen. Wahnhafte Störungen wirken oft wie Schizophrenien, doch ist die Auffälligkeit auf das Bestehen einer Wahnidee, eines Wahnsystems begrenzt. Weitere Kategorien sind akute psychotische Störungen und schizoaffektive Störungen.

Affektive Störungen (F30-F39)

Bei diesen Störungen bestehen die Hauptsymptome in einer Veränderung der Stimmung oder der Affektivität, meist zur Depression hin, mit oder ohne begleitende Angst, oder zur gehobenen Stimmung. Dieser Stimmungswechsel wird in der Regel von einem Wechsel des allgemeinen Aktivitätsniveaus begleitet. Die meisten anderen Symptome sind sekundär oder im Zusammenhang mit diesen Veränderungen leicht zu verstehen. Die meisten dieser Störungen tendieren zu wiederholtem Auftreten. Der Beginn der einzelnen Episoden ist oft mit belastenden Ereignissen oder Situationen in Zusammenhang zu bringen. Diese Kategorie behandelt affektive Störungen aller Altersgruppen, auch die in der Kindheit und Jugend beginnenden sollten also hier klassifiziert werden.

Neurotische-, Belastungs- und somatoforme Störungen (F40-F49)

Offensichtlich eher aus historischen Gründen (Verbindung zum Neurosenkonzept) wurde diese Störungsgruppe gebildet. Im Vordergrund stehen Empfindungen der Angst, der Depression, der Erschöpfung und vielfältiger körperlicher Beschwerden. Psychische Angststörungen sind die phobische Störung, die Agoraphobie, die soziale Phobie, die Panikstörung, die generalisierte Angststörung, die Zwangsstörung, die Belastungs- und Anpassungsstörungen. Eine weitere Gruppe, die dissoziativen Störungen, ist gekennzeichnet durch den teilweisen oder völligen Verlust der normalen Integration der Person, des Erinnerns, des Identitätsbewußtseins, der Körperbewegungen einbezieht. Somatoforme Störungen werden dann diagnostiziert, wenn körperliche Symptome in Verbindung mit der Forderung nach medizinischen Untersuchungen vorherrschen, obgleich wiederholte Untersuchungen keinerlei Hinweise auf eine körperliche Ursache erbrachten.

Verhaltensauffälligkeiten mit körperlichen Störungen (F50-F59)

Dieser Abschnitt umfaßt die Eßstörungen (Anorexia nervosa, Bulimia nervosa, Erbrechen bei anderen psychischen Störungen); die nicht-organisch bedingten Schlafstörungen (Insomnie, Hypersomnie, Schlafwandeln); nicht-organisch bedingte, sexuelle Funktionsstörungen (Verlust oder Mangel von sexuellem Verlangen, sexuelle Aversionen, Versagen genitaler Reaktionen, Orgasmusstörungen, Ejakulationsstörungen, Vaginismus, Dyspareunie); psychische Auffälligkeiten im Wochenbett; Mißbrauch von Substanzen (ohne Suchtpotential).

Persönlichkeits- und Verhaltensstörungen (F60-F69)

Unter Persönlichkeitsstörungen versteht man tief verwurzelte, anhaltende Verhaltensmuster, die sich in starren Reaktionen in unterschiedlichen Lebenslagen zeigen. Die Abweichung von der Mehrheit der Bevölkerung betrifft das Wahrnehmen, Denken, Fühlen und die Beziehungen zu anderen Menschen. Die ICD-10 unterscheidet paranoide, schizoide, dissoziale, emotional instabile, histrionische, anankastische, ängstliche, abhängige sowie andere spezifische und kombinierte Persönlichkeitsstörungen. Störungen der Impulskontrolle (z.B. Spielen, Stehlen), Störungen der Geschlechtsidentität (z.B. Transsexualismus), Störungen der Sexualpräferenz (Fetischismus, Exhibitionismus usw.) bilden weitere Diagnosekategorien dieser Gruppe.

Intelligenzminderung (F70-F79)

Es werden unterschiedliche Stufen (leichte, mittelgradige, schwere usw.) in der Entwicklung der kognitiven Leistungsfähigkeit, der sprachlichen, motorischen und sozialen Fähigkeiten definiert und abgegrenzt. Eine Intelligenzminderung kann allein oder zusammen mit anderen psychischen oder körperlichen Störungen auftreten. Das Risiko für eine andere psychische Störung bei Intelligenzminderung ist deutlich erhöht. Das DSM-IV definiert die Geistige Behinderung ähnlich und ordnet diese Störungen auf Achse II ein.

Entwicklungsstörungen (F80-F89)

Die hier zusammengefaßten Störungen beginnen alle in der Kindheit, sind eng mit der Reifung des Zentralnervensystems verbunden. Meist sind Jungen eher betroffen. Die umschriebenen Entwicklungsstörungen gehen mit dem Älterwerden zurück, ohne völlig zu verschwinden. Es geht um Entwicklungsstörungen des Sprechens, der schulischen Fertigkeiten, der motorischen Fertigkeiten. Ferner werden die tiefgreifenden Entwicklungsstörungen (z.B. Autismus) hier zugeordnet.

Verhaltens- und emotionale Störungen der Kindheit (F90-F99)

Typische Merkmale dieser Kategorien sind der frühe Beginn, überaktives, wenig flexibles, wenig ausdauerndes, zeitstabiles Verhaltensmuster. Es werden u.a. unterschieden: hyperkinetische Störungen (z.B. Aufmerksamkeitsstörung), Störungen des Sozialverhaltens (z.B. oppositionelles Verhalten), emotionale Störungen (Trennungsängste), Störungen sozialer Funktionen (z.B. Mutismus), Ticstörungen, Enuresis, Stottern.

Unterschiede zum DSM-IV zeigen sich neben der Achsenzuordnung und der Begriffswahl vor allem bei:

- der Definition der Schizophrenie (Zeitkriterium) und damit der Untergliederung dieser Störungsgruppe sowie der Zuordnung der schizotypen Störung;
- den organischen psychischen Störungen und der Zuordnung der substanzbedingten Demenzen bzw. Delire;
- der Gruppierung von Angststörungen, somatoformen und dissoziativen Störungen ebenso wie der Schlaf-, der Impulskontroll- und der Anpassungsstörungen;
- der Untergliederung der somatoformen Störungen, insbesondere der Schmerzstörungen und der körperdysmorphen Störung;
- der Untergliederung und Gruppierung der Sexual- und Geschlechtsidentitätsstörungen;
- der Einfügung von Kategorien psychische Störungen im Wochenbett, Mißbrauch von Substanzen, die keine Abhängigkeit hervorrufen;
- Wegfall der narzißtischen, schizotypischen und vermeidenden Persönlichkeitsstörung sowie der Unterteilung der emotional instabilen Persönlichkeitsstörung in einen impulsiven und einen Borderline Typus;
- den Zusatzkodierungen und Kategorien zum Mißbrauch.

Probleme bei der Klassifikation abweichenden Verhaltens

Auf der Grundlage dieses kurzen Überblicks über die Hauptkategorien abweichenden Verhaltens, die uns im Verlaufe des Buches noch ausführlicher beschäftigen werden, wollen wir die Brauchbarkeit des Systems, wie es gegenwärtig existiert, prüfen. Die Kritik, die das System betrifft, ist im wesentlichen durch zwei Merkmale zu charakterisieren. Eine Gruppe von Kritikern hält jegliche Klassifikation im Bereich abweichenden Verhaltens für irrelevant. Die zweite Kritikergruppe sieht bestimmte Mängel in der Art, wie Diagnosen gestellt werden.

Die Relevanz der Klassifikation

Wann immer wir klassifizieren, argumentieren die Klassifikationsgegner, entgeht uns Information und also auch ein Teil der Einmaligkeit der untersuchten Personen. Die Lesenden mögen sich erinnern an unsere Erörterung der Paradigmen und ihre Auswirkungen darauf, wie wir Informationen über die Welt gewinnen. Es scheint in der Natur des Menschen zu liegen, daß er kategorisiert, wann immer er wahrnimmt und denkt. Wer Klassifikation als solche ablehnt, scheint zu übersehen, daß klassifizieren und kategorisieren unabdingbarer Teil menschlichen Denkens ist. Verdeutlichen wir uns das am einfachen Beispiel des Würfelns. Nach jedem Wurf wird eine Zahl von 1 bis 6 oben liegen. Nehmen wir an, wir klassifizieren jedes mögliche Würfelergebnis als gerade oder ungerade. Würfeln wir eine 1, 3 oder 5, rufen wir „ungerade", erscheint eine 2, 4 oder 6, verkünden wir „gerade". Jemand, der uns aus einiger Entfernung zuhört, weiß nicht, ob wir bei dem Ruf „ungerade" eine 1, 3 oder 5 bzw. bei dem Ruf „gerade" eine 2, 4 oder 6 gewürfelt haben. Bei der Klassifikation geht ein gewisser Teil an Information unweigerlich verloren.

Eine Rolle spielt dabei nur, ob die verlorengegangene Information *relevant* ist, was wiederum davon abhängt welche *Zwecke* das Klassifikationssystem erfüllen soll. Sinn jeder Klassifikation ist es, Objekte mit gemeinsamen Eigenschaften zusammenzufassen und Unterschiede, die für den gerade verfolgten Zweck nicht relevant sind, zu ignorieren. Wenn wir nur die ungeraden und geraden Würfelergebnisse auszählen wollen, ist es irrelevant, ob der Würfel 1, 3 oder 5 oder 2, 4 oder 6 zeigt. Aber so einfach sind bei der Beurteilung abweichenden Verhaltens Spreu und Weizen nicht zu trennen, denn noch steht nicht eindeutig fest, welches die relevanten und welches die irrelevanten Dimensionen abweichenden Verhaltens sind. Es kann also passieren, daß wir Menschen aufgrund eines trivialen Merkmals zusammengruppieren, während wir die eigentlich wichtigen Unterschiede zwischen ihnen übersehen.

Klassifikation kann einen Menschen stigmatisieren. Stellen Sie sich vor, man teilt Ihnen mit, Sie seien schizophren. Sie würden vielleicht vorsichtig und argwöhnisch werden, aus Furcht, jemand könnte Ihnen die Störung anmerken. Vielleicht säßen Sie dauernd „auf dem Sprung", jederzeit geplagt von der Angst vor einem neuen „Schub". Auch die Tatsache, daß Sie ein „ehemaliger psychiatrischer Patient" sind, könnte gravierende Folgen für Ihr Leben haben. Sie finden vielleicht keine Arbeit, und Ihre Freunde und Angehörigen gehen anders mit Ihnen um.

Eine Diagnose kann zweifellos solche negativen Folgen haben, vorliegende Forschungsergebnisse zeigen deutlich das negative Image von Psychiatriepatienten in der Öffentlichkeit; Patienten und ihre Familien glauben, daß stigmatisierende Effekte allgemein üblich sind (*Rabkin*, 1974; *Wahl, Harrman*, 1989). Allerdings hat es sich als schwierig herausgestellt diese negativen Effekte von Diagnosen zu belegen. *Gove* und *Fain* (1973) untersuchten z.B. eine umfangreiche Stichprobe von ehemaligen psychiatrischen Patienten ein Jahr nach ihrer Entlassung aus der Klinik. Die Probanden wurden nach Beruf, sozialen Beziehungen und Außenaktivitäten befragt. Ihr jetziges Leben verlief nicht sehr viel anders als das vor ihrem Klinikaufenthalt. Natürlich müssen wir uns der Möglichkeit eines sozialen Stigmas nach einer Diagnose bewußt sein, aber das Problem muß nicht so groß sein, wie allgemein geglaubt wird.

Wenn wir allerdings annehmen, daß sich verschiedene Typen abweichenden Verhaltens voneinander unterscheiden, ist es auch wichtig, diese zu klassifizieren, denn diese Unterschiede können uns den Weg weisen zu den Ursachen und Behandlungsmöglichkeiten der verschiedenen devianten Verhaltensweisen. Wir haben bereits von der Phenylketonurie gesprochen,

einer geistigen Behinderung, bei der aufgrund einer Stoffwechselstörung des Proteins Phenylalanin unvollständige Metaboliten gebildet werden, die das Gehirn schädigen (vgl. S. 540f.). Mit einer phenylalaninreduzierten Diät kann man einigen dieser Schädigungen vorbeugen. Dazu bemerkt *Mendels* (1970) jedoch:

„ ... hätten wir 100 oder auch 1000 geistig behinderte Menschen genommen und phenylalaninfrei ernährt, wäre das Ergebnis nichtssagend gewesen, und wir hätten die Diät als Behandlungsform verworfen. Man mußte erst einen Untertyp geistiger Behinderung, die Phenylketonurie, ausgrenzen und dann den Wert einer phenylalaninfreien Diät für diese besondere Population untersuchen. Nur so konnte man beweisen, daß die Diät ein geeignetes Mittel war, die Entwicklung des Schwachsinns zu verhindern" (S. 35).

Die Bildung von Klassen kann also unser Wissen erweitern, denn haben wir erst die Klasse, können wir uns auch weitere Information über sie verschaffen. Obwohl eine Klasse nur eine behauptete, nicht aber eine bewiesene Einheit darstellt, ist sie doch von heuristischem[2] Wert, denn sie weist uns Wege zu neuer Information. Erst wenn eine diagnostische Klasse gebildet ist, können die Menschen, die in deren Definition passen, untersucht werden, in der Hoffnung, die für ihre Schwierigkeiten verantwortlichen Faktoren zu entdecken und Behandlungsformen zu entwickeln, die ihnen zu helfen vermögen.

Kritik an der gegenwärtigen diagnostischen Praxis

Die spezifischeren Einwände gegen psychiatrische Klassifikationen laufen überwiegend darauf hinaus, daß diagnostische Klassen weder reliabel noch valide seien. Gegenstand solcher Kritik ist häufig das DSM-I und DSM-II. Wir wollen uns zum Schluß dieses Abschnitts kurz ansehen, wie die früheren DSM-Auflagen dem gerecht geworden sind.

---

2 Heuristisch ist ein zentraler Begriff in der Wissenschaft. Er geht auf das griechische *heuriskein* zurück, das „entdecken", „finden" bedeutet. Ein wissenschaftliches Ergebnis von heuristischem Wert hilft, die Erkenntnis zu leiten und neue Aufschlüsse zu gewinnen und erhält seinen besonderen Wert dadurch, daß es zu empirischer Forschung anregt. Der häufige Gebrauch dieses Begriffs und seiner Ableitungen unterstreicht, welch große Bedeutung Wissenschaftler den Ideen für die Gewinnung neuer Erkenntnisse beimessen.

Diskrete Verteilung versus Kontinuum

Das DSM ist ein kategoriales Klassifikationssystem bzw. eine Entscheidungsklassifikation (ja – nein). Ist der Patient schizophren oder nicht? Man könnte daran bemängeln, daß durch diese Klassifikation eine diskrete Verteilung der diagnostischen Kategorien voraussetzt und so der Kontinuität zwischen normalem und abnormalem Verhalten nicht Rechnung getragen werden kann. Die Vertreter des Kontinuum-Ansatzes weisen darauf hin, daß sich abweichendes und normales Verhalten lediglich in der Intensität oder Stärke, und nicht in der Art unterscheiden. Aus diesem Grund würden diskrete diagnostische Kategorien den falschen Eindruck fördern, daß es keine Kontinuität gibt.

Im Gegensatz dazu müßten bei einer *dimensionalen Klassifikation* die Personen oder Objekte auf einer quantitativen Skala (z.B. einer Ängstlichkeitsskala von 1 bis 10, wobei 1 minimal und 10 extrem entspricht) angeordnet werden. Die Klassifikation wäre so vorzunehmen, daß die Patienten auf den entscheidenden Dimensionen beurteilt würden. Danach könnte man unter Umständen auch die Position eines Patienten in einem Koordinatensystem anhand seiner Werte in den verschiedenen Dimensionen einzeichnen. Ein dimensionales System kann auch eine diskrete Klassifikation vornehmen, indem es einen Schnittpunkt oder eine Schwelle einer quantitativen Dimension festlegt. Dies stellt einen möglichen Vorteil des dimensionalen Ansatzes dar.

Natürlich kann ein dimensionales System für die meisten Symptome der Diagnosen des DSM angewendet werden – Ängstlichkeit, Depression und die vielen Persönlichkeitseigenschaften, die bei den Persönlichkeitsstörungen aufgeführt sind. Diese findet man bei verschiedenen Personen in unterschiedlichem Ausmaß, und deshalb passen sie offenbar nicht gut in das DSM mit seiner Klassifikation nach Kategorien. DSM-IV bietet eine vorläufige dimensionale Klassifikation der Persönlichkeitsstörungen an.

Die Entscheidung zwischen einer Klassifikation in Kategorien oder in Dimensionen ist jedoch nicht so einfach, wie es zuerst scheinen mag. Betrachten wir die Hypertonie (erhöhter Blutdruck), die wir ausführlich in Kapitel 8 besprechen werden. Die Blutdruckwerte passen sehr gut in einen dimensionalen Ansatz, aber es hat sich als nützlich erwiesen, bestimmte Personen mit hohem Blutdruck zu kategorisieren,

um die Ursachen und mögliche Behandlungsarten zu erforschen. Eine entsprechende Situation könnte auch für die DSM-Kategorien vorliegen. Obwohl Ängstlichkeit eine dimensionale Variable ist, könnte es sich zeigen, daß es nützlich ist, eine diagnostische Kategorie für Personen mit extremer Angst zu erstellen. Es läge zwangsläufig eine gewisse Willkürlichkeit in einer solchen Kategorisierung (wo genau sollte Trennlinie verlaufen?), aber sie könnte sich trotzdem als nützlich erweisen.

Es ist auch möglich, daß eine Variable, die oberflächlich als dimensional erscheint, tatsächlich einen zugrundeliegenden kategorialen oder „an-aus-Prozeß" widerspiegelt. Dies ist ein komplexes Argument, aber vielleicht wird es deutlicher, wenn wir uns vorstellen, daß ein einzelnes Gen die Ursache für den Bluthochdruck wäre. Der tatsächlich beobachtete Bluthochdruck könnte durch eine komplexe Interaktion zwischen dem Gen (an oder aus) und einer Vielzahl Umwelteinflüssen – Ernährung, Gewicht, Rauchen, Streß usw. – verursacht werden. Der beobachtete Blutdruck ist eine dimensionale Variable, aber der Bluthochdruck entsteht grundsätzlich durch die Wirkungsweise des einzelnen „an-aus-Gens", also einer kategorialen Variable. Angesichts der Tatsache, daß wir lediglich die oberflächliche Variable beobachten können, wie ist es dann festzustellen, ob es einen grundlegenden kategorialen Prozeß gibt? Um diese Fragen zu prüfen werden mittlerweile komplexe mathematische Verfahren entwickelt, deren Resultate wahrscheinlich von großem Interesse sein werden (z.B. *Meehl*, 1986).

Das Problem der Reliabilität

Das Ausmaß, in dem ein Klassifikationssystem, ein Test oder eine sonstige Meßmethode bei jeder Anwendung zur selben wissenschaftliche Beobachtung führt, ist das Maß seiner *Reliabilität*. Eine allgemeine Voraussetzung für Reliabilität ist, daß jede Messung ein bestimmtes Maß an Fehlern aufweist. Dieser sogenannte Meßfehler wird als zufällig angesehen. Es handelt sich dabei nicht um die Benutzung eines 30 cm langen Lineals, daß in Wirklichkeit 31 cm lang ist – was an sich schon verwirrend genug wäre –, sondern mehr wie die Anwendung eines flexiblen, elastischen Lineals, dessen tatsächliche Länge sich bei jeder Benutzung ändert! Allgemein gesprochen versuchen wir reliable Beurteilungsverfahren zu entwickeln, um den Meßfehler möglichst gering zu halten.

Die *„Interrater"*-Reliabilität bezeichnet das Ausmaß, in dem zwei Beurteiler in ihrer Beurteilung eines Ereignisses übereinstimmen. Nehmen wir z.B. einmal an, daß Sie wissen möchten, ob ein Kind, das im Verdacht steht eine Verhaltensstörung zu haben, sich aggressiv zu Gleichaltrigen verhält. Sie könnten sich dafür entscheiden, das Kind während der Pause beim Spiel mit seinen Klassenkameraden zu beobachten. Um die Reliabilität der Beobachtungsdaten zu gewährleisten, würden sie sich zumindest zwei Personen, die das Kind beim Spielen beobachten und unabhängige Beurteilungen über das Ausmaß der Aggression abgeben, wünschen. Das Ausmaß, in dem die beiden Beurteiler übereinstimmen, wäre ein Index der Interrater-Reliabilität.

Selbstverständlich müssen, damit ein Klassifikationssystem sinnvoll ist, diejenigen, die es anwenden, imstande sein, zu einer Übereinstimmung zu kommen, welcher Fall und welcher nicht zu einer bestimmten Kategorie gehört.[3] So wird die Reliabilität zu einem entscheidenden Instrument für die Bewertung eines Klassifikationssystems. Die Reliabilität war früher, vor dem DSM-III bzw. der ICD-10 nicht ausreichend und zwar vor allem, weil die Kriterien für die Diagnosenstellung nicht deutlich genug dargestellt worden waren (*Ward* et al., 1962). Wie wir später sehen werden ist die Reliabilität für die meisten Diagnosen, die heute gestellt werden, gut.

Das Problem der Validität

Valide ist eine Klasse dann, wenn sich richtige Aussagen und Vorhersagen über sie treffen lassen. Die Validität steht in einer bestimmten Beziehung zur Reliabilität; je weniger reliabel eine Kategorie ist, um so schwieriger ist es, valide Aussagen über sie zu machen. Ist eine Diagnose nicht hinreichend reliabel, wird auch ihre Validität gering sein.

Eine Diagnose kann dreierlei Arten von Validität aufweisen: ätiologische Validität, Überein-

stimmungsvalidität und Vorhersagevalidität. Sie besitzt *ätiologische Validität,* wenn für die Störung von Patienten mit gleicher Diagnose die gleichen lebensgeschichtlichen Umstände verantwortlich sind. Mit anderen Worten, um eine Diagnose als ätiologisch valide bezeichnen zu können, muß man bei allen Angehörigen einer diagnostischen Gruppe dieselben Verursachungsfaktoren gefunden haben. Nehmen wir zum Beispiel die Hypothese, eine bipolare Störung sei teilweise genetisch determiniert. In diesem Fall müßten sich im „Stammbaum" bipolar gestörter Menschen weitere Personen mit manisch-depressiven Merkmalen finden. Wie wir in Kapitel 9 sehen werden, sprechen etliche Befunde dafür, was dieser diagnostischen Kategorie in der Tat eine gewisse ätiologische Validität verleiht.

Eine Diagnose besitzt *Übereinstimmungsvalidität,* wenn sich herausstellt, daß weitere Symptome oder Störungsprozesse, die nicht zur eigentlichen Diagnose zählen, für die betreffenden Patienten charakteristisch sind. Beispiel dafür ist etwa die Tatsache, daß Menschen mit einer Schizophrenie zumeist auch Schwierigkeiten mit persönlichen Beziehungen haben. Die *Vorhersagevalidität* bezieht sich auf die zukünftige Entwicklung der Störung oder der an ihr leidenden Patienten. Die Störung kann eine bestimmte „natürliche Geschichte", d.h. einen bestimmten Verlauf haben, oder man setzt voraus, daß die Angehörigen einer diagnostischen Gruppe auf eine bestimmte Behandlung ähnlich reagieren. Bipolare Patienten reagieren zum Beispiel gut auf das Medikament Lithium-Karbonat. Die Tatsache, daß Patienten mit anderer Diagnose auf dieses Mittel nicht ansprechen, spricht für die Vorhersagevalidität der Diagnose „bipolare Störung". Daß wir die diagnostischen Kategorien zum Organisationsprinzip dieses Buches gemacht haben, heißt natürlich auch, daß wir ihnen eine gewisse, wenn auch unterschiedlich hohe Validität zuerkennen. Bei der Erörterung der einzelnen diagnostischen Kategorien werden wir auf diese Unterschiede näher eingehen.

Das DSM und die Diagnose-Kritik

Das DSM-III und nun das DSM-IV sollten diagnostisch reliabler und valider werden als seine Vorgänger. Tatsächlich werden jede diagnostische Kategorie auf den Achsen I und II mit ih-

---

3 Die beiden Komponenten der Reliabilität – die Übereinstimmung darüber, was zu einer bestimmten Kategorie gehört und was nicht – wird als Sensitivität bzw. Spezifität bezeichnet. Sensitivität bedeutet Übereinstimmung hinsichtlich des Vorliegens einer bestimmten Diagnose und Spezifität die Übereinstimmung über die Abwesenheit einer Diagnose.

Tabelle 3.2 Beschreibung der Manie in DSM-II und DSM-IV

DSM-II (American Psychiatric Association, 1968, S. 36)

Manisch-depressive Erkrankung, Typus Manie. Die Erkrankung besteht ausschließlich aus manischen Episoden. Sie sind gekennzeichnet durch eine deutlich gehobene Stimmung, Gereiztheit, Redseligkeit, Ideenflucht, eine beschleunigte Sprache und erhöhte motorische Aktivität. Gelegentlich treten für kurze Zeiträume Depressionen auf, aber sie entwickeln sich nicht zu wirklichen depressiven Episoden.

DSM-IV (American Psychiatric Association, 1994)

Diagnostische Kriterien einer Episode von Manie

A. Eine begrenzte Periode abnorm und ständig erhöhter, expansiver oder reizbarer Stimmung.
B. Während der Periode der abnorm veränderten Stimmungslage waren mindestens drei folgenden Symptome (vier, falls die Stimmung nur reizbar ist) dauernd und in ausgeprägtem Maß vorhanden.
   1. gesteigertes Selbstbewußtsein oder Größenideen;
   2. vermindertes Schlafbedürfnis (fühlt sich z.B. nach nur drei Stunden Schlaf ausgeruht);
   3. redseliger als gewöhnlich oder Drang, dauernd weiterzureden;
   4. Ideenflucht oder die subjektive Erfahrung des Gedankenjagens;
   5. Ablenkbarkeit, d.h., die Aufmerksamkeit wird zu leicht von unwichtigen oder irrelevanten Reizen angezogen;
   6. Steigerung zielgerichteter Aktivitäten (sozial, bei der Arbeit oder in der Schule, sexuell) oder psychomotorische Unruhe.
   7. exzessive Beschäftigung mit angenehmen Aktivitäten, die mit großer Wahrscheinlichkeit unangenehme Konsequenzen haben, z.B. ständiges Ausgeben von Lokalrunden, sexuelle Indiskretionen oder törichte geschäftliche Investitionen.
C. Die abnorm veränderte Stimmungslage ist genügend schwer ausgeprägt, um eine deutliche Einschränkung der beruflichen Leistungsfähigkeit, üblicher sozialer Aktivitäten oder der Beziehungen zu anderen zu verursachen oder eine Klinikaufnahme zu erfordern, mit dem Ziel, Fremd- oder Selbstschädigung vorzubeugen.

Tabelle 3.3 Die Reliabilität wichtiger Diagnosen, die bei Feldversuchen mit DSM-III erzielt wurden.[a]

Diagnosen	Reliabilität[b]
Störungen mit Beginn typischerweise im Kleinkindalter, Kindheit oder Adoleszenz	.65
Organisch bedingte psychische Störungen	.79
Substanzbedingte Störungen	.86
Schizophrene Störungen	.81
Paranoide Störungen	.66
Affektive Störungen	.69
Angststörungen	.63
Somatoforme Störungen	.54
Dissoziative Störungen	.80
Psychosexuelle Störungen	.92
Körperlicher Zustand, bei dem psychische Faktoren eine Rolle spielen	.62
Persönlichkeitsstörungen	.56

[a] Die Daten stammen aus Phase I des Feldversuchs und beruhen auf 339 Patienten.
[b] Die Reliabilitäten sind Kappa-Koeffizienten und geben die Übereinstimmung zwischen verschiedenen Beurteilern an, die um die zufällige Übereinstimmung vermindert wurden.

ren „Hauptmerkmalen" und „Nebenmerkmalen" auch sehr viel detaillierter beschrieben als im DSM-II. Es folgen der Forschungsliteratur entnommene Angaben über Alter bei Beginn, Verlauf, Grad der Beeinträchtigung und Komplikationen, prädisponierende Faktoren, Geschlechtsverteilung, familiäre Häufung und Differentialdiagnose. Auch die spezifischen *diagnostischen Kriterien* für die jeweilige Kategorie, d.h. diejenigen Symptome und Begleitumstände, die die Diagnose rechtfertigen, sind sehr viel genauer spezifiziert. Tabelle 3.2 ver-

gleicht die Beschreibungen einer manischen Episode des DSM-II mit den diagnostischen Kriterien des DSM-IV. Das DSM-IV und die ICD-10 bieten eindeutig die detailliertere und konkretere Basis für eine Diagnose.

Man kann erwarten, daß die Ausführlichkeit der DSM-Kriterien die Unzulänglichkeiten der Beschreibungen, die der Hauptgrund für die fehlende Reliabilität waren, reduziert. Die Ergebnisse von Feldstudien des DSM-III wurden in dem Manual selbst dargelegt und sind in Tabelle 3.3 dargestellt. Wie daraus hervorgeht, sind die Reliabilitäten für die meisten Hauptkategorien zufriedenstellend, auch wenn sie etwas schwanken. Es gibt keinen Grund für die Annahme, daß die Reliabilitäten im DSM-IV zurückgehen sollten, auch wenn die Daten derzeit nicht verfügbar sind. Es wurde bei dem Umgang mit der zweitgrößten Quelle der mangelnden diagnostischen Reliabilität, der mangelnden Übereinstimmung der Beurteilers, einiger Erfolg erzielt. Die Benutzung von standardisierten, reliablen Interviews, die wir im folgenden Kapitel besprechen werden, verringert dieses Problem deutlich.

Soweit ist das DSM-IV bzw. die ICD-10 also positiv zu werten. Das Erreichen einer angemessenen diagnostischen Reliabilität ist eine beachtliche Leistung, aber Probleme gibt es dennoch. Zum Beispiel bleibt zweifelhaft, ob die Regeln zur diagnostischen Entscheidungsfindung wirklich eine ideale Lösung sind. Aus der Tabelle 3.3 ersehen wir, daß Patienten mit diagnostizierter Manie mindestens drei, bei nur reizbarer Stimmung vier von sieben Symptomen aufweisen müssen. Aber warum gerade drei Symptome und nicht zwei oder fünf, bleibt unersichtlich (vgl. *Finn,* 1982). Außerdem wird die Reliabilität der Achsen I und II in der Alltagspraxis vermutlich geringer sein, da sich der Diagnostiker wohl nicht immer mit der gleichen Präzision an die Kriterien halten wird wie der Forscher. Und obwohl sich die höhere Reliabilität des DSM-IV und der ICD-10 positiv auf die Validität auswirken *kann,* ist keineswegs garantiert, daß sie das auch tut. Eine Diagnose nach dem DSM-IV und der ICD-10 muß nicht notwendigerweise auch zu sinnvollen Information über den Patienten führen. Außerdem spielen auch bei Diagnosen nach dem DSM-IV und der ICD-10 subjektive Faktoren weiterhin eine Rolle. Betrachten wir noch einmal die Kriterien für die Manie in Tabelle 3.2. Was genau bedeutet die Aussage, daß die gehobene Stimmung abnorm und andauernd gehoben sein muß? Oder welcher Grad an Beteiligung in Aktivitäten, die ein hohes Risiko für unangenehme Konsequenzen in sich tragen, ist übertrieben? Ein weiteres Beispiel ist die Einschätzung des Klinikers nach dem Grad der derzeitigen Leistungsfähigkeit des Patienten auf der Achse V. Der Kliniker bestimmt, was für den Patienten angemessen ist und wie sein Verhalten sich mit einer Durchschnittsperson vergleichen läßt. Solche Beurteilungen geben Raum für kulturelle Vorurteile, die sich einschleichen können, und auch für die persönlichen Vorstellungen des Therapeuten, was eine Durchschnittsperson in einem speziellen Lebensstadium oder in bestimmten Situationen tun sollte (*Taylor*, 1983).

Letztlich erscheinen nicht alle Änderungen in den Klassifikationen des DSM und der ICD positiv. Die Lernstörungen – Lese-, Rechnen-, und Schreibstörungen – sind tatsächlich an der Grenze. Sollte ein Problem, wie Schwierigkeiten beim Erlernen des Rechnens, als psychische Störung eingestuft werden? Bei der Ausdehnung der Zuständigkeit, scheint man zu viele Kindheitsprobleme zu psychischen Störungen gemacht zu haben, ohne daß man eine ausreichende Rechtfertigung dafür hätte.

Insgesamt halten wir das DSM und die ICD für vielversprechend, aber noch lange nicht vollkommen. Wenn wir im Verlaufe dieses Buches die Literatur zu den einzelnen Störungen vorstellen, wird weiter Gelegenheit sein, auf die Stärken und Schwächen dieses jüngsten Bemühens um eine Kategorisierung psychischer Störungen einzugehen und zu untersuchen, wie das DSM-IV und die ICD-10 mit den verbleibenden Problemen umgehen. In bezug auf das DSM und die ICD ist besonders positiv, daß die diagnostischen Kriterien ausführlich dargestellt werden und es daher einfacher ist, die Probleme in dem diagnostischen System aufzudecken. Wir können mit weiteren Änderungen und Verbesserungen im Laufe der nächsten Jahre rechnen.

Zusammenfassung

Die letzten Auflagen des DSM-IV bzw. der ICD-10 spiegeln die Bemühungen aller Berufsgruppen im Bereich der Psychiatrie wider, die verschiedenen Psychopathologien zu kategorisieren. Neu ist im DSM-IV der multiaxiale Ansatz. Bei jeder Diagnose muß der Kliniker den Zustand des Patienten auf fünf Achsen oder Dimensionen beschreiben. Achse I und II enthalten die eigentlichen psychischen Störungen. Auf Achse III werden diejenigen körperlichen Störungen aufgeführt, die einen Einfluß auf die diagnostizierte psychische Störung zu haben scheinen. Achse IV verzeichnet die Schwere der psychosozialen Belastungsfaktoren, denen der Patient ausgesetzt war, und auf Achse V wird die soziale Anpassung im letzten Jahr eingeschätzt. Eine multiaxiale Diagnose stellt nach Meinung der Autoren eine angemessene und brauchbare Beschreibung der psychischen Störung eines Patienten dar. Die ICD-10 ist ähnlich operational, definiert die Störungsgruppen theoriefrei und erreicht so gute Übereinstimmungen zwischen Klinikern.

Es wurden allgemeine und spezifische Probleme bei der Klassifikation von Abnormität erörtert. Da die Systeme sehr viel konkreter und deskriptiver sind als die Vorgänger, sind Diagnosen reliabler. Die Validität bleibt jedoch noch eine offene Frage. Ob eine weite Verbreitung des DSM-IV und der ICD-10 zu brauchbarerem Wissen über Psychopathologien, ihre Prävention und Behandlung führt, läßt sich zu diesem Zeitpunkt noch nicht beurteilen.

4

Klinische Erhebungsverfahren

... Nehmen wir zum Beispiel ein kleines Kind, das
von seiner Mutter mit der Klage über sein stark for-
derndes Verhalten, seine Wildheit, Sturheit, Zerstö-
rungswut und Unreife in die Klinik gebracht wird.
Nehmen wir weiter an, daß es sich um einen Jungen von durchschnittlicher Intelligenz handelt, der
keine körperlichen Probleme hat. Schon die ersten
vorsichtigen Hypothesen über die möglichen Ursachen hängen vom theoretischen Ansatz des Inter-
preten ab. Ein *Freudianer* könnte das Verhalten des
Kindes als Zeichen einer geringen Ich-Stärke und
Ambivalenz gegenüber der Mutter ansehen, wobei
grundlegende Probleme im Umgang mit Hand-
lungsimpulsen bestehen könnten, oder als Spiege-
lung der unbewußten neurotischen Konflikte der
Mutter. Ein Anhänger *Adlers* würde sich auf die Ri-
valität zwischen dem Jungen und seinen Geschwistern beziehen oder auf seinen Minderwertigkeitskomplex und seine Bemühungen, diesen zu kompensieren. Nach dem Ansatz von *Rogers* müßte
man an die Selbstrealisierung, Wachstumskrisen
und Probleme mit dem Ich-Ideal denken und ein
Schüler von *Erikson* würde Hypothesen über Identi-
tätskrisen und die Autonomie aufstellen... Ein Behaviorist würde von allen Spekulationen über die psychodynamische Bedeutung des Problemverhaltens
absehen. Stattdessen würde er die beobachtbaren
Verhaltensweisen der problematischen Handlungen
festlegen und versuchen, die Reizbedingungen, die
dieses Verhalten anscheinend beeinflussen und im
Tagesablauf des Kindes aufrecht erhalten, zu erfassen.
Jede dieser unterschiedlichen „Schulen" hat eine
andere Orientierung und einen anderen Ansatz. Die
Hypothesen und Erwartungen der Untersucher sind
nicht rein privater Natur: Sie beeinflussen nicht nur,
was sie sehen, sondern auch das, was sie sowohl
bei der Forschung als auch der Psychotherapie finden (*Mischel*, 1968, S. 3).

Der Bericht über den Polizisten mit den Alko-
hol- und Eheproblemen zu Beginn dieses Buches gab nichts über die Ursachen seines Verhaltens preis. Wir hatten keine Möglichkeit, mit
Hilfe der gängigen diagnostischen Mittel – Interviews, Tests und einer Vielfalt anderer ver-
haltensdiagnostischer Verfahren – mehr über
ihn zu erfahren. Zuweilen laufen diese *Erhebungsverfahren* auch unter anderen, vielleicht
eindrucksvolleren Namen. Ein Interview heißt
dann etwa „psychiatrisches Interview", „diagnostisches Interview" oder „Tiefeninterview",
ein Test nennt sich „psychologisch" oder „pro-
jektiv". Alle klinischen Erhebungsverfahren
sind mehr oder weniger formalisierte Methoden, mit denen herausgefunden werden soll,
was mit einem Menschen nicht stimmt, wo die
Ursachen seiner Schwierigkeiten liegen könnten und welche Schritte möglich wären, um sei-

ne Situation zu verbessern. Einige dieser Verfahren werden auch benutzt, um die Wirksamkeit therapeutischer Interventionen zu erfassen.

In diesem Kapitel werden sowohl die biologischen als auch die psychologischen Untersu-
chungsmethoden dargestellt. Den Abschluß bildet die Erörterung der wichtigen Frage, die bei
jeder Messung eine Rolle spielt, nämlich, ob
Verhalten längerfristig stabil oder variabel ist.
Darüber hinaus wird auch auf den gelegentlich
vernachlässigten Aspekt der Beurteilung, die
Rolle kultureller Unterschiede und die klinische Voreingenomenheit, eingegangen.

Bei der Darstellung wird deutlich werden,
daß Reliabilität und Validität, die beiden Konzepte, die bei der Diskussion der Diagnose in
Kapitel 3 zuerst angesprochen wurden, bei der
Beurteilung ebenfalls eine zentrale Rolle spielen. Daher beginnt dieses Kapitel mit einem
Überblick über diese beiden Konzepte.

Reliabilität und Validität von Untersuchungsverfahren

Hinter Reliabilität und Validität liegen sehr
komplexe Sachverhalte. Es gibt jeweils mehrere
unterschiedliche Ansätze, und ein eigenständi-
ger Bereich der Psychologie – die Psychometrie
– befaßt sich in erster Linie mit diesen Fragestellungen. Wir geben hier einen kurzen und allgemeinen Überblick, der für die kritische Beurteilung der großen Vielfalt klinischer Untersuchungsverfahren ausreichen sollte.

Im allgemeinsten Sinn bezieht sich die *Reliabilität* auf die Stabilität der Messung. Die *Inter-
raterübereinstimmung*, die im vorigen Kapitel
erläutert wurde, bezieht sich auf das Ausmaß, in
dem zwei unabhängige Beobachter oder Beurteiler übereinstimmen. Die *Retestreliabilität*
stellt ein Maß dafür dar, wie gut Menschen, die
zweimal beurteilt wurden oder den gleichen
Test zweimal bearbeiteten, wobei möglicherweise einige Wochen oder Monate dazwischen
liegen, in den Meßwerten übereinstimmen. Diese Form der Reliabilität ist natürlich nur dann
sinnvoll, wenn die unsere Theorie davon ausgeht, daß sich die Menschen in bezug auf die
gemessene Dimension nicht stark verändern.
Ein Beispiel dafür sind die Intelligenztests (vgl.
S. 101). Gelegentlich verwenden die Psycholo-

gen unterschiedliche Formen des gleichen Tests, anstatt den gleichen Test zweimal vorzugeben. Das gilt besonders, wenn Bedenken bestehen, daß sich die Testpersonen an die Antworten aus dem ersten Test erinnern und deswegen versuchen, gleichartig zu antworten. Dieses Vorgehen ermöglicht es, die *Paralleltest-Reliabilität* zu bestimmen. Die *Halbierungs-(Split-half)Reliabilität* kann aufgrund einer einzigen Testvorgabe berechnet werden. Der Test wird in zwei Hälften geteilt und diese beiden Teile werden als Ergebnisse aus unabhängigen Messungen angesehen. Dabei muß allerdings sichergestellt werden, daß die Items in jedem Teil vergleichbar sind. Wenn die Aufgaben in einem Leistungstest vom Anfang zum Ende hin schwieriger werden, würde es keinen Sinn machen, die erste Hälfte mit der zweiten zu vergleichen. Stattdessen könnte die Zusammenfassung der Items mit geraden Aufgabennummern und der Vergleich mit den Items ungerader Nummern eine bessere Grundlage für den Vergleich darstellen.

Bei jeder der beschriebenen Arten der Reliabilität wird eine *Korrelation*, ein Maß der Enge der Beziehungen zwischen Variablen (vgl. S. 125), zwischen den Beurteilern oder Aufgabengruppen berechnet. Je höher diese Korrelation, um so besser die Reliabilität. Das ist deswegen so, weil die Größe des Meßfehlers sich in einer niedrigeren Korrelation niederschlägt.

Wenden wir uns jetzt der *Validität* zu, dem Ausmaß, in dem ein Untersuchungsverfahren das mißt, was wir erfassen wollen. Mißt ein Papier-Bleistift-Fragebogen, der beispielsweise Angst messen soll, wirklich Angst? Die *Übereinstimmungsvalidität* (manchmal auch als deskriptive bezeichnet) bezieht sich auf das Ausmaß, in dem die Werte aus einem Untersuchungsinstrument mit den Ergebnissen anderer Messungen des gleichen psychischen Merkmals korrelieren, die etwa gleichzeitig durchgeführt wurden. Ein Beispiel dafür könnte die Frage sein, ob der Testwert aus dem Angstfragebogen Personen identifiziert, die als hoch ängstlich nach der Beobachtung ihrer Interaktion mit anderen in einer Laborsituation bezeichnet wurden. Die *Vorhersagevalidität* ist mit der Übereinstimmungsvalidität vergleichbar, mit der Ausnahme, daß die Messung, zu der eine Beziehung hergestellt wird, erst einige Zeit später zur Verfügung stehen wird. Für den Angstfragebogen könnte die Fragestellung darin bestehen zu ermitteln, ob die zu Beginn des Semesters erhobenen Werte eine Vorhersage darüber erlauben, wer in den Abschlußprüfungen schlechter abschneiden wird.

Die bedeutsamste und interessanteste Form der Validität ist wahrscheinlich die *Konstruktvalidität*, die das Vorliegen von Übereinstimmungs- und prädiktiver Validität voraussetzt. Diese Art der Validität bezieht sich auf die Position, die der Angstfragebogen in einem theoretischen Bezugsrahmen einnimmt und kann nur in diesem Umfeld verstanden werden. Nehmen wir zum Beispiel an, daß unsere Hypothese besagt, daß hoch ängstliche Schüler nur in den Abschlußprüfungen der Fächer schlecht abschneiden, die mit der Tätigkeit ihrer Eltern in Verbindung stehen. Der Grund für diese Annahme wäre die Überzeugung, daß diese Kinder sich besondere Sorgen darüber machen, daß sie ihre Eltern enttäuschen könnten, wenn sie in Fächern schlecht abschneiden, in denen die Eltern Experten sind. Die Ermittlung der Konstruktvalidität würde hier die Erfassung der Noten der Schüler in den Kursen, die dem Beruf der Eltern entsprechen bzw. nicht entsprechen, einschließen. Danach wäre zu prüfen, ob die negativen Korrelationen zwischen der Angst und den Zielkursen höher sind als die zu den Kursen, die mit dem Beruf der Eltern in keiner Beziehung stehen. Es ist unmittelbar einsichtig, daß die durchgeführten Analysen davon abhängen, was die Theorie vorhersagt. Wenn die Beziehungen, die sich ergeben, im großen und ganzen mit der Theorie übereinstimmen, dann haben wir nicht nur eine Konstruktvalidierung durchgeführt, sondern auch die zugrundeliegende Theorie belegt. Die Konstruktvalidierung stellt daher einen wichtigen Teil der Überprüfung einer Theorie dar und ist nur im Kontext der Theorie zu verstehen.

Die meisten der Untersuchungsverfahren, die beschrieben werden, haben eine akzeptable Reliabilität, aber die Validität läßt gelegentlich zu wünschen übrig.

Biologische Erhebungsverfahren

Seit vielen Jahren haben Forscher und Kliniker versucht, die Funktionsweise des Gehirns und anderer Teile des Nervensystems direkt zu beobachten oder entsprechende Schlußfolgerun-

Kasten 4.1 Struktur und Funktion des menschlichen Gehirns

Das Gehirn liegt innerhalb des durch die Schädelknochen geschützten Bereichs und ist von drei Gewebeschichten (die Hirnhäute), die keine Neurone enthalten, umgeben. Diese drei Hirnhäute werden als *Meningen* bezeichnet. Die äußere der drei ist die harte *Dura Mater,* die mittlere die spinnengewebsartige *Arachnoidalhaut* und die innere die weiche *Pia mater.* Von oben gesehen ist das Gehirn durch eine in der Mitte verlaufende Vertiefung in zwei spiegelbildlich liegende *Hemisphären* geteilt. Diese beiden umfassen den größten Teil des Großhirns. Die Hauptverbindung zwischen den beiden Hemisphären ist ein Bündel von Nervenfasern, das Balken *(Corpus callosum)* genannt wird. Abbildung 4a zeigt die Oberfläche einer der Hemisphären. Die Oberfläche der Hemisphären und einige darunter liegende Schichten bilden das Großhirn *(Cortex).* Der Cortex besteht aus sechs Schichten dicht gepackter Zellkörper von Neuronen mit vielen kurzen, ungeschützten Verbindungsmöglichkeiten. Diese Neuronen, deren Zahl auf 10 bis 15 Milliarden geschätzt wird, bilden eine dünne äußere Schicht, die sogenannte graue Substanz des Gehirns. Der Cortex ist vielfach gefaltet. Die Erhebungen werden als *Gyri* und die dazwischen liegenden Vertiefun-

gen als *Sulci* oder Fissuren bezeichnet. Tiefe Fissuren teilen die Hemisphären in verschiedene Bereiche, die als Lappen bezeichnet werden. Der *Frontallappen* liegt vor dem Zentralsulcus, der *Scheitellappen* dahinter und über dem Zentralsulcus, der *Temporallappen* liegt unter dem Zentralsulcus und der *Occipitallappen* hinter dem Scheitel- und dem Temporallappen. Unterschiedliche Funktionen liegen in bestimmten Regionen der Teile des Cortex. Die optische Wahrnehmung befindet sich im Occipitallappen; die Wahrnehmung von Geräuschen im Temporallappen; Denken und andere höhere kognitive Prozesse und die Steuerung der feinen Willkürbewegung liegen im Frontallappen; die Auslösung von Bewegungen der Skelettmuskulatur liegt in einem schmalen Band unmittelbar vor dem Zentralsulcus. In einem schmalen Band dahinter werden Berührung, Druck, Schmerz, Temperatur und die Position des Körpers durch Rückmeldungen von der Haut, Sehnen und Gelenken wahrgenommen.

Von den beiden Hemisphären des Gehirns wird angenommen, daß sie unterschiedliche Funktionen haben. Die linke Hemisphäre, die im allgemeinen die rechte Hälfte des Körpers durch die Überkreuzung der sensorischen und motorischen Fasern kontrolliert, ist gewöhnlich dominant. Sie ist zuständig für die Sprache und, nach der Auffassung einiger Neuropsychologen, für analytisches Denken bei Rechtshändern und ebenfalls bei einer relativ großen Zahl von Linkshändern. Die rechte Hemisphäre kontrolliert die linke Körperseite und es wird angenommen, daß sie auf die Wahrnehmung räumlicher Verhältnisse und Strukturen und deren Verarbeitung spezialisiert ist. Aber analytisches Denken kann nicht ausschließlich in der linken Hemisphäre – genausowenig wie intuitives oder kreatives Denken in der rechten – lokalisiert sein. Die beiden Hemisphären stehen durch den Balken (Corpus callosum) in ständigem Kontakt. Die Lokalisation der deutlich verschiedenen Formen des Denkens ist wahrscheinlich nicht so scharf getrennt, wie uns früher erklärt wurde.

Wird das Gehirn so auseinander geschnitten, daß die beiden Hemisphären getrennt sind (Abb. 4.b), können weitere wichtige Merkmale gesehen werden. Die graue Substanz des Großhirns erstreckt sich nicht über das ge-

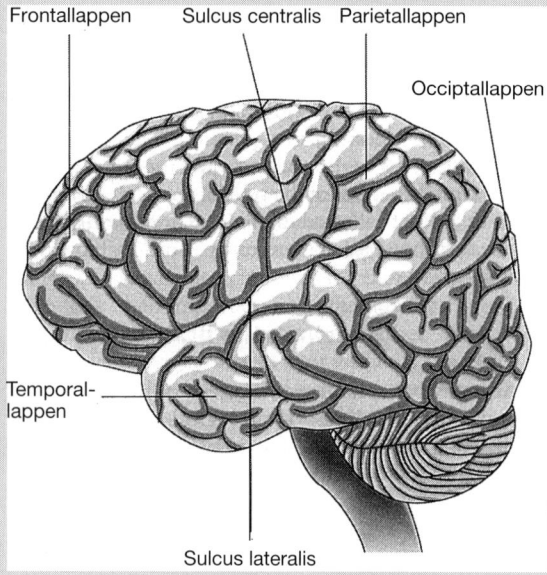

Abb. 4a Oberfläche der linken zerebralen Hemisphäre. Eingezeichnet sind die Hirnlappen und die beiden wichtigen Fissuren des Kortex.

Frontallappen   Sulcus centralis   Parietallappen

Occiptallappen

Temporal-
lappen

Sulcus lateralis

samte Innere des Gehirns. Große Teile der inneren Strukturen bestehen aus *weißer Substanz,* die von Leitungsbahnen oder Bündeln von Fasern, die von der Markscheide (Myelin) umgeben sind, gebildet wird. Diese Leitungsbahnen verbinden Zellkörper im Großhirn mit anderen im Rückenmark und anderen Zentren, die im Gehirn tiefer liegen. Diese Zentren stellen weitere Ansammlungen grauer Substanz dar, die als Kern *(Nukleus)* bezeichnet werden. Einige kortikale Zellen haben über lange Fasern (Axon) Verbindung mit den motorischen Neuronen im Rückenmark, andere nur mit den Kernen zwischengeschalteter Neuronen. Vier Kerne liegen tief im Inneren jeder Hemisphäre. Sie werden insgesamt als *Basalganglien* bezeichnet. Andere wichtige Bereiche und Strukturen des Gehirns enthalten ebenfalls Kerne. Die Nuklei dienen sowohl als Schaltstationen, indem sie Bahnen vom Großhirn mit anderen auf- und absteigenden Bahnen verbinden, als auch als Zentren sensorischer und motorischer Kontrolle. Tief im Gehirn liegen Hohlräume, die als *Ventrikel* bezeichnet werden. Sie stehen in Verbindung mit dem Rückenmarkskanal und sind mit cerebrospinaler Flüssigkeit (Liquor) gefüllt.

Abbildung 4b zeigt vier wichtige funktionale Strukturen oder Bereiche:

Abb. 4b Medialer Schnitt durch das Gehirn, der den inneren Aufbau zeigt.

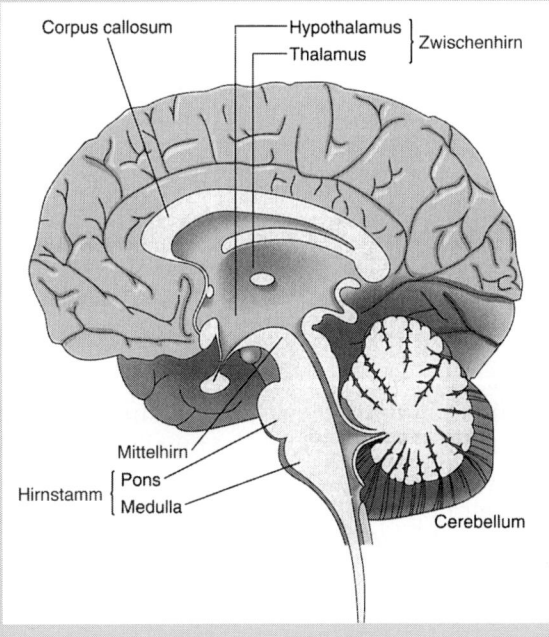

1. Das *Zwischenhirn (Diencephalon)* steht frontal mit den Hemisphären und nach hinten mit dem Mittelhirn in Verbindung. Es umfaßt *Thalamus* und *Hypothalamus,* die aus Gruppen von Kernen bestehen. Der Thalamus stellt eine Zwischenstation für alle sensorischen Bahnen außer der olfaktorischen dar. Die Nuklei, die den Thalamus bilden, empfangen fast alle Impulse, die von den verschiedenen sensorischen Bereichen des Körpers kommen, und leiten sie an das Großhirn weiter, wo sie als bewußte Empfindungen interpretiert werden. Der Hypothalamus ist das höchste Integrationszentrum für viele viszerale Prozesse. Seine Kerne regulieren den Stoffwechsel, die Körpertemperatur, den Wasserhaushalt, das Schwitzen, den Blutdruck, den Schlaf und den Appetit.

2. Das *Mittelhirn* besteht aus einer Vielzahl von Nervenfasern, die das Großhirn mit der Pons, der Medulla oblongata, dem Kleinhirn und dem Rückenmark verbinden.

3. Der *Hirnstamm* besteht aus *Pons* und *Medulla oblongata* und dient vor allem als neuronale Schaltstation. Die Pons enthält Leitungsbahnen, die das Kleinhirn mit dem Rückenmark und das Kleinhirn mit den motorischen Bereichen des Großhirns verbinden. Die Medulla oblongata stellt die Hauptverbindungslinie von Bahnen dar, die vom Rückenmark aufsteigen oder vom Großhirn absteigen. Am unteren Ende der Medulla wechseln viele der motorischen Fasern auf die andere Körperseite. Die Medulla enthält auch Nuklei, die für die Steuerung der rhythmischen Vorgänge zuständig sind. Dazu gehören Herzschlag, Heben und Senken des Zwerchfells, Zusammenziehen und Erweitern der Blutgefäße. Im Zentrum des Hirnstamms liegt die *Formatio reticularis,* die gelegentlich auch als retikuläres Aktivationssystem bezeichnet wird, weil sie eine wichtige Rolle für den Wachzustand und die Aufrechterhaltung des Bewußtseins spielt. Die Bahnen von Pons und Medulla senden Fasern in das Geflecht der eng miteinander verbundenen Neuronen der Formatio reticularis, die wiederum Verbindungen zum Großhirn, den Basalganglien, dem Hypothalamus, der Atmungs- und Kreislaufregulierung und dem Kleinhirn aufweist.

4. Das *Kleinhirn* besteht wie das Großhirn zum größten Teil aus zwei gefalteten Hemisphären mit einem äußeren Bereich grauer Sub-

stanz und inneren weißen Fasern. Das Kleinhirn steht über sensorische Nervenbahnen mit dem Gleichgewichtssinn des Innenohrs und Muskeln, Sehnen und Gelenken in Verbindung. Die erhaltene und verarbeitete Information steht in Zusammenhang mit Haltung und Gleichgewicht und der reibungslosen Koordination des Körpers bei Bewegungen.

Ein fünftes wichtiges System des Gehirns, das in Abbildung 4b nicht dargestellt ist, stellt das *limbische System* dar. Das limbische System besteht aus miteinander verbundenen Strukturen im unteren und älteren Teil des Gehirns, der sich früher als der Cortex der Säugetiere entwickelte. Dieses System wird von einem Teil des Cortex gebildet, der phylogenetisch älter als der sogenannte Neocortex ist, der einen großen Teil der Hemisphären bildet. Der *limbische Cortex,* der aus vier oder fünf Schichten von Neuronen besteht, umgibt den Balken (Corpus callosum) und den darunter liegenden Thalamus. Der Gyrus cinguli,

der über dem Balken liegt, stellt eine wichtige Struktur des limbischen Cortex dar. Der *Allocortex* mit nur drei Schichten von Neuronen bildet den septalen Bereich des Cortex, der vor dem Thalamus liegt, der lange, röhrenförmige Hippocampus erstreckt sich vom septalen Bereich zum Temporallappen; der untere Teil des Temporallappens, der die unteren Teile des Hippocampus und der Amygdalae (eine der Basalganglien) umgibt, ist in die Spitze des Hippocampus eingebettet. Die Amygdalae und der septale Bereich, die ebenfalls aus Nuklei bestehen, werden gelegentlich als Teile des limbischen Systems angesehen, weil sie anatomisch und funktional Verbindungen zu den anderen Strukturen haben. Das limbische System kontrolliert den viszeralen und körperlichen Ausdruck von Emotionen – beschleunigter Herzschlag und Atmung, Zittern, Schweißausbruch und Veränderungen im Gesichtsausdruck – und die Äußerungen von Hunger und anderer primärer Triebe – Durst, Sexualtrieb, Verteidigung, Angriff und Flucht.

gen zu ziehen, um sowohl die normale als auch die abnorme Funktion besser zu verstehen. Aus den Kapiteln 2 und 3 ist bekannt, daß die an der Psychopathologie interessierten Forscher annahmen, was auch plausibel ist, daß einige Fehlfunktionen der Psyche aller Wahrscheinlichkeit nach sich entweder direkt oder zumindest mittelbar auf Fehlfunktionen des Soma zurückgeführt werden könnten. Wir wenden uns jetzt den derzeit verfügbaren Verfahren der physiologischen Untersuchung zu.

Ein Blick ins Gehirn

Da viele Verhaltensproblemen als Folge von Hirnfunktionsstörungen auftreten können, sind neurologische Tests, etwa die Prüfung von Reflexen, die Untersuchung der Retina auf Anzeichen für eine Blutgefäßschädigung oder die Überprüfung von motorischer Koordination und Wahrnehmung nützliche Verfahren zur Diagnose von Hirnfunktionsstörungen.

Die *Computertomographie* (CT) und die *Positronen-Emissions-Tomographie* (PET) stellen den jüngsten Fortschritt in der Diagnostik von Gehirnabnormitäten dar. Beim CT wird ein

Strahlenbündel aus jeweils leicht verändertem Winkel (bis sich der Kreis bei 360 Grad schließt) durch eine horizontale Schicht des Gehirns geschickt. Auf der anderen Seite mißt der sich mitbewegende Röntgenstrahl-Detektor die nicht absorbierte Strahlungsaktivität. Auf diese Weise lassen sich ganz subtile Unterschiede in der Gewebsdichte feststellen. Der Computer verarbeitet diese Information und konstruiert in optimaler Kontrastierung ein zweidimensionales, detailliertes Bild der betreffenden Schicht. Dann wird die Lage des Kopfes verändert und eine andere Gehirnschicht durchforscht. Die Bilder machen Tumore, Blutgerinnsel und Vergrößerungen des Ventrikelsystems sichtbar, die auf eine Gewebedegeneration hindeuten (vgl. Kasten 4.1).

Beim PET, einem teureren und invasiveren Verfahren, markiert man eine Substanz, die vom Gehirn aufgenommen wird, mit einem kurzlebigen radioaktiven Isotop und injiziert sie dem Patienten. Die radioaktiven Moleküle geben einen bestimmten Partikel, ein sogenanntes Positron, ab, das alsbald mit einem Elektron kollidiert. Zwei hoch energiegeladene Lichtpartikel schießen in entgegengesetzte Richtungen und werden von den Detektoren erfaßt. Der Computer verarbeitet Millionen solcher Aufnahmen, macht daraus einen Film, und auf dem Bildschirm läßt sich verfolgen, wie das Gehirn in einer horizontalen Schicht funktioniert. Die Bilder erscheinen in Farbe, und Flecke in helleren und wärmeren Farben sind Bereiche, in der die Substanz vermehrt umgesetzt wird. Diese Emissionscomputertomogramme, Filmaufnahmen des arbeitenden Gehirns, können epileptische Anfälle, Krebstumore, Schlaganfälle, verletzungsbedingte Traumata und die Verteilung psychoaktiver Drogen lokalisieren. Mit dem PET kann man psychisch gestörte Patienten auch auf mögliche abnorme physiologische Prozesse hin untersuchen (siehe Kap. 14, S. 471).

Neu entwickelte computergestützte Techniken, die einen Einblick in das lebende Gehirn ermöglichen, umfassen die nukleare magnetische Resonanzabbildung (NMR), die auch als Magnetische Resonanzabbildung (MRI) oder Kernspinntomographie bekannt ist. Diese Technik ist dem Computertomogramm (CT) überlegen, weil sie Abbildungen besserer Qualität liefert und auch nicht den kleinsten Betrag an Strahlung benötigt, die bei CT (und PET) erforderlich sind. Bei dem NMR-Verfahren wird der Patient in einen großen ringförmigen Magneten gebracht, der eine Bewegung der Wasserstoff-

atome im Körper auslöst. Wenn die magnetische Feldstärke ausgeschaltet wird, fallen die Atome in ihre ursprüngliche Position zurück und erzeugen dabei ein elektromagnetisches Signal. Diese Signale werden vom Computer registriert und in eine Schwarz-Weiß-Abbildung des Gehirngewebes umgesetzt. Die Einsatzmöglichkeiten dieser Technik sind sehr groß. Sie können es uns ermöglichen, die Ursache verschiedener Abweichungen genau zu ermitteln.

Alle diese Verfahren liefern aufregende „Bilder" der inneren Organe und ermöglichen die Sammlung von Informationen über das lebende Gewebe, einschließlich des Gehirns. Kliniker und Forscher in vielen Fachbereichen verwenden derzeit diese Verfahren, sowohl um früher nicht feststellbare Tumore und andere organische Probleme zu erkennen als auch um Forschungen über die neuronale Grundlage von Gedanken, Emotion und Verhalten durchzuführen.

Neuropsychologische Verfahren

An dieser Stelle ist es erforderlich, auf den Unterschied zwischen Neurologen und Neuropsychologen hinzuweisen, obwohl beide Speziali-

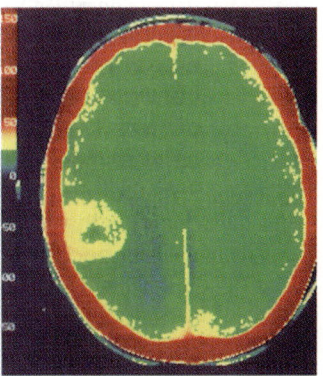

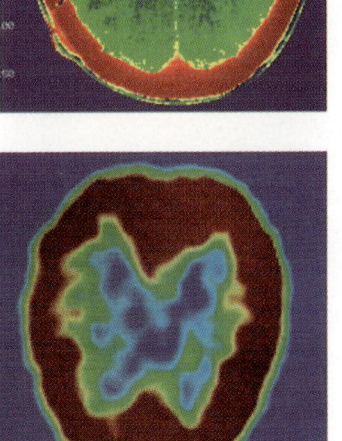

Diese beiden Computertomogramme zeigen horizontale Schnitte des Gehirns. Das linke Gehirn ist normal, beim rechten ist ein Tumor zu erkennen.

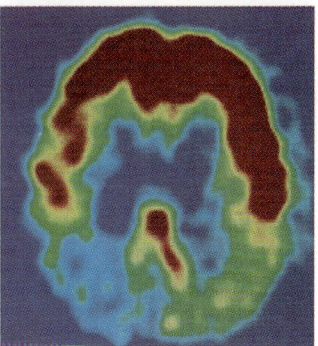

Das PET links zeigt ein normales Gehirn. Das auf der rechten Seite zeigt das Gehirn eines Alzheimer-Patienten.

sten sich mit der Untersuchung des zentralen Nervensystems befassen. Ein *Neurologe* ist ein Arzt, der sich auf die Erkrankungen des Nervensystems, wie Muskeldystrophie oder Kinderlähmung, spezialisiert hat. Ein *Neuropsychologe* ist dagegen ein Psychologe, der untersucht, wie Hirnleistungsstörungen die Art und Weise von Denken, Fühlen und Verhalten beeinflussen. Wie die Berufsbezeichnung nahelegt, hat ein Neuropsychologe eine Ausbildung als Psychologe und ist daher besonders am Verhalten interessiert, wobei der Schwerpunkt darauf liegt, wie Störungen des Gehirns das Verhalten in negativer Weise beeinflussen. Beide Spezialisten tragen jeweils für den anderen wichtige Informationen bei, da sie auf verschiedenen Wegen versuchen herauszufinden, wie das Nervensystem funktioniert und wie man mit den Problemen umgehen kann, die durch eine Erkrankung oder Verletzung des Gehirns entstanden sind.

Wir können realistischerweise annehmen, daß Neurologen und Ärzte, mit Hilfe derartiger Verfahren und technischer Hilfsmittel, das Gehirn und seine Funktionen mehr oder weniger direkt beobachten können und damit auch Störungen im Gehirn feststellen. Viele Hirnleistungsstörungen und Verletzungen führen jedoch zu so minimalen strukturellen Veränderungen, daß sie sich der direkten körperlichen Untersuchung bislang entziehen.

Da das Problem ist, wie hirngeschädigte Patienten funktionieren, d.h. handeln, sprechen, denken oder fühlen, haben Psychologen eine Reihe von Testverfahren entwickelt, die von organischen Hirndysfunktionen verursachte Verhaltensstörungen erfassen. Über diese Tests ist viel und – wie meistens in der Psychologie – auch viel Kontroverses geschrieben worden. Es scheint aber doch einiges dafür zu sprechen, daß die sogenannten *neuropsychologischen Tests* eine gewisse Validität besitzen, d.h. tatsächlich Hirnschäden messen. Einer davon ist *Reitans* Modifikation einer ursprünglich von *Halstead* entwickelten Test-Batterie. Man faßt etliche Tests, die alle unterschiedliche Funktionen prüfen, zu einer Batterie zusammen, weil nur das Leistungsmuster insgesamt genauen Aufschluß darüber gibt, ob die getestete Person tatsächlich hirngeschädigt ist. Aber die *Halstead-Reitan-Batterie* leistet noch mehr, denn mit ihr läßt sich die Schädigung auch lokalisieren. Die Batterie umfaßt unter anderem folgende Tests.

1. *Taktiler Leistungstest (Tactile Performance Test) – Zeit.* Der Proband versucht mit verbundenen Augen, unterschiedlich geformte Klötze in ein Formbrett einzupassen, indem er zuerst die bevorzugte Hand, dann die andere und zuletzt beide Hände benutzt. Das Ziel besteht darin, die motorische Geschwindigkeit der Terstperson als Reaktion auf eine unbekannte Fragestellung zu messen.
2. *Taktiler Leistungstest (Tactile Performance Test) – Gedächtnis.* Nachdem der zeitbegrenzte Test beendet ist, wird die Testperson aufgefordert, das Formbrett mit den Klötzen an der richtigen Stelle aus dem Gedächtnis zu zeichnen. Sowohl diese Aufgabe als auch der zeitbegrenzte Test sind sensible Indikatoren für eine Läsion im rechten Parietallappen.
3. *Kategorien-Test.* Der Proband sieht auf einer Leinwand ein Bild, das eine Zahl zwischen

Neuropsychologische Tests erfassen verschiedene Leistungsdefizite in der Hoffnung, bestimmte Bereiche neurologischer Fehlfunktionen zu entdecken. Die Abbildung zeigt einen taktilen Leistungstest.

eins und vier darstellen könnte, und zeigt per Knopfdruck an, um welche Zahl es sich seiner Meinung nach handelt. Hat er richtig gewählt, ertönt eine Glocke, war die Wahl falsch ein Summton. Der Proband muß Bilder und Signale im Kopf behalten, um die Regeln für eine richtige Entscheidung herauszubekommen. Dieser Test mißt die Fähigkeit, Probleme zu lösen, besonders die Fähigkeit aus nonverbal präsentierten Ereignissen, eine Regel ableiten zu können. Eine Leistungsminderung spiegelt eine Läsion entweder im linken oder rechten Frontallappen wider.

4. *Lautwahrnehmungstest.* Der Proband hört eine Reihe sinnloser Silben, von denen jede aus zwei Konsonanten und einem langen „e" in der Mitte besteht. Nach der Vorgabe muß er aus einer Reihe von Alternativen das „Wort" heraussuchen, das er gehört hat. Dieser Test erfaßt speziell die Funktion der linken Hemisphäre, insbesondere der temporalen und parietalen Bereiche.

Die *Luria*-Nebraska-Batterie *(Golden, Hammeke* und *Purisch,* 1978), die auf der Arbeit des russischen Psychologen *Alexander Luria* (1902-1977) basiert, ist ebenfalls weit verbreitet *(Adams,* 1980; *Kane, Parsons & Goldstein,* 1985 *Spiers,* 1982). Die Batterie besteht aus elf Teilen mit insgesamt 269 Items und überprüft grundlegende und komplexe motorische Fertigkeiten, rhythmische und melodische Fähigkeiten, taktile und kinästhetische Fertigkeiten, verbale und räumliche Fertigkeiten Sprachverständnis und sprachliches Ausdrucksvermögen, Schreiben, Lesen, Rechnen, Gedächtnis und intellektuelle Prozesse. Die Ergebnismuster der Einzeltests und der pathognomischen Skala – den 32 Items, die am meisten diskriminieren und auf eine Gesamtschädigung hinweisen – enthüllen Schädigungen des frontalen, temporalen, sensumotorischen oder parietal-okzipitalen Bereichs der rechten oder linken Hemisphäre.

Die Luria-Nebraska-Testbatterie kann in etwa zweieinhalb Stunden durchgeführt werden und Untersuchungen zeigen, daß das Verfahren zuverlässig ausgewertet werden kann *(Maruish, Sawicki, Franzen & Golden,* 1984; *Moses & Schefft,* 1984). Von dieser Testbatterie wird auch angenommen, daß sie Effekte von Hirnschädigungen erfassen kann, die durch eine neurologische Untersuchung (noch) nicht zu entdecken sind. Derartige Defizite liegen eher im kognitiven als im sensomotorischen Bereich (der bei neurologischen Untersuchungen im Vordergrund steht) *(Moses,* 1983). Ein besonderer Vorteil der Luria-Nebraska-Testbatterie besteht darin, daß bei den Normen die unterschiedliche Schulbildung berücksichtigt wird. Dadurch erhält ein Proband mit geringer Schulbildung keine schlechteren Werte nur wegen seiner Vorbildung *(Brickman, McManus, Grapentine & Alessi,* 1984). Darüber hinaus stellt die Kinderform *(Golden,* 1981), für Kinder zwischen 8 und 12 Jahren, ein nützliches Instrument für die Diagnose von Hirnschädigungen und die Untersuchung von Stärken und Schwächen bei schulischen Leistungen, einen erheblichen Fortschritt dar *(Sweet, Carr, Rossini & Kasper,* 1986).

Ein Hinweis zur Vorsicht

Es besteht keine eindeutige Beziehung zwischen dem Testwert in einem bestimmten neuropsychologischen Test einerseits und einem Befund im Computertomogramm oder PET andererseits. Das gilt besonders für chronische Läsionen, von denen bekannt ist oder vermutet wird, daß sie seit Jahren bestanden, bevor die Untersuchung vorgenommen wird. Die Gründe für diese manchmal lockeren Beziehungen hängen damit zusammen, wie der Betroffene auf die Beeinträchtigung durch die Läsion reagiert und damit fertig geworden ist. Und die Erfolge der Anstrengungen zur Bewältigung hängen ihrerseits mit dem sozialen Umfeld zusammen, in dem der Betroffene gelebt hat, z.B. wie verständnisvoll die Eltern und Kameraden waren, wie gut das Schulsystem den speziellen Bedürfnissen des Individuums entsprochen hat. Daher müssen, zusätzlich zur Ungenauigkeit der eingesetzten Verfahren und zu unserem unvollständigen Wissen darüber, wie das Gehirn funktioniert, von den Klinikern diese erfahrungsabhängigen Faktoren, die über Jahre wirksam sind und zum klinischen Bild beitragen, berücksichtigt werden.

Eine letzte Mahnung zur Vorsicht an die Neuropsychologen besteht darin, daß sie die einfache, aber häufig nicht berücksichtigte Tatsache bei dem Versuch, die Folgen jedes hirnschädigenden Ereignisses zu verstehen, auch die Fähigkeiten mit einbeziehen müssen, die Patienten in diese Situation gebracht haben *(Boll,* 1985). Dieser einfache Sachverhalt ruft die Geschichte von dem Mann ins Gedächtnis,

Kasten 4.2   Das autonome Nervensystem

Das Nervensystem der Säugetiere besteht aus zwei relativ getrennten funktionellen Teilen: dem *somatischen* oder willkürlichen und dem *autonomen* (vegetativen) oder unwillkürlichen Nervensystem. Da das autonome Nervensystem bei der Untersuchung des emotionalen Verhalten eine ganz besonders wichtige Rolle spielt, wollen wir einen kurzen Überblick über seine Haupteigenschaften und die Methoden geben, mit denen man seine Aktivität überprüfen kann.

Unsere Skelettmuskeln, z.B. unsere Arm- und Beinmuskeln, werden vom willkürlichen Nervensystem innerviert. Einen großen Teil unseres Verhaltens kontrolliert jedoch ein Nervensystem, dessen Wirken uns nicht bewußt und das nach traditioneller Auffassung vom Willen unabhängig ist. Daher nennt man es auch das autonome Nervensystem. Das autonome Nervensystem innerviert die endokrinen Drüsen, das Herz, die glatte Muskulatur der Blutgefäße, Eingeweide, Nieren und andere Organe. Dieses Nervensystem ist seinerseits zweigeteilt in das *sympathische* und das *parasympathische* Nervensystem (vgl. Abb. 4c), die manchmal gegeneinander, manchmal auch in Einklang miteinander arbeiten. Wird der sympathische Teil des autonomen Nervensystems aktiviert, beschleunigt sich der Herzschlag, die Pupillen erweitern sich, die Aktivität des Verdauungstraktes wird gehemmt, und noch etliche weitere Reaktionen von glatter Muskulatur und Drüsen werden in Gang gesetzt, um den Organismus auf plötzliche Aktivität und Belastung vorzubereiten. Tatsächlich halten manche Physiologen das sympathische Nervensystem für vorwiegend exzitatorisch, während sein Gegenpart, das parasympathische Nervensystem, für Erhaltungsfunktionen und ruhigeres Verhalten verantwortlich gemacht wird, etwa für die Verlangsamung des Herzschlags, die Verengung der Pupillen und die Beschleunigung der Darmkontraktion. So eindeutig verläuft die Arbeitsteilung allerdings nicht, denn das parasympathische Nervensystem kann auch in Streßsituationen aktiv sein. So kommt es vor, daß Tiere – und zu ihrem Entsetzen auch Menschen – in Situationen äußerster Angst urinieren und defäzieren.

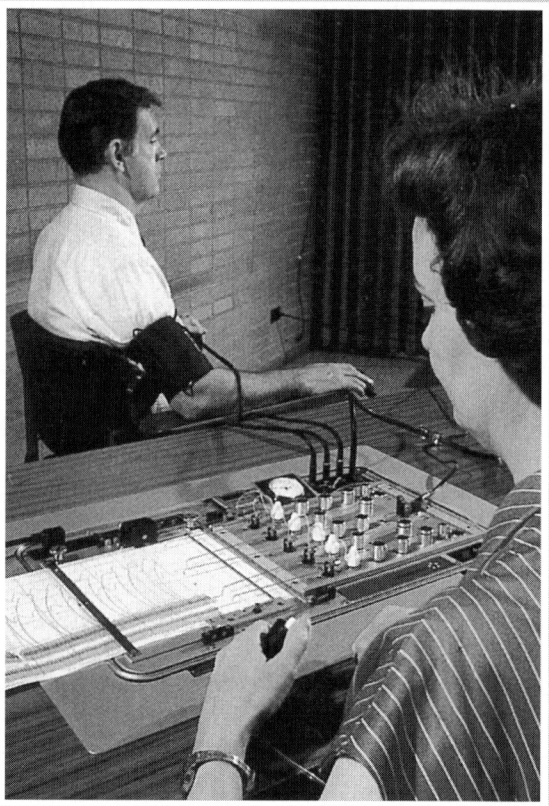

Ein Polygraph (Lügendetektor) wird verwendet, um die verschiedenen Merkmale der automatischen Funktionen des Nervensystems zu erfassen.

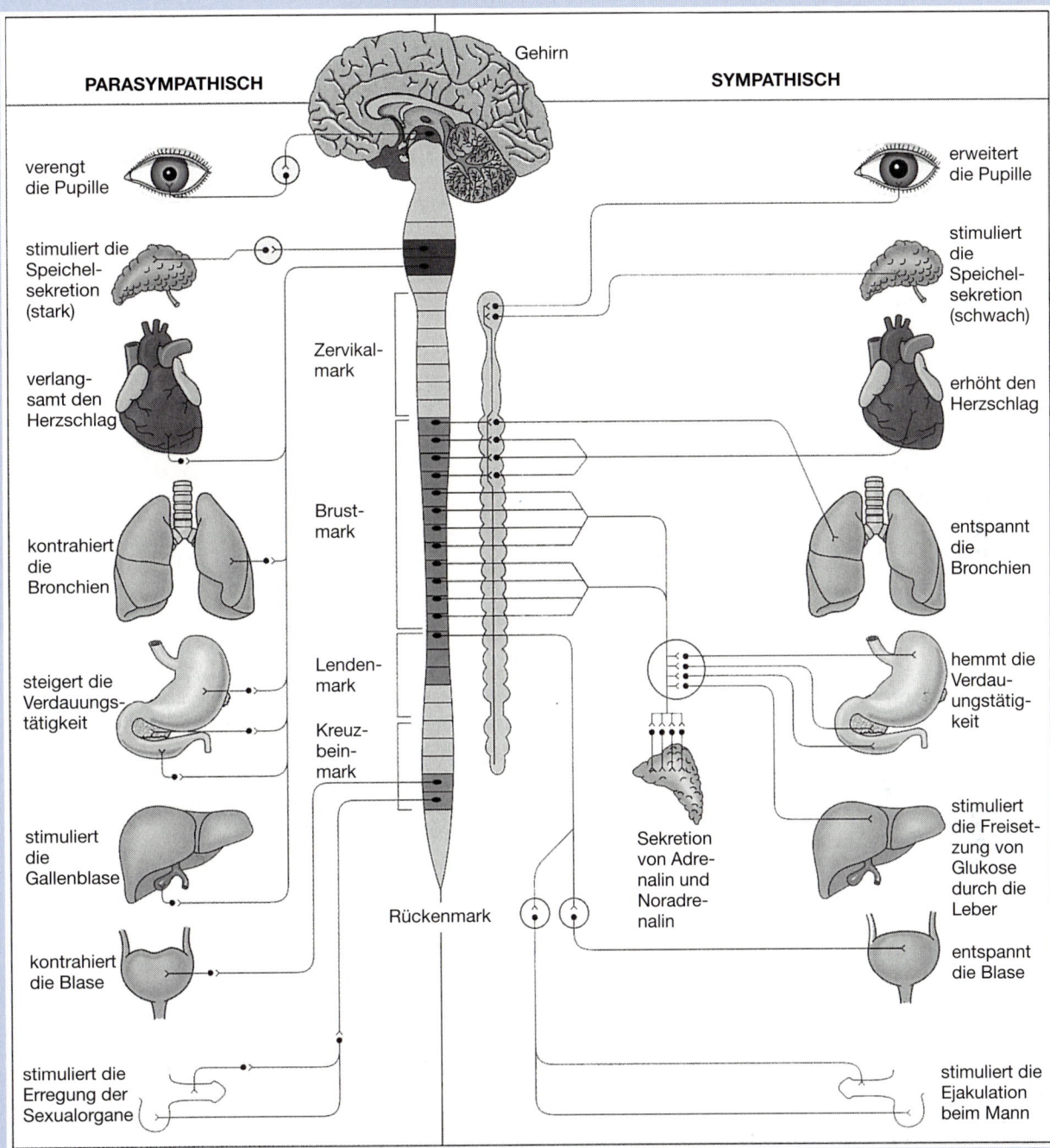

Abb. 4c Das autonome Nervensystem

der, als er sich von einem Unfall erholte, bei dem er sich alle Finger gebrochen hatte, den Chirurgen fragte, ob er Klavier spielen könne, wenn seine Wunden geheilt wären. „Ja, da bin ich ziemlich sicher.", sagte der Arzt. „Das ist ja prima", rief der Mann aus, „wo ich doch jetzt noch nicht einmal weiß, wie das geht."

Physiologische Messungen

Eine Anzahl verschiedener Verfahren wird zur Erfassung der physiologischen Aspekte des Verhaltens eingesetzt. Die *Psychophysiologie* befaßt sich mit den körperlichen Veränderungen, die als Begleiterscheinung psychischer Ereignisse auftreten und die mit den psychischen Merkmalen eines Menschen zusammenhängen (*Grings & Dawson*, 1978). Wir wissen z.B., daß der Hautwiderstand bei den meisten Menschen bei psychischer Belastung deutlich ansteigt.

Diese Veränderungen wurden genauso erforscht wie die Herzschlagfrequenz, die Spannung der Muskeln, der Blutfluß in verschiedenen Teilen des Körpers und Gehirnwellen, während die Probanden erschreckt oder depressiv waren, schliefen, sich etwas vorstellten, Probleme lösten usw. Besonders Augenmerk wurde dabei auf das Muster derartiger Reaktionen gelegt, wie etwa die Erhöhung der Herzschlagfrequenz bei Konstantbleiben des Hautwiderstands.

Um das Wesen von Emotionen zu verstehen, mißt und analysiert man die Aktivitäten des autonomen Nervensystems elektronisch und chemisch. Ein wichtiges Maß ist der Herzschlag. Jeder Herzschlag bewirkt Veränderungen des elektrischen Potentials, das sich mit einem *Elektrokardiographen* oder einem entsprechend eingestellten Polygraphen aufzeichnen läßt. An beiden Armen werden Elektroden befestigt und führen von da zu einem sogenannten Galvanometer, einem Instrument zur Messung elektrischer Ströme. Die Ausschläge dieses Instruments erscheinen als Wellen auf einem Oszilloskop oder werden, gleichfalls als Wellen, von einem Schreibgerät auf langsam abrollendes Papier abgetragen. Beide Verfahren nennt man Elektrokardiogramm. Eine jüngere Entwicklung ist das *Kardiotachometer*, ein Gerät, das präzise die Zeit zwischen zwei Herzschlägen und gleichzeitig auf einer von-Schlag-zu-Schlag-Basis auch die Herzschlagfrequenz mißt. Dieser technologische Fortschritt ist für experimentelle Psychologen von ganz besonderer Bedeutung, da diese sich normalerweise für sehr kurzfristige körperliche Veränderungen als Reaktion auf schnelle Umgebungswechsel interessieren. Im allgemeinen gilt eine hohe Herzschlagfrequenz als Zeichen von Erregungssteigerung.

Ein zweites Maß ist die *elektrodermale Reaktion,* auch *galvanischer Hautreflex* genannt. Bei Aufregung, Furcht, Zorn und anderen Emotionen erhöht sich die Aktivität der Schweißdrüsen. Die elektrophysiologischen Prozesse in den Zellen dieser Drüsen verändern die elektrische Leitfähigkeit der Haut ebenso wie die Produktion von Schweiß. Es gibt zwei Methoden, die elektrodermale Reaktion zu messen. In dem einen Fall mißt man mit Oberflächenelektroden die sehr kleinen Unterschiede im elektrischen Potential zweier beliebiger Hautstellen. Die gemessene Spannung steigt nach Stimulation der Schweißdrüsen merklich an: Oder man erzeugt zwischen zwei an Handfläche und Handrücken befestigten Elektroden eine bestimmte geringe elektrische Spannung und mißt den durch die Hand fließenden Strom. Auch dieser Strom verstärkt sich nach Aktivierung der Schweißdrüsen. Maß der Reaktivität ist in beiden Fällen die gegenüber den normalen Verhältnissen prozentuale Veränderung. Hohe Leitfähigkeit – oder andersherum geringer Widerstand – gilt als Anzeichen gesteigerter autonomer Aktivität. Da die Schweißdrüsen nur vom sympathischen Nervensystem innerviert werden, zeigt eine erhöhte Aktivität der Schweißdrüsen sympathische, autonome Erregung an; sie wird häufig als ein Maßstab für Angst genommen.

Fortschritte in der Technologie ermöglichen es dem Forscher z.B. den Blutdruck in vivo zu erfassen, wenn der Proband herumgeht und seine normalen Aufgaben erfüllt. Dabei trägt der Proband ein kleines Kästchen, das den Blutdruck jeweils im Abstand von wenigen Minuten mißt. In Verbindung mit den Berichten in einem speziellen Tagebuch konnten *van Egeren* und *Marasmi* (1987) untersuchen, wie die Vorstellungen der Probanden und die Stimmung mit dem Ansteigen des Blutdrucks parallel gingen. Diese Daten sind von großem Interesse für die psychologisch interessierten Forscher des Bluthochdrucks (vgl. Kapitel 8).

Ein vollständigeres Bild des Menschen ergibt sich, wenn die physiologische Messung parallel zu der Registrierung des Verhaltens und der kognitiven Aktivität erfolgt. Wenn sich Forscher die Frage stellen, ob der Anblick eines Bildes der Mutter für schizophrene Patienten eine Belastung darstellt, dann können sie, zusätzlich zur Befragung der Patienten, wie sie sich fühlen, während sie die Bilder ansehen, den Herzschlag und elektrodermale Aktivität messen. Psychophysiologische Meßverfahren, die ständig verbessert werden, sind relativ unaufdringlich. Wenn sich ein Proband einmal daran gewöhnt hat, daß ihm Elektroden an den Arm geklebt wurden, dann beeinflußt die Messung des Herzschlags viele experimentelle Fragestellungen, wie z.B. das Anhören einer Geschichte oder die Lösung eines mathematischen Problems kaum.

In dem Maß, wie in der Psychophysiologie hoch entwickelte elektronische Geräte eingesetzt werden und viele Psychologen so wissenschaftlich wie nur irgend möglich sein wollen, glauben sie manchmal unkritisch an diese offensichtlich objektiven Meßinstrumente und übersehen die Grenzen und Probleme. Viele dieser Messungen sind jedoch nicht in der Lage, zwischen verschiedenen Emotionen zu unterscheiden. Ein Anstieg des Blutdrucks tritt bei einer Vielzahl von Emotionen, nicht nur bei Angst, auf. Daher muß der Berücksichtigung aller Umstände bei der Messung Sorge getragen werden, damit die gesammelten Daten sinnvoll interpretiert werden können.

Psychologische Erhebungsverfahren

In diesem Abschnitt wenden wir uns den Erhebungsverfahren zu, die sich eher auf psychische als auf biologische Fehlanpassung beziehen. Dabei wird deutlich, daß neben dem grundlegenden Interview, das fast universell in verschiedenen Formen eingesetzt wird, die meisten anderen Verfahren sich aus den Paradigmen ergeben, die in Kapitel 2 dargestellt wurden. Hier werden auch die psychologischen Tests behandelt, von denen viele psychodynamischer Art sind, aber auch die Verfahren, die Verhalten und kognitive Leistungen erfassen.

Klinische Interviews

Vermutlich sind die meisten von uns irgendwann schon einmal interviewt worden, auch wenn das Gespräch vielleicht so informell war, daß man es gar nicht als Interview empfunden hat. Der Laie verbindet mit dem Wort „Interview" wohl zumeist die Vorstellung eines formellen, in hohem Maße strukturierten Gesprächs, aber wir wollen darunter jeden zwischenmenschlichen Austausch in Gesprächsform verstehen, in dem ein Teilnehmer – der Interviewer – mit vornehmlich sprachlichen Mitteln versucht, etwas über den anderen – den Interviewten – herauszufinden. Wenn also der Interviewer eines Meinungsforschungsinstituts eine Studentin fragt, wem sie bei der nächsten Wahl ihre Stimme geben werde, tut er das mit dem begrenzten Ziel, in Erfahrung zu bringen, welchen Kandidaten sie bevorzugt. Von einem Interview sprechen wir auch dann, wenn ein Klinischer Psychologe einen Patienten nach den näheren Umständen seiner letzten Klinikeinweisung befragt.

Ein *klinisches Interview* unterscheidet sich von einem zwanglosen Gespräch oder einer Meinungsumfrage vielleicht auch darin, daß der Interviewer in einem klinischen Interview darauf achtet, *wie* sein Gesprächspartner die Fragen beantwortet – oder auch nicht beantwortet. Wenn zum Beispiel eine Patientin ihre Eheprobleme schildert, wird der Psychologe jede Emotion registrieren, die sie dabei zeigt. Wenn sie sich bei der Schilderung einer schwierigen Situation nicht aufzuregen scheint, wird er ihre Antworten anders interpretieren, als wenn sie bei ihrer Erzählung in Tränen ausbricht.

Das Paradigma, innerhalb dessen der Interviewer arbeitet, bestimmt, welche Art der Information gesucht und erhalten wird. Ein psychoanalytisch ausgebildeter Therapeut wird seinen Patienten vermutlich über dessen Kindheit befragen. Allem, was sein Patient sagt, wird er wahrscheinlich mit Vorbehalt begegnen, denn dem analytischen Paradigma zufolge haben wir alle die bedeutsamsten Aspekte unserer Kindheitsgeschichte ins Unbewußte verdrängt. Dagegen wird sich der Verhaltenstherapeut auf gegenwärtige Lebensumstände konzentrieren, die zum veränderten Verhalten des Patienten beigetragen haben könnten; er versucht zum Beispiel, die Bedingungen auszumachen, unter denen sein Patient Angst empfindet. Das klinische Interview folgt also keiner für alle verbindlichen Form, es richtet sich vielmehr jeweils nach dem bevorzugten Paradigma des Interviewers. Genau wie Wissenschaftler finden auch klinische Interviewer bis zu einem gewissen Grad nur die Information, die sie suchen.

Ein gutes klinisches Interview erfordert viel Geschick und Können, denn die Interviewten stehen meistens unter erheblichem persönlichen Streß. Ungeachtet ihrer theoretischen Ausrichtung stimmen alle Kliniker darin überein, daß es wichtig ist, eine *Beziehung* zum Patienten herzustellen. Der klinische Interviewer braucht das Vertrauen seines Gesprächspartners. Es wäre naiv anzunehmen, ein Patient werde sich leicht einem anderen mitteilen, selbst wenn es sich dabei um eine Autoritätsperson mit Doktortitel handelt. Überdies ist ein Patient, auch wenn er das aufrichtige, vielleicht sogar verzweifelte Verlangen hat, mit einem berufsmäßigen Helfer über seine Schwierigkeiten zu sprechen, dazu möglicherweise gar nicht ohne Hilfe in der Lage. Psychodynamisch und humanistisch orientierte Therapeuten nehmen daher auch an, daß der Patient zu Beginn seiner Therapie gar nicht weiß, was ihn eigentlich quält. Und auch der Verhaltenstherapeut, der sich ja eigentlich mehr auf das Beobachtbare konzentriert, erkennt die Schwierigkeit der Patienten an, die Verursachungsfaktoren für das, was sie bedrückt, herauszufinden.

Die meisten Therapeuten ermutigen ihre Patienten mit Empathie-Äußerungen, wie wir sie im Zusammenhang mit der Humanistischen Therapie besprochen haben (vgl. S. 628), aus sich herauszugehen, ausführlich über ihre Sorgen zu sprechen und ein Problem in all seinen Facetten zu betrachten. Oft macht schon eine einfache Zusammenfassung des Gesagten es dem Patienten leichter, über schmerzliche und vielleicht auch beunruhigende Ereignisse und Gefühle zu sprechen. Zudem nimmt eine solcherart akzeptierende Haltung dem Patienten die Angst, daß die Enthüllung so schrecklicher Geheimnisse katastrophale Folgen haben könnte.

Mit Hilfe des Interviews kann viel Information gewonnen werden, und seine Bedeutung in der Klinischen Psychologie und Psychiatrie ist unumstritten. Ob man sich auf die so erhaltene Information immer *verlassen* kann, ist allerdings weniger klar. Kliniker neigen dazu, *situative* Faktoren des Interviews, die in erheblichem Maße beeinflussen können, was der Patient sagt oder tut, zu übersehen. Stellen Sie sich

z.B. einen Augenblick vor, wie ein Teenager wohl auf die Frage „Wie oft hast du illegale Drogen genommen?" antworten wird, wenn ein junger Psychologe in Jeans sie ihm stellt oder aber ein sechzigjähriger Psychiater in Anzug und Weste.

Interviews können sich auch im Grad ihrer Strukturiertheit unterscheiden. In der Praxis folgen die meisten Kliniker nur sehr vagen Leitlinien. *Wie* nun genau die interessierende Information gesammelt wird, ist weitgehend dem einzelnen überlassen. In langen Jahren klinischer Erfahrung, des Lehrens und Lernens in Zusammenarbeit mit Studenten und Kollegen hat jeder Therapeut den Interviewstil entwickelt, bei dem er sich wohl fühlt und der ihm zu Informationen verhilft, die im Sinne des Patienten den größten Nutzen versprechen. Je unstrukturierter ein Interview also verläuft, um so mehr muß sich der Interviewer auf Intuition und Erfahrung verlassen. Als Folge davon ist die Reliabilität klinischer Interviews wahrscheinlich gering. Da die überwältigende Mehrzahl der klinischen Interviews vertraulich sind, ist es auch kaum möglich, die Validität zu ermitteln.

Bevor wir ein zu hartes Urteil fällen, müssen wir uns jedoch ein umfassenderes Bild machen. Sowohl die Reliabilität als auch die Validität kann für ein einzelnes klinisches Interview, das in unstrukturierter Weise geführt wird, niedrig sein. Die Kliniker führen aber mehr als ein Interview mit einem bestimmten Patienten durch und daher ist wahrscheinlich ein Prozeß der Selbstkorrektur am Werk. Um es zu überspitzen, kann ein Kliniker das, was ein Patient beim ersten Mal sagte, als valide ansehen, aber dann beim sechsten Mal erkennen, daß es falsch oder nur teilweise richtig war.

Um diagnostische Einschätzungen auf der Grundlage operationalisierter Kriterien abzugeben, müssen die Kliniker standardisierte Informationen sammeln. Für diese Aufgabe haben Forscher strukturierte Interviews entwickelt, wie z.B. das Strukturierte Klinische Interview für DSM-III-R (SKID) (*Spitzer & Williams*, 1985; deutsche Fassung *Wittchen* et al., 1989). Das SKID ist ein verzweigtes Interview, d.h. die Antworten des Patienten entscheiden darüber, welche Frage als nächste vorgelegt wird. Es verfügt über detaillierte Anweisungen für den Interviewer, sagt ihm, wann er ins Detail gehen und wann er Fragen, die sich auf andere Diagnosen beziehen, stellen soll. Die meisten Symptome werden auf einer dreistufigen Schweregrad-Skala beurteilt, wobei die Anweisungen im Interview vorliegen, wie die Symptombeurteilungen direkt in Diagnosen übersetzt werden können. Beim Interview zur Zwangsstörung erkundigt sich der Interviewer zuerst nach Zwangsgedanken. Wenn die Antwort zu einer Beurteilung von 1 (nicht vorhanden) führt, wendet sich der Interviewer den Zwangshandlungen zu. Wenn die Antwort des Patienten wiederum zu einer Bewertung mit „1" führt, erhält der Interviewer die Anweisung, die Fragen zur generalisierten Angststörung zu stellen. Wenn es dagegen zu positiven Antworten kommt, fährt der Interviewer mit Fragen zur Zwangsstörung fort. Das SKID ist ein wichtiges Instrument für die Sammlung von Informationen zur Diagnose. Die Anwendung der Strukturierten Interviews stellt denn auch eindeutig einen wichtigen Faktor bei der Verbesserung der diagnostischen Reliabilität dar, die in Kapitel 3 beschrieben wurde. Die im DSM-IV bzw. ICD-10 vorgenommenen Veränderungen werden in neuen strukturierten Interviews (z.B. Composite International Diagnostic Interview – CIDI; *Wittchen & Semler*, 1990) realisiert.

Psychologische Tests

Psychologische Tests strukturieren den Prozeß der Informationsgewinnung noch weiter. Man legt vielen Menschen zu unterschiedlichen Zeitpunkten denselben Test vor und analysiert die Ergebnisse, um anzugeben, zu welchen Reaktionen bestimmte Menschen tendieren. Wenn man hinreichend viele Daten sammelt, lassen sich für den Test statistische Normen aufstellen. Diesen Prozeß nennt man *Standardisierung*. Man kann dann die Reaktionen einzelner Patienten mit der statistischen Norm vergleichen. Es gibt drei Grundtypen von Tests: die projektiven Persönlichkeitstests, die objektiven Persönlichkeitsfragebögen und die Intelligenztests.

Projektive Persönlichkeitstests

Ein *projektiver Test* ist ein psychologisches Untersuchungsverfahren, bei dem eine Anzahl von Standardreizen, die ausreichend vieldeutig sind, um unterschiedliche Antworten auszulösen, dem Probanden vorgelegt werden. Eine grundlegende Annahme ist dabei, daß, weil die Reizmaterialien unstrukturiert sind, die Antworten des Probanden in erster Linie durch unbewußte Prozesse zustande kommen und seine wahren Einstellungen, Motive und Verhaltensweisen zeigen; dies wird auch als „Projektionshypothese" bezeichnet. Die Technik stammt eindeutig aus dem Bereich der Psychoanalyse. Die wohl bekanntesten *projektiven Verfahren* sind der *Rorschach-Test* und der *Thematische Apperzeptionstest*. Im Rorschach-Test werden dem Probanden nacheinander zehn Klecksbilder vorgelegt und er soll sagen, was er darin jeweils zu erkennen glaubt. Fünf der Kleckse sind schwarz, weiß und unterschiedlich grau, zwei haben rote Flecken und drei sind in Pastellfarben gehalten. Wurden in den Rorschach-Klecksen zum Beispiel Augen erkannt, hielt man das für ein Anzeichen von Paranoia.

Im Thematischen Apperzeptionstest (TAT) zeigt man dem Patienten eine Reihe von Schwarz-Weiß-Bildern und bittet ihn, zu jedem eine Geschichte zu erzählen. Wenn z.B. ein Patient, der das Bild eines kleinen Mädchens sieht,

Während eines Ausflugs ins Grüne mit seinen beiden Kindern bemerkte Hermann Rorschach (1884 – 1922), daß das, was sie in den Wolken sahen, ihre Persönlichkeit widerspiegelte. Aus dieser Beobachtung entstand der berühmte „Tintenkleckstest".

Beim Rorschach-Test wird der Testperson eine Reihe von Tintenklecksen vorgelegt und sie wird gefragt, was sie darin erkennen kann.

das auf schick angezogene Schaufensterpuppen blickt, eine Geschichte erzählt, die negative Kommentare über die Eltern des Mädchens enthält, dann folgern die Kliniker aufgrund der Projektionshypothese daraus, daß der Patient seinen Eltern gegenüber Groll hegt.

Die Kliniker, die projektive Verfahren einsetzen, nehmen an, daß der Proband entweder unfähig oder unwillig wäre, seine wahren Gefühle bei ein direkten Befragung zu äußern. Psychoanalytisch orientierte Therapeuten haben für diese Tests eine besondere Vorliebe. Eine Präferenz für ambige Reize paßt zur psychoanalytischen Hypothese, daß Menschen ihre unangenehmen Gedanken und Gefühle abwehren, indem sie sie dem Unbewußten überantworten, d.h. verdrängen. Um den Abwehrmechanismus der Verdrängung zu umgehen (vgl. S. 38) und den wirklichen Ursachen der Störung auf den Grund zu kommen, läßt man den Probanden über die wahre Zielsetzung des Tests am besten im unklaren. Aus psychoanalytischer Sicht muß das sogar geschehen, denn nach dieser Theorie sind die Faktoren, denen die größte Bedeutung zukommt, unbewußt.

Die Anwendung der Projektionshypothese ist nicht allein auf formelle Tests beschränkt. Ein psychoanalytisch orientierter Kollege von uns verwendet sie, um Hypothesen über den Patienten beim ersten Treffen aufzustellen. Er verabredet sich mit dem Patienten in einem Büro, das über eine große Vielfalt von Sitzgelegenheiten und Sitzplätzen verfügt. Wenn er den Patienten zum ersten Mal in diesen Raum bringt, umgeht er es dem Patienten zu sagen, wo er sich hinsetzen soll. Der Therapeut ist davon überzeugt, daß er über den Patienten etwas Nützliches aus der Wahl der Sitzgelegenheit erfahren kann. Da unser Ansatz weniger psychoanalytisch ist, lehnten wir diese Taktik ab – bis eines Tages einer von uns einen neuen Patienten hatte, der das Büro betrat und, bevor man ihm sagen konnte, wo er sich hinsetzen sollte, direkt auf den Stuhl des Autors zuging! Wie sich dann herausstellte, war dieser Patient sehr gegen eine Therapie eingestellt und unternahm ständig Versuche, die ersten Stunden zu dominieren und zu kontrollieren.

Die voranstehende Darstellung der projektiven Verfahren zeigt, wie sie ursprünglich konzipiert und eingesetzt wurden, als ein Anstoß der Phantasie, von dem angenommen wurde, daß er die Ich-Abwehr umgeht. Die Antworten des Probanden wurden als *Symbole* für die innere Dynamik gesehen. So wurde ein Mann als homosexuell orientiert angesehen, wenn er in den Klecksfiguren Hoden sah (*Chapman* & *Chapman*, 1969). Andere Anwendungen des Rorschach-Tests konzentrierten sich mehr auf die Form der Antworten eines Probanden

Die Arbeiten des bekannten Psychologen Walter Mischel lösten die gegenwärtige Debatte darüberaus, ob Persönlichkeitsmerkmale oder Situationen die wichtigsten Determinanten des Verhaltens darstellen.

ren Seite wurde vorgeschlagen, daß Personen des anderen Extrems, jene, die sich mit dem Wind drehen, auch eine emotionale Störung haben könnten. Das heißt, daß einige Störungsformen mit einer Überabhängigkeit von der Umwelt – als eine Art „Verhaltensführer" – verbunden sind. Völlig der Gnade seiner Umgebung ausgeliefert zu sein wie ein Schiff ohne Ruder erzeuge ebensoviele Probleme wie Unsensibilität gegenüber den wechselnden Ansprüchen der Umwelt (Phares, 1979).

Wachtel nimmt auch an, daß Menschen dazu neigen, bestimmte Situationen auf besondere Weise wahrzunehmen. Tatsächlich können Probanden Situationen als äquivalent wahrnehmen, die in den Augen des Experimentators verschieden sind. Für einen Menschen mit paranoiden Neigungen sind ganz offensichtlich harmlose Situationen bedrohlich. Sein Problem ist nicht ein mangelndes Gespür für die jeweiligen Umstände; er nimmt vielmehr sehr viele Situationen als bedrohlich wahr. Hinzu kommt, daß Menschen mit ihrem Verhalten ganz bestimmte Reaktionen bei ihrer Umgebung *auslösen* können. Ein paranoider Mensch nimmt andere vielleicht nicht nur als bedrohlich wahr, sondern macht sie dazu, indem er sie zuerst angreift. Er macht also tatsächlich aus unterschiedlichen Situationen ähnliche und gefährliche, wobei sich sein eigenes Verhalten kaum ändert.

Wachtel machte den Vorschlag, daß eine Persönlichkeitsdisposition auch Einfluß nehmen kann auf die Art von Situationen, die ein Individuum für sich aussucht oder konstruiert. (Diese Annahme wurde auch von *Gordon Allport*, dem berühmten Persönlichkeitspsychologen von Harvard, 1937 gemacht, dessen Untersuchungen zu Persönlichkeitsmerkmalen viel zur gegenwärtigen Debatte beigetragen haben. Vgl. *Zuroff*, 1986) Ein allgemein optimistischer Mensch wird sich z.B. Situationen aussuchen, die seine positive Ansicht bestätigen, was wiederum seine persönlichkeitsbedingte Neigung fördert, entsprechend ähnliche Situationen in Zukunft aufzusuchen oder herzustellen. Es gibt dabei eine beständige reziproke Interaktion zwischen den Persönlichkeitsmerkmalen, die die Situationen beeinflussen, in denen man sich befindet, und den Situationen, die ihrerseits auf die Persönlichkeit einwirken. „Die Stabilität über längere Zeitabschnitte ... kann das Ergebnis einer ausgedehnten Geschichte von der Auswahl von Situationen sein, die der Einstellung, den Persönlichkeitsmerkmalen und Anlagen entsprechen." (*Snyder*, 1983, S. 510). Es ist interessant, daß die psychodynamischen Annahmen mit den Ergebnissen aus der Sozialpsychologie, einschließlich denen von *Bandura* (1982), *Mischel* (1977), *Snyder* (1983) und *Emmons und Diener* (1986) übereinstimmen.

Weiter argumentiert *Wachtel*, daß in den Experimenten, auf die *Mischel* sich beziehe, zumeist unauffällige Studenten untersucht worden seien, deren Verhalten vermutlich flexibler sei als das von Patienten. Wie bereits gesagt, können sich psychische Störungen unter anderem durch Rigidität und Inflexibilität auszeichnen, was nichts anderes heißt, als daß das Verhalten über eine Vielzahl von Situationen hin stabil ist. Hätten die sozialen Lerntheoretiker Patienten und nicht im Grunde normale Menschen untersucht, hätten sie vielleicht auf eine geringere Variabilität schließen müssen.

Mischel (1973) stand seinen Kritikern zu, daß die soziale Lerntheorie bestimmte Persönlichkeitsvariablen in der Tat systematischer integrieren könne, als er das 1968 deutlich gemacht habe. Er schlug eine Reihe vornehmlich kognitiver „Personenvariablen" vor. So könne zum Beispiel die Erwartung, seine Umgebung beeinflussen oder nicht beeinflussen zu können, eine wichtige Determinante sein, anhand derer sich Verhalten vorhersagen lasse.

Im Verlaufe dieser Debatte, die sich an *Mischels* wichtigem Buch entzündete, war von etlichen Psychologen auch zu vernehmen, seine ursprüngliche Position sei zu extrem gewesen. *Block* beschäftigte sich kritisch mit *Mischels* Schlußfolgerungen zur Instabilität von Verhalten. Er nahm sich seinerseits die Studien vor, die *Mischel* zur Untermauerung seiner Behauptung gedient hatten, und fand in den meisten gravierende Fehler. Weitere Belege für die Konsistenz und Stabilität von Verhalten stammen von *Epstein* (1979), der an den von *Mischel* zitierten Studien ebenfalls Entscheidendes auszusetzen hatte. Diese Untersuchungen, so *Epstein,* erfassen jeweils nur kleine Verhaltensbruchstücke, eine Strategie, die so unangemessen ist, als wolle man den IQ anhand eines einzelnen Items bestimmen. Angemessener sei es, das *durchschnittliche* Verhalten in einer Vielzahl von Situationen zu erfassen. Genau das tat *Epstein* in eigenen Experimenten und konnte tatsächlich eine deutliche Verhaltenskonsistenz nachweisen. Die Ansicht von *Allport* über die Bedeutung globaler Merkmale beim Verständnis komplexen menschlichen Verhaltens erfreuen sich einer Renaissance, weil immer mehr Daten zusammengetragen werden, die den Einfluß der Persönlichkeitsdispositionen belegen (*Funder*, 1991).

Bandura (1986) meint, daß die Schlußfolgerung der Persönlichkeitsforscher davon beeinflußt sind, daß sie sich außerordentlich stark auf Selbstbeurteilungsskalen verlassen. Die Menschen, die diese Fragebogen beantworten, erleben sich als konsistent und beantworten sie entsprechend. Die Fragebogen erfassen typische Verhaltensweisen in wenig definierten Situationen, z.B. „Verlieren Sie die Kontrolle, wenn sie sich ärgern?" Wenn andererseits Menschen in einer Vielzahl unterschiedlicher Situationen beobachtet werden, zeigen sie, daß ihr Verhalten sehr stark variiert und sie auf umgebungsbedingte Unterschiede sensibel reagieren – eine Schlußfolgerung, die man aus einer umfangreichen Literatur der Sozial- und Persönlichkeitspsychologie ableiten kann.

Eine interessante Möglichkeit besteht darin, daß die Kultur eine Orientierung an Persönlichkeitsmerkmalen für das Verständnis von Verhalten unterstützt. Die meisten von uns wachsen mit der Vorstellung auf, daß die Menschen als nett, gutgelaunt, gerecht, verderbt usw. bezeichnet werden können. Es kann auch sein, daß die meisten von uns die Konsistenz des Verhaltens von uns und anderen als *Wert* ansehen, auch wenn diese Stabilität uns dazu führt, daß wenig Gutes von einem bestimmten Individuum zu erwarten ist, weil wir es als faul oder gemein ansehen. Die Überzeugung, daß es stabile Merkmale gibt, führt zur Vorhersehbarkeit und ermöglicht vielleicht auch eine gewisse Kontrolle. Wenn Josef ein guter Kerl ist, können wir uns auf ihn verlassen, gleichgültig um was es geht. Wenn Johann ein Schuft ist, dann kann man sich ebenfalls darauf verlassen, und es kann eingeplant werden, auch dann, wenn wir wünschen, daß er anders wäre.

Bandura (1986) wirft *Epstein* und den anderen Trait-Theoretikern vor, daß sie die *Funktionalität* von Verhalten X in der Situation Y vernachlässigen, d.h. es geht darum, ob sich ein Verhalten in einer bestimmten Situation auszahlt. Als Sozialpsychologe konzentriert sich *Bandura* mehr als die Trait-Theoretiker auf die situationalen Determinanten des Verhaltens, insbesondere auf die vom Individuum antizipierten Verstärker. „Aggressive Handlungen von Straftätern gegenüber Gefängnispfarrern und rivalisierenden Bandenmitglieder korrelieren nur niedrig, wenn man jedoch viele zusammenfaßt tun sie es" (S. 10).

Natürlich gibt es Situationen, die bei *allen* Menschen das gleiche Verhalten auslösten; daher kann auch eine Ansicht, bei der die Situationsabhängigkeit im Vordergrund steht, zu einer merkmalsbedingten Vorhersage führen. So werden z.B. Menschen an einem heißen Sommertag am Strand wahrscheinlich nur wenig an Kleidung tragen und schwimmen gehen. Die meisten Menschen in einer Bibliothek werden wahrscheinlich lesen und sich nur gedämpft unterhalten. Alles gut und schön, aber eine vollständige Analyse des Verhaltens müßte auch eine Vorhersage darüber einschließen, ob ein bestimmtes Individuum am Strand lesen würde, in der Bibliothek von einem Tag am Strand träumen oder sogar sich in einer derartigen Situation zu befinden (*Anastasi*, 1990)! Was sich aus dieser umfangreichen Literatur über merkmalsbedingtes oder situationsabhängiges Verhalten ergibt ist, daß sie eine Abschätzung der *Interaktion* von Persönlichkeitsmerkmalen über verschiedene Situationen hinweg zuläßt. Dies stellt eine paradigmatische Perspektive dar, die dem Diathese-Streß-Modell unserer Sicht der Psychopathologie nahekommt.

Zusammenfassung

Klinische Psychologen stützen sich auf unterschiedliche Verfahren um herauszufinden, wie sie auf der Suche nach den Gründen für die Störung und einer effektiven Behandlung den Patienten am besten beschreiben können. Wenn Kliniker und Forscher an die Sammlung von Informationen herangehen, müssen sie Reliabilität und Validität der Verfahren berücksichtigen. Die Reliabilität bezieht sich darauf, ob die Messung stabil und wiederholbar ist, die Validität darauf, ob die Verfahren das messen, was beabsichtigt ist. Die Beurteilungsverfahren, die in diesem Kapitel beschrieben wurden, unterscheiden sich im Hinblick auf Reliabilität und Validität erheblich. Gleichgültig wie unstrukturiert ein Untersuchungsverfahren ist, es spiegelt unvermeidlich das Paradigma des Untersuchers wider. Die Darstellung der wissenschaftlichen Paradigmen in Kapitel 2 sollte berücksichtigt werden, wenn es um eine Beurteilung der Verfahren geht, die bei klinischen Fragestellungen zur Sammlung von Informationen herangezogen werden.

Zwei wichtige Bereiche der Untersuchung wurden dargestellt: der biologische und der psychologische. Biologische Verfahren umfassen hochentwickelte, computergestützte bildgebende Verfahren, wie z.B. das Computertomogramm, die es ermöglichen, verschiedene Strukturen des lebenden Gehirns zu untersuchen; neuropsychologische Tests, wie die Halstead-Reitan-Batterie, die Schlußfolgerungen über Hirnfunktionsstörungen auf der Grundlage von Antwortvariationen bei den Tests zuläßt und physiologische Meßverfahren wie Herzschlag und Hautleitfähigkeit.

Psychologische Verfahren schließen klinische Interviews ein, d.h. strukturierte oder relativ unstrukturierte Gespräche, in denen der Kliniker den Patienten über seine Probleme befragt, aber auch psychologische Tests, die von der Vorgabe mehrdeutiger Reize, wie beim Rorschach- und dem Thematischen Apperzeptions-Test, bis empirisch abgeleiteten Fragebogen wie dem MMPI und Intelligenztests, die eine Abschätzung der intellektuellen Fähigkeit ermöglichen und vorhersagen, wie gut der Proband zukünftige schulische Anforderungen bewältigen wird, reichen.

Neuere Ansätze der klinischen Untersuchung sind im Bereich der Kognition und des Verhaltens zu finden. Sie sind mehr an der konkreten Situation orientiert als die vorhergehenden Verfahren. Die Information wird in vier Bereichen erfaßt: situative Determinanten, organismische Variablen, Verhaltensreaktionen und Konsequenzen von Verhalten. Während die traditionelle Diagnostik Menschen über allgemeine Merkmale oder Persönlichkeitsstrukturen zu verstehen versucht, geht es der Verhaltenserfassung vornehmlich darum, wie Menschen in bestimmten Arten von Situationen handeln, denken und fühlen. Die Spezifität ist das Hauptmerkmal der Verfahren zur Erfassung der Kognition und des Verhaltens. Die Annahme ist dabei, daß es innerhalb dieser Grenzen besser möglich ist, die wichtigen Informationen zu erhalten.

Ein anderes Merkmal ist die enge Verbindung zur Therapie: die Validität einer Beurteilung hängt in großem Maß von seiner Nützlichkeit zu Entscheidung über eine Therapie und ihre Planung ab. Verfahren zur Erfassung der Kognition und des Verhaltens umfassen: direkte Verhaltensbeobachtung entweder in der natürlichen Umwelt oder unter eingeschränkten Bedingungen; Interviews und Selbstbeurteilungsverfahren, die auf Situationen zentriert sind; spezialisierte kognitive Verfahren, die auf Überzeugungen, Einstellungen und Denkstrategien gerichtet sind, von denen bekannt ist, daß sie in Theorien der Psychopathologie und der Therapie eine wichtige Rolle spielen. Die Erfassung der Angst zeigt die Komplexität der Definition und der Messung eines Konstrukts, das für die Psychopathologie wichtig, aber schwer zu messen ist.

Die Stabilität oder Instabilität menschlichen Verhaltens in unterschiedlichen Situationen wird kontrovers diskutiert. Diese Frage ist für Psychologen seit langem von theoretischem wie praktischem Interesse, aber besondere Wichtigkeit hat sie für die Entwicklung lerntheoretischer Modelle für Psychopathologie und Psychotherapie erlangt. Von endgültigen Antworten sind wir noch weit entfernt, aber man kann wohl vernünftigerweise sagen, daß Verhalten variabler ist, als sich die traditionellen Persönlichkeitstheoretiker das einst vorstellten, und stabiler in verschiedenen Situationen, als Lerntheoretiker einstweilen noch glauben.

Tabelle 5.1 Lebenszeitprävalenz einiger DSM-III-Diagnosen

Diagnose	New Haven	Baltimore	St. Louis
Alkoholmißbrauch/ -abhängigkeit	11,5%	13,7%	15,7%
Schizophrenie	1,9%	1,6%	1,0%
Manische Episode	1,1%	0,6%	1,1%
Episode Major Depression	6,7%	3,7%	5,5%
Phobie	7,8%	23,3%	9,4%
Panikstörung	1,4%	1,4%	1,5%
Zwangsstörung	2,6%	3,0%	1,9%
Somatisierungsstörung	0,1%	0,1%	0,1%
Anorexie	0,0%	0,1%	0,1%
Antisoziale Persönlichkeitsstörung	2,1%	2,6%	3,3%

Quelle: Nach Myers et al., 1984

aus einer Untersuchung von *John Snow*, einem Pionier der Epidemiologie. Während eines Ausbruchs der Cholera in London konnte *Snow* ermitteln, wie sich die Krankheit ausbreitete, und schließlich, wie sie aufzuhalten war. Als er die Kranken untersuchte, erfuhr er, daß die meisten das Wasser aus einer Quelle, der Pumpe an der Broad Street, getrunken hatten. Er nahm dann an, daß die Cholera durch verschmutztes Wasser übertragen würde. Er untersuchte diese Hypothese weiter und konnte zeigen, daß die Krankheitsrate in London höher war als in den Städten am Flußoberlauf, wo das Wasser sauberer war. Zahlreiche Beispiele aus unserer Zeit bestätigen die Bedeutung der epidemiologischen Forschungen für das Verständnis von Krankheiten. Wie in Kapitel 8 dargestellt, wurden die verschiedenen Risikofaktoren für Herz-Kreislauf-Erkrankungen (z.B. Rauchen, Cholesterin) in umfangreichen Studien entdeckt, bei denen die Krankheitsraten bei Personen mit und ohne Risikofaktor verglichen wurden.

Im Bereich der Psychopathologie gibt es kein Beispiel für eine epidemiologische Untersuchung, die zu einer überzeugenden Theorie für die Ätiologie irgendeiner diagnostischen Kategorie geführt hätte. Trotzdem wurden bei epidemiologischen Untersuchungen nützliche Informationen gesammelt. Depression ist z.B. bei Frauen häufiger als bei Männern. Das Verständnis für diesen Sachverhalt könnte zu Hinweisen auf die Ursachen dieser Störung führen. Schizophrenie ist in der untersten sozialen Schicht häufiger. Auch hier könnte es, wenn die Gründe für diese Beziehung bekannt wären, zu Ansätzen für die Ätiologie der Störung kommen. Die epidemiologische Forschung kann daher zu empirischen Ergebnissen kommen, die Wege für die Suche nach den Ursachen öffnen.

Die Korrelationsmethode

Mit Hilfe der Korrelationsmethode stellt man fest, ob zwischen zwei oder mehr Variablen ein Zusammenhang besteht. Unser Alltag liefert zahlreiche Beispiele dafür. Einkommen korreliert positiv mit der Menge der erworbenen Luxusartikel: Je höher das Einkommen, um so mehr Luxus. Körpergröße korreliert positiv mit Körpergewicht: Größere Menschen sind gewöhnlich auch schwerer. Allerdings ist hier der Zusammenhang nicht vollkommen, denn viele Menschen sind „übergewichtig" beziehungsweise zu dick für ihre Größe oder „untergewichtig", d.h. für ihre Größe zu dünn.

Die Korrelationsmethode wird bei der epidemiologischen Forschung genauso oft eingesetzt wie bei anderen Studien mit kleineren Stichproben. Mit Korrelationstechniken will man Fragen beantworten wie: „Sind die Variable X und die Variable Y auf irgendeine Weise so miteinander verbunden, daß sie eine gemeinsame Variation (Korrelation) aufweisen?" Mit anderen Worten, man fragt nach Beziehungen, z.B.: „Besteht ein Zusammenhang zwischen Schizophrenie und sozialer Schicht?" Oder: „Besteht ein Zusammenhang zwischen Examensnoten und Angst?"

Korrelationsbestimmung

Um eine Korrelation zu bestimmen, braucht man zunächst von jedem Mitglied der Probandengruppe Paare von Beobachtungen der fraglichen Variablen: etwa von Körpergröße und Körpergewicht (vgl. Tabelle 5.2). Anhand dieser Beobachtungspaare läßt sich errechnen, wie stark der Zusammenhang zwischen beiden ist. Das gängigste Verfahren, einen derartigen Zusammenhang zu berechnen, ist der *Produkt-Moment-Korrelationskoeffizient* von *Karl Pearson,* gewöhnlich symbolisiert mit *r.* Diese Statistik kann jeden Wert zwischen -1.00 und +1.00 annehmen und mißt sowohl Stärke als auch Richtung des Zusammenhangs. Je höher der absolute Wert von *r,* um so größer oder stärker ist der Zusammenhang zwischen den beiden Variablen. Ein *r* von +1.00 oder -1.00 zeigt einen vollkommenen Zusammenhang an, während ein *r* von 0.00 bedeutet, daß zwischen den Variablen keinerlei Zusammenhang besteht. Ist *r* positiv, besteht zwischen beiden Variablen ein *positiver Zusammenhang.*

Bei steigenden Werten für X steigen tendenziell auch die Werte für Y. Entsprechend ist bei negativem *r* auch der Zusammenhang der Variablen ein negativer, das heißt wenn die Werte der einen Variablen steigen, fallen die der anderen. Die Korrelation zwischen Körpergröße und Körpergewicht beträgt Tabelle 5.2 zufolge + .88; zwischen beiden besteht also ein starker, positiver Zusammenhang: Mit zunehmender Körpergröße steigt auch das Gewicht.

Tabelle 5.2   Daten für Berechnung einer Korrelation[a]

Individuen	*Körpergröße m*	*Körpergewicht kg*
John	1,78	77
Asher	1,78	63
Eve	1,63	50
Gail	1,60	47,5
Jerry	1,78	80
Gayla	1,57	45
Steve	1,72	65
Margy	1,64	58
Gert	1,67	65
Sean	1,78	63,5
Kathleen	1,63	52,5

[a] Für diese Zahlen r = + .88

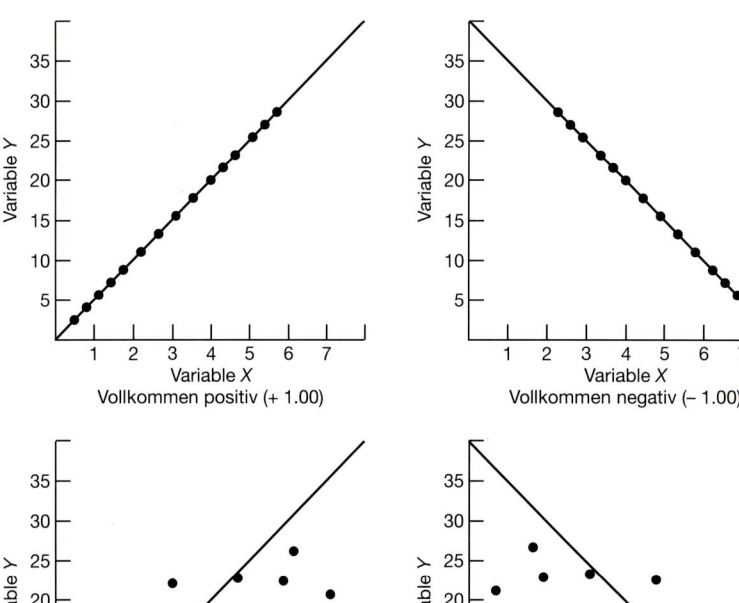

Abb. 5.2 Diagramme von Streuungen, die verschiedene Korrelationen repräsentieren.

In graphischer Darstellung wird ein Zusammenhang häufig anschaulicher. Abbildung 5.2 zeigt Diagramme einiger der genannten Korrelationen. Jedem Punkt entsprechen die Werte der Variablen X und Y, die für jeweils einen Probanden bestimmt wurden. In vollkommenen Zusammenhängen liegen alle Punkte auf einer Geraden: Wenn wir den Wert oder die Ausprägung einer der beiden Variablen kennen, können wir mit Sicherheit auf den Wert der anderen schließen. Korrelieren beide Variablen relativ hoch, ist die Streuung um die Gerade einer vollkommenen Korrelation gering. Die Streuung wird um so größer, je niedriger die Korrelation ist. Korrelieren die Variablen mit 0.00, sagt der Wert der einen nichts mehr über den Wert der anderen aus.

Statistische Signifikanz

Wir wissen jetzt, daß die Höhe des Korrelationskoeffizienten etwas aussagt über die Stärke des Zusammenhangs zwischen zwei Variablen. Aber Wissenschaftler wollen sehr viel genauer wissen, wie aussagekräftig Korrelationen sind, und überprüfen sie daher auf ihre *statistische Signifikanz*. Die statistische Signifikanz ist ein Maß für die Wahrscheinlichkeit, mit der ein gefundener Zusammenhang zufällig ist und bei Wiederholung der Messung wohl nicht wieder auftreten würde. Statistisch signifikant ist eine Korrelation dann, wenn sie mit großer Wahrscheinlichkeit *kein* Zufall ist.

Üblicherweise wird in der psychologischen Forschung eine Korrelation als statistisch bedeutsam angesehen, wenn ihr zufälliges Zustandekommen in weniger als 5 von 100 Fällen erwartet wird. Dieses Signifikanzniveau nennt man das .05-Niveau und symboliert es als $p < 05$. Im allgemeinen nimmt die Wahrscheinlichkeit, daß ein Ergebnis statistisch signifikant ist, mit der Höhe des Korrelationskoeffizienten zu. So ist z.B. eine Korrelation von .80 mit größerer Wahrscheinlichkeit signifikant als eine von .40. Ob eine Korrelation statistische Signifikanz erreicht, hängt auch von der Zahl der zugrundeliegenden Beobachtungen ab. Je größer die Zahl der Beobachtungen, desto kleiner kann r sein, um noch signifikant zu werden. Daher ist eine Korrelation von $r = .30$ statistisch signifikant, wenn die Zahl der Beobachtungen hoch ist (z.B. 300), obwohl es nicht signifikant wäre, wenn nur 20 Beobachtungen gemacht worden wären.

Statistische Signifikanz ist nicht zu verwechseln mit der sozialen oder realen Signifikanz von Forschungsergebnissen. Ein Ergebnis kann statistisch signifikant, aber ohne jeglichen praktischen Wert sein. Zudem ist das statistische Signifikanzniveau selbst eine Konvention. Weisen die Ergebnisse einer Korrelationsstudie eher eine Wahrscheinlichkeit von .10 oder weniger als eine von .05 oder weniger dafür auf, daß diese Ergebnisse zufällig zustande gekommen sind, braucht man keineswegs die Ergebnisse für zufällig und die Studie für wertlos zu erklären. Die Forscher können ganz im Gegenteil zu dem Schluß kommen, daß ein solches Ergebnis angesichts des besonderen Charakters einer bestimmten Untersuchung sehr ermutigend und keinesfalls zu ignorieren ist. Sie müssen dann nur ihre Kollegen davon überzeugen, daß ihre Ergebnisse tatsächlich valide sind. In diesem Sinne ist Wissenschaft ein Überzeugungsspiel.

Anwendung in der Psychopathologie

Die Korrelationsmethode findet innerhalb der Klinischen Psychologie breite Anwendung. Wann immer wir eine Gruppe von Menschen mit bestimmter Diagnose und eine Gruppe mit einer anderen Diagnose miteinander oder mit normalen Menschen vergleichen, führen wir eine Korrelationsstudie durch. Man kann zum Beispiel untersuchen, einer wie großen Belastung die Mitglieder zweier diagnostischer Gruppen vor dem Ausbruch ihrer Störung ausgesetzt waren. Oder normale Menschen und Patienten mit einer Angststörung können hinsichtlich ihrer physiologischen Reaktionsbereitschaft auf einen Stressor im Labor getestet werden.

Oft sind solche Untersuchungen gar nicht als Korrelationsstudien zu erkennen, weil – wie es in Experimenten häufig geschieht – die Versuchspersonen im Labor getestet werden, oder auch weil die Datenanalyse darin besteht, daß man die Durchschnittswerte der Gruppen vergleicht. Aber die Logik dieser Studien ist die Logik der Korrelation; denn untersucht wird nichts anderes als die Korrelation zwischen zwei Variablen: eine Angststörung haben oder nicht und die Mittelwerte beider Gruppen in physiologischen Maßen. Variablen wie „eine Angststörung haben" oder „keine Angststörung" nennt man *klassifikatorische Variablen*. In diesem Fall war die Angststörung schon vorhanden, bevor die Probanden an der Laboruntersuchung teilnahmen. Auch Alter, Geschlecht, soziale Schicht und Körperbau sind klassifikatorische Variablen. Solche Variablen sind natürliche Muster und werden nicht, wie das bei experimentellen Variablen der Fall ist und wie weiter unten dargestellt, vom Forscher manipuliert. Daher beruhen die meisten Untersuchungen in der Psychopathologie auf den Korrelationsmethoden.

Das Problem der Verursachungsrichtung und das Problem der dritten Variablen

Trotz ihrer häufigen Anwendung in der Klinischen Psychologie hat die Korrelationsmethode jedoch auch einen schwerwiegenden Mangel. Zwei Schwierigkeiten bei der Interpretation von Korrelationsstudien – das *Problem der Verursachungsrichtung* und das *Problem der dritten Variablen* – machen es unmöglich, Ursache-Wirkung-Beziehungen festzustellen. Eine hinreichend hohe Korrelation zwischen zwei Variablen sagt uns, daß sie zusammenhängen oder kovariieren. Aber wir wissen im Grunde nicht, welche von beiden nun Ursache und welche Wirkung ist. Man hat zum Beispiel Korrelationen zwischen der Diagnose Schizophrenie und der sozialen Schicht gefunden. Bei Angehörigen der Unterschicht wird häufiger eine Schizophrenie diagnostiziert als bei Mitgliedern der Mittel- und Oberschicht. Eine Erklärung dafür könnte sein, daß das Leben von Unterschichtsangehörigen insgesamt belastender ist und zu Verhalten führt, das man dann als schizophren etikettiert. Doch es gibt noch eine zweite, vielleicht genauso plausible Hypothese: Möglicherweise sind die desorganisierten Verhaltensmuster schizophrener Menschen die Ursache dafür, daß sie häufig ihre Stellung verlieren und verarmen. Die Verursachungsrichtung ist das Problem vieler auf Korrelation basierender Forschungsansätze. Daher heißt es auch oft: „Korrelation impliziert keine Verursachung."

Das Problem der Verursachungsrichtung wird am besten mit einer Längsschnittstudie angegangen, bei der die interessierenden Variablen untersucht werden, bevor die Erkrankung auftritt. Auf diese Weise kann die vermutete Ursache vor der Wirkung gemessen werden. Für die Entwicklung Schizophrenie wäre der bestmögliche Weg der, eine große Stichprobe von Babys auszuwählen und sie über die 20 bis 45 Jahre zu beobachten, die ein Risiko für das Auftreten der Schizophrenie bergen. Aber eine derartige Untersuchung wäre sehr teuer, da nur eines von hundert Individuen schizophren wird. Die Ausbeute an Daten aus einer derartigen Studie wäre wirklich sehr gering. Risikostudien umgehen dieses Problem. Nur Individuen mit einem höheren als dem durchschnittlichen Risiko, an Schizophrenie im Erwachsenenalter zu erkranken, werden für die Untersuchung ausgewählt. Bei den meisten Studien, die heute diese Methode verwenden, werden die Individuen ausgewählt, die einen schizophrenen Elternteil haben. Ein schizophrener Elternteil erhöht das Risiko eines Menschen, an Schizophrenie zu erkranken. Diese Methode wird auch angewendet, um einige andere Störungen zu untersuchen. Die Ergebnisse werden in den folgenden Kapiteln dargestellt.

Korrelation impliziert zwar keine Ursache-Wirkung-Beziehung, aber indem man feststellt, ob zwei Variablen korrelieren oder nicht, kann man bestimmte kausale Hypothesen *ausschließen*. Das heißt, *Verursachung impliziert Korrelation*. Wenn man zum Beispiel behauptet, Zigarettenrauchen verursache Lungenkrebs, impliziert man, daß Zigarettenrauchen und Lungenkrebs positiv korrelieren. Untersuchungen dieser beiden Variablen müssen diese positive Korrelation ergeben, andernfalls wäre die Theorie widerlegt.

Das *Problem der dritten Variablen* besteht darin, daß keine von zwei korrelierenden Variablen die andere verursacht, sondern möglicherweise eine bislang unspezifizierte dritte Variable oder ein unspezifizierter Prozeß für die Korrelation verantwortlich ist. Im folgenden Beispiel ist die dritte Variable offensichtlich:

> „Man findet regelmäßig eine hohe positive Korrelation zwischen der Anzahl der Kirchen in einer Stadt und der Anzahl der in dieser Stadt verübten Straftaten. Je mehr Kirchen also eine Stadt hat, um so mehr Straftaten werden in ihr begangen. Heißt das, daß die Religion das Verbrechen oder daß das Verbrechen die Religion begünstigt? Keines von beiden. Für den Zusammenhang ist eine dritte Variable – die Einwohnerzahl – verantwortlich. Je mehr Einwohner eine Gemeinde hat, um so mehr ... Kirchen hat sie und ... um so mehr Verbrechen werden in ihr begangen" (*Neale* und *Liebert*, 1980, S. 109).

In der psychopathologischen Forschung finden sich zahlreiche Beispiele für dritte Variablen. So sind z.B. biochemische Unterschiede zwischen Schizophrenen und Kontrollpersonen häufig berichtet worden. Diese Unterschiede könnten auf unterschiedliche Ernährung oder darauf, daß die Patienten Medikamente einnehmen, zurückzuführen sein – die Unterschiede allein enthüllen nichts über die Natur der Schizophrenie. Läßt sich das Problem der dritten Variablen überhaupt lösen? Im allgemeinen ja, obwohl die Lösungen nicht immer ganz zufriedenstellend sind und auch weiterhin keine eindeutigen Schlüsse von Korrelationen auf Verursachungen erlauben.[1]

Es wurde bereits darauf hingewiesen, daß Informationen über die Ursachen abweichenden Verhaltens schwer zu beschaffen sind. Die Vorgehensweisen, die wir besprochen haben, sind die Hauptgründe für diesen Stand der Forschung. In der Psychopathologie ist man darauf angewiesen, fast ausschließlich die Korrelationsmethode einzusetzen, da die Diagnose, eine klassifikatorische Variable, zu diesem Vorgehen am besten paßt. Aber die Beziehungen zwischen der Diagnose und anderen Variablen werden dabei überdeckt von dritten Variablen und dem Problem der Wirkungsrichtung. Die Suche nach den Ursachen für die verschiedenen Störungen bleibt eine Herausforderung.

Das Experiment

Wie wir gesehen haben, lassen sich die Verursachungsfaktoren von Zusammenhängen durch Korrelationsstudien nicht mit absoluter Sicherheit bestimmen. Als wirkungsvollstes Instrument zur Feststellung kausaler Beziehungen zwischen Ereignissen gilt im allgemeinen das *Experiment*. Es erfordert die Veränderung einer unabhängigen Variable, die Messung einer abhängigen Variable und die zufällige Verteilung der Probanden auf die verschiedenen Bedingungen, die untersucht werden. Im Bereich der Psychopathologie wird es am häufigsten eingesetzt, um die Wirkungen von Therapien zu ermitteln. Als Einführung in die Vorgehensweise bei experimentellen Untersuchungen stellen wir wichtige Aspekte der Planung und die Ergebnisse einer Studie darüber dar, wie der Ausdruck von Gefühlen über zurückliegende traumatische Erlebnisse mit der Gesundheit zusam-

menhängt (*Pennebaker, Kielcolt-Glaser & Glaser*, 1987). An der sechs Wochen dauernden Untersuchung nahmen 50 Studenten teil. Bei einem Teil mußten sie an vier aufeinanderfolgenden Tagen in das Labor kommen. Von der Hälfte der Probanden wurde an jedem der vier Tage das Schreiben eines kurzen Aufsatzes über ein traumatisches Ereignis in der Vergangenheit verlangt. Die Anweisung lautete:

> An jedem der vier Tage sollen Sie etwas über ein besonders traumatisches und aufregendes Erlebnis in Ihrem Leben schreiben. Sie können über unterschiedliche Erlebnisse berichten oder jeden Tag das gleiche beschreiben. Es ist wichtig, daß sie über Ihre geheimen Gedanken und Gefühle schreiben. Dabei wäre es am besten, wenn Sie über ein Ereignis oder Erlebnis schreiben würden, das Sie in Einzelheiten noch niemandem mitgeteilt haben.

Die übrigen Studenten kamen ebenfalls jeden Tag in das Labor, schrieben aber Aufsätze über ihre täglichen Aktivitäten, ein vergangenes gesellschaftliches Ereignis, die Schuhe, die sie trugen, und ihre Pläne für den Rest des Tages. Informationen darüber, wie häufig die Studenten das Gesundheitszentrum der Universität aufsuchten, waren für einen Zeitabschnitt von 15 Wochen vor und für sechs Wochen danach verfügbar. Die Ergebnisse sind in Abbildung 5.3 dargestellt. Wie zu sehen ist, haben die Mitglieder der beiden Gruppen das Gesundheitszentrum etwa gleich häufig aufgesucht. Nach dem Schreiben der Aufsätze ging die Zahl der Besuche für diejenigen, die über traumatische Ereignisse schrieben, zurück und stieg für die anderen Studenten an. (Dieser Anstieg könnte auf saisonale Schwankungen der Häufigkeit, das Gesundheitszentrum aufzusuchen, zurückzu-

Abb. 5.3 Krankheitsbedingte Besuche im Gesundheitszentrum für die Zeiträume vor und während des Experiments. Nach Pennebaker et al. (1987)

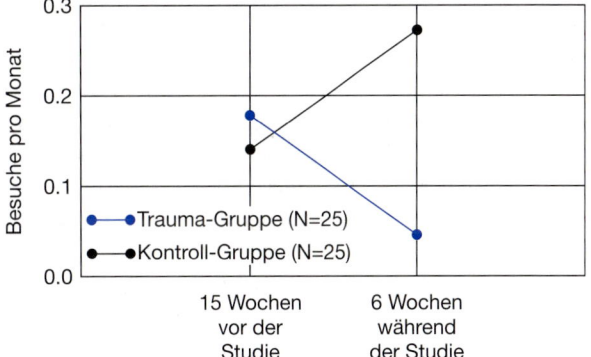

1 Eine leserfreundliche Darstellung der Techniken, wie man mit dem Problem der Direktionalität um den Dritt-Variablen umgehen hat, findet sich in „Science and Behavior" (1986) von Neal und Liebert.

führen sein. Eine zweite Messung für die Zahl der Besuche wurde im Februar, unmittelbar vor den Zwischenprüfungen durchgeführt.) Aus diesen Ergebnissen folgerten die Untersucher, daß der Ausdruck von Gefühlen einen positiven Effekt auf die Gesundheit hat.

Grundlegende Merkmale eines experimentellen Versuchsplans

Das eben geschilderte Beispiel illustriert viele der grundlegenden Merkmale eines Experiments. Zunächst stellt der Forscher eine *experimentelle Hypothese* auf, die beschreibt, was geschieht, wenn eine bestimmte Variable verändert wird. *Pennebaker* et al. nahmen an, daß der Ausdruck von Gefühlen über ein vergangenes Ereignis die Gesundheit verbessere. Als zweites wählt der Forscher eine *unabhängige Variable*, die er manipulieren, d.h. einen Faktor, den er kontrollieren kann. Im Fall der Studie von *Pennebaker* et al. schrieben einige Studenten über zurückliegende traumatische Erlebnisse und die anderen über alltägliche Ereignisse. Schließlich trifft der Forscher Vorbereitungen zur Messung einer *abhängigen Variable,* von der er erwartet, daß sie von der unabhängigen Variable abhängig ist beziehungsweise mit deren Manipulation variiert. Die abhängige Variable in dieser Untersuchung war die Zahl der Besuche im Gesundheitszentrum. Wenn eine solche Untersuchung ergibt, daß die Unterschiede zwischen Gruppen tatsächlich eine Funktion der Variation der unabhängigen Variablen sind, hat man einen *experimentellen Effekt* erzielt.

Interne Validität

Zu jedem experimentellen Versuchsplan gehört die Einbeziehung wenigstens einer *Kontrollgruppe*, die der experimentellen Behandlung (der unabhängigen Variablen) nicht ausgesetzt wird. Eine Kontrollgruppe ist notwendig, um die Effekte eines Experiments überhaupt der Manipulation der unabhängigen Variablen zuschreiben zu können. In der Untersuchung von *Pennebaker* et al. schrieb die Kontrollgruppe Aufsätze über alltägliche Ereignisse. Die Ergebnisse der Kontrollgruppe sorgen für einen Standard, mit dem die Effekte des Ausdrucks von Emotionen verglichen werden können.

Wir wollen das an einem weiteren Beispiel verdeutlichen. Nehmen wir an, uns interessiert, was eine bestimmte Therapie für die Modifikation einer bestimmten Form abweichenden Verhaltens leistet. Nehmen wir weiter an, daß sich Patienten mit zunächst negativem Selbstbild einer Therapie unterziehen, die für sich in Anspruch nimmt, hier eine Besserung zu bewirken. Nach sechs Monaten werden die Patienten erneut beurteilt, und wie sich herausstellt, ist ihr Selbstbild nunmehr tatsächlich weniger negativ. Unglücklicherweise wären die Ergebnisse einer solchen Untersuchung nicht valide. Für die Verbesserung des Selbstbildes innerhalb der sechs Behandlungsmonate könnten Faktoren verantwortlich sein, die zusätzlich zur Therapie oder gänzlich unabhängig von ihr wirksam waren. Vielleicht haben sich in der Umgebung der Patienten Dinge ereignet, die ihr Selbstbild verbessert haben. Vielleicht gewinnen Menschen mit negativem Selbstbild auch einfach im Laufe der Zeit eine positivere Einstellung sich selbst gegenüber.

Solche Variablen, die wie die dritten Variablen in Korrelationsstudien eine Interpretation der Ergebnisse unmöglich machen, nennt man auch *Störvariablen*. Diese Störvariablen – und anderes, was in diesem Kapitel beschrieben wird – sind leider in der Forschung zu den Effekten der Psychotherapie weit verbreitet, was in diesem Buch häufig dokumentiert wird. Untersuchungen, in denen man den erzielten Effekt nicht mit Sicherheit der unabhängigen Variablen zuschreiben kann, sind *intern invalide*. Auf der anderen Seite sind Untersuchungen *intern valider*, deren Effekt zuverlässig der Manipulation der unabhängigen Variablen zugeschrieben werden kann.

Im oben skizzierten Beispiel hätte man sich der *internen Validität* durch Einbeziehung einer Kontrollgruppe versichern können. Sie hätte in diesem Fall etwa aus Menschen mit negativem Selbstbild bestehen können, die sich *keiner* Therapie unterzogen. Veränderungen im Selbstbild der Kontroll-Probanden wären die *baseline* oder der Standard, an dem sich die Auswirkungen der unabhängigen Variablen messen lassen. Wenn eine Veränderung im Selbstbild, ganz unabhängig von jeglicher therapeutischer Intervention, die Folge von Umweltereignissen wäre, müßte sie sich bei Experimental- und Kontrollgruppe gleichermaßen zeigen. Hätten sich dagegen die Selbstbilder in der behandelten Gruppe umfassender gewandelt als in der unbehandelten Kontrollgruppe, könnten wir relativ sicher sein, daß dieser Unterschied auf das Konto der Behandlung geht.

Mit der bloßen Einbeziehung einer Kontrollgruppe ist es allerdings nicht getan. Nehmen wir wieder an, jemand möchte die Wirksamkeit einer bestimmten Therapie untersuchen und wählt als Probanden die Patienten zweier psychiatrischer Stationen. Der betreffende Forscher bestimmt eine Station zur Experimentalgruppe, die die Behandlung erhält, die andere zur Kontrollgruppe. Wenn er nach einer bestimmten Zeit die Häufigkeit abweichenden Verhaltens in beiden Gruppen vergleicht, möchte er eventuelle Unterschiede der Tatsache zuschreiben können, daß die Patienten der einen Station die experimentelle Behandlung erhielten, die anderen nicht. Aber zu diesem Schluß ist der Forscher nicht berechtigt: Er kann die konkurrierende Hypothese nicht widerlegen, daß die Patienten der Experimentalgruppe vielleicht schon vor der Behandlung weniger deviantes Verhalten zeigten als die der Kontrollgruppe. Die Untersuchung hat ein entscheidendes Prinzip experimenteller Planung verletzt: das Prinzip der *Zufallsauswahl*. Die zufällige Zuordnung zu den einzelnen Gruppen stellt man dadurch sicher, daß man jedem Probanden die gleiche Chance einräumt, jeder Gruppe zugewiesen zu werden. Handelt es sich zum Beispiel um ein Zwei-Gruppen-Experiment, kann man für jeden Probanden eine Münze werfen: Kopf gleich Experimentalzahl gleich Kontrollgruppe. Dieses Verfahren minimiert die Wahrscheinlichkeit, daß Unterschiede zwischen den Gruppen nach der Behandlung keine wirklichen experimentellen Effekte, sondern bereits vor der Behandlung bestehende Unterschiede widerspiegeln. Die zufällige Zuordnung wurde in dem Experiment von *Pennebaker* et al. vorgenommen.

Aber Kontrollgruppe und Zufallsauswahl zum Trotz können die Ergebnisse immer noch invalide sein. Eine weitere Fehlerquelle ist ein möglicherweise verfälschender Einfluß des Versuchsleiters oder der Beobachter: der *„Rosenthal-Effekt"*. *Rosenthal* (1966) vermutete, daß die Erwartungen des Versuchsleiters die Ergebnisse einer Untersuchung zugunsten der Ausgangshypothese verfälschen können, d.h., daß der Forscher seine Probanden ebenso subtil wie unwillentlich manipuliert, die erwarteten oder gewünschten Reaktionen zu zeigen. Obgleich bezweifelt wird, daß solche Effekte tatsächlich an der Tagesordnung sind *(Barber* und

Silver, 1968; *Kent* et al., 1974), sollte jeder Forscher vor ihnen auf der Hut sein. Um Verzerrungen dieser Art zu vermeiden, bedient man sich vielfach der sogenannten *Doppel-Blind-Methode*. Will man zum Beispiel die psychologischen Effekte zweier Medikamente vergleichen, kann man es so einrichten, daß man demjenigen, der die Tabletten ausgibt, über deren Zusammensetzung in Unkenntnis (d.h. „blind") läßt und auch die Probanden nicht über die Art der bevorstehenden Behandlung informiert. Bei solchen Vorsichtsmaßnahmen dürfte der Einfluß des Versuchsleiters keine Rolle mehr spielen.

Wir haben den Begriff des experimentellen Effektes weiter oben kurz definiert, wissen aber noch nicht, wie man feststellen kann, ob ein Effekt auch bedeutsam ist. Die Bedeutsamkeit experimenteller Ergebnisse bestimmt man, wie bei Korrelationen, über ihre statistische Signifikanz.

Externe Validität

Die *externe Validität* ist das Maß dafür, wie weit sich die Ergebnisse einer Untersuchung über das unmittelbare Experiment hinaus verallgemeinern lassen. Wenn ein Forscher zeigen konnte, daß eine bestimmte Behandlung den am Experiment beteiligten Patienten geholfen hat, möchte er natürlich wissen, ob diese Behandlung auch bei anderen Patienten, zu anderen Zeiten und an anderen Orten wirksam ist. *Pennebaker* et al. würden erwarten, daß ihre Ergebnisse auch für andere Beispiele des Ausdrucks von Emotionen gelten (z.B. wenn man einem engen Freund etwas anvertraut), für andere Situationen und andere Menschen als die Teilnehmer am Experiment gelten.

Die externe Validität von Ergebnissen eines psychologischen Experiments ist ausgesprochen schwer zu bestimmen. Zu rechnen ist zum Beispiel mit der Reaktivität beobachteten Verhaltens. Allein das Wissen, daß man an einem Experiment teilnimmt, kann Verhalten ändern, und so kann der Forscher nicht automatisch davon ausgehen, daß sich seine Probanden im Labor genauso verhalten, wie sie das in einer natürlichen Umgebung tun würden. In vielen Fällen hat man mit Tieren, etwa mit Ratten, im Laborversuch erzielte Ergebnisse auf Menschen verallgemeinert. Das ist eine gefährliche Sache, denn die Unterschiede zwischen dem *Homo sa-*

piens und dem *Rattus norvegicus* sind immerhin gewaltig. Der Forscher muß sich sehr genau überlegen, wieweit er Allgemeingültigkeit für seine Ergebnisse beanspruchen kann, denn die Frage der externen Validität ist nicht mit letzter Sicherheit zu beantworten. Der beste Weg, sich der Grenzen oder der Allgemeingültigkeit von Ergebnissen einigermaßen zu versichern, besteht darin, ähnliche Untersuchungen unter neuen Bedingungen mit neuen Teilnehmern durchzuführen.

Analogie-Experimente

Das Experiment gilt als aussagekräftigste Methode, um Ursache-Wirkung-Beziehungen festzustellen. Es wird Ihnen aber vermutlich nicht entgangen sein, daß es bei der Erforschung von Ursachen abweichenden Verhaltens eine verhältnismäßig geringe Rolle spielt. Angenommen, ein Forscher vermutet die Ursache von Schizophrenie in einer emotional belasteten, übermäßig abhängigen Beziehung zur Mutter. Eine experimentelle Überprüfung dieser Hypothese würde erfordern, kleine Kinder zufällig zwei Gruppen von Müttern zuzuweisen! Die Mütter der einen Gruppe hätten zuvor ein intensives Trainingsprogramm zu absolvieren, damit sie lernen, eine hoch emotionsgeladene Atmosphäre zu schaffen und beim Kind die entsprechende übermäßige Abhängigkeit zu erzeugen. Die Mütter der zweiten Gruppe müßten lernen, eben diese Art der Beziehung nicht herzustellen. Dann wartet der Forscher, bis seine Probanden erwachsen sind und stellt fest, wieviele von ihnen eine Schizophrenie entwickelt haben. So ein Versuchsplan ist schon aus rein praktischen Gründen kaum zu realisieren. Doch das ist angesichts der ethischen Fragen, die so ein Experiment aufwerfen würde, zweitrangig. Könnte ein möglicher wissenschaftlicher Gewinn das Leid aufwiegen, das man einigen Teilnehmern ganz sicher aufbürden würde? Wohl kaum.

Will man allerdings den Ursachen abweichenden Verhaltens experimentell auf den Grund kommen, bevorzugt man die *Analogie-Methode*. Man versucht dabei, ein verwandtes, d.h. analoges Phänomen im Labor intensiver zu untersuchen. Auf diese Weise kann man zu intern validen Ergebnissen gelangen, obwohl sich das Problem der externen Validität möglicherweise verschärft. Bei einem Typ der Analogie-

Die berühmte Analogie-Untersuchung von Harlow hatte die Auswirkungen der frühen Trennung von Affenkindern von ihrer Mutter zum Gegenstand. Sogar eine Surrogatmutter aus Stoff ist besser als die Isolation geeignet, spätere emotionale Störungen und Depressionen zu verhindern.

Studien manipuliert man die Probanden, z.B. durch Verabreichung von Medikamenten, hypnotische Suggestion, sensorische Deprivation oder operante Verhaltensformung (shaping), so daß ihr Verhalten vorübergehend „abweichend" wird. Wenn sich nun durch eine dieser Manipulationen experimentell eine „Pathologie" erzeugen läßt, könnte dieselbe Variable auch in natürlicher Umgebung eine Ursache der Verhaltensstörung sein. Die Interpretation solcher Untersuchungen steht und fällt mit der Validität der abhängigen Variablen als Analogie zum wirklichen klinischen Zustand. Sind z.B. vorübergehend gesteigerte Angst oder Depression ihren klinischen Entsprechungen tatsächlich analog? Die Ergebnisse derartiger Experimente sind mit großer Vorsicht zu interpretieren, gleichwohl liefern sie wertvolle Hypothe-

wenn es um gestörtes Verhalten geht, bei dem angenommen wird, daß Angst eine Rolle spielt. Dieser Begriff ist auch in den Alltag eingegangen und wird hier im Buch oft verwendet. Ein wichtiger Punkt ist dabei jedoch, daß, wenn eine präzise Diagnose verlangt wird, der Begriff zu kurz greift. In diesem und dem nächsten Kapitel orientiert sich die Darstellung an den neueren diagnostischen Kategorien.

Angststörungen werden diagnostiziert, wenn die subjektiv erlebten Gefühle der Angst eindeutig vorliegen. Im DSM-IV gibt es sechs Hauptkategorien: Phobien, Panikstörung, Generalisierte Angststörung, Zwangsstörung, Posttraumatische Belastungsstörung und Akute Belastungsstörung. Häufig erfüllt ein Patient mit einer Angststörung auch die diagnostischen Kriterien für eine weitere Störung. Dieser Sachverhalt wird als „Komorbidität" bezeichnet. Komorbidität bei Angststörungen gibt es aus zwei Gründen. Zum einen sind die Symptome der verschiedenen Störungen in dieser Kategorie nicht spezifisch. So treten z.B. die körperlichen Anzeichen von Angst (wie etwa Schwitzen, schneller Pulsschlag) unter den diagnostischen Kriterien der Panikstörung, der Generalisierten Angststörung und der Posttraumatischen Belastungsstörung auf. Zum anderen sind auch die derzeitigen Vorstellungen über die pathogenen Prozesse, die zu verschiedenen Angststörungen führen können, auf mehr als eine Störung angewendet worden. So wurde z.B. das Gefühl, daß man Belastungen, denen man ausgesetzt ist, nicht mehr aushalten kann, sowohl als wichtig für die Phobien als auch die Generalisierte Angststörung angesehen. Daher könnte die Komorbidität das Vorhandensein dieser gemeinsamen Mechanismen widerspiegeln. Bis heute beziehen sich die meisten Theorien über Angststörungen auf eine einzige Störung. Die Entwicklung von Theorien, die auch die Komorbidität berücksichtigen, ist eine Herausforderung für die Zukunft.

Wir wenden uns jetzt der Untersuchung der diagnostischen Merkmale, den Theorien der Ätiologie und den Therapien jeder Angststörung zu.

Phobien

Psychopathologen definieren eine *Phobie* als ein zerrüttendes, angstvermitteltes Vermeidungsverhalten, das in keinem Verhältnis zu der Gefahr steht, die vom gemiedenen Objekt oder von der gemiedenen Situation droht, und das der Leidende in der Tat auch als grundlos erkennt. Menschen mit extremer Angst vor großen Höhen, geschlossenen Räumen, Schlangen oder Spinnen, die zugestehen, daß es eine objektive Gefahr nicht gibt und daß ihr Leiden ihr Leben zu zerstören droht, wird man mit großer Wahrscheinlichkeit das Vermeidungsverhalten und die Angst als phobisch bezeichnen.[2]

Im Laufe der Jahre hat man für solcherart ungerechtfertigte Vermeidensmuster komplexe Namen gefunden. Immer wird dem Suffix -phobie das griechische Wort für das gefürchtete Objekt oder die gefürchtete Situation vorangestellt. Der Begriff „Phobie" selbst ist vom Namen des griechischen Gottes Phobos abgeleitet, der seinen Feinden das Fürchten lehrte. Den meisten von Ihnen werden Bezeichnungen wie „Klaustrophobie" für die Angst vor geschlossenen Räumen, „Agoraphobie" für die Angst vor öffentlichen Plätzen und „Akrophobie" für die Höhenangst vertraut sein. Auch exotischere Ängste haben griechische Namen bekommen: Die Ergasiophobie ist eine Schreibangst, Pnigophobie ist die Angst zu ersticken, und mit Taphephobie meint man die Angst, lebendig begraben zu werden. Sie können es glauben oder auch nicht, Anglophobie bedeutet die Angst vor England. Nur allzu häufig wird der Eindruck vermittelt, es genüge, einem Problem einen imponierenden Namen zu geben, um alles über seine Entstehung und sogar über seine Behandlung zu wissen. Nichts könnte jedoch weiter von der Wahrheit entfernt sein. Wie so oft in der Klinischen Psychologie gibt es auch hier mehr Theorien und Fachjargon als sichere Ergebnisse.

Phobien sind in der Bevölkerung recht weit verbreitet. Eine umfangreiche Studie kam auf einen Anteil von 5,9%, wobei Frauen mit 8,0% sehr viel häufiger vertreten waren als Männer mit 3,4% (*Myeers* et al., 1984). In der Tat ist die

---

2 Die Phobien in der Kindheit werden in Kapitel 15 behandelt.

Beschwernis, die viele spezifische Ängste verursachen, nicht so groß, daß die Betroffenen sich in therapeutische Behandlung begeben. Wenn ein Großstadtmensch eine intensive Angst oder eine Phobie vor ungiftigen Schlangen entwickelt, wird er höchst selten Gelegenheit zu ausgiebigem Kontakt mit dem Angstobjekt haben und sich nicht ernsthaft beeinträchtigt fühlen. Mit dem Begriff „Phobie" ist meist eine subjektive Belastung oder eine soziale/berufliche Beeinträchtigung, die auf die Angst zurückgeht, gemeint.

Es ist interessant festzustellen, daß sich die Psychologen mit unterschiedlichen Aspekten der Phobien beschäftigen, in Abhängigkeit von dem Paradigma, das sie zugrunde legen. Psychoanalytiker konzentrieren sich beispielsweise auf den Inhalt der Phobie. Sie sehen eine außerordentliche Bedeutung in dem phobischen Objekt als Symbol einer wichtigen unbewußten Angst. Einer von *Freuds* berühmten Patienten, der „kleine Hans", fürchtete sich vor Pferden (vgl. Kasten 6.1), wenn er hinausging. *Freuds* besondere Aufmerksamkeit galt den Bemerkungen des Jungen über das, „was die Pferde vor ihren Augen haben und das Schwarze vor ihrem Mund." Das Pferd, schloß *Freud,* stehe für den Vater, der Schnurrbart und Brille trug. *Freud* stellte die Theorie auf, daß die Furcht vor dem Vater sich in die Furcht vor Pferden verwandelt habe, die Hans daraufhin mied. Es lie-ßen sich zahllose ähnliche Beispiele zitieren. Sie alle laufen in psychoanalytischer Sicht darauf hinaus, daß der Inhalt einer Phobie einen bedeutsamen symbolischen Wert besitzt. Verhaltenstheoretiker ignorieren andererseits den Inhalt der Phobie und konzentrieren sich auf ihre Funktion. Für sie sind die Angst vor Schlangen und die Höhenangst in der Form, wie sie erworben wurden, wie sie verändert werden könnten usw., äquivalent.

Mit diesen Informationen im Hintergrund wenden wir uns jetzt drei verschiedenen Formen der Phobien zu: den spezifischen Phobien, der Agoraphobie und den sozialen Phobien.

Spezifische Phobien

Spezifische Phobien sind ungerechtfertigte Ängste, die durch die Anwesenheit oder die Antizipation eines bestimmten Objektes oder eine Situation ausgelöst werden. Die häufigste Ursache dieser Phobien sind Tiere (z.B. Hunde, Schlangen, Insekten), Höhen, geschlossene Räume, Flugreisen, Blut und Injektionen. Nur drei Prozent aller Phobiker haben spezifische Phobien. Die Mehrzahl dieser Phobien findet sich bei Frauen, und sie beginnen häufig in der frühen Kindheit (*Marks & Gelder*, 1966). Die spezifischen Phobien stellen jedoch möglicherweise keine homogene Klasse dar. *Ost* (1987)

Die Angst vor Höhen und die Meidung dieser Situationen wird als einfache Phobie klassifiziert. Andere Phobien sind die Angst vor Tieren, Injektionen und geschlossenen Räumen.

Kasten 6.1   Der kleine Hans

Ein klassischer Fall von Phobie, über den *Freud* 1909 berichtete, war der des fünfjährigen Hans, der Angst vor Pferden hatte und sich nicht aus dem Haus wagte. Seither haben Psychoanalytiker immer wieder auf die Bedeutung dieses Falles hingewiesen. *Ernest Jones, Freuds* berühmter Biograph, nannte ihn einen „glänzenden Erfolg der Kinderanalyse" (1955, S. 289). Und *Glover,* ein angesehener Gelehrter, spricht von „einer bemerkenswerten Leistung ... [die einen] der höchstgeschätzten Berichte in psychoanalytischen Archiven [darstellt]" (1956, 5.76).

Persönlich sah *Freud* den Jungen nur ein einziges Mal. Er analysierte ihn anhand von Briefen, die er von dessen Vater erhielt. Zwei Jahre vor Ausbruch seiner Phobie zeigte der seinerzeit dreijährige Hans „ein besonders lebhaftes Interesse für den Teil seines Körpers, den er als ‚Wiwimacher' zu bezeichnen gewohnt war." Als er dreieinhalb Jahre war, ertappte ihn seine Mutter mit der Hand am Penis und drohte, man werde ihm den Penis abschneiden, wenn er das noch einmal tue. Mit viereinhalb Jahren, so wird weiter berichtet, habe Hans während eines sommerlichen Ferienaufenthaltes versucht, seine Mutter zu „verführen". Als die Mutter ihn einmal – jede Berührung peinlich vermeidend – um den Penis herum puderte, sagte Hans: „Weshalb gibst du denn nicht den Finger hin?" „Weil das eine Schweinerei ist," antwortete die Mutter. Darauf Hans: „Was ist das, eine Schweinerei? Warum denn?" Mutter: „Weil es unanständig ist." Hans, lachend: „Aber lustig." *Freud* sah darin den Beweis, daß Hans einen starken sexuellen Drang hatte, den er auf seine Mutter richtete und dann aus Angst vor Kastration verdrängte. Nach *Freuds* erster Angsttheorie (vgl. S. 38) verwandelte sich diese sexuelle Entbehrung schließlich in neurotische Angst.

Erstmals bemerkbar machte sich die Phobie etwa sechs Monate später während eines Spaziergangs mit dem Kindermädchen. Hans wurde Zeuge, wie ein Pferdefuhrwerk umstürzte, fing an zu weinen und wollte nach Hause, um mit der Mutter zu „schmusen". Später erklärte er, er fürchte sich, aus dem Haus zu gehen, weil ein Pferd ihn beißen könne, und bald wurden seine Ängste detaillierter und richteten sich gegen das, „was die Pferde vor ihren Augen haben und das Schwarze vor ihrem Mund."

Das alles, schreibt *Freud,* spiegele den ödipalen Wunsch des Jungen wider, den Vater loszuwerden, um die Mutter zu besitzen. Seine auf die Mutter gerichtete sexuelle Erregung verwandelte sich in Angst, weil er fürchtete, die Strafe folge auf dem Fuße. Die Angst vor dem Vater, der als deren ursprüngliche Quelle galt, wurde auf ein Symbol für den Vater verschoben: auf die Pferde. Das schwarze Pferdemaul und die Scheuklappen wurden zu symbolischen Repräsentationen von Schnurrbart und Brille des Vaters. Indem er Pferde fürchtete, konnte Hans seiner eigentlichen Furcht, vom Vater kastriert zu werden, erfolgreich und unbewußt aus dem Weg gehen – obwohl es doch die *Mutter* war, die mit dieser Strafe gedroht hatte –, und schaffte er es auf diese Weise gleichzeitig, zu Hause zu bleiben und um so mehr Zeit mit seinem vorrangigen Liebesobjekt – der Mutter – zu verbringen.

Das Original dieses Fallberichtes ist sehr viel detaillierter und umfaßt etwa 140 Seiten. Unser Ziel war es hier, einen Eindruck von *Freuds* Denken zu vermitteln. Wir stimmen mit *Wolpe* und *Rachman* (1960) darin überein, daß zwischen den Schlüssen, die *Freud* aus den Daten zieht, und den Daten selbst große Diskrepanzen bestehen. Erstens sind die Belege dafür, daß der kleine Hans seine Mutter sexuell begehrte, minimal, und das macht es doch sehr fraglich, daß Hans wirklich die Stelle seines Vaters einnehmen und seine Mutter sexuell besitzen wollte. Zweitens gibt es kaum Anzeichen dafür, daß Hans seinen Vater haßte oder fürchtete, und im Originalbericht ist zu lesen, daß Hans selber jegliche symbolische Verbindung zwischen Pferden und Vater leugnete. Allerdings wurde gerade das als Beweis für das Vorhandensein einer solchen Verbindung gewertet. Drittens haben wir weder einen Beweis noch einen Grund für die Annahme, daß hier intensive sexuelle Erregung in Angst verwandelt wurde. Eine überzeugendere Erklärung für die Tatsache, daß Hans Angst vor Pferden bekam, nachdem er Zeuge eines Unfalls mit Pferden geworden war, liefert das Modell des klassischen Konditionierens, obwohl auch diese Interpretation nicht unproblematisch ist (vgl. S. 148).

fand, daß das Alter des Beginns in den vier Hauptgruppen der Phobien unterschiedlich ist: die Tierphobien beginnen am frühesten, etwa im Alter von sieben Jahren; Blutphobien entwickeln sich etwa mit neun Jahren; Zahnphobien etwa mit zwölf und Klaustrophobien etwa mit 20 Jahren.

Agoraphobie

Das komplizierte Syndrom der *Agoraphobie* (von griechisch *agora* = Versammlungsplatz, Marktplatz) ist ein ganzes Gewebe von Ängsten, die sich auf öffentliche Plätze und die Befürchtung beziehen, nicht entkommen oder bei plötzlicher eigener Unfähigkeit keine Hilfe finden zu können. Oft äußert sich eine Agoraphobie auch in der Furcht vor größeren Menschenansammlungen, vor Reisen, vor dem Alleinsein und vor dem Betreten von Geschäften. Für diejenigen, die daran leiden, ist eine Agoraphobie ganz sicher sehr belastend. Wie einschränkend muß es sein, nur unter Ängsten das Haus verlassen zu können. Vielleicht begegnet man deshalb in der klinischen Praxis keiner Phobie so häufig wie der Agoraphobie, die im übrigen etwa 60% aller untersuchten Phobien ausmacht. Am häufigsten leiden Frauen unter Agoraphobie (vgl. Kasten 6.2), und in der Mehrzahl der Fälle beginnen die Schwierigkeiten während der

Adoleszenz oder im frühen Erwachsenenalter. Oft kommt es zunächst zu wiederholten Panikattacken. Zusätzlich zur eigentlichen Störung stellen sich zahlreiche andere Symptome ein. Dazu gehören Spannungsgefühle, Benommenheit, leichte Kontrollzwänge – Kontrolle, ob das Türschloß eingeschnappt, kein Eindringling unter dem Bett, das Bügeleisen abgeschaltet ist –, Grübeln, Depression und die Angst, verrückt zu werden. Außerdem berichteten in einer Untersuchung *(Buglass* et al., 1977) 93% der Agoraphobiker auch von Höhenangst und Angst vor geschlossenen Räumen wie Untergrundbahnen und Aufzügen. Aber viele Agoraphobiker haben auch „gute Tage", an denen sie sich relativ frei bewegen können. Bei manchen verringert sich die Angst, wenn eine Person ihres Vertrauens sie begleitet. Psychophysiologische Untersuchungen bestätigen den klinischen Eindruck, daß Agoraphobiker an einer recht diffusen, unspezifischen Angst leiden. Messungen ihrer autonomen Aktivität enthüllen gewöhnlich auch dann ein hohes Erregungsniveau, wenn sie einen ganz entspannten Eindruck machen *(Marks,* 1969).

Nach DSM-IV kann die Agoraphobie mit Panikattacken oder ohne Panikattacken in der Vorgeschichte auftreten. Wie weiter unten dargestellt, entwickelt sich eine Form der Agoraphobie aus Panikattacken, die in der Vorgeschichte einiger Agoraphobiker auftreten. Wir

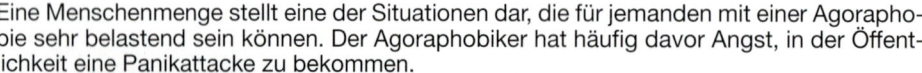

Eine Menschenmenge stellt eine der Situationen dar, die für jemanden mit einer Agoraphobie sehr belastend sein können. Der Agoraphobiker hat häufig davor Angst, in der Öffentlichkeit eine Panikattacke zu bekommen.

Kasten 6.2 Geschlechtsrollen und Agoraphobie

Ein Blick auf die Literatur zeigt, daß Frauen häufiger an einer Agoraphobie zu leiden scheinen als Männer (Brehony und Geller, 1981). Selbst wenn man damit rechnen muß, daß Frauen derartige Schwierigkeiten bereitwilliger zugeben als Männer, weisen die Zahlen daraufhin, daß die meisten Agoraphobiker Frauen sind. Warum?

In den Jahren der Frauenbewegung und der Aufdeckung vergangener und gegenwärtiger weiblicher Stereotype hat man die Ursache der Agoraphobie in der traditionellen Geschlechtsrollenverteilung gesucht. Klinisch werden Agoraphobiker gewöhnlich als passiv, schüchtern, abhängig usw. beschrieben – mit traditionellen weiblichen Attributen also (Bem, 1974; Broverman et al. , 1970). Möglich, daß Fodor (1978) recht hat und die Agoraphobie unter anderem eine logische, wenn auch übertriebene Ausweitung der stereotypen Frauenrolle ist. Bis vor kurzer Zeit – und vielfach auch heute noch – wurde und wird ein ausschließliches Haushaltsdasein für die Frau eher akzeptiert als für den Mann. Entwicklungen in die andere Richtung stoßen schnell auf Kritik, die Männer fühlen sich aufgefordert, ihre Inbesitznahme der Außenwelt fortzusetzen und haben so ständig Gelegenheit, ihre Angst vor dem Schritt nach draußen zu löschen.

Die Geschlechtsrollendarstellungen bestimmter Medien halten das weibliche Stereotyp weiterhin lebendig. Eine Arbeitsgruppe der National Organization for Women untersuchte Kinderbücher und traf in ihnen überwiegend auf hilflose, häusliche, passive, abhängige, ängstliche und im Vergleich zu Männern inkompetente Heldinnen (Brehony und Geller, 1981). Sollten sich diese Stereotype einmal ändern, wird sich vermutlich auch die Agoraphobie gleichmäßig auf die Geschlechter verteilen.

haben die Agoraphobie für die Diskussion im Abschnitt über die Phobien aus zwei Gründen ausgewählt: Erstens verwendet ein Großteil der Literatur und der klinischen Forschung diesen Begriff und zweitens, wie bei der Besprechung der Panikstörung deutlich werden wird, bestehen noch einige Fragen über die Beziehung zwischen Agoraphobie und Panikstörung.

Soziale Phobien

Eine soziale Phobie, auch soziale Angst genannt, ist eine persistierende, irrationale, an die Gegenwart anderer Menschen gebundene Angst. Der oder die Betroffene vermeidet nach Möglichkeit Situationen, in der er oder sie sich kritisch beobachtet fühlen und Angst verraten oder sich unangemessen verhalten könnte. Sprechen oder Essen in der Öffentlichkeit, die Benutzung öffentlicher Waschräume oder praktisch jede beliebige andere Aktivität (z.B. Unterschrift leisten) in Gegenwart anderer kann extreme Angst auslösen.

Soziale Phobien sind mit einer Lebenszeitprävalenz von zwei Prozent (Myeers et al., 1984) relativ häufig. Obwohl sie in den meisten Fällen keine klinische Relevanz haben, empfinden doch viele Menschen erhebliches Unbehagen in sozialen Situationen (Zimbardo, 1977). Im Gegensatz zu den anderen Phobien, die bei Frauen häufiger als bei Männern sind, treten die sozialen Phobien bei beiden Geschlechtern gleich häufig auf. Die soziale Phobie hat eine hohe Komorbiditätsrate mit anderen Störungen und tritt häufig in Verbindung mit Generalisierter Angststörung, spezifischen Phobien, Panikstörung, selbstunsicherer und zwanghafter Persönlichkeitsstörung auf (Turner et al., 1990). Wie zu vermuten ist, liegt der Beginn meist im Jugendalter, wenn die sozialen Bedürfnisse und die Interaktionen mit anderen mehr Bedeutung im Leben bekommen.

Ätiologie der Phobien

Wie bei fast allen der hier behandelten Störungen, sind Vorschläge für die möglichen Ursachen der Phobien von den Anhängern des psychoanalytischen, des verhaltenstheoretischen, des kognitiven und des physiologischen Paradigmas gemacht worden.

Die psychoanalytische Theorie der Phobien

Freud war der erste, der versucht hat, eine systematische Erklärung für die Entwicklung phobischen Verhaltens – wie auch für viele andere Angstsyndrome – zu finden. Nach *Freud* sind Phobien eine Abwehr der Angst vor verdrängten Triebimpulsen aus dem Es. Diese Angst wird von der gefürchteten Triebregung auf ein Objekt oder eine Situation verschoben, die mit der Triebregung in symbolischem Zusammenhang stehen. Diese Objekte oder Situationen – z.B. Aufzüge oder geschlossene Räume – werden dann zu phobischen Reizen. Indem der Betroffene sie vermeidet, vermeidet er gleichzeitig auch die Auseinandersetzung mit den verdrängten Konflikten. Wie in Kapitel 2 (S. 38f.) dargestellt ist die Phobie der Ausweg, den das Ich gewählt hat, um einer Konfrontation mit dem wirklichen Problem, einem verdrängten Kindheitskonflikt, aus dem Weg zu gehen.

Vor einigen Jahren hat *Arieti* (1979) eine andere psychoanalytische Theorie der Phobien vorgeschlagen. Er hält nicht eine verdrängte Triebregung aus dem Es für die Ursache von Phobien, sondern die Verdrängung einer ganz bestimmten zwischenmenschlichen Erfahrung. Spätere Phobiker, so *Arieti*, haben als Kinder eine Zeitlang in aller Unschuld darauf vertraut, daß die Menschen ihrer Umgebung sie vor jeglicher Gefahr schützen würden. Aber dann machen diese Kinder die beängstigende Erfahrung, daß auf Erwachsene, gewöhnlich die Eltern, kein Verlaß ist. Mit diesem Mißtrauen oder dieser generalisierten Angst vor anderen können sie nicht leben. Um den Menschen wieder vertrauen zu können, verwandeln sie diese Angst vor anderen unbewußt in eine Furcht vor unpersönlichen Objekten oder Situationen. Bemerkbar macht sich die Phobie, wenn der nunmehr Herangewachsene unter besonderer Belastung steht. Wie fast immer im psychoanalytischen Denken beschränken sich auch die Belege für diese Theorie auf klinische Fallberichte.

Lerntheoretische Theorien der Phobien

Wie die Psychoanalyse nehmen auch die Lerntheorien in erster Linie an, daß Phobien gelernte Reaktionen sind. Aber wie und was genau gelernt wird, wenn sich eine Phobie entwickelt, wird je nach Art der Lerntheorie unterschiedlich spezifiziert. Drei Ansätze werden wir darstellen: die Vermeidungskonditionierung, das Modellernen und die operante Konditionierung.

Das Modell der Vermeidungskonditionierung Historisch gilt die Demonstration von *Watson* und *Rayner* (1920), denen es offensichtlich gelungen war, beim kleinen Albert durch Konditionieren eine Furcht oder Phobie zu erzeugen (vgl. S. 46), als Modell dafür, wie eine Phobie erworben werden kann. In der Folge behaupteten Lerntheoretiker, daß die auf dem Wege klassischer Konditionierung erworbene Furcht vor einem objektiv harmlosen Reiz die Grundlage bilde für eine operante Vermeidungsreaktion. Ausgehend von der ursprünglich von *Mowrer* (1947) entwickelten *Zwei-Faktoren-Theorie des Lernens* glaubte man, daß an der Entstehung von Phobien zwei Arten des Lernens beteiligt seien (vgl. S. 49).

1. Jemand kann auf dem Wege klassischer Konditionierung einen neutralen (konditionierten), an ein schmerzhaftes oder erschreckendes Ereignis gekoppelten Reiz fürchten lernen.
2. In einem zweiten Schritt lernt er dann möglicherweise, die konditionierte Angst dadurch zu reduzieren, daß er den konditionierten Reiz flieht oder meidet.

Diese zweite Art des Lernens, so glaubt man, geschehe durch operantes Konditionieren: Die Reaktion wird aufrechterhalten durch ihre bekräftigenden Konsequenzen.

Damit sich eine Phobie weiter entwickelt, muß die Angst generalisiert werden. D.h. man muß Angst bekommen und nicht nur einen spezifischen Reiz vermeiden, der mit einem unkonditionierten Reiz gekoppelt wurde, sondern eine Gruppe von Reizen (z.B. Höhen allgemein und nicht nur ein bestimmtes hohes Gebäude) generalisieren. Die Untersuchung von konditionierter Angst hat einen Weg erkennen lassen, wie die Angst generalisiert wird. *Riccio, Richardson* und *Ebner* (1984) konnten z.B. zeigen, daß im Verlauf der Zeit nach einer aversiven Konditionierung, die Angstreaktionen auf ähnliche (aber nicht identische) konditionierte Reize stärker wurden. Offensichtlich werden bestimmte Aspekte des konditionierten Reizes vergessen, was zu einer übergeneralisierten Reaktion führt.

Etliche Phobien, denen wir im klinischen Alltag begegnen, scheinen mit diesem Modell gut

Bei der Patientin handelt es sich um eine 45jährige Ärztin, die wegen einer lange bestehenden Angst vor Vögeln zur Behandlung kommt. Obwohl sie zunächst angab, daß es nie eine Zeit gegeben habe, in der sie keine Angst vor Vögeln gehabt hätte, erinnerte sie sich im Interview durch den Kliniker daran, daß sie zum ersten Mal Angst vor einem Vogel hatte, als sie fünf Jahre alt war. Sie hatte allein auf der eingezäunten Veranda auf der Rückseite der Wohnung der Familie gespielt, als sie auf ein fauchendes Geräusch einer Katze aufmerksam wurde, die sich gerade auf eine Taube stürzte. Dem Vogel gelang es zu entkommen, aber er war verletzt. Desorientiert und schmerzgepeinigt flog er in seinen vergeblichen Versuchen, der Katze zu entkommen, einige Male gegen die Veranda. Die Patientin hatte nicht verstanden, warum die Taube wiederholt gegen die Umzäunung flog und befürchtete eine Zeitlang, daß sie hindurchkommen und sie angreifen würde. Ihre Schreie schienen die Taube noch mehr zu erschrecken und nach einer Zeit, die für sie sehr lang war, in Wirklichkeit aber nur eine halbe Minute betrug, viel der Vogel hilflos zu Boden. Die Katze sprang wieder auf ihn, tötete ihn und fraß ihn schließlich auf, was zu einer Steigerung der Angst bei dem ohnehin bereits geängstigten Kind führte. Von diesem Tag an generalisierte die Angst sogar auf Kanarienvögel im Käfig und die geschlachteten Hühner, die ihre Großmutter beim Metzger kaufte.

erklärt zu sein. Bei Phobien vor einem spezifischen Objekt hat man tatsächlich eine entsprechende schmerzhafte Erfahrung mit eben jenem Objekt gefunden. Es gibt Menschen, die nach einem schweren Unfall große Angst vor dem Autofahren haben oder nach einem Sturz nur unter Angst eine Treppe hinabsteigen können. Andere Phobien lassen sich offensichtlich ähnlich erklären.

Bei der Anwendung dieses Modells stehen wir allerdings vor einem Problem. Daß Phobien – wie im Falle des kleinen Albert oder in anderen klinischen Fallberichten – durch Konditionieren erworben werden, bedeutet *nicht,* daß sich *alle* Ängste und Phobien so erklären lassen. Die vorliegenden Fälle sagen uns nicht mehr, als daß bestimmte Ängste auf diese besondere Weise erworben werden *können.* Andere klinische Berichte lassen vermuten, daß sich Phobien auch *ohne* vorherige angstauslösende Erfahrung entwickeln können. Viele Patienten mit großer Angst vor Schlangen, Bazillen, Flugzeugen und Höhen wissen von keiner unerfreulichen Erfahrung mit diesen Objekten und Situationen zu berichten (*Ost,* 1987). In einer syste-

matischen Untersuchung stellte *Keuthen* (1980) fest, daß sich die Hälfte seiner Stichprobe von Phobikern an keine schlimme Erfahrung mit der gefürchteten Situation erinnern konnte. Und bei weitem *nicht* alle Menschen entwickeln nach einem Autounfall oder einem Sturz von der Treppe eine Phobie gegenüber Autos oder Treppen. Das Modell des Vermeidungskonditionierens ist also keine Erklärung für die Phobie schlechthin.

Überdies waren Replikationen des Experiments von *Watson* und *Rayner* überwiegend *nicht* erfolgreich, d.h., der Versuch, Angst auf klassische Weise zu konditionieren, blieb folgenlos (z.B. *English,* 1929). Tatsächlich gibt es nur wenige experimentelle Belege dafür, daß Menschen die Furcht vor neutralen Reizen auf dem Wege klassischer Konditionierung erwerben, auch dann nicht, wenn solche Reize wiederholt zusammen mit primär aversiven Reizen – etwa elektrischen Schlägen – auftreten (vgl. z.B. *Davison,* 1968b; *Dawson, Schell & Banis,* 1986). Aus ethischen Gründen verbietet es sich natürlich, Menschen mit hoch aversiven Reizen zu konfrontieren. Aber etliche Forschungsergebnisse zeigen, daß sich die Angst recht schnell wieder löschen läßt, wenn der konditionierte Reiz einige Male ohne verstärkende elektrische Schläge mittlerer Stärke präsentiert werden

Die Untersuchungen von Mineka haben gezeigt, daß Affen, die andere Affen beobachten, die Angst vor Schlangen haben, diese Angst ebenfalls erwerben. Das Beobachtungslernen kann daher bei der Ätiologie von Phobien eine Rolle spielen.

(Bridger und *Mandel, 1965; Wickens, Allen* und *Hill, 1963).* Schließlich ist es auch nicht klar, ob dieses Modell ein adäquates Bild der Phobien gibt. Der Kern der Phobie ist die Angst und das Vermeidungsverhalten, das vom konditionierten Reiz ausgelöst wird. In der Literatur über das Vermeidungslernen wird jedoch deutlich, daß die Angst von Tieren vor dem konditionierten Reiz schnell geringer wird und es hat sich als schwierig (möglicherweise auch als unmöglich) erwiesen, ein Tier darauf zu trainieren, einen konditionierten Reiz zu meiden *(Mineka,* 1985).

Zusammenfassend läßt sich sagen, daß es sich gezeigt hat, daß nicht alle Phobien durch Vermeidungskonditionieren gelernt werden. Derartige Prozesse *können* für die Ätiologie einiger Phobien eine Rolle spielen, gleichwohl müssen an ihrer Entwicklung noch andere Prozesse beteiligt sein (vgl. Kasten 6.3).

Modellernen Phobische Reaktionen können auch durch Nachahmen der Reaktionen anderer gelernt werden. Wie schon erwähnt (vgl. S. 49) können wir eine große Vielfalt von Verhaltensweisen, einschließlich emotionaler Reak-

---

Kasten 6.3 Vermeidungskonditionieren und Bereitschaft (preparedness)

Vielleicht könnte das Modell des Vermeidungskonditionierens an Validität gewinnen, wenn man es modifizieren und in Erwägung ziehen würde, daß sich bestimmte neutrale Reize besser als andere dazu eignen, zu konditionierten Reizen zu werden. *Seligman* (1971) fragte sich, ob Phobien nicht das Ergebnis einer klassischen Konditionierungsreaktion auf Reize sein könnten, auf die ein Organismus aufgrund physiologischer Prädisposition besonders empfindlich reagiere. Dementsprechend hätten Experimente, in denen sich konditionierte Angst leicht löschen ließ, vielleicht mit konditionierten Reizen gearbeitet, für deren Verknüpfung mit unkonditionierten Reizen es im Organismus keine physiologische „Bereitschaft" gegeben habe.
Ein Beispiel aus der Forschung macht diese Hypothese von der *Bereitschaft* vielleicht klarer. *Garcia* und seine Mitarbeiter *(Garcia, McGowan* und *Green,* 1972) stellten fest, daß Ratten den Geschmack einer bestimmten Nahrung vermeiden lernten, wenn die Nahrungsaufnahme – und sei es viele Stunden später – von Übelkeit gefolgt wurde. Dagegen ließ sich der bloße *Anblick* der Nahrung bei gleichzeitiger Übelkeit nicht aversiv konditionieren. Ähnlich lernten Ratten ein mit einem elektrischen Schlag gepaartes Licht meiden (wie wir es aus vielen Experimenten kennen), aber dieser Lernerfolg stellte sich nicht ein, wenn an den elektrischen Schlag ein Geschmack gekoppelt war. Gustative Empfindungen und Krankheit (Geschmack – Übelkeit) werden also, wie visuelle und taktile Modalitäten (Licht – elektrischer Schlag), ohne weiteres assoziiert. Aber visuelle Reize und

Krankheit (Anblick von Nahrung – Übelkeit) und gustative und taktile Empfindungen (Geschmack – elektrischer Schlag) werden nicht assoziiert (vgl. Abb. 6A).

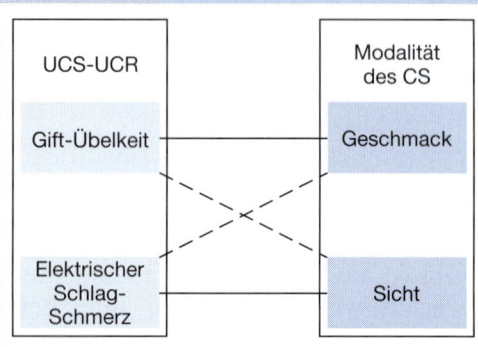

Abb. 6A Der Organismus kann durch eine angeborene Sensibilität darauf vorbereitet sein, bestimmte Assoziationen zu erwerben, andere dagegen nicht. Die durchgezogenen Linien zeigen Assoziationen, die leicht entstehen, gestrichelte Linien verbinden Klassen von Reizen, die nur schwer miteinander zu verknüpfen sind.

Seligman kennt diesen Prozeß aus persönlicher Erfahrung:

„Mit Eiern legierte und mit Estragon gewürzte Sauce Béarnaise war lange Zeit meine Lieblingssauce. Jetzt finde ich sie ekelhaft. Dazu kam es vor mehreren Jahren ... Nachdem ich Filet Mignon mit Sauce Béarnaise gegessen hatte, wurde ich ernsthaft krank und mußte mich während der folgenden Nacht dauernd übergeben. Als man mir das nächste Mal Sauce Béarnaise vorsetzte, war mir der Geschmack unerträglich. Seinerzeit konnte ich mir diese Veränderung nicht recht erklären, obwohl sie einem klassischen Konditionierungsparadigma zu folgen schien: Konditionierter Reiz (Sauce) gepaart mit unkonditioniertem

tionen, dadurch lernen, daß wir ein Modell beobachten. Das Erlernen phobischer Reaktionen durch Beobachtung anderer bezeichnet man im allgemeinen als *stellvertretendes Lernen* (Modellernen). In einer Untersuchung von *Bandura* und *Rosenthal* (1966) beobachteten Probanden eine andere Person – das Modell – in einer aversiven Konditionierungssituation. Das Modell war an ein eindrucksvolles Aufgebot elektrischer Apparate angeschlossen. Bei Ertönen eines Summtones zog das Modell sofort seine Hand von der Armlehne zurück und täuschte Schmerzen vor. Unterdessen zeichnete man die

physiologischen Reaktionen der beobachtenden Probanden auf. Nachdem diese das Modell etliche Male hatten „leiden" sehen, zeigten sie mit zunehmender Häufigkeit bei Ertönen des Summtones emotionale Reaktionen. Obwohl die Probanden also keinen direkten Kontakt mit dem schmerzhaften Geschehen hatten, reagierten sie schließlich emotional auf einen an sich harmlosen Reiz.

Auch verbale Instruktionen können zu stellvertretendem Lernen führen. Das heißt, phobische Reaktionen werden nicht nur dadurch gelernt, daß man die Angst eines anderen beob-

---

Reiz (Krankheit) und unkonditionierter Reaktion (Erbrechen) führte zu konditionierter Reaktion (übelkeitserregender Geschmack). Obwohl ich erfuhr, daß die Ursache meiner Übelkeit eine Grippe war und meine Tischgenossen die Mahlzeit unbeschadet überstanden hatten, konnte ich später meiner Aversion nicht Herr werden" (*Seligman* und *Hager*, 1972, S. 8).

Solcherart persönliche Erfahrungen und entsprechende Forschungsergebnisse veranlaßten *Seligman* zu der Hypothese, daß sich manche Assoziationen – und auf diese Weise auch Phobien – leicht lernen und folglich nur schwer löschen lassen. *Marks* (1969) weist darauf hin, daß die Angst in den meisten Fällen bestimmten Typen von Objekten und Ereignissen gilt. Menschen entwickeln Phobien vor Hunden, Katzen und Schlangen – auf Lamm-Phobiker trifft man dagegen höchst selten. Noch bemerkenswerter ist vielleicht, wie selten Steckdosen phobisch gemieden werden, obwohl diese unter bestimmten Umständen tatsächlich nicht ungefährlich sind. Um die Hypothese zu testen, daß bestimmte Ängste besonders leicht gelernt werden, verwendeten *Öhman*, *Erixon* und *Löfberg* (1975) als konditionierte Reize unterschiedliche Reiztypen. Alle Probanden sahen dreierlei Arten von Bildern unterschiedlichen Inhalts, d.h. Bilder von Schlangen, Häusern und Gesichtern. Eine Hälfte der Versuchsteilnehmer erhielt unmittelbar nach Betrachten eines Schlangenbildes einen elektrischen Schlag (unkonditionierter Reiz). Die andere Hälfte erhielt den elektrischen Schlag nach Betrachten von Häusern oder Gesichtern. Als konditionierte Reaktion diente der psychogalvanische

Hautreflex, der während der Konditionierung und auch während der nachfolgenden Löschprozedur gemessen wurde. Während der Konditionierungsphase war die galvanische Hautreaktion in allen Gruppen und unabhängig von der Art des konditionierten Reizes in etwa gleich. Während der Löschung nahm jedoch die konditionierte Reaktion auf Bilder von Häusern und Gesichter schnell ab, während sie auf Schlangenbilder kaum an Stärke einbüßte. Am dauerhaftesten war die konditionierte Reaktion also mit dem Anblick von Schlangen assoziiert, die uns auch aus der klinischen Praxis als häufiger Auslöser von Phobien bekannt sind.
Es ist jedoch anzumerken, daß in der Untersuchung von *Öhman* et al. ebenso wie in der weiteren Forschung die konditionierte Reaktion auf den vorbereiteten Reiz nicht leichter erlernt wurde oder stärker war, allerdings erfolgte die Extinktion langsamer. Weiterhin ist es unklar, ob leichte Schocks wirklich zu Angst führen, worauf *McNally* (1987) hingewiesen hat. Auch die Ähnlichkeit zwischen dem vorbereiteten Lernen und den Phobien sind nach seiner Ansicht zu stark betont worden. Spezifische Phobien sind z.B. ziemlich leicht zu löschen, wenn die richtige Behandlung erfolgt. (Der Grund für das Fortbestehen ohne Therapie ist darin zu sehen, daß der Phobiker den gefürchteten Reiz meidet.) Daher macht die Hypothese des vorbereiteten Lernens die Vermeidungskonditionierung nicht zu einem umfassenden und gut abgesicherten Modell der Phobien. Sie hat jedoch zu einer Begründung dafür geführt, daß die vom Phobiker gefürchteten Reize nicht zufällig sind.

achtet, sondern auch dadurch, daß man der Beschreibung möglicher Folgen lauscht. Zum Beispiel pflegen Mütter ihre Kinder häufig vor den Folgen bestimmten Tuns zu warnen. Stellvertretendes Lernen kann also offensichtlich durch Worte vermittelt werden. (Allerdings muß solches Lernen nicht unbedingt auch das Ergebnis eines Konditionierungsprozesses sein.)

Ein eindeutiger Beleg für potentielle Bedeutung des Beobachtungslernens stammt aus einer Untersuchung von *Mineka* und ihren Mitarbeitern (1984). Jugendliche Rhesusaffen wurden zusammen mit Tieren aufgezogen, die eine intensive Angst vor Schlangen hatten. In den Phasen des Beobachtungslernens sahen die Jungen, wie die erwachsenen Tiere sehr ängstlich im Umgang mit realen und Spielzeugschlangen, aber wenig ängstlich mit neutralen Objekten umgingen. Nach sechs Phasen des Beobachtungslernens war die Angst der jungen Rhesusaffen von der der älteren nicht zu unterscheiden. Eine Folgeuntersuchung nach drei Monaten zeigte, daß die Angst Bestand hatte.

In einer einfallsreichen Folgeuntersuchung, die sich mit der Theorie des vorbereiteten Lernens beschäftigte, befaßten sich *Cook* und *Mineka* (1989) mit vier Gruppen von Rhesusaffen, von denen jede ein anderes Video sah. Die Bänder wurden so zusammengeklebt, daß ein Affe, der starke Angst zeigte, auf unterschiedliche Reize reagierte: eine Spielzeugschlange, ein Spielzeugkrokodil, ein Blumenstrauß und ein Spielzeugkaninchen. Nur die Affen, die das Video mit der Spielzeugschlange oder dem -krokodil gesehen hatten, erwarben die Angst vor dem gezeigten Objekt, womit wieder bestätigt wurde, daß nicht jeder beliebige Reiz zum Auslöser von erworbener Angst werden kann.

Genausowenig wie das klassische Konditionieren liefert das stellvertretende Lernen ein angemessenes Erklärungsmodell für alle Phobien. Erstens wird die auf dem Wege stellvertretenden Lernens erworbene Angst sehr schnell wieder gelöscht. Zweitens bringen phobische Patienten ihre Angst nur selten mit der Beobachtung fremden Ungemachs in Zusammenhang. Und drittens haben viele Menschen schlimme Erfahrungen anderer miterlebt, ohne eine Phobie zu entwickeln.

Operantes Konditionieren   Es ist nicht auszuschließen, daß phobische Reaktionen auch kraft ihrer positiven Konsequenzen gelernt wenden. Vielleicht wird eine bestimmte Vermeidensreaktion unmittelbar belohnt und dadurch gelernt. Man nehme nur den Fall eines Kindes, das immer einen Elternteil um sich haben möchte und Entschuldigungsgründe erfindet, um nicht in die Schule gehen zu müssen. Wenn Eltern auf diese Vorwände eingehen und dem Kind erlauben, zu Hause zu bleiben, belohnen sie sein Verhalten unmittelbar. Das Kind vermeidet die Schule einfach darum, weil damit angenehme Konsequenzen verbunden sind.

Manche Phobien mögen ihren Grund durchaus in einem solchen unmittelbarem Vorteil haben. Doch angesichts der Tatsache, daß der Zwang, harmlose Situationen zu meiden, das Leben vieler Phobiker doch ernsthaft beeinträchtigt, sind an der Allgemeingültigkeit der Theorie Zweifel angebracht.

Kognitive Theorien der Angst und der Phobien

Ein großer Teil der Forschung zeigt, daß Emotionen die Kognitionen beeinflussen können und umgekehrt. Die Interaktionen zwischen Emotionen und kognitiven Prozessen könnten daher sowohl für die Ätiologie als auch das Fortbestehen der Phobien wichtig sein. Phobische Menschen sind beispielsweise auf die Reize fixiert, die ihre Angst auslösen. In einer Untersuchung, die dieses Phänomen zeigte (*Burgess* et al., 1981), nahmen phobische und normale Probanden an einer dichotischen Wahrnehmungsaufgabe teil, die von ihnen verlangte, daß sie laut die Information wiederholen sollten, die ihnen auf ein Ohr zugespielt wurde, und gleichzeitig sollten sie angeben, ob ihnen neutrale oder für ihre Phobie relevante Information auf dem anderen Ohr vorgegeben wurden. Die Forscher fanden heraus, daß die Probanden in den meisten Fällen die Information, die dem Ohr, das nicht im Zentrum der Aufmerksamkeit stand, zugespielt wurde, nicht wahrgenommen wurde. Die Phobiker entdeckten jedoch mehr phobierelevante Wörter als normale Personen, wenn sie dem Ohr präsentiert wurden, dem die Aufmersamkeit nicht galt.

Eine ähnliche Erklärung haben *Beck* und *Emery* (1985) für sozial ängstliche Menschen vorgeschlagen, die sich in einem „Zustand der Verletzbarkeit" befinden sollen. Sie beschäftigen sich ständig mit Gefahr und Verletzungen und damit, welche unangenehmen Ereignisse in Zukunft auf sie zukommen.

Tomarken, *Mineka* und *Cook* (1989) konnten eine kognitive Fehleinschätzung bei Phobikern nachweisen. Probanden, die entweder starke oder wenig Angst vor Tieren hatten, nahmen an einer Untersuchung teil, bei der ihnen angstrelevante (z.B. eine zischende Schlange) oder angstirrelevante Dias (z.B. Blumen) gezeigt wurden. Danach folgte: ein kurzer Elektroschock, ein Ton oder nichts. Nach dem Zeigen der Dias sollten die Probanden das Ausmaß der Verbindung zwischen jedem Dia und jedem Folgeereignis beurteilen (Beispiel: In wieviel Prozent der Versuchsdurchgänge folgte den Blumen ein Schock?). Tatsächlich war das Ausmaß der Verbindung zwischen jedem Dia und jedem Folgeereignis gleich, nämlich 33 Prozent. Trotzdem überschätzten die Probanden mit starker Angst die Verbindung zwischen den angsterregenden Dias und dem Schock. Die Forscher folgerten daraus, daß bei phobischen Menschen die Informationsverarbeitung so erfolgt, daß nach der Erwartung die Angst beibehalten oder verstärkt wird.

In einem Überblick über die Forschungsergebnisse hinsichtlich der Fehleinschätzung zurückliegender Ereignisse bei ängstlichen und depressiven Probanden fand *Mineka* (1992), daß Depressive sich eher an Informationen erinnerten, die ihrem Gefühlszustand entsprachen (d.h. sie neigen dazu, sich an negative Ereignisse der Vergangenheit zu erinnern). Ängstliche Probanden zeigten keine derartige Tendenz. Im Gegenteil, bei einer Untersuchung (*Watts*, *Trezise* & *Sharrock*, 1986) zeigten Phobiker ein schlechtes Gedächtnis für die angstinduzierenden Reize. Auf den ersten Blick stimmen diese Ergebnisse mit der Hypervigilanz von Phobikern für die Auslöser ihrer Angst nicht überein. Aber auch eine andere Interpretation ist möglich. Auch dann, wenn die Wachsamkeit für Reize, die mit der Angst zusammenhängen, besteht, werden sie, wenn sie auftreten, eher gemieden als vollständig verarbeitet. Das könnte zum Fehlen des Gedächtnisfehlers, der bei Depressiven zu beobachten ist, führen und würde auch einen ausgezeichneten Mechanismus für das Weiterbestehen der Phobie abgeben.

Sozial ängstliche Menschen sorgen sich mehr um die Beurteilung durch andere als diejenigen, die keine Sozialangst haben (*Goldfried*, *Padawer* & *Robins*, 1984); sie achten auch mehr auf den Eindruck, den sie auf andere machen (*Bates*, 1990; *Fenigstein*, *Scheier* & *Buss*, 1975; *Fenigstein*, 1979).

Zusätzliche Belege für diese Vorstellungen ergeben sich aus der Untersuchung von *Davison* und *Zighelboim* (1987), die in Kapitel 4 behandelt wurde. Die Gedanken von zwei Probanden-gruppen wurden mit Hilfe der *Methode der Äußerung von Gedanken in simulierten Situationen* verglichen. In beiden Situationen wurde ein Rollenspiel durchgeführt, ein neutrales und eines unter heftiger Kritik. Eine Gruppe bestand aus freiwilligen Teilnehmern eines einführenden Psychologie-Kurses, die andere aus Studenten, die von der Studentenberatung überwiesen worden waren und die als scheu, zurückhaltend und sozial ängstlich beschrieben wurden. Die Gedanken, die von den sozial ängstlichen Probanden sowohl in der belastenden als auch der neutralen Situation geäußert wurden, waren erheblich negativer als die der Kontrollgruppe.

Hier einige Beispiele für die Gedanken, die von den sozial ängstlichen Probanden unter der vorgestellten Kritik geäußert wurden:

> Diese Menschen haben mich zurückgewiesen. Ich habe dieses Gefühl der Niedergeschlagenheit, das Gefühl der Zurückweisung. Es gibt niemand, an den ich mich wenden kann. Es gibt keine Möglichkeit, dieses Gefühl, das ich gerade habe, zu verdrängen.
> Ich glaube, ich bin langweilig, wenn ich zu den anderen Menschen spreche. Ich denke oft, ich sollte überhaupt nicht sprechen.
> Ich sollte vielleicht nicht so streitsüchtig sein und die Dinge auch einmal auf sich beruhen lassen, auch wenn sie mir nicht gefallen. Auch des Wohls der anderen wegen, um die anderen glücklich zu machen, sollte ich die Dinge gehen lassen. (Diese Gedanken spiegeln die Überzeugung, daß man von jedem geliebt und akzeptiert werde sollte.)

Auch andere Untersuchungen der Selbstbeschreibungen finden mehr negative Gedanken und ängstliche Selbstbeschäftigung bei sozial ängstlichen Menschen (z.B. *Bates*, 1990; *Glass* & *Arnoff*, 1989; *Schwartz* & *Garamoni*, 1989), die z.B. mehr pessimistische Erwartungen haben und das eigene Verhalten kritischer sehen als Personen, die sozial nicht ängstlich sind.

Defizite sozialer Fertigkeiten bei sozialen Phobien

Ein anderes Modell hält mangelnde soziale Fertigkeiten oder unangemessenes Verhalten für die Ursache sozialer Angst. Die Betroffenen, so diese Theorie, haben nicht gelernt, sich in Gesellschaft anderer so zu verhalten, daß sie sich wohl fühlen, oder sie benehmen sich wiederholt taktlos, linkisch und sozial unangemessen und erfahren entsprechend häufig Kritik von ihren Mitmenschen. Eine Bestätigung für dieses Modell sind Ergebnisse, daß sozial ängstliche Menschen wirklich als schwächer in ihren sozialen Fertigkeiten angesehen werden (*Twentyman & McFall*, 1975), und daß sie Zeitpunkt und Plazierung ihrer Antworten in sozialen Situationen unpassend wählen (*Fischetti, Curran & Wessberg*, 1977).

Eine der Schwierigkeiten bei der Durchführung von Untersuchungen über soziale Angst besteht darin, daß es sich dabei in Wahrheit eher um eine Gruppe von Problemen als um ein einzelnes handelt (*Goldfried, Greenberg & Marmar*, 1990; *Heimberg, Dodge & Becker*, 1987). Die verwendete Terminologie ist in den zahlreichen Studien und Berichten unterschiedlich. Wird unter sozialer Angst das gleiche verstanden wie unter sozialer Phobie? Bei der Darstellung der Persönlichkeitsstörungen (Kapitel 10) wird die Selbstunsichere Persönlichkeitsstörung behandelt, die sich mit der sozialen Angst und sozialer Phobie erheblich überschneidet. Dabei ist auch zu berücksichtigen, daß sich einige Menschen, die sozial ängstlich sind, soziale Situationen entweder meiden oder ihnen ausweichen, während sie andere Verhaltensweisen zeigen, die von den Analytikern als „kontraphobisch" bezeichnet werden. Sie zwingen sich trotz ihrer überwältigenden Angst in diese Situationen. Ist der Phobiker einfach nur ängstlicher im Hinblick auf die sozialen Situationen als derjenige, der sie nicht meidet? Aus den Forschungsergebnissen läßt sich dies nicht ableiten. Auch die Quelle der Angst kann unterschiedlich sein: einige fürchten nur die Kritik des anderen Geschlechts; andere haben starke Angst davor, vor Gruppen zu sprechen, unabhängig von der Zusammensetzung der Zuhörerschaft; andere sprechen ohne Probleme vor einer großen Gruppe, haben aber Angst bei kleineren sozialen Anlässen; andere machen sich Gedanken darüber, öffentliche Toiletten zu benützen oder einen Scheck vor anderen auszustellen. Möglicherweise wären Evaluationsphobie oder Verlegenheitsphobie angemessenere Begriffe als soziale Phobie. Es gibt Hinweise aus der Literatur über die Therapie, daß die Berücksichtigung von Unterteilungen der sozialen Phobie die Effektivität der Interventionen dadurch steigern kann, daß die Behandlung auf die Merkmale zugeschnitten wird, die den so-

zialen Ängsten der Patienten zugrunde liegen (*Jerremalm, Jansson & Ost*, 1986; *Ost, Jerremalm & Johansson*, 1981).

Biologische Faktoren, die zu Phobien disponieren

Die Theorien, die wir zuvor beschrieben haben, suchen die Ursache für Entstehung und Aufrechterhaltung von Phobien in der Umwelt. Beide Theorien gründen auf der Annahme, daß Phobien gelernt werden. Aber warum entwickeln manche Menschen unrealistische Ängste und andere nicht, bei denen ebenfalls Gelegenheiten dazu bestünden? Vielleicht liegt bei Menschen, die von Streß so folgenreich beeinflußt werden, eine biologische Fehlfunktion (Diathese) vor, die sie dazu prädisponiert, nach einem belastenden Ereignis eine Phobie auszubilden. Zwei Forschungsansätze sind erfolgversprechend: das autonome Nervensystem und die genetischen Faktoren.

Das autonome Nervensystem Welche Merkmale könnten eine Rolle spielen, wenn Menschen für bestimmte Umwelterfahrungen besonders empfänglich sind? Ein Grund dafür, daß Menschen auf Umweltsituationen unterschiedlich reagieren, ist möglicherweise die unterschiedliche Erregbarkeit ihres autonomen Nervensystems. *Lacey* (1967) vermutete als eine Dimension autonomer Aktivität die der *Stabilität-Labilität*. Das autonome System labiler oder „sprunghafter" Menschen spricht auf eine Vielzahl von Reizen leicht an. Da Angst, also auch phobisches Verhalten, ohne erhebliche Beteiligung des autonomen Nervensystems nicht zu denken ist, könnte eine Dimension wie *autonome Labilität* natürlich sehr bedeutsam sein. Es gibt einigen Grund zu der Annahme, daß autonome Labilität bis zu einem gewissen Grad genetisch determiniert ist (*Gabbay*, 1992 *Lacey*, 1967), und so spielt bei der Entwicklung von Phobien möglicherweise auch die Erblichkeit eine nicht unbedeutende Rolle.

Genetische Faktoren Etliche Untersuchungen sind der Frage nachgegangen, ob bei Angstsyndromen ein genetischer oder angeborener Faktor beteiligt ist, wobei es in den meisten dieser Untersuchungen nicht explizit darum ging, ob auch bei Phobien mit einem derartigen Faktor zu rechnen ist. In einer Familienuntersuchung

nicht die körperliche Belastung allein ist, die einen Panikanfall auslöst, sondern daß die psychische Reaktion der Person entscheidend ist.

Therapie der Panikstörung

Sowohl Antidepressiva als Anxiolytika, wie etwa die Benzodiazepine, haben als somatische Behandlung einige Erfolge aufzuweisen. Der Nachweis für die Wirksamkeit von Aprazolam, einem Benzodiazepinabkömmling, ist besonders eindrucksvoll, da er mit einer breit angelegten multinationalen Untersuchung zustande kam (*Ballenger* et al., 1988).

In den letzten Jahren wurden psychologische Behandlungsmethoden von gerade dargestellten Hypothesen über das Wesen der Panikstörung abgeleitet, beispielsweise daß einige der Patienten mit einem Mitralklappenprolaps sich stark aufregen, wenn sie Unregelmäßigkeiten im Herzschlag spüren und daß andere ihre Empfindungen, z.B. beim Hyperventilieren, einer drohenden Panikattacke zuschreiben. Die Beobachtung, daß bei der Behandlung der Agoraphobie die Konfrontation nicht immer zu einer Verminderung der Panikattacken führt (*Michelson, Mavissakalian & Marchione*, 1985), wurde ebenfalls berücksichtigt. Diese Voraussetzungen führten zu einigen innovativen Psychotherapien (z.B. *Beck*, 1988). *Barlow* und seine Mitarbeiter (z.B. *Barlow*, 1988; *Barlow & Cerny*, 1988; *Barlow, Craske & Klosko*, 1989; *Klosko* et al., 1990) haben eine präzise und gut validierte Therapie entwickelt, die aus drei Teilen besteht: einem Entspannungstraining, einer Kombination der kognitiv strukturierten Verhaltensinterventionen nach *Ellis* und *Beck* und dem neuartigen Teil der Konfrontation des Patienten mit den internen Reizen, die Panik auslösen. Bei diesem dritten Teil übt der Patient unter Aufsicht der Psychologen Verhaltensweisen, die mit Panik verbundene Gefühle auslösen können. Wenn z.B. bei einem Patienten die Panikanfälle mit Hyperventilation beginnen, dann wird er aufgefordert, drei Minuten lang schnell zu atmen; jemand dem es schwindlig wird, soll sich einige Minuten lang auf einem Stuhl drehen. Wenn Empfindungen wie Schwindel, trokkener Mund, Benommenheit, gesteigerter Herzschlag und andere Anzeichen der Panik wahrgenommen werden, dann erlebt der Patient sie 1. in einer sicheren Umgebung und wendet 2. die vorher gelernten Techniken der Entspannung und des Coping an (was bedeuten kann, daß er eher die Zwerchfellatmung als die Hyperventilation einsetzt). Bei diesen Übungen und durch die Ermutigung/Unterstützung des Therapeuten lernt der Patient, die internen Empfindungen neu zu interpretieren. Sie wandeln sich von Gefühlen des Kontrollverlusts und der Panik in harmlose Hinweise, die mit bestimmten Fertigkeiten kontrolliert werden können. Die absichtliche Erzeugung dieser Empfindungen durch den Patienten und die erfolgreiche Bewältigung mindert die mangelnde Voraussehbarkeit und ihre Bedeutung. Eine katamnestische Untersuchung nach zwei Jahren hat gezeigt, daß dieser Erfolg durch diese kognitive und konfrontierende Therapie immer noch Bestand hatte und der Wirksamkeit von Aprazolam überlegen war (*Craske, Brown & Barlow*, 1992).

Generalisierte Angststörung

> Der Patient, ein 24jähriger Mechaniker, war vom Arzt, den er wegen seiner Schwindelgefühle und Schlafschwierigkeiten aufgesucht hatte, zur Psychotherapie überwiesen worden. Während des ganzen Erstgesprächs stand er sichtbar unter Spannung, schluckte, bevor er sprach, schwitzte und zappelte. Seine wiederholten Bitten um Wasser, um einen scheinbar unstillbaren Durst zu löschen, waren ein weiteres Anzeichen seiner extremen Nervosität. Obwohl er zunächst nur von seinen körperlichen Beschwerden berichtete, zeigte sich bald das allgemeinere Bild einer alles durchdringenden Angst. Er fühle sich, so erzählte er, nahezu immer angespannt, habe Angst, daß ihm bei der Arbeit oder während des Beisammenseins mit anderen ein Unglück geschehe. Seine seit langem bestehenden Schwierigkeiten im Umgang mit anderen hatten ihm mehrere Entlassungen eingetragen. Oder wie er es darstellte: „Ich mag Menschen, wirklich, und ich versuche, mit ihnen auszukommen, aber ich gerate wohl einfach zu leicht in Wut. Ich rege mich wegen Kleinigkeiten viel zu sehr auf. Ich bin eben nicht zufrieden, bis alles genau richtig läuft".

Hauptmerkmal der *Generalisierten Angststörung* ist eine chronische und persistierende Ängstlichkeit in vielen Lebenssituationen. Dieses Gefühl ist so allgegenwärtig, daß man es manchmal auch „frei-flottierende" Angst nennt. Somatische Beschwerden – Schwitzen, Hitze- oder Kältewellen, Herzklopfen oder -jagen, empfindlicher Magen, Diarrhöe, häufiges Urinieren, feucht-kalte Hände, trockener Mund, Kloß im Hals – sind häufig und spiegeln die Hyperaktivität des autonomen Nervensystems wider. Puls- und Atemfrequenz können erhöht sein. Die Betroffenen berichten auch von Störungen der Skelettmuskulatur: Muskelspannung und -schmerzen besonders in Nacken und Schultern, Lidzucken, Zittern, leichte Ermüdbarkeit und eine Unfähigkeit, sich zu entspannen. Sie sind reizbar, zappelig, ruhelos und atmen seufzend. Sie sind allgemein besorgt, haben Visionen drohenden Unheils, befürchten etwa den Verlust der Selbstkontrolle, einen Herzanfall oder sogar den Tod. Sie sind immer „auf dem Sprung", ungeduldig, leicht abgelenkt, schlaflos und unfähig, sich zu konzentrieren. Leicht entmutigt, extrem kritikempfindlich, entschlußlos und häufig leicht depressiv sind sie sich selbst und manchmal auch anderen eine Last, schaffen es aber gewöhnlich immer wieder, sich durch den Tag zu kämpfen.

Obwohl die Diagnose Generalisierte Angststörung in psychiatrischen Kliniken nicht sehr häufig ist, hat sie eine relativ hohe Prävalenz von etwa 4 Prozent in der Allgemeinbevölkerung (*Rapee*, 1991). Sie beginnt typischerweise in den mittleren Teenagerjahren, obwohl viele Patienten berichten, daß sie dieses Problem schon immer haben (*Barlow* et al., 1986). Belastende Lebensereignisse scheinen eine Rolle beim Beginn zu haben (*Blazer, Hughes & George*, 1987). Bei Frauen ist sie etwas häufiger als bei Männern und hat eine hohe Komorbidität mit sozialer Phobie und der Zwangsstörung (*Barlow*, 1986).

Ätiologie der Generalisierten Angststörung

Psychoanalytische Sicht

Die Psychoanalyse postuliert als Quelle generalisierter Angst einen unbewußten Konflikt zwischen dem Ich und Triebregungen des Es. Die Triebregungen, gewöhnlich sexueller oder aggressiver Natur, drängen nach Ausdruck, was das Ich wegen seiner unbewußten Angst vor Bestrafung nicht zulassen kann. Da die Quelle der Angst unbewußt ist, steht der Betroffene unter Unruhe und Spannung, ohne zu wissen, warum. Die eigentliche Quelle der Angst – die früher bestraften Triebregungen, die nach Ausdruck drängen – ist stets gegenwärtig. In gewissem Sinne gibt es vor dieser Angst kein Entrinnen, denn jemand, der dem Es entkommt, hört auf zu leben. Die Angst ist nahezu immer da. Der Phobiker ist, wenn man so will, glücklicher dran: Er hat, psychoanalytisch betrachtet, seine Angst auf ein bestimmtes Objekt oder eine Situation verschoben, die er künftig meiden kann. Ein Mensch mit Generalisiertem Angstsyndrom hat sich dieser Abwehrmöglichkeit nicht bedient und ist seiner Angst ständig ausgesetzt.

Lerntheoretische Sicht

In lerntheoretischen Versuchen, generalisierte Angst zu erklären (z.B. *Wolpe*, 1958), hat ein Konzept wie „frei-flottierende Angst" keinen Platz. Der Lerntheoretiker wird statt dessen hartnäckig nach äußeren Ursachen suchen. Ein Mensch, der nahezu immer Angst hat, könnte sich zum Beispiel vor sozialen Kontakten fürchten. Wenn dieser Mensch nun einen großen Teil des Tages mit anderen Menschen zusammen ist, wäre es sinnvoller, die Angst diesen äußeren Umständen und nicht irgendwelchen inneren Faktoren zuzuschreiben. Dieses verhaltenstheoretische Modell der generalisierten Angst wäre dann identisch mit einer der lerntheoretischen Erklärungen für Phobien: Die Angst ist das Ergebnis einer klassischen Konditionierung auf äußere Reize, wobei die konditionierten Reize im Falle generalisierter Angst erheblich vielfältiger sind als bei Phobien.

Kognitiv-verhaltenstheoretische Sicht

Der kognitive und der verhaltenstheoretische Ansatz zur generalisierten Angststörung liegen so nah beieinander, daß wir sie gemeinsam diskutieren werden. Gemäß der Lerntheorie entsteht Angst, wenn Menschen mit schmerzhaften Reizen konfrontiert werden, die sie nicht kontrollieren können. Die kognitive Theorie hebt die Wahrnehmung des Kontrollverlustes als zentrales Merkmal aller Aspekte von Angst hervor (*Mandler*, 1966). Deshalb stellt ein kognitiv-verhaltenstheoretisches Modell der generalisierten Angst Kontrolle und Hilflosigkeit in den Mittelpunkt.

In einem klassischen Experiment von *Mowrer* und *Viek* (1948) lernten Ratten zunächst, sich mit einer bestimmten operanten Reaktion Nahrung zu verschaffen. Dann erhielten alle Tiere, sobald sie den Futterplatz aufsuchten, einen elektrischen Schlag. Eine Gruppe konnte diesen Schlag durch Springen beenden. Jeweils gepaart mit einem Tier der ersten Gruppe ging auch eines der zweiten zur Futterstelle, so daß Stärke und Dauer des elektrischen Schlages für beide identisch waren. Allerdings konnten die Tiere der zweiten Gruppe die Situation nicht durch Springen kontrollieren. Die Tiere, die den Schlag kontrollieren konnten, zeigten weniger Angst als ihre hilflos an sie gebundenen Partner.

Ähnliche Ergebnisse fanden sich in Untersuchungen mit Probanden (z.B. *Haggard*, 1943). Bei allen diesen Experimenten mit Menschen lösten Ereignisse, über die die Probanden eine gewisse Kontrolle hatten, weniger Angst aus als unkontrollierbares Geschehen. Unter bestimmten Bedingungen scheint es sogar zu genügen, daß die Probanden glauben, die Kontrolle zu haben, ohne daß das wirklich der Fall zu sein braucht (z.B. *Geer, Davison & Gatchel*, 1970). Bei der Verbindung dieser Ergebnisse mit der Generalisierten Angststörung konnte *Barlow* (1988) zeigen, daß diese Patienten bedrohliche Ereignisse als außerhalb ihrer Kontrolle wahrnehmen. Darüber hinaus ist eine Immunisierung gegenüber den angstauslösenden Effekten mangelnder Kontrolle möglich. Die Konfrontation mit kontrollierbaren (vermeidbaren) Schocks mindert die Auswirkungen der folgenden Konfrontation mit unvermeidbaren Schocks (*Williams & Maier*, 1977).

Einige der positiven Effekte der Kontrolle können durch die größere Vorhersagbarkeit der schädlichen Ereignisse verbunden mit der Fähigkeit, ihr Auftreten zu beenden, vermittelt sein (vgl. *Mineka*, 1992). Die Vorhersagbarkeit ist auch für den Beginn der negativen Ereignisse von Bedeutung. Tiere ziehen z.B. einen angekündigten (und daher vorhersehbaren) Schock einem nicht angekündigten vor (*Seligman & Binik*, 1977). In diesem Fall kann das Fehlen eines Signals als Sicherheitsinformation gewertet werden, die besagt, daß kein Schock bevorsteht und kein Grund zur Sorge vorliegt. Nicht angekündigte und daher nicht vorhersagbare aversive Reize können daher zu einer ständigen Wachsamkeit und Angst führen, was wir bei Menschen als Sorge bezeichnen (*Borkovec & Inz*, 1990).

Zusätzlich zu dem Gefühl, daß sie die Belastungen, die auf sie zukommen, nicht kontrollieren können, kann eine Reihe anderer kognitiver Prozesse bei den Patienten mit der Generalisierten Angststörung verbunden sein. Der Inhalt der Kognitionen dieser Patienten ist von Gefahr geprägt. Positive Ereignisse werden als Bedrohung fehlinterpretiert und die Kognitionen richten sich auf zukünftige Unglücksfälle (*Beck* et al., 1987; *Ingram & Kendall*, 1987; *Kendall & Ingram*, 1989). Die Aufmerksamkeit der Patienten mit Generalisierter Angststörung wird leicht auf Reize gelenkt, die eine körperliche Schädigung oder die Möglichkeit sozialen Unglücks, wie Kritik, Verlegenheit oder Zurückweisung, erwarten lassen (*McLeod* et al., 1986). Sie interpretieren auch eher mehrdeutige Reize als Bedrohung und schätzen die Wahrscheinlichkeit von bedrohlichen Ereignissen, die sie betreffen könnten, als höher ein (*Butler & Matthews*, 1983).

Genetische Untersuchungen

Auch Genetiker haben sich mit der Generalisierten Angststörung beschäftigt. *Slater* und *Shields* (1969) verglichen siebzehn eineiige und achtundzwanzig zweieiige Zwillingspaare, wobei jeweils ein Zwilling als angstneurotisch beschrieben war. Von den eineiigen Zwillingspartnern erhielten 49% die gleiche Diagnose, von den zweieiigen nur 4%. Bei *Torgersen* (1983) unterschieden sich die Konkordanzen eineiiger und zweieiiger Zwillingspaare dagegen nicht. Die Forschungslage ist hier also zum gegenwärtigen Zeitpunkt nicht eindeutig.

Neurobiologie von Angst und Panik

Bei der Behandlung der neurobiologischen Grundlagen der Generalisierten Angststörung werden wir die Panikstörung wieder berücksichtigen, da die Forscher in diesem Bereich eine wichtige Unterscheidung treffen zwischen der Physiologie der Panik und dem, was sie mit dem Begriff „antizipatorische Angst" bezeichnen und was der Angst in der Generalisierten Angststörung nahekommt (z.B. *Gray*, 1982).

Die Angst bei der Panik wird von vielen Forschern in Verbindung mit dem noradrenergen System (dem System, in dem die Neuronen Norepinephrin als Neurotransmitter einsetzen) und speziell dem Locus coeruleus, einem Kern in der Pons, gesehen. Der Locus coeruleus ist der wichtigste noradrenerge Kern und weist Verbindungen zu vielen anderen Bereichen des Gehirns auf – dem Cortex, dem limbischen System und dem Hirnstamm. *Redmond* (1977) entdeckte, daß die elektrische Stimulation des Locus coeruleus Affen in einer Form reagieren läßt, die einer Panikattacke ähnelte, was zu der Schlußfolgerung führte, daß die natürlich entstehende Panik eine Folge der noradrenergen Überaktivierung sein könnte. Spätere Befunde haben gezeigt, daß Substanzen, die den Locus coeruleus stimulieren (z.B. Yohimbin), Panikattacken auslösen können, während andere, die zu einer Reduzierung der Aktivität im Locus coeruleus führen (z.B. Clonidin), anxiolytische Eigenschaften haben (z.B. *Charney* et al., 1984; *Siever & Uhde*, 1984). Obwohl nicht alle Ergebnisse die Theorie stützen (so konnten andere Maße der noradrenergen Aktivierung zwischen Patienten mit Panikattacken und Kontrollpersonen nicht unterscheiden; *Woods* et al., 1987), bleibt das Interesse daran bestehen.

Das am weitesten verbreitete neurobiologische Modell der generalisierten Angst stammt aus der Kenntnis der Wirkungsweise der Benzodiazepine, einer Gruppe von Substanzen, die zur Therapie der Angst eingesetzt werden. Im Gehirn wurde ein Rezeptor identifiziert, der an einen hemmenden Neurotransmitter, die Gamma-Aminobuttersäure (GABA, S. 34), gebunden ist. Es wird angenommen, daß, wenn eine neuronale Erregung vorliegt, die auf Angst zurückgeht, die Benzodiazepine die Angst dadurch mindern, daß sie die Freisetzung der GABA erhöhen. In ähnlicher Weise führen Substanzen, die das GABA-System blockieren oder hemmen, zu einer Verstärkung der Angst (*Insell*, 1986). Wie bei den meisten neuen Theorien bleibt noch viel zu lernen, aber der Ansatz ist anscheinend geeignet, unser Verständnis der Angst zu vergrößern.

Therapie der Generalisierten Angststörung

Gemäß ihrer Auffassung, daß dem Generalisierten Angstsyndrom verdrängte Konflikte zugrunde liegen, helfen Psychoanalytiker, wie nicht anders zu erwarten, ihren Patienten, die wahren Quellen ihrer Konflikte aufzuspüren, und behandeln generalisierte Angst im wesentlichen nicht anders als Phobien.

Verhaltenstherapeuten haben mehrere Möglichkeiten. Wenn sie die Angst als eine Reihe von Reaktionen auf identifizierbare Situationen deuten können, läßt sich die frei-flottierende Angst als eine oder mehrere Phobien umdeuten. Zum Beispiel kann eine Situationserfassung (vgl. S. 103) ergeben, daß sich der allgemein ängstliche Patient insbesondere davor fürchtet, andere zu kritisieren und von ihnen kritisiert zu werden. Diese konkrete Angst erscheint nur frei-flottierend, weil der Patient einen großen Teil des Tages in Gesellschaft anderer verbringt. In solchen Fällen könnte eine systematische Desensibilisierung angebracht sein. Die Schwierigkeiten, die speziellen Ursachen der Angst genau zu erfassen, an der diese Patienten, aber auch die mit einer Panikstörung, leiden, haben die Verhaltenstherapeuten dazu gebracht, eine allgemeinere Behandlung durchzuführen, wie etwa ein intensives Entspannungstraining, in der Hoffnung, daß dieses angsthemmende Verfahren dabei hilft, das gesamte Anspannungsniveau des Patienten zu senken (*Barlow* et al., 1984; *Borkovec & Mathews*, 1988).

Scheint die allgegenwärtige Angst mit einem Gefühl der Hilflosigkeit einherzugehen, wird der Therapeut dem Patienten Fertigkeiten vermitteln, die ihm ein Gefühl von Kompetenz geben, von jener lebenswichtigen „self-efficacy", wie *Bandura* (1977) es nennt. Hier wären verbale Instruktionen, Modellernen oder operante Verhaltensformung – und vermutlich eine sinnvolle Kombination aller drei Verfahren – am Platze (*Goldfried & Davison*, 1976). Da die ständige Sorge das zentrale Merkmal der Generalisierten Angststörung ist, kann es nicht überraschen, daß kognitive Techniken in der Therapie eingesetzt wurden. Möglicherweise macht sich jemand unnötigerweise Sorgen, weil er mehrdeutige Reize als Bedrohung interpretiert oder weil er die Wahrscheinlichkeit des Eintretens eines negativen Ereignisses überschätzt (*Butler & Matthews*, 1983). Eine Hilfe, die den Patienten eine veränderte Sichtweise ermöglicht, kann daher nützlich sein, und vorläufige Ergebnisse deuten darauf hin, daß es wirkt (*Durhman & Turvey*, 1987)

Am häufigsten wird generalisierte Angst vermutlich mit Tranquilizern behandelt. Ärzte halten ein psychoaktives Medikament bei einer so umfassend beeinträchtigenden Störung für besonders geeignet: Denn hat die Wirkung einmal eingesetzt, hält sie für mehrere Stunden und damit in allen Situationen an, denen der Patient in dieser Zeit ausgesetzt ist. Leider haben Tranquilizer oft unerwünschte Nebenwirkungen die von Müdigkeit und Depression bis hin zu Abhängigkeit und Organschädigungen reichen. Wenn der Patient das Medikament absetzt, dann gehen meist auch die Verbesserungen verloren (*Barlow*, 1988), möglicherweise auch deshalb, weil der Patient (richtigerweise) die Besserung eher auf das externe Agens, die Medikation, zurückführt als auf innere Veränderungen und seine Anstrengungen, damit fertig zu werden (*Davison & Valins*, 1969). Daher sind die Patienten auch weiterhin davon überzeugt, daß die Angst und die besorgniserregenden Möglichkeiten unkontrollierbar bleiben.

Bernice war 46 Jahre alt, als sie zu uns kam. Es war ihr vierter Versuch mit einer ambulanten Therapie, zweimal war sie in der Klinik gewesen. Begonnen hatte ihr Zwangssyndrom vor zwölf Jahren, kurz nach dem Tod ihres Vaters. Seither war es mit ihr auf- und abgegangen, aber gegenwärtig stand es sehr schlimm um sie.
Bernice hatte eine zwanghafte Angst vor Ansteckung, die sie vage mit der tödlichen Lungenentzündung ihres Vaters in Zusammenhang brachte. Obwohl sie sich, wie sie sagte, vor nahezu allem fürchtete, weil Bazillen schließlich überall sein konnten, war es ihr insbesondere unmöglich, Holz, „Dinge, die kratzen", Postsendungen, Konservennahrung und „silberne Teilchen" zu berühren. Mit silbernen Teilchen meinte Bernice silberne Prägungen auf Glückwunschkarten, Brillengestelle, glitzernde Applikationen und Gegenstände aus Silber. Warum sie gerade mit diesen Dingen eine besondere Ansteckungsgefahr verband, wußte sie nicht.
Zur Linderung ihrer Angst hatte Bernice eine Vielzahl von Zwangsritualen entwickelt, die sie fast den ganzen Tag beschäftigten. Jeden Morgen verbrachte sie allein drei bis vier Stunden damit, sich immer wieder zu waschen. Zwischen den Waschungen mußte sie, um sich vor Bazillen sicher zu fühlen, die obere Schicht von der Seife abkratzen. Auch die Mahlzeiten dauerten Stunden, denn es gehörte zum Ritual, immer drei Bissen auf einmal zu nehmen und jeden mundvoll dreihundertmal zu kauen. Auf diese „magische" Weise desinfizierte sie ihre Nahrung. Manchmal bezog sie sogar ihren Mann in diese Essenszeremonien ein und ließ ihn einen Teekessel und tiefgefrorenes Gemüse über ihrem Kopf schwingen, um Bazillen zu vertreiben. In diesem Leben war neben Ritualen und Bazillenangst für fast nichts mehr Platz. Bernice konnte weder das Haus verlassen noch ihre Hausarbeit erledigen, ja nicht einmal zum Telephonieren war sie in der Lage.

Zwangsstörung

Die Zwangsstörung ist eine Angststörung, bei der das Bewußtsein von beständigen und unkontrollierbaren Gedanken überflutet wird oder das Individuum dazu gezwungen ist, bestimmte Handlungen immer wieder zu wiederholen, was zu einem großen Leid und Störung des Alltagsverhaltens führt. Von der Zwangsstörung sind ein bis zwei Prozent der Bevölkerung betroffen (*Myers* et al., 1984). Die Störung selbst beginnt üblicherweise im frühen Erwachsenenalter, oft nach einem belastenden Ereignis, etwa einer Schwangerschaft oder einer Geburt, einem familiären Konflikt oder Schwierigkeiten am Arbeitsplatz (*Kringlen*, 1970). Gelegentlich entwickeln Patienten auch während einer depressiven Phase Zwangssymptome, und häufig leiden zwanghafte Patienten auch an einer Depression (*Rachman & Hodgson*, 1980). Die Zwangsstörung zeigt eine Komorbidität mit anderen Angststörungen, insbesondere mit Panik und Phobien (*Austin* et al., 1990) und mit verschiedenen Persönlichkeitsstörungen (*Baer* et al., 1990; *Mavissikalian & Jones*, 1990).

Zwangsgedanken sind sich wiederholende und anhaltende Gedanken und Vorstellungen, die dem Betroffenen ungebeten in den Sinn kommen und von ihm als irrational und unkontrollierbar erlebt werden. Die flüchtige Erfahrung solcher Gedanken werden viele von uns schon einmal gemacht haben, aber der Zwangskranke wird von seinen Gedanken mit solcher Intensität und Häufigkeit heimgesucht, daß ein normaler Funktionsablauf gestört ist. Zwangsgedanken können auch die Form extremen Zweifelns, Zauderns und Unschlüssigseins annehmen. Der Patient kann unfähig sein, zu einem Entschluß zu kommen und denkt ein Problem wieder und wieder durch (*Salzman & Thaler*, 1981).

Eine *Zwangshandlung* ist der unwiderstehliche Drang, eine ritualisierte Handlung immer und immer wieder zu vollziehen. Aber es besteht entweder keine realistische Beziehung zwischen der Handlung und dem, was sie bewirken soll, oder die Handlung ist eindeutig übertrieben. Lady Macbeth wusch sich nach dem Mord an König Duncan unablässig die Hände. Häufig fürchtet derjenige, der sich einer Zwangshandlung unterwirft, schlimme Folgen, wenn er sie unterläßt. Allein die Häufigkeit, mit der die Handlung wiederholt wird, ist erschütternd. Oft drehen sich Zwangshandlungen um Sauberkeit und Ordnung, die nur über ausgefeilte, manchmal den ganzen Tag beanspruchende Zeremonien erreicht werden können. Oder der Betroffene meidet bestimmte Objekte, z.B. alles, was braun ist, trifft „magische" Vorsichtsmaßnahmen, zählt, sagt laut bestimmte Zahlen, muß einen Talismann oder einen bestimmten Körperteil berühren u.ä. Manche Menschen müssen sich auch sieben- oder achtmal vergewissern, ob etwas bereits Erledigtes auch wirklich getan ist – ob das Licht gelöscht, das Gas abgestellt, der Wasserhahn zugedreht ist, ob die Fenster verriegelt, die Türen abgeschlossen, Silber und Schmuck hinter den Tafeltüchern verstaut sind. Gelegentlich beeinflussen die Zwangshandlungen auch die Form der Durchführung einer Handlung, z.B. extrem langsam zu essen.

In vielen Fällen ist die Trennung zwischen Zwangsgedanken und Zwangshandlungen nicht eindeutig. Einige Zwangsgedanken laufen wie Zwangshandlungen ab und sind weniger quälend oder angstauslösend, so etwa, wenn jemand leise für sich zählt, um die Angst zu kontrollieren. Diese Form könnte als kognitive Zwangshandlung bezeichnet werden (*White & Cole*, 1990).

Akhter und seine Mitarbeiter (1975) haben den Inhalt von Zwangsgedanken und Zwangshandlungen untersucht. Sie interviewten 82 Zwangspatienten und fanden fünf Formen von Zwangsgedanken und zweierlei Arten von Zwangshandlungen.

Zwangsgedanken

1. *Zwanghafte Zweifel.* 75% der Patienten beschäftigte der anhaltende Gedanke, eine Aufgabe nicht angemessen erledigt zu haben. „Jedesmal, wenn er sein Zimmer verließ, fragte sich ein 28jähriger Student ‚Habe ich die Tür abgeschlossen? Bin ich sicher?', und das, obwohl er sich ganz genau daran erinnerte" (S. 343).

2. *Zwangsgedanken.* 34% der Interviewten berichteten von scheinbar endlosen Gedankenketten, die gewöhnlich um Zukünftiges kreisen. Eine schwangere Frau quälte sich mit folgenden Gedanken: „Wenn mein Kind ein Junge wird, möchte er vielleicht einen Beruf ergreifen, der es notwendig macht, daß er von mir weggeht, aber vielleicht will er auch wieder zu mir zurückkommen, und was soll ich dann tun, weil, wenn ich ..."(S. 343).

3. *Zwangsimpulse.* 17% der Befragten hatten wiederholt den starken Drang, bestimmte Handlungen – harmlose Schrullen, aber auch aggressive Akte – auszuführen. „Ein 41jähriger Rechtsanwalt war von der von ihm als sinnlos erkannten Vorstellung besessen, er könne, ohne daß es ihm bewußt werde, aus seinem Tintenfaß trinken. Aber er hatte auch den bedrückenden Drang, seinen offensichtlich geliebten einzigen Sohn zu erwürgen" (S. 343).

4. *Zwangsbefürchtungen.* 26% befürchteten, die Selbstbeherrschung zu verlieren und in Gegenwart anderer irgendetwas Peinliches zu tun. „Ein 32jähriger Lehrer hatte Angst, im Unterricht gegen seinen Willen von seiner

Howard Hughes, der berühmte Industrielle, litt an einer zwanghaften Angst vor Verschmutzung. Auf einer Reise nach London hat Hughes hier die Fenster seines Rolls-Royce mit Zeitungspapier verhängt, um sich vor der Luftverschmutzung zu schützen.

unbefriedigenden sexuellen Beziehung zu seiner Frau zu erzählen" (S. 344).

5. *Zwangsvorstellungen.* Anhaltende Vorstellungen eines kürzlich gesehenen oder phantasierten Ereignisses plagten 7% der Befragten. Eine Patientin, „,sah' immer, wenn sie das Bad betrat, wie ihr Baby in der Toilette weggespült wurde" (S. 344).

Zwangshandlungen

1. *Nicht-unterdrückbare Zwänge.* 61% der Patienten konnten dem zwanghaften Drang zu bestimmten Handlungen nicht widerstehen. „Ein 29jähriger Büroangestellter wurde von der Vorstellung verfolgt, ein wichtiges Dokument in der Tasche zu haben. Er wußte, daß das nicht der Fall war, fühlte sich aber gezwungen, seine Tasche immer wieder zu kontrollieren" (S. 344).

2. *Kontroll-Zwänge.* 6% der Patienten gelang es offensichtlich, einen zwanghaften Drang mit Ablenkungsmanövern zu kontrollieren. „Ein 16jähriger Junge mit inzestuösen Impulsen kontrollierte die Angst, die diese Impulse in ihm auslösten, indem er wiederholt und laut bis zehn zählte" (S. 344).

Rachman und *Hodgson* (1980) ließen Zwangspatienten einen Fragebogen ausfüllen. Am häufigsten, so stellten sie fest, ging es bei Zwangshandlungen um Säuberung und Kontrolle. Viele Patienten klagten auch darüber, was *Rachman* und *Hodgson* die primäre, zwangsbedingte Langsamkeit nennen. Das Anziehen, die persönliche Hygiene, das Zusammenfalten von Kleidungsstücken und Wäsche kann soviel Zeit in Anspruch nehmen, daß kaum noch Zeit für andere notwendige Dinge bleibt.

Gelegentlich werden Menschen als zwanghafte Spieler, zwanghafte Esser oder zwanghafte Trinker bezeichnet. Aber auch wenn diese Menschen darüber berichten, daß sie ein unwiderstehlicher Zwang zum Spielen, Essen oder Trinken bringt, wird dieses Verhalten klinisch nicht als Zwangshandlung angesehen, da es oft freudig durchgeführt und nicht als ich-fremd erlebt wird. Eine wirkliche Zwangshandlung wird vom Betroffenen als etwas angesehen, das seiner Persönlichkeit fremd ist. *Stern* und *Cobb* (1978) fanden z.B. heraus, daß 78 Prozent einer Gruppe von zwanghaften Menschen ihre Rituale als „ziemlich dumm oder absurd" ansahen.

Eine häufige Konsequenz der Zwangsstörung ist der negative Effekt, den sie auf die Beziehung des Betroffenen zu anderen hat, besonders zu Familienmitgliedern. Menschen, die den unwiderstehlichen Zwang haben, alle zehn Minuten die Hände zu waschen; jede Türklinke zu berühren, an der sie vorbeigehen; oder alle Fliesen auf dem Boden des Badezimmers zu zählen, verursachen Sorge und Ressentiments beim Ehepartner, bei Kindern, Freunden und Kollegen. Die antagonistischen Gefühle, die von diesen Bezugspersonen erlebt werden, sind wahrscheinlich von Schuld geprägt, weil sie bis zu einem gewissen Grad verstehen, daß der Betroffene nichts dagegen unternehmen kann, diese sinnlosen Dinge zu tun. Schließlich kann von dem negative Effekt auf andere seinerseits erwartet werden, daß er weitere Konsequenzen hat, in dem er Gefühle der Depression und der allgemeinen Angst bei der zwanghaften Person auslöst und damit den Boden bereitet für eine weitere Zerstörung der persönlichen Beziehungen. Aus diesen Gründen haben Familientherapeuten (*Hafner*, 1982; *Hafner* et al., 1981) vermutet, daß die Zwangsstörung gelegentlich Ausdruck von belasteten Paarbeziehungen ist und einen Ersatz für den offenen Ehekonflikt darstellt. Diese spekulative Hypothese soll die Therapeuten dazu bringen, daß sie eine Paartherapie genauso in Betracht ziehen wie Therapien, die auf das Individuum abheben.

Ätiologie der Zwangsstörung

Die psychoanalytische Theorie der Zwangsstörung

Die psychoanalytische Theorie nimmt als Ursache von Zwangshandlungen und Zwangsgedanken sexuelle oder aggressive Triebkräfte an, die aufgrund eines übermäßig strengen Sauberkeitstrainings in der frühen Kindheit nicht zu kontrollieren sind. Die Betroffenen sind auf der analen Stufe fixiert. Die manifesten Symptome sind das Ergebnis eines Kampfes zwischen Es und Abwehrmechanismen. Manchmal behält das Es die Oberhand, manchmal die Abwehrmechanismen. Stellen sich z.B. zwanghafte Tötungsgedanken ein, haben die Kräfte des Es obsiegt. Häufiger spiegeln die Symptome allerdings das partiell erfolgreiche Wirken eines Abwehrmechanismus wider. Reaktionsbildung etwa ermöglicht es einem auf der analen Stufe fixierten Menschen, seinem Drang sich zu beschmutzen zu widerstehen: Er wird statt dessen zwanghaft reinlich, sauber und ordentlich. Mit dem Ungeschehenmachen unternimmt der Betroffene den magischen Versuch, mittels ritualisierter Verhaltensweisen den verbotenen Impuls auszulöschen. Das Ritual kann auch als Buße für Missetaten, als Wiedergutmachung dienen.

Alfred Adler (1931) war ein früher Mitarbeiter *Freuds*, der später mit dem Meister brach, weil er sich mit dessen Libido-Theorie nicht anfreunden konnte. Psychopathologien, so glaubte *Adler*, entstehen dann, wenn nachgiebige oder allzu dominante Eltern es verhindern, daß Kinder ein Gefühl der Kompetenz entwickeln. Belastet mit einem Minderwertigkeitskomplex entwickeln diese Menschen unter Umständen später Zwangsrituale und schaffen sich so unbewußt einen Bereich, in dem sie Kontrolle ausüben und sich kompetent fühlen können. *Adler* glaubt, daß die Zwangshandlung einem Menschen das Gefühl gibt, *irgend etwas* zu beherrschen, und sei es nur die Anordnung von Schreibutensilien auf dem Schreibtisch.

Verhaltenstheoretische Theorien der Zwangsstörung

Verhaltenstheoretisch gelten Zwangsgedanken und Zwangshandlungen als gelerntes, durch seine Konsequenzen verstärktes Verhalten (*Meyer & Chesser*, 1970). Eine dieser Konsequenzen ist die Minderung der Angst. In dieser Sicht der Dinge ist zwanghaftes Händewaschen eine operante Fluchtreaktion, die eine zwanghafte Furcht vor Kontakt mit Schmutz oder Krankheitskeimen reduziert. Zwanghafte Kontrollmaßnahmen reduzieren die Angst vor einem Unglück, dem der Patient sich ausgeliefert sieht, wenn er es nicht mit seinem Zwangsritual bannt. Tatsächlich hat man mittels Selbstangaben und psychophysiologischen Messungen festgestellt (*Hodgson & Rachman*, 1972; *Carr*, 1971), daß solches Zwangsverhalten Angst reduzieren kann. Allerdings – auch das hat die Forschung gezeigt – gelingt das nicht allen Zwangshandlungen in gleichem Maße. Wie *Rachman* und *Hodgson* (1980) berichten, verringern Patienten mit einem Reinlichkeitszwang ihre Angst erfolgreicher als Patienten mit einem Kontrollzwang. Außerdem ist Angstreduktion keine Erklärung für Zwangshandlun-

gen. Tatsächlich lösen Zwangshandlungen bei Patienten mit Zwangsstörung Angst aus (*Rabavilas & Boulougouris*, 1974); nicht viel anders geht es auch normalen Probanden, die gegen ihren Willen von Gedanken an einen belastenden Reiz, etwa einen grausamen Film, heimgesucht werden (*Horowitz*, 1975).

Wie kommt es dann zu Zwangsgedanken? Zunächst haben *Rachman* und *deSilva* (1978) nachgewiesen, daß die meisten Menschen gelegentlich unerwünschte Vorstellungen haben, die den Zwangsgedanken gleichen. Die normalen Menschen tolerieren diese Vorstellungen jedoch oder verdrängen. Für den zwanghaften Menschen können diese Gedanken jedoch besonders intensiv sein und große Besorgnis auslösen. Die zwanghafte Person kann dann anfangen zu versuchen, diese besorgniserregenden Gedanken aktiv zu unterdrücken, wobei es zu negativen Konsequenzen kommt.

Wegner et al. (1987) untersuchten, was geschieht, wenn Menschen dazu aufgefordert werden, einen Gedanken zu unterdrücken. Zwei Gruppen von Studenten wurden entweder gebeten, an einen Eisbären zu denken oder nicht. Eine Gruppe dachte zuerst an den Eisbären und erhielt dann die Anweisung, es nicht mehr zu tun, bei der anderen Gruppe war es umgekehrt. Die Gedanken wurden dadurch gemessen, daß die Probanden ihre Gedanken äußerten und auch dadurch, daß sie jedesmal, wenn sie an den Bären dachten, eine Glocke betätigten.

Zwei Ergebnisse sind berichtenswert. Das erste besteht darin, daß die Versuche, den Gedanken zu unterdrücken, nicht ganz erfolgreich waren. Das zweite betrifft die Studenten, die zuerst die Gedanken an den Eisbären unterdrückten. Sie dachten darüber häufiger nach, als dieser Zeitabschnitt vorüber war. Der Versuch, einen Gedanken zu unterdrücken, kann daher den paradoxen Effekt haben, daß er eine intensivere Beschäftigung damit auslöst. Darüber hinaus sind die Versuche, unangenehme Gedanken zu unterdrücken, meist mit starken Emotionen assoziiert, was zu einer festen Assoziation zwischen dem unterdrückten Gedanken und der Emotion führt. Nach vielen Versuchen der Unterdrückung kann eine starke Emotion zu einem Wiederauftreten des Gedankens führen, das von einer Verstärkung der negativen Stimmung begleitet wäre (*Wenzlaff, Wegner & Klein*, 1991). Die Folge ist ein Anstieg der Angst.

Kognitive Theorien der Zwangsstörung

In einer ähnlichen, aber eher kognitiven Sicht, äußert *Carr* (1974), daß zwanghafte Menschen, wenn sie sich in einer Situation befinden, die entweder unangenehm oder bedrohlich ist, die Wahrscheinlichkeit für das Auftreten des negativen Ereignisses überschätzen. Mit anderen Worten, die zwanghafte Person hat die Einstellung „Alles, was schief gehen kann, geht schief." Diese kognitive Einstellung erzwingt nach *Carr* das Vermeiden von potentiellen Bedrohungen und vergrößert die Wahrscheinlichkeit von zwanghaftem Verhalten.

Bei der Untersuchung von *Sher*, *Frost* und *Otto* (1983) wurden kognitive Aufgaben verwendet, um zu prüfen, ob College-Schüler, die ein hohes Maß an Kontrollzwängen hatten, ein Gedächtnisdefizit für durchgeführte Handlungen haben – „Habe ich den Herd ausgeschaltet?" – oder zwischen Realität und Vorstellung schlecht unterscheiden können – „Kann es sein, daß ich mir nur vorgestellt habe, den Herd ausgeschaltet zu haben?" In beiden Fällen wäre die Person geneigt, die Unsicherheit dadurch zu vermindern, daß sie kontrolliert, ob sie wirklich den Herd ausgeschaltet hat. Die Ergebnisse stützten die erste Hypothese: Die Schüler mit Kontrollzwang hatten eine schwächere Erinnerung an frühere Handlungen. Die zweite Hypothese fand keine eindeutige Unterstützung. Eine Wiederholung der Untersuchung, an der psychiatrische Patienten teilnahmen, zeigte, daß diejenigen, die ein hohes Maß an Kontrollzwang hatten, ihre eigenen Handlungen schlecht erinnerten (*Sher* et al., 1989). Diese Untersuchungen sind deswegen wichtig, weil sie zeigen, daß die Zwanghaftigkeit auch zu einem gewissen Maß ein Gedächtnisproblem sein kann und diese Hypothesen durch Verfahren zu überprüfen sind, die aus der Grundlagenforschung der Kognition stammen. Diese Ansätze wurden zuerst in der Schizophrenieforschung angewendet und erst in jüngster Zeit auf andere psychische Störungen übertragen.

Biologische Faktoren bei der Zwangsstörung

Encephalitis, Kopfverletzungen und Gehirntumore sind mit der Entwicklung von Zwangsstörungen in Verbindung gebracht worden (*Jenike*, 1986). Das neurochemische Interesse hat sich auf das Serotonin konzentriert. Clomipramin und Fluoxetin, trizyklische Antidepressiva, die zur Blockierung der Wiederaufnahme von Serotonin führen, haben sich als wirksam für die Behandlung der Zwangsstörung erwiesen (z.B. *Pigott* et al., 1990). Darüber hinaus profitieren die Patienten am meisten von dieser Behandlung, die zu Anfang hohe Werte von Serotonin aufweisen. Das Ausmaß der Reduzierung des Serotoninspiegels durch diese Medikamente korreliert mit ihrer klinischen Wirkung (vgl. *Lesch* et al., 1991 die einen Überblick geben).

Die Untersuchungen mit Substanzen, die zu einer Stimulierung des Serotonin-Rezeptors führen, weisen darauf hin, daß diese zu einem verstärkten Auftreten der Zwangssymptomatik führen (*Bastani*, *Nash* & *Meltzer*, 1990; *Hollander* et al., 1992; *Zohar* et al., 1988). *Carey* und *Gottesman* (1981) berichteten über Nachweise für eine genetische Komponente bei Zwangsstörungen, was auch neuere Untersuchungen zeigen. *McKeon* und *Murray* (1987) fanden bei den Verwandten ersten Grades von Patienten mit Zwangsstörungen einen hohen Anteil von Angststörungen, und *Lenane* et al. (1990) ermittelten in ihrer Untersuchung, daß 30 Prozent der Verwandten ersten Grades auch eine Zwangsstörung hatten. Es wäre voreilig zu behaupten, daß die physiologischen Faktoren, die einer Zwangsstörung disponieren, bekannt wären, aber es ist zu erwarten, daß die Suche nach einer physiologischen Diathese in den nächsten Jahren verstärkt fortgesetzt wird.

Therapie der Zwangsstörung

Die Zwangsstörung stellt eine der am schwersten zu behandelnden psychischen Störungen dar. Psychoanalytisch behandelt man Zwangshandeln und Zwangsgedanken ähnlich wie Phobien und generalisierte Angst, d.h., man bemüht sich um Aufhebung der Verdrängung und ermöglicht es dem Patienten so, sich seiner wahren Angst – der Angst vor der Befriedigung einer bestimmten Triebregung – zu stellen. Die unmittelbare Veränderung von Zwangsgedanken und Zwangshandlungen gilt nicht als angemessenes therapeutisches Ziel, da diese das Ich vor dem verdrängten Konflikt schützen.

Da dieses Vorgehen häufig wenig erfolgreich ist, vertreten einige Analytiker inzwischen einen verstärkt handlungsorientierten Ansatz und sehen die Rolle des analytischen Verständnisses in erster Linie darin, die Akzeptanz der

angewendeten Verhaltenstechniken zu vergrößern (*Jenike*, 1990). *Salzman* (1980) z.B. warnt,
daß freies Assoziieren der Zwanghaftigkeit des
Patienten nur Vorschub leiste, und rät dem
Analytiker zu direktiverer Gesprächsführung.
Er vermutet, daß die Unentschlossenheit, die
bei den meisten Zwangspatienten vorliegt, aus
dem Bedürfnis entsteht, für alle Handlungen im
voraus eine Garantie für die Richtigkeit zu bekommen (*Salzman*, 1985). Die Patienten müssen daher lernen, die Unsicherheit und Angst
zu tolerieren, die alle Menschen empfinden,
wenn sie mit der Realität konfrontiert werden,
daß es im Leben nichts gibt, das absolut sicher
oder kontrollierbar ist[3]. Seiner Meinung nach
sollte er den Patienten auch ermutigen, die
zwanghafte Ich-Abwehr aufzugeben. Im Mittelpunkt der Behandlung steht jedoch auch
weiterhin die Einsicht in die unbewußten Determinanten des Zwanges.

Die meistverbreiteste und allgemein anerkannte verhaltenstherapeutische Behandlung
von Zwangsritualen ist gewöhnlich die sogenannte Exposition mit Reaktionsverhinderung
(*Rachman & Hodgson*, 1978). Dabei wird die
Person in Situationen gebracht, die zwanghafte
Handlungen auslösen – wie z.B. einen ver-
schmutzten Tisch zu berühren, – und dann wird
sie gehindert, das übliche Ritual – Händewaschen – durchzuführen. Die zugrundeliegende
Annahme besteht darin, daß das Ritual zu einer
Reduzierung der Angst führt, die von einem
Reiz oder einem Ereignis in der Umwelt ausgelöst wird, wie z.B. vom Staub auf einem Stuhl,
und daß das Verhindern des Rituals die Person
dazu zwingt, sich mit dem angsterregenden
Reiz zu befassen, was zu einer Löschung der
Angst führen kann. Kontrollierte Untersuchungen (vg. *Foa* et al., 1985) zeigen, daß es sich dabei um eine wirksame Behandlung handelt.

Obwohl dieses Vorgehen kurzfristig für die
Patienten sehr hart und unangenehm ist, ist es
doch berechtigt, um den Patienten von den
zwangsbedingten Einschränkungen zu befrei-
en. Voraussetzungen sind natürlich Bedingun-

gen, unter denen sich der Patient mit dieser Behandlung einverstanden erklären kann. Die
Weigerung, die Behandlung aufzunehmen, und
die vorzeitige Beendigung sind allgemein bekannte Probleme für alle Interventionen bei
der Zwangsstörung (*Jenike*, 1990). Zwangspatienten neigen dazu zu zaudern, Veränderungen
zu fürchten und übermäßig darüber besorgt zu
sein, daß andere sie kontrollieren – Merkmale,
von denen erwartet werden kann, daß sie besondere Probleme für erklärtermaßen manipu-
lative Vorgehensweisen wie die Verhaltenstherapie aufwerfen.

Manchmal ist für die Kontrolle der Zwangsrituale ein Klinikaufenthalt erforderlich. *Victor
Meyer* (1966), ein bekannter Verhaltenstherapeut und Spezialist für die Behandlung von
Zwangspatienten, schuf zu diesem Zweck im
Londoner Middlesex Hospital eine kontrollierte Umgebung. Das Krankenhauspersonal ist
dort darin geschult, den Patienten nach Möglichkeit jede Gelegenheit zu ritualisierten
Handlungen zu nehmen. Um den Behandlungserfolg auf die häusliche Umgebung zu generalisieren, mußte man auch die Angehörigen in die
Behandlung einbeziehen. Letztere auf diese
Arbeit vorzubereiten, ist ein schwieriges Unterfangen und verlangt Einsatz und Fähigkeiten,
die über alle üblichen verhaltenstherapeutischen Techniken weit hinausgehen.

Zuweilen gibt man Zwangspatienten auch
Monoaminoxidase-Hemmer und Trizyklika –
Medikamente, die häufig bei der Behandlung
von Depressionen verwendet werden (vgl. Kapitel 9). Beide Substanzklassen haben zu positiven Ergebnissen geführt (*Jenike*, 1986). Bei der
größten bislang durchgeführten Studie (*Clomipramine Collaborative Study Group*, 1991) wurde Clomipramin mit einem Placebo in einer
Doppel-Blind-Studie verglichen. Es ergaben
sich eindeutige Hinweise auf die Wirksamkeit.
Eine Untersuchung von *Foa* et al. (in Druck) zu
der Rolle von Imipramin bei der Verstärkung
der Besserung, die durch die Exposition mit
Reaktionsverhinderung bei Zwangspatienten
erzielt wurde, kam zu keinen Unterschieden
hinsichtlich der Zwangssymptomatik, obwohl
es die depressive Stimmung aufhellte. Bei den
Patienten, die mit der Exposition behandelt
wurden, aber kein Antidepressivum erhielten,
besserte sich die Stimmung so wie bei der anderen Gruppe. Dieses Ergebnis läßt die Schlußfolgerung zu, daß die Depression bei Zwangspatienten sekundär sein könnte oder durch die

---

[3] Das hypothetische Bedürfnis der zwanghaften Person, keinen Fehler zu machen, läßt vermuten, daß auch ein rational-emotiver Ansatz
nützlich sein könnte: die Person könnte die irrationale Überzeugung
haben, daß sie nie einen Fehler machen darf. Bei einem der wenigen
Versuche der Anwendung der rational-emotiven Therapie auf die
Zwangsstörung fanden Emmelkamp, Visser und Hoekdtra (1988),
daß die Therapie von Ellis Ergebnisse erbrachte, die mit denen einer
in vivo Reaktionsvermeidungstherapie vergleichbar waren, aber
besser als eine reine Verhaltenstherapie, die auf die Verminderung
der depressiven Stimmung abzielte.

Zwangssymptome selbst entsteht. In einer anderen Untersuchung wurde festgestellt, daß der Nutzen von Clomipramin für die Zwangsstörungen begrenzt ist: das Absetzen dieser Substanz führte zu einer erheblich höheren Rückfallrate im Vergleich zur Exposition mit Reaktionsverhinderung (*Pato, Zohar-Kadouch, Zohar & Murphy*, 1988).

Eine kürzlich veröffentlichte Studie (*Baxter* et al., 1992) unternahm einen Vergleich zwischen Fluoxetin und der Exposition. Es stellte sich heraus, daß die Verbesserung der Zwangssymptomatik bei beiden Behandlungsformen mit den gleichen Veränderungen der Hirnfunktionen, nämlich der verminderten Stoffwechselaktivität im Nucleus caudatus zusammenhing. Die Überaktivität dieses Zentrums wurde mit der Zwangsstörung in Verbindung gebracht. Weiter zeigten nur diejenigen Patienten, bei denen eine Besserung auftrat, diese Veränderung der Gehirnaktivität, die durch eine PET-Untersuchung (vgl. S. 87f.) erfaßt wurde. Derartige Ergebnisse lassen vermuten, daß sehr unterschiedliche Therapieformen aus ähnlichen Gründen wirksam sind, weil sie auf verschiedene Weise die gleichen Mechanismen im Gehirn beeinflussen. Wir müssen darauf hinweisen, daß es bei der Untersuchung von *Baxter* et al. ein methodisches Problem gibt, weil die Patienten nicht zufällig auf die Behandlungsgruppen verteilt wurden. Jeder Patient konnte wählen, ob er medikamentös oder durch die Exposition mit Reaktionsverhinderung behandelt werden wollte. Während dieser Einfluß nach unserer Einschätzung die Ergebnisse nicht entwertet, macht ein anderes Problem den Vergleich zwischen den Behandlungen schwierig. Während der PET-Untersuchung nach der Behandlung stand die Medikamentengruppe noch unter Medikation, während die Patienten der Verhaltenstherapiegruppe nicht mehr in Behandlung waren, d.h. ihre Rituale nicht verhindert wurden.

Die Verzweiflung der Therapeuten, die nur von derjenigen der an den Zwängen Leidenden übertroffen wird, mag eine Erklärung dafür sein, daß gelegentlich auch die Neurochirurgie zur Behandlung von Zwangsstörungen eingesetzt wird. Das gegenwärtige Verfahren, das als Cingulotomie bezeichnet wird, besteht darin, daß zwei bis drei Zentimeter der weißen Substanz im Cingulum, einem Bereich in der Nähe des Balkens zerstört werden. Es wird zwar verschiedentlich von Besserung des Leidens berichtet (*Jenike* et al., 1991; *Mitchell-Heggs* et al.,

1976; *Tippin & Henn*, 1982), aber dieser Eingriff wird berechtigterweise als letzter Ausweg angesehen, bedingt durch die Unumkehrbarkeit des Eingriffs und das unzureichende Verständnis für die Wirkungsweise.

Zusammenfassend ist festzustellen, daß, gleichgültig welche Form der Therapie gewählt wurde, Zwangspatienten selten geheilt werden. Auch wenn die Besserung, die viele bei einer Anzahl unterschiedlicher Interventionen erreichen, deutlich sein kann, bleiben die zwanghaften Verhaltensweisen gewöhnlich bis zu einem gewissen Grad bestehen, jedoch meist unter besserer Kontrolle und mit geringeren Auswirkungen auf das Leben der Betroffenen (*White & Cole*, 1990).

Posttraumatische Belastungsstörung

Eine 27jährige Sängerin wurde von einem Freund zur Untersuchung gebracht. Acht Monate vorher war ihr Freund bei einem Raubüberfall, dem sie unverletzt entkam, erstochen worden. Nach einer gewissen Zeit der Trauer war sie scheinbar wieder wie früher. Sie half der Polizei bei der Untersuchung und wurde allgemein als ideale Zeugin angesehen.
Kurze Zeit nach der Verhaftung des Mannes, der wegen des Mordes angeklagt wurde, hatte die Patientin trotzdem wiederholte Alpträume und lebhafte Erinnerungen an die Mordnacht. In ihren Träumen sah sie häufig Blut und hatte die Vorstellung, daß sie von bedrohlichen verhüllten Gestalten verfolgt wurde. Am Tag, besonders wenn sie allein unterwegs war, verlor sie sich in Tagträume und vergaß, wo sie hingehen wollte. Ihre Freunde stellten fest, daß sie leicht erschrak und sich in ihren Gedanken verlor. Sie ließ das Wechselgeld oder die Einkäufe im Geschäft oder, wenn sie bedient wurde, konnte sie sich nicht mehr daran erinnern, was sie kaufen wollte. Sie fing an, unruhig zu schlafen und ihre Arbeit litt unter ihrer schlechten Konzentration. Sie zog sich langsam von ihren Freunden zurück und fing an, die Arbeit zu meiden. Wegen der Ermordung ihres Freundes empfand sie eine erhebliche Schuld, obwohl nicht ganz klar war, warum.

Die *Posttraumatische Belastungsstörung* wurde als Diagnose zuerst in das DSM-III eingeführt und stellt eine extreme Reaktion auf eine sehr starke Belastung einschließlich einer verstärk-

Kasten 6.4   Posttraumatische Belastungsstörung und der Vietnam-Krieg

Während und nach Kriegen haben Menschen, insbesondere Soldaten, mit verheerenden Belastungen fertigzuwerden, unter denen einige auch zusammenbrechen. Zum ersten Mal als klinisches Problem anerkannt wurde der psychische Verfall als Folge des grausamen Kriegsgeschehens im amerikanischen Bürgerkrieg. William Hammond, Generalarzt der Unionsarmee, sprach von „nostalgia" und meinte damit eine schwere Melancholie, für deren Ursache er die lange Trennung von zu Hause hielt (*Bourne*, 1970). Im Ersten Weltkrieg nannte man das Phänomen „Gefechtsschock". Die Ursache, so glaubte man, sei somatischer Natur und in den dauernden Erschütterungen zu suchen, denen das Gehirn der Soldaten während der plötzlichen und großen Luftdruckschwankungen durch nahe Einschläge und Explosionen ausgesetzt sei.

Im Zweiten Weltkrieg und im Korea-Krieg faßte man die betreffenden Symptome – ständige Müdigkeit, Schlaflosigkeit, Schreckhaftigkeit beim geringsten Geräusch, Sprachverlust, ständige Angst, Stupor oder agitierte Erregtheit – unter der Diagnose der „Erschöpfung" und später dann der „Frontmüdigkeit" zusammen (*Figley*, 1978a), machte also eindeutig das belastende Kriegsgeschehen dafür verantwortlich.

Was war ungewöhnlich an den psychischen Zusammenbrüchen, zu denen es während des Vietnam-Krieges und danach kam? Zunächst glaubte man, daß dieser Krieg weit weniger psychische Störungen verursacht habe als die beiden Weltkriege – man rechnete mit 1,5% psychisch geschädigter Vietnamsoldaten gegenüber 10% im Zweiten Weltkrieg, vielleicht weil die Soldaten in Vietnam mit Unterbrechungen und immer nur für begrenzte Zeit dem Kampfgeschehen ausgesetzt waren.

Aber dann, als die Männer bereits Monate oder Jahre wieder zu Hause waren, zeigten sich Zeichen großer seelischer Belastung. Im Jahr 1984 ließ der Kongreß die National Vietnams Readjustment Study durchführen, die erste umfassende Untersuchung der sozialen und psychischen Folgen der Beteiligung eines Landes an einem Krieg. Diese Untersuchung ermittelte einen wesentlich höheren Anteil an Betroffenen der Posttraumatischen Belastungsstörung als zunächst erwartet worden war, nämlich 15,2 % der 3,14 Millionen Män-

ner, die in Vietnam gedient hatten (*Keane* et al., 1992). Die Prozentsätze bei Afroamerikanern und Hispaniern liegen noch über denen der weißen Amerikaner, was darauf zurückzuführen sein dürfte, daß diese Minderheiten häufiger an Gefechten teilnahmen. In Vietnam dienten auch Frauen, aber nicht in unmittelbarem Kampfeinsatz. Bei ihnen wurde ein Anteil von 9% für die Posttraumatische Belastungsstörung ermittelt. Diese Prozentsätze liegen deutlich über denen von Vergleichsgruppen amerikanischer Erwachsener, die nicht in Vietnam dienten.

Die Aufnahme der posttraumatischen Belastungsstörung in das DSM-III erleichterte den Vietnam-Veteranen den Zugang zu staatlicher Hilfe, denn sie hatten nunmehr eine anerkannte psychische Störung. Die Behandlung kreiste jetzt um die zurückliegenden Kriegsbelastungen und nicht um irgendeine, bereits vorher bestehende emotionale „Schwäche" oder um ihre Versuche, den Streß – etwa mit Drogenmißbrauch – zu bewältigen.

Aber nicht nur die verkürzten und zeitlich begrenzten Einsätze der Soldaten unterschieden den Vietnamkrieg von anderen Kriegen der jüngeren Geschichte. Es war überdies ein extrem unpopulärer und umstrittener Krieg, und es war ein Krieg, den das Land trotz Kriegskosten in Milliardenhöhe, trotz 58 000 gefallener und sehr viel mehr schwer verwundeter oder für den Rest ihres Lebens verkrüppelter Soldaten nicht gewonnen hat. Nach ihrem Einsatzjahr wurden die Soldaten einzeln und eiligst nach Hause geflogen. Da kehrten nicht ganze Bataillone bei Kriegsende heim, es gab keine Paraden, keine Begrüßungsfeiern, kurz, keines der Dankesrituale, wie sie uns aus den Wochenschauen nach dem Zweiten Weltkrieg vertraut sind. Noch trostloser wurde die Sache dadurch, daß sich die Heimgekehrten Kritik und manchmal auch Beschimpfungen gefallen lassen mußten. Man betrachtete sie als Mörder, weil sie in einem Krieg gekämpft hatten, den viele amerikanische Bürger inzwischen für einen unmoralischen Krieg hielten. Hier ist ein Beispiel von vielen, die *Figley* und *Leventman* (1980) zitiert haben:

> „Als er am Tag seiner Heimkehr in seiner Uniform die Straße entlangging, begrüßten ihn Friedensdemonstranten mit ‚Killer! Wieviele Babys hast du drüben verbrannt?' Zu Hause sagte sein

Bruder: ‚Du Arschloch! Warum bist du überhaupt nach Vietnam gegangen?' In jener Nacht suchte er Trost und Gesellschaft in der American Legion Hall, aber auch dort schallte es ihm entgegen: ‚He Kumpel! Wie konntet ihr Jungs den Krieg da drüben verlieren?'"(S. XXV).

Der Existentialismus lehrt uns, daß Menschen Sinn und Zweck in ihrem Leben sehen müssen. Überleben ist wichtig, aber es belastet Männer wie Frauen zutiefst, wenn aus dem, was sie tun, kein Gefühl von Wert und Selbstwert erwächst. Es ist für einen Soldaten schrecklich genug, wenn ein Freund neben ihm von einer Handgranate zerrissen wird, oder wenn er selber einem zum Feind erklärten Mann ein Bajonett in die Kehle rammen muß. Aber um wieviel schlimmer wird das alles noch, wenn er weiß, daß man zu Hause in erster Linie gegen die moralische Berechtigung seiner Kriegsteilnahme protestiert. Viele Vietnam-Soldaten begannen selber am Wert und an der Legitimität ihrer Anwesenheit in Vietnam zu zweifeln.

Haley (1978), ein Sozialarbeiter mit großer Erfahrung in der Behandlung von Vietnam-Veteranen, vermittelt uns einen erschütternden Eindruck davon, wie sehr ein Soldat noch nach Jahren unter diesem besonderen Krieg leiden konnte.

„Der Vietnamkrieg war ein Guerillakrieg, und so konnte sich in jedem Menschen, auch in Frauen und Kindern, der ‚Feind' verbergen. Diese Erfahrungen und die damit verbundene Belastung werden wieder lebendig durch die Nähe zu Frauen, durch Eheverantwortung, Schwangerschaft und Geburt. Veteranen, die im Krieg gegen Frauen und Kinder gekämpft und sie getötet haben, finden es oft unmöglich, in ihre Rolle als Ehemann, Beschützer und Vater zu schlüpfen. Ein ehemaliger Soldat hatte einmal in Vietnam seinen besten Freund, den Truppenarzt, davor gewarnt, sich einem auf der Dorfstraße liegenden schreienden Baby zu nähern, bevor sie nicht das Terrain sondiert hätten. Der Arzt wollte dem Kind so schnell wie möglich helfen, rannte hin und wurde zusammen mit ihm, das als Falle gedient hatte, ‚in Stücke gerissen'. Der Soldat fand sich anfänglich im Zivilleben gut zurecht, aber nach drei Jahren mußte er sich um therapeutische Hilfe bemühen, weil das Schreien seiner acht Monate alten Tochter ihm Angst machte. Trotz seines innigen Wunsches, ein ‚guter Vater' zu sein, hatte er sie seit ihrer Geburt nicht aufnehmen oder im Arm halten können" (S. 263).

Warum dauert es längere Zeit, manchmal Jahre, bis die mit den Gefechten verbundenen Symptome der Posttraumatischen Belastungsstörung bei vielen zurückgekehrten Vietnam-Veteranen auftreten? Wir nehmen zunächst einmal an, daß einige der Belastungen, die zum Auftreten der Symptome führen, erst nach der Rückkehr vorhanden sind. Die Belastungen der Gefechte selbst könnten die Soldaten dafür empfindlicher werden lassen, wie feindselig oft die Umgebung nach ihrer Entlassung reagiert hat. Dieses Fehlen einer willkommenen Aufnahme (um das geringste zu sagen) kann ihnen die heilende Wirkung, die auf einer positiven Einstellung und Akzeptanz durch die Bevölkerung und die Familie beruht und die den Veteranen, die aus eher akzeptierten Kriegen zurückkamen, entnehmen. Die Veteranen aus dem Zweiten Weltkrieg z.B. könnten auch dazu prädisponiert gewesen sein, die Symptome der Belastungsstörung zu zeigen, wurden aber durch die starke soziale Unterstützung, die ihnen entgegengebracht wurde, geschützt.

Diese Hypothese steht in Einklang mit der Literatur über das sekundäre Trauma, das auftritt, „wenn der Überlebende eines traumatischen Ereignisses in der Folge dafür verantwortlich gemacht oder in einer vagen, schlecht definierten, geheimen Verbindung mit den Merkmalen des primären traumatischen Ereignisses in Verbindung steht ... Beispiele dafür könnten auch das Opfer einer Vergewaltigung einschließen, das sich selbst dafür verantwortlich macht, weil sie sich aufreizend gekleidet oder verhalten hat oder den Veteranen des Vietnam-Kriegs, der „sein Unglück verdient ... sich schuldig fühlen sollte ... dort eigentlich nichts zu suchen hatte" (*Foy* et al., 1987). Eine indirekte, aber faszinierende Unterstützung für diese Idee kann in den Untersuchungen gefunden werden, die zeigen, daß die soziale Unterstützung einen heilenden Einfluß auf die Reduzierung negativer Auswirkungen von Streß hat. Die Betroffenen der Posttraumatischen Belastungsstörung könnten den Eindruck haben, daß sie wegen der besonderen Symptome zurückgewiesen werden – Mißtrauen, Depression, Apathie, geringes Bedürfnis nach Intimität.

Diese Darstellung geht davon aus, daß die Posttraumatische Belastungsstörung praktisch unvermeidbar ist, wobei einige Menschen von den negativen Effekten verschont bleiben, weil sie soziale Unterstützung und Akzeptanz finden, wenn die aktuelle Krise erst einmal vorbei ist. Anstatt sich darauf zu konzentrieren, warum einige Menschen nach einem Stressor die Posttraumatische Belastungsstörung bekommen, könnte man sich auch damit beschäftigen, warum sie bei einigen Menschen nicht auftritt. Bei der Behandlung der Folgen einer Vergewaltigung (S. 403) wird gezeigt, daß die Krisenintervention auf dieser Sicht des Traumas beruht. Nach der Meinung der Experten ist für ein sexuell mißbrauchtes Individuum normal, an dem Trauma zu leiden, und daher ist es wichtig, über ein schnell erreichbares Unterstützungssystem zu verfügen, das verhindert, daß der Stressor zu einer Posttraumatischen Belastungsstörung führt. In gleicher Weise handeln auch die Spezialisten für Krisenintervention, wenn sie zu Schauplätzen des Grauens oder der Zerstörung gehen, z.B. zu einer Schießerei in einer Schule oder einem öffentlichen Platz, unmittelbar nach dem Ereignis und bevor irgend jemand nach einer professionellen Unterstützung sucht.

ten Angst, der Meidung von Reizen, die mit dem Trauma in Verbindung stehen, und einer Einschränkung emotionaler Reaktionen. Obwohl es auch früher Hinweise darauf gegeben hatte, daß die Belastungen eines Gefechts zu starken und unerwünschten Reaktionen bei den Soldaten führen können, beschleunigten die Nachwirkungen des Vietnam-Kriegs (vgl. Kasten 6.4) die Akzeptanz der neuen Diagnose. Wie die anderen Störungen im DSM wird die Posttraumatische Belastungsstörung durch eine Gruppe von Symptomen definiert. Im Gegensatz zu anderen Störungen schließt diese Definition auch eine Annahme über die Ätiologie ein, nämlich ein traumatisches Ereignis, das von dem Betroffenen unmittelbar erlebt wurde oder dessen Zeuge er war, das eine Lebensgefahr bzw. den Tod brachte, oder eine schwere Verletzung oder eine Bedrohung der körperlichen Unversehrtheit. In früheren Ausgaben des DSM wurde das traumatische Ereignis als „außerhalb der üblichen menschlichen Erfahrung" definiert. Diese Definition des traumatischen Ereignisses war zu restriktiv, da sie die Diagnose einer Posttraumatischen Belastungsstörung nach einem Autounfall ausschloß.

Zwischen der Posttraumatischen Belastungsstörung und der *akuten Belastungsstörung*, einer neuen Diagnose in DSM-IV, besteht ein Unterschied. Nahezu jeder, der ein Trauma erlebt, erfährt auch eine Belastung, die manchmal sehr groß sein kann. Das ist völlig normal. Aber von einer akuten Belastungsreaktion erholt man sich nach einigen Tagen oder Wochen und führt weiterhin ein Leben, das nicht durch eine Posttraumatische Belastungsstörung gekennzeichnet ist.

Die Aufnahme von schweren Belastungen als bedeutenden ursächlichen Faktor für die Posttraumatische Belastungsstörung in das DSM stellt keine kleine Veränderung der Gesamtsicht dar, denn sie bedeutet die formelle Anerkennung, daß, unabhängig von ihrer Lebenserfahrung, viele Menschen durch überwältigend starke Belastungen negativ beeinflußt werden und daß ihre Reaktionen von anderen Störungen unterschieden werden müssen. Die Ursache der Posttraumatischen Belastungsstörung ist in erster Linie das Ereignis und nicht die Person. Sogar gut angepaßte Menschen können diese Störung bekommen (*Foy* et al., 1984). Anstatt indirekt abzuleiten, daß die Person in Ordnung wäre, wenn sie nur aus härterem Holz geschnitzt wäre, wird jetzt die Bedeutung der traumatisierenden Umstände formell anerkannt (*Haley*, 1978). Der Einschluß dieses diagnostischen Kriteriums blieb jedoch nicht ohne Widerspruch. Viele Menschen, die traumatische Lebensereignisse erlebt haben, bekommen keine Posttraumatische Belastungsstörung. Daher kann das belastende Ereignis allein nicht die einzige Ursache der Störung sein.

Die Symptome der Posttraumatischen Belastungsstörung lassen sich in drei Kategorien zusammenfassen. Die Diagnose geht davon aus, daß die Symptome jeder Kategorie länger als einen Monat bestehen.

1. Wiedererleben des traumatischen Ereignisses Das Ereignis wird häufig erinnert und Alpträume daran sind häufig. Eine intensive emotionale Erregung wird von Reizen ausgelöst, die das Ereignis symbolisieren (z.B. der Donner, der einen Veteranen an das Gefecht erinnert) oder Jahrestage für bestimmte Ereignisse. Bei einem Versuch der Bestätigung dieses Effekts im Labor gaben *McNally* et al. (1990) den Stroop-Test Vietnam-Veteranen mit und ohne Posttraumatische Belastungsstörung vor. Bei diesem Test werden dem Probanden eine Reihe von Wörtern vorge-

Der Besuch des Vietnam War Memorial ist eine emotionale Erfahrung für Vietnam-Veterane.

kategorien ist. Einige Theorien der Posttraumatischen Belastungsstörung machen dies auch zum zentralen Merkmal (z.B. *Horowitz*, 1986; *Foa, Zinbarg & Rothbaum*, in Druck), indem sie die Störung auf die Unfähigkeit, das traumatische Ereignis erfolgreich in ein bereits vorhandenes Schema (die allgemeinen Vorstellungen der Person von der Welt) einzuordnen, zurückführen.

2. *Meidung der mit dem Ereignis verbundenen Reize oder Einschränkung der Reaktivität* Der Betroffene vermeidet es, an das Trauma zu denken oder sich den Reizen auszusetzen, die es in das Gedächtnis zurückbringen. Für das Ereignis kann sogar eine Amnesie bestehen. Die Einschränkung bezieht sich auf ein vermindertes Interesse an anderen, ein Gefühl der Entfremdung und die Unfähigkeit, etwas Angenehmes zu fühlen. Es ist anzumerken, daß diese Symptome fast im Gegensatz zu 1. stehen. Bei der Posttraumatischen Belastungsstörung gibt es eine Fluktuation, der Betroffene schwankt zwischen Wiedererleben und Rückzug hin und her.

3. *Symptome gesteigerter Erregung* Darunter sind die Schwierigkeiten einzuschlafen oder durchzuschlafen, Konzentrationsschwierigkeiten, Hypervigilanz und starke Schreckreaktion zu verstehen. Laboruntersuchungen haben diese klinischen Symptome bestätigt, indem sie eine gesteigerte physiologische Erregbarkeit von Patienten mit Posttraumatischer Belastungsstörung für die Vorstellung von Gefechten nachwiesen (z.B. *Pitman* et al., 1990).

legt, die in verschiedenen Farben gedruckt sind. Der Proband soll so schnell wie möglich die Farbe jedes Wortes benennen, aber nicht das Wort vorlesen. Eine Interferenz, die als Verlangsamung der Reaktionsgeschwindigkeit in Erscheinung tritt, ergibt sich wegen des Widerspruchs zwischen Farbe und Wortinhalt. In dieser Untersuchung wurden Wörter aus verschiedenen Kategorien – neutral (z.B. Eingabe), positiv (z.B. Liebe), Zwangsstörung (z.B. Krankheitserreger), und Posttraumatischer Belastungsstörung (z.B. Leichensäcke) – eingesetzt. Die Veteranen mit der Störung waren nur bei den Wörtern, die mit der Störung in Verbindung standen, langsamer als die anderen. Der gleiche Effekt wurde für die Opfer von Vergewaltigungen durch *Foa* et al. (1991) nachgewiesen. Die Bedeutung des Wiedererlebens kann nicht unterschätzt werden, da es wahrscheinlich auch die Quelle der anderen Symptom-

Andere Probleme stehen häufig mit der Posttraumatischen Belastungsstörung in Zusammenhang: Angst, Depression, Ärger, Schuld, Substanzmißbrauch (Selbstmedikation, um besser leben zu können), Eheprobleme und Beeinträchtigung der Berufstätigkeit (*Keane, Gerardi, Quinn & Litz*, 1992). Suizidgedanken und -pläne sind ebenfalls häufig, wie auch explosive Ausbrüche von Gewalttätigkeit und Probleme, die mit psychophysiologischen Belastungen einhergehen wie Rückenschmerzen, Kopfschmerzen und gastrointestinale Störungen (*Hobfoll* et al., 1991).

Das DSM weist auch darauf hin, daß Kinder an der Posttraumatischen Belastungsstörung leiden können, aber andere Symptome als Erwachsene aufweisen. Schlafstörungen mit Alpträumen über Monster sind häufig, wie auch

Verhaltensänderungen, z.B. ein früher aktives Kind wird ruhig und zieht sich zurück oder ein vorher ruhiges Kind wird laut und aggressiv. Einige traumatisierte Kinder fangen an zu denken, daß sie nie erwachsen werden. Weiter können einige auch bereits entwicklungsbedingt erworbene Fertigkeiten verlieren, wie Sauberkeit oder die Sprache. Besonders wichtig ist, daß kleine Kinder erheblich mehr Schwierigkeiten als Erwachsene haben, über die Ursache ihrer Aufregung zu sprechen; daran sollte man vor allem bei möglichen Fällen von körperlichem oder sexuellem Mißbrauch denken.

In der Allgemeinbevölkerung hat die Posttraumatische Belastungsstörung eine Prävalenz von etwa 1 Prozent (*Helzer, Robins & McEvoy*, 1987). Das bedeutet für die USA etwa 2,4 Millionen Betroffene. Der Anteil steigt auf 3,5 Prozent bei Zivilisten, die einem körperlichen Angriff ausgesetzt waren und bei Vietnam-Veteranen, und sogar 20 Prozent bei denjenigen, die in Vietnam verwundet wurden. Ein noch höherer Prozentsatz wurde von *Rothbaum* et al. (in Druck) bei einer Längsschnittuntersuchung von Vergewaltigungsopfern ermittelt. Die Frauen wurden wöchentlich über einen Zeitraum von drei Monaten nach der Vergewaltigung untersucht. Bei der ersten Untersuchung erfüllten 94 % die Kriterien der Posttraumatischen Belastungsstörung[4], am Ende war dieser Anteil auf 47 % gefallen. Bei einer großen Untersuchung in Detroit fanden *Breslau* et al. (1991), daß 39 % der Erwachsenen ein traumatisches Erlebnis gehabt hatten. Von diesen litten 24 % an der Posttraumatischen Belastungsstörung.

Die Posttraumatische Belastungsstörung hat eine hohe Komorbidität: die umfangreiche Liste der zusätzlichen Diagnosen umfaßt Alkoholismus und Suizid (*Davidson* et al., 1990), aber auch Dysthymie (*Helzer, Robins & McEvoy*, 1987) zusätzlich zu weiteren Störungen, die im nächsten Kapitel behandelt werden. Bemerkenswerterweise gehen diese anderen Diagnosen dem Beginn der Posttraumatischen Belastungsstörung voraus, so daß sie anscheinend die Wirkungen traumatischer Ereignisse potenzieren.

Ätiologie der Posttraumatischen Belastungsstörung

Für die Posttraumatische Belastungsstörung gibt es zahlreiche Risikofaktoren. Nach der Untersuchung von *Breslau* (1991) waren Prädiktoren für das Auftreten der Störung nach einem traumatischen Ereignis: weiblich, frühe Trennung von den Eltern, eine familiäre Belastung durch eine psychische Störung und eine früher bestehende Störung (Panikstörung, Zwangsstörung, Depression). Die Wahrscheinlichkeit für eine Posttraumatische Belastungsstörung vergrößert sich mit der Schwere des traumatischen Ereignisses, z.B. je größer die Belastung durch Gefechte, desto höher das Risiko. Bei starken Belastungen durch Gefechte ist die Wahrscheinlichkeit für Veteranen mit oder ohne Familienmitglieder mit anderen Störungen gleich. Bei denjenigen mit einer Familiengeschichte von psychischen Störungen führt sogar eine geringere Belastung durch zu einem hohen Anteil an Posttraumatischer Belastungsstörung (*Foy* et al., 1987).

Auch bei anderen Untersuchungen wurde damit begonnen, die Persönlichkeitsfaktoren zu analysieren, die zwischen denjenigen unterscheiden, die eine Posttraumatische Belastungsstörung nach einem Gefecht entwickeln, und denen, bei denen sie nicht auftritt. Bei einer Untersuchung israelischer Soldaten, die an dem Libanonkrieg von 1982 teilgenommen hatten, stellte sich z.B. heraus, daß die Posttraumatischen Belastungsstörung mit einem depressiven Attributionsstil (vgl. S. 263) und der Neigung, sich eher zur Bewältigung auf die Gefühle zu konzentrieren (z.B.: „Ich wünschte, ich könnte die Art und Weise wie ich fühle, ändern.") als auf die Probleme selbst (*Mikhliner & Solomon*, 1988; *Solomon* et al., 1988).

Zur Erklärung der Posttraumatischen Belastungsstörung sind sowohl psychologische als auch physiologische Theorien herangezogen worden. Lerntheoretiker nehmen an, daß sich die Störung aus einer klassischen Konditionierung der Angst ergibt (*Fairbank & Brown*, 1987; *Keane, Zimering & Caddell*, 1985). Im Fall der Vergewaltigung kann sich die Frau beispielsweise davor fürchten, in einer bestimmten Umgebung (dem konditionierten Reiz) spazieren zu gehen, weil sie dort angegriffen wurde (dem unkonditionierten Reiz), was ihr aber früher keine Gedanken gemacht hat. Auf der Grundlage dieser klassisch konditionierten Angst bauen

---

4 Eigentlich dürfte die Diagnose bei diesen Frauen nicht Posttraumatische Belastungsstörung lauten, weil das DSM festlegt, daß die Symptome mindestens einen Monat bestehen müssen.

Vermeidungsreaktionen auf, die durch die Reduktion der Angst, die darauf beruht, daß die Gegenwart des konditionierten Reizes vermieden wird, negativ verstärkt wird. In diesem Sinn ist die Posttraumatische Belastungsstörung ein Beispiel für die Zwei-Faktoren-Theorie des Vermeidungslernens, die vor vielen Jahren von *Mowrer* (1947, S. 50) entwickelt wurde. Diese Ansicht wird durch zahlreiche Befunde bestätigt (*Foy* et al., 1990), was auch für damit verbundene kognitiv-verhaltenstheoretische Theorien gilt, die den Verlust an Kontrolle und der Vorhersagbarkeit, der von vielen Betroffenen verspürt wird, betonen (*Chemtob* et al., 1988; *Foa & Kozack*, 1986).

Eine psychodynamische Theorie, die von *Horowitz* (1986, 1990) entwickelt wurde, geht davon aus, daß das traumatische Ereignis ständig im Bewußtsein der Person wiederholt wird, aber so schmerzlich wird, daß entweder bewußt unterdrückt (z.B. durch Ablenkung) oder verdrängt wird. Von dem Betroffenen wird angenommen, daß er sich in einer Art innerem Kampf befindet, um das Trauma in seine Vorstellungen von sich und der Welt zu integrieren, um einen Sinn daraus abzuleiten.

Eine biologische Theorie der Posttraumatischen Belastungsstörung geht davon aus, daß das Trauma das noradrenerge System schädigt, das Norepinephrinniveau steigert und dadurch die Betroffenen schreckhaft macht und dazu führt, daß Emotionen schneller als normal ausgedrückt werden (*Krystal* et al., 1989; *Van der Kolk* et al., 1985). Das Ergebnis von *Kosten* et al. (1987) stimmt mit dieser Ansicht überein. Sie fanden, daß das Norepinephrinniveau bei Patienten mit der Posttraumatischen Belastungsstörung höher als bei denjenigen war, die als schizophren oder affektiv gestört diagnostiziert worden waren.

Diese Theorien können kaum herangezogen werden zu erklären, warum nur einige Menschen als Folge eines Traumas eine Posttraumatische Belastungsstörung entwickeln. Wie früher erwähnt, gibt es jetzt einige Hinweise auf Persönlichkeitsmerkmale, die einen Menschen für das Auftreten dieser Störung empfindlicher machen. Dazu gehören: eine vorher bestehende psychische Störung, die frühe Trennung von den Eltern und bestimmte Formen der Bewältigung von Streß.

Therapie der Posttraumatischen Belastungsstörung

Eine Zeitlang behandelte man kriegsbedingte Belastungsstörungen nach den drei Prinzipien der Unmittelbarkeit, der Nähe und der Erwartung (*Lifton*, 1976). Bei den ersten Anzeichen von Belastung, etwa Schlaflosigkeit, wurde der Soldat unverzüglich in einen ruhigeren Abschnitt verlegt, blieb aber gleichwohl in der Nähe seiner Kampfeinheit und seiner Kameraden. Hier sollte er sich die Dinge von der Seele reden und ausruhen. Bei schwereren Symptomen war die Therapie entsprechend intensiver.

Im Zweiten Weltkrieg wurden seelisch erschöpfte Soldaten hypnotisiert. Manchmal griff man auch zum Mittel der Narkosynthese (*Grinker & Spiegel*, 1945), einem Verfahren, das der Katharsis à la *Breuer* nicht unähnlich war. Man injizierte dem betroffenen Soldaten soviel Penthotal, daß er sehr schläfrig und ruhig wurde. Dann teilte ihm der Therapeut ganz sachlich mit, er befinde sich an vorderster Front im Kampfgeschehen, und erwähnte nach Möglichkeit Einzelheiten der betreffenden Schlacht. Gewöhnlich – und häufig unter großer emotionaler Beteiligung – erinnerte sich der Patient dann an die Ereignisse, die er vielleicht inzwischen vergessen hatte. Auf diese Weise wurde das Trauma mehrfach durchlebt, zuweilen auch ausagiert. Während der Patient langsam wieder zu sich kam, ermunterte ihn der Therapeut, weiter über die schrecklichen Ereignisse zu sprechen. Der Patient sollte sich dabei bewußt machen, daß das alles der Vergangenheit angehörte und keinerlei Gefahr mehr bedeutete. Auf diese Weise wollte man eine Synthese von vergangenem Schrecken und Gegenwart erreichen (*Cameron & Magaret*, 1951).

Die Veteranenbehörde, die den Veteranen des Zweiten Weltkrieges und denen des Koreakrieges geholfen hatte, war auf Probleme, wie sie die Vietnamkämpfer mitbrachten, zunächst nicht vorbereitet. Viele von ihnen waren mit „schlechten Papieren", d.h. nicht sehr ehrenhaft aus dem Militärdienst entlassen worden. Es war darin häufig von „Charakter- und Verhaltensstörungen", „Alkoholismus" und „Drogenabhängigkeit" die Rede (*Kidder*, 1978). Vermutlich litten etliche Soldaten mit solchen Entlassungspapieren an einem Kriegstrauma. Erst 1979 – sechs Jahre nach Unterzeichnung des Waffenstillstandsabkommens mit Nordvietnam – hatte die American Civil Liberties Union mit

Zusammenkünfte von Betroffenen, wie die hier gezeigte Gruppe, spielten eine wichtige Rolle bei der Behandlung der posttraumatischen Belastungsstörung von Vietnam-Veteranen.

ihren Bemühungen um Aufhebung der unehrenhaften Entlassungen Erfolg (*Beck*, 1979).

Aber bereits 1971, noch bevor die Veteranenbehörde Maßnahmen traf, um mehr Vietnam-Soldaten medizinisch und psychologisch betreuen zu können, baten Veteranen, die gleichzeitig Kriegsgegner waren, den Psychiater *Robert Jay Lifton* von der Yale Universität, ihnen bei der Bildung sogenannter „rap groups" zu helfen. Diese Selbsthilfegruppen setzten sich ein zweifaches Ziel: das therapeutische Ziel ihrer eigenen Heilung und das politische, die amerikanische Öffentlichkeit zu zwingen, die menschlichen Kosten dieses Krieges zur Kenntnis zu nehmen (*Lifton*, 1976). Die „rap groups" blieben nicht auf New York City beschränkt, sondern breiteten sich weiter aus, bis 1979 der Kongreß ein Paket von 25 Millionen Dollar bewilligte, um ein Netz von 91 Beratungsstellen für psychisch beeinträchtigte ehemalige Vietnam-Soldaten einzurichten. 1981 wurde dieser Fonds um drei weitere Jahre verlängert.

In den Selbsthilfegruppen ging es vor allem um die verbliebenen Schuld- und Zorngefühle der ehemaligen Soldaten: Ein Gefühl der Schuld über das, was ihnen ihr Soldatentum in einem Guerillakrieg abverlangt hatte, in dem man oft nicht wußte, wer Freund und wer Feind war; und Zorn darüber, daß sie ihr Leben in einem Streit aufs Spiel setzen mußten, den zu

führen ihr Land eigentlich keine hinreichende Verpflichtung hatte. Man sprach auch über gegenwärtige Sorgen, über Beziehungen zu Frauen und die Einstellung zur sogenannten Männlichkeit, insbesondere zur „Macho"-Haltung gegenüber physischer Gewalt. Die Behandlung mit Antidepressiva wurde ebenfalls versucht, aber mit widersprüchlichen Ergebnissen (*Lerer* et al., 1987).

Bei der Behandlung der Posttraumatischen Belastungsstörung sollte man, so raten *Stanton* & *Figley* (1978), die Familien- und Eheprobleme nicht aussparen. Fühlt der Betroffene sich beim Gedanken an eigene Seitensprünge schuldig oder empfindet er Zorn über außereheliche Beziehungen, die seine Frau während seiner Abwesenheit eingegangen ist? Vielleicht ist die Frau während dieser Zeit notgedrungen selbständiger geworden und möchte sich diese neugewonnene Unabhängigkeit – in einer Zeit gewachsenen feministischen Bewußtseins – auch weiterhin bewahren. Wie wird der Heimgekehrte damit fertig?

Mit der Gruppentherapie werden wir uns in Kapitel 20 (S. 694) ausführlicher beschäftigen. Hier sei nur gesagt, daß es wenigstens zwei Faktoren waren, die den Mitgliedern der „rap groups" – aber auch den Teilnehmern an konventionelleren Gruppentherapien in den 172 Veteranen-Hospitälern im ganzen Land – vermutlich geholfen haben. Sie waren vielleicht zum erstenmal unter sich, fühlten sich verstanden und konnten einander Mut machen. Und hier konnten sie sich schließlich auch in häufig sehr emotional geführten Diskussionen den Kriegsereignissen stellen, deren traumatische Auswirkungen sie aus ihrem Bewußtsein verbannt und mit denen sie sich nie auseinandergesetzt hatten. Um mit einem furchtbaren Geschehen ins reine zu kommen, um sich der Macht zu entledigen, die Ereignisse über ihn haben können, muß der Mensch – das weiß man seit vielen, vielen Jahren – zu den Ereignissen zurückkehren und sich ihnen rückhaltlos stellen.

Die derzeitige Forschung beschäftigt sich wenig mit den oben beschriebenen Therapieformen. Aber die kontrollierte Überprüfung der Behandlung hat in den letzten Jahren zugenommen, da mehr Aufmerksamkeit auf die Nachwirkungen von traumatischen Ereignissen wie Naturkatastrophen, Vergewaltigung, Kindesmißbrauch und insbesondere Gefechte gelegt wurde. Auf der Grundlage neuer Untersuchungen der kognitiven Verhaltenstherapie, die eine sorgfältige Erfassung, Einzelheiten der Behandlung und angemessene Kontrollgruppen verwendet haben, sind einige Ergebnisse zu verzeichnen. (Interventionen für die Posttraumatische Belastungsstörung als Folge von Kindesmißbrauch und Vergewaltigung sind in Kapitel 12 beschrieben.)

Nach der Übersicht von *Rothbaum* und *Foa* (in Druck) besteht eine allgemeine Strategie darin, daß der Patient mit dem, was er fürchtet, konfrontiert wird. Die Konfrontationstechniken, die bei der verhaltenstherapeutischen Therapie der Angststörungen bereits besprochen wurden, spielen auch bei den anderen Ansätzen der Behandlung der Posttraumatischen Belastungsstörung, die oben beschrieben wurden, eine Rolle. Das Grundprinzip besteht darin, daß Ängste am besten dadurch reduziert oder eliminiert werden, daß man die Person auf irgendeine Weise mit dem konfrontiert, was sie sehr stark meiden möchte. Im Fall der Posttraumatischen Belastungsstörung wissen wir fast immer, was das Problem in erster Linie verursachte, weil es einen wichtigen Teil der Diagnose darstellt, so daß die Entscheidung eigentlich eine taktische ist, nämlich wie der Patient mit dem, was er fürchtet, konfrontiert werden kann. Dabei wurden viele verschiedene Verfahren angewendet. In einer sorgfältig geplanten Untersuchung des National Center for Post Traumatic

Stress Disorder am Medizinischen Zentrum der Veteranenverwaltung in Boston verglichen *Terence Kean* und seine Mitarbeiter eine unbehandelte Kontrollgruppe mit einer Behandlung durch imaginatives Flooding. In dieser Gruppe mußten die Patienten angsterregende, mit dem Trauma verbundene Szenen für eine längere Zeit visualisieren. Sie fanden signifikante Verminderungen bei Depressionen, Angst, dem Wiedererleben des Traumas, Schreckreaktionen und Gereiztheit von Vietnam-Veteranen durch diese Imaginationstechnik (*Keane* et al., 1989). Fallstudien wie die von *Fairbank*, *DeGood* und *Jenkins* (1981) und *Muse* (1986) zeigen die klinische Wirksamkeit der systematischen Desensibilisierung bei Opfern von Autounfällen. Die Durchführung einer derartigen Konfrontationstherapie ist jedoch für den Patienten und den Therapeuten schwierig, denn sie setzt einen Bericht über die traumatischen Ereignisse voraus. Wie kürzlich von *Keane* et al. (1992) berichtet, kann es den Patienten in den ersten Phasen der Therapie vorübergehend schlechter gehen, und die Therapeuten können sich sehr aufregen, wenn sie die schrecklichen Erlebnisse hören, die ihre Patienten erlebt haben.

Ein anderer kognitiv-verhaltenstherapeutischer Ansatz sieht die Posttraumatische Belastungsstörung allgemeiner als eine extreme Reaktion auf Streß und daher wird sie dem vielfältigen Vorgehen bei der Streßbewältigung unterzogen, das in Kapitel 8 (S. 212ff.) beschrieben ist. Dazu gehören Entspannung, rational-emotive Therapie und Training des Problemlösens. Unter den Problemen, die in diesem weiteren Umfeld angesprochen werden, ist der Zorn, den viele Patienten mit Posttraumatischer Belastungsstörung empfinden, besonders diejenigen, die an Gefechten teilgenommen haben. Selbstsicherheitstraining und Ehetherapie werden häufig eingesetzt, um den Patienten zu helfen, mit dem Zorn besser umzugehen (*Keane* et al., 1992).

Der psychodynamische Ansatz von *Horowitz* (1988, 1990) hat mit der gerade besprochenen Therapie viel gemeinsam, da er die Patienten ermutigt, das Trauma zu diskutieren und sich auch anderweitig den Ereignissen, die zu dem Trauma führten, auszusetzen. *Horowitz* betont aber die Art und Weise, wie das Trauma mit der prätraumatischen Persönlichkeit interagiert, und die Therapie, die er vorschlägt, hat viel mit anderen psychoanalytischen Ansätzen gemein, einschließlich der Besprechung der Abwehr und der Analyse der Übertragungsreaktionen des Patienten. Dieser komplexen Therapie fehlt noch die empirische Bestätigung.

Schließlich wurden auch einige psychoaktive Medikamente bei den Patienten mit Posttraumatischer Belastungsstörung eingesetzt, einschließlich Antidepressiva und Tranquilizern. Mit den ersteren wurden einige bescheidene Erfolge erzielt (*Davidson* et al., 1990; *Frank* et al., 1987; *Rosen & Bohon*, 1990).

Gleichgültig welche Form der Intervention gewählt wird, die Experten für die Posttraumatische Belastungsstörung stimmen darin überein, daß die soziale Unterstützung entscheidend ist. Gelegentlich kann das Auffinden von Möglichkeiten, andere zu unterstützen, sowohl dem Geber als auch dem Empfänger nutzen (*Hobfoll* et al., 1991). Die Zugehörigkeit zu einer Glaubensgruppe, einer Familie, Freunden oder ebenfalls traumatisierten Kameraden, die ohne Vorbehalt den eigenen Ängsten und Erinnerungen an das Trauma zuhören – dies und andere Formen der Erfahrung, daß man zu jemandem dazugehört und daß andere helfen möchten, den Schmerz zu lindern, kann, wie in Kasten 6.4 dargestellt, den Unterschied zwischen posttraumatischer Belastung und Posttraumatischer Belastungsstörung bedeuten.

Zusammenfassung

Menschen mit Angststörungen empfinden eine überwältigende und offensichtlich ungerechtfertigte Furcht. DSM-IV beschreibt sechs Hauptdiagnosen: Phobien, Panikstörung, Generalisierte Angststörung, Zwangsstörung, Posttraumatische Belastungsstörung und akute Belastungsstörung.

Phobien sind intensive, unbegründete Ängste, die das Leben eines an sich normalen Menschen stark beeinträchtigen können. Sie sind relativ häufig. Agoraphobie ist die Angst davor, das Haus zu verlassen. Eine soziale Phobie ist die Angst vor sozialen Situationen, in denen man von anderen kritisch beurteilt werden könnte. Menschen, die an einer einfachen Phobie leiden, fürchten z.B. Tiere, abgeschlossene Räume und Höhen. Nach psychoanalytischer Auffassung wird mit einer Phobie ein verdrängter Konflikt abgewehrt. Lerntheoretische Erklärungen zur Erwerbung von Phobien sind folgende: Klassische Konditionierung, d.h. die Anbindung eines harmlosen Objektes oder einer harmlosen Situation an ein schmerzhaftes Ereignis; operante Konditionierung, d.h. Belohnung für wiederholtes Vermeiden; Modellernen, d.h. Nachahmung von Angst und Vermeiden anderer; und Vorstellungen, die aus einem sozialen Mißgeschick eine Katastrophe machen. Aber nicht alle Menschen mit ähnlichen Erfahrungen entwickeln eine Phobie. Möglicherweise sind manche Menschen aufgrund einer physiologischen Diathese – einer Labilität des autonomen Nervensystems – besonders dazu disponiert.

Ein Patient mit Panikstörung leidet an plötzlichen, unerklärlichen und periodischen Angstattacken. In manchen Fällen liegt gleichzeitig ein Mitralklappenprolapssyndrom vor. Ist das der Fall, hält der Patient seine Herzpalpitationen möglicherweise für Anzeichen von Angst, woraus sich eine ausgewachsene Panikattacke entwickeln kann. Patienten mit Paniksyndrom neigen dazu, über mögliche schwere körperliche oder seelische Erkrankungen nachzugrübeln. Sie messen geringfügigen körperlichen Empfindungen eine so große Bedeutung bei, daß sie schließlich davon überwältigt werden.

Bei der Generalisierten Angststörung, manchmal auch „frei-flottierende Angst" genannt, leiden die Betroffenen unter ständiger ängstlicher Spannung. Quelle der Angst ist nach Auffassung der psychoanalytischen Theorie ein unbewußter Konflikt zwischen dem Ich und Triebregungen des Es. Die Lerntheorie nimmt an, daß sich diese allgegenwärtige Angst bei angemessener Verhaltenserfassung auf bestimmte angstauslösende Umstände eingrenzen läßt und einer Gruppe von Phobien vergleichbar ist. Auch ein Gefühl der Hilflosigkeit in vielen Situationen kann ängstlich machen. Biologische Ansätze konzentrieren sich auf die therapeutischen Effekte der Benzodiazepine und ihre Bedeutung für den Neurotransmitter GABA.

Menschen mit einer Zwangsstörung haben anhaltende, ich-fremde Gedanken und fühlen sich, um nicht von Angst überwältigt zu werden, zur Einhaltung stereotyper Rituale gezwungen. Diese Störung beeinträchtigt unter Umständen nicht nur das Leben der unglücklichen Betroffenen, sondern auch das der Menschen in ihrer Umgebung. Die Psychoanalyse nimmt als Ursache starke, vom Ich nur mangelhaft und unangemessen kontrollierte Es-Impulse an. Lerntheoretisch gelten Zwangshandlungen und Zwangsgedanken als gelernte Vermeidungsreaktionen.

Es gibt zahlreiche Therapien für Phobien und Angstzustände. Die Psychoanalyse versucht, die Verdrängung aufzuheben, damit der Kindheitskonflikt gelöst werden kann. Eine unmittelbare Linderung der manifesten Symptome wird nicht für sinnvoll gehalten. Im Unterschied dazu ist eine Verhaltenstherapie darauf ausgerichtet, mit Verfahren wie der Systematischen Desensibilisierung und Modellernen Angst und Vermeiden zu reduzieren. Zwangspatienten an ihren Ritualen zu hindern ist eine offenbar wirksame, wenn auch zunächst sehr harte Technik. Rational-emotive Therapeuten versuchen, irrationale Überzeugungen durch realistischere Selbstaussagen zu ersetzen.

Am häufigsten scheint die Behandlung mit vom Arzt verschriebenen beruhigenden Medikamenten zu sein. Hier besteht allerdings die Gefahr des Mißbrauchs und unerwünschter, bisher noch nicht kontrollierbarer Nebenwirkungen. Die Entwöhnung von einem angstlindernden Medikament kann schwierig werden.

Schließlich wurde die Posttraumatische Belastungsstörung beschrieben, wobei die besondere Aufmerksamkeit der verzögert eingetretenen Reaktion vieler ehemaliger Vietnam-Soldaten galt. Diese Angstreaktionen sind häufig die Folge eines lebensbedrohenden Traumas, das die meisten Menschen schwer belasten würde. Die Behandlung besteht in der eindringlichen Erinnerung an das traumatische Ereignis. Um die von dieser Störung betroffenen Vietnam-Soldaten zu verstehen und um ihnen bei ihrer Wiedereingliederung in die Gesellschaft zu helfen, müssen wir auch die moralische und politische Seite dieses Konfliktes berücksichtigen. Nicht nur die Schrecken, sondern auch die Immoralität des Krieges scheinen den Veteranen die Wiederanpassung an das Zivilleben zu erschweren.

7

Somatoforme und Dissoziative Störungen

Ein 27jähriger Mann wurde zur Notaufnahme einer Klinik gebracht, nachdem er von der Polizei aufgegriffen wurde, weil er in der Mitte einer belebten Kreuzung lag. Er sagte, er wolle sterben und war sehr depressiv. Er hatte keine Erinnerung an irgendein Ereignis vor seiner Verhaftung durch die Polizei. Er kannte seinen Namen nicht und wußte nichts über seine Vergangenheit.

Die Durchführung einiger neurologischer Tests erbrachte keine Auffälligkeiten. Nach sechs Tagen in der Klinik wurde mit Hypnose begonnen. Über die ersten drei Sitzungen ergaben sich Einzelheiten aus dem Leben des Patienten, aber weder sein Name noch Hinweise auf die Ereignisse, die zu seiner Klinikaufnahme führten. In der vierten und fünften Sitzung kamen die restlichen Einzelheiten zum Vorschein. Der Mann war gerade in die Stadt gekommen, um Arbeit zu suchen. Zwei Männer bemerkten seinen Werkzeugkasten, gingen auf ihn zu und fragten, ob er einen Job brauchen könne. Alle drei fuhren in einem Lieferwagen davon. Nachdem sie Marihuana geraucht hatten, wurde der Patient mit Waffengewalt zum Sex mit den anderen Männern gezwungen. (*Kasniak* et al., 1988)

Tabelle 7.1   Somatoforme und Dissoziative Störungen

Somatoforme Störungen
Konversionsstörungen
Somatisierungsstörung (Briquet-Syndrom)
Schmerzstörung
Körperdysmorphe Störung
Hypochondrie

Dissoziative Störungen
Dissoziative Amnesie
Dissoziative Fugue
Dissoziative Identitätsstörung (früher Multiple Persönlichkeitsstörung)
Depersonalisationsstörung

die Somatoformen und Dissoziativen Störungen sind in Tabelle 7.1 aufgeführt. Jede der aufgeführten Störungen wird in diesem Kapitel behandelt, wobei wir ausführlicher auf die Störungen eingehen, über die mehr bekannt ist. Wie zuvor werden Symptome, Ätiologie und die Therapiemöglichkeiten dargestellt.

Somatoforme und Dissoziative Störungen, die im Zentrum dieses Kapitels stehen, sind mit den Angststörungen verbunden, die im letzten Kapitel behandelt wurden. Wie bereits erwähnt, wurden in früheren Ausgaben des DSM alle diese Störungen unter dem Begriff der Neurose zusammengefaßt, da Angst als zugrundeliegendes Merkmal aller dieser Störungen angesehen wurde. Mit dem DSM-III wurde die Klassifikation aber aufgrund des beobachtbaren Verhaltens und nicht mehr auf Hypothesen über die vermutete Ätiologie vorgenommen. Bei den Angststörungen sind die Symptome der Angst offensichtlich, während sie bei den Somatoformen und Dissoziativen Störungen nicht direkt zu beobachten sind. Klagen über körperliche Symptome, die – zuweilen recht dramatisch – auf einen körperlichen Defekt oder eine körperliche Dysfunktion hindeuten, ohne daß sich eine physiologische Grundlage dafür finden läßt, werden als *Somatoforme Störungen* diagnostiziert. *Dissoziative Störungen* sind seltenere, aber noch dramatischere plötzliche Änderungen in Bewußtsein, Gedächtnis und Identität, wie das Beispiel am Anfang des Kapitels zeigt. Der Beginn bei beiden Gruppen der Störungen steht meist in Zusammenhang mit einem belastenden Ereignis und der damit verbundenen Angst. Die DSM-IV-Kategorien für

Somatoforme Störungen

Die körperlichen Symptome somatoformer Störungen haben bisher noch keine physiologische Erklärung gefunden und sind nicht willentlich kontrollierbar. Man nimmt an, daß sie mit zuweilen recht eindeutigen psychischen Faktoren, vor allem Angst, in Zusammenhang stehen und daher psychische Ursachen haben. In diesem Abschnitt werden wir zwei Störungen ausführlicher darstellen: die Konversionsstörung und die Somatisierungsstörung.

DSM-IV beschreibt drei weitere Kategorien somatoformer Störungen, über die jedoch nur wenig bekannt ist. Bei der *Schmerzstörung* klagen die Betroffenen über große und anhaltende Schmerzen, für die sich auch nach gründlichster Untersuchung keine körperlichen Ursachen finden lassen. Der Schmerz kann zeitlich mit einem Konflikt oder einer großen Belastung zusammenfallen. Möglicherweise hilft sie dem Betroffenen auch, eine ihm unangenehme Tätigkeit zu meiden und sich Aufmerksamkeit und Anteilnahme zu verschaffen, die ihm sonst versagt bliebe. Eine präzise Diagnose ist schwierig, da die subjektive Erfahrung von Schmerz immer ein psychisch beeinflußtes Phänomen darstellt, d.h. der Schmerz ist nicht nur eine sensorische Erfahrung, wie es Sehen und Hören sind. Daher ist die Entscheidung darüber, wann ein Schmerz zu einem somatoformen Schmerz wird, schwierig.

Bei der *Körperdysmorphen Störung* beschäftigt sich der Betroffene intensiv mit einem eingebildeten oder übertriebenen Mangel in seiner Erscheinung, z.B. Gesichtsfalten, starkem Haarwuchs im Gesicht oder der Form oder Größe der Nase. Diese Sorgen stellen eine Belastung dar und führen zu häufigen Konsultationen bei Schönheitschirurgen. Hier spielen ebenfalls subjektive Faktoren und der Geschmack eine Rolle. Wann wird z.B. die eigene Eitelkeit zu einer Körperdysmorphen Störung? In einer Untersuchung mit Studenten fanden *Fitts* et al. (1989), daß 70 Prozent von ihnen mindestens etwas Unzufriedenheit mit ihrem Aussehen äußerten, wobei die Zahl bei den

Frauen höher als bei den Männern war. Die Festlegung, wann diese häufig wahrgenommenen Mängel zu psychischen Störungen werden, ist sicher schwierig. Soziale und kulturelle Faktoren spielen mit Sicherheit eine Rolle.

Bei der *Hypochondrie* beschäftigen sich die Betroffenen allzu eingehend mit der Furcht vor einer schweren Krankheit. In ganz normalen Körperempfindungen oder geringfügigen Abnormitäten – ein unregelmäßiger Herzschlag, Schwitzen, gelegentliches Husten, Magenschmerzen usw. – sehen sie ihre Befürchtungen bestätigt und keine medizinische Diagnose kann sie vom Gegenteil überzeugen. Die Hypochondrie unterscheidet sich nicht sehr deutlich von der Somatisierungsstörung.

Wenden wir uns jetzt einer ausführlichen Darstellung der Konversionsstörung und der Somatisierungsstörung zu.

Diese Anzeige gibt ein Beispiel für die Vorstellungen eines Menschen mit einer körperdysmorphen Störung.

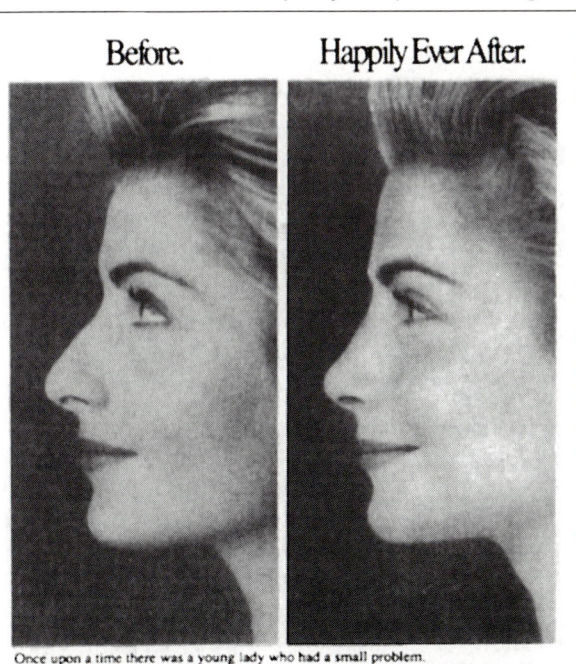

Konversionsstörung

Bei der *Konversionsstörung* sind Muskel- oder Sinnesfunktionen beeinträchtigt, obwohl Körperorgane und neuromuskulärer Apparat selbst gesund sind. Die klassischen Konversionssymptome lassen zunächst an eine neurologische Erkrankung denken. Wir finden Berichte über die teilweise oder vollständige Lähmung der Arme oder Beine, über Anfälle und Koordinationsstörungen, Gefühle des Prikkelns, Stechens oder Krabbelns auf der Haut, Schmerzunempfindlichkeit oder den Verlust oder die Beeinträchtigung von Empfindungen, die als *Anästhesie* bezeichnet wird (vgl. Abb. 7.1) – all das bei physiologisch ganz normalen Menschen. Zuweilen ist auch der Gesichtssinn ernsthaft gestört: Der Betroffene kann teilweise oder vollständig erblinden oder auch an einem „Tunnelblick" leiden, d.h., sein Gesichtsfeld ist so eingeschränkt, als blicke er durch einen Tunnel. Weitere Konversionssymptome sind *Aphonie* – Stimmverlust und Flüstersprache –, *Anosmie* – Verlust oder Beeinträchtigung des Geruchssinnes – und Scheinschwangerschaften.

Konversionssymptome sind so geartet, daß man – wie beim somatoformen Schmerz – einen Zusammenhang mit psychologischen Faktoren vermuten kann. Sie stellen sich gewöhnlich in stark belastenden Situationen ein, erlauben es dem Patienten, eine bestimmte Tätigkeit oder Verantwortung zu meiden und sichern ihm

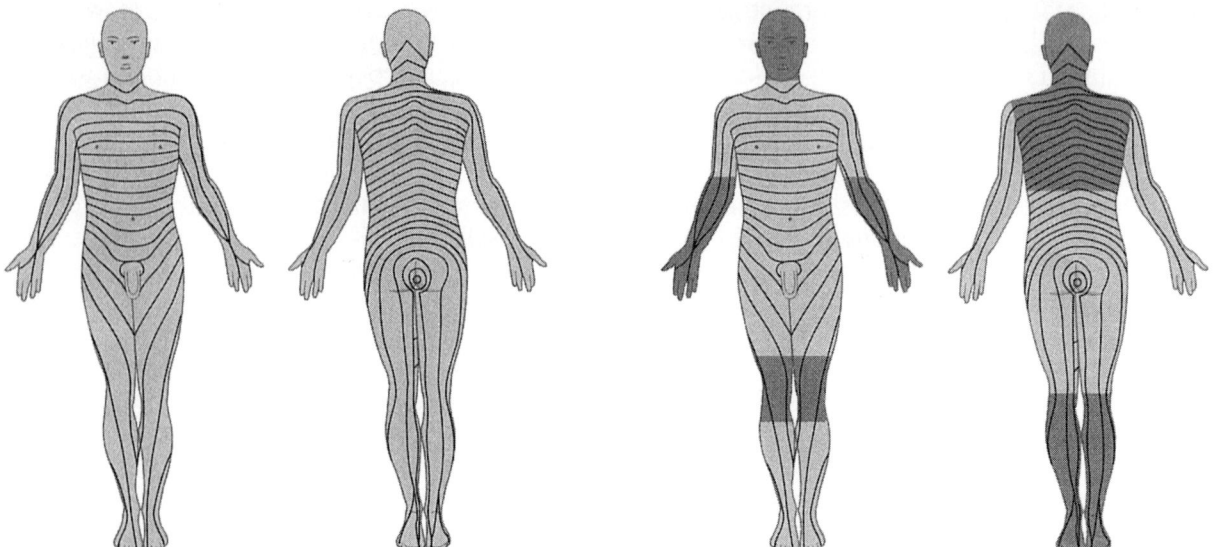

Abb. 7.1 Hysterische Anästhesien können von anderen neurologischen Dysfunktionen unterschieden werden. Auf der linken Seite sind die Bereiche neuraler Innervation eingezeichnet. Auf der rechten Seite sind die typischen Bereiche hysterischer Anästhesien eingetragen. Die hysterischen Anästhesien entbehren einer anatomischen Grundlage. (Nach einer Originaldarstellung von Frank H. Netter, M.D.. Aus: The CIBA Collection of Medical Illustrations (c) CIBA Pharmaceutical Company, Division of CIBA-GEIGY Corporation)

schmerzlich entbehrte Aufmerksamkeit. Der Begriff „Konversion" stammt ursprünglich von *Freud*, der glaubte, daß von der Vorstellung abgetrennte und verdrängte libidinöse Energie in sensumotorische Kanäle gelenkt werde und deren Funktionieren blockiere. So könne es geschehen, daß Angst und seelischer Konflikt in körperliche Symptome *konvertiert* würden. In der Tat scheinen manche Menschen trotz ihrer Konversionssymptome zufrieden, ja sogar heiter und nicht besonders erpicht darauf zu sein, ihre Symptome loszuwerden. Sie sehen auch keinen Zusammenhang zwischen ihren Symptomen und sonstigen Lebensproblemen.

Die *Hysterie*, wie man derartige Reaktionen früher nannte, hat eine sehr lange Geschichte. *Hippokrates* hielt sie für eine Frauenkrankheit, verursacht durch die Wanderung des Uterus. Das griechische Wort *hystera* bedeutet Gebärmutter. Vermutlich symbolisierte der wandernde Uterus das Verlangen des Körpers nach einem Kind. Nach *Freud* ist das hysterische Symptom die entstellte Äußerung des verdrängten Triebes oder dessen verdrängender Gegenkraft. Ein hysterischer Krampf kann der symbolische Ausdruck eines verbotenen sexuellen Wunsches sein, eine hysterische Lähmung die Manifestation von Selbstbestrafung für einen ver-

borgenen aggressiven Impuls. Gewöhnlich treten Konversionssymptome zum ersten Mal bereits in der Jugend und im frühen Erwachsenenalter auf. Eine solche Episode kann abrupt enden, aber ein Rückfall – mit gleichem oder anderem Symptom – ist wahrscheinlich. Die Konversionsstörung wird bei Frauen häufiger als bei Männern diagnostiziert (*Viederman*, 1986). In einer Klinik waren beispielsweise von den 50 Patienten mit einer Konversionsstörung 44 Frauen (*Folks, Ford & Regan*, 1984). Allerdings hat man während beider Weltkriege auch bei vielen Frontsoldaten konversionsähnliche Phänomene beobachtet (*Ziegler, Imboden & Meyer*, 1960). Dies verleiht dem erwähnten Aspekt, daß die Konversionssymptome typischerweise dem Individuum dabei helfen, eine Aktivität zu meiden oder ihr zu entkommen, wie in diesem Fall dem Kampfgeschehen an der Front, zusätzliche Glaubwürdigkeit.

Diagnostisch ist es wichtig, eine konversionsbedingte Lähmung oder sensorische Dysfunktion von ähnlichen, tatsächlich neurologisch begründeten Störungen zu unterscheiden. In manchen Fällen, wenn die Lähmung z.B. anatomisch keinerlei Sinn ergibt, ist das ohne weiteres möglich. Ein klassisches Beispiel ist die *Handschuhanästhesie*, ein seltenes Syndrom, bei dem der Betroffene eingeschränkte oder keine Empfindungen in dem Bereich der Hand hat, die von einem Handschuh bedeckt würde (vgl. Abb. 7.1). Über viele Jahre hinweg war dies das Standardbeispiel für anatomische Unstimmigkeit, da die Nerven der Hand auch den Arm versorgen. Jedoch auch in diesem Fall kann eine Fehldiagnose vorkommen. Eine vor kurzem beschriebene Erkrankung, das Karpal-Tunnel-Syndrom, kann zu Symptomen führen, die denen der Handschuhanästhesie ähneln. Die Nerven laufen im Handgelenk durch einen Tunnel, der von den Knochen und Membranen des Handgelenks gebildet wird. Der Tunnel kann anschwellen und die Nerven einschnüren, was zu Prickeln, Taubheit und Schmerzen der Hand führen kann.

Da die Mehrzahl der Lähmungen, Analgesien und sensorischen Ausfälle organisch bedingt sind, werden wirkliche neurologische Probleme zuweilen als Konversionssyndrome fehldiagnostiziert. *Slater* und *Glithero* (1965) sind dieser beunruhigenden Möglichkeit nachgegangen und haben Patienten untersucht, bei denen man neun Jahre zuvor Konversionssymptome diagnostiziert hatte. 60% dieser Patienten – eine alarmierende Zahl – waren in der Zwischenzeit entweder gestorben oder hatten Symptome einer körperlichen Krankheit entwickelt! Sehr viele von ihnen litten an Erkrankungen des zentralen Nervensystems. *Whitlock* (1967) verglich das Auftreten körperlicher Störungen bei Patienten mit diagnostiziertem Konversionssyndrom mit den Krankheitserscheinungen bei Patienten, bei denen man eine Depression, ein Angstsyndrom oder beides diagnostiziert hatte. 62,5% der Konversions-Patienten wiesen organische Störungen auf, gegenüber nur 5,3% der Patienten der anderen Gruppen. Am häufigsten handelte es sich dabei um Kopfverletzungen, die sich die Patienten im allgemeinen etwa sechs Monate vor Einsetzen der Konversionssymptome zugezogen hatten. Nicht selten litten die Patienten aber auch an den Folgen eines Schlaganfalls, einer Enzephalitis oder eines Gehirntumors. *Watson* und *Buranen* (1979), auch *Fishbain* und *Goldberg* (1991) ermittelten, daß viele der untersuchten Patienten mit angeblichen Konversionsreaktionen in Wirklichkeit körperlich krank waren.

Wie wir sehen, können einige Symptome, die man für Konversionsreaktionen, also für psychisch bedingt hält, in Wirklichkeit Anzeichen körperlicher Krankheit sein. Wir haben auch

gesehen, daß die Erfassung organischer Störungen immer noch recht grob ist. Und so gelingt es nicht in jedem Fall, zwischen psychisch und organisch bedingten Symptomen zu unterscheiden. Vielleicht stellt man allzu schnell die Diagnose „Konversionssyndrom"; auf diese Weise kann ein organischer Schaden unentdeckt bleiben. Es ist recht ernüchternd, sich die schlimmen Folgen solcher Fehldiagnosen vorzustellen.

Ein zweites diagnostisches Problem stellt sich mit einer weiteren Kategorie des DSM-IV, der *Simulation,* dem Vorgeben einer Beeinträchtigung, um einer Verantwortung aus dem Weg zu gehen. Simulation wird diagnostiziert, wenn die konversionsähnlichen Symptome unter willentlicher Kontrolle stehen, was für die richtigen Konversionsstörungen nicht angenommen wird.

Ist der Kliniker sich seiner Diagnose – Konversionsstörung oder Simulation – nicht sicher, kann er versuchen herauszubekommen, ob die Symptome unter der bewußten Kontrolle des Betroffenen stehen oder nicht. Natürlich ist das eine bestenfalls zweifelhafte Lösung des Problems, denn mit Sicherheit zu entscheiden, ob ein Verhalten bewußt oder unbewußt motiviert ist, ist schwierig, wenn nicht gar unmöglich. Enthüllend ist allerdings manchmal *la belle indifférence* des Patienten: Er legt seinen schweren Symptomen und deren vermutlichen Langzeitfolgen gegenüber relative Sorglosigkeit und Überheblichkeit an den Tag. Aber solche Patienten können auch endlos und dramatisch über ihre Symptome berichten; im Gegensatz dazu ist der Simulant diesbezüglich wahrscheinlich vorsichtiger. Vielleicht betrachtet er solche Gespräche als Herausforderung oder fürchtet möglicherweise auch um den Erfolg seiner Lüge.

Aber große Beweiskraft hat auch dieser Unterschied nicht, denn nur ein Drittel aller Patienten mit Konversionssyndrom legt *la belle indifférence* an den Tag (*Stephens & Kamp,* 1962). Darüber hinaus findet sich eine stoische Haltung auch bei Patienten mit nachgewiesenen körperlichen Krankheiten.

Schließlich müssen wir die Konversionsstörung und die Simulation von den anderen Kategorien des DSM unterscheiden. Die *Vorgetäuschte Störung* umfaßt konversionsähnliche Symptome, die unter willentlicher Kontrolle stehen, wie auch im Fall der Simulation. Bei der Simulation sind die Symptome an ein erkennbares Ziel – die Änderung bestimmter Lebensumstände des Simulierenden – gebunden. Beispiel wäre die Simulation einer körperlichen Krankheit, um nicht vor Gericht erscheinen zu müssen. Bei der vorgetäuschten Störung ist die Motivation für die vorgespiegelten körperlichen oder seelischen Symptome sehr viel weniger klar. Anscheinend streben die Betroffenen aus irgendeinem Grund die Rolle des „Patienten" an.

Somatisierungsstörung

1859 beschrieb der französische Arzt Pierre Briquet ein nach ihm benanntes Syndrom, das im DSM-IV als „Somatisierungsstörung" erscheint. Grundlage dieser Diagnose sind wiederkehrende, vielgestaltige körperliche Beschwerden, für die medizinische Hilfe gesucht wird, die aber offensichtlich nicht körperlich bedingt sind. Die Betroffenen klagen etwa über Kopfschmerzen, Müdigkeit, Allergien, Bauch-, Rücken- und Brustschmerzen, urogenitale Symptome und Herzklopfen. Auch Konversionssymptome können darunter sein. Tabelle 7.2 gibt eine Vorstellung vom Umfang der Gesundheitsprobleme, die von Patienten mit einer Somatisierungsstörung angegeben werden. Die Somatisierungsstörung und die Konversionsstörung haben viele Symptome gemeinsam und es ist nicht ungewöhnlich, daß beide Diagnosen dem gleichen Patienten gegeben werden können (z.B. *Ford* et al., 1984). Viele haben einen beträchtlichen Konsum an Medikamenten und sind manchmal bei mehreren Ärzten gleichzeitig in Behandlung. Nicht selten werden sie ins Krankenhaus eingewiesen und sogar operiert (*Guze*, 1967). Störungen des Menstruationszyklus und sexuelle Indifferenz sind häufig (*Swartz* et al., 1986). Die Beschwerden werden oft in theatralischer, dramatischer und übertriebener Manier vorgebracht oder in eine lange und komplizierte Krankengeschichte eingeflochten. Viele dieser Patienten sind davon überzeugt, schon ihr Leben lang leidend gewesen zu sein. Die Lebenszeitprävalenz der Somatisierungsstörung wird auf 0,1 Prozent geschätzt (*Robins* et al., 1984) und sie tritt bei Frauen häufiger als bei Männern auf (*Viederman*, 1986). Die Komorbidität von Angststörungen, affektiven Störungen und Substanzmißbrauch ist hoch (*Golding, Smith* & *Kasher*, 1991). Bei einer epidemiologischen Untersuchung in Los

Angeles fanden *Escobar* et al. (1987), daß die Somatisierungsstörung bei Bürgerinnen mexikanischer Abstammung höher als nicht hispanischen weißen Frauen war. Dieser Unterschied kann auf das größere Ausmaß an Belastungen (z.B. finanzielle Probleme, soziale Isolierung) zurückzuführen sein, denen diese Frauen ausgesetzt sind.

Die Symptome setzen gewöhnlich in der späten Adoleszenz ein. Frauen sind häufiger betroffen als Männer (*Kroll, Chamberlain* & *Halpern*, 1979; *Cloninger* et al., 1986). Häufig wird auch von Depression, Angst und einer Fülle von Verhaltensproblemen und Schwierigkeiten im zwischenmenschlichen Bereich berichtet, wie Schuleschwänzen, schlechte Arbeitsleistungen und Eheprobleme. Somatisierungssyndrome scheinen familiär gehäuft aufzutreten: Man hat sie bei etwa 20% der Verwandten ersten

Der Medizinschrank eines Patienten mit einer Somatisierungsstörung beinhaltet viele Medikamente, die eingesetzt werden, um die verschiedenen Beschwerden zu behandeln.

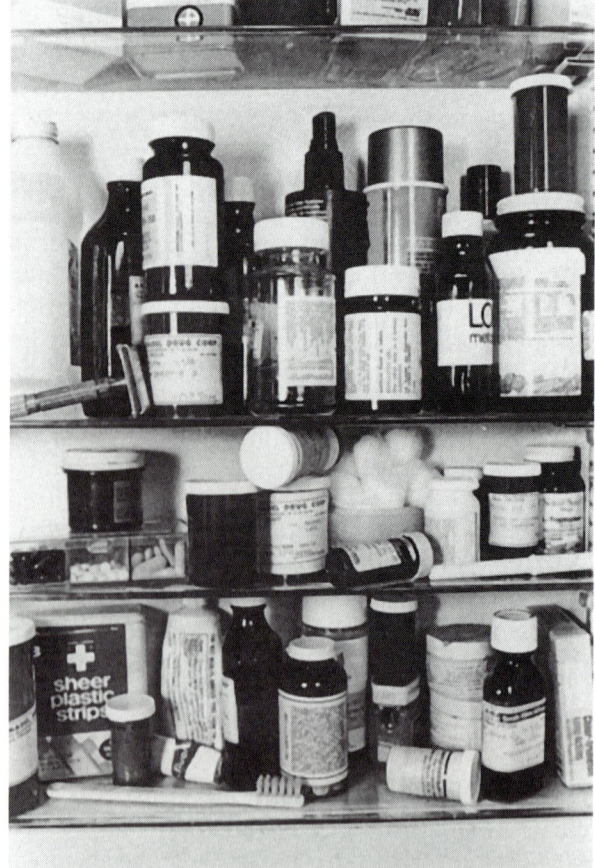

Tabelle 7.2 Symptome der Somatisierungsstörung und ihre Häufigkeit nach Angaben einer Patientenstichprobe.

Symptom	Häufigkeit	Symptom	Häufigkeit
Atemnot (Kurzatmigkeit)	72	Harnretention	8
Herzklopfen	60	Menstruationsschmerzen (ausschließlich vor der Ehe)	4
Schmerzen in der Brust	72	Aussetzen der Menstruation (ausschließlich vor einer Schwangerschaft)	8
Schwindel, Benommenheit	84		
Kopfschmerzen	80	Aussetzen der Menstruation (andere Ursachen)	48
Angstanfälle	64		
Müdigkeit	84	Unregelmäßigkeit der Menstruation	48
Blindheit	20	Starke Blutungen während der Menstruation	48
Lähmungen	12	Sexuelle Indifferenz	44
Schmerzunempfindlichkeit	32	Frigidität (Fehlen des Orgasmus)	24
Verlust der Stimme (nur noch Flüstern möglich)	44	Schmerzen beim Geschlechtsverkehr	52
Kloß im Hals	28	Rückenschmerzen	88
Krampfanfälle	56	Gelenkschmerzen	84
Ohnmachtsanfälle	56	Schmerzen in den Extremitäten	84
Bewußtlosigkeit	16	Brennen im Rectum, in der Vagina, im Mund	28
Gedächtnisausfälle (Amnesie)	8	andere Schmerzen im Körper	36
Sehstörungen	64	depressive Gefühle	64
Visuelle Halluzinationen	12	Phobien	48
Taubheit	4	Erbrechen während der gesamten Schwangerschaft	20
Geruchshalluzinationen	16		
Schwächeanfälle	84	Nervosität	92
Gewichtsverlust	16	Verlassen des Arbeitsplatzes wegen Unwohlsein	44
Schnelle Veränderungen des Gewichts	16		
Appetitverlust	60	Kann wegen Unwohlsein nichts tun	72
Übelkeit	80	Häufiges Weinen	70
Erbrechen	32	Hat den Eindruck, daß das Leben hoffnungslos ist	28
Unterleibsschmerzen	80		
Blähungen	68	immer kränklich (die meiste Zeit des Lebens)	40
Nahrungsmittelintoleranzen	48	Gedanken über den Tod	48
Durchfall	20	Wunsch zu sterben	36
Verstopfung	64	Gedanken an Selbstmord	28
Schmerzen beim Wasserlassen	44	Selbstmordversuche	12

Grades der Indexfälle gefunden (*Arkonac & Guze*, 1963). Der folgende Fallbericht schildert die Beschwerden der Frau:

Alice wurde von ihrer Ärztin, Joyce Williams, in die psychotherapeutische Klinik überwiesen. Dr. Williams hatte Alice seit sechs Monaten behandelt und sie in dieser Zeit 23mal gesehen. Alice hatte über eine Reihe recht unspezifischer Beschwerden geklagt – allgemeine Mißempfindungen und Schmerzen, Übelkeit, Müdigkeit, unregelmäßige Menstruation und Benommenheit. Aber auch gründlichste Untersuchungen – Blutbilder, Röntgenaufnahmen, Spinalpunktion usw. – hatten keinen organischen Befund erbracht.

Ihrem Therapeuten machte Alice gleich beim ersten Treffen klar, daß sie eine eher widerstrebende Patientin sei: „Ich bin nur hier, weil ich Vertrauen zu Dr. Williams habe und sie wollte, daß ich hierherkomme. Ich bin körperlich krank und wüßte nicht, wie ein Psychologe mir helfen könnte." Aber sie ließ sich schnell dafür erwärmen, ihre Krankengeschichte zu erzählen. Danach war sie immer krank gewesen. Aus ihrer Kindheit erinnerte sie sich an Episoden hohen Fiebers, häufige Infektionen der Atemwege und Krämpfe. Auch ihre ersten beiden Operationen – Blinddarm- und Mandeloperation – fielen in diese Zeit. Während sie so in loser chronologischer Folge ihre Krankengeschichte erzählte, wurden ihre Schilderungen immer farbiger (und vermutlich auch immer übertriebener): „Ja, und so mit

Anfang zwanzig hatte ich Probleme mit dem Erbrechen. Wochenlang habe ich alles, was ich gegessen habe, wieder erbrochen. Ich habe sogar Flüssigkeit, ja sogar Wasser wieder erbrochen. Schon
der Geruch von Essen war mir unerträglich. Ich
muß wohl fast alle zehn Minuten gebrochen haben." Zwischen zwanzig und dreißig war Alice von
einem Arzt zum anderen gegangen. Wegen ihrer
Menstruationsunregelmäßigkeiten und Dyspareunie (Schmerzen beim Geschlechtsverkehr) konsultierte sie mehrere Gynäkologen, unterzog sich einer Dilatation und einer Uteruskürettage. Dem
Grund für ihre Kopfschmerzen, Benommenheitsge-
fühle und Ohnmachtsanfälle versuchten Neurologen mittels EEGs, Spinalpunktionen und sogar
einer Computertomographie auf die Spur zu kommen. Andere Ärzte hatten sie wegen ihrer Bauch-
schmerzen geröntgt und wegen ihrer Brustschmerzen EKGs angefertigt. Sie hatte eine Darm-
und eine Gallenblasenoperation hinter sich.
Als sich das Gespräch schließlich anderen Themen
zuwandte, wurde offenbar, daß Alice ein sehr ängstlicher Mensch war, und das besonders in Situationen, wo sie sich von anderen bewertet fühlte. Tatsächlich waren wohl einige ihrer körperlichen Beschwerden Folgen ihrer Angst. Zudem kriselte es in
ihrer Ehe und sie und ihr Mann erwogen die Scheidung. Die Eheprobleme schienen mit ihrer Dyspareunie und einer allgemeinen sexuellen Indifferenz
zusammenzuhängen.

Ätiologie der Somatoformen Störungen

Viele theoretische Ansätze in dem Bereich der
Somatoformen Störungen sind nur auf das Verständnis der Hysterie gerichtet, wie sie ursprünglich von *Freud* konzipiert wurde. Diese
Ausrichtung hat zu der Annahme geführt, daß
Konversionssyndrom und Somatisierungssyndrom eine ähnliche Ätiologie aufweisen. Obwohl es keine Untersuchungen gibt, die diese
Annahme stützen, hat dieser Ansatz die Untersuchungen nach der Ursache dominiert und
ihm einen eindeutig psychoanalytischen Touch
gegeben. In diesem Abschnitt werden wir zunächst diese psychoanalytischen Sichtweisen
darstellen, dann aber auch untersuchen, was
verhaltenstheoretische, kognitive und biologische Theorien anzubieten haben.

Psychoanalytische Theorie

Das Konversionssyndrom spielt in der Geschichte der psychoanalytischen Theorie eine
ganz besondere Rolle, denn während der Be-

handlung solcher Fälle entwickelte Freud die
wesentlichsten Konzepte der Psychoanalyse.
Konversionssyndrome boten ihm Gelegenheit,
das Konzept des Unbewußten anzuführen. Wie
würden Sie es sich zum Beispiel zu erklären
versuchen, wenn Ihnen eine Patientin berichtet,
daß sie morgens mit einem gelähmten linken
Arm aufgewacht sei. Vermutlich würden Sie sie
zunächst gründlich neurologisch untersuchen,
um mögliche physiologische Ursachen der Lähmung abzuklären. Nehmen wir weiter an, daß
alle Befunde negativ sind: Sie finden keinerlei
Anzeichen für eine neurologische Erkrankung.
Jetzt müssen Sie sich entscheiden, ob Sie Ihrer
Patientin glauben wollen oder nicht. Sie könnte
natürlich lügen, d.h., sie täuscht die Lähmung
bewußt vor, um irgend etwas zu erreichen. In so
einem Fall wäre sie eine Simulantin. Aber was
geschieht, wenn Sie der Patientin glauben?
Dann sind Sie fast gezwungen zu erwägen, daß
unbewußte Prozesse am Werk sind. Auf einer
bewußten Ebene sagt die Patientin die Wahrheit. Sie glaubt und sagt, daß ihr Arm gelähmt
sei. Nur auf einer nicht-bewußten Ebene weiß
sie, daß ihr Arm in Wirklichkeit ganz in Ordnung ist.

   In ihren *Studien über Hysterie* (1895) vermuteten *Breuer* und *Freud* die Ursache der Konversionsreaktion in einer Erfahrung, die mit
starker emotionaler Erregung einherging. Der
Affekt gelangte allerdings nicht zum Ausdruck,
und die Erinnerung an das Ereignis wurde vom
Bewußtsein ausgeschlossen. Dafür, daß der mit
der Erfahrung einhergehende Affekt nicht ausgedrückt wurde, vermuteten *Freud* und *Breuer*
zwei mögliche Gründe. Entweder war die Erfahrung so belastend, daß sie nicht zum Bewußtsein zugelassen und daher verdrängt wurde. Oder das fragliche Ereignis trat ein, als sich
die betroffene Person in einem abnormen psychischen Zustand – etwa einer Trance – befand.
Doch in beiden Fällen, so glaubten Freud und
Breuer, bestehe ein Zusammenhang zwischen
spezifischen Konversionssymptomen und trau-
matischem Ereignis.

   Anna O. (vgl. S. 23) zum Beispiel war am Bett
ihres schwerkranken Vaters in einen Wach-
traum verfallen. Den rechten Arm hatte sie
über die Stuhllehne hängen lassen. Sie sah, wie
sich eine schwarze Schlange ihrem Vater näherte, um ihn zu beißen. Sie wollte das Tier wegsto-
ßen, aber ihr rechter Arm war eingeschlafen. Sie
sah, daß sich ihre Finger in kleine Schlangen
mit Totenköpfen verwandelt hatten. Am folgen-

den Tag rief ihr ein gebogener Ast die Schlangenhalluzination in Erinnerung, und im selben Augenblick wurde ihr Arm steif. Das geschah von nun an immer, wenn irgend etwas sie an ihre Halluzination erinnerte. Später, als Anna O. in ihre Absencen fiel, wurde die Kontraktur des rechten Armes chronisch und schließlich war ihre ganze rechte Seite gelähmt und empfindungslos.

In seinen späteren Schriften formulierte *Freud* dann eine Theorie des Konversionssyndroms, in der sexuelle Triebregungen vorrangig waren. Insbesondere vermutete er die Wurzeln des Konversionssyndroms in einem frühen, ungelösten Elektra-Komplex. Das kleine Mädchen entwickelt eine inzestuöse Bindung an den Vater, aber diese frühen Triebregungen werden verdrängt. Als Folge erlangt Sexualität eine überwertige Bedeutung für das Kind, und jeder Gedanke daran wird vermieden. In späteren Jahren erwecken sexuelle Erregung oder irgendein zufälliges Ereignis diese verdrängten Triebregungen wieder zum Leben. Sie werden in körperliche Symptome umgewandelt oder konvertiert, die nunmehr in verzerrter Form die verdrängten Triebwünsche oder deren verdrängende Kräfte repräsentieren. Der aus dem Konversionssymptom bezogene *Primärgewinn* besteht also im Vermeiden früher verdrängter Es-Impulse. *Freud* räumte allerdings auch einen möglichen *Sekundärgewinn* ein: Vielleicht halfen die Symptome der Patientin auch, einer momentanen, unliebsamen Lebenssituation zu entkommen oder um Zuwendung von anderen zu erhalten.

Eine neue psychodynamische Interpretation einer bestimmten Form des Konversionssyndroms, der hysterischen Blindheit, wurde 1979 von *Sackeim*, *Nordlie* und *Gur* angeboten. In ihren Experimenten machte das Verhalten hysterisch blinder Menschen bei visuellen Testaufgaben deutlich, daß sie sehr wohl von den visuellen Reizen beeinflußt wurden, aber explizit leugneten, sie zu sehen.

Bei zwei der Fälle, die sie untersuchten, handelte es sich um junge Frauen. Der erste Fall wurde von *Theodor* und *Mandelcorn* (1973) beschrieben. Die Patientin, ein 16jähriges Mädchen, hatte plötzlich ihr peripheres Gesichtsfeld eingebüßt. Ihr Gesichtsfeld, so sagte sie, sei röhrenförmig und stark eingeschränkt. Neurologische Tests waren ohne Befund. Doch die Autoren wollten ganz sicher gehen, daß sie es nicht mit einem neurologischen Problem zu tun hat-

ten. In einem speziellen Sehtest boten sie der Patientin im Zentrum oder an der Peripherie ihres Gesichtsfeldes ein helles, ovales Ziel dar. Jeder Versuchsdurchgang bestand aus zwei Zeitintervallen, deren Beginn jeweils von einem Summton angekündigt wurde. Während eines dieser Intervalle wurde das Zielobjekt beleuchtet, und die Aufgabe der jungen Frau bestand darin anzugeben, ob das Ziel vorhanden war oder nicht.

Wurde das Objekt im Zentrum des Gesichtsfeldes dargeboten, konnte die Patientin das entsprechende Intervall immer richtig identifizieren. Das hatte man auch nicht anders erwartet, denn von Beeinträchtigungen des zentralen Gesichtsfeldes hatte sie nichts berichtet. Was geschah aber nun, wenn das Oval peripher präsentiert wurde? Wäre die Patientin hier wirklich „blind", so müßte sich, nach der Erwartung der Autoren, ihre zufällige Trefferquote um etwa 50% bewegen. Tatsächlich lag sie bei 30%. Sie hatte also bedeutend schlechter abgeschnitten als jemand, der wirklich blind ist! Die Autoren zogen daraus den Schluß, daß sie den beleuchteten Reiz irgendwie wahrgenommen haben mußte, sich aber bewußt oder unbewußt bemüht hatte, im Test schlecht abzuschneiden und sich ihre „Blindheit" zu bewahren.

Sackeim et al. untersuchten auch den scheinbar widersprüchlichen Fall von *Grosz* und *Zimmerman* (1970), bei dem ein hysterisch blindes junges Mädchen eine nahezu vollkommene Sehleistung aufwies. Zunächst war die 15jährige Celia plötzlich auf beiden Augen erblindet, später sah sie wieder, wenn auch nur sehr verschwommen. Sie behauptete, weder Klein- noch Großgedrucktes lesen zu können. Celia verlangte viel von sich und war eine sehr gute Schülerin. Ihre vielbeschäftigten Eltern waren ständig unterwegs, bekundeten zwar Interesse an der Erziehung ihrer vier Kinder, überließen die drei jüngeren aber häufig der Obhut Celias. Celias Sehprobleme zwangen die Eltern, ihr das, was sie für die Schule lernen mußte, vorzulesen. Gleichwohl hatte Celia beim Test keinerlei Mühe, Objekte verschiedener Größe und Form zu identifizieren und auf eine Entfernung von drei Metern Finger zu zählen. Als man auf drei Monitore Dreiecke projizierte – zwei verkehrt herum, eines aufrecht –, reagierte sie in 599 von 600 Versuchen richtig und drückte den Knopf unter dem aufrechten Dreieck, was einen Summton für fünf Sekunden zum Schweigen brachte.

Wir werden auf Celia später in diesem Kapitel zurückkommen. Jetzt ist es nur wichtig anzumerken, daß *Sackeim* et al. hinter diesen widersprüchlichen Ergebnissen zwei Phasen einer defensiven Reaktion vermuten. Zunächst werden Wahrnehmungsbilder visueller Reize vom Bewußtsein ferngehalten: Die Betroffenen empfinden sich als blind. Zweitens wird den Wahrnehmungsbildern auch weiterhin Information entnommen. Wenn die Betroffenen glauben, jeglichen Zugang zu diesen Informationen leugnen zu müssen, schneiden sie in Wahrnehmungsaufgaben schlechter ab, als es dem Zufall entspräche. Wenn sie derartige Informationen nicht vor sich verleugnen müssen, absolvieren sie die Aufgabe erfolgreich, behaupten aber gleichwohl, blind zu sein. Ob eine hysterisch blinde Person den Zugang zu Wahrnehmungsinformationen unbewußt leugnen muß oder nicht, hängt, so glauben die Autoren, von Persönlichkeitsfaktoren und Motivation ab.

Sagen Menschen, die behaupten, blind zu sein, und auf anderer Ebene auf visuelle Reize reagieren, die Wahrheit? *Sackeim* und seine Kollegen berichten, daß manche Patienten mit gesunden Augen, aber mit Läsionen im visuellen Cortex behaupten, blind zu sein, sich visuellen Aufgaben jedoch recht gut gewachsen zeigen. Sie sehen zwar, aber sie *wissen* nicht, daß sie sehen können. Jemand kann also durchaus wahrheitsgemäß behaupten, er könne nicht sehen und im selben Augenblick den Beweis für das Gegenteil liefern. Auf allgemeinerer Ebene wissen wir aus zahlreichen Wahrnehmungs- und Kognitionsstudien von einer Dissoziation zwischen Bewußtsein und Verhalten (vgl. Kasten 7.1). Um ihre Hypothese zu überprüfen, daß Motivation hier in der Tat eine Rolle spielt, hypnotisierten *Sackeim* und seine Kollegen zwei hypnose-geeignete Probandinnen, suggerierten ihnen völlige Blindheit und ließen sie dann eine visuelle Diskriminationsaufgabe durchführen.[1] Eine der Probandinnen erhielt Instruktionen, die sie motivieren sollten, ihre

Blindheit beizubehalten. Sie würde nunmehr, so erwartete man, ihre Wahrnehmungen leugnen und bei der visuellen Aufgabe schlechter abschneiden, als es dem Zufall entspräche. Die zweite Probandin drängte man nicht explizit, ihre Blindheit aufrechtzuerhalten, und so würde sie mit der Aufgabe vermutlich besser fertigwerden, als es dem Zufall entspräche. Eine dritte Probandin simulierte das Verhalten eines Menschen, dem unter Hypnose völlige Blindheit suggeriert worden war.

Es kam, wie vorhergesagt. Die zur Beibehaltung ihrer Blindheit motivierte Probandin schnitt tatsächlich schlechter ab, als es dem Zufall entsprochen hätte; die weniger stark motivierte Probandin löste die Aufgabe fehlerlos, vermeldete aber gleichwohl, daß sie blind sei. Die Leistung der Simulantin entsprach im wesentlichen der Zufallserwartung. Sie habe, so sagte sie in einem anschließenden Gespräch, bewußt eine Zufallsleistung zu simulieren versucht. *Bryant* und *McConkey* (1989) unterstützen die Ergebnisse von *Sackeim* et al. Sie untersuchten in einer großen Anzahl von Sitzungen einen hysterisch blinden Mann und gaben in einigen Sitzungen andere Anweisungen. In der üblichen Form, bei dem ein visuelles Feedback vorhanden war, betrug die Trefferquote des Patienten 66 Prozent. Wenn ihm aber gesagt wurde, er solle sich anstrengen, ging der Prozentsatz richtiger Antworten auf 88 Prozent hoch.

Zusammengefaßt ist es, wie *Sackeim* und seine Kollegen vermuteten, offensichtlich möglich, Worte und Verhalten unbewußt voneinander zu trennen. Hysterisch blinde Personen können behaupten, nichts zu sehen und im selben Moment von visuellen Reizen beeinflußt werden. Auf welche Weise sie erkennen lassen, daß sie sehen können, hängt möglicherweise davon ab, wie sehr sie es brauchen, für blind gehalten zu werden.

Verhaltenstheorie

Eine verhaltenstheoretische Erklärung der Entwicklung von Konversionssyndromen stammt von *Ullmann* und *Krasner* (1975). Ihrer Ansicht nach ist die Konversionsreaktion der Versuch, sich so zu verhalten, wie sich in der Vorstellung der Betroffenen jemand mit einer motorisch und sensorisch beeinträchtigenden Krankheit verhalten würde. Damit stellen sich zwei Fragen. Sind Menschen zu solchem Ver-

---

1 Die hypnotische Sensibilität bezieht sich darauf, ob jemand ein gut zu hypnotisierender Proband ist, d.h. ob er bereit ist, sich auf die Suggestionen des Hypnotiseurs einzulassen. Die Fähigkeit wird am häufigsten mit der Stanford Hypnotic Susceptibility Scale erfaßt (*Weizenhoffer & Hilgard*, 1959), bei der die Probanden eine Reihe von Aufgaben durchzuführen haben. Eine besteht beispielsweise darin, daß der Hypnotiseur dem Probanden suggeriert, daß seine Hand so schwer ist, daß er sie nicht heben kann. Der gut zu hypnotisierende Proband kann entweder seine Hand nicht heben oder hat große Schwierigkeiten dabei.

halten fähig? Und unter welchen Bedingungen wird solches Verhalten am wahrscheinlichsten?

Es spricht einiges dafür, daß die erste Frage zu bejahen ist, daß also Menschen Verhaltensmuster annehmen können, die klassischen Konversionssymptomen entsprechen. Lähmungen, Analgesien und Blindheit lassen sich, wie wir gesehen haben, unter Hypnose induzieren. Ähnlich hat man mit chemisch unwirksamen Medikamenten (Placebos) Schmerzlinderung bei Patienten erreicht, die als wirklich krank galten.

Auf die zweite Frage geben *Ullmann* und *Krasner* nur eine Teilantwort. Zwei Bedingungen erhöhen ihrer Meinung nach die Wahrscheinlichkeit, daß jemand motorische und sensorische Funktionsstörungen imitiert. Erstens muß der Betreffende einige Erfahrungen mit der entsprechenden Rolle haben, d.h. er muß ähnliche körperliche Probleme gehabt oder sie bei anderen beobachtet haben. Und zweitens muß dieses Rollenverhalten belohnt werden. Jemand wird nur dann eine Behinderung in Szene setzen, wenn er eine Belastung vermindern kann oder dies für ihn angenehme Konsequenzen hat.

Obwohl diese verhaltenstheoretische Interpretation plausibel erscheint, findet sich in der Literatur keine völlige Unterstützung, da es unklar ist, ob der Patient sich des Verhaltens bewußt ist – d.h. ob dieses Verhalten bewußt oder unbewußt gesteuert wird. Die Patientin Celia von *Grosz* und *Zimmerman* handelte nicht entsprechend der Theorie von *Krasner* und *Ullmann*. Die sehr intelligente Celia bewältigte die visuelle Diskriminationsaufgabe perfekt, behauptete aber, nur verschwommen zu sehen. Als Rollenspiel wäre ein derartiges Verhalten recht ungeschickt. Würden Sie, wenn Sie jemanden von Ihrer Blindheit überzeugen wollten, immer das richtige Dreieck identifizieren? Celias Verhalten scheint eher der Theorie von *Sakkeim* und seinen Mitarbeitern zu entsprechen. Auf der Ebene bewußter Wahrnehmung sah Celia vermutlich tatsächlich nur verschwommene Bilder. Die Dreiecke wurden auf unbewußter Ebene unterschieden und so konnte sie das aufrecht stehende herausgreifen. Celias Sehschwierigkeiten hatten ihr die Aufmerksamkeit und Hilfe ihrer Eltern eingetragen, was in der Natur der Konversionsstörung, aber auch der Simulation liegt. Drei Jahre nach Einsetzen der Störung erlangte Celia während eines Ferienaufenthaltes mit ihren Eltern an der Westküste ganz plötzlich und auf dramatische Weise ihr Sehvermögen wieder. Im Juni hatte sie die High School mit überdurchschnittlich guten Noten abgeschlossen. Das Bedürfnis nach Unterstützung wegen der Sehschwäche bestand möglicherweise nicht mehr und ihr Sehvermögen kam wieder.

Eine weitere verhaltenstheoretische Auffassung der somatoformen Störungen, zumindest der Somatisierungsstörung, geht davon aus, daß die verschiedenen Schmerzen, Beeinträchtigungen und Dysfunktionen eine unrealistische Angst darstellen, die sich in bestimmten Körpersystemen manifestiert. Vielleicht setzt sich die extreme Spannung, unter der jemand steht, in der Magenmuskulatur fest und er fühlt sich schlecht und erbricht sogar. Sind die Normalfunktionen erst einmal gestört, dann kann sich das Fehlverhalten wegen der Aufmerksamkeit, die es erfordert, oder wegen der Ausreden, die damit verbunden sein können, verstärken. In ähnlicher Weise sind Klagen über körperliche Symptome als Strategie benutzt worden, um schlechte Leistungen in Prüfungssituationen zu erklären. Die Attribuierung schlechter Leistungen auf eine Krankheit ist weniger bedrohlich als die Attribuierung auf persönliches Versagen (*Smith, Snyder & Perkins*, 1983).

Soziokulturelle Theorien

Soziokulturelle Theorien sind begründet in der angenommenen Abnahme der Konversionsstörungen während des letzten Jahrhunderts. Während *Freud* und *Charcot* offensichtlich sehr viele Patientinnen mit dieser Störung behandelt haben, bekommen heutige Therapeuten solche Patienten kaum noch zu sehen. Dafür gibt es verschiedene Erklärungsversuche. In Frankreich und Österreich scheinen Konversionsreaktionen seinerzeit besonders häufig gewesen zu sein, und daran, so vermutet die Psychoanalyse, war die repressive Einstellung zur Sexualität in diesen Ländern nicht unschuldig. Daß die Konversionsstörung seltener geworden ist, liegt demnach an der allgemeinen Lockerung der sexuellen Sitten, aber auch an der größeren psychologischen und medizinischen Erfahrenheit unserer gegenwärtigen Kultur, die Angst eher toleriert als Dysfunktionen, die keine physiologische Grundlage haben.

Zur Unterstützung dieser Theorie wird häufig eine Untersuchung von *Proctor* (1958) zi-

Kasten 7.1 Kognitive Faktoren: Bewußtheit, das Unbewußte und Verhalten

Im ausgehenden 19. Jahrhundert stellten die ersten Experimentalpsychologen sehr bald fest, daß uns vieles von dem, was in unseren Köpfen vorgeht, wenn wir Umweltreize wahrnehmen und enkodieren, unbewußt bleibt. Ein großer Teil unserer geistigen Arbeit vollzieht sich jenseits unseres Bewußtseins. Nehmen wir ein Beispiel aus unserer Zeit. Wenn Psychologen die selektive Aufmerksamkeit untersuchen, tun sie das mit Hilfe einer akustischen Aufgabe, bei der jedem Ohr des Probanden ein anderes Band eingespielt wird. Nur einem davon sollen die Probanden ihre Aufmerksamkeit schenken. Im allgemeinen berichten die Probanden anschließend, daß sie von dem, was in das andere Ohr eingespielt wurde, kaum etwas mitbekommen hätten. *Aber diese unbeachteten Reize können späteres Verhalten beeinflussen.* Wilson (1975) z.B. ließ seine Probanden einer menschlichen Stimme lauschen und spielte ihnen in das unbeachtete Ohr Tonsequenzen ein. Die Probanden behaupteten, keine Töne gehört zu haben. In einer nachfolgenden Gedächtnisaufgabe, bei der sie zuvor gespielte Tonsequenzen hörten und andere, die nicht gespielt worden waren, waren sie nicht in der Lage, zwischen den beiden Typen zu unterscheiden. Sie erkannten die unbeachteten Tonreize also tatsächlich nicht wieder. Dafür zeitigte eine andere Messung ein verblüffendes Ergebnis. Es ist bekannt, daß Vertrautheit die Beurteilung von Tonreizen, wie *Wilson* sie darbot, beeinflußt. Vertraute Sequenzen gefallen besser als ganz neue. Als *Wilson* seine Probanden nun bat, eine Reihe von Tonfolgen danach zu ordnen, wie sehr sie ihnen gefielen, erhielten die zuvor dem unbeachteten Ohr eingespielten den Vorzug. Einige Aspekte dieser Tonfolgen mußten also aufgenommen worden sein, obwohl die Probanden sie angeblich nicht gehört und auch bewiesen hatten, daß sie sie nicht wiedererkannten.
Ähnliches hat man beim Gesichtssinn beobachtet (*Kunst-Wilson* & *Zajonc*, 1980). Den Probanden wurden für eine Millisekunde verschiedene Formen vorgeführt. Sie waren so gut wie nicht in der Lage, diese Formen später wiederzuerkennen. Doch ihnen gefielen die bereits „gesehenen" Formen besser als neu dargebotene.
Eine Untersuchungsreihe von *Nisbett* und *Wilson* (1977) zeigt ebenfalls, daß in Worte gefaßtes Bewußtsein nicht immer ein sehr zuverlässiger Indikator für die Auswirkung von Reizen auf Verhalten ist. In einer ihrer Untersuchungen ließen *Wilson* und *Nisbett* ihre Probanden zunächst eine Reihe von Wortpaaren lernen. Für einige Probanden waren die Wortpaare so zusammengestellt, daß sich die Kombination vermutlich auf das Verhalten der Probanden im zweiten Teil der Studie auswirken würde. Eines dieser Wortpaare war z.B. „Ocean-moon". Man erwartete, daß den Probanden, die dieses Wortpaar gelernt hatten, später auf die Frage nach einem Waschmittel mit größerer Wahrscheinlichkeit die Marke „Tide" (Gezeiten) in den Sinn kommen würde. Die Ergebnisse entsprachen den Erwartungen: Probanden, die die besonderen Wortkombinationen gelernt hatten, reagierten doppelt so häufig mit den erwarteten Assoziationen wie die Probanden der anderen Gruppe. Gleich anschließend fragte man die Probanden nach dem Grund ihrer Reaktion. Sie erinnerten sich zwar noch an die Wortpaare, erwähnten sie aber als Urheber ihrer Reaktionen so gut wie nie. Statt dessen gaben sie Gründe an wie: „Meine Mutter wäscht mit ‚Tide'" oder „‚Tide' ist das bekannteste Waschmittel".
Die gerade beschriebenen Untersuchungen im Labor liefern Belege für die Einflüsse unbewußter Vorgänge. Lassen sie sich aber auf eher reale abhängige Variablen verallgemeinern? Die Studie von *Bornstein*, *Leone* und *Galley* (1987) zeigt, daß die Frage zu bejahen ist. Sie untersuchten, ob die unterschwellige Darbietung eines Gesichts einer Person die Interaktionen mit dieser Person beeinflußt. Die Probanden nahmen mit zwei Mitarbeitern des Versuchsleiters an einer Aufgabe teil, bei der sie zehn Gedichte lasen und dann gemeinsam das Geschlecht des Autors für jedes Gedicht erraten sollten. Nach einer Festlegung vor dem Experiment stimmten die beiden Mitarbeiter in 7 der 10 Fälle nicht überein und brachten damit den Probanden in Entscheidungszwang. Unmittelbar vor der Einschätzung der Gedichte sah die Hälfte der Probanden für 4 Millisekunden fünf Dias mit Darstellungen des Gesichts eines der Mitarbeiter. Die andere Gruppe sah die des anderen Mitarbeiters. (Voruntersuchungen hatten bereits gezeigt, daß diese Präsentationen nicht von Lichtblitzen unterschieden werden

konnten.) Dieses Vorgehen, das auf den Arbeiten von *Wilson* und *Kunst-Wilson* und *Zajonc* basierte, sollte dazu führen, daß die Vertrautheit mit dem einen Mitarbeiter gesteigert wurde, von dem das Dia gezeigt wurde, und damit auch zu einer Änderung des Verhaltens. Die wichtigste abhängige Variable war, welche Probanden mit dem Mitarbeiter bei der Beurteilung des Geschlechts eines Gedichtautors übereinstimmten. Wie nach der Untersuchungshypothese zu erwarten, stimmten die Probanden in 68 Prozent der Fälle mit dem Mitarbeiter überein, dessen Dia sie gesehen hatten. Dieser Effekt ist statistisch signifikant. Solche Untersuchungen, von denen es eine ganze Reihe gibt, sind eng mit dem psychoanalytischen Konzept des Unbewußten verbunden. Moderne Forscher neigen inzwischen durchaus der Ansicht *Freuds* zu, daß ein großer Teil menschlichen Verhaltens von unbewußten Prozessen determiniert wird. Wie viele andere (z.B. *Kihlstrom, Barnhardt* & *Tatryn*, 1992) sind wir überzeugt, daß unbewußte Vorgänge wichtig sind. Aber diese unbewußten Prozesse werden anders als bei *Freud* verstanden. Letzterer postulierte die Existenz „des" Unbewußten, eines Reservoirs für Triebenergie und verdrängte Konflikte und Triebregungen. Heutige Forscher haben mit Energiespeicher und Verdrängung nichts im Sinn, sondern nehmen einfach an, daß wir uns weder all dessen, was um uns herum vorgeht, noch aller unserer kognitiver Prozesse bewußt sind.* Gleichzeitig können solche unbewußt bleibenden Reize und Prozesse unser Verhalten nachhaltig beeinflussen. Es wird also nicht einfach sein, den Ursachen menschlichen Verhaltens auf die Spur zu kommen. Einfach zu fragen „Warum hast du das getan?" reicht nicht.

---

* In gewissem Sinne liegt der Unterschied darin, ob man den Begriff des Unbewußten wie *Freud* substantivisch verwendet oder aber adjektivisch, wie es heutige Forscher tun. Das Adjektiv „unbewußt" kann zur Erforschung von Faktoren anregen, die bestimmte Dinge vom Bewußtsein fernhalten.

tiert. In die Psychiatrische Klinik der Universität von North Carolina wurden auffallend viele Kinder mit Konversionsreaktionen eingewiesen: insgesamt 13% der kindlichen Patienten. Wie *Proctor* feststellte, kamen die meisten Kinder aus ländlichen Gegenden, deren Bewohner einen überwiegend niedrigen sozioökonomischen Status hatten, wenig gebildet und im fundamentalistischen Sinne streng religiös waren. In diesem Teil North Carolinas herrschten also Verhältnisse, die denen im Frankreich und Österreich des 19. Jahrhunderts in mancherlei Hinsicht vergleichbar waren. Auch bei der Untersuchung von *Folks* et al. (1984) über 50 Patienten war die Diagnose Konversionsstörung bei den Patienten vom Land und aus niedrigerem sozialen Status höher. Weitere Belege für diese soziokulturelle Sichtweise stammen aus Studien, die zeigen, daß die Diagnose Hysterie in den Industrienationen seltener geworden ist (z.B. für England: *Hare*, 1969), aber in weniger entwickelten Ländern häufiger (z.B. für Lybien: *Pu* et al., 1986). Diese Ergebnisse sind zwar konsistent, lassen sich aber schwer interpretieren. Sie könnten bedeuten, daß die zunehmenden Kenntnisse über Krankheiten zu einer niedrigeren Prävalenz der Konversionsstörung führt. Eine Alternative dazu sind von Land zu Land unterschiedliche Vorgehensweisen bei der Diagnostik, was zu unterschiedlichen Häufigkeiten führt. Eine multinationale Untersuchung, die von Experten durchgeführt wird, die den gleichen diagnostischen Prinzipien folgen, ist dringend erforderlich.

Biologische Faktoren

Es wurde auch angenommen, daß genetische und physiologische Faktoren bei der Entwicklung von Konversionsstörungen eine Rolle spielen, aber die Forschungen sind nicht sehr umfangreich. *Slater* (1961) untersuchte beispielsweise die Konkordanz bei zwölf eineiigen und zwölf zweieiigen Zwillingspaaren. In jedem Fall war bei einem Zwilling die Störung diagnostiziert worden, aber in keiner der beiden Gruppen waren auch die Zwillingspartner betroffen. In jüngerer Zeit berichtete *Torgerson* (1986) über eine Zwillingsuntersuchung bei somatoformen Störungen. Sie umfaßte zehn Fälle von Konversionsstörung, zwölf mit Somatisierungsstörung und sieben mit Schmerzstörung. Kein Zwillingspartner hatte die gleiche Diagnose wie der Patient! Sogar die Gesamtkonkordanz für somatoforme Störungen war bei eineiigen Zwillingen nicht höher als bei zweieiigen. Die genetischen Faktoren können also auf der Grundlage der bislang durchgeführten Untersuchungen keine Bedeutung haben.

Einen Hinweis auf eine mögliche neurophysiologische Erklärung, warum mit Konversionssyndromen verbundene Emotionen der bewußten Wahrnehmung verborgen bleiben, geben uns Untersuchungen, die zeigen, daß Konversionssymptome auf der linken Körperseite häufiger sind als auf der rechten (*Galin*, *Diamond* & *Braff*, 1977; *Ford* & *Folks*, 1985; *Stern*, 1977). In den meisten Fällen werden diese linksseitigen Körperfunktionen von der rechten Hirnhemisphäre kontrolliert. Die Mehrzahl der Konversionssymptome hängen also möglicherweise mit dem Funktionieren der rechten Hemisphäre zusammen. Untersuchungen an Patienten, deren Hemisphären man chirurgisch voneinander getrennt hatte, um die Ausweitung epileptischer Anfälle zu verhindern, ergaben, daß die rechte Hemisphäre separat Emotionen erzeugen kann und dies vermutlich sogar in größerem Umfang tut als die linke Hemisphäre. Auf diese Weise wären Konversionssymptome neurophysiologisch mit emotionaler Erregung verbunden. Dieselbe Forschung ergab ferner Hinweise darauf, daß die Verbindung der rechten Hemisphäre mit der Fähigkeit der linken, Emotionen zu beschreiben und zu erklären und so dem Individuum bewußt zu machen, von den Nervenverbindungen des Corpus callosum abhängt. Bei Konversionsreaktionen blockiert möglicherweise die linke Hemisphäre auf irgendeine Weise Impulse, die Träger eines schmerzhaften emotionalen Inhaltes aus der rechten Hemisphäre sind. Menschen mit einer Konversionsstörung würden also zwischen diesem Inhalt und den sie beunruhigenden Umständen oder ihren emotionalen Bedürfnissen keinen Zusammenhang herstellen – eine sehr spannende Spekulation.

Therapie Somatoformer Störungen

Natürlich gehen Menschen mit hypochondrischen Beschwerden, Konversionsstörungen und psychogenen Schmerzen in den meisten Fällen zunächst einmal zum ganz normalen Arzt und nicht zum Psychiater oder Psychologen, denn sie definieren ihre Probleme somatisch. Sie nehmen psychologische Erklärungen nicht an und reagieren sehr ungehalten auf eine Überweisung zum „Irrenarzt". Solche Patienten können die Geduld ihrer Ärzte auf eine harte Probe stellen. Häufig wissen sich diese nicht anders zu helfen, als – in der Hoffnung, die somatischen Beschwerden doch noch zu lindern – ein Medikament oder eine medizinische Behandlung nach der anderen zu verschreiben.

Die Psychoanalyse hat natürlich ein ganz besonderes Verhältnis zur Konversionsstörung, da viele von *Freuds* Patientinnen darunter litten. Die „Redekur", zu der sich die Psychoanalyse entwickelte, ist gegründet auf der Annahme, daß eine massive Verdrängung der psychischen Energie keinen anderen Ausweg ließ als den der Konversion in rätselhafte Anästhesien oder Lähmungen. Die Katharsis sollte durch Konfrontation mit den infantilen Ursprüngen der Verdrängung helfen, und sogar heute noch versucht man es mit freier Assoziation und anderen Techniken zur Aufhebung der Verdrängung. Psychoanalyse und psychoanalytisch orientierte Therapien haben sich bei der Behandlung von Konversionsstörungen als nicht sehr effektiv erwiesen, sie bewirken allenfalls, daß die Patienten sich wegen ihrer Beeinträchtigungen weniger Sorgen machen (*Ochitil*, 1982).

Verhaltenstherapeuten glauben, daß das mit einem Somatisierungssyndrom einhergehende hohe Angstniveau an bestimmte Situationen geknüpft ist. Alice, die wir weiter oben kennengelernt haben, sagte selbst, daß sie beim Gedanken an ihre kriselnde Ehe und an Situationen, in denen andere sie bewerten könnten, extreme Angst empfände. Diese Ängste könnte man mit Techniken wie systematischer Desensibilisierung oder einer kognitiven Therapie behandeln, und mit der Angst müßten auch die somatischen Beschwerden schwinden. Aber vermutlich dürfte sich die Behandlung darin nicht erschöpfen, denn jemand, der eine Zeitlang „krank" gewesen ist, hat sich in einem Leben der Schwäche und Abhängigkeit eingerichtet und sich daran gewöhnt, den Herausforderungen des Alltags aus dem Weg zu gehen, statt sich ihnen wie ein erwachsener Mensch zu stellen. Es ist gut möglich, daß sich auch die Angehörigen mit der „Schwäche" von Alice arrangierten und sie in ihrem Vermeiden normaler, erwachsener Verantwortung unwillentlich bestärkten.

In diesem Fall müßte eine Familientherapie Alice und ihrer Familie helfen, das familiäre Beziehungsnetz zu ändern, um die Bemühungen von Alice um größere Autonomie zu unterstützen. In einem Selbstbehauptungstraining und einem *sozialen Training* könnte Alice lernen, sich anderen Menschen zu nähern und mit ihnen zu sprechen, Augenkontakt aufzunehmen, Komplimente zu machen, Kritik anzunehmen und Forderungen zu stellen – kurz, sie könnte Fertigkeiten im Umgang mit anderen und den eigenen Bedürfnissen erwerben oder wiedererwerben, mit Bedürfnissen, die nicht von vornherein unter der Prämisse stehen „Ich bin eine arme, kranke, schwache Person".

Es ist im allgemeinen empfehlenswert, die Aufmerksamkeit des Patienten davon, was er wegen seiner Erkrankung nicht tun kann, abzulenken und ihm zu helfen, mit Belastungen fertig zu werden, ihn zu einer größeren Aktivität zu ermuntern und sein Gefühl der Kontrolle zu verstärken – trotz der körperlichen Einschränkungen und des Unbehagens, das der Patient erlebt. Für Patienten mit Schmerzstörung kann ein Schmerzbewältigungsprogramm, wie es in Kapitel 19 (S. 699) beschrieben wird, nützlich sein (*Seligman*, 1990).

Eine in vivo Konfrontation wurde bei der Behandlung von zwei Patienten mit psychogener Übelkeit und Erbrechen eingesetzt. Die Betroffenen wurden ermutigt, sich den Situationen auszusetzen, die diese Reaktion auslösen, genauso wie der Phobiker sich dem angstauslösenden Reiz gegenüber sieht. Die Autoren folgerten, daß die positiven Ergebnisse auf die Löschung der Angst zurückzuführen ist, die der Übelkeit zugrunde lag (*Lesage & Lamoontagne*, 1985).

Mit einer großen Vielfalt therapeutischer Techniken haben Verhaltenstherapeuten ihren Patienten zu vermitteln versucht, daß es sich lohnt, die Symptome aufzugeben. Ein Fallbericht von *Liebson* (1967) ist ein Beispiel für diese Taktik. Ein Mann hatte wegen Schmerzen und Schwäche in den Beinen sowie Schwindelanfällen seine Arbeit aufgegeben. *Liebson* überzeugte seine Familie, daß sie ihn in seinem Müßiggang nicht bestärken dürfe, und arrangierte es so, daß der Mann eine Gehaltszulage bekam, wenn er es schaffte, wieder zur Arbeit zu erscheinen. Verstärkung sollte es also für den Patienten verlockender machen zu gesunden, als sich weiterhin von seinen Symptomen einschränken zu lassen. Bei einer solchen operan-

ten Taktik muß der Therapeut Sorge tragen, daß der Patient nicht sein Gesicht verliert, wenn er sich von seinen Symptomen trennt (*Walen, Hauserman & Lavin*, 1977). D.h., der Therapeut muß die Möglichkeit berücksichtigen, daß der Patient sich gedemütigt fühlt, wenn sich sein Zustand durch eine andere als eine „medizinische" Behandlung bessert. Ein ausgezeichnetes, aber ausgefallenes Beispiel geben *Macleod* und *Hemsley* (1985).

Da Somatoforme Störungen seltener zum Psychotherapeuten führen als andere Schwierigkeiten, gibt es keine kontrollierten Untersuchungen über die relative Wirksamkeit der verschiedenen Behandlungsformen. Informationen darüber, wie man Menschen mit diesen rätselhaften Beeinträchtigungen körperlicher Funktionen helfen kann, liefern uns einstweilen nur Fallberichte und klinische Spekulationen.

Ein 49jähriger Mann bekam eine Aphonie, die Unfähigkeit mehr als ein Wispern von sich zu geben, nach einer Injektion in den Nacken. Obwohl die körperlichen Untersuchungen alle negativ ausfielen, blieb der Patient bei seiner Auffassung, daß seine Sprachprobleme eine Folge der Injektion wären. *Macleod* und *Hemsley* entschlossen sich dazu, die Attribuierung des Patienten nicht in Frage zu stellen, sondern sie zu akzeptieren, indem sie ihn darüber informierten, daß eine Reihe von Übungen notwendig sei, um die geschädigten Muskeln zu stärken. Die Behandlung bestand darin, daß er Kinderreime in ein Mikrophon sprach, das einem Polygraphen angeschlossen war und eine ständige Überwachung und Rückmeldung der Lautstärke gewährleistete. Während jeder Behandlungssitzung sollte der Patient seine Lautstärke erhöhen. Anfänglich erhöhte sich die Lautstärke stetig, erreichte aber bald ein Plateau. Eines Tages trank der Patient jedoch vor der Behandlung ein Bier und an diesem Tag erreichte seine Sprache wieder das Normalniveau.

Durch eine Folge unglücklicher Ereignisse hatten die positiven Ergebnisse der Behandlung keinen Bestand. Der Patient führte den Behandlungserfolg zumindest teilweise auf das Bier zurück, und seine Frau hatte den Eindruck, daß dies ein Ereignis sei, das eine Notiz in der Zeitung wert sein müßte und informierte die Lokalzeitung. Die Geschichte wurde dann von der überregionalen Presse und dem Fernsehen aufgegriffen und der Hersteller des Biers, das er getrunken hatte, startete eine Anzeigenkampagne, in der er im Mittelpunkt stand. Die daraus resultierende Beschämung war zu viel für ihn, die Aphonie trat wieder auf und mit ihr depressive Symptome, die einen Klinikaufenthalt erforderlich machten.

Dissoziative Störungen

In diesem Abschnitt werden vier dissoziative Störungen ausführlicher dargestellt: Dissoziative Amnesie, Dissoziative Fugue, Dissoziative Identitätsstörung (früher Multiple Persönlichkeitsstörung) und die Depersonalisationsstörung. Allen gemeinsam ist „eine plötzliche, zeitlich begrenzte Änderung der normalen integrativen Funktionen des Bewußtseins, der Identität oder des motorischen Verhaltens". Wichtige persönliche Ereignisse können nicht erinnert werden, oder die gewohnte Identität geht zeitweilig verloren. Extreme Fälle können sogar eine neue Identität annehmen. Möglicherweise verläßt der oder die Betroffene sogar die gewohnte Umgebung. Präzise Daten über die Prävalenz der dissoziativen Störungen sind nicht verfügbar. Die bislang wahrscheinlich beste Untersuchung ermittelte Prävalenzraten von 7 Prozent für Amnesie, 2,4 Prozent für Depersonalisation und 0,2 Prozent für Fugue (*Ross*, 1991). Diese Studie wird bei der Dissoziativen Identitätsstörung ausführlicher beschrieben.

Bei der Darstellung der vier wichtigen dissoziativen Störungen wird zunächst auf die Symptome und danach auf die Theorien zur Ätiologie und die Therapie eingegangen.

Dissoziative Amnesie

Hauptmerkmal der *Dissoziativen Amnesie* ist eine plötzlich einsetzende Unfähigkeit, sich wichtiger persönlicher Daten zu erinnern. Die Störung tritt gewöhnlich nach einer Zeit besonderer Belastung auf. Die Erinnerungslücken sind zu groß, als daß man sie mit normaler Vergeßlichkeit erklären könnte.

In den meisten Fällen betrifft der Gedächtnisverlust alle Ereignisse, die sich innerhalb eines begrenzten Zeitraumes nach einer traumatischen Erfahrung begeben, etwa nachdem jemand den Tod eines geliebten Menschen miterleben mußte. Etwas seltener ist die selektive Amnesie, der nur einige, nicht aber alle Ereignisse eines bestimmten, besonders belastenden Zeitraumes anheimfallen. Die seltenste Form dieser Störung ist die vollständige Amnesie, die sich auf das ganze Leben erstreckt. Während einer amnestischen Episode können als Folge des Gedächtnisverlustes Desorientiertheit und zielloses Umherlaufen vorkommen, aber im allgemeinen ist das Verhalten der Betroffenen unauffällig. Bei vollkommener Amnesie erkennt der Patient weder Verwandte noch Freunde, aber seine Fähigkeit, zu sprechen, zu lesen und zu argumentieren und vielleicht auch seine besonderen Talente und jegliches Wissen über die Welt und über die Funktionsweisen in ihr, das vorher erworben wurde, bleiben ihm erhalten. Die amnestische Periode kann mehrere Stunden, aber auch mehrere Jahre dauern. Die Amnesie verschwindet gewöhnlich so plötzlich wie sie gekommen ist, die Wiederherstellung ist vollständig und Rezidive sind selten.

Gedächtnisverlust ist auch ein übliches Symptom vieler organisch bedingter Störungen des Gehirns. Aber psychogene Amnesie und hirnorganisch bedingter Gedächtnisverlust sind recht gut voneinander zu unterscheiden. Bei organisch bedingten psychischen Störungen läßt das Gedächtnis allmählich und unabhängig von besonders belastenden Ereignissen nach. Der Gedächtnisverlust nach einer Hirnverletzung, die von einem Trauma verursacht wird (z.B. durch einen Autounfall) oder durch Substanzmißbrauch entsteht, kann leicht auf das Trauma oder die konsumierte Substanz zurückgeführt werden.

Dissoziative Fugue

Wenn jemand eine vollständige Amnesie erleidet und außerdem Heim und Arbeitsplatz verläßt und eine ganz neue Identität annimmt, lautet die Diagnose auf *Dissoziative Fugue*. Die Identitätsänderung kann sehr umfassend sein: Der Betroffene wählt einen neuen Namen, ein neues Zuhause, einen neuen Arbeitsplatz und sogar neue Persönlichkeitszüge. Er baut sich ein komplexes gesellschaftliches Leben auf – und das alles ohne das Unvermögen, sich an die Vergangenheit zu erinnern, in Zweifel zu ziehen. In den meisten Fällen ist das neue Leben weniger komplex und das Weglaufen insgesamt von kürzerer Dauer. Die Betroffenen unternehmen kurze, offensichtlich zielgerichtete Reisen, während derer sie wenig oder gar keine sozialen Kontakte aufnehmen. Zur Fugue kommt es meistens nach schweren Belastungen wie Ehestreitigkeiten, persönliche Zurückweisung, kriegerische Konflikte oder Naturkatastrophen. Die Wiederherstellung ist – obwohl die dafür notwendige Zeitspanne unterschiedlich lang ist – gewöhnlich vollständig, und es besteht keine Erinnerung an die Ereignisse während der Flucht.

Dissoziative Identitätsstörung

Stellen Sie sich vor, was es für Sie bedeuten würde, wie Chris Sizemore mit den berühmten „drei Gesichtern der Eve" (vgl. S. 122) eine Dissoziative Identitätsstörung oder eine Multiple Persönlichkeit zu haben. Man hat Ihnen von Dingen erzählt, die Sie getan haben, die Ihnen ganz wesensfremd sind, von Ereignissen, an die Sie sich nicht erinnern. Sie wachen jeden Morgen auf und sehen eine halbgetrunkene Tasse Tee neben Ihrem Bett – dabei trinken Sie nicht gern Tee. Wie können Sie sich diese Vorkommnisse erklären? Wenn Sie eine Behandlung anstrebten, würden Sie sich nicht Gedanken darüber machen, ob der Psychiater oder Psychologe Ihnen auch glaubt? Vielleicht würde der Kliniker Sie für psychotisch halten.

Wir alle haben Tage, an denen wir nicht ganz „wir selbst" sind. Das ist normal und hat mit einer Dissoziativen Identitätsstörung nichts zu tun. Nach dem DSM-IV ist das Hauptmerkmal der *Dissoziativen Identitätsstörung* (oder Multiplen Persönlichkeitsstörung) die „Existenz von zwei oder mehr verschiedenen Persönlichkeiten innerhalb eines Individuums". Jede dieser Persönlichkeiten hat ihre eigene Lebensform, ihre Gefühle und Verhaltensmuster, die unabhängig voneinander sind und zu unterschiedlichen Zeiten dominant werden. Erinnerungslücken sind üblich, weil die eine Persönlichkeit keinerlei Zugang zur anderen hat, d.h., wenn Persönlichkeit A dominiert, weiß der oder die Betroffene nichts von Persönlichkeit B. Die Existenz verschiedener Persönlichkeiten muß chronisch und gravierend sein und darf z.B. nicht auf Drogeneinnahme zurückgeführt werden können.

Jede Persönlichkeit ist eine voll integrierte und komplexe Ganzheit mit eigenen Verhaltensmustern, Erinnerungen und Beziehungen, die Wesen und Handlungen des Betroffenen bestimmen, wenn die betreffende Persönlichkeit dominiert. Gewöhnlich sind die einzelnen Persönlichkeiten sehr verschieden, manchmal ist die eine sogar das genaue Gegenteil der anderen. In der Tat können sie sogar eine unterschiedliche Händigkeit haben, sie tragen Brillen mit verschiedenen Stärken und reagieren auf unterschiedliche Substanzen allergisch. Ursprüngliche Persönlichkeit und Subpersönlichkeiten sind sich der zeitlichen Lücken bewußt, und die Stimmen der einen können ins Bewußtsein der anderen dringen, ohne daß diese wissen, wem diese Stimmen gehören. Besitzt jemand mehr als zwei Subpersönlichkeiten, ist sich jede Persönlichkeit der anderen in unterschiedlichem Grade bewußt. Manchmal sprechen sie auch miteinander und sind einander ständige Gefährten.

Die Störung beginnt bereits in der frühen Kindheit, diagnostiziert wird sie aber selten vor der Adoleszenz. Die Dissoziative Identitätsstörung ist chronischer und gravierender als andere dissoziative Störungen, und die Wiederherstellung ist möglicherweise weniger vollständig. Sie tritt bei Frauen häufiger als bei Männern auf. Das Vorliegen weiterer Störungen – insbesondere Depression, Borderline Persönlichkeitsstörung und Somatisierungsstörung – ist häufig (*Ross* et al., 1990). Die Störung ist gewöhnlich von Kopfschmerzen, Substanzmißbrauch, Phobien, Suizidgedanken und selbstzerstörerischem Verhalten begleitet.

In der Presse laufen Fälle von Dissoziativer Identitätsstörung fälschlicherweise unter dem Etikett der Schizophrenie. Letztere Diagnose, der wir uns in Kapitel 14 ausführlicher zuwenden werden, enthält den griechischen Wortstamm *schizo*, was soviel bedeutet wie „sich abspalten". Daher auch wohl die Verwirrung. Eine Spaltung innerhalb der Persönlichkeit, bei der zwei oder mehr unterscheidbare und kohärente Systeme innerhalb einer Person abwechseln, ist etwas anderes als die Spaltung von Kognition und Affekt, die, so glaubt man, für das bizarre Verhalten Schizophrener verantwortlich ist.

Die Existenz der Dissoziativen Identitätsstörung ist Gegenstand zahlreicher Diskussionen gewesen (vgl. Kasten 7.2). Obwohl sie formell anerkannt ist und in das offizielle diagnostische Manual aufgenommen wurde, strapaziert sie doch die feste Überzeugung, daß jeder Körper nur einer Persönlichkeit Raum bietet. Die erste Erwähnung der Dissoziativen Identitätsstörung findet sich im 19. Jahrhundert. In einem Überblick über die Literatur konnten *Sutcliffe* und *Jones* (1962) insgesamt 77 Fälle finden, von denen die meisten im Zeitraum von 1890 bis 1920 beschrieben wurden. Danach nahm die Zahl der Berichte ab, bis sie in den 70er Jahren deutlich anstieg.

Welche Ursache hat dieser deutliche Abfall und der Wiederanstieg? Es ist möglich, daß sich die diagnostische Praxis verändert hat, aber auch, daß die Kliniker immer eine vergleichbare Zahl von Fällen hatten, aber nur dann darüber berichteten, wenn das Interesse an der Dissoziativen Identitätsstörung hoch war. Eine Möglichkeit ist auch, daß die zunehmende Popularität des Konzepts der Schizophrenie zu einer Verringerung der Zahl der Diagnosen geführt hat. Wie bereits erwähnt, sind Fälle der Dissoziativen Identitätsstörung fälschlich als Schizophrenie diagnostiziert worden (*Rosenbaum*, 1980). Dieses diagnostische Problem könnte in den letzten Jahren geringer geworden sein, da die Schizophrenie präziser definiert wurde (vgl. Kapitel 14). Ein weiterer Faktor, der möglicherweise für den Anstieg der Zahl der Diagnosen Dissoziativen Identitätsstörung geführt hat, war die Publikation von Sybil, einem dramatischen Fall mit 16 Persönlichkeiten. Dieser Fall zog viel Aufmerksamkeit auf sich und es ist bemerkenswert, daß in der Zeit danach die Zahl der Persönlichkeiten bei jedem Fall dramatisch anstieg (von zwei oder drei in den vergangenen Jahren auf mehr als zehn derzeit). Schließlich könnten auch Veränderungen bei den diagnostischen Kriterien eine Rolle gespielt haben. Nach DSM-III-R ist es nicht notwendig, daß die Persönlichkeiten füreinander amnestisch sind. Dies erhöhte die Möglichkeit dafür, daß die Diagnose Dissoziative Identitätsstörung auch auf Menschen angewendet wurde, die große Unterschiede in ihrem Verhalten zeigen, was bei einigen Persönlichkeitsstörungen der Fall ist (*Kihlstrom & Tataryn*, 1991). Wie bereits erwähnt, wurde im DSM IV die Komponente der Amnesie in die diagnostischen Kriterien wieder aufgenommen, aber es ist noch nicht möglich zu beurteilen, welche Auswirkung dies auf die Prävalenz haben wird.

Um Daten über die Prävalenz der Dissoziativen Identitätsstörung zu bekommen, untersuchte *Ross* (1991) eine Stichprobe von 454 Erwachsenen in Winnipeg (Kanada). Unglücklicherweise war diese Stichprobe nicht repräsentativ für die Bevölkerung, und die Studie hat auch weitere Probleme, so wurden z.B. die Diagnosen nicht durch unabhängige Interviewer bestätigt. Trotzdem handelt es sich dabei um die umfangreichste Untersuchung, die zur Prävalenz der Dissoziativen Identitätsstörung durchgeführt wurde. Für die Prävalenz wurde ein Wert von 1,3 Prozent ermittelt. Obwohl diese Zahl nicht hoch aussieht, ist sie doch unglaublich hoch, wenn man sie mit der klinischen Erfahrung in Beziehung setzt. Zur Zeit der Publikation von „The Three Faces of Eve" wurde die Häufigkeit der Dissoziativen Identitätsstörung auf 1 zu 1 Million geschätzt. Es ist offensichtlich, daß methodisch bessere Untersuchungen durchgeführt werden müssen, aber es ist auch richtig zu sagen, daß die Prävalenz der Dissoziativen Identitätsstörung höher ist als vor einigen Jahren angenommen wurde.

Eine Zeitlang war Eve White der am besten dokumentierte Fall einer Dissoziativen Identitätsstörung. Inzwischen gibt es noch eine Anzahl weiterer Fallbeschreibungen. Eine davon, *The Three Faces of Evelyn,* aufgeschrieben von ihrem Psychiater *Robert F. Jeans,* erschien 1976 im *Journal of Abnormal Psychology* . Es ist zu erwähnen, daß das Ergebnis der Therapie in einer Integration oder Verschmelzung einiger Persönlichkeiten der Patientin bestand und nicht in einer Eliminierung von allen außer einer einzigen. Die meisten heutigen Forscher nehmen an, daß die Persönlichkeiten wichtige Funktionen haben und wichtige Aspekte der Person darstellen und daher kommt auch die Bedeutung für den Versuch, sie zu einer einzigen Persönlichkeit zu verschmelzen (*Ross,* 1989).

Jeans schildert den Hintergrund seiner Patientin wie folgt. Im Dezember 1965 konsultierte ihn auf Empfehlung ihrer Freunde Gina Rinaldi. Gina, eine unverheiratete Frau von 31 Jahren, lebte mit einer ebenfalls unverheirateten Frau zusammen und war seinerzeit erfolgreiche Autorin eines großen pädagogischen Verlages. Sie galt als effiziente, geschäftstüchtige und kreative Person, aber ihren Freunden war aufgefallen, daß sie immer vergeßlicher wurde und Dinge tat, die ihrem Wesen völlig widersprachen. Gina war die jüngste von neun Geschwistern und war, wie sie erzählte, seit früher Jugend geschlafwandelt. Von ihrer jetzigen Mitbewohnerin wußte sie, daß sie zuweilen im Schlaf schrie.

Gina beschrieb ihre damals 74jährige Mutter als die dominierendste Frau, die sie je erlebt habe. Sie selbst sei als Kind eine ängstliche und gehorsame Tochter gewesen. Mit 26 bekam sie Zahnspangen, und mit 28 hatte sie ihre erste „Affäre" und zwar mit einem ehemaligen Jesuitenpater, die aber offensichtlich nicht sexuellen Charakters war. Dann ging sie eine Beziehung mit „T.C.", einem verheirateten Mann, ein, der versprach, sich scheiden zu lassen und sie zu heiraten. Sie vertraute ihm, wie sie sagte, von Anfang an. Ginas Psychiater kam unter anderem aufgrund einer Traumanalyse zu dem

Schluß, daß seine Patientin sich insbesondere dann, wenn eine enge, sexuelle Beziehung von ihr erwartet wurde, in ihrer Rolle als Frau sehr unwohl fühlte. Aber T.C. rang sich nicht zur versprochenen Scheidung durch und hörte auf, Gina regelmäßig zu sehen. Auch Gina brachte ihm nicht mehr die gleiche Zuneigung entgegen.

Nach einigen Sitzungen stellte Jeans fest, daß sich eine zweite Persönlichkeit bemerkbar machte. „Mary Sunshine", wie Jeans und Gina sie nannten, war ganz anders als Gina. Sie schien kindlicher, femininer im traditionellen Sinn, überschwänglich und verführerisch zu sein. Sie selbst, so befand Gina, habe den Gang eines Grubenarbeiters, was man von Mary ganz sicher nicht behaupten konnte. Einige ganz konkrete Vorfälle wiesen auf Marys Existenz. Manchmal fand Gina im Spülbecken Tassen, in denen offensichtlich heiße Schokolade gewesen war – aber weder Gina noch ihre Mitbewohnerin mochten heiße Schokolade. Ihr Bankkonto verzeichnete hohe Abhebungen, an die sie sich nicht erinnern konnte. Eines Abends beim Fernsehen merkte Gina, daß sie weinte, und schalt sich selbst dumm, da der Film keinerlei Anlaß zum Traurigsein bot. Sie ertappte sich dabei, wie sie telephonisch eine Nähmaschine bestellte, obwohl sie ausgesprochen ungern nähte. Ein paar Wochen später kam sie in einem neuen, von Mary genähten Kleid zur Therapie. Ihre Kollegen, berichtete Gina, fänden sie sehr viel umgänglicher als früher und holten sich bei ihr Rat, wenn es mit Zusammenarbeit und Arbeitsklima nicht zum besten stand. All das war Gina vollkommen wesensfremd. Jeans und Gina kamen zu dem Schluß, daß Gina sich zuweilen in Mary verwandelte.

Eines Tages erschien T.C. wieder auf der Bildfläche. Gina, die nur Spott und Verachtung für ihn empfand, hörte sich sagen: „Ich habe dich ja so vermißt! Wie schön, dich zu sehen!" (Offensichtlich hatte die psychoanalytisch orientierte Therapie die bisher undurchlässigen Grenzen zwischen beiden Persönlichkeiten etwas durchlässiger gemacht.) Und zu ihrer Überraschung hörte Gina T.C. antworten: „ Du hast mir immer nur Liebes tun wollen. Jede Laune hast du ertragen und wolltest mich nur glücklich machen." Mary mußte auch in der früheren Beziehung Ginas zu diesem Mann aktiv gewesen sein.

Von nun an erlebte Jeans es immer häufiger, daß Gina sich vor seinen Augen in Mary verwandelte. Während einer Sitzung, zu der T.C. Gina begleitet hatte, wurden ihre Körperhaltung und ihre Bewegungen entspannter und ihre Stimme wärmer. Als T.C. erklärte, daß er wirklich sehr viel für sie empfinde, antwortete Gina oder vielmehr Mary mit Wärme: „Natürlich, T., ich weiß, daß du das tust."

Während einer anderen Sitzung war Mary aufgeregt und kaute, wie Jeans vermutete, an Ginas Fingernägeln. Dann fingen beide an, sich in Jeans Anwesenheit zu unterhalten.

Nach einem Jahr Therapie begannen Gina und Mary immer mehr zu verschmelzen. Erst sah es so aus, als behalte Gina die Oberhand, doch dann

merkte Jeans, daß Gina weniger ernst war als früher, und das betraf besonders ihren Vorsatz, „die Sache hinter mich zu bringen", d.h., harte therapeutische Arbeit zu leisten. Jeans, der wahrscheinlich glaubte, Mary wolle sich mit ihm unterhalten, ermunterte statt dessen Gina, mit ihr zu sprechen. Darauf hörte er von seiner Patientin folgendes:

„Ich lag im Bett und versuchte zu schlafen. Jemand fing wegen T.C. an zu weinen. Ich war sicher, daß das Mary war. Ich begann mit ihr zu sprechen. Doch die Person sagte, sie habe keinen Namen. Später erzählte sie dann, Mary nenne sie Evelyn... Ich hatte zuerst Mary in Verdacht, Evelyn zu spielen. Aber die Person, mit der ich sprach, hatte zuviel Verstand, um Mary zu sein. Sie sagte, sie habe erkannt, daß T.C. unzuverlässig sei, aber sie liebe ihn immer noch und fühle sich sehr einsam. Sie war wie ich der Meinung, daß man sich nach einem verläßlicheren Mann umsehen solle. Sie komme täglich einmal für kurze Zeit zum Vorschein, erzählte sie mir, um sich an die Welt zu gewöhnen. Sie hat auch versprochen, zu Ihnen (Jeans) zu kommen, wenn sie sich stärker fühlt" (*Jeans*, S. 254-255).

Im Januar erschien Evelyn dann immer häufiger, und Jeans merkte, daß es seiner Patientin zunehmend besser ging. Nach einigen Monaten schien sie nur noch Evelyn zu sein, und als Evelyn heiratete sie bald darauf einen Arzt. Die anderen Persönlichkeiten scheinen bis heute – nach Jahren – nicht mehr in Erscheinung getreten zu sein.

Depersonalisationsstörung

Die *Depersonalisationsstörung* – die befremdende und abrupte Änderung von Selbstwahrnehmung und Selbsterleben – wird im DSM-IV ebenfalls zu den dissoziativen Störungen gerechnet. Aber diese Zuordnung ist umstritten, weil bei diesem Syndrom die Gedächtnisstörung fehlt. Während einer Depersonalisationsepisode verlieren die Betroffenen ganz plötzlich das Gefühl für sich selbst. Ihre Glieder scheinen sich auszudehnen oder zu schrumpfen; oder sie haben das Gefühl, sich außerhalb ihres Körpers zu befinden und sich selbst aus einer Entfernung zu betrachten. Manchmal kommen sie sich ganz mechanisch vor, haben das Gefühl, sie und die anderen seien Roboter. Oder sie bewegen sich wie im Traum, in einer Welt, die unwirklich geworden ist. Ähnliche, aber sehr viel intensivere Erlebnisse haben auch manche schizophrene Patienten. Die Erfahrung des Schizophrenen entbehrt aber der Qualität des „als ob", von der Personen mit Depersonalisationsstörung regelmäßig berichten. Die Entfremdung des Schizophrenen vom eigenen Selbst ist real und vollständig.

Ätiologie Dissoziativer Störungen

Nach psychoanalytischer Auffassung spaltet sich bei Dissoziativen Störungen ein Teil des Bewußtseins von einem anderen ab. Die verschiedenen Formen der Dissoziativen Störung, so vermutet die psychoanalytische Theorie, sind ätiologisch verwandt und gehen gewöhnlich auf eine massive Verdrängung unannehmbarer, infantiler sexueller Wünsche während der ödipalen Phase zurück. Im Erwachsenenalter nimmt dieses ödipale Verlangen an Stärke zu, bis es sich schließlich, häufig in einem impulsiven sexuellen Akt, entlädt. Die normale Form der Verdrängung reicht offensichtlich nicht mehr aus, das Ereignis muß völlig aus dem Bewußtsein gelöscht werden. Die Betroffenen spalten einen ganzen Teil ihrer Persönlichkeit vom Bewußtsein ab (*Buss*, 1966) oder geben diesem abgespaltenen Teil ihrer selbst eine neue Identität.

Lerntheoretiker halten diese seltenen Phänomene im allgemeinen für Vermeidungsreaktionen auf sehr belastende Ereignisse. Auch wenn dieser Ansatz weder Verdrängung noch infantile sexuelle Konflikte vorsieht, ist er den psychoanalytischen Spekulationen nicht unähnlich.

Bliss (1980) nimmt an, daß die Dissoziative Identitätsstörung in der Kindheit durch Selbsthypnose entsteht, um mit extrem belastenden Situationen fertig zu werden. Zwei Belege unterstützen die Theorie von *Bliss*. Zum einen weisen die verfügbaren Daten darauf hin, daß Personen mit Dissoziativer Identitätsstörung sehr leicht zu hypnotisieren sind. *Bliss* (1983) fand beispielsweise, Personen mit Dissoziativer Identitätsstörung wesentlich höhere Werte auf den Stanford-Skalen der Hypnotic Susceptibility erreichten als Kontrollpersonen. Zum zweiten gibt es Berichte von Personen mit Dissoziativer Identitätsstörung über stark traumatische Erlebnisse in der Kindheit. Die Ergebnisse einer Umfrage bei Therapeuten, die Patienten mit Dissoziativer Identitätsstörung behandeln, erbrachte beispielsweise, daß 80 Prozent ihrer Patienten unter körperlichem Mißbrauch in der Kindheit gelitten hatten und daß fast 70 Prozent Inzestopfer waren (*Putnam* et al., 1983). Andere Schätzungen für körperlichen und sexuellen Mißbrauch in der

Ein schweres Trauma in der Kindheit wird als eine Hauptursache dissoziativer Störungen angesehen.

Kindheit liegen noch höher (*Klutt*, 1984; *Ross* et al., 1990).

In den letzten zehn bis fünfzehn Jahren wurde sehr viel über die Rolle des Kindesmißbrauchs, sowohl sexueller als auch anderer Art, bei Dissoziativen Störungen, insbesondere der Dissoziativen Persönlichkeitsstörung geschrieben. *Ross* (1989), aber auch andere, ist davon überzeugt, daß die Verringerung in der berichteten Inzidenz der Multiplen Persönlichkeitsstörung mit der Ablehnung von *Freuds* Verführungstheorie (Diese Theorie besagt, daß Kinder, insbesondere Mädchen, Mißbrauch von seiten der Eltern, aber auch anderen Personen ausgesetzt sind.) in Verbindung steht. Provokativ formuliert er:

„Nach der Nichtanerkennung der Verführungstheorie von Freud (zu Beginn des Jahrhunderts) begann bei Psychologen und Psychiatern eine Amnesie. Die

Belege und Argumente von Freud für die traumatischen Ursachen der Dissoziation gingen verloren. Das geschah so plötzlich, daß es nicht auf einfaches Vergessen zurückgeführt werden kann. In Wahrheit entwickelte die Wissenschaft eine dissoziative Störung, eine aktive Zurückweisung und das Verdrängen der Bedeutung des sexuellen Mißbrauchs und anderer traumatischer Erlebnisse in der Kindheit für die Entstehung der Multiplen Persönlichkeitsstörung. Eine Feministin könnte dies so kommentieren: Dies ist ein bequemes intellektuelles Manöver für den patriarchalischen Mißbrauch (*Ross*, 1989, S. 44)."

Das ist ein faszinierendes Argument, das weitreichende soziale und wissenschaftliche Folgen hat. Wir werden hier daran erinnert, daß die kulturellen Randbedingungen wichtige Faktoren bei der Untersuchung dieser Störung darstellen, was aber auch für andere Störungen gilt. Während wir heute den Kindesmißbrauch als bedeutenden Faktor bei der Dissoziativen Identitätsstörung anerkennen, ist dies in anderen Kulturen und zu anderen Zeiten nicht akzeptabel gewesen. Wie bereits früher erwähnt, stand *Freud* unter erheblichem sozialen Druck, seine Verführungstheorie fallen zu lassen. Handelt es sich dabei um eine Situation, in der sozialer Druck das wirklichliche Verständnis beeinträchtigt hat? Es sieht zumindest so aus.

Therapie Dissoziativer Störungen

Dissoziative Störungen sprechen vielleicht mehr als alle anderen klinischen Syndrome für die Plausibilität von *Freuds* Konzept der Verdrängung. Denn in allen drei Fällen – ob Amnesie, Fugue oder Dissoziative Identitätsstörung – scheint das Verhalten der Betroffenen darauf hinzudeuten, daß sie Teile ihres früheren Lebens vergessen haben. Und da sich diese Menschen dessen zuweilen nicht einmal bewußt sind, ist die Hypothese einer massiven Verdrängung recht zwingend.

Konsequenterweise ist für Dissoziative Störungen die psychoanalytische Behandlung weiter verbreitet als Methode der Wahl als bei anderen psychologischen Probleme. „Aufhebung der Verdrängung" heißt die Devise, die durch Anwendung grundlegender psychoanalytischer Techniken angestrebt wird.

Manche Patienten mit akuter Amnesie scheinen ihre verlorenen Erinnerungen wiederzufinden, wenn man sie ihre Lebensgeschichte erzählen läßt, und zwar möglichst vollständig und ohne schwer zu erinnernde Ereignisse zu überspringen (*Combs & Ludwig*, 1982). Bei offensichtlichen Erinnerungslücken kann man zu-

Die Hypnose wird zur Behandlung Dissoziativer Störungen eingesetzt. Dabei wird versucht, die Erinnerung an das traumatische Ereignis wiederherzustellen, das zur Dissoziation führte.

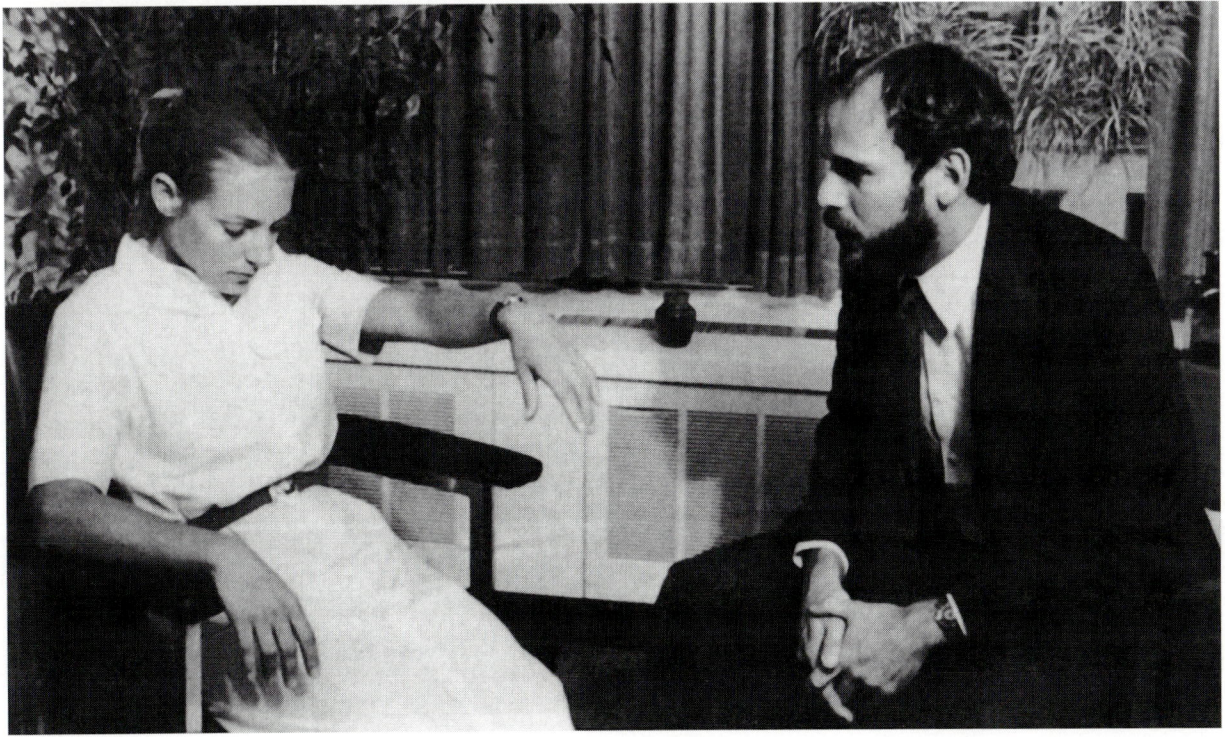

Kasten 7.2   Gibt es die Dissoziative Identitätsstörung wirklich?

Es ist immer gefragt worden, ob die Dissoziative Identitätsstörung wirklich eine Krankheit ist und nicht eher eine bewußte Anstrengung, um eine Bestrafung zu vermeiden oder Vorteile zu erlangen, die auf andere Weise nicht zu bekommen sind. Ist die Dissoziative Identitätsstörung wirklich mehr als eine Simulation? Diese Frage erhielt während eines Prozesses Anfang der 80er Jahre, bei dem es um einen Serienmörder in Kalifornien ging, der als Hillside-Würger bekannt wurde, besondere Bedeutung. Die Auffassungen verschiedener Gutachter in dem stark beachteten Prozeß waren Gegenstand von drei Aufsätzen im International Journal of Clinical and Experimental Hypnosis (*Allison*, 1984; *Orne, Dinges & Orne*, 1984; *Watkins*, 1984).

Etwa zur Zeit des Prozesses führte eine Gruppe von Forschern (*Spanos, Weekes & Bertrand*, 1985), die an der Realität der Dissoziativen Identitätsstörung zweifelten, ein einfallsreiches Experiment durch, das die Aussage von Kenneth Bianchi, dem Mann, der wegen dieser Morde angeklagt war, in einem anderen Licht erscheinen läßt. Ihre Untersuchung läßt es möglich erscheinen, daß jemand in eine andere Persönlichkeit flieht, um einer Strafe zu entgehen. Die experimentellen Manipulationen wurden abgeleitet von einem Interview mit dem angeblich unter Hypnose stehenden Bianchi (B). Während einer Vernehmung durch einen Arzt vom Gesundheitsamt, der die legale Verantwortung des Angeklagten an seinen Taten untersuchte. Der Interviewer (I.) hatte während dieses Gesprächs eine zweite Persönlichkeit gebeten, in Erscheinung zu treten.

I. „ ... Ich habe mich ein bißchen mit Ken unterhalten, aber ich glaube, daß es da noch einen anderen Teil von Ken gibt, mit dem ich nicht gesprochen habe. Ich möchte mich gerne auch mit diesem anderen Teil unterhalten. Ich würde mich freuen, wenn der andere Teil hervorkäme und wir miteinander reden könnten ... Und wenn du da bist, heb die linke Hand hoch, um mir zu zeigen, daß du da bist. Würdest du bitte kommen, Teil, daß ich mit dir reden kann?... Teil, würdest du bitte kommen und Kens Hand heben, damit ich weiß daß du da bist?... Würdest du mit mir sprechen, Teil, und sagen 'Ich bin hier'?"

(*Schwarz*, 1981, S. 142-143).

B. beantwortete die letzte Frage mit „Ja", und es kam zwischen ihm und dem Interviewer zu folgendem Gespräch:

I. Teil, bist du wie Ken oder bist du irgendwie anders ...

B. Ich bin nicht er.

I. Du bist nicht er. Wer bist du? Hast du einen Namen?

B. Ich bin nicht Ken.

I. Du bist nicht er? Okay. Wer bist du? Erzähl, mir von Dir. Hast du einen Namen, mit dem ich dich anreden kann?

B. Steve. Du kannst mich Steve nennen (S. 139-140).

Als Steve erklärte Bianchi, daß er Ken hasse, weil dieser ein so liebenswerter Mensch sei, und daß er, Steve, mit der Hilfe eines Cousins mehrere Frauen ermordet habe. Bianchi plädierte auf ,nicht schuldig' wegen Unzurechnungsfähigkeit und behauptete, an multipler Persönlichkeit zu leiden.

In der Untersuchung von *Spanos* sagte man den Probanden, sie würden die Rolle eines angeklagten Mörders spielen, für dessen Schuld zwar erdrückende Beweise vorlägen, der aber dennoch behauptete, unschuldig zu sein. Die Probanden erfuhren auch, daß sie einem fingierten psychiatrischen Interview unterzogen und vielleicht auch hypnotisiert werden würden. Dann lernten sie in einem anderen Raum den „Psychiater" – in Wirklichkeit natürlich ein Forschungsassistent – kennen. Alle Probanden beantworteten eine Reihe von Standardfragen, danach verlief das Interview in jeder der drei Experimentalgruppen anders. Unter der *Bianchi-Bedingung* wurden die Probanden hypnotisiert und dann, genau wie Bianchi, beauftragt eine zweite Persönlichkeit auftreten zu lassen. Auch unter der *Bedingung des verborgenen Teils* hypnotisierte man die Probanden und gab ihnen Informationen, die den Schluß auf mögliche verborgene Teile ihres Selbst nahelegten. Diese Instruktionen waren allerdings weniger explizit als die unter der ersten Bedingung. Die Probanden der dritten Gruppe blieben unhypnotisiert und erhielten noch weniger explizite Informationen über einen möglichen verborgenen Persönlichkeitsanteil.

Nach den experimentellen Manipulationen forschte der „Psychiater" direkt nach einer möglicherweise vorhandenen zweiten Persönlichkeit und fragte die Probanden dabei auch nach Fakten in Zusammenhang mit den Morden. In einer zweiten Sitzung füllten dann diejenigen Probanden, welche die Gegenwart einer zweiten Persönlichkeit anerkannt hatten, für jede ihrer beiden Persönlichkeiten einen Persönlichkeitstest aus.

Unter der Bianchi-Bedingung nahmen 81% der Probanden einen neuen Namen an, und viele von ihnen gestanden auch den Mord. Sogar die Testwerte der beiden „Persönlichkeiten" unterschieden sich beträchtlich. Wenn die Situation es erfordert, können Menschen also eindeutig eine zweite Persönlichkeit annehmen. *Spanos* et. al. meinen, daß einige Personen, die sich als Personen mit Dissoziativer Identitätsstörung darstellen, eher eine lebhafte Phantasie haben und glauben machen wollen, sie wären jemand anderes, besonders in Situationen, die – wie bei Bianchi – nahelegen, sich so zu verhalten, als sei eine verwerfliche Tat von einer anderen Persönlichkeit verübt worden. Diese Demonstration zeigt allerdings nur, daß ein derartiges Rollenspiel möglich ist; sie behauptet keineswegs, daß alle Fälle von Dissoziativer Identitätsstörung einen solchen Ursprung haben.

Die Untersuchung von *Spanos* gibt jedoch zu denken. Einige Kliniker sind der Ansicht, daß die Dissoziative Identitätsstörung nicht mehr als ein Rollenspiel ist. Andere sehen sie als wirkliche, aber seltene Störung an. Wie kann dieser Konflikt gelöst werden? Als wichtigstes Verfahren wurde der Vergleich zwischen Fällen von Dissoziativer Identitätsstörung und anderen Probanden, die entweder Rollenspiele durchführten oder zum Zeitpunkt des Tests tief entspannt oder hypnotisiert waren, durchgeführt. Die entscheidenden Vergleiche fanden zwischen der Hauptpersönlichkeit und den anderer statt, wobei die Realität der Dissoziativen Identitätsstörung sich in den größeren Differenzen über die Persönlichkeiten hinweg bei den klinischen Fällen im Vergleich zu den Rollenspielern zeigt. Häufig werden physiologische Messungen als abhängige Variable eingesetzt, da sie als weniger beeinflußbar durch bewußte Kontrolle gelten. Bei der Anwendung dieser Forschungsstrategie fanden *Putnam*, *Zahn* und *Post* (1990) größere Unterschiede in der Aktivität des autonomen Nervensystems über die verschiedenen Persönlichkeiten bei Personen mit Dissoziativer Identitätsstörung im Vergleich zur Kontrollgruppe und *Miller* (1989) größere Differenzen bei visuellen Funktionen. Belegen diese Ergebnisse eindeutig, daß die Dissoziative Identitätsstörung mehr als ein Rollenspiel ist? Nicht notwendigerweise. Sie sind interessant, aber es ist zu berücksichtigen, daß die Rollenspieler in diesen Untersuchungen weniger Übung im Umgang mit den verschiedenen Persönlichkeiten als die klinischen Fälle hatten. Möglicherweise könnten diese Unterschiede mit mehr Erfahrung kleiner werden. Bianchi wurde für schuldig befunden. Er kam mit seinem Plädoyer auf Unzurechnungsfähigkeit nicht durch, da man feststellte, daß sich sein Rollenspiel in wichtigen Punkten vom Verhalten zweifelsfrei von Personen mit Dissoziativer Identitätsstörung und tief hypnotisierter Probanden unterschied *(Orne, Dinges* und *Orne* 1984).

sätzlich mit einer modifizierten Technik der freien Assoziation arbeiten: Wenn der Patient bei seiner Erzählung etwas zu überspringen scheint, fordert der Therapeut ihn auf, zu dem der Gedächtnislücke unmittelbar vorausgehenden Ereignis frei zu assoziieren. Der Therapeut sollte dabei immer betonen, daß sich die Erinnerung wieder einstellen werde, und nicht andeuten, daß der Patient bewußt lüge oder simuliere. In manchen Fällen kann man, so glauben *Combs* und *Ludwig*, auch einfach der heilenden Wirkung der Zeit vertrauen: Alles, was der Patient dann braucht, ist Abstand von seiner belastenden Umgebung, Ruhe, ein unterstützendes Umfeld und Ermutigung. So kann der starke Eindruck des Traumas verblassen und dieses schließlich erinnert werden.

Wie in Kapitel 1 dargestellt, hatte die Psychoanalyse ihre Anfänge in der Hypnose – Ende des 18. Jahrhunderts in Wien mit den Arbeiten *Mesmers* und in der zweiten Hälfte des 19. Jahrhunderts mit denen von *Charcot*. Offensichtlich gelang es beiden, hysterische Symptome durch ziemlich direkte Suggestion zu heilen. Dann kamen *Freud* und *Breuer*, die ihre Patienten ermunterten, unter Hypnose über ihre Probleme und namentlich deren frühe Ursprünge zu sprechen. Obwohl *Freud* diese Praxis schließlich zugunsten von Techniken wie der freien Assoziation aufgab, wurde auch weiterhin Hypnose eingesetzt. Bis heute werden dissoziativ gestörte Patienten hypnotisiert. Therapeuten, die diese Praxis üben, nehmen an, daß der hypnotische Zustand es den Betroffenen auf irgendeine Weise ermöglicht, Zugang zu verborgenen Teilen ihrer selbst zu finden – zur verlorenen Identität oder zu Ereignissen vor beziehungsweise nach einem Trauma. Und immer wird auch vorausgesetzt, daß das Problem, etwa die Amnesie, seinen Ursprung in einer massiven Verdrängung hat, die das Ich vor unerträglicher Angst schützt, und daß die Hypnose helfen kann, die Verdrängung aufzuheben.

Manche Ärzte haben ihren Patienten Natriumamytal, das sogenannte „Wahrheitsserum", verabreicht, um einen hypnoseähnlichen Zustand zu induzieren. Auch das geschah in der Annahme, daß schmerzhafte verdrängte Erinnerungen auftauchen und das „Bedürfnis" nach der dissoziativen Störung aufheben würden. Etliche dramatische Einzelfallstudien bezeugen die Wirksamkeit von Hypnose und Barbituraten wie Natriumamytal, doch was davon letztlich zu halten ist, wissen wir nicht, da es hier kaum auch nur annähernd kontrollierte Untersuchungen gibt. *Dysken* (1979) hat amnestischen Patienten entweder Amobarbital oder normales Bittersalz (Placebo) verabreicht. Er fand keinen signifikanten Unterschied im Erinnerungszuwachs beider Gruppen.

Trotz der Unterschiede in der theoretischen Orientierung gibt es hinsichtlich der Grundlagen der Behandlung der Dissoziativen Identitätsstörung breite Übereinstimmung (*Bowers*

et al., 1971; *Caddy*, 1985; *Kluft*, 1985; *Ross*, 1989):

1. Das Ziel besteht in der Integration der verschiedenen Persönlichkeiten.
2. Jeder Persönlichkeit muß dabei geholfen werden zu verstehen, daß sie Teil einer Person ist.
3. Der Therapeut sollte die Namen der unterschiedlichen Persönlichkeiten nur zur Kennzeichnung benutzen, nicht als Mittel zur Bestätigung der Existenz separater, autonomer Persönlichkeiten, die insgesamt die Verantwortung für die Handlungen der Person nicht übernehmen.
4. Alle Persönlichkeiten sollten unvoreingenommen und mit Empathie behandelt werden.
5. Der Therapeut sollte die Empathie und die Zusammenarbeit zwischen den Persönlichkeiten unterstützen.
6. Unterstützung und Freundlichkeit sind gefordert, wenn es um das traumatische Kindheitserlebnis geht, das möglicherweise die Spaltung auslöste.

Das globale Ziel aller therapeutischen Ansätze bei der Dissoziativen Identitätsstörung besteht darin, den Betroffenen davon zu überzeugen, daß das Vergessen oder die Spaltung in verschiedene Persönlichkeiten nicht mehr nötig ist, um mit einem Trauma umzugehen, weder mit dem in der Vergangenheit, das die ursprüngliche Dissoziation auslöste, auch nicht mit dem in der Gegenwart oder der Zukunft. Weiter kann,

---

Kasten 7.3   Das selektive Vorgehen bei der Publikation von Fallstudien

Zur Illustration der mit Einzelfallstudien verbundenen Schwierigkeiten sei eine eigene Beobachtung angeführt. Während seiner Tätigkeit an einer psychiatrischen Klinik begegnete einer der Autoren auf seiner Station einem Mann, der an partieller Amnesie litt. Dieser Mann erkannte seine Familie nicht, wenn sie ihn besuchte, konnte sich aber an sein übriges Leben recht gut erinnern. Von der Hypnose bis zu Medikamenten reichten die Bemühungen, sein Erinnerungsvermögen wiederherzustellen. Der Patient bekam sowohl Natriumamytal als auch das starke Stimulans Methedrin, letzteres intravenös. Man hoffte,

daß das Methedrin sein Nervensystem stimulieren und den Gedächtnisblock lösen, d.h., wie „Rohrfrei" in einem verstopften Rohr wirken würde. Der Patient war kooperativ und wünschte sich ein positives Ergebnis, aber alle Versuche blieben erfolglos. Diese gescheiterte Behandlung wurde nie veröffentlicht. Es besteht eine große Scheu davor, über mißlungene Behandlungsversuche zu berichten, was übrigens auch für nicht schlüssige Versuchsergebnisse gilt. Das ist von ganz besonderem Nachteil, wenn es, wie bei den dissoziativen Störungen, wenig Möglichkeiten zu kontrollierter Forschung gibt.

unter der Annahme, daß die Dissoziative Identitätsstörung und die anderen Dissoziativen Störungen in irgendeiner Form eine Ausweichreaktion auf starke Belastungen darstellen, das Trainieren von besseren Bewältigungsmöglichkeiten den Behandlungserfolg stärken. Wegen der Seltenheit der Dissoziativen Identitätsstörung und wegen der häufigen Fehldiagnose gibt es keine kontrollierten Therapiestudien. Fast alle gut dokumentierten Therapiestudien stammen aus den klinischen Beobachtungen eines sehr erfahrenen Therapeuten, *Richard Kluft* (z.B. 1984a). Über einen Zeitraum von zehn Jahren hatte er Kontakt zu 171 Fällen, von denen er persönlich 117 behandelte und die Therapie von weiteren sechs Fällen überwachte. Von diesen erreichten 83 oder 68 Prozent eine Integration ihrer Persönlichkeiten, die mindestens für drei Monate stabil war (33 blieben für fast zweieinhalb Jahre stabil). Je größer die Zahl der Persönlichkeiten, desto län-

ger dauert die Behandlung (*Putnam* et al., 1986), aber im allgemeinen beträgt die Dauer zwei Jahre und mehr als 500 Stunden pro Patient. *Ross* (1989) zog die Schlußfolgerung, daß die Therapien, die den oben erwähnten Grundsätzen folgen, bei den meisten Patient mit Dissoziativer Identitätsstörung erfolgreich, aber kostspielig sind.

Zusätzliche Informationen von *Kluft* (1984b), der einige Fälle von Dissoziativer Identitätsstörung bei Kindern diagnostizierte, lassen vermuten, daß die frühe Behandlung schneller und erfolgreicher als eine spätere ist. Das heißt, je länger die Störung besteht, desto resistenter kann sie gegenüber der Therapie sein. Wenn sich dies bewahrheitet und eine verbesserte Diagnostik die Dissoziative Identitätsstörung zu einem früheren Zeitpunkt ermitteln kann, kann es möglich sein, viele Fälle dieser Störung bei Erwachsenen zu verhindern.

Zusammenfassung

Patienten mit Somatoformen Störungen klagen über körperliche Symptome, für die es keine biologische Grundlage zu geben scheint. Die sensorischen und motorischen Dysfunktionen der Konversionsstörung, einer der beiden Haupttypen somatoformer Störungen, legen neurologische Beeinträchtigungen nahe, die allerdings anatomisch keinerlei Sinn ergeben. Die Symptome scheinen vielmehr einem psychologischen Zweck zu dienen. Bei der Somatisierungsstörung klagen die Betroffenen über vielfältige körperliche Beschwerden, für die sich keine angemessene körperliche Erklärung findet, die aber Anlaß geben zu häufigen Arztbesuchen, Krankenhausaufenthalten und sogar völlig unnötigen Operationen.

Die theoretischen Erklärungsversuche dieser Störungen sind sehr spekulativ und konzentrieren sich überwiegend auf die Konversionsstörung. Die Psychoanalyse vermutet, daß bei Konversionsstörungen verdrängte Triebregungen in körperliche Symptome umgesetzt werden. Aus verhaltenstherapeutischer Sicht nehmen die Be-

troffenen ihre Symptome mehr oder weniger bewußt an und mehr oder weniger willentlich an, um damit ein gewünschtes Ziel zu erreichen. Folglich wird der Psychoanalytiker dem Patienten helfen, sich den verdrängten Impulsen zu stellen, während der Verhaltenstherapeut versucht, Angst zu reduzieren und Verhaltensweisen zu verstärken, die die Symptome zum Verschwinden bringen.

Dissoziative Störungen sind Brüche in Bewußtsein, Gedächtnis und Identität. Die Unfähigkeit, sich an bedeutsame persönliche Daten und Lebensereignisse zu erinnern – gewöhnlich die Folge einer traumatischen Erfahrung –, wird als Dissoziative Amnesie diagnostiziert. Bei der Dissoziativen Fugue verschwindet der oder die Betreffende aus der gewohnten Umgebung, nimmt eine neue Identität an und hat jede Erinnerung an das zuvor gelebte Leben verloren. Bei der Depersonalisationsstörung ist die Wahrnehmung der eigenen Person verändert: der Betroffene kann das Erlebnis haben, sich außerhalb des Körpers zu befinden oder Veränderungen der Größe seiner Körperteile sehen. Ein Mensch mit Dissoziativer Identitätsstörung besitzt zwei oder mehr verschiedene, voll ausgeprägte Persönlichkeiten, deren jede über ein eigenes Gedächtnis, eigene Verhaltensmuster und eigene Beziehungen verfügt und das Verhalten des Betroffenen bestimmt, sobald sie in Erscheinung tritt. Die Psychoanalyse sieht in Dissoziativen Störungen Zeichen einer massiven Verdrängung unerwünschter Ereignisse oder Aspekte des Selbst. Lerntheoretisch gelten dissoziative Reaktionen als durch Angst motivierte Vermeidungsreaktionen. Analytiker wie Verhaltenstherapeuten konzentrieren ihre therapeutischen Bemühungen auf die mit den verlorenen Erinnerungen verbundene Angst, die in beiden therapeutischen Schulen als ätiologisch bedeutsam gilt.

8

Psychophysiologische Störungen

„Ein brasilianischer Indianer, der von einem sogenannten Medizinmann verflucht und verurteilt wird,
ist seiner emotionalen Reaktion auf diesen Urteils-
spruch hilflos ausgeliefert – und stirbt innerhalb von
Stunden. In Afrika ißt ein junger Schwarzer die mit
einem unumstößlichen Verbot belegte wilde Henne.
Als man seinem „Verbrechen" auf die Spur kommt,
zittert er, wird von Furcht überwältigt und stirbt innerhalb von vierundzwanzig Stunden. In Neuseeland ißt eine Maori-Frau eine Frucht, die, wie sie
später erst erfährt, von einem tabuisierten Ort
stammt. Sie hat ihren Häuptling entweiht. Am Mittag des folgenden Tages ist sie tot" (*Basedow*,
1925, zitiert in: *Richter*, 1957, S.191).

Dieses Zitat beschreibt Fälle des scheinbar
übernatürlichen Phänomens des Voodoo-To-
des, wobei der Fluch eines Medizinmannes oder
Zauberers genügt, um das Opfer zu äußerstem
körperlichen Leid und Tod zu verurteilen. *Cannon* (1942) hat solche Vorkommnisse mit der ir-
reparablen Schädigung lebenswichtiger Körperorgane zu erklären versucht, zu der es kommen kann, wenn das autonome Nervensystem
durch anhaltende psychische Belastung auf einem hohen Erregungsniveau gehalten wird,
ohne daß sich dem Organismus Gelegenheit zu
wirksamem Streßabbau bietet. Erregung des
autonomen Nervensystems gilt als einer der
körperlichen Indikatoren für Emotion. So ist es
denn nicht verwunderlich, daß sich auch Psychopathologen, auf der Suche nach eventuell
beteiligten psychologischen Faktoren, mit körperlichen Krankheiten im Umkreis des autonomen Nervensystems beschäftigen. Die mit
Emotionen einhergehenden, erregungsbeding-
ten körperlichen Veränderungen sind, so
scheint es, vorübergehender Natur. Bei psychophysiologischen Störungen können die gewöhnlich reversiblen autonomen und hormo-
nalen Reaktionen auf Streß zu irreversiblen
Gewebsschädigungen führen.

Psychophysiologische Störungen wie Asthma, Ulcus, Bluthochdruck, Kopfschmerz und
Gastritis sind gekennzeichnet durch genuin
körperliche Symptome, für deren Entstehen
oder Verschlimmerung emotionale Faktoren
verantwortlich sind. Heute bezeichnet man solche Störungen bevorzugt als psychophysiologisch, bekannter ist vermutlich die Bezeichnung
„psychosomatische Störung". *Mit psychosoma-
tisch* ist das Wesen dieser Störungen – jener
schwer zu fassende Einfluß der Psyche oder
Seele auf das Soma oder den Körper – recht gut
erfaßt. Die Struktur beider Bezeichnungen impliziert, daß Leib und Seele im Prinzip vonein-

ander unabhängig sind, einander aber gelegentlich auch beeinflussen (vgl. Kasten 8.1). Das
dualistische Paradigma ist im menschlichen
Denken tief verwurzelt. Dennoch hoffte man,
mit beiden Bezeichnungen nicht die dualistische, sondern eine monistische Sicht des Menschen zu fördern, denn jede Krankheit ist seelisch und körperlich zugleich. Statt von Emotionen als den Ursachen körperlicher Dysfunktionen zu sprechen, könnten wir Psyche und Soma
auch als ein und dasselbe betrachten (*Graham*,
1967). In diesem Fall wären psychologische und
physiologische Erklärungen einfach zwei unterschiedliche Weisen, dieselben Ereignisse zu beschreiben.

Zu Beginn unserer Erörterung sei auf zwei
wichtige Punkte verwiesen: Erstens, eine psychophysiologische Störung ist eine reale
Krankheit mit tatsächlicher Schädigung des
Körpers. Daß solche Störungen auf emotionale
Faktoren zurückgehen, heißt nicht, daß das körperliche Leiden imaginär ist. An „psychisch be-
dingtem" Bluthochdruck oder Magengeschwür
kann man genausogut sterben wie an vergleichbaren infektiösen oder verletzungsbedingten
Krankheiten. Zweitens sind psychophysiologische Störungen von den in Kapitel 7 erörterten
Konversionssyndromen zu unterscheiden. Bei
Konversionssyndromen besteht kein Organ-
schaden, und betroffen ist im allgemeinen die
Funktion der Willkürmuskulatur. Dagegen
handelt es sich bei psychophysiologischen Störungen um *wirkliche* Gewebsschädigungen (vgl.
Tab. 8.1).

Tabelle 8.1 Vergleich zwischen psychophysiologischen
Störungen und Konversionsstörungen

Art der Störung	Organisch körperliche Schädigungen	Beeinträchtigte Körperfunktionen
Konversions-störung	nein	willentlich
Psycho-physiologische Störung	ja	unwillentlich

Psychophysiologische Symptome und Störungen sind in Industriegesellschaften recht verbreitet, in nicht-industrialisierten Gesellschaften, etwa bei den australischen Aborigines und
den amerikanischen Indianern, dagegen offensichtlich selten. *Schwab, Fennell* und *Warheit*

Kasten 8.1   Descartes und das Leib-Seele-Problem

Eine der einflußreichsten Aussagen zum Leib-Seele-Problem stammt von dem brillanten französischen Philosophen *René Descartes* (1596-1650). Als tiefgläubiger Katholik glaubte er, daß sich der Mensch von allen anderen Lebewesen dadurch unterscheide, daß er eine Seele besitze und daher ein Teil seines Wesens göttlich sei. Aber wie die Tiere hat auch der Mensch einen Körper. Und obwohl der Körper, wie man seinerzeit annahm und was *Descartes* faszinierte, nach mechanischen Prinzipien funktionierte, glaubte er diese Mechanik unter der Kontrolle der Seele oder des Geistes. Aber wie konnte die Seele, die doch geistig und unkörperlich war, Einfluß nehmen auf einen Körper, der wie eine Ma-

schine arbeitete? Wie konnten zwei fundamental verschiedene Substanzen einander „berühren"? Wenn die Seele Einfluß auf den Körper nahm, mußte es irgendwo einen Berührungspunkt geben. *Descartes* postulierte als Ort der entscheidenden Wechselwirkung, als denjenigen Punkt, von dem aus die Seele die Mechanik des Körpers steuert, die im Mittelhirn befindliche Zirbeldrüse. Indem er den Menschen auf diese Weise dualisierte und gleichzeitig zwischen Seele und Körper eine lebenswichtige Verbindung herstellte, konnte *Descartes* seine religiöse Sicht des Menschen als teilweise göttlich und doch auch integraler Teil der belebten Natur aufrechterhalten.

(1974) befragten eine Zufallsstichprobe von fast 1700 Amerikanern (Tabelle 8.2). Mehr als 40% der Befragten hatten im vergangenen Jahr unter Kopfschmerzen gelitten, und 50% berichteten von gastrointestinalen Symptomen. Ernsthaftere Störungen wie Bluthochdruck waren weniger häufig.

Psychophysiologische Störungen kommen im DSM-IV nicht vor, während sie in früheren Versionen aufgeführt wurden. DSM-IV ver-

Tabelle 8.2 Prozentsätze psychophysiologischer Symptome und Zustände, die für das vergangene Jahr angegeben werden

Symptome und Zustände	ja, regelmäßig	ja, gelegentlich	nein
Symptome			
Kopfschmerzen	8,7	38,0	53,4
Magen-verstimmung	6,4	27,5	66,1
Verstopfung	6,9	19,6	73,5
Nervöser Magen	5,2	17,5	77,3
Magen-schmerzen	3,7	18,8	77,5
Durchfall	0,9	14,4	84,8
Krankheiten			
Bluthochdruck	6,2	8,0	85,8
Asthma	1,9	2,9	5,2
Magen-geschwüre	0,9	1,4	97,6
Colitis	0,4	0,9	98,7

Quelle: Schwab, Fennell & Warheit (1974); N = 1647

langt eine diagnostische Beurteilung darüber, ob *psychologische Faktoren vorliegen, die den körperlichen Zustand beeinflussen*. Daher wird die Diagnose dem breiten Bereich zugeordnet, der unter der Überschrift „Andere Bedingungen, die Anlaß zur Beobachtung oder Behandlung geben" steht. Im ICD-10 kommt die Kategorie „Psychische Faktoren bei andernorts klassifizierten Erkrankungen" zur Anwendung. Der Grund dafür ist, daß es sich dabei nicht um (alleinige) psychische Störungen handelt. Es ist immer eine Diagnose auf Achse III oder aus einem anderen Kapitel des ICD-10 zu stellen. Wir stellen die psychophysiologischen Störungen etwas ausführlicher dar, weil sie eine historische Verbindung zur Psychopathologie haben. Der neue diagnostische Ansatz ist auch breiter. Früher wurde angenommen, daß die psychophysiologischen Störungen durch das autonome Nervensystem vermittelt wären und nur eine Untergruppe möglicher Erkrankungen darstellten (die klassischen psychosomatischen Erkrankungen wie Ulcus, Kopfschmerzen, Asthma und Bluthochdruck). Die neue Diagnose ist im Gegensatz dazu auf jede Erkrankung anwendbar. Der Grund für diese Veränderung besteht darin, daß jetzt angenommen wird, daß jede Krankheit durch psychische Faktoren, wie etwa Streß, beeinflußt werden kann.

Welche Belege gibt es für die Auffassung, daß alle Krankheiten, zumindest teilweise, mit Streß in Zusammenhang stehen? Seit Jahren ist bekannt, daß verschiedene körperliche Erkrankungen bei Labortieren erzeugt werden können, wenn diese starken Belastungen ausgesetzt sind. Die Krankheiten, die üblicherweise in dieser Form untersucht wurden, waren die klassischen psychophysiologischen Störungen wie Magengeschwüre und Bluthochdruck. Nach heutiger Sicht scheint aber ein größerer Bereich von Erkrankungen in Verbindung mit Streß zu stehen. *Sklar* und *Anisman* (1979) beispielsweise induzierten zuerst Tumore bei Mäusen durch eine Transplantation von kanzerösem Gewebe und untersuchten danach die Auswirkungen von Streß auf das Tumorwachstum. Bei den Tieren, die elektrische Schocks erhielten, wuchsen die Tumore schneller und die Tiere starben früher.

Verhaltensmedizin und Gesundheitspsychologie beruhen auf den zahlreichen Beispielen für die umfassende Bedeutung psychischer Faktoren für die Gesundheit. Seit den 70er Jahren haben diese neuen Bereiche sich mit der Rolle psychischer Faktoren in allen Aspekten von Gesundheit und Krankheit befaßt. Über die Untersuchung der Bedeutung von Streß in der Ätiologie von Krankheiten hinaus haben Forscher in diesen Bereichen psychologische Therapien (z.B. Biofeedback für Migränekopfschmerzen), die Beibehaltung und Unterstützung gesundheitsorientierten Verhaltens (z.B. Veränderung der Eßgewohnheiten zur Reduktion der Cholesterinaufnahme und dadurch der Verminderung des Risikos eines Herzanfalls) und des Gesundheitssystems selbst (z.B. wie können unterversorgte Bevölkerungsgruppen besser versorgt werden) (*Schwartz & Weiss*, 1977; *G. Stone*, 1982). Viele Beispiele der Verhaltensmedizin werden in diesem Kapitel, aber auch in Kapitel 19 (S. 669) aufgegriffen.

Die DSM-Diagnose von psychischen Faktoren, die körperliche Zustände beeinflussen, ist breiter, da sie auch die Möglichkeit berücksichtigt, daß der psychische Faktor oder das Verhalten auch den Verlauf der Krankheit und nicht nur den Beginn beeinflußt. So kann z.B. eine Person, die Bluthochdruck hat, auch weiterhin Alkohol trinken, obwohl sie weiß, daß Alkohol den Blutdruck steigert. Oder ein Patient nimmt das verschriebene Medikament nicht regelmäßig ein. Die psychischen Faktoren oder das Verhalten schließen Persönlichkeitsmerkmale (z.B. Typ-A-Persönlichkeit), Bewältigungsformen (z.B. Ärger Ausdruck zu verleihen statt ihn zurückzuhalten), Lebensstil (z.B. regel-

mäßig Sport treiben) genauso wie soziokulturelle Faktoren (z.B. ethnische Unterschiede in der Belastung durch Streß, dem die Menschen ausgesetzt sind) ein.

Streß und Gesundheit

In diesem Kapitel werden wir zuerst die allgemeinen Ergebnisse über die Beziehung zwischen Streß und Gesundheit darstellen, aber auch die Theorien, wie Streß Krankheiten auslösen kann. Danach wird ausführlich auf zwei Erkrankungen eingegangen – kardiovaskuläre Erkrankungen und Asthma. Die psychologischen Interventionsmöglichkeiten werden abschließend dargestellt.

Das Streß-Konzept

Im Jahr 1936 führte *Hans Selye*, ein Arzt, das allgemeine Adaptationssyndrom als Modell ein. Es wurde verwendet, um die biologische Reaktion auf lange andauernden körperlichen Streß zu beschreiben. Das Modell umfaßt drei Phasen (vgl. Abb. 8.1). Während der ersten Phase, der Alarmreaktion, wird das autonome Nervensystem durch den Streß aktiviert. Wenn die Belastung zu stark ist, bilden sich gastrointestinale Ulcera, die Nebennieren vergrößern sich und es entsteht eine Atrophie des Thymus. Während der zweiten Phase, dem Widerstand, paßt sich der Organismus durch die verfügbaren Bewältigungsmechanismen dem Streß an. Wenn der Stressor weiter besteht oder der Organismus nicht in der Lage ist, effektiv zu reagieren, folgt eine Phase der Erschöpfung und

Abb. 8.1 Das Adaptations-Syndrom von Selye

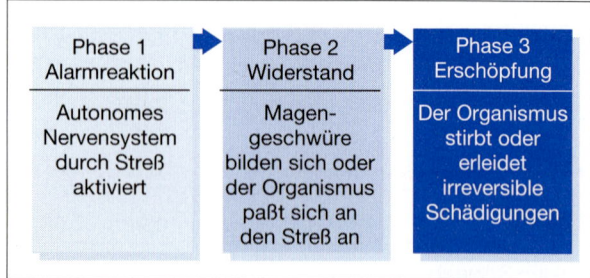

der Organismus stirbt oder erleidet irreparable Schädigungen (*Selye*, 1950).

Nach einiger Zeit fand dieses Konzept seinen Weg in die psychologische Fachliteratur, aber mit wesentlichen Veränderungen in seiner Definition. Einige Forscher folgten *Selye* und sahen in dem Streß eine Reaktion auf Bedingungen der Umwelt, wobei dies auf so verschiedenen Kriterien wie emotionale Erregung, Beeinträchtigung der Leistung oder physiologische Veränderungen, wie vergrößerte Hautleitfähigkeit oder Anstieg des Niveaus verschiedener Hormone definiert wurde. Für andere Forscher wurde der Streß jedoch zu einem Reiz und wurde durch eine lange Liste von Umweltbedingungen identifiziert – elektrischer Schock, Langeweile, unkontrollierbare Reize, Katastrophen im Leben, täglichen Ärger und Schlafentzug (*Appley & Trumball*, 1967). Wir bevorzugen den Begriff *Stressor*, wenn wir uns auf Ereignisse beziehen, die *Streß* verursachen, die biologische und verhaltensmäßige Reaktion auf den Stressor.

Richard Lazarus (1968) spielte eine wichtige Rolle bei der Untersuchung des psychologischen Streß und hat das Konzept in mehrfacher Weise ausgearbeitet. Nach *Lazarus* kann Streß nicht objektiv definiert werden. Stattdessen soll nach seiner Ansicht die Art und Weise, wie die Umwelt wahrgenommen oder beurteilt wird, darüber entscheiden, ob Streß vorhanden ist oder nicht. Um es präziser zu fassen: Streß ist dann vorhanden, wenn eine Situation so beurteilt wird, daß sie die adaptiven Möglichkeiten einer Person übersteigt. Dies ist eine wichtige Feststellung, denn sie erlaubt es, die individuellen Differenzen zu berücksichtigen, die darin bestehen, wie Menschen auf das gleiche Ereignis reagieren. Eine Abschlußprüfung kann für einige Menschen eine starke Belastung darstellen, für andere aber eine Herausforderung sein.

Für individuelle Unterschiede bei der Reaktion auf belastende Ereignisse ist das Konzept des Coping ebenfalls von Bedeutung. Auch unter denjenigen, die eine Situation als belastend einschätzen, können die Auswirkungen des Streß in Abhängigkeit davon, wie das Individuum mit dem Ereignis fertig wird, variieren. *Lazarus* und seine Kollegen haben zwei große Dimensionen des Coping indentifiziert (*Lazarus & Folkman*, 1984). Problemorientiertes Coping umfaßt die direkte Handlung, die zur Lösung eines Problems führt, oder die Suche nach Informationen, die für die Lösung wichtig sein

können. Ein Beispiel wäre die Erstellung eines Studienplans, der das Lernen über das Semester verteilt und damit die Belastung am Ende des Semesters reduziert. Bei einem Coping, das emotionsorientiert ist, werden Anstrengungen unternommen, um die negativen emotionalen Reaktionen auf Streß abzubauen, indem beispielsweise Ablenkung vom Problem gesucht wird, Entspannung oder Unterstützung durch andere. Es ist wichtig, darauf hinzuweisen, daß wirkungsvolle Bewältigungsstrategien in Abhängigkcit von der Situation variieren. Ablenkung wäre eine wirkungsvolle Möglichkeit, die emotionale Erregung, die durch eine bevorstehende Operation ausgelöst wird, zu bekämpfen, aber sehr ungünstig, wenn es um die Aufregung geht, die durch die Entdeckung eines Knotens in der Brust ausgelöst wurde (*Lazarus & Folkman*, 1984).

Ansätze zur Messung von Streß

Untersuchungen über die Auswirkung von Streß auf die menschliche Gesundheit haben versucht, das Ausmaß der Belastung, die ein Mensch in seinem Leben erfahren hat, zu messen und dies mit seiner Krankheit in Beziehung zu setzen. Zahlreiche Instrumente sind entwickelt worden, um diesen „Lebensstreß" zu messen. Zwei davon werden wir ausführlicher darstellen, die *Social Readjustment Rating Scale* und das Inventar *Assessment of Daily Experience*.

Die Social Readjustment Rating Scale

Holmes und *Rahe* (1967) legten einer großen Probandengruppe eine Liste von Lebensereignissen vor und forderten sie auf, diese „*unabhängig von ihrer Erwünschtheit* nach Intensität und benötigter Zeit der Anpassung an das jeweilige Ereignis" einzustufen. Dabei wurde, um einen Bezugspunkt zu haben, der Heirat ein willkürlicher Streßwert von 500 zugewiesen. Ein Ereignis, das der Proband doppelt so belastend fand wie Heiraten, wurde also mit 1000 bewertet, und wenn die Belastung nur ein Fünftel des Hochzeitsstreß betrug, schlug sie mit 100 zu Buche. Neben den einzelnen Ereignissen verzeichnet Tabelle 8.3 auch deren durchschnittliche Einstufung durch die Probanden.

Das Ergebnis dieser Untersuchung war die

Tabelle 8.3.   Social Readjustment Rating Scale (aus *Holmes* und *Rahe*, 1967)

Rang- platz	Ereignis	mittlerer Wert	Rang- platz	Ereignis	mittlerer Wert
1	Tod des Ehegatten	100	24	Schwierigkeiten mit Verwandten des Ehemanns bzw. der Ehefrau	29
2	Scheidung	73	25	Außergewöhnliche persönliche Leistung	28
3	Trennung ohne Scheidung	65	26	Ehefrau fängt mit einer Arbeit an oder hört mit ihr auf	26
4	Gefängnisstrafe	63	27	Schulbeginn oder -abschluß	26
5	Tod eines nahen Familienmitgliedes	63	28	Veränderung in den Lebensumständen	25
6	Verletzung oder Krankheit	53	29	Aufgabe persönlicher Gewohnheiten	24
7	Hochzeit	50*	30	Schwierigkeiten mit dem Chef	23
8	Entlassenwerden	47	31	Veränderung in den Arbeitszeiten oder -bedingungen	20
9	Wiederversöhnung nach Streit mit Ehegatten	45	32	Umzug	20
10	Pensionierung	45	33	Schulwechsel	20
11	Erkrankung eines Familienmitgliedes	44	34	Veränderungen im Freizeitbereich	19
12	Schwangerschaft	40	35	Veränderungen in den kirchlichen Aktivitäten	19
13	Sexuelle Schwierigkeiten	39	36	Veränderungen in den sozialen Aktivitäten	18
14	Vergrößung der Familie	39	37	Aufnahme einer Hypothek oder eines Darlehens unter 10 000 Dollar	17
15	Berufliche Veränderungen	39	38	Veränderung in den Schlafgewohnheiten	16
16	Veränderungen im finanziellen Bereich	38	39	Veränderung in der Anzahl der Familienzusammenkünfte	15
17	Tod eines nahen Freundes	37	40	Veränderungen in den Eßgewohnheiten	15
18	Wechsel an einen Arbeitsplatz mit ungewohnter Tätigkeit	36	41	Ferien	13
19	Veränderung in der Anzahl der Auseinandersetzungen mit dem Ehegatten	35	42	Weihnachten	12
20	Aufnahme einer Hypothek über 10 000 Dollar	31	43	Kleinere Gesetzesverstöße	11
21	Verfallen einer Hypothek oder eines Darlehens	30			
22	Veränderungen in den beruflichen Aufgaben	29			
23	Sohn oder Tochter verläßt Familie	29			

* Der Hochzeit wurde willkürlich ein Streßwert von 500 zugeordnet; kein Ereignis wurde mehr als zweimal so belastend eingestuft. Die hier angegebenen Werte sind proportional verringert und reichen bis zu 100.

Social Readjustment Rating Scale (SRRS). Der Proband kreuzt auf der Liste einfach die Ereignisse an, die bei ihm in einem bestimmten Zeitabschnitt aufgetreten sind. Die differentiellen Streßwerte der tatsächlich erlebten Ereignisse werden gewichtet und zum sogenannten Life Change Unit Score (LCU-Wert für die Veränderung der Lebensumstände) aufsummiert. Diese LCU-Werte wurden mit einer Reihe unterschiedlicher Erkrankungen in Beziehung gesetzt, beispielsweise Herzanfällen (*Rahe* & *Lind*, 1971), Knochenbrüchen (*Tollefson*, 1972), Ausbruch einer Leukämie (*Wold*, 1968) und Erkältungen und fieberhaften Erkrankungen (*Holmes* & *Holmes*, 1970).

Wir verfügen also über einige vielversprechende Anhaltspunkte für einen Zusammenhang zwischen psychischen Belastungen und körperlicher Krankheit. Dennoch sollte man nicht voreilig auf einen kausalen Zusammenhang schließen. Der eigentliche Grund für einen hohen Änderungswert kann z.B. auch die Krankheit selbst sein, man denke nur an jemanden, der aus Krankheitsgründen häufig nicht zur Arbeit kommt und entlassen wird. Vielleicht wird die Erinnerung an das belastende Ereignis auch durch das Wissen um die nachfolgenden Krankheiten verfälscht: Jemand, der häufig krank ist, kann z.B. intensiv nach kürzlichen Stressoren suchen, um die Krankheiten zu erklären. Außerdem basieren viele dieser Studien auf der Methode der Retrospektion. Die Probanden sollten sich sowohl an Krankheiten als auch an die belastenden Ereignisse der letz-

Wichtige Lebensereignisse wie Heirat oder der Beginn einer Ausbildung erhöhen statistisch das Risiko einer Erkrankung. Die Forschung über die Auswirkung dieser größeren Belastungen bedient sich dabei der Social Readjustment Rating Scale.

ten zwei Jahre erinnern. Wie bereits erwähnt, ist bei der Retrospektion immer damit zu rechnen, daß Ereignisse verzerrt erinnert oder vergessen werden. Darüber hinaus können auch Eigenberichte über eine Erkrankung falsch sein. Jemand, der unter starker Belastung steht, kann sein Interesse auf Veränderungen in seinem körperlichen Empfinden zentrieren und dadurch seinen Bericht über Symptome umfangreicher werden lassen.

Einzuwenden ist auch, daß die SRRS eine ganz bestimmte Definition von Streß zugrunde legt, derzufolge jede Veränderung, sei sie positiv (z.B. Heirat) oder negativ (z.B. Entlassung) eine Belastung bedeutet. Die Beweislage ist hier zwar widersprüchlich, aber es sieht doch so aus, als seien die unerwünschten Aspekte von Ereignissen mindestens ebenso bedeutsam wie die Tatsache, daß die fraglichen Ereignisse das Leben verändern (Redfield und Stone, 1979). Problematisch ist ferner, daß die Items der SRRS nicht systematisch alle wesentlichen Belastungen abdecken. Vermutlich werden viele Leser in der Tabelle 8.3 Ereignisse vermissen, die sie selber als sehr belastend empfunden haben. Es kann auch keinen Zweifel daran geben, daß es auch kulturelle und ethnische Unterschiede in bezug auf potentielle Stressoren gibt, denen die Menschen ausgesetzt sind. Nähere Informationen gibt Kasten 8.2.

Die Erfassung der Alltagserfahrung (Assessment of Daily Experience)

Die Probleme mit der SRRS brachten *Stone* und *Neale* (1982) dazu, ein neues Meßinstrument, die Assessment of Daily Eperience-Skala zu entwickeln, die dazu bestimmt war, daß Probanden ihre täglichen Erfahrungen bei prospektiven Untersuchungen eintragen und beurteilen konnten. Die Autoren entschieden sich für den Tag als Untersuchungseinheit, weil sie den Eindruck hatten, daß eine sorgfältige Beschreibung dieses Zeitraums ohne größere Erinnerungsfehler möglich sein müßte. Bei diesem Zeitabschnitt als Untersuchungseinheit müssen die spezifischen Lebensereignisse alltäglicher sein als diejenigen, die in den anderen Fragebogen enthalten sind. Die Skala sollte jedoch auch die wichtigen Ereignisse, die dort erfragt werden, nicht ausschließen. Sie können immer noch erfaßt werden, möglicherweise zuverlässiger. Darüber hinaus gibt es theoretische und klinische Belege dafür, daß kleinere alltägliche Ereignisse (Mikrostressoren, Ärgernisse) mit Erkrankungen in Verbindung stehen. Diese Ereignisse können aus subjektiver Sicht sehr wichtig sein, aus Gründen, die dem Forscher verschlossen bleiben. Wie die Ereignisse eingeschätzt werden, hängt von der Erfahrung mit ähnlichen Ereignissen in der Vergangenheit zusammen (z.B. vielen Mißerfolgen), allgemeinen Persönlichkeitsmerkmalen (ein ängstliches Individuum, das eine öffentliche Rede zu halten hat) oder dem religiös-kulturellen Hintergrund des Individuums (eine Scheidung für einen strengen Katholiken). Weiter besteht heute ein direkter Beleg dafür, daß diese kleineren Ereignisse (Mikrostressoren) mit Erkrankungen in Verbindung stehen (*Jandorf* et al., 1986).

Das Ziel bestand darin, eine Liste von täglichen Ereignissen zusammenzustellen, die den Erfahrungen des Individuums entspricht. Die Ereignisse werden dann anhand mehrerer Dimensionen beurteilt, um die psychischen Reaktionen des Probanden zu erfassen. Da die Skala über eine beträchtliche Zeit zur Erfassung der Tagesabläufe herangezogen werden sollte, war es wichtig, daß die Bearbeitung selbst nicht zu aufwendig war. Die Entwicklung einer kurzen, aber repräsentativen Liste von Ereignis-Kategorien anstelle einer umfangreichen Aufzählung spezifischer Probleme war die Lösung. Der erste Schritt bei der Skalenkonstruktion bestand darin, eine Stichprobe von alltäglichen

Kasten 8.2 Streß bei Amerikanern afrikanischer Abstammung

Seit vielen Jahren ist bekannt, daß die Gesundheit, sowohl physisch als auch psychisch, bei Amerikanern afrikanischer Abstammung schlechter ist als bei Weißen (*Ozer*, 1986; *USDHS*, 1984). Die spätere Diskussion von AIDS zeigt alarmierende statistische Daten für die Ausbreitung dieser Krankheit unter Afro-Amerikanern (vgl. S. 439), und wir werden sehen, daß der Anteil von Patienten mit Bluthochdruck höher ist als bei den Weißen. Es besteht kein Zweifel daran, daß ein großer Teil des Problems mit den ärmlichen Lebensumständen zu tun hat, unter denen viele Afro-Amerikaner leben (*Brenner*, 1973; *Myers*, 1982). Zusätzlich zu den direkten negativen Auswirkungen, die die Armut auf Menschen hat – schlechte Ernährung, hohes Ausmaß an körperlicher Gewalt und unzureichende Gesundheitsfürsorge –, gibt es viele psychische Belastungsfaktoren, die beim Verständnis für die Situation mit berücksichtigt werden müssen. Kürzlich hat *Anderson* (1991) in einem Aufsatz die speziellen Stressoren, denen Afro-Amerikaner ausgesetzt sind, und einige der Bewältigungsformen, die eingesetzt werden, um damit fertig zu werden, dargestellt. Besonderes Augenmerk richtete er auf den akkulturellen Streß, das sind emotionale Belastungen, die sich durch die Diskrepanzen zwischen den Werten, Einstellungen, Normen und Verhalten von Afro-Amerikanern und der mehrheitlich weißen Gesellschaft ergeben, in der sie oft als Außenseiter und Fremde leben. Nach dem Modell von *Lazarus* (1984) unterscheidet *Anderson* drei allgemeine Kategorien von Stressoren.

Stressoren der Ebene 1 (chronisch). Hierunter fallen Stressoren wie Rassismus, hohe Wohndichte, schlechte Lebensbedingungen und Lärm. Es wurde beispielsweise festgestellt, daß Kinder, die in der Nähe von Flughäfen leben, schwerwiegende Schulschwierigkeiten haben und sehr leicht ablenkbar sind (*Cohen* et al., 1980). Von wirtschaftlicher Not ist ebenfalls bekannt, daß sie eine wichtige Ursache für Streß ist (*Ross & Huber*, 1985), die mit höheren Anteilen an Einweisung in psychiatrische Kliniken verbunden ist (*Kessler & Neighbors*, 1986). Aber, wie *Anderson* warnt, nicht alle Afro-Amerikaner, die in ärmlichen Verhältnissen leben, kommen damit schlecht zurecht.

Viele sind der Ansicht, daß der Focus des Interesses auf der Veränderung potentiell belastender Umweltbedingungen liegen sollte als darauf, wie die Menschen damit fertig werden können. Wir stimmen dem Bedürfnis nach Veränderung dieser Bedingungen zu und wir werden auf die zahlreichen ethischen Aspekte, die beteiligt sind, wenn wir von chronischen Stressoren der Ebene 1 sprechen und damit umgehen, in Kapitel 20 zurückkommen. Hier liegt die Betonung jedoch auf den sehr realen Stressoren, die den Afro-Amerikanern zu schaffen machen. Diese Stressoren lassen sich nicht über Nacht beseitigen und die Entwicklung effektiver Coping-Stategien ist daher von größter Bedeutung.

Stressoren der Ebene II (wichtige Lebensereignisse). Darunter sind die Ereignisse zu verstehen, die in der Skala von *Holmes* und *Rahe* (1967) aufgelistet sind (Tabelle 8.3). Forschungsergebnisse deuten darauf hin, daß sozioökonomische Probleme zu den wichtigsten Stressoren für Afro-Amerikanern gehören (z.B. *McAdoo*, 1982), aber, wie gerade erwähnt, finden viele eine Möglichkeit, mit diesen Belastungen umzugehen.

Stressoren der Ebene III (tägliche Ereignisse, Mikrostressoren). Um *Woody Allen* zu zitieren, das Leben besteht zu 90% aus Aufregung. Es stellt sich heraus, daß offensichtlich kleinere Belastungen, die den Menschen täglich begegnen – die auch als Ärgernis bezeichnet werden können – eine wichtige Ursache für Streß sein können. Verkehrsbeeinträchtigungen, unfreundliche Vorgesetzte, ständige Unterbrechungen, unerwünschte Telefonanrufe, derartige tägliche Stressoren können sich anhäufen und fordern ihren Tribut.

Anderson (1991) legte auf den akkulturellen Streß besondere Bedeutung. Wie auch bei anderen Minoritätengruppen gibt es bei den Afro-Amerikanern Zwänge zur Assimilation, während gleichzeitig Hindernisse bestehen, von der Gesellschaft der Mehrheit akzeptiert zu werden. Der akkulturelle Streß kann auf allen Ebenen bestehen, liegt aber meist auf der Ebene des alltäglichen Ärgers, wenn Entscheidungen verlangt werden, die dem Identitätsgefühl der afro-amerikanischen Person widersprechen. Das Selbstwertgefühl kann

Tabelle 8.4 Beispielaufgaben aus der Akkulturellen Streß-Skala (Acculturative Stress Measure) von Reginald L. Jones

Anschließend finden Sie eine Reihe von Aussagen, die sich auf Ihre persönlichen Gefühle bestimmten Einstellungen gegenüber beziehen. Geben Sie bitte an, welche Antwort Ihrer Ansicht am besten entspricht. Dabei gibt es folgende Möglichkeiten:

(A) trifft nicht zu (B) trifft manchmal nicht zu (C) trifft manchmal zu (D) trifft zu (E) trifft immer zu

1.	Ich werde besonders nervös, wenn ich in einen Raum voller Menschen komme und feststelle, daß ich der einzige aus meiner kulturellen Gruppe bin.	A	B	C	D	E
2.	Ich werde nervös, wenn einige Leute von einer anderen kulturellen Gruppe auf mich zukommen.	A	B	C	D	E
3.	Menschen aus anderen kulturellen Gruppen sprechen und handeln seltsam und wissen meist nicht, wie sie sich mir gegenüber richtig verhalten müssen.	A	B	C	D	E
4.	Es ist schwierig, einem Menschen aus einer anderen Kultur zu vertrauen.	A	B	C	D	E
5.	In der Schule werde ich häufig eher als Mitglied meiner Kultur als ein Individuum behandelt.	A	B	C	D	E
6.	Viele Schüler blicken auf andere nur deswegen herab, weil sie aus einer anderen kulturellen Gruppe als sie selbst kommen.	A	B	C	D	E

darunter leiden und der Streß sich dadurch verstärken. Tabelle 8.4 zeigt einige Items aus einer Selbstbeurteilungsskala, die *Anderson* mit *Williams* entwickelte. Sie fanden, daß die Werte von afro-amerikanischen Studenten bei dieser Skala mit der Trait-Anxiety-Skala von *Spielberger* (1972) korrelierten (*Williams & Anderson*, in Druck).

Wie können Afro-Amerikaner mit diesen Stressoren fertig werden? *Anderson* (1991) berichtete, daß im Vergleich zu Weißen die Afro-Amerikaner häufiger das Gebet benutzen, um ihre emotionalen Reaktionen auf negative Situationen zu kontrollieren (*Neighbors* et al., 1983). Das Selbstwertgefühl kann durch die Schaffung einer positiven Identität mit der Rasse verstärkt werden und so den vorherrschenden negativen Stereotypen begegnen. Der Slogan „Black is beautiful" aus den 60ern wurde geschaffen, um den Stolz der Afro-Amerikaner zu stärken, die angefangen hatten, weiße Hautfarbe mit Überlegenheit gleichzusetzen (eine Einstellung, die sich noch heute in der Anwendung von Mitteln zur Straffung des Haares und zur Aufhellung der Haut zeigt, die von einigen Afro-Amerikanern angewendet werden). Formen der sozialen Unterstützung können für Afro-Amerikaner besonders wichtig sein, für die eine Mitgliedschaft in einer Kirche oder anderen sozialen Organisationen im Durchschnitt häufiger ist als bei Weißen (*Raymond, Rhoads* & *Raymond*, 1980). Familiäre Bindungen fungieren ebenfalls als streßreduzierende soziale Unterstützung (*Wilson*, 1984).

Ähnliches gilt auch für den Streß, den andere Minoritätsgruppen, z.B. asiatische Amerikaner, Lateinamerikaner und Indianer, erleben. Die Juden haben ihren Weg in die amerikanische Gesellschaft gefunden, aber möglicherweise nicht ohne gewisse emotionale Kosten in bezug auf ihre kulturelle und religiöse Identität. Ist Amerika ein Schmelztiegel oder ein Gartensalat? Das erste Bild bezieht sich darauf, daß Minoritätsgruppen – die alle mit Ausnahme der Indianer Einwanderer waren – ihre Unterscheidungsmerkmale verlieren, wenn sie sich an die bestehende Kultur anpassen. Das Bild vom Salat bezieht sich auf die Beibehaltung der Einzigartigkeit, sogar dann, wenn der Betreffende Teil des Ganzen wird. Vorurteile haben in den USA, genauso wie in anderen Teilen der Welt, immer bestanden. Die psychologische Forschung beginnt jetzt etwas Licht in die Frage der emotionalen Kosten zu bringen, die Minoritätsgruppen zahlen müssen, wenn sie sich auf den Weg in eine Gesellschaft begeben, deren Werte und Regeln ihr Gefühl der Identität und des Selbstwerts bedrohen. Die Probleme, denen die Afro-Amerikaner gegenüberstehen, sind nicht einfach zu lösen, weder für die Minoritäten noch für diejenigen, die Macht und Einfluß haben.

Aktivitäten zu sammeln. 26 Paare schrieben ihre Erlebnisse über zwei Wochen in Form eines Tagebuches auf. Diese Ereignisse wurden dann unabhängig beurteilt und zu einer Liste von Kategorien zusammengestellt. Eine Musterseite des Testhefts zeigt Abb. 8.2.

Dabei wurde folgendermaßen vorgegangen. Die Ehemänner (Zielpersonen) und Ehefrauen (Beobachter) bearbeiten die Listen mit den Alltagsereignissen zunächst voneinander unabhängig, wobei die Erlebnisse des Ehemanns aufgeschrieben werden. Danach setzen sie sich zusammen und gehen die Ereigniskategorien gemeinsam durch, um eine Liste der Erfahrungen des Ehemanns an diesem Tag zu erstellen. Bei diesem Verfahren muß der Ehemann die Ereignisse, die von ihm nicht aufgeschrieben, aber von seiner Frau beobachtet wurden, bestätigen. Sie kann ihn an einige Ereignisse erinnern und das Ehepaar kann diskutieren und entscheiden, wie die verschiedenen Ereignisse auf der Skala einzuordnen sind.

Mit diesem Instrument zur Erfassung der Alltagserfahrungen begannen *Stone, Reed* und *Neale* (1987) ein Studie der Beziehung zwischen Alltagserfahrungen und der Gesundheit. Die täglichen Symptome und gesundheitsbezo-

Alltägliche Probleme, wie z.B. in einem Stau stehen, können emotional belastend sein und ebenfalls das Risiko für Erkrankungen erhöhen.

Abb. 8.2 Beispielseite der von Stone und Neale (1982) entwickelten Assessment of Daily Experience Scale. Die Bearbeiter zeigen durch Einkreisen des Pfeils auf der linken Seite, daß dieses Ereignis aus der Liste eingetreten ist. Dieses Ereignis wird anschließend nach den Dimensionen der Erwünschtheit, der Veränderung, der Bedeutung und der Kontrolle beurteilt, wobei die Felder auf der rechten Seite Verwendung finden.

Aktivitäten, die mit der Arbeit verbunden sind

Im Hinblick auf den Vorgesetzten, das Management usw.

▶ Dafür gelobt werden, daß etwas gut erledigt wurde. ■ ● ▲ 01

▶ Kritik an der Arbeitsleistung, wegen Verspätungen usw. ■ ● ▲ 02

Im Hinblick auf Mitarbeiter, Kollegen und/oder Kunden

▶ Positive emotionale Interaktionen und/oder Vorkommnisse mit Mitarbeitern, Kollegen und/oder Kunden (arbeitsbezogene Ereignisse, die ausgeführt wurden, usw.) ■ ● ▲ 03

▶ Negative emotionale Interaktionen und/oder Vorkommnisse mit Mitarbeitern, Kollegen und/oder Kunden (arbeitsbezogene Ereignisse, die frustrierend, verwirrend usw. waren) ■ ● ▲ 04

▶ Entlassung oder Disziplinierung (durch Zielsetzungen) ■ ● ▲ 05

▶ Soziale Beziehungen mit Angestellten, Mitarbeitern, Kollegen, Vorgesetzen und/oder Klienten ■ ● ▲ 06

Allgemeine Vorkommnisse im Hinblick auf Zielsetzungen bei der Arbeit

▶ Beförderung, Aufstieg ■ ● ▲ 07

▶ Entlassung, Kündigung, Rücktritt ■ ● ▲ 08

▶ Irgendeine Veränderung bei der Arbeit (abweichend von den oben genannten, d.h. neue Aufgaben, neuer Chef usw.) ■ ● ▲ 09

▶ Arbeit unter großem Druck (bevorstehende Fristen, schwere Arbeitsbelastung usw.) ■ ● ▲ 10

---

genes Verhalten wurden mit einer modifizierten Form der Daily Health Record (*Verbrugge,* 1979) erfaßt. Der Teil, der die Symptome erfaßt, erhebt, ob der Proband irgendein Symptom oder Beschwerden an diesem Tag hatte. Wenn dies bejaht wird, dann werden sie, zusammen mit Veränderungen im gesundheitsbezogenen Verhalten und der vorgenommenen Behandlung, aufgeschrieben.

Die täglichen Daten wurden von 79 Proban-den über mindestens zwölf Wochen gesammelt. Das Ziel bestand darin, die Beziehung zwischen unerwünschten und positiven Ereignissen und dem Auftreten von Episoden von Atemwegser-krankungen zu untersuchen. Die Atemwegser-krankungen wurden aus zwei Gründen als Kri-terium ausgewählt. Erstens tritt diese Erkran-kung in einer Stichprobe mit ausreichender Häufigkeit auf, um sie als getrennte Kategorie zu analysieren. Zweitens steigert die Atem-wegsinfektion auch die Möglichkeit, verzögerte Effekte der Ereignisse auf den Beginn der Symp-tomatik zu untersuchen. Die verzögerten Ef-fekte stellen den eindeutigsten Beweis dafür dar, daß Ereignisse eine Auswirkung auf die Symptome haben. Bei der Infektion durch ein Rhinovirus (eine Hauptursache des gewöhnli-chen Schnupfens) liegt z.B. eine Verzögerung von zwei bis fünf Tagen zwischen der Infektion mit dem Virus und dem Beginn der Symptoma-tik vor. Es wäre daher möglich, daß Streß das Krankheitsrisiko erhöht, aber die Symptome wären für zwei bis fünf Tage nicht zu erkennen.

Im Gegensatz dazu sind bei anderen Krankhei-ten, wie etwa Kopfschmerzen, Auswirkungen, die am gleichen Tag auftreten, wahrscheinlicher und machen dadurch die kausale Interpretation der Effekte schwieriger.

Nach der Untersuchung der Daten aller Pro-banden wurden 30 Personen identifiziert, die Episoden der infektiösen Krankheit hatten. Im nächsten Schritt wurde die tägliche Häufigkeit von negativen und positiven Ereignissen von einem bis zu zehn Tagen vor dem Beginn der Symptomatik ermittelt. Für jeden Probanden wurde eine Gruppe von Kontrolltagen ohne Erkrankung ermittelt, wobei die Kontrolltage den anderen nach dem gleichen Wochentag zu-geordnet wurden. Dies wurde vorgenommen, um die höhere Zahl von positiven Ereignissen und die geringere Häufigkeit von negativen Er-lebnissen, die üblicherweise für das Wochenen-de berichtet werden, auszugleichen. Da die Pro-banden als eigene Kontrolle dienten, waren die Wochenendauswirkungen für die Tage, die dem Auftreten der Symptome vorausgingen, aber auch für die Kontrolltage gleich. Die Mittelwer-

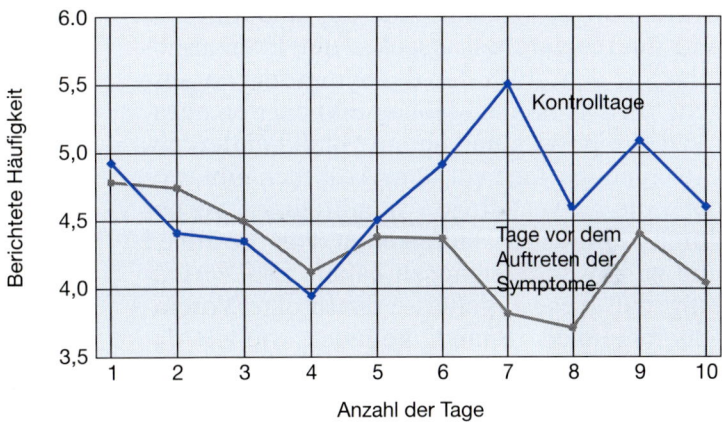

Abb. 8.3 Anzahl erwünschter Ereignisse in-nerhalb der zehn Tage, die einer Atemwegsin-fektion vorausgingen. Nach Stone, Reed und Neale (1987).

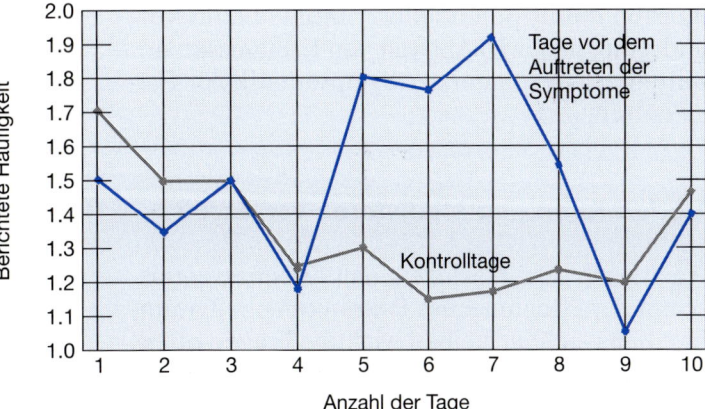

Abb. 8.4 Anzahl unerwünschter Ereignisse innerhalb der zehn Tage, die einer Atemwegs-infektion vorausgingen. Nach Stone, Reed und Neale (1987).

te für die positiven Ereignisse für die Tage vor dem Auftreten der Symptomatik sind in Abbildung 8.3 dargestellt, die parallelen Daten für die negativen Ereignisse in Abbildung 8.4. Es wurde erwartet, daß einige Tage vor Beginn der Krankheitsepisode ein Anstieg in der Zahl der negativen Ereignisse und eine Verringerung der Zahl der positiven Ereignisse im Vergleich zu den Kontrolltagen zu finden wäre. Die Ergebnisse zeigten tatsächlich, daß die Zahl der positiven Ereignisse drei und vier Tage vor dem Ausbruch der Erkrankung signifikant niedriger waren. Bei den negativen Ereignissen gab es vier und fünf Tage vor dem Auftreten der Symptome eine signifikante Steigerung.

Diese Ergebnisse, die in der Folge repliziert wurden (*Evans & Edgerton*, 1989), sind die ersten, die eine Beziehung zwischen Lebensereignissen und der Gesundheit zeigen, wobei beide Variablen täglich in einem prospektiven Plan ermittelt wurden. Die meisten Quellen der Konfundierung bei früheren Studien der Lebensereignisse sind hier vermieden worden und wir kommen jetzt der Tatsache näher, daß Lebensereignisse eine ursächliche Rolle bei der Erhöhung der Empfänglichkeit für infektiöse Erkrankungen spielen. Einer der eindeutigsten und interessantesten Aspekte der Ereignisabfolge, die dem Auftreten der Symptome vorausgeht, ist, daß es einen Höhepunkt bei den negativen Ereignissen und einen Abfall bei den positiven einige Tage vor dem Ausbruch gibt, wobei die zwei Tage unmittelbar vorher durchschnittliche Häufigkeiten von positiven und negativen Ereignissen haben. Die Vermutung, daß diese Ergebnisse durch eine Voreingenommenheit zustande kommen, wie z.B. dadurch, daß die Probanden sich vor dem Auftreten der Symptome schlechter fühlen und dadurch die Wahrnehmung der Eeignisse beeinflußt wird, ist unwahrscheinlich, da die meisten dieser potentiellen Einflüsse eine Veränderung in der Häufigkeit von Ereignissen unmittelbar vor Beginn der Symptomatik zur Folge hätten.

Moderatoren und Mediatoren von Streß

Auch nach dem Nachweis, daß Lebensereignisse mit dem Beginn einer Erkrankung in Zusammenhang stehen, bleiben wichtige Fragen offen. Wir haben bereits erwähnt, daß die gleichen Lebensereignisse offensichtlich unterschiedliche Auswirkungen auf unterschiedliche Menschen haben. Dies eröffnet grundsätzlich die Möglichkeit, daß es andere Faktoren gibt, die einen moderierenden Einfluß auf die Beziehung zwischen Streß und Krankheit haben. Wir werden die Forschung über einen der wichtigsten dieser Moderatoren – die soziale Unterstützung – darstellen. Eine zweite wichtige Frage betrifft den – üblicherweise biologischen – Mechanismus, über den der Streß seine Wirkung ausübt. Durch welche Vorgänge werden die Auswirkungen des psychischen Streß vermittelt? Ein Beispiel für eine derartige biologische Vermittlung – die Veränderungen im Immunsystem – werden erläutert.

Soziale Unterstützung

Cohen und *Wills* (1985) haben zwischen zwei wichtigen Aspekten der sozialen Unterstützung – struktureller und funktioneller – unterschieden. Die *strukturelle soziale Unterstützung* bezieht sich auf das soziale Netzwerk einer Person, z.B. den Familienstand und die Zahl der Freunde. Die *funktionelle soziale Unterstützung* bezieht sich mehr auf die Qualität der Beziehungen. Ist jemand z.B. davon überzeugt, daß er gute Freunde hat, die er in Anspruch nehmen kann, wenn er sie benötigt?

Die strukturelle Unterstützung stellt einen gut gesicherten Prädiktor der Mortalität dar. *Schoenbach* et al. (1986) fanden beispielsweise, daß die Gesamtsterblichkeit in einer älteren Population mit einem niedrigeren Niveau an struktureller Unterstützung in Beziehung stand. In ähnlicher Weise konnten *Ruberman* et al. (1984) ermitteln, daß bei Männern, die einen Myokardinfarkt (Herzanfall) erlitten hatten, ein niedriges Niveau an struktureller Unterstützung mit dem darauf folgenden Tod in Verbindung stand. Die Rolle der funktionellen Unterstützung bei der Vorhersage des Todes ist jedoch derzeit unklar (*Cohen*, 1988).

Beide Formen der sozialen Unterstützung sind mit dem Ausbruch von Erkrankungen in Verbindung gebracht worden. So fanden *Seeman* und *Syme* (1987) z.B., daß ein höheres Niveau an funktioneller Unterstützung auch mit niedrigerer Häufigkeit an Atherosklerose (Verstopfung der Arterien) einhergeht und mit der Fähigkeit von Frauen, sich an die chronische rheumatische Arthritis anzupassen (*Goodenow, Reisine & Grady*, 1990). Strukturelle Unterstützung wurde mit verschiedenen Aspekten der kardiovaskulären Erkrankung zusammengebracht (*Reed* et al., 1983).

Wie kommen die positiven Effekte der sozialen Unterstützung zur Geltung? Eine Möglichkeit besteht darin, daß ein höheres Maß an sozialer Unterstützung die Wahrscheinlichkeit für positives Gesundheitsverhalten steigert, z.B. das Essen von gesunder Nahrung, Nichtrauchen und Mäßigung des Alkoholkonsums. Derartige Beziehungen wurde in einer Untersuchung älterer Menschen gefunden (*Blazer*, 1982). Alternativ dazu könnte die soziale Unterstützung (oder das Fehlen) eine direkte Auswirkung auf biologische Prozesse haben. So ist beispielsweise ein niedriges Maß an sozialer Unterstützung mit einer Steigerung negativer Emotionen verbunden (*Kessler & McLeod*, 1985; siehe auch die Darstellung der Posttraumatischen Belastungsstörung auf S. 171), die ihrerseits die Blutspiegel einiger Hormone und das Immunsystem beeinflussen können (*Kielcolt-Glaser* et al., 1984).

Biologische Vermittlung

Während der Konfrontation mit Stressoren ereignen sich viele biologische Veränderungen, die eine Vermittlungsrolle für den Streß in bezug auf die Krankheit übernehmen könnten, z.B. Erhöhungen der Pulsfrequenz und des Blutdrucks oder Steigerung der Sekretion von Hormonen. Neuere Untersuchungen lassen auch vermuten, daß Streß das Immunsystem beeinträchtigt, was eine wichtige Rolle bei infektiösen Erkrankungen, Krebs und Allergien spielt (*Zakowski, Hall & Baum*, 1992). Von Depression und Trauer wurde ebenfalls nachgewiesen, daß sie das Immunsystem beeinträchtigen (*Schleifer* et al., 1983; *Linn, Linn & Jensen*, 1984). Wie von *Zakowski* et al. vermutet, kann ein Gefühl des Verlusts den immunologischen Veränderungen zugrunde liegen, weil ähnliche Effekte bei Geschiedenen (*Kielcolt-Glaser* et al., 1987; *Kielcolt-Glaser* et al., 1988) und bei denen, die ihren Arbeitsplatz verloren hatten (*Arnetz* et al., 1987), gefunden wurden. Auch andere Formen von Streß beeinträchtigen die Funktion des Immunsystems, z.B. Prüfungsangst (*Workman & La Via*, 1987; *Kielcolt-Glaser & Glaser*, 1987), chronische Erkrankung (*Levy, Herberman, Lippman & d'Angelo*, 1987) und sogar im Labor induzierter Streß (*Zakowski,*

McAllister, Deal & Baum, in Druck). Ob diese Veränderungen im Immunsystem verstärkt zu einem ungünstigen klinischen Verlauf, wie etwa einem schnellen Tod durch Krebs, führen, läßt sich derzeit nicht abschätzen, aber die Forscher nehmen an, daß es sich lohnt, dieser Frage nachzugehen (*Zakowski* et al., 1992). Zur Illustration werden wir einen Aspekt des Immunsystems – die sekretorische Immunität – etwas ausführlicher darstellen und dann auf die bereits beschriebenen Untersuchungen von *Stone* und *Neale* zurückkommen.

Die sekretorische Komponente des Immunsystems liegt in den Flüssigkeiten, welche die Schleimhäute des Körpers benetzen (wie Tränen, Speichel, gastrointestinale, vaginale, nasale und bronchiale Sekrete), und in den Oberflächen der Stellen, an denen Bakterien und Viren eindringen können. Ein Bestandteil dieser Sekrete, der als Immunoglobulin A oder IgA bezeichnet wird, enthält Antikörper, die als erste Verteidigungslinie des Körpers gegen eindringende Bakterien oder Viren angesehen werden. Sie verhindern eine Bindung des Virus oder der Bakterie an die Schleimhäute.

Eine Untersuchung von *Stone* et al. (1987) zeigte, daß Veränderungen in der Zahl der Antikörper in IgA an Veränderungen der Stimmung gebunden waren. Während eines achtwöchigen Untersuchungszeitraums kam eine Gruppe von Studenten der Zahnmedizin dreimal wöchentlich ins Labor, wo ihnen eine Speichelprobe genommen und sie einer kurzen psychologischen Untersuchung unterzogen wurden. Zu den Zeiten, wo die Studenten ein relativ hohes Maß an negativer Stimmung erlebten, waren wesentlich weniger Antikörper vorhanden als an den Tagen, wo die negative Stimmung weniger war. In ähnlicher Weise war die Zahl der Antikörper an den Tagen höher, an denen das Niveau der positiven Stimmung hoch war.

Frühere Untersuchungen (z.B. *Stone & Neale*, 1984) hatten gezeigt, daß Alltagsereignisse die Stimmung beeinflussen. Es ist daher gut möglich, daß die Alltagsereignisse die Veränderung der Stimmung beeinflussen, was dann ihrerseits die Synthese der sekretorischen IgA-Antikörper unterdrückt. Der Prozeß könnte folgendermaßen ablaufen: Eine Erhöhung der Zahl der negativen Lebensereignisse in Kombination mit einer Verminderung der positiven Erlebnisse führt zu einer verstärkten negativen Stimmung, die ihrerseits das Niveau der Antikörper in dem sekretorischen IgA senkt. Wenn eine Person in diesem Zeitraum einem Virus ausgesetzt ist, dann erhöht sich ihr Risiko, daß dieser Virus zu einer Infektion führt. Die offensichtlichen Symptome einer Atemwegserkrankung beginnen dann einige Tage nach der Anstekkung.

Weitere Informationen über die Beziehung zwischen psychischen und biologischen Faktoren bei der Erkältung finden sich in der Arbeit von *Cohen, Tyrell* und *Smith* (1991), die am Zentrum für Erkältungskrankheiten in England durchgeführt wurde. Bei dieser Studie nahmen Freiwillige Nasentropfen, die einen harmlosen Erkältungsvirus enthielten, und bearbeiteten eine Anzahl von Skalen zur Messung von kürzlich vorhandenem Streß. Der Vorteil dieses Verfahrens ist, daß die Exposition mit dem Virus eine experimentelle Variable unter der Kontrolle des Versuchsleiters darstellt. Steigerungen des Streß waren eindeutig mit der Infektionshäufigkeit verbunden. Auf dem niedrigsten Niveau von kürzlich aufgetretenem Streß wurden 71% der Probanden infiziert, während es auf dem höchsten Niveau mehr als 90% waren. Diese Ergebnisse zeigen sehr gut das komplexe Zusammenspiel zwischen psychischen und biologischen Variablen in der Ätiologie psychophysiologischer Störungen.

Theorien zum Zusammenhang von Streß und Krankheit

Die Ätiologie psychophysiologischer Störungen konfrontiert uns mit drei Fragen: 1. Warum haben nur manche Menschen unter den Folgen von Streß zu leiden? 2. Warum verursacht Streß manchmal eine Krankheit und nicht eine psychische Störung? 3. Was ist gegebenenfalls verantwortlich dafür, welche der zahlreichen möglichen psychophysiologischen Störungen sich einstellt? Wir haben bereits in Zusammenhang mit den verschiedenen Angstsyndromen über Streß gesprochen und werden auch im Kapitel über Schizophrenie noch einmal darauf zurückkommen. Wie kommt es, daß sich dieses allgemeine Konzept zur „Erklärung" so vieler und so vielfältiger Störungen eignet? Um Antworten auf diese Fragen haben sich physiologisch wie psychologisch orientierte Theoretiker bemüht.

Bevor wir auf einige Theorien in diesem Bereich eingehen, ist es wichtig darauf hinzuweisen, daß die abhängige Variable bei den Untersuchungen von Streß und Gesundheit sorgfältig überprüft werden muß. In vielen Untersuchungen wurde versucht, Streß mit der Selbstbeurteilung von Krankheit in Verbindung zu bringen. Das Problem besteht darin, daß die Selbstbeurteilung keine adäquate Widerspiegelung der körperlichen Erkrankung zu sein braucht. *Watson* und *Pennebaker* (1989) schlußfolgerten beispielsweise nach einer umfangreichen Literaturübersicht, daß eine offensichtliche Beziehung zwischen negativen Emotionen und Gesundheit nur eine Beziehung zwischen negativen Emotionen und Berichten über Erkrankungen war. Möglicherweise vergrößern starke Belastungen die Sensibilität für körperliche Veränderungen und schaffen damit eine Tendenz, auf diese Empfindungen zu stark zu reagieren. Das Ergebnis wäre ein Ansteigen der Selbsteinschätzung von Krankheit, aber keine wirkliche Veränderung der Gesundheit. Es ist möglich, daß der Streß zu Gesundheitsveränderungen führt, die nicht unmittelbar auf körperliche oder psychische Variablen zurückgehen, aber auf Veränderungen im Gesundheitsverhalten. Das bedeutet, starker Streß kann zu verstärktem Rauchen, unterbrochenem Schlaf, erhöhtem Alkoholkonsum und veränderter Ernährung führen (im Gegenteil zu dem, was bei der sozialen Unterstützung beschrieben wurde). Diese Verhaltensänderungen können dann das Risiko für eine Erkrankung erhöhen. In diesem Fall würde die Verbindung zwischen Streß und Krankheit wirklich bestehen, aber indirekt beeinflußt durch Veränderungen im gesundheitsbezogenen Verhalten.

Biologische Theorien

Biologische Ansätze führen bestimmte psychophysiologische Störungen auf spezifische Schwächen oder Überaktivitäten in dem Organsystem eines Individuums zurück, das auf den Streß reagiert. Psychologische Theorien tragen der Spezifität dadurch Rechnung, daß sie besondere emotionale Zustände oder Persönlichkeitsmerkmale für bestimmte Störungen postulieren.

Die Theorie der Organschwäche

Möglicherweise haben genetische Faktoren, frühere Krankheiten, Ernährungsgewohnheiten usw. ein Organsystem so in Mitleidenschaft gezogen, daß es schwach und durch Streß anfällig geworden ist. Gemäß der Theorie der Organschwäche ist der Zusammenhang zwischen Streß und einer bestimmten psychophysiologischen Störung mit der Schwäche innerhalb eines spezifischen Körperorgans gegeben. Wie ein Reifen an seiner schwächsten oder dünnsten Stelle platzt, könnte z.B. im menschlichen Körper ein angeborenes schwaches Respirationssystem zu Asthma prädisponieren oder ein schwaches Verdauungssystem zu Magengeschwüren.

Die Theorie der spezifischen Reaktion

Andere Forscher sind der Meinung, daß es – vermutlich genetisch determinierte – Unterschiede in der Reaktionsweise auf Streß gibt. Jeder Mensch, so hat man festgestellt, besitzt sein besonderes autonomes Reaktionsmuster auf Streß. Bei dem einen schlägt das Herz schneller, während sich bei einem anderen nur der Atem beschleunigt (*Lacey*, 1967). Jeder Mensch reagiert auf Streß auf seine eigene, idiosynkratische Weise, und so ist vielleicht das jeweils reaktivste Körpersystem zugleich auch der Ort einer eventuellen späteren psychophysiologischen Störung. Reagiert jemand auf Streß mit erhöhtem Blutdruck, ist er möglicherweise anfällig für eine essentielle Hypertonie. Wenn wir uns weiter unten die einzelnen psychophysiologischen Störungen genauer ansehen, werden wir feststellen, daß es für beide Theorien, die der Organschwäche und die der spezifischen Reaktion, gewichtige Belege gibt.

Psychologische Theorien

Psychologische Theorien versuchen der Entwicklung der verschiedenen Störungen dadurch Rechnung zu tragen, daß sie Faktoren wie unbewußte emotionale Zustände, Persönlichkeitsmerkmale, kognitive Beurteilungen und spezielle Formen der Bewältigung von Streß berücksichtigen.

Psychoanalytische Theorien

Der vielleicht bekannteste psychoanalytische Theoretiker, der sich mit psychophysiologischen Reaktionen beschäftigte, war *Franz Alexander* (1950). Er hielt die verschiedenen psychophysiologischen Störungen jeweils für das Produkt unbewußter und störungsspezifischer emotionaler Zustände. Zum Beispiel

> „dürfte der für die Pathogenese des Magengeschwürs entscheidende Faktor die Frustration des abhängigen, Hilfe und Liebe fordernden Menschen sein. Wenn diese Wünsche in zwischenmenschlichen Beziehungen keine Befriedigung finden, entsteht ein chronischer emotionaler Stimulus, der spezifische Auswirkungen auf die Funktionen des Magens hat" (S. 103).

Er nahm an, daß Ulcus-Patienten ihre Sehnsucht nach elterlicher Liebe in der Kindheit verdrängt haben und daß diese verdrängten Impulse die Überaktivität des autonomen Nervensystems und des Magens verursachen, die schließlich zu Magengeschwüren führt. Der Magen befindet sich in ständiger physiologischer Bereitschaft, um jene Nahrung aufzunehmen, die der Betroffene symbolisch mit elterlicher Liebe gleichsetzt.

Für den chronischen emotionalen Zustand, der zur Hypertonie führen kann, macht *Alexander* unterdrückte aggressive Impulse verantwortlich.

> „Es stauen sich fortgesetzt aggressive Impulse an und nehmen dementsprechend an Intensität zu. Um die aufgestauten Aggressionen unter Kontrolle zu halten, werden stärkere Abwehrmaßnahmen nötig ... Wegen ihrer starken Hemmungen sind solche Patienten beruflich weniger effektiv und ziehen aus diesem Grund im Wettbewerb mit anderen häufig den kürzeren ... Neid stellt sich ein ... und aggressive Gefühle gegenüber erfolgreicheren, weniger gehemmten Rivalen verstärken sich" (S. 150).

Alexander formulierte seine Theorie über den nicht ausgedrückten Ärger aufgrund seiner Beobachtungen bei den Patienten, die sich einer Psychoanalyse unterzogen. Diese Hypothese wird auch in modernen Forschungsarbeiten zu den an essentieller Hypertonie beteiligten psychischen Faktoren weiterhin verfolgt (vgl. S. 226).

Faktoren der Kognition und des Verhaltens

Wir nehmen mehr wahr als nur die aktuell vorhandenen Bedrohungen (*Simmons*, 1961); wir erleben Bedauern über die Vergangenheit und

Sorgen über die Zukunft. Alle diese Wahrnehmungen beeinflussen die Aktivität des sympathischen Nervensystems. Aber Mißbehagen, Bedauern und Sorge können nicht wie äußere Bedrohungen bekämpft oder ihnen ausgewichen werden, auch bestehen sie meist über längere Zeit. Sie können das sympathische Nervensystem in Erregung halten und dadurch den Körper in einer ständigen Notfallreaktion, die länger anhält, als es der Körper vertragen kann. Unter diesen Umständen kann das notwendige Gleichgewicht zwischen dem sympathischen und dem parasympathischen Nervensystem nur unter erheblichen Schwierigkeiten beibehalten

werden und außer Kontrolle geraten. Auf diese Weise können negative Gedanken, die durch die Evolution möglich wurden, zu körperlichen Veränderungen führen, die länger bestehen als sie es sollten und damit zu einem Ungleichgewicht zwischen sympathischer und parasympathischer Aktivität beitragen. Nach der Theorie setzen unsere höheren geistigen Fähigkeiten den Körper physiologischen Belastungen aus, für die er nicht gebaut wurde.

Bei der allgemeinen Erörterung von Streß wurde dargestellt, daß die Beurteilung eines potentiellen Stressors für die Art und Weise, wie eine Beeinflussung erfolgt, wesentlich ist.

Kasten 8.3 Geschlecht und Gesundheit

In jedem Alter, von der Geburt bis zu 85 Jahren und mehr, sterben mehr Männer als Frauen. Die individuellen Todesursachen variieren zwischen den Geschlechtern erheblich. Bei Autounfällen, Morden, Zirrhosen, Herz- und Lungenkrankheiten, Lungenkrebs und Suizid beträgt der Unterschied teilweise mehr als das Doppelte. Trotz der allgemein geringeren Mortalität haben Frauen eine höhere Morbidität (allgemein schlechtere Gesundheit oder mehrere spezifische Erkrankungen). So wiesen Frauen z.B. einen höheren Anteil an Diabetes, Anämie, gastrointestinalen Problemen und rheumatoider Arthritis auf; sie berichten über häufigere Arztbesuche, verwenden mehr verschreibungspflichtige Medikamente und stellen zwei Drittel aller Patienten bei chirurgischen Eingriffen in den USA. In den letzten Jahren hat sich jedoch der Mortalitätsvorteil der Frauen vermindert, z.B. ging die Todesrate bei kardiovaskulären Erkrankungen bei Männern in den letzten 30 Jahren zurück, während sie bei Frauen konstant blieb. Die gerade erwähnten Statistiken wurden von *Rodin* und *Ickovics* (1990) aus verschiedenen Quellen zusammengestellt. Sie merken auch an, daß trotz dieser Daten und der Tatsache, daß einige medizinische Probleme nur bei Frauen auftreten (z.B. Hysterektomie, Brustkrebs), der größte Teil der Gesundheitsforschung sich mit Männern beschäftigt hat. Es ist offensichtlich, daß ein dringendes Bedürfnis nach weiteren Untersuchungen über die Gesundheit von Frauen besteht. Welche Gründe könnte es für die Unterschie

de in der Mortalität und Morbidität geben und warum steigt die Mortalität an? Wie zu erwarten wurden erste Antworten sowohl aus der psychologischen als auch der biologischen Sicht gegeben. Von einem biologischen Standpunkt aus könnte vorgeschlagen werden, daß Frauen über einen Mechanismus verfügen, der sie vor lebensbedrohenden Erkrankungen schützt. So könnte etwa das weibliche Hormon Östrogen einen Schutz vor kardiovaskulären Erkrankungen darstellen. Diese Vorstellung wird von einigen Belegen gestützt. Zum einen haben Frauen nach der Menopause und diejenigen, denen die Ovarien entfernt wurden (was in beiden Fällen zu einer Verminderung des Östrogens führt), zu einem höheren Anteil kardiovaskuläre Erkrankungen als Frauen vor der Menopause. Darüber hinaus vermindert eine Hormonersatztherapie die Mortalitätsrate durch kardiovaskuläre Erkrankungen, möglicherweise dadurch, daß erhöhte Werte des High-density Lipoprotein (HDL), dem sog. guten Cholesterin, beibehalten werden (*Matthews* et al., 1989). Aus psychologischer Sicht können wir darauf hinweisen, daß Frauen zu einem geringeren Anteil der Persönlichkeit des Typ A entsprechen und auch weniger aggressiv als Männer sind (*Waldron*, 1976, *Weidner* & *Collins*, in Druck). *Eisler* und *Blalock* (1991) nehmen an, daß das Typ A-Verhalten, das unten ausführlicher behandelt wird, wesentlicher Bestandteil einer starken Identifikation mit der traditionellen männlichen Geschlechtsrolle ist, die auf

Daher wären diejenigen Menschen, die alle Lebenserfahrungen als Überforderung ihrer Möglichkeiten ansehen, chronisch überlastet und es würde ein erhebliches Risiko für die Entwicklung psychophysiologischer Störungen bestehen. In ähnlicher Weise wäre es wichtig, wie die Menschen mit Streß fertig werden. Einige Ergebnisse zu diesem Aspekt werden wir später darstellen und zeigen, wie der Umgang mit Ärger mit Bluthochdruck in Verbindung steht. Persönlichkeitsmerkmale stehen ebenfalls mit einigen Störungen in Beziehung, besonders bei den kardiovaskulären Erkrankungen. Menschen mit einer Typ A-Persönlichkeit verhalten

sich so, daß eine Verbindung zu Herzproblemen wahrscheinlich ist. Schließlich ist auch das Geschlecht eine wichtige Variable bei der Gesundheit, da es eindeutige Unterschiede in der Häufigkeit gibt, mit der bestimmte Gesundheitsprobleme bei Männern und Frauen auftreten (Vgl. Kasten 8.3).

Der allgemeine Überblick über die Theorien zur Ätiologie der psychophysiologischen Erkrankungen ist damit vollständig. Wir wenden uns jetzt einer genaueren Darstellung von zwei Erkrankungen zu, die viel Aufmerksamkeit bei den Forschern gefunden haben: kardiovaskuläre Störungen und Asthma.

Leistung, Macht und Wettbewerb abzielt, aber wenig nach Hilfe oder emotionaler Unterstützung fragt, ein starkes Bedürfnis nach Kontrolle zeigt und die Neigung hat, aggressiv bei Frustrationen zu reagieren und dies auch zum Ausdruck bringt. Sie verbinden diese Merkmale mit der höheren Anfälligkeit der Männer für Koronar-Erkrankungen und anderen mit Streß in Verbindung stehenden Gesundheitsrisiken wie Hypertonie (*Harrison, Chin & Ficarrotto*, 1989). An anderer Stelle beschreiben wir die Rolle, die sowohl biologische als auch psychologische Variablen bei kardiovaskulären Erkrankungen spielen, aber hier stellen wir nur fest, daß sie wichtig sind und sehr wohl für die niedrigere Mortalität von Frauen verantwortlich sein könnten.

Warum wird die Differenz in den Mortalitätsraten von Männern und Frauen geringer? In den ersten Jahren des 20. Jahrhunderts wurden die meisten Todesfälle durch Epidemien und Infektionen verursacht, aber heute gehen sie meist auf Erkrankungen zurück, die vom Lebensstil beeinflußt sind. Danach besteht eine Möglichkeit darin, daß die Unterschiede im Lebensstil zwischen Männern und Frauen für die Geschlechtsunterschiede in der Mortalität verantwortlich sind und diese Unterschiede im Lebensstil sich reduzieren. Männer rauchen mehr als Frauen und konsumieren mehr Alkohol. Diese Unterschiede tragen wahrscheinlich zu der höheren Mortalität der Männer durch kardiovaskuläre Erkrankungen und Lungenkrebs bei. Es stimmt auch, daß in letzter Zeit die Frauen damit angefangen haben,

mehr zu rauchen und zu trinken, und daß diese Veränderungen zu einem parallelen Anstieg von Lungenkrebs und dem Fehlen eines Rückgangs der Mortalitätsrate der kardiovaskulären Erkrankungen bei ihnen geführt hat (*Rodin & Ickovics*, 1990). Es ist möglich, daß einige Merkmale, die mit Typ A verbunden sind, auch bei Frauen anzutreffen sind, wenn sie wie Männer in Berufen arbeiten, die ihnen früher verschlossen waren.

Es gibt mehrere plausible Erklärungen dafür, daß sich die Morbidität von Männern und Frauen unterscheidet. Erstens, da Frauen länger als Männer leben, ist es wahrscheinlicher, daß sie an mehr Krankheiten leiden, die mit dem Altern verbunden sind. Zweitens kann es sein, daß Frauen eher als Männer auf ihre Gesundheit achten und daher häufiger Ärzte aufsuchen und zu einer Diagnose kommen. Und schließlich können Frauen mit Belastungen auf eine Weise bewältigen, die ihr Risiko für einige Erkrankungen steigen läßt (*Weidner & Collins*, in Druck).

Bei vielen Krankheiten wurde die Sammlung wissenschaftlicher Ergebnisse im Hinblick auf eine Minimalisierung des Risikos durch die Tendenz, Frauen bei diesen Studien auszuschließen, beeinflußt. Wie *Rodin* und *Ickovics* dargestellt haben, wurden Frauen bei der Gesundheitsforschung bislang vernachlässigt. Bei zukünftigen Untersuchungen müssen gleiche Stichproben von Männern und Frauen berücksichtigt werden, aber auch die speziellen Gesundheitsbelange von Frauen.

Kardiovaskuläre Störungen

Kardiovaskuläre Störungen stellen medizinische Probleme dar, die das Herz-Kreislauf-System betreffen. Obwohl der Anteil der Todesfälle durch kardiovaskuläre Erkrankungen seit 1964 abgenommen hat, stellen sie ein gewichtiges Problem dar: Fast die Hälfte der Todesfälle pro Jahr in den Vereinigten Staaten (*Foreyt*, 1990) geht darauf zurück; mehr als 300 von 10000 Einwohnern sind davon betroffen (*U.S. Census*, 1990); Behandlung und Forschung kosten pro Jahr in den USA mehr als 100 Milliarden Dollar (*Weiss*, 1986). In diesem Abschnitt konzentrieren wir uns auf zwei Formen der kardiovaskulären Störungen, den Bluthochdruck und die koronare Herzerkrankung. Die koronare Herzkrankheit ist von besonderer Bedeutung, weil sie unter den kardiovaskulären Erkrankungen die häufigste Todesursache darstellt. Hypertonie oder Bluthochdruck spielt nicht nur bei der koronaren Herzkrankheit, sondern auch beim Schlaganfall eine Rolle. Es ist unumstritten, daß kardiovaskuläre Erkrankungen häufig zu vorzeitigem Tod führen und daß man ihnen durch Ausschaltung eines oder mehrerer Risikofaktoren vorbeugen kann (*Price*, 1982).

Essentielle Hypertonie

Ohne Frage ist Hypertonie, gemeinhin Bluthochdruck genannt, eine der ernsthaftesten psychophysiologischen Störungen. Hypertonie disponiert zu Arteriosklerose („Arterienverkalkung"), zu Herzattacken und Schlaganfällen und kann überdies Tod durch Nierenversagen verursachen. Nur in 10% dieser Fälle läßt sich eine körperliche Ursache feststellen. Hypertonie ohne erkennbare organische Ursache nennt man *essentielle Hypertonie*. Neueren Schätzungen zufolge leiden 15-33% der erwachsenen Amerikaner daran, wobei der Anteil der Afro-Amerikaner doppelt so hoch wie derjenige der Weißen ist. Bei 10% der amerikanischen College-Studenten sind – meist ohne ihr Wissen – die Blutdruckwerte mehr oder weniger erhöht. Bis zu einer Messung des Blutdrucks können viele Menschen Jahre leben, ohne zu wissen, daß sie an einer Hypertonie leiden. Die Krank-

heit wird daher auch als „lautloser Killer" bezeichnet.

Der Wert des Blutdrucks wird durch zwei Zahlen ausgedrückt, eine davon repräsentiert den systolischen, die andere den diastolischen Druck. Das systolische Maß entspricht dem arteriellen Druck, wenn sich die Herzkammern zusammenziehen und das Herz pumpt; das diastolische Maß entspricht dem arteriellen Druck, der vorliegt, wenn die Herzkammern sich entspannen und das Herz ruht. Der normale Blutdruck bei einem jungen Erwachsenen beträgt 120 (systolisch) zu 80 (diastolisch) (Abb. 8.5).

Abb. 8.5 Normaler Blutdruck eines jungen Erwachsenen.

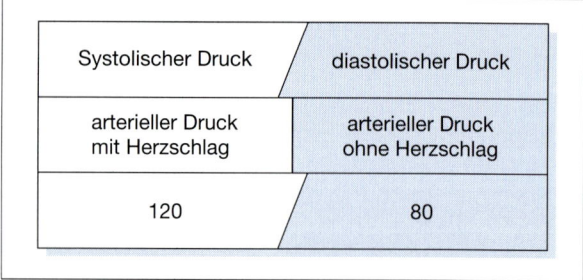

Gegenwärtig betrachtet man die essentielle Hypertonie als eine heterogene Gegebenheit, die durch zahlreiche mögliche Störungen in den für die Blutdruckregelung verantwortlichen Körpersystemen verursacht wird. Die Zusammenarbeit der physiologischen Mechanismen, die an der Blutdruckregulierung beteiligt sind, ist äußerst komplex. Sympathisches Nervensystem, Hormone, Salz- und Wasserhaushalt und zentralnervöse Mechanismen können das Herz gleichermaßen zur Mehrarbeit anregen, wodurch es dann zur Erhöhung des Blut-Minuten-Volumens und damit des Blutdrucks kommt (*Weiner*, 1977). Viele dieser kontrollierenden Mechanismen reagieren auf psychischen Streß.

Streß, Ärger und Blutdruckanstieg

Man hat verschiedene belastende Bedingungen untersucht, um ihren Anteil an der Ätiologie der essentiellen Hypertonie zu bestimmen. Streßreiche Interviews, Naturkatastrophen, Zorn und Angst, so hat man festgestellt, führen zu kurzzeitiger Blutdruckerhöhung (z.B. *Innes,*

Millar & Valentine, 1959). *Kasl* und *Cobb* (1970) haben sich dafür interessiert, wie sich der Verlust des Arbeitsplatzes auf den Blutdruck auswirkt. Sie untersuchten eine Gruppe von Arbeitern zwei Monate vor Wirksamwerden der Kündigung und über zwei Jahre nach dem Verlust des Arbeitsplatzes. Die Kontrollgruppe bestand aus Männern in ähnlichen Berufen, aber ungekündigten Stellungen. Jedem Probanden wurde innerhalb von sechs Zeitabschnitten mehrfach der Blutdruck gemessen. Die Kontrollprobanden wiesen im allgemeinen keine Blutdruckschwankungen auf. Bei den Männern, die ihren Arbeitsplatz verloren hatten, wurden jedoch in der Zeit vor der Entlassung, nach Beendigung des Arbeitsverhältnisses und während der Probezeit in einer neuen Stellung erhöhte Blutdruckwerte gemessen. Probanden, die große Schwierigkeiten hatten, einen festen Arbeitsplatz zu finden, litten am längsten unter

Harburgs Nachforschungen haben ergeben, daß unter Afro-Amerikanern der Blutdruck bei denjenigen besonders hoch ist, die in einem Armenviertel der Stadt mit hohen Kriminalitätsraten leben.

erhöhtem Blutdruck. Allgemein wird derartiger psychischer Streß als wichtiger Faktor bei der essentiellen Hypertonie angesehen (*Fredrikson & Mathews*, 1990).

In einer anderen, zum Teil psychoanalytisch ausgerichteten Untersuchungsreihe (*Hokanson & Burgess*, 1962; *Hokanson, Burgess & Cohen*, 1963; *Hokanson, Willers & Koropsak*, 1968; *Stone & Hokanson*, 1969) interessierten sich *Hokanson* und seine Mitarbeiter für einen möglichen Zusammenhang zwischen Blutdruckerhöhung und Aggressionshemmung. Die Probanden hatten eine Aufgabe zu absolvieren, wurden dabei aber ständig von einem angeblichen Mitprobanden, in Wirklichkeit ein Komplize des Versuchsleiters, gestört. Später hatte die Hälfte der Probanden Gelegenheit, es dem Störenfried heimzuzahlen. Die Ergebnisse dieser klassischen Untersuchungsreihe zeigen nicht nur, daß Ärger zu einer Erhöhung des Blutdrucks führt, sondern daß bei Männern die Aggression gegen die Ursache der Frustration hilft, den Blutdruck wieder zu verringern.

Harburg und andere (1973) übernahmen die Grundgedanken von *Hokanson* und übertrugen sie auf den Zusammenhang zwischen natürlicher Umwelt und Häufigkeit von Bluthochdruck bei schwarzen Amerikanern. Die Untersuchung wurde in zwei Bezirken Detroits durchgeführt. Im ersten Bezirk, der sogenannten Hoch-Streß-Gegend, waren Kriminalität, Bevölkerungsdichte, Sterblichkeitsrate und Anzahl der Ehescheidungen gleichermaßen hoch und der sozioökonomische Status der Bewohner im allgemeinen niedrig. Im zweiten Bezirk, der Niedrig-Streß-Gegend, herrschten günstigere Bedingungen.

Als Probanden wählte man verheiratete schwarze und weiße Männer. Man besuchte sie zu Hause, maß ihren Blutdruck, interviewte sie und legte ihnen eigens entworfene Tests vor, die nach ihren Reaktionen auf hypothetische Situationen fragten, z.B.:

„Stellen Sie sich vor, Sie suchen eine neue Wohnung, finden auch eine, die Ihnen gefällt, aber der Besitzer sagt, er werde Ihnen die Wohnung wegen Ihrer Religion, Ihrer nationalen Herkunft oder Ihrer Rasse weder vermieten noch verkaufen. Wie empfänden Sie das? Die Reaktionskategorien ... lauteten: 1. Ich wäre wütend oder außer mir und würde das auch zeigen, 2. Ich würde mich ärgern und das zeigen, 3. Ich würde mich ärgern, aber meinen Ärger für mich behalten, 4. Ich wäre wütend oder außer mir, würde mich aber beherrschen, 5. Ich wäre weder wütend noch ärgerlich" (S. 280).

Die Probanden gaben auch Auskunft darüber, wie sie sich vermutlich fühlen würden, wenn sie ihrem Zorn freien Lauf gelassen hätten. Gemessen wurde die Dimension der Schuld, und die möglichen Antworten reichten von „sehr starke Schuldgefühle" bis hin zu „keinerlei Schuldgefühle".

Bei den afro-amerikanischen Männern war der Blutdruck höher als bei den weißen, wobei die schwarzen Bewohner der Hoch-Streß-Gegend stärker betroffen waren als die schwarzen Probanden aus dem Mittelschicht-Bezirk. Die vorliegenden Statistiken über Rassenunterschiede im Blutdruck bestätigten sich also, allerdings mit der wichtigen Einschränkung, daß dabei auch der Streß durch die Umgebung eine entscheidende Rolle spielt. Als man die Testantworten zu den Blutdruckwerten in Beziehung setzte, ergab sich folgendes Muster: Bei allen Probanden mit Ausnahme der Schwarzen aus dem Mittelschicht-Bezirk bestand ein Zusammenhang zwischen unterdrücktem Zorn und Schuldgefühlen und erhöhtem Blutdruck.

Harburgs Ergebnisse, deren Reanalyse durch *Gentry* et al. (1981, 1982) und eine Replikation von *Dimsdale* et al. (1986) verweisen auf die Rolle von unterdrücktem Zorn bei der Entwicklung und Fixierung von erhöhtem Blutdruck. Bei anderen Untersuchungen ergaben sich jedoch keine Hinweise darauf, daß unterdrückter Zorn zu einer Erhöhung des Blutdrucks führt – gelegentlich wurde sogar umgekehrt ermittelt, daß der Ausdruck des Ärgers den Blutdruck erhöht. *Harburg* et al. (1991) wendeten Verfahren zur Messung des unterdrückten Zorns und des Ausdrucks von Ärger in einer größeren Stichprobe von Afro-Amerikanern und Weißen an. Nur der Wert für Ausdruck des Ärgers konnte den Blutdruck vorhersagen. Bei der Darstellung der Ergebnisse merken *Harburg* et al. an, daß die unmittelbare Reaktion auf die Ärger induzierende Situation möglicherweise nicht den Schlüssel für das Verständnis der Beziehung zwischen Ärger und Hypertonie darstellt. Von größerer Bedeutung ist nach ihrer Auffassung, ob die Betroffenen später das Problem, das den Ärger ausgelöst hat, lösen oder ob sie zornig und vorwurfsvoll bleiben. Der letztere Zustand könnte sehr stark mit der Hypertonie in Verbindung stehen. Die Ergebnisse von *Harburg* stimmen mit einer kürzlich durchgeführten Interventionsstudie von *Davison* und Mitarbeitern (1991, vgl. S. 241) überein.

Wir sollten daraus nicht folgern, daß Ärger die einzige Variable ist, die zu einer Erhöhung des Blutdrucks führt. Als Beispiel können wir eine Untersuchungsreihe ansehen, bei der es um eine aktive, wirkungsvolle Bewältigung ging. Bei ihren Studien verwendeten *Obrist* und seine Mitarbeiter (z.B. 1978) eine Reaktionszeitaufgabe, bei der sie den Probanden mitteilten, daß sie einen Elektroschock bekommen würden, wenn sie nicht ausreichend schnell reagierten. Eine gute Leistung wurde mit einem kleinen Geldbetrag belohnt. Die Reaktionszeitaufgabe führte zu signifikanten Erhöhungen des Herzschlags und des systolischen Blutdrucks.

Der Mechanismus, der eine dauerhafte essentielle Hypertonie induziert, geht notwendigerweise auch mit strukturellen Veränderungen im Organismus einher. Aus ethischen Gründen verbieten sich Experimente mit Menschen, die Aufschluß darüber geben könnten, ob sich kurzfristige Blutdruckerhöhungen zu anhaltender Hypertonie entwickeln. Einige Tieruntersuchungen liegen dagegen vor.

Im allgemeinen erwiesen sich Laborsituationen als ungeeignet, um Hypertonie herbeizuführen. In vielen Fällen war der Stressor ein elektrischer Schlag; der Blutdruck der Tiere stieg unter Streß zwar an, normalisierte sich aber nach Entfernung des Stressors wieder. Längerfristigere Blutdruckerhöhungen erzielten Untersuchungen, die mit natürlicheren Formen von Streß arbeiteten und die Tiere z.B. um Nahrung streiten ließen (*Peters*, 1977). Aber insgesamt scheinen ein oder mehrere prädisponierende Faktoren erforderlich zu sein, damit Streß – etwa die Aktivierung des autonomen Nervensystems durch unterdrückten Zorn – zu essentieller Hypertonie führt.

Prädisponierende Faktoren

Einige Diathesen hat man in Tierexperimenten identifizieren können: Aufzucht in sozialer Isolierung (*Henry, Ely & Stephens*, 1972), ein hohes Emotionalitätsniveau (*Farris, Yeakel & Medoff*, 1945) und Empfindlichkeit gegen Salz (*Friedman & Dahl*, 1975). Um letztere zu untersuchen, hat man mit zwei Zuchtlinien von Ratten gearbeitet. Die Tiere waren entweder auf Empfindlichkeit oder Unempfindlichkeit in bezug auf eine spezielle Nahrung gezüchtet worden. Die empfindlichen Ratten entwickelten bei stark salzhaltiger Ernährung verläßlich eine Hypertonie und starben. Bei diesen salz-empfindlichen Ratten kam es in experimentell herbeigeführten Konfliktsituationen auch mit größerer Wahrscheinlichkeit zu dauerhaften Blutdruckerhöhungen.

Im vergangenen Jahrzehnt bestand großes Interesse an der kardiovaskulären Reaktivität als biologischer Prädisposition für Hypertonie (und auch koronare Herzerkrankungen. Die allgemein verfolgte Forschungsstrategie bestand darin, die kardiovaskuläre Reaktivität auf einen Stressor im Labor (z.B. die Androhung eines Elektroschocks) bei Menschen, die zur Zeit der Messung keine Hypertonie hatten, zu erfassen und die Probanden danach über einige Zeit zu beobachten, um festzustellen, ob das Maß der Reaktivität (meist das Ausmaß der Veränderung zwischen der Baseline und dem Stressor) eine Veränderung im Blutdruck vorhersagt. Um den Erfolg dieses Ansatzes zu gewährleisten, müssen zwei wichtige Voraussetzungen gegeben sein. Erstens muß die Reaktivität reliabel sein, um eine Vorhersage zu ermöglichen. Es gibt Belege dafür, daß dies der Fall ist (z.B. *Kasprowicz* et al., 1990). Zweitens muß der Laborwert der Reaktivität in einer Beziehung zu dem stehen, was das kardiovaskuläre System im Alltag eines Probanden zu leisten hat. (Dies ist nicht trivial, da es ein Phänomen gibt, das als „Weißer-Kittel-Hypertonie" bezeichnet wird. Damit ist gemeint, daß der Blutdruck eines Menschen im Labor oder in der Klinik hoch sein kann, aber sonst normal ist.) Obwohl der Forschungsstand nicht eindeutig ist (vgl. *Manuck* et al., 1990), haben Untersuchungen, bei denen die Reaktivität im Labor mit der Reaktion auf Stressoren in natürlicher Umgebung in Zusammenhang gebracht wurde, eine Verbindung gezeigt.

Wie sehen die Ergebnisse der Untersuchungen aus, bei denen eine Vorhersage der Hypertonie aufgrund der Reaktivität versucht wurde? Auch darin zeigen sich Unterschiede, aber die neuesten und gut kontrollierten Untersuchungen sind positiv (*Light* et al., 1992). Die kardiovaskulären Maße wurden erfaßt, während den Probanden mit einem Elektroschock gedroht wurde, wenn ihre Reaktionen zu langsam ausfielen. Die Folgeuntersuchung nach 15 Jahren verwendete sowohl kardiovaskuläre Funktionsmaße, die in einer Praxis erhoben wurden, als auch eine ambulante Erfassung (bei der die Probanden für einen Tag ein Gerät am Körper hatten, das verschiedene Maße sowohl für den Herzschlag als auch den Blutdruck jede Stunde registrierte). Jedes der verwendeten Maße für die Reaktivität (Herzschlagfrequenz, systolischer und diastolischer Blutdruck) sagte den aktuellen Blutdruck vorher, wobei der beste Prädiktor die Reaktivität der Herzschlagfrequenz war. Was noch wichtiger ist, diese Reaktivitätsmaße sagten den Blutdruck besser voraus als die üblichen klinischen Prädiktoren wie etwa die Familiengeschichte der Hypertonie.

Diese Konzentration auf die Reaktivität als ein prädisponierender Faktor für Hypertonie hat die Forscher dazu gebracht, die Frage zu stellen, ob die verstärkte kardiovaskuläre Reaktivität in Verbindung zu dem erhöhten Risiko für diese Krankheit bei Afro-Amerikanern stehen könnte. Dies wird derzeit untersucht, aber die bislang vorliegenden Ergebnisse sind widersprüchlich (*Anderson* et al., 1990; *Johnson, Nazaro & Gilbert*, 1991).

Weitere Unterstützung für die Bedeutung der Reaktivität findet sich bei der Untersuchung von Gruppen mit hohem Risiko, bei denen Individuen mit und ohne eine Vorgeschichte von Hypertonie miteinander verglichen werden (z.B. *Hastrup* et al., 1982). Wie zu erwarten zeigen Menschen mit einer positiven Familiengeschichte eine stärkere Blutdruckreaktivität auf Streß. In Verbindung mit anderen Forschungen, bei denen die Erblichkeit der Blutdruckreaktivität und der Hypertonie nachgewiesen wurde (*Matthews & Rakaczky*, 1987), ist die Blutdruckreaktivität ein aussichtsreicher Kandidat für eine genetisch übertragene Diathese. Es besteht wenig Zweifel daran, daß die essentielle Hypertonie durch ein Zusammenspiel zwischen einer Diathese und einem Stressor zustandekommt.

Koronare Herzerkrankung

Die koronare Herzkrankheit tritt in zwei Hauptformen auf, der Angina Pectoris und dem Myokardinfarkt oder Herzanfall.

Charakterisierung der Krankheit

Die *Angina pectoris* macht sich bemerkbar durch anfallartige Schmerzen in der Brust, gewöhnlich hinter dem Brustbein, die häufig in den linken Arm und die linke Schulter ausstrahlen. Hauptursache dieser Paroxysmen ist eine unzureichende Sauerstoffversorgung des Herzens, die ihrerseits auf eine Arteriosklerose der Herzkranzgefäße zurückgeht, einer Verengung oder Verhärtung der Herzkranzarterien durch Ablagerungen von Fettsubstanzen. Einem Angina-Anfall gehen im allgemeinen körperliche oder seelische Belastungen voran; man behandelt ihn mit Ruhe oder Medikamenten. Nur in seltenen Fällen wird der Herzmuskel ernsthaft geschädigt, denn der Blutzufluß ist zwar reduziert, aber nicht unterbrochen.

Sehr viel ernster und zudem eine der häufigsten Todesursachen in den Vereinigten Staaten ist der *Myokardinfarkt*. Ursache des Myokardinfarktes ist ebenfalls die unzureichende Sauerstoffversorgung des Herzens. Der Sauerstoffmangel ist allerdings extremer als bei der Angina pectoris. Ursache dieses Mangels ist entweder eine allgemeine Unterversorgung des Herzens mit Blut als Folge einer Koronarsklerose oder ein Koronarverschluß, d.h. eine plötzliche Verstopfung einer großen Koronararterie durch Ablagerungen oder einen Blutpfropfen. In beiden Fällen stirbt Herzmuskelgewebe ab. Abgesehen von der möglichen Lebensgefahr unterscheidet sich der Herzinfarkt von der Angina pectoris darin, daß ihm nicht unbedingt eine Belastung vorangehen muß und daß er mit anhalterem und größerem Schmerz verbunden ist (*Friedberg*, 1966).

Die American Heart Association nennt sieben Risikofaktoren für eine koronare Herzkrankheit: Alter, Geschlecht (Männer sind gefährdeter), Zigarettenrauchen, erhöhter Blutdruck, erhöhter Cholesterinspiegel, Vergrößerung des linken Herzventrikels, ablesbar am Elektrokardiogramm, und Diabetes (*Insull*, 1973). Das Risiko nimmt mit Anzahl und Ausprägung dieser Faktoren zu.

Und doch, so der Schluß von *Jenkins* (1976), erklären diese traditionellen Risikofaktoren die Ätiologie der koronaren Herzkrankheit allenfalls zur Hälfte. In den dreißiger Jahren etwa tat man gegen stark mitverursachende Faktoren wie Übergewicht, Bewegungsmangel und fettreiche Ernährung sehr viel weniger als heute, und doch waren koronare Herzkrankheit und andere kardiovaskuläre Störungen damals erheblich seltener. Auch im Mittelwesten Amerikas, wo die Menschen – unter anderem bedingt durch ihren großen Konsum an halbgegartem Fleisch – den höchsten Anteil an gesät-

tigten Fettsäuren zu sich nehmen und wo besonders viel geraucht wird, ist die koronare Herzkrankheit verglichen mit den stärker industrialisierten Teilen der USA selten. Und wer je in Paris war, weiß, wie gerne die Franzosen rauchen und wie fettreich sie essen – und doch sind koronare Herzerkrankungen hier seltener als anderswo. *Warum?*

Typ-A-Verhalten

Inzwischen konzentriert sich die Suche nach weiteren Ursachen der koronaren Herzkrankheit auf psychologische Faktoren wie Streß und Persönlichkeit. Tatsächlich reichen solche Überlegungen weit zurück. 1910 beschrieb der kanadische Arzt *Sir William Osler* (1849-1919) den typischen Angina-Patienten als „... geistig wie körperlich gleichermaßen tätigen, energischen und ehrgeizigen Mann, dessen Maschinen immer ‚volle Kraft voraus‘ laufen" (*Chesney, Eagleston & Rosenman*, 1980, S. 256). Neuere Forschung belegt einen Zusammenhang zwischen koronarer Herzkrankheit und Stressoren wie Arbeitsüberlastung, chronischem Konflikt und anderen Lebensstressoren (*Jenkins*, 1971, 1976; *Rahe & Lind*, 1971). Der vielversprechendste Hinweis auf eine Verbindung von koronarer Herzkrankheit und psychologischen Variablen entstammt der Pionierarbeit der beiden Kardiologen *Meyer Friedman* und *Ray Rosenman* (*Friedman*, 1969; *Rosenman* et al., 1975). Im Jahre 1958 identifizierten sie ein mit der Neigung zu Koronarerkrankungen einhergehendes Verhaltensmuster, das sogenannte *Typ-A-Verhaltensmuster*.

Personen mit Typ-A-Verhaltensmustern sind stark wettbewerbs- und leistungsmotiviert; sie haben einen ausgeprägten Sinn dafür, wie schnell die Zeit vergeht und wie sehr man sich beeilen muß, und zeigen eine beträchtliche Aggressivität und Feindseligkeit anderen gegenüber. Bei Menschen des Typs A zählt in erster Linie die Arbeit, und häufig wollen sie zwei Dinge auf einmal tun. Um sicher sein zu können, daß etwas klappt, müssen sie sich selbst darum kümmern. Für etwas Schlange zu stehen, ist ihnen ein Ding der Unmöglichkeit und wenn sie spielen, dann, um zu gewinnen, selbst wenn ihre Spielpartner Kinder sind. Sie denken schnell, sprechen schnell, gestikulieren abrupt, wackeln mit den Knien, trommeln mit den Fingern und zwinkern häufig. Zu geschäftig, um ihre Umgebung wahrzunehmen oder ein Auge für schöne Dinge zu haben, machen sie Erfolg im Leben an der Anzahl der geschriebenen Artikel, der laufenden Projekte und der erworbenen materiellen Güter fest. Einige Theoretiker sind der Ansicht, daß der ständige Kampf um Erfolge in sicht- und greifbarer Form durch ein zugrundeliegendes Gefühl der Unsicherheit und niedriges Selbstwertgefühl angetrieben wird (*Price*, 1982; *Williams* et al., 1992).

Ein anderer Verhaltenstyp wird als Typ B bezeichnet. Menschen des Typs B sind entspannt und verhältnismäßig frei von solchem Druck.

Die Erfassung von Typ A. Mit dem strukturierten Interview (*Rosenman* et al., 1964), das nach der Intensität von Ambitionen, Leistungs- und Wettbewerbsstreben, Termindruck und Feindseligkeit fragt, lassen sich verläßlich Typ-A- und Typ-B-Menschen unterscheiden.

> *Interviewer:* Sie sitzen im Auto, und vor Ihnen fährt einer *viel zu langsam* für Sie. Was tun *Sie*? *Schimpfen* Sie vor sich hin? Drücken Sie auf Hupe oder Lichthupe? Würde Ihr Beifahrer merken, daß Sie sich *ärgern*?

> *Interviewer:* Sie haben sich für vierzehn Uhr mit jemandem verabredet. Sind Sie *pünktlich*? Immer? Nie? *Ärgern* Sie sich, wenn Sie selber warten müssen? *Sagen* Sie Ihrem Partner, daß Sie sich ärgern? Warum oder warum nicht?

Das Interview dauert selten länger als 15 Minuten, die Fragen werden nicht mit Wärme und Empathie, sondern kurzangebunden und zügig gestellt. Obwohl das Interview stark strukturiert ist, sind die Interviewer angewiesen, den Probanden mit provozierenden Nachfragen zu reizen. Erzählt der Proband z.B., er habe es auch beim Spiel mit seinen Kindern, als sie sechs Jahre alt waren, darauf angelegt zu gewinnen, könnte der Interviewer gleichsam im Selbstgespräch ungläubig nachhaken: „Sogar mit Sechsjährigen?" Um Bewegung in das Gespräch zu bringen, wird der Interviewer den Probanden auch hin und wieder mitten im Satz unterbrechen. Die Urheber dieses neuen Meßinstrumentes glauben, daß man die Interviewten entsprechend anstacheln muß, um zu reliablen Unterscheidungen von A- und B-Typen zu kommen.

Nach Abschluß des Interviews beurteilt zunächst der Interviewer, ob sein Gesprächspartner zum Typ A oder zum Typ B gehört. Doch entscheidender ist die Einschätzung, die später eigens geschulte Beurteiler anhand von Ton-

band- oder Videoaufnahmen des Interviews abgeben. Sie stützen sich dabei auf zweierlei Arten von Information: auf das, was der Proband sagt, und darauf, wie er es sagt. Tatsächlich scheint das „Wie" die wichtigere Information zu sein. Frage 13 soll z.B. sehr zögernd und schleppend gestellt werden, fast so, als habe der Interviewer den Faden verloren oder sei in Gedanken ganz woanders.

> *Interviewer:* Die meisten Berufstätigen müssen morgens ziemlich früh aus den Federn. Wie ist das bei Ihnen, wann, ehm, stehen Sie, ehm, ehm, normalerweise, ehm-ehm- ehm, auf?

Wenn der Interviewer mit seinem ehm-ehm beginnt, ist bereits klar, was er fragen will. Vermerkt wird, ob der Proband dem Interviewer ins Wort fällt, und ob er dabei ungeduldig oder sogar aggressiv wirkt, als wolle er sagen: „Mein Gott, laß uns doch weiterkommen mit diesem verdammten Interview!" Auch andere Fragen geben den Beurteilern Aufschluß über Aggressivität, Ungeduld und Zeitdruck des Probanden. Nach *Rosenman* sollte übrigens auch der Interviewer eine Typ-A-Persönlichkeit sein!

Es gibt noch andere Techniken, um Typ-A-Persönlichkeiten aufzuspüren (vgl. *Chesney, Eagleston & Rosenman*, 1980; *Matthews*, 1982), darunter auch der erwähnte Jenkins Activity Survey (*Jenkins, Rosenman & Zyzanski*, 1961), der häufig eingesetzt wurde. Es ist jedoch heute nachgewiesen, daß die Ergebnisse mit dem Interview nicht gut übereinstimmen. Einige der Inkonsistenzen in der Literatur über den Typ A sind wahrscheinlich darauf zurückzuführen, daß unterschiedliche Instrumente zur Erfassung eingesetzt wurden (*Matthews*, 1982).

Das Strukturierte Interview ist dem Jenkins Activity Survey darin überlegen, daß es Feindseligkeit besser erfaßt, die zunehmend als der „böse Bube" angesehen wird, der zur koronaren Herzkrankheit beiträgt (*Weinstein* et al., 1985). Im Gegensatz dazu ist der Jenkins Activity Survey besser darin, das Engagement eines Menschen in seinem Beruf, die Wettbewerbsorientierung als auch den schnellen Lebensstil zu erfassen (*Matthews*, 1982).

Belege für die Vorhersagevalidität des Typ-A-Musters lieferte die klassische Western Collaborative Group Study (WCGS) (*Rosenman* et al., 1975). In einer prospektiven Doppelblind-Studie von achteinhalbjähriger Dauer untersuchte man 3524 Männer im Alter von 39 bis 59 Jahren. 3154 Männer waren von Anfang

Kasten 8.4 Ist Typ A wirklich ein nützliches Konstrukt?

„Wie eine Feuerwerksrakete, die heller wird, wenn sie in den Himmel steigt und dann ausgebrannt auf die Erde zurückfällt scheint auch der erste kardiovaskuläre Risikofaktor der Verhaltensmedizin, das Typ A-Verhalten, endlich ausgebrannt zu sein." (*Foreyt*, 1990, S. 158)

Es ist nicht zu übersehen, daß ernsthafte Bedenken gegen die prädiktive Validität des Typ A-Konstrukts vorgebracht wurden. Im Januar 1988 veröffentlichte das New England Journal of Medicine einen Artikel von *Ragland* und *Brand* (1988), der sich auf eine Analyse der Männer bezog, die an der ursprünglichen Western Collaborative Group Study (WCGS) teilgenommen und eine koronare Erkrankung hatten. Sie erwarteten, daß die Teilnehmer, die an einer darauf folgenden Herzattacke gestorben waren, eher dem Typ A als dem Typ B entsprachen. Sie fanden, daß das Gegenteil stimmte! Obwohl die Probanden des Typs A achteinhalb Jahre nach der Untersuchung ein größeres Risiko für koronare Herzkrankheiten hatten, starben nach einer Herzattacke weniger von ihnen an den koronaren Herzerkrankungen als Probanden vom Typ B. Möglicherweise reagierten die Typ A-Probanden auf den ersten Anfall in einer besser angepaßten Weise, in dem sie etwa ihr Gesundheitsverhalten sorgfältig und effektiv veränderten. Es kann aber auch sein, daß Typ A nur ein Risikofaktor bei jüngeren Menschen darstellt (z.B. unter 50 Jahren) oder bei denjenigen, die nicht an einer irreversiblen Schädigung der Arterien leiden (*Taylor, Ironson & Burnett*, 1990). Unter anderem läßt dieses überraschende und unerwartete Ergebnis ernsthafte Zweifel an der Angemessenheit von sekundärer Prävention koronarer Herzerkrankungen durch Verminderung der Typ A-Merkmale aufkommen.

Die Herausgeber der Zeitschrift sahen den Bericht als so kontrovers an, daß sie einen führenden Forscher für kardiovaskuläre Erkrankungen, *Dimsdale* (1988) einluden, eine Einleitung zu schreiben, damit diese negativen Ergebnisse in einen Zusammenhang mit anderen gestellt würden. Er ging dabei so vor, daß er einen Großteil der Literatur, die hier zusammengefaßt wurde, darstellte, wobei der Schwerpunkt auf den Untersuchungen lag, die keine Replikation der ursprünglichen Ergebnisse der WCGS erreicht hatten. Seine Schlußfolgerungen waren unterschiedlich:

1. Er beklagte die Tatsache, daß die Profilierungssucht unterschiedlicher Lager offensichtlich alle Versuche zur Replikation oder zur Lösung der Widersprüche behindert hat;
2. er wies auf die heterogene Natur des Typs A hin und darauf, daß die verschiedenen Maße dafür nur unvollständig miteinander korrelieren (ein Sachverhalt, auf den *Matthews* bereits 1982 hingewiesen hatte) und
3. schlug er vor, daß einer der Komponenten von Typ A, die Feindseligkeit, eine spezielle Beachtung erfordere, eine Schlußfolgerung, die wir in einer früheren Auflage dieses Lehrbuchs vertreten hatten (*Davison & Neale*, 1986).

Bedeutet dies, daß Typ A als Orientierungsrahmen für die Forschung im Bereich der koronaren Arterien- und Herzerkrankungen keine Rolle mehr spielt? Nach unserer Auffassung nicht. Zumindest bleibt die heuristische Funktion des Konzepts bestehen. Gerade durch die Beachtung der Persönlichkeitsfaktoren wie Typ A haben Verhaltenswissenschaftler und Mediziner die psychologischen

---

bis Ende dabei. Für Probanden, die man zuvor anhand des strukturierten Interviews als Typ-A-Menschen identifiziert hatte, ist die Gefahr, eine koronare Herzkrankheit zu bekommen, doppelt so groß wie bei Typ-B-Männern. Überdies war die Wahrscheinlichkeit eines zweiten Herzinfarkts für Typ-A-Männer mit koronarer Herzerkrankung mehr als fünfmal so groß wie für Typ-B-Männer mit koronarem Herzleiden.

Man fand auch einen Zusammenhang mit den traditionellen Risikofaktoren – familiäre Häufung, hoher Cholesterin-, Triglyzerid- und Lipidspiegel, Diabetes, erhöhter Blutdruck, Zigarettenrauchen, niedriges Bildungsniveau und Bewegungsmangel –, aber selbst wenn man diese Faktoren kontrollierte, war die Erkrankungsrate bei Typ-A-Menschen noch doppelt so hoch.

Variablen bei körperlichen Erkrankungen wie der Erkankung der Koronararterien und der koronaren Herzkrankheit genau untersucht und es kann als eine Ironie angesehen werden, daß es dazu zwei Ärzte brauchte, *Rosenman* und *Friedman*, welche die Bedeutung der psychologischen Variablen vertraten.

Es stimmen nicht alle Experten darin überein, daß das Typ A-Konstrukt nicht mehr nützlich wäre. Man kann fast an den Kommentar von *W.C. Fields* denken, der sagte, daß die Nachricht von seinem Tod eine starke Übertreibung darstelle, da *Thoresen* und *Powell* (1982) sowohl die konzeptuellen als auch die empirischen Ansätze der Typ A-Theorie und -Forschung analysierten und daraus folgerten, daß noch viel nützliche Arbeit mit dem Konstrukt zu leisten ist, vorausgesetzt, daß mehr Aufmerksamkeit auf die interaktionellen, kognitiven und kulturellen Aspekte gelegt wird. Obwohl *Friedman* und *Rosenman* ursprünglich den Typ A in der Form der Interaktion mit seiner Umgebung beschrieben – seiner Neigung, sich auf feindselige Weise, wettbewerbsorientiert und unter Zeitdruck zu verhalten – weisen *Thoresen* und *Powell* darauf hin, daß die Forschung meist einen zu stark vereinfachten Ansatz verfolgt hat, bei dem die komplexen reziproken Interaktionen vernachlässigt wurden, die Teil des Alltagslebens sind. Wenn z.B. eine Typ A-Persönlichkeit, die sensibel auf Bedrohungen des Selbstwertgefühls reagiert, kann feindselig auf indirekte Kritik von anderen reagieren, und dann ihrerseits den anderen angreift, kann dabei das Klima geschaffen werden, das dieser Person unangenehm ist (*Smith* & *Anderson*, 1986). Diese allgemeine Vorstellung ähnelt dem Konzept der „Klinischen Psychodynamik" von *Wachtel* und dem Prinzip der „kausalen Rezi-

prozität" von *Bandura*, die uns beide daran erinnern, daß das menschliche Leben eine ständige Interaktion darstellt. Diese komplexen Interaktionen wurden bislang in der Forschung kaum berücksichtigt.

Darüber hinaus ist es nach der Auffassung von *Thoresen* und *Powell* auch erforderlich, die kognitiven Komponenten von Typ A sorgfältiger zu berücksichtigen (z.B. *Glass*, 1977; *Matthews*, 1982; *Price*, 1982; *Strube*, 1987; *Weinstein* et al., 1985; *Williams* et al., 1991), aber auch den kulturellen Kontext (so sind Wettbewerbsorientierung und das Streben nach Erfolg verbreitete Ziele in einer kapitalistischen Gesellschaft, aber möglicherweise nicht in einer gemeinschaftlich orientierten). Weitere Untersuchungen bei Frauen und ethnischen Minderheiten sind notwendig.

Es ist eine Tatsache, daß es zahlreiche Belege dafür gibt, daß es so etwas wie den Typ A gibt und daß dieser in Zusammenhang mit einer ungünstigen Prognose (z.B. einem frühen Tod durch koronare Erkrankungen) steht. Die zuküftige Forschung und Theoriebildung muß komplexer werden, um auf den Kern des Konzepts zu kommen. Es gibt Skeptiker, aber auch Forscher, die weiterhin davon überzeugt sind, daß es im Bereich von Typ A noch etwas gibt, nach dem es sich zu graben lohnt, aber mit ausgereifteren Werkzeugen.

Aus diesem Grund ist es wichtig, die Entwicklung der Theorie und Forschung von Typ A zu verstehen, auch wenn künftige Ergebnisse die Forscher dazu bringen, dieses Konstrukt im Hinblick auf etwas weniger heterogenes, wie etwa Feindseligkeit, fallen zu lassen. Es ist sehr wahrscheinlich, daß man in 20 Jahren das Konstrukt Feindseligkeit als zu global ansehen und sich auf einen Teilaspekt davon konzentrieren wird.

Diese Ergebnisse werden häufig fehlinterpretiert. Weder hat die WCGS gezeigt noch wollte sie zeigen, daß Typ-A-Menschen mit großer Wahrscheinlichkeit eine koronare Herzkrankheit entwickeln. Ihre Ergebnisse sprechen für ein *relatives* Risiko: 7% der anfangs gesunden Probanden litten nach achteinhalb Jahren an einer koronaren Erkrankung; von dieser kleinen Gruppe gehörten zwei Drittel zum Typ A, ein Drittel zum Typ B. Da die Probanden insgesamt je zur Hälfte Typ-A- und Typ-B-Persönlichkeiten waren, war das Risiko für A-Typen doppelt so hoch wie für B-Typen (*Chesney, Eagleston* & *Rosenman*, 1980). Die überwältigende Mehrheit der Typ-A-Persönlichkeiten entwickelte *keine* koronare Herzkrankheit; Typ-A-Verhalten ist vielmehr *ein* signifikanter Risikofaktor unter vielen. Typ-B-Persönlichkeiten bleiben von der koronaren Herzkrankheit ebenfalls nicht verschont.

Ende der 70er Jahre hatten sich so viele Belege angesammelt, daß eine angesehene Gruppe von Forschern zu der Schlußfolgerung kam, daß Typ A ein bedeutender unabhängiger Risikofaktor der Koronarerkrankungen, zumindest bei Männern sei (*Review Panel*, 1981). Die weitere Forschung identifizierte und untersuchte Typ A bei Frauen (*Waldron*, 1978; *Thoresen & Graff-Low*, 1991) und versuchte Untergruppen des Typ A-Verhaltens zu finden, die mit bestimmten Formen der Koronarerkrankungen in Verbindung stehen könnten (*Jenkins, Zyzanski & Rosenman*, 1978). Die Ergebnisse dieser zweiten Forschungsrichtung ließen vermuten, daß zukünftige „Angina-Patienten" mehr unter Zeitdruck standen, reizbarer und stärker leistungsorientiert waren als die zukünftigen „Myokardinfarkt-Patienten".

Neuere Untersuchungen haben jedoch nicht einhellig die prädiktive Nützlichkeit des Typ A-Verhaltens bestätigt. Bei der Risk Factor Intervention Untersuchung (*Shekelle* et al., 1983) konnte beispielsweise Typ A weder die Mortalität noch den Myokardinfarkt bei Probanden mit multiplen Risikofaktoren vorhersagen, obwohl eine Reanalyse der Daten, bei der eine Auswertung nach Feindseligkeit aus dem Strukturierten Interview vorgenommen wurde, die Inzidenz von Koronarerkrankungen vorhersagte (*Dembroski* et al., 1989). Andere Untersuchungen fanden keinen Zusammenhang zwischen Typ A und angiographisch bestimmten Erkrankungen der Koronararterien (*Williams*, 1987).

Für diese widersprüchlichen Befunde gibt es mehrere Gründe. Zum einen stammen einige der negativen Ergebnisse aus Untersuchungen, bei denen das Strukturierte Interview für die Erfassung von Typ A nicht verwendet wurde. Wie bereits angesprochen messen die anderen Verfahren Typ A nicht genau. Zu zweiten kann die Vorhersage aufgrund von Typ A begrenzt sein. So fanden z.B. *Williams* et al. (1986), daß Typ A nur die Koronarerkrankungen bei Menschen unter 50 Jahren vorhersagte. Bei Probanden über 50 Jahren hatten die mit dem Typ B häufiger schwere Erkrankungen! Wenn eine große Population mit einer großen Altersspanne untersucht wird, dann ist es, wenn die Daten nicht getrennt nach Altersgruppen untersucht werden, unwahrscheinlich, daß eine Beziehung zwischen Typ A und koronaren Erkrankungen

ermittelt wird. Schließlich ist es auch möglich, daß ein Summenwert für Typ A nicht das beste Maß für die Anfälligkeit für koronare Erkrankungen darstellt (vgl. Kasten 8.4).

Mechanismen der Vermittlung zwischen Typ A und koronaren Erkrankungen. Wie können *psychologische* Merkmale Einfluß nehmen auf die Entstehung einer *physiologischen* Herzkrankheit? Typ-A-Menschen reagieren auf Streß mit höherem Noradrenalin-Spiegel als Menschen des Typs B (eine Übersicht geben *Manuck & Krantz*, 1986). Starke Veränderungen in der Herzfrequenz und in dem Druck, mit dem das Blut durch die Arterien gepumpt wird, können zu Verletzungen der Arterien führen. Die Reaktivität der Herzfrequenz wurde mit den Koronarerkrankungen bei einigen Forschungsansätzen verbunden. *Manuck, Kaplan* und *Clarkson* (1983) untersuchten Affen, die eine spezielle Nahrung erhielten, die die Atherosklerose förderte. Auf der Grundlage des Stresses im Labor wurden die Tiere in zwei Gruppen eingeteilt: eine mit starker und eine mit schwacher Reaktivität des Herzens. In der Folge wurde bei der Gruppe mit starker Reaktivität der doppelte Anteil an Atherosklerose wie bei der Gruppe mit Reaktivität gefunden. Bei einer Untersuchung an Menschen war die Reaktivität des Herzens in der Lage, die Entwicklung einer koronaren Erkrankung bei ei-

Ein Angiogramm ist eine auf Röntgenstrahlen basierende Technik, um koronäre Arterienstörungen nachzuweisen. Ein Katheter wird in eine Vene in der Leiste eingeführt und bis in Richtung Herz manövriert. Dann wird ein Farbstoff freigesetzt, der alle blockierten Arterien zum Vorschein bringt.

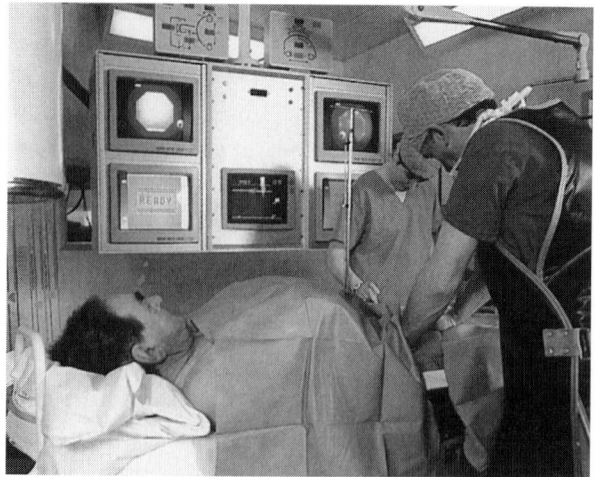

ner Nachuntersuchung nach 23 Jahren vorherzusagen (*Keys* et al., 1971). Alternativ dazu kann auch die Freisetzung von Katecholaminen oder Kortikostereoiden in belastenden Situationen die Arterien schädigen oder das Ausmaß, in dem die Blutplättchen verklumpen, steigern, was dann die Wahrscheinlichkeit der Blockade der Arterien erhöht (*Herd*, 1986).

Vom psychologischen Standpunkt aus können wir fragen, welches Merkmal der Typ A-Persönlichkeit das Risiko erhöht. Eine Antwort auf diese Frage wurde darin gesucht, wie Menschen des Typ A mit Streß umgehen. Im Vergleich zu Individuen des Typs B sind die Vertreter des Typ A lebhafter und aktiver, was zu körperlicher und geistiger Erschöpfung führen kann (*Weidner & Collins*, in Druck).

Eine andere Möglichkeit, an diese Frage heranzugehen, besteht darin, die einzelnen Fragen des Strukturierten Interviews daraufhin zu untersuchen, welche als Prädiktoren der koronaren Erkrankung am besten geeignet sind. Bei einer Analyse der Interviewdaten aus der WCGS, die von *Matthews* und Mitarbeitern (1977) durchgeführt wurde, unterschieden nur sieben der Fragen zwischen den Individuen des Typs A, die eine koronare Erkrankung entwikkelten, und denen, wo keine auftrat. Drei dieser Fragen bezogen sich auf die Selbsteinschätzung von Ungeduld und Feindseligkeit, eine weitere bezog sich auf die selbst berichtete Wettbewerbsorientierung und die übrigen auf den Stil der sprachlichen Äußerungen, wie etwa die Explosivität. Bei einer weiteren Analyse dieser Daten erwies sich die Feindseligkeit als wichtigster Faktor für die Vorhersage koronarer Erkrankungen (*Hecker* et al., 1988). Die Feindseligkeit steht auch mit einer größeren Reaktivität des Blutdrucks auf Streß (*Weidner* et al., 1989) und höheren Blutwerten von Cholesterin in Beziehung (*Weidner* et al., 1987).

Andere Ergebnisse (*Almada*, 1991; *Williams* et al., 1986) legen auch nahe, daß Zynismus einen wichtigen Faktor im Typ A-Komplex darstellt. Das Ausmaß der Blockierung der Koronararterien und Todesfälle waren bei den Probanden des Typs A besonders hoch, bei denen eine frühere Durchführung des MMPI eine zynische oder feindselige Einstellung gezeigt hatte. Ähnliche Ergebnisse wurden früher von *Barefoot, Dahlstrom* und *Williams* (1983) berichtet. Eine Folgeuntersuchung bei Medizinstudenten, die gesund waren, als sie den MMPI vor 25 Jahren bearbeitet hatten, fand einen höheren

Prozentsatz an Koronarerkrankungen und Todesfällen bei denen, die Zynismus gegenüber anderen gezeigt hatten. Diese auf dem MMPI beruhenden Ergebnisse wurden nicht immer repliziert (z.B. *Colligan* et al., 1988; *Hearn* et al., 1989; *McCranie* et al., 1986). Andererseits weisen aber einige Ergebnisse in bezug auf den Zynismus doch auf eine mögliche Rolle bei den koronaren Erkrankungen hin. Er ist häufiger bei Männern als bei Frauen und bei Afro-Amerikanern höher als bei Weißen (*Barefoot* et al., 1991); er steht auch in Beziehung zur Meidung der Suche nach sozialer Unterstützung, einem hohen Niveau an unterdrücktem Ärgern, einem höheren Alkoholkonsum und Übergewicht (*Houston & Vavak*, 1991).

Derzeit ist noch nicht geklärt, wie diese Ergebnisse am besten zusammengefaßt werden können. Stell die Feindseligkeit die entscheidende Komponente dar? Oder ist es die zynische Einstellung, die durch die Items des MMPI erfaßt wird? Zur Klärung dieser Fragen ist weitere Forschung nötig.

Asthma

Bei *Asthma* sind die Luftwege und die Bronchien verengt, was die Atmung sehr erschwert (vor allem das Ausatmen) und zu einem pfeifenden Geräusch führt. Dieser Zustand spiegelt die Dominanz des parasympathischen Teils des autonomen Nervensystems (vgl. S. 90) wider. Zusätzlich besteht eine Entzündung des Lungengewebes, die durch die Vermittlung des Immunsystems zu einer Verstärkung der Sekretabsonderung und Ödemen (Ansammlung von Flüssigkeit im Gewebe) führt (*Moran*, 1991).

Man schätzt, daß etwa 2 bis 5 Prozent der Bevölkerung an Asthma leiden. Ein Drittel der Asthmatiker sind Kinder, und davon wiederum sind zwei Drittel Jungen (*Graham* et al., 1967; *Purcell & Weiss*, 1970). *Williams* und *McNicol* (1969) untersuchten 30 000 siebenjährige Schulkinder in Australien. Sie fanden eine hohe Korrelation zwischen dem Alter bei Beginn der Symptome und deren Dauer. 80% der Kinder, bei denen die Symptome vor Vollendung des ersten Lebensjahres aufgetreten waren, litten auch fünf Jahre später noch an Asthmaanfällen. War die Störung im vierten Lebensjahr zum ersten Mal aufgetreten, war sie nach fünf Jahren noch bei 40% der Kinder von Bestand, und nur 20% der Kinder, die mit fünf oder sechs Jahren ihren ersten Anfall hatten, waren auch nach fünf Jahren noch krank. Je früher die Störung also beginnt, um so länger wird sie wahrscheinlich dauern.

Merkmale der Erkrankung

Asthmaanfälle treten intermittierend auf und sind unterschiedlich schwer. Bei manchen Patienten ist die Häufigkeit der Anfälle jahreszeitlich bedingt und abhängig vom Pollenflug. Die Luftwege sind nicht ständig blockiert. Vielmehr normalisiert sich das Respirationssystem, sei es spontan, sei es nach Behandlung, völlig, was das Asthma von chronischen Respirationsproblemen wie dem Emphysem unterscheidet (*Creer*, 1982). Abbildung 8.6 zeigt die Hauptstrukturen des Atmungssystems.

Asthmaanfälle setzen in den meisten Fällen ganz plötzlich ein. Der Patient verspürt ein Engegefühl in der Brust, keucht, hustet und expektoriert Sputum. Zu den subjektiven Reaktionen gehören panische Angst, Reizbarkeit und Müdigkeit (*Kinsman* et al., 1974). Ein schwerer Asthmaanfall ist in der Tat eine beängstigende Erfahrung. Es ist ungeheuer mühsam, Luft in die Lungen hinein- und wieder herauszubekommen, man glaubt zu ersticken, und das rasselnde, harte Geräusch des Keuchens und Hustens macht die Sache noch schlimmer. Gelegentlich schläft der oder die Betroffene vollkommen erschöpft ein, sobald sich der Atem wieder normalisiert hat.

Asthmatiker brauchen mehr Zeit zum Ausatmen als Gesunde, und in der ganzen Brust sind Pfeifgeräusche zu hören. Diese Geräusche nennt man Giemen. Die Symptome können eine Stunde und weniger, aber auch mehrere Stunden und manchmal sogar Tage andauern. In anfallsfreien Zeiten ist bei normalem Atmen kein Zeichen einer Abnormität zu entdecken, aber bei forciertem, starkem Ausatmen ist mit dem Stethoskop das Giemen zu hören.

Der Patient der folgenden Fallgeschichte hatte seinen ersten Anfall im Alter von neun Jahren. Bis er dreizehn war, verschlimmerte sich sein Zustand, danach blieb er zehn Jahre symptomfrei. Danach verschlechterte sich sein Zustand allerdings so sehr, daß er schließlich an respiratorischen Komplikationen starb – ein

> Eine Fülle von Daten aus dem Leben dieses Patienten deuten darauf hin, daß emotionale Faktoren eine bedeutsame Rolle bei den jähen Verschlimmerungen seines Leidens spielten. Er selbst schilderte anschaulich, wie sich anläßlich der Trennung von der Mutter Keuchen und Kurzatmigkeit entwickelten. Einmal übernachtete er auf einer Reise mit Mutter oder Großmutter (wer von beiden es war, blieb unklar) in einem fremden Hotel, Wand an Wand mit seiner Begleiterin. Er litt die ganze Nacht und glaubte, sein Keuchen sei so laut, daß sie es hören und kommen müsse, um ihn zu retten. Sehr deutlich ging aus seiner Schilderung der Zusammenhang zwischen Symptomen und Gerüchen hervor. Seine Reaktion auf Blumenduft dürfte eine allergische Grundlage gehabt haben. Beim Duft „schöner Damen", der seiner Aussage nach ebenfalls Asthma bei ihm auslöste, scheint dies weniger wahrscheinlich. Die gleiche Wirkung hatte der „schlechte" Geruch von Spargel und Zigarettenrauch ... Viele seiner Konflikte drehten sich um das Weinen, er war häufig in Tränen aufgelöst, hatte aber immer das Gefühl das Reservoir an „Schluchzen" nicht völlig auszuschöpfen ...
> Als sein Bruder heiratete, war er eifersüchtig. Er vergaß tatsächlich, die ihm anvertrauten 150 Einladungskarten zur Hochzeitsfeier in den Briefkasten zu werfen, in der Kirche ging er unmittelbar vor der Hochzeitszeremonie nach Atem ringend und im Pelzmantel – es war Juli! – durch den Gang und erregte so fast mehr Aufmerksamkeit als die Braut (*Knapp*, 1969, S. 135).

Ausgang, der glücklicherweise selten ist. Anzumerken ist, daß der Patient mehr Probleme als nur Asthma zu haben scheint.

Ätiologie von Asthma

In der Auseinandersetzung um die Bedeutung psychischer Faktoren bei der Entstehung von Asthma geht es häufig um die Frage, ob Emotionalität immer eine Rolle spielt oder nicht. Um der Ätiologie des Asthmas auf die Spur zu kommen, teilte *Rees* (1964) die möglichen Ursachen in die drei Kategorien „allergisch", „infektiös" und „psychisch" ein. (Ein weiterer Faktor, der von *Rees* nicht erwähnt wird, ist die Wirkung von Reizungen, z.B. durch Rauch oder Luftverschmutzung.) In manchen Fällen reagieren die Zellen des Respirationstraktes besonders empfindlich auf eine oder mehrere Substanzen oder Allergene wie Pollen, Schimmelpilze, Pelz und Staub, was dann zu Asthma führt. Auch Infektionen, meistens eine akute Bronchitis, können den Respirationstrakt an-

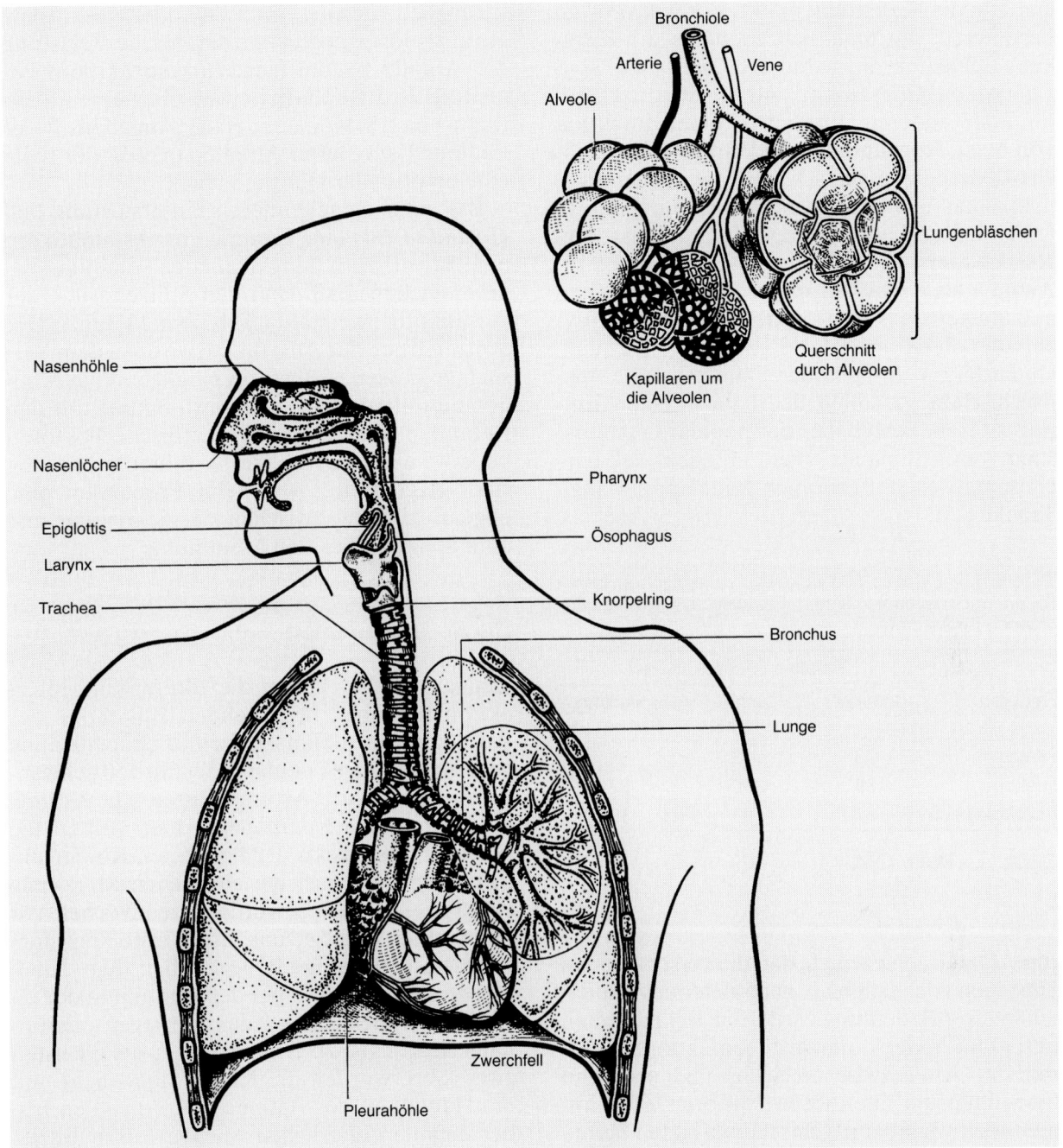

Abb. 8.6 Hauptstrukturen des Atmungssystems – Luftröhre, Lungen, Bronchien, Bronchiolen und Alveolen – und die Ancillarorgane.

fällig machen für Asthma. Angst, durch Frustration erzeugte Spannung, Zorn, Depression und antizipierte freudige Erregung sind psychologische Faktoren, die über die mit ihnen verbundene Emotionalität das Funktionieren des Respirationssystems stören und so Asthma verursachen können.

Rees untersuchte 388 asthmatische Kinder,

die in der Asthma-Ambulanz des St. David Hospital in Cardiff, Wales, behandelt wurden. Den Anteil allergischer Faktoren schätzte man anhand von Krankengeschichten und Haut- und Inhalationsreaktionstests mit verdächtigen Allergenen. Zum gleichen Zweck setzte man die Patienten im Blindversuch auch verdächtigen Allergenen und unwirksamen Substanzen aus. Um die Bedeutung infektiöser Faktoren zu bestimmen, sah man sich ebenfalls die Krankengeschichten an, nahm Röntgen- und Sputumuntersuchungen vor und forschte nach Eiter oder anderen Anzeichen einer Infektion von Nase, Nebenhöhlen und Brust. Die mögliche Bedeutung psychischer Faktoren ermittelte man anhand von Krankengeschichte und direkter Verhaltensbeobachtung. Die Ergebnisse von *Rees'* Untersuchung zeigen, wie wichtig es ist, Asthma als Krankheit mit multiplen Ursachen aufzufassen. Nur in 37% der Fälle galten psychische Faktoren als dominanter Verursachungsfaktor. In 30% der Fälle erkannte man psychischen Variablen überhaupt keinen Einfluß zu – ein Schluß, der der populären Auffassung von Asthma als einem in jedem Fall psychosomatischen Phänomen widerspricht (vgl. Tabelle 8.5).

Tabelle 8.5 Relative Wichtigkeit von allergischen, infektiösen und psychologischen Faktoren als Krankheitsursache für Asthma

Faktoren	Relative Wichtigkeit, %		
	dominant	untergeordnet	unwichtig
Allergisch	23	13	64
Infektiös	38	30	32
Psychologisch	37	33	30

Quelle: aus Rees, 1964.

Rees' Daten zeigen auch, daß die verschiedenen Ursachen von Asthma je nach Alter des Patienten in ihrer Bedeutung variierten. Bei Patienten unter fünf Jahren dominierten infektiöse Faktoren. Im Alter zwischen sechs und sechzehn herrschten die infektiösen Faktoren zwar immer noch vor, aber psychische Variablen hatten an Bedeutung gewonnen. Bei sechzehn- bis fünfundsechzigjährigen Patienten verloren psychische Faktoren bis zum fünfunddreißigsten Lebensjahr an Bedeutung, wurden dann allerdings wieder wichtiger.

Psychische Faktoren, die zu Asthma führen

Rees' Untersuchungen haben gezeigt, daß psychische Faktoren in einigen, aber bei weitem nicht in allen Fällen von Asthma eine Hauptursache sind. Aber auch wenn das Asthma ur-

sprünglich von einer Infektion oder einer Allergie ausgelöst wurde, kann psychische Belastung die Anfälle begünstigen. *Kleeman* (1967) begleitete 26 Asthma-Patienten über einen Zeitraum von 18 Monaten. Nach Angaben dieser Patienten ging ihren Anfällen in 69% der Fälle eine emotionale Störung voraus.

Bei einer eingehenderen Untersuchung ließ *Hyland* (1990) eine Gruppe von Asthmatikern eine Selbstbeurteilungsskala der Stimmung bearbeiten und maß dann den Spitzendruck der Ausatmung zweimal täglich über 15 Tage. (Der Spitzendruck der Ausatmung wird bei dem Versuch gemessen, so fest wie möglich in ein Meßgerät zu blasen.) In Übereinstimmung mit den Befunden von *Rees*, daß psychische Faktoren bei etwa einem Drittel der Asthmatiker wichtig sind, zeigten drei von zehn Probanden eine enge Beziehung zwischen der Stimmung und dem Spitzendruck der Ausatmung.

Die Rolle der Familie

Einige Forscher halten die Eltern-Kind-Interaktion für einen bedeutenden Faktor bei der Ätiologie von Asthma. Bei einer Untersuchung begannen *Mrazek* et al. (1991) mit 150 schwangeren Frauen, die Asthma hatten. Da Asthma eine genetische Komponente hat, wollten die Forscher das Risiko der belasteten Kinder untersuchen und auch die elterlichen Merkmale erfassen. Die Eltern wurden drei Wochen vor der Geburt befragt, um ihre Einstellung zum Kind, ihre Sensitivität gegenüber dem Kind, ihre Vorgehensweise bei der Aufteilung der elterlichen Pflichten und das Vorliegen emotionaler Störungen zu erfassen. Über die nächsten zwei Jahre wurden die Kinder überwacht und die Häufigkeit des Asthmas wurde zu den früher erfaßten elterlichen Merkmalen in Beziehung gesetzt. Bei den Familien, die als Problemfälle angesehen wurden, entwickelten 25% der Kinder Asthma, während es bei den anderen Familien nur 8% waren.

Allerdings kommen nicht alle Untersuchungen zu dem Ergebnis, daß die Eltern-Kind-Beziehungen bei Asthma eine Rolle spielen. *Gauthier* und seine Mitarbeiter (1977, 1978) beobachteten Mütter mit ihren kleinen, asthmatischen Kindern zu Hause, ließen sie Fragebögen ausfüllen und führten Interviews mit ihnen durch. Kinder und Mütter waren überwiegend gut angepaßt. Die Kinder waren für ihr Alter normal entwickelt und setzten sich unabhängig und erfolgreich mit ihrer Umgebung auseinander. Auch *Eiser, Town* und *Tripp* (1991) fanden, daß sich die Eltern asthmatischer Kinder in ihrer Erziehungspraxis nicht von einer Kontrollgruppe unterschieden.

Die Forschungslage zum Einfluß des Familienlebens auf die Entwicklung von Asthma ist also nicht eindeutig. Auch wenn wir zugestehen, daß zwischen Familienbeziehungen und Asthma ein Zusammenhang besteht, ist nicht immer zu entscheiden, ob die einzelnen Familienvariablen die Ursache des Asthmas sind oder nur dazu beitragen, es aufrechzuerhalten. Bei manchen Kindern mögen es durchaus bestimmte, familienbedingte emotionale Faktoren sein, die die ersten Asthmaanfälle auslösen; bei anderen entwickelt sich das Asthma unabhängig von solchen Faktoren, aber die Eltern belohnen unwissentlich einzelne Symptome des Syndroms. Vielleicht verwöhnen die Eltern das Kind und behandeln es auf besondere Weise. Behandlungsempfehlungen für asthmatische Kinder scheinen diese These indirekt zu bestätigen. Ärzte raten von Sonderbehandlung und Überbehütung ab. Asthmatische Kinder sollen so normal wie möglich leben und sogar Sport treiben. Es soll möglichst verhindert werden, daß die Krankheit zum alles beherrschenden Faktor im Leben der Kinder wird. Verdeutlicht wird diese Haltung im folgenden Gesprächsbeispiel von *Kluger* (1969, S. 361).

> *Patient:* Ich kann heute nicht in die Schule gehen, weil mein Asthma so schlimm ist.
>
> *Arzt:* Ich weiß, aber es ist nicht ansteckend. Warum solltest du also nicht in die Schule gehen?
>
> *Patient* (irritiert): Weil ich Schwierigkeiten mit dem Atmen habe.
>
> *Arzt:* Das sehe ich. Aber Atemschwierigkeiten hast du, ob du nun zur Schule gehst oder nicht. Im Bett bleiben hilft da überhaupt nichts.
>
> *Patient* (ärgerlich): Mann, in diesem Krankenhaus lassen sie einen nicht mal krank sein!

Persönlichkeit und Asthma

Man hat oft versucht, bestimmte Konstellationen von Persönlichkeitszügen mit Asthma in Verbindung zu bringen, und Untersuchungen haben bei Asthmatikern eine ganze Anzahl sogenannter neurotischer Symptome zu Tage gefördert: Abhängigkeit und Fehlanpassung (*Her-bert*, 1965); Unterwürfigkeit, Empfindlichkeit Angst, Übergenauigkeit, Perfektionismus und Zwänge (*Rees*, 1964). Aber in den meisten dieser Untersuchungen hat man Asthmatiker mit gesunden Kontrollprobanden verglichen. *Neuhaus* (1958) verglich die Persönlichkeitstestwerte asthmatischer Kinder sowohl mit denen gesunder Kinder, als auch mit einer Gruppe von Kindern mit Herzbeschwerden. Wie in anderen Untersuchungen waren auch hier die Asthmatiker neurotischer als die Gesunden. Aber, und das ist der springende Punkt, *die herzkranken Kinder waren ebenfalls neurotischer als gesunde Kinder.* Der erhöhte Neurotizismus asthmatischer Kinder ist also möglicherweise nur die Reaktion auf eine chronische Krankheit. Neurotizismuswerte in Persönlichkeitstests sind immer abhängig von der Dauer der Krankheit (*Kelly & Zeller*, 1969).

Physiologische Prädisposition

Nachdem wir uns nun mit der Bedeutung verschiedener Stressoren beschäftigt haben, müssen wir auch eine Erklärung dafür suchen, daß nicht alle Menschen, die derartigen Stressoren ausgesetzt sind, an Asthma erkranken. Laut *Rees* (1964) hatten 86% der von ihm untersuchten Asthmatiker vor ihrer Asthma-Erkrankung an einer Infektion der Atemwege gelitten. Bei den gesunden Kontrollprobanden betrug dieser Anteil nur 30%. Das spricht dafür, daß bei der Entwicklung von Asthma eine ererbte Organschwäche, ein erworbenes Reaktionsmuster oder beides eine Rolle spielen. Menschen mit primär allergischem Asthma haben vielleicht eine Überempfindlichkeit der respiratorischen Schleimhäute ererbt und neigen folglich zu Überreaktionen auf normalerweise harmlose Substanzen wie Pollen oder Staub. Wir haben Belege dafür, daß das Familienmuster der Asthma-Inzidenz der genetischen Weitergabe einer Diathese entspricht (*Konig & Godfrey*, 1973). Und schließlich scheint das sympathische Nervensystem von Asthmatikern eine geringere Reaktionsbereitschaft zu besitzen als das nicht-asthmatischer Menschen (*Miklich* et al., 1973; *Mathe & Knapp*, 1971). Wir wissen, daß sich bei Aktivierung des sympathischen Nervensystems die Intensität eines Asthmaanfalls abschwächt.

Einmal mehr scheint das Diathese-Streß-Modell die Ätiologie einer psychophysiologischen Störung am angemessensten zu erklären. Ist das respiratorische System für Asthma prädisponiert, kann eine Interaktion von psychischen Stressoren und Diathese die Krankheit schließlich zum Ausbruch bringen.

Die Therapie psychophysiologischer Störungen

Da psychophysiologische Störungen wirkliche körperliche Dysfunktionen sind, müssen Arzt und Psychotherapeut eng zusammenarbeiten. Gleichgültig ob der hohe Blutdruck körperlich bedingt oder, wie bei der essentiellen Hypertonie, mit psychischem Streß einhergeht, können zahlreiche Medikamente die Arterien erweitern. Bei Asthmaanfällen werden Wirkstoffe inhaliert oder injiziert, die die Bronchien erweitern. Eines der wirksamsten Mittel ist hier Epinephrin. Die erleichternde und heilungsfördernde Wirkung von Medikamenten ist nicht zu unterschätzen. Gleichwohl sind sich Therapeuten und Ärzte bewußt, daß man mit Medikamenten zumeist nur die Symptome behandelt. Sie richten nichts dagegen aus, daß der Mensch auf psychische Belastung emotional reagiert. Die Disposition für eine bestimmte Krankheit mag ererbt sein oder zumindest eine somatische Grundlage besitzen, für die Art und Weise der psychischen Reaktion gilt das wahrscheinlich nicht, und so sind hier psychotherapeutische Interventionen geboten.

Therapeuten aller Richtungen stimmen darin überein, daß Angstreduktion der beste Weg ist, um psychophysiologisches Leiden zu lindern. Man sieht in der Störung, sei es ein Ulcus, essentieller Bluthochdruck, koronare Herzkrankheit oder ein Asthmaanfall, eine Folge von Angst oder vermutet zwischen beiden zumindest einen Zusammenhang. Psychoanalytisch orientierte Therapeuten arbeiten wie bei allen Angstleiden auch hier mit Techniken wie freier Assoziation und Traumanalyse, um dem Ich ihrer Patienten zu helfen, sich den infantilen Ursprüngen seiner Ängste zu stellen. Ich-Analytiker wie *Franz Alexander*, die für jede psychophysiologische Störung einen spezifischen emotionalen Zustand annehmen, haben dagegen eher die Gegenwart im Blick. Sie würden einen Patienten mit essentieller Hypertonie, der, wie sie glauben, unter dem Druck seines zurückgehaltenen Zornes leidet, zur Selbstbehauptung und damit Entlastung von unterdrückter Aggression ermutigen.

Verhaltenstherapeuten und kognitive Therapeuten setzen ihr übliches Repertoire an Angstreduktionstechniken ein, d.h. je nach Quelle der Spannung systematische Desensibilisierung, rational-emotive Therapie und Selbstbehauptungstraining. Fühlt sich der Patient in ganz bestimmten Situationen unsicher, können ihm Verhaltenserprobung und Verhaltensformung die notwendigen Fertigkeiten vermitteln.

Die Verhaltensmedizin, ein neues Spezialgebiet der Verhaltenstherapie, konzentriert sich auf die mit körperlichen Problemen verbundenen psychischen Faktoren. Natürlich gilt hier das besondere Interesse den psychophysiologischen Störungen. Man ergänzt etwa die medikamentöse Behandlung von Bluthochdruck, Asthma und anderen Störungen dieser Art durch ein Entspannungstraining oder versucht, mit eigens dafür entwickelten Behandlungsformen bekanntermaßen gesundheitsschädliche Gewohnheiten zu ändern. Ein wichtiges Forschungsgebiet ist hier die Raucherentwöhnung. Verhaltensmedizinisch ausgerichtete Therapeuten bemühen sich um Methoden, die übergewichtigen Patienten das Abnehmen erleichtern (*Marston & Marston*, 1980). Zuviele überflüssige Pfunde können besonders bei älteren Menschen Mitverursacher von Bluthochdruck und koronarer Herzkrankheit sein. Asthmapatienten bringt man bei, die Anzeichen eines drohenden Anfalles zu erkennen. Viele Patienten erkennen ihre eigenen Symptome nicht und reagieren unangemessen. Sie können lernen, sich darauf einzustellen und angemessener damit umzugehen (*Creer, Renna & Chai*, 1982).

In den letzten Jahren haben Verhaltensforscher auch die klinischen Einsatzmöglichkeiten des *Biofeedbacks* erforscht als ein Mittel, das körperliche Funktionieren zu verbessern. Das Biofeedback vermittelt prompte, genaue und auf andere Weise nicht zugängliche Information über Herzschlagfrequenz, Blutdruck, Gehirnwellen, Hauttemperatur und andere autonome Körperfunktionen. Der interessierende physiologische Prozeß wird von einem empfindlichen elektronischen Aufnahmegerät hörbar oder sichtbar gemacht. Das akustische oder visuelle Signal setzt den Patienten unverzüglich davon in Kenntnis, ob der betreffende Prozeß zu stark, zu schwach oder genau richtig abläuft. Aus zahlreichen Untersuchungen wissen wir, daß es den

Das Biofeedback wird oft bei der Behandlung von psychophysiologischen Störungen benutzt. Es kann exakte Informationen über physiologische Prozesse liefern, die es dem Patienten hoffentlich ermöglichen, sie besser kontrollieren zu können.

meisten Menschen mit Hilfe des Biofeedbacks gelingt, z.B. ihre Herzfrequenz zu erhöhen oder ihren Blutdruck zu senken (*Elmore & Tursky*, 1978; *Shapiro, Tursky & Schwartz*, 1970). Unklar ist noch, ob sich mit Biofeedback auch klinisch bedeutsame Resultate erzielen lassen. Das Biofeedback wird ausführlicher in Kapitel 19 behandelt. Kasten 8.5 stellt ein Beispiel der recht vielversprechenden klinischen Forschungsarbeit auf diesem Gebiet vor.

Behandlung der Hypertonie

Da einige der Medikamente zur Behandlung des Bluthochdrucks unerwünschte Nebenwirkungen wie Benommenheit, Schwindel und Erektionsstörungen bei Männern haben, und da auch die klinische Forschung eine gewisse Zeitlang angenommen hat, daß die Langzeitanwendung von bestimmten Medikamenten für leichte Hypertonie schädlich sein kann (*Medical Research Council*, 1981), wurden viele Untersu-

chungen mit anderen Behandlungsansätzen für Grenzfälle der essentiellen Hypertonie durchgeführt. Dabei wurden folgende Wege beschritten: Gewichtsabnahme, Einschränkung der Kochsalzaufnahme, körperliches Training und Verminderung des Alkoholkonsums. Jedes dieser Behandlungsziele schließt Veränderungen des Verhaltens ein, und der Erfolg dieser Ansätze war unterschiedlich (*Foreyt*, 1990).

Ein anderer psychologischer Ansatz bestand darin, daß Patienten mit Hypertonie lernten, die sympathische Erregung des Nervensystems zu reduzieren, in erster Linie durch ein Training der Muskelentspannung, gelegentlich unterstützt durch Biofeedback (*Benson, Beary & Carl*, 1974; *Blanchard* et al., 1988). Die Ergebnisse waren ebenfalls unterschiedlich (*Kaufmann* et al., 1988) und es ist derzeit offen, ob die Auswirkungen des Entspannungstrainings Bestand haben (*Patel* et al., 1985). Der Erfolg dieser Vorgehensweise hängt wahrscheinlich allein davon ab, ob der Patient die gelernte Fähigkeit zur Entspannung behält, was wiederum davon abhängt, ob er motiviert bleibt, diese Fähigkeit zu üben.

DeQuattro und *Davison* (*Lee* et al., 1987) fanden, daß ein intensives Entspannungstraining, das in wöchentlichen Sitzungen über zwei Monate hinweg mit weiteren Übungen zu Hause mit Hilfe von Instruktionen auf Kassetten, den Blutdruck von Patienten an der Grenze zur Hypertonie signifikant reduzierte (7mm Hg systolisch und 10mm Hg diastolisch). Diese Veränderung war stärker als bei einer Kontrollgruppe, die eine medizinische Beratung und Anweisungen zu Diät, Gewichtsabnahme und weiteren bekannten Risikofaktoren erhielt. (Ergänzend soll darauf hingewiesen werden, daß die Entspannungsgruppe die gleichen Informationen wie die Kontrollgruppe erhielt.) Die Auswirkungen des Trainings waren bei den Patienten stärker, bei denen vorher festgestellt worden war, daß sie eine starke sympathische Erregung aufwiesen, als bei denjenigen mit einem niedrigeren Erregungsniveau. Dieses Ergebnis stützt die Hypothese von *Esler* et al. (1977), daß es eine Untergruppe von Hypertonie-Patienten gibt, die ein relativ hohes Niveau an sympathischer Erregung aufweisen und die besonders geeignet sind für Therapien, die zu einer Dämpfung der sympathischen Erregung wie etwa das Entspannungstraining führen.

Dieses Ergebnis ist eines der wenigen in der Psychotherapie oder Verhaltensmedizin, das

Kasten 8.5   Migräne und Biofeedback

„Wenn ich in einer Migräneaura bin (bei manchen Menschen dauert diese Aura fünfzehn Minuten, bei anderen mehrere Stunden), fahre ich bei Rot über die Ampel, verliere meine Schlüssel, lasse alles fallen, kann meine Augen nicht mehr fixieren und keine zusammenhängenden Sätze mehr bilden, und man könnte meinen, ich hätte Drogen genommen oder zuviel getrunken. Mit den eigentlichen Kopfschmerzen kommen auch Kälteschauer, Schweißausbrüche, Übelkeit und eine Schwäche, die bis an die Grenze des Erträglichen geht. Daß man an Migräne nicht stirbt, ist für jemanden, der mitten in einem Anfall steckt, ein sehr zweifelhafter Trost."
(Aus: *Joan Didion, The White Album,* 1979, S. 170-171.)

Migräne verursachen erhebliche Beeinträchtigungen, die durch eine anhaltende Erweiterung der extrakranialen Arterien, insbesondere der Temporalarterien ausgelöst werden. Man schätzt, daß 10% der Menschen an Migräne leiden. Manche der Betroffenen haben alle paar Tage einen Anfall, andere nur einige Male im Leben. Der Kopfschmerz tritt gewöhnlich einseitig auf, fast so, als teile eine undurchlässige Trennwand den Kopf in zwei Hälften. Nur jemand, der von dieser häufigsten psychophysiologischen Störung tatsächlich betroffen ist, so sagt man, könne ermessen, wie unerträglich das damit verbundene Leiden sei.

Man unterscheidet gewöhnlich klassische und gemeine Migräne. Die klassische Migräne beginnt mit Prodromalsymptomen, d.h. mit Symptomen, die dem eigentlichen Kopfschmerz vorausgehen. Die Betroffenen leiden unter Spannungsgefühlen und Schlaflosigkeit, Energie und Antrieb nehmen ab, und manchmal kommt es auch zu visuellen Störungen, wobei zunächst flimmernder Nebel und dann Zickzacklinien erscheinen. Fast immer beginnen die Kopfschmerzen bei beiden Migräneformen auf einer Seite mit einem pulsierenden Schmerz bei jedem Herzschlag, wenn das Blut durch die erweiterten extrakranialen Arterien gepumpt wird. Schmerzverursacher ist der Druck, den die erweiterten Arterien auf schmerzsensitive Nervenfasern der Kopfhaut ausüben. Später wird der Schmerz stetiger. Die Arterien werden dicker und versteifen, die extrakranialen Nervenfasern werden nicht mehr pulsierend sondern konstant gereizt (*Elmore*, 1979). Neueren Untersuchungen zufolge reagieren die Arterien von Migrä-

neopfern empfindlicher auf autonome Stimulation als die normaler Menschen. Es gibt auch Hinweise auf eine allgemeine Instabilität der vasomotorischen Kontrolle, eine offensichtlich angeborene Diathese, die die Betroffenen dazu disponiert, mit dieser sie erschöpfenden Störung zu reagieren.

Die Ursachen der extrakranialen Gefäßerweiterung waren lange Jahre umstritten. Zu den Prodromalsymptomen der klassischen Migräne gehören, wie bereits gesagt, Sehstörungen. Ursache dieser Vorläufer der eigentlichen Kopfschmerzen ist nach Ansicht einiger Forscher eine starke Konstriktion oder Verengung der inneren Karotis und ihrer Äste, der Kranialarterien, die Gehirn und visuelles System mit Blut versorgen. Irgendwie, so die Theorie, führt diese anfängliche Konstriktion der inneren Kranialarterien schließlich zur Erweiterung der äußeren Karotis und ihrer Äste, insbesondere der Schläfenarterien, was dann unmittelbar den eigentlichen Migränekopfschmerz verursacht.

Folglich wetteifern zwei theoretische Schulen um den Preis der wirksamsten Migränebehandlung: Die eine konzentriert sich auf die intrakraniale Gefäßverengung während der Prodromalphase, die andere auf die extrakraniale Gefäßerweiterung während der Schmerzphase. Im ersten Fall versucht man, durch Reduktion der sympathischen Aktivität die inneren Arterien zu erweitern, im zweiten Fall die äußeren Arterien durch Steigerung der sympathischen Aktivität zu verengen. Reduzieren läßt sich die sympathische Aktivität durch psychologische Techniken wie progressive Muskelentspannung (*Jacobson*, 1929), Autogenes Training, eine Technik, bei der durch Suggestion von Schwere und Wärme Entspannung erreicht wird (*Luthe & Schultz*, 1969) und durch eine westlichem Denken angepaßte Version der transzendentalen Meditation (*Benson*, 1975). Von besonderem Interesse sind in unserem Zusammenhang Untersuchungen, in denen mit Hilfe des Biofeedbacks die Fingertemperatur erhöht wird, um eine allgemeine Gefäßerweiterung zu erreichen. An der berühmten Menninger-Klinik in Topeka, Kansas, lernten Migräne-Patienten durch Biofeedback-Training und dann ohne apparative Hilfe beim geringsten Anzeichen eines drohenden Migräneanfalls ihre Hände zu erwärmen. Auf diese Weise soll sich der

Zustand vieler Migräne-Patienten erheblich verbessert haben (*Sargent, Green & Waiters*, 1972, 1973). Leider wird der Wert dieser Untersuchungen durch ihre methodischen Mängel beeinträchtigt. Nichts beweist, daß die Patienten tatsächlich lernten, ihre Hände zu erwärmen, und die Beurteilung der Zustandsverbesserungen war unsystematisch und impressionistisch (*Elmore*, 1979). Die Berichte aus der Menninger-Klinik gaben jedoch den Anstoß zu einer Reihe strenger kontrollierter klinischer Untersuchungen, von denen einige zeigten, daß auch das Kühlen der Hand zu einer deutlichen Reduktion der Migräne führte (z.B. *Gauthier, Bois, Allaire & Drollet*, 1981). Einige Forscher haben daraus gefolgert, daß der entscheidende Faktor in der Reduktion der allgemeinen sympathischen autonomen Erregung liegt, die durch eine Vielzahl unterschiedlicher Verfahren, einschließlich Hypnose und muskulärer Entspannung (*Blanchard* et al., 1978) erreicht werden kann.

Die zweite Form der Migränebehandlung stützt sich auf die Steigerung der sympathischen Aktivität, um so der Erweiterung der extrakranialen Arterien Einhalt zu gebieten. Mittels Biofeedback lernen die Betroffenen, die Pulsamplitude in den Oberflächenarterien der Schläfe an der Stelle zu verringern, an der der aktuelle Migräneanfall begonnen hat. Andere Forscher haben nachgewiesen, daß Patienten den Migräneanfall reduzieren können, wenn sie es lernen, den Puls der extrakranialen Arterie durch Biofeedback zu reduzieren (z.B. *Friar & Beatty*, 1976).

Aus dem Studium der vorliegenden Literatur zur Migränebehandlung zogen *Elmore* und *Tursky* (1981) den Schluß, daß eine Untersuchung zum Vergleich der beiden konkurrierenden Behandlungsansätze vonnöten sei. Gleichzeitig wollten sie durch sorgfältige physiologische Messungen sicherstellen, daß die Probanden nach dem Biofeedback-Training die behauptete Reaktion auch tatsächlich erworben hatten. Und sie wollten in einer Nachfolgestudie untersuchen, ob Therapieerfolge auch nach dem Training von Dauer waren.

Elmore und *Tursky* teilten eine Stichprobe von 23 erwachsenen Migräne-Patienten in zwei Gruppen ein: Eine Gruppe lernte in acht Sitzungen, mittels Biofeedback die Handtemperatur zu erhöhen, die andere in ebenfalls acht Biofeedback-Sitzungen, ihren Schläfenpuls zu reduzieren. Anschließend hatten alle Probanden neun Sitzungen ohne Biofeedback,

um zu überprüfen, ob sie die gelernte Reaktion auch eigenständig herbeiführen konnten. Um ihre Gruppenziele zu erreichen, d.h. die Handtemperatur zu erhöhen bzw. den Schläfenpuls zu reduzieren, wurden die Probanden angewiesen, sich Wärme oder Kühle bildhaft vorzustellen oder sich mit Ausnahme von Muskelanspannung eine andere wirksame Technik anzueignen. Sie sollten die von ihnen gewählte Strategie täglich fünfzehn Minuten und beim geringsten Anzeichen eines drohenden Migräneanfalles üben. Einen Monat vor und einen Monat nach der Behandlung führten die Probanden in einem speziell dafür entworfenen Schmerztagebuch über Häufigkeit und Intensität ihrer Kopfschmerzen Protokoll. Wenn bei Pulsreduktion weniger Schmerzen auftraten als bei Handerwärmung, konnte man den Schluß ziehen, daß Steigerung der sympathischen Aktivität die bessere Migränebehandlung sei. Um sich Erleichterung zu verschaffen, müssen die Betroffenen dann nur die Verengung ihrer extrakranialen Arterien herbeiführen. Hat sich dagegen die Handerwärmung als überlegen erwiesen, müssen die Patienten vorher der intrakranialen Gefäßverengung, die nach Ansicht der Menninger-Gruppe die nachfolgende extrakraniale Weitstellung der Gefäße verursacht, mit Vasodilatation (Gefäßerweiterung) vorbeugen.

Physiologische Messungen während des Biofeedback-Trainings zeigten, daß die jeweilige Fertigkeit tatsächlich erworben wurde. Darüber hinaus maß man bei den Probanden, die die Schläfenpulsreduktion erlernt hatten, eine allgemeine Aktivierung des sympathischen Nervensystems, in der Hand-Gruppe dagegen dessen Deaktivierung, was bewies, daß beide Verfahren die jeweils beabsichtigte Wirkung auf das autonome Nervensystem hatten. Und die wichtigsten Ergebnisse schließlich: Patienten, die ihren Schläfenpuls reduziert hatten, wiesen bei der Nachuntersuchung nach einem Monat die signifikant größeren Behandlungserfolge auf als die Probanden, die die Handerwärmung praktizierten. Insbesondere berichteten sie von weniger als halb so viel Anfällen wie vor der Behandlung; sie hatten signifikant weniger häufig zu Schmerztabletten gegriffen und fanden zum großen Teil ihre Kopfschmerzen, wenn sie auftraten, weniger schmerzhaft. Die Handwärm-Gruppe berichtete dagegen von schwereren und dauerhafteren Schmerzen als vor der Behandlung.

Diese Ergebnisse stellen also ernsthaft die Auffassung in Frage, daß Migräne von sympathischer Übererregung verursacht werde und daß, allgemein gesagt, Migräne-Patienten versuchen sollten, die Aktivität ihres sympathischen Nervensystems durch ein Entspannungstraining oder spannungsmildernde Medikamente zu reduzieren. Die Behandlung sollte vielmehr unmittelbarer auf eine Verengung der extrakranialen Arterien abzielen. Trotzdem unterstützen andere Ergebnisse die ursprüngliche Idee der Menninger-Klinik, daß die durch Biofeedback induzierte Erwärmung der Hand zu einer Verminderung der Vasokonstriktion führt (*Blanchard* et al., 1982). Zusammenfassend ergibt sich jedoch, daß die angemessene Therapie der Migräne noch weiterer Forschung bedarf.

eine Deckung zwischen einer Form eines Problems und einer Form der Intervention zeigt. Zum Beispiel könnten Hypertoniker mit einem niedrigen Erregungsniveau des sympathischen Nervensystems mehr von einem kognitiven Therapieansatz profitieren – ihre Hypertonie könnte durch die Gedanken, die sie in ihren Köpfen haben, mehr beeinflußt werden als die Vorgänge in ihrem sympathischen Nervensystem. (Natürlich besteht auch die logische Alternative, daß die sympathische Erregung selbst teilweise durch negative kognitive Vorstellungen aufrecht erhalten wird und daß kognitive Interventionen eine Möglichkeit zur Reduktion dieser Erregung und in der Folge der Hypertonie darstellen.)

Belege für die Bedeutung der kognitiven Veränderungen, aber auch für die Rolle des Ärgers wurden von *Davison* et al. (1991) in dem gleichen Datensatz gefunden, der auch *Lee* et al. zur Verfügung stand. Die an der Grenze zur Hypertonie stehenden Patienten erreichten auch eine signifikante Minderung des Ärgers, der sich in ihren ausgesprochenen Gedanken zeigte. Interessanterweise war die Reduktion in ärgerlichem Denken positiv mit dem verminderten Blutdruck korreliert: Je weniger ärgerlich die ausgedrückten Gedanken wurden, desto niedriger wurde auch der Blutdruck. Dieses Ergebnis deckt sich mit Forschungsansätzen, bei denen eine Verbindung von Ärger zur Hypertonie hergestellt wird.

Einige Jahre lang unterstütze das National Heart, Lung and Blood Institute eine große multizentrische Untersuchung verschiedener nicht medikamentöser Verfahren zur Prävention der Hypertonie bei gesunden Männern und Frauen, deren diastolischer Blutdruck zwischen 80 und 89mm Hg lag, ein Bereich, der als Grenze zur Auffälligkeit angesehen wird (*The Trials of Hypertension Collaborative Research Group*, 1992). Ohne irgendeine Intervention steigt bei diesen Menschen der Blutdruck langsam bis in den Bereich an, in dem eine Behandlung dringend empfohlen wird (90 bis 105mm Hg diastolischer Blutdruck). Wenn Möglichkeiten gefunden werden könnten, die Zahl der Menschen zu reduzieren, die eine Hypertonie entwickeln, dann würde dies langfristig zu erheblichen Einsparungen an Kosten und zu einer Verbesserung der Gesundheit führen. Die wichtigsten Verfahren, die verglichen wurden, waren Gewichtsreduktion, Begrenzung des Kochsalzkonsums, Streßbewältigung, und eine Kontrollgruppe mit gewöhnlicher Behandlung. Die Maßnahmen der Streßbewältigung wurden kurz beschrieben als „Training von vier Entspannungsverfahren (langsames Atmen, Muskelentspannung, geistige Vorstellungsbilder und Stretching) und Techniken zum Umgang mit streßauslösenden Wahrnehmungen, Reaktionen und Situationen" (S. 1215). Zur Streßbewältigung werden wir gleich etwas mehr sagen.

Die Ergebnisse wurden am Ende einer sechsmonatigen Behandlungsphase und nach Folgeuntersuchungen zwölf und 18 Monate später miteinander verglichen. Dabei wurden zwei verschiedene Informationen erhoben. Die wichtigste war natürlich der Blutdruck. Aber fast genauso wichtig war auch, ob die Verhaltensänderungen, die in den drei aktiven Gruppen angestrebt wurden, auch erreicht wurden. Im einzelnen: Verloren die Teilnehmer in der Gruppe der Gewichtsreduktion auch Gewicht? Nahm in der Gruppe zur Begrenzung des Kochsalzkonsums der Salzgebrauch ab? Ging in der Gruppe der Streßbewältigung die Belastung durch Streß zurück?

Gehen wir zuerst auf die Ergebnisse der Gewichts- und Salzreduktionsgruppe ein. Sie erreichten die jeweiligen Ziele, aber die Gruppe der Streßbewältigung erreichte das Ziel nicht.

Zunächst ergab sich bei einem häufig eingesetzten Fragebogen zur Messung des Ärgers im Alltag, daß die Gruppe im Lauf der Zeit schlechter wurde, d.h. sie berichtete 18 Monate nach Abschluß der Behandlung über mehr Ärger als zum Zeitpunkt des Beginns. Des weiteren zeigte sich, daß im Gegensatz zu der Gewichts- und Salzreduktionsgruppe, die bei einer Skala des psychischen Wohlbefindens eine Besserung zeigten, dies bei der Streßbewältigungsgruppe nicht der Fall war. Diese Ergebnisse fanden sich auch bei der Verbesserung des Blutdrucks, d.h. signifikante Verminderungen des Blutdrucks wurden in den beiden Gruppen der Salz- und Gewichtsreduktion erzielt, aber nicht in der Streßbewältigungsgruppe.

Die Autoren dieser Studie folgerten daraus, daß Menschen, die noch nicht hyperton sind, es vermeiden können, in diesen Grenzbereich zu kommen, indem sie ihr Gewicht und die Salzaufnahme vermindern. Sie übersahen aber, ohne gute Gründe nach unserer Auffassung, die Rolle, die die Streßbewältigung bei der Prävention der Hypertonie spielen könnte. Darüber kann in der Tat nichts gesagt werden, da es in der Anlage der Studie ein erhebliches Problem gab. Um zu ermitteln welchen Einfluß die Verminderung von Streß auf die Prävention der Hypertonie haben kann, muß zuerst der Streß meßbar reduziert werden. Das geschah in dieser Untersuchung nicht. Was auf eine Vielzahl von Gründen zurückgehen könnte – unzureichende Planung oder fehlende Überprüfung der Streßbewältigungsverfahren, unzureichende Compliance der Patienten mit den komplexen Anweisungen für Kognition und Verhalten, wenig sensible Erfolgsmaße – die Verfahren zur Streßbewältigung, die von diesen Forschern eingesetzt wurden, verminderten den Streß nicht. Wie später gezeigt wird, kann Streß durch angemessene Verfahren der Bewältigung vermindert werden. Da die gerade besprochene Untersuchung die Streßreduktion nicht nachweisen konnte, kann sie keine valide Information über den möglichen Nutzen von Streßbewältigungsverfahren bei der Prävention von Hypertonie liefern.

Veränderung von Typ A-Verhalten

Verhaltensmedizinische Forscher stellen sich auch der Herausforderung, das getriebene, übermäßig leistungsorientierte Verhaltensmuster des Typ-A-Menschen zu ändern, das ein erhöhtes Risiko für Herzerkrankungen birgt. Innerhalb der letzten fünfzehn Jahre sind dazu etwa 20 Untersuchungen durchgeführt worden, wie das Typ A-Verhalten vermindert oder verändert werden könnte (*Nunes, Frank & Kornfeld*, 1987). Da den Probanden in den meisten Fällen eine Schmalspurbehandlung von kurzer Dauer, etwa einige Stunden Entspannungstraining, zuteil wurde, sind die Ergebnisse von nur mäßiger Aussagekraft (*Price*, 1982). Eine rühmliche Ausnahme ist dabei das Recurrent Coronary Prevention Project (*Friedman* et al., 1982), das vom National Heart, Lung and Blood Institute finanziert wurde.

Dieses Projekt sollte vor allem erforschen, ob sich das Typ-A-Verhalten von männlichen Infarkt-Patienten in Richtung Typ-B-Verhalten verändern ließ und ob es bei diesen Patienten dann seltener zu einem zweiten Herzinfarkt kam als bei Patienten, die nur kardiologisch beraten wurden. Am meisten, so glaubte man, würde eine Behandlung nützen, die nicht nur das Typ-A-Verhalten der Probanden änderte, sondern auch die umweltbedingten, kognitiven und physiologischen Faktoren, die, wie man vermutete, ihren Teil zur Persönlichkeit beitrugen. Die Probanden übten, langsamer zu sprechen und ihren Gesprächspartnern genauer zuzuhören anstatt sie zu unterbrechen – eine Verhaltensänderung also. Sie schauten sich im Fernsehen weniger Sendungen an, in denen es um Gewalt und Wettbewerb ging – eine Umweltänderung. Sie versuchten, ihren stummen, inneren Monolog dahingehend zu ändern, daß sie nicht jedes Ereignis als unmittelbare Herausforderung sahen – eine kognitive Veränderung. Und um ihren körperlichen Zustand zu verbessern, nahmen sie die verschriebenen Medikamente und befolgten die Diätvorschriften ihres Arztes.

Die Ergebnisse waren ermutigend: Typ-A-Verhalten läßt sich meßbar verändern. Mehr noch: nach drei Jahren Behandlung betrug das Risiko für die Männer, die eine Beratung hinsichtlich Typ A erhalten hatten, für einen zweiten Herzanfall 7,2% jährlich im Vergleich zu 13,2% bei den Männern, die nur kardiologisch beraten wurden (*Friedman & Ulmer*, 1984; *Friedman* et al., 1984; *Powell* et al., 1984; *Thoresen* et al., 1985). Interessanterweise gibt es Hinweise darauf, daß die Verminderung der Feindseligkeit besonders wichtig gewesen sein kann, was mit der zunehmenden Bedeutung für das

Typ-A-Verhalten in der Forschung und bei psychophysiologischen Erkrankungen allgemein entspricht (*Haaga*, 1987).

Aber einer Änderung von Typ-A-Verhalten steht in unserer Kultur vieles entgegen. *Price* (1982) nennt insbesondere zwei Hindernisse. Erstens zahlt sich Typ-A-Verhalten in einer Industrie- und Leistungsgesellschaft wie der unsrigen zumindest auf kurze Sicht aus: Produktivität und Leistung steigen, wenn auch vielleicht um den Preis persönlichen Glücks. Zweitens ist die Typ-A-Persönlichkeit in den USA und andernorts in vielerlei Hinsicht eine kulturelle Norm. Oft bedarf es eines Herzinfarkts, um

jemanden dieses Typs auch zum Nachdenken darüber zu zwingen, ob er den aggressiven, individualistischen Kampf um möglichst viel materielle Güter in möglichst kurzer Zeit nicht aufgeben und statt dessen lernen sollte, den Müßiggang zu genießen und Menschen, einschließlich seiner selbst, mehr um ihrer inneren Werte willen zu schätzen als wegen ihrer Leistungen und ihres Status.

Matthews (z.B. 1978) hat Typ-A-Verhalten bei Kindern erfaßt und untersucht, wie junge Menschen Werte und Verhalten der Typ-A-Persönlichkeit erwerben. Sie hat z.B. festgestellt, daß Mütter von Typ-A-Jungen den Einsatz für Ver-

---

Kasten 8.6   Bewältigung von Krebs

Es gibt eine zunehmende Zahl von Belegen dafür, daß verschiedene psychosoziale Interventionen den Betroffenen helfen können, mit Krebs fertig zu werden. (Kasten 15 beschreibt diese Methoden bei Kindern.) Gruppen, die eine kognitiv verhaltensorientierte Therapie erhielten (*Stolbach* et al., 1988; *Telch & Telch*, 1986) zeigen positive Wirkungen bei der Linderung von Angst und Depression genauso wie bei der Förderung eines Kampfwillens, einer aktiven Einstellung, von der einige Forscher annehmen, daß sie sogar die Fähigkeit, den Krebs zu überleben, steigert (*Greer, Morris & Pettigale*, 1979).

Besonders erwähnenswert ist das Forschungsprogramm der Stanford University School of Medicine unter der Leitung des Psychiaters David Spiegel. Es bestätigt die Nützlichkeit psychosozialer Interventionen bei der Verbesserung der Lebensqualität und sogar bei der Verlängerung der Überlebenszeit von Patienten mit zum Tode führenden Krebs. Eine unterstützende wöchentliche Gruppentherapie – in der die Patienten einander Verständnis und Trost geben, sie sich ermutigen, das Leben so weit wie im Angesicht des Todes möglich auszuleben, offen über den Tod und das Sterben sprechen und Selbsthypnosetechniken lernen, um die Schmerzen zu kontrollieren – reduziert Müdigkeit, Angst und Depression bei Patientinnen mit metastasiertem Brustkrebs (*Spiegel, Bloom & Yalom*, 1981). Sogar noch überzeugender sind die Ergebnisse einer Nachuntersuchung nach zehn Jahren durch die Arbeits-

gruppe von *Spiegel*, daß die einjährige unterstützende Gruppentherapie die Überlebenszeit deutlich verlängerte. Im Vergleich zu den Patientinnen einer Kontrollgruppe lebten die Patientinnen mit der Gruppentherapie doppelt so lang (*Spiegel* et al., 1989; *Spiegel*, 1990).*

Bei einem Versuch der Begründung dieser Ergebnisse – die nicht erwartet worden waren und kein Diskussionsthema der Gruppentherapie waren – gingen *Spiegel* und seine Mitarbeiter davon aus, daß die Therapie den Patientinnen dabei half, die Therapiemaßnahmen besser zu befolgen, oder daß sie den Appetit und die Nahrungsaufnahme durch eine Hebung der Stimmung verbesserte. Die Fähigkeit zur Schmerzkontrolle könnte ihnen auch dabei geholfen haben, körperlich

---

* Wenn überraschende, sogar aufregende Ergebnisse in Fachzeitschriften veröffentlicht werden, dann verfassen die Herausgeber manchmal einen begleitenden Kommentar. Das geschah bei dem Bericht von *Spiegel* et al. (1989). Besorgt darüber, daß die Ergebnisse als ziemlich unorthodox angesehen werden könnten, gab sich der Herausgeber Mühe, die Methoden und die statistischen Analysen positiv darzustellen und schlug vor, daß die Leser eine offene Haltung gegenüber dem Aufsatz einnehmen sollten, wobei er darauf hinwies, daß „die Maßnahmen, die von *Spiegel* et al. beschrieben werden, zumindest lebensverlängernd sind und in deutlichem Gegensatz zu der Verarmung des Lebens stehen, die von vielen todkranken Patienten erlitten wird, die eine scheußliche Diät, kostspielige Placebos und aufwendige Untersuchungen über sich ergehen lassen müssen, die von den eher verrückten Randgruppen alternativer Praktiker empfohlen werden. Andere Forscher sollten diesem intellektuell aufrichtigen Ansatz der psychosozialen Behandlung von Krebs folgen." (*Editorial, The Lancet*, 14. Oktober,1989)

stärkungen ständig erhöhen. Für dieselbe Belohnung werden dem Kind immer höhere Ziele gesetzt. Massenmedien und Schulen verlangen vom Kind „Sei die Nummer eins!" – „Mach keine Fehler!" – „Verschwende keine Zeit!" – „Werde produktiver!" – „Aufwärts und vorwärts !" Vermutlich werden Entwicklungspsychologen immer häufiger feststellen, daß jungen Menschen von Kindesbeinen an Typ-A-Verhalten beigebracht wird.

Die Veränderung von Typ-A-Verhalten, um koronaren Herzerkrankungen vorzubeugen oder sie zumindest zu reduzieren, stellt unsere fortgeschrittene und immer noch fortschreiten-

de Gesellschaft also in ihrem Kern in Frage. Die wachsende Literatur und Forschung zur Typ-A-Persönlichkeit könnte so vielleicht ganz unbeabsichtigt dazu führen, daß auch einige der grundlegendsten Werte, auf denen unsere westlichen Gesellschaften aufbauen, kritisch hinterfragt werden. Ganz sicher aber kann die Psychologie dafür plädieren, daß Schulen und Massenmedien andere Werte vermitteln. Und das Recurrent Coronary Prevention Project, das die Patienten ermutigte, Leistung und Eile nicht mehr so wichtig zu nehmen und statt dessen an Blumen zu riechen, den Augenblick zu genießen und das Leben nicht auf der Überholspur zu leben, hat gezeigt,

aktiv zu bleiben. Und in Übereinstimmung mit den Forschungsergebnissen, die oben über die Auswirkungen von Streß auf das Immunsystem dargestellt wurden, könnte die Therapie dabei geholfen haben, die Immunfunktion zu verbessern, indem sie zu einer Kontrolle des Streß führte, wobei die soziale Unterstützung eine Schlüsselrolle spielt (*House, Landis* & *Umberson*, 1988; *Levy* et al., 1990).

Die Forschung in der Verhaltensmedizin hat sich auch anderen präventiven Ansätzen im Bereich der Krebserkrankungen zugewandt (zusätzlich zur Forschung über das Zigarettenrauchen, die in Kapitel 11 dargestellt wird). Eine Hürde, die bei Frauen überwunden werden muß, wenn sie ihre Brüste selbst untersuchen sollen, besteht darin, daß diese Untersuchung die Wahrscheinlichkeit einer unangenehmen Konsequenz deutlich erhöht, d.h. einen Knoten zu finden. Obwohl es logischerweise besser ist, dieses Risiko einzugehen als es nicht zu tun, ist es eine Tatsache, daß die Angst, etwas Negatives zu erfahren, ein Haupthindernis für die Durchführung der Untersuchung darstellt (*Mahoney*, 1977). In einem Versuch, Wege zu finden, die Frauen zu einer regelmäßigen Selbstuntersuchung der Brust bringen, verglichen *Meyerowitz* und *Chaiken* (1987) eine Broschüre, die Argumente für die Untersuchung enthielt und die negativen Konsequenzen betonte, die dadurch vermieden werden können, mit einer anderen, bei der sie positiven Folgen im Vordergrund standen. Beide Broschüren enthielten Informationen über Brustkrebs und Anweisungen für die Durchführung der Selbstuntersuchung.

Meyerowitz und *Chaiken* geben folgende Beispiele. Die eingeklammerten Wörter stehen für die positive Bedingung, die in spitzen Klammern für die negative.

> Wenn Sie die Untersuchung der Brust jetzt [nicht] durchführen, dann ([können]) Sie [nicht] erfahren, wie sich die normale gesunde Brust anfühlt und Sie sind (besser) [schlechter] darauf vorbereitet, kleine auffällige Veränderungen wahrzunehmen, die auftreten können, wenn Sie älter werden.
> Untersuchungen zeigen, daß Frauen, die diese Selbstuntersuchung der Brust [nicht] vornehmen, eine (höhere) [verminderte] Chance haben, einen Tumor im Frühstadium zu finden, der dann besser zu behandeln ist. (S. 504)

Im Vergleich zu denjenigen, die die positive Information erhielten, hatten die Probandinnen im Collegealter in der negativen Gruppe nach der Lektüre der Broschüre eher keine positive Einstellung dazu, die Untersuchung durchzuführen, aber vier Monate später war es wahrscheinlicher, daß sie eine Untersuchung tatsächlich durchgeführt hatten. Dieser Effekt könnte darauf zurückzuführen sein, daß das Nichtbefolgen des sehr vorsichtigen Hinweises zur Durchführung der Brustuntersuchung eine Verdrängung darstellt; wenn die negativen Konsequenzen der nicht durchgeführten Untersuchung deutlicher herausgestellt werden, wird die Durchführung wahrscheinlicher. Dieses Ergebnis ist besonders wichtig, weil die meisten Broschüren, die eine Durchführung der Brustuntersuchung befürworten eher die positiven als die negativen Konsequenzen darstellen.

daß Menschen ihre Typ-A-Persönlichkeit aus eigener Kraft ändern können und dabei glücklicher und gesunder werden.

Streßmanagement

In den letzten Jahren hat sich der Bereich Streßmanagement, der unterschiedliche Verfahren zur Reduktion von Streß umfaßt, als Teil der verstärkten Bedeutung von Streß und Gesundheit, die weiter oben dargestellt wurde, entwickelt. (Eine wenig effektive Methode der Anwendung von Streßmanagement haben wir bei der Beschreibung des Projekts zur Prävention der Hypertonie (S. 241) vorgestellt.) Viele Menschen in der Industrie, in der Verwaltung, in den Universitäten, beim Militär und anderen Institutionen nehmen an Seminaren über Streßmanagement teil, auch wenn bei ihnen keine erfaßbaren Probleme vorliegen. Die zunehmende Erkenntnis über die Rolle des Streß bei einer Vielzahl körperlicher Erkrankungen, einschließlich derer, bei denen die Funktionen des Immunsystems betroffen sind, hat dem Streßmanagement zusätzliches Gewicht verliehen und es zu einer Strategie für die Reduktion streßbedingter Defizite bei der Funktion des Immunsystems werden lassen (*Zakowski, Hall & Baum*, 1992; vgl auch die Diskussion der HIV-Infektion auf S. 440).

Unter der Rubrik Streßmanagement finden sich verschiedenen Ansätze und bei einem bestimmten Problem finden sich meist mehr als eine Anwendung (*Davison & Thompson*, 1988; *Lehrer & Woolfolk*, 1993).

Individuelle Ansätze

Erregungsreduktion. Bei der Erregungsreduktion wird der Proband in der Muskelentspannung trainiert, manchmal unterstützt durch Biofeedback. Obwohl es keine eindeutigen Belege für die Notwendigkeit gibt, aufwendige Instrumente für eine präzise Rückmeldung kleiner Veränderung der Muskelspannung oder bestimmter Formen elektroenzephalitischer Aktivität einzusetzen, gibt es Bestätigungen dafür, daß der Unterricht von Verfahren zur tiefen Entspannung und die Anwendung dieser Fertigkeiten auf Stressoren im Alltagsleben dabei helfen kann, das Streßniveau zu reduzieren. Es gibt auch einige vorläufige Hinweise darauf,

daß die Immunfunktion durch Entspannungstraining verbessert werden kann (*Jasnoski & Rugler*, 1987; *Kielcolt-Glaser* et al., 1985), obwohl das Weiterbestehen dieses Vorteils nur gewährleistet ist, wenn das Training regelmäßig und langfristig erfolgt (*Davison & Thompson*, 1988; *Goldfried & Davison*, 1976; *Zakowski* et al., 1992).

Kognitive Umstrukturierung. Darunter lassen sich die Arbeiten von *Ellis* (1962) und *Beck* (1976) einordnen, die bereits kurz in den Kapiteln 2 (S. 55) und 6 (S. 158) beschrieben wurden, aber ausführlicher in den Kapiteln 9 (S. 258) und 19 (S. 657) dargestellt werden. Im Zentrum steht hier die Veränderung der Einstellung der Menschen und die Verbesserung der Eindeutigkeit ihrer logischen Erklärung der Erfahrungen unter der Annahme, daß unsere intellektuellen Fähigkeiten beeinflussen können, wie wir uns verhalten und fühlen. Das schließt das ein, was einfach als Bereitstellung von Information zur Verminderung der Unsicherheit und zur Vergrößerung des Gefühls der Kontrolle bezeichnet werden kann, ein Thema von Kapitel 6. Erfolgversprechende Ergebnisse sind für einige mit Streß verbundene Probleme, einschließlich Herpes genitalis berichtet worden (*McLarnon & Kaloupek*, 1988). In einer grundsätzlichen Weise können die kognitiven Ansätze als zentrale Beeinflussung der Bewertungsprozesse gesehen werden, die *Lazarus* viele Jahre als Hauptfaktor für die Reaktion der Menschen auf Stressoren aus der Umwelt untersucht hat (z.B. *Lazarus*, 1968; *Folkman & Lazarus*, 1984).

Verhaltenstraining. Da es nur natürlich ist, sich überfordert zu fühlen, wenn die Fertigkeiten zur Bewältigung einer Herausforderung fehlen, schließt das Streßmanagement oft die Vermittlung und Übung der notwendigen Fertigkeiten genauso ein wie allgemeine Themen, z.B. Umgang mit der Zeit und effektive Planung. Als Beispiel für die komplexe Interaktion zwischen Verhalten, Emotion und Kognition kann das Training sozialer Fertigkeiten gelten, bei dem das Gefühl einer Person für die Selbsteffizienz (*Bandura*, 1986) durch verbesserte Kontrolle der umweltbedingten Stressoren gestärkt werden kann (*Rodin*, 1986).

Ansätze zur Veränderung der Umwelt

Als umweltbezogener Ansatz kann gesehen werden, was sich auf die Untersuchungen bezieht, die in diesem Kapitel (S. 220) die positive Auswirkung der sozialen Unterstützung auf die Gesundheit beschrieben haben. Wenn tatsächlich soziale Unterstützung dazu beiträgt, daß Menschen gesund bleiben oder ihnen hilft, Krankheiten zu bewältigen, dann ist es einleuchtend anzunehmen, daß die Verstärkung dieser Unterstützung zu einer höheren Leistungsfähigkeit führen kann. (In Kasten 8.6 wird die Bedeutung der sozialen Unterstützung für Krebspatienten ausführlicher dargestellt.)

Die Arbeit der Gemeindepsychologie ist ebenfalls von Bedeutung. Während die beschriebenen individuellen Strategien dem Individuum beim Umgang mit einer bestimmten Umgebung helfen, kann man auch den Standpunkt einnehmen, daß manchmal die Umwelt das Problem ist und daß am besten Versuche unternommen werden, sie zu verändern. (In Kapitel 20 wird dargestellt, daß dieser Ansatz die ethischen und politischen Dimensionen jedes Versuchs der Verhaltensänderung berührt.) So könnte z.B. in einem Großraumbüro durch Abtrennungen eine privatere Atmosphäre geschaffen werden.

Der Überblick über verschiedene therapeutische Ansätze zum Umgang mit psychophysiologischen Störungen – von denen viele unter dem Begriff Verhaltensmedizin eingeordnet werden können – zeigt die komplexe Interaktion zwischen Soma und Psyche, zwischen Leib und Seele. Wir kommen jetzt auf den Anfang des Kapitels zurück, nämlich eine Anerkennung der Untrennbarkeit von körperlichen und geistigen Vorgängen und darauf, daß diese beiden Formen der Wahrnehmung des menschlichen Organismus genauso viele Probleme für die Menschen darstellen, wie sie Möglichkeiten vermitteln, die zu einer Linderung des Leids und zur Förderung des Wohlbefindens beitragen.

Zusammenfassung

Psychophysiologische Störungen sind durch psychische Faktoren, in erster Linie durch Streß hervorgerufene körperliche Krankheiten. Betroffen von solchen Störungen sind gewöhnlich vom autonomen Nervensystem innervierte Organe des respiratorischen, kardiovaskulären, gastrointestinalen und endokrinen Systems. Die Forschung beschäftigt sich vor allem mit der Frage, wie psychischer Streß zu einer bestimmten psychophysiologischen Störung führen kann. Einige Forscher haben vorgeschlagen, die Antwort in den besonderen Eigenschaften des Stressors zu suchen. Manche Theorien und Forschungsergebnisse setzen Aggressionshemmung mit Hypertonie und Typ-A-Persönlichkeit mit Herzinfarkt in Verbindung. Wieder andere Theorien gehen von einer Wechselwirkung zwischen Streß und physiologischer Diathese aus. Bei Herzinfarkt könnte die Diathese in einem sympathischen Nervensystem bestehen, das zuviel Noradrenalin ausschüttet, und bei Asthma in einem respiratorischen System, das überempfindlich auf ein Allergen reagiert oder durch eine Infektion geschwächt ist. Obgleich wir davon sprechen, daß sich seelischer Streß auf den Körper auswirkt, sollten wir daran denken, daß man *Körper* und *Seele* wohl am besten als zwei verschiedene Möglichkeiten betrachtet, über ein und denselben Organismus zu sprechen.

Im DSM sind psychophysiologische Störungen nicht mehr aufgeführt. Stattdessen kann die Diagnose „Körperlicher Zustand, bei dem psychische Faktoren eine Rolle spielen" gestellt und dann der Zustand auf Achse III kodiert werden. Diese Veränderung spiegelt die wachsende Erkenntnis wider, daß Streß für alle Erkrankungen wichtig ist und nicht nur für diejenigen, die früher als psychophysiologische Störungen angesehen wurden. So zeigt die Forschung z.B., daß Streß mit dem Auftreten von Atemwegserkrankungen in Verbindung steht. Wichtige Ansätze in den gegenwärtigen Untersuchungen über Streß und Gesundheit schließen Moderatoren der Beziehung ein (z.B. soziale Unterstützung) und geben die physiologischen Mechanmismen (z.B, das Immunsystem) an, durch die der Streß wirken kann.

Da psychophysiologische Störungen wirkliche körperliche Dysfunktionen sind, ist gewöhnlich eine medikamentöse Behandlung notwendig. Psychotherapien psychophysiologischer Störungen verfolgen das allgemeine Ziel, Angst zu reduzieren. Die Verhaltensmedizin, ein neues Spezialgebiet der Verhaltenstherapie, sucht nach psychologischen Interventionen, die geeignet sind, die körperliche Verfassung der Patienten zu verbessern. Die entwikkelten Verfahren helfen den Patienten, sich zu entspannen, weniger zu rauchen, sich weniger fett zu ernähren und mittels Biofeedback verschiedene autonome Funktionen wie Herzfrequenz und Blutdruck kontrollieren zu lernen. Innerhalb einer Studie wurden Methoden entwickelt, mit deren Hilfe Typ-A-Infarktpatienten ihre aggressive, ruhelose Lebensart ändern können.

Der wichtige Bereich Streßmanagement kann den Menschen ohne erfaßbare Probleme dazu verhelfen, daß sie die Techniken erlernen, die ihnen dem Umgang mit dem unvermeidlichen Streß im Alltag erleichtern und damit die Belastung vermindern, die Streß auf unseren Körper ausüben kann.

9

Affektive Störungen

Frau M., eine 38jährige Fabrikarbeiterin, war seit zwei Monaten stark depressiv, als sie einen Psychologen aufsuchte. Die Mutter von vier Kindern hatte vor drei Jahren wieder begonnen zu arbeiten, weil die Verschlechterung der ökonomischen Bedingungen es der Familie unmöglich machte, allein vom Gehalt des Ehemanns zu leben. Sieben Monate später wurde sie aber entlassen und die finanzielle Situation der Familie verschlechterte sich. Die ständige Sorge um das Geld führte zu verstärkten Auseinandersetzungen mit ihrem Mann. Dabei ging es nicht nur um das Geld, sondern auch um die Kinder. Dann begannen ihre Schlafschwierigkeiten und sie verlor den Appetit, was zu einer Gewichtsabnahme führte. Sie verfügte nur noch über wenig Energie und verlor das Interesse an Tätigkeiten, die ihr früher Freude bereitet hatten. Auch wenn sie stundenlang vor dem Fernsehgerät saß, konnte sie sich nicht für die Shows interessieren, die früher ihre Lieblingssendungen waren. Die meiste Zeit sah sie gar nicht hin. Die Erfüllung der Haushaltspflichten wurde unmöglich und ihr Ehemann beklagte sich darüber, was zu weiteren Streitereien führte. Schließlich erkannte der Ehemann, daß seiner Frau etwas Ernstes zugestoßen war, und zwang sie, einen Termin mit dem Psychologen zu vereinbaren.

Melancholie, abgeleitet von den griechischen Wörtern *melan* (schwarz) und *choler* (Galle), und Manie, abgeleitet von griechisch *mainesthai* (wahnsinnig sein), sind zwei der drei psychischen Störungen, die bereits *Hippokrates* im vierten vorchristlichen Jahrhundert unterschied. Im zweiten Jahrhundert unserer Zeitrechnung vermutete der kappadokische Arzt *Aretaeus* einen Zusammenhang zwischen Melancholie und dem scheinbar genau entgegengesetzten emotionalen Zustand der Manie. Im späten 19. Jahrhundert verzeichnete, wie wir bereits wissen, der berühmte deutsche Psychiater *Emil Kraepelin* zwei Hauptformen der Psychose: die Schizophrenie, mit der wir uns in Kapitel 14 beschäftigen werden, und die *manisch-depressive Krankheit*. Letztere Diagnose wurde bei Patienten, die einen „affektiven Exzess" zeigten, gestellt; diese Störung ist eines der Hauptthemen dieses Kapitels.

Allgemeine Merkmale von Depression und Manie

Depression ist ein emotionaler Zustand, der durch starke Traurigkeit und Niedergeschlagenheit, Gefühle der Wertlosigkeit und Schuld,

sozialen Rückzug, Schlafstörungen, Verlust von Appetit und sexuellem Verlangen oder dem Verlust von Interesse und Freude an alltäglichen Handlungen gekennzeichnet ist. Wie kaum eine Woche vergeht, in der wir nicht zumindest Augenblicke der Angst erleben, wird jeder von uns irgendwann auch Zeiten der Traurigkeit durchzumachen haben. In den meisten Fällen ist die Niedergeschlagenheit weder so tief noch so dauerhaft, daß die Diagnose einer Depression gerechtfertigt wäre. Depression geht häufig mit anderen psychischen Problemen und körperlichen Krankheiten einher. Ein Mann mit Erektionsschwierigkeiten entwickelt angesichts seines Sexuallebens eine Depression. Eine Frau ist möglicherweise niedergeschlagen, weil sie sich nach einer Hysterektomie fälschlicherweise eines Teils ihrer Weiblichkeit beraubt fühlt. Agoraphobiker können angesichts ihrer Unfähigkeit, die Wohnung zu verlassen, verzagen. Alkoholiker verzweifeln, weil sie ihren Alkoholkonsum nicht kontrollieren können, was zunehmend soziale und berufliche Probleme schafft. In diesen und ähnlichen Fällen betrachtet man die Depression am besten als sekundär. Wir wollen uns in diesem Kapitel vornehmlich mit Menschen beschäftigen, für die diese affektive Störung das *primäre* Problem ist.

Die folgende beredte Beschreibung stammt von einem Menschen, der als tief depressiv bezeichnet werden kann. Die Verzweiflung wird durch Angst noch vertieft.

„Ich war von einer unsäglichen körperlichen Müdigkeit befallen. Meine Muskeln waren so müde, wie ich es noch nie erlebt hatte. Eine eigenartige Empfindung schien meine Wirbelsäule entlangzulaufen und bis ins Gehirn zu steigen. Ich war unbeschreiblich nervös. Meine Nerven schienen elektrisch geladene Drähte zu sein. Meine Nächte waren ohne Schlaf. Ich lag da mit trockenen, ins Leere starrenden Augen. Jeden Augenblick befürchtete ich ein schreckliches Unglück. In mir wuchs die Angst, allein gelassen zu werden. Die einfachste Pflicht wurde zur riesigen Aufgabe. Schließlich war mir jede geistige und körperliche Arbeit unmöglich. Die müden Muskeln versagten den Dienst, mein ‚Denkapparat' weigerte sich zu arbeiten, jeglicher Ehrgeiz war dahin. Ich trat der Welt mit der Haltung ‚Was hat das alles für einen Sinn' entgegen. Ich hatte hart daran gearbeitet, etwas aus mir zu machen, aber der Kampf schien sinnlos. Das ganze Leben schien leer" (*Reid*, 1910, S. 612-613).

Sich auf etwas zu konzentrieren bedeutet für depressive Menschen eine kaum zu bewältigende Anstrengung. Sie nehmen weder auf, was sie lesen, noch, was andere zu ihnen sagen. Schon

Rod Steiger litt an mehreren Episoden der Depression und entschloß sich anschließend, eine aktive Rolle bei der Verbreitung von Informationen über dieser ernste Erkrankung in der Öffentlichkeit zu übernehmen.

eine einfache Unterhaltung ist mühsam, und viele Patienten ziehen es vor, allein und schweigsam dazusitzen. Sie sprechen langsam, mit langen Pausen zwischen ihren wenigen Worten und leiser, monotoner Stimme. Andere wiederum sind übermäßig agitiert und können nicht stillsitzen. Sie laufen umher, ringen die Hände, seufzen, stöhnen oder klagen. Einem depressiven Menschen scheint jedes Problem unlösbar. Jeder Augenblick wiegt schwer, und der Kopf hallt wider von Selbstvorwürfen. Zuweilen vernachlässigen sie Körperpflege und äußere Erscheinung und ergehen sich in hypochondrischen Klagen über Schmerzen und Beschwerden, die offensichtlich keine körperliche Grundlage haben. Völlig entmutigt und ohne jede Hoffnung und Initiative, sind sie fast immer voll Sorge, Angst und Verzagtheit.

In Abhängigkeit vom Lebensalter der Betroffenen gibt es einige Veränderungen in den Symptomen und Merkmalen der Depression. Wie wir in Kapitel 15 und 17 darstellen werden, kann die Depression bei Kindern manchmal dazu führen, daß sie übermäßig aktiv und aggressiv sind. Bei Erwachsenen manifestiert sie sich manchmal in Negativismus, antisozialem Verhalten und dem Gefühl, nicht verstanden zu werden. Bei älteren Menschen ist die Depression häufig durch Ablenkbarkeit und Gedächtnisprobleme gekennzeichnet. Nur selten finden sich alle Aspekte der Depression in einem Menschen zusammen. Man stellt die Diagnose normalerweise dann, wenn zumindest einige typische Symptome vorhanden sind und wenn vor allem eine *Stimmung* tiefer Traurigkeit vorherrscht, die in keinem Verhältnis zur tatsächlichen Lebenssituation des oder der Betroffenen steht. Glücklicherweise gehen Depressionen, auch wenn sie wiederkehren, mit der Zeit vorüber. Unbehandelt kann eine depressive Episode allerdings sechs bis acht Monate und länger dauern. Wird eine Depression chronisch, erreichen die Betroffenen zwischen den depressiven Phasen nicht immer ihr früheres Funktionsniveau.

Manie ist ein emotionaler Zustand von intensiver, aber unbegründeter gehobener Stimmung, der sich in Hyperaktivität, Geschwätzigkeit, Ideenflucht, Ablenkbarkeit, nicht durchführbaren großartigen Plänen oder Anwandlungen zielloser Aktivität zeigt. Einige Patienten, die an periodischen Episoden der Depression leiden, werden gelegentlich auch manisch. Obwohl es auch klinische Berichte über Patienten gibt, die eine Manie, aber keine Depression haben, ist diese Konstellation offensichtlich recht selten.

Der manische Redestrom ist laut und kaum zu unterbrechen, voll von Witzen, Wortspielen, Reimen und Berichten über Ereignisse, die im Moment die Aufmerksamkeit des Sprechers erregt haben. Häufig besteht Ideenflucht. Die Rede kann kurzzeitig kohärent sein, wechselt dann aber schnell und abrupt von Thema zu Thema. Das manische Aktivitätsbedürfnis macht die Betroffenen penetrant gesellig und aufdringlich. Sie sind permanent und zuweilen ziellos geschäftig und leider blind für die offensichtliche Gefährlichkeit ihres Tuns. Jeder Versuch, ihnen Einhalt zu gebieten, kann Zorn oder sogar einen Wutanfall auslösen. Die Manie entwickelt sich gewöhnlich plötzlich und innerhalb von ein oder zwei Tagen. Bleibt der Patient unbehandelt, können die Episoden einige Tage, aber auch mehrere Monate dauern.

Der folgende Fallbericht stammt aus unseren eigenen Akten. Die für die Manie häufig typische Reizbarkeit zeigte sich bei diesem Patienten nicht.

Herr M., ein 32jähriger Postangestellter, war seit acht Jahren verheiratet. Seine Frau und er lebten bequem und glücklich mit ihren zwei Kindern in einer guten Mittelschicht-Gegend. Rückblickend gab es keinerlei Anzeichen für das, was dann geschah. Am 12. Februar ließ Herr M. seine Frau wissen, daß er vor Energie und Ideen berste, daß ihn sein Beruf als Briefträger nicht ausfülle und er damit nur sein Talent vergeude. In dieser Nacht fand er kaum Schlaf, saß fast die ganze Zeit am Tisch und schrieb wild drauflos. Morgens ging er wie gewöhnlich zur Arbeit, stellte sich aber schon um 11 Uhr wieder zu Hause ein, den Wagen voll mit Aquarien und anderen Ausrüstungsgegenständen für eine tropische Fischzucht. Er hatte seine Stellung aufgegeben und dann das ganze Geld vom Sparbuch der Familie abgehoben. Das Geld hatte er für die Ausrüstung einer tropischen Fischzucht ausgegeben. In der Nacht, so vermeldete er, habe er ein Verfahren entwickelt, „daß die Fische nicht mehr sterben. Wir werden bald Millionäre sein." Er lud den Wagen aus und machte sich auf den Weg, um in der Nachbarschaft Käufer zu werben; er ging von Tür zu Tür und sprach mit jedem, der ihm zuhörte.
Der folgende Ausschnitt entstammt einem Gespräch kurz nach Aufnahme der Behandlung und zeigt den unverbesserlichen Optimismus und die provozierende Art des Patienten.
Therapeut: Na, Sie scheinen heute ja ziemlich glücklich zu sein.
Patient: Glücklich! Glücklich! Sie sind sicher ein Meister der Untertreibung, Sie Schelm! (Schreiend, buchstäblich aus dem Sessel springend) Warum ich so ekstatisch bin? Ich fahre heute an die Atlantikküste. Auf dem Rad meiner Tochter. Sind ja nur 1100 Kilometer. Das ist so gut wie nichts, wissen Sie. Ich könnte auch zu Fuß gehen, aber ich will nächste Woche dort sein. Und unterwegs will ich mit einer Menge Leute Kontakt aufnehmen und mit ihnen über Investitionen in mein Fischprojekt sprechen. Ich werde so mehr Menschen kennenlernen, Sie wissen schon, Doktor, „kennen" im biblischen Sinne (mit einem verführerischen Blick auf den Therapeuten). Oh Gott, tut das gut. Das ist fast wie ein Non-Stop-Orgasmus.

Formale diagnostische Kategorien

Das DSM-IV verzeichnet zwei Klassen affektiver Störungen: die Major Depression und die Bipolaren Störungen. Die Symptome der Major Depression, manchmal auch *Unipolare Depression* genannt, sind die tieftraurige Stimmung

und die Veränderungen von Appetit, Gewicht, Schlaf und Aktivitätsniveau (entweder lethargisch oder agititiert).

Hinsichtlich der häufigsten Symptome und Merkmale der Depression besteht allgemeine Übereinstimmung. Die formale DSM-IV-Diagnose einer Episode der Major Depression bzw. einer Depressiven Episode nach ICD-10 setzt das Vorhandensein von fünf Symptomen über mindestens zwei Wochen voraus. Dabei muß entweder die depressive Stimmung oder der Verlust an Freude oder Interesse eines der fünf Symptome sein.

1. Traurige, niedergeschlagene Stimmung.
2. Appetit- und Gewichtsverlust oder gesteigerter Appetit und Gewichtszunahme.
3. Schlaflosigkeit;   Einschlafschwierigkeiten; nächtliches Aufwachen und anschließende Schlaflosigkeit; frühes morgendliches Erwachen; bei manchen depressiven Patienten auch das Bedürfnis, den größten Teil des Tages nach Möglichkeit zu verschlafen.
4. Veränderung des Aktivitätsniveaus in Richtung auf Lethargie (psychomotorische Hemmung) oder Agitiertheit.
5. Verlust von Interesse und Vergnügen an gewohnten Aktivitäten.
6. Antriebsverlust, große Müdigkeit.
7. Negatives Selbstkonzept; Selbstvorwürfe und Selbsttadel; Gefühle der Wertlosigkeit und Schuld.
8. Klagen über oder Anhaltspunkte für Konzentrationsschwierigkeiten wie verlangsamtes Denken und Unentschlossenheit.
9. Wiederkehrende Todes- oder Suizidgedanken.

Die Major Depression ist eine der am weitesten verbreiteten Störungen, die hier behandelt werden, wobei die Lebenszeitprävalenz zwischen 13 und 21% liegt (*Weissman* et al., 1988; *Kessler* et al., 1994). Das durchschnittliche Ersterkrankungsalter für den Beginn liegt zwischen 30 und 40 Jahren, und die Störung ist bei Frauen häufiger als bei Männern. Sie ist auch bei Angehörigen der unteren sozioökonomischen Schichten häufiger (*Hirschfeld* & *Cross*, 1982). Die Major Depression tritt wiederholt auf.

Die kritischen Symptome der *bipolaren Störung* sind die gehobene oder gereizte Stimmung, Geschwätzigkeit und Hyperaktivität der Manie, aber auch Episoden der Depression. Diese Symptome müssen ausreichend schwer sein, um eine ernsthafte Beeinträchtigung der sozialen Funktionen oder des Berufslebens zu verursachen oder eine Klinikeinweisung erforderlich machen. Von den folgenden diagnostischen Kriterien setzt eine formale Diagnose einer manischen Episode das Vorliegen von gehobener oder gereizter Stimmung und drei weiterer Symptome (vier, wenn die Stimmung gereizt ist) voraus.

1. Erhöhung des Aktivitätsniveaus – bei der Arbeit, in sozialer oder sexueller Hinsicht.
2. Ungewöhnliche Geschwätzigkeit, schnelle Rede.
3. Ideenflucht oder der subjektive Eindruck, daß die Gedanken rasen.
4. Es wird weniger als die übliche Zeit an Schlaf benötigt.
5. Übertriebenes Selbstwertgefühl; die Überzeugung, über besondere Talente, Macht und Fähigkeiten zu verfügen.
6. Ablenkbarkeit; die Aufmerksamkeit gleitet leicht ab.
7. Übermäßige Beteiligung an Aktivitäten, die mit hoher Wahrscheinlichkeit negative Auswirkungen haben, z.B. unbedachte Ausgaben.

Die bipolare Störung ist seltener als die Major Depression, wobei die Prävalenz etwa ein Prozent der Population beträgt (*Myers* et al., 1984). Das Ersterkrankungsalter liegt meist vor dem 30. Lebensjahr und die Störung tritt bei Männern und Frauen gleich häufig auf. Wie auch die Major Depression tritt die bipolare Störung wiederholt auf; über 50% der Fälle weisen vier oder mehr Episoden auf. Es ist erwähnenswert, daß einige Kliniker die Euphorie nicht als Kernsymptom der Manie ansehen und berichten, daß die gereizte Stimmung und sogar depressive Merkmale häufiger sind (z.B. *Goodwin & Jamison*, 1990). Interessanterweise werden die Patienten, die nur manische Episoden erleben, als bipolare Störung diagnostiziert, weil sie denen mit Episoden von sowohl Manie als auch Depression in vielen anderen Merkmalen (z.B. Familiengeschichte, Reaktion auf die Therapie) sehr ähneln.

Die Validität der Unterscheidung von unipolaren und bipolaren Störungen

Noch vor wenigen Jahrzehnten wurden üblicherweise keine Unterscheidungen zwischen den verschiedenen Formen der affektiven Störungen vorgenommen. Heute ist es jedoch klar, daß eine wichtiger Unterschied zwischen unipolaren und bipolaren Störungen besteht (vgl. Tabelle 9.1). Die Störungen unterscheiden sich in einer Vielzahl von Merkmalen über das Vorhandensein oder das Fehlen manischer Episoden hinaus. Dafür einige Beispiele: Wenn Menschen mit einer bipolaren Störung depressiv sind, dann schlafen sie mehr als gewöhnlich und sind lethargisch, während diejenigen mit einer unipolaren Depression an Schlafstörungen leiden und agitiert sind. Auch das Alter des Beginns liegt, wie bereits erwähnt, bei der unipolaren Depression meist höher als bei der bipolaren. Mehr Verwandte der Menschen mit der bipolaren Störung haben ebenfalls affektive Störungen als die Verwandten von Patienten mit unipolarer Depression. Lithiumkarbonat (vgl. S. 278) wirkt eher bei Patienten mit bipola-

Tabelle 9.1 Unterschiede zwischen unipolarer und bipolarer Depression

Variable	unipolar	bipolar
Motorische Aktivität	meist agitiert	bei Depression meist retardiert
Schlaf	Einschlafschwierigkeiten	schläft bei Depression meist länger als üblich
Alter bei Beginn	Ende 30 bis Anfang 40	um die dreißig
Familiäre Belastung	Verwandte ersten Grades haben ein hohes Risiko für unipolare Depression	Verwandte ersten Grades haben ein hohes Risiko für unipolare und bipolare Depressionen
Geschlecht	bei Frauen viel häufiger	bei beiden Geschlechtern gleich häufig
Biologische Behandlung	Geringe Reaktion auf Lithium, besser auf trizyklische Antidepressiva	Lithium

rer Störung in depressiven Phasen als bei den Patienten mit unipolarer Depression. Alle diese Unterschiede sichern die Validität der Unterscheidung zwischen unipolaren und bipolaren Störungen (*Depue & Monroe*, 1978).

Obwohl die meisten der vorliegenden Ergebnisse die Trennung in unipolare und bipolare Störungen als distinkte Einheiten favorisieren, ist dies noch nicht abschließend gelöst. Das Problem ergibt sich aus Untersuchung genetischer Faktoren der beiden Störungen. Verwandte von Patienten mit einer unipolaren Störung weisen ein erhöhtes Risiko für eine unipolare Störung auf, während die Verwandten von Patienten mit einer bipolaren Störung ein erhöhtes Risiko für sowohl unipolare als auch bipolare Störungen haben. Diese Ergebnisse können das Argument stützen, daß unipolare und bipolare Störungen keine getrennten Einheiten darstellen, sondern verschiedene Schweregrade der gleichen Störung repräsentieren, wobei die bipolare Störung die schwerere Variante darstellt (*Faraone, Kremen & Tsuang*, 1990). Trotzdem werden wir, da der größte Teil der Fachliteratur diese beiden Störungen als separat betrachtet, diese auch getrennt darstellen.

Heterogenität innerhalb der Kategorien

Ungelöst bleibt bei der Klassifikation der affektiven Störungen das Problem ihrer großen Heterogenität. Manche bipolaren Patienten weisen die Symptome von Manie und Depression in ihrer ganzen Bandbreite fast gleichzeitig oder innerhalb weniger Tage in schnellem Wechsel auf. Andere Patienten haben während einer klinischen Episode entweder nur depressive oder nur manische Symptome. Sogenannte Bipolar-II-Patienten haben Phasen typischer Depression, aber nur eine leichtere Form der Manie, die sogenannte *Hypomanie*.

Depressive Patienten werden als psychotisch diagnostiziert, wenn sie Wahnideen und Halluzinationen haben. Das Vorhandensein von Wahnideen stellt allem Anschein nach eine sinnvolle Unterteilung der Gruppe der unipolaren Depressionen dar (*Nelson & Bowers*, 1978; *Glassman & Roose*, 1981; *Johnson, Horvath & Weissman*, 1991): Depressive Patienten mit Wahnideen reagieren meist nicht besonders gut auf die übliche medikamentöse Therapie der Depression, aber sie reagieren besser darauf, wenn sie mit den Medikamenten kombiniert

werden, die bei der Behandlung anderer psychotischer Störungen, z.B. der Schizophrenie, eingesetzt werden.

Nach DSM-IV können einige Episoden der Depression dem Typus der Melancholie entsprechen. Dabei finden die Betroffenen kein Vergnügen an irgendeiner Aktivität und sind unfähig, sich auch dann etwas besser zu fühlen, wenn etwas Angenehmes eintritt. Die depressive Verstimmung ist morgens schlimmer, sie wachen etwa zwei Stunden zu früh auf, verlieren den Appetit und Gewicht und sie sind entweder lethargisch oder extrem agitiert. Außerdem weisen sie vor der ersten Episode der Depression keine Persönlichkeitsstörung auf und reagieren gut auf medikamentöse Therapien. Die Validität der Unterscheidung zwischen Depressionen mit und ohne Melancholie ist nicht sehr gut gesichert (*Zimmerman* et al., 1986), obwohl eine kürzlich durchgeführte Untersuchung eine Beziehung zwischen dieser Unterscheidung und einer ungünstigen Prognose ermittelte (*Duggan* et al., 1991).

Darüber hinaus stellt DSM-IV fest, daß sowohl bipolare als auch unipolare affektive Störungen als *saisonabhängig* beurteilt werden können, wenn es eine regelmäßige Beziehung zwischen einer Episode und einem bestimmten Zeitpunkt des Jahres gibt. Am häufigsten wurde das Konzept der saisonal abhängigen Verlaufsform der affektiven Störungen bei den Patienten untersucht, die im Winter eine Depression hatten und im Frühjahr oder Sommer eine Ma-

Die saisonabhängige Depression stellt eine der Subtypen der Major Depression dar. Diese Frau wird mit Lichttherapie behandelt. Diese Therapieform wird wirksam eingesetzt bei Patienten, deren saisonabhängige Depression während des Winters auftritt.

nie (z.B. *Rosenthal* et al., 1986). Als Erklärung für diesen Sachverhalt wird am häufigsten angegeben, daß die affektiven Störungen mit Veränderungen in der Länge des Tages verbunden sind. Eine Form der Behandlung dieser Winterdepressionen besteht darin, die Patienten hellem weißen Licht auszusetzen (*Rosenthal* et al., 1985; *Blehar & Rosenthal*, 1989).

Chronische affektive Störungen

Das DSM-IV verzeichnet zwei langanhaltende oder chronische Erkrankungen, bei denen affektive Verstimmungen die dominierenden Symptome sind. Die Symptome sind zwar seit mindestens zwei Jahren von Bestand, aber nicht so schwer, daß sie die Diagnose einer Major Depression oder einer bipolaren Störung rechtfertigen. Ein Patient mit *Zyklothymer Störung* hat immer wiederkehrende Phasen von Depression und Hypomanie. Es können beide Formen vermischt oder alternierend auftreten, oder auch getrennt durch – zuweilen mehrmonatige – Phasen normaler Stimmung. Patienten mit Zyklothymie weisen einander zugeordnete Symptome in den Phasen der Depression und Hypomanie auf. Während der Depression fühlen sie sich unterlegen, während der Hypomanie ist ihr Selbstwertgefühl gesteigert. Sie ziehen sich von anderen zurück, dann suchen sie in hemmungsloser Form Personen auf. Sie schlafen zuviel und danach zuwenig. Depressive zyklothyme Patienten haben Schwierigkeiten, sich zu konzentrieren, aber während der Hypomanie wird ihr Denken präzise und kreativ; ihre Arbeitsproduktivität nimmt ab und steigert sich dann wieder.

Ein Mensch mit einer *Dysthymen Störung* ist chronisch depressiv. Das kann ununterbrochen der Fall sein oder mit Perioden normaler Gestimmtheit abwechseln, die einige Tage oder Wochen, niemals aber länger als einen oder zwei Monate dauern. Außer depressiver Verstimmung und dem Verlust von Freude an allen üblichen Aktivitäten und Freizeitbeschäftigungen weisen die Patienten wenigstens einige der sonstigen Depressionssymptome auf; das sind z.B.: Schlaflosigkeit oder vermehrter Schlaf, Gefühle der Unzulänglichkeit, der Leistungsunfähigkeit und des Energieverlustes, Pessimismus, Unfähigkeit, sich zu konzentrieren oder klar zu denken, Meiden der Gesellschaft anderer. Daten, die von *Klein* und seinen Mitarbeiter (1988) zusammengetragen wurden, bestätigen, daß es sich bei der Dysthymen Störung um eine Form der Depression, und zwar um eine besonders schwere Form, handelt. Viele Betroffene sind chronisch depressiv und haben gleichzeitig Episoden der Major Depression.

Psychologische Theorien der affektiven Störungen

Die Depression wurde von verschiedenen Ansätzen her untersucht. Wir werden die psychoanalytische Sichtweise darstellen, welche die unbewußten Konflikte, die mit Trauer und Verlust in Beziehung stehen, betont; die kognitiven Theorien, die sich auf die selbstschädigenden Einstellungen des Depressiven konzentriert; auf die interpersonalen Faktoren, die in den Vordergrund stellen, wie Depressive mit anderen umgehen und die biologischen Theorien, die sich darauf konzentrieren, was im zentralen Nervensystem auf neurochemischer Ebene abläuft.

Psychoanalytische Theorie der Depression

1917 erschien *Freuds* berühmter Aufsatz „Trauer und Melancholie". *Freud* sah die Grundlagen für eine spätere Depression in frühester Kindheit gelegt. Während der oralen Phase, so meinte *Freud*, finden die Bedürfnisse des später Depressiven entweder unzureichende oder übermäßige Befriedigung. Das Kind bleibt in dieser Phase „stecken" und ist künftig abhängig von der für sie typischen Triebbefriedigung. Bleibt die psychosexuelle Reifung an diesem Punkt stehen, ist ein Mensch also auf der oralen Stufe fixiert, kann es geschehen, daß er zur Aufrechterhaltung seines Selbstwertgefühls übermäßig von anderen abhängig wird.

Wie kann es von solchen Kindheitsbedingungen zur Depression des Erwachsenen kommen? Der Gedankengang ist komplex, basiert er doch auf der Annahme, daß unbewußte Prozesse Teil jeder Trauer sind. Nach dem Verlust eines geliebten Menschen wird der Trauernde, so *Freuds* Hypothese, den Verlorenen zunächst introjizieren, ihn sich sozusagen einverleiben: Vielleicht in dem vergeblichen Versuch, den Verlust ungeschehen zu machen, identifiziert sich der Trauernde mit dem Objekt seiner Trauer. Weil wir, wie *Freud* behauptet, gegenüber Menschen, die wir lieben, auch negative Gefühle hegen, wird der Trauernde durch den Akt der Introjektion zum Objekt seines eigenen Hasses oder seiner eigenen Wut. Überdies nimmt er übel, daß man ihn verlassen hat und empfindet Schuld beim Gedanken an das wirkliche oder eingebildete Böse, das er dem verlorenen Menschen angetan hat. Auf die Phase der Introjektion folgt eine Zeit der *Trauerarbeit*, während derer der Trauernde Erinnerungen an den Verlorenen lebendig werden läßt, sich so von ihm löst und die Bande lockert, die die Introjektion geknüpft hat.

Bei übermäßig abhängigen Menschen kann die Trauerarbeit mißglücken und in einen andauernden Prozeß der Selbstverachtung, Selbstbeschuldigung und Depression münden. Solche Menschen verlieren ihre emotionale Bindung an den Gestorbenen nie und kasteien sich für jeden Fehler und jede Unzulänglichkeit, die sie an dem geliebten, nunmehr introjizierten Menschen wahrgenommen haben. Der Zorn des Trauernden auf den Verlorenen bleibt nach innen gerichtet. Das ist die Grundlage für die weitverbreitete psychodynamische Auffassung von der Depression als gegen die eigene Person gerichteter Zorn.

Ein weiterer Punkt ist folgender: Da Menschen depressiv werden und bleiben können, ohne in jüngerer Zeit einen geliebten Menschen verloren zu haben, wird, um die Theorie zu retten, das Konzept des symbolischen Verlustes nötig: Möglicherweise hat der Betreffende eine Zurückweisung unbewußt als totalen Liebesentzug interpretiert.

Die psychoanalytische Sichtweise, sowohl die von *Freud* als auch von anderen, die hier nicht besprochen wurden, hat zu einigen Untersuchungen geführt. Die wenigen Informationen, die wir haben, bestätigen die Theorie nicht. Theoretisch müßten in Träumen und projektiven Tests unbewußte Bedürfnisse und Ängste zum Ausdruck kommen. *Beck* und *Ward* (1961) analysierten die Träume Depressiver und fanden darin Verlust- und Versagensangst, nicht aber Zorn und Feindseligkeit. Eine Untersuchung von Antworten auf projektive Tests ergab, daß Depressive sich nicht mit dem Aggressor, sondern mit dem Opfer identifizierten. Auch andere Untersuchungsergebnisse widersprechen der psychoanalytischen Auffassung. Wenn Depression die Folge nach innen gekehr-

ter Aggression wäre, dürften wir bei depressiven Menschen kaum aggressives Verhalten gegenüber anderen finden. Eine Untersuchung ergab das Gegenteil: Depressive bringen Feindseligkeit und Zorn gegenüber Menschen, die ihnen nahestehen, oft recht intensiv zum Ausdruck (*Weissman, Klerman* & *Paykel*, 1971).

Auch wenn *Freud* seine klinischen Eindrücke in theoretische Begriffe faßte, die von vielen modernen Autoren abgelehnt werden, dürfen wir nicht übersehen, daß einige seiner Grundannahmen weiterhin Einfluß haben. So ist durchaus denkbar, daß sich *Freuds* „orale Persönlichkeit" in der tiefen Depression nach dem Verlust eines geliebten Menschen mit irrationalen Selbstaussagen wie „Ich muß von allen Menschen geliebt und geschätzt werden" plagt, die nach *Ellis* häufig Grundlage psychischen Leids sind. In ähnlicher Weise deutet eine große Zahl von Forschungsergebnissen darauf hin, daß die Depression von belastenden Lebensereignissen ausgelöst werden kann, und diese stellen häufig Verluste dar, z.B. eine Scheidung oder die Aufgabe des Berufs (z. B. *Brown* & *Harris*, 1978).

Da heute die kognitiven Theorien der Depression am intensivsten untersucht werden, werden wir zwei davon – *Becks* Theorie der Schemata und die Theorie der Hilflosigkeit/Hoffnungslosigkeit etwas ausführlicher behandeln.

Kognitive Theorien der Depression

Konzepte wie das der Hilflosigkeit (Kapitel 6) und das der irrationalen Überzeugungen (Kapitel 2) zeigen, daß kognitive Prozesse das emotionale Verhalten entscheidend beeinflussen. Wie für die Angst postulieren einige Theorien auch für die Depression Gedanken und Überzeugungen als Ursache des emotionalen Zustandes. In gewissem Sinne ist auch *Freuds* Theorie kognitiver Natur, denn als Ursache der Depression gilt die Überzeugung, daß der Verlust ein Liebesentzug ist.

Die Theorie von Beck

Kognitionsebenen. Eine wichtige moderne Theorie, die Denkprozesse als Verursachungsfaktoren für Depression annimmt, ist die von *Aaron Beck* (1967; 1985; 1987). Menschen wer-

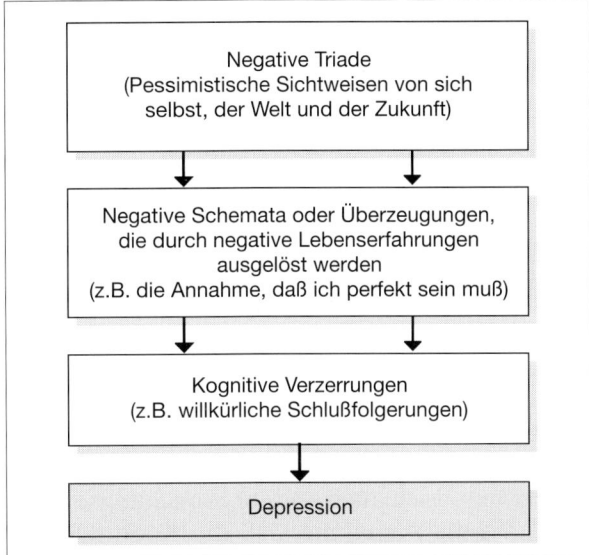

Abb. 9.1 Becks kognitive Theorie der Depression. Hier werden die Beziehungen zwischen den verschiedenen Formen der Kognitionen dargestellt.

den depressiv, so seine zentrale These, weil sie charakteristische logische Denkfehler begehen. Abbildung 9.1 zeigt die Interaktionen zwischen den verschiedenen Ebenen der kognitiven Aktivitäten, von denen *Beck* annimmt, daß sie der Depression zugrunde liegen.

Nach *Beck* haben depressive Menschen in Kindheit und Jugend durch den Verlust eines Elternteils oder unbarmherzige Schicksalsschläge, durch die Zurückweisung durch Gleichaltrige, Kritik in der Schule, die depressive Haltung eines Elternteils usw. ein negatives Schema oder negative Schemata erworben. Wir alle verfügen über vielfältige Schemata. Mit Hilfe dieser Wahrnehmungshaltungen, dieser „Miniparadigmen", bringen wir Ordnung in unser Leben. Die negativen Schemata depressiver Menschen werden immer dann aktiviert, wenn neue Situationen in irgendeiner Hinsicht, vielleicht auch nur ganz entfernt, den Bedingungen ähneln, unter denen sie ihre Schemata gelernt haben. Seine negativen Schemata veranlassen den Depressiven zu bestimmten Fehlschlüssen, die wiederum die negativen Schemata bestätigen. Gemeinsam verzerren sie die Realität. Ein solcherart unangemessenes Schema kann zu der Erwartung führen, fast immer zu versagen. Mit einem Selbstvorwurf-Schema bürdet sich der Betroffene die Verantwortung für jegliches Mißgeschick auf, das ihn trifft, und ein Schema negativer Selbstbewertung gemahnt ihn ständig

an seine Wertlosigkeit. Die negativen Schemata, zusammen mit kognitiven Vorurteilen oder Verzerrungen, halten das aufrecht, was *Beck* als negative Triade bezeichnet: Negative Ansichten über sich selbst, die Umwelt und die Zukunft. Die folgende Aufstellung zeigt die wichtigsten kognitiven Fehleinstellungen eines depressiven Menschen.

1. *Willkürliche Schlüsse.* Schlüsse, die ohne hinreichende Beweise oder ohne jeglichen Beweis gezogen werden. Ein Mann kommt z.B. zu dem Schluß, daß er zu nichts taugt, weil es ausgerechnet an dem Tag, wo er zu einem Sommerfest eingeladen hat, regnet.
2. *Selektive Abstraktion.* Schlüsse, die nur auf der Grundlage eines von vielen Elementen einer Situation gezogen werden. Eine Arbeiterin fühlt sich wertlos, weil ein Produkt nicht funktioniert, obwohl an dessen Produktion außer ihr noch viele andere beteiligt waren.
3. *Übergeneralisierung.* Ein alles umfassender Schluß auf der Grundlage eines einzelnen, möglicherweise trivialen Ereignisses. Ein Schüler hält seine schlechte Leistung in einer einzigen Unterrichtsstunde für den endgültigen Beweis seiner Wertlosigkeit und Dummheit.
4. *Über- und Untertreibung.* Grobe Fehleinschätzung von Leistungen. Eine Frau entdeckt einen Kratzer an der hinteren Stoßstange ihres Autos, glaubt, sie habe den Wagen völlig ruiniert (Übertreibung) und hält sich für in jeder Beziehung unfähig; oder: Ein Mann hält sich immer noch für wertlos (Untertreibung), obwohl er inzwischen auf ansehnliche Leistungen zurückblicken kann.

Zu denselben logischen Fehlern kann es natürlich auch innerhalb eines Schemas positiver Selbstbewertung kommen. In diesem Fall wird die Wirklichkeit zum Zwecke der Selbst*erhöhung* verzerrt. Jemand kann vom Erfolg eines Projektes, an dem auch viele andere beteiligt waren, selektiv abstrahieren, daß in erster Linie er selbst und seine großen Fähigkeiten für das gute Ergebnis verantwortlich seien. Dem Depressiven dienen diese Denkfehler jedoch dazu, ihm sein Schema der Selbstherabsetzung zu bestätigen und sich wertlos und für jegliches Unheil verantwortlich zu fühlen.

Wichtig ist die „Stoßrichtung" von *Becks* Position. Während andere Theoretiker den Menschen als Opfer seiner Passionen sehen, als

Kreaturen, die – wie bei *Freud* – wenig oder überhaupt keine intellektuelle Kontrolle über ihre Gefühle haben, operiert *Becks* Theorie mit Ursache und Wirkung genau entgegengesetzt: Unsere emotionalen Reaktionen sind danach eine Funktion dessen, wie wir unsere Welt konstruieren, und in der Tat interpretieren Depressive die Welt anders als die meisten anderen Menschen. Nach *Beck* ist der Depressive das Opfer seiner eigenen unlogischen Selbstbeurteilungen.

Evaluation. Um *Becks* Theorie evaluieren zu können, müssen mindestens zwei Punkte überprüft werden. Erstens müssen sich depressive Menschen im Unterschied zu nicht-depressiven tatsächlich so beurteilen, wie *Beck* das vermutet. Die erste Bestätigung dafür waren *Becks* eigene klinische Beobachtungen, die zumindest auf einige der von ihm angenommenen Denkfehler schließen ließen (*Beck*, 1967).

Aber auch zahlreiche andere Arbeiten sprechen für die Richtigkeit dieser allgemeinen Hypothese. Man hat Fragebogen entwickelt, um depressiv verzerrte kognitive Haltungen in Reaktion auf Geschichten über Studenten, die sich in schwierigen Situationen befinden, zu erfassen (*Krantz & Hammen*, 1979) und um Probanden Gelegenheit zu geben, automatische negative Gedanken auszudrücken (*Hollon & Kendall*, 1980). Im allgemeinen entsprechen die Antworten Depressiver den Erwartungen von *Becks* Theorie (z.B. *Dobson & Shaw*, 1986). Auch die falschen Erwartungen, die mit dem Fragebogen zu Erfassung automatischer Gedanken gemessen werden, vermindern sich deutlich nach einer Behandlung, die zu einer Linderung der Depression führt (*Simons, Garfield & Murphy*, 1984). Wie wir aus Kapitel 4 wissen, ergab ein Experiment mit der Methode der Gedankenäußerung während simulierter Situationen, daß das Denken depressiver Patienten so war, wie es der Theorie von *Beck* entspricht (*White* et al., 1992). Bei der Wahrnehmung und Erinnerung von Informationen scheinen Depressive einem negativen Schema zu folgen, denn sie nehmen Informationen eher in negativen Kategorien wahr (*Roth & Rehm*, 1980) und erinnern sich an ihre falschen Antworten besser als an ihre richtigen (*Nelson & Craighead*, 1977).

Zusätzliche Unterstützung für die Theorie von *Beck* ergibt sich aus vielen Untersuchungen, die zeigen, daß depressive Menschen negativer und allgmein weniger hoffnungsvoll über sich, die Zukunft und die Umwelt denken als nicht depressive Individuen. Es sollte klar sein, daß die Kategorie Umwelt in der depressiven Triade von *Beck* sich auf die Einschätzung der Person hinsichtlich ihrer Fähigkeit, die Anforderungen der Umgebung zu bewältigen, bezieht. Dies ist eine sehr persönliche Einschätzung – Ich kann vielleicht mit diesen Anforderungen und der Verantwortung nicht fertig werden – und stellt keine allgemeine Sorge um Ereignisse dar, die das Selbstwertgefühl nicht direkt betreffen, wie z.B. „Die Welt hat sich verschlechtert, seit die American League die Spielregeln verändert hat" (*Haaga* et al., 1991, S. 218).

Es gibt jedoch auch andere Forschungsergebnisse, die die Annahme, daß die Kognition bei Depressiven unveränderlich verzerrt ist, nicht bestätigen. So ist z.B. die Erfolgserwartung bei Depressiven recht genau, während Normalpersonen die Erfolgswahrscheinlichkeit überschätzen (*Lobitz & Post*, 1979). In einer anderen Studie wurden Depressive überwacht, während sie sich an einer Diskussion mit nicht depressiven Studenten beteiligten (*Dykman* et al., 1991). Über ihre Leistung erhielten die Depressiven eine mehrdeutige Rückmeldung, und die Forscher versuchten vorherzusagen, wie die depressiven Studenten die Rückmeldungen sowohl von einem Meßinstrument für die Erfassung der negativen Schemata als auch die objektive Beurteilung der sozialen Kompetenz beurteilen würden. Die schlechte soziale Leistung der depressiven Studenten und das Ausmaß der negativen Schemata waren beides gute Prädiktoren ihrer negativen Interpretationen. Daraus läßt sich ableiten, daß, obwohl Depressive beständig pessimistisch sind, sie nicht immer kognitive Verzerrungen aufweisen (*Layne*, 1986). Eine wichtige Aufgabe zukünftiger Forschung wird darin bestehen, zu verstehen, unter welchen Bedingungen Depressive die Realität verzerren und unter welchen sie die Realität klarer sehen als Normalpersonen. Eine andere Herausforderung stellt das Verständnis davon, warum ein Depressiver manchmal durch angemessene Beurteilungen trauriger wird, während dies für Nichtdepressive nicht zutrifft.

Einige Autoren ziehen den Begriff Einstellung dem Begriff Verzerrung vor (z.B. *Haaga, Dyck & Ernst*, 1991). Unter Bezug auf ähnliche Arbeiten von *Coyne* und *Gotlib* (1983) definieren *Alloy* und *Abramson* (1988) Einstellung als „eine Tendenz, Beurteilungen in systematischer und konsistenter Weise über verschiedene Zeiten und Situationen hinweg vorzunehmen (z.B. eine Tendenz, negative Schlüsse über sich zu ziehen...)" (S. 227) und kontrastieren sie mit Verzerrung „einer Beurteilung oder Schlußfolgerung, die von einem allgemein akzeptierten Maß der objektiven Realität nicht übereinstimmt oder davon abweicht" (S. 226). Unter diesem Aspekt ist es klar, daß die Theorie von *Beck* eher Einstellungen der depressiven Kognition beschreibt (z.B. die präzise Wahrnehmung eines negativen Ereignisses, dessen Bedeutung und Folgen dann aber übertrieben werden) als verzerrte Wahrnehmungen. Bei vielen wichtigen Aspekten, z.B. bei den eigenen Hoffnungen für die Zukunft, gibt es kein akzeptables Maß der objektiven Realität, mit dem die eigenen Gedanken verglichen werden können, und daher besteht auch keine Möglichkeit, einige von ihnen als Verzerrungen zu identifizieren.

Eine weitere Herausforderung der Forschung wäre der Nachweis, daß die negativen kognitiven Einstellungen nicht die Folge einer emotionalen Störung sind, sondern die depressive Stimmung *verursachen*. Viele experimentalpsychologische Untersuchungen haben ganz allgemein gezeigt, daß die Gefühle eines Menschen dadurch beeinflußt werden können, wie er Ereignisse konstruiert. Aber Manipulation des Affekts beeinflußt auch das Denken (z.B. *Isen* et al., 1978). Keine uns bekannte Untersuchung beweist unmittelbar, daß die verschiedenen emotionalen und körperlichen Aspekte der Depression tatsächlich sekundär oder eine Funktion der negativen Schemata und logischen Denkfehler sind, die nach *Becks* Auffassung bei dieser Störung wirksam sind. *Beck* selbst fand eine Korrelation zwischen Depression und kognitiven Verzerrungen, aber aus solchen Daten läßt sich keine spezifische kausale Beziehung ableiten. Die Depression könnte die Ursache negativer und unlogischer Gedanken sein oder die negativen und unlogischen Gedanken könnten die Depression verursachen.

Tatsächlich ergab eine Langzeituntersuchung des Zusammenhangs zwischen Kognition und Depression keine Anhaltspunkte dafür, daß der Depression negative und unlogische Denkmuster vorausgehen (*Lewinsohn* et al., 1981). Eine große Stichprobe von Bürgern absolvierte im Abstand von acht Monaten zweimal eine Testbatterie, die Kognition und Depression maß. Man interessierte sich dabei besonders für die früheren kognitiven Testergebnisse von Probanden, die sich später als depressiv erwiesen.

> „Vor Ausbruch der Depression hatten sich (die später Depressiven) weder irrationalen Annahmen verschrieben, noch waren ihre Erwartungen positiver oder negativer ... noch schrieben sie sich eine geringere Kontrolle über das zu, was sich in ihrem Leben ereignete" (S. 218).

Nach unserer Ansicht ist die Beziehung wahrscheinlich in beiden Richtungen wirksam: In manchen Fällen kann die Depression das Denken negativ und unlogisch machen, in anderen Fällen hat negatives und unlogisches Denken wahrscheinlich eine Depression zur Folge und kann sie auch verschlimmern.

Es ist wichtig anzumerken, daß es in der Literatur einige Unklarheiten darüber gibt, ob *Beck* der Kognition bei der Depression kausale Eigenschaften zuweist, entweder im Hinblick auf die Ätiologie oder als Faktor des Fortbestehens. Es ist sicher, daß er in seinen maßgeblichen Arbeiten zur Therapie die Bedeutung der Veränderung der ichbezogenen Aussagen und der (manchmal nicht ausgedrückten) Überzeugungen oder Schemata betont, die den wichtigsten Weg zur Linderung der Depression darstellen. (Darauf wird später in diesem Kapitel und nochmals in Kapitel 19 eingegangen). Aber besonders in seinen neueren Arbeiten (*Beck*, 1987) sieht *Beck* die Kognitionen als einen wichtigen Aspekt der Depression an, aber nicht notwendigerweise als Ursache der Störung. Die Feinheiten dieser interessanten Fragestellung werden in einer neueren Analyse von *Haaga*, *Dyck* und *Ernst* (1991) diskutiert.

Auch wenn es hier keine eindeutigen Lösungen gibt, hat *Becks* Theorie den großen Vorteil, überprüfbar zu sein und dadurch der Forschung Impulse gegeben zu haben. Einer der Bereiche, die derzeit untersucht werden, ist die Frage, wie unterschiedliche Schemata mit bestimmten Stressoren interagieren und zum Beginn einer Depression führen. Beispielsweise könnte eine Person davon überzeugt sein, daß angemessene soziale Beziehungen eine Voraussetzung für das Wohlbefinden sind, während für eine andere die Leistung im Beruf im Vordergrund steht. Für die sozial orientierte Person ist der Lebensstreß, der mit zwischenmenschlichen Beziehungen in Verbindung steht (z.B. die Scheidung oder das Abbrechen einer Beziehung), von großer Bedeutung, während es für die leistungsorientierte Person das Verfehlen eines Zieles wäre.

Die Daten, die von *Hammen* und ihren Mitarbeitern zusammengetragen wurden (1985; 1989), unterstützen die Nützlichkeit dieses Ansatzes. Die Beziehung zwischen Lebensorientierung und belastenden Ereignissen ist für leistungsbezogene Ereignisse bei denen, die leistungsorientiert sind, besonders ausgeprägt (*Segal* et al., 1992). Auch die verschiedenen Persönlichkeitsstile von Depressiven stehen mit unterschiedlichen Symptomkonstellationen in Zusammenhang (*Robins* et al., 1989) und könnten auch mit dem Problem der Symptomheterogenität verknüpft sein, das oben besprochen wurde. Wie noch später dargestellt wird, haben die Arbeiten von *Beck* Therapeuten dazu angeregt, die Gefühle ihrer Patienten über eine Beeinflussung ihres Denkens zu ändern.

Hilflosigkeit/Hoffnungslosigkeit

In diesem Abschnitt werden wir die Entwicklung einer einflußreichen Theorie der Depression ausführlich darstellen. Eigentlich handelt es sich dabei um drei Theorien: die ursprüngliche Theorie der Hilflosigkeit, die nachfolgende eher kognitive Attributionsversion und schließlich die Umwandlung in die Theorie der Hoffnungslosigkeit (vgl. Abb. 9.2 für eine zusammenfassende Darstellung).

Gelernte Hilflosigkeit. Die grundlegende Voraussetzung der Theorie der gelernten Hilflosigkeit besteht darin, daß ein Individuum seine Passivität und das Gefühl, unfähig zu Handlungen und zur Kontrolle seines Lebens zu sein, durch unangenehme Erfahrungen und Traumata, die es erfolglos zu überwinden versuchte, gelernt hat und daß dieses zur Depression führt. Ursprünglich war dies eine Mediator-Lerntheorie, die aufgestellt wurde, um das Verhalten von Hunden zu erklären, denen schmerzhafte elektrische Schläge verabreicht wurden, denen sie nicht ausweichen konnten. Nach den ersten elektrischen Schlägen rannten sie nicht mehr aufgeregt umher, sondern schienen aufzugeben und den Schmerz passiv über sich ergehen zu lassen. In einer darauf folgenden Versuchsanordnung konnte der Schock vermieden werden, aber die Hunde lernten die Vermeidungsreaktion nicht so effizient und effektiv wie die Kontrolltiere. Die meisten von ihnen legten sich in eine Ecke und winselten. Auf der Grundlage dieser Beobachtungen nahm *Seligman* (1974) an, daß Tiere angesichts unkontrollierbarer aversiver Reizung so etwas wie ein „Gefühl der Hilflosigkeit" entwickeln. Diese Hilflosigkeit hat später gravierenden und nachteiligen Einfluß auf ihr Verhalten in belastenden, aber *kontrollierbaren* Situationen. Augenscheinlich hatten die Hunde sowohl die Fähigkeit als auch die

Abb. 9.2   Die drei Hilflosigkeitstheorien der Depression

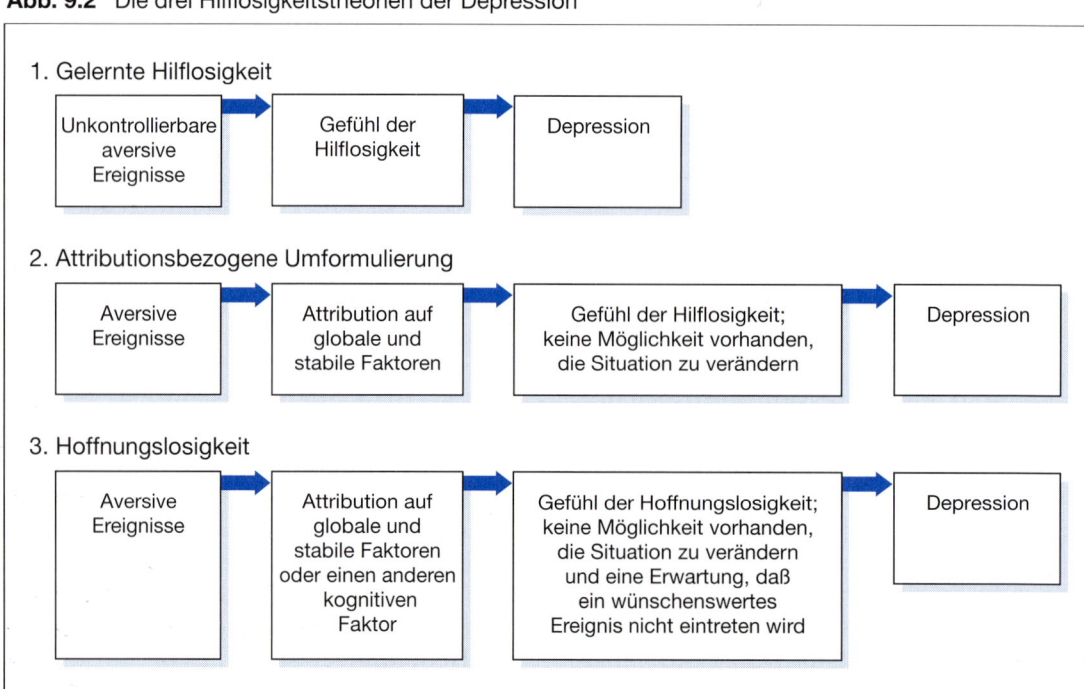

Motivation eingebüßt, auf schmerzhafte Reizung effektiv reagieren zu lernen.

Diese und andere Arbeiten zur Auswirkung von unkontrollierbarem Streß ließen *Seligman* vermuten, daß gelernte Hilflosigkeit ein Modell für zumindest einige Formen menschlicher Depression sein könnte. Er fand Ähnlichkeiten zwischen den Manifestationen von Hilflosigkeit bei Labortieren und einigen Depressionssymptomen. Wie viele depressive Menschen verhielten sich auch die Tiere angesichts von Streß passiv und unternahmen nichts, um dieser Belastung Herr zu werden. Sie hatten Schwierigkeiten, Nahrung aufzunehmen oder bei sich zu behalten, und verloren an Gewicht. Physiologische Untersuchungen ergaben, daß sich bei *Seligmans* Tieren der Neurotransmitter Noradrenalin erschöpft hatte (vgl. S. 270). Wie wir wissen, lassen sich menschliche Depressionen durch medikamentöse Anhebung des Noradrenalinspiegels lindern. Nun sagt die Wirksamkeit einer Behandlung nicht unbedingt auch etwas über die Ätiologie der behandelten Störung aus. Gleichwohl paßt die Tatsache, daß Depression sich durch Hebung des Noradrenalinspiegels lindern läßt, zu der anderen Tatsache, daß gelernte Hilflosigkeit bei Tieren mit einem niedrigen Noradrenalinspiegel einhergeht.

Experimente mit Menschen führten zu ähnlichen Ergebnissen wie Tierexperimente. Setzte man Menschen unentrinnbarem Lärm oder unausweichbaren elektrischen Schlägen aus oder stellte man sie vor unlösbare Aufgaben, brachten sie es später nicht fertig, Lärm und elektrischen Schlägen zu entkommen und einfache Probleme zu lösen (z.B. *Hiroto & Seligman*, 1975; *Roth & Kubal*, 1975). Überdies erbrachten Studenten, die man nach dem Beckschen Depressions-Inventar als depressiv eingestuft hatte, im Experiment ähnliche Leistungen wie nicht-depressive Studenten, die zuvor die oben-genannten Erfahrungen von Hilflosigkeit gemacht hatten (*Miller, Seligman & Kurlander*, 1975; *Klein & Seligman*, 1976).

Attribution und gelernte Hilflosigkeit. 1978 legten *Abramson*, *Seligman* und *Teasdale* eine revidierte Fassung des Modells der gelernten Hilflosigkeit vor, da sich die Theorie in einigen Punkten als unangemessen erwiesen hatte und bestimmte Aspekte der Depression unerklärt ließ. Einige Studien mit Menschen ergaben beispielsweise, daß die induzierte Hilflosigkeit tatsächlich dazu führte, daß nachfolgend die Handlungen leichter gelernt wurden (z.B. *Wortman & Brehm*, 1975). Zudem schreiben sich viele Depressive selbst die Verantwortung für ihre Mißerfolge zu. Wie kann man sich Vorwürfe machen, wenn man sich hilflos glaubt? Kern der revidierten Theorie ist das Konzept der *Attribution* – die Erklärung, die eine Person für ihr Verhalten hat (*Weiner* et al., 1971) –, das Elemente von Kognition und Lernen in sich vereint. Wenn jemand eine Situation nicht erfolgreich bewältigt, wird er zu diesem Mißerfolg eine Ursache attribuieren. Tabelle 9.2 zeigt die Anwendung dieser revidierten Theorie von *Abramson, Seligman* und *Teasdale*. Es geht um Möglichkeiten des Umgangs mit dem Versagen in einer Mathematikprüfung. Drei Fragen werden gestellt. Hat das Versagen persönliche (interne) oder umweltbedingte (externe) Gründe? Sieht der betroffene Student in seinem Versagen ein stabiles, d.h. dauerhaftes, oder ein vorübergehendes (unstabiles) Problem? Für wie umfassend oder spezifisch hält er die Unfähigkeit, zu Erfolg zu kommen?

Die attributionsorientierte Fassung der Hilflosigkeitstheorie behauptet, daß die Art der Mißerfolgsattribution deren Auswirkung bestimmt. Bei globalen Attributionen verallgemeinern sich auch die Effekte des Versagens. Attributionen zu stabilen Faktoren machen

Tabelle 9.2 Attributionsschema der Depression: Weshalb ich bei der Mathe-Prüfung versagt habe.

| Ausmaß | internal (persönlich) | | external (umweltbedingt) | |
	stabil	variabel	stabil	variabel
global	Ich bin dumm.	Ich bin erschöpft.	Die Tests sind unfair.	Es ist ein Unglückstag, Freitag, der 13.
speziell	Ich bin mathematisch unbegabt.	Ich habe die Mathematik satt.	Die Mathe-Tests sind unfair.	Mein Aufgabenheft hatte die Nr. 13

Kasten 9.1　Depression bei Frauen: eine Folge gelernter Hilflosigkeit und des Coping-Verhaltens?

Depressionen treten bei Frauen häufiger auf als bei Männern. Untersuchungen bei Patienten, die sich in Behandlung befinden, aber auch Feldforschungen zeigen übereinstimmend ein Verhältnis von 2:1 für den Anteil von Frauen und Männern (*Nolen-Hoeksema*, 1987). Das Wissen um die Ursache dieses Geschlechtsunterschieds könnte einige Hinweise auf die Ätiologie der Depression geben. Nach *Radloff* (1975) läßt sich das höhere Depressionsniveau der Frauen am besten als Folge gelernter Hilflosigkeit erklären. Das entspräche auch feministischer Auffassung (z.B. *Bernard*, 1973; *Chesler*, 1972), die für die häufigeren psychischen Probleme bei Frauen den Mangel an persönlicher und politischer Macht verantwortlich macht. Frauen sind darum depressiver als Männer, weil ihre soziale Rolle ihnen wenig Anlaß gibt, sich kompetent zu fühlen. Was Frauen tun, scheint, verglichen mit der größeren Macht der Männer in der Gesellschaft, nicht zu zählen. Möglicherweise werden kleine Mädchen dazu *erzogen,* hilflos zu sein (*Broverman, Broverman* & *Clarkson*, 1970). In Übereinstimmung mit diesen Vermu-

tungen stehen Ergebnisse, die zeigen, daß das Verhalten von Mädchen seltener als das von Jungen zu Konsequenzen von seiten sowohl der Eltern (*Maccoby* & *Jacklin*, 1974) und Lehrern (*Dweck* et al., 1978) führt. Darüber hinaus führen Mädchen Erfolg eher auf Glück oder die Gunst anderer (unstabil) und Versagen eher auf umfassende und stabile Faktoren zurück (*Dweck*, 1975).

Bei ihren Untersuchungen über Faktoren, die einen Einfluß auf die Dauer einer depressiven Episode haben, fand *Noelen-Hoeksema* (1987, 1990) eine gleichermaßen plausible Erklärung für diese Geschlechtsunterschiede, wobei sie sich auf die charakteristischen Unterschiede bezieht, die Männer und Frauen im Umgang mit Streß zeigen. Als Reaktion auf eine Depression engagieren sich die Männer meist in Aktivitäten, die sie von ihrer Stimmung ablenken, z.B. unternehmen sie körperliche Anstrengungen oder sehen fern. Frauen sind dagegen weniger aktiv, neigen dazu, über die Situation zu grübeln und sich wegen ihrer Depression selbst zu beschuldigen (z.B. *Kleinke* et al., 1982). Diese Re-

---

Versagenseffekte dauerhaft. Und wird der Mißerfolg inneren Eigenschaften attribuiert, sinkt – besonders, wenn er solche persönlichen Fehler auch als global und dauerhaft wahrnimmt – das Selbstwertgefühl des Betroffenen.

Menschen werden also depressiv, wenn sie erwünschte Ziele für unerreichbar oder negative Ergebnisse für unvermeidbar halten. Ob darüber auch das Selbstwertgefühl zusammenbricht, hängt davon ab, ob das Ergebnis der eigenen Unzulänglichkeit angelastet wird. Allgemeinheit und Chronizität der Depression und der Verlust der Selbstachtung sind abhängig davon, als wie global und dauerhaft die beanstandeten Persönlichkeitsmerkmale wahrgenommen werden. Der depressionsanfällige Mensch, so vermutet man, neigt zu einem „depressiven Attributionsstil", d.h. dazu, schlechte Ergebnisse den eigenen, globalen, stabilen Wesensmängeln zuzuschreiben. Wenn Menschen mit diesem Attributionsstil unglückliche oder unliebsame Erfahrungen machen, werden sie depressiv und ihre Selbstwertschätzung sinkt ins

Bodenlose (*Peterson* & *Seligman*, 1984; vgl. Kasten 9.1).

Diese modifizierte Theorie wird von einigen Forschungsarbeiten unmittelbar gestützt. *Seligman* und seine Mitarbeiter (1979) haben einen Attributionsstil-Fragebogen (Attributional-Style Questionnaire – ASQ) entwickelt und entsprechend den Voraussagen der Theorie festgestellt, daß depressive Studenten Mißerfolge in der Tat häufiger persönlichen, umfassenden, stabilen Unzulänglichkeiten attribuierten als nicht-depressive Studenten.

Metalsky, Halberstadt und *Abramson* (1987) haben Attributionsstil mit depressiver Stimmung in Verbindung gebracht. Sie untersuchten College-Studenten, die einen Einführungskurs in die Psychologie belegt hatten. Zu Beginn des Semesters füllten die Studenten den ASQ und einen Fragebogen aus, der ihre Erwartungen in bezug auf den angestrebten Semestererfolg erfaßte. Eine Eigenschaftswortliste wurde verwendet, um die aktuelle Stimmung zu zwei Zeitpunkten vor der Prüfung zur Mitte des Se-

aktion des Grübelns führt dann in der Folge zu einer Verstärkung der Depression und der negativen Stimmung, möglicherweise deswegen, weil sie alle Versuche, Probleme zu lösen, stört.

Zahlreichen Untersuchungen stützen diese Hypothese (*Nolen-Hoekesema*, 1991). Probanden, die von einer Neigung zum Grübeln bei Problemen berichten, engagieren sich weniger bei Versuchen, Probleme zu lösen (*Carver*, *Scheier* & *Weintraub*, 1989; *Nolen-Hoekesema* & *Morrow*, 1991b) und diese Neigung, über Probleme zu grübeln statt sie zu lösen, steht in Beziehung zu längeren Phasen der Depression (*Morrow* & *Nolen-Hoekesema*, 1990; *Nolen-Hoekesema* & *Morrow*, 1991a). Frauen grübeln auch mehr als Männer, wenn sie depressiv sind, und weisen längere Phasen der Depression auf, möglicherweise als Folge ihres grüblerischen Verhaltens (*Nolen-Hoekesema*, *Morrow* & *Frederickson*, 1991, zitiert in *Nolen-Hoekesema*, 1991). Diese Sicht der Depression beschäftigt sich eher mit der Art und Weise, wie die Menschen mit einer depressiven Stimmung fertig werden, wenn sie vorliegt, als mit den Gründen, warum Menschen depressiv werden.

Wie kommt es dazu, daß Frauen eine eher grüblerische Reaktionsweise auf Streß und Traurigkeit haben als Männer? *Nolen-Hoekesema* sucht die Antworten im Erlernen der Geschlechtsrolle, das in der Kindheit beginnt. Aktiv zu sein und Herausforderungen zu bewältigen sind eher Teil des männlichen Stereotyps als über die eigenen Gefühle und deren Begründung nachzudenken. Männer lernen es, weniger emotional beeinflußt zu sein als Frauen. Auf die gleiche Weise kann dieses geschlechtsgebundene Lernen den Frauen beibringen, daß von Natur aus emotionaler sind und daß deswegen depressive Episoden natürlich und unvermeidbar sind.

Die Konsequenzen für die Therapie sind aus dieser Sicht klar. Depressive Frauen – und Männer, um sicher zu gehen – sollten ermutigt werden, ihr Coping-Verhalten und Aktivitäten, die ihnen Freude bereiten, zu verstärken statt der Stimmung nachzugeben und nach Gründen der Depression zu suchen. Die Fähigkeiten zur Lösung von Problemen sollten ebenfalls unterstützt werden. Als Prävention schlägt *Nolen-Hoekesema* vor, daß Eltern und andere Erzieher die Mädchen dabei ermutigen, ein aktives Verhalten als Reaktion auf negative Stimmungen zu zeigen.

mesters, unmittelbar nach der Bekanntgabe der Noten und zwei Tage später.

Gemäß der modifizierten Hilflosigkeitstheorie müßten Studenten mit einer Neigung, negative Ereignisse persönlichen, globalen und dauerhaften Unzulänglichkeiten zuzuschreiben, bei schlechten Noten eine eher depressive Stimmung erkennen lassen. Eine schlechte Note war definiert als Abweichung von der geäußerten Erwartung; dieser Wert wurde mit der Bedeutung, die diesem negativen Ereignis von den Studenten beigemessen wurde, gewichtet.

Die Ergebnisse unterscheiden sich in Abhängigkeit von dem Zeitpunkt, zu dem die Stimmung nach der Prüfung erfaßt wurde. Das Ergebnis der Prüfung war der wichtigste Faktor für die anfänglichen Veränderungen der Stimmung. Diejenigen, die schlecht abschnitten, wurden stärker depressiv. Aber zwei Tage später hatten sich die Studenten mit dem instabilen, spezifischen Attributionsmuster erholt, während die Studenten mit dem stabilen und globalen Attributionsstil noch leicht depressiv

waren. Einem Vorschlag von *Weiner* (1986) folgend gehen *Metalsky* et al. davon aus, daß ein negatives Ereignis eine unmittelbare emotionale Reaktion auslöst, die auftritt, bevor irgendwelche Attributionen vorgenommen werden können. In der Folge wird nach kausalen Interpretationen gesucht und das Muster von umfassenden, stabilen Attributionen läßt die anfängliche depressive Reaktion länger andauern.

Hoffnungslosigkeitstheorie. Die neueste Version der Theorie (*Abramson*, *Metalsky* & *Alloy*, 1989) hat sich noch weiter von der ursprünglichen Formulierung entfernt. Einige Formen der Depression (Hoffnungslosigkeitsdepressionen) werden als durch einen Zustand der Hoffnungslosigkeit verursacht angesehen, wobei dieser dadurch gekennzeichnet ist, daß wünschenswerte Ereignisse nicht eintreten werden oder unerwünschte auftreten und daß das Individuum keine Möglichkeiten hat, diese Situation zu verändern. (Der zweite Teil dieser Definition der Hoffnungslosigkeit bezieht sich auf die

Hilflosigkeit, das zentrale Konzept früherer Fassungen der Theorie.) Wie bei der Neuformulierung hinsichtlich der Attributionen werden negative Lebensereignisse (Stressoren) als mit Diathesen interagierend angesehen, was zu einem Zustand der Hoffnungslosigkeit führt. Eine Diathese besteht in der Form des Attributionsstils, der gerade beschrieben wurde, bei dem negative Ereignisse auf stabile und umfassende Faktoren zurückgeführt werden. Nach der Theorie gibt es nun die Möglichkeit, daß es auch andere Diathesen gibt – die Neigung, aus negativen Lebensereignissen abzuleiten, daß sie schwerwiegende negative Konsequenzen haben, und die Neigung, negative Schlußfolgerungen über sich selbst abzuleiten. *Metalsky* und seine Mitarbeiter (1993) haben die erste Prüfung der Hoffnungslosigkeitstheorie in einer ähnlichen Untersuchung wie der früheren vorgenommen. Die beiden neuen Merkmale waren die direkte Messung der Hoffnungslosigkeit und einer weiteren möglichen Diathese – niedrigem Selbstwertgefühl. Wie bei der früheren Studie führte die Attribution der schlechten Leistungen auf umfassende und stabile Faktoren zu einer länger andauernden depressiven Stimmung. Diese Muster fand sich jedoch nur bei den Studenten, die über ein niedriges Selbstwertgefühl verfügten, was durch den Anstieg von Gefühlen der Hoffnungslosigkeit beeinflußt wurde und dadurch die Theorie unterstützte.

Ein Vorteil der Theorie der Hoffnungslosigkeit besteht darin, daß sie sich direkt mit der Komorbidität von Depression und Angststörungen befassen kann. In Kapitel 6 haben wir festgestellt, daß Panikstörung, Agoraphobie, Zwangsstörung und Posttraumatische Belastungsstörung häufig zusammen mit Depression auftreten. Die Berücksichtigung dieser Konstellation bedeutet für viele Theorien eine Herausforderung, da sie sich meist nur mit einer einzigen Diagnose befassen. *Alloy* et al. (1990) wiesen auf wichtige Merkmale der Komorbidität hin. Erstens sind Fälle von Angst ohne Depression relativ häufig, aber reine Depression ist selten. Zweitens zeigen Längsschnittstudien, daß Angstdiagnosen meist einer Depression vorausgehen (z.B. *Rohde, Lewinsohn & Seeley*, 1991). Auf der Grundlage zahlreicher früherer Befunde (z.B. *Mandler*, 1972; *Bowlby*, 1980) äußerten *Alloy* und ihre Mitarbeiter die Vermutung, daß die Erwartung von Hilflosigkeit zu Angst führt. Wenn die Erwartung der Hilflosig-

keit Gewißheit wird, dann folgt ein Syndrom mit Anteilen der Depression und der Angst. Und wenn schließlich die wahrgenommene Wahrscheinlichkeit des Auftretens negativer Ereignisse zur Sicherheit wird, dann entwickelt sich Hoffnungslosigkeit.

Probleme der Theorien der Hilflosigkeit und Hoffnungslosigkeit

Obwohl die theoretischen Ansätze erfolgversprechend sind, bleiben einige Probleme, die zukünftig anzugehen sind.

1. Für welchen Typ der Depression gilt das Modell? Ursprünglich hatte *Seligman* die Ähnlichkeit von gelernter Hilflosigkeit und „reaktiver Depression", d.h. einer Depression, die durch belastende Lebensereignisse verursacht wird, nachweisen wollen. Aber eine Untersuchung von *Depue* und *Monroe* (1978) zeigte, daß gelernte Hilflosigkeit mehr Ähnlichkeit mit den Symptomen der depressiven Phase einer bipolaren Störung hat als mit jeder Form der unipolaren Depression. *Seligman* (1978) sah die Lösung darin, gelernte Hilflosigkeit jenseits traditioneller Klassifikationsschemata als Modell einer „Hilflosigkeitsdepression" zu betrachten. In ähnlicher Weise sprechen *Abramson* et al. (1989) von einer Hoffnungslosigkeitsdepression. Erst künftige Forschung wird zeigen, ob diese Lösung mehr ist als ein Zirkelschluß.

2. Wie analog sind Studenten-Populationen? Obwohl man in einigen Fällen auch klinische Populationen untersucht hat (z.B. *Abramson* et al., 1978), arbeitete man zumeist mit College-Studenten, die man mit Hilfe des Beckschen Depression Inventory (BDI) auswählte. Dieses Instrument ist aber eigentlich nicht zur *Diagnose* von Depression gedacht, sondern soll deren Schwere bei Probanden messen, bei denen bereits eine klinische Diagnose gestellt wurde. Tatsächlich läßt sich inzwischen wohl sagen, daß einzig aufgrund ihrer BDI-Werte ausgesuchte Probanden kein gutes Analogon für wirklich klinisch depressive Probanden darstellen. In einer Untersuchung von *Hammen* (1980) z.B. schrumpfte der hohe BDI-Durchschnittswert von 18,37 innerhalb von zwei bis drei Wochen auf ganze 10,87 zusammen.

3. Sind die Forschungsergebnisse depressionsspezifisch? Diese Frage erhob sich nach einer

Untersuchung zur gelernten Hilflosigkeit von *Lavelle*, *Metalsky* und *Coyne* (1979), die Probanden nach dem Ausmaß ihrer Testangst klassifizierten. Probanden mit großer Testangst schnitten bei der gestellten Aufgabe dann schlecht ab, wenn durch eine Laborsituation Hilflosigkeit induziert wurde. Das Phänomen der gelernten Hilflosigkeit ist also möglicherweise nicht depressionsspezifisch. Die neuere Hoffnungslosigkeitstheorie könnte bei der Unterscheidung zwischen Angst und Depression besser sein.

4. Sind Attributionen relevant? Gemeint ist die Grundannahme des Attributionsmodells, daß Menschen aktiv nach einer Erklärung für ihr Verhalten suchen und daß die Attributionen, zu denen sie gelangen, wiederum ihr Verhalten beeinflussen. Einige Untersuchungen belegen, daß Attribution kein universaler Prozeß ist (*Hanusa & Schulz*, 1977). Tatsächlich zeigten *Nisbett* und *Wilson* (1977) in einer Reihe von Experimenten, daß sich Menschen der Ursachen ihres Verhaltens häufig nicht bewußt sind.[1]
Selbst wenn wir Attributionen als relevante und effektive Verhaltensdeterminanten anerkennen, sollten wir nicht vergessen, daß viele Forschungsergebnisse zugunsten der Theorie der gelernten Hilflosigkeit dadurch zustande gekommen sind, daß man Probanden den ASQ vorlegte oder festhielt, wie sie laborinduzierte Erfolge und Mißerfolge attribuierten. Fragt man allerdings Depressive nach den fünf belastendsten Ereignissen ihres Lebens, unterscheiden sich ihre Attributionen nicht von denen nicht-depressiver Probanden (*Hammen & Cochran*, 1981).

5. Einige Aspekte der Theorie sind eindeutig widerlegt. *Alloy* und *Abramson* (1979) haben eine der zentralen Thesen der Theorie untersucht, die behauptet, daß depressive Menschen nur wenig Kontrolle über ihr Leben zu haben glauben. In verschiedenen experimentellen Situationen wurde die Kontingenz von Reaktionen und Ergebnis so manipuliert,

daß sie einem bestimmten, objektiven Prozentsatz entsprach. Nachdem die Probanden also eine Situation mit einem objektiven Maß an Kontrollmöglichkeit absolviert hatten, fragte man sie, wieviel Kontrolle sie *ihrer Meinung nach* hätten ausüben können. Entgegen der Theorie unterschätzten depressive Studenten ihre Kontrollmöglichkeiten keineswegs. *Ford* und *Neale* (1985) induzierten auf klassische Weise Hilflosigkeit und stellten ebenfalls fest, daß die Probanden ihre Kontrolle bei einer nachfolgenden Aufgabe nicht unterschätzten.

Eine der Schlüsselannahmen der modifizierten Theorie lautet, daß zur überdauernden Persönlichkeitsstruktur depressiver Menschen ein depressiver Attributionsstil gehört. Mit einer ganzen Batterie von Meßinstrumenten, einschließlich des ASQ, untersuchten *Hamilton* und *Abramson* (1983) Patienten, bei denen die sorgfältige Diagnose auf Depression lautete, und zwar einmal auf dem Höhepunkt einer depressiven Phase und ein zweites Mal kurz vor ihrer Entlassung aus der Klinik. Die erste Messung ergab das erwartete depressive ASQ-Muster. Doch bei der zweiten Messung kurz vor der Entlassung war dieses Muster nicht mehr erkennbar. Ähnliche Ergebnisse erhielten *Dohr*, *Rush* und *Bernstein* (1991).

Trotz dieser Probleme hat die Theorie der Hilflosigkeit/Hoffnungslosigkeit zahlreiche Untersuchungen angeregt und die Theoriebildung im Bereich der Depression gefördert. Sie ist dazu prädestiniert, dies auch in den nächsten Jahren zu tun.

Interpersonale Theorie der Depression

In diesem Abschnitt stellen wir die Verhaltensaspekte der Depression dar, die allgemein die Beziehung zwischen dem depressiven Probanden und anderen betreffen. Einige der Ergebnisse, die wir darstellen, können für die Ätiologie der Depression von Bedeutung sein, andere für den Verlauf.

In Kapitel 8 wurde auf die Rolle der sozialen Unterstützung für die Gesundheit eingegangen. Dieses Konzept wurde auch auf die Erforschung der Depression übertragen. Depressive verfügen nur über dünne soziale Netzwerke und sehen sie als wenig unterstützend an. Diese verminderte speziale Unterstützung verringert

---

1 In der Literatur zur Attribution wird die grundlegende Annahme gemacht, daß sich die Menschen darum kümmern, welche Gründe es für ihr Verhalten gibt. Diese zentrale Vorstellung ist ein geistiges Kind der Psychologen, deren Aufgabe darin besteht, das Verhalten von Menschen zu erklären. Es ist denkbar, daß die Psychologen ihr Bedürfnis nach Erklärung von Verhalten auf andere Menschen projiziert haben! Laien brauchen womöglich nicht darüber nachzudenken, warum sie so handeln oder fühlen wie sie es gerade tun, zumindest nicht in dem Ausmaß wie Psychologen.

die Fähigkeit des Individuums, negative Lebensereignisse zu bewältigen (*Billings, Cronkite & Moos*, 1983).

Ist es nur das Schicksal, das den Depressiven mit unzureichender sozialer Unterstützung versorgt? Möglicherweise, aber es ist auch denkbar, daß der Depressive selbst eine Rolle dabei spielt. Vielleicht haben depressive Menschen nur geringe soziale Fertigkeiten (*Lewinsohn*, 1974). Zahlreiche Untersuchungen haben derartige Defizite in einer Vielzahl von Meßinstrumenten nachgewiesen – interpersonales Problemlösen (*Gotlib & Asarnow*, 1979), Sprachstilen und Beibehalten des Augenkontakts (*Gotlib & Robinson*, 1982; *Gotlib*, 1982). Eine Längsschnittuntersuchung bei unipolar Depressiven (*Hammen*, 1991) bestätigte, daß die Patienten sehr viel Streß erleben (besonders interpersonaler Art) und daß ihr eigenes Verhalten zu dem starken Streß, dem sie ausgesetzt sind, beiträgt. Als Beispiel beschreibt Hammen die Stressoren, die eine Frau mit unipolarer Depression innerhalb eines Jahres erlebte:

> Sie hatte einen Autounfall, bei dem ihr Knie verletzt wurde; sie fiel bei einer Prüfung für den Öffentlichen Dienst, die ihr zahlreiche berufliche Chancen eröffnet hätte, durch; sie zog nach einem Streit mit ihrem Ehemann aus der Wohnung aus; hatte eine ernsthafte Auseinandersetzung mit ihrer Tochter, die beim Vater blieb; trennte sich von ihrem Ehemann und geriet in eine Auseinandersetzung mit ihrem früheren Ehemann über ihren neuen Freund. (S. 559)

Wie von *Coyne* (1976) vermutet, können depressive Menschen negative Reaktionen anderer auslösen. Diese Möglichkeit wurde mit Hilfe so unterschiedlicher Verfahren wie Telefongesprächen mit depressiven Patienten, Tonbandaufnahmen depressiver Patienten und auch Interaktionen von Angesicht zu Angesicht untersucht. Die Daten zeigen, daß depressive Probanden einen aversiven interpersonalen Stil haben, der Zurückweisungen durch andere auslöst. So fanden beispielsweise *Hokanson* und Mitarbeiter (1989), daß die Zimmerkameraden depressiver College-Studenten die sozialen Beziehungen mit ihnen als wenig erfreulich beurteilten und über starke Aggressionen ihnen gegenüber berichteten. Auch *Joiner*, *Alfano* und *Metalsky* (1992) stellten fest, daß leicht depressive College-Studenten von ihren Mitbewohnern mit hoher Wahrscheinlichkeit abgelehnt werden. Nach diesen Ergebnissen ist es nicht überraschend, daß Depression und Ehestreit häufig zusammen auftreten und die Interaktio-

nen depressiver Menschen und ihrer Partner durch Feindseligkeit gekennzeichnet sind (*Kowalik & Gotlib*, 1987). *Hooley* und *Teasdale* (1989) konnten zeigen, daß die kritischen Kommentare von Partnern depressiver Menschen ein signifikanter Prädiktor für das Wiederauftreten der Depression waren. Die Beziehung zwischen Depression und ehelichen Streitigkeiten wird in Kapitel 20 erläutert.

Gehen irgendwelche dieser interpersonalen Merkmale depressiver Menschen dem Beginn der Depression voraus? Einige Studien, bei denen Gruppen mit hohem Risiko untersucht wurden (vgl. S. 128), lassen vermuten, daß die Antwort „ja" lautet. So wird beispielsweise das Verhalten von Kindern depressiver Eltern im Grundschulalter sowohl von Lehrern als auch von Mitschülern negativ beurteilt (*Weintraub*, *Liebert & Neale*, 1975; *Weintraub*, *Prinz & Neale*, 1978). Zusammenfassend kann gesagt werden, daß das interpersonale Verhalten bei der Depression eine wichtige Rolle spielt.

Theorien der bipolaren Störung

Die bipolare Störung hat in Theorie und Forschung wenig Aufmerksamkeit gefunden. Das liegt vermutlich daran, daß nur fünf bis zehn Prozent der Maniker auch an Depressionen leiden. Im allgemeinen unterscheiden sich Theorien über die depressive Phase der bipolaren Störung kaum von Theorien über die unipolare Depression. Die manische Phase der Störung gilt als Abwehr gegen einen schwächenden psychischen Zustand. Welcherart dieser negative Zustand genau ist, sieht jede Theorie anders. Einer unserer eigenen Fälle illustriert, warum viele Theoretiker der Manie eine defensive Funktion zuschreiben.

Aus klinischen Erfahrungen mit Manikern und aus Untersuchungen ihrer Persönlichkeit in Remissionsphasen wissen wir, daß die Patienten zwischen den manischen Episoden einen gut angepaßten Eindruck machen. Aber wenn die Manie eine Abwehr ist, muß sie eine Abwehr gegen etwas sein, obwohl die Betroffenen selbst dieses Etwas vermutlich kaum werden nennen können. *Winters* und *Neale* (1985) haben vor kurzem mit eigens dafür entwickelten Methoden die Hypothese untersucht, daß Maniker auch zwischen den manischen Episoden wenig Selbstachtung besitzen.

Man ließ Maniker, unipolar depressive und

Ein 42jähriger Mann befand sich in seiner dritten manischen Phase. Wie immer zeigte er das klassische Muster manischer Symptomatologie und sein manisches Verhalten drehte sich überwiegend um den grandiosen Wahn, er sei der größte Geschäftsmann der Welt. „Wissen Sie, daß ich heute schon zwanzig Unternehmen gekauft habe?" eröffnete er eine Therapiesitzung. „Nicht einmal Getty und Rockefeller können mir das Wasser reichen." In den Sitzungen zwischen den manischen Episoden hatte sich herausgestellt, daß das Leben des Patienten tatsächlich weitgehend vom Streben nach geschäftlichem Erfolg bestimmt war. Allerdings war er seinem Ziel ferner denn je. Mit dem Geld seiner Eltern hatte er mehrere Firmen gegründet und jedesmal Konkurs anmelden müssen. Er war besessen von dem Wunsch, es seinem reichen Vater gleichzutun, hatte aber eine Gelegenheit nach der anderen vertan. Es schien daher, als sollte ihn sein manischer Größenwahn davor schützen, den Realitäten ins Auge sehen zu müssen – eine Einsicht, die ihn wahrscheinlich in eine tiefe Depression gestürzt hätte.

normale Probanden zwei Tests absolvieren: einen Fragebogen zu Selbstwert und Selbstachtung und einen pragmatischen Inferenztest. Letzterer war als subtiles Maß für die erwartete geringe Selbstachtung manischer Probanden gedacht. Die Untersuchung begann damit, daß die Probanden eine Reihe kleiner Geschichten mit gutem oder schlechtem Ausgang lasen. Der anschließende Test schien ihr Erinnerungsvermögen an diese Geschichten zu messen. Einige Items taten das tatsächlich, aber andere zwangen die Probanden, über die gegebene Information hinauszugehen und einen Schluß zu ziehen. Eine Geschichte erzählte z.B. von einem Mann, der vor kurzem seine Arbeit verloren hatte. Die Geschichte verschwieg den Grund für die Entlassung, war aber so konstruiert, daß alternativ zwei Schlüsse möglich waren. Die Probanden konnten zu dem Schluß kommen, daß der Mann seinen Arbeitsplatz nicht aus eigener Schuld verloren hatte, sondern wirtschaftlichen Zwängen zum Opfer gefallen war. Sie konnten aber auch auf schlechte Arbeitsleistung als Entlassungsgrund schließen. Probanden mit geringer Selbstachtung, so erwartete man, würden den zweiten Schluß ziehen.

Die Ergebnisse entsprachen den Erwartungen. Im Papier-und-Bleistift-Test ihrer Selbstachtung erreichten manische und normale Probanden höhere Werte als depressive. Aber im pragmatischen Inferenztest schnitten Maniker und Depressive gleich ab. Beide Gruppen zo-

gen überwiegend Schlüsse der zweiten Art und enthüllten so ihre geringe Selbstachtung. Die Selbstachtung von Manikern kann also sehr gering sein. Im allgemeinen werden diese Gefühle des Ungenügens allerdings erfolgreich abgewehrt.

Biologische Theorien der affektiven Störungen

Da biologische Prozesse die Stimmung erheblich beeinflussen können, hat man natürlich auch nach biologischen Ursachen für Depression und Manie gesucht. Überdies müssen gestörte biologische Prozesse Teil der Kausalkette sein, wenn die Prädisposition für eine affektive Störung auf genetischem Wege weitergegeben werden kann. Schlüssige Hinweise darauf, daß eine affektive Störung – zumindest teilweise – ererbt ist, würden auch den Schluß auf eine biologische Basis der Störung plausibel machen. Wir werden einige neuere Ergebnisse aus der Genetik, der Neurochemie und dem neuroendokrinen System darstellen.

Die genetischen Befunde

Bei der Untersuchung der unipolaren Depression und der bipolaren Störung wurden die Familienuntersuchung, Zwillings- und Adoptionsstudien durchgeführt. Schätzungen der Häufigkeit affektiver Störungen bei den Verwandten ersten Grades von bipolaren Patienten reichen von 10 bis 20% (*Perris*, 1969; *Brodie & Leff*, 1971; *Hays*, 1976). Das Risiko wird bei den Verwandten höher, wenn die Erkrankung bei den Probanden früh beginnt. Diese Zahlen sind höher als bei der Gesamtbevölkerung. Merkwürdigerweise gibt es bei den Verwandten ersten Grades von bipolaren Probanden mehr Fälle der unipolaren Depression als von bipolarer Störung. *James* und *Chapman* (1975) fanden beispielsweise bei einer sorgfältigen Untersuchung in Neuseeland, daß die Schätzungen für das Morbiditätsrisiko bei den Verwandten ersten Grades von bipolaren Patienten 6,4% für die bipolare Störung und 13,2% für die unipolare Depression betrug. *Allen* (1976) stellte die Konkordanzraten für die bipolare Störung bei eineiigen Zwillingen zusammen. Insgesamt betrug die Konkordanzrate für die bipolare Störung bei eineiigen Zwillingen 72%, während sie bei zweieiigen nur bei 14% lag. Diese Daten unterstützen die Annahme, daß die bipolare Störung eine genetische Komponente hat.

Die Informationen, die für die unipolare Depression verfügbar sind, deuten darauf hin, daß den genetischen Faktoren, obwohl wichtig, nicht das Gewicht wie bei der bipolaren Störung zukommt. Obwohl die Verwandten von unipolaren Probanden tatsächlich ein höheres Risiko für eine unipolare Depression haben, ist ihr Risiko geringer als das der Verwandten bipolarer Probanden (*Andreasen* et al., 1987). Die Verwandten von unipolaren Probanden weisen auch kein besonders hohes Risiko für die bipolare Störung auf. Der frühe Beginn der Depression und die Komorbidität mit einer Angststörung oder Alkoholismus führen zu einem größeren Risiko bei den Verwandten (*Weissman* et al., 1986). Untersuchungen der unipolaren Depression bei Zwillingen berichten meist eine Konkordanzrate von etwa 40 % bei eineiigen und etwa 11% bei zweieiigen Zwillingen (*Allen*, 1976).

Zusammengenommen legen Familien- und Zwillingsuntersuchungen nahe, daß sowohl die bipolare Störung als auch die unipolare Depression genetische Komponenten haben. Diese Schlußfolgerung wird zusätzlich durch einige kleinere Untersuchungen gestützt, bei denen die Adoptionsmethode eingesetzt wurde. *Mendlewicz* und *Rainer* (1977) fanden einen höheren Anteil affektiver Störungen bei den biologischen Eltern als bei den Adoptiveltern von bipolaren Adoptivkindern. Auch *Cadoret* (1978a) stellte mehr affektive Störungen bei adoptierten Kindern fest, deren biologische Eltern eine affektive Störung aufwiesen. *Wender* et al. (1986) konnten schließlich ermitteln, daß die biologischen Verwandten adoptierter Probanden ein achtfach höheres Risiko für eine affektive Störung hatten.

Eine neuere Entwicklung bei der genetischen Erforschung affektiver Störungen ist die Anwendung von dem Verfahren, das Bindungsanalyse genannt wird. Dieses Verfahren umfaßt die Untersuchung des Auftretens affektiver Störungen über mehrere Generationen einer Familie und die gleichzeitige Erfassung irgend eines anderen Merkmals – einen genetischen Marker –, für das die genetischen Vorgänge völlig geklärt sind (z.B. ist von der Rot-Grün-Blindheit bekannt, daß sie aufgrund von Muta-

tionen des X-Chromosoms entsteht). Wenn die Gene für die affektive Störung und der genetische Marker miteinander verbunden sind, d.h. wenn sie auf einem Chromosom ausreichend nahe beieinander liegen, dann zeigt der Familienstammbaum meist, daß die beiden Merkmale, die untersucht werden, zusammen vererbt werden. In einer vielzitierten Untersuchung bei den Old Order Amish fanden *Egeland* und ihre Mitarbeiter (1987) Belege für die Annahme, daß die bipolare Störung auf ein dominantes Gen auf dem elften Chromosom zurückgeführt werden könnte. Unglücklicherweise konnten weder die Egeland-Studie noch andere anscheinend erfolgreiche Bindungsuntersuchungen repliziert werden (z.B. *Berretini* et al., 1990).

Neurochemie und affektive Störungen

Es wurden zahlreiche Versuche unternommen, die affektiven Störungen mit den verschiedenen Neurotransmittern in Verbindung zu bringen. Die Forschung in diesem Bereich ist noch lange nicht abgeschlossen und wie gezeigt wurde, kann die Notwendigkeit, das Schwergewicht der Forschung zu verändern, jederzeit kommen. Wir werden einen Ansatz, der sich mit Noradrenalin befaßt, und einen weiteren mit Serotonin darstellen. Die Noradrenalin-Theorie geht davon aus, daß ein niedriger Noradrenalinspiegel zu einer Depression führt und ein hoher zur Manie. Die Serotonin-Theorie vermutet, daß ein niedriges Niveau an Serotonin, das häufig dazu dient, die neurale Aktivität in anderen neurochemischen Systemem zu verändern, starke Veränderungen in der Aktivität der anderer Neurotransmitter zuläßt und daher sowohl Manie als auch Depression verursacht.

Beide Theorien wurden aufgrund der Wirkung bestimmter Medikamente entwickelt. In den fünfziger Jahren entdeckte man, daß zwei Gruppen von Medikamenten, die *Trizyklika* und die *Monoaminooxidase-Hemmer*, depressionslindernd wirkten. Trizyklika stellen eine Gruppe antidepressiver Medikamente dar, die so bezeichnet werden, weil ihre molekulare Struktur durch drei miteinander verbundene Ringe gekennzeichnet ist; sie beeinflussen die Wiederaufnahme von Noradrenalin und Serotonin durch ein Neuron, nachdem es aktiv geworden ist. Monoaminooxidasehemmer stellen eine Gruppe von antidepressiven Substanzen dar, die das Enzym Monoaminooxidase davon abhalten, Neurotransmitter zu deaktivieren. Untersuchungen zeigten, daß beide Medikamente im Gehirn von Tieren sowohl den Serotonin- als auch den Noradrenalinspiegel anhoben. Das sprach zwar dafür, daß Depression von einem Mangel an diesen Substanzen verursacht wird, machte aber weitere Forschung notwendig.

Zugunsten beider Theorien sprach auch die Wirkung von Reserpin, eines Medikamentes, das gelegentlich zur Behandlung von Bluthochdruck eingesetzt wurde. Erst Anfang der fünfziger Jahre war es einem Schweizer Forscherteam gelungen, Reserpin zu isolieren. Reserpin ist ein Alkaloid aus der Wurzel der *Rauwolfia serpentina,* einem in Indien heimischen Strauchgewächs. Hindu-Ärzte setzen Rauwolfia-Pulver seit Jahrhunderten zur Behandlung psychischer Krankheiten ein. Reserpin war einer der Wirkstoffe, mit denen die Ära moderner Psychopharmakologie und die Revolutionierung von Pflege und Behandlung psychisch Kranker ihren Anfang nahm. Mit Reserpin und Chlorpromazin dämpfte man die Agitiertheit schizophrener Patienten. Reserpin wirkte in der Tat entspannend und sedierend, war aber bald wegen einer schweren Nebenwirkung kontraindiziert: 15% der Patienten entwickelten nach Einnahme eine Depression (z.B. *Lemieux, Davignon & Genest,* 1965). Reserpin, so entdeckte man, senkt den Spiegel von Serotonin, Noradrenalin und aller Gehirnamine. Es stört den Speicherungsprozeß dieser Substanzen innerhalb der synaptischen Vesikel, so daß sie durch Monoaminooxidase abgebaut werden können.

Das alles bestätigt beide Theorien nur indirekt. Ideal wäre es, wenn man Noradrenalin- und/oder Serotoninspiegel im Gehirn depressiver Menschen direkt messen könnte. Dazu fehlen aber die technischen Mittel, also muß man es anders versuchen. Man ist das Problem auf zweierlei Weise angegangen. Man hat zum einen die Metaboliten dieser Neurotransmitter gemessen, die Nebenprodukte des Serotonin- und Noradrenalinabbaus also, die man im Urin, im Blutserum und in der zerebrospinalen Flüssigkeit findet. Dabei steht man allerdings vor dem Problem, daß solche Messungen nicht ausschließlich und unmittelbar den Serotonin- oder Noradrenalinspiegel im Gehirn wiedergeben, da Serotonin auch an anderen Prozessen im Körper beteiligt ist und Noradrenalin nicht nur im Gehirn, sondern auch im peripheren Nervensystem wirkt.

Eine zweite Strategie besteht darin, anstelle von Antidepressiva und Reserpin andere Medikamente zu verabreichen, die den Serotonin- und Noradrenalinspiegel im Gehirn heben oder senken. Hebt das Medikament den Spiegel des jeweiligen Neurotransmitters, müßte sich die Stimmung des Patienten aufhellen, während eine Senkung des Neurotransmitterspiegels eine Depression vertiefen oder bei normalen Probanden induzieren müßte. Auch diese Strategie hat ihre Probleme. Da die meisten derartigen Drogen multiple Wirkungen haben, erfüllt kaum eine den angestrebten Zweck ohne komplizierende Nebenwirkungen.

Doch was läßt sich, abgesehen von solchen Problemen, über die Validität von Theorien sagen, die für die Depression einen niedrigen Serotonin- oder Noradrenalinspiegel und für die Manie einen hohen Noradrenalinspiegel verantwortlich machen? In einer Reihe von Untersuchungen maßen *Bunney* und *Murphy* und ihre Mitarbeiter am National Institute of Mental Health den Noradrenalinspiegel im Urin bipolar gestörter Patienten, und zwar in allen Stadien der Störung, d.h. während der Depression, der Manie und in normalen Zeiten. Der Noradrenalinspiegel sank, wenn die Patienten depressiv wurden (*Bunney* et al., 1970), und stieg während der Manie (*Bunney, Goodwin & Murphy*, 1972). Es stellte sich aber auch heraus, daß die Noradrenalinmangel-Theorie nicht alle Depressionen erklärt. Das 3-Methoxy-4-Hydroxyphenylaethylen-Glykol (MHPG) gilt als Hauptmetabolit des Noradrenalin. Gemäß der Theorie müßte ein niedriger Noradrenalinspiegel mit einem entsprechend geringen MHPG-Spiegel im Urin einhergehen. Nun findet man bei bipolar gestörten, depressiven Patienten im allgemeinen tatsächlich wenig MHPG im Urin, aber bei unipolar Depressiven unterscheidet sich der MHPG-Spiegel nicht von dem von Kontrollpersonen (z.B. *Muscettola* et al., 1984). Die MHPG-Spiegel sind jedoch bei bipolar manischen Patienten höher als bei bipolar depressiven und bei Patienten mit Manie wiederum höher als bei Normalpersonen (*Goodwin & Jamison*, 1990).

Um den Serotoninspiegel in Gehirn und Rückenmark zu bestimmen, mißt man die 5-Hydroxyindolessigsäure (5-HIAA), einen Hauptmetaboliten des Serotonin, den man in der zerebrospinalen Flüssigkeit findet. Die Befunde sprechen recht übereinstimmend dafür, daß der 5-HIAA-Spiegel in der zerebrospinalen Flüssigkeit Depressiver niedrig ist (ein Überblick findet sich bei *McNeal & Cimbolic*, 1986) Man hat ebenfalls nachgewiesen, daß die Gabe von L-Tryptophan, einem Serotonin-Vorläufer, depressionslindernd wirkt, besonders, wenn man es mit anderen Medikamenten kombiniert (*Coppen* et al., 1972; *Mendels* et al., 1975). Darüber hinaus konnte man zeigen, daß eine Substanz, die zur Reduktion der Serotoninsynthese führt, die therapeutische Wirkung von gewöhnlich depressionslindernden Medikamenten abschwächt (*Shopsin, Friedman & Gershon*, 1976). Mit einer speziellen Diät reduzierten *Delgado* et al. (1988) das Tryptophan bei remittierten Depressiven und stellten fest, daß bei 67% die Symptome wieder auftraten. Als die Ernährung wieder normalisiert wurde, folgte eine langsame Besserung.

Wirksame Antidepressiva, so haben wir gesagt, heben den Serotonin- und Noradrenalinspiegel an, und diese Erkenntnis wurde zum Grundpfeiler der Noradrenalin- bzw. Serotonintheorie der Depression. Im Moment sieht es so aus, als beruhe die therapeutische Wirkung von Trizyklika und MAO-Hemmern *nicht* auf einer Steigerung von Neurotransmitterspiegeln. Die früheren Forschungsergebnisse waren nicht falsch. Trizyklika und MAO-Hemmer führen *anfänglich* tatsächlich zu einer Erhöhung von Noradrenalin- und Serotoninspiegel. Aber nach einigen Tagen pendeln sich die Neurotransmitterspiegel wieder auf ihrem alten Niveau ein. Das ist eine ganz entscheidende Erkenntnis, denn sie *widerspricht* unserer Erfahrung, daß Antidepressiva erst nach einer gewissen Zeit ihre Wirkung entfalten. Die depressionslindernde Wirkung von Trizyklika und MAO-Hemmern macht sich erst nach sieben bis vierzehn Tagen bemerkbar! Das läßt sich mit einem einfachen Anstieg von Noradrenalin- oder Serotoninspiegel nicht plausibel erklären (*Heninger, Charney & Menkes*, 1983).

Ein weiterer wichtiger Befund, der die Abkehr von den ursprünglichen Theorien einer einfachen Erhöhung der Serotonin- und Noradrenalinspiegel unterstützt, ergibt sich aus Studien mit neuen Antidepressiva. So sind z.B. Mianserin und Zimeldin anscheinend wirksame Antidepressiva (*Cole*, 1986), und keine dieser Substanzen erhöht das verfügbare Noradrenalin oder Serotonin.

Welche Folgen haben diese neuen Erkenntnisse für die alten Theorien? Zur Zeit untersucht man, ob die depressionslindernde Wir-

kung von Trizyklika und MAO-Hemmern darin besteht, daß sie die postsynaptischen Rezeptoren verändern. Derzeit sind die Ergebnisse widersprüchlich und schwer zu interpretieren. Antidepressiva reduzieren anscheinend die Sensibilität von Beta-adrenergen Rezeptoren, erhöhen jedoch die Sensibilität der Serotonin-Rezeptoren (*McNeal & Cimbolic*, 1986). Mit dieser neuen Fragestellung stehen die Wissenschaftler vor der Aufgabe, Methoden zur Erforschung der Sensibilität menschlicher Rezeptoren zu entwickeln. Unser bisheriges Wissen über das Funktionieren von Rezeptoren stammt überwiegend aus Tierstudien. Hier wird man, um Rezeptorfunktionen genauer untersuchen zu können, in den nächsten Jahren zweifellos Fortschritte machen.

Das neuroendokrine System

Viele Untersuchungen sprechen auch für eine Beteiligung des neuroendokrinen Systems an der Depression. Das limbische System des Gehirns steht in enger Verbindung zu den Emotionen und wirkt auch auf den Hypothalamus ein. Der Hypothalamus kontrolliert wiederum verschiedene endokrine Drüsen und damit den Spiegel der Hormone, die von ihnen ausgeschieden werden. Die Hormone des Hypothalamus beeinflussen auch die Hypophyse und die Hormone, die dort produziert werden. Wegen seiner Bedeutung für die sog. vegetativen Symptome der Depression, wie etwa Störungen des Appetits und des Schlafs, wird angenommen, daß die Verbindung Hypothalamus-Hypophyse-Nebennierenrinde bei Depression überaktiv ist.

Verschiedene Ergebnisse unterstützen diese Vermutung. Der Kortisolspiegel (ein Hormon der Nebennierenrinde) ist bei Depressiven hoch; dieser Befund führte zur Entwicklung eines biologischen Tests für die Depression – dem Dexamethason-Suppressions-Test (DST). Dexamethason unterdrückt die Kortisolsekretion. Wenn Dexamethason als Test abends gegeben wird, dann tritt bei einigen Depressiven, insbesondere denen mit Melancholie, keine Unterdrückung des Kortisols auf (*Carroll*, 1982; *Poland* et al., 1987). Als Erklärung für das Versagen der Kortisolunterdrückung durch das Dexamethason wird die Überaktivität der Verbindung Hypothalamus-Hypophyse-Nebennierenrinde bei depressiven Probanden angesehen. Die Reaktion normalisiert sich mit dem

Ende der depressiven Episode, was auch darauf hindeuten könnte, daß es sich um eine unspezifische Reaktion auf Streß handelt. Ein anderer Befund, der einen hohen Kortisolspiegel mit Depression in Zusammenhang bringt, liegt bei einer Krankheit vor, die als Cushing-Syndrom bezeichnet wird. Abnormes Wachstum der Nebennierenrinde führt zu einer übermäßig starken Sekretion von Kortisol und einer darauf folgenden Depression. Die starke Sekretion bei der Depression kann auch mit den gerade besprochenen Neurotransmittertheorien in Beziehung stehen. Hohe Kortisolspiegel können die Dichte der Serotoninrezeptoren vermindern (*Roy* et al., 1987) und die Funktion der noradrenergen Rezeptoren beeinträchtigen (*Price* et al., 1986). Schließlich ist die Verbindung Hypothalamus-Hypophyse-Schilddrüse möglicherweise für die bipolare Störung von Bedeutung. Erkrankungen der Schilddrüse kommen bei bipolaren Patienten häufig vor und Schilddrüsenhormone können bei diesen Patienten eine Manie auslösen (*Goodwin & Jamison*, 1990).

Die Ergebnisse biochemischer Forschung unterstützen also in gewisser Weise Theorien, denen zufolge affektive Störungen biologische Ursachen haben. Werden psychologische Theorien dadurch irrelevant oder nutzlos? Keineswegs. Mit der Behauptung, daß Verhaltensstörungen eine somatische Grundlage haben, konstatiert man nur das, was offen zutage tritt. Kein psychogen orientierter Theoretiker würde bestreiten, daß Verhalten durch gewisse körperliche Veränderungen vermittelt wird. Die Frage ist vielmehr, wie psychologische und biologische Prozesse ineinandergreifen. Wir haben dieses philosophische Problem bereits in Kapitel 8 angesprochen. Es ist zum Beispiel durchaus denkbar, daß bestimmte Formen der Depression in der Tat durch Noradrenalinmangel verursacht werden, daß aber diesem Glied der Kausalkette ein anderes vorangeht – eben jenes „Gefühl der Hilflosigkeit" oder der „Willenslähmung", in dem Psychologen die Hauptursache sehen.

Therapie der affektiven Störungen

In den meisten Fällen dauern depressive Episoden einige Monate, obwohl die Zeit den Betrof-
fenen unendlich viel länger vorkommt. Daß Depressionen[2] im allgemeinen von selbst ihr Ende finden, ist ein Glück. Das heißt aber nicht, daß wir einen depressiven Menschen sich selbst überlassen dürfen. Die Depression ist zu weit verbreitet und beeinträchtigt die Betroffenen und die Menschen ihrer Umgebung zu sehr, als daß sie unbehandelt bleiben darf. Weiter ist zu berücksichtigen, daß sich die Depressionsepisoden meist wiederholen. Heutige Therapien bedienen sich psychologischer und somatischer Methoden, die sich – einzeln oder kombiniert – als recht wirksam erwiesen haben.

Psychologische Therapien

Für die Psychoanalyse ist die Depression eine Folge unbewußt nach innen gewendeten Zorns, und folglich hilft der psychoanalytisch orientierte Therapeut dem Patienten, Einsicht in den verdrängten Konflikt zu gewinnen. In vielen Fällen wird er ihn auch ermutigen, seinem nach innen gerichteten Zorn Luft zu machen. Ganz allgemein gesagt ist es das Ziel der analytischen Therapie, den verborgenen Motivationen der Depression auf die Spur zu kommen. So kann sich beispielsweise jemand für den Tod eines geliebten Menschen verantwortlich fühlen, dieses Schuldgefühl aber verdrängen, weil der Schmerz unerträglich ist. In der Therapie wird man zunächst darauf hinarbeiten, daß sich der Patient dieser Überzeugung stellt; danach kann der Therapeut ihm helfen einzusehen, daß dieses Schuldgefühl unbegründet ist. Zusätzliche Erleichterung sollte die Erinnerung an belastende Kindheitserlebnisse bewirken, die im Patienten Gefühle des Ungenügens und des Verlustes zurückließen.

Untersuchungen zur Wirksamkeit psychoanalytischer Depressionstherapie sind selten (*Craighead*, *Evans* & *Robins*, 1992; *Klerman*, 1988) und gekennzeichnet durch widersprüchliche Ergebnisse, die teilweise auf die starken Unterschiede in den Ansätzen zurückgehen, welche unter dem Begriff der psychodynamischen oder psychoanalytischen Psychotherapie eingeordnet werden. So zeigte es sich, daß eine Kombination von psychoanalytischer Therapie

---

2 Die Depression kann mehr als eine schwere Krankheit, sie kann lebensbedrohend sein, da das Risiko für einen Suizid bei depressiven Patienten besonders hoch ist. Der letzte Abschnitt dieses Kapitel ist dem Suizid gewidmet.

mit Trizyklika, deren hilfreiche Wirkung erwiesen ist, die Stimmung beispielsweise nicht mehr hebt als eine ausschließlich medikamentöse Behandlung (*Daneman*, 1961; *Covi* et al., 1974). In jüngster Zeit hat jedoch eine umfangreiche Untersuchung (*Elkin* et al., 1989) gezeigt, daß eine Form der psychodynamischen Therapie, die sich auf die alltäglichen Interaktionen zwischen der depressiven Person und der sozialen Umgebung konzentriert – es handelt sich dabei um die Interpersonale Therapie von *Klerman* und *Weissman* (*Klerman* et al., 1984) – ziemlich erfolgreich bei der Linderung der unipolaren Depression und bei der Aufrechterhaltung der Behandlungsfortschritte ist (*Frank* et al., 1990). Das Kernstück der Therapie besteht darin, dem depressiven Patienten dabei zu helfen, zu untersuchen, wie sein gegenwärtiges interpersonales Verhalten seinem Wunsch nach erfüllenden Beziehungen widerspricht. So könnte beispielsweise der Patient darin unterrichtet werden, wie er seine Kommunikation mit anderen verbessern könnte, damit diese seinen Bedürfnissen besser entspricht und zu zufriedenstellenderen sozialen Interaktionen und Unterstützung führt. Weitere Information über die interpersonale Therapie findet sich in der ausführlichen Darstellung der Elkin-Untersuchung (1989) in Kapitel 19.

Ausgehend von ihrer kognitiven Theorie der Depression, welche die tiefe Traurigkeit und die erschütterte Selbstachtung Depressiver auf eine fehlerhafte Denkhaltung zurückführt, haben *Aaron Beck* und seine Mitarbeiter einige Jahre lang an der Entwicklung einer kognitiven Therapie gearbeitet, deren Ziel ist, falsche Denkmuster zu ändern. Der Therapeut versucht, den depressiven Patienten dazu zu bringen, seine Einschätzungen von Ereignissen und sich selbst zu ändern. Wenn ein Patient sich wertlos fühlt, weil „Nichts klappt. Alles, was ich anfange, endet mit einem Desaster", versucht der Therapeut, diese Übergeneralisierung zu widerlegen und verweist auf Kompetenzen, die der Patient entweder übersieht oder entwertet. Der Patient wird instruiert, seine „inneren Monologe" zu kontrollieren und alle Denkmuster zu vermerken, die zur Depression beitragen. Dann lernt er, über seine negativen Überzeugungen hinaus zu denken und zu verstehen, wie diese ihm den Weg zu realistischeren, positiven Einschätzungen und zu realitätsgerechterer Interpretation von Widrigkeiten verstellen.

Obwohl *Beck* seinen Ansatz unabhängig von *Ellis'* rational-emotiver Methode entwickelt hat, haben beide gewisse Ähnlichkeiten. Nach *Beck* neigen depressive Menschen beispielsweise dazu, sich nach einem Fehler in jeder Hinsicht für unfähig und inkompetent zu halten. Das klingt als habe *Beck* hier eine der irrationalen Überzeugungen des Systems von *Ellis* „Um etwas wert zu sein, muß ich alles können und wissen" ergänzt.

Beck bezieht auch verhaltenstherapeutische Elemente in seine Behandlung ein. Insbesondere schwer depressive Patienten werden angehalten, bestimmte Dinge zu tun, etwa morgens aufzustehen oder einen Spaziergang zu machen, und andere zu lassen, z.B. Suizidversuche. Solche Aktivitätsverschreibungen sollen dem Patienten Erfolgserlebnisse verschaffen und ihm erlauben, besser über sich zu denken. Aber vor allem geht es *Beck* um eine kognitive Umstrukturierung, also darum, daß der Patient anders über sich denken lernt. Wenn die Änderung offenen Verhaltens dazu beiträgt – um so besser. Aber mit Verhaltensänderung allein, ohne gleichzeitig auch die Denkfehler zu korrigieren, läßt sich, davon ist *Beck* überzeugt, Depression nicht wesentlich lindern.

In den vergangenen zwei Jahrzehnten sind zahlreiche Untersuchungen zur Therapie von *Beck* durchgeführt worden, beginnend mit der vielzitierten Studie von *Rush* und Mitarbeitern (1977), die ergab, daß die kognitive Therapie bei unipolarer Depression erfolgreicher ist als die übliche Behandlung mit einem Antidepressivum, dem trizyklischen Imipramin (Tofranil). Die ungewöhnlich niedrige Besserungsrate, die für das Medikament in diesem klinischen Versuch ermittelt wurde, läßt vermuten, daß diese Patienten für die Pharmakotherapie schlecht geeignet waren und es daher kein fairer Vergleich war. Trotzdem hat die Wirksamkeit von *Becks* Therapie in dieser Untersuchung und bei einer weiteren nach zwölf Monaten (*Kovacs* et al., 1981) viele Forscher ermutigt, weitere Erfolgskontrollen durchzuführen, die ihre Wirksamkeit bestätigt haben (z.B. *Hollon, DeRubeis, Tuason, Weimer, Evans & Garvey*, 1989; *Seligman* et al., 1988; *Simons, Murphy, Levine & Wetzel*, 1985; *Teasdale, Fennell, Hibbert & Amies*, 1984). Darüber hinaus konnte auch gezeigt werden, daß die kognitive Therapie einen prophylaktischen Effekt hat, d.h. sie vermindert spätere Episoden der Depression (*Blackburn, Eunson & Bishop*, 1986; *Evans* et al., 1993; *Hol *lon, DeRubeis & Seligman*, 1992). Die wachsende Zahl von Forschungsergebnissen veranlaßte *Beck* dazu, aus klinischer Sicht die Folgerung zu ziehen, daß „es wünschenswert wäre, wenn ein Patient, der medikamentös behandelt wird, zusätzlich eine kognitive Therapie erhält. Wenn er jedoch bereits mit der kognitiven Therapie behandelt wird, dann ist es nicht eindeutig, ob eine zusätzliche Behandlung mit Medikamenten indiziert ist, außer bei den schwer depressiven Patienten einer ambulanten Klinik". (*Beck*, 1986, S. 3)

In Kapitel 19 werden wir die umfangreiche multizentrische Studie, welche die kognitive Therapie mit der psychodynamischen interpersonalen Therapie und der medikamentösen Therapie mit Imipramin vergleicht, darstellen. Obwohl die kognitive Therapie gut abschneidet, erweist sie sich der Behandlung mit Imipramin und der psychodynamischen Therapie nicht als überlegen.

Da eines der wesentlichen Merkmale der Depression Mangel an positiven Erfahrungen mit anderen Menschen ist, haben andere verhaltenstherapeutische Behandlungen darauf abgezielt, dem Patienten zu helfen, seine sozialen Interaktionen zu verbessern. Obwohl es kognitive Komponenten innerhalb dieser Ansätze gibt, z.B. den Patienten zu ermutigen, seine Leistung nicht zu streng zu kritisieren – unterstützen die Befunde die Wirksamkeit der Ausrichtung auf die Verbesserung des offenen sozialen Verhaltens durch Verfahren wie das Selbstsicherheitstraining und das Training sozialer Fertigkeiten (*Hersen, Bellack, Himmelhoch & Thase*, 1984; *Lewinsohn*, 1974; *Teri & Lewinsohn*, 1986). Wie auch bei der Darstellung der Paartherapie (S. 701) beschrieben, führen Verbesserungen in der Art der interpersonalen Konflikte, die bei einer gestörten Ehe oder anderen intimen Beziehungen vorkommen, ebenfalls zu einer Linderung der Depression (*O'Leary & Beach*, in Druck; *Jacobson, Holzworth-Monroe & Schmaling*, 1989).

Es ist klar, daß die Bestimmung der Therapie, die für einen Patienten am besten geeignet ist, eine Herausforderung sein kann. Eine Frau, die in einer Männerwelt allen Mut verliert, ist vermutlich bei einer feministischen Therapeutin, die ihr zum Widerstand gegen die fortwährende Unterdrückung durch Chef oder Ehemann rät, besser aufgehoben als bei einem noch so wohlmeinenden kognitiven Therapeuten, der ihr klarzumachen versucht, daß sie sich zwar

schlecht behandelt fühlt, aber nicht so schlecht behandelt wird.

Über einen ersten Versuch, den Patiententyp an die Art der Behandlung anzupassen, wurde von *McKnight* et al. (1984) berichtet. Erwachsene Frauen, welche die Diagnose einer affektiven Störung erhalten hatten, wurden entweder der rational-emotiven Therapie oder einem Training sozialer Fertigkeiten in einem wechselnden Behandlungsplan unterzogen. Signifikante und anhaltende (Nachuntersuchung nach einem Jahr) Behandlungseffekte, die nicht voneinander abwichen, wurden bei zahlreichen Messungen bei beiden Therapien gefunden. Bei dieser Studie ist besonders interessant, daß vor der Behandlung eine Untergruppe von drei der Patienten identifiziert wurde, die spezielle Schwierigkeiten beim irrationalen Denken hatten und drei andere dadurch, daß sie Defizite in sozialen Fertigkeiten besaßen. Eine genaue Analyse des Fortschritts von Sitzung zu Sitzung zeigte, daß die irrationale Gruppe mehr von RET als vom Training der sozialen Fertigkeiten profitierte, genau das Umgekehrte traf auf die Gruppe der Patienten mit mangelnden sozialen Fertigkeiten zu. Die Schlußfolgerung ist eindeutig: Depressionen können durch eine Vielzahl von Faktoren verursacht werden und eine optimale Behandlung sollte so ausgewählt werden, daß diese Faktoren der angewendeten Therapie entsprechen (*Haaga & Davison*, 1989).

Andere Versuche, verschiedene Gruppen depressiver Probanden bestimmten Behandlungsformen zuzuweisen, erbrachten unterschiedliche, aber auch erfolgversprechende Ergebnisse. So entwickelte *Rosenbaum* (1980) das Self Control Schedule zur Messung von dem, was er als gelernte Problembewältigung bezeichnete. Diese Selbstbeurteilungsskala erfaßt vier Dimensionen der Selbstkontrolle: die Anwendung von Selbstinstruktionen zur Bewältigung von Problemen; die Anwendung von Problemlösungsstrategien; die Fähigkeit, Belohnungen aufzuschieben und den Glauben an die eigene Fähigkeit, die Ereignisse zu kontrollieren. Die Forscher gingen davon aus, daß ein Depressiver, der über ein hohes Maß dieser Fähigkeiten verfügt, mit einer kognitiven Therapie erfolgreicher sein wird (die diese Fertigkeiten nutzt) als bei einer medikamentösen Therapie und daß umgekehrt Patienten, die auf der Self Control Schedule schlecht abschnitten, mit der Pharmakotherapie mehr Erfolg hätten. Zwei Studien unterstützen die erste Aussage (*Simons* et al., 1985; *Rehm, Kaslow & Rabin*, 1987), andere aber nicht (z.B. *Hoberman, Lewinsohn & Tilson*,1988). Es kann sein, daß die Verfügbarkeit von Fähigkeiten zur Problembewältigung so gut ist, daß die Therapie keine Rolle spielt. Psychoanalytiker haben eine Zeitlang bestätigt, daß Probanden mit einer ausgeprägten IchStärke in der analytischen Therapie besser abschneiden. Es kann aber auch sein, daß es günstiger ist – unabhängig von der angewendeten Therapie – über Fertigkeiten zur Bewältigung von Problemen und den Glauben an diese Fertigkeiten und Veränderungsmöglichkeiten zu verfügen als darüber nicht zu verfügen.

Ebenso wie er seine Therapie auf vielfältige menschliche Probleme einzustellen hat, muß sich jeder Therapeut auch den moralischen und politischen Implikationen seiner Arbeit stellen.

Auf einige dieser Aspekte werden wir am Ende dieses Kapitels eingehen. Soll ich dem Patienten helfen, seine Lebenssituation zu verändern oder sich ihr anzupassen? Allein die Tatsache einer Depression kann Anzeichen dafür sein, daß der oder die Betroffene bereit ist, etwas in ihren sozialen und persönlichen Beziehungen zu ändern (siehe Kasten 9.2).

Somatische Therapien

Es gibt eine Vielzahl somatischer Therapien für Depression und Manie. Wir werden hier die beiden am weitesten verbreiteten Verfahren, die Elektrokrampftherapie und verschiedene Medikamente darstellen.

Kasten 9.2 Eine existenzanalytische Theorie der Depression und ihrer Behandlung

1959 veröffentlichte *Viktor Frankl*, ein österreichischer Psychiater, der während des Zweiten Weltkrieges drei schreckliche Jahre in den Konzentrationslagern der Nazis zubringen mußte, sein bemerkenswertes Buch *From Death Camp to Existentialism* (dt: „Trotzdem Ja zum Leben sagen. Ein Psychologe erlebt das Konzentrationslager"). Mit ihm im Lager waren seine Frau, sein Bruder und seine Eltern. Sie alle kamen um. In seiner revidierten Fassung und unter dem neuen Titel *Man's Search for Meaning* (1963) (dt: „Der Mensch vor der Frage nach dem Sinn") beschreibt das Buch Erniedrigung, Leid und Schrecken der Lagerinsassen. Frankl erzählt, wie er und andere es schafften, unter den brutalen Bedingungen eines Todeslagers zu überleben. Emotional habe er überlebt, schreibt *Frankl*, weil es ihm irgendwie gelungen sei, in seinem Leiden Sinn zu finden und es in sein geistiges Leben einzubeziehen. Der Geist verleiht dem einzelnen die Freiheit, die Umstände zu transzendieren, und Freiheit macht ihn verantwortlich für sein Leben. Psychische Störungen und besonders Depressionen, so *Frankl*, stellen sich dann ein, wenn jemand keinen Sinn in seinem Leben sieht. Aus seinen Lagererfahrungen entwickelte er einen therapeutischen Ansatz, den er – nach dem griechischen Wort *logos* (hier mit „Sinn" zu übersetzen) – *Logotherapie* nannte.
Ziel der Logotherapie ist es, dem Leben des Patienten wieder Sinn zu geben. Das geschieht zunächst einmal dadurch, daß die subjektive Leiderfahrung des Patienten mitfühlend akzeptiert und nicht als krank, schlecht und mithin unnormal entwertet wird. Dann hilft der Therapeut dem Patienten, sein Leid in einem größeren Kontext zu sehen und ihm so einen gewissen Sinn zu geben. Er vermittelt eine Lebensphilosophie, innerhalb derer der einzelne die Verantwortung für seine Existenz und für die Annahme lebensinhärenter Werte übernimmt – getreu dem NietzscheWort, daß derjenige, der ein Warum für sein Leben hat, auch nahezu jedes Wie ertragen kann.
Es ist vielleicht sinnvoll, *Frankls* Ansichten zur Depression und ihrer Behandlung vor dem Hintergrund der gelernten Hilflosigkeit zu sehen. Ganz sicher fühlten sich die Menschen im Konzentrationslager hilf- und hoffnungslos und glaubten nicht mehr, irgendeine Kontrolle über ihr Leben zu haben. Es herrschte eine tiefe Depression. Die Logotherapie könnte ein Weg sein, heutigen Menschen, die unter weniger schrecklichen und brutalen Bedingungen depressiv geworden sind, das Gefühl der Hilflosigkeit angesichts der modernen Gesellschaft zu nehmen. Indem sie die Verantwortung für ihr Leben übernehmen und auch in Widrigkeiten Sinn suchen, können sie es zu jenem Gefühl von Kontrolle und Kompetenz bringen, das für eine annehmbare Existenz unabdingbar ist.

Elektrokrampftherapie

Die vielleicht dramatischste und am meisten kontroverse Behandlung der Depression ist die Elektrokrampftherapie (EKT). Sie wurde ursprünglich von zwei italienischen Psychiatern, *Cerletti* und *Bini*, zu Beginn des 20. Jahrhunderts entwickelt. *Cerletti* war an der Epilepsie interessiert und suchte nach Verfahren, mit deren Hilfe Anfälle experimentell ausgelöst werden konnten. Er fand die Lösung beim Besuch eines Schlachthofs, wo er sah, daß die Tiere durch einen Elektroschock am Kopf betäubt wurden. Kurze Zeit darauf entdeckte er, daß durch den Einsatz elektrischer Schocks an der Seite des menschlichen Schädels vollständige epileptische Anfälle ausgelöst werden konnten. Nicht lange danach, 1938 in Rom, wendete er dieses Verfahren bei einem schizophrenen Patienten an.

Die Elektrokrampftherapie (EKT) stellt eine wirksame Behandlung der Depression dar. Durch den Einsatz eines unilateralen Schocks und der Anwendung von Anästhetika und Muskelrelaxantien wurden die unerwünschten Nebenwirkungen reduziert.

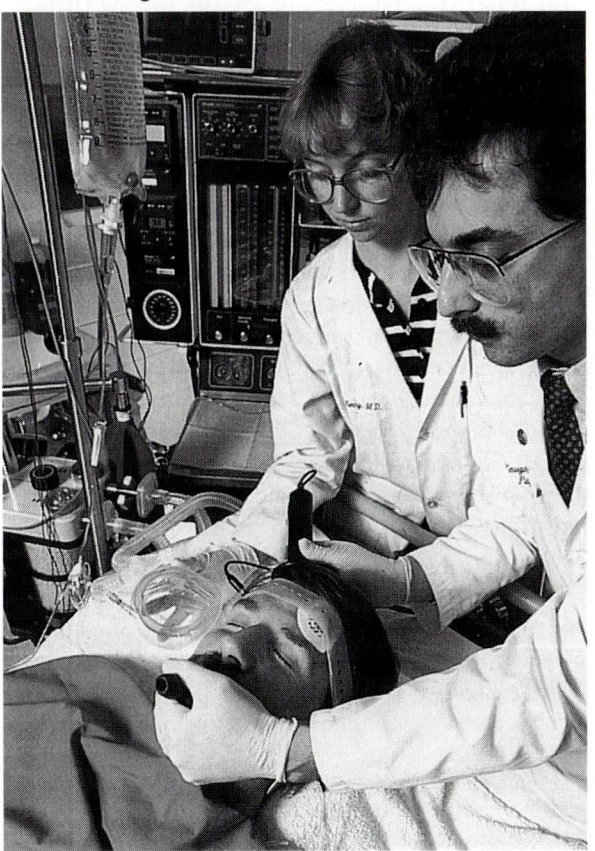

In den folgenden Jahrzehnten wurde die EKT sowohl bei schizophrenen als auch bei psychotisch depressiven Patienten, üblicherweise stationär, eingesetzt. Heute wird die Anwendung meist auf schwer depressive Patienten begrenzt. Die EKT umfaßt die absichtliche Auslösung eines Anfalls und einer vorübergehenden Bewußtlosigkeit durch einen Strom von 70 bis 130 Volt, der durch das Gehirn des Patienten geleitet wird. Die Elektroden wurden früher auf beiden Seiten der Schläfen angebracht und ermöglichten den Stromfluß durch beide Hemisphären (bilaterale EKT). Aber heute begnügt man sich meist mit einer Elektrode auf der Seite der nicht-dominanten Gehirnhemisphäre (z.B. *Abrams, Swartz & Vedak*, 1992). Früher war der Patient gewöhnlich auch bei Bewußtsein, bis der Strom den Anfall auslöste. Oft krümmte sich der Körper dabei so zusammen, daß es manchmal sogar zu Knochenbrüchen kam. Heute erhält der Patient vor dem Stromstoß ein kurzwirkendes Anästhetikum und ein starkes Muskelrelaxans. Die Muskelspasmen sind für den Beobachter kaum wahrnehmbar, und wenn der Patient einige Minuten später wieder zu sich kommt, hat er keine Erinnerung an die Behandlung.

Gleichwohl bleibt die Auslösung eines Krampfanfalls ein drastisches Verfahren. Warum sollte sich jemand, der zwar depressiv, aber sonst bei vollem Verstand ist, einer derart radikalen Therapie unterziehen? Oder wie können Eltern oder Ehepartner eines im juristischen Sinne unmündigen Patienten einer solchen Behandlung zustimmen? Die Antwort ist einfach. Auch wenn wir nicht wissen warum, kann die EKT für eine schwere Depression die optimale Behandlung sein (*Klerman*, 1988). Daß mit dem Verfahren Risiken verbunden sind, wird kaum ein Arzt leugnen. Es kann zu anhaltendem Gedächtnisverlust kommen, wenn auch die einseitige Elektrokrampftherapie der nicht-dominanten Gehirnhemisphäre weniger Gedächtnisinhalte auslöscht als das bilaterale Vorgehen und keine erkennbaren Veränderungen der Gehirnstruktur folgen (*Coffey* et al., 1991). Heute greift man zum Mittel der Elektrokrampftherapie eigentlich nur noch, wenn weniger drastische Behandlungsversuche nicht den gewünschten Erfolg gezeigt haben. *Jede* Behandlung hat Nebenwirkungen, und wenn man als behandelnder Arzt zu entscheiden hat, muß man auch an die möglichen Folgen einer unbehandelten Depression denken. Depressive

Menschen sind immer auch suizidgefährdet. Angesichts einer ethischen Wertvorstellung, die gebietet, Leben zu bewahren, halten daher viele die Elektrokrampftherapie – zumindest, wenn andere Behandlungsversuche gescheitert sind – für vertretbar und verantwortbar.

Medikamentöse Therapie

Zur Behandlung der affektiven Störungen werden meist Medikamente eingesetzt. Sie wirken jedoch nicht bei allen Patienten, und die Nebenwirkungen sind gelegentlich schwerwiegend (vgl. Tabelle 9.3). Die Festlegung der angemessenen Dosierung kann ebenfalls schwierig sein.

Die beiden Hauptkategorien antidepressiver Medikamente sind die Trizyklika wie Imipramin (z.B. Tofranil) und Amitriptylin (z.B. Saroten) und die Monoaminoxidase-(MAO-)Hemmer, wie z.B. Parnate. Da MAO-Hemmer die sehr viel schwereren Nebenwirkungen haben, werden überwiegend Trizyklika eingesetzt. Die Wirksamkeit dieser Medikamente hat sich in einer Reihe von Doppel-Blind-Studien (*Davidson*, 1988; *Morris & Beck*, 1974), zusätzlich zu den bereits erwähnten, erwiesen. Von beiden Substanzklassen wird angenommen, daß sie die Depression dadurch lindern, daß sie die Neurotransmission erleichtern.

In den letzten Jahren wurden zahlreiche neue Antidepressiva eingeführt, die sog. zweite Generation der Antidepressiva. Obwohl sie wirksam sind, bieten viele nur einen geringen oder keinen therapeutischen Vorteil gegenüber den älteren Konkurrenten. Die Ausnahmen von dieser Regel sind Buproprion und Fluoxetin. Buproprion spielt allem Anschein nach eine besondere Rolle bei der Behandlung bipolarer Störungen, da es die psychomotorische Retardierung deutlich reduziert und mit geringerer Wahrscheinlichkeit als andere Antidepressiva eine manische Episode auslöst (*Goodwin & Jamison*, 1990). Fluoxetin hat eine traurige Berühmtheit erreicht. Es wurde als Durchbruch gefeiert und erschien sogar auf der Titelseite von Newsweek (26. März 1990). Einige anekdotische Berichte über schwerwiegende Nebenwirkungen (insbesondere eine intensive Beschäftigung mit Suizidgedanken und andere Gewalttaten) brachten die Substanz in die Medien und sogar in Talkshows. Obwohl kontrollierte Studien keine Anhaltspunkte dafür lieferten, daß Fluoxetin mit schweren Nebenwirkungen in Verbindung gebracht werden konnte, ist die Kontroverse noch nicht bereinigt.

Obwohl die verschiedenen Antidepressiva die Genesung eines Patienten von einer Depressionsperiode beschleunigen, ist ein Rückfall nach Absetzen des Medikaments immer noch häufig. Die weitere Einnahme von Imipramin nach der Remission ist für die Verhinderung eines Rückfalls wertvoll – vorausgesetzt, daß die Erhaltungsdosis genauso hoch wie die bei der Behandlung eingesetzte Dosis ist (und nicht niedriger, wie es üblich ist) und daß der Patient während der medikamentösen Behandlung an einer psychosozialen Therapie, etwa der interpersonalen Therapie von *Klerman* und

Tabelle 9.3 Medikamente zur Behandlung affektiver Störungen

Kategorie	Substanz	Nebenwirkungen
Trizyklische Antidepressiva	Imipramin Amitriptylin	Kreislaufkollaps, Schlaganfall, niedriger Blutdruck, Doppelsehen, Angst, Müdigkeit, Mundtrockenheit, Verstopfung, Verdauungsstörungen, Erektionsstörungen, Gewichtszunahme
MAO-Hemmer	Tranylcyronize	Möglicherweise tödlicher Bluthochdruck, Mundtrockenheit, Übelkeit, Schwindel, Kopfschmerzen
Antidepressiva der 2. Generation	Fluoxetin	Nervosität, Schläfrigkeit, gastrointestinale Beschwerden, Schwindel, Kopfschmerzen, Schlafstörungen
	Buproprion	Agitiertheit, Mundtrockenheit, Schlafstörungen, Kopfschmerzen, Verstopfung, Tremor, Krampfanfälle, Gewichtsabnahme
Lithium	Lithium	Tremor, Magenprobleme, Koordinationsstörungen, Schwindel, Herzrhythmusstörungen, Doppeltsehen, Schläfrigkeit

Weissman teilgenommen hat (*Frank* et al., 1990). Die medikamentöse Therapie kann und wird auch häufig kombiniert mit irgendeiner Form der Psychotherapie eingesetzt. Wenn z.B. die Depression eines Patienten (teilweise) durch den Mangel an persönlicher Zufriedenheit wegen Problemen oder Defiziten in sozialen Fertigkeiten verursacht ist, dann ist es von Bedeutung, daß die medikamentöse Therapie durch eine psychosoziale Intervention ergänzt wird, die sich auf diese Verhaltensdefizite richtet (*Klerman*, 1988, 1990; *Weissman* et al., 1974).

Auch wenn eine chemische Substanz eine Episode nur vorübergehend lindert, sollte dieser Vorteil nicht als gering eingeschätzt werden, wenn berücksichtigt wird, daß das Suizidrisiko in der Depression hoch ist und daß sowohl vom Betroffenen als auch von seiner Familie Schmerz und Leid ertragen werden müssen. Darüber hinaus kann der richtige Einsatz eines Medikaments eine andere Form der Intervention und Kontrolle überflüssig machen, die von vielen als letzter Ausweg angesehen wird, die Einweisung in eine psychiatrische Klinik.

Menschen mit Stimmungsumschwüngen der bipolaren Störung kann häufig durch die sorgfältig überwachte Dosierung von Lithium geholfen werden, wobei es in der Form des Salzes Lithiumkarbonat eingesetzt wird. Die Tatsache, daß Lithiumkarbonat nicht wie andere Medikamente patentiert werden kann, hielt die Pharmafirmen lange davon ab, es zu vermarkten. Nur geringe Gewinne lassen sich damit erzielen. Da die Wirkungen nur langsam eintreten, beginnt die Therapie meist mit Lithium und einem Neuroleptikum wie Haldol, das sofort einen beruhigenden Effekt hat. Hinsichtlich der Wirkungsweise von Lithium werden mehrere Hypothesen verfolgt, von denen derzeit keine eine ausreichende Unterstützung hat (z.B. *Manji* et al., 1991). Lithium wirkt bei bipolaren Patienten, wenn sie depressiv sind genauso wie auch bei Manien und ist erheblich wirkungsvoller als bei unipolaren Patienten (*Baron* et al., 1975) – ein weiterer Beleg dafür, daß sich diese beiden affektiven Störungen grundlegend voneinander unterscheiden.

Wegen der möglichen ernsthaften Nebenwirkungen muß Lithium sehr vorsichtig verschrieben und eingesetzt werden. Und obwohl es für die Beendigung einer manischen Episode sehr wichtig ist, führt das Absetzen des Lithiums zur Erhöhung des Rückfallrisikos bei dem Patienten (*Suppes* et al., 1991). Daher wird empfohlen, Lithium ständig über lange Zeiträume prophylaktisch zu verabreichen. Schließlich sollte auch Carbamazepin erwähnt werden, das ursprünglich als Antikonvulsivum eingesetzt wurde. Sein Einsatz bei manischen Patienten befindet sich im Aufwind, und es hat gute Resultate erzielt (*Small* et al., 1991).

Suizid

Im klassischen Rom, jener Ära also, die dem Christentum unmittelbar voranging, galt die Qualität des Lebens weit mehr als dessen Dauer. Nicht das Leben sei gut, sondern das gute Leben; der weise Mann trachte also nicht danach, möglichst lange, sondern möglichst gut zu leben, befand im ersten Jahrhundert der römische Stoiker *Seneca* zitiert nach *Shneidman*, 1973, S. 384). Das Christentum war in den ersten Jahrhunderten seines Bestehens eine verfolgte Religion. Viele frühe Christen gaben sich in einem Akt des Märtyrertums selbst den Tod (*Heyd & Block*, 1981). Das vierte Jahrhundert brachte einen radikalen Wandel im westlichen Denken: *Augustinus* erklärte die Selbsttötung zum Verbrechen, da sie das Gebot Gottes: Du sollst nicht töten, verletze. *Thomas von Aquin* machte daraus im 13. Jahrhundert eine Todsünde, weil sich der Mensch damit Gottes Macht über Leben und Tod anmaße. Obwohl weder Altes noch Neues Testament die Selbsttötung verbieten, galt sie nunmehr in der westlichen Welt als Verbrechen und Sünde (*Shneidman*, 1973). Ironischerweise führte dieses christliche Verbot des Suizids, das ursprünglich einem tiefen Respekt vor dem Leben entstammte, zur Verfolgung jener, die versuchten, Hand an sich zu legen. Noch 1823 wurde in London jeder Selbstmörder mit einem Pfahl im Herzen beerdigt, und erst seit 1961 ist Suizid in England kein strafrechtliches Vergehen mehr. Aber welche Strafe kann über jemanden verhängt werden, der Suizid begangen hat? In einigen Staaten werden Suizidversuche als Vergehen angesehen, die aber selten verfolgt werden. Andererseits gibt es in den meisten Staaten Gesetze, die es als Verbrechen betrachten, wenn der Suizid in irgendeiner Form unterstützt wird (*Shneidman*, 1987).

Wir haben uns entschlossen, dieses Kapitel mit einem Abschnitt über den Suizid zu beschließen, weil viele Depressive Suizidgedanken haben und manchmal auch tatsächlich versuchen, sich das Leben zu nehmen. Überdies sind vermutlich über die Hälfte aller Suizidanten zum Zeitpunkt der Tat depressiv und verzweifelt. Jedoch unternimmt auch eine beträchtliche Anzahl von Menschen, die nicht depressiv sind, Suizidversuche, einige mit Erfolg. Auch andere Störungen sind mit Suizid verbunden (*Linehan & Shearin*, 1988). Die Suizidrate für männliche Alkoholiker ist 75mal höher als in der männlichen Gesamtbevölkerung (*Kessel & Grossman*, 1961) und bis zu 13% der Schizophrenen begehen Suizid (*Roy*, 1982). Im Zentrum der Darstellung stehen hier Ansätze und Faktoren beim Suizid, die über spezifische Diagnosen hinausgehen.

Fakten zum Suizid

Keine einzelne Theorie ist in der Lage, alle über den Suizid verfügbaren Informationen zu berücksichtigen. Die Vielfalt der bekannten Tatsachen kann dabei helfen zu verstehen, wie komplex und wie facettenreich der selbstintendierte Tod ist (*Fremouw* et al., 1990; *Hendrin*, 1982; *Holinger*, 1987; *National Center for Health Statistics*, 1988; *Wright*, 1992). Als Kontrast zu den unten aufgeführten Fakten bietet sich Kasten 9.3 mit den Mythen über den Suizid an.

1. Alle zwanzig Minuten tötet sich in den Vereinigten Staaten ein Mensch und diese Zahl – über 30000 pro Jahr – ist wahrscheinlich eine starke Unterschätzung. Die Suizidrate beträgt in den Vereinigten Staaten etwa 12.8 pro 100000. Sie steigt im Alter an; in der Altersgruppe zwischen 75 und 84 Jahren erreicht sie 25.2 pro 100000. In Deutschland beträgt die Suizidrate etwa 16 pro 100000 Einwohner. In der Altersgruppe 75-80 Jahre erreicht sie jedoch 65 auf 100000 Einwohner.

2. Obwohl keine offiziellen Daten zur Verfügung stehen, wird geschätzt, daß zwischen 240000 und 600000 Menschen pro Jahr einen Suizidversuch unternehmen. Das bedeutet, daß auf jeden vollendeten Suizid in den Vereinigten Staaten zwischen acht und zwanzig Menschen kommen, die einen Versuch unternommen haben. Eine andere Möglichkeit, sich diese Schätzung vorzustellen: mindestens fünf Millionen der derzeit lebenden Amerikaner haben versucht, sich umzubringen.

3. Etwa die Hälfte derjenigen, die Suizid begehen, haben mindestens einen Versuch vorher unternommen, aber zwei Drittel, die einen Suizidversuch hatten, machen keinen weiteren. Einige Unterschiede zwischen denen, die einen Suizidversuch unternehmen, und denjenigen, die Suizid begehen, werden in Tabelle 9.4 dargestellt.

4. Es töten sich viermal mehr Männer als Frauen, obwohl sich hier ein 3:1-Verhältnis anzubahnen scheint, da auch Frauen zunehmend zur Risikogruppe werden.

5. Dreimal mehr Frauen als Männer versuchen, sich zu töten, sterben aber nicht.

Tabelle 9.4　Vergleich von versuchten und vollendeten Suiziden

Merkmal	versuchter	vollendeter Suizid
Geschlecht	Mehrheit weiblich	Mehrheit männlich
Alter	meist jung	Risiko erhöht sich mit dem Alter
Methode	Letalität niedrig (Tabletten, Schneiden)	Gewaltanteil höher (Erschießen, Springen)
Situation	Intervention wahrscheinlich	Vorkehrungen gegen Entdeckung
Häufige Diagnose	Dysthyme Störung Borderline Persönlichkeitsstörung	Affektive Störung Alkoholismus, Schizophrenie
Dominanter Affekt	Depression mit Wut	Depression mit Hoffnungslosigkeit
Motivation	Veränderung der Situation Hilferuf	Tod
Verlauf in der Klinik	Schnelle Besserung der Stimmung, Erleichterung, überlebt zu haben, Versprechen, es nicht zu wiederholen	

Quelle: nach Fremouw et al. (1990), S. 24

6. Geschieden oder verwitwet zu sein erhöht beträchtlich und kann zu einem Risikofaktor werden, der mit dem Alter an Einfluß gewinnt. Die Bedeutung des Familienstands kann auch ein Aspekt der Rolle sein, die der Mangel an sozialer Unterstützung für das Suizidrisiko hat.

7. Sowohl sehr alte als auch sehr junge Menschen – darunter Greise über neunzig und Kinder unter zehn – begehen Suizid.

8. Suizid findet man in allen sozialen Schichten, ganz besonders häufig aber unter Psychiatern, Ärzten, Rechtsanwälten und Psychologen.

9. Keine andere Todesart hinterläßt bei Freunden und Verwandten so andauernde Gefühle von Schmerz, Scham, Schuld, Verwirrung und allgemeiner Verstörung. Tatsächlich sind diese Überlebenden selbst Opfer: Unter ihnen ist die Sterblichkeitsziffer im Jahr nach dem Suizid des geliebten Menschen besonders hoch.

10. In den Vereinigten Staaten werden Schußwaffen für den Suizid besonders häufig eingesetzt. Männer erschießen oder erhängen sich, Frauen verwenden eher Schlaftabletten, was für die geringere Anzahl vollendeter Suizide verantwortlich sein könnte.

11. Der Suizid steht bei den Erwachsenen insgesamt als Todesursache an achter Stelle; bei den 15 bis 24jährigen steht er nach Unfällen und Mord an dritter Stelle. Es wird geschätzt, daß jedes Jahr mehr als 10000 amerikanische College-Studenten versuchen sich umzubringen und daß sogar 20 Prozent den Suizid mindestens einmal in den Universitätsjahren in Erwägung ziehen.

12. Die Suizidrate bei Jugendlichen liegt bei Weißen und Indianern mehr als doppelt so hoch wie bei Afroamerikanern, obwohl in den Innenstädten die Suizidrate bei jungen afroamerikanischen Männern doppelt so hoch wie bei Weißen ist. (Sie entspricht damit der höheren Inzidenz von Gewalt und Mord bei den jungen städtischen Afroamerikanern.) Die höchste Suizidrate ist in den Vereinigten Staaten bei weißen Männern über 50 Jahren anzutreffen.

13. In den Vereinigten Staaten steigt die Suizidrate bei Kindern und Jugendlichen dramatisch an. Es wird angenommen, daß sich bis zu 3000 Jugendliche zwischen 15 und 19 Jahren jedes Jahr selbst töten. Selbstmordversuche werden bereits von 6jährigen Kin-

Suizid durch Gewalteinwirkung, wie z.B. durch einen Sprung von einem hohen Gebäude, kommt bei Männern häufiger vor als bei Frauen.

dern unternommen. Die Suizidraten liegen aber weit unter denen der Erwachsenen.

14. Das Land mit der höchsten Suizidrate der Welt ist Ungarn, aber auch die Tschechoslowakei, Finnland, Schweden, Japan und Österreich haben hohe Raten zu verzeichnen. Die Länder mit den niedrigsten Suizidraten sind Griechenland, Irland und Italien.

15. Suizidraten steigen in Zeiten wirtschaftlicher Depression, bleiben in Jahren wirtschaftlichen Aufschwungs stabil und erreichen in Kriegsjahren einen Tiefpunkt.

Aspekte des Suizids

Wenn wir an Suizid denken, stellen wir uns gewöhnlich einen Menschen vor, der bewußt und aus freiem Willen etwas ganz Dramatisches tut, um seinem Leben unverzüglich ein Ende zu setzen – die Frau auf der Brüstung eines Hochhauses, der Mann mit der Pistole an der Schläfe, das Kind mit Mutters Schlaftabletten. Aber suizidal, sagen die Suizidforscher, ist auch ein Mensch, der sich so selbstzerstörerisch verhält, daß er sich ernsthaft verletzen oder auf Dauer umbringen kann – etwa der Diabetiker, der es mit dem Insulin nicht genau nimmt und sich über Diätvorschriften hinwegsetzt, oder der Alkoholiker, der zwar weiß, was er seinem Körper antut, aber gleichwohl keine Hilfe sucht, oder auch der schlechte Schwimmer, der sich den Warnungen der Strandwache zum Trotz immer wieder in die gefährliche Brandung stürzt. Sol-

Kasten 9.3   Einige Mythen über den Suizid

Über den Suizid gibt es viele weitverbreitete Mißverständnisse (*Fremouw, Perczel & Ellis*, 1990; *Pokorny*, 1968; *Shneidman*, 1973).

1. *Wenn jemand davon spricht, sich umzubringen, tut er es nicht.* Tatsache ist, daß drei Viertel aller Suizidanten ihre Absicht vorher angekündigt haben, sei es als Hilferuf, sei es als Anklage. Andererseits begehen Menschen, die Suizidgedanken hegen, in den allermeisten Fällen nicht tatsächlich auch einen Suizidversuch.
2. *Suizid wird ohne Vorwarnung begangen.* Wie falsch das ist, geht aus dem oben Gesagten bereits hervor. Gewöhnlich wird der Suizid auf vielerlei Weise angekündigt. Menschen, die einen Suizid planen, stellen etwa fest, daß die Welt besser wäre ohne sie. Häufig machen sie anderen überraschende und unerklärliche Geschenke und trennen sich dabei von ihren wertvollsten Besitztümern.
3. *Suizid begehen nur Angehörige einer bestimmten Klasse.* Suizid ist weder der Fluch der **Armen** noch die Krankheit der Reichen, sondern wird von Menschen aller Klassen und Schichten begangen.
4. *Die Zugehörigkeit zu einer Religionsgemeinschaft ist ein guter Prädiktor für ein sehr geringes Suizidrisiko.* Es ist eine irrtümliche Annahme, daß das strenge katholische Suizidverbot die Suizidwahrscheinlichkeit für Katholiken entscheidend verringert. Es gibt dafür keinerlei

Belege, was vielleicht daran liegt, daß die formale Religionszugehörigkeit nicht immer auch etwas über die Tiefe des Glaubens aussagt.

5. *Die Gründe für einen Suizid sind leicht festzustellen.* Die Wahrheit ist, daß wir nicht genau wissen, warum Menschen sich umbringen. Die Tatsache, daß jemand vor seinem Suizid schwere finanzielle Verluste erlitten hat, bedeutet nicht, daß damit auch der Suizid angemessen erklärt ist.
6. *Alle Menschen, die Suizid begehen, sind depressiv.* Dieser Irrtum erklärt vielleicht die tragische Tatsache, daß Anzeichen eines drohenden Suizids übersehen werden, weil der Betreffende sich nicht wie ein Verzweifelnder verhält. Viele Menschen, die sich das Leben nehmen, sind *nicht* depressiv. Manche erscheinen, nachdem sie sich zum Suizid entschlossen haben, vielmehr ruhig und in Frieden mit sich selber.
7. *Jemand mit einer unheilbaren Krankheit wird wahrscheinlich keinen Suizid begehen.* Daß jemand um seinen baldigen Tod weiß, schließt einen Suizid nicht aus. Viele Todkranke treibt vielleicht der Wunsch, das eigene Leiden und das ihrer Angehörigen zu beenden, dazu, den Zeitpunkt ihres Todes selbst zu wählen.
8. *Wer Suizid begeht, ist verrückt.* Die meisten Menschen, die sich das Leben neh-

che unterschwellig angestrebten Tode machen es noch schwerer, das Phänomen des Suizids zu verstehen und statistisch zu erfassen (*Shneidman*, 1973).

Informationen über den Suizid lassen sich in vielen Bereichen finden (*Shneidman*, 1987). Gewöhnliche Menschen haben Briefe und Tagebücher hinterlassen, die untersucht werden können, um einen Einblick in die Vorstellungen der Menschen zu erhalten, die Suizid begehen. Dichter wie *Herman Melville* und *Leo Tolstoi* haben Einsichten über den Suizid vermittelt, aber auch Schriftsteller, die sich selbst getötet haben, wie *Virginia Woolf* und *Sylvia Plath*. In seinem Buch „Die Unsterblichkeit" untersucht der tschechische Romancier *Milan Kundera* die

Gründe einer Person, die sich an einem bestimmten Tag dazu entschließt, Suizid zu begehen. Die Ereignisse, die der Tat unmittelbar vorausgehen, können trivial sein, aber nicht für jemanden, dessen Selbstvertrauen bereits gering ist und den das Gefühl der Hoffnungslosigkeit überwältigt:

„Der Wunsch nach Selbstzerstörung war langsam in ihr gewachsen, und eines Tages konnte sie ihm nicht mehr widerstehen. Das Unrecht, das ihr zugefügt worden war, war vermutlich eher klein: man erwiderte ihren Gruß nicht; niemand lächelte ihr zu; sie stand in der Post Schlange und eine dicke Frau schob sie zur Seite und drängte sich vor; sie war als Verkäuferin in einem Warenhaus angestellt und der Chef beschuldigte sie, die Kunden schlecht zu behandeln. Tausendmal wollte sie sich auflehnen und schreien, konnte sich

men, sind sehr unglücklich, aber durchaus Herr ihrer Sinne und ihres Verstandes.

9. *Suizidneigung ist erblich.* Da sich Suizide in Familien häufen können, hat man angenommen, daß die Neigung, in Kategorien der Selbstvernichtung zu denken, vererbt wird. Es gibt in der Forschung keinerlei Anhaltspunkte dafür.

10. *Die Suizidneigung wird beeinflußt von Jahreszeiten, Breitengrad, Wetterlage, Luftdruck, Luftfeuchtigkeit, Niederschlag, Bewölkung, Windgeschwindigkeit, Temperatur und Wochentagen.* Keiner dieser Mythen ist hinreichend bestätigt.

11. *Suizid wird von kosmischen Faktoren wie Sonnenflecken und Mondphasen beeinflußt.* Auch dafür gibt es keinerlei Bestätigung.

12. *Wenn sich die Gefühlslage bessert, verringert sich die Suizidgefahr.* Tatsache ist, daß Menschen häufig dann Suizid begehen, wenn sich ihre Stimmung und ihr Energieniveau gehoben haben. Das scheint besonders für depressive Patienten zu gelten.

13. *Suizid ist eine einsame Angelegenheit.* Auch wenn der einzelne die Entscheidung für einen Suizid mit sich alleine abmacht, kann die tiefe Verstrickung in eine frustrierende, verletzende Beziehung zu einem anderen Menschen – einem Ehepartner, einem Kind, einem Liebhaber oder einem Kollegen – eine Hauptursache sein.

14. *Suizidale Menschen wollen sterben.* Menschen, die Suizid begehen, schei-

nen dem eigenen Tod meist ambivalent gegenüberzustehen.

15. *Gedanken an Suizid sind selten.* Schätzungen aus verschiedenen Untersuchungen zeigen, daß bei nicht-klinischen Gruppen, suizidale Vorstellungen bei 40 bis 80% der Befragten vorkommen. Das bedeutet, daß sehr viele Menschen zumindest einmal in ihrem Leben an Suizid gedacht haben.

16. *Wenn man jemanden, besonders einen depressiven Menschen nach Suizidgedanken fragt, dann bringt man ihn geradezu darauf und löst eine Suizidhandlung aus, zu der es sonst nicht gekommen wäre.* Eines der ersten Dinge, die Kliniker in ihrer Ausbildung lernen, ist bei deutlich gestörten Patienten nach Suizidvorstellungen zu fragen. Danach zu fragen kann dazu führen, daß darüber gesprochen wird, was für ein entsetzliches, beschämendes Geheimnis der Patient hat, das zu weiterer Isolierung und Depression führen könnte.

17. *Menschen, die einen Suizidversuch mit kaum tödlichen Mitteln begehen, wollen sich nicht ernsthaft töten.* Dies verwechselt die Gefährlichkeit mit der Absicht. Viele Menschen sind beispielsweise über die Dosierung von Tabletten oder die menschliche Anatomie nicht genau informiert. Was sich als untauglicher Versuch der Tötung erwiesen hat, kann trotzdem von jemandem durchgeführt worden sein, der sich selbst zerstören wollte.

aber nie dazu entschließen, weil sie eine schwache Stimme hatte, die sich, wenn sie aufgeregt war, überschlug. Sie war schwächer als alle andern und wurde ständig gekränkt. Wenn das Böse auf einen Menschen herunterprasselt, wälzt er es auf andere ab. Man sagt dazu: Auseinandersetzung, Streit, Rache. Doch der Schwache hat nicht die Kraft, das Böse, das auf ihn herunterprasselt, abzuwehren, er ist durch seine eigene Schwäche beleidigt und erniedrigt und absolut wehrlos dagegen. Es bleibt ihm nichts anderes übrig, als seine Schwäche dadurch zu zerstören, daß er sich selbst zerstört. Und so ist der Traum vom eigenen Tod entstanden." (*Kundera*, 1990, S. 305 f.)

Zu diesem Thema haben sich auch viele Philosophen geäußert. *Descartes, Voltaire, Kant* und insbesondere die Existentialisten wie *Heidegger* und *Camus*, die sich mit der inhärenten Be-

deutungslosigkeit des Lebens befassen und dem Bedürfnis des Individuums und seine Verantwortung dafür, etwas Sinnvolles aus dem zu machen, was dem Anschein nach eine dunkle Existenz ist.

Shneidman (1987) weist darauf hin, daß möglicherweise 90% der Suizidenten eine Diagnose nach DSM erhalten würden, er erinnert aber auch daran, daß die überwältigende Mehrheit der Schizophrenen und derjenigen mit einer affektiven Störung keinen Suizid begehen und daß die Störung des Verstands, die er als zentrales Merkmal des Suizids annimmt, keine Geisteskrankheit darstellt.

Es sieht so aus, daß die Berichte in den Medien über den Suizid zu einer Erhöhung der Zahl der Suizide führen. Diese beunruhigende Möglichkeit wurde von *Bandura* (1985) diskutiert, der die Arbeiten von *Phillips* (1974, 1977, 1985) zusammenfaßte, die folgendes zeigen:

1. Die Zahl der Suizide stieg im Monat nach dem Tod von *Marilyn Monroe* um 12 Prozent.
2. Publizierten Berichten über selbst herbeigeführte Todesfälle bei anderen Menschen als den berühmten folgt eine erhebliche Steigerung der Suizidzahlen (was vermuten läßt, daß eher die Publizität als der Ruhm des Suizidenten wichtig ist.)
3. Veröffentlichte Berichte von Mord und Suizid werden gefolgt von einem Anstieg tödlicher Unfälle mit Auto und Flugzeug, bei denen der Fahrer bzw. Pilot und andere getötet werden. Und schließlich
4. Berichten in den Medien über den natürlichen Tod von Berühmtheiten folgen keine erhöhten Suizidzahlen, was nahelegt, daß nicht die Trauer per se ein Einflußfaktor ist.

Mintz (1968) hat die zahlreichen in der Literatur genannten Motivationen für einen Suizid aufgelistet: nach innen gekehrte Aggression; Vergeltung angetanen Unrechts durch die Schuldgefühle, die der Suizid bei anderen erzeugt, der Wunsch, Liebe zu erzwingen; der Wunsch nach Wiedergutmachung; der Wunsch, sich von unannehmbaren Gefühlen, etwa einer sexuellen Vorliebe für das eigene Geschlecht, zu befreien; der Wunsch nach Reinkarnation; der Wunsch nach Wiedervereinigung mit einem geliebten Verstorbenen und der Wunsch oder das Bedürfnis, Belastungen, körperliche Verunstaltung, Schmerz oder emotionale Leere hinter sich zu lassen. Viele Psychologen und Psychiater sehen heute den Suizid im allgemeinen als einen Versuch des Individuums an, seine Probleme zu lösen, wobei es unter beträchtlichem Streß steht und nur einen sehr eingeschränkten Bereich von Alternativen in Erwägung zieht, von denen die Selbsttötung als brauchbarste angesehen wird (*Linehan & Shearin*, 1988).

Eine neue Theorie des Suizids, die sich auf aktuellere Untersuchungen in der Sozial- und der Persönlichkeitspsychologie stützt, geht davon aus, daß einige Suizide aus dem starken Wunsch entstehen, aversivem Selbsterleben zu entfliehen, d.h. dem schmerzlichen Erleben von Mängeln und Erfolglosigkeit, die auf sich selbst attribuiert werden (*Baumeister*, 1990). Davon wird angenommen, daß es zu großem psychischem Leid führt. Wenn unrealistisch hohe Erwartungen bestehen – die daher wahrscheinlich enttäuscht werden, wenn sie es nicht sollten (vgl. *Beck* und *Ellis*) – spielt dies eine zentrale Rolle für die Einschätzung des Suizids. Von besonderer Bedeutung ist die Diskrepanz zwischen hohen Erwartungen in bezug auf Intimität und einer Realität, die diesen nicht entspricht, z.B. die Suizidalität bei jemandem, dessen Erwartungen hinsichtlich Intimität zerstört werden durch die Verweigerung von Zuneigung durch die geliebte Person (*Stephens*, 1985). Der Betroffene sieht das emotionale Leben als so negativ an, daß es nicht mehr tragbar ist. Das Vergessen durch den Tod kann eher akzeptiert werden als die Fortsetzung der schmerzlichen Bewußtheit der eigenen Mängel. Es gibt umfangreiche Forschungen, die diese Hypothese unterstützen (*Baumeister*, 1990). Wir wenden uns jetzt einigen anderen Aspekten des Suizids zu, die alle versuchen, etwas Licht in diesen selbstzerstörenden Zug des Menschen zu bringen.

Psychoanalytische Suizidtheorien

Freud fand zwei Erklärungen für den Suizid. Die eine ist eine Erweiterung seiner Depressionstheorie und besagt, daß mit der Selbsttötung im Grunde ein Mord begangen wird. Wenn jemand einen gleichermaßen geliebten und gehaßten Menschen verliert und introjiziert, kehrt er die diesem Menschen gegenüber empfundene Aggression nach innen. Wenn diese Gefühle stark genug sind, wird der Betreffende sich schließlich umbringen. In seiner zweiten Theorie postuliert *Freud*, daß sich der *Todestrieb, Thanatos,* nach innen kehren und bewirken kann, daß der oder die Betroffene sich das Leben nimmt.

Vieles von dem, was wir bereits an anderer Stelle an der psychoanalytischen Auffassung problematisch fanden, läßt sich auch gegen *Freuds* Suizidtheorien einwenden. *Tuckman, Kleiner* und *Lavell* (1959) analysierten Abschiedsbriefe von Suizidanten und das Ergebnis steht in bemerkenswertem Widerspruch zur psychoanalytischen Position. Nur in ganz wenigen Briefen kam Feindseligkeit zum Ausdruck, in etwa der Hälfte dagegen Dankbarkeit und Zuneigung.

Durkheims soziologische Theorie des Suizids

Durkheim (1897) analysierte die Suizidberichte verschiedener Länder und verschiedener Epochen und kam zu dem Schluß, daß Selbstvernichtung ein soziologisches Phänomen sei. Er unterschied drei Arten der Selbsttötung. Zum *egoistischen Suizid* kommt es dann, wenn jemand keine ausreichenden Bindungen an Gesellschaft und Gemeinschaft hat. Solche Menschen fühlen sich den anderen entfremdet, abgeschnitten von den sozialen Hilfen, die für ein angemessenes Funktionieren als soziales Wesen wichtig sind. Der *altruistische Suizid* ist dagegen die Antwort auf Ansprüche der Gesellschaft. Manche Menschen fühlen sich in hohem Maße als Teil einer Gruppe und opfern sich für das, was sie für das Wohl der Gesellschaft halten. In diese Kategorie würden etwa die Selbstopferungen buddhistischer Mönche und Nonnen aus Protest gegen die Kämpfe in Vietnam fallen. Manche altruistischen Suizide, etwa das Harakiri der Japaner, werden als unter den gegebenen Umständen einzig ehrenhafter Ausweg von der Gesellschaft buchstäblich gefordert. Zum *anomischen Suizid* schließlich kann es kommen, wenn jemand seine Beziehungen zur Gesellschaft plötzlich verändert sieht. Eine erfolgreiche Geschäftsfrau kann sich nach einem schweren finanziellen Verlust in einer Anomie, einem Gefühl der Desorientiertheit, befinden, weil sie das, was sie für ihr normales Leben hält, nicht weiterführen kann. Anomie kann eine ganze Gesellschaft in ein Ungleichgewicht stürzen und so die Suizidrate steigen lassen.

Aber wie allen soziologischen Theorien fällt es auch der *Durkheims* schwer, die unterschiedlichen Reaktionen von Angehörigen einer Gesellschaft auf gleiche Anforderungen und Bedingungen zu erklären. Nicht jeder, der plötzlich sein Geld verliert, bringt sich um. *Durkheim* war sich dessen offensichtlich bewußt, denn er sieht eine Wechselwirkung zwischen individuellem Temperament und suizidförderndem gesellschaftlichem Druck vor.

Der Ansatz von Shneidman

Der psychologische Ansatz von *Shneidman* (1987) wird in Tabelle 9.5 zusammengefaßt, in der sich die zehn häufigsten Merkmale des Suizids finden, die jedoch nicht alle bei jedem Fall auftreten.

Tabelle 9.5   Die Zehn Gebote des Suizids

I.	Die Absicht des Suizids besteht in der Suche nach einer Lösung.
II.	Das zentrale Ziel des Suizids ist die Beendigung des Bewußtseins.
III.	Der Auslöser des Suizids ist ein nicht mehr zu ertragender psychischer Schmerz.
IV.	Der Stressor beim Suizid besteht in frustrierten psychologischen Bedürfnissen.
V.	Die vorherrschende Emotion beim Suizid ist Hoffnungslosigkeit – Hilflosigkeit.
VI.	Der vorherrschende kognitive Zustand beim Suizid ist Ambivalenz.
VII.	Der vorherrschende Zustand der Wahrnehmung beim Suizid ist Einschränkung.
VIII.	Die beim Suizid angestrebte Handlung ist, einen Ausweg zu finden.
IX.	Die interpersonale Handlung beim Suizid besteht in der Kommunikation einer Absicht.
X.	Beim Suizid gibt es eine Übereinstimmung mit den lebenslang praktizierten Copingstrategien.

Quelle: nach Shneidman (1987), S. 167

Dieser Ansatz betrachtet den Suizid als (fast immer) bewußte Anstrengung, ein Problem zu lösen, das starkes Leid verursacht. Für den Leidenden beendet diese Lösung das Bewußtsein und den unerträglichen Schmerz – was *Melville* in Moby Dick als „unerträgliche Pein" beschrieb. Alle Hoffnung und das Gefühl für eine konstruktive Lösung sind geschwunden. Trotzdem – und dies ist für die Prävention von zentraler Bedeutung – sind die meisten Suizide ambivalent. „Der prototypische suizidale Zustand ist derjenige, bei dem sich das Individuum die Kehle durchschneidet, im gleichen Augenblick um Hilfe ruft und beide Handlungen ernst meint ... Die Betroffenen wären glücklich, wenn sie es nicht tun würden, wenn sie es nicht tun müßten." (*Shneidman,* 1987, S. 170). Es gibt eine kognitive Einengung auf die wahrgenommenen Optionen. Wenn sich der Betroffene nicht in einem stark gestörten suizidalen Zustand befindet, dann ist er in der Lage, mehr Möglichkeiten zu sehen, um mit der Belastung umzugehen. Menschen, die einen Suizid planen, teilen diese Absicht üblicherweise mit, gelegentlich als Hilfeschrei, manchmal in Form eines Rückzugs von anderen, einer Suche nach Gewaltlosigkeit. Häufige Verhaltensweisen beinhalten das Verschenken von wertvollem Besitz und das in Ordnung bringen der finanziellen Angelegenheiten.

Neurochemie und Suizid

Weiter oben wurden Befunde beschrieben, die
für die Serotonintheorie der Depression wichtig sind. Die Forschung hat auch eine Verbindung zwischen Serotonin, Suizid und Impulsivität hergestellt. Niedrige Spiegel des wichtigsten
Metaboliten des Serotonin, der 5-HIAA, wurden bei Suizidopfern verschiedener diagnostischer Kategorien – Depression, Schizophrenie
und verschiedener Persönlichkeitsstörungen –
gefunden (vgl. *Brown & Goodwin*, 1986). Darüber hinaus haben Postmortem-Untersuchun-
gen der Gehirne von Menschen, die Suizid begingen, gezeigt, daß eine erhöhte Zahl von
Serotoninrezeptoren vorhanden war (möglicherweise eine Reaktion auf den reduzierten
Serotoninspiegel). Die Verbindung zwischen
dem 5-HIAA-Spiegel und dem Suizid ist in den
Fällen von gewalttätigem und impulsiven Suizid besonders überzeugend. Und schließlich
sind 5-HIAA-Spiegel auch mit Ergebnissen aus
Fragebogen, die sowohl Aggression als auch
Impulsivität erfassen, korreliert (*Brown & Goodwin*, 1986).

Suizidprognose anhand psychologischer Tests

Psychologen haben versucht, anhand psychologischer Tests Suizidvoraussagen zu treffen. Natürlich wäre es theoretisch und praktisch von
ungeheurem Vorteil, wenn sich anhand von
Testergebnissen ein Suizidrisiko abschätzen lie-
ße.Viele Forscher haben die Persönlichkeitsmerkmale von Menschen untersucht, die einen
Suizidversuch unternommen haben. Dieses
Verfahren hat einen unvermeidbaren Nachteil:
Es wird kaum möglich sein, mit einer größeren
Anzahl Menschen, die sich *später* vielleicht einmal umbringen werden, Persönlichkeitstests
durchzuführen. Aber das Problem ist nicht nur
die Datenerhebung vor dem Suizidversuch. Sie
bleibt auch nach vollbrachter Tat problematisch, da zur Informationserhebung jetzt nur
noch die Verwandten und einige wenige andere
Quellen zur Verfügung stehen. Die Literatur
bezieht sich daher überwiegend auf psychologische Tests mit Probanden *nach* einem fehlge-
schlagenen Suizidversuch. Natürlich wird sich
in den Testergebnissen die Tatsache nieder-
schlagen, daß die Getesteten jüngst erfolglos
versucht haben, sich das Leben zu nehmen. Ihr

Jo Roman, Anfang 60 und an einem noch nicht kritischen Brustkrebs erkrankt, plante ihren Tod sorgfältig
über 15 Monate hinweg. Sie beschloß, sich und ihren
Angehörigen die Schmerzen und die große emotionale
Belastung, die durch eine tödliche Erkrankung entsteht,
zu ersparen. Als sie noch „zu ihrer Zufriedenheit leben
konnte", verabschiedete sie sich von ihrem Ehemann, ihrer Tochter und einem engen Freund mit einem „Gute
Nacht", schluckte 35 Schlaftabletten, trank ein Glas Sekt
und ging ruhig zu Bett.

psychischer Zustand ist jetzt vermutlich ein anderer als vor dem Suizidversuch. Viele fühlen
sich nach einem erfolglosen Versuch, sich das
Leben zu nehmen, extrem schuldig und verwirrt. Man wird den Einfluß solcher Faktoren
auf Testwerte und Interviewverhalten auch
nicht annähernd genau abschätzen können.
Wenngleich all diese Probleme die Ergebnisse
beeinflußt haben können, zeigen einige Studien
signifikante Korrelationen zwischen Suizidab-
sicht und Hoffnungslosigkeit. Besonders bemerkenswert sind die Ergebnisse von *Aaron
Beck*, die auf prospektiven Daten beruhen, daß
Hoffnungslosigkeit ein guter Prädiktor des Suizids ist (*Beck* et al., 1985; *Beck*, 1986; *Beck* et al.,
1990), besser als Depression (*Beck, Kovacs & Weissman*, 1975). Die Erwartung, daß es in Zukunft nicht besser wird als es jetzt ist, scheint
Menschen eher in den Suizid zu treiben als Depression. Beck und seine Gruppe entwickelten
auch die *Suizidabsicht-Skala* (*Suicidal Intent
Scale*) (*Beck, Schuyler & Herman*, 1974) und die

Skala zur Erfassung von *Suizidgedanken* (*Scale for Suicide Ideation*) (*Beck, Kovacs & Weissman*, 1979). Beides sind vielversprechende Instrumente, die uns ernsthafte Suizidabsichten besser verstehen und vorhersagen lassen.

Eine Selbstbeurteilungsskala, die noch in Entwicklung ist, stellt der Fragebogen von *Marsha Linehan Reasons for Living* (RFL) dar (*Linehan, Goodstein, Nilesen & Chiles*, 1983; *Linehan*, 1985). Gruppen von Items gehen auf Bereiche ein, die für den Befragten wichtig sind wie etwa die Verantwortung für die Familie und die Sorge um die Kinder. Der hier gewählte Ansatz unterscheidet sich von anderen, die sich nur auf den Negativismus und Pessimismus konzentrieren und ist daher möglicherweise nützlicher. Zu wissen, was es im Leben eines Menschen gibt, das ihn davon abhält, Suizid zu begehen, hat sowohl Bedeutung für die Beurteilung als auch für die Intervention. Der Fragebogen trennt zwischen suizidalen und nicht suizidgefährdeten Probanden und kann dem Kliniker dabei helfen, die Intervention auf die Gründe zu lenken, die der Betroffene hat, um nicht zu sterben.

Eine andere Forschungsrichtung sucht nach den kognitiven Besonderheiten suizidgefährdeter Menschen. Man hat vermutet, daß suizidgefährdete Menschen rigider mit Problemen umgehen (z.B. *Neuringer*, 1964) und weniger flexibel in ihrem Denken sind (*Levenson*, 1972). Das eingeschränkte Denken könnte für die offensichtliche Unfähigkeit, nach anderen Lösungen für die Probleme zu suchen, als sich das Leben zu nehmen, verantwortlich sein (*Linehan et al.*, 1987).

Die Ergebnisse bestätigten im allgemeinen die Hypothese, daß Menschen, die versuchen, Suizid zu begehen, rigider sind als Kontrollpersonen. Das scheint der klinischen Beobachtung zu entsprechen, daß solche Menschen nahezu völlig unfähig zu sein scheinen, sich alternative Lösungen ihrer Probleme vorzustellen und daher vielleicht den einzigen Ausweg im Suizid sehen. Die oben beschriebene Forschung geht für das Verständnis und die Vorhersage von Verhalten von einem Trait-Ansatz aus (vgl. Kapitel 8, S. 213). Wenn bekannt ist, in welchem Ausmaß ein Proband über ein bestimmtes Merkmal verfügt, dann wird angenommen, daß es ziemlich gut möglich ist, das Verhalten in der Zukunft vorherzusagen. Aber, wie auch in Kapitel 4 gezeigt wurde, wird das Verhalten zu einem großen Teil auch durch die Umwelt beeinflußt und

das schließt belastende Ereignisse ein, die sehr schwer vorherzusagen sind. Wir können beispielsweise nicht wissen, ob jemand seine Arbeit verlieren, den Verlust eines geliebten Menschen erleiden oder einen schweren Unfall haben wird. Zusätzlich ist es sehr schwer, mit einiger Genauigkeit ein seltenes Ereignis wie Suizid vorherzusagen. Auch bei einem hoch reliablen Test würden viele Suizidenten nicht erkannt werden (falsch negative), und viele Probanden würden als zukünftige Suizidenten bezeichnet, die dies nicht tun würden (falsch positive). Aus diesen Gründen ist die Vorhersage von Suizid ungenau, und wird es wahrscheinlich bleiben (*Fremouw* et al., 1990).

Suizidprävention

Der allgemeine Ansatz zur Suizidprävention von *Shneidman* (1985, 1987) geht von drei Aspekten aus: zu versuchen, die intensiven psychischen Schmerzen und das Leid zu mindern; die Scheuklappen zu nehmen, d.h. den eingeschränkten Blickwinkel dadurch zu erweitern, daß der Proband mehr Möglichkeiten sieht als nur die Extreme eines weiteren Leidens oder des Nichts, und es dem Probanden zu ermöglichen, sich etwas von der selbstzerstörenden Handlung zurückzuziehen. Als Beispiel führt er eine wohlhabende College-Studentin an, die allein lebte, schwanger war und einen Suizidplan hatte. Die einzige Möglichkeit, an die sie außer dem Suizid denken konnte, war nie schwanger geworden zu sein, sogar wieder jungfräulich zu sein.

> „Ich nahm ein Blatt Papier heraus und begann, ihre Sicht zu erweitern. Ich sagte etwas wie: „Lassen sie uns mal sehen, Sie könnten hier eine Abtreibung vornehmen lassen." Sie antwortete: „Das könnte ich nicht tun." Ich fuhr fort: „Sie könnten wegfahren und eine Abtreibung vornehmen lassen." „Das könnte ich nicht tun." „Sie könnten das Baby austragen und es behalten." „Das könnte ich nicht machen." „Sie könnten das Baby austragen und es zur Adoption geben." Weitere Möglichkeiten wurden ähnlich abgelehnt. Als ich sagte: „Sie können immer noch Suizid begehen, aber es besteht offensichtlich keine Notwendigkeit, dies heute zu tun.", gab es keine Antwort. „Nun", sagte ich, „sehen wir uns die Liste an und bewerten die Möglichkeiten nach Ihrer Präferenz, wobei wir berücksichtigen, daß keine optimal ist." (*Shneidman*, 1987, S. 171)

Shneidman berichtet, daß bereits das Aufstellen der Liste einen beruhigenden Effekt hatte. Ihre

Lebensgefahr – der Drang, sich selbst bald zu töten – ging zurück und sie war in der Lage, die Punkte auf der Liste in eine Rangreihe zu bringen, obwohl sie an jeder Möglichkeit etwas auszusetzen hatte. Aber ein wichtiges Ziel war erreicht worden: Sie war von der Klippe zurückgezogen worden und war in der Lage, andere Handlungsmöglichkeiten als zu sterben oder wieder Jungfrau zu werden, in Betracht zu ziehen. „Wir waren dabei, über das Leben zu sprechen, eine vollkommen akzeptable Lösung" (S. 171).

Zentren zur Suizidverhütung bieten üblicherweise einen 24stündigen Beratungsdienst für suizidgefährdete Menschen. Die Mitarbeiter sind meist Laien, die unter der Supervision von Experten stehen; sie stützen sich stark auf demographische Faktoren (*Shneidman, Farberow & Litman*, 1970). Wenn die Mitarbeiter solcher Zentren am Krisentelephon mit suizidgefährdeten Menschen sprechen, stellen sie dem Anrufer anhand einer Liste bestimmte Fragen, um sehr schnell einschätzen zu können, wie groß die Suizidgefahr vermutlich ist. Stark gefährdet wäre z.B. ein geschiedener Mann in mittleren Jahren, der allein lebt und bereits einen oder mehrere Suizidversuche unternommen hat. Und gewöhnlich ist die Gefahr um so größer, je detaillierter und konkreter der Suizidplan ist. Weitere Informationen über die Zentren zur Suizidprävention finden sich in Kapitel 20 (S. 714).

Ein anderes Verfahren ist die am Los Angeles Suicide Prevention Center entwickelte *psychologische Autopsie* (*Shneidman, Farberow & Litman*, 1970). Dabei werden Informationen aus Krisengesprächen analysiert, aus Gesprächen mit Angehörigen und Freunden von Menschen, die an Suizid denken oder vermutlich Suizid begangen haben, und zuweilen auch aus hinterlassenen Aufzeichnungen. Man will auf diese Weise herausbekommen, ob die einzelnen Personen wirklich von eigener Hand starben, und falls ja, warum.

Besonders interessant ist eine Analyse von Aufzeichnungen, die von Menschen hinterlassen wurden, die Suizid begangen haben (*Shneidman & Farberow*, 1970). Zur Zeit der Untersuchung hinterließen in Los Angeles etwa 15% der Suizidanten Aufzeichnungen, die von geschulten Beurteilern auf Vorhandensein oder Fehlen von Verfügungen und spezifischen Themen wie Selbstvorwürfen, Kummer, Tod als Erlösung und dergleichen analysiert wurden.

Nachdem sie sichergestellt hatten, daß solche Beurteilungen zu reliablen Ergebnissen führten, verglichen *Shneidman* und *Farberow* diese wirklich hinterlassenen Zeugnisse mit simulierten Aufzeichnungen von Personen, die zwar *nicht* an Suizid dachten, den Suizidanten aber in demographischen Variablen wie Alter, Geschlecht und sozialer Schicht entsprachen. Die Kontrollprobanden waren instruiert, so zu schreiben, als *ob* sie zum Suizid entschlossen seien. Die echten Abschiedsbriefe enthielten mehr Anweisungen, die Schreiber machten sich Gedanken über die Zukunft der Kinder oder verfügten, was mit ihrer Leiche zu geschehen habe. Überdies sprach aus den echten Briefen erheblich mehr Seelenqual und Feindseligkeit. Andere Untersuchungen zeigten bei Notizen von Selbstmördern mehr konkrete und genauere Anweisungen als bei simulierten (*Ogilvie* et al., 1983), die eine eingeschränkte Sichtweise reflektierten (*Shneidman*, 1981). In den Aufzeichnungen wirklicher Suizidenten fehlen die allgemeinen und philosophischen Kommentare, die für die Simulation charakteristisch sind. Die Anweisung „Achte darauf, die Stromrechnung zu bezahlen." beispielsweise, findet sich eher bei wirklichen Aufzeichnungen eines Suizidenten als „Sei gut zu den anderen" (*Baumeister*, 1990).

Klinische und ethische Regeln beim Umgang mit Suizid

Auch wenn nicht jeder depressiv ist, der einen Suizid begeht oder versucht, muß man bei der Arbeit mit schwer Depressiven die Möglichkeit eines Suizids immer im Auge behalten. Die verzweifelte Hoffnungslosigkeit ihres Lebens kann ihnen den Suizid als einzige Lösung, als einzigen Ausweg erscheinen lassen. Manchmal versuchen depressive Menschen einfach *nicht,* sich umzubringen, weil ihnen die Energie fehlt, den Suizid zu planen und auszuführen. Besonders kritisch wird es dann, wenn der schwer depressive Patient den Tiefpunkt seiner Depression *überwunden* hat, denn noch sind Traurigkeit und Hoffnungslosigkeit groß genug, um in der Selbstvernichtung die einzige Lösung zu sehen, *aber jetzt* reicht auch die Energie, um sie in die Tat umzusetzen. Weil so viele Depressive Suizid begehen, ist die Behandlung der Depression immer auch eine Intervention, mit der der Therapeut hofft, das Suizidrisiko zu mindern.

Berufsorganisationen verpflichten ihre Mitglieder dazu, Menschen daran zu hindern, sich selbst Schaden zuzufügen, auch dann, wenn dies den Bruch der Vertrauensbeziehung zwischen Therapeut und Patient erforderlich macht. In Kapitel 21 werden einige rechtliche Aspekte des Schutzes anderer vor den möglichen gefährlichen Handlungen von Patienten dargestellt (S. 725). Der Suizid eines Patienten von einem Therapeuten ist häufig der Grund für einen Kunstfehlerprozeß, und die Therapeuten verlieren diese Prozesse, wenn die Vertreter des Patienten nachweisen können, daß die notwendigen Überprüfungen und zumutbare Vorsichtsmaßnahmen, die den allgemein akzeptierten Standards der Suizidprävention entsprechen, unterlassen wurden (*Fremouw, Perczel & Ellis*, 1990).

Aber es ist in vielen Fällen nicht einfach zu ermitteln, was unter zumutbaren Vorsichtsmaßnahmen zu verstehen ist, besonders dann, wenn der Patient nicht stationär behandelt wird und daher nicht unter ständiger Überwachung stand. Der Kliniker braucht eine Ethik, d.h. er muß sich klar darüber werden, ob er Menschen grundsätzlich das Recht zuerkennt, ihr Leben zu beenden. Zu welchen Maßnahmen ist der berufliche Helfer bereit, um einen Suizid zu verhüten? Zur Zwangsjacke auf der geschlossenen Abteilung einer psychiatrischen Klinik?

Tabelle 9.6 Richtlinien für die Behandlung suizidaler Klienten

Allgemeines Vorgehen

1. Sprechen Sie offen und objektiv über den Suizid.
2. Vermeiden Sie abwertende Erklärungen von suizidalem Verhalten und Motiven.
3. Bieten Sie eine Problemlösetheorie für das suizidale Verhalten an und machen Sie deutlich, daß der Suizid eine unangemessene und/oder eine ineffektive Lösung darstellt.
4. Beziehen Sie wichtige Bezugspersonen mit ein und auch andere Therapeuten.
5. Planen Sie ausreichend häufig Sitzungen und halten Sie sich an die Ziele, damit wenigstens ein gewisser Teil der Therapiezeit für die längerfristigen Ziele übrigbleibt.
6. Seien Sie sich der Vielzahl der Einflüsse, die auf den Patienten einwirken, bewußt und vermeiden Sie eine omnipotente Einstellung oder die Übernahme der Verantwortung für das suizidale Verhalten des Patienten.
7. Führen Sie eine Konsultation mit einem Kollegen durch.
8. Halten Sie gelegentlich Kontakt zu den Personen, die eine Therapie ablehnen.

Vorgehen bei Planungen vor krisenhaften Zuspitzungen

9. Antizipieren und planen sie für Krisensituationen.
10. Überprüfen Sie ständig das Risiko für Suizid und suizidales Verhalten.
11. Seien Sie erreichbar.
12. Setzen Sie sich mit lokalen Notfall/Krisen/Suizid-Zentren in Verbindung.
13. Geben Sie dem Patienten eine Krisenkarte: Telefonnummer des Therapeuten, der Polizei, Krisenzentren, Kliniken, Bezugspersonen.
14. Behalten Sie die Telefonnummern und die Adressen der Patienten und ihrer Bezugspersonen bei sich.
15. Schließen Sie einen kurzfristigen Antisuizid-Vertrag und passen Sie ihn zeitlich an.
16. Nehmen Sie Kontakt zum Arzt des Patienten im Hinblick auf die Risiken der Überdosierung von Medikamenten auf.

Therapeutisches Vorgehen im weiteren Verlauf

17. Zwingen Sie den Patienten nicht dazu, sich durch Gespräche über Suizid oder entsprechende Vorstellungen ihre Zuwendung zu verschaffen.
18. Drücken Sie ihre Sorge offen aus; sorgen Sie für nichtkontingente Wärme und Zuwendung.
19. Klären und verstärken Sie nichtsuizidale Reaktionen auf Probleme.
20. Klären Sie den Patienten über die wahrscheinlichen Reaktionen des Therapeuten auf das suizidale Verhalten des Patienten auf (z.B., wenn der Patient stirbt, wird der Therapeut traurig sein, aber sein Leben weiter führen).
21. Stellen Sie sicher, daß der Patient realistische Erwartungen über die Reaktionen anderer auf zukünftiges suizidales Verhalten hat.

Quelle: H. Glazer und J. Clarkin (Eds): Depression: Behavioral and directive interpretation strategies (S. 229-294), von M. Linehan (1981).

Kasten 9.4   Gründe gegen eine aufgezwungene Suizidprävention

In einem mutigen und umstrittenen Aufsatz über aufgezwungene Suizidprävention stellt *Thomas Szasz* (1986) dar, daß es sowohl praktisch unmöglich als auch unmoralisch sei, jemanden von der Durchführung eines Suizids abzuhalten. Es ist praktisch unmöglich, weil wir nicht wirklich jemanden dazu zwingen können zu leben, wenn er die Absicht hat, sich umzubringen, wenn wir nicht nur – und hier kommt der Aspekt der Moral hinzu – bereit sind, ihn ständig zu überwachen, sondern ihn mit Hilfe starker psychotroper Medikamente oder körperlicher Einschränkungen zu versklaven. *Szasz* fügt hinzu, daß die Mitarbeiter im Gesundheitswesen, in dem verständlichen Wunsch, ihren Patienten zu helfen, sich eine Verantwortung aufbürden, wenn sie es übernehmen, den Suizid zu verhindern, weil sie die Verantwortung für etwas übernehmen, wofür sie nicht verantwortlich sein können. Letztendlich versprechen sie mehr als sie halten können.

Aus einer moralischen Position heraus argumentiert *Szasz* weiter, daß die Mitarbeiter im Gesundheitswesen diese Verantwortung nicht übernehmen sollten – auch wenn es leicht wäre, dies zu tun – weil alle Menschen, auch die schwer gestörten, die Freiheit zu wählen haben sollten. Er läßt eine Ausnahme zu, die er „impulsiven Suizid" nennt. Dabei sind die Betroffenen zeitweise agitiert, möglicherweise schwer gestört und brauchen für eine kurze Zeit Schutz vor ihren unkontrollierbaren Impulsen. Er stellt eine Analogie zu den Patienten her, die aus einer Vollnarkose erwachen, wobei es das übliche Vorgehen ist, sie anzugurten, damit das unwillkürliche Herumschlagen nicht

zu unbeabsichtigten und vermeidbaren Verletzungen führt. Aber es gibt auch hier Grenzen. Nach unserer Ansicht stellt sich die Frage, wie wir wissen können, ob wir es eher mit einer impulsiven Handlung oder etwas zu tun haben, was der Betreffende sich ausgedacht hat und seit einiger Zeit plant.

Szasz ist nicht dagegen, jemandem den Rat zu geben, keinen Suizid zu begehen oder seine Probleme wie eine Depression, die sehr viel mit selbstdestruktiven Gedanken zu tun hat, anderweitig zu behandeln. Er wendet sich allein gegen die aufgezwungene Prävention. Er ist wirklich davon überzeugt, daß, wenn die Kliniker die aufgezwungene Suizidprävention aus ihren Behandlungsoptionen streichen, sie ihren Patienten gegenüber mehr Empathie zeigen und dadurch mehr helfen können. Er schlägt auch eine psychiatrische Willensbekundung vor, in der ein Patient, zu einem Zeitpunkt, wenn er nicht suizidal ist, im voraus festlegt, wie er behandelt werden möchte, wenn er sich zu einem späteren Zeitpunkt für einen Suizid entscheidet. Wenn sich der Patient in dieser Willenserklärung für eine aufgezwungene Prävention ausspricht, dann ist es zu akzeptieren. Dieses Vorgehen erinnert an die Anweisungen, die Odysseus seinen Matrosen gab, bevor sie die Küste der Sirenen entlangfuhren. Die Sirenen waren Wassernixen, deren Gesang die unglücklichen Matrosen dazu brachte, dadurch Suizid zu begehen, daß sie sich ins Meer stürzten:

„Er verstopfte die Ohren seiner Männer mit Wachs und forderte sie auf, ihn mit Stricken fest an den Mast zu binden. Als sie sich der Insel der Sirenen näherten, war die See ruhig und über das

---

Oder – zeitgemäßer – zu einer Sedierung gegen den Willen des Patienten, die stark genug ist, um ihn nahezu völlig handlungsunfähig zu machen? Und wie lange sollen solche Maßnahmen weitergeführt werden? Der Kliniker weiß natürlich, daß viele, vielleicht sogar die meisten suizidalen Krisen vorübergehen. Suizidgefährdete Menschen sind hinterher meistens dankbar, daß man sie vor der Selbstzerstörung, die einmal der einzige Ausweg zu sein schien, bewahrt hat. Aber wie weit ist der berufliche Helfer bereit zu gehen, um einen Suizidversuch zu

verhindern? In Kasten 9.4 diskutieren wir einige kontroverse Ansichten über dieses ethische Dilemma.

Andererseits stellt sich die Frage: Kann ein Experte jemals wirklich einem Menschen helfen, Suizid zu begehen? In einem Fall, der dem von Jo Roman (vgl. Foto auf S. 286) vergleichbar ist, hatte eine 54jährige Frau aus Oregon es so arrangiert, daß ihr ein Arzt aus Michigan half, Suizid zu begehen. Sie drückte einen Knopf an einer Maschine, der die Injektion einer Droge, die sie bewußtlos machte, und einer

Ulysses & his Companions after his return from the Shades, escaping the Sirens, & passing between the Rocks Scylla & Charybdis.

Odysseus konnte dem Gesang der Sirenen dadurch widerstehen, daß er sich an den Mast hat binden lassen, um sich selbst vor Suizid zu schützen. Nach Szasz würde es sich dabei um ein akzeptables Beispiel für eine intentionale, erzwungene Suizidprävention handeln.

Wasser erklang die Musik so hinreißend und anziehend, daß Odysseus versuchte, sich zu befreien, und durch Schreie und Zeichen seiner Mannschaft gegenüber, darum bat, freigelassen zu werden. Diese aber, indem sie seinem früheren Befehl gehorchten, sprangen auf ihn zu und banden ihn noch fester. Sie behielten den Kurs bei und die Musik wurde schwächer, bis sie schließlich nicht mehr zu hören war. Odysseus gab seiner Mannschaft das Zeichen, das Wachs aus den Ohren zu entfernen und sie befreiten ihn von seinen Fesseln." (*Bulfinch's Mythology*, 1979, S. 243).

Wie die anderen Äußerungen, die *Szasz* über viele Jahre zu Freiheit und Verantwortung gemacht hat, ist seine Analyse radikal, aber einer ernsthaften Betrachtung wert. Nach unserer Ansicht besteht die wichtigste Auslassung in seiner These darin, daß viele, wenn nicht sogar die meisten Menschen, die eine suizidale Krise überstehen, einschließlich derer, die zwangsweise von der Selbsttötung abgehalten wurden, danach dankbar für eine weitere Lebenschance sind. Es kann daher der Fall sein, daß, wenn wir den Vorschlägen von *Szasz* folgen, wir Gelegenheiten verpassen, Leben zu retten, die zu retten sind. Die Erwiderung von *Szasz* könnte sich jedoch darauf beziehen, daß einer der besten Prädiktoren für einen Suizidversuch ein früherer ist. In anderen Worten, viele Menschen versuchen mehr als einmal, sich zu töten, und wir werden dadurch wiederholt herausgefordert, zu entscheiden, wie drastisch die Einschränkungen der Freiheit sein sollen (und manchmal den Menschen durch Beschränkungen in der einen oder anderen Weise herabsetzen), in der Hoffnung zu verhindern, was unvermeidbar sein könnte. Es gibt hier keine einfachen Antworten, aber es ist wichtig, die Fragen zu stellen.

tödlichen Dosis Kaliumchlorid auslöste, die zum Herzstillstand führte (*Egan*, 1990). Der Tod war schmerzlos. Der Fall war nicht nur wegen der Beteiligung eines Arztes ungewöhnlich, sondern weil die Frau zum Zeitpunkt ihres Suizides noch bei guter Gesundheit war. Ihrer Entscheidung ging die Diagnose einer möglichen Alzheimerschen Krankheit voraus, einer unheilbaren Erkrankung, die über einen Zeitraum von acht bis fünfzehn Jahren die Nervenzellen des Gehirns zerstört und zu einem allmählichen Gedächtnisverlust führt, aber auch zum Verlust

der Fähigkeit, alltägliche Verrichtungen wie den Gang zur Toilette und andere grundlegende Aspekte der Selbstversorgung zu übernehmen.

Der Ehemann der Verstorbenen erklärte, daß er mit der Entscheidung seiner Frau einverstanden gewesen sei, da sie es unerträglich gefunden habe, langsam, aber unaufhaltbar, die Fähigkeit, das sehr aktive, interessante und produktive Leben, das sie genossen hatte – vom Bergsteigen bis zum Musizieren und Unterrichten von Musik, von dem Stolz einer Mutter und

Großmutter bis zum Sprechen und Lesen von Französisch – zu verlieren. Von einigen medizinischen Experten wurde eingewandt, daß sie ihre Entscheidung zu schnell getroffen hätte – sie war erst 54 Jahre alt und zeigte nur leichte Symptome des Gedächtnisverlusts und eine leichte Einschränkung beim Klavierspielen. Sie konnte wirklich ihren Sohn immer noch im Tennis schlagen und normale Gespräche führen (*Angier*, 1990). Das Jahr, das sie nach der Diagnose verbrachte, war anscheinend genauso ausgefüllt und vital wie ihre früheren Jahre. Es ist sehr schwer, eine genaue Diagnose der Alzheimerschen Krankheit zu stellen, besonders in dem frühen Stadium, in dem sich die Frau das Leben nahm. Die Experten sagten, daß man sehr vorsichtig sein müsse, um andere, therapierbare Ursachen der Symptome, die bei ihr auftraten, auszuschließen.

Nach ihrem Tod gab es in der Presse, unter Ärzten und Juristen beträchtliches Aufsehen wegen der Frage der Angemessenheit und der Zulässigkeit der Handlung des Arztes bei der Durchführung des Suizids. Handelte es sich dabei wirklich um einen Suizid? Anfänglich wurde der Arzt von Behauptungen, daß er einen Mord oder einen Kunstfehler begangen habe, freigesprochen, da es in Michigan kein Gesetz gab, das die Beteiligung am Suizid eines anderen verbot. Es gab jedoch eine gerichtliche Verfügung, die ihm die Hilfe bei weiteren Suiziden untersagte und seine Zulassung als Arzt in Michigan wurde widerrufen. Im Februar 1992 wurde er, nachdem er bei zwei weiteren Suiziden geholfen hatte, wegen Mordes angeklagt. Der eine Fall betraf eine Frau mit starken Schmerzen und der andere eine Frau, die an einer degenerativen Nervenkrankheit litt. Keine der Frauen war todkrank (*Harrison*, 1992). Im Juli 1992 ließ ein Richter die Klage aus dem gleichen Grund wie früher fallen und stellte fest: „Für die Patienten, ob sie todkrank sind oder nicht, die unerträgliche Schmerzen haben, bleibt der von einem Arzt unterstützte Suizid eine Alternative." (Los Angeles Times, July 22, 1992, S. A11). Möglicherweise um sein persönliches Vorurteil gegenüber derartigen Suiziden auszudrücken, sagte der Richter weiter, daß derartige Suizide auf ein Minimum begrenzt werden könnten, wenn sowohl die Ärzte als auch die Öffentlichkeit sich der Möglichkeiten bedienen und bewußt sein würden, welchen Nutzen Krankenhäuser bringen und auch welche Erleichterungen für die todbringenden Krankheiten möglich sind, wie z.B. eine psychologische Begleitung der Patienten und ihrer Angehörigen, sowie hohe Dosen von Schmerzmitten.[3] Die Mitarbeiter des Gesundheitswesens sind jedoch verpflichtet, den Suizid zu verhindern, und in diesem Zusammenhang, wie oben erwähnt, sollten sie sich nicht scheuen, den Patienten direkt nach Suizidgedanken zu fragen. Wichtig ist ein phänomenologischer Standpunkt: Der Therapeut sollte die Situation des suizidgefährdeten Patienten so sehen wie dieser und ihm auf keinen Fall zu verstehen geben, daß es unsinnig ist, auf Suizid als Lösung aller Probleme zu setzen. Diese Empathie nennen Mitarbeiter von Suizidpräventionszentren auch „sich einstimmen" (tuning in). Die Behandlung suizidgefährdeter Patienten kostet viel Energie und Zeit und kann aufwendiger sein als die psychotischer Patienten. Möglicherweise muß sich der Therapeut auf häufige nächtliche Telephonanrufe und Hausbesuche einrichten. Er sollte sich bewußt sein, daß er in dieser Zeit vermutlich der wichtigste Mensch im Leben des Patienten ist, und muß sowohl dessen extreme Abhängigkeit als auch die Feindseligkeit und Ablehnung akzeptieren können, mit denen der Patient seinen Hilfsangeboten manchmal begegnen wird. Tabelle 9.6 enthält allgemeine Richtlinien für den Umgang mit suizidgefährdeten Patienten.

---

3 Entscheidungen, todkranke Menschen nicht wiederzubeleben, werden jeden Tag in den Krankenhäusern getroffen. Nach einer inoffiziellen Schätzung beruht mehr als die Hälfte der Todesfälle im Krankenhaus auf einer Entscheidung, den Einsatz der Instrumente zur Lebenserhaltung, die derzeit verfügbar sind, zu begrenzen oder zu verweigern. Viele Menschen sehen dieses Vorgehen nicht als Euthanasie oder Suizid an, der das Leben beendet. „Es ist eher der Wunsch, das Sterben zu beenden, sanft in die Nacht hinüberzugleiten, ohne daß Schläuche durch die Nase laufen und ein Ventilator ständig die Lungen aufbläst, die durch diese Beleidigung matt geworden sind." (Newsweek, 1991, S. 44). Wichtige juristische, religiöse und ethische Fragen kreisen um die Entscheidung über das Beenden des Sterbens bei Todkranken. Handelt es sich dabei um einen ärztlich unterstützten Suizid?

Zusammenfassung

Das DSM-IV verzeichnet in der Hauptsache zwei affektive Störungen. Bei der Major oder unipolaren Depression ist der Betroffene von tiefer Traurigkeit erfüllt und leidet an einer Anzahl weiterer Symptome wie Schlaf- und Appetitstörungen, Energieverlust und Verlust des Selbstwertgefühls. Ein Patient mit bipolarer Störung hat entweder nur manische oder sowohl manische als auch depressive Phasen. Die Manie zeichnet sich aus durch gehobene oder reizbare Stimmung, die Patienten werden extrem aktiv, gesprächig und ablenkbar. DSM-IV führt auch zwei chronische affektive Störungen auf, nämlich Zyklothymie und Dysthymie. Beide müssen mindestens für zwei Jahre bestehen. Bei der Zyklothymie hat der Betroffene häufige Episoden von depressiver Stimmung und von Hypomanie; bei der Dysthymie ist der Betroffene chronisch depressiv.

Depressionstheorien drücken sich in psychoanalytischen, kognitiven und lerntheoretischen Begriffen aus. Psychoanalytische Formulierungen legen den Schwerpunkt auf eine unbewußte Identifikation mit einem geliebten Menschen, dessen Verlust dazu führt, daß der Verlassene seinen Zorn nach innen kehrt. Die kognitive Theorie von Beck sieht die Ursache der Depression in einer negativen und unlogischen Selbstbeurteilung. Nach der Theorie der Hilflosigkeit/Hoffnungslosigkeit kann eine Depression dann entstehen, wenn frühe Erfahrungen mit unentrinnbaren, leidvollen Situationen ein Gefühl der Hoffnungslosigkeit hinterlassen haben. Solche Menschen neigen dazu, Mißerfolge eigenen Fehlern und dem eigenen allgemeinen Ungenügen zuzuschreiben. Die interpersonale Theorie konzentriert sich auf Defizite bei depressiven Menschen und die negativen Reaktionen, die sie bei anderen auslösen. All diese Theorien gelten auch für die depressive Phase der bipolaren Störung. Die manische Phase wird als Abwehr oder Schutz gegen einen psychischen Zustand interpretiert, der den Betroffenen schwächen würde.

Physiologische Theorien vermuten insbesondere für die Depression eine ererbte Prädisposition und bringen Depression und Manie mit abnorm geringen bzw. zu reichlichen Mengen derjenigen Neurotransmitter in Verbindung, die neurale Impulse in bestimmte Nervenstränge des Gehirns weiterleiten. Die neuere Forschung befaßt sich mehr mit den postsynaptischen Rezeptoren als nur der Menge der verschiedenen Neurotransmitter. Eine Überreaktion des Systems Hypothalamus-Hypophyse-Nebennierenrinde findet sich bei Depressiven ebenfalls.

Für die affektiven Störungen und speziell die Depression gibt es eine ganze Anzahl psychologischer und somatischer Therapien. Die Psychoanalyse versucht, dem Patienten Einsicht in den Zusammenhang zwischen einem in der Kindheit erlittenen Verlust oder anderen Defiziten und späteren Selbstvorwürfen zu vermitteln. Ziel von Becks kognitiver Therapie ist es, negative und unlogische Denkmuster aufzudecken und dem Patienten beizubringen, sich selbst und das, was er erlebt, realistischer zu betrachten. Frankls existentielle Therapie ermutigt die depressiven Menschen, einen Sinn in ihrem Leid zu sehen, sich frei und verantwortlich für ihr Leben zu fühlen und Sinn und Ziele ihrer Existenz zu suchen.

Die verschiedenen somatischen Behandlungsformen können – häufig in Verbindung mit einer Psychotherapie – sehr effektiv sein. Elektrokrampftherapie und Antidepressiva haben sich als depressionslindernde Maßnahmen bewährt. Sorgfältig dosiertes Lithiumkarbonat kann manischen und depressiven Phasen die Spitze nehmen.

Der letzte Abschnitt dieses Kapitels beschäftigt sich mit dem Suizid, obwohl die Neigung zur Selbstvernichtung nicht auf depressive Menschen beschränkt ist. Wie die Vielfalt der Fakten und Mythen um den Suizid zeigt, ist eine einzelne Theorie mit der Erklärung des Phänomens überfordert, aber das, was wir über den Suizid wissen, ist als Grundlage für eine Suizidprävention durchaus ausreichend.

In den meisten großen Gemeinden gibt es Zentren zur Suizidverhütung, und irgendwann einmal haben es auch die meisten Therapeuten mit stark suizidgefährdeten Patienten zu tun. Aus klinischer Erfahrung wissen wir, daß suizidgefährdete Menschen keine Beurteilung ihrer Ängste und Sorgen brauchen, sondern Verständnis, und daß die beruflichen Helfer ihnen mit viel Ruhe und Geduld vermitteln müssen, daß es Alternativen zur Selbstzerstörung gibt.

10

Persönlichkeitsstörungen

Marie war zum Zeitpunkt ihrer ersten Aufnahme in eine psychiatrische Klinik 26 Jahre alt. Seit einigen Monaten hatte sie sich bei einem Psychologen in ambulanter Therapie befunden, als die andauernden Gedanken an Suizid und ihr Verhalten, sich selbst Schmerzen zuzufügen (durch Schneiden oder Verbrennen), den Therapeuten zu der Überzeugung brachten, daß sie als ambulante Patientin nicht weiterbehandelt werden könne.

Marie machte ihre ersten Erfahrungen mit einer Form der Psychotherapie als Heranwachsende. In der elften Klasse waren ihre Noten plötzlich sehr viel schlechter geworden und ihre Eltern vermuteten, daß sie Drogen nahm. Sie begann, die Ausgangsbeschränkungen zu mißachten und kam sogar bei einigen Gelegenheiten nicht nach Hause. Die Schule schwänzte sie häufig. Eine Familientherapie wurde begonnen und es schien zuerst gut zu gehen. Marie war von ihrem Therapeuten begeistert und wollte sogar zusätzliche, private Sitzungen mit ihm. Während der Familiensitzungen wurden die Befürchtungen der Eltern dadurch bestätigt, daß Marie eine umfangreiche Geschichte von Drogenkonsum aufdeckte. Sie hatte sehr häufig den Partner gewechselt und sich einige Male prostituiert, um das Geld für die Drogen zu bekommen. Ihre Beziehungen zu Gleichaltrigen waren, um es milde auszudrücken, wechselhaft. Die Form war die einer ständigen Parade neuer Freunde, von denen sie zunächst glaubte, daß sie die besten wären, sie aber schnell in irgendeiner Weise enttäuschten und dann auf die Seite geschoben wurden, häufig in einer sehr groben Art. Mit Ausnahme der Person, in die sie gerade verliebt war, hatte sie keine anderen Freunde und berichtete, daß sie sich aus Angst davor, in irgendeiner Form verletzt zu werden, von den anderen fernhielt. Sie behauptete, an der Schule völlig desinteressiert und von allem gelangweilt zu sein außer den veränderten Zuständen, welche die Drogen bei ihr auslösten.

Nach einigen Wochen Therapie bemerkten Maries Eltern, daß sich ihre Beziehung zum Therapeuten deutlich abgekühlt hatte. Die Sitzungen waren auf der Seite von Marie durch zornige und beleidigende Ausbrüche gegenüber dem Therapeuten gekennzeichnet. Einige Wochen später weigerte sie sich, zu weiteren Sitzungen zu gehen. In einem darauffol-

genden Gespräch mit dem Therapeuten erfuhr der Vater, daß sich Marie in den privaten Sitzungen gegenüber dem Therapeuten sehr verführerisch gegeben hatte und daß ihre veränderte Einstellung mit der Zurückweisung ihrer Annäherung zusammengefallen war, sogar trotz des Versuchs des Therapeuten seine feste Haltung mit Wärme und Empathie zu mischen. Marie brachte es fertig, das Gymnasium abzuschließen und schrieb sich bei einer Universität ein, aber die alten Verhaltensweisen kamen wieder. Schlechte Noten, fortgesetzter Drogenkonsum und Mangel an Interesse an ihren Fächern brachte sie dazu, die Universität in der Mitte des dritten Semesters abzubrechen.

Danach hatte Marie zahlreiche Anstellungen in Form von Bürotätigkeit. Die meisten hatten nicht lange Bestand, weil die Auseinandersetzungen mit ihren Mitarbeitern üblicherweise zu ihrer Entlassung führten. Ihre Beziehungen zu den Mitarbeitern waren den Beziehungen zu den Mitschülern in der Schule ähnlich. Bei der Aufnahme der Tätigkeit fand sie jemanden, den sie wirklich mochte, dann aber kam etwas dazwischen und die Beziehung endete im Zorn. Ihren Mitarbeitern gegenüber war sie sehr mißtrauisch und berichtete, daß sie oft gehört hatte, wie sie über sie redeten und ein Komplott schmiedeten, um zu verhindern, daß sie bei ihrer Tätigkeit voran kam. Sie war schnell dabei, eine verborgene Bedeutung in deren Verhalten zu finden. Wenn sie beispielsweise die letzte war, die aufgefordert wurde, eine Geburtstagskarte zu unterschreiben, dann interpretierte sie dies so, daß sie diejenige sei, die am wenigsten akzeptiert würde. Sie gab auch an, daß sie von anderen „Vibrationen" empfangen würde und daher wisse, falls diese sie nicht leiden könnten, auch dann, wenn es dafür keinen direkten Beweis gebe.

Das Verhalten von Marie ist charakteristisch für viele der Kriterien von Persönlichkeitsstörungen. Ihre häufigen Stimmungsumschwünge, einschließlich von Episoden der Depression und starker Gereiztheit, brachten sie mehrmals dazu, eine Therapie zu beginnen. Aber nach anfänglichem Enthusiasmus verschlechterte sich die Beziehung zum Therapeuten und führte zu einer vorzeitigen Beendigung. Der Therapeut, den sie vor der Klinikaufnahme aufsuchte, war ihr sechster.

Die Persönlichkeitsstörungen stellen eine heterogene Gruppe von Störungen dar, die als lange bestehende, unflexible und schlecht angepaßte Persönlichkeitsmerkmale angesehen werden, die das Sozialleben und das berufliche Leistungsvermögen beeinträchtigen, aber nicht den Kontakt zur Realität. Einige, aber nicht alle, können eine emotionale Belastung darstellen. Früher wurden sie Charakterstörungen genannt, ihre Bezeichnung Persönlichkeitsstörun-

gen ist von dem Trait-Ansatz der Persönlichkeit abgeleitet (vgl. S. 112).

Wie noch deutlich werden wird, treffen viele der Beschreibungen der Persönlichkeitsstörungen anscheinend auf einige Mitglieder unserer eigenen Familie und einige unserer Bekannten, nicht zu vergessen uns selbst, zu! Das ist ein guter Zeitpunkt, die Leser daran zu erinnern, daß es das Medizinstudentensyndrom gibt, d.h. die Neigung, sich selbst oder ein Familienmitglied und Freunde in den Beschreibungen der zu studierenden Krankheiten zu erkennen. Bei den Persönlichkeitsstörungen kommen wir der Beschreibung von Merkmalen, die wir alle haben, am nächsten. Es ist daher besonders wichtig, darauf zu achten, daß eine wirkliche Störung durch die Extreme mehrerer Persönlichkeitsmerkmale definiert ist. Jeder von uns entwickelt im Lauf der Zeit offensichtlich eine beständige Form des Umgangs mit den Herausforderungen des Lebens, einen bestimmten Stil im Umgang mit anderen Menschen. Einer ist übermäßig abhängig; ein anderer herausfordernd und aggressiv; ein weiterer sehr scheu und vermeidet soziale Kontakte; ein anderer ist mehr um sein Erscheinungsbild besorgt und stützt eher sein kostbares Ego, als sich bescheiden und auf einem niedrigeren Niveau mit anderen einzulassen. Bei diesen Menschen würde eine Persönlichkeitsstörung nicht diagnostiziert werden, wenn diese Verhaltensweisen nicht bereits längere Zeit bestehen und sie weitere Bereiche umfassen sowie dysfunktional sind.

Nach dieser Erläuterung wenden wir uns zuerst den Problemen der Klassifikation von Persönlichkeitsstörungen zu, danach den eigentlichen Störungen, der Theorie und der Erforschung der Ätiologie dieser Störungen und schließlich den Therapien, die damit verbunden sind.

Probleme der Klassifikation von Persönlichkeitsstörungen

Laut DSM-IV sind *Persönlichkeitsstörungen* auf Achse II anzugeben, was bedeutet, daß das Vorhandensein oder Nicht-Vorhandensein einer Persönlichkeitsstörung bei jeder Diagnose zu verzeichnen ist. Die Persönlichkeitsstörungen wurden auf einer anderen Achse plaziert, um zu erreichen, daß die Diagnostiker dem möglichen Vorhandensein größere Aufmerksamkeit zuwenden. Manchmal wird ein diagnostisches Interview direkt auf das Vorliegen einer Persönlichkeitsstörung ausgerichtet sein, aber häufig wird jemand, der in eine Klinik kommt, eine Störung der Achse I haben (wie etwa eine Panikstörung), die dann natürlich im Zentrum der Aufmerksamkeit steht. Mit der Plazierung der Persönlichkeitsstörungen auf Achse II ist beabsichtigt, den Kliniker darauf

hinzuweisen, daß eine derartige Störung zusätzlich vorliegen kann.

In der Vergangenheit hatten die Persönlichkeitsstörungen nur eine geringe Reliabilität, trotz aller Versuche, die Genauigkeit der Definitionen zu erhöhen. In den Felduntersuchungen zum DSM-III stellte sich beispielsweise heraus, daß, obwohl Persönlichkeitsstörungen bei mehr als 50 Prozent der Patienten diagnostiziert wurden, die Reliabilität einiger dieser Störungen völlig unangemessen war (*American Psychiatric Association*, 1980). Diese geringen Reliabilitäten könnten jedoch auch durch das Fehlen von geeigneten Meßverfahren bei den DSM-III-Felduntersuchungen verursacht worden sein. Neuere Untersuchungen mit strukturierten Interviews, die speziell für die Erfassung von Persönlichkeitsstörungen entwickelt wurden, zeigen, daß gute Reliabilitäten zu erreichen sind (*Loranger* et al., 1984; *Widiger* et al., 1988).

Bei dieser diagnostischen Kategorie gibt es jedoch weitere Probleme. Es ist häufig schwierig, bei einem Patienten eine einzige spezifische Persönlichkeitsstörung zu diagnostizieren, weil viele gestörte Menschen eine große Zahl von Persönlichkeitsmerkmalen zeigen, die mehrere Diagnosen zulassen. Bei Marie, dem eingangs beschriebenen Fall, treffen die diagnostischen Kriterien von zwei Persönlichkeitsstörungen zu (Borderline und paranoide) und fast die Kriterien für eine dritte (schizotypische).

Widiger, Frances und *Trull* (1987) stellten fest, daß 55% der Patienten mit einer Borderline Persönlichkeitsstörung auch die diagnostischen Kriterien der schizotypischen Persönlichkeitsstörung erfüllten; auf 47% trafen die Kriterien der antisozialen Persönlichkeitsstörung zu und auf 57% die der histrionischen Persönlichkeitsstörung. Diese Daten sind besonders dann entmutigend, wenn wir versuchen, die Ergebnisse aus verschiedenen Untersuchungen, bei denen Patienten mit einer bestimmten Persönlichkeitsstörung mit einer Kontrollgruppe verglichen werden, zu interpretieren. Wenn wir z.B. feststellen, daß sich Probanden mit einer Borderline Störung von einer Kontrollgruppe unterscheiden, haben wir dann etwas für die Borderline Persönlichkeitsstörung spezifisches erfahren oder lassen sich die Ergebnisse mit den Persönlichkeitsstörungen allgemein in Verbindung bringen oder vielleicht sogar mit anderen Diagnosen? Weil die Veränderungen hinsichtlich der diagnostischen Kriterien bei DSM-IV relativ gering sind, ist es unwahrscheinlich, daß das Problem der Überlappung gelöst wurde.

In Kapitel 3 haben wir darauf hingewiesen, daß die diagnostischen Veränderungen von DSM-III zu DSM-III-R vielleicht zu schnell und ohne entsprechende empirische Unterstützung vorgenommen wurden. Die Veränderungen im Bereich der Persönlichkeitsstörungen illustrieren dieses Problem. Eines der Ziele von DSM-III-R bestand darin, die Anwendung der atypischen und anderer Diagnosen, Kategorien, die zur Bezeichnung von Probanden angewendet wurden, die die Kriterien irgendeiner spezifischen Persönlichkeitsstörung nicht erfüllten, zu reduzieren. Daher waren viele der Veränderungen dazu bestimmt, die Abdeckung durch spezifische Diagnosen zu erweitern. Beim Vergleich der Diagnosen von DSM-III und DSM-III-R fand *Morey* (1988), daß sich die Häufigkeit atypischer oder gemischter Diagnosen bei DSM-III-R reduziert hatte. Diese offensichtlich wünschenswerte Veränderung brachte jedoch einige Kosten mit sich, wie etwa die manchmal dramatische Verschiebung der Häufigkeit bestimmter Diagnosen. Tabelle 10.1 zeigt, daß die Diagnosen der gleichen Patienten nach DSM-III und DSM-III-R zu einigen deutlichen Unterschieden führten (man beachte insbesondere die Häufigkeiten bei der narzißtischen, selbstunsicheren, abhängigen, paranoiden, schizoiden und schizotypischen Persönlichkeitsstörung). Diese Art von Veränderung ist problematisch, da eine deutliche Abweichung in den diagnostischen Kriterien dazu führt, daß die Forschungsergebnisse, die bei Patienten nach DSM-III erhoben wurden, möglicherweise nicht auf jene angewendet werden können, deren Diagnose nach DSM-III-R oder DSM-IV erstellt wurde. Die Überlappung zwischen den Kategorien wurde durch die revidierten Kriterien vergrößert, so daß eine zweite Schwierigkeit als Folge auftauchte. *Morey* stellte fest, daß bei vier Diagnosen nach DSM-III eine Überlappung mit anderen Diagnosen zu 50% bestand, wohingegen die entsprechende Zahl für DSM-III-R acht beträgt. Über die Validität von Diagnosen, die sich so schnell verändern, kann man streiten. Eine weitere Schwierigkeit ergibt sich, wenn man die DSM-IV Kategorien mit den im ICD-10 möglichen Persönlichkeitsstörungen vergleicht. Man stellt fest, daß im ICD-System einige Kategorien fehlen (z.B. narzißtische Persönlichkeitsstörung), andere unterschiedlich definiert bzw. unterteilt werden (z.B.

Tabelle 10.1 Beziehung zwischen den Persönlichkeitsstörungen nach DSM-III und DSM-III-R

Persönlichkeitsstörung	Patienten mit Diagnosen, %	
	DSM-III	DSM-III-R
Borderline	32,0	33,3
Narzißtische	6,2	22,0
Histrionische	21,6	21,6
Antisoziale	5,8	6,2
Selbstunsichere	11,3	27,1
Dependente	14,1	22,3
Zwanghafte	8,9	7,9
Passiv-aggressive	8,2	12,4
Paranoide	7,2	22,0
Schizoide	1,4	11,0
Schizotypische	17,2	9,3
Atypisch, gemischt	29,2	22,3

Quelle: nach Morey (1988)

emotional instabile Persönlichkeitsstörung in einen impulsiven und einen Borderline Typus) und wieder andere (z.B. schizotypische Persönlichkeitsstörung) unter Achse-I-Störungen eingeordnet werden.

Die Daten lassen vermuten, daß das diagnostische Kategoriensystem von DSM-III-R für die Klassifikation von Persönlichkeitsstörungen nicht ideal ist. Die Persönlichkeitsmerkmale, die als Grundlage der Klassifikation fungieren, stellen ein Kontinuum dar, d.h. die meisten der relevanten Merkmale liegen in unterschiedlichem Maß bei dem größten Teil der Menschen vor. Die diagnostischen Kategorien sind über die extremen Ausprägungen definiert. Persönlichkeitsstörungen stellen extreme oder starre, normale menschliche Neigungen bzw. Traits dar. Das läßt vermuten, daß ein dimensionaler Ansatz zur Klassifikation (vgl. Kapitel 3, S. 101ff.) besser geeignet wäre. Es wurde auch ein dimensionales System sowohl für DSM-III-R als auch DSM-IV in Betracht gezogen, aber ein Konsens darüber, welche Dimensionen einbezogen werden sollten, konnte nicht erreicht werden (*Widiger* et al., 1988). Einen erfolgversprechenden Versuch in Richtung auf eine dimensionale Klassifikation unternahmen *Widiger* et al. (1987). Bei einer großen Patientenstichprobe wurden alle Symptome erfaßt, die für die Diagnose einer Persönlichkeitsstörung relevant sind. Die Korrelationen zwischen den

Symptomen wurden dann analysiert, um zu prüfen, ob eine kleinere Zahl von Dimensionen die Beziehungen erklären könnte. Drei Dimensionen wurden ermittelt:

1. Soziales Engagement: positiver und freundlicher Umgang mit anderen Menschen versus kein Umgang mit anderen.
2. Behauptung/Dominanz versus passive Unterwerfung.
3. Ängstliches Grübeln versus ausagierendes Verhalten.

Bei der Anwendung eines dimensionalen Ansatzes zur Klassifikation wird jeder Patient auf allen Dimensionen beurteilt, beschrieben und bewertet. Ein Proband, der als selbstunsichere Persönlichkeit diagnostiziert würde, hätte z.B. einen unterdurchschnittlichen Wert in den ersten beiden Dimensionen und einen überdurchnittlichen auf der dritten.

Zusammenfassend kann gesagt werden, daß es einen Trend zur Formulierung und zum Ausprobieren eines dimensionalen Ansatzes gibt. Die bislang durchgeführte Forschung über Persönlichkeitsstörungen beruht jedoch auf den älteren Kategorien. Wir wenden uns jetzt der Analyse dieser Arbeiten zu.

Spezifische Persönlichkeitsstörungen

Zu den meisten Persönlichkeitsstörungen liegen nur wenige Forschungsergebnisse vor, aber in den letzten Jahren hat das Interesse und die Zahl der Untersuchungen zugenommen. Unsere Darstellung wird dies belegen. Besonders für eine Persönlichkeitsstörung – die antisoziale Persönlichkeitsstörung – ist die Diagnose reliabel und es liegen viele Ergebnisse vor. Mit dieser Störung werden wir uns nach einem Überblick über die anderen Persönlichkeitsstörungen ausführlicher befassen.

Das DSM-IV ordnet die speziellen Persönlichkeitsstörungen in drei Hauptgruppen. Personen in Gruppe A (paranoide, schizoide und schizotypische Persönlichkeitsstörung) erscheinen seltsam oder exzentrisch, Personen mit Störungen der Gruppe B (antisoziale, Borderline, histrionische und narzißtische Persönlichkeitsstörung) dramatisch, emotional oder launenhaft, und Personen mit einer der Störungen von

Gruppe C (selbstunsichere, abhängige und zwanghafte Persönlichkeitsstörung) zeigen sich oft ängstlich oder furchtsam.

Paranoide Persönlichkeitsstörung

Die *paranoide Persönlichkeit* ist anderen gegenüber voll Mißtrauen. Die betroffenen Menschen erwarten von anderen nur Schlechtes, verschließen sich immer mehr und halten beständig Ausschau nach möglichen Anzeichen dafür, daß man sie betrügt und schädigt. Diese Menschen vertrauen kaum jemandem und neigen dazu, andere zu beschuldigen, auch dann, wenn der Fehler bei ihnen liegt. Sie sind extrem eifersüchtig und machen anderen Dinge zum Vorwurf, die sie unter Umständen sogar selbst verschuldet haben.

Paranoide Persönlichkeiten beschäftigen sich häufig mit unberechtigten Zweifeln an der Loyalität oder Glaubwürdigkeit anderer. Sie können verborgene Botschaften in Ereignissen sehen, z.B. wenn sie davon überzeugt sind, daß der Hund des Nachbarn früh morgens absichtlich bellt, um sie zu stören. Diese Diagnose überlappt sich stark mit der einer Borderline und selbstunsicheren Persönlichkeitsstörung (*Morey*, 1988). Die paranoide Persönlichkeit ist bei den Verwandten ersten Grades von Patienten mit einer wahnhaften Störung und Schizophrenie häufiger, was eine genetische Beziehung zwischen ihnen vermuten läßt (*Kendler, Masterson & Davis*, 1985).

Schizoide Persönlichkeitsstörung

Der *schizoiden Persönlichkeit* fällt es schwer, soziale Beziehungen anzuknüpfen. Menschen dieses Typs haben gewöhnlich nur sehr wenig enge Freunde. Sie erscheinen gelangweilt und unnahbar und ohne warme, zärtliche Empfindungen für andere. Diese Patienten berichten selten über starke Gefühle, haben kein Interesse an sexuellen Aktivitäten und erleben nur wenige erfreuliche Ablenkungen. Gleichgültig gegenüber Lob, Kritik und den Gefühlen anderer verfolgen diese Menschen als „Einzelgänger" ihre einsamen Interessen.

Wie wir bereits angedeutet haben, hat sich die Häufigkeit der Diagnose schizoide Persönlichkeitsstörung von DSM-III zu DSM-III-R stark erhöht. Viele Patienten, die früher als schizotypisch diagnostiziert wurden, werden jetzt als schizoid eingeordnet. Im Hinblick auf die Überlappung mit anderen Diagnosen von Persönlichkeitsstörungen sind die Prozentsätze für die selbstunsichere (53 Prozent) und paranoide Persönlichkeitsstörung (47 Prozent) am höchsten.

Schizotypische Persönlichkeitsstörung

Das moderne Konzept der schizotypischen Persönlichkeitsstörung entwickelte sich aus dänischen Untersuchungen mit adoptierten Kindern von Schizophrenen (*Kety* et al., 1968). Während einige dieser Kinder als Erwachsene eine voll ausgeprägte Schizophrenie entwickelten, war bei einer erheblich größeren Zahl so etwas wie eine abgeschwächte Form der Schizophrenie zu erkennen. Die diagnostischen Kriterien der schizotypischen Persönlichkeitsstörung wurden von *Spitzer, Endicott* und *Gibbon* (1979) zur Beschreibung dieser Probanden festgelegt. Die Kriterien von *Spitzer* et al. wurden im DSM-III übernommen und bei DSM-III-R und DSM-IV etwas eingeengt.

Die *schizotypische Persönlichkeit* hat gewöhnlich dieselben zwischenmenschlichen Probleme wie die schizoide Persönlichkeit, und die starke Sozialangst nimmt bei zunehmender Vertrautheit nicht ab. Aber darüber hinaus bestehen eine Reihe weiterer Symptome, die zwar exzentrisch, aber nicht schwer genug sind, um den Kriterien einer Schizophrenie zu genügen (vgl. Kapitel 14). Dazu kann „*magisches Denken*" in Form von Aberglauben, Hellseherei und Telepathie gehören oder auch Wahrnehmungsstörungen wie Depersonalisation, Derealisation und wiederkehrende *Illusionen;* die Betroffenen spüren etwa die Anwesenheit einer Kraft oder einer Person, die nicht wirklich da ist. Oft zeigt auch die Sprache Besonderheiten, z.B. werden Wörter auf unübliche und verschwommene Weise gebraucht. Die äußere Erscheinung und das Verhalten können ebenfalls exzentrisch sein (z.B. Selbstgespräche führen oder schmutzige und unordentliche Kleidung tragen); Beziehungsideen (die Überzeugung, daß Ereignisse eine besondere und ungewöhnliche Bedeutung für die eigene Person haben), Mißtrauen und paranoide Vorstellungen sind häufig. Der Affekt wirkt beschränkt und flach. Bei einer Untersuchung über die relative Bedeutung dieser Symptome für die Diagnose, fanden *Widiger, Frances* und *Trull* (1987), daß paranoide Vorstellungen, Beziehungsideen und Illusionen am aussagekräftigsten waren.

Die Prävalenz der schizotypischen Persönlichkeitsstörung wird auf etwa 3% geschätzt, wobei die Häufigkeit bei Männern geringfügig höher als bei Frauen ist (*Zimmerman & Coryel*, 1989). Die Verwandten von Patienten mit einer schizotypischen Persönlichkeitsstörung haben selbst ein höheres Risiko für diese Störung (*Siever* et al., 1990). Patienten mit der Störung gleichen hinsichtlich einiger biologischen Parameter (z.B. Monoaminoxidasespiegel, *Baron* et al., 1984) den Schizophrenen. Zwischen schizotypischer Persönlichkeitsstörung und Schizophrenie besteht wahrscheinlich ein genetischer Zusammenhang, d.h., die Prädisposition zu beidem wird auf ähnlichem Wege vererbt. Bei Verwandten ersten Grades von Schizophrenen wird häufiger eine schizotypische Persönlichkeitsstörung diagnoziert als bei Verwandten von Kontrollprobanden. Möglicherweise ist die schizotypische Persönlichkeitsstörung also eine milde Form der Schizophrenie (*Spitzer, Endicott & Gibbon*, 1979).

Das größte Problem bei dieser Diagnose ist die Überlappung mit anderen Persönlichkeitsstörungen. *Morey* (1988) fand beispielsweise, daß 33% der nach DSM-III-R diagnostizierten schizotypischen Persönlichkeiten die Kriterien der Borderline Persönlichkeitsstörung erfüllten, 33% die der narzißtischen Persönlichkeitsstörung, 59% die der selbstunsicheren Persönlichkeitsstörung, 59% die der paranoiden Persönlichkeitsstörung und 44% die der schizoiden Persönlichkeitsstörung. Dies sind eindeutig unbefriedigende Zahlen, wenn wir die schizotypische Persönlichkeitsstörung als getrennte diagnostische Einheit untersuchen wollen. Dieser Mangel an Präzision tritt auch in anderen Bereichen auf. *Squires-Wheeler* et al. (1988) fanden z.B. keine Unterschiede in der Häufigkeit der schizotypischen Persönlichkeitsstörung zwischen den Kindern von Schizophrenen und denen von Eltern mit affektiven Störungen.

Borderline Persönlichkeitsstörung

Die *Borderline Persönlichkeit* zeichnet sich aus durch Instabilität von Beziehungen, Stimmung und Selbstbild. Einstellungen und Gefühle anderen Menschen gegenüber können innerhalb kurzer Zeit beträchtlich und aus unerklärlichen

Gründen schwanken. Auch die Emotionen sind schwankend und ändern sich abrupt, besonders häufig sind plötzliche Zornausbrüche. Borderline Persönlichkeiten sind streitsüchtig, reizbar und sarkastisch. Ihr Verhalten ist in einigen Bereichen – z.B. Glücksspiel, Geldausgaben, Sexualität und übermäßigem Essen – unberechenbar, impulsiv und potentiell selbstschädigend. Diesen Menschen fehlt das sichere Gefühl eines eindeutigen und kohärenten Selbst und sie sind sich ihrer Werte, Loyalitäten und Berufswünsche unsicher. Alleinsein wird schwer ertragen. So kommt es zwar häufig zu intensiven zwischenmenschlichen Beziehungen, die aber gewöhnlich ebenso stürmisch wie kurz sind, denn weder wissen Borderline Persönlichkeiten andere einzuschätzen, noch ist ihnen wirklich an anderen gelegen. Das ständige Gefühl der Depression und Leere kann sie zu suizidalen Gesten treiben. Diese Menschen können unter Streß paranoide Vorstellungen und dissoziative Symptome zeigen. Von allen diesen unterschiedlichen Symptomen sind die instabilen und intensiven zwischenmenschlichen Beziehungen das entscheidende Merkmal (*Modestin*, 1987).[1]

Kliniker und Forscher verwenden den Begriff der Borderline Persönlichkeit seit geraumer Zeit, aber sie haben ihm verschiedene Bedeutungen gegeben. Ursprünglich beinhaltete der Begriff, daß sich der Patient an der Grenze (borderline) zwischen Neurose und Psychose befinde – eine Auffassung, für die sich in neueren Forschungsarbeiten keine Bestätigung findet.

Die gegenwärtige Definition der Borderline Persönlichkeit geht auf mehrere Quellen zurück. *Gunderson, Kolb* und *Austin* (1981) studierten die einschlägige Literatur und die vorhandenen Interview-Studien und entwarfen auf dieser Grundlage ein eigenes Interview, um die zur Diagnose notwendigen Informationen zu erheben. Sie schlugen auch eine Reihe spezifischer Diagnose-Kriterien vor, ähnlich denen, wie sie dann schließlich ins DSM-III aufgenommen wurden. Die DSM-III-Kriterien für die Borderline Persönlichkeit wurden im Rahmen einer Untersuchung von *Spitzer, Endicott* und

Die Rolle, die von Glenn Close in dem Film „Fatal Attraction" dargestellt wurde, weist viele Merkmale der Borderline Persönlichkeit auf.

Gibbon (1979) entwickelt. Sie identifizierten die schizotypische Persönlichkeitsstörung als eine Gruppe von Merkmalen, die mit Schizophrenie in Verbindung standen. Ein weiteres Syndrom, das nicht über eine Prädisposition mit der Schizophrenie in Verbindung stand, wurde ebenfalls ermittelt, und dieses Syndrom ging ins DSM-III als Borderline Persönlichkeitsstörung ein. Diese Unterscheidung wird bei DSM-IV beibehalten.

Die Diagnose der Borderline Persönlichkeitsstörung ist weiterhin sehr umstritten. Wie sich herausgestellt hat, verbirgt sich hinter den Borderline Persönlichkeiten eine recht heterogene Gruppe. Von den Borderline Probanden, die *Pope* und seine Mitarbeiter (1983) untersuchten, litt die Hälfte zusätzlich entweder noch an einer typischen Depression oder einer bipolaren Störung. Diese Probanden reagierten positiv auf die bei diesen affektiven Störungen üblichen somatischen Behandlungsformen. Ihre Verwandten ersten Grades litten häufiger an affektiven Störungen als es dem Bevölkerungsdurchschnitt entspricht. Bei den meisten ihrer Borderline-Probanden konnten *Pope* und

---

1 Patienten mit Borderline und schizotypischer Persönlichkeitsstörung wären nach DSM-II-Kriterien vermutlich als schizophren diagnostiziert worden. Das DSM-III hat die Diagnose der Schizophrenie unter anderem dadurch eingeengt, daß es das Verhalten der Betroffenen zum Kriterium dieser beiden Persönlichkeitsstörungen machte (vgl. Kapitel 14).

seine Mitarbeiter auch eine andere Persönlichkeitsstörung, nämlich eine histrionische, narzißtische oder antisoziale Persönlichkeitsstörung diagnostizieren. Ein erheblicher Anteil an überlappender Symptomatologie wurde sogar für die DSM-III-Diagnosen der Borderline und der schizotypischen Persönlichkeitsstörung ermittelt (*Serban, Conte & Plutchik*, 1987). Dieses Bild könnte sich durch die DSM-III-R und DSM-IV-Kriterien verändert haben, da *Morey* (1988) über weniger Überschneidungen zwischen der schizotypischen und der Borderline Persönlichkeitsstörung berichtet hat, aber mehr zwischen Borderline und histrionischen, narzißtischen, abhängigen, selbstunsicheren und paranoiden Persönlichkeitsstörungen.

Die Borderline Persönlichkeitsstörung hat eine Prävalenz von fast 2% und ist bei Frauen häufiger als bei Männern (*Swartz* et al., 1990). Borderline Persönlichkeiten berichten über sehr häufigen körperlichen und sexuellen Mißbrauch in der Kindheit (*Ogata* et al., 1990). Die Störung beginnt in der Adoleszenz (*McGlashan*, 1983). Sie tritt in Familien verstärkt auf, wobei die Verwandten ersten Grades von Indexfällen einen hohen Anteil aufweisen (*Baron* et al., 1985; *Loranger, Oldham & Tulis*, 1983).

Bei Borderline Persönlichkeiten ist die Wahrscheinlichkeit für eine affektive Störung höher (*Manos, Vasilopoulou & Sotorou*, 1988) und sogar ihre Verwandten haben überdurchschnittlich häufig eine affektive Störung (*Zanarini* et al., 1988). Die Therapieerfolge sind allgemein schlecht (*McGlashan*, 1983) und es gibt einen hohen Anteil von begangenen Suiziden (*Paris*, 1990). Zur Behandlung der impulsiven Aspekte der Störung hat sich Lithium als relativ erfolgreich erwiesen (*Links* et al., 1990).

Wegen des vielfältigen Interesses an der Borderline Persönlichkeitsstörung zitieren wir hier aus einer lebendigen Schilderung, die von *Jonathan Kellerman*, einem Klinischen Psychologen und erfolgreichen Schriftsteller stammt:

„Der Boderline-Patient ist der Alptraum des Therapeuten...
weil Borderline-Fälle niemals wirklich besser werden. Das Beste, was man tun kann, ist sie weiterlaufen zu lassen, ohne in ihre Pathologie hineingezogen zu werden....
Sie sind chronisch depressiv, entschlossen süchtig, zwanghaft geschieden, leben von einem emotionalen Unglück zum anderen. Sie hüpfen von Bett zu Bett, begehen Selbstmordversuche, fahren als Kolonnenspringer und sind traurigblickende Modelle mit Armen zusammengenäht wie Fußbälle und psychischen

Die narzißtische Persönlichkeitsstörung hat ihren Namen von Narziß aus der griechischen Mythologie. Er verliebte sich in sein eigenes Spiegelbild, verzehrte sich nach sich selbst und wurde in eine Blume verwandelt.

Wunden, die nie geheilt werden können. Ihr Ego ist so fragil wie gesponnener Zucker, ihre Psyche irreparabel fragmentiert wie ein Mosaik, bei dem die wichtigsten Teile fehlen. Sie übernehmen bereitwillig Rollen, übertreffen sich darin, jeder andere als sie selbst zu sein, sehnen sich nach Intimität, weisen sie aber zurück, wenn sie sie finden. Einige von ihnen fühlen sich von der Bühne oder dem Bildschrim angezogen, andere betreiben ihre Schauspielerei auf eine subtilere Weise...
Borderline-Patienten wandern von Therapeut zu Therapeut und hoffen, daß sie die magische Kugel gegen die erdrückenden Gefühle der Leere finden. Sie wenden sich chemischen Waffen zu, schlucken Tranquilizer und Antidepressiva, Alkohol und Kokain. Sie fliegen auf Gurus und jene, die den Himmel auf Erden versprechen, jeden charismatischen Kriecher, der ein schnelles Ende des Schmerzes verspricht. Und sie enden damit, daß sie zeitweise Urlaub in psychiatrischen Einrichtungen oder Gefängniszellen machen, kommen in guter Form zurück, machen jedem Hoffnung. Bis zur nächsten Entäuschung, real oder eingebildet, dem nächsten Ausflug in die Selbstschädigung.
Eines machen sie nicht: sich ändern." (*Kellerman*, 1989, S. 113f.)

Histrionische Persönlichkeitsstörung

Die *histrionische Persönlichkeit,* früher hysterische Persönlichkeit genannt, ist übertrieben dramatisch und fortwährend bemüht, Aufmerksamkeit auf sich zu ziehen. Diese Menschen, die Emotionen übertrieben zeigen, fallen durch ihren flachen Affekt auf. Sie sind ich-zentriert, übermäßig beschäftigt mit der körperlichen Attraktivität und fühlen sich unwohl, wenn sie nicht im Zentrum der Aufmerksamkeit stehen. Sie können unangemessen sexuell aufreizend und verführerisch sein und sind leicht durch andere zu beeinflussen.

Die Diagnose wird bei Frauen in Klinikstichproben häufiger gestellt (*Reich,* 1987), aber dies ist wahrscheinlich das Ergebnis eines Stichprobenfehlers, denn bei einer Untersuchung in einer Gemeinde war die Häufigkeit für Männer und Frauen gleich (2,1%) (*Nestadt* et al., 1990). Die Häufigkeit der Störung ist bei getrennten und geschiedenen Probanden höher und steht in Verbindung mit hohen Anteilen an Depressionen und einem insgesamt schlechten Gesundheitszustand (*Nestadt* et al., 1990). Die größte Überschneidung besteht mit der Borderline Persönlichkeitsstörung.

Narzißtische Persönlichkeitsstörung

Charakteristisch für *narzißtische Persönlichkeiten* ist das grandiose Selbstbild ihrer Einzigartigkeit und ihrer Fähigkeiten. Sie phantasieren von grenzenlosen Erfolgen. Sie als egozentrisch zu bezeichnen, ist fast noch untertrieben. Sie fordern fast ständig Aufmerksamkeit und starke Bewunderung. Sie sind davon überzeugt, daß sie nur von besonderen Menschen oder solchen von hohem Rang verstanden werden. Ihre zwischenmenschlichen Beziehungen leiden unter ihrer mangelnden Empathie. Sie neigen dazu, andere auszubeuten und nur auf ihren Vorteil bedacht zu sein, stellen Ansprüche und erwarten von anderen Vergünstigungen, ohne zu Gegenleistungen bereit zu sein. Die meisten dieser Persönlichkeitsmerkmale, mit Ausnahme des Mangels an Empathie und extremer Reaktion auf Kritik, wurden als Aspekte der narzißtischen Persönlichkeitsstörung empirisch validiert (*Ronningston & Gunderson,* 1990).

Die Diagnose der narzißtischen Persönlichkeitsstörung wurde formell in DSM-III eingeführt. Sie hat ihre Wurzeln in der modernen psychoanalytischen Literatur. *Kernberg* (1970) glaubt, daß Narzißten mit ihrer Grandiosität und ihrem egozentrischen Verhalten die Wut auf kalte und gleichgültige Eltern abwehren. Nach Ansicht *Kohuts* (1966) ist die Herausbildung einer narzißtischen Persönlichkeit eine Möglichkeit, mit wahrgenommenen Unzulänglichkeiten des Selbst fertigzuwerden, die immer quälender werden, weil von den Eltern weder Hilfe noch Empathie kommt. Ein Kind, dem solche Hilfe zuteil wird, erwirbt angepaßtere Formen des Umgangs mit eigenen Unzulänglichkeiten. Obwohl diese ätiologischen Spekulationen empirisch nicht überprüft worden sind, haben sie die DSM-Diagnose wesentlich beeinflußt (vgl. Kasten 10.1). Von DSM-III zu DSM-III-R hat sich die Häufigkeit der Diagnose stark erhöht und sie überschneidet sich stark mit der Borderline Persönlichkeitsstörung (*Morey,* 1988).

Selbstunsichere Persönlichkeitsstörung

Selbstunsichere Persönlichkeiten sind außerordentlich empfindlich für mögliche soziale Zurückweisung, Erniedrigung und Beschämung und zögern daher, sich auf Beziehungen einzulassen, wenn sie nicht sicher sind, daß man sie mag. In sozialen Situationen haben sie Angst davor, etwas Dummes zu sagen, sich durch Erröten in Verlegenheit zu bringen oder andere Anzeichen der Angst zu zeigen. Sie sind davon überzeugt, daß sie inkompetent und anderen unterlegen sind und übertreiben typischerweise die Risiken, Gefahren oder Schwierigkeiten, wenn sie etwas außerhalb der üblichen Routine erledigen sollen. Es gibt zwischen den Merkmalen der selbstunsicheren Persönlichkeitsstörung und denen der abhängigen Persönlichkeitsstörung eine beträchtliche Überschneidung (*Trull, Widiger & Frances,* 1987), aber auch mit der Borderline Persönlichkeitsstörung (*Morey,* 1988).

Dependente Persönlichkeitsstörung

Die *abhängige oder dependente Persönlichkeit* ist ohne Selbstvertrauen und unfähig zu selbständigen Entscheidungen. Sie überläßt dem Ehepartner passiv die Entscheidung darüber, wo die Familie lebt, wovon sie lebt und mit wem man Freundschaft schließt. Anderen stimmt sie

Nach der Bindungstheorie sind für ein kleines Kind Erwachsene ein sicherer Ausgangspunkt für seine Erforschung der Welt.

auch dann zu, wenn diese Unrecht haben und sie hat Schwierigkeiten, die Initiative zu ergreifen. Wenn sie allein ist, fühlt sie sich unwohl und beschäftigt sich oft mit der Angst, allein gelassen zu werden und selbst für sich sorgen zu müssen. Sie ist unfähig, Forderungen zu stellen, und stellt die eigenen Bedürfnisse hintan, um nicht die Beziehung zu Menschen zu gefährden, von denen sie abhängig ist. Wenn eine enge Beziehung endet, suchen sie dringend nach einer neuen, die die alte ersetzen kann.

Die DSM-IV-Diagnose der abhängigen Persönlichkeitsstörung beruht auf zwei Symptomkomplexen: der eine beschreibt das abhängige Verhalten und der andere das, was als Bindungsproblem bezeichnet werden kann (*Livesley, Schroeder & Jackson*, 1990). Die Bindung ist ein Prozeß, der von Entwicklungspsychologen untersucht wurde und der für die Persönlichkeitsentwicklung wichtig ist. Die grundlegende Vorstellung ist dabei, daß ein kleines Kind sich an einen Erwachsenen bindet und den Erwachsenen als sichere Basis einsetzt, von der aus es andere Ziele erforschen und verfolgen kann. Die Trennung vom Erwachsenen führt zu Zorn und Kummer. Mit Fortschreiten der Entwicklung wird das Kind in seiner Sicherheit von der Bezugsperson weniger abhängig. Es ist möglich, daß das abnorme Bindungsverhalten, das bei den abhängigen Persönlichkeiten auftritt, ein Defizit im gewöhnlichen Entwicklungsprozeß darstellt.

Obwohl erste Untersuchungen mit unstrukturierten Verfahren ermittelten, daß die abhän-

gige Persönlichkeitsstörung häufiger bei Frauen vorliegt, konnten spätere Ergebnisse auf der Grundlage von strukturierten Interviews dies nicht bestätigen (*Reich*, 1987). Es können jedoch zwischen Frauen und Männern, die diese Störung haben, Unterschiede bestehen. *Reich* (1990) fand, daß die Verwandten von Männern mit der abhängigen Persönlichkeitsstörung einen hohen Anteil an Depression zeigten, während die Verwandten von Frauen mit dieser Störung einen hohen Anteil von Panikstörungen aufwiesen. Die abhängige Persönlichkeit überschneidet sich erheblich mit der Borderline und selbstunsicheren Persönlichkeitsstörung (*Morey*, 1988) und ist mit einigen Diagnosen der Achse I, aber auch mit einem schlechten Gesundheitszustand verbunden.

Zwanghafte Persönlichkeitsstörung

Zwanghafte Persönlichkeiten sind perfektionistisch und übermäßig mit Einzelheiten, Regeln und Plänen beschäftigt. Arbeit geht ihnen vor Vergnügen und es fällt ihnen über die Maßen schwer, Entscheidungen zu treffen und ihre Zeit einzuteilen. Ihre zwischenmenschlichen Beziehungen sind häufig schlecht, denn sie bestehen darauf, daß alles auf ihre Art und Weise gemacht wird. Menschen mit dieser Störung sind gewöhnlich ernst und förmlich, besonders im Hinblick auf moralische Aspekte. Sie sind nicht in der Lage, sich von abgetragenen oder nutzlosen Dingen zu trennen, auch wenn sie keinen Erinnerungswert haben, und geizen mit dem Geld. Diese dysfunktionale Einstellung gegenüber Arbeit und Produktivität findet sich häufiger bei Männern als bei Frauen. Es ist anzumerken, daß die zwanghafte Persönlichkeitsstörung sich deutlich von der Zwangsstörung unterscheidet und Zwangsgedanken und Zwangshandlungen, die diese definieren, nicht einschließt. Obwohl die Verwendung der beiden ähnlichen Begriffe nahelegt, daß die beiden in Beziehung zueinander stehen, ist es nicht klar, daß sie es sind.[2]

---

2 Bei DSM-III-R wurden die diagnostischen Kriterien für zwei neue Persönlichkeitsstörungen vorgeschlagen, die keine formellen Diagnosen darstellten, aber „Kategorien, die einer weiteren Untersuchung bedürfen". Die am meisten kontorverse Kategorie war die der selbstschädigenden Persönlichkeitsstörung. Die andere war die sadistische Persönlichkeitsstörung. Beide Diagnosen wurden bei DSM-IV vollständig fallengelassen. Die passiv-aggressive Persönlichkeitsstörung wurde jetzt als Kategorie bezeichnet, die weiterer Untersuchung bedarf.

Kasten 10.1 Kohut und die narzißtische Persönlichkeit

In den vergangenen Jahren haben viele psychoanalytisch orientierte Kliniker die narzißtische Persönlichkeit als die häufigste Störung unserer Zeit angesehen. Es handelt sich dabei um einen Menschen, dessen deutliches Gefühl der eigenen Bedeutung, der vollständigen Selbstbezogenheit und der Phantasien von grenzenlosem Erfolg ein fragiles Selbstwertgefühl kaschieren. Während narzißtische Persönlichkeiten ständig nach Erfolg und Verehrung suchen, sind sie darunter extrem empfindlich gegenüber Kritik und haben starke Versagensangst. Manchmal suchen sie nach anderen, die sie idealisieren können, weil sie von sich selbst enttäuscht sind, aber im allgemeinen lassen sie es nicht zu, daß ihnen jemand sehr nahe steht. Die zwischenmenschlichen Beziehungen sind auf wenige beschränkt und nicht sehr tief. Wenn die anderen ihre unvermeidlicherweise unrealistischen Erwartungen nicht erfüllen, werden sie abweisend und zornig. Das innere Leben des Narzißten ist in ähnlicher Weise verarmt, denn trotz ihrer Selbstüberschätzung denken sie schlecht von sich und verfügen über keine Hilfsquellen.

Im Zentrum des derzeitigen Interesses am Narzißmus steht *Heinz Kohut*, dessen beide

Bücher „Narzißmus" (1971) und „Die Heilung des Selbst" (1977) eine Form der Psychoanalyse begründet haben, die als Ich-Psychologie bekannt wurde. Seine grundlegende Vorstellung besteht darin, daß die Eltern ihren Kindern mit Respekt, Wärme und Empathie begegnen sollen, damit die Kinder ein normales Selbstwertgefühl erwerben können. Aber die Eltern können auch ihre eigenen Bedürfnisse stärker in den Vordergrund stellen als die Empathie gegenüber ihren Kindern.

> „Ein kleines Mädchen kommt von der Schule nach Hause und brennt darauf, ihrer Mutter etwas von den großen Erfolgen zu berichten. Die Mutter aber, statt stolz zuzuhören, richtet das Gespräch vom Kind auf sich selbst und fängt an, von ihren eigenen Erfolgen zu sprechen, welche diejenigen ihrer Tochter in den Schatten stellen." (*Kohut & Wolf*, 1978, S. 418)

Kinder, die auf diese Weise vernachlässigt werden, können Schwierigkeiten haben, ihre eigenen Defizite zu akzeptieren. Sie können sich zu narzißtischen Persönlichkeiten entwickeln, die danach streben, ihr Selbstwertgefühl durch endlose Forderungen nach Liebe und Bestätigung von anderen zu verstärken.

Allgemeine Anmerkungen

Dem Leser ist zweifellos aufgefallen, daß die Beschreibungen bei einigen Persönlichkeitsstörungen den diagnostischen Kategorien gleichen, die andernorts dargestellt werden. Im allgemeinen kann gesagt werden, daß jemand, von dem gesagt wird, daß er eine paranoide Persönlichkeitsstörung hat, weniger gestört ist als jemand, der eine paranoide Schizophrenie oder eine wahnhafte Störung hat (vgl. S. 460). Diejenigen, die eine der drei Diagnosen erhalten, haben jedoch die Neigung gemeinsam, überaus mißtrauisch, reserviert und empfindlich zu sein. Aber es kann sehr schwierig sein, die Persönlichkeitsstörungen von anderen zu unterscheiden, die ähnliche Merkmale aufweisen, was wiederum ihren problematischen Status als separate Gruppe psychischer Störungen unterstreicht.

Ein weiterer Grund für die Diskussion der Diagnose von Persönlichkeitsstörungen ist die mögliche Rolle einer geschlechtsgebundenen Fehleinschätzung. Die Borderline Persönlichkeitsstörung wird häufiger bei Frauen als bei Männern diagnostiziert, und in ähnlicher Weise die antisoziale Persönlichkeitsstörung (die als nächstes besprochen wird), häufiger bei Männern als bei Frauen (*Morey & Ochoa*, 1989). Die eindeutige Erfassung des diagnostischen Fehlurteils stellt jedoch einige schwierige Probleme. Beispielsweise geben *Widiger* und *Spitzer* (1991) an, daß es möglich ist, daß die Merkmale der Borderline Persönlichkeit aus soziokulturellen Gründen normalerweise häufiger bei Frauen als bei Männern zu finden sind. Das umgekehrte kann bei der antisozialen Persönlichkeit zutreffen. Die Gesellschaft kann Männer und Frauen auf diese unterschiedliche Weise formen. Die Diagnosen selbst brauchen da-

her nicht auf falschen Voraussetzungen zu beruhen, sie sagen eher etwas über unsere Gesellschaft aus, das seinerseits Aufmerksamkeit verdient.

Antisoziale Persönlichkeitsstörung

Gegenwärtig scheint man die Bezeichnungen
antisoziale Persönlichkeitsstörung und *Psychopathie* (manchmal auch *Soziopathie*) als bedeu-
tungsgleich anzusehen, obwohl es, wie wir zeigen werden, erhebliche Unterschiede zwischen
den beiden gibt. Das antisoziale Verhalten ist
ein wichtiger Aspekt der beiden Begriffe und
die Geschichte der Versuche, dieses antisoziale
Verhalten zu diagnostizieren, ist interessant.

Philippe Pinel sprach Anfang des 19. Jahrhunderts von einer *manie sans délire*. Er wollte
damit ausdrücken, daß der betreffende Patient
zwar verrückt war *(manie)*, aber sonst keine der
üblichen Symptome des Wahnsinns zeigte *(sans
délire)*. 1835 beschrieb der englische Psychiater
James Prichard eine Störung, die er „moralischen Wahnsinn" nannte. Es ging ihm dabei um
ein Verhalten, das so weit außerhalb der üblichen ethischen und rechtlichen Normen lag,
daß es nur als Ausdruck von Wahnsinn erklär-
bar zu sein schien. Angeregt zu seiner Diagnose
wurde *Pinel* durch den Fall eines cholerischen
Aristokraten, der ein Pferd geschlagen, einen
Hund zu Tode getreten und eine Bäuerin in den
Brunnen geworfen hatte.

Das gegenwärtige DSM-IV-Konzept der antisozialen Persönlichkeitsstörung umfaßt zwei
Hauptkomponenten. Die erste bezieht sich auf
das Vorliegen einer Verhaltensstörung vor dem
Alter von 15 Jahren (vgl. Kapitel 15). Die Kriterien dafür schließen Schuleschwänzen, Fortlau-
fen von zu Hause, häufiges Lügen, Diebstahl,
Brandstiftung und absichtliche Zerstörung von
Eigentum ein. Der zweite Teil der DSM-IV-De-
finition bezieht sich auf die Fortsetzung dieses
Verhaltens im Erwachsenenalter. Die erwachsene antisoziale Persönlichkeit zeigt unverant-
wortliches und antisoziales Verhalten durch nur
zeitweiliges Arbeiten, Gesetzesübertretungen,
Gereiztheit und körperlich aggressives Verhalten, Nichtbezahlen von Schulden und Rück-
sichtslosigkeit. Sie ist impulsiv und plant nicht
voraus. Darüber hinaus zeigt sie keinen Re-

spekt vor der Wahrheit und keine Reue für Missetaten.

Vier Prozent der amerikanischen Männer
und ein Prozent der amerikanischen Frauen, so
schätzt man, sind als antisoziale Persönlichkeiten einzustufen (*Robins* et al., 1984). Manager,
Politiker und Ärzte können ebenso betroffen
sein wie Klempner, Seeleute, Tischler und Bar-
keeper. Man findet Soziopathen beileibe nicht
nur unter Prostituierten, Zuhältern, Gaunern,
Mördern und Rauschgifthändlern.

Das Konzept der Psychopathie ist eng mit den
Publikationen von *Hervey Cleckley* und seinem
klassischen Buch „The Mask of Sanity" (1976)
verbunden. Auf der Grundlage seiner umfangreichen klinischen Erfahrung formulierte er
eine Gruppe von Kriterien, die zur Diagnose der
Störung herangezogen werden. Im Gegensatz
zu den DSM-Kriterien für die antisoziale Persönlichkeitsstörung beziehen sich *Cleckleys* Kriterien für Psychopathie weniger auf das antisoziale Verhalten allein sondern mehr auf die Psyche des Psychopathen. Z.B. ist eines der zentralen Merkmale des Psychopathen die Gefühls-
verarmung sowohl negativer als auch positiver
Emotionen. Psychopathen haben kein Gefühl

Die Rolle, die von Anthony Hopkins in „Das Schweigen
der Lämmer" gespielt wurde, weist viele Merkmale eines
Psychopathen auf, insbesondere die völlige Mißachtung
der Rechte anderer.

der Scham und sogar ihre anscheinend positiven Gefühle für andere stellen nur eine Rolle dar. Der Psychopath ist außergewöhnlich charmant und manipuliert andere zu seinem persönlichen Vorteil. Das Fehlen negativer Emotionen kann dazu führen, daß es dem Psychopathen unmöglich ist, aus Fehlern zu lernen, und der Mangel an positiven Emotionen führt dazu, daß sie sich anderen gegenüber unverantwortlich benehmen. Ein anderer Aspekt, den *Cleckley* beim antisozialen Verhalten des Psychopathen beschreibt, ist, daß die Motivation unangemessen ist. Das Verhalten ist beispielsweise nicht auf das Bedürfnis nach etwas wie Geld zurückzuführen, sondern wird impulsiv durchgeführt, genauso um der Spannung willen als aus anderen Gründen. Heute identifizieren die meisten Forscher die Psychopathen durch die Anwendung einer Fragenliste von *Hare* und Mitarbeitern (*Hare* et al., 1990). Diese Fragen gehen auf zwei wichtige Gruppen psychopathischen Verhaltens ein. Die erste beschreibt ein eigensüchtiges, mitleidloses Individuum, das andere ausbeutet. Die zweite Gruppe charakterisiert einen antisozialen Lebensstil. Im Hinblick auf Diagnosen der Achse I wird Psychopathie häufig diagnostiziert, wenn Mißbrauch von Alkohol und anderen Drogen vorliegt (*Smith & Newman*, 1990). In einer interessanten Studie mit kulturellen Implikationen untersuchten *Kosson*, *Smith* und *Newman* (1990) die Validität des Konstrukts Psychopathie bei afroamerikanischen Gefängnisinsassen. Obwohl diese Forscher einige Unterschiede zwischen Afroamerikanern und Weißen ermittelten, fanden sie auch viele Ähnlichkeiten im Hinblick auf die Ergebnisse der Fragenliste von *Hare* und passivem Vermeidungslernen (einem wichtigen Forschungsfeld der Psychopathie, das weiter unten ausführlicher dargestellt wird).

Damit liegen zwei miteinander verbundene, aber nicht identische Diagnosen – antisoziale Persönlichkeitsstörung und Psychopathie – vor. *Hare*, *Hart* und *Harpur* (1991) haben die Diagnose der antisozialen Persönlichkeit kritisiert, da sie einen genauen Bericht von Menschen, die gewohnheitsmäßige Lügner sind, über Ereignisse erfordert, die vor langer Zeit stattgefunden haben. Weiter ist von Bedeutung, daß das diagnostische Konzept hier nicht mit Kriminalität synonym ist. Aber 75 bis 80% der verurteilten Straftäter erfüllen die Kriterien der antisozialen Persönlichkeitsstörung. Im Gegensatz dazu liegt die entsprechende Zahl bei den Psychopathen nur zwischen 15 und 25% (*Hart &*

Hare, 1989). Deswegen hat das Konzept der Psychopathie einige klare Vorteile. Wenn wir die Forschung in diesem Bereich darstellen, muß dabei berücksichtigt werden, daß sie bei Probanden durchgeführt wurde, die auf unterschiedliche Weise diagnostiziert wurden – einige als antisoziale Persönlichkeiten und einige als Psychopathen. Die Integration dieser Ergebnisse kann daher etwas schwierig sein.

Bevor wir die gegenwärtigen Forschungen über die Psychopathie darstellen, wenden wir uns einer Falldarstellung zu. Sie veranschaulicht viele klassische Merkmale der Psychopathie, ist aber insoweit untypisch, als der Betreffende zu dem Zeitpunkt, als die Unterlagen der Beschreibung zusammengestellt wurden, weder vorbestraft noch in psychiatrischer Behandlung war. Das anzumerken ist wichtig, denn im allgemeinen haben soziopathische Probanden das Gesetz gebrochen und sind dabei geschnappt worden. Es bietet sich nur selten Gelegenheit, das Verhalten eines Menschen zu studieren, auf den die Diagnose zutrifft und der es geschafft hat, noch nicht mit dem Gesetz in Konflikt zu geraten.

Der Fall Dan

Aufgezeichnet wurde diese Fallgeschichte von dem Psychologen *Elton McNeil* (1967), der ein persönlicher Freund von Dan war.

Dan war ein wohlhabender Schauspieler und Discjockey, der ein teures Haus in einer exklusiven Wohngegend besaß und seine Rolle als „Persönlichkeit" bis zum letzten ausspielte. Eines Abends gingen Dan und McNeil miteinander essen. Im Restaurant machte Dan großes Theater um ein angeblich mißlungenes „Shrimp de Johnge". McNeil glaubte, daß Dan die ganze Szene einzig um der Wirkung willen gespielt hatte und sagte ihm das auch:

„Ich habe den leisen Verdacht, daß du das alles nur veranstaltet hast, weil du eigentlich gar nicht hungrig bist." Dan lachte laut und zustimmend und sagte: „Zum Teufel, das nächste Mal werden sie ganz schön auf der Hut sein." „War das der einzige Grund für diese Vorstellung?" „Nein," erwiderte er, „ich wollte dir zeigen, wie wenig Rückgrat sie alle haben. Du brauchst sie nur etwas zu triezen und sie springen. Wenn ich das nächste Mal komme, werden sie sich schier überschlagen, damit alles genauso ist, wie ich es will. Nur so kann man ihnen den Unterschied zwischen Klasse und Gemeinen klarmachen. Ich pflege erster Klasse zu reisen."

„Ja gut, aber was hältst du jetzt von dir als Person – als Mitmensch?"

„Wen kümmert's," lachte er, „wären sie oben, würden sie mich genauso behandeln. Je mehr du auf ihnen rumtrampelst um so mehr mögen sie's. Es ist wie zu Zeiten der Kaiser und Könige. Sie werden nervös, wenn sie keine Unterschiede mehr sehen. Paß auf. Wenn wir gehen, lege ich den Arm um die Kellnerin, frage sie, ob sie mich noch liebt und tätschele ihr den Po. Sie wird von Stund an springen, wenn ich nur mit dem kleinen Finger winke" (S. 85).

Zur folgenden Episode kam es, als ein Freund von Dan sich umgebracht hatte. Fast alle gemeinsamen Freunde waren sehr betroffen und riefen *McNeil* an, um etwas über die Gründe des Suizids zu erfahren. Dan nicht. Als *McNeil* ihn später darauf ansprach, sagte er nur: „Das ist der Lauf der Welt." In der Öffentlichkeit zeigte Dan sich allerdings von einer ganz anderen Seite. Er war es, der Geld sammelte und es persönlich der Witwe überbrachte. Nur wußte er anschließend – seinem Charakter getreu – zu vermelden, die Witwe sei sehr sexy und er diesbezüglich an ihr interessiert.

Beide Geschichten vermitteln einen Eindruck von Dans Verhalten. *McNeil* wurde noch häufig Zeuge ähnlicher Vorfälle und kam schließlich zu dem Schluß daß

„(solche Begebenheiten) ein schreckliches Zeugnis von dem Mißbrauch ablegten, den Dan zeit seines Lebens zu seinem Vergnügen und seinem Vorteil mit anderen trieb. Er kannte die Finessen des Showgeschäfts und erzählte mir gelegentlich von unglaublichen Betrugs- und Täuschungsmanövern, mit denen er Gegner und Konkurrenten ausgeschaltet hatte. Rufmord, Ausstreuen von Gerüchten, leichte Erpressung, Verführung und schamloses Lügen waren die geringsten seiner Talente. Er war ein Schakal im Dschungel des Unterhaltungsgeschäfts – ein Schakal, der sich an den Leichen derjenigen ergötzte, die er beruflich ruiniert hatte" (S. 91).

Bei ihren Gesprächen erfuhr *McNeil* auch einiges über Dans Lebensgeschichte, unter anderem erzählte ihm Dan folgende und möglicherweise bedeutsame Geschichte aus seiner Jugend:

„Ich kann mich noch gut erinnern, wie mir zum erstenmal der Verdacht kam, daß ich etwas anders bin als die meisten. Als ich noch zur Schule ging, starb mein bester Freund an Leukämie und ich ging zu seiner Beerdigung. Alles weinte und bemitleidete sich selbst, und als sie dann für ihn beteten, merkte ich plötzlich, daß ich eigentlich überhaupt nichts fühlte. Er war ein netter Kerl, aber was soll's. Nachts dachte ich noch einmal darüber nach und kam zu dem Schluß, daß ich weder Mutter noch Vater vermissen und mich auch der Tod meiner Geschwister kalt lassen würde. Mir wurde klar, daß mir an niemandem wirklich lag, aber daß ich eigentlich auch keinen Menschen brauchte. Dann drehte ich mich um und schlief ein" (S. 87).

Die moralische Verderbtheit, von der schon *Pinel* und *Prichard* schrieben, kennzeichnet auch Dans Verhalten. Jemand kann durchaus vernünftig und in offensichtlich normalem Kontakt mit der Realität sein und sich doch gewohnheitsmäßig zutiefst unethisch verhalten. Der vollständige Mangel an Gefühlen für andere, wie er in Dans letzter Erzählung zum Ausdruck kommt, ist ein Merkmal, das für die Erklärung psychopathischen Verhaltens von erheblicher Bedeutung ist.

Theorie und Forschung zur Ätiologie der Antisozialen Persönlichkeitsstörung

Wir wenden uns jetzt der Forschung und den Theorien zur Ätiologie zu. Zunächst werden wir auf die Bereiche Genetik und die Aktivität des Zentralnervensystems eingehen und danach die psychischen Faktoren der Familie und das Vermeidungslernen darstellen. Der letzte Abschnitt über geringes Erregungsniveau und Impulsivität verbindet einige der verschiedenen Forschungsansätze miteinander.

Wir weisen nochmals darauf hin, daß die meisten Untersuchungen hierzu an Personen durchgeführt wurden, die bereits als Kriminelle verurteilt worden waren. Menschen wie Dan wurden in der Forschung selten studiert. Daher ist zu berücksichtigen, daß die verfügbaren Daten über das Verhalten der Betroffenen möglicherweise keine Generalisierung auf diejenigen zulassen, die einer Verhaftung entgehen konnten.

Genetische Korrelate psychopathischen Verhaltens

Adoptionsstudien lassen vermuten, daß Erblichkeit bei Kriminalität und dieser Störung doch eine Rolle spielt. Anhand umfänglicher, in Dänemark durchgeführter sozialer Erhebungen untersuchten *Hutchings* und *Mednick* (1974) und *Mednick, Gabrielli* und *Hutchings* (1984) die Kriminalitätsraten bei Adoptiv- und Blutsverwandten von Adoptivkindern, die inzwischen straffällig geworden waren. In einer ähnlichen Untersuchung von *Schulsinger* (1972) ging es direkt um diese Störung. In beiden Kriminalitätsstudien waren Blutsverwandte von Kriminellen häufiger mit dem Gesetz in Konflikt geraten als Adoptivverwandte. Entsprechend fand *Schulsinger* mehr Psychopathie bei Blutsverwandten von Psychopathen. Amerikanische Untersuchungen von Adoptivkindern, deren biologische Eltern antisoziale Persönlichkeiten waren, sprechen ebenfalls für eine genetische Prädisposition (*Cadoret* et al., 1985).

Komplexere Untersuchungen beschäftigten sich sowohl mit der Kriminalität als auch mit dem Alkoholismus von Adoptivkindern (*Bohman* et al., 1982; *Cloninger* et al., 1982). Eine große Stichprobe nunmehr erwachsener Adoptivkinder wurde danach klassifiziert, ob sie vorbestraft waren, Alkoholprobleme hatten oder ob beides bzw. keines von beidem der Fall war. Vorbestrafte Alkoholiker hatten wiederholt Gewaltdelikte begangen. Das Kriminalitätsrisiko dieser Menschen hing mit ihrem Alkoholismus, nicht aber mit einem kriminellen Verhalten ihrer biologischen Eltern zusammen. Kriminelle ohne Alkoholproblem neigten zu Kleinkriminalität, z.B. zu Eigentumsdelikten. Hier waren bei den biologischen Eltern gehäuft ähnliche Vergehen zu verzeichnen. Überdies bestand ein Zusammenhang zwischen Kriminalitätsrisiko und häufigem Hin- und Hergeschobenwerden vor der endgültigen Adoption. Auch diese Daten sprechen also dafür, daß an manchen Formen kriminellen Verhaltens eine genetische Komponente beteiligt sein könnte.

Die Aktivität des zentralen Nervensystems und Psychopathie

Viele frühe Studien untersuchten die Hirnstromaktivität bei Soziopathen und verschiedenen Kontrollgruppen. Die Veränderungen der Spannung werden von einem Elektroenzephalographen aufgezeichnet und verstärkt, damit sie wahrgenommen werden können. Die elektrische Aktivität des Gehirns ändert sich in Abhängigkeit vom Aktivitätsniveau des Probanden (z.B. schlafend oder stark erregt). In dreizehn von vierzehn solcher Studien, die insgesamt 1500 Psychopathen untersuchten, wiesen 31-58% von ihnen im Elektroenzephalogramm (EEG) irgendeine Abnormität auf (*Ellingson*, 1954). Die häufigste Abnormität war eine niedrige Wellenfrequenz, wie sie für Säuglinge und Kleinkinder, nicht aber für Erwachsene normal ist. Diese niederfrequenten Wellen waren nicht auf bestimmte Hirnbereiche beschränkt.

Neuere Untersuchungen kommen im allgemeinen zu ähnlichen Ergebnissen (Überblick in *Syndulko*, 1978). Die meisten derartigen Studien fanden bei Psychopathen gehäuft EEG-Abnormitäten, insbesondere niedrige Wellenfrequenzen und positive Spitzen. Diese Spitzen treten im temporalen Bereich des Gehirns auf und bestehen aus Aktivitätsausbrüchen, die mit Frequenzen von 6 bis 8 und 14 bis 16 Hz (Schwingungen pro Sekunde) auftreten. Aber nicht alle Psychopathen weisen EEG-Abnormitäten auf, und es bleibt unklar, ob sich diejenigen mit und jene ohne EEG-Abnormitäten in irgendeiner Weise unterscheiden. Überdies sind die Gehirnwellen von Psychopathen nicht in allen experimentellen Kontexten abnorm. *Hare* und *Jutai* (1985) fanden die übliche niederfrequente Wellenaktivität nur, wenn ihre psychopathischen Probanden ruhten. Bei einem spannenden Video-Spiel unterschieden sich ihre Gehirnwellen nicht von denen normaler Probanden.

Interpretationen dieser EEG-Abnormitäten bewegen sich einstweilen noch im Bereich der Spekulation. *Hare* (1970) z.B. interpretiert die niederfrequente Wellenaktivität als Dysfunktion der Hemmungsmechanismen, die dann ihrerseits dazu führt, daß der Soziopath nicht lernt, unliebsame und konfliktträchtige Verhaltensweisen zu meiden. Diese Interpretation fügt sich zwar zur Tatsache, daß Bestrafung bei Psychopathen kaum Wirkung zeigt, ist aber sicher nicht die einzig mögliche.

Die Rolle der Familie

Da etliche psychopathische Verhaltensweisen soziale Normen verletzen, überrascht es nicht, daß sich viele Forscher bei ihrer Suche nach Erklärungen für solches Verhalten mit dem wichtigsten Sozialisationsfaktor – der Familie – beschäftigt haben. *McCord* und *McCord* (1964) schlossen auf der Basis eines klassischen Forschungsberichts zum Thema, daß fehlende Zuwendung und elterliche Zurückweisung vorrangige Ursachen antisozialen Verhaltens seien. Eltern von Psychopathen, so zeigten andere Untersuchungen, waren sowohl in ihren Disziplinierungsmaßnahmen als auch in ihren Versuchen, dem Kind Verantwortung für andere beizubringen, inkonsequent (*Bennett*, 1960). Überdies neigen die Väter von Psychopathen ebenfalls zu antisozialem Verhalten.

Aber bei der Interpretation solcher Kindheitsdaten ist äußerste Vorsicht geboten. Sie beruhen auf *retrospektiven Angaben,* und solche Informationen sind unter Umständen wenig wert. Wir haben bereits gesehen (vgl. S. 213), daß Information, die auf diese Art beschafft wurde, von zweifelhaftem Wert ist. Wenn man Menschen nach ihren Erinnerungen an die Kindheit eines inzwischen bekanntermaßen zum Psychopathen gewordenen Menschen fragt, kann das Wissen um diese Entwicklung das Was und Wie der Erinnerung beeinflussen. Möglicherweise wird vorwiegend potentiell abweichendes Verhalten erinnert und Verhalten, das zur jetzigen Persönlichkeit nicht paßt, übersehen. Und was die retrospektiven Berichte der Psychopathen selbst betrifft, so ist es genauso unklug zu glauben, was sie über ihre Vergangenheit sagen, wie das, was sie sonst sagen.

Umgehen läßt sich dieses Problem z.B. dadurch, daß man eine große Gruppe von Kindern, die in einer Erziehungsberatungsstelle vorgestellt wurden, als Erwachsene erneut untersucht. Genau das hat *Robins* (1966) getan. Er fertigte detaillierte Aufzeichnungen an, die über die Schwierigkeiten, die Anlaß zur Vorstellung in der Beratungsstelle gegeben hatten, ebenso ausführlich Auskunft gaben wie über die familiäre Situation der Kinder. 90 Prozent der ursprünglichen Stichprobe von 584 Probanden konnten dreißig Jahre später wieder aufgespürt werden.[3] Ebenfalls untersucht und im Erwachsenenalter nachuntersucht wurden 100 Kontrollprobanden, die im Einzugsbereich der Beratungsstelle lebten, aber nie Kontakt mit ihr hatten.

Die nunmehr erwachsenen Probanden beider Stichproben wurden interviewt und feststellbare Fehlanpassungen diagnostiziert und beschrieben. Dann setzte man die Schwierigkeiten der Erwachsenen mit den Kindheitsmerkmalen in Beziehung, um herauszufinden, welches dieser Merkmale ein Prädiktor für Psychopathisches Verhalten im Erwachsenenalter war. Die Zusammenfassung von *Robins* bringt die Kategorie der Verhaltensstörung ins Spiel, die bei der Darstellung des antisozialen Verhaltens von Jugendlichen in Kapitel 15 eingeführt wird:

---

3 Soviele Menschen nach dreißig Jahren wieder aufzuspüren, ist eine unglaubliche Leistung.

Wenn man unter den kindlichen Patienten einer Erziehungsberatungsstelle das Kind herausfinden möchte, das die größten Aussichten hat, sich zu einer psychopathischen Persönlichkeit zu entwickeln, halte man Ausschau nach einem Jungen, der stiehlt oder besonders aggressiv ist, eine Vielfalt antisozialer Verhaltensweisen an den Tag legt, von denen mindestens eine ihn vor den Jugendrichter hätte führen können und dessen antisoziales Verhalten ihn in Konflikt mit Fremden und Organisationen, aber auch mit Eltern und Lehrern gebracht hat ... Mehr als die Hälfte der Jungen (mit solchen Auffälligkeiten wurden später) als psychopathische Persönlichkeit eingestuft. Die Akten dieser Jungen verzeichneten Schulschwänzen, Diebstahl, zu spätes Nachhausekommen und Ungehorsam den Eltern gegenüber. Sie logen mutwillig und grundlos und ließen kaum Schuldgefühle erkennen. Man konnte sich im allgemeinen weder darauf verlassen, daß sie waren, wo sie sein sollten, noch konnte man ihnen Geld anvertrauen (S. 157).

Darüber hinaus erwiesen sich auch hier die bereits erwähnten Aspekte des Familienlebens als folgenträchtig. Sowohl inkonsistente oder völlig fehlende Disziplinierung als auch antisoziales Verhalten des Vaters waren gute Prädiktoren für psychopathisches Verhalten im Erwachsenenalter.

Insgesamt sprechen alle vorgestellten Forschungsarbeiten für die Bedeutsamkeit von Erziehungspraktiken. In ihren Vätern scheinen die späteren Psychopathen ein Modell für antisoziales Verhalten zu haben. Allerdings gilt ein schlechtes Sozialisationstraining als Teil der Ätiologie einer ganzen Anzahl klinischer Syndrome, einschließlich des delinquenten, neurotischen und sogar psychotischen Verhaltens (*Wiggins*, 1968); und viele Kinder aus offenbar ähnlich gestörten Verhältnissen werden weder zu Psychopathen noch entwickeln sie eine andere Verhaltensstörung. Das ist ein wichtiger Punkt: Aus Kindern, die inkonsistenten und sonstwie unangemessenen Erziehungspraktiken ausgesetzt waren, können durchaus gutangepaßte Erwachsene werden. Die Familienerfahrung spielt bei der Entwicklung psychopathischen Verhaltens zwar vermutlich eine bedeutende Rolle, ist aber wohl kaum dessen einzige Ursache.

Vermeidungslernen, Strafe und Psychopathie

Wie wir wissen, gehörte zu *Cleckleys* Definition des psychopathischen Syndroms die Unfähigkeit der Betroffenen, aus Erfahrung zu lernen. Sie machen keinen Versuch, die negativen Folgen sozialen Fehlverhaltens zu meiden. *Cleckley* vermerkt auch, daß Psychopathen nicht neurotisch und nur selten ängstlich sind. *Lykken* (1957) vermutete, daß Psychopathen darum so ungehemmt antisoziale Akte begehen, weil sie so wenig Angst haben. In mehreren Tests versuchte er herauszufinden, ob das Angstniveau von Psychopathen tatsächlich so gering ist. Dabei untersuchte er unter anderem auch das Vermeidungslernen. Die im folgenden dargestellte Forschung kommt zu dem Schluß, daß die Psychopathen nicht an einem allgemeinen Mangel der Lernfähigkeit leiden, sondern daß nur wenige Formen der Bestrafung für sie eine Bedeutung haben.

Lykken (1957) wählte unter den Insassen einer Besserungsanstalt anhand der Kriterien *Cleckleys* eine Gruppe männlicher Psychopathen aus. Die beiden Kontrollgruppen bestanden aus nicht-psychopathischen Anstaltsinsassen und Studenten. Alle drei Gruppen absolvierten eine Aufgabe zum Vermeidungslernen. Entscheidend war natürlich, daß dabei wirklich nur Vermeiden getestet wurde, und nicht etwa durch mögliche andere Belohnungen vermitteltes Lernen. Wenn ein Proband dahinterkommt, daß er lernen soll, Schmerz zu vermeiden, besteht seine Lernmotivation möglicherweise nicht nur darin, Schmerz zu vermeiden; vielleicht möchte er gleichzeitig dem Versuchsleiter beweisen, wie clever er ist. Um sicherzustellen, daß keine anderen Lernmotive im Spiel waren, organisierte *Lykken* sein Experiment so, daß das Vermeidungslernen ein *zufälliges Nebenprodukt* war. Die Versuchsanordnung war wie folgt: Die Probanden saßen vor einer Tafel, auf der nebeneinander vier rote Lichter, unter jedem roten Licht ein grünes Licht und darunter wiederum jeweils ein Hebel angebracht waren (vgl. Abb. 10.1). Der Proband sollte eine Abfolge von 20 richtigen Hebelbetätigungen lernen, hatte aber zunächst durch Versuch und Irrtum herauszufinden, welche der vier Alternativen die richtige war. Drückte er den richtigen Hebel, leuchtete ein grünes Licht auf. Zwei der verbleibenden drei falschen Hebel waren mit roten Lichtsignalen verbunden, die einen Fehlversuch anzeigten. Drückte der Proband den dritten falschen Hebel, erhielt er einen elektrischen Schlag. Natürlich war nicht immer derselbe Hebel der richtige. Dem Probanden wurde einfach gesagt, er solle eine Abfolge von 20 richtigen Hebelbetätigungen herausbekommen und lernen. Weiter erfuhr er, daß er als Lern-

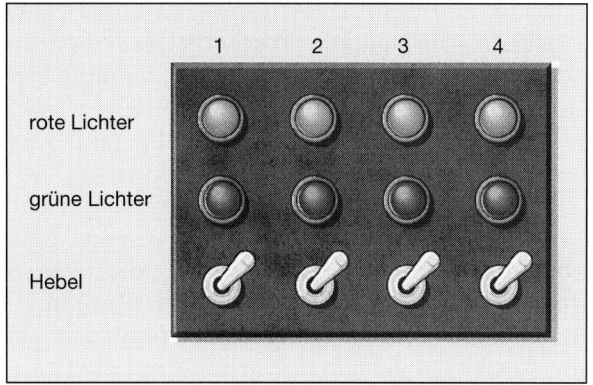

Abb. 10.1 Lykken (1957) entwarf dieses Gerät für Untersuchungen des Vermeidungslernens bei Psychopathen. Angenommen, das Drücken des Schalters 3 ist richtig, d.h. seine Betätigung läßt das grüne Licht aufleuchten, so sind Schalter 1 und 4 demzufolge falsch und das rote Licht leuchtet auf. Schalter 2 läßt das rote Licht aufleuchten und versetzt der Versuchsperson einen Schock. Für die zweite Betätigung der Schalter kann sich die Bedeutung völlig verändern; beispielsweise kann Schalter 2 richtig sein, Schalter 3 und 4 falsch und Schalter 1 den Schock auslösen. Die Versuchspersonen mußten eine Folge von 20 richtigen Schalterbetätigungen lernen.

oder Leistungsanreiz in zufälliger Abfolge mit elektrischen Schlägen zu rechnen habe. Davon, daß er den elektrischen Schlag vermeiden konnte oder nach Möglichkeit sollte, war nicht die Rede, er erfuhr nur, daß der Schock als Anreiz für eine bessere Leistung zufällig kommen würde.

In der Gesamtzahl der Fehlversuche gab es keine signifikanten Unterschiede zwischen den drei Gruppen. Aber offensichtlich konnten sich die Studenten am besten merken, welche Hebeldruck-Abfolge einen elektrischen Schlag nach sich zog, denn bei ihnen nahm die entsprechende Fehlerquote rapide ab. Die Psychopathen handelten sich zwar die meisten elektrischen Schläge ein, aber der diesbezügliche Unterschied zur Gruppe der nicht-psychopathischen Anstaltsinsassen lag knapp unter der statistischen Signifikanzgrenze. *Lykken* sah darin eine Bestätigung der Hypothese, daß das Angstniveau von Psychopathen niedriger ist als das normaler Menschen.

Schachter und *Latané* (1964) setzten die Pionierarbeit von *Lykken* fort. Wenn Psychopathen aus Mangel an Angst nicht lernen, unangenehme Reize zu meiden, müßte man ihnen, so folgerten die beiden Forscher, dadurch helfen

können, daß man ihr Angstniveau anhebt. Da
zwischen Angst und der Aktivität des sympathischen Nervensystems ein Zusammenhang besteht, injizierten sie ihren Probanden zwecks
Hebung des Angstniveaus Adrenalin, eine Substanz, die sympathische Aktivität bewirkt.

Psychopathische und nicht-psychopathische
Insassen einer Besserungsanstalt wurden dem
eben beschriebenen Experiment von *Lykken*
unterzogen. Allerdings wurde jeder Proband –
in der Annahme, es ginge im Experiment um
die Auswirkungen eines Hormons auf die Lernfähigkeit – zweimal an zwei aufeinanderfolgenden Tagen getestet. Vor dem ersten Versuchsdurchgang erhielt die Hälfte der Probanden
eine Placebo-Injektion, den anderen injizierte
man Adrenalin. Am nächsten Tag wurden die
Medikamente vertauscht.

Die Ergebnisse des Experiments von *Schachter* und *Latané* sind in mehrerlei Hinsicht bedeutsam. Erstens bestätigte sich, was auch
Lykkens Untersuchung ergeben hatte: In der
Gesamtfehlerzahl bis zum Erlernen der geforderten Abfolge unterschieden sich psychopathische und nicht-psychopathische Probanden
nicht, und zwar unabhängig davon, ob sie Adrenalin oder ein Placebo erhalten hatten. Zweitens reduzierte sich bei den nicht-psychopathischen Probanden der Placebo-Gruppe die
Quote der mit einem elektrischen Schlag bestraften Fehlversuche nach einigen Durchgängen erheblich, während bei den Psychopathen
nach der Placebo-Injektion kein derartiger
Lernerfolg zu verzeichnen war. In diesem Teil
des Experiments war der Leistungsunterschied
zwischen beiden Gruppen größer als bei
Lykken und lag um einiges oberhalb der statistischen Signifikanzgrenze. Drittens – und das
ist das wichtigste Ergebnis – reduzierten sich
bei den Psychopathen nach der Adrenalin-In-
jektion die „bestraften" Fehlversuche erheblich, während sich das Adrenalin bei den nicht-
psychopathischen Anstaltsinsassen gegenteilig
auswirkte, d.h., sie lernten es in ihrem ad-
renalin-induzierten Erregungszustand nicht,
den elektrischen Schlag zu vermeiden (vgl. Abb.
10.2). Die Hypothese vom angstfreien und *un-
tererregten* Psychopathen fand sich also recht
eindrucksvoll bestätigt.

Eine Untersuchung von *Schmauk* (1970) modifiziert die Ergebnisse *Lykkens* und auch die
der übrigen soeben vorgestellten Arbeiten.
Schmauk zeigte, daß eine bestimmte Art der
Strafe – der Verlust von Geld – die Lernleistung

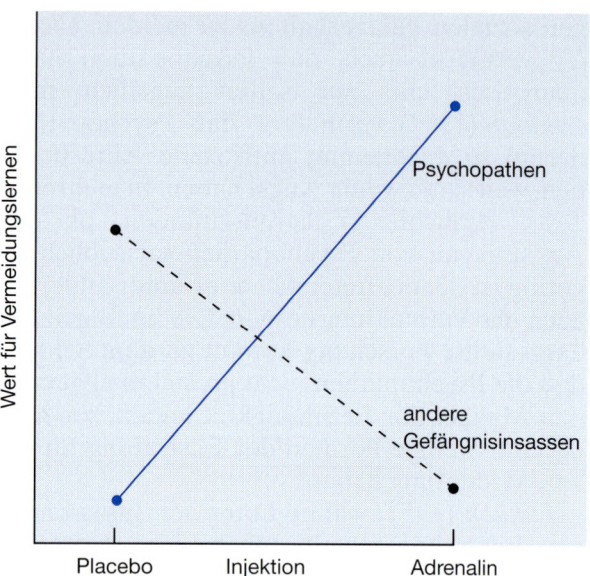

Abb. 10.2 Ergebnisse aus der Untersuchung von
Schachter und Latané (1964) über die Auswirkungen von
Vermeidungslernen unter Adrenalin bei Psychopathen,
die im Gefängnis saßen und anderen Gefängnisinsassen. Die höheren Werte weisen auf besseres Vermeidungslernen hin. Die Erhöhung des Erregungsniveaus
durch Adrenalin half den Patienten dabei, den Schock
dadurch vermeiden zu lernen, daß das sonst niedrige
Aktivationsniveau des autonomen Nervensystems erhöht wurde.

von Psychopathen in einem Experiment zum
Vermeidungslernen sehr wohl beeinflussen
kann. Er untersuchte drei Probandengruppen:
Psychopathische Häftlinge, nicht-psychopathi-
sche Häftlinge und eine Kontrollgruppe aus
Landarbeitern und Krankenhauspersonal. Im
Unterschied zu den bisherigen Studien konnten
bei der Lernaufgabe drei verschiedene aversive
Reize vermieden werden: eine körperliche
Strafe: ein elektrischer Schlag; eine materielle
Strafe: die Einbuße von 25 Cent aus einem Aus-
gangsguthaben von 40 Cents; und eine soziale
Strafe: der Versuchsleiter kommentierte einen
Fehlversuch mit „falsch". Wieder gab es keinen
Unterschied in der Gesamtzahl der Fehlversuche. Aber es zeigte sich, daß die Lernleistung
der Psychopathen mit der Art der Bestrafung
variierte (vgl. Abb. 10.3). Bei körperlicher und
sozialer Strafe waren die Probanden der Kontrollgruppe den Psychopathen im Vermeidungslernen weit voraus. Dafür übertrafen die
Psychopathen die Kontrollgruppe, wenn es galt,
die materielle Strafe zu vermeiden. Die nicht-

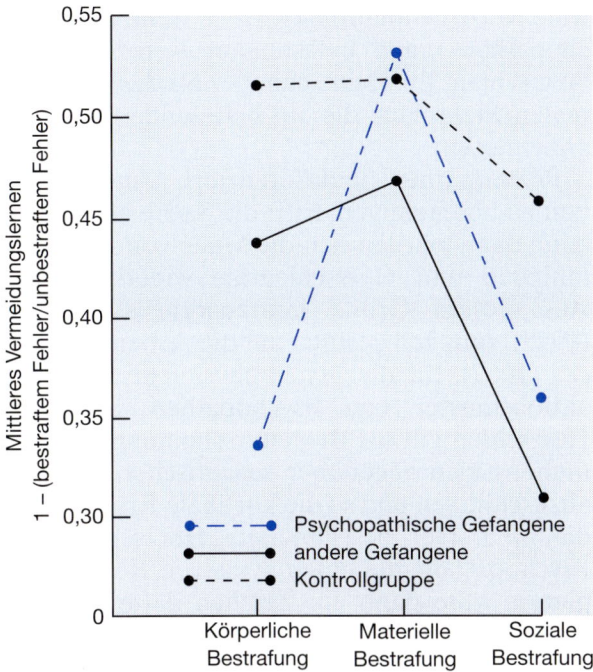

Abb. 10.3 Die mittleren Lernkurven beim Vermeidungslernen sind hier für drei verschiedene Versuchsgruppen dargestellt, die mit unterschiedlichen Bestrafungen konfrontiert wurden: körperlich, finanziell und sozial. Die Psychopathen lernten sehr schnell, Bestrafung zu vermeiden, wenn sie Geld bezahlen mußten. Nach Schmauk (1970)

bei der deutlichen Bestrafung die Konsequenz augenfällig war. Die Probanden sahen die Menge der Geldstücke vor sich und konnten ihre Gewinne behalten. Im Gegensatz dazu wurde den Probanden unter der Schockbedingung noch nicht einmal mitgeteilt, daß sie den Schock vermeiden konnten.

Auf der Grundlage dieser Überlegungen nahmen *Newman* und *Kosson* an, daß die Augenfälligkeit der Bestrafung die kritische Variable sei. Sie überprüften ihre Hypothese in einer Untersuchung bei Psychopathen und einer Kontrollgruppe, wobei sie zwei Formen von Aufgaben des Diskriminationslernens einsetzten. Bei einer Bedingung wurden die Probanden belohnt, wenn sie korrekt antworteten, und bestraft, wenn sie Fehler machten. Bei der zweiten Bedingung wurden die Probanden für eine richtige Antwort nicht belohnt, sie wurden nur für Fehler bestraft. Die Bestrafung sollte unter der zweiten Bedingung augenfälliger sein, weil dies die einzige Konsequenz ist, die ein Proband zu erwarten hat.

Der Vergleich der Zahl der bestraften Fehler bei jeder Bedingung unterstützte die Hypothese. Psychopathen und Kontrollpersonen unterscheiden sich in der Bedingung, in der nur bestraft wird, nicht, aber unter der anderen Bedingung zeigen die Psychopathen das übliche Verhaltensdefizit, indem sie mehr bestrafte Fehler als die Kontrollpersonen machen. Möglicherweise muß eine Bestrafung, damit sie für einen Psychopathen wirksam wird, in das Zentrum seiner Aufmerksamkeit gerückt werden. In den Situationen, in denen sowohl Belohnungen als auch Bestrafungen vorkommen, konzentrieren sich die Psychopathen wirklich eher auf die Belohnung, als daß sie ihr Augenmerk auf einen Ausgleich zwischen Belohnung und Bestrafung richten (*Raine* et al., 1990).

Obwohl die Theorie des Vermeidungslernens bei Psychopathen erfolgversprechend ist, bleibt sie nach der Auffassung von *Gorenstein* (1991) unvollständig. Sie setzt beispielsweise voraus, daß die Angst vor Bestrafung (ins Gefängnis zu gehen) uns dazu motiviert, von kriminellen Handlungen Abstand zu nehmen. Da dem Psychopathen diese Angst fehlt, begeht er häufig Straftaten. Es ist aber wahrscheinlich, daß die Gründe, warum Menschen keine Verbrechen begehen, viel komplexer sind. Die meisten Menschen sind in einem Wertsystem sozialisiert worden, das ihnen die Standards und Moralvorstellungen vorgibt, die es ihnen ermöglichen zu

psychopathischen Häftlinge lernten die körperliche Strafe besser, die soziale Strafe dagegen schlechter meiden als die Psychopathen.

Psychopathen sind also offensichtlich doch in der Lage, Strafe vermeiden zu lernen. Die Unterschiede, die in früheren Untersuchungen zwischen Psychopathen und Nicht-Psychopathen gefunden wurden, spiegeln daher möglicherweise nicht eine allgemeine diesbezügliche Lernunfähigkeit wider, sondern nur die Tatsache, daß manche Strafen für Psychopathen keine Bedeutung haben. Wenn aber eine Strafe innerhalb ihres Wertesystems relevant ist – und vielleicht besitzt Geld darin einen besonders hohen Stellenwert –, lernen Psychopathen sie offenbar auch vermeiden.

Eine alternative Erklärung dieser Ergebnisse wurde von *Newman* und *Kosson* (1986) vorgeschlagen. Sie weisen darauf hin, daß sich die Bedingung der deutlichen Bestrafung in dem Experiment von *Schmauk* in mehreren Aspekten von der Schockvermeidung unterscheidet. Nach der Auffassung von *Newman* und *Kosson* bestand der deutlichste Unterschied darin, daß

entscheiden, welches Verhalten akzeptiert werden kann. Die Angst vor Bestrafung kann bei den Entscheidungen der meisten von uns, was richtig oder falsch ist, eine geringe Rolle spielen. Darüber hinaus versagt das Modell des Vermeidungslernens dabei, die anderen wichtigen Aspekte der Psychopathie, wie unnötige Lügen, Unsensibilität gegenüber anderen und die Unfähigkeit, einem Lebensplan zu folgen, zu berücksichtigen.

Geringes Erregungsniveau und Impulsivität

Psychopathen, so kann man häufig lesen, zeigen angesichts von bekannten oder neuen Situationen, die die meisten Menschen belastend oder unangenehm finden würden, keinerlei emotionale Reaktion. *Cleckley* (1976) beschreibt das folgendermaßen:

> „(Beim Psychopathen) finden wir in der Regel da, wo anderen die Knie zittern, eine außerordentliche Gelassenheit, ein unbeeinträchtigtes Gefühl körperlichen Wohlbefindens statt ängstlicher Sorge um den eigenen Körper. Sogar unter Bedingungen, die beim normalen Menschen Verlegenheit, Verwirrung, große Unsicherheit oder sichtbare Aufregung hervorrufen, bleibt er von bemerkenswerter, gelassener Ruhe" (S. 340).

Das stimmt auffallend gut mit dem Ergebnis von *Schachter* und *Latané* überein, daß Psychopathen einen elektrischen Schlag normalerweise nicht vermeiden, es sei denn, man hebt mit Hilfe von Adrenalin ihr autonomes Erregungsniveau. Ausgehend von der dem autonomen Nervensystem zugeschriebenen zentralen Rolle für emotionale Zustände hat man Psychopathen mehrfach auf ihre autonome Aktivität im Ruhezustand und auf ihr autonomes Reaktionsmuster in bezug auf verschiedene Klassen von Reizen hin untersucht.

In den meisten Fällen hat sich gezeigt, daß bei ruhenden Psychopathen die elektrische Leitfähigkeit der Haut unterdurchschnittlich und auch bei Konfrontation mit einem intensiven oder aversiven Reiz weniger reaktiv ist. Die Hautleitfähigkeit ändert sich weniger, wenn sie mit einem intensiven oder aversiven Reiz konfrontiert werden oder wenn sie einen aversiven Reiz erwarten (*Harper & Hare*, 1990). Das Bild ändert sich, wenn man die Herzschlagfrequenz untersucht. In Ruhe gleicht die Herzschlagfrequenz von Psychopathen der von normalen Menschen, und auch ihre Reaktivität auf neu-

trale Reize ist unauffällig. Doch wenn man Psychopathen einen belastenden Reiz erwarten läßt, schlägt ihr Herz schneller als das von normalen Menschen, die ein belastendes Ereignis antizipieren.

Psychopathen undifferenziert Untererregtheit zu bescheinigen, trifft die Sache also nicht, denn dann würden sich die Maße von Hautleitfähigkeit und Herzschlagrate widersprechen. Aus diesem Grund interessierte sich *Hare* (1978), zum Teil gestützt auf die Arbeit von *Lacey* (1967), für die psychophysiologischen Reaktionsmuster von Psychopathen. Schneller Herzschlag gilt als Begleiterscheinung des Bemühens, sich gegenüber sensorischer Reizung abzuschließen und so die kortikale Erregung zu dämpfen. Der beschleunigte Herzschlag von Psychopathen, die einen aversiven Reiz antizipieren, wäre dann ein Zeichen dafür, daß sie „abschalten". Bei der Konfrontation mit dem aversiven Reiz bleibt die Hautleitfähigkeit niedrig, weil es ihnen inzwischen gelungen ist, den Reiz zu ignorieren. Psychopathen reagieren nach erwarteter aversiver Reizung nicht mit Erhöhung der Hautleitfähigkeit – einem vermuteten Index für Angst –, weil sie den Reiz nicht mehr an sich herankommen lassen. Diese Interpretation der physiologischen Reaktionen von Psychopathen ist plausibel und macht auch in Zusammenhang mit den Untersuchungen zum Vermeidungslernen Sinn. Sie wurde in weiteren Untersuchungen direkt bestätigt (*Ogloff & Wong*, 1990). In weiteren Studien fanden *Hare* und seine Mitarbeiter bestätigt, daß Psychopathen sowohl in ihrem Verhalten (*Jutai & Hare*, 1983) als auch in ihren physiologischen Reaktionen eine ganz besondere Fähigkeit an den Tag legen, Reize zu ignorieren und ihre Aufmerksamkeit auf das zu konzentrieren, was sie interessiert (*Foth & Hare*, 1989).

Ein entscheidender Fortschritt bei den gegenwärtigen Theorien über die Gründe der Psychopathie könnte die Berücksichtigung von Faktoren sein, die für das Auftreten des antisozialen Verhaltens verantwortlich sein könnten. In diese Richtung gingen *Gorenstein* und *Newman* (1980) als sie annahmen, daß der Schlüssel der Psychopathie in der erhöhten Impulsivität und der Unfähigkeit, eine zielgerichtete Aktivität beizubehalten, liegt. Sie stellten bemerkenswerte Ähnlichkeiten bis ins Detail zwischen verschiedenen Aspekten der Psychopathie und dem Verhalten von Tieren fest, die Läsionen im zentralen Nervensystem aufwiesen, einschließlich des Septums, des Hippocampus und des präfrontalen Cortex. Diese Tiere zeigen beispielsweise Defizite beim passiven Vermeidungslernen und impulsive Reaktionen auf unmittelbare Belohnungen.

In einer neueren Publikation befaßt sich *Gorenstein* (1991) mit weiteren Aspekten seiner früheren Untersuchungen und vermutet, daß der Mangel an kognitiven Vermittlungsprozessen das Schlüsselmerkmal beim Verhalten der Tiere mit Läsionen und der Psychopathie sein könnte. Unter Mangel an kognitiven Vermittlungsprozessen meint *Gorenstein*, daß im Bewußtsein eines Menschen die Repräsentation eines Ereignisses, das nicht unmittelbar in der Umgebung auftritt, schwach ist. Das Ergebnis besteht darin, daß das Verhalten häufig nicht auf langfristige Ziele ausgerichtet ist und stattdessen in starkem Maß durch Reize geleitet wird, die unmittelbar vorhanden sind. Die Theorie fügt etwas hinzu, was ein wichtiges Element der Psychopathie sein könnte. Sie stimmt mit der Interpretation der Daten aus dem Vermeidungslernen von *Newman* und *Kosson* überein und wird von einigen Untersuchungen gestützt, bei denen die Fähigkeit von Psychopathen, mentale Repräsentationen von Ereignissen zu bilden, analysiert wurde.

Die Untersuchungen und Theorien, die wir dargestellt haben, zeigen, daß die Psychopathen nicht so wie die meisten von uns reagieren. Insbesondere haben sie fast keine Angst, so daß sie nur einen geringen abschreckenden Effekt hat. Da die Psychopathen über eine stärkere Kontrolle ihrer negativen emotionalen Reaktionen verfügen, suchen sie ständig nach Anreizen. Und da die Psychopathen Defizite bei der Planung und der Hemmung aufweisen, verhalten sie sich impulsiv. Das sind die möglichen Gründe für das Fehlverhalten des Psychopathen ohne Bedauern und die Suche nach Anreizen ohne Rücksicht auf die Regeln der Gesellschaft.

Therapie von Persönlichkeitsstörungen

Es gibt genauso wenig forschungsgestützte Literatur über die Behandlung der Persönlichkeitsstörungen wie Informationen darüber, wie diese entstehen. Es gibt aber zahlreiche und vielfältige klinische Falldarstellungen über The-

rapien für viele der Persönlichkeitsstörungen. Obwohl die hier dargestellten Ideen meist auf den klinischen Erfahrungen einer kleinen Gruppe von Experten beruhen und nicht auf Studien, bei denen auch Kontrollgruppen verwendet wurden, sind diese therapeutischen Richtlinien das einzige, was zur Therapie der Persönlichkeitsstörungen vorliegt. Bei dem Überblick über die klinische Literatur ist es wichtig, sich vor Augen zu halten, daß in den meisten Fällen der Therapeut, der mit diesen Patienten arbeitet, sich auch um Störungen auf Achse I kümmert. Bei einer antisozialen Persönlichkeit ist es z.B. wahrscheinlich, daß auch Probleme des Drogenmißbrauchs vorliegen; bei einer unsicheren Persönlichkeit Probleme der Sozialangst; bei einer zwanghaften Persönlichkeit Depression. Tatsächlich ist es auch meist das Problem auf Achse I, das den Patienten dazu bringt, eine Therapie aufzusuchen.

Bei der Verhaltenstherapie und der kognitiven Therapie gilt die Aufmerksamkeit Situationen und nicht Persönlichkeitszügen. Beide hatten bis vor kurzem für keine der im DSM verzeichneten Persönlichkeitsstörungen spezielle therapeutische Verfahren entwickelt. Dabei werden die vorhandenen Probleme eher analysiert, die – zusammengenommen – eine Persönlichkeitsstörung ausmachen. Zum Beispiel wird ein Mann, der als paranoide Persönlichkeit eingestuft wird, sehr kritikempfindlich sein. Diese Empfindlichkeit kann durch systematische Desensibilisierung oder rational-emotive Therapie behandelt werden (vgl. Kapitel 2, S. 46ff.). Seine Streitsucht und Feindseligkeit wird andere auf Distanz halten und zu Gegenangriffen provozieren. Hier könnte der Verhaltenstherapeut dem Betreffenden dabei helfen zu lernen, wie sich Meinungsverschiedenheiten angepaßter austragen lassen. Das Training sozialer Fertigkeiten in einer unterstützenden Gruppe könnte als Möglichkeit gesehen werden, die selbstunsicheren Persönlichkeiten zu ermutigen, sich bei dem Anknüpfen von Kontakten mit anderen Menschen selbstbewußter zu fühlen. Dieses Vorgehen, möglicherweise in Kombination mit rational-emotiver Therapie, kann ihnen dabei helfen, damit fertig zu werden, wenn ihre Anstrengungen aus sich heraus zu gehen, nicht erfolgreich sind, was zu erwarten ist (*Turkat & Maisto*, 1985).

Bei einer Diskussion der kognitiven Therapie für Persönlichkeitsstörungen haben *Beck* und seine Mitarbeiter (1990) darauf hingewiesen, daß sie erfolgreich die gleiche Art der Analyse wie bei der Depression anwenden (vgl. Kapitel 9, S. 258 und Kapitel 19, S. 657). *Beck* analysiert jede Störung nach den logischen Fehlern und dysfunktionalen Schemata. Bei einer kognitiven Therapie, z.B. einer zwanghaften Persönlichkeit, wird zunächst mit Nachdruck versucht, den Patienten dazu zu bringen, den Kern des kognitiven Modells zu akzeptieren, nämlich, daß Gefühle und Verhalten in erster Linie eine Funktion der Gedanken sind. Die logischen Fehler werden danach erkundet, wie etwa wenn der Patient die Schlußfolgerung zieht, daß er überhaupt nichts recht machen kann, weil er bei einer bestimmten Aufgabe versagt hat (dies ist ein Beispiel der Übergeneralisierung). Der Therapeut achtet auch auf dysfunktionale Annahmen oder Schemata, die den Gedanken oder Gefühlen des Patienten zugrunde liegen könnten, z.B. die Überzeugung, daß es wichtig ist, daß jede Entscheidung richtig ist (dies könnten auch Anhänger des Ansatzes von *Ellis* tun). Bei der Lektüre der klinischen Details von *Becks* Ansatz für die Persönlichkeitsstörungen wird deutlich, daß es sich um eine hochentwickelte Kombination einer Vielzahl von verhaltenstheoretischen und kognitiv-verhaltenstherapeutischen Vorgehensweisen handelt, die dazu bestimmt sind, die spezifischen, lange Zeit bestehenden und umfassenden Schwierigkeiten anzugehen, die bei den Patienten vorliegen. Sein Ansatz für die Borderline und die antisoziale Persönlichkeitsstörung werden in den folgenden Abschnitten beschrieben.

Therapie der Borderline Persönlichkeitsstörung

Bei der Pharmatherapie der Borderline Persönlichkeitsstörung sind zahlreiche Substanzen eingesetzt worden, am häufigsten Antidepressiva und Neuroleptika. Die meisten der verfügbaren Daten stammen aus unkontrollierten klinischen Prüfungen (*Gunderson*, 1986). Die Ausnahme ist eine doppelt-blinde, placebokontrollierte Prüfung, die eine mäßige Wirkung von Neuroleptika belegte (*Soloff* et al., 1986).

Objekt-Beziehungs-Psychotherapie

Die Objekt-Beziehungstheorie, ein Ableger der psychoanalytischen Theorie, befaßt sich mit der Natur und der Entwicklung der psychischen Repräsentationen des Selbst und der anderen (der Objektbeziehungen). Sie umfaßt nicht nur die Repräsentationen selbst, sondern auch die Phantasien und Emotionen, die an diese geknüpft sind, und die Art und Weise wie diese Variablen die zwischenmenschlichen Kontakte beeinflussen. Die Vertreter der Objektbeziehungstheorie betonen die Bedeutung des Entzugs und des Mißbrauchs während der Kindheit und beziehen sich auf Forschungsergebnisse wie jene über Bindung, die bereits dargestellt wurden. Diese Theorie war von besonderer Bedeutung für den Bereich der Persönlichkeitsstörungen. Die zwei führenden zeitgenössischen Vertreter der Objektbeziehungstheorie sind *Heinz Kohut*, dessen Ansichten über den Narzißmus oben dargestellt wurden, und *Otto Kernberg*, der sehr viel zur Borderline Persönlichkeit publiziert hat.

Kernberg geht von der Annahme aus, daß die Borderline Persönlichkeiten über ein schwaches Ego verfügen und daher sehr große Schwierigkeiten haben, die Regression (Durchleben der Kindheitskonflikte) zu tolerieren, die bei der psychoanalytischen Behandlung auftreten. Das schwache Ego befürchtet, durch das primitive Primärprozeßdenken überflutet zu werden. Die modifizierte analytische Therapie von *Kernberg* hat das allgemeine Ziel, das schwache Ego des Patienten zu stärken. Die Therapie umfaßt die Analyse der wichtigsten Abwehrmechanismen des Borderline-Patienten, nämlich die vollständige Aufspaltung oder die Trennung in Gut und Böse und die nicht erfolgende Integration von positiven und negativen Aspekten eines Menschen in ein Ganzes. Die Aufspaltung wird auf die Unfähigkeit, komplexe Objektrepräsentationen zu bilden, die in eine einfache Dichotomie von Gut und Böse nicht hineinpassen, zurückgeführt. Dies verursacht große Schwierigkeiten bei der Regulierung von Emotionen, weil der Betroffene die Welt in Begriffen von Schwarz und Weiß wahrnimmt. Irgendwie schützt diese Abwehr das schwache Ego der Borderline Persönlichkeit vor unerträglicher Angst.

Dem Borderline-Patienten muß auch dabei geholfen werden, sich der Realität zu stellen (obwohl nicht klar ist, auf welche Weise sich dies vom allgemeinen Ziel der Psychoanalyse, dem Patienten bei der Unterscheidung zwischen irrationalen Ängsten aus der Kindheit und der Realität des Erwachsenen zu helfen,

unterscheidet). Der Ansatz von *Kernberg* ist direktiver als derjenige der meisten Analytiker: er macht dem Patienten konkrete Vorschläge für ein besser angepaßtes Verhalten und ist bereit, einen Patienten in die Klinik einzuweisen, wenn dessen Verhalten entweder für ihn oder andere gefährlich wird. Seine Auffassung, daß derartige Patienten für eine klassische Psychoanalyse wenig geeignet sind, stimmt mit den Ergebnissen einer Langzeituntersuchung überein, die an der weltberühmten psychoanalytisch orientierten Menninger Klinik durchgeführt wurde (*Stone*, 1987).

Dialektische Verhaltenstherapie

Ein Ansatz, der die klientenzentrierte Empathie mit verhaltensorientierter Problemlösung verbindet, wurde von *Marsha Linehan* (1987) vorgeschlagen. Was sie als Dialektische Verhal-

Marsha Linehan schuf die dialektische Verhaltenstherapie, die eine Kombination aus kognitiver Verhaltenstherapie, Zen und der Klientenzentriertheit von Rogers besteht.

tenstherapie bezeichnet, zielt auf das volle Verständnis des Therapeuten für die Borderline Persönlichkeiten mit allen ihren Widersprüchen und der Neigung zum Ausagieren, wobei er auf empathische Weise versuchen sollte, ihre (verdrehten) Ansichten zurechtzurücken und mit einer faktenorientierten Einstellung die suizidalen und andere dysfunktionale Verhaltensweisen hinzunehmen. Der Verhaltensaspekt der Therapie besteht darin, dem Patienten bei der Lösung von Problemen zu helfen, d.h. eine effektivere und sozial akzeptablere Weise des Umgangs mit Alltagsproblemen zu lernen und ihre Emotionen zu kontrollieren. Es wird auch daran gearbeitet, ihre zwischenmenschlichen Fertigkeiten zu verbessern und die Ängste zu kontrollieren. Nach vielen Monaten intensiver Behandlung sind ihrem Verhalten, in Übereinstimmung mit der Auffassung von *Kernberg*, Grenzen gesetzt.

Linehan und ihre Mitarbeiter haben kürzlich die Ergebnisse der ersten randomisierten und kontrollierten Studie einer psychologischen Intervention bei Borderline Persönlichkeitsstörung publiziert (*Linehan* et al., 1991). Die Patienten wurden zufällig entweder der dialektischen Verhaltenstherapie oder der üblichen Behandlung zugewiesen, was bedeutet, daß es sich dabei um jede Therapie handelte, die in der Region Seattle (Washington) verfügbar war. Nach einem Jahr Therapie und danach weitere sechs und zwöf Monate später, wurden die Patienten der beiden Gruppen hinsichtlich einer Vielzahl von Parametern verglichen (*Linehan, Heard & Armstrong*, 1992). Die Ergebnisse unmittelbar nach der Behandlung zeigten die deutliche Überlegenheit der dialektischen Verhaltenstherapie bei folgenden Parametern: absichtliches selbstschädigendes Verhalten einschließlich Selbstmordversuche, weniger Behandlungsabbrüche und weniger Klinikaufenthalte. Bei den Folgeuntersuchungen blieb diese Überlegenheit erhalten und zusätzlich hatten die Patienten der dialektischen Verhaltenstherapie eine erfolgreichere Tätigkeit, berichteten über weniger Ärger und wurden allgemein als besser angepaßt bezeichnet, als die Patienten mit einer anderen Therapie. Als Ergebnis dieser Studie, zusammen mit einem neuen Buch und einem Manual zur dialektischen Verhaltenstherapie (*Linehan*, in Druck), kann ein größeres Interesse an diesem Ansatz zur Therapie der Borderline Persönlichkeitsstörung erwartet werden (vgl. Kasten 10.2).

Kasten 10.2 Akzeptanz bei der Dialektischen Verhaltenstherapie von Linehan

Marsha Linehans (1987, in Druck) Begriff der Akzeptanz ist im Rahmen ihrer dialektischen Verhaltenstherapie wichtig und bedarf daher einiger Erläuterung. In einer Zen ähnlichen Weise führt *Linehan* aus, daß der Therapeut, der mit einer Borderline Persönlichkeit arbeitet, etwas zu akzeptieren hat, was nach westlicher Auffassung nicht zusammenpaßt: er sollte sich mit dem Patienten über die Grenzen einig sein und an einer Veränderung arbeiten, während er gleichzeitig die Person so akzeptiert, wie es ein klientenzentrierter Therapeut tun würde, einschließlich der realen Möglichkeit, daß keine Veränderungen eintreten werden. Die Überlegung von *Linehan* ist die, daß die Borderline Persönlichkeit so außergewöhnlich empfindlich gegenüber Zurückweisung und Kritik, aber emotional so wenig gefestigt ist, daß sogar eine leichte Ermutigung, sich auf andere Weise zu verhalten oder zu denken, zu einem hohen Maß an emotionaler Erregung und einer anschließenden Fehlinterpretation der Vorschläge als ernsthafte Zurückweisung führt. Der Therapeut, der einen Augenblick früher geachtet wurde, wird jetzt herabgesetzt und geschmäht. Daher muß der Therapeut, während er die Grenzen einhält – „Ich wäre sehr traurig, wenn Sie sich töten würden, und daher hoffe ich sehr, daß Sie es nicht tun." – muß er gleichzeitig dem Borderline-Patienten das Gefühl vermitteln, daß er vollkommen akzeptiert wird, auch dann, wenn er mit Selbstmord droht und den anderen, einschließlich des Therapeuten, (denken Sie an *Kellermans* lebhafte Beschreibung dieses Syndroms, S. 300) das Leben schwer macht.

Diese vollständige Akzeptanz des Patienten bedeutet nicht, daß der Therapeut allem, was der Patient macht, zustimmt, sondern nur, daß der Therapeut die bestehende Situation akzeptiert. Der Therapeut muß den Patienten wirklich so akzeptieren, wie er ist, führt *Linehan* aus. Die Akzeptanz soll nicht im Dienst der Veränderung stehen, auch nicht einem indirekten Weg, den Patienten zu ermutigen, sich anders zu verhalten. Die instrumentelle Verwendung der Akzeptanz, die *Linehan* ablehnt, erinnert uns an die paradoxe Therapie, einen interessanten Ansatz, der ausführlich in Kapitel 19 (S. 676) dargestellt wird. Kurz gesagt unterstützen paradoxe Therapeuten die Veränderung, indem sie den Patienten entweder anweisen, sich nicht zu ändern oder die Schwere des Symptoms, das sie beseitigen möchten, zu erhöhen. Obwohl es einem Patienten gelegentlich helfen kann, sich zu verändern, wenn der Therapeut die Akzeptanz als eine Möglichkeit einsetzt, den Wechsel herbeizuführen, ist das Konzept von *Linehan* anders, denn es stellt kein Mittel zum Zweck dar. „Akzeptanz kann zu Veränderungen führen, aber wenn sie akzeptieren, um zu verändern, dann ist es keine Akzeptanz. Es ist wie bei der Liebe. Die Liebe sucht nicht nach Belohnung, aber wenn sie freiwillig gegeben wird, kommt sie hundertfach zurück. Derjenige, der sein Leben verliert, findet es. Derjenige, der akzeptiert, verändert." (*Linehan*, persönliche Mitteilung, 16. November 1992).

Die vollständige und umfassende Akzeptanz schließt, nach der Auffassung von *Linehan*, die Veränderung nicht aus. Im Gegenteil, sie erwartet, daß die Weigerung zu akzeptieren die Veränderung verhindert. Im Gespräch mit ihren Patienten stellt sie es so dar: „Wenn Sie die Farbe Lila hassen, und Sie ziehen in ein Haus, das in Lila gehalten ist, und wenn sie sich dann weigern zu akzeptieren, daß das Haus wirklich lila ist, dann ist es unwahrscheinlich, daß Sie aus dem Haus rennen und Farbe kaufen, um es neu zu streichen. Derjenige, der sofort akzeptiert, daß das Haus lila angestrichen ist – ohne viel Geschrei oder Verzerrung oder Ablehnung oder Zorn über die faktische Farbe oder die eigene Vorliebe – wird es wahrscheinlich am schnellsten neu streichen." (*Linehan*, persönliche Mitteilung, 18. September 1992). Die Vorstellungen von *Linehan* haben einige Ähnlichkeit mit der Acceptance Commitment Therapy von *Hayes* (1987). Sie sind auch kürzlich von zwei kognitiv-verhaltenstherapeutischen Eheforschern, *Jacobson* und *Christenson* (in Druck; *Jacobson*, 1992) übernommen worden. Ihre Vorstellungen werden in Kapitel 20 (S. 708) dargestellt.

Kognitive Therapie

Die Empfehlungen von *Beck* et al. (1990) stimmen mit denen von *Kernberg* und *Linehan* überein, die auf die Schwierigkeiten hinweisen, das Vertrauen von Borderline Persönlichkeiten zu gewinnen: ihre Neigung, die Zuverlässigkeit des Therapeuten mit Drohungen und anderen Forderungen zu überprüfen, ihre geringe Toleranz für Intimität und ihre starke Empfindlichkeit für Zurückweisungen und die ständige Präsentation von dringenden Krisen, die es sehr schwer machen, sich auf eine begrenzte Zahl von Themen und Zielen zu konzentrieren. *Beck* bedient sich sogar eines Grundkonzepts der Objektbeziehungen und warnt vor Übertragungsreaktionen durch den Borderline-Patienten. Er gibt dafür ein Beispiel: eine Patientin war davon überzeugt, daß Menschen mit Autorität manipulieren und kontrollieren, ein Überbleibsel ihrer früheren Auseinandersetzungen mit ihren Eltern. Vorschläge für ganz bestimmte Verhaltensänderungen durch den Therapeuten trafen auf Ärger und Widerstand, weil diese Anstrengungen die Patientin an ähnliche Erfahrungen in der Kindheit erinnerten. Der Therapeut reagierte auf diese Übertragungsreaktionen, indem er sorgfältig immer wieder klar und ruhig erklärte, welche Gründe es für die verschiedenen Vorschläge gab und welche nicht.

Beck et al. nehmen an, daß die Borderline Persönlichkeiten mit einem oder mehreren der folgenden drei negativen Schemata operieren: daß die Welt gefährlich und böse ist; daß sie selbst verletzlich und machtlos sind; daß sie von anderen nicht akzeptiert werden. Die sehr spezifische und zielorientierte Art von *Becks* kognitiver Therapie macht es zu einer Herausforderung, sie auf das stürmische, konfliktreiche und verwirrende Bild, das man üblicherweise bei Borderline-Patienten findet, anzuwenden. Es ist eine entmutigende Aufgabe (wie auch für jeden Therapeuten). Eine allgemeine Regel für den Therapeuten besteht darin, daß er flexibler als bei anderen Patienten sein und seine Vorgehensweise und die Themen den Eigenheiten des Patienten anpassen sollte. Wenn er beispielsweise die automatischen Gedanken des Patienten erfassen möchte (vgl. S. 258), wird dem Therapeuten geraten, eher Vorschläge für das Vorgehen vom Patienten machen zu lassen, als das Standardverfahren des Auflistens von Gedanken einzusetzen, das meist in der klinischen Forschung über die kognitive Therapie beschrieben wird. Die Art der Direktheit und Sicherheit, die für einen depressiven Patienten beruhigend sein kann, wenn eine derartige Struktur zur Anwendung kommt, kann bei einem Borderline-Patienten Angst auslösen und Ärger provozieren. Es ist daher auch wichtig, in Richtung auf bestimmte Ziele zu arbeiten, wenn die grundlegenden Prinzipien von *Beck* angewendet werden sollen.

Ein zentrales Merkmal der Borderline Persönlichkeitsstörung ist, wie bereits erwähnt, die Spaltung oder das dichotome Denken. Wie wir bei dem Ansatz von *Beck* für die Depression gesehen haben, ist ein derartiges Alles-oder-Nichts-Denken für den kognitiven Therapeuten ein vetrautes therapeutisches Ziel. Die allgemeine Strategie besteht darin, dem Borderline-Patienten (langsam) zu zeigen, daß er wirklich in dichotomer Weise denkt, und dann den Patienten dazu zu überreden, daß es in seinem wohlverstandenen Interesse liegen würde, wenn er damit begänne, die Welt in Grauschattierungen zu sehen anstatt in Schwarz und Weiß. Wenn das Denken weniger dichotom wird, dann nehmen auch die schnellen und extremen emotionalen Fluktuationen, die typisch für Borderline Persönlichkeiten sind, langsam ab. Wie diese kognitive Veränderung genau vor sich geht, ist sehr schwierig und liegt außerhalb des Themas dieses Buches, aber hier reicht es, festzustellen, daß derartige kognitive Veränderungen nicht leicht oder schnell zu erreichen sind. *Beck* et al. weisen darauf hin, daß depressiven Patienten durch die kognitive Therapie in weniger als zwanzig Sitzungen geholfen werden kann, während Borderline Persönlichkeiten bis zu zwei Jahre lang wöchentlich eine Sitzung benötigen.

Therapie der Antisozialen Persönlichkeitsstörung

Über die Behandlung der antisozialen Persönlichkeitsstörung äußern sich Therapeuten unterschiedlichster theoretischer Ausrichtungen leider ungewöhnlich einhellig: Die Psychopathie ist praktisch nicht zu behandeln (*Cleckley*, 1976; *McCord* & *McCord*, 1964).

Es kann durchaus sein, daß Menschen mit den klassischen Symptomen *Cleckleys* aus keiner wie auch immer gearteten Form von Psychotherapie Nutzen ziehen können. Grund dafür ist wahrscheinlich ihre Unfähigkeit, mit Therapeuten eine vertrauensvolle, offene Beziehung einzugehen. Ein Mensch, der gleichsam ohne sein Wissen lügt, dem jegliches Interesse für die Gefühle anderer und vermutlich auch für seine eigenen abgeht, dem gar nicht bewußt zu sein scheint, daß er moralisch falsch handelt, dem jede Motivation fehlt, sich Gesetzen und Sitten anzupassen, den die Zukunft nicht interessiert und der nur in der Gegenwart lebt, ist alles in allem ein wenig aussichtsreicher Therapiekandidat. Ein Therapeut hat seine Erfahrung im therapeutischen Umgang mit Psychopathen zu drei allgemeinen Prinzipien zusammengefaßt:

> „Erstens, der Therapeut muß ständig mit Manipulationsversuchen des Patienten rechnen. Zweitens, er muß bis zum Beweis des Gegenteils annehmen, daß das, was ihm sein Patient erzählt, die Wirklichkeit verfälscht oder gar nichts mit ihr zu tun hat. Drittens, er muß sich damit abfinden, daß ein therapeutisches Arbeitsbündnis mit einem Psychopathen, wenn es überhaupt zustande kommt, außerordentlich lange auf sich warten läßt" (*Lion*, 1978, S. 286).

Natürlich hat es viele heroische Versuche gegeben, tragbare Beziehungen zu Psychopathen aufzubauen, aber einschlägige Literatur und informeller Erfahrungsaustausch unter berufsmäßigen Helfern bestätigen immer wieder, daß wirkliche Psychopathie allen therapeutischen Bemühungen widersteht. Ähnlich schlecht sind die Erfahrungen mit somatischen Methoden, seien es Medikamente wie Dilantin, Stimulantia, Sedativa, Elektrokrampftherapie oder auch Psychochirurgie.[4] Es gibt allerdings Anhaltspunkte dafür, daß hochdosierte angstlösende Medikamente bei Psychopathen aggressionsmindernd wirken (*Kellner*, 1982), und es gibt vorsichtige Hinweise darauf, daß Psychopathen, die als Kinder eine Aufmerksamkeits- und Hyperaktivitätsstörung hatten, von einer Behandlung mit Ritalin profitieren können, das einige positive Wirkungen auf hyperaktive Kinder und Jugendliche hat (*Stringer & Josef*, 1983).

Beck und seine Mitarbeiter (1990) haben vorgeschlagen, daß die antisoziale Persönlichkeitsstörung als Form bestimmter Arten von Gedanken und Annahmen gesehen werden sollte.

> „Sie haben sich selbst dienende Überzeugungen, welche die sofortige persönliche Befriedigung betonen und zukünftige Konsequenzen minimieren. Die zugrundeliegende Einstellung, daß sie immer recht haben, macht es unwahrscheinlich, daß sie ihre Handlungen hinterfragen ... Anstatt die potentielle Nützlichkeit der Anleitung und Beratung durch andere zu schätzen, neigen die Patienten dazu, die Ratschläge von anderen als für ihre Ziele irrelevant anzusehen ... Der Mangel an Sorge um künftige Folgen könnte antisoziale Patienten auf dem entgegengesetzten Pol eines Kontinuums plazieren, das bei extrem starkem Streben nach perfektionistischen, zukünftigen Zielen bei zwanghaften Patienten beginnt." (*Beck* et al., 1990, S. 154)

Von den spezifischen Überzeugungen wird angenommen, daß sie folgende umfassen: Rechtfertigung (nur der Wunsch nach etwas, daß jede Handlung rechtfertigt, mit der etwas erreicht wird), persönliche Unfehlbarkeit (die Überzeugung, daß man immer nur gute Entscheidungen trifft), die Unfähigkeit der anderen (was andere denken, spielt keine Rolle) und Geringfügigkeit von Konsequenzen (negative Folgen treten auf, und wenn sie es tun, dann spielen sie keine Rolle). Das allgemeine Ziel der kognitiven Therapie besteht darin, diese Überzeugungen in Frage zu stellen und die Vorstellungen und das Verhalten des Patienten in Übereinstimmung mit denen in der Gesellschaft zu bringen, wo die Menschen die Rechte und Empfindlichkeiten der anderen respektieren und wo ihr Verhalten sozialen Kontrollen gegenüber verantwortlich ist. Es werden einige Anstrengungen unternommen, um dem Patienten zu zeigen, daß er seine Ziele leichter erreichen kann, wenn er sein Verhalten so ändert, daß es weniger impulsiv und empathischer ist und allgemein mehr den Standards der Gesellschaft entspricht. Die Berücksichtigung der Gefühle anderer kann für sie vorteilhafter sein, als sie ständig zu ignorieren. Es bleibt noch nachzuweisen, daß diese kognitiv-verhaltenstheoretische Sichtweise zur Entwicklung von Interventionsmöglichkeiten führt, die erfolgreicher sind als andere, die vergeblich versucht wurden.

Da viele Psychopathen immer wieder ins Gefängnis wandern, schreibt man die Tatsache, daß die Haftstrafe als Rehabilitationsmaßnahme meistens versagt, zumindest teilweise der Unmöglichkeit zu, psychopathisches Verhalten zu ändern.

---

4 Mit der Feststellung, daß Psychopathen eine schlechte Prognose haben, stellt sich möglicherweise ein ethisches Problem. Gilt ein Häftling als Psychopath, fragen sich diejenigen, die über Freigängertum oder vorzeitige Entlassung zu entscheiden haben, natürlich, ob er sich wirklich geändert hat. Seine gute Führung ist vielleicht nur Zeichen seines manipulativen Geschicks und seiner Fähigkeit, anderen etwas vorzumachen. Ein „designierter" Psychopath hätte es damit schwerer als andere, zu seinem Recht zu kommen.

Ein interessantes Argument zugunsten der Inhaftierung verweist darauf, daß viele Psychopathen in mittleren Jahren und danach „zur Ruhe kommen" (*Craft*, 1969). Ob dafür nun physiologische Veränderungen verantwortlich sind, oder ob die Einsicht in den selbstzerstörerischen Charakter ihres Tuns siegt, oder ob sie einfach verbraucht sind – Tatsache ist, daß viele Psychopathen um die vierzig ruhiger werden. Das Gefängnis schützt also die Gesellschaft vor dem antisozialen Verhalten des „aktiven" Psychopathen, und man hält seine Entlassung erst dann für sinnvoll, wenn er in eine Lebensphase eintritt, in der er seine Psychopathie weniger exzessiv lebt.

Zusammenfassung

Die Kategorie der Persönlichkeitsstörungen ist äußerst umfassend und heterogen. In DSM-IV werden die Persönlichkeitsstörungen in drei Gruppen eingeteilt. Die Individuen in der ersten Gruppe sind eigenartig und exzentrisch, die in der nächsten Gruppe dramatisch und emotional und die in der letzten ängstlich und unsicher. Über die meisten Störungen wissen wir sehr wenig. Da sich viele der Diagnosen erheblich überschneiden, ist es nicht ungewöhnlich, daß eine Person die Kriterien für die Diagnose mehrerer Persönlichkeitsstörungen erfüllt. Diese hohe Komorbiditätsrate, verbunden mit der Tatsache, daß Persönlichkeitsmerkmale kontinuierliche Variablen darstellen, hat zu Vorschlägen für ein dimensionales Klassifikationsmodell für die Störungen geführt.

Die einzige Persönlichkeitsstörung, über die mehr Informationen vorliegen, ist die Psychopathie, deren dominantes Verhaltensmuster in wiederholten antisozialen Handlungen ohne Reue und Scham besteht. Überdies scheinen Psychopathen unfähig zu sein, aus Erfahrung zu lernen, kaum Verantwortungsgefühl zu besitzen und keine emotionalen Beziehungen zu anderen Menschen einzugehen. Schaut man in die Familien von Psychopathen, zeigt sich, daß zumeist auch die Väter zu antisozialem Verhalten neigen und daß Disziplinierung entweder fehlt oder inkonsistent ist. Genetische Untersuchungen, insbesondere Adoptionsstudien, lassen vermuten, daß die Prädisposition für Psychopathie ererbt wird. Das Kernproblem des Psychopathen ist möglicherweise, daß auch drohende Strafe ihn nicht von antisozialen Handlungen abhält. Diese Auffassung wird von zahlreichen Forschungsergebnissen belegt:

1. Das EEG von Psychopathen weist abnorm viel niederfrequente Wellen auf, was möglicherweise auf ein Versagen der üblichen Inhibitionsprozesse hindeutet.
2. Psychopathen lernen nur langsam, einen elektrischen Schlag zu vermeiden, ein Defizit, das sich durch Erhöhung des physiologischen Erregungsniveaus abbauen läßt.
3. Die elektrodermalen Reaktionen von Psychopathen sprechen für wenig Angst, aber wie ihr beschleunigter Herzschlag zeigt, scheinen Psychopathen den Einfluß aversiver Reize besser abblocken zu können als normale Menschen.

Über die Behandlungsmöglichkeiten von Persönlichkeitsstörungen wissen wir wenig. Das hat verschiedene Gründe. Da die Diagnosen wenig reliabel sind, und man sich ihrer häufig recht willkürlich zu bedienen scheint, lassen sich Therapieberichte nur schwer evaluieren. Die Therapie von Psychopathen ist besonders wenig erfolgversprechend. Das liegt nicht nur an dem in jeder Hinsicht und kaum zu verändernden lieblosen und manipulativen Lebensstil von Psychopathen, sondern auch daran, daß die antisoziale Persönlichkeit ihrem Wesen nach kaum zu therapieren ist. Menschen, die gewohnheitsmäßig lügen und die keinerlei Einsicht in eigene und fremde Gefühle haben – die mit Emotionen auch gar nichts zu tun haben wollen –, werden kaum bereit sein, mit einem Therapeuten eine vertrauensvolle und offene Arbeitsbeziehung einzugehen.

11

Substanzinduzierte Störungen

Alice war 54 Jahre alt, als ihre Familie sie schließlich überredete, in eine Suchtklinik zu gehen. Sie war betrunken die Treppe zum Schlafzimmer heruntergefallen und hatte sich ernsthaft verletzt. Dies brachte sie möglicherweise endlich dazu zuzugeben, daß etwas nicht stimmte. Ihr Trinken war schon seit mehreren Jahren außer Kontrolle. Sie begann jeden Tag mit einem Drink und war am Nachmittag völlig betrunken. Nur selten hatte sie eine Erinnerung an Ereignisse, die nach dem Mittag stattgefunden hatten. Seit ihrem frühen Erwachsenenalter hatte sie regelmäßig getrunken, aber selten tagsüber und nie bis zur völligen Trunkenheit. Der plötzliche Tod ihres Ehemannes bei einem Autounfall vor zwei Jahren hatte zu einer schnellen Zunahme ihres Trinkens geführt und innerhalb von sechs Monaten war sie in eine Form schweren Alkoholmißbrauchs abgeglitten. Sie hatte nur noch selten den Wunsch, ihr Haus zu verlassen, und hatte die sozialen Begegnungen mit der Familie und Freunden auf ein Minimum reduziert. Wiederholte Anstrengungen ihrer Familie, ihren Alkoholkonsum einzuschränken, hatten nur zu ärgerlichen Auseinandersetzungen geführt.

Tabelle 11.1 Konsum verschiedener Substanzen innerhalb eines Monats

Substanz	US-Population in %, die folgenden Konsum angibt
Alkohol	50,9
Zigaretten	27,0
Marihuana	4,8
Tabak in anderer Form (kauen, schnupfen)	3,5
Psychopharmaka (Tranquilizer, Sedativa, Stimulantien, Schmerzmittel)	1,5
Kokain	0,9
Inhalantien	0,6
Halluzinogene	0,3
Crack	0,2
PCP	0,2

Quelle: Aus NIDA, 1991

Seit vorgeschichtlicher Zeit kennt die Menschheit Substanzen, die körperlichen Schmerz lindern und Bewußtseinszustände verändern. Fast alle Völker haben Rauschmittel entdeckt, die auf das zentrale Nervensystem einwirken und körperliche und seelische Pein lindern oder euphorisch machen. Welche Folgen auf die Dauer auch immer damit verbunden sind, wenn dem Körper solche Substanzen zugeführt werden, ihre Wirkung ist – zumindest anfangs – angenehm.

Die Vereinigten Staaten (und dieses gilt auch für Deutschland) sind eine Drogenkultur. Wir nehmen Drogen nach dem Aufwachen zu uns (Kaffee oder Tee), während des Tages (Zigaretten, bestimmte Softdrinks), zur Entspannung (Alkohol) und um Schmerzen zu lindern (Aspirin). Die leichte Verfügbarkeit und der häufige Konsum verschiedener Substanzen bereitet den Boden für den möglichen Mißbrauch, das Thema dieses Kapitels. Die neuesten Daten über den Konsum verschiedener legaler und illegaler Substanzen sind in Tabelle 11.1 dargestellt. Diese Zahlen stellen nicht die Häufigkeit des Mißbrauchs dar (die Zahlen für den Mißbrauch werden bei den Ausführungen zu den einzelnen Substanzen angegeben), sie weisen nur darauf hin, wie umfassend der Drogenkonsum in den Vereinigten Staaten ist.

Viele, wenn nicht sogar die meisten, die Substanzen mißbrauchen, konsumieren mehr als eine zur gleichen Zeit (*Wilkinson* et al., 1987).

Dieser multiple Konsum wird als Polytoxikomanie bezeichnet. Sie stellt ein ernstes Gesundheitsproblem dar, da die Wirkungen mehrerer Substanzen, die zusammen konsumiert werden, synergistisch sind, d.h. die Wirkungen der einzelnen Substanzen interagieren und erzeugen eine besonders starke Reaktion. Die Mischung von Barbituraten mit Alkohol ist z.B. eine verbreitete Suizidmethode, absichtlich oder zufällig. Von Alkohol wird angenommen, daß er zu Todesfällen durch Heroin beiträgt, da es Belege dafür gibt, daß Alkohol die Dosis, die bei einem Narkotikum tödlich wirkt, drastisch herabsetzt. Der pathologische Konsum von Substanzen, die das Zentralnervensystem beeinflussen, fällt in zwei Kategorien: Substanzmißbrauch und Substanzabhängigkeit. Diese beiden konstituieren die Hauptkategorie des DSM-IV – die Substanzinduzierten Störungen.

Es ist wichtig, hier einige Begriffe zu definieren, die im Zentrum dieser Diskussion stehen. Von Substanzmißbrauch spricht man etwa dann, wenn der oder die Betroffene tagsüber unter der Wirkung der Substanz steht und es trotz aller Anstrengungen nicht schafft, die Einnahme einzuschränken, jedoch besteht keine körperliche Abhängigkeit. Von Substanzabhängigkeit, einer schwereren Form der Störung, spricht man dann, wenn sich neben den Problemen in der Folge von Mißbrauch eine körperliche Abhängigkeit von der Droge nachweisen läßt, die durch Toleranz und Entzugssymptome in Erscheinung tritt. Wenn suchterzeugende Drogen über längere Zeit eingenommen werden, *toleriert* sie der Körper in immer größeren Mengen: Die Körpersysteme gewöhnen sich an die betreffende Substanz, und es werden immer größere Mengen nötig, um gleiche Wirkungen zu erzielen. Bei plötzlichem Absetzen der Substanz oder plötzlicher Dosisminderung kommt es zu *Entzugserscheinungen*. Dabei handelt es sich um negative körperliche und psychologische Reaktionen, die auftreten, wenn die Person mit dem Konsum der suchterzeugenden Substanz plötzlich aufhört. Beispiele dafür sind Krämpfe, Ruhelosigkeit und manchmal sogar Tod.

Das DSM-IV legt als Kriterium für die Substanzabhängigkeit das Vorhandensein von mindestens drei der folgenden Merkmale fest:

1. Toleranzentwicklung, die nachzuweisen ist durch:
   a) Größere Dosen der Substanz werden benötigt, um den gewünschten Effekt zu erreichen;
   b) die Wirkungen der Substanz werden deutlich geringer, wenn die übliche Menge konsumiert wird; oder
   c) der Betroffene bleibt dem Anschein nach unauffällig, nachdem er eine Menge konsumiert hat, die bei einem gelegentlichen Konsumenten Beeinträchtigungen zur Folge hat.
2. Entzugssymptome treten auf, wenn der Betroffene den Substanzkonsum aufgibt oder die Menge reduziert. Der Betroffene kann die Substanz auch konsumieren, um Entzugssymptome zu lindern oder zu vermeiden.
3. Der Betroffene konsumiert mehr von der Substanz oder über einen längeren Zeitraum, als er es beabsichtigte.
4. Der Betroffene sieht den übermäßigen Konsum der Substanz ein. Er kann versucht haben, den Konsum zu reduzieren, aber ohne Erfolg.
5. Ein großer Teil der Zeit wird vom Betroffenen dafür aufgewendet, die Substanz zu beschaffen oder sich von der Wirkung zu erholen.
6. Der Substanzkonsum wird trotz psychischer oder körperlicher Probleme, die durch die Substanz verursacht oder verschlimmert werden, aufrecht erhalten (z.B. rauchen trotz des Wissens um das erhöhte Risiko für Krebs und kardiovaskuläre Erkrankungen dadurch).
7. Viele Aktivitäten (Arbeit, Erholung, Geselligkeit) werden wegen des Substanzkonsums aufgegeben oder in ihrer Häufigkeit reduziert.

Um die Diagnose Substanzmißbrauch stellen zu können, muß mindestens eines der folgenden Probleme vorhanden sein, die auf den wiederholten Substanzkonsum zurückzuführen sind:

1. Wichtige Verpflichtungen werden nicht erfüllt, z.B. bleibt der Betroffene der Arbeit fern oder vernachlässigt seine Kinder.
2. Der Betroffene setzt sich Gefahren aus, wie z.B. in betrunkenem Zustand Maschinen bedienen oder Auto fahren.
3. Probleme mit dem Gesetz wie etwa Verhaftungen wegen unangemessenen Verhaltens oder Mißachtung der Verkehrsregeln.
4. Ständige soziale oder interpersonale Probleme wie z.B. Auseinandersetzungen mit dem Ehepartner.

Das DSM-IV berücksichtigt im Abschnitt über den Mißbrauch von Substanzen nur das *Verhalten*, das mit regelmäßiger Einnahme der Substanzen einhergeht und sich negativ auf den Alltag auswirkt. Wenn einem Süchtigen seine Droge vorenthalten wird und bei ihm daher Entzugssymptome auftreten, kann Substanzabhängigkeit und zusätzlich Entzug diagnostiziert werden. Ein Beispiel dafür ist das Alkoholentzugsdelir, das üblicherweise als Delirium tremens bezeichnet wird (vgl. S. 331). Darüber hinaus ist zu bedenken, daß die Substanzen auch Demenz und Symptome anderer Achse-I-Störungen verursachen können.

Nach dieser Einführung wenden wir uns jetzt einem Überblick über die wichtigsten substanzinduzierten Störungen zu. Dazu gehören der Mißbrauch und die Abhängigkeit von Alkohol, Nikotin und Zigarettenrauchen, Marihuana, Sedativa und Stimulantien und der Halluzinogene. Danach werden wir uns mit den ätiologischen Faktoren befassen, die bei Substanzmißbrauch und Abhängigkeit vermutet werden, und schließen mit einer Untersuchung der Therapien, die für Alkoholismus, Drogenmißbrauch und Zigarettenrauchen zur Verfügung stehen.

Alkoholismus

Schriftliche Zeugnisse über den Konsum von Wein, Bier und anderen alkoholischen Getränken reichen bis ins dritte vorchristliche Jahrtausend zurück. Aber erst seit dem 8. Jahrhundert v.Chr. kennt man die Destillation und damit die Zubereitung hochprozentiger Alkoholika. In den Vereinigten Staaten und den meisten anderen Ländern ist der Alkoholkonsum ständig gestiegen. 1940 tranken z.B. 30% der U.S.-amerikanischen Bürger Alkohol und etwa 2% waren Problemtrinker. 1970 betrug der Anteil der Alkoholkonsumenten unter den U.S.-Amerikanern 68%, und Probleme mit dem Alkohol hatten 9% (*Caddy*, 1983). Im Jahr 1985 berichteten 86% der Bevölkerung der USA, daß sie Alkohol getrunken hatten und etwa 12%, daß sie dies an zwanzig oder mehr Tagen in jedem Monat getan hatten (*NIDA*, 1988). Der Alkoholkonsum ist unter den jungen Erwachsenen besonders häufig. Die Sorge darüber hat einige Schulen und Universitäten dazu veranlaßt, alkoholfreie Wohnheime einzurichten oder sogar Alkohol vom Campus zu verbannen.

In der großen epidemiologischen Untersuchung, die auf S. 124 beschrieben wurde, ergaben sich nach den DSM-III-Kriterien Lebenszeitprävalenzen von mehr als 20% für Männer und knapp 5% für Frauen (*Robins* et al., 1984). *Robins* et al. (1988) berichteten nur geringfügige Unterschiede im Trinkverhalten der verschiedenen ethnischen Gruppen (Weiße, Afroamerikaner, Hispanier). Sie ermittelten auch die Komorbidität von Alkoholmißbrauch mit antisozialer Persönlichkeitsstörung, Manie, dem Konsum anderer Drogen, Schizophrenie und Panikstörung. Glücklicherweise scheint es aber so, daß der Konsum von Alkohol in den letzten Jahren seinen Höhepunkt überwunden hat und rückläufig ist.

Obwohl die meisten Menschen mit Alkoholproblemen keine professionelle Hilfe suchen, stellen Alkoholiker einen großen Teil der Neuaufnahmen in psychiatrischen Einrichtungen und Allgemeinkrankenhäusern. Die Suizidrate von Alkoholikern, besonders von betroffenen Frauen, liegt weit über dem Bevölkerungsdurchschnitt. Bei einem Drittel aller Suizide gilt ein Alkoholproblem als Mitursache.

Polytoxikomanie bezeichnet den Konsum vieler verschiedener Substanzen. Alkohol und Nikotin stellen eine häufige Kombination dar, obwohl die meisten Menschen, die in geselligen Situationen rauchen und trinken, nicht zu Substanzabhängigen werden.

Zudem schätzt man, daß bei mindestens 25000 tödlichen Unfällen, die sich jährlich auf U.S.-amerikanischen Autobahnen ereignen, Alkohol im Spiel ist; das entspricht der Hälfte der Gesamtzahl. Und möglicherweise spielt Alkohol auch eine unrühmliche Rolle bei Flugzeugabstürzen, Arbeitsunfällen und häuslichen Mißgeschicken. Alkohol stellt auch die Vollzugsbehörden vor Probleme, denn in den USA werden etwa ein Drittel aller Festnahmen aufgrund von Trunkenheit in der Öffentlichkeit durchgeführt. Über die Hälfte aller Morde, so schätzt man, werden unter Alkoholeinfluß begangen. Auch viele Kindesmißhandlungen, Mißhandlungen von Ehepartnern und sexuelle Gewaltdelikte sind mit Alkohol in Zusammenhang zu bringen (*Brecher*, 1972; *National Institute on Alcohol Abuse and Alcoholism*, 1983).

Die Gesamtkosten des Problemtrinkens in den Vereinigten Staaten – von der Abwesenheit am Arbeitsplatz bis zu Gesundheitsschäden –

wurden 1983 auf mehr als 116 Milliarden Dollar geschätzt (*National Council on Alcoholism*, 1986). Von bis zu 40% der Patienten in Allgemeinkrankenhäusern wird angenommen, daß sie sich wegen Erkrankungen in Verbindung mit Alkohol in Behandlung befinden. Alkoholiker beanspruchen das Gesundheitssystem viermal mehr als Abstinente und ihre Behandlungskosten sind doppelt so hoch (*The Harvard Medical School Mental Health Letter*, 1987). Die menschlichen Kosten in Form von zerstörten Leben und Verlusten für die Gesellschaft sind unkalkulierbar (*Jaffe*, 1985).

Analog zu den allgemeineren Diagnosen von Substanzmißbrauch und Substanzabhängigkeit unterscheidet das DSM-IV zwischen *Alkoholmißbrauch* und *Alkoholabhängigkeit*. Letztere ist zu diagnostizieren, wenn die Betroffenen die klassischen Anzeichen der Sucht aufweisen, also entweder Toleranz oder Entzugserscheinungen wie morgendliches Zittern und Übelkeit, die nur durch erneuten Alkoholkonsum zu beheben sind. Personen, die bereits in frühen Lebensjahren zu trinken beginnen, erleben ihre ersten Entzugssymptome mit dreißig oder vierzig Jahren. Bei beiden Diagnosen haben die Betroffenen keine Kontrolle mehr über ihr Trinkmuster. Sie müssen täglich trinken, und alle Versuche, abstinent zu bleiben, nur bestimmte Mengen zu trinken oder den Alkoholkonsum auf bestimmte Tageszeiten zu beschränken, schlagen fehl. Manche gehen auf Trinktouren und setzen sich zwei, drei oder mehr Tage unter Alkohol. Gelegentlich trinken sie 0,2 l in Spirituosen auf einmal. Es kommt zur Amnesie der Ereignisse während des Rauschzustandes („blackout"). Die Sucht kann so überwältigend sein, daß zur Not auch ungenießbarer Alkohol, z.B. Haarwasser, getrunken wird. Derart starkes Trinken führt natürlich zu sozialen und beruflichen Schwierigkeiten, zum Streit mit der Familie oder Freunden, manchmal zu Gewalttätigkeit in betrunkenem Zustand, häufiger zu Abwesenheit von der Arbeit oder Verlust des Arbeitsplatzes und Verhaftungen wegen Trunkenheit oder Verkehrsunfällen. Bei Polytoxikomanie ist Alkohol häufig beteiligt, und im DSM-IV wird darauf hingewiesen, daß Nikotinabhängigkeit besonders häufig in Verbindung mit starkem Trinken einhergeht, was jeder Besuch einer Bar bestätigen wird (daraus soll aber nicht der Schluß gezogen werden, daß wir annehmen, daß alle Besucher einer Bar Alkoholiker sind).

Kurzzeitwirkungen von Alkohol

Alkohol wird keinem Verdauungsprozeß unterzogen. Ein kleiner Teil tritt durch die Magenwände unverzüglich ins Blut, der größte Teil gelangt in den Dünndarm und erst von da durch Resorption ins Blut. Er wird dann, zum größten Teil in der Leber, abgebaut. Die Leber kann stündlich etwa 30 g 50%igen Whisky abbauen. Was darüber liegt, bleibt im Blut. Die Resorption von Alkohol kann sehr schnell gehen, zum Abbau dagegen braucht der Körper Zeit. Viele Wirkungen des Alkohols hängen unmittelbar mit seiner Konzentration im Blut zusammen, die ihrerseits davon abhängt, wieviel Alkohol innerhalb welcher Zeit getrunken wird, ob und wieviel Nahrung sich im Magen befindet, die den Alkohol zurückhält und seine Resorptionsrate reduziert, wie schwer der Trinkende und wie funktionstüchtig seine Leber ist.

Da die meisten Gesellschaften den Genuß von Alkohol akzeptieren, gilt er – insbesondere bei denjenigen, die Alkohol trinken – nicht als Droge. Aber Alkohol ist eine Droge, die das zentrale Nervensystem beeinflußt. Alkohol lähmt zunächst die höheren Gehirnzentren, und zwar diejenigen mit vornehmlich hemmender Funktion, wirkt also erst einmal stimulierend. Spannungen und Hemmungen nehmen ab, der Trinkende kann ein umfassendes Gefühl der Verbundenheit mit anderen und des Wohlbefindens erleben. Allerdings werden manche Menschen in diesem Stadium auch mißtrauisch und sogar gewalttätig. In größeren Mengen beeinträchtigt Alkohol komplexe Denkprozesse, die motorische Koordination, das Gleichgewicht, Sprache und Wahrnehmung. In diesem Stadium werden manche Menschen depressiv und ziehen sich zurück. Alkohol stumpft gegen Schmerz ab und wirkt in größeren Dosen sedierend und einschläfernd. In Zeiten, als man noch nicht über unsere heutigen Anästhesietechniken verfügte, setzte man Patienten vor einer Operation häufig unter Alkohol.

Es gibt viele Mythen über die Wirkung von Alkohol: es wird angenommen, daß er Angst mindert, die Geselligkeit stärkt, Hemmungen beseitigt und so weiter. Es sieht aber so aus, daß einige der kurzzeitigen Wirkungen des Konsums geringer Mengen von Alkohol in genauso enger Verbindung zu den Erwartungen des Trinkers über die Wirkung der Substanz stehen wie die chemische Wirkung auf den Körper. So wird beispielsweise angenommen, daß Alkohol zu einer Steigerung der Aggressivität und der sexuellen Reaktionsbereitschaft führt. Die Forschung hat jedoch gezeigt, daß diese Reaktionen nicht durch den Alkohol selbst, sondern durch die Erwartungen des Trinkers hinsichtlich der Wirkungen zustande kommen. In Experimenten zum Nachweis dieses Sachverhalts wurde den Probanden mitgeteilt, daß sie eine bestimmte Menge Alkohol erhalten würden. In Wirklichkeit bekamen sie ein alkoholfreies Getränk, dessen Geschmack getarnt war. Sie wurden danach aggressiver (*Lang* et al., 1975) und berichteten über gesteigerte sexuelle Erregung (*Wilson & Lawson*, 1976). Probanden, die Alkohol zu sich nehmen, geben ebenfalls eine gesteigerte sexuelle Erregung an, sogar dann, wenn der Alkohol zu einer geringeren physiologischen Erregung führt (*Farkas & Wilson*, 1976). Wieder einmal zeigt sich, daß Kognitionen einen nachweisbar starken Effekt auf das Verhalten haben.

Langzeitwirkungen von anhaltendem Alkoholmißbrauch

Die möglichen Langzeitfolgen anhaltenden Trinkens veranschaulicht folgende Fallgeschichte:

> Als der Patient, ein lediger, stellungsloser Arbeiter, im Alter von 24 Jahren zum ersten Mal in ein Landeskrankenhaus eingewiesen wurde, konnte er bereits auf eine lange Geschichte antisozialen Verhaltens zurückblicken. Er hatte sehr promiskuitiv gelebt und war von Alkohol und anderen Drogen abhängig … Er war achtmal für kurze Zeit in privaten Alkoholikerkliniken gewesen, mehrfach wegen öffentlicher Trunkenheit und Trunkenheit am Steuer festgenommen worden und hatte zweimal eine Haftstrafe wegen Körperverletzung verbüßt.
> Der Patient war in einer Kleinstadt als Sohn einer wohlhabenden und angesehenen Familie aufgewachsen. Sein Vater, ein ebenso erfolgreicher wie bekannter und beliebter Geschäftsmann, hatte stark getrunken, und sein Tod im Alter von 57 Jahren ging sicher zum Teil auf das Konto seines exzessiven Alkoholkonsums. Auch seine Mutter trank bis zum Exzeß. Die Eltern kümmerten sich wenig um den Sohn und überließen ihn den Kindermädchen. Er war noch sehr klein, als sein Vater ihm lehrte, die Gäste des Hauses mit Drinks zu versorgen. Und er war noch nicht sechs, als er anfing, die Gläser bei den Partys auch zu leeren. Mit zwölf trank er jedes Wochenende fast einen halben Liter Spirituosen und mit siebzehn drei Flaschen täglich. Sein Vater gab ihm Geld und deckte ihn, wenn man ihn betrun-

> ken am Steuer oder bei anderen alkoholbedingten Vergehen erwischte.
> Die High School mußte er bereits im ersten Jahr wieder verlassen, weil er einen Lehrer geschlagen hatte. Auf einer Privatschule hielt er bis zur elften Klasse durch, dann fälschte er sein Geburtsdatum und ging zur Luftlandetruppe der Armee. Nach seiner Entlassung war er sechs Monate arbeitslos. Er trank stark und mußte wiederholt in einem Sanatorium behandelt werden. Man fand eine Stelle für ihn, die er nach einem Monat wieder kündigte. Nach seiner dritten Festnahme wegen Trunkenheit am Steuer mußte er ins Gefängnis. Sein Vater holte ihn gegen Kaution heraus, drohte aber dieses Mal, ihm den Geldhahn zuzudrehen. Der Patient verließ seine Heimatstadt und schlug sich als Hilfsarbeiter durch – eine Ausbildung hatte er nicht –, kehrte aber nach dem Tod seines Vaters nach Hause zurück. Es folgten Gefängnisaufenthalte wegen Trunkenheit, da er seiner Mutter ein blaues Auge geschlagen hatte, als er sie mit einem Freund überraschte und weil er sich entgegen den Bewährungsauflagen weiterhin betrank. Bei einem Fluchtversuch schlug er einen Gefängniswärter nieder und verletzte ihn schwer, was ihm zwei weitere Jahre Gefängnis bescherte. Nach seiner Entlassung beschränkte er sich nicht mehr auf Alkohol, sondern nahm zusätzlich auch Sedativa, Stimulantien und Narkotika (*Rosen, Fox & Gregory*, 1972, S. 312).

Verlauf der Störung

Früher nahm man an, die Entwicklung zum Alkoholiker verlaufe in ganz bestimmten, immer gleichen Etappen. *Jellinek* (1952) untersuchte die Lebensgeschichte von 2000 Alkoholikern und beschrieb vier Stadien auf dem Weg zur Sucht. In der *präalkoholischen* Phase trinkt der spätere Alkoholiker aus Geselligkeitsgründen, betrinkt sich gelegentlich auch, um Spannungen loszuwerden und Probleme zu vergessen. In der zweiten, der *prodromalen* Phase wird zum Teil schon heimlich getrunken, und es kommt eventuell zu ersten Blackouts. Der Trinker nimmt wahr, was um ihn herum vorgeht, er spricht zusammenhängend und macht bei allem, was er tut, keinen besonders betrunkenen Eindruck. Aber später erinnert er sich an nichts von alledem. Der Alkohol wird mehr und mehr zur Droge.

Die dritte Phase nennt *Jellinek* die *kritische*, da der Alkoholiker nunmehr Gefahr läuft, alles zu verlieren, was ihm wichtig ist. Die Kontrolle über das Trinken hat er bereits verloren. Nach dem ersten Glas trinkt er weiter, bis er nicht

Diese Alkoholiker stellen ein gutes Beispiel für das chronische Stadium des Alkoholismus nach Jellinek dar.

mehr kann. Auch seine soziale Anpassung verschlechtert sich zunehmend. Er trinkt jetzt auch tagsüber, was sich vor Familie, Arbeitgeber und Freunden nicht mehr verbergen läßt. Er ernährt sich schlecht, trinkt zum erstenmal ununterbrochen und exzessiv über mehrere Tage und hat, wenn er aufhört, möglicherweise seine ersten Halluzinationen und sein erstes Delir. In diesem Stadium kann er das Trinken noch einstellen. Er kann Wochen und sogar Monate abstinent bleiben, aber mit dem ersten Schluck fängt alles von vorne an.

Im letzten, dem *chronischen* Stadium wird ohne Unterbrechung getrunken, und es kommt häufig zu mehrtägigen Trinktouren. Der Alkoholiker in diesem Stadium lebt nur noch, um zu trinken. Sein Körper hat sich so an Alkohol gewöhnt, daß er ohne Entzugserscheinungen nicht darauf verzichten kann. Im Notfall trinkt er alles, was Alkohol enthält, sei es Rasierwasser, Haarwasser oder ein Medikament. Er leidet an Unterernährung und anderen physiologischen Veränderungen. Er vernachlässigt sein Äußeres und hat so sehr an Selbstachtung ein-

gebüßt, daß er sich für nichts mehr schämt. Schließlich werden ihm auch Heim, Familie, Freunde, Beruf und sozialer Status gleichgültig.

Jellineks Beschreibung hat es zu großer Popularität gebracht, wird aber von der Forschung nicht immer bestätigt. *Goodwin, Crane* und *Guze* (1969) stellten fest, daß es bei mäßigem Trinken *nicht* zum Erinnerungsverlust kommt und daß viele Alkoholiker überhaupt nie einen Blackout hatten. Neuere Befunde lassen es auch fraglich erscheinen, daß, wie weithin angenommen wird, bereits ein einziges Glas den unwiderstehlichen Drang auslöst, weiterzutrinken (*Marlatt, Demming & Reid*, 1973). Alkoholiker, die mit einem Initialschluck „gezündet" wurden, aber glaubten, Nicht-Alkoholisches zu sich zu nehmen, tranken anschließend nicht mehr als Geselligkeitstrinker. Und schließlich ist der Übergang vom Problemtrinken zum Alkoholismus weniger einheitlich, als *Jellinek* annahm. Der Verlauf variiert anscheinend auch in Abhängigkeit der Komorbidität des Alkoholismus mit anderen Störungen und dem Alter, in dem der Betroffene mit dem Trinken begann. Wenn eine antisoziale Persönlichkeitsstörung oder Depression vorliegen, ist eine Remission weniger wahrscheinlich. Die Komorbidität mit anderen Störungen ist häufiger, wenn der Alkoholismus früh beginnt (*Roy* et al., 1991). Eine Nachuntersuchung von Problemtrinkern nach vier Jahren ergab ganz unterschiedliche Ergebnisse (*Clark & Cahalan*, 1976). Im Gegensatz zur weit verbreiteten Ansicht, daß jemand, der einmal Alkohol mißbraucht, dies immer tun wird, zeigen die Daten bei vielen Trinkern eine erhebliche Fluktuation. Sie reicht von zeitweise schwerem Trinken bis zur Abstinenz oder leichterem Trinken zu anderen Zeiten. Darüber hinaus sind die Formen der mißbräuchlichen Anwendung von Alkohol variabler als es von *Jellinek* angenommen wurde. So kann beispielsweise der starke Konsum auf das Wochenende beschränkt sein oder lange Abstinenzperioden können durch einige Wochen starken Trinkens unterbrochen sein (*Robins* et al., 1988).

Wie eine wachsende Zahl von Forschungsarbeiten zeigt, entzieht sich auch der weibliche Alkoholismus *Jellineks* Schema. Frauen fangen im allgemeinen später an zu trinken als Männer, und Anlaß ist sehr häufig eine ungewöhnlich belastende Erfahrung, etwa der Tod des Ehemanns oder eine schwere Familienkrise. Dafür werden Frauen schneller von Problemtrinkerinnen zu Alkoholikerinnen. Frauen trinken beständiger als Männer und meistens allein. Sie neigen auch weniger zu Trinktouren (*Hill*, 1980; *Wolin*, 1980).

Physiologische Auswirkungen

Chronisches Trinken führt nicht nur zu psychischem Niedergang, sondern auch zu schweren physiologischen Schädigungen. Kaum ein Gewebe oder Organ bleibt vom chronischen Trinken unbeeinflußt. Die Unterernährung kann ein ernstes Ausmaß erreichen. Weil Alkohol dem Körper Kalorien zuführt – ein knapper halber Liter Schnaps kann bereits die Hälfte des täglichen Kalorienbedarfs decken –, nehmen Alkoholiker oft nur noch wenig Nahrung zu sich. Aber Alkoholkalorien sind „leere" Kalorien. Sie enthalten keinen jener Nährstoffe, die der Körper zum gesunden Funktionieren braucht. Alkohol beeinträchtigt die Verdauung der Nahrung und trägt so auch direkt zur Unterernährung bei. Bei älteren Alkoholikern kann der Mangel an Vitaminen des B-Komplexes für das amnestische Syndrom sowohl für aktuelle als auch lang zurückliegende Ereignisse verantwortlich sein. Diese Gedächtnislücken werden häufig durch Berichte über imaginäre Geschehnisse gefüllt (Konfabulationen), die sehr unwahrscheinlich sind.

Die drastische Einschränkung der Eiweißzufuhr führt zur Leberzirrhose, einer Krankheit, bei der Leberzellen durch die Einlagerung von Fett und Protein in ihrer Funktion beeinträchtigt sind und durch das Absterben von Zellen ein Entzündungsprozeß in Gang gesetzt wird. Im nächsten Stadium kommt es zur Entwicklung von Narbengewebe und zur Beeinträchtigung der Blutzirkulation. In den Vereinigten Staaten ist die Leberzirrhose die neunthäufigste Todesursache (*USDHHS*, 1990) und jährlich sterben 5 von 100 000 Menschen an alkoholbedingter Zirrhose – eine Zahl, die sich seit vielen Jahren nicht geändert hat (*Malin* et al., 1982). Die Krankheit ist bei weiblichen Alkoholikern häufiger als bei männlichen. Alkohol an sich beeinträchtigt auch Leberfunktionen und schädigt Leberzellen. Weitere alkoholbedingte physiologische Veränderungen sind Schädigungen der endokrinen Drüsen und der Bauchspeicheldrüse, Herzversagen, Bluthochdruck und kapillare Hämorrhagien (Gefäßerkrankung), die für das Anschwellen und die Rötung des Gesichts, insbesondere der Nase, bei chronischen Trin-

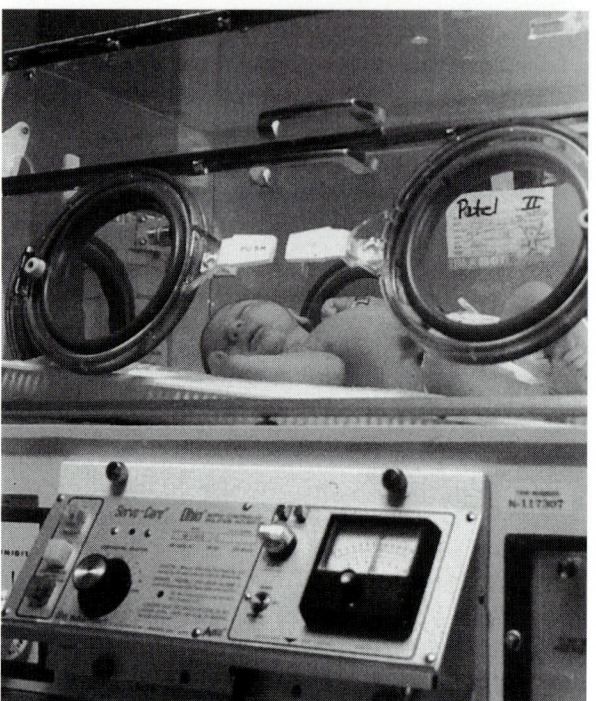

Starkes Trinken während der Schwangerschaft kann zu Frühgeburt und zu körperlichen und psychischen Schäden beim Fötus führen. Dies wird Fötales Alkoholsyndrom genannt.

kern verantwortlich sind. Langanhaltender Alkoholkonsum scheint auch – insbesondere in den Frontallappen – zur Schädigung von Hirnzellen und damit zur Hirnrindenatrophie und anderen Strukturveränderungen zu führen (*Parsons*, 1975). Alkohol vermindert auch die Effizienz des Immunsystems, was zu einer verstärkten Sensibilität für Infektionen führt.

Starker Alkoholkonsum während der Schwangerschaft kann das Wachstum von Fötus und Säugling verzögern und Anomalien an Schädel, Gesicht und Gliedmaßen und geistige Behinderung verursachen. Man nennt das eine *Alkoholembriopathie*. Sogar mäßiges Trinken kann sich schädigend auf den Fötus auswirken, was die Gesundheitsbehörde dazu veranlaßt hat, während der Schwangerschaft zu völliger Abstinenz zu raten (*Alcohol, Drug Abuse and Mental Health Administration News*, 2. Mai 1980). 1989 wurde ein Gesetz in den Vereinigten Staaten erlassen, das den Aufdruck einer Warnung im Hinblick auf Geburtsschäden auf dem Etikett aller alkoholischer Getränke vorschreibt (*NIAA*, 1990).

Obwohl es richtig und angemessen ist, auf die negativen Konsequenzen des Alkohols hinzuweisen, gibt es doch schlagende Beweise dafür, daß es für einige Menschen auch positive Auswirkungen zu geben scheint: leichtes Trinken, besonders von Wein, steht in Zusammenhang mit einem reduzierten Risiko für koronare Herzerkrankungen sowohl bei Männern als auch bei Frauen (*Stampfer* et al., 1988). Dabei kann es sich um einen direkten physiologischen Effekt handeln, aber auch um die Auswirkungen eines weniger hektischen Lebensstils und eines reduzierten Niveaus an Feindseligkeit (S. 233ff.). Diese Situation wird als das französische Paradox beschrieben – die Tatsache, daß trotz Mahlzeiten, die reich an gesättigten Fetten sind, die Franzosen die Cholesterin-Werte dadurch herabsetzen, daß sie geringe bis mäßige Mengen an Rotwein konsumieren. (Der französische Lebensstil schließt auch das Essen von frischerer Nahrung und mehr körperliche Bewegung ein, z.B. zur Arbeit zu gehen und nicht zu fahren, wie es dem amerikanischen Lebensstil entspricht.) Trotzdem stellt die Befürwortung von Alkohol bei der Ernährung der Amerikaner einen gefährlichen Flirt mit dem möglichen Alkoholmißbrauch dar.

Abrupter Alkoholentzug hat unter Umständen ziemlich dramatische Folgen, denn der Körper hat sich an die ständige Alkoholzufuhr gewöhnt. In vielen Fällen fühlt sich der Patient angsterfüllt, depressiv, schwach, rastlos und kann nicht schlafen. Es kann zu einem ausge-

prägten Tremor insbesondere der kleinen Muskulatur der Finger, des Gesichts, der Augenlider, der Lippen und der Zunge kommen, der Puls beschleunigt sich, Blutdruck und Körpertemperatur steigen. Der Patient schwitzt stark und seine Pupillen reagieren nur sehr langsam auf Veränderungen der Lichtverhältnisse. Nach einigen Jahren starken Trinkens kann ein plötzlicher Abfall des Blutalkoholspiegels auch in ein *Delirium tremens* münden. Der Patient zittert und sein Bewußtsein ist getrübt. Er hat überwiegend visuelle, zuweilen aber auch taktile Halluzinationen. Unangenehmes und sehr lebhaftes Getier – Schlangen, Schaben, Spinnen und dergleichen – scheint die Wände hinauf oder über seinen Körper zu kriechen, zuweilen auch das ganze Zimmer zu füllen. Fiebernd, desorientiert und voll Angst und Schrecken kratzt sich der Alkoholiker vielleicht wie rasend, um das Ungeziefer loszuwerden, oder er kauert sich in eine Ecke, um einer vorrückenden Armee niegesehener Lebewesen zu entkommen.

Das Delir und die kurzdauernde Änderung wesentlicher Körperfunktionen (Paroxysmen) sind sichere Zeichen dafür, daß Alkohol eine suchterzeugende Droge ist. Auch Toleranzsteigerung ist nachgewiesen. Wie *Mello* und *Mendelson* (1970) feststellten, können manche Alkoholiker einen Liter Bourbon am Tag trinken, ohne Anzeichen von Trunkenheit erkennen zu

Die Radierung zeigt die lebendige Darstellung einer Delirium tremens-Episode in einem Schauspiel.

lassen. Zudem war der Blutalkoholspiegel nach einem Alkoholkonsum, den man gewöhnlich als exzessiv bezeichnen würde, überraschend niedrig.

Obwohl für die Toleranzsteigerung unter anderem sicher Veränderungen der alkoholmetabolisierenden Leberenzyme verantwortlich sind, ist, davon sind die meisten Forscher inzwischen überzeugt, auch das zentrale Nervensystem daran beteiligt. Alkohol kann z.B. die Flüssigkeit in den Nervenzellmembranen vermehren und dadurch die elektrische Leitfähigkeit im Gehirn verändern (*National Institute on Alcohol Abuse and Alcoholism*, 1983). Andere Prozesse, die im Zusammenhang mit der Physiologie der Toleranz untersucht wurden, schließen den Spiegel von Serotonin, Katecholamin-Stoffwechsel und Veränderungen an den Rezeptoren der Neurotransmitter ein (*Meyer*, 1988). Gesicherte Ergebnisse liegen derzeit nicht vor.

Kurz, *die psychischen, physiologischen und sozialen Folgen andauernden Alkoholmißbrauchs sind äußerst schwerwiegend.* Nicht nur der Alkoholiker selbst ist in seinen Funktionen schwer gestört, auch die Menschen, die mit ihm zu tun haben, leiden. Die Gesellschaft leidet ebenfalls, denn ein Alkoholiker ist zu einem geregelten Arbeitsleben kaum in der Lage. Die Gesamtkosten – für den Alkoholnachschub, den Arbeitszeitausfall, die verursachten Verkehrsunfälle, für Ärzte und Psychologen – gehen jährlich in die Milliarden. Das noch viel verheerendere menschliche Leid ist in Zahlen nicht auszudrücken.

Nikotin und Rauchen

Die Geschichte des Tabakrauchens hat viel Ähnlichkeit mit der anderer suchterzeugender Drogen (*Brecher,* 1972). Die Verbreitung des Tabaks über die ganze Welt begann mit dem ersten Handel, den Columbus mit den amerikanischen Indianern trieb. Bald übernahmen auch Seeleute und Händler die indianische Angewohnheit, gerollte Tabakblätter zu rauchen – und auch bei ihnen wuchs, wie bei den Indianern, das Verlangen nach Tabak. Der Tabak wurde geraucht, gekaut oder stark zerkleinert durch die Nase hochgezogen.

Nikotin ist das wichtigste Alkaloid des Tabaks und die suchterzeugende Substanz. Wie suchterzeugend Tabak ist, mag man daran ermessen, was Menschen opferten, um ihren Bedarf zu decken. Im England des 16. Jahrhunderts wurde Tabak Unze um Unze gegen Silber aufgewogen. Arme Leute tauschten das wenige, was sie hatten, für ein paar tägliche Pfeifen ein. Sogar die öffentlichen Folterungen und Hinrichtungen in der Türkei, mit denen Sultan *Murad IV.* den Tabakgenuß bestrafte, konnten süchtige Untertanen von diesem Kraut nicht abbringen.

Prävalenz des Rauchens

Welche Gefahr das Rauchen für die Gesundheit darstellt, hat das Gesundheitsministerium seit 1964 in einer Reihe von Dokumentationen überzeugend belegt. Medizinisch gesehen besteht zwischen langjährigem Rauchen und Lungenkrebs, Lungenemphysem, Kehlkopf- und Speiseröhrenkrebs und einer Reihe von Herzkrankheiten ein – fast mit Sicherheit ursächlicher – Zusammenhang. Die wahrscheinlich schädlichsten Substanzen im Tabakrauch sind Nikotin, Kohlenmonoxid und Teer. Der Teer besteht seinerseits in erster Linie aus bestimmten Kohlenwasserstoffen, von denen viele als kanzerogen bekannt sind (*Jaffe*, 1985).

Der zwanzigste Bericht des Gesundheitsministers, der 1989 veröffentlicht wurde (*U.S. Department of Health and Human Services*, 1989), und eine Publikation des Bundesgesundheitsamts (*Cimons*, 1992) zogen einige Schlußfolgerungen aus den 25 Jahren Erfahrungen, durch vereinte Bemühungen von seiten der Regierung das Rauchen einzuschränken:

1. Die Prävalenz regelmäßigen Rauchens bei erwachsenen U.S.-Amerikanern ist von etwas über 40% im Jahr 1965 auf etwa 25% 1990 gefallen, eine Abnahme von deutlich mehr als 25%. Fast die Hälfte aller lebenden Erwachsenen, die geraucht haben, haben aufgehört. Der Anteil derjenigen, die seit 1987 aufgehört haben, ist mehr als doppelt so hoch wie der zwischen 1965 und 1985.
2. Die Prävalenz ist bei Indianern, Afroamerikanern, Arbeitern und Menschen geringer Bildung höher als in der Allgemeinbevölkerung, obwohl einer der stärksten Einbrüche im Nikotin-Konsum bei den afroamerikanischen Männern seit 1965 stattgefunden hat.

Kasten 11.1 Der Verkauf von einzelnen Zigaretten an Minderjährige

Die meisten Bundesstaaten verbieten den Verkauf von Zigaretten an Minderjährige, aber die entsprechenden Gesetze werden selten befolgt. Noch beunruhigender ist es für diejenigen, die davon überzeugt sind, daß die Prävention in bezug auf Rauchen bei Kindern wichtig ist, daß der Verkauf von einzelnen Zigaretten, der in einigen Städten und Bundesstaaten ebenfalls verboten ist, ein gutes Geschäft darstellt.

Vor kurzem wurde in einem Artikel der Los Angeles Times (*Levin & Kaplan*, 1992) darüber berichtet, daß es einen weitverbreiteten Verkauf von einzelnen Zigaretten an Minderjährige zu einem Preis von bis zu 20 Cents pro Stück gibt (Das entspricht einem Äquivalent von 4 Dollar pro Packung, der mit dem gängigen Marktpreis von 2.45 Dollar verglichen werden muß.). Die meisten Käufer der Einzelzigaretten stammen aus den unteren sozioökonomischen Schichten und viele von ihnen haben das Alter von zwölf Jahren gerade überschritten. Von offizieller Seite im Gesundheitswesen werden diese Verkäufe als gleich-

wertig mit der Abgabe anderer suchterzeugender Drogen gesehen, die von Drogenhändlern den zukünftigen Kunden angeboten werden. Die Gesetze gegen den Verkauf an Minderjährige werden selten beachtet, da die Polizei sich mehr um Schwerverbrechen kümmert und die meisten Menschen in Kalifornien, einschließlich einiger Staatsbediensteter, das Gesetz von 1991 gegen den Verkauf einzelner Zigaretten nicht kennen. Während die Kritiker der Tabakindustrie unterstellen, daß die Industrie zumindest stillschweigend den Verkauf von Einzelzigaretten duldet, weisen Repräsentanten der Industrie darauf hin, daß sie dagegen sind, weil in Zukunft Menschen, die auf diese Weise zum Rauchen gekommen sind, behaupten könnten, daß sie die Warnhinweise, die auf der Packung vorgeschrieben sind, nicht gesehen haben. Es ist eine Ironie, daß die jüngsten Erhöhungen der Tabaksteuer auf Zigaretten, die zumindest teilweise vom Rauchen abhalten sollen, in Wahrheit den Verkauf von Einzelzigaretten fördern.

3. Die Prävalenz ist unter den Universitäts-Absolventen und bei den über 75jährigen am niedrigsten.
4. Die Prävalenz hat bei Frauen weniger stark abgenommen als bei Männern.
5. Die meisten Menschen fangen mit dem Rauchen in der Jugend an. Das Alter, in dem mit dem Rauchen begonnen wird, sinkt, besonders bei jungen Frauen (vgl. Kasten 11.1).
6. Das Zigarettenrauchen ist in irgendeiner Weise für jeden sechsten Todesfall in den Vereinigten Staaten verantwortlich, wobei etwa 1000 Menschen jeden Tag sterben. Es bleibt die einzige, am ehesten zu beeinflussende Ursache eines vorzeitigen Todes. Diese Risiken sind für Raucher von Zigarren und Pfeifen sehr viel niedriger, da sie den Rauch selten inhalieren, aber Krebserkrankungen an Mund und Lippen treten durch diese Art des Konsums häufiger auf.

Die Gesundheitsrisiken nehmen über einen Zeitraum von fünf bis zehn Jahren nach dem Aufgeben des Rauchens dramatisch ab und liegen nur noch wenig über denen von Nichtrau-

chern, obwohl die Zerstörung des Lungengewebes irreversibel ist (*Jaffe*, 1985). Und ähnlich wie beim Alkohol sind die sozioökonomischen Kosten für die Gesellschaft beträchtlich: Jährlich gehen 80 Millionen verlorene Arbeitstage durch Ausschußproduktion und 145 Millionen verlorene Arbeitstage wegen Arbeitsunfähigkeit auf das Konto von Rauchern. Die Kosten für die gesundheitlichen Folgeprobleme des Rauchens belaufen sich in den Vereinigten Staaten jährlich auf 30 Milliarden Dollar.

Sorge bereitet die Tatsache, daß das Rauchen bei Jugendlichen zwischen zwölf und siebzehn nur auf 40% zurückgegangen ist, und daß der Konsum von anderen Tabakprodukten in den letzten Jahren zugenommen hat (*Chassin* et al., 1985). Die Attraktivität des Rauchens für junge Leute ist bedenklich, weil Rauchen sehr schwer aufgegeben werden kann, wenn sich einmal diese Gewohnheit und die Abhängigkeit etabliert haben. Forscher vermuten hier einen gewissen Einfluß der öffentlichen Warnungen vor den gesundheitlichen Gefahren des Rauchens. Seit Altersgenossen und Gesellschaft vermehrt Stimmung gegen das Rauchen machen, scheint

der „Macho"-Appeal des männlichen Rauchers
und das Bild der emanzipiert-überlegenen
Raucherin an Anziehungskraft zu verlieren.
Aber junge Menschen ahmen die älteren Familienmitglieder genauso nach wie ihre Alterskameraden. Wenn beide Eltern und ein älteres
Geschwister rauchen, dann ist es viermal wahrscheinlicher, daß das jüngere Kind ebenfalls
raucht als dann, wenn kein Mitglied der Familie
raucht. Ein weiterer Faktor der Verführung junger Menschen zum Rauchen ist die Verfügbarkeit und die Werbung für Zigaretten mit niedrigem Nikotingehalt. Besonders heranwachsende
Frauen finden es leichter, sich an diese Zigaretten zu gewöhnen und daher kann es sein, daß
sie eher mit dem Rauchen von Zigaretten experimentieren, weil nikotinreduzierte Zigaretten
verfügbar sind (*Silverstein, Feld & Kozlowskis*,
1980).

Das Rauchen ist heute in vielen öffentlichen Gebäuden,
einschließlich der Aufzüge, verboten. Einige Raucher
halten sich jedoch nicht an dieses Verbot und sehen es
als Einschränkung ihrer Rechte an.

Folgen des Rauchens

Die meisten Raucher sind sich bewußt, daß sie
ihre Gesundheit aufs Spiel setzen, und doch
stellen sie ihr – wie man es durchaus nennen
kann – suizidales Verhalten nicht ein. Einer der
geplagtesten Süchtigen war *Sigmund Freud*, der
täglich bis zu zwanzig Zigarren rauchte, obwohl
er sehr wohl wußte, daß sie sein Herz ernsthaft
belasteten und Ursache seines Mundkrebses
waren. Später mußte man ihm fast den ganzen
Unterkiefer entfernen. Die Prothese, die man
ihm einsetzte, saß schlecht, er konnte nur mit
großer Mühe schlucken und litt peinigende
Schmerzen. Aber immer noch war er unfähig,
die Qualen der Abstinenz zu ertragen. Wenn
auch viele starke Raucher mit ihren Entwöh-
nungsversuchen Erfolg haben, sind tragische
Fälle wie der von *Freud* sicher keine Ausnahme.

Wie wir seit vielen Jahren wissen (*Bennett*,
1980), gefährdet Rauchen nicht nur die Gesundheit der Raucher. Der Rauch der brennen-
den Zigarette enthält höhere Konzentrationen
von Ammoniak, Kohlenmonoxid, Nikotin und
Teer als der Rauch, der beim Rauchen inhaliert
wird. Auch Nichtraucher, die sich häufig und
lange in verrauchter Luft aufhalten, können –
möglicherweise bleibende – Lungenschäden
davontragen. Zumindest ist vielen Nichtrau-
chern der Geruch von Tabakqualm zuwider,
und manche Menschen reagieren darauf allergisch. Schwangere Raucherinnen haben häufiger Frühgeburten, ihre Kinder kommen häufi-

ger untergewichtig oder mit einem Geburtsfeh-
ler auf die Welt.

In den letzten Jahren haben die Regierungen
einiger amerikanischer Bundesstaaten versucht, das Rauchen an öffentlichen Plätzen und
am Arbeitsplatz per Verordnung zu regeln. In
Supermärkten, Autobussen und anderen öffentlichen Verkehrsmitteln ist das Rauchen verboten. Restaurants müssen kenntlich machen,
ob sie einen Nichtraucher-Bereich haben. An
Arbeitsplätzen mit mehr als fünfzig Angestellten muß das Rauchen entweder ganz unterblei-
ben oder es müssen bestimmte Bereiche dafür
vorgesehen sein. Viele Nichtraucher begrüßen
derartige Maßnahmen, aber manchmal ist der
Druck seitens der Raucher und der Tabakindustrie so stark, daß die entsprechenden Geset-
zesvorhaben scheitern. Es gibt auch Raucher,
die sich leidenschaftlich gegen diese, wie sie
glauben, unzulässige Beschneidung ihrer Rechte zur Wehr setzen.

Marihuana

Marihuana besteht aus den getrockneten und
zerriebenen Blättern und Blütenspitzen der
Hanfpflanze *Cannabis sativa*. Es wird meistens
geraucht, kann aber auch gekaut, als Tee getrunken oder in Backwaren gegessen werden.

Trocknet man das Harz aus den Spitzen hoch-
wertiger Cannabispflanzen, erhält man das sehr
viel stärkere *Haschisch*. Haschisch und Marihuana sind der Menschheit seit Jahrtausenden
bekannt und seit Jahrhunderten in der breiten
Öffentlichkeit verrufen. Das englische Wort
„assassin" (Mörder) ist vom arabischen *hashis-
hüshin* (Haschischsüchtige) abgeleitet. Zur Zeit
der Kreuzzüge nannte man so eine Muslimsek-
te, die Haschisch nahm und Christen ermorde-
te. Im jungen Nordamerika wurde die Pflanze
in großem Umfang angebaut, aber nicht um ihrer berauschenden Wirkung willen, sondern
weil man aus ihren Fasern Tuche und Seile herstellte. Im 19. Jahrhundert entdeckte man die
pharmakologischen Eigenschaften des Canna-
bisharzes und setzte es zur Behandlung von
Rheuma, Gicht, Depression, Cholera und Neur-
algien ein, rauchte es aber auch zum Vergnügen.
Marihuana tauchte in den Vereinigten Staaten
bis 1920 kaum auf, aber als der achtzehnte Zu-
satzartikel zur Verfassung den Verkauf von Alkohol verbot, begann der Marihuanatransport
über die mexikanische Grenze. Vornehmlich in
den unteren Schichten berauschte man sich
nunmehr statt mit Alkohol mit Marihuana. Aufgrund von Presseberichten, die Verbrechen auf
den Konsum von Marihuana zurückführten,
wurde der Verkauf der Droge 1937 per Bundesgesetz verboten. Heute ist sie in den meisten
Ländern, von denen sich viele einer entsprechenden Konvention der Vereinten Nationen

angeschlossen haben, illegal (*Goodwin & Guze*,
1984). [1]

Prävalenz des Marihuanakonsums

In Amerika obliegt es einer Bundesbehörde,
dem *National Institute of Drug Abuse* (NIDA),
den Drogenkonsum im Land zu untersuchen.
Das Institut vergibt zu diesem Zweck Forschungsmittel und veröffentlicht in regelmäßigen Abständen das Ergebnis von Umfragen unter Jugendlichen im Alter von zwölf bis siebzehn, unter jungen Erwachsenen zwischen achtzehn und fünfundzwanzig und Erwachsenen
über sechsundzwanzig. Sie alle werden nach jet-
zigem und früherem Drogenkonsum, Häufigkeit des Drogenkonsums, Art der konsumierten
Drogen usw. befragt. Z.B. hatten 1972 14% der
Jugendlichen zwischen zwölf und siebzehn Jahren wenigstens einmal Marihuana geraucht,
1979 waren es 31%, 1985 24% und 1991 13%.
(*Marijuana Research Findings*, 1980; *National
Survey on Drug Abuse*, 1979; *National Survey
on Drug Abuse*, 1982, 1991; *Kozel & Adams*,
1986). Bei den Erwachsenen zwischen achtzehn
und fünfundzwanzig waren es 1971 39%, 1974
53%, 1979 68%, 1985 61% und 1991 50%.

Es besteht eine interessante Beziehung zwischen dem Konsum von Marihuana bei
Schulabsolventen und ihrer Beurteilung der
Schädlichkeit. Der Konsum erreichte 1978 seinen Höhepunkt, als 11% der Schüler einen täglichen Konsum angaben. Damals waren nur
12% davon überzeugt, daß mit dem gelegentlichen Konsum ein Risiko verbunden sei, und
35% glaubten, daß ein Risiko beim regelmäßigen Konsum vorhanden sei. Im Vergleich zu
1985, wo der tägliche Konsum auf 5% gefallen
war, glaubten 25% der Absolventen, daß Marihuana gefährlich sei, wenn es gelegentlich, und
70% wenn es regelmäßig konsumiert wird (*Kozel & Adams*, 1986).

Wirkungen von Marihuana

Die Forschung hat sich in den letzten Jahren
recht intensiv mit Marihuana beschäftigt. Offensichtlich ist es wie die meisten anderen Dro-

Früher wurde Haschisch zur Entspannung in eleganten
Appartements in New York City geraucht. Die Zeitschrift
„Illustrated Police News" erschien 1876 mit dieser Abbildung auf der Titelseite und die Überschrift lautete: „Ge-
heime Zerstreuung New Yorker Schönheiten: Die Innen-
ansicht einer Haschisch-Hölle in der Fifth Avenue".

---

1 Wie wir sehen werden, steckt die Geschichte des Marihuana voller
Ironien. Eine davon ist, daß es im landwirtschaftsreichen Kalifornien
die bedeutendste Handelspflanze ist.

gen nicht ungefährlich. Es war bisher immer so: Je mehr wir über eine Droge wissen, als um so weniger harmlos erweist sie sich. Marihuana ist da keine Ausnahme (vgl. Kasten 11.2).

Psychische Wirkungen von Marihuana

Wie bei den meisten Drogen hängt auch beim Marihuana die berauschende Wirkung von der Stärke und Höhe der Dosis ab. Die meisten Marihuanaraucher fühlen sich nach dem Konsum der Droge entspannt und kontaktfreudig. Hohe Dosen führen zu schnellem Stimmungswechsel, Abstumpfung der Aufmerksamkeit, fragmentiertem Denken und Gedächtnisstörungen. Sehr hohe Dosen können Halluzinationen und andere Symptome einschließlich extremer Panik auslösen, wie wir sie ähnlich vom LSD kennen und die gelegentlich daher kommt, weil angenommen wird, daß die schreckliche Erfahrung kein Ende nehmen wird. Die Regulierung der Dosis kann schwierig sein, da die Wirkungen auf das Verhalten mit einer Zeitverzögerung von mehr als einer halben Stunde nach der Inhalation einsetzen können. Viele Konsumenten haben auf diese Weise eine erhebliche höhere Dosis als beabsichtigt erhalten. Am größten scheint die Gefahr solcher negativer Reaktionen generell für Menschen zu sein, die bereits vor dem Griff zu einer psychoaktiven Droge seelische Probleme haben.

Der aktivste chemische Marihuana-Wirkstoff wurde isoliert und Tetrahydrocannabinol (THC) genannt. Seit 1974 kommt das in den Vereinigten Staaten erhältliche Marihuana aus Jamaica, Mexiko und Kolumbien und ist etwa zehnmal stärker als das bis dahin gehandelte.[2] Das bis Anfang der siebziger Jahre gängige heimische Cannabis enthielt etwa 0,4% THC. In 1979 untersuchten Stichproben waren es über 4%, und ein paar Jahre später bereits 6%. In Haschischöl, einem konzentrierten flüssigen Marihuanaextrakt, der erst seit kurzem auf der Straße gehandelt wird, fand man sogar 28% THC. Das Bild kompliziert sich allerdings dadurch, daß Cannabis neben dem THC noch mindestens 400 weitere chemische Verbindungen enthält, von denen vermutlich viele allein, in Verbindung miteinander oder zusammen mit THC psychisch wirksam sind.

Sehen wir uns die psychische Wirkung von Marihuana näher an. Wie vielfach wissenschaftlich belegt ist, beeinträchtigt Marihuana eine ganze Reihe kognitiver Funktionen. Die meisten dieser Ergebnisse entstammen Laboruntersuchungen aus den späten sechziger Jahren. Da das gegenwärtig verfügbare Cannabis stärker ist als das damals untersuchte, ist vermutlich auch mit entsprechend stärkeren Kurzzeitwirkungen zu rechnen. In etlichen Tests – z.B. Zahl-Symbol-Substitution (das Ersetzen von Zahlen durch Symbole), Reaktionstests, Wiederholung von Zahlenreihen vorwärts und rückwärts, Rechentests, Tests zur Überprüfung von Leseverständnis und Sprachfähigkeit – wurde eine intellektuelle Beeinträchtigung nachgewiesen (*Marijuana Research Findings*, 1980). Besonders bedeutsam sind der Verlust des Kurzzeitgedächtnisses und das zustandsabhängige Lernen, die Unfähigkeit, sich in nüchternem Zustand an das unter Einfluß von Marihuana gelernte Material zu erinnern. So ist – angesichts der vielen Schüler die regelmäßig Marihuana rauchen und der Stärke des heutigen Cannabis – nicht auszuschließen, daß die Droge für viele Schüler zur ernsthaften Lernbehinderung wird.

Einige Untersuchungen haben gezeigt, daß unter dem Einfluß von Marihuana die komplexen psychomotorischen Fertigkeiten, die beim Autofahren benötigt werden, beeinträchtigt sind. Unfälle mit Todesfolge auf den Straßen und die Zahlen von verhafteten Fahrern zeigen, daß Marihuana eine nicht unerhebliche Rolle bei einer ins Gewicht fallenden Zahl von Unfällen und Verhaftungen spielt. Weiterhin wurde festgestellt, daß Marihuana die im Flugsimulator geforderten Fähigkeiten beeinträchtigt. Einige Funktionseinschränkungen sind nach dem Rauchen von ein oder zwei Joints, die 2% THC enthalten, bis zu acht Stunden, nachdem eine Person davon überzeugt ist, nüchtern zu sein, nachzuweisen. Damit besteht eine reale Gefahr, wenn die Betroffenen versuchen, Auto zu fahren oder ein Flugzeug zu fliegen, wenn ihre Leistungsfähigkeit beschränkt ist.

Wie steht es bei regelmäßigem Genuß von Marihuana mit eventuellen dauerhaften Schädigungen intellektueller Funktionen? Ende der siebziger Jahre in Ägypten und Indien durchgeführte Untersuchungen ergaben für Marihuanakonsumenten verglichen mit Nicht-Konsumenten etwas schlechtere Gedächtnis- und Problemlösungswerte (*Soueif*, 1976; *Wig & Var-*

---

2 Man vermutet, daß die Wirkkraft der Blätter mit dem Anbaugebiet variiert. Pflanzen aus heißen, relativ trockenen Klimazonen enthalten mehr THC.

Kasten 11.2   Die Einstiegstheorie: Von Marihuana zu harten Drogen

Die eine Zeitlang vorherrschende Besorgnis im Zusammenhang mit Marihuana fand ihren Ausdruck in der Theorie von der „Einstiegsdroge". Demzufolge ist Marihuana nicht nur an sich gefährlich, es kann für junge Leute den ersten Schritt auf dem Weg zur Abhängigkeit von harten Drogen wie Heroin bedeuten. Ende der sechziger Jahre, als man über die Schädlichkeit von Marihuana noch nicht viel wußte, war dies im Grunde eine politische Frage und Ausdruck eines Generationenproblems. Da keine wissenschaftlichen Daten gegen den Konsum von Marihuana zu Felde zu führen waren, habe, so glaubten die jungen Leute unter und über zwanzig, die ältere Generation die – ebenfalls nicht wissenschaftlich belegte – Theorie von der Einstiegsdroge ausgeheckt, um die harten Strafen für Marihuanakonsum und -verkauf rechtfertigen zu können. Da über die Gefährlichkeit harter Drogen weitgehend Einigkeit herrschte, schrieb man auch Marihuana diese Gefährlichkeit zu, mit dem Argument, es sei der erste Schritt auf dem Weg zu einer Drogenkarriere.

Untersuchungen gegen Ende der siebziger und zu Beginn der achtziger Jahre stellten fest, daß auch der Marihuanakonsum, wie bereits beschrieben, seine besonderen Gefahren hat (*Jones*, 1983). Aber die wissenschaftliche Frage, ob Marihuana wirklich eine Einstiegsdroge zum Konsum härterer Drogen ist, bleibt bestehen. Die Frage könnte relativ leicht zu beantworten sein. Es ist eindeutig, daß die meisten Menschen, die Marihuana konsumiert haben, nicht dazu übergehen, Drogen wie Heroin und Kokain zu verwenden. Wenn wir also mit der Einstiegstheorie meinen, daß es eine Notwendigkeit zum Übergang auf härtere Drogen gibt, dann ist dies nicht der Fall. Wir wissen jedoch, daß viele – aber nicht alle –, die Heroin und Kokain mißbrauchen, beim Experimentieren mit Drogen mit Marihuana begannen. Auch Zigarettenraucher konsumieren mit größerer Wahr-

scheinlichkeit als Nichtraucher Marihuana, und zumindest in den Vereinigten Staaten gehen die Konsumenten von Marihuana mit größerer Wahrscheinlichkeit als andere zum Experimentieren mit Heroin und Kokain über (*Kandel*, 1984). Außerdem ist der beste einzelne Prädiktor für den Kokainkonsum im Erwachsenenalter der starke Marihuanakonsum im Jugendalter (*Kozel & Adams*, 1986; *Kandel, Murphy & Karus*, 1985). Möglicherweise gibt es eine dritte Variable, die alle diese Substanzen miteinander verbindet, einschließlich der legalen Droge Alkohol. Es gibt eine wachsende Zahl von Belegen dafür, daß auch die Konsumenten legaler Drogen ein höheres Risiko für den Konsum illegaler Substanzen haben. Es ist wahrscheinlich, daß der Konsum einer illegalen (oder legalen) Droge jemanden in eine Gruppe Gleichgesinnter bringt.

Es sollte wirklich keine Überraschung sein, daß der Konsum legaler Drogen manchmal mit der Verwendung illegaler Substanzen in Verbindung steht, denn den Gesetzen fehlt hinsichtlich der Festlegung, daß bestimmte Drogen zulässig und andere illegal sind, die Einheitlichkeit. Die psychischen und medizinischen Gefahren von Alkohol und Tabak sind keineswegs weniger schwerwiegend als die mit Heroin und Marihuana verbundenen. Es entwickeln sich soziale Netzwerke, die sogar den Konsum von Drogen unterstützen, um den Stressoren und der Langeweile, die das Leben vieler Menschen kennzeichnet, zu entgehen.

Daher wäre eine Netzwerktheorie besser als eine Theorie, die von Einstieg ausgeht, denn Netzwerk impliziert eine komplexe Reihe von Beziehungen, wobei Ursache und Wirkungen kaum zu isolieren sind und ein gewisses Maß an Zusammenhang zwischen vielen Variablen vorausgesetzt wird. Dabei ist Marihuana Teil des Bildes, aber nur einer von zahlreichen Faktoren, die zu der Verwicklung in schädlichen Substanzkonsum beitragen.

ma, 1977). Wir wissen allerdings nicht, ob diese Unterschiede bereits vor dem starken Drogenkonsum der Marihuana-Gruppe bestanden und ob sie nicht vielleicht auch auf mangelhafte Ernährung zurückzuführen waren. Bei amerikanischen Studenten hat man solche Defizite nicht

gefunden. Der Schluß, daß chronischer Marihuanakonsum intellektuelle Funktionen dauerhaft beeinträchtigt, wäre also verfrüht.

Die Ergebnisse von Umfragen lassen jedoch vermuten, daß der häufige Konsum von Marihuana in der Jugendzeit sehr wohl zu psychischen Problemen im Erwachsenenalter führen kann. *Kandel* et al. (1986) interviewten 1004 Erwachsene, die Mitte Zwanzig waren und die 1971 an der Untersuchung über den Drogenkonsum an den öffentlichen Schulen in New York teilgenommen hatten. Sie fanden Hinweise für negative Auswirkungen starken Marihuanakonsums, einschließlich höherer Trennungs- oder Scheidungsraten, höhere Delinquenz, verstärkte Tendenz, Gesundheitsdienste im Bereich der Psychiatrie in Anspruch zu nehmen und weniger stabile Beschäftigungsformen bei Frauen. Die Autoren warnen jedoch davor, daß die spezifischen Effekte einer einzelnen Substanz wie Marihuana sehr schwer von den Effekten anderer Drogen, die Marihuanaraucher gelegentlich konsumieren, insbesondere Alkohol und Kokain, zu trennen sind.

Körperliche Wirkungen von Marihuana

Kurzfristig verursacht Marihuana Rötung und Jucken der Augen, trocknet Mund und Kehle aus, steigert den Appetit und führt gelegentlich zu einem leichten Blutdruckanstieg. Für das gesunde Herz scheint Marihuana nicht schädlich zu sein. Für Menschen mit bereits geschädigter Herzfunktion ist es dagegen durchaus gefährlich, da es den Herzschlag – zuweilen dramatisch – beschleunigt. Relevant wird diese Tatsache, wie ein NIDA-Bericht vermutet, dann, wenn die heutigen Raucher älter werden. Die relativ gesunden 30jährigen Marihuanakonsumenten von heute sind die 50jährigen von morgen, die eine statistisch größere Wahrscheinlichkeit für ein aus anderen Gründen geschädigtes kardiovaskuläres System aufweisen, z.B. durch Atherosklerose. Wenn sie dann die Droge immer noch konsumieren, dann wird ihr Herz für die Wirkungen empfindlicher sein. Weiterhin ist es möglich, daß der Langzeitkonsum von Marihuana, wie der chronische Tabakkonsum, auf eine Weise zu Schäden führt, die aufgrund der bislang untersuchten Kurzzeiteffekte nicht vorhergesagt werden können (*Jones*, 1980).

Es gibt Anzeichen dafür, daß langjähriger Marihuanakonsum Struktur und Funktion der Lunge ernsthaft schädigen kann. Marihuanakonsumenten rauchen zwar sehr viel weniger Zigaretten als Tabakraucher, inhalieren aber den Rauch tiefer und halten ihn länger in der Lunge. Da der Rauch von Marihuana einige der

gleichen Karzinogene wie Tabak enthält, könnten die Auswirkungen größer sein als allein aufgrund der Zahl der Zigaretten oder Pfeifen zu erwarten wäre. Welche Schädigungen der Lunge sind möglich? Ein Forschungsteam der Universität von Kalifornien in Los Angeles stellte fest, daß die sog. Vitalkapazität, d.h. das Luftvolumen, das jemand nach tiefer Einatmung ausstößt, nach Genuß einer einzigen täglichen Marihuanazigarette um genausoviel reduziert ist wie nach einer Tagesdosis von 16 normalen Zigaretten (*Tashkin, Clavarese & Simmons*, 1978). Da außerdem die Marihuanazigaretten im allgemeinen selbst gedreht werden, d.h. keinen Filter enthalten, enthält ihr Rauch sehr viel mehr Teer, der genau wie der Teer üblicher Zigaretten auf der Haut von Labortieren Krebs verursacht. Weiter enthält der Marihuanarauch 70% mehr krebserregendes Benzpyren und 50% mehr karzinogene polyaromatische Kohlenwasserstoffe als der Rauch normaler Zigaretten (*Cohen*, 1981). Das Lungenkrebsrisiko ist bei regelmäßigem und langfristigem Marihuanakonsum also nicht zu unterschätzen.

Es gibt – wenn auch noch nicht vollkommen gesicherte – Anhaltspunkte dafür, daß Marihuana sich nachteilig auf die Fortpflanzungsfähigkeit auswirken kann. In zwei Untersuchungen fand man bei chronischen Marihuanakonsumenten weniger Sperma und weniger bewegliche Spermien, was vermuten läßt, daß Marihuana, namentlich bei Männern, die bereits vorher wenig fertil waren, die Fertilität beeinträchtigen kann (*Hembree, Nahas & Huang*, 1979; *Issidorides*, 1979).

Bei Frauen waren die Ergebnisse ähnlich: In vielen Fällen fand man Unregelmäßigkeiten beim Eisprung und verkürzte Fertilitätsperioden. Überdies hat man in Versuchen mit Ratten festgestellt, daß Bestandteile des Marihuana die Plazenta-Schranke[3] überwinden und also möglicherweise auch die Entwicklung des Fötus beeinflussen können (*Vardaris* et al., 1976). Weibliche Rhesusaffen mit einem THC-Spiegel, der dem starker Marihuanaraucherinnen entsprach, hatten überdurchschnittlich viele Fehlgeburten (*Sassenrath, Chapman & Goo*,

---

3 Die Plazenta ist die durchlässige, sackartige Membran, in der der Fötus heranwächst. Wenn man wissen will, ob eine von der schwangeren Frau aufgenommene chemische Substanz auch auf den Fötus einwirkt, versucht man festzustellen, ob es die Plazenta durchdringt oder von ihr ausgefiltert wird. Wenn das Agens diese Schranke überwinden kann, gilt das als – naheliegender, nicht endgültiger – Beleg dafür, daß der Fötus beeinflußt wird.

1979). Alle diese Untersuchungen weisen methodologische Probleme auf, aber die Ergebnisse bei Tieren und Menschen zeigen, daß die Möglichkeit besteht, daß mäßiger und starker Konsum von Marihuana die Fortpflanzung beeinträchtigen kann. Wer Kinder möchte, ist also gut beraten, bei Drogenkonsum *jeglicher Art* Vorsicht walten zu lassen und den Konsum nur auf die absolut notwendigen und medizinisch überwachten Medikamente zu beschränken, wenn eine Schwangerschaft bestehen könnte.

Macht Marihuana süchtig? Es kann wirklich sein, daß im Gegensatz zu weit verbreiteten Überzeugungen, dies nicht der Fall ist. Die Entwicklung von Toleranz wurde vermutet, als das Personal der U.S.- amerikanischen Streitkräfte aus Vietnam zurückkam und an Konzentrationen von THC gewöhnt war, die für heimische Konsumenten toxisch gewesen wären. Kontrollierte Studien haben bestätigt, daß der regelmäßige Konsum von Marihuana zu Toleranzerscheinungen führt (*Nowlan & Cohen*, 1977; *Compton, Dewey & Martin*, 1990). Ob bei Langzeitkonsumenten körperliche Entzugserscheinungen auftreten, wenn die gewohnte Marihuanamenge nicht zur Verfügung steht, ist nicht eindeutig geklärt. Wenn Probanden nach einer gewissen Zeit stärkeren Konsums als üblich im Labor abstinent bleiben, dann geht der Appetit verloren und es zeigen sich andere Entzugserscheinungen wie Gereiztheit, Schwindel und Durchfall (*Jones*, 1977; *Jones & Benowitz*, 1976; *Jones*, 1983). Entzug trat auch bei denjenigen auf, die ihre Zahl von Joints bestimmten, in der gewohnten Weise rauchten und dann aufhörten (*Mendelson, Rossi & Meyer*, 1974). Wenn jemand eine körperliche Abhängigkeit von Marihuana entwickelt, dann ist diese wesentlich weniger ernst als diejenige, die wir von Nikotin, Kokain und Alkohol her kennen.

Die Frage, ob Marihuana körperlich abhängig macht, wird durch die Toleranzumkehr kompliziert. Erfahrene Raucher benötigen nur wenige Züge, um von einer Marihuanazigarette berauscht zu werden, von der ein weniger erfahrener Raucher viele Züge benötigt, um einen vergleichbaren Zustand zu erreichen. Die Toleranzumkehr stellt das Gegenstück zur Toleranz bei einer suchterzeugenden Droge wie Heroin dar. Die Substanz THC wird zwar schnell metabolisiert, dann aber im Fettgewebe des Körpers eingelagert und sehr langsam freigesetzt. Diese Freisetzung kann bis zu einem Monat dauern, was die Toleranzumkehr erklären kann.

In unserer Kultur sind Drogen an der Tagesordnung. Zu jedem Zeitpunkt haben viele Menschen eine oder mehrere Chemikalien im Blut, die sie sich schluckend, spritzend, schnupfend oder inhalierend zugeführt haben. Eine nicht geringe Rolle spielt dabei die Wechselwirkung der Drogen untereinander, namentlich die Kombination von Marihuana und Alkohol.

Untersuchungen an Menschen und Tieren haben gezeigt, daß der gleichzeitige Konsum von Alkohol und Marihuana Wahrnehmung, Kognition und Motorik mehr beeinträchtigt als eine der beiden Drogen allein. Die synergistische Wirkung erstreckt sich auch auf physiologische Prozesse. Unter anderem schlägt das Herz schneller und die Augen röten sich stärker. Marihuana kann auch die Wirkung anderer Drogen, etwa die von Barbituraten und Amphetaminen, verstärken. Doch die Wechselwirkung von THC mit anderen Drogen ist komplex und unser Wissen darüber begrenzt. Trotzdem sollten THC-Konsumenten darum wissen und sich entsprechend kontrollieren (*Siemens*, 1980).

Therapeutische Wirkungen von Marihuana

Ironischerweise kamen die therapeutischen Einsatzmöglichkeiten von Marihuana ans Licht, als gleichzeitig die negativen Auswirkungen regelmäßigen und hohen Marihuanakonsums nachgewiesen wurden. In den siebziger Jahren zeigten eine Reihe von Doppelblind-Studien (z.B. *Sallan, Zinberg & Frei*, 1975), daß THC und verwandte Drogen bei manchen Krebspatienten die Übelkeit und den Appetitverlust mildern, die mit der Chemotherapie einhergehen. Marihuana scheint die Übelkeit zu nehmen, wo andere einschlägige Mittel versagen, und THC ist heute für die orale Anwendung an hunderten von Kliniken nach einer besonderen Vereinbarung mit dem Gesetzgeber verfügbar (*Jaffe*, 1985; *Poster* et al., 1981).[4] Man hat es auch zur Behandlung von Begleiterschei-

---

4 Phenothiazine, die bei der Behandlung der Schizophrenie Verwendung finden, sind mit einigem Erfolg eingesetzt worden, um die subjektiv unangenehme Wirkung von Marihuana, die bei Patienten, die sich einer Chemotherapie unterziehen, auftreten kann, zu reduzieren. Für den gleichen Zweck wird auch Nabilon eingesetzt, eine synthetische Substanz, welche die psychischen Effekte von Marihuana vermindert (*Weintraub & Standich*, 1983).

nungen von AIDS und des Grünen Stars eingesetzt. Bei dieser Augenkrankheit ist der Abfluß
des Kammerwassers behindert, und es kommt
zu abnorm erhöhtem Augeninnendruck und
allmählichem Nachlassen der Sehkraft. 1971
entdeckten *Hepler* und *Frank*, daß sich nach
Genuß von Marihuana bei normalen Probanden der Augeninnendruck senkte. In anschließenden klinischen Versuchen senkte Delta-9-
THC, oral verabreicht und besonders in Kombination mit traditionellen Behandlungsverfahren, auch den Augeninnendruck von Glaukom-
Patienten (*Hepler, Frank & Petrus,* 1976).

Zur therapeutischen Anwendung von Marihuana gibt es auch kontroverse Ansichten.
Klein (1992) beschreibt einen AIDS-Patienten
in Kalifornien, dem das Rauchen von Marihuana Linderung bringt – es steigert seinen Appetit, hilft ihm zu entspannen, lindert sein Schwindelgefühl und erleichtert das Einschlafen. Anstatt ausgezehrt zu sein ist sein Gewicht normal,
trotz einer geringen Zahl von T-Zellen. Er war
in ein Bundesprogramm aufgenommen worden, das etwa zwei Dutzend todkranke Patienten mit Marihuana versorgte. Im März 1992
wurde dieses Programm beendet und Neuaufnahmen nicht mehr zugelassen. Als Grund wurde angegeben: Marihuana ist gesundheitsschäd-
lich. THC ist in Tablettenform noch verfügbar,
aber viele Patienten können es ohne zu erbrechen nicht einnehmen. Die Tabletten sind auch
bei AIDS-Patienten und anderen nicht annähernd so wirkungsvoll wie beispielsweise das
Rauchen bei gelähmten Patienten, Patienten
mit Glaukom und Patienten mit Multipler Skle-
rose. Auch diejenigen, die sich nicht im Endstadium von AIDS befinden, haben oft starke
Schmerzen, leiden unter Muskelkrämpfen und
werden langsam blind. Die Gerichte und die
Bundesbehörden haben keine einheitlichen
Maßstäbe. In der Zwischenzeit brechen viele
Patienten das Recht und rauchen Marihuana.

Sedativa und Stimulantien

Bis 1914 wurde Drogensucht in den Vereinigten
Staaten zwar nicht gebilligt, aber toleriert. Mit
der *Harrison Narcotics Act* von 1914 änderte
sich das: Sie erklärte den unbefugten Umgang
mit bestimmten Drogen für illegal und den

Süchtigen zum Kriminellen. Die Drogen, um
die es im folgenden gehen soll und die nicht alle
illegal sind, lassen sich zwei allgemeinen Kategorien zuordnen: Sedativa und Stimulantien.

Sedativa

Die *Sedativa,* auch „downer" genannt, verlang-
samen die Aktivität des Körpers und mindern
die Reaktionsbereitschaft. Zu dieser Drogen-
gruppe gehören die organischen Narkotika –
Opium und dessen Derivate Morphium, Heroin
und Kodein – und die synthetischen Barbiturate.

Narkotika

Die Narkotika stellen eine Gruppe von suchterzeugenden Sedativa dar, die in mäßiger Dosierung Schmerzen lindern und Schlaf induzieren.
Das *Opium,* ursprünglich die im internationalen illegalen Rauschgifthandel wichtigste Droge, war bereits 7000 v.Chr. den Sumerern bekannt. Sie gaben auch der Mohnpflanze, die
dieses Narkotikum liefert, den Namen, unter
dem wir sie heute noch kennen und der „Pflanze der Freude" bedeutet. Opium ist eine Mischung aus etwa 18 Alkaloiden, aber bis zum
Jahre 1806 waren diese Substanzen, auf denen
die Wirkung so vieler natürlicher Rauschmittel
beruht, unbekannt.

In jenem Jahr gelang es, das Alkaloid *Morphium* – benannt nach Morpheus, dem griechischen Gott der Träume – aus Rohopium zu isolieren. Dieses bitter schmeckende Pulver erwies
sich als wirksames Beruhigungs- und Schmerzmittel. Solange man seine suchterzeugenden
Eigenschaften noch nicht kannte, bediente sich
die Schulmedizin seiner häufig und gern. Als
sich in den Vereinigten Staaten in der Mitte des
vorigen Jahrhunderts die Injektionsnadel ein-
bürgerte, injizierte man Morphium zur
Schmerzlinderung direkt in die Venen. Während des Bürgerkrieges behandelte man ver-
wundete und an Bakterienruhr erkrankte Soldaten mit Morphium, und viele kehrten süchtig
nach Hause zurück.

Beunruhigt über ein Medikament, das das
Leben der Behandelten zerstören konnte, begannen Wissenschaftler, das Morphium näher
zu erforschen. Möglicherweise, so spekulierten
sie, war ein Teil des Moleküls für die Schmerz-

Heroin wurde 1874 aus Opium synthetisiert und schnell einer Reihe von Medikamenten zugesetzt, die ohne Rezept zu bekommen waren. Die Anzeige wirbt für ein Heilmittel für zahnende Kinder, das Heroin enthielt. Es hat wahrscheinlich gewirkt.

linderung, ein anderer für die Suchterzeugung verantwortlich. 1874 stellte man fest, daß sich Morphium in ein anderes, ebenfalls sehr wirksames Schmerzmittel verwandeln ließ, und nannte dieses Morphiumderivat *Heroin*. Man setzte es zunächst als Heilmittel gegen die Morphiumsucht ein und gab es anstelle von Morphium Hustensäften und anderen Medikamenten bei. Man behandelte so viele Krankheiten mit Heroin, daß dieses schließlich als G.O.M. – „God's own medicine" – galt (*Brecher*, 1972). Heroin wirkte schneller und stärker als Morphium – und machte noch schneller süchtig.

Opium und seine Derivate Morphium und Heroin bewirken einen euphorischen, benommenen, träumerischen Zustand und manchmal auch eine Beeinträchtigung der Koordination. Heroin besitzt darüber hinaus eine besondere Initialwirkung, den sogenannten „rush", ein warm strömendes, ekstatisches Gefühl unmittelbar nach der Injektion. Der Süchtige ist für vier bis sechs Stunden selbstbewußt und frei von Sorgen und Ängsten. Dann folgt ein Abfall, der fast an Stupor grenzt. Da diese Drogen hemmend auf das Zentralnervensystem wirken, lindern sie Schmerzen. Alle drei sind eindeutig im physiologischen Sinne suchterzeugend, d.h., es kommt sowohl zur Toleranzsteigerung als auch zu Entzugserscheinungen, wenn der Nachschub ausbleibt.

Bei Heroinsucht mit hoher Toleranz können Entzugssymptome bereits acht Stunden nach der letzten Injektion auftreten. In den folgenden Stunden wird der Betroffene unter Mus-

kelschmerzen, Niesen, Schwitzen und Tränenfluß leiden und häufig gähnen. Die Symptome ähneln denen der starken Erkältung. Innerhalb der nächsten 36 Stunden verschlimmern sich die Entzugssymptome. Es kann zu unkontrollierbarem Muskelzucken und zu Krämpfen kommen, Schüttelfrost wechselt mit Hitzewellen und Schweißausbrüchen und Herzfrequenz und Blutdruck steigen. Der Süchtige kann nicht schlafen, erbricht und hat Durchfall. Diese Symptome halten etwa 72 Stunden an und bauen sich dann allmählich innerhalb von fünf bis zehn Tagen ab.

Trotz der großen Schwierigkeiten, entsprechende Daten zu sammeln, geht man meist davon aus, daß es in den Vereinigten Staaten mehr als eine Million Heroinabhängige gibt. Die meisten von ihnen haben in den 60er Jahren damit angefangen und konsumieren es weiter (*Kozel & Adams*, 1985). Bei den jungen Erwachsenen zwischen 18 und 25 Jahren hat die Häufigkeit der Heroinabhängigkeit stetig abgenommen, von 4,6% im Jahr 1972 auf 1,2% 1982 und 0,6% 1990 (*HHS News*, 1990). Der Heroinkonsum steigt jedoch in den höheren sozioökonomischen Schichten. Für viele Jahre war die Abhängigkeit bei Ärzten und Krankenschwestern um ein Vielfaches höher als in allen anderen Schichten mit einer vergleichbaren Bildung. Es wird angenommen, daß es sich um eine Kombination aus der relativ leichten Verfügbarkeit von Opiaten im medizinischen Umfeld und den Belastungen handelt, unter denen die Menschen in diesem Umfeld arbeiten (*Jaffe*, 1985).

Schwerwiegender noch als die körperlichen sind die sozialen Folgen einer Narkotikasucht. Die Droge und die Jagd nach ihr werden zum Mittelpunkt des Lebens, bestimmen alles Handeln und alle sozialen Beziehungen. Da Narkotika illegal sind, muß der Süchtige seinen Bedarf über die Unterwelt decken. Die Droge ist teuer. Ein Süchtiger braucht oft 200 Dollar und mehr für seine Tagesdosis. Er muß also entweder reich sein oder sich das Geld illegal – etwa durch Prostitution oder Drogenhandel – beschaffen. Kein Wunder also, daß Drogensucht und Kriminalität recht hoch korrelieren, was zweifellos zur weitverbreiteten Ansicht beiträgt, die Drogensucht als solche führe zum Verbrechen. In den letzten Jahren besteht ein weiteres Problem in Verbindung mit dem intravenösen Drogenkonsum durch die Mitbenutzung der Spritzen in der Ansteckung mit dem HIV-Virus und AIDS (vgl. S. 440).

Barbiturate, Tranquilizer und andere Sedativa

Barbiturate wurden als Schlaf- und Entspannungshilfe synthetisiert und 1903 erstmalig produziert. Seither hat man Hunderte von Barbitursäure-Derivaten hergestellt. Gewöhnlich werden zwei Typen unterschieden: langwirkende Barbiturate zur längerfristigen Beruhigung und kurzwirkende Barbiturate als schnellwirkende Beruhigungs- und Schlafmittel. Letztere gelten gemeinhin als suchterzeugend. Anfangs fanden diese Medikamente begeisterte Aufnahme und wurden fleißig verschrieben. In den vierziger Jahren, als man entdeckt hatte, daß sie süchtig machen, kam es dann aber zu einer regelrechten Kampagne gegen sie, und die Ärzte wurden mit ihren Verordnungen zurückhaltender. Heutzutage werden sie in den Vereinigten Staaten in ungeheuren Mengen produziert, genug, wie man schätzt, um jede Frau, jeden Mann und jedes Kind mit fünfzig Tabletten pro Jahr zu versorgen. Ein großer Teil der Produktion wird legal nach Mexiko verschifft, kehrt auf heimlichen Wegen ins Land zurück und gelangt auf den illegalen Drogenmarkt. Bei Polytoxikomanie sind fast immer auch Barbiturate oder andere Sedativa im Spiel.

Barbiturate (Pentobarbital, Secobarbital und Amobarbital) entspannen die Muskeln und führen bei kleinen Dosen zu einem leicht euphorischen Zustand.[5] Bei hohen Dosen wird die Sprache undeutlich und verschwommen und der Gang unsicher. Urteilskraft, Konzentration und Arbeitsfähigkeit können stark beeinträchtigt sein. Der Betroffene verliert die emotionale Kontrolle, wird reizbar und aggressiv und fällt dann in tiefen Schlaf. Sehr hohe Dosen können tödlich sein, weil sich die Zwerchfellmuskeln so weit entspannen, daß der Betroffene erstickt. Wie wir aus Kapitel 9 wissen, wird mit Barbituraten häufig Suizid begangen. Aber viele Barbituratkonsumenten töten sich unabsichtlich, indem sie zusätzlich zur Droge Alkohol trinken, der die depressorischen Effekte von Barbituraten vervielfacht. Bei langem, exzessivem Mißbrauch können Gehirn und Persönlichkeit Schaden nehmen.

Bei längerer Einnahme kommt es zur Toleranzsteigerung. Die Entzugserscheinungen nach abruptem Absetzen sind besonders schwer und langwierig und können sogar zum plötzlichen Tod führen. Delirium, Krämpfe und andere Symptome haben Ähnlichkeit mit den Symptomen eines abrupten Alkoholentzugs.

Es lassen sich drei Typen von Barbituratkonsumenten – und Konsumenten anderer Tranquilizer wie Valium, Tafil und Tavor – unterscheiden. Die erste Gruppe entspricht dem Stereotyp des Drogenabhängigen, der sich auf dem illegalen Markt versorgt: Jugendliche und junge Erwachsene, meist männlichen Geschlechts und antisozial, die mittels Drogen Stimmung und Bewußtseinszustand ändern wollen und zuweilen mehrere Drogenarten gleichzeitig mißbrauchen. Die zweite Gruppe besteht aus „angesehenen" Bürgern mittleren Alters, denen der Arzt irgendwann einmal gegen Schlaflosigkeit und Angst Sedativa verordnete und die die Dosis dann immer weiter erhöhten, bis sie süchtig waren. Sie sind selten darauf angewiesen, sich die Droge illegal zu beschaffen. Im allgemeinen wird sie ihnen nach Belieben verschrieben, manchmal gehen sie auch, um keinen Verdacht zu erregen, zu mehreren Ärzten. Zur dritten Gruppe gehören Ärzte, Pflegepersonal und andere im Gesundheitswesen Tätige, die leichten Zugang zur Droge haben und ihre mit Ängsten verbundenen Probleme auf diese Weise selbst behandeln (*Shader, Caine & Meyer*, 1975; *Liskow*, 1982).

Stimulantien

Die zweite Gruppe, die Stimulantien, zu der Substanzen wie Kokain gehören, wirken auf das Gehirn und das sympathische Nervensystem und verstärken die Wachheit und die motorische Aktivität. Die Amphetamine wie Benzedrin sind synthetische Stimulantien, während Kokain ein natürliches Stimulans ist, das aus den Kokablättern extrahiert wird.

Amphetamine

Auf seiner Suche nach einer wirksamen Asthmatherapie studierte der chinesisch-amerikanische Forscher Chen alte chinesische Beschreibungen von Heilmitteln. Immer wieder stieß er bei dieser Lektüre auf den Wüstenstrauch Ma-

---

5 Methaqualon, ein Sedativum, das unter den Handelsnamen Revonal und Cascan verkauft wird, wirkt ähnlich wie Barbiturate und ist zur gefragten Straßendroge geworden. Es ist nicht nur suchterzeugend, sondern kann zu inneren Blutungen, Koma und überdosiert sogar zum Tod führen.

huang, der als besonders wirksam empfohlen wurde. Nach systematischer Forschung gelang es Chen, aus dieser Pflanze, die zur Gattung *Ephedra* gehört, ein Alkaloid zu isolieren. Tatsächlich ließ sich Asthma mit Ephedrin sehr erfolgreich behandeln. Man hielt es auf die Dauer für wenig ökonomisch, das Medikament aus dem Strauch zu gewinnen und suchte bald nach einem synthetischen Ersatz. Ergebnis dieser Suche waren die *Amphetamine (Snyder, 1974)*.

Als erstes Amphetamin wurde 1927 das Benzedrin synthetisiert. Kaum war es Anfang der dreißiger Jahre als Inhalationsmittel gegen eine verstopfte Nase auf dem Markt, entdeckte man auch seine anregende Wirkung. Ärzte verschrieben Benzedrin und andere inzwischen synthetisierte Amphetamine gegen leichte Depressionen und als Appetitzügler. Im Zweiten Weltkrieg versorgten beide Seiten ihre Soldaten gegen Müdigkeit und Erschöpfung mit Amphetaminen. Heute setzt man Amphetamine gelegentlich zur Behandlung hyperaktiver Kinder ein (vgl. S. 498).

Amphetamine wie Benzedrin, Dexedrin und Methedrin haben auf das sympathische Nervensystem eine ähnliche Wirkung wie Noradrenalin. Sie werden oral oder intravenös verabreicht und können zur Sucht führen. Sie machen wach, hemmen die intestinalen Funktionen und reduzieren den Appetit – daher ihr Einsatz zur Gewichtsabnahme. Das Herz schlägt schneller und die Blutgefäße in Haut und Schleimhäuten verengen sich. Der Betroffene wird überwach und euphorisch, geht mehr aus sich heraus und verfügt scheinbar über grenzenlose Energie und unbändiges Selbstvertrauen. Bei höheren Dosen können sich Nervosität, Agitiertheit, Verwirrung, Palpitationen, Kopfschmerzen, Benommenheit und Schlaflosigkeit einstellen. Gelegentlich kann der Konsum hoher Dosen zu so starkem Argwohn und Aggressivität führen, daß der Betroffene eine Gefahr für seine Umgebung darstellt. Nimmt jemand regelmäßig über eine längere Zeit höhere Dosen zu sich, dann kann sich ein Zustand entwickeln, der einer paranoiden Schizophrenie ähnelt, einschließlich Wahnideen. Dieser Zustand kann über die Zeit hinaus bestehen, in der die Substanz im Körper vorhanden ist. Von häufigen hohen Amphetamin-Dosen wird angenommen, daß sie zu Hirnschädigungen führen.

Die Toleranz steigert sich so schnell, daß schon bald eine ganze Handvoll Tabletten nötig

wird, um die anregende Wirkung zu erreichen. Bei weiterer Toleranzsteigerung gehen viele Abhängige dazu über, sich Amphetamine direkt in die Vene zu spritzen. Die sogenannten „speed freaks" halten sich durch mehrfache Injektionen über mehrere Tage hinweg überaktiv und euphorisch, ohne Essen oder Schlaf, bis sie schließlich erschöpft und depressiv für einige Tage zusammenbrechen oder schlafen. Dann fängt alles wieder von vorne an. Nach einigen Wiederholungen haben die körperlichen Funktionen wie die sozialen Fertigkeiten des Betroffenen Schaden genommen. Wegen seines unberechenbaren und aggressiven Verhaltens kann der „speed freak" zur Gefahr für sich und andere werden. Glücklicherweise hat der Konsum von Stimulantien in den letzten Jahren kontinuierlich abgenommen (*NIDA*, 1991), obwohl der Mißbrauch einer Form des Methamphetamins, das geraucht werden kann (Ice), besonders in Hawaii, zugenommen hat (Kasten 11.3 befaßt sich mit einem häufigeren, aber weniger gefährlichen Stimulans, dem Kaffee).

Kokain

Die ersten Kokablätter brachten die spanischen Konquistadoren nach Europa. Heimisch ist der Kokastrauch im Hochland der Anden. Die dort lebenden Indios pflegen die Blätter zu kauen, die Europäer zogen es vor, kokahaltige Getränke herzustellen. 1844 gelang es, aus den Blättern das Alkaloid Kokain zu isolieren, das dann als lokales Anästhetikum eingesetzt wurde. 1884 versuchte *Freud*, damals noch ein junger Neurologe in Wien, seine Depressionen mit Hilfe von Kokain zu bekämpfen. Überzeugt von seiner Wunderwirkung verschrieb er es einem Freund, der an einer schmerzhaften Erkrankung litt und veröffentlichte mit seinem „Loblied" – einer begeisterten Schilderung ihrer selbst erlebten aufheiternden Wirkung – eine der ersten Arbeiten über die Substanz. *Freuds* Begeisterung für das Kokain kühlte ab, als er eine Nacht lang einem befreundeten Kollegen beistehen mußte, der die Droge auf seinen Rat genommen hatte und in einen psychotischen Zustand fiel. Der möglicherweise berühmteste Abhängige der Literatur ist *Sherlock Holmes*.

Eines der ersten Produkte, bei dem zur Herstellung Kokablätter verwendet wurden, war Coca-Cola, das 1886 von einem Apotheker aus Atlanta zusammengebraut wurde. Zwanzig Jahre lang enthielt Coca-Cola wirklich Kokain, bis 1906 ein Gesetz verabschiedet wurde und der Hersteller nur noch Kokablätter verwendete, denen das Kokain entzogen worden war.

Kokain lindert nicht nur den Schmerz, sondern wirkt auch sehr schnell auf die Hirnrinde, schärft die Wahrnehmung und versetzt für etwa 30 Minuten in Euphorie. Das sexuelle Verlangen steigt und der Konsument ist erfüllt von Selbstvertrauen, Wohlbehagen und dem Gefühl, niemals müde zu werden. Eine Überdosis kann Schüttelfrost, Übelkeit, aber auch einen paranoiden Zusammenbruch und schrekkenerregende Halluzinationen von unter der Haut kriechenden Insekten zur Folge haben. Je höher die Dosen des nunmehr in ziemlich reiner Form verfügbaren Kokains werden, um so häufiger landen die Konsumenten in der Notambulanz, und die Wahrscheinlichkeit steigt, daß sie an einer Überdosis, meist an einem Myokardinfarkt (Herzanfall) sterben (*Kozel, Crider & Adams,* 1982). Wegen seiner starken vasokonstriktiven Wirkungen kann Kokain in der Schwangerschaft eine besondere Gefahr darstellen, da die Blutversorgung des sich entwickelnden Fötus beeinträchtigt werden könnte.

Kokain kann durch die Nase hochgezogen („geschnupft"), in Pfeifen und Zigaretten geraucht, geschluckt und sogar wie Heroin in die Venen injiziert werden. Manche Süchtige mischen beide Drogen zum sogenannten „speedball", der oral eingenommen wird. Seit den siebziger Jahren praktizieren die Anhänger der Droge ein Verfahren zur Wirkungssteigerung, wie es ähnlich aus Südamerika bekannt ist. Um die wirksamste Komponente des Kokains zu isolieren oder freizusetzen, erhitzen sie das Kokain mit Äther. Die durch diesen Prozeß gereinigte Kokainbase („freebase") ist in ihrer Wirkung extrem. Man nennt sie „weißer Tornado" oder „Baseball" und raucht sie in der Wasserpfeife oder – mit und ohne Marihuana – in einer Zigarette. Schnell über die Lungen aufgenommen und in Sekunden zum Gehirn gelangt, bewirkt Freebase ein intensives, zweiminütiges Hoch, gefolgt von Unruhe und Unwohlsein. Manche Freebase-Raucher gehen auf viertägige Marathontrips (*Goodwin & Guze*, 1984). Die Freebase-Herstellung ist gefährlich, denn Äther ist leicht brennbar. Der Schauspieler *Richard Pryor* starb fast an den Verbrennungen, die er sich zuzog, als sich der Äther bei der Freebase-Herstellung entzündete.

In der Mitte der 80er Jahre tauchte auf den Straßen eine neue Form der Freebase, Crack genannt, auf. Das Vorhandensein von Crack hat zu einer Erhöhung der Freebase-Herstellung und der Verletzungen geführt. Da es in kleinen, relativ billigen Dosen (10 Dollar für 100 mg gegenüber 100 Dollar pro Gramm, die Kokainkonsumenten vorher ausgeben mußten, um ausreichend Kokain zu bekommen) verfügbar ist, haben jüngere und weniger betuchte Käufer begonnen, mit der Droge zu experimentieren und wurden süchtig (*Kozel & Addams*, 1986). Viele Vertreter des öffentlichen Gesundheitswesens und der Polizei sehen Crack als die gefährlichste und möglicherweise als schnellste zur Sucht führende illegale Droge an, mit der die Gesellschaft heute umzugehen hat.

Der Kokainmißbrauch nahm während der siebziger und beginnenden achtziger Jahre zu. Wie dramatisch diese Steigerung ist, zeigt folgende Statistik: 1974 hatten, so schätzte man, etwa 5,4 Millionen Amerikaner Kokain mindestens einmal versucht; 1982 waren es 21,6 Millionen. Die Anzahl der ständigen Kokainkonsumenten belief sich 1974 auf 1,6 Millionen, 1982 auf 4,2 Millionen (*National Institute on Drug Abuse*, 1983) und 1985 auf 5,8 Millionen (*Kozel & Addams*, 1986). Der Konsum nahm also innerhalb von 11 Jahren um 260% zu! Seitdem diese alarmierenden Zahlen bekannt wurden, hat der Konsum an Kokain erheblich abgenommen. Die Zahl der Konsumenten ging 1988 auf 2,9 Millionen und 1990 auf 1,6 Millionen zurück (*HHS News*, 1990). Die Häufigkeit des Konsums von Crack folgte diesem Trend jedoch nicht. Die Zahlen für den Crack-Konsum blieben konstant bei 0,3% der jüngeren Erwachsenen (18 bis 34 Jahre) bei Weißen und ungefähr der dreifachen Zahl für jüngere Afroamerikaner (*NIDA*, 1991).

Die Ökonomie des Kokains liefert erstaunliche Zahlen über die finanziellen Mittel, die von starken Konsumenten aufgebracht werden. 1985 mußten die Kokainkonsumenten, die einmal pro Tag schnupften, mehr als 1500 Dollar pro Woche aufwenden. Andere, die es noch häufiger konsumierten, berichteten über noch höhere Ausgaben, die sie sich nur leisten konnten, wenn sie die Droge selbst verkauften oder sehr reich waren (*Siegel*, 1982). In den frühen 80er Jahren kostete eine Unze Kokain 2000 Dollar, was diese Substanz fünfmal kostbarer als Gold machte. In den zwanziger Jahren ein Statussymbol Hollywoods, hat es in den achtzi-

Kasten 11.3 Unsere wohlschmeckendste Sucht: Koffein

Die vielleicht beliebteste Droge der Welt wird nur in den seltensten Fällen überhaupt als Droge wahrgenommen. Und doch sind ihre Effekte durchaus gravierend, sie führt zur Toleranzsteigerung und bei regelmäßigem Konsum sogar zu Entzugserscheinungen (*Hughes* et al., 1991). Jedermann macht seine Witze darüber, gleichwohl werden vermutlich die meisten Leser dieses Buches ihre Entzugserscheinungen heute schon mit der einen oder anderen Dosis bekämpft haben. Die Rede ist natürlich vom Koffein, einer Substanz, die in Kaffee, Tee, Cola und anderen nicht-alkoholischen Getränken, in einigen Mitteln gegen Erkältung und auch in einigen Appetitzüglern enthalten ist.

Zwei Tassen Kaffee enthalten zwischen 150 und 300 Milligramm Koffein, dessen Wirkung sich bei den meisten Menschen innerhalb einer halben Stunde bemerkbar macht. Der Stoffwechsel intensiviert sich, Körpertemperatur und Blutdruck steigen und es wird – uns allen sicher wohlbekannt – vermehrt Urin produziert. Die Hände können zittern, der Appetit kann abnehmen und – bekannteste aller Koffeinwirkungen – das Schlafbedürfnis schwindet. Extrem hohe Dosen können Kopfschmerzen, Durchfall, Nervosität, schwere Agitiertheit, ja sogar Krämpfe und Tod verursachen. Solche Todesfälle sind allerdings nur dann möglich, wenn hohe Überdosen koffeinhaltiger Tabletten genommen werden, denn im allgemeinen wird die Droge ohne nennenswerte Akkumulation rasch über die Nieren ausgeschieden.

Obwohl seit langem bekannt ist, daß der tägliche starke Konsum von koffeinhaltigem Kaffee zu Entzugserscheinungen führen kann, wenn der Konsum eingeschränkt wird, weist eine kürzlich veröffentlichte Untersuchung darauf hin, daß auch bei den Menschen, die nicht mehr als ein oder zwei Tassen Kaffee pro Tag trinken, klinisch bedeutende Kopfschmerzen, Müdigkeit und Angst auftreten können, wenn ihnen das Koffein entzogen wird (*Silverman* et al., 1992), und diese Symptome können die berufliche Tätigkeit und das gesellschaftliche Leben deutlich beeinträchtigen. Diese Ergebnisse sind beunruhigend, denn mehr als 75% der Amerikaner trinken etwas mehr als zwei Tassen koffeinhaltigen Kaffee täglich (*Roan*, 1992). Kindern wird Kaffee und Tee gewöhnlich vorenthalten, aber die fürsorglichen Eltern gestatten ihnen ohne weiteres koffeinhaltige Cola-Getränke, Schokolade in trinkbarer und eßbarer Form und koffein- und schokoladehaltige Eiscreme. Unsere Koffeinabhängigkeit kann also bis ins zarte Alter von sechs Monaten zurückreichen, nur ihre Form ändert sich, wenn wir erwachsen werden.

ger Jahren diese Bedeutung für Schauspieler, Sportler und andere vermögende Mitglieder der Gesellschaft wiedererlangt. Inzwischen sinkt der Preis und die Droge wird für alle Gesellschaftsschichten zugänglich.

Macht Kokain süchtig? Bis vor kurzem war man davon überzeugt, daß das nicht der Fall sei, aber Daten, die in den letzten zehn Jahren zusammengetragen wurden, liefern andere Hinweise (*Scientific Perspectives on Cocaine Abuse*, 1987). Das Beenden des Kokainkonsums verursacht ein schweres Entzugssyndrom. Die Beschreibungen des Kokainentzugs sind nicht einheitlich. Auf der Grundlage klinischer Beobachtungen an ambulanten Patienten nehmen *Gabin* und *Kleber* (1986) drei unterschiedliche Phasen an. Beim Zusammenbruch ist das Verlangen nach der Droge anfangs sehr intensiv und der Betroffene kann nicht schlafen, ist depressiv und paranoid. Dann setzt die Müdigkeit ein und der Wunsch nach Schlaf gewinnt die Oberhand. Danach folgt die Phase des Entzugs. Sie ist zunächst durch eine Periode der fast erreichten Normalität gekennzeichnet, aber innerhalb weniger Tage beginnt das Verlangen nach der Droge wieder zu wachsen. Die letzte Phase wird als Löschung bezeichnet und schließt periodisch auftretende Episoden kontrollierbaren Verlangens, die über lange Zeit bestehen können. Im Gegensatz dazu stehen die Beobachtungen von *Weddington* et al. (1990), die Kokainabhängige beim stationären Entzug untersuchten und feststellten, daß sich die Stimmung, das Verlangen nach der Droge und der Schlaf über einen Zeitraum von 28 Tagen stetig besserten.

Sowohl die derzeitigen Laboruntersuchungen als auch die Feldforschung zeigen mehr und mehr, daß das Kokain die Menschen genauso in den Bann schlagen kann, wie dies seit Jahren von anderen Drogen bekannt war. Wie beim Alkohol ist die Entwicklung des Fötus in der Gebärmutter deutlich und negativ durch den Kokainkonsum der Mutter beeinträchtigt, und viele Babys werden drogenabhängig geboren. Und in den Massenmedien mangelt es nicht an Berichten darüber, was sich manche Menschen sozial, seelisch, wirtschaftlich und juristisch antun, um weiterhin an ihre Droge zu kommen.

LSD und andere Halluzinogene

1943 beschrieb der Schweizer Chemiker *Albert Hofmann* folgende Symptome, die er an sich festgestellt hatte:

> „Am letzten Freitag ... mußte ich meine Arbeit im Labor unterbrechen ... Ich litt an einem Gefühl großer Ruhelosigkeit und leichtem Schwindel. Zu Hause legte ich mich hin und versank in ein nicht unangenehmes Delirium, das sich durch äußerst aufregende Phantasien auszeichnete. In halbbewußtem Zustand mit geschlossenen Augen ... stürmten mit kaleidoskopartigem Farbenspiel phantastische und außerordentlich wirklich erscheinende Visionen auf mich ein" (zitiert nach Cashman, 1966, S. 31).

An jenem Tag hatte Dr. *Hofmann* einige Milligramm *d*-Lysergsäurediäthylamid hergestellt, eine Droge, die er 1938 als erster synthetisiert hatte. Er vermutete, daß er davon unbeabsichtigt etwas geschluckt hatte und so zu seinem ungewöhnlichen Erlebnis gekommen war. Mit einer weiteren, diesmal wissentlich eingenommenen Dosis bestätigte er sich seine Hypothese.

Nach *Hofmanns* LSD-Erfahrungen bezeichnete man die Droge als psychotomimetisch, da man die von ihr erzeugten Effekte für psychoseähnliche Symptome hielt. Später bürgerte sich, abgeleitet von den griechischen Wörtern für „Seele" und „offenbar machen", die Bezeichnung psychedelisch ein, um die subjektive Erfahrung der Bewußtseinserweiterung zu betonen, von der LSD-Konsumenten berichten. Gegenwärtig wird der Begriff Halluzinogen bevorzugt, da er sich auf den Haupteffekt dieser Substanzen, die Erzeugung von Halluzinationen bezieht. Zwei andere wichtige Halluzinoge-

ne müssen noch erwähnt werden, nämlich Meskalin und Psilocybin. Bereits 1896 hatte man das Meskalin, ein Alkaloid und aktives Ingredienz des Payote, isoliert. Payote wird aus den kleinen, scheibenförmigen Auswüchsen des Payotekaktus gewonnen, dessen größter Teil unter der Erde wächst. Die Droge ist seit Jahrhunderten Teil der religiösen Riten von Indianerstämmen im Südwesten und Norden Mexikos. Psilocybin ist ein kristallines Pulver, das *Hofmann* 1958 aus dem Pilz *psilocybe mexikana* isolierte. Die frühen aztekischen und mexikanischen Kulturen nannten den ihnen heiligen Pilz „Fleisch Gottes", und die Indianer Mexikos nehmen ihn beim Gottesdienst heute noch ein.

In den fünfziger Jahren erforschte man die von der Droge erzeugten – wie man glaubte – psychotischen Zustände. 1960 begannen *Timothy Leary* und *Richard Alpert* von der Harvard Universität die Wirkung von Psilocybin auf Gefängnisinsassen zu untersuchen. Die ersten Ergebnisse waren, trotz etlicher Störfaktoren, ermutigend: Entlassene Häftlinge, die einen Psi-

In den 60er Jahren war Timothy Leary einer der führenden Befürworter des Konsums von Halluzinogenen zur Erweiterung des Bewußtseins.

locybin-Trip hinter sich hatten, wurden weniger häufig rückfällig. Die Forscher nahmen selbst auch Trips und bald hatte sich eine Gruppe von Leuten um sie geschart, die ebenfalls mit halluzinogenen Drogen experimentieren wollten. 1962 zogen ihre Aktivitäten die Aufmerksamkeit der Strafverfolgungsbehörden auf sich. *Leary* und *Alpert* setzten ihre Untersuchungen fort, es kam zu einem Skandal, der darin gipfelte, daß beide Harvard verließen. Die Affäre schien dem allgemeinen Halluzinogen-Konsum enormen Auftrieb gegeben zu haben, zumal sich die Herstellung von LSD und die Gewinnung von Meskalin und Psilocybin als relativ einfach und billig erwiesen.

Nachdem sie Harvard verlassen hatten, gründeten *Leary* und *Alpert* die *International Foundation for Internal Freedom*, eine Organisation, die mit Entschiedenheit die positive Wirkung von Trips propagierte. Es ist wohl den Bekehrungsbemühungen von *Leary* und *Alpert* zu verdanken, daß sich die allgemeine Aufmerksamkeit nunmehr den bewußtseinserweiternden Wirkungen halluzinogener Drogen zuwandte, während man sich zuvor nur für die angeblich von ihnen ausgelösten psychotischen Symptome interessiert hatte.[6]

Der Konsum von LSD und anderer Halluzinogenen hatte seinen Höhepunkt in den 60er Jahren. In den 80er und 90er Jahren konnten nur 1 oder 2% der Bevölkerung als regelmäßige Konsumenten eingestuft werden, und auch diese Gruppe konsumiert diese Substanzen nicht häufiger als ein- oder zweimal innerhalb von zwei Wochen (*National Survey on Drug Abuse*: Main Findings 1982, 1983; *HHS News*, 1990). Zwischen den Trips wird jedoch ziemlich häufig Marihuana konsumiert. Es gibt keine Belege für Entzugssymptome nach einer Phase der Abstinenz und keine eindeutigen Nachweise für die Toleranzentwicklung (*Jaffe*, 1985).

Seit dem 1. Juli 1985 ist eine neue illegale halluzinogene Droge auf dem Markt. „Ecstasy" bezieht sich auf zwei sehr ähnliche synthetische Verbindungen. MDA (Methylendioxyamphetamin) und MDMA (Methylendioxymethamphetamin) sind chemisch dem Meskalin und den Amphetaminen ähnlich und stellen das psychoaktive Agens bei der Muskatnuß dar. MDA wurde 1910 zuerst synthetisiert, aber seine psychedelischen Eigenschaften wurden erst in den 60er Jahren durch die drogenkonsumierende und bewußtseinserweiternde Generation entdeckt. Heute ist es auf dem Campus einiger Universitäten eine populäre Droge. Konsumenten berichten, die Droge bereichere Innenschau, Einfühlungsvermögen und ästhetisches Bewußtsein und intensiviere die Emotionen. Es kann Muskelspannung, schnelle Augenbewegungen, Übelkeit, Mattigkeit, Kältegefühl oder Schweißausbrüche, Angst, Depression und Verwirrung verursachen. Von der Seite der Drogenbekämpfung wird der Konsum von Ecstasy und anderen sogenannten Designerdrogen als gefährlich und eine ernste Gesundheitsbedrohung angesehen. Es wurden auch zahlreiche Todesfälle berichtet, die auf eine zufällige Überdosis zurückgeführt wurden (*Climko, Roehrich, Sweeny & Al-Razi*, 1987). (Vgl. Kasten 11.4 über Lachgas.)

Wirkungen von Halluzinogenen

Die typische LSD-Dosis ist sehr gering und reicht von 100 bis 350 Mikrogramm. Man nimmt es als Flüssigkeit auf Würfelzucker, als Kapseln oder Tabletten. Die übliche Psilocybindosis liegt bei etwa 30000 Mikrogramm, die von Meskalin zwischen 350000 und 500000 Mikrogramm. Die Wirkung von LSD und Meskalin hält etwa zwölf, die von Psilocybin etwa sechs Stunden an. Obwohl die chemische Struktur von LSD genau bekannt ist, weiß man nicht, wie es die psychischen Effekte erzeugt.

Die folgende Beschreibung geht auf die allgemeinen Wirkungen von LSD ein, trifft aber auch auf die anderen Halluzinogene zu.

„Synästhesien, das Überfließen von einer sensorischen Modalität zu einer anderen, können auftreten. Farben werden gehört und Töne können gesehen werden. Die subjektive Zeitvorstellung ist stark verändert, so daß die Uhr als sehr langsam erlebt wird. Der Verlust von Grenzen (zwischen dem eigenen Selbstgefühl und der Umgebung) und die Angst auseinanderzubrechen schaffen ein Bedürfnis für die Strukturierung oder Unterstützung der Umgebung. In dem Sinn, daß sie ein Bedürfnis nach erfahrenen Begleitern und einem Erklärungssystem schaffen,

---

6 Wie viele Veteranen der halluzinogenen Drogenbewegung hängt auch Alpert inzwischen einer östlichen Meditationsphilosophie an, die dazu auffordert, den Drogen zu entsagen und sich ohne Hilfe chemischer Substanzen aus sich selbst heraus um bedeutungsvolle „Trips" zu bemühen. Als Baba Ram Dass schreibt und spricht er nunmehr beredt über die Möglichkeit der Bewußtseinserweiterung ohne Drogen. Jeder, der sich mit dem nötigen Aufwand an Zeit und Energie die entsprechenden Meditationstechniken aneigne, sei, so Ram Dass, für diese Erfahrungen offen. In jüngster Zeit hat Ram Dass anscheinend seine jüdische Abstammung wiederentdeckt und erforscht die Möglichkeiten der Integration des Judentums mit den Lehren der östlichen Meditationsphilosophie.

Kasten 11.4   Distickstoffoxid – Nichts zu lachen*

Distickstoffoxid ist ein farbloses Gas, das seit Anfang des 19. Jahrhunderts verfügbar ist. Innerhalb von Sekunden führt es bei den meisten Menschen zu Benommenheit und einem Zustand der Euphorie. Einige haben den Eindruck, daß wichtige Einsichten auf sie einströmen. Klinische Berichte und einige kontrollierte Untersuchungen (z.B. *Devine* et al., 1974) bestätigen, daß diese gasförmige Verbindung die Schmerzschwelle hebt, möglicherweise durch die Induktion positiver Gefühle, die Empfindungen unterdrücken, die normalerweise als schädlich erlebt werden. Viele Menschen finden banale Ereignisse und Gedanken unwiderstehlich lustig, daher stammt die Bezeichnung Lachgas.

Möglicherweise erhielten einige Leser des Buches in der Praxis eines Zahnarzts Distickstoffoxid, um die Entspannung zu erleichtern und andererseits eine potentiell unangenehme und einschüchternde Zahnbehandlung attraktiver (und für den Zahnarzt in der Arbeit mit dem Patienten leichter) zu machen. Für die Zahnärzte besteht der wichtigste Vorteil von Distickstoffoxid gegenüber anderen Analgetika und Relaxantien darin, daß der Patient innerhalb von wenigen Minuten zum normalen Wachzustand zurückkommt, wenn er angereicherten Sauerstoff oder normale Luft atmet. Ein weiterer Vorteil besteht darin, daß die Patienten die Stärke der Wirkung kontrollieren können, indem sie einige Atemzüge normaler Luft über den Mund machen (das Gas wird durch eine kleine Maske gegeben, die nur die Nase bedeckt – sonst könnte der Zahnarzt nicht an den Zähnen des Patienten arbeiten). Der erfahrene Arzt kann leicht ständige Anpassungen vornehmen.

Von Anfang an wurde Distickstoffoxid auch zur Entspannung eingesetzt, obwohl es für viele Jahre in den meisten U.S.-Bundesstaaten verboten war. Wie bei den anderen psychoaktiven Drogen, die hier dargestellt wurden, bedeutet das Verbot nicht, daß es nicht zu einem unkontrollierten Konsum kommt. Der illegale Konsum besitzt bei der Polizei keine Priorität, möglicherweise deswegen, weil es keinen Beweis dafür gibt, daß Distickstoffoxid körperlich abhängig macht. Und weil es bisher legal beim Wiederbefüllen von Spraydosen und Frisieren von Rennwagenmotoren verfügbar ist, wird der Konsum (noch) nicht in

* Ein Teil des Materials wurde zwei Artikeln der Los Angeles Times, Connelly (1992) und Romero (1992) entnommen.

---

sind diese Drogen „kulturschaffend". Während des Trips können Gedanken und Erinnerungen unter der Selbstkontrolle lebhaft auftauchen oder sich unerwartet, zum Leid des Konsumenten, verändern. Die Stimmung kann labil sein und von Depression bis zu Heiterkeit, von gehobener Stimmung bis zu Angst reichen. Spannung und Angst können steigen und Ausmaße von Panik erreichen. Nach vier bis fünf Stunden, wenn keine besondere Panikepisode auftritt, kann es ein Gefühl der Distanz und der Überzeugung, daß man unter einer magischen Kontrolle steht, geben ... Der Konsument kann von der Drogenerfahrung stark beeindruckt sein und eine größere Sensibilität für Kunst, Musik, menschliche Gefühle und die Harmonie des Universums verspüren ... (*Jaffe*, 1985, S. 564)

Die Wirkung von Halluzinogenen hängt wie bei anderen Drogen nicht nur von der Dosis, sondern auch von psychologischen Variablen ab. Die Einstellung des Betreffenden, d.h., mit welchen Einstellungen, Erwartungen und Motivationen jemand eine Droge konsumiert, stellen eine wichtige Determinante der Reaktion auf Halluzinogene dar. Von Bedeutung ist auch die Umgebung, in der die Drogenwirkung erlebt wird. Eine der größten Gefahren des LSD-Konsums liegt in der Möglichkeit sogenannter „Horror-Trips". Irgend etwas von dem, was der Betroffene nach der LSD-Einnahme erlebt, löst Angst aus, die immer größer wird und zur ausgewachsenen Panikattacke eskaliert. Oft haben die Betroffenen das Gefühl, verrückt zu werden. Diese Panikanfälle sind gewöhnlich nur von kurzer Dauer und legen sich mit Abbau der Droge. In seltenen Fällen verfallen die Betroffenen jedoch auch in einen psychotischen Zustand, der Hospitalisierung und intensive Behandlung erforderlich macht (vgl. Kasten 11.5).

Eine Untersuchung stammt von *Pahnke* (1963). Er versuchte diejenigen situativen Variablen zu maximieren, die zu einer religiösen oder mystischen Erfahrung beitragen könnten. Seine Probanden waren Theologiestudenten. Sie erfuhren bei einem ersten Zusammentref-

Zusammenhang mit Verbrechen gebracht, wie es bei Heroin und Kokain der Fall ist. Es verursacht nicht direkt zu gewalttätigem Verhalten wie Phencyclidin (PCP), aber es ist doch gefährlich.

Ein entscheidender Unterschied in der Art und Weise, wie Zahnärzte Distickstoffoxid einsetzen und der zufälligen Anwendung, besteht darin, daß in der Zahnarztpraxis das Luftgemisch selten mehr als 80 Prozent Distickstoffoxid enthält, der Rest ist Sauerstoff. Diese Mischung ermöglicht die sichere un effektive Anwendung des Gases. Bei drei Männern, die tot im geschlossenen Fahrerhaus eines Pickups in den frühen Morgenstunden des 6. März 1992 aufgefunden wurden, war dies nicht der Fall. Sie waren offensichtlich durch das Distickstoffoxid, das aus einem 40kg Industriekanister stammte, erstickt worden, der über ihren Beinen lag. Die Beweisaufnahme ergab, daß sie dabei waren, das Gas in Ballons abzufüllen, und, möglicherweise unbeabsichtigt, das Gas in die geschlossene Kabine ausströmen ließen. Da wenig Luft von außen hereinkam, atmeten die Männer reines Distickstoffoxid und das von ihnen ausgeatmete Kohlendioxid – und sehr wenig Sauerstoff. Sie waren nicht die ersten Opfer. 1988 erlitten vier junge Erwachsene einen ähnlichen Tod in einem Lagerraum eines Geschäfts für Dentalbedarf in Cedar City, Utah. Und in Birmingham, Alabama, wurde der Gastgeber einer Party 1990 wegen Totschlags angeklagt, weil er angeblich einem Teenager das Gas gegeben hatte, der nach dem Einatmen starb.

In den letzten Jahren wurde auf Undergroundpartys in einigen großen Städten der Verkauf von Luftballons beobachtet, die mit Distickstoffoxid gefüllt waren und etwa fünf Dollar pro Stück kosteten. Werbeblätter, die diese Partys bekannt machten, tragen Aufschriften wie „Free Balloons for the Kiddies". Aufdrucke auf T-Shirts wie „Just Say NO" beziehen sich auf das Gas, wobei NO Distickstoffoxid (Nitrous Oxide) bedeutet. Gelegentlich als Hippie-Crack bezeichnet, werden Ballons mit Distickstoffoxid häufig durch den Konsum von Ecstasy und anderen Designerdrogen in einer psychodelischen Atmosphäre, angefüllt mit hellem Laserlicht und lauter Tanzmusik, ergänzt. Der illegale Konsum von Distickstoffoxid nimmt allem Anschein nach zu, und die Veranstalter dieser Partys verdienen eine ganze Menge Geld, indem sie sowohl Distickstoffoxid als auch Ecstasy verkaufen. Die Polizei befürchtet, daß Banden und das organisierte Verbrechen in diesen Markt eindringen, wie es auch bei anderen illegalen Drogen geschehen ist.

fen unter anderem, daß nach Einnahme von Psilocybin religiöse Erfahrungen möglich seien. In einem Doppelblind-Verfahren erhielten 20 Studenten Psilocybin und 20 ein aktives Placebo. Als Placebo verabreichte man Nikotinsäure, die gewisse Sensationen, z.B. ein Kribbeln auf der Haut erzeugt. Nach Einnahme von Psilocybin oder Placebo nahmen alle Probanden an einer zweieinhalbstündigen religiösen Feier mit Meditationen, Gebeten usw. teil. Um auch den Anlaß bedeutsam zu machen, hatte *Pahnke* für sein Experiment den Karfreitag gewählt. Nach dem Gottesdienst schrieben die Probanden auf, was sie erlebt hatten, und beantworteten einen umfangreichen Fragebogen. Die Psilocybin-Gruppe berichtete von signifikant mehr mystischen und transzendentalen Erfahrungen als die Placebo-Gruppe.

Eine der Hauptfragen in Zusammenhang mit LSD gilt der Möglichkeit von *Flashbacks* – einer nicht vorhersehbaren Wiederkehr von Symptomen halluzinogener Drogen nach Abklingen der pharmakologischen Wirkung der Drogen. Über diese „Flashback-Trips" ist, abgesehen davon, daß man sie weder vorhersagen noch kontrollieren kann, wenig bekannt. Die verfügbaren Daten sprechen nicht für die Hypothese, daß sie auf von der Droge verursachte körperliche Veränderungen des Nervensystems zurückgehen. Erstens haben schätzungsweise nur 15 bis 30% der Halluzinogen-Konsumenten je einen Flashback erlebt (*Stanton & Bardoni*, 1972). Zweitens haben wir keinerlei unabhängige Anhaltspunkte für neurologische Veränderungen bei Konsumenten dieser Drogen. Das Phänomen des Flashbacks scheint eine Eigendynamik zu besitzen und kann die Betroffenen zu ihrer Verwirrung und Bestürzung noch Wochen und Monate nach der Drogeneinnahme verfolgen.

Kasten 11.5   Weder „upper" noch „downer", sondern eine Droge, die das Innere nach außen kehrt

1956 synthetisierte man bei *Parke Davis* und Co., einer großen pharmazeutischen Firma, ein neues Anästhetikum. Es erfüllte – hochdosiert – auch seinen Zweck, aber wie sich zeigte, waren die Patienten nach dem Erwachen aus der Narkose agitiert und desorientiert. In kleineren Dosen verursachte es einen psychoseähnlichen Zustand. 1965 nahm man das Medikament, *Phencyclidin* vom Markt und stellte 1978 in den Vereinigten Staaten die legale Produktion vollkommen ein.

Illegal tauchte Phencyclidin (PCP) zum ersten Mal 1965 in Los Angeles auf. Bald konnte man es als halluzinogene Droge unter dem Namen „PeaCePill" auch in San Francisco erwerben. Die Droge geriet wegen ihrer häufig negativen Wirkung schnell in Verruf. Ende der sechziger und Anfang der siebziger Jahre fand sie immer weitere Verbreitung, bis sie 1979 schließlich fast überall in Amerika zu haben war. In den 80ern nahm der Konsum stark ab.

Als Straßendroge ist PCP unter Dutzenden von Namen bekannt, darunter Engelsstaub, Elefantentranquilizer, Cadillac, Kosmos, Detroit Pink, Balsam, Killerkraut, Pferdekristall, PeaCePill („Friedenspille") und Zombie. Sie wurde auch fälschlich als LSD, Psilocybin, Kokain oder sonst eine andere Droge gehandelt. Man bekommt sie in den unterschiedlichsten Formen und Farben und in unterschiedlichster Reinheit. Bei körniger Konsistenz ist mit einer Phencyclidin-Konzentration von 50 bis 100% zu rechnen. Engelsstaub besteht gewöhnlich aus mit flüssigem oder pulvrigem PCP versetzter Minze oder Petersilie und man kauft ihn in Plastikbeutelchen mit Reißverschluß. Konsumiert wird PCP zumeist in Minze- oder Petersilienjoints, aber auch in normalen Zigaretten, die man in flüssiges PCP getaucht oder durch die man einen PCP-getränkten Faden gezogen hat. Die Droge kann auch intravenös injiziert, geschluckt, in die Augen getropft, wie Kokain geschnupft und in einer Pfeife geraucht werden.

Die Wirkung von PCP ist weitgehend dosisabhängig. Im allgemeinen wechseln ruckweise Augenbewegungen (Nystagmus) mit leerem Starren ab, der PCP-Berauschte ist unfähig, Fuß vor Fuß auf einer geraden Linie zu gehen (Gangataxie) und es besteht eine erhebliche Muskelstarre. Manchmal kommt es auch zu Halluzinationen und Wahnvorstellungen. Eine Überempfindlichkeit aller sensorischen Systeme macht extrem empfänglich für Reize jeglicher Art; man läßt die Betroffenen am besten ganz in Ruhe. Wenn man sie berührt, schlagen sie um sich und werden so erregt und aggressiv, daß man alleine nicht mit ihnen fertig wird. Sie kommunizieren, falls überhaupt, so unzusammenhängend, daß es unmöglich ist, sie aus ihrem Rausch „herauszureden". Bei

Ätiologie von Substanzmißbrauch und Abhängigkeit

Bei dem Versuch, ein Verständnis für die Ursachen von substanzinduzierten Störungen zu bekommen, haben Forscher im allgemeinen unterschieden zwischen Variablen, die jemanden dazu veranlassen in den Drogengebrauch einzusteigen, Variablen, die die Drogeneinnahme erhöhen und letztendlich den Variablen, die zur Drogenabhängigkeit bzw. zum Drogenmißbrauch führen. Die grundlegende Vorstellung dabei ist, daß zuerst eine Phase starken Konsums vorgelegen haben muß, damit Mißbrauch und Abhängigkeit auftreten können. Nach einem längeren starken Konsum wird der Konsument von den biologischen Prozessen der Toleranz und des Entzugs gefangen.

Obwohl dieses Modell einige Fälle zutreffend beschreibt, gilt es jedoch wahrscheinlich nicht für alle. Es gibt z.B. gut dokumentierte Fälle von starkem Konsum sowohl von Tabak als auch von Heroin, die nicht in eine Sucht abglitten. Trotzdem wurden in Anlehnung an dieses allgemeine Modell von vielen Forschern die Variablen untersucht, die zu einem ersten Konsum und einer nachfolgenden Steigerung führten. Wir werden daher auf die soziokulturellen, psychologischen und biologischen Faktoren eingehen. Bei der Erörterung dieser Variablen ist es wichtig im Gedächtnis zu behalten, daß sie möglicherweise in unterschiedlicher Weise mit

sehr hoher Dosierung – und das heißt bereits bei einem einzigen Gramm – kommt es gewöhnlich zu tiefem und langem Koma, Anfällen, Apnoe oder zeitweisem Atemstillstand und anhaltend hohem Blutdruck. Manchmal führen Herz- und Lungenversagen oder Gehirnblutungen infolge geplatzter Blutgefäße sogar zum Tod. Die Auswirkungen von PCP lassen sich bis heute nicht medikamentös kontrollieren. In den meisten Fällen haben die Betroffenen keine Erinnerung an die Ereignisse während des PCP-Rausches.

Phencyclidin ist weder ein „upper" noch ein „downer" noch eine halluzinogene Droge. Fachleute haben sie einen „inside-outer" genannt, eine Bezeichnung, die ein wenig von der bizarren und extremen Natur ihrer Wirkung einfängt.

Wie lange dauert die Wirkung von PCP an? Das scheint unter anderem von der Form der Einnahme und der Höhe der Dosis abzuhängen. Gewöhnlich setzt die Wirkung eine bis fünf Minuten nach Genuß einer präparierten Zigarette ein, erreicht nach etwa einer halben Stunde ihren Höhepunkt und dauert bis zu zwei Tagen an. Da PCP mehrere Tage im Körper verweilt, kann es bei wiederholter Einnahme akkumulieren. Chronische PCP-Konsumenten, die die Droge sechs Monate lang mehrmals wöchentlich nahmen, litten noch Monate, in manchen Fällen sogar zwei Jahre nach Einstellen des Konsums an kognitiven Verzerrungen und Desorientierung. Häufig verändert sich die Persönlichkeit, es kann zu Gedächtnisverlust, schweren Angstzuständen, Depression und aggressiven Ausbrüchen kommen (*Aniline & Pitts*, 1982). Die suchterzeugende Wirkung und andere Folgeerscheinungen sind schwer zu bestimmen, da die meisten Konsumenten auch andere Drogen nehmen, wie z.B. Alkohol.

1978 wurden allein aus dem Gebiet von Los Angeles über 100 PCP-Tote gemeldet. Die Todesursachen waren vielfältig. Ein Mann ertrank, weil er beim Schwimmen die räumliche Orientierung verlor. Andere starben an einer schweren Atemdepression oder einem unkontrollierbaren Temperaturanstieg.

PCP wird offenbar vornehmlich von sehr jungen Leuten genommen: Das Durchschnittsalter regelmäßiger PCP-Konsumenten beträgt fünfzehn Jahre. Oft wird gleichzeitig Alkohol getrunken. PCP-Konsumenten werden häufiger wegen rauschbedingter Gewaltdelikte verhaftet als Konsumenten anderer Drogen und neigen mehr zur Überdosierung ihrer Droge. Der PCP-Konsument scheint also häufiger sozial abweichend – vielleicht auch häufiger psychopathisch – zu sein als Konsumenten anderer illegaler Substanzen.

Im Hinblick darauf, wie furchtbar und gefährlich die Droge ist, stellt es keine Überraschung dar, daß die Popularität in den 80er Jahren abnahm. Überraschender ist dagegen, daß sie in den 90ern wieder auflebt.

den verschiedenen Substanzen verbunden sind. Genetische Faktoren können beispielsweise eine Rolle beim Alkoholismus spielen, aber nicht beim Mißbrauch von Crack.

Soziokulturelle Variablen

Die hier analysierten Variablen reichen von molaren bis zu molekularen und sind für die Auslösung des ersten Konsums einer Substanz und den fortgesetzten starken Konsum wichtig. Wenn man auf der molaren Ebene beginnt, so ist festzustellen, daß es eine erhebliche Variation des Alkoholkonsums in den verschiedenen Ländern gibt. Die Daten in Abb. 11.1 stammen aus einer großen Längsschnittstudie. Aus ihnen können, neben den großen Unterschieden im Konsum einige weitere Aspekte abgeleitet werden. Zunächst läßt sich feststellen, daß über den Untersuchungszeitraum (1950 – 1980) in jedem Land der Alkoholkonsum erheblich zugenommen hat. Zweitens haben die Unterschiede im Konsum im Lauf der Zeit abgenommen. Frühere Untersuchungen haben ebenfalls erhebliche Unterschiede im Alkoholkonsum zwischen verschiedenen Ländern gefunden, einige sogar noch größere Differenzen als in der Abbildung dargestellt. In dem Bericht von *deLint* (1978) wurde der höchste Alkoholkonsum für die weintrinkende Bevölkerung von Frankreich, Spanien und Italien ermittelt. Die kulturbedingte Einstellung und die Formen des Konsums beeinflussen daher die Wahrscheinlich-

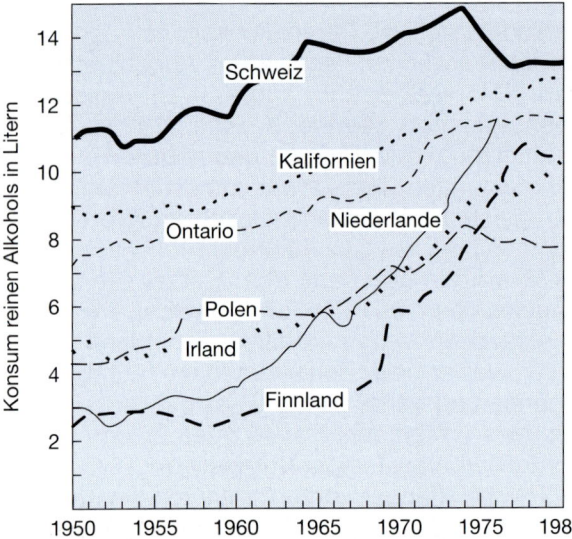

Abb. 11.1 Gesamtkonsum alkoholischer Getränke (in Litern reiner Alkohol pro Kopf) in der Bevölkerung über 15 Jahren ind den Ländern, die von ISACE von 1950 bis 1980 untersucht wurden. Nach *Mäkelä* et al., 1981.

Seeleuten, Eisenbahnarbeitern und Menschen, die im „Trinkgewerbe" arbeiteten, d.h. unter Restaurantbesitzern, Barkeepern, Kellnern und mit Alkohol Handelnden. In all diesen Berufen ist Alkohol leicht verfügbar, und starkes Trinken scheint fast Teil des Berufsbildes zu sein.

In ähnlicher Weise ist der Tabakkonsum bei Schülern in einer identifizierbaren Subgruppe am höchsten: die mit schlechten Noten, Verhaltensschwierigkeiten und Heavy Metal Musikgeschmack (*Sussman* et al., 1990), aber auch bei denjenigen, bei denen es nach der Schule kaum eine Beaufsichtigung durch Erwachsene gibt (*Richardson* et al., 1989). Der Einfluß Gleichaltriger ist bei der Entscheidung für das Rauchen wichtig. Jedoch diejenigen, die ein stark entwickeltes Gefühl der Selbstwirksamkeit (*Bandura*, 1986) haben, um dem sozialen Druck zu widerstehen – z.B. „Ich kann mir vorstellen, daß ich mich weigere, mit den Schülern meines Alters zu rauchen, und daß sie mich trotzdem mögen." (*Stacy* et al., 1992, S. 166) – werden weniger von ihren Mitschülern beeinflußt. Der Konsum von Heroin und Crack ist in den Ghettos am höchsten, der von Marihuana und Halluzinogenen stand in Verbindung mit den sozialen Aktivitäten und anderen Merkmalen in den späten 60ern. In allen Fällen sind die Mitglieder einer subkulturellen Gruppe sehr wahrscheinlich zahlreichen Beispielen für Drogenkonsum ausgesetzt, sie unterliegen dem Druck der Gruppenmitglieder, und außerdem gibt es Substanzen, die leicht verfügbar sind.

keit für das starke Trinken und damit auch den Alkoholmißbrauch.

Auch wenn wir uns den Untersuchungen innerhalb der Population eines einzelnen Landes (den Vereinigten Staaten) zuwenden, bestehen doch erhebliche Unterschiede im Drogenkonsum. *Fillmore* und *Caetano* (1980) fanden beispielsweise besonders viele Alkoholiker unter

Der Alkoholismus ist in Ländern häufiger, in denen der Alkoholkonsum hoch ist. Ebenso verhält es sich in Ländern mit Weinanbau. Es ist auffällig, daß auf diesem Photo alle in dieser französischen Bar Wein trinken.

Eine andere Variable, die in diesem Kontext zu berücksichtigen ist, stellen die Medien dar. Wir werden von Fernsehwerbespots bombardiert, in denen Bier mit athletisch aussehenden Männern, Frauen in Bikinis und angenehmer Umgebung in Zusammenhang gebracht wird. Die Botschaft ist klar: Alkohol fördert den Spaß. Als ein weiteres Beispiel können wir den Marlboro-Mann ansehen, ein eindeutiger Versuch, das Rauchen als männliche Aktivität zu präsentieren.[7]

Jüngeren Datums und besonders schädlich ist die Old Joe Camel Werbekampagne für Camel Zigaretten. Da die Zahl der Raucher abnimmt, hängt der Ertrag der Tabakindustrie davon ab, daß sie neue Raucher rekrutiert, die diejenigen ersetzen, die aufhören. Das offensichtliche Ziel sind Schüler. Camel begann diese Werbekampagne 1988, wobei der Held Joe Camel nach dem Vorbild von James Bond oder von Don Johnson in „Miami Vice" geschaffen wurde. Vor der Werbekampagne (1976 – 1988) war Camel die bevorzugte Marke von weniger als 0,5% der Schüler in den Klassen sieben bis zwölf. Im Jahr 1991 hatte sich der Anteil von Camel an diesem illegalen Markt auf 33% erhöht (*Di Franza* et al., 1991)! Im März 1992 forderten das Gesundheitsministerium und die medizinische Fachgesellschaft R.J. Reynolds, den Hersteller von Camel, aus diesen Gründen auf, Old Joe Camel in der Anzeigenwerbung nicht mehr einzusetzen. Firmen, die Plakate aushängen, und die Druckmedien wurden ebenfalls aufgefordert, auf diese Anzeigen zu verzichten. Die Reaktion von R.J. Reynolds: „Wir haben keinen Grund anzunehmen, daß diese Kampagne irgendjemanden dazu bringt, mit dem Rauchen anzufangen. Wenn wir erwartet hätten, daß sie junge Leute zum Rauchen veranlaßt, würden wir sie zurückziehen." (Firmensprecher, zitiert in *Horovitz*, 1992). Und der Medien: „Mit allem Respekt vor der Auffassung des Gesundheitsministeriums sind wir der freien Meinungsäußerung in allen ihren Formen verpflichtet." (Sprecher von Time Inc. Magazines, zitiert in *Horovitz*, 1992). Der höchste Arzt des Gesundheitsministeriums übte das Recht der freien Meinungsäußerung, zusammen mit führenden Medizinern und Schulkindern, bei einer Demonstration in Chicago aus, wo sie gegen Anzeigen protestierten, die Joe

Der Konsum bestimmter Substanzen ist häufig an bestimmte Subgruppen einer Kultur oder sogar an bestimmte Zeitperioden gebunden. Beispielsweise wurden Marihuana und Halluzinogene in der Woodstock-Generation häufig konsumiert.

Camel zeigten, den sie als Händler des Todes bezeichneten (Los Angeles Time, 21. Juni 1992, S. A4)

Psychologische Variablen

Als nächstes untersuchen wir zwei Gruppen psychologischer Variablen. Die erste Gruppe umfaßt die Wirkungen von Alkohol auf die Stimmung. Die zweite Gruppe befaßt sich mit den Persönlichkeitsmerkmalen, die es wahrscheinlicher werden lassen, daß einige Menschen stärker trinken.

Veränderung der Stimmung

Viele Untersuchungen gehen davon aus, daß der Hauptgrund für den Drogenkonsum die Veränderung der Stimmung ist. Der Drogenkonsum stellt daher einen Verstärker dar. Entweder, indem er die Zustände positiver Stimmung verstärkt oder die negativen vermindert. Von Drogen wie Alkohol, Marihuana, Sedativa, Nikotin und Koffein wird angenommen, daß sie Angst und Streß mindern und zur Entspannung führen, während Stimulantien und Narkotika

---

7 Bei dem Schauspieler, der Mitte der 70er Jahre den Marlboro-Mann darstellte, wurde 1992 Lungenkrebs diagnostiziert.

zu angenehmen Gefühlen führen.[8] Der größte Teil der Forschung hat sich auf die spannungsreduzierenden Eigenschaften von Alkohol konzentriert. Erste Tierexperimente (*Conger*, 1950) zeigten, daß Alkohol die Vermeidungsreaktionen reduzierte, die üblicherweise als durch Angst beeinflußt angesehen werden. Einige spätere Experimente bei Menschen (z.B. *Sher & Levenson*, 1982) zeigen, daß Alkohol die Spannung bei Menschen reduzieren kann, die keine Alkoholiker sind, aber es gibt auch widersprüchliche Befunde (z.B. *Thyer & Curtis*, 1984).

Einige Forscher, die sich mit den Gründen für diese inkonsistenten Ergebnisse befaßt haben, konzentrieren sich auf die Situation, in der der Alkohol konsumiert wird. *Steele* und *Josephs* (1988, 1990) haben festgestellt, daß der Alkohol seine spannungsmindernde Wirkung durch eine Veränderung der Kognitionen und der Perzeption erzielt. Sie vermuten insbesondere, daß der Alkohol die kognitive Verarbeitung beeinträchtigt und die Aufmerksamkeit auf die meisten der unmittelbar verfügbaren Hinweise einschränkt, was zu einem Zustand führt, den die Autoren als „Alkoholmyopie" (Alkoholkurzsichtigkeit) bezeichnen. Die intoxierte Person verfügt über eine geringere kognitive Kapazität, die sie zwischen der Weiterführung der Aktivität und der Sorge aufteilt. Wenn eine Tätigkeit zur Ablenkung verfügbar ist, dann wird die Aufmerksamkeit eher darauf als auf besorgte Gedanken gerichtet, was zu einer Minderung der Angst führt. In einigen Situationen könnte der Alkohol jedoch zu einer Steigerung der Spannung führen, wenn z.B. keine Ablenkung zur Verfügung steht und die intoxierte Person ihre begrenzte Verarbeitungskapazität auf unangenehme Gedanken konzentriert. In diesem Fall kann die entmutigte Person, während sie alleine trinkt, noch depressiver werden.

In einem Experiment zur Überprüfung dieser Theorie ließen *Steele* und *Josephs* (1988) die Versuchspersonen glauben, daß sie ein Referat mit dem Thema „Was mich am meisten bei meinem Körper und meiner persönlichen Erschei-

nung stört" halten sollten. Die eine Hälfte der Probanden erhielt Alkohol (Gin Tonic; 1 ml Alkohol/kg Körpergewicht), die andere Hälfte glaubte, daß sie Akohol bekommen würden, sie erhielten jedoch nur Tonic (aber so verändert, daß die Täuschung nicht sofort zu erkennen war). Dem Getränkekonsum folgte eine fünfzehnminütige Wartezeit. Eine Hälfte der Probanden erhielt die ablenkende Aufgabe, während der Wartezeit ästhetische Beurteilungen über Kunst-Dias abzugeben, die andere Hälfte hatte keine Beschäftigung.

Die abhängige Variable war die Angst, die mehrmals mit einer Selbstbeurteilungsskala gemessen wurde. Einige der Daten zeigt Tabelle 11.2. Wie zu sehen ist, bleiben die Angstbeurteilungen der Probanden ohne Alkohol vom Beginn der Wartezeit bis zur Hälfte praktisch unverändert, während, wie von der Theorie vorhergesagt, die Angst bei den Probanden, die Alkohol bekommen hatten und die durch die Dias abgelenkt wurden, abnahm. Die kognitiven und perzeptuellen Wirkungen des Alkohols veränderten die Probanden, so daß das Zentrum ihrer Aufmerksamkeit auf den Dias und nicht auf dem selbstherabsetzenden Referat lag. Wie vorhergesagt verstärkte sich die Angst bei den Probanden, die Alkohol bekommen hatten, aber nicht abgelenkt wurden. Offensichtlich konzentrierten sich diese Probanden auf die bevorstehende Belastung und wurden sogar mit Fortschreiten der Zeit noch ängstlicher.

Eine andere situationsbedingte Variable, die mit den spannungsreduzierenden Effekten von Alkohol verbunden ist, stellt die Frage dar, ob dem Alkoholkonsum Streß vorausgeht oder ihm folgt. Die Vorstellung, die die meisten Menschen von Alkohol und Spannungsminderung haben, ist die, daß eine Steigerung der Anspan-

---

8 Es könnte merkwürdig aussehen, daß Drogen, die zu einer Verstärkung der körperlichen Erregung führen, von Probanden als beruhigend erlebt werden, aber die Literatur läßt vermuten, daß die Verbindung zwischen körperlichen und phänomenologischen Zuständen weit davon entfernt ist, sich auf einer 1:1-Basis zu entsprechen.

Tabelle 11.2 Ergebnisse aus der Untersuchung von Steele und Joseph (1988) zum Nachweis differentieller Effekte des Alkohols auf Angst (a)

Gruppe	Ausmaß der Angst während der Wartezeit in %	
	anfänglich	etwa in der Mitte
Kein Alkohol/Dias	54,6	56,4
Kein Alkohol/keine Dias	56,5	55,5
Alkohol/Dias	63,5	53,0
Alkohol/keine Dias	57,4	66,8

(a) der höhere Prozentsatz entspricht höherer Angst.

Die Theorie der Spannungsreduktion besagt, daß Menschen zu starken Trinkern werden, weil der Alkohol streßmindernde Eigenschaften hat. Der Börsenkrach von 1987 hat offensichtlich viele Börsianer in die nächste Bar getrieben. Obwohl einige kamen, um zu lesen und sich mit anderen zu unterhalten, tranken andere ein oder zwei zusätzliche Drinks.

nung (z.B. durch einen anstrengenden Tag im Büro) zu einem gesteigerten Konsum führt, um die Wirkung des früheren Stressors zu reduzieren. Empirische Belege für diese Annahme stammen aus Untersuchungen, die zeigen, daß eine Erhöhung des Lebensstresses den Rückfällen von trockenen Alkoholikern vorausgehen (z.B. *Brown* et al., 1990). Die experimentellen Untersuchungen über die spannungsreduzierenden Effekte von Alkohol haben jedoch üblicherweise die Reihenfolge der beiden Variablen verändert, d.h. sie haben die Probanden zuerst trinken lassen und sie dann einem Stressor ausgesetzt. *Sayette* und *Wilson* (1991) verglichen die Wirkungen von Alkohol bei beiden Anordnungen (Streß – Alkohol und Alkohol – Streß) miteinander und stellten die Spannungsreduzierung nur bei der Reihenfolge Alkohol – Streß fest. Auf der Grundlage dieser Ergebnisse kann Alkohol kein potentes Mittel zur Spannungsminderung in vielen Alltagssituationen sein, wenn er nach Streß konsumiert wird.

Was kann daraus für die Theorie der Spannungsreduktion gefolgert werden? Wenn wir auf ein Konzept zurückkommen, daß früher in diesem Kapitel dargestell wurde (S. 327), dann

ist es möglich, daß Menschen Alkohol nach Streß nicht deshalb konsumieren, weil er den Streß direkt reduziert, sondern weil sie erwarten, daß dadurch der Streß reduziert wird. Diese Überlegung wird durch Untersuchungen bei Studenten (*Rather* et al., 1992) und Kindern alkoholabhängiger Eltern (*Sher* et al., 1991) unterstützt. Sie zeigen, daß die erwarteten positiven Wirkungen des Alkohols den Konsum prognostizieren. Das bedeutet, daß Menschen, die vom Alkohol erwarten, daß er Streß und Angst reduziert, mit hoher Wahrscheinlichkeit häufige Konsumenten sind. *Stacy, Newcomb* und *Bentler* (1991) konnten zeigen, daß die positiven Erwartungen der Wirkungen einer Droge den Konsum im allgemeinen vorhersagen.

Persönlichkeit und Drogenkonsum

Weder die soziokulturelle Theorie noch die der Stimmungsänderung können die individuellen Unterschiede im Drogenkonsum völlig erklären. Das bedeutet, daß nicht alle Mitglieder einer bestimmten Kultur oder Subkultur häufige Konsumenten sind, und auch nicht, daß jeder, der Streß erlebt, seinen Drogenkonsum steigert. Persönlichkeitsvariablen versuchen zu erklären, warum bestimmte Menschen diese Effekte anscheinend brauchen. Zwischen Kriminalität, Drogenkonsum und antisozialer Persönlichkeitsstörung wurde häufig eine Verbindung festgestellt. In diesem Zusammenhang kann der Drogenkonsum als Teil des spannungssuchenden Verhaltens der Personen mit antisozialer Persönlichkeitsstörung gesehen werden, das in Kapitel 10 dargestellt wurde. Es wäre auch zu erwarten, daß von ängstlichen Menschen Narkotika konsumiert werden, um ihren Streß zu reduzieren.

Bei Drogensüchtigen wurden in den unterschiedlichsten Parametern von Persönlichkeitsfragebogen Abweichungen von der Norm ermittelt. Es ist aber zu fragen, ob diese Persönlichkeitsmerkmale der Sucht vorausgingen und diese verursachten. Wir könnten beispielsweise ermitteln, daß Drogensüchtige mißtrauischer sind als diejenigen, die keine Drogen konsumieren. Daraus zu folgern, daß Mißtrauen zum Konsum von Drogen beiträgt, wäre nicht gerechtfertigt, denn es könnte sehr gut sein, daß es sich dabei um die Reaktion des Süchtigen auf seinen illegalen Status als Drogenkonsument handelt.

Bei einer Reihe von Untersuchungen wurde ein Längsschnittdesign angewendet, das der Analyse der Beziehung zwischen Persönlichkeit und Drogenkonsum eher angemessen ist. Aus diesen Studien haben sich einige Persönlichkeitsmerkmale der Drogenkonsumenten herauskristallisiert. Das erste ist Hyperaktivität in der Kindheit. In einer prospektiven Studie, die sich über zehn Jahre erstreckte, fanden z.B. *Hechtman, Weiss* und *Perlman* (1984), daß Hyperaktivität ein wichtiger Prädiktor des späteren Alkoholkonsums ist. Ein anderes Merkmal ist antisoziales Verhalten (*Jones*, 1968). Bemerkenswerterweise korrelieren Hyperaktivität und antisoziales Verhalten selbst hoch miteinander und es gibt einige Hinweise dafür, daß das antisoziale Verhalten die beste Voraussetzung bietet, das Verhalten von Erwachsenen vorherzusagen. Die antisoziale Persönlichkeit, die mit ähnlichen Merkmalen bei den biologischen Eltern in Verbindung steht, sagt allgemein Probleme des Drogenkonsums voraus (*Cadoret* et al., 1986).

In einer Längsschnittstudie, die Personen vom Vorschulalter bis zu 18 Jahren untersuchte, analysierten *Shadler* und *Block* (1990) Persönlichkeitsmerkmale, die den häufigen Marihuanakonsum vorhersagen konnten. Im Vergleich zu denen, die nur mit der Droge experimentierten, konnten die häufigen Konsumenten im Alter von sieben Jahren folgendermaßen beschrieben werden: Sie kommen nicht gut mit anderen aus, sind gleichgültig gegenüber moralischen Prinzipien (z.B. Fairneß), zeigen körperliche Symptome von Streß, sind unentschlossen, nicht vertrauenswürdig oder abhängig, unfähig, negative Gefühle zuzugeben und es fehlt ihnen an Vertrauen und Selbstachtung. Im Alter von elf Jahren zeigen sich folgende Unterschiede: emotional sehr labil, unaufmerksam und unfähig, sich zu konzentrieren, kaum Beteiligung an Aktivitäten, stur und deutlich anders als die Mitschüler.

Biologische Variablen

Der größte Teil der Untersuchungen über physiologische Faktoren des Substanzmißbrauchs hat sich der Frage gewidmet, ob eine genetisch übertragene Veränderung bei einigen körperlichen Vorgängen als Prädisposition für Alkoholismus angesehen werden kann. Auf die Ergebnisse werden wir jetzt eingehen.

Bei Tieren sind Neigung und Abneigung gegenüber Alkohol artbedingt. Durch gezielte Zucht innerhalb einer „trinkenden" Spezies kann man Tiere heranziehen, die Alkohol den meisten anderen Getränken vorziehen (*Segovia-Riquelme, Varela & Mardones,* 1971). Und wir haben Belege dafür, daß Alkoholismus bei Menschen familiär gehäuft auftritt. Wie eine Reihe von Untersuchungen zeigt, haben Kinder und Verwandte von Alkoholikern überdurchschnittlich häufig ebenfalls Alkoholprobleme (z.B. *Shu* et al., 1991). Die höheren Konkordanzraten für Alkoholismus (z.B. *McGue, Pikkens & Suikis*, 1992) und den Konsum von Koffein, Nikotin und Opiaten (*Look & Gurling*, 1988) bei eineiigen Zwillingen weisen in dieselbe Richtung. Diese Ergebnisse fügen sich zwar in die Theorie der genetischen Weitergabe einer Prädisposition, gleichwohl können die Betroffenen auch zu Drogenkonsumenten geworden sein, weil sie entsprechendem Konsumverhalten der Eltern ausgesetzt waren.

Man hat jedoch auch adoptierte Kinder von Alkoholikern untersucht, um die Rolle der Vererbung genauer bestimmen zu können (*Goodwin* et al., 1973). Die 174 Probanden wählte man aus 5483 zwischen 1924 und 1947 in Kopenhagen geborenen Babys aus und verteilte sie auf folgende drei Gruppen:

1. $N = 67$: Ein leiblicher Elternteil – manchmal auch beide Eltern – der Probanden der Experimentalgruppe war wegen Alkoholabhängigkeit in stationärer Behandlung. Die Probanden kamen innerhalb von sechs Wochen nach der Geburt in nicht-verwandte Adoptivfamilien und hatten keinen Kontakt zu ihren leiblichen Eltern.
2. $N = 70$: Jeder Proband dieser Kontrollgruppe wurde nach Alter und Adoptionszeitpunkt mit einem Probanden der Gruppe 1 parallelisiert. Kein leiblicher Elternteil dieser Kontrollprobanden war je in einer psychiatrischen Klinik behandelt worden.
3. $N = 37$: Die Probanden dieser Kontrollgruppe wurden nach Alter und Adoptionszeitpunkt mit den Probanden der Gruppe 1 parallelisiert. Wenigstens ein leiblicher Elternteil dieser Kontrollprobanden war stationär in einer psychiatrischen Klinik behandelt worden. Bei der behandelten Störung handelte es sich weder um Alkoholismus noch um Schizophrenie.

Für die Nachuntersuchung konnte man 133 Probanden der ursprünglichen Stichprobe ausfindig machen und befragen. (Der Anteil derjenigen, die verschollen blieben oder das Interview ablehnten, war in allen drei Gruppen in etwa gleich.) Die zum Zeitpunkt der Nachuntersuchung im Durchschnitt 30jährigen Probanden wurden von einem Psychiater interviewt, der die Gruppenzugehörigkeit seines jeweiligen Gesprächspartners nicht kannte. Gefragt wurde nach Trinkgewohnheiten, Psychopathologie und demographischen Variablen. Da sich die Probanden der beiden Kontrollgruppen in den klassifikatorischen Variablen mit Ausnahme des Klinikaufenthaltes ihrer Eltern nicht unterschieden, faßte man sie für die Analyse zu einer Vergleichsgruppe zusammen. Tabelle 11.3 zeigt die Probleme, in denen sich Experimental- und Vergleichsgruppe signifikant unterschieden.

Tabelle 11.3 Alkoholbezogene Probleme bei den leiblichen Nachkommen von Alkoholikern, die von anderen adoptiert und aufgezogen wurden im Vergleich zu einer Kontrollgruppe.

Probleme	Probanden % (N = 55)	Kontroll- gruppe % (N = 78)
abstinent		
jemals geschieden	27	9
irgendwann in psych- iatrischer Behandlung	40	24
Einweisung in eine psychiatrische Klinik	15	3
Alkoholkonsum		
Halluzinationen (als Entzugssyndrom)	6	0
Kontrollverlust	35	17
wiederholtes Trinken am Morgen	29	11
Behandlung wegen des Trinkens	9	1
Alkoholismus	18	5

Quelle: aus *Goodwin* et al., 1973

Wie man sieht, sind die Gruppen anhand der Variablen, die mit Alkohol zu tun haben, leicht zu unterscheiden. Die Ergebnisse deuten also darauf hin, daß bei Männern eine ererbte Prädisposition für Alkoholismus nicht auszuschließen ist. Daß eine Prädisposition für Alkoholismus möglicherweise nur bei Männern zu finden ist, zeigt auch die Zwillingsuntersuchung von *McGue* et al. (1992). Bei den Männern betrug die Konkordanzrate bei eineiigen Zwillingen 76%, für die zweieiigen 54%. Die entsprechenden Zahlen für Frauen betragen 39 und 41%.

Groß angelegte Adoptionsstudien in Schweden haben ebenfalls auf die Möglichkeit hingewiesen, daß es Untergruppen von Alkoholismus auf unterschiedlicher genetischer Grundlage gibt (*Cloninger* et al., 1981). Die Forscher teilten ihre Stichprobe von biologischen Eltern in zwei Gruppen nach der Art des Alkoholkonsums auf. Bei der einen Gruppe der biologischen Eltern war der Alkoholismus im Erwachsenenalter aufgetreten, es gab keine Vorgeschichte kriminellen Verhaltens und es wurde angenommen, daß es sich um episodische Trinker handelte. Die zweite Elterngruppe wies einen frühen Beginn des Problemtrinkens auf und sie hatten eine Vorgeschichte von antisozialem Verhalten. Sie wurden als ständige Alkoholiker angesehen.

Beim ersten Subtypus von Adoptierten waren anscheinend sowohl die Gene als auch die Umgebung notwendig, um die Störung hervorzubringen. Einen Alkoholiker als Elternteil und das Vorliegen von starkem Alkoholkonsum bei den Adoptiveltern sagten den Alkoholismus bei diesen Probanden voraus. Im Gegensatz dazu war ein genetischer Effekt bei den Kindern zu sehen, deren biologische Eltern ständig Alkohol konsumierten, ihr Risiko für Alkoholismus war deutlich erhöht. Dieser Effekt trat nur bei männlichen Adoptivkindern auf. In ähnlicher Weise zeigte die Zwillingsuntersuchung von *McGue* (1992), daß die genetischen Faktoren im Fall des frühen Beginns des Alkoholismus erheblich mehr Gewicht hatten. Auf der eher molekularen Ebene haben Forscher versucht, die spezifischen Gene oder das Gen zu identifizieren, das für eine verstärkte Vulnerabilität der Träger verantwortlich ist. Das Interesse hat sich auf ein Gen für einen Rezeptor des Neurotransmitters Dopamin konzentriert (das D2-Gen). Bislang vorliegende Ergebisse sind erfolgversprechend (*Uhl, Perscio & Smith*, 1992).

Damit stellt sich die Frage, was als Diathese für Alkoholismus vererbt wird. *Goodwin* (1979) vermutet, daß es die Anlage zur Alkoholtoleranz ist. Um Alkoholiker zu werden, muß man zunächst einmal viel trinken können, mit anderen Worten, man muß in der Lage sein, große Mengen Alkohol zu tolerieren. Vielleicht ist die physiologische Intoleranz der Grund dafür, daß es in manchen ethnischen Gruppen, namentlich bei den Orientalen, so wenig Alkoholiker gibt. Tatsächlich wirkt sich bei 75% der Orientalen bereits geringfügiger Alkoholkonsum sehr unangenehm aus. Möglicherweise schützen solche aversiven Wirkungen vor Alkoholismus.

Goodwins Hypothese betrifft die Kurzzeiteffekte, etwa die Metabolisierung von Alkohol oder die Reaktion des Zentralnervensystems. Aus Tieruntersuchungen weiß man, daß bei beiden Prozessen genetische Komponenten eine Rolle spielen (*Schuckit*, 1983). Diese Vorstellung wird durch neuere Ergebnisse aus Studien, bei denen die Methode des hohen Risikos eingesetzt wurde, bestätigt. Üblicherweise wurden bei diesen Untersuchungen junge Erwachsene, die keinen Alkohol konsumierten, mit einem Verwandten ersten Grades mit Alkoholismus ähnlichen Probanden ohne eine Familiengeschichte dieser Störung gegenübergestellt. Obwohl es in den publizierten Ergebnissen Widersprüche gibt, konnten zwei Befunde von *Schukkit* und *Gold* (1988) in einer der besten bislang publizierten Studie repliziert werden. Von einer Anzahl analysierter Variablen erwiesen sich zwei als besonders trennscharf zwischen den beiden Gruppen:

1. Die Söhne von Alkoholikern berichteten bei gleicher Alkoholmenge über eine geringere Intoxikation als die Kontrollgruppe.
2. Die Söhne von Alkoholikern zeigten eine geringere hormonale Reaktion (Cortisol und Prolaktin) auf Alkohol.

Die geringere Reaktion der Söhne von Alkoholikern kann auf den ersten Blick merkwürdig aussehen, aber es paßt ganz gut zu dem Bild, daß man eine ganze Menge trinken muß, um Alkoholiker zu werden. Eine geringfügige Reaktion auf Alkohol kann die Voraussetzung für einen verstärkten Konsum sein. Wenn es auch überzeugend ist, daß es eine genetische Prädisposition für Alkoholismus gibt, so muß jedoch darauf hingewiesen werden, daß der weitaus größte Teil der Kinder von Alkoholikern selbst nicht zu Alkoholikern wird.

Therapie von Alkoholismus

Der Schaden, der dem Trinker selbst, seiner Familie, seinen Freunden, seinem Arbeitgeber und der Gemeinschaft durch den Alkoholismus erwächst, ist ungeheuer groß; dadurch wird der Alkoholismus zum schwersten öffentlichen Gesundheitsproblem. Wie gesagt lassen sich die menschlichen Tragödien in der Folge dieser häufigsten Form des Drogenmißbrauchs nicht in Geld bemessen. Die Industrie wendet große Summen für Rehabilitationsmaßnahmen alkoholgeschädigter Mitarbeiter auf, weil man weiß, daß jeder ausgegebene Dollar mit der wiederhergestellten Leistungskraft des Rehabilitierten mehrfach wieder hereinkommt. In Amerika wird in Fernsehen und Rundfunk über die Gefahren des Alkohols aufgeklärt, um Menschen von exzessivem Alkoholgenuß abzuhalten und bereits Süchtige zu ermutigen, sich ihrem Problem zu stellen und sich helfen zu lassen. Man macht die Betroffenen für ihr übermäßiges Trinken vielfach nicht mehr verantwortlich, sondern zieht es vor, sie als krank zu betrachten. Man hofft, sie so von ihren Schuldgefühlen zu entlasten, damit sie alle Kräfte zum Kampf gegen ihre Alkoholsucht mobilisieren können.

Die Behandlung von Alkoholikern ist sehr schwierig, nicht nur wegen des Suchtcharakters der Droge, sondern auch weil viele andere psychische Probleme mit großer Wahrscheinlichkeit vorliegen, z.B. Depression, Angst und starke Beeinträchtigungen des sozialen und beruflichen Lebens. Das Suizidrisiko ist ebenfalls sehr hoch (*Galanter & Casteneda*, 1985). Obwohl einige dieser Probleme dem Alkoholmißbrauch vorausgegangen sind oder dazu beigetragen haben, ist es zum Zeitpunkt der Behandlung eines Alkoholikers selten möglich festzustellen, was Ursache und was Wirkung ist. Sicher ist, daß das Leben des Betroffenen üblicherweise völlig durcheinander ist, und daß jede Behandlung, die einen Versuch wert ist, nicht nur auf das exzessive Trinken allein gerichtet sein muß. Für den Alkoholismus gibt es sowohl biologische als auch psychologische Interventionen. Unabhängig von der Art der Intervention besteht der erste Schritt darin, das Problem zuzugeben und zu beschließen, etwas dagegen zu unternehmen.

Traditionelle Klinikbehandlung

Seit vielen Jahren bieten öffentliche und private Krankenhäuser in der ganzen Welt Alkoholikern eine Zuflucht, in der sie „trocken" werden und an einer Vielzahl von Einzel- und Gruppentherapien teilnehmen können. Der Alkoholentzug – die *Entgiftung* – kann körperlich wie seelisch sehr qualvoll und ohne ärztlichen Beistand sogar lebensgefährlich sein. In manchen Fällen werden Tranquilizer eingesetzt, um Angst und allgemeines Unbehagen zu lindern. Weil viele Alkoholiker zum Tranquilizer-Mißbrauch übergehen, versucht man in manchen Kliniken statt des üblichen abrupten Entzugs auch den allmählichen Ausstieg ohne Einsatz von Tranquilizern. Auf jeden Fall braucht der Alkoholkranke während des Entzugs Kohlehydratlösungen, Vitamin B und eventuell ein Antikonvulsivum.

Holder et al. (1991) haben darauf hingewiesen, daß die Zahl der privaten Krankenhäuser, die Alkoholismus behandeln, sich im Zeitraum von 1978 bis 1984 fast vervierfacht hat. Diese Steigerung ist darauf zurückzuführen, daß diese Behandlung zu einem erheblichen Teil sowohl von den privaten Versicherungen als auch den Rentenversicherungen finanziert wird. Die Klinikbehandlung von Alkoholismus ist ein großes und gewinnträchtiges Geschäft! *Miller* und *Hester* (1986b) ermittelten, daß die Kosten für alle Behandlungen mindestens 10 Milliarden Dollar pro Jahr betragen, wobei der größte Teil für die Klinikbehandlung aufgewendet wird. Da die Klinikbehandlung wesentlich teurer als die ambulante ist, sollte die Kosten-Nutzen-Relation untersucht werden. Aus den verfügbaren Daten folgerten *Miller* und *Hester*, daß die höheren Kosten nicht durch einen höheren Grad an Effizienz zu rechtfertigen sind. Einerseits kann die Entgiftung bei den meisten Menschen in ambulanter Behandlung sicher bewältigt werden, und im allgemeinen sind die Ergebnisse der Klinikbehandlung denen der ambulanten Versorgung nicht überlegen.

Antabus

Disulfiram, oder Antabus, führt in Verbindung mit Alkohol zu heftigem Erbrechen und soll den Patienten vom Trinken abhalten. In Europa 1948 eingeführt, ist Antabus die einzig verfügbare Substanz, die eine spezielle Relevanz für die Behandlung des Alkoholismus hat (*Moss*, 1990). Wie man sich vorstellen kann, ist die Durchführung der Antabus-Behandlung möglicherweise problematisch. Wenn ein Alkoholiker aber wirklich bereit ist, die Substanz wie verschrieben jeden Morgen einzunehmen, dann sind die Aussichten gut, daß das Trinken aufgrund der negativen Konsequenzen der Einnahme reduziert wird (*Sisson & Azrin*, 1989). Bei einer großen Multicenterstudie mit einer Kontrollgruppe mit Placebo konnte ein spezifischer Effekt für Antabus nicht nachgewiesen werden (*Fuller* et al., 1986; *Fuller*, 1988). Es können aber massive Nebenwirkungen auftreten (*Moss*, 1990).

Die Anonymen Alkoholiker

Der Welt größte und bekannteste Selbsthilfegruppe sind die *Anonymen Alkoholiker* (AA), 1935 von zwei ehemaligen Alkoholikern gegründet. Es gibt inzwischen 30.000 Gruppen mit mehr als einer Million Mitglieder in den Vereinigten Staaten und 91 anderen Ländern. Jede AA-Gruppe kommt regelmäßig und häufig zusammen. Neue Mitglieder müssen aufstehen und bekennen, daß sie Alkoholiker sind, ältere „trockene" Mitglieder erzählen die Geschichte ihrer Alkoholabhängigkeit und berichten von ihrem nunmehr besseren Leben. Die Gruppe

Die Anonymen Alkoholiker stellen weltweit die größte Selbsthilfegruppe dar. Bei den regelmäßigen Treffen stehen die Neuankömmlinge auf, um ihre Sucht zu bekennen und erhalten Rat und Unterstützung von den anderen Teilnehmern.

bietet emotionale Unterstützung, Verständnis, Rat und Geselligkeit, die den einzelnen aus seiner Isolation befreit. Die Mitglieder sind rund um die Uhr füreinander da und stehen einander bei, wenn einer in Versuchung gerät, wieder zu trinken.

Jedes AA-Mitglied wird davon überzeugt, daß Alkoholismus eine unheilbare Krankheit ist und daß ständige Wachsamkeit notwendig ist, um selbst einem einzigen Drink zu widerstehen, will man nicht wieder dem unkontrollierten Trinken verfallen. Das grundlegende Ziel von AA wurde in dem klassischen Film Lost Weekend, für den *Ray Milland* einen Oscar als bester Schauspieler erhielt, einprägsam dargestellt. In einer Szene, bei der er mit der Leugnung seines schwerwiegenden Alkoholproblems konfrontiert wird, protestiert sein Bruder: „Wann wirst du es jemals lernen, daß es mit dir so ist, als ob du vom Dach eines Hauses springst und erwartest, nur ein Stockwerk tief zu fallen."

Wie wichtig auch die religiöse und spirituelle Seite der Angelegenheit ist, offenbaren die Zwölf Schritte der AA (vgl. Tabelle 11.4). Zwei weitere Selbsthilfegruppen sind neueren Datums. Die Verwandten der Alkoholiker treffen sich in den Al-Anon-Familiengruppen für die gegenseitige Unterstützung im Umgang mit ihren alkoholkranken Familienmitgliedern. Alateen ist die entsprechende Selbsthilfegruppe für die Kinder von Alkoholikern, die ebenfalls Unterstützung und Verständnis brauchen.

Unglücklicherweise sind die Behauptungen von AA über die Wirksamkeit ihrer Behandlung kaum wissenschaftlich genau untersucht worden. Ergebnisse aus unkontrollierten Untersuchungen müssen mit Vorsicht gesehen werden: AA hat hohe Ausfallraten und die Ergebnisse dieser Abbrecher gehen in die Ergebnisse nicht ein (*Edwards* et al., 1967). Darüber hinaus fehlen Langzeitfolgeuntersuchungen von AA-Probanden. Die Ergebnisse von der bis heute am besten kontrollierten Studie sind gemischt (*Walsh* et al., 1991).

Arbeiter einer Fabrik von General Electric, die Alkoholiker waren, wurden zufällig einer von drei Behandlungen zugeordnet: eine Hospitalisierung von drei Wochen, gefolgt von AA; nur AA; eine Behandlung nach Wahl. Von den 71 Probanden in der Auswahlgruppe entschieden sich 27 für die Klinik, 33 für AA und 6 für keine Behandlung. Bei einer Folgeuntersuchung nach zwei Jahren mußten 23% derjeni-

Tabelle 11.4 Die zwölf Schritte der Anonymen Alkoholiker

1. Wir haben bekannt, daß der Alkohol stärker war als wir – daß wir unser Leben nicht mehr im Griff hatten.
2. Wir sind zu dem Glauben gelangt, daß nur eine Macht, die größer ist als wir, uns unsere Gesundheit wiedergeben kann.
3. Wir haben beschlossen, unseren Willen und unser Leben Gott, *wie wir Ihn verstehen*, anheimzugehen.
4. Wir haben eine gründliche und unerschrockene moralische Bilanz unserer selbst gezogen.
5. Wir haben vor Gott, vor uns selbst und vor einem anderen Menschen bekannt, wie wir gesündigt haben.
6. Wir sind absolut bereit dafür, daß Gott all diese Unzulänglichkeiten unseres Charakters von uns nimmt.
7. Wir haben Ihn demütig gebeten, unsere Unzulänglichkeiten von uns zu nehmen.
8. Wir verzeichneten die Namen all derer, denen wir Unrecht getan haben, um Wiedergutmachung zu leisten.
9. Wir haben bei diesen Menschen, wo immer das möglich war, ohne ihnen oder anderen zu schaden, unmittelbare Wiedergutmachung geleistet.
10. Wir haben nicht aufgehört, persönliche Bilanz zu ziehen, und jeden Fehler sofort bekannt.
11. Wir haben uns in Gebet und Meditation bemüht, unseren bewußten Kontakt mit Gott, *wie wir Ihn verstehen*, zu vertiefen, und nur darum gebeten, daß Er uns seinen Willen offenbare und die Kraft geben möge, ihn auszuführen.
12. Diese Schritte brachten uns spirituelles Erwachen und wir haben versucht, diese Botschaft den Alkoholikern zu bringen, und alles, was wir tun, von diesen Prinzipien bestimmen zu lassen.

gen, die in der Klinik behandelt wurden, wieder in das Krankenhaus aufgenommen werden. Der Vergleichswert für die AA-Gruppe liegt bei 63% und bei 38% für die Auswahlgruppe. Andererseits ist anzumerken, daß diejenigen, die sich für AA entschieden hatten, in der Studie gut abschnitten. Wenn die Alkoholiker jedoch zufällig AA zugewiesen wurden, dann ging es weniger gut. Viele Menschen, die AA wählen und länger als drei Monate dabei bleiben – was sicher eine ausgewählte Gruppe darstellt – bleiben für mindestens zwei Jahre abstinent (*Emerick, Lassen & Edwards*, 1977). Die Bedürfnisse dieser Menschen werden anscheinend durch die Mitgliedschaft, die Unterstützung und das religiöse Beiwerk von AA erfüllt. Für sie wird es zum Lebensstil. Wie auch bei anderen Interventionsformen bleibt zu klären, für wen diese besondere Vorgehensweise am besten paßt.

Einsichtstherapie

Es ist bemerkenswert, daß einsichtsorientierte Psychotherapeuten die Notwendigkeit von aktiven und direktiven Interventionen sehen, wenn es um die Behandlung von Alkoholikern und anderen Substanzmißbrauchern geht, sogar dann, wenn ambulant therapiert wird. „Das Konzept, daß der Therapeut und der Patient sich in einem abgeschlossenen Raum befinden, muß verändert werden; die unmittelbaren Umstände, die den Patienten dem Drogenkonsum aussetzen können, müssen Vorrang vor den langfristigen Zielen von Verständnis und Einsicht haben (*Galanter & Castaneda*, 1990, S. 467).“ Im Gegensatz zu traditioneller einsichtsorientierter Therapie – aber ähnlich dem Ansatz bei suizidalen Patienten – sollte der Therapeut auch zwischen den Sitzungen verfügbar sein, um dem Patienten Unterstützung und Verständnis geben zu können, während er mit der Herausforderung, ohne Alkohol zu leben, kämpft. Wenn der Patient über soziale Unterstützung verfügt, Ehepartner, einen Freund oder Verwandte, dann werden die Betreffenden als Teil des Netzwerkes in die Behandlung einbezogen, um das Trinken zu vermeiden. Darüber hinaus wird die Anwendung von Antabus empfohlen und der Besuch von AA-Treffen. Das Netzwerk des Patienten ist häufig notwendig, um das Befolgen dieser Anweisungen sicherzustellen, z.B. daß der Ehepartner den Patienten bei der morgendlichen Einnahme des Antabus beobachtet. Wenn diese verhaltensbezogenen Aspekte geklärt sind, kann der Therapeut mit der üblichen Exploration der Konflikte, und wenn er psychodynamisch orientiert ist, mit der Aufdeckung der unbewußten Motivation für das Problemtrinken beginnen (*Galanter & Castaneda*, 1990).

Die Nutzung des Netzwerks in dieser Art unterscheidet sich in einem wichtigen Aspekt von der Beteiligung von Bezugspersonen in der Familientherapie (S. 701, Kapitel 20): Das Zentrum der Aufmerksamkeit liegt beim Alkoholiker oder beim Drogenkonsumenten, also bei der Person mit dem Problem. Streß aus engen Beziehungen könnte Teil des Bildes sein, aber der Alkoholiker wird als der Patient angesehen. „Die Beziehung des Therapeuten zum Netzwerk ist eher die eines Gruppenleiters als eines Familientherapeuten. Das Netzwerk wird eingerichtet, um eine Aufgabe zu erfüllen: Hilfe für den Therapeuten, damit er die Abstinenz des

Patienten aufrechterhalten kann“ (*Galanter & Castaneda*, 1990, S. 472). Es gibt jedoch auch eine Ähnlichkeit: die Mitglieder des Netzwerks müssen sorgfältig ausgewählt werden und ihre Wirkung als Helfer bei der Therapie hängt zu einem großen Teil von ihren Beziehungen zum Patienten ab. Der Therapeut muß gegenüber möglichen Konflikten zwischen dem Patienten und einem Mitglied des Netzwerks sehr wachsam sein. Auf diese Weise können Beziehungsprobleme wie die, die bei der Familien- und Paartherapie behandelt werden, ins Spiel kommen.

Aversionstherapie

Im Rahmen der Lerntheorie beschäftigt man sich seit vielen Jahren mit der Behandlung von Alkoholikern. Tatsächlich hatte einer der ersten Aufsätze zur Verhaltenstherapie die aversive „Konditionierung“ von Alkoholikern zum Thema (*Kantorovich*, 1930). Bei diesen Verfahren wird dem Problemtrinker jedesmal, wenn er Alkohol anschaut, die Hand nach einem Glas oder einer Flasche ausstreckt oder anfängt zu trinken, ein elektrischer Schlag versetzt, oder man erzeugt bei ihm medikamentös Übelkeit. Bei der sogenannten *verdeckten Sensibilisierung* wird er angewiesen, sich den aversiven Reiz lebhaft zu vergegenwärtigen (*Cautela*, 1966). Durch die Verwendung einer Hierarchie von Szenen, die dazu bestimmt sind, den Wunsch nach einem Drink zu löschen, wird der Alkoholiker aufgefordert sich vorzustellen, daß sein Trinken eine heftige und widerwärtige Übelkeit auslöst.

Obwohl die Aversionstherapien ursprünglich allein angewendet wurden, sind sie am besten (wenn überhaupt) im Zusammenhang mit breit angelegten Programmen zu sehen, die den besonderen Lebensumständen des Patienten angepaßt werden, z.B. bei Ehekonflikten, sozialen Ängsten und anderen Faktoren, die häufig mit Problemtrinken in Verbindung stehen (*Tucker, Vuchinich & Downey*, 1992).

Kontingenzmanagement

Ein operanter Ansatz zur Behandlung von Alkoholismus wurde von Nathan Azrin, einem der Pioniere der Verhaltenstherapie, entwickelt. Bei der Behandlung von starken Alkoholikern

Nathan Azrin war einer der „Erfinder" der Token-Systeme und dehnte später seine Arbeiten auf einen Verstärkeransatz zur Bekämpfung des Alkoholismus in der Gemeinschaft aus.

banden Azrin und seine Mitarbeiter wichtige Bezugspersonen im sozialen Umfeld der Patienten – bei der Behandlung in der Klinik Angehörige des Klinikpersonals – mit ein, die die Patienten überwachten und solche Verhaltensweisen wie das regelmäßige Einnehmen des Antabus und die Teilnahme an Aktivitäten, die mit dem Trinken unvereinbar sind, belohnten. Darüber hinaus richtete Azrin Gruppen ein, die den Patienten dabei helfen sollten, Fertigkeiten für die Suche nach Arbeit zu entwickeln oder zu verstärken und soziale Netzwerke für Freizeitaktivitäten aufzubauen, die ohne Alkohol auskommen. Ein Selbstsicherheitstraining, um Angebote zum Trinken abzulehnen, wurde ebenfalls durchgeführt. Dieser soziale Verstärkungsansatz hat zu erfolgversprechenden Ergebnissen geführt (*Azrin*, 1976; *Hunt & Azrin*, 1973; *Azrin, Sisson, Meyers & Godley*, 1982; *Keane, Foy, Nunn & Rychtarik*, 1984).

Auf diesen Arbeiten baut eine Strategie auf, die gelegentlich als „selbstkontrolliertes Verhaltenstraining" bezeichnet wird (*Tucker* et al., 1992), die die Selbstkontrolle des Patienten in den Vordergrund stellt und eines oder mehrere der folgenden Elemente enthält:

1. Reizkontrolle, bei der die Patienten die Situationen, in denen sie sich einen Drink erlauben, einschränken, z.B. mit anderen nur bei einem besonderen Anlaß;
2. Veränderung des Trinkverhaltens, z.B. nur noch Mixgetränke trinken und nur daran nippen statt zu schlucken und
3. Belohnung der Abstinenz oder des kontrollierten Trinkens, z.B. sich einen nichtalkoholischen Genuß zu gönnen, wenn man dem Drang nach einem Drink widerstanden hat.

Nach unserer Auffassung wird ein zentraler Gesichtspunkt der verhaltensorientierten Selbstkontrolle, nämlich die Bereitschaft des Patienten, sich den Beschränkungen und Bedingungen, die, wenn sie eingehalten werden, das Trinken reduzieren oder ausschalten, von den Befürwortern dieser Methode nicht formell berücksichtigt. (Vgl. S. 680 über die Grenzen der Selbstkontrolle im verhaltenstherapeutischen Paradigma.) Mit anderen Worten: die Herausforderung besteht nicht so sehr darin, die Mittel zu finden, die zur Kontrolle des Trinkens erforderlich sind, sondern darin, den Alkoholiker dazu zu bringen, diese Mittel ohne ständige äußere Überwachung und Kontrolle anzuwenden. Es gibt Belege für die allgemeine Wirksamkeit dieses Ansatzes (*Hester & Miller*, 1989), einige im Zusammenhang mit Programmen zum kontrollierten Trinken, denen wir uns jetzt zuwenden.

Kontrolliertes Trinken

Bis vor kurzem war man allgemein der Ansicht, bei einem Alkoholiker sei Heilung nur durch vollkommene Abstinenz zu erreichen[9], da er schon nach dem ersten Schluck keine Kontrolle mehr über seinen Alkoholkonsum habe. Obwohl die Anonymen Alkoholiker weiterhin an dieser Überzeugung festhalten, stellen die oben zitierten Forschungsarbeiten diese angebliche konstitutionelle Schwäche in Frage: Was der Trinker über sich und den Alkohol *glaubt,*

---

9 Es wird weithin angenommen, daß Alkoholiker niemals wirklich geheilt werden können, daß sie sich in Remission befinden können und ständig gegen die Versuchung, im Übermaß zu trinken, ankämpfen müssen.

scheint eine mindestens ebenso große Rolle zu spielen wie die physiologische Sucht. Da es in unserer Gesellschaft unter Umständen ausgesprochen schwierig ist, dem Alkohol völlig aus dem Weg zu gehen, ist es manchmal vielleicht sogar *besser,* dem Alkoholiker maßvolles Trinken beizubringen. Ganz sicher wird es seiner Selbstachtung zugute kommen, wenn er merkt, daß er ein Problem unter Kontrolle hat und verantwortlich mit seinem Leben umgehen kann.

Kontrolliertes Trinken bezieht sich auf eine Form des Alkoholkonsums, die maßvoll ist und die Extreme völliger Abstinenz und Trunkenheit meidet. Als man die ersten Versuche machte, Alkoholikern kontrolliertes Trinken beizubringen, ließ man sie trinken, bis ein mäßiger Rausch und ein mittlerer Alkoholspiegel im Blut erreicht waren, und informierte sie dann, wenn der Blutalkoholspiegel einen bestimmten Prozentsatz überschritten hatte (*Lovibond & Caddy*, 1970). Nach einiger Zeit waren die Patienten angeblich selbst in der Lage, ihren Blutalkoholspiegel niedrig zu halten.

Die Erfahrungen mit folgendem Behandlungsprogramm lassen vermuten, daß zumindest manche Alkoholiker lernen können, kontrolliert zu trinken und ihr Leben auch in anderen Bereichen zu ändern (*Sobell & Sobell*, 1976, 1978). Alkoholiker, die versuchten, kontrolliert zu trinken, erhielten jedesmal, wenn sie harte Getränke pur trinken wollten und zu schnell oder in zu großen Schlucken tranken, einen elektrischen Schlag. Darüber hinaus nahmen sie an einem Problemlösungs- und Selbstbehauptungstraining teil, sahen Videobänder ihres betrunkenen Selbst und identifizierten die Situationen, die ihren Besäufnissen vorangegangen waren. Auf diese Weise lernten sie, sich weniger destruktiv in der Welt einzurichten. Dieses Vorgehen war erfolgreicher als eine Behandlung mit vollkommener Abstinenz, wobei jegliches Trinken mit einem elektrischen Schlag bestraft wurde.

Bei den heutigen Programmen zum kontrollierten Trinken lernen die Patienten andere Formen der Reaktion auf Situationen, die zu exzessivem Trinken führen können. Sie lernen, dem sozialen Druck zum Trinken zu widerstehen: Selbstsicherheits-, Entspannungs- und Streßmanagement-Training, manchmal einschließlich Biofeedback und Meditation, körperliches Training und bessere Ernährung unterstützen sie. Sie erfahren auch, daß ein Rückfall nicht unabdingbar zu einem vollständigen Rückfall führt und als eine Lernerfahrung angesehen werden sollte (*Marlatt & Gordon*, 1985). Quellen für Streß bei der Arbeit, bei der Familie und bei Beziehungen werden untersucht. Um in der Lage zu sein, das Trinken zu kontrollieren, müssen sie aktiv und verantwortlich dabei werden, Situationen vorauszusehen, die zu Exzessen führen könnten, und sie meiden (*Marlatt*, 1983; *Sobell* et al., 1990).

Der Trend zum kontrollierten Trinken blieb jedoch nicht ohne Widerspruch. Die frühen Arbeiten der Sobells wurden von *Pendery, Maltzman* und *West* (1982) angegriffen, die ausführten, daß einige der Patienten, die davon überzeugt waren, daß sie mäßig tranken, in Wirklichkeit zu einem unkontrollierten und selbstschädigenden Trinken zurückgefallen waren. Gruppen wie AA bestritten ebenfalls, daß das kontrolliertes Trinken ein sinnvolles Behandlungsziel sein könne.

Eine Untersuchung der Rand Corporation (*Armor, Polich* und *Stambul*, 1976, 1978) eröffnete eine Möglichkeit, die Kontroverse zu beenden. Danach ist die Abstinenz für ältere, stärker süchtige Trinker das bessere Ziel, während die Mäßigung für jüngere, weniger abhängige Trinker besser ist. Ergebnisse von gut kontrollierten Studien mit einer Katamnese nach mindestens zwölf Monaten, die in den späten 80er Jahren publiziert wurden, zeigten, daß das kontrollierte Trinken häufig ein gutes Ergebnis ist, auch wenn das ursprüngliche Ziel die Abstinenz war. Erfolg beim kontrollierten Trinken ist insbesondere mit jüngerem Lebensalter und leichterem Trinken verbunden, was die Rand-Studie nahelegte (vgl. die Zusammenfassungen von *Miller & Hester*, 1986a, und von *Sobell, Toneato & Sobell*, 1990, der Untersuchungen, die von anderen durchgeführt wurden.) Die Möglichkeit des Patienten, sein eigenes Ziel festzulegen, kann das Ergebnis ebenfalls verbessern (*Sanchez-Craig & Wilkinson*, 1987).

Die Frage der Abstinenz als Gegensatz zu kontrolliertem Trinken ist kontrovers, da sie einflußreiche Organisationen wie AA, die die Abstinenz als einziges richtiges Ziel für Problemtrinker ansehen, in eine Auseinandersetzung bringt mit den Forschern wie etwa den Sobells und denjenigen, die diesen allgemeinen Ansatz übernehmen, die gezeigt haben, daß die Mäßigung bei vielen Alkoholikern, sogar bei denen mit schwerwiegenden Trinkproblemen, funktionieren kann. Wenn die therapeutischen

Mittel zum Erreichen des kontrollierten Trinkens verfügbar sind – und die Forschung läßt vermuten, daß sie vorhanden sind –, dann könnte das kontrollierte Trinken ein realistischeres Ziel, auch für den süchtigen Alkoholiker, sein. Zum gegenwärtigen Zeitpunkt wird das kontrollierte Trinken in Kanada und Europa weitaus häufiger akzeptiert als in den Vereinigten Staaten.

Klinische Überlegungen

Die Behandlung von Alkoholikern krankt seit jeher daran, daß Therapeuten häufig unter der unbewiesenen Prämisse arbeiten, exzessives Trinken habe immer dieselben Gründe. So geht ein Analytiker etwa davon aus, daß Problemtrinker unerträglichen Abhängigkeitsgefühlen zu entfliehen suchen. Ein humanistischer Therapeut mag glauben, daß der Trinker in den Alkohol flüchtet, weil ihm der Mut fehlt, sich Problemen zu stellen und sie offen und direkt anzugehen (siehe Kapitel 18). Ein Verhaltenstherapeut, der auf die Aversionstherapie baut, glaubt, daß man dem Alkohol Attraktion und Wohlgeschmack nehmen müsse, um dem Trinker die Abstinenz zu erleichtern. Aber wie mit anderen Störungen verhält es sich auch mit dem Alkoholismus vermutlich komplexer (*Lazarus*, 1965). Ein weniger eingleisiger und umfassenderer klinischer Ansatz berücksichtigt auch den Stellenwert, der dem Trinken im Leben des Betroffenen zukommt. Eine Frau in einer verzweifelt unglücklichen Ehe, die jetzt, da ihre Kinder in die Schule gehen und nicht mehr ihrer ständigen Aufmerksamkeit bedürfen, die Zeit sinnlos verrinnen sieht, sucht die betäubende Wirkung des Alkohols vielleicht, um ihrem Unglück zu entfliehen und die Zeit zu vergessen. Dieser Frau den Alkohol mit elektrischen Schlägen oder einem Brechmittel zu vergällen, wäre weder einfühlsam noch angemessen. Hier müßte sich der Therapeut auf die Schwierigkeiten in Familie und Ehe konzentrieren und versuchen, die allgegenwärtige seelische Qual zu lindern. Da sie vermutlich wirklich süchtig ist, braucht sie auch Hilfe beim Durchstehen des körperlichen Entzugs. Und da sie sich nicht mehr mit Alkohol betäuben kann, muß sie Kräfte freimachen, um sich den bis dahin vermiedenen Problemen zu stellen. Vielleicht hilft ihr ein Training, das soziale Fertigkeiten einübt.

Zuweilen ist Alkoholismus mit einer weiteren psychischen Störung verbunden. Hier sind insbesondere affektive Störungen und antisoziale Persönlichkeitsstörung zu nennen (*Goodwin*, 1982). Eine sorgfältige und weitgefächerte Diagnostik ist erforderlich, denn wenn der Patient mit dem Alkohol eine tiefe Depression zu lindern versucht, wird der Erfolg einer reinen Alkoholismus-Therapie kaum von langer Dauer sein.

Koordinierte Forschungsanstrengungen müssen noch auf den Bereich der Behandlung der Polytoxikomanie gerichtet werden (*Sobell* et al., 1990). Es ist bekannt, daß bis zu 95% der Problemtrinker auch regelmäßig Zigaretten rauchen und daher möglicherweise sowohl von Alkohol als auch von Nikotin abhängig sind (*Istvan & Matarazzo*, 1984). Sollte ein Therapeut versuchen, einen Alkoholiker gleichzeitig von Alkohol und Zigaretten zu entwöhnen oder nacheinander (*Kozlowski* et al., 1989)? Sollte überhaupt kein Versuch unternommen werden, den Konsum der beiden Drogen aufzugeben, unter der Annahme, daß der Patient irgendwie das Bedürfnis hat, auf mindestens eine angewiesen zu sein? Oder sollten wirklich beide Abhängigkeiten behandelt werden, unter der Annahme, daß die Zigaretten so eng mit dem Trinken assoziiert wurden, daß ein Alkoholiker, der versucht, trocken zu bleiben, zum Trinken animiert wird, wenn er raucht? Dies sind wichtige und bislang nicht beantwortete Fragen.

Sogar für die vielen Behandlungsprogramme, die dem Alkoholiker zu einem Leben ohne seine Droge verhelfen sollen, wurde geschätzt, daß nicht mehr als 10% der Alkoholiker sich jemals in eine professionelle Behandlung begeben und mehr als 40% sich selbst heilen. Wie kommt es zu einer solchen spontanen Remission? Unter den offensichtlichen Faktoren sind: neue Heirat, neuer Arbeitsplatz, religiöse oder spirituelle Erfahrungen oder eine Bekehrung, ein fast tödlicher Autounfall während einer Trunkenheitsfahrt oder das Auftreten einer schwerwiegenden Erkrankung. Es ist nicht klar, warum einige Menschen mit dem Trinken nach einer schweren Krise aufhören können, während andere so reagieren, daß sie den Trost der Flasche suchen (*Valliant*, 1983).

Es ist anscheinend unwahrscheinlich, daß ein einziges Ereignis, auch wenn es dramatisch ist, die tiefgreifenden Veränderungen auslöst, die erforderlich sind, jemanden aus einer Sucht herauszureißen. Es ist wahrscheinlicher, daß eine erfolgreiche Abstinenz, gleichgültig ob aufgrund einer Behandlung oder nicht, auf das Zusammenwirken vieler Lebensereignisse und Einflüsse angewiesen ist, die die Bemühungen des Alkoholikers, ein Leben ohne Substanzmißbrauch zu führen, unterstützen. Gleichgültig welche Kombination von Faktoren dem Alkoholiker hilft, abstinent zu werden oder kontrolliert zu trinken, wichtig ist auf jeden Fall die soziale Unterstützung ihrer Bemühungen durch Familie, Freunde, Kollegen oder Selbsthilfegruppen wie AA (*McCrady*, 1985).

Therapie bei Mißbrauch und Abhängigkeit illegaler Substanzen

Einiges von dem, was gerade für die Therapie des Alkoholismus dargestellt wurde, ist auch für die Behandlung derjenigen wichtig, die von illegalen Drogen abhängig sind. Wir konzentrieren uns hier auf die Ansätze und Daten, die eine besondere Relevanz für diejenigen haben, die illegale Drogen mißbrauchen.

Im Mittelpunkt der Behandlung Drogenabhängiger steht zunächst die Entgiftung, der Entzug der Droge. Die Symptome des Heroinentzugs sind, abhängig von der Reinheit des konsumierten Heroins, von unterschiedlicher Schwere und reichen von relativ gelinden Angstanfällen, Übelkeit und Ruhelosigkeit über mehrere Tage bis hin zu erschreckenden anfallsweisen Delirien und scheinbarem Wahnsinn. Eine Amphetaminintoxikation läßt sich mit entsprechenden Dosen eines Phenothiazins lindern, eine Medikamentengruppe, die sonst bei der Behandlung der Schizophrenie eingesetzt wird (vgl. S. 478).

Dabei ist allerdings zu beachten, daß der Speedabhängige außer Amphetaminen möglicherweise noch andere Drogen genommen hat. Der Barbituratentzug führt zu besonders ernsten, zuweilen sogar lebensgefährlichen Symptomen. Sie setzen etwa 24 Stunden nach Einnahme der letzten Dosis ein und erreichen zwei oder drei Tage später ihren Höhepunkt. Gegen Ende der ersten Woche ist gewöhnlich das Schlimmste überstanden, allerdings kann der Entzug bei starkem Konsum auch einen Monat dauern. Der Barbituratentzug sollte schleichend und nicht abrupt („cold tur-

key")[10] und nur unter ärztlicher Aufsicht geschehen (*Honigfeld & Howard*, 1978).

Der Entzug ist aber nur der erste und ironischerweise der leichteste Schritt auf dem Wege zu Rehabilitation. Den Süchtigen dazu zu bringen, sein Leben auch ohne Drogen zu leben, ist eine mühsame Aufgabe, die für Patient und Helfer mehr Enttäuschung und Trauer bereithält als Erfolge. Trotzdem hat man, vielfach mit finanzieller Unterstützung öffentlicher Stellen, immer wieder nach Wegen gesucht, Süchtigen zu helfen.

Somatische Behandlungen

Häufig gehört zum Therapieprogramm Heroinsüchtiger die Gabe von *Heroinsubstituten und Heroinantagonisten*. Zu ersteren zählen *Methadon und* Methadylazetat, beides synthetische Narkotika. Ursprünglich von *Dole* und *Nyswander* (1966) entwickelt, sollen diese Substanzen ganz gezielt an die Stelle des Heroins treten. Da es ebenfalls Narkotika sind, macht eine erfolgreiche Behandlung aus einem Heroinsüchtigen einen Methadonsüchtigen. Dieser Wechsel tritt auf, da Methadon auf die gleichen Rezeptoren des Zentralnervensystems einwirkt, und so wird es ein Substitut der ursprünglichen Abhängigkeit. Das abrupte Absetzen von Methadon führt zu einer eigenen Form von Entzugssymptomen, die weniger schwer als die von Heroin sind. Daher kommen seine potentiell therapeutischen Eigenschaften für die Reduktion des Süchtigen von seiner Drogenabhängigkeit (*Jaffe*, 1985). Der Betroffene muß einmal täglich – bei Methadylazetat dreimal wöchentlich – in die Klinik kommen und unter Aufsicht Methadon schlucken. Viele Methadonkonsumenten erreichen, daß sie ihre Arbeit behalten, begehen keine Verbrechen und halten sich von anderen illegalen Drogen fern (*Cooper* et al., 1983), aber viele andere nicht. Einige mißbrauchen Alkohol.

Es ist klar, daß vorher bestehende Verhaltensweisen und die Lebensumstände dabei eine Rolle spielen, wie ein bestimmtes Individuum auf die Methadonbehandlung reagiert. Außerdem versetzt Methadon nicht in euphorische

---

10 Der Ausdruck kommt von der reflektorischen Aufrichtung der Haare und dem spitzkegelhaften Vorspringen der Haarfollikel, die üblicherweise beim Entzug von Opiaten auftreten; die Haut des Betroffenen ähnelt einem gerupften Truthahn (Jaffe, 1985).

Stimmung, so daß viele Süchtige, sowie sich die Gelegenheit dazu bietet, zum Heroin zurückkehren. Zum anderen wirkt injiziertes Methadon auf manche Süchtige ähnlich wie Heroin (*Honigfeld & Howard*, 1978). In der Ära von AIDS und der Übertragung des HIV-Virus durch verunreinigte Nadeln (S. 440) ist die Tatsache, daß Methadon geschluckt werden kann, ein großer Vorteil. Es ist nicht überraschend, daß sich ein illegaler Markt für Methadon entwickelt hat, der allem Anschein den Zweck des Einsatzes vereitelt. Schließlich steigen auch viele Menschen aus Methadonprogrammen aus, teilweise wegen der Nebenwirkungen wie Schlafstörungen, Verstopfung, starkem Schwitzen und beeinträchtigten Sexualfunktionen.

Naltrexon und Naloxon sind Heroinantagonisten. Nach einem stufenweisen Heroinentzug erhalten die Süchtigen eines der beiden Medikamente in steigenden Dosen. Damit wird verhindert, daß eine eventuelle spätere Heroininjektion euphorisierend wirkt. Die Heroinantagonisten besitzen eine große Affinität für diejenigen Zellen, an die sich gewöhnlich das Heroin bindet. Ihre Moleküle besetzen die Zellen, ohne sie zu stimulieren, so daß für Heroinmoleküle kein Platz mehr bleibt. Der Antagonist verändert also die Natur des Heroin; es bewirkt einfach nicht mehr die Euphorie, die der Süchtige sucht. Aber wie bei der Methadonbehandlung müssen die Süchtigen auch hier häufig und regelmäßig in die Klinik kommen, was von ihnen Motivation und Verantwortung verlangt. Überdies bleibt das Verlangen nach Heroin erhalten. Die Mitarbeit der Patienten bei Opiatantagonisten ist daher sehr schlecht (*Ginzburg*, 1986).

Das gesellschaftliche Bedürfnis, gegen die Opiatabhängigkeit vorzugehen, hat sich in den letzten Jahren wegen der AIDS-Epidemie gesteigert. Das Problem ist so ernst, daß Vorschläge gemacht wurden, die Abhängigen mit kostenlosen sterilen Nadeln zu versorgen, ohne zu versuchen, sie zu beeinflussen, von der Droge zu lassen.

Wie bereits erwähnt, wird Kokain jetzt als eine suchterzeugende Droge angesehen. Eine Folge davon ist die Suche nach Drogen, die geeignet sind, die Entzugssymptome zu erleichtern und so möglicherweise auch die körperliche Grundlage der Sucht zu bekämpfen. Während einige günstige Ergebnisse für die Antidepressiva Imipramin (*Tennant & Ranson*, 1982) und Desipramin (*Gawin* et al., 1989) berichtet

wurden, sind die Ergebnisse von zwei jüngeren und besser kontrollierten Studien eindeutig weniger positiv. In zwei ähnlich durchgeführten Doppel-Blind-Studien führte die Anwendung von Desipramin bei Kokainkonsumenten nicht zu einer Veränderung des Konsums im Vergleich zu Placebo nach acht Wochen Behandlung (*Kosten* et al., 1992) und war eindeutig schlechter als Placebo bei einer Folgeuntersuchung nach drei und sechs Monaten und nach 12 Wochen Behandlung (*Arndt* et al., 1992). Im Kasten 11.6 wird der Nutzen von Clonidin, einem blutdrucksenkenden Medikament, bei der Reduzierung einer Reihe von Entzugssymptomen bei zahlreichen Drogen, einschließlich Kokain, dargestellt. Bromocriptin zeigt einige Erfolge bei der Minderung des Verlangens nach Kokain, möglicherweise deswegen, weil die Ausschöpfung des Dopamins, von der man annimmt, daß sie den suchterzeugenden Eigenschaften von Kokain zugrunde liegt, umkehrt (*Dackis & Gold*, 1986; *Moss*, 1990).

Psychologische Behandlungen

Es reicht aber nicht, Drogenmißbrauch nur mit irgendeiner Form von medikamentöser Therapie zu behandeln, und es wurde vorgeschlagen, eine pharmakologische Behandlung nur dann vorzunehmen, wenn die psychosozialen Anstrengungen fehlgeschlagen sind (*Peachy*, 1986). Die Menschen wenden sich aus vielen Gründen Drogen zu, und obwohl in vielen Fällen der Drogenkonsum durch die körperliche Abhängigkeit kontrolliert wird, ist die gesamte Lebensweise an den Einfluß der Droge gebunden und muß daher die Aufmerksamkeit desjenigen erwecken, der hofft, die Droge aus deren Leben entfernen zu können. Die Schwierigkeit, die Abstinenz beizubehalten, ist zu einem großen Teil auf Reize der Umgebung zurückzuführen, die die Erholung des Süchtigen beeinflussen können. Die Verfügbarkeit von Nadeln, der Nachbarschaft und der anderen, mit denen der Betroffene üblicherweise die Drogen konsumiert hat, können leicht zu sekundären Verstärkern werden und dadurch das Verlangen nach der Substanz auslösen (*Wikler*, 1980). Alkoholiker und Raucher haben ähnliche Erfahrungen.

Die Therapie der Drogensucht liegt in den Händen von Psychiatern, Psychologen und anderer im Bereich psychischer Gesundheit Tätiger. Die Drogensucht wird psychotherapeutisch genauso behandelt wie andere Störungen und Fehlanpassungen. Wieweit es den verschiedenen Therapieformen – sei es Psychoanalyse, Verhaltenstherapie oder ein humanistisches Konzept – gelingt, den Teufelskreis der Abhängigkeit zu durchbrechen, ist kaum bekannt (*Liskow*, 1982). Nur unzureichende Belege gibt es für verhaltenstherapeutische Ansätze, eine leichte Reduzierung des Drogenkonsums tritt ein, wenn das Kontingenzmanagement (operant) wirksam ist, aber die Effekte bleiben in der Folge nicht bestehen. Etwas bessere Erfolge gibt es bei kognitiv-verhaltensorientierten Ansätzen (*Sobell* et al., 1990).

Der wohl am häufigsten verfolgte psychologische Behandlungsansatz sind die bekannten therapeutischen Wohngemeinschaften oder Kommunen nach dem Selbsthilfeprinzip. Erstes Vorbild war Synanon, eine von Charles Dederich im kalifornischen Santa Monica 1958 gegründete therapeutische Gemeinschaft. Ziel dieser Wohngemeinschaften ist es, Lebensanschauungen und Zukunftserwartungen der Süchtigen so radikal zu ändern, daß Drogen darin keinen Platz mehr haben. Daytop Village, Phoenix House, Odyssey House und andere Rehabilitationszentren haben folgende Merkmale gemeinsam:

1. Ein Umfeld, innerhalb dessen keinerlei Drogen verfügbar sind, dafür aber ein ständiges Hilfsangebot besteht, um den Übergang von regelmäßigem Drogenkonsum zu einem drogenfreien Leben zu erleichtern.
2. Die Anwesenheit von häufig charismatischen Rollenvorbildern, ehemaligen Süchtigen, die ihr Leben jetzt offensichtlich ohne Drogen meistern.
3. Direkte, oft brutale Konfrontationen in gruppentherapeutischen Sitzungen, in denen der Süchtige gedrängt wird, die Verantwortung für seine Schwierigkeiten, seinen Drogenkonsum und sein Leben zu übernehmen.
4. Eine Umgebung, in der der Süchtige als Mensch respektiert und nicht als Versager oder Krimineller stigmatisiert wird.
5. Der Süchtige muß alle früheren sozialen Kontakte abbrechen, da man annimmt, daß diese Beziehungen den zur Sucht führenden und die Sucht begünstigenden Lebensstil gefördert haben.

Die Überprüfung der Wirksamkeit dieser Programme zur Behandlung der Drogenabhängigkeit stößt auf einige Probleme. Da die Entschei-

Viele zeitgemäße Zentren der Drogenrehabilitation wie das hier gezeigte Daytop Village sind am Ansatz nach Synanon orientiert. Eine konfrontative Form der Gruppentherapie stellt eine der Komponenten der Behandlung dar.

dung zur Aufnahme freiwillig erfolgt, geht nur ein geringer Teil der abhängigen Konsumenten in ein derartiges Programm (*Jaffe*, 1985). Da weiter die Rate der Abbrecher hoch ist, können die Übrigbleibenden nicht als repräsentative Stichprobe der Population der süchtigen Konsumenten illegaler Drogen angesehen werden. Ihre Motivation, den Konsum zu beenden, ist möglicherweise viel höher als im Durchschnitt: daher kann jede Besserung, die sie erreichen, zumindest teilweise ihren ungewöhnlichen Wunsch widerspiegeln, sich von dem Konsum zu lösen, und weniger auf die besonderen Eigenschaften des Therapieprogramms. Darüber hinaus ist die Rolle von Experten aus dem Gesundheitswesen entweder gering oder nicht vorhanden, was auf einen ausgeprägten Antagonismus gegen Psychoklempner und Sozialarbeiter zurückgeht. Auch angemessen geplante Studien zu den Ergebnissen dieser Programme wurden nicht unternommen. Derartige Selbsthilfeeinrichtungen können jedoch einer Reihe derjenigen helfen, die etwa ein Jahr dort bleiben (*Jaffe*, 1985).

Kasten 11.6   Clonidin und Drogenentzug

Eine erfolgversprechende Entwicklung in der Behandlung der Drogenabhängigkeit ist die Anwendung von Clonidin, einem blutdrucksenkenden Mittel, das allem Anschein nach die Entzugssymptome bei Alkohol, Opiaten, Kokain und Nikotin reduziert. Einem ersten Bericht von *Bjorkqvist* (1975) über Alkoholiker folgte eine kurze Mitteilung über Opiate von *Gold, Redmon* und *Kleber* (1978), die Clonidin an fünf frühere Morphinabhängige gaben, die von Methadon abhängig geworden waren. Das Clonidin linderte die Entzugssymptome der Methadonabstinenz und half auch dabei, sie vom Methadon loszubekommen. Diese Ergebnisse wurden in der Folge repliziert (z.B. *Charney, Heninger & Kleber*, 1986; *Gold, Pottash, Sweeney & Kleber*, 1980; *Washton & Resnick*, 1980) und durch kontrollierte Studien bestätigt (*Wilkins, Jenkins & Steiner*, 1983; *Baumgartner & Rowen*, 1987), obwohl einige Anwender festgestellt haben, daß die Effekte von Clonidin nicht so gut sind wie die von Morphin (*Jasinski, Johnson & Kocher*, 1985). Warum wurden Versuche mit dieser Substanz unternommen? Frühere Studien von *Gold* et al. (1978) mit Affen hatten gezeigt, daß die Stimulierung des Locus coeruleus, ein Zentrum im Gehirn, das den größten Teil des Norepinephrin erzeugt, die Effekte des Entzugs von Morphin überdeckte. Es ist bekannt, daß Morphin und Clonidin ebenfalls die noradrenerge Aktivität reduzieren. Da Morphin den Entzug von sich selbst reduziert, schlossen die Forscher, daß Clonidin ebenfalls ohne die negativen suchterzeugenden Effekte von Morphin wirken könnte.

Nach *Glassman* et al. (1988) unterstützt die Tatsache, daß für Clonidin nachgewiesen wurde, daß es die unangenehmen Erscheinungen des Entzugs von Opiaten, Alkohol und Nikotin bei Süchtigen reduziert und daß Clonidin bekanntermaßen die noradrenerge Aktivität des Gehirns einschränkt, die physiologische Hypothese, daß ein hohes Maß an noradrenerger Aktivität im Locus coeruleus dem Entzug suchterzeugender Drogen zugrunde liegt. Die zukünftige Forschung wird diese Effekte näher zu untersuchen haben, insbesondere ihre Interaktionen mit psychosozialen Interventionen, die aufgenommen werden müssen, wenn die akute Entzugsperiode vorbei ist. Es besteht die Hoffnung, daß die Kombination dieser Interventionen der früher Abhängige mit geringerer Wahrscheinlichkeit sein Vertrauen auf gefährliche Drogen, um dem Lebensstreß zu entfliehen, wieder gewinnt.

In der Tat lassen neuere Daten und Theorien über die biologischen Substrate von positiver und negativer Verstärkung vermuten, daß die Behandlung suchterzeugender Drogen sich nicht nur auf die Beseitigung der Schmerzen des Entzugs konzentrieren kann, wie es bei Clonidin der Fall ist, sondern auch auf die positiven Verstärkungseffekte der Droge (*Wise*, 1987). Diesen beiden Effekten dienen anscheinend unterschiedliche Teile des Gehirns, was mit der allgemein bekannten klinischen Beobachtung übereinstimmt, daß ein entgifteter Abhängiger – der den Entzug hinter sich hat – immer noch ein starkes Verlangen nach einer bestimmten Droge haben kann, das auf Erinnerungen an die urprünglich positiv verstärkenden Effekte beruht. Aufgrund der Forschung bei Tieren und Menschen schlägt Wise vor, daß die Behandlungsprogramme sich auf die Annehmlichkeiten, die durch den Konsum einer Droge erreicht werden können, beziehen und nicht nur auf die Entgiftung. Ersatz für die positive Verstärkung durch Drogen wie Kokain und Heroin, aber auf einer völlig neuen Grundlage, muß gefunden werden.

Prävention

Es ist allgemein bekannt, daß der weitaus beste Weg im Umgang mit Drogenmißbrauch die Prävention ist. In den letzten Jahren haben wir erlebt, daß bekannte Persönlichkeiten aus Sport und Unterhaltung ihre Zuschauer aufgefordert haben, nicht mit Drogen, insbesondere nicht mit Kokain, zu experimentieren. Die Botschaft der 60er und 70er Jahre war häufig die, daß bestimmte Drogen – insbesondere die Halluzinogene – den Menschen dabei helfen würden, ihre Fähigkeiten zu erkennen, oder zumindest eine Flucht vom eintönigen und mühsamen Leben bieten. Die Botschaft der 90er ist jedoch, daß bewußtseinsverändernde Drogen die psychische Leistungsfähigkeit und das Erreichen der persönlichen Ziele beeinträchtigen und daß diese Drogen vor allem schädlich für die Gesundheit sind und sogar den unerwarteten Tod verursachen können. „Sage einfach nein" hat „Dreh' auf, stimm' dich ein, lass' dich gehen" abgelöst. Besser verstanden werden auch die Beziehungen zwischen den verschiedenen Formen des Drogenkonsums. Wie bereits erwähnt, sieht es jetzt so aus, daß Marihuana ein Faktor im späteren schwerwiegenderen Drogenkonsum darstellt, eine Hypothese, die in den 60ern von den jungen Menschen, für die Marihuana eher eine Form des politischen und sozialen Protests als ein Ausflug in die Bewußtseinsveränderung war, lächerlich gemacht wurde.

Eine angemessene Prävention setzt mehr Wissen über die Entwicklungswege des Drogenkonsums voraus. Sind z.B. die Jugendlichen aus bestimmten Familien und einem bestimmten sozioökonomischen Hintergrund besonders gefährdet für die Aufnahme des Drogenkonsums, der dann, wenn es einmal dazu gekommen ist, schnell zur Abhängigkeit führt? Führt der frühe Konsum von Tabak zum Schnupfen von Kokain oder dem Rauchen von Marihuana? Sind junge Menschen, die ein geringes Selbstvertrauen haben oder Verhaltensstörungen, im Hinblick auf Drogenkonsum besonders gefährdet? Derartige Informationen helfen nicht nur den klinischen Forschern, Zielgruppen zu identifizieren, bei denen präventive Anstrengungen besonders sinnvoll sind, sondern auch einiges Licht in die Frage nach dem Warum und Wie des Beginns und der Fortsetzung des Drogenkonsums und der Drogenabhängigkeit bringen können.

Therapie und Prävention des Rauchens

Etwa vierzig Millionen Menschen, so schätzt man, haben seit 1964 das Rauchen aufgegeben und 90% taten das ohne professionelle Hilfe (*National Cancer Institute*, 1977; *U.S. Department of Health and Human Services*, 1982). Jedes Jahr versuchen mehr als 30% der Zigarettenraucher mit minimaler Unterstützung von außen aufzuhören, aber weniger als 10% sind sogar kurzfristig erfolgreich (*Fiore* et al., 1990). Derzeit wird untersucht, welche Methoden der Selbsthilfe außerhalb der formellen Programme zur Entwöhnung vom Rauchen von den Rauchern angewendet werden (*Orleans* et al., 1991).

Manche Raucher begeben sich zur Entwöhnung in spezielle Kliniken oder erarbeiten zusammen mit Fachleuten einen Entwöhnungsplan. Immer mehr Nichtraucher wehren sich dagegen, daß in Restaurants, Zügen, Flugzeugen und öffentlichen Gebäuden geraucht wird. Inzwischen gibt es erheblich mehr soziale Anreize und Unterstützung zur Raucherentwöhnung als vor zwanzig Jahren, als erstmalig vor den schädlichen Folgen des Zigarettenrauchens gewarnt worden war. Für die Zeit zwischen 1986 und dem Jahr 2000 wird erwartet, daß 2,1 Millionen mit dem Rauchen verbundene Todesfälle aufgrund der Bekanntheit der Berichte und von Programmen, die den Konsum einschränken, vermieden oder aufgeschoben werden (*Foreyt*, 1990). Trotzdem bleibt nur etwa die Hälfte der Absolventen von Raucherentwöhnungsprogrammen nach Abschluß ihrer Therapie abstinent; und nur ein Drittel der Kurzzeit-Abstinenten hält es auch nach einem Jahr noch ohne Zigaretten aus (*Hunt & Bespalec*, 1974; *Schwartz*, 1987).

Psychologische Therapien

Innerhalb des Rahmens der Verhaltenstherapie und der kognitiven Verhaltenstherapie wurden zahlreiche Anstrengungen unternommen, um das Rauchen von Zigaretten einzuschränken oder zu beenden. Obwohl die kurzfristigen Erfolge häufig sehr ermutigend sind – einige Programme (z.B. *Etringer, Gregory & Lando*, 1984) haben Erfolgsraten von bis zu 95%, d.h. die Raucher sind am Ende des Programms abstinent – lassen die längerfristigen Ergebnisse zu wünschen übrig. Unabhängig davon, wie gut die Dinge aussahen, wenn die Intervention beendet ist, kehrt die überwältigende Mehrheit der Raucher innerhalb eines Jahres zu ihrer Abhängigkeit zurück. Dieser Tatbestand bestreitet nicht, daß einer umfangreichen Minderheit der Raucher geholfen werden kann; wie auch bei anderen Versuchen von Verhaltensänderungen, ist dies jedoch nicht einfach.

Viele Methoden sind versucht worden. Die Idee hinter allen ist, das Rauchen unangenehm, sogar übelkeitserregend zu machen. Eine Zeitlang bestand in den 70ern ein erhebliches Interesse an der „Rapid-smoking-Behandlung", bei der ein Raucher in einem schlecht gelüftetet Raum und sehr viel schneller als normal raucht, bis zu einem Zug alle sechs Sekunden (z.B. *Lan-*

do, 1977). Neuere Varianten stellen „rapid puffing" (schnelles Rauchen, ohne zu inhalieren), „focused smoking" (bei der ein Proband längere Zeit, aber mit normaler Geschwindigkeit raucht) und „smoke holding" (Zurückhalten des Rauchs im Mund einige Minuten lang, aber ohne zu inhalieren). Obwohl derartige Behandlungen das Rauchen reduzieren und die Abstinenz eher begünstigen als in einer unbehandelten Kontrollgruppe, unterscheiden sie sich doch nicht untereinander oder von anderen denkbaren Interventionen und sie zeigen, wie bereits erwähnt, hohe Rückfallraten bei Folgeuntersuchungen nach einigen Monaten bis zu einem Jahr (*Schwartz*, 1987, *Sobell* et al., 1990) auf.

Kognitiv orientierte Forscher haben versucht, mehr Kontrolle beim Raucher mit Behandlungen zu fördern, die den Betroffenen zur Entwicklung und Anwendung verschiedener Bewältigungstrategien bringen, wie etwa Entspannung und positive Selbstgespräche, wenn sie mit zum Rauchen verlockenden Situationen konfrontiert sind, beispielsweise nach dem Essen oder wenn sie sich hinsetzen, um ein Buch zu lesen. Die Ergebnisse sind nicht sehr erfolgversprechend (*Schwartz*, 1987).

Verhaltenstherapeutische Ansätze haben sich bislang auf die offene Handlung des Rauchens konzentriert. Im Hinblick auf die suchterzeugende Art des Rauchens sind die enttäuschenden Ergebnisse nicht überraschend. Bis nicht mehr darüber bekannt ist, wie die Abhängigkeit zu beseitigen ist oder zumindest, wie die früheren Raucher lernen können, die Entzugssymptome über längere Zeit zu tolerieren, ist es unrealistisch, größere Fortschritte bei der Behandlung zu erwarten.

Die möglicherweise am weitesten verbreitete Intervention ist der Rat oder die Anweisung eines Arztes, mit dem Rauchen aufzuhören. In jedem Jahr wird Millionen von Rauchern von ihren Ärzten gesagt, sie sollen das Rauchen aufgeben – wegen Bluthochdruck, Herzerkrankungen, Lungenkrankheiten, Diabetes oder aus allgemeinen Gründen, um die Gesundheit zu bewahren oder zu verbessern. Gleichzeitig ist zweifelhaft, ob dieser medizinische Rat viel bewirkt (*Mothersill, McDowell & Rosser*, 1988)! Obwohl es einige Hinweise darauf gibt, daß der Rat eines Arztes einige Menschen, zumindest für eine gewisse Zeit, dazu bringen kann, mit dem Rauchen aufzuhören, besonders dann, wenn dieser Rat mit dem Kauen von Nikotin-Kaugummi verbunden wird (*Russell, Merriman,*

Stapleton & Taylor, 1983), wird jedoch noch sehr viel Information darüber benötigt, wie dieser Rat am besten wirkt, die Art und Weise, wie er gegeben wird, der Zeitpunkt und andere Faktoren, die sicher eine Rolle dabei spielen, ob ein Süchtiger darauf vorbereitet und in der Lage ist, sein Verhalten in erster Linie aufgrund des ärztlichen Rats zu ändern.

Wie auch bei anderen Formen der Sucht, kann der Raucher auch aus psychologischen Gründen Schwierigkeiten haben aufzuhören. Diese können sich sehr von denen unterscheiden, die einen anderen von der Rauchentwöhnung abhalten. Wenn diese beiden Raucher das gleiche Behandlungsprogramm absolvieren, ist es unwahrscheinlich, daß beiden geholfen wird. Unglücklicherweise haben die Forscher in ihrem Eifer, eine Veränderung beim Problem des Rauchens herbeizuführen, viele Jahre lang die Raucher mit standardisierten Programmen behandelt. Da die Raucher möglicherweise aus sehr unterschiedlichen Gründen Schwierigkeiten mit dem Aufhören haben, bedarf es verschiedener Methoden, ihnen zu helfen.

Somatische Therapien

Wir stellen in der Folge zwei Therapien vor, die darauf abzielen, das Bedürfnis der Raucher nach Nikotin ohne die schädlichen Auswirkungen des Rauchens zu erfüllen, Nikotin-Kaugummi und Nikotin-Pflaster.

Nikotin-Kaugummi

Jeder der unzähligen Nikotin„stöße", die sich der Raucher täglich versetzt, liefert dem Gehirn innerhalb von sieben Sekunden Nikotin. Nikotinhaltiges Kaugummi, das in den Vereinigten Staaten seit 1984 auf ärztliches Rezept zu erhalten ist, kann helfen, den Nikotinentzug zu ertragen, der jeden Abstinenzversuch begleitet. Das im Kaugummi enthaltene Nikotin wird sehr viel langsamer und stetiger resorbiert. Indem man die Droge mit dem Kaugummi zuführt, hofft man, den Akt des Rauchens vom „Nikotinstoß" und die Abstinenz vom akuten Nikotin„hunger" oder Entzug abzukoppeln. Langfristig will man den ehemaligen Raucher natürlich in die Lage versetzen, auch den Kaugummikonsum einzuschränken und schließlich ganz auf Nikotin zu verzichten.

Es gibt jedoch Belege dafür, daß frühere Raucher von diesem Kaugummi abhängig werden. Darüber hinaus besteht die Gefahr, daß das Auftreten kardiovaskuläre Veränderungen, wie erhöhter Blutdruck, bei Menschen mit kardiovaskulären Erkrankungen gefährlich sein kann, da es zur Freisetzung von Nikotindosen kommen kann, die dem Äquivalent des Rauchens von einer Zigarette pro Stunde entspricht. Sogar in diesem Fall ist nach der Auffassung von einigen Experten auch der fortgesetzte Konsum des Kaugummis gesünder als die Aufnahme des Nikotins durch das Rauchen, da zumindest die Giftstoffe des Rauchens vermieden werden. Einige gut kontrollierte Doppel-Blind-Studien weisen darauf hin, daß der Nikotin-Kaugummi begrenzt von Nutzen ist (*Jarvis* et al., 1982; *Jarvik* et al., 1983), besonders bei starken Rauchern (*Jarvik & Schneider*, 1984).

Der Nikotin-Kaugummi kopiert jedoch nicht die Effekte einer inhalierten Zigarette. Er erzeugt weder die Nikotinspitze im Plasma, die von einer durchschnittlichen Zigarette erreicht wird, noch hebt er im Blutspiegel das Nikotin so hoch (*Russell, Feyerabend & Cole*, 1976). Diese Unterschiede sind möglicherweise für den begrenzten (aber trotzdem signifikanten) Nutzen des Kaugummis bei den Entzugserscheinungen verantwortlich, wenn ein Raucher aufhört. Die Raucher ziehen es vor, das Nikotin von der Zigarette zu bekommen! Andererseits sind diese Unterschiede ein integraler Bestandteil des Entwöhnungsvorgangs eines Nikotinsüchtigen von seiner Droge.

Forschungsergebnisse weisen darauf hin, daß klinische Unterstützung wichtig ist. Dies betrifft die Überwachung des Kaugummiverbrauchs in der ersten Woche, tägliche Ermunterung und die Erörterung von Bewältigungsstrategien. Der Kaugummi muß langsam und in bestimmten Zeitabständen gekaut und nach etwa zwanzig Minuten entfernt werden: es müssen ausreichend viele Kaugummis gekaut werden, damit keine Entzugssymptome auftreten, bis zu 15 Stück pro Tag. Dieses Vorgehen kann bis zu mehreren Monaten bestehen bleiben, wobei eine langsame Reduktion erfolgt, und es sollte für Notfälle verfügbar sein (*Schneider*, 1987). Die Ergebnisse zeigen eindeutig den Nutzen des Kaugummis für die Reduktion der Entzugssymptome in den ersten kritischen Tagen der Abstinenz (*Schneider & Jarvik*, 1984), aber etwas anderes als der Ersatz des Nikotins der Zigarette ist notwendig, um die Betroffenen später vom Rauchen abzuhalten.

Die besten Ergebnisse werden erzielt, wenn der Kaugummi mit einer verhaltensorientierten Behandlung kombiniert wird (*Hall* et al., 1985; *Killen, Maccoby & Taylor*, 1984; *Killen* et al., 1990). Wenn der Nikotinkaugummi als Teil des unerwünschten Rates, mit dem Rauchen aufzuhören, verschrieben wird, hat er keinen meßbaren Effekt (*Crofton* et al., 1983; *Hughes* et al., 1989).

Nikotin-Pflaster

Im Dezember 1991 begann die Vermarktung von Nikotin-Pflastern, einem System zur transdermalen Freisetzung von Nikotin, das langsam und stetig in den Blutkreislauf und dann in das Gehirn übergeht. Es besteht aus einem Polyethylen-Pflaster, das auf den Arm geklebt wird. Ein Vorteil dieses Verfahrens gegenüber dem Nikotin-Kaugummi besteht darin, daß der Betroffene nur ein Pflaster jeden Tag aufkleben muß, das er nicht entfernen darf. Dadurch könnte die Compliance besser werden. Ein Behandlungsprogramm dauert üblicherweise zehn bis zwölf Wochen, wobei im Verlauf der Behandlung immer kleinere Pflaster Verwendung finden. Eine Warnung ist bei denen angebracht, die in der Zeit, in der sie das Pflaster tragen, weiter rauchen. Dies kann die Nikotinmenge im Körper auf ein gefährliches Niveau bringen.

Erste Ergebnisse weisen darauf hin, daß das Nikotin-Pflaster der Verwendung eines Placebo-Pflasters im Hinblick auf Abstinenz und das subjektive Verlangen überlegen ist (*Abelin, Buehler*, et al., 1989; *Abelin, Ehrsam* et al., 1989; *Mueller* et al., 1990). Wie das Nikotin-Kaugummi ist auch das Pflaster kein Allheilmittel; die Abstinenzraten liegen noch unter 40%, sogar unmittelbar nach Abschluß der Behandlung, und nach einer Folgeuntersuchung nach neun Monaten verschwinden die Unterschiede zwischen dem Serum und dem Placebo. Die Hersteller sagen selbst, daß das Pflaster nur als Teil eines psychologischen Programms zur Raucherentwöhnung eingesetzt werden sollte und dann nur für maximal drei Monate. Die Hersteller bieten eine psychologische Unterstützung über gebührenfreie Telefonnummern an.

Wie das Nikotin-Kaugummi ist das Pflaster möglicherweise für einige Raucher dabei nützlich, die unangenehmen Nebenwirkungen der Beendigung des Rauchens oder der Entwöhnung vorübergehend zu reduzieren, aber, wie bei den meisten anderen Drogen, die Auswirkungen auf das Verhalten haben, sind der Wille und der Einsatz von verhaltensändernden Verfahren notwendig für die Überwindung einer der hartnäckigsten Süchte.

Rückfallprophylaxe

Da die meisten Raucher innerhalb eines Jahres nach dem Aufgeben des Rauchens einen Rückfall haben, unabhängig von dem Verfahren, das sie zum Aufhören brachte, muß der Möglichkeit, früheren Rauchern ihren Erfolg zu bewahren, mehr Aufmerksamkeit zugewendet werden. Dies erweist sich als schwierig. Forschungsergebnisse (und der gesunde Menschenverstand) sagen uns, daß frühere Raucher, die in ihrem Haushalt keinen Raucher haben, bei Folgeuntersuchungen besser abschneiden (*McIntyre-Kingsolver, Lichtenstein & Mermelstein*, 1986). Sogenannte Auffrischungs- oder Wiederholungssitzungen helfen, aber in einer sehr realen Weise stellen sie eine Fortsetzung der Behandlung dar; wenn sie beendet werden, ist Rückfall die Regel (*Brandon, Zelman & Baker*, 1987). Was jedoch anzuerkennen ist, zumindest in den Vereinigten Staaten, ist die erheblich gestiegene soziale Unterstützung für das Nichtrauchen als vor zehn Jahren. Möglicherweise werden im Lauf der Zeit die sozialen Sanktionen gegen das Rauchen denen helfen, abstinent zu bleiben, die das Rauchen aufgegeben haben.

Ein anderer Ansatz beim Rückfallproblem stellt die Untersuchung der Kognitionen früherer Raucher dar (*Baer & Lichtenstein*, 1980). Unter Verwendung des Paradigmas der artikulierten Gedanken (*Davison* et al., 1983, vgl. S. 108) fand *Haaga* (1989), daß Raucher, die ihre Gewohnheit erst kürzlich aufgegeben hatten und die ohne Hinweise an das Rauchen dachten, schneller in den nächsten Monaten wieder anfingen. Er fand auch, daß das Vorhandensein effektiver Bewältigungsstrategien in den geäußerten Gedanken in simulierten Situationen, die früher mit dem Rauchen verbunden waren (sich schlecht fühlen, sozialen Druck zum Rauchen erleben und Alkohol trinken) mit einer besseren Aufrechterhaltung der Abstinenz verbunden waren. Bei einer weiteren Analyse der geäußerten Gedanken entdeckte er, daß Pro-

banden mit mäßiger Ausprägung der Selbstsicherheit (der Überzeugung, daß sie durchhalten könnten; *Bandura*, 1977), daß sie nach einem Rückfall wieder abstinent würden, mit größerer Wahrscheinlichkeit Monate später abstinent waren als diejenigen mit einer hohen oder niedrigen Selbstsicherheit in den geäußerten Gedanken (*Haaga & Stewart*, 1992). Beim Einsatz eines Fragebogens zur Messung der Selbstsicherheit fand er, daß die Selbstsicherheit in der schwierigsten Herausforderungssituation – der „Achillesferse" – ein guter Prädiktor der Abstinenz nach einem Jahr war (*Haaga*, 1990). Was diese und andere verwandte Studien zeigen, ist daß die Vorhersagen von Beibehalten der Abstinenz oder der Rückfälle beim Rauchen durch die Erfassung der Kognitionen der früheren Raucher verbessert wird. Diese Information kann dem Therapeuten helfen, Programme zu entwickeln, die zu einer Verbesserung der Fähigkeit der Probanden führen, abstinent zu bleiben.

Präventionsprogramme

Da es so schwierig ist, vom Rauchen zu lassen, wenn Gewohnheit und Sucht sich eingestellt haben, hat sich inzwischen – mit Unterstützung des *Surgeon General* – auch die *Prävention* als Forschungsschwerpunkt etabliert, d.h., man sucht nach Wegen, um junge Leute davon abzuhalten, mit dem Rauchen zu experimentieren. Welche Variablen sind hier am vielversprechendsten? Obwohl schon viele junge Leute die unheilvollen Folgen des Rauchens fürchten und gar nicht erst damit anfangen, scheinen junge wie alte Raucher vor der Tatsache eines erhöhten Risikos, an koronarer Herzkrankheit oder Lungenkrebs zu erkranken, weiterhin die Augen zu verschließen – das „Es wird mir schon nicht passieren"-Syndrom. Nun leben in der Tat viele starke Raucher länger und gesünder als Nichtraucher, obwohl ihr Risiko, an Lungenkrebs zu erkranken, elfmal höher ist. Überdies pflegt die Zeitperspektive junger Menschen begrenzt zu sein. Ein Teenager macht sich mehr Gedanken über das Fest am nächsten Samstag oder die Klassenarbeit am nächsten Freitag als über seine Lebenssituation im Alter von sechzig Jahren.

In den letzten Jahren hat es eine Fülle von Programmen gegeben, die in der Schule eingesetzt wurden, um den Tabakkonsum bei Jugendlichen zu verhindern. Ein Überblick über 143 derartige Programme zeigt deutliche Erfolge bei der Verzögerung des Beginns des Rauchens (*Tobler*, 1986). Bei diesen Programmen finden sich verschiedene Elemente (*Hansen* et al., 1988):

1. Training des Widerstands gegen den Gruppendruck. Dabei werden Informationen über die Formen des Gruppendrucks gegeben und über Möglichkeiten, nein zu sagen. Evans und seine Mitarbeiter entwickelten beispielsweise Filme, die Teenager zeigten, die den Versuchen von Freunden, sie zum Rauchen zu animieren, widerstanden. Die Grundidee ist dabei, überzeugende Formen zu zeigen, wie man Einladungen zum Rauchen ablehnt, was keine einfache Sache für junge Menschen ist, für die die Bestätigung und Akzeptanz durch andere sehr wichtig sind. *Schinke* und *Gilchrist* (1985) unterrichteten Schüler der 6. Klasse in Widerstandsstrategien und fanden zwei Jahre später weniger Raucher als in einer Kontrollgruppe, die nur Zuwendung und Informationen über die schädlichen Wirkungen des Rauchens erhalten hatte. Interessanterweise ist das Training von Fertigkeiten zur Verweigerung bei Mädchen sehr viel wirkungsvoller als bei Jungen (*Graham* et al., 1990).

2. Korrektur normativer Erwartungen. Da viele junge Menschen davon überzeugt sind, daß das Zigarettenrauchen wesentlich häufiger auftritt (und implizit, auch akzeptabler) als es wirklich der Fall ist, vermitteln einige Programme Informationen über die wirklichen Prävalenzraten. Die Aufstellung konservativer Normen – daß es nicht richtig ist, Zigaretten zu rauchen (oder Alkohol zu trinken oder Marihuana zu konsumieren) – ist allem Anschein nach ein gutes Mittel, um die Jugendlichen vom nachgeben abzuhalten und möglicherweise erheblich wirkungsvoller als das Widerstandstraining (*Hansen* & *Graham*, 1991).

3. Schutz vor den Botschaften der Massenmedien. Einige Programme versuchen dem positiven Image der Raucher in den Massenmedien entgegenzuwirken, z.B. den Anzeigen mit Joe Camel, die bereits erwähnt wurden. Seit einigen Jahren gibt es keine Zigarettenwerbung im Fernsehen oder Radio und die Anzeigen in den Druckmedien müssen deutliche Hinweise auf die Gefahren des Rauchens beinhalten.

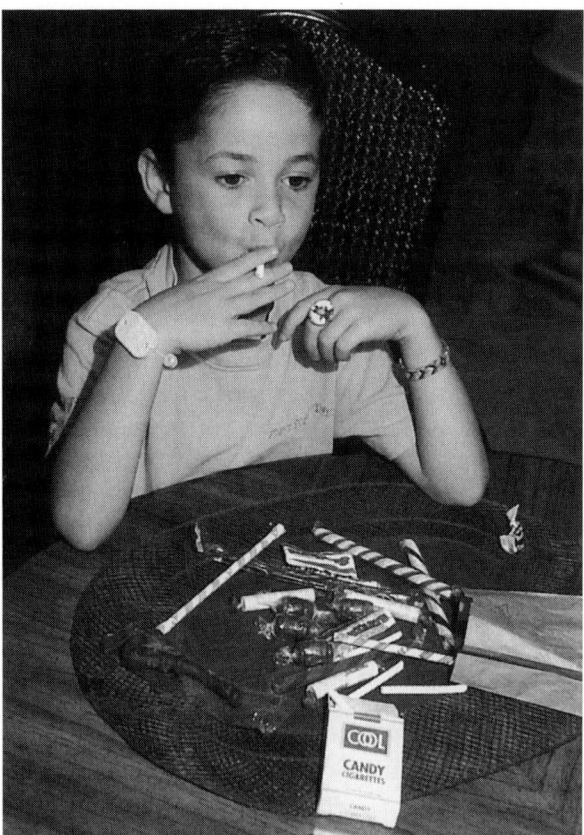

Der Verkauf von Zigaretten in Form von Süßigkeiten wird kontrovers diskutiert. Einige Gruppen sind davon überzeugt, daß diese Süßigkeiten den späteren Konsum von richtigen Tabakerzeugnissen fördern. Die andere Seite kontert mit dem Argument, daß jegliche Gesetzgebung zu einer Diskriminierung eines harmlosen Vergnügens führen würde.

4. Informationen über den Einfluß der Eltern und anderer Erwachsener. Da bekannt ist, daß das Rauchen der Eltern in enger Beziehung zum Rauchen der Kinder steht (und sehr wahrscheinlich dazu beiträgt), gehen einige Programme auf diesen Sachverhalt ein und erläutern, daß dieses Verhalten der eigenen Eltern nicht nachgeahmt zu werden braucht.

5. Gruppenführer. Die meisten Programme setzen auf Mitschüler von anerkanntem Status, um die Wirkung der Nichtraucherinformationen, die vermittelt werden, zu verstärken.

6. Affektive Erziehung, Verstärkung des Selbstbewußtseins. Zahlreiche Programme gehen von der Vorstellung aus, daß intrapsychische Faktoren, wie schlechtes Selbstbild oder die Unfähigkeit, mit Streß umzugehen, dem Beginn des Rauchens bei jungen Menschen zu-

grunde liegen. Ein sorgfältiger Vergleich dieses Ansatzes mit einem Programm, das ein Widerstands-Training gegen sozialen Druck mit den wesentlichen Merkmalen der Punkte 1 bis 5 kombinierte, ergab, daß es weitaus weniger effektiv bei der Prävention von Tabakkonsum, aber auch von Alkohol und Marihuana war (*Hansen* et al., 1988). Es gab dagegen Hinweise darauf, daß das Programm zur affektiven Erziehung den Drogenkonsum über einen Zeitraum von drei Jahren steigerte, möglicherweise deswegen, weil unabsichtlich vermittelt wurde, daß das Experimentieren mit Drogen zum Umgang mit Lebensstreß gehört.

7. Andere Elemente. Zusätzliche Merkmale der Präventionsprogramme schließen Informationen über die schädlichen Wirkungen des Rauchens ein (ein gemeinsames Element aller Entwöhnungsprogramme bei Erwachsenen) und Versuche, eine öffentliche Verpflichtung, nicht zu rauchen, zu erreichen, beispielsweise durch eine Aufzeichnung der Verpflichtung auf Video.

Eine interessante Perspektive hinsichtlich der Prävention von Rauchen bei Kindern und Jugendlichen findet sich in der Diskussion um Kaugummi und Zuckerstangen, die Zigaretten ähneln. Einige der heutigen vorgetäuschten Zigaretten stoßen sogar Wolken von Puderzucker aus, die den Rauch simulieren. Seit kurzem gibt es auch Kaugummischnipsel, die wie Kautabak in Beutel verpackt sind. Sollten diese Produkte an Kinder verkauft werden?

Viele nationale Gesundheitsorganisationen unterstützen die Gesetzgebung, um die Verkäufe an Kinder zu verbieten. Ein derartiges Verbot würde die Hersteller dieser Produkte ziemlich sicher zur Aufgabe zwingen, denn es ist zweifelhaft, ob die Verkäufe noch ausreichen würden, um die Herstellung weiter zu betreiben, wenn der Primärmarkt, die Kinder, nicht mehr beliefert werden könnte.[11] Derartige Anstrengungen sind Teil von Kampagnen, um junge Menschen von Beginn einer Sucht abzuhalten, von der wir wissen, daß sie nur schwer zu beenden ist. Die Befürworter dieser Kinderspielsachen sind gegen den „Großen Bruder" und ein Gesetz, das den Kindern ein harmloses Vergnügen nimmt und den Zugang zu Stoffen, die, wie sie versichern, sogar den Tabakkonsum überflüssig machen. (Uns ist jedoch unklar, wie dies gemeint ist – nehmen die Befürworter an, daß Kinder, die diese Kaugummis oder Zukkerprodukte konsumieren, dies auch als Erwachsene fortsetzen werden anstatt eine richtige Zigarette zu rauchen?). Übrigens sagen die Befürworter der Kaugummi- und Zucker-"Tabak"produkte, daß „die Substanzen, die sie damit darstellen, ihrerseits nicht illegal sind." Überzeugende Daten sind weniger häufig verfügbar als leidenschaftliche Überzeugungen (*Hurst*, 1992).

11　Uns fällt dazu ein surreales Szenario ein. Auf die gleiche Weise wie es die Minderjährigen erreichen, daß jemand mit dem richtigen Personalausweis für sie Alkohol kauft, könnten auch Schüler der fünften Klasse ihre älteren Geschwister bitten, ihnen ein Päckchen Kaugummizigaretten zu kaufen!

Zusammenfassung

Die Neigung, mit Hilfe von Substanzen Stimmung und Bewußtsein zu ändern und folglich auch diese Substanzen zu mißbrauchen, ist praktisch eine menschliche Eigenschaft. DSM-IV folgt der heutigen Praxis und unterscheidet zwischen Substanzmißbrauch und Substanzabhängigkeit. Von Abhängigkeit spricht man dann, wenn der Konsum der Droge das normale Funktionieren des Konsumenten beeinträchtigt. Einige Forscher setzen dies mit körperlicher Abhängigkeit gleich, besonders wenn Toleranz und Entzugserscheinungen vorliegen.

Substanzmißbrauch ist eine weniger schwere Form der Abhängigkeit.

Die kurz- und langfristigen Wirkungen von Alkohol sind vielfältig und vielfach tragisch. Sie reichen von Beeinträchtigungen des Urteilsvermögens und der motorischen Koordination mit ihren schlimmen Folgen für Alkoholkonsumenten und Gesellschaft bis hin zur Sucht, die ein normales, produktives Leben unmöglich macht und sehr schwer zu besiegen ist. Die Betroffenen konsumieren Alkohol – wie andere suchterzeugende Drogen – schließlich kaum noch, um sich gut zu fühlen, sondern um unguten Gefühlen zu entgehen.

Weniger häufig, aber dafür – vielleicht weil sie illegal sind – um so berüchtigter, sind die sogenannten harten Drogen: das Narkotikum Heroin, Barbiturate wie Secobarbital, die zu den Sedativa gehören und die Amphetamine und das Kokain, beides Stimulantien. Das Heroin hat in den letzten Jahren Anlaß zu besonderer Sorge gegeben, weil es in zunehmend stärkeren Konzentrationen auf den Markt kommt. Mit Barbituraten wird immer wieder, sei es beabsichtigt oder unbeabsichtigt, Suizid begangen. Besonders in Verbindung mit Alkohol sind sie lebensgefährlich. Der Konsum von Kokain ist in den letzten Jahren dramatisch gestiegen. Sein hoher Preis und das mit ihm verbundene Drum und Dran haben es in manchen Kreisen zur Modedroge werden lassen, aber inzwischen ist es billiger und wird in allen Gesellschaftsschichten konsumiert.

Nikotin, besonders als Zigarettenrauch inhaliert, hat seine suchterzeugende Kraft seit Jahrhunderten bewiesen, und trotz der düsteren Warnungen von seiten der Gesundheitsbehörden dauert sein weitverbreiteter Konsum an. Anlaß zu besonderer Sorge sind die Rauchgewohnheiten von Schulkindern und Jugendlichen. Jährlich versuchen Regierung und Privatleute unter Einsatz von viel Geld Nichtraucher auch fernerhin vom Rauchen abzuhalten und Nikotinsüchtigen zu helfen, von ihrer Sucht loszukommen. Und jährlich wenden Regierung und Privatleute Millionen von Dollar auf, um noch mehr Tabak anzubauen und noch mehr Tabakerzeugnisse zu verkaufen. Weder die psychologisch-medizinischen noch die ökonomisch-politischen Probleme sind leicht zu lösen.

Viele junge Leute rauchen Marihuana, obwohl der Konsum in den 80er Jahren zurückgegangen ist. Als Argument für die Legalisierung von Marihuana wird dessen angebliche Sicherheit angeführt, der geringe Schaden, den es im Vergleich zum regelmäßigen Konsum von Alkohol anrichtet, der legal und akzeptierter Bestandteil unserer Kultur ist. Aber wie neuere Forschungsergebnisse zeigen, ist auch regelmäßiger Marihuana-Konsum nicht harmlos. Inzwischen sind sehr viel stärkere Marihuanavarianten auf dem Markt als Anfang der siebziger Jahre. Überdies gibt es Anhaltspunkte dafür, daß Bestandteile des Marihuanas die Fertilität, die Entwicklung des Fötus, bei Menschen mit Herzbeschwerden die Herzfunktionen und auch die Lungenfunktion beeinträchtigen können. Es ist allem Anschein nach auch suchterzeugend. Ironischerweise wurde zur gleichen Zeit, als die möglichen Gefahren dieser Substanz entdeckt wurden, auch festgestellt, daß Marihuana die Übelkeit von Krebspatienten, die sich einer Chemotherapie unterziehen, lindern und den starken intraokularen Druck der Glaukompatienten reduzieren kann.

Phencyclidin, bekannt als PCP oder Engelsstaub, ist eine Neuerscheinung in der Drogenszene. PCP gibt mehr Anlaß zur Besorgnis als andere illegale Drogen, denn Menschen im PCP-Rausch sind unberechenbar, häufig gewalttätig und in ihrer Urteilsfähigkeit so beeinträchtigt, daß sie sich unbeabsichtigt töten können.

Die Halluzinogene LSD, Meskalin und Psilocybin werden vielfach genommen, um das Bewußtsein zu ändern und zu erweitern. Ihre unveränderte Beliebtheit zeugt einmal mehr vom Wunsch der Menschheit, nicht nur einer unerfreulichen Wirklichkeit zu entfliehen, sondern auch den eigenen Innenraum auszuloten.

Wir haben eine Reihe von Faktoren untersucht, die mit der Ätiologie von Substanzmißbrauch und Abhängigkeit in Verbindung stehen. Soziokulturelle Variablen wie die Einstellung zur Substanz, Gruppendruck und die Darstellung der Substanz in den Medien sind mit der Häufigkeit des Konsums verbunden. Auf einer psychologischen Ebene werden viele Substanzen eingesetzt, um die Stimmung zu verändern (z.B. die Spannung abzubauen) und Menschen mit bestimmten Persönlichkeitsmerkmalen konsumieren Drogen besonders häufig. Schließlich spielt auch eine genetische Diathese eine Rolle beim Konsum bestimmter Substanzen, insbesondere beim Alkohol.

Therapiert werden viele dieser Drogenabhängigkeiten mit konfrontativen Verfahren. In stationären und ambulanten Therapieprogrammen konfrontiert man Alkoholiker und andere Drogensüchtige mit der Unmoral oder Dummheit ihres Verhaltens und ermutigt sie, ihr Leben so zu ändern, daß kein Raum bleibt für chemische Krücken. Bei Alkohol- und Nikotinmißbrauch setzten Verhaltenstherapeuten bis vor kurzem vornehmlich aversive Techniken ein, haben aber inzwischen ihr Repertoire um Verfahren der Angstminderung und Förderung sozialer Fertigkeiten bereichert. Angst und der Mangel an sozialen Fertigkeiten können die tieferen Gründe dafür sein, daß Menschen zur Droge greifen, um mit dem Leben fertigzuwerden.

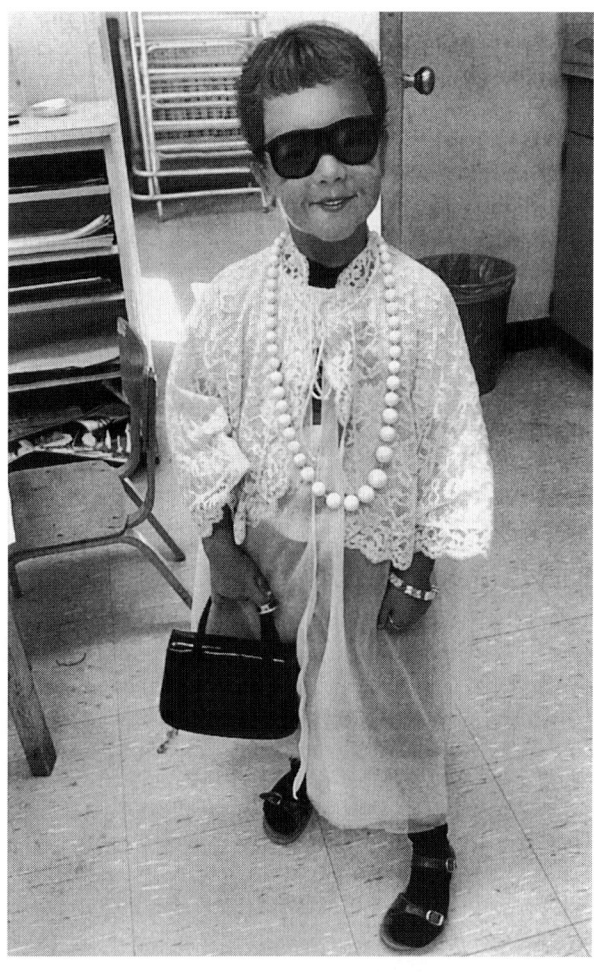

Die meisten Transsexuellen können ihre Störung der Geschlechtsidentität bis in die Kindheit zurückverfolgen und berichten, daß sie damals bereits die Kleidung des anderen Geschlechts getragen haben.

der Progestin-Einnahme ihrer Mütter und ihren männlichen Körpermerkmalen nahelegt (*Green*, 1976). Kleine Jungen, deren Mütter während der Schwangerschaft weibliche Hormone genommen hatten, waren als kleine Kinder weniger athletisch und beteiligten sich weniger an rauhen Spielen als ihre Altersgenossen (*Yalom, Green & Fisk*, 1973). Obwohl solche Kinder nicht unbedingt in ihrer Geschlechtsidentität gestört waren, orientierten sie sich als Folge des pränatalen Hormoneinflusses in Interessen und Verhalten doch auffallend am jeweils anderen Geschlecht.

Das geschlechtsunspezifische Verhalten, das viele, vielleicht sogar die meisten kleinen Kinder gelegentlich an den Tag legen, wird möglicherweise in manchen Fällen von Eltern und Verwandten mit allzuviel Aufmerksamkeit und

Verstärkung bedacht. Gespräche mit Eltern, deren Kinder geschlechtsatypisch geworden waren, enthüllten häufig, daß das „Verkleiden" zum Jungen oder Mädchen nicht nur nicht eingeschränkt, sondern in vielen Fällen eindeutig gern gesehen wurde. Das gilt besonders für effeminierte Jungen. Viele Tanten, Mütter und Großmütter fanden es „reizend", wenn der kleine Bursche in Mamis alten Kleidern und Stöckelschuhen daherkam. Sehr oft brachten sie ihm auch noch bei, wie man Lippenstift, Lidschatten und Rouge handhabt. In Familienalben finden sich diese zauberhaft verkleideten kleinen Jungen verewigt. Solche Reaktionen seitens der Familie eines atypischen Kindes tragen vermutlich entscheidend zum Konflikt zwischen seinem anatomischen Geschlecht und der erworbenen Geschlechtsidentität bei (*Green*, 1974). *Richard Greens* bemerkenswerte prospektive Längsschnittuntersuchung von femininen Jungen und jungenhaften Mädchen[1] zeigte, daß im Vergleich zu einer Kontrollgruppe von unauffälligen Mädchen diese eher den Vater als Elternteil bevorzugten (und damit vermutlich auch ihre Väter eher als ihre Mütter als Vorbild sahen); sie hatten aber auch eher Mütter, die selbst als Mädchen sich jungenhaft verhalten hatten und die auch das maskuline Verhalten ihrer Töchter eher akzepierten. Das mögliche Vorbild und die operante Ausbildung des mehr männlichen Verhaltens in der Familie kann durch die positive Verstärkung ergänzt werden, die diese Mädchen von ihren männlichen Gefährten als Ergebnis ihres jungenhaften Verhaltens bekommen (*Williams, Goodman & Green*, 1985).

Untersuchungen über Säuglinge und Kleinkinder, deren Genitale zugleich weibliche und männliche Merkmale haben und die häufig operativen Korrekturen unterzogen werden, weisen darauf hin, daß ein Kind mit drei Jahren ein Bewußtsein seiner Geschlechtsidentität erworben hat, das später kaum mehr zu ändern ist (*Money, Hampson & Hampson*, 1955). In mehreren Fällen geriet das den Kindern zugewiese-

---

1 Was ist jungenhaftes Verhalten? Die Studie definierte jungenhaftes Verhalten bei einem Mädchen folgendermaßen: „1. Die Gruppe der Gleichaltrigen besteht zu mindestens 50 Prozent aus Jungen; 2. die Bevorzugung traditionell männlicher Kleidungsstücke wie Baseballjacke und Baseballmütze; 3. geringes Interesse an Anziehpuppen (z.B. Barbie); 4. die Bevorzugung männlicher Rollen bei Rollenspielen; 5. ein stärkeres Interesse an Sport als bei den meisten Mädchens gleichen Alters und 6. der mehr als selten ausgesprochen Wunsch, ein Junge zu sein" *Williams* et al., 1985, S. 722). Die beschriebenen Daten wurden in der Mitte der 70er Jahre in Long Island, New York, zusammengetragen.

ne soziale Geschlecht später in Konflikt mit zumindest einem anatomischen Geschlechtskriterium, etwa der chromosomalen Geschlechtszugehörigkeit. Kinder, die schon älter waren als drei Jahre, behielten das ihnen zugewiesene Geschlecht bei. In ihrer Gesamtheit machen die Befunde deutlich, daß die Geschlechtsidentität entscheidend davon abhängt, wie die Erwachsenen das kleine Kind bis zum Alter von drei Jahren behandeln. Wenn man das Kind als Junge kleidet, ihm (oder ihr!) einen Jungennamen gibt und es zu traditionell maskulinen Aktivitäten ermuntert, nimmt man gewichtigen Einfluß auf die sich entwickelnde Geschlechtsidentität. Im Gegensatz zur weitverbreiteten Annahme bestimmt die Anatomie nicht immer das Schicksal.

Aber man interpretiere diese Ergebnisse bitte nicht so, daß ein kleiner Junge, der zur Sanftheit, und ein kleines Mädchen, das zur Selbstbehauptung oder gar Aggressivität ermuntert wird, Gefahr läuft, eine Störung der Geschlechtsidentität zu entwickeln. Tatsächlich werden aus den wenigsten Kindern mit gestörter Geschlechtsidentität einmal transsexuelle Erwachsene, sogar ohne professionelle Hilfe (*Zucker* et al., 1984), obwohl viele eine homosexuelle Orientierung zeigen (*Coates & Person*, 1985; *Green*, 1985).

Wissenschaftler, die auf diesem Gebiet arbeiten, sind sich der kulturbedingten Aspekte von Weiblichkeit und Männlichkeit sehr wohl bewußt, sowie des Unterschiedes, ob sich ein Kind gern den für das andere Geschlecht eher typischen Aktivitäten anschließt oder ob es tatsächlich glaubt, dem anderen Geschlecht *anzugehören*. Wir wissen, daß fast alle kleinen Jungen und Mädchen in unterschiedlichem Ausmaß, aber ohne wie auch immer gearteten Identitätskonflikt, „feminine" beziehungsweise „masculine" Spiele spielen (*Green*, 1976). Das soll nicht bedeuten, daß feminine Jungen nicht erheblichem Streß ausgesetzt sind. Unsere Gesellschaft hat nur eine geringe Toleranz gegenüber Jungen, die sich wie Mädchen verhalten. Im Gegensatz dazu können sich Mädchen jungenhaft verhalten und immer noch akzeptierten Standards des Verhaltens von Mädchen erfüllen (*Williams, Goodman & Green*, 1985). Die Störung der Geschlechtsidentität im Kindesalter und der erwachsene Transsexualismus sind sehr seltene Phänomene, sehr viel seltener, als man angesichts der vielen kleinen Jungen, die mit Puppen spielen, und der vielen kleinen

Mädchen, die sich für rauhe Sportarten begeistern, erwarten würde.

Sandra Bem (1984) vertritt sogar die Auffassung, daß wir Verhalten oder Interessen nur insoweit als geschlechtsspezifisch betrachten sollten, als sie mit Anatomie und Fortpflanzung zu tun haben. Kinder sollten, findet sie, die Freiheit haben, sich nach Belieben konventionell oder untraditionell zu verhalten, ohne Gefahr zu laufen, bestraft zu werden. Ein kleiner Junge, der zärtlich zu seiner Puppe ist, und ein kleines Mädchen, das dazu keine Neigung zeigt, sollten nicht an sich selbst zweifeln müssen. Würde sich – einen Schritt weiter gedacht – das Problem der Transsexualität von selbst lösen, wenn es keine Geschlechtsrollenstereotype mehr gäbe? Dann würde ein Mann seine nach traditionellem Verständnis femininen Züge und Interessen für eine normale Spielart des *Männlichen* halten und nicht für ein pathognomonisches Zeichen, daß sich in seinem Männerkörper eine Frau verbirgt (vgl. *Raymond*, 1979). Er müßte dann allerdings eher akzeptieren, daß ihn Angehörige des eigenen Geschlechts sexuell anziehen – eine Neigung, die Transsexuelle für heterosexuell halten.

Therapie von Störungen der Geschlechtsidentität

Wir wenden uns jetzt den Interventionen zu, die zur Verfügung stehen, um den Menschen mit einer Störung der Geschlechtsidentität zu helfen. Es gibt dabei zwei Hauptgruppen: in einer wird versucht, den Körper zu verändern, damit er zur Psyche des Betroffenen paßt, in der anderen wird angestrebt, die Psyche zu verändern, damit sie zum Körper paßt.

Operative Geschlechtsumwandlung

Neue chirurgische Techniken, Fortschritte in der Hormonbehandlung und ein soziokulturelles Klima, das solche Verfahren akzeptiert, haben es vielen Transsexuellen ermöglicht, der gewünschten Geschlechtszugehörigkeit in mancherlei Hinsicht nahezukommen. Bei der operativen Geschlechtsumwandlung werden die vorhandenen Genitalien des Transsexuellen entfernt und ein Substitut für die Genitalien des anderen Geschlechts konstruiert. Es ist jedoch wichtig im Gedächtnis zu behalten, daß eine derartige Operation einen Betroffenen *nicht* biologisch zu Angehörigen des jeweils anderen Geschlechts macht.

Bei der *operativen Geschlechtsumwandlung* werden männliche Genitalien fast völlig entfernt, nur ein Teil des Gewebes bleibt erhalten, damit eine künstliche Vagina geformt werden kann. Vorher erhalten die Patienten mindestens ein Jahr lang entsprechende weibliche Hormone, damit sich die Brüste bilden, die Haut weicher wird und der Körper sich auch in anderer Hinsicht verändert. Die Hormone müssen nach der Operation unbegrenzt weitergenommen werden (*Green & Money*, 1969). Trotzdem müssen sich die meisten männlichen Transsexuellen zusätzlich mit Hilfe einer aufwendigen und kostspieligen Elektrolyse Bart- und Körperhaare entfernen lassen und unter fachlicher Anleitung lernen, in höherer Stimmlage zu sprechen, denn die weiblichen Hormone lassen weder den Haarwuchs schwinden, noch machen sie die Stimme weiblicher. Da Kinn, Nase und Adamsapfel bei Männern im allgemeinen stärker sind, unterziehen sich manche transsexuelle Patienten auch entsprechenden plastischen Operationen. Gleichzeitig nimmt der Transsexuelle sein Leben als weibliches Mitglied der Gesellschaft auf, um möglichst umfassend zu erfahren, was auf ihn/sie zukommt. Die operative Umwandlung des Genitals wird erst nach ein- bis zweijährigem „Probeleben" vollzogen. Für den zur Frau gewordenen Transsexuellen ist normaler heterosexueller Geschlechtsverkehr möglich, wobei eine Schwangerschaft natürlich ausgeschlossen ist, da nur die äußeren Genitalien verändert wurden.

Bei weiblichen Transsexuellen ist das Verfahren komplizierter und das Ergebnis problematischer. Es kann nur ein kleiner Penis geformt werden, der zudem nicht normal erigiert. Zur Durchführung normalen Geschlechtsverkehrs bedarf es also künstlicher Hilfen. Inzwischen kann man immerhin die Harnröhre in den neu aufgebauten Penis einbeziehen, so daß die Betroffenen problemlos auf öffentlichen Toiletten urinieren können. Da schon die verabreichten männlichen Hormone den Körper drastisch vermännlichen, etwa die Fettverteilung verändern und Bart- und Körperhaare sprießen lassen, sind sehr viel weniger kosmetische Korrek-

James Morris (auf einem Bild von 1960) wurde nach einer Operation zur Geschlechtsumwandlung zu Jan Morris (auf einer Fotografie von 1974).

turen notwendig. Daß die Umwandlung zum Mann in mancherlei Hinsicht leichter ist als die zur Frau, mag zum Teil dem Umstand zu verdanken sein, daß unsere Gesellschaft den körperlichen Attributen von Männern weniger Gewicht beimißt. Ein kleiner Mann mit weicher Stimme wird eher akzeptiert als eine große, derbe, grobschlächtige Frau.

Das Zahlenverhältnis von männlichen zu weiblichen Transsexuellen, die Hilfe suchen, liegt zwischen 8:1 und 1:1. *Lothstein* (1983) zufolge, der als erster dem weiblichen Transsexualismus ein umfassendes Buch widmete, bemühen sich jedes Jahr mehr Frauen um eine operative Geschlechtsumwandlung.

Die erste operative Geschlechtsumwandlung fand 1930 in Europa statt. Weltweites Aufsehen erregte jedoch die Operation, die an einem ehemaligen Soldaten, *Christine* (ursprünglich George) *Jorgensen*, 1952 in Kopenhagen vorgenommen wurde. Einige Jahre später schrieb Jan (ursprünglich *James) Morris,* eine bekannte Journalistin, *Conundrum* (1974), einen einfühlsamen und sehr persönlichen Bericht über ihr Leben als Mann und ihre spätere Umwandlung zur Frau.

Seit Jahren gibt es eine Auseinandersetzung über den Nutzen der Operation zur Geschlechtsumwandlung. Eine der ersten Folgeuntersuchungen (*Meyer & Reter*, 1979) fand für den Betroffenen „im Hinblick auf die soziale Rehabilitation" (S. 1015) keinen Vorteil. Die Ergebnisse dieser Untersuchung führten dazu, daß das Programm zur Geschlechtsumwandlung der *Johns Hopkins University School of Medicine*, das umfangreichste Programm in den Vereinigten Staaten, beendet wurde. Die Ergebnisse der Meyer-Reter-Studie wurden jedoch von anderen kritisiert. Der sorgfältige Bericht von *Abramovitz* (1986) über zwanzig Jahre Forschung zeigte eine allgemeine Verbesserung der sozialen Anpassung, die auf die Operation zur Geschlechtsumwandlung zurückzuführen war, wobei sich für die Umwandlung von Frau zu Mann ein etwas größerer Erfolg ergab als umgekehrt.

Bei Schlußfolgerungen ist jedoch angesichts der auffallenden Unzulänglichkeiten in der Planung der Untersuchungen Vorsicht angebracht. Dies bezieht sich auf Probleme wie: die gleichen Probanden kommen in mehreren Berichten vor; Betroffene, die Suizid begingen, werden nicht als nicht gebessert gezählt, da sie bei der Folgeuntersuchung nicht mehr verfügbar

waren; die Informationen über die genaue Art der hormonellen und chirurgischen Behandlung sind nicht vollständig. Was die Meyer-Reter-Studie (1979) betrifft, so weist *Abramovitz* (1986) darauf hin, daß sich die deutlich kürzere Zeitspanne für die Folgeuntersuchung bei der nicht operierten Kontrollgruppe gegen das Auffinden besserer Ergebnisse bei der Gruppe der operierten Transsexuellen ausgewirkt haben könnte. (Die längere Zeit der Folgeuntersuchung bei den operierten Patienten kann dazu geführt haben, daß im Lauf der Zeit mehr Probleme aufgetreten sind.) Er schloß daraus, daß „ein Beobachter (der Reaktionen auf die Meyer-Reter-Studie) sehr wohl vermuten könnte, daß dieser Vorfall ein Kapitel in der Sozialpsychologie der Medizin verdienen könnte" (S. 187).

Eine neuere Übersicht von *Green* und *Fleming* (1990) über ausreichend kontrollierte Untersuchungen, die zwischen 1979 und 1989 mit einer Folgeuntersuchung nach mindestens einem Jahr veröffentlicht wurden, kommt zu eher vorteilhaften Schlußfolgerungen: von den 130 Operationen Frau zu Mann konnten 97% als zufriedenstellend angesehen werden und bei den 220 Operationen Mann zu Frau waren 87% zufriedenstellend. Präoperative Faktoren, die eine positive Anpassung nach der Operation vohersagten, waren:
1. emotionale Stabilität,
2. erfolgreiche Anpassung an die neue Rolle über mindestens ein Jahr,
3. ausreichendes Verständnis der Grenzen und Folgen der Operation und
4. Psychotherapie im Rahmen eines etablierten Programms zur Geschlechtsidentität (vgl. Abb. 12.1).

Die Autoren mahnen jedoch zur Vorsicht, denn die Einschätzung „zufriedenstellend" bedeutet nur, daß die Patienten berichteten, daß sie es nicht bedauern, sich der Operation unterzogen zu haben. Möglicherweise sind derartige Berichte von Patienten ein allzu großzügiges Kriterium für ein positives Ergebnis, besonders wenn die Berichte der Investition von beträchtlicher Zeit, Geld und Energie für ein Ergebnis folgen, das zum überwiegenden Teil irreversibel ist. *Green* und *Fleming* weisen auch richtigerweise darauf hin, daß bei sehr viel mehr Menschen Operationen zur Geschlechtsumwandlung vorgenommen wurden, als in den Studien veröffentlicht.

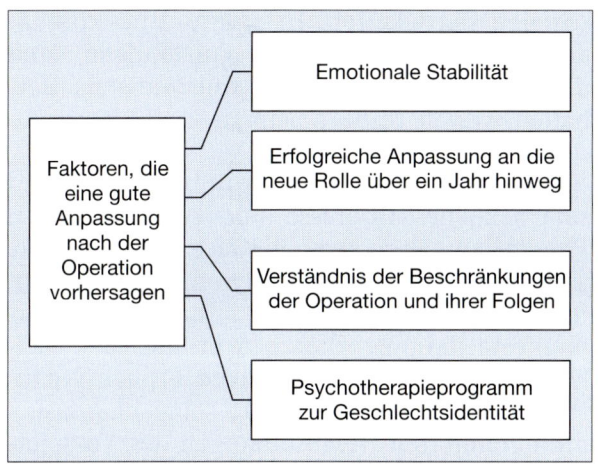

Abb. 12.1 Faktoren, die zu einem guten Erfolg der Operation zur Geschlechtsumwandlung beitragen.

Es kann sein, daß die besten Operationen und allgemein die beste Fürsorge in den Organisationen gefunden wird, die Daten sammeln und die Ergebnisse veröffentlichen. Nach unserer Ansicht ist es wahrscheinlicher, daß die hier referierten vorteilhaften Ergebnisse den Erfolg der Operation eher überschätzen. Andererseits weist *Green* (persönliche Mitteilung vom 20. Februar 1992) darauf hin, daß auch ein anderer Fehler eine Rolle spielen könne. Transsexuelle, die mit ihrer Operation besonders zufrieden sind, gehen weg und verlieren den Kontakt zu denjenigen, die die Operation durchgeführt haben. Patienten, die gestört sind oder mit dem Ergebnis unzufrieden, bleiben eher in Kontakt mit den medizinisch-psychologischen Teams und beklagen sich bei ihnen.

Im Licht dieser Auseinandersetzungen werden Programme zur Geschlechtsumwandlung in zahlreichen medizinisch-psychologischen Einrichtungen fortgesetzt. Nach Schätzungen werden jedes Jahr in den Vereinigten Staaten mehr als 1000 Transsexuelle operativ zum anderen Geschlecht hin verändert. Trotzdem sind die langfristigen Erfolge und sogar die Begründung für die Operation schwierig zu überprüfen (*Lothstein*, 1980). Wenn Menschen, die viel Mühe auf sich nehmen, damit die Operation durchgeführt wird, behaupten, daß ihr zukünftiges Glück von der Veränderung abhängt, sollte die Operation dann danach beurteilt werden, wie glücklich die Menschen später sind? Wenn das zutrifft, kann möglicherweise festgestellt werden, daß die meisten Transsexuellen, die anatomisch verändert wurden, sich besser füh-

len, aber einige nicht. Aber wenn die Menschen ihren Lebensweg durchschreiten, gibt es viele Ereignisse, die ihnen mehr oder weniger Erfüllung oder sogar Freude bringen. Wenn ein chirurgisch veränderter Transsexueller außergewöhnlich unglücklich wird, kann dann die Operation als antitherapeutisch angeklagt werden? Häufig brechen Transsexuelle nach ihrer Umwandlung alle Verbindungen zu früheren Freunden und ihrer Familie ab und lassen auch andere Aspekte ihres früheren Lebens hinter sich: „War *ich* wirklich derjenige, der da als Rechtsaußen auf dem Fußballplatz herumtobte?" Sich von der eigenen Vergangenheit zu trennen, ist sehr belastend, denn die Vergangenheit gehört genauso zum Bewußtsein des Menschseins wie Gegenwart und Zukunft. Eine Geschlechtsumwandlung stellt die Betroffenen also vor Aufgaben, wie sie nur die wenigsten je zu lösen haben. Vielleicht sollte man die Anpassung an das neue Leben mit mehr Nachsicht beurteilen.

Jeder erfahrene Therapeut, gleich welcher theoretischen Ausrichtung, ist auf der Hut, wenn ein Patient sagt, „Wenn ich doch nur..." Die möglichen Varianten sind Legion: „Wenn ich doch nur nicht so fett wäre...", „Wenn ich doch nur nicht so nervös wäre..." , „Wenn ich doch nur bis zum Abitur durchgehalten hätte..." Auf jedes „Wenn ich doch nur..." folgt unvermeidlich die Behauptung, daß das Leben sehr viel schöner, ja nachgerade wunderbar wäre, wenn ich doch nur... Meistens sind diese Hoffnungen Illusionen, denn so einfach sind die Dinge selten. Der Transsexuelle, dessen Gedanken verständlicherweise um die Diskrepanz zwischen Geschlechtsidentität und biologischer Ausstattung kreisen, lastet seine Unzufriedenheit dem schrecklichen Streich an, den die Natur ihm gespielt hat. Aber gewöhnlich muß er feststellen, daß mit der Geschlechtsumwandlung seine Lebensprobleme nicht gelöst sind. Zwar stellt sich vielleicht die Frage der Geschlechtszugehörigkeit nicht mehr, aber andere menschliche Schwierigkeiten bleiben bestehen.

Änderung der Geschlechtsidentität

Ist die operative Geschlechtsumwandlung tatsächlich die einzige Lösung? Sie galt lange als der einzig gehbare Weg, da Versuche, die Geschlechtsidentität auf psychologischem Weg zu ändern, durchweg fehlschlugen. Man nahm an, die Geschlechtsidentität liege zu tief, um sie ändern zu können. Inzwischen liegen Berichte über offensichtlich erfolgreiche verhaltenstherapeutische Verfahren vor.

Rekers und *Lovaas* (1974) behandelten einen fünfjährigen Jungen, der sich seit seinem zweiten Lebensjahr als Mädchen verkleidete und auch alle anderen Anzeichen einer gestörten Geschlechtsidentität erkennen ließ. Therapeuten und Eltern stimmten darin überein, daß es für den Jungen auf kurze und lange Sicht besser sei, die gesellschaftlichen Männlichkeitsstandards zu erfüllen. Auf Anweisung der Therapeuten lobten und verstärkten die Eltern den Jungen, wann immer er mit traditionellem Jungenspielzeug spielte oder sich sonstwie „männlich" betätigte. Feminines Verhalten stieß dagegen auf Mißbilligung. Nach nur sechs Monaten intensiver Behandlung war der Junge typisch maskulin, und das hatte sich auch nach zwei Jahren noch nicht geändert. Natürlich kann man einwenden, daß nur kulturelle Stereotype verstärkt werden, wenn man kriegerisches Spiel ermutigt und Puppenspiele mißbilligt (*Winkler*, 1977). Aber vielleicht ist diesem Kind dadurch, daß man seine Geschlechtsidentität mit seiner biologischen Ausstattung in Einklang gebracht hat, viel seelisches Leid erspart geblieben. Wir haben behauptet, daß die meisten Kinder mit gestörter Geschlechtsidentität auch ohne therapeutische Intervention nicht transsexuell werden. Da sich Eltern und Therapeuten nicht sicher waren, ob sich die Störung auch bei diesem Kind „auswachsen" würde, entschloß man sich zur Behandlung.

Von einer noch dramatischeren Umkehr der Geschlechtsidentität auf verhaltenstherapeutischem Wege berichten *Barlow, Reynolds* und *Agras* (1973). Der Patient war ein siebzehnjähriger Transsexueller. Zunächst schlüsselte man die Geschlechtsrolle in konkrete Komponenten auf wie Angewohnheiten, zwischenmenschliches Verhalten und Phantasien. Dann ging man daran, jede einzelne Komponente zu ändern. Als erstes machte man dem jungen Mann bewußt, auf welch effeminierte Weise er stand, saß, ging und sprach. Mit Hilfe von Modellernen, Verhaltenswiederholung, Video-Feedback und Stimmschulung lernte er, diese Verhaltensweisen den üblichen Männlichkeitsstandards anzupassen. Fast sofort hörten seine Altersgenossen auf, ihn anzustarren und zu verspotten, und er ging wieder stundenweise zur Schule. Dann vervollkommnete der junge Mann seine

sozialen Fertigkeiten. Er lernte, Blickkontakt aufzunehmen, Gespräche anzufangen und durch Lächeln und andere angemessene Verhaltensweisen seine positiven Gefühle auszudrücken.

Er fühlte sich aber weiterhin als Frau und sein sexuelles Interesse und seine sexuellen Phantasien galten ausschließlich Männern. Die Therapie konzentrierte sich nun auf sein Phantasieleben. Während der Trainingssitzungen ermunterte ihn eine Therapeutin, sich in sexuellen Situationen mit attraktiven Frauen vorzustellen. Sie selber schmückte seine Phantasien mit detaillierten Beschreibungen des Vorspiels aus. Man trug ihm auf, sich solchen Phantasien auch im alltäglichen Umgang mit Frauen hinzugeben. Nach vierunddreißig Sitzungen innerhalb zweier Monate hatte das Verlangen des Patienten, sein Geschlecht zu ändern, dramatisch abgenommen, seine Phantasien kreisten immer weniger um Männer und zunehmend um Frauen. Er begann, sich selbst als Mann zu sehen, und wenn er sich gelegentlich noch sexuell zu Männern hingezogen fühlte, tat er das ohne Umkehrung der Geschlechtsrolle, sondern fühlte sich als Mann von einem anderen Mann angezogen.

Messungen der sexuellen Erregung mit dem Penisplethysmographen (vgl. Abb. 12.2) zeigten eindeutig, daß seine sexuelle Vorliebe weiterhin Männern galt. Also war es das nächste therapeutische Ziel, die sexuelle Empfindung für Frauen zu steigern und die für Männer abzubauen. Man zeigte ihm jeweils paarweise Dias von Frauen und Männern, um auf dem Wege klassischen Konditionierens sexuelle Erregung beim Anblick von Frauen dadurch zu erreichen, daß man sie mit der beim Anblick von Männern empfundenen Erregung verknüpfte. In einem anschließenden Aversionstraining nahm man den Männerbildern die Anziehungskraft. Beide Verfahren trugen tatsächlich dazu bei, daß der Patient ein heterosexuelles Erregungsmuster entwickelte.

Interessanterweise wurde der junge Mann während dieser Zeit in seiner Art zu stehen, zu sitzen und zu gehen noch maskuliner. Er war sehr viel zufriedener mit sich und nahm wieder normal am Unterricht teil. Fünf Monate nach Ende der Behandlung masturbierte er zum ersten Mal erfolgreich, während er sich vorstellte, mit einer Frau zusammenzusein. Als man ihn nach einem Jahr wieder befragte, hatte er eine feste Freundin, mit der er „leichtes Petting"

körperlichen und oft auch sexuellen Kontakt mit präpubertären Kindern, mit denen sie nicht verwandt sind, sexuelle Befriedigung erlangen. DSM-IV setzt voraus, daß die Belästigung von jemandem ausgeht, der mindestens 16 Jahre alt und mindestens 5 Jahre älter als das Kind ist. Der Pädophile kann entweder hetero- oder homosexuell sein. Gewalt ist selten Teil der Belästigung, obwohl einige Pädophile das Kind dadurch ängstigen, daß sie z.B. ein Haustier töten und weitere Gewalt androhen, wenn das Kind den Eltern etwas davon erzählt. Manchmal begnügt sich der Pädophile damit, die Haare des Kindes zu streicheln, kann aber auch dessen Genitalien manipulieren, es ermuntern, dasselbe mit den seinen zu tun und – seltener – eine Immissio versuchen. Die pädophilen Kontakte können Wochen, Monate oder Jahre andauern, es sei denn, das Kind wehrt sich oder andere Erwachsene entdecken sie. Eine Minderheit der Pädophilen, die auch als sexuelle Sadisten oder antisoziale Persönlichkeiten diagnostiziert werden könnten, fügen den Objekten ihrer Begierde schwere körperliche Verletzungen zu. *Groth* et al. (1982) sehen diese Menschen, gleichgültig ob es Psychopathen sind oder nicht, als Vergewaltiger von Kindern an und als grundsätzlich verschieden von Pädophilen, weil sie mindestens genauso intensiv wünschen, das Kind körperlich zu verletzen wie sexuelle Befriedigung zu erhalten.

Zwischen Inzest und Pädophilie gibt es zwei wesentliche Unterschiede. Erstens findet Inzest definitionsgemäß zwischen Angehörigen derselben Familie statt. Zweitens sind Inzestopfer im allgemeinen älter als Kinder, die zum Ziel pädophilen Begehrens werden. In Vätern erwacht das Interesse für ihre Töchter meist erst dann, wenn diese Anzeichen körperlicher Reife zeigen. Den Pädophilen reizen, eben wegen ihrer Unreife, die ganz kleinen Mädchen. Ergebnisse aus Untersuchungen mit dem Penisplethysmographen bestätigen, daß Männer, die Kinder belästigen, die nicht mit ihnen verwandt sind, durch die Fotos nackter Kinder sexuell erregt werden, während Männer, die Kinder ihrer Familie belästigen, eine stärkere Erregung des Penis durch erwachsene heterosexuelle Reize zeigen (*Marshall, Barabee & Christope*, 1986). Bei der Definition der Pädophilie unterscheiden sich die Gesetze verschiedener Staaten hinsichtlich der festgelegten oberen Grenze für diejenigen, die als Kinder angesehen werden.

Pädophile sind häufig streng religiös und moralistisch. Wie bei fast allen sexuellen Abweichungen, die wir beschrieben haben, ist auch das subjektive Erleben der Anziehungskraft, die das Kind auf den Pädophilen ausübt, stark zwanghaft. Im allgemeinen kennen Pädophile die Kinder, die sie belästigen, wohnen Tür an Tür mit ihnen oder sind mit ihrer Familie befreundet (*Gebhard* et al., 1965). Klinische Beobachtungen lassen vermuten, daß Pädophile sozial unreif sind, ein niedriges Selbstwertgefühl, schlechte Impulskontrolle und nicht ausreichende soziale Fertigkeiten haben (*Finkelhor & Araji*, 1986). Diese Auffassung wurde in neueren Untersuchungen bestätigt (*Kalichman*, 1991; *Overholser & Beck*, 1986). Die meisten älteren heterosexuellen Pädophilen sind verheiratet oder waren es irgendwann einmal.

Wie auch für den Inzest, ist auch nicht annähernd genau bekannt, wie häufig Kinder sexuell belästigt werden. Da das Kind und seine Eltern den Pädophilen im typischen Fall gut kennen, werden derartige Vorkommnisse vermutlich sehr viel häufiger verschwiegen als angezeigt. Das Ausmaß des Problems drang 1984 vermehrt ins öffentliche Bewußtsein – und entsprechend groß war die allgemeine Empörung –, als Besitzer und Personal etlicher Kindertagesstätten beschuldigt wurden, Kinder sexuell belästigt zu haben. Die allgemeine Schätzung besagt, daß zwischen 10 und 15 Prozent der Kinder und jungen Heranwachsenden mindestens einer sexuellen Belästigung durch einen Erwachsenen ausgesetzt sind (*Mrazek*, 1984).

Unter den psychoanalytischen Hypothesen sind andere als sexuelle Begründungen für die Belästigung von Kindern verbreitet. Dazu gehören die Idealisierung der Kindheit, das Bedürfnis nach Beherrschung, eine starke Angst vor sexuellen Beziehungen zu Erwachsenen und das Gefühl sozial und beruflich in der Welt der Erwachsenen versagt zu haben (*Lanyon*, 1986).[3] Die weitverbreitete Auffassung, daß Pädophilie sich bei Opfern sexuellen Mißbrauchs in der Kindheit findet (*American Psychiatric Association*,1987), erhält durch die Ergebnisse aus der Forschung wenig Unterstützung (*Hindman*, 1988; *Freund, Watson & Dickey*, 1990). Kindesmißbrauch, gleichgültig ob inzestuös

---

3 Es ist interessant zu sehen, daß bei der psychoanalytischen Sichtweise von sexuellen Problemen häufig andere Faktoren wie die gerade erwähnten, eine Rolle spielen, während die analytische Theorie der anderen Störungen, üblicherweise von sexuellen Impulsen ausgeht.

oder nicht, hat häufig Spätwirkungen (*Kendall-Tackett* et al., 1993), aber diese Folgen sind möglicherweise nicht so spezifisch, daß sie zur Genese einer weiteren Generation von Belästigern führen. Eine ausführlichere Diskussion der Auswirkungen von Inzest und Pädophilie findet sich in Kasten 12.1.

Voyeurismus

Gelegentlich mag es vorkommen, daß ein Mann eine nackte Frau zufällig und ohne deren Wissen beobachtet. Wenn sein Sexualleben im allgemeinen in konventionellen Bahnen verläuft, ist dieser Akt zwar voyeuristisch, er selbst

Kasten 12.1 Sexueller Mißbrauch von Kindern – Auswirkungen auf das Opfer und Möglichkeiten der Intervention

Sowohl Pädophilie als auch Inzest sind Formen sexuellen Mißbrauchs von Kindern. Sie sollten von anderen Formen des Mißbrauchs unterschieden werden. Beide können sehr negative Konsequenzen haben und manchmal treten sie zusammen auf. Andere Formen des Kindesmißbrauchs sind die Vernachlässigung des körperlichen und psychischen Wohlergehens des Kindes, z.B. durch unangemessene Bestrafung, Herabsetzung des Kindes, absichtliche Vorenthaltung von angemessenem Schutz, Nahrung und medizinischer Fürsorge und das Schlagen oder auf andere Weise Zufügen von Schmerzen oder Verletzungen. Beide Kategorien stellen Straftatbestände dar, aber häufig handelt es sich um körperlichen Mißbrauch, wenn kein sexueller Mißbrauch vorliegt.

Der sexuelle Mißbrauch von Kindern bezieht sich allgemein auf solchen körperlichen Kontakt wie die Penetration der Vagina oder des Anus des Kindes durch den Penis, den Finger oder ein anderes Objekt des Täters; Fellatio, Cunnilingus oder Analingus und Streicheln oder Liebkosen. Eingeschlossen sind Exhibitionismus und Kinderpornographie, bei der es nicht wirklich zu einer sexuellen Aktivität zwischen einem Erwachsenen und einem Kind kommen muß (*Wolfe*, 1990). Die meisten Opfer des Sexualmißbrauchs von Kindern sind weiblich.

Es gibt eine wachsende Zahl von Belegen für die langfristig negativen Auswirkungen von Inzest und Pädophilie (*Felitti*, 1991). Bei einer Fragebogenuntersuchung von unauffälligen Studentinnen fanden *Jackson* et al. (1990), daß diejenigen, die als Kinder dem Inzest ausgesetzt waren, schwerwiegendere Probleme als Kontrollpersonen bei Verabredungen mit Männern, in der allgemeinen sozialen Anpassung, bei der sexuellen Zufriedenheit, im Selbstwertgefühl und in bezug auf Depression hatten. Die Erinnerungen der Probanden an ihr Leben zu Hause ließ ebenfalls vermuten, daß bestimmte Aspekte zu einigen der späteren psychischen Probleme beigetragen haben könnten. Beispielsweise die außerordentliche Häufigkeit der Dominanz des Vaters in inzestuösen Familien könnte zu einem Gefühl der Hilflosigkeit beigetragen haben, die, unabhängig vom sexuellen Mißbrauch, diese Frauen empfänglicher für Depressionen gemacht haben könnte (vgl. S. 264). Nach anderen Forschungen führt Inzest später zur Prostitution, sexueller Promiskuität, Drogenmißbrauch, Angststörungen und sexuellen Dysfunktionen (*Burnam* et al., 1988). Wir haben bereits darauf hingewiesen, daß sexueller Mißbrauch in der Kindheit eine Rolle bei der multiplen Persönlichkeitsstörung (S. 199) und der Borderline Persönlichkeitsstörung (S. 300; *Saunders*, 1991) spielt. Eine Studie stellte fest, daß einer der Langzeiteffekte des Sexualmißbrauchs von Kindern darin besteht, daß eine gesteigerte Vulnerabilität für einen späteren sexuellen Angriff besteht. „Das reale Vorliegen eines Mißbrauchs, unabhängig vom Täter, spielt anscheinend eine Rolle ... beim Hervorrufen einer Erwartung der Opferrolle" (*Alexander* & *Lupfer*, 1987, S. 244). Es ist wichtig hervorzuheben, daß diese Interpretation nicht der abwertenden Formulierung „Sie hat danach verlangt." entspricht, sondern sie deutet auf die Möglichkeit hin, daß die Opfer sexuellen Mißbrauchs in der Kindheit als Erwachsene dadurch gehandikapt sind, daß sie es nicht gelernt haben, mit unerwünschten Avancen bestimmt umzugehen.

In den vergangenen Jahren haben viele Kommunen Programme zur Reduzierung der Häufigkeit sexuellen Mißbrauchs entwickelt. Die Programme machen Gebrauch von den War-

aber kein Voyeur. *Voyeurismus* ist das Beobachten argloser Personen, gewöhnlich Fremder, die entweder nackt sind, sich gerade ausziehen oder sich sexuell betätigen, als wiederholt bevorzugte oder ausschließliche Methode zur Erlangung sexueller Erregung. Das Zuschauen („peeping") geschieht mit dem Ziel der sexuellen Erregung, eine sexuelle Betätigung mit der

anderen Person wird dabei nicht gesucht. Ein Orgasmus, der üblicherweise durch Masturbation erlangt wird, kann während der voyeuristischen Betätigung eintreten oder später als Reaktion auf die Erinnerung an das Gesehene. Manchmal hat der Voyeur Phantasievorstellungen über den sexuellen Kontakt mit der beobachteten Person, aber es bleibt eine Phantasie;

nungen, welche die meisten von uns (auch diejenigen, die alt genug sind, um Eltern der meisten Leser dieses Buchs sein zu können) kennen: „Sprich nicht mit Fremden." und „Nimm keine Süßigkeiten von Fremden an." Wenige von uns hatten eine Vorstellung von diesem gefährlichen Fremden, der niemand anders als ein Mann sein konnte, und die Daten belegen auch, daß nur sehr wenige Täter beim sexuellen Mißbrauch Frauen sind. Aber wenigen von uns wurde gesagt, daß derjenige, der belästigt, gewöhnlich kein Fremder ist, daß es ein Onkel, ein Vater, ein Bruder, ein Lehrer, ein Trainer, ein Nachbar oder sogar ein Geistlicher sein könnte. Dies ist einem Kind sehr schwer klarzumachen und auch für uns schwierig, damit umzugehen. Aber derjenige, der Kindesmißbrauch begeht, ist häufig ein erwachsener Mann, den das Kind kennt und dem es möglicherweise auch vertraut. Der Verrat dieses Vertrauens macht das Verbrechen noch abscheulicher als wenn es keine frühere Beziehung zwischen dem Täter und dem Opfer gegeben hätte.

Ein wichtiges Ziel jedes Präventionsprogramms – in einem späteren Kapitel werden wir die Prävention als wichtigsten Aspekt von dem Bereich, der Gemeindepsychologie genannt wird, kennenlernen (S. 711) – ist die Reduktion der Inzidenz, Prävalenz und der Schwere eines bestimmten Problems. Wie zu erwarten, wurden die Anstrengungen zur Prävention auf die Grundschulen konzentriert. Während sich der Inhalt der Programme unterscheidet, umfassen die gemeinsamen Elemente das Unterrichten der Kinder, wie sie unangemessenes Verhalten bei den Erwachsenen erkennen, der Verführung widerstehen, die Situation schnell verlassen und den Vorfall einem geeigneten Erwachsenen berichten können (*Wolfe*, 1990). Die Kinder lernen in einer festen und bestimmten Weise nein zu sagen, wenn ein Erwachsener in einer Form mit ihnen spricht oder sie berührt, die ihnen unan-

genehm ist. Die Lehrer verwenden Comics, Filme und Beschreibungen gefährlicher Situationen, um den Kindern das Wesen des sexuellen Mißbrauchs beizubringen und wie sie sich davor schützen können. Untersuchungen der Wirksamkeit der schulischen Programme tendieren dazu, das Bewußtsein für den sexuellen Mißbrauch bei Kindern zu schärfen, aber weniger ist darüber bekannt, ob die Kinder in der Lage sind, das, was sie gelernt haben, in offenes Verhalten zu übersetzen und ob diese Veränderungen das Problem reduzieren (*Wolfe*, 1990). Zumindest haben die Programme dazu gedient, die Besprechung des Problems zu Hause zu legitimieren (*Wurtele & Miller-Perrin*, 1987) und könnten damit ein wichtiges Ziel erreichen, nämlich Berichte über das Vergehen häufiger werden zu lassen, indem sie Kinder ermutigen und ermächtigen, ihren Eltern oder Vertrauenspersonen mitzuteilen, daß ein Erwachsener ihnen ein sexuelles Angebot gemacht hat.

Anstrengungen sind nötig, um Eltern dazu zu ermutigen, dieses Problem mit ihren Kindern zu besprechen, denn es geht um etwas, das auch bei den meisten Erwachsenen Unbehagen auslöst. Auch Ärzte müssen in der Lage sein, die Anzeichen sexuellen Mißbrauchs sowohl körperlicher als auch psychischer Art zu erkennen. In vielen Staaten müssen die Mitarbeiter des Gesundheitswesens sexuellen Mißbrauch (aber auch anderen Kindesmißbrauch), wenn er ihnen bekannt wird, melden. In Kalifornien müssen zugelassene Psychologen ein eintägiges Seminar zu diesem Thema besuchen, damit sie wenigstens minimale Kenntnisse darüber haben und ihre gesetzliche Verantwortung zum Bericht über sexuellen Mißbrauch gegenüber den Einrichtungen zum Schutz von Kindern kennen.

Trotz allem ist es für ein Kind oder einen Jugendlichen nicht einfach, über eine sexuelle Belästigung zu berichten. Wir neigen dazu zu vergessen, wie hilflos und abhängig sich ein

beim Voyeurismus besteht zwischen dem Beobachter und der beobachteten Person nur selten Kontakt.

Ein wirklicher Voyeur, in den meisten Fällen ein Mann, wird es nicht besonders aufregend finden, einer Frau zuzuschauen, die sich für ihn entkleidet. Wichtig scheint das Moment der Gefahr zu sein, denn ihn erregt die Vorstellung, wie die Frau reagieren würde, wenn sie wüßte, daß er sie beobachtet. Manche Voyeure beobachten mit besonderer Vorliebe Paare beim Geschlechtsverkehr. Wie bei jedem Verhalten, das gegen das Gesetz verstößt, ist auch hier die Häufigkeit schwer zu schätzen, denn Straftaten *jeglicher Art* bleiben größtenteils von der Polizei unbemerkt.

Kind fühlt und wie furchterregend es sein kann, dem Vater zu sagen, daß es von einem Bruder oder dem Großvater gestreichelt wurde. Möglicherweise noch bedrohlicher sind Avancen vom Vater selbst, denn das Kind ist zwischen Treue und Liebe zum Vater einerseits und Furcht und Abscheu andererseits verbunden mit dem Wissen, daß das, was sich ereignet, falsch ist. Und wenn, wie es manchmal der Fall ist, die Mutter vermutet, was mit ihrem Kind geschieht, und sie es (indirekt) weiter geschehen läßt, dann können die Klagen des Opfers bei der Mutter auf einen Mangel an Unterstützung treffen, gepaart mit Ungläubigkeit und sogar Feindseligkeit.

Die Befragung eines Kindes über einen möglichen sexuellen Mißbrauch setzt große Erfahrung voraus, um sicherzustellen, daß der Bericht zutreffend ist, um falsche Aussagen des Kindes in der einen oder anderen Richtung zu vermeiden und um den Streß, der unvermeidlich beim Erzählen einer belastenden Erfahrung auftritt, zu minimalisieren, besonders dann, wenn eine Entscheidung zur Strafverfolgung getroffen wurde. Das formelle juristische Vorgehen ist noch relativ selten, aber einige Justizmitarbeiter setzen innovative Verfahren ein, die den Streß für das Opfer begrenzen, aber trotzdem die Rechte des Angeklagten schützen, wie beispielsweise eine Videoaufzeichnung der Zeugenaussage, Ausschluß der Öffentlichkeit von der Verhandlung, Zeugenaussage über ein Kabelfernsehsystem und spezielle Unterstützung durch Mitarbeiter und Trainingssitzungen, in denen die Abläufe im Gericht und das, was zu erwarten ist, erklärt werden (*Wolfe*, 1990). Wenn man das Kind dazu bringen kann, mit anatomisch korrekten Puppen zu spielen, kann dies dabei helfen, die Wahrheit zu erfahren, aber dies sollte nur ein Teil des Vorgehens darstellen, da viele Kinder, die nicht mißbraucht wurden, über diese Puppen aussagen, daß sie miteinander Geschlechtsverkehr hatten (*Jampole* & *Weber*,

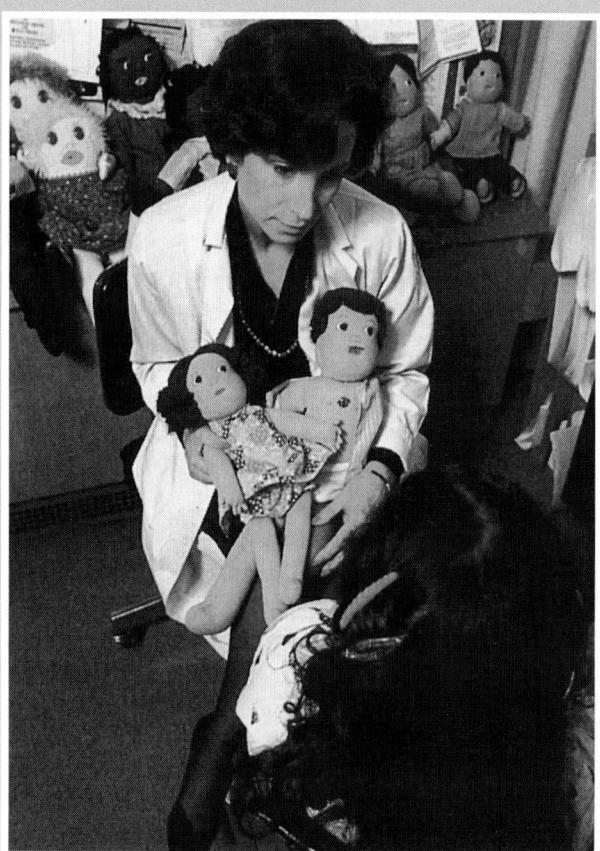

Interviews mit Kindern zur Aufdeckung der Möglichkeit sexuellen Mißbrauchs erfordert großes Einfühlungsvermögen. Anatomisch korrekte Puppen werden häufig hierbei verwendet, um das Vorgehen zu erleichtern.

1987). Die Überzeugung der Experten geht dahin, daß nur wenige Fälle von sexuellem Mißbrauch von den Kindern falsch dargestellt werden. Insgesamt gesehen besteht kein Zweifel daran, daß viele, möglicherweise die meisten Vorfälle von Belästigungen der Kinder in der Familie nicht bekannt und zu einem schrecklichen Geheimnis des heranwachsenden Erwachsenen werden, das zu einem wenig ausgeprägten Selbstbewußtsein führt, die mögli-

sexuelle Erregung erhöht. Nach Ansicht kognitiver Theoretiker wie *Gagnon* und *Simon* (1973) muß jede Erklärung des sadomasochistischen Verhaltensmusters auch die Phantasien berücksichtigen, die beide Partner in ihre Handlungen einweben.

Wie kann es kommen, daß ein in anderen Bereichen oft völlig normaler Mensch direkt oder in der Phantasie Schmerzen zufügen oder erfahren muß, um sexuelle Erregung zu spüren? Nimmt man, wie manche Psychoanalytiker, an, daß Schmerz sexuelle Lust bereitet, liegt die Antwort auf der Hand. Nur „erklärt" ist damit gar nichts. Eine andere psychoanalytische Theorie behauptet, daß der – immer männliche – Sadist an einem Kastrationskomplex leidet und dem Sexualpartner Schmerzen zufügt, um sich seiner Macht und Männlichkeit zu vergewissern. Vielleicht waren auch an einer frühen Orgasmuserfahrung in der Kindheit oder Jugend sadomasochistische Elemente beteiligt. Einen klassischen Konditionierungsprozeß anzunehmen ist sicher plausibel, läßt sich aber einstweilen noch nicht durch Untersuchungsergebnisse belegen. Eine verwandte Hypothese besagt, daß die physiologische Erregung beim Zufügen und Erleiden von Schmerz sexueller Erregung nicht unähnlich ist. Wenn ein junger Mensch seine ersten Erfahrungen mit sexueller Erregung macht, ist beides vielleicht nicht ohne weiteres zu unterscheiden, besonders dann nicht, wenn am schmerzvollen Akt auch sexuelle Elemente beteiligt waren. Auf diese Weise lernt der Betroffene vielleicht, schmerzbedingte Erregung für sexuelle Erregung zu halten. Auch diese Hypothese ist, so interessant sie sein mag, einstweilen noch reine Spekulation.

Nicht näher bezeichnete Paraphilien

Die hier aufgeführten Paraphilien stellen eine Restgruppe mit unkonventionellen sexuellen Aktivitäten dar, die alle eindrucksvolle und mysteriöse Namen haben und über die man wenig weiß. Es gehören unter anderem dazu:

Koprophilie. Das Erlangen sexueller Befriedigung durch das Hantieren mit Fäzes.
Frotteurismus. Das Erreichen sexueller Befriedigung durch das Reiben oder Berühren einer Person, die dies nicht vermutet und dem auch nicht zustimmt. Geschlechtsverkehr wird nicht angestrebt.

Klismaphilie. Das Erlangen sexueller Erregung durch ein Klistier, das eine andere Person verabreicht.
Nekrophilie. Sexueller Umgang mit einer Leiche.
Telefon-Skatologie. Erlangung sexueller Befriedigung durch obszöne Telephonanrufe.
Zoophilie (Sodomie). Sexuelle Intimität mit Tieren.

Therapie der Paraphilien

Eine weit verbreitete psychoanalytische Sichtweise der Paraphilien besteht darin, sie auf eine Charakterstörung, einen älteren Ausdruck für Persönlichkeitsstörungen, zurückzuführen. Daraus folgt, daß sie außerordentlich schwer und mit nur wenig Aussicht auf Erfolg behandelt werden können. Diese Auffassung wird vermutlich auch von den Gerichten und den Laien geteilt (*Lanyon*, 1986). Obwohl die psychoanalytische Auffassung Auswirkungen auf die Beurteilung der Entstehung dieser Störungen hatte, führte sie nur zu wenigen Beiträgen für eine effektive Therapie.

Verhaltenstherapeuten haben nur relativ wenige Annahmen über die tief verwurzelten Persönlichkeitsdefekte von Paraphilen gemacht und sich stattdessen auf die speziellen Verhaltensweisen der unkonventionellen Sexualität konzentriert. Sie haben versucht, therapeutische Vorgehensweisen zu entwickeln, die sich ausschließlich auf diesen Aspekt des Verhaltens beziehen.

In den ersten Ansätzen der Verhaltenstherapie sah man in den Paraphilien zunächst nur Vorlieben für unangemessene Objekte und Aktivitäten. Man sah sich in der Experimentalpsychologie nach Möglichkeiten um, diese Vorlieben abzubauen und hielt die Aversionstherapie für das einzig wirksame Verfahren. Einem Stiefel-Fetischisten verabreichte man einen elektrischen Schlag oder ein Brechmittel für jeden Blick auf einen Stiefel, dasselbe machte man mit dem Transvestiten, wenn er sich verkleidete, mit dem Pädophilen, wenn er sich das Bild eines nackten Kindes ansah usw. Manchmal ergänzte man diese negativen Verfahren durch ein Training in sozialen Fertigkeiten und Selbstbehauptung, da viele der Betroffenen bereits in ganz alltäglichen sozialen Situationen Schwierigkeiten im Umgang mit anderen haben, ganz zu schweigen – wenn es überhaupt je dazu kommt – von ihren Schwierigkeiten bei normalen sexuellen Aktivitäten. Die Aversionstherapie scheint sich bei der Behandlung von Pädophilie, Transvestitismus, Exhibitionismus und Fetischismus tatsächlich bewährt zu haben (*Marks & Gelder*, 1967; *Marks, Gelder & Bancroft*, 1970; *Marshall & Barsbee*, 1990), obwohl es sehr unwahrscheinlich ist, daß diese Verfahren auf der Grundlage von Konditionierung wirken. Auch wenn die Aversionstherapie die Attraktivität nicht wirklich beseitigt, so gibt sie in einigen Fällen den Patienten eine bessere Möglichkeit der Kontrolle über das offene Verhalten (*McConaghy*, 1990).

Die Stärkung konventioneller Formen der Erregung hängt anscheinend eher von positiven therapeutischen Ansätzen ab. Die orgasmische Reorientierung ist ein derartiges verhaltenstherapeutisches Verfahren, das eingesetzt wird, um die Reize zu verändern, von denen die Patienten sexuell erregt werden (*Brownell, Hayes & Barlow*, 1977). Wenn der Paraphile auf dem von ihm bevorzugten, unerwünschten Weg einen Erregungszustand erreicht hat, konfrontiert man ihn mit einem erwünschten erregenden Reiz. Als einer der ersten demonstrierte *Davison* (1968a) diese Technik. Er wies einen jungen, von sadistischen Phantasien geplagten Mann an, zu Hause auf folgende Weise zu masturbieren:

> „Wenn er sicher war, daß er ungestört blieb, ... sollte er zunächst mit beliebigen Mitteln – bei ihm zweifellos eine sadistische Phantasie – eine Erektion herbeiführen. Beim anschließenden Masturbieren sollte er den Blick auf das Bild einer attraktiven nackten Frau (den sexuellen „Zielreiz") gerichtet halten ... Wenn die Erektion nachließ, durfte er zu seinen sadistischen Phantasien zurückkehren, bis er wieder effektiv masturbieren konnte. Solange er masturbierte, hatte er sich auf das ... Bild zu konzentrieren, sadistische Phantasien waren nur zu Erektionszwecken erlaubt. Kurz vor und während des Orgasmus hatte er auf jeden Fall das Bild anzusehen ..." (S. 84).

Der Patient konnte diesen Instruktionen folgen und begann nach einigen Wochen, auch konventionelle Bilder, Gedanken und Vorstellungen sexuell erregend zu finden. Der Therapeut gab sich damit allerdings nicht zufrieden und ließ dem orgasmischen Verfahren eine Aversionstherapie (*Cautela*, 1966) für die sadistischen Phantasien folgen. Auch anderthalb

Jahre nach Abschluß der Behandlung war der Patient noch zu konventioneller Erregung fähig, wenn er auch hin und wieder zu seinen sadistischen Phantasien zurückkehrte. Dieses etwas zweifelhafte Ergebnis steht für mehrere Beispiele dieser Art, aber es wird weiterhin versucht, die Möglichkeiten einer orgasmischen Reorientierungsbehandlung auszuloten und einige Therapeuten sind davon überzeugt, daß es die Behandlung der Wahl ist, wenn die konventionelle sexuelle Erregung bei Paraphilen gesteigert werden soll (*Abel, Mittelman & Becker*, 1985).

In Kasten 12.1 wurde der sexuelle Mißbrauch an Kindern aus der Sicht des Opfers dargestellt. Die Versuche, die Inzidenz, Prävalenz und die Schwere zu reduzieren, müssen auch den Täter einschließen. Eine Strategie besteht darin, eine Ethik zu betonen, die jede sexuelle Ausbeutung verdammt (*Cohen*, 1986). Die Aversionstherapie zur Reduktion der sexuellen Erregung, die von Kindern ausgelöst wird, wurde ebenfalls befürwortet (*Wolfe*, 1990; *Ryan* et al., 1987).

Wie zu Beginn des Kapitels erwähnt, sind die meisten Paraphilien ungesetzlich und einige bergen Gefahren für die Gesellschaft. Es ist daher zu erwarten, daß viele derjenigen, die ein Kind belästigen oder Vergewaltigungen begehen (Darstellung im nächsten Abschnitt), ins Gefängnis kommen oder in eine psychiatrische Klinik eingewiesen werden (Kapitel 21). Wie effektiv ist die Behandlung in diesen Institutionen? Die Erfolgsraten sind schwer zu bestimmen und reichen von mehr als 90% bis zu niedrigen Werten von 30% (*Marshall* et al., 1991). Ein Grund, weshalb die publizierten Daten schwer zu interpretieren sind, liegt darin, daß bei einigen Programmen die schwierigsten Gefängnisinsassen ausgewählt werden, während es sich bei anderen Programmen um diejenigen handelt, die Ersttäter sind und so häufig bessere Prognosen haben. Außerdem werden behandelte Täter selten mit unbehandelten gleichartigen Kontrollpersonen verglichen, was ein schwerwiegendes (aber verständliches) Problem im Licht der Tatsache darstellt, daß einige Pädophile keine zweite Tat bis zu zwanzig Jahre nach der Entlassung begehen, auch wenn sie keine Behandlung erhalten hatten (*Soothill & Gibbons*, 1978). Bei einigen Programmen gibt es nach der Entlassung keine weiteren Sitzungen, bei anderen aber doch. Die Zahl der Rückfälle vergrößert sich im Lauf der Zeit, besonders dann, wenn zwei Jahre nach der Beendigung der Therapie überschritten sind (*Marshall & Barabee*, 1990). In einigen Übersichtsartikeln (z.B. *Furby, Weinrott & Blackshaw*, 1989) wird nicht sorgfältig zwischen verschiedenen Behandlungsformen unterschieden, eine Tatsache, die es verständlich werden läßt, daß die Erfolgsraten so stark variieren.

Zahlreiche medizinische Interventionen wurden ebenfalls ausprobiert. Die Psychochirurgie, meist handelte es sich um Läsionen von Teilen des Hypothalamus im Zwischenhirn, wurde in erster Linie von einer Gruppe von Chirurgen in Deutschland mit meist negativen Ergebnissen durchgeführt, wobei es gelegentlich zu schwerwiegenden unbeabsichtigten Nebenwirkungen kam, wie z.B. dem Verlust des Intellekts oder sogar dem Tod (*Müller, Roeder & Orthner*, 1973). Ein Grund für diese Fehlschläge liegt wahrscheinlich darin, daß zu wenig über die Rolle des Hypothalamus bei dem komplexen menschlichen Sexualverhalten bekannt war, um diesen radikalen und irreversiblen Eingriff zu rechtfertigen. Die Kastration oder Entfernung der Hoden wurde vor einer Generation in zahlreichen Fällen in Westeuropa angewendet, wobei offensichtlich einige Erfolge hinsichtlich der Verminderung der Inzidenz von paraphilem Verhalten erreicht wurden (z.B. *Langeluddeke*, 1963). Worauf *Marshall* et al. (1991) jedoch hinweisen: die Operierten stellen eine heterogene Gruppe dar, von denen viele Homosexuelle waren, die keine Gewalt in sexuellen Aktivitäten mit anderen zeigten. Es ist nicht klar, wie viele wirklich Straftäter waren, deren Vergehen Unschuldige verletzten, d.h. wie viele Kinder belästigten oder Frauen vergewaltigten. Das Fehlen eindeutiger Ergebnisse, verbunden mit erheblichen ethischen Bedenken, haben dazu geführt, daß die Kastration heute nur noch sehr selten angewendet wird.

Die Versuche, das ungesetzliche und sozial unerwünschte paraphile Verhalten von Sexualstraftätern zu kontrollieren, haben auch die Anwendung bestimmter Medikamente einbezogen. Bei der Behandlundlung wurde Medroxyprogesteronazetat (MPA), eine Substanz, von der angenommen wird, daß sie den Testosteronspiegel bei Männern senkt, eingesetzt. Sie soll auch die Häufigkeit von Erektionen und Ejakulationen reduzieren und dadurch angeblich die unkonventionelle sexuelle Erregung und das nicht akzeptierte Verhalten hemmen, aber die Ergebnisse sind nicht eindeutig. *Berlin* und *Meinecke* (1981) fanden heraus, daß nach einer

Therapie mit MPA über fünf bis zwanzig Jahre 17 der 20 Sexualstraftäter kein paraphiles Verhalten zeigten; wenn jedoch die Behandlung beendet wurde, kehrten die meisten zu ihrem früheren Verhalten zurück. Es ist anscheinend notwendig, diese Substanz zur Minderung der sexuellen Appetenz ständig zu verabreichen. Dies wirft viele ethische Fragen auf, einschließlich der nach den gelegentlich schwerwiegenden Nebenwirkungen der Langzeitanwendung wie Unfruchtbarkeit und Diabetes.

Widersprüchliche Ergebnisse wurden auch über die kurzzeitige Anwendung von MPA berichtet: *Wincze, Bansal* und *Malamud* (1986) zeigten, daß das paraphile Verhalten auch weiterhin bestehen blieb, sogar dann, wenn der Testosteronspiegel reduziert war (ein Ergebnis, das auch von *Cooper*, 1987b und *Gagne*, 1981 ermittelt wurde), während *McConaghy, Blasczynski & Kidson* (1988) deutliche Verminderungen in paraphilen Handlungszwängen bei einer Katamnese nach einem Jahr fanden. In der Zusammenfassung dieser und vieler anderer Untersuchungen von MPA ziehen *Marschall* et al. (1991) die Schlußfolgerung, daß die kurzzeitige Anwendung dieser Substanz das paraphile Verhalten und das von Vergewaltigern bei einigen Betroffenen soweit unter Kontrolle bringen kann, daß eine psychologische Intervention versucht werden kann, die eine längere Wirkung hat.

Ein gutes Behandlungsprogramm muß immer die vielfältige Natur einer bestimmten Störung berücksichtigen. Ein Exhibitionist kann beispielsweise eine erhebliche Anspannung in Verbindung mit dem Zwang sich zu entblößen empfinden. Es wäre daher sinnvoll, ihn gegenüber den Frauen, die ihn erregen, zu desensibilisieren. Nachdem er sie sich in einer Reihe auf der Straße und anderen öffentlichen Plätzen vorgestellt hat, so lange bis sie bei ihm keine Angst mehr auslösen, kann er sich entspannter fühlen, wenn er dieser Art von Frauen in der Öffentlichkeit gegenübertritt und braucht dann den Zwang zur Entblößung nicht mehr zu spüren (*Bond & Hutchison*, 1960). Andere Paraphile könnten nach sozialen Situationen und Aspekten der Beziehung zu Frauen gefragt werden, die bei ihnen starkes Unbehagen auslösen. Sie könnten diesen Frauen gegenüber desensibilisiert werden, in der Hoffnung, daß sie dadurch allgemein weniger ängstlich werden. Das Training sozialer Fertigkeiten und Sexualerziehung werden ebenfalls häufig erforderlich sein, um die Defizite zu beseitigen, die häufig bei Paraphilen anzutreffen sind. Die Verfügbarkeit eines erwachsenen Sexualpartners stärkt die Aussicht auf eine langfristige Besserung.

Es besteht das Bedürfnis nach einem vielseitigen Ansatz zur Behandlung des Inzests, einem Problem, das zunehmend häufiger als Problem der gesamten Familie gesehen wird – also Opfer, Ehepartner und Geschwister einschließt. Ein familiensystemischer Ansatz wird befürwortet, bei dem die gesamte Familie an den Therapiesitzungen teilnimmt, die in erster Linie einsichtsorientiert sind, darauf abzielen, allen Familienmitgliedern dabei zu helfen zu verstehen, warum der Vater (in den meisten Fällen) sich der Tochter zuwendet, um emotionale Unterstützung und sexuelle Befriedigung zu erhalten. Das bekannteste Programm dieser Art ist das Child Sexual Abuse Treatment Program im *Santa Clara County* (Kalifornien), von dem berichtet wird, daß mehr als 90% der Väter wieder in die Familie zurückgeschickt werden können und daß die Rückfallrate nur bei einem Prozent liegt (*Giaretto*, 1982). Es ist jedoch noch viel Forschung nötig, um diese Ergebnisse zu replizieren und aufzudecken, warum dieser komplexe (und teure) Behandlungsansatz eine so positive Veränderung herbeiführt (*Lanyon*, 1986).

Die kognitiv-verhaltenstheoretischen Ansätze sind im allgemeinen seit den 60er Jahren anspruchsvoller und breiter in den Anwendungsmöglichkeiten geworden. Damals wurden die Paraphilien fast ausschließlich in dem Konzept der sexuellen Erregung durch unangemessene Umgebungsreize gesehen. In vielen Fällen wird die Therapie nach dem Ansatz von *Masters* und *Johnson* (1970; vgl. S. 435) durchgeführt, wobei die Annahme zugrunde liegt, daß sich einige Paraphilien entwickeln oder bestehen bleiben, wenn keine zufriedenstellenden sexuellen Beziehungen zu einverstandenen Erwachsenen bestehen (*Marshall & Barrabee*, 1990). Zusammengefaßt haben sowohl institutionelle als auch ambulante Programme, die einem kognitiv-verhaltenstheoretischen Modell folgen, bei Sexualstraftätern zu einer stärkeren Reduktion der Rückfallraten geführt, als ohne Behandlung zu erwarten gewesen wäre. Die Ergebnisse sind bei den Tätern besser, die Kinder belästigten, als bei Vergewaltigern. Obwohl Sexualstraftäter im allgemeinen bei der Bevölkerung eher Ekel und Furcht als wirkliches Interesse auslösen, wird von der Gesellschaft die Tatsache überse-

hen, daß die Anstrengungen, diese Täter zu behandeln, sogar dann, wenn sie nur minimal wirksam sind, nicht kosteneffektiv sind, sondern auch die Möglichkeit bieten, die anderen zu schützen, wenn der Täter schließlich entlassen wird (*Prentky & Burgess*, 1990).

In der Darstellung der Paraphilien, insbesondere der Pädophilie und des Inzests, haben wir die Vergewaltigung ein paarmal angesprochen. Erzwungene sexuelle Kontakte ereignen sich aber viel häufiger zwischen Erwachsenen als zwischen einem Erwachsenen und einem Kind. Wir wenden uns jetzt der Analyse des wichtigen Themas Vergewaltigung zu.

Vergewaltigung

Auf kaum einen anderen antisozialen Akt reagieren wir mit derartigem Abscheu und Zorn wie auf *Vergewaltigung,* d.h. den Versuch, mittels Zwang und Gewalt von einem nicht einverstandenen Partner sexuelle Befriedigung zu erlangen. Als zweite Kategorie sieht das Gesetz in den Vereinigten Staaten die *Vergewaltigung Minderjähriger* vor, wonach jeder Geschlechtsverkehr zwischen einem Mann und einer Minderjährigen strafbar ist. In den meisten Bundesstaaten liegt das Mündigkeitsalter bei 18 Jahren. Man nimmt an, daß ein Mädchen bis zu diesem Alter für seine sexuellen Aktivitäten nicht verantwortlich zu machen ist, aber es gibt Bestrebungen, dieses Alter zu senken. Zur Anklage der Vergewaltigung einer Minderjährigen kann es auch dann kommen, wenn das Mädchen erwiesenermaßen mit der Situation einverstanden war. Kriterium für eine Anklage wegen Vergewaltigung Minderjähriger ist also nicht Gewalt, sondern allein der vollzogene Geschlechtsverkehr mit einer Minderjährigen. In diesem Kapitel geht es um Vergewaltigung im üblichen Sinne.

Das Verbrechen

Bei einer sogenannten sadistischen Vergewaltigung fügt der Vergewaltiger dem Opfer schweren körperlichen Schaden zu, indem er etwa Objekte in die Vagina einführt, an ihren Brüsten reißt oder ihr Verbrennungen beibringt.

Manche Vergewaltiger ermorden und verstümmeln ihr Opfer (*Holmstrom & Burgess*, 1980). Kein Wunder also, daß Vergewaltigung nicht nur als sexueller Akt, sondern auch als aggressive Gewalttätigkeit gilt. Nach der Rechtssprechung umfaßt die Vergewaltigung nicht nur die vaginale Penetration, sonder auch das Eindringen in den Mund und den Anus. Indem sie sich mehr auf die Reaktionen des Opfers – Hilflosigkeit, Angst, Demütigung – als auf die Merkmale der Handlungen des Täters konzentrieren, kommen *Calhoun* und *Atkeson* (1991) zu der Auffassung, daß jeder Akt sexuellen Zwangs eine Vergewaltigung darstellt. Diese erweiterte Definition kann nützlich sein, wenn es darum geht, den Opfern zu helfen, unterscheidet sich aber von den gesetzlichen Festlegungen. Bei unserer Darstellung werden wir, wenn immer es möglich ist, zwischen Vergewaltigung, die eine vaginale Penetration oder oralen Sex einschließt, und unerwünschter sexueller Aktivität, bei der dies nicht geschieht (obwohl dies für einige Frauen genauso traumatisch wie eine Vergewaltigung sein kann) unterscheiden. Obwohl auch Männer Opfer eines sexuellen Angriffs werden können – besonders durch andere Männer im Gefängnis – beschränkt sich unsere Darstellung auf Frauen, weil die Vergewaltigung in erster Linie eine Handlung von Männern gegen Frauen darstellt.

Mindestens 25% der amerikanischen Frauen werden während ihres Lebens eine Vergewaltigung erleiden (*Kilpatrick & Best*, 1990) und es ist wahrscheinlich, daß 80% der sexuellen Übergriffe nicht aktenkundig werden. Wenn man den Begriff auf erzwungene sexuelle Aktivitäten, die kurz vor der Vergewaltigung aufhören, einschließt, dann, so hat *Koss* (1985) ermittelt, sind mindestens 75% der Studentinnen Opfer unerwünschter sexueller Aktivitäten gewesen.

Das Opfer, der Angriff und die Folgen

Man glaubt vielfach, Vergewaltigungsopfer seien immer jung und attraktiv. Das ist ein Mythos. Für viele trifft das zwar zu, für viele andere aber nicht. Alter und Aussehen sind für manche Vergewaltiger kein Hinderungsgrund. Sie vergehen sich an einjährigen Kindern ebenso wie an achtzigjährigen Frauen.

Vergewaltigungsopfer sind oft körperlich und seelisch traumatisiert (*Calhoun, Atkeson &*

Resick, 1982; *Resick, Veronen, Calhoun, Kilpatrick & Atkeson*, 1986). In den Minuten oder Sekunden vor der Vergewaltigung wird sich die Frau bewußt, in welcher Gefahr sie schwebt, kann aber noch kaum glauben, was da auf sie zukommt. Im Augenblick des Angriffs bangt sie zuerst und vor allem um ihr Leben. Daß sie körperlich verletzt und ihrer Entscheidungsfreiheit beraubt wird, versetzt sie in Zorn. Aber sie weiß auch um ihre Verwundbarkeit. Der Angreifer ist stärker als sie, und gewöhnlich werden Angst und Schrecken größer sein als die Kraft sich zu wehren. Viele Opfer leiden in den Wochen nach der Vergewaltigung unter einem Gefühl extremer Spannung und tiefer Demütigung. Sie fühlen sich schuldig, weil sie sich nicht stärker gewehrt haben und hegen wütende Rachegedanken. Manche verfolgt die Vergewaltigung bis in ihre Träume.

Burgess und *Holmstrom* (1974) untersuchten Frauen, die unmittelbar nach einer Vergewaltigung zur Notbehandlung in ein großes städtisches Krankenhaus eingeliefert worden waren, und stellten fest, daß die Hälfte von ihnen anschließend die Wohnung oder zumindest die Telephonnummer wechselte. Diese Veränderungen können die sozialen Beziehungen stark beeinträchtigen, zum Verlust von Arbeitszeit und sogar der Beschäftigung führen und zu einer Depression aufgrund des Verlusts der sozialen Unterstützung (*Clahoun & Atkeson*, 1991).

Bei einem großen Teil der Frauen gestaltete sich die sexuelle Beziehung zu Ehemännern oder Freunden problematisch. Unter den von *Masters* und *Johnson* (1970) behandelten Ehepaaren waren ebenfalls etliche Frauen, die nach einer Vergewaltigung auch zur Sexualität mit ihrem Mann eine negative Einstellung hatten. *Calhoun* und *Atkeson*, zwei erfahrene klinische Forscher im Bereich der Vergewaltigung sind sich so sicher, daß sexuelle Probleme häufig die längerfristige Folge eines unbehandelten Vergewaltigungstraumas sind, daß sie die Kliniker drängen, bei Frauen, die sexuelle Dysfunktionen aufweisen, immer Vergewaltigung oder sexuelle Angriffe zu vermuten. Bei einigen Frauen kann, auch wenn die Häufigkeit des Verkehrs und die Orgasmen nicht vermindert sind, die Zufriedenheit mit dem Sex über Jahre hinweg reduziert sein (*Feldman-Summers, Gordon & Mengler*, 1979). Manche Vergewaltigungsopfer entwickeln Phobien. Sie können sich, je nachdem, wo die Vergewaltigung stattgefunden hat, nicht innerhalb oder außerhalb geschlossener Räume aufhalten oder fürchten sich vor Dunkelheit. Sie können es eine Zeitlang nicht ertragen, alleine oder in einer großen Menschenmenge zu sein oder jemanden hinter sich zu wissen.

Ohne Behandlung können Symptome der Angst und Depression bei einigen Frauen nach dem Überfall für Jahre bestehen (*Calhoun & Atkeson*, 1991). Das Selbstmordrisiko ist bei vielen Opfern ebenfalls hoch (*Cohen & Roth*, 1987; *Kilpatrick* et al., 1985), wie auch der Substanzmißbrauch *(Burnam* et al., 1988), der möglicherweise ein Versuch zur Selbstmedikation ist, um die Angst und die allgemeine Dysphorie zu vermindern. Wir haben bereits dargestellt, daß die multiple Persönlichkeitsstörung und die Borderline Persönlichkeit (S. 300) mit einem sexuellen Trauma in der Kindheit in Verbindung gebracht werden. Darüber hinaus und in Übereinstimmung mit der Forschung über die Folgen von Streß für die körperliche Gesundheit können die Opfer einer Vergewaltigung an einer Vielzahl somatischer Probleme leiden und sie neigen dazu, das Gesundheitswesen verstärkt in Anspruch zu nehmen (*Phelps, Wallace & Waigant*, 1989).

Natürlich hängen Art und Verlauf von dem, was einige als Vergewaltigungstraumasyndrom (*Burgess & Holstrom*, 1974) bezeichnen, zu einem großen Teil von dem Leben ab, daß das Opfer sowohl vor als auch nach dem Überfall führt. Variablen wie Familienstand, die Reaktionen des Partners, soziale Unterstützung, frühere psychische Gesundheit, die Erfahrungen der Zeugenaussage vor Gericht und die Kriseninterventionen oder eine Langzeittherapie können emotionalen Konsequenzen der Vergewaltigung verschlimmern oder bessern (*Atkeson* et al., 1982; *Ruch & Leon*, 1983). Trotzdem sind die Forschungsergebnisse darüber, ob die emotionalen Konsequenzen der Vergewaltigung mit der Gewalttätigkeit des Überfalls, der Umgebung oder der Vertrautheit mit dem Vergewaltiger korrelieren, nicht eindeutig und führten *Calhoun* und *Atkeson* (1991) dazu, zu folgern, daß die Folgen eher eine Funktion dessen sind, wie das Opfer die Ereignisse beurteilt als die Umstände selbst. Hier sehen wir wieder, wie wichtig es ist, wie die Menschen die Ereignisse erleben.

Es ist von Interesse, daß bei zalreichen Gerichtsentscheidungen das Vorhandensein eines Vergewaltigungstraumasyndroms bei einem Opfer als Beweis für das Vorliegen einer Verge-

waltigung gewertet wird. Es kann auch verwendet werden, um das Verhalten des Opfers zu erklären, das sonst als Beleg dafür herangezogen werden könnte, daß eine Zustimmung vorgelegen hätte, beispielsweise durch zeitliche Verzögerungen bis zur Erhebung der Klage, Gedächtnisverlust und nicht konsistente Angaben des Opfers *(Block*, 1990). Aus guten Gründen erwähnt DSM-IV die Vergewaltigung als eines der Traumen, die zu einer posttraumatischen Belastungsstörung führen können.

Der Vergewaltiger

Eine Vergewaltigung ist mit ziemlicher Sicherheit meistens geplant und nicht, wie oft behauptet wird, der spontane Akt eines Mannes, dessen Sexualtrieb vorübergehend außer Kontrolle gerät (*Harrington & Sutton-Simon*, 1977). Der Vergewaltiger kann eine sadistische Ader haben, aber im Unterschied zum Sadisten kennt er sein Opfer oft vorher nicht und vergreift sich an einer Frau, die mit der sexuellen Handlung nicht einverstanden ist. Überdies unterhält der Sadist gewöhnlich eine feste und dauerhafte Beziehung zu einer Masochistin. In vielen Fällen ist wiederholte Vergewaltigung Teil eines soziopathischen Lebensstils.

Sexuelle Dysfunktion während einer Vergewaltigung scheint häufig zu sein. In Interviews mit 170 wegen eines gewalttätigen Sexualdeliktes verurteilten Männern zeigte sich, daß ein Drittel dieser Männer während der Tat keine Erektion oder aber vorzeitigen beziehungsweise verzögerten Samenerguß hatten – Schwierigkeiten die die meisten der Betroffenen eigenen Angaben zufolge bei normalen sexuellen Beziehungen nie hatten. Offensichtlich war nur ein Viertel der Männer während der Vergewaltigung sexuell voll funktionstüchtig (*Groth & Burgess*, 1977). Die Vergewaltiger mißbrauchen häufig Alkohol und daher kann das Fehlen der Erektion teilweise auf die hemmenden Wirkungen des Alkohols auf die sexuelle Erregung zurückgeführt werden (*Wilson & Lawson*, 1976). Auf der anderen Seite kann auch die Gewalttätigkeit, die mit der Vergewaltigung verbunden ist, auf die enthemmende Wirkung des Alkohols in bezug auf Aggression zurückgeführt werden (*Barabee, Marshall & Yates*, 1983).

Susan Brownmiller (1975) hat den Sexismus und die Unterwerfung der Frau durch Vergewaltigung in ihrem Bestseller *„Gegen unseren*

Willen" ausführlich untersucht. Vergewaltigung, so ihre These, ist „nicht mehr und nicht weniger als ein bewußter Prozeß der Einschüchterung, durch den alle Männer alle Frauen in einem steten Zustand der Angst halten" (S. 5). Sie führt auch den historischen Beweis. Im alten Babylon (3000 v. Chr.) z.B. war die Ehefrau das Eigentum ihres Mannes. Wurde sie vergewaltigt, warf man sie zusammen mit dem Vergewaltiger gefesselt in einen Fluß. Dem Ehemann blieb es überlassen, ob er sie rettete oder als Strafe für den „Ehebruch" ertrinken ließ. Die alten Hebräer waren nicht fortschrittlicher. Sie steinigten eine vergewaltigte Ehefrau und ihren Vergewaltiger gewöhnlich zu Tode. Wurde eine nicht verlobte Jungfrau innerhalb der Stadtmauern vergewaltigt, steinigte man sie ebenfalls, denn es wurde angenommen, daß sie die Tat durch lautes Schreien hätte verhindern können.

Diese Bestrafungen, die verschiedene Gesellschaften über vergewaltigte Frauen verhängten, sowie die Tatsache, daß Männer Frauen im allgemeinen an Körperkraft überlegen sind, stützen die These von *Susan Brownmiller*, daß Vergewaltigung seit jeher – also auch heute noch – dazu dient, die Frauen einzuschüchtern. Zwischen dem 11. und 13. Jahrhundert vergewaltigten die Kreuzritter auf ihren heiligen Pilgerzügen zur Befreiung Jerusalems von den Moslems Frauen in Europa, die Deutschen vergewaltigten im Ersten Weltkrieg die Frauen des überwältigten Belgien, amerikanische Soldaten vergewaltigten in Vietnam, als sie den Feind „suchten und vernichteten" und irakische Soldaten vergewaltigten Frauen und mißhandelten sie als sie vor wenigen Jahren Kuwait besetzten. *Susan Brownmiller* behauptet, daß Vergewaltigung im Krieg geradezu erwartet wird. Die Mitgliedschaft in den exklusivsten Männerclubs der Welt – den Streitkräften der meisten Nationen – provoziere, so schreibt sie, ein perverses Gefühl männlicher Überlegenheit und schaffe damit ein Klima, in dem Vergewaltigung akzeptabel sei.

Was ist der Vergewaltiger für ein Mensch? Ist er ein Psychopath, dem es Nervenkitzel bedeutet, eine Frau durch Einschüchterung und oft brutale Gewalt zu beherrschen und zu erniedrigen? Ist er der normale, wenig selbstbewußte Mann mit schwachem Ego, der seine Frustrationen nach Enttäuschungen in Beruf oder Liebe an einer Fremden ausläßt? Oder ist es der Halbwüchsige, der sich durch eine verführeri-

sche und scheinbar bereitwillige Frau provoziert fühlt, die dann aber, wie er feststellen muß, doch nicht an sexuellen Beziehungen mit ihm interessiert ist? Oder ist es ein Mann, der unter Alkohol alle Hemmungen verloren hat und seinen aggressiven Gefühlen freien Lauf läßt? Die beste Antwort wäre: der Vergewaltiger verkörpert alle diese Männer insofern, als wahrscheinlich mehrere der beschriebenen Momente bei ihm zusammenkommen. Was die meisten Vergewaltiger wahrscheinlich gemeinsam haben, ist ihre ungewöhnlich starke Feindseligkeit gegenüber Frauen, die sich aus ihrer Überzeugung ergibt, daß sie von ihnen verraten, getäuscht oder betrogen wurden (*Duke & Durham*, 1990). Aus einer soziologischen Perspektive betrachtet: je häufiger in einer Gesellschaft die interpersonale Gewalttätigkeit als Möglichkeit der Bewältigung von Konflikten und der Lösung von Problemen angesehen wird, desto größer ist die Häufigkeit der Vergewaltigung (*Sanday*, 1981).

Wenn wir Polizeiberichten glauben, ist der Vergewaltiger zumeist jung – gewöhnlich zwischen 15 und 25 Jahre alt –, arm und ohne abgeschlossene Schul- und Berufsausbildung. Er entstammt der Unterschicht, wo, wie Soziologen behaupten, Gewalt selbstverständlicher ist als in der Mittelschicht. Vergewaltiger sind in

Diese berühmte Szene aus dem Film „Vom Winde verweht" illustriert eine der Mythen von Vergewaltigung – daß trotz anfänglichem Widerstreben die Frau „genommen" werden will.

etwa 50% der Fälle verheiratet und leben zum Zeitpunkt des Verbrechens mit ihrer Frau zusammen. An jeder dritten oder vierten Vergewaltigung sind zwei und mehr Männer beteiligt. Da die Dunkelziffer bekanntermaßen hoch ist, lassen sich die aus Polizeiakten gewonnenen Erkenntnisse nicht ohne weiteres verallgemeinern. In manchen Fällen sind Vergewaltiger und Ehemann des Opfers auch ein und dieselbe Person. *Russell* (1982) schätzt, daß es bei verheirateten Frauen eine Inzidenzrate von 14% gibt.

Bandura (1986) vermutet, daß der Konsum bestimmter Formen der Pornographie einige Männer dazu bringt, Frauen gegenüber in sexuellen Situationen aggressiv zu reagieren. In einem Überblick über die Forschung in diesem Bereich folgerte er, daß während positive Erotika die sexuelle Aggressivität nicht steigern, dies für die Erotika, bei denen die Frauen herabgesetzt oder bei denen Gewalt gegenüber ihnen ausgeübt oder sie beherrscht werden, dies geschieht (*Malamuth, Feshbach & Jaffe*, 1977). Es gibt tatsächlich Belege dafür, daß Hardcore-Pornographie – die Frauen typischerweise herabsetzt – dazu führt, daß männliche Konsumenten in ihren Ansichten über Vergewaltiger großzügiger werden (*Linz, Donnerstein & Penrod*, 1988; *Zillman & Bryant*, 1984). Gewaltpornographie, die Frauen zeigt, die anfänglich Widerstand leisten, dann aber die Vergewaltigung genießen, unterstützt die Vorstellung, daß es Frauen mögen, wenn sie sexuell angegriffen werden (*Malamuth & Check*, 1981). Darüber hinaus gab ein Drittel der Studenten zu, daß sie eine Vergewaltigung verüben würden, wenn sie es vermeiden könnten, verhaftet zu werden. Sie neigten außerdem dazu, den Mythos, daß Frauen, die vergewaltigt wurden, dies in der Art wie sie sich kleideten und handelten, herausgefordert hätten, zu unterschreiben (*Malamuth*, 1981).

Sogar männliche Studenten, die eine Vergewaltigung als nicht akzeptabel ansehen, werden von Darstellungen der Vergewaltigung erregt, wenn die Frau erkennen läßt, daß sie während des Vorgangs einen Orgasmus erlebt (*Malamuth & Check*, 1984). Dabei kommt einem ins Gedächtnis, was als einer der bemerkenswertesten und am meisten romantischen Küsse der Filmgeschichte angesehen wird, der von Clark Gable als Rhett Butler und Vivien Leigh als Scarlett O'Hara in dem klassischen Film „Vom Winde verweht". Am Fuß der Treppe eines ele-

ganten Herrenhauses in den Südstaaten, schnappt sich Gable Leigh, umarmt sie kräftig und küßt sie. Sie zeigt anfänglich Widerstand, gibt sich aber nach einigen Sekunden der Leidenschaft des Augenblicks hin und läßt zu, daß sie die Treppen hinaufgetragen, auf das Bett geworfen, und wie es gewöhnlich umschrieben wird, „genommen" wird. Welche Botschaft wird hier den Männern übermittelt, die männlich sein wollen? Welche Botschaft den Frauen, die weiblich sein wollen? Und welche Botschaft den Generationen von Filmfans über die Art der sexuellen Beziehungen zwischen Männern und Frauen? (Vgl. Kasten 12.2 für einen Überblick über das, was heute über die Rendezvous-Vergewaltigung oder Vergewaltigung durch Bekannte vorliegt.)

Auch bei der Untersuchung der Vergewaltigung und anderer Muster abweichenden Sexualverhaltens sind wir mit der Tatsache konfrontiert, daß Sexualität vielen Zwecken dienen kann. Eine Handlung, die wir sexuell nennen, weil sie die Genitalien mit einschließt, wäre vielleicht manchmal aus nicht-sexueller Perspektive sehr viel verständlicher. In ihrer klassischen Studie über Sexualtäter kommen *Gebhard* et al. (1965) zu dem Schluß, daß bis zu einem Drittel der Vergewaltiger den Akt nicht um der sexuellen Befriedigung willen ausführte, sondern um Aggression auszudrücken. Auch andere Forscher (z.B. *Brownmiller*, 1975; *Gagnon*, 1977) glauben, daß die Gründe, die den Vergewaltiger zur Tat veranlassen, nur entfernt mit Sexualität als solcher zu tun haben. Neuere Untersuchungen von *Knight* und *Prentky* (1990) lassen vier Motive vermuten: Opportunismus (beinhaltet einen ungeplanten, impulsiven Übergriff), beständigem Ärger (umfaßt das Zufügen von Schmerzen und Verletzungen), Sex (reflektiert eine ständige Beschäftigung mit Sex) und Rachsucht (beinhaltet Handlungen, die demütigen und herabsetzen).

Viele feministische Gruppen wollen Vergewaltigung überhaupt nicht als Sexualdelikt klassifiziert wissen, denn damit werde verschleiert, daß der Akt seinem Wesen nach beleidigend und brutal sei, und eine Atmosphäre geschaffen, in der nach den Motiven des *Opfers* gefragt werde. Jemand, der niedergeschlagen und beraubt (aber nicht sexuell mißbraucht) wird, gerät selten in Verdacht, den Angriff heimlich gewünscht zu haben. Dagegen will es eine grausame Ironie, daß Vergewaltigungsopfer häufig vor Ehemännern, Freunden, der Poli-

Kasten 12.2 Vergewaltigung durch Bekannte

Eine Vergewaltigung, an der zwei Menschen beteiligt sind, die sich kennen und sich sogar verabreden, wird Vergewaltigung durch Bekannte oder Rendezvous-Vergewaltigung genannt. Derartige Übergriffe können diejenigen durch Fremde etwa im Verhältnis 3 zu 1 übertreffen (*Kilpatrick & Best*, 1990). Wenn man von der immer noch vorhandenen Tendenz ausgeht, die Mittäterschaft, sogar die Verführung durch das Opfer (das fast immer eine Frau ist) zu unterstellen, dann ist es keine Überraschung, daß Rendezvouz-Vergewaltigungen nur selten angezeigt werden – sie stellen tatsächlich die am wenigsten angezeigte Form der Vergewaltigung dar (*Warshaw*, 1988), möglicherweise weil die Opfer, noch mehr als bei den Übergriffen von Fremden, sich für das, was geschehen ist, verantwortlich machen. Einige versichern, daß, wenn eine Frau es einem Mann erlaubt, sie zu umarmen und zu küssen, sie ihm zumindest implizit die Erlaubnis für den Verkehr oder andere intime sexuelle Handlungen mit ihr gegeben habe. Dieser Gesichtspunkt der Erlaubnis wird heftig dadurch bestritten, daß der schwächere Teil in einer soziosexuellen Situation immer das Recht hat nein zu sagen und daß es keine Rechtfertigung für den Mann gibt, daß er durch die Verführung der Frau so erregt wurde, daß er sich nicht mehr unter Kontrolle halten konnte. Die Behauptung von unkontrollierbarer Leidenschaft ist dann besonders schwach, wenn die Vergewaltigung mit Gewalt einhergeht, die zu Verletzungen des Opfers führen.

Nach einer Umfrage einer Frauenzeitschrift waren nur ein Viertel der Frauen, die sagten, daß sie einmal Geschlechtsverkehr gegen ihren Willen hatten, nach ihrer Auffassung vergewaltigt worden (*Warshaw*, 1988). In vergleichbarer Weise ergaben mehrere Untersuchungen von *Malamuth* und seinen Mitarbeitern (z.B. *Malamuth, Haber & Feshbach*, 1980; *Malamuth*, 1981), daß etwa ein Drittel der befragten Studenten zugaben, daß sie den Sex mit einer Frau erzwingen würden, wenn sie davon überzeugt wären, daß sie nicht gefaßt würden. Es ist daher keine Überraschung, daß die Rendezvous-Vergewaltigung nur unzureichend verstanden und selten angezeigt wird.

Einige Theoretiker sind davon überzeugt, daß die Vergewaltigung ein Teil der kulturellen Stereotype von Maskulinität und Feminität ist, wobei die Rolle des Mannes in einer sexuellen Beziehung die aggressive und die der Frau die passive, aber verführerische ist. Von der Frau wird erwartet, daß sie den Avancen des Mannes widersteht; vom Mann wird erwartet, daß er ihren Widerstand überwindet. Es kann sein, daß einige Vergewaltigungen aufgrund einer fehlerhaften Kommunikation zwischen dem Mann und der Frau begangen werden. Das „vielleicht" einer Frau wird als „ja" vom Mann interpretiert, der aufgrund der Annahme, daß die Frau wirklich intim werden möchte, weitergeht, wobei er dann stark enttäuscht ist und nicht in der Lage, ihre zuletzt erfolgende Weigerung zu akzeptieren (*Gagnon*, 1977; *Margolin*, 1990). Diese Auffassung der Vergewaltigung läßt sich natürlich nur auf die Fälle anwenden, in denen die beiden Menschen sich kennen, und nicht auf die große Zahl der Überfälle, die auf den Straßen geschehen und durch einen erzwungenen Zutritt in die Wohnung. Diese Ansicht trägt auch der extremen Brutalität, die häufig Teil des Verbrechens ist, keine Rechnung.

Es gibt hier einen Ansatz, der die Rendezvous-Vergewaltigung reduzieren kann. Zusätzlich zu einer stärkeren Selbstsicherheit und Ablehnung, wenn sie fühlen, daß unerwünschter Druck ausgeübt wird, können es die Frauen lernen zu verstehen, aufgrund welch unterschiedlicher Rollenerwartungen Männer und Frauen häufig handeln. Dadurch können sie sich die Möglichkeiten, wie ihre Botschaften empfangen und von Männern in nicht beabsichtigter Weise interpretiert werden, bewußt machen. Dabei geht es nicht darum, die Verantwortung auf die Frau abzuwälzen, sondern eher darum, ihr einige Möglichkeiten an die Hand zu geben, die zu einer Verbesserung der Kommunikation führen können und die die Gefahr vermindern, daß ein Bekannter ihre Freundlichkeit und Zuneigung als eine Einladung weiter zu gehen auffaßt. Gewiß müssen alle präventiven Anstrengungen, die auf die Frauen gerichtet sind, durch Erziehungsprogramme für Männer ergänzt werden, die ihre Einstellungen und Handlungen im Umgang mit Frauen als möglichen Sexualpartnern (und nicht als Objekte) untersuchen und sie müssen die unterschiedlichen Rollen ebenfalls verstehen.

zei, aber auch vor sich selbst den Beweis ihrer „Unschuld" antreten müssen. Wie haben *sie* zur Tat beigetragen, besonders, wenn der Vergewaltiger kein vollkommen Fremder war? Aber dank einer aufgeklärteren Haltung scheint die Vergewaltigung allmählich ihren stigmatisierenden Charakter zu verlieren. Dazu haben die Frauenbewegung und Bücher wie das von *Susan Brownmiller* entscheidend beigetragen.

Therapie von Vergewaltigungsopfern und Vergewaltigern

Im Unterschied zu den meisten Störungen, mit denen wir es in diesem Buch zu tun haben, stellt eine Vergewaltigung den beruflichen Helfer vor eine zweifache Aufgabe: Nicht nur der Vergewaltiger bedarf der Behandlung, sondern auch dessen Opfer.

Es gibt eine ganze Anzahl von Therapieprogrammen, um Männer von ihrer Vergewaltigungsneigung abzubringen. In manchen Gefängnissen praktiziert man ein gruppentherapeutisches Konfrontationsverfahren und hofft, daß man so die verurteilten Vergewaltiger dazu bringt, die Verantwortung für ihre Gewalttätigkeit gegenüber Frauen zu übernehmen und sich um andere Möglichkeiten des Umgangs mit dem anderen Geschlecht, aber auch mit ihrem Zorn zu bemühen. Über die Wirksamkeit dieser Programme ist jedoch wenig bekannt. Die meisten Vergewaltiger sind Wiederholungstäter, und Gefängnisstrafen haben sich als wenig wirksames Mittel erwiesen, künftigen Vergewaltigungen vorzubeugen. Therapeuten, die betroffenen Männern helfen wollen, müssen mit einer Vielzahl möglicher Ursachen für die Vergewaltigungsneigung rechnen: Einsamkeit, mangelnde soziale Fertigkeiten (*Overholser & Beck*, 1986), Furcht vor normalem Umgang mit Frauen, ausgeprägter Frauenhaß, Unfähigkeit oder mangelnde Bereitschaft, Befriedigungsaufschub, was vielleicht besonders nach starkem Alkoholkonsum der Fall ist, und eine übertriebene Vorstellung von Männlichkeit, bei der Frauen dem Mann untergeordnet sind.

Körperliche Eingriffe, wie operative Kastration und die chemische Verminderung des Testosterons, beruhen auf der Annahme, daß die Vergewaltigung in erster Linie eine sexuelle Handlung sei. Es sollte jedoch berücksichtigt werden, daß die Fähigkeit zur Erektion für die Vergewaltigung nicht notwendig ist. Das ge-

walttätige Verhalten selbst wird durch diese drastischen medizinischen Maßnahmen nicht direkt angegangen (*Geer, Heiman & Leitenberg*, 1984). Außerdem steht die Wirksamkeit der Kastration als Therapie in Frage.

Man hat sich in den letzten Jahren sehr um Hilfe für die Opfer von Vergewaltigungen bemüht (z.B. *Calhoun & Atkeson*, 1991). In den gesamten USA gibt es Krisenzentren und Nottelephone für vergewaltigte Frauen. Zum Teil sind sie an örtliche Kliniken und Krankenhäuser angeschlossen, zum Teil arbeiten sie selbständig. Berufliche Helfer und ehrenamtliche Mitarbeiterinnen, vielleicht selbst früher einmal Opfer einer Vergewaltigung, bieten in diesen Zentren Unterstützung und Rat in einem Umfeld an, das als Krisenintervention bezeichnet wird. Im Zentrum der Bemühungen steht die Normalisierung der emotionalen Reaktionen des Opfers – „Alle gehen nach dem Überfall durch eine emotionale Aufgewühltheit." Sie ermutigen das Opfer, über seine Gefühle zu sprechen, sie helfen der Frau, die notwendigen Arrangements zu treffen, wie etwa eine Fürsorge für die Kinder oder die Verbesserung der Sicherheitseinrichtungen im Haus, kurz gesagt, sie helfen bei der Lösung von Problemen und der Bewältigung der unmittelbaren Folgen nach dem traumatischen Ereignis (*Calhoun & Atkeson, 1991; Sorenson & Brown*, 1990).

Sozialer Rückzug und Inaktivität des Opfers werden nicht unterstützt. Die Anzeige der Vergewaltigung bei der Polizei wird ermutigt: Frauen des Krisenzentrums können das Opfer der Vergewaltigung ins Krankenhaus und zur Polizei begleiten, wo sie sie bei den juristischen Verfahren und bei dem Erzählen der Ereignisse bei dem Überfall unterstützen. Später können sie Untersuchungen auf Schwangerschaft und Geschlechtskrankheiten und die psychologische Betreuung veranlassen. Die Möglichkeit einer HIV-Infektion ist ebenfalls zu berücksichtigen. Die mitfühlenden Begleiterinnen vom Krisenzentrum helfen dem Opfer dabei, mit dem Ausdrücken ihrer Gefühle bei dem Vorfall zu beginnen und sie zwingen sie, die Kontakte zu den eigenen Verwandten und Freunden fortzusetzen. Wenn der oder die Angreifer verhaftet wurden, dann drängen die Frauen des Zentrums darauf, die Strafverfolgung in Angriff zu nehmen. Sie besuchen sowohl die Anhörung durch den Staatsanwalt als auch den Prozeß.

Vergewaltigungsopfer fragen sich sehr viel häufiger als Opfer anderer Gewaltverbrechen, ob nicht etwas in ihrem eigenen Verhalten die Tat provoziert oder ermöglicht haben könnte. Die psychologische Beratung hat sich zunächst also darauf zu konzentrieren, den betroffenen Frauen das Gefühl der Verantwortlichkeit und der Schuld zu nehmen (*Frazier*, 1990).

Steht mehr Zeit zur Verfügung, gilt die Aufmerksamkeit häufig den sozialen Beziehungen der Frau, die möglicherweise durch die Vergewaltigung unterbrochen wurden oder in anderer Weise Schaden genommen haben. Ehemänner und Liebhaber teilen oft den kulturbedingten Argwohn dem Opfer gegenüber und müssen daran gehindert werden, ihre Frau als schuldig oder durch die Erfahrung mit einem Makel behaftet zu sehen. Obwohl sich die Ansätze zur Reduzierung von Angst unterscheiden, teilen sie mit der Behandlung der Posttraumatischen Belastungsstörung (*Keane* et al., 1989), daß das Opfer den angstauslösenden Umständen des Überfalls ausgesetzt wird, damit die gelernte Angst gelöscht werden kann (*Calhoun & Atkeson*, 1991; *Rothbaum & Foa*, 1992). Wie bei anderen Formen der Ängste ist es keine einfache Aufgabe, die Betroffenen zu ermutigen, sich ihren Ängsten zu stellen, da Verleugnung und Meidungsverhalten die üblichen Bewältigungsformen sind, die von den Vergewaltigungsopfern, meist vergeblich, eingesetzt werden. Die Depression kann angegangen werden, indem man der Frau hilft, ihre Rolle bei der Vergewaltigung neu zu sehen – wie bereits erwähnt, neigen viele Opfer dazu, sich als (zumindest teilweise) verantwortlich zu sehen. Ein wenig erforschter Bereich ist der Ärger und die Wut, die viele Opfer in bezug auf den Täter empfinden, Gefühle, von denen viele Angst haben, sie auszudrücken oder als sozial unangemessen erleben (*Calhoun & Atkeson*, 1991).

Die allgemeine Einstellung und die Einrichtungen zur Unterstützung ermutigen jetzt das Opfer, die Vergewaltigung anzuzeigen und den Täter zu bestrafen, aber die Gesetzeslage ist weiterhin problematisch. Die Vergewaltigung ist weiterhin das Verbrechen, das am seltensten angezeigt wird. Eine Untersuchung der Kriminalstatistik durch das US-Justizministerium kommt zu der Beurteilung, daß nicht mehr als 53% der Vergewaltigungen zwischen 1973 und 1987 bei der Polizei angezeigt wurden; die wirkliche Zahl liegt wahrscheinlich sehr viel niedriger. Interviews mit einer halben Million Frauen wiesen auf drei Gründe für das Zögern bei der Anzeige einer Vergewaltigung hin: die Vergewaltigung wird als Privatangelegenheit angesehen, es besteht Angst vor Vergeltung durch den Täter oder seiner Familie oder Freunde und es wird angenommen, daß die Polizei unfähig, wirkungslos oder unsensibel sei (*Wright*, 1991). Schätzungen zufolge wird nur ein sehr geringer Prozentsatz der Vergewaltiger schließlich auch verurteilt. Jegliche Vertraulichkeit des Opfers ihrem Vergewaltiger gegenüber macht dessen Verurteilung sehr unwahrscheinlich. Immer noch wird untersucht, welche Rolle das Opfer bei der eigenen Vergewaltigung gespielt hat. Und viele Vergewaltiger vergewaltigen Hunderte von Malen, auch wenn sie gelegentlich ins Gefängnis wandern. Die Gesellschaft muß sich sehr aufmerksam und aktiv darum bemühen, daß die Rechte des Opfers vom Rechtssystem gewahrt werden.

Anmerkungen zur Homosexualität

Obwohl Homosexualität im DSM-IV bzw. im ICD-10 nicht als Störungskategorie in Erscheinung tritt, sind wir der Auffassung, daß noch eine erhebliche Kontroverse über diese Formen der Emotionen und des Verhaltens – sowohl bei Laien, aber auch bei Mitarbeitern des Gesundheitswesens – besteht, die eine Darstellung dieses Themas erforderlich machen. Ein historischer Überblick gibt einige Ansatzpunkte für die zahlreichen Betrachtungsweisen, mit denen wir diejenigen ansehen, deren sexuelle Präferenzen die Angehörigen des gleichen Geschlechts einschließen oder darauf beschränkt sind. (Einige andere Probleme und Ansätze sind in Kasten 12.4 dargestellt.)

In den Ausgaben des DSM-II 1968 bis 1973 wurde die Homosexualität, sexuelle Wünsche oder Aktivitäten, die auf Angehörige des eigenen Geschlechts gerichtet sind, unter den sexuellen Abweichungen eingeordnet. 1973 empfahl das Komitee für Nomenklatur der Amerikanischen Psychiatrischen Vereinigung auf Druck von zahlreichen Mitgliedern und insbesondere der Aktivisten der Homosexuellenbewegung der Generalversammlung die Eliminierung dieser Kategorie und schlug als Ersatz die „Störung der sexuellen Orientierung" vor. Diese neue Diagnose sollte auf homosexuelle Männer

Kasten 12.3   Eine psychophysiologische Analyse der Vergewaltigung: ein unerfülltes Versprechen?

Diskussionen über das Phänomen der Vergewaltigung basieren fast ausschließlich auf den Arbeiten von Historikern, Soziologen, Politologen und Journalisten. Seit einigen Jahren versucht man es auch, dieses Phänomen ins experimentalpsychologische Labor zu bringen. Die Untersuchung von *Abel* und seinen Mitarbeitern (1977) ist ein gutes Beispiel für diese Art der Forschung.

In ihrer ersten Untersuchung entwickelten sie eine Methodologie, die ihnen mit Hilfe des Penis-Plethysmographen helfen sollte, zwischen Vergewaltigern und Nicht-Vergewaltigern zu unterscheiden. Die meisten an der Untersuchung beteiligten Vergewaltiger blickten auf eine lange Geschichte gewalttätiger Sexualdelikte an Frauen, in manchen Fällen auch an Männern, zurück. Die Kontrollprobanden wiesen andere Formen abweichenden Sexualverhaltens auf wie Exhibitionismus, Pädophilie und Homosexualität.

Als unabhängige Variable wurden den Probanden zwei Tonbänder mit jeweils einer erotischen Geschichte vorgespielt. In einem Fall war es die Geschichte eines gemeinsam genossenen Geschlechtsverkehrs zwischen zwei miteinander harmonisierenden Partnern. Das andere Tonband erzählte von der Vergewaltigung der ersten Partnerin. Die erste Szene schilderte die Partnerin als bereitwillig, liebevoll und zärtlich. In der Vergewaltigungsszene litt das Opfer unüberhörbar körperliche und seelische Schmerzen. Der Plethysmograph zeigte erwartungsgemäß, daß die Vergewaltiger von der Vergewaltigungsszene signifikant mehr erregt wurden als die Kontrollprobanden. Aber interessanterweise wirkte die Szene mit der einständig genossenen Sexualität auf die Vergewaltiger genauso erregend! Die Kontrollprobanden erregte die liebevolle Szene zwar sehr viel mehr als die Vergewaltigung, aber auch letztere führte zu leichter Erregung.

Dann untersuchte *Abel* mit derselben Methode die Reaktion von Vergewaltigern auf Aggression. Wirkt auch nicht-sexuelle Aggression auf Vergewaltiger erregend? Wie hängen Erregung durch Aggression und Erregung durch Vergewaltigung zusammen? Probanden waren einige der auch an der ersten Studie beteiligten Vergewaltiger. Diesmal spielte man ihnen drei Tonbandgeschichten vor. Eine schilderte einen Vergewaltiger, der eine Frau zu Boden warf, schlug und gegen ihren Willen niederhielt, ohne aber Geschlechtsverkehr zu suchen. In der zweiten Geschichte erzwang der Mann den Geschlechtsverkehr. Das dritte Band erzählte von einer gewaltlosen sexuellen Begegnung mit einer bereitwilligen Partnerin. Wie die Ergebnisse zeigten, führte die Aggressionsszene zwar zu einer gewissen sexuellen Erregung, aber sie machte nur 40% der Erregung aus, die bei Anhören der Vergewaltigungsszene entstand. Das Band mit der wechselseitig befriedigenden, nicht-aggressiven Sexualität erregte die Vergewaltiger noch weniger.

Dann verglichen *Abel* und seine Mitarbeiter die Plethysmograph-Aufzeichnungen der einzelnen Vergewaltiger mit deren Fallgeschichte. Einige Probanden zogen normalen Geschlechtsverkehr vor und nahmen zur Vergewaltigung nur Zuflucht, wenn das Opfer nicht dazu bereit war. Diese Männer hatten bei der Aggressionsgeschichte nur schwache Erektionen, stärkere beim Anhören der Vergewaltigungsszene, und am stärksten war die Reaktion auf die Schilderung herkömmlichen Geschlechtsverkehrs. Vergewaltiger, die sich wiederholt und häufig auf sadistische Weise an Frauen vergriffen hatten, reagierten auf den beidseitig als befriedigend erlebten Liebesakt kaum, aber ihre Erregung stieg merklich, wenn die Sexualität gewalttätig wurde. Auch die Aggressionsgeschichte löste bei diesen Männern starke Erregung aus. Das Bild ist also nicht einfach. Manche Männer greifen offensichtlich nur dann zum Mittel der Vergewaltigung, wenn liebevolle Sexualität nicht erreichbar ist, während andere die Verbindung von Sexualität und Gewalt gegenüber einem widerstrebenden und angstvollen Opfer zu *brauchen* scheinen. Diese Ergebnisse wurden bei anderen Stichproben von Vergewaltigern und Kontrollpersonen recht gut repliziert (*Barabee, Marshall & Lanthier*, 1979; *Quinsey & Chaplin*, 1984) und ähnliche Untersuchungen wurden bei Pädophilen (*Abel, Becker, Murphy & Flanagan*, 1981) und anderen Paraphilen (*Abel, Blanchard & Barlow*, 1981) durchgeführt.

Die Technologie, die in diesen Studien eingesetzt wurde, ist jedoch aus technischen und konzeptuellen Gründen kritisiert worden. *McConaghy* (1990) hat die Methoden vieler dieser Untersuchungen kritisiert und behauptet, daß die Verfahren, die zur Messung der Erregung eingesetzt werden, nicht valide sind. (Interessanterweise plädiert er, der Untersuchungen mit dem Penisplethysmographen durchgeführt hat, für eine stärkere Berücksichtigung der Selbstbeurteilung.) Obwohl seine Argumente nicht unwidersprochen blieben (*McAnulty & Adams*, 1992 und die Erwiderung von *McConaghy*, 1992), ist es eine legitime Frage, ob der Penisplethysmograph wirklich die Prozesse erfaßt, die dem aggressiven sexuellen Verhalten, wie der Vergewaltigung zugrunde liegen (*Blader & Marshall*, 1989). Der Einsatz dieses genitalen Meßinstruments, um Sexualstraftäter von anderen zu unterscheiden, setzt voraus, daß die sexuelle Erregung, die durch die Vergrößerung des Penis gemessen wird, ein frühes und notwendiges Stadium in der Genese sexuell gewalttätigen Verhaltens ist. Obwohl diese zentrale Annahme einige Unterstützung durch Laboruntersuchungen bei Pädophilen erhält (z.B. *Freund, Watson, Dickey & Rienzo*, 1991; *Marshall, Barbaree & Christophe*, 1986), fehlt die eindeutige Bestätigung bei Vergewaltigern, wie wir gerade bei den Untersuchungen von *Abel* gesehen haben. Dies gilt auch für andere Studien (z.B. *Barbaree, Baxter & Marshall*, 1989; *Baxter* et al., 1984; *Langevin* et al., 1985).

Es ist auch zu berücksichtigen, daß bei der Rendezvous-Vergewaltigung der Mann gewöhnlich versucht, zunächst eine Zustimmung zu erhalten, aber, wenn er zurückgewiesen wird, Gewalt ausübt, in der Hoffnung, daß die Frau ihre Meinung ändern wird, oder in der Überzeugung, daß sie in Wahrheit den Verkehr will und möglicherweise dafür nicht die Verantwortung übernehmen möchte. Da von diesem Szenario angenommen wird, daß es für die Mehrzahl der Vergewaltigungen zutrifft (*Williams*, 1984), stellt dies ein ernsthaftes Problem für die Rolle der sexuellen Erregung als einen bedeutenden Vorläufer der Vergewaltigung dar – denn in den auslösenden Reizen der frühen Stadien der sexuellen Erregung liegt keine Abweichung von der Norm vor. Es muß eher an Faktoren in der Person des Vergewaltigers liegen, die dazu führen, daß er mit Gewalt auf den Widerstand der Frau reagiert. Dieses Merkmal ist durch die Erfassung der sexuellen Erregung, psychophysiologisch oder anders, nicht zu entdecken.

Wie lassen sich solche Forschungsergebnisse mit unseren Erörterungen im Text vereinbaren? Denken wir etwa an *Susan Brownmillers* These, daß die Vergewaltigung dem Mann dazu dient, die Frauen einzuschüchtern, ja sogar zu demütigen. Zwischen dieser historisch-politischen Analyse und der Laborforschung von *Abel* scheinen Welten zu liegen. Das ist aber in Wirklichkeit nicht der Fall. Die Frage, die diese Art der Laborforschung nicht anspricht und wahrscheinlich auch gar nicht ansprechen kann, ist die nach dem *Warum*. Warum erregt es manche Männer, wenn einem widerstrebenden Opfer Schmerz zugefügt wird? Was ist an der Beziehung zu seinem Opfer für den Vergewaltiger so erregend? *Brownmiller* und andere finden die Ursache in der Geschichte, und dort speziell in der Machtbeziehung zwischen Männern und Frauen. Ihre unabhängigen Variablen sind, wenn man so will, der männliche „machismo“, die absichtliche Erniedrigung der Frau und der Wunsch, durch Aggression einzuschüchtern. *Abel* und andere Forscher seiner Richtung untersuchen Männer, die am Ende eines langen Prozesses der Verhaltensformung angelangt sind. Diese Vergewaltiger sind das Produkt ihrer sozialen Lerngeschichte. Herauszubekommen, *warum* sie zu Vergewaltigern wurden, ist das größere und wichtigere Problem. Zur Beantwortung dieser Frage bedarf es der Hilfe von Soziologen, Politologen und Historikern.

Beim DSM-II wurde Homosexualität als eine von mehreren sexuellen Abweichungen aufgeführt. In den nachfolgenden Versionen des DSM wurde die Homosexualität langsam als psychische Störung aufgegeben, teilweise auch aufgrund des Drucks von Gruppen, die für Homosexuelle eintreten.

und Frauen angewendet werden, „die sich durch ihre sexuelle Orientierung beeinträchtigt fühlen, damit in Konflikt stehen oder sie zu verändern wünschen." Die Mitglieder der Psychiatric Association stimmten darüber ab, ein Vorgang, der selbst ein Kommentar über das Verhalten der Wissenschaft im 20. Jahrhundert darstellt. Diese Veränderung wurde angenommen, aber nicht ohne den heftigen Widerspruch von zahlreichen bekannten Psychiatern, die sich für eine gewisse Zeit mit der traditionellen Auffassung identifiziert hatten, daß die Homosexualität eine Fixierung auf einer frühen Stufe der psychosexuellen Entwicklung darstellt und eindeutig abnorm ist.

Die Kontroverse blieb bestehen, aber als das DSM-III in den späten 70er Jahren entwickelt wurde, wurde zunehmend klar, daß die neue Nomenklatur die tolerante Einstellung gegenüber der Homosexualität übernehmen würde, die 1973 offenkundig geworden war. Die DSM-III-Kategorie „ich-dystone Homosexualität" bezieht sich auf eine Person, die homosexuell orientiert ist, diese Orientierung aber als andauernde Belastung erlebt und heterosexuell werden möchte.

Ich-dystone Homosexualität im DSM-III

Wie bei allen Kategorien von Störungen enthielt das DSM-III auch für die ich-dystone Homosexualität eine Darstellung der prädisponierenden Faktoren."

„Da Homosexualität selbst nicht als eine psychische Störung angesehen wird, sind auch die Faktoren, die zur Homosexualität prädisponieren, in diesem Abschnitt [auch nicht an anderer Stelle des DSM-III] nicht aufgeführt. Bei den Faktoren, die zur ich-dystonen Homosexualität führen, handelt es sich um die negativen Vorurteile der Gesellschaft gegenüber der Homosexualität, die internalisiert wurden. Darüber hinaus können Merkmale, die mit der Heterosexualität verbunden sind, wie Kinder und ein sozial akzeptiertes Familienleben zu haben, als wünschenswert angesehen werden und als unverträglich mit einer homosexuellen Orientierung. (*American Psychiatric Association*, 1980, S. 282)"

Was bedeuten diese Aussagen? Zu berücksichtigen dabei ist die Belastung, die für einen Homosexuellen besteht, der in der heutigen Gesellschaft aufwächst.

„Zu erwarten, daß jemand freiwillig kommt, um seine sexuelle Orientierung zu ändern, bedeutet, daß der gewaltige Druck der Umgebung, die Unterdrückung wenn sie es so ausdrücken wollen, der ihm viele Jahre gesagt hat, daß er sich ändern sollte, negiert wird. In einer Familie aufzuwachsen, wo das Wort „homosexuell" geflüstert wird, auf dem Spielplatz zu spielen und die Wörter „Schwuler" und „Homo" zu hören, in die Kirche zu gehen und von „Sünde" zu hören, dann im College von „Krankheit" und schließlich im Beratungszentrum etwas von „Heilung", dann bedeutet dies kaum, daß man in einer Welt lebt, in der die Freiheit der Wahl besteht. Vom Homosexuellen wird erwartet, daß er wünscht, sich zu ändern, und seine Nachfrage nach einer Behandlung wird implizit als der erste Schritt in Richtung auf ein „normales" Verhalten gewertet. (Silverstein, 1972, S. 4)"

DSM-III vertrat die Auffassung, daß ein Homosexueller abnorm war, wenn er von der vorurteilsbehafteten Gesellschaft überzeugt wurde, daß seine sexuelle Orientierung eigentlich deviant sei. DSM-III stellte aber auch explizit fest, daß die Homosexualität nicht abnorm sei! Die ich-dystone Homosexualität könnte sich auch entwickeln, wenn ein Homosexueller durch die Vorurteile der Gesellschaft gegen seinen Wunsch, ein Heim mit einer anderen Person des gleichen Geschlechts zu teilen, frustriert oder verletzt wurde.

DSM-III-R, DSM-IV und Homosexualität

Beim Kommentar der DSM-III-Kategorie „ich-dystone Homosexualität" in einer früheren Auflage dieses Lehrbuchs schlugen wir vor:

„Wenn die explizite Unterstützung der Homosexualität durch das DSM-III dazu führt, daß dieser Lebensstil eher akzeptiert wird als es heute der Fall ist, dann wird es schließlich auch weniger soziale und gesetzliche Sanktionen gegen homosexuelle Partner geben, die einen gemeinsamen Haushalt haben und Kinder erziehen, die entweder adoptiert wurden oder einer früheren heterosexuellen Beziehung entstammen. Der Homosexuelle wird dann in der Lage sein, sich mehr an dem zu erfreuen, was heute der heterosexuelle „Vorteil" ist. Das DSM wird sich selbst aus dieser neuen Kategorie der ich-dystonen Homosexualität beeinflussen. (Davison & Neale, 1986; S. 309)"

Das ist nun eingetreten, da DSM-III-R und jetzt auch DSM-IV keinen Hinweis auf Homosexualität als eigenständige Störungkategorie mehr enthalten. In den Jahren nach 1980 wurde im Gesundheitswesen sehr wenig Gebrauch von der Diagnose der ich-dystonen Homosexualität gemacht. War es vielleicht deswegen, weil die Homosexuellen in der Therapie nicht mehr nach einer sexuellen Neuorientierung verlangten? Vielleicht war es auch die größere Toleranz gegenüber der Homosexualität – trotz

der AIDS-Krise (S. 444) und der fehlerhaften Zuschreibung, daß es sich dabei um ein homosexuelles Problem und vielleicht sogar eine Strafe Gottes für ihre Sünden – die es den Homosexuellen ermöglichte, in der Therapie Hilfe für Probleme zu suchen, die mit ihrer Sexualität nicht verbunden waren. Möglicherweise waren auch einige Homosexuelle, wie ihre Aktivisten in den letzten zwanzig Jahren verlangten, nicht länger bereit, das Vorurteil gegenüber ihrer sexuellen Orientierung zu tolerieren und suchten Hilfe, um die bestehenden sozialen Widerstände gegen sie zu überwinden. Es könnte auch so gewesen sein, daß sich die Kliniker mehr auf Probleme wie Angst und Depression bei homosexuellen Patienten konzentrierten, ohne daß sie diese Probleme als notwendigerweise mit dem Wunsch verknüpft sahen, heterosexuell zu werden. Es ist unmöglich, die genauen Gründe anzugeben, aber es ist eindeutig, daß zu der Zeit, als die *American Psychiatric Association* 1987 in der Lage war, DSM-III-R zu publizieren, sie entschieden hatte, daß auch die verwässerte Diagnose der ich-dystonen Homosexualität nicht aufgenommen werden sollte. Statt dessen sollte die Restkategorie „Sexuelle Störungen, die nicht andernorts beschrieben sind" für die Fälle verwendet werden, bei denen „eine ständige Sorge und ausgeprägte Belastung über die eigene sexuelle Orientierung" vorliegt (S. 296). Diese Kategorie gibt es auch bei DSM-IV.

Es ist bemerkenswert, daß diese Definition keine bestimmte sexuelle Orientierung festlegt. Daher wäre es möglich, während die Tür zur Diagnose der ich-dystonen Homosexualität noch offen ist, daß die psychiatrische Nosologie es auch zuläßt, daß es eine ich-dystone Heterosexualität gibt. Nach unserer Erwartung wird keine dieser Diagnosen sehr häufig gestellt werden.

Zukünftige Forschung

Die Situation, die sich über die letzten 15 bis 20 Jahre entwickelt hat, daß Homosexualität per se keine psychische Störung darstellt, zusammen mit der Auffassung, daß nur jemand als gestört angesehen werden kann, der sich durch seine sexuelle Orientierung erheblichen Belastungen ausgesetzt sieht, hat wichtige Konsequenzen dafür, wie Sozialwissenschaftler ihre Zeit für die Untersuchung der Homosexualität einsetzen. Statt zu untersuchen, warum einige

Kasten 12.4 Einige logische und theoretische Probleme bei der Untersuchung der Homosexualität

Homophobie und Homosexualität

Wer der Meinung ist, Heterosexualität sei normal, Homosexualität dagegen abnorm, begründet das häufig damit, daß es im Tierreich keine ausschließliche Homosexualität gebe, solange andersgeschlechtliche Sexualpartner verfügbar seien. Es wird auch behauptet, daß alle Arten die heterosexuellen Kontakte maximierten, um das Fortbestehen der Art zu sichern. Überdies hat es offensichtlich noch nie eine menschliche Kultur gegeben, die in größerem Umfang zu ausschließlicher Homosexualität ermutigt hat.

Diese Argumente sind durchaus zwingend, nur übersehen sie ein wesentliches Charakteristikum menschlicher Sexualität: *Bisexualität ist sehr viel häufiger als ausschließliche Homosexualität* (*Kinsey, Pomeroy & Martin*, 1948). *Churchill* (1967) stellte die provozierende These auf, daß ausschließliche Homosexualität von antihomosexuellen Gesellschaften wie den unsrigen möglicherweise sogar gefördert wird. Da sexuelle Kontakte mit Angehörigen des eigenen Geschlechts so scharf verurteilt werden, ist mancher Bisexuelle vielleicht gezwungen, sich für eine Seite zu entscheiden. Erst so legt er sich ausschließlich auf das eigene Geschlecht fest, statt wie bisher sexuelle Kontakte mit Angehörigen beiderlei Geschlechts sinnvoll zu finden. Es ist also nicht ausgeschlossen, daß die *Homophobie,* wie die ablehnende Einstellung unserer Gesellschaft zur Homosexualität gelegentlich genannt wird *(Weinberg,* 1972), ihren Teil zur Entwicklung einer ausschließlich homosexuellen Orientierung beiträgt.

Geschlechtsidentität und homosexuelle Präferenz

Psychoanalytische und bis zu einem gewissen Grad auch Lerntheorien halten Homosexualität für ein Problem der Geschlechtsidentität: Ein Mann könne homosexuell werden, weil er sich die gesellschaftliche Definition des Mannseins nicht zu eigen gemacht habe. Einen Mann sexuell zu lieben, sei nur Männern möglich, die das Männlichkeitskonzept ihrer Gesellschaft nicht teilen.

Andere Theoretiker und Autoren bestreiten, daß es dem Homosexuellen an einer angemessenen Geschlechtsidentität fehlt. *Churchill* (1967) erwähnt in diesem Zusammenhang die Kameradschaft und sexuelle Liebe, die viele griechische Krieger verband. Platon rühmte den militärischen Nutzen homosexueller Beziehungen, denn das Bedürfnis, den Geliebten zu schützen, schien die Männer zu größerem Kampfesmut anzuspornen. Gibt es Sinn, einem tapferen Soldaten eine männliche Geschlechtsidentität abzusprechen?

In der *Bieber*-Studie (1962) wurden nur 2% der homosexuellen Probanden von ihren Analytikern als „effeminiert" beurteilt. Bestätigt wurden diese Beobachtungen zur Maskulinität männlicher Homosexueller durch eine Untersuchung von *Evans* (1969): 95% der homosexuellen Probanden bezeichneten sich selbst als „mäßig oder stark maskulin". „Bei den Männern ist die vollste seelische Männlichkeit mit der Inversion vereinbar" stellte auch Freud in seinen berühmten „Drei Abhandlungen zur Sexualtheorie" (1905) fest.

Viele männliche Homosexuelle besitzen eine feste männliche (*Silverstein*, 1972) und lesbische Frauen im allgemeinen eine weibliche Identität (*Martin & Lyon*, 1972). Vermutlich hat das Stereotyp der weichlichen, lispelnden „Tunte" viel zur falschen Vorstellung oder zumindest zur Übergeneralisierung von männlicher Homosexualität als weibliches Verhalten beigetragen. Ähnlich leistet das Stereotyp des lesbischen „kessen Vaters" mit männlichem Haarschnitt und Schneiderjackett der Vorstellung Vorschub, eine Lesbierin habe mehr von einem Mann als von einer Frau. Aber vergessen wir nicht, daß Homosexuelle innerhalb derselben Kultur aufwachsen wie alle anderen

Menschen die Mitglieder des eigenen Geschlechts als Sexualpartner bevorzugen und statt Methoden zu suchen und anzuwenden, die eine Veränderung der sexuellen Orientierung der Homosexuellen in Richtung auf Heterosexualität bewirken, könnten sich Kliniker und Forscher eher darauf konzentrieren, wie die Menschen allgemein mit ihrer Sexualität umgehen und denen helfen, die homosexuell orientiert sind, um dem Druck zu widerstehen, der

auch! Sie lernen, daß es weniger männlich beziehungsweise weniger weiblich ist, gleichgeschlechtlichen Sexualpartnern den Vorzug zu geben, und nehmen vielleicht ganz bewußt Züge des jeweils anderen Geschlechts an. Die Homosexualität ganz allgemein als Fehler der Geschlechtsidentität zu erklären, ist vermutlich falsch. „Geschlechtsrollen sind keine Form, in die wir unsere Sexualität gießen" (*Gagnon*, 1977, S. 242).

Unterschiede und Pathogenese

Die Ursprünge der Homosexualität beschäftigen Theoretiker und Forscher seit vielen Jahren. Psychoanalytiker, Lerntheoretiker und physiologisch orientierte Forscher haben Homosexuelle und Heterosexuelle verglichen und nach Unterschieden in ihrer psychischen oder physischen Ausstattung gesucht. Die vielleicht am häufigsten zitierte Studie ist die von *Bieber* und einigen seiner Mitarbeiter (1962). Die Untersuchung vergleicht Fallberichte von 106 homosexuellen und 100 heterosexuellen Patienten, die bei insgesamt 77 New Yorker Psychoanalytikern in Behandlung waren. Man stellte dabei unter anderem fest, daß männliche homosexuelle Analysanden häufiger eine „enge, intime Mutterbindung" und emotional gleichgültige, ablehnende Väter hatten. Methodisch ist der Studie – neben etlichen anderen Mängeln, die uns im Moment nicht interessieren – vor allem anzulasten, daß sich alle homosexuellen Probanden in analytischer Behandlung befanden und also kaum repräsentativ für die Homosexuellen als solche waren, von denen die meisten nie einen Therapeuten aufsuchen. Fragt sich also, ob diese Unterschiede beweisen, daß Homosexualität als solche pathologisch ist und daß solche Eltern zu haben, pathogen, d.h. krankheitsverursachend ist.
Bieber und seine Kollegen sind dieser Ansicht:

> „(Die Mutter, die den Sohn eng und intim an sich bindet), übt auf ihren Sohn durch einerseits verwöhnendes und verführendes und andererseits einschränkendes und überkontrollierendes Verhalten einen ungesunden Einfluß aus. In vielen Fällen war der Sohn der wichtigste Mensch in ihrem Leben und ersetzte den Ehemann als Liebesobjekt ... Wir sind zu der Ansicht gelangt, daß ... stark bindende Intimität auf seiten der Mutter und Gleichgültigkeit-Ablehnung auf seiten des Vaters das „klassische" Muster ist, das am ehesten zur Entwicklung von Homosexualität beim Sohn führt" (S. 47, 144).

Aus dieser und vielen ähnlichen Untersuchungen folgt, daß jeder Unterschied zwischen Homosexuellen und Heterosexuellen beweist, daß Homosexualität abnorm und der Unterschied selbst pathogen ist. Stimmt an dieser Argumentation vielleicht irgend etwas nicht? Stellen wir uns eine analoge Situation vor. Nehmen wir an, wir hätten festgestellt, daß gute Golfspielerinnen als Kinder häufiger öffentliche Schulen besuchten als schlechte Golfspielerinnen. Nehmen wir weiter an, die unterschiedlichen Leistungen auf dem Golfplatz seien der einzig durchgängige Unterschied zwischen beiden Gruppen. Unter welchen Bedingungen würden wir schließen, daß Kindheitserfahrungen in Privatschulen pathogen sind, also Krankheit verursachen? Die Antwort ist einfach. Der Besuch einer Privatschule ist pathogen, wenn das Ergebnis, ein schlechter Golfspieler zu sein, bereits vorher als pathologisch gilt. Ohne dieses a priori-Urteil könnten wir einen Unterschied zwischen zwei Gruppen nicht als Beweis dafür anführen, daß in einer der beiden Gruppen eine Pathologie vorliegt und wir könnten die vermutliche Ursache nicht als pathogen betrachten. Festzuhalten wäre allein, daß sich die beiden Gruppen voneinander *unterscheiden*.
Diese Logik gilt auch für *Biebers* Untersuchung.

> „Man kann ein bestimmtes Erziehungsmuster nur dann pathogen nennen, wenn man das Verhaltensmuster des Erwachsenen a priori als pathologisch betrachtet ... Was ist schlimm an (‚einer engen, intimen Mutterbindung'), wenn sie nicht zufällig in der Geschichte von Menschen auftaucht, deren Verhalten man von vornherein als pathologisch beurteilt hat?" (Davison, 1976, S. 159).

sie immer noch in Richtung Heterosexualität drängt. Außerdem wäre es möglich, daß die Mitarbeiter im Gesundheitswesen ihre Energie auf die Einrichtungen der Gemeindepsychologie konzentrieren und versuchen, soziale Vorurteile gegenüber den Homosexuellen abzubauen; die Homophobie ist sowohl bei Laien als auch bei den Mitarbeitern im Gesundheitswesen weit verbreitet (*Forstein*, 1988) und die Experten könnten versuchen, diese weitverbreitete Angst und die Abneigung gegenüber der Homoerotik abzubauen. Wenn immer weniger Gesetze gegen die Homosexualität gemacht und in dem Maß wie die bestehenden Vorschriften beseitigt werden, können sich auch die sozialen Grundlagen dieser Einstellung langsam verändern. Als Konsequenz all dieser Veränderungen könnten auch die sozialen Bedingungen, die zur Belastung durch die eigene sexuelle Orientierung führen, verschwinden und mit ihnen, wie oben bereits angesprochen, die letzte Spur der Homosexualität aus der Liste der anerkannten psychischen Störungen.

Zusammenfassung

In diesem Kapitel haben wir drei Kategorien psychosexueller Störungen untersucht. Die Störungen der Geschlechtsidentität – der Transsexualismus und die Störungen der Geschlechtsidentität im Kindesalter – bestehen in der tiefen und ständigen Überzeugung der Betroffenen, daß ihre anatomische Ausstattung und ihr Selbstgefühl als Mann oder Frau und als Junge oder Mädchen einander widersprechen. Ein transsexueller Mann besitzt ein maskulines Äußeres, betrachtet sich aber als Frau und möchte als Frau leben. Frühe Erziehungspraktiken mögen das kleine Kind dazu ermuntert haben, sich dem anderen Geschlecht zuzurechnen. Diese Schwierigkeiten sind von einigem theoretischen Interesse, denn sie illustrieren, wie formbar unsere frühe Wahrnehmung von uns selbst als weiblich oder männlich ist. Eine Zeitlang glaubte man den Betroffenen nur dadurch helfen zu können, daß man ihren Körper auf chirurgischem Wege ihrer Geschlechtsidentität anglich. Inzwischen gelingt es der Verhaltenstherapie, bestimmte Aspekte transsexuellen Verhaltens – Bewegungen, Stimmlage, sexuelle Phantasien – zu ändern und die Geschlechtsidentität mit der Anatomie in Übereinstimmung zu bringen.

Bei den Paraphilien sind zur Erlangung sexueller Erregung oder Befriedigung ungewöhnliche Phantasien oder Handlungen notwendig. Beispiele dafür sind Fetischismus, Transvestitismus, Pädophilie, Inzest und Sexueller Sadismus. Vergewaltigung, wenn auch im DSM-IV nicht aufgeführt, ist ein Verhaltensmuster, das für die Opfer zum sozialen und seelischen Trauma wird. Ob die Vergewaltigung überhaupt in ein Kapitel über menschliche Sexualität gehört, ist umstritten. Für viele Forscher hat Vergewaltigung weniger mit Sexualität als mit Aggression und Gewalttätigkeit zu tun. Die besten Behandlungserfolge versprechen verhaltenstherapeutische Verfahren. In einer Aversionstherapie versucht man, den paraphilen Objekten ihre unerwünschte Anziehungskraft zu nehmen, und ein Training seiner sozialen Fertigkeiten hilft dem Betroffenen, normale Beziehungen zu Angehörigen des anderen Geschlechts aufzunehmen. Die Behandlung der Opfer einer Vergewaltigung umfaßt soziale Unterstützung und eine offene Besprechung des traumatischen Ereignisses.

In gleicher Weise wie beim DSM-III-R findet sich im DSM-IV und im ICD-10 auch keine Erwähnung der Homosexualität, wodurch eine Entwicklung zur Liberalisierung fortgesetzt wird, die 1973 begann, als DSM-II eine Veränderung der Diagnose vorstellte, die nur auf die Homosexuellen angewendet werden sollte, die sich durch ihre sexuelle Orientierung gestört fühlten. Die gegenwärtige diagnostische Kategorie bezieht sich auf diejenigen, die ihre sexuelle Orientierung als störend empfinden, ohne zu spezifizieren, ob die Orientierung hetero- oder homosexuell ist.

13

Sexuelle Dysfunktionen

Robert S. war ein hochintelligenter und kultivierter 25jähriger graduierter Student der Physik an einer führenden Universität, der uns aufgrund sexueller Schüchternheit aufsuchte. Er war mit einer jungen Frau verlobt, von der er sagte, daß er sie sehr liebe und mit der er in jeder denkbaren Hinsicht sehr gut auskomme, außer im Bett. Er konnte versuchen, was er wolle und sogar mit dem Verständnis seiner Verlobten rechnen, jedoch stellte er fest, daß er nur wenig Interesse an sexuellen Kontakten hatte. Seine Freundin und er waren in den zwei Jahren ihrer Freundschaft und späteren Verlobung davon überzeugt, daß die akademische Belastung des Mannes die Ursache des Problems darstelle, aber ein erstes Gespräch mit dem Therapeuten zeigte, daß der Patient nur wenig Interesse an Sex, weder mit Männern noch mit Frauen, solange er zurückdenken konnte, hatte. Dieses Verlangen nach Sex wurde auch dann nicht stärker, wenn sich der Druck anderer Verpflichtungen verringerte. Er versicherte, daß er seine Verlobte sehr attraktiv und anziehend finden würde, aber, wie bei anderen jungen Frauen, die er gekannt hatte, waren seine Gefühle nicht leidenschaftlich.

Er hatte in seiner Adoleszenz nur selten masturbiert und mit Verabredungen erst spät begonnen, obwohl er viele weibliche Bekannte hatte. Seine allgemeine Lebenseinstellung, einschließlich Sex, war ziemlich analytisch und intellektuell und er beschrieb seine Probleme seinem Therapeuten gegenüber in einer sehr sachlichen Weise. Er gab auch wirklich zu, daß er einen Therapeuten nicht aufgesucht hätte, wenn es nicht um die indirekt geäußerten Wünsche seiner Verlobten gehen würde, die sich darüber Sorgen machte, ob nicht sein fehlendes Interesse an Sex das spätere Zusammenleben in der Ehe negativ beeinflussen würde.

Nach einigen Einzelsitzungen bat der Therapeut den jungen Mann, seine Verlobte zu einer Therapiestunde einzuladen. Diesem Vorschlag stimmte der Patient schnell zu. Während dieser Sitzung schienen die beiden sehr verliebt zu sein und ein gemeinsames Leben zu erwarten, obwohl die Frau Besorgnis darüber ausdrückte, daß ihr Verlobter an ihr sexuell nicht interessiert sei. Die darauf folgende Therapiestunde wurde mit dem Patienten allein abgehalten, und der Therapeut skizzierte einen möglichen Therapieverlauf, der mit einer allgemeinen Erörterung sexueller Werte beginnen würde und die Aufforderung an den Patienten ein- oder zweimal vor der nächsten Sitzung zu masturbieren, damit er eine klarere Vorstellung davon bekommen würde, wie seine sexuelle Reaktion auf Bilder seiner Wahl ausfiele. Der Patient sagte, daß er es versuchen würde, obwohl er keine Ahnung hätte, welche Art von Fotos er sexuell erregend finden würde. Zwei Tage später rief er den Therapeuten an, um ihm für seine Bemühungen zu danken und ihm mitzuteilen, daß er eine Fortsetzung der Therapie nicht wünsche.

Im letzten Kapitel haben wir uns mit den ungewöhnlichen sexuellen Verhaltensmustern einer kleinen Minderheit beschäftigt. Aber auch „normale" Menschen können im Laufe ihres Lebens Probleme haben, die ihre sexuelle Lustempfindung beeinträchtigen. In diesem Kapitel nun geht es um eine Vielfalt sexueller Probleme, die als Störungen des normalen sexuellen Reaktionszyklus gelten.

Was als normal und wünschenswert im menschlichen Sexualverhalten angesehen wird, hängt von Ort und Zeit ab. Der heutige Augenmerk gilt den Hemmungen des sexuellen Verhaltens als Gründe für Abnormität. Im Gegensatz dazu wurde im 19. und frühen 20. Jahrhundert das exzessive Verhalten als Übeltat angesehen. Es ist daher sehr wichtig, diese zeitlich und kulturell unterschiedlichen Normen zu berücksichtigen, wenn wir die Darstellung der sexuellen Dysfunktionen fortsetzen.

Ein seelisches Problem hat nicht nur Folgen für den Betroffenen, sondern auch für die Menschen in seiner Umgebung. Menschen, die Schwierigkeiten im Umgang mit anderen haben, sind unvermeidlich von vielem abgeschnitten und haben zudem häufig von sich selbst keine hohe Meinung. Sie können für einen Ehepartner, ein Kind oder einen Freund zur Quelle von Frustration und Schuld werden. Diese Seite individueller emotionaler Probleme wird gewöhnlich in intimen persönlichen Beziehungen offenbar und spielt daher in unserer Betrachtung der sexuellen Dysfunktionen eine besonders wichtige Rolle. Eine Ehe muß leiden, wenn einer oder beide Partner die sexuelle Situation fürchten. Und die meisten Menschen beziehen, sei es zum Guten oder zum Schlechten, einen Teil ihres Selbstkonzeptes aus ihrer Sexualität. Bereiten wir geliebten Menschen Lust, stellen wir uns selbst zufrieden, oder – einfacher – können wir die Erfüllung und Entspannung einer lustvollen sexuellen Erfahrung genießen. Sexuelle Schwierigkeiten können so gravierend sein, daß sogar die Zärtlichkeit verlorengeht, ganz zu schweigen von den intensiveren Befriedigungen sexueller Aktivität.

Wir werden zuerst den sexuellen Reaktionszyklus des Menschen so darstellen, wie er normal abläuft, und danach die sexuellen Dysfunktionen, die auftreten können. Im Anschluß daran werden die Ätiologie und die Therapien der sexuellen Dysfunktion aufgezeigt. Zum Schluß wenden wir uns dem sehr wichtigen Problem AIDS zu.

auf die Klitoris und umgebende Bereiche konzentriert, mindestens ebenso erregend sind wie Geschlechtsverkehr, nimmt dem dummen Gerede über klitorale Orgasmen jegliche Grundlage.

Viele Fachleute neigen inzwischen zu der Ansicht, daß jeder weibliche Orgasmus durch Stimulation der Klitoris ausgelöst wird, ob die Reibung nun unmittelbar oder durch Koitus erfolgt. Der Orgasmus selbst drückt sich allerdings in rhythmischen Kontraktionen der Vaginalmuskeln aus. Vielleicht hat der Mythos von vaginalen und klitoralen Orgasmen seinen Ursprung in dieser Dichotomie (*Kaplan*, 1974). Natürlich ist aus diesen Forschungsergebnissen nicht zu schließen, daß das Einführen des Penis und die Koitusbewegungen für Frauen nicht äußerst lustvoll wären.

3. Der gleichzeitige Orgasmus, laut zahlreicher Ehehandbücher Zeichen wahrer Liebe und Harmonie, markiert offenbar nicht das Erreichen einer höheren Stufe der Sexualität. Tatsächlich kann das Streben danach beide Partner vom eigenen sexuellen Vergnügen ablenken. Einige Experten sind davon überzeugt, daß simultane Orgasmen in Wirklichkeit selten sind (*Wincze* & *Carey*, 1991).

4. Wie sich herausstellte, haben die meisten Frauen gegen Geschlechtsverkehr während der Menstruation nichts einzuwenden. Neuere Labordaten, die von *Meuwissen* und *Over* (1992) berichtet werden, zeigen in den verschiedenen Phasen des Menstruationszyklus nur wenig Veränderungen in der Fähigkeit, sexuell erregt zu werden.

5. Während der mittleren drei Schwangerschaftsmonate scheinen Frauen mindestens ebenso starkes Verlangen nach Ge-

schlechtsverkehr zu haben wie in nicht–schwangerem Zustand. Obwohl in den ersten Stadien einer Schwangerschaft besonders bei Frauen, die bereits eine spontane Fehlgeburt hatten, die – wenn auch geringe – Gefahr eines Abgangs besteht, wünschen die meisten Frauen, manchmal bis zum Einsetzen der Wehen, sexuelle Stimulation. Auf jeden Fall scheint Geschlechtsverkehr, zumindest in den ersten sechs Schwangerschaftsmonaten, weder der werdenden Mutter noch dem Fötus zu schaden.

6. Auch in bezug auf den Penis des Mannes ergaben sich verschiedene Fakten. Wie sich herausstellte, spielt die Größe des erigierten Penis für die Lust, die beide Partner empfinden, keine Rolle. Die Vagina ist kein tatsächlicher, sondern ein potientieller Raum, d.h., sie dehnt sich gerade soviel aus, um sich dem Penis anzupassen. Ein sehr großer Penis erzeugt also bei Mann und Frau nicht mehr Reibung als ein kleinerer. Überdies kann ein in schlaffem Zustand kleiner Penis bei der Erektion zu doppelter Größe anwachsen, während ein in nicht erigiertem Zustand großer Penis proportional weniger zunimmt. Mit anderen Worten, die Größe des *erigierten* Penis scheint weniger variabel zu sein, als man angenommen hat. Die Vorstellung, daß die Größe des Penis auf die Virilität seines Besitzers schließen lasse, entbehrt jeder Grundlage. Es sind auch Stimmen von Frauen laut geworden, die die Verdienste eines großen Penis anders einschätzten. Wie die einzelne Frau reagiert, hängt zweifellos auch von psychologischen Faktoren und nicht nur von den rein physiologischen Variablen ab, die *Masters* und *Johnson* zu ihrem Schluß veranlaßten.

Patienten, seinen Gesundheitszustand und die Lebensumstände berücksichtigen. Bei etwa 20% der erwachsenen Bevölkerung liegt eine hypoaktive Störung der sexuellen Appetenz vor, obwohl es schwierig ist, wegen der Definitionsprobleme zu einer präzisen Schätzung zu kommen. Von den Patienten, die um eine Behandlung ihrer sexuellen Dysfunktionen nachsuchen, klagen mehr als die Hälfte über geringe Appetenz. 60% davon sind Männer. Die hypoaktive Störung der sexuellen Appetenz hat in klinischen Stichproben von 1970 bis in

die 80er Jahre hinein zugenommen (*Spector* & *Carey*, 1990).

Von allen im DSM-IV aufgeführten sexuellen Dysfunktionen scheint diese die problematischste zu sein. Wie häufig „sollte" man sexuell interessiert sein? In der Praxis scheint der Grund dafür, warum jemand in erster Linie zu einem Therapeuten geht und diese Diagnose erhält, darin zu liegen, daß möglicherweise eine andere Person mit dem Interesse des Betroffenen am Sex mit ihm oder ihr unzufrieden ist. Die Kategorie hypoaktive Appetenz trat zuerst

1980 im DSM-III unter der Bezeichnung „gehemmte sexuelle Appetenz"[2] auf und könnte ihre Existenz den hohen Erwartungen verdanken, die Menschen an die Sexualität stellen. Es ist überraschend, daß ganze Bücher, z.B. *Leiblum & Rosen* (1988), über eine Störung geschrieben wurden, über die vor zwanzig Jahren auch in den Kreisen professioneller Sexologen kaum gesprochen wurde.

Über die Ursachen beider Störungsformen wissen wir wenig. Unter denen, die von *LoPiccolo* und *Friedman* (1988) auf der Grundlage klinischer Erfahrungen vermutet werden, sind: religiöse Orthodoxie, der Versuch, Sex mit einem Partner des nicht bevorzugten Geschlechts ausüben zu wollen, Furcht vor Kontrollverlust, Angst vor Schwangerschaft, Depression, Nebenwirkungen von Medikamenten wie blutdrucksenkende Mittel und Tranquilizer, zwischenmenschliche Spannungen (wie bei Ehe- oder Partnerkonflikten), Mangel an Attraktivität, die sich in solchen Faktoren wie der schlechten persönlichen Hygiene des Partners zeigt. Andere mögliche Ursachen können in einer Vorgeschichte eines sexuellen Traumas, wie etwa Vergewaltigung oder Kindesmißbrauch bestehen (*Stuart & Greer*, 1984) und Ängsten vor einer sexuell übertragbaren Krankheit wie AIDS (*Katz, Gipson, Kearl & Kriskovich*,1989). *Stuart, Hammond* und *Pett* (1987) stellten fest, daß Beziehungen, bei denen eine hypoaktive Appetenzstörung vorhanden ist, durch Mißtrauen, Ärger, Machtkämpfe und unzureichende Kommunikation gekennzeichnet sind. Der Stellenwert, den wir der Sexualität beimessen, kann sich im Laufe unseres Lebens gewaltig ändern. Im Unterschied zu Hunger und Durst muß „Appetit" auf Sexualität weder befriedigt werden noch überhaupt vorhanden sein, damit der einzelne überleben und, wie es scheint, auch glücklich leben kann.

Störungen der sexuellen Erregung

Die beiden Untergruppen der Erregungsstörungen heißen Störungen der sexuellen Erre-

gung bei der Frau und Störungen der Erektion beim Mann. Die erste wurde früher als Frigidität bezeichnet, die zweite als Impotenz. Bei diesen Störungen und den Orgasmusstörungen wird vorausgesetzt, daß eine angemessene sexuelle Stimulation des Betroffenen erfolgt ist. Mit anderen Worten: wenn die Situation einfach so ist, daß der Partner des Betroffenen nicht das macht, was der Betroffene wünscht, dann wird die Diagnose nicht gestellt. Das Problem liegt in diesem Fall wahrscheinlich eher im Bereich von Beziehungsproblemen, die mit Sex nur wenig oder gar nichts zu tun haben.

Bei der Frau besteht keine ausreichende vaginale Lubrikation, die für einen schmerzlosen Geschlechtsverkehr notwendig ist. Beim Mann liegt die Unfähigkeit vor, eine Erektion zu bekommen oder diese für die Durchführung der sexuellen Aktivität aufrechtzuerhalten. Die Schätzungen der Prävalenzraten für die Störung der sexuellen Erregung bei der Frau reichen von 11% (*Levine & Yost*, 1976) bis zu 48% (*Frank, Anderson & Rubenstein*, 1978), wobei die wirkliche Zahl eher bei 11% liegen dürfte (*Spector & Carey*, 1990). Für die Störung der Erektion beim Mann wird die Prävalenz auf 3 bis 9% geschätzt (z.B. *Ard*, 1977; *Frank* et al., 1978), die bei älteren Erwachsenen stark ansteigt (*Kinsey* et al., 1948). Erregungsprobleme stellen etwa die Hälfte der Beschwerden von Männern und Frauen, die um eine Hilfe bei sexuellen Dysfunktionen nachsuchen (*Frank* et al., 1976; *Renshaw*, 1988).

Neben der Angst vor dem Versagen und der Zuschauerrolle, die weiter unten als allgemeine Ursachen der sexuellen Dysfunktionen erläutert werden, wird angenommen, daß es für die mangelnde Erregung der Frau ganz bestimmte Gründe gibt. Es kann sein, daß eine Frau nicht in angemessener Weise gelernt hat, was sie sexuell erregend findet und es kann auch eine Unkenntnis der eigenen Anatomie vorliegen. Dies in Verbindung mit der Schüchternheit, ihre Bedürfnisse dem Partner mitzuteilen, kann sie das Verhalten des Partners als weniger erregend oder sogar abstoßend empfinden.

Helen Singer Kaplan (1974) führt eine Vielzahl von Erektionsschwierigkeiten an. Manche Männer erigieren leicht, können die Erektion aber beim Eindringen in die Vagina nicht aufrechterhalten. Andere erigieren nicht, wenn ein Eindringen erwartet wird, halten die Erektion während einer Fellatio aber problemlos aufrecht. Es gibt Männer, die nur erigieren, wenn

---

2 Es ist interessant festzustellen, daß der DSM-III-Begriff „gehemmt" von denen fallen gelassen wurde, die DSM-III-R entwickelten, weil er eine psychodynamische Verursachung vermuten läßt. Bei DSM-III-R und DSM-IV wurde dem eher deskriptiven Begriff „hypoaktiv" der Vorzug gegeben.

der Partner dominiert, andere müssen die Situation selbst kontrollieren. Manche sind erektionsunfähig, d.h., sie können unter gar keinen Umständen eine Erektion aufrechthalten. Wieder andere haben nur dann Erektionsschwierigkeiten, wenn sie sehr viel für ihren Partner empfinden. Ein Aspekt des Problems ist seine Offensichtlichkeit. Eine Frau kann immer zumindest die Bewegungen eines Liebesaktes mitvollziehen, aber wenn der Mann nicht erigiert, geht gar nichts. Es steht sehr viel auf dem Spiel, wenn der Penis erschlafft, wo er eigentlich erigieren „muß". Vielleicht gilt darum ein „impotenter" Mann mancherorts bedauerlicherweise kaum mehr als Mann.

Neuere Übersichten (z.B. *LoPiccolo*, 1992a; *Mohr & Beutler*, 1990) lassen vermuten, daß bis zu zwei Drittel der Erektionsprobleme eine körperliche Grundlage haben, gewöhnlich in Kombination mit psychischen Faktoren. Grundsätzlich kann jede Krankheit oder jedes hormonelle Ungleichgewicht die Nervenverbindungen oder die Blutversorgung des Penis beeinträchtigen (*Geer, Heiman & Leitenberg*, 1984) und damit zu Erektionsstörungen beitragen, wie z.B. bestimmte Medikamente wie Melleril und einige Mittel zur Senkung des Blutdrucks und Krankheiten wie Diabetes oder Alkoholismus. Es ist aber wahrscheinlich ein Fehler, in Begriffen von entweder – oder zu denken, denn körperliche und psychische Faktoren interagieren meist und verursachen entweder Erektionsschwierigkeiten oder tragen zum Weiterbestehen bei.

Es besteht kein Zweifel, daß Erektionsschwierigkeiten ebenso kompliziert wie bedeutsam sind. Obwohl eine ausführliche Diskussion den Rahmen dieses Buches sprengen würde, scheinen ein paar ergänzende Beobachtungen angebracht. Die Tatsache, daß der Zustand des Penis weder seinem Besitzer noch dessen Partner verborgen bleibt, setzt, so glaubt man allgemein, den Mann unter außerordentlichen Druck, der einer Frau mit sexueller Erregungsstörung erspart bleibt. Das stimmt zwar, aber die Situation der Frau wird dadurch nicht leichter. Die bloße Tatsache, daß sie, auch ohne erregt zu sein, sexuelle Beziehungen haben kann, hat sicher ihren Teil dazu beigetragen, daß man die weiblichen Bedürfnisse und Wünsche so lange mißachtete. Wenn sich keine Erektion einstellt, ist das nicht nur für den Betroffenen bedrohlich. Oft kommen auch dem Partner, sei er weiblich oder männlich, Zweifel

an seinem sexuellen Vermögen: Ist er/sie nicht attraktiv, liebenswert, kreativ oder „liberal" genug? Und schließlich bedeutet es einen Fortschritt, statt von Impotenz oder Frigidität von Störung der sexuellen Erregung zu sprechen. Impotenz impliziert, daß der betreffende Mann nicht potent, nicht kontrolliert, nicht wirklich maskulin ist, und verweist auf jene Macho-Vorstellung von Männlichkeit, die heute vielfach abgelehnt wird. Mit dem Begriff der Frigidität ist die Vorstellung einer emotional kalten, distanzierten, abweisenden und uneinfühlsamen Frau verbunden. Beide Bezeichnungen sind abfällig und verführen dazu, die Ursache *im* Betroffenen selbst zu suchen, statt das Augenmerk, wie es in der heutigen Forschung geschieht, auf die Beziehung zu richten und auch dort nach Antworten und Lösungen zu suchen.

Orgasmusstörungen

Drei Formen der Orgasmusstörung werden in den Diagnosesystemen beschrieben, eine bei Frauen und zwei bei Männern. Die weibliche Orgasmusstörung (Gehemmter Orgasmus bei der Frau) bezieht sich auf das Fehlen des Orgasmus nach einer Phase normaler sexueller Erregung. Die Stimulation kann sowohl durch Masturbation als auch durch Sex mit einem Partner erfolgen.

Die veröffentlichten Prävalenzraten für die weibliche Orgasmusstörung unterscheiden sich stark. Die klassische *Kinsey*-Untersuchung berichtete, daß 10% aller Frauen sagten, daß sie nie einen Orgasmus hatten (*Kinsey* et al., 1953), ein Vierteljahrhundert später fanden *Levine* und *Yost,* daß nur 5%, über die gesamte Lebenszeit gesehen, keinen Orgasmus hatten. Wenn allerdings auch die niedrige Frequenz des Orgasmus einbezogen wird, springt die Rate auf 20% (*Spector & Carey,* 1990), und es sieht so aus, daß Frauen aus niedrigen sozialen Schichten eine höhere Prävalenzrate für diese Störung haben (*Levine & Yost*, 1976). Gleichgültig wie hoch auch die Prävalenzrate sein mag, dieses Problem ist eines der häufigsten, die in der Praxis vorkommen (*Kaplan*, 1974).

Bis vor gar nicht langer Zeit war es keineswegs selbstverständlich, bei Frauen zwischen Erregungs- und Orgasmusschwierigkeiten zu unterscheiden. Obwohl 10% der erwachsenen Frauen selten oder nie zum Orgasmus kommen (*Anderson*, 1983), bleiben vermutlich sehr viel weniger während eines Liebesaktes unerregt. *Kaplan* (1974) hält diese Unterscheidung für sehr wichtig, denn „in der Regel sind Frauen, die an orgasmischer Dysfunktion leiden, sexuell reaktionsfähig. Sie verlieben sich, haben erotische Gefühle, lubrifizieren reichlich und zeigen genitale Schwellung" (S. 343). Fehlender Orgasmus, so *Kaplan*, sollte überhaupt nicht als Störung, sondern als Variation weiblicher Sexualität betrachtet werden.

Man hat hinter der Anorgasmie zahlreiche Gründe vermutet. Vielleicht müssen es Frauen, im Unterschied zu Männern, *lernen,* einen Orgasmus zu haben. Das heißt, die Fähigkeit zum Orgasmus ist den Frauen möglicherweise nicht angeboren. Beim Mann ist die Ejakulation, die ja im allgemeinen mit einem Orgasmus einhergeht, die Voraussetzung zur Reproduktion. Die Frau braucht vielleicht die Erfahrung der Masturbation, um auch beim Koitus einen Orgasmus haben zu können. Fragebogenerhebungen ergaben, daß Frauen, die vor den ersten Koituserfahrungen wenig oder gar nicht masturbiert hatten, sehr viel häufiger anorgasmisch waren als Frauen mit Masturbationserfahrung (*Kinsey* et al., 1953; *Hite,* 1976; *Hoon & Hoon,* 1978). Natürlich sind das Korrelationsdaten; möglicherweise gibt es einen dritten Faktor, der sowohl für die seltene Masturbation als auch für die verminderte Orgasmusfähigkeit verantwortlich ist. Klinischen Daten zufolge spielt auch Informationsmangel eine Rolle. Anorgasmische Frauen und Frauen, die sexuell wenig erregbar sind, kennen häufig ihre eigene Anatomie nicht und können ihre Bedürfnisse weder sich noch dem Partner klarmachen. Chronischer Alkoholkonsum könnte ein organischer Faktor bei der weiblichen Orgasmusstörung sein (*Wilsnak,* 1984); die Bedeutung des weiblichen Hormons Östrogen ist weit weniger klar (*Sherwin, Gelfan & Brender,* 1985).

Frauen haben unterschiedliche „Orgasmusschwellen". Manche kommen sehr schnell und ohne viel klitorale Stimulation zum Höhepunkt, andere scheinen, sei es während des Vorspiels oder während des Liebesaktes, längere und intensive Stimulation zu brauchen. Auch die Reaktion des Partners kann zu den Schwierigkeiten beitragen. Wenn die Frau während des Geschlechtsverkehrs um manuelle Manipulation bittet, schließt mancher Mann daraus, er und sein Penis seien nicht angemessen.

Ein weiterer Faktor mag die Angst vor Kontrollverlust sein. Die Franzosen nennen den Orgasmus *la petite mort,* den kleinen Tod. Manche Frauen befürchten, unkontrolliert zu schreien oder lächerlich und schwach zu wirken. Oder sie halten es im Grunde ihres Herzens für unziemlich, sich nicht mehr zu beherrschen und es dem Körper zu gestatten, den bewußten, kontrollierenden Verstand außer Kraft zu setzen. Auch die Art der Beziehung spielt vermutlich eine Rolle: Manche Frauen können Sexualität auch dann genießen, wenn sie auf den Partner wütend sind oder ihn sogar verachten, doch die meisten werden unter solchen Umständen eher zurückhaltend reagieren. Mit Sicherheit spielen die nicht sexuellen Gefühle der Partner füreinander eine Rolle.

Männliche Orgasmusstörung und vorzeitige Ejakulation sind die beiden Orgasmusstörungen, die für den Mann im DSM-IV beschrieben werden. *Masters* und *Johnson* (1970) verwendeten die etwas abwertende Bezeichnung „ejakulatorische Inkompetenz" für die Unfähigkeit des Mannes, innerhalb der Vagina zu ejakulieren. Die DSM-IV-Diagnose Störung des Orgasmus beim Mann (im DSM-III-R gehemmter Orgasmus beim Mann) wird auf Probleme der Ejakulation beim Verkehr, der Masturbation, manueller oder oraler Manipulation durch einen Partner und Analverkehr angewendet.

Ejakulationsschwierigkeiten sind relativ selten. Als Gründe dafür werden angegeben: die Angst, ein Kind zu zeugen, eingeschränkte Liebe, Ausdruck von Feindseligkeit und, wie bei der weiblichen Anorgasmie, Angst davor, sich gehen zu lassen. In seltenen Fällen liegen organische Ursachen vor, etwa durch die Einnahme bestimmter Tranquilizer (*Munjack & Kanno,* 1979).

Nach *Masters* und *Johnson* (1970) liegt die Störung einer vorzeitigen Ejakulation dann vor, wenn ein Mann in über 50% der sexuellen Begegnungen nicht in der Lage ist, seinen Orgasmus so lange hinauszuzögern, bis auch seine Partnerin ihren Höhepunkt erreicht. Daß man das männliche Problem der *Ejaculatio praecox* mit der Reaktion des Partners in Verbindung gebracht hat, hat viele Menschen betroffen gemacht. Beim DSM-IV wurde diesen Bedenken dadurch Rechnung getragen, daß die eigenen Wünsche des Mannes genauso wie sein Alter und auch, wie „neu" die derzeitige sexuelle Beziehung ist oder die Situation berücksichtigt werden. Das könnte eine Verbesserung bedeuten, aber unserer Ansicht nach ist es naiv, das Ausmaß zu übersehen, in dem ein Partner die

Beurteilung eines Patienten darüber, ob die Ejakulation auftritt, bevor er es wünscht, beeinflussen kann.

Vorzeitige Ejakulation ist die vermutlich häufigste männliche sexuelle Dysfunktion, ein Problem das zu jeder Zeit bei 30% der Männer auftritt (*American Psychiatric Association*, 1987). Es gibt einige Belege aus Laboruntersuchungen dafür, daß Männer mit derartigen Problemen auf einem niedrigeren Niveau der sexuellen Erregung ejakulieren und daß sie längere Perioden der Abstinenz von orgasmischem Sex einhalten als Männer, die keine vorzeitige Ejakulation aufweisen (*Spiess, Geer & O'Donohue*, 1984). Im allgemeinen geht die Störung mit erheblicher Angst einher. Manchmal kommt es bereits vor Eindringen in die Vagina zur Ejakulation, üblicherweise aber erst einige Sekunden nach der Penetration. Obwohl der Mensch zweifellos mehr ist als ein relativ haarloser Affe, klärt uns die Evolutionstheorie darüber auf, daß schnelle Ejakulation Überlebenswert besitzt, denn während der Kopulation findet ein Überraschungsangriff das weibliche Tier vollkommen wehrlos. Je schneller die Kopulation also vonstatten geht, um so besser. Nach Meinung *Kinseys*, der selber Biologe war, sollte man schnelles Ejakulieren auch beim Menschen nicht zum Problem machen. Dabei haben *Kinsey* und andere aber nur die reproduktive Funktion des Koitus im Blick und ignorieren seinen Erholungswert und seine zwischenmenschlichen Funktionen (*Rosen & Rosen*, 1981).

Die Angst vor „zu früher" Ejakulation ist möglicherweise auch eine Folge davon, daß der Koitus vielfach als das Nonplusultra sexuellen Verhaltens gilt. Paare, die konventionellen Geschlechtsverkehr allen anderen Praktiken vorziehen, müssen mit dem Problem leben, daß sich die Erektion nach der Ejakulation langsam verliert und viele Männer eine weitere Stimulation unangenehm und manchmal auch schmerzhaft finden. Ist der Liebesakt mit dem Erschlaffen des Penis zu Ende, kommt die Ejakulation zuweilen vermutlich wirklich zu früh. Aber wenn die Paare, wie Sexualtherapeuten raten, ihr sexuelles Repertoire um Techniken erweitern, für die eine Erektion nicht erforderlich ist, kann die Partnerin auch *nach* dem Orgasmus des Mannes Befriedigung finden. Nimmt man dem Koitus seine zentrale Bedeutung, läßt auch die Angst der betroffenen Paare so weit nach, daß der Mann die Ejakulation besser kontrollieren und das sexuelle Zusammensein länger ausdehnen kann. Wie bereits erwähnt, gilt der gleichzeitige Orgasmus beider Partner zunehmend weniger als das erstrebenswerte Ziel eines konventionellen Liebesaktes. Vielleicht können wir in nächster Zeit beobachten, wie sich mit den veränderten sexuellen Normen und Praktiken auch das Konzept der vorzeitigen Ejakulation ändert.

Störungen mit sexuell bedingten Schmerzen

Im DSM-IV und ICD-10 werden zwei Störungen aufgeführt, die mit Schmerzen beim Sex in Verbindung stehen: Dyspareunie und Vaginismus. Dyspareunie wird diagnostiziert, wenn ständig oder wiederholt Schmerzen vor, während oder nach dem Geschlechtsverkehr auftreten. Bei Frauen sollte die Diagnose nicht gestellt werden, wenn die Schmerzen möglicherweise auf eine mangelhafte vaginale Lubrikation zurückzuführen sind (wobei eine Störung der sexuellen Erregung zu diagnostizieren wäre), aber auch nicht, wenn dies eine Auswirkung der zweiten Schmerzstörung ist, des Vaginismus, der dadurch gekennzeichnet ist, daß unwillkürliche Spasmen des äußeren Drittels der Vagina bestehen, die einen Koitus unmöglich machen. Die Prävalenzraten bei Frauen für Dyspareunie liegen zwischen 8% (*Schover*, 1981) und 23% (*Hite*, 1976). Es gilt als allgemein sicher, daß diese Störung bei Männern erheblich seltener auftritt, möglicherweise nur bei 1% (*Bancroft*, 1989). Die Schätzungen für Vaginismus weichen erheblich voneinander ab, beruhen aber nicht auf zuverlässigen epidemiologischen Daten. Die Störung wird als selten angesehen; sie ist weitaus seltener als die anderen sexuellen Dysfunktionen bei der Frau (*Wincze & Carey*, 1991).

Obwohl die Dyspareunie nach DSM-IV nicht diagnostiziert werden sollte, wenn die Schmerzen durch ein Medikament oder eine medizinische Komplikation verursacht wurde, ist es wirklich so, daß genitale Schmerzen, die beim Verkehr auftreten, fast immer eine körperliche Ursache haben, wie z.B. Infektionen der Vagina oder des Uterus oder beim Mann Infektionen der Eichel. Vaginismus, der im DSM-IV in sexuellen Begriffen definiert wird, kann gelegentlich bei Unterleibsuntersuchungen beobachtet werden.

Da die spastischen Muskelkontraktionen den

Koitus verhindern, vermutet eine Theorie, daß die Frau – möglicherweise unbewußt – sich selbst, dem Partner oder beiden die Freuden sexueller Intimität versagen will. Das klingt zwar plausibel, läßt sich empirisch aber nicht belegen. Tatsächlich können Frauen mit dieser Störung häufig ein durchaus befriedigendes Sexualleben führen, wenn der Partner bereit ist, sie klitoral zu stimulieren. Klinischen Berichten zufolge ist die Ursache in manchen Fällen auch Angst vor Schwangerschaft oder eine ganz allgemein negative Einstellung zur Sexualität, wobei diese häufig auf eine Vergewaltigung oder eine sexuelle Belästigung in der Kindheit zurückverfolgt werden können (*LoPiccolo* & *Stock*, 1987). *Masters* und *Johnson* stellten fest, daß bei einer Reihe von Paaren dem Vaginismus eine Erektionsschwäche des Mannes vorausging. Für manche Frauen sind die sexuellen Schwierigkeiten des Partners also so beängstigend, daß sie ihrerseits eine Störung, z.B. einen Vaginismus, entwickeln.

Theorien der psychosexuellen Dysfunktionen

Nachdem wir die Beschreibungen der sexuellen Dysfunktionen und der Ursachen, die diesen zugrunde liegen, behandelt haben, wenden wir uns jetzt der Darstellung der allgemeinen theoretischen Grundlagen zu.

Bevor sich die moderne Wissenschaft damit befaßte, wurden sexuelle Dysfunktionen meist als Folge einer moralischen Degeneration angesehen. Wie kürzlich von *LoPiccolo* (1992a) dargestellt, wurde exzessive Masturbation in der Kindheit als Hauptursache für das Auftreten von sexuellen Problemen bei Erwachsenen verantwortlich gemacht. Von *Krafft-Ebing* (1902) und *Havelock Ellis* (1910) postulierten, daß eine derartige frühe Masturbation zu einer Schädigung der Sexualorgane führe und das begrenzte Reservoir sexueller Energie erschöpfe, was dann eine reduzierte Funktionsfähigkeit im Erwachsenenalter nach sich ziehe. Auch beim Erwachsenen wurde angenommen, daß exzessive sexuelle Aktivität solchen Problemen wie Erektionsstörungen zugrunde liege. Darüberhinaus bestand im Viktorianischen Zeitalter die Ansicht, daß der gefährliche Sexualtrieb einzuschränken sei. Um die Manipulation der Geni-

talien bei Kindern zu verhindern, wurde die Anwendung von Schutzvorkehrungen aus Metall befürwortet, und um Erwachsene von zu viel Sex abzulenken, wurden Übungen im Freien und eine einfache Ernährung empfohlen. Tatsächlich wurden Kellog's Corn Flakes und Graham Crackers als Nahrungsmittel entwikkelt, die das sexuelle Interesse verringern sollten. Sie schafften es aber nicht.

Die Psychoanalyse hält sexuelle Dysfunktionen für Symptome zugrundeliegender verdrängter Konflikte. Um die Ätiologie der Störung zu verstehen und um Anhaltspunkte für die Behandlung zu haben, bemüht sich der Psychoanalytiker um ein Verständnis der symbolischen Bedeutung des „Symptoms". Da sexuelle Dysfunktionen für die Betroffenen und deren Partner unangenehm und leidvoll sind und da unbeeinträchtigte Sexualität an sich lustvoll ist, kreisen psychoanalytische Schriften um den Konflikt zwischen unterdrücktem Zorn oder unterdrückter Aggression und dem Bedürfnis nach sexueller Befriedigung. Die vorzeitige Ejakulation, mit der ein Mann seine Partnerin frustriert, könnte Ausdruck einer verdrängten Feindseligkeit gegenüber Frauen sein, die ihn – unbewußt – an seine Mutter erinnern. Im Vaginismus einer Frau äußert sich vielleicht verdrängter Penisneid: Sie bedroht den Mann, der in ihre Vagina einzudringen hofft, mit Kastration. Für die Validität oder auch nur Nützlichkeit dieser psychoanalytischen Theorien gibt es kaum Anhaltspunkte. Tatsächlich gestehen inzwischen auch viele Psychoanalytiker ein, daß ihre Therapie für Menschen mit einer psychosexuellen Dysfunktion nicht hilfreich ist und setzen ergänzend direktere verhaltenstherapeutische Techniken ein (*LoPiccolo*, 1977). Dieser Geist der Annäherung hat auch die kognitiv-verhaltenstheoretischen Ansätze zur Behandlung sexueller Dyfunktionen beeinflußt, da diese Therapeuten langsam die Bedeutung der psychodynamischen Aspekte bei den eigentlich zielgerichteten verhaltenstherapeutischen Ansätzen anerkennen (vgl. S. 683ff.).

Die wohl umfassendste Darstellung der Ätiologie menschlicher sexueller Dysfunktionen legten *Masters* und *Johnson* (1970) mit ihrem vielgerühmten Buch *Human Sexual Inadequacy* (dt. „Impotenz und Anorgasmie") vor. Wir wollen zunächst die Ergebnisse ihrer Forschungen untersuchen und anschließend Modifikationen und Erweiterungen dieser Vorstellungen aus jüngerer Zeit betrachten.

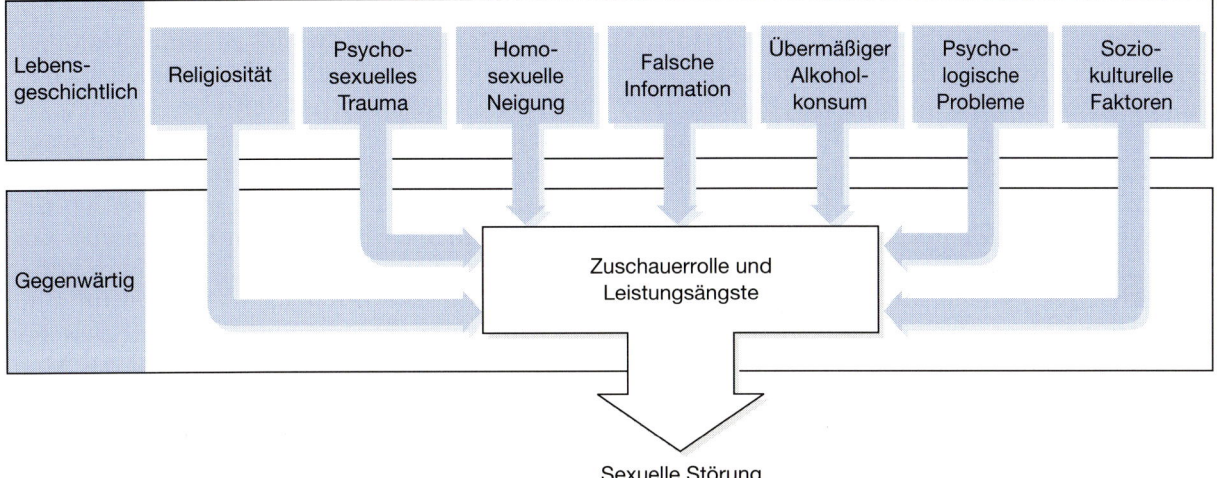

Abb. 13.2 Lebensgeschichtliche und gegenwärtige Ursachen der sexuellen Probleme beim Menschen nach *Masters* und *Johnson*.

Das theoretische Modell von Masters und Johnson

Masters und *Johnson* (1970) verwendeten ein Zwei-Schichten-Modell, das die gegenwärtigen und zurückliegenden Ursachen umfaßt, um die Ätiologie der sexuellen Probleme beim Menschen zu beschreiben (Abb. 13.2). Die gegenwärtigen Probleme lassen sich auf zwei reduzieren: die *Leistungsangst* und die Übernahme der *Zuschauerrolle*. Bei beiden steht ein Verhalten im Vordergrund, bei dem die Konzentration auf und die Sorge um die sexuelle Leistungsfähigkeit ein relativ passives und unkritisches Annehmen der sexuellen Stimulation, die bei ungehindertem Verlauf ganz natürlich zu sexueller Lust und zum Orgasmus führt, unmöglich wird: „Es gibt, soweit wir wissen, nichts, was dem sexuellen Funktionieren so abträglich ist wie Angst vor Unzulänglichkeit, einfach darum, weil diese Angst das beobachtende Individuum von seiner natürlichen Reaktionsfähigkeit ablenkt, indem sie seine Empfänglichkeit für sexuelle Reize blockiert" (*Masters & Johnson*, 1970, S. 12-13).

Die als gegenwärtige oder zeitlich nahe gesehenen Gründe der sexuellen Dysfunktionen, die Leistungsangst und die Zuschauerrolle, haben nach ihrer Auffassung einen oder mehrere lebensgeschichtliche Vorläufer, auf die wir hier eingehen.

Orthodoxe Religiosität

Möglicherweise haben ein oder beide Partner eine negative Einstellung zur Sexualität, weil die strengen religiösen Grundsätze, nach denen sie erzogen wurden, sexuellen Genuß verbieten. Einer Interviewpartnerin von *Masters* und *Johnson*, die an Vaginismus litt, hatte man z.B.

> „... beigebracht, daß in nahezu jeder Form körperlichen Ausdrucks anstößige Sexualität mitschwingen könne... Man verbot ihr, beim Baden ihre Brüste oder auch nur deren Spiegelbild anzusehen, aus Furcht, die Betrachtung ihres Körpers könne sie zu ungesunden sexuellen Gedanken anregen. Unter den Geschwistern waren Gespräche über Menstruation, Empfängnis, Empfängnisverhütung und Sexualität tabuisiert... Mrs. A. ging in die Ehe, ohne daß ihre Familie ihr zur ehelichen Sexualität ein Wort des Rates, der Warnung oder auch nur der Aufmunterung mit auf den Weg gegeben hätte. Ihr Seelsorger hatte ihr nur zu sagen, daß eine geschlechtliche Vereinigung nur dann zulässig sei, wenn auch eine Empfängnis gewünscht werde" (S. 254).

Psychosexuelles Trauma

Manche Patienten führen ihre Angst vor sexuellem Kontakt auf besonders ängstigende oder demütigende erste sexuelle Erfahrungen zurück. Einem jungen Mann war von einer Prostituierten versichert worden, „er werde es bei keiner Frau schaffen, wenn er es nicht jetzt und hier bei einer Nutte schaffe." Eine Frau litt seit der Vergewaltigung durch mehrere Männer, bei der sie schwere körperliche und seelische Schäden davontrug, an Vaginismus.

Homosexuelle Neigungen

Bei Männern mit Erektionsproblemen und bei anorgasmischen Frauen sind möglicherweise homosexuelle Neigungen der Grund dafür, daß sie heterosexuelle Beziehungen nicht genießen können.

Als *Masters* und *Johnson* 1970 ihren klinischen Bericht über Wesen und Behandlung „menschlicher sexueller Unzulänglichkeit" veröffentlichten, war das gesellschaftspolitische Klima der Homosexualität gegenüber nicht so tolerant wie heute. Das Behandlungsprogramm war ausschließlich heterosexuell ausgerichtet; von daher galten homosexuelle Neigungen bei einem Partner als ätiologischer Faktor. Daß das eigentliche Problem in der Entscheidung des homosexuellen Partners liegen kann, eine heterosexuelle Ehe aufrechtzuerhalten, wurde nicht explizit berücksichtigt.

Schlechte Beratung

Ein falscher Rat von einem Fachmann kann sexuelle Probleme auslösen oder verschlimmern. Manche Männer erfuhren von ihrem Arzt, daß Erektionsschwierigkeiten unheilbar oder natürlicher Teil des Alterungsprozesses seien. Anderen erklärten Geistliche, ihre Schwierigkeit sei die Strafe Gottes für ein sündhaftes Leben.

Übermäßiger Alkoholkonsum

Manchmal beginnen ernsthafte Erektionsschwierigkeiten auch damit, daß der Betroffene einer nach übermäßigem Alkoholgenuß normalen sexuellen Schwächen allzuviel Gewicht beimißt (vgl. S. 328). Der typische Fall, so *Masters* und *Johnson*, ist ein Mann, der schwer arbeitet und sich angewöhnt hat, sehr viel zu trinken. Wie wir wissen, beeinträchtigen große Mengen Alkohol die Erektionsfähigkeit, bauen ironischerweise aber gleichzeitig Hemmungen ab. Im Bett muß der stark alkoholisierte Mann dann möglicherweise feststellen, daß sich nichts rührt. Statt aber die mangelnde sexuelle Erregung dem Alkohol zuzuschreiben fängt er an, sich Sorgen zu machen. Die Angst wird größer, und nach einer Reihe von Mißerfolgen stellt sich möglicherweise überhaupt keine Erektion mehr ein. Häufig versucht dann die Ehefrau, verständnisvoll zu sein und ihrem Mann zu hel-

fen. Aus vielerlei Gründen erlebt dieser ihr Mitgefühl als weiteren Zweifel an seiner Männlichkeit. Vielleicht befürchtet die Frau auch, an sexueller Anziehungskraft verloren zu haben, forciert daher die sexuellen Kontakte und macht die Sache nur noch schlimmer. Es kann so weit kommen, daß sie schließlich jeglichen Körperkontakt, auch zärtliche Umarmungen und Küsse, meidet, weil sie Angst hat, ihr Mann könne dergleichen als Wunsch nach sexueller Intimität mißverstehen. Die Kommunikation zwischen beiden verschlechtert sich, die Angst des Mannes wird größer, und es entsteht eine Situation, die ohne professionelle Hilfe kaum zu bewältigen ist.

Vaginismus

In manchen Fällen entwickeln Partner von Frauen mit Vaginismus Erektionsschwierigkeiten – nach Meinung von *Masters* und *Johnson* ein weiteres Beispiel dafür, wie eng die sexuellen Reaktionen beider Partner aufeinander bezogen sind.

Physiologische Ursachen

Sexuelle Dysfunktionen können auch körperliche Ursachen haben. Infektionen von Klitoris und Vagina, Bänderrisse im Beckenbereich, nach einem Dammschnitt bei der Geburt (Episiotomie) vernarbtes Gewebe am Vaginaeingang, und – insbesondere bei Frauen nach der Menopause – unzureichende Lubrikation können den Geschlechtsverkehr für Frauen schmerzhaft machen. Bei Männern kann eine Infektion der Eichel, meist Folge mangelhafter Sauberkeit, zur Dyspareunie führen. Einige Männer mit Erektionsschwierigkeiten litten an diabetesbedingten Stoffwechselstörungen. Auch bestimmte Tranquilizer haben Einfluß auf die sexuelle Erregbarkeit.[3]

---

3 Rückenmarksläsionen können, je nach ihrer Vollständigkeit und Lokalisierung, zu Lähmung und Empfindungsverlust in den Beinen (Paraplegie) oder in Armen und Beinen (Quadraplegie) führen. Gelegentlich werden Menschen, die weder Arme noch Beine bewegen können, für sexuell nicht erregbar gehalten. Dem ist nicht so. *Higgins* (1978) dokumentiert auch bei gelähmten Männern Erektionen und Ejakulationen.

Kasten 13.2   Die Therapie sexueller Dysfunktionen von Masters und Johnson

Wohl kaum ein Buch hat die Gemüter so erregt wie *Impotenz und Anorgasmie* von *Masters* und *Johnson* (1970). Das Buch berichtet über ein Therapieprogramm, das an 800 Patienten mit sexuellen Schwierigkeiten erprobt wurde. Jedes Paar kam nach St. Louis, erhielt zwei Wochen lang tagsüber eine intensive Therapie und machte nachts im Hotel seine Hausaufgaben. Weit weg von zu Hause waren sie frei von häuslichen Ablenkungen und konnten ihren Aufenthalt in St. Louis zu einer Art zweiter Flitterwochen gestalten. Mit vielen der von *Masters* und *Johnson* eingesetzten Techniken hatten auch schon andere Therapeuten gearbeitet. Obwohl man bei genauerer Analyse des Berichts einige methodische Mängel entdeckte (*Zilbergeld* & *Evans*, 1980), verzeichneten andere Therapeuten mit diesen Techniken ähnliche Erfolge (*Andersen*, 1983). *Masters* und *Johnson* haben die sexualtherapeutische Bewegung eigentlich begründet, und ihre Arbeit verdient es, ausführlicher gewürdigt zu werden.

Die Therapie versucht, Leistungsängste zu mindern oder nach Möglichkeit ganz auszuschalten, und den Patienten den Weg aus ihrer unguten Zuschauerrolle zu weisen. Dann, so hofft man, wird das Paar fähig sein zu freier und genußvoller Sexualität.

Jeden Tag trifft sich das Paar mit einem Team von Therapeuten beiderlei Geschlechts, denn man nimmt an, daß Männer sich besser in Männer und Frauen sich besser in Frauen einfühlen können. In den ersten Tagen ist das Programm für alle Paare, ungeachtet ihres spezifischen Problems, das gleiche. Wichtig ist, daß den Paaren zunächst jegliche sexuelle *Aktivität* verboten wird. Während der ersten beiden Tage wird eine vollständige soziale und sexuelle Anamnese erhoben, die Paare werden körperlich untersucht, so daß organische Faktoren ausgeschlossen oder gefunden und behandelt werden können.

In den diagnostischen Interviews gilt die besondere Aufmerksamkeit dem sogenannten *sexuellen Wertesystem,* d.h. den Vorstellungen, die beide Partner davon haben, was in einer sexuellen Beziehung akzeptabel und notwendig ist. Manchmal muß sich erst dieses Wertesystem für einen oder beide Partner ändern, bevor die Sexualität besser werden kann. Wenn einer der Partner Sexualität für etwas Schmutziges und Unmoralisches hält, wird vermutlich auch die beste Sexualtherapie versagen.

Am dritten Tag bieten die Therapeuten dem Paar Interpretationen dafür an, wie es zu dem Problem gekommen ist und warum es so hartnäckig erhalten bleibt. Im Mittelpunkt stehen dabei immer die Probleme innerhalb der Beziehung, nicht die besonderen Schwierigkeiten eines der beiden Partner. Es ist eine Grundprämisse der Masters-Johnson-Therapie, daß „… es in einer Ehe mit sexuellen Schwierigkeiten gleich welcher Art einen unbeteiligten Partner nicht gibt" (1970, S. 2). Wie das Problem auch immer beschaffen ist, das Paar lernt, es als gemeinsames zu sehen. An diesem Punkt werden die Patienten auch mit der Vorstellung der Zuschauerrolle bekannt gemacht. Sie erfahren zum Beispiel, daß sich ein Mann mit Erektionsschwierigkeiten gewöhnlich Gedanken darüber macht, wie gut oder wie schlecht er ist, statt sich dem Geschehen einfach zu überlassen. Man erklärt ihnen, daß diese Selbstbeobachtung unter den gegebenen Umständen zwar verständlich sei, aber die natürlichen Reaktionen blokkiere und den sexuellen Genuß stark beeinträchtige.

besteht (*Tiefer, Pedersen* & *Melman*, 1988); wenn die psychischen Anteile des Problems nicht angegangen werden, können die sexuellen Schwierigkeiten weiter bestehen. Chirurgische Eingriffe an den Blutgefäßen zur Korrektur des Blutzuflusses über die Arterien oder des Blutabflusses über die Venen aus dem Penis sind möglich. Die Ergebnisse sind günstigstenfalls gemischt (*Melman* & *Rossman*, 1989), aber es besteht die Möglichkeit der Wiederherstellung der normalen Funktionen, da im Gegensatz zu Implantaten die Erektion nur bei Appetenz und Erregung erfolgt (*Wincze* & *Carey*, 1991).

In letzter Zeit ist die orale Gabe des Medikaments Yohimbin mit einigem Erfolg bei Männern eingesetzt worden, bei denen körperliche Ursachen für die Erektionsstörungen vermutet wurden (*Sonda, Mazo* & *Chancellor*, 1990). Es wird angenommen, daß die Wirkung durch eine Verstärkung des Blutflusses zum Penis hin und

Am Ende des dritten Tages erfolgt die wichtigste Instruktion: die Anweisung zum Empfindungsfokussieren („sensate focus"). Dazu sollen sich die Partner eine Zeit aussuchen, in der zwischen ihnen „ein natürliches Gefühl der Wärme und Gemeinsamkeit ..., vielleicht sogar der verspielten Verschworenheit" herrscht (*Masters* & *Johnson*, 1970, S. 71). In so einem Moment sollen sie sich entkleiden und einander durch gegenseitiges Berühren ihrer Körper Freude bereiten. Die Ko-Therapeuten weisen einem der Partner die Rolle des „Freudenspenders" oder „Gebenden" zu. Der „nehmende" Partner hat nichts weiter zu tun, als die Berührung zu genießen. Es wird von ihm keine sexuelle Reaktion verlangt, aber er soll dem gebenden Partner möglichst unmittelbar mitteilen, wenn ihn etwas ablenkt oder wenn ihm etwas unangenehm ist. Dann werden die Rollen getauscht. Immer noch ist jeder Koitusversuch untersagt. Nach *Masters* und *Johnson* ist das ein Weg, die Paare von den krampfhaften Versuchen abzubringen, die sie gemeinhin praktizieren. Das Empfindungsfokussieren kann Kontakt herstellen, wo seit Jahren keiner mehr war. Wenn es dazu kommt, ist das ein erster Schritt auf dem Wege zu einer allmählichen Neubelebung der sexuellen Intimität.

Beim Empfindungsfokussieren können tiefsitzende, bisher verborgene Feindseligkeiten ans Licht kommen. In den meisten Fällen machen die Partner aber die Erfahrung, daß das Zusammensein im Bett nicht immer die Funktion eines Vorspiels zum Geschlechtsverkehr haben muß. Am zweiten Abend wird der empfangende Partner instruiert, den gebenden Partner zu bestimmten Zärtlichkeiten zu ermuntern und anzuleiten. Er soll zu diesem Zweck seine Hand auf die des Partners legen und selber regulieren, mit wieviel Druck und wielange er wo gestreichelt werden möchte. Die Berührung von Genitalien und Brust ist nun auch erlaubt. Vom Orgasmus wird jedoch noch nicht gesprochen, und auch der Koitus bleibt verboten. Falls erforderlich – und das ist häufig der Fall – wird dem Paar anhand von Bildmaterial grundlegendes anatomisches Wissen vermittelt. Nach diesem zweiten Tag des Empfindungsfokussierens konzentriert sich die Behandlung auf das besondere Problem oder die Probleme des Paares. Zur Illustration sei kurz die Therapie einer orgasmischen Dysfunktion der Partnerin beschrieben. Nachdem sich das Paar jetzt, nach dem Empfindungstraining, im Bett wieder wohler miteinander fühlt, soll die Frau darauf bedacht sein, die eigene sexuelle Stimulation zu maximieren, ohne allerdings einen Orgasmus anzustreben. Dabei baut sich gewöhnlich Erregung auf. Von den Therapeuten erfährt das Paar, wie sich der weibliche Genitalbereich im allgemeinen besonders wirksam manuell manipulieren läßt, aber letztlich entscheidet immer die Frau, die ermuntert wird, ihrem Mann fortlaufend ihre Wünsche mitzuteilen. Die Therapeuten betonen, daß der Orgasmus in dieser Behandlungsphase immer noch nicht Ziel der Interaktion ist.

Wenn die Frau anfängt, diese Zärtlichkeiten zu genießen, geht man einen Schritt weiter. Die Quelle des sinnlichen Vergnügens soll jetzt von der Hand des Mannes auf seinen Penis in ihrer Vagina verlagert werden. Sie wird angewiesen, sich auf den Mann zu setzen, sanft seinen Penis in die Vagina einzuführen und sich einfach ihren Empfindungen zu überlassen. Wenn ihr danach ist, kann sie langsam ihr Becken bewegen. Die Therapeuten ermuntern sie, den Penis als Spielzeug zu betrachten, als etwas, das ihr Lust und Vergnügen bereitet. Auch der Mann kann jetzt langsame Stoßbewegungen machen. Immer aber entscheidet die Frau, was als nächstes geschehen soll.

Wenn das Paar diese Stellung einige Minuten

---

durch eine Reduktion des Rückflusses zustande kommt (*Meyer*, 1988). Es gibt auch sehr unterschiedliche Belege dafür, daß die Injektion von Papaverin in den schwammartigen Teil des Penis bei einigen Männern zu einer Verbesserung der Erektion führt, obwohl für viele die weiterbestehenden Konflikte mit ihren Partnern jede Verbesserung der Erektionsfähigkeit zunichte machen kann. Die Abhängigkeit von den Injektionen und ernsthafte Nebenwirkungen stellen ein schwerwiegendes Problem dieser Behandlungsform dar (*Turner* et al., 1989).

Bei allen Formen der medizinischen Intervention bleibt die Berücksichtigung der psychosozialen Faktoren wichtig, denn sexuelle Dysfunktionen sind fast immer in ein kompliziertes Netz zwischenmenschlicher und intrapsychischer Konflikte eingebettet.

bations- oder Latenzperiode folgt, die bis zu acht bis zehn Jahren andauern kann (*Hessol* et al., 1988).

HIV-Positive können andere, auf weiter unten beschriebene Weise, infizieren und dazu beitragen, was als tickende Zeitbombe in der Gesundheit der menschlichen Rasse bezeichnet wurde. Für alle Anstrengungen, die Übertragung von HIV zu kontrollieren, kommt erschwerend hinzu, daß die am häufigsten eingesetzten Tests Antikörper einer Infektion erfassen und diese Antikörper treten bei den meisten infizierten Menschen erst einige Monate nach der Infektion auf (*McCutchan*, 1990). Sogar dann, wenn ein Testergebnis negativ ist, kann ein Mensch, der kürzlich mit einem infizierten Individuum zusammen war, HIV haben.

Wenn AIDS diagnostiziert wurde, können Medikamente wie AZT zu einigen Verbesserungen führen und möglicherweise sogar das Leben verlängern, aber die verfügbaren Daten geben wenig Hoffnung dafür, daß längerfristig (und „länger" bedeutet selten mehr als ein paar Jahre) Leben gerettet werden können. Obwohl Millionen für die Entwicklung eines Impfstoffs gegen HIV ausgegeben werden, liegt das Schwergewicht heute auf der Verhaltensforschung und den Möglichkeiten zur Prävention und Kontrolle.

Der Kern des Problems sind riskante Sexualpraktiken und nicht die sexuelle Orientierung. HIV ist nur im Blut, im Samen und den Vaginalsekreten vorhanden und kann nur übertragen werden, wenn infizierte Flüssigkeiten in den Blutkreislauf gelangen. Eine HIV-Infektion kann man sich nicht durch gelegentliche soziale Kontakte oder durch das Zusammenleben mit einem HIV-Positiven oder AIDS-Patienten zuziehen, vorausgesetzt, daß entsprechende Vorsicht angewendet wird, um den Kontakt mit Blut zu vermeiden. Ungeschützter passiver Analverkehr ist die gefährlichste Sexualpraktik (*Kingsley* et al., 1987). Weniger gefährlich, aber immer noch riskant, ist der vaginale Verkehr ohne Kondom und möglicherweise auch ungeschützter oral-genitaler Kontakt und die Einführung des Fingers oder der Hand in den Anus oder die Vagina. Eine weitere Kategorie von gefährlichem Verhalten findet sich bei intravenösen Drogenkonsumenten, die sich unsterilisierte Nadeln teilen und dadurch Blut, das HIV enthält, in den Blutkreislauf eines anderen bringen. Der Konsum von Alkohol und Drogen vergrößert die Wahrscheinlichkeit für gefährli-

che Sexualpraktiken (*Stall* et al., 1986). Die tragischsten Opfer sind die Kinder, die von HIV-positiven Müttern geboren werden, denn der Virus kann die Plazentaschranke passieren und den Fötus infizieren. Der Virus kann durch das Stillen ebenfalls übertragen werden.

Prävention der Krankheit

Das primäre Ziel der Prävention sexuell übertragbarer HIV-Infektionen ist die Veränderung der Sexualpraktiken. Die Wahrscheinlichkeit einer Infektion kann natürlich dadurch vermindert werden, daß jemand in einer monogamen Beziehung mit einem sicher HIV-negativen Partner lebt. Monogame Beziehungen sind jedoch unter jungen Menschen selten und finden sich auch nicht ausschließlich bei Verheirateten oder bei anderen festen Beziehungen. Die Prävention richtet sich am besten darauf, die sexuell aktiven Menschen dazu zu ermuntern, daß sie Kondome benutzen, die zu 90% vor einer HIV-Infektion schützen. Durch die Anwendung fortgeschrittener Modelle zur Wahrscheinlichkeitsabschätzung konnten *Reiss* und

Riskante Sexualpraktiken sind eine Hauptursache für die Ausbreitung von AIDS. Da Kondome das Risiko deutlich vermindern, gibt es Bemühungen, dies der Bevölkerung bewußter zu machen und die Verfügbarkeit von Kondomen zu erhöhen.

Leik (1988) nachweisen, daß das Risiko durch die Benutzung von Kondomen noch weit stärker reduziert wird - sogar dann, wenn sie in weniger als 100% wirksam sind – als durch die Reduzierung der Zahl der Partner, mit denen jemand verkehrt. Natürlich wäre die sicherste Strategie, Kondome in einer monogamen Beziehung zu benutzen, eine Vorstellung, die möglicherweise unrealistisch ist und außerdem den Vorschriften einiger Religionen widerspricht (da Kondome eine Form der Geburtenkontrolle darstellen). Im öffentlichen Gesundheitswesen wird jedoch häufiger eine monogame Beziehung befürwortet, eine Empfehlung, die eher auf der Moral als auf Daten beruht.

Die Menschen werden auch dazu angehalten, die Freuden von Sex mit geringem Risiko, wie gegenseitige Masturbation und Frottage (Reiben der Körper ohne Einführung des Penis in die Vagina, den Mund oder den Anus des Partners) auszuprobieren. Dieser Rat gilt sowohl für gleichgeschlechtliche als auch für gegengeschlechtliche Partner. Die Prävention bei intravenösen Drogenkonsumenten schließt die bereits erwähnten Maßnahmen ein, sollte sich aber auch auf die Anwendung von neuen oder sterilisierten Nadeln beziehen. Die beste Vorsichtsmaßnahme wäre jedoch die Aufgabe des Drogenkonsums.

In den Städten, in denen AIDS ein geringeres Poblem darstellt als in New York und San Francisco, ist das Verhalten mit hohem Risiko wesentlich häufiger. Möglicherweise gibt es ein (falsch verstandenes) Gefühl der persönlichen Unverletzbarkeit, wenn keine Epidemie in der unmittelbaren Nachbarschaft anzutreffen ist (*St. Lawrence* et al., 1988). Dies ist mit Sicherheit der Fall, besonders bei jungen Heterosexuellen (sowohl Männern als auch Frauen), die weiterhin das Problem als auf Homosexuelle und Drogenkonsumenten begrenzt sehen und die sich von einer Krankheit distanzieren möchten, die das soziale Stigma derjenigen trägt, die sie derzeit am häufigsten befällt. Es gibt daher nur wenige Belege dafür, daß sich das besonders riskante Verhalten von Heterosexuellen deutlich verändert hat, besonders bei Afroamerikanern und Hispaniern (*Thomas, Gilliam & Iwrey*, 1989), deren Einstellung zur Benutzung von Kondomen ziemlich negativ ist (*Marin*, 1989; *Amaro*, 1989). Die Erwachsenen insgesamt sehen AIDS weniger als eine persönliche Bedrohung als Personen zwischen 20 und 30 Jahren (*Strunin & Hingson*, 1987). Dieser

Sachverhalt stellt ein ernstes Problem dar, denn die wichtigste Einschätzung, die von den Menschen zu treffen ist – unabhängig von ihrer sexuellen Orientierung –, wenn sie eine sexuelle Beziehung als möglich ansehen, insbesondere mit einem neuen Partner, ist, daß der Partner HIV-positiv sein könnte.

Aber wie können Veränderungen erzielt werden, vor allem (zumindest bei Heterosexuellen) in einer Generation sexuell aktiver Menschen, für die die Pille eine Befreiung von der Verpflichtung Kondome zu benutzen, brachte? Ebenfalls eine Herausforderung ist die Veränderung der Einstellung und der Praxis der Erwachsenen, die in den 60er Jahren in eine Periode sexueller Befreiung kamen, zwar etwas eingeschränkt durch Herpes und den anderen Geschlechtskrankheiten, aber nicht vom Tod bedroht waren. *Kelly* und *St. Lawrence* (1988a, 1988b) beziehen sich auf die Sozialpsychologie und die Theorie und Forschung der Verhaltenstherapie, um Prinzipien zu formulieren, die die Basis für wirksame Interventionen darstellen können. Erzieherische Aussagen sollten:
1. das Risiko bestimmter Verhaltensweisen herausstellen,
2. zeigen, daß Menschen, die diese Verhaltensweisen praktizieren, gefährdet sind,
3. darauf hinweisen, wie Verhaltensänderungen das Risiko mindern können, und
4. die Menschen davon überzeugen, daß die Vorteile dieser Verhaltensänderungen jede Unbequemlichkeit und den Verlust an Befriedigung überwiegen.

Diese Information muß so dargestellt werden, daß eindeutig klar ist, was die Menschen machen sollten und warum. Außerdem muß sie häufig und in einer unterstützenden, optimistischen (aber realistischen) Form von Autoritäten übermittelt werden, mit denen sich die Zielgruppe identifiziert. Von Bedeutung sind auch soziale Unterstützung und Ermutigung, wie wir in Kapitel 11 bei den Zigarettenrauchern gesehen haben, die versuchten, ihre Gewohnheit aufzugeben.

Interventionen, die diesen Prinzipien folgten, führten zu einem Rückgang beim ungeschützten Analverkehr und zu einem verstärkten Gebrauch von Kondomen durch homo- und bisexuelle Männer (*Kelly* et al., 1989; *Kelly* et al., 1990). Derartige Bemühungen haben eine positive Auswirkung auf die Ausbreitungsgeschwindigkeit der HIV-Infektion unter Homosexuellen. In der San Francisco Men's Health Study konnte z.B. festgestellt werden, daß der ungeschützte Analverkehr 1985 bei 35%, aber 1988 nur zu 2 bis 4% vorkam (*Ekstrand & Coates*, in Druck). Ähnliche deutliche Rückgänge fanden sich in Denver (*Judson, Cohn & Douglas*, 1989) und in Long Beach, Chicago und Seattle (*O'Reilly* et al., 1989).

Solche kognitiv-verhaltensorientierten Ansätze zur Prävention könnten nach unserer Ansicht von einigen sozialpsychologischen Forschungen profitieren, die von den Arbeiten von Milton Rokeach über Werte inspiriert wurden (1973; *Ball-Rokeach & Rokeach*, 1984). *Rokeach* geht davon aus, daß das menschliche Verhalten in entscheidender Weise von Werten kontrolliert wird, z.B. ist bei einem Menschen das Engagement für die Bürgerrechte stärker mit der Wertschätzung der Gleichheit als mit der Wahlfreiheit verbunden. Mit einer Technik, die von Rokeach und anderen als Selbstkonfrontation mit Werten bezeichnet wurde, konnte gezeigt werden, daß, wenn man ein Individuum mit einer Diskrepanz in seiner Auffassung von Werten zu denen, denen er nachstreben möchte, konfrontiert, man erreichen kann, daß das Individuum seine Einstellung in zeitlich überdauernder Weise ändert.

Welche Folgerungen ergeben sich daraus für die AIDS-Prävention? Es ist möglich – bleibt aber noch zu untersuchen –, daß sich die Menschen, die erfolgreich von sexuellen Verhaltensweisen mit hohem Risikopotential zu anderen mit geringerem Risiko übergehen, sich in ihren Werten von denjenigen unterscheiden, die dies nicht tun. Sie könnten z.B. Vernunft höher schätzen als kurzfristiges Vergnügen. Wenn dies der Fall wäre, dann könnte die Information von HIV-negativen Menschen über diesen Sachverhalt dazu führen, daß sie ermutigt werden, ihre eigenen Werte zu verändern (oder beizubehalten, wenn sie denen von erfolgreichen Veränderern gleichen) und ihre Sexualität in einer Weise anzusehen, die zu einem gesundheitsbewußteren, weniger riskanten Verhalten im Interesse eines längerfristigen Nutzens führt. Weitere Untersuchungen im Sinne von *Rokeach* (z.B. *Schwarz & Inbar-Saban*, 1988) wären für Sozialforscher, die mit der Verminderung von Risikoverhalten bei AIDS befaßt sind, von besonderem Interesse, da alle Verhaltensänderungen, wenn sie sinnvoll sein sollen, längerfristig stabil sein sollten. Kognitive Veränderungen, die auf eine grundlegende Ebene abzielen, wie etwa die Veränderung der Werte, sind wahrscheinlich einer Veränderung, die mehr an der Oberfläche liegt, überlegen.

Therapie für HIV-Positive und AIDS-Patienten

Was können die Experten den HIV-Positiven und den AIDS-Patienten anbieten? Angst und Depression sind häufig, aber auch ein Gefühl der Wut darüber, daß die Natur der Menschheit so einen üblen Scherz spielt.

Im Kapitel über die psychophysiologischen Störungen haben wir dargestellt, daß es eine zunehmende Zahl von Beweisen dafür gibt, daß psychischer Streß eine negative Auswirkung auf das Immunsystem hat (S. 222). Die Beseitigung dieser Belastung kann positive Wirkungen haben (*Kielcolt-Glaser* et al., 1986). Dieser Ansatz wird auf die Therapie von HIV-Positiven und AIDS-Patienten übetragen, da die Infektion zu einer Schwächung des Immunsystems führt. Es gibt beispielsweise einige erfolgversprechende Hinweise darauf, daß in den frühen Stadien der HIV-Infektion Aerobic-Übungen die Zahl der T4-Zellen erhöhen und Angst und Depression mindern können (vgl. die Übersichten *Antoni* et al., 1990 und *Antoni* et al., in Druck). Ein möglicher Mechanismus für diese ersten Gewinne könnte ein verstärktes Gefühl der Kontrolle und des Wohlbefindens sein.

Für diejenigen mit voll entwickeltem AIDS schließt die Therapie eine Unterstützung des Betroffenen ein, damit er nach verfügbaren und annehmbaren experimentellen medizinischen Behandlungen sucht, und eine Hilfe, damit er Kontakt zu Selbsthilfegruppen in der Nähe aufnimmt. Verfahren des Streßmanagements (S. 248) können ebenfalls nützlich sein, obwohl man den Ernst der Situation nicht abstreiten sollte und auch nicht kann. Was sich nach unserer Auffassung auch in der klinischen Literatur zeigt, ist die Angemessenheit eines existentiellen Ansatzes, der die Analyse der Bedeutung des eigenen Lebens und des bevorstehenden Todes zum Gegenstand hat, und die Bedeutung der Lösung einiger Probleme, einschließlich der Erstellung eines Testaments, des Abschiednehmens, kurz, all das, was seit langem als sinnvoll und nützlich angesehen wird, wenn man mit seiner eigenen Sterblichkeit und den Verpflichtungen denjenigen gegenüber, die zurückbleiben, konfrontiert wird. Es gibt keinen Zweifel darüber, daß eine religiöse Überzeugung von einem Leben nach dem Tod sowohl dem Patienten als auch seiner Familie Trost geben kann. Die soziale Unterstützung durch die Familie, Freunde und andere AIDS-Patienten ist ebenfalls hilfreich (*Kelly, St. Lawrence, Hood, Smith & Cook*, 1988). Da sich viele todkranke AIDS-Patienten wegen ihrer sexuellen Orientierung, ihres Drogenkonsums oder der Angst der Familienmitglieder vor einer Ansteckung ihren Familien entfremdet haben, sind abgestimmte Bemühungen erforderlich, um etwas zu erreichen, was manchmal als bemerkenswerte Besserung angesehen werden kann (*McCutchan*, 1990).

Die Tatsache, daß die meisten, die an AIDS sterben, jung sind und ihre produktivsten Jahre noch vor sich hätten, betont die persönliche und soziale Tragödie. Die HIV-Positiven, die bislang weder AIDS noch ARC haben, stehen durch das Wissen, daß sie fast unvermeidlich AIDS bekommen werden, unter erheblicher Belastung. Bei diesen Patienten raten *Kelly* und *St. Lawrence* zu einer Ermutigung von gesundheitsbewußten Lebensweisen, wie z.B. körperliche Bewegung, reduzierter Alkoholkonsum und gute Ernährung, die alle positive Auswirkungen auf das Immunsystem haben können. Da wirklich wenig über die biologischen und psychischen Faktoren bekannt ist, die dazu beitragen, daß ein HIV-Positiver AIDS entwickelt, bleibt noch viel an Forschung zu tun, die Hoffnung für einen Aufschub gibt.

AIDS und die Öffentlichkeit

Jede Diskussion über die Prävention von AIDS ist befrachtet mit moralischen, politischen und öffentlichen Implikationen. Anfang der 90er Jahre haben wir eine heiße Debatte darüber erlebt, wieviel Informationen an Kinder und Jugendliche in der Grund- und der Sekundarschule gegeben werden sollen. Die meisten jungen Menschen im Alter von 16 Jahren hatten bereits Sexualkontakt (*Hoffert & Hayes*, 1987), doch nur 15% der sexuell aktiven Teenager verwenden Kondome (*Nicholas* et al., 1989). Sollte die Gesellschaft Kondome kostenlos an die Schüler ausgeben? Oder sollte die Abstinenz vom Sexualverkehr befürwortet werden? In welchem Alter sollten nach unserer Ansicht die Menschen sexuell aktiv werden? Wenn in der Sekundarschule Kondome verkauft oder frei verteilt werden, führt dies zu vorehelichem Teenagersex? Oder bedeutet es eine realistische und menschliche Konfrontation mit der realen Welt?

Sollten wir kostenlos sterile Nadeln an intravenöse Drogenkonsumenten verteilen, oder führt dies auch zu einem Verhalten, das als gefährlich sowohl für die Gesellschaft als auch für den Betroffenen angesehen weren kann?

Sollten wir die Tests obligatorisch machen und wer sollte sich testen lassen müssen? Nur die Mitarbeiter im Gesundheitswesen? Wenn dies geschieht, können wir sicherstellen, daß diejenigen, die den HIV-Virus in sich tragen, vor einer beruflichen Diskrimination und Quarantäne geschützt sind? Und wenn wir keinen gesetzlichen Schutz bieten, wird das nicht die Bereitschaft zum Test untergraben? Wäre dies nicht unerwünscht, wenn vorausgesetzt werden kann, daß die Tests zu einer langsameren Ausbreitung des Virus führen und auch das Leben der infizierten Individuen dadurch verlängern kann, daß sie sich behandeln lassen können, z.B. mit AZT, das, wenn in den frühen Stadien der Erkrankung damit begonnen wird, die Länge und die Qualität des Lebens verbessern kann (*Weiss & Hardy*, 1990)?

Für die Gesellschaft ist es auch schwierig, sich den Einstellungen und dem Vorgehen der Mitarbeiter im Gesundheitswesen zu stellen. Obwohl die Ansteckungsrisiken bei der Behandlung von HIV-Infizierten und AIDS-Patienten bekannt, sehr klein und leicht zu kontrollieren sind, sind viele Mitarbeiter wenig bereit, diese Patienten zu behandeln. Es trifft auch zu, daß die Rekrutierung und Ausbildung der Ärzte und des Pflegepersonals, die zur Behandlung der AIDS-Patienten gebraucht werden, mit den wachsenden Bedürfnissen nicht Schritt hält (*Weiss & Hardy*, 1990), wobei der stärkste Anstieg der Epidemie noch bevorsteht.

Wenn die Welt mehr und mehr von AIDS beeinflußt wird, müssen wir unsere Werte und Vorurteile in Frage stellen, unsere tiefsten Ängste und drängendsten Begierden, da wir uns einer Phase der Unsicherheit und Bedrohung nähern, die früher kaum vorstellbar war.

Zusammenfassung

Nur wenige emotionale Probleme sind für die Menschen heute von größerem Interesse als die psychosexuellen Dysfunktionen. Ursache dieser Störungen des normalen sexuellen Reaktionszyklus, die viele Menschen ihrer sexuellen Genußfähigkeit berauben, sind offensichtlich Hemmungen. Das DSM-IV kategorisiert die Störungen danach, in welcher Phase des Reaktionszyklus sie sich bemerkbar machen. Unterschieden wird zwischen Appetenzphase (ob der oder die Betroffene überhaupt den Wunsch nach Sexualität verspürt), Erregungsphase (ob der einzelne auf die ihm angemessen erscheinende Stimulation mit Erregung reagiert), Orgasmus und Entspannung. Die Störungen können sich in Schwere, Chronizität und in ihrem Umfang, d.h., ob sie generell oder nur mit bestimmten Partnern und in bestimmten Situationen auftreten, unterscheiden. Eine sexuelle Dysfunktion besteht nur bei anhaltenden und wiederholten Schwierigkeiten. Mit vorübergehenden sexuellen Schwierigkeiten hat vermutlich jeder irgendwann einmal zu kämpfen.

Es werden die einzelnen sexuellen Dysfunktionen und ihre vermutlichen Ursachen beschrieben. Auch wenn besonders bei Dyspareunie und vollkommener Erektionsunfähigkeit mit organischen Ursachen gerechnet werden muß, findet man als Ätiologie der Störungen gewöhnlich eine Kombination von negativen Einstellungen, unguten früheren Erfahrungen, Leistungsängsten, Annahme einer Zuschauerrolle und Mangel an Wissen und Fertigkeiten. Bei manchen Dysfunktionen spielen wohl auch Geschlechtsrollenstereotype eine Rolle: Ein Mann, der keine Erektion aufrechterhalten kann, gilt vielfach als impotent und das heißt zugleich als wenig männlich; und entsprechend hält man die „frigide" Frau, die nicht mit schöner Regelmäßigkeit einen Orgasmus produziert, für kalt und empfindungslos. Sexuelle Probleme von Frauen scheinen ganz besonders eng mit kulturellen Vorurteilen gegen weibliche Sexualität zusammenzuhängen – eine besondere Ironie angesichts der durch Laboruntersuchungen belegten Tatsache, daß Frauen zu häufigerem sexuellen Genuß befähigt sind als Männer.

Informationen über die Ursachen sexueller Dysfunktionen entstammen zumeist unkontrollierten Fallstudien und sind daher mit einiger Vorsicht aufzunehmen. Das Fehlen solider ätiologischer Daten hat Therapeuten nicht davon abgehalten, offensichtlich wirksame verhaltensorientierte und kognitive Interventionen zu entwickeln. Die verhaltensorientierte direkte Sexualtherapie mit dem Ziel, alte Gewohnheiten zu ändern und neue Fertigkeiten zu lernen, haben als erste *Masters* und *Johnson* ins öffentliche Bewußtsein gerückt. Praktiziert wurde die Methode von manchen Verhaltenstherapeuten schon Jahre zuvor. Die Patienten werden mit Unterstützung von vertrauenswürdigen und feinfühligen Therapeuten schrittweise und so, daß keine Angst ausgelöst wird, zu zunehmend intimerem sexuellen Umgang miteinander angeregt. Hinzu kommen Unterricht in Sexualanatomie und -physiologie, Techniken zur Angstreduktion, Fertigkeits- und Kommunikationstraining, Verfahren zur Änderung von Einstellungen und Gedanken, Änderungen von Routine und auch Ehetherapie, wenn – wie es häufig der Fall ist – die sexuellen Schwierigkeiten Teil einer umfassenderen Beziehungsproblematik sind. Psychodynamische Techniken und eine breite Palette medizinischer und anderer physischer Verfahren sind weitere Mittel, die in der Sexualtherapie eingesetzt werden. Daten aus kontrollierten Untersuchungen gibt es bisher nur wenige, aber wir haben allen Grund zu der optimistischen Annahme, daß den meisten Menschen mit lähmenden sexuellen Hemmungen zumindest in gewissem Umfang zu helfen sein wird.

Die erworbene Immunschwäche (AIDS) hat zu einer Krise im Gesundheitswesen geführt. Verhaltenswissenschaftler haben versucht, die Gefährdung der Menschen für eine Ansteckung mit dem HIV-Virus dadurch zu mindern, daß sie eine Veränderung von gefährlichen zu weniger gefährlichen Sexualpraktiken herbeizuführen versucht haben.

14

Schizophrenie

Plötzlich ging alles nicht mehr so leicht. Ich begann, die Kontrolle über mein Leben und – vor allem – über mich selbst zu verlieren. Ich konnte nicht lernen, ich konnte nicht schlafen, und wenn ich schlief, träumte ich davon zu sterben. Ich hatte Angst, ins Seminar zu gehen, weil ich mir einbildete, alle redeten über mich, und obendrein hörte ich Stimmen. Ich rief meine Mutter in Pittsburgh an und bat sie um Rat. Sie meinte, ich solle aus dem Studentenheim ausziehen und mit meiner Schwester zusammen eine Wohnung nehmen.
Ich zog mit meiner Schwester zusammen, und alles wurde noch schlimmer. Ich hatte Angst, das Haus zu verlassen, und wenn ich aus dem Fenster sah, schien mir, daß die Leute auf der Straße schrien: „Tötet sie, tötet sie!" Meine Schwester zwang mich, zur Universität zu gehen. Ich verließ das Haus, kehrte aber zurück, sobald sie zur Arbeit gegangen war. Es wurde immer noch schlimmer. Ich bildete mir ein, ekelhaft zu riechen, und duschte bis zu sechsmal täglich. Ich erinnere mich, wie ich einmal einkaufen ging und die Leute im Geschäft sagen hörte: „Rettet euch, Jesus ist die Antwort." Es wurde noch schlimmer – ich vergaß alles. Ich mußte alles, was ich an einem Tag zu tun und zu erledigen hatte, aufschreiben. Ich behielt nicht, was ich lernte, saß von sechs Uhr abends bis vier Uhr morgens über den Büchern, traute mich aber am nächsten Tag nie ins Seminar. Ich versuchte, meiner Schwester davon zu erzählen, aber sie verstand es nicht. Sie meinte, ich solle zu einem Psychiater gehen, aber das konnte ich nicht, weil ich Angst hatte, aus dem Haus zu gehen.
Eines Tages glaubte ich, dieses Trauma nicht mehr ertragen zu können und nahm 35 Darvon–Tabletten. Im selben Augenblick sagte eine Stimme in mir: „Warum tust du das? Jetzt kommst du nicht in den Himmel." Da wurde mir bewußt, daß ich gar nicht sterben wollte, ich wollte leben, und ich hatte Angst. Ich ging zum Telephon und rief den Psychiater an, den meine Schwester mir empfohlen hatte. Ich erzählte ihm von der Überdosis Darvon und von meiner Angst. Er sagte, ich solle ein Taxi nehmen und ins Krankenhaus fahren. Am Krankenhaus angekommen, begann ich zu erbrechen, rührte mich aber nicht von der Stelle. Irgendwie konnte ich nicht akzeptieren, daß ich wirklich auf dem Weg zu einem Psychiater war. Ich glaubte, Psychiater seien nur für Verrückte da, und für verrückt hielt ich mich ganz bestimmt nicht. Also ließ ich mich nicht aufnehmen, sondern machte mich auf den Heimweg. Unterwegs traf ich meine Schwester. Sie schickte mich unverzüglich zurück. Dann riefen wir meine Mutter an, und die sagte, sie werde mit dem nächsten Flugzeug kommen. (*O'Neal*, 1984, S. 109–110).

Die junge Frau, die in dieser Fallgeschichte beschrieben wurde, erhielt die Diagnose „schizophren". Obwohl es die Diagnose einer Schizophrenie seit nunmehr hundert Jahren gibt und diese schwere psychische Störung häufiger erforscht wurde als jede andere, sind wir von einem Verständnis noch weit entfernt. Unter dem Begriff Schizophrenie wird eine Gruppe psychotischer Störungen zusammengefaßt, die durch massive Störungen des Denkens, der Emotionen und des Verhaltens gekennzeichnet sind. Das gestörte Denken zeigt sich darin, daß die Inhalte nicht logisch miteinander verknüpft sind; es treten Fehler in der Wahrnehmung und der Aufmerksamkeit auf; es gibt bizarre Störungen der motorischen Aktivität und einen flachen oder unangemessenen Affekt. Diese Störungen führen dazu, daß sich der Patient von den Menschen und der Realität zurückzieht, häufig in eine Phantasiewelt aus Wahnideen und Halluzinationen. Es ist wichtig, sich daran zu erinnern, daß Schizophrenie sich sehr stark von der Multiplen Persönlichkeitsstörung unterscheidet, obwohl die beiden in den Medien häufig miteinander verwechselt werden. In diesem Kapitel werden wir zunächst eine genaue Beschreibung der klinischen Merkmale der Schizophrenie in ihrer verwirrenden Vielfalt geben. Danach wenden wir uns der Geschichte dieses Konzepts zu, wie es zuerst entwickelt und über die Jahre modifiziert wurde. Anschließend beschäftigen wir uns mit der Forschung zur Ätiologie der Schizophrenie und den Therapien, die für diese Störung entwickelt wurden.

Klinische Symptome der Schizophrenie

Die Symptome schizophrener Patienten betreffen folgende Hauptbereiche: Denken, Wahrnehmung und Aufmerksamkeit, motorisches Verhalten, Affekt oder Emotion und Lebensbewältigung. Die möglichen Störungen sind von großer Vielfalt, obwohl jeder als schizophren beschriebene Patient typischerweise immer nur *einige* davon aufweist. Das DSM legt fest, wie viele Probleme in welchem Ausmaß vorhanden sein müssen, um die Diagnose zu rechtfertigen. Im Unterschied zu den meisten anderen hier vorgestellten diagnostischen Kategorien gibt es bei der Schizophrenie kein essentielles Symptom, das vorhanden sein müßte. Schizophrene Patienten unterscheiden sich voneinander also mehr als Patienten mit anderen Störungen. Die Heterogenität der Schizophrenie legt es nahe, nach Untertypen mit bestimmten Problem-Konstellationen zu suchen. Nach einem Überblick über die Hauptsymptome werden wir uns den Typen der Schizophrenie zuwenden. Die Symptome lassen sich von den DSM-Kriterien, aber auch aus den Informationen, die in einer groß angelegten Untersuchung der Schizophrenie, der International Pilot Study of Schizophrenia (IPSS), die von der Weltgesundheitsorganisation durchgeführt wurde (*Sartorius, Shapiro & Jablonsky*, 1974), ableiten. Wir werden die wichtigsten Symptome der Schizophrenie nach zwei Kriterien ordnen, positiv und negativ, und auch einige Symptome beschreiben, die nicht in diese beiden Kategorien passen. Obwohl wir uns hier ausführlich den einzelnen Symptomen der Schizophrenie widmen, sollte man nicht vergessen, daß diagnostisch die Dauer der Störung eine mindestens ebenso wichtige, wenn nicht wichtigere Rolle spielt. Die Dauer ist dasjenige Kriterium, anhand dessen sich die Schizophrenie von der symptomatisch ähnlichen schizophreniformen Störung und der kurzen reaktiven Psychose unterscheiden läßt.

Positive Symptome

Die positiven Symptome zeigen sich in übermäßiger Produktion von Phänomenen wie Halluzinationen, Wahnideen, bizarrem Verhalten und formalen Denkstörungen.

Desorganisierte Sprache (Inkohärenz)

Die desorganisierte Sprache wird auch als formale Denkstörung bezeichnet und bezieht sich auf Probleme, die mit der Organisation der Vorstellungen in der Sprache, damit ein Zuhörer den Sinn verstehen kann, zusammenhängen.

Interviewer: Haben Sie sich in letzter Zeit angespannt gefühlt?

Schizophrener: Nein, ich bekam einen Kopf Salat.

Interviewer: Sie bekamen einen Kopf Salat? Das verstehe ich nicht.

Schizophrener: Nun, es war nur ein Kopf Salat.

Interviewer: Erzählen Sie mir von dem Salat. Was meinen Sie?

Schizophrener: Nun, ... Salat ist eine Umwandlung eines toten Puma, der einen Rückfall auf der Kralle eines Löwen erlitt. Und er verschluckte den Löwen und etwas geschah. Der ..., sehen Sie, ... Gloria und Tommy waren die beiden Köpfe, aber es waren keine Wale. Aber sie entkamen mit großen Mengen von Erbrochenem und ähnlichen Dingen.

Interviewer: Wer sind Tommy und Gloria?

Schizophrener: Oh, ... da gibt es Joe DiMaggio, Tommy Henrich, Bill Dickey, Phil Rizzuto, John Esclavera, Del Crandell, Ted Williams, Mickey Mantle, Roy Mantle, Ray Mantle, Bob Chance ...

Interviewer: Wer ist das? Wer sind diese Leute?

Schizophrener: Es sind Tote ... sie wollen beschissen werden... von diesem Verbrecher.

Interviewer: Was bedeutet das alles?

Schizophrener: Nun, Sie werden sehen, ich muß die Klinik verlassen. Ich werde mich einer Operation an den Beinen unterziehen, Sie wissen schon. Und es kommt mir ganz schön krank vor, daß ich meine Beine nicht behalten möchte. Darum will ich eine Operation haben.

Interviewer: Sie möchten, daß Ihnen die Beine abgenommen werden?

Schizophrener: Wie Sie wissen, ist es möglich.

Interviewer: Warum wollen Sie, daß das gemacht wird?

Schizophrener: Ich habe überhaupt keine Beine, um damit zu beginnen. Daher könnte ich mir vorstellen, daß, wenn ich ein schneller Läufer wäre, ich dazu verflucht wäre, eine Frau zu sein, denn ich hatte einen Splitter in meinem Kopf Salat. (*Neale & Oltmanns*, 1980, S. 103–104).

Dieser Ausschnitt ist ein Beispiel für die *Inkohärenz*, die schizophrenes Sprechen manchmal kennzeichnet. Die Patienten lassen zwar immer wieder zentrale Ideen oder ein bestimmtes Thema anklingen, aber Bilder und Gedankenfragmente stehen zusammenhangslos nebeneinander. Es ist schwer, genau zu verstehen, was der Patient dem Interviewer sagen will.

Das Denken kann auch durch *gelockerte Assoziationen* oder Entgleisungen gestört sein. Der Patient kommuniziert dann zwar etwas erfolgreicher, hat aber Schwierigkeiten, bei einem Thema zu bleiben. Eine Vorstellung aus der Vergangenheit löst immer neue Assoziationen aus, von denen sich der Patient davontragen läßt. Ein schizophrener Patient hat diesen Zustand einmal wie folgt beschrieben:

„Meine Gedanken gehen ihre eigenen, wirren Wege. Ich fange an, über irgend etwas nachzudenken oder zu sprechen, aber ich komme nie da an, wo ich hin will. Statt dessen marschiere ich in die falsche Richtung und werde unterwegs von allen möglichen Dingen aufgehalten, die zwar irgendwie mit dem, was ich

eigentlich sagen will, zusammenhängen, aber ich weiß nicht, wie. Die Leute, die mir zuhören, kennen sich noch weniger aus als ich ...
Mein Problem ist, daß ich zu viele Gedanken habe. Wenn Sie an irgend etwas denken, zum Beispiel an diesen Aschenbecher, dann denken Sie bloß ,Oh ja, das ist da, um meine Zigarette reinzulegen', ich würde das auch denken, aber gleichzeitig noch ein Dutzend andere Dinge, die irgendwie damit zu tun haben" (*McGhie & Chapman*, 1961, S. 108).

Die Sprachstörungen wurden eine Zeitlang als das wichtigste klinische Symptom der Schizophrenie angesehen und sind immer noch ein Kriterium für eine Diagnose. Es zeigt sich aber, daß die Sprache vieler Schizophrener nicht gestört ist. Außerdem unterscheidet das Vorhandensein einer desorganisierten Sprache nicht zwischen Schizophrenen und anderen psychotischen Patienten, wie z.B. einige mit affektiven Störungen (*Andreasen*, 1979). So zeigen etwa manische Patienten genauso stark gelockerte Assoziationen wie Schizophrene.

Wahnideen

Abweichungen des *Denkinhalts* scheinen zentraler für die Schizophrenie zu sein als formale Denkstörungen. Bei 97% der Schizophrenen des IPSS war das Denken durch „*Mangel an Einsicht*" sehr grundlegend gestört. Wenn man die Patienten fragte, was ihnen fehle oder warum sie im Krankenhaus seien, schienen sie weder ihren Zustand einschätzen zu können noch sich bewußt zu sein, daß ihr Verhalten ungewöhnlich war.

Zweifellos machen wir uns alle irgendwann einmal Sorgen, weil wir glauben, daß andere schlecht von uns denken. Oft hat das sicher auch seine guten Gründe. Wer wird schließlich von allen geliebt? Glücklicherweise lernen wir mit dieser Überzeugung zu leben oder können sie revidieren, wenn sie sich als falsch herausstellt. Viele Schizophrene unterliegen jedoch Wahnideen, festen Überzeugungen, welche die übrige Gesellschaft allgemein ablehnt oder als Fehlinterpretation der Realität ansieht.

Man stelle sich jedoch vor, was es hieße, der festen Überzeugung zu sein, daß sehr viele Menschen uns nicht mögen, ja, uns sogar so sehr verabscheuen, daß sie sich gegen uns verschwören. Einige dieser Verschwörer verfügen über raffinierte Abhörgeräte, mit denen sie sich in unsere vertraulichsten Gespräche einschalten können, um das Gehörte gegen uns zu verwen-

den und uns in Verruf zu bringen. Niemandem, auch nicht unseren nächsten Angehörigen, gelingt es, uns das auszureden. Im Gegenteil, auch unsere engsten Freunde und Vertraute schließen sich einer nach dem anderen unseren Peinigern an und beteiligen sich an der Verfolgung. Natürlich packt uns Angst oder Wut und wir fangen unsererseits an, Schutzmaßnahmen gegen unsere Verfolger zu ergreifen. Jedes neue Zimmer, das wir betreten, muß sorgfältig nach Abhöranlagen abgesucht werden. Wenn wir jemanden kennenlernen, müssen wir ihn erst ausführlich befragen, um herauszufinden, ob auch er ein Verschwörer ist.

Unter einfachem *Verfolgungswahn* litten 65% der IPSS-Stichprobe. Aber schizophrene Wahnphänomene können auch andere Formen annehmen. Einige der wichtigsten hat der deutsche Psychiater *Kurt Schneider* (1959) beschrieben. Den folgenden Katalog solcher Wahnvorstellungen haben wir *Mellor* (1970) entnommen.

1. *Körperliche Passivität.* Der Patient ist passiver und unfreiwilliger Empfänger von Körperempfindungen, die von einer äußeren Macht gesteuert werden.

„Ein 29jähriger Lehrer beschreibt ,Röntgenstrahlen, die meinen Nacken treffen, wo die Haut sich erwärmt und prickelt, und die dann in einem etwa acht Zentimeter breiten, heißen und prickelnden Streifen den Rücken hinunter bis zur Taille wandern. Dort verschwinden sie im Becken, das taub und kalt und hart wie ein Eisblock ist. Sie lassen es nicht zu, daß ich eine Erektion bekomme'" (S. 16).

2. *Gedankeneingebung.* Dem Patienten werden fremde Gedanken von einer äußeren Macht ins Bewußtsein eingegeben.

„Eine 29jährige Hausfrau erzählte: ,Ich schaue aus dem Fenster und denke, der Garten sieht schön aus und das Gras kühl, aber dann kommen mir die Gedanken von Eamonn Andrews in den Sinn. Es gibt keine anderen Gedanken, nur seine... Er behandelt mein Bewußtsein wie einen Bildschirm und läßt seine Gedanken aufleuchten, wie Sie Blitzlichtaufnahmen machen'" (S. 17).

3. *Gedankenausbreitung.* Die Gedanken des Patienten werden übertragen, so daß andere sie kennen.

„,Wenn ich denke,' (erklärte) ein 21jähriger Student, ,verlassen die Gedanken meinen Kopf wie Streifen eines Fernschreibers. Es braucht nur jemand den Streifen durch seinen Kopf laufen zu lassen, und schon kennt er meine Gedanken'" (S. 17).

4. Gedankenentzug. Dem Patienten werden die Gedanken von einer äußeren Kraft plötzlich und unerwartet aus dem Kopf „gestohlen".

„Eine 22jährige Frau (beschrieb eine derartige Erfahrung wie folgt): ‚Ich denke an meine Mutter, und plötzlich werden mir die Gedanken von einem phrenologischen Vakuumextraktor aus dem Verstand gesogen, und in meinem Verstand ist nichts mehr, er ist leer ...'" (S. 16-17).

In den folgenden drei Wahnvorstellungen geht es um Gefühle, Handlungen und Impulse, die dem Patienten von einer äußeren Kraft eingegeben wurden.

5. „Gemachte" Gefühle.

„Eine 23jährige Patientin berichtete: ‚Ich weine, die Tränen rollen mir die Wangen hinunter, und ich sehe unglücklich aus, aber in mir ist kalte Wut, weil sie mich auf diese Weise benutzen; und nicht ich bin es, die unglücklich ist, sondern sie projizieren das Unglücklichsein in mein Gehirn. Sie projizieren grundloses Gelächter in mich, und Sie können sich nicht vorstellen, wie schrecklich es ist, zu lachen und glücklich auszusehen und zu wissen, das sind nicht deine, sondern ihre Gefühle'" (S. 17).

6. „Gemachte" Handlungen.

„Eine 29jährige Stenotypistin beschrieb ihre (einfachsten) Handlungen wie folgt: ‚Wenn ich nach dem Kamm greife, sind es meine Hand und mein Arm, die sich bewegen, und meine Finger nehmen den Bleistift, aber nicht ich kontrolliere sie ... Ich sitze da und sehe sie sich bewegen, und sie sind völlig selbständig, was sie tun, hat nichts mit mir zu tun... Ich bin nur eine Marionette, die an kosmischen Fäden hängt. Wenn an den Fäden gezogen wird, bewegt sich mein Körper, und ich kann nichts dagegen tun'" (S. 17).

7. „Gemachte" Impulse.

„Ein 29jähriger Ingenieur hatte auf der Station den Inhalt einer Urinflasche über dem Essenswagen ausgeleert (und erklärte den Vorfall wie folgt): ‚Es überkam mich ein plötzlicher Impuls und ich mußte es tun. Es war nicht mein Gefühl, es ist aus der Röntgenabteilung in mich gekommen, darum haben sie mich auch gestern wegen der Implantationen dahin geschickt. Es hatte nichts mit mir zu tun, sie wollten es. Also nahm ich die Flasche und goß sie aus. Es schien mir nichts anderes übrig zu bleiben'" (S. 18).

Obwohl Wahnideen bei mehr als 50% der Schizophrenen auftreten, treten sie auch, wie die Störungen der Sprache, bei Patienten anderer Diagnosen auf, insbesondere bei der Manie und der Depression mit Wahnvorstellungen.

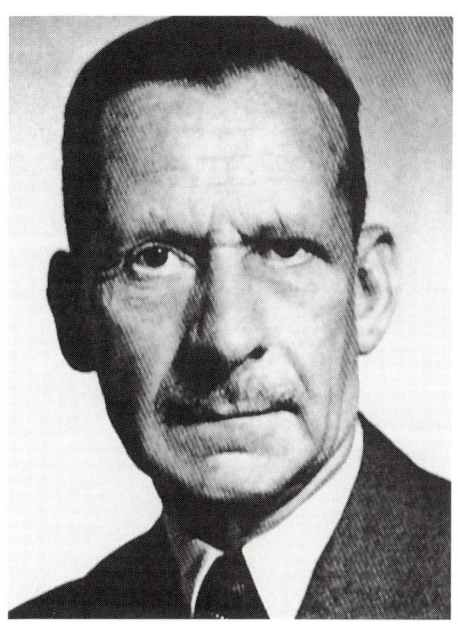

Kurt Schneider, ein deutscher Psychiater, ging davon aus, daß bestimmte Formen der Halluzinationen und Wahnideen, die er als „Symptome erster Ordnung" bezeichnete, für die Definition der Schizophrenie zentrale Komponenten sind.

Halluzinationen und andere Störungen der Wahrnehmung

Schizophrene Patienten berichten häufig, daß ihnen die Welt irgendwie verändert oder sogar unwirklich erscheint (Derealisationen). Für manche fühlt sich auch ihr Körper anders an. Körperteile erscheinen zu groß oder zu klein, die Dinge um sie herum zu nah oder weit weg. Sie verspüren Taubheit, Prickeln oder Brennen oder auch Empfindungen von Elektrizität. Manche Patienten haben das Gefühl, als wenn Schlangen in ihrem Bauch kröchen. Oder sie erleben ihren Körper so depersonalisiert, daß sie das Gefühl haben, er sei eine Maschine. Manche Patienten werden überempfindlich für visuelle Eindrücke, Töne und Gerüche. Jede Berührung empfinden sie als Qual. Licht blendet und Lärm peinigt sie. Für andere hat sich die Umgebung verändert, alles erscheint ihnen flach und farblos. Manchen Schizophrenen fällt es schwer, darauf zu achten, was um sie herum vorgeht.

„Ich kann mich nicht auf das Fernsehen konzentrieren, weil ich Bild und Ton nicht gleichzeitig aufnehmen kann. Ich kann nicht zwei Sachen auf einmal aufnehmen, besonders wenn ich gleichzeitig hinhören und hinsehen muß. Andererseits scheine ich zuviel auf einmal aufzunehmen, und dann kann ich nicht damit fertig werden und finde keinen Sinn darin..." (*McGhie & Chapman*, 1961, S. 106).

Besonders dramatisch sind Sinneswahrnehmungen bei fehlenden Umweltreizen, die sogenannten *Halluzinationen*. Sie sind in den meisten Fällen akustischer, seltener visueller Natur. 74% der IPSS-Probanden berichteten von akustischen Halluzinationen.

Wie die Wahnvorstellungen gelten auch einige Halluzinationen als diagnostisch besonders bedeutsam, weil sie bei Schizophrenen häufiger sind als bei Patienten mit anderen psychotischen Störungen. Eine systematische Beschreibung der Halluzinationen findet sich bei *Schneider* (1959), wir entnehmen unsere Beispiele wieder *Mellor* (1970).

1. Gedankenlautwerden.

„Eine 32jährige Hausfrau klagte darüber, daß eine männliche Stimme etwa 60 cm über ihrem Kopf eindringlich auf sie einflüstere. Die Stimme wiederholte nahezu alle zielgerichteten Gedanken der Patientin, auch die banalsten. Wenn die Patientin dachte ‚Ich muß den Kessel aufsetzen‘, dauerte es keine Sekunde und auch die Stimme sagte ‚Ich muß den Kessel aufsetzen‘. Oft sagte sie auch das Gegenteil: ‚Setz’ den Kessel nicht auf“ (S. 16)

2. Streitende Stimmen.

„Ein 24jähriger Patient hörte Stimmen aus dem Schwesternzimmer. Eine tiefe und rauhe Stimme sagte immer wieder: ‚G. T. ist verdammt durcheinander.‘ Und eine höhere Stimme antwortete: ‚Das stimmt. Man sollte ihn einsperren.‘ Gelegentlich warf eine weibliche Stimme dazwischen: ‚Das stimmt nicht. Er ist ein sehr netter Mann.‘“ (S. 16).

3. Kommentierende Stimmen.

„Eine 41jährige Hausfrau hörte eine Stimme aus einem Haus auf der anderen Straßenseite. Die Stimme beschrieb in monotonem Tonfall unaufhörlich alles, was sie tat, und begleitete das mit kritischen Kommentaren: ‚Sie schält Kartoffeln, jetzt hat sie das Schälmesser in der Hand, diese Kartoffel mag sie nicht, sie legt sie zurück, weil sie findet, daß sie einen Knubbel hat wie ein Penis, sie hat schmutzige Gedanken, sie schält Kartoffeln, jetzt wäscht sie sie ...‘“ (S. 16).

Negative Symptome

Die negativen Symptome stellen Verhaltensdefizite wie Willensschwäche, Spracharmut, Lustlosigkeit und flacher Affekt dar.

Willensschwäche

Willensschwäche oder Apathie bezieht sich auf den Mangel an Energie und das offensichtliche Fehlen des Interesses an dem, was übliche Routinetätigkeiten sind. Die Patienten können gegenüber ihrer Körperpflege und der persönlichen Hygiene nachlässig werden, mit ungekämmtem Haar, schmutzigen Fingernägeln, nicht geputzten Zähnen und verfleckten Kleidern herumlaufen. Sie haben Schwierigkeiten, ihre Pflichten bei der Arbeit, in der Schule oder im Haushalt zu erfüllen und verbringen die meiste Zeit damit, einfach nur herumzusitzen und nichts zu tun.

Alogie

Die Alogie kann als eine negative Denkstörung gekennzeichnet werden und besteht aus mehreren Komponenten. Bei der Sprachverarmung ist die Sprachmenge stark reduziert. Bei der Verarmung des Sprachinhalts ist möglicherweise der Sprachumfang angemessen, aber er vermittelt wenig Informationen, neigt zur Vagheit und Wiederholungen. Die Patienten antworten meist sehr langsam auf Fragen und manchmal überhaupt nicht. Die folgende Passage zeigt ein Beispiel für einen veramten Sprachinhalt.

Interviewer: Warum glauben, Ihrer Ansicht nach, die Menschen an Gott?
Patient: Nun, zuerst einmal, weil Er ihr persönlicher Erlöser ist. Er geht mit mir und spricht mit mir. Und, ähh, so wie ich es verstehe, haben viele Menschen keine Kenntnisse von sich selbst. Weil sie alle so sind, kennen sie sich selbst nicht. Sie wissen wahrscheinlich nicht, daß Er mich anscheinend mag, eine Menge von ihnen versteht nicht, daß Er mit ihnen geht und mit ihnen spricht. Und, ähh, ihnen auch zeigt, wohin sie gehen sollen. Ich begreife auch, daß nicht jeder Mann und jede Frau in die gleiche Richtung geschickt werden. Sie gehen in verschiedene Richtungen. Die Richtung, in die sie von Jesus geschickt wurden. Mir wurde der Weg gewiesen, richtig und falsch unterscheiden zu können und es zu tun. Ich kann nicht mehr, aber auch nicht weniger tun. (American Psychiatric Association, S. 403–404).

Anhedonie

Die Anhedonie bezieht sich auf die Unfähigkeit, Freude zu erleben. Sie zeigt sich als Mangel an Interesse für Freizeitbeschäftigungen, das Fehlen von engen Beziehungen zu anderen

Menschen und fehlendes Interesse an Sex. Die Patienten sind sich dieses Symptoms bewußt und berichten, daß das, was üblicherweise als angenehme Tätigkeit erlebt wird, ihnen keinen Spaß macht.

Flacher Affekt

Ist der Affekt *flach*, löst praktisch kein Reiz mehr eine emotionale Reaktion aus. Diese emotionale Seichtheit oder Abstumpfung macht den Schizophrenen apathisch. Der Patient kann ausdruckslos, mit erschlafften Gesichtsmuskeln und leblosen Augen vor sich hinstarren. Wenn man ihn anspricht, antwortet er mit flacher, tonloser Stimme. Die IPSS-Probanden wiesen zu 66% flachen Affekt auf.

Es ist wichtig, sich darüber im Klaren zu sein, daß sich das Konzept des flachen Affekts nur auf den äußeren Ausdruck der Emotion und nicht auf das innere Erleben des Patienten bezieht, das überhaupt nicht verarmt zu sein braucht. Bei einer Untersuchung von *Kring* (1990) sahen sich Schizophrene und Kontrollpersonen Filmausschnitte an, während der Gesichtsausdruck und die Hautleitfähigkeit aufgezeichnet wurden. Nach jedem Filmausschnitt berichteten die Teilnehmer über die Stimmung, die der Film bei ihnen ausgelöst hatte. Wie erwartet waren die Schizophrenen vom Gesichtsausdruck weniger lebhaft als die Kontrollpersonen, aber sie berichteten etwa über ein vergleichbares Maß an Emotion und waren sogar körperlich stärker erregt.

Weitere Symptome

Einige andere Symptome der Schizophrenie passen nicht so gut in das Schema der positiven und negativen Symptome, das wir vorgestellt haben. Dazu gehört die Katatonie, bei der der Schizophrene grimassiert oder einen seltsamen Gesichtsausdruck annimmt. Er kann wiederholt gestikulieren und dabei sonderbare und zuweilen komplexe Abfolgen von Finger-, Hand- und Armbewegungen ausführen, die – eigenartig wie sie sind – häufig doch einen bestimmten Zweck zu erfüllen scheinen. Bei manchen Schizophrenen steigt das gesamte Aktivitätsniveau ungewöhnlich an. Sie sind erregt, werfen ihre Glieder und betreiben einen Energieaufwand, wie er ähnlich bei der Manie zu be-

Ein Schizophrener mit Katatonie nimmt ungewöhnliche und unbequem erscheinende Körperhaltungen für lange Zeitabschnitte ein.

obachten ist. Das andere Extrem ist der *katatone Stupor:* Der Patient nimmt eine ungewöhnliche Haltung ein und behält sie für lange Zeit bei. Er kann z.B. auf einem Bein stehen, das andere gegen das Gesäß nach hinten abgewinkelt, und diese Position den ganzen Tag über nicht ändern. Die Gliedmaßen katatoner Patienten können von *wächserner Biegsamkeit* sein. Man kann sie bewegen und in seltsame Positionen bringen, die der Patient dann beibehält.

Bei manchen Patienten ist auch ein *inadäquater Affekt* zu beobachten. Die emotionalen Reaktionen dieser Menschen sind den Ereignissen unangemessen. Der Patient lacht, wenn er erfährt, daß seine Mutter gestorben ist, und reagiert wütend auf die einfache Frage, wie ihm ein neues Kleidungsstück passe. Diese Schizophrenen wechseln schnell und aus unerfindlichen Gründen aus einem emotionalen Zustand in einen anderen. Dieses Symptom ist zwar recht selten, besitzt aber, wenn es auftritt, beträchtlichen diagnostischen Wert. Schließlich zeigen viele Patienten auch unterschiedliche Formen bizarren Verhaltens. Sie sprechen mit sich in der Öffentlichkeit, hamstern Essen oder sammeln Abfälle.

Nachdem die wichtigsten Symptome der Schizophrenie jetzt beschrieben sind, wenden wir uns jetzt einem Überblick über die Geschichte des Konzepts zu. Wie wir sehen werden, hat sich das Konzept mit der Zeit verändert.

Die Geschichte des Konzepts

Die frühen Beschreibungen von Kraepelin und Bleuler

Das Konzept der *Schizophrenie* formulierten als erste die beiden europäischen Psychiater *Emil Kraepelin* und *Eugen Bleuler*. Unterschiede in ihren Ansätzen und ihre Definitionen der Schizophrenie wirkten lange nach und führten zu etlichen Kontroversen. *Kraepelin* präsentierte zunächst sein Konzept der *Dementia praecox* – so der frühere Begriff für Schizophrenie – im Jahr 1898. Er unterschied zwei Hauptgruppen endogener oder innerlich verursachter Psychosen: das manisch-depressive Irresein und die Dementia praecox. Die Dementia praecox schloß mehrere diagnostische Konzepte mit ein: den Verfolgungswahn, die Katatonie und die Hebephrenie, die von Klinikern Jahrzehnte vorher bereits als eigene Krankheiten betrachtet worden waren. Die Bezeichnung „Dementia praecox" beschreibt zwei Hauptaspekte der Störung: den frühen Beginn (praecox) und den fortschreitenden geistigen Verfall (dementia). Es ist wichtig, darauf hinzuweisen, daß der Begriff „dementia" bei Dementia praecox nicht die Demenzen bezeichnet, die in Kapitel 17 bei den Alterungsvorgängen beschrieben werden. Die letzteren sind gekennzeichnet durch starke Beeinträchtigungen der Gedächtnisleistungen,

während *Kraepelin* bei der Schizophrenie etwas sah, das er als allgemeine „geistige Schwäche" bezeichnete. Zu den Hauptsymptomen zählte *Kraepelin* Halluzinationen, Wahnvorstellungen, Negativismus, gestörte Aufmerksamkeit, stereotypes Verhalten und emotionale Dysfunktion. *Kraepelins* Definition der Störung basiert also auf Verlauf wie Symptomen gleichermaßen, obwohl er häufig ersteren in den Vordergrund stellte.

Kraepelin gelangte über die deskriptive Ebene im Grunde nicht hinaus. In der achten Auflage seines Lehrbuchs z.B. gruppierte er die Symptome der Dementia praecox zu 36 Hauptkategorien, denen er jeweils Hunderte von Einzelsymptomen zuordnete. Er machte kaum den Versuch, diese vielen Einzelsymptome miteinander in Beziehung zu setzen, und beließ es bei der Feststellung, sie alle seien Zeichen der Dementia praecox und des Verlustes der normalen Einheit von Denken, Fühlen und Handeln. Im Unterschied zu *Kraepelins* deskriptivem Ansatz bemühte sich Euge*n* Bleuler, *den* „Kern" der Störung zu erfassen und nicht mehr, wie es *Kraepelin* getan hatte, die Prognose in den Mittelpunkt der Definition zu stellen.

In seiner Beschreibung der Schizophrenie entfernte sich *Bleuler* von *Kraepelin* in zwei Hauptpunkten: Er glaubte weder an den durchgängig frühen Beginn der Störung noch an deren unausweichliches Fortschreiten bis zur Verblödung und folglich hielt er auch „Dementia praecox" nicht für die angemessene Bezeichnung. 1908 schlug er vor, die Störung „Schizo-

Emil Kraepelin (1856–1926), ein deutscher Psychiater, definierte die „Dementia praecox", die sich nach dem Stand der zeitgenössischen Forschung als bemerkenswert dauerhaft erwies.

Eugen Bleuler (1857–1939), ein Schweizer Psychiater, begündete unsere Vorstellungen von der Schizophrenie und schuf auch den Begriff der Schizophrenie.

tographieren konnten. Am nächsten Tag begann sie, ihren Liebhaber des Vertrauensbruchs zu beschuldigen, und er tat alles, um sie von der Grundlosigkeit ihrer Verdächtigungen zu überzeugen. *Freud* las einen der Briefe des Mannes und hielt ihn nach dieser Lektüre für aufrichtig und ehrenhaft.

An diesem Punkt stand *Freud* vor einem Dilemma, wie es in der Wissenschaft häufig vorkommt. Was soll der Forscher tun, wenn er mit einem Faktum konfrontiert ist, das seiner Hypothese widerspricht. Der Verfolger der jungen Frau schien dem anderen Geschlecht anzugehören. Natürlich hätte *Freud* die Theorie aufgeben können, daß paranoide Wahnvorstellungen ihren Ursprung in homosexuellen Impulsen haben. Statt dessen sah er sich den Fall genauer an. Er wollte wissen, ob ihm nicht subtile Einzelheiten entgangen waren, die es ihm gestatten würden, seine Theorie dennoch beizubehalten.

Bei ihrer zweiten Zusammenkunft erzählte die Frau die Geschichte etwas anders. Sie gab zu, daß sie den Mann nicht einmal, sondern zweimal besucht und das verdächtige Geräusch erst beim zweiten Besuch vernommen hatte. Bei ihrem ersten Besuch hatte sich, soweit es ihre Paranoia betraf, nichts Auffälliges zugetragen. Aber am Tag danach war sie im Büro Zeugin eines sie verwirrenden Vorfalls geworden. Sie sah ihren Liebhaber in leisem Gespräch mit der älteren Dame, die die Abteilung leitete. Diese war der jungen Frau sehr zugetan und letztere fühlte sich von der alten Dame an ihre Mutter erinnert. Die Patientin sah das Gespräch mit großer Sorge und war auf einmal davon überzeugt, daß ihr Verehrer der Chefin über ihren Liebesnachmittag berichtete.

Zugleich entstand in ihr die Gewißheit, daß Liebhaber und Chefin seit langem selbst ein Liebesverhältnis hatten. Bei der ersten sich bietenden Gelegenheit stellte sie ihren Liebhaber zur Rede. Der protestierte natürlich, und es gelang ihm schließlich, ihren Verdacht zu zerstreuen. Sie machte ihren zweiten Besuch in seiner Wohnung, bei dem es dann angeblich zu jenem Vorfall mit dem Klopfen kam. *Freud* kommentiert diesen Teil der Geschichte wie folgt:

> Was wir neu erfahren haben, macht zunächst dem Zweifel an der krankhaften Natur der Verdächtigung ein Ende. Unschwer erkennt man, daß die weißhaarige Vorsteherin ein Mutterersatz ist, daß der geliebte Mann trotz seiner Jugend an die Stelle des Vaters gerückt wird und daß es die Macht des Mutterkomplexes ist, welche die Kranke zwingt, ein Liebesverhältnis zwischen den beiden ungleichen Partnern, aller Wahrscheinlichkeit zum Trotze, anzunehmen. Damit verflüchtigt sich aber auch der anscheinende Widerspruch gegen die von der psychoanalytischen Lehre genährte Erwartung, eine überstarke homosexuelle Bindung werde sich als die Bedingung zur Entwicklung eines Verfolgungswahnes herausstellen. Der ursprüngliche Verfolger, die Instanz, deren Einfluß man sich entziehen will, ist auch in diesem Falle nicht der Mann, sondern das Weib. Die Vorsteherin weiß von den Liebesbeziehungen des Mädchens, mißbilligt sie und gibt ihr diese Verurteilung durch geheimnisvolle Andeutungen zu erkennen. Die Bindung an das gleiche Geschlecht widersetzt sich den Bemühungen, ein Mitglied des anderen Geschlechts als Liebesobjekt zu gewinnen" (1915, S. 211).

Um sich unbewußt gegen ihre eigenen homosexuellen Impulse zu schützen, soll die junge Frau also einen paranoiden Wahn über den Mann und ihre Vorgesetzte entwickelt haben. Ein entscheidender Aspekt des Falles war laut Freud das Klicken oder Klopfen, das die Frau gehört und als Geräusch eines Kameraauslösers interpretiert hatte. *Freud* vermutete dahinter in Wirklichkeit eine Empfindung oder ein Klopfen in ihrer Klitoris. Grundlage ihres paranoiden Wahns, photographiert zu werden, war also ihre sexuelle Erregung.

Freud gestattet sich in diesem besonderen Fall eine ganze Reihe unbewiesener Schlußfolgerungen. Weil er seine Theorie von der Paranoia als Ergebnis verdrängter Homosexualität retten wollte, schloß er, daß die Frau ihre Vorgesetzte als Mutterersatz betrachtete, daß sie eine unerlaubte homosexuelle Bindung an ihre Mutter und auf dem Wege der Generalisierung an diese ältere Frau hatte und daß das Klopfgeräusch, das sie hörte und nach paranoider Manier als Ton einer ausgelösten Kamera interpretierte, in Wirklichkeit sexuelle Erregung war.*

---

* Eine allgemeinere Schwierigkeit für die psychoanalytische Paranoia-Theorie besteht darin, daß sich viele Paranoiker ihrer homosexuellen Neigungen bewußt sind. Wenn das so ist, sollten sie es eigentlich nicht nötig haben, die Neigungen durch unbewußte Projektion abzuwehren.

zesse effektiv beeinflußt. Eine alternative Erklärung dazu stammt von *Boyle* (1991). Die offensichtlich hohe Prävalenz der Katatonie in der ersten Hälfte dieses Jahrhunderts könnte eine Fehldiagnose darstellen. Sie weist dabei auf die Ähnlichkeit zwischen der Encephalitis lethargica (Schlafkrankheit) und der katatonen Schizophrenie hin und vermutet, daß viele Fälle der ersteren als Fälle der letzteren fehldiagnostiziert wurden. Dieser Aspekt wurde in dem Film „Zeit des Erwachens", der auf den Arbeiten von Oliver Sachs basiert, aufgegriffen.

Paranoider Typus

Häufiger wird der *paranoide Typus* bei der Aufnahme von Patienten in ein psychiatrisches Krankenhaus diagnostiziert. Hauptmerkmal sind ausgeprägte Wahnvorstellungen. Gewöhnlich handelt es sich um *Verfolgungswahn,* in selteneren Fällen auch um *Größenwahn.* Die Betroffenen können übertriebene Vorstellungen von ihrer Bedeutung, ihrer Macht, ihrem Wissen und ihrer Identität haben. Oft plagt sie auch *wahnhafte Eifersucht,* d.h., sie glauben, ihr Sexualpartner sei ihnen untreu. Die Wahnvorstellungen können von lebhaften akustischen und visuellen Halluzinationen begleitet sein. Häufig entwickeln die Betroffenen auch einen sogenannten *Beziehungswahn:* Sie ordnen unwichtige Begebenheiten in einen wahnhaften Rahmen ein und schreiben augenscheinlich trivialen Aktivitäten anderer eine auf sie gemünzte Bedeutung zu. Sie beziehen zufällig mitgehörte Gesprächsbruchstücke auf sich und deuten das regelmäßige Auftauchen eines Menschen auf einem Weg, den sie zu gehen pflegen, als Zeichen dafür, daß man sie beobachtet. Auch was sie im Fernsehen sehen oder in der Zeitung lesen, setzen sie auf irgendeine Weise zu sich in Beziehung. Paranoide Schizophrene sind agitiert, streitsüchtig, zornig und zuweilen auch gewalttätig. Aber die emotionale Schwingungsfähigkeit bleibt erhalten, obwohl sie im Umgang mit anderen steif, förmlich und angespannt sein können. Sie sind aufmerksamer und gesprächsfreudiger als andere Schizophrene. Ihre Denkprozesse sind zwar wahnhaft, aber nicht fragmentiert (vgl. Kasten 14.1).

Schizophrenie in der ICD-10

In der ICD-10 ist für die Diagnose einer Schizophrenie erforderlich: Ein eindeutiges Symptom aus folgender Symptomgruppierung: Gedankenlautwerden, Gedankeneingebung, Gedankenentzug, Gedankenausbreitung, Wahnsymptomatik, (akustische) Halluzinationen; oder zwei Symptome aus den Symptomgruppen Halluzinationen jeder Sinnesmodalität mit Wahngedanken, Gedankenabreisen, zerfahrenes Denken, Neologismen, katatone Symptome, negative Symptome. Diese Auffälligkeiten müssen fast ständig während eines Monates oder länger deutlich vorhanden sein. Kürzer dauernde Zustandsbilder werden zunächst als akute schizophreniforme psychotische Störung diagnostiziert. Retrospektiv ist in der Regel eine Prodromalphase zu indentifizieren, während der Interesseverlust an der Arbeit, an den Sozialkontakten, am persönlichen Erscheinungsbild, an der Körperhygiene, generalisierte Ängste, Depression, Rückzug und psychotische Symptome aufgetreten sein können. Die ICD-10 unterteilt die Schizophrenie in Störungsbilder mit paranoider, hebephrener, katatoner oder undifferenzierter Symptomatik.

Überprüfung der Subtypen

Die hier beschriebenen Subtypen bilden immer noch die Grundlage des gegenwärtigen diagnostischen Systems, aber viele haben ihre Nützlichkeit in Zweifel gezogen. Die Diagnose der Subtypen ist sehr schwierig, was häufig bedeutet, daß ihre diagnostische Reliabilität dramatisch eingeschränkt ist. Außerdem haben die Subtypen nur wenig prädiktive Validität: die Kenntnis, daß ein Patient einer bestimmten Kategorie der Schizophrenie zugeordnet wurde, gibt für die Behandlung und für die weitere Prognose nur wenig nützliche Informationen. Außerdem besteht zwischen den Subtypen eine erhebliche Überschneidung. Z.B. können bei allen Formen der Schizophrenie Wahnideen auftreten. Daher hat sich *Kraepelins* System der Untergliederung nicht als optimaler Weg des Umgangs mit der Vielfalt des schizophrenen Verhaltens erwiesen.

Weitere Untergruppen sind ebenfalls unscharf, wie die Definitionen der undifferenzierten und residualen Schizophrenie zeigen. Die Diagnose einer undifferenzierten Schizophrenie wird bei den Patienten gestellt, die die Kriterien der Schizophrenie, aber nicht die der oben beschriebenen Subtypen, erfüllen. Die Diagnose residuale Schizophrenie wird verwendet, wenn der Patient die Kriterien der Schizophrenie nicht mehr voll erfüllt, aber noch Anzeichen der Störung bestehen. Die Schizophrenie stellt eindeutig eine Störung dar, die durch einen weiten Bereich von Störungen gekennzeichnet ist. Aus diesem Grund schrieb *Bleuler* über die „Gruppe der Schizophrenien", was darauf hindeutet, daß es um keine einzelne, sondern um eine Gruppe von Störungen geht, die möglicherweise auch unterschiedliche Ätiologien haben.

Wegen der Vielfalt der Symptome bei Schizophrenen besteht weiterhin Interesse daran, Untergruppen der Störung zu identifizieren. Wie wir bereits angedeutet haben, unterscheidet das System, das sich gegenwärtig besonderer Aufmerksamkeit erfreut, zwischen positiven und negativen Symptomen (*Crow*, 1980; *Strauss, Carpenter & Bartko*, 1974) und erlaubt dadurch eine Trennung in schizophrene Patienten mit positiven, negativen und gemischten Symptomen. *Andreasen* und *Olsen* (1982) untersuchten beispielsweise 52 schizophrene Patienten und fanden heraus, daß 16 vorwiegend negative, 18 überwiegend positive und 18 gemischte Symptome hatten. Obwohl diese Daten zeigen, daß es möglich ist, von Subtypen der Schizophrenie zu sprechen, erbrachten weitere Untersuchungen, daß die meisten Schizophrenen ein gemischtes Symptombild zeigen (z.B. *Andreasen* et al., 1990), so daß es eigentlich nur wenige Patienten gibt, die einen ausschließlich negativen oder positiven Typus zeigen. Trotzdem wird die Unterscheidung zwischen positiven und negativen Symptomen bei der Erforschung der Ätiologie der Schizophrenie zunehmend häufiger eingesetzt. Relevante Belege für die Validität dieser Unterscheidung werden wir bei der Darstellung der möglichen Rolle der Genetik, des Dopamins und der Gehirnpathologie für die Ätiologie der Schizophrenie anführen.

Forschung zur Ätiologie der Schizophrenie

Bisher ging es darum, wie Schizophrene sich im Denken, Sprechen, in der Wahrnehmung und in Vorstellungen von normalen Menschen unterscheiden. Jetzt stehen wir vor der Frage, wodurch sich die Brüche in ihrem Denken, ihre unangemessenen Emotionen, ihre wirren Wahnvorstellungen und Halluzinationen erklären lassen. Im Unterschied zu anderen Störungen hatten so umfassende Theorien wie die Psychoanalyse oder die Lerntheorie auf die Erforschung der Schizophrenie nur wenig Einfluß. Wir beschränken uns daher auf einen kurzen Überblick über die wesentlichen theoretischen Positionen (vgl. Kasten 14.2). Mit spezifischen Bereichen der ätiologischen Forschung werden wir uns dagegen ausführlich beschäftigen.

Die genetischen Befunde

Angenommen, Sie möchten einen Menschen finden, bei dem irgendwann einmal eine Schizophrenie diagnostiziert werden wird, aber weder entsprechende Verhaltensmuster noch andere Symptome können berücksichtigt werden. Für dieses Problem, auf das *Paul Meehl* (1962) hinwies, gibt es eine Lösung, die zumindest eine 50%ige Erfolgswahrscheinlichkeit garantiert: *Suchen Sie nach einem Menschen mit einem schizophrenen eineiigen Zwilling.* Es gibt inzwischen eine ganze Anzahl von Arbeiten, die überzeugend belegen, daß eine Prädisposition für Schizophrenie genetisch weitergegeben wird. Wie bei anderen verhaltensgenetischen Forschungsprojekten stützt man sich auch hier in erster Linie auf Familien- und Zwillingsuntersuchungen. Es ist zu Beginn wichtig, darauf hinzuweisen, daß die größte Zahl der wichtigen genetischen Untersuchungen der Schizophrenie vor der Publikation von DSM-III unternommen wurden. Glücklicherweise sammelten die genetischen Forscher ausführliche deskriptive Daten über ihre Stichproben, womit nachträgliche eine Diagnose anhand der neuen diagnostischen Kriterien erstellt werden konnten. Diese Reanalysen unter Anwendung der DSM-III-Kriterien haben die früheren Schlußfolgerungen bestätigt (z.B. *Kendler & Gruenberg*, 1984).

Kasten 14.2 Zwei theoretischen Positionen zur Ätiologie der Schizophrenie

Psychoanalytische Theorie

Da *Freud* sich selbst in erster Linie mit Neurosen befaßte, hatte er relativ wenig über die Schizophrenie zu sagen. Er stellte jedoch gelegentlich spekulative Betrachtungen über ihren Ursprung an, wobei er auf einige der psychoanalytischen Konzepte zurückgriff, die er zur Erklärung aller gestörten Persönlichkeiten einsetzte. Dabei ging er von der grundlegenden Annahme aus, daß der Schizophrene auf den Zustand des „primären Narzißmus" regrediert, ein frühes Stadium der oralen Phase, in dem sich das Ich noch nicht aus dem Es herausdifferenziert hat. Es ist also noch kein gesondertes Ich vorhanden, das die Realitätsprüfung durchführen könnte; die Realitätsprüfung ist eine entscheidende Funktion des Ich; dies führt Handlungen durch, mit denen es die Natur seiner sozialen und physikalischen Umgebung erkundet. Die Regression auf den Narzißmus führt dazu, daß der Schizophrene den Kontakt mit seiner Umwelt verliert; er besetzt mit seiner Libido keine äußeren Objekte mehr. *Freud* nahm als Ursache für die Regression eine Zunahme der Intensität der Es-Impulse, insbesondere sexueller, während des Erwachsenenalters an. Gegenwärtig betonen psychoanalytische Theoretiker mehr aggressive Impulse. Ob die mit den intensiven Es-Impulsen einhergehenden Bedrohungen eine Schizophrenie oder eine Neurose hervorrufen, hängt von der Ich-Stärke ab. Neurotiker, die ein stabileres Ich entwickelt haben, werden nicht wie Schizophrene bis auf die erste Stufe der psychosexuellen Entwicklung regredieren und daher den Kontakt mit der Realität nicht verlieren.

Es gibt kaum Befunde, die die psychoanalytische Position bestätigen. Die Theorie hat zu spekulativen Analysen von Fallgeschichten veranlaßt – jedoch kaum zu Untersuchungen. Befunde über kognitive Defizite bei Schizophrenen könnten als Hinweis darauf verstanden werden, daß das Ich des Schizophrenen beeinträchtigt ist. Aber selbst wenn dies so ist, muß die Ich-Schwäche weder eine Folge von verstärkten Es-Impulsen sein, noch muß sie zu einer Regression auf ein Kindheitsstadium führen. Schließlich gibt es keinerlei Belege dafür, daß Ich-Schwäche eine Ursache für Schizophrenie ist.

Die Labeling-Theorie

Unter radikaler Abwendung von traditionellen Konzeptionen der Schizophrenie hat *Scheff* (1966) den Vorschlag gemacht, die Störung als erlernte soziale Rolle zu begreifen. Diese Position, bekannt als *Labeling-Theorie*, ist im wesentlichen nicht an der Ätiologie interessiert. Vielmehr behauptet *Scheff*, daß der entscheidende Faktor für die Schizophrenie die Zuschreibung eines diagnostischen Etiketts zu einer Person ist. Es ist anzunehmen, daß dieses Etikett dann die Art und Weise beeinflußt, wie sich die betreffende Person weiterhin verhalten wird, entsprechend den stereotypen Vorstellungen von psychischen Krankheiten, und gleichzeitig bestimmt es die Reaktionen anderer auf das Verhalten der Person. Demzufolge ist die soziale Rolle identisch mit der Störung, die durch den Etikettierungsprozeß bestimmt wird. Laut *Scheff* würde ohne gestellte Diagnose das abweichende Verhalten – oder, wie er sagt, der Verstoß gegen „residuale Regeln" – nicht stabilisiert. Es wäre dann wahrscheinlich vorübergehend und relativ inkonsequent.

Mit „residualen Regeln" meint *Scheff* die Regeln, die übrigbleiben, nachdem alle formalen und expliziten Regeln, wie die über Diebstahl, Gewalt oder Fairneß, festgelegt sind. Sie betreffen Verhaltensweisen, die so selbstverständlich sind, daß sie kaum jemals erwähnt werden und man sie nur dann bemerkt, wenn sie mißachtet werden. „Bleib' nicht, ins Leere starrend, mitten auf einem belebten Bürgersteig stehen." „Sprich' nicht mit der Neonreklame einer Geschäftsauslage." „Spucke nicht auf das Klavier." Die Zahl der Beispiele ist endlos. *Scheff* glaubt, daß einmalige Verletzungen solcher Regeln recht häufig sind. Normalerweise glaubt jeder wohl zu wissen, wann er bedenkenlos gegen Regeln dieser Art verstoßen kann, aber durch unglückliche Zufälle oder negative Beurteilungen kann er zum Gefangenen seines Verhaltens werden und die ihm zugeschriebenen Diagnosen übernehmen. Dann ist es, laut *Scheff*, recht wahrscheinlich, daß er die soziale Rolle, geisteskrank zu sein, übernimmt. Einmal so beurteilt, stellt es sich für ihn als sehr schwierig dar, wieder zu den „Gesunden" zu gehören, da ihm eine Anstellung verweigert wird und andere über seine Vergangenheit Bescheid wissen. In der Klinik wird er Aufmerksamkeit und Mitgefühl erfahren und frei von aller Verantwortung sein. Wenn er also erst einmal an diesem Punkt angelangt ist, nimmt er sich selbst als psychisch krank wahr und gewöhnt sich daran, sich „verrückt" zu verhalten, wie es von ihm erwartet wird.

Scheffs Theorie hat eine gewisse intuitive Plausibilität. Wer eine Zeitlang in einer psychiatrischen Einrichtung gearbeitet hat, kann meistens Beispiele mißbräuchlicher Verwendung von Diagnosen bezeugen. Patienten werden manchmal mit Diagnosen etikettiert, die kaum gerechtfertigt sind.

Die Theorie von *Scheff* beinhaltet allerdings einige gravierende Probleme, die nahelegen, ihr für das Verständnis der Schizophrenie nur eine sekundäre Bedeutung beizumessen. Erstens bezieht sich *Scheff* auf Abweichung als Verstoß gegen residuale Regeln, und was er beschreibt, ist tatsächlich nicht mehr. Wird Schizophrenie als Verletzung „residualer Regeln" verstanden, trivialisiert man eine sehr ernste Störung. Zweitens gibt es wenig Belege für die Annahme *Scheffs*, daß Normverstöße vorübergehender Natur sind, wenn sie nicht etikettiert werden. Drittens sind Untersuchungen über schädliche Konsequenzen von sozialer Stigmatisierung, die mit psychischer Krankheit einhergeht, zumindest ohne Ergebnis geblieben (*Gove*, 1970).

Ein wichtiges Korrelat der Labeling-Theorie ist der Begriff des kulturellen Relativismus, nach dem die Definition der Abnormität in den Kulturen, die sich von unserer stark unterscheiden, ganz anders sein sollte, da es eine große Vielfalt von sozialen Normen und Regeln gibt. So könnten die Vertreter der Labeling-Theorie beispielsweise darauf verweisen, daß die Visionen eines Schamanen den Halluzinationen eines Schizophrenen gleichen, daß aber der kulturelle Unterschied nur bei den Schamanen zu einer positiven Reaktion führt.

Diese und einige andere Fragen wurden von *Murphy* (1976) in ihrem Bericht über ihre Untersuchungen bei den Eskimos und Yorubas angegangen. Im Gegensatz zur Sichtweise der Labeling-Theorie hatten beide Kulturen ein Konzept des Verrücktseins, das unserer Definition der Schizophrenie ziemlich ähnlich ist. Die Eskimos bezeichnen es als „nuthkavihak" und es schließt Selbstgespräche, Weigerung zu sprechen, wahnhafte Überzeugungen und bizarres Verhalten ein. Die Yoruba bezeichnen dieses Phänomen als „Were" und ordnen die-

Einige Forscher haben vermutet, daß Schamanen in Trance Ähnliches erleben wie Schizophrene bei Halluzinationen. Aus den Untersuchungen von *Murphy* ergibt sich jedoch, daß sich das Verhalten der Schamanen deutlich von der Psychopathologie der Schizophrenie unterscheidet.

ser Bezeichnung ähnliche Symptome zu. Beide Kulturen haben auch Schamanen, ziehen aber eine eindeutige Grenze zwischen deren Verhalten und dem verrückter Menschen.

Eine weitere Sichtweise der Labeling-Theorie findet sich in einer Anekdote, die von Kollegen von *Paul Meehl*, dem berühmten Theoretiker der Schizophrenie, mitgeteilt wurde. *Meehl* hielt einen Vortrag über Genetik und Schizophrenie, als ein Zuhörer ihn unterbrach und ausführte, daß er davon überzeugt sei, daß sich Schizophrene nur deswegen verrückt verhielten, weil andere sie als schizophren bezeichneten. *Meehl* reagierte folgendermaßen:

> „Ich stand da und wußte nicht, was ich sagen sollte. Ich dachte an einen Patienten, den ich auf einer Station gesehen hatte. Er hatte sich einen Finger in den Hintern gesteckt, um „die Gedanken am Auslaufen zu hindern", während er mit der anderen Hand versuchte, sich die Haare auszureißen, weil sie in Wahrheit „seinem Vater gehörten". Und da war dieser Mann im Publikum, der mir sagte, daß der Patient diese Dinge nur deswegen machte, weil ihn jemand als schizophren bezeichnete. Was sollte ich ihm sagen?" (*Kimble, Garmezy & Zigler*, 1980, S. 453)"

Zusammenfassend kann man sagen, daß es weder für die psychoanalytische Position noch für die Labeling-Theorie deutliche Belege gibt. Für *Freuds* Annahme einer Regression auf die orale Phase und die Labeling-Theorie, die die Übernahme von Rollen betont, die durch die Haltung der diagnostizierenden Ärzte und des Klinikpersonals verstärkt wird, gibt es keine eindeutigen Beweise.

Familienstudien

Tabelle 14.1 zeigt die von *Gottesman, McGuffin* und *Farmer* (1987) zusammengestellten Daten, mit welchem Schizophrenie-Risiko Verwandte unterschiedlichen Grades von schizophrenen Index-Fällen zu rechnen haben. Bei der Bewertung dieser Zahlen denken Sie daran, daß das Schizophrenie-Risiko in der Gesamtbevölkerung etwas weniger als 1% beträgt. Ganz offensichtlich besteht für Verwandte von Schizophrenen ein erhöhtes Risiko, und das Risiko steigt, je näher Indexfall und Familienmitglied verwandt sind. Die Befunde der Familienforschung sprechen also dafür, daß eine Prädisposition für Schizophrenie genetisch weitergegeben werden kann. Aber Verwandte schizophrener Probanden haben nicht nur Gene, sondern auch Erfahrungen gemeinsam. Das Verhalten eines schizophrenen Elternteils kann sich sehr nachteilig auf die Entwicklung eines Kindes auswirken. Man darf den Einfluß der Umgebung als weitere mögliche Erklärung des erhöhten Erkrankungsrisikos also nicht außer acht lassen.

Zwillingsstudien

Tabelle 14.1 faßt auch die Ergebnisse der verfügbaren Zwillingsstudien zusammen. Die Konkordanzrate bei eineiigen Zwillingen (44,3%) ist eindeutig größer als die für zweieiige (12,08%), beträgt aber weniger als 100%. Dies ist wichtig, denn wenn es nur die genetische Übertragung der Schizophrenie geben würde und ein Zwilling schizophren wäre, dann müßte der andere eineiige Zwilling fast immer

Tabelle 14.1 Zusammenfassung der Ergebnisse der wichtigsten europäischen Untersuchungen ein- und zweieiiger Zwillinge zur Genetik der Schizophrenie

Beziehung zum Probanden	Prozentsatz schizophrener Menschen
Ehepartner	1,00
Enkel	2,84
Nichten/Neffen	2,65
Kinder	9,35
Geschwister	7,30
zweieiige Zwillinge	12,08
eineiige Zwillinge	44,30

Quelle: nach Gottesman, McGuffin & Farmer, 1987

ein ähnliches Schicksal haben, denn sie sind genetisch identisch.

Gottesman und *Shields* (1972) untersuchten alle Zwillinge, die von 1948 bis 1964 in zwei Londoner Kliniken, dem Maudsley Hospital und dem Bethlem Hospital, behandelt wurden. Wie bei jeder Zwillingsuntersuchung der Schizophrenie bestand auch hier eines der Probleme darin, wie die Konkordanz zu beurteilen sei. *Gottesman* und *Shields* waren sich der möglichen Probleme und Verzerrungen bewußt, unter denen psychiatrische Diagnosen, die häufig auch ambulant erstellt werden, leiden und entwickelten ein Drei-Stufen-System der Konkordanz. Natürlich waren ihre Probanden ausschließlich hospitalisierte Schizophrene. Zwillinge mit einer Konkordanz ersten Grades waren beide hospitalisiert und als schizophren diagnostiziert. Zwillinge mit einer Konkordanz zweiten Grades waren beide hospitalisiert, aber nicht als schizophren diagnostiziert. Bei Konkordanz dritten Grades war ein Zwilling zwar abnorm, aber nicht hospitalisiert. Tabelle 14.2 zeigt in kumulativer Darstellung der drei Konkordanzgrade die Konkordanzraten für die eineiigen und zweieiigen Zwillingspaare der Stichprobe. Je weiter man Konkordanz faßt, um so höher ist bei Zwillingen beiderlei Art die Konkordanzrate, aber die Konkordanz eineiiger Zwillinge liegt immer signifikant über der von zweieiigen Zwillingen.

Tabelle 14.2 Konkordanz ein- (EEZ) und zweieiiger (ZZ) Zwillinge

Definition der Konkordanz	Konkordanz in %	
	EEZ	ZZ
1. Hospitalisiert und Diagnose Schizophrenie	42	9
2. Hospitalisiert, aber nicht schizophren und die unter 1. eingeordneten	54	18
3. Nicht hospitalisiert, aber abnorm und die unter 1. und 2. eingeordneten	79	45

Quelle: nach Gottesman & Shields, 1972

Gottesman und *Shields* haben auch die Beziehung zwischen der Schwere der Schizophrenie des Probanden und Konkordanzrate untersucht. Als Kriterien für die Schwere der Krankheit galten die Gesamtdauer der Hospitalisierung und das Behandlungsergebnis, d.h., man prüfte, ob der Patient soweit wiederhergestellt war, daß er das Krankenhaus verlassen und einer Erwerbstätigkeit nachgehen konnte. Wurde die Erkrankung eines eineiigen Zwillings als schwer beurteilt, schnellte die Konkordanzrate dramatisch in die Höhe. Zum Beispiel teilte man die eineiigen Zwillingspaare je nach Dauer der Hospitalisierung in zwei Gruppen ein: Die Probanden der einen Gruppe waren weniger als zwei Jahre, die der zweiten Gruppe länger als zwei Jahre stationär behandelt worden. Für die erste Gruppe betrug die Konkordanzrate 27%, für die zweite 77%.

Die Interpretation solcher Befunde gab Anlaß zu mancherlei Fragen. Möglicherweise, so wurde unter anderem erwogen, prädisponiere allein die Erfahrung, ein eineiiger Zwilling zu sein, zur Schizophrenie. Denn hielte man Schizophrenie für ein „Identitätsproblem", könnte man argumentieren, daß es besonders belastend sei, Teil eines eineiigen Zwillingspaares zu sein. Aber Schizophrenie ist, insgesamt gesehen, bei Einzelgeburten genauso häufig wie bei Zwillingsgeburten. Wenn die Hypothese zuträfe, müßte bereits die Tatsache, ein Zwilling zu sein, das Erkrankungsrisiko erhöhen. Das ist aber nicht der Fall (*Rosenthal*, 1970).

Das entscheidendste Interpretationsproblem bleibt allerdings ungelöst. Da die Zwillinge zusammen aufgewachsen sind, könnte für die Konkordanzraten auch eine gemeinsame, abweichende Umgebung eher verantwortlich sein als genetische Faktoren. Eine kluge Analyse, die ebenfalls für eine genetische Interpretation der hohen Konkordanzraten bei eineiigen Zwillingen spricht, stammt von *Fischer* (1971). Wenn diese Konkordanzraten tatsächlich einen genetischen Effekt widerspiegelten, argumentierte sie, müßten auch die Kinder der diskordanten, d.h. nicht-schizophrenen eineiigen Zwillingspartner ein erhöhtes Schizophrenie-Risiko aufweisen. Diese nicht-schizophrenen Zwillinge wären dann Träger des Genotyps für Schizophrenie und würden folglich, auch wenn sich der Genotyp in ihrem eigenen Verhalten nicht ausdrücke, an ihre Kinder ein erhöhtes Erkrankungsrisiko weitergeben. Tatsächlich wiesen die Kinder nicht-schizophrener Zwillingsgeschwister schizophrener Probanden mit einer Häufigkeit von 9,4% eine Schizophrenie oder eine schizophrenie-ähnliche Störung auf. Diese Häufigkeit lag bei den Kindern der schizophrenen Probanden selbst mit 12,3% nur wenig und nicht signifikant höher. Beide Häufigkeiten liegen wesentlich über der einer Zufallsstichprobe.

Dworkin und Mitarbeiter reanalysierten die wichtigsten Zwillingsuntersuchungen nach der Trennung der Symptome in negative und positive, wie bereits dargestellt (*Dworkin & Lenzenweger*, 1984; *Dworkin* et al., 1987). Die Beurteilung der positiven und negativen Symptome wurde nach den veröffentlichten Fallgeschichten der Zwillinge vorgenommen. Verglichen wurden die Zwillingen in konkordanten und diskordanten Paaren. Für die positiven Symptome ergaben sich keine Unterschiede, aber in konkordanten Paaren war der Anteil negativer Symptome höher als bei den diskordanten. Diese Daten lassen vermuten, daß die negativen Symptome eine stärkere genetische Komponente als die positiven haben.

Adoptionsstudien

Eine Untersuchung von Kindern schizophrener Mütter, die als Säuglinge zu Adoptiveltern kamen, liefert schlüssigere Informationen über die Rolle der Gene bei der Schizophrenie. Auch diese Studie schloß die möglichen Effekte einer abweichenden Umgebung aus. *Heston* (1966) verfolgte die Entwicklung von 47 Probanden, die während der Hospitalisierung ihrer schizophrenen Mütter in einer staatlichen Psychiatrischen Klinik auf die Welt gekommen waren. Die Kinder wurden den Müttern kurz nach der Geburt fortgenommen und entweder zu Verwandten oder in Heime gegeben, die sie an Pflegestellen oder Adoptivfamilien vermittelten. Die Kontrollgruppe bestand aus 50 Probanden, die von denselben Heimen an Adoptivfamilien vermittelt worden waren wie die Kinder der schizophrenen Mütter. Die Kinder der Kontrollgruppe waren den Kindern der schizophrenen Mütter hinsichtlich des Geschlechts, der Familie, die sie aufnahm und der Dauer des Aufenthalts im Kinderheim so ähnlich wie möglich. Wie zu erwarten, ist eine genaue Entsprechung nicht immer möglich. Alle 47 Personen waren zwischen 1915 und 1945 geboren.

Die Nachfolgeuntersuchung bestand aus einem Interview, dem MMPI, einem IQ-Test, Einschätzung der sozialen Schichtzugehörigkeit und ähnlichem. Über jeden Probanden erstellte man ein Dossier, das zunächst und unabhängig voneinander von zwei Psychiatern und ein drittes Mal von *Heston* beurteilt wurde. Auf einer von 0 bis 100 reichenden Skala wurde die allgemeine Beeinträchtigung eingeschätzt und, wann immer möglich, eine psychiatrische Diagnose gestellt. Die Einschätzungen der Beeinträchtigung erwiesen sich als recht reliabel, und wenn man die diagnostischen Kategorien auf vier – Schizophrenie, Debilität, Psychopathie und Neurose – beschränkte, war auch hier die Übereinstimmung annehmbar.

Die Kontrollprobanden waren diesen Einschätzungen zufolge weniger beeinträchtigt als die Kinder schizophrener Mütter. 31 der 57 Kinder schizophrener Mütter (66%) erhielten eine psychiatrische Diagnose, gegenüber nur 9 der 50 Kontrollprobanden (18%). Bei keinem der Kontrollprobanden wurde eine Schizophrenie diagnostiziert, aber 16,6% der Kinder schizophrener Mütter erhielten diese Diagnose.[1] Letztere wurden nicht nur mit größerer Wahrscheinlichkeit als schizophren diagnostiziert, sondern bekamen auch häufiger die Diagnose einer Debilität, einer Persönlichkeitsstörung und einer Neurose (vgl. Tabelle 14.3). Sie waren häufiger kriminell geworden, hatten mehr Zeit in Institutionen des Strafvollzugs verbracht und waren häufiger aus psychiatrischen Gründen aus der Armee entlassen worden. *Hestons* Untersuchung spricht eindeutig für die Bedeutung genetischer Faktoren bei der Entwicklung einer Schizophrenie. Kinder, die ohne Kontakt zu ihrer sogenannten „pathogenen Mutter" aufwuchsen, entwickelten immer noch mit größerer Wahrscheinlichkeit eine Schizophrenie als Kontrollprobanden.

Eine Untersuchung mit ähnlichem Ziel wurde in Dänemark unter der Leitung *Ketys* (*Kety* et al., 1968, 1976) durchgeführt. Die Untersuchung begann damit, daß man die amtlichen Listen nach Kindern durchforstete, die zwischen 1924 und 1947 in sehr frühem Alter adoptiert worden waren. Als Indexfälle wählte man alle Adoptivkinder, für die man einen Aufenthalt in einer psychiatrischen Einrichtung bei diagnostizierter Schizophrenie ermittelte. Aus den übrigen Fällen stellten die Forscher eine Kontrollgruppe zusammen, deren Mitglieder keine psychiatrische Geschichte hatten und die man in Geschlecht, Alter und anderen Variablen mit der Indexgruppe parallelisierte. Dann machte

Tabelle 14.3 Kinder, die bereits als Säuglinge von ihrer Mutter getrennt wurden

Merkmal	Kinder schizophrener Mütter	Kontrollgruppe Mütter nicht schizophren
Anzahl der Personen	47	50
Durchschnittsalter bei der Folgeuntersuchung	35,8	36,3
Gesamtbeurteilung der Leistungseinschränkung (ein niedriger Wert ist pathologischer)	65,2	80,1
Diagnose Schizophrenie	5	0
Diagnose Intelligenzminderung	4	0
Diagnose Psychopathie	9	2
Diagnose Neurose	13	7

Quelle: nach Heston, 1966

man Adoptiveltern, leibliche Eltern, Geschwister und Adoptivgeschwister der Probanden beider Gruppen ausfindig und stellte fest, wer von ihnen eine psychiatrische Geschichte zu verzeichnen hatte. Wie erwartet werden konnte, wenn genetische Faktoren tatsächlich Einfluß auf die Entwicklung einer Schizophrenie haben, wurde Schizophrenie bei den leiblichen Verwandten der Indexfälle häufiger diagnostiziert als in der Gesamtbevölkerung. Für die Adoptivverwandten galt das nicht.

Evaluation der genetischen Daten

Alle bisher erhobenen Befunde sprechen dafür, daß genetische Faktoren bei der Entwicklung der Schizophrenie eine bedeutende Rolle spielen. Frühere Zwillings- und Familienuntersuchungen wurden von Anhängern der Umwelt-Hypothese zu Recht dafür kritisiert, daß sie die Erziehung als möglichen Verursachungsfaktor außer acht ließen. Aber spätere Studien von Kindern schizophrener Mütter und Väter, die in Pflege- und Adoptivfamilien aufwuchsen, und die Nachfolgeuntersuchungen der Verwandten schizophrener Adoptivkinder bestätigten die Bedeutsamkeit genetischer Weitergabe, denn in diesen Untersuchungen hatte man den möglicherweise verzerrenden Einfluß von Umgebungsfaktoren nahezu ausgeschaltet. „Wenn die Schizophrenie ein Mythos ist, dann ist sie ein Mythos mit einer starken genetischen Komponente," bemerkte dazu treffend der

---

1 Die 16,6% kamen nach einer *Alterskorrektur* zustande, d.h., man hatte die Rohdaten korrigiert, um auch dem Alter der beteiligten Probanden Rechnung zu tragen. Ein Proband aus *Hestons* Stichprobe, der zur Zeit der Datenerfassung erst 24 Jahre zählte, hätte später immer noch schizophren werden können. Das Verfahren der Alterskorrektur versucht, diese Möglichkeit einzubeziehen.

ten zwanzig Jahren ist diese Forschung, angespornt durch Fortschritte im Bereich der Methodologie, wieder zum Leben erwacht, und ihre Ergebnisse sind vielversprechend (*Seidman*, 1983; *Weinberger, Wagner & Wyatt*, 1983). Ein gewisser Prozentsatz der Schizophrenen – die genaue Zahl läßt sich nicht angeben – weist, so stellte man fest, eine nachweisbare Gehirnpathologie auf. Die derzeitige Kontroverse bezieht sich darauf, ob diese Abweichungen von der Norm in einer kleinen Zahl von Gehirnbereichen oder weiter verbreitet sind.

Zu dieser Erkenntnis gelangte man unter anderem dadurch, daß man post mortem die Gehirne schizophrener Patienten analysierte. Bei allen diesbezüglichen Untersuchungen fand man in den Gehirnen Schizophrener Abnormitäten, wenn auch die erwähnten spezifischen Probleme von Studie zu Studie verschieden sind (*Weinberger* et al., 1983). Am häufigsten wurden strukturelle Auffälligkeiten in den limbischen Arealen, dem Diencephalon und dem präfrontalen Kortex gefunden (*Benes* et al., 1992).

Noch beeindruckender sind die Bilder der vorliegenden CAT-Scan- und MRI-Untersuchungen. Die Forscher haben sich dieses neue Verfahren sehr schnell zu eigen gemacht, um auch die lebenden Gehirne Schizophrener zu untersuchen. Bisher haben diese Bilder lebenden Gehirngewebes mit einer Auflösung von weniger als einem Millimeter übereinstimmend gezeigt, daß einige Schizophrene, insbesondere Männer (*Andreasen* et al., 1990) vergrößerte Ventrikel aufweisen, was auf eine Pathologie des limbischen Systems oder des Zwischenhirns schließen läßt[4]. Große Ventrikel wiederum korrelieren mit verminderter Leistung in neuropsychologischen Tests, schlechter prämorbider Anpassung, schlechtem Ansprechen auf medikamentöse Behandlung und dem Vorhandensein negativer Symptome (*Andreasen* et al., 1982; *Weinberger* et al., 1980). Weitere Belege die vergrößerten Ventrikel betreffend stammen aus einer MRI-Untersuchung von 15 eineiigen Zwillingen, die hinsichtlich der Schizophrenie diskordant waren (*Suddath* et al., 1990). Bei

zwölf der 15 Paare konnte der schizophrene Zwilling durch eine einfache visuelle Beurteilung der Abbildung identifiziert werden. Da die Zwillinge genetisch identisch waren, legen diese Befunde auch nahe, daß die Ursache dieser Gehirnabnormalitäten keine genetische sein kann. Erweiterte Ventrikel finden sich jedoch auch bei den CAT-Scans anderer psychotischer Patienten und sind nicht schizophrenietypisch (*Rieder* et al., 1983).

Eine Vielzahl von Daten läßt vermuten, daß der präfrontale Kortex von besonderer Bedeutung ist. Bei einer Untersuchung der Sulci (der flachen Furchen des zerebralen Kortex) finden sich eher Anzeichen für eine präfrontale als eine allgemeine Atrophie (*Doran* et al., 1985). Bei der Anwendung des PET-Scans, bei dem der Glukose-Stoffwechsel in verschiedenen Regionen des Gehirns untersucht wird, während die Testpersonen psychologische Tests bearbeiten, weisen Schizophrene niedrige Stoffwechselraten im präfrontalen Kortex auf (*Buchsbaum* et al., 1984). In ähnlicher Weise konnte bei der Durchführung des Wisconsin Card Sorting Tests (einem Instrument zur Messung der präfrontalen Funktion) gezeigt werden, daß Schizophrene schlecht abschneiden und auch keine Aktivierung der präfrontalen Region aufweisen, wie sie sich im Blutzufluß zu diesem Be-

Unterschiede im regionalen cerebralen Blutdurchfluß bei schizophrenen Patienten (unten) und Normalpersonen für jede Hemisphäre. Die gezeigten Werte wurden als prozentuale Veränderung des Blutdurchflusses von einer Kontrollaufgabe zum Wisconsin Card Sort, von der erwartet wird, daß sie den präfrontalen Kortex aktiviert, ermittelt. Die Normalpersonen zeigten eine stärkere präfrontale kortikale Aktivierung, was durch die „heißere" Farbe dieser Gehirnregion nachgewiesen wird.
Quelle: *Weinberger, Berman & Illowsky*, 1988

---

4 Dieser Unterschied zwischen männlichen und weiblichen Schizophrenen bringt uns dazu, darauf hinzuweisen, daß es auch andere Geschlechtsunterschiede gibt. So treten bei schizophrenen Männern mit größerer Wahrscheinlichkeit negative Symptome auf und der Verlauf der Erkrankung führt eher zu einem Abbau als bei Frauen (*Goldstein* et al., 1990; *Haas* et al., 1990).

reich messen läßt (*Weinberger, Berman & Illowsky*, 1988; *Rubin* et al., 1992). Die Daten, die sich auf die Bedeutung des präfrontalen Bereichs und des limbischen Systems beziehen, haben eine Parallele in den Dopaminuntersuchungen, die bereits dargestellt wurden.

Eine mögliche Interpretation dieser neurologischen Auffälligkeiten könnte darin bestehen, daß sie auf eine Infektion eines Virus zurückgehen könnten, der das Gehirn befällt und es schädigt. Einige Ergebisse lassen vermuten, daß die Infektion während der fetalen Entwicklung auftreten könnte. *Mednick* und seine Mitarbeiter (1988) untersuchten diese Möglichkeit in einer Studie in Helsinki. Über einen Zeitraum von fünf Wochen war 1957 in Helsinki eine Grippeepidemie aufgetreten. Die Häufigkeit der Schizophrenie wurde bei den Erwachsenen ermittelt, deren Mütter während der Schwangerschaft in dieser Zeit dem Virus ausgesetzt waren. Diejenigen, die im zweiten Schwangerschaftsdrittel dem Virus ausgesetzt waren, wiesen wesentlich höhere Raten für Schizophrenie auf als diejenigen im ersten und letzten Drittel oder in einer Kontrollgruppe. Das ist ein sehr interessantes Ergebnis, vor allem da die kortikale Entwicklung sich im zweiten Schwangerschaftsdrittel in einer kritischen Wachstumsphase befindet. Weitere Belege sind von *Barr*, *Mednick* und *Munk-Johnson* (1990) veröffentlicht worden. Sie fanden heraus, daß die höchsten Geburtsraten zukünftiger Schizophrener mit gesteigerten Erkrankungsraten für Grippe im sechsten Schwangerschaftsmonat zusammenfielen.

Wenn die Gehirne der Schizophrenen so früh in der Entwicklung geschädigt wurden, warum beginnt die Störung erst in der Adoleszenz oder im frühen Erwachsenenalter? *Weinberger* (1987) versuchte eine Antwort auf diese Frage zu geben. Er nimmt an, daß zwischen der Verletzung des Gehirns und der normalen Entwicklung eine Interaktion besteht und daß der präfrontale Kortex eine Gehirnstruktur darstellt, die spät, typischerweise in der Adoleszenz, reift. Daher könnte eine Verletzung in diesem Bereich so lange unauffällig bleiben, bis die Phase der Entwicklung des präfrontalen Kortex beginnt, eine größere Rolle im Verhalten zu spielen. Bemerkenswerterweise erreicht auch die Dopaminaktivität in der Adoleszenz ihren Höhepunkt, was ebenfalls die Voraussetzung für das Auftreten schizophrener Symptome begünstigt. Weitere Forschungen über das Gehirn

und die Schizophrenie gehen in schnellem Tempo voran und werden in den nächsten Jahren zweifellos zu mehr Einsicht in diese Störung führen.

Psychischer Streß und Schizophrenie

Bisher haben wir einige mögliche Diathesen der Schizophrenie dargestellt. Wenden wir uns jetzt den Stressoren zu. Die verfügbaren Daten zeigen, daß, wie bei vielen Erkrankungen, die wir behandelt haben, allgemeine Belastungen des Lebens zu einem Rückfall führen können (*Ventura & Neuchterlein*, 1989). Aber auch ganz bestimmte Stressoren haben bei der Schizophrenieforschung eine wichtige Rolle gespielt. Zwei davon – Sozialschicht und Familie – werden wir jetzt näher untersuchen. Diese psychischen Stressoren müssen gegen die biologischen Stressoren, etwa der Exposition eines Virus, wie gerade besprochen, abgegrenzt werden.

Soziale Schicht und Schizophrenie

In zahlreichen Untersuchungen wurde ein Zusammenhang zwischen sozialer Schicht und der Diagnose Schizophrenie nachgewiesen. Die höchsten Schizophrenieraten fand man in Stadtgebieten, deren Bewohner den untersten sozioökonomischen Schichten angehörten (z.B. *Hollingshead & Redlich*, 1958; *Srole* et al., 1962). Der Zusammenhang zwischen sozialer Schicht und Schizophrenie nimmt aber nach „unten" nicht kontinuierlich zu. Vielmehr besteht zwischen der Anzahl Schizophrener in der untersten sozialen Schicht und der Anzahl in anderen sozialen Schichten ein scharfer und deutlicher Unterschied. Wie die über zehn Jahre hin durchgeführte Untersuchung von *Hollingshead* und *Redlich* über soziale Schicht und psychische Krankheit in New Haven, Connecticut, zeigte, war die Schizophrenie in der untersten sozialen Schicht doppelt so häufig wie in der nächst höheren. Die Ergebnisse von *Hollingshead* und *Redlich* bestätigten sich auch transkulturell, denn vergleichbar angelegte Gemeindeuntersuchungen aus Dänemark, Norwegen und England kamen zu ähnlichen Ergebnissen (*Kohn*, 1968).[5]

---

5 Hier gibt es vielleicht eine Ausnahme: Möglicherweise gilt die Beziehung in nicht-städtischen Gebieten nicht (*Clausen* und *Kohn*, 1959).

Die Korrelationen zwischen sozialer Schicht und Schizophrenie sind konsistent, aber ihre Interpretation nach den Begriffen der Kausalität ist immer noch schwierig. Manchmal gilt die Zugehörigkeit zu einer niedrigen sozialen Schicht selbst als Ursache der Schizophrenie. Man nennt diese Sichtweise die *soziogene Hypothese*. Die entwürdigende Behandlung seitens anderer, das niedrige Bildungsniveau und die fehlenden Bestätigungen und Startchancen machen die Zugehörigkeit zur untersten sozialen Schicht zu einer so belastenden Erfahrung, daß viele Betroffene eine Schizophrenie entwickeln.

Eine andere Erklärung der Korrelation zwischen Schizophrenie und niedriger sozialer Schicht führte zur *sozialen-Drift-Theorie*. Vielleicht „driften" Schizophrene im Verlauf ihrer sich entwickelnden Psychose in die ärmeren Stadtbezirke. Möglicherweise sind diese Menschen durch die zunehmenden kognitiven und motivationalen Probleme in ihrer Fähigkeit, für ihren Lebensunterhalt zu sorgen, so beeinträchtigt, daß sie es sich nicht mehr leisten können, woanders zu wohnen. Oder sie entscheiden sich bewußt für ein Leben in einer Umgebung, wo der soziale Druck gering ist und sie intensiven sozialen Beziehungen aus dem Weg gehen können.

Um diese Frage zu beantworten, kann man die soziale Mobilität Schizophrener untersuchen. In drei derartigen Studien (*Schwartz*, 1946; *Lystad*, 1957; *Turner & Wagonfeld*, 1967) hat man festgestellt, daß der berufliche Weg Schizophrener abwärts führt. Aber ebenso viele Studien sprechen dafür, daß es mit Schizophrenen *nicht* abwärts geht (*Hollingshead & Redlich*, 1958; *Clausen & Kohn*, 1959; *Dunham*, 1965). *Kohn* (1968) schlägt vor, diese Frage anders zu untersuchen. Entstammen die Väter Schizophrener ebenfalls der untersten sozialen Schicht? Das würde zugunsten der Hypothese sprechen, daß die Zugehörigkeit zu einer unteren sozialen Schicht die Schizophrenie begünstigt, denn die Schichtzugehörigkeit ginge der Schizophrenie *voraus*. Kämen die Väter dagegen aus einer höheren sozialen Schicht, wäre die Drift-Hypothese die bessere Erklärung.

Goldberg und *Morrison* (1963) haben eine solche Untersuchung in England und Wales durchgeführt. Männliche Schizophrene, so stellte sich heraus, arbeiteten in schlechter bezahlten und weniger angesehenen Berufen als ihre Väter. Eine ähnliche amerikanische Untersuchung von *Turner* und *Wagonfeld* (1967) erbrachte Belege für beide Hypothesen. Väter von Schizophrenen entstammten häufiger der untersten sozialen Schicht, was für die soziogene Hypothese sprach. Aber gleichzeitig arbeiteten Schizophrene auch in weniger angesehenen Berufen als ihre Väter – eine Bestätigung der Drift-Hypothese.

Bei einer neueren Untersuchung, die für beide Theorien relvant ist (*Dohrenwend* et al., 1992), wurde eine neue Methode gewählt, bei der simultan die soziale Schicht und der ethnische Hintergrund berücksichtigt wurden. Die Häufigkeit der Schizophrenie wurde bei israelischen Juden europäischer Abstammung und auch bei Einwanderern nach Israel aus Nordafrika und dem Mittleren Osten ermittelt. Die Angehörigen der letzten Gruppe sind erheblichen rassistischen Vorurteilen und sozialer Diskriminierung ausgesetzt. Die Anwendung der soziogenen Hypothese auf diese Studie würde zu Vorhersagen führen, daß die Angehörigen der benachteiligten ethnischen Gruppe, weil sie ein hohes Maß an Streß in allen sozialen Schichten erleben, sie in wesentlich höherem Ausmaß in allen Schichten Schizophrenie haben sollten. Im Gegensatz dazu sollte die soziale Drift die beiden Gruppen unterschiedlich betreffen. Wegen der Vorurteile und der Diskriminierung sollten nur die gesündesten und fähigsten Mitglieder der benachteiligten ethnischen Gruppe in der Lage sein, einen sozialen Aufstieg zu machen. Die aufsteigende Mobilität sollte in der vorteilhafteren Gruppe leichter und häufiger sein, wobei die eher beeinträchtigten Mitglieder zurückbleiben. Das Ergebnis sollte darin bestehen, daß die Häufigkeit der Schizophrenie in der günstigeren Gruppe höher ist. Genau dies bestätigten die Ergebnisse. Daher kann ein Teil, aber nicht alles, der Beziehung zwischen Sozialschicht und Schizophrenie auf die Selektionshypothese zurückgeführt werden. Die Sozialschicht spielt ebenfalls eine Rolle als Stressor, aber die Art und Weise, wie die Stressoren damit verbunden sind und ihre Wirkung ausüben, bleibt unbekannt.

Die Familie und die Schizophrenie

Viele Theoretiker halten Familienbeziehungen, insbesondere die zwischen Mutter und Sohn, für den entscheidenden Faktor bei der Entstehung einer Schizophrenie. Diese Ansicht war so vorherrschend, daß man den Begriff der *schizo-phrenogenen Mutter* prägte; gemeint war jener kalte, dominante und konfliktauslösende Elternteil, der dem Kind keinen anderen Ausweg ließ, als schizophren zu werden (*Fromm-Reichmann*, 1948). Man hat diese Mütter auch als zurückweisend, überfürsorglich, aufopfernd, unzugänglich für die Gefühle anderer, rigide und moralistisch in ihren Ansichten über Sexualität beschrieben. Zudem, so hieß es, hätten sie Angst vor Intimität und Nähe.[6]

Großen Einfluß hatte auch die *double-bind-Theorie* von *Bateson* und seinen Mitarbeitern (1956). Dieser Theorie zufolge wird die Entwicklung einer schizophrenen Denkstörung in erheblichem Maße dadurch begünstigt, daß ein Mensch ständig einer sogenannten double-bind-Situation ausgesetzt ist. Eine „Doppel-Bindung" ist durch folgende drei Aspekte gekennzeichnet:

1. Der oder die Betroffene hat eine so intensive Beziehung zu einer anderen Person, daß es ganz besonders wichtig wird, die Mitteilungen dieser anderen Person genau zu verstehen, um angemessen darauf reagieren zu können.
2. Die andere Person übermittelt mit einer Äußerung zwei widersprüchliche Botschaften.
3. Das betroffene Individuum kann zu den beiden einander ausschließenden Botschaften weder Stellung beziehen noch sich aus der Situation zurückziehen oder die Botschaften ignorieren.

In ihrem ersten Aufsatz zum Thema gaben *Bateson* und seine Mitarbeiter dafür folgendes Beispiel:

> „Ein junger Mann, der noch im Krankenhaus war, sich aber von einer akuten schizophrenen Episode recht gut erholt hatte, bekam Besuch von seiner Mutter. Er freute sich, sie zu sehen und legte spontan seinen Arm um ihre Schultern, woraufhin sie erstarrte. Er zog seinen Arm zurück und sie fragte: ‚Liebst du mich nicht mehr?' Als er errötete, sagte sie: ‚Mein Lieber, sei doch nicht so empfindlich und hab' keine Angst vor deinen Gefühlen.' Der Patient hielt es nur ein paar Minuten mit ihr aus und griff kurz nachdem sie gegangen war, einen Pfleger an ..."
> Vermutlich wäre die Geschichte anders ausgegangen, wenn der junge Mann hätte sagen können: ‚Mutter, offensichtlich ist es dir unangenehm, wenn ich

meinen Arm um dich lege, und es fällt dir schwer, eine Geste der Zuneigung von mir zu ertragen.' Nur ist dem schizophrenen Patienten diese Möglichkeit verschlossen. Eine intensive Abhängigkeit hindert ihn daran, das Kommunikationsverhalten seiner Mutter zu kommentieren, wohingegen sie mit ihren Kommentaren zu seinem Verhalten nicht hinter dem Berg hält und ihn zwingt, die komplizierte Sequenz zu akzeptieren und irgendwie damit fertigzuwerden...

> Der Junge steckt also in dem folgenden, unlösbaren Dilemma: ‚Wenn ich meiner Mutter verbunden bleiben will, darf ich ihr nicht zeigen, daß ich sie liebe, aber wenn ich ihr nicht zeige, daß ich sie liebe, werde ich sie verlieren'" (S. 258–259).

Beide Theorien ließen sich in kontrollierten Studien nicht bestätigen. Allerdings zeigte sich, daß sich die Familien Schizophrener in mancherlei Hinsicht von normalen Familien unterscheiden, z.B. dadurch, daß sie sehr unbestimmte Formen der Kommunikation pflegen und zahlreiche Konflikte haben. Ob aber dieses Verhalten als kausal für die Entwicklung der Schizophrenie angesehen werden kann, ist fraglich. Es ist genauso plausibel, daß der Konflikt und die unklare Kommunikation eine Reaktion darauf sein können, daß es in der Familie einen jungen Schizophrenen gibt. Diese Interpretation wird durch einige Belege gestützt.

Die fehlerhafte Kommunikation der Eltern kann eine Rolle bei der Ätiologie der Schizophrenie spielen. Es gibt einige Befunde, die in diese Richtung gehen. Eine dieser Untersuchungen wurde in Los Angeles durchgeführt (*Goldstein & Rodnick*, 1975). Heranwachsende mit Verhaltensproblemen wurden zusammen mit ihren Familien genau untersucht. Eine Folgeuntersuchung nach fünf Jahren zeigte, daß bei einer Anzahl dieser jungen Menschen eine Schizophrenie oder damit verbundenen Störungen aufgetreten waren. Die Untersucher konnten dann die bei der Folgeuntersuchung diagnostizierten Störungen mit den Abweichungen in der Kommunikation der Eltern, die fünf Jahre früher ermittelt worden waren, in Beziehung setzen. Auffälligkeiten in der Kommunikation bei den Eltern erwiesen sich als Prädiktor für das spätere Auftreten der Schizophrenie bei ihren Kindern, was ihre Bedeutung belegt (*Norton*, 1982). Es sieht jedoch nicht so aus, daß diese Auffälligkeiten in der Kommunikation ein spezifischer ätiologischer Faktor für die Schizophrenie sind, da die Eltern von Manikern ebenfalls hohe Werte auf dieser Dimension aufweisen (*Miklowitz*, 1985).

---

6 Bemerkenswerterweise konzentrieren sich die meisten Theorien, die Familienprozesse für die Ätiologie abweichenden Verhaltens verantwortlich machen, fast ausschließlich auf die Mütter. Ein Fall von Sexismus?

Weitere Belege für eine Beteiligung der Familie ergaben sich in einer großen Adoptionsstudie, die von *Tienari* und Mitarbeitern (1987) in Finnland begonnen wurde. Eine große Gruppe adoptierter Kinder schizophrener Mütter wird zusammen mit einer Kontrollgruppe untersucht. Im Jahr 1987 lagen die Daten von 112 Kinder von Schizophrenen und 135 Kontrollpersonen vor. Im Gegensatz zur Adoptionsstudie von *Heston* wurden viele Daten über verschiedene Aspekte des Familienlebens in den Adoptivfamilien zusammengetragen. Informationen über die Anpassung der Kinder wurden mit den Informationen, die über die Adoptivfamilien zusammengetragen wurden, in Beziehung gesetzt. Die Familien wurden auf der Grundlage von klinischen Interviews und psychologischen Tests in verschiedene Kategorien der Fehlanpassung eingeteilt. Die wichtigsten Ergebnisse zeigt Tabelle 14.4. Wie zu erkennen ist, sind schwerwiegendere Probleme bei den adoptierten Kindern von Schizophrenen eindeutig mit auffälligeren Umgebungen verbunden. Ein bemerkenswertes Ergebnis dieser Studie war auch, daß die Familienumgebung nicht mit der Psychopathologie der Kontrollgruppe in Zusammenhang stand. Sowohl eine genetische Prädisposition (Diathese) als auch eine ungünstige Umgebung (Streß) sind daher notwendig, um das Risiko für eine Psychopathologie zu vergrößern.

Wie eine Reihe von in London durchgeführten Untersuchungen zeigt, kann die Familie auch auf die Anpassung des Patienten *nach* der Entlassung aus der Klinik einen erheblichen Einfluß haben.

Brown und seine Mitarbeiter (1966) untersuchten in einer neunmonatigen Nachfolge-Studie eine Stichprobe von Schizophrenen, die nach der Entlassung aus dem Krankenhaus in ihre Familien zurückgekehrt waren. Man interviewte Eltern oder Ehepartner vor der Entlassung der Patienten und erstellte Skalen, auf denen man eine Reihe kritischer Stellungnahmen zu dem Patienten, Äußerungen von Feindseligkeit ihm gegenüber oder eine allzu intensive emotionale Bindung an ihn einschätzte. Anhand dieser letzteren Variablen, der sogenannten *expressed emotion* (EE), kategorisierte man die Familien in solche mit hohem EE und solche mit wenig oder niedrigem EE. Nach neun Monaten hatten 10% der Patienten aus Familien mit niedrigem EE einen Rückfall erlitten. Aber in deutlichem Kontrast dazu waren im gleichen Zeitraum von den Patienten aus Familien mit hohem EE 58% ins Krankenhaus zurückgekehrt!

Diese inzwischen replizierte Untersuchung (*Vaughn & Leff*, 1976; *Leff*, 1976; *Mc Millan* et al., 1981; *Koenigsberg & Hadley*, 1986) zeigt, daß die Umgebung, in die der Patient entlassen wird, großen Einfluß darauf hat, ob er ins Krankenhaus zurückkehrt oder nicht. Was jedoch noch nicht völlig geklärt ist, betrifft die genaue Interpretation der Effekte von EE. Ist EE kausal oder reflektiert diese Haltung nur eine Reaktion auf das Verhalten des Patienten? Wenn sich z.B. der Zustand eines Schizophrenen verschlechtert, kann die Sorge in der Familie und die Betroffenheit zunehmen. Die andere Seite der Medaille besteht darin, daß auch die Kritik in der Familie und die Versuche, den Schizophrenen zu kontrollieren, ebenfalls zunehmen können. Das bizarre oder gefährliche Verhalten des Schizophrenen kann so gesehen werden, daß es zu einem Setzen von Grenzen und anderen Anstrengungen in der Familie kommt, die in die Kategorie der EE gehören (*Kanter*, *Lamb & Loeper*, 1987). Schließlich birgt die Zentrierung auf die ausgedrückten Emotionen auch die Gefahr, daß ohne Not die Familie für die Erkrankung des Patienten verantwortlich gemacht wird und damit die Art von Schuld und Betroffenheit auslöst, die beim kindlichen Autismus besprochen wird (Kasten 16.6). Die Untersuchungen zu EE haben jedoch die Grundlagen für einige erfolgversprechende Forschungen in bezug auf die Intervention gelegt (S. 480).

Tabelle 14.4 Die Anpassung adoptierter Kinder schizophrener Eltern in bezug zu Verhaltensstörungen der Adoptivfamilien

Klinische Einschätzung der Familie	Grad der Verhaltensstörung der Familie		
	keine oder leicht	mittel	schwer
gesund oder leichte Störung	39	9	3
mittel	10	9	24
schwer	0	11	16

Quelle: *Tienari* et al., 1987.

High-Risk-Studien in bezug auf Schizophrenie

Wie entwickelt sich eine Schizophrenie? Wir wissen, daß die klinischen Symptome in der Adoleszenz und dem frühen Erwachsenenalter auftreten, bei Männern etwas früher als bei Frauen. Wie waren diese Menschen, bevor die Symptome auftraten? Früher versuchte man diese Frage unter anderem dadurch zu beantworten, daß man Berichte aus der Kindheit von späteren Schizophrenen untersuchte und daraus eine Entwicklungsgeschichte konstruierte. Diese Art der Forschung zeigte in der Tat, daß sich die Betroffenen bereits vor dem Auftauchen ernsthafter Verhaltensprobleme von ihren Altersgenossen unterschieden. Vor dreißig Jahren fanden *Albee* und *Lane* bei Präschizophrenen wiederholt einen niedrigeren IQ als bei verschiedenen Kontrollprobandengruppen, die gewöhnlich aus Geschwistern und gleichaltrigen Nachbarskindern bestanden (*Albee, Lane & Reuter*, 1964; *Lane & Albee*, 1965). Untersuchungen des Sozialverhaltens Präschizophrener erbrachten interessante Ergebnisse. Zum Beispiel beschrieben Lehrer männliche Schizophrene als unangenehme Kinder, schizophrene Frauen dagegen als passiv (*Watt* et al., 1970; *Watt*, 1974). Präschizophrene beiderlei Geschlechts wurden als delinquent und verschlossen gekennzeichnet (*Berry*, 1967).

Diese Art der Entwicklungsforschung krankt in erster Linie daran, daß ihre Daten ursprünglich nicht mit der Absicht erhoben wurden, Präschizophrene zu beschreiben oder aus dem Kindheitsverhalten die Entwicklung der Schizophrenie vorherzusagen. Um aus Entwicklungsgeschichten neue Hypothesen ableiten zu können, müssen die erhobenen Informationen spezifischer sein.

Die Methode, Personen mit hohem Risiko zu untersuchen, die in Kapitel 5 beschrieben wurde, kann diese Informationen liefern. Die erste derartige Untersuchung wurde Anfang der sechziger Jahre von *Sarnoff Mednick* und *Fini Schulsinger* (*Mednick & Schulsinger*, 1968) begonnen. Man wählte Dänemark, weil es das dortige Registriersystem ermöglicht, Menschen über lange Zeit hin auf der Spur zu bleiben. Als Probanden mit hohem Risiko wählten *Mednick* und *Schulsinger* 207 junge Leute mit chronisch schizophrenen Müttern, deren schlechte prämorbide Anpassung bekannt war. Man entschied sich ausschließlich für Mütter, weil die

Vaterschaft nicht immer ohne weiteres nachweisbar ist und weil schizophrene Frauen mehr Kinder haben als schizophrene Männer. Die 104 Kontrollprobanden mit geringem Risiko, deren Mütter nicht schizophren waren, wurden der Risikogruppe in Geschlecht, Alter, Beruf des Vaters, ländlicher oder städtischer Herkunft, Dauer des Schulbesuchs, Heim- oder Familienerziehung usw. parallelisiert.

1972 untersuchte man die inzwischen erwachsenen Männer und Frauen mit einer Anzahl von Meßinstrumenten – darunter eine diagnostische Testbatterie – nach. Bei fünfzehn der Risiko-Probanden diagnostizierte man eine Schizophrenie. Kein Kontrollproband erhielt diese Diagnose. Unter Rückgriff auf die Informationen, die die Forscher über ihre Probanden als Kinder zusammengetragen hatten, konnten sie einige Umstände identifizieren, die den späteren Ausbruch der Schizophrenie vorhersagten. Diese Daten, wobei zu berücksichtigen ist, daß sie aus einer begrenzten Stichprobe stammen, legen anscheinend nahe, daß die Ätiologie der Schizophrenie für Patienten mit positiven und negativen Symptomen unterschiedlich ist. Bei der letzten Analyse der Daten wurden die Schizophrenen in zwei Gruppen eingeteilt, eine mit überwiegend positiven und eine andere mit überwiegend negativen Symptomen (*Cannon, Mednick & Farnas*, 1990). Die Variablen, die Schizophrenie vorhersagten, waren für beide Gruppen unterschiedlich. Der Schizophrenie mit negativen Symptomen ging eine Vorgeschichte von Komplikationen in der Schwangerschaft und bei der Geburt voraus und das Fehlen einer elektrodermalen Reaktion auf einfache Reize. Der Schizophrenie mit positiven Symptomen ging eine Geschichte familiärer Instabilität, wie Trennung von den Eltern und Aufenthalt in Pflegefamilien und Heimen über längere Zeit voraus.

In der Folge der Pionierarbeiten von *Mednick* und *Schulsinger* wurde mit einer Reihe weiterer Untersuchungen von High-Risk-Gruppen begonnen. Einige davon haben ebenfalls zu Informationen hinsichtlich der Vorhersage der Psychopathologie Erwachsener geführt. Die New Yorker High-Risk-Studie ergab, daß ein zusammengesetztes Maß der Aufmerksamkeitsdysfunktion die Verhaltensstörung bei der Katamnese vorhersagte (*Cornblatt & Erlenmeyer-Kimling*, 1985). Weiterhin war ein niedriger IQ ein Merkmal der ersten Kinder aus der Risikogruppe, die hospitalisiert wurden

(*Erlenmeyer-Kimling* & *Cornblatt*, 1987). Bei einer Studie in Israel konnte ein niedriges neuropsychologisches Funktionsniveau (schlechte Konzentration, geringe verbale Fähigkeit, Mangel an motorischer Kontrolle und Koordination) schizophrenieähnliche Symptome vorhersagen, wie auch zwischenmenschliche Probleme (*Marcus* et al., 1987). Wenn die Personen in den anderen Untersuchungen älter werden, können wir weitere Einblicke in die Entwicklung dieser zerstörerischen Krankheit erhalten.

Therapie der Schizophrenie

Angesichts der rätselhaften und häufig erschreckenden Phänomenen, von denen Schizophrene geplagt werden, stellt sich die Frage, wie man diesen Kranken helfen kann. Die Geschichte der Psychopathologie, die in Kapitel 1 umrissen wurde, ist in vielerlei Hinsicht die Geschichte von – häufig brutalen und unaufgeklärten – Versuchen der Menschen, mit der Schizophrenie fertigzuwerden. Auch wenn etliche der Wahnsinnigen, die man vor einigen Jahrhunderten als Hexen verurteilte oder in vor Schmutz starrende Asyle sperrte, vermutlich an so prosaischen Krankheiten wie Nahrungsmittelvergiftung und Syphilis litten (vgl. S. 16 und 20), würde man bei vielen von ihnen heute zweifellos die Diagnose Schizophrenie stellen.

In Kapitel 1 (S. 21f.) haben wir die psychiatrischen Krankenhäuser beschrieben. Der größte Teil der klinischen Forschung zeigt, daß die traditionelle Krankenhauspflege wenig dazu beiträgt, bei der Mehrzahl der Patienten überdauernde Veränderungen herbeizuführen. Die Mehrzahl der vorliegenden Daten zeigt, daß eine erneute Klinikaufnahme bei 40 bis 50% der Fälle innerhalb eines Jahres und bei bis zu 75% nach zwei Jahren erfolgt ist (*Anthony* et al., 1986; *Paul* & *Mendito*, 1992). Ähnliche Untersuchungen, die speziell entwickelt wurden, um nur Schizophrene zu verfolgen, zeigen ebenfalls schlechte Ergebnisse (*Breier* et al., 1991; *Carone, Harrow* & *Westermeyer*, 1991). Wir wenden uns jetzt den Behandlungsformen der Schizophrenie zu, von denen die meisten, aber nicht alle, in der Klinik durchgeführt werden.

Somatische Behandlungsformen

Elektroschock und Psychochirurgie

Im frühen 20. Jahrhundert verwahrte man schwer gestörte Patienten in psychiatrischen Kliniken, die wenig ausgebildetes Personal hatten. Diese Verhältnisse schufen ein Klima, das es gestattete – und vielleicht sogar auch auf subtile Weise dazu ermutigte –, mit radikalen somatischen Interventionen zu experimentieren. Anfang der dreißiger Jahre begann *Sakel* (1938), Schizophrene mit hochdosiertem Insulin in ein Koma zu versetzen und behauptete, daß bis zu 75% der von ihm behandelten Patienten anschließend eine bedeutende Verbesserung aufwiesen. Aber spätere Befunde von anderen waren weniger ermutigend, und so verschwand die Insulinkoma-Therapie, die erhebliche gesundheitliche Risiken barg und zu einem irreversiblen Koma und sogar zum Tod führen konnte, allmählich aus dem therapeutischen Repertoire.

1935 führte der portugiesische Psychiater *Moniz* die *präfrontale Lobotomie* ein, ein chirurgisches Verfahren, bei dem die Bahnen zwischen Stirnhirn und unteren Gehirnzentren durchtrennt werden. Auch *Moniz* (1936) berichtete – wie *Sakel* bei der Insulinkoma-Therapie – anfänglich von hohen Erfolgsquoten; und in den folgenden zwanzig Jahren unterzog man Hunderte von psychisch kranken Patienten, vor allem, wenn sie zu Gewalttätigkeiten neigten, unterschiedlichen psychochirurgischen Eingrif-

Einer flog übers Kuckucksnest ist eine Illustration des Schreckens alter Psychiatrien und der Behandlungsmethoden, die damals gebräuchlich waren.

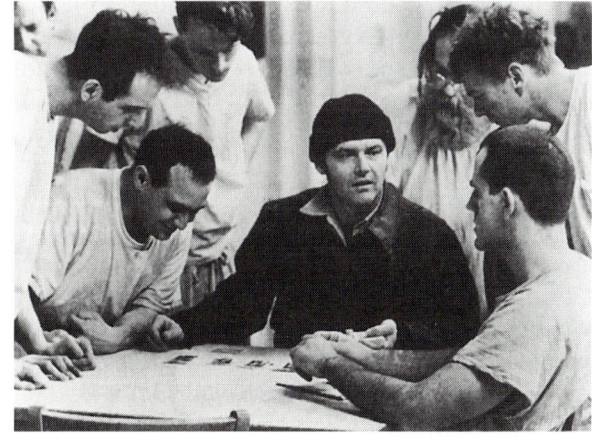

fen. Viele von ihnen waren anschließend tatsächlich ruhiger und konnten sogar das Krankenhaus verlassen. Aber in den fünfziger Jahren geriet auch diese Intervention aus mehreren Gründen in Verruf. Viele Patienten nahmen ernsthaften Schaden an ihren kognitiven Fähigkeiten – was kaum überrascht, denn schließlich wurden Gehirnteile zerstört, die vermutlich für das Denken verantwortlich sind –, wurden stumpfsinnig und teilnahmslos oder starben sogar. Daß man auch auf dieses Verfahren verzichtete, lag allerdings in erster Linie an den neuen Medikamenten, die in vielen Fällen die Exzesse in Verhalten und Emotionen zu dämpfen schienen.

1938 entwickelten *Cerletti* und *Bini* die Elektrokrampftherapie (EKT). Man brachte an beiden Schläfen – später nur noch an einer – Elektroden an, durch die man für den Bruchteil einer Sekunde einen Stromstoß von 70 bis 130 Volt schickte. Dadurch wird ein Krampfanfall induziert, dem eine Zeit der Bewußtlosigkeit folgt. Bei der Behandlung der Schizophrenie hat sich die EKT als ebenso uneffektiv erwiesen wie die Psychochirurgie und wurde durch verschiedene psychotrope Medikamente ersetzt; nur bei tief depressiven Patienten scheint man sie weiterhin mit Erfolg einzusetzen.

Medikamentöse Therapie

Den zweifellos bedeutsamsten Fortschritt in der Behandlung schizophrener Störungen stellen die verschiedenen sogenannten antipsychotischen Medikamente dar, die in den fünfziger Jahren auf den Markt kamen. Wegen ihrer Nebenwirkungen, die zu Verhaltensmanifestationen ähnlich denen bei neurologischen Krankheiten führen, nennt man sie auch *Neuroleptika*. Phenothiazin, die Hauptsubstanz phenothiazinhaltiger Pharmaka, wurde Ende des 19. Jahrhunderts von einem deutschen Chemiker zum ersten Mal hergestellt. Es diente als Waffe im Kampf gegen Wurmparasiten im Verdauungssystem von Tieren. Das Medikament blieb weitgehend unbekannt, bis *Bovet* 1940 die Antihistamine entdeckte. Pharmaka mit Antihistaminwirkung haben ebenfalls einen Phenothiazin-Kern. Mit Antihistaminen wurde eine ganze Anzahl von Leiden behandelt, vom einfachen Schnupfen über Asthma bis hin zu niedrigem Blutdruck und Schock. Der französische Chirurg *Laborit* setzte Antihistamine als

erster auch gegen den Operationsschock ein. Ihm fiel auf, daß seine Patienten nach Gabe von Antihistaminen etwas schläfrig wurden und weniger Angst vor der bevorstehenden Operation hatten. Die Pharmafirmen, die sich für die Antihistaminika nicht mehr interessiert hatten, weil deren sedierende Wirkung stärker war als ihr Antihistamineffekt, sahen sich nach *Laborits* Arbeit veranlaßt, sie erneut zu überprüfen. Kurz darauf synthetisierte der französische Chemiker *Charpentier* ein neues Phenothiazinderivat und nannte es Chlorpromazin. Wie sich zeigte, ließen sich schizophrene Patienten mit diesem Mittel sehr wirksam beruhigen. Heute glaubt man, daß die Phenothiazine ihre therapeutische Wirkung einer ganz bestimmten Eigenschaft verdanken: Sie blockieren, so glaubt man, die Impulsübertragung in den dopaminergen Leitungsbahnen des Gehirns.

Chlorpromazin wurde 1954 in den Vereinigten Staaten zum ersten Mal therapeutisch eingesetzt und avancierte schnell zur bevorzugten Behandlung bei Schizophrenie. 1970 erhielten mehr als 85% der Patienten in staatlichen psychiatrischen Einrichtungen Chlorpromazin oder eines der anderen Phenothiazinpräparate. Seit einigen Jahren verabreicht man bei Schizophrenie zwei weitere Neuroleptika: die Butyrophenone und Thioxanthene. Beide scheinen den Phenothiazinen an Wirksamkeit nicht nachzustehen. Mit allen drei Medikamentengruppen lassen sich positive – nicht aber negative – schizophrene Symptome reduzieren.

Obwohl die Phenothiazinbehandlung die positiven Symptome der Schizophrenie so abschwächt, daß die Patienten aus der Klinik entlassen werden können, sollte man nicht von Heilung sprechen. Typischerweise werden die Patienten auf einer sogenannten *Erhaltungsdosis* gehalten; sie nehmen weiterhin ihre Medikamente und kehren gelegentlich ins Krankenhaus oder in die Klinik zurück, um die Dosis neu einstellen zu lassen. Aber entlassene Patienten auf einer Erhaltungsdosis Phenothiazin sind in ihren Anpassungsmöglichkeiten an die Gemeinschaft weiterhin stark eingeschränkt. Die Phenothiazine halten die positiven Symptome in Schach, haben aber kaum Einfluß auf negative Symptome wie etwa soziale Inkompetenz. Häufig kommt es zu erneuten Einweisungen. Doch mit Beginn des „Phenothiazin-Zeitalters" hat die Zahl der Langzeit-Institutionalisierungen erheblich abgenommen. Statt dessen haben wir es jetzt allerdings mit dem bereits erwähnten Phänomen der „Drehtürpsychiatrie" zu tun, dem Kreislauf von Einweisung, Entlassung und Wiedereinweisung.

Doch auch hier gibt es Fortschritte, d.h., man hat zumindest erreicht, daß die Tür sich weniger häufig dreht. Ein Weg, entlassenen Patienten zu einem langfristigen Leben in der Gemeinschaft zu verhelfen, ist, wie wir wissen, die Behandlung nach Prinzipien des sozialen Lernens in Übergangsheimen (*Paul & Lentz*, 1977). Und es spricht einiges dafür, daß auch eine Erhaltungsmedikation plus einer anderen Form der Psychotherapie einem Rückfall vorbeugen können (*Hogarty* et al., 1974).

Und schließlich dürfen wir die möglicherweise schweren Nebenwirkungen von Phenothiazinen nicht unerwähnt lassen. Patienten finden die Medikamente im allgemeinen unangenehm und klagen über Mundtrockenheit, verschwommenes Sehen, Niedergeschlagenheit und Verstopfung. Niedriger Blutdruck und Gelbsucht sind weitere häufige Nebenwirkungen. Vielleicht sind es unter anderem diese unangenehmen Auswirkungen, die eine Erhaltungsbehandlung so schwierig machen. Die Patienten zur Medikamenteneinnahme zu bewegen und sie auch nach der Entlassung bei der Stange zu halten, ist gleichermaßen problematisch (*Van Putten* et al., 1981). Die Patienten werden daher heute häufig mit langandauernden Neuroleptika (z.B. Fluphenan) behandelt, wobei nach jeweils ein paar Wochen eine Injektion erforderlich ist.

Noch beeinträchtigender sind die extrapyramidalen Nebenwirkungen. Sie gehen auf Dysfunktionen derjenigen Nervenbahnen zurück, die vom Gehirn zu den motorischen Spinalnerven führen. Extrapyramidale Nebenwirkungen haben Ähnlichkeit mit den Symptomen neurologischer Erkrankungen, insbesondere mit der Parkinsonschen Krankheit. Patienten, die Phenothiazine nehmen, leiden unter einem spezifischen Tremor der Finger, dem sogenannten „Pillendrehen", schwerfälligem, kleinschrittigem Gang, Muskelstarre und Speichelfluß. Dystonie ist eine Störung des natürlichen Spannungszustandes von Geweben, und unter Dyskinesie versteht man abnorme Bewegungen der willkürlichen und unwillkürlichen Muskulatur: Die Patienten verharren in Beugehaltung mit gegenüber dem Rumpf verdrehtem Hals. Akathisie ist die Unfähigkeit, sich ruhig zu halten. Die Patienten sind ständig in Bewegung, können nicht ruhig sitzen bleiben, machen Kau-

bewegungen und andere Bewegungen mit Lippen, Fingern und Beinen. Diese unangenehmen Symptome lassen sich mit Medikamenten gegen die Parkinsonsche Krankheit behandeln. Ältere Patienten leiden unter der sogenannten tardiven Dyskinesie, einer Bewegungsstörung der Mundmuskeln, die sich in unwillkürlichen Saug- und Schmatzbewegungen und Kinnwackeln äußert. Von diesem Syndrom sind 10–20% der über lange Zeit mit Phenothiazin behandelten Patienten betroffen (*Kane* et al., 1986).

Wegen dieser schwerwiegenden Nebenwirkungen sind einige Kliniker davon überzeugt, daß es unklug ist, Phenothiazine über eine längeren Zeitabschnitt zu geben. Die gegenwärtige klinische Praxis verlangt, daß die Patienten mit der geringsten möglichen Medikamentendosis behandelt werden. Der Routineeinsatz von Erhaltungsdosierungen wird ebenfalls als riskant angesehen und viele Patienten nehmen für eine gewisse Zeit überhaupt keine Medikamente. Eine gewisse Erleichterung der Symptome der tardiven Dyskinesie wird durch die Anwendung von GABA-Agonisten erreicht (*Thaker* et al., 1987).

Neue Forschungsergebnisse zeigen, daß ein neues Medikament, Clozapin, therapeutische Erfolge bei Schizophrenen bringen kann, die auf Phenothiazine nicht positiv reagieren (*Kane* et al., 1988). Interessanterweise erzielt Clozapin seine therapeutische Wirkung anscheinend nicht durch eine Blockade der Dopaminrezeptoren und erzeugt auch keine extrapyramidalen Nebenwirkungen. Unglücklicherweise kann es die Funktion des Immunsystems beeinträchtigen und macht die Patienten für Infektionen anfällig. Darüber hinaus kann es Krampfanfälle auslösen.

Trotz vieler Schwierigkeiten sind Phenothiazine ein wesentlicher Teil der Behandlung von Schizophrenie und werden auch weiterhin als Behandlung der Wahl eingesetzt, bis etwas besseres entdeckt wird. Sie sind sicher den Zwangsjacken vorzuziehen, die früher verwendet wurden, um die Patienten ruhig zu stellen.

Psychologische Behandlungsformen

Obwohl *Freud* die Psychoanalyse nicht als Behandlung der Schizophrenie befürwortete, haben andere Modifikationen vorgeschlagen, von denen wir jetzt einige darstellen. Weiter werden wir auf neuere Familien- und Verhaltenstherapien für Schizophrene eingehen. Am Ende des Kapitels werden wir darauf hinweisen, daß es am besten ist, die biologischen und psychologischen Behandlungsansätze miteinander zu kombinieren, um dieser zerstörerischen Krankheit zu begegnen.

Psychodynamische Therapie

Freud selbst hat sich weder praktisch noch theoretisch bemüht, die Psychoanalyse auch der Behandlung Schizophrener zu öffnen. Er hielt Schizophrene für unfähig, die für eine Analyse notwendige enge zwischenmenschliche Beziehung einzugehen. Pionierarbeit auf diesem Gebiet leistete der amerikanische Psychiater *Harry Stack Sullivan*. 1923 richtete er am Sheppard and Enoch Pratt Hospital in Towson, Maryland, eine psychiatrische Station ein und entwickelte eine psychoanalytische Behandlung, die Berichten zufolge bemerkenswert erfolgreich war. Er glaubte, daß in der Schizophrenie Kommunikationsformen der frühen Kindheit wiederkehrten. Das zerbrechliche Ich des Schizophrenen, unfähig, mit der extremen Belastung zwischenmenschlicher Herausforderungen fertigzuwerden, sei regrediert. Aufgabe der Therapie müsse es daher sein, den Patienten erwachsene Kommunikationsformen zu lehren und ihm Einsicht in den Zusammenhang zwischen seiner Vergangenheit und seinen gegenwärtigen Schwierigkeiten zu vermitteln. *Sullivan* riet zu einer sehr allmählichen, nicht ängstigenden Entwicklung einer Vertrauensbeziehung. Er empfahl z.B. dem Therapeuten, sich etwas seitlich zum Patienten zu setzen, um diesen nicht zum Blickkontakt zu zwingen, der in den ersten Stadien einer Therapie zu bedrohlich zu sein scheint. Erst nach vielen Sitzungen und erst dann, wenn die Beziehung vertrauensvoller ist und dem Patienten einen gewissen Rückhalt bietet, ermuntert der Analytiker den Patienten allmählich, seine interpersonalen Beziehungen näher zu betrachten.

Ein ähnliches ich-analytisches Vorgehen schlug auch die deutsche Psychiaterin *Frieda Fromm-Reichmann* (1889–1957) vor, die in die Vereinigten Staaten emigriert war und einige Zeit zusammen mit *Sullivan* am Chestnut Lodge, einer psychiatrischen Privatklinik arbeitete. *Fromm-Reichmann* hatte viel Gespür für die symbolische und unbewußte Bedeutung von Verhalten; in der Abgeschlossenheit der Schizophrenen, so glaubte sie, komme der Wunsch zum Ausdruck, die in früher Kindheit erlittenen und später für unvermeidlich gehaltenen Zurückweisungen zu vermeiden. Sie behandelte schizophrene Patienten mit großer Geduld und mit viel Optimismus und vermittelte ihnen, daß sie sie, ihre Therapeutin, weder in ihre Welt hineinzunehmen noch ihre „Krankheit" aufzugeben brauchten, bis sie vollkommen dazu bereit seien. Zusammen mit *Sullivan* trug *Frieda Fromm-Reichmann* entscheidend dazu bei, daß die Psychoanalyse zu einer der Hauptbehandlungsformen der Schizophrenie wurde.

Die Evaluation der einsichtsorientierten Psychotherapie mit Schizophrenen steht erst am Anfang. Ihre bisherigen Ergebnisse ermutigen aber kaum dazu, mit diesen schwer gestörten Menschen auf diese Weise zu arbeiten (*Feinsilver & Gunderson*, 1972). Die Ergebnisse einer Langzeituntersuchung von Patienten mit der Diagnose Schizophrenie, die nach der Behandlung im Psychiatrischen Institut der New York State University zwischen 1963 und 1976 entlassen wurden, bestätigen die Erfolglosigkeit (*Stone*, 1986). Diese Patienten hatten Medikamente zusätzlich zu einer Therapie erhalten, die als analytisch orientiert bezeichnet wurde. Die Analyse der Daten der Hälfte der Stichprobe von mehr als 500 Personen zeigte, daß es den Patienten schlecht ging. Es kann sein, wie *Stone* vermutete, daß der Gewinn psychoanalytischer Einsicht in die eigenen Probleme und die Krankheit den psychischen Zustand eines schizophrenen Patienten sogar noch verschlechtern kann (Kasten 14.3). Die früheren Erfolgsmeldungen galten den Analysen von *Sullivan* und *Fromm-Reichmann*, aber sieht man sich ihre Patienten näher an, zeigt sich, daß ihre Störungen in den meisten Fällen verhältnismäßig geringfügiger Natur waren und vermutlich den strengen DSM-IV-Kriterien für Schizophrenie nicht genügt hätten.

Familientherapie und das Expressed-Emotions-Konzept

Die neuere Forschung im Bereich der Familientherapie hat versucht, den Schizophrenen zu helfen, die aus einer psychiatrischen Klinik entlassen wurden, damit sie zu Hause bleiben können. Da ein hohes Ausmaß an Expressed Emotions (EE) (Kritische Äußerungen der Angehö-

Kasten 14.3 Einige negative Auswirkungen der Therapien von Schizophrenen

Eine Darstellung der Therapien bei Schizophrenen muß auch die iatrogenen (durch die Behandlungsmethode verursachten) negativen Effekte berücksichtigen. Bei einem Überblick über derartige negative Effekte weisen *Drake* und *Sederer* (1986) auf folgende Probleme hin:

1. Intensive, tiefgreifende, insbesondere psychoanalytische Therapien können mehr verlangen, als Schizophrene bewältigen können, besonders dann, wenn eine enge therapeutische Beziehung angestrebt wird. Viele Patienten, die derartigen Behandlungen ausgesetzt wurden, benötigen einen längeren Klinikaufenthalt, ihnen geht es deutlich schlechter und es ist wahrscheinlicher, daß sie die Behandlung abbrechen. Es wird angenommen, daß das Problem auf eine zu starke emotionale Stimulierung zurückzuführen ist (vgl. S. 475 zu Informationen über die negativen Effekte von Expressed Emotions (EE) in Familien), besonders dann, wenn eine Regression angestrebt wird (was in analytisch orientierten Therapien häufig der Fall ist). Therapien, die anscheinend wirksamer sind, richten sich dagegen eher auf praktische Ansätze, wie etwa eine Stelle zu suchen oder sich in einer wenig auffälligen Weise zu verhalten. Damit wird der Therapeut in die Lage versetzt, direkte Anweisungen zu geben und stellt eine Kontrollmöglichkeit für die Überprüfung der Realität dar.*

2. Die Milieutherapie (vgl. S. 650) kann schädlich sein, wenn wie oben, die Umwelt zu stark stimulierend ist, wenn es z.B. lebhafte Gruppendiskussionen gibt, die eine affektive Exploration des Selbst und der anderen ermutigen, oder andere emotional aufreizende Gespräche. Darüber hinaus können Milieutherapien, die demokratische Entscheidungen befürworten und gegen eine Hierarchie der Autorität sind, für viele schizophrene Patienten verwirrend und negativ sein. Obwohl diese letzte Verallgemeinerung sich mit einigen Ergebnissen, wie denen von *Paul* und *Lentz*

(1977), nicht vereinbaren läßt, wie auch anderen Befürwortern der Milieutherapie, ist ein Hinweis zur Vorsicht genauso nützlich wie eine Überprüfung der ungezügelten professionellen Begeisterung, die davon ausgeht, daß psychisch schwer gestörte Patienten (zumindest, wenn sie aktiv psychotisch sind), die gleichen Bedürfnisse und Fähigkeiten für die Teilung der Macht haben wie normale Menschen. Es gibt möglicherweise auch Unterschiede zwischen verschiedenen Formen der Milieutherapie und denjenigen, die nur zu einer mäßigen Stimulierung führen, sind für Schizophrene am besten geeignet.

3. Wie bei der Milieutherapie ist das eingehende Aufdecken und die Selbstenthüllung bei einer Gruppentherapie nicht so hilfreich wie eine Gruppe, die das Überprüfen der Realität unterstützt und die Ausbildung sozialer Fertigkeiten fördert. Eine kritische Überprüfung von 43 Untersuchungen, bei denen eine Gruppentherapie bei hospitalisierten Schizophrenen eingesetzt wurde, läßt vermuten, daß obwohl es einigen Nutzen sowohl bei psychodynamisch einsichtsorientierten und verhaltensorientierten Ansätzen gibt, einige Hinweise darauf vorliegen, daß der erstere das Risiko negativer Effekte in sich birgt (*Kanas*, 1986).

4. Die dargestellten negativen Nebenwirkungen der Neuroleptika (vgl. S. 478) und anderer Pharmakotherapien, die bei Schizophrenen eingesetzt werden, führen zu schwerwiegenden iatrogenen Problemen. Zusätzlich zu den körperlichen Folgen wie etwa der tardiven Dyskinesie, können die Patienten psychotische Erklärungen für drogenerzeugte Effekte entwickeln, wie z.B. zu folgern, daß das FBI auf ihr Denken dadurch Einfluß nimmt, daß sie bösartige Radiowellen einsetzen.

---

* Es wird gelegentlich gesagt, daß diese Form der Intervention gar keine Therapie darstellt, sondern eher eine Konsultation und Lebenshilfe ist. Die Antwort hängt natürlich von der Definition der Therapie ab, einer Frage, der in Kapitel 18 nachgegangen wird.

rigen dem Patienten gegenüber) mit dem Rückfall und der Wiederaufnahme in die Klinik in Verbindung gebracht wurde, versuchte eine Gruppe von Familientherapeuten der University of Southern California durch kognitive und verhaltenstherapeutische Interventionen, die emotionale Intensität in den Familien zu vermindern, zu denen die Schizophrenen zurückkamen (*Falloon* et al., 1982, 1985).

Die familientherapeutischen Sitzungen fanden im Haus der Patienten statt, wobei die Familie und der Patient zusammen teilnahmen. Die Notwendigkeit, daß der Patient auch weiterhin regelmäßig die Medikamente einnahm, wurde betont. Der Familie wurden auch Möglichkeiten gezeigt, positive und negative Gefühle in einer konstruktiven, empathischen Weise auszudrücken und starke, persönliche Konflikte durch gemeinsames Problemlösen anzugehen. Die Symptome des Patienten wurden der Familie erklärt und Möglichkeiten vorgestellt, wie damit umzugehen und die emotionale Belastung vermindert werden könnte. Es wurde dem Patienten und der Familie gleichermaßen klar gemacht, daß Schizophrenie in erster Linie eine biochemische Störung ist, daß aber die richtige Medikation und die psychosoziale Behandlung, die sie bekommen, die Belastung des Patienten vermindern und Rückfälle oder eine Verschlechterung verhindern könne. Die Behandlung erstreckte sich über die ersten neun Monate nach der Entlassung, in denen die Rückfallgefahr besonders groß ist.

Diese Familienbehandlung, die darauf gerichtet war, das Leben der Familie zu Hause zu beruhigen, wurde mit einer individuellen Therapie verglichen, bei der der Patient allein in die Klinik kam, wobei unterstützende Gespräche geführt wurden, die sich auf die Probleme des Alltags und den Aufbau eines sozialen Netzes bezogen. Die Familienmitglieder der Patienten in dieser Kontrollgruppe kamen selten mit, und wenn sie dabei waren, gab es keine gemeinsamen Sitzungen mit ihnen und dem Patienten. Diese Kontrollpatienten erhielten die typische, individuelle, unterstützende Behandlung, die in zahlreichen Nachsorgeprogrammen für Schizophrene weit verbreitet ist.

Während der Therapie wurden die Symptome des Patienten überwacht, wobei besonders auf die Zeichen eines Rückfalls geachtet wurde, wie Wahnideen und Halluzinationen. Die Familienmitglieder wurden hinsichtlich ihrer Problemlösefähigkeit und der Kritik, die sie dem Patienten gegenüber zum Ausdruck brachten, beurteilt. Alle Patienten, einschließlich der Kontrollgruppe, erhielten weiter eine antipsychotische Medikation, meist Thorazin (Chlorpromazin), die überwacht und über den gesamten Zeitraum des Projekts von einem Psychiater eingestellt wurde, der keine Informationen darüber hatte, welcher Patient Familientherapie und welcher Einzeltherapie erhielt.

Über einen Zeitraum von zwei Jahren wurden insgesamt 36 Patienten behandelt, 18 in der Gruppe der Familientherapie und 18 in der Kontrollgruppe mit Individualtherapie. Diejenigen mit Familientherapie schnitten viel besser ab. Nur ein Patient in dieser Gruppe erlitt einen Rückfall, der zur Klinikaufnahme führte, während es in der Kontrollgruppe acht waren. Darüber hinaus wurden zwei Dittel der schizophrenen Episoden, die in der Kontrollgruppe auftraten, als schwer eingestuft, während es in der Kontrollgruppe nur ein Drittel war. Auch die Wiederaufnahmeraten in die Klinik unterschieden sich deutlich: die Hälfte der Patienten der Kontrollgruppe (neun) mußten in die Klinik zurück, während es bei der Gruppe mit Familientherapie nur zwei der 18 waren.

Bei der Interpretation der Ergebnisse berücksichtigten die Forscher auch die Möglichkeit, daß die Patienten in der Familientherapie sich deswegen mehr als die Kontrollgruppe gebessert hatten, weil sie die Medikamente zuverlässiger einnahmen. Die Patienten in der Familientherapiegruppe befolgten auch wirklich die Anweisungen zur Medikamenteneinnahme besser. Andererseits zeigen die Ergebnisse aus anderen Untersuchungen, daß die Medikamente allein einen Rückfall nicht verhindern. Die Schlußfolgerung besteht darin, daß diese Art der Familientherapie, die zu einer Reduzierung von Expressed Emotions (EE) führt, für die Besserung der Patienten von großer Bedeutung ist.

Die Ergebnisse von *Falloon* wurden in einer größeren Studie von *Hogarty* et al. (1986) repliziert und erweitert. *Hogarty* et al. fanden ebenfalls, daß den Patienten soziale Fertigkeiten vermittelt werden konnten, wie etwa der bessere Umgang mit Konflikten und die Meidung von Verhaltensweisen, die zur Auslösung von starken EE-Reaktionen in ihren Familien führen. Nach einem Jahr erreichte diese patientenzentrierte Therapie, die auf soziale Fertigkeiten gerichtet war, so niedrige Rückfallraten wie die familientherapeutische *Falloon*-Studie. Dar-

Teil III
Entwicklungsstörungen
der Lebensspanne

15

Emotionale Störungen und Störungen des Verhaltens in der Kindheit und Adoleszenz

Herr und Frau Berg hatten Robert wiederholt zu Ärzten und in die Klinik gebracht. Eines Sonntags Nacht brachten sie ihn sogar in die Notaufnahme des Stadtkrankenhauses, nachdem sie ihn in Panik und sich vor Schmerzen windend im Bett gefunden hatten. Der hübsch aussehende, lockenhaarige, untergewichtige achtjährige Robert war jetzt in der zweiten Klasse und hatte schon immer starke Angst vor der Schule. In letzter Zeit hatten sich seine Ängste mit einer schweren Depression vermischt, die begonnen hatte, seine Eltern zu alarmieren...

Ohne jede Ausnahme saß der Junge von Sonntag bis Donnerstag abends lustlos beim Abendessen, er aß wenig, starrte trübsinnig auf seinen Teller, stocherte im Essen herum und fragte sich, ob er wirklich etwas essen sollte, denn er würde alles in ein oder zwei Stunden wieder erbrechen. Sein magerer Körper war übersät von Flecken und er folgte zahllosen Ritualen, die stärker wurden, wenn sich jemand dazu äußerte. Robert fühlte sich schlecht ausgerüstet, um ihnen zu widerstehen, da er hilflos seiner Angst ausgeliefert war, die anstieg, je länger der Abend fortschritt.

Die Zeit des Schlafengehens brachte ein wenig Trost. Robert fand es notwendig zu beobachten, ob er vor 9 Uhr abends einschlafen würde. Wenn dies vor 9.30 nicht erfolgte und er später noch wach war, brach er manchmal in Tränen aus, woraufhin seine Mutter zu ihm ins Bett kam. In einem erfolglosen Versuch, ihn von seinen Sorgen abzulenken und ihn in den Schlaf zu bringen, erzählte sie Robert phantasievolle Geschichten und versprach ihm Belohnungen, wenn er es fertig bringen würde, am nächsten Tag ohne die üblichen körperlichen Beschwerden und die mitleiderweckenden jämmerlichen Bitten, daß es ihm erlaubt werde, „nur heute" zu Hause zu bleiben, auskommen würde.

Aber der Morgen brachte den Haushalt in ein wirkliches Chaos. Um 6 Uhr stand Robert auf und lief im Flur der kleinen Wohnung auf und ab, brachte die Dielen zum Knarren und weckte dadurch seinen älteren Bruder auf. Um 7 Uhr waren alle wach. Während die Vorbereitungen für den Tag alle anderen beschäftigten, saß Robert stöhnend in einer Ecke der Küche, rieb sich den Magen und rannte gelegentlich ins Badezimmer, um sich zu übergeben. Seine Mutter konnte betteln, schmeicheln, darauf bestehen, daß er wenigstens ein Glas Milch als Frühstück trinken sollte, aber Robert verweigerte es meist, und jammerte, daß dies ihn nur noch mehr zum Erbrechen bringen würde...

Er fand keine Möglichkeit, einem anderen menschlichen Wesen, auch nicht seiner Mutter, zu erklären, wie sehr ihn die Schule ängstigte. Es war nicht nur die Trennung von zu Hause, die ihn ängstigte – obwohl er, um sicher zu sein, sich nie weit aus der unmittelbaren Nachbarschaft entfernte oder viel Zeit in den Häusern seiner Freunde zubrachte. Mit der Schule hatte es eine besondere Bewandtnis. Seine gegenwärtige Lehrerin in der zweiten Klasse war keine besonders warmherzige Person, aber Robert gegenüber war sie immer nett, sowohl aus Mitleid, aber auch aus Anerkennung seiner guten Leistungen. Das Gebäude selbst erschien ihm heiter und attraktiv wie ein verwunschenes Haus, und die autoritäre Atmosphäre trug auch nicht dazu bei, daß es dem Jungen besser ging. Es ist keine Übertreibung, wenn man sagt, daß Roberts sorgenvoller Weg morgens zur Schule dem eines verurteilten Mörders glich, der von der Todeszelle zu dem Raum geführt wurde, in dem das Gas auf ihn wartete (*Oltmanns, Neale & Davison*, 1991, S.275-276).

„Nichts ist so kostbar wie ein kleines Kind" (*O'Leary & Wilson*, 1975, S. 39). Und nur wenige Ereignisse im Leben eines Erwachsenen sind emotional belastender, als einem Kind nahezustehen, das körperlichen oder seelischen Schaden erleidet. Bisher ging es um psychische Probleme, mit denen ein nicht geringer Anteil der erwachsenen Bevölkerung zu kämpfen hat. So schlimm es auch immer sein mag, einen Freund oder Angehörigen zu haben, der an einer Depression oder an unvorhersagbaren Angstanfällen oder an den zahllosen Denk- und Emotionsstörungen der Schizophrenie leidet, ist es doch ungleich viel schlimmer, dergleichen bei einem Kind zu erleben. Kinder, so glaubt man, haben nur wenig emotionale Ressourcen, um mit Schwierigkeiten fertigzuwerden. Daß gestörte Kinder von ihren Eltern und Pflegepersonen so extrem abhängig sind, trägt – berechtigt oder nicht – zu deren Gefühl der Verantwortlichkeit und Schuld bei.

Die meisten psychodynamischen, verhaltensbezogenen und sogar die biologischen Theorien gehen von der Annahme aus, daß Kindheitserfahrung und -entwicklung für die psychische Gesundheit des Erwachsenen von entscheidender Bedeutung sind. Überdies halten die meisten Theorien Kinder für leichter formbar und daher auch leichter therapierbar als Erwachsene. Man sollte daher meinen, daß Ätiologie, Prävention und Behandlung kindlicher Störungen im Zentrum einer umfangreichen Forschung stehen. Dem ist nicht so. Bis vor kurzem galt das Forschungsinteresse vornehmlich den Problemen Erwachsener. Der kürzlich veröffentlichte Plan (*National Advisory Mental Health Council*, 1990) gibt wahrscheinlich einen Anstoß für die zukünftige finanzielle Unterstützung und die Richtung der Forschung in der Psychopathologie des Kindesalters. Es wird eine deutliche Erhöhung der finanziellen Mittel für die Erforschung der psychischen Störungen bei Kindern und Jugendlichen empfohlen, und das Komitee hat versucht, seine Hoffnung, „den Tag schneller zu erreichen, an dem kein Kind oder Jugendlicher mehr schwierig im Umgang ist, nicht zu traurig, um weiterzuleben, zu fremd und wütend, um unter uns zu leben, nicht zu krank, um zu lachen, zu spielen und zu lieben" (S. XIV), mit Forschungsgeldern zu unterstützen.

Die Störungen, die mit dem Entwicklungsverlauf bei Erwachsenen und dem Alter verbunden sind, haben noch weniger Aufmerksamkeit als die der Kinder gefunden. Die Störungen dieser beiden Zeitabschnitte, der Kindheit und dem Alter, können zusammen als ein neues Feld der Forschung und der Klinik zum Studium der Probleme der lebenslangen Entwicklung angesehen werden. In diesem Kapitel befassen wir uns mit den Störungen des Affekts und des Verhaltens in der Kindheit und der Adoleszenz. In Kapitel 16 werden die Störungen, bei denen der Erwerb von kognitiven, sprachlichen, motorischen und sozialen Fertigkeiten beeinträchtigt ist, dargestellt. Diese Störungen umfassen die Lernschwierigkeiten und die schwerwiegendsten Entwicklungsstörungen, die geistige Behinderung und die tiefgreifenden Entwicklungsstörungen (insbesondere Autismus), die meist chronisch sind und häufig bis ins Erwachsenenalter fortbestehen. In Kapitel 17 werden Probleme im Zusammenhang mit dem Altern besprochen.

Klassifikation

Die Klassifikation der Störungen, die in der Kindheit auftreten, hat sich im Laufe der letzten dreißig Jahre radikal gewandelt. Entsprechend den spärlichen Forschungsbemühungen behandelten DSM-I und DSM-II Probleme im Kindesalter vornehmlich so, als seien es die unteren Ausläufer der erwachsenen Störungen. Kinder erhielten häufig Diagnosen, die ursprünglich für Erwachsene geschaffen worden waren. Alle Hauptkategorien, die das DSM-II für Psychosen, Neurosen und Persönlichkeits-

störungen vorsah, wurden z.B. auch auf Kinder angewandt. Nur ein einziger Abschnitt – die Verhaltensstörungen in der Kindheit und Adoleszenz – war speziell kindlichen Störungen vorbehalten. Wie ineffektiv dieses System war, zeigt sich darin, daß die meisten Kinder, die bei Psychiatern und Psychologen vorgestellt wurden, die Diagnose einer Anpassungsreaktion erhielten – in der Tat eine sehr umfassende, wenn überhaupt eine Diagnose (*Achenbach*, 1982). Inzwischen wurde ein an der Entwicklung orientiertes Diagnosesystem, das speziell auf Störungen der Kindheit zugeschnitten war, entwickelt und liegt jetzt im DSM IV bzw. ICD-10 vor.

Die Revisionen des diagnostischen Manuals spiegeln den wachsenden Einfluß des Bereichs der Entwicklungspsychopathologie wider, der die Störungen der Kindheit im Zusammenhang mit dem Wissen über die normale Entwicklung in dieser Lebensspanne untersucht. Das Verständnis für die normalen entwicklungsbedingten Veränderungen ermöglicht es uns, Verhaltensweisen zu identifizieren, die in einer Phase angemessen sind, aber in einer anderen als gestört angesehen werden. Z.B. ist Trotzverhalten im Alter von zwei oder drei Jahren ziemlich häufig, das Weiterbestehen dieses Verhaltens im Alter von fünf oder sechs Jahren wird dagegen als wesentlich problematischer angesehen. Unterschiede in der Reifung zwischen den Kindern beeinflussen ebenfalls die Art und Weise, wie die Symptome Ausdruck finden, und sorgen dafür, daß sich viele Störungen der Kindheit von der Psychopathologie Erwachsener unterscheiden und schwieriger zu klassifizieren sind. Obwohl wir dem zustimmen, daß die Probleme der Kinder nicht einfach das untere Niveau der Probleme der Erwachsenen darstellen, ist es auch möglich, bei Kindern Störungen wie Major Depression oder eine Posttraumatische Belastungsstörung zu diagnostizieren, wenn die Kriterien für Erwachsene erfüllt sind.

Zuvor sei noch darauf hingewiesen, daß sich Störungen der Kindheit auf ganz zentrale Weise von Störungen des Erwachsenenalters unterscheiden. Während die meisten Erwachsenen *sich selbst* als jemand sehen, der ein Problem hat, werden Kinder zumeist von *anderen* als gestört angesehen. Der Unterschied zwischen ,Ich habe ein Problem' und ,Du hast ein Problem' ist beträchtlich. Wenn jemand sich selbst für behandlungsbedürftig hält, können wir vernünftigerweise sicher sein, daß er ein Problem hat

Kasten 15.1 Kultur und Kindheitsprobleme

Die Werte und die Sitten einer Kultur spielen eine Rolle dafür, welches Verhalten, das ein Kind entwickelt, als Problem angesehen wird. In einer Untersuchung, bei der die Überweisungen in eine Klinik in Thailand und den USA miteinander verglichen wurden, fanden *Weisz* et al. (1987), daß Probleme der übermäßigen Kontrolle (z.B. Ängstlichkeit) häufiger bei Kindern aus Thailand als bei U.S.-Amerikanern berichtet wurden, während Probleme der zu geringen Kontrolle (z.B. kämpfen) häufiger bei amerikanischen als bei Thai-Kindern festgestellt wurden. Die Autoren führen diesen Unterschied auf den in Thailand weit verbreiteten Buddhismus zurück, der sich ablehnend gegenüber Aggressionen verhält und sich auch in den Erziehungspraktiken zeigt, die eine Intoleranz der Eltern gegenüber unkontrolliertem Verhalten wie mangelndem Respekt und Aggression widerspiegeln. Das weitere Ergebnis, daß in Thailand Probleme der Überkontrolle bei den Kliniken vorwiegend bei Jugendlichen diagnostiziert wurden, führen sie darauf zurück, daß die buddhistischen Vorschriften für Teenager besonders streng sind, da in dieser Zeit die jungen Männer auch als Novizen in den Tempeln dienen.

Die dieser Studie zugrundeliegende Annahme besteht darin, daß dadurch, daß gegen die Externalisierung aktiv vorgegangen wird, die Thai-Kinder mit größerer Wahrscheinlichkeit als die amerikanischen Kinder zu Problemen der Internalisierung neigen. Eine ergänzende Ursache ist darin zu sehen, daß die buddhistische Kultur derartige Formen der Hemmung begünstigt. Es könnte daher auch so sein, daß die Erwachsenen in Thailand eine geringere Toleranz für externalisierendes Verhalten

haben. Wenn dies jedoch der Fall wäre, dann hätte die Studie mehr Klinikeinweisungen für derartige Probleme nachweisen und damit das Vorurteil der Erwachsenen gegenüber Kindern bestätigen müssen. Die Tatsache, daß dies nicht der Fall war, wird als Unterstützung der Annahme angesehen, daß die unterschiedlichen Raten der Kliniküberweisung die tatsächliche Prävalenz der Probleme wiedergeben.

Die Hauptergebnisse stellen wir jedoch in Frage. Wenn die buddhistische Kultur die Hemmung von Gefühlen und anderer sogenannter Probleme der Überkontrolle ermutigt, warum werden dann diese Verhaltensweisen nicht als wünschens- und lobenswert sowohl von den Erwachsenen als auch von den Kindern angesehen? Wenn es so ist, warum sollte ein Kind, das gehemmt, unterwürfig und sogar ängstlich gegenüber anderen ist, als ausreichend abnorm angesehen werden, um von seinen Eltern zur Behandlung gebracht zu werden. Die Antwort von *Weisz* et al. auf ein derartiges Argument ist, daß es gerade die Kultur ist – eine, die den äußeren Ausdruck von Emotionen ablehnt – die zu psychischen Problemen der starken Hemmung führt (*Boesch*, 1977; *Sangsingkeo*, 1969). Wir finden dies deswegen interessant, weil es voraussetzt, daß es ein gewisses Maß an emotionaler Ausdrucksfähigkeit für ein Kind oder einen Jugendlichen gibt, gleichgültig, was die Kultur vorschreibt. Die Unterdrückung des emotionalen Ausdrucks, wie im buddhistischen Thailand, führt unter Umständen zu abnorm gehemmten Kindern, die Probleme mit der zu starken Kontrolle haben; dadurch werden diese relativ häufig auch behandelt.

und möchte, daß ihm geholfen wird. Wird aber ein Kind zur Behandlung angemeldet, wissen wir nur, daß jemand dieses Kind für gestört hält. Warum hält dieser Jemand das Kind für behandlungsbedürftig? Kindertherapeuten müssen sich ständig Fragen stellen, die nicht ohne weiteres zu beantworten sind. Ist dieser Junge wirklich nicht zu bändigen, oder erinnert er die Mutter nur an ihren geschiedenen Mann? Ist dieses Mädchen wirklich so leicht ablenkbar, oder langweilt es sich nur in der Schule? Auch wenn das Verhalten des Kindes entscheidend

mitbestimmt, wie die Erwachsenen das Kind wahrnehmen, gehen in die Wahrnehmung noch zahlreiche weitere Faktoren mit ein (*Ross*, 1981).

Bei unserem Überblick über die Störungen in der Kindheit und Adoleszenz machen wir nur teilweise Gebrauch vom DSM-IV bzw. ICD-10. Nach unserer Ansicht ist eine Betrachtung auf der Grundlage von den Untersuchungen bei gestörten Kindern nützlicher, die übereinstimmend den Nachweis für zwei große Gruppen von Symptomen in der Kindheit erbracht haben. Die Kinder mit Symptomen aus der einen Gruppe werden als „unterkontrolliert" oder als „Externalisierer" bezeichnet und man spricht davon, daß sie Verhaltensexzesse zeigen. Kinder mit Symptomen aus der anderen Gruppe werden als „überkontrolliert" oder „Internalisierer" bezeichnet oder so genannt, weil sie Verhaltensdefizite und emotionale Hemmungen aufweisen (*Achenbach & Edelbrock*, 1978). Eine Unterscheidung zwischen diesen Gruppen liegt darin, ob das Kind mit seinen Reaktionen ein Problem für andere schafft oder nur selbst davon betroffen ist. Diese beiden Symptomgruppen lassen sich in allen Kulturen und vielen verschiedenen Ländern (*Collins, Maxwell & Cameron*, 1962), (*Hayashi, Toyama & Quay*, 1976), (*Quay & Parskeuopoulos*, 1972) finden. Über die verschiedenen Kulturen hinweg gleich ist, daß Probleme der zu geringen Kontrolle häufiger bei Jungen, die der zu starken Kontrolle eher bei Mädchen auftreten (*Weisz* et al., 1987). Kasten 15.1 stellt die mögliche Rolle der Kultur bei den unterschiedlichen Prävalenzraten von unter- und überkontrolliertem Verhalten von Kindern dar. Die beiden Symptomgruppen werden zuerst behandelt und danach die Eßstörungen Anorexia nervosa und Bulimia nervosa.

Störungen mit unterkontrolliertem Verhalten

Das unterkontrollierte Kind hat keine oder nur unzureichende Kontrolle über das Verhalten, das – dem Alter des Kindes entsprechend – in einer gegebenen Situation von ihm erwartet wird. Dieser Mangel macht das unterkontrollierte Kind häufig für Erwachsene und Spielgefährten gleichermaßen zur Plage. Es werden zwei allgemeine Kategorien unterkontrollierten Verhaltens unterschieden: Aufmerksamkeits- und Hyperaktivitätsstörung und Verhaltensstörungen.

Schwierigkeiten als Folge von Unterkontrolle sind durch die Art, die Form und die Häufigkeit des Verhaltens definiert. Daß vieles von dem, was als „Problemverhalten" gilt, etwa Herumzappeln im Unterricht, auch in der kindlichen Gesamtpopulation sehr häufig ist, macht es allerdings fraglich, ob man das isolierte Vorkommen solcher Verhaltensweisen bereits als abnorm betrachten sollte. Es gibt aber auch Verhalten, z.B. ein tätlicher Angriff auf den Lehrer, das allgemein als abnorm beurteilt wird.

Aufmerksamkeits- und Hyperaktivitätsstörung

„Wahrscheinlich kennt jeder wenigstens ein hyperaktives Kind, und sehr wahrscheinlich handelt es sich bei diesem Kind um einen Jungen im schulpflichtigen Alter. Solche Kinder verhalten sich oft impulsiv und handeln ohne nachzudenken – ein Verhaltensmuster, daß zu Schwierigkeiten im sozialen Bereich und Schulversagen führen kann. Sie können sich nur mit Mühe auf eine einzelne Tätigkeit konzentrieren und wechseln oft sprunghaft von einer Aufgabe zur anderen, ohne Begonnenes zu Ende zu führen. Viele dieser Kinder verhalten sich allenfalls einige Minuten so, wie es von ihnen erwartet wird, sei es, daß sie auf eine Aufgabe oder ein Spiel konzentriert bleiben, geduldig auf ein von ihnen gewünschtes Ereignis warten oder ihr sponta- nes verbales und motorisches Verhalten den Umständen anpassen sollen. Sie scheinen über eine bemerkenswerte Energie zu verfügen und gehen Aktivitäten mit auffallender und manchmal erschreckender Intensität an.

Die Mutter eines hyperaktiven Sohnes könnte diesem vielleicht noch so oft verbieten, mit seiner schmutzigen Hand an der sauberen Wand entlangzustreifen, wenn er durch den Flur in die Küche rennt – er wird es immer wieder vergessen. Seine Spielkameraden stellen möglicherweise fest, daß er beim Monopoly oder beim Fußballspiel spontan die Regeln abwandelt. Unmittelbar, nachdem sein Lehrer der ganzen Klasse ausführliche Instruktionen gegeben hat, wird er fragen, was er denn nun tun solle. Er kann vor sich hinträllern oder andere seltsame Geräusche machen, die anderen unvermeidlich auf die Nerven gehen. Sein Kontingent an Mißgeschicken scheint überreichlich bemessen – er stößt an den Turm, den seine Klassenkameraden bauen, verschüttet seinen Saft über das Leinentischtuch, stolpert bei der Jagd auf die Katze der Familie über das Fernsehkabel, so daß der Bildschirm mitten in einer spannenden Sportsendung dunkel wird.

Ein hyperaktives Kind gerät allzu häufig ‚in Schwierigkeiten' mit seinen Spielgefährten, seinen Lehrern, seiner Familie, seiner Gemeinschaft. Seine sozialen Fehltritte entspringen weder einer negativistischen Haltung, noch sind sie bösartig. Tatsächlich ist oft keiner überraschter als es, wenn andere auf sein Verhalten mit Ärger oder Zurückweisung reagieren. Dabei scheint es weder im intellektuellen noch im zwischenmenschlichen Bereich grundlegende Defizite oder Behinderungen aufzuweisen. Es scheint in *fast* jeder Hinsicht normal zu sein, und doch hat es immer und überall außerordentliche Schwierigkeiten, im Alltag zurechtzukommen. Das ist das Rätsel der Hyperaktivität – ein Rätsel, das Kindertherapeuten und Pädagogen verwirrt und fesselt" (*Whalen*, 1983, S. 151-152).

Wie dieser Beschreibung zu entnehmen ist, sind die meisten Menschen, insbesondere aber Eltern und Lehrer, mit dem Phänomen der „Hyperaktivität" vertraut. Man hat diese unaufmerksamen und impulsiven Kinder in der Vergangenheit schon mit den verschiedensten Diagnosen belegt, darunter die eines minimalen Gehirnschadens, die eindeutig eine subtile cerebrale Dysfunktion als Ursache der Verhaltensprobleme nahelegte, und die einer Hyperkinese, abgeleitet von den griechischen Wörtern für „über" *(hyper)* und „Bewegung" *(kinesis)*. An ihre Stelle trat im DSM-III-R die *Aufmerksamkeits- und Hyperaktivitätsstörung.* Schwerpunkt der Definition liegt nunmehr auf der Unfähigkeit der betroffenen Kinder, sich für eine angemessene Zeit auf eine Aufgabe zu konzentrieren. Hyperaktivität wird diagnostiziert, wenn unaufmerksamen Kindern die Verhaltenskontrolle besonders in Situationen schwerzufallen scheint, in denen sie - wie in der Schule oder bei den Mahlzeiten – stillsitzen müssen. Sie können dann offensichtlich nicht aufhören sich zu bewegen oder zu sprechen. Sie werden oft als „ständig auf dem Sprung" oder wie „aufgezogen" geschildert. Sie sind unorganisiert, sprunghaft, taktlos, eigensinnig und herrisch. Alle ihre Beschäftigungen und Bewegungen scheinen vom Zufall bestimmt zu sein. Sie ruinieren im Handumdrehen Schuhe und Kleider, zerbrechen ihre Spielsachen und treiben ihre Familie und ihre Lehrer schnell an den Rand der Erschöpfung.

Es sei wichtig, warnt *Whalen* (1983), mit der Diagnose nicht allzu schnell bei der Hand zu sein: Nicht jedes ungestüme, „überaktive" und etwas zerstreute Kind ist auch gestört, denn in den ersten Schuljahren findet man solches Verhalten bei vielen Kindern. Manche Autoren befürchten, daß Diagnosen Kinder unnötig stigmatisieren können (z.B. *Garmezy,* 1977). Sie machen darauf aufmerksam, daß Worte wie „hyperaktiv" unter Umständen nicht mehr bedeuten, als daß das Kind lebhafter und schwerer zu kontrollieren ist, als Eltern und Lehrern lieb ist.

Weil die Symptome eine derart heterogene Gruppe von Verhaltensweisen darstellen, haben einige Forscher vorgeschlagen, zu einer früheren Untergliederung der Aufmerksamkeits- und Hyperaktivitätsstörung zurückzukehren und dabei die Kinder, die sowohl eine Aufmerksamkeits- als auch Hyperaktivitätsstörung aufweisen von denjenigen zu trennen, die nur eine Störung der Aufmerksamkeit haben. Dieser Vorschlag wurde in DSM-IV aufgegriffen. Die vorliegenden Daten zeigen, daß Kinder mit einer Aufmerksamkeits- und Hyperaktivitätsstörung mit größerer Wahrscheinlichkeit Verhaltensstörungen und oppositionelles Verhalten entwickeln, eher in spezielle Klassen für Kinder mit Verhaltensstörungen aufgenommen werden und Schwierigkeiten mit ihren Alterskameraden haben (*Barkley, DuPaul & McMurray*, 1990). Kinder mit einer Aufmerksamkeitsstörung, aber mit einem normalen Aktivitätsniveau, haben andererseits mehr Probleme, die Aufmerksamkeit zu zentrieren oder der Geschwindigkeit der Informationsverarbeitung (*Barkley, Grodzinsky & DuPaul*, 1990) zu folgen. Diese Untersuchungen sind (vorläufige) Belege dafür, daß unterschiedliche neuroanatomische Regionen für unterschiedliche Formen der Aufmerksamkeitsstörungen verantwortlich sind (*Mirsky*, 1987; *Posner*, 1988) und lassen vermuten, daß es am besten ist, diese beiden als zwei getrennte Störungen zu kategorisieren (*Barkley*, 1990). Der größte Teil der Theorie und der Forschung macht diese Unterscheidung jedoch noch nicht.

Es ist nicht überraschend, daß die Unaufmerksamkeit und die Impulsivität der Kinder mit einer Aufmerksamkeits- und Hyperaktivitätsstörung häufig mit Schulschwierigkeiten einhergehen. Etwa 20 bis 25% dieser Kinder haben Lernschwierigkeiten (vgl. S. 527) in Mathematik, Lesen oder Schreiben (*Barkley, DuPaul & McMurray*, 1990) und ein weitaus größerer Teil von ihnen nimmt wegen ihrer Schwierigkeiten, sich an die üblichen Verhältnisse einer Schulklasse anzupassen, an besonderen Erziehungsprogrammen teil. Trotzdem ist es eindeutig, daß die Aufmerksamkeits- und Hyperaktivitätsstörung und die Lernschwierigkeiten unterschiedliche Störungen darstellen, auch wenn es zwischen ihnen eine gewisse Überlappung gibt.

Eine schwierigere Unterscheidung ist die zwischen der Aufmerksamkeits- und Hyperaktivitätsstörung und Verhaltensstörung. Da zwischen beiden eine Überlappung von 30 bis 90% ermittelt wurde (*Hinshaw,* 1987), haben einige Forscher zugegeben, daß die beiden Formen unterkontrollierten Verhaltens in Wahrheit die gleiche Störung darstellen (*Quay,* 1979). Andererseits haben Validierungsuntersuchungen Unterschiede zwischen den beiden nachgewiesen: Hyperaktivität ist enger mit aufgabenirrelevantem Verhalten in der Schule, Defiziten in Kognition und Leistung und einer besseren Langzeitprognose verbunden, während Kinder mit Verhaltensproblemen und Aggression mit größerer Wahrscheinlichkeit antisoziale Eltern haben, eine feindselige Familie, einen niedrigen sozioökonomischen Status und ein viel höheres Risiko für Delinquenz und Substanzmißbrauch in der Adoleszenz aufweisen (*Hinshaw*, 1987; *Loney, Langhorne & Paternite*, 1978). Die Komorbidität beider Störungen, die bei Kindern, die in die Klinik gebracht werden, hoch ist, stellt offensichtlich eine Kombination der ungünstigsten Merkmale beider Störungen dar, da diese Kinder sehr wahrscheinlich von ihren Altersgenossen abgelehnt werden und die schlechteste Langzeitprognose haben. Beim Abschluß eines sorgfältigen Überblicks über die Literatur zu den beiden Störungen empfahl *Hinshaw* (1987), die Hyperaktivität und die Verhaltensstörung als unterschiedliche, aber miteinander verbundene Störungen anzusehen. Unglücklicherweise wird bei vielen Studien mit hyperaktiven Kindern die Aufmerksamkeits- und Hyperaktivitätsstörung mit Verhaltensstörungen und Aggressivität vermischt, was die Befunde zur Hyperaktivität weniger eindeutig macht.

Die Prävalenz der Aufmerksamkeits- und Hyperaktivitätsstörung konnte wegen der unterschiedlichen Definition der Störung über die Zeit hinweg und verschiedener Länder nur schwer geschätzt werden. Die Schätzungen reichen von 1 bis 20% (*DuPaul*, 1991; *Ross & Ross*, 1982; *Szatmari* et al., 1989), wobei es einen Konsens gibt, daß derzeit etwa 3 bis 5% der Kinder an der Aufmerksamkeits- und Hyperaktivitätsstörung leiden (American Psychiatric Association, 1987). Die Störung ist mit Sicherheit bei Jungen häufiger als bei Mädchen, wobei die genauen Zahlen davon abhängen, ob die untersuchte Stichprobe aus Anmeldungen zu einer Klinik zusammengestellt wurde (Jungen kommen häufiger zu einer Klinik, da die Wahrscheinlichkeit für aggressives Verhalten zusätzlich zu ihren Symptomen der Aufmerksamkeits- und Hyperaktivitätsstörung größer ist) oder aus der Bevölkerung stammt. Mit Mädchen, die eine Aufmerksamkeits- und Hyperaktivitätsstörung haben, sind bislang nur sehr wenige Untersuchungen durchgeführt worden und es wurden nur wenige Unterschiede zwischen Jungen und Mädchen nachgewiesen (*Breen*, 1989; *Horn, Wagner & Ialongo*, 1989; *McGee, Williams & Silva*, 1987).

Obwohl viele Vorschulkinder von ihren Eltern als ziemlich unaufmerksam und überaktiv angesehen werden, geht die Mehrzahl dieser Kinder durch eine normale Entwicklungsphase, die nicht in eine beständige Form der Aufmerksamkeits- und Hyperaktivitätsstörung übergeht (*Campbell*, 1990). Andererseits haben die meisten Kinder, bei denen sich eine Aufmerksamkeits- und Hyperaktivitätsstörung entwickelt, ihre übermäßige Aktivität und das entsprechende Temperament bereits sehr früh gezeigt. Ihre unstillbare Neugier und das gewalttätige Spiel machen die Überwachung des Kindes notwendig, um solche Tragödien wie das unabsichtliche Vergiften und das Herunterfallen von Treppen oder aus dem Fenster zu vermeiden. Obwohl die Vorschuljahre für die Eltern, die mit der Aufmerksamkeits- und Hyperaktivitätsstörung fertig werden müssen, schwierig sind, werden die Probleme viel deutlicher, wenn die Kinder in die Schule kommen und plötzlich mit den Anforderungen konfrontiert werden, daß sie für eine bestimmte Zeit still auf ihrem Platz sitzen sollen, allein ihre Aufgaben erledigen und mit den anderen Kindern auf dem Spielplatz zusammen spielen.

Viele dieser Kinder haben außerordentliche Schwierigkeiten, mit Gleichaltrigen auszukommen und Freundschaften zu schließen (*Whalen & Henker*, 1985), wahrscheinlich weil ihr Verhalten die anderen stört und ärgert. Obwohl diese Kinder meist freundlich und gesprächig sind, übersehen sie doch häufig versteckte soziale Hinweise, interpretieren die Absichten ihrer Mitschüler falsch und machen unbeabsichtigt Fehler bei sozialen Beziehungen. Die Kinder mit einer Aufmerksamkeits- und Hyperaktivitätsstörung wissen meist über die richtige soziale Handlung in hypothetischen Situationen Bescheid, setzen dieses Wissen aber nicht in angemessenes Verhalten in wirklichen Situationen um. Diese Unfähigkeit, oft kombiniert mit einer impulsiven Aggressivität, führt dazu, daß hyperaktive Kinder von Gleichaltrigen abgelehnt werden (*Whalen & Henker*, 1985).

Eine Zeitlang glaubte man, daß sich die Hyperaktivität mit Erreichen der Adoleszenz von selbst lege. Diese Annahme wurde jedoch durch einige Längsschnittuntersuchungen, die in den 80er Jahren abgeschlossen wurden, in Zweifel gezogen (*Barkley, Fischer, Edelbrock & Smallish*, 1990; *Gittelman, Mannuzza, Shenker & Bonagura*, 1985; *Weiss & Hechtman*, 1986). Bei einer Studie wurde ermittelt, daß mehr als

Tabelle 15.1 Verbreitung der Symptome bei der Aufmerksamkeits- und Hyperaktivitätsstörung und bei normalen Erwachsenen

Symptom	ADHD %	Normal %
Zappelphilips	73,2	10,6
Schwierigkeiten, sitzen zu bleiben	60,2	3,0
Leicht ablenkbar	82,1	15,2
Schwierigkeiten abzuwarten	48,0	4,5
platzt mit Antworten heraus	65,0	10,6
Schwierigkeiten, Anweisungen zu folgen	83,7	12,1
Schwierigkeiten, aufmerksam zu bleiben	79,7	16,7
Wechselt von einer unkomplizierten Aufgabe zu einer anderen	77,2	16,7
Schwierigkeiten, leise zu spielen	39,8	7,6
redet übermäßig viel	43,9	6,1
unterbricht andere	65,9	10,6
scheint nicht zuzuhören	80,5	15,2
verliert Dinge, die für Aufgaben benötigt werden	62,6	12,1
engagiert sich bei körperlich gefährlichen Tätigkeiten	37,4	3,0

Quelle: Barkley et al., 1990

70% der Kinder mit Aufmerksamkeits- und Hyperaktivitätsstörung den Kriterien dieser Störung im Erwachsenenalter entsprachen (*Barkley* et al., 1990); in Tabelle 15.1 sind Verhaltensweisen zusammengestellt, die sich bei Erwachsenen mit einer Aufmerksamkeits- und Hyperaktivitätsstörung häufiger finden als bei Normalpersonen. Zusätzlich zu diesen unruhigen, ablenkbaren und impulsiven Verhaltensweisen schließen Jugendliche mit dieser Störung die High School meist nicht ab. Als Erwachsene, obwohl die meisten arbeiten und finanziell unabhängig sind, erreichen sie meist einen niedrigeren sozioökonomischen Status als zu erwarten wäre, und sie wechseln häufiger ihre Tätigkeit. Obwohl die meisten Erwachsenen mit einer Vorgeschichte der Aufmerksamkeits- und Hyperaktivitätsstörung weiterhin einige Symptome der Störung zeigen, lernen die meisten, sich an diese Symptome anzupassen, und möglicherweise dadurch für sich eine Nische in der Arbeitswelt zu finden.

Biologische Theorien der Aufmerksamkeits- und Hyperaktivitätsstörung

Die Suche nach den Ursachen der Aufmerksamkeits- und Hyperaktivitätsstörung wird durch die Heterogenität der Kinder, die diese Diagnose erhalten, erschwert. Jeder Faktor, für den festgestellt wird, daß er mit dem Syndrom in Zusammenhang steht, tritt möglicherweise nur bei einigen Kindern mit dieser Diagnose auf.

Eine Prädisposition für die Aufmerksamkeits- und Hyperaktivitätsstörung ist wahrscheinlich vererbt. In einer Untersuchung von 238 Zwillingspaaren fanden *Goodman* und *Stevenson* (1989) beispielsweise eine Konkordanz von 51 % für die klinisch diagnostizierte Hyperaktivität bei eineiigen Zwillingen und von 33 % bei zweieiigen Zwillingen. Was erben die Kinder mit einer Aufmerksamkeits- und Hyperaktivitätsstörung? Erste Untersuchungen der Gehirnfunktionen lassen vermuten, daß die neurologischen Unterschiede zwischen Kindern mit Aufmerksamkeits- und Hyperaktivitätsstörung und normalen Kindern, speziell das frontal-limbische System betreffen und daher die biologische Grundlage der Störung sein können. *Zameetkin* und Mitarbeiter (1990) verwendeten PET-Scans des Gehirns, um zu zeigen, daß Erwachsene mit Beginn der Aufmerksamkeits- und Hyperaktivitätsstörung in der Kindheit einen reduzierten zerebralen Glukosestoffwechsel haben, d.h., ihr Gehirn ist weniger aktiv als das von normalen Erwachsenen während einer Aufgabe, die akustische Aufmerksamkeit erforderte. Die Differenz war in den Bereichen des Gehirns besonders stark, die an der Regulation der motorischen Funktionen und der Aufmerksamkeit beteiligt sind (vgl. Abb. 15.1). Weitere Belege für eine schlechtere Leistung von Kindern mit einer Aufmerksamkeits- und Hyperaktivitätsstörung bei neuropsychologischen Tests der Frontalhirnfunktion (wie etwa der Hemmung von Verhaltensweisen) stellen eine Unterstützung der Theorie dar, daß ein grundlegendes Defizit in diesem Teil des Gehirns mit den Symptomen der Störung in Verbindung stehen kann (*Chelune, Ferguson, Koon & Dickey*, 1986; *Heilman, Voeller & Nadeau*, in Druck).

Populäre Theorien der Aufmerksamkeits- und Hyperaktivitätsstörung haben über Jahre hin die Rolle von Umweltgiften bei der Entwicklung der Hyperaktivität betont. Eine von *Feingold* (1973) vorgeschlagene biochemische Theorie erregte große Aufmerksamkeit in der Presse. Er vermutete, daß Lebensmittelzusätze das Nervensystem hyperaktiver Kinder in Erregung versetzen und er verschrieb eine Diät, die davon frei war. Es ist jedoch unwahrscheinlich,

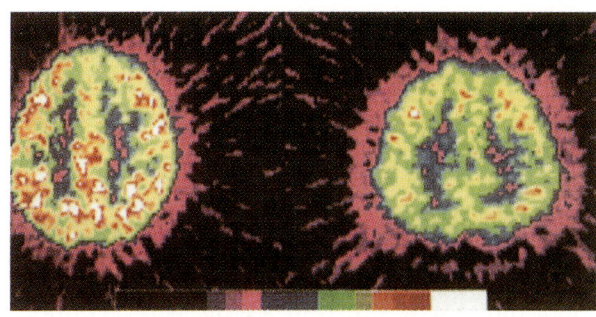

Durch den Gebrauch der Positron-Emissions-Tomographie hat Zametkin herausgefunden, daß die Gehirne von hyperaktiven Erwachsenen einen geringeren Glukosestoffwechsel aufweisen, verglichen mit Kontrollpersonen. Links: Kontrollperson. Rechts: Hyperaktiver Erwachsener. Weiß, rot und orange zeigen hohe Niveaus von Glukosestoffwechsel an.

daß mehr als ein kleiner prozentualer Anteil der Fälle von Hyperaktivität durch Lebensmittelzusätze verursacht wird. Gut kontrollierte Untersuchungen der Feingold-Diät haben ergeben, daß nur sehr wenige Kinder positiv darauf ansprechen (*Goyette & Conners*, 1977). Auch die populäre Ansicht, daß raffinierter Zucker die Aufmerksamkeits- und Hyperaktivitätsstörung verursachen kann (*Smith*, 1975), konnte durch sorgfältige Untersuchungen nicht gestützt werden (*Gross*, 1984; *Wolraich* et al., 1985). Obwohl einige Hinweise vermuten lassen, daß Bleivergiftungen zu einem geringen Teil mit Symptomen der Hyperaktivität und der Aufmerksamkeit in Verbindung gebracht werden können (*Thompson* et al., 1989), haben die meisten Kinder mit einer Aufmerksamkeits- und Hyperaktivitätsstörung keinen erhöhten Bleigehalt im Blutspiegel. Daher haben sich die meisten Umweltgifte als keine sehr gute Möglichkeit bei der Suche nach den Ursachen der meisten Fälle der Aufmerksamkeits- und Hyperaktivitätsstörung erwiesen.

Daß sich hyperaktive Kinder erfolgreich mit Psychostimulantien behandeln lassen, galt früher als weitere Bestätigung einer physiologischen Theorie der Hyperaktivität. Amphetamine führen bei Erwachsenen zu einem Gefühl gesteigerter Energie (vgl. Kapitel 11). Bei hyperaktiven Kindern steigern sie jedoch die Aufmerksamkeit und senken das Aktivitätsniveau. Dieser scheinbar paradoxe Effekt, so glaubte man, sei ein Beweis für abnorme physiologische Prozesse. Diese Interpretation ist hinfällig geworden, denn neuere Befunde zeigen, daß auch normale Kinder auf Amphetamine mit gestei-

gerter Aufmerksamkeit und verminderter Aktivität reagieren (*Rapoport* et al., 1978). Der einstige „paradoxe Effekt" hat sich als die normale Reaktion von Kindern auf Psychostimulantien erwiesen. Abgesehen von dieser empirischen Widerlegung sei der Leser an die logische Unmöglichkeit erinnert, von der Wirksamkeit einer Behandlung auf die Ätiologie der Störung zu schließen.

Psychologische Theorien der Aufmerksamkeits- und Hyperaktivitätsstörung

Bettelheim (1973) legt eine Diathese-Streß-Theorie zugrunde und vermutet, daß es zur Hyperaktivität dann kommt, wenn eine Prädisposition für die Störung und ungünstige Erziehungspraktiken der Eltern zusammentreffen. Ein Kind mit einer Disposition zu Überaktivität und Launenhaftigkeit wird durch eine ungeduldige und aufbrausende Mutter zusätzlich belastet. Das Kind ist den mütterlichen Forderungen nach Gehorsam nicht gewachsen, die Mutter wird zunehmend ablehnender und ärgerlicher, und die Mutter-Kind-Beziehung wird zum Schlachtfeld. Das Kind entwickelt ein Muster regelwidrigen und ungehorsamen Verhaltens, wird folglich auch mit den Anforderungen der Schule nicht fertig und gerät mit seinem Verhalten häufig in Konflikt mit den hier geltenden Regeln.

Auch wenn kein umfassendes lerntheoretisches Konzept zur Hyperaktivität vorliegt, sollten wir doch erwähnen, welche Rolle das Lernen bei der Entwicklung der Störung spielen könnte. Erstens wäre es möglich, daß Hyperaktivität durch die Aufmerksamkeit, die sie auslöst, verstärkt wird. Zweitens könnte Hyperaktivität, wie *Ross* und *Ross* (1982) vermuten, nach dem Vorbild von Eltern und Geschwistern auf dem Wege des Modellernens erworben werden.

Die Eltern-Kind-Beziehung ist natürlich zweiseitig. Während Eltern hyperaktiver Kinder ihnen mehr Anweisungen geben und negativ gefärbte Interaktionen mit ihnen haben, wurde auch festgestellt, daß hyperaktive Kinder sich weniger an die Anweisungen halten und negativer in den Interaktionen mit ihren Eltern sind (*Barkley, Karlsson & Pollard*, 1985; *Tallmadge & Barkley*, 1983). Wie im Abschnitt über die Behandlung dargestellt, hat sich gezeigt, daß die Behandlung mit Stimulantien die

Hyperaktivität vermindert und die Bereitschaft, sich an die Regeln zu halten, bei Kindern mit Aufmerksamkeits- und Hyperaktivitätsstörung erhöht. Wenn diese Medikaktion angewendet wird, dann nehmen auch die Anweisungen und das negative Verhalten der Eltern ab (vgl. *Barkley*, 1990).

Behandlung der Aufmerksamkeits- und Hyperaktivitätsstörung

Es gibt zwei somatische Behandlungsformen der Hyperaktivität. Seit Beginn der sechziger Jahre verabreicht man hyperaktiven Kindern Stimulantien, insbesondere Methylphenidat (*Sprague & Gadow*, 1976). Während eines Schuljahres, so schätzt man, erhalten etwa 1 bis 2% der amerikanischen Kinder gegen ihre Hyperaktivität Ritalin oder ein anderes Amphetamin, um ihre Hyperaktivität zu kontrollieren (*Safer & Krager*, 1983). In letzter Zeit ist die Verschreibung dieser Medikamente für viele Betroffene bis in die Adoleszenz fortgesetzt worden – entsprechend der steigenden Zahl von Belegen, daß die Symptome der Aufmerksamkeits- und Hyperaktivitätsstörung im Laufe der Zeit häufig nicht verschwinden.

Eine Anzahl kontrollierter Studien, bei denen Stimulantien mit Placebos in Double-Blind-Versuchsplänen verglichen wurden, zeigen dramatische kurzzeitige Verbesserungen in der Konzentration, der zielgerichteten Aktivität, dem Verhalten in der Klasse, der feinmotorischen Aktivität und vermindertes aggressives Verhalten und Impulsivität bei vielen Kinder mit Aufmerksamkeits- und Hyperaktivitätsstörung (*Weiss*, 1983). Eine einfallsreiche Studie zeigte sogar, daß Methylphenidat half, bei Kindern die Softball spielten, wobei sie die Position des Partners im anderen Feld und den Spielstand verfolgen konnten. Im Gegensatz dazu warfen Kinder, die Placebos bekommen hatten, ihre Schläger herum oder kickten sie weg, während das Spiel noch in Gang war (*Pelham, McBurnett* et al., 1990). Die Forschung zeigt jedoch, daß diese Substanzen die schulische Leistungsfähigkeit auf lange Sicht nicht verbessern (*Weiss*, 1983), ebenso nicht die Fertigkeiten zu schlagen und zu werfen!

Die zweite somatische Intervention ist die sogenannte Feingold-Diät, die *Feingold* 1975 bekannt machte und die inzwischen auch von zahlreichen Elternvereinigungen propagiert wird. Diese Elternvereinigungen veröffentlichen umfangreiche Empfehlungen für eine Ernährung, die nur aus Nahrungsmitteln ohne künstliche Aroma-, Farb- und Konservierungsstoffe und natürlichen Salizylaten besteht. Wir haben bereits darauf hingewiesen, daß die Feingold-Diät nur wenigen hyperaktiven Kindern hilft.

Auch wenn eine entsprechende umfassende Theorie fehlt, haben Behandlungsverfahren auf der Grundlage von Lernprinzipien zumindest kurzfristige Erfolge im sozialen und schulischen Verhalten aufzuweisen. Man beobachtet die Kinder zu Hause und in der Schule und verstärkt sie, wenn sie sich angemessen verhalten, etwa auf ihrem Stuhl sitzen bleiben und Haus-

Erfolgreiche Behandlung von Aufmerksamkeits- und Hyperaktivitätsstörungen umfaßt häufig den Gebrauch von Punktesystemen oder Stardiagrammen, um die Kinder für die Durchführung von Aufgaben, das Aufmerksamsein und das Sitzenbleiben zu belohnen.

aufgaben machen. Oft gehören Punktesysteme und Sternkarten zum Programm. Die größeren Kinder bekommen für bestimmtes gewünschtes Verhalten Punkte, die kleineren Sterne. Für beides können sie sich natürlich später Belohnungen „kaufen". Interessanterweise kommt es bei diesen Programmen mehr auf die Verbesserung der Schulleistungen an als auf eine Reduktion hyperaktiver Verhaltensweisen wie Herumlaufen und Herumkaspern (*O'Leary* et al., 1976). Die Therapeuten behandeln die Hyperaktivität als Mangel an bestimmten Fertigkeiten und nicht als Verhaltensexzeß. Obwohl hyperaktive Kinder auf diese Programme sehr gut ansprechen, scheint sich die Störung optimal erst dann behandeln zu lassen, wenn man neben der Verhaltenstherapie auch Stimulantien einsetzt (*Barkley*, 1990; *Gittelman* et al., 1980).

Verhaltensstörungen

Für die *Verhaltensstörungen* gibt es keine einzelne Definition, der Begriff umfaßt eine große Vielfalt unterkontrollierten Verhaltens. Aggression, Trotz, Ungehorsam, verbale Feindseligkeiten, Lügen, Destruktivität, Vandalismus, Diebstahl, Promiskuität und früher Drogen- und Alkoholkonsum sind Haltungen und Handlungen, die man gewöhnlich der allgemeinen und recht vagen Kategorie der Verhaltensstörungen zurechnet. Das gemeinsame Merkmal dieser unterschiedlichen Verhaltensweisen ist die Verletzung sozialer Normen und der grundlegenden Rechte anderer. Muster und Ernsthaftigkeit der Handlungen gehen über das hinaus, was man noch als Streiche oder Dummheiten bei Kindern und Jugendlichen bezeichnen würde.

Wie kaum eine andere kindliche Störung werden Verhaltensstörungen über den Einfluß definiert, den das Verhalten des Kindes auf andere Menschen und seine Umgebung hat. Gewöhnlich entscheiden Schule, Eltern und Altersgenossen, wann unterkontrolliertes Verhalten unakzeptabel ist. Präadoleszente und Adoleszente werden häufig von behördlicher Seite als verhaltensgestört eingestuft. In diesem Fall kann das Kind als jugendlicher Delinquent angesehen werden. „Jugendliche Delinquenz" ist eine juristische, keine psychologische Bezeichnung. Gemeint sind Handlungen gewöhnlich nicht volljähriger Jugendlicher, die entweder allgemein gesetzeswidrig sind wie Körperverletzung oder Raub, oder – wie Schuleschwän-

Verhaltensstörungen werden durch das häufige Auftreten von antisozialem Verhalten wie z.B. Aggression, Diebstahl, Vandalismus und Schuleschwänzen angezeigt.

zen – nur in einem bestimmten Alter das Gesetz verletzen. So ist es nicht überraschend, daß viele als verhaltensgestört diagnostizierte Jugendliche mit dem Gesetz in Konflikt geraten und innerhalb unseres Systems der Jugendgerichtsbarkeit als jugendliche Delinquente beurteilt werden. Ein junger Mensch mit Verhaltensstörung muß aber nicht juristisch auffällig werden.

Es ist offensichtlich, daß moralische Urteile bei unserem Konzept der Störung eine Rolle spielen, denn der Begriff „Betragen" schließt die Konnotation „gut" oder „schlecht" ein. Viele Verhaltensweisen, die als Problem angesehen werden, haben eine hohe Auftretenshäufigkeit in der Gesamtpopulation, und ein bestimmtes Aggressionsniveau oder Ungehorsam sollte eigentlich normal sein. Eine Befragung bei Schülern der 6. Klasse in einem Vorort hat beispielsweise ergeben, daß 26% der Schüler einen geringfügigen Ladendiebstahl begangen hatten, 22% hatten fremdes Eigentum beschädigt und 45% hatten mit einem anderen Schüler gekämpft (*Richards, Berk & Forster*, 1979).

Ein Ausschnitt aus der Fallgeschichte Toms soll verdeutlichen, wie schwer es ist, Verhaltensstörungen allein über Verhalten zu definieren.

„Er betrat jetzt die Kirche mit einem Schwarm sauber aussehender, lärmender Jungen und Mädchen, steuerte auf seinen Platz zu und fing mit dem ersten Jungen, der in seine Nähe kam, Streit an. Der Lehrer, ein ernster älterer Mann, griff ein, wandte sich jedoch für einen Augenblick ab, und schon zog Tom einen anderen Jungen auf der Bank vor ihm an den Haaren und als dieser sich umdrehte, war er gerade in sein Buch vertieft. Tom stach dann noch einen weiteren Jungen mit einer Nadel – der schrie ‚Autsch‘ und Tom erhielt einen neuen Verweis von seinem Lehrer.“

Können wir aus dieser Verhaltensstichprobe schließen, daß Tom verhaltensgestört ist? Sicher, er ist aggressiv und ungehorsam und zeigt damit zwei der häufigeren Indikationen. Und er stört mit seinem Verhalten seine Kameraden und den Unterricht der Sonntagsschule, was letztere und sein Sonntagsschullehrer sicher bestätigen würden. Nun stammt das Zitat aber aus *Mark Twains* (1876) *Die Abenteuer Tom Sawyers*. Tom Sawyer ein verhaltensgestörtes Kind? Nein! Seit mehr als hundert Jahren gilt Tom als der amerikanische Junge schlechthin. Irgend etwas, vielleicht seine Gescheitheit und seine Zuneigung zu Becky, hält uns davon ab, ihn für verhaltensgestört zu halten. Er war zwar ein kleiner Teufel, aber sogar Tante Polly gab zu, daß Tom kein wirklicher Rowdy war.

„‚Aber wie ich schon sagte,‘ sagte Tante Polly, ‚er war nicht schlecht, sozusagen nur mutwillig. Nur einfach leichtsinnig, wild. Er war kein bißchen mehr verantwortlich als ein Fohlen. Er meinte es nie böse, und er war der gutmütigste Junge, den es gab.‘“

Interessant sind die Faktoren, die Handlungen des einen Kindes in den Augen anderer zu einem Verhaltensproblem machen, während dieselben Handlungen bei einem anderen Kind als „normal" akzeptiert werden. Leider findet man dazu in der psychologischen Literatur kaum genauere Angaben. Ein fruchtbarer Boden für Spekulationen ist der Unterschied zwischen Tom Sawyer und Huck Finn. Letzteren würde man wohl vermutlich als verhaltensgestört diagnostizieren. „Huckleberry wurde von allen Müttern der Stadt aus tiefstem Herzen gehaßt und gefürchtet, denn er war ein Nichtsnutz und

zügellos und vulgär und schlecht" (S. 464). Die Tatsache, daß Huck keine „anständige" Familie hatte, mag ein Faktor gewesen sein, der die Leute gegen ihn aufbrachte.

Wir wollen dem Urteil der Gesellschaft aber nicht übermäßig viel Gewicht beimessen. Bei der Diagnose von Verhaltensstörungen sind auch zahlreiche Qualitäten des kindlichen Verhaltens selbst zu berücksichtigen. Die beiden vielleicht wichtigsten Kriterien dafür, ob eine Handlung aggressiv oder problematisch ist, sind deren Häufigkeit und Intensität (*Herbert*, 1978). Sich einmal im Jahr prügeln, ist kein Problem, eine Prügelei pro Woche ist eines. Ein Bonbondiebstahl ist ein mehr oder weniger unbedeutender Vorfall, ein Autodiebstahl dagegen eine kriminelle Handlung. Die Kriterien der Häufigkeit und der Intensität lösen das Definitionsproblem zwar nicht vollständig, sind aber eine wichtige Hilfe.

Viele Kinder mit Verhaltensstörungen weisen auch andere Probleme auf. Wir haben bereits auf die große Überlappung zwischen der Verhaltensstörung und der Aufmerksamkeits- und Hyperaktivitätsstörung hingewiesen. Substanzmißbrauch stellt ein anderes Verhalten dar, das häufig mit Verhaltensproblemen zusammen auftritt. Die Wissenschaftler der Pittsburgh Youth Study, einer Längsschnittuntersuchung von Verhaltensschwierigkeiten bei Jungen, ermittelten einen engen Zusammenhang zwischen Substanzkonsum und delinquenten Handlungen (*Van Kammen, Loeber & Stouthamer-Loeber*, 1991). Z.B. waren unter den Schülern der 7. Klasse, die zugaben, daß sie Marihuana ausprobiert hatten, mehr als 30%, die jemanden mit einer Waffe angegriffen hatten und 43% gestanden, daß sie Türen oder Fenster aufgebrochen und in Häuser eingedrungen waren. Weniger als 5% der Kinder, die keinen Substanzkonsum angaben, hatten derartige Taten begangen.

Wegen der Definitionsschwierigkeiten läßt sich auch die Prävalenz von Verhaltensstörungen nicht genau schätzen, zweifellos sind sie jedoch ziemlich häufig. Eine kürzlich durchgeführte Studie bei mehr als 2500 Kindern in Ontario (Kanada) ergab, daß 8% der Jungen und etwa 3% der Mädchen im Alter zwischen 4 und 16 Jahren die DSM-Kriterien der Verhaltensstörungen erfüllten (*Offord, Boyle* et al., 1987). Die Verbrechen Jugendlicher sind ein wichtiges Problem, insbesondere die gewalttätigen Verbrechen wie Raub und schwere Körperverletzung. Die Rate der jugendlichen Verbrechen stieg in den 60er und 70er Jahren steil an und blieb dann auf diesem hohen Niveau bestehen.

Die Prognose für Kinder mit Verhaltensstörungen ist schlecht. *Robins* (1978) faßte einige Längsschnittuntersuchungen zusammen, die das antisoziale Verhalten in zahlreichen Altersgruppen zwischen 1920 und 1970 zum Gegenstand hatten, wobei sogar eine Zeitspanne von 30 Jahren überbrückt wurde. Sie zog daraus die Schlußfolgerung, daß die große Mehrzahl der antisozialen Erwachsenen auch als Kinder bereits antisozial waren. Mehr als die Hälfte der antisozialen Kinder wurden jedoch keine antisozialen Erwachsenen. Es sieht daher so aus, daß die Verhaltensprobleme in der Kindheit eine notwendige, aber keine hinreichende Voraussetzung für antisoziales Verhalten bei Erwachsenen sind. Interessanterweise ist das eigene Verhalten des Kindes ein besserer Prädiktor des späteren antisozialen Verhaltens als jedes Familienmerkmal oder die Variablen des sozialen Status.

Obwohl der größte Teil der Forschung in diesem Bereich mit Jungen durchgeführt wurde, hat eine neuere Untersuchung 55 hospitalisierte Mädchen mit Verhaltensstörungen im Jugendalter über einige Jahre hinweg verfolgt (*Zoccolillo & Rogers*, 1991). Wie bei Jungen wies die Mehrzahl dieser Patientinnen eine Vorgeschichte von Substanzkonsum auf und die meisten erfüllten auch die diagnostischen Kriterien für Depression oder eine Angststörung. Das Ergebnis bei diesen Mädchen entspricht der schlechten Prognose bei Jungen: 88% der Stichprobe hatten Schwierigkeiten, einschließlich vorzeitigem Tod (6%), Schulversagen (41%), Konfrontation mit dem Gesetz (50%), Weglaufen (48%), Schwangerschaft vor dem Alter von 17 Jahren (32%) und Selbstmordversuche (22%).

Speziell das aggressive Verhalten hat sich als so stabil wie der IQ erwiesen und ist von der Vorschulzeit über die Kindheit bis ins Erwachsenenalter gleich ausgeprägt (*Huesmann* et al., 1984; *Olweus*, 1979; *Quay*, 1986). Es ist einleuchtend, daß Verhaltensprobleme sich nicht einfach auswachsen.

Ätiologie von Verhaltensstörungen

Zur Ätiologie der Verhaltensstörungen sind zahlreiche Theorien aufgestellt worden. Einige

Daten zeigen, daß eine hohe Prävalenz der antisozialen Persönlichkeitsstörung sowohl bei Vätern als auch Müttern von Kindern mit Verhaltensstörungen vorliegt, was auf eine familiäre Übertragung hindeutet (*Lahey*, 1988). Da die Adoptiveltern von verhaltensgestörten Kindern keine antisozialen Probleme oder Alkoholismus aufweisen (*Jary & Stewart*, 1985), ist die Verbindung zwischen den Verhaltensproblemen der Eltern und denen der Kinder zumindest teilweise genetisch bedingt. Zudem hat man bei eineiigen Zwillingen durchgängig höhere Konkordanzraten für antisoziales Verhalten gefunden als bei zweieiigen (*Eysenck*,1975). Daß es in den Familien dieser Kinder häufig an Zusammenhalt fehlt (*Craig & Glick*, 1963) und viele von ihnen den Belastungen von elterlicher Zwietracht und Scheidung ausgesetzt waren (*Rutter*, 1971; *Emery & O'Leary,* 1979; vgl. Kasten 15.2), verweist auf den Einfluß von Erziehung und Familie.

Wichtiger Teil einer normalen Entwicklung ist das Wachsen eines moralischen Bewußtseins, eines Gefühls für das, was richtig und falsch ist, und der Erwerb der Fähigkeit, ja sogar des Wunsches, sich nach Regeln und Normen zu richten. Die meisten Menschen schrecken davor zurück, jemanden körperlich zu verletzen, und das nicht nur, weil Körperverletzung gesetzeswidrig ist, sondern weil sie sich sonst schuldig fühlen würden. Forschungen über den Hintergrund verhaltensgestörter Jugendlicher haben gezeigt, daß dort eine Form des Familienlebens besteht, dem es an den Faktoren fehlt, von denen angenommen wird, daß sie für die Entwicklung eines starken moralischen Gefühls wichtig sind. Die Zuneigung zwischen Kind und Eltern; strenge moralische Forderungen an das Kind; die konsistente Anwendung von Sanktionen; eher psychologisch als körperlich strafen, um eher Angst und Schuld zu induzieren als Wut; erklären und begründen des Verhaltens, all das hilft dem Kind bei seiner Entwicklung (*Herbert*, 1982; *Hoffman,* 1970; *Wright*, 1971).

Wie den psychopathischen Persönlichkeiten (vgl. Kapitel 10) scheint auch den verhaltensgestörten Kindern dieses moralische Bewußtsein abzugehen. Für sie sind antisoziale Akte etwas Spannendes, Lohnendes und durchaus Zentrales für ihr Selbst-Konzept (*Ryall*, 1974). Psychodynamische Theoretiker haben Verhaltensprobleme und Delinquenz als eine „... Störung im Funktionieren des Überich" (*Kessler*, 1966, S. 303) erklärt.

Auch andere psychologische Theorien haben ihre Verdienste. Beträchtliche Aufmerksamkeit als Erklärung für Entwicklung und Aufrechterhaltung von Verhaltensstörungen haben Lerntheorien gefunden, die Modellernen und operantes Konditionieren in den Mittelpunkt stellen. *Bandura* und *Walters* (1963) gehörten zu den ersten, die auf die offenkundige Tatsache hinwiesen, daß Kinder ihre Aggressivität von aggressiven Eltern lernen können. Kinder ahmen auch aggressive Handlungen nach, die sie anderswo, beispielsweise im Fernsehen, beobachten (*Liebert, Neale & Davidson*, 1973). Da Aggression ein wirksames, wenn auch unangenehmes Mittel ist, ein Ziel zu erreichen, findet sie vermutlich Verstärkung. Einmal nachgeahmte aggressive Handlungen werden also mit einiger Wahrscheinlichkeit beibehalten.

Patterson (1986) hat eine spezifischere Erklärung für die Art und Weise, wie Verhaltensprobleme in Familien verstärkt werden. Seine *Zwang-Hypothese* sei an einem Beispiel aus unseren eigenen klinischen Aufzeichnungen verdeutlicht.

Es gibt zahlreiche Belege dafür, daß das Modell-Lernen bei Aggressivitätssteigerung beteiligt ist. Das Zuschauen bei Gewaltszenen z.B. im Fernsehen stellt eine der Möglichkeiten dar, wie dies geschehen kann.

> Von seiner Mutter wurde der achtjährige Christian als ‚nicht zu lenken' beschrieben. Wann immer sie seinen Forderungen nicht nachkam, regte er sich furchtbar auf. Er wurde eigensinnig, widerspenstig und beschimpfte sie. Gelegentlich bekam er auch einen Wutanfall, warf sich auf den Fußboden, trat um sich und schrie. Die Mutter ignorierte sein Gebaren gewöhnlich einige Minuten, gab aber schließlich nach, weil sie es nicht mehr ertragen konnte. Diese Abfolge von Aufregung und Nachgeben hatte sich eingeschliffen und funktionierte besonders dann, wenn die Mutter beschäftigt war. Wenn sie es eilig hatte und sich gestört fühlte, gab sie dem Sohn fast unverzüglich nach.

Die Zwang-Hypothese postuliert, daß diese Abfolge der Ereignisse für Mutter wie Sohn belohnend war. Christian bekam seinen Willen, die Mutter hatte Ruhe. Diese wechselseitige Belohnung läßt erwarten, daß sowohl die Verhaltensprobleme des Sohnes als auch die Nachgiebigkeit der Mutter fortdauern. Eine auf der Zwang-Hypothese gründende Therapie würde die Mutter anweisen, Christian niemals nachzugeben, solange er sich schlecht benimmt, um so das mißliebige Verhalten zu löschen. Die Zwang-Hypothese scheint ein vielversprechen-des Modell zu sein, sie erklärt aber nur, wie eigensinniges Verhalten *aufrechterhalten wird*, nicht, wie es sich *entwickelt*.

Das Problem von Verhaltensstörungen und Delinquenz ist ohne Berücksichtigung der soziologischen Forschung nicht zu lösen. Zwischen sozialer Schicht, Großstadtleben und Delinquenz-Häufigkeit besteht ein besonders enger Zusammenhang. Hohe Arbeitslosenziffern, schlechte Bildungsmöglichkeiten, zerrüttete Familienverhältnisse und eine Subkultur, in der Delinquenz akzeptiert wird, tragen nachweislich zur Entwicklung von Delinquenz bei (*Gibbons*, 1975). Jede umfassende Theorie von Verhaltensstörungen und Delinquenz müßte diese konsistenten soziologischen Befunde einbeziehen.

Behandlung von Verhaltensstörungen

Die Verhaltensstörungen stellen für unsere gegenwärtige Gesellschaft eine große Herausforderung dar. Soziologen, Politiker und Gemeindepsychologen, die die schlechten wirtschaftlichen Bedingungen hauptsächlich für das Problem verantwortlich machen, fordern eine gerechtere Verteilung des Einkommens, Arbeitsbeschaffungsprogramme und andere umfassende Maßnahmen, um die materielle Benachteiligung der unteren Schichten, in denen Delinquenz besonders häufig ist, zu mildern. Obwohl soziologische Überlegungen bei der

Kasten 15.2   Eheliche Zwietracht und Verhaltensstörungen

Die Rolle von Trennung und Scheidung bei der Herausbildung von Verhaltensstörungen ist viel diskutiert worden. Die klassische Untersuchung von *Rutter* (1971) deutete darauf hin, daß es eine Verbindung zwischen Ehestreitigkeiten und antisozialem Verhalten bei Jungen gäbe. Obwohl diese Beziehung in späteren Studien bestätigt wurde (z.B. *O'Leary* & *Emery*, 1984), ist die Erklärung sehr viel schwieriger.

Die meisten Forscher stimmen darüber überein, daß eheliche Zwietracht und nicht Trennung oder Scheidung mit problematischem Verhalten der Kinder in Beziehung steht (z.B. *Rutter*, 1979). *Emery* (1982) stellt verschiedene Theorien dar, die zur Erklärung der negativen Beeinflussung von Ehestreitigkeiten auf Kinder vorgeschlagen wurden. Die Theorie des Modellverhaltens vermutet, daß der Konflikt zwischen den Eltern ein Beispiel dafür gibt, wie Feindseligkeit und Aggression als Methode zur Lösung von Problemen eingesetzt werden können; das Verhalten der Eltern wird von den Kindern (insbesondere den Jungen) nachgeahmt, die dann als verhaltensgestört angesehen werden. Eine andere Theorie geht von der Vermutung aus, daß Eltern, die Eheprobleme haben, in ihrem Erziehungsverhalten weniger konsistent sind, was zu wenig kontrolliertem Verhalten der Kinder führt. Eine dritte Möglichkeit, die von *Minuchin* (1974) vorgeschlagen wurde, besteht darin, daß die Kinder Probleme entwickeln, weil sie dadurch eine Ablenkung von dem Konflikt der Eltern schaffen. Schließlich ist auch vorgeschlagen worden, daß die Tatsache, ein verhaltensgestörtes Kind zu haben, zu Ehestreitigkeiten führen kann.

Eine Alternative zu diesen Hypothesen wurde von *Frick* und seinen Mitarbeitern bei ihrer Untersuchung der Beziehung zwischen Verhaltensproblemen bei Jungen und ehelichen Einflußfaktoren vorgeschlagen (*Frick, Lahey, Hardagen* & *Hynd*, 1989). Sie vermuten, daß eine dritte Variable, die antisoziale Persönlichkeitsstörung bei einem Elternteil, sowohl die Ehekonflikte als auch die Verhaltensprobleme des Kindes erklären kann. Ihre Ergebnisse lassen vermuten, daß es wahrscheinlich ist, daß der Elternteil mit einer antisozialen Persönlichkeit sich schlecht mit seinem Partner verträgt und ihr unangemessenes Verhalten auf ihre Söhne überträgt (möglicherweise über genetische Mechanismen und nicht direkt durch die Auswirkungen des Ehestreits.)

Jede dieser Theorien kann sich bei der Beschreibung der Mechanismen, die einen Zusammenhang zwischen Ehestreitigkeiten und Verhaltensproblemen der Kinder herstellen, nützlich sein. Sie legen aber anscheinend alle nahe, daß die Eltern die Beteiligung der Kinder an einem Ehekonflikt minimieren sollten, in dem sie beispielsweise nicht über Probleme in der Ehe oder bei der Erziehung in Gegenwart der Kinder sprechen.

Planung von Therapiemaßnahmen eine gewisse Rolle spielen können, betonen wir hier psychologische Methoden, die mehr auf bestimmte Individuen und ihre Familien abzielen.

Manche der verhaltensgestörten jungen Menschen mit Sozialisierungsmängeln sind die Psychopathen von morgen. Genauso, wie man der Psychopathie therapeutisch ziemlich hilflos gegenübersteht, gibt es kaum Möglichkeiten, junge Menschen, die sich ohne nennenswerte Reue und emotionale Beteiligung gewalttätig und antisozial verhalten, therapeutisch zu erreichen. Diese verhärteten jungen Leute werden aus Sonderschulen und Erziehungsheimen in ein Leben des Verbrechens und der Ausschweifung entlassen, unterbrochen einzig durch lange Gefängnisaufenthalte. Rückfälle sind die Regel. Mit diesen Menschen und ihrem offensichtlich stark unterentwickelten sozialen Gewissen fertigzuwerden, ist eines der hartnäckigsten Probleme unserer Gesellschaft.

Einige der erfolgversprechendsten Ansätze zur Behandlung von Verhaltensstörungen setzen bei den Eltern oder den Familien des antisozialen Kindes an. *Gerald Patterson* und seine Mitarbeiter haben seit fast drei Jahrzehnten an der Entwicklung und Überprüfung eines verhaltensorientierten Programms zur Veränderung des Elternverhaltens gearbeitet, bei dem die Eltern lernen, ihre Reaktionen den Kindern gegenüber so zu verändern, daß eher prosoziales als antisoziales Verhalten konsequent belohnt wird. Die Eltern lernen dabei durch ausgewählte Literatur und Vorträge die Prinzipien des sozialen Lernens kennen und es wird ihnen beigebracht, wie Verfahren wie positive Verstärkung, wenn das Kind positive Verhaltensweisen zeigt, und Auszeit und Verlust an Privilegien für aggressives Verhalten eingesetzt werden können. Die Sitzungen umfassen die Einübung der Verfahren und die Diskussion der Schwierigkeiten, die auftreten können, wenn die Eltern diese Techniken bei einem antisozialen Kind einsetzen. Die Arbeitsgruppe um Patterson hat die Wirksamkeit dieses Programms nachgewiesen, was sich in den Berichten von Eltern und Lehrern über das Verhalten der Kinder, aber auch in direkten Verhaltensbeobachtungen zu Hause und in der Schule zeigt (*Patterson*, 1982). Für das Elterntrainingsprogramm wurde sogar nachgewiesen, daß es das Verhalten von Geschwistern bessert und die Depressivität der am Programm beteiligten Mütter reduziert (*Kazdin*, 1985).

Obwohl die elternzentrierte Intervention bei Kindern mit Verhaltensstörungen häufig die Methode der Wahl ist, gibt es andere Situationen, in denen eine direkte Behandlung des gestörten Individuums angemessener ist. Das Elterntraining erfordert viel Zeit und große Anstrengung von mindestens einem Elternteil und kann in Familien mit zahlreichen sozialen Problemen schwer durchzuführen sein. Entsprechend hat die Forschung gezeigt, daß das Elterntraining in Familien mit niedrigem Sozialstatus oder Ehestreitigkeiten und wenn bei einem oder beiden Elternteilen eine Psychopathologie vorliegt, weniger erfolgreich ist (*Kazdin*, 1985).

Die Untersuchungen von *Dodge* und *Frame* (1982) eröffnen der kognitiven Therapie eine Möglichkeit. Sie untersuchten die kognitiven Prozesse, die mit aggressivem Verhalten verbunden sind, und fanden, daß eine kognitive Fehleinschätzung diesem antisozialen Verhalten zugrunde liegen könnte. Ihr Ergebnis besagt, daß aggressive Jungen mehrdeutige Handlungen (wie etwa in eine Reihe zurückgestoßen werden) als feindselig ansehen. Diese Voreingenommenheit kann diese Jungen dazu bringen, aggressiv auf Handlungen zu reagieren, die eigentlich nicht dazu bestimmt waren, sie zu provozieren. Ihre Mitschüler, die sich an diese aggressiven Handlungen erinnern, können dazu neigen, ihnen gegenüber offen aggressiv zu reagieren, was die aggressiven Kinder weiter är-

gert. Dieser Teufelskreis kann zur Ablehnung durch die Mitschüler und weiterer Aggression führen.

In einer Serie von programmatischen Untersuchungen unterschied *Dodge* (in Druck; *Dodge & Coie*, 1987) zwischen reaktiver und proaktiver Aggression bei Kindern. Das reaktiv aggressive Kind reagiert danach, wie gerade beschrieben, mit Aggression auf wahrgenommene negative Handlungen anderer. Im Gegensatz dazu wird das proaktiv aggressive Kind als jemand gesehen, der Aggression als Mittel zum Erreichen eines Ziels einsetzt, als eine Möglichkeit, das von anderen zu bekommen, was er möchte. Ein Beispiel ist das Ärgern der Nachbarn. Obwohl einige Kinder beide Formen der Aggression zeigen können, hat diese Unterscheidung vielleicht wichtige Konsequenzen für die Therapie: Im Fall der proaktiven Aggression würde die Behandlung sich intensiv mit dem erwarteten Nutzen des antisozialen Verhaltens befassen, während bei der reaktiven Aggression die Aufmerksamkeit darauf gerichtet wäre, wie das Kind die Absichten anderer interpretiert, besonders dann, wenn diese Absichten nicht eindeutig zu erkennen sind.

Ein Training zur Kontrolle der Wut ist ebenfalls eine erfolgversprechende Methode, um Kindern die Selbstkontrolle in provozierenden Situationen zu ermöglichen. *Hinshaw, Henker* und *Whalen* (1984) halfen Kindern, verbale Angriffe zu ertragen, ohne aggressiv zu reagieren, indem sie Verfahren zur Ablenkung einsetzten, wie etwa eine Melodie zu summen, sich selbst etwas beruhigendes zu sagen oder sich abzuwenden. Die Kinder übten diese Methoden zur Selbstkontrolle, während ein Mitschüler sie provozierte und beleidigte.

Ein anderer kognitiv-verhaltensorientierter Ansatz bei verhaltensgestörten Kindern, der auf den Arbeiten von *Kendall* und *Braswell* (1985) und *Spivack, Platt* und *Shure* (1976) beruht, wird in einer Studie von *Kazdin* et al. (1989) deutlich. Sie unterrichteten antisoziale Kinder in Problemlösetechniken genauso wie in Empathie oder der Übernahme der Sichtweise von anderen, alles aus der Überlegung heraus, ihnen einen Weg zur besseren Bewältigung zwischenmenschlicher Probleme und der Schulaufgaben zu vermitteln. Dieses umfassende Programm schloß auch Rollenspiele und das Einüben der neu gelernten kognitiven und verhaltensorientierten Fertigkeiten ein, aber auch Verstärkungen – es konnten Chips verdient

Kasten 15.3 Enuresis

Säuglinge können weder Blase noch Darm kontrollieren und müssen folglich gewickelt werden. Wenn das Kind älter wird, beginnt die Sauberkeitserziehung. Manche Kinder sind mit 18 Monaten sauber, andere mit 30 usw. Ab welchem Alter ist mangelnde Blasenkontrolle nicht mehr „normal"? Die Antwort darauf ist recht willkürlich, wie kulturelle Normen und Statistiken belegen.

Das DSM-IV und andere Klassifikationssysteme unterscheiden zwischen Einnässen bei Nacht, der Enuresis nocturna, und Einnässen bei Tage, der Euresis diurna. Die Urinkontinenz bei Tage wird früher erworben. Ein Kind, das in der Entwicklung der Blasenkontrolle zurückbleibt, näßt gewöhnlich nachts ein. Es wird geschätzt, daß es bei den Fünfjährigen zwischen 16 und 25% der Kinder sind, die nachts einnässen (diese Zahlen schließen diejenigen ein, die bereits trocken waren, aber regrediert sind). Im Alter von siebeneinhalb Jahren nässen noch 7% ein und im Alter von zehn Jahren sind noch 5% Bettnässer (Pierce, 1980, 1985).

In den USA wird gewöhnlich das nächtliche Einnässen zwischen dem vierten und fünften Lebensjahr als problematisch angesehen. Der DSM-IV schlägt eine höhere Altersgrenze vor: Hier spricht man ab dem sechsten Lebensjahr vom problematischen Einnässen. Zu diesem Zeitpunkt beträgt die Häufigkeit des Bettnässens 10 bis 15% in dieser Altersgruppe (Baller, 1975). Die primären Enuretiker, die zwei Drittel aller Enuretiker repräsentieren (Starfield, 1972), haben schon immer eingenäßt, während die sekundären Enuretiker bereits einmal nachts trocken waren, diese Fertigkeit anscheinend aber wieder verloren haben. Das Bettnässen tritt meist vier Stunden nach dem Einschlafen oder nach dem letzten enuretischen Zwischenfall auf (Sorotzin, 1984).

Ein Ergebnis bei Untersuchungen zu Enuresis zeigte wiederholt, daß die Wahrscheinlichkeit dafür, daß ein Enuretiker einen Verwandten ersten Grades hat, der ebenfalls einnäßt, sehr hoch ist, annähernd 75% (Bakwin, 1973), was einen Beleg für entweder biologische oder psychologische Theorien der Ätiologie darstellt.

Theorien der Enuresis

10% aller Enuresis-Fälle haben rein medizinische Ursachen. Am häufigsten handelt es sich dabei um eine Harnweginfektion. Etwa 5% der weiblichen und 2% der männlichen Enuretiker sind davon betroffen. Mit der Behandlung der Infektion ist allerdings häufig nicht auch die Enuresis geheilt. Weitere seltene, aber bekannte körperliche Ursachen sind chronische Nierenleiden, Tumore, Diabetes und Anfallsleiden (Kolvin, MacKeith & Meadow, 1973). Da die Enuresis doch recht häufig körperliche Ursachen hat, bestehen die meisten Therapeuten vor Aufnahme der psychologischen Behandlung auf einer ärztlichen Untersuchung.

Manche psychoanalytische Theoretiker vermuten, daß die Enuresis als Symbol für andere Konflikte dient. Man hat sie als symbolische Masturbation gesehen, aber auch als indirektes Mittel, Zorn gegenüber den Eltern auszudrücken (Mowrer, 1950). Eine verwandte Auffassung hält die Enuresis für das Symptom einer allgemeineren psychischen Störung. Viele Forscher teilen diese Meinung allerdings nicht. Sie halten die anderen Probleme nicht für die Ursache der Enuresis, sondern für eine Reaktion auf die Scham- und Schuldgefühle, die mit dem Bettnässen einhergehen. Natürlich büßen Kinder ihre Selbstachtung ein, wenn ihre Spielgefährten sie hänseln und ihre Eltern ärgerlich und zurückweisend werden. Wenn sie ihre Blase zu beherrschen gelernt haben, schwinden in den meisten Fällen auch die damit verbundenen emotionalen Probleme (Baller, 1975; Moffatt, Kato & Pless, 1987; Starfield, 1972).

Nach lerntheoretischer Auffassung nässen Kinder ein, wenn die Sauberkeitserziehung zu früh beginnt, zu nachlässig ist und das Kind für rechtzeitiges Melden unzureichend verstärkt wird, und insbesondere, wenn Kinder nicht lernen – als konditionierte Reaktion auf eine volle Blase – aufzuwachen oder zu verhindern, daß sich der das Urinieren kontrollierende Schließmuskel entspannt (Mowrer & Mowrer, 1938; Young, 1965; Baller, 1975). Die Blasenkontrolle, d.h. die Verhinderung eines natürlichen Reflexes, bis eine willentliche Entleerung stattfinden kann, ist eine Fertigkeit von beträchtlicher Komplexität. Neuere medizinische Untersuchungen, die sich auf die Aktivität der Beckenbodenmuskulatur bezogen haben, unterstützen die Vorstellung, daß Kinder, die das Bett einnässen, dadurch auffallen, daß sie nachts diese Muskeln nicht anspannen (*Norgaard*, 1989a, 1989b).

Einige vorläufige Forschungsergebnisse lassen vermuten, daß eine andere biologische Theorie die Enuresis nocturna erklären könnte: Dänische Forscher stellten fest, daß Adoleszenten mit Enuresis ein nächtliches Defizit des antidiuretischen Hormons (ADH) aufwiesen (*Rittig* et al., 1989). Bei normalen Kindern konzentriert das ADH den Urin stärker während des Schlafes als tagsüber. Alternative Theorien, wie etwa die Vorstellung, daß enuretische Kinder Probleme mit dem Schlaf oder dem Aktivitätsniveau oder eine abnorm kleine funktionelle Blasenkapazität haben, konnten von der Forschung nicht bestätigt werden (*Houts*, 1991).

Behandlung der Enuresis

Hausmittel gegen das Bettnässen reichen von der Einschränkung der Flüssigkeitsaufnahme bis dazu, daß man die Kinder auf Golfbällen schlafen läßt oder den „diskriminierenden Beweis", die nassen Laken, aus dem Fenster hängt (*Houts*, 1991); die meisten sind wirkungslos. Auch das Warten darauf, daß das Kind dem Problem entwächst, hat sich nicht als zufriedenstellend erwiesen. Nur etwa 15% der Enuretiker im Alter zwischen fünf und neunzehn Jahren zeigen innerhalb eines Jahres eine spontane Remission (*Forsythe & Redmond*, 1974).

Die beiden am meisten von Experten eingesetzten Therapieformen verwenden entweder Medikamente oder Urinalarmsysteme. Ende der dreißiger Jahre entwickelten *Mowrer* und *Mowrer* (1938) das Klingelkissen, eine auf Lernprinzipien fußende Behandlung der Enuresis nocturna. (Von Kapitel 2 und 6 sollten Sie wissen, daß *O.H. Mowrer* ein führender Forscher und Theoretiker war, dessen Arbeiten für die Grundlagen der verhaltenstheoretischen Ansätze in der Psychopathologie und Intervention sehr wichtig waren.) Im Laufe der Jahre konnte man mit diesem Verfahren gute Erfolge verzeichnen, sei es, daß das Bettnässen reduziert oder ganz eingestellt wurde. Es kann zwar immer wieder zu Rückfällen kommen, aber man schätzt, daß 77% der enuretischen Kinder mit Hilfe dieses bemerkenswert einfachen Geräts lernen, das nach *Houts* (1991) „einen der eindeutigsten und beständigsten Erfolge der Verhaltenstherapie ermöglichte" (S. 147), während der Nacht trocken zu bleiben.

Das Kissen besteht aus zwei, durch eine saugfähige Textilschicht getrennte Metallfolien, deren obere perforiert ist. Die Folien sind mit einer Klingel und der zugehörigen Batterie verbunden (Abb. 15.A). Das Kissen kommt in einen Kopfkissenbezug und wird dem Kind nachts untergelegt. Wenn der erste Urintropfen, der als ein Elektrolyt wirkt, die saugfähige Schicht erreicht, ist der Stromkreis zwischen beiden Folien geschlossen. Der geschlossene Stromkreis setzt die Klingel in Gang, die das Kind mit oder kurz nach Beginn des Einnässens aufweckt. Es kann dann mit dem Urinieren innehalten, den Apparat abschalten und ins Badezimmer gehen.

werden, die dann später für eine Belohnung eingetauscht werden konnten, es konnten aber auch welche verloren werden, wenn die Problemlösetechniken nicht eingesetzt wurden. Die Ergebnisse waren, im Hinblick auf eine Stärkung des prosozialen Verhaltens, ermutigend. Obwohl Verhaltensstörungen gegenüber allen Formen von Interventionen sehr resistent sind und obwohl kognitiv-verhaltensorientierte Therapien die Verhaltensstörungen nicht beseitigen können, gibt es einige positive Ansätze bei den Therapien, die sich auf die unzureichenden Problemlösefertigkeiten, die Impulsivität und die Kontrolle der Wut konzentrieren (*Kendall* et al., 1990; *Salovey & Singer*, 1991).

Die meisten der beschriebenen Verfahren sind präventiver Natur, indem sie meist für jüngere Kinder konzipiert sind, die noch kein schwerwiegend kriminelles oder delinquentes Verhalten gezeigt haben. Wenn die verhaltensgestörten Kinder und Jugendlichen erst einmal in Kontakt mit der Jugendgerichtsbarkeit gekommen sind, dann wird es sehr viel schwerer, sie auf den prosozialen Weg zurückzubringen. Es gibt Untersuchungen, die zeigen, daß die Vermeidung des Kontakts mit dem Gerichtssy-

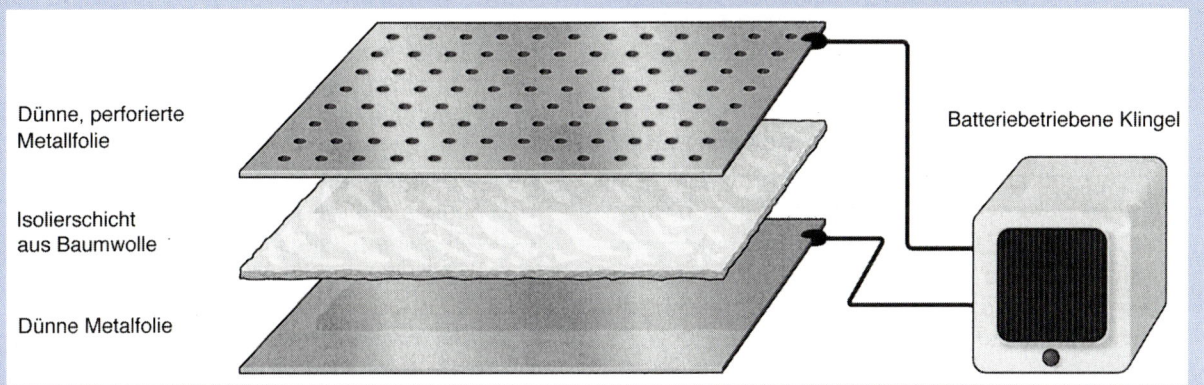

Abbildung 15.A Das von *Orval Hobart* und *Willie Mae Mowrer* entwickelte Klingelkissen zur Behandlung des Bettnässens.

Für *Mowrer* und *Mowrer* (1938) war das Klingelkissen ein klassisches Konditionierungsverfahren: Ein unkonditionierter Reiz – die Klingel – weckt das Kind auf: die unkonditionierte Reaktion. Die Klingel ist verbunden mit dem Gefühl einer vollen Blase, das schließlich zum konditionierten Reiz wird, der vor Ertönen der Klingel die konditionierte Reaktion des Erwachens auslöst. Andere haben bezweifelt, daß es sich dabei tatsächlich um klassisches Konditionieren handelt. Sie vermuten vielmehr, daß die Klingel, die das Kind aufweckt, als Strafe fungiert und so das unerwünschte Verhalten des Einnässens reduziert. In der Praxis weckt die Klingel nicht nur das Kind, sondern auch seine Eltern. Möglicherweise sind deren Reaktionen ein zusätzlicher Anreiz für das Kind, trocken zu bleiben. Andere Verfahren, die den Ansatz der operanten Konditionierung ohne die Unterstützung des Urinalarms verwenden, sind nicht in ähnlicher Weise erfolgreich gewesen (*Houts*, 1991).

Die pharmakologische Behandlung stellt einen anderen Ansatz dar; etwa ein Drittel der Enuretiker, die nach professioneller Hilfe suchen, erhalten Medikamente wie Imipramin oder in jüngster Zeit Desmopressin von ihren Ärzten. Diese Medikamente wirken entweder dadurch, daß sie die Reaktivität der Muskulatur, die am Urinieren beteiligt ist, herabsetzt (Imipramin) oder den Urin in der Blase konzentriert (Desmopressin). Obwohl unmittelbar eine positive Wirkung festzustellen ist, erleidet die Mehrzahl der Kinder einen Rückfall, wenn das Medikament abgesetzt wird (vgl. *Houts*, 1991). Behandlungen, bei denen die Medikation mit dem früher beschriebenen verhaltenstherapeutischen Ansatz kombiniert wird, werden überprüft; erste Ergebnisse sind erfolgversprechend (*Sukhai, Mol & Harris*, 1989).

stem für den Erfolg der Behandlung von Delinquenten entscheidend ist. *Davidson* et al. verglichen verschiedene Behandlungsformen, die alle als gemeinsames Element das Zusammenbringen eines Studenten mit einem jugendlichen Delinquenten für sechs bis acht Stunden pro Woche beinhalteten. Sie fanden heraus, daß der spezifische Inhalt dieser Treffen (der Abschluß von Verhaltensverträgen oder die Zentrierung auf Empathie, unbedingte positive Wertschätzung und Fertigkeiten der Kommunikation) weniger wichtig war als die Entfernung vom Justizsystem. Sogar eine verwässerte Behandlung, bei der eine minimale Überwachung durch Freiwillige stattfand, war einer strengeren Behandlung überlegen, die im Gerichtsgebäude durch einen Sozialarbeiter vorgenommen wurde (obwohl die Jugendlichen während der Behandlung keinen Kontakt mit dem Gericht hatten).

Störungen mit überkontrolliertem Verhalten

Unter überkontrolliertem Verhalten leidet gewöhnlich das betroffene Kind mehr als seine Umgebung. Wir sollten aber nicht unterschätzen, was bei allen hier beschriebenen Störungen den Eltern, der ganzen Familie und den Lehrern abverlangt wird. Im Unterschied zu unterkontrollierten Kindern, deren Verhalten von anderen beurteilt wird, klagen Kinder, die sich selbst übermäßig kontrollieren, häufig über quälende Ängste und Spannungen. Sie sind schüchtern und fühlen sich unglücklich, ungeliebt und anderen Kindern unterlegen. Die Symptome überkontrollierter Kinder sind denen angstgestörter und depressiver Erwachsener ähnlich. Wir wollen uns drei für Überkontrolle spezifische Probleme näher ansehen: Kindheitsängste, sozialer Rückzug und Depression (*Quay,* 1979).

Einige der Ängste in der Kindheit sind im DSM-IV unter der Überschrift „Störungen mit Trennungsängsten" im Abschnitt der Störungen im Kindesalter aufgeführt. Die Schulangst ist eine der Manifestationen der Trennungsangst. Andere Ängste, wie z.B. Ängste bei sozialem Rückzug, werden im DSM-IV als Soziale Phobie in der Erwachsenenkategorie (Achse-I-Störungen) diagnostiziert. In ähnlicher Weise wird auch die Depression bei Kindern wie die Erwachsener diagnostiziert: Kasten 15.3 stellt die Enuresis dar, bei der durch eine fehlerhafte Kontrolle der Blase das Kind wiederholt in einem Alter einnäßt, in dem eigentlich Kontinenz zu erwarten wäre.

Kindheitsängste

Die meisten Kinder haben zahlreiche Ängste, die Teil einer normalen Entwicklung sind. *Bell-Dolan, Last* und *Strauss* (1990) befragten 62 Kinder im Alter zwischen fünf und achtzehn Jahren, die keine Vorgeschichte einer psychischen Störung oder einer psychiatrischen Behandlung hatten. Ein Drittel der Kinder zeigte sich übermäßig besorgt um ihre Kompetenz und zeigten ein überstarkes Bedürfnis nach Bestätigung, etwa ein Fünftel berichtete von Höhenängsten und Angst vor dem Sprechen in der Öffentlichkeit, der Furcht vor Kontakt zu ande-

ren und von körperlichen Beschwerden. Obwohl bei diesen normalen Kindern viele Angstsymptome vorhanden waren, erfüllte keines die Kriterien für eine DSM-Störung und viele zeigten bei der Nachuntersuchung nach einem Jahr keine starken Ängste mehr. Angst und Furcht sind daher anscheinend ein normaler Teil der kindlichen Entwicklung. In Kasten 15.4 werden einige weitere Probleme psychisch normaler Kinder besprochen, die schwerwiegende körperliche Krankheiten haben.

Damit Ängste und Sorgen als Störung diagnostiziert werden können, müssen die Kinder eine Beeinträchtigung ihres Leistungsvermögens zeigen. Wenn diese Definition verwendet wird, dann wird geschätzt, daß 6 bis 8% der Kinder und Adoleszenten eine Angststörung aufweisen, was diese zur häufigsten Störung der Kindheit macht (*Costello*, 1989; *Kashani & Orvaschel*, 1988; *McGee* et al., 1990).

Schulphobie

Eine Kindheitsangst – die Schulphobie – hat besonders viel Aufmerksamkeit gefunden, denn sie behindert nicht nur das Kind und bringt sein Zuhause schwer durcheinander, sondern scheint auch eine wirkliche Phobie zu sein, ein extremes Vermeiden, das sich nicht einfach im Laufe der Zeit zu verlieren scheint. Überdies hat die *Schulphobie* für das Kind schwerwiegende schulische und soziale Folgen. Der Fall, der das Kapitel einleitete, zeigt viele der klinischen Merkmale der Schulphobie.

17 von 1000 Kindern, so hat man geschätzt (*Kennedy,* 1965), leiden an Schulphobie. Zwei unterschiedliche Formen wurden identifiziert. Bei der häufigsten, die mit der Trennungsangst in Verbindung steht, machen sich die Kinder fortwährend darüber Sorgen, daß ihren Eltern oder ihnen selbst etwas zustoßen könnte, wenn sie nicht zu Hause sind. Wenn sie zu Hause sind, hängen sie einem oder beiden Elternteilen „am Rockzipfel" und versuchen häufig auch bei ihren Eltern im Bett zu schlafen.

Da der Schulbeginn häufig das erste Ereignis darstellt, das längere und häufigere Trennungen der Kinder von ihren Eltern erfordert, ist die Trennungsangst häufig eine wichtige Ursache der Schulphobie. Bei einer Untersuchung wurde festgestellt, daß bei 75% der Kinder, die eine durch die Trennungsangst bedingte Schulverweigerung zeigten, die Mütter ebenfalls in der

Kindheit den Schulbesuch verweigert hatten (*Last & Strauss*, 1990). Es ist vermutet worden, daß die Weigerung des Kindes oder seine starke Abneigung zur Schule zu gehen, durch Schwierigkeiten in der Mutter-Kind-Beziehung verursacht sein könnte. Möglicherweise bringt die Mutter ihre eigenen Trennungsängste zu Ausdruck und verstärkt dadurch unwillentlich das abhängige und vermeidende Verhalten des Kindes.

Die zweite Form der Schulverweigerung ist mit einer echten Phobie vor der Schule verbunden – entweder einer Angst, die speziell mit der Schule verbunden ist oder eine allgemeine Soziale Phobie. Diese Schulphobiker weigern sich erst zu einem späteren Zeitpunkt, in die Schule zu gehen, und sie weisen eine schwerere und länger anhaltende Schulvermeidung auf. Ihre Angst ist wahrscheinlich an bestimmte Aspekte der Schulumgebung gebunden, wie etwa Versagensängste oder Ärger mit den Mitschülern. (Eine grundlegende Darstellung der Ätiologie von Phobien findet sich in Kapitel 6).

Die Schulphobie steht meist in Zusammenhang mit Trennungsangst, einer massiven Angst vor der Trennung von den Eltern oder einer anderen Bezugsperson.

Behandlung von Kindheitsängsten

Wie lassen sich Kindheitsängste überwinden? Wie zuvor besprochen, ist es in vielen Fällen eine Frage von Zeit und Reifung, bis sie von selbst verschwinden. Ein millionenfach im Alltag bewährtes Verfahren, Kindern beim Überwinden ihrer Angst zu helfen, besteht darin, sie allmählich dem Angstobjekt auszusetzen. Oft verhält sich der Erwachsene dabei so, daß möglichst gar keine Angst entsteht. Wenn ein kleines Mädchen Angst vor Fremden hat, nimmt ein Elternteil es bei der Hand und geht langsam mit ihm auf die unbekannte Person zu. *Mary Cover Jones* (vgl. S. 645) hat als erste Psychologin dieses Stück Volksweisheit als Gegenkonditionierung erklärt.

Auch moderne Therapeuten machen Anleihen bei Volksweisheiten, um ängstlichen Kindern zu helfen. Das Kind dem Angstobjekt auszusetzen, gilt allgemein als der wirksamste Weg, grundlose Angst und grundloses Vermeiden zu überwinden. Auch das Modellernen hat sich im Labor (z.B. *Bandura, Grusec & Menlove*, 1967) und in zahllosen Behandlungen bewährt. Ein anderes Kind, dem das ängstliche Kind es vermutlich gern gleichtun möchte, demonstriert furchtloses Verhalten. Auch Belohnungen können das Kind ermutigen, sich näher an das ge-

fürchtete Objekt oder die gefürchtete Situation heranzuwagen. Ist die Furcht eines schulphobischen Kindes sehr groß und ist das Vermeiden bereits eingeschliffen, kann eine Desensibilisierung durch direktes, allmähliches Aussetzen plus operanter Verhaltensformung notwendig werden.

In einem unserer eigenen Fälle fing es damit an, daß der Therapeut mit dem neunjährigen Paul bis vor die Schule ging. In den nächsten Tagen ging er auf den Schulhof, dann nach Schulschluß in ein leeres Klassenzimmer, er nahm an der Morgengymnastik teil und ging dann wieder, setzte sich auf seinen Platz im Klassenzimmer, blieb eine Zeitlang in der Schule – immer mit dem Therapeuten an seiner Seite. Später hielt sich der Therapeut außer Sichtweite, blieb aber immer in der Nähe. Als die Angst nachzulassen schien, begann die letzte Phase: Jetzt wurde Paul für den Schulbesuch mit abendlichem Gitarrenspiel, Comic-Heften und Münzen belohnt, für die er sich später einen Baseball-Handschuh kaufen konnte (*Lazarus, Davison & Polefka*, 1965).

Manche neue Situationen sind nicht nur für Kinder, sondern auch für Erwachsene ängstigend, weil ihnen Wissen und Fertigkeiten fehlen, um damit umzugehen. Die Angst eines Kin-

Kasten 15.4 Verhaltenspädiatrie

Bei der Besprechung der Verhaltensmedizin (vgl. S. 240) haben wir verschiedene Anwendungsmöglichkeiten psychologischen Wissens auf die Prävention und Behandlung körperlicher Krankheiten vorgestellt, z.B. die Änderung von Typ-A-Verhalten als ein Mittel, das Risiko einer koronaren Herzerkrankung zu verringern. In jüngster Zeit betrachtet man auch Krankheiten von Kindern und Jugendlichen aus psychologischer Perspektive.

Russo und *Varni* (1982) entwickelten als eine Möglichkeit, das Feld der sogenannten *Verhaltenspädiatrie* zu umreißen und in Begriffe zu fassen, das Modell der „normalen Person in einer abnormen Situation" (NPAS). Ein akut oder chronisch krankes Kind ist ein junger Mensch, der vielleicht psychische Probleme hat, weil er sich – durch die Krankheit – in einer komplexen und belastenden Situation befindet. Viele kranke Kinder haben große Schmerzen, sind manchmal entstellt und müssen eine lange Zeit getrennt von Eltern, Geschwistern und ihrer vertrauten Umgebung im Krankenhaus zubringen.

Um solche Kinder zu behandeln, kombiniert die Verhaltenspädiatrie im allgemeinen verhaltenstherapeutische und pädiatrische Verfahren. Sie kümmert sich um die Beziehungen zwischen Eltern und Kind, Schule und Kind und behandelndem Team und Kind (*Varni* & *Dietrich*, 1981). Einige Arbeiten aus dem Bereich der Verhaltenspädiatrie sollen Bandbreite und Ziele dieser jungen und vielversprechenden Disziplin verdeutlichen (*Kellerman* & *Varni*, 1982).

Viele Formen von Krebs bei Kindern, etwa die akute Lymphoblastenleukämie, sind erst seit einigen Jahren behandelbar. Bei manchen Krebstypen ist die Behandlung so effektiv, daß die Kinder nach erfolgter Remission fünf Jahre nach Ausbruch der Krankheit noch leben. Diese Behandlungserfolge stellen Patient und Familie vor ein neues psychisches Problem: Sie müssen lernen, mit der Krankheit und ihrer Behandlung zu leben.

Dem Kind die wahre Natur seiner Krankheit und deren lebensbedrohenden Charakter zu verschweigen, hilft ihm nicht, sondern macht es nur noch ängstlicher (z.B. *Spinetta*, 1980). Man sollte also offen mit dem Kind sprechen. Aufgrund von Forschungsergebnissen scheint es ratsam zu sein, das Kind so lange wie möglich in seine alte Schule gehen zu lassen (*Katz*, 1980). Da Krebs und Krebsbehandlung das Kind entstellen können (z.B. Haarausfall durch Chemotherapie), sollte man ihm beibringen, mit den zu erwartenden Hänseleien umzugehen; man könnte etwa ein Selbstbehauptungstraining mit ihm durchführen oder es darin schulen, verletzende Bemerkungen zu überhören.

Diagnose und Behandlung von Krebs bei Kindern sind gleichermaßen schmerzhaft. Jedes Kind mit Leukämie muß sich oft und regelmäßig einer Knochenmarksaspiration unterziehen. Um das Mark zu entnehmen, führt der Arzt eine lange Nadel in das Innere des Oberschenkelknochens ein. Das tut weh, und an diesen Schmerz gewöhnt man sich nicht (*Katz, Kellerman* & *Siegel*, 1980). Diese Erfahrung fordert vom kleinen Patienten, aber auch von seinen Eltern, ihren Tribut. Spezialisten für Verhaltenspädiatrie haben Hypnosetechniken entwickelt, damit das Kind lernt, sich zu entspannen, und der unumgängliche medizinische Eingriff etwas von seinem Schrecken verliert. Andere Interventionen haben sich bei diesem schmerzhaften Verfahren ebenfalls als wirksam erwiesen. *Jay* et al. (1987) verglichen Valium mit einem kognitiv-verhaltensorientierten Ansatz, der Atemübungen und Ablenkung vom Schmerz beinhaltete, und fanden, daß die psychologische Intervention dem Tranquilizer überlegen war, indem sie die verhaltensmäßigen und die selbstbeurteilten Anzeichen von Streß genauso wie die Pulsrate senkte.

Kindern, die bereits antizipatorisch Ängste entwickeln, bevor sie überhaupt medizinischen Behandlungen ausgesetzt werden, wurde anhand von Videofilmen geholfen, in denen sie Coping-Modelle beobachten konnten (*Jay* et al., 1982).

Systematische Desensibilisierung in bezug auf Situationen, die mit Schmerz assoziiert werden wie z.B. die Einlieferung ins Krankenhaus oder das Herumsitzen im Wartezimmer, kann das Angstniveau reduzieren, mit dem die kleinen Patienten zur medizinischen Behandlung kommen und – in Folge – somit auch helfen, den Schmerz zu lindern. Die Angstreduktion kann eine sehr generelle Bedeutung bekommen. Ein extrem ängstliches Kind z.B. könnte die medizinische Behandlung verweigern oder aufgrund seiner Ängste an Gewicht verlieren und der Gewichtverlust wiederum verringert die Chancen, den Krebs

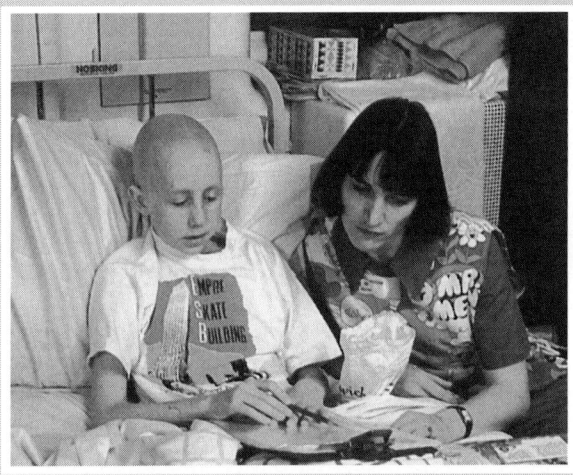

Verhaltenspädiatrie ist Teil der Verhaltensmedizin und befaßt sich mit Gesundheitsproblemen von Kindern. So kann ein Leukämiepatient eine Methode zur Entspannung lernen, um mit den Schmerzen zurechtzukommen und bei einem Selbstsicherheitstraining lernen, mit dem Spott über den Haarausfall fertigzuwerden.

zu überleben (*Dewys* et. al., 1980). Deshalb ist es so wichtig, psychotherapeutisch zu intervenieren.

Die Verhaltenspädiatrie hilft auch Kindern und Jugendlichen bei anderen medizinischen Problemen. Ein ernstes Problem für Bluter, d.h. für Menschen, deren Blut ein wichtiger Gerinnungsfaktor fehlt, sind chronische Arthritisschmerzen in den Gelenken. *Varni* (1981) hat solche Schmerzen erfolgreich mit hypnotischen Bildertechniken behandelt. Dabei lernen die Patienten, sich zu entspannen und den Blutzustrom zum betroffenen Gelenk zu erhöhen. Kann der Patient auf diese Weise die Oberflächentemperatur im Umfeld des Gelenks erhöhen, braucht er weniger Schmerzmittel, von denen viele unerwünschterweise die Thrombozytenagglomeration hemmen und so die Blutgerinnung noch weiter beeinträchtigen. Varnis letzte Arbeit zum Umgang mit Schmerzen bei Kindern mit rheumatoider Arthritis ist auch ein Beispiel dafür, wie die forschungsorientierte Verhaltensmedizin eine positive Auswirkung auf Kinder und ihre Familien hat, die mit schweren körperlichen Erkrankungen fertig werden müssen (*Varni & Bernstein*, 1991; *Walco, Varni & Ilowite*, 1992).

Aus übergewichtigen Kindern werden mit großer Wahrscheinlichkeit auch übergewichtige Erwachsene, und Übergewicht ist bekanntermaßen ein Hauptrisikofaktor für Bluthochdruck, Herzkrankheiten und Diabetes. Übergewicht bei Kindern wurde auch in Zusammenhang gebracht mit niedriger sozialer Kompetenz, Verhaltensproblemen und einem negativen Selbstkonzept (*Banis* et al., 1988). Man hat Verhaltensprogramme entwickelt, um die Eß- und Bewegungsgewohnheiten der Kinder zu ändern sowie andere Aspekte ihres Lebensstils, die für die Aufnahme von Kalorien und deren Verbrennung – oder Nicht-Verbrennung – relevant sind (*Epstein, Masek & Marshall*, 1978). Fettleibige Kinder und Erwachsene essen zum Beispiel schneller, nehmen größere Bissen und kauen weniger als ihre normalgewichtigen Altersgenossen (*Drabman* et al., 1979). Wenn auch die Eltern in die Behandlung einbezogen werden, kann sich das Gewicht dauerhaft normalisieren (*Aragona, Cassady & Drabman*, 1975).

Ein weiteres Ziel der Verhaltenstherapie ist die *Kooperation (compliance)* der Patienten. Wie bringt man Menschen dazu, Dinge zu tun, die zur Vorbeugung oder zum Umgang mit einer Krankheit notwendig sind? (*Varni & Wallander*, 1984) Eine Krankheit stellt an das betroffene Kind und seine Familie hohe Anforderungen. Ein gutes Beispiel dafür ist die Jugend-Diabetes. Um das Kind auf eine bestimmte Diät und die erforderlichen Insulingaben einstellen zu können, muß täglich mehrfach der Glukosespiegel des Urins bestimmt werden. Und die Diät selbst verlangt vom Kind große Disziplin. Es muß lernen, auf Bonbons und andere Süßigkeiten zu verzichten, die ihm in unserer Kultur so verlockend vor Augen geführt werden. Seine Mahlzeiten müssen mit dem Wirkungsgipfel der Insulininjektion zusammenfallen, damit das Insulin den Glukosespiegel nicht abnorm senkt. Auch Aktivität und Sport müssen Teil des Behandlungsplans werden, denn beides hat einen eigenen, natürlichen insulinähnlichen Effekt auf die Glukoseverwertung in den Zellen (*Hobbs, Beck & Wansley*, 1984). Da es einstweilen noch keine Aussicht auf Heilung gibt, müssen Diabetiker nicht nur ihren Zustand akzeptieren, sondern auch die Tatsache, daß sie einige der grundlegendsten menschlichen Triebe nur nach Vorschrift befriedigen dürfen. Ein junger Mensch muß also ein komplexes Bündel von Fertigkeiten erwerben, um für sich selbst sorgen und mit dieser schweren, aber behandelbaren Krankheit leben zu können. Die klinische Forschung im Bereich der Verhaltenspädiatrie hat viel dazu beigetragen, daß ihm das gelingt (*Epstein* et al. 1981).

des vor Wasser entspringt möglicherweise der ganz vernünftigen Überlegung, daß Gefahr droht, weil es nicht schwimmen kann. Eltern und Therapeuten müssen dem Kind also Gelegenheit geben, das notwendige Wissen und die notwendigen Fertigkeiten zu erwerben.

Psychotherapieerfolgsstudien lassen vermuten, daß eine zeitlich begrenzte Behandlung kindlicher Phobien sehr wirkungsvoll sein kann. Z.B. behandelten *Hampe* et al. (1973) 67 phobische Kinder acht Wochen lang, wobei sie entweder eine verhaltens- oder eine einsichtsorientierte Therapie anwandten. 60% der behandelten Kinder waren am Ende der achtwöchigen Behandlung von der Phobie befreit und zeigten keinen Rückfall oder weitere emotionale Probleme während einer zweijährigen Katamnese. 80% der Stichprobe (die gerade erwähnten und andere, die eine weitere Behandlung anderswo suchten) waren nach zwei Jahren ohne Symptome, während nur 7% weiterhin eine schwere Phobie hatten. Die Autoren schlossen aus ihrer Studie, daß, obwohl zahlreiche Kindheits-Phobien von allein verschwinden, eine Behandlung deren Beseitigung stark beschleunigt. Eine andere vergleichende Untersuchung zeigte, daß die Verhaltenstherapie dem Unterricht zu Hause und der Psychotherapie schulphobischer Kinder überlegen war (*Blagg* & *Yule*, 1984). Die durchschnittliche Dauer der Behandlung in der Verhaltenstherapiegruppe betrug nur zweieinhalb Wochen und 83% besuchten noch nach einem Jahr die Schule. Im Gegensatz dazu dauerte der Unterricht zu Hause und die Psychotherapie im Durchschnitt 72 Wochen und alle diese Kinder erlitten innerhalb eines Jahres einen Rückfall.

Sozialer Rückzug

In den meisten Klassen gibt es mindestens zwei Kinder, die extrem ruhig und schüchtern sind. Oft spielen diese Kinder nur mit Angehörigen und sehr vertrauten Spielgefährten und gehen fremden Kindern und Erwachsenen aus dem Weg. Ihre Schüchternheit hindert sie daran, Fertigkeiten zu erwerben und an einer Vielzahl von Aktivitäten teilzunehmen, die ihren Altersgenossen großen Spaß machen, denn sie vermeiden Spielplätze und Spiele, bei denen sie sich den Nachbarskindern zugesellen müßten. Schüchterne Kinder werden mit unbekannten Personen einfach nur sehr langsam warm, zu-

rückgezogene Kinder werden dies auch nach längerem Beisammensein nicht. Sehr schüchterne Kinder weigern sich unter Umständen, in einer unvertrauten sozialen Umgebung auch nur zu sprechen; dieses Verhalten wird *elektiver Mutismus* genannt. Sind viele Menschen im Raum, klammern sie sich an ihre Eltern und flüstern mit ihnen, verstecken sich hinter Möbeln und kauern sich in Ecken. Zu Hause stellen sie den Eltern endlose Fragen über die Situationen, die ihnen Angst machen. Zurückgezogene Kinder haben gewöhnlich warme und befriedigende Beziehungen zu Familienmitgliedern und Freunden der Familie und zeigen den deutlichen Wunsch nach Zuneigung und Anerkennung. Da sich nicht festlegen läßt, wann Schüchternheit oder Zurückgezogenheit zum Problem wird, gibt es zur Häufigkeit dieser Störung keine statistischen Angaben.

Einige Kinder zeigen eine intensive Angst in bestimmten sozialen Situationen, was der sozialen Phobie des Erwachsenen (vgl. S. 147) entspricht. Wenn diese Kinder aufgefordert werden, in der Form eines Tagebuches aufzuschreiben, welche Ereignisse sie als angstauslösend erleben, dann stellt sich heraus, daß die von ihnen berichteten Angstsituationen dreimal häufiger als bei einer Kontrollgruppe sind. Dabei werden Aktivitäten genannt wie das Vorlesen vor einer Gruppe, das Schreiben an der Tafel oder etwas vor anderen vorzuführen. Wenn sie diesen Situationen ausgesetzt sind, dann, so berichten sie, setzen sie negative Strategien zur Bewältigung ein wie weinen, vermeiden oder über körperliche Beschwerden klagen. Bei einer Verhaltensaufgabe wurden die Kinder gebeten, einen Text (Kinderbuch) einer kleinen Gruppe von Forschungsassistenten laut vorzulesen. Die sozial ängstlichen Kinder zeigten während des Vorlesens dramatische Anstiege der Pulsrate (*Beidel*, 1991).

Die Theorien zur Ätiologie des sozialen Rückzugs sind nicht sehr spezifisch. Oft wird vermutet, daß Angst mit sozialer Interaktion interferiert und somit das Kind veranlaßt, soziale Situationen zu meiden. Vielleicht fehlt zurückgezogenen Kindern auch einfach das soziale Know-How, das ihnen den Umgang mit Altersgenossen erleichtern würde. Daß isolierte Kinder weniger häufig versuchen, ihre Beziehungen zu Gleichaltrigen zu strukturieren und in ihrem Spiel weniger Phantasie zeigen, deutet vielleicht auf diesen Mangel an sozialen Fertigkeiten hin. Und schließlich sind die Kinder vielleicht deshalb isoliert, weil sie fast ausschließlich mit Erwachsenen gespielt haben; sie interagieren mit Erwachsenen freier als mit anderen Kindern (*Scarlett*, 1980).

Therapie von sozialem Rückzug

Störungen des sozialen Rückzugs werden ähnlich behandelt wie Kindheitsängste. In einer bahnbrechenden Untersuchung zeigte man den Kindern Filme, in denen sich ebenfalls isolierte Kinder allmählich und mit immer mehr Spaß am Spiel anderer Kinder beteiligten (*O'Connor*, 1969). Eine andere Gruppe von Forschern brachte studentische Freiwillige mit sozial isolierten Kinder auf dem Spielplatz zusammen (*Allen* et al., 1976). Das Ziel bestand darin, Gruppenspiele zu initiieren, die das Kind mit einbezogen und ihm dadurch in der Situation selbst eine Rückmeldung zu geben, welches Verhalten positive Interaktionen mit anderen Kindern förderten oder hemmten. Am Ende des sechsmonatigen Programms standen die Studenten an der Seitenlinie und beobachteten, wie die Kinder mit ihren Klassenkameraden spielten.

Einigen zurückhaltenden Kindern fehlen spezifische soziale Fertigkeiten, die für die Interaktion mit Gleichaltrigen benötigt werden. Fertigkeiten wie Fragen stellen (*Ladd*, 1981), Komplimente machen und der Beginn von Gesprächen mit den Altersgenossen (*Michelson, Sugai, Wood & Kazdin*, 1983) können in kleinen Gruppen oder Paaren unterrichtet werden, wobei die Interaktionen auf Video aufgezeichnet werden, damit die neuen Verhaltensweisen beobachtet und verändert werden können.

Depression in der Kindheit und Adoleszenz

Wenn wir von unserer typischen Vorstellung ausgehen, daß Kinder glücklich und sorgenfrei sind, dann ist es eine störende Beobachtung, daß Major Depression und Dysthymie genauso bei Kindern und Heranwachsenden wie bei Erwachsenen auftreten. Im DSM-IV und im ICD-10 werden die affektiven Störungen bei Kindern nach den Kriterien für die Erwachsenen beurteilt, wobei altersspezifische Merkmale wie Gereiztheit anstelle der depressiven Stimmung berücksichtigt werden.

Neuere Untersuchungen haben sowohl Ähnlichkeiten als auch Unterschiede in der Symptomatologie der Major Depression bei Kindern und Erwachsenen ermittelt (*Mitchell, McCauley, Burke & Moss*, 1988). Kinder und Jugendliche im Alter zwischen sieben und siebzehn Jahren glichen den Erwachsenen bei der depressiven Stimmung, der Anhedonie (Verlust der Fähigkeit, Freude zu erleben), der Müdigkeit, Konzentrationsproblemen und suizidalen Vorstellungen. Die Symptome, die zwischen Kindern und Erwachsenen unterschiedlich waren, betrafen einen höheren Anteil an Selbstmordversuchen und Schuldgefühlen bei Kindern und Jugendlichen, häufigeres vorzeitiges Aufwachen, Appetit- und Gewichtsverlust und ausgeprägtere Depression am Morgen bei Erwachsenen. Neuere Untersuchungen der Kognitionen depressiver Kinder zeigen, daß ihre Auffassungen (Schemata) negativer sind als die nicht depressiver Kinder und denen depressiver Erwachsener ähnlich (*Prieto, Cole & Targeson*, 1992). Derartige Ergebnisse stellen möglicherweise eine nützliche Verbindung zwischen der Depression in der Kindheit und Becks Theorie und Forschung bei depressiven Erwachsenen dar.

Wie bei Erwachsenen tritt die Depression bei Kindern wiederholt auf. Längsschnittstudien haben gezeigt, daß sowohl Kinder als auch Erwachsene mit einer Major Depression mit großer Wahrscheinlichkeit weiterhin deutliche depressive Symptome zeigen, auch dann, wenn sie vier bis acht Jahre später untersucht werden (*Garber* et al., 1988; *McGee & Williams*, 1988).

Die Ergebnisse hinsichtlich der Prävalenz der kindlichen Depression sind sehr unterschiedlich. *Rutter, Tizard* und *Whitmore* (1970) führten mit Kindern der Isle of Wight eine umfangreiche Untersuchung durch. Sie beurteilten die Kinder nach konservativen Kriterien und stellten fest, daß nicht einmal 1% der Kinder depressiv waren. In anderen Untersuchungen war diese Zahl sehr viel größer (z.B. *Weinberg* et al., 1973). Die Gründe für diese widersprüchlichen Befunde liegen in der großen Altersspanne bei den Untersuchungspersonen und unterschiedlichen Geschlechtsanteilen, unterschiedlichen Stichproben von Patienten (wie etwa Klinikpatienten und ambulante Patienten) und unterschiedlichen diagnostischen Kriterien (*Cantwell*, 1983).

Ein weiteres Problem, das die Diagnose der Depression bei Kindern erschwert, ist die Ko-

Kasten 15.5   Spieltherapie und Familientherapie:
Zwei allgemeine Methoden zur Behandlung von Störungen in der Kindheit

Viele der in diesem Kapitel besprochenen Kindheitsstörungen und sogar die ernsteren Probleme, die uns im nächsten Kapitel beschäftigen, werden mit zwei allgemeinen Methoden behandelt: mit der *Spieltherapie*, wobei das Spiel verwendet wird, um herauszufinden, was das Kind bedrückt, und mit der *Familientherapie*, einer Form der Gruppentherapie, bei der den Mitgliedern einer Familie geholfen wird, miteinander besser umzugehen.

Kinder verfügen gewöhnlich nicht über die verbalen Möglichkeiten, die Erwachsene haben, zumindest nicht in dem Maße, wie sie für eine psychoanalytische oder klientenzentrierte Therapie notwendig sind. Kinder sprechen auch weniger bereitwillig über ihre Sorgen und Kümmernisse. Durch die Pionierarbeit von *Melanie Klein* (1932) und *Anna Freud* (I946b) fand die Psychoanalyse über das Spiel Zugang zum Unbewußten eines Kindes. Das Spiel trat damit an die Stelle der freien Assoziation und der Traumdeutung, die in der Analyse Erwachsener eine so große Rolle spielen. In einer Spieltherapie, so nimmt man an, wird das Kind die Gefühle ausdrücken, die es gegenüber Problemen, Eltern, Lehrern und Spielgefährten hegt. Ein Spieltherapiezimmer ist ausgestattet mit Puppen, Bauklötzen, Spielen, Puzzles, Zeichenmaterial, Malfarben, Wasser, Sand, Ton, Spielzeuggewehren und -soldaten und dem großen, aufgeblasenen Gummiclown „Bobo" zum Boxen. Diese Spielzeuge sollen dem Kind helfen, innere Spannungen und Sorgen nach außen zu kehren. Häufig gehört auch ein Puppenhaus mit Eltern- und Kinderpuppen zum Inventar. Der Therapeut kann seinen kleinen Patienten beispielsweise auffordern, die Puppen so auf die Zimmer zu verteilen, „wie es dir gefällt". Viel-

leicht versammelt das Kind die Familie im Wohnzimmer, nur der Vater wird ins Arbeitszimmer gesetzt. „Was tut denn der Papa da?" wird der Therapeut fragen. „Er arbeitet. Wenn er nicht so ein Spielverderber wäre, würde er rauskommen und mit den Kindern spielen." Wie bei einem erwachsenen Patienten wird der Therapeut dem Jungen dann dessen unausgedrückt gebliebenen Wunsch interpretieren.

Bei der nondirektiven Spieltherapie, wie sie von *Virginia Axline* (1964) eingeführt wurde, wird die Beziehung zwischen dem Therapeuten und dem Kind, die durch das Spiel aufgebaut wird, dazu eingesetzt, dem Kind eine veränderte emotionale Erfahrung zu vermitteln. Anstatt die symbolischen Ausdrücke des Kindes zu interpretieren, reagiert der klientenzentrierte Therapeut auf die Aussagen und Handlungen des Kindes in empathischer Weise und zeigt damit uneingeschränkte Akzeptanz des Kindes.

Es gibt nur wenige kontrollierte Untersuchungen, die eine Beurteilung der Ansprüche der Spieltherapie, die von ihren Anhängern aufgestellt wurden, zulassen. Was jedoch an Belegen vorhanden ist, zeigt, daß sie nicht sehr effektiv ist (*Barrett, Hampe & Miller*, 1978; *Phillips*, 1985). Einen erfolgversprechenden Bereich stellt die Spieltherapie in Verbindung mit kognitiv-verhaltenstherapeutischen Komponenten dar. So wurde beispielsweise nachgewiesen, daß kurzzeitiges Puppenspiel, das Einüben und Verhaltensformung umfaßt, dabei helfen kann, die Angst der Kinder zu vermindern, die sich einer Operation unterziehen sollen (*Cassell*, 1965).

Was immer man auch mit der Spieltherapie erreichen will, zumindest hilft sie dem Therapeuten, eine Beziehung zum Kind herzustel-

---

morbidität mit anderen Störungen. Auf der Grundlage einiger Untersuchungen wurde die Überlappung zwischen Depression und Trennungsangst auf nahezu 50% geschätzt (*Kovacs* et al., 1984; *Puig-Antich & Rabinovich*, 1986; *Hershberg* et al., 1982). Die Depression ist auch bei Kindern mit Verhaltensstörungen recht häufig und, umgekehrt sind auch viele verhaltensgestörte Kinder depressiv (*Chiles, Miller &* *Cox*, 1980; *Puig-Antich*, 1980). Die Komorbidität einer affektiven Störung mit entweder einer Verhaltens- oder einer Aufmerksamkeitsstörung verschlimmert die Verhaltensprobleme der Kinder hinsichtlich ihrer sozialen Funktionsfähigkeit in der Schule und im Umgang mit Gleichaltrigen, obwohl dies in einer Interview-Studie nicht bestätigt werden konnte (*Kelly*, 1992).

Da Kinder sich häufig schlechter verbal äußern können als Erwachsene, wurde die Spieltherapie entwickelt. Sie ermöglicht es ihnen, ihre Sorgen und Probleme dadurch zum Ausdruck zu bringen, daß sie mit einem Puppenhaus und Puppen spielen, die ihre Eltern und ihre Geschwister repräsentieren.

len. Ein erwachsener Patient reagiert vielleicht positiv auf einen Therapeuten, der empathisch, freundlich und mit akademischen Graden versehen ist, aber ein kleines Mädchen wird „Dr. X" eher mit Argwohn begegnen, ihn mit Eltern und Lehrern im Bunde sehen und wenig interessiert an ihm sein. Therapeuten unterschiedlichster Ausrichtung, auch Verhaltenstherapeuten, die der symbolischen Bedeutung, die der psychoanalytische Therapeut dem Spiel des Kindes beimißt, wenig abgewinnen können, bedienen sich des Spielzimmers, um eine Beziehung zu ihrem kleinen Patienten aufzubauen, und vielleicht auch, um über das Spiel herauszubekommen, wie das Kind das Problem sieht.

Da Kinder gewöhnlich mit Eltern und Geschwistern zusammenleben und untrennbar mit ihnen verbunden sind, kümmern sich viele Therapeuten nicht so sehr um die Probleme des betroffenen Kindes oder Jugendlichen allein, sondern versuchen vielmehr, die Interaktionsmuster der Familie zu ändern. Auch Familientherapie (vgl. S. 701f.) wird von Therapeuten aller Richtungen praktiziert. Sie nehmen an, daß die Ursache des kindlichen Problems oder der Grund für dessen Aufrechterhaltung in gestörten Familienbeziehungen zu suchen ist. Vielleicht kommt der Vater seiner Verantwortung nur unzureichend nach und zwingt den Sohn in eine Erwachsenenrolle, der dieser sich nicht gewachsen fühlt. Allerdings – man kann es nicht oft genug betonen – sagt die wirksame Behandlung einer Störung nichts aus über deren Ätiologie. Daß sich eine kindliche Störung beheben oder lindern läßt, wenn man die gestörten Familienbeziehungen erhellt und ändert, bedeutet nicht, daß die gestörten Familienbeziehungen auch die vorrangige Ursache des Problems sind. Viele klinische Berichte und die der Familientherapie innewohnende Plausibilität lassen vermuten, daß die künftige Forschung ihren Verfechtern in vielem Recht geben wird.

Ätiologie der Depression

Was ist die Ursache dafür, daß ein Kind depressiv wird? Einige Theorien wurden zur Ätiologie vorgeschlagen. Wie in Kapitel 9 dargestellt, unterstützen die vorliegenden Beweise die Rolle eines genetischen Faktors bei der Depression Erwachsener. Möglicherweise ist die Genetik auch bei Depressionen in der Kindheit von Bedeutung. Die Untersuchungen bei Kindern haben sich auch auf die Familienbeziehungen konzentriert, wobei angenommen wurde, daß diese Faktoren eine wichtige Rolle bei der Kinderpsychopathologie spielen.

Puig-Antich und Mitarbeiter (*Puig-Antich* et al., 1985) interviewten die Mütter von drei Gruppen von Kindern: depressiven, normalen und einer Gruppe mit anderen psychiatrischen

Diagnosen als affektiven Störungen. Verschiedene Aspekte zwischenmenschlicher Beziehungen unterschieden die depressiven Kinder von den anderen Gruppen: die Mutter-Kind-Beziehung depressiver Kinder war durch weniger Kommunikation, weniger Wärme, mehr Aggressivität und weniger Zeit, die bei gemeinsamen Aktivitäten verbracht wurde, gekennzeichnet. Die Beziehung zwischen den Vätern und den depressiven Kindern zeigte mehr Spannung und Aggressivität, weniger Wärme. Depressive Kinder hatten seltener einen besten Freund und wurden mit größerer Wahrscheinlichkeit von ihren Mitschülern gehänselt. Die Geschwisterbeziehungen waren besonders kompliziert. Obwohl diese zwischenmenschlichen Probleme nach einer erfolgreichen Behandlung mit einer antidepressiven Medikation weniger akzentuiert waren (besonders die Beziehungen zu den Gleichaltrigen zeigten sich gebessert), hatten die vorher depressiven Kinder immer noch soziale Beziehungen, die deutlich schlechter als die normaler Kinder waren. Die Autoren weisen darauf hin, daß es jedoch nicht eindeutig ist, ob schlechte soziale Bindungen Depression bei Kindern verursachen, ob die Depression zu andauernden Beeinträchtigungen der sozialen Beziehungen führt oder ob eine dritte Variable sowohl die Depression als auch die zwischenmenschlichen Schwierigkeiten verursacht.

Suizid ist die dritthäufigste Todesursache bei jungen Menschen in den Vereinigten Staaten. Sie wird nur von Unfällen und Mord übertroffen. Wie bei Erwachsenen ist es nachvollziehbar, daß einige der Todesfälle, die auf Unfall zurückgeführt werden, in Wahrheit Suizide sind, eine Anzahl von ihnen unbeabsichtigt.[1] Das Ergebnis, das Mütter häufig überhaupt nichts von den suizidalen Vorstellungen ihrer Kinder wissen und auch ihre Suizidversuche nicht erkennen, zeigt die Bedeutung der offenen Gespräche der Eltern über suizidale Gedanken (*Velez & Cohen*, 1988). Die Depression bei jungen Menschen erhöht das Suizidrisiko, besonders für diejenigen zwischen fünfzehn und neunzehn Jahren. Aber auch in viel jüngeren Jahren können die Kinder so verzweifelt sein, so völlig ohne Hoffnung, daß die Dinge sich jemals zum besseren wenden werden, daß sie versuchen, ihr Leben zu beenden. Wie jedoch bereits dargestellt (vgl. S. 279), ist der Suizid nicht immer mit Depression verbunden. Jugendliche begehen offensichtlich weit weniger aufgrund einer Depression als wegen persönlicher Konflikte und Entwicklungskrisen, wie etwa dem Ende einer Liebesaffäre (*Achenbach*, 1982; *Cytryn & McKnew*, 1979), des Streits mit den Eltern und Problemen in der Schule (*Hoberman & Garfinkel*, 1988). Außerdem wurde in einer Untersuchung festgestellt, daß Personen, die wegen eines Suizidversuchs behandelt wurden, mit drei bis sechsmal höherer Wahrscheinlichkeit als Kontrollpersonen früher Kontakt zu Sozialämtern wegen Anklagen von Kindesmißbrauch oder Vernachlässigung hatten (*Deykin, Alpert & McNamarra*, 1985).

Behandlung der Depression in der Kindheit

Bezüglich der Therapie depressiver Kinder und Jugendlicher gibt es sehr viel weniger Untersuchungen als bei Erwachsenen (*Kaslow & Racusin*, 1990). Die Literatur besteht fast ausschließlich aus unkontrollierten Fallberichten, einschließlich einiger erfolgversprechenden Arbeiten mit psychodynamischen Ansätzen (*Boverman & French*, 1979). Studien mit Maßnahmen zur experimentellen Kontrolle zeigen, daß die Anwendung antidepressiver Medikamente wenig gerechtfertigt ist (*Puig-Antich* et al., 1987). Das Training sozialer Fertigkeiten zeigt einige Erfolge, da es den depressiven Kindern verhaltensorientierte und verbale Möglichkeiten gibt, Zugang zu erfreulichen, verstärkenden Umgebungen zu bekommen, wie Freundschaften zu schließen und mit den Mitschülern auszukommen (*Frame* et al., 1982). Einige vergleichende Untersuchungen bei kognitiv-verhaltensorientierten Interventionen zeigen begrenzte Erfolge für die Wirksamkeit im Vergleich zum Rollenspiel von sozialen Fertigkeiten (*Stark* et al., 1987). Ein Fallbericht von *Braswell* und *Kendall* (1988) zeigt ein Beispiel für eine kognitiv-verhaltensorientierte Therapie bei einem depressiven 15jährigen Mädchen.

---

[1] Solche Todesfälle sind sicher tragisch, aber man muß die Tatsache, daß Suizid bei jungen Menschen die dritthäufigste Todesursache ist, auch in bestimmter Relation sehen. Junge Menschen und Kinder sterben sehr viel weniger häufig an Krankheiten als Erwachsene. Also ist bei ihnen die Wahrscheinlichkeit, durch Unfälle oder Suizid zu sterben, entsprechend größer. Tatsächlich ist die *Suizidrate* von Kindern und Jugendlichen gering und reicht nirgends an die von Erwachsenen heran.

Bei der ersten Begegnung war Susanne stark dysphorisch gestimmt, sie erlebte wiederholt suizidale Vorstellungen und zeigte eine Reihe vegetativer Symptome der Depression. Eine psychiatrische Untersuchung wurde durchgeführt und sie erhielt dann eine antidepressive Medikation. Bei der Einzeltherapie wurde sie mit einem kognitiv-verhaltensorientierten Ansatz der Depressionsbehandlung konfrontiert, und regelmäßig führte sie die Selbstbeobachtung und die Beurteilung der Stimmung durch. Sie war in der Lage zu verstehen, wie ihre Stimmung durch ihre Gedanken und ihr Verhalten beeinflußt wurde und sie konnte Aktivitäten planen, die zu einer Erhöhung angenehmer Erlebnisse und zielorientierter Ereignisse führten. Susanne legte an die Beurteilung ihrer Leistungen in zahlreichen Bereichen strenge Maßstäbe an und es wurde deutlich, daß auch ihre Eltern diese Auffassung teilten. Daher wurden familientherapeutische Sitzungen abgehalten, die Susanne und ihre Eltern ermutigen sollten, ihre Maßstäbe neu zu gestalten.

Susanne hatte Schwierigkeiten mit der Vorstellung der Veränderung des Beurteilungsstandards und notierte, daß wenn sie nicht depressiv wäre, sie ihren Perfektionismus sehr schätzen würde. Sie entwickelte Widerstand gegen die Therapie, da sie diese als Versuch ansah, Eigenschaften bei ihr zu verändern, die sie an sich sehr schätzte. Unter Berücksichtigung dieses Sachverhalts begannen wir diejenigen Situationen oder Bereiche zu erforschen und zu identifizieren, in denen sich ihr Perfektionismus für sie positiv auswirkte und wo er negative Folgen hatte. Diese Sichtweise sagte ihr zunehmend zu und sie beschloß, daß sie auch weiterhin einen hohen Maßstab hinsichtlich ihrer Leistungen im Mathematikkurs (einem Bereich, in dem sie ihre Stärke hatte) anlegen würde, daß sie aber nicht so hohe Forderungen in Kunst oder Sport an sich stellen sollte. (S. 194)

Eßstörungen

Anorexia nervosa

Die *Anorexia nervosa* (Magersucht) ist eine lebensbedrohliche Störung, die nicht auf eine bekannte körperliche Krankheit zurückzuführen ist. Anorexia bezeichnet einen schweren Appetitverlust, und nervosa bedeutet, daß die Gründe dafür emotionaler Natur sind. Interessanterweise ist „Anorexie" eine Fehlbezeichnung, da viele Anorektiker zunächst nicht ihren Appetit verlieren, sondern Angst haben zuzunehmen (*Achenbach*, 1982). Sie weigern sich, genug zu essen, um ein Minimalgewicht aufrecht zu erhalten, und haben eine starke Angst vor Gewichtszunahme. Die Selbstaushungerung führt zu physiologischen Veränderungen, die manchmal kaum rückgängig zu machen sind. Die Schätzungen gehen hier auseinander, aber etwa 5% der Betroffenen sterben. Bei weiteren 25% bleibt auch nach zwei Jahren die Remission aus, und der Rest nimmt im Laufe der Zeit und als Folge einer Behandlung wieder an Gewicht zu (*Hsu*, 1980).

Ein wesentliches Merkmal der Anorexie ist die gestörte Körperwahrnehmung. Trotz ihrer hervortretenden Rippen und Hüftknochen, ihrer ausgezehrten Gesichter und der dünnen Gliedmaßen sehen sich die Anorektiker nicht als zu dünn an. Im Gegensatz dazu untersuchen sie ihr Spiegelbild genau und bleiben dabei, daß sie sich als zu dick ansehen oder haben den Eindruck, daß sie endlich ein attraktives Gewicht erreicht haben. *Garner, Olmstead* und *Polivy* (1983) maßen die Unzufriedenheit mit dem Körper mit einem Selbstbeurteilungsfragebogen, der Fragen enthielt wie „Ich glaube, mein

Anorexia nervosa ist durch eine erhebliche Gewichtsabnahme und die Angst vor dem Dickwerden gekennzeichnet. Karen Carpenter, eine bekannte Sängerin, starb daran.

Bauch ist zu dick.", „Ich mag nicht die Form meiner Hüften." und „Ich glaube, meine Oberschenkel sind zu dick." In ihrer Studie verglichen sie normale Männer und Frauen mit anorektischen und bulimischen Männern und Frauen. Sie fanden heraus, daß normale Frauen in bezug auf die Unzufriedenheit erheblich höher lagen als normale Männer, aber deutlich unter Anorektikern und Bulimikern. Das läßt sich mit der Tatsache vereinbaren, daß sehr viel mehr Frauen als Männer an Eßstörungen leiden und daß diese Probleme mit einer ungewöhnlich starken Unzufriedenheit mit der Form des eigenen Körpers in Verbindung stehen und möglicherweise dadurch verursacht werden.

Eine neuere Untersuchung von *Whitaker* et al. (1990) ergab eine Prävalenzrate von 0,3% für junge Frauen in den Klassen neun bis zwölf und keinerlei Symptomatik bei gleichaltrigen jungen Männern. Der Beginn des Gewichtsverlusts liegt fast immer in der frühen Adoleszenz, kurz nach dem Beginn der Menstruation. Amenorrhöe, das Fehlen einer regelmäßigen Menstruation, ist ein charakteristisches Merkmal der Anorexie, das häfig vorliegt, bevor der Gewichtsverlust augenfällig wird. Andere körperliche Merkmale sind: eine trockene, schuppige Haut, feines dünnes Haar in Gesicht und Nakken, brüchige Fingernägel, gelbliche Färbung der Haut, gesteigerter Herzschlag, Verstopfung, verminderte Körpertemperatur und Muskelschwäche (*Kaplan* & *Woodside*, 1987). Anorektiker können Laxantien einnehmen und übermäßig körperliches Training durchführen, um abzunehmen. Die manische Energie, die in die starke körperliche Aktivität gesteckt wird, ist in Anbetracht des körperlichen Zustands erstaunlich.

Magersüchtige sind fast immer mit Nahrung und Essen beschäftigt – sogar dann, wenn sie darum kämpfen, nichts zu sich zu nehmen. Sie interessieren sich für die Zubereitung, sammeln Kochbücher, probieren neue Rezepte aus, kochen üppige Mahlzeiten mit vielen Gängen und Spezialgerichten für andere. Viele leugnen jegliches Hungergefühl, während andere zugeben, daß sie Hunger haben, sich aber zwingen, nichts zu essen. Tatsächlich leugnen die meisten Menschen mit dieser Störung, daß sie ein Problem haben, das der Behandlung bedarf. Anorektische Mädchen werden oft als „brave Mädchen" beschrieben. Sie sind wohlerzogen, gewissenhaft, ruhig und häufig perfektionistisch.

Ätiologie der Anorexia nervosa

Die Theorien zur Erklärung der Anorexia sind sehr unterschiedlich und empirisch überwiegend wenig fundiert. Einige psychologische Erklärungen stützen sich auf Freud, der im Essen einen Ersatz für sexuellen Ausdruck vermutete. In der Nahrungsverweigerung der Magersüchtigen zeigt sich demzufolge eine Furcht vor gesteigerten sexuellen Bedürfnissen oder vielleicht auch vor oraler Schwängerung (*Ross*, 1977). Einige sehen die Anorexie als Widerspiegelung eines Konflikts zwischen dem Wunsch nach Unabhängigkeit und Selbstverwirklichung in der Familie und der Angst, erwachsen zu werden.

Nach lerntheoretischer Auffassung kommt in der Anorexia möglicherweise eine Gewichtsphobie zum Ausdruck (*Crisp*, 1967), oder auch das Verlangen, dem in unserer Gesellschaft so

Abbildung 15.1 Beurteilungen von Frauen (oben) und Männern (unten) im Hinblick auf ihre eigene Figur: ideal, attraktiv für das andere Geschlecht und derzeit. Die Beurteilung „attraktiv für andere" stellt die Figur dar, die vom anderen Geschlecht als besonders attraktiv eingestuft wird. Aus: Use of the Danish Adoption Register for the Study of Obesity and Thinness von A. Stunkard, T. Sorensen und F. Schulsinger. In: S. Kety (Ed): The Genetics of Neuropsychological and Psychiatric Disorders, 1980, S. 119.

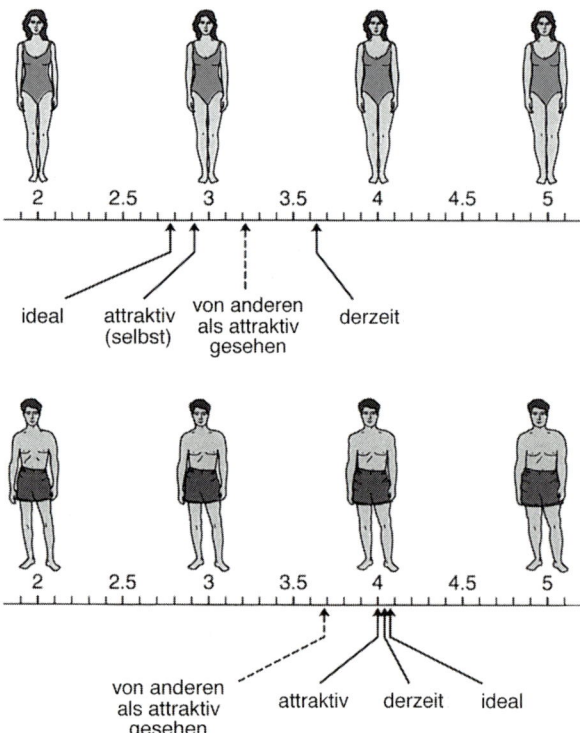

sehr gefragten Bild einer gertenschlanken Frau zu entsprechen (*Bemis*, 1978). Um die gleiche Figur wie Barbie, die Puppe, die für viele Mädchen die ideale Figur hat, zu bekommen, müßte die durchschnittliche amerikanische Frau (die 60 kg wiegt), ihren Busen um 30 cm vergrößern, die Hüfte um 25 cm verringern und eine Körpergröße von 2,15 m erreichen (*Moser*, 1989)! Wenn solche kulturellen Standards für die Idealfigur vorliegen, dann ist es nicht überraschend, daß die meisten amerikanischen Frauen mit ihrem Körper unzufrieden sind (*Harris*, 1987). Wie Abbildung 15.1 zeigt, fanden *Fallon* und *Rozin* (1985), daß Frauen ihre Idealfigur und die Figur, von der sie annehmen, daß Männer sie attraktiv finden, als sehr viel dünner einschätzen als es ihrem gegenwärtigen Gewicht entspricht. Im Gegensatz dazu schätzen Männer ihre gegenwärtige ideale und attraktive Figur als nahezu gleich ein.

Und schließlich gibt es noch eine Vielzahl organischer Erklärungsversuche. Bei der Anorexia, so behauptet die vielleicht führende physiologische Theorie, funktioniere der Teil des Hypothalamus abnorm, der die Menge der Nahrungsaufnahme, die sexuelle Aktivität und die Menstruation kontrolliert. Es ist jedoch nicht bekannt, ob eine Störung im Hypothalamus eine Ursache der Anorexie, eine Folge des Gewichtsverlusts und der Mangelernährung oder einer emotionalen Belastung des Patienten ist (*Garfinkel & Garner*, 1982).

Therapie der Anorexia nervosa

Die Behandlung der Anorexie ist ein zweischichtiger Prozeß. Zunächst muß der jungen Frau bei der Gewichtszunahme geholfen werden, um medizinischen Komplikationen und einer möglichen Todesgefahr zu begegnen. Um sie überhaupt mit Nahrung zu versorgen, kann ein Krankenhausaufenthalt erforderlich sein. Oft sind die Betroffenen so geschwächt und in ihren physiologischen Funktionen derart gestört, daß es ohne stationäre Behandlung gar nicht geht. Ist die Situation lebensbedrohlich, müssen sie intravenös ernährt werden. Eine möglichst unverzügliche Gewichtszunahme erreichte man mit verhaltenstherapeutischen Programmen, in denen man die Patientin zunächst weitgehend isolierte und sie dann für Essen und Gewichtszunahme sukzessive mit Gesellschaft bei den Mahlzeiten, Fernsehen, Radio

oder Plattenspieler, Spaziergängen mit einer Lernschwester und der Erlaubnis, Post und Besuche zu erhalten, belohnte (*Hsu*, 1986). Das zweite Behandlungsziel, die langfristige Beibehaltung des erreichten Gewichts, wird durch medizinische, verhaltenstherapeutische oder traditionelle psychodynamische Interventionen nicht immer erreicht (*Bemis*, 1978).

Dieses langfristige Ziel läßt sich möglicherweise mit einer Familientherapie erreichen. Wie bei den meisten anderen Therapieformen ist auch die Langzeitwirkung der Familientherapie noch unzureichend erforscht. Eine Untersuchung ergab allerdings, daß von 50, zusammen mit ihren Familien behandelten anorektischen Töchtern 86% drei Monate bis vier Jahre nach der Behandlung keine Anzeichen der Störung zeigten (*Rosman, Minuchin & Liebman*, 1976). *Salvador Minuchin* und seine Mitarbeiter, die eine von mehreren familientherapeutischen Schulen repräsentieren, haben einiges an Forschungsarbeit zur Familientherapie geleistet. Als therapeutisches Verfahren entwickelten sie die sogenannte *Familientischsitzung*.

Minuchins Familientherapie geht unter anderem von folgender Grundannahme aus. Er glaubt, daß „kranke" Familienmitglieder, insbesondere Kinder, dazu dienen, die Aufmerksamkeit vom zugrundeliegenden Familienkonflikt abzulenken. In der Krankheit offenbart sich sozusagen die Psychopathologie der Familie. Die Mitglieder solcher Familien sind rigide und tief ineinander verstrickt, die Kinder werden überbehütet und Konflikte nicht eingestanden. Die Krankheit verhindert, daß es im Umkreis dieser grundlegenden Familienstörung zu Reibungen kommt. Die Krankheit zieht alle Aufmerksamkeit auf sich und verringert so die Spannung zwischen den Familienmitgliedern. *Minuchin* glaubt daher, daß gestörte Familien das „kranke" Familienmitglied mit ihrem Verhalten in seiner Patientenrolle festschreiben (*Minuchin* et al., 1975).

Ein Überblick über die Untersuchungen über die familiären Interaktionen bei Anorexie-Patienten liefert einiges an Unterstützung für die Theorie von *Minuchin*. Familien von Anorektikern zeigen sich beispielsweise als mehr miteinander verstrickt, was durch stärkere Koalitionen zwischen jedem der Elternteile und dem anorektischen Kind belegt wird, die stärker sind als zwischen den Eltern als Ehepartner. Auf Video aufgenommene Rollenspiele von anorektischen Familien zeigten einen

Mangel an Konfliktauflösung, eine Konzentration auf die Tochter, und daß die Eltern selten direkt miteinander sprachen (*Kog & Vandereycken*, 1985).

Um die Störung zu behandeln, versucht *Minuchin* sie eher als interpersonal denn als individuell neu zu definieren und den familiären Konflikt zur Sprache zu bringen. Auf diese Weise, so die Theorie, wird das symptombelastete Familienmitglied davon befreit, sein Problem weiterhin aufrechterhalten zu müssen, denn es lenkt nicht mehr die Aufmerksamkeit von der dysfunktionalen Familie ab.

Die Familien der Anorektiker werden vom Therapeuten zu den Mahlzeiten aufgesucht, da die Konflikte, die mit der Anorexie verbunden sind, vermutlich dann besonders evident sind. Für diese Familientischsitzungen gibt es drei Ziele:

1. die Veränderung der Patientenrolle des Anorektikers,
2. die Definition des Eßproblems als ein interpersonales Problem und
3. Verhindern, daß die Eltern die Anorexie ihres Kindes als Mittel zur Vermeidung von Konflikten einsetzen.

Eine Strategie besteht darin, jeden Elternteil dahingehend zu unterrichten, daß er individuell das Kind zum Essen zwingt. Der andere Elternteil kann das Zimmer verlassen. Es wird erwartet, daß die individuellen Bemühungen fehlschlagen. Aber durch diesen Fehlschlag und die Frustration von jedem können Mutter und Vater jetzt zusammenarbeiten und das Kind zum Essen überreden. Das Essen des Kindes steht jetzt nicht mehr im Zentrum eines Konflikts, sondern führt zu einer Kooperation und vergrößert die elterliche Effizienz im Umgang mit dem Kind (*Rosman, Minuchin & Liebman*, 1975). Im Vergleich zu den nur bescheidenen Erfolgen anderer Behandlungen erscheint die Familientherapie erfolgversprechend.

Bulimia Nervosa

Eine Zeitlang galt die *Bulimia nervosa* als gelegentliche Begleiterscheinung der Anorexie, wird aber nunmehr im DSM-IV als eigene, von der Anorexie unabhängige Eßstörung geführt. Das Wort Bulimie ist vom griechischen abgeleitet *bous* (Rinderkopf) und *limos* (Hunger).

Hauptmerkmal der Bulimie ist das periodische Essen großer Mengen, gefolgt von selbstherbeigeführtem Erbrechen oder der Einnahme einer Überdosis Abführmittel, damit der Körper von den enormen Nahrungsmengen befreit wird. Im Unterschied zu Anorektikern sind Patienten mit Bulimie selten stark untergewichtig, sind aber wie jene übermäßig um ihre Figur besorgt und haben eine krankhafte Angst, dick zu werden. Wie bereits erwähnt, findet man bei manchen Patienten Aspekte beider Störungen. Man bezeichnet diese Patienten gelegentlich auch als Bulimarektiker.

Patienten mit Bulimie wählen Nahrungsmittel, die sich schnell essen lassen. Sie schlingen sie, fast ohne zu kauen, herunter und machen sich dann auf die Suche nach mehr. Das typische Menü eines Freßanfalls könnte beispielsweise aus zwei Packungen Keksen, einem Laib Brot, einem Liter Milch und einem halben Liter Eiscreme, einem Brathähnchen und etlichen Süßigkeiten bestehen. Bulimie-Patienten sind sich schmerzhaft bewußt, daß diese unkontrollierbaren Eßgewohnheiten abnorm sind. Während eines Anfalls empfinden sie Ekel, Hilflosigkeit und Panik. Die anschließende Entleerung wirkt meistens erleichternd. *Rosen* und *Leitenberg* (1985) bestätigen, daß die Bulimiker sich übergeben, um die Angst zu vermindern, die von dem Freßanfall verursacht wurde. Das Erbrechen dient als Flucht-Reaktion, die sie von den normalen Hemmungen gegen das übermäßige Essen befreit. Daher werden die Freßanfälle noch extremer, wenn der Betroffenen entdeckt hat, daß die Anwendung des Erbrechens die frühere Angst vor dem übermäßigen Essen kontrollieren kann.

Schätzungen der Prävalenz der Bulimia nervosa variieren in Abhängigkeit von den eingesetzten Meßinstrumenten (Fragebogen oder Interviews) und von den Definitionen der Verhaltensweisen des übermäßigen Essens und des Erbrechens (*Fairburn & Beglin*, 1990). Etwa 1 bis 2% der Frauen erfüllen die DSM-Kriterien für diese Störung.

In ihrem Überblick über die Literatur zur Bulimie zeichnet *Schlesier-Stropp* (1984) folgendes Bild der typischen Bulimie-Kranken. Es handelt sich wahrscheinlich um eine junge Frau von Mitte zwanzig. Mit achtzehn fing sie an, sich zu überessen, und etwa ein Jahr später begann sie, das Gegessene – gewöhnlich durch Erbrechen – wieder aus sich herauszubefördern. Ihr Gewicht ist für ihr Alter und ihre Größe nor-

Kasten 15.6 Depression und Eßstörungen

Man weiß seit langem, daß Patienten mit Anorexie und Bulimie häufig depressiv sind. Auch von den 105 hospitalisierten Magersüchtigen, die *Eckert* und seine Mitarbeiter (1982) untersuchten, litt ein großer Teil unter Depressionen. Besonders betroffen waren Patientinnen mit sehr schweren Eßstörungen. Bei einigen Frauen geht der Beginn der Depression den Symptomen einer Eßstörung voraus (*Piran* et al., 1985) und depressive und nicht depressive Anorektiker können biochemische Unterschiede aufweisen (*Biedermann* et al., 1984). Anstatt den Nachweis zu versuchen, daß entweder die Depression immer die Folge einer Eßstörung ist oder daß Anorexie und Bulimie durch affektive Störungen verursacht sind, schlugen *Swift* und Mitarbeiter ein multidimensionales Modell vor, in dem biologische, psychologische, familiäre und soziokulturelle Faktoren sich gegenseitig beeinflussen (*Swift, Andrews & Barklage,*1986).

Nehmen wir an, daß Depression wirklich mit Anorexie und Bulimie verbunden ist. Aber was ist dann die Ursache und was die Wirkung? Wenn eine Anorexie-Patientin 25% ihres Körpergewichts verliert, können die gesunkene Körpertemperatur und der Aushungerungszustand biochemische Veränderungen verursachen, die ihrerseits zur Depression führen. Zu ähnlichen somatischen Veränderungen kann es auch bei Bulimie kommen. Aus psychologischer Sicht können Kontrollverlust und Schuld- und Schamgefühle, die mit diesen Eßstörungen einhergehen, leicht in eine klinische Depression münden. Denkbar ist andererseits auch, daß die Depression die Anorexie verursacht. Eine junge Frau, so vermutet die psychoanalytische Theoretikerin *Bruch* (1980), könnte ihre depressiven Gefühle dadurch kompensieren, indem sie versucht, schlank und begehrenswert zu werden. Sie nimmt ab, bleibt weiterhin depressiv und versucht, noch dünner zu werden. *Bruch* (1981) meint auch, man könne die Anorexie als eine weibliche Manifestation der Depression in der Adoleszenz ansehen. Indem die junge Frau in ihrer Erscheinung die Ursache und die mögliche Heilung ihrer Depression sieht, verliert sie mehr und mehr an Gewicht. Die enge Verbindung zwischen den Eßstörungen und der Depression hat einige Forscher dazu gebracht, sie als eine Variante der Depression anzusehen. Eine Übersicht über die Literatur von *Hinz* und *Williamson* (1987) läßt jedoch vermuten, daß die Depression und die Eßstörungen als zwei getrennte, aber häufig gemeinsam auftretende Störungen anzusehen sind.

mal, und ihre Familiengeschichte verzeichnet ungewöhnlich viele Fälle von Fettleibigkeit und Alkoholismus. Dem Überblick von *Schlesier-Stropp* sind noch weitere wichtige Punkte zu entnehmen:

1. Bei Männern wurde Bulimie nur sehr selten diagnostiziert;
2. Bulimie tritt vornehmlich während der Adoleszenz und im frühen Erwachsenenalter auf, nur in sehr, sehr wenigen Fällen sind die Betroffenen bei Beginn der Störung älter als dreißig Jahre;
3. die Eßanfälle können schon bis zu drei Jahren bestehen, bevor die Betroffenen anfangen, sich anschließend wieder zu entleeren;
4. wie häufig es zum Zyklus des sich Überessens und Entleerens kommt, ist ganz verschieden: bei manchen Betroffenen einmal täglich, bei anderen etwa einmal wöchentlich und bei wieder anderen bis zu dreißigmal in der Woche.

Patienten mit Bulimie leiden häufig an Phasen der Depression (vgl. Kasten 15.6) und Angst und fühlen sich schuldig, weil sie ihre Eßanfälle nicht kontrollieren können. Ihr kostspieliges Leiden kann sie so beanspruchen, daß für soziale Aktivitäten nurmehr wenig Raum bleibt und ihre finanziellen Möglichkeiten sich dabei erschöpfen. Bei einer Untersuchung von 275 Bulimikern fanden *Mitchell* et al. (1985) heraus, daß 70% Schwierigkeiten mit intimen oder zwischenmenschlichen Beziehungen hatten, 53% berichteten über Probleme in der Familie und 50% konnten nicht voll arbeiten. Viele Bulimie-Patienten sind auch suizidgefährdet.

Die Störung hat, insbesondere bei häufigem Erbrechen, auch physiologische Folgen. Nicht wenige Betroffene haben eine wunde Kehle und geschwollene Speicheldrüsen. Die Säure des Erbrochenen kann den Zahnschmelz zerstören. Es kann auch zu Darmschädigungen, ernährungsbedingten Mangelerscheinungen und

Dehydration kommen. Menstruationsstörungen sind bei Patientinnen mit Bulimie weniger schwer als bei Anorektikerinnen (*Ely*, 1983; *Schlesier-Stropp*, 1984). Niedrige Blutspiegel an Kalium und Elektrolyten können lebensbedrohend sein. Von Bulimikern ist bekannt, daß Herzversagen auftreten kann, das zu einem plötzlichen Tod führt (*Kaplan & Woodside*, 1987).

Behandlung der Bulimie

Es ist unwahrscheinlich, daß die Bulimie ohne Behandlung verschwindet. Neuere kontrollierte Untersuchungen lassen vermuten, daß kognitiv verhaltensorientierte Therapien bei der Veränderung der negativen Überzeugungen hin-

sichtlich der Körpervorstellung und des Gewichts wertvoll sein können (*Fairburn* et al., 1986). Eine Übersicht von *Garner, Fairburn* und *Davis* (1987) zeigt, daß der Median der Verringerung der Häufigkeit der Freßanfälle mit derartigen Interventionen bei 79% liegt, wobei diese Verbesserung auch nach dem Ende der Therapie anhält. *Wilson* et al. (1986) fanden heraus, daß der Nutzen der kognitiven Verhaltenstherapie durch die Hinzufügung der Reaktionsprävention (d.h., der Bulimiker wird den verbotenen Lebensmitteln ausgesetzt und daran gehindert zu erbrechen, nachdem er sie gegessen hat) deutlich verbessert wird. Einige Erfolge sind auch mit antidepressiven Medikamenten erzielt worden (*Hughes, Wells, Cunningham & Ilstrup*, 1986; *Pope & Hudson*, 1984).

Zusammenfassung

Das DSM-III hat die diagnostische Kategorie der Störungen der Kindheit und Adoleszenz erheblich erweitert und DSM-IV zeigt das fortgesetzte Interesse an den Störungen der Kindheit.

Aufmerksamkeitsstörungen und Verhaltensprobleme sind Störungen mit unterkontrolliertem Verhalten. Genetische Untersuchungen und Belege für veränderte neurologische Funktionen deuten auf eine biologische Ursache bei den Aufmerksamkeitsstörungen hin, von denen viele mit Hyperaktivität verbunden sind. Die Rolle, die die Eltern bei der Verursachung oder Verstärkung der Störung spielen, wird auch durch einige Daten belegt. Um Kinder mit Aufmerksamkeitsdefiziten und Hyperaktivität zu beruhigen, verabreicht man Stimulantien und belohnt sie, wenn sie stillsitzen und ihre Schulaufgaben machen. Verhaltensstörungen äußern sich in Aggression, Lügen, Diebstahl, Vandalismus und anderen Handlungen und Einstellungen, die andere für unannehmbar halten. Als ätiologische Faktoren gelten eine genetische Prädisposition, ständiger Streit der Eltern, mangelhafte moralische Erziehung, Modelllernen und direkte Verstärkung abweichenden Verhaltens und das Aufwachsen in

großstädtischen Slums. Als vielversprechende Interventionen haben sich Verstärkung prosozialen Verhaltens und die Vermittlung spezifischen Wissens und schulischer Fertigkeiten erwiesen.

Schulphobie, sozialer Rückzug und Depression sind Störungen mit überkontrolliertem Verhalten. Bei der Schulphobie verweigern die betroffenen Kinder aus Angst vor der Schule den Schulbesuch. Man behandelt sie, indem man die Kinder der gefürchteten Situation schrittweise aussetzt und eventuell auch für den Schulbesuch belohnt. Wenn Kinder sich sozial zurückziehen, hat das, so vermutet man, seinen Grund in Angst und unzureichenden sozialen Fertigkeiten. Wie häufig Kinder unter Depressionen leiden und ob depressive Kinder andere Symptome haben als depressive Erwachsene, wissen wir nicht genau. Störungen mit überkontrolliertem Verhalten werden vielfach mit Spiel- oder Familientherapie behandelt. Die Verhaltenspädiatrie hilft Kindern, mit einer schweren Krankheit umzugehen.

Schließlich wurden noch zwei stark von der Norm abweichende Eßmuster bei Adoleszenten besprochen. Patienten mit Anorexia nervosa essen so wenig, daß sie übermäßig an Gewicht verlieren und sich, wenn der Störung nicht Einhalt geboten

Lernstörungen

Kinder mit einer Lesestörung, besser bekannt als *Legasthenie oder Dyslexie,* haben große Schwierigkeiten beim Wiedererkennen von Wörtern, dem Leseverständnis und üblicherweise auch mit der Rechtschreibung. Wenn sie vorlesen, dann lassen sie etwas weg, fügen etwas hinzu oder verändern die Aussprache von Wörtern in einem für ihr Alter ungewöhnlichen Ausmaß. Im Erwachsenenalter bestehen die Probleme mit flüssigem Vorlesen, Leseverständnis und der Rechtschreibung weiter (*Bruck*, 1987). Diese Störung, die bei zwei bis acht Prozent der Schulkinder vorliegt, schließt großartige Leistungen nicht aus. Wie bei dem einleitend beschriebenen Studenten ist weithin bekannt, daß auch *Nelson Rockefeller*, früherer Gouverneur des Staates New York und ehemaliger Vizepräsident der Vereinigten Staaten, an Dyslexie litt.

Bei der *Rechenstörung* kann das Kind folgende Schwierigkeiten haben: mit linguistischen Fertigkeiten, wie etwa der Umsetzung schriftlicher Darstellungen in mathematische Symbole, mit Problemen der Wahrnehmung, wie dem Wiedererkennen numerischer Symbole, mit der Aufmerksamkeit, z.B. zu einer im Gedächtnis behaltenen Zahl eine weitere hinzu zu addieren und mit mathematischen Fertigkeiten, wie dem Zählen von Objekten oder einer Reihe mathematischer Schritte zu folgen. Schlechte Leistungen in Mathematik sind mindestens so häufig wie schlechte Leistungen im Lesen und Schreiben und häufig treten die drei gemeinsam auf (*Badian*, 1983; *Pourke & Finlayson*, 1978)

Die *Störung des schriftlichen Ausdrucks* beschreibt eine Beeinträchtigung der Fähigkeit, das geschriebene Wort sinnvoll zusammenzusetzen (einschließlich Fehlern in der Rechtschreibung, der Grammatik oder Zeichensetzung und einer unzulänglichen Organisation von Sätzen), die ausreichend schwer ist, um die schulische Leistung oder die alltäglichen Anforderungen zu beeinträchtigen, bei denen derartige Fertigkeiten des Schreibens erforderlich sind. Bislang wurden nur wenige Daten über die Prävalenz dieser Störung zusammengetragen.

Kommunikationsstörungen

Bei der *rezeptiven Sprachstörung* hat das Kind Schwierigkeiten beim Verstehen der gesprochenen Sprache. Bei der *expressiven Sprachstörung* fällt es dem Kind schwer, sich sprachlich auszudrücken. Man kann ein Kind des rezeptiven Typs für taub halten, so mangelhaft ist sein Sprachverständnis. Ein Kind mit der expressiven Form der Störung kann ganz offensichtlich etwas mitteilen wollen, hat dann aber außerordentliche Schwierigkeiten, die richtigen Worte zu finden. Noch im Alter von vier Jahren äußert sich ein solches Kind nur in ganz kurzen Sätzen. Es vergißt früher gebrauchte Wörter, wenn es neue lernt, und im Gebrauch grammatischer Strukturen bleibt es erheblich hinter seinen Altersgenossen zurück.

Im Unterschied zu Kindern, die Verständnis- und Wortfindungsschwierigkeiten haben, verfügen Kinder mit einer *Artikulationsstörung* über ein altersgerechtes Vokabular und Ausdrucksvermögen. Nur klingt das, was sie sagen, wie Babysprache. Aus ‚schön‘ wird ‚ßön‘, aus ‚blau‘ wird ‚bau‘. Sie haben nicht gelernt, später erworbene Sprachlaute wie r, sch, th (im Englischen), f, z, l und ch zu artikulieren. Mit einer Sprachtherapie ist in fast allen Fällen eine vollständige Heilung möglich und leichtere Fälle können eine spontane Remission im Alter von acht Jahren haben.

Störung der motorischen Fertigkeiten

Bei der Störung der motorischen Fertigkeiten, die auch als entwicklungsbezogene Koordinationsstörung bezeichnet wird, zeigen die Kinder eine deutliche Beeinträchtigung der Entwicklung der motorischen Koordination, die nicht durch Geistige Behinderung oder eine bekannte körperliche Erkrankung, wie zerebrale Lähmung, erklärt werden kann. Das kleine Kind kann Schwierigkeiten haben, die Schuhe zuzubinden oder ein Hemd zuzuknöpfen. Wenn es älter wird, können Probleme beim Modellbau, Ballspielen, Schreiben von Druckbuchstaben und bei der Handschrift auftreten. Die Diagnose wird nur gestellt, wenn die Beeinträchtigung sich deutlich auf die schulische Leistung oder die alltäglichen Aktivitäten auswirkt.

Ätiologie von Lernbehinderungen

Als mögliche Ursachen der einzelnen Lernbehinderungen gelten sowohl physiologische als auch psychologische Faktoren. Von richtigen

Antworten auf die Frage nach der Ätiologie sind wir noch weit entfernt. Vor einigen Jahren belegten Zwillingsuntersuchungen die Erblichkeit von Lernbehinderungen (*Mathaney, Dolan & Wilson*, 1976). Neuere Studien spezifizieren, welche der Lernprobleme vererbt sind und welche psychische oder körperliche Ursachen haben. Die von *Pennington* und *Smith* (1988) zusammengetragenen Belege lassen vermuten, daß einfache Fertigkeiten des Lesens von Wörtern und der Rechtschreibung genetisch beeinflußt sind, dies für das Leseverständnis aber nicht zutrifft.

Es gibt einige Belege dafür, daß neurologische Probleme für Lernbehinderungen verantwortlich sein können. Die Autopsie der Gehirne von acht Personen mit einer Dyslexie in der Kindheit ergab mikroskopische Abnormitäten hinsichtlich der Lokalisation, Zahl und Organisation der Neurone. Die Anomalien fanden sich primär in den Sprachregionen der linken Hemisphäre (*Galaburda*, 1989). Die Quelle dieser entwicklungsbedingten Defekte bleibt unbekannt.

In der Vergangenheit haben sich psychologische Theorien auf Defizite in der Wahrnehmung als Grundlage der Dyslexie bezogen. Eine populäre Hypothese ging z.B. davon aus, daß Kinder mit Dyslexie Druckbuchstaben verkehrt herum oder spiegelbildlich *wahrnehmen* und so fälschlich einen Buchstaben für einen anderen, etwa ein *d* für ein *b* halten. Es wurde jedoch keine Beziehung zwischen der Verwechslung von Buchstaben im Alter von fünf oder sechs Jahren und der späteren Lesefertigkeit gefunden (*Calfee, Fisk & Piontkowski*, 1985) und man muß nicht unbedingt sehen können, um Leseschwierigkeiten zu haben – Blinde können Schwierigkeiten haben, die Blindenschrift zu lesen (*McGuiness*, 1981). Neuere Untersuchungen weisen auf Probleme der Sprachverarbeitung hin, die der Dyslexie zugrunde liegen können. Dies schließt die Wahrnehmung der Sprache und die Analyse der Laute der gesprochenen Sprache und ihre Beziehung zu den geschriebenen Wörtern ein (*Mann & Brady*, 1988). Eine Reihe von Längsschnittuntersuchungen läßt vermuten, daß frühe Sprachprobleme die spätere Dyslexie vorhersagen: die Schwierigkeiten, Reime und Alliterationen im Alter von vier Jahren zu erkennen (*Bradley & Bryant*, 1985), Probleme beim schnellen Benennen von vertrauten Objekten im Alter von fünf Jahren (*Scarborough*, 1990; *Wolf, Bally & Morris,* 1986) und Verzögerungen beim Erlernen syntaktischer Regeln im Alter von zweieinhalb Jahren (*Scarborough*, 1990).

McGuiness (1985) wies darauf hin, daß jede Theorie der Lernbehinderungen den deutlichen Geschlechtsunterschied bei diesen Störungen erklären müsse. Es kann sein, daß strukturelle oder hormonelle Unterschiede zwischen männlichen und weiblichen Gehirnen für einige Unterschiede im Lernen zwischen den Geschlechtern verantwortlich sind. Z.B. verursacht eine Schädigung der linken Hemisphäre bei Männern mehr Sprachdefizite als bei Frauen; Frauen haben eine größere Repräsentation der Sprache in der rechten Hemisphäre als Männer (*Kimura*, 1983; *Mateer, Polen & Ojemann*, 1982). Dieses Ergebnis legt nahe, daß Jungen für Sprach- und Leseschwierigkeiten empfänglicher sind.

Eine andere erfolgversprechende Hypothese betrachtet Unterschiede zwischen Jungen und Mädchen hinsichtlich der sensomotorischen Integration (*McGuiness*, 1985). Von Jungen wird gesagt, daß sie sich als kleine Kinder mehr an grobmotorischen Aktivitäten beteiligen. Die Fertigkeiten der Grobmotorikkontrolle werden primär mit dem sensorischen Input des visuellen Systems und der Position der Glieder im Raum integriert, was zu einer Steigerung der Effizienz in der visuomotorischen Koordination führt (die bei Jungen besser als bei Mädchen ist). Im Gegensatz dazu wird angenommen, daß Mädchen eher in Richtung einer feinmotorischen Kontrolle trainiert werden, was die Sprachstrukturen einschließt, die primär in das auditive System integriert werden, was zu besseren sprachlichen Fertigkeiten der Mädchen führt.

Intervention bei Lernbehinderungen

Experten haben versucht, Lernbehinderungen auf somatischem, pädagogischem und psychotherapeutischem Wege zu behandeln. Man hat den Kindern Stimulantien und Tranquilizer verabreicht; oder man trainierte mit ihnen motorische Aktivitäten, die sie, so glaubte man, in einem noch jüngeren Alter nicht genügend beherrscht hatten. Auf diese Weise hoffte man, neuronale Verschaltungen im Gehirn neu zu organisieren.

Gegenwärtig werden folgende Methoden zur Behandlung der Lernschwierigkeiten angewendet: Linguistische Ansätze, die in erster Linie bei Lese- und Rechtschreibschwierigkeiten eingesetzt werden, konzentrieren sich vor allem auf Hören, Sprechen, Lesen und Schreiben auf eine logische und multisensorielle Art und Weise (*Lyon & Moats,* 1988). Bei kleinen Kindern müssen die Voraussetzungen für das Lesen wie Buchstabenunterscheidung, phonetische Analyse, Entsprechungen zwischen Buchstaben und Lauten unterrichtet werden, bevor der eigentliche Leseunterricht beginnt. Kinder mit einer Dyslexie können im College Erfolg haben, wenn ihnen Hilfen zum Lernen, wie auf Tonband aufgezeichnete Unterrichtsstunden, Tutoren, ein Texteditor und keine Zeitbegrenzung angeboten werden (*Bruck*, 1987).

In den letzten Jahren haben sich Forscher darauf konzentriert, daß einigen lernbehinderten Kindern eher bestimmte erlernbare Fertigkeiten fehlen als die Fähigkeit zu lernen und zu planen (*Braswell & Kendall*, 1988). Die Folgerung aus dieser Annahme ist wichtig, denn sie unterstellt, daß man diesen Kindern besser lernen helfen kann, wenn angemessene kognitive Strategien vermittelt werden können. *Harris* (1986) nahm beispielsweise Kinder beim Puzzlespielen (Shazam) auf Video auf und beobachtete ihre Unterhaltung während der Aufgabe. Im Vergleich zu Kindern mit normalen Leistungen waren die Selbstgespräche der Lernbehinderten durch irrelevante Kommentare, wie etwa Wortspiele („a dogie, dogie, dogie"), Beschreibungen irrelevanter Reize („Das ist ein lustiges Geräusch."), Krachmachen („criminy", „Pheewee") und negativen Beurteilungen ihrer Leistung oder der Aufgabe („Das ist ein blödes Puzzle."; „Ich kann das nicht.") gekennzeichnet. Im Gegensatz dazu verwendeten die Kontrollkinder sehr viel häufiger Selbstgespräche dazu, sich durch die Aufgabe zu führen. Der direkte Unterricht der Kinder, Selbstgespräche konstruktiv einzusetzen, half sowohl den Kontrollpersonen als auch den Lernbehinderten dabei, längere Zeit bei der Aufgabe zu bleiben.

Für alle Kinder, aber besonders für die mit Lernschwierigkeiten, ist ein erfolgsorientierter Ansatz sehr wichtig. Die meisten lernbehinderten Kinder haben wahrscheinlich ein großes Maß an Frustration und Versagen erlebt, das ihre Motivation und ihr Selbstvertrauen beeinträchtigt. Verhaltensorientierte Programme, die kleine Erfolge belohnen, können dabei helfen, die Motivation des Kindes zu stärken, seine Aufmerksamkeit auf die zu lernende Aufgabe zu richten und die Verhaltensprobleme, die durch die Frustration verursacht werden, zu reduzieren.

Geistige Behinderung

Bei dem dreiundzwanzigjährigen Kevin wurde im Kindesalter eine mäßige bis schwere Geistige Behinderung diagnostiziert. Seit seinem sechsten Lebensjahr ist er in Sondererziehungsprogramme eingegliedert. Er kann jetzt allein essen und sich selbständig anziehen, allerdings muß man ihm die Kleidungsstücke bereitlegen und, bevor er das Haus verläßt, überprüfen, ob alles richtig zugeknöpft und an der richtigen Stelle ist. Er findet sich in seinem Heimatort zurecht, ohne sich zu verirren, kann aber nicht allein mit dem Bus fahren. Er kann im zwei Häuserblock entfernten Lebensmittelgeschäft einkaufen, wenn man ihm einen Zettel für den Lebensmittelhändler mitgibt, er kann aber das Wechselgeld nicht überprüfen. Einfache Hausarbeiten erledigt er zuverlässig; er macht Betten, deckt den Tisch, saugt Staub und hilft in der Küche. Seine Werte auf der Wechsler Adult Intelligence Scale liegen weit unter dem Durchschnitt. Die Psychologin, die ihn getestet hat, vermerkt, daß Kevin sich an einigen verbalen Aufgaben gar nicht erst versuchte. Sie war sich allerdings nicht sicher, ob Kevin die Fragen nicht doch beantwortet hätte, wenn er besser sprechen könnte. Kevins Sprache ist tatsächlich nahezu unverständlich, er hat viele Artikulationsschwierigkeiten, reagiert aber auf Anweisungen und Bitten. Er arbeitet in einer ‚Beschützenden Werkstatt' und erledigt seine einfachen Montage- und Steckarbeiten zufriedenstellend. Er versteht, daß er für seine Arbeit bezahlt wird und erzählt, wie er das Geld, das er verdient, ausgeben will, muß aber beim Einkaufen beaufsichtigt werden. Sein sozialer Entwicklungsstand entspricht etwa dem eines Sechsjährigen (nach einem Bericht von Grossman, 1983; S. 213-214).

Das Konzept der Geistigen Behinderung

Das DSM-IV definiert die Geistige Behinderung, als „deutlich unterdurchschnittliche allgemeine Intelligenz, die einhergeht mit eingeschränkter Anpassungsfähigkeit und sich vor dem Alter von 18 Jahren manifestiert." Wir wollen uns diese Kriterien im folgenden einzeln ansehen.

Intelligenztest-Werte als Kriterium

Der erste Teil der Definition erfordert eine Beurteilung der Intelligenz. Die Werte der meisten
Intelligenztests sind so standardisiert, daß der
Mittelwert 100 und die Standardabweichung –
ein Maß für die Streuung unterhalb und oberhalb des Mittelwertes – 15 oder 16 beträgt. Diese Mittelwerte, die von etwa zwei Dritteln der
Bevölkerung erreicht werden, liegen zwischen
85 und 115. Ein Wert von 70 bedeutet, daß der
Betreffende zwei Standardabweichungen unter
dem Mittelwert liegt und damit „eine erheblich
unterdurchschnittliche intellektuelle Fähigkeit" hat. Etwa 2,5% der Bevölkerung fallen in
diese Kategorie.

Die Anwendung standardisierter Intelligenztests zur Beurteilung geistiger Behinderung ist
wegen des Fehlens von Normwerten für Kinder, die nicht aus der weißen Mittelklasse stammen und für Kinder mit einem IQ unter 70 kritisiert worden. In letzter Zeit sind die Intelligenztests entsprechend dieser Kritik revidiert
worden. Die dritte Auflage des *Wechsler Intelligenztests für Kinder* (USA-Ausgabe, 1991) benutzt die Daten des Zensus von 1988, um eine
stratifizierte Stichprobe der verschiedenen
Rassen, des sozioökonomischen Status und Region des Landes zu bekommen. Darüber hinaus
haben die Testkonstrukteure den Test bei einer
größeren Zahl von speziellen Gruppen validiert, einschließlich Kinder mit Geistiger Behinderung, Lernbehinderungen, Gehörschäden
und Aufmerksamkeits- und Hyperaktivitätsstörungen. In Kasten 6.1 wird dargestellt, wie die
Intelligenz bei Kleinkindern gemessen werden
kann.

Adaptive Funktionsfähigkeit als Kriterium

Adaptive Funktionsfähigkeit bei Kindern bedeutet, daß sie lernen, für sich selbst zu sorgen,
mit Zeit und Geld umgehen können, Werkzeu-
ge zu handhaben, einkaufen zu gehen, öffentliche Verkehrsmittel zu benutzen, sozial verantwortlich und selbständig zu sein. Der Jugendliche sollte in der Lage sein, sein schulisches Wissen anzuwenden, logisch zu denken und zu
argumentieren, er sollte Alltagsgeschehnisse
beurteilen und an Gruppenaktivitäten teilnehmen können. Vom Erwachsenen wird natürlich
erwartet, daß er sich selbst ernährt und soziale
Verantwortung übernimmt.

Man hat verschiedene Tests konstruiert, die
diese Fähigkeiten messen. Die wohl bekanntesten sind die *American Association of Mental
Deficiency Adaptive Behavior Scale* (ABS) (*Nihira* et al., 1974) und die *Vineland Adaptive Behavior Scales* (*Sparrow, Balla & Cicchetti*, 1984;
vgl. Tabelle 16.1).

Tabelle 16.1 Beispielaufgaben aus den Vineland Adaptive Behavior Scales

Alter	Angemessenes Verhalten
2 Jahre	Hat einen aktiven Wortschatz von 50 Wörtern, die zu verstehen sind. Zieht sich einen vorher zu öffnenden Mantel, einen Pullover oder ein Hemd ohne Hilfe aus.
5 Jahre	Erzählt eine bekannte Geschichte, ein Märchen, einen längeren Scherz oder die Handlung einer Fernsehsendung. Kann sich die Schuhe mit einer Schleife ohne Hilfe binden.
8 Jahre	Behält Geheimnisse oder vertrauliche Mitteilungen für mehr als einen Tag für sich. Bestellt im Restaurant sein eigenes Essen.
11 Jahre	Benutzt das Telefon für alle möglichen Anrufe ohne Hilfe. Verwendet Radio oder Fern- sehen, um sich über bestimmte Interessensgebiete zu informieren.
16 Jahre	Kümmert sich selbst um seine Gesundheit. Reagiert auf Hinweise oder indirekte Anspielungen im Gespräch.

Quelle: Aus Sparrow, Balla & Cicchetti, 1984

Obwohl Beeinträchtigungen der sozialen Anpassung seit langem zur Definition Geistiger
Behinderung gehören, sind die entsprechenden
Tests erst seit kurzem angemessen standardisiert. Viele Instrumente zur Erfassung der
sozialen Anpassung versäumen es allerdings,
auch die Umgebung einzubeziehen, an die sich
das Individuum anpassen muß. In einer kleinen,
ländlichen Gemeinde, wo jeder jeden kennt,
sind möglicherweise weniger komplexe Fertigkeiten vonnöten als in New York City. Kinder,
die sich schon recht gut auf bäuerliche Arbeiten
verstehen, zur Schule gehen und im Dorfladen
einkaufen, würden – in eine Großstadt ver-
pflanzt – als schlecht angepaßt gelten, da sie
nicht mit der U-Bahn zur Schule fahren oder in
einem fremdsprachen Geschäft einkaufen
könnten. Weil die Umgebungen, in denen die
Kinder leben, unterschiedlich komplexe Anforderungen stellen, ist ein Kriterium, das vom

Kasten 16.1 Die Intelligenzmessung bei Kleinkindern

In den letzten Jahren haben die Psychologen nach einer Möglichkeit gesucht, die spätere Intelligenz aufgrund der Leistungen von Kleinkindern vorherzusagen. Bei den meisten derartigen Versuchen wurden sensorische und motorische Funktionen – die Auge-Hand-Koordination, die Reaktion auf Geräusche und die soziale Reaktion im ersten Lebensjahr – verwendet (*Brooks & Weinraub*, 1976). Obwohl diese Maße für die Beurteilung der normalen Entwicklung und interkultureller Unterschiede nützlich sind, haben sie sich als schlechte Prädiktoren der späteren intellektuellen Leistungsfähigkeit und als wenig effiziente Maße der Wirksamkeit von Interventionen oder Förderprogrammen erwiesen.

Fadan und *Singer* (1983) machten Fortschritte bei der Entwicklung eines Verfahrens, das zur Beurteilung der Intelligenz von Kleinkindern erfolgversprechend ist. In ihrer Untersuchung studierten sie das visuelle Gedächtnis zur Wiedererkennung, d.h. die Fähigkeit des Kleinkindes, einen vertrauten Reiz wiederzuerkennen. Dabei nutzten sie die Neigung des Kindes, sich verstärkt neuen als den vertrauten Objekten zuzuwenden, und bestimmten die Wiedererkennungshäufigkeit des Kindes eines früher vorgegebenen Objekts. Sie stellten fest, daß die Fähigkeit, sich an visuelle Reize zu erinnern und diese wiederzuerkennen, die später dann im Alter von sieben Jahren gemessene Intelligenz sehr viel besser vorhersagte als die sensomotorischen Maße. Darüber hinaus zeigten Gruppen von Kindern, von denen erwartet wurde, daß sie sich später auch in der Intelligenz unterscheiden (wie Kinder mit Down-Syndrom und vorzeitig geborene Kinder gegenüber normalen Säuglingen), Unterschiede im visuellen Wiedererkennungsgedächtnis.

Zusätzlich kann die Untersuchung von *Fagan* und *Singer* erheben, ob bei Kindern ein Risiko für eine langsamere Entwicklung vorhanden ist. Auch die Wirkung von Frühtherapieprogrammen und die kognitiven Funktionen bei Kindern, bei denen verbale Tests nicht eingesetzt werden können, wie z.B. bei denen mit einer schweren Geistigen Behinderung, kann anhand dieses Tests gemessen werden.

durchschnittlichen weißen, in der Stadt aufgewachsenen Mittelschichtskind ausgeht, möglicherweise nicht valide. Ähnlich können Stadtkinder sich außerstande sehen, eine Tätigkeit auszuführen, die man bei ihren auf einem Bauernhof lebenden Altersgenossen voraussetzt. Eine effektive und valide Messung der sozialen Anpassung sollte daher auch die Interaktion zwischen dem Kind und den Umgebungen, in denen es zurechtkommen muß, berücksichtigen.

Weiterhin problematisch zwischen sozialer Anpassung und Intelligenz sind die nicht immer klar zu trennenden Grenzen. Der Ethologe und Psychologe *Charlesworth* (1976), der Intelligenz aus evolutionärer Perspektive untersucht, glaubt, daß Intelligenz im Grunde die Fähigkeit ist, sich an die Umwelt anzupassen. Demnach wären Werte in Anpassungstests ein valideres Maß für Intelligenz als Werte in IQ-Tests, die eher abstraktes Denken verlangen. Dagegen haben Kritiker einzuwenden, daß sich dann die Kakerlake wohl am besten an die Umwelt angepaßt habe, denn immerhin habe sie länger auf der Erde überlebt als jedes andere Geschöpf. Und die Behauptung, die Kakerlake sei intelligenter als der Mensch, würde wohl kaum jemand aufstellen.

Alter als Kriterium bei Beginn der Störung

Ein letztes Definitionskriterium fordert, daß sich die Störung vor dem Erwachsensein manifestiert, d.h. vor dem 18. Lebensjahr. Demnach sind Mängel oder Einschränkungen in Intelligenz und Anpassungsverhalten, die in höherem Lebensalter als Folge traumatischer Unfälle oder Krankheiten auftreten, nicht als Geistige Behinderung zu diagnostizieren. Eine schwere Geistige Behinderung stellt man gewöhnlich bereits im Säuglingsalter, manchmal auch schon vor der Geburt durch Amniozentese (siehe S. 541) fest. In den meisten Fällen wird die Geistige Behinderung aber erst in der Schule offenbar. Solche Kinder sind physiologisch, neurologisch oder körperlich in keiner Weise auffällig, und ihr Problem zeigt sich erst dann, wenn sie in der Schule nicht mit den anderen mithalten können. Haben diese leicht behinderten Kinder nach Abschluß der Schule ihren Platz in der Arbeitswelt und Gemeinschaft gefunden, ist ihnen ihre Geistige Behinderung vielleicht wiederum kaum anzumerken.

Klassifikation der Geistigen Behinderung

Das DSM-IV unterscheidet vier Schweregrade der Geistigen Behinderung; jedem Grad entspricht ein spezifischer unterdurchschnittlicher Wertebereich weit links auf der Normalverteilungskurve für Intelligenz, wie sie der Intelligenztest mißt. Diese IQ-Bereiche sind natürlich nicht die einzige Grundlage für eine Diagnose, denn auch eingeschränktes Anpassungsverhalten ist ein Kriterium für Geistige Behinderung. Die American Association of Mental Deficiency schlägt vor, das IQ-Kriterium erst dann in die Waagschale zu werfen, wenn Beeinträchtigungen des Sozialverhaltens festgestellt wurden. *Robinson* und *Robinson* (1976) haben die einzelnen Schweregrade Geistiger Behinderung genauer beschrieben, wir geben im folgenden eine kurze Zusammenfassung ihrer Darstellung.

Die Diagnose Geistige Behinderung erfordert zusätzlich zu niedriger Intelligenz Defizite im Verhalten und einer bestimmten Anzahl von Fertigkeiten, die auch die Selbstfürsorge einschließt.

Leichte Geistige Behinderung (IQ zwischen 50 – 55 und 70). Etwa 85% der Menschen mit einem IQ unter 70 sind *geistig leicht behindert.* Sie sind von normalen Kindern häufig erst im Schulalter zu unterscheiden. Bis zu ihren späteren Teenagerjahren können sie Schulkenntnisse erwerben, die etwa dem Niveau der sechsten Klasse entsprechen. Als Erwachsene können sie sich mit ungelernten Tätigkeiten oder Arbeit in einer beschützenden Werkstatt selbst finanzieren, brauchen aber bei größeren sozialen oder finanziellen Problemen häufig Hilfe. Nur 1% von ihnen – meistens verhaltensauffällige Jugendliche – wird irgendwann einmal in eine Institution eingewiesen. Die meisten geistig leicht Behinderten zeigen keine Anzeichen einer Gehirnpathologie und entstammen Familien, deren Schulbildung, psychometrische (gemessene) Intelligenz und das soziale Niveau niedrig sind.

Mäßige Geistige Behinderung (IQ zwischen 35 – 40 und 50 – 55). Etwa 10% der Menschen mit einem IQ unter 70 sind *geistig mäßig behindert.* In vielen Fällen findet man einen Gehirnscha-

den und andere Pathologien. Mäßig Behinderte können körperliche Defekte und neurologische Dysfunktionen aufweisen, die feinmotorische Fertigkeiten wie Greifen oder Figuren-Ausmalen und grobmotorische Fertigkeiten wie Rennen und Klettern beeinträchtigen. Die Betroffenen können als Kinder Sonderklassen besuchen, in denen weniger Wert auf Schulwissen als auf die Entwicklung einer gewissen Selbständigkeit gelegt wird. In Schulfächern gelangen geistig mäßig Behinderte über das Niveau der zweiten Klasse höchstwahrscheinlich nicht hinaus, und auch dieses Niveau erreichen sie erst in später Kindheit oder als Erwachsene. In vertrauter Umgebung lernen sie, sich selbständig zu bewegen. Viele von ihnen leben in Institutionen. Obwohl die meisten durchaus nützliche Arbeit verrichten können, sind sie als Arbeitskräfte im allgemeinen nur in beschützenden Werkstätten oder im Familienbetrieb anzutreffen. Die meisten sind von ihrer Familie abhängig und leben zu Hause. Eigene Freunde haben sie nur selten, man kann sie aber mehrere Stunden unbeaufsichtigt lassen. Die Behinderung wird im allgemeinen bereits im Säuglingsalter oder in früher Kindheit festgestellt, da die schlechte sensomotorische Koordination und die verzögerte Entwicklung sprachlicher und sozialer Fertigkeiten unübersehbar sind. Im Unterschied zur leichten Geistigen Behinderung findet man mäßig und schwer behinderte Kinder in allen sozioökonomischen Schichten.

Schwere Geistige Behinderung (IQ zwischen 20 – 25 und 35 – 40). Zu dieser Gruppe zählen etwa 3-4% der Menschen mit einem IQ unter 70. Im allgemeinen gehen mit diesem Behinderungsgrad auch angeborene körperliche Abnormitäten und eine eingeschränkte sensomotorische Kontrolle einher. Die meisten Betroffenen leben in Institutionen und bedürfen ständiger Aufsicht und Hilfe. Kinder dieser Gruppe lernen erst nach langem Training, sich sprachlich auszudrücken und sich um die Befriedigung bestimmter Grundbedürfnisse zu kümmern. Vom Selbständigkeitstraining in den Sonderklassen profitieren allenfalls die Kinder an der oberen IQ-Grenze dieser Gruppe. Aus geistig schwer behinderten Kindern können umgängliche und freundliche Erwachsene werden, die allerdings nur zu kurzer und sehr konkreter Kommunikation fähig sind. Sie legen wenig unabhängige Aktivität an den Tag und sind häufig lethargisch, denn ihr schwerer Gehirnschaden hält sie verhältnismäßig passiv, zudem sind ihre Lebensbedingungen wenig anregend. Viele können unter ständiger Aufsicht einfache Arbeiten verrichten. In den meisten Fällen läßt sich eine Geistige Behinderung dieses Schweregrades mit genetischen Faktoren oder Umwelteinflüssen, etwa einem schweren Sauerstoffmangel bei der Geburt, erklären.

Sehr schwere Geistige Behinderung (IQ unter 20 oder 25). Etwa 1-2% der Betroffenen sind so schwer behindert, daß sie lebenslanger, ständiger Aufsicht und Pflege bedürfen. Sie erhalten sehr wenig Training, da man ihre Lernfähigkeit für äußerst gering hält und ihnen allenfalls zutraut, laufen, selbständig essen, auf die Toilette gehen und die Äußerung einiger weniger Sätze zu lernen. Viele geistig sehr schwer Behinderte weisen überdies körperliche Deformationen und neurologische Schäden auf und können gar nichts allein tun. Die Sterblichkeitsrate während der Kindheit ist hoch.

Klassifikation nach Erziehbarkeit

Forscher, die auf dem Gebiet der ‚Sonderpädagogik‘ arbeiten, haben zu DSM-IV parallele Klassifikationssysteme entwickelt, um die Zuweisung zu entsprechenden Lernprogrammen zu erleichtern.

Man klassifiziert die Kinder z.B. nicht als geistig ‚leicht‘ oder ‚mäßig‘ behindert, sondern als ‚erziehbar‘ und ‚trainierbar‘. Inzwischen geht der Trend immer mehr dahin, eine individuelle Zuordnung nach den jeweiligen Stärken und Schwächen des einzelnen Schülers und der notwendigen Unterrichtsintensität vorzunehmen. Im Bundesstaat New York kann z.B. ein Schüler, der aufgrund seiner intellektuellen Beeinträchtigung eines Unterrichts mit sehr kleinen Lernschritten bedarf, mit emotional gestörten oder körperlich behinderten Kindern, die ebenfalls einen sehr intensiven Unterricht brauchen, in eine Klasse gehen. Klassifikationskriterium ist die Art des benötigten Unterrichts. Dieses Vorgehen ist geeignet, der Diagnose einer Geistigen Behinderung etwas von ihrer stigmatisierenden Wirkung zu nehmen.

Das Wesen der Geistigen Behinderung

Abbildung 16.1 stellt ein grafisches Schema dar, das das Wesen und die Ätiologie der Geistigen Behinderung aufzeigt. Auf dieses Schema werden wir in diesem Kapitel mehrmals zurückkommen.

Beeinträchtigte oder lückenhafte Anpassungsfähigkeit

Wie im äußeren Ring von Abbildung 16.1 dargestellt, weist ein Geistigbehinderter meistens, zumindest in gewissem Maß, bei sechs Fertigkeiten, die im täglichen Leben benötigt werden, Einschränkungen auf – Kommunikation, soziale Fertigkeiten, schulische Fertigkeiten, sensomotorische Fertigkeiten, Selbsthilfe-Fertigkeiten und berufliche Fertigkeiten. Die direkte Betrachtung dieser Anpassungsfertigkeiten gibt uns ein Mittel an die Hand, die Schweregrade Geistiger Behinderung und die notwendigen Hilfsmaßnahmen miteinander zu vergleichen.

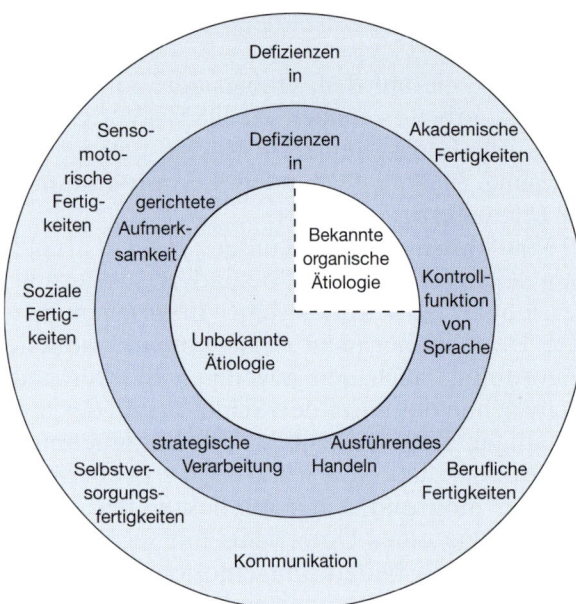

Abb. 16.1 Das Wesen und mögliche Ursachen Geistiger Behinderung

Kommunikation. Obwohl sich Sprach- und Kommunikationsfähigkeit bei den meisten Kindern spontan entwickeln, brauchen Kinder mit Geistiger Behinderung häufig Hilfe. Leicht behinderte Kinder lernen mit minimaler Unterstützung, etwa durch Zuweisung zu einer Sprecherziehungsklasse effektiv zu kommunizieren. Schwerer beeinträchtigte Kinder bedürfen unter Umständen Jahre intensiven Sprachtrainings, um ihre grundlegenden Bedürfnisse und Gefühle ausdrücken zu lernen.

Soziale Fertigkeiten. Kinder mit leichter geistiger Behinderung haben nicht selten Schwierigkeiten, Freunde zu gewinnen und zu behalten. Schwerer behinderte Kinder sind sich sozialer Konventionen offensichtlich kaum bewußt. Viele mäßig und schwer behinderte Kinder gehen distanzlos freundlich auf fast unbekannte Menschen zu und möchten von ihnen in den Arm genommen und gehalten werden. Sehr schwer behinderte Kinder scheinen es oft gar nicht wahrzunehmen, wenn man sich ihnen nähert.

Aber auch Kinder mit sehr schwerer Geistiger Behinderung sind zu sozialem Verhalten fähig. Ein mehrfach körperbehindertes Kind kann vielleicht weder sprechen noch die Arme nach jemandem ausstrecken, lächelt aber Menschen, die es mag, freundlich an. Wenig aus-

drucksstarkes Sozialverhalten bedeutet nicht, daß die betreffende Person auf soziale Ereignisse nicht reagiert. Vielleicht geht emotional mehr in ihr vor, als sie auszudrücken vermag.

Schulische Fertigkeiten. Der Erwerb schulischer Fertigkeiten wie Lesen, Schreiben und Rechnen stellt auch Kinder mit leichter geistiger Behinderung vor große Probleme. Immerhin gedeihen ihre Rechenkünste soweit, daß sie einkaufen, mit einem Scheckbuch umgehen und ihr Geld einteilen können. Sie können Rezepte und Gebrauchsanweisungen lesen, auch Bücher zu ihrem Vergnügen. Nur wenige Lehrer versuchen, solche Fertigkeiten in ihrem üblichen Sinne auch schwerer behinderten Kindern zu vermitteln. Aber viele dieser Kinder können bei angemessener Unterweisung ‚funktionale Fertigkeiten‘ erwerben. Sie lernen z.B. Schilder und Aufschriften zu lesen, mit denen sie es täglich zu tun haben und sich beim Einkaufen eines Taschenrechners zu bedienen.

Sensomotorische Fertigkeiten. Das Ausmaß der sensomotorischen Beeinträchtigung hängt nicht immer vom Grad der Geistigen Behinderung ab. Sicher weisen viele geistig schwer und schwerst behinderte Kinder auch viele schwere motorische und sensorische Störungen auf. Kinder können auch körperlich behindert, aber geistig fast oder völlig normal sein. Leider werden viele Kinder mit einer Körperbehinderung, etwa einer zerebralen Lähmung[2] oder einer angeborenen Taubheit, auch als geistig behindert eingestuft und folglich unangemessenen Trainingsmaßnahmen unterzogen. Angesichts des zunehmenden Problembewußtseins der Kliniker und der immer spezifischer werdenden diagnostischen Verfahren werden solche Fehldiagnosen aber immer seltener.

Selbsthilfe-Fertigkeiten. Selbsthilfe-Fertigkeiten werden im Alltag – beim Baden, Anziehen, Essen, Telephonieren etc. – geübt. Viele Kinder mit leichter und mäßiger geistiger Behinderung verfügen über all diese Fertigkeiten. Sehr

---

2 Manche Menschen mit zerebraler Kinderlähmung laufen große Gefahr, unterschätzt zu werden. Schwierigkeiten beim Laufen und Sprechen, beim differenzierten, koordinierten Gebrauch der Hände, unkontrollierbares Grimassieren – all das interpretieren andere häufig als Zeichen beeinträchtigter Intelligenz. Obwohl viele dieser Behinderten in IQ-Tests unterdurchschnittlich abschneiden, erreichen viele auch ein ungewöhnlich hohes Unterscheidungsvermögen, das eine höhere intellektuelle Funktionsfähigkeit voraussetzt.

welteinflüsse sind sechs Kategorien organisch bedingter Behinderung.

Chromosomenanomalien oder genetische Faktoren. Bei 4% aller erkannten Schwangerschaften liegen Chromosomenanomalien vor. Die Mehrzahl dieser Schwangerschaften enden jedoch als Spontanabort oder Fehlgeburt. Nur 0,5% der Kinder kommt mit einer Chromosomenaberration auf die Welt (*Smith, Bierman & Robinson,* 1978). Viele dieser Kinder sterben kurz nach der Geburt. Bei den meisten überlebenden Babys wird das *Down-Syndrom* oder *Trisomie 21* festgestellt.

Der IQ von Kindern mit Down-Syndrom liegt im Bereich leichter bis mäßiger Geistiger Behinderung. Darüber hinaus haben die Betroffenen zahlreiche und sehr unterschiedliche körperliche Merkmale: kurze und gedrungene Statur; ovale, schrägstehende Augen; Epikanthus, d.h. eine Verlängerung der oberen Lidfalte über den äußeren Augenwinkel hinaus; dünnes, feines, glattes Haar; ein breiter und flacher Nasenrücken; Ohrmuscheldysplasie; eine große, gefurchte Zunge, die vorsteht, weil der Mund klein und der Gaumen niedrig ist; kurze, breite Hände mit kurzen, klobigen Fingern; allgemein schwache Gelenke, betroffen sind insbesondere die Fußknöchel; breitbeiniger Gang. Plastische Chirurgen haben in letzter Zeit versucht, die markanteren Gesichtsmerkmale bei jungen Menschen mit dem Down-Syndrom zu korrigieren. Obwohl die Befürworter versichern, daß in Verbindung mit anderen Interventionen die plastische Chirurgie zu einer Verbesserung der Lebensqualität von Menschen mit dem Down-Syndrom führt (*Strauss* et al., 1989), behaupten andere, daß die einzige Veränderung in der subjektiven Beurteilung der Eltern über ihre Kinder liegt und daß diese durch objektivere Maße für das Aussehen und die soziale Akzeptanz nicht unterstützt werden (*Katz & Kravetz,* 1989).

Ungefähr 40% der Kinder mit Down-Syndrom haben einen angeborenen Herzfehler; bei einer kleinen Minderheit ist der obere Verdauungstrakt blockiert. Etwa eines von sechs Kindern stirbt im ersten Lebensjahr. Besonders hoch ist die Mortalität nach dem vierzigsten Lebensjahr. Bei der Autopsie zeigt sich im allgemeinen eine ähnliche Gehirnatrophie wie sie für die Alzheimersche Krankheit (S. 573) typisch ist. Trotz ihrer Geistigen Behinderung lernen die meisten dieser Kinder lesen, schreiben und rechnen!

Das Down-Syndrom ist nach dem englischen Arzt *Langdon Down* benannt, der 1866 als erster die klinischen Anzeichen der Störung beschrieb. 1959 fanden der französische Genetiker *Jerôme Lejeune* und seine Mitarbeiter die genetische Grundlage. Menschen verfügen gewöhnlich über 46 Chromosomen, zu denen je-

Links: Der normale Chromosomensatz besteht aus 23 Paaren. Rechts: Beim Down Syndrom ist das Chromosom 21 dreifach vorhanden (Trisomie 21).

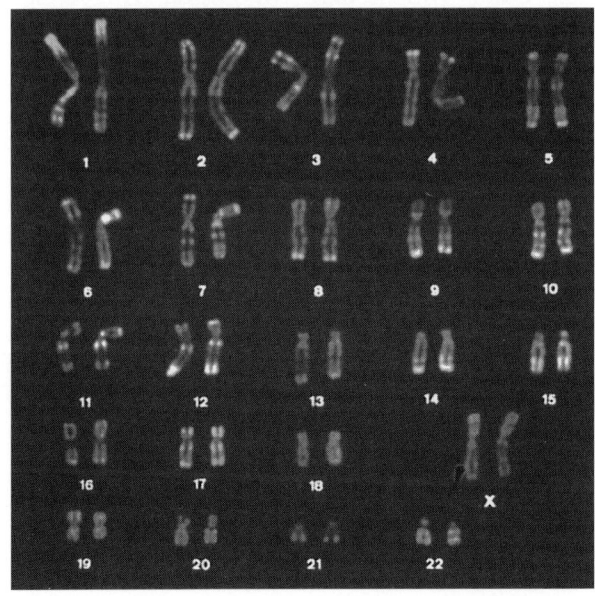
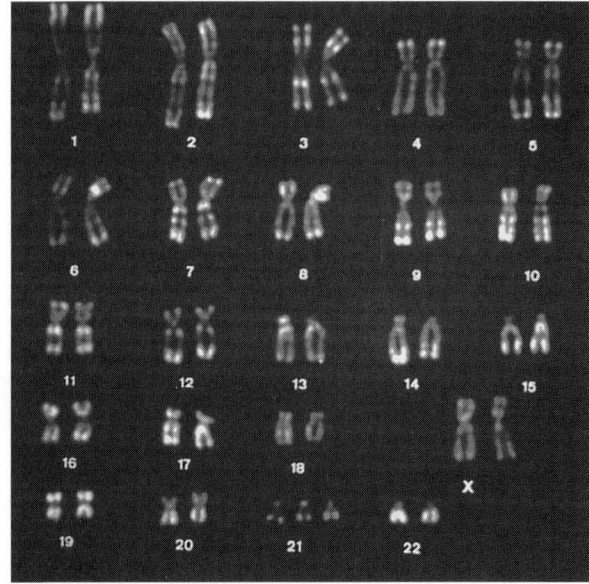

der Elternteil mit seinen Keimzellen jeweils die Hälfte beigetragen hat. Kinder mit Down-Syndrom weisen statt der üblichen 46 fast immer 47 Chromosomen auf. Irgend etwas hat während der menschlichen Eizellenreifung verhindert, daß sich die beiden Chromosomen des Paares 21 – im übrigen die kleinsten Chromosomen – trennten. Wird diese Eizelle nun von einem Spermium befruchtet, treffen drei Chromosome 21 zusammen, daher die Bezeichnung Trisomie 21. Betroffen ist etwa ein Kind von 800 bis 1200 lebend geborenen Kindern.

Die weiblichen Eizellen werden bereits im Fötus gebildet und verbleiben von da an, bis sie – gewöhnlich eines nach dem anderen – nach der Pubertät zu reifen beginnen, in Prophase 1 der Meiose, die im Grunde nichts anderes ist als ein schwebender Teilungszustand. Je länger diese Phase andauert, um so größer ist die Wahrscheinlichkeit, daß Chromosomenpaare einen Schaden erleiden und sich später nicht voneinander trennen können. Daher steigt das Risiko, ein Kind mit Down-Syndrom zu bekommen, bei Müttern über 35 Jahren dramatisch an. 1973 waren etwas über 13% aller Schwangeren über 35 Jahre alt, aber diese Altersgruppe brachte mehr als die Hälfte aller Kinder mit Trisomie 21 zur Welt.

Männer bilden nach der Pubertät täglich neue Samenzellen. Neuere Forschungsarbeiten zeigen allerdings, daß in 25% der Fälle der väterliche Samen das Extra-Chromosom enthält (*Magenis* et al., 1977). Auch hier spielt das Zeugungsalter eine Rolle, betroffen sind vor allem Väter in recht fortgeschrittenem Alter.

In den letzten Jahren hat man bei manchen Menschen Fehlbildungen des X-Chromosoms gefunden (*Harvey, Judge & Wiener*, 1977). Oft bricht das X-Chromosom in zwei Teile auseinander – daher der Name *fragiles X*. Die mit fragilem X verbundenen körperlichen Merkmale betreffen Gesichtszüge wie große, wenig entwickelte Ohren, ein langes, dünnes Gesicht und einen breiten Nasenrücken. Bei Männern liegt auch eine Vergrößerung der Testikel vor. Noch wichtiger ist, daß die Mehrzahl der Männer und etwa ein Drittel der Frauen mit einem fragilen X mäßig geistig behindert sind und viele auch Aufmerksamkeitsdefizite und Hyperaktivität zeigen. Frauen, die keine äußerlichen Symptome zeigen, können trotzdem das fragile X-Chromosom tragen und es an ihre Kinder weitergeben. Von denen, die nicht geistig behindert sind, weisen viele Lernbehinderungen und

Sprachprobleme auf (*Bergman* et al., 1987). Man schätzt, daß das fragile X hinter dem Down-Syndrom die zweithäufigste Ursache Geistiger Behinderung auf chromosomaler Grundlage ist (*Dykens* et al., 1988). Auch wurde es als Ursache für einige Fälle des Autismus identifiziert (*Fisch* et al., 1986).

Rezessiv erbliche Stoffwechselleiden. Wenn ein Paar defekter rezessiver Gene die Bildung eines Enzyms fehlleiten, sind Stoffwechselprozesse gestört. Die Störung kann bereits die Entwicklung des Embryos beeinträchtigen, sich aber auch erst viel später im Leben bemerkbar machen.

Bei der *Phenylketonurie* (PKU) wird das Kind normal geboren, leidet aber bald an einem Defekt des Leberenzyms Phenylalanin-Hydroxylase, das nötig ist, um Phenylalanin – eine Aminosäure proteinhaltiger Nahrung – in Tyrosin umzuwandeln. Das Phenylalanin und sein Derivat Phenylpyruvat sammeln sich in den Körperflüssigkeiten, verleihen dem Urin einen modrigen Geruch und führen letztlich zu einem irreversiblen Hirnschaden. Die nicht abgebaute Aminosäure stört den Prozeß der Myelinisierung, der Umkleidung der Nervenaxone. Diese Umkleidung ist eine Voraussetzung für die schnelle Impulsweitergabe und folglich für die Informationsübertragung. Besonders betroffen sind die Neurone des Frontalhirns. Kein Wunder also, daß die resultierende Geistige Behinderung sehr schwer ist.

Obwohl die Krankheit selbst mit einer Häufigkeit von 1:14000 sehr selten ist, schätzt man, daß einer von siebzig Menschen Träger des rezessiven Gens ist. Paare, die mit Grund vermuten, solche Träger zu sein, können sich einem Bluttest unterziehen. Glücklicherweise läßt sich im Blut eines Neugeborenen mit PKU nach einigen Tagen Milchernährung ein Übermaß an nicht umgewandeltem Phenylalanin nachweisen. Der notwendige Test ist in den Vereinigten Staaten gesetzlich vorgeschrieben. Fällt der Test positiv aus, müssen die Eltern das Kind streng phenylalanin-arm ernähren. Wird die Diät vom dritten Lebensmonat bis zum Alter von sechs Jahren beibehalten, d.h., bis die Differenzierung des Gehirns so ziemlich abgeschlossen ist, nimmt die kognitive Entwicklung einen positiveren, in manchen Fällen nahezu normalen Verlauf (*Collaborative Study of Children Treated for Phenylketonuria*, 1975).

Es sind noch mehrere hundert andere durch rezessive Gene verursachte Krankheiten bekannt, von denen viele mit Geistiger Behinderung einhergehen. Nur sehr selten läßt sich eine Geistige Behinderung auf eine einzige Krankheit zurückführen. Genetische Beratung hilft jungen Paaren herauszufinden, ob sie aufgrund ihrer Familiengeschichte mögliche Träger dieser rezessiven Gene sind.

Und mit Hilfe von Amniozentese und Chorionzottenbiopsie läßt sich feststellen, ob beim Fötus einige dieser Probleme vorliegen. Die amniotische Flüssigkeit, in die der Fötus eingebettet ist, enthält Zellen und andere Substanzen vom Fötus. Eine kleine Menge dieser Flüssigkeit kann mit einer Nadel in der 16. Woche entnommen werden. Dieses Verfahren wird als Amniozentese bezeichnet. Die Zellen werden kultiviert und können zeigen, ob das Chromosom 21 dreifach vorhanden ist. Ein neueres Verfahren, die Chorionzottenbiopsie kann noch früher, in der 10. Woche durchgeführt werden, was ein wichtiger Vorteil ist. Die Zotten, kleine Ausbuchtungen des Chorions, der äußersten Membran, die den Fötus umgibt, werden durch Absaugung oder Abschneiden gesammelt und direkt durch die Zervix der Mutter herausgebracht. Die Zellen dieses Gewebes werden kultiviert und danach analysiert.

Weist der Fötus genetische Abnormitäten auf, besteht gewöhnlich die Möglichkeit eines Schwangerschaftsabbruchs. Verfechter des selektiven Schwangerschaftsabbruchs verweisen auf die armselige Lebensqualität eines geistig behinderten Menschen, auf die emotionalen Kosten für die Eltern und auf die Kosten, die der Gesellschaft durch Fürsorgemaßnahmen entstehen. Abtreibungsgegner halten dagegen, daß jedes Leben heilig sei und auch solchen Föten ein Recht auf Leben zustehe. Eine einfache Lösung gibt es hier nicht.

Infektionskrankheiten. Erkrankt die Mutter während der Schwangerschaft an einer Infektion, erhöht sich das Risiko einer Geistigen Behinderung für das Kind. Besonders gefährlich sind diese Infektionskrankheiten während des ersten Schwangerschaftsdrittels, wenn der Fötus noch keine Immunreaktion zeigt. Überdies ist das erste Schwangerschaftsdrittel eine kritische Phase der Gehirnentwicklung. Der Zytomegalie-Virus, die Toxoplasmose, Röteln, Herpes simplex und Syphilis sind mütterliche Infektionen, die beim Fötus körperliche Mißbil-

dungen und Geistige Behinderung hervorrufen können. Möglicherweise verursacht die Infektion bei der Mutter nur leichte oder auch gar keine Symptome, aber die Auswirkungen auf den sich entwickelnden Fötus können verheerend sein. In den Vereinigten Staaten wird das Blut schwangerer Frauen im Rahmen der Vorsorgemaßnahmen auf Syphilis untersucht. Wenn Frauen heute ein Kind möchten, können sie vor Eintritt der Schwangerschaft einen Rötelntest machen lassen. In U.S.-Amerika sind etwa 85% der Frauen gegen Röteln immun. Zwischen einer Impfung und der Empfängnis sollten wenigstens sechs Monate liegen. Wenn ein Fötus von seiner Mutter mit Röteln infiziert wird, weist er bei der Geburt Gehirnschäden auf, die Geistige Behinderung verursachen.

Auch nach der Geburt können Infektionskrankheiten das Gehirn des Kindes schädigen. Encephalitis und Meningokokken-Meningitis können im Säuglings- und Kleinkindalter zu schwerer Hirnschädigung und sogar zum Tode führen. Für den Erwachsenen sind diese Infektionen sehr viel weniger gefährlich, wahrscheinlich deshalb, weil die Entwicklung des Gehirns im Alter von sechs Jahren im großen und ganzen abgeschlossen ist. Es gibt verschiedene Formen der Kindheitsmeningitis, einer akuten Entzündung der schützenden Hirnhäute, die mit sehr hohem Fieber einhergeht. Auch wenn das Kind überlebt, ohne eine schwere Geistige Behinderung davonzutragen, muß wahrscheinlich mit einer leichten bis mäßigen Behinderung gerechnet werden. Andere mögliche Folgen der Krankheit sind Taubheit, Lähmung und Epilepsie.

Unfälle. Die meisten Kinder, die in den USA nach dem ersten Lebensjahr sterben oder eine schwere Behinderung erleiden, sind Opfer von Unfällen. Am häufigsten sind Stürze und Autounfälle die Ursache von Kopfverletzungen und damit Geistiger Behinderung verschiedener Schweregrade. Die Anschnallpflicht für Kinder im Auto hat dazu geführt, daß die Häufigkeit derartiger Unfälle abgenommen hat.

Frühgeburt. Ein Kind gilt als Frühgeburt, wenn es zwei oder mehr Wochen vor dem errechneten Termin auf die Welt kommt. Frühgeburt und damit verbundene Probleme sind bei Kindern unter einem Jahr die häufigste Todesursache. Für überlebende Frühgeburten erhöht sich das Risiko, eine Geistige Behinderung zu entwikkeln. Obwohl Frühgeburt und Geistige Behinderung recht hoch korrelieren, läßt sich nur schwer nachweisen, daß die Frühgeburt als solche ein kausaler Faktor ist. Armut, Minderjährigkeit der Mutter, unangemessene Ernährung und schlechte vorgeburtliche Vorsorge – all das sind Faktoren, die bei der Frühgeburt eine Rolle spielen. Überdies kann es bei Frühgeburten zu anderen medizinischen Komplikationen kommen, die das Risiko einer Geistigen Behinderung weiter erhöhen. Aber viele Kinder, die vorzeitig geboren werden, wachsen ziemlich normal auf.

Es gibt allerdings Hinweise darauf, daß vorzeitig geborene Kinder nicht immer den besten Start für eine gesunde geistige Entwicklung haben. *Field* und ihre Mitarbeiter (1979, 1980) haben die Interaktionsmuster von Müttern und ihren Frühgeborenen mit denen zwischen Müttern und ausgetragenen Kindern verglichen. Die Interaktion zwischen Müttern und Frühgeborenen verläuft weniger synchron und weniger feinfühlig, es finden weniger Geben-und-Nehmen-Spiele und wechselseitiges Vokalisieren statt. Vielleicht, so vermutet *Field*, spiegelt sich darin eine gewisse Enttäuschung der Mütter über ihre Kinder, von denen sie ein Verhalten erwarten, das dem Geburtsalter und nicht dem Alter zwischen Empfängnis und Geburt entspricht.

Giftige chemische Substanzen. Anfang der sechziger Jahre verschrieb man in England, Kanada, in der Bundesrepublik und Skandinavien schwangeren Frauen gegen morgendliche Übelkeit das angeblich unschädliche Medikament Thalidomid. Das Medikament wurde folglich vornehmlich in der kritischen embryonalen Phase genommen. Viele dieser Mütter bekamen Kinder, deren Arme und Beine ähnlich aussahen wie die Ansätze, die der Entwicklung der Gliedmaßen beim menschlichen Embryo vorangehen. Obwohl Thalidomid schnell wieder vom Markt verschwand, waren Tausende von Kindern bereits geschädigt.

Die Auswirkungen von Thalidomid waren katastrophal. Aber das unterstreicht nur, welches Risiko schwangere Frauen mit der Einnahme chemischer Substanzen eingehen: Es besteht immer die Gefahr, daß dadurch die Entwicklung des Fötus gravierend vom normalen Weg abweicht. In Kapitel 11 haben wir uns mit zwei derartigen Substanzen, Alkohol und Kokain befaßt.

Umwelteinflüsse. Verschiedene umweltverschmutzende Substanzen können Vergiftung und Geistige Behinderung verursachen. Dazu gehören Quecksilber, das man unter Umständen über verseuchte Fische zu sich nimmt, Blei, wie man es in bleihaltigen Farben findet, Smog und Abgase von bleihaltigem Benzin. Eine Bleivergiftung kann zu Nieren- und Gehirnschäden, Anämie, Geistiger Behinderung, Anfällen, ja sogar zum Tod führen. Inzwischen hat der Gesetzgeber Farbe auf Bleibasis verboten, doch an den Wänden billiger Mietshäuser ist sie, soweit nicht schon abgeblättert, immer noch zu finden.

Die immer weiter fortschreitende Technisierung unserer Gesellschaft schafft neue Umweltgefahren. Eine medizinische Behandlung soll helfen, aber die ungewollte und unvorhergesehene Folge kann eine Geistige Behinderung sein. Ein solches medizinisches Verfahren, die Diphterie-Pertussis (Keuchhusten)-Tetanus-Impfung (DPT-Impfung) birgt derartige iatrogene Gefahren, d.h. die Gefahr einer – unbeabsichtigten – Schädigung durch ärztliches Einwirken. Die DPT-Impfung schützt Tausende von Kindern vor dem gefährlichen Keuchhusten. Der Keuchhustenteil der Impfung führt aber bei vielen Kindern zu Unverträglichkeitsreaktionen. Diese reichen von Rötung und Schwellung der Impfstelle bis hin zu anhaltendem Weinen und schrillem Schreien und Gehirnschädigungen. Manche Kinder sterben sogar. Die DPT-Impfung ist, so schätzt man, jähr-

In Verbindung mit Faktoren wie Armut, unzureichender vorgeburtlicher Betreuung und Drogenkonsum während der Schwangerschaft ist die Frühgeburt allein eine Ursache Geistiger Behinderung.

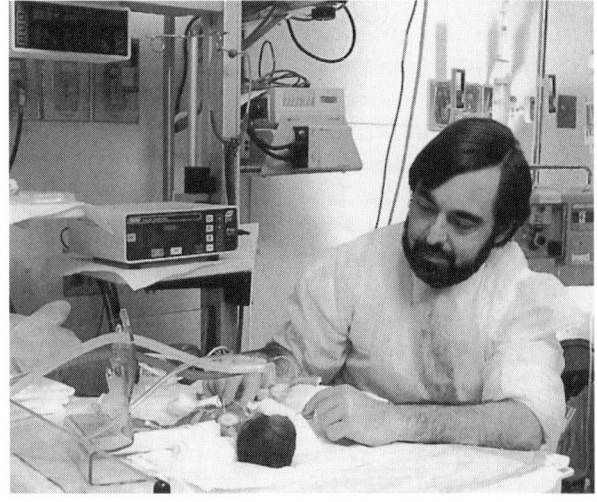

Obwohl Farben mit einem Bleianteil jetzt verboten sind, können sie in älteren Wohnungen noch zu finden sein. Wenn man nur sehr wenig davon ißt, kann dies zu einer Bleivergiftung und zu Geistiger Behinderung führen.

lich für etwa fünfzig Fälle schwerer Geistiger Behinderung verantwortlich.

Obwohl die möglichen schweren Nebenwirkungen der DPT-Impfung seit 1940 bekannt sind, ist die Bevölkerung darüber kaum informiert. Eine Gruppe von Eltern impfgeschädigter Kinder, die sich ,Dissatisfied Parents Together' nennt, fordert ein Bundesgesetz, das den Familien von DPT-Opfern Schadensersatz zuspricht. Das vorgeschlagene Gesetz würde auch von den Ärzten verlangen, die Eltern vor der Impfung umfassend zu informieren und alle Nebenwirkungen zu melden. Derartige Warnungen werden nun in vielen Staaten publiziert.

Prävention der Geistigen Behinderung

Prävention hängt unter anderem davon ab, daß wir die Verursachungsfaktoren kennen. Die bekannten organischen Ursachen sind Herausfor-

derung und Chance zugleich, und vielen von ihnen können wir inzwischen begegnen. Wo die Ätiologie weniger offenkundig ist, und das trifft leider auf die Mehrzahl der Fälle zu, wird die Prävention allerdings erheblich problematischer.

Eugenik

Es gab eine Zeit, da wurde Eugenik[3] praktiziert als Versuch, die Anzahl der geistig behinderten Menschen möglichst gering zu halten. Die Eugenik befürwortet eine selektive Fortpflanzung, um von Generation zu Generation den Anteil der Menschen mit überdurchschnittlich günstiger Erbausstattung zu vergrößern. Der Sozialdarwinismus steuerte die These bei, daß Geistige Behinderung überwiegend vererbt werde. 1903 wurde die American Breeders Association gegründet, um Richtlinien zu erarbeiten und Maßnahmen in Gang zu setzen, nach denen es Menschen erlaubt sein sollte, Kinder zu zeugen und zu gebären. Vorbeugen wollte man der Geistigen Behinderung mit zwei Mitteln: mit Isolation und Sterilisation.

Es wurden große Institutionen gebaut, wo die Behinderten abgeschirmt vom Rest der Welt leben konnten. Im Grunde waren das Verwahranstalten für alle die Unglücklichen, die das Pech hatten, in den neuen Intelligenztests schlecht abzuschneiden (*Blatt*, 1966). Die Klientel dieser Anstalten bestand zum größten Teil aus Neu-Einwanderern, Angehörigen rassischer Minderheiten, körperbehinderten Kindern und Mittellosen.

Nach Einführung der Zwangsisolation wurden zwar weniger Kinder von Paaren geboren, bei denen ein Partner einen bestimmten IQ-Wert unterschritt; nicht verhindern konnte man aber, daß innerhalb der Anstalten Kinder auf

---

3 Eugenik ist nicht zu verwechseln mit genetischer Beratung. Wenn ein Berater Eltern mitteilen muß, daß für sie das Risiko besteht, ein krankes Kind zu bekommen, klärt er sie über die Wahrscheinlichkeit und die gegebenenfalls notwendigen Betreuungsmaßnahmen auf und gibt ihnen jede Information, die ihnen bei dieser schweren Entscheidung helfen kann. Ziel des Eugenikers ist es im Unterschied dazu, Menschen mit ganz bestimmten Eigenschaften hervorzubringen, die sie, so die zugrundeliegende Überzeugung, anderen *überlegen* machen. Während des Dritten Reiches wollten die Nazis die Anzahl der blonden, blauäugigen arischen Kinder vermehren. Heutzutage lagert man in „Samenbanken" das tiefgefrorene Sperma von Männern, etwa Wissenschaftlern und Schriftstellern, die in ihrem Beruf Außergewöhnliches geleistet haben. Man tut das in der Hoffnung, daß sich irgendwann einmal eine Frau mit diesem angeblich genetisch überlegenen Samen befruchten lassen wird.

die Welt kamen. 1907 wurde in Indiana das erste Gesetz verabschiedet, das die Sterilisation geistig behinderter Frauen verfügte. 1930 gab es ein solches Gesetz in 28 Staaten. Obwohl die Zwangssterilisation inzwischen vielfach als verfassungswidrig galt, wurde sie in vielen Institutionen auch in den fünfziger Jahren noch praktiziert. Seit den sechziger Jahren wird das Recht geistig Behinderter auf Ehe und Kinder durch gesetzliche Verfügungen geschützt.

Im Gegensatz zur Eugenik unterstützen die Forscher in diesem Bereich die Rechte der geistig behinderten Erwachsenen auf die Freiheit der Sexualität. *Abramson, Parker und Weisberg* (1988) untersuchten die vorliegenden Hinweise dafür, daß Erwachsene mit leichter geistiger Behinderung in sexueller Hinsicht kompetent sind im Hinblick auf ihre körperliche Entwicklung, dem Wunsch nach sexuellen Beziehungen und der Fähigkeit zufriedenstellende Ehen zu führen. Sie befürworten deswegen die Sexualerziehung für die leicht geistig behinderten Erwachsenen, um ihnen die Fertigkeiten zu vermitteln, die für eine informierte Zustimmung wichtig sind, die sexuelle Hygiene und die Empfängnisverhütung. Wieder kommt Benny aus der Serie „L.A. Law" ins Gedächtnis. Bei einer Serie von Episoden verliebte er sich romantisch in eine geistig behinderte junge Frau und heiratete sie beinahe. Bei einer anderen Gruppe von Episoden wurde er zum Pflegevater eines nicht behinderten, aber delinquenten Jungen, den die Behörden seiner Sorge entzogen haben, als dieser Jugendliche in Schwierigkeiten mit dem Gesetz kam.

Frühzeitige Intervention

Als man sich zunehmend der Bedeutung von Umweltfaktoren bei der Herausbildung einer Geistigen Behinderung bewußt wurde, wandelten sich die Präventivmaßnahmen zur frühzeitigen Intervention bei Kindern, die durch ungünstige Umweltbedingungen besonders gefährdet waren. Prävention leichter geistiger Behinderung bedeutet, eine Gefährdung frühzeitig zu erkennen und mit den betroffenen Kindern zu arbeiten, bevor sich tatsächlich eine Behinderung herausbildet. In der Forschung arbeitet man daran, die Verfahren zur Identifikation von Risiko-Kindern zu verbessern und möglichst effektive Präventivprogramme zu entwickeln.

Am Anfang des 20. Jahrhunderts wurden große Institutionen geschaffen, die eine Trennung der geistig Behinderten von der übrigen Gesellschaft ermöglichten. Neuankommende Einwanderer wurden auf Ellis Island getestet, ob sie in eine derartige Institution eingegliedert werden sollten.

Den wohl bekanntesten und umfassendsten Versuch zur Förderung der Leistungsfähigkeit und des intellektuellen Niveaus benachteiligter Kinder stellt das *Head-Start-Projekt* dar. Sein Ziel ist es, Kindern soziale und kulturelle Erfahrungen zu vermitteln, die ihnen zu Hause fehlen, und sie so auf den Besuch einer regulären Schule vorzubereiten. Den Anstoß zu Head Start brachten die sechziger Jahre, als die Aufmerksamkeit der Bürger auf den Hunger im Lande und die Probleme im Zusammenhang mit den Bürgerrechten gelenkt wurde. Wenn die vielen tausend Kinder aus kulturell benachteiligten Familien dieselben Bildungschancen erhielten, wie sie besser gestellte Kinder haben, müßte der Teufelskreis der Armut zu durchbrechen sein und sich der Lebensstandard der Unterprivilegierten beträchtlich heben.

Der Kern des Head-Start-Projektes ist eine gemeindenahe Vorschulerziehung, die auf die frühe Entwicklung kognitiver und sozialer Fertigkeiten abzielt. Darüber hinaus arbeitet das Projekt mit den Experten in der Gemeinde zusammen, um den Kindern ärztliche und zahnärztliche Leistungen zukommen zu lassen, einschließlich Impfungen, Überprüfung von Gehör und Augen, medizinische Behandlungen und Informationen über die Ernährung (*North*, 1979). Maßnahmen der psychischen Gesundheit stellen einen wichtigen Teil des Head-Start-Projektes dar. Psychologen helfen dabei, die Kinder mit psychischen Problemen ausfindig zu machen und beraten mit Lehrern, wie man es erreicht, daß die Vorschulerziehung für psychologische Ansätze aufgeschlossen ist, indem beispielsweise Wissen über die kindliche Entwicklung weitergegeben, bei einem Einzelfall beraten oder den Mitarbeitern geholfen wird, die Sorgen der Eltern aufzugreifen (*Cohen, Solnit & Wohlford*, 1979). Sozialarbeiter können als Vertreter der Familien der Kinder dienen, indem sie die Familien mit den benötigten sozialen Diensten versorgen und die Eltern ermutigen, sich an der Erziehung ihrer Kinder zu beteiligen (*Lazar*, 1979).

Ein Vergleich der Kinder des Head-Start-Projektes mit anderen benachteiligten Kindern, die entweder eine andere vorschulische Einrichtung oder keine besuchten, wurde von *Lee, Brooks-Gunn* und *Schnur* (1988) durchgeführt. Die Kinder, die am Head-Start-Projekt teilgenommen hatten, verbesserten sich signifikant mehr als beide Kontrollgruppen in der sozial-kognitiven Fertigkeit und der motorischen Impulsivität. Die relative Verbesserung war für afroamerikanische Kinder besonders stark, speziell bei denjenigen, deren ursprüngliche Leistungsfähigkeit unter dem Durchschnitt lag. Obwohl das Head-Star-Projekt dabei erfolgreich war, die Leistungsfähigkeit der ärmsten Kinder zu steigern, merken die Autoren an, daß diese Kinder nach einem Jahr im Programm immer noch hinter ihrer Altersgruppe im Hinblick auf das absolute kognitive Niveau zurücklagen.

Behandlung der Geistigen Behinderung

In den letzten zweihundert Jahren pendelte die Einstellung gegenüber den geistig Behinderten zwischen Optimismus und Interesse an ihrer Förderung und blankem Pessimismus hin und her (*Crissey*, 1975). *Édouard Seguin*, ein französischer Arzt und Erzieher des 19. Jahrhunderts, vertrat die Überzeugung, daß jedermann ein Recht auf Bildung habe und daß die ‚Idioten‘ ihrer am dringlichsten bedürften. Er hielt Geistige Behinderung für eine Schwäche des Nervensystems und entwickelte Unterrichtsmethoden, die bestimmte Unzulänglichkeiten korrigieren sollten. 1848 verließ er Paris, ließ sich in Ohio nieder und war mitbeteiligt am Aufbau

von Sonderschulen im Nordosten der Vereinigten Staaten. Eine dieser Schulen war die *Pennsylvania Training School for Idiots*. (Dem Leser wird nicht entgangen sein, wie sich die konnotativen Bedeutungen von Wörtern und Bezeichnungen ändern. Heutzutage würde kein Psychiater in diesem Zusammenhang das Wort ‚Idiot‘ in den Mund nehmen, und noch viel weniger würde es im Namen einer Institution auftauchen.) Später, als die Ziele, auf die man so zuversichtlich hingearbeitet hatte, unerreichbar blieben, kam die große Desillusionierung. Die Kinder wurden nicht normal, und die Institutionen wuchsen und wuchsen. Es entwickelte sich die Meinung, daß die geistig Zurückgebliebenen vielleicht doch einfach ‚so geboren‘ seien und daß man wenig für sie tun könne, außer sie zu verwahren und vor den intellektuellen Anforderungen der Gesellschaft zu schützen. In den letzten Jahrzehnten unseres Jahrhunderts gab es dann wieder ernsthafte und systematische Versuche, geistig behinderte Kinder so umfassend wie möglich zu fördern und zu bilden. Die meisten geistig behinderten Menschen können die Kompetenzen erwerben, die sie brauchen, um in der Gemeinschaft zurechtzukommen.

Deinstitutionalisierung

Seit den sechziger Jahren ist man bemüht, geistig Behinderte, wenn möglich, nicht in Institutionen zu verwahren, sondern zu fördern und ambulant zu betreuen. Wie bei den psychiatrischen Kliniken neigt man auch hier zur sogenannten ‚Deinstitutionalisierung‘. 1975 verabschiedete der amerikanische Kongreß mit dem Developmentally Disabled Assistance Act und dem Bill of Rights Act zwei Gesetze, die geistig Behinderten ein Recht auf angemessene Behandlung in möglichst wenig restriktiver Umgebung zuerkannten. Im Idealfall leben mäßig Behinderte in kleinen bis mittleren familiären, wohngemeinschaftsähnlichen Heimen und sind in die Gemeinschaft integriert. Während einer Übergangszeit bereitet sich der einzelne auf die Übersiedlung aus der Institution in die Wohngemeinschaft vor. Dort werden sie medizinisch betreut und nehmen an Schulungsprogrammen teil; mit ihnen leben berufliche Helfer, die sich zusammen mit anderen engagierten Helfern rund um die Uhr um ihre besonderen Bedürfnisse kümmern. Die Bewohner werden ermuntert, sich je nach Fähigkeiten an den Arbeiten im Haushalt zu beteiligen. Geistig schwer behinderte Kinder können zu Hause oder in Pflegefamilien leben, für die nötige schulische und psychologische Betreuung wird gesorgt. Viele leicht Behinderte, die einer Arbeit nachgehen und selbständig leben können, haben eine eigene Wohnung. Andere leben mehr oder weniger selbständig zu dritt oder viert zusammen. In solchen Fällen findet Beratung und Betreuung nur am Abend statt.

Unglücklicherweise hat man einige große Institutionen geschlossen und die Bewohner entlassen, ohne daß die Gemeinde für geeigneten Wohnraum und Betreuung gesorgt hätte. Gegenwärtig findet man in den Institutionen überwiegend schwer und sehr schwer behinderte Menschen, die zudem auch an einer körperlichen Behinderung leiden (*Cunningham & Mueller*, 1991).

Frühintervention

Wärend Programme wie Head Start dabei helfen können, eine leichte Geistige Behinderung bei benachteiligten Kindern zu verhüten, wurden andere Programme entwickelt, die eine Frühintervention ermöglichen, um die erreichbare Leistungsfähigkeit der schwerer geistig Behinderten zu erhöhen (ohne die Behinderung wirklich kompensieren zu können). Bei zahlreichen Pilotprojekten mit Kindern mit Down-Syndrom wurde mit der Intervention im Säuglingsalter und der frühen Kindheit begonnen und es wurde versucht, die Leistungsfähigkeit dieser Kinder zu verbessern. Diese Programme schließen meist systematische Unterweisung zu Hause und dem Behandlungszentrum in bezug auf sprachliche Fertigkeiten, fein- und grobmotorische Fertigkeiten, der Selbstfürsorge und der sozialen Entwicklung ein. Es werden bestimmte Verhaltensziele definiert und in operanter Weise werden den Kindern die Fertigkeiten in kleinen, aufeinanderfolgenden Schritten beigebracht (z.B. *Clunies-Ross*, 1979).

Die Untersuchungen zu diesen Programmen zeigen konsistente Verbesserungen der feinmotorischen Fertigkeiten, der sozialen Akzeptanz und der Selbsthilfefertigkeiten. Unglücklicherweise haben diese Programme nur wenig Auswirkungen auf die grobmotorischen Fertigkeiten und die linguistischen Fähigkeiten; langfristige Verbesserungen auf den IQ und die Schulleistung konnten nicht nachgewiesen werden. Es ist auch nicht klar, ob der Nutzen dieser Programme größer ist als das, was die Eltern ohne besondere Ausbildung zu Hause erreichen können (*Gibson & Harris*, 1988).

Die gesetzlichen Regelungen

1975 verabschiedete der amerikanische Kongreß das Gesetz 94-142, das Gesetz für die Erziehung aller behinderten Kinder (Education for All Handicapped Children Act). Die Verabschiedung dieses Gesetzes brachte wesentliche Fortschritte für die Rechte der Kinder mit Behinderungen auf Erziehung und sicherte darüber hinaus die Integration in die Gemeinde. Das Gesetz garantiert den Kindern zwischen drei und einundzwanzig Jahren eine kostenlose, angemessene öffentliche Erziehung in einer möglichst wenig restriktiven Umgebung. Ein derartiges Umfeld liegt dann vor, wenn ein behinderter Schüler sich geistig, körperlich und sozial mit möglichst wenigen Einschränkungen entwickeln kann, wobei die notwendige Unterstützung zur Verfügung steht. Für jedes Kind werden die Ziele in einem individuellen Erziehungsprogramm festgelegt und jährlich überprüft. Für einige bedeutet die am wenigsten restriktive Umgebung, daß sie in die gleichen Schulen gehen wie normal leistungsfähige Kinder und in einige ihrer Klassen aufgenommen werden. Andere sagen, daß eine getrennte Schule die Möglichkeiten und das intensive Training bietet, die von behinderten Kindern benötigt werden.

Das 1986 verabschiedete Gesetz 99-457 erweiterte den früheren Rechtsanspruch, indem es verlangte, daß alle öffentlichen Schulen ab dem Jahr 1991 den behinderten Vorschülern zur Verfügung stehen müssen oder sie die finanzielle Unterstützung durch die Bundesregierung verlieren werden. Dieses Gesetz hat zu Vereinbarungen zwischen den Zentren von Head Start und den öffentlichen Schulen geführt, was zu einem besseren Angebot für kleinere Kinder führte, die früher vom Erziehungssystem nicht berücksichtigt wurden.

Diese Gesetze gelten für alle Kinder mit speziellen Bedürfnissen, einschließlich derjenigen mit Geistiger Behinderung, Autismus und Lernbehinderungen, aber auch Kindern mit Beeinträchtigungen der Sprache, des Gehörs oder des Sehens, hochbegabten und talentierten Kindern[4], und denjenigen mit schwerwiegenden emotionalen Störungen, die sich auf den schulischen Erfolg auswirken. Besonders im Süden der USA sind Afroamerikaner unter den erziehungsfähigen geistig Behinderten und in Sonderklassen, die nach diesen beiden Gesetzen eingerichtet wurden, überrepräsentiert. Da die Werte von standardisierten Intelligenztests bei der Zuweisung zu diesen Einrichtungen eine zentrale Rolle spielen, gibt es Befürchtungen, daß Afroamerikaner dadurch unangemessen stigmatisiert und in anderer Form benachteiligt werden, sogar dann, wenn sich diese Klassen in den öffentlichen Schulen befinden (*Heller, Holtzman & Messick*, 1982). Die Gründe für die unverhältnismäßig große Zahl von Afroamerikanern in den Klassen für erziehungsfähige geistig Behinderte sind vielfältig. Sie umfassen historische Formen der Diskriminierung, die zu schlechten ökonomischen Verhältnissen führen können, gestörte Familienbeziehungen, Mangelernährung, schlechte Schulbildung und andere Benachteiligungen, die zu niedrigen Testwerten und schlechter Schulleistung führen. Persönliche Vorurteile von Lehrern und Mitarbeitern der Verwaltung können ebenfalls eine Rolle bei der Entscheidung spielen, ob ein Kind in eine Sonderklasse kommt. Das sind gewichtige soziale Gründe, mit denen sich unsere heterogene Gesellschaft seit mehr als hundert Jahren auseinanderzusetzen hat.

Grundsätzlich gilt, daß Programme, die für die Probleme, die der unterschiedlichen Förderung zugrunde liegen, sensitiv sind, meist positive Ergebnisse für die Schüler, sowohl mit als auch ohne Behinderungen, haben (*Gottlieb*, 1990; *Zigler, Hodapp & Edison*, 1990). Normale Kinder können früh in ihrem Leben lernen, daß es unter den menschlichen Wesen eine ungeheure Vielfalt gibt und daß ein Kind in einigen bedeutenden Aspekten sehr viel anders sein

kann und doch Respekt und Freundschaft verdient. Mit der Unterstützung von Eltern und Lehrern können normale Kinder erwachsen werden, ohne die Bürde der Vorurteile früherer Generationen zu tragen. Diese Möglichkeit könnte sowohl für das normale Kind als auch den emotional oder kognitiv behinderten Altersgenossen von Nutzen sein.

Lehrstrategien

Auf dem Werk von *Freud* und *Rogers* basierende Therapieformen, die verbale Fähigkeiten, ja sogar Wortgewandtheit voraussetzen, sind bei der Behandlung geistig behinderter Menschen von nur begrenztem Wert. Aber natürlich ist auch mit geistig Behinderten verbaler Austausch möglich und notwendig. Für leicht bis mäßig behinderte Kinder kann das Gespräch mit einem psychologischen Berater oder einem anderen Erwachsenen durchaus ein Gewinn sein. Sie alle müssen in den Fähigkeiten, über die sie verfügen, bestätigt werden, und die Worte freundlicher und vertrauenswürdiger Menschen können ermutigend und hilfreich sein (*Robinson & Robinson*, 1976).

Geistig behinderte Kinder werden auch mit verhaltenstherapeutischen Methoden behandelt, insbesondere mit *angewandter Verhaltensanalyse*[5] und kognitiver Verhaltenstherapie. Die angewandte Verhaltensanalyse wird meistens dann eingesetzt, wenn man schwer und sehr schwer behinderten Kindern sowie solchen mit Autismus die oben erwähnten adaptiven Fertigkeiten beibringen will: Kommunikation, Selbsthilfe und soziale und berufliche Fertigkeiten. Leicht bis mäßig behinderte Kinder erhalten zur Förderung ihrer allgemeinen kognitiven Funktionen eine kognitive Therapie. Andere Ansätze konzentrieren sich auf nonverbale Kommunikation und computerunterstützten Unterricht. Hierzu einige Beispiele:

Angewandte Verhaltensanalyse. Geistig schwer und sehr schwer behinderte Kinder müssen in intensiver Schulung lernen zu essen, auf die Toilette zu gehen und sich sauber zu halten. Wenn ein geistig schwer behindertes Kind ein be-

---

4 Es mag unpassend erscheinen, daß hochbegabte und talentierte Kinder von diesem Gesetz miterfaßt werden, das offensichtlich für diejenigen bestimmt ist, die schwere Behinderungen haben. Es ist eindeutig, daß eine ungewöhnlich hohe Intelligenz oder eine musikalische oder künstlerische Begabung keine Behinderung darstellt! Eltern dieser Kinder wissen aber, daß die öffentlichen Schulen diese Begabungen der Kinder negativ beeinflussen, weil sie diese nicht ausreichend fördern und sie gelegentlich in ihren Fähigkeiten und Interessen entmutigen, sogar herabsetzen. Diese jungen Menschen haben auch spezielle schulische Bedürfnisse, aber es ist verständlich, daß dann, wenn die Budgets begrenzt sind, die Mittel für diejenigen zur Verfügung stehen, deren Entwicklung verzögert ist oder die in anderer Weise intellektuell oder körperlich beeinträchtigt sind.

---

5 In der verhaltenstherapeutischen Literatur zur Geistigen Behinderung liest man häufiger von angewandter Verhaltensanalyse als vom operanten Konditionieren, aber beide Bezeichnungen beziehen sich auf dieselbe Art der Verhaltensanalyse und Intervention.

stimmtes Routineverhalten lernen soll, beginnt der Therapeut gewöhnlich damit, daß er das Zielverhalten, z.B. mit dem Löffel essen, analysiert und in Komponenten aufteilt: den Löffel in die Hand nehmen, Essen vom Teller auf den Löffel schöpfen, den Löffel zum Mund führen, mit den Lippen das Essen vom Löffel nehmen, kauen und schlucken. Diese einzelnen Komponenten werden dem Kind dann mit operanten Konditionierungsverfahren beigebracht. Bis das Kind z.B. den Löffel aufnehmen kann, wird es für jede sukzessive Annäherung an diese Verhaltenskomponente verstärkt.

Angewandte Verhaltensanalyse wird auch eingesetzt, um unangemessenes und selbstschädigendes Verhalten zu reduzieren. In Institutionen lebende Kinder mit schwerer beziehungsweise sehr schwerer Geistiger Behinderung neigen ganz besonders zu Verhaltensstereotypien wie sie die Isolation hervorbringt, d.h. zu wiederholten, rhythmischen, selbststimulierenden Bewegungen – Vor- und Zurückschaukeln, sich Wiegen, Kopfrollen – und Aggressionen sich selbst, anderen Kindern und dem Personal gegenüber. Diese fehlangepaßten Bewegungen und schädigenden Handlungen lassen sich häufig dadurch reduzieren, daß man Ersatzreaktionen verstärkt (siehe Kasten 16.2.).

Daß behinderte Kinder eine gewisse Selbständigkeit erwerben und stereotype und schädigende Handlungen ablegen, ist von nicht zu unterschätzender Bedeutung. Kinder, die ein erfolgreiches Sauberkeitstraining absolviert haben, machen weniger Arbeit, genießen mehr Sympathien beim Personal, können ihre Station verlassen und in andere Zimmer gehen oder draußen auf dem Spielplatz spielen. Schwer behinderte Kinder, die sauber sind und sich selbständig anziehen und essen, können unter Umständen sogar zu Hause leben. Die Diskriminierung geistig Behinderter hat ihre Ursache sicher zum Teil darin, daß sie in zuweilen grober Weise Normen verletzen. Wenn man ihnen beibringt, normaler zu handeln, steigen auch ihre Chancen für eine sinnvolle Interaktion mit anderen. Dabei ist die Selbstachtung, die aus der größeren Selbständigkeit erwächst, äußerst hilfreich.

Kognitive Verhaltenstherapie. Geistig behinderten Kindern, so haben wir gesagt, fehlen Problemlösungsstrategien, und wenn sie über derartige Strategien verfügen, wissen sie sie nicht effektiv einzusetzen. In einem Selbstinstrukti-

onstraining, das auf den früher beschriebenen Arbeiten von *Wygotsky* (S. 537) beruht, lernen die Kinder z.B., ihre Handlungen sprachlich zu steuern. *Meichenbaum* und *Goodman* (1971) entwickelten ein Selbstinstruktionstraining in fünf Schritten. Zunächst macht der Therapeut oder die Therapeutin die Aufgabe vor und spricht die Instruktionen laut vor sich hin, während das Kind zuschaut und zuhört. Dann führt das Kind zu den Instruktionen des Therapeuten die Aufgabe selbst durch. Anschließend wiederholt das Kind die Aufgabe noch zweimal, wobei es die Anweisungen beim ersten Mal laut, beim zweiten Mal flüsternd vor sich hinsagt. Schließlich kann es die Aufgabe nach den Anweisungen die es sich im Selbstgespräch gibt, selbständig absolvieren.

Mit Hilfe von Selbstinstruktionen hat man Kindern Selbstkontrolle, Aufmerksamkeit, aber auch mehr schulische Aufgaben näher gebracht. *Johnston* und ihre Mitarbeiter (1980) stellten fest, daß sich auf diese Weise geistig leicht behinderten Kindern im Unterricht Planungsfertigkeiten und Addition und Subtraktion vermitteln lassen. Die Kinder fragen sich selbst „Wie fange ich an?" und „Was ist das für eine Rechenaufgabe?" Sie lernen auch, sich diese Fragen zu beantworten, z.B. „Das ist eine Additionsaufgabe, das sehe ich am Zeichen." Als Instruktion für bestimmte Rechentechniken, etwa die des Übertragens und Borgens, lernen die Kinder, sich zum Beispiel anzuweisen: „Ich fange mit der ersten Zahl der Einerspalte an. Da sie zwei Zahlen hat, muß ich übertragen." Eine Frage zur Förderung von Kontroll- oder Überprüfungsfertigkeiten könnte lauten: „Ist die Antwort richtig? Ich muß alles noch einmal überprüfen." Schließlich lernen die Kinder, sich für richtige Antworten selbst zu verstärken: „Es ist alles richtig. Das habe ich sehr gut gemacht."

Ein exemplarisches Programm stammt von *Ross* und *Ross* (1973). Es basiert auf der Erkenntnis von *Milgram* (1973), daß geistig behinderte Kinder nicht wie normale Kinder Mediatoren einsetzen, um zu effektiven Verknüpfungen zu gelangen. In diesem Programm erhielten Kinder mit einem IQ zwischen 40 und 80 Spielsitzungen, während derer sie beobachteten, wie nicht-behinderte Kinder Worte mit Hilfe von Sätzen miteinander verbanden. Eine Kontrollgruppe von behinderten Kindern wurde weiter nach dem an der Schule üblichen Curriculum unterrichtet. Der gemessene IQ der Experimentalkinder stieg im Laufe des Jahres merk-

Kasten 16.2 Behandlung von selbstschädigendem und stereotypem Verhalten

Viele Geistigbehinderte und Autisten, insbesondere diejenigen mit schweren Beeinträchtigungen, führen ständig wiederholte, stereotype Verhaltensweisen aus. Einige dieser Verhaltensweisen, wie das Anschlagen des Kopfes, das Schlagen ins Gesicht, Beißen, Zwicken oder Kratzen sind selbstschädigend, während andere wie Schaukeln, Drehen, Backen aufblasen oder das Schlagen an die Wand keine körperliche Gefahr darstellen. Trotzdem stehen diese fehlangepaßten Verhaltensweisen im Wettbewerb mit sehr sozial akzeptierten angepaßten Verhaltensweisen und stören die Erziehungsversuche.

Eine vierzehnköpfige Arbeitsgruppe der Association for the Advancement of Behavior Therapy (AABT) untersuchte die Wirksamkeit der Verhaltenstherapie zur Behandlung des selbstschädigenden Verhaltens (*Favell* et al., 1982). Eine effektive Kombination besteht aus einer positiven Verstärkung, wenn das Kind das Zielverhalten nicht ausführt, und Überlernen (das Kind muß immer wieder alternative Verhaltensweisen durchführen) nach jedem Zwischenfall von selbstschädigenden oder stereotypen Verhalten. Diese Vorgehensweise hat sich für viele Kinder, aber nicht für alle, als wirksam erwiesen.

Eine kontroverse Alternative ist die Bestrafung. Verhaltenstherapeuten haben unmittelbar nach jedem Auftreten von selbstschädigendem Verhalten negative Konsequenzen wie das Spritzen von Zitronensaft in den Mund oder die Anwendung eines leichten Elektroschocks (ausreichend stark, um gespürt zu werden, aber nicht körperlich schädigend) probiert. Natürlich sind einige Therapeuten und Laien verständlicherweise um den moralischen Aspekt der aversiven Verfahren besorgt, besonders in stationären Einrichtungen bei Patienten, die nicht in der Lage sind, ihre Zustimmung zu geben. Eine hitzige Debatte folgte der Publikation einer Monographie der Association of Persons with Severe Handicaps (TASH), in der verlangt wurde, daß aversive Verfahren niemals eingesetzt werden sollten (*Guess, Helmstetter, Turnbull & Knowlton*, 1986; vgl. den Kommentar von *Mulick*, 1990).

Die Forschung hat aber gezeigt, daß Bestrafung die wirksamste, manchmal die einzig wirksame Methode der Verminderung von selbstschädigendem Verhalten bei einigen Fällen darstellt (*Gorman-Smith & Matson*, 1985). Die Befürworter des Verfahrens versichern, daß gefährliche Verhaltensweisen, z.B. diejenigen, die schwere Kopfverletzungen verursachen, den Einsatz der aversiven Methoden rechtfertigen. Die Arbeitsgruppe der AABT schloß ihren Bericht, indem sie empfahl, daß die Bestrafung für die Situationen reserviert sein sollte, in denen andere Verfahren versagt hatten und bei denen der Patient sich in großer Gefahr für körperliche Schäden befindet, oder das selbstschädigende Verhalten ist so häufig, das eine Teilnahme an rehabilitativen und adaptiven Aktivitäten nicht möglich ist. Darüber hinaus machte sie Vorschläge für Richtlinien, die dafür sorgen sollen, daß diese Verfahren vorsichtig eingesetzt werden sollen und daß dazu eine Ausbildung und Supervision durch Experten notwendig ist, eine Kontrolle der Behandlung durch eine Ethik-Kommission und eine Patienten-Kommission, eine Zustimmung der für den Betroffenen Verantwortlichen und eine strenge Kontrolle der Behandlungseffekte in jedem Einzelfall. Ähnliche Richtlinien wurden kürzlich von der Sektion „Mental Retardation" der American Psychological Association (APA, 1989) angenommen. Auf die ethischen Fragen bei der Aversionstherapie werden wir im letzten Kapitel des Buches zurückkommen.

---

lich an, und elf der insgesamt dreißig Kinder konnten aus den Sonderklassen in reguläre Klassen überwechseln. Bei den Kontrollkindern war eine derartige Verbesserung nicht festzustellen.

Auch zur Verbesserung der sozialen Fertigkeiten von geistig behinderten Kindern wurde die kognitive Verhaltenstherapie eingesetzt. Obwohl es wichtig ist, sich auf konkrete Verhaltensweisen zu konzentrieren, ist es auch klar, daß viele geistig Behinderte während der Adoleszenz der Lächerlichkeit ausgesetzt sind und negative Einstellungen zu sozialen Aktivitäten entwickeln können, die sie von der Bildung befriedigender Sozialbeziehungen, sogar bei angemessenen sozialen Fertigkeiten, abhalten.

Lindsay (1986) setzte Verfahren der kognitiven Verhaltenstherapie ein, um Angst und negative Selbstaussagen bei leicht geistig behinderten Erwachsenen zu reduzieren und fand, daß die negativen Einstellungen gegenüber dem sozialen Umgang vermindert werden konnten.

Nichtvokale Kommunikationen. Es wird geschätzt, daß mehr als 70% der Geistigbehinderten irgendeine Form einer Sprachschwierigkeit haben (*Fristoe & Lloyd*, 1979). Obwohl einige der Betroffenen lernen können, sich sprachlich zu verständigen, sind Techniken der Verhaltensmodifikation für das Unterrichten sprachlicher Fertigkeiten bei vielen Geistigbehinderten und Autisten erfolglos geblieben. Diese Fehlschläge haben zu einer Verschiebung des Schwerpunktes von dem Versuch, Artikulation und Sprache zu vermitteln, zu anderen Formen der Kommunikation geführt. Als am erfolgversprechendsten haben sich die Bemühungen erwiesen, den schwer geistig Behinderten und Autisten eine Kommunikation durch Zeichensprache und andere nichtvokale Verfahren zu vermitteln. Die unterrichteten Kommunikationsverfahren schließen die Zeichensprache ein, die von Gehörlosen verwendet wird und Kommunikationsbretter mit Bildern und Symbolen, die stumme Menschen benutzen, um ihre Wünsche und Bedürfnisse auszudrücken. Andere, die nicht in der Lage sind, auf etwas zu zeigen, können einen Lichtstrahl einer Lampe, die sie auf dem Kopf tragen, darauf richten, um zu kommunizieren. Einige ermutigende Ergebnisse von Untersuchungen der nichtvokalen Kommunikation lassen vermuten, daß nicht nur behinderte Menschen leichter durch diese Form kommunizieren können als durch Sprache, sondern daß diejenigen, die Zeichensprache gelernt haben, häufig spontan zu sprechen anfangen (*Lloyd & Karlan*, 1984).

Computerunterstützter Unterricht. Es gibt Hinweise darauf, daß der computerunterstützte Unterricht besonders gut für Geistigbehinderte geeignet ist. Die visuellen und akustischen Möglichkeiten des Computers können die Aufmerksamkeit der häufig ablenkbaren Schüler aufrechterhalten; die Schwierigkeit des vorgegebenen Materials kann individualisiert werden, was Erfolgserlebnisse begünstigt. Der Computer kann auch den Bedürfnissen der Geistigbehinderten nach zahlreichen Wiederholungen des Materials entsprechen, ohne daß

diese gelangweilt oder ungeduldig werden (was bei einem Lehrer geschehen könnte). Für computerunterstützte Lernprogramme konnte gezeigt werden, daß sie den traditionellen Unterrichtsmethoden bei geistig Behinderten hinsichtlich Rechtschreibung, Umgang mit Geld, Behalten von Zahlen, Lesen von Texten, Erkennen von Wörtern, Handschrift und visueller Diskrimination überlegen sind (*Conners, Caruso & Detterman*, 1986).

Frühkindlicher Autismus

Stellen Sie sich vor, Sie kommen in ein Heim, in dem entwicklungsgestörte Kinder in Kleingruppen zusammenleben. Ein Praktikum in diesem Heim ist Teil eines Seminars über Geistige Behinderung, an dem Sie teilnehmen. Als einige Kinder aufstehen, um Sie zu begrüßen, fallen Ihnen etliche ausgeprägte und weniger ausgeprägte körperliche Anzeichen ihrer Behinderung auf. Ein Kind hat schrägstehende Augen und eine flache Nase, Charakteristika des Down-Syndroms. Ein anderes zeigt spastische Bewegungen, die Sie als Zeichen einer zerebralen Kinderlähmung erkennen. Ein drittes Kind ruft vielleicht aus einem Rollstuhl mit grunzenden Lauten nach ihnen und teilt sich durch Gesten und Bilder mit. Insoweit sind die Kinder, wie Sie es von Ihrem Studium her erwartet haben.

Schließlich fällt Ihnen ein viertes Kind auf. Es steht vor dem Aquarium. Als Sie sich ihm nähern, sehen Sie seine wunderschönen blauen Augen, sein dickes blondes Haar und sein schelmisches Lächeln. Dieses Kind, so denken Sie bei sich, ist in ein paar Jahren der Sportstar seiner Schule. Natürlich nehmen Sie an, daß es nur zu Besuch im Heim oder der Bruder eines der behinderten Kinder ist. Sie fangen mit ihm ein Gespräch über die Fische an. Aber statt Ihre Bemerkung oder auch nur Ihre Anwesenheit zur Kenntnis zu nehmen, fängt er an, vorwärts und rückwärts zu schaukeln und lächelt dabei, als freue er sich insgeheim über einen Scherz. Als der Heimleiter den Raum betritt, gilt Ihre erste Frage dem Jungen am Aquarium. Der Junge sei autistisch, erklärt er Ihnen.

men, was nahezulegen schien, daß er die Zahl spontan „dreigeteilt" hatte oder daß sie von sich aus in diese drei Teile zerfallen war, durch irgendeine Form spontaner numerischer „Spaltung". Sie schienen über meine Überraschung erstaunt zu sein – als wäre ich irgendwie blind. Johns Geste vermittelte den Eindruck eines ungewöhnlichen Sinns für die unmittelbare „erlebte" Realität...

[Als ich die Zwillinge bei anderer Gelegenheit sah], saßen sie zusammen in einer Ecke, mit einem mysteriösen, geheimnisvollen Lächeln auf ihren Gesichtern, ein Lächeln, das ich nie zuvor gesehen hatte, und erfreuten sich an einem merkwürdigen Vergnügen und der Ruhe, die sie hatten. Ich kroch ganz leise näher, um sie nicht zu stören. Sie schienen eingeschlossen in ein singuläres, rein numerisches Universum. John nannte eine Zahl – eine sechsstellige Zahl, Michael griff die Zahl auf, nickte, lächelte und schien sie zu genießen. Dann nannte er seinerseits eine sechsstellige Zahl und nun war es an John, der diese Zahl empfing und sie anerkennend begutachtete. Sie machten zuerst den Eindruck wie Weinkenner, die seltene Weine, seltene Jahrgänge kosten. Ich saß ruhig da, von ihnen nicht gesehen, und war hypnotisiert, verstört.

Was machten sie? Was zum Teufel ging da vor? Ich konnte daraus nichts erkennen. Es war möglicherweise eine Art Spiel, aber es hatte eine Würde und eine Intensität, eine Form von tiefer und meditativer und fast heiliger Intensität, die ich nie zuvor bei irgendeinem gewöhnlichen Spiel gesehen hatte und die ich ganz sicher nie zuvor bei den meist agitierten und ablenkbaren Zwillingen gesehen hatte. Ich beschränkte mich darauf, die Zahlen zu notieren, die sie äußerten – die Zahlen, die sie offensichtlich so entzückten und die sie zusammen „betrachteten", genossen und teilten.

Hatten die Zahlen irgendeine Bedeutung, fragte ich mich auf dem Heimweg ... Als ich zu Hause ankam, zog ich Tabellen mit Potenzen, Faktoren, Logarithmen und Primzahlen hervor – Erinnerungen und Relikte an eine ungewöhnliche, isolierte Zeit meiner eigenen Kindheit... Ich hatte bereits eine Vermutung – jetzt konnte ich sie bestätigen. All die Zahlen, die sechsstelligen Zahlen, die die Zwillinge untereinander ausgetauscht hatten, waren Primzahlen – d.h. Zahlen, die ohne Rest nur durch sich selbst und eins, aber keine andere Zahl geteilt werden können. Hatten sie ein Buch wie meines gesehen oder besessen – oder waren sie in einer unvorstellbaren Weise selbst in der Lage, Primzahlen zu „sehen", in etwa der gleichen Weise, wie sie die Ge-

samtheit der 111 oder die dreifache 37 gesehen hatten? Mit Sicherheit konnten sie die Zahlen nicht berechnen – sie konnten gar nicht rechnen. Am nächsten Tag kam ich zur Station zurück und hatte das kostbare Primzahlenbuch bei mir. Ich fand sie wieder eingeschlossen in ihrer numerischen Kommunikation, aber diesmal ohne etwas zu sagen. Ich blieb still bei ihnen. Sie waren zuerst überrascht, aber als ich sie nicht unterbrach, nahmen sie ihr „Spiel" mit den sechsstelligen Primzahlen wieder auf. Nach ein paar Minuten entschloß ich mich, mitzuspielen und nannte eine Zahl, eine achtstellige Primzahl. Sie wandten sich beide mir zu, wurden plötzlich still, mit einem Blick intensiver Konzentration und möglicherweise auch Staunen in ihren Gesichtern. Es gab eine lange Pause – die längste, die sie bisher gemacht hatten, sie muß mindestens eine halbe Minute oder länger gedauert haben – dann plötzlich lächelten beide simultan.

Sie hatten, nach einem unvorstellbaren inneren Prozeß der Überprüfung plötzlich gesehen, daß meine achtstellige Zahl eine Primzahl war. Dies war offensichtlich eine große Freude, eine doppelte Freude für sie. Erstens weil ich ein wunderschönes neues Spiel mitgebracht hatte, eine Primzahl in einer Größenordnung, die ihnen nie zuvor begegnet war, und zweitens, weil es deutlich war, daß ich gesehen hatte, was sie machten, daß ich es gut fand, daß ich es bewunderte und daß ich selbst daran teilnehmen konnte.

Sie rückten leicht auf die Seite, machten für mich Platz, einen neuen Spielgefährten beim Zahlenspiel, ein dritter in ihrer Welt. Dann dachte John, der immer die Führung übernahm, sehr lange nach – es müssen mindestens fünf Minuten gewesen sein, obwohl ich es nicht wagte, mich zu bewegen und kaum atmete – und äußerte eine neunstellige Zahl. Nach einer ähnlich langen Pause antwortete Michael mit einer ähnlichen Zahl. Und dann, als ich an der Reihe war und nach einem verstohlenen Blick in mein Buch, lieferte ich meinen ziemlich unehrlichen Beitrag, eine zehnstellige Primzahl, die ich im Buch gefunden hatte.

Danach gab es wieder eine und sogar längere, nachdenkliche, stille Pause. John äußerte dann, nach einer intensiven inneren Betrachtung, eine zwölfstellige Zahl. Ich hatte keine Möglichkeit, dies zu überprüfen, denn mein Buch ... ging über zehnstellige Primzahlen nicht hinaus. Aber Michael war noch dabei, obwohl er fünf Minuten brauchte – eine Stunde später warfen die Zwillinge mit zwanzigstelligen Primzahlen um sich, zumindest nehme ich das an, denn ich hatte keine Möglichkeit, es zu überprüfen. (S. 199-203)

Kommunikationsstörungen

Autistische Kinder weisen bereits vor der Phase des normalen Spracherwerbs Kommunikationsdefizite auf. Bevor kleine Kinder über richtige Wörter verfügen, plappern sie. Diese Vokalisationen sind bei autistischen Kindern weniger häufig und weniger informativ als bei anderen Kindern (*Ricks*, 1972).

Mit zwei Jahren können die meisten normalen Kinder bedeutungsvolle Objekte ihrer Umgebung benennen und Ein- und Zweiwort-Sätze konstruieren, um komplexere Gedanken auszudrücken. Über 50% der autistischen Kinder lernen überhaupt nicht sprechen (*Rutter*, 1966). Und wenn sie es tun, weist ihre Sprache viele Eigentümlichkeiten auf. Eine davon ist die *Echolalie*. Das Kind gibt, gewöhnlich bemerkenswert wortgetreu und mit hoher, monotoner Stimme, wie ein Echo wieder, was es andere sagen hört. Wenn der Lehrer einen autistischen Jungen fragt „Möchtest du einen Keks?", antwortet das Kind „Möchtest du einen Keks?" In diesem Fall handelt es sich um prompte Echolalie. Bei verzögerter Echolalie sitzt das Kind etwa zusammen mit anderen in einem Zimmer, die sich bei laufendem Fernseher unterhalten. Es scheint sich weder für die Fernsehsendung noch für das Gespräch zu interessieren. Stunden später oder auch erst am nächsten Tag wiederholt es dann plötzlich ein Wort oder einen Satz genauso, wie sie in der Unterhaltung oder in der Fernsehsendung gefallen sind. Stumme autistische Kinder, die später durch Training eine gewisse funktionelle Sprache erwerben, müssen gewöhnlich erst ein Stadium der Echolalie durchlaufen.

Lange Zeit konnten die meisten Pädagogen und Forscher in der Echolalie keinerlei funktionalen Sinn erkennen. *Prizant* (1983) und andere kamen zu der Ansicht, daß die Echolalie ein Versuch sein kann, zu kommunizieren. Der Junge, dem das Plätzchen angeboten wurde, beschließt etwas später, daß er es doch gerne hätte. Er geht also zum Lehrer und fragt: „Möchtest du einen Keks?" Er kennt vielleicht die Bedeutung der einzelnen Wörter nicht, hat aber sicher gelernt, daß zwischen der Äußerung des Satzes und dem Erhalten eines Kekses ein Zusammenhang besteht.

Eine weitere häufige Sprachanomalie autistischer Kinder ist die *Pronomen-Umkehr*. Die Kinder sprechen von sich selber als „er" oder „du" oder nennen sich selbst beim Namen. Das Pronomen „ich" verwenden sie selten und nur, wenn sie jemand anderen meinen. Die Pronomen-Umkehr ist eng mit der Echolalie verknüpft. Da autistische Kinder sich häufig einer Echolalie-Sprache bedienen, sprechen sie über sich selbst so, wie sie das von anderen gehört haben. Natürlich setzen sie dann auch die Pronomina falsch ein. Ein Beispiel:

Mutter: „Was tust du da, Johnny?"
Kind: „Er ist da."
Mutter: „Geht es dir gut?"
Kind: „Er weiß es."

Entgegen möglichen Erwartungen verschwindet die Pronomen-Umkehr nicht etwa mit dem Aufbau einer normalen Sprache, sondern erweist sich ganz im Gegenteil als ausgesprochen veränderungsresistent (*Tramontana & Stimbert*, 1970). Manche Kinder lernen den richtigen Gebrauch von Pronomina - auch wenn sie bereits aufgehört haben, die Sätze anderer nachzuplappern – erst nach sehr aufwendigem Training.

Neologismen, d.h. Wortneuschöpfungen oder der Gebrauch von Wörtern in unüblicher Bedeutung, sind eine weitere Spracheigenart autistischer Kinder. Neologismen können auch eine Folge der Echolalie sein. Wenn ein Kind Wörter oder Sätze, die es früher einmal gehört hat, wiederholt, sind sie der neuen Situation nicht immer angemessen. Wortneuschöpfungen kommen auch dadurch zustande, daß das Kind die ursprünglichen Wörter oder Sätze ein wenig verändert. Ähnliche Wortneuschöpfungen kennen wir von allen Kindern. Normale Kinder ändern ihren idiosynkratischen Wortgebrauch allerdings, wenn sie anderen zuhören oder von anderen korrigiert werden.

Autistische Kinder gebrauchen Wörter sehr konkret. Ein Kind, das gelernt hatte, ja zu sagen, als sein Vater ihm versprach, es anschließend auf die Schultern zu nehmen, verwendete das Wort „ja" später nur dann, wenn es vom Vater auf die Schultern gehoben werden wollte. In umgekehrtem, d.h. metaphorischem Sprachgebrauch, sagt das Kind etwa „Laß die Katze nicht fallen", wenn es das allgemeinere „Nein" meint, weil es diese Worte einmal eindringlich von seiner Mutter gehört hat, als es im Begriff war, die Familienkatze fallen zu lassen.

Kommunikationsdefizite können zu dauerhafter sozialer Retardierung des Kindes führen. Wie eng soziale Fertigkeiten und Sprache zusammenhängen, wird darin offenbar, daß sich diese Kinder, sobald sie sprechen gelernt haben, häufig ganz spontan affektiv und anhänglich verhalten (*Churchill*, 1969; *Hewett*, 1965). Selbst nachdem sie sprechen gelernt haben, fehlt Autisten jedoch die verbale Spontanität. Sie sind in ihrem sprachlichen Ausdruck sehr zurückhaltend und alles andere als angemessen im Sprachgebrauch (*Paul*, 1987).

Zwanghafte und rituelle Handlungen

Autistische Kinder reagieren äußerst heftig auf Veränderungen ihrer Umgebung und täglicher Routineabläufe. Es kann vorkommen, daß sie schreien oder einen Wutanfall bekommen, wenn sie ihre Milch nicht in der gewohnten Tasse bekommen oder in der Wohnung ein Möbelstück umgestellt wird. Sogar die übliche Begrüßung darf sich nicht ändern.

> „Jeden Morgen mußte man sie mit dem Satz begrüßen: ‚Guten Morgen, Lily, ich bin sehr, sehr froh, dich zu sehen.' Wenn man nur ein ‚sehr' ausließ oder hinzufügte, fing sie wütend an zu schreien" (*Diamond, Baldwin & Diamond*, 1963, S. 304).

Eine „zwanghafte" Qualität, ähnlich der des Beharrens auf immer gleichen Abläufen, prägt das Verhalten autistischer Kinder auch in anderer Hinsicht. Wenn sie spielen, stellen sie ihr Spielzeug säuberlich in eine Reihe oder ordnen Haushaltsgegenstände zu komplizierten Mustern. Manche lassen sich von Zugfahrplänen, U-Bahn-Linien und Zahlenfolgen fesseln. In der Adoleszenz können daraus ausgewachsene Zwänge werden.

Autistische Kinder neigen zu Stereotypien, zu seltsamen, rituellen Hand- und Körperbewegungen. Sie schaukeln etwa endlos mit dem Körper, klatschen in die Hände oder gehen auf Zehenspitzen. Sie drehen und zwirbeln Bindfäden, Buntstifte, Stöcke und Teller, bewegen ihre Finger vor den Augen und starren auf Ventilatoren und andere sich drehende Dinge. Sie können auch ganz versunken einen mechanischen Gegenstand manipulieren und werden sehr ärgerlich, wenn man sie dabei stört. Mit Spielsachen hantieren sie häufig entgegen deren eigentlicher Zweckbestimmung auf zwanghafte und rituelle Art und Weise.

Prognose des frühkindlichen Autismus

Was wird aus diesen schwer gestörten Kindern, wenn sie erwachsen sind? In seiner ursprünglichen Arbeit über den Autismus hatte *Kanner* von elf Kindern berichtet. Über das weitere Schicksal von neun dieser Kinder brachte er folgendes in Erfahrung (*Kanner*, 1973): Zwei hatten epileptische Anfälle entwickelt, eines war gestorben, eines war in einer psychiatrischen Klinik, und vier andere hatten den größten Teil ihres Lebens in Institutionen verbracht.

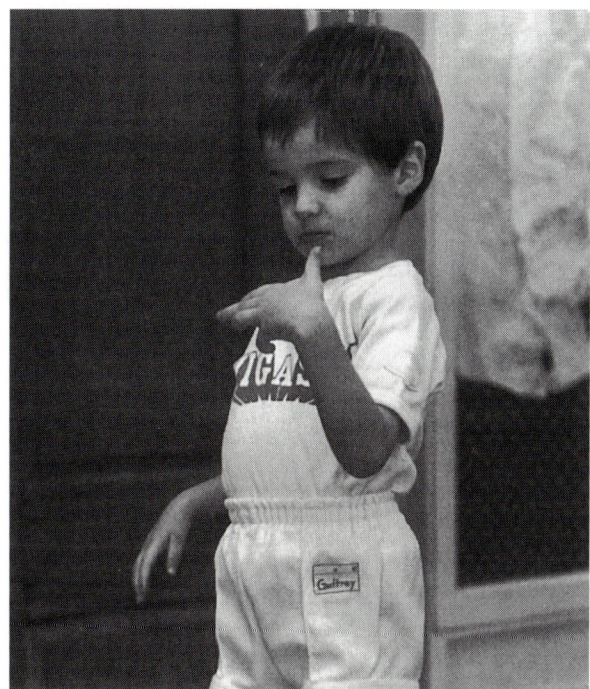

Autistische Kinder sind häufig mit stereotypen Bewegungen beschäftigt, wie etwa rituellen Handbewegungen, auf die sie ihre Aufmerksamkeit konzentrieren.

Von den übrigen drei war einer stumm geblieben, arbeitete aber auf einer Farm und als Hilfskraft in einem Pflegeheim. Die letzten beiden machten zumindest zufriedenstellende Fortschritte. Obwohl beide noch immer bei ihren Eltern lebten und nur wenig sozialen Umgang hatten, gingen sie jedoch einer einträglichen Tätigkeit nach und entwickelten einige Freizeitinteressen.

Andere Nachuntersuchungen malen ein ähnlich düsteres Bild vom Schicksal erwachsener Autisten (z.B. *Lotter*, 1974; *Rutter*, 1967; *Treffert, McAndrew & Dreifuerst*, 1973). *Lotter* (1978) sah sich alle veröffentlichten Untersuchungen zum Thema an und stellte fest, daß nur 5 bis 17% der autistischen Kinder als Erwachsene ein relativ gut angepaßtes, selbständiges Leben führten, daß ihnen aber Residualstörungen, etwa soziale Unbeholfenheit, geblieben waren. Die meisten erwachsenen Autisten führten ein sehr eingeschränktes Leben, mehr als die Hälfte in Institutionen (vgl. Kasten 16.4). Vor der Verabschiedung des Gesetzes 94-142 im Jahr 1975 (S. 546) waren autistische Kinder vom Unterricht in öffentlichen Schulen meist ausgeschlossen. Daher erreichten viele autistische Kinder das Erwachsenenalter ohne die umfas-

Kasten 16.4   Ein selbst verfaßter Bericht eines erwachsenen Autisten

Wir zitieren einige Auszüge aus einem Buch, bei dem einige Korrekturen der Zeichensetzung und der Rechtschreibung von Fachleuten gemacht wurden, die den Bericht publiziert haben (*Volkmar & Cohen*, 1985). Das Buch wurde von einem 22jährigen Mann geschrieben, der als kleines Kind im Yale Child Study Center wegen seines Autismus behandelt wurde und dem es gelungen war, Zugang zu seinen Behandlungsunterlagen zu bekommen. Im Verlauf von zahlreichen Gesprächen mit dem Behandlungsteam hatte er sich entschlossen, einen Bericht über seine Erlebnisse als autistisches Kind und junger Erwachsener zu schreiben. Dies ist sehr ungewöhnlich, denn autistische Kinder erwerben selten ausreichende kognitive und linguistische Fähigkeiten, um auf diese Weise zu kommunizieren. „Tony", so beschrieben ihn seine Eltern, vermied von den ersten Lebenswochen an jeden menschlichen Kontakt, lächelte niemals als Reaktion auf andere und beschäftigte sich intensiv mit seinen Händen und sich drehenden Objekten. Als er im Alter von 26 Monaten im Yale-Zentrum untersucht wurde, konnte er nicht sprechen, zeigte bizarre und ausgeprägt stereotype Verhaltensweisen und hatte kein Interesse an anderen. Nach der Behandlung in diesem Zentrum konnte er an einem Sonderprogramm einer öffentlichen Schule teilnehmen und war sogar in der Lage, eine private High School bis zur zehnten Klasse zu besuchen. Sein IQ im Wechsler-Test für Erwachsene betrug zum Zeitpunkt, als er seine Biographie schrieb, 94 im Verbalbereich, 92

bei den Handlungstests und 93 bei der Gesamtskala. Diese Werte ordnen ihn etwas unter dem Durchschnitt ein. Sie wurden beschrieben als „Testament seiner intellektuellen Fähigkeiten" (*Volkmar & Cohen*, 1985, S. 48). Als er an das Zentrum herantrat, war er als Monteur in einer Firma am Ort beschäftigt. Tonys Lebensbericht enthält Merkmale, die sich häufig bei Menschen mit Autismus finden, wie etwa sein Sinn für soziale Isolierung, seine Unfähigkeit, sich in andere einzufühlen, ungewöhnliche sensorische Erfahrungen und eine massive Angst (gelegentlicher Mißbrauch von Alkohol, als Versuch, diese zu mindern). Weniger typisch für die Betroffenen sind die Wut und die aggressiven Tendenzen, von denen er berichtet, und möglicherweise auch sein Wunsch, als normal angesehen zu werden und das Interesse am anderen Geschlecht. Der Leser sollte beachten, daß Tony den Führerschein machen konnte und in die Armee aufgenommen wurde."

AUTISMUS: DIE SCHEUSSLICHE KRANKHEIT"

Tony W.

Ich lebte in einer Welt der Tagträume und der Angst, die um mich herum war. Ich machte mir keine Gedanken über die menschlichen Gefühle oder andere Menschen. Ich hatte vor allem Angst! Ich hatte Angst ins Wasser schwimmen zu gehen, und vor lauten Geräuschen. Im Dunkeln hatte ich wiederholt schwere Alpträume und gelegentlich hörte ich bei den Alpträumen elektronische Geräusche. Ich wachte dann so verängstigt und desorientiert auf, daß ich den Weg aus dem Zimmer minutenlang nicht finden konnte. Es fühlte sich an, als würde ich in die

senden pädagogischen Interventionen oder die Art von Verhaltensprogrammen, die später (S. 561) beschrieben werden. Neue katamnestische Untersuchungen sind erforderlich, um zu überprüfen, ob die Prognose für Autismus noch genauso ungünstig ist wie früher, bevor das Training und die Ausbildung der Autisten von der Gesellschaft ernst genommen wurden.

Ätiologie des frühkindlichen Autismus

Psychologische Grundlagen des Autismus

Seit *Kanners* erster Beschreibung hat man natürlich nach den Ursachen des Autismus gesucht. Einige der Gründe, die Kanner veranlaßten, autistische Kinder für normal intelligent zu halten – ihre normale äußere Erscheinung und ihre offensichtlich normalen physiologischen Funktionen –, ließen andere die Ursache der Störung in der Umwelt vermuten.

Eine der bekanntesten psychologischen Theorien stammt von *Bruno Bettelheim* (1967). Der Autismus, so die Grundannahme seiner

Hölle gezerrt. Ich hatte vor einfachen Dingen, wie etwa zu duschen, die Nägel zu schneiden, Seife in die Augen zu bekommen, Angst ... Ich erinnere mich an das Kinderzentrum in Yale. Ich ignorierte die Ärzte und machte, was ich wollte, wie etwa etwas herzustellen und damit zu spielen oder es zu betrachten ohne darauf zu achten, ob jemand sonst im Raum war. Ich war auch sehr zornig und gemein. Ich kämpfte und atmete schwer, weil ich das Meerschweinchen töten wollte; sobald der Untersucher mir den Rücken zudrehte, tötete ich es. Ich haßte meine Mutter, weil sie versuchte, mich davon abzuhalten, in meiner Welt zu bleiben und das zu tun, was ich wollte. Deshalb hörte ich auf, aber sobald sie mir den Rücken zuwandte, machte ich weiter. Ich war sehr rebellisch, gemein und destruktiv. Ich wollte einen Plan machen, um meine Mutter zu töten und die Welt zu zerstören ... Ich hatte auch einen sehr wachen Sinn für Humor und lernte pervertierte Dinge sehr schnell. Ich entzog mich gewöhnlich der Kontrolle und wiederholte kranke, pervertierte Sätze genauso wie ich den Menschen gewalttätige, wilde, unwahre Dinge erzählte, um sie zu beeindrucken ... Ich mag batteriebetriebene Spielzeuge oder elektronische Spielsachen. Gewöhnliches Spielzeug wie Spielzeugautos und -lastwagen, die nicht batteriegetrieben waren, interessierten mich überhaupt nicht. Ich hatte schreckliche Angst davor, Fahrrad fahren zu lernen. Etwas, von dem mich sogar die Angst nicht abhalten konnte, waren Flugzeuge. Ich habe eine Luftfahrtschau gesehen, als ich 14 war – sie waren sehr laut. Ich war immer von Flugzeugen beeindruckt. Ich malte sie und hatte einige Modelle. Der Test kam, als wir nach Washington reisten. Ich war so ängstlich und überdreht, daß ich meine Eltern verrückt machte. Sie hatten erst Ruhe, als ich die Turbinen am Ende des Rollfelds aufheulen hörte. Dann wußte ich, daß wir starteten. Nachdem das Flugzeug abgehoben hatte, war ich sehr erstaunt. Ich fing an zu schreien „Oh!". Ich liebte jede Minute. Ich hatte eine Zuneigung zu allen HiTech Produkten – Flugzeuge, Raketen ... Ich traute niemandem außer mir selbst – das ist auch heute noch ein Problem. Und ich war und bin auch heute noch sehr unsicher. Ich war auch sehr gefühlskalt. Es war mir unmöglich, jemanden zu lieben oder geliebt zu werden. Ich weise dies häufig zurück, indem ich mich von den Menschen abwende. Das ist auch heute noch ein Problem und die Beziehung zu anderen Menschen ... Ich hörte elektronische Geräusche und hatte kurze Anfälle im Bett und viele andere körperliche Probleme. Oft muß ich drängen, daß Dinge erledigt werden und ich hatte nur wenig Koordination. Und alles regte mich auf. Ich fürchtete die Menschen und soziale Aktivitäten sehr ... Ich lebte bei meinem Vater und sah dann die sogenannte normale, kranke Teenagerwelt. Als ich 14 war, wollte ich so normal wie alle anderen werden. Ich sah mir die anderen in der Schule an und tat, was sie taten, um akzeptiert zu werden. Dabei habe ich mehr als eine Show gemacht, um die Probleme zu verbergen und normal zu erscheinen. Ich zwang mich, alles über die Spitzenrockgruppen zu wissen, Hasch zu rauchen, zu trinken und versuchte, eine Freundin zu bekommen. Das war in der 9. und 10. Klasse. Ich hatte ständig Probleme in der Schule und machte einige wirklich verrückte Sachen, um „cool" zu sein. Wie alle anderen dachte ich, daß ich normal wäre. Das meiste war ein Fehlschlag. Mehr Menschen als zuvor haßten mich ... Ich ging zur Armee und geriet in zahlreiche Schlägereien mit anderen. Daher wurde ich entlassen ... Danach hatte ich einige Jobs und hing mit einigen Verrückten herum, die ich von der Schule her kannte, war häufig betrunken und war destruktiv. Beim Hasch-Rauchen hatte ich verstärkte Ängste und Peronia. Ich wurde nie aus einem Job gefeuert. Meine Probleme haben sich seit früher Kindheit ÜBERHAUPT nicht verändert. Ich konnte gerade funktionieren. Und es besteht heute – 1983 – immer noch das gleiche Problem. (Volkmar & Cohen, 1985, S. 49-52).

Theorie, habe sehr viel Ähnlichkeit mit der Apathie und Hoffnungslosigkeit, wie sie während des Zweiten Weltkrieges für die Insassen deutscher Konzentrationslager kennzeichnend gewesen seien. *Bettelheim* vermutet, daß das kleine Kind zurückweisende Eltern hat und durchaus in der Lage ist, deren negative Gefühle ihm gegenüber wahrzunehmen. Es muß feststellen, daß seine Handlungen bei den unzugänglichen Eltern kaum ein Echo finden. So gelangt das Kind aufgrund der frühen Erfahrung, daß die Welt für seine Reaktionen unempfänglich ist, zu der Überzeugung, daß es die Welt aus eigener Kraft nicht beeinflussen kann (S. 46). Es läßt sich nie wirklich auf die Welt ein, sondern verschanzt sich gegen Schmerz und Enttäuschung in der „leeren Festung" des Autismus.

Ähnlich wie die psychoanalytisch orientierten Theoretiker machen auch Vertreter der sozialen Lerntheorie bestimmte frühe Erfahrungen für den Autismus verantwortlich. Ein sehr einflußreicher Aufsatz stammt von *Ferster* (1961). Die mangelnde Aufmerksamkeit der Eltern, insbesondere der Mutter, so vermutet er, verhindere, daß das Kind Assoziationen lerne, die Menschen zu Verstärkern machen. Und weil die Eltern nicht zu Verstärkern geworden seien, könnten sie das Verhalten des Kindes nicht kontrollieren – mit dem Ergebnis, daß das Kind autistisch werde.

Kasten 16.5   Die Schädlichkeit psychogener Theorien

Dem Leser wird nicht entgangen sein, daß die Autoren dieses Buches einigen psychogenen Theorien, seien sie psychoanalytisch oder lerntheoretisch, kritisch gegenüberstehen. Neben unserem Bestreben, ein Lehrbuch zu schreiben, das so weit wie möglich an wissenschaftlichen Grundsätzen orientiert ist, machen wir uns Gedanken über den Einfluß, den Theorien auf Menschen haben können. Stellen Sie sich vor, ein Psychiater oder Psychologe würde Ihnen mitteilen, Ihre unbewußte Feindseligkeit habe dazu geführt, daß Ihr sechsjähriges Kind stumm ist. Welche Gefühle würden Sie bewegen? Oder wie würden Sie sich fühlen, wenn Sie Ihr berufliches Engagement dafür verantwortlich machen müßten, daß Ihr Kind ein autistisches Verhaltensmuster entwickelt hat? Tatsache ist natürlich, daß der Beweis für solche Behauptungen noch aussteht und viele Befunde ihnen sogar widersprechen. Aber solange wir nichts genaueres wissen, bürden wir Eltern eine ungeheure emotionale Last auf, wenn wir sie, wie es seit Jahren geschieht, wissen lassen, daß die Schuld bei ihnen liegt.

Möglicherweise ist die Hypothese vom psychogenen Ursprung des Autismus nicht nur unangemessen, sondern auch schädlich (*Rimland*, 1964).

Für *Bettelheim, Ferster* und andere kommt die Schlüsselrolle bei der Entwicklung des Autismus eindeutig den Eltern zu. Viele Forscher haben denn auch untersucht, was diese Eltern besonders charakterisiert. Denn damit die psychogene Theorie einer Kindheitsstörung irgendeine Plausibilität für sich beanspruchen kann, muß nachgewiesen werden, daß die Eltern ihre Kinder in irgendeiner Weise sehr ungewöhnlich und schädigend behandelt haben.

In seinen frühen Arbeiten beschrieb *Kanner* die Eltern autistischer Kinder als kalt, unsensibel, übergenau, introvertiert, zurückhaltend und hochintellektuell (*Kanner & Eisenberg*, 1955). *Singer* und *Wynne* (1963) haben beschrieben, wie diese Eltern sich von ihren Kindern distanzieren. Manche begegnen allen zwischenmenschlichen Beziehungen mit Zynismus und sind emotional kalt, andere passiv und teilnahmslos. Wieder andere treten allen Menschen mit zwanghafter, intellektueller Distanz gegenüber.

Diese ersten klinischen Eindrücke ließen sich in systematischen Untersuchungen allerdings nicht bestätigen. *Cox* und seine Mitarbeiter (1975) verglichen z.B. Eltern autistischer Kinder mit Eltern, deren Kinder an rezeptiver Aphasie (einer Störung des Sprachverständnisses) litten. Die beiden Gruppen unterschieden sich *nicht* in Wärme, emotionaler Ausdruckskraft, Reaktionsfreudigkeit und Soziabilität. Diese und andere Untersuchungen (z.B. *Cantwell, Baker & Rutter*, 1978) zeigen, daß die Eltern autistischer Eltern nichts besonderes an sich haben. Diese Eltern erziehen auch andere normale und gesunde Geschwister.

Doch auch abgesehen von solchen Forschungsergebnissen, läßt sich die Richtung einer möglichen Korrelation zwischen elterlichen Merkmalen und Autismus nicht ohne weiteres bestimmen. Jedes abweichende Verhalten der Eltern könnte auch eine Reaktion auf die Anomalie des Kindes sein, und nicht umgekehrt. Es gibt auch keinen Beweis dafür, daß irgendeine Form der emotionalen Mißhandlung, der Deprivation oder der Vernachlässigung zu einem Verhalten führen kann, das dem Autismus-Syndrom ähnlich ist (*Ornitz*, 1973; *Wing*, 1976; vgl. Kasten 16.5). Der sehr frühe Beginn des Autismus und eine Vielzahl genetischer und neurologischer Befunde sprechen für eine physiologische Grundlage dieser rätselhaften Störung.

Physiologische Grundlagen des Autismus

Genetische Faktoren. Weil die Störung so selten ist, sind genetische Untersuchungen des Autismus schwer durchzuführen. In der Tat stellt die Familien-Methode die Forscher vor ganz besondere Probleme, da autistische Menschen so gut wie nie heiraten. Aber Autisten haben häufig Geschwister, und so kann man die Erkrankungsrate bei Brüdern und Schwestern festlegen. Sie liegt bei etwa 2% (*Rutter*, 1967). Obwohl das – absolut gesehen – wenig ist, tragen Geschwister verglichen mit der Gesamtbevölkerung das fünfzigfache Erkrankungsrisiko.

Eine wie große Rolle genetische Faktoren bei der Entstehung des Autismus spielen, belegt die methodisch einwandfreie Untersuchung von *Folstein* und *Rutter* (1978). Bei den untersuchten zehn zweieiigen Zwillingspaaren mit einem autistischen Zwilling gab es keine Konkordanz. Bei den elf eineiigen Zwillingspaaren mit einem autistischen Zwilling betrug die Konkordanzrate dagegen 36%: Bei vier Paaren war der andere Zwilling ebenfalls autistisch. Einen noch eindeutigeren Beleg für die genetische Übertragung des Autismus findet sich in der Untersuchung von *Steffenberg* et al. (1989), in der festgestellt wurde, daß die Konkordanzrate bei eineiigen Zwillingen 91% und bei zweieiigen Null betrug.

Folstein und *Rutter* untersuchten nicht nur die Autismus-Konkordanz, sondern auch kognitive Beeinträchtigungen wie verzögerte Sprachentwicklung, Schwierigkeiten bei der Aussprache von Wörtern und niedriger IQ. Bei monozygoten Paaren betrug die Konkordanz für kognitive Behinderung 82%, gegenüber 10% bei dizygoten Zwillingen. Das eineiige Zwillingsgeschwister eines autistischen Kindes hat also mit sehr großer Wahrscheinlichkeit sprachliche und intellektuelle Schwierigkeiten, für zweieiige Zwillinge gilt das nicht. Zwischen Autismus und einem deutlichen Defizit im kognitiven Vermögen besteht offensichtlich ein Zusammenhang. Eine weitere Bestätigung für diese Ansicht kommt durch die größere Häufigkeit von Lernbehinderungen in den Familien autistischer Kinder (*August, Stewart & Tsai*, 1981). Insgesamt sprechen die Ergebnisse aus Familien- und Zwillingsuntersuchungen für eine genetische Grundlage des frühkindlichen Autismus.

Neurologische Faktoren. In EEG-Studien zeigte sich, daß viele autistische Kinder abnorme Gehirnwellenmuster aufwiesen (z.B. *Hutt* et al., 1964). Auch neurologische Untersuchungen enthüllten bei einem großen Prozentsatz autistischer Kinder Anzeichen eines Hirnschadens (z.B. *Campbell* et al., 1982; *Gillberg & Svendsen*, 1983). Weitere Belege, die für die Möglichkeit einer neurologischen Dysfunktion sprechen, ergaben sich in neueren Untersuchungen, bei der die Magnetresonanztechnik eingesetzt wurde. Es wurde ermittelt, daß Teile des Kleinhirns bei autistischen Kindern unterentwickelt waren (*Courchesne* et al., 1988). Diese Abweichung fand sich bei 14 von 18 autistischen Kindern.

Zwischen dem Ausmaß der neurologischen Anomalie oder der Dysfunktion des zentralen Nervensystems und der Schwere der autistischen Symptome scheint ein Zusammenhang zu bestehen. 30% der autistischen Kinder leiden nach Eintritt der Adoleszenz unter epileptischen Anfällen. Überdies sind Kinder, deren Mütter während der pränatalen Periode an Röteln erkrankten, etwa zehnmal häufiger vom Autismus betroffen als die kindliche Gesamtpopulation. Ein Autismus-ähnliches Syndrom kann auch nach einer Meningitis, einer Encephalitis und einer tuberösen Hirnsklerose zurückbleiben. Alle diese Krankheiten können Funktionen des zentralen Nervensystems beeinträchtigen. Diese Befunde einschließlich des Grades der Geistigen Behinderung scheinen für einen Zusammenhang zwischen Autismus und Gehirnschaden zu sprechen.

Behandlung des frühkindlichen Autismus

Besondere Probleme bei der Behandlung autistischer Kinder

Ziel von pädagogischen Programmen für autistische Kinder ist es gewöhnlich, die autistischen Symptome zu mildern, die kommunikativen und sozialen Fertigkeiten der Kinder zu verbessern und ihr adaptives Verhalten zu schulen, so daß sie selbständiger werden können.

Primäre Verstärker, wie beispielsweise Nahrungsmittel, werden häufig bei der Therapie autistischer Kinder eingesetzt.

Bestimmte Probleme machen es allerdings schwierig, autistische Kinder zu unterrichten. Erstens fügen sie sich nicht in Veränderungen ihrer täglichen Routine, das gilt für besondere Ereignisse ebenso wie für neue Lehrer. Zweitens stehen ihre Verhaltensprobleme und ihre selbst-stimulierenden Bewegungen häufig einem effektiven Unterricht im Weg. Auch bei Kindern mit anderen Behinderungen mögen ähnliche Verhaltensweisen die Bemühungen des Lehrers stören, aber das geschieht weniger häufig und weniger gravierend.

Drittens ist es ganz besonders schwer, Verstärker zu finden, die autistische Kinder motivieren. Normale Kinder sind von sich aus motiviert, ihre Umgebung zu erkunden und zu kontrollieren, nicht so Kinder mit Autismus. Wirksame Verstärker für autistische Kinder müssen deutlich, konkret oder sehr auffällig sein. Häufig vergrößert man die Vielfalt der Verstärker, auf die autistische Kinder reagieren, dadurch, daß man soziale Verstärkung mit primären Verstärkern – z.B. Nahrung – kombiniert. In vielen Fällen interferiert auch die hyperselektive Aufmerksamkeit des autistischen Kindes mit dem Lernprozeß. Wenn sich seine Aufmerksamkeit auf einen bestimmten Aspekt einer Aufgabe oder Situation konzentriert, bleiben andere Eigenschaften, auch relevante, oft unbemerkt.

Eine weitere Schwierigkeit, mit der Lehrer und Therapeuten autistischer Kinder und geistig behinderter Kinder gleichermaßen zu kämpfen haben, ist deren Unfähigkeit, das Gelernte zu verallgemeinern. Ihre überselektive Aufmerksamkeit macht autistischen Kindern die Generalisierung ganz besonders schwer. Ein Kind, das die Lippenbewegungen seines Lehrers beobachtet und auf diese Weise mehrere Wörter gelernt hat, versteht unter Umständen dieselben Wörter nicht mehr, wenn sie von jemand anderem mit weniger deutlichen Lippenbewegungen gesprochen werden. Mit anderen Worten, die Reaktion des Kindes ist an einen unwesentlichen Aspekt der Situation gebunden, der bei verändertem Kontext gewöhnlich fehlt. All diesen Problemen zum Trotz haben pädagogische Programme für autistische Schüler durchaus zu guten Ergebnissen geführt.

Verhaltenstherapie

Als hilfreich bei der Behandlung autistischer Kinder haben sich Modellernen und operantes Konditionieren erwiesen. Verhaltenstherapeuten haben autistischen Kindern geholfen, sprechen zu lernen (*Hewett*, 1965), haben ihre Echolalie-Sprache modifiziert (*Carr, Schreibman & Lovaas,* 1975), sie ermutigt, mit anderen Kindern zu spielen (*Romanczyk* et al., 1975), und dazu beigetragen, daß die Kinder ganz allgemein mehr auf Erwachsene reagierten (*Davison*, 1964).

Clara Park (1987), Mutter eines erwachsenen autistischen Kindes, beschreibt ihre Entdeckung eines innovativen verhaltensorientierten Programms, das ihr ermöglichte, ihrer Tochter soziale Fertigkeiten beizubringen.

Die Art und Weise, wie Jessy das wichtigste, was sie jemals lernen konnte, nämlich zu lächeln und „Hallo" zu sagen, ist beispielhaft. Wie hat sie das gelernt? Mit Sicherheit hat die freundliche Familie dazu beigetragen. Das ist aber in keiner Weise ausreichend ... Gleichgültig wie stark wir sie bedrängten und ermutigten, sie lernte wirklich erst ein anderes menschliches Wesen zu begrüßen, als sie 14 Jahre alt war. Sie lernte es nicht durch Imitation oder Osmose, sondern mit einem Programm zur Verhaltensmodifikation ... Jessy lernte, „Hallo, Mrs. Jones" zu sagen mit Hilfe eines gewöhnlichen Golfzählers, der in jedem Sportgeschäft zu kaufen ist. „Hallo" brachte ihr einen Punkt ein; der Augenkontakt einen weiteren; der richtige Name den dritten. „Hallo, Mrs. Jones" ... und die Lehrer und Schüler begannen, über ihr Erstaunen zu berichten. Jessy war plötzlich soviel freundlicher. Natürlich waren sie auch alle freundlich, weil sie zum ersten Mal begrüßt wurden, nachdem Jessy sie jahrelang ignoriert hatte. Die soziale Verstärkung hätte kaum stärker oder unbefangener geäußert werden können. Das war einige Zeit bevor sie das Klick-Klick-Klick von Jessys Zähler hörten.
Dies war nur eine der vielen Verhaltensweisen, bei denen Pluspunkte gewonnen oder verloren werden konnten. Jessy blieb ihnen allen mit autistischer Hartnäckigkeit auf der Spur. Autisten betrügen nicht. Wir waren durch Zufall auf dieses Verfahren gekommen: Jessy hatte den Zähler bei einem Besuch eines Kindes auf dem Regal gesehen und war von dem Gerät fasziniert, das ihre beiden größten Interessen zusammenbrachte: die Klickgeräusche und Zahlen. Sie wollte sofort so ein Gerät haben. Nur langsam entdeckten wir, wie wir es einsetzen konnten, um gegen ihre Schwächen vorzugehen und dabei ihre Stärken zu nutzen, ihre Genauigkeit und Sorgfalt, ihr Verständnis für Zahlen ... Wir beobachteten erstaunt, wie Jessy ... in kurzer Zeit ein großes Repertoire an neuen Verhaltensweisen erwarb und andere verschwanden, von denen wir angenommen hatten, daß sie für immer Bestand hätten, wobei dies alles angeregt wurde durch etwas so wenig konkretes wie eine steigende Zahl auf einem Zähler. (Jahre später betrachtete sie mit der gleichen Befriedigung ihr steigendes Bankkonto.) (S. 291-292)

Ivar Lovaas, ein führender Klinischer Psychologe an der University of California in Los Angeles, beschreibt ein intensives operantes Trainingsprogramm bei ganz kleinen (weniger als vier Jahre alten) autistischen Kindern (*Lovaas*, 1987). Die Therapie, die alle Aspekte des kindlichen Lebens umfaßt, wird mit mehr als vierzig Stunden pro Woche über mehr als zwei Jahre durchgeführt. Die Eltern wurden umfassend geschult, damit die Behandlung fast über die gesamte Wachzeit der Kinder durchgeführt werden konnte. Neunzehn Kinder, die diese Intensivtherapie erhielten, wurden mit vierzig Kontrollkindern verglichen, die eine ähnliche Behandlung, aber nur weniger als zehn Stunden pro Woche, erhielten. Alle Kinder wurden belohnt, wenn sie weniger aggressiv und kooperationsbereiter waren und sich sozial angemessener, einschließlich Gespräche und Spiele mit anderen Kindern, verhielten. Das Ziel des Programms bestand darin, die Kinder in eine Normalschule zu bringen. Dabei ging man davon aus, daß autistische Kinder, wenn sie sich bessern, mehr davon profitieren, wenn sie mit normalen Kindern zusammen sind, als wenn sie allein blieben oder mit anderen ernsthaft gestörten Kindern zusammen.

Die Ergebnisse für die Gruppe mit der Intensivtherapie waren dramatisch und ermutigend. Der gemessene durchschnittliche IQ lag in der ersten Klasse (nach zwei Jahren der Intensivtherapie) bei 83, im Vergleich zu etwa 55 bei der Kontrollgruppe. Zwölf der neunzehn erreichten den Normalbereich, während es bei der Kontrollgruppe nur zwei (von vierzig) waren. Darüber hinaus wurden neun der neunzehn intensiv therapierten in die zweite Klasse einer normalen öffentlichen Schule versetzt, während nur einer der viel größeren Kontrollgruppe dieses normale Funktionsniveau erreichte. Obwohl Kritiker auf Schwächen in der Anlage der Untersuchung und der Erfolgsmaße hingewiesen haben (*Schopler, Short & Mesibov*, 1989), bestätigt dieses ehrgeizige Programm die Notwendigkeit eines umfassenden Engagements von Experten und Eltern, wenn es um die starke Herausforderung durch die autistische Störung geht.

Wie ein geistig behindertes Kind bedeutet auch ein autistisches Kind für seine Familie eine erhebliche Belastung. Da autistische Kinder körperlich wenig oder gar nicht beeinträchtigt sind und in einzelnen Bereichen normale oder sogar überdurchschnittliche Fähigkeiten

besitzen, geben manche Eltern die Hoffnung nicht auf, daß es sich um eine Fehldiagnose handelt. Man erleichtert den Eltern ihre Bürde unter anderem dadurch, daß man sie über das Wesen des frühkindlichen Autismus aufklärt und darauf hinweist, daß die Ursache mit größter Wahrscheinlichkeit nicht psychogen ist. Entlastet vom Gefühl der Schuld, werden sich manche Eltern an der Erziehung und Ausbildung ihres Kindes beteiligen wollen. Es spricht einiges dafür, daß eine Erziehung durch die Eltern dem Kind mehr nützt als eine Behandlung, die ausschließlich unter klinischen Bedingungen stattfindet. *Koegel* und seine Mitarbeiter (1982) haben eine ähnliche Untersuchung wie die von *Lovaas* durchgeführt. Nach nur 25 bis 30 Stunden Training mit den Eltern zeigten autistische Kinder in standardisierten Tests und Verhaltenserhebungen ähnliche Fortschritte wie andere Kinder nach 200 Stunden unmittelbarer klinischer Behandlung. *Koegel* vermutet, daß das Elterntraining der Klinikbehandlung beim generalisierenden Lernen überlegen ist, weil die Eltern das Kind in vielerlei Situationen erleben; und wenn sie mit ihren Kindern üben, können sie einfach auch mehr Zeit in Erholungspausen und bei Freizeitbeschäftigungen mit ihnen verbringen.

Gleichzeitig muß ganz klar gesagt werden, daß manche autistische oder auch in anderer Hinsicht schwer gestörte Kinder nur in Kleingruppenheimen mit ausgebildetem Personal angemessen versorgt werden können. Überdies leben manche Familien unter Bedingungen, die es ihnen nicht gestatten, ihr schwer gestörtes Kind zu Hause zu versorgen. Aus der Tatsache, daß auch Eltern ein behindertes Kind wirksam behandeln können, darf kein Muß werden, wenn das Leben einer Familie bereits eine feste Form hat und unter schwierigen Bedingungen normale Kinder versorgt werden müssen.

Psychodynamische Behandlung

Eine ganz andere Behandlungsform hat über lange Jahre *Bruno Bettelheim* (1967, 1974) an der Orthogenic School der Universität von Chicago entwickelt. Ein autistisches Kind, so glaubte Bettelheim, braucht eine warme und liebevolle Atmosphäre, um den Mut zu finden, an der Welt Anteil zu nehmen. Geduld und das, was *Rogers* unbedingte positive Wertschätzung nennt, sind notwendig, damit es Vertrauen fassen und das Risiko von Beziehungen eingehen kann. *Bettelheim* und seine Mitarbeiter berichten von zahlreichen Erfolgen, aber da sie ihre Beobachtungen unter unkontrollierten Bedingungen machen, läßt sich über die wirksamen Faktoren ihrer Behandlung wenig sagen. Es kann sehr viel mehr direkte Instruktion, systematisches Verstärken und Löschen beteiligt sein, als wir den Berichten entnehmen können. Mit verhaltenstherapeutischen Berichten verhält es sich hier im Grunde allerdings nicht anders: Verhaltenstherapeuten pflegen den Rapport herunterzuspielen, den auch sie herstellen und der zweifellos den Kontext für ihre Programme liefert.

Medikamentöse Behandlung

Das am häufigsten verwendete Medikament zur Behandlung autistischen Verhaltens ist Haloperidol, ein Antipsychotikum. Viele autistische Kinder reagieren jedoch negativ auf dieses Medikament, was die Unterscheidung zwischen Autismus und früh beginnender Schizophrenie (vgl. S. 551) rechtfertigt. Außerdem hat Haloperidol ein Potential für ernsthafte Nebenwirkungen (*Campbell*, 1987).

Es gibt einige Belege dafür, daß autistische Kinder einen erhöhten Serotoninspiegel im Blut haben (*Anderson & Hoshino*, 1987). Forscher aus 18 bis 20 medizinischen Zentren unter der Leitung von *Ritvo* an der University of California in Los Angeles haben die Wirksamkeit von Fenfluramin untersucht, einer Substanz von der bekannt ist, daß sie den Serotoninspiegel bei Ratten und Affen reduziert. Die Ergebnisse der ersten Studien, bei denen diese Substanz bei autistischen Kindern eingesetzt wur-

de, waren sehr positiv; es wurde nicht nur der Serotoninspiegel gesenkt, sondern auch der IQ und das Verhalten zeigte sich deutlich verbessert (*Geller* et al., 1982, 1984; *Ritvo* et al., 1983). Obwohl auch einige Untersuchungen die ursprünglichen Ergebnisse replizierten (*Ritvo* et al. 1986), wurden Bedenken wegen negativer Nebenwirkungen erhoben (besonders wegen starker Sedierung, gesteigerter Reizbarkeit und vorübergehenden Gewichtsverlustes). Außerdem konnten einige Forscher die Verbesserung in Hinsicht auf Kognition und Verhalten nicht nachweisen (*Campbell*, 1987, 1988). Zur Aufklärung der unterschiedlichen Ergebnisse in verschiedenen Zentren wird weitere Forschung benötigt, die klärt, welche autistischen Kinder, wenn es überhaupt welche gibt, von diesem Medikament profitieren.

Andere Forscher haben einen Opiatrezeptor-Antagonisten, Naltrexon, untersucht und festgestellt, daß diese Substanz das selbstschädigende Verhalten autistischer Kinder vermindert, die Hyperaktivität reduziert, die Aufmerksamkeitsspanne vergrößert und das Ausmaß autistischen Verhaltens mindert (*Campbell* et al., 1989). Die erste doppelt blinde, placebokontrollierte Studie erbrachte gemischte Ergebnisse: obwohl die mit Naltrexon behandelten Kinder sich hinsichtlich der globalen Beurteilung durch das Personal (die nicht über die Behandlungsbedingungen informiert waren) deutlicher verbesserten als die Placebogruppe, zeigten sich bei spezifischen Verhaltensbeurteilungen keine signifikanten Unterschiede zugunsten der Substanz (*Campbell* et al., 1990). Es liegt auf der Hand, daß mehr kontrollierte Untersuchungen benötigt werden, um zu ermitteln ob Naltrexon eine hilfreiche Substanz für den Einsatz bei autistischen Kindern ist.

Zusammenfassung

Lernschwierigkeiten werden diagnostiziert, wenn ein Kind sich nicht so entwickelt, wie aufgrund seines intellektuellen Niveaus in einem bestimmten schulischen Bereich, der Sprache oder motorischer Fertigkeiten zu erwarten wäre. Diese Störungen, die zwei- bis viermal häufiger bei Jungen als bei Mädchen auftreten, werden meist in der

Schule festgestellt und dort auch eher als in klinischen Einrichtungen behandelt.

Geistige Behinderung ist gekennzeichnet durch folgende diagnostische Kriterien: unterdurchschnittliche allgemeine Intelligenz, eingeschränkte Anpassungsfähigkeit und Beginn vor dem 18. Lebensjahr. Es werden vier Schweregrade unterschieden: von sehr schwerer Geistiger Behinderung mit einem IQ unter 20 bis hin zu leichter Geistiger Behinderung mit einem IQ von 50-70. Die schwereren Formen Geistiger Behinderung haben gewöhnlich eine physiologische Grundlage, etwa eine Chromosomentrisomie, die dann zum Down-Syndrom führt. Auch bestimmte Infektionskrankheiten der Mutter während der Schwangerschaft, z.B. Röteln und Syphilis, oder Krankheiten, die das Kind unmittelbar schädigen, z.B. eine Enzephalitis, können die kognitive und soziale Entwicklung beeinträchtigen. Das gleiche gilt für Mangelernährung. Für die bei weitem häufigste leichte Geistige Behinderung konnte ein Gehirnschaden nicht nachgewiesen werden. Hier hält man Umgebungsfaktoren für die Hauptursachen. Insbesondere ergaben Untersuchungen, daß die Betroffenen überwiegend aus Unterschichtsfamilien stammen, d.h., von Anfang an erheblichen Deprivationen ausgesetzt sind.

Forscher versuchen, der leichten Geistigen Behinderung dadurch vorzubeugen, daß sie für Vorschulkinder, die durch ungünstige Umweltbedingungen gefährdet sind, besondere Förderprogramme entwickeln und ihnen Gelegenheit zu sozialem Lernen bieten. Darüber hinaus sind Verhaltenstherapeuten inzwischen in der Lage, mit Hilfe von angewandter Verhaltensanalyse, Selbstinstruktionstrainings und Modelllernen viele Verhaltensprobleme geistig Behinderter erfolgreich zu behandeln und ihre intellektuellen Fähigkeiten zu verbessern.

Die autistische Störung, eine der tiefgreifendsten Entwicklungsstörungen, beginnt vor Ende des 30. Lebensmonats. Seine Hauptsymptome sind: extreme autistische Einsamkeit, das völlige Fehlen von Beziehungen zu anderen Menschen, Beeinträchtigungen der Kommunikation, die sich entweder darin äußern, daß das Kind überhaupt keine Sprache lernt oder Spracheigentümlichkeiten wie Echolalie und Pronomen-Umkehr aufweist, und ein zwanghaftes Verlangen, daß tägliche Routineabläufe und Umgebungen bis ins kleinste Detail unverändert bleiben. Aus frühen klinischen Falldarstellungen schlossen psychologisch orientierte Theoretiker, daß der frühkindliche Autismus eine Folge elterlicher Kälte, Unnahbarkeit und Zurückweisung sei. In neueren Untersuchungen ließ sich diese Auffassung nicht bestätigen. Eine konkrete physiologische Grundlage hat man ebenfalls nicht gefunden, dennoch spricht etliches für eine körperliche Ursache. Die Störung beginnt sehr früh. Familien- und Zwillingsuntersuchungen lassen auf eine genetische Prädisposition schließen. Die EEGs mancher autistischer Kinder sind abnorm, und auch neurologische Tests verweisen auf Anomalien. Nach einer Meningitis oder einer Enzephalitis kann sich ein Autismus-ähnliches Syndrom entwickeln. Bei vielen autistischen Kindern ist die geringe Intelligenz mit Dysfunktionen des Gehirns verbunden.

Die vielversprechendsten Behandlungsansätze für den frühkindlichen Autismus basieren vielfach auf Modellernen und operantem Konditionieren. Obwohl die Prognose für autistische Kinder allgemein ungünstig ist, lassen die Arbeiten von *Lovaas* vermuten, daß mit einer intensiven verhaltenstherapeutischen Behandlung zu erreichen ist, daß wenigstens einige dieser Kinder ein normales Leben führen können.

17

Psychische Störungen im Alter

T. H. ist ein 56jähriger Geschäftsmann, der in die Klinik gekommen war, weil er sich einer zervikalen Bandscheibenoperation unterziehen mußte. Aus beruflichen Gründen, aber auch aus Angst vor der Operation, hatte er den Operationstermin bereits zweimal verschoben. Der Patient war ein ziemlich starker sozialer Trinker, trank aber nicht so viel, daß seine berufliche Leistung darunter litt. Die Operation verlief ohne Zwischenfälle, und auch anschließend gab es zunächst keinerlei Komplikationen. Der Patient war sehr erleichtert, und es schien auf eine ganz normale Rekonvaleszenz hinauszulaufen – bis zur dritten Nacht nach der Operation. In dieser Nacht wurde er unruhig und fand keinen Schlaf. Am nächsten Tag war er sichtbar müde, aber sonst normal. In der darauffolgenden Nacht wurde sein Unruhe ausgeprägter, ihn quälten Angst und Furcht. Später glaubte er, Menschen zu sehen, die sich in seinem Zimmer verbargen, und kurz vor Morgengrauen teilte er der Schwester mit, über sein Bett und die Vorhänge hinauf liefen seltsame kleine Tiere. Bei der Morgenvisite zeigte sich der Patient sehr verängstigt. Er war lethargisch, zerstreut und berichtete von den Ereignissen der vergangenen Nacht sehr unzusammenhängend. Er wußte, wer er war und wo er war, konnte aber nicht sagen, welches Datum man schrieb und wann die Operation stattgefunden hatte. Während des Tages fluktuierte sein Geisteszustand, aber mit Einbruch der Dunkelheit wurde er wieder desorientiert und agitiert. An diesem Punkt wurde ein Psychiater hinzugezogen. Dessen Diagnose lautete ‚akuter‘ postoperativer Verwirrtheitszustand‘, vermutlich verursacht durch ein Zusammentreffen mehrerer Faktoren: Alkoholentzug, Angst vor der Operation, starke Schmerzmittel, Operationsstreß, Schmerz und die schlaflosen Nächte in unvertrauter Umgebung. Die Behandlung bestand darin, daß man die Schmerzmittel reduzierte, nachts ein Licht im Zimmer brennen ließ und dafür sorgte, daß immer ein Angehöriger bei ihm war. Zusammen mit dreimal täglich 50 mg Chlorpromazin (Thorazin) und 500 mg Chloralhydrat zur Schlafenszeit bewirkten diese einfachen Maßnahmen innerhalb von zwei Tagen eine Besserung. Nach einer Woche konnte der Patient ohne Anzeichen irgendwelcher Verhaltensabnormitäten entlassen werden und ist bis heute von derlei Symptomen frei geblieben (*Strub & Black*, 1981, S. 89–90).

Die Glücklicheren unter den Lesern dieses Buches werden eines Tages ein hohes Alter erreichen. Altwerden geht unausweichlich mit physiologischen Veränderungen einher; Emotionen und geistige Funktionen können sich ebenfalls verändern. Sind alte Menschen für psychische Störungen anfälliger als junge? Wie groß ist die Gefahr, daß emotionale Probleme der ersten Lebenshälfte – etwa Angst und Depression – mit dem Alter größer werden? Müssen mit sol-chen emotionalen Problemen auch Menschen rechnen, die in jungen Jahren davon verschont blieben? Ist es vernünftig, auch im Alter noch ein befriedigendes Sexualleben zu erwarten? Spielt die Einstellung der Gesellschaft eine Rolle dabei, wie die Menschen sich fühlen, wenn sie alt werden? Gibt es Therapieformen, die besonders für ältere Menschen geeignet sind, und stellt unsere Gesellschaft die notwendigen finanziellen und geistigen Mittel für die Entwicklung wirksamer Hilfsmaßnahmen für unsere älteren Mitbürger bereit? Unsere Lebenserwartung beträgt inzwischen mehr als siebzig Jahre und wird vermutlich weiter steigen. Was tun die Experten *jetzt*, um Wissen und Techniken zu erwerben, die das Leben der alten Menschen sinnvoller machen können, als es für vergangene Generationen in den Vereinigten Staaten und in vielen anderen Ländern war?

Im Gegensatz zu der Wertschätzung, die sie in vielen Ländern Asiens erfahren, werden alte Menschen in unseren Ländern schlecht behandelt. Der Alterungsprozeß wird, obwohl für uns alle unausweichlich, verabscheut, ja sogar übelgenommen. Unser Mangel an Rücksicht für alte Mitbürger hat seine Ursache vielleicht in unserer eigenen, tiefverwurzelten Angst vor dem Altwerden und in unserer falschen Vorstellung in dieser Hinsicht. Ein alter, gebrechlicher Mensch gemahnt uns auf höchst unwillkommene Weise daran, daß einst auch unser Schritt vielleicht weniger fest sein wird, daß Gesichts- und Geschmackssinn an Schärfe einbüßen, daß unser Sexualleben ärmer wird und daß auch wir Opfer vieler Unpäßlichkeiten und Krankheiten werden können, die das Los der meisten alten Menschen sind, bevor sie diese Welt verlassen.

Für Frauen ist das Altwerden vielleicht besonders schwer. Obwohl die Frauenbewegung in den vergangenen drei Dekaden Bewußtsein und Selbstbewußtsein gestärkt hat, fällt es Frauen immer noch schwer, sich mit Falten und zunehmend erschlaffendem Gewebe abzufinden. Frauen haben gelernt, daß man ihnen ihr Alter nicht ansehen darf. Kosmetikindustrie und Schönheitschirurgen verdienen jährlich Milliarden daran, daß sie diese Angst ausbeuten. Bei einem Mann gelten graue Schläfen, ja sogar ein kahler Kopf vielfach als distinguiert und interessant, während Frauen sich, so sie das Geld dazu haben, nach Möglichkeit ein paar weitere Jahre jugendliches Aussehen kaufen. So stellt das Altwerden Frauen unter Umständen vor besonders schwere psychische Probleme (*Blau, Oser & Stephens*, 1979).

Ältere Erwachsene erleiden häufig eine Diskriminierung aufgrund eines Vorurteils bezüglich des Alters. Dies bezieht sich auf eine Diskriminierung jedes Menschen, alt oder jung, auf der Grundlage des chronologischen Alters. In diesem Kapitel liegt das Schwergewicht auf den Vorurteilen und dem Verhalten gegenüber älteren Menschen. Eine Auswirkung dieser Einstellung kann darin gesehen werden, wenn ein Professor in seinen 60ern als zu alt für die Lehre an der Universität angesehen wird, aber auch wenn jemand, der über 75 Jahre alt ist, bei einer gesellschaftlichen Veranstaltung aufgrund der Annahme, daß er nichts zur Unterhaltung beitragen könne, ignoriert wird. Wie bei jedem Vorurteil wird dabei die Verschiedenheit der Menschen zugunsten eines Stereotyps vernachlässigt (*Gatz & Pearson*, 1988).

Eine subtilere Form des Vorurteils ist möglicherweise genauso gefährlich. Wenn wir z.B. darüber lächeln oder ein besonderes „Hurra" schreien, wenn ein 92jähriger die Ziellinie bei einem Sportereignis überquert. *Gatz, Pearson* und *Fuentes* (1984) bezeichnen die positive Form des Vorurteils gegenüber Alten als Gegenmythos, eine Reaktion auf die gerade angesprochenen Vorurteile, die Funktionsbeeinträchtigung und Abbau betonen. Die Gegenmythen versichern, daß es keine Probleme gibt, wenn man älter wird. Wie wir sehen werden, liegt die Wahrheit irgendwo dazwischen.

Psychiater und Psychologen haben es bis vor kurzem fast phobisch vermieden, sich mit den Problemen alter Menschen zu beschäftigen. Es kursieren eine Fülle falscher Informationen. Man glaubt z.B. immer noch, daß der Verfall der geistigen Kräfte weit verbreitet und unausweichlich sei, daß die Depression eines alten Menschen nicht zu behandeln und Sexualität eine Sache der Vergangenheit sei. Obwohl diejenigen, die für das Gesundheitswesen verantwortlich sind, möglicherweise keine extremen Vorurteile haben (*Gatz & Pearson*, 1988), verdient ihre Einstellung und ihr Vorgehen besondere Beachtung, weil sie großen Einfluß auf die Politik haben, die das Leben der älteren Menschen beeinflußt. Im letzten Jahrzehnt wurde die Forschung und Ausbildung in Gerontologie in die Lehrpläne zahlreicher Schulen und Universitäten, die Experten für das Gesundheitswesen ausbilden, aufgenommen, obwohl es immer noch einen Mangel an Mitarbeitern gibt,

die sich ausschließlich um die Bedürfnisse der älteren Menschen kümmern (*Gatz & Sruyer*, 1992).

Die relative Vernachlässigung der älteren Menschen ist problematisch, wenn man die steigenden Zahlen berücksichtigt. 1900 waren nur 4% der Einwohner der Vereinigten Staaten über 65 Jahre alt. Aufgrund der besseren Gesundheitsfürsorge und der Kontrolle von Krankheiten wie Krebs und kardiovaskulärer Erkrankungen stieg die Zahl bis 1987 auf 12%. Es wird vorhergesagt, daß im Jahr 2040 der Prozentsatz auf 21 bis 25% steigen wird, was eine Folge des „Babybooms" der 50er Jahre ist, deren Kinder dann 65 Jahre und älter sind (*Guralnik, Yanagashita & Schneider*, 1988; U.S. Bureau of the Census, 1986). Und die Gruppe der ältesten, derjenigen über 85 Jahre wird auf nahezu 24 Millionen im Jahr 2040 steigen. Es ist daher wichtig, zu untersuchen, was wir über die psychischen und neuropsychologischen Probleme alter Menschen wissen. Zunächst werden wir einige allgemeine Konzepte und Ansätze darstellen, die für die Untersuchung des Alters wichtig sind. Danach werden wir auf die Gehirnerkrankungen des Alters eingehen. Darauf folgt eine Darstellung der psychischen Störungen – von denen die meisten bereits behandelt wurden – mit Schwerpunkt darauf, wie sich diese Störungen im Alter zeigen. Abschließend werden wir auf allgemeine Prinzipien der Behandlung und Pflege alter Menschen eingehen.

Konzepte und Methoden der Altersforschung

Die Vielfalt des Alters

Bevor wir uns den psychischen Problemen der späten Lebensjahre zuwenden, wollen wir uns einige der für die Altersforschung wesentlichen Grundkonzepte ansehen. Bei Diskussionen darüber, worin sich alte von noch nicht alten Menschen unterscheiden, gilt als Grenze zwischen ‚alt' und ‚noch nicht alt' gewöhnlich das 65. Lebensjahr. Für diese Altersgrenze hat man sich in erster Linie aus sozialpolitischen Gründen entschieden und nicht etwa darum, weil das 65. Lebensjahr jenen unliebsamen Punkt markiert, an dem plötzlich und unvermittelt die physiologischen und psychologischen Alterungsprozesse einsetzen. Um der Vielfalt des Alters ein wenig besser gerecht zu werden, haben Gerontologen die Gruppe der über 65jährigen unterteilt in die jungen Alten zwischen 65 und 74 Jahren und die alten Alten, die 74 Jahre und mehr zählen. In gesundheitlicher Hinsicht gibt es innerhalb beider Gruppen erhebliche Unterschiede. Mit dem Wort ‚Vielfalt‘ ist die ältere Bevölkerung in der Tat gut beschrieben. Aber ältere Menschen sind nicht nur verschieden, sie unterscheiden sich mehr voneinander als Angehörige aller anderen Altersgruppen! Im Grunde neigen die Menschen dazu, einander mit zunehmendem Alter immer unähnlicher zu werden.[1]

Alters-, Kohorten- und Meßzeitpunkteffekte

Als Variable in der psychologischen Forschung ist das chronologische Alter nicht unproblematisch, denn jedes Lebensalter ist mit einer Fülle weiterer Faktoren verknüpft. So ändern sich im Laufe der Zeit zum Beispiel Ernährung, medizinische Versorgung und soziale Gewohnheiten; wir müssen vorsichtig sein, wenn wir die

Unterschiede zwischen den Altersgruppen allein auf die Effekte des Alterns zurückführen, denn andere Faktoren, die mit dem Alter verbunden sind, können wirksam sein. Siebzig Jahre alt zu sein, war 1964 anders als 1994. Bei der Erforschung des Alterns unterscheidet man daher, wie bei der Untersuchung der Frühentwicklung, einschließlich der Kindheit, zwischen den Anteilen von *Alterseffekten*, den Konsequenzen, daß man ein bestimmtes chronologisches Alter hat, *Kohorteneffekten*, der Folge,

Der Begriff „Kohorteneffekt“ bedeutet, daß Menschen gleichen chronologischen Alters sich in Abhängigkeit vom Zeitpunkt ihrer Geburt erheblich voneinander unterscheiden können.

---

1 Daß alle alten Menschen gleich sind, ist ein Vorurteil der Jüngeren. Wenn man über einen Mann nur weiß, daß er 67 Jahre zählt, weiß man sehr wenig über ihn. Doch wenn wir ehrlich sind, müssen wir zugeben, daß uns bei dieser Altersangabe ganz unwillkürlich bestimmte Merkmale in den Sinn kommen. Wie sehr sich Menschen, die 65 Jahre und älter sind, voneinander *unterscheiden,* wird bei der Lektüre dieses Kapitels zunehmend deutlich werden.

daß man in einem bestimmten Jahr geboren wurde und zu einer bestimmten Zeit aufgewachsen ist, die ihren eigenen einzigartigen Schlag, Herausforderung und Gelegenheiten hatte, und *Meßzeitpunkteffekten*, eine mögliche Konfundierung in der Forschung, wobei bestimmte Ereignisse zu einem bestimmten Zeitpunkt eine spezifische Wirkung auf die Variable haben können, die über die Zeit untersucht wird (*Schaie & Hertzog*, 1982). Die beiden wichtigsten Forschungspläne zur Erfassung entwicklungsbedingter Veränderungen, die Querschnitts- und die Längsschnittuntersuchungen, verdeutlichen diese Begriffe.

In Querschnittsuntersuchungen werden gleichzeitig verschiedene Altersgruppen in bezug auf eine Variable miteinander verglichen. Angenommen, ich stelle 1985 anläßlich einer Umfrage fest, daß viele meiner über siebzigjährigen Interviewpartner mit europäischem Akzent sprechen, von den Dreißig- und Vierzigjährigen dagegen keiner. Kann ich daraus schließen, daß Menschen mit zunehmendem Alter den Akzent einer europäischen Sprache annehmen? Wohl kaum! Querschnittsstudien sind nicht dazu da, dieselben Menschen über einen gewissen Zeitraum hin zu untersuchen. Sie erlauben uns nur Aussagen über Altersunterschiede, nicht aber über altersbedingte Veränderungen. Für eine Längsschnittuntersuchung wählt man eine Kohorte und testet sie über eine Reihe von Jahren periodisch mit denselben Instrumenten. Auf diese Weise kann man individuelle Konsistenz- oder Veränderungsmuster aufspüren und dann analysieren, wie Verhalten in jüngeren Jahren und Verhalten im hohen Alter zusammenhängen.

Die Schlüsse, die man aus einer Längsschnittstudie zieht, bleiben allerdings auf die einzelne untersuchte Kohorte beschränkt, denn jede Kohorte ist einmalig. Wenn wir zum Beispiel bei Mitgliedern einer von 1940 bis 1980 untersuchten Kohorte im sechsten Lebensjahrzehnt eine Verminderung der sexuellen Aktivität festgestellt haben, dürfen wir daraus nicht schließen, daß auch bei Angehörigen einer von 1980 bis 2020 untersuchten Kohorte in diesem Alter die sexuelle Aktivität ebenfalls abnehmen wird. Vielleicht bleibt sie dieser jüngeren Kohorte aufgrund der allgemein besseren Gesundheit und anderer Variablen unbeeinträchtigt. Längsschnittuntersuchungen stellen den Forscher noch vor ein weiteres Problem. Leider fallen im Laufe der Untersuchung etliche Probanden aus, was zu einer Verzerrung führt, die man gemeinhin ,selektive Mortalität' nennt. Ausfallen werden wahrscheinlich die Schwächsten, so daß die verbleibenden Probanden gewöhnlich gesünder sind als die Gesamtbevölkerung und daher nicht als repräsentativ gelten können. Ergebnisse von Längsschnittsuntersuchungen fallen also möglicherweise in dieser Hinsicht allzu optimistisch aus.

Entgegen verbreiteter Annahmen lassen sich mit Längsschnittuntersuchungen keine rein altersbedingten Veränderungen erfassen. Es muß immer mit Meßzeiteffekten gerechnet werden. Hat zum Beispiel 1980 das Herzerkrankungsrisiko die öffentliche Meinung bewegt, haben vielleicht viele Probanden der Kohorte, die ich untersuche, zwischen 1970, dem Zeitpunkt der ersten Messung, und der zweiten Messung im Jahre 1985 das Zigarettenrauchen eingestellt. Möglicherweise stelle ich nun fest, daß sich die körperliche Verfassung der Probanden – die sich gewöhnlich verschlechtert – *verbessert* hat, weil seit 1980 weniger geraucht haben: ein Meßzeiteffekt.

Diagnose der Psychopathologie im späten Lebensalter

Die diagnostischen Kriterien sind für junge und alte Menschen im wesentlichen gleich, obwohl die Forschung dafür kaum Anhaltspunkte bietet (*LaRue, Dessonville & Jarvik*, 1985), nimmt man offensichtlich an, daß sich Wesen und Manifestation psychischer Störungen bei jüngeren und älteren Erwachsenen nicht unterscheiden. Weil wir über die Psychopathologie des Alters wenig spezifische Kenntnisse besitzen, wissen wir oft nicht, wie wir bestimmte Symptome bei älteren Erwachsenen zu deuten haben (*Zarit, Eiler & Hassinger*, 1985). So nehmen zum Beispiel somatische Symptome mit dem Alter zu. Aber somatische Symptome sind auch eine Begleiterscheinung der Depression. Sind nun die somatischen Symptome eines depressiven älteren Menschen notwendigerweise Teil der Depression oder Zeichen körperlichen Abbaus?

Die Problemvielfalt

Wie wir bereits wissen, kann die psychische Gesundheit eines Menschen eng mit seinen körperlichen und sozialen Problemen zusammenhängen. Obwohl das im Prinzip für jedes Alter gilt, hat keine andere Gruppe mehr diesbezügliche Probleme als die Alten. Bei ihnen finden sie sich alle zusammen – körperlicher Abbau und Behinderungen, sensorische und neurologische Beeinträchtigungen, die kumulativen Auswirkungen der unglücklichen Erfahrungen und sozialen Belastungen eines ganzen Lebens. Um die Psychopathologie älterer Menschen zu verstehen, müssen wir die vielen körperlichen, seelischen und sozialen Einflüsse, denen der alternde Mensch ausgesetzt ist, mitberücksichtigen. Es ist jedoch auch wichtig, darauf hinzuweisen, daß zusätzlich zur lebenslangen Gefahr von Verlusten und anderen Belastungsfaktoren, sowohl erwarteten als auch unerwarteten, die älteren Menschen auch über positive Lebenserfahrungen, Bewältigungsstrategien und Weisheit verfügen, die sie heranziehen können. Wir stehen außerdem gerade am Beginn von Forschungen darüber, wie einige kulturelle und ethnische Faktoren die negativen Einflüsse des Alters verändern können. Ältere Menschen, die zu Gruppen gehören, die bedeutsame, starke Rollen für die Älteren bereitstellen, werden es leichter haben, sich an den Prozeß des Alterns anzupassen als diejenigen, denen ein derartiger Einfluß auf die Familie oder die Gesellschaft nicht eingeräumt wird (*Amos & Harrell*, 1981; *Keith*, 1982).

Hirnorganisch bedingte Störungen des hohen Alters

Obwohl die Mehrzahl der älteren Menschen keine hirnorganisch bedingten Störungen aufweist, führen diese Probleme häufiger zu Einweisungen und Krankenhausaufenthalten als jede andere geriatrische Krankheit (*Christie*, 1982). Man unterscheidet zwei Haupttypen hirnorganisch bedingter Störungen: die Demenz und das Delir; wir werden auf beide eingehen.

Demenz

Klinische Beschreibung

Demenz ist das, was Laien Senilität nennen: Es ist eine allmähliche, sich über Jahre hinziehende Verschlechterung intellektueller Fähigkei-

ten, die so weit geht, daß schließlich die sozialen Funktionen und die Handlungsfähigkeit beeinträchtigt sind. Das auffälligste Symptom ist gewöhnlich die Gedächtnisschwäche, besonders für neue Ereignisse. Aufgaben bleiben unerledigt, weil der Betreffende nach einer Unterbrechung vergißt weiterzuarbeiten, etwa anfängt, einen Wasserkessel zu füllen und dann das Wasser laufen läßt. Eltern erinnern sich nicht mehr, wie ihr Sohn oder ihre Tochter heißt, und später vielleicht nicht einmal mehr, daß sie Kinder haben. Hygiene und äußere Erscheinung werden vernachlässigt, weil die Betroffenen nicht mehr wissen, wann sie zuletzt gebadet haben und wie man sich angemessen kleidet. Demenzpatienten verirren sich auch, sogar in vertrauter Umgebung.

Läßt das Urteilsvermögen nach, haben die Betroffenen Schwierigkeiten, persönliche Situationen zu überschauen und zu verstehen, Pläne zu machen und Entscheidungen zu fällen. Sie verlieren Maßstäbe und Impulskontrolle. Sie bedienen sich einer groben Sprache, machen unpassende Scherze, begehen Ladendiebstähle und machen Fremden sexuelle Avancen. Die Fähigkeit, mit abstrakten Vorstellungen umzugehen, vermindert sich ebenfalls und Störungen des Affekts sind häufig, sowohl flacher Affekt als auch emotionale Ausbrüche. Eine Demenz kann, je nach Ursache, fortschreitend, gleichbleibend oder remittierend verlaufen. Viele Patienten mit fortschreitender Demenz sind schließlich völlig zurückgezogen und apathisch. Im Endstadium der Krankheit hat die Persönlichkeit alle Ausstrahlung und Integrität verloren. Von Verwandten und Freunden ist dann zu hören, daß der Betroffene nicht mehr er selber sei. Der Bereich sozialer Anteilnahme verengt sich zunehmend, bis der Kranke seine Umgebung schließlich vollständig vergißt.

Etwa 2 bis 5% der außerhalb von Institutionen und 2 bis 3% der innerhalb einer Institution lebenden älteren Menschen, so schätzt man, leiden zweifelsfrei an einer Demenz (*Folstein* et al., 1991; *Gurland & Cross*, 1982). Bis zum Alter von 60 Jahren ist die Störung selten, aber in der Gruppe der über 80jährigen sind etwa 30% betroffen (*Gurland & Cross*, 1982; *Heston & White*, 1991; *Jarvik, Ruth & Matsuyama*, 1980; *LaRue, Dessonville & Jarvik*, 1985). Zerebrovaskuläre Erkrankungen, Krankheiten, die zur Unterbrechung der Blutversorgung des Gehirns führen, stellen eine wichtige Ursache der Demenz dar (vgl. Kasten 17.1).

Ursachen der Demenz

Die Demenzen werden meist in zwei Kategorien eingeteilt: primäre und sekundäre Demenz. Die primäre Demenz entsteht durch eine direkte Hirnschädigung wie im Fall der zerebrovaskulären Erkrankungen. Die sekundären Demenzen werden von Krankheiten verursacht, die das Gehirn nicht direkt angreifen.

Primäre Demenz. Man schätzt, daß für etwa die Hälfte aller Demenz-Fälle die *Alzheimersche Krankheit* verantwortlich ist. Sie wird gewöhnlich als Demenz vom Alzheimer-Typ (DAT) bezeichnet, da eine eindeutige Diagnose nur aufgrund von mikroskopischen Untersuchungen des Hirngewebes nach dem Tod gestellt werden kann. Wenn der Betroffene noch am Leben ist, kann die Diagnose der DAT nur durch Ausschluß gestellt werden, d.h. alle anderen möglichen Ursachen der kognitiven und verhaltensbezogenen Symptome müssen ausgeschlossen werden. Zahlreiche Forscher versuchen deshalb Verfahren zu entwickeln, die zuverlässiger diese Diagnose zu Lebzeiten des Patienten stellen können (*Matsuyama & Jarvik*, 1989).

Bei der Alzheimerschen Krankheit wird das Gehirngewebe irreversibel geschädigt und der Tod tritt gewöhnlich zehn bis zwölf Jahre nach dem Beginn der Symptomatik ein. Etwa 100 000 Amerikaner sterben jedes Jahr an der Krankheit. Die Alzheimersche Krankheit ist bei Frauen etwas häufiger als bei Männern. Sie wurde zuerst von dem deutschen Neurologen *Alois Alzheimer* 1908 beschrieben und beginnt mit Schwierigkeiten bei der Konzentration und dem Gedächtnis für neu gelerntes Material: Der Betroffene erscheint geistig abwesend und gereizt, Defizite, die sich bald auf das Alltagsleben auswirken. Der Betroffene macht andere für seine eigenen Fehler verantwortlich und hat Wahnvorstellungen, verfolgt zu werden. Das Gedächtnis wird immer schlechter, wodurch der Betroffene zunehmend desorientiert und agitiert wird.

Die primäre physiologische Veränderung im Gehirn, die bei einer Autopsie offenkundig wird, besteht in einer allgemeinen Atrophie des zerebralen Kortex, in dem Neuronen zugrunde gehen, insbesondere Axone und Dendriten, weniger die Zellkörper selbst (*Kowall & Beal*, 1988). Die Sulci werden breiter und die Gehirnwindungen enger und flacher. Die Ventrikel erweitern sich ebenfalls. Darüber hinaus finden sich im ganzen Kortex senile Plaques – kleine runde Körper, die aus den Überresten der zugrundegegangenen Neuronen bestehen und einem Amyloid, einer wachsartigen Substanz, die abgelagert wird, wenn die Proteinsynthese gestört ist. Außerdem finden sich verknäulte abnorme Proteinfäden, die neurofibrillären Verklumpungen, die sich zwischen den Zellkörpern der Neurone ansammeln. Diese Plaques und Verklumpungen sind im Kortex und dem Hippocampus überall zu finden. Das Kleinhirn, das Rückenmark und die sensorischen Areale des Kortex sind weniger betroffen. Aus diesem Grund sind Alzheimer-Patienten dem äußeren Anschein nach, bis zur späten Phase des Krankheitsverlaufs, körperlich unauffällig. Sie können nicht nur normal herumlaufen, auch überlernte Gewohnheiten, wie etwa ein kurzes informelles Gespräch, bleiben für einige Zeit erhalten, so daß bei kurzen Kontakten Fremde meist nicht bemerken, daß etwas nicht in Ordnung ist.

Obwohl verschiede neuronale Verbindungen, die unterschiedliche Neurotransmitter verwenden (z.B. Serotonin, Norepinephrin), gestört sind (*Lawlor* et al., 1989; *Wester* et al., 1988), sind diejenigen, die Azetylcholin benutzen, von besonderer Bedeutung. Es gibt Hinweise darauf, daß anticholinerge Substanzen bei normalen Menschen zu Gedächtnisbeeinträchtigungen führen können, die denen von Alzheimer-Patienten ähnlich sind. Die Zahl der Azetylcholinrezeptoren ist in den Gehirnen von DAT-Patienten reduziert (*Strong* et al., 1991) und der Spiegel des wichtigsten Metaboliten des Azetylcholins ist bei Alzheimer-Patienten niedrig und steht mit dem Ausmaß des dementiellen Abbaus in Beziehung (*Wester* et al., 1988).

Das Risiko für die Alzheimer Krankheit steigt bei Verwandten ersten Grades der Betroffenen (*Mohs* et al., 1987) und bei einigen Familien läßt die Art und Weise der Vererbung auf die Wirkung eines einzigen dominanten Gens schließen. Weiter konnte gezeigt werden, daß das Gen, das die Kontrolle über das Protein hat, das für die Bildung der Plaques verantwortlich ist, auf dem längeren Arm des Chromosoms 21 liegt. Eine neuere Bindungsuntersuchung hat eine Verbindung zwischen diesem Gen und dem Auftreten der Krankheit nachgewiesen (*Tanzi* et al., 1987). Bei einer anderen Bindungsuntersuchung, die diese Ergebnisse nicht bestätigte (*Schellenberg* et al., 1988), wurden viele jüngere Patienten untersucht. Es könnte daher sein, daß der frühe und der späte Beginn

Kasten 17.1 Zerebrovaskuläre Krankheiten: der Schlaganfall und seine Folgen

Die das Gehirn versorgenden Blutgefäße sind anfällig für mehrere Formen von Fehlfunktionen. Bei der Arteriosklerose verengen fettige Ablagerungen das Lumen oder den inneren Durchgang der Arterien. Wenn die Arterien des Gehirns betroffen sind, können einige Bereiche nicht genügend Blut und daher zu wenig Sauerstoff und Glukose erhalten. Wenn der Mangel länger anhält, wird das Gewebe des Gehirns, das besonders auf angemessene Versorgung angewiesen ist, weich, es degeneriert und wird sogar zerstört. Die Auswirkungen der zerebralen Arteriosklerose sind sehr unterschiedlich, je nachdem, welcher Bereich des Gehirns verstopfte Arterien hat und ob dieser Bereich auch noch von gesunden Blutgefäßen versorgt wird. Über drei Millionen Amerikaner und etwa eine dreiviertel Million Deutsche sind in irgendeiner Hinsicht durch eine zerebrale Arteriosklerose beeinträchtigt.

Bei der *zerebralen Thrombose* bildet sich an einer durch Arteriosklerose verengten Stelle ein Blutpfropf und blockiert die Blutzirkulation. Es sammelt sich Kohlendioxid, das das Nervengewebe schädigt. Wenn der Patient Bewußtsein und Kontrolle verliert, spricht man von einer Apoplexie oder einem *Schlaganfall.* Der Patient kann sterben. Überlebt er, können eine Körperseite, ein Arm oder Bein gelähmt oder weniger empfindungsfähig bleiben, möglicherweise gehen auch andere motorische und sensorische Funktionen verloren. Die Beeinträchtigungen verschwinden entweder spontan oder lassen sich durch Therapie und konsequentes, entschlossenes Bemühen reduzieren. Ein gewisser Schaden bleibt gewöhnlich zurück. Wird nur ein kleines Blutgefäß blockiert, ist der Patient vorübergehend verwirrt und unruhig. Folgen mehrere solcher kleineren Schlaganfälle aufeinander, kumuliert die Schädigung allerdings.

Bei einer zerebralen Blutung reißt ein Blutgefäß wegen einer Schwachstelle in der Wandung und schädigt das Gehirngewebe durch das auslaufende Blut. Zerebrale Blutungen stehen häufig mit Bluthochdruck in Verbindung. Die entstehende psychische Störung hängt von der Größe des betroffenen Blutgefäßes ab und vom Ausmaß und der Lokalisation der Schädigung. Der Betroffene, der plötzlich eine zerebrale Blutung erleidet, verliert schnell das Bewußtsein. Wenn ein größeres Blutgefäß betroffen ist, tritt beim Patienten ein stärkerer Schlaganfall auf. Alle Funktionen des Gehirns sind betroffen – Sprache, Gedächtnis, Denken, Orientierung und Gleichgewicht. Der Betroffene fällt meist in ein Koma, gelegentlich von Anfällen begleitet, und kann innerhalb von zwei bis vierzehn Tagen sterben. Wenn er überlebt, werden einige Lähmungen und Schwierigkeiten mit der Sprache und dem Gedächtnis vorhanden sein, obwohl in einigen Fällen bei angemessener Rehabilitation ein nahezu normales Funktionsniveau wieder erreicht werden kann.

Häufige Folge eines Schlaganfalls ist die *Aphasie,* eine Störung der Fähigkeit, Wörter zu benutzen. Ursache kann ein Blutgerinnsel in der mittleren zerebralen Arterie sein, die den parietotemporalen Bereich, und zwar gewöhnlich den der dominanten Großhirnhemisphäre, versorgt. Beim Rechtshänder hängt die Sprachfähigkeit vom parietotemporalen Bereich der linken Hemisphäre ab, beim Linkshänder kann diese Fertigkeit in der rechten oder linken Hemisphäre lokalisiert sein.

Der folgende Fallbericht schildert die möglichen Folgen eines Schlaganfalls und Maßnahmen, mit denen zumindest eine gewisse Normalität wiederhergestellt werden kann.

Der 68jährige Herr H. war ein ehemaliger kleiner Geschäftsmann, der im Ruhestand lebte, sich aktiv um Angelegenheiten seiner Gemeinde kümmerte und seinem Hobby, der Holzbearbeitung, nachging. Er litt an hohem Blutdruck und seit einigen Jahren auch an Diabetes. Beides konnte mit Medikamenten gut kontrolliert werden. Herr H. war ein unabhängiges und selbständiges Leben gewöhnt, was seine 45jährige Frau akzeptierte und respektierte. Auch nur etwas von dieser Unabhängigkeit aufzugeben, hielt er für ein Zeichen von Schwäche. Er war im Grunde ein ausgeglichener Mensch, konnte aber sehr zornig werden, wenn man ihn an etwas hinderte, was er sich vorgenommen hatte.

Frau H. war aktives Mitglied ihrer Kirchengruppe und führte ein offenes Haus. Sie war gesund, aber nicht sehr robust. Sie kochte abwechslungsreich und ausgewogen und so, daß ihr Mann eine seinem Diabetes und hohem Blutdruck angemessene Diät einhalten konnte. Die beiden Kinder des Paares waren bereits verheiratet und lebten in einem anderen Bundesstaat, verbrachten aber ihre Ferien bei den Eltern.

Eines Morgens betrat Frau H. die Werkstatt ihres Mannes und fand ihn auf einem Stuhl sitzend und unfähig zu sprechen. Seine rechte Gesichtshälfte hing herunter, und er konnte weder den rechten Arm noch das rechte Bein bewegen. Als sie sich ihm von rechts näherte, schien er sie nicht zu sehen, nahm sie aber wahr, als sie sich an seine linke Seite stellte. Er machte ein paar erfolglose Versuche, zu sprechen. Frau H. rief ihren Hausarzt an, der für den Transport ins Krankenhaus sorgte. Eine sorgfältige Untersuchung ergab, daß Herr H. durch den Verschluß einer Arterie der linken Hirnhälfte einen Schlaganfall erlitten hatte. Im Krankenhaus wurde Herr H. akut-medizinisch versorgt. Man tat das Notwendige, um Komplikationen vorzubeugen, und es gelang, seinen Zustand zu stabilisieren. Anschließend überwies man ihn in ein medizinisches Rehabilitationszentrum.

Dort sah sich der Arzt seinen Krankenbericht an, untersuchte ihn, und sprach mit Frau H. über die Untersuchungsergebnisse. Frau H. unterhielt sich auch mit einem Sozialarbeiter, der mehr über ihren Mann wissen wollte und ihre Fragen über die Einrichtung beantwortete. Frau H., so erfuhr diese, werde selbst Teil des Rehabilitationsprozesses sein, das Personal werde eng mit ihr zusammenarbeiten und man werde ihr die notwendigen Fertigkeiten vermitteln, damit sie ihren Mann später zu Hause versorgen könne. In Beratungsgesprächen werde man ihr helfen, mit der neuen Lage fertigzuwerden und sich an die veränderte Situation anzupassen. Herr H. hatte einen Blasenkatheter und litt aufgrund seiner Krankheit und Inaktivität an Verstopfung. Um diese Probleme kümmerte sich das Pflegepersonal des Rehabilitationszentrums. Aufgrund seiner eingeschränkten Beweglichkeit und seiner Diabetes bedurfte auch seine Haut aufmerksamer Beobachtung und Pflege. Sein Blutdruck wurde überwacht und sein Urin regelmäßig auf Zucker untersucht. Als Herr H. die notwendigen Fortschritte gemacht hatte, brachte man ihm bei, sich das Insulin mit der linken Hand zu injizieren, und seine Frau lernte, die Spritze aufzuziehen.

Mit der Zeit gewann Herr H. eine gewisse Kommunikationsfähigkeit zurück. Er wurde dabei sorgfältig von einer Logopädin überwacht, die ihm half, seine allgemeinen Kommunikationsfertigkeiten zu verbessern. Sie erklärte Frau H. und den Mitgliedern des Rehabilitationsteams, wie man sich am besten mit Herrn H. verständigen könne. Mit Hilfe einer Sprachtherapie lernte er, wieder lauter und deutlicher zu sprechen.

Sowie sich seine Kommunikationsfertigkeiten verbessert hatten, untersuchte ihn ein Psychologe auf seinen Geisteszustand und seine kognitiven Fertigkeiten und half ihm, mit den Frustrationen seiner Behinderung und dem Gefühl, von anderen kontrolliert zu werden (oder selber nicht mehr alles unter Kontrolle zu haben), fertigzuwerden. Mit Hilfe des Psychologen lernte er, mit seinem Ärger produktiver umzugehen und seine Frustrationen nicht wahllos am Personal oder seiner Frau auszulassen.

Zusammen mit der Heilgymnastin arbeitete Herr H. daran, im Bett beweglicher zu werden und war schließlich soweit, daß er das Bett verlassen konnte. Die ersten Gehversuche machte er mit maximaler Unterstützung und einer vierbeinigen Gehhilfe, zum Schluß genügte ihm ein gerader Stock, während seine Frau nur noch für alle Fälle neben ihm stand. Der Beschäftigungstherapeut übte mit Herrn H. den Gebrauch der nicht-dominanten Hand, aber auch die schwache rechte Hand wurde trainiert. Er lernte, selbständig zu essen, sich allein anzuziehen und die grundlegenden Verrichtungen des täglichen Lebens selbständig zu erledigen. Er absolvierte ein Training, das es ihm erlauben sollte, (auch weiterhin) zumindest in beschränktem Umfang seinem Hobby nachzugehen und Holzarbeiten anzufertigen.

Der Freizeittherapeut half Herrn H., eine gewisse Erfüllung in seiner Freizeit zu finden. Es wurden Freizeitaktivitäten gewählt, die seiner Behinderung entsprachen, gleichzeitig aber auch dem nahekamen, was ihm früher Spaß gemacht hatte. Man besprach mit den Eheleuten die Frage des Transports, erkundigte sich nach ihrer finanziellen Situation und sagte ihnen, bei welcher Behörde ihrer Gemeinde sie Hilfe finden könnten. Ein Beschäftigungstherapeut sah sich das Haus der beiden daraufhin an, wie behindertengerecht es war, und empfahl aus Sicherheitsgründen einige Veränderungen.

Während dieser ganzen Zeit traf sich das Rehabilitationsteam einmal wöchentlich, um die besonderen Schwierigkeiten Herrn H.s zu besprechen, nach Lösungen zu suchen und die Behandlung für die kommende Woche zu planen. Nach etwa einem Monat konnte Herr H. mit seiner Frau nach Hause zurückkehren und mit ihrer Hilfe ein in begrenztem Umfang selbständiges Leben führen. Eine anschließende ambulante Behandlung im Zentrum war geplant, um Kraft, Beweglichkeit, Selbständigkeit und Kommunikationsfertigkeiten weiter zu verbessern (*Zarit*, 1980, S. 179–180).

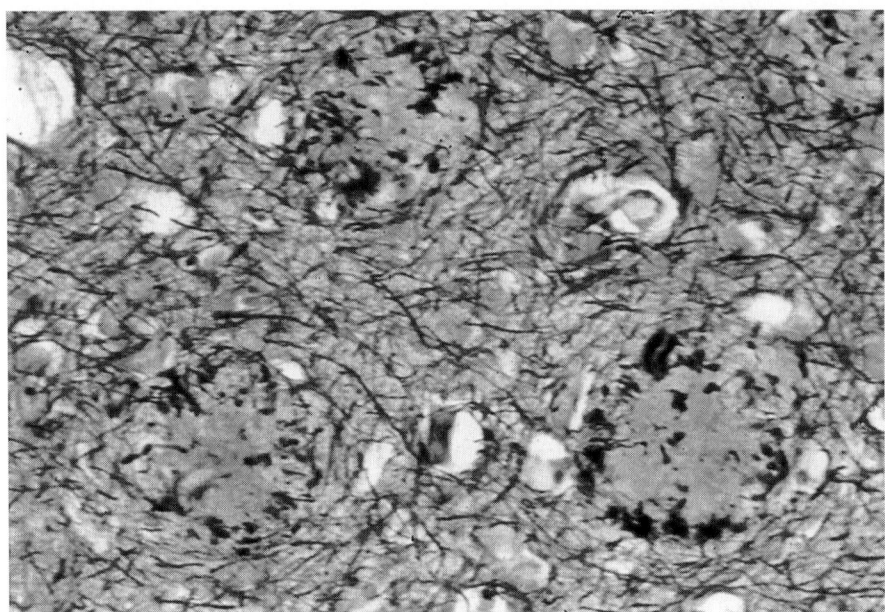

Diese Abbildung des Gehirngewebes von einem Alzhei-
mer-Patienten zeigt die
wachsartige amyloide Sub-
stanz in den dunklen Bereichen.

der Alzheimer Krankheit unterschiedliche Ätiologien aufweisen (*Nyth* et al., 1991; *Small* et al., 1989) und nur eine Untergruppe der Fälle von DAT könnte genetisch mit dem Chromosom 21 in Verbindung stehen.

Bei den Demenzen vom Alzheimer Typ könnte auch Aluminium eine gewisse Rolle spielen. Die Tierforschung hat gezeigt, daß Aluminium zu Läsionen führt, die denen bei DAT gleichen und Aluminium findet sich in größeren Mengen in den Gehirnen von DAT-Patienten (*Heston & White*, 1991). Schließlich kann auch das Immunsystem beteiligt sein. Das Amyloid, das in den Gehirnen von DAT-Patienten gefunden wird, ist auch bei anderen Krankheiten vorhanden, bei denen das Immunsystem eine wichtige Rolle spielt. Darüber hinaus haben einige Forscher berichtet, daß sie ein neues Antigen in den Gehirnen von DAT-Patienten gefunden haben, das in der Lage sein könnte, das Gehirn anzugreifen (*Bisette* et al., 1991). Wir sind daher noch weit davon entfernt, die Ursachen der Alzheimer Krankheit zu verstehen.

Zahlreiche Infektionskrankheiten können ebenfalls zu einer irreversiblen primären Demenz führen. Die Enzephalitis, es handelt sich dabei um eine Bezeichnung für jede Form der Entzündung des Gehirngewebes, wird von Viren verursacht, die aus anderen Teilen des Körpers (z.B. den Nasennebenhöhlen oder den Ohren) oder durch Insektenstiche (Stechmücken, Zecken) ins Gehirn gelangen. Die Meningitis, eine Entzündung der Hirnhäute, entsteht meist

durch eine bakterielle Infektion. Der Organismus (Treponema pallidum), der die Geschlechtskrankheit Syphilis verursacht, kann ebenfalls in das Gehirn gelangen und Demenz verursachen. Auch andere, seltene Viruskrankheiten können die Ursache sein (Creutzfeld-Jakob-Krankheit, Kuru und das Gerstmann-Straussler-Syndrom).

Neurologische Erkrankungen wie die Chorea Huntington können ebenfalls zur Demenz führen. Die Chorea Huntington wird von einem einzigen dominanten Gen verursacht, das auf dem Chromosom 4 liegt. Sie wird hauptsächlich durch das Vorhandensein von sich windenden (choreiformen) Bewegungen diagnostiziert. In ähnlicher Weise kann auch die Parkinson Krankheit, die gekennzeichnet ist durch Muskelzittern, Muskelsteifheit und Akinesie (die Unfähigkeit, Bewegungen zu initiieren) zu Demenz führen. Schließlich ist auch der Normaldruckhydrozephalus zu nennen, bei dem die Beeinträchtigung der Zirkulation der zerebrospinalen Flüssigkeit zu einer Ansammlung in den Gehirnventrikeln führt. Es baut sich ein Druck auf, der sowohl Demenz verursacht als auch Schwierigkeiten beim Stehen und Laufen. Dieser Zustand läßt sich durch eine Operation beseitigen, die die normale Zirkulation der zerebrospinalen Flüssigkeit wiederherstellt.

Sekundäre Demenzen. Sekundäre Demenzen können die Folge zahlreicher Erkrankungen oder Zustände sein. Depression, insbesondere die Form, die mit psychomotorischer Verlangsamung einhergeht (*Heston & White*, 1991), stellt eine wichtige Ursache dar. Wenn die Depression zurückgeht, verschwindet auch die Demenz. Andere Ursachen der sekundären Demenz sind hormonale Störungen, Drogen (einschließlich Alkohol) und Atherosklerose (vgl. Kasten 17.1). Im letzteren Fall kann sich langsam eine Multi-Infarkt-Demenz entwickeln und einen variablen Verlauf nehmen (das Gehirngewebe kann sich von einer Schädigung, die auf eine Folge von kleinen Infarkten beruht, teilweise erholen). Die spezifischen Symptome der Multi-Infarkt-Demenz hängen davon ab, ob die Infarkte den zerebralen Kortex oder die subkortikalen Bereiche schädigen. Verschiedene Infektionen (z.B. Lungenentzündung, Infektionen der Harnwege) können ebenfalls zu Demenz führen. Die HIV-Infektion und AIDS verursachen eine irreversible Demenz, aber diese Form der Hirnschädigung ist gegenwärtig ein Problem der jüngeren Menschen.

Die Behandlung der Demenz

Hat man für eine Demenz eine reversible Ursache gefunden, sollte unverzüglich mit einer angemessenen medizinischen Behandlung, etwa der Beseitigung von hormonellen Störungen, begonnen werden. Für die Alzheimer-Krankheit hat man allerdings trotz zahlreicher Untersuchungen bis heute keine klinisch bedeutsame Behandlung gefunden. Es handelt sich dabei um eine degenerative Erkrankung, die zu einem fortgesetzten Abbau der Fähigkeiten des Patienten führt.

Wegen des Absterbens von Gehirnzellen, die Azetylcholin produzieren, bei der Demenz vom Alzheimer Typ (DAT), wurde bei zahlreichen Untersuchungen versucht, die Menge dieses Neurotransmitters zu erhöhen. Forschungen, bei denen Cholin (ein Vorprodukt des Enzyms, das als Katalysator der Reaktion zur Herstellung von Azetylcholin wirkt) und Physostigmin (eine Substanz, die den Abbau von Azetylcholin verhindert) waren enttäuschend. Tetrahydroaminoacridin (THA), das ebenfalls den Abbau von Azetylcholin verhindert, hat zu positiven Effekten beim Kurzzeitgedächtnis geführt, aber es ist nicht bekannt, ob irgendwelche positiven Langzeitwirkungen auftreten (*Heston & White*, 1991). Im März 1993 hat die amerikanische Zulassungsbehörde die Vermarktung der Substanz, die auch unter der Bezeichnung Tacrine bekannt ist, gestattet, wohl auch in Anerkennung des Mangels an erfolgversprechenden Alternativen zur Behandlung dieser tödlichen Krankheit. Langzeit-Strategien zielen auf eine Verlangsamung der Progression der Erkrankung. Wachstumsfaktoren und andere Substanzen, die Veränderungen im Metabolismus der Zellen verhüten, eröffnen die Hoffnung, die neuronale Degeneration wirksam zu verhindern (*Whitehouse*, 1991) und unterstreichen die Notwendigkeit weiterer Bemühungen, Tests zur Frühdiagnose der DAT zu entwickeln. Die Behandlung der anderen Symptome der DAT schließt die früher besprochenen Medikamente ein, beispielsweise Phenothiazine für die Paranoia, Diazepine für die Angst und Sedativa für Schlafschwierigkeiten.

Zarit (1980) faßt die in diesen Situationen sinnvollen psychosozialen Interventionen kurz und bündig folgendermaßen zusammen:

> „Die Behandlung von Personen mit seniler Demenz besteht im Grunde darin, die Betroffenen und ihr soziales Netz zu stützen. Gegenwärtig gibt es keine Methode, mit der sich eine intellektuelle Funktion wiederherstellen oder im Falle einer senilen Gehirnkrankheit weiterem Abbau vorbeugen läßt. Die Behandlung schließt das Bemühen ein, die durch die Störung verursachte Zerrüttung möglichst gering zu halten. Die Behandlungsziele schließen ein: den Betroffenen weiterhin ein Leben in einer Gemeinschaft zu ermöglichen; ihnen Gelegenheit zu geben, über ihre Krankheit und deren Folgen zu sprechen; die Familie und andere betroffene Personen über das Wesen der Krankheit aufzuklären; Familienangehörige soweit zu unterstützen, daß sie dem oder der Erkrankten weiterhin helfen können; und verhaltenstherapeutische und problemlösende Methoden einzusetzen, um spezifische Probleme, die als Folge der Gehirnstörung auftreten, handhabbar zu machen." (S. 356)

Auf jeden hospitalisierten Patienten mit schwerer Demenz kommen zwei, die weiterhin innerhalb der Gemeinschaft leben (*Gurland & Cross*, 1982), meist unterstützt durch den Ehepartner, die Tochter oder andere Familienmitglieder. Die Last der Pflege bleibt gewöhnlich den Angehörigen überlassen. Also sollte sich die Behandlung nicht nur der Bedürfnisse des Patienten annehmen, sondern auch dessen Familie einbeziehen. Wie später dargestellt wird (S. 598), erfordert die Pflege einen solchen Aufwand an Zeit, Kraft und Emotionen, daß pflegende Angehörige und Freunde depressiv werden können. Man kann ihnen unter anderem dadurch helfen, daß man sie genau und ausführlich über die spezifischen Probleme des Patienten informiert. Alzheimer-Patienten fällt es zum Beispiel sehr schwer, neue Informationen im Gedächtnis zu speichern. Sie können zwar durchaus an einer vernünftigen Unterhaltung teilnehmen, haben aber nach wenigen Minuten vergessen, worüber gesprochen wurde. Das kann eine Betreuungsperson, die nicht weiß, daß diese Beeinträchtigung als Folge des zugrundeliegenden Gehirnschadens zu erwarten ist, ungeduldig machen. Vom Patienten mehr zu fordern – vielleicht in dem Glauben, er bringe mit seinem Verhalten auf passiv-aggressive Weise Feindseligkeit zum Ausdruck –, macht die Sache für denjenigen, der solche Ansprüche stellt, aber auch für andere Angehörige nur noch schlimmer und ist kaum dazu angetan, dem Erinnerungsvermögen des älteren Menschen auf die Sprünge zu helfen. Auch von hausgemachten Gedächtnisübungen ist abzuraten, denn wir kennen keine Technik, mit der sich das Gedächtnis von Alzheimer-Patienten verbessern ließe.

Man kann der Familie jedoch vermitteln, wie sie ihrem kranken Angehörigen helfen kann, trotz der verlorenen Fähigkeiten einigermaßen zurechtzukommen. Zum Beispiel kann es das Leben für beide Teile erheblich erleichtern, wenn vom Kranken nicht Erinnerung, sondern Wiedererkennen verlangt wird. Die Familie lernt etwa, Fragen zu stellen, in denen die Antwort bereits enthalten ist. Es ist sehr viel leichter, auf die Frage „Hast du gerade mit Hans oder Fritz telephoniert?" zu antworten als auf „Wer hat gerade angerufen?" Aufschriften auf Schubfächern, Haushaltsgeräten und Zimmertüren helfen dem Kranken, sich zu orientieren. Wenn er nicht mehr lesen kann, versucht man es mit Bildern und kleinen Zeichnungen. Große Kalender, Uhren, Handlungsanweisungen und ein automatischer Wähler am Telephon können ebenfalls hilfreich sein.

Man sollte die Betreuungspersonen auch davon in Kenntnis setzen, daß die Patienten ihre Grenzen nicht immer richtig einschätzen und zuweilen Dinge tun, die ihre Fähigkeiten übersteigen. Damit können sie sich und andere in Gefahr bringen. Man sollte die Patienten zwar nicht verzärteln, aber da sie ihre Probleme und Beeinträchtigungen vergessen, ist es doch ratsam, ihnen Grenzen zu setzen. Manchmal erfordern auch die Reaktionen einer Betreuungsperson auf die Schwierigkeiten des Patienten Aufmerksamkeit. Die Schwiegertochter einer Frau mit Demenz konnte nur schwer ertragen,

in welche Farbkombinationen sich ihre Schwiegermutter kleidete. Sie wollte daher die Zusammenstellung der Garderobe selber übernehmen, obwohl die Patientin durchaus in der Lage war, sich selbständig und angemessen, wenn auch nicht modisch, zu kleiden. Der Schwiegertochter wurde nachdrücklich geraten, der Patientin nicht ihre Maßstäbe und ihren Geschmack aufzuzwingen und einzusehen, daß deren Fähigkeit, sich selbständig anzuziehen und sich für ihre Kleidung selbst verantwortlich zu fühlen, wichtiger war als ein konventionelles Äußeres (*Zarit*, 1980).

Der Berater muß sich bewußt sein, daß einige der Spannungen zwischen Pflegeperson und Patient sehr wohl ihre Wurzeln auch in der Beziehung haben können, die beide vor Beginn der Demenz zueinander hatten. Es gibt eine Tendenz, den äußeren Anschein einer Situation, hier die Behinderung eines kranken Menschen, als die Ursache aller Schwierigkeiten anzusehen. Hier könnte aber die Bearbeitung lange bestehender Probleme notwendig sein.

Sehr belastend sind die paranoiden Wahnvorstellungen, unter denen manche Demenz-Kranke leiden. Wie bei jeder Paranoia, sollte man solche Vorstellungen nicht direkt bekämpfen. Man nimmt sie am besten so wenig wie möglich zur Kenntnis und konzentriert sich auf intaktere Verhaltensbereiche des Betroffenen. Bei Demenz-Kranken verschwinden Wahnvorstellungen in dem Maße, wie der zerebrale Verfall fortschreitet und das Gedächtnis nachläßt. Die Prognose für diesen Aspekt der Krankheit ist auf traurige Weise gut.

Den Kranken selbst zu beraten, ist schwierig und verspricht, namentlich bei fortgeschrittener Demenz und den damit verbundenen kognitiven Einbußen, wenig langfristigen Nutzen. Aber manchen Patienten scheinen gelegentliche Gespräche mit beruflichen Helfern und anderen Außenstehenden Freude und Beruhigung zu geben. Man sollte ihnen nicht völlig die Fähigkeit absprechen, an Gesprächen über die Probleme ihrer Betreuungspersonen teilzunehmen. Allerdings muß man die tatsächliche Begrenztheit ihres kognitiven Vermögens realistisch einschätzen. *Zarit* (1980) schlägt sogar vor, sie nicht zum Eingeständnis ihrer Schwierigkeiten zu bewegen, da Verleugnung der für sie vielleicht wirksamste Bewältigungsmechanismus ist.

Dem begrenzten kognitiven Vermögen seniler Menschen sollte man immer mit Güte be-

manden über 65 Jahre, der den diagnostischen Kriterien der Manie entsprach. Aus diesem Grund wird im folgenden nur von der unipolaren Depression die Rede sein.

Frauen durchleiden zu jeder Zeit ihres Lebens, mit Ausnahme vielleicht des ganz hohen Alters, mehr depressive Phasen als Männer. Mehr als 30% der älteren Menschen, die chronische Gesundheitsprobleme haben oder ins Krankenhaus kommen, sind depressiv (*Balzer*, 1982). Darüber hinaus können auch diejenigen, die an einer Demenz leiden, wie früher erwähnt, depressiv sein; 20% derjenigen mit einer Demenz haben schätzungsweise eine aufgepfropfte Depression (*Reifler, Larson & Hanley*, 1982).

Gelegentlich wird der Begriff der sekundären Depression verwendet, wenn angenommen wird, daß die Depression eine körperliche Erkrankung begleitet oder die Folge der zahlreichen Krankheiten ist, die bei älteren Menschen auftreten. Die Prävalenz dieser Formen der Depression vermittelt den Eindruck, daß die Depression bei älteren Menschen allgemein häufiger als bei jüngeren ist (*Cohen*, 1990; *Kermis*, 1986).

Depression bei älteren und jüngeren Menschen

Unterscheidet sich die Depression älterer von der jüngerer Menschen? *Blazer* (1982) fand als übliche Symptome der Altersdepression eine innere Besorgnis, das Gefühl, nicht mehr gebraucht zu werden, Traurigkeit, Pessimismus, Müdigkeit, Schlaflosigkeit und Willensschwäche. Natürlich sind die Symptome in anderen Altersgruppen ähnlich. Als *Blazer* (182) und *Small* et al. (1989) jedoch die Symptome depressiver älterer Menschen mit denen dreier jüngerer Populationen, die wegen Depression behandelt wurden, verglich, fielen ihm einige interessante Unterschiede auf. Depressive alte Menschen litten seltener unter Schuldgefühlen, klagten aber häufiger über somatische Beschwerden. Andere Unterschiede, die von *Musetti* et al. (1989) beschrieben wurden, betreffen die stärkere motorische Verlangsamung bei älteren Menschen, einen stärkeren Gewichtsverlust, einen stärker ausgeprägten körperlichen Verfall, weniger Feindseligkeit und ein geringeres Maß an suizidalen Vorstellungen. Dies steht im Widerspruch zur Tatsache, daß die Zahl der

Suizidversuche und erfolgreichen Selbsttötungen mit dem Alter bei Männern steigt (vgl. S. 593). Weiterhin sind Klagen über Gedächtnisschwierigkeiten – nicht notwendigerweise wirkliche Probleme mit dem Gedächtnis – bei älteren depressiven Patienten häufiger als bei jüngeren (*Kahn* et al., 1975; *O'Connor* et al., 1990).

Depression versus Demenz

Aus zahlreichen Fallgeschichten und Untersuchungsberichten wissen wir, daß sich scheinbare Demenzsymptome älterer Menschen bei einer Depressionsbehandlung spontan zurückbilden oder bessern (*Folstein & McHugh*, 1978; *Kiloh*, 1961; *McAllister & Price*, 1982; *Plotkin, Mintz & Jarvik*, 1985; *Post*, 1975). Andererseits wird die Depression häufig als Demenz fehldiagnostiziert. Das weist auf die Bedeutung der Differentialdiagnose hin, denn Depression ist meist ein reversibler Zustand, während es Demenz nicht ist.

Depressive Patienten klagen unter Umständen mehr über Vergeßlichkeit als Patienten mit Demenz – ein Unterschied, der klinisch hilfreich sein kann (*Kahn* et al., 1975; *Raskin & Rae*, 1981). Patienten mit Demenz vergessen möglicherweise, daß sie vergessen! Bei Tests neigen depressive Patienten dazu, ihre Fähigkeiten zu unterschätzen und negative Rückmeldung übermäßig wichtig zu nehmen (*Miller*, 1975; *Weingartner & Silberman*, 1982). Depressive ältere Erwachsene schneiden bei Labortests der Gedächtnisleistungen nicht schlechter als Kontrollpersonen ab, obwohl sie mehr als nicht depressive Ältere klagen (*O'Connor* et al., 1990; *O'Hara* et al., 1986) und ihre Leistung bei Gedächtnistests liegt über dem Durchschnitt oder sogar noch darüber, sogar wenn sie über Gedächtnisprobleme klagen (*Williams* et al., 1987). Diese Diskrepanz zwischen den Klagen über das Gedächtnis und wirklichen Gedächtnisdefiziten bei älteren Menschen findet sich auch bei jüngeren Patienten und spiegelt möglicherweise die abwertenden Beurteilungen bei dem klinischen Depressionssyndrom wider.

Depressive machen auch mehr Auslassungsfehler. Sie beantworten z.B. Fragen nicht, weil sie die Mühe scheuen oder weil sie glauben, sie nicht beantworten zu können. Patienten mit Demenz raten dagegen eher aufs Geratewohl oder konfabulieren (*Whitehead*, 1973). Schließlich können, wie bereits erwähnt wurde, Patienten sowohl an Demenz als auch an Depression leiden: ein Alzheimer-Patient kann darüber depressiv werden, daß seine körperlichen und geistigen Grenzen zunehmend enger werden (*Reifler* et al., 1982; *Teri & Reifler*, 1987).

Korrelate der Depression bei alten Menschen

Wenn es alten Leuten gesundheitlich schlecht geht, sind sie häufig auch depressiv. *Blazer* und *Williams* (1980) befragten 900 zu Hause lebende ältere Menschen und stellten fest, daß 44% der Probanden mit depressiven Symptomen medizinisch krank waren. Bei vielen Männern, die im Alter zum ersten Mal depressiv geworden waren, war der psychiatrischen Behandlung eine Operation vorausgegangen; sie litten ungewöhnlich häufig unter chronischen Krankheiten und waren auch in jüngeren Jahren überdurchschnittlich oft krank (*Roth & Kay*, 1956). Viele Ärzte, die ältere Menschen betreuen, sind gegenüber der Wahrscheinlichkeit, daß eine Depression gleichzeitig mit einer körperlichen Krankheit besteht, wenig sensibel und diagnostizieren und behandeln die psychische Störung häufiger nicht (*Rapp* et al., 1988; *Rapp, Parisi & Walsh*, 1988). Das Übersehen der Depression kann nicht nur zu einer Verschlimmerung der Depression sondern auch der körperlichen Krankheit führen.

Daß körperlich kranke Menschen so oft depressiv sind, liegt nicht nur an der entmutigenden Tatsache des Krankseins selbst. Medikamente zur Behandlung einer chronischen Krankheit können eine bereits bestehende Depression verschlimmern, eine Depression hervorrufen oder, ohne daß wirklich eine Depression vorliegt, zu depressionsähnlichen Symptomen führen (*Klerman*, 1983). Am gefährlichsten sind in diesem Zusammenhang blutdrucksenkende Mittel. Andere sind Hormone und Kortikosteroide und Mittel gegen die Parkinsonsche Krankheit. Längsschnittstudien und retrospektive Untersuchungen haben gezeigt – und das ist die Kehrseite der Medaille –, daß eine Depression ihrerseits zu körperlichen Krankheiten prädisponieren kann (*Vaillant*, 1979; *Wigdor & Morris*, 1977).

Je älter wir werden, um so unvermeidlicher werden Lebensereignisse, die uns depressiv machen können. Ältere Menschen verlieren irgendwann einmal ihre Lebenspartner oder andere geliebte Menschen. Wie Untersuchungen zeigen, liegt die Krankheits- und Sterberate bei Verwitweten besonders hoch (*Parkes & Brown*, 1972; *Clayton*, 1973), und wie *Turner* und *Sternberg* (1978) vermuten, geht der Depression, die schließlich zur Einweisung des alten Menschen in eine Institution führt, sehr häufig der Verlust eines geliebten Menschen voraus. Und doch haben Längsschnittstudien bei Hinterbliebenen verhältnismäßig niedrige Depressionsraten gefunden. Das läßt vermuten, daß Hinterbliebene insgesamt weniger schwere und weniger zahlreiche depressive Symptome entwickeln als man sie bei Menschen findet, die sich wegen einer Depression in psychiatrischer Obhut befinden (*Clayton* et al., 1972; *Bornstein* et al., 1973: *Gallagher* et al., 1982). Nur wenige alte Leute scheinen also nach dem vorhersehbaren Verlust eines geliebten Menschen in eine so schwere Depression zu fallen, daß ihr Leben entscheidend beeinträchtigt ist.

Auch dem Ruhestand hat man negative Folgen nachgesagt, aber die Forschung läßt das so allgemein nicht gelten (*Atchley*, 1980; *George*, 1980). Die schlimmen Folgen des Ruhestands, die man bei Untersuchungen fand, hatten möglicherweise viel mit dem schlechten Gesundheitszustand und dem geringen Einkommen der Rentner zu tun.

Jeder alte Mensch hat eine lange Entwicklungsgeschichte hinter sich, die seinen Reaktionen auf allgemeine Probleme Einmaligkeit verleiht. Bewältigungsmechanismen und Persönlichkeit bestimmen, wie wirksam der einzelne mit neuen Lebensereignissen fertig wird (*Butler & Lewis*, 1982). Wir sollten nicht einfach voraussetzen, daß alte Menschen auf Verluste und Belastungen statt mit Anpassung mit Depression reagieren.

Behandlung der Depression

Klinischer Überlieferung zufolge sollen Depressionen im Alter langwieriger und behandlungsresistenter sein als in jüngeren Jahren. Derartige Behauptungen entbehren jeder Grundlage (*Small & Jarvik*, 1982). Daß depressiven alten Menschen mit psychologischen Interventionen geholfen werden kann, ist überzeugend belegt. *Gallagher* und *Thompson* (1982, 1983) verglichen kognitive Therapie, Verhaltenstherapie und psychodynamische Therapien. Mit allen drei Therapieformen ließ sich die Depression älterer Menschen wirksam lindern. Bei einer Folgeuntersuchung (*Thompson, Gallagher & Breckenridge*, 1987) wurden 70% der Patienten entweder als völlig geheilt oder deutlich gebessert beurteilt. Dies ist im Vergleich mit den Ergebnissen der Psychotherapie bei jüngeren Depressiven sehr günstig. Ein anderes bemerkenswertes Ergebnis besteht darin, daß unbehandelte Kontrollpatienten sich nicht besserten, was vermuten läßt, daß ältere Erwachsene sich weniger wahrscheinlich als jüngere bessern, wenn sie nicht behandelt werden.

Obwohl die klinische Erfahrung für den Einsatz antidepressiv wirkender Medikamente spricht, bedürfen deren Nebenwirkungen sorgfältiger Beobachtung. Eine schwere Nebenwirkung ist das Orthostase-Syndrom. Vielen älteren Patienten wird nach Einnahme trizyklischer Antidepressiva schwindlig und sie können stürzen. Sogar das Herzinfarktrisiko kann sich erhöhen. Außerdem ist bei alten Menschen die Gefahr toxischer Reaktionen auf Medikamente sehr groß. Da die Wirksamkeit von Antidepressiva bei älteren Patienten fraglich ist (*Beutler* et al., 1987; *Gerson, Plotkin & Jarvik*, 1988) sind andere als die pharmakologischen Ansätze sehr wichtig (*Bressler*, 1987). Interessanterweise ist die Elektrokrampftherapie (S. 277) in der Wertschätzung vieler Gerontopsychiater wieder gestiegen (*Hay*, 1991).

Wahnhafte (paranoide) Störungen

> Eine 66jährige verheiratete Frau willigte zögernd in eine klinische Untersuchung ein. Seit sechs Wochen litt sie unter bizarren Wahnvorstellungen und Halluzinationen: Sie glaubte, ihr Mann versprühe im Haus eine Flüssigkeit, die wie „angebranntes Essen" röche. Es sei ihr zwar nie gelungen, ihn dabei zu beobachten, klagte sie, aber er versprühe das Zeug im ganzen Haus, auch auf Gardinen und Möbel. Sie habe den Geruch fast immer in der Nase, und er greife ihren Kopf, ihre Brust und ihr Rektum an. Des weiteren klagte sie, daß jemand aus der Nachbarschaft Ziegel und Steine nach ihrem Haus geworfen habe. Ihren Mann bezichtigte sie der Untreue und wollte die Fußstapfen der beteiligten Frauen in ihrem Garten gesehen haben.
> Es ergab sich das unbestimmte Bild einer seit sechs Jahren währenden ehelichen Zwietracht. Früher hatte es solche Episoden nicht gegeben, die Patientin war nie in psychiatrischer Behandlung noch jemals für längere Zeit mißtrauisch oder argwöhnisch gewesen. Sie arbeitete seit dreißig Jahren als Hausangestellte und war immer noch tätig. Andere

beschrieben sie als treues und aktives Mitglied ihrer Kirchengemeinde und als geselligen Menschen. In den klinischen Gesprächen zeigte sie sich als vergrämte Frau, die ihrem Mann gegenüber extrem feindselige Gefühle hegte. Alles drehte sich um den Wahn, daß er, nur um sie zu ärgern, eine ungewöhnliche Substanz versprühe. Andere Probleme zwischen ihnen schienen zweitrangig zu sein. Eine kognitive Dysfunktion ließ sich nicht feststellen, und den Interviewern gegenüber verhielt sie sich sozial angemessen. Sie bestritt vehement, daß mit ihr etwas nicht stimme; das Problem, so behauptete sie hartnäckig, liege bei ihrem Mann. Zuweilen sah sie sehr traurig aus und wischte sich gelegentlich eine Träne weg. Doch der vorherrschende Affekt blieb – extreme Feindseligkeit und Bestürzung über das angebliche Verhalten ihres Mannes (*Varner & Gaitz*, S. 108–109).

Nach dieser Fallgeschichte wird sicher verständlich, daß eine Paranoia einen sehr störenden unmittelbaren Einfluß auf andere haben kann, möglicherweise zu zornigen Reaktionen führt und schließlich vielleicht zur Entscheidung beiträgt, den alten Menschen einer Institution zu überantworten (*Berger & Zarit*, 1978). Bei einer sich über fünf Jahre erstreckenden Untersuchung, an der 800 Patienten teilnahmen, hatten 2% der ambulanten und 4,6% der stationären Patienten eine wahnhafte (paranoide) Störung (*Varner & Gaitz*, 1982). Gleichwohl gelten paranoide Symptome als sehr häufige Erscheinung bei älteren psychiatrischen Patienten (*Pfeiffer*, 1977). *Whanger* (1973) untersuchte stationäre geriatrische Patienten und stellte fest, daß 32% von ihnen neben einer anderen psychischen Krankheit auch paranoide Symptome aufwiesen.

Kliniker sind auf einen interessanten und auffallenden Unterschied zwischen den paranoiden Wahnvorstellungen älterer und jüngerer Menschen gestoßen. Die Verdächtigungen älterer Leute sind gleichsam realistischer und betreffen Personen ihrer unmittelbaren Umgebung – Nachbarn, die eigenen Kinder, die Leute in den Geschäften, in denen sie einkaufen usw. Jüngere Paranoide vermuten ihre Verfolger dagegen oft sehr weit entfernt, beim CIA, beim FBI oder sogar im Weltraum. Sie neigen auch mehr zu Größenwahn als ältere Patienten. Übrigens sind bei den Älteren häufiger Frauen betroffen, die in ihrer Mehrzahl – abgesehen von einem beeinträchtigten Seh- und, wie wir sehen werden, Hörvermögen – bei guter Gesundheit sind.

Kasten 17.2   Partielle Taubheit, Altwerden und Paranoia

Einen Zusammenhang zwischen Hörproblemen im Alter und der Entwicklung paranoider Denkmuster hat bereits *Emil Kraepelin* festgestellt. Inzwischen wurden seine Beobachtungen in kontrollierten Laboruntersuchungen bestätigt (*Cooper* et al., 1974). Diese Verbindung scheint spezifisch für die Paranoia zu sein, denn zwischen Gehörlosigkeit und Depression im Alter besteht ein derart enger Zusammenhang nicht. Da der Hörverlust den paranoiden Wahnvorstellungen vorauszugehen scheint, haben wir es hier möglicherweise mit einer Ursache-Wirkungs-Beziehung von einiger Bedeutung zu tun.

Philip Zimbardo und seine Mitarbeiter haben in einem Experiment den Zusammenhang zwischen Schwerhörigkeit und Paranoia untersucht. Sie gingen von der Hypothese aus, daß das beeinträchtigte Hörvermögen insbesondere dann der Entwicklung einer Paranoia Vorschub leistet, wenn der Betroffene sich nicht eingesteht oder gar nicht weiß, daß er schlecht hört (*Zimbardo, Andersen & Kabat*, 1981). Wenn ich kaum höre, was andere sagen, glaube ich vielleicht, daß sie flüstern, was mich wiederum zu dem Schluß veranlassen kann, daß sie *über mich* flüstern; und sie flüstern, weil sie schlecht über mich reden. So werde ich aber nur denken, wenn ich mir meiner Schwerhörigkeit nicht bewußt bin. Wenn ich um meine partielle Taubheit weiß, schätze ich die Lage anders ein: Ich sage mir, daß ich

Unerkannter Verlust der Hörfähigkeit führt bei einigen älteren Menschen zu der Überzeugung, daß andere über sie sprechen und in der Folge kann es zur Entwicklung von Wahnideen kommen.

die anderen nicht höre, weil ich taub bin, und argwöhne nicht, daß sie flüstern. Ein schwerhöriger Großvater schimpft vielleicht mit seinen hellstimmigen, gestikulierenden Enkelkindern, sie sollten nicht flüstern. Die Kinder bestreiten, daß sie das tun. So kommt ein Teufelskreis von Vorwürfen, Dementis und weiteren Vorwürfen in Gang, die Spannung steigt und der zunehmend feindseligere und argwöhnischere Großvater wird seinen Enkeln immer mehr entfremdet.

In ihrem Experiment haben *Zimbardo* und seine Gruppe das Anfangsstadium dieser vermuteten Entwicklung untersucht. Als Probanden wählten sie Studenten, die leicht zu hypnotisieren waren und auf die posthypnotische Suggestion partieller Taubheit gut ansprachen. Das Experiment, so glaubten die Versuchspersonen, untersuche die Effekte verschiedener hypnotischer Verfahren auf kreatives Problemlösen. Jeder Proband saß mit zwei anderen – in Wirklichkeit Verbündeten des Versuchsleiters – in einem Raum. Die drei erhielten eine Aufgabe, die sie entweder zusammen oder allein lösen sollten. Es ging darum, zu einem TAT-Bild eine Geschichte zu erfinden. Das Bild erschien auf einer Leinwand, auf die zunächst das Wort „FOCUS" projiziert wurde. Die Komplizen begannen, wie geplant, miteinander zu albern, als sie sich Gedanken über die Geschichte machten, und forderten den Probanden auf, sich dem Unternehmen anzuschließen. Als sie ihre Geschichte ersonnen hatten, blieb der Proband allein im Raum, um einige Fragebogen auszufüllen, darunter die MMPI-Fragen zur Paranoia und eine Eigenschaftswortliste zur Erfassung der Stimmung.

Bis hierher ist das Experiment nicht besonders interessant. Die eigentliche Manipulation hatte *vor* der Präsentation des TAT-Bildes stattgefunden: Jeder Proband hatte unter Hypnose eine der drei folgenden Suggestionen erhalten:

1. *Induzierte partielle Taubheit ohne Bewußtheit.* Sobald im Nachbarzimmer das Wort „Focus" auf der Leinwand erscheine, so wurde jedem Probanden der ersten Gruppe gesagt, werde er Schwierigkeiten haben, Geräusche zu hören und zu verstehen, was andere im Raum sagten; er werde den Eindruck haben, daß die anderen flüsterten,

und es werde ihm Sorgen machen, daß er nichts hören könne. Man instruierte ihn, diese Suggestion zu vergessen, bis einer der Experimentatoren ihn an der Schulter berühren und so die Amnesie aufheben werde.

2. *Induzierte partielle Taubheit mit Bewußtheit.* Auch den Probanden der zweiten Gruppe, der Kontrollgruppe, suggerierte man partielle Taubheit, instruierte sie aber, sich daran zu erinnern, daß ihre Schwerhörigkeit die Folge posthypnotischer Suggestion war.

3. *Kontrolle der posthypnotischen Suggestion.* Mit den Probanden der dritten Gruppe kontrollierte man die Wirksamkeit posthypnotischer Suggestionen. Sie würden, so instruierte man sie, beim Lesen des Wortes „Focus" ein Jucken im linken Ohrläppchen verspüren. Für diese Suggestion wurde ebenfalls bis zur Berührung der linken Schulter durch den Versuchsleiter Amnesie verschrieben.

Nachdem sie ihre posthypnotischen Suggestionen erhalten hatten, wurden die Probanden aufgeweckt und in den nächsten Raum geleitet, wo das Experiment wie beschrieben, seinen Fortgang nahm. Die Teilnehmer, die sich ihrer suggerierten Taubheit nicht bewußt waren, so kann man jetzt spekulieren, nahmen die Scherze der Versuchsleiter-Gehilfen vielleicht als gegen sich gerichtet wahr, denn sie hatten Schwierigkeiten, zu verstehen, was gesagt wurde, und führten diese Schwierigkeiten wohl kaum darauf zurück, daß mit ihrem Gehör etwas nicht in Ordnung war. Auch die Probanden, die um ihre Taubheit wußten, hörten die Scherze nicht, schrieben aber den vorübergehenden Hörverlust der posthypnotischen Suggestion zu. Die Probanden der zweiten Kontrollgruppe schließlich dürften keine Hörprobleme gehabt haben, ihnen juckten die Ohrläppchen. Nach Abschluß des Experiments wurden alle Probanden ausführlich über den Zweck der Studie informiert, und man vergewisserte sich, daß die jeweiligen posthypnotischen Suggestionen keinerlei Folgen hinterlassen hatten.

Die Ergebnisse sind faszinierend. Die Erfahrung partieller Taubheit ohne Bewußtheit schlug sich signifikant in den für Kognition, Emotion und Verhalten erhobenen Maßen nieder. Verglichen mit den beiden Kontrollgruppen erreichten diese Probanden höhere Para-

noia-Werte auf den MMPI-Skalen und beschrieben sich selbst als gereizter, aufgeregter und feindseliger. Auch die beiden Verbündeten des Versuchsleiters beurteilten diese Probanden als feindseliger. (Selbstverständlich wußten sie nicht, zu welcher der drei Gruppen ein Proband gehörte.) Nur sechs der Experimental-Probanden folgten der Aufforderung der Verbündeten, sich die Geschichte zum TAT-Bild gemeinsam auszudenken, während die meisten Kontrollprobanden mitmachten. Bevor man den Probanden den Zweck der Studie enthüllte, fragte man sie, ob sie mit denselben Partnern auch in einem späteren Experiment zusammenarbeiten würden. Alle Experimental-Probanden verweigerten sich diesem Ansinnen, während die meisten Kontrollprobanden sich zu weiterer Zusammenarbeit bereit erklärten.

Probanden, die sich ihre Hörprobleme nur damit erklären konnten, daß die anderen flüsterten, reagierten mißtrauisch, feindselig und erregt und waren nicht bereit, mit diesen anderen zu kooperieren. Aus einem ähnlichen Muster, so vermutet *Zimbardo*, entwickeln sich auch manche paranoide Wahnvorstellungen. Daß es gelungen ist, durch Induktion von Taubheit ohne Wissen um die Taubheit im Labor eine derartige „analoge Anfangsparanoia" zu erzeugen, entspricht der Hypothese, nach der altersbedingte Schwerhörigkeit dann für paranoide Gedanken empfänglich macht, *wenn* sich die Betroffenen – aus welchen Gründen auch immer – ihre Taubheit nicht eingestehen.

In weiteren Experimenten konnte *Zimbardo* die Ergebnisse verstärken, indem er körperliche Erregung über eine hypnotische Suggestion induzierte und dann eine Amnesie für die wahre Ursache der Erregung schuf. Die unerklärliche Erregung wurde als wesentlich unangenehmer erlebt als die Erregung, die auf die Hypnose zurückgeführt werden konnte (*Zimbardo, LaBerge & Butler*, in Druck). Andere Untersuchungen deuten darauf hin, daß die Betroffenen auf die Reaktionen der anderen achten, um die Gründe für ihre unerklärliche Erregung zu verstehen. Sie werden stärker paranoid als diejenigen, deren Suche nach den Ursachen der Erregung auf andere Bereiche gelenkt wird, z.B. auf etwas in der Umgebung (*P. Zimbardo*, persönliche Mitteilung, 29. September 1992).

Ursachen der Paranoia

Mit der Paranoia im Alter setzt sich möglicherweise eine bereits in jüngeren Jahren vorhandene Störung fort. Oft geht die Paranoia auch mit organischen Hirnschäden wie Delir und Demenz einher. Tatsächlich hat die Paranoia beim Demenz-Kranken nicht selten die Funktion, Erinnerungslücken zu füllen. Statt zuzugeben „Ich kann mich nicht erinnern, wo ich meine Schlüssel gelassen habe", denken sie „Es muß irgend jemand hereingekommen sein und meine Schlüssel genommen haben" (*Zarit*, 1980). Man hat paranoide Wahnvorstellungen auch mit sensorischen Beeinträchtigungen, insbesondere mit dem Verlust des Hörvermögens in Zusammenhang gebracht. Ältere Menschen mit schweren paranoiden Wahnvorstellungen leiden oft seit längerer Zeit unter beidseitigem Hörverlust, der sie auch sozial taub macht (*Post*, 1980). Eine taube alte Frau glaubt vielleicht, andere reden absichtlich so leise über sie, daß sie es nicht hören kann. Ihre paranoiden Reaktionen dienen ihr dann möglicherweise dazu, die Lücken zu füllen, die sich aufgrund ihrer sensorischen Behinderung immer wieder auftun (*Pfeiffer*, 1977; vgl. Kasten 17.2). In den paranoiden Wahnvorstellungen finden verwirrende Ereignisse ihre Erklärung, sie erfüllen also eine Anpassungsfunktion und sind durchaus verständlich. Oft ließ die soziale Anpassung paranoider Patienten bereits in jüngeren Jahren zu wünschen übrig. Vielleicht ging ihren Symptomen eine Phase zunehmender Isolation voraus. Und da ein isolierter Mensch weniger Gelegenheit hat, seinen Argwohn und sein Mißtrauen der Welt gegenüber zu überprüfen, setzen sich Wahnvorstellungen um so leichter fest. Statt sozialer Beziehungen, die auf Verständigung und gegenseitigem Vertrauen gründen, schafft sich das Individuum eine „Pseudogemeinschaft" (*Cameron*, 1959).

Ältere Menschen sind gegenüber allen Formen des Mißbrauchs durch andere besonders sensibel. Es könnte über sie hinter ihrem Rücken oder sogar vor ihren Augen so über sie gesprochen werden, als wären sie nicht da, und sie könnten durch andere auf viele verschiedene Arten übervorteilt werden. Es besteht daher die Gefahr, daß die Klage einer älteren Person, verfolgt zu werden, nur zu schnell als Anzeichen einer Paranoia des höheren Lebensalters gesehen wird. Eine ältere Patientin einer der Autoren beklagte sich bitterlich darüber, daß sie von einem Detektiv verfolgt werde, der von ihrem böswilligen Ehemann beauftragt worden wäre. Eine nähere Untersuchung ergab, daß der Ehemann sich Sorgen darüber machte, daß sie eine Affäre mit einem anderen hätte und hatte wirklich einen Detektiv engagiert! Es sollte immer überprüft werden, ob ein Verdacht in der Realität begründet ist, bevor er auf eine Paranoia zurückgeführt wird.

Behandlung der Paranoia

Im großen und ganzen behandelt man ältere paranoide Patienten nicht anders als jüngere. Obwohl kontrollierte Daten fehlen, halten erfahrene Kliniker ein geduldiges und stützendes Vorgehen für das beste. Der Therapeut sollte den Sorgen des Patienten mit einfühlsamem Verständnis begegnen. Die paranoide Überzeugung unverblümt zu bestreiten oder mit Argumenten zu widerlegen, ist selten sinnvoll. Besser und der therapeutischen Beziehung förderlicher ist es, wenn man anerkennt, wieviel Kummer die Paranoia für den Betroffenen bedeutet. Wenn der Patient Vertrauen gefaßt hat und sich beim Therapeuten sicher fühlt, dann können die Wahnideen langsam in Frage gestellt werden. Therapeuten sollten sich bewußt sein, daß vermutlich bereits vorher eine ganze Reihe von Leuten – Angehörige, Freunde, Polizisten – ohne Erfolg versucht haben, dem Patienten seine wahnhaften Überzeugungen auszureden.

Hat der Patient eine Seh- oder Hörbeeinträchtigung, lassen sich einige Symptome vielleicht mit einer Hörhilfe oder entsprechenden Gläsern mildern. Ist der Betroffene sozial isoliert, kann man ihn anregen, aktiver zu sein und Kontakte zu knüpfen. Eine regelmäßige stützende Therapie kann es dem Patienten erleichtern, wieder Beziehungen zu Verwandten und Freunden aufzunehmen. Gegebenenfalls sollten angemessene Verhaltensweisen eingeübt werden. Selbst wenn diese direkten Maßnahmen die Paranoia selbst nicht lindern, können sie dem Patienten in anderen Lebensbereichen helfen.

Untersuchungen von Therapieergebnissen zeigen, daß sich Wahnvorstellungen älterer Menschen erfolgreich mit Tranquilizern behandeln lassen (*Post*, 1980). Unglücklicherweise begegnen paranoide Menschen im allgemeinen auch denen mit Mißtrauen, die ihnen die Medikamente verabreichen. Ebenfalls zu berücksichtigen ist das bei älteren Menschen größere Risiko toxischer Reaktionen. Zu allerletzt sollte die Unterbringung in einer Institution erwogen werden, denn das ist für den Patienten selten eine gute Lösung. In der Praxis wird diese Entscheidung mehr von der Toleranz der Umgebung abhängen als davon, wie gravierend und destruktiv die paranoiden Überzeugungen des Patienten sind.

Schizophrenie

Tritt die Schizophrenie im Alter überhaupt erstmalig auf? An dieser Frage erhitzen sich seit Jahren die Gemüter – sogar Kraepelin hatte Zweifel, ob es immer richtig sei, das Adjektiv „praecox", das einen frühen Beginn meint, bei der Schizophrenie zu verwenden.

Eine Schizophrenie, die sich erst im Alter bemerkbar macht, wird häufig auch Paraphrenie genannt (*Roth*, 1955). Diese Form der Störung, so heißt es, sei leichter als eine Schizophrenie, die in jüngeren Jahren ausbreche. Die Betroffenen sind häufig unverheiratet und führen ein isoliertes Leben. Ihre Angehörigen sind fast alle tot, sie selbst sind schwerhörig, gehören einer unteren sozioökonomischen Schicht an und in ihrer Familie sind Fälle von Schizophrenie bekannt (*Harris & Jeste*, 1988; *Post*, 1987). In den Vereinigten Staaten wird der Begriff der Paraphrenie, ähnlich dem der Paranoia, sehr uneinheitlich verwendet (*Berger & Zarit*, 1978; *Bridge & Wyatt*, 1980). Einige Forscher sind davon überzeugt, daß die von Roth als paraphren diagnostizierten älteren Patienten in Wirklichkeit an einer affektiven Störung litten (*Cooper, Garside & Kay*, 1976; *Cooper & Porter*, 1976; *Kay* et al., 1976), denn bei vielen von ihnen waren trotz auffälliger Symptome weder die Kognition noch andere allgemeine Funktionen gestört. In einer Untersuchung von Patienten, die anscheinend im Alter von mehr als 65 Jahren zum ersten Mal als schizophren erkannt wurden, litten etwa zwei Drittel an einer Demenz oder an einer affektiven Störung (*Leuchter*, 1985).

Was geschieht mit den Schizophreniesymptomen, wenn die Patienten älter werden? Einige Forscher behaupten, daß die Schizophrenie gelegentlich erlischt (*Bridge, Cannon & Wyatt*, 1978) – daß die positiven Symptome (vgl. Kap. 14, S. 449) gedämpft werden; Halluzinationen und Wahnphänomene vermindern ihre Intensi-

tät und Frequenz und die Fähigkeit für soziale Interaktionen wird besser. Aber, wie *Lawton* (1972) warnt, stammen diese Ergebnisse in erster Linie von hospitalisierten Patienten, die Medikamente nehmen.

Substanzinduzierte Störungen

Alkoholmißbrauch und -abhängigkeit

Alkoholismus gilt vornehmlich als das Problem jüngerer Altersgruppen, der Anteil älterer Betroffener wird auf 2 bis 10% geschätzt. Die Prävalenzschätzungen sind jedoch unterschiedlich, weil unterschiedliche Definitionen für die älteren Gruppen Verwendung finden (*Whittington*, 1984). In einer neueren Studie, bei der die Daten der NIMH Epidemiological Catchment Area für Ein-Monats-Prävalenzen verwendet wurden (*Regier* et al., 1988), stellte sich jedoch heraus, daß nur 0,9% der Erwachsenen, die in den Gemeinden wohnten und über 65 Jahre alt waren, Alkoholmißbrauch betrieben. Dieser Anteil ist sehr viel niedriger als der jüngerer Altersgruppen. Männer hatten häufiger Alkoholprobleme als Frauen.

Problemtrinker werden im allgemeinen nicht sehr alt. Die meisten Patienten, die an Zirrhose sterben, sind zwischen 55 und 64 Jahre alt. Auch Generationseffekte mögen eine Rolle spielen, denn jüngere Kohorten sind nicht in einem Klima aufgewachsen, das Maßhalten als Wert betont. Zudem entwickeln ältere Menschen leicht eine physiologische Intoleranz für Alkohol, die der euphorisierenden Wirkung der Droge entgegenwirkt (*Gurland & Cross*, 1982).

Es gibt zwei Gruppen älterer Alkoholiker: Mindestens zwei Drittel von ihnen haben bereits im frühen oder mittleren Erwachsenenalter zu trinken begonnen und ihr Trinkmuster bis ins Alter beibehalten, während die Betroffenen der kleinen zweiten Gruppe erst nach dem 50. Lebensjahr angefangen haben zu trinken (*Rosin & Glatt*, 1971). Die Angehörigen dieser letzten Gruppe haben entweder früher schon gelegentlich exzessiv getrunken und erst im Alter ein Muster regelmäßigen Alkoholmißbrauchs entwickelt, oder sie haben jetzt im Alter erstmalig ein Alkoholproblem (*Zimberg*, 1987). Sie haben häufiger eine Trennung oder Scheidung hinter sich, leben häufiger allein und haben häufiger ernsthafte gesundheitliche Probleme (*Schuckit & Moore*, 1979). Manche greifen auch zur Flasche, weil sie mit altersbedingten Lebensumständen, etwa dem Ruhestand, nicht fertigwerden (*Rosin & Glatt*, 1971).

Diese Unterscheidung wird jedoch nicht von allen Forschern akzeptiert. *Borgatta, Montgomery* und *Borgatta* (1982) argumentieren, daß keine eindeutigen Beweise für den späten Beginn des Alkoholismus gebe. Eine Folgerung, die aus den Forschungen gezogen werden kann, ist: Alkoholismus ist kein Problem, das zeitlich begrenzt ist. Wenn jemand in jüngeren Jahren ein Problemtrinker ist, dann wird er es auch im späteren Leben bleiben (vorausgesetzt er lebt so lange).

Da Alkohol vom älteren Organismus langsamer abgebaut wird, sinkt mit zunehmendem Alter die Alkoholtoleranz. Die Droge verursacht also im Alter möglicherweise größere chemische Veränderungen im Gehirn als in jüngeren Jahren und führt so leichter zu toxischen Reaktionen, etwa zum Delir. Wie eine Reihe neurophysiologischer Untersuchungen gezeigt hat, sind die kognitiven Defizite im Zusammenhang mit Alkoholmißbrauch bei älteren Alkoholikern ausgeprägter als bei jüngeren Menschen mit vergleichbaren Trinkgewohnheiten (*Brand* et al., 1983). Obwohl sich manche intellektuellen Funktionen bei Abstinenz wieder erholen, kann es bei älteren Menschen zu langanhaltenden Residualeffekten kommen.

Leider versäumen es Kliniker zuweilen, sich nach einem eventuellen Alkoholproblem zu erkundigen und schreiben Symptome wie schlechte motorische Koordination und Gedächtnisstörungen einer organischen Ursache oder einer Altersdepression zu. Bleibt der Alkoholmißbrauch unerkannt, werden möglicherweise falsche Maßnahmen ergriffen, und der Behandlungserfolg ist ernsthaft gefährdet.

Mißbrauch illegaler Drogen

Im Vergleich zu anderen Altersgruppen spielt der Mißbrauch illegaler Drogen derzeit in der älteren Population nur eine geringe Rolle. In einer Studie (*Regier* et al., 1988) wiesen keiner der über 65jährigen und nur 0,1% derjenigen zwischen 45 und 65 Jahren Drogenmißbrauch oder Drogenabhängigkeit auf. In den jüngeren Altersgruppen lag der Anteil sehr viel höher. Eine Untersuchung der wenigen älteren Menschen, die Narkotika mißbrauchen, ergab, daß die Betroffenen bereits in jungen Jahren damit

begonnen hatten, ihren Drogenkonsum aber mit zunehmendem Alter reduzierten (*Ball & Chambers*, 1970). Viele Experten nehmen jedoch an, daß der Mißbrauch illegealer Drogen höher liegt, als diese formalen Schätzungen vermuten lassen und, wie in den jüngeren Altersgruppen, wird es ein explosionsartiges Wachstum bei der Prävalenz des Drogenmißbrauchs bei den älteren Menschen geben (*Whittington*, 1984). Frühere Vermutungen, daß die Drogenabhängigen aus dem Drogenmißbrauch „herauswachsen" (*Winick*, 1962), sind unbegründet (*Schuckit & Moore*, 1979).

Medikamentenmißbrauch

Der Mißbrauch verschreibungspflichtiger und frei verkäuflicher Medikamente ist ein sehr viel größeres Problem als der von Alkohol und Drogen (*LaRue, Dessonville & Jarvik*, 1985). Da sich bei älteren Menschen alle Phasen der Drogeneinnahme – Absorption, Verteilung, Stoffwechsel und Ausscheidung – verändern, wächst die Wahrscheinlichkeit, daß sie auch auf normal dosierte Medikamente negativer und auf vielfältigere Arzneimittel mit mehr Nebenwirkungen reagieren. Umfragen unter alten Leuten zeigen, daß sie mehr legale Drogen einnehmen als jede andere Gruppe (*Warheit, Arey & Swanson*, 1976). Obwohl sie nur 11,3% der Gesamtbevölkerung ausmachen, konsumieren sie 25% aller verschriebenen Medikamente.

Der Mißbrauch verschriebener oder legaler Drogen kann absichtlich oder unabsichtlich erfolgen. Manche alte Menschen mißbrauchen bestimmte Medikamente bewußt und verschaffen sie sich aus verschiedensten Quellen. Andere nehmen ihre Medikamente unvorschriftsmäßig ein, sei es, weil sie die Anweisungen des Arztes nicht verstehen oder ignorieren, oder sei es, weil sie zu wenig Geld haben. Eine Untersuchung zeigte, daß es sich mehr als die Hälfte einer Gruppe alter Menschen nicht leisten konnte, verordnete Medikamente nach Vorschrift einzunehmen (*Brand, Smith & Brand*, 1977). Eine sorgfältige Befragung in der Form von Interviews bei 141 gut angepaßten älteren Menschen aus der Mittelschicht, die in ihren eigenen Häusern lebten, ergab, daß die Hälfte von ihnen angab, daß sie mindestens einmal in den vergangenen sechs Monaten verschreibungsfreie Medikamente mißbraucht hatten (*Folkman, Bernstein & Lazarus,* 1987). Die Gefahr fehler-

Medikamentenmißbrauch ist ein ernsthaftes Problem bei älteren Menschen. Dadurch kann auch Demenz verursacht werden.

hafter Einnahme scheint um so größer zu sein, je mehr Medikamente genommen werden und je komplexer die Anweisungen sind. Besonders bei ängstlichen, depressiven und hypochondrischen älteren Menschen kann sich eine Medikamentenabhängigkeit entwickeln (*LaRue, Dessonville & Jarvik*, 1985). Möglicherweise werden Verwirrung und Lethargie nicht als Nebenwirkungen von Medikamenten erkannt, sondern als Demenz beziehungsweise Depression fehldiagnostiziert.

Patienten jeden Alters müssen wissen, warum sie ein Medikament nehmen, wie es heißt, wann, wie oft und unter welchen Bedingungen – vor dem Essen, auf nüchternen Magen usw. – sie es nehmen sollen. Der Arzt sollte überprüfen, ob der Patient seine Instruktionen auch wirklich verstanden hat. Eine ältere Frau las auf dem Beipackzettel eines Antibiotikums, daß das Medikament weder vor noch nach Mahlzeiten zu nehmen sei. Sie zog daraus den Schluß daß sie, solange sie das Mittel nehme, überhaupt nicht essen dürfe! Da mit dem Alter die Sehschärfe ab- und die Blendempfindlichkeit zunimmt, ist die übliche Praxis von Pharmafirmen, die Informationen zu einem Medikament sehr klein und auf glänzendem Papier zu drucken, verfehlt. Ein Schaubild, das der vergeßliche Patient an auffälliger Stelle deponieren und anhand dessen er überprüfen kann, wann er sein Medikament genommen hat, wäre eine gute Erinnerungshilfe.

Hypochondrie

Ältere Menschen klagen über eine Vielzahl körperlicher Probleme, unter anderem über Fuß- und Rückenschmerzen, schlechte Verdauung, Verstopfung, Atembeschwerden und kalte Extremitäten. Ein verantwortungsbewußter Arzt nimmt all diese Klagen ernst. Aber es gibt auch ältere Menschen, die nur glauben, krank zu sein, und sich in endlosen Klagen über Schmerzempfindungen ergehen, für die es keine plausible Ursache gibt. Angeblich neigen besonders alte Menschen zur Hypochondrie.

Untersuchungen zufolge gibt es jedoch unter den alten Menschen *nicht* mehr Hypochonder als in jeder anderen Altersgruppe (*Siegler & Costa*, 1985). Tatsächlich geben alte Menschen insgesamt eher *zu wenig* als zuviel körperliche Symptome an und lassen oft auch ernsthafte Krankheiten nicht behandeln (*Besdine*, 1980), möglicherweise aus Sorge um die damit verbundenen Kosten oder wegen der Überzeugung – die vielleicht zutreffend ist – daß Beschwerden und Schmerzen ein unvermeidlicher Teil des Alterns sind und allein kein medizinisches Problem sind.

Längsschnittuntersuchungen zeigen, daß die Sorge um die Gesundheit mit dem Alter nicht zunimmt, sondern über die gesamte Lebenszeit in etwa konstant bleibt. Da die Gesundheitsprobleme real aber mit dem Alter zunehmen, ohne daß die Sorge darum zunimmt, lassen diese Daten vermuten, daß die Menschen, wenn sie älter werden, nicht stärker hypochondrisch werden (*Costa* et al., 1987). Es ist eher so, wie *Siegler* und *Costa* (1985) feststellten, daß die älteren Menschen, die über zahlreiche körperliche Beschwerden klagen, überdauernde Persönlichkeitszüge erkennen lassen, die derartige Klagen vorhersagbar machen. Ihre exzessiven Klagen über körperliche Beschwerden scheinen mit Neurotizismus oder schlechter Anpassung zusammenzuhängen, die ihrerseits altersunabhängig sind. Überdies hat *Regier* et al. (1988) nur bei 0,1% der älteren Menschen über 65 eine Somatisierungsstörung gefunden. Dieser Anteil entspricht dem jüngerer Altersgruppen.

Behandlung der Hypochondrie

Kontrollierte Untersuchungen zur Behandlung der Hypochondrie gibt es nicht. In einem sind sich Kliniker allerdings einig: Einem Hypochonder zu versichern, er sei ganz gesund, führt im allgemeinen zu gar nichts, denn solche Menschen glauben weder negativen Laborbefunden noch einer Autorität im weißen Kittel. Hilfreicher scheint es zu sein, die somatischen Beschwerden zu ignorieren und sich auf positivere Aspekte des Lebens zu konzentrieren (*Goldstein & Birnbom*, 1976): Ich weiß, daß du dich schlecht fühlst und daß deine Füße wirklich weh tun, aber laß uns doch trotzdem ein bißchen in den Park gehen. Ablenkende und zerstreuende Aktivitäten ermöglichen es solchen Menschen zumindest, trotz ihrer „Krankheiten" ganz normale Dinge zu tun, und vielleicht gewinnen sie dem Leben auf diese Weise auch positive Seiten ab.

Schlaflosigkeit

Viele ältere Menschen klagen über Schlaflosigkeit. In einer Umfrage gaben 25% der über 65 bis 79jährigen an, häufig unter Schlafschwierigkeiten zu leiden, gegenüber 14% der Altersgruppe von 18 bis 34 Jahren. Weitere 20% weisen eine weniger schwerwiegende, aber immer noch problematische Insomnie auf (*Mellinger, Balter & Uhlenhut*, 1985).

Die meisten Betroffenen klagen über häufiges und längeres nächtliches Wachsein, frühmorgendliches Erwachen, Einschlafschwierigkeiten und Müdigkeit am Tage (*Miles & Dement*, 1980). Diese Beschwerden, so hat man festgestellt, entsprechen den normalen physiologischen Veränderungen im Schlafmuster älterer Menschen (*Bootzin, Engle-Friedman & Hazelwood*, 1983). Ältere Menschen scheinen dem Schlaf z.B. etwas weniger oder genausoviel Zeit zu widmen wie Angehörige jüngerer Altersgruppen. Allerdings kommt es im Alter häufiger zu spontanen Schlafunterbrechungen. In Relation zur im Bett verbrachten Zeit schlafen ältere Leute also im allgemeinen etwas weniger. Überdies verkürzt sich bei ihnen – absolut gesehen – die Phase des sogenannten REM (rapid eye movement)-Schlafs, und das vierte Schlafstadium, der Tiefschlaf, fehlt fast völlig. Ältere Männer scheinen häufiger betroffen zu sein als Frauen, ein Unterschied, der bei jüngeren Menschen offenbar weniger ausgeprägt ist (*Dement, Laughton & Carskadon*, 1981).

Ursachen der Schlaflosigkeit

Neben den altersbedingten Veränderungen des Schlafmusters können verschiedene Krankheiten, Medikamente, Koffein, Streß, Angst, Depression, Mangel an Aktivität und schlechte Schlafgewohnheiten für die Schlaflosigkeit verantwortlich sein. Depressive Verstimmung – auch wenn eine voll ausgeprägte affektive Störung nicht vorliegt – kann mit Schlafstörungen bei Älteren in Verbindung stehen, besonders das vorzeitige Erwachen (*Rodin, McAvay & Timko*, 1988). Schmerz, insbesondere Arthritisschmerz, ist ein häufiger Schlafstörer (*Prinz & Raskin*, 1978). Auch die Schlaf-Apnoe, eine respiratorische Störung, bei der im Laufe der Nacht wiederholt für zehn Sekunden oder länger die Atmung aussetzt, nimmt mit dem Alter zu (*Bliwise* et al., 1984). Was immer auch im Einzelfall die Schlaflosigkeit verursacht, sie wird um so schlimmer, je mehr der Betroffene darüber nachgrübelt und die geschlafenen und durchwachten Stunden zählt. Schlafprobleme können auch durch Medikamente verschlimmert werden, die eingenommen werden, um sie zu bekämpfen, wie weiter unten dargestellt wird.

Behandlung der Schlaflosigkeit

Viele alte Leute versuchen der Schlaflosigkeit mit – frei verkäuflichen oder verschreibungspflichtigen – Medikamenten Herr zu werden. Das kleine Röhrchen mit den Schlaftabletten ist den zahlreichen anderen Medikamenten auf dem Nachttisch ein vertrauter Gefährte. Ältere Leute sind die Hauptkonsumenten von Schlafhilfen, doch diese büßen schnell an Wirksamkeit ein und können den Schlaf bei längerer Einnahme erst recht leicht und störanfällig machen. Der REM-Rebound-Schlaf, eine Zunahme des REM-Schlafes nach längerer Einnahme von Schlafmitteln, ist sehr unbeständig (*Bootzin* et al., 1983). Tatsächlich kann die längerfristige Einnahme von Schlafmitteln zur arzneimittel-bedingten Schlaflosigkeit führen. Diese sogenannten Schlafhilfen können einen Drogenkater oder auch vermehrte Atembeschwerden zur Folge haben, was angesichts der altersbedingt zunehmenden Schlaf-Apnoe nicht ungefährlich ist. Nebenwirkungen von Tranquilizern wie den Benzodiazepinen (z.B. Valium) schließen auch Probleme beim Lernen neuer

Informationen ein – anterograde Amnesie – und ernsthafte Schwierigkeiten beim Problemlösen am folgenden Tag (*Ghoneim & Mewaldt*, 1990; *Schatzberg*, 1991).

Schlaftabletten, soviel ist sicher, sind in keinem Alter ein geeignetes Mittel, um chronische Schlaflosigkeit zu behandeln, aber ältere Menschen sollten sich ganz besonders davor hüten. Es werden aber immer noch Schlafmittel für die meisten Altenheimbewohner verschrieben und in vielen Fällen werden sie täglich angewendet, auch dann, wenn es keine Hinweise auf eine Schlafstörung gibt (*Cohen* et al., 1983).

Andere als pharmakologische Behandlungen der Schlafstörungen bei älteren Menschen wurden bislang kaum untersucht, möglicherweise weil die Forscher angenommen haben, daß die oben beschriebenen normalen altersbedingten Veränderungen des Schlafmusters eine wirksame Behandlung ausschließen (*Bootzin & Engle-Friedman*, 1987). Trotzdem ist eine Besserung möglich. Aufklärung über das Wesen des Schlafs und seine normalen, altersbedingten Veränderungen können älteren Menschen die Sorge um ihren Schlaf nehmen, die oft ihrerseits zur Schlaflosigkeit beiträgt. Der Therapeut sollte den Betroffenen auch versichern, daß es kein Unglück ist, gar nicht oder wenig zu schlafen. Schlaflosigkeit führt weder zu Gehirnschäden noch zu Wahnsinn, wie zuweilen befürchtet wird. Manche Therapeuten verschreiben als Einschlafhilfe ein Entspannungstraining und weisen die Patienten an, ihre Schlafgewohnheiten zu ändern, etwa täglich zur gleichen Zeit aufzustehen, zur Schlafenszeit nicht mehr fernzusehen oder zu lesen, d.h. keine Dinge zu tun, die sich mit dem Einschlafen nicht vertragen, sich nur hinzulegen, wenn sie wirklich müde sind, und falls sich der Schlaf nicht einstellt, aufzustehen und in ein anderes Zimmer zu gehen. Alle diese Maßnahmen können helfen, die Betroffenen aller Altersgruppen aus den Klauen der Schlaflosigkeit zu befreien (*Bootzin* et al., 1983; *Morin & Azrin*, 1988).

Suizid

Es gibt Faktoren, die für manche Menschen ein besonders hohes Suizidrisiko bedeuten: eine schwere körperliche Krankheit, das Gefühl der Hoffnungslosigkeit, soziale Isolation, der Verlust eines geliebten Menschen, große finanzielle Bedrängnis und Depressionen (vgl. Kap. 9). Da mit diesen Problemen insbesondere ältere Menschen zu kämpfen haben, überrascht es kaum, daß die Suizidrate der über 65jährigen überdurchschnittlich hoch ist und die der jüngeren Menschen möglicherweise um das Dreifache übersteigt (*Manton, Blazer & Woodbury*, 1987; *Osgood*, 1984; *Pfeiffer*, 1977).

Eine Analyse von Querschnittsdaten zeigt, daß die Suizidrate für Männer von Jugend an steigt und linear mit dem Alter zunimmt (*Atchley*, 1982). Ältere Männer (insbesondere Angehörige der weißen Rasse) begehen häufiger Suizid als jede andere Gruppe, und sie tun das am häufigsten im Alter zwischen 80 und 84 Jahren. Bei Frauen erreicht die Suizidrate vor dem 50. Lebensjahr ihren Höhepunkt und nimmt dann stetig ab. Die Suizidrate der Männer nimmt also mit dem Alter stark zu, während die der Frauen etwas sinkt. Männer nehmen sich in jedem Lebensalter häufiger das Leben als Frauen, doch am auffallendsten ist der Unterschied in der höchsten Altersgruppe. Deutliche Steigerungen sind in letzter Zeit auch bei Männern nicht-weißer Rassen festgestellt worden (Manton, Blazer & Woodbury, 1987). Was dies bedeuten könnte, ist, je mehr Menschen älter werden desto größer wird die Zahl der Selbstmorde in der Gruppe der über 65jährigen. Sie könnte sich in den nächsten 40 Jahren verdoppeln (*Blazer, Bachar & Manton*, 1986).

Ältere Menschen sprechen seltener über ihre Suizidabsichten als jüngere und unternehmen weniger Suizidversuche. Wenn sie allerdings einen Versuch machen, sind sie erfolgreicher. Menschen unter 35 überleben ihre Suizidversuche in der Mehrzahl der Fälle, während die Versuche der über 50jährigen meistens tödlich enden. Sind die Betroffenen älter als 65 Jahre, schlagen ihre Versuche nur noch selten fehl (*Butler & Lewis*, 1982). Besonders bedrückend ist, daß die vorliegenden Statistiken wahrscheinlich noch zu niedrige Zahlen angeben. Ältere Menschen haben vielerlei Möglichkeiten „aufzugeben" und sich auf passive Weise das Leben zu nehmen: Sie brauchen oft nur Ernährung oder Medikamenteneinnahme zu vernachlässigen. Überdies weisen *Butler* und *Lewis* (1982) darauf hin, daß der Suizid älterer Menschen häufiger eine rationale oder philosophische Entscheidung sein kann als bei jüngeren Menschen. Man denke etwa an einen älteren Mann mit den unerträglichen Schmerzen einer unheilbaren Krankheit, der weiß, daß seine Behandlung mit jedem Tag mehr von dem

Geld verschlingt, das er andernfalls seiner Frau und seiner Familie hinterlassen könnte. Wir verweisen dazu auch auf unsere frühere Diskussion, was einige ältere Menschen mit der Alzheimer-Krankheit und anderen langwierigen Krankheiten unternommen haben, um sich das Leben zu nehmen (S. 288).

Die vorbeugende Intervention unterscheidet sich nicht von der bei jüngeren Suizidkandidaten. Im allgemeinen wird der Therapeut versuchen, dem oder der Betroffenen eine weniger verzweifelte Sicht der Dinge zu vermitteln. Möglich ist allerdings, daß sich die gewöhnlich jüngeren und gesünderen beruflichen Helfer bei einem älteren Suizidkandidaten unbewußt weniger anstrengen, um sie von ihren Absichten abzubringen. Aber auch ein älterer Mensch ist nach Überwindung der Krise gewöhnlich dankbar für die neue Lebenschance.

Sexualität und Alter

Unsere Kultur begegnet der sexuellen Aktivität im Alter mit Vorurteilen und traut älteren Leuten ein Sexualleben nicht mehr zu. Wenn Menschen – Männer wie Frauen – ein gewisses Alter erreichen, spricht man ihnen sexuelles Interesse und sexuelles Vermögen ab. Zwischen alten Menschen, so glauben viele, beschränkt sich die Leidenschaft auf eine zärtliche Umarmung und einen Kuß auf die Wange. Ein älterer Mann, der für eine viel jüngere Frau sexuelles Interesse bekundet, wird zum „geilen alten Bock". Und gemessen an dem hohen sexuellen Wert, den man jüngeren Frauen zuerkennt, gelten ältere Frauen als wenig sexuell (*Steuer*, 1982). Überdies verwechselt man bei ihnen sexuelles Erregungsvermögen mit dem Unvermögen, sich fortzupflanzen.

Tatsache ist, daß es älteren Menschen weder an sexuellem Interesse noch an sexuellem Vermögen mangelt. Das gilt sogar für gesunde 80- bis 100jährige, wobei die bevorzugten Aktivitäten in Streicheln und Masturbation bestehen, aber auch gelegentlichem sexuellem Verkehr (*Bretschneider & McCoy*, 1988). Man führe sich im folgenden immer vor Augen, daß auch jüngere Erwachsene in unterschiedlichstem Ausmaß sexuell interessiert und aktiv sind. Sexuelles Desinteresse bei einem älteren Menschen ist keineswegs ein Beweis dafür, daß alte Menschen grundsätzlich asexuell sind. Der 68jährige Mann ohne Sexualleben hatte möglicherweise

Entgegen der stereotypen Annahme, daß Ältere keine Sexualität mehr wünschen, bewahren viele ältere Menschen ein aktives Interesse an der Sexualität. Untersuchungen über die Häufigkeit sexueller Aktivität bei 70jährigen zeigen, daß sie ebenso hoch ist wie bei Menschen im mittleren Lebensalter.

auch als 28jähriger wenig oder gar kein Interesse an Sexualität. Ob 28 oder 68, einer der besten Prädiktoren für die zukünftige sexuelle Aktivität sind die Häufigkeit und das Vergnügen, mit denen Sexualität in der Vergangenheit praktiziert wurde (*Solnick & Corby*, 1983).

Frühere Untersuchungen der Häufigkeit sexueller Aktivität, wie die berühmten Kinsey-Reports (*Kinsey, Pomeroy & Martin*, 1948; *Kinsey* et al., 1953) und die Duke-Studie (*George & Weiler*, 1980; *Pfeiffer, Verwoerdt & Wang*, 1968,1969) ergaben, daß hetero- und homosexueller Geschlechtsverkehr und Masturbation mit dem 30. Lebensjahr an Häufigkeit abnehmen und daß sich diese Tendenz mit zunehmendem Alter fortsetzt. Der Glaube, daß Sexualität in der Mitte des Lebens und im Alter an Bedeutung verliert, findet in den jüngsten Forschungsarbeiten zum Thema allerdings keine Bestätigung. Die zweite Duke-Studie (*George & Weiler*, 1980) gibt Auskunft über die Jahre von 1968 bis 1974. Sie verzeichnet für die Altersgruppe zwischen 46 und 71 Jahren keine Abnahme der sexuellen Aktivität, vielmehr zeigte sich, daß 15% der älteren Menschen mit dem Alter sexuell aktiver wurden. Eine andere Untersuchung ergab, daß 47% der zwischen 60- und 71jährigen weiterhin regelmäßig und häufig Geschlechtsverkehr hatten (*Comfort*, 1980; *Turner & Adams*, 1988). Eine neue Untersuchung bei kognitiv nicht beeinträchtigten Männern, die in Altenheimen lebten, bestätigt ein starkes sexuelles Interesse und, wenn Partner verfügbar waren, sexuellen Verkehr und andere Formen sexueller Aktivität (*Mulligan & Palguta*, 1991).

Für all das gibt es mehrere mögliche Erklärungen. Unbestritten ist, daß ältere Menschen sexuell aktiv sein können; das geht sogar aus den älteren Untersuchungen hervor. Bemerkenswerterweise verzeichnet die zweite Duke-Studie im Unterschied zur ersten keine Abnahme der sexuellen Aktivität mehr. Die älteren Probanden der zweiten Studie hatten möglicherweise bereits mit weniger negativen Stereotypen zu kämpfen und waren vielleicht auch gesünder: in beiden Fällen ein Kohorteneffekt. Vielleicht fiel es ihnen auch leichter, mit den Forschern über ihre sexuellen Interessen und Aktivitäten zu sprechen, weil sich das kulturelle Klima inzwischen gewandelt hatte: ein Effekt des Meßzeitpunkts. Historische Faktoren und eine positivere Einstellung zur Sexualität können sehr wohl auch die Sexualität älterer Menschen beeinflussen. Eine weitere Untersuchung ergab, daß 70- und 80jährige eigenen Angaben zufolge ähnlich häufig Geschlechtsverkehr hatten, wie 1940 und 1950 die 40jährigen bei *Kinsey* (*Starr & Weiner*, 1981). Vielleicht werden die jungen Leute unserer Tage im Alter sexuell noch aktiver sein.

Eine größtenteils „unsichtbare" Gruppe unter den älteren Menschen stellen die homosexuellen Männer und Frauen dar. Es wird vermutet, daß zwischen 5 und 10% der Älteren homosexuell sind, was den Schätzungen für die Gesamtbevölkerung entspricht (*Lipman*, 1984). Obwohl es, wie wir derzeit sehen, eine größere Akzeptanz für die Homosexualität als einen alternativen Lebensstil gibt, statt dies als psychische Störung anzusehen, ist es wahrscheinlich, daß die derzeitige Kohorte älterer Homosexueller hinsichtlich ihrer sexuellen Orientierung weniger offen als jüngere ist und daher an Iso-lation und Selbststigmatisierung leidet (*Kimmel*, 1979). Und obwohl viele ältere Homosexuelle in eheähnlichen Beziehungen leben, sind sie Diskriminationen ausgesetzt, die es bei heterosexuellen Partnern nicht gibt: Die Rentenzahlungen gehen nicht an den überlebenden Partner; der eine Partner braucht nicht bei medizinischen Entscheidungen, die den anderen betreffen, gefragt zu werden und auch das soziale Netzwerk ist für ältere Homosexuelle, die keine Kinder haben, stärker eingeschränkt.

Physiologische Veränderungen der sexuellen Reaktionsfähigkeit im Alter

Zu den freiwilligen Probanden von *Masters* und *Johnson* (1966) zählten auch eine Reihe älterer Leute. Unser Wissen über die sexuellen Reaktionen älterer Menschen stammt überwiegend aus dieser Untersuchung und den späteren Arbeiten von *Comfort* (1984), *O'Donohue* (1987) und *Weg* (1983). Für beide Geschlechter trifft zu, daß es sehr große individuelle Unterschiede in der sexuellen Leistungsfähigkeit und dem Verhalten bei älteren Menschen gibt, wie es auch für andere Bereiche im Leben der Senioren zutrifft. Die folgenden Unterschiede in der sexuellen Reaktion älterer und jüngerer Menschen wurden ermittelt:

Männer: Ältere Männer brauchen länger, bis sie eine Erektion haben. Das gilt auch dann, wenn sie auf eine ihnen angenehme Weise stimuliert werden. Sie können die Erektion vor der Ejakulation allerdings länger aufrechterhalten als jüngere Männer und haben vielfach nicht mehr das Gefühl, daß die Ejakulation unvermeidlich ist. Ob das mit physiologischen Veränderungen oder im Laufe der Jahre gelernter Kontrolle zu erklären ist, wissen wir nicht. In der Orgasmusphase kommt es zu weniger und weniger intensiven Kontraktionen und es wird weniger Samenflüssigkeit unter weniger Druck ausgestoßen. Die Erektion baut sich nach dem Orgasmus schneller ab, und es dauert länger als bei jüngeren Männern, bis sich eine weitere Erektion aufbauen kann. Tatsächlich nimmt die Dauer der Refraktärphase bereits im dritten Lebensjahrzehnt zu (*Rosen & Hall*, 1984).

Das sexuelle Reaktionsmuster älterer Männer unterscheidet sich im Grunde nicht von dem jüngerer. Die Dinge brauchen nur etwas länger und geschehen unter weniger Druck. Allerdings kann es durchaus eine Rolle spielen, wie die Männer – aber auch ihre Partnerinnen – den normalen, altersbedingten physiologischen Veränderungen gegenüberstehen. Wenn ein Mann oder seine Partnerin mit Beunruhigung oder Bestürzung darauf reagiert, daß sich die Erregung nur langsam aufbaut, ist die Bühne bereitet für Leistungsängste, die als eine Hauptursache psychosexueller Dysfunktionen gelten. Unglücklicherweise werden normale, altersbedingte Veränderungen oft als Anzeichen drohender Impotenz fehlinterpretiert (*LoPiccolo*, 1991). Kein Mann büßt mit dem Alter seine Erektions- und Ejakulationsfähigkeit ein, es sei denn, er wird durch eine körperliche oder psychische Krankheit beeinträchtigt (*Kaiser* et al., 1988).

Frauen: Bei älteren Frauen gibt es ebenfalls einige altersbedingte Unterschiede, aber wieder rechtfertigt nichts den Schluß, sie seien zu einem befriedigenden Sexualleben nicht mehr in der Lage (*Morokoff*, 1988). In Wirklichkeit sind sie, wie jüngere Frauen, mindestens zu gleicher Intensität sexueller Aktivität wie Männer fähig. Es gibt sogar Berichte, daß Frauen mit 80 Jahren zum ersten Mal einen Orgasmus erlebt haben. Wie bei Männern dauert es auch bei älteren Frauen etwas länger, bis sich sexuelle Erregung einstellt. Aufgrund des gesunkenen Östrogenspiegels ist die vaginale Lubrikation langsamer und weniger ergiebig, und es kommt gelegentlich zu Jucken und Brennen in der Vagina. Steroid-Substitution kann viele dieser Symptome abschwächen und zugleich der Osteoporose vorbeugen, einer Krankheit, die die Knochen brüchig macht. Mit dieser Behandlung sind allerdings auch Risiken verbunden, es kann sich z.B. ein Gebärmutterkrebs entwickeln. Die Vaginakontraktionen während des Orgasmus sind weniger zahlreich als bei jüngeren Frauen. Vagina und Uterus kontrahieren nicht mehr so rhythmisch, sondern eher spastisch, was zu Unbehagen und sogar Schmerz in Unterleib und Beinen führen kann. Der Östrogenmangel, der beseitigt werden kann, kann zu Veränderungen der Empfindlichkeit der Haut führen, so daß das Streicheln der Brust und das Einführen des Penis in die Vagina nicht so angenehm erlebt werden wie früher (*Morokoff*, 1988). Wie ältere Männer kehren auch ältere Frauen schneller zu einem nicht-erregten Zustand zurück. Diese körperlichen Veränderungen scheinen bei Frauen, die lange re-

gelmäßig ein- bis zweimal wöchentlich sexuell stimuliert wurden, weniger ausgeprägt zu sein.

Altersbedingte Probleme. Bei alten wie jungen Menschen kann eine körperliche Krankheit die sexuelle Aktivität lähmen. Und weil sich mit dem Alter zahlreiche chronische Leiden einstellen, steigt natürlich auch die Wahrscheinlichkeit, daß sich Krankheiten und Medikamente störend auf die Sexualität auswirken (*Mulligan* et al., 1988). Das gilt insbesondere für Männer: Jede Krankheit, die das hormonelle Gleichgewicht, die Nervenbahnen zur Bekkenregion und die Blutversorgung des Penis beeinträchtigt, kann die Erektion verhindern. Diabetes ist eine derartige Krankheit und sie betrifft Männer und Frauen in ähnlicher Weise, was die Schädigung der Nerven und die Blutversorgung der Genitalien betrifft. Aber ältere Frauen klagen anscheinend weniger als ältere Männer über die negativen Auswirkungen dieser Krankheit auf die Sexualität. *LoPiccolo* (1991) hat darauf hingewiesen, daß die derzeitigen Kohorten älterer Frauen, die zu einer Zeit erzogen wurden, als die weibliche Sexualität heruntergespielt oder sogar verneint wurde, an der mit Diabetes verbundenen Verminderung der vaginalen Lubrikation genauso leiden wie Männer an den Erektionsschwierigkeiten, daß sie es ihren Partnern und den Ärzten aber nicht mitteilen. Sie könnten auch Gleitmittel verwenden, um den vaginalen Schmerz während des Verkehrs zu mindern.

Tranquilizer, Antihypertonika, Müdigkeit und exzessive Eß- und Trinkgewohnheiten wirken sich unter Umständen ebenfalls beeinträchtigend auf die sexuellen Funktionen aus. (*Moss* & *Procci*, 1982). Ältere Erwachsene sind manchmal auch gefordert, wenn sie sich an die krankheitsbedingten körperlichen Veränderungen, z.B. der Genitalien durch die Behandlung von Krebserkrankungen der Harnwege, anpassen müssen (*Anderson* & *Wolf*, 1986).

Oft haben ältere Männer und ihre Partnerinnen Angst, nach einem Herzanfall wieder sexuell aktiv zu werden. In den meisten Fällen sind solche Befürchtungen übertrieben (*Friedman*, 1978). Bedauerlicherweise mangelt es hier häufig an einer angemessenen Aufklärung durch den Arzt. Oft steigt die Herzfrequenz beim Treppensteigen mehr als beim Geschlechtsverkehr! Für Patienten mit Stauungsinsuffizienz, bei der das Herz nicht mehr in der Lage ist, für einen angemessenen Blutumlauf zu sorgen beziehungsweise den venösen Rückfluß aufzunehmen, sieht die Situation etwas anders aus: Hier kann der Geschlechtsverkehr manchmal wirklich ein Risiko darstellen, aber bei ein wenig Vorsicht und Zurückhaltung ist sexuelle Aktivität auch in solchen Fällen kein Problem (*Kaiser* et al., 1988).

Ältere Frauen haben zwar weniger körperliche Probleme als Männer, sind aber gleichwohl Opfer all der Mythen, die über ihre Sexualität im Umlauf sind (*Gatz, Pearson & Fuentes*, 1984). Außerdem hängt die sexuelle Aktivität einer heterosexuellen Frau typischerweise davon ab, ob sie verheiratet und ob ihr Mann gesund und sexuell initiativ ist (*Caven*, 1973). Ältere Frauen sind sexuell weniger aktiv als ältere Männer, was möglicherweise daran liegt, daß ihnen ein Partner fehlt oder daß ihre Männer älter und weniger gesund sind als sie. Frauen leben länger als Männer und verlieren ihren Partner sehr viel häufiger als Männer ihre Partnerin. Geschiedene oder verwitwete Männer neigen außerdem dazu, sich wieder mit jüngeren Frauen zu verheiraten, die gelegentlich erheblich jünger sind. Die Rate der Wiederverheiratung älterer Witwer liegt um das siebenfache höher als das der älteren Witwen (*U.S. Bureau of the Census*, 1986).

Die Behandlung sexueller Dysfunktion

Vermutlich würde es vielen älteren Menschen bereits helfen, wenn die Öffentlichkeit und die beruflichen Helfer, die sich um ihr körperliches und seelisches Wohl kümmern, besser über die Sexualität im Alter informiert wären. Insbesondere den Ärzten ist anzulasten, daß sie älteren Patienten nicht selten ihre sexuellen Bedürfnisse auszureden versuchen oder das Problem gar nicht erst ansprechen, wenn sie sich mit ihnen über Anpassungsschwierigkeiten unterhalten. Ob das seinen Grund in eigenem Unbehagen, Unwissen oder Vorurteilen hat, sei dahingestellt (*LoPiccolo*, 1991). Die Ärzte müssen bedenken, daß die derzeitige Kohorte der Menschen über 65 Jahre zu einer Zeit in bezug auf die Sexualität sozialisiert wurde, als die offene Diskussion nicht so häufig war wie in den letzten dreißig Jahren. Pflegeheime begegnen der Sexualität ihrer Bewohner häufig mit Intoleranz. So kann es geschehen, daß Ehepaaren ein gemeinsames Zimmer verweigert wird (*Comfort*, 1984); die Situation der Homosexuellen ist

noch schlimmer. Die Autoren dieses Buches haben selbst erlebt, wie das Pflegepersonal auf geriatrischen Stationen Patienten davor warnte, sich öffentlich selbst zu stimulieren, gleichzeitig aber auch ein Alleinsein der Patienten nicht zuließ.

Sicher gibt es auch ältere Menschen, die lieber sexuell enthaltsam leben. Aber für andere, die sexuell aktiv sind und von sexuellen Dysfunktionen geplagt werden, bietet sich eine Sexualtherapie an, wie sie von *Masters* und *Johnson* entwickelt wurde (*Berman & Lief*, 1976). Dabei sollte besonders darauf geachtet werden, daß die Informationen über normale altersbedingte Veränderungen der sexuellen Funktionen, die gerade besprochen wurden, weitergegeben werden. Eine Warnung ist aber angebracht. Die meisten der heute Älteren haben ihre sexuellen Verhaltensweisen zu einer Zeit erworben, als z.B. das genitale Vorspiel nicht geschätzt, in Wahrheit sogar abgelehnt wurde. Kliniker müssen daher sehr taktvoll sein, wenn sie eine ältere Frau bitten, den Penis ihres Liebhabers zu streicheln, damit es zu der taktilen Stimulation kommt, die ältere Männer häufig brauchen, um zu einer Erektion zu kommen (*LoPiccolo*, 1991).

Bei älteren Menschen muß mehr auf die körperliche Verfassung als bei jüngeren geachtet werden – einschließlich einer kreativen und offenen Besprechung der sexuellen Techniken und Positionen, wobei die krankheitsbedingten körperlichen Einschränkungen wie etwa durch Arthritis zu berücksichtigen sind (*Zeiss, Zeiss & Dornbrand*, 1988).

Diese Ausrichtung auf die Sexualität allein sollte uns nicht blind gegenüber der Verbindung zwischen sexueller Befriedigung und den nichtsexuellen Aspekten einer Beziehung zwischen Erwachsenen machen, besonders wenn die beiden verheiratet sind oder in einer anderen stabilen Beziehung leben. Wie bei jüngeren Erwachsenen können andere als sexuelle Probleme in der Partnerschaft sowohl sexuelle Probleme verursachen als auch auslösen. Bei älteren Partnern kann die Situation besonders komplex sein, da sie auch mit den Schwierigkeiten fertig werden müssen, die sich aus dem Übergang in den Ruhestand und Krankheiten ergeben. Viele Paare, die seit Jahrzehnten zusammenleben, begegnen Krisen in ihrer Beziehung zum ersten Mal als Senioren. Eine besondere Herausforderung ergibt sich, wenn einer der Partner in die Rolle des Pflegers für den anderen übernehmen muß, besonders wenn der Partner an einer schweren Erkrankung wie der Alzheimer-Krankheit leidet. Ein Training der Kommunikations- und Problemlösefertigkeiten, wie sie in Kapitel 20 besprochen werden, können sinnvoll sein (S. 705f.; *Smyer* et al., 1990).

Allgemeines zur Behandlung und Pflege alter Menschen

Ältere Menschen bekommen, trotz einiger Verbesserungen in den letzten Jahren, offensichtlich nicht ihren gerechten Anteil an den Dienstleistungen im Bereich psychischer Gesundheit (*Gatz, Karel & Wolkenstein*, 1991). Bei einer Umfrage wurde festgestellt, daß weniger als 1% der Psychologen mehr als die Hälfte ihrer Arbeitszeit für ältere Menschen aufwenden (*Turner & Turner*, 1987): eine neuere Untersuchung in der Umgebung von Los Angeles ermittelte, daß sich gerade etwas weniger als 5% der Psychologen sich auf die Bedürfnisse der älteren Menschen spezialisiert hatten (*Gatz* et al., 1991) Obwohl sie etwa 12% der Bevölkerung der USA ausmachen, stellen die älteren Erwachsenen nur 6% der Patienten der kommunalen Gesundheitseinrichtungen und nur 2% von ihnen suchen niedergelassene Therapeuten auf (*Burns & Traub*, 1990; *Flemming* et al., 1986; *MacDonald*, 1987; *Roybal*, 1988).

Wie kommt es zu dieser Unterversorgung älterer Menschen? Man hat vermutet, daß es den heute Älteren widerstrebe, ihre Probleme psychologisch zu definieren, und daß dieser Mangel an psychologischer Aufgeschlossenheit sie von einer Psychotherapie abhalte (*Lawton*, 1979). Untersuchungen zufolge zögern ältere Menschen aber nicht mehr als jüngere Altersgruppen, eine Behandlung anzustreben (*Knight*, 1983; *Zarit*, 1980), noch brechen sie die Therapie häufiger ab (*Knight*, 1983).

Die Art und Weise, wie therapeutische Dienstleistungen vermittelt werden, erfaßt ältere Leute möglicherweise nicht. Viele von ihnen kommen mit einer Überweisung in therapeutische Zentren. Doch wie Forschungsarbeiten zeigen, werden ältere Menschen seltener überwiesen als jüngere (*Ginsburg & Goldstein*, 1974; *Kucharski, White & Schratz*, 1979). Bei einer neueren Untersuchung wurde festgestellt, daß Allgemeinärzte eine Depression bei älteren Menschen meist nicht erkennen (*Bowers* et al., 1990). Dies kann teilweise auf die unzureichende geriatrische Ausbildung der Mediziner zurückgeführt werden.

In verschiedenen Untersuchungen zeigte sich, daß Kliniker sich von der Behandlung älterer Patienten weniger Erfolg versprechen (*Dye*, 1978; *Ford & Sbordonne*, 1980; *Settin*, 1982). In einer Studie schrieben die Therapeuten Patienten, die älter waren als sie selbst, eine schwerere Störung, eine geringere Behandlungsmotivation, eine schlechtere Prognose und weniger Einsicht zu als jüngeren Patienten (*Karasu, Stein & Charles*, 1979). Tatsächlich deutet aber nichts darauf hin, daß die Psychotherapie älterer Patienten weniger erfolgversprechend ist (*Garfield*, 1978; *Knight*, 1989; *Knight, Kelly & Gatz*, 1992). Wenn man die Möglichkeiten älterer Menschen zu positiver Veränderung für begrenzt hält, behandelt man sie vielleicht gar nicht erst. Vielleicht fehlt es dem Therapeuten aber auch am notwendigen Wissen, um ältere Patienten effektiv zu behandeln. Dann bleibt der therapeutische Erfolg ebenfalls aus.

Pflege- und Therapieeinrichtungen

Seit einigen Jahren werden immer weniger alte Menschen in staatliche oder städtische psychiatrische Einrichtungen eingewiesen. Alte Menschen, die psychiatrischer Behandlung bedürfen, leben jetzt vermehrt in Pflegeheimen oder werden von gemeindenahen Einrichtungen ambulant versorgt.

Pflegeheime

Die institutionelle Versorgung alter Menschen mit schweren chronischen Krankheiten und psychischen Störungen scheint zunehmend den Pflegeheimen zuzufallen (*Gatz & Smyer*, 1992; *Kramer*, 1977). Angesichts der Prognosen, die eine starke Erhöhung der Zahlen erwarten lassen, scheint es bei weitem nicht genug Menschen zu geben, die für die Arbeit in einem Pflegeheim angemessen ausgebildet sind.[2] Das ist

---

2 In U.S.-amerikanischen Großstädten haben Pflegeheime häufiger Mitarbeiter, die nicht Englisch sprechen, aber Heimbewohner pflegen, die nur Englisch sprechen. Ein ähnliches Problem stellt der Heimbewohner dar, der selbst nicht Englisch spricht, aber auf Pfleger angewiesen ist, die seine Sprache nicht sprechen.

Pflegeheime spielen eine wichtige Rolle bei der institutionellen Versorgung älterer Menschen. Hier bemüht man sich um die Erfüllung zahlreicher körperlicher und psychischer Bedürfnisse der Älteren. Häufig wurden Pflegeheime wegen der schlechten Pflege, die sie anbieten, kritisiert. Die Bedingungen und die Pflege kann in verschiedenen Heimen erheblich abweichen, aber Erkenntnisfortschritte über die Alternsprozesse sind für viele Institutionen hilfreich gewesen, die Bedürfnisse aller ihrer Bewohner besser zu erfüllen.

Anlaß zur Sorge, besonders wenn man weiß, daß nur 30% der 15000 amerikanischen Pflegeheime routinemäßig auch Beratung anbieten und daß zwischen 43 und 94% der Patienten unter einer diagnostizierten emotionalen Störung leiden (*National Center for Health Statistics*, 1989; *Rovner* et al. 1986).

Ein anderes Problem stellen die mehr unterschwelligen Schädigungen dar, denen man sogar in Pflegeheimen mit sehr engagiertem Personal begegnet. Eine spektakuläre Untersuchung von *Blenker* (1967) verdeutlicht das. Ältere Menschen, die ein Familienfürsorgezentrum aufsuchten, wurden *zufällig* einer von drei Behandlungsformen zugewiesen: Sie wurden entweder intensiv, mit mittlerer Intensität oder nur minimal behandelt. Intensive Behandlung bedeutete den Einsatz einer Krankenschwester und eines Sozialarbeiters oder einer Sozialarbeiterin, bei mittlerer Intensität war die professionelle Aufmerksamkeit etwas geringer, und bei minimaler Behandlung wurden die Betroffenen informiert und an eine gemeindenahe Einrichtung verwiesen. Den größten Erfolg, so würde man meinen, hatte die intensive Behandlung, doch genau das Gegenteil war der Fall. Nach einem halben Jahr überstieg die Sterberate der Intensiv-Pflege-Gruppe die der Minimal-Pflege-Gruppe um das Vierfache! Die mittlere Pflege-Gruppe war etwas besser dran als die Intensiv-Pflege-Gruppe; hier starben „nur" doppelt so viele Mitglieder wie in der Minimal-Pflege-Gruppe. Was war geschehen? Wie sich

herausstellte, war der entscheidende Faktor die Unterbringung in einer Institution, etwa einem Pflegeheim: Wo sich eine Krankenschwester und ein Sozialarbeiter intensiv an der Planung der Betreuung beteiligten, war die Wahrscheinlichkeit am größten, daß die Betreuten in einer Institution landeten; und genau diese Gruppe wies die meisten Todesfälle auf. Da die Zuweisung zu den drei Behandlungsformen zufällig erfolgte, ist eine Beziehung zwischen Sterberate und Unterschieden vor Behandlungsbeginn unwahrscheinlich.

Was haben Pflegeheime an sich, daß es zu einem derartigen Verfall kommen kann? Erstens ist der Umgebungswechsel als solcher belastend und scheint zur erhöhten Sterberate beizutragen (*Aldrich & Mendkoff*, 1963; *Schulz & Brenner*, 1977). Umfang und Art der Betreuung sind nicht dazu angetan, die Rehabilitation zu fördern, vielmehr tragen sie dazu bei, daß die Bewohner die ihnen verbliebenen Fähigkeiten und selbständigen Aktivitäten auch noch einbüßen. Bewohner, die eigentlich, wenn auch langsam und vielleicht nicht immer ganz sauber, allein essen können, werden beim Essen unterstützt oder sogar wie kleine Kinder gefüttert. So wird Zeit gespart, und Fußboden und Kleider bleiben sauber. Die Betroffenen glauben selber nicht mehr, daß sie allein essen können, und darunter leiden Selbständigkeit und Moral. Es kommt zu Schwächung und Schwund der wenig geforderten Muskeln (*DeVries*, 1975). Die Angehörigen, die das Gefühl haben möchten, das

Kasten 17.3   Kontrollverlust und Unbewußtheit in Pflegeheimen

Ellen Langer und *Judith Rodin* haben einen Zusammenhang zwischen dem Verlust der Kontrolle über die eigenen Lebensumstände und dem körperlichen und geistigen Abbau bei manchen älteren Menschen hergestellt. Folgende Überlegung hat sie zu ihrer Untersuchung veranlaßt: Wie wir wissen, verschlechtert sich bei empfundenem oder tatsächlichem Kontrollverlust das adaptive Verhalten. Zumindest einige Aspekte verminderten Anpassungsverhaltens – die Inaktivität alter Menschen und ihre schlechte Anpassung an veränderte Umstände –, die wir für Zeichen von Senilität halten, könnten auf Kontrollverlust und nicht auf eine fortschreitende Gehirnkrankheit zurückzuführen sein (*Langer*, 1981). Die Verminderung im Sinne der Selbstverwirklichung und Kontrolle hat anscheinend besonders negative Auswirkungen auf ältere Menschen (*Rodin*, 1986).

Langer verweist darauf, daß unsere Gesellschaft die Alten – und zuweilen auch die Jungen! – lehrt, daß alte Menschen inkompetent oder zumindest weniger kompetent sind als in jüngeren Jahren. In unserem Hilfseifer scheinen wir alte Menschen davor zu bewahren, Entscheidungen treffen zu müssen, die sie durchaus treffen könnten. Wir möchten sie vor körperlichem Schaden schützen, schaffen ihnen aber damit eine Umwelt, die ihnen kaum Kontrollbemühungen abverlangt. Und natürlich bestimmen wir, daß sie sich mit Erreichen eines bestimmten Alters aus dem Berufsleben zurückzuziehen haben, und übersehen dabei, daß alte Menschen individuell sehr verschieden sind. Diese Praktiken, geübt in einer Gesellschaft, die Kompetenz und Leistung hoch bewertet, tragen viel dazu bei, einem älteren Menschen den Glauben zu nehmen, daß er noch leistungsfähig, ja, daß das Leben überhaupt noch lebenswert ist.

Langer und *Rodin* (1976b) halten es für das zentrale Problem von Pflegeheimen, daß sie kaum Gelegenheit zu Kontrolle und persönlicher Verantwortung bieten. In einer ihrer Untersuchungen hatten Patienten täglich für fünfzehn Minuten die Möglichkeit, die Krankenschwester ganz für sich in Anspruch zu nehmen und konnten auf diese Weise etwas mehr Kontrolle über ihre eigene Pflege und Betreuung ausüben. Diese Patienten waren bei Abschluß der Untersuchung gesünder und auch geselliger als die Probanden der Kontrollgruppe (*Rodin*, 1980).

In einer anderen Untersuchung teilten *Langer* und *Rodin* (1976a) einer Gruppe von Heimbewohnern mit, daß sie eine Reihe von Entscheidungen, die bis jetzt das Personal für sie übernommen hatte, künftig selbst treffen müßten. Darüber hinaus erhielten sie Pflanzen, für die sie selbst zu sorgen hatten. Eine Kontrollgruppe machte man darauf aufmerksam, wie gerne und eifrig das Personal sie versorge und daß es sich auch um die Pflanzen, die man ihnen gegeben hatte, kümmern werde. Obwohl ursprünglich hinsichtlich etlicher Variablen, darunter der Gesundheitszustand, parallelisiert wurde, unterschieden sich beide Gruppen nach drei Wochen in Munterkeit, Glücksgefühl und allgemeinem Wohlbefinden. In allen drei Variablen schnitt die Gruppe mit der größeren Verantwortung – und vermutlich auch mit dem Gefühl größerer Kontrolle – besser ab. Noch eindrucksvoller waren die Ergebnisse nach achtzehn Monaten: Die Experimentalgruppe hatte mit sieben von insgesamt siebenundvierzig Mitgliedern nur halb so viele Todesfälle zu verzeichnen wie die Kontrollgruppe; hier starben im gleichen Zeitraum von 44 Mitgliedern 13. Die Gruppe mit der größeren Verantwortung war auch weiterhin seelisch wie körperlich gesünder (*Rodin* & *Langer*, 1977). Bei

Richtige getan und Mutter oder Vater gut untergebracht zu haben, nehmen Ordnung und Sauberkeit – Resultat der Tatsache, daß sich das Personal in alle Einzelheiten des Lebens der Bewohner einmischt – mit Wohlgefallen zur Kenntnis.

Die Pflege der Heimbewohner kann übetrieben werden und demgegenüber tritt das therapeutische Bemühen um ihr geistig-seelisches Wohl zurück. Wir wissen, daß ältere Leute, insbesondere Bewohner von Pflegeheimen, häufig unter Depressionen leiden. An psychoaktiven Medikamenten verabreicht man ihnen allerdings mit Vorliebe nicht Antidepressiva, sondern Tranquilizer: Ein ruhiggestellter, relativ passiver Patient ist leichter zu handhaben. Psy-

einer Folgeuntersuchung fand *Rodin* (1983), daß Pflegeheimbewohner, die Bewältigungsstrategien gelernt hatten, bei Selbstbeurteilungen weniger über Streß klagten, aber auch bei Körperfunktionen und der Einschätzung der Ärzte hinsichtlich ihrer Gesundheit besser abschnitten. Rodin geht dabei von der Annahme aus, daß das Training der Fertigkeiten sowohl die wahrgenommene als auch die tatsächliche Kontrolle von Problemen, die üblicherweise im Pflegeheim auftreten, vergrößert. Andere Forschungsergebnisse zeigen generell, daß Menschen, die eine größere Kontrolle wahrnehmen, mehr für ihre Gesundheit unternehmen, z.B. indem sie sich an die Therapieanweisungen halten, das Körpergewicht reduzieren und sich an anderen Aktivitäten der eigenen Fürsorge beteiligen (*Rodin*, 1986).

Die verstärkte Kontrolle ist jedoch nicht für alle Menschen unter allen Umständen positiv, wie Rodin nach einem Überblick über die Arbeiten in verschiedenen Bereichen der Kontrolle feststellte (*Rodin*, 1986). Mit verstärkter Kontrolle kommt es zu mehr Verantwortung und einige Menschen könnten dies in ein Schuldgefühl umwandeln, wenn die interne Attribution nicht gerechtfertigt ist, z.B. im Fall einer zur Demenz führenden Erkrankung, die auf Ursachen zurückgeht, die außerhalb der Kontrolle des Patienten liegen. Auch wenn die unmittelbare Umgebung die verstärkten Anstrengungen, Kontrolle auszuüben und Verantwortung zu übernehmen, nicht unterstützt, dann fühlen sich die Menschen schlechter. Mit dieser Warnung im Sinn, sollten die professionellen Helfer wie auch die Familienangehörigen, so folgert *Rodin*, nach Wegen suchen, die geeignet sind, die Kontrolle älterer Menschen zu verstärken, einschließlich derer, die sich in Institutionen wie Pflegeheimen aufhalten.

Die Behandlung, die sie durch uns erfahren, kann in alten Menschen ein Gefühl von Kontrollverlust wecken. Doch das ist nicht alles. Die eintönige, wenig fordernde Umgebung, in

der insbesondere Krankenhauspatienten und Pflegeheimbewohner leben, führt oft zu einem kognitiven Verhalten, das *Langer* „Unbewußtheit" nennt. Unbewußtheit ist eine Form automatischer Informationsverarbeitung, wie sie von kognitiven Psychologen erforscht wird, eine Art zu denken, die in Routinesituationen, etwa beim Schuhebinden, durchaus Anpassungswert besitzt. Solchen überlernten Aktivitäten besondere Aufmerksamkeit zuzuwenden – die Informationen nicht unbewußt und automatisch, sondern bewußt zu verarbeiten –, kann in der Tat mit der Leistung *interferieren!* Unbewußt, so zeigt die Forschung, reagieren wir in vertrauten Situationen. Es ist, als handelten wir mit dem geringstmöglichen kognitiven Aufwand. Ist eine Situation allerdings neu und verlangt unsere Aufmerksamkeit, neigen wir zu *achtsamem* Handeln.

Welches sind die klinischen Folgen von zuviel Unbewußtheit, wenn es also zur Gewohnheit wird, die Dinge mit möglichst geringem kognitiven Aufwand anzugehen? Ein jüngerer Mensch hat unzählige Gelegenheiten zu überlegtem Verhalten, und vermutlich brauchen wir alle ein Minimum an Überlegung und Planung, wenn unser Selbstbewußtsein und unser Geisteszustand keinen Schaden nehmen sollen. Ein älterer Mensch kommt dagegen vielleicht zu wenig dazu, überlegt zu handeln. Heimbewohner und Krankenhauspatienten sind in ihrer Mobilität eingeschränkt und werden wenig gefordert, so daß ihre Erfahrungen eintönig und langweilig sind. Die Pflegeheim-Studie von *Langer* und *Rodin* kann sehr gut belegen, daß nicht nur die wahrgenommene eigene Kontrolle, sondern bereits das bewußte *Denken* als solches eine notwendige Voraussetzung emotionalen und körperlichen Wohlbefindens ist. Zwischen Mangel an Kontrolle und Unbewußtheit besteht wahrscheinlich ein Zusammenhang, denn was gibt es schließlich noch zu denken, wenn man glaubt, die Kontrolle über sein Leben verloren zu haben?

chologische Interventionen kennt man in den Heimen kaum, denn entweder ist das Personal für dergleichen nicht ausgebildet oder es glaubt wie so viele, daß solche therapeutischen Maßnahmen bei alten Menschen wenig sinnvoll sind (*Zarit*, 1980).

Kurz, in Pflegeheimen werden alle Probleme einer Hospitalisierung wie unter einem Vergrö-

ßerungsglas offenbar. Unabhängiges Verhalten wird verhindert, zwar nicht mit Absicht, aber doch so, daß die traurigen Konsequenzen nicht ausbleiben und der körperliche und geistige Abbau, der unbewußt erwartet wird, seinen Lauf nimmt (vgl. Kasten 17.3).

Einem weit verbreiteten Mythos zufolge haben Familien nichts Eiligeres zu tun, als ihre äl-

Unter den kommunalen Angeboten befinden sich auch Zentren, in denen die älteren Mitbürger an unterschiedlichen Aktivitäten, wie beispielsweise Gymnastik, teilnehmen können.

teren Angehörigen beim ersten Zeichen von Gebrechlichkeit in eine Institution abzuschieben. Die Forschungsergebnisse sprechen allerdings eine andere Sprache. Gewöhnlich erkunden Familien alle möglichen Alternativen und versuchen bis an den Rand der Erschöpfung, einen älteren Angehörigen selber zu versorgen, bevor sie ihn einer Institution überantworten. Die Institution ist der letzte Ausweg und nicht die erste Wahl. Die Unterbringung in einer Institution, so glaubt man gemeinhin, ist den Familienbeziehungen abträglich. Eine Untersuchung stellte dagegen fest, daß der Umzug eines Elternteils in ein Pflegeheim die Familienbande in vielen Fällen stärkte und eine neue Nähe zwischen Elternteil und zuvor für die Pflege verantwortlichem Kind schuf. Die Heimpflege entlastete die Angehörigen von der Anstrengung und dem Druck, die die ständige Konfrontation mit den zahlreichen körperlichen und seelischen Problemen des alten Vaters oder der alten Mutter mit sich brachten. In nur etwa 10% der Familien verschlechterten sich die Beziehungen nach der Übersiedlung (*Smith & Bengston*, 1979).

Gemeindenahe Versorgung

95% der alten Menschen leben innerhalb einer Gemeinde. Welche gemeindenahen therapeutischen und pflegerischen Möglichkeiten bestehen für sie? Traditionelle Einzel-, Familien- und

Eheberatung, therapeutische Tierhaltung[3] und Selbsthilfegruppen sind alle in gewissem Umfang geeignet, Depression, Angst und Einsamkeit zu lindern. Die meisten dieser Therapien werden an anderer Stelle beschrieben. Der gebrechliche alte Mensch braucht praktische Hilfe, um mit dem täglichen Leben zurechtzukommen. Wir wollen im folgenden einige allgemeine Prinzipien erörtern, welche die Entwicklung einer effektiven und umfassenden gemeindenahen Versorgung fördern können (*Zarit*, 1980).

Umfassende gemeindenahe Dienste. Eine vernünftige gemeindenahe Versorgung sollte ein breites Spektrum an Hilfsmöglichkeiten – von Informationen bis hin zu praktischen Dienstleistungen – abdecken, die gebrechlichen alten Menschen ein Leben zu Hause ermöglichen. Manche Gemeinden haben einen Telephondienst organisiert, der täglich bei alleinlebenden alten Leuten anruft und sich erkundigt, ob alles in Ordnung ist. Es gibt Einrichtungen ver-

---

3 Von alters her weiß man, daß es vielen Menschen guttut, ein Tier als Gefährten um sich zu haben. Auf dieser Erfahrung baut die therapeutische Tierhaltung auf. Die Abhängigkeit eines Haustieres kann den menschlichen Betreuer körperlich und seelisch aufrichten, denn er bleibt aktiv und fühlt sich gebraucht. Die Anhänglichkeit eines Tieres ist fast immer bedingungslos und von einem Menschen so kaum je zu erwarten. Allein der körperliche Kontakt zu einem Tier ist wohltuend. Wir wollen damit keineswegs sagen, daß ältere oder auch jüngere Leute Haustiere menschlicher Gesellschaft vorziehen sollten. Aber die Verantwortung für eine Katze, einen Hund oder einen Vogel und die Freude daran bereichern einfach den Alltag und regen an zu gesunden Gedanken und Handlungen (Brickel, 1984) und verbessern die Lebensqualität derjenigen, die allein leben (Goldmeier, 1988).

schiedenster Art: Das „Essen auf Rädern" versorgt alte Menschen täglich mit einer warmen Mahlzeit; Hauspflegerinnen kochen und kümmern sich um den Haushalt, junge Leute kaufen für alte Leute ein, und freiwillige Helfer erledigen kleine Reparaturarbeiten für sie. Es gibt Tagesstätten für alte Menschen, die warme Mahlzeiten servieren und in denen die Besucher Hilfe bei Behördenangelegenheiten finden. In betreuten Wohngemeinschaften leben mehrere alte Leute zusammen. Sie werden regelmäßig von medizinisch ausgebildeten Helfern und Sozialarbeitern besucht, die ihre Probleme kennen und behandeln. Nur wenn eine Gemeinde über eine breite Vielfalt von derartigen Diensten verfügt, kann sie den Bedürfnissen ihrer älteren Einwohner wirklich gerecht werden. Andernfalls ist die Versorgung entweder unzureichend oder die Betroffenen bekommen mehr Hilfe, als sie wirklich brauchen. Es gibt einige Forschungsergebnisse, die darauf hinweisen, daß derartige gemeindepsychologische Projekte die Lebensqualität älterer Menschen verbessern und ihre Abhängigkeit von institutioneller Pflege verringern (z.B. *Knight*, 1983; *Nocks* et al., 1986). Gegenwärtig geht der Trend eher in Richtung auf die aufwendigere Unterbringung in Pflegeheimen oder den Verzicht auf jegliche psychotherapeutische Maßnahmen (*Gatz & Smyer*, 1992).

Es wird geschätzt, daß mehr als zwei Millionen erwachsener Amerikaner sich um abhängige ältere Menschen in ihren Wohnungen kümmern, angefangen bei denen mit körperlichen Problemen, wie etwa einem gebrochenen Hüftgelenk, bis zu denjenigen, deren geistige Fähigkeiten durch eine zur Demenz führende Erkrankung wie die Alzheimer-Krankheit, beeinträchtigt sind (*Stone* et al., 1987). Mehr als drei Viertel derjenigen, die diese Leistungen erbringen, sind Frauen (Ehefrauen oder Töchter), von denen etwa die Hälfte berufstätig ist. Obwohl zeitweise Hilfe von außen, z.B. durch bezahlte Haushaltshilfen, meist verfügbar ist, ist der Druck auf diese Menschen – und auf ihre eigenen Familien – sehr groß.[4]

Besonders wichtig ist die Arbeit mit Familienmitgliedern, die für ältere Angehörige sorgen. Sie müssen lernen, mit Problemsituationen umzugehen und dem gebrechlichen alten Angehörigen soviel Unabhängigkeit wie möglich zu lassen. Natürlich muß man sie auch unterstützen, ermutigen und ihnen Gelegenheit geben, Schuldgefühlen und Ärger Luft zu machen. Manche brauchen die Versicherung, daß sie sich regelmäßig oder zumindest dann, wenn der Druck zu groß wird, Freizeit gönnen dürfen.

Besonders belastend ist die Pflege einer Person mit Alzheimer-Krankheit (*Anthony-Bergstone, Zarit & Gatz,* 1988; *Gwynther & George,* 1986; *Zarit, Todd & Zarit,* 1986). Zwei neuere Untersuchungen (*Dura, Stukenberg & Kielcolt-Glaser,* 1991; *Schulz & Wiliamson,* 1991) zeigten bei den erwachsenen Kindern und Ehepartnern, die sich um ihre dementen Eltern oder Partner kümmerten, ein ungewöhnlich starkes Ausmaß an klinisch relevanter Depression und Angst im Vergleich zu Kontrollpersonen, die niemanden zu pflegen brauchten. Andere Studien fanden bei Pflegepersonen mehr körperliche Erkrankungen (*Haley* et al., 1987; *Potashnik & Pruchno,* 1988) und eine verminderte Funktion des Immunsystems (*Kielcolt-Glaser* et al., 1991). In vielen Fällen ist die Erkrankung anscheinend auf die Belastung der Pflege zurückzuführen; vorher waren bei den Familien der Pflegenden meist keine psychischen Probleme aufgetreten (*Gatz, Bengston & Blum,* 1990). Faktoren, die zu einer Verstärkung der Depression und Angst bei Pflegenden beitragen, schließen die Schwere des Verhaltensproblems des Patienten, die wahrgenommene Verfügbarkeit sozialer Unterstützung und die Sorge um die finanziellen Ressourcen, um die Kosten während der langen, auszehrenden und häufig teuren Krankheit zu tragen, ein.

Andere Forscher haben damit begonnen, die kognitiven Faktoren zu untersuchen, die es den Pflegenden ermöglichen, mit dieser Belastung umzugehen (z.B. *Gatz, Bengtson & Blum,* 1990; *Knight & Davison,* 1992; *Pearlin* et al., 1990; *Zarit,* 1989). Es könnte beispielsweise sein, daß die weniger gestreßten Pfleger eine fatalistische Einstellung dem Patienten gegenüber haben – „Es gibt nichts, was ich tun kann, um die Situation zu ändern, ich kann mich dem nur anpassen." – als eine mehr aktive Strategie der Bewältigung, die eher angebracht ist, wenn es um Herausforderungen geht, die einer Veränderung zugänglich sind (*Fiore, Becker & Coppel,*

---

4 Obwohl hier das Schwergewicht auf der Hilfe liegt, die der Pfleger dem behinderten Familienmitglied geben kann, erinnern uns Gatz et al. (1990) daran, daß es sich dabei nicht um eine Einbahnstraße handelt, da der Adressat der Pflege häufig auch zum Haushalt beiträgt, z.B. durch finanzielle Unterstützung, die Mithilfe bei den Tätigkeiten im Haus und die weniger greifbaren Erfahrungen, die ältere Menschen an die jüngeren Generationen weitergeben können. Ein Gefühl der Befriedigung und des gestärkten Selbstbewußtseins können ebenfalls als Belohnung für den Pflegenden wirken.

1983; *Folkman & Lazarus*, 1985). Bei einer Untersuchung von *Knight, Lutzky* und *Olshevski* (1992) führten die Bemühungen, den belasteten Pflegepersonen Hilfe bei der Lösung von Problemen zu geben und die Verantwortung zu übernehmen, in der Realität zu einer Verstärkung der Belastung, die durch die kardiovaskuläre Reaktivität gemessen wurde. *Knight* et al. vermuten, daß das Problemlösungstraining dazu führen könnte, daß die Auffassung verstärkt wird, daß der Pflegende für das problematische Verhalten des Patienten verantwortlich ist.[5]

Koordination der Dienste. Das bloße Vorhandensein solcher Dienste genügt allerdings nicht. Sie müssen untereinander koordiniert sein, was bedauerlicherweise in den meisten Fällen nicht der Fall ist. Nur allzu oft werden ältere Menschen und ihre Familien von einer Stelle zur anderen geschoben und verirren sich in einem Labyrinth bürokratischer Spitzfindigkeiten. Sogar berufliche Helfer haben trotz ihrer Erfahrungen mit dem System oft Mühe, sich durchzufinden und ihren Patienten die notwendige Hilfe zu vermitteln! Oft stehen den eigentlichen Zielen der Hilfsprogramme frustrierende Vorschriften entgegen. In Kalifornien zum Beispiel übernimmt „Medicare" nicht immer Rehabilitationsmaßnahmen wie die Bewegungstherapie nach einem Hüftgelenksbruch. Das hat zur Folge, daß viele ältere Menschen nicht die Funktionsfähigkeit wiedererlangen, die unter den gegebenen Umständen möglich wäre, und daß sich ihr körperlicher und seelischer Zustand zusätzlich verschlechtert. Oft erfordern diese Verschlimmerungen des ursprünglichen Leidens sehr viel kostspieligere Pflege- und Behandlungsleistungen.

Angenommen, die älteren Menschen könnten die medizinische Fürsorge erhalten und bezahlen, wie gut wäre sie? Die Antwort ist anscheinend: nicht sehr gut. Die chronischen Gesundheitsprobleme älterer Menschen sind für Ärzte nicht sehr attraktiv, da sie selten geringer werden. Tatsächlich ist es bei vielen Problemen

älterer Menschen – wie etwa die Einschränkung des Gehörs und des Sehens, der Verlust der Mobilität, Leiden und Schmerzen, besonders in den Beinen (*Pearson & Gatz*, 1982), und ein ständig weniger belastbares kardiovaskuläres System – unwahrscheinlich, daß es besser wird und sie müssen sich anpassen. Die älteren Menschen verlassen sich stärker auf ihre Verbindungen zu den Anbietern von Gesundheitsleistungen, aber diese könnten mit ihnen ungeduldig werden, da sie, wie *Zarit* (1980) vermutet, ein Gesetz „brechen", von dem die Medizinberufe leben, denn diese Probleme sind meist nicht zu heilen. Darüber hinaus nehmen ältere Menschen die Medikamente so, wie sie verschrieben wurden, und selbst wenn sie es tun, sind Nebenwirkungen nicht selten (*Leach & Roy*, 1986). Die Beziehungen zu Familienmitgliedern, die sich um sie kümmern müssen, leiden wahrscheinlich darunter. Die kranken Alten sind manchmal hin- und hergerissen zwischen Schuldgefühlen, weil sie so viel von anderen brauchen, und Wut auf die jüngeren Menschen, denen sie so viele ihrer guten Jahre in Fürsorge geopfert haben. Die Söhne und Töchter haben ebenfalls Gefühle der Schuld und der Wut (*Zarit*, 1980).

Besonderheiten bei der Therapie älterer Menschen

Wir haben es in diesem Kapitel mit einer Gruppe von Menschen zu tun, die nur das chronologische Alter gemeinsam haben. Dabei können wichtige Unterschiede in bezug auf Herkunft, Entwicklungsgeschichte und Persönlichkeit leicht aus dem Blick geraten (*Smyer, Zarit & Qualls*, 1990). Zwar gibt es physische und psychische Merkmale, die Menschen über 65 von jüngeren unterscheiden, gleichwohl ist jeder ältere Mensch ein *Individuum*, das schon eine lange Zeit gelebt hat und seine ganz eigenen Freuden und Sorgen erfahren hat. Trotz dieser Einmaligkeit gibt es ein paar Punkte, die man bei der Therapie älterer Menschen beachten sollte. Sie betreffen sowohl den Inhalt als auch den Prozeß der Therapie (*Zarit*, 1980).

Inhalt

Zwar steigt mit dem Alter die Häufigkeit hirnorganischer Psychosyndrome, aber darüber

---

5 Dies erinnert an die Ausführungen im vorherigen Kapitel (S. 560) über die negativen Auswirkungen der psychogenen Theorien der Psychopathologie. Diejenigen, die mit der Pflege von Kindern aber auch von dementen Erwachsenen betraut sind, werden häufig indirekt dazu ermutigt, die Verantwortung zu übernehmen und damit die Schuld für die mißliche Lage ihrer Schützlinge. Wir möchten nicht Untätigkeit und Vernachlässigung befürworten, sondern darauf hinweisen, daß die Verantwortung des Pflegenden richtig einzuschätzen ist.

hinaus kämpfen alte Menschen oft mit denselben psychischen Problemen wie in früheren Jahren. Obwohl sich der Kliniker natürlich ein Bild davon machen muß, wie und in welchem Umfang körperliche Gebrechen und Medikamente bestehende psychische Probleme verstärken, sollte er gleichzeitig in Erfahrung bringen, ob und wie lange diese Probleme auch in früheren Lebensjahren eine Rolle spielten.

Der Kliniker sollte ebenfalls bedenken, daß die schlechte emotionale Verfassung seines älteren Patienten eine realistische Reaktion auf bestimmte Lebensprobleme sein kann. Vielleicht muß sich der Patient infolge einer medizinischen Krankheit für den Rest seines Lebens mit einer Geh-, Seh- oder Hörbehinderung abfinden. Besonders ältere alleinstehende Frauen haben oft Geldsorgen. Es wäre unfair und falsch, alles seelische Leid alter Menschen für pathologisch zu halten.

In einer sorgfältigen Analyse der Psychotherapie für Senioren wies *Steuer* (1982) darauf hin, daß ältere Frauen als Psychotherapiepatienten doppelt leiden: nicht nur die Vorurteile gegenüber Alten sondern auch die gegenüber Frauen können die Richtung der Psychotherapie negativ beeinflussen. Beispielsweise kann der Streß bei einem älteren Paar zunehmen, wenn der Ehemann in Rente geht. Ein häufiges therapeutisches Ziel für die Frau besteht darin, daß sie sich an den Statusverlust des Ehemanns anpaßt und lernt, mehr Zeit pro Tag mit ihm zu verbringen. Worauf *Steuer* aber hinweist, wesentlich seltener ist der Rückzug der Frau von ihrer seit langem bestehenden Rolle als Verantwortliche für den Haushalt. Auch verstehen die Therapeuten, die dem Alter nach fast immer dem der Kinder des älteren Patienten gleichen, den Verlust, den viele Mütter erleben, wenn ihre herangewachsenen Kinder sie beschuldigen, daß sie viel zu viel kontrollieren und andererseits für ihre eigenen Probleme als Erwachsene verantwortlich sind. (Wie an anderer Stelle des Buches erwähnt wird, gehört das Einschlagen auf die Mutter zur Tradition der Mitarbeiter im Gesundheitswesen.)

Eine weitere realistische Belastung ist der Gedanke an den nahen Tod. Oft entlastet es den Patienten, wenn man ihn dazu ermutigt, ganz konkrete Dinge zu regeln, etwa zu überprüfen, ob Vermögensangelegenheiten und Testament in Ordnung sind, und niederzulegen, wie er sich den Ablauf seines Begräbnisses oder seiner Einäscherung wünscht. Wenn Patienten die künstlichen lebenserhaltenden Maßnahmen, die bei unheilbaren Krankheiten zuweilen eingesetzt werden, fürchten und ablehnen, sollte der Therapeut mit ihnen darüber sprechen, ob sie nicht die Menschen, die für sie verantwortlich sein sollen, eine Patientenverfügung geben möchten. Es empfiehlt sich, die Angehörigen an den Gesprächen zu beteiligen, denn ihre Einstellung zum Tod bleibt oft nicht ohne Einfluß auf ihren Umgang mit dem alten Menschen.

Der therapeutische Rat kann auch dahin gehen, das Leben aus philosophischer oder religiöser Perspektive zu sehen. *Leo Tolstoi* war einer von vielen, die sich im Alter zunehmend der Religion zuwandten. Philosophische und religiöse Sichtweisen können dem Patienten helfen, die Grenzen, die das Alter der menschlichen Existenz setzt, zu überschreiten. Wenn der Tod schließlich wirklich naht, können Gespräche über den Sinn eines jeden Lebens es ihm leichter machen, sich zu öffnen, und Wohlgefühl und das Bewußtsein der eigenen Persönlichkeitsentwicklung stärken (vgl. die folgende Darstellung des Lebensüberblicks). Auch für die Menschen, die ihn lieben und ihn unwiederbringlich verlieren werden, können solche Gespräche hilfreich sein.

Prozeß

Kliniker fragen sich häufig, ob ältere Patienten nicht ganz andere Behandlungen brauchen als jüngere, oder ob sie von denselben Therapien profitieren. Die Verhaltenstherapie machte zuerst die Annahme, daß keine wesentlichen Veränderungen in dem Vorgehen, das bei Jüngeren erfolgreich war, für die Arbeit bei Älteren notwendig sei (*Cautela*, 1966, 1969). Wir haben bereits darauf hingewiesen, daß die traditionellen Einzel-, Familien- und Ehetherapien auch älteren Menschen helfen (*Gatz* et al., 1985). Manche Therapeuten konzentrieren sich bei älteren Patienten vornehmlich auf das Hier und Jetzt. Ihrer Meinung nach müsse die Therapie alter Menschen aktiver und direktiver sein; der Therapeut solle sich aus eigener Initiative um notwendige Unterstützungsmaßnahmen in der Betreuung kümmern und dem Patienten und seiner Familie helfen, durch das Labyrinth von Gesetzen, Verordnungen und zuständigen Ämtern hindurchzufinden.

In einer kürzlich publizierten historischen Übersicht über die Psychotherapie von älteren

Erwachsenen diskutieren *Knight, Kelly* und *Gatz* (1992) den von *Butler* (1963) vorgeschlagenen Lebensüberblick als einen psychotherapeutischen Ansatz, der für ältere Menschen besonders geeignet ist. Dieser Ansatz spiegelt den Einfluß von *Erik Eriksons* (1958, 1968) Theorie der lebenslangen Entwicklung wider, der verschiedene Phasen von Konflikten und Veränderungen postulierte, die auch im Leben des älteren Menschen eine Rolle spielen. Der Lebensüberblick erleichtert im wesentlichen, was anscheinend eine natürliche Neigung älterer Menschen ist, nämlich über ihr Leben nachzudenken und in dem, was sich ereignet hat, einen Sinn zu sehen. In den Begriffen von *Erikson* hilft es dem Menschen den Konflikt zwischen Ich-Integrität und Verzweiflung anzugehen. Das Verfahren schließt ein, daß der Patient alte Fotografien mitbringt, zu einem Haus seiner Kindheit fährt und eine Autobiographie schreibt. Wie man sich vorstellen kann, ist es möglich, daß sich die Patienten bei einer derartigen Therapie sowohl besser als auch schlechter fühlen können; es bedarf auf der Seite des Therapeuten erhebliches Geschick, um den Patienten zu einer positiven Sicht des Lebens und zum bevorstehenden Ende der Existenz zu bringen.

Die psychoanalytisch orientierte Therapie für ältere Erwachsene ist in den letzten Jahren untersucht worden, insbesondere die Kurzzeittherapie, die sich mehr auf die Stärkung der Ich-Funktionen konzentriert als auf die Beschäftigung mit den Kindheitserlebnissen durch die Analyse der Übertragung (*Kahana*, 1987; S. 44 und 617). Ein bereits beschriebener Ansatz von *Gallagher* und *Thompson* (1982, 1983; *Thompson* et al., 1987) führte zu gleichartigen Verbesserungen bei depressiven älteren Menschen durch kognitive, verhaltensorientierte und psychodynamisch orientierte Kurzzeitherapien, was die Wirksamkeit von gegenwartsorientierten dynamischen Interventionen stützt. Andere Forscher kommen zu erfolgversprechenden vorläufigen Ergebnissen (*Smyer* et al., 1990).

Die Abhängigkeit von Therapeuten und Pflegepersonen stellt jedoch ein Problem dar. *Baltes* (1980) beobachtete, daß ältere Menschen, unabhängig davon ob sie in einem Heim oder mit den Pflegepersonen zu Hause wohnten, sehr viel mehr soziale Verstärkung (Aufmerksamkeit, Lob) für abhängiges Verhalten erhielten als für selbständiges Handeln. Derartige Informationen sind Teil des sich entwickelnden Spezialge-

biets der Verhaltensgerontologie (*Nemeroff & Karoly*, 1991), in dem die sorgfältige Verhaltensanalyse und operante Interventionen im Alltag der älteren Menschen es den Senioren ermöglichen, ihr Selbstwertgefühl zu stärken, indem sie ihr Verhalten auf der Toilette besser kontrollieren (*Whitehead, Burgio & Engel*, 1985), die Selbstfürsorge und die Mobilität steigern (*Burgio* et al., 1986) und die Fertigkeiten der telefonischen Gesprächsführung als eine Möglichkeit der Steigerung der Zahl der Sozialkontakte verbessern (*Praderas & MacDonald*, 1986). Andere kognitiv-verhaltenstherapeutische Ansätze sind ebenfalls erfolgversprechend (z.B. *Beutler* et al., 1987). Darüber hinaus profitieren auch Pflegepersonen vom Lernen der Prinzipien der operanten Konditionierung und wie sie auf die Herausforderungen anzuwenden sind, denen sie im Umgang mit dem manchmal zur Verzweiflung bringenden Verhalten ihrer dementen Eltern zu Hause konfrontiert sind (*Pinkston & Linsk*, 1984). Gruppentherapie, die nach unterschiedlichen theoretischen Orientierungen durchgeführt wird, kann ebenfalls eine Hilfe für ältere Menschen sein, besonders dadurch, daß sie soziale Kontakte und Unterstützung geben, aber auch dadurch, daß sich einige der Erfahrungen, wie sie älter werden, normalisieren (*Lieberman & Videka-Sherman*, 1986).

Ein Aspekt der Psychotherapie, der unabhängig von der theoretischen Orientierung bei der Arbeit mit älteren Menschen ins Spiel kommt, erinnert an das psychoanalytische Konzept der Gegenübertragung. Die Therapeuten, die meist viele Jahre jünger sind als diese Patienten, können durch die Probleme beunruhigt werden, denn diese Schwierigkeiten können bei ihnen empfindliche persönliche Bereiche berühren, wie etwa ungelöste Konflikte mit ihren eigenen Eltern, Sorgen um den eigenen Alterungsprozeß und eine Abneigung, sich mit Themen wie Tod und Sterben zu befassen. Wie *Knight* et al. (1992) vermuteten: „die Einschätzung, daß die Therapie bei Älteren anders ist, wird heute eher auf die emotionalen Auswirkungen auf die Therapeuten, die mit ihnen arbeiten, zurückgeführt als auf wirkliche Unterschiede in den eingesetzten Techniken, Verfahren oder der Erfolgswahrscheinlichkeit. [Die Arbeit mit älteren Erwachsenen] fordert die Therapeuten intellektuell und emotional heraus, wenn sie eine Reife erreichen wollen, die über ihre Lebenserfahrung hinausgeht" (S. 540, 546).

Zusammenfassung

Bis vor kurzem hat man den psychischen Problemen älterer Menschen wenig Aufmerksamkeit geschenkt. Der Anteil der über 65jährigen steigt stetig. Es wird also immer wichtiger, daß wir möglichst viel über die Störungen wissen, unter denen ältere Menschen leiden, und lernen, ihnen vorzubeugen oder sie zu lindern. Obwohl das Älterwerden in jedem Fall von körperlichem Abbau begleitet ist, scheint die emotionale Belastung, unter der viele ältere Menschen leiden, vornehmlich psychischen Ursprungs zu sein.

Von schweren Gehirnstörungen ist nur eine kleine Minderheit von weniger als 10% betroffen. In den meisten Fällen handelt es sich dabei um eine Demenz oder ein Delir. Bei der Demenz sind intellektuelle Funktionen – Gedächtnis, abstraktes Denken und Urteilsfähigkeit – beeinträchtigt. Verläuft die Krankheit, wie fast immer, progressiv, scheinen die Betroffenen zu völlig anderen Menschen zu werden und sich schließlich ihrer Umgebung nicht mehr bewußt zu sein. Diesem Verfall kann eine Vielzahl von Krankheiten zugrunde liegen. Vor allem ist hier die Alzheimer-Krankheit zu nennen, bei der es zu einer fortschreitenden Atrophie der Großhirnrinde kommt. Das Delir äußert sich in einer plötzlichen Bewußtseinstrübung und anderen Denk-, Gefühls- und Verhaltensbeeinträchtigungen. Das Denken wird fragmentiert und ungerichtet, die Sprache unzusammenhängend und die Aufmerksamkeit flüchtig; die Betroffenen leiden unter Halluzinationen, Illusionen, Desorientierung, Lethargie oder Hyperaktivität und schnellen Stimmungswechseln. Wenn die zugrundeliegende Ursache vorübergehender Natur ist oder angemessen behandelt wird, ist der Zustand reversibel. Es handelt sich um eine Fehlfunktion, nicht aber notwendigerweise um eine Zerstörung von Gehirnzellen. Ursache können zuviele Medikamente, eine Infektion des Gehirngewebes, hohes Fieber, Mangelernährung, Dehydration, ein Schädeltrauma und zerebrovaskuläre Probleme sein.

Beide Störungen werden ganz unterschiedlich behandelt. Besteht Verdacht auf Delir, muß nach der Ursache gesucht werden, um die pathogene Situation korrigieren zu können. Eine Demenz ist gewöhnlich nicht zu behandeln, aber man kann die Betroffenen und ihre Familien beraten und mit ihnen besprechen, wie sie die verbleibende Zeit möglichst sinnvoll und vielleicht sogar gewinnbringend gestalten können. Wenn die Familie hinreichend unterstützt wird, können viele Demenz-Patienten zu Hause bleiben. Irgendwann wird die Last für die meisten Familien aber doch zu groß und zwingt sie, den dementen Angehörigen in einem Pflegeheim oder Krankenhaus unterzubringen.

Ältere Menschen leiden an einem ganzen Spektrum psychischer Störungen, die vielfach schon in jüngeren Jahren bestanden. Das gilt insbesondere für die Depression. Seit kurzem behandelt man die Depression älterer Patienten mit kognitiv-verhaltenstherapeutischen Verfahren, und die Ergebnisse sind bisher ermutigend.

Ein weiteres, wenn auch nicht so häufiges Problem, unter dem ältere Leute und die Menschen, die mit ihnen zu tun haben, leiden, ist die Paranoia. Während die Verfolger jüngerer Paranoider vom FBI oder aus dem Weltraum, also von weither kommen, fühlen sich ältere Personen von Menschen ihrer Umgebung verfolgt: vom Nachbarn, der ihre Briefe öffnet, vom undankbaren Sohn, der es auf ihr Geld abgesehen hat, vom Arzt, der ihnen Medikamente verschreibt, die ihren Geist verwirren. In manchen Fällen ist die Paranoia die Folge einer Demenz beziehungsweise des ihr zugrundeliegenden Hirnschadens, aber sehr viel häufiger sind psychische Faktoren dafür verantwortlich. Die Paranoia kann auch eine Reaktion auf Hörprobleme sein. Wenn ich – insbesondere dann, wenn ich mir meine Schwerhörigkeit nicht eingestehe – nicht hören kann, was andere sagen, glaube ich vielleicht, daß sie flüstern, weil sie schlecht über mich sprechen. Auch Isolation kann zur Paranoia beitragen. Wenn jemand wenig sozialen Umgang hat, und das gilt für viele alte Leute, ist es schwierig, Eindrücke und Verdachtsmomente auf ihren Wahrheitsgehalt hin zu überprüfen, womit die Voraussetzungen für Wahnvorstellungen geschaffen sind. Weitere in diesem Kapitel besprochene psychische Störungen sind die Schizophrenie, der Substanzmißbrauch, insbesondere die mißbräuchliche Einnahme von Medikamenten, die Hypochondrie und die Schlaflosigkeit.

Männer sind mit zunehmendem Alter vermehrt suizidgefährdet. Die Suizidversuche älterer Menschen verlaufen häufiger erfolgreich als die jüngerer Suizidanten. Berufliche Helfer, die ja zumeist jünger sind als 65 Jahre, nehmen möglicherweise an, alte und gebrechliche Menschen hätten nichts mehr, für das sich das Leben lohne. Vermutlich spiegelt sich darin die eigene Angst vor dem Altwerden.

Um das Problem von Sexualität und Alter ranken sich zahlreiche Mythen und Vorurteile. Im Alter sexuell aktiv zu sein, gilt vielfach als unschicklich, unbefriedigend, ja sogar unmöglich. Die Forschungsergebnisse sprechen für das Gegenteil. Wenn dem nicht schwere körperliche Beeinträchtigungen entgegenstehen, können ältere Menschen, auch jenseits der achtzig, Freude am Geschlechtsverkehr und anderen Zärtlichkeiten haben. Es gibt altersbedingte Veränderungen: Die Erregung stellt sich langsamer ein, und der Orgasmus ist weniger intensiv. Genaue und vorurteilsfreie Information über die sexuellen Möglichkeiten im Alter würde wahrscheinlich vielen unnötigen sexuellen Dysfunktionen und sexuellem Desinteresse vorbeugen.

Pflegeheime und andere Einrichtungen zur umfassenden Betreuung älterer Menschen machen den Bewohnern häufig wenig Mut, noch vorhandene Fähigkeiten und Fertigkeiten zu üben. Körperlicher und geistiger Verfall ist die Regel. Heutzutage werden alte Menschen, wo immer möglich, zu Hause versorgt. Voraussetzung dafür ist ein umfassendes Dienstleistungssystem wie Essen auf Rädern, regelmäßige Hausbesuche durch medizinisches Personal und Unterstützung für diejenigen, die die Hauptlast der Pflege und Betreuung tragen. Derartige Einrichtungen sollten so koordiniert arbeiten, daß Patienten und Angehörigen ein Irrgang durch das bürokratische Labyrinth erspart bleibt. Gleichzeitig sollte man dem Prinzip der minimalen Intervention folgen, damit die betreuten alten Menschen so unabhängig wie eben möglich bleiben.

Vielen alten Menschen kann durch eine Psychotherapie geholfen werden, wobei der Therapeut bestimmte Dinge nicht aus den Augen verlieren sollte. Die emotionale Belastung älterer Menschen hat manchmal sehr realistische Gründe. Viele haben unersetzliche Verluste erlitten und haben mit ganz realen medizinischen und finanziellen Problemen zu kämpfen. Es wäre falsch, die Klagen älterer Menschen in jedem Fall für das Zeichen einer vorliegenden Psychopathologie zu halten. Nicht zuletzt ist der Tod älteren Menschen näher als jüngeren. Auch an den therapeutischen Prozeß werden etwas andere Anforderungen gestellt. Der Therapeut sollte manchmal etwas aktiver und direktiver sein, den Patienten informieren und sich darum kümmern, welche praktischen Hilfsmöglichkeiten es für ihn gibt. Wichtig ist, daß die Therapie dem Patienten auch ein Gefühl von eigener Kontrolle, Selbständigkeit, Hoffnung und der Sinnhaftigkeit seines Lebens vermittelt.

Teil IV
Intervention, rechtlliche und ethische Aspekte

18

Einsichtstherapien

„In einer normalen Unterhaltung versuchen Sie gewöhnlich, einem roten Faden zu folgen und sich aufdrängende Vorstellungen und Nebengedanken beiseite zu schieben, um nicht zu weit von Ihrem Thema abzukommen. Das ist auch richtig so. Doch hier müssen Sie es anders machen. Während Sie sprechen, werden immer wieder Gedanken auftauchen, gegen die Sie bestimmte Einwände haben und die Sie darum ignorieren möchten. Sie werden versucht sein zu denken ‚Das gehört nicht hierher oder das ist unwichtig oder unsinnig‘, und diese Gedanken zu verschweigen. Geben Sie solchen Einwänden nicht nach. Sprechen Sie die Gedanken aus, auch wenn Ihnen das widerstrebt. Der Grund für dieses Gebot, das einzige, dem Sie folgen müssen, wird Ihnen später klarwerden. Erzählen Sie alles, was Ihnen durch den Kopf geht. Stellen Sie sich vor, Sie sind ein Reisender und beschreiben einem Begleiter, was Sie draußen vor dem Zugfenster vorbeigleiten sehen" (*Ford & Urban*, 1963, S. 168).

Was ist Psychotherapie

Im Verlauf unseres Überblicks über die verschiedenen Psychopathologien sind wir immer auch darauf eingegangen, wie Therapeuten unterschiedlicher Schulen versuchen, psychisches und emotionales Leid zu verhindern, zu lindern oder sogar ganz zu beheben. Die Grundlage hierfür legte das Kapitel 2 mit der Beschreibung der einzelnen Behandlungsparadigmen: des physiologischen, psychoanalytischen, lerntheoretischen, kognitiven und humanistischen Paradigmas. In den Kapiteln 6 bis 17 haben wir darauf hingewiesen, daß einige Interventionsverfahren für bestimmte Probleme geeigneter als andere sind. Unser heutiges physiologisches Wissen gibt jungen Eltern die Mittel an die Hand, bestimmten Formen genetisch bedingter Geistiger Behinderung Einhalt zu gebieten oder sie zumindest zu begrenzen. Und da wir mehr über Lernprozesse wissen, können wir behinderten Kindern mehr kognitive, soziale und der Selbständigkeit dienende Fertigkeiten vermitteln, als man das früher je für möglich gehalten hätte. Die psychoanalytische Theorie ermöglicht es den Therapeuten, dissoziative Störungen zu behandeln, denn sie lenkt das Augenmerk zum Beispiel darauf, daß sich ein amnestischer Patient an bestimmte Ereignisse möglicherweise darum nicht erinnern kann,

weil sie zu schmerzhaft sind und massiv verdrängt werden müssen. Humanistische und existentielle Therapien helfen den Patienten, Tiefe und Ursachen ihres seelischen Leids zu erforschen, und ermutigen sie, zu handeln, zu entscheiden und Verantwortung zu übernehmen für die Änderung ihres Lebens.

Jetzt ist es an der Zeit, uns intensiver mit allgemeinen und kontroversen Fragen der Psychotherapie zu beschäftigen und Vergleiche anzustellen. Wir wissen jetzt einiges über Psychopathologien und ihre Behandlung, daß wir das mit einem gewissen Sachverstand und einem Blick für Perspektiven tun können.

Ihrer theoretischen Komplexität beraubt, ist jede Psychotherapie eine soziale Interaktion, in der ein Experte versucht, einem anderen Menschen, einem Patienten oder mehreren gleichzeitig, dadurch zu helfen, daß er sie in die Lage versetzt, anders zu handeln und zu fühlen, als zuvor. Der Therapeut folgt dabei mehr oder weniger Verfahren, die von einer bestimmten Theorie oder Ausbildungsrichtung vorgeschrieben werden. Es ist die Grundannahme, ja das Glaubensbekenntnis jeder Psychotherapie, daß man durch bestimmte Formen verbalen und nonverbalen Austauschs in einer vertrauensvollen Beziehung bestimmte Ziele wie Angstminderung und Löschung selbstzerstörerischen oder gefährlichen Verhaltens erreichen kann.

So einfach diese Definition auch klingt, tatsächlich herrscht darüber, was eine Psychotherapie *wirklich* ausmacht, kaum Einigkeit. Mein Nachbar kann mich mit denselben Worten trösten, wie es ein Klinischer Psychologe tun würde – aber ist das bereits Psychotherapie? Was unterscheidet Psychotherapie von solcherart nichtprofessionellem Trost? Ist der Unterschied daran festzumachen, ob der Trostspender einen akademischen Grad oder eine Approbation besitzt? Ist entscheidend, ob der andere sich bei dem, was er sagt von einer Theorie leiten läßt? Oder hängt der Unterschied davon ab, wie stichhaltig die Grundannahmen der Theorie sind? Das sind schwierige Fragen, und wie in anderen Bereichen der Klinischen Psychologie gehen auch hier die Meinungen auseinander.

Die Menschen, die *professionelle* Hilfe suchen oder zum Therapeuten geschickt werden, haben gewöhnlich die nicht-professionellen Wege bereits ausprobiert und keine Entlastung gefunden. Bevor jemand zum Therapeuten geht, hat er sich wahrscheinlich Freunden oder dem Partner anvertraut, vielleicht mit seinem

Kasten 18.1   Der Placeboeffekt

Jede Untersuchung der Wirksamkeit von Psychotherapie – unabhängig davon, ob es sich um eine einsichts- oder verhaltensorientierte handelt – sollte den Placeboeffekt berücksichtigen. Dieser Begriff bezieht sich auf eine Verbesserung des körperlichen oder psychischen Zustands, die eher auf die Erwartungen des Patienten an die Hilfe als auf ein spezifisches Element der Behandlung gerichtet sind. *Frank* (1973) bringt Placeboeffekte mit der Methode des Gesundbetens in vorwissenschaftlichen oder nicht-wissenschaftlichen Gesellschaften in Verbindung. Jahrhundertelang haben leidende Menschen ihr Heil darin gesucht und oft auch gefunden, daß sie nach Lourdes und anderen heiligen Stätten pilgerten und irgendein faulig riechendes Gebräu tranken.

Placebo-Reaktionen werden oft als „nicht wirklich" oder allenfalls zweitbeste Lösung abgetan. Welchen Nutzen kann man sich schließlich, wenn man unter Spannungskopfschmerzen leidet, von einer Tablette ohne chemische Wirkung oder unmittelbaren physiologischen Effekt versprechen? Tatsache ist allerdings, daß der Nutzen zuweilen bedeutend und von langer Dauer ist. Und *Frank* (1973) liefert zahlreiche Belege für die Linderung unterschiedlichster körperlicher und seelischer Probleme, nachdem die Betroffenen Tabletten genommen oder sich einer anderen Behandlung unterzogen hatten, die man als solche für die Besserung schlechterdings nicht verantwortlich machen konnte.

Es ist jedoch nicht einfach, die Forschungsergebnisse bei chemischen Placebos direkt auf die Forschung bei psychischen Placebos anzuwenden. Bei der Psychotherapie kann allein die Erwartung, Hilfe zu bekommen, ein aktiver Bestandteil sein! Wenn die Therapie, die von dem Therapeuten eingesetzt wird, davon ausgeht, daß die positive Erwartung der Besserung ein aktiver Bestandteil ist, dann ist die Besserung, die sich aus dieser Erwartung ergibt, kein Placeboeffekt. *Lambert, Shapiro* und *Bergin* (1986) meinten dann auch, daß die „Placebofaktoren" durch das Konzept der „Allgemeinfaktoren" bei der Untersuchung der Wirksamkeit der Psychotherapie verwendet werden sollte. Sie wiederholten damit die frühe Warnung von *Rosenthal* und *Frank* (1956), daß ein Placebo als etwas therapeutisch inaktives nur vom Standpunkt einer bestimmten Theorie der Veränderung zu verstehen ist, und sie definierten die Allgemeinfaktoren als „die Faktoren eines bestimmten Behandlungsumfelds…, die für ein bestimmtes Verfahren nicht spezifisch sind. Diese Faktoren, die bei den meisten Therapieformen vorkommen (wie etwa die Erwartung einer Besserung, Überredung, Wärme und Aufmerksamkeit, Verständnis, Ermutigung usw.) sollten nicht als theoretisch inaktiv oder trivial angesehen werden. Sie sind bei den psychologischen Therapien zentral und spielen eine aktive Rolle bei der Besserung des Patienten" (S. 163). Die Patienten in den sog. Placebo-Kontrollgruppen bessern sich, worauf *Lambert* et al. (1986) hingewiesen haben, auch wirklich stärker als die Patientengruppen, bei denen keine Therapie stattfindet – wenn auch meist nicht so stark wie die Patienten in den Behandlungsgruppen. Der Ansatz der Allgemeinfaktoren spielt in der Bewegung zur Integration der Psychotherapie eine wichtige Rolle. Dieses Thema werden wir ausführlicher am Ende von Kapitel 19 behandeln, nachdem die wichtigsten Einsichts- und Verhaltenstherapien besprochen wurden.

Der Stellenwert von Placebo-Kontrollgruppen in der Psychotherapieforschung ist ein vieldiskutiertes und komplexes Problem, dessen Feinheiten den Rahmen dieses Buches sprengen würden. Doch auf eines sei hingewiesen. Wenn man untersucht, wie eine bestimmte Therapie im Vergleich zu gar keiner Behandlung abschneidet, und feststellt, daß es den therapierten Probanden besser geht, hat man etwas sehr Wichtiges in Erfahrung gebracht: Es ist besser, behandelt zu werden als völlig unbehandelt zu bleiben. Aber jede Therapieform versucht die Besserung auf ihre spezifische Weise zu erreichen, z.B. indem sie Widerstände beseitigt, dem Patienten den Weg zur Selbstverwirklichung oder zu verantwortlichen Entscheidungen ebnet, Ängste gegenkonditioniert usw. Um festzustellen, ob diese Prozesse tatsächlich in Gang gesetzt werden und zum angestrebten Ergebnis führen, braucht man eine Kontrollgruppe von Patienten, denen man vor allen Dingen die Erwartung vermittelt, daß ihnen geholfen wird – die glauben, daß etwas Sinnvolles und Gutes mit ihnen geschieht. *Alle* Therapien beziehen zumindest einen Teil ihrer Wirkung aus dem Vertrauen, daß Menschen in den Heiler setzen.

Hausarzt oft auch mit einem Geistlichen gesprochen und möglicherweise etliche Selbst-
hilfe-Bücher zu Rate gezogen, die heute sehr
beliebt und in großer Anzahl verfügbar sind. In
den meisten Fällen reicht das aus, die Betroffenen finden genug Erleichterung und stellen die
Suche nach weiterer Hilfe ein (*Bergin*, 1971).
Aber bei manchen Menschen schlagen alle diese Versuche fehl, sie fühlen sich weiterhin hilflos und oft ohne jede Hoffnung. Das sind dann
diejenigen, die ihr Heil schließlich in psychiatrischen Kliniken, Beratungsstellen und bei niedergelassenen Psychotherapeuten suchen.

Die therapeutischen Praktiken und Theorien
sind Legion. Es gibt Dutzende, wenn nicht Hunderte therapeutischer Schulen, jede mit einer
Schar begeisterter Anhänger. In diesem und
den nächsten beiden Kapiteln werden wir die
bekannteren Theorien der Intervention und der
sie unterstützenden Forschung darstellen. Unsere Absicht dabei ist, die wichtigsten Ansätze
so detailliert zu erläutern, daß die Grundfragen
erfaßt werden können, und ein allgemeiner
Eindruck vom Unternehmen Psychotherapie
entsteht. Wir hoffen auch, daß dieses Vorgehen
dem Leser die Mittel in die Hand gibt, neue
Therapien, die entstehen, kritisch zu beurteilen,
oder zumindest die Fragen zu kennen, die zu
stellen sind, um sie nach ihrer Wirksamkeit zu
beurteilen.

Uns geht es in diesem wie im folgenden Kapitel hauptsächlich um die Einzeltherapie, das
heißt die Therapie eines Therapeuten mit einem Patienten. Doch fast alles, was wir in diesen beiden Kapiteln zur Einzeltherapie sagen,
ist auch für Gruppentherapien relevant, mit denen wir uns in Kapitel 20 ausführlicher beschäftigen werden.

London (1964, 1986) kategorisiert die Psychotherapien in *Einsichts-* und *Handlungs-* beziehungsweise *Verhaltenstherapien*. Die Verhaltenstherapien sind das Thema von Kapitel 19.
Die Einsichtstherapie, mit der wir uns in diesem
Kapitel beschäftigen, geht davon aus, daß Verhalten, Emotionen und Denken in Unordnung
geraten, weil die betroffenen Menschen – besonders wenn ihre diversen Bedürfnisse und
Triebe miteinander in Konflikt geraten – nicht
verstehen, was sie wirklich motiviert. Mit Hilfe
einer Einsichtstherapie sollen sie die wahren
Gründe für ihr Verhalten, Fühlen und Denken
aufspüren. Ist sich jemand seiner Motivationen
umfassender bewußt, so glaubt man, wird er
sein Denken, Fühlen und Verhalten besser kon-

trollieren können und insgesamt besser mit
dem Leben zurechtkommen.

Es ist wichtig, darauf hinzuweisen, daß die
Einsicht nicht ausschließlich den sogenannten
Einsichtstherapien vorbehalten ist. Es ist ganz
offensichtlich, daß auch die Verhaltenstherapi-
en dem Individuum Einsicht vermitteln, aber
auch die neueren kognitiven Therapien, die in
Kapitel 19 behandelt werden, können als eine
Verbindung von einsichts- mit verhaltensorientierten Therapien gesehen werden. Die
Zuordnung ist eine Sache der Schwerpunktset-
zung, des Hauptaugenmerks. Bei den verhaltensorientierten Therapien liegt das Hauptge-
wicht auf der Veränderung des Verhaltens; die
Einsicht ist oft ein Nutzen am Rande. Bei den
einsichtsorientierten Therapien liegt die Betonung weniger auf der direkten Veränderung des
Patienten sondern darauf, sein Verständnis für
seine Motive, Ängste und Konflikte zu vergrößern. Um diese Einsicht zu erleichtern, haben
Therapeuten unterschiedlicher theoretischer
Ausrichtung eine Vielzahl von Verfahren eingesetzt, die von der freien Assoziation der Psychoanalyse bis zur Reflexion von Gefühlen, die bei
der klientenzentrierten Therapie eingesetzt
wird, reicht (vgl. Kasten 18.1, der einen wichtigen Ansatz der Beurteilung der Effekte von
Psychotherapie behandelt).

Die psychoanalytische Therapie

Die Psychoanalyse stellt zusammen mit ihren
zahlreichen Abkömmlingen eine noch immer
dominierende Kraft dar. In diesem Abschnitt
wollen wir versuchen, die wesentlichen Elemente sowohl der klassischen – d.h. der traditionellen – Psychoanalyse als auch der Ich-Analyse zusammenfassend darzustellen.

Grundlegende Techniken und Konzepte der Psychoanalyse

Im Zentrum der Psychoanalyse steht der therapeutische Versuch, die Repressionen zu entfernen, die das Ich davon abhalten, dem Individuum dabei zu helfen, zu einem verantwortungs-
bewußten, gesunden Erwachsenen heranzu-
wachsen. Zu psychopathologischen Entwick-

lungen kommt es, wenn Menschen sich ihrer wahren Motive und Ängste nicht bewußt sind. Ihre seelische Gesundheit erlangen sie nur dadurch wieder, daß sie sich des Verdrängten bewußt werden. Wenn wir wissen, was unsere Handlungen motiviert, wächst die Zahl unserer Entscheidungsmöglichkeiten. Wo Es ist, soll Ich werden – um eine psychoanalytische Maxime zu paraphrasieren. Das Ich, der überwiegend bewußte, erwägende, wählende Teil der Persönlichkeit, kann seine Aufgabe, das Individuum auf rationale, realistische Wege zu lenken, besser erfüllen, wenn möglichst wenig verdrängt bleibt.

Wachtels (1977) Mammut (vgl. S. 44) ist eine schöne Metapher für die ungelösten, verschütteten Konflikte, aus denen sich psychoanalytischer Theorie zufolge die Neurose nährt. Die Therapie konzentriert sich denn auch nicht auf das aktuelle Problem, etwa die Angst vor Zurückweisung, sondern auf die unbewußten Konflikte, die die Seele seit der Kindheit beschweren. Nur nach Aufhebung der Verdrängung ist der Patient in der Lage, sich dem eigentlichen Problem zu stellen und es im Kontext seines Erwachsenenlebens neu zu bewerten.

Freie Assoziation

Psychoanalytiker setzen eine Reihe von Techniken ein, um dem Patienten zu ermöglichen, sich seine verdrängten Konflikte wieder zu Bewußtsein zu bringen. Die vielleicht bekannteste und wichtigste ist die der freien Assoziation: Der auf einer Couch liegende Patient wird aufgefordert, Gedanken und Gefühlen freien Lauf zu lassen und alles zu sagen, was ihm in den Sinn kommt. Nach einiger Übung im freien Assoziieren, so glaubt man, wird man dem unbewußten Material leichter auf die Spur kommen. Das Adjektiv „frei" bedeutet allerdings nicht „ohne Ursache"; gemeint ist: frei von bewußter Zensur und Kontrolle. „Als erklärter Determinist glaubte *Freud*, daß es unbewußte, von psychologischen Gesetzmäßigkeiten gesteuerte Mechanismen seien, die die freien Assoziationen strömen lassen. Freie Assoziationen sind also nicht wirklich frei" (*Morse*, 1982, S. 215). In der Tat macht die Annahme, daß die Assoziationen nicht frei sind, diese Technik zu einem wertvollen Instrument der Psychoanalyse.

Für den Patienten gilt die Grundregel, über alle Gedanken und Gefühle, so unwichtig oder beschämend sie ihm auch erscheinen mögen, genau zu berichten. Freud nahm an, daß Gedanken und Erinnerungen als Ketten von Assoziationen auftauchen, die zunächst jüngeren Datums sind und schließlich zu den entscheidenden früheren Erfahrungen zurückführen. Um zu diesen zurückliegenden Ereignissen zu gelangen, muß der Therapeut es vermeiden, dem Denken des Patienten eine bestimmte Richtung zu geben, und auch der Patient darf seine Gedanken nicht kontrollieren. Um diesen Einfluß gering zu halten, sitzt der gewöhnlich hinter dem Patienten.

Widerstand

Doch den angeblich frei dahinfließenden Gedanken stellen sich, fast wie von selbst, Barrieren in den Weg. Der Patient wechselt vielleicht plötzlich das Thema oder kann sich nicht mehr erinnern, welchen Ausgang ein weit zurückliegendes Ereignis nahm. Er versucht mit allen möglichen Taktiken, die Sitzung zu unterbrechen, schweigt, erhebt sich von der Couch, schaut aus dem Fenster, macht dem Therapeuten gegenüber Scherze und persönliche Bemerkungen. Vielleicht kommt er auch zu spät zur Sitzung oder „vergißt" seinen Termin sogar. *Freud* fielen diese Assoziationsbarrieren – *Widerstände,* wie er sie nannte – auf und veranlaßten ihn unter anderem, das Konzept der Verdrängung zu entwickeln. Die Assoziationshemmung, so behauptete er, sei Zeichen einer unbewußten Kontrolle über besonders empfindliche Bereiche, und genau diese Bereiche müsse der Psychoanalytiker sorgfältig erkunden. Tatsächlich geben solche Widerstände, dieses Versagen der freien Assoziation, dem Analytiker in mancherlei Hinsicht die wichtigsten Informationen über den Patienten.

Traumanalyse

Mit der freien Assoziation verwandt ist die Traumanalyse, eine klassische analytische Technik, bei der der Therapeut den Patienten bei der Erinnerung und später der Analyse des Traums anleitet. Freud nahm an, daß während des Schlafes die Ich-Abwehr nachlasse und verdrängtes Material, wenn auch gewöhnlich in maskierter Form, an die Oberfläche gelange. Das, was den Patienten bewegt, drückt sich oft in Symbolen (dem latenten Inhalt) aus, damit das bewußte Ich vor der wirklichen Bedeutung des Geträumten geschützt wird. Der manifeste, d.h. unmittelbar zugängliche Trauminhalt ist, so könnte man sagen, eine Art Kompromiß zwischen der Verdrängung der wirklichen Bedeutung und dem vollständigen Ausdruck des unbewußten Materials. Der Inhalt von Träumen wird also von unbewußten Abwehrstrukturen verzerrt, die nie ganz aufgehoben werden und das Ich sogar noch im Schlaf vor verdrängten Impulsen zu schützen versuchen.

Interpretation und Verleugnung

Wenn dann allmählich vermutlich unbewußtes Material auftaucht, kommt eine weitere Technik ins Spiel: die Interpretation. Nach *Freud* hilft dieses Behandlungsstadium dem Patienten, sich bisher verdrängten, emotionsgeladenen Konflikten zu stellen. Zum „richtigen Zeitpunkt" fängt der Analytiker an, den Patienten auf seine Abwehrmechanismen und die wirkliche Bedeutung seiner Träume hinzuweisen. Diese Technik erfordert großes Können, denn eine zu frühzeitige Interpretation kann beim Patienten so großen Widerstand wecken, daß er die Behandlung abbricht. Um wirksam zu sein, sollte eine Interpretation erst dann erfolgen, wenn der Patient selbst der entsprechenden Einsicht schon ganz nahe ist und sie eher als seine eigene Erkenntnis erleben kann als die des Therapeuten. Eine Interpretation, die sich ein Patient selbst zuschreibt, wird vermutlich bereitwilliger angenommen und hat folglich die größere therapeutische Wirkung.

Die Interpretation ist die Hauptwaffe des Analytikers gegen die immer wieder wirksam werdenden Abwehrmechanismen. Der Analytiker macht deutlich, wie bestimmte Äußerungen des Patienten mit verdrängtem, unbewußten Material zusammenhängen, und gibt zu verstehen, was der manifeste Inhalt eines Traumes *eigentlich* bedeutet. Erfolgt die Interpretation zur rechten Zeit, kann der Patient damit beginnen, sich der verdrängten Triebregung im Lichte seiner jetzigen Realität zu nähern. Mit anderen Worten, in ihm wächst die Erkenntnis, daß er den Ausdruck dieses Impulses nicht länger zu fürchten braucht.

In der Sicherheit der vom Analytiker vermittelten, akzeptierenden Atmosphäre wird sich dem Patienten vermutlich mehr und mehr ver-

drängtes Material enthüllen. Interpretationen tragen insbesondere dazu bei, die Bedeutung von Widerständen zu klären, die den freien Assoziationsfluß des Patienten stören. Der Therapeut weist etwa darauf hin, wie der Analysand es schafft, ein bestimmtes Thema zu umgehen, während letzterer, wie es häufig geschieht, diese Interpretation ablehnt. Interessanterweise wird eine solche Interpretation manchmal als Zeichen dafür interpretiert, daß der Therapeut ins Schwarze getroffen hat. In einem langen Prozeß des „Durcharbeitens" wird der Patient wieder und wieder mit den störenden Konflikten konfrontiert, und kommt allmählich – oft mit großer emotionaler Anteilnahme – zu der Einsicht, daß die Interpretationen des Analytikers zutreffen.

Zu entscheiden, wann die Ablehnung einer Interpretation bedeutet, daß sie zutrifft, ist unserer Ansicht nach eines der schwierigsten Probleme der psychoanalytischen Behandlung. Wann ist es wirklich angemessen, ein Nein als Ja zu verstehen? Hier kann leicht Mißbrauch getrieben werden, und gerade diese Entscheidungen waren und sind häufiger Gegenstand von Satire. Aber wie jeder andere Kliniker urteilt der Analytiker nicht in einem Vakuum. Im Laufe der Zeit wird er gewahr, wie ein Problembereich mit anderen zusammenhängt, und er formuliert Hypothesen über seinen Patienten. Wie ein Detektiv sucht er nach Anhaltspunkten und Hinweisen in einem langsam sich entfaltenden Bild, und innerhalb dieses Schemas erhält jede Äußerung und jede Geste des Patienten seinen Sinn. Nur im *Kontext* eines solchen Bildes wird der Analytiker das Nein eines Patienten als Ja deuten. Und er wird sein Urteil zusätzlich darauf stützen, wie vehement und kategorisch der Patient eine Interpretation zurückweist. Abwehr wird er immer dann vermuten, wenn die Zurückweisung besonders heftig ausfällt. Wie Königin Gertrude in *Shakespeares Hamlet* (III. Akt, 2. Szene) anmerkt: „Die Dame, wie mich dünkt, lehnt zu viel ab."

Übertragung

Kern der psychoanalytischen Therapie ist die *Übertragungsneurose*. Als guter Beobachter bemerkte *Freud*, daß sich einige seiner Patienten ihm gegenüber sehr emotional und irgendwie unrealistisch verhielten. So betrug sich etwa ein Patient, der um vieles älter war als *Freud*, während einer Therapiesitzung ausgesprochen kindisch. Diese Reaktionen waren zwar häufig positiv und liebevoll, konnten aber auch sehr negativ und feindselig sein. Da diese Gefühle zur sonstigen therapeutischen Beziehung in Widerspruch zu stehen schienen, hielt *Freud* sie für Relikte von Einstellungen ehemals wichtigen Personen, insbesondere den Eltern gegenüber, die nun auf ihn *übertragen* wurden. Seine Patienten, so glaubte er, reagierten auf ihn, *als ob* er eine der wichtigen Personen ihrer Vergangenheit sei. Schließlich hielt *Freud* die Übertragung für einen unabdingbaren Teil der Analyse, und er bediente sich ihrer, um den Patienten den kindlichen Ursprung vieler ihrer Sorgen und Ängste zu erklären. Auch diese Entdeckungen und Erklärungen sollten dazu beitragen, die Verdrängung aufzuheben und so die Konfrontation mit bislang verschütteten Triebregungen zu ermöglichen. Nach psychoanalytischer Ansicht ist eine vollständige Heilung ohne Übertragung nicht möglich. In dem Moment, wo sich eine Übertragung entwickelt, so hofft der Analytiker, wird sich die Therapie den wichtigen, in der Kindheit wurzelnden neurotischen Konflikten nähern.

Der Analytiker leistet der Entwicklung einer Übertragung ganz bewußt dadurch Vorschub, daß er eine möglichst konturlose Gestalt bleibt. Er sitzt im Normalfall hinter seinem frei assoziierenden Patienten und dient ihm als weitgehend leere Leinwand, auf die er die bedeutsamen Mitspieler seiner neurotischen Konflikte projizieren kann. Gleichzeitig ist der Analytiker bemüht, aus seinem eigenen Leben so wenig wie möglich preiszugeben. Er ist aber durchaus auch fürsorglich und anteilnehmend, was den Patienten vielleicht daran erinnert, was er von seinen Eltern einst erhalten oder auch nur erhofft hat. Da das therapeutische ‚Setting‘ mit der Kindheitssituation nur wenig gemein hat, bietet sich dem Analytiker vielfach Gelegenheit, den Patienten auf den irrationalen Charakter seiner Ängste und Besorgnisse hinzuweisen (vgl. Kasten 18.2).

Kasten 18.2 Übertragung, illustriert am Ausschnitt aus einer psychoanalytischen Sitzung

Patient (ein 50jähriger Geschäftsführer): Mir ist heute wirklich nicht nach Reden zumute.
Analytiker (nach einigen Minuten des Schweigens): Vielleicht möchten Sie darüber sprechen, warum Ihnen nicht nach Reden zumute ist.
Patient: Sie stellen schon wieder Forderungen an mich und wollen, daß ich etwas tue, wozu ich überhaupt keine Lust habe. (Pause) Muß ich hier denn immer reden, ob mir danach zumute ist oder nicht? (Seine Stimme klingt ärgerlich und gereizt.) Können Sie nicht da hinter meinem Rükken verschwinden? Im Grunde kümmert es Sie einen Dreck, wie es mir geht, oder?
Analytiker: Ich frage mich, warum Sie das Gefühl haben, daß Sie mir gleichgültig sind.
Patient: Weil Sie mich immer drängen, etwas zu tun, was ich nicht kann.

Kommentar

Diesen Ausschnitt muß man im Kontext betrachten. Der Patient war seit einem Jahr in Therapie und klagte über Depressionen und Angstgefühle. In den Augen seiner Familie und seiner Bekannten war er überaus erfolgreich, er selbst fühlte sich schwach und inkompetent. Nach vielen Sitzungen mit freier Assoziation und Traumanalyse kam dem Analytiker die Vermutung, daß die Versagensgefühle des Patienten ihren Ursprung in Kindheitserfahrungen mit einem extrem strafenden und kritischen Vater hatten, der noch erfolgreicher war als der Patient jetzt und den der Sohn offenbar nie hatte zufriedenstellen können. Der zitierte Ausschnitt, so interpretierte der Analytiker, war Ausdruck des Ärgers über diesen *väterlichen* Druck und hatte mit dem Analytiker selbst wenig zu tun. Die Stimme des Patienten (gereizt) und seine Überreaktion auf den freundlichen Vorschlag des Analytikers, über seine Redeunlust zu sprechen, waren Zeichen dafür, daß der Zorn des Patienten nicht seinem Analytiker, sondern seinem Vater galt. Die Äußerung solcher Gefühle dem Analytiker gegenüber, d.h. ihre Übertragung vom Vater auf den Analytiker, wurde von dem Therapeuten als sehr bedeutsam angesehen und in den folgenden Sitzungen mit einbezogen in die Bemühung, dem Patienten zu helfen, seine Kindheitsangst, Aggressionen gegen den Vater zu äußern, neu zu bewerten.

618 Kapitel 18 Einsichtstherapien

Das Pendant zur Übertragung ist auf seiten des Analytikers die *Gegenübertragung,* d.h. die Gefühle, die der Therapeut dem Patienten entgegenbringt. Der Analytiker muß sorgfältig darauf bedacht sein, nicht die eigene emotionale Verwundbarkeit dem Analysanden aufzubürden. Er muß seine Bedürfnisse und Ängste als das erkennen, was sie sind, und seine eigenen Motivationen so weit durchschauen, daß er den Patienten unverzerrt wahrnehmen kann. Sehr deutlich wird das Problem in einer Erörterung der Therapie mit depressiven Patienten, die den Therapeuten ständig vor die Herausforderung der Gegenübertragung stellt.

> „Depressive Patienten bringen ihre Hoffnungslosigkeit und Verzweiflung mit in die Therapie, was auf den Therapeuten nicht immer ohne Einfluß bleibt. Wenn sich der Zustand des Patienten nur langsam oder gar nicht bessert, fühlt sich der Therapeut möglicherweise schuldig, ärgerlich und/oder hilflos. Beschert ihm der Tag gleich mehrere depressive Patienten, fühlt er sich leer und ausgepumpt und beschließt vielleicht, mit solchen Patienten künftig nicht mehr zu arbeiten. Suizidale Patienten können besonders schwere Gegenübertragungsreaktionen hervorrufen...
> Gegen solche Komplikationen kann sich der Therapeut unter anderem dadurch schützen, daß er sich diese Gefühle ständig und mit Blick auf seine eigene Psychodynamik bewußt macht. Ein leidender Patient kann beim Therapeuten die Phantasie wecken, schnell und im Alleingang heilen zu können und Dankbarkeit zu verdienen. Vielleicht empfindet der Therapeut auch Zorn darüber, daß es überhaupt Leid auf dieser Welt gibt. Sich diese Reaktionen immer wieder bewußt zu machen, hilft ihm, geduldig zu bleiben und sich mit kleinen Fortschritten zufriedenzugeben. Nur so ist Therapie mit schwer depressiven Patienten möglich. Gleichzeitig darf der Therapeut seine Rolle nicht überschreiten und versuchen, einem offenbar schwachen Patienten alle Arbeit abzunehmen." (*Jacobson* & *McKinney*, 1982, S. 215)

Aus diesem Grund gehört zur Ausbildung des Analytikers die sogenannte *Lehranalyse.* Obwohl auch viele Therapeuten anderer theoretischer Richtungen eine eigene Therapie für sinnvoll halten, wird sie nur von psychoanalytischen Ausbildungsinstituten explizit *gefordert.* Analytiker müssen Häufigkeit und Intensität von Gegenübertragungsreaktionen auf ein Minimum reduzieren.

Die Abstinenz des Analytikers

Der Analytiker darf *keine* Anstrengungen unternehmen, dem Patienten bei seinen Alltagsproblemen zu helfen. Er wird sich jeder diesbezüglichen Intervention, jedes Rates und jedes direkten Vorschlags enthalten. Eine kurzfristige Erleichterung könnte den Antrieb des Patienten schwächen, seine verdrängten Konflikte aufzuspüren. Der Analytiker, so betonte *Freud* 1918 mit Nachdruck, dürfe dem Patienten das Leben nicht so angenehm machen, daß dieser die Motivation einbüße, sein Unbewußtes zu erkunden. Er sparte in diesem Zusammenhang nicht mit Kritik an nicht-analytischen Helfern:

> „Diese streben nichts anderes an, als es dem Kranken möglichst angenehm zu machen, damit er sich dort wohlfühle und gerne wieder aus den Schwierigkeiten des Lebens seine Zuflucht dorthin nehme. Dabei verzichten sie darauf, ihn für das Leben stärker, für seine eigentlichen Aufgaben leistungsfähiger zu machen. In der analytischen Kur muß jede solche Verwöhnung vermieden werden. Der Kranke soll, was sein Verhältnis zum Arzt betrifft, unerfüllte Wünsche reichlich übrigbehalten. Es ist zweckmäßig, ihm gerade die Befriedigungen zu versagen, die er am intensivsten wünscht und am dringendsten äußert" (*Freud*, 1918, S. 246).

Diese Abstinenz des Analytikers wurde oft falsch verstanden. Wenn jemand sehr leidet, fühlt man sich unwillkürlich gedrängt, ihn – bildlich gesprochen – in die Arme zu nehmen und zu trösten, ihm zu versichern, daß alles wieder gut und man ihm helfen werde. Aber mit solchem Trost haben es wahrscheinlich schon andere versucht. Wenn Mitgefühl und tatkräftige Unterstützung dem Patienten helfen würden, ginge es ihm vermutlich schon besser. Der Analytiker muß jeder Versuchung *widerstehen,* seine Anteilnahme durch aktive Unterstützung und konkreten Rat zu zeigen. Im übrigen würde sich direktes Handeln störend auf die Übertragung auswirken, denn ein Therapeut, der Meinungen äußert, Einwände vorträgt, Ratschläge erteilt und Richtungen weist, büßt notwendigerweise einiges von seiner Funktion als leere Projektionsfläche ein. Daß der Therapeut zum Analysanden Distanz hält, dient einzig dem angestrebten Behandlungsziel. Dieses strategische Moment steht in Einklang mit der analytischen Theorie und wird von orthodoxeren Psychoanalytikern und von Therapeuten, die die Theorie im großen und ganzen nützlich finden, ziemlich strikt befolgt.

Abschließender Kommentar

Das psychoanalytische Vorgehen ist dem verhaltenstherapeutischen direkt entgegengesetzt. Der Verhaltenstherapeut tut, unbekümmert um das, was nach der Vermutung der Analytiker im Unbewußten verschüttet liegt, genau das, was der Analytiker verschmäht: er hilft dem Patienten, seine Einstellungen, seine Gefühle und sein offenes Verhalten in konkreten, aktuellen Lebenssituationen zu ändern. Was Analytiker und weitgehend auch Ich-Analytiker „stützende Therapie" nennen, hält der Verhaltenstherapeut für das Wesen von Therapie überhaupt. Und was der Verhaltenstherapeut für unnötig und sogar schädlich hält, nämlich in der verdrängten Vergangenheit des Patienten zu graben und ihm jeglichen Rat bezüglich praktischer Veränderungen im Hier und Jetzt zu verweigern, hält der Psychoanalytiker für die wesentlichen Momente einer vollständigen psychotherapeutischen Behandlung.

Neuere analytische Therapien

Gegenwärtig werden verschiedene analytische Therapien angewendet. Zu ihnen zählen die Ich-Analyse, die psychodynamische Kurztherapie und die psychodynamische interpersonale Therapie.

Ich-Analyse

Die wichtigsten Modifikationen der psychoanalytischen Theorie nach *Freuds* Tod gehen auf die Gruppe der sogenannten Ich-Analytiker zurück. Ihre Auffassungen werden manchmal eher psychodynamisch als psychoanalytisch genannt. Zu ihren Hauptvertretern zählen *Karen Horney* (1942), *Anna Freud* (1946), *Erik Erikson* (1950), *David Rapaport* (1951) und *Heinz Hartmann* (1958). Obwohl *Freud* die Interaktionen des Organismus mit seiner Umwelt keineswegs ignorierte, entwickelte er ein „Schub-Modell", demzufolge ein innerpsychischer Drang die Menschen antreibt. Demgegenüber betonen die Ich-Analytiker die Fähigkeit des Menschen, seine Umwelt zu kontrollieren und Zeitpunkt und Mittel zur Befriedigung bestimmter instinktähnlicher Triebe selbst zu wählen. Das Individuum, so ihre grundlegende Behauptung, ist ebensosehr Ich wie Es. Der Be-

griff der Kontrolle, den wir in Kapitel 6 eingeführt haben, spielt im ich-analytischen Denken eine wichtige Rolle. Weit mehr als *Freud* interessieren sich Ich-Analytiker für die gegenwärtigen Lebensbedingungen ihrer Patienten, auch wenn sie der gründlichen Erforschung der historischen Ursachen von Verhalten weiterhin große Bedeutung beimessen.

Für die Ich-Analytiker von Bedeutung sind die Ich-Funktionen, die überwiegend bewußt und in der Lage sind, Es-Instinkte und die äußere Umgebung zu kontrollieren, und die, was noch bedeutsamer ist, ihre Energie nicht vom Es beziehen. All diese Funktionen und Fähigkeiten sind von Geburt an da und entwickeln sich durch Erfahrung weiter. Die von *Freud* zu gering geachteten Ich-Funktionen verfügen über eigene Energien und Befriedigungsmöglichkeiten, die mit der Abfuhr von Es-Impulsen gewöhnlich nichts zu tun haben. Und während die Gesellschaft für *Freud*, die im Grunde rein negative Funktion hatte, die ungezügelte Befriedigung libidinöser Triebregungen zu verhindern, glauben die Ich-Analytiker, daß soziale Interaktionen zu einer Befriedigung eigener Art führen können.

Die psychodynamische Kurztherapie

Obwohl viele Laien annehmen, daß die Patienten üblicherweise viele Monate, wenn nicht sogar Jahre in einer psychodynamischen Therapie verbleiben, so dauern die meisten Therapien doch weniger als zehn Sitzungen (*Garfield*, 1978). Einer der zahlreichen Gründe für die kurze Dauer der Therapie ist der, daß heute weniger Menschen daran interessiert sind, ihre Persönlichkeit völlig zu revidieren, was das Ziel der klassischen analytischen Behandlung war. Ein anderer Faktor, der sowohl zu einer Verkürzung der Behandlung als auch zu Ermutigung analytischer Therapeuten zur Übernahme der analytischen Vorstellungen von einer zeitlich begrenzten Psychotherapie, die als Kurztherapie bezeichnet wird, ist zweifellos das zunehmende Zögern der Krankenversicherungen, mehr als etwa 25 Psychotherapiesitzungen pro Jahr abzudecken, wobei auch andere Grenzen für die Erstattung festgesetzt wurden. Die Entwicklung der kognitiven und verhaltensorientierten Therapien in den vergangenen 20 bis 30 Jahren spielte ebenfalls eine Rolle. Diese Ansätze konzentrieren sich auf konkrete Probleme und vermeiden eine Langzeittherapie, wie ausführlicher im nächsten Kapitel dargestellt wird. Zusammen mit der zunehmenden Akzeptanz der Psychotherapie in der Gesamtbevölkerung war damit die Bühne für eine stärkere Betonung der zeitlich begrenzten psychodynamischen Therapie vorbereitet.

Eine andere Voraussetzung in der Geschichte der psychodynamischen Kurztherapie findet sich in den Herausforderungen, denen die Therapeuten in der Form von psychischen Krisenfällen gegenüberstehen (*Koss & Shlang*, in Druck). Notfälle von Gefechtsschock im Zweiten Welkrieg brachten *Grinker* und *Spegel* (1944) zu der klassischen psychodynamischen Kurzzeittherapie von dem, was heute als posttraumatische Belastungsstörung (S. 171) bezeichnet wird. Ein ähnlicher Beitrag zur Krisenintervention stammt von *Eric Lindemann* (1944), der sich mit den Opfern des Feuers im berühmten Coconut Grove-Nachtclub von 1943 beschäftigte.

Interessanterweise war auch die usrprüngliche Vorstellung von *Freud* die, daß die Psychoanalyse als Therapie relativ kurze Zeit dauern sollte; der Analytiker sollte sich auf bestimmte Probleme konzentrieren, es dem Patienten klar machen, daß die Therapie nicht über eine bestimmte Zahl von Sitzungen hinausgehen würde und er sollte die Sitzungen in direkter Weise strukturieren. *Freud* hatte dabei eine aktivere Psychotherapie vor Augen als diejenige, die sich schließlich entwickelte. Die Pioniere der Kurztherapie waren die Psychoanalytiker *Ferenczi* (1920) und *Alexander* und *French* (1946).

Die Kurztherapien haben verschiedene Elemente gemeinsam (*Koss & Shlang*, in Druck):

1. Die Diagnose wird schnell und früh gestellt.
2. Es wird dem Patienten von Anfang an klar gemacht, daß die Therapie begrenzt ist und daß eine Besserung nach einer kleinen Zahl von Sitzungen, zwischen 6 und 25, erwartet wird.
3. Die Ziele sind konkret und konzentrieren sich auf die Besserung der schlimmsten Symptome des Patienten, darauf, dem Patienten zu helfen zu verstehen, was in seinem Leben vorgeht und es dem Patienten zu ermöglichen, damit in Zukunft besser fertig zu werden.
4. Die Interpretationen zielen mehr auf die gegenwärtigen Lebensumstände und auf das Verhalten des Patienten als auf lebensgeschichtlich bedeutende Gefühle.

5. Die Entwicklung einer Übertragungsneurose wird nicht ermutigt. Einige positive Übertragungen auf den Therapeuten werden jedoch unterstützt, um dem Patienten zu helfen, den Vorschlägen und dem Rat des Therapeuten zu folgen.
6. Es wird allgemein akzeptiert, daß die Psychotherapie nicht heilt, sondern daß sie gestörten Menschen helfen kann, besser mit den unvermeidlichen Belastungen des Lebens umzugehen.

Die psychodynamische interpersonale Therapie

Eine Variante der ich-analytischen Kurztherapie ist eine Gruppe von psychodynamischen Therapien, die häufig als interpersonale Therapie bezeichnet werden und die die Interaktionen zwischen dem Patienten und seiner sozialen Umgebung betonen. Ein Pionier bei der Entwicklung dieses Ansatzes war der amerikanische Psychiater *Harry Stack Sullivan* (1892–1949). Gelegentlich als Neo-Freudianer bezeichnet, hielt *Sullivan* die Fehlwahrnehmung der Realität (die parataxischen Verzer-

Harry Stack Sullivan modifizierte das traditionelle psychoanalytische Konzept der Übertragung und vertrat die Meinung, daß der Therapeut ein teilnehmender Beobachter ist.

rungen) für das Grundproblem seelisch leidender Menschen, die ihren Ursprung in einer Störung der zwischenmenschlichen Beziehungen in der Kindheit, insbesondere in einer gestörten Beziehung zwischen Kind und Eltern, haben. Dies ist traditionell freudianisch.

Sullivan wich jedoch mit seiner Auffassung vom Analytiker als einem „teilnehmenden Beobachter" des therapeutischen Prozesses von *Freud* ab. Im Unterschied zum klassischen, aber auch zum ich-analytischen Verständnis des Therapeuten als einer leeren Projektionsfläche für die Übertragungsneurose, war *Sullivan* der Meinung, daß der Therapeut, ähnlich dem Wissenschaftler, unausweichlich Teil des von ihm erforschten Prozesses ist. Der Therapeut kann die Patienten nicht behandeln ohne sie zu beeinflussen.

In einer umfassenden Kritik der Übertragung legt *Wachtel* (1977) ein noch größeres Gewicht auf die interpersonale Art der Therapie. Entgegen der orthodoxen psychoanalytischen Auffassung, daß nur der konturlose Therapeut Übertragung ermögliche, glaubt *Wachtel*, daß solcherart gleichbleibendes Verhalten den Patienten frustriert, der vielleicht nach irgendeinem Anzeichen sucht für das, was der Therapeut von dem hält, was er tut oder sagt. *Wachtel* hält die manchmal kindischen Reaktionen, die angeblich Teil der Übertragungsneurose sind, zumindest zum Teil für die ganz normalen Reaktionen eines erwachsenen Menschen, dem etwas gegen den Strich geht! Der verärgerte Patient nimmt den Analytiker als Fachmann wahr, der seinen unübersehbaren Gefühlssturm distanziert und ungerührt zur Kenntnis nimmt. Vielleicht ist ‚Übertragung' nicht nur Zeichen der sich entfaltenden Persönlichkeit, sondern in gewissem Umfang auch Ausdruck äußerster Frustration über die minimale Rückmeldung. Da der Analytiker überdies dem eigenen Verhalten im Sprechzimmer und dem therapeutischen Setting insgesamt so enge Grenzen setzt, erlebt er nur einen begrenzten Ausschnitt der Verhaltensweisen, Einstellungen und Gefühle seines Patienten. *Wachtels* Verbindung von Psychoanalyse und verhaltenstherapeutischen Gesichtspunkten wird ausführlicher dargestellt, wenn wir die neueren Entwicklungen einer Annäherung zwischen diesen beiden wichtigen Paradigmen behandeln (Seite 684).

Ein neueres Modell für die psychodynamische interpersonale Therapie wurde von *Klerman* und *Weissman* (*Klerman* et al., 1984) vorge-

schlagen. Ihre Interpersonale Therapie (IPT) wurde oben (S. 273) als effektive Behandlung der Depression erwähnt und wird wieder im nächsten Kapitel behandelt, wenn wir eine wichtige Untersuchung darstellen, bei der ihre Therapie mit *Becks* kognitiver Therapie und mit Imipramin, einem weit verbreiteten Antidepressivum (S. 278) verglichen wird. Die IPT konzentriert sich zu einem erheblichen Teil auf die gegenwärtigen interpersonalen Probleme und darauf, mit dem Patienten bessere Möglichkeiten der Beziehung zu anderen zu diskutieren, ja sogar ihn darin direkt zu unterweisen. Die Art der umfassenden Persönlichkeitsveränderung, die bei der klassischen Psychoanalyse angestrebt wird, ist kein Ziel der IPT. Die klinische Literatur warnt vor der Kurztherapie bei verschiedenen Kategorien von Patienten. Es handelt sich dabei um diejenigen, die extrem ängstlich, passiv abhängig, selbstzerstörerisch oder psychotisch sind (*Wolberg*, 1965).

Es kann einige Verwirrung darüber geben, was als Kurztherapie angesehen werden kann. Nach unseren Kenntnissen wird dieser Begriff fast immer auf die ich-analytischen und interpersonalen Ansätze angewendet, die hier beschrieben sind. Ein definierendes Merkmal ist dabei, daß psychoanalytische Vorstellungen und Methoden für die kurzzeitige Anwendung adaptiert wurden. Aber gelegentlich wurde dieser Begriff auch auf Therapieformen angewendet, die auf anderen Paradigmen beruhen, z.B. *Wolpes* Desensibilisierung und verwandte Verfahren, die rational-emotive Therapie von *Ellis* und *Becks* kognitive Therapie; das gemeinsame Merkmal dieser Therapien ist die kurzzeitige Form der Intervention (*Koss & Shlang*, in Druck). Nach unserer Ansicht ist diese Kategorie nicht sinnvoll, denn sie würde jede Form der Therapie einschließen, die einen Patienten in weniger als zwölf Sitzungen behandelt, wie etwa die Elektrokrampfbehandlung, viele medikamentöse Therapien und sogar die Psychochirurgie. Unsere Darstellung geht daher von der substantielleren Definition der Kurztherapie aus, die einer Modifikation der Psychoanalyse entspricht und für eine kurzzeitige Anwendung vorgesehen ist.

Evaluation der analytischen Therapien

In klinischen Kreisen wird über kaum etwas so heftig gestritten wie über die Frage, ob die Psychoanalyse und verwandte Therapieformen überhaupt wirksam sind. Manche Therapeuten fühlen sich mit den psychoanalytischen Konzepten als solchen unwohl, vor allem mit solchen, die an den Begriff eines Unbewußten geknüpft sind.

Unterschiede in den Paradigmen machen sich bei jeder Evaluation der Wirksamkeit der Psychoanalyse in ihren verschiedenen Formen bemerkbar. Wissenschaftlich ist dies sehr schwer zu untersuchen. Was sind beispielsweise die Kriterien für eine Besserung? Ein wichtiges ist die Aufhebung der Verdrängung, die das Unbewußte bewußt macht. Aber wie läßt sich das nachweisen? Wie läßt sich feststellen, ob eine Verdrängung beseitigt wurde? Versuche, das Ergebnis zu erfassen, haben gelegentlich projektive Tests, wie das Rorschach-Verfahren eingesetzt, der sich seinerseits auf das Konzept des Unbewußten bezieht. Für diejenigen, die das Konzept des Unbewußten ablehnen, sind die Ergebnisse aus projektiven Tests nicht sehr überzeugend.

Auch um das zentrale Konzept der Einsicht gibt es Kontroversen. Etliche Autoren (z.B. *Bandura*, 1969; *London*, 1964) verstehen Einsicht nicht als das Erkennen wichtiger, extern valider historischer Zusammenhänge oder Beziehungen, sondern möchten Einsicht als *sozialen Wandlungs- oder Bekehrungsprozeß* verstanden wissen, in dessen Verlauf sich der Patient das Einstellungssystem seines Therapeuten zu eigen macht. Nach Ansicht von *Marmor* (1962) bedeutet ,Einsicht' für jede therapeutische Schule etwas anderes. Die Einsichten eines Patienten passen immer in den theoretischen Rahmen der therapeutischen Schule, der der jeweilige Therapeut oder die Therapeutin angehört. Eine Freudianische Therapie fördert Einsichten in die Ödipus-Problematik; Patienten von Sullivan-Anhängern werden Einsichten in ihre zwischenmenschlichen Beziehungen gewinnen usw.

Sollten wir uns überhaupt mit der Frage befassen, ob eine Einsicht in die Vergangenheit richtig ist? Wenn eine Einsicht tatsächlich Teil eines sozialen Wandlungsprozesses ist, spielt dann die Richtigkeit überhaupt eine Rolle? Bei der Betrachtung der kognitiven Verhaltenstherapie, insbesondere der rational-emotiven Therapie von *Ellis* im nächsten Kapitel, wird uns diese Frage erneut beschäftigen. Therapeuten, die ihren Patienten Mut machen, die Dinge anders zu betrachten – und das tun Therapeuten

aller der in diesem und dem nächsten Kapitel vorgestellten Therapieschulen –, glauben, daß eine Einsicht, ob sie nun zutrifft oder nicht, dem Patienten helfen kann, seine Auffassung vom Leben zu ändern. Das menschliche Leben ist so ungeheuer komplex, daß es irgendeine Sicherheit darüber, ob ein Ereignis wirklich stattgefunden hat, und ob es, wenn ja, Ursache der gegenwärtigen Schwierigkeiten ist, nicht geben kann.

Das Problem muß in einem anderen Zusammenhang gesehen werden. Wenn wir uns mit der Rolle der Ethik in der Therapie beschäftigen, werden wir der Auffassung begegnen, daß Psychotherapie letztlich und inhärent ein moralisches Unternehmen ist. D.h., der Therapeut übermittelt dem Patienten, zuweilen unwissentlich, die Botschaft, wie er sein Leben leben *sollte*. Er übernimmt die Rolle eines „weltlichen Priesters" (*London*, 1964, 1986). Aus dieser Sicht hängt der Wert und Nutzen einer Einsicht davon ab, ob der Patient mit ihrer Hilfe ein Leben führen kann, das bestimmten Erfordernissen besser gerecht wird.

Unter Berücksichtigung aller dieser Bedenken wollen wir uns jetzt ansehen, welche Versuche unternommen wurden, die therapeutische Wirksamkeit von Psychoanalyse und Ich-Analyse zu evaluieren. Wie jede Therapieforschung kann sich auch die psychoanalytische Therapieforschung entweder auf das therapeutische *Ergebnis* oder auf den therapeutischen *Prozeß* konzentrieren. Ergebnisorientierte Untersuchungen fragen danach, ob die Therapie eine Wirkung zeitigt. Prozeßorientierte Studien interessieren sich dafür, welche Faktoren und Ereignisse *während* der Therapie mit dem Ergebnis in Verbindung gebracht werden können. Ist zum Beispiel Übertragung eine notwendige Voraussetzung für einen Wandel zum Besseren?

Untersuchungen zur klassischen Psychoanalyse

Die folgenden verallgemeinernden Feststellungen zur klassischen Psychoanalyse stammen von *Luborsky* und *Spence* (1978). Die Autoren stützen sich dabei auf Ergebnisuntersuchungen mit einem gewissen Maß an kontrollierter Beobachtung:
1. Patienten mit schwerer Psychopathologie (z.B. Schizophrenie) erzielen weniger gute

Ergebnisse als Patienten mit Angststörungen. Das ist verständlich, denn *Freud* ging es eingestandenermaßen vornehmlich um die Behandlung von Neurosen. Überdies verlangt die psychoanalytische Behandlung einiges an rationalen und verbalen Fähigkeiten.

2. Je gebildeter der Analysand, um so besser sein Behandlungsergebnis – vermutlich eine Folge der wichtigen Rolle verbaler Interaktion.

3. Die Befunde zur Frage, ob durch eine Psychoanalyse ein besseres Ergebnis erzielt wird als durch den bloßen Fortgang der Zeit oder durch andere professionelle Hilfe, etwa durch den Hausarzt, sind widersprüchlich (*Bergin*, 1971). Das heißt *nicht*, daß die Psychoanalyse wirkungslos sei, sondern nur, daß eindeutige Belege für ihre Wirksamkeit fehlen. Da Therapeuten wie Patienten eine solche Vielfalt an Merkmalen in die Situation einbringen und die behandelten Probleme von so unterschiedlicher Schwere sind, ist die Frage vermutlich zu komplex, als daß sich eine einzige, wissenschaftlich annehmbare Antwort darauf finden ließe.

Untersuchungen der Ich-analytischen Therapie, der Kurztherapie und der Interpersonalen Therapien

Bei der oft zitierten Untersuchung von *Sloane* und seinen Mitarbeitern (1975) an der Temple University Outpatient Clinic wurden insgesamt 90 erwachsene Patienten von drei Verhaltenstherapeuten und drei Analytikern – alle erfahrene Therapeuten und anerkannte Kapazitäten auf ihrem Gebiet – über eine Zeitspanne von vier Monaten behandelt. Die meisten Probanden dieser Studie sind wohl am besten mit ‚neurotisch‘ beschrieben. Es waren Menschen, wie man ihnen in Klinikambulanzen und Privatpraxen typischerweise begegnet. Sie litten überwiegend unter Angst oder klagten über gestörte Beziehungen zu anderen. Parallelisiert in Alter, Geschlecht und Schwere des Problems wies man sie entweder einer Verhaltenstherapie oder einer analytischen Kurztherapie zu. Zusätzlich zu den 90 behandelten Probanden stellte man aus Personen, die ebenfalls die umfangreiche Auswahlprozedur durchlaufen hatten, eine Kontrollgruppe zusammen. Auch den Probanden dieser Gruppe wurde eine Therapie in Aussicht gestellt, allerdings bat man sie zu warten, bis andere ihre Behandlung beendet hätten. Mit Hilfe der Kontrollgruppe wollte man herausfinden, wie sich allein die Tatsache, etwas in Richtung Therapie unternommen zu haben, auf Patienten auswirkt.

Sloane und seine Mitarbeiter stellten für die beteiligten Therapeuten eine Liste derjenigen definierenden Merkmale von Verhaltenstherapie und analytischer Therapie zusammen, die sie miteinander vergleichen wollten (vgl. Tabelle 18.1), und instruierten die Therapeuten, sich so eng wie möglich an diese Definitionen zu halten. Die fünfte Sitzung jeder Behandlung nahm man auf Tonband auf, um festzustellen, ob die Regeln eingehalten wurden. Das war, wie man übereinstimmend feststellte, der Fall.

Die Behandlungsergebnisse wurden unmittelbar nach der Behandlung und ein zweites Mal acht Monate nach deren Beendigung gemessen. Man unterzog die Patienten Persönlichkeitstests wie dem MMPI, ließ einschätzen, wie viele Symptome sich gebessert hatten, stellte mittels strukturierter Interviews fest, wie die Patienten im Arbeitsleben zurechtkamen und wie es mit ihrer sozialen Anpassung bestellt war und schätzte das Ausmaß der Besserung insgesamt ein. In die Beurteilung ging nicht nur die Einschätzung des behandelnden Psychiaters oder Psychologen und des Patienten ein, sondern auch die eines unbeteiligten Klinikers, der zudem nicht wußte, wie der Patient behandelt worden war; auch ein enger Freund oder Verwandte des Patienten gaben ihr Urteil ab.

Je nach Interpretation der Daten – und da gibt es angesichts der Komplexität der Untersuchung und der Vielfalt der erhobenen Maße viele Möglichkeiten – sprechen die Ergebnisse für die Verhaltenstherapie, die analytische Therapie oder gar keine Therapie! Unmittelbar nach Abschluß der Therapie zeigten sich die Patienten beider Behandlungsgruppen in etwa dem gleichen Ausmaß entlastet und in ihren täglichen Funktionen gebessert. Die unabhängigen Kliniker beurteilten 80% der Patienten beider Behandlungsgruppen und 48% der Kontrollgruppenprobanden als gebessert oder geheilt. Doch acht Monate später hatten die beiden Behandlungsgruppen ihren Vorsprung eingebüßt, denn inzwischen hatte sich die Befindlichkeit der Kontrollprobanden erheblich gebessert. Während des Wartens auf die Behandlung war ihnen beträchtliche Aufmerksamkeit zuteil geworden, abgesehen von den drei Beurteilungen hatte man sie regelmäßig telefonisch ermutigt und unterstützt.

Tabelle 18.1 Charakteristische Merkmale von Verhaltenstherapie und psychoanalytischer Therapie in der Studie der Temple-University

Merkmal	Psychoanalyse	Verhaltenstherapie
Spezifischer Rat	selten gegeben	häufig gegeben
Übertragungsinterpretation	kann gegeben werden	wird vermieden
Interpretation von Widerstand	üblich	nicht üblich
Träume	Interesse an erzählten Träumen, die für die Behandlung genutzt werden können	höfliches Desinteresse, werden für die Therapie nicht verwendet
Angstniveau	hält eine gewisse Angst aufrecht, solange sie nicht das Verhalten beeinträchtigt	wird außer in der Implosiven Therapie (Flooding) so niedrig wie möglich gehalten
Entspannungstraining	Nur eine indirekte Folge der Sitzung und möglicherweise durch das Beispiel des Therapeuten	wird direkt vermittelt
Desensibilisierung	Nur eine indirekte Folge der Gespräche in angenehmer Umgebung und einem positiv eingestellten Therapeuten	wird direkt angegangen
Training von neuem Verhalten	nur bedingt	wird direkt angegangen
Training von angemessenem selbstsicheren Verhalten	Nur direkt durch die Erfahrung im Alltag; selbstsicheres Auftreten oder eine aggressive Sprechweise, die im Alltag nicht angemessen wären, sind in der Therapiesitzung erlaubt	wird direkt angegangen und im Alltag unterstützt
Symptome	Schilderungen von Symptomen sind nicht erwünscht; sie können symbolisch interpretiert werden.	Interesse an berichteten Symptomen, werden oft biologisch erklärt
Kindheitserinnerungen	Meist wird nach weiteren Erinnerungen gesucht	Üblicherweise wird nur die Lebensgeschichte aufgenommen
Aversive Behandlung, z.B. Elektroschock	wird nicht eingesetzt	kann eingesetzt werden
Beobachter der Therapiesitzung	Meist nicht gestattet	kann gestattet sein
Willentliche Versuche, Verhalten wie Gedanken, die den Patienten ängstlich machen, aufzuhalten	selten direkt versucht	kann eingesetzt werden
Einüben von Rollenverhalten	wird nicht eingesetzt	kann eingesetzt werden
Wiederholung von stereotypem motorischem Verhalten	wird nicht eingesetzt	kann eingesetzt werden

Quelle: Nach Sloane et al., 1975

Daß die Warteliste-Gruppe die beiden Therapiegruppen nach acht Monaten „einholte", kann man negativ bewerten. Doch dasselbe Ergebnis läßt sich auch positiv auslegen. Die Therapie, ob nun einsichts- oder verhaltensorientiert, führte zu *schnellerer* Besserung und linderte so das Leid der Patienten und der ihnen Nahestehenden insgesamt. So gesehen waren beide Therapieformen hilfreich und der Aufmerksamkeit, die man der Warte-Gruppe angedeihen ließ, überlegen.

Zahlreiche andere Studien haben die Wirksamkeit der psychodynamischen Kurztherapie untersucht (*Beutler & Grago*, 1991) und eine allgemeine Schlußfolgerung, zu der *Koss* und *Butcher* (1986) gekommen sind, ist die, daß sie nicht weniger wirksam als die zeitlich nicht begrenzte Psychoanalyse ist, möglicherweise weil sowohl die Patienten als auch die Therapeuten mehr arbeiten und sich eher auf ganz konkrete und besser handhabbare Ziele konzentrieren als auf eine umfassende Veränderung der Persönlichkeit. In ihrem Überblick über die Forschung bei der individuellen Psychotherapie zogen *Goldfried, Greenberg* und *Marmar* (1990) die Schlußfolgerung, daß die dynamische Kurztherapie bei der Bewältigung von Streß und Trauer (*Marmar & Horowitz*, 1988), bei Depression im höheren Lebensalter (*Thompson, Gallagher & Breckenridge*, 1987) und affektiven und Persönlichkeitsstörungen (*Marzali*, 1984) wirksam ist. Andere Zusammenfassungen der Literatur haben ergeben, daß die psychodynamische Kurztherapie bei Belastungen in Zusammenhang mit der Berufstätigkeit und einer Vielzahl von Angststörungen, einschließlich der posttraumatischen Belastungsstörung wirksam ist (*Horowitz*, 1988). Bei dem NIMH-Programm (Treatment of Depression Collaborative Research Program), das ausführlich im nächsten Kapitel beschrieben wird, ergaben sich weitere Belege dafür, daß die Interpersonale Psychotherapie bei der Behandlung der Depression wirkt, was die früheren Ergebnisse von *Weissman, Klerman* und Mitarbeitern (*DiMascio* et al., 1979) bestätigt. Nach der Auffassung von *Beutler*, einem bekannten Psychotherapieforscher, ist es jedoch noch zu früh, zu folgern, daß die Kurztherapie bei bestimmten Patienten besonders erfolgreich ist, da das Grundkonzept der Kurztherapie sehr viele verschiedene Varianten besitzt – nach seiner Schätzung 300! – was allgemeine Schlußfolgerungen in der Tat sehr riskant macht (*Beutler*, 1991).

Die Prozeßforschung bei der Kurztherapie ist in den letzten 15 Jahren besser möglich, durch die präzisere Beschreibung der therapeutischen Verfahren, die Verwendung von Manualen und besser operationalisierten Meßinstrumenten der Konzepte, wie etwa der Arbeitsbeziehung zwischen dem Therapeuten und dem Patienten (z.B. der Vanderbilt Therapeutic Alliance Scale von *Hartley* und *Strupp*, 1983 und den Therapeutic Bond Scales von *Saunders, Howard* und *Orlinsky*, 1989). Der Begriff der therapeutischen Allianz oder Arbeitsbeziehung beschreibt das Klima und das Vertrauen und in gewissem Sinn auch die Zusammenarbeit zwischen dem Therapeuten und dem Patienten, um gemeinsam festgelegte Ziele zu erreichen. Eine Studie von *Kolden* (1991) ermittelte beispielsweise, daß je besser diese Beziehung ist, desto besser sei auch das Ergebnis nach einem Durchschnitt von 25 Sitzungen. Die Überblicksarbeiten von *Luborsky* et al. (1990) und *Howard* et al. (1991) über andere derartige Studien bestätigen, daß je stärker die therapeutische Beziehung oder Allianz ausgeprägt ist, de-

sto besser ist das Ergebnis (*Luborsky* et al., 1988). Interessanterweise fanden *Luborsky* et al. (1988) keine Studie, die geignet war, die zentrale Doktrin von *Freud* (1933) „Wo Es war, soll Ich sein" zu bestätigen, d.h., daß der therapeutische Fortschritt dadurch zustande kommt, daß der Patient das besser versteht, was vorher unbewußt war.

Ein positiver Faktor bei der Arbeit mit ethnischen Minoritäten ist die kulturelle Sensibilität des Therapeuten (*Gim, Atkinson & Kim*, 1991). Diesem Sachverhalt sind wir bei der Besprechung der Arbeiten von *Lopez* über die Fehleinschätzungen der Bedürfnisse von Patienten, die Minderheiten angehören, bereits begegnet. Die Therapie-Vorbereitung der Patienten, insbesondere der aus den weniger gebildeten Schichten der Gesellschaft, mit Filmen, die Informationen darüber liefern, was von der Psychotherapie zu erwarten ist, wirkt sich anscheinend auch positiv auf das Ergebnis der Therapie aus (*Warren & Rice*, 1972). Mit einem positiven Therapieergebnis ist auch die Offenheit des Patienten verbunden, d.h. das Ausmaß, in dem der Patient keine Vorbehalte hat, seine Probleme, Ängste und Hoffnungen offen mit dem Therapeuten zu besprechen (*Orlinsky & Howard*, 1986).

Alle diese Prozeßvariablen sind wahrscheinlich nach *Gomes-Schwarz* (1978) sehr gut mit einem Faktor verbunden, von dem seit einiger Zeit bekannt ist, daß er mit einem positiven Ergebnis korreliert, nämlich der Patientenbeteiligung an der Therapie. Die Belege aus diesen Prozeß-Studien sollten jedoch nicht als Hinweis auf eine bestimmte Richtung der Kausalbeziehung interpretiert werden. Obwohl beispielsweise die Patientenbeteiligung positiv mit dem Therapieergebnis korreliert, kann es sich dabei auch um eine Konsequenz aus dem Ergebnis anstatt der Ursache handeln. Ein Patient, der eine Besserung verspürt – aus Gründen, die nichts damit zu tun haben, wieviel Energie er in die Therapie investiert – kann, als Folge davon, daß er sich besser fühlt, mehr Interesse an der Therapie zeigen. Danach kann dann diese gesteigerte Beteiligung später wirklich zu der Verbesserung des Therapieergebnisses beitragen. Nach unseren eigenen Vermutungen gibt es in den meisten Prozeß-Untersuchungen ein komplexes Zusammenspiel und zweiseitige Beziehungen. (In Kasten 18.3 wird ein statistisches Verfahren erläutert, das es ermöglicht, die relative Wirksamkeit verschiedener Therapien einzuschätzen.)

Kasten 18.3   Meta-Analyse und die Effekte der Psychotherapie

Eine Entwicklung in der Psychotherapieforschung, die in den letzten Jahren ein starkes Interesse gefunden hat, ist die Meta-Analyse. Von *Smith, Glass* und *Miller* (1980) entwickelt, kann sie zusammenfassend folgendermaßen beschrieben werden:

> eine quantitative Methode zur Mitteilung ... und Standardisierung einer großen Zahl verschiedener Studien. Die Analyseeinheit ist die Effektgröße (ES=effect size), ein quantitativer Index für die Größe des Therapieeffekts, die man erhält, wenn der Mittelwert der Kontrollgruppe vom Mittelwert der Behandlungsgruppe subtrahiert und die Differenz durch die Standardabweichung der Kontrollgruppe dividiert wird ... Je größer die Effektgröße, desto größer der Therapieeffekt.

Die Grundlage für den Vergleich muß nicht Therapie A gegen Therapie B sein, sondern man kann auch Dimensionen vergleichen wie etwa die Art der Patienten oder die Bereiche, in denen die Therapie angewendet wurde. Mit anderen Worten: die unabhängigen Variablen können alle Faktoren sein, die für das Ergebnis einer Therapie von Bedeutung sein können. Der große Vorteil der Meta-Analyse liegt darin, daß sie eine gemeinsame Meßgröße über die Studien hinweg liefert, die in unterschiedlichen Bereichen von verschiedenen Forschern und zu unterschiedlichen Zeiten durchgeführt wurden (*Kazdin*, 1986).

In dem ursprünglichen und häufig zitierten Bericht, analysierten *Smith* et al. (1980) 475 Studien über die Wirksamkeit der Psychotherapie, an denen mehr als 25000 Personen teilgenommen hatten und bei denen 1700 Effektgrößen bestimmt wurden. Sie kamen zu zwei Schlußfolgerungen, die beträchtliche Aufmerksamkeit erregten und zu einigen Auseinandersetzungen führten. Die erste Folgerung bestand darin, daß eine große Zahl von Therapien größere Wirksamkeit hat als keine Behandlung. Konkret heißt das: Behandelte Patienten hatten sich mehr gebessert als 80% der unbehandelten Kontrollgruppe. Die zweite Folgerung war die, daß die Effektgrößen sich über verschiedene Formen der Intervention nicht unterscheiden.

Die Literatur der Psychotherapieforschung umfaßt zahlreiche Verweise auf die Meta-Analyse und die Anwendung, um einen Weg durch die Vielzahl der Daten aus Untersuchungen zu finden und um eine gewisse Ordnung und Fairneß bei der Aufgabe, vergleichende Aussagen über die Verdienste unterschiedlicher Therapieformen zu machen. Beispielsweise stützt sich das Handbuch der Psychotherapie und Verhaltensänderung (*Garfield* & *Bergin*, 1986) in großem Umfang auf solche Literatur, bei der dieses Verfahren eingesetzt wird. Als Teil des zunehmenden Trends zum Eklektizismus in der Psychotherapie sind bei Literaturübersichten zunehmend Meta-Analysen als Vergleichsmaßstab zur Evaluation eingesetzt worden. In diesem Sinn ziehen *Lambert* et al. (1986) einige Schlußfolgerungen über die Psychotherapie im allgemeinen, d.h. ohne explizite Berücksichtigung der Unterschiede in der theoretischen Orientierung. Obwohl dieses Vorgehen nach unserer Ansicht auf den sprichwörtlichen Vergleich von Äpfeln und Birnen hinausläuft, können ihre Schlußfolgerungen für unsere breit angelegte Untersuchung dieses Bereichs nützlich sein.

1. *Lambert* et al. (1986) gingen über die Ergebnisse von *Smith* et al. (1980) und anderer hinaus, und stellten fest, daß viele psychotherapeutische Interventionen wirksamer sind als eine Reihe sog. Aufmerksamkeits-Placebo-Kontrollgruppen. Sie folgerten, daß Psychotherapeuten besser als „Placebo-Anwender" (S.163) sind. In gleicher Weise führen diese „Allgemeinfaktoren" (*Lambert* et al. 1986,vgl. S. 686ff.) und nicht die Placebofaktoren, nämlich Wärme, Vertrauen und Ermutigung zu bedeutsamen und sogar andauernden Verbesserungen bei zahlreichen Angst- und affektiven Störungen.

2. Sie stellten fest, daß die positiven Effekte der Psychotherapie auch über viele Monate nach Abschluß der Therapie Bestand hatten. *Lambert* et al. (1986) kamen zu dieser Schlußfolgerung durch die Meta-Analyse von 67 Untersuchungen, die von *Nicholson* und *Berman* (1983) zusammengestellt worden waren. Die meisten waren verhaltenstherapeutisch orientiert und schlossen Patienten ein, die nicht als psychotisch, hirnorganisch geschädigt, als antisoziale Persönlichkeit oder als abhängig diagnostiziert waren. Der Zustand nach Abschluß der Therapie korrelierte im allgemeinen gut mit dem Zustand zum Zeitpunkt der Katamnese, die Gruppenunterschiede waren denen

denn er achtet selektiv auf Äußerungen und Gefühle des Patienten, in denen Bewertungen zum Ausdruck kommen. Er glaubt, daß es genau diese Bewertungen sind, die der Patient mit Hilfe des Therapeuten überprüfen sollte.

Die Praxis der Empathie wird zuweilen fälschlicherweise für eine einfache, unkomplizierte Sache gehalten, doch das ist sie keineswegs. Tatsächlich erfordert sie sehr viel Feingefühl und ist manchmal durchaus „bittere Medizin" für den Patienten. Der Therapeut beschränkt sich nicht immer darauf, die emotionalen Aspekte einer Patientenäußerung in Worte zu fassen. Er kann auch in – wie ein Autor (*Egan*, 1975) es nennt – „fortgeschrittener genauer Empathie" (advanced accurate empathy) weitergehen zu dem, was seiner Meinung nach *hinter* dem beobachtbaren Verhalten des Patienten verborgen ist (vgl. Kasten 18.4). Der Therapeut schließt aus dem Verhalten des Patienten, was diesen wirklich bewegt. Er interpretiert dessen Äußerung so, daß sie dem tatsächlich Gesagten nicht mehr zu entsprechen scheint. In gewissem Sinne ist fortgeschrittene Empathie nichts anderes als ein Prozeß der Theoriebildung auf seiten des Therapeuten: Nachdem er über mehrere Sitzungen hin verfolgt hat, was der Patient sagt und wie er es sagt, stellt er eine Hypothese über die wirkliche und dem Patienten verborgene Quelle des Kummers auf.[1]

Patient: Ich weiß nicht, was los ist. Ich lerne unheimlich viel, aber ich kriege einfach keine guten Noten. Ich lerne wirklich nicht weniger als andere, aber es scheint alles für die Katz' zu sein. Ich weiß nicht, was ich noch tun soll.
Berater A: Sie fühlen sich frustriert, weil sich bei aller harter Arbeit kein Erfolg einstellt (primäre Empathie).
Berater B: Es ist deprimierend, genausoviel zu arbeiten wie die, die gut abschneiden, und trotzdem keinen Erfolg zu haben. Das macht Sie ganz mutlos und vielleicht bemitleiden Sie sich manchmal auch ein bißchen selbst (fortgeschrittene Empathie) *(Egan, 1975, S. 135).*

Bei der primären Empathie versucht der Therapeut, den Patienten ihre Gedanken, Gefühle und Erfahrungen *aus deren eigener Perspektive* vor Augen zu führen. Diese Arbeit findet auf

phänomenologischer Ebene statt. Der Therapeut sieht die Welt mit den Augen des Patienten und vermittelt ihm, daß er diesen Bezugsrahmen versteht und würdigt. Bei der fortgeschrittenen Empathie nimmt der Therapeut eine Sichtweise ein, die die Welt des Patienten einbezieht, die Dinge aber gleichwohl in anderer und, so hofft er, konstruktiverer Weise faßt. Der Therapeut präsentiert dem Patienten eine Sichtweise, die sich von dessen gewohnter Perspektive erheblich unterscheiden kann.

Um diesen wichtigen Unterschied zu verstehen, müssen wir uns klar machen, daß klientenzentriert arbeitende Therapeuten annehmen, daß die bisherige Betrachtungsweise des Patienten unproduktiv war; Beweis dafür ist seine seelische Not, die ihn schließlich therapeutische Hilfe suchen ließ. Auf primär empathischer Ebene akzeptiert der Therapeut diese Sichtweise, versteht sie und teilt dem Patienten mit, daß er sie würdigt. Doch auf fortgeschrittener oder interpretierender Ebene bietet der Therapeut etwas Neues an, eine, so hofft er, bessere und produktivere Perspektive, die neue Handlungsmöglichkeiten impliziert. Fortgeschrittene Empathie baut auf den Informationen auf, die der Therapeut in einer Reihe von Sitzungen mit vornehmlich primär empathischen Interventionen gesammelt hat.

Ziel des phänomenologisch orientierten, klientenzentriert arbeitenden Therapeuten *muß* es sein, daß der Patient aus seiner gegenwärtigen phänomenologischen Welt in eine andere wechselt; daher ist das Stadium der fortgeschrittenen Empathie so wichtig. Da Emotionen und Handlungen davon bestimmt werden, wie der einzelne sich selbst und seine Umgebung wahrnimmt, d.h. durch seine Phänomenologie, brauchen diejenigen, die mit ihrer gegenwärtigen Lebensweise nicht zurechtkommen oder unzufrieden sind, eine *neue* Phänomenologie. Von Anfang an bestand das Interesse der klientenzentrierten Therapie – und aller anderen phänomenologischen Therapien – also zwangsläufig darin, daß der Patient einen Bezugsrahmen annimmt, der sich von dem zu Beginn der Therapie unterscheidet. Dem Patienten nur seine gegenwärtige Phänomenologie widerzuspiegeln, kann keinen therapeutischen Wandel bewirken. Der Patient muß eine neue Phänomenologie erwerben.

---

[1] Ob eine fortgeschrittene Empathie-Äußerung überhaupt als *genau* gelten kann, ist eine weitere interessante Frage. Der klientenzentrierte Therapeut kann nie sicher sein, ob seine Interpretationen wahr sind. Wie wissenschaftliche Theorien und Einsichten in bezug auf die Vergangenheit können auch sie mehr oder weniger *nützlich* sein.

Kasten 18.4   Ausschnitt aus einer klientenzentrierten Therapiesitzung

Patientin: Meine Eltern regen mich wirklich auf. Erst war es Arthur, den sie nicht mochten, jetzt ist es Peter. Ich hab' ihre Einmischungen wirklich satt.

Therapeutin: Sie sind richtig wütend auf ihre Familie.

Patientin: Ja, was glauben Sie denn? Da bringe ich gute Noten nach Hause und mache auch sonst ganz gute Sachen, und sie nehmen sich das Recht, sich darüber auszulassen, ob mein Freund richtig für mich ist. (Schluchzt)

Therapeutin: Mir fällt auf, daß Sie nicht nur wütend sind. (Pause) Vielleicht ist da auch ein bißchen Angst, Sie könnten sie enttäuschen.

Patientin: (Weint heftiger.) Mein ganzes Leben lang habe ich versucht, ihnen zu gefallen. Sicher ist ihre Anerkennung mir wichtig. Sie freuen sich ja auch, wenn ich gute Noten habe, aber warum müssen sie sich in meine Freundschaften einmischen?

Kommentar:

Obwohl die Patientin zunächst nur Wut ausdrückt, glaubt die Therapeutin, daß sie in Wirklichkeit Angst vor der Kritik ihrer Eltern hat. Um zusammen mit der Patientin zu erkunden, was an nicht Gesagtem hinter der Wut verborgen ist, versucht die Therapeutin eine fortgeschrittene empathische Intervention. Vorangegangene Sitzungen haben vermuten lassen, daß die Patientin mit ihrem großen Studienfleiß vor allem den Eltern gefallen und ihnen keinen Anlaß zur Kritik geben will. Gute Noten haben ihr immer die Anerkennung ihrer Eltern eingetragen, aber seit kurzem richten sich die kritischen Blicke von Vater und Mutter auf die jungen Männer, mit denen sie sich trifft. Wenn sie ihren Eltern gefallen will – das wird ihr langsam klar – muß sie ihr soziales Leben nach deren Wünschen ausrichten. Nachdem die Therapeutin ihr geholfen hat, einen Blick hinter ihren Zorn zu tun, wird die Angst vor der Mißbilligung ihrer Eltern zum zentralen Thema der Therapie.

Evaluation

Es gibt zahlreiche Versuche, die klientenzentrierte Therapie zu evaluieren. Zu verdanken ist das vor allem *Rogers* selbst, der darauf besteht, daß Ergebnis und Prozeß einer Therapie sorgfältig untersucht und empirisch validiert werden müssen. Tatsächlich war er es, der die Psychotherapieforschung eigentlich ins Leben rief. Ihm und seinen Schülern gebührt das Verdienst, Mystik und übertriebene Geheimhaltung aus dem Sprechzimmer des Psychotherapeuten verbannt zu haben. Als erstes nahmen sie zum Beispiel Therapiesitzungen auf Band auf, um Forschern eine genaue Analyse zu ermöglichen.

Untersuchungen zur klientenzentrierten Therapie konzentrierten sich prinzipiell darauf, die persönlichen Eigenschaften des Therapeuten mit dem Behandlungsergebnis in Beziehung zu setzen. Die Resultate waren in sich nicht stimmig und weckten Zweifel an der vielfach vertretenen Meinung, daß ein positives Behandlungsergebnis in erster Linie von Empathie, Echtheit und Wärme des Therapeuten abhänge (*Buetler, Crago & Arizmendi*, 1986; *Lambert* et al., 1986). Wahrscheinlich ist es trotzdem sinnvoll, bei der Ausbildung junger Therapeuten auf solche Qualitäten weiterhin Wert zu legen, denn sie scheinen eine Atmosphäre von Vertrauen und Sicherheit zu schaffen, innerhalb derer der Patient das innere Wirken seines Selbst erkunden kann. Doch aus wissenschaftlicher Sicht rechtfertigt nichts die Behauptung, daß diese Eigenschaften ausreichen, um eine Änderung beim Patienten zu bewirken.

Entsprechend dem phänomenologischen Ansatz von *Rogers* gelten als Maßstab für die Wirksamkeit der Therapie für gewöhnlich Selbstangaben der Patienten. Wie sich Patienten nach Abschluß der Therapie tatsächlich *verhalten*, findet in der Forschung zur klientenzentrierten Therapie kaum Interesse. Wichtigste Variable ist für *Rogers* die phänomenologische Bewertung des Individuums selbst und die Reaktion auf sich und die Ereignisse in seiner Welt. Das offene Verhalten, so die Hypothese, folgt aus diesen Wahrnehmungen und kann für die klientenzentrierte Therapieforschung nicht das eigentliche Untersuchungsobjekt sein.

Rogers' Betonung der subjektiven Erfahrung wirft auch epistemologische Probleme auf, denn der Therapeut muß zutreffend und genau auf das schließen können, was der Patient gerade fühlt oder denkt. Die Validität ist hier eine Kernfrage. Obwohl die Methode nur berücksichtigt, was der Patient sagt, behauptet *Rogers* auch, daß Patienten sich ihrer wahren Gefühle möglicherweise nicht bewußt sind. Tatsächlich ist es in den meisten Fällen diese fehlende Bewußtheit, die die Patienten in die Therapie führt. Wie bei der Psychoanalyse müssen wir auch hier fragen, wie der Therapeut zu Schlüssen über innere und dem Patienten anscheinend unbewußte Prozesse gelangen soll und wie die Nützlichkeit oder Validität eines solchen Schlusses zu evaluieren ist.

Die anfängliche Verwendung von ausschließlich Selbstbeurteilungsverfahren zur Messung des Ergebnisses der klientenzentrierten Therapie hat den Weg frei gemacht für direktere und theoretisch unabhängige Messungen, die sich auf die täglichen Anforderungen im Alltag, wie etwa die angemessene Ausführung einer sozialen Rolle, beziehen. Damit verwandt ist der Trend der Anwendung multipler Verfahren zur Erfassung der therapeutischen Veränderungen (*Beutler*, 1983; *Lambert* et al., 1986), da die Forscher in zunehmendem Maße der Komplexität des Verhaltens gerecht werden wollen und daher die Notwendigkeit sehen, es anhand vieler Dimensionen zu bestimmen. So können beispielsweise physiologische Messungen durch Selbstbeurteilungen des Patienten genauso ergänzt werden wie durch Berichte von anderen Bezugspersonen (z.B. Ehepartnern). Wertvolle und unterschiedliche Informationen sind verfügbar, wenn wir die Veränderung multidimensional erfassen. Beispiele dafür haben in der Studie von *Sloane* et al. (1975) und der klassischen Untersuchung von *Gordon Paul* über die Angst vor dem Sprechen in der Öffentlichkeit gesehen (S. 105).

Auch die Annahme, daß das Streben nach Selbstverwirklichung das Hauptmotiv des Menschen sei, ist nicht ohne weiteres zu akzeptieren. Auf das Motiv der Selbstverwirklichung schließt *Rogers*, weil Menschen, nach seiner Beobachtung, Situationen anstreben, die ihnen Erfüllung versprechen. Aber dann dient die Tendenz zur Selbstverwirklichung als *Erklärung* dafür, daß solche Situationen gesucht werden. Einmal mehr ein Zirkelschluß!

Weiter ist zu fragen, wie durch die Werturteile anderer falsche Vorstellungen vom eigenen Selbst gelernt werden. Warum behält das Hauptmotiv nicht immer die Oberhand über das, was der einzelne lernt? Wenn es den Menschen tatsächlich unter allen Umständen zur Selbstverwirklichung drängt, unter welchen Bedingungen findet dann falsches Lernen statt, und welche Motive und Bedürfnisse werden dadurch befriedigt?

Und schließlich nimmt *Rogers* an, daß der psychisch gesunde Mensch Entscheidungen trifft, um seine Selbstverwirklichungstendenzen zu befriedigen, und daß Menschen von Natur aus gut sind. Etliche Sozialphilosophen sind weniger optimistisch in bezug auf die menschliche Natur. „Garstig, roh und kurz" nannte *Thomas Hobbes* das Leben. Wie erklären wir uns einen Menschen, der roh handelt und gleichwohl versichert, dieses Verhalten sei im tiefsten befriedigend und diene seiner Selbstverwirklichung?

Vielleicht hat *Rogers* sich um das Problem äußerster Unvernunft nicht angemessen bemüht, weil ihm und seinen Kollegen in erster Linie die leicht gestörten Menschen am Herzen lagen. Als ein möglicher Weg, unglücklichen aber nicht schwer gestörten Menschen zu helfen, sich selbst zu verstehen (und sich *vielleicht* sogar anders zu verhalten), mag die klientenzentrierte Therapie sehr wohl angemessen und wirkungsvoll sein. Dieser humanistische Ansatz bleibt in der Encounter-Gruppen-Bewegung lebendig (vgl. S. 696). Bei psychisch schwer gestörten Menschen dürfte die Therapie, wie Rogers selbst warnend vermerkt hat, allerdings nicht angebracht sein.

Existentielle Therapie

Zusammen mit der humanistischen Perspektive bildete der Existentialistische Ansatz in den 50er Jahren das, was *Abraham Maslow* (1968) die „dritte Kraft" in der Psychologie nannte (Die Psychoanalyse und der Behaviorismus waren die beiden anderen Kräfte.) Humanismus und Existentialismus haben viel gemeinsam, aber die humanistischen Arbeiten von Amerikanern wie *Rogers* können dem mehr europäischen existentiellen Ansatz gegenübergestellt werden, der sich auf die Schriften von Philosophen wie *Sartre, Kierkegaard* und *Heidegger* bezieht, und auf die Psychiater *Binswanger* und *Boss* in der Schweiz und *Viktor Frankl* aus Österreich, dessen Logotherapie und seine Auffassung der Depression bereits besprochen wurden (S. 276). In einem einflußreichen Buch über die existentielle Psychotherapie stellte der Psychiater *Irvin Yalom* von der Stanford Uni-

Der humanistische Therapeut Abraham Maslow sah die Selbstverwirklichung von Carl Jung als ein zentrales Merkmal seiner Psychologie.

versity die Unterschiede zwischen diesen beiden Ansätzen dar:

> Die existentielle Tradition in Europa hat die menschlichen Grenzen und die tragische Dimension der Existenz immer betont. Dies liegt möglicherweise daran, daß die Europäer schon immer eine größere Vertrautheit mit geographischen und ethnischen Konflikten, mit Krieg, Tod und ungesicherter Existenz hatten. Die Vereinigten Staaten (und die humanistische Psychologie, die sich entwickelte) waren von einem Zeitgeist der Expansion, des Optimismus, der Horizonte ohne Grenzen und dem Pragmatismus geprägt. Dementsprechend wurden die übernommenen Formen der existentiellen Vorstellungen verändert (wie auch die amerikanische humanistische Psychologie einiges vom europäischen Existentialismus aufgenommen hat.) ... Die europäische Perspektive richtet sich auf die Grenzen, darauf, sich der Angst vor der Unsicherheit und der Nichtexistenz zu stellen und sie in sich hineinzunehmen. Die humanistischen Psychologen andererseits sprechen weniger von Grenzen und Möglichkeiten als von Entwicklung eines Potentials, weniger von Akzeptanz als von Bewußtsein, weniger von Angst als von Erlebnishöhepunkten und ozeanischer Ganzheit, weniger von der Bedeutung des Lebens als von Selbstverwirklichung (und Selbstaktualisierung), weniger von Trennung und grundlegender Einsamkeit als von Ich-Du und von Gruppen. (*Yalom*, 1980, S.19)

Wie die humanistische betont auch die existentielle Auffassung das persönliche Wachstum. Es gibt allerdings wichtige Unterschiede. Der Humanismus eines *Rogers* wurzelt in der Überzeugung, daß der Mensch von Natur aus gut ist. Frei von grundlosen Ängsten und gesellschaftlichen Restriktionen würden alle Menschen sich normal, ja sogar ungewöhnlich gut entwickeln, so wie eine Blume dem Samen entsprießt, wenn sie nur genug Licht, Luft und Wasser hat. Der Existentialismus ist schwermütiger und hat et-

was Düsteres. Obwohl er den freien Willen und die Verantwortung des einzelnen einschließt, betont der Existentialismus die Angst, die mit wichtigen Entscheidungen unausweichlich verbunden ist, mit Entscheidungen, von denen die Existenz abhängt: Soll man bei einem Ehepartner, in einem Beruf, ja sogar in dieser Welt bleiben oder nicht? „Sein oder nicht sein – das ist die Frage", die erste Zeile von Hamlets berühmtem Monolog (3. Akt, 1. Szene), ist eine klassische existentielle Aussage. Wirklich zu leben bedeutet, sich der Angst, die mit den existentiellen Entscheidungen zusammenhängt, zu stellen. Die existentielle Angst stammt aus mehreren Quellen (*Tillich*, 1952):

1. Wir sind uns alle der Tatsache bewußt, daß wir eines Tages sterben werden; wenn wir uns ernsthaft dieser unausweichlichen Realität stellen, dann haben wir es mit existentieller Angst zu tun.
2. Wir sind uns auch der Hilflosigkeit gegenüber Zufällen bewußt, die unser Leben für immer verändern können, wie etwa ein Autounfall, der zu schweren Verletzungen führt.
3. Wir wissen, daß wir letzten Endes Entscheidungen treffen, danach handeln und damit leben müssen.
4. Wir müssen für uns selbst die Bedeutung unseres Lebens schaffen; die letzte Verantwortung für die Ausstattung unserer Welt und unseres Lebens mit Inhalt und Zielen liegt bei jedem von uns.
5. Wir wissen, daß wir letzten Endes völlig allein sind.

Man kann solche Entscheidungen meiden, so tun, als gebe es sie nicht. Das mag zwar vor Angst schützen, macht es aber unmöglich, ein sinnvolles Leben zu leben und ist der Kern jeder Psychopathologie. Während die humanistische Botschaft hochgestimmt, ja beinahe ekstatisch anmutet, klingt aus der existentiellen Trauer und Angst, aber nicht Verzweiflung, wenn der Mensch seinen freien Willen ausübt und die damit verbundene Verantwortung auf sich nimmt.

Die Ziele der Therapie

> „So geschieht es oftmals, daß wir unser Leben in Ketten leben und nicht einmal wissen, daß wir selbst den Schlüssel haben." („Already Gone", von Jack Tempchin und Robb Strandlund, 1973, 1975)

Aus existentialistischer Sicht ist ein Mensch die

Rollo May, ein amerikanischer Psychotherapeut, ist einer der wichtigsten Vertreter der existenziellen Therapie.

Summe seiner Entscheidungen. Um zu verstehen, warum jemand Entscheidungsschwierigkeiten hat, muß man seine Erfahrung untersuchen. Der Existentialtherapeut übernimmt empathisch den phänomenologischen Bezugsrahmen des Patienten und hilft ihm so, sein Verhalten, seine Gefühle, seine Beziehungen und den Sinn, den er im Leben sieht, zu erkunden. Aber er ermutigt ihn auch, sich der Vergangenheit und den Entscheidungen der Gegenwart zu stellen. Die Entscheidungen, vor denen man gegenwärtig steht, sind die wichtigsten.

Des weiteren hilft die Existentialtherapie dem Patienten, *authentische* Beziehungen zu anderen aufzubauen, ein Ziel, das von der Encounter-Bewegung übernommen und stark ausgebaut wurde. Menschen, so nimmt man an, definieren ihre Identität und Existenz über ihre zwischenmenschlichen Beziehungen. Ein isolierter Mensch ist von Nicht-Sein oder Entfremdung bedroht. Auch wenn er mit seiner Welt und den anderen, mit denen er es zu tun hat, effektiv umgehen kann, schleicht sich Angst ein, wenn es ihm an offenen, freimütigen Beziehungen fehlt. Obwohl die Perspektive der Existentialtherapie in hohem Maße subjektiv ist, gilt daher ihr besonderes therapeutisches Interesse der Fähigkeit, offene, aufrichtige, spontane und liebevolle *Beziehungen zu ande-*

ren zu haben. Gleichzeitig sind wir alle im Grunde *allein.* Obwohl der Existentialismus von uns verlangt, unsere Beziehungen zu anderen authentisch zu gestalten, will es das Paradox des Lebens, daß wir von Natur aus von anderen getrennt sind, daß wir allein auf diese Welt kommen und uns allein unsere Existenz in der Welt schaffen müssen.

Auch die therapeutische Beziehung sollte eine authentische Begegnung zwischen zwei Menschen sein, um dem Patienten Praxis im unverfälschten Umgang mit anderen zu vermitteln.[2] Durch die eigene Aufrichtigkeit und Selbstenthüllung hilft der Therapeut dem Patienten, seinerseits authentisch zu sein. Das kann soweit gehen, daß der Therapeut ganz offen mißbilligt, was der Patient tut – ohne ihn allerdings als wertvollen Menschen in Frage zu stellen.

Das wichtigste Ziel der Existentialtherapie ist es, dem Patienten seine Entscheidungs- und Reifungsmöglichkeiten bewußt zu machen. Aus existentialtherapeutischer Sicht schaffen wir uns unsere Existenz in jedem Moment neu, und immer ist die Möglichkeit der Störung, aber auch des Wachstums gegeben. Der einzelne muß ermutigt werden, die Verantwortung für seine Existenz selbst zu übernehmen, und muß sich bewußt machen, daß er sich innerhalb bestimmter Grenzen in jedem Augenblick seines Lebens neu definiert und sich innerhalb seiner sozialen Umgebung anders verhalten und anders fühlen kann. Aber diese Entscheidungsfreiheit und die damit verbundene Verantwortung sind weder leicht zu akzeptieren, noch ohne weiteres in die Tat umzusetzen. Viele Menschen haben Angst vor dieser Freiheit, und wenn sie anfangen, Entscheidungen zu treffen, merken sie, daß Erfüllung ein *Prozeß* ist, daß sie fortwährend entscheiden und Verantwortung übernehmen müssen, um wahrhaft Mensch zu sein und alle ihre Möglichkeiten auszuschöpfen. Der Blick in die Zukunft ist daher nicht heiter. Mit dem größeren Bewußtsein der Entscheidungsfreiheit wächst auch die Existenzangst. Es gehört zu den Zielen der Existenztherapie, die Patienten zu unterstützen in ihrer Entscheidung und Fähigkeit, mit dieser unaus-

---

2 Interessanterweise ist dieser Ansatz, der soviel Wert auf Wahrnehmung, Verstehen, Gefühle und andere innere Prozesse legt, in gewisser Hinsicht sehr behavioristisch. An irgendeinem Punkt der Therapie muß der Patient anfangen, sich Therapeut und Außenwelt gegenüber anders zu verhalten, wenn er seine Existenzbedingungen wirklich ändern will.

weichlichen Angst fertigzuwerden und weiter zu wachsen.

Sehr unbestimmt bleiben die Autoren der Existenzanalyse allerdings da, wo es um die therapeutischen Techniken geht, die dem Patienten zum Wachstum verhelfen. Der Einsatz von Techniken kann vielleicht als ein objektivierender Prozeß gesehen werden, d.h. als ein Prozeß, bei dem der Therapeut mit dem Patienten umgeht, als sei er ein zu manipulierendes Objekt (*Prochaska*, 1984). Der existentielle Ansatz ist keine Menge therapeutischer Techniken, sondern eine allgemeine *Einstellung* bestimmter Therapeuten der menschlichen Natur gegenüber.

Evaluation

Vielleicht ist kontrollierte Forschung zur Existentialtherapie schon an sich unmöglich, denn wie wir gesehen haben, handelt es sich bei dieser Therapieform nicht um eine Menge definierbarer Techniken, sondern um eine epistemologische Haltung und ein allgemeines Bekenntnis zu bestimmten Zielen des Menschseins, nämlich Authentizität, Spontaneität, Entscheidung, Wachstum und die Übernahme von Verantwortung. Der Therapeut, der diese Haltung einnimmt, ist nach Kräften bemüht, die Welt mit den Augen des Patienten zu sehen. Therapeutischer Wandel wird dadurch erreicht, daß man dem Patienten hilft, seine wahrgenommene Realität zu verändern und die von der Existenzphilosophie hochgehaltenen menschlichen Qualitäten zu entwickeln. Die Existentialtherapie kennt keine definierbaren, konkreten Operationen, auf denen wissenschaftliche Forschung aufbauen könnte. Tatsächlich gibt es zu dieser Therapieform keinerlei kontrollierte Forschung, auch wenn Existentialtherapeuten in zahlreichen Fallberichten von eindrucksvollen Erfolgen bei einer Vielzahl klinischer Probleme sprechen.

Überdies halten Existentialisten die moderne Wissenschaft für entmenschlichend und raten daher von ihr ab. Die Anwendung dieser Wissenschaft auf Individuen leugne, so glauben sie, deren einzigartiges Menschsein.

Die Kritik an der klientenzentrierten Therapie trifft weitgehend auch auf die Existentialtherapie zu. Wie kann ein Therapeut sicher sein, daß er die wahrgenommene Welt eines Patienten wirklich versteht, wo doch die subjektive Erfahrung eines Menschen per definitionem einmalig und nur von ihm erlebbar ist? Trotzdem muß es nicht unproduktiv sein, dem subjektiven Eindruck Aufmerksamkeit zuzuwenden. Uns unserer Entscheidungsfreiheit bewußt zu werden und unserer Fähigkeit, uns in jedem Augenblick zu ändern, kann ein wichtiger Anstoß zur Verhaltensänderung sein. Die implizite Botschaft des Existentialismus, daß unsere Existenz ständig aufs neue bestätigt wird und wir keineswegs Gefangene früherer Fehler und früheren Unglücks sind, könnte ihren Platz in *jeder* Therapie finden.

Gestalttherapie

Eine Therapie, die sowohl humanistische als auch existentialistische Elemente beinhaltet, die Gestalttherapie, beruht auf den Arbeiten von *Frederich S. (Fritz) Perls*. Nach Abschluß seines Medizinstudiums 1921 in Deutschland wurde *Perls* Psychoanalytiker. Doch die europäischen Analytiker lehnten ihn ab, da er einige Grundkonzepte der psychoanalytischen Theorie, insbesondere die Bedeutung der Libido und ihre verschiedenen Transformationen im Laufe der Neurosenentwicklung, in Frage stellte (*Perls*, 1947). Da er gegen den Totalitarismus war, emigrierte er 1933, kurz nach der Machtübernahme Hitlers, nach Holland und 1934 nach Südafrika, das mit ihm seinen ersten Lehranalytiker gewann. Dort entwickelte er auch die Grundlagen der Gestalttherapie. 1946 siedelte er in die USA über und ließ sich schließlich in Esalen nieder, einem Zentrum für humanistische Therapie im kalifornischen Big Sur. Hier entfalteten und entwickelten sich die Ideen und Techniken seiner Therapie, besonders in ihrer Anwendung auf Gruppen, recht eindrucksvoll (*Perls, Hefferline & Goodman*, 1951; *Perls*, 1970). Bereits zu seinen Lebzeiten hatte *Pearls* eine Anhängerschaft, die ihn sehr verehrte (Vgl. Kasten 18.5).

Grundkonzepte der Gestalttherapie

Wie *Rogers* glaubte auch *Perls*, daß der Mensch seinem Wesen nach gut sei, man müsse ihm nur ermöglichen, diese seine wahre Natur auszudrücken. Psychische Probleme haben ihren Ursprung in Frustrationen und Verleugnungen dieses angeborenen Guten. Im Gegensatz

Kasten 18.5   Ein kurzer Eindruck von Fritz Perls

Als Joe den Lift betrat, bemerkte er den kleinen, graubärtigen Mann, der an der Wand lehnte, kaum. Plötzlich erkannte er ihn. „Oh, Doktor Perls, es ist, äh, eine große Ehre für mich, Ihnen zu begegnen. Ich habe alle Ihre Bücher gelesen, und es ist so – so eine Ehre, Sie zu treffen – in Ihrer Nähe zu sein..." Joe stotterte weiter, doch ohne sichtbaren Erfolg. Der alte Mann rührte sich nicht.

Der Lift hielt an, Joe sah die große Gelegenheit verstreichen und hörte sich ganz hoffnungslos sagen: „Ich bin wirklich nervös." Perls wandte sich ihm zu und lächelte ihn an. Als sich die Fahrstuhltür öffnete, nahm er Joe beim Arm und sagte: „Jetzt wollen wir miteinander sprechen." (Gaines, 1974)

Frederich (Fritz) Perls (1893–1970) war der eindrucksvolle Begründer der Gestalttherapie.

zur Psychoanalyse, die vornehmlich die negativen und verzerrten Merkmale des Menschen zu sehen scheint, konzentriert sich die Gestalttherapie, wie andere humanistische Ansätze, auf die kreativen und expressiven Aspekte.

Es gehört zu den Grundannahmen der Gestalttherapie, daß wir alle in jede Situation unsere Bedürfnisse und Wünsche mitbringen. Wir nehmen Situationen nicht einfach so wahr, „wie sie sind". Vielmehr nehmen wir unsere soziale Umwelt in Anspruch, indem wir unsere Bedürfnisse, Ängste oder Wünsche auf „das da draußen" projizieren. Wenn ich mit einem Fremden spreche, reagiere ich nicht einfach auf diesen Menschen, so wie er ist; ich reagiere auf den Fremden im Kontext meiner Bedürfnisse. Gelegentlich gibt es eine nicht erledigte Angelegenheit mit einer Bezugsperson aus der eigenen Vergangenheit, die eine Auswirkung darauf hat, wie wir gegenwärtig mit jemandem umgehen. *Perls* und seine Anhänger konzentrieren sich auf das Hier und Jetzt, auf den Menschen als Handelnden, der für sein Verhalten verantwortlich ist und selbst entscheidend dazu beitragen

kann, sich und seine Umwelt positiv zu verändern.

Die Gestalttherapie bezieht sich auf die Gestaltpsychologie, einen Zweig der Psychologie, der sich in erster Linie mit der Wahrnehmung befaßte. Die stärkste Ähnlichkeit ist in der Rolle der Ganzheit zu sehen, die in beiden Bereichen eine wichtige Rolle spielt. *Perls* wollte erreichen, daß die Individuen zu Ganzheiten werden, indem sie das Bewußtsein für nicht zugegebene Gefühle steigern und sie den Teilen der Persönlichkeit zuordnen, die verleugnet oder abgelehnt wurden.

Gestalttherapeutische Techniken

Der Gestalttherapeut gräbt nicht in der Vergangenheit, sondern interessiert sich für das, was der Patient jetzt und hier im Behandlungszimmer tut, denn das wichtigste Ereignis im Leben des Patienten ist das, was gerade in diesem Moment geschieht. In der Gestalttherapie existiert nur das Jetzt. Wenn die Vergangenheit den Pati-

enten belastet, wird sie in die Gegenwart hin-
eingenommen. „Warum"-Fragen sind nicht zugelassen, denn die Suche nach Ursachen in der
Vergangenheit gilt als Versuch, der Verantwortung für gegenwärtig notwendige Entscheidungen zu entfliehen – ein vertrautes existential-
analytisches Thema. Die Patienten werden er-
mahnt, überredet, manchmal sogar gezwungen,
sich bewußt zu machen, was gerade vorgeht.
Bewußtheit ist Unmittelbarkeit des Denkens
und Fühlens. Man muß wissen, was um einen
herum vorgeht, was man denkt und phantasiert,
wünscht und fühlt und was man in diesem Augenblick tut. Man muß ein Gefühl haben für
Körperhaltung und Gesichtsausdruck, für Mus-
kelspannungen und Gesten, für die Worte, die
man spricht, und den Klang der eigenen Stimme. Bewußtheit, so glaubte *Perls*, ist heilsam.
Wir müssen nur dahin kommen, daß wir uns
nicht mehr in Gedanken über uns selbst verlieren, sondern uns in diesem bestimmten Augenblick unseres Fühlens und Tuns bewußt sind.

Im Unterschied zu den bisher erörterten humanistischen und existentiellen Therapieformen
legt die Gestalttherapie großen Wert auf
Techniken. Obwohl sich die Gestalttherapie im
Laufe der Jahre als eine Reihe von Techniken
etabliert hat, versichern viele ihrer Vertreter,
daß sie nicht aus definierten Verfahrensweisen
bestehe, und auch keine bestimmte Verhaltens-
und Erlebenstheorie darstelle, sondern eine bestimmte *Einstellung* zur Natur des Menschen
und zur Psychotherapie. Ein Gestalttherapeut
ist ständig kreativ, offen für neue Erfahrungen
und spricht mit dem Patienten freimütig von
Mensch zu Mensch, jenes Ich-Du praktizierend,
das ein Grundsatz der Existenzphilosophie ist.
Eigentliches Ziel der Therapie ist es, auch dem
Patienten zu Kreativität und Offenheit zu verhelfen. Der Gestalttherapeut ist dazu ausgebildet, den Patienten so fein auf sich einzustim-
men, daß er der Welt unmittelbar, ohne zu werten und zu überlegen, begegnen kann. Auch wir
glauben, daß man der Gestalttherapie nicht gerecht wird, wenn man in ihr nur eine Ansammlung von Techniken sieht. Die Gestalttherapie
ermutigt in der Tat Therapeuten wie Patienten
allgemein zu Spontaneität und Offenheit für
neue Erfahrungen. Gleichzeitig aber bedient
sich der Gestalttherapeut auf einer ziemlich
konsistenten Basis einer Reihe von Verfahrensweisen, die inzwischen vielfach von Therapeuten anderer Richtungen übernommen werden.
Die hier beschriebenen Techniken stellen nur

einen kleinen Ausschnitt der gängigen gestalttherapeutischen Praktiken dar.

1. „*Ich-Sprache*". Damit der Patient lernt, in jedem Augenblick Verantwortung für das zu
tragen, was er ist und was er werden soll,
weist der Therapeut ihn an, die „man"- oder
„es"-Sprache aufzugeben und in der „Ich"-
Sprache zu sprechen.

Therapeut: Was hören Sie in Ihrer Stimme?
Patient: Es hört sich an wie Weinen.
Therapeut: Können Sie die Verantwortung dafür
übernehmen und sagen „Ich weine"? *(Levitsky &
Perls, 1970, S. 142)*

Dieser veränderte Sprachgebrauch erleichtert es dem Patienten nicht nur, Verantwortung für Gefühle und Verhalten zu übernehmen, sondern nimmt ihm auch das Gefühl,
Aspekten seines eigentlichen Selbst entfremdet zu sein. Er erlebt sich als aktiven, offenen
und suchenden Menschen, und glaubt sich
nicht mehr von äußeren Ereignissen bestimmt.

2. *Der leere Stuhl.* Bei der gestalttherapeutischen Technik des leeren Stuhls projiziert der
Patient zunächst ein Gefühl oder einen Menschen, ein Objekt oder eine Situation und
spricht dann zu seiner Projektion. So fordert
etwa der Gestalttherapeut einen weinenden
Patienten auf, sich vorzustellen, seine Tränen
säßen auf dem leeren Stuhl gegenüber, und
zu seinen Tränen zu sprechen. Diese Taktik
bewirkt offenbar, daß sich der Patient seinen
Gefühlen stellt. Denn jemanden zu bitten,
über seine Tränen zu sprechen, so sagt die
Gestalttherapie, hieße, ihn aufzufordern, die
Distanz zwischen sich und seinen Gefühlen
noch zu vergrößern – etwas, das aus gestalt-
therapeutischer Sicht mit seelischem Wohlergehen unvereinbar ist.

3. *Projektion von Gefühlen.* Gestalttherapeuten, die mit Gruppen arbeiten, lassen gelegentlich Zweiergruppen bilden. Die Partner
sollen die Augen schließen und sich das Gesicht eines Menschen vorstellen, zu dem sie
eine starke emotionale Bindung haben. Sie
werden dazu ermutigt, sich auf die Gefühle
zu konzentrieren, die sie dieser Person gegenüber haben. Dann öffnen sie die Augen
und sehen ihren Partner an. Nach einigen
Augenblicken erhalten sie die Anweisung,
die Augen wieder zu schließen und jetzt an
etwas Neutrales zu denken, wie etwa eine

Rechenaufgabe. Dann öffnen sie wieder ihre Augen und sehen den Partner zum zweiten Mal an. Schließlich werden sie gefragt, ob es einen wichtigen Unterschied in der Art und Weise gebe, wie sie ihren Partner in den beiden Situationen erlebt haben. Diese Übung ist dazu bestimmt, das zu übertreiben, was in allen sozialen Situationen als unvermeidlich angesehen wird, nämlich das Eindringen unserer Gefühle in alles, was sich zu einem bestimmten Zeitpunkt ereignet.

4. *Umkehr.* Eine andere Technik sieht vor, daß der Patient ein seinen Gefühlen entgegengesetztes Verhalten zeigt. Ein sehr ängstlicher Patient wird etwa aufgefordert, sich während der Sitzung wie ein Draufgänger zu verhalten. *Perls* glaubt, daß zum Wesen eines Menschen immer auch die Kehrseite der Medaille gehört. Ein Patient, der gewöhnlich nicht geäußerte Gefühle ausagiert, wird sich eines Teiles seiner selbst bewußt, der bisher unterdrückt war.

5. *Beachtung nichtverbaler Signale.* Alle Therapeuten achten auf die nonverbalen und parasprachlichen Signale, die Patienten aussenden. Zu den nonverbalen Signalen zählen Körperbewegungen, Gesichtsausdruck, Gesten und dergleichen. Parasprachliche Signale sind hörbare Komponenten der gesprochenen Sprache jenseits des Sprachinhalts wie Tonfall- oder Sprechgeschwindigkeit. Menschen können mit Händen oder Augen verneinen, was sie mit den Stimmbändern artikulieren. *Perls* hielt diese nichtsprachlichen Signale für besonders wichtig und beobachtete sie genau, um herauszufinden, was die Patienten wirklich bewegte. „Was wir erzählen, ist meistens gelogen oder Bockmist. Aber da ist die Stimme, die Geste, die Haltung, der Gesichtsausdruck, die psychosomatische Sprache" (*Perls*, 1969, S. 54).

6. *Die Verwendung von Metaphern.* Oft arrangieren Gestalttherapeuten während der Sitzung ungewöhnliche Situationen, um ein Problem an die Oberfläche zu bringen und es lebendiger und einsichtiger zu machen. In einer von uns beobachteten Sitzung saß ein Ehepaar zusammen auf einem Sofa und zankte sich über die Mutter der Frau. Der Mann schien auf seine Schwiegermutter ziemlich wütend zu sein, und der Therapeut vermutete, daß sie ihm in der Beziehung zu seiner Frau im Weg war. Der Therapeut wollte dem Paar zeigen, wie frustrierend die Si-

Gestalttherapeuten verwenden die Technik des leeren Stuhls, um ihren Klienten dabei zu helfen, sich direkter mit ihren Gefühlen auseinanderzusetzen.

tuation für beide Teile sein mußte, und es gleichzeitig anstacheln, etwas dagegen zu unternehmen. Ohne Vorwarnung stand er auf und zwängte sich zwischen das Paar auf das Sofa. Es wurde kein Wort gesprochen. Der Mann schien erstaunt, dann betroffen und wurde schließlich ärgerlich auf den Therapeuten. Er bat ihn aufzustehen, damit er wieder neben seiner Frau sitzen könne. Der Therapeut schüttelte den Kopf. Als der Mann seine Aufforderung wiederholte, nahm der Therapeut seine Jacke und legte sie der Frau über den Kopf so daß der Mann sie nicht einmal mehr sehen konnte. Es folgte ein langes Schweigen. Der Ehemann wurde sichtlich immer erregter. Die Frau, bedeckt von der Jacke des Therapeuten, saß ruhig da. Plötzlich stand der Mann auf, ging am Therapeuten vorbei und zog seiner Frau zornig die Jacke vom Kopf. Dann stieß er den Therapeuten vom Sofa. Der Therapeut brach in ein fröhliches Gelächter aus. „Ich wollte wissen, wie lange es dauern würde," sagte er, „bis Sie etwas unternehmen."

Diese kleine Szene machte deutlich, was Worte vielleicht nicht hätten leisten können. Der Ehemann, der bereits gelernt hatte, mit seinen Gefühlen Kontakt aufzunehmen und sie ohne Angst oder Scham auszudrücken, berichtete weinend, daß er sich durch den Therapeuten von seiner Frau abgeschnitten gefühlt habe, fast genauso, wie er sich auch durch ihre Mutter von ihr entfremdet fühle. Die Mutter drängte sich zwischen ihn und seine Frau, und er tat nichts dagegen. Er wagte nicht, seine Bedürfnisse anzumelden und etwas zu unternehmen, um sie zu befriedigen. Daß er es geschafft hatte, Jacke und Therapeuten aus dem Weg zu räumen, veranlaßte ihn, sich zu fragen, ob er Ähnliches nicht auch bei seiner Schwiegermutter zuwege bringen könnte. Seine Frau begann zu schluchzen. Sie habe, gestand sie ihrem Mann, schon lange den Wunsch, er möge das Problem mit ihrer Mutter in die Hand nehmen. So weit, so gut. Aber dann wandte sich der Therapeut der Frau zu und fragte sie, warum sie sich denn nicht selbst von der Jacke befreit habe! Der Mann grinste, als der Therapeut der Frau sanft zum Vorwurf machte, daß sie ihren Eheproblemen so passiv gegenüberstehe. Am Ende der Sitzung waren beide Patienten zwar emotional erschöpft, hatten aber einen besseren Kontakt zueinander gefunden und beschlossen, aktiv zusammenzuarbeiten und die Beziehung zur Mutter zu ändern.

7. *Traumarbeit.* Ein weiterer wichtiger Teil der Gestalttherapie ist die Interpretation von Träumen. Diese Traumanalyse hat mit der psychoanalytischen nichts gemein. Im gestalttherapeutischen Denken ist der Traum keine Quelle von Symbolisierungen unbewußter Prozesse, sondern

> „jedes Traumbild, sei es Mensch, Tier, Pflanze oder Mineral, repräsentiert einen entfremdeten Anteil des Selbst. Indem der Patient den Traum wieder und wieder und aus der Perspektive jedes Bildes in der Gegenwart durchlebt und erzählt, ergreift er allmählich von diesen entfremdeten Fragmenten wieder Besitz, akzeptiert sie, lebt mit ihnen und kann ihnen angemesseneren Ausdruck verleihen." (Enright, 1970, S. 121)

So träumte einer Frau während ihrer Gestalttherapie, daß sie zwischen hohen, geraden Bäumen einem krummen Pfad folgte. Der Therapeut forderte sie auf, einer der Bäume zu *werden.* Die Patientin fühlte sich bei dieser Vorstellung heiter und tiefer verwurzelt. Sie sprach dann von ihrem Verlangen nach solcher Sicherheit. Als der Therapeut sie bat, der krumme Pfad zu werden, flossen Tränen, denn sie sah sich mit ihrer gewundenen Lebensweise konfrontiert. Wieder half der Gestalttherapeut der Patientin, gewöhnlich gemiedene Gefühle nach außen gelangen zu lassen, so daß sie sich ihrer bewußt werden, sie als zu sich gehörig erkennen und dann vielleicht beschließen konnte, sie zu ändern. Entsprechend ihrem phänomenologischen Ansatz ermutigen Gestalttherapeuten ihre Patienten, mit den entsprechenden Emotionen zu erzählen, welche Bedeutung ihr Traum in eben diesem Moment für sie hat. Der Therapeut wird seine eigenen Hypothesen über die Bedeutung eines Traums zurückhalten, denn es ist nicht sein Traum, sondern der des Träumers. Und für diesen hat er genau die Bedeutung, die sich ihm während der Sitzung enthüllt. In diesem Sinne verfügt die Gestalttherapie über keine Traumtheorie. Ihr Anliegen ist vielmehr die Traumarbeit, die Analyse von Träumen durch den Patienten mit Unterstützung des Therapeuten. Da für jeden Patienten nur die phänomenale Welt bedeutsam ist, ist das einzige, was die Betrachtung lohnt, seine unmittelbare Erfahrung.

Evaluation

Die Literatur legt den Gedanken nahe, daß Gestalttherapeuten einen großen oder den größten Teil der Sitzungen damit verbringen, ihre Patienten zu drängen, expressiver, spontaner und nachgiebiger gegenüber ihren Bedürfnissen zu sein. *Perls* sieht darin das Bemühen, beim Patienten die Wahrnehmung für aufsteigende Gestalten zu schärfen. Darüber hinaus versucht die Therapie, aus dem Menschen wieder ein Ganzes zu machen, indem sie ihn ermutigt, verleugnete Teile seiner Persönlichkeit zu integrieren. Das verbindet die Psychotherapie mit den experimentellen Ergebnissen der Gestaltpsychologie. Es fragt sich allerdings, ob *Perls'* Beschreibung die exakteste und ökonomischste Art ist, über Techniken zu sprechen, und ob sich – wichtiger noch – mit solchen Konzepten auf effektive Weise gute Therapeuten ausbilden lassen.

Die Gestalttherapie verkündet eindringlich die existentielle Botschaft, daß der Mensch kein Gefangener seiner Vergangenheit sei, daß er jederzeit die existentielle Entscheidung treffen könne, anders zu sein, und daß der Therapeut keinen Stillstand dulden werde. Diese optimistische Sicht der Dinge hilft zweifellos vielen Menschen, sich zu ändern. Wenn jemand aber nicht weiß, wie er sich anders verhalten soll, kann einem ohnedies unglücklichen Menschen erheblicher Schaden zugefügt werden. Wenn beispielsweise ein sozial gehemmter Patient es nie gelernt hat, wie er andere im Gespräch unterstützt, dann wäre es nicht sehr positiv, wenn der Betreffende sich dieses Defizits mehr bewußt wird und er ermutigt würde, sich stärker mitzuteilen. Da die sozialen Fertigkeiten fehlen, könnte sich der Betreffende nur wenig angepaßt und effektiv mit den anderen verständigen und würde sich schließlich nur noch schlechter als zuvor fühlen.

Die Verantwortung, die *Perls* betont, ist nicht zu verwechseln mit der Verpflichtung gegenüber anderen. Sogar als Therapeut stellt sich *Perls* nicht als jemand dar, der Verantwortung für andere übernimmt, und auch von seinen Patienten hat er dergleichen nie verlangt. Jeder Mensch hat die Verantwortung, für sich selbst zu sorgen, und seinen *eigenen* gegenwärtigen Bedürfnissen gerecht zu werden. Menschen, die ein soziales Gewissen haben oder in der Vergangenheit anderen gegenüber Verpflichtungen eingegangen sind, haben mit dieser offenbar egozentrischen Haltung unter Umständen Schwierigkeiten. Tatsächlich glaubte *Perls*, daß Verpflichtungen anderen gegenüber nie Vorrang haben sollten (*Prochaska*, 1984).

Aus der humanistischen Sicht von *Perls* und *Rogers* ist der Mensch von Natur aus gut, zielgerichtet und reich an Möglichkeiten. Wenn das zutrifft, wäre es vernünftig, dieser inneren guten Natur zu vertrauen und zum unmittelbaren Ausdruck von Bedürfnissen zu ermutigen. Aber sind Menschen immer gut? Manche Patienten, besonders wenn sie psychisch gestört sind, haben das Gefühl, etwas tun zu müssen, was nach professionellem Urteil nicht in ihrem Interesse ist. Angenommen, ein Patient hat das Bedürfnis, jemanden umzubringen oder irgend etwas zu tun, was für außenstehende Beobachter ganz sicher nicht wünschenswert ist. Wie steht es dann mit der Verantwortung des Therapeuten? An welchem Punkt muß er intervenieren und seinen Standpunkt durchsetzen? Wenn die Patienten damit drohen, sich in destruktiver Weise zu verhalten, dann sehen nur wenige Therapeuten zu und unternehmen nichts. Oft haben die Therapeuten heute keine andere Wahl als unter diesen Bedingungen etwas zu unternehmen, sogar dann, wenn dies den Wünschen des Patienten widerspricht. Wir glauben, daß Gestalttherapeuten *keineswegs* alle Entscheidungen dem Patienten überlassen, und – sei es auch nur durch den Modellcharakter seines eigenen Verhaltens – *beträchtlichen Einfluß* auf sie ausüben. Wie wir wissen, war *Perls* eine sehr charismatische Persönlichkeit. Vermutlich machen sich Patienten in den meisten Fällen die Werte

ihrer Therapeuten zu eigen (*Pentony*, 1966; *Rosenthal*, 1955). Unserer Meinung nach sollte man diesen sozialen Einfluß eingestehen, denn dann könnte man damit umgehen. Ihn zu leugnen, birgt die Gefahr, daß die „Tyrannei" des Therapeuten über den Patienten noch weiter geht.

Einige Studien haben versucht, einzelne Aspekte der Gestalttherapie, insbesondere die Technik des leeren Stuhls, zu untersuchen. In einer Analog-Studie mit jüngeren Studenten stellten *Conoley* und seine Mitarbeiter (1983) fest, daß sich Ärger, den die Probanden zuvor selbst eingeschätzt hatten, nach zwanzigminütiger Arbeit mit dem leeren Stuhl reduziert hatte. *Greenberg* und *Rice* (1981) berichten, daß der Einsatz dieser Technik Bewußtheit und emotionalen Ausdruck förderte und *Clarke* und *Greenberg* (1986) stellten fest, daß sie besser als Problemlösen war, wenn die Probanden Entscheidungen treffen sollten. Ergebnisse aus unserem eigenen Labor bestätigen, daß die Technik des leeren Stuhls ein besseres Verfahren als das konventionelle Interview zur Aufdeckung von Gefühlen ist (*Davison & Binkoff*, unveröffentlicht).

Alle Therapien können mißbraucht werden, die Gestalttherapie macht da keine Ausnahme. Tatsächlich ist sie in dieser Hinsicht vielleicht besonders problematisch. Sogar wenig erfahrene Therapeuten können Patienten ohne weiteres dazu bringen, ihre Gefühle zu äußern. Einige Gestalttechniken sind so wirksam, daß der Patient ungewollt Schaden nehmen kann. Die starke Persönlichkeit von *Perls* und sein Konfrontationsstil hat manche Nachahmer gefunden, die nicht über die Nachdenklichkeit, das Geschick und die Fürsorge verfügen, die er in so überreichem Maß zu besitzen schien. Der verantwortungsbewußte Gestalttherapeut ist ein Fachmann, dem die Interessen des Patienten über alles gehen, und der weiß, daß der Ausdruck einer starken Emotion um seiner selbst willen nur selten ausreicht, um Leiden zu lindern. Das Wesen der Gestalttherapie und der Kult, der mit dem Andenken an *Fritz Perls* getrieben wird, sollten jedem praktizierenden Gestalttherapeuten Anlaß sein, sich in besonderem Maße um Vorsicht und Bescheidenheit zu bemühen.

Zusammenfassung

Allen Einsichtstherapien liegt die Annahme zugrunde, daß ein Mensch darum in seinem Verhalten gestört ist, weil er sich der Motive seines Handelns nicht bewußt ist. Psychoanalyse und Ich-Analyse neigen dazu, Vergangenes zu betonen, während existentiell-humanistische Ansätze wie die von *Rogers* und *Perls* die gegenwärtigen Determinanten von Verhalten in den Mittelpunkt stellen. Das Bemühen um Faktoren der Gegenwart im Leben des Patienten findet sich aber auch bei den zeitgenössischen Varianten der klassischen Psychoanalyse, wie der Ich-Analyse und die psychodynamische interpersonale Therapie.

Entsprechend *Freuds* zweiter Neurosentheorie versucht die Psychoanalyse, Kindheitsverdrängungen aufzuheben, so daß die infantile Angst vor Äußerungen der Libido vom erwachsenen Ich im Lichte der Gegenwartsrealität überprüft werden kann. Die Ich-Analyse legt größeren Nachdruck auf das Bedürfnis und die Fähigkeit des Patienten, größere Kontrolle über Umwelt und Triebbefriedigung zu erlangen. Die Mehrzahl der Ich-Analysen haben die Form einer kurzen, zeitlich begrenzten, Therapie, bei der als Erwartung weniger als 24 Sitzungen festgesetzt werden. Das Schwergewicht liegt auf konkreten Zielen und Lernstrategien, um mit den unvermeidlichen Belastungen des Lebens fertig zu werden, wobei das Ziel der Psychoanalyse nach einer Veränderung der Persönlichkeit durch die Analyse der Übertragungsneurose aufgegeben wird.

Rogers vertraut darauf, daß der Trieb zur Selbstverwirklichung von Natur aus gut ist. Der Therapeut ist gehalten, innerhalb der Therapie eine wertungsfreie Atmosphäre zu schaffen. Durch Empathie und vorbehaltlose positive Wertschätzung hilft er dem Patienten, sich selbst genauer wahrzunehmen und dem eigenen Drang nach Selbstverwirklichung zu vertrauen. Auch die vornehmlich von der europäischen Existenz-philosophie beeinflußten Existentialtherapeuten gehen von einer angeborenen Fähigkeit des Menschen aus, die in ihm liegenden Möglichkeiten zu verwirklichen. Der Mensch besitzt die Freiheit, sich in jedem Moment zu entscheiden, ein anderer zu werden. Wie für *Rogers* ist auch für die Existentialisten Wirklichkeit nur das, was der einzelne wahrnimmt. Der Therapeut muß also versuchen, die Welt vom phänomenologischen Bezugsrahmen des Patienten aus zu sehen und weniger von seinem eigenen her.

Die Gestalttherapie von *Perls* gilt gewöhnlich als humanistischer Ansatz, unterscheidet sich aber von der Sichtweise *Rogers'* und der Existentialisten in entscheidenden Punkten. Für *Perls* findet das Leben einzig im Hier und Jetzt statt, und die zahlreichen von ihm und seinen Anhängern entwickelten Techniken sollen dem Patienten helfen, seine aktuellen Bedürfnisse wahrzunehmen und unverzüglich und ohne schlechtes Gewissen zu befriedigen. Der Schwerpunkt liegt auf der Verhaltensänderung, doch soll der Patient sich auch zunehmend bewußt werden, was er in jedem Moment tut, und die Verantwortung dafür übernehmen.

Eine steigende Zahl von Forschungsergebnissen belegt die Wirksamkeit von einigen Einsichtstherapien; einige davon sind prozeßorientiert, d.h., es werden die Faktoren untersucht, die für die Besserung des Patienten verantwortlich sind. Die Arbeitsbeziehung zwischen dem Therapeuten und dem Patienten stellt sich beispielsweise als wichtige Variable heraus. Die Psychotherapieforschung ist jedoch außerordentlich komplex und schwierig; wissenschaftlich gesicherte Schlußfolgerungen stehen nicht in gleichem Maß zur Verfügung wie grundlose Überzeugungen, wie man den Menschen helfen könnte, sich zu verändern. Die nächsten beiden Kapitel setzen die Untersuchung der therapeutischen Interventionen fort und die gleichen Probleme für die Evaluation der Ergebnisse und des Prozesses treten wieder auf.

auch beim Menschen konditionierbar sein müßten, und so entwickelten sie entsprechende Behandlungsprogramme. Die Methode hat Ähnlichkeit mit der Desensibilisierung, verfolgt aber das entgegengesetzte Ziel: Die ursprünglich positive Reaktion soll durch eine Angst- oder Aversionsreaktion ersetzt werden. Mit der Aversionstherapie behandelt man unter anderem exzessives Trinken, Rauchen, Transvestitismus, Exhibitionismus und übermäßiges Essen. So wird beispielsweise ein exzessiver Trinker, der sein Trinken aufgeben möchte, aufgefordert, Alkohol zu trinken und sich dabei im Spiegel zu betrachten oder sich selbst zu riechen, wobei diese Handlungen mit negativ bewertenden Kognitionen einhergehen sollen (z.B. ‚Alkohol stinkt widerlich'). Zusätzlich zur Verwendung eines schmerzhaften, aber nicht gefährlichen Schocks an den Händen als unkonditioniertem Reiz, verwenden einige Therapeuten Emetika, d.h. Substanzen, die beim Patienten Übelkeit auslösen, wenn er mit dem unerwünschten Reiz konfrontiert wird.

Neuere Untersuchungen der chemischen Aversion bei Alkohol- und Nikotinabhängigkeit unterstützen die Vorstellung, daß Übelkeit, die gleichzeitig mit dem Geschmack von Alkohol oder dem Inhalieren des Zigarettenrauchs eintritt, eine stabile konditionierte Aversion darstellen und in der Folge zu Abstinenz von Alkohol oder Zigaretten führen kann (z.B. *Baker & Brandon*, 1988; *Cannon* et al., 1986). Diese und ähnliche Ergebnisse sind jedoch unter anderem von *Wilson* (1987) kritisiert worden. Die Debatte wird lebhaft weitergeführt.

Die Aversionstherapie ist aus ethischen wie wissenschaftlichen Gründen umstritten. Daß man Menschen, wenn auch auf eigenen Wunsch, Schmerz und Unbehagen bereitete, hat zu einem Sturm der Entrüstung geführt. Die vielleicht stärksten ethischen Bedenken und den größten Zorn äußerten die verschiedenen Homosexuellen-Organisationen. Ihrer Meinung nach wollen sich Homosexuelle, die mit Hilfe einer schmerzhaften Behandlung ihre sexuellen Vorlieben ändern möchten, in Wirklichkeit für ein Verhalten bestrafen, von dessen Verwerflichkeit eine vorurteilsbehaftete Gesellschaft sie überzeugt hat. Indem sie solchen Wünschen nachkämen, so der Vorwurf an die Verhaltenstherapeuten, verhinderten sie, daß Homosexualität als legitime Lebensform akzeptiert werde (*Silverstein*, 1972). Wir werden später darauf eingehen (Kasten 21.5).

Allerdings setzen Verhaltenstherapeuten nur in seltenen Fällen ausschließlich aversive Verfahren ein. Fast immer werden auch positivere Techniken eingeführt, um dem Patienten als Ersatz für die abgelegten neue Verhaltensweisen zu vermitteln. Die Wirkung einer Aversionstherapie kann in der Tat recht flüchtig oder kurzlebig sein; möglicherweise zeitigt die Behandlung auch nur einen Placebo-Effekt. Immerhin wird mit der vorübergehenden Verminderung des unerwünschten Verhaltens etwas „Raum" geschaffen, den dann Reaktionen einnehmen können, die dem Betroffenen oder der ihn umgebenden Kultur angemessener erscheinen. Als einzige Behandlungsform wird der Therapeut eine Aversionstherapie im allgemeinen nur dann einsetzen, wenn alle anderen Mittel versagen.

Operantes Konditionieren

In den fünfziger Jahren schlugen einige Forscher vor, die Therapeuten sollten doch versuchen, offenes Verhalten durch Belohnung und Bestrafung zu formen (*Skinner*, 1953). In der Überzeugung, durch operantes Konditionieren eine gewisse Kontrolle über das komplexe, rätselhafte und häufig zügellose Verhalten hospitalisierter Patienten zu erlangen, entschlossen sich viele experimentell ausgerichtete Psychologen zu dem Versuch, praktische Ordnung in das Chaos der Institutionen für schwer Gestörte zu bringen.

Zusätzlich zu der bekannten Verwendung von Lob, Tokens und Nahrungsmitteln als positive Verstärker und von verbalen oder körperlichen Strafen als negative Verstärker, haben diejenigen, die mit der operanten Konditionierung arbeiten, weitere Verstärker entwickelt. Das Premack-Prinzip (*Premack*, 1959) besagt, daß in einer bestimmten Situation ein wahrscheinlicheres Verhalten als Verstärker für ein weniger wahrscheinliches dienen kann. Wenn man beispielsweise weiß, daß John sich eher ein Football-Spiel ansieht als die Wäsche zu waschen, dann kann man das erste zeitlich nahe an das zweite heranbringen: die Erlaubnis für John, das Football-Spiel anzusehen, kann als positiver Verstärker für das Waschen der Wäsche dienen. Viele von uns haben dieses Prinzip bereits viele

Time-out (Auszeit) ist ein operantes Verfahren, bei dem die Folge des Fehlverhaltens darin besteht, daß der Verursacher in eine Umgebung versetzt wird, in der es keine positiven Verstärker gibt.

Male auf das eigene Verhalten angewendet, indem wir beispielsweise festgelegt haben, daß wir uns mit dem Besuch eines Kinos erst dann belohnen, wenn eine Arbeit, die weniger attraktiv ist, erledigt wurde.

Ein anderes operantes Hilfsmittel ist die Auszeit. Dabei wird der Betroffene aus einer Umgebung herausgenommen, in der er positive Verstärker bekommen kann. Beispielsweise kann man, statt ein unerwünschtes Verhalten einfach zu ignorieren – das typische Vorgehen bei der Extinktion – den Betreffenden für eine festgelegte Zeit in einen eintönigen Raum verbannen, in dem keine positiven Verstärker vorhanden sind. Schließlich stellt die Überkorrektur eine Bestrafung dar, bei der eine Person nicht nur die Umgebung, die sie verschmutzt hat, wieder herstellen, sondern den ursprünglichen Zustand verbessern muß (z.B. *Azrin, Sneed & Foxx*, 1973). Wenn daher ein destruktives Kind die Laken vom Bett herunter reißt, statt es zu machen, dann verlangt der Therapeut, daß das Kind nicht nur sein Bett, sondern auch das von anderen macht. Allgemein gesagt, wirken operante Behandlungsmethoden am besten bei Patienten, deren intellektuelle Fähigkeiten begrenzt sind und in Situationen, in denen vom Therapeuten erhebliche Kontrolle ausgeübt werden kann. Zunächst werden wir uns der Token-Ökonomie zuwenden und dann auf operante Verfahren bei Kindern eingehen.

Das Münzsystem (Token Economy)

Ein frühes Beispiel für die Arbeit innerhalb der Tradition des operanten Konditionierens ist das Münzsystem, ein Verfahren, bei dem Tokens (wie Poker-Chips oder Aufkleber) für erwünschtes Verhalten ausgegeben werden. Diese Tokens können später gegen gewünschte Objekte oder Aktivitäten eingetauscht werden. Auf der Grundlage eines älteren Behandlungsprogramms, das *Staats* und *Staats* (1963) für Kinder entwickelt hatten, führten *Ayllon* und *Azrin* (1968) mit einer ganzen Station einer psychiatrischen Klinik eine Reihe von Experimenten durch, für deren Dauer die Patienten für bestimmte Aktivitäten – etwa Bettenmachen und Haarpflege – belohnt wurden. Verhielten sich die Patienten seltsam oder zogen sie sich zurück, blieb die Belohnung aus. Die 45 Patientinnen, die auf eine durchschnittliche Hospitalisierung von 16 Jahren zurückblickten, wurden für Arbeiten auf der Station und selbständige Körperpflege systematisch mit Plastikmünzen belohnt, die sie später für bestimmte Privilegien wie Schallplattenhören, Kinobesuche, Einzelzimmer und Extrabesuche in der Kantine eintauschen konnten. Der Tagesablauf jeder Patientin wurde so vollständig wie möglich von diesem Münzsystem kontrolliert.

Die Regeln des Münzsystems – das Tauschmittel; die zu belohnenden Hausarbeiten und Körperpflege-Aktivitäten und die Anzahl

Dieses Photo zeigt die Token-Ökonomie, die im Programm „Soziales Lernen" am Fulton State Hospital in Fulton, Missouri, einesetzt wird. Der Patient erhält eine Münze und ein Lob von einem Mitarbeiter der Klinik für seine aktive Teilnahme am Unterricht.

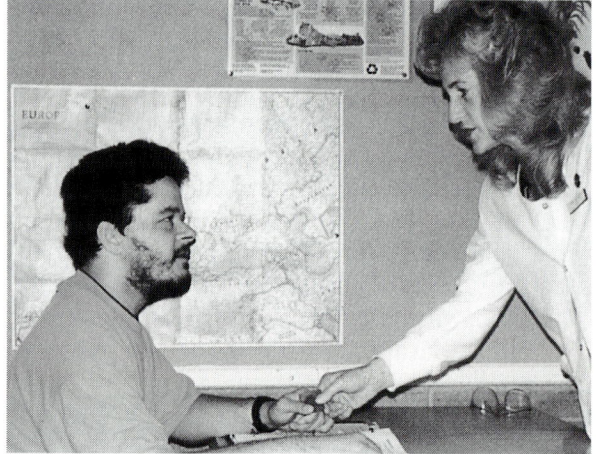

der jeweils zur Belohnung ausgegebenen Münzen; welche Dinge und Privilegien für wie viele Münzen erworben werden können – werden genau festgelegt und gewöhnlich jedem Patienten an die Hand gegeben. Es hat sich gezeigt, daß man durch systematische Manipulation von Verstärkungskontingenzen, d.h. durch Belohnung bestimmter Verhaltensweisen, um deren Häufigkeit zu steigern, und durch Ignorieren anderer Verhaltensweisen, um deren Häufigkeit zu reduzieren, sogar stark regredierte Klinik-Patienten signifikant beeinflussen kann. Um zu zeigen, daß ein Reiz das Verhalten, auf das der Reiz erfolgt, tatsächlich verstärkt, muß ein Experiment nicht nur nachweisen, daß ein Verhalten häufiger wird, wenn ein positives Ereignis darauf folgt, sondern auch, daß ein Verhalten ohne positive Konsequenz an Häufigkeit abnimmt. In Kapitel 5 haben wir den ABAB-Versuchsplan als eine Methode vorgestellt, mit dem sich der Effekt von Kontingenzen untersuchen läßt. Und genau dieser Methode bedienten sich auch *Ayllon* und seine Mitarbeiter, um die Auswirkungen von Kontingenzen auf das Verhalten ihrer Psychiatrie-Patientinnen zu demonstrieren. Wie Abbildung 19.1 zu entnehmen ist, wurden Verhaltensweisen wie Zähneputzen und Bettenmachen merklich seltener, wenn man die Belohnungen einstellte, und sie nahmen an Häufigkeit wieder zu, sobald sie wieder belohnt wurden.

Seit der Veröffentlichung von *Ayllons* frühen Untersuchungen zum Münzsystem hat man vielerorts mit ähnlichen Programmen gearbeitet. Am beeindruckendsten ist die bereits (S. 483) erwähnte Untersuchung von *Gordon Paul* und *Robert Lentz* (1977). Die regredierten und chronisch schizophrenen Langzeit-Patienten dieses Programmes sind wohl die am schwersten geschädigten institutionalisierten Erwachsenen, die jemals systematisch untersucht wurden. Manche dieser Patienten schrien periodisch für längere Zeit, manche waren stumm; viele näßten ein und einige waren gewalttätig. Die meisten aßen nicht mehr mit Besteck, und einige pflegten ihr Gesicht im Essen zu vergraben. Die Patienten wurden nach Alter, Geschlecht, sozioökonomischem Hintergrund Symptomen und Dauer der Hospitalisierung parallelisiert und dann einer von drei Stationen zugewiesen, auf denen mit ihnen entweder nach den Prinzipien des sozialen Lernens, der Milieutherapie oder der normalen Klinikroutine verfahren wurde. Jede Station hatte 28 Bewohner. Die beiden Behandlungsstationen hatten

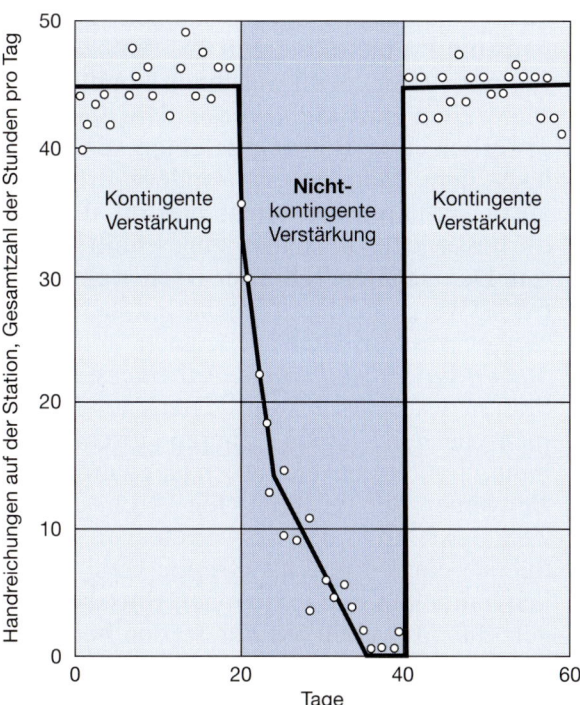

Abb. 19.1 Wenn die Patienten Belohnungen erhalten, verwenden sie mehr Zeit damit, für sich selbst zu sorgen und Aufgaben zu übernehmen als wenn sie keine bekommen. Nach Aylton und Azrin (1965).

sich anspruchsvolle Ziele gesetzt: Die Bewohner sollten lernen, selbständig für ihre Körperpflege zu sorgen, im Haushalt zu helfen, zu kommunizieren und ihre sprachlichen Möglichkeiten zu verbessern; das Symptom-Verhalten sollte reduziert und die Patienten schließlich in die Gemeinschaft entlassen werden.

1. Station für soziales Lernen. Die Station für soziales Lernen war in einem neuen Zentrum für psychische Gesundheit untergebracht und arbeitete mit einem Münzsystem, das das Leben der Bewohner in all seinen Aspekten erfaßte. Jeden Morgen wurde ihre äußere Erscheinung inspiziert und mußte, um mit einer Münze honoriert zu werden, elf Kriterien entsprechen. Ordentlich gemachte Betten, gutes Benehmen bei den Mahlzeiten, Teilnahme am Unterricht und soziales Verhalten während der Freizeit brachten weitere Münzen ein. Die Bewohner erlernten diese Fähigkeiten durch Modellernen, Verhaltensformung (shaping), direkte Hilfen (prompting) und Instruktionen. Sie wurden auch einem Training unterzogen, um besser miteinander zu kommunizieren, und sie nahmen an Gruppen zum Problemlösen teil. Die Münzen waren notwendig, denn mit ihnen konnte man Mahlzeiten und kleine besondere Genüsse erwerben. Die Bewohner lebten nicht nur nach dem Münzsystem, sondern erhielten auch Verhaltenstherapien, die auf die Bedürfnisse jedes einzelnen zugeschnitten waren. Den größten Teil ihrer wachen Stunden (85%) waren sie damit beschäftigt, sich angemesseneres Verhalten anzueignen.

2. *Station für Milieutherapie.* Auf einer anderen Station des Zentrums wurde nach den Prinzipien von *Jones'* (1953) „therapeutischer Gemeinschaft" gearbeitet. Auch hier wurden die Bewohner den größten Teil ihrer wachen Zeit beschäftigt. Man erwartete von ihnen, daß sie einzeln und als Gruppe verantwortlich handelten und sich an den Entscheidungen, die das Leben auf der Station betrafen, beteiligten. Man war bestrebt, sie mehr als normale Menschen denn als inkompetente psychiatrische Patienten zu behandeln. Das Personal trat den Bewohnern mit positiven Erwartungen gegenüber und lobte sie für jedes Wohlverhalten. Zeigte jemand Symptomverhalten, blieben Mitarbeiter bei ihm und verdeutlichten ihm ihre Erwartung, daß er sich bald angemessener verhalten werde.

3. *Klinik-Routine.* Die Patienten führten in einer älteren staatlichen Institution weiter ihr gewohntes Klinik-Leben, standen unter Bewachung und erhielten schwere antipsychotische Medikamente. Abgesehen von den 5% ihrer wachen Stunden, die sie mit gelegentlichen Aktivitäten und Freizeit-, Beschäftigungs-, Einzel- und Gruppentherapien beschäftigt waren, blieben sie sich selbst überlassen.

Vor Beginn des Programms wurde das Personal der beiden Behandlungsstationen sorgfältig darin geschult, den detaillierten Anweisungen des jeweiligen Therapie-Handbuches zu folgen. Durch regelmäßige Beobachtungen wurde bestätigt, daß sie bei ihrer Arbeit auf der Station die Prinzipien des sozialen Lernens oder der Milieutherapie erfüllten. Während der viereinhalb Jahre auf der Station und noch eineinhalb Jahre danach evaluierte man den Behandlungserfolg regelmäßig in sechsmonatigen Intervallen mit Hilfe strukturierter Interviews und peinlich genauen unmittelbaren Verhaltensbeobachtungen.

Die Ergebnisse? Beide Behandlungsformen, soziales Lernen wie Milieutherapie, bewirkten eine Reduzierung des Symptomverhaltens. Die Bewohner lernten, sich besser selbst zu versorgen und sich im Haushalt zurechtzufinden und erwarben soziale und sprachliche Fertigkeiten. Beide Behandlungsgruppen waren in ihrem Verhalten den Patienten der Klinik-Station überlegen und nach Abschluß der Behandlung konnten mehr von ihnen entlassen werden. Tatsächlich verließen mehr als 10% der mit sozialem Lernen behandelten Patienten das Zentrum, um ein unabhängiges Leben zu führen. Von den Milieutherapie-Patienten erreichten 7% dieses Ziel, von den Klinik-Patienten keiner.

Ein interessantes Ergebnis fand sich hinsichtlich des Gebrauchs von Medikamenten. Es ist nicht überraschend, daß 90% der Patienten in allen drei Gruppen zu Beginn der Studie Neuroleptika erhielten. Mit der Zeit stieg dieser Anteil bei der Routinebehandlung auf 100%, während in den beiden anderen Gruppen der Anteil der Patienten, die Neuroleptika erhielten, drastisch sank, auf 18% bei der Milieutherapie und auf 11% beim sozialen Lernen. Sehr viel mehr Patienten aller drei Gruppen wurden in Gemeindeeinrichtungen wie Ganztagsheime und Übergangsheime entlassen, wo sie zwar unter Aufsicht, aber erheblich weniger eingeschränkt lebten, als das im Durchschnitt in den letzten siebzehn Jahren ihres Lebens der Fall gewesen war. Mitglieder der mit sozialem Lernen vertrauten Gruppe hielten sich in diesen Gemeindeeinrichtungen signifikant besser als die Patienten der beiden anderen Gruppen.

Wenn man bedenkt, wie unselbständig die Patienten vor Beginn des Projektes waren, sind die Ergebnisse bemerkenswert. Ebenfalls bedeutsam ist die Tatsache, daß das soziale Lernen dem Milieuprogramm überlegen war, da viele psychiatrische Kliniken die Milieu-Behandlung eingeführt haben. In der Form, wie sie von *Pauls* Team durchgeführt wurde, erhielten die Patienten mehr Aufmerksamkeit als die Patienten der Station für soziales Lernen. Das mit der anderen Behandlung verbundene größere Maß an Aufmerksamkeit dürfte ausreichen, um die Therapie des sozialen Lernens in bezug auf den Placebo-Effekt zu kontrollieren.

Gleichwohl bestätigte sich damit nicht die Nützlichkeit von Münzsystemen an sich, denn das soziale Lernen enthält Elemente, die über das operante Konditionieren offenen motorischen Verhaltens hinausgehen. Das Personal informiert die Bewohner und versucht, Mißverständnisse verbal zu klären. Tatsächlich erkennt *Paul* (persönliche Mitteilung, 1981) dem Münzsystem nur eine sekundäre, wenn auch keineswegs triviale Rolle zu. Er hält sie für ein nützliches Mittel, in den ersten Behandlungsstadien die Aufmerksamkeit schwer regredierter Patienten zu gewinnen. Das Münzsystem war für seine Patienten eine Gelegenheit, neue Information aufzunehmen oder, wie *Paul* es im Gespräch formulierte, „etwas Sinnvolles in ihren Kopf zu kriegen."

Paul und *Lentz* haben nie behauptet, einen dieser Patienten „geheilt" zu haben. Auch wenn sie zu einem Leben außerhalb der Klinik fähig waren, behielten sie viele Symptome ihrer psychischen Störung bei, nur wenige konnten sich ihren Lebensunterhalt selbst verdienen oder an sozialen Aktivitäten teilnehmen, die den meisten von uns selbstverständlich sind. (Die Aspekte der weiteren Pflege nach dem Projekt von *Paul* und *Lentz* werden ausführlicher in Kapitel 20, S. 718 dargestellt.) Trotzdem sollte man das Erreichte nicht unterschätzen. Chronische psychiatrische Patienten, die typischerweise in Institutionen verwahrt und von der Gesellschaft vergessen werden, kann man resozialisieren und lehren, für sich selbst zu sorgen. Sie lernen, sich so normal zu verhalten, daß man sie aus der psychiatrischen Institution entlassen kann. Weitere Untersuchungen, die nach der Studie von *Paul* und *Lentz* publiziert wurden, stützen die Wirksamkeit des sozialen Lernprogramms (vgl. Übersicht von *Paul & Menditto*, 1992).

Die Erfolge der Arbeiten von *Paul* und *Lentz* hatten jedoch nur geringe Auswirkungen auf die Pflege hospitalisierter Psychiatriepatienten. 1983 untersuchten *Boudewyns*, *Fry* und *Nightingale* (1986) alle 152 medizinischen Zentren der Veterans Administration. Eine phänomenale Rücklaufrate von 100% enthüllte, daß nur 20 Zentren berichteten, daß bei ihnen irgend etwas in bezug auf Verhaltensmodifikation oder Münzsystemen unternommen wurde. Von diesen 20 nahm nur die Häfte die Arbeit von *Paul* und *Lentz* zum Vorbild. Daher wurden von den 46360 Schizophrenen mit einer durchschnittlichen Aufenthaltsdauer von 98 Tagen nur 1,01 % mit dem am besten validierten Therapieprogramm konfrontiert. Fünfzehn Jahre später konnten *Paul* und *Menditto* (1992) keine deutliche Steigerung beim Einsatz der

Münzsysteme finden, trotz weiterer Belege, welche die Wirksamkeit dieser Programme stützen.

Warum wird dieses Behandlungsmodell nicht häufiger genutzt? Vermutungen schließen den Widerstand des Pflegepersonals (das Programm erfordert eine neue Form der Interaktion mit den Patienten und der Berichterstattung, die dem Personal möglicherweise widerstrebt), Probleme des Auffindens geeigneter Verstärker für die chronischen Patienten, hohe Kosten und die Sorge um die Rechte des Patienten ein. *Paul* und *Menditto* (1992) machen auch politische Faktoren wie negative Vorurteile in der Psychiatrie und dem medizinischen Establishment, bürokratische Trägheit gegenüber neuen Ansätzen und die konservative Bundesregierung der USA in den 80er Jahren, die eine Einschränkung der Forschungsmittel für Sozial- und Verhaltenswissenschaften vornahm, verantwortlich. Sie sehen jedoch auch eine Abkehr von dieser Praxis in den 90er Jahren, da die Legislative, die Steuerzahler und die Versicherungen einen besseren Nachweis für das erwarten, wofür sie zahlen sollen.

Operantes Konditionieren mit Kindern

Einige der besten Verhaltenstherapien mit Mitteln des operanten Konditionierens hat man mit Kindern durchgeführt, vielleicht, weil deren Verhalten sowieso weitgehend von anderen kontrolliert wird. Schließlich stehen Kinder häufiger unter ständiger Aufsicht als Erwachsene. In der Schule wacht der Lehrer über ihr Verhalten, zu Hause haben die Eltern häufig ein Auge auf ihr Spiel und ihre sozialen Aktivitäten. In den meisten Fällen arbeitet der Verhaltenstherapeut mit Eltern und Lehrern eines Kindes und hält sie an, ihre gewohnten Formen des Belohnens und Strafens zu ändern. Wenn die für das Kind wichtigen Erwachsenen ihre Verstärkungspraktiken ändern, so nimmt man an, wird sich schließlich auch das Verhalten des Kindes ändern.

Mit dem operanten Konditionieren läßt sich eine breite Vielfalt von kindlichen Problemen behandeln; Bettnässen, Daumenlutschen, Aggression, Wutanfälle, Hyperaktivität und Selbstverstümmelung gehören ebenso dazu wie störendes Verhalten im Unterricht, schlechte Schulleistungen, extremer sozialer Rückzug und Asthmaanfälle (*Nemeroff & Karoly*, 1991).

Die Selbstverstümmelung wurde auch mit Strafverfahren wirksam angegangen, wobei manchmal eine reaktionskontingente Anwendung eines schmerzhaften Elektroschocks an Händen oder Füßen eingesetzt wurde (vgl. S. 549). Derart extreme Maßnahmen werden natürlich nur dann eingesetzt, wenn weniger drastische Interventionen sich als wirkungslos erwiesen haben und wenn das problematische Verhalten eine Bedrohung der Gesundheit oder des Lebens darstellt (*Sandler*, 1991). Sogar die Geschlechtsidentität scheint sich mit operanten Verfahren beeinflussen zu lassen (vgl. S. 382). Im allgemeinen werden mit operantem Konditionieren bessere Behandlungsergebnisse erzielt als mit traditionellen Therapieformen (*Franks* et al., 1990).

Natürlich muß sich der Therapeut vor der Behandlung davon überzeugen, daß das Verhalten, das geformt oder gelöscht werden soll, tatsächlich durch Belohnung kontrollierbar ist. Ein Kind, das weint, weil es Schmerzen hat, sollte man trösten. Ermutigende Ergebnisse hat man auch bei der Arbeit mit retardierten und autistischen Kindern erzielt. Wie wir aus Kapitel 16 wissen, haben viele Praktiker des operanten Konditionierens die Behauptung von der begrenzten Trainierbarkeit retardierter Kinder in Frage gestellt – sehr zum Nutzen der behandelten Kinder und ihrer Eltern.

Modellernen

Ein dritter theoretischer Ansatz, dem Verhaltenstherapeuten folgen, ist das Modellernen. Die Bedeutung des Modellernens und Nachahmens von Verhalten liegt auf der Hand, denn Kinder wie Erwachsene sind in der Lage, durch die bloße Beobachtung anderer komplexe Reaktionen zu erwerben und emotionale Hemmungen abzubauen. Wir werden uns zunächst den vielfältigen Problemen zuwenden, die mit dem Modellernen behandelt werden können und danach mit der Rolle der Kognition beim Modellernen.

Behandelte Probleme

Wie wirksam das Modellernen in der klinischen Arbeit eingesetzt werden kann, zeigt eine frühe Untersuchung von *Bandura, Blanchard* und *Ritter* (1969). Sie versuchten, Patienten bei der Überwindung ihrer Schlangenphobie zu helfen. Zu diesem Zweck ließen sie ihre erwachsenen Probanden wirkliche und gefilmte Begegnungen von Menschen und Schlangen sehen. Bei diesen Begegnungen bewegten sich die menschlichen Modelle allmählich immer näher auf die Tiere zu. Bei Abschluß der Untersuchung zeigten sich die Ängste der Probanden entscheidend gemindert. Die in Kapitel 16 behandelten Pionierarbeiten von *Ivar Lovaas* verwendeten von Anfang an das Modellernen, um komplexe Fertigkeiten, wie etwa die Sprache, autistischen Kindern beizubringen (*Lovaas* et al., 1966). Sexualtherapie-Forscher stellten fest, daß gehemmte Erwachsene zu erfreulicherer Sexualität finden können, wenn man ihnen freie, aber die Grenzen des guten Geschmacks nicht verletzende Filme zeigt, in denen Menschen sich streicheln, masturbieren und Geschlechtsverkehr haben (*McMullen & Rosen*, 1979; *Nemetz, Craig & Reith*, 1978). Ebenfalls mit Filmen oder Dias konnte man Kindern die Angst vor Hunden (*Hill, Liebert & Mott*, 1968), vor der Aufnahme in das Krankenhaus (*Roberts* et al., 1981), vor Operationen (*Melamed & Siegel*, 1975) und Zahnarztbesuchen (*Melamed* et al., 1975) nehmen. Solche Filme, die den kindlichen Zuschauern die Angst vor medizinischen Behandlungen nehmen sollen, gelten als Verfahren der neuen Disziplin der Verhaltensmedizin oder „Gesundheitspsychologie" (vgl. S. 509).

Auch ein Teil der klinischen Arbeit von *Arnold Lazarus*, einem der ersten Verhaltenstherapeuten, kann zum Modellernen gerechnet werden. Bei der sogenannten *Verhaltenseinübung* (behavior rehearsal, vgl. Kapitel 2, S. 53) demonstriert *Lazarus* (1971) dem Patienten eine bessere Möglichkeit, mit einem schwierigen zwischenmenschlichen Problem umzugehen. Der Patient beobachtet das exemplarische Verhalten des Therapeuten und versucht, es im Verlaufe der Therapiesitzung nachzuahmen. Durch Übung und Beobachtung erwirbt der Patient oft ein ganzes Repertoire wirksamerer und befriedigenderer Verhaltensweisen. Dieses Modellernen und Nachahmen läßt sich durch den kreativen Einsatz von Videos unterstützen.

In ihrer Übersicht über kognitiv-verhaltensorientierte Interventionen bei Kindern weisen *Braswell* und *Kendall* (1988) darauf hin, daß fast alle ein Modell, meist einen Erwachsenen, einsetzen, der Beispiele des gewünschten Verhaltens zeigt. *Meichenbaum* (1971) fand beispielsweise, daß die Verbalisierung der Gedanken beim Problemlösen durch ein Modell – „Gut, wenn ich so nicht weiter komme, werde ich eben einen anderen Weg versuchen." – zu einer deutlicheren Verbesserung führte als die Beobachtung des Modells, welches das Problem ohne lautes Denken löste. *Kendall* und *Braswell* (1985) ermutigen auch Verhaltenstherapeuten bei Kindern, „natürlich" auftretende Ereignisse als Gelegenheit zum Modellernen zu verwenden, beispielsweise laut zu denken, wenn sie versuchen einen passenden Raum für die Therapiesitzung zu finden oder die Planung für das nächste Treffen machen. Durch die Beobachtung von anderen, sowohl Erwachsenen als auch Gleichaltrigen lernen die Kinder sehr viel; diese Studie weist darauf hin, daß Problemlösestrategien genauso schnell gelernt werden können wie offenes Verhalten (*Kendall*, 1990).

Auch verhaltenstherapeutische Programme für hospitalisierte Patienten bedienen sich des Modellernens. *Bellack*, *Hersen* und *Turner* (1976) entwarfen für drei chronisch schizophrene Patienten soziale Situationen und beobachteten, ob die Patienten sich der Situation angemessen verhielten. Der Patient sollte sich etwa vorstellen, er finde bei der Heimkehr von einem Wochenendausflug einen frisch gemähten Rasen vor. Wenn er aus dem Auto steige, komme sein Nachbar auf ihn zu und teile ihm mit, da er gerade seinen eigenen Rasen geschnitten habe, habe er den des abwesenden Nachbarn schnell mitbedacht. Auf diese Situation muß der Patient nun reagieren. Wie erwartet, gelang den Patienten zunächst keine sozial angemessene Reaktion, was in diesem Fall bedeutet hätte, dem Nachbarn in irgendeiner Form zu danken. Es wurde also geübt, der Therapeut ermutigte die Patienten zu weiteren Reaktionen und half mit hilfreichen Kommentaren. Wo nötig, fungierte er als Modell, so daß die Patienten ihn beobachten und versuchen konnten, es ihm gleichzutun. Mit dieser Kombination von Rollenspiel, Modellernen und positiver Verstärkung machten alle drei Patienten beträchtliche Fortschritte. Die Fortschritte übertrugen sich auch auf Situationen, an denen sie im Training nicht gearbeitet hatten. Diese und andere Untersuchungen (z.B. *Wallace* et al., 1985) zeigen, daß viele schwer gestörte Patienten neue soziale Verhaltensweisen lernen können, die ihnen das Leben innerhalb *und außerhalb* der Institution erleichtern.

Die Rolle der Kognition

Unklar ist allerdings noch, *wie* die Beobachtung eines Modells in verändertes offenes Verhalten umgesetzt wird. In ihren ursprünglichen Veröffentlichungen zum Modellernen behaupteten *Bandura* und *Walters* (1963), ein Beobachter könne auf irgendeine Weise dadurch, daß er anderen zuschaue, neues Verhalten lernen. Angesichts der überragenden Bedeutung, die ein großer Teil der Experimentalpsychologen dem Lernen durch Tun zuschreibt, war diese Hinwendung zu einem Lernen ohne Tun wichtig. Doch man versäumte es, sich auch Gedanken über die dabei möglicherweise wirksamen Prozesse zu machen. Läßt man das typische Experiment zum Modellernen einen Augenblick Revue passieren, wird deutlich, welche Richtung Theorie und Forschung hier in den letzten Jahren genommen haben. Der Beobachter, ein Kind, sitzt in einem Sessel und schaut sich im Film an, wie ein anderes Kind eine Reihe von Bewegungen macht – etwa auf sehr stereotype Weise eine Puppe schlägt – und dazu seltsame Laute ausstößt. Eine Stunde später bekommt das Kind Gelegenheit, das zuvor Gesehene und Gehörte nachzuahmen. Wie gesunder Menschenverstand und Alltagserfahrung vermuten lassen, gelingt ihm das auf Anhieb. Wie verstehen wir, was sich abgespielt hat? Da der kleine Beobachter allenfalls in seinem Sessel herumgezappelt, aber sonst nichts *getan* hat, was in motorischer Hinsicht von Interesse wäre, hätte es wenig Sinn, im offenen Verhalten nach einem Hinweis zu suchen. Offenbar waren die kognitiven Prozesse des Kindes beteiligt, einschließlich seiner Fähigkeit, sich an das Gesehene zu erinnern.

Bandura (1986) hat die kognitiven Faktoren, die beim Modellernen beteiligt sind, ausführlich beschrieben. Er definiert sie als einen Prozeß, durch den das Individuum ziemlich effektiv Regeln für die Verhaltensgenerierung erwirbt. Das Interesse daran hat *Bandura* dazu gebracht, eine sozial-kognitive Theorie des Verhaltens zu entwickeln, bei der die symbolischen, kognitiven Prozesse eine Schlüsselrolle spielen.

Wie *Bandura, Jeffrey* und *Bachicha* (1974) unter Bezug auf experimentelle kognitive Forschungen feststellten, half die Anwendung eines solchen Codes den Beobachtern, ihre Handlungen nach einem Modell zu formen. Andere Theorien über das Speichern und Abrufen von Informationen aus dem Gedächtnis erhellen vielleicht, wie Menschen „einfach" durch Beobachten anderer neue und komplexe Verhaltensmuster erwerben – die Anführungsstriche deshalb, da der Prozeß in Wirklichkeit alles andere als einfach ist. Die Literatur zum Modellernen bot zunächst einfache Erklärungen an im Sinne des sozialen Lernens nach gesundem Menschenverstand. Inzwischen betrachtet man Interventionen durch Modellernen als Spielart der kognitiven Verhaltenstherapie, der wir uns jetzt zuwenden.

Kognitive Verhaltenstherapie

In den bisher vorgestellten Formen der Verhaltenstherapie geht es in erster Linie um die direkte Manipulation offenen und gelegentlich auch verdeckten Verhaltens. Versuche, auch Denk- und Urteilsprozesse von Patienten unmittelbar zu ändern, wurden kaum unternommen. Vielleicht war es eine Reaktion auf die Einsichtstherapie, daß Verhaltenstherapeuten den kognitiven Prozessen zunächst kaum Bedeutung beimaßen und jede Berufung auf Denkvorgänge als Rückfall in jenen „Mentalismus" ansahen, den *John Watson* Anfang des Jahrhunderts so scharf verurteilt hatte.

Wenn die Verhaltenstherapie als angewandte Experimentalpsychologie jedoch ernst genommen werden soll, muß sie auch Theorie und Forschung zu kognitiven Prozessen einschließen. Und in der Tat schenken Verhaltenstherapeuten seit einer Reihe von Jahren auch „inneren Ereignissen" (private events) – Gedanken, Wahrnehmungen, Urteilen und Selbstaussagen – Aufmerksamkeit und untersuchen und manipulieren diese Prozesse, um offenes und verdecktes gestörtes Verhalten zu verstehen und zu modifizieren (*Mahoney*, 1974). Ein frühes Beispiel für eine kognitive Umstrukturierung ist der in Kapitel 2 beschriebene Mann mit den „Druckpunkten" (vgl. S. 55). Unter kognitiver Umstrukturierung ist ganz allgemein eine Veränderung von Denkmustern zu verstehen, die man für die Ursache einer emotionalen Störung oder eines gestörten Verhaltens hält. Sie wird von kognitiven Verhaltenstherapeuten auf unterschiedliche Weise praktiziert[2].

Die Rational-Emotive Therapie von Ellis

Wenn ein Mensch eine emotionale Reaktion dauerhaft aufrechterhält, so die Grundthese von *Ellis'* rational-emotiver Therapie, ist das darauf zurückzuführen, daß er sich einen bestimmten inneren Leitsatz zu eigen gemacht hat und ständig vorsagt. Ziel der Therapie ist es, diese unangemessenen Leitsätze gestörter Menschen durch rationale Betrachtung überflüssig zu machen. Wie wir wissen, können sich ängstliche Menschen durch unrealistische Erwartungen wie „Ich muß von allen geliebt werden" ihre Probleme selbst schaffen. Oder eine depressive Frau bestätigt sich vielleicht mehrmals täglich „Was bin ich für ein wertloser Mensch". Laut *Ellis* interpretieren Menschen das, was um sie herum geschieht, und manchmal können diese Interpretationen einen emotionalen Aufruhr auslösen. Statt auf lebensgeschichtliche Ursachen oder offenes Verhalten sollte sich der Therapeut auf solche inneren Leitsätze konzentrieren (*Ellis*, 1957, 1962, 1984).

Ellis führt eine ganze Anzahl solcher irrationaler Annahmen auf, die bei Menschen vorkommen können. Sehr häufig ist die Vorstellung, daß man alles, was man tue, eigentlich vollkommen beherrschen müsse. *Ellis* vermutet, daß viele Menschen sich diese unhaltbare Forderung tatsächlich zu eigen gemacht haben und alles, was ihnen begegnet, innerhalb dieses Kontextes bewerten. Sich zu irren oder einen Fehler zu machen, wird dann zur Katastrophe, weil es die tiefste Überzeugung des Irrenden verletzt, er müsse perfekt sein. Manchmal trifft den Patienten die Einsicht, daß er sich derart einengt

---

2 An dieser Stelle ist die Terminologie zu klären. Wie in Kapitel 9 erwähnt und wie weiter in diesem Kapitel besprochen, wir die Therapie von *Aaron Beck* als kognitive Therapie bezeichnet. Das Wort „Verhalten" wurde nicht erwähnt. Die rational-emotive Therapie von *Ellis* wird dagegen als eine der „kognitiv verhaltensorientierten Therapien" angesehen. Wie deutlich werden wird, räumen beide Ansätze dem offenen Verhalten einen wichtigen Stellenwert ein, auch wenn sie die kognitive Komponente der Therapie betonen. Wir folgen dem üblichen Vorgehen und betrachten die kognitive Therapie von *Beck* und die RET von *Ellis* als kognitiv orientierte Verhaltenstherapien. Noch allgemeiner stellen wir fest, daß heute die Experten „kognitive Therapie" und „kognitiv verhaltensorientierte Therapie" als austauschbar ansehen.

und auf diese Weise ein angenehmes oder produktives Leben fast unmöglich macht, wie ein Schock.

Klinische Umsetzung

Wenn sich der Therapeut mit den Problemen des Patienten vertraut gemacht hat, erläutert er ihm die Grundzüge der rational-emotiven Therapie und achtet dabei darauf, daß sein Gegenüber sie versteht und akzeptiert[3]. Der folgende Protokollausschnitt stammt aus einer Therapiesitzung mit einem jungen Mann, der sich übermäßig davor fürchtete, vor mehreren Menschen zu sprechen. Unter Anleitung des Therapeuten erkennt der Patient, daß sein „Minderwertigkeitskomplex" möglicherweise in nichts anderem besteht als den unvernünftigen Dingen, die er sich selbst einredet. Die kursiv gedruckten Passagen in Klammern sind die Gedanken, die dem Therapeuten an dieser Stelle durch den Kopf gingen.

Patient: Mein Hauptproblem ist, daß ich fürchterlich aufgeregt bin, wenn ich vor einer Gruppe von Leuten sprechen muß. Ich glaube, ich habe einfach einen Minderwertigkeitskomplex.

Therapeut: (*Ich möchte an diesem Punkt nicht auf ein Nebengleis geraten und über die Begrifflichkeit sprechen, die er für sein Problem wählt. Ich werde sie nur etwas ankratzen und dann für einen glatten Übergang auf ein anderes Thema sorgen.*) Ich weiß nicht, ob ich das einen Minderwertigkeitskomplex nennen würde, aber ich glaube tatsächlich, daß Menschen ihre Aufregung und Angst in bestimmten Situationen selbst verursachen können. Wenn man in einer bestimmten Situation ist, ist die Angst häufig nicht die Folge der Situation, sondern die Art und Weise, wie man diese Situation *interpretiert* – das, was man sich selbst über die Situation sagt. Sehen Sie sich zum Beispiel diesen Kugelschreiber an. Macht er Sie nervös?

Patient: Nein.

Therapeut: Warum nicht?

Patient: Es ist nur ein Gegenstand, nur ein Kugelschreiber.

Therapeut: Er kann Ihnen nichts tun?

Patient: Nein.

Therapeut: Es ist in Wirklichkeit nicht der Gegenstand, der uns aufregt und Angst macht, sondern das, was wir darüber denken. (*Hoffentlich bringt ihn dieser sokratische Dialog zu dem Schluß, daß Selbstaussagen emotionale Erregung vermitteln*

können.) Nun, das gilt für ... Situationen, in denen Aufregung und Angst durch das entstehen, was jemand zu sich selbst über die Situation sagt. Nehmen wir zum Beispiel zwei Leute, die zu demselben geselligen Beisammensein unterwegs sind. Beide werden auf dieser Party gleich viele Bekannte treffen, aber während der eine der Situation optimistisch und entspannt entgegensieht, denkt der andere darüber nach, welchen Eindruck er machen wird, und folglich wachsen Angst und Unsicherheit. (*Ich möchte ihn dahin bringen, daß er selbst ausspricht, daß hier Einstellung und Wahrnehmung entscheidend sind.*) Hängt nun der Gefühlszustand, in dem beide auf der Party ankommen, in irgendeiner Weise mit den äußeren Umständen zusammen, auf die sie dort treffen?

Patient: Nein, offensichtlich nicht.

Therapeut: Womit dann?

Patient: Sie sind offenbar der Party gegenüber unterschiedlich eingestellt.

Therapeut: Genau. Und ihre Einstellung – die Art und Weise, wie sie auf die Situation zugehen – bestimmt weitgehend, wie sie gefühlsmäßig auf sie reagieren. (*Goldfried & Davison, 1976, S. 163–165*).

Nachdem er den Patienten davon überzeugt hat, daß es hilfreich sei, seine emotionalen Probleme rational zu überprüfen, bringt der Therapeut dem jungen Mann bei, seine irrationalen Selbstaussagen aufzugeben und statt dessen den Aufruhr seiner Gefühle mit einem inneren Dialog zu dämpfen. Gegenwärtig gibt es für diese Überzeugungsarbeit, in deren Verlauf rational-emotive Therapeuten ihre Patienten dazu bringen, ihr inneres Selbstgespräch zu ändern, noch kein einheitliches Konzept. Manche Therapeuten machen es wie *Ellis* und streiten mit ihren Patienten, schmeicheln ihnen und ziehen sie auf, um ihr Bewußtsein zu ändern, wobei sie sich zuweilen einer sehr groben Sprache bedienen. Andere glauben, daß sozialer Einfluß subtiler sein und der einzelne an seiner Veränderung gleichberechtigter mitarbeiten sollte. Sie ermutigen die Patienten, ihr irrationales Denken kritisch zu betrachten, und bringen sie auf sanfte Weise dazu, rationalere Möglichkeiten zu entdecken, die Welt zu sehen (*Goldfried & Davison*, 1976).

Wenn ein Patient während einer Therapiesitzung eine neue Überzeugung oder Selbstaussage verbalisiert hat, muß er sie in sein alltägliches Denken integrieren. In den letzten Jahren sind *Ellis* und seine Anhänger verstärkt dazu übergegangen, ihren Patienten Hausaufgaben mit auf den Weg zu geben. Diese Hausaufgaben sollen dem Patienten Gelegenheit geben, Erfahrungen mit der neuen Art des Selbstge-

---

3 In Kapitel 18 haben wir gesagt, daß eine Einsicht in die Vergangenheit oder eine empathische Äußerung nicht wahr sein muß, um zu helfen. Das gilt auch für die rational-emotive Therapie. Ob die Ansichten von *Ellis* nur teilweise richtig sind oder auch ganz falsch, spielt keine Rolle, denn zu handeln, als seien sie wahr, kann für einen Patienten trotzdem hilfreich sein.

sprächs zu sammeln und die positiven Folgen dieser weniger pessimistischen Weltsicht zu erleben. *Ellis* betont, daß es wichtig ist, den Patienten dazu zu bekommen, sich anders zu verhalten, sowohl neue Überzeugungen auszuprobieren als es auch zu lernen, mit den Enttäuschungen des Lebens fertig zu werden.

Evaluation der Rational-Emotiven Therapie

Auch wenn die Untersuchung der Ergebnisse der RET nicht ohne Probleme ist (*Haaga & Davison*, 1993), lassen sich doch einige Schlußfolgerungen ziehen (*Haaga & Davison*, 1989):

1. Die RET führt in Selbstbeurteilungen zur Verminderung von generalisierter Angst, Sprech- und Testangst.
2. Bei der Sozialangst führt die RET zu Verbesserungen sowohl in der Selbstbeurteilung als auch im Verhalten, wenn auch die systematische Desensibilisierung zu besseren Ergebnissen führt.
3. Die RET ist den Therapien der Agoraphobie, bei denen der Patient der Situation ausgesetzt wird, unterlegen. Dies muß aber noch weiter untersucht werden.
4. Vorläufige Ergebnisse sprechen dafür, daß die RET bei der Therapie von übermäßiger Wut, Depression und antisozialem Verhalten nützlich sein kann.
5. Die RET hat nur als Teil von umfangreicheren Verhaltenstherapieprogrammen für sexuelle Dysfunktionen Nutzen.
6. Wie in Kapitel 8 beschrieben, ist die RET bei der Reduzierung des Typ A – Verhaltens erfolgversprechend, aber, wie auch bei anderen psychologischen Interventionen, ist der Nutzen für die Prävention von koronaren Herzerkrankungen nicht nachgewiesen (*Haaga*, 1987).
7. Es gibt vorläufige Belege dafür, daß die RET zur Prävention bei nicht gestörten Menschen eingesetzt werden kann, d.h. sie kann emotional gesunden Menschen bei der Bewältigung der alltäglichen Belastungen helfen.
8. Rational-emotiv orientierter Unterricht, bei dem die Lehrer den Schülern in der Klasse die Prinzipien der RET erklären und sie darüber informieren, wie diese im Sinne einer primären Prävention (S. 412) in ihrem Alltag verwendet werden können, wurde in der Hoffnung auf die Verhinderung von voll ausgeprägten emotionalen Problemen im späteren Leben durchgeführt. Es konnte nachgewiesen werden, daß das Selbstkonzept verbessert (*Cangelosi, Gressard & Mines*, 1980) und die Testangst vermindert werden kann (*Knaus & Bokor*, 1975).
9. Es gibt nur sehr vorläufige Belege dafür (z.B. *Smith*, 1983), daß die RET ihre Wirksamkeit durch eine Reduzierung der Irrationalität der Gedanken erzielt. Nicht zu unterschätzen ist die Unterstützung, welche die RET den Patienten gibt, um sie mit dem zu konfrontieren, wovor sie Angst haben und die Risiken mit dem neuen und besser angepaßten Verhalten einzugehen.

Wie bei den meisten anderen klinischen Vorgehensweisen ist die Relevanz von RET zumindest teilweise davon abhängig, wie der Therapeut die mißliche Lage des Patienten interpretiert. Wenn jemand beispielsweise einem übergewichtigen Patienten dabei helfen möchte, abzunehmen, könnte er das Essen als eine Möglichkeit der Angstreduktion interpretieren; andererseits könnte die Angst auch auf die soziale Belastung zurückgeführt werden, die dadurch entsteht, daß eine extreme Angst vor einer Zurückweisung besteht, die ihrerseits auf das irrationale Bedürfnis zurückgeht, jedem gefallen zu wollen und nie einen Fehler zu machen. Der RET-Therapeut würde sich auf die irrationalen Überzeugungen, anderen gefallen zu wollen und perfekt zu sein, konzentrieren, wobei die Überlegungen dabei darin bestehen, daß damit die Belastung des Patienten und damit letzten Endes auch das übermäßige Essen beseitigt würde. Diese Art der Analyse der zugrundeliegenden Ursachen wird am Ende des Kapitels dargestellt.

Die Definition der Irrationalität und das Problem der Ethik bei der RET

Wie andere Therapeuten vertritt *Ellis* ein ethisches Wertsystem, was deutlich wird, wenn man versucht, rationales oder irrationales Denken zu definieren. Wenn wir vereinfacht sagen, daß das irrationale Denken die Ursache für psychische Belastungen darstellt, dann ist die Definition unzufriedenstellend zirkulär. Wenn dann vorgeschlagen wird, daß wir als irrational das ansehen, was nicht objektiv und logisch ist, dann müssen wir folgern, daß das Denken von unbelasteten Menschen großenteils irrational ist, denn umfangreiche Forschungen zeigen, daß die Geschichten, die sich die Menschen erzählen, um leben zu können (*Didion*, 1979), häufig irrationale Elemente aufweisen (z.B. *Geer* et al., 1970; *Taylor & Brown*, 1988). Es ist wirklich möglich, daß man, um etwas Einzigartiges oder Ungewöhnliches zu erreichen, Vorstellungen haben muß, die von denjenigen, die dieser Angelegenheit nicht verprflichtet sind, als unrealistisch angesehen werden. *Albert Bandura* stellt es folgendermaßen dar:

> „Visionäre und unerschütterliche Optimisten, deren falsche Überzeugungen Hoffnungen fördern und ihre Bemühungen bei Vorhaben unterstützen, die mit ungeheuren Hindernissen verbunden sind, laufen nicht zu Psychotherapeuten ... In ähnlicher Weise beruhen die Anstrengungen von Sozialreformern auf Illusionen darüber, wie stark die Veränderungen sind, die sie durch ihre gemeinsamen Aktionen erreichen können. Obwohl ihre weitgehenden Erwartungen zu ihren Lebzeiten wahrscheinlich unrealistisch sind, führen ihre gemeinsamen Anstrengungen doch zu einem gewissen Erfolg und stärken in den Augen anderer, die dann den Kampf weiterführen, ihre Bedeutung. Für diejenigen, die ein Leben in Armut und Unterdrückung führen, kann die Realität Verzweiflung schaffen ... Es ist klar, daß die Beziehung zwischen Illusionen und dem psychischen Funktionsniveau komplex ist. (*Bandura*, 1986, S. 516)

Nach unserer Auffassung kann es aufgrund empirischer oder wissenschaftlicher Grundlagen überhaupt keine Definition des irrationalen Denkens geben. Letzten Endes entscheiden die RET-Therapeuten – und ihre Patienten – darüber, daß es nützlicher oder angemessener sei, über die Welt in einer bestimmten Weise nachzudenken. Diese Entscheidung beruht auf dem, was man als ethisch oder funktional ansieht, nicht notwendigerweise auf dem, was strenggenommen objektiv oder rational ist.

Die kognitive Therapie von Beck[4]

Nach Meinung von *Beck* (vgl. S. 258) haben viele Störungen, insbesondere die Depression, ihre Ursache in den Denkmustern, die die Betroffenen über sich, die Welt und die Zukunft entwickelt haben. Diesen negativen Denkmustern oder negativen Schemata wiederum liegen ein oder mehrere logische Fehler zugrunde, etwa willkürliche Schlußfolgerungen oder selektive

Abstraktion. Ziel von *Becks* kognitiver Therapie ist es, dem Patienten innerhalb und außerhalb des Sprechzimmers Erfahrungen zu ermöglichen, die dessen düstere Schlußfolgerungen als logisch falsch entlarven, und die negativen Schemata schließlich zugunsten einer positiveren Sichtweise aufzugeben. Wenn ein Patient ein unrealistisches Schema von Trotteligkeit von sich selbst hat, weil er den Braten hat anbrennen lassen, wird er ermuntert, diese Tatsache zwar für bedauerlich zu halten, sich aber nicht von seinem Schema der Hoffnungslosigkeit zu dem unzulässig verallgemeinernden Schluß – einem der logischen Denkfehler – verleiten zu lassen, es würde ihm auch in Zukunft alles mißlingen. Ein negatives Schema ist der Nährboden für eine logische Sinnwidrigkeit, die ihrerseits weitere negative Schemata nach sich zieht. Diesen Teufelskreis von negativen Schemata, die zu logischen Fehlschlüssen führen und von diesen wieder verursacht werden, versucht der Therapeut zu durchbrechen.

Klinische Durchführung

Man versucht, dem negativen Denken auf kognitiver wie Verhaltensebene gleichermaßen beizukommen. Wenn ein Patient davon überzeugt ist, daß er nie, auch nicht für Augenblicke, aus seiner Depression auftaucht, und folglich noch depressiver wird, kann eine wirksame verhaltenstherapeutische Technik darin bestehen, ihn in regelmäßigen, über den Tag verteilten Abständen Protokoll über seine Gemütsverfassung führen zu lassen. Wenn diese Berichte, wie das bei vielen sogar schwer depressiven Menschen der Fall ist, nun gar nicht so gleichförmig ausfallen wie erwartet, hilft diese Information möglicherweise dabei, ihre allgemeine Überzeugung in Frage zu stellen, daß das Leben immer ein Elend sei. Ein solcherart verändertes Denken kann zur Grundlage einer Verhaltensänderung werden: Vielleicht steht der oder die Betroffene morgens wieder auf, macht sich im Haus zu schaffen oder geht gar wieder zur Arbeit.

Depressive Patienten nehmen oft kaum noch etwas in Angriff, weil jede Aufgabe wie ein unüberwindlicher Berg vor ihnen steht und sie sich zu nichts mehr imstande fühlen. Um diese Hypothese oder dieses Schema der Unüberwindlichkeit zu testen, unterteilt der Therapeut eine Aufgabe in kleine Schritte und ermutigt

4 Die Ausführungen in diesem Abschnitt basieren zum Teil auf *Haaga* und *Davison* (1991).

den Patienten, sich immer auf nur einen Schritt zu konzentrieren. Wenn diese Taktik geschickt verfolgt wird – Voraussetzung dafür ist offenbar eine gute therapeutische Beziehung –, stellt der Patient fest, daß er tatsächlich etwas zustande bringen kann. Im Gespräch wird dann erörtert, daß diese Leistung der Überzeugung des Patienten, er sei zu gar nichts mehr in der Lage, widerspricht. Wenn der Patient anfängt, seine Ansicht über sich zu ändern, erscheinen ihm auch schwierigere Aufgaben nicht mehr so bedrohlich, jeder Erfolg wird zur Grundlage eines weiteren Erfolges, und so wird sich auch das Denken des Patienten über sich und die Welt weiter wohltuend positiv verändern.

Kennzeichnend für *Becks* Therapie ist ein „kollaborativer Empirismus". Therapeut und Patient sind gemeinsam bemüht, jede fehlangepaßte Interpretation der Welt, die den Patienten weiter in die Depression treibt und ihm das Leben erschwert, aufzuspüren und zu untersuchen. Gesucht wird nach „automatischen Gedanken" und „dysfunktionalen Annahmen". Unter „automatischen Gedanken" ist all das zu verstehen, was wir uns selbst erzählen oder vorstellen, während wir unseren alltäglichen Geschäften nachgehen, unser stetiger innerer Dialog auf dem Weg zur Universität, während wir einem Freund zuhören oder während wir warten, bis Fußgänger die Straße überquert haben. Es bedarf gewöhnlich einiger Übung, sich solche Gedanken und Vorstellungen bewußt zu machen, und das gilt insbesondere dann, wenn sie mit der depressiven Verstimmung des Patienten zusammenhängen. Ein Vater erfährt zum Beispiel, daß seine Tochter einen Test in der Schule nicht bestanden hat. „Ich bin doch ein erbärmlicher Vater", denkt er bei sich und verfällt in eine gedrückte Stimmung. Der Therapeut hilft ihm, solche Gedanken wahrzunehmen, und gemeinsam untersuchen beide diese Gedanken auf ihre Tragfähigkeit. Warum müssen Sie ein schlechter Vater sein, wenn Ihre Tochter Schwierigkeiten in der Schule hat? Was hat sonst noch Einfluß auf sie und bestimmt ihre Schulleistungen? Auf diese Weise bringt der Therapeut dem Mann bei, seine Gedanken an den verfügbaren Informationen zu überprüfen und Hypothesen über die Schulschwierigkeiten seiner Tochter aufzustellen, die mit seinem Vatersein nichts zu tun haben.

Auf diese Phase des Erkennens und Modifizierens automatischer Gedanken folgt die schwierigere Phase der Identifikation zugrundeliegender dysfunktionaler Annahmen. Diese können, ähnlich einem musikalischen Leitmotiv, ein vorherrschendes, immer wiederkehrendes Thema sein. Der Vater aus dem obigen Beispiel stellt vielleicht fest, daß er sich für Glück und Wohlergehen seiner ganzen Familie, einschließlich der Schulleistungen seiner Tochter, verantwortlich fühlt. Der Therapeut kann mit ihm auch die Konsequenzen der schlimmsten Möglichkeit untersuchen, d.h., wenn er sich tatsächlich als ein schlechter Vater herausstellen würde. Wäre das wirklich ein Grund zu klinischer Depression? Seine Sorgen und sein Wunsch, etwas für seine Tochter zu tun, sind natürlich verständlich, aber beides muß ihn nicht in Verzweiflung stürzen, sondern kann Anstoß zu neuem Handeln sein.

Wie kann der Therapeut jemandem helfen, seine dysfunktionalen Annahmen zu ändern? Er wird ihn verbal zu überzeugen versuchen, aber darüber hinaus kann er ihn auch ermutigen, sich im Widerspruch zu seinen Annahmen zu verhalten. Eine Frau, die glaubt, es im Büro jedermann recht machen zu müssen, kann sich zum Beispiel der nächsten unbilligen Forderung widersetzen und warten, ob tatsächlich, wie sie annimmt, der Himmel über ihr zusammenstürzt. Wenn die Situation zwischen Therapeut und Patientin gut vorbesprochen ist – ein sicher notwendiger Schritt –, kann sich die Frau dieser Erfahrung stellen und erleben, wie es ist, wenn sie ihrem diktatorischen Glauben zuwiderhandelt.

Wie andere Therapieformen, die das Denken verändern, ist auch *Becks* Therapie *schwierig!* Die Patienten wären wohl kaum depressiv geworden, wenn sie sich von ein paar Leistungserfahrungen bereitwillig davon überzeugen ließen, daß sie als Person etwas wert sind. Wir haben die Therapie nur kurz skizziert. In der Praxis verläuft sie viel weniger systematisch, nicht so geradlinig und um einiges mühsamer, als unsere Beschreibung vielleicht vermuten läßt.

Evaluation der kognitiven Therapie

Die Wirksamkeit von *Becks* Ansatz wird derzeit intensiv untersucht. Zahlreiche Studien bei depressiven Patienten haben ihn bereits früh unterstützt (*Rush* et al., 1977; *Shaw*, 1977; *Wilson, Goldin & Charbonneau-Powls*, 1983). Darüber hinaus kann die kognitive Therapie auch einen Präventionseffekt im Hinblick auf die medikamentöse Behandlung haben. Diese Überlegung ist besonders im Hinblick darauf wichtig, daß depressive Episoden dazu tendieren, wiederholt aufzutreten (*Blackburn, Eunson & Bishop*, 1986). Möglicherweise erwerben die mit der kognitiven Therapie behandelten Patienten einige nützliche kognitive Fertigkeiten der Verhaltenskontrolle, die sie auch nach Abschluß der Therapie einsetzen können. Und weil, wie in Kapitel 17 ausgeführt, ältere Patienten oft äußerst empfindlich auf Medikamente reagieren und häufig unter medikamentenbedingten Problemen leiden, d.h. psychoaktive Medikamente in vielen Fällen kontraindiziert sind, behandeln Therapeuten Depressionen älterer Menschen vielfach kognitiv.

Eine Meta-Analyse des Erfolgs verschiedener Therapien kam zu der Schlußfolgerung, daß die kognitive Therapie von *Beck* zu einer stärkeren kurzzeitigen Verbesserung als bei einer Kontrollgruppe auf der Warteliste, medikamentöser Behandlung, nicht kognitiv orientierter Verhaltenstherapie und einer heterogener Gruppe anderer Psychotherapien (*Dobson*, 1989) führt. Diese Untersuchungen bildeten die Grundlage für die häufig zitierte vergleichende Studie der Wirksamkeit verschiedener Therapien, die vom National Institute of Mental Health (*Elkin* et al., 1985) finanziert wurde. Diese Untersuchung bestätigte nicht die Überlegenheit der kognitiven Therapie über die Medikamente und eine bestimmte Form der Psychotherapie, trotzdem aber wurde die Nützlichkeit von *Becks* Ansatz der Behandlung der Depression gestützt (vgl. Kasten 19.1).

Noch nachzuweisen ist, daß wenn die kognitive Therapie wirkt, dann deshalb, weil sie den Patienten hilft, ihre Kognitionen zu ändern. Wie *Hollon* und *Beck* (1986) feststellten, treten bei der kognitiven Therapie vorhersagbare Veränderungen der Kognitionen auf – diese lassen sich aber auch bei der erfolgreichen Behandlung der Depression durch Medikamente nachweisen (z.B. *Rush* et al., 1982). Kognitive Veränderungen können die Folge von Veränderungen sein, die durch andere Verfahren erzeugt werden. Oder, zumindest bei Depressionen (die Störungen, bei denen die kognitive Therapie untersucht wurde), könnten kognitive Veränderungen als Vermittler der therapeutischen Verbesserung auftreten, die von irgendeiner Therapie auftreten, gleichgültig ob es sich dabei um *Becks* kognitive Therapie, die Psychoanalyse oder Medikamente handelt.

Die Therapien von Beck und Ellis im Vergleich

Inzwischen haben sich viele Therapeuten die Ansichten und Techniken von *Ellis* und *Beck* zu eigen gemacht. Wie immer in solchen Fällen haben schöpferische Kliniker Änderungen eingeführt, und da sich auch das Denken beider Theoretiker weiterentwickelt hat, sind die Unterschiede zwischen beiden Therapieformen manchmal schwer auszumachen. Doch es gibt sie und sie sind recht interessant (*Haaga & Davison*, 1991, 1992).

Wäre der Vater, der angesichts des Schulversagens seiner Tochter depressiv wurde, Patient bei *Ellis* gewesen, hätte er im wesentlichen sofort folgendes zu hören bekommen: „Und wenn Sie nun ein schlechter Vater wären? Es ist irrational, depressiv zu sein, weil man ein schlechter Vater ist." *Beck* dagegen würde erst nach Beweisen für die Richtigkeit der Schlußfolgerung suchen, ein gewissermaßen wissenschaftlicheres Vorgehen: „Was spricht für die Annahme, daß Sie ein schlechter Vater sind?" Läßt sich der Beweis nicht führen, ist bereits diese Entdeckung ein Therapeutikum. *Ellis* hält seine Lösung für die gründlichere. *Selbst wenn* der Mann ein schlechter Vater ist, wird die Welt nicht untergehen, denn niemand muß in allem, was er tut, kompetent sein. Auch *Beck* würde vermutlich irgendwann mit dem Mann erörtern, ob man wirklich in jeder Hinsicht kompetent sein muß, um zufrieden mit sich zu sein, aber er würde das erst dann tun, wenn er zusammen mit dem Patienten herausgefunden hätte, daß dieser tatsächlich kein guter Vater ist.

Ein nach *Becks* Prinzipien arbeitender Therapeut geht sicher von bestimmten Prämissen aus; diese betreffen in erster Linie die Formen fehlangepaßten, unlogischen Denkens, die Übergeneralisierung ist ein Beispiel dafür. Doch die Arbeit mit dem depressiven Patienten ist ein gemeinsamer, *induktiver* Prozeß, in dessen Verlauf Patient und Therapeut den dysfunktionalen Annahmen auf die Spur zu kommen versuchen, die den negativen Gedanken des Patienten zugrunde liegen. Rational-emotive Therapeuten gehen dagegen *deduktiv* vor. Sie sind davon überzeugt, daß es von einer begrenzten Anzahl allgemeiner irrationaler Glaubenssätze einer oder mehrere sind, denen sich ein leidender Patient verschrieben hat.

Diese induktive beziehungsweise deduktive Orientierung führt auch zu Stilunterschieden in

Kasten 19.1   Das NIMH-Forschungsprogramm zur Behandlung der Depression

1977 unternahm das National Institute of Mental Health eine große, komplexe und teure Multicenterstudie von *Becks* kognitiver Therapie, die mit der psychodynamischen Kurztherapie und der medikamentösen Behandlung verglichen wurde (*Elkin* et al., 1985). Sie wurde als Forschungsprogramm zur Behandlung der Depression bezeichnet und stellt die erste Multicenterstudie, die vom NIMH im Bereich der Psychotherapie initiiert wurde, dar. (Das NIMH hat derartige Untersuchungen erfolgreich für die Pharmatherapie durchgeführt.)

Die Auswahl der Therapien

Zur Auswahl der Psychotherapie, die mit der von *Beck* verglichen werden sollte, wurden drei Kriterien verwendet: sie sollte zur Behandlung der Depression konzipiert sein; sie sollte eindeutig und ausreichend standardisiert sein, um andere Therapeuten darin anzuleiten (vorzugsweise durch ein Manual) und sie sollte empirisch einige Wirkung bei depressiven Patienten gezeigt haben. Darüber hinaus war es von Vorteil, wenn es keine große Überschneidung mit *Becks* kognitiver Therapie gab.

Das Team des NIMH wählte die interpersonale Psychotherapie von *Gerald Klerman* aus, die, wie wir in Kapitel 18 gezeigt haben, eine psychodynamische, in der Tradition von *Sullivan* stehende einsichtsorientierte Therapie ist, die sich auf gegenwärtige Probleme und interpersonale Beziehungen konzentriert und die ihre Wirksamkeit für die Depression nachgewiesen hat (*Klerman* et al., 1984; *Weissman* et al., 1979). Sie ist jedoch nicht in gleichem Maß intrapsychisch wie interpersonal; sie betont das bessere Verständnis der interpersonalen Probleme, von denen angenommen wird, daß sie Anlaß zur Depression sind, und zielt auf eine Verbesserung der Beziehung zu anderen. Im Zentrum steht daher die bessere Kommunikation mit anderen, die Überprüfung der Realität, die Entwicklung effektiverer sozialer Fertigkeiten und die Erfüllung der gegenwärtigen Rollenerwartungen. Die eingesetzten Methoden schließen eine nondirektive Erörterung interpersonaler Probleme, die Exploration und Ermutigung des Ausdrucks nicht zugegebener negativer Gefühle, die Verbesserung von sowohl verbaler wie auch nonverbaler Kommunikation und das Problemlösen ein.[*]

Als medikamentöse Therapie wurde Imipramin (Tofranil) als Referenz gewählt, ein intensiv untersuchtes trizyklisches Antidepressivum, das weithin als Standard in der Therapie der Depression angesehen wird, gegen die die beiden Psychotherapien beurteilt werden sollten. Die Dosierung wurde entsprechend vorher festgelegter Richtlinien bestimmt, die jedoch flexibel genug waren, um dem klinischen Urteil des Psychiaters im Rahmen des klinischen Managements Raum zu geben, d.h. in einer warmen, unterstützenden Atmosphäre (*Fawcett* et al., 1985). *Elkin* et al. (1985) sahen dies auch fast als eine Bedingung Medikament plus unterstützende Therapie an, wobei sich das unterstützend auf die Arzt-Patientenbeziehung bezieht und nicht auf die Anwendung irgendeiner explizit psychotherapeutischen Methode.

Eine vierte und abschließende Bedingung war eine Placebobehandlungsgruppe, um die Wirksamkeit von Imipramin zu beurteilen. Sie wurde auch teilweise zur Kontrolle der beiden Psychotherapieansätze benutzt, da dort eine starke Unterstützung und Ermutigung gegeben wurde. In einer Doppel-Blind-Versuchsanordnung wie die bei der Imipramingruppe erhielten die Patienten ein Placebo, von dem sie annahmen, daß es sich dabei um ein wirksames Antidepressivum handele. Wenn es als notwendig angesehen wurde, erhielten sie auch direkte Ratschläge. Was die Placebobedingungen betrifft, so waren sie sehr stark, d.h. sie beinhalteten mehr psychologische Unterstützung und sogar Interventionen als in den meisten Placebo-Kontrollgruppen sowohl in der einschlägigen Literatur über Psychotherapie als auch Pharmatherapie. Es sollte angemerkt werden, daß das kli-

---

[*] Zwischen den Therapien von *Beck* und *Klerman* gibt es methodische Unterschiede (*DeRubeis* et al., 1982) und in der vorliegenden Studie hielten sich die Therapeuten der Kognitiven Therapie und der Interpersonalen Therapie eng an die Methoden der jeweiligen Therapie (*Hill, O'Grady & Elkin*, 1992). Trotzdem gibt es nach unserer Ansicht eine erhebliche Überschneidung, denn beide betonen die Verbesserung der Wahrnehmungsgenauigkeit genauso wie die Effizienz im sozialen Verhalten. Der Leser sollte dies berücksichtigen, wenn die Ergebnisse der Studie dargestellt werden.

nische Management – Unterstützung und Rat – sowohl dieser als auch der Imipramingruppe zuteil wurde.

Alle Therapien erstreckten sich über 16 Wochen, mit leichten Unterschieden in der Anzahl der Sitzungen, die von den Behandlungsmanualen abhingen. Beispielsweise erhielten die Patienten der kognitiven Therapie zwölf Sitzungen in den ersten acht Wochen, den wöchentliche Sitzungen in der zweiten Hälfte der Behandlung folgten. Diese zwanzig Sitzungen übertrafen die sechzehn der interpersonalen Therapie, die jedoch, nach der Entscheidung des Therapeuten, auch zwanzig betragen konnten. Während der gesamten Therapie wurden alle Patienten eng überwacht und es wurden professionelle Sicherheitsmaßnahmen eingesetzt, um das Risiko zu minimieren, beispielsweise indem suizidgefährdete Patienten ausgeschlossen wurden und enge sowie regelmäßige Kontakte während der Untersuchung stattfanden. Diese Bedingungen waren für die Placebogruppe besonders wichtig.

Auswahl und Ausbildung der Therapeuten

Ein wichtiges Kennzeichen dieser Untersuchung war die Sorgfalt bei der Auswahl und der Ausbildung der Therapeuten an jedem Studienort. Diese Phase dauerte fast zwei Jahre, sie begann mit einer ausführlichen Begutachtung von potentiellen Therapeuten hinsichtlich ihrer klinischen Kompetenz in einer der drei zu untersuchenden Behandlungsmodalitäten. Insgesamt wurden 28 Therapeuten ausgewählt – jeweils zehn für die interpersonale und die medikamentöse Therapie und acht für die kognitive Therapie.

Es handelt sich dabei eindeutig nicht um eine Zufallsauswahl der Therapeuten, denn sie mußten sich um die Teilnahme bewerben, sie wurden nach einem schwierigen Auswahlverfahren akzeptiert und mußten sich darauf einlassen, die festgelegte Behandlung genau durchzuführen. Sie mußten auch akzeptieren, daß ihre Therapiesitzungen für die laufende, aber auch für spätere Untersuchungen, auf Video aufgezeichnet wurden, um die angemessene Durchführung der jeweiligen Therapie zu dokumentieren. Die Ausbildung nahm Monate in Anspruch und war sehr streng. Insgesamt waren 119 Patienten beteiligt. Diese

Auswahl- und Ausbildungsphase stellt einen Fortschritt in der Psychotherapieforschung dar und wurde von denjenigen, die an der Einweisung und Supervision beteiligt waren, bereits berichtet (*Rounsaville, Chevron & Weissman*, 1984; *Shaw*, 1984; *Waskow*, 1984). Dieses umfangreiche Verfahren wurde eingesetzt, um die Integrität der unabhängigen Variablen, der Behandlung, die jeder Patient erhielt, zu sichern. Diese Anstrengungen in der Ausbildung und Supervision waren auch wirklich erfolgreich (*Hill* et al., 1982).

Erst in jüngster Zeit haben Ergebnisstudien in der Psychotherapieforschung eine angemessene Aufmerksamkeit der Ausbildung und der Überwachung der Experimental-Therapeuten gewidmet, um sicherzustellen, daß die unabhängigen Variablen auch wirklich in der Studie verändert wurden. Mit der Behandlung der Patienten wurde im Mai 1982 begonnen.

Die Auswahl der Patienten für die Studie

Das Design der Studie verlangte 240 Patienten, 60 für jede Untersuchungsbedingung. Sie mußten die Kriterien der Major Depression erfüllen, durften aber nicht selbstmordgefährdet sein oder Kontraindikationen für die Behandlung mit Imipramin aufweisen (falls sie der Gruppe der medikamentösen Behandlung zugeordnet wurden). Alle waren ambulante Patienten, die keine bipolare Störung aufwiesen und nicht psychotisch waren. Über die Patienten wurden auch viele andere Informationen gesammelt, die später mit dem Therapieergebnis in Zusammenhang gebracht werden konnten (Beispiele: Ist Melancholie bei der kognitiven Therapie ein negativer Faktor? Beenden die Angehörigen von Minderheitsgruppen häufiger vorzeitig die Therapie als andere?). 70% der Stichprobe waren Frauen (was dem Geschlechtsverhältnis von 2 zu 1 für Frauen zu Männer bei dieser Störung gut entspricht) und die Patienten waren für eine ambulante Gruppe im Durchschnitt mittel bis schwer depressiv. Von denen, die mit der Behandlung begannen, absolvierten 162, oder 68% mindestens fünfzehn Wochen und zwölf Sitzungen Therapie. Obwohl unter der Placebobedingung mehr Patienten die Behandlung aufgaben, war ihre Zahl statistisch nicht größer als die in den anderen Gruppen mit aktiver Behandlung.

Verwendete Erfolgsmaße

Eine Vielzahl unterschiedlichster Messungen wurde sowohl vor als auch nach der Behandlung durchgeführt, aber auch dreimal während der Therapie und wieder sechs, zwölf und achtzehn Monate nach Abschluß. Darunter waren einige Messungen, die etwas Licht in die Vorgänge der Veränderung bringen könnten. Beispielsweise wurde untersucht, ob die Patienten der interpersonalen Therapie im Laufe der Therapie lernen, besser mit anderen auszukommen, und, wenn dies der Fall ist, ob diese Verbesserung eine Beziehung zum klinischen Ergebnis aufweist. Weisen Patienten der kognitiven Therapie in den späteren Sitzungen weniger kognitive Verzerrungen als zu Beginn der Behandlung auf, und wenn dies der Fall ist, ist diese Veränderung mit einem besseren klinischen Ergebnis verbunden? Eingesetzte Meßinstrumente schlossen auch solche ein, die sich auf die Sicht des Patienten, des Therapeuten und unabhängiger klinischer Beurteiler, die keine Informationen über die Behandlungsbedingungen hatten, bezogen und, wann immer möglich auch eine Bezugsperson aus dem Alltag des Patienten, beispielsweise der Ehepartner. Drei Bereiche von Veränderungen wurden erfaßt: die depressive Symptomatologie, die Gesamtsymptomatik und die Leistungsfähigkeit im Alltag und die Leistungsfähigkeit in Verbindung mit bestimmten Behandlungsansätzen (z.B. der Dysfunctional Attitudes Scale von *Weissman* und *Beck* (1978), um die kognitiven Veränderungen zu erfassen).

Ergebnisse

Die Analysen der Daten lassen Unterschiede zwischen den Behandlungszentren, zwischen denjenigen, welche die Behandlung regulär abschlossen und der Gesamtstichprobe (einschließlich der Dropouts) und zwischen Messungen mit unterschiedlicher Perspektive (z.B. Patient gegenüber klinischen Beurteilungen) vermuten. Einige der komplexen Ergebnisse, soweit sie bislang veröffentlicht wurden, lassen sich folgendermaßen zusammenfassen (*Elkin* et al., 1986; *Elkin* et al., 1989; *Imber* et al., 1990, *Shea* et al., 1992):

1. Nach Abschluß der Behandlung und ohne Unterscheidung der Patienten nach dem Schweregrad der Depression gab es hinsichtlich der Besserung der Depression oder der allgemeinen Leistungsfähigkeit keine signifikanten Unterschiede zwischen der kognitiven oder der interpersonalen Therapie oder zwischen jeder von ihnen

der therapeutischen Praxis. Laut *Beck* sollte der Therapeut allzu didaktisches Vorgehen vermeiden, während *Ellis* seinen Patienten oft Mini-Vorlesungen und didaktische Vorträge hält. Um eines guten Rapports zum Patienten willen schlägt *Beck* vor, die negativen Gedanken als „unproduktive Ideen" zu bezeichnen. Er hat keine Vorliebe für Adjektive wie „irrational" oder „närrisch", die die Patienten von *Ellis* – mit Humor vorgetragen, versteht sich – durchaus zu hören bekommen. Und schließlich empfiehlt *Beck* dem Therapeuten, sich zunächst mit dem Bezugsrahmen des Patienten vertraut zu machen und letzteren dazu ausführlich zu Wort kommen zu lassen. Ein Patient, der Gelegenheit hatte, seinen Fall darzustellen und sich verstanden zu fühlen, wird später möglicherweise bereitwilliger mit dem Therapeuten daran arbeiten, seine bisherigen Überzeugungen auszuhöhlen. *Ellis* dagegen hält recht eindringliche Interventionen für notwendig, um ein gut gelerntes fehlangepaßtes Denkmuster zu zerstören. Er konfrontiert den Patienten daher unmittelbar und manchmal schon in den ersten Minuten der ersten Sitzung mit seinen irrationalen Glaubenssätzen.

Beide Ansätze haben etwas gemeinsam und dies macht *Beck* und *Ellis* zu Vertretern der Erfahrungstherapien (humanistisch und existentiell), die in Kapitel 18 erörtert wurden. Sie vermitteln die Botschaft, daß sich die Menschen aus ihrer psychisch mißlichen Lage dadurch befreien können, daß sie anders denken. Sie betonen, daß die Art und Weise, wie die Menschen sich und ihre Umwelt wahrnehmen, eine wichtige Determinante dessen ist, was sie sein werden – und die Menschen haben eine Wahl darin, wie sie die Dinge wahrnehmen. Sie versichern auch, daß die Menschen in der Lage sind, manchmal mit großer Anstrengung, sich anders zu verhalten. Im Gegensatz zu den Verhaltenstherapeuten, die nicht kognitiv orientiert sind – aber wie

und der Behandlung mit Imipramin und die Betreuung. Im allgemeinen erzielten die drei aktiven Behandlungen signifikante und äquivalente Besserungsraten. Auch die Patienten in der Placebogruppe plus Betreuung besserten sich deutlich. Imipramin war schneller als die beiden anderen Therapien in der Reduktion der depressiven Symptomatik. Am Ende der 16 Wochen hatten jedoch die beiden Psychotherapien die medikamentöse Gruppe eingeholt.

2. Hinsichtlich einiger Kriterien schnitten die weniger depressiven Patienten aus der Placebogruppe genausogut ab wie die weniger depressiven Patienten in den drei aktiven Behandlungsgruppen.

3. Schwer depressive Patienten in der Placebogruppe profitierten weniger als diejenigen in den aktiven Gruppen.

4. Es gab nur wenige Belege dafür, daß bestimmte Behandlungen die Veränderungen in den erwarteten Bereichen erreichten, z.B. daß die Patienten bei der interpersonalen Psychotherapie eine stärkere Verbesserung in der sozialen Leistungsfähigkeit als die Patienten der Imipramingruppe oder der kognitiven Therapie.

5. Für die interpersonale Therapie und die Pharmatherapie, aber nicht für die kognitive Therapie, konnte nachgewiesen werden, daß Patienten mit Persönlichkeitsstörungen mit größerer Wahrscheinlichkeit depressive Residualsymptome nach der Therapie aufwiesen als diejenigen ohne eine Diagnose auf Achse II.

6. Folgeuntersuchungen 18 Monate nach Abschluß der Behandlung ergaben, daß die verschiedenen Behandlungsbedingungen sich nicht signifikant unterschieden. Von denjenigen Patienten, die sich über die vier Bedingungen hinweg unmittelbar nach der Therapie als deutlich gebessert gezeigt hatten, erlitten nur zwischen 20 und 30% keinen Rückfall.

Darüber, wie auch über nur kurzzeitige Verbesserungen bei depressiven Patienten, muß noch intensiv geforscht werden. Sogar noch viel weniger ist bekannt, wie auf lange Sicht die positiven Wirkungen, die sich unmittelbar nach der Behandlung zeigen, erhalten werden können. Ziemlich sicher ist, daß es in der Vielzahl der Ergebnisse dieser beispielhaften Untersuchung des Vergleichs mehrerer Therapien untereinander nur wenig gibt, daß die Befürworter irgendeiner Form der Therapie zufrieden stellen könnte.

die Humanisten und Existentialisten – sind *Beck* und *Ellis* davon überzeugt, daß das neue Verhalten für die Bestätigung, wie man sich selbst oder die Welt sieht, wichtig ist. Daher bleibt das Schwergewicht auf der kognitiven Seite der Menschheit und darauf, daß der menschliche Geist nur schwer zu versklaven ist und daß unser Denken den Schlüssel zu einer positiven psychischen Veränderung darstellen kann.

Soziales Problemlösen

Mancher psychische Belastungszustand kann auch als Reaktion auf Probleme gesehen werden, für die der Betroffene keine Lösung weiß. Angenommen, ich bin mit einem Referat in Verzug und sehr beunruhigt. Soll ich gleich zur Professorin gehen oder besser erst mit ihrem Assistenten verhandeln? Soll ich es halbfertig abgeben, oder macht das einen schlechten Eindruck? Ich werde bald bei der Professorin Examen machen, aber ist ein unvollständiges Referat nicht besser als ein schnell zusammengeschustertes schlechtes? Studenten, die sich in so einer mißlichen Lage befinden, können lernen, ihr Problem auf die wirkungsvollste und effizienteste Weise zu lösen.

Zu diesem Zweck haben Therapeuten das sogenannte *soziale Problemlösen* (SPS = social problem solving) entwickelt (*D'Zurilla & Goldfried*, 1971; *Goldfried & D'Zurilla*, 1969; *Kanfer & Busenmeyer*, 1982). Ein Training in sozialem Problemlösen besteht aus einer Anzahl von Lernschritten. Als erstes lernen die Patienten, Spannung und Unruhe als Reaktion auf ungelöste Probleme zu verstehen und ihre Probleme sogar als Herausforderungen und Möglichkeiten zu sehen und nicht als Bedrohung (*D'Zurilla*, 1986). Dann gilt es herauszubekommen, welches diese Probleme sind. Daran schließt sich ein ‚Brainstorming' an, d.h., der Patient trägt alle denkbaren Lösungsmöglichkeiten ohne Rücksicht auf deren Machbarkeit und Effektivität zusammen. Erst dann werden die wahrscheinlichen Konsequenzen der einzelnen Lösungen abgeschätzt, der Patient entscheidet sich für eine und überlegt, inwieweit ihn diese Lösung dem angestrebten Ziel näher bringt.

In einigen klinischen Untersuchungen erwies sich die Technik des sozialen Problemlösens als hilfreich. Depressive ältere Bewohner eines Pflegeheims waren nach einem solchen Training weniger depressiv als Patienten, die eine mehr verhaltenstherapeutisch orientierte Behandlung erhielten (*Hussian & Lawrence*, 1981). Ähnlich gute Ergebnisse erzielte *Nezu* (1986), der eine stärkere Verminderung der Depression bei denjenigen feststellte, die eine vollständige Unterweisung in den Techniken des Problemlösens erhalten hatten als bei Personen einer Kontrollgruppe, deren Gruppendiskussionen über Probleme keinen systematischen Ansatz zur Lösung enthielten und auch die Beurteilung der Effektivität nicht einschloß. In einer anderen Untersuchung erwarben Schulkinder Problemlösungsfertigkeiten, die sie auch auf im Training nicht angesprochene Situationen übertragen konnten (*Weissberg* et al., 1981), andere (z.B. *Elias & Clabby*, 1989) wendeten diesen Ansatz auf das gesamte Curriculum der Grundschule an. Das Training des sozialen Problemlösens hat sich als nützlich bei der Erweiterung sozialer Fertigkeiten von Psychiatriepatienten erwiesen (*Bedell, Archer & Marlow*, 1980) und zur Behandlung von Alkoholmißbrauch (*Chaney, O'Leary & Marlatt*, 1978). Im besten denkbaren Fall erwerben Patienten eine allgemeine Einstellung und eine Reihe von Fertigkeiten, die sie auf eine Vielfalt künftiger Situationen anwenden können. Die Folge ist eine Steigerung ihres allgemeinen Wohlbefindens.

Metakognition. An der Lösung sozialer Probleme ist auch die „Metakognition", das, was wir über das Wissen wissen (*Meichenbaum & Asarnow*, 1979), beteiligt. Wenn ich in eine fremde Stadt komme, werde ich mich ohne Stadtplan vermutlich verlaufen. Mit Stadtplan habe ich dieses Problem nicht – vorausgesetzt, ich verfüge über die allgemeine Fertigkeit des Kartenlesens. Um in einer fremden Stadt Straßen oder Stadtteile lokalisieren zu können, so sage ich mir auf der metakognitiven Ebene,

muß ich mir einen Stadtplan besorgen und diesen lesen.

Wie wir auf ein Problem reagieren, das uns schwer lösbar erscheint, ist ein weiteres Beispiel für Metakognition. Wir halten es für eine interessante Herausforderung, mahnen uns selbst zur Ruhe, sammeln viele Lösungsmöglichkeiten, ohne uns im Moment noch für eine zu entscheiden und probieren dann sorgfältig und ohne Hast eine nach der anderen aus.

Man hat an der Technik des sozialen Problemlösens kritisiert, daß sie eine bestimmte allgemeine Einstellung dem Leben gegenüber vermittle. Ein solches Training, meint *Goldfried* (1980), enthalte die Botschaft, der Mensch *müsse* bemüht sein, jeder Frustration und jedem Problem aktiv und effektiv entgegenzutreten, um die Kontrolle über seine Situation zu gewinnen oder wiederzugewinnen. Das Leben als eine Fülle von Herausforderungen zu betrachten, mit denen man fertigwerden müsse, begünstige möglicherweise die Entwicklung einer Typ-A-Persönlichkeit. *D'Zurilla* (1986, 1990) hat kürzlich den Ansatz der sozialen Problemlösung so erweitert, daß auch „emotionszentrierte Probleme", die er von *Richard Lazarus* klassischer Arbeit über Kognition und Streß (*Lazarus & Folkman*, 1984) übernommen hat, eingeschlossen sind. Nach dieser Ansicht besteht, wenn eine Situation als unveränderbar oder unkontrollierbar angesehen wird, ein empfehlenswertes Vorgehen darin, die eigene emotionale Reaktion darauf zu verändern (z.B. durch Entspannung) und sich dadurch an die schwierige Umweltbedingung anzupassen.

Multimodale Therapie

Die multimodale Therapie stellt einen kognitiv verhaltensorientierten Ansatz dar, der von dem Psychologen *Arnold Lazarus* an der Rutgers University entwickelt wurde (1973, 1989). Die Grundannahme von *Lazarus* ist, daß Personen aus einer Verbindung von sieben Dimensionen bestehen: Verhalten, affektiven Prozessen, Empfindungen, Vorstellungen, Kognitionen, interpersonalen Beziehungen und biologischen Funktionen. Eine effektive Therapie muß sich nach *Lazarus* den Problemen in allen oder einigen Untergruppen dieser Bereiche stellen können, die Reihenfolge festlegen, in der diese Probleme behandelt werden sollen und dann auf jedes Problem die Technik anwenden, die am besten dafür geeignet ist.

Wenn beispielsweise die Zwänge eines Patienten vielleicht durch abweichende Gedanken ausgelöst werden, dann sollte sich die Aufmerksamkeit auf die Kognition richten und es sollten die Verfahren eingesetzt werden, die nach der klinischen und experimentellen Forschung am besten geeignet sind, die Art und Weise zu verändern, wie die Menschen über bestimmte Dinge denken. Aber auch der erste Bereich, das Verhalten, könnte selbst problematisch sein, und obwohl es durch einen abweichenden Gedanken in Gang gesetzt wird, könnte es besondere Aufmerksamkeit erfordern, wenn z.B. jemand gelernt hat, in einer Weise zu handeln, die von seiner gegenwärtigen Umwelt nicht verstärkt wird.

Für jeden Patienten erstellt *Lazarus* ein Modalitätsprofil, das ihm und dem Patienten die Bereiche zeigt, die besonderer Aufmerksamkeit bedürfen. In einem gewissen Sinne entspricht dieses Schema dem multiaxialen System des DSM (ging ihm aber um einige Jahre voraus) darin, daß es dazu entwickelt wurde, die Aufmerksamkeit auf die Bereiche zu richten, die diese verdienen und im Grunde den Kliniker zwingen, sich auf bestimmte Kategorien oder Bereiche zu konzentrieren. Der dimensionale Ansatz wird aber dadurch erweitert, daß *Lazarus* versucht, für jeden der sieben Bereiche eine Reihe von Verfahren zu skizzieren, die erfolgreich sein können.

So weit paßt der Ansatz von *Lazarus* ohne weiteres in den allgemeinen kognitiv verhaltenstheoretischen Rahmen. Er geht aber weiter, weil er verlangt, daß die Entscheidung, eine bestimmte Methode einzusetzen, nicht durch den theoretischen Ansatz oder die Zugehörigkeit zu einer bestimmten Schule getroffen werden sollte, sondern durch eine unvoreingenommene Berücksichtigung des Sachverhalts. Vorausgesetzt, daß wir überzeugt sind zu wissen, wie beispielsweise Kognitionen zu verändern sind, welche Methoden könnten eingesetzt werden, um die unangepaßten Überzeugungen eines bestimmten Patienten zu verändern? Wenn eine Technik der Gestalttherapie nützlich sein könnte, dann wende sie an, schlägt er vor. In diesem Sinn war *Lazarus* einer der ersten wichtigen Befürworter der Integration der Psychotherapie, obwohl er eher auf der Verfahrensebene arbeitet als beispielsweise *Wachtel*, der eine konzeptuelle oder theoretische Integration versucht (vgl. den letzten Abschnitt dieses Kapitels, in dem die lebhafte Diskussion zwischen *Lazarus* und *Messer* über das Ausleihen von Methoden anderer Ansätze dargestellt wird). *Lazarus* (1989, S. 219–222) hat die Forschung der letzten 20 Jahre sowohl in Hinblick auf die Reliabilität der Messung im Rahmen seiner Grundannahme und die allgemeine Wirksamkeit des Ansatzes für die Hilfe bei Patienten mit einer Vielzahl von Problemen dargestellt (vgl. Kasten 19.2).

Einige Überlegungen zur kognitiven Verhaltenstherapie

Wie wir gesehen haben, schloß sich die Verhaltenstherapie zunächst eng an die Psychologie von Reiz und Reaktion – die Erforschung des klassischen und operanten Konditionierens – an. Sie tat das in der Annahme, daß aus Konditionierungsexperimenten abgeleitete Prinzipien und Verfahren geeignet seien, seelisches Leid zu lindern. Diese Richtung vertraten zunächst Behavioristen wie *Watson* und *Skinner*, die der Art und Weise, wie man in den Laboratorien von *Wundt* und *Titchener* Bewußtseins- und Denkinhalte erforschte und mit Introspektion arbeitete, nichts abgewinnen konnten. Angesichts dieser früheren ausschließlichen Orientierung der Verhaltenstherapie an klassischen und operanten Konditionierungsprozessen mag die neuere Entwicklung der sogenannten „kognitiven Verhaltenstherapie" wie ein radikaler Aufbruch zu neuen Ufern erscheinen. Doch historisch betrachtet handelt es sich um eine Rückkehr zum kognitiven Interessenschwerpunkt der experimentalpsychologischen Gründerjahre. Zudem hat es seither immer Experimentalpsychologen gegeben, die sich der Kognitionsforschung verschrieben und die mentalen Prozesse des Wahrnehmens, Erkennens, Planens, Urteilens, logischen Denkens, Problemlösens, Vorstellens und anderer Symbolisierungsakte untersucht haben.

Ellis und *Beck* versuchen, kognitive Prozesse unmittelbar zu verändern, um seelischen Streß zu lindern. Allerdings haben Verhaltenstherapeuten von Anfang an auf die menschliche Fähigkeit gebaut, zu symbolisieren, Informationen zu verarbeiten und die Welt in Worten und Bildern darzustellen. *Wolpes* systematische Desensibilisierung ist ein besonders gutes Beispiel dafür. Diese Technik, die *Wolpe* auf Konditio-

Kasten 19.2   Selbstsicherheitstraining

„Kinder sollten gesehen, aber nicht gehört werden." „Nimm' Dich zusammen." „Er ist der starke ruhige Typ." Unsere Gesellschaft schätzt den offenen Ausdruck von Überzeugungen und Gefühlen nicht und doch scheinen die Menschen einen emotionalen Preis für das Verbergen ihrer Gedanken und das Unterdrücken ihrer Gefühle zu zahlen. Die Wünsche und Bedürfnisse der Menschen können nicht erfüllt werden, wenn sie davor zurückschrecken, sie klar auszudrücken. Wie wir gezeigt haben, ist die schlechte Kommunikation zwischen Sexualpartnern einer der wichtigsten Faktoren, der zu einer unbefriedigenden sexuellen Beziehung beiträgt. Therapeuten aller Richtungen verbringen einen großen Teil ihrer Zeit damit, die Patienten zu ermutigen, selbst zu entdecken, welche Wünsche und Bedürfnisse sie haben und dann die Verantwortung dafür zu übernehmen, diese zu erfüllen. Wenn sie Schwierigkeiten haben, ihre Gefühle und Wünsche anderen gegenüber auszudrücken, dann kann ihnen das Selbstsicherheitstraining, das einzeln oder in Gruppen durchgeführt wird (vgl. S. 698), dabei helfen.

Andrew Salter war der erste Verhaltenstherapeut, der in seinem Buch Conditioned Reflex Therapy (1949) die Selbstsicherheit als ein positives Ziel für seine Patienten festlegte. Unter Verwendung der Pawlowschen Terminologie der klassischen Konditionierung stellte *Salter* fest, daß ein großer Teil der psychischen Probleme durch ein Übermaß kortikaler Hemmung verursacht werde; eine größere Erregung ist dadurch gerechtfertigt. Er ermutigte sozial gehemmte Menschen, ihre Gefühle anderen gegenüber in einer offenen, spontanen Art auszudrücken. Sie sollten dies in verbaler Form tun, den Menschen sagen, wenn sie glücklich oder traurig, ärgerlich oder entschlossen sind, aber auch mit Lächeln oder Stirnrunzeln, was *Salter* als „Gesichtssprache" bezeichnete. Sie sollten auch den Menschen widersprechen, mit denen sie nicht einer Meinung waren und mit angemessenen Gefühlen; sie sollten das Pronomen „ich" so oft wie möglich verwenden; ihre Übereinstimmung mit denen, die sie schätzen, zum Ausdruck bringen; und improvisieren, d.h. sofort intuitiv ohne zu überlegen reagieren. Bei dem Versuch, dem Patienten dabei zu helfen,

selbstsicherer zu werden, führen die Verhaltenstherapeuten, ob sie es zugeben oder nicht, eine therapeutische Arbeit durch, deren Ziele denen der humanistischen Therapeuten, die ebenfalls den Ausdruck positiver und negativer Gefühle als eine notwendige Voraussetzung effektiven Lebens sehen, ähneln.

Wie läßt sich Selbstsicherheit definieren? Könnte es nicht unangemessen sein, sich selbst in den Vordergrund zu stellen und die eigenen Überzeugungen und Gefühle anderen zu offenbaren? Was geschieht, wenn wir dabei die Gefühle von jemandem verletzen? Viel Mühe wurde aufgewendet, um die Unterschiede zwischen selbstsicherem und aggressivem Verhalten klar zu stellen. Eine nützliche Unterscheidung wurde von *Lange* und *Jakubowski* (1976) getroffen; sie verstehen unter Selbstsicherheit

> den Ausdruck von Gedanken, Gefühlen und Überzeugungen in direkter, ehrlicher und angemessener Weise, die dabei die Rechte anderer Menschen respektiert. Im Gegensatz dazu stellt die Aggression eine Selbstverwirklichung dar, die die Rechte anderer verletzt und sie herabsetzt, um die eigenen Ziele zu erreichen. (S. 38–39)

Die Menschen können aus vielerlei Gründen wenig selbstsicher sein. Die speziellen therapeutischen Methoden, die ausgewählt werden, hängen von den Ursachen ab, die als Gründe für die individuelle Unsicherheit vermutet werden. Das Selbstsicherheitstraining besteht daher aus Vielzahl verschiedener Verfahren, die das Ziel gemeinsam haben, die Selbstsicherheit zu stärken, oder das, was *Lazarus* (1971) als „emotionale Freiheit" bezeichnet hat. *Goldfried* und *Davison* (1976) haben von verschiedenen Faktoren angenommen, daß sie dem wenig selbstsicheren Verhalten zugrunde liegen, einer oder mehrere können bei jedem wenig selbstsicheren Individuum identifiziert werden.

1. Der Patient weiß vielleicht nicht, was er sagen soll. Manchen wenig selbstsicheren Menschen fehlt die Information darüber, was sie in den Situationen sagen sollen, die nach Ausdruck verlangen. Der Therapeut sollte diese Infromationen geben.
2. Es kann sein, daß der Patient nicht weiß, wie er sich selbstsicher verhalten soll. Sie können den Ton, die Lautstärke der Stim-

me, die Flüssigkeit der Sprache, den Gesichtsausdruck, den Blickkontakt und die Körperhaltung, die zum Ausdruck der Selbstsicherheit erforderlich sind, nicht annehmen. Das Modellernen und das Rollenspiel kann diesen Menschen dabei helfen, die Signale der Festigkeit und der Direktheit zu erwerben.

3. Die Patienten können Angst davor haben, daß sich etwas Schreckliches ereignen wird, wenn sie sich selbstsicher zeigen. Die systematische Desensibilisierung kann diese antizipatorische Angst reduzieren. Bei anderen kann sie Selbstsicherheit durch negative Selbstbeschreibungen wie „Ich bin selbstsicher und werde dann abgelehnt, das wäre eine Katastrophe" (*Schwartz* & *Gottman*, 1976). Diese Patienten könnten von einer rational-emotiven Therapie profitieren.

4. Der Patient hat vielleicht den Eindruck, daß es nicht angemessen oder richtig ist, selbstsicher zu sein. Das Wertsystem einiger Menschen schließt die Selbstsicherheit aus oder entmutigt sie. Beispielsweise könnten einige der Probleme einer katholischen Nonne, die sich einer Therapie unterzog, mit ihrer geringen Selbstsicherheit zusammenhängen, aber nach einem Gespräch wurde deutlich, daß sie einige ihrer Gelübde brechen würde, wenn sie expressiver und direkter werden würde. Nach gegenseitiger Absprache wurde ein Selbstsicherheitstraining nicht durchgeführt. Die Therapie konzentrierte sich statt dessen darauf, sie in ihrer gewählten Tätigkeit in einer Weise zu unterstützen, die für sie befriedigender aber nicht selbstsicherer war.

Das Selbstsicherheitstraining kann mit einem Gespräch beginnen, in dem der Therapeut den Patienten dazu bringt, zwischen Selbstsicherheit und Aggression zu unterscheiden. Für Menschen, die unterwürfig sind, ist sogar das Stellen einer begründeten Forderung oder eine Weigerung verwerflich, da andere den Eindruck haben könnten, daß sie feindselig sind. Der Therapeut wird dann meist Beispiele von Situationen geben, die sie in dem Gefühl lassen, auf sich gestellt zu sein, wenn sie nicht in der Lage sind, damit umzugehen. Die Situationen verlangen meistens, daß sie für ihre Rechte, ihre Zeit und ihre Energien eintreten.

> Sie haben seit Wochen intensiv gelernt und sich keine Freizeit gegönnt. Aber jetzt wird ein neuer Film, der Sie interessiert, nur für wenige Tage gespielt und Sie haben sich entschlossen, einige Stunden frei zu machen und sich diesen Film am späten Abend anzusehen. Auf dem Weg zu einem Kurs am Nachmittag erzählt Ihnen Ihre Freundin, daß sie kostenlose Konzertkarten für heute abend hat und bittet Sie, sie zu begleiten. Wie würden Sie nein sagen?

Das Wiederholen bestimmter Verhaltensweisen stellt eine nützliche Methode des Selbstsicherheitstrainings dar. Der Therapeut bespricht und modelliert angemessene Selbstsicherheit und läßt dann den Patienten Rollen spielen. Die Verbesserung wird durch Lob des Therapeuten oder anderer Mitglieder der Selbstsicherheitsgruppe belohnt. Abgestufte Aufgaben für die Arbeit zu Hause, wie etwa den Mechaniker zu bitten, die letzte Reparaturrechnung zu erläutern, dann einem Verwandten zu sagen, daß seine ständige Kritik abgelehnt wird, erhält der Patient, nachdem er eine gewisse Selbstsicherheit in den Therapiesitzungen erlernt hat.

Das Selbstsicherheitstraining berührt einige ethische Fragen. Die Ermutigung von Selbstsicherheit bei Menschen wie der früher erwähnten Nonne, die davon überzeugt sind, daß Selbstverleugnung einen höheren Wert als Selbstverwirklichung hat, würde das Wertsystem des Patienten auf den Kopf stellen und könnte eine unvorteilhafte Auswirkung auf andere Bereiche im Leben des Betreffenden haben. Das Markieren einer Grenze zwischen Selbstsicherheit und Aggression ist ebenfalls eine ethische Frage. Das Verhalten, das von einer Person als selbstsicher angesehen wird, kann von einer anderen als Aggression erlebt werden. Wenn wir die Unterscheidung von *Lange* und *Jakubowski* akzeptieren, daß Selbstsicherheit die Rechte anderer respektiert, während Aggression es nicht tut, müssen wir immer noch eine Entscheidung darüber treffen, was die Rechte anderer sind. Daher berührt das Selbstsicherheitstraining auch moralische Aspekte des sozialen Lebens, nämlich die Definition der Rechte anderer Menschen und die richtige Weise, sich für die eigenen einzusetzen.

nierungsprinzipien zu gründen glaubte, ist ein inhärent kognitives Verfahren, denn der Patient *stellt sich vor,* was ihn ängstigt. Das Aufregendste, was während einer Desensibilisierungsbehandlung an offenem Verhalten passiert, ist das gelegentliche Angstsignal mit dem Zeigefinger! Alles Wichtige geht gleichsam „unter der Haut" vonstatten, und einiges davon ist zweifellos kognitiver Natur.

Auch wenn die Verhaltenstherapie zunehmend in die kognitive Richtung geht, sollte man nicht vergessen, daß die moderne Forschung am Verhalten orientierte *Verfahren* immer noch für wirksamer hält als ein rein verbales Vorgehen, wenn man kognitive *Prozesse* beeinflussen will (*Bandura*, 1977). Das heißt, man favorisiert verhaltenstherapeutische Techniken, stellt aber gleichzeitig fest, daß auch Überzeugungen verändert werden müssen, wenn die Verhaltensänderung von Dauer sein soll. Nach Meinung von *Bandura* beruhen letztlich die Behandlungserfolge aller wirksamen therapeutischen Verfahren darauf, daß sie den Patienten das Gefühl vermitteln, Dinge zu meistern und selbst etwas bewirken zu können. Der wirksamste Weg zu diesem Ziel, so stellt er gleichzeitig fest, führt über die Änderung von Verhalten. Doch unabhängig davon, wie man die Rolle der „self-efficacy" im einzelnen bewertet, kann man unterscheiden zwischen Prozessen, die der Verbesserung zugrunde liegen, und *Verfahren,* die diese *Prozesse* in Gang setzen.

Auch die Verfahrensweisen kognitiver Verhaltenstherapeuten basieren auf dem Umsetzen in Handlung, bleiben damit am Verhalten orientiert und sollen Verhaltensänderungen bewirken; kognitiv arbeiten diese Therapeuten in dem Sinne, daß sie die kognitive Veränderung (z.B. ein stärkeres Selbstbewußtsein) für einen wichtigen Mechanismus halten, der für den Erfolg zumindest einiger verhaltenstherapeutischer Verfahren verantwortlich ist. Kognition und Verhalten beeinflussen sich ständig, auch umgekehrt, – neue Verhaltensweisen können die Wahrnehmung verändern, und neue Wege des Denkens können umgekehrt neues Verhalten erleichtern. Darüber hinaus beeinflußt unsere Umgebung sowohl das Denken als auch das Handeln und wird auch von ihnen beeinflußt. Das Modell, das von *Bandura* (1986) „dreifache Reziprozität" genannt wird, zeigt die enge Beziehung zwischen Denken, Verhalten und der Umwelt.

Banduras Konzept der dreifachen Reziprozität vernachlässigt aber, worauf *Salovey* und *Singer* (1991) kürzlich hinwiesen, das Konzept der Emotion. Die Menschen haben viele Kognitionen, die affektgeladen sind – gelegentlich werden diese als „heiße Kognitionen" bezeichnet – und diese beziehen sich meist auf das Selbst (*Cantor* et al., 1986), auf die eigenen Träume und Phantasien, auf die stolzesten Hoffnungen und die stärksten Ängste, was *Singer* (1984) die private Persönlichkeit nannte. „Der Therapeut muß auf die Emotionen achten, die dem fehlangepaßten Verhalten Farbe verleihen, die üblicherweise im Zentrum der Behandlung stehen. Sogar auch dann, wenn die Gefühle in der Folge einer Kognition entstehen, kann es doch möglich sein, fehlangepaßte Kognitionen zu verändern, indem sie zuerst berücksichtigt werden und danach eine Intervention auf der Gefühlsebene vorgenommen wird" (*Salovey & Singer*, 1991, S. 366). Sowohl klinische Beobachtungen (*Greenberg & Safran*, 1984) als auch experimentelle Befunde (z.B. *Snyder & White*, 1982) weisen auf die Bedeutung der Emotion für die Persönlichkeit hin und sollten systematischer bei den kognitiv verhaltenstheoretischen Konzepten der Störungen und Behandlung eingeschlossen werden.

Alle kognitiven Verhaltenstherapeuten berücksichtigen die mentalen Prozesse ihrer Patienten noch in anderer Hinsicht. Sie interessieren sich dafür, wie der einzelne Patient die Welt wahrnimmt. Nicht, was von außen auf uns einwirkt, kontrolliert unser Verhalten – die These, der die Reiz-Reaktions-Psychologie seit Jahrzehnten folgt –, vielmehr werden unsere Gefühle und unser Verhalten davon bestimmt, wie wir die Welt sehen. „Nicht die Dinge verwirren die Menschen, sondern die Ansichten, die sie von den Dingen haben", behauptete der griechische Philosoph *Epiktet* im ersten Jahrhundert. Die Verhaltenstherapie hat sich also den existentiell-humanistischen Therapien (vgl. Kapitel 18) angenähert. Es ist eine zentrale These von Therapeuten wie *Rogers* und *Perls,* daß man den Patienten aus dessen eigenem Bezugsrahmen oder dessen eigener phänomenologischer Welt heraus verstehen müsse, denn es sei diese Wahrnehmung der Welt, die Leben und Verhalten kontrolliere.

Aus philosophischer Sicht sind solche Hypothesen auf seiten derer, die Menschen verstehen und ihnen helfen möchten, von großer Bedeutung. Experimentell orientierte Kliniker und Forscher interessiert besonders, wieviel die neue Disziplin der kognitiven Verhaltenstherapie mit den Verfahrensweisen der Humanisten und deren Interesse für die phänomenologische Welt ihrer Patienten gemeinsam hat. In ihren *Techniken* unterscheiden sich kognitive Verhaltenstherapeuten natürlich erheblich von Therapeuten, die nach den Vorstellungen von *Rogers* und *Perls* arbeiten. Doch sollten uns, die wir die Psychotherapie und die menschliche Natur erforschen, solche oberflächlichen Unterschiede nicht blind machen für die Gemeinsamkeiten beider Ansätze. Eine ausführliche Darstellung der Integration verschiedener therapeutischer Modalitäten findet sich am Ende dieses Kapitels.

Verhaltensmedizin

Verhaltensmedizin ist „der interdisziplinäre Forschungsbereich, der sich mit der Entwicklung und Integration der für Gesundheits- und Krankheitsprobleme relevanten Erkenntnisse und Techniken der verhaltens- und biomedizinischen Wissenschaften und mit der Anwendung dieser Erkenntnisse und Techniken im Hinblick auf die Prävention, Diagnose, Behandlung und Rehabilitation beschäftigt." (Society of Behavioral Medicine, 1989, S. 1). An dieser Definition ist der Begriff „interdisziplinär" bemerkenswert – der eindeutig das Wesen dieses Bereichs widerspiegelt – und der sich auf die Kenntnisse und Fertigkeiten einer Vielzahl von Forschern und Praktikern bezieht, einschließlich Psychologen, Psychiatern, Ärzten, Krankenschwestern und Sozialarbeitern, die zur Behandlung gesundheitsrelevanter Verhaltensweisen ihre spezielle Sichtweise und ihr Expertenwissen einbringen und häufig bei Krankheiten wie der essentiellen Hypertonie und der koronaren Herzerkrankung (Kapitel 8), den Problemen schwer erkrankter Kinder (Kapitel 15), Substanzmißbrauch (Kapitel 11) und AIDS (Kapitel 13) zusammenarbeiten. In den 80er und 90er Jahren wurde von der US-Bundesregierung zunehmend anerkannt, daß Krankheiten, die bislang als rein medizinisches Problem angesehen wurden, wichtige psychologische Komponenten aufweisen und daß ein Schlüssel zur Überwindung der Krise des Gesundheitswesens in den USA und anderen Staaten in der Veränderung der Einstellung und des Verhaltens, die für die Aufrechterhaltung der Gesundheit und die Behandlung der Krankheiten liegt (Department of Health and Human Services, 1990).

Die Vehaltensmedizin ist nicht auf eine Gruppe von Verfahren oder bestimmte Prinzipien der Verhaltensänderung begrenzt. Im Gegenteil, die Forscher in diesem Bereich setzen sehr unterschiedliche Verfahren ein – vom Kontingenzmanagement bis zur operanten Konditionierung, von der Desensibilisierung bis zur Gegenkonditionierung und einer Vielzahl kognitiv-verhaltenstheoretischer Ansätze – die alle gemeinsam haben, daß schlechte Lebensgewohnheiten, belastende psychische Zustände und abweichende physiologische Prozesse verändern, damit es zu einer positiven Auswirkung auf den körperlichen Zustand eines Menschen kommt. Ein Überblick über drei wichtige Bereiche der Verhaltensmedizin – Umgang mit Schmerzen, chronische Erkrankungen und Lebensstil und Biofeedback – wird einen besseren Eindruck vom Umfang dieses multidisziplinären Bereichs von Forschung und Behandlung geben, der sich ständig weiterentwickelt.

Schmerzbehandlung[5]

Ähnlich wie Angst kann Schmerz adaptiv sein. Menschen mit einer angeborenen Unfähigkeit, Schmerzen zu empfinden, befinden sich jedoch in einer sehr unvorteilhaften Situation, sind wirklich in Gefahr, Verletzungen zu erleiden. Stellen Sie sich einmal vor, wie gefährlich es wäre, wenn Sie keinen Schmerz bei einer Berührung eines heißen Ofens oder eines Messers empfinden würden. Wir beschäftigen uns hier jedoch mit Schmerzen, die unangepaßt sind, mit Schmerzen, die in ihrem Ausmaß über das in der Situation hinausgehen und in unangemessener Weise die Fähigkeit eines Menschen, ein sinnerfülltes und produktives Leben zu führen, einschränken.

Wir wissen genug über den Schmerz, um die Tatsache anzuerkennen, daß es keine eins-zu-eins-Relation zwischen einem Reiz, der in der Lage ist, das Schmerzerleben auszulösen, was

---

5 Der Abschnitt über den Schmerz basiert auf *Davison* und *Darke* (1991).

Die Fähigkeit, trotz schmerzhafter Verletzung weiter Fußball spielen zu können, ist ein gutes Beispiel dafür, daß Ablenkung das Schmerzerleben erheblich einschränken kann. Ablenkung wird häufig bei Programmen zur Schmerzbewältigung systematisch eingesetzt.

als nozizeptive Reizung bezeichnet wird, und der wirklichen Schmerzempfindung gibt. Soldaten in einem Gefecht können beispielsweise durch eine Kugel verletzt werden und doch so stark mit ihren Anstrengungen, zu überleben und den Feind zu bekämpfen, beschäftigt sein, daß sie den Schmerz nicht sofort, sondern erst später spüren. Diese gut bekannte Tatsache sagt etwas wichtiges über den Schmerz aus, deutet aber auch auf Möglichkeiten der Kontrolle hin: Wenn man von einem nozizeptiven Reiz abgelenkt ist, dann kann man keinen Schmerz erleben oder zumindest nicht in gleichem Maße wie dann, wenn man sich diesem Reiz zuwendet (*Turk, Meichenbaum & Genest*, 1983). Die Bedeutung der Ablenkung für die Kontrolle des akuten und chronischen Schmerzes stimmt mit den experimentellen Befunden der kognitiven Psychologie überein: jeder Mensch hat nur eine begrenzte Zahl von Quellen der Aufmerksamkeit, so daß die Konzentration auf einen Kanal

der Übermittlung den Input von anderen Kanälen blockiert (*Kahneman*, 1973). Diese Begrenztheit des Menschen kann als Vorteil gesehen werden, wenn es zum Schmerzerleben kommt. Zusätzlich zur Ablenkung sind andere Faktoren, die zu einer Schmerzminderung führen niedrigere Angst, Gefühle des Optimismus und der Kontrolle (*Geer* et al., 1970) und der Eindruck, daß das, worin man engagiert ist, einen Sinn und ein Ziel hat (*Gatchel* et al., 1989; *Gendlin*, 1962).

Akute Schmerzen

Zum Verständnis sowohl des akuten als auch des chronischen Schmerzes haben Psychologen eine Menge beigetragen. Der akute Schmerz steht in Verbindung mit der Nozizeption. Chronische Schmerzen können sich aus akuten entwickeln und beziehen sich auf Schmerzen, die erlebt werden, wenn die Zeit der Heilung abgelaufen ist und wenig Grund dafür besteht, anzunehmen, daß die Nozizeption noch eine Rolle spielt.

Die Bedeutung des Gefühls der persönlichen Kontrolle beim Umgang mit akuten Schmerzen wird in Situationen schnell deutlich, in denen der Patient selbst darüber entscheiden kann, in welchem Umfang er selbst Schmerzmittel (bis zu einer vorher festgelegten Obergrenze) nimmt. Im Vergleich zu der normalen Kliniksituation, in der der Patient eine Krankenschwester um Schmerzmittel bitten muß, stellte sich heraus, daß die Patienten, die die Anwendung der Medikamente selbst kontrollieren, eine größere Schmerzfreiheit empfinden und sogar weniger Analgetika verwenden (*White*, 1986). Es ist wichtig, daß die von dem Patienten kontrollierte Schmerzfreiheit den Schmerz reduziert, obwohl der Patient seine Aufmerksamkeit darauf richten muß. Dieses Ergebnis widerspricht dem gut dokumentierten Nutzen der Ablenkung. Offensichtlich überwiegen die positiven Effekte der Kontrolle die negativen Auswirkungen der Konzentration auf den Schmerz.

Natürlich verursacht auch die Einschaltung der Krankenschwester zur Gabe von Analgetika, daß der Patient sich auf den Schmerz konzentrieren muß, möglicherweise sogar mehr als in den Fällen, in denen der Patient sich das Medikament selbst gibt. Bei der Gabe der Schmerzmittel durch die Schwester lernt der

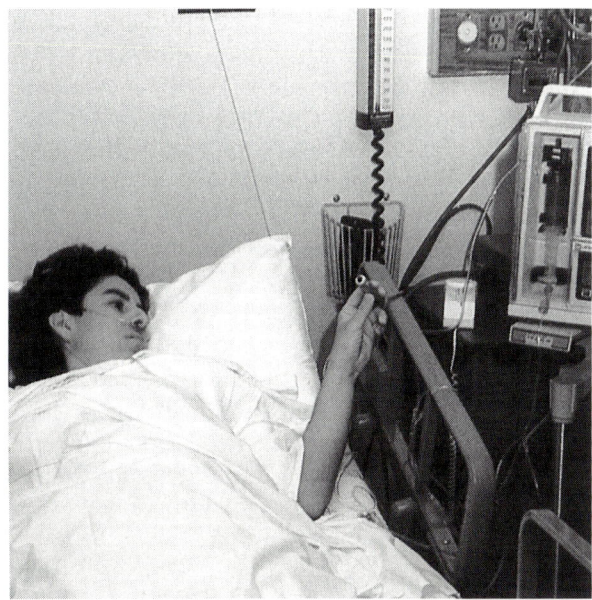

Patienten, denen es gestattet ist, selbst die Schmerzmittel zu dosieren, haben einen geringeren Verbrauch an Medikamenten und fühlen sich von Schmerzen freier.

Patient zu warten, bis der Schmerz ausreichend stark ist, bevor er nach dem Medikament verlangt. Dann, nachdem er seinen Wunsch geäußert hat, muß der Patient meist warten, bis die Schwester Zeit hat, ihn zu erfüllen. Dieses Vorgehen verstärkt die Ablenkung vom Schmerz offensichtlich nicht.

Chronische Schmerzen

Millionen von Menschen leiden unter chronischen Schmerzen (*Bronica*, 1981), was zu hohen Verlusten an Arbeitszeit und unkalkulierbarem persönlichem und familiärem Leid führt. Die traditionelle Medizin hilft bei dieser Art von Schmerzen meist nicht. Um den chronischen Schmerz zu verstehen, ist es nützlich, zwischen dem Schmerz per se, d.h. der Wahrnehmung der nozizeptiven Reizung (die wir gerade beim akuten Schmerz dargestellt haben), und dem Leiden und Schmerzverhalten zu unterscheiden. Das Leiden bezieht sich dabei auf die emotionale Reaktion der nozizeptiven Reizung und kann sogar in Abwesenheit eines Schmerzes vorliegen, etwa wenn eine geliebte Person Abschied nimmt. Schmerzverhalten – chronische Schmerzen – bezieht sich auf das beobachtbare Verhalten, das entweder mit Schmerzen oder dem Leiden verbunden ist; Beispiele dafür sind:

das Klagen, das Zusammenbeißen der Zähne, Gereiztheit und das Meiden von Aktivität (*Turk, Wack & Kerns*, 1985). Die Behandlung des chronischen Schmerzes konzentriert sich daher eher auf das Leiden und das Schmerzverhalten als darauf, ob der Betreffende wirklich Schmerzen hat. Die Betonung liegt mehr darauf es durchzustehen, den Schmerz zu bekämpfen, als es zuzulassen, daß man dadurch beeinträchtigt wird. Wenn es richtig gehandhabt wird, besteht das Ergebnis häufig in einer verstärkten Aktivität und Leistungsfähigkeit, die manchmal sogar das aktuelle Schmerzerleben reduzieren kann.

Ein gut untersuchtes Beispiel für chronische Schmerzen sind Rückenschmerzen, die durch starke Muskelspasmen ausgelöst werden. Anfänglich ist der Betroffene zu wenig mehr an Aktivität in der Lage als sich ins Bett zu legen und wieder aufzustehen. In der akuten Phase ist dies ein angemessenes Verhalten. Wenn die Spasmen sich lösen und wenn keine anderen Schädigungen, wie etwa der Bandscheiben, eingetreten sind, dann sollte der Patient sich wieder normaler bewegen, sich strecken und schließlich Übungen ausprobieren, die gerade die Muskeln stärken, welche die Spasmen ausgelöst haben. *Fordyce* und seine Mitarbeiter (*Fordyce* et al., 1986) konnten zeigen, daß das verhaltensorientierte Programm der konventionellen medizinischen Behandlung der Rückenschmerzen überlegen war. Bei den traditionellen Programmen trainierten und bewegten sich die Patienten nur so lange, bis sie den Schmerz fühlten, während das verhaltensorientierte Programm sie dazu ermutigte, eine vorher festgelegte Übungsintensität in einer vorher bestimmten Zeit zu absolvieren, auch dann, wenn sie Schmerzen fühlten. Patienten mit Schmerzen in der Lende erhielten auch ein Entspannungstraining und wurden ermutigt, ihre Schmerzen als Taubheit oder Prickeln neu zu definieren (*Rybstein-Blinchik*, 1979), was ein kognitives Restrukturierungsverfahren darstellt. Es ist offensichtlich, daß dafür Sorge getragen werden muß, daß die Patienten nicht über das hinausgehen, was ihr Körper zur Zeit leisten kann. Die implizite Botschaft ist anscheinend die, daß das traditionelle medizinische Vorgehen das, was die chronischen Schmerzpatienten tun können, unterschätzt hat (*Keefe & Gil*, 1986). Ein häufiges Ergebnis besteht in der Tat darin, daß die verstärkte Aktivität den Muskeltonus verbessert, was seinerseits mit der Zeit die Nozizeption reduzieren und die Wahrscheinlichkeit für ein erneutes Auftreten der Muskelspasmen verringern kann.

Chronische Krankheiten und Lebensstil

Die Verhaltensmedizin befaßt sich nicht nur mit der Linderung von Krankheiten und Schmerzen, sondern auch mit der Prävention; wenn sie dieses Ziel verfolgt, wird sie häufig Gesundheitspsychologie genannt. Zu Beginn dieses Jahrhunderts waren Infektionskrankheiten wie Grippe und Tuberkulose die wichtigsten Todesursachen. In den 80er Jahren waren diese Erkrankungen weitgehend unter medizinischer Kontrolle und die Amerikaner starben am häufigsten an Herzerkrankungen, Krebs, zerebrovaskulären Erkrankungen, wie etwa dem Schlaganfall, und an Unfällen. Bei jeder dieser Krankheiten ist das Verhalten der Menschen – ihr Lebensstil – längerfristig ausschlaggebend. Wir haben bereits in Kapitel 8 in Zusammenhang mit der Typ A – Persönlichkeit gezeigt, daß eine Ernährung mit viel Cholesterin, wenig Bewegung und das Rauchen zu einer Herzerkrankung beitragen.

Die Ärzte haben seit Jahren begründete Ratschläge für die Ernährung, die körperliche Bewegung und das Rauchen gegeben – meist ohne große Auswirkung auf den Lebensstil. Die Menschen dazu zu bringen, was im wohlverstandenem Interesse ihrer Gesundheit ist, stellt eine Herausforderung dar! Einfach nur einem Buchhalter zu sagen, daß ein Training von mindestens 15 Minuten dreimal in der Woche mit 70 Prozent der maximalen Pulsrate notwendig ist, wird den Betreffenden wohl kaum dazu bringen, einen derartigen Vorschlag zu befolgen.

Bei einer Untersuchung (*Epstein* et al., 1980) erklärten sich Studentinnen dazu bereit, eine oder zwei Meilen pro Tag fünf Wochen lang zu laufen und hinterlegten Geld, das ihnen in Beträgen von fünf Dollar zurückgezahlt wurde, wenn sie sich an ihre Zusage hielten. Die jungen Frauen blieben häufiger bei ihrem Plan als eine Kontrollgruppe, bei der es keine kontingente Verstärkung gab. Zahlreiche ähnliche Programme zur Förderung regelmäßigen körperlichen Trainings sind beschrieben worden. Von besonderem Interesse war das Aufstellen eines Posters am Fuß einer öffentlichen Treppe und eines Aufzugs (*Brownwell, Stunkard &* *Albaum*, 1980). Die Zeichnung stellte ein kraftloses unglücklich aussehendes Herz, das den Aufzug nahm neben einem kräftigen, glücklichen Herzen dar, das die Treppen hinaufstürmte, wobei die Schlagzeile lautete: „Ihr Herz braucht Bewegung ... hier ist ihre Chance." So einfach und preiswert dieses Poster war, so dramatisch war die Auswirkung auf die Menschen, die vorbei kamen: dreimal so viele wie vorher beobachtet, benutzten die Treppe. Treppen sind natürlich weitaus häufiger verfügbar als Gelegenheiten zu Aerobic-Übungen und Treppensteigen ist leichter als das Befolgen eines Trainingsplans für das Joggen. Von regelmäßigem Treppensteigen ist bekannt, daß es ein sehr gesundes Training für den Kreislauf vieler Menschen das ganze Leben über ist.

Viele Industrieunternehmen und Institutionen haben jetzt ihr eigenes Programm für Gesundheit und Fitneß, überprüfen ihre Mitarbeiter auf solche Krankheiten wie Bluthochdruck und stellen die Örtlichkeiten und Belohnungen für das regelmäßige Training, sogar während der Abeitszeit, zur Verfügung. Es handelt sich dabei nicht um eine besondere Großzügigkeit; derartige Programme reduzieren häufig die Fehlzeiten und verbessern die Gesundheit, was sie damit für die Firmen kosteneffektiv macht.

Biofeedback

Ein Besuch der Ausstellung bei einem Psychologiekongreß zeigt eine große Vielfalt von komplexen Biofeedback-Geräten, die dort als effiziente, manchmal als wunderwirkende Instrumente, die den Menschen durch die Kontrolle des einen oder anderen körperlichen Zustands helfen sollen, gepriesen werden. Grundsätzlich gibt das Biofeedback durch den Einsatz empfindlicher Instrumente einem Menschen eine schnelle und genaue Rückmeldung über sonst nicht verfügbare Körperfunktionen wie die Muskelaktivität, Gehirnwellen, Hauttemperatur, Pulsschlag, Blutdruck und andere. Es wird angenommen, daß jemand eine größere willentliche Kontrolle über diese Phänomene – von denen die meisten als nicht der willkürlichen Kontrolle stehend angesehen werden – ausüben kann, wenn er sofort, durch ein auditives oder visuelles Signal, erfährt, ob eine körperliche Funktion zunimmt oder sich vermindert. Da Angst meist als ein Zustand angesehen wird,

Körperliches Training ist ein wichtiger Aspekt eines gesundheitsbezogenen Lebensstils. Der Einsatz von Kontingenzen kann zu Veränderungen des Lebensstils führen.

an dem das autonome (nicht dem Willen unterworfene) Nervensystem beteiligt ist und weil psychische Störungen Organe mit einbeziehen, die von diesem System mit Impulsen versorgt werden, ist es einsichtig, warum Forscher und Kliniker sich mit dem Biofeedback befaßt haben. Eine Zeitlang war Biofeedback ein Synonym für Verhaltensmedizin.

In einer Untersuchungsreihe konnten *Shapiro*, *Tursky* und *Schwartz* (1970), *Schwartz* (1973) zeigen, daß freiwillige Versuchsteilnehmer kurzfristig bedeutsame Veränderungen des Blutdrucks und des Herzschlags erreichen konnten. Sie konnten sogar einige Teilnehmer finden, die so trainiert werden konnten, daß sie den Herzschlag bei sinkendem Blutdruck erhöhen konnten. Das Erreichen dieser abgestimmten Kontrolle gab den Anstoß zur Arbeit mit Biofeedback beim Menschen und gab Anlaß zu der Hoffnung, daß bestimmte klinische Störungen mit dieser neuen Methode geheilt werden könnten.

Beim Übergang von der Forschung zu den Herausforderungen der Klinik müssen mindestens drei wichtige Fragen gestellt werden. Erstens, können Menschen, deren Systeme unzureichend funktionieren, die gleiche Biofeedback-Kontrolle über Körpervorgänge erreichen wie Kontrollpersonen? Zweitens, wenn Patienten wirklich ein bestimmtes Maß an Kontrolle erwerben können, reicht dieses aus, damit ein deutlicher Unterschied in ihren Problemen entsteht? Und drittens, kann die von den Patienten erlernte Kontrolle von dem unmittelba-

ren Feedback durch ein bestimmtes Gerät abgetrennt und in das Alltagsleben übertragen werden, wo sie kein Gerät zur Verfügung haben, das sie über den Zustand der Körperfunktionen informiert, deren Kontrolle sie erlernt haben?

Die Ergebnisse bei Patienten mit essentieller Hypotonie gab zu einigen Hoffnungen Anlaß, aber sie waren nicht ausreichend sicher, um Biofeedback als Standardbehandlung dafür zu etablieren (*Shapiro* & *Surwit*, 1979). Darüber hinaus sind einige Forscher (*Blanchard* et al., 1979) davon überzeugt, daß das Entspannungstraining, das oft zusammen mit dem Biofeedback erfolgt, auf die Reduktion des Blutdrucks mehr Einfluß hat als das Biofeedback, eine Schlußfolgerung, die in den Übersichten von *Emmelkamp* (1986), *O'Leary* und *Wilson* (1987) und *Reed*, *Katkin* und *Goldband* (1986) auch gezogen wird.

Die Kontrolle des Migräneschmerzes durch Biofeedback wurde in Kapitel 8 behandelt (S. 242). Spannungskopfschmerzen, von denen angenommen wird, daß die durch starke und über längere Zeit bestehende Anspannung der Muskeln in Stirn und Nacken verursacht werden, wurden ebenfalls mit Biofeedback angegangen, wobei die Standardbehandlung darin bestand, den Spannungszustand der Stirnmuskeln zurückzumelden. Obwohl gezeigt werden konnte, daß diese Behandlung wirkt (z.B. *Birbaumer*, 1977), lassen einige Untersuchungen vermuten, daß kognitive Faktoren eine Rolle spielen können. Beispielsweise fanden *Holroyd* et al. (1984), daß, wenn man die Anspannung der Frontalismuskeln durch Feedback reduziere, mit der Verminderung der Spannungskopfschmerzen einherging, gleichgültig, ob derartige Reduktionen auch wirklich erreicht wurden. Verstärkte Gefühle der Selbstsicherheit und der inneren Kontrolle haben implizit streßreduzierende Eigenschaften, ein Thema, das in Kapitel 6 besprochen wurde, in dem wir uns mit Kontrolle und Angst befaßt haben. Es ist möglich, daß das Biofeedback das Gefühl der Kontrolle verstärkt und dadurch das Niveau der allgemeinen Angst herabsetzt und damit letzten Endes auch die Spannungskopfschmerzen. Andere Untersuchungen (z.B. *Blanchard* et al., 1982; *Cox*, *Freundlich* & *Meyer*, 1975), lassen vermuten, daß die Entspannung allein die kritische Variable ist, was in ähnlicher Weise auch für die Behandlung des Bluthochdrucks gilt.

Es wurden auch Versuche gemacht, andere medizinische Probleme mit Biofeedback zu behandeln. Die Erfolge waren gemischt. Die Erhöhung der Fingertemperatur, die zu einer Erweiterung der Blutgefäße der Hand führt, hat sich bei einigen Patienten, die an der Raynaud-Krankheit leiden, bei der der Blutfluß der Extremitäten durch Spasmen der kleinen peripheren Arterien reduziert ist, als nützlich erwiesen (*Surwit*, 1982). Aber da auch die Entspannung zusammen mit dem Biofeedback üblicherweise angewendet wird (was eine verbreitete Praxis bei vielen Biofeedback-Studien ist), ist es nicht klar, ob das Feedback selbst die kritische Größe darstellt (*Reed, Katkin & Goldband*, 1986). Biofeedback wurde auch eingesetzt um die Kontrolle der Muskulatur bei neuromuskulären Erkrankungen wie der cerebralen Parese und Lähmung nach einem Schlaganfall zu verstärken (*Basmajian*, 1977). Wenn die neuromuskuläre Dysfunktion teilweise durch die Schwäche der Signale für die Muskelbewegung des geschädigten Gewebes verursacht ist, dann könnte die Verstärkung dieser propriozeptiven Signale durch Biofeedback dafür sorgen, daß der Patient sich ihrer bewußt wird und möglicherweise eine Kontrolle erlauben (*Runck*, 1980).

Zum größten Teil gibt es nur begrenzte Beweise dafür, daß das Biofeedback andere spezifische Wirkungen als Ablenkung, Entspannung und der Schaffung eines positiven Gefühls der Kontrolle hat. Darüber hinaus müssen sich die Kliniker der Komplexität menschlicher Probleme bewußt sein. Ein Patient mit beispielsweise hohem Blutdruck muß möglicherweise erst einen angespannten, ständig unter Druck stehenden Lebensstil ändern, bevor er den Blutdruck durch Biofeedback deutlich senken kann. Es ist unklug und ein Zeichen naiven klinischen Vorgehens, anzunehmen, daß eine Methode, die sich auf eine bestimmte Fehlfunktion oder ein Problem konzentriert, den Patienten auf jeden Fall heilen wird.

Generalisierung von Behandlungseffekten

Wie bereits gesagt ist die Übertragung des in der Therapie Gelernten auf das tägliche Leben ein Problem, dem sich unterschiedslos alle Therapien gegenübersehen. Die Einsichtstherapien nehmen an, daß die Verallgemeinerung therapeutischer Effekte durch die Umstrukturierung der Persönlichkeit ermöglicht wird. Der Verhaltenstherapeut, der die Ursachen von Verhalten in der Umwelt sucht, fragt sich, wie sich die Veränderungen, die seine Manipulationen hervorgebracht haben, stabilisieren lassen, wenn der Patient wieder mit seiner Alltagssituation konfrontiert ist, denn vermutlich hat sie ja viel zu seinen Schwierigkeiten beigetragen. Verhaltenstherapeuten versuchen, dieser Herausforderung auf mehrerlei Weise zu begegnen.

Intermittierende Verstärkung

Da Laboruntersuchungen gezeigt haben, daß intermittierende Verstärkung – eine Reaktion wird nicht jedesmal, sondern nur in bestimmten Abständen belohnt – neues Verhalten stabilisiert, stellen viele operante Programme die regelmäßige Verstärkung ein, sobald das neue Verhalten mit zufriedenstellender Regelmäßigkeit gezeigt wird. Wenn zum Beispiel ein Lehrer einen unruhigen Jungen für jede zu Ende geführte Rechenaufgabe sehr gelobt und so erreicht hat, daß der Junge längere Zeit ruhig auf seinem Platz sitzen bleibt, wird er ihn allmählich nur noch für jede zweite gelöste Aufgabe und schließlich nur noch in Ausnahmefällen loben.

Eine andere Strategie besteht darin, von künstlichen Verstärkern zu solchen überzugehen, die die soziale Umwelt ganz natürlich bereithält. Man kann ein Münzprogramm etwa so lange aufrechterhalten, bis ein bestimmtes erwünschtes Verhalten etabliert ist, und den Betroffenen dann allmählich natürlichen Verstärkern überlassen, etwa der Anerkennung von Kameraden.

Modifikation der Umwelt

Eine weitere Strategie, um die Generalisierung von Behandlungsergebnissen zu erreichen, führt den Therapeuten in die Nähe der Gemeindepsychologie, die nächsten Kapitel dargestellt wird. Um in der Behandlung erzielte Veränderungen zu stabilisieren, manipuliert der Verhaltenstherapeut die Umwelt oder versucht das zumindest. Ein kleines Beispiel dafür liefern *Lovaas* und seine Mitarbeiter (1973). Sie stellten fest, daß die bei autistischen Kindern mühsam erreichten Behandlungserfolge nur dann von Bestand waren, wenn die Eltern erwünschtes Verhalten weiterhin verstärkten.

Ausschalten des sekundären Krankheitsgewinns

Viele Verhaltenstherapeuten verordnen ihren Patienten zwischen den Sitzungen Hausaufgaben, etwa Entspannungsübungen nach einem Tonband. Manche Patienten machen ihre Hausaufgaben nur unregelmäßig und entschuldigen sich damit, daß sie zu Hause nicht genug Ruhe gefunden oder die Anweisung ganz einfach vergessen hätten. Viele Patienten gestehen auf der Verstandesebene durchaus zu, daß solche Hausaufgaben in ihrem eigenen Interesse sind; gleichzeitig weigern sie sich aber so beharrlich, selbständig etwas für sich zu tun, daß Therapeuten zur Erklärung häufig auf den psychoanalytischen Begriff des sekundären Krankheitsgewinns, den solche Patienten aus ihrem Problem beziehen, zurückgreifen. Aus komplexen und noch kaum verstandenen Gründen handeln Menschen manchmal so, als wollten sie sich unbewußt auf keinen Fall von ihren Symptomen trennen. Unabhängig von seiner Ausrichtung muß der Therapeut zuweilen in den persönlichen Beziehungen des Patienten nach Hinweisen dafür suchen, warum dieser an seinem Problem festhält, obwohl er doch unmittelbar darunter leidet (vgl. Kasten 19.3).

Rückfallprophylaxe

Marlatt (1985) stellte die „Auswirkung des Abstinenzbruchs" in den Mittelpunkt der Rückfallverhütung. Seine Untersuchungen beim Alkoholismus hatten ihm die meist negativen Auswirkungen eines Rückfalls, wenn etwa ein Trinker nach einer erfolgreichen Abstinenzperiode sich bis zur Bewußtlosigkeit betrinkt, nachdem er einen einzigen Drink zu sich genommen hat. *Marlatt* nahm an, daß die Art und Weise, wie der Betroffene kognitiv und verhaltensmäßig auf diesen Rückfall reagiert, darüber entscheidet, ob er diesen Rückfall überwindet und auf dem Weg bleibt oder das Trinken bis zum Exzeß wieder aufnimmt. Es wird vermutet, daß die Konsequenzen des Rückfalls ernster sind, wenn der Betroffene dies auf internerne, stabile und allgemeine Faktoren zurückführt,

die er als unkontrollierbar ansieht – in ähnlicher Weise haben *Abramson, Seligman* und *Teasdale* (1978) eine Theorie der Hilflosigkeit und Depression aufgestellt (vgl. S. 266). Ein Beispiel dafür wäre die Überzeugung, daß der Rückfall durch einen unkontrollierbaren Krankheitsprozeß ausgelöst wurde, der den betroffenen überwältigt, wenn auch nur ein einziger Schluck getrunken wird. Im Gegensatz dazu wird angenommen, daß ein Rückfall weniger wahrscheinlich ist, wenn der Betroffene den Rückfall auf externe, wenig stabile, spezifische und kontrollierbare Umstände zurückführt, etwa ein unerwartetes, stark belastendes Lebensereignis. Im Kern wird der Patient dazu ermutigt, zwischen einem Unfall und einem Rückfall zu unterscheiden. Kognitive Verhaltenstherapeuten versuchen, die Auswirkung des Abstinenzbruchs zu minimieren, indem sie Attributionen auf externe, wenig stabile spezifische Faktoren begünstigen und Strategien vermitteln, wie mit Belastungen im Leben umgegangen werden kann.

Selbstverstärkung

Die Generalisierung läßt sich auch dadurch fördern, daß man dem Patienten eine aktivere Rolle zuweist. Ein Beispiel dafür ist die Arbeit von *Drabman, Spitalnik* und *O'Leary* (1973). In einem dreimonatigen Programm, das außerhalb des eigentlichen Unterrichts durchgeführt wurde, belohnte der Lehrer unruhige kleine Jungen für gutes Benehmen und gute Leseleistungen. Später durften die Jungen ihr Verhalten nach denselben Kriterien wie der Lehrer selbst bewerten und sich für gutes Betragen belohnen. Sie lernten also, daß angemessenes Verhalten ihnen nicht nur dann Privilegien eintrug, wenn der Lehrer die Belohnungen verteilte, sondern auch dann, wenn sie selbst ihr gutes Betragen ehrlich bewerteten. Der erste Teil der Untersuchung erbrachte ähnliche Ergebnisse wie viele andere Studien: Als der Lehrer die Jungen beurteilte und mit Münzen belohnte, nahm das Störverhalten ab und das den Unterrichtszielen dienliche Verhalten zu. Diese Verbesserung übertrug sich anschließend auch auf die Unterrichtsphasen, in denen das Kind *selbst beurteilte,* wie gut es sich betrug, und sich entsprechend *selbst verstärkte.* Mit anderen Worten, die Leistungsverbesserung erstreckte sich auch auf Phasen, in denen die Schüler nicht un-

Kasten 19.3   Sie verändern sich, wenn Sie es tun, und wenn Sie es sein lassen

Haben Sie schon einmal versucht, einen Freund zu etwas zu bringen, indem Sie ihn gebeten haben, etwas nicht zu machen? Die Intuition sagt uns, daß diese raffinierte List wirken könnte, wenn jemand boshaft ist oder es nicht wünscht, von anderen kontrolliert zu werden. Die Gedanken eines derartigen Menschen könnten etwa folgende sein: „So, er will also, daß ich weiterhin zu spät komme? Ich werde es ihm aber zeigen – ich fange damit an, früher zu kommen."

In den letzten 25 Jahren, seit der Publikation von „Menschliche Kommunikation" von *Watzlawik, Beavin* und *Jackson* (1967) über komplexe Kommunikation und Interaktion, hat eine kleine aber engagierte Gruppe von Psychotherapeuten das praktiziert, was als paradoxe Interventionen bezeichnet wird. Diese Versuche der Veränderung des Verhaltens haben eine Forderung oder eine Vorschrift des Therapeuten gegenüber dem Patienten gemeinsam, das Problem weiter zu praktizieren oder seine Schwere oder Häufigkeit zu vergrößern. Wenn z.B. ein Patient nicht einschlafen kann, wird er aufgefordert, wach zu bleiben. Wenn ein Patient nicht aufhören kann, an einen belastendes Ereignis zu denken, wird er aufgefordert, häufiger daran zu denken. Wenn ein Patient aus keinem erkennbaren Grund heraus ängstlich wird, dann wird er aufgefordert, sich selbst ängstlicher zu machen. Klinische Berichte von begeisterten Anhängern dieses Ansatzes lassen vermuten, daß wenigstens einige Patienten von diesen Interventionen gegen die Intuition profitieren (z.B. *Frankl*, 1967; *Seltzer*, 1986; *Shoham-Salomon & Rosenthal*, 1987), aber erst seit kurzem werden paradoxe Interventionen experimentell untersucht (z.B. *Asher & Turner*, 1979).

Ein Beispiel ist das Forschungsprogramm von *Shoham-Salomon* und ihren Mitarbeitern an der University of Arizona. Sie gehen davon aus, daß es zwei Mechanismen gibt, die für die klinisch berichteten positiven Veränderungen bei einigen Patienten verantwortlich sein könnten: Reaktanz und ein gestärktes Selbstbewußtsein. Reaktanz bezieht sich dabei auf den Zustand der Motivation, der erreicht wird, wenn Menschen wahrnehmen, daß die freiheit ihrer Handlungen begrenzt wird; sie unternehmen dann Anstrengungen, um ihre Handlungsfreiheit wieder herzustellen (*Brehm & Brehm*, 1981). Wenn daher ein reaktanter Patient von dem Therapeuten aufgefordert wird, noch ängstlicher zu werden, dann sieht er diese Symptomverschreibung als Einschränkung der Freiheit und wird sich vor dieser wahrgenommenen Bedrohung dadurch schützen, daß er weniger ängstlich wird. Der zweite von *Shoham-Salomon* vorgeschlagene Mechanismus, der den Reaktionen der nicht reaktanten Patienten auf eine paradoxe Anweisung zugrunde liegt, ist *Banduras* (1986) Konzept der Selbstsicherheit, dem Gefühl, daß man in der Lage ist, das gewünschte Verhalten durchzuführen. Im Umfeld der Psychotherapie würde dies bedeuten, daß man eine Kontrolle über das eigene Problem bekommt. Die Forschungen von *Bandura* zeigen, daß die Selbstsicherheit verstärkt wird, wenn die Menschen Erfolg haben. Wenn daher einem nicht reaktiven Patienten, dem eine paradoxe Anweisung gegeben wird, diese befolgt, z.B. seine Angst verstärkt, dann besteht das kurzzeitige Ergebnis für diesen Patienten nicht in einer Symptomreduktion wie bei dem reaktanten Patienten, aber in einer kognitiven Veränderung, nämlich in der Überzeugung,

---

ter unmittelbarer äußerer Kontrolle standen (vgl. Kasten 19.4).

Selbstattribution

Auch die Attribution, gewöhnlich Forschungsgegenstand der Sozialpsychologie, kann dazu beitragen, Behandlungserfolge über das Ende der Therapie hinaus zu stabilisieren. Wie jemand sich selbst ein gegenwärtiges oder vergangenes Verhalten erklärt, bleibt vermutlich nicht ohne Einfluß auf sein zukünftiges Handeln. Wäre nicht denkbar, daß jemand, der nach Abschluß seiner Therapie sein angemesseneres Verhalten einer äußeren Ursache, etwa dem Therapeuten zuschreibt, die Motivation zu diesem Verhalten einbüßt, sobald das, was seiner Meinung nach die Verhaltensänderung gerechtfertigt hat, nicht mehr da ist?

daß er nicht hilflos ist und tatsächlich eine gewisse Kontrolle über das vorher unkontrollierbare Problem ausüben kann (sogar dann, wenn die Kontrolle zu etwas führt, das zum eigentlichen Wunsch des Betroffenen im Gegensatz steht). Die Implikation ist erfolgversprechend: wenn die Patienten in der Lage sind, sich zu verschlechtern, dann können sie vielleicht auch eine Besserung erzielen.

Es wird daher erwartet, daß sich beiden Arten von Patienten in positiver Weise durch eine paradoxe Intervention bessern, aber aus unterschiedlichen Gründen und zu verschiedenen Zeiten. Vom reaktanten Patienten wird erwartet, daß er sich ziemlich schnell ändert, weil er sich der Anweisung des Therapeuten widersetzt. Andererseits wird vom nicht reaktanten Patienten erwartet, daß sich sein Verhalten nicht sofort verändert, stattdessen wird das Fundament für eine spätere Verändeung des Verhaltens durch eine Stärkung der Selbstsicherheit gelegt. Dieser Persönlichkeitstyp wird sich kurzzeitig nicht bessern, kann aber das symptomatische Verhalten als eher kontrollierbar erleben und sich dann später bessern.

Diese Vorhersagen wurden in zwei Untersuchungen bei Studenten bestätigt, die an Zwangsstörungen litten, wie in einem Aufsatz von *Shoham-Salomon, Avner* und *Neeman* (1989) berichtet, wobei der Titel teilweise der Überschrift dieses Kastens entspricht. Sie teilten zuerst ihre Probanden in eine reaktante und eine nicht reaktante Gruppe ein, wobei Verfahren eingesetzt wurden, die eine trotzige Haltung im Ton der Stimme erkennen ließen. Die Forscher wiesen dann die Probanden einer der zwei Behandlungsformen zu, bei denen jeweils zwei Sitzungen pro Woche durchgeführt wurden. Bei der paradoxen Intervention erklärte der Therapeut den Probanden,

daß sie ihr Zwangsproblem beser verstehen müßten und sich auch dessen stärker bewußt werden sollten. Sie sollten daher ihr Problem sorgfältig beobachten, indem sie absichtlich zwanghaft reagieren sollten. Die Studenten erhielten die Anweisung, das gesamte Studienmaterial auf ihren Schreibtisch zu legen, aber eine halbe Stunde lang nicht zu lernen, jedem Impuls zum Studieren zu widerstehen und sich auf zwanghaftes Verhalten zu konzentrieren, beispielsweise über das Problem nachzugrübeln, wie sie es üblicherweise machten, wenn die Zwänge auftraten. Das Lernen in dieser Zeit war verboten. Wenn es ihnen gelang, diese ungewöhnliche Beobachtungsaufgabe sechs Tage lang zu erfüllen, dann konnten sie am siebten Tag lernen oder nicht lernen, was immer sie wollten oder nicht wollten. In der zweiten Therapiesitzung diskutierten die Studenten das Vorgehen. Denjenigen, die in der Lage waren, die Anweisung zu befolgen, wurde gratuliert und sie wurden daran erinnert, daß ihr Nicht-Lernen es ihnen möglich gemacht hatte, ihr Problem besser zu verstehen und dadurch besser damit umzugehen. Wenn ein Proband berichtete, daß er mehr gelernt hatte, wurde er nicht gelobt; die Veränderung wurde vom Therapeuten skeptisch und als wahrscheinlich nur vorübergehend bewertet. Und wenn die Probanden die Zwangszeiten nicht einhielten, forderten die Therapeuten sie auf, dies in der folgenden Woche zu tun.* Insgesamt gesehen wurde es den Probanden nicht nahe gelegt, sich weniger zwanghaft zu verhalten oder mehr zu lernen.

---

* Ein interessantes Problem ergibt sich, wenn ein reaktanter Patient sich der Anweisung des Therapeuten, ein problematisches Verhalten zu übertreiben, verweigert. Man könnte dies als „Meta-Trotz" bezeichnen. Wenn man nicht sehr vorsichtig ist, kann man sich in einem infiniten Regreß fangen!

In einer Analogstudie über Attribution und Aufrechterhaltung einer Verhaltensänderung (*Davison & Valins*, 1969) erhielten Studenten elektrische Schläge auf die Fingerspitzen, um herauszufinden, wieviel sie ertragen konnten. Dann gab man ihnen ein ‚schnell wirkendes Multi-Vitamin-Präparat' (in Wirklichkeit ein unwirksames Placebo) und erklärte ihnen, nunmehr würden sie stärkere Stromschläge aushalten können. Und ihrem Eindruck nach konnten

sie das tatsächlich. Um diesem Eindruck Vorschub zu leisten, hatten die Versuchsleiter heimlich das Spannungsniveau verändert. Anschließend erfuhr die Hälfte der Probanden, das Medikament sei ein Placebo gewesen, während man die andere Hälfte glauben ließ, daß die Wirkung der Tablette sehr bald nachlassen werde. Die Placebo-Gruppe attribuierte sich selbst die größere Fähigkeit, Schmerzen zu ertragen und hielt in einem dritten Durchgang die

Die gegensätzliche Intervention bezog sich auf die Selbstkontrolle. Die Zwänge wurden den Probanden als eine erlernte Gewohnheit beschrieben; sie mußten jetzt neue Verhaltensweisen erwerben, die mit den Zwängen nicht vereinbar waren. Sie wurden angewiesen, sich einen Platz zu suchen, wo sie besser lernen konnten und sie sollten versuchen, dort so viel wie möglich zu lernen. Die dahinter stehende Überlegung war, daß die neue Reizkonstellation mit den verbesserten Lerngewohnheiten assoziiert werden würde. Jeder berichtete Erfolg wurde vom Therapeuten gelobt.

Die Ergebnisse zeigten, daß beide Behandlungen zu einer Verbesserung der Lernzeit und der Selbstsicherheit führten, aber die wirklich interessanten Ergebnisse betreffen die Interaktion zwischen Reaktanz und der Behandlungsbedingung. Eine stärkere Reaktanz korrelierte mit einer Verbesserung der Lerngewohnheiten (weniger Zwänge) wie erwartet bei der paradoxen Intervention, aber nicht bei der Selbstkontrolle. Die Probanden, die motiviert waren, die Freiheit, die sie als bedroht ansahen, wiederzugewinnen, wendeten sich gegen die Anweisungen des Therapeuten – statt wie ihnen gesagt worden war, weniger zu lernen, lernten sie mehr. Diese Widersetzlichkeit wurde bei den reaktanten Probanden in der Selbstkontrollgruppe nicht gefunden. Was die Selbstsicherheit betrifft, so waren die Verbesserungen mit besserem Lernen in der Selbstkontrollgruppe korreliert, was mit vielen Ergebnissen übereinstimmt, die Verbindung zwischen Verhaltensverbesserung und Selbstsicherheit zeigen (*Bandura*, 1986); diese Verbindung fand sich aber bei der paradoxen Intervention nicht, wo die Steigerungen der Selbstsicherheit mit einem Ausbleiben der Verhaltensänderungen einhergingen, was auch vorhergesagt worden war. Die Ergebnisse aus dieser Studie mit einem gemischten Design (die Reaktanz war eine korrelative Variable in einem experimentellen Design, vgl. S. 135) wurden in einer zweiten bestätigt.

Weitere Forschungen mit mehr klinisch gestörten Patienten und langen Zeiträumen müssen durchgeführt werden und *Shoham-Salomon* und ihre Kollegen führten derartige Studien durch. Die beiden Analogie-Experimente liefern eine starke empirische Unterstützung für die Vorstellung, daß für einige Menschen die Anweisung ihr problematisches Verhalten nicht zu ändern, wirksamer sein kann, als das, was üblicherweise getan wird, sie zu ermutigen, direkt an Veränderungen des Verhaltens zu arbeiten.

Zahlreiche wichtige Fragen werden durch den Erfolg der paradoxen Interventionen gestellt. Lösen einige Therapien oder Therapeuten bei den Patienten mehr Reaktanz aus als andere? Ist die Reaktanz bei den Menschen ziemlich stabil und wie ein Persönlickkeitsmerkmal (*Beutler*, 1979) oder ist sie eher situationsabhängig, ausgelöst von bestimmten Anstrengungen sozialen Einflusses (*Brehm & Brehm*, 1981)? Sind die Veränderungen, die durch paradoxe Interventionen zustande kommen, genauso stabil wie die durch weniger indirekte Verfahren? Leidet das Vertrauen in den Therapeuten, wenn dem Patienten klar wird, daß der Therapeut etwas sagt, aber etwas ganz anderes beabsichtigt? Können die Probleme, die alle Therapien mit der Compliance haben, wirksamer durch die Untersuchung therapeutischer Paradoxa angegangen werden?

größeren Stromstärken aus. Diejenigen, die glaubten, ein wirkliches, wenn auch jetzt nicht mehr wirksames Medikament genommen zu haben, ertrugen in der dritten Runde nur schwächere Stromstärken, was den Ergebnissen mit den meisten psychoaktiven Substanzen entspricht.

Ein ähnlich angelegtes Experiment mit Probanden, die Einschlafstörungen hatten, (*Davison, Tsujimoto & Glaros*, 1973) erbrachte ähnliche Ergebnisse. Es sieht so aus, als ließen sich „wirkliche" Probleme dadurch behandeln, daß man die Patienten dazu bringt, sich eingetretene Verbesserungen selbst zu attribuieren. Entwöhnungswillige Raucher (*Chambliss & Murray*, 1979) und Übergewichtige (*Jeffrey*, 1974) profitierten ebenfalls von der Überzeugung, ihre schlechten Angewohnheiten selber in den Griff bekommen zu haben. In einer Reihe von Untersuchungen von Therapieergebnissen, die nicht am Verhalten ansetzten, konnte gezeigt werden, daß Patienten, die ihre Erfolge auf ein Medikament zurückführten, ihre Besserung nicht in dem Maß aufrecht erhielten wie diejenigen, die ihre Veränderungen als Ergebnis ihrer eigenen Anstrengung sahen (*Frank*, 1976).

Was folgt aus solchen Attributionsuntersuchungen für die therapeutische Praxis? Da mit verhaltenstherapeutischen Mitteln, insbesondere durch operante Manipulation, erzielte Veränderungen zumeist von Umwelteinflüssen kontrolliert zu sein scheinen, würden Verhaltenstherapeuten möglicherweise gut daran tun, ihren Patienten zu einem Gefühl größerer Selbstverantwortung zu verhelfen. Wenn sie die Patienten etwa anregen, neue Fertigkeiten selbständig zu erproben und sich selbst herausfordernden Situationen zu stellen, wird sich bei diesen verstärkt der Eindruck einstellen, es selbst geschafft zu haben, sie werden unabhängiger von Therapie und Therapeuten und die Behandlungsergebnisse bleiben stabiler. Die Einsichtstherapien betonen seit jeher, daß in erster Linie der Patient die Verantwortung für eine Verbesserung seines Zustandes übernehmen müsse. Auch den Verhaltenstherapeuten ist inzwischen klar geworden, daß sie sich mit dieser Frage auseinandersetzen müssen (*Bandura*, 1977; *Mischel*, 1977). Und auf einer allgemeineren Ebene unterstreicht die Frage der Attribution von Behandlungserfolgen, eine wie wichtige Rolle kognitive Prozesse in der Verhaltenstherapie spielen. Wir werden weiter unten in diesem Kapitel darauf zurückkommen.

Einige Grundfragen der kognitiven und verhaltensorientierten Therapie

Die kognitiven und verhaltensorientierten Therapien expandieren von Jahr zu Jahr, und gerade angesichts der überreichen Aktivität auf diesem Gebiet sollten sich alle Beteiligten stets der Fragen und Probleme bewußt bleiben, die über die einzelnen experimentellen Ergebnisse hinausgehen. Das gilt insbesondere für die folgenden, bereits verschiedentlich angeklungenen Überlegungen.

Internales Verhalten und kognitive Prozesse

In Kapitel 5 haben wir gezeigt, daß der Schluß auf intervenierende Prozesse und andere Erklärungskonstrukte sehr nützlich sein kann, wenn es gilt, Daten zu interpretieren und fruchtbare Hypothesen aufzustellen. Von den Verhaltenstherapeuten wird häufig angenommen, daß sie nur die radikalen Ansichten von *Watson* und *Skinner* vertreten, daß es nicht sinnvoll oder legitim sei, Schlußfolgerungen über die internen Prozesse eines Organismus zu ziehen.

Zusammen mit anderen (vgl. *Bandura*, 1986; *Mahoney*, 1974; *Mischel*, 1968) stehen wir auf dem Standpunkt, daß es legitim ist, wenn die Verhaltenstherapie als angewandte Experimentalpsychologie innere Ereignisse ebenso berücksichtigt wie äußere – vorausgesetzt, die inneren Mediatoren stehen in gesicherter Verbindung zu beobachtbaren Reizen oder Reaktionen. Die kognitiven Therapien können als Beispiel dafür dienen.

Unbewußte Einflußfaktoren

Mit dem steigenden Interesse an kognitiven Faktoren haben die kognitiven Therapeuten damit begonnen, ihre Ziele und Interventionen auf die internen Mediatoren zu konzentrieren, die außerhalb des Bewußtseins des Patienten liegen, d.h., daß sie unbewußt sind (*Bowers & Meichenbaum*, 1984; *Mahoney*, 1993). *Ellis* nimmt beispielsweise an, daß Menschen durch eine oder mehrere Überzeugungen, die er als irrational bezeichnet, gestört werden – sogar auch dann, wenn ein Patient das Problem selten in dieser Form verbalisiert. Anstatt darauf, was der Patient sagt und wie er es sagt einzugehen und auf dem Hintergrund der rational-emotiven Theorie kommt *Ellis* zu der Schlußfolgerung, daß eine Überzeugung wie „Es ist eine absolute Notwendigkeit, daß alles, was ich tue, perfekt ist." vorliegt. Er überzeugt den Patienten dann davon, daß diese Überzeugung die Ursache seiner Probleme ist und er dies akzeptieren soll. Die Therapie zielt auf die Veränderung dieser Überzeugung, die dem Patienten wahrscheinlich früher nicht bewußt war. Obwohl *Beck* dazu neigt, langsamer und mehr induktiv als *Ellis* zu arbeiten, kommt er zu ähnlichen Schlußfolgerungen, die er als negative Schemata oder dysfunktionale Annahmen bezeichnet.

Kasten 19.4   Selbstkontrolle – außerhalb eines Verhaltensparadigmas?

Einem großen Teil der Forschungsarbeiten und theoretischen Überlegungen scheint die Annahme zugrunde zu liegen, daß wir Menschen relativ passive Empfänger von Stimulation aus der Umwelt sind. Wie läßt sich angesichts dieser scheinbaren Abhängigkeit von der äußeren Welt ein Verhalten erklären, das offenbar autonom, gewollt und häufig das Gegenteil von dem ist, was man in einer bestimmten Situation erwarten würde? Wie erklären wir uns zum Beispiel, daß jemand, der Diät hält, trotz seines Hungers der Verlockung eines Stückes Schokoladentorte widersteht? Psychoanalytiker, einschließlich der Ich-Analytiker, lösen das Problem dadurch, daß sie den Menschen mit einer Art innerem Agens ausstatten. So behaupten viele Ich-Analytiker, daß Ich könne aus eigener Kraft und eigenem Antrieb aktiv werden und bewußte Entscheidungen für das gesamte psychische System treffen – darunter auch Entscheidungen gegen Bestrebungen des Es. Behavioristen, insbesondere *Skinner* (1953), konnten dieser „Erklärung", die ihrer Meinung nach dem Phänomen nur einen neuen Namen gab, nichts abgewinnen.

Die am meisten anerkannte behavioristische Auffassung von Selbstkontrolle ist die von Skinner: Ein Individuum übt Selbstkontrolle, wenn es sich seine Umgebung so einrichtet, daß nur ganz bestimmte kontrollierende Reize vorhanden sind. Jemand, der abnehmen möchte, entfernt aus seiner Wohnung alle Nahrungsmittel, die dick machen, und meidet Restaurants, wenn er hungrig ist. Verhalten bleibt eine Funktion der Umwelt, aber die Umwelt wird vom Individuum kontrolliert.

Eine ähnliche verhaltenspsychologische Sicht der Selbstkontrolle spiegelt sich in *Banduras* (1969) Erklärung des aversiven Konditionierens. Ein Mensch wird nicht passiv darauf konditioniert, einen wiederholt mit einem elektrischen Schlag gepaarten Reiz widerwärtig zu finden, sondern erwirbt die Fertigkeit zu aversiver Selbstreizung, die er dann im wirklichen Leben bewußt und planmäßig einsetzt. Er widersteht einer Versuchung, indem er sich die während der Therapie gemachte Erfahrung des elektrischen Schlages oder der Übelkeit *bewußt* in die Erinnerung ruft. Das Individuum schafft sich also symbolische Reize, die ihrerseits das Verhalten kontrollieren.

Eine oft geübte und in der verhaltenstherapeutischen Literatur ebenfalls diskutierte Möglichkeit der Selbstkontrolle besteht darin, sich selbst Maßstäbe oder Standards zu setzen und sich jede Verstärkung zu versagen, bis man diesen Maßstäben gerecht geworden ist (*Bandura & Perloff*, 1967). Ein Beispiel dafür ist die Taktik, welche die Autoren dieses Buches häufig angewandt haben: „Ich werde nicht eher vom Schreibtisch aufstehen und mir etwas zu essen holen, bis ich diese Seite geschrieben habe." Wenn jemand sich Ziele setzt und mit sich selbst vereinbart, sich erst nach deren Erreichen zu belohnen, und wenn er diese Vereinbarung ohne sichtbaren äußeren Zwang einhält, kann man sagen, er habe Selbstkontrolle ausgeübt.

Selbstkontrolle kann mit *jeder* therapeutischen Technik verbunden werden. Einzige Bedingung ist, daß der Patient selbständig an sich arbeitet, nachdem ihm der Therapeut das Verfahren erklärt hat. Zum Beispiel beschließt ein Patient, der sich in einer Desensibilisierungsbehandlung befindet, während eines entspannenden Bades sich auf eigene Faust einige Szenen seiner Angsthierarchie vor Augen zu führen. Als gebildeter und intelligenter Mann glaubt er, das Wesen der Desensibilisierung genügend erfaßt zu haben und seine Vorstellungsprozesse gut genug kontrollieren zu können, um den Erfordernissen der Technik gerecht zu werden. Nachdem sich also im warmen Bade das Gefühl tiefer Entspannung eingestellt hat, schließt er die Augen, stellt

Dies ist eine interessante Wendung der Ereignisse für einen Ansatz, der sich in den 50er Jahren aus der Ablehnung von Begriffsfestlegungen entwickelte, die sich auf unbewußte Motivationen und Gedanken bezogen! Und doch steht dies in Übereinstimmung mit Dekaden von Forschungen der kognitiven Experimentalpsychologen, welche das Vorhandensein von Gewohnheiten, Überzeugungen, Einstellungen und andere Konzepte geschlußfolgert haben, die den Menschen häufig nicht bewußt sind. Dies bedeutet sicher nicht, daß irgendeine der kognitiven Therapien ein Äquivalent der Psychoanalyse darstellt, aber es zeigt, daß eini-

sich eine Szene vor und beendet sie, wie er es in der Therapie gelernt hat. In der Therapiesitzung kann er später die Szenen, für die er sich in der Wanne selbst desensibilisiert hat, überspringen und auf diese Weise seine Angsthierarchie schneller absolvieren.

Alle Auffassungen von Selbstkontrolle implizieren drei Kriterien:

1. Das Verhalten läßt sich mit *wenigen äußeren Kontrollen* erklären;
2. sich selbst zu kontrollieren, ist so schwierig, daß es den Betroffenen *eine gewisse Anstrengung* kostet;
3. der Betroffene führt das Verhalten *überlegt und nach bewußter Entscheidung* aus.

Der einzelne beschließt aktiv, Selbstkontrolle zu üben, indem er entweder eine Handlung ausführt oder indem er sich davon abhält, etwas zu tun, z.B. zuviel zu essen. Er tut das weder automatisch, noch wird er von jemandem dazu gezwungen.

Nehmen wir als Beispiel einen Mann, der joggt. Wenn ein Unteroffizier dabeisteht und den Mann antreibt, ist das erste Kriterium nicht erfüllt und sein Laufen kein Fall von Selbstkontrolle, auch wenn es vermutlich einige Anstrengung kostet.

Von Selbstkontrolle können wir auch dann nicht sprechen, wenn der Jogger so gerne läuft, daß er seinen Dauerlauf anderen Aktivitäten vorzieht. Ist er als Jogger ein Anfänger, kostet es ihn vermutlich erhebliche Anstrengung. Er stöhnt, wenn er seinen Trainingsanzug anzieht, guckt bereits nach ein paar Minuten auf die Uhr, um zu sehen, wie lange diese Qual schon dauert, und läßt sich nach zwei Kilometern erleichtert fallen, froh, daß die Schinderei vorbei ist.

Das dritte Kriterium der bewußten Planung und Entscheidung unterscheidet Selbstkontrolle von Handlungen, die fast unbewußt vollzogen werden. Es ist vermutlich sehr sinnvoll, daß viele unserer alltäglichen Verhaltensweisen ohne große Überlegung vonstatten ge-

hen. Man stelle sich nur vor, wie ermüdend (und langweilig!) es wäre, jedesmal zu grübeln und eine explizite Entscheidung zu treffen, wenn wir aus dem Fenster schauen, unsere Schuhe zubinden, frühstücken usw. Aber jede dieser Handlungen würde in dem Moment zu einem Akt der Selbstkontrolle, wenn wir entscheiden müßten, ob wir sie vollziehen oder nicht. Essen würde Selbstkontrolle verlangen, wenn wir Diät hielten und mit unserem Lebenspartner, unserem Arzt oder uns selbst vereinbart hätten, unsere Kalorienzufuhr zu reduzieren.

Unserer Meinung nach ist die Selbstkontrolle eine Herausforderung für das behavioristische Paradigma, denn sie setzt den Menschen als jemanden voraus, der unabhängig handelt, sich um etwas bemüht, plant und entscheidet. In jedem Fall ist der Mensch in dem Moment, in dem die Kontrolle *einsetzt,* der *Initiator* einer Handlung. Glühende Verfechter des Behaviorismus würden dem mit *Skinner* entgegnen, daß unser Bild vom Menschen als einem Initiator von Handlungen nur zeigt, daß wir die Kräfte, die letztlich jedes menschliche Verhalten kontrollieren, nicht kennen. Der Mensch, der sich einen Extra-Nachtisch versagt, übt nicht wirklich Selbstkontrolle. Seine Selbstverleugnung steht vielmehr unter der Kontrolle irgendeiner subtilen Belohnung, die dem Beobachter verborgen bleibt, oder vielleicht auch unter der eines in die Zukunft verlagerten Verstärkers, etwa der Aussicht, künftig in kleinere Kleidergrößen zu passen. Diese Argumentation hat eine entscheidende Schwäche: Sie erfolgt ausschließlich post hoc und ist unwiderlegbar. Daß irgendwann ein Verstärker daherkommt, der das Verhalten aufrechterhält, läßt sich *immer* behaupten. Eine solche „Erklärung" sollte den Behavioristen ebenso wenig zufriedenstellen wie der psychoanalytische Versuch, eine Handlung als unbewußten Abwehrmechanismus zu deuten.

ge der klinischen Einsichten von *Freud* sehr weise waren und zeigt sich in den unterschiedlichen Formen der Annäherung, die später erläutert werden.

Die kognitiven Verhaltenstherapeuten sind in ähnlicher Weise wie die Psychoanalytiker davon überzeugt, daß der Patient mehr hat als das,

was sofort ins Auge fällt (*Goldfried & Davison,* 1976). *Guidano* und *Liotti* (1983) sprachen beispielsweise von dem „Schutzgürtel", hinter dem man nach den Grundüberzeugungen suchen muß, die ihrerseits in allgemeiner Weise mit der Vorstellung von sich selbst, wie etwa einem negativen Selbstbild, verbunden sind. Nach

Mahoney (1982, 1990) ist der Kern, die zentralen Kognitionen, unter Umständen nur sehr schwer zu verändern, auch dann, wenn dazu ein Zugang besteht, denn sie stammen aus der eigenen früheren Entwicklungsgeschichte. Bereits lange bevor die kognitive Verhaltenstherapie populär wurde, unterschied *George Kelly* zwischen „Kernkonstrukten" und „peripheren Konstrukten", wobei sich die ersteren auf die grundlegende Auffassung eines Menschen in bezug auf das Selbst oder die Identität beziehen (*Kelly*, 1955).

Obwohl die Veränderung der grundlegenden Überzeugungen weder für den Patienten noch für den Therapeuten eine einfache Sache ist, wird von vielen zeitgenössischen Forschern angenommen, daß es für die kognitive Therapie sehr wichtig ist, wenn die positiven Wirkungen Bestand haben sollen. Die Problematik der Erfassung von Variablen, die nicht direkt zu erkennen sind, ist mit der bei der fortgeschrittenen genauen Empathie zu vergleichen, die in Kapitel 18 (S. 630) erläutert wurde, was auch im folgenden Fallbeispiel von *Safran* et al. (1986) zum Ausdruck kommt:

> Beispielsweise gab ein Patient, der bei einem Examen versagte, ... folgenden automatischen Gedanken zu: „Ich schaffe die Universität nicht." An diesem Punkt hätte die Therapeutin diese Überzeugung in Frage stellen können oder den Patienten dazu ermutigen, die Beweise, die für diese Überzeugung sprechen, zu untersuchen. Sie entschloß sich statt dessen dazu, sich einem Prozeß der vertikalen Exploration zuzuwenden. Als Reaktion auf die Fragen der Therapeutin ergab sich eine Konstellation automatischer Gedanken, die um die Überzeugung des Patienten kreisten, daß er nicht intelligent genug sei. An diesem Punkt erinnerte sich der Patient spontan an zwei Situationen, in denen er sich gedemütigt und wertlos fühlte, weil er den Eindruck hatte, daß er damals „blöde" war. Als er diese Erinnerungen erzählte, wurde er sichtlich emotionaler. Die weitere Exploration enthüllte, daß diese Gefühle der intellektuellen Unterlegenheit und damit verbundene Gefühle der Wertlosigkeit einer Anzahl von Problemsituationen für den Patienten gemeinsam waren. Es stellte sich auch heraus, daß er davon überzeugt war, daß sein Wert als Person vollständig von seiner intellektuellen Leistung abhinge. Wenn in dieser Situation die Therapeutin beim ersten automatischen Gedanken interveniert hätte, wäre die gesamte Kette der kognitiven Selbstbewertungen und der Konstrukte auf höherer Ebene, die dem Problem des Patienten zugrunde lagen, nicht deutlich geworden. (S. 515)

Breitbandbehandlung

Unsere Darstellung der Verhaltenstherapie muß fragmentarisch bleiben, da wir die einzelnen Techniken immer nur nacheinander darstellen konnten. In der klinischen Praxis setzt der Verhaltenstherapeut jedoch nacheinander oder auch gleichzeitig mehrere Verfahren ein, um möglichst alle wichtigen kontrollierenden Variablen zu erfassen. Diesen Ansatz bezeichnet man allgemein als *Breitbandverhaltenstherapie* (*Lazarus*, 1971). Eine Frau, die Angst hat, ihre Wohnung zu verlassen, könnte man zum Beispiel mit einer In-vivo-Desensibilisierung behandeln und sie veranlassen, vor die Haustür zu gehen und allmählich auch Dinge zu tun, die sie immer weiter von ihrem sicheren Hafen wegführen. Vielleicht ist sie aber auch im Laufe der Jahre immer abhängiger von ihrem Mann geworden. Wenn sie sich weiter von zu Hause fortwagt, könnte diese Verhaltensänderung das seit langem eingespielte eheliche Beziehungsgleichgewicht stören (vgl. S. 157). Würde man nur ihre Angst, das Haus zu verlassen, behandeln, bliebe die Verhaltenstherapie unvollständig (*Lazarus*, 1965). Möglicherweise träte an die Stelle der Agoraphobie ein anderes Problem mit der Funktion, die Frau im Haus zu halten – mit anderen Worten, es bestünde die Gefahr der sogenannten „Symptomsubstitution".

Man behauptet auch, die Verhaltenstherapie konzentriere sich nur auf das, worüber der Patient im Erstgespräch geklagt habe. Die Wirklichkeit sieht anders aus. Ein Psychologiestudent desensibilisierte einen Kommilitonen, der unter Prüfungsangst litt. Der Patient kam in seiner Vorstellungshierarchie gut voran, ohne allerdings auch in wirklichen Prüfungen besser zurechtzukommen. Auf Rat seines Supervisors forschte der Therapeut nach, ob der Patient sich überhaupt auf seine Prüfungen vorbereitete. Wie sich herausstellte, war das nicht der Fall. Aus Sorge um seine kranke Mutter kam er kaum zum Lernen. Das Ziel, dem Patienten eine gelassenere Haltung gegenüber Prüfungen zu vermitteln, war also unangemessen, da er sich auf die Prüfungen selbst nicht angemessen vorbereitete. Nach einer erneuten Verhaltensanalyse stellte der Therapeut die Desensibilisierung ein und besprach mit dem Patienten, wie er mit seiner realistischen Sorge um das Leben seiner Mutter besser fertigwerden könnte.

Therapeut–Klient–Beziehung

Eine gute therapeutische Beziehung ist aus vielerlei Gründen und unabhängig von einer bestimmten theoretischen Ausrichtung wichtig. Wie in Kapitel 4 dargestellt ist es fraglich, ob Patienten sehr persönliche Dinge preisgeben, wenn sie ihrem Therapeuten weder Vertrauen noch Achtung entgegenbringen. Und da überdies eine Verhaltenstherapie gegen den Willen des Patienten nicht möglich ist, muß der Therapeut den Patienten zur Mitarbeit gewinnen, wenn die therapeutischen Techniken die gewünschte Wirkung haben sollen. Alle Bemühungen des Therapeuten sind umsonst, wenn der Patient eine Desensibilisierung sabotiert, indem er sich eine Szene nicht vorstellt, keine angemessenen Angstsignale gibt und nicht übt, sich zu entspannen. In fast allen anderen verhaltensorientierten und kognitiven Verfahren kann der Patient dem Therapeuten ebenfalls entgegenarbeiten und wird das zuweilen auch tun, wenn die Beziehungsfaktoren vernachlässigt werden (*Davison*, 1973).

Das Fleisch um das theoretische Skelett

Die Suche nach den wichtigsten kontrollierenden Variablen hängt zusammen mit einem anderen häufig übersehenen Aspekt der Verhaltenstherapie, aber auch jeder anderen Therapieform: mit dem Problem der Anwendung eines allgemeinen Prinzips auf eine konkrete klinische Situation.

Sehen wir uns zur Illustration eine Untersuchung an, in der Studenten darin trainiert wurden, das Verhalten schwer gestörter Kinder nach den Prinzipien des operanten Konditionierens zu analysieren (*Davison*, 1964). Die Studenten sollten von der *Annahme* ausgehen, daß die entscheidenden Determinanten des Verhaltens dieser Kinder die Konsequenzen dieses Verhaltens seien. Ausgerüstet mit Verstärkern in Gestalt von Bonbons versuchten die Studenten-Therapeuten, das Verhalten der gestörten Kinder unter ihre Kontrolle zu bringen. Nach einer Weile schien eines der Kinder keine Lust mehr zu haben, sich Bonbons zu verdienen. Da die Methode einen wirksamen Verstärker verlangte, hielt der Therapeut Ausschau nach einem anderen Anreiz. Er hatte Glück, denn er beobachtete, daß das Kind jedesmal, wenn es an einem Fenster vorbeiging, einen

Moment innehielt und sein Spiegelbild betrachtete. Er besorgte folglich einen Spiegel und machte „in den Spiegel schauen" zum Verstärker für das erwünschte Verhalten. Der Blick in den Spiegel wurde genauso *funktional* eingesetzt wie die Bonbons. Obwohl der Therapeut einem allgemeinen Prinzip folgte, mußte er sich in der konkreten klinischen Situation auf Improvisation und Erfindungsgabe verlassen.

Für einen Außenstehenden kann es so aussehen, als sei die Planung einer Therapie nach verhaltenstherapeutischen Prinzipien einfach und unkompliziert und die Anwendung eines allgemeinen Prinzips auf den klinischen Einzelfall eine simple Sache. Wer je verhaltenstherapeutisch gearbeitet hat, weiß es besser. Ein theoretischer Rahmen hilft dem Kliniker zwar bei seinen Überlegungen, ist aber keineswegs alleiniger Garant für Erfolg.

> „Der Kliniker macht sich in der Tat mit einer bestimmten Haltung an die Arbeit, mit einem theoretischen Rahmen, innerhalb dessen er die komplexen Daten, mit denen er es zu tun hat, ordnet. Doch dieser Rahmen reicht nie aus. Wie jeder angewandte Wissenschaftler muß auch der Kliniker das theoretische Skelett mit Fleisch füllen. Jeder individuelle Fall konfrontiert ihn mit Problemen, die ein Wissen verlangen, das über grundlegende psychologische Prinzipien hinausgeht." (*Lazarus & Davison*, 1971, S. 203)

Diese Anmerkung zweier Verhaltenstherapeuten ist der folgenden sehr ähnlich, die einem Aufsatz zweier experimenteller Sozialpsychologen entnommen ist.

> „Bei jedem Experiment wählt der Forscher ein Verfahren, das er intuitiv für eine empirische Realisierung seiner theoretischen Variable hält. Alle experimentellen Verfahren sind insofern ‚künstlich', als sie erfunden sind. Man kann in der Tat sagen, daß die Kunst des Experimentierens in erster Linie auf der Fähigkeit des Forschers beruht, dasjenige Verfahren zu wählen, das seine theoretische Variable am angemessensten realisiert, die stärkste Wirkung bei den Versuchspersonen erzielt und für sie auch am glaubwürdigsten ist." (*Aronson & Carlsmith*, 1968, S. 25)

Verhaltenstherapeuten haben es also mit der gleichen Art von Entscheidungsproblemen zu tun wie ihre experimentierenden Kollegen. Im Umgang mit menschlichen Schwierigkeiten gibt es keine einfachen Lösungen.

Psychoanalyse und Verhaltenstherapie – eine Annäherung?

Ist die moderne Psychoanalyse mit der Verhaltenstherapie vereinbar? Darüber diskutiert man seit vielen Jahren und nur einige wenige Fachleute sind so optimistisch, eine sinnvolle Annäherung für möglich zu halten. Beide Standpunkte, so wird argumentiert, stellten unvereinbare Paradigmen dar. Doch *Paul Wachtel* (1977, 1982) hat über eben diese Integration einen Entwurf vorgelegt, der unserer Meinung nach zumindest die Hoffnung auf einen Dialog zwischen psychoanalytisch orientierten Therapeuten und Verhaltenstherapeuten rechtfertigt.

Wie in Kapitel 18 dargestellt wurde, rücken Ich-Analytiker die gegenwärtig vorhandenen Ich-Funktionen viel mehr in den Mittelpunkt, als *Freud* es tat. Nach Ansicht *Sullivans* steigen Selbstwertgefühl und Lebenstüchtigkeit von Patienten mehr, wenn sie sich auf die Schwierigkeiten in ihrem gegenwärtigen zwischenmenschlichen Verhalten konzentrieren. Doch selbst *Sullivan* erschien es offenbar bedenklich, unmittelbar an den gegenwärtigen Handlungen und Gefühlen von Patienten zu arbeiten, denn das, so gab er zu bedenken, hindere sie möglicherweise daran, die Erinnerung an verdrängte Kindheitskonflikte wiederzufinden. Demgegenüber ist *Wachtel* der Meinung, der Therapeut *solle* dem Patienten helfen, sein gegenwärtiges Verhalten zu ändern, und zwar auf eine Weise, daß dieser sich nicht nur im Hier und Jetzt besser fühlen, sondern auch seine aus der Vergangenheit überkommenen Kindheitsängste *ändern* könne.

Wachtel gründet seine Position, von ihm „zyklische Psychodynamik" (1982) genannt, auf Gedanken von *Horney* (1939), *Sullivan* (1953) und *Erikson* (1950). Er glaubt, daß das gegenwärtige Verhalten und die Reaktion des sozialen Umfeldes dazu dienen, verdrängte Probleme beizubehalten. Ihren Ursprung haben die Probleme zwar in vergangenen, verdrängten Ereignissen, doch die Betroffenen setzen bestimmte Verhaltensweisen fort, so daß diese lebendig bleiben. Angenommen, ein junger Mann hat als Kind mitansehen müssen, wie seine Mutter den Vater schlecht behandelte; seinen übergroßen Zorn auf die Mutter verdrängte er. Um diesen Zorn unter Kontrolle zu bringen, entwickelte er als kleiner Junge Abwehrmechanismen, die sich als Überhöflichkeit und Nachgiebigkeit gegenüber Frauen äußerten. Seine Fürsorglichkeit und mangelnde Selbstbehauptung führen jetzt dazu, daß manche Frauen ihn ausnutzen, doch andererseits schätzt er Situationen falsch ein, in denen Frauen aufrichtig nett zu ihm sind. Er mißdeutet ihre freundliche Annäherung als beleidigende Herablassung, was seine Vorbehalte gegenüber Frauen verstärkt und ihn zu weiterem Rückzug veranlaßt. Auf diese Weise schafft ihm seine Unterwürfigkeit, die ihren Ursprung in seinem „Mammut" (S. 44) – dem verschütteten Problem aus Kindertagen – hat, persönliche Schwierigkeiten in der Gegenwart und belebt seinen verdrängten Zorn immer wieder aufs neue. Es ist, als flüstere ihm sein erwachsenes Ich unbewußt zu: ‚Wie du siehst, sind alle Frauen wie deine Mutter. Man kann ihnen nicht trauen. Sie sind verletzend und grausam." Diese Bestätigung seines Kinderglaubens hält den verschütteten Konflikt lebendig. Das Karussell dreht sich immer weiter: Sein eigenes Verhalten und seine Fehlinterpretationen bestätigen dem jungen Mann ein ums andere Mal, wie schlecht die Frauen sind.

Für die Therapie bedeutet das zweierlei: Sie muß gegenwärtige Verhaltensmuster um ihrer selbst willen ändern, wie es verhaltenstherapeutischer Überzeugung entspricht, aber damit zugleich das Ziel verfolgen, die zugrundeliegende Psychodynamik aufzudecken. Indem er darauf hinweist, daß eine direkte Verhaltensänderung dem Patienten möglicherweise helfen kann, seine frühen verdrängten Konflikte zu verstehen, traditionellerweise das Ziel der Psychoanalyse, hofft *Wachtel*, seine Analytikerkollegen für verhaltenstherapeutische Techniken zu interessieren. *Wachtel* würde mit dem unterwürfigen jungen Mann vermutlich ein Selbstbehauptungstraining durchführen, um sein gegenwärtiges Verhältnis zu Frauen zu verändern, in der Hoffnung, so den Teufelskreis zu durchbrechen. Wird der junge Mann in seiner Überzeugung, alle Frauen wollten ihn nur ausnutzen, wiederholt erschüttert, wird ihm allmählich auch der verdrängte Haß-Liebe-Konflikt mit seiner Mutter verständlich werden.

In ähnlicher Weise können, nach *Wachtels* Meinung, Verhaltenstherapeuten viel von ihren analytischen Kollegen lernen, denn diese wüßten mehr über die *Art* der Probleme, die Menschen häufig entwickeln. Die psychoanalytische Theorie lehrt zum Beispiel, daß Kinder ihren Eltern starke und gewöhnlich ambivalente Gefühle entgegenbringen und daß einige dieser Gefühle vermutlich so unangenehm sind, daß sie verdrängt werden oder es dem betroffenen Kind zumindest schwerfällt, sie wahrzunehmen und offen darüber zu sprechen.

Ein Verhaltenstherapeut könnte zunächst den Eindruck gewinnen, der unterwürfige junge Mann habe Angst vor heterosexuellen Beziehungen. Verläßt er sich auf diesen Eindruck, wird er – vielleicht mit einer Kombination aus Desensibilisierung, rational-emotiver Therapie und sozialem Training – versuchen, dem Patienten diese Angst zu nehmen. Aber er wird es versäumen, die von der psychoanalytischen Literatur nahegelegte Möglichkeit zu erforschen, daß der junge Mann den Frauen im Grunde *Zorn* entgegenbringt. Ein Verhaltenstherapeut, der sich für die Kindheitskonflikte, wie sie der Analytiker in den Mittelpunkt stellt, interessiert, würde, so *Wachtel*, den jungen Mann nach der Beziehung zu seiner Mutter fragen. In der Antwort oder der Art und Weise, wie sie erfolgt kann der Groll bereits zum Vorschein kommen. Der Therapeut wird den jungen Mann daraufhin anders *sehen* und vermuten, daß er nicht nur Angst vor Frauen hat, sondern auch zornig auf sie ist, denn er assoziiert sie mit einer Mutter, die von frühester Kindheit an Haß- und Liebesobjekt zugleich war. Diese zusätzliche Information verlangt vermutlich eine andere verhaltenstherapeutische Intervention, da der Zorn nicht unberücksichtigt bleiben darf.

Nach *Wachtel* sollte der Verhaltenstherapeut immer auch damit rechnen, daß Verstärker sehr *subtil* sein können und der Patient das Vorhandensein eines Wunsches leugnet. Auch dieses Leugnen kann unbewußt sein. Mit anderen Worten, der Verhaltenstherapeut sollte sich auf unbewußte Motivationen einstellen, auf die Möglichkeit, daß jemand durch Ereignisse motiviert oder verstärkt wird, deren er sich aus psychodynamischen Gründen nicht bewußt ist.

Die moderne Psychoanalyse kann auch dazu beitragen, daß sich der Verhaltenstherapeut die *Bedeutung,* die eine bestimmte Intervention für den Patienten hat, bewußt macht. Nehmen wir an, ein Verhaltenstherapeut beschließt, mit einer jungen Frau ein Selbstbehauptungstraining durchzuführen. Als er ihr erklärt, wie ein Rollenspiel abläuft, erstarrt sie förmlich in ihrem Sessel und bricht dann in Tränen aus. Ohne Rücksicht auf ihre Reaktion mit dem Training fortzufahren, wäre unsensibel und kein Zeichen guter therapeutischer Arbeit. Eine gewisse Vertrautheit mit psychoanalytischen Theorien läßt den Therapeuten an die Möglichkeit denken,

daß Selbstbehauptung für die Patientin einen gewissen *Symbolwert* besitzt. Der Therapeut fordert sie freundlich auf, offen zu sprechen und frei assoziierend alles zu sagen, was ihr beim Gedanken an das Selbstbehauptungstraining durch den Kopf geht. Ihr fällt ein, daß ihre Eltern sie früher oft für ihr Verhalten ihren Freunden gegenüber kritisiert, ihr aber nie den Rücken gestärkt oder auf konstruktive Weise mit ihr darüber gesprochen haben, wie sie es besser machen könne. Ohne sich dessen zunächst selbst bewußt zu sein, erinnerte sie der Vorschlag des Therapeuten, sich anderen gegenüber besser behaupten zu lernen, an diese längst vergangene Pein. Der Psychologe kann das gegenwärtige Unternehmen – das Selbstbehauptungstraining – von der früheren, wenig hilfreichen und negativen Kritik abgrenzen und so die Patientin überreden, es mit dem Rollenspiel zu versuchen. Der Vorfall bringt zudem die ungelöste Elternproblematik der Patientin und ihre Probleme mit Autoritätspersonen allgemein ans Licht.

Psychoanalytiker, so argumentiert *Wachtel* weiter, haben auch den besseren Blick für nicht den Normen entsprechende oder ungewöhnliche Interessen, Wünsche oder Ängste ihrer Patienten. Überzeugt davon, daß emotionale Probleme die Folge verdrängter Es-Konflikte sind, sehen sie in ihnen die Widerspiegelung infantiler Wünsche und Ängste, dunkler Geheimnisse primären Prozeßdenkens. Verhaltenstherapeuten betrachten die Probleme ihrer Patienten einfacher oder, wenn man so will, prosaischer.

Nach unserer Ansicht, als Klinische Psychologen, die sowohl die Lehre als auch die Praxis des kognitiv-verhaltensorientierten Ansatzes seit vielen Jahren kennen, spiegelt das Vorgehen erfahrener Verhaltenstherapeuten häufig die Art von Fingerspitzengefühl wider, die für psychodynamische Kliniker wie *Wachtel* charakteristisch ist. Was uns nicht klar ist, was wir aber *Wachtel* glauben, ist das Ausmaß, in dem diese Sensibilität in der Praxis aus den Theorien abgeleitet werden kann, die gegenwärtig die kognitive und die verhaltensorientierte Therapie bestimmen.

Eklektizismus und theoretische Integration in der Psychotherapie

Wachtels Bemühungen um die Annäherung sind Teil einer langen Tradition im Bereich der Psychotherapie. Wie von *Garfield* und *Bergin* (1986) und *Arkowitz* (1992) zusammengefaßt, gingen andere Bemühungen diesen voraus und weitere werden sich entwickeln. Ein früher Appell an Verhaltenstherapeuten und Psychoanalytiker, sich mit den jeweils anderen Studien zu befassen, stammt von dem Psychoanalytiker *Judd Marmor* (1971). Und vor ihm waren es die Pionierarbeiten von *Dollard* und *Miller* (1950), deren Reiz-Reaktions-Theorie zur Erforschung der Angst zu dem Versuch führte, die Psychoanalyse mit Begriffen der Lerntheorie zu erklären. Darüber hinaus hatten sich *Jerome Frank* (1971, 1973) und *Sol Garfield* (1974) zu Positionen über die Grundlage effektiver Psychotherapie bekannt, die über doktrinäre Grenzen hinausgingen. Andere Positionsbestimmungen, beispielsweise von *Goldfried* und *Davison* (1976), *Davison* (1977) und *Goldfried* (1980) waren ebenfalls Teil des integrativen Zeitgeists der 70er Jahre.

Die Lazarus–Messer–Diskussion

Einige der Themen im Umfeld des Eklektizismus und der Integration der Psychotherapie wurden in einem Aufsatz von zwei führenden Persönlichkeiten, *Arnold Lazarus* und *Stanley Messer*, Kollegen an der Rutgers-Universität, untersucht (*Lazarus & Messer*, 1991). Dieser Aufsatz ist deswegen ungewöhnlich, weil er in der Form von Thesen und Antithesen auf eine aktuelle Debatte eingeht, die 1990 bei der Jahrestagung der Society for the Exploration of Psychotherapy Intergration, einer Organisation, die 1983 gegründet wurde und die für ihre jährlichen Tagungen bekannt ist, bei denen es zu lebhaftem und engagiertem Austausch zwischen Theoretikern und Klinikern kommt, die zu anderen Zeiten nie den gleichen Kongreß besucht hätten, geführt wurde.

Der Kern der philosophisch-epistemologischen Frage, die wir viele Male in diesem Buch angesprochen haben, liegt darin, ob es möglich ist, theoriefreie Beobachtungen zu machen, d.h. ob wir in unserer komplexen Welt von objekti-

Arnold Lazarus, Psychologe von der Rutgers University und berühmter Kliniker, entwickelte die multimodale Therapie.

ven Fakten außerhalb eines bestimmten Paradigmas oder einer Theorie sprechen können. Es ist interessant, daß die Antwort, die jemand auf diese sehr abstrakte Frage über das Wesen der Erkenntnis und die Realität gibt, einen Einfluß darauf hat, wie der Betreffende die Herausforderung der Integration der verschiedenen Psychotherapieformen sieht.

Viele Jahre lang vertrat *Lazarus*, der von *Wolpe* in den 50er Jahren in Südafrika in der Verhaltenstherapie ausgebildet wurde, das, was er als „technischen Eklektizismus" bezeichnete, die Bereitschaft die unterschiedlichsten Techniken einzusetzen, die für einen bestimmten Patienten oder eine bestimmte Störungen am besten geeignet sind, ohne Bezug auf den theoretischen Ansatz, aus dem sie stammen. Wie jedoch noch deutlich werden wird, wird die Technik in den theoretischen Bezugsrahmen des Therapeuten eingepaßt. Er arbeitete diese Sichtweise in seinem eigenen Ansatz der Psychotherapie, der multimodalen Therapie (vgl. S. 664), aus. *Lazarus* behauptet nicht nur, daß dieser empirisch begründete Eklektizismus auf der technischen Ebene für die meisten Patienten am besten sei, sondern daß der Versuch der Annäherung oder der Integration auf der theoretischen Ebene – beispielsweise eine Möglichkeit zu suchen, die psychoanalytische und die verhaltensorientierte Theorie miteinander zu verschmelzen, was *Wachtel* versucht – fruchtlos, eine Zeitverschwendung und unmöglich ist.

Auch die jüngsten Bemühungen um eine theoretische Integration führen, anstatt die den Dialog und die Annäherung zu erleichtern, seiner Ansicht nach zu mehr Durcheinander.

Bevor wir auf die Einzelheiten der *Lazarus–Messer*-Debatte eingehen, ist es nützlich, zwischen drei Formen der Integration der Psychotherapie zu unterscheiden (*Arkowitz*, 1989): dem technischen Eklektizismus[6], dem der gemeinsamen Faktoren und der theoretischen Integration. Bei der ersten, die durch den multimodalen Ansatz von *Lazarus* illustriert wird, arbeitet der Therapeut in einem bestimmten theoretischen Bezugsrahmen, beispielsweise der kognitiven Verhaltenstherapie, übernimmt aber gelegentlich von anderen Ansätzen Techniken, die dort erfolgreich sind, ohne jedoch die Theorie zu akzeptieren, die diesen zugrunde liegt. Setze das ein, was wirkt, ist das Grundprinzip des technischen Eklektizismus, aber rechtfertige die Anwendung dieser Technik aufgrund des eigenen theoretischen Bezugsrahmens. *Lazarus* verwendet beispielsweise die gestalttherapeutische Methode des leeren Stuhls eher als Verfahren der Einübung von Verhaltensweisen als eine Möglichkeit dem Patienten zu helfen, verschüttete Teile seiner Persönlichkeit wieder zu finden, wie die Technik von der Gestalttherapie konzipiert worden war.

Der Ansatz der gemeinsamen Faktoren (z.B. *Frank*, 1961, 1982; *Goldfried*, 1980, 1991; *Schofield*, 1964) sucht nach einer gemeinsamen Grundlage aller Richtungen der Psychotherapie, beispielsweise der Information eines Patienten darüber, wie er auf andere wirkt. Es handelt sich dabei um eine Strategie, die von vielen verschiedenen Therapierichtungen verfolgt wird und von der viele Therapeuten überzeugt sind, daß sie ein wichtiges Merkmal effektiver Psychotherapie darstellt (z.B. *Brady* et al., 1980).

Der dritte Ansatz, die theoretische Integration, versucht nicht nur die Techniken sondern die Theorien zusammen zu bringen; *Wachtels* Bemühungen, das Selbstsicherheitstraining zu rechtfertigen und ihm innerhalb eines modifizierten psychoanalytischen Rahmens einen Stellenwert zu geben, ist ein erstes Beispiel für die Bemühung um eine theoretische Integration. Die daraus entstehende Theorie ist ihrerseits etwas unterschiedlich, weil sie psychoanalytische und verhaltensorientierte Elemente einbezieht.

Gegen diese theoretische Integration wendet sich *Lazarus*. Ein Grund liegt darin, daß die meisten Theorien der Psychotherapie epistemologisch unvereinbar sind. So ist beispielsweise die Definition eines Sachverhalts in der Psychoanalyse anders als die Definition eines Sachverhalts in der Verhaltenstherapie. Unterschiedliche Standards für wissenschaftliche Nachweise liegen ebenfalls vor. Das Argument lautet daher, daß man nicht zwei Theorien integrieren kann, die nicht die Realität in der gleichen Weise definieren.

Lazarus stellt aber die rhetorische Frage, ob man nicht eine „theoriefreie Technik" (*Strupp*, 1989) verwenden kann? Seine Antwort ist ja, man kann es machen, d.h. man kann die Techniken übernehmen ohne die Theorien zu berücksichtigen, die zu ihrer Entwicklung Anlaß gaben. Daher verwendet er den leeren Stuhl als eine Möglichkeit der Einübung von Verhalten innerhalb seines kognitiv-verhaltensorientierten Bezugsrahmens. *Lazarus* ist davon überzeugt, daß dann, wenn ein Patient sich vorstellt, daß eine wichtige Bezugsperson, beispielsweise Mutter oder Vater, auf dem leeren Stuhl ihm gegenüber sitzt, das Rollenspiel lebhafter und realistischer wird. Es gibt offensichtlich etwas, das wenn der Patient zu einem leeren Stuhl spricht, dabei hilft, einen Elternteil in den Therapieraum zu bringen, und das möglicherweise besser ist, als wenn der Therapeut vorgibt, Vater oder Mutter des Patienten zu sein. Und, so argumentiert er weiter, man kann das Verfahren übernehmen, ohne den begrifflichen Rahmen der Gestalttherapie zu akzeptieren, in dem es entwickelt wurde.

Der technische Eklektizismus von *Lazarus* ist kein Mischmasch, der auf persönlichen Präferenzen oder Unkenntnis beruht, sondern er beruht, wie er versichert, einfach und ausschließlich auf Daten, auf der Information darüber, was unter bestimmten Umständen funk-

---

6 Wie in Kapitel 2 (S. 60) dargestellt, bezieht sich Eklektizismus per se „auf einen größtenteils pragmatischen Ansatz, bei dem der Therapeut jedwede Technik einsetzt, von der er überzeugt ist, daß sie wirkt, wobei eine Theorie entweder nur in geringem Ausmaß oder gar nicht diese Auswahl beeinflußt." (*Arkowitz*, 1992, S. 262). Diese Vorgehensweise wird von vielen Experten, einschließlich *Lazarus* und den Autoren dieses Buches, mit Skepsis gesehen, denn es fehlt eine Begründung dafür, wann sich ein Therapeut für eine Technik und unter welchen Umständen entscheidet. Ohne theoretische Richtlinien, die dem Therapeuten helfen, das Problem des Patienten und die Prozesse der therapeutischen Veränderungen begrifflich zu fassen, entspricht der Eklektizismus dem Chaos, bei dem Entscheidungen auf Vermutungen begründet sind, auf der Grundlage, was richtig sein könnte oder auf einer Anzahl weiterer Gründe, die weder eine gesunde wissenschaftliche noch eine gute klinische Grundlage haben.

tioniert. Und diese Information ist in den meisten Fällen theoriefrei: man kann feststellen, was richtig oder falsch ist, ohne eine bestimmte Theorie zu übernehmen. Wie er es darstellt: „Beobachtungen spiegeln einfach empirische Daten wider, ohne Erklärungen anzubieten. Eine Beobachtung ist „Heranwachsende neigen dazu, das Verhalten von Gleichaltrigen, die sie respektieren, nachzuahmen." Eine Theorie ist „Sie tun es unbewußt, weil sie über inadäquate Elternbilder verfügen." (*Lazarus & Messer*, 1991, S. 147).

Bei seiner Antwort vermutet *Messer*, daß die Unzufriedenheit von *Lazarus* mit der theoretischen Integration teilweise der Überzeugung entspringt, daß es irgendwo im Verborgenen eine umfassende Theorie der Psychotherapie gibt, die darauf wartet, entdeckt zu werden und daß solange dieser Glücksfall nicht eintritt, es am besten ist, alle Versuche der Integration von Theorien zu vermeiden und statt dessen die Techniken einzusetzen, die sich als wirksam erwiesen haben (technischer Eklektizismus). Im Gegensatz dazu geht die Auffassung von Messer, die gelegentlich als sozial konstruktivistisch bezeichnet (vgl. *Davison*, 1991; *Gergen*, 1982; *Mahoney*, 1991), manchmal auch als hermeneutisch (vgl. *Messer, Sass & Woolfolk*, 1988), davon aus, daß wir unsere Theorien „erfinden" – was *Lazarus* nicht bestreiten würde – und daß wir die Welt durch die „Brille" wahrnehmen, die uns die Theorien oder Paradigmen zur Verfügung stellen – dieses wird auch in diesem Lehrbuch vertreten, aber von *Lazarus* nicht völlig akzeptiert. Das bedeutet, es gibt keine objektive Beobachtung, keinen objektiven Sachverhalt, sondern unser Verständnis der Realität ist nur innerhalb einer bestimmten Theorie oder eines Paradigmas möglich. Wie es *Messer* äußert, es gibt keine „unbefleckte Empfängnis".

Diese Auffassung bringt *Messer* dazu, den technischen Eklektizismus von *Lazarus* zu kritisieren. Wenn *Lazarus* eine Technik übernimmt und sie innerhalb seines eigenen kognitiv-verhaltensorientierten Konzepts einsetzt, dann wird diese Technik zu etwas anderem als im ursprünglichen theoretischen Bezugsrahmen. Der leere Stuhl der Gestaltthearpie ist bei *Lazarus* etwas anderes als bei *Perls*. *Messer* erkennt die kreative Anwendung dieser Technik durch *Lazarus* an – wenn er sie einsetzt, wird daraus etwas anderes, etwas anderes als der leere Stuhl der Gestalttherapie. Sowohl in der Theorie als auch der Praxis unterscheidet sich

der leere Stuhl in den Händen von *Lazarus* von dem der Gestalttherapie. Bei der letzteren wird die Technik dazu eingesetzt, um den Patienten in einen engeren Konakt mit den nicht akzeptierten Gefühlen und Konflikten des Selbst zu bringen. Im Gegensatz dazu verwendet sie *Lazarus* dazu, dem Patienten dabei zu helfen, sich in einer anderen Weise mit einer Bezugsperson in seinem Leben auseinanderzusetzen, einer Form der Einübung von Verhaltensweisen, eine Strategie die auf die Verbesserung der Beziehung des Patienten zu anderen abzielt.

Betrachten wir jetzt das Kriterium von *Lazarus* für die Übernahme einer Technik – sie muß nachweisbar wirksam sein. Hier liegt nach *Messer* ein ernstes Problem, denn jeder Nachweis, den die Literatur der Gestalttherapie für die Wirksamkeit des leeren Stuhls geben kann, ist in dem kognitiv-verhaltensorientierten Zusammenhang, in dem *Lazarus* arbeitet, nicht relevant. Wiederum einfach gesagt, der leere Stuhl, den *Lazarus* verwendet, ist nicht der leere Stuhl, den der Gestalttherapeut einsetzt. Wenn *Lazarus* argumentiert, daß er nur empirisch abgesicherte Techniken verwendet, dann müßte er nach unterstützenden Belegen in Experimenten suchen, die den leeren Stuhl als eine Methode der Einübung von Verhalten einsetzen. Damit haben sich die Gestalttherapeuten nicht befaßt (auch nicht verhaltensorientierte Forscher).

Messer kritisiert auch die Annahme von *Lazarus*, daß die Aussage „Heranwachsende neigen dazu, das Verhalten von Gleichaltrigen, die sie respektieren, nachzuahmen." eine objektive, überprüfbare und theoriefreie Beobachtung darstellt. Nein, sagt *Messer*, sie ist theoriebehaftet, denn Heranwachsende können ihre Alterskameraden aus einer Vielzahl von Gründen nachahmen; daß sie es aus Respekt machen, ist eine theoretische Erklärung ihres Imitationsverhaltens. Die Feststellung „Nachahmung des Verhaltens von Gleichaltrigen" ist für sich allein genommen keine theoriefreie Aussage, denn es gibt andere Möglichkeiten, dieses Verhalten zu erklären.[7]

Messer schließt, indem er eine vierte Möglichkeit der Integration: die evolutionäre oder

---

7 Um gegenüber *Lazarus* fair zu sein, *Messers* Argument entspricht fast des Aussage, daß, wann auch immer wir die Sprache verwenden, sind wir nicht frei von theoretischen Annahmen. „Imitationsverhalten" ist allem Anschein nach so frei von theoretischen Annahmen wie erwartet werden kann; es ist sicher weniger theoriebelastet als „mit etwas identifizieren", was einen psychodynamischen Prozeß voraussetzt. Möglicherweise ist dies aber der zentrale Aspekt der konstruktivistischen Annahme.

assimilative Integration (die wir als der theoretischen Integration entsprechend ansehen) vorschlägt. Damit meint er: „Techniken und Konzepte von einer Theorie ... finden den Weg zu einer anderen, sie werden in die sich langsam entwickelnde Theorie und Anwendung übernommen (*Lazarus & Messer*, 1991, S. 153). Wie beim technischen Eklektizismus wird eine Technik in einen neuen Bezugsrahmen übernommen. Wenn dies geschieht, verändert sich dieses Umfeld, sobald die theoretischen Elemente von dem Bezugsrahmen der Technik übernommen werden. Auf diese Weise entwickelt sich die ursprüngliche Theorie weiter und wird zu etwas anderem – vermutlich umfassender und nützlicher. Nach unserer Ansicht ist die zyklische Psychodynamik von *Wachtel* ein Beispiel dafür, wie sie sich von aus psychoanalytischen Quellen entwickelte und sowohl Verfahren und Vorstellungen von der Verhaltenstherapie übernahm. Sie ist eine Verbindung von beiden. Wie *Messer* schrieb: „Ich würde nicht wie *Lazarus* behaupten, daß ich nur eine Beobachtung oder ein Verfahren befreit vom theoretischen Ballast übernehme. Stattdessen übertrage ich eine Haltung, eine Sichtweise oder einen Ansatz, der in dem neuen Zusammenhang umgewandelt wird, sogar dann, wenn diese etwas wertvolles von ihrem Ursprung behalten." (*Lazarus & Messer*, 1991, S. 153)

Argumente gegen eine vorzeitige Integration

Als wir die Bemühungen um die theoretische Integration näher betrachtet haben, haben wir uns gefragt, ob eine große umfassende Theorie oder ein entsprechender Ansatz notwendigerweise wünschenswert oder sogar möglich ist. Wir sind davon nicht überzeugt und die Anwendung verschiedener Paradigmen bei der Psychopathologie und den Interventionsmethoden bringt unsere Auffasung in die Nähe der von *Garfield* und *Bergin*:

> Eine umfassende Konzeption von den Funktionen des Körpers setzt nicht voraus, daß jedes System oder Organ nach den gleichen Prinzipien arbeitet. Daher ist unsere Auffassung, wie das Kreislaufsystem arbeitet, deutlich anders als die des Nervensystems. Die Kräfte und Abläufe des menschlichen Herzens lassen sich mit den Prinzipien der Flüssigkeitsmechanik beschreiben, während die Grundlagen der Elektrochemie sich auf die Übertragung der Nervenimpulse im Neuron anwenden lassen; diese beiden grundver-

schiedenen Prozesse treten im gleichen menschlichen Körper auf und werden harmonisch, trotz ihrer offensichtlich unterschiedlichen Funktionen, koordiniert.

> In ähnlicher Weise kann die menschliche Persönlichkeit in Übereinstimmung mit einer komplexen Interaktion von scheinbar getrennten Prozessen, die zusammenwirken, obwohl jeder anders ist und einen eigenen Platz einnimmt, funktionieren. Es ist daher vorstellbar, daß der gleiche Mensch zu einem bestimmten Zeitpunkt an einem unterdrückten Konflikt, einer konditionierten Reaktion, einem inkonsistenten Selbstbild und an irrationalen Überzeugungen leidet; und daß jede dieser Dysfunktionen sich in halb unabhängigen Systemen psychischer Aktionen abspielen, die deutlich verschiedenen Interventionen zugänglich sind, von denen jede mit dem „System", auf das sie angewendet wird, kompatibel ist. Diagnose und Therapie könnten sich dann um die Lokalisation der Störung kümmern oder darum, welcher Teil oder welche Anteile des Multisystems der Psyche betroffen sind. (1986, S. 10)

Nicht alle, die an einer Integration der Psychotherapie interessiert sind, stimmen der allgemeinen Vorstellung zu, daß je mehr die Unterscheidung zwischen den theoretischen Rahmenbedingungen verwischt wird, desto besser. In einem kürzlich erschienenen Beitrag „Verschwindende Differenzen stellen nicht immer eine gesunde Integration dar" zeigten *Haaga* und *Davison* verschiedene Möglichkeiten auf, wie die RET von *Ellis* und die kognitive Therapie von *Beck* anfangen könnten, sich zu verbinden. *Beck* konzentrierte sich beispielsweise am Anfang fast ausschließlich auf die kognitiven Fehleinschätzungen und darauf, wie diese die Situationsanalyse eines Menschen stören. Ein Depressiver, der sich darüber beklagt, daß er keine Freunde hat, ist wie ein Wissenschaftler intensiv damit beschäftigt festzustellen, ob dies wirklich stimmt. Im Gegensatz dazu liegt die Betonung von *Ellis* auf der Überzeugung oder Annahme, von der ein Mensch ausgeht, z.B. „Ich muß bei allem, was ich mache, perfekt sein." Heutzutage widmet *Beck* mindestens genausoviel Zeit dafür auf, über „dysfunktionale Schemata" zu sprechen, die, wie wir gesehen haben, den „irrationalen Überzeugungen" von *Ellis* sehr ähnlich sehen. *Ellis* ignoriert seinerseits nicht die soziale Realität, sogar von Anfang an (*Ellis*, 1962) befürwortete er, daß jemand ohne soziale Fertigkeiten darin unterrichtet würde, damit er mit den anderen besser interagieren könne, mit dem Ziel die Beziehungen zu verbessern (und nicht nur die Menschen zu ermutigen, sich wenig darum zu kümmern, wenn andere sich abwenden).

Von einem integrativen Standpunkt aus könnte dies als Fortschritt gesehen werden, aber *Haaga* und *Davison* warnen davor, daß es voreilig sein könnte, daß wir dadurch, daß wir derartige Unterschiede verwischen, etwas verlieren könnten, besonders dann, wenn die Integration sich nicht auf Forschungen stützt (was ihrer Ansicht nach zutrifft). Wenn man die Einzigartigkeit dieser beiden Therapien bewahrt, dann könnte man eine mehr integrative Therapie konstruieren, welche die spezifischen Stärken jeder der beiden nutzt. Bespielsweise könnte es für bestimmte Menschen unter bestimmten Umständen besonders günstig sein, die Aufmerksamkeit auf die Veränderung der sozialen Realität zu legen, während andere Umstände eher die Veränderung der Interpretationen einer statischen und möglicherweise unveränderbaren sozialen Umwelt verlangen. Damit man in diese beiden Richtungen arbeiten kann, sind mindestens zwei Voraussetzungen erforderlich:

1. die Beibehaltung wenigstens einiger der ursprünglichen Unterscheidungsmerkmale zwischen der RET und der Kognitiven Therapie und, von besonderem Gewicht,
2. die Entwicklung oder Anwendung einer übergeordneten Theorie, die sowohl RET als auch die Kognitive Therapie umfaßt und die spezifizieren kann, wann ein bestimmter Aspekt einer Therapie anzuwenden und wann ein Merkmal der anderen angemessen ist.

Die Feinheiten liegen etwas außerhalb unseres Zieles; es soll hier ausreichen, darauf zu verweisen, daß die Wissenschaft sich gelegentlich schneller voran entwickelt, wenn eine Annäherung zwischen verschiedenen Theorien nicht befürwortet wird.

Zusammenfassung

In diesem Kapitel ging es um Theorie und Forschung auf dem Gebiet der kognitiven und verhaltensorientierten Therapien, die versuchen, die Methoden und Prinzipien der experimentellen Psychologie auf die Beseitigung von psychischen Belastungen anzuwenden.

Durch Gegenkonditionieren wird in Anwesenheit eines Reizes, der eine unerwünschte Reaktion ausgelöst hat, eine erwünschte Ersatzreaktion etabliert. Die Wirksamkeit der systematischen Desensibilisierung erklärt man unter anderem als Effekt einer Gegenkonditionierung.

Beim operanten Konditionieren wird versucht, durch kontingentes Belohnen und Bestrafen erwünschtes Verhalten zu vermitteln und von unerwünschtem abzuhalten. Münzsysteme (Token economy) sind wichtige Beispiele für die klinische Anwendung der operanten Konditionierung.

Beim Modellernen soll der Patient durch Beobachten von Modellen neue Verhaltensweisen erwerben und alte verlernen; es hilft, Angst zu reduzieren und neue Verhaltensmuster zu vermitteln.

Kognitive Therapien, wie z.B. die rational-emotive Therapie von *Ellis* und die kognitive Therapie von *Beck*, sollen die Gedanken ändern, die der emotionalen Störung zugrunde liegen. Die Selbstkontrolle liefert einige interessante Herausforderungen für das verhaltensorientierte Paradigma: ein aktiver und bewußter Mensch dadurch zu sein, daß man autonom und freiwillig Wahlentscheidungen unabhängig von den Einflüssen der Umgebung trifft.

Die Verhaltensmedizin versucht mit psychologischen Verfahren schlechte Lebensgewohnheiten, unangenehme psychische Zustände und abweichende körperliche Vorgänge zu verändern, um körperlichen Erkrankungen vorzubeugen oder sie zu behandeln. Die paradoxe Therapie ist eine Form der Intervention, die dem Patienten die Anweisung gibt, sich nicht zu verändern oder sogar seine Probleme, deretwegen er Hilfe sucht, noch schlimmer zu machen. Es werden verschiedene Strategien angewendet, um die Fortschritte, die der Patient gemacht hat, auch dann zu sichern, wenn er nicht mehr in regelmäßigem Kontakt zum Therapeuten steht, beipielsweise die Quellen eines sekundären Gewinns auszuschalten und den Patienten zu ermutigen, seine Besserung mehr auf seine eigenen Anstrengungen zurückzuführen als auf das Fachwissen des Therapeuten.

Es wurden einige wichtige allgemeine Fragen der kognitiven und verhaltensorientierten Therapie erörtert – etwa die Rolle von zugrundeliegenden Ursachen und Beziehungsfaktoren und die Möglichkeit, bestimmte Teile der psychoanalytischen Theorie in die Verhaltenstherapie zu integrieren. Schließlich wurden einige Aspekte der Annäherung analysiert, wobei die Unterschiede hinsichtlich des technischen Eklektizismus, der Allgemeinfaktoren und der theoretischen Integration als verschiedene Möglichkeiten der Vereinigung der unterschiedlichen therapeutischen Ansätze dargestellt wurden.

20

Gruppen-, Ehe- und Familientherapie und Gemeindepsychologie

Ein seit zwanzig Jahren verheiratetes Paar ließ sich wegen völliger Erektionsunfähigkeit des Mannes behandeln. Das Problem bestand seit über neunzehn Jahren. Erfolgreicher Geschlechtsverkehr hatte nur in den ersten Monaten ihrer Ehe stattgefunden. Die Ehefrau war ebenfalls orgasmusunfähig und war noch nie und durch keine Art der Stimulation zum sexuellen Höhepunkt gelangt. Doch habe sie, wie sie erklärte, die Sexualität sehr genossen, und die Erektionsunfähigkeit ihres Mannes frustriere sie außerordentlich.

Das Paar wurde mit auf Masters und Johnson basierenden Techniken behandelt und machte gute Fortschritte. Die Frau lernte, die Genitalien ihres Mannes manuell zu stimulieren, und er reagierte sehr bald mit Erektionen.

Und sie lernte, zunächst durch Masturbation, dann dadurch, daß ihr Mann sie manuell und oral stimulierte, zum Orgasmus zu kommen. Nach zehn Sitzungen, die einmal wöchentlich erfolgten, war das Paar zu normalem Geschlechtsverkehr mit beiderseitigem Orgasmus in der Lage. Der Fall war also innerhalb von zehn Sitzungen „geheilt".

Doch dann geschah etwas Seltsames. Statt sich nach diesem Erfolg ihrer Sexualität zu erfreuen, stellte das Paar wochenlang jegliche sexuelle Aktivität ein. Die sorgfältigen Erkundungen des Therapeuten ergaben ein interessantes Bild. Erstens wurde klar, daß der Mann seine Gründe hatte, sich von seiner Frau fernzuhalten. Er hatte große Angst, von ihr überwältigt und kontrolliert zu werden und empfand Nähe als sehr unangenehm. Er selbst blickte auf eine recht gestörte Beziehung zu seiner Mutter zurück, die äußerst kontrollierend und manipulierend gewesen war und sich auch in das Leben des erwachsenen Sohnes noch eingemischt hatte. Seine Erektionsunfähigkeit half ihm dabei, seine Frau auf Distanz zu halten und seinem Bedürfnis nach Rückzug, Abgeschiedenheit und Autonomie innerhalb der Beziehung gerecht zu werden.

Bei der Frau fand der Therapeut im Gegensatz zu ihren Äußerungen ... eine äußerst ambivalente Einstellung zur Sexualität. Sie war in einer sehr sexualfeindlichen Familie aufgewachsen. Sie behauptete zwar, sich in der späten Adoleszenz und als erwachsene Frau von dieser sexualfeindlichen Haltung befreit zu haben, tatsächlich war das aber nur auf oberflächlich intellektueller Ebene geschehen. Emotional fiel es ihr immer noch schwer, ihre sexuellen Empfindungen zu akzeptieren. Sie befürchtete, von unkontrollierbaren sexuellen Impulsen überwältigt zu werden, wenn sie sich gestattete, Sexualität zu genießen. Die Erektionsprobleme ihres Mannes schützten sie also vor ihren eigenen sexuellen Ängsten. Zudem hatten ihr die neunzehn Jahre der Erektionsunfähigkeit ihres Mannes eine sehr starke Position innerhalb der Beziehung verschafft. Sie ließ ihren Mann sehr häufig wissen, daß er ihr, die aufgrund seines Mangels sexuell frustriert sei, einiges schulde. So ging sie im Grunde aus jedem Streit als Siegerin hervor und er tat alles, was sie von ihm verlangte.

Die schnelle Behebung der sexuellen Dysfunktion bedrohte Elemente in der Persönlichkeit beider Partner und der Struktur ihrer Beziehung. Indem sie ihr erneutes sexuelles Unvermögen nach dessen anfänglicher erfolgreicher Bewältigung analysierten, wurde ihnen bewußt, daß ihre sexuellen Probleme und die Struktur ihrer Ehe eng miteinander verknüpft waren. Nach einigen Wochen zusätzlicher Therapie, in deren Mittelpunkt nunmehr diese individuellen und beziehungsbedingten Faktoren standen, konnten sie ihre sexuelle Aktivität erfolgreich wieder aufnehmen. (*LoPiccolo & Friedman*, 1985, S. 465–466)

In diesem Kapitel beschäftigen wir uns mit drei Formen der therapeutischen Intervention. Obwohl sie sich in vielerlei Hinsicht wesentlich unterscheiden, ist ihnen etwas gemeinsam: Der Therapeut kann seine Zeit sehr viel effizienter nutzen als in den letzten beiden Kapiteln betrachteten Formen der Einzeltherapie. Diese Behandlungsformen sind also ökonomischer als die Einzeltherapie. Wie wir bald sehen werden, wird ihr Einsatz aber nicht in erster Linie von ökonomischen Gesichtspunkten bestimmt. Man hat sie vielmehr vor allem deshalb entwickelt, weil man sich von ihnen wirksame Hilfe versprach. Bei der Gruppentherapie behandelt ein Therapeut eine Anzahl von Patienten gleichzeitig; bei der Ehe- oder Paar-Therapie und der Familientherapie werden die Partner und gelegentlich auch die Kinder in Gemeinschaftssitzungen betreut; und die Gemeindepsychologie richtet sich auf die Prävention und behandelt die Probleme von Patienten, ohne sie aus ihrer gewohnten Umgebung herauszureißen.

Gruppentherapie

Die Gruppentherapie begann früh im 20. Jahrhundert, aber ihre Entwicklung beschleunigte sich in den 30er Jahren während der Weltwirtschaftskrise und unter der Präsidentschaft von *Franklin Roosevelt*, dessen Programm New Deal die Nützlichkeit eines Gemeinschaftshandelns betonte. Aus Geldmangel versuchten die Menschen, Probleme durch gemeinsame Anstrengungen zu lösen. Als Psychotherapeuten mit der Gruppentherapie experimentierten, fanden sie, daß sie für viele Patienten so gut wie die Einzeltherapie war (*Wolf & Kulash*, 1990).

Die meisten Gruppentherapeuten glauben, daß bestimmte Ziele nur mit dieser Form der Behandlung zu erreichen sind. Gruppenmitglieder haben zum Beispiel Gelegenheit zu stellvertretendem Lernen, wenn sie ihre Aufmerksamkeit auf einen anderen Teilnehmer konzentrieren. Auch der soziale Druck kann in Gruppen erstaunlich stark sein. Wenn ein Einzelpatient von seinem Therapeuten gesagt bekommt, sein Verhalten wirke, auch wenn er das vielleicht nicht beabsichtige, feindselig, kann er diese Botschaft zurückweisen. Wird diese Interpretation aber von drei oder vier anderen bestätigt, ist es für den Betroffenen vermutlich sehr viel schwieriger, sie einfach zu negieren. Überdies ist allein die Erfahrung, daß andere ähnliche Probleme haben, für viele Menschen tröstlich und entlastend.

Viele der Verfahren, die bei der Einzeltherapie eingesetzt werden können, wurden oder können für die Behandlung in Gruppen eingesetzt werden. Es gibt daher psychoanalytische Gruppen (*Slavson*, 1950; *Wolf*, 1949), Gestaltgruppen (*Perls*, 1969), klientenzentrierte Gruppen (*Rogers*, 1970), Verhaltenstherapiegruppen (*Lazarus*, 1968; *Paul & Shannon*, 1966; *Upper & Ross*, 1980) und zahlreiche andere Formen. *Bednar* und *Kaul* (in Druck) vertreten die Auffassung, daß es riskant sei, eine Gruppentherapie auf der Grundlage einer Theorie der Einzeltherapie aufzubauen. Die Begründung dafür liegt darin, daß die Extrapolation von einem Modell der Einzeltherapie die Besonderheit der Gruppensituation vernachlässigt, beispielsweise die komplexen Interaktionen zwischen den Menschen, die Mitpatienten sind, im Gegensatz zur Einzeltherapie, bei der die einzige Person, zu der der Patient in Beziehung tritt, der Therapeut ist. Sie behaupten auch, daß die Theorien der Einzeltherapie sich eher auf intrapsychische als auf interpersonale Prozesse beziehen. Diese postulierten Unterschiede zwischen individuell intrapsychischen und interpersonalen Ansätzen spielen eine wichtige Rolle bei der Paar- und Familientherapie, der wir uns im nächsten Abschnitt dieses Kapitels zuwenden.

Gruppentherapien wurden bei Kindern und ihren Eltern, bei Jugendlichen, bei Patienten mit einer Vielzahl verschiedener Krankheiten, bei Hochbetagten und ihren Betreuern, bei Eltern in Zusammenhang mit Mißbrauch, bei Straftätern, bei Homosexuellen und bei hospitalisierten Patienten in der Psychiatrie durchgeführt (*Lubin*, 1983). Wir werden einige wenige Gruppenpsychotherapien näher untersuchen und hoffen, daß wir eine Vorstellung von der Spannbreite der maßgebenden Theorien und Verfahren geben können, und uns dann den Nachweis ihrer Wirksamkeit zuwenden.

Einsichtsorientierte Gruppentherapie

Psychoanalytische Gruppentherapie

Auf dem jährlichen Kongreß der American Group Psychotherapy Association fand 1957 eine Diskussion zwischen dem bekannten psychoanalytischen Theoretiker *Lawrence Kubie* und zwei Pionieren der Gruppentherapie, die in einem psychoanalytischen Rahmen arbeiteten, *Foulkes* und *Grotjahn*, statt. *Kubie* behauptete, daß die Psychoanalyse in Gruppen nicht erfolgreich sein könne, da die Übertragung auf den Therapeuten abgeschwächt würde. Diese Ansicht wurde von *Foulkes* und *Grotjahn* nicht geteilt, deren gruppentherapeutische analytische Arbeit auf *Alexander Wolf* zurückging, der als Begründer der psychoanalytischen Gruppentherapie damit 1938 begonnen hatte. Die Argumente von *Foulkes* und *Grotjahn* gelten bei einigen als „Schlag gegen die Unüberwindlichkeit der individuellen Psychoanalyse als der einzigen wirklich effektiven Methode der Psychotherapie" (*Sager*, 1990, S. XI).[1] In den vergangenen vier Jahrzehnten haben analytisch orientierte Therapeuten einige der Konzepte und Verfahren der individuellen Psychoanalyse und der psychodynamischen Therapie der Gruppensituation angepaßt.

Psychoanalytische Gruppentherapeuten setzen Freudianische Konzepte und Methoden wie die Übertragung, die freie Assoziation, die Traumanalyse, die Analyse des Widerstands, die

---

1 Der Leser sollte auch berücksichtigen, daß zur gleichen Zeit auch die individuelle Psychotherapie erweitert wurde, um die verschiedenen verhaltensorientierten und kognitiven Ansätze, die in Kapitel 19 dargestellt wurden, aufzunehmen, aber auch die verschiedenen humanistischen und existentialistischen Ansätze, die in Kapitel 18 behandelt wurden.

Macht des Unbewußten und die Bedeutung der vergangenen Lebensgeschichte ein, um dem Patienten ein Verständnis der intrapsychischen Prozesse zu ermöglichen. Einige Therapeuten (z.B. *Wolf & Kulash*, 1990) konzentrieren sich auf die Psychodynamik jedes einzelnen Gruppenmitglieds, während andere (z.B. *Bion*, 1959; *Foulkes*, 1964) die Gruppe selbst als den Träger einer Art kollektiver Psychodynamik sehen, die sich in Vorgängen wie der Gruppenübertragung auf den Therapeuten äußert. Gelegentlich hat jedes der Gruppenmitglieder viele Sitzungen individueller Psychoanalyse oder psychoanalytisch orientierter Therapie vor der Gruppentherapie absolviert. Interpretationen dessen, was die Gruppenmitglieder mitteilen, werden nicht nur vom Therapeuten, sondern auch von anderen Gruppenmitgliedern angeboten. Derartige Ansätze haben die Überzeugung gemeinsam, daß das verstärkte Selbstverständnis und der tiefgreifende emotionale Wandel im Individuum im Rahmen der Gruppe stattfinden kann und daß die Gruppe selbst diesen heilsamen psychoanalytischen Prozeß erleichtern kann.

Sensitivity-Training und Encounter-Gruppen

Aronson (1972) unterschied die Sensitivity-Trainings- oder T-Gruppen von den radikaleren „Encounter-Gruppen". Letztere erlangten vornehmlich an der amerikanischen Westküste, etwa am Esalen Institut, wo in den sechziger Jahren *Perls* residierte, große Beliebtheit. In T-Gruppen bedient man sich überwiegend verbaler Verfahren und vermeidet Körperkontakt, Berührungsübungen und den ungehemmten Ausdruck von Emotionen, wie sie in vielen Encounter-Gruppen üblich sind. *Aronsons* Unterscheidung wird jedoch nicht allgemein anerkannt. Laut *Rogers* (1970) gab ein von ihm geleitetes Therapeutentraining 1946 an der Universität von Chicago, bei dem er persönliches Wachstum und die Verbesserung der interpersonellen Kommunikation in den Mittelpunkt stellte, den Anstoß zur Entwicklung von Encounter-Gruppen. Wir teilen seine Meinung, daß T-Gruppen und Encounter-Gruppen heute gewöhnlich nicht voneinander zu unterscheiden sind. In den turbulenten 60er Jahren wurden Ideen der Gestalttherapie und anderer Ansätze in das Vorgehen bei der T-Gruppe übernommen als mehr und mehr Menschen – einschließlich derjenigen, bei denen eine DSM-Diagnose unwahrscheinlich war – versuchten, sich besser zu verstehen und zu lernen, wie man sich offen und ehrlich in einer Zeit begegnet, in der öffentliche Angriffe auf die Heuchelei und das Establishment zu einem Gemeinplatz wurden.

Die Idee der T-Gruppe reicht bis ins Jahr 1947 zurück, als man in Bethel, Maine, Tagungen zur Dynamik von Kleingruppen abhielt, die schließlich zur Gründung des National Training Laboratory führten. Den Anstoß dazu gaben

Encounter-Gruppen unterscheiden sich von T-Gruppen durch den stärkeren Einsatz von Übungen mit Berührungen und eine Betonung des Ausrucks von Emotionen.

Mitarbeiter des berühmten Sozialpsychologen *Kurt Lewin*, der am Massachusetts Institute of Technology arbeitete (*Lubin*, 1983). Ursprünglich waren die Gruppen für leitende Angestellte aus der Industrie gedacht, mit dem Ziel, die Geschäftspraktiken auf dieser höchsten Management-Ebene dadurch in ihrer Effizienz zu steigern, daß man den Managern ihre Wirkung auf andere Menschen und ihre eigenen Gefühle gegenüber anderen bewußter machte. Im Laufe der letzten 50 Jahre haben Millionen von Menschen an solchen Gruppen teilgenommen. Inzwischen steht nicht mehr die Gruppendynamik im Mittelpunkt der Aufmerksamkeit, sondern individuelles Wachstum.

Die T-Gruppe ist wohl am besten als Veranstaltung mit pädagogischer Zielsetzung beschrieben, denn für ernsthaft gestörte Menschen war sie von Anfang an nicht gedacht. Die T-Gruppe fördert persönliches Wachstum und gegenseitiges Verstehen bei Menschen, die im Grunde mit ihrem Leben ganz gut zurechtkommen. Allgemein gesagt werden die Teilnehmer angehalten, sich auf ihre „Hier und Jetzt"-Beziehungen untereinander zu konzentrieren. Von T-Gruppen fühlen sich häufig Menschen angezogen, die zwar keine schwerwiegenden Probleme, aber trotzdem das Gefühl haben, daß ihnen etwas fehlt und daß sie ihre Tage ohne Intensität und wirkliche Nähe zu anderen verbringen.

Ganz allgemein gesagt stellen T-Gruppen und Encounter-Gruppen Bedingungen bereit, die die Teilnehmer ermutigen, sich ohne Schutzmaßnahmen zu verhalten. Sie lernen, Rückmeldung anzunehmen und zu geben, zu sehen, wie ihr Verhalten auf andere wirkt und andere beeinflußt, und zu erkunden, welche Gefühle ihr eigenes Verhalten und das anderer bei ihnen auslöst. Es wird von ihnen erwartet, daß sie sich ihrer selbst mehr bewußt werden und sich und die anderen Gruppenmitglieder mehr akzeptieren.

Kommunikationsebenen. Abbildung 20.1 zeigt *Aronsons* schematische Darstellung einer dyadischen oder Zweier-Interaktion. Im Alltag kommunizieren wir gewöhnlich auf Ebene P_3, d.h., wir verhalten uns einem anderen Menschen gegenüber auf irgendeine Weise verbal oder nonverbal. Der Adressat unseres P_3-Verhaltens reagiert gewöhnlich auf Ebene R_4: Er bewertet uns. Während dieses Prozesses kann es an vielen Stellen zu Fehlbeurteilungen kommen. Zum Beispiel kann der Empfänger auf

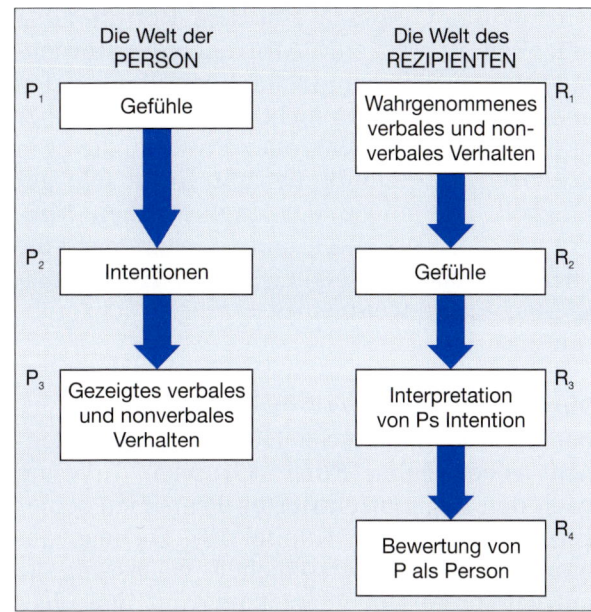

Abb. 20.1 Schematische Darstellung einer Zwei-Personen-Interaktion. Das Diagramm zeigt die verschiedenen möglichen Ebenen der Kommunikation. Nach Aronson, 1972.

Ebene R_3 die Absicht von P falsch einschätzen: Obwohl P dem Empfänger freundschaftliche und warme Gefühle (P_1) entgegenbringt, hat er möglicherweise Schwierigkeiten, diese Wärme auch zum Ausdruck zu bringen, und seine Kommunikation auf Ebene P_3 fällt daher sarkastisch aus. Der Empfänger interpretiert Ps Absicht dann möglicherweise nicht als den Wunsch, seine freundschaftlichen Gefühle für ihn auszudrücken, sondern als den Wunsch, ihn zu verletzen (R_3). Wenn nicht, wie in der T-Gruppe angestrebt, offen über Gefühle gesprochen wird, kann es geschehen, daß der Empfänger P als übelwollenden Zeitgenossen ablehnt und nie erfährt, daß P ihn in Wirklichkeit sehr mag (P_1), aber einfach nie gelernt hat, seine Gefühle auch angemessen auszudrücken (P_3). In einer gut geleiteten T-Gruppe lernen die Teilnehmer, ihre persönlichen Kommunikationen und Reaktionen in ihre Komponenten zu zerlegen, um ihre eigenen Gefühle für andere zu erkunden und ihre Wahrnehmung dessen, was sie von den anderen empfangen, zu überprüfen.

Ein erfahrener und kompetenter Gruppenleiter achtet darauf, daß kein unangemessener Druck ausgeübt wird. Wenn er das Gefühl hat, daß sich die Gruppe zu intensiv mit den privatesten Gefühlen eines Teilnehmers beschäftigt, wird er das Gespräch von dem Betreffenden ablenken. Er wird jede Anstrengung unternehmen, seinen Willen und seine Vorstellungen den anderen Teilnehmern nicht aufzuzwingen, aber er ist sich seiner machtvollen Position, die er in der Gruppe einnimmt, bewußt. Es ist sehr gut möglich, daß einige der unglücklichen Mißbräuche der Encounter- und T-Gruppen auf die allzu menschliche Neigung einiger Trainer, diese Macht nicht weise einzusetzen, zurückzuführen sind.

Variationen. Sensitivity- und Encounter-Gruppen werden in vielerlei Hinsicht unterschiedlich gehandhabt. *Rogers*-Gruppen arbeiten nach den klientenzentrierten Prinzipien seiner Einzeltherapie (vgl. Kapitel 18). Da man annimmt, daß zum persönlichen Wachstum die aufrichtige Auseinandersetzung mit den eigenen Gefühlen gehört, hilft der Gruppenleiter den Teilnehmern, sich Klarheit über ihre Gefühle zu verschaffen. Er ist gewöhnlich weniger aktiv, als *Aronson* es für die T-Gruppen beschreibt. Manche Gruppen kommen für viele Stunden, vielleicht sogar für ein ganzes – nahezu oder völlig schlafloses – Wochenende zusammen. Sinn und Zweck solcher Marathons (*Bach*, 1966; *Mintz*, 1967; *Stoller*, 1968) soll es sein, durch Übermüdung und langdauernde Konfrontation mit bestimmten sozialen Bedingungen die „Abwehrhaltung" der Teilnehmer so zu schwächen, daß sie offener und vermutlich auch authentischer werden. Eine besonders direkte und gelegentlich brutale Form der Encounter-Gruppen ist die Art von Treffen, die von Synanon und anderen Drogenmißbrauch-Behandlungszentren eingeführt wurde. Dabei steht die Annahme im Vordergrund, daß ein heftiges und schnelles Wegreißen der Abwehr und Vorbehalte notwendig sind, um den Drogenkonsumenten dabei zu helfen, sich ihren Problemen zu stellen und die Verantwortung für ihr Leben zu übernehmen (*Casriel*, 1971).

Verhaltenstherapeutische Gruppentherapie

Individualisierte Verhaltenstherapie in Gruppen

Von *Arnold Lazarus* (1968a), einem Pionier der Gruppenverhaltenstherapie, stammt der Vorschlag, mehrere Patienten mit demselben Pro-

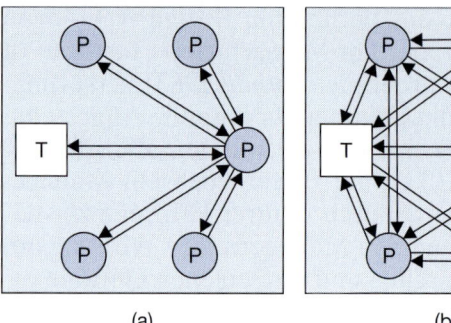

Abb. 20.2 Unterschied zwischen der (a) individualisierten Gruppentherapie und (b) einer Gruppentherapie, bei der die Interaktion zwischen den Gruppenmitgliedern als wichtig angesehen wird. Die Pfeile zeigen die Wege der Kommunikation und der Beeinflussung; T bezeichnet den Therapeuten, P den Patienten.

blem aus Effizienzgründen gleichzeitig, d.h. in einer Gruppe zu behandeln. Bei dieser Form der Verhaltenstherapie liegt der Schwerpunkt allerdings weiterhin auf den Interaktionen zwischen dem Therapeuten und jedem einzelnen Patienten oder Klienten (Abb. 20.2a)[2].

Ein gutes Beispiel für den individualisierten Ansatz ist die Gruppendesensibilisierung (*Lazarus*, 1961). Ein einziger Therapeut kann der Gruppe die Tiefenentspannung beibringen und dem einzelnen Patienten gleichzeitig eine Hierarchie darbieten. Das spart viel Zeit. Man hat auf diese Weise Prüfungsangst (*Nawas, Fishman & Pucel*, 1970), Schlangenphobien (*Ritter*, 1968), Angst vor öffentlichem Reden (*Paul & Shannon*, 1966) und soziale Angst (*Wright*, 1976) behandelt.

Erfolgreich waren auch Gruppentherapien zur Gewichtsabnahme (*Wollersheim*, 1970) und zur Raucherentwöhnung (*Koenig & Masters*, 1965), aber auch Gruppen, die sich der Verstärkung der Konversation bei hospitalisierten chronisch Schizophrenen gewidmet haben (*Liberman*, 1972). Bleibt zu fragen, ob man hier überhaupt von Gruppentherapie sprechen kann. Allerdings scheinen auch die Mitglieder solcher störungsorientierten Gruppen einander Mut zu machen und zu unterstützen.

---

2 In gestalttherapeutischen Gruppen ist das Vorgehen im allgemeinen ähnlich. Der Therapeut arbeitet immer nur mit einem Gruppenmitglied. Häufig sitzt der oder die Betroffene zu diesem Zweck auf einer besonderen Sitzgelegenheit, dem sogenannten „heißen Stuhl".

Soziales Training in Gruppen

Menschen, die ähnliche Probleme im Umgang mit anderen haben, vermittelt man im Rahmen einer Gruppe soziale Fertigkeiten, beispielsweise die Fertigkeit, ein Interview zu führen, oder Fertigkeiten der Konversation oder Verabredungen zu treffen. Dabei werden üblicherweise Menschen mit vergleichbaren Defiziten zusammengebracht, damit ein angemessener Fortschritt für alle Gruppenmitglieder erreicht werden kann (*Bartzokis, Liberman & Hierholzer*, 1990; *Kelly*, 1985). Die Gruppenmitglieder üben die fehlenden Fertigkeiten miteinander ein und können sich so auf einzigartige und einander nicht überfordernde Art und Weise helfen, ihr Verhalten zu ändern. Die Kommunikation bleibt nicht auf den Therapeuten und jeweils einen Teilnehmer beschränkt, denn da die Gruppenmitglieder interagieren, kommunizieren sie auch alle miteinander (vgl. Abb. 20.2b). Depressive Menschen z.B. haben in Gruppen soziale Fertigkeiten erworben, die ihnen anschließend mehr Verstärkung von anderen eintrugen (*Lewinsohn, Weinstein & Alper*, 1970; *Teri & Lewinsohn*, 1986). Seit mehr als zehn Jahren haben Trainingsgruppen für soziale Fertigkeiten schizophrenen und affektiv gestörten Patienten dabei geholfen, mit den interpersonalen Herausforderungen, denen sie nach der Entlassung aus der psychiatrischen Abteilung fertig zu werden (*Liberman, DeRisi & Mueser*, 1989).

Selbstbehauptungstraining in Gruppen

Eine besonders wichtige soziale Fertigkeit ist die Selbstbehauptung (vgl. S. 666). *Lazarus* führt seine Trainingsgruppen mit etwa zehn Patienten gleichen Geschlechts durch. Beim ersten Treffen umreißt er die allgemeinen Ziele der Therapiegruppe. Dabei beschäftigt er sich insbesondere mit den Folgen, die Selbstunsicherheit oder mangelnde Selbstbehauptung in unserer Gesellschaft nach sich ziehen kann. Er weist auch daraufhin, daß die Therapiegruppe zum Übungsfeld für kooperatives Problemlösen werden kann. Wie *Rogers* verlangt er von den Gruppenmitgliedern Aufrichtigkeit und gegenseitiges Akzeptieren und macht konstruktive Kritik und fleißiges Üben der neuen Fertigkeiten zur Pflicht.[3] Dann stellen sich die einzelnen Teilnehmer kurz vor und die anderen sind aufgerufen, das jeweilige Verhalten zu kommentieren und insbesondere darauf zu achten, ob sich der Betreffende gerechtfertigt oder für irgend etwas entschuldigt hat.

Dann bekommen Gruppenmitglieder eine Situationsaufgabe, die eine selbstbehauptende Reaktion verlangt. Der Therapeut verwandelt die Situation in eine Szene und demonstriert selbstbehauptendes Verhalten. Dann übernehmen zwei oder mehr Gruppenmitglieder Rollen und spielen ihrerseits die Szene zu Ende. Der Therapeut und die anderen Teilnehmer sagen den Spielern, die selbstsicheres Verhalten üben, was sie richtig und was sie falsch machen. Jede Situation wird so oft wiederholt und geübt, bis den Spielern das selbstsichere Verhalten ganz natürlich erscheint. Besondere Bedeutung kommt den Hausaufgaben zwischen den Sitzungen zu. In den Sitzungen berichten die Mitglieder dann von ihren erfolgreichen und mißlungenen Versuchen, sich im Alltag selbstbehauptend zu verhalten. Häufig werden Alltagsszenen innerhalb der Gruppe im Rollenspiel geübt, um erlebte oder auch bevorstehende Situationen selbstsicherer bewältigen zu können. Immer wird betont, wie nutzbringend und wichtig es ist, positiven und negativen Gefühlen angemessenen und wirksamen Ausdruck zu verleihen. Ein einfühlsamer und geschickter Therapeut schafft eine Atmosphäre, in der die Gruppenmitglieder allmählich so viel Selbstvertrauen bekommen, daß sie andere kritisieren können, ohne zu befürchten, deren Gefühle zu verletzen. Auch chronisch Schizophrene haben nach einem Selbstbehauptungstraining viel von ihrer Willfährigkeit und ihrem Rückzugsverhalten abgelegt (*Bloomfield*, 1973).

Das Selbstbehauptungstraining von *Lazarus* und das Sensitivity-Training sind sich in mancherlei Hinsicht ähnlich, aber ein wichtiger Unterschied liegt vor allem in der Bedeutung, die *Lazarus* der Aktivität der Gruppenmitglieder zwischen den Sitzungen beimißt. Das Training innerhalb der Gruppe soll die Teilnehmer zu bestimmten Verhaltensänderungen außerhalb der Gruppe befähigen. Auch in T-Gruppen sollen die Beteiligten lernen, ihr Leben zu verändern, doch es wird sehr viel weniger systema-

---

3 Da das Selbstbehauptungstraining das Bewußtsein für Gefühle und ihre Ermutigung einschließt, sollte es keine Überraschung sein, daß Gemeinsamkeiten zwischen dieser Form einer verhaltenstherapeutischen Gruppe und denen gibt, die humanistischen Vorstellungen folgen (*Lazarus*, 1971). Dies ist ein anderes Anzeichen für die Annäherung zwischen den verschiedenen Therapierichtungen, die in Kapitel 19 (S. 643) dargestellt wurde.

tisch darauf geachtet, was die Patienten zwischen den Gruppensitzungen tun.

Im allgemeinen nutzen verhaltensorientierte und kognitiv-verhaltensorientierte Ansätze die Besonderheit der Gruppensituation. So beschreibt *Rose* (1986) beispielsweise Problemlösegruppen, bei denen sich die Mitglieder gegenseitig helfen, mögliche Lösungen für die Herausforderungen im Leben der anderen zu entwickeln. Einige Gruppenleiter machen etwas, das als „Problemlösen der Gruppe" bezeichnet werden kann, wobei die Gruppenmitglieder aufgefordert werden, sich mit einem bestimmten Problem auseinanderzusetzen – z.B. damit, daß nur wenige den größten Teil des Gesprächs bestreiten. Der Gruppenprozeß selbst wird dabei zum Material für die Erprobung von Fertigkeiten des Problemlösens. Dieser allgemeine Ansatz wurde viele Jahre lang beim Sensitivity-Training und den Encounter-Gruppen ebenfalls verfolgt.

Evaluation der Gruppentherapie

Wie andere Therapieformen haben auch T-Gruppen und Encounter-Gruppen ihre begeisterten Anhänger.

> „Ich habe Menschen gekannt, bei denen die Encounter-Erfahrung die Kommunikation mit Ehepartner und Kindern so tiefgreifend verändert hat, daß es fast an ein Wunder grenzte. Manchmal wurden zum ersten Mal echte Gefühle geteilt und mitgeteilt ... Ich habe Lehrer erlebt, die ihre Klasse ... in eine persönliche, fürsorgliche, vertrauensvolle Lerngruppe verwandelten, in denen sich die Schüler unumschränkt und offen an der Gestaltung des Lehrplans und des Unterrichts beteiligten. Hartgesottene Geschäftsleute, die das Verhältnis zu einem Geschäftspartner für hoffnungslos hielten, kamen nach Hause und machten daraus eine konstruktive Beziehung." (*Rogers*, 1970, S. 71)

Solche Beobachtungen, noch dazu wenn sie von einem überaus befähigten und innovativen Therapeuten stammen, haben sicher Anteil an dem Vertrauen, das viele Menschen in Encounter-Gruppen setzen. Wissenschaftlichen Ansprüchen genügen sie allerdings nicht.

Zuweilen wurde der Verdacht laut, Teilnehmer an T-Gruppen lernten nur, wie man an T-Gruppen teilnimmt, und seien nicht in der Lage, die in der Gruppe erworbenen Einsichten und Fertigkeiten auf Alltagssituationen zu übertragen (*Houts & Serber*, 1972). Dieser Transfer ist in der Tat eine schwierige Angelegenheit, denn

ob es uns paßt oder nicht – die wirkliche Welt ist nicht so beschaffen, daß sie zu unumwundener Offenheit und Aufrichtigkeit einlädt. Wer sich die Regeln der T-Gruppe nicht zu eigen gemacht hat, fühlt sich durch den ehrlichen und offenen Ausdruck von Gefühlen möglicherweise verletzt oder beleidigt. Und in der Tat, so mahnt auch *Aronson*, hat jemand, der, entgegen der Neigung seiner Partner, auf völliger Offenheit besteht und damit wenig Einfühlungsvermögen beweist, gerade *nicht* das gelernt, was eine gute T-Gruppe an Wichtigem vermitteln sollte. Das heißt nicht, daß T-Gruppen-Erfahrungen ganz generell nicht auf das wirkliche Leben übertragbar sind. Zu wissen, welche Gefühle man für andere hat und wie man auf andere wirkt, kann im Alltag – auch ohne das in der T-Gruppe gewünschte offene Verhalten – äußerst nützlich sein, auch dann, wenn das offene Verhalten, das in einer T-Gruppe oder einer Encounter-Gruppe gefördert wird, nicht fortgesetzt wird.

In drei Übersichtsbeiträgen in einem häufig zitierten Handbuch fanden *Bednar* und *Kaul* (1978, 1986, in Druck) ein paar Untersuchungen der Gruppentherapie, die den grundlegenden Standards der psychologischen Forschung entsprachen, z.B. eine zufällige Zuweisung der Probanden zu verschiedenen Behandlungsformen. Sogar dann, wenn die Untersuchungspläne in Ordnung sind, werden die unabhängigen Variablen (S. 129f.) häufig so vage beschrieben, daß es schwierig ist zu erkennen, was wirklich untersucht wurde. Beispielsweise festzustellen, daß eine Gruppenintervention nichtdirektiv war, einfach deswegen, weil der Therapeut früher einmal in der Tradition von *Rogers* ausgebildet wurde, ist unbefriedigend, denn es sagt ziemlich wenig darüber aus, was in den Gruppensitzungen wirklich geschah. Dennoch können einige vorläufige Schlußfolgerungen aus diesen Zusammenstellungen der Studien, aber auch nach den Auffassungen anderer, gezogen werden:

1. Im allgemeinen haben die Gruppentherapien verschiedener Formen positive Auswirkungen auf eine Vielzahl von Patienten und in einigen Fällen haben diese Verbesserungen über mehrere Monate Bestand. Es wurden jedoch nur selten angemessene Zuwendungs- und Placebokontrollen für unspezifische Faktoren durchgeführt.

2. Ein Training vor der Aufnahme in eine Gruppe, d.h. die Vermittlung allgemeiner Fertig-

keiten für die Teilnahme an der Gruppentherapie und die Schaffung einer positiven Einstellung gegenüber dieser Erfahrung kann den Menschen helfen, mehr aus den Erfahrungen in der Gruppentherapie zu machen.

3. Abhängige Menschen scheinen sich in einer stark strukturierten Gruppe besser zu entwickeln, während unabhängige Menschen mit weniger Problemen im Alltag in weniger strukturierten Gruppen mit mehr Gelegenheit zum Selbstausdruck die größeren Fortschritte machen.

4. Verschiedene Faktoren zu verschiedenen Zeitpunkten der Gruppenentwicklung sind der Therapie förderlich. Beispielsweise fanden *Kivlighan* und *Mullison* (1988), daß bei den ersten Sitzungen die Universalität, das Gefühl, daß die eigenen Probleme nicht einzigartig sind, wichtig ist, während das interpersonale Lernen, zu entdecken, wie man wirkt und Beziehungen zu anderen aufbauen kann, in den späteren Sitzungen mehr an Bedeutung gewinnt. Andere Faktoren, von denen angenommen wird, daß sie Einfluß haben, sind Gefühle der Zusammengehörigkeit und die Vermittlung von Hoffnung (*Yalom*, 1985). Es ist auch wahrscheinlich, daß die Faktoren in Abhängigkeit von den Bedürfnissen und der Persönlichkeit der Gruppenmitglieder abhängen. Aber von allen Faktoren, von denen angenommen wird, daß sie ein aktiver Bestandteil der positiven Veränderungen sind, ist möglicherweise keiner so stark wie die Gruppenkohäsion (obwohl nach unserer Auffassung die Befunde überzeugender wären, wenn bei den abhängigen Messungen weniger Bezug auf Selbstbeurteilungen der Teilnehmer darüber, wie stark die Vorteile waren, die sie von der Gruppe ableiteten, nehmen würden).

5. Marathongruppen bieten gegenüber ähnlich konzipierten Gruppen mit kürzerer Sitzungsdauer keine besonderen Vorteile. Tatsächlich kann es weniger ergiebig sein, die Gruppenarbeit auf einige wenige Marathonsitzungen zu konzentrieren, als sie auf kürzere und entsprechend zahlreichere Sitzungen zu verteilen.

6. Zu Therapieunfällen, d.h. dazu, daß sich das Befinden der Teilnehmer im Verlaufe der Therapie verschlechtert, kommt es sehr selten, den meisten Untersuchungen zufolge in weniger als 3% der Fälle. Betroffen sind gewöhnlich besonders gestörte Gruppenmitglieder oder solche, denen es an Selbstwertgefühl mangelt. Die für die Gruppenzusammenstellung Verantwortlichen nehmen nach Möglichkeit niemanden auf, der mehr individuelle Aufmerksamkeit zu brauchen scheint oder den Eindruck macht, als sei er der Konfrontation und dem gegenseitigen Offenlegen von Gefühlen nicht gewachsen. Bestimmte Führungsstile, etwa eine herausfordernde, autoritäre Haltung, die die Gruppenmitglieder zu einer Auseinandersetzung mit mehr Gefühl – insbesondere mit Zorn – treibt, zu der sie in dieser Stärke nicht bereit sind, können Schaden anrichten (*Lieberman*, *Yalom & Miles*, 1973; vgl. Kasten 20.1).

7. Ob irgendeine Form der Gruppentherapie einer anderen überlegen ist, wurde bisher nicht untersucht. Obwohl sehr gut möglich ist, daß sich ein bestimmtes Problem mit einem bestimmten theoretischen Ansatz besser behandeln läßt als mit einem anderen, hat sich die Forschung solcher Fragen noch nicht angenommen.

8. Man vermutet seit langem, daß ein Teil des therapeutischen Erfolges von Gruppen der Rückmeldung zuzuschreiben ist, den offenen gegenseitigen Kommentaren über die Gefühle, die jemand auslöst, über den Eindruck, den er auf die anderen macht: „wie du rüberkommst". Wie Forschungsergebnisse zeigen, ist Rückmeldung in der Tat eine nützliche Sache, insbesondere dann, wenn auf eine negative Rückmeldung – „Es hört sich so fordernd an, wenn du jemanden um etwas bittest" – eine positive Rückmeldung – „Mir hat gefallen, wie du es formuliert hast" –folgt (*Jacobs* et al., 1973).

Ehe- und Familientherapie

Viele verheiratete Paare, die nach einer Therapie für die Probleme in ihrer Beziehung suchen oder dazu angehalten werden, haben Kinder. Manchmal ergeben sich die Probleme, die Eltern mit einem Kind haben, aus den Ehekonflikten; in anderen Fällen führt das Verhalten des Kindes zu Belastungen in einer im übrigen gut funktionierenden Beziehung. Die Grenze zwischen Ehe- und Familientherapie ist häufig unscharf und die Experten, die sich darauf spe

Kasten 20.1   Therapie zum Guten oder zum Schlechten?

Verschlimmerungseffekt nannte *Allen Bergin* (1966) den Schaden, den eine Therapie anrichten kann. Seit diesem ersten Bericht haben auch etliche weitere Literaturanalysen (*Bergin*, 1971; *Bergin & Lambert*, 1978; *Lambert, Bergin & Collins*, 1977; *Strupp, Hadley & Gomes-Schwartz*, 1977) auf eine sehr unerfreuliche Tatsache hingewiesen: Obwohl viele Menschen von einer psychotherapeutischen Einzeltherapie profitieren, gereicht manchen Patienten diese Erfahrung doch auch zum Schaden. Von der Gruppentherapie (*Yalom & Lieberman,* 1971) und der Ehe- und Familientherapie (*Gurman, Kniskern & Pinsoff,* 1986) sind solche Fälle ebenfalls bekannt. Die Gefahr einer Schädigung ist natürlich nicht nur bei psychologischen Interventionen gegeben. Wir wissen, daß sich der Zustand von Patienten auch nach vielen medizinischen Verfahren verschlechtern kann, zum Beispiel nach einer Elektrokrampftherapie (*Elmore & Sugerman*, 1975) oder nach der Einnahme psychoaktiver Medikamente (*Shader & DiMascio*, 1970) – beides Behandlungsformen, die eine Veränderung des psychischen Zustands zum Ziel haben. Auch der Zustand von Menschen, die sich *nicht* behandeln lassen, verschlechtert sich. Psychologen oder Psychiatern unter allen Umständen aus dem Weg zu gehen, schützt keineswegs vor einer Verschlimmerung des Leidens!

Einige bekannte Verhaltenstherapeuten haben die Studien analysiert, auf denen *Bergin* und andere ihre Behauptung für einen Verschlimmerungsaspekt stützen. Sie (*Mays & Franks*, 1980; *Rachman & Wilson*, 1980) deuten an, daß die Nachweise sehr viel schwächer sind als früher angenommen. Es zeigt sich, daß es genauso schwer ist nachzuweisen, daß eine Therapie einen nachteiligen Einfluß hat wie zu zeigen, daß sie hilft. Ein Problem liegt in der unzureichenden Information über die spontane Verschlechterung, d.h. über den prozentualen Anteil der Menschen, die keine Therapie erhalten und denen es dann schlechter geht. Wir wissen, daß es einigen gestörten und nicht behandelten Menschen schlechter geht. Aber die Untersuchungen zum Therapieerfolg haben bislang versagt, diese Verschlechterung in angemessener Weise zu erfassen. Daher geht es bestimmten Menschen während der Therapie schlechter, aber möglicherweise nicht wegen der Therapie selbst, sondern wegen Faktoren außerhalb des Behandlungszimmers, auf die der Therapeut keinen Einfluß hat. Auch wenn dies zutrifft, dann verschlechtert sich der Zustand einiger Patienten während der Therapie deutlich, was schwerwiegende empirische und ethische Fragen aufwirft.

Welche Faktoren liegen dem Verschlimmerungseffekt möglicherweise zugrunde? Am häufigsten betroffen sind Menschen mit großen Erwartungen, für die die Besserung eine dringende Notwendigkeit ist, und schwer gestörte Patienten. Ein anderer Faktor ist das

zialisiert haben, mit Ehepartnern zu arbeiten, müssen sich häufig auch mit Kindern befassen. Aus diesen Gründen haben wir uns entschlossen, die Ehe- und Familientherapie zusammen zu besprechen und zwischen den beiden dann zu unterscheiden, wenn es sinnvoll ist.

Zusätzlich bringen uns die Veränderungen der Einstellungen gelegentlich dazu, den Begriff der Paartherapie eher als den der Ehetherapie zu verwenden, da eine steigende Zahl von Paaren in einer Partnerschaft leben aber nicht verheiratet sind. Dies bezieht sich sowohl auf heterosexuelle als auch auf homosexuelle Partner und Kinder sind gelegentlich Teil des therapeutischen Bildes für beide Formen der Partnerschaft. Es kann daher eine Paar- oder Familientherapie geben, die sich an erwachsene Partner wendet, die unverheiratet oder vom gleichen Geschlecht sind.

Die Normalität von Konflikten

Daß Konflikte in einer Ehe oder jeder beliebigen anderen langfristigen Beziehung unvermeidlich sind, ist bei Ehetherapeuten und Forschern, ungeachtet ihrer theoretischen Ausrichtung, nahezu unbestritten. Die Aura ewiger Flitterwochen verflüchtigt sich, wenn das Paar ganz unromantisch darüber entscheiden muß, wo

derjenigen vorhanden waren, die sich als verhaltensorientierte Ehetherapeuten bezeichneten (*Jacobson*, 1991; *Segraves*, 1990).

Viele operante Verhaltenstherapeuten folgen der Praxis von *Gerald Patterson* (1974a) und arbeiten mit den Eltern von Problem-Kindern daran, die Verstärkungsmuster von Problem-Verhalten zu ändern. Das Kind wird in die Behandlung kaum oder gar nicht einbezogen. Verändert sich das Verhalten des Kindes, nimmt häufig auch die Spannung zwischen den Eheleuten ab. Doch manchmal erweist sich das abweichende Verhalten des Kindes auch als eine Folge der ehelichen Spannungen. Auch wenn das Kind der „identifizierte Patient" sein mag, betrachtet man seine „Probleme" besser als Spiegel des elterlichen Konflikts. In solchen Fällen entschließt sich der Familien- und Ehetherapeut gewöhnlich zu einer Intervention bei den Eltern, in der Hoffnung, daß die Schwierigkeiten des Kindes abnehmen, wenn die Eltern besser miteinander zurechtkommen. Leider gibt es kaum schlüssige Informationen darüber, wo die Intervention am besten ansetzen soll. Untersuchungen von *K. D. O'Leary* sprechen dafür, daß eine Änderung des kindlichen Problemverhaltens auch die eheliche Beziehung verbessern kann (*Oltmanns, Broderick & O'Leary*, 1976), doch gleichzeitig zeigt eine andere Arbeit, daß eine erfolgreiche Ehetherapie auch die Probleme von Kindern günstig beeinflußt (*Turkewitz & O'Leary*, 1977).

Einige spezielle Erwägungen

Von Therapeuten behandelte Eheprobleme können, wie *Margolin* und *Fernandez* (1985) betonen, ganz unterschiedlicher Natur sein. Das eine Paar sucht bereits professionelle Hilfe, wenn beide Partner mit ihrer Beziehung unzufrieden sind, ein anderes Paar läßt die Krise so ausufern, daß einer von beiden oder beide schon beim Scheidungsanwalt waren. Es gibt also verschiedene *Stadien* ehelicher Spannungen (*Duck*, 1984; *Weiss & Cerreto*, 1980), und das kann, je nachdem, wie der Therapeut den Zustand des Paares einschätzt, jeweils unterschiedliches therapeutisches Vorgehen erfordern.

Ein interessanter Bereich der Forschung hat sich auf die individuellen Probleme bei einem Partner konzentriert und darauf, wie diese Probleme bei einer gemeinsamen Therapie gegenüber einer Einzeltherapie, die auf diese Probleme abzielt, reagieren. Einigen Forschern (*Beach & O'Leary*, 1986; *O'Leary & Beach*, 1990; *Jacobson, Holzworth-Monroe & Schmaling*, 1989; *Jacobson* et al., 1991) war aufgefallen, daß Depression bei mindestens einem der Partner häufig für einen Teil der gestörten Paarbeziehungen verantwortlich ist und daß ein Rückfall in die Depression wahrscheinlicher ist, wenn der vorher depressive Partner in einer gestörten Ehe lebt (*Hooley & Teasdale*, 1989) und sie haben die verhaltensorientierte Ehetherapie als Behandlung der Depression eingesetzt. Ihre Ergebnisse zeigen, daß die individuelle kognitive Therapie von *Beck* für den depressiven Partner nicht erfolgreicher als die verhaltensorientierte Ehetherapie in bezug auf die Aufhellung der Depression ist und daß die kognitive Therapie nicht so erfolgreich wie die verhaltensorientierte Ehetherapie bei der Vergrößerung der Zufriedenheit mit der Ehe ist. Interessanterweise hatte bei der *Jacobsen*-Studie, bei der Paare behandelt wurden, bei denen ein Ehepartner depressiv war, aber die Beziehung in der Ehe kein Problem darstellte, die verhaltensorientierte Ehetherapie keine Auswirkung auf die Depression, weder unmittelbar nach Ende der Behandlung noch nach sechs oder zwölf Monaten bei Nachuntersuchungen (*Jacobson* et al., in Druck). Das läßt vermuten, daß jemand, der depressiv ist und in einer Partnerbeziehung lebt, von dem systemorientierten Ansatz in gleicher Weise profitieren könnte wie von einer individuellen Therapie – mit dem Vorteil, daß er daraus auch noch Nutzen für Beziehungsprobleme ziehen könnte. Dieser Forschungsansatz zeigt die interpersonale Natur der Depression – ein Thema, das in Kapitel 9 (S. 267) besprochen wurde, und gleichzeitig die Rolle der Depression in einer belasteten intimen Beziehung. Darüber hinaus zeigt das Ergebnis, daß die individuelle kognitive Therapie die Ehe nicht in gleicher Weise verbessert, wie die Besserung in der Ehe die Depresssion aufhellt, sowohl die Grenzen der nicht systembezogenen individuellen Therapie, wie der kognitiven Therapie, als auch die Stärken des systembezogenen Ansatzes wie der verhaltensorientierten Ehetherapie.

Evaluation der Ehe- und Familientherapie

Eine Meta-Analyse von zwanzig sorgfältig ausgewählten Therapieerfolgsuntersuchungen, die

Kasten 20.2   Akzeptanz bei der verhaltensorientierten Paartherapie

Eine interessante Entwicklung bei der verhaltensorientierten Paartherapie (ein Begriff, der die verhaltensorientierte Ehetherapie zunehmend ersetzt) ist die wachsende Wertschätzung der Akzeptanz der Partner während des Versuches, eine Veränderung zu ermutigen und zu fördern. Auf der Grundlage von früheren Arbeiten von *Rogers* (Kapitel 18) und *Ellis* (Kapitel 19) und der dialektischen Verhaltenstherapie von *Marsha Linehan* (in Druck a, in Druck b) (S. 317) vertritt *Neil Jacobson* (1992) in Zusammenarbeit mit *Andrew Christensen* (*Jacobson* & *Christensen*, in Druck) die Auffassung, daß die Verhaltenstherapeuten die Bedeutung, die Menschen in einer engen Beziehung der Tatsache beimessen, daß sie ihren Partner akzeptieren und gleichzeitig auf die Hoffnung und die Förderung der Veränderung setzen, übersehen haben.

Der Begriff der Akzeptanz hat natürlich eine ehrwürdige Geschichte in der klinischen Psychologie und Psychiatrie und geht mindestens auf *Sigmund Freud* zurück. *Jacobson* weist darauf hin, daß der Einsatz der Interpretation bei der psychoanalytischen Paartherapie (z.B. *Scharff*, in Druck) zu einer größeren Akzeptanz des störenden Verhaltens führen kann, wenn es Traumen der Kindheit zugeschrieben werden kann, was dadurch die Sympathie für den Partner fördern kann, der sich auf negative Weise verhält.* Das Konzept nimmt in den Arbeiten von *Carl Rogers* einen größeren Stellenwert ein. Seine klientenzentrierte Therapie beruht auf der Überzeugung, daß die „Bedingungen für die Wertschätzung" nicht für andere festgesetzt werden sollten, sondern daß wir sie – und uns selbst – als Menschen sehen sollten, die unabhängig von unserem Verhalten zu jeder beliebigen Zeit Respekt verdienen. Der rational-emotive Ansatz von *Albert Ellis* betont ebenfalls die Akzeptanz, indem er die Menschen dazu ermutigt, auf viele der Forderungen, die sie an sich und andere richten, zu verzichten.

Bei der Untersuchung der Ergebnisse einer früheren Studie (*Jacobson*, 1984) stellte *Jacobson* nach zwei Jahren fest, daß von den zwei Dritteln der Paare, die von einer verhaltensorientierten Paartherapie profitiert hatten, ein Drittel einen Rückfall hatte (*Jacobson, Schmaling* & *Holtzworth-Munroe*, 1987). Obwohl die Therapie bei fast der Hälfte der Paare erfolgreich war, war sie es bei der anderen Hälfte über einen größeren Zeitraum (zwei Jahre) nicht. Das führte zu der Frage, was bei der verhaltensorientierten Paartherapie falsch sein oder fehlen könnte.

Wie bereits erwähnt, sind die Prädiktoren für ein schlechtes Ergebnis bei der verhaltensorientierten Paartherapie eine seit vielen Jahren bestehende Ehe, die emotionale Trennung, ein großes Ausmaß an Konflikten in der Beziehung und rigid eingehaltene Geschlechtsrollen. *Jacobson* und *Christensen* hatten den Eindruck, daß diesen negativen Prädiktoren ein Faktor oder ein Thema gemeinsam sein könnte, nämlich der geringen Bereitschaft zum Kompromiß und der Anpassung an den Partner. Und weil die Therapie Kompromisse fordert, beispielsweise zu versuchen, den Wünschen des Partners als Gegenleistung für bestimmte Verstärker zu entsprechen, kann es keine Überraschung sein, daß die verhaltensorientierte Paartherapie bei Menschen schlechter wirkt, die sich an die Wünsche ihrer Partner nicht anpassen.

Das sollte keine Neuigkeit für jemanden sein, der versucht hat, bei einem Eheproblem zu vermitteln oder der selbst eine belastete Ehe erlebt hat. Wenn ein Paar über viele Jahre zusammen gewesen ist, kann es zu einer Ansammlung von Ärger, Verletzungen, Ressentiments und Mißtrauen gekommen sein, die es sogar zu einer Herausforderung werden läßt, zu entscheiden, welches Restaurant am Frei-

---

* Gleichzeitig können diese historischen Attributionen vom Patienten als Entschuldigung dafür verwendet werden, sich nicht zu ändern. Therapeuten wie *Fritz Perls* sind geneigt, derartige Erklärungen als Ausflüchte zu sehen. Verhaltensorientierte und kognitive Therapeuten sehen es ähnlich.

tag abend besucht werden sollte. Guter Wille ist nicht mehr vorhanden. Motive werden ständig in Frage gestellt; wenn eine negative Interpretation für ein scheinbar positives Verhalten gegeben werden kann, wird es getan. Wenn ein Verhaltenstherapeut einen Partner auffordert, dem anderen etwas Gutes zu tun, dann wird die Art von Paar, von der *Jacobson* und *Christensen* sprechen, es entweder ablehnen oder, wenn sie eine Veränderung vornehmen, diese auf die Anweisung des Therapeuten zurückführen, beispielsweise: „Er erkennt meine gute Arbeit heute im Büro nicht wirklich an, er macht mir nur Komplimente, weil Dr. Smith ihn dazu aufgefordert hat." Es ist kein Zufall, daß die Paartherapiesitzungen außergewöhnlich belastend für den Therapeuten sein können und außerdem sehr laut und heftig. Ein anderer Faktor gegen Versuche zu unmittelbaren Veränderungen ist die Reaktanz, der Widerstand, den die Menschen wahrnehmen können, wenn jemand anderes versucht, sie zu ändern (*Brehm*, 1966; *Davison*, 1973). Nach unserer Auffassung ist die Reaktanz dann besonders stark, wenn der potentiell Einfluß Ausübende von dem zu Beeinflussenden verachtet wird. Da die Verhaltenstherapie durch offene Versuche zur Veränderung der Menschen gekennzeichnet ist, können solche direkten Einflußversuche nur selten Erfolg haben, wenn Interaktionen zwischen zwei Partnern ermutigt werden, die wenig Zuneigung und Respekt füreinander empfinden.

Was ist bei diesem Umfeld Akzeptanz im Sinn von *Jacobson* und *Christensen*? Sie bezieht sich auf „ein Ablassen vom Kampf um Veränderung und in einigen Fällen sogar um die Respektierung der Aspekte eines Partners, die Vorläufer von Konflikten waren. (Sie) impliziert, daß einige Konflikte nicht gelöst werden können und sie versucht, Konfliktbereiche in Quellen von Intimität und Nähe zu verändern." (*Jacobson*, 1992, S. 497).* Natürlich impliziert, wie *Jacobson* auch ausführt, die Akzeptanz den Wandel – aber die Veränderung liegt im

Partner, der aufgibt, den anderen verändern zu wollen! Und, wenn sich die Reaktanz mit der Akzeptanz vermindert, was sehr gut der Fall sein könnte (vgl. unsere frühere Diskussion der Forschung zur paradoxen Therapie von *Shoham-Solomon* auf S. 676), dann könnte eine größere Veränderung beim Partner dadurch entstehen, daß man es aufgibt, diese Veränderung herbeizuführen!

Die verhaltensorientierten Wurzeln von *Jacobson* zeigen sich jedoch in seinen Vorschlägen, wie die Therapeuten Veränderungen im Kontext der Akzeptanz erreichen können. Er gibt das Beispiel einer Frau, die die Abwesenheit ihres Mannes als sehr unangenehm empfand (Hinweis: Es wird die Annahme gemacht, daß die Abwesenheit des Mannes nicht auf Affären mit anderen Frauen zurückgeht. *Jacobson* ist sich sicher der ethischen und politischen Dimensionen der Psychotherapie bewußt; vgl. *Jacobson*, 1983; 1989.) Zusätzlich zum traditionellen Ziel der verhaltensorientierten Paartherapie, die Nähe zueinander zu stärken, ermutigte er die Frau dazu, einige selbständige Interessen zu entwickeln, damit sie sich nicht so stark auf ihren Mann bei den Gelegenheiten verlassen müsse, wo er nicht anwesend sein konnte.

Ist Akzeptanz das Gegenteil von Resignation, einen Status Quo zu akzeptieren, der einen oder beide Partner in einer destruktiven Beziehung hält, einer Beziehung, die möglicherweise einen Partner herabsetzt, um die selbstsüchtigen Bedürfnisse des anderen zu befriedigen? *Jacobson* vertritt die Auffassung, daß die Akzeptanz wirklich positiv ist, daß sie das Versprechen einer sogar größeren Intimität macht. Und wie hier vorgeschlagen, könnten einige Verhaltensänderungen, die früher – und wenig erfolgreich – in der verhaltensorientierten Paartherapie durch direkte Versuche zu Veränderungen angegangen wurden, dadurch erleichtert werden, daß sie in den Kontext der Akzeptanz eingebettet werden. Wenn trotz Akzeptanz letzten Endes die Belastung weiter bestehen bleibt oder sich sogar noch erhöht, deretwegen das Paar um Hilfe gebeten hat, dann gibt es für die Partner keine moralische Verpflichtung mehr, zusammen zu bleiben.

---

* Einige könnten sagen, daß dies die größte Annäherung der Psychologen an die Definition von Liebe ist.

strengen methodischen Standards genügen, führte zu der Schlußfolgerung, daß die Familientherapie im allgemeinen positive Auswirkungen auf viele Familienprobleme hat (*Hazelrigg, Cooper & Borduin*, 1987). Umfassende Übersichtsartikel zu diesem Bereich von *Gurman* und *Kniskern* (1978), *Gurman, Kniskern* und *Pinsoff* (1986) und von *Jacobson* und *Addis* (1993) kommen hinsichtlich des Therapieerfolgs und der Verfahren zu folgenden Schlußfolgerungen über die Ehe- und Familientherapie:

1. Die gemeinsame Therapie der Probleme des Paares ist erfolgreicher als die individuelle Therapie eines Partners. Es läßt sich zeigen, daß sich der Zustand von etwa 10% der Patienten, die sich einer individuellen Therapie wegen der Partnerschaftsprobleme unterzogen, verschlechterte.

2. Die positiven Effekte der verhaltensorientierten Paartherapie sind in mehr als zwei Dutzend Untersuchungen in mindestens vier Ländern nachgewiesen worden (*Hahlweg & Markman*, 1988). Positive Auswirkungen sind auch für eine existentielle Therapie (*Greenberg & Johnson*, 1988; *Johnson & Greenberg*, 1985) und eine einsichtsorientierte Therapie (*Snyder & Wills*, 1989) nachgewiesen worden, wenn bislang auch nur wenige derartige Studien publiziert wurden.

Andererseits weisen *Jacobson* und *Addis* (1993) darauf hin, daß die meisten dieser positiven Ergebnisse auf Vergleichen mit Kontrollgruppen beruhen, die nicht behandelt worden waren und bei denen häufig eine Verschlechterung eintritt, was es daher für jede Art der Behandlung leichter macht, nachzuweisen, daß sie besser als keine ist. Obwohl die Erfolge statistisch signifikant sind, ist die klinische Relevanz (*Jacobson* et al., 1984) keineswegs immer erwiesen, worauf wir früher (S. 127) hingewiesen haben. Beispielsweise waren über alle Studien nicht mehr als die Hälfte der behandelten Paare am Ende der Behandlung glücklich verheiratet (obwohl sie sich in einem streng statistischen Sinn verbessert hatten). Darüber weisen nur wenige Untersuchungen eine Katamnese auf. Diejenigen, die darüber verfügen – es handelt sich dabei um verhaltensorientierte – finden häufig Rückfälle (*Jacobson, Schmaling & Holzworth & Munroe*, 1987) und Scheidungen (*Snyder* et al., 1987). Eine Studie fand eine extrem niedrige Scheidungsrate bei Paaren, die mit der einsichtsorientierten Paarthera-

pie behandelt worden waren (*Snyder & Wills*, 1989; *Snyder, Wills & Grady-Fletcher*,1991). *Jacobson* und *Addis* weisen darauf hin, daß diese Ergebnisse den vorzeitigen Enthusiasmus der Paartherapie, gleichgültig welcher theoretischen Grundlage, dämpfen.

3. Direkte Vergleiche verschiedener Paartherapien haben keine eindeutige Überlegenheit eines Ansatzes über die anderen erbracht (*Baucom & Hoffman*, 1986). Die Einschätzung von *Jacobson* und *Addis* (1993) ist, daß, je länger ein bestimmter Ansatz verfügbar war, desto weniger deutlich sind seine Ergebnisse dem anderer überlegen.

4. Die Reduzierung der Intensität der expressed emotion (EE) bei Familien von Schizophrenen, die aus der Klinik entlassen wurden und eine Erhaltungsdosis von Neuroleptika bekommen, führt zu niedrigeren Rückfallraten.

5. Obwohl sich die Expositionstherapie von *Barlow* auf die Behandlung der Ängstlichkeit bei einem Partner beschränkt und sie Ermutigung und Unterstützung durch den Ehepartner einschließt, hat sie sich als erfolgreich bei der Behandlung der Agoraphobie (vgl. Kapitel 6, S. 155) erwiesen und die Verschlechterung der ehelichen Beziehungen verhindert, von der gelegentlich berichtet wird, wenn es dem agoraphoben Partner besser geht (*Himadi* et al., 1986).

6. Es ist nicht überraschend, daß die Ergebnisse der Paartherapie im allgemeinen bei jüngeren Paaren besser sind und dann, wenn noch keine Schritte zu einer Scheidung unternommen wurden.

7. Prädiktoren für ein schlechtes Ergebnis schließen das ein, was *Jacobson* und *Addis* (1993) „emotionale Trennung" genannt haben. Sie zeichnet sich durch schlechte Kommunikation von Gefühlen und eine niedrige Häufigkeit sexueller Aktivität aus. Ein anderes Zeichen einer schlechten Prognose in der Ehetherapie ist eine Beziehung, die durch rigid eingehaltene traditionelle Geschlechtsrollen gekennzeichnet ist, wobei die Frau mehr an Kontakten und Beziehungen und der Mann primär an seiner Arbeit und Autonomie interessiert ist (*Jacobson, Follette & Pagel*, 1986). Schließlich ist auch die Depression bei einem Partner ein schlechtes Vorzeichen für die Ehetherapie (sogar dann, wenn, wie dargestellt, die verhaltensorientierte Paartherapie eine positive Wirkung sowohl

Herausforderungen der Erziehung eines Kindes vertrauter und weniger entmutigend werden. Wenn die Eltern wissen, was sie in der Entwicklung des Kindes zu erwarten haben – daß Widerspenstigkeit und Egoismus bei zwei bis dreijährigen beispielsweise normal sind – reagieren sie vielleicht weniger negativ, wenn sich ihre Kinder so verhalten. Das Erlernen von Methoden, mit dem Verhalten des Kindes fertig zu werden und es in einer nicht auf Konfrontation angelegten Weise zu kontrollieren, kann den Eltern dabei helfen, weniger emotionalen Druck auszuüben oder körperlich zu strafen. Bei einigen Programmen werden Szenen entweder unmittelbar oder auf Video gezeigt, die als Modell das bewußte Problemlösen zeigen (*Gray*, 1983, zitiert nach *Rosenberg & Reppucci*, 1985). Die Ergebnisse von einigen groß angelegten Programmen lassen erwarten, daß es positive Veränderungen in der Einstellung gibt, aber die unmittelbare Auswirkung auf die Verringerung der Zahl von Kindesmißbrauch muß noch nachgewiesen werden.

Ähnlich unsicher sind die Auswirkungen von Medienkampagnen in den Gemeinden und die Bereitstellung von Servicetelefonen für die Eltern in Schwierigkeiten. Es gibt Hinweise darauf, daß die Krisendienste wie der Telefonservice meist nicht dazu benutzt werden, den Kindesmißbrauch zu verhindern, sondern über den Mißbrauch zu informieren oder nach Möglichkeiten zu suchen, mit dem Mißbrauch umzugehen, der bereits geschehen ist. Eine bessere Überprüfung der Validität gibt es für die Bemühungen, die auf Gruppen mit hohem Risiko, Familien, bei denen weitaus wahrscheinlicher als bei anderen Probleme des Mißbrauchs oder der Vernachlässigung auftreten, gerichtet waren, beispielsweise Mütter im Teenageralter oder Alleinerziehende. Bei einer dieser Untersuchungen (*Olds*, 1984, zitiert nach *Rosenberg & Reppucci*, 1985) wurden außer der üblichen Betreuung des Babys in den ersten beiden Lebensjahren regelmäßige Hausbesuche durch eine Krankenschwester durchgeführt. Eine besondere Form der Intervention umfaßte die Unterweisung der Eltern und die Erweiterung von Netzwerken sozialer Unterstützung. Die Ergebnisse zeigen, daß die von den Krankenschwestern besuchten Mütter weniger Konflikte mit ihren Babys hatten und sie weniger häufig bestraften. Aber am wichtigsten war, daß die Häufigkeit von Kindesmißbrauch, verglichen mit einer Kontrollgruppe, niedriger war.

Einige Bemühungen, den sexuellen Kindesmißbrauch zu vermindern, wenden sich direkt an die Kinder. Beispielsweise werden sie über ihre Rechte informiert, daß sie den unmittelbaren Körperkontakt kontrollieren können oder sie lernen selbstsicheres Verhalten für den Fall, daß Erwachsene sie auf unpassende Weise ansprechen oder berühren. Über den Erfolg dieser Bemühungen liegen jedoch keine Daten vor und es gibt sogar vereinzelte Berichte über die negativen Auswirkungen derartiger offener Gespräche, beispielsweise Alpträume. Die Dokumentation der Ergebnisse ist offensichtlich von besonderer Bedeutung (*Reppucci*, 1987).

Kinder von geschiedenen Eltern sind ebenfalls von Gemeindepsychologen untersucht worden. In ihrem Programm zur Intervention bei Scheidungskindern haben *Pedro-Carroll* und *Cowen* (1985) und *Pedro-Carroll* et al. (1986) Schulkinder der vierten bis sechsten Klasse ihre täglichen Probleme in einer unterstützenden Gruppenatmosphäre diskutieren lassen und den Kindern nützliche Fertigkeiten wie die Kontrolle des Ärgers beigebracht. Bei einem weiterführenden Programm wurden einige der Kinder als Experten eingesetzt. Sie befragten ihre Mitschüler danach, wie sie mit der Scheidung ihrer Eltern fertig wurden. Die Ergebnisse zeigen im allgemeinen, daß es weniger Anpassungsprobleme in der Schule gibt und ein niedrigeres Angstniveau als bei Kontrollgruppen. Bei ähnlichen Programmen (z.B. *Stolberg & Garrison*, 1985) werden ebenfalls ermutigende Ergebnisse berichtet. Was bei diesen und den meisten anderen primären Präventionsstudien bislang nicht untersucht wurde, ist das Ausmaß in dem sie tatsächlich zu einer Reduktion der Häufigkeit von Psychopathologie führen. Das ist ein großer Anspruch, aber die Erwartungen und die Äußerungen von Gemeindepsychologen waren sehr ehrgeizig und sollten nach den Kriterien beurteilt werden, die sie selbst gesetzt haben.

Folgerungen für die Belastung von Kindern aus dem Golfkrieg

Der Golfkrieg gegen die Invasion von Kuwait durch den Irak begann spät im Juli 1990 mit der Mobilisierung der alliierten Streitkräfte und führte zu einem kurzen aber heftigen Krieg, vorwiegend aus der Luft, im Februar 1991, der für die beteiligten Militärs täuschend einfach aussah. Es gab insgesamt nur wenige Verluste auf der Seite der Alliierten, eine starke Unterstützung durch die Menschen in aller Welt und ein Aufgebot, das den Irak durch seine strategische, technologische und personelle Überlegenheit überwältigte. Und trotzdem hatten die Experten die Sorge, daß diejenigen, die für diesen Krieg in den Nahen Osten geschickt wurden, nicht vor den Belastungen des Krieges geschützt sein würden. Auch nicht ihre Familien, besonders die Kinder, für die der Krieg durch das Fernsehen in einzigartiger Lebendigkeit und Unmittelbarkeit in das Wohnzimmer gebracht wurde. Im Gegensatz zu den Truppen in Vietnam bestanden die Streitkräfte aus vielen Reservisten, Menschen um die 30 Jahre und darüber, die viel stärker im Zivilleben standen; einige von ihnen – und aus überzeugenden Gründen – hätten nie erwartet, wieder aktiv Dienst zu tun.

Als Reaktion auf die unsichere Lage am Golf gründeten die American Psychological Association und das Zentrum für Angewandte Psychologie der Kent State University eine Arbeitsgruppe für kriegsbedingte Streßeaktionen und beauftragten Experten der Traumaforschung und der Intervention damit, das Wesen der mit den Kriegshandlungen einhergehenden Belastungen zu untersuchen und einen grundlegenden Aufsatz zur Verteilung an die Psychologen zu veröffentlichen (*Hobfoll* et al., 1991). Die Absicht war, eine dem Stand der Wissenschaft entsprechende Information über das Wesen, die Prävention und Behandlung von Streß und der posttraumatischen Belastungsstörung zur Verfügung zu stellen. Die Arbeitsgruppe faßte nicht nur einen großen Teil der Informationen zusammen, die in Kapitel 6 behandelt wurden, sondern auch einige besonders wichtige Aspekte über die Belastung von Kindern, deren Streßreaktionen auf die Kriegsgefahren – besonders wenn ein Familienmitglied tausende von Kilometern entfernt Dienst tut – gelegentlich von Erwachsenen übersehen oder unterschätzt werden können.

Die Empfehlungen umfassen folgendes:

1. Eltern und Lehrer müssen es lernen, empathisch und ohne zu verurteilen, den Sorgen der Kinder zuzuhören.
2. Sie müssen auch Unterstützung geben, ohne die Sorgen der Kinder herabzusetzen. Es ist meist keine sehr gute Idee, zu versuchen, ein Kind dadurch zu trösten, daß man verspricht, daß möglicherweise nichts Schlimmes passieren kann. Ein besserer Weg besteht darin, darauf hinzuweisen, was unternommen wurde, um die Sicherheit der Soldaten zu gewährleisten – was möglicherweise in den ersten Stadien des Golfkrieges nicht sehr einfach gewesen wäre.
3. Die Erwachsenen müssen so gut wie irgend möglich versuchen, ihre eigenen Sorgen über den Krieg nicht den Kindern aufzubürden. Gelegentlich sind Kinder bereits dadurch belastet, daß sie Erwachsene, insbesondere die Eltern, unter Streß erleben. Bereits aus diesem Grund allein wären die Erwachsenen gut beraten, wenn sie sich um professionelle Hilfe für ihre eigenen emotionalen Probleme bemühen würden, damit sie besser auf die Bedürfnisse der Kinder in ihrer Obhut eingehen können. [4]
4. Die Erwachsenen sollten versuchen, dem Kind ein Gefühl der Selbstsicherheit (*Bandura*, 1982) zu vermitteln, die Überzeugung, daß sie in der Lage sind, die Zukunft, auch wenn sie schwierig wird, zu meistern.
5. Ähnlich wie Erwachsene können Kinder daraus Nutzen ziehen, wenn sie an Unterstützungsaktionen teilhaben, beispielsweise indem sie Briefe an die Soldaten schreiben, kleine Geschenke verschicken usw.

Die Arbeitsgruppe gab die Empfehlung, daß alle Mitarbeiter des Gesundheitswesens dazu beitragen sollten, daß die Informationen über kriegsbedingte Belastungen in der Form von pädagogischen Hinweisen über die Medien, die Schulen, Gruppen in der Gemeinde, militärische Organisationen und Unterstützungsgruppen weitergegeben werden sollten. Über diese gemeindepsychologischen Möglichkeiten könnten die meisten Menschen von der Theorie und der Erforschung der posttraumatischen Belastung und der Prävention und Heilung profitieren.

---

4 Das führt zu einer grundlegenden Frage für alle, die sich um die Gesundheit bemühen, nämlich der: Soll man dem Patienten immer die Wahrheit sagen? In diesem Zusammenhang geht es darum: Handelt der Elternteil, der zu Hause bleibt, im wohlverstandenen Interesse des Kindes, wenn er die große Sorge um den Partner auf dem Kriegsschauplatz herunterspielt oder sogar verbirgt? Bis zu welchem Punkt sind derartige Bemühungen geeignet, die Kinder zu schützen und wann werden sie zu einer ungerechtfertigten und nicht handhabbaren Täuschung?

Evaluation der Gemeindepsychologie

Es ist vermutet worden, daß die Ergebnisse der Gemeindepsychologie mit ihren Ansprüchen nicht Schritt gehalten haben (*Bernstein & Nietzel*, 1980; *Phares*, 1992).

Primäre Prävention

Nirgendwo fehlen die Erfolge mehr als bei der primären Prävention, dem Versuch, die Entwicklung von Krankheiten zu verhindern. Ein wenig berücksichtigter Grund für die begrenzte Wirkung der Prävention kann darin liegen, daß einige der Probleme, die Gemeindepsychologen verhüten möchten, nicht durch einfache Veränderungen der Umgebung oder der sozialen Umstände anzugehen sind, da sie auf genetische oder biologische Komponenten zurückgehen, die von den gemeindepsychologischen Vorgehensweisen, die in diesem Kapitel beschrieben wurden, nicht beeinflußt werden. Wie wir beispielsweise in Kapitel 14 gesehen haben, gibt es starke Hinweise darauf, daß Schizophrenie auf eine Form der biologischen Diathese zurückgeht. Obwohl eine umweltbedingte Prävention zu einer deutlichen Reduktion der Belastung führen könnte, der ein prädisponierter Mensch im Alltag ausgesetzt ist, ist es unwahrscheinlich, daß irgendeine realistische soziale Veränderung in der Lage ist, das Belastungsniveau so niedrig zu halten, daß Episoden der Schizophrenie bei Menschen aus Risikogruppen gar nicht oder Rückfälle auftreten. Die Familientherapie zur Reduktion der ausgedrückten Emotionen (expressed emotions, vgl. S. 480) stellt einen Prototyp für das dar, was auf gesellschaftlicher Ebene erforderlich sein könnte, um eine positive Auswirkung auf das Wiederauftreten einer schizophrenen Episode zu verhindern. Wie sinnvoll ist es jedoch, diesen Ansatz in großem Umfang zu praktizieren?

Gesundheitszentren in den Gemeinden

Die Probleme der kommunalen Gesundheitszentren wurden vor mehr als zwanzig Jahren einer kontroversen Kritik durch *Ralph Naders*, Center for Study of Responsive Law (*Holden*, 1972) unterzogen. Dieser Bericht stellte fest, daß die Zentren auf guten und lobenswerten Vorstellungen beruhten, daß aber die Implementierung ziemlich schlecht war. Das Problem ist wie so häufig eines des alten Weins in neuen Schläuchen. *Naders* Gruppe wies darauf hin, daß die Zentren meist unter der Kontrolle von Psychiatern standen, deren Ausbildung und Vorgehen an die Individualtherapie, meist psychoanalytischer Form, gebunden waren; die Passung zwischen der Behandlung und den Problemen der Bezieher niedriger Einkommen, die primär das Klientel der Gesundheitszentren stellen, war häufig schlecht. Eine Untersuchung von *Hollica* und *Milic* (1986) in einem kommunalen Gesundheitszentrum in Connecticut zeigte auch, daß die Zuweisung häufiger bei Patienten aus höheren sozialen Klassen erfolgte, die besser ausgebildet waren und einen höheren Berufsstatus hatten. Auf der positiven Seite lag das Ergebnis, daß die Patienten der Unterschicht wirklich in der Lage waren, einen Zugang zur ambulanten Therapie, der sog. kategorialen Therapie, zu erhalten, die sich auf spezielle Probleme wie Alkohol- und Drogenmißbrauch konzentrierte. Was diese Studie nicht untersuchte, war natürlich, wer von der spezifischen Therapie mehr profitierte.

Politische und ethische Faktoren in der Gemeindepsychologie

Der Enthusiasmus für die Gemeindepsychologie muß unglücklicherweise im Bewußtsein der sozialen Realität gedämpft werden – die Bedingungen der Deprivation, von denen die Gemeindepsychologen ausgehen, sind für die Entstehung und das Beibehalten des gestörten Verhaltens wichtig. Die Ausbildung eines afro-amerikanischen Jugendlichen für eine spezielle Berufstätigkeit kann für den Betroffenen nur dann eine langfristig positive Auswirkung haben, wenn die Gesellschaft als Ganzes die angemessenen Möglichkeiten zur Nutzung dieser Fertigkeiten gibt. Diejenigen, die in der Gemeindepsychologie arbeiten, sind sich bewußt, daß rassische und soziale Vorurteile für viele Minderheitsgruppen eine zentrale Rolle bei der Begrenzung des Zugangs zu den Belohnungen der Mehrheitskultur spielen. Obwohl die Anstrengungen zur Verbesserung des soziokulturellen Milieus fortgesetzt werden müssen, wenn unsere Gesellschaft eine Verpflichtung zur Förderung sozialen und psychischen Wohlbefindens hat, können derartige Programme Hoffnungen entstehen lassen, die von den Realitäten der Mehrheitskultur nur zunichte gemacht werden. Dies ist das Dilemma jedes Experten für seelische Gesundheit, der sich aus dem Behandlungszimmer in die Gemeinde wagt.

Die Gemeindepsychologie hat eher die Veränderung großer Systeme und von Gruppen von Menschen zum Ziel als die Behandlung individueller Probleme. Sie befindet sich im Such-Modus; die Psychologen ergreifen die Initiative, um Dienstleistungen für die Menschen zu erbringen, sie warten nicht darauf, daß die Menschen zu ihnen kommen. Unter diesem Aspekt handelt es sich um eine sehr anspruchsvolle Aufgabe. Was wissen wir über die Prinzipien, nach denen Veränderungen in den Werten der Gesellschaft und der Institutionen zustande kommen? Wenn ein Gemeindepsychologe beispielsweise einen Mieterstreik organisiert, welcher Weg ist der beste? Ist es das Überreden einer möglichst großen Zahl von Mietern, die bei dem gemeinsamen Vorhaben mitarbeiten sollen? Ist die sanfte Überzeugung der beste Weg oder verlangt die Situation nach Aufrufen gegen den Vermieter? Wenn der Gemeindepsychologe darüber hinaus Aktionen durchführen möchte, die den Wünschen und Bedürfnissen der Gemeinde entsprechen, wie ermittelt er diese? Erinnern Sie sich daran, daß in Kapitel 3 und 4 die Schwierigkeiten dargestellt wurden, die ein Psychologe bei der Erfassung der Bedürfnisse eines individuellen Patienten, mit dem er in intensivem und direkten Kontakt steht, hat. Um wieviel schwieriger ist es, die Bedürfnisse von tausenden von Menschen zu ermitteln!

Zu einer umfassenderen Wissenschaft vom Verhalten

Gleichgültig ob der Therapeut die gleiche Hautfarbe oder ethnische Abstammung wie der Patient hat, es ist wichtig, daß der Experte für seelische Gesundheit sich der verschiedenen Wertvorstellungen und Lebenserfahrungen seines Patienten bewußt ist und dafür empfänglich bleibt. Das gleiche kann von der Behandlung aller Patienten gesagt werden, die sich vom Therapeuten in einer Weise unterscheiden, die Einstellungen und Verhalten tangiert.

Die Untersuchung der ethnischen oder rassischen Faktoren bei der psychologischen Intervention wie auch ihre Rolle bei der klinischen Beurteilung (S. 129) kann in dem weiteren Umfeld der sozialen und wissenschaftlichen Bedeutung des Einschlusses dieser Variablen in das Studium des menschlichen Verhaltens gesehen werden. Dieser Einschluß der Verschiedenheit kann das wissenschaftliche Verständnis der Menschen vergrößern (*Betancourt* & *Lopez*, in Druck; *Rokeach*, 1979). Wenn die Zugehörigkeit zu einer bestimmten Untergruppe beispielsweise eine Rolle dabei spielt, wie schnell Emotionen ausgedrückt werden, dann kann die Vernachlässigung der Kultur als einer Variablen unser Verständnis der Bedeutung der ausgedrückten Emotion (expressed emotion) in der Psychopathologie einschränken. Diese Einschränkung hat nicht nur Konsequenzen für das auf Daten beruhende Wissen, sondern berührt auch unsere Fähigkeit, der sozialen Verantwortung gerecht zu werden. Die Kultur und die Wertvorstellungen werden zunehmend als Schlüsselfaktoren dafür gesehen, wie eine Gesellschaft die Wissenschaft und ihre Politik strukturiert; die immer wieder angesprochenen Paradigmen der Wissenschaft reflektieren dieses Verständnis.

Zusammenfassung

Die Gruppentherapie macht sich einige besondere Eigenschaften der Gruppe als solcher zunutze. Eine Gruppe kann besonders starken sozialen Veränderungsdruck ausüben. Die Gruppenmitglieder profitieren auch davon, daß andere dieselben Sorgen und Wünsche haben. Im Sensitivity-Training und in Encounter-Gruppen können die Teilnehmer erfahren und lernen, wie sie andere beeinflussen und durch andere beeinflußt werden können. Man bemüht sich, jenseits der sozialen Fassade, die man gewöhnlich der Welt präsentiert, ehrlich und effektiver miteinander umzugehen. Die kontrollierte Erforschung von Ergebnissen und Prozessen jedweder Form von Gruppentherapie hat gerade erst begonnen.

In der Familientherapie hält man die Probleme des „identifizierten" Patienten für eine Manifestation von Störungen innerhalb der Familieneinheit. Die Familienmitglieder lernen, wie sie einander mit ihrem Verhalten und ihren Einstellungen zu beeinflussen vermögen, und daß Flexibilität und veränderte Kommunikationsmuster das Familienleben harmonischer machen können. Eine Ehe- oder Paartherapie hilft unglücklichen Paaren, die Konflikte zu lösen, die sich bei längerem Zusammenleben zweier Erwachsener unvermeidlich einstellen. Eine Technik besteht darin, daß jeweils ein Partner sich an bestimmten Tagen bemüht, dem anderen eine Freude zu machen, um so den Teufelskreis von gegenseitiger Verbitterung und Feindseligkeit zu durchbrechen. Ehetherapeuten aller theoretischen Richtungen arbeiten mit den Partnern daran, sich besser über ihre Bedürfnisse und Wünsche verständigen zu lernen. Eine gut gemeinte Handlung kann bei anderen eine negative Wirkung haben. Eine offene Aussprache über dieses Problem scheint die Beziehung häufig zu entspannen. Weitere Forschungen in der Familien- und Paartherapie lassen erwarten, daß die Probleme, bei denen sie am besten eingesetzt werden können und die Art und Weise, wie sie wirken, besser erkannt werden.

Die Gemeindepsychologie und die damit in Zusammenhang stehende Bewegung für seelische Gesundheit versuchen, die Entwicklung psychischer Störungen zu verhindern, suchen Menschen mit Problemen auf und versuchen, die sozialen Bedingungen zu identifizieren, die Ursache dieser Störungen sind oder zur Verstärkung menschlicher Probleme beitragen. Diejenigen, die in der Gemeinde arbeiten, müssen ihre Wertvorstellungen deutlich machen, denn sie fördern häufiger soziale Veränderungen als sie den Menschen helfen, sich an die Bedingungen anzupassen, die einige als unhaltbar ansehen. Die Auflösung der Institutionen, die Entscheidung, die früheren Patienten psychiatrischer Einrichtungen, wenn irgend möglich zu Hause oder in kleinen Wohneinheiten leben zu lassen, ist Teil dieser Bewegung. Für die Planung und Bereitstellung angemessener beschützender Wohnungen und der Fürsorge, die ihnen hilft, in der Gemeinde in integrierter Weise zu leben, muß noch viel getan werden. Die primäre Prävention ist nur unter Schwierigkeiten einzurichten, was unser begrenztes Wissen darüber widerspiegelt, wie sich gestörtes Verhalten entwickelt. Es muß auch noch eingehender untersucht werden, wie die Bedürfnisse einer Gemeinde zu ermitteln sind oder wie größere Gruppen von Menschen für eine Veränderung mobilisiert werden können.

Rechtliche Grundlagen Klinisch-psychologischer Tätigkeiten

Steffen Fliegel

Zu klinisch-psychologischen Tätigkeiten gehören vor allem Prävention, Beratung, Psychodiagnostik, Psychotherapie und Rehabilitation. Lediglich Psychodiagnostik und Psychotherapie als Tätigkeitsbereiche der Klinischen Psychologie stellen nach unumstrittener Rechtsprechung Ausübung von Heilkunde dar. Damit sind diese beiden Tätigkeitsbereiche nach dem Gesetz erlaubnispflichtig.

Dieses Kapitel wird sich zunächst ausführlich mit der rechtlichen Situation zur Ausübung von Psychodiagnostik und Psychotherapie in der Bundesrepublik Deutschland beschäftigen (im folgenden zusammengefaßt: Psychotherapie). In diesem Zusammenhang wird ausführlich das geplante Psychotherapeutengesetz diskutiert. Es folgen Ausführungen zu den rechtlichen Aspekten der Ausübung allgemein klinisch-psychologischer Tätigkeit nach dem Zivil- und Strafrecht sowie der Strafprozeßordnung. Stichworte sind hier: Schweigepflicht, Zeugnisverweigerungsrecht (Schweigerecht), Aktenführung und Dokumentation, Suizidgefahr, Machtmißbrauch.

Der letzte Teil zeigt rechtliche Aspekte der Finanzierung von klinischer Psychologie und Psychotherapie auf.

Die Ausübung von Heilkunde ist Ärzten und Heilpraktikern vorbehalten (§ 1 Heilpraktikergesetz von 1939), da bei nicht sachgerechter Ausübung die Gesundheit anderer, als einem höherwertigeren Rechtsgut, beeinträchtigt werden kann.

Psychotherapie wird als Anwendungsbereich der psychosozialen Versorgung von verschiedenen Berufsgruppen ausgeübt und ist unterschiedlichen Gesetzen und Verordnungen unterworfen. Die Zulassung zur Durchführung von Psychotherapie ist Angelegenheit des Bundes, Sicherstellung und Kontrolle der psychosozialen/psychotherapeutischen Versorgung unterliegen aus rechtlicher Sicht den Bundesländern.

Die Gesetze und Verordnungen sind zum Teil von Unübersichtlichkeit und Widersprüchlichkeit geprägt und werden in verschiedenen Bundesländern immer noch unterschiedlich formuliert bzw. ausgelegt. Dies hängt vor allem auch mit der unterschiedlichen Versorgungssituation zusammen. Die Unübersichtlichkeit wird noch größer, bezieht man die Finanzierungsmodalitäten von Psychotherapie mit ein (s.u.).

Zusammengefaßt ist festzustellen, daß die derzeitige rechtliche Situation nur wenig geeignet ist, Psychotherapie in der psychosozialen Versorgung bedürfnisgerecht und abnehmerorientiert zu verankern und psychisch kranke Menschen den körperlich Erkrankten gleichzustellen.

Zur Ausübung von Psychotherapie

Psychotherapie stellt in der Regel Ausübung von Heilkunde dar und wird als Krankenbehandlung definiert.

Da der Begriff *Psychotherapie* (nicht die Ausübung von Psychotherapie) derzeit und wohl auch auf absehbare Zeit rechtlich nicht geschützt und abgesichert sein wird, definieren unterschiedliche Berufsgruppen unterschiedliche Tätigkeiten als Psychotherapie. Neben seriösen heilkundlichen und nicht-heilkundlichen psychotherapeutischen Konzepten und Anwendungen wird mit der Bezeichnung *Psychotherapie* viel Scharlatanerie betrieben, und es hat sich ein unkontrollierter Psychoboom entwickelt. Versorgungspolitische Bestrebungen sind vor allem darauf ausgerichtet, durch gesetzliche Regelungen und Verordnungen einen größeren Schutz für Patientinnen und Patienten zu bewirken. Berufspolitisch liegt die Motivation für die Bestrebungen nach Gesetzen und Verordnungen vor allem in der Zukunftssicherung für die Berufsanwendung.

Bezeichnungen wie *ärztliche Psychotherapie* und *psychologische Psychotherapie* als Anwendung von Heilkunde, kennzeichnen nicht nur die Tätigkeit, sondern auch die jeweilige Berufsgruppe, die dadurch ihren Anspruch auf Ausübung von heilkundlicher Psychotherapie sichert.

Die Erlaubnis bzw. Möglichkeit zur Durchführung von heilkundlicher Psychotherapie (im folgenden: Psychotherapie) leitet sich derzeit aus vier Gesetzen, Verordnungen und Richtlinien ab: der *ärztlichen Approbationsordnung*, dem allgemeinen und dem auf Psychotherapie eingeschränkten *Heilpraktikergesetz* und den *Psychotherapierichtlinien* des Bundesausschusses der Ärzte und Krankenkassen.

- Ärztinnen und Ärzte werden nach dem dritten Staatsexamen durch die Verleihung der *Approbation* zur selbständigen und eigenverantwortlichen Ausübung von Heilkunde (einschließlich Psychotherapie) zugelassen.
- Die Zulassung zur Ausübung von Heilkunde

von den Bundesländern staatlich anerkannt werden. Die Ausbildungs- und Prüfungsordnungen (§ 7) sind auf eine anschließende eigenverantwortliche und selbständige Ausübung des Berufes auszurichten. Sie sollen sich auf die Vermittlung wissenschaftlich anerkannter psychotherapeutischer Verfahren (ohne daß diese benannt werden) beziehen. Die Ausbildung kann sich über Zeiträume von mindestens drei Jahren oder mindestens fünf Jahren erstrecken und besteht aus theoretischen und praktischen Unterrichtsveranstaltungen sowie berufspraktischer Tätigkeit unter Supervision. Zur Ausbildung gehört auch die berufspraktische stationäre Tätigkeit in einer psychiatrischen bzw. psychosomatischen Einrichtung im Umfang von mindestens einem Jahr. Die wissenschaftliche Anerkennung von Therapieverfahren (§ 10) ist auf Grundlage von Fachgutachten zu treffen (Bundesratsentwurf: Fachgutachten können eingeholt werden). Übergangsvorschriften (§ 11) regeln die Erteilung der Approbation für diejenigen Psychotherapeutinnen und Psychotherapeuten, die bei In-Kraft-treten des Gesetzes bereits über einen längeren Zeitraum psychotherapeutisch tätig und angestellt oder freiberuflich an der psychotherapeutischen Versorgung beteiligt sind. Übergangsvorschriften können dabei immer nur eine Wahrung des Besitzstandes bedeuten.

Mit Verabschiedung eines Psychotherapeutengesetzes würden auch Änderungen in anderen Gesetzesbereichen in Kraft treten: Änderungen im Fünften Buch des Sozialgesetzbuches (SGB V) sollen die Abrechnung psychotherapeutischer Leistungen durch Psychologische Psychotherapeuten und Kinder- und Jugendlichen-Psychotherapeutinnen mit den Krankenkassen regeln. Im SGB V wird auch das Vergütungsvolumen für psychologische Psychotherapie und Kinder- und Jugendlichenpsychotherapie (§ 85) budgetiert, d.h. begrenzt (im Entwurf des Bundesrates ist ein höheres Vergütungsvolumen vorgesehen). Patientinnen und Patienten, die psychotherapeutische Leistungen auf Kosten der Gesetzlichen Krankenversicherung (GKV) in Anspruch nehmen, sind an diesen Kosten zu beteiligen (keine Zuzahlungspflicht/Selbstbeteiligung für PatientInnen im Entwurf des Bundesrates). Ein Bundesausschuß für Ärzte und Krankenkassen, an dem die psychologischen Psychotherapeutinnen und Psychotherapeuten zu beteiligen sind, soll die psychotherapeutisch behandlungsbedürftigen Krankheiten,

die geeigneten Verfahren, Art, Umfang und Durchführung der Behandlung und die Durchführung der ärztlichen Abklärung regeln. Die Krankenkassen finanzieren nur therapeutische Verfahren, die in der vertragsärztlichen Versorgung zugelassen sind und die Durchführung nur von Psychotherapeuten/Psychotherapeutinnen, die eine entsprechend qualifizierte Ausbildung in den angewendeten Verfahren besitzen (1995 sind dies: Tiefenpsychologische Verfahren und Verhaltenstherapie).

Die gesamte sozialrechtliche Organisation soll – so der neueste Stand der politischen Diskussion – auch für psychologische Psychotherapie paritätisch unter dem Dach der Kassenärztlichen Vereinigungen erfolgen.

Auch nach Verabschiedung eines Psychotherapeutengesetzes wird die o.a. HPG-Regelung/Psychotherapie bestehen bleiben, da über das HPG auch für andere Berufsgruppen der Zugang zur Ausübung heilkundlich-psychotherapeutischer Tätigkeit geregelt wird.

Bis zu einer Verabschiedung des Psychotherapeutengesetzes können Diplom-Psychologinnen und Diplom-Psychologen neben der HPG/Psychotherapie-Zulassung im Rahmen der sogenannten Psychotherapievereinbarungen, die zwischen Krankenkassen und Kassenärztlicher Bundesvereinigung geschlossen wurden, eingeschränkt eigenverantwortlich im Rahmen der Kassenärztlichen Versorgung psychotherapeutisch tätig werden, wenn sie eine im Rahmen dieser Psychotherapierichtlinien anerkannte Ausbildung absolviert haben. Durch das sogenannte Delegationsverfahren ist dem delegierenden Arzt die Überwachung der Psychotherapie in ihrem Verlauf möglich.

Diplom-Psychologinnen und -Psychologen unterliegen in ihrer Tätigkeit auch dem Strafrecht und dem Zivilrecht:

Nach § 203 des Strafgesetzbuches (StGB) dürfen sie, wie auch Ärzte, Zahnärzte, Tierärzte, Apotheker usw. nicht „unbefugt ein fremdes Geheimnis, namentlich ein zum persönlichen Lebensbereich gehörendes Geheimnis oder ein Betriebs- oder Geschäftsgeheimnis" offenbaren. Ohne Ermächtigung dürfen sie auch an Vorgesetzte und Behörden keine Informationen weitergeben oder die Akten einsehen lassen. Selbst für die Besprechung psychotherapeutischer Inhalte in der Supervision ist im Prinzip eine Einwilligung der betroffenen Patienten erforderlich. Ausnahmen von der Schweigepflicht werden in § 34 des Strafgesetzbuches geregelt. Diese Ausnahme gilt z.B. in Arbeitsteams in Institutionen.

Nach § 52 und 53 der Strafprozeßordnung (StPO) entfällt die Schweigepflicht, wenn, wie z.B. auch bei Diplom-Psychologen, kein Zeugnisverweigerungsrecht (Schweigerecht) vorliegt. In Strafprozessen kann von richterlicher Seite oder von seiten der Staatsanwaltschaft ein Diplom-Psychologe also zur Aussage oder Akteneinsicht bezüglich behandelnder Patientinnen und Patienten veranlaßt und gezwungen werden. Mit Verabschiedung eines Psychotherapeutengesetzes würden die dann approbierten Psychotherapeutinnen und Psychotherapeuten auch das Zeugnisverweigerungsrecht erhalten.

Akteneinsicht für Patientinnen und Patienten besteht nach neueren Entscheidungen des Bundesgerichtshofes in bezug auf objektive Daten und Informationen, nicht jedoch für die persönlichen Aufzeichnungen des Psychologen oder der Psychologin. Bei drohendem Suizid, oder wenn negative Konsequenzen für den Patienten oder die Patientin zu befürchten sind, oder wenn Daten über Dritte in den Akten enthalten sind, kann die Akteneinsicht verwehrt werden.

Zivilrechtlich (nach dem Bundesgesetzbuch -BGB-) und gegebenenfalls auch strafrechtlich (nach dem Strafgesetzbuch -StGB-) haften Psychologinnen und Psychologen für Behandlungsfehler, materielle sowie immaterielle Schäden (bei fahrlässigem und vorsätzlichem Verhalten).

„Behandlungsfehler liegen dann vor, wenn der Therapeut bei seinen Entscheidungen nicht wissenschaftlich fundiert arbeitet und die erforderlichen Maßnahmen gemäß seinem Kenntnisstand trifft, also nicht sorgfältig handelt. Insbesondere die Nutzung von Außenseitermethoden oder Methoden, die nicht klinisch überprüft wurden, stellt eine Verletzung der Sorgfaltspflicht dar. Hinzugezählt werden auch Behandlungen von somatisch verursachten Symptomen und von solchen, wo andere Fachkräfte aus wissenschaftlichen Erwägungen hätten hinzugezogen werden müssen. Auch für Fehler, die ein angestellter Psychotherapeut begeht, haftet der jeweils Vorgesetzte. Für die Leitung besteht sowohl für die Auswahl von Mitarbeitern als auch für die Durchführung einer Psychotherapie eine entsprechende Sorgfaltspflicht." (*Röhrle*, 1996)

Besteht Suizidgefahr, insbesondere bei frü-

heren Ankündigungen eines Patienten oder einer Patientin, kann strafrechtlich der § 220 StGB relevant werden, der Aussagen zur fahrlässigen Tötung durch unterlassene Hilfeleistung macht: „Täter einer Tötung durch Unterlassen kann nur sein, wer als Garant für das Leben des Suizidenten Rechtspflicht zum Eingreifen und reale Möglichkeiten hat, Suizid abzuwenden." Sofern keine frei verantwortliche Selbsttötungsabsicht vorliegt, müssen Psychotherapeutinnen und Psychotherapeuten strafrechtlich gesehen auch gegebenenfalls die Schweigepflicht brechen und eine psychiatrische Unterbringung in einer Klinik veranlassen (vgl. auch *Dorrmann*, 1991).

Sexuelle Übergriffe und sexuelle Handlungen in der Psychotherapie bzw. in der Beziehung zwischen Therapeut und Patient sind ohne Einschränkung als Kunstfehler einzustufen und werden in letzter Zeit zunehmend strafrechtlich verfolgt. Hier gilt der im Strafgesetzbuch (StGB) verankerte Schutz vor sexuellem Mißbrauch von Schutzbefohlenen bzw. widerstandsunfähigen Menschen, der Schutz vor Vergewaltigung, sexueller Nötigung, Beleidigung oder Körperverletzung.

Nach durchgängiger fachlicher Meinung sind allerdings der sexuelle Mißbrauch und die sexuellen Übergriffe in der Beratung und Psychotherapie gesetzlich noch nicht ausdrücklich genug abgesichert. Entsprechende Vorarbeiten sind derzeit im Bundesjustizministerium in Arbeit (vgl. *AG Frauen*, 1995).

Derzeit sind die Rahmenbedingungen zur Ausübung klinisch-psychologischer/psychotherapeutischer Tätigkeit eher mangelhaft, unübersichtlich und zum Teil widersprüchlich. Auf Grund der zahlreichen Mängel und Lücken in der Gesetzgebung werden auch weiterhin die Gerichte zu Entscheidungen angerufen werden. Da unterschiedliche Gesetze und Verordnungen unterschiedliche Gerichte aktivieren, liegen heute bereits Urteile zur Psychotherapie von Verwaltungsgerichten, Amts- und Landgerichten, Sozialgerichten, Arbeitsgerichten sowie dem Bundesgerichtshof und dem Bundesverfassungsgericht vor.

Psychotherapie ist ein Teil der Klinischen Psychologie, Klinische Psychologie ist ein Teil der psychosozialen Versorgung. Um eine bedarfsgerechte psychosoziale und psychotherapeutische Versorgung zu gewährleisten, müßten auf Bundesebene Rahmengesetze zur Strukturierung der ambulanten und stationären Versorgung verabschiedet werden. Aus diesen Rahmengesetzen heraus wären dann Gesetze und Verordnungen für die Ausübung und Finanzierung von Psychotherapie auf Landesebene zu schaffen. Die derzeit ungeregelte gesetzliche Situation hat auch für den Aus- und Fortbildungsbereich aller psychotherapeutisch arbeitenden Berufsgruppen zu großen Unsicherheiten und einem Nebeneinander von Regelungen geführt. Es sind eine große Zahl von öffentlich-rechtlichen und privaten Ausbildungs- und Weiterbildungseinrichtungen für Psychotherapie entstanden. In Ermangelung gesetzlicher Regelungen haben sich verschiedene Fachverbände auf gemeinsame Ausbildungs- und Prüfungsordnungen verständigt.

Wesentliche Grundlagen für eine zu erarbeitende Gesetzgebung müssen sich an gesellschaftlichen Bedürfnissen und wissenschaftlichen Entwicklungen im Bereich der Klinischen Psychologie und Psychotherapie orientieren. Nur unter dieser Berücksichtigung werden Voraussetzungen zu schaffen sein, Menschen die ihnen zustehende Hilfe auch adäquat und bedürfnisgerecht anbieten zu können.

Rechtliche Aspekte zur Finanzierung von Klinischer Psychologie/Psychotherapie

Klinische Psychologie wird überwiegend in den Institutionen der psychosozialen Versorgung ausgeübt, wobei die Träger dieser Einrichtungen in der Regel nur einen Teil der Stellen selbst finanzieren müssen.

Psychotherapie durch klinische Psychologinnen und Psychologen wird ambulant freiberuflich in psychologischen/psychotherapeutischen Einzel- und Gemeinschaftspraxen durchgeführt, angestellt z.B. in verschiedenen psychosozialen und psychologischen Beratungsstellen sowie in Psychotherapie-Ambulanzen, angebunden an klinisch-psychologische Lehrstühle der Universitäten. Stationär gehören psychologische-psychotherapeutische Leistungen zum Angebot vor allem von psychosomatischen und psychiatrischen Krankenhäusern und Reha-Kliniken sowie von Abteilungen in Allgemein- und Fachkrankenhäusern.

Ebenso wie sich die Gesetzgebung zur Finanzierung klinisch-psychologischer/psychotherapeutischer Leistungen als besonders kompliziert darstellt, gilt dies auch für die Finanzierung

von psychotherapeutischen Leistungen durch Klinische Psychologinnen und Psychologen.

Grundsätzlich muß zwischen zwei Finanzierungsprinzipien psychotherapeutischer Leistungen unterschieden werden, dem Versicherungsprinzip (z.B. Krankenversicherung) und dem Fürsorgeprinzip (z.B. Sozialhilfe).

Das Versicherungsprinzip beinhaltet einen grundsätzlichen Anspruch auf Leistung im Falle des Auftretens zu behandelnder gesundheitlicher Einschränkungen, die z.B. in den Leistungskatalogen der Krankenkassen aufgenommen sind und für deren Absicherung Beitragsleistungen erhoben werden.

Nach dem Fürsorgeprinzip werden solche Leistungen nur gewährt, wenn der Anspruch nicht anderweitig geltend gemacht werden kann (s.u.). Auf diese Leistungen (z.B. Sozialhilfe) besteht kein genereller Anspruch.

In der stationären psychosozialen Versorgung (z.B. psychiatrische Krankenhäuser, Psychosomatische Kliniken, psychiatrische Fachabteilungen in Allgemeinkrankenhäusern, Reha-Kliniken) werden psychotherapeutische Leistungen über die sogenannten Pflegesätze abgegolten, die insbesondere von Krankenkassen (Gesetzliche Krankenversicherung -GKV-, Private Krankenversicherung -PKV-) und Rentenversicherungen (z.B. Bundesversicherungsanstalt für Angestellte -BfA-, Landesversicherungsanstalten für Arbeiter -LVA-, Bundesknappschaft) je nach Zuständigkeit geleistet werden.

Im ambulanten Bereich kann grob zwischen Psychotherapie-Institutionen (z.B. Beratungsstellen, sozialpsychiatrische Dienste), Psychotherapie in der freien Niederlassung (z.B. freie Praxen von Ärzten, Psychologen usw.) und Hochschulambulanzen unterschieden werden.

Psychotherapie in Institutionen wird in der Regel durch die Träger der Einrichtung über Planstellen finanziert. Träger sind dann entweder die kommunalen Gebietskörperschaften (Städte, Kreise), die Träger der freien Wohlfahrtspflege, die sogenannten Wohlfahrtsverbände (Deutscher Paritätischer Wohlfahrtsverband -DPWV-, Arbeiterwohlfahrt -AWO-, Diakonisches Werk -DW-, Caritas mit B-Verband -CV-, Deutscher Rotes Kreuz -DRK-) oder freie Träger (z.B. ProFamilia).

Bei der Finanzierung der Planstellen werden die Träger meist aus den Kassen der jeweiligen Bundesländer und Kommunen durch öffentliche Mittel – je nach Sozialpolitik – bezuschußt.

Vor der Darstellung der Möglichkeiten zur Finanzierung von Psychotherapie in freien Praxen sowie in klinisch-psychologischen Hochschulambulanzen für Psychotherapie zunächst ein Exkurs über die Leistungsgesetze.

Bei der Finanzierung von Psychotherapie hat insbesondere das Sozialgesetzbuch (SGB) eine wichtige Bedeutung, da dieses die öffentlichen Versicherungszweige Kranken-, Unfall- und Rentenversicherung enthält. Im SGB V ist Psychotherapie Bestandteil der Krankenpflege, insbesondere als ärztliche Behandlung durch approbierte Ärzte. Als Hilfeleistung durch andere Personen als Ärzte (z.B. Psychologen) ist Psychotherapie nur dann anzuwenden, wenn ein Arzt sie anordnet oder wenn in dringenden Fällen kein approbierter Arzt verfügbar ist.

Das Wort „insbesondere" in 1974 gefaßten Texten der früheren Reichsversicherungsordnung (RVO; heute Bestandteil des SGB) räumt nach Meinung von Juristen den Leistungsträgern die Möglichkeit ein, den Rahmen der zu erbringenden Leistungen an neue Erkenntnisse anzupassen und andere Berufsgruppen zur Heilkunde zuzulassen, ohne daß Gesetzesänderungen notwendig werden (vgl. *Heiland & Freitag*, 1978); auch zu Möglichkeiten der Finanzierung von Psychotherapie im Rahmen der Unfall- und Rentenversicherung).

Die Anwendung von Psychotherapie in stationären und teilstationären Einrichtungen wird nach SGB V und VI geregelt. Hier wird festgeschrieben, daß die Erbringung psychosozialer Leistungen, wozu Psychotherapie gehört, über die pauschalen Pflegesätze der Kliniken abgegolten ist. In den Verordnungen wird indirekt stationäre Psychotherapie der ambulanten Psychotherapie nachgeordnet.

Nach dem SGB V ist Psychotherapie Teil der Krankenversorgung, wobei die Kassenärztlichen Vereinigungen für die ambulante Behandlung regional faktisch den Sicherstellungsauftrag der Versorgung und die Finanzierungshoheit haben. Da derzeit dieser Auftrag nicht erfüllt werden kann, haben sich neben dem System der Kassenärztlichen Vereinigungen für Psychologinnen und Psychologen derzeit auch andere Finanzierungssysteme etabliert.

Sozialhilfe wird nach dem Bundessozialhilfegesetz (BSHG) geregelt. Menschen, die körperlich, geistig oder seelisch behindert sind, werden
– vorbeugende Gesundheitshilfe (§ 36 BSHG)
– Krankenhilfe (§ 37 BSHG)
– Eingliederungshilfe (§ 39 BSHG)

– Hilfe zur Überwindung besonderer sozialer Schwierigkeiten (§ 72 BSHG) subsidiär gewährt.

Die Ansprüche aus dem Leistungsteil des BSHG stehen in Abhängigkeit von Vermögen, Einkommensgrenze und Behinderungen.

Sozialhilfe wird gewährt, wenn der/die Betroffene sich weder selbst helfen kann, die notwendige Hilfe von Angehörigen nicht erhält und auch keine Ansprüche gegen andere Sozialleistungsträger (Kranken-, Renten- und Unfallversicherung) geltend machen kann. Damit soll die Sozialhilfe die Lücken im sogenannten Netz der sozialen Sicherung schließen helfen. Die Voraussetzung für die Anspruchnahme der Leistung wird meist streng kontrolliert und geht nicht selten mit einer Stigmatisierung einher, zumal die zuständige Behörde (z.B. Sozialamt) über den Gesundheitszustand der Personen, die Leistungen beantragen, informiert ist.

Eine entsprechende Hilfe für Kinder und Jugendliche kann auch nach dem Kinder- und Jugendhilfegesetz gezahlt werden. In seltenen Fällen gilt als leistungsrechtliche Grundlage für Psychotherapie auch das Arbeitsförderungsgesetz (AFG) zur Behebung psychischer Krankheiten und Störungen bei arbeitslosen Personen, wenn nachfolgend eine effektivere Stellenvermittlung möglich ist.

Auch über die Angleichung der Leistungen zur Rehabilitation (Rehabilitationsangleichsgesetz -RehaAngLG) von 1974 als auch über das Schwerbehindertengesetz (SchwbG) können medizinische Leistungen incl. Psychotherapie gewährt werden.

Die Finanzierung psychotherapeutischer Leistungen durch die Krankenversicherung ist im Sozialgesetzbuch V festgelegt. Sie steht im engen Zusammenhang mit der Definition von Krankheit (Krankheitsbegriff). Obwohl in der Gesetzlichen Krankenversicherung (GKV) der Krankheitsbegriff die Aufgabe hat, Versicherungsfälle festzulegen, wird der Krankheitsbegriff im SGB äußerst global umrissen: Krankheit ist danach ein regelwidriger Körper- und Geisteszustand, der ärztlicher Behandlung bedarf. Zwar hat das Bundessozialgericht (BSG) festgelegt, daß sich eine Regelwidrigkeit am Leitbild des gesunden Menschen zu orientieren hat, die gesetzliche Krankenversicherung (GKV) definiert Krankheit jedoch äußerst eng und rigide: Psychotherapeutische Leistungen werden von den Krankenkassen nur bezahlt, wenn psychische Störungen „mit Krankheitswert" vorliegen. Dazu gehören derzeit (Anfang 1996) psychoreaktive seelische Störungen, Organneurosen, vegetativ funktionelle Störungen mit gesicherter psychischer Ätiologie, seelische Störungen als Folgezustände schwerer chronischer Krankheitsverläufe, Drogen- und Medikamentensucht. Angewendet werden können im Rahmen der gesetzlichen Krankenversicherung Verhaltenstherapie, tiefenpsychologische Verfahren, Kinder- und Jugendlichenpsychotherapie, Gruppentherapie, Maßnahmen zur psychosomatischen Grundversorgung, übende und suggestive Verfahren.

Das Krankenversicherungssystem in der Bundesrepublik gliedert sich in die Gesetzliche Krankenversicherung (GKV), in die staatliche Beihilfe für Beamte und Angestellte im öffentlichen Dienst und in die Private Krankenversicherung (PKV). Der Gesetzlichen Krankenversicherung gehören die sog. Primärkassen (z.B. Ortskrankenkassen, Betriebskrankenkassen, Innungskrankenkassen, Bundesknappschaft) und die Ersatzkassen (z.B. Barmer Ersatzkasse, Deutsche Angestelltenkrankenkasse, Techniker Krankenkasse) an. Während bis Ende 1995 einzelne Kassen nur bestimmte Bevölkerungsgruppen versicherten, gibt es im Rahmen der GKV heute freie Krankenkassenwahl, was eine entsprechende Konkurrenzsituation zwischen den Krankenkassen bewirkt hat.

Derzeit gibt es mehrere Möglichkeiten zur Finanzierung ambulanter Psychotherapie in der privaten Niederlassung: Bereits seit 1970 können im Rahmen einer sogenannten Psychotherapievereinbarung zwischen Krankenkassen und Kassenärztlicher Bundesvereinigung (KBV) Diplom-Psychologinnen und -Psychologen sowie Kinder- und Jugendlichenpsychotherapeutinnen und -psychotherapeuten an der Kassenärztlichen Versorgung beteiligt werden. Zunächst betraf diese Vereinbarung tiefenpsychologische Verfahren, seit 1980 auch Verhaltenstherapie. Psychotherapie kann im Rahmen dieser Vereinbarung derzeit nur von Ärzten ausgeführt und von diesen an Psychologen und Kinder- und Jugendlichenpsychotherapeuten delegiert werden, wenn beide Berufsgruppen entsprechend anerkannte Zusatzausbildungen nachweisen. Dieses sogenannten Delegationsverfahren gewährleistet „nicht-ärztlichen Therapeuten" (KBV-Bezeichnung), für ihre psychotherapeutischen Leistungen Finanzierungen durch die Krankenkassen zu erhalten.

Aufgrund der Vorarbeiten zu einem Psychotherapeutengesetz hat sich die KBV bereiterklärt, die Psychotherapievereinbarungen so zu modifizieren, daß psychologische Psychotherapeuten stärker mit eigenständigen psychotherapeutischen Leistungen in die Kassenärztlichen Vereinigungen eingebunden werden können (z.B. durch sogenannte Integrationsmodelle). Andere eigenständigere Organisationsformen für psychologische Psychotherapeuten im Hinblick auf sozialrechtliche Fragen, auch bei gleichzeitig einheitlichen Regelungen für die psychotherapeutische Versorgung in der GKV durch ärztliche und psychologische Psychotherapeuten, werden von der Bundesregierung derzeit abgelehnt.

Unter versorgungspolitischen Gesichtspunkten bergen derartige Integrationsmodelle die Gefahr, daß die theoretischen Konzeptionen, das psychotherapeutische Dogma und die Betrachtungsweise psychischer Erkrankungen (Krankheitsbegriff) verstärkt unter ärztlich-medizinische Sichtweisen geraten würden. Sozialwissenschaftliche Konzepte psychischer Erkrankungen, die vor allem gesellschaftliche und soziale Aspekte psychischer Erkrankungen betonen, würden zurückgedrängt.

Neben der sogenannten Richtlinienpsychotherapie (im Rahmen der Psychotherapierichtlinien) hat sich ein sogenanntes Erstattungsverfahren für psychotherapeutische Leistungen etabliert. Mit der Begründung, daß die Kassenärztliche Versorgung den Bedarf an Psychotherapie in weiten Regionen der Bundesrepublik nicht ausreichend absichern kann, erstatten verschiedene Krankenkassen je nach Bedarfslage in der Region Kosten für psychotherapeutische Leistungen (insbesondere Verhaltenstherapie und tiefenpsychologische Verfahren) ihren Mitgliedern auf vorherigen Antrag, diese wiederum bezahlen damit ihre psychologischen Psychotherapeutinnen und Psychotherapeuten, müssen bei zahlreichen psychologischen Praxen allerdings noch einen zusätzlichen Eigenbetrag entrichten.

Psychologische Berufsverbände haben darüberhinaus mit einzelnen Krankenkassen im Rahmen des Erstattungsverfahrens spezielle Vereinbarungen getroffen. In bei Drucklegung laufenden Sozialgerichtsverfahren will die KBV diese Vereinbarungen verbieten lassen.

Außerhalb der gesetzlichen Krankenversicherung erhalten beihilfeberechtigte Personen, die nicht gesetzlich krankenversichert sind, ambulante psychotherapeutische Leistungen (Verhaltenstherapie, Tiefenpsychologie) anteilmäßig bei speziellen Beihilferichtlinien auf Privatrechnung erstattet. Auch die einzelnen privaten Krankenversicherungen haben spezielle Regelungen für die Erstattung privater Psychotherapie-Rechnungen, wobei anders als in der GKV allerdings häufig zwischen ärztlichen und psychologischen Psychotherapie-Leistungen unterschieden wird.

In einem sogenannten Einheitlichen Bewertungsmaßstabes (EBM) wird der Wert für ärztlich (und damit auch psychotherapeutisch) erbrachte Leistungen in einem Punktesystem festgelegt.

Eine Sitzung Einzelpsychotherapie von mindestens 50 Minuten wird seit 1996 mit 1450 Punkten bewertet (1995: 1.100). Diese Erhöhung erfolgte im Zusammenhang mit der Aufwertung der sogenannten „sprechenden Medizin". Je nachdem, wieviel von den Krankenkassen für einen Punkt erstattet wird, berechnet sich die psychotherapeutische Leistung. Am 1.1.1996 war ein Punkt bei den Ersatzkassen 0,10 DM wert, für eine Stunde Psychotherapie wurden dort also 145 DM erstattet. Bei Drucklegung steht allerdings bereits wieder ein massiver Punktwertverfall bevor.

Die derzeitigen Finanzierungsmodalitäten haben – gerade in Zeiten leerer Kassen in öffentlichen psychosozialen Einrichtungen – den Ausbau der privaten Niederlassungen immens gesteigert. Dieser durchaus notwendige Bereich psychotherapeutischer Versorgung steht allerdings, da er sich derzeit in keine Bedarfsplanung einbinden läßt, teilweise einem sinnvollen psychosozialen und psychotherapeutischen Reformkonzept entgegen. Dieses wäre vor allem mit dem Ausbau einer öffentlich-ambulanten und gemeindenahen psychosozialen Versorgung gewährleistet. Hinzu kommt, daß die beschriebenen Finanzierungsregelungen, die einzelne psychotherapeutische Richtungen und Verfahren fördern, mit einem integrativen Psychotherapiekonzept unvereinbar sind, das viel deutlicher derzeitigen wissenschaftlichen Erkenntnissen entspricht als eine isolierte psychoanalytische, verhaltenstherapeutische oder gesprächspsychotherapeutische Anwendung. Die derzeitigen Finanzierungskonzeptionen in einem zu erwartenden Psychotherapeutengesetz bringen hier noch keinen bedeutsamen Fortschritt. Im Gegenteil: Stellenstreichungen und Mittelkürzungen in Einrichtungen der öf-

fentlichen und freien Wohlfahrtspflege bergen in sich die Gefahr, daß sich öffentlich-rechtliche Träger zukünftig vermutlich vermehrt von Leistungen finanziell entlasten werden, die die Krankenkassen frei niedergelassenen PsychotherapeutInnen erstatten würden. Nur eine sich deutlich ändernde Gesundheits- und Sozialpolitik kann hier eine bedarfs- und bedürfnisgerechte Wende herbeiführen. Daß auch die Krankenkassen bereit sind, auf Grund ihrer Erfahrungen in den letzten Jahren umzudenken, zeigt sich in einem von *Fischer* (1995) veröffentlichten Thesenpapier, welches mit den Spitzenverbänden der gesetzlichen Krankenversicherung abgestimmt wurde. Darin schreibt er u.a.:

> „Die strukturellen Schwachstellen im System der ambulanten Versorgung dürfen beim Aufbau eines neuen Versorgungssystems nicht übernommen werden ... Bei dem Aufbau des neuen Versorgungssystems sollte von vornherein die Anwendung der Psychotherapie in der Prävention, Kuration und Rehabilitation in einem Gesamtkonzept verwirklicht werden." (S. 142)

Zitierte und weiterführende Literatur

AG Frauen gegen sexuelle Übergriffe und Machtmißbrauch in Beratung und Therapie (Hrsg.) (1995): Übergriffe und Machtmißbrauch in psychosozialen Arbeitsfeldern. Tübingen: DGVT-Verlag.

Dorrmann, W. (1991): Suizid. München: Pfeiffer

Fischer, N. (1995): Die Vorstellungen der gesetzlichen Krankenkassen zu einem Psychotherapeutengesetz. In: Berufsverband Deutscher Psychologen (Hrsg.): Gegenwart und Zukunft der Psychotherapie im Gesundheitswesen. Bonn: DPV

Fliegel, S. & Röhrle, B. (1982): Rechtliche Grundlagen der Psychotherapie. In: R. Bastine u.a. (Hrsg.): Grundbegriffe der Psychotherapie. Weinheim: Edition Psychologie

Freitag, H.O. & Heiland, C.P. (1978): Zur psychologischen Behandlung durch nicht-ärztliche Psychotherapeuten. – Rechtswissenschaftliches Gutachten – Tübingen, Köln: DGVT-Verlag.

Meyer, A.-E., Richter, R., Grawe, K., Graf v.d. Schulenburg, J.-M. & Schulte, B. (1991): Forschungsgutachten zu Fragen eines Psychotherapeutengesetzes im Auftrag des Bundesgesundheitsministeriums für Jugend, Frauen, Familie und Gesundheit. Hamburg.

Pulverich, G. (1994): Rechts-ABC für Psychologen. Bonn: DPV.

Röhrle, B. (1996): Politische, strukturelle und rechtliche Grundlagen der psychosozialen Versorgung. Tübingen: DGVT-Verlag.

Wolffslast, G. (1985): Psychotherapie in den Grenzen des Rechts. Stuttgart: Enke.

Anhang

		Unbekannter) Substanz	.12	.52	Mit Halluzinationen
		Bestimme, ob: Mit Wahrneh- *mungsstörungen*	292.84	F19.8	Durch Andere (oder Unbekannte) Substanz Induzierte Affektive Störung
292.81	F19.03	Durch Andere (oder Unbekannte) Substanz Induziertes Delir	292.89	F19.8	Durch Andere (oder Unbekannte) Substanz Induzierte Angststörung
292.82	F19.73	Durch Andere (oder Unbekannte) Substanz Induzierte Persistierende Demenz	292.89	F19.8	Durch Andere (oder Unbekannte) Substanz Induzierte Sexuelle Funktionsstörung
292.83	F19.6	Durch Andere (oder Unbekannte) Substanz Induzierte Persisitierende Amnestische Störung	292.89	F19.8	Durch Andere (oder Unbekannte) Substanz Induzierte Schlafstörung
292.xx	F19.xx	Durch Andere (oder Unbekannte) Substanz Induzierte Psychotische Störung	292.9	F19.9	NNB Störung im Zusammenhang mit Anderer (oder Unbekannter) Substanz
.11	.51	Mit Wahn			

Schizophrenie und andere Psychotische Störungen

295.xx	F20.xx	Schizophrenie			*Bipolarer (F25.0 oder F25.2)/* *Depressiver Typus (F25.1)*
		Die folgende Klassifikation des Langzeitverlaufs wird bei allen Schizophrenie-Subtypen vergeben:	297.1	F22.0	Wahnhafte Störung *Bestimme den Typus: Typus mit Liebeswahn/ mit Größenwahn/ mit Eifersuchtswahn/ mit Verfolgungswahn/ mit Körperbezogenem Wahn/ mit Gemischtem Wahn/ Unspezifischer Typus*
		Episodisch mit Residualsymptomen zwischen den Episoden *Bestimme, ob: Mit Ausgeprägten Negativen Symptomen*			
		Episodisch Ohne Residualsymptome Zwischen den Episoden/Kontinuierlich *Bestimme, ob: Mit Ausgeprägten Negativen Symptomen*	298.8	F23.xx	Kurze Psychotische Störung *Bestimme, ob: Mit Deutlichen Belastungsfaktoren/Ohne Deutliche Belastungsfaktoren/Mit Postpartalem Beginn*
		Einzelne Episode Teilremittiert *Bestimme, ob: Mit Ausgeprägten Negativen Symptomen*	297.3	F24	Induzierte Psychotische Störung
		Einzelne Episode Vollremittiert	293.xx	F06.x	Psychotische Störung Aufgrund von... *[Benenne den Medizinischen Krankheitsfaktor]*
		Anderes oder Unspezifisches Muster	.81	.2	Mit Wahn
.30	.0x	Paranoider Typus	.82	.0	Mit Halluzinationen
.10	.1x	Desorganisierter Typus	---.-	F1x.5x	Substanzinduzierte Psychotische Störung *[für substanzspezifische Codierung siehe Störungen im Zusammenhang mit Psychotropen Substanzen] Bestimme, ob: Mit Beginn Während der Intoxikation/Mit Beginn Während des Entzugs*
.20	.2x	Katatoner Typus			
.90	.3x	Undifferenzierter Typus			
.60	.5x	Residualer Typus			
295.40	F20.8	Schizophreniforme Störung *Bestimme, ob: Ohne Günstige Prognostische Merkmale/Mit Günstigen Prognostischen Merkmalen*			
295.70	F25.x	Schizoaffektive Störung *Bestimme den Typus :*	298.9	F29	NNB Psychotische Störung

Affektive Störungen

Codiere den gegenwärtigen Ausprägungsgrad der Major Depression oder Bipolar I Störung auf der 5. Stelle
1 = Leicht
2 = Mittelschwer
3 = Schwer, ohne Psychotische Merkmale
4 = Schwer, mit Psychotischen Merkmalen
  Bestimme, ob: Stimmungskongruente Psychotische Merkmale/Stimmungsinkongruente Psychotische Merkmale
5 = Teilremittiert
6 = Vollremittiert
0 = Unspezifisch
Die folgenden Zusatzcodierungen werden (für die gegenwärtige oder letzte Episode), wo vermerkt, den Affektiven Störungen hinzugefügt
  [a]Schweregrad/Remissionsgrad/
  [b]Chronisch/
  [c]Mit Katatonen Merkmalen/
  [d]Mit Melancholischen Merkmalen/
  [e]Mit Atypischen Merkmalen/
  [f]Mit Postpartalem Beginn
Die folgenden Zusatzcodierungen werden, wo vermerkt, den Affektiven Störungen hinzugefügt
  [g]Mit / Ohne Vollremission im Intervall/
  [h]Mit Saisonalem Muster/
  [i]Mit Rapid Cycling

Depressive Störungen

296.xx	(F32.x o. F33.x)	Major Depression
296.2x	F32.x	Major Depression, Einzelne Episode[a,b,c,d,e,f]
296.3x	F33.x	Major Depression, Rezidivierend[a,b,c,d,e,f,g,h]
300.4	F34.1	Dysthyme Störung *Bestimme, ob: Früher Beginn/ Später Beginn. Bestimme, ob: Mit Atypischen Merkmalen*
311	F32.9 oder F33.9	NNB Depressive Störung

Bipolare Störungen

296.xx	F31.xx	Bipolar I Störung
296.0x	F30.x	Einzelne Manische Episode[a,c,f] *Bestimme, ob: Gemischt.* (F30.1oder F30.2bzw. F30.8 oder F30.9)
296.40	F31.0	Letzte Episode Hypoman [g,h,i]
296.4x	F31.x	Letzte Episode Manisch [a,c,f,g,h,i] (F31.1 oder F31.2x)
292.6x	F31.6	Letzte Episode Gemischt[a,c,f,g,h,i]
292.5x	F31.x	Letzte Episode Depressiv [a,b,c,d,e,f,g,h,i] (F31.3x oder F31.4 oder F31.5x)
292.7	F31.9	Letzte Episode Unspezifisch[g,h,i]
296.89	F31.8	Bipolar II Störung[a,b,c,d,e,f,g,h,i] *Bestimme für die aktuelle (oder letzte) Episode Hypoman/Depressiv*
301.13	F34.0	Zyklothyme Störung
296.80	F31.9	NNB Bipolare Störung
293.83	F06.3	Affektive Störung Aufgrund von... [Benenne den Medizinischen Krankheitsfaktor] *Bestimme, ob: Mit Depressiven Merkmalen/Mit Major-Depression-Ähnlicher Episode/Mit Manischen Merkmalen/Mit Gemischten Merkmalen*
---.-	F1x.8	Substanzinduzierte Affektive Störung *(Für substanzspezifische Codierung siehe Störungen im Zusammenhang mit Psychotropen Substanzen) Bestimme, ob: Mit Depressiven Merkmalen/Mit Manischen Merkmalen/Mit Gemischten Merkmalen. Bestimme, ob: Mit Beginn Während der Intoxikation/Mit Beginn Während des Entzugs.*
296.90	(F39 o. F38.xx)	NNB Affektive Störung

Angststörungen

300.01	F41.0	Panikstörung ohne Agoraphobie
300.21	F40.01	Panikstörung mit Agoraphobie
300.22	F40.00	Agoraphobie ohne Panikstörung in der Vorgeschichte
300.29	F40.2	Spezifische Phobie. *Bestimme den Typus: Tier-Typus, Umwelt-Typus, Blut-Spritzen-Verletzungs-Typus, Situativer Typus, Anderer Typus*
300.23	F40.1	Soziale Phobie *Bestimme, ob: Generalisiert*
300.3	F42.8	Zwangsstörung *Bestimme, ob: Mit Wenig Einsicht*
309.81	F43.1	Posttraumatische Belastungsstörung *Bestimme, ob: Akut/Chronisch Bestimme, ob: Mit Verzögertem Beginn*
308.3	F43.0	Akute Belastungsstörung
300.02	F41.1	Generalisierte Angststörung
293.89	F06.4	Angststörung Aufgrund von ...

		[Benenne den Medizinischen Krankheitsfaktor] Bestimme, ob: Mit Generalisierter Angst/ Mit Panikattacken/ Mit Zwangssymptomen		*Bestimme, ob: Mit Generalisierter Angst/Mit Panikattak-ken/Mit Zwangssymptomen/ Mit Phobischen Symptomen. Bestimme, ob: Mit Beginn Während der Intoxikation/ Mit Beginn Während des Entzugs*
--.-	F1x.8	Substanzinduzierte Angst-störung *(für substanzspezi-fische Codierung siehe Störun-gen im Zusammenhang mit Psychotropen Substanzen)*	300.00 F41.9 oder F40.9	NNB Angststörung

Somatoforme Störungen

300.81 F45.0		Somatisierungsstörung	.89 F45.4	in Verbindung mit sowohl Psychischen Faktoren wie ei-nem Medizinischen Krank-heitsfaktor in Verbindung mit einem Medizinischen Krank-heitsfaktor
300.81 F45.1		Undifferenzierte Somato-forme Störung (erwäge auch Codierung nach ICD-10 F48)		
300.11 F44.xx		Konversionsstörung *Bestim-me, ob: Mit Motorischen Sym-ptomen oder Ausfällen /*		
		Mit Sensorischen Symptomen oder Ausfällen/Mit Anfällen oder Krämpfen/Mit Gemisch-tem Erscheinungsbild	300.7 F45.2	*Bestimme, ob: Akut/Chronisch* Hypochondrie *Bestimme, ob: Mit Wenig Einsicht*
			300.7 F45.2	Körperdysmorphe Störung
			300.81 F45.9	NNB Somatoforme Störung (erwäge die Vergabe einer spezifischeren ICD-10-Dia-gnose aus F44.xx oder F45.xx)
307.xx F45.4		Schmerzstörung		
.80 F45.4		in Verbindung mit Psychi-schen Faktoren		

Vorgetäuschte Störungen

300.xx F68.1		Vorgetäuschte Störung	.19 F68.1	Mit sowohl Psychischen wie Körperlichen Zeichen und Symptomen
.16 F68.1		Mit Vorwiegend Psychischen Zeichen und Symptomen		
.19 F68.1		Mit Vorwiegend Körper-lichen Zeichen und Sympto-men	300.19 F68.1	NNB Vorgetäuschte Störung (erwäge die Vergabe einer spezifischeren ICD-10-Diagnose aus F.44)

Dissoziative Störungen

300.12 F44.0		Dissoziative Amnesie	300.15 F44.9	NNB Dissoziative Störung (erwäge die Vergabe einer spezifischeren ICD-10-Diagnose aus F44)
300.13 F44.1		Dissoziative Fugue		
300.14 F44.81		Dissoziative Identitätsstörung		
300.6 F48.1		Depersonalisationsstörung		

Sexuelle und Geschlechtsidentitätsstörungen

Sexuelle Funktionsstörungen

Die folgenden Subtypen können allen primären Sexuellen Funktionsstörungen hinzugefügt werden: Lebenslanger Typus/Erworbener Typus/Generalisierter Typus/Situativer Typus/Aufgrund Psychischer Faktoren/Aufgrund Kombinierter Faktoren

Störungen der Sexuellen Appetenz

302.71	F52.0	Störung mit Verminderter Sexueller Appetenz
302.79	F52.10	Störung mit Sexueller Aversion

Störungen der Sexuellen Erregung

302.72	F52.2	Störung der Sexuellen Erregung bei der Frau
302.72	F52.2	Erektionsstörung beim Mann

Orgasmusstörungen

302.73	F52.3	Weibliche Orgasmusstörung
302.74	F52.3	Männliche Orgasmusstörung
302.75	F52.4	Ejaculatio Praecox

Störungen mit Sexuell Bedingten Schmerzen

302.76	F52.6	Dyspareunie (nicht Aufgrund eines Medizinischen Krankheitsfaktors)
306.51	F52.5	Vaginismus (nicht Aufgrund eines Medizinischen Krankheitsfaktors)

Sexuelle Funktionsstörung Aufgrund eines Medizinischen Krankheitsfaktors

625.8	N94.8	Störung mit Verminderter Sexueller Appetenz bei der Frau Aufgrund von... *[Benenne den Medizinischen Krankheitsfaktor]*
608.89	N50.8	Störung mit Verminderter Sexueller Appetenz beim Mann Aufgrund von... *[Benenne den Medizinischen Krankheitsfaktor]*
607.84	N48.4	Erektionsstörung beim Mann Aufgrund von... *[Benenne den Medizinischen Krankheitsfaktor]*
625.0	N94.1	Dyspareunie bei der Frau Aufgrund von... *[Benenne den Medizinischen Krankheitsfaktor]*
608.89	N50.8	Dyspareunie beim Mann Aufgrund von... *[Benenne den Medizinischen Krankheitsfaktor]*
625.8	N94.8	Andere Sexuelle Funktionsstörungen bei der Frau Aufgrund von... *[Benenne den Medizinischen Krankheitsfaktor]*
608.89	N50.8	Andere Sexuelle Funktions-

störungen beim Mann Aufgrund von... *[Benenne den Medizinischen Krankheitsfaktor]*

--.-	---.-	Substanzinduzierte Sexuelle Funktionsstörung *(für substanzspezifische Codierung siehe Störungen im Zusammenhang mit Psychotropen Substanzen). Bestimme, ob: Mit Beeinträchtigter Appetenz/Mit Beeinträchtigter Erregung/Mit Beeinträchtigtem Orgasmus/Mit Sexuell Bedingten Schmerzen. Bestimme, ob: Mit Beginn Während der Intoxikation*
302.70	F52.9	NNB Sexuelle Funktionsstörung

Paraphilien

302.4	F65.2	Exhibitionismus
302.81	F65.0	Fetischismus
302.89	F65.8	Frotteurismus
302.2	F65.4	Pädophilie *Bestimme ob: Sexuell Orientiert auf Jungen/Sexuell Orientiert auf Mädchen/Sexuell Orientiert auf Jungen und Mädchen. Bestimme ob: Beschränkt auf Inzest. Bestimme den Typus: Ausschließlicher Typus/Nicht-Ausschließlicher Typus*
302.83	F65.5	Sexueller Masochismus
302.84	F65.5	Sexueller Sadismus
302.3	F65.1	Transvestitischer Fetischismus. *Bestimme ob: Mit Geschlechtsdysphorie*
302.82	F65.3	Voyeurismus
302.9	F65.9	NNB Paraphilie

Geschlechtsidentitätsstörungen

302.xx	F64.x	Geschlechtsidentitätsstörung
.6	.2	Bei Kindern
.85	.0	Bei Jugendlichen oder Erwachsenen *Bestimme ob: Sexuell Orientiert auf Männer/Sexuell Orientiert auf Frauen/Auf Beide Geschlechter Sexuell Orientiert/Sexuell Orientiert Weder auf Männer Noch auf Frauen*
302.6	F64.9	NNB Störung der Geschlechtsidentität
302.9	F52.9	NNB Sexuelle Störung

Eßstörungen

307.1　F50.0/F50.01	Anorexia Nervosa *Bestimme den Typus: Restriktiver Typus/Binge Eating-Purging-Typus (F50.01)*	
307.51　F50.2	Bulimia Nervosa *Bestimme den Typus: Restriktiver Typus, Binge Eating/Purging-Typus*	

307.50　F50.9　　NNB Eßstörungen (erwäge die Vergabe einer spezifischeren ICD-10-Diagnose aus F50.x)

Schlafstörungen

Primäre Schlafstörungen

Dyssomnien

307.42　F51.0	Primäre Insomnie
307.44　F51.1	Primäre Hypersomnie *Bestimme, ob: Rezidivierend*
347　　G47.4	Narkolepsie
780.59　G47.3	Atmungsgebundene Schlafstörung
307.45　F51.2	Schlafstörung mit Störung des Zirkadianen Rhythmus *Bestimme den Typus: Typus mit Verzögerter Schlafphase/Jet Lag-Typus/Schichtarbeitstypus/Unspezifischer Typus*
307.47　F51.9	NNB Dyssomnie

Parasomnien

307.47　F51.5	Schlafstörung mit Alpträumen
307.46　F51.4	Pavor Nocturnus
307.46　F51.3	Schlafstörung mit Schlafwandeln
307.47　F51.8	NNB Parasomnie

Schlafstörungen im Zusammenhang mit einer anderen Psychischen Störung

307.42　F51.0　　Insomnie im Zusammenhang mit ... *[Benenne die Achse I-Störung]*

307.44　F51.1　　Hypersomnie im Zusammenhang mit ... *[Benenne die Achse I- Störung]*

Andere Schlafstörungen

780.xx　G47.x	Schlafstörung Aufgrund von ... *[Benenne den Medizinischen Krankheitsfaktor]*
780.52　G47.0	Insomnie-Typus
780.54　G47.1	Hypersomnie-Typus
780.59　G47.8	Parasomnie-Typus
780.59　G47.8	Mischtypus
---.-　　F1x.8	Substanzinduzierte Schlafstörung (für substanzspezifische Codierung siehe Störungen im Zusammenhang mit Psychotropen Substanzen) *Bestimme den Typus: **Insomnie-Typus/Hypersomnie-Typus/Parasomnie-Typus/Gemi schter Typus. Bestimme, ob: Mit Beginn Während der Intoxikation/ Mit Beginn Während des Entzugs***

Störungen der Impulskontrolle, nicht andernorts klassifiziert

312.34 F63.8	Intermittierende Explosible Störung	312.31 F63.0 Pathologisches Spielen
312.32 F63.2	Kleptomanie	312.39 F63.3 Trichotillomanie
312.33 F63.1	Pyromanie	312.30 F63.9 NNB Impulskontrollstörung

Anpassungsstörungen

309.xx F43.xx	Anpassungsstörung	.4	F43.25	Mit emotionalen Störungen und Störungen des Sozialverhaltens, Gemischt
.0 F43.20	Mit Depressiver Stimmung			
.24 F43.28	Mit Angst			
.28 F43.22	Mit Angst und Depressiver Stimmung, Gemischt	.9	.9	Unspezifisch (Erwäge die Vergabe einer spezifischeren ICD-10-Diagnose aus F43.xx)
.3 F43.24	Mit Störungen des Sozialverhaltens			*Bestimme, ob: Akut/Chronisch*

Persönlichkeitsstörungen

Beachte: Diese werden auf Achse Ib codiert

301.0	F60.0	Paranoide Persönlichkeitsstörung	301.81 F60.8	Narzißtische Persönlichkeitsstörung
301.20	F60.1	Schizoide Persönlichkeitsstörung	301.82 F60.6	Vermeidend-Selbstunsichere Persönlichkeitsstörung
301.22	F21	Schizotypische Persönlichkeitsstörung	301.6 F60.7	Dependente Persönlichkeitsstörung
301.7	F60.2	Antisoziale Persönlichkeitsstörung	301.4 F60.5	Zwanghafte Persönlichkeitsstörung
301.83	F60.31	Borderline Persönlichkeitsstörung	301.9 F60.9	NNB Persönlichkeitsstörung (erwäge auch die Vergabe einer spezifischeren ICD-10-Diagnose aus F61.x oder F62.x)
301.50	F60.4	Histrionische Persönlichkeitsstörung		

Andere klinisch relevante Probleme

Psychologische Faktoren die einen medizinischen Krankheitsfaktor beeinflussen

316   F54   *... [spezifischer Psychologischer Faktor], der... [Benenne den Medizinischen Krankheitsfaktor] Beeinflußt Wähle den Namen je nach der Art des Faktors:*

Psychische Störung, die einen Medizinischen Krankheitsfaktor Beeinflußt
Psychische Symptome, die einen Medizinischen Krankheitsfaktor Beeinflussen
Persönlichkeitsmerkmale oder Bewältigungsstile, die

einen Medizinischen Krankheitsfaktor Beeinflussen

Gesundheitsgefährdendes Verhalten, das einen Medizinischen Krankheitsfaktor Beeinflußt

Körperliche Streßreaktion, die einen Medizinischen Krankheitsfaktor Beeinflußt

Andere oder Unspezifische Psychologische Faktoren, die einen Medizinischen Krankheitsfaktor Beeinflussen

Medikamenteninduzierte Bewegungsstörungen

332.1	G21.1	Neuroleptikainduzierter Parkinsonismus
333.92	G21.0	Malignes Neuroleptisches Syndrom
333.7	G24.0	Neuroleptikainduzierte Akute Dystonie
333.99	G21.1	Neuroleptikainduzierte Akute Akathisie
333.82	G24.0	Neuroleptikainduzierte Tardive Dyskinesie
333.1	G25.1	Medikamenteninduzierter Haltetremor
333.90	G25.9	NNB Medikamenteninduzierte Bewegungsstörung

Andere medikamenteninduzierte Störungen

995.2	T88.7	NNB Ungünstige Wirkungen einer Medikation

Zwischenmenschliche Probleme

V61.9	Z63.7	Zwischenmenschliches Problem im Zusammenhang mit einer Psychischen Störung oder einem Medizinischen Krankheitsfaktor
V61.20	Z63.8	Eltern-Kind Problem. *Codie-*

re Z63.1, wenn das Hauptaugenmerk beim Kind liegt

V61.1	Z63.0	Partnerschaftsproblem
V61.8	F93.3	Problem zwischen Geschwistern
V62.81	Z63.9	NNB Zwischenmenschliches Problem

Probleme im Zusammenhang mit Mißbrauch oder Vernachlässigung

V61.21	T74.1	Körperliche Mißhandlung eines Kindes
V61.21	T74.2	Sexueller Mißbrauch eines Kindes
V61.21	T74.0	Vernachlässigung eines Kindes
V61.1	T74.1	Körperliche Mißhandlung eines Erwachsenen
V61.1	T74.2	Sexueller Mißbrauch eines Erwachsenen

Weitere klinisch relevante Probleme

V15.81	Z91.1	Nichtbefolgen von Behandlungsanweisungen
V65.2	Z76.5	Simulation
V71.01	Z72.8	Antisoziales Verhalten im Erwachsenenalter
V71.02	Z72.8	Antisoziales Verhalten in der Kindheit oder Adoleszenz
V62.89	R41.8	Grenzbereich der Intellektuellen Leistungsfähigkeit
780.9	R41.8	Altersbedingter Kognitiver Abbau
V62.82	Z63.4	Einfache Trauer
V62.3	Z55.8	Schwierigkeiten in Schule oder Studium
V62.2	Z56.7	Berufsproblem
313.82	F93.8	Identitätsproblem
V62.89	Z71.8	Religiöses oder Spirituelles Problem
V62.4	Z60.3	Kulturelles Anpassungsproblem
V62.89	Z60.0	Problem einer Lebensphase

Zusätzliche Codierungen

300.9	F99	Unspezifische Psychische Störung (nichtpsychotisch)
V71.09	Z03.2	Keine Diagnose oder kein Zustand auf Achse I
799.9	R69	Diagnose oder Zustand auf Achse I Zurückgestellt
V71.09	Z03.2	Keine Diagnose auf Achse Ib
799.9	R46.8	Diagnose auf Achse Ib Zurückgestellt

Glossar

Kursiv gedruckte Begriffe oder deren Varianten sind selbst an anderer Stelle im Glossar definiert.

Abhängige Variable. Verhalten, das sich in einem psychologischen *Experiment* bei Manipulation der *unabhängigen Variablen* ändert.

Abwehrmechanismus. Begriff der psychoanalytischen Theorie. Eine die Realität verzerrende Strategie, die unbewußt angewandt wird, um das *Ich* vor *neurotischen* Konflikten *(Angst)* zu schützen.

Abweichendes Verhalten. Muster von Gefühlen, Gedanken und Verhaltensweisen, das aus einem oder mehreren der folgenden Gründe pathologisch erscheint: Seltenes Vorkommen, Verletzung von Normen, persönliche Belastung, Behinderung oder Dysfunktion und Unerwartetheit.

Acetylcholin. *Neurotransmitter* des zentralen, somatomotorischen und *parasympathischen Nervensystems* sowie der Ganglien und der Neuron-Schweißdrüsen-Verbindung im *sympathischen Nervensystem*.

Addison-Krankheit. Ein durch eine Funktionsstörung der *Nebennierenrinde* bedingte *Kortison* Mangelerscheinung, die durch Gewichtsverlust, Müdigkeit und eine Verfärbung der Haut gekennzeichnet ist.

Adrenalin. Hormon des *Nebennieren*marks. Es verursacht eine Zunahme des Blutdrucks, hemmt die peristaltischen Bewegungen und setzt Glukose aus der Leber frei. Synonym: Epinephrin.

Adrenerges System. Gesamtheit der Nervenzellen, die *Adrenalin* und *Noradrenalin* (und darüberhinaus andere *Monoamine*, *Dopamine* und *Serotonin*) als *Neurotransmitter* freisetzen. Im Gegensatz hierzu werden die Nervenzellen des *cholinergen Systems* durch *Acetylcholin* aktiviert.

Ätiologie. Lehre von den Ursachen der Krankheiten, im weiteren Sinn die Krankheitsursache(n) selbst.

Affekt. Relativ kurz dauerndes und abgrenzbares, stark ausgeprägtes Gefühl, meist begleitet von körperlichen Symptomen.

Affektive Störung. Eine psychische Störung, die durch Beeinträchtigungen der Stimmung gekennzeichnet ist.

Affirmation der Konsequenz. Logischer Fehler, der A immer als Ursache von B festlegt, nachdem A einmal die Ursache von B war.

Agoraphobie. Zahlreiche und starke Angstsymptome, in deren Mittelpunkt offene Plätze und das Verlassen der Wohnung stehen.

AIDS (Acquired immune deficiency syndrome). Eine tödliche Krankheit, die durch das Virus HIV (Human immune deficiency virus) übertragen wird, i.d.R. durch Geschlechtsverkehr oder durch das Benutzen von Spritzen, die bereits von einer HIV-positiven Person infiziert worden sind. Das Immunsystem des Patienten wird so stark geschwächt, daß er infolgedessen an Krebs oder irgendeiner Form von Infektion stirbt.

Akquieszenz. Die Tendenz des Ja-Sagens bzw. des Zustimmens zu einer Frage unabhängig von ihrem Inhalt.

Alkaloid. Basische (alkaliähnliche) Substanz, die, gewöhnlich zusammen mit einer Anzahl ähnlicher Stoffe, Bestandteil von Pflanzensamen ist. Alkaloide sind die aktiven Substanzen, die vielen Medikamenten ihre physiologischen Effekte verleihen.

Alkoholismus. Eine Verhaltensstörung mit exzessivem Konsum alkoholischer Getränke und der Gefährdung von Gesundheit und sozialer und beruflicher Anpassung; eine physiologische Abhängigkeit von Alkohol. Siehe *Substanzabhängigkeit*.

Alpha-Rhythmus. Das dominante Muster (8-13 Hz) der elektrischen Aktivität des Gehirns eines wachen, ruhenden Erwachsenen.

Alterseffekte. Die Konsequenzen, die sich daraus ergeben, daß man ein bestimmtes chronologisches Alter hat. Siehe auch *Kohorteneffekte*.

Altruistischer Suizid. Nach der Definition *Durkheims* eine Selbstvernichtung, von der die Person meint, sie diene einem sozialen Zweck, zum Beispiel die Selbstverbrennungen der buddhistischen Mönche während des Vietnam-Krieges.

Alzheimersche Krankheit. Eine *Demenz,* an der eine progressive Atrophie des kortikalen Gewebes beteiligt ist und die durch Orientierungsstörungen, unfreiwillige Bewegungen der Gliedmaßen, gelegentliche *Konvulsionen* und intellektuelle Beeinträchtigung gekennzeichnet ist.

Ambivalenz. Das gleichzeitige Vorhandensein einer starken positiven und negativen emotionalen Einstellung gegenüber der gleichen Situation oder Person.

Aminosäure. Eine der großen Klassen der organischen Verbindungen, die als Bausteine von Proteinen wichtig sind.

Amnesie. Vollständiger oder teilweiser Gedächtnisverlust, der bei *dissoziativen Störungen,* einer Hirnschädigung oder einer Hypnose vorhanden sein kann.

Amniozentese. Eine Methode der pränatalen Diagnostik, bei der Flüssigkeit aus dem Uterus entnommen wird und auf genetische Defekte wie z.B. das *Down-Syndrom* getestet wird.

Amphetamine. Stimulierende Substanzen, die ein erhöhtes Energieniveau und, in großen Dosen, Nervosität, Schlaflosigkeit und paranoide *Wahnvorstellungen* erzeugen.

Anästhesie. Verminderung oder Verlust von Empfindungen, gewöhnlich von Berührungsempfindungen, jedoch manchmal auch andere Sinne betreffend. Häufig Teil einer *Konversionsstörung.*

Anales Stadium. Das zweite *psychosexuelle Stadium* in der psychoanalytischen Theorie, das während des zweiten Lebensjahres erreicht wird und währenddessen der Anus als wichtigste erogene Zone betrachtet wird.

Analgesie. Unempfindlichkeit für Schmerz ohne Bewußtseinsverlust, tritt manchmal bei *Konversionsstörungen* auf.

Analog-Experiment. Experimentelle Untersuchung eines Phänomens, das vom Gegenstand des eigentlichen Interesses des Forschers verschieden ist, aber mit ihm in Zusammenhang steht.

Analysand. Eine Person, die sich einer *Psychoanalyse* unterzieht.

Analytische Psychologie. Eine Abwandlung von Freuds *Psychoanalyse,* die von Carl Gustav Jung entwickelt wurde. Der Schwerpunkt liegt weniger auf biologischen Trieben, als vielmehr auf Faktoren wie Selbstverwirklichung, das kollektive Unbewußte und religiöser Symbolismus.

Angewandte Verhaltensanalyse. Die Untersuchung vorangehender Bedingungen und Verstärkerkontingenzen, die Verhalten kontrollieren. Siehe *Operantes Konditionieren.*

Angst. Ein unangenehmes Gefühl umfassender Furcht und Besorgnis, das von vermehrter physiologischer Erregung begleitet wird. In der Lerntheorie ein Trieb, der zwischen einer bedrohlichen Situation und dem Vermeidungsverhalten vermittelt. Angst kann durch Selbstangaben, durch Messungen der physiologischen Erregung und durch Beobachtung offenen Verhaltens festgestellt werden.

Angstneurose. Begriff, der früher für die Störungen verwendet wurde, die heute im DSM als Panikstörung und generalisierte Angststörung bezeichnet werden.

Angststörungen. Gruppe von psychischen Störungen, bei denen die *Symptome* der *Angst* im Vordergrund stehen. Dazu gehören: Phobien, Panikstörung, Generalisierte Angstsstörung, Zwangsstörungen und Posttraumatische Belastungsstörung. Diese Störungen konstituieren eine Oberkategorie im *DSM-IV* und decken das ab, was früher als *Neurosen* bezeichnet wurde.

Anomischer Suizid. Nach *Durkheims* Definition eine Selbsttötung, die von dem Unvermögen einer Person ausgelöst wird, mit einer plötzlichen und nachteiligen Veränderung in ihrer sozialen Situation fertig zu werden.

Anorexie (Anorexia nervosa). Eine Störung, bei der eine Person nicht in der Lage ist, etwas zu essen, die Nahrung bei sich zu behalten oder längere Zeit an einer deutlichen Verminderung des Appetits leidet. Darüber hinaus besteht eine intensive Furcht davor, dick zu werden, das Gefühl auch bei Gewichtsverlust „dick zu sein" und die Weigerung, ein Mindestgewicht aufrechtzuhalten. Der Gewichtsverlust beträgt 15% oder mehr des ursprünglichen Gewichts.

Anoxie. Unzureichende, unter dem physiologischen Bedarf liegende Sauerstoffkonzentration im Gewebe, die zu dauerhaften Hirnschädigungen führen kann.

Antabus (Disulfiram). Eine Substanz, die bei nachfolgendem Alkoholgenuß zu Schwindelgefühl, Übelkeit und anderen unangenehmen Auswirkungen führt.

Anterograde Amnesie. Unfähigkeit, nach Gehirnschädigungen neue Gedächtnisinhalte zu speichern.

Antidepressivum. Substanz, die *Depressionen* lindert, indem sie den Antrieb steigert und die Stimmung hebt.

Antisoziale Persönlichkeit. Eine Person, die oberflächlich charmant ist und gewohnheitsmäßig lügt; keine Rücksicht auf andere nimmt; kein Bedauern zeigt, wenn sie andere verletzt; sich nicht schämt, wenn sie sich in ungewöhnlicher Weise verhält; unfähig ist,

wußtsein für die Motivation seines Verhaltens zu erzeugen, besonders, wenn ihre Bedürfnisse und Triebe in Konflikt stehen.

Einzelfall-Versuchsplan (Versuchsplan mit nur einer Versuchsperson). Zum *experimentellen* Vorgehen gehören der *Versuchsplan* mit Reversion und der Versuchsplan mit multiplen Ausgangsdaten.

Ejaculatio praecox. Vorzeitiger, d.h. vor oder bei Beginn des Geschlechtsverkehrs erfolgender Samenerguß.

Ejakulation. Die beim Mann während des Orgasmus reflektorisch ausgelöste Samenausstoßung.

Elektrakomplex. Siehe *Ödipuskomplex.*

Elektroencephalogramm (EEG). Graphische Aufzeichnung der elektrischen Aktivität des Gehirns, gewöhnlich des Cortex, aber auch tiefer liegender Regionen.

Elektrokardiogramm (EKG). Graphische Aufzeichnung der bioelektrischen Aktivität, die bei der Erregungsausbreitung und -rückbildung im Herzen entstehen.

Elektrokrampftherapie (EKT). Eine Behandlung, bei der ein elektrischer Strom unterschiedlicher Form und von 1 bis 9 Sek. Dauer einen generalisierten (epileptischen) *Krampfanfall* auslöst. Trotz dieser unangenehmen und teilweise auch gefährlichen Behandlung kann diese Therapie bei schweren, durch andere Mittel nicht zu behandelnde, *Depressionen* hilfreich sein.

Empathie. Erkennen und Verstehen der Gefühle und Gedanken anderer.

Empfindungsfokussieren (sensate focus). Begriff von Masters und Johnson, der auf die Übungen angewendet wird, die am Anfang des Sexual-Therapie-Programms stehen. Die Partner werden instruiert, einander zu liebkosen, jedoch keinen Geschlechtsverkehr durchzuführen. Dadurch wird die sexuelle Leistungsangst vermindert.

Encephalitis. Akute oder chronische Entzündung von Hirngewebe infolge einer Infektion durch Bakterien (z.B. Milzbrand, Syphilis), Rickettsien (z.B. Fleckfieber) und Viren (z.B. Herpes simplex, Windpocken, Masern).

Encephalitis lethargica ("Schlafkrankheit"). Epidemische Form der Encephalitis, die in Europa zu Beginn des Jahrhunderts auftrat. Hauptsymptome waren Lethargie und ausgedehnte Schlafperioden.

Encounter-Gruppe. Siehe *Sensitivity-Trainings-(encounter)-Gruppe.*

Endogen. Die Rückführung auf internale Ursachen.

Endokrine Drüse. Drüse ohne Ausführungsgang, die *Hormone* direkt in Blut- bzw. Lymphgefäße oder ins Gewebe abgibt, z.B. die Hypophyse, *Schilddrüse, Nebenniere,* Gonaden. Die Absonderungen einiger endokrinen Drüsen steigen bei erhöhtem emotionalen Arousal an.

Endorphine. Körpereigene Opiate. Sie können bei den Prozessen eine Rolle spielen, bei denen der Körper Toleranz gegenüber Drogen und Streß bei deren Entzug zeigt.

Enkopresis. Psychische Störung, bei der durch mangelnde Kontrolle des Schließmuskels wiederholt die Kleidung verschmutzt wird. Die Störung tritt in einem Alter auf, in dem Kontinenz erwartet wird.

Entwicklungstheorie. Die Entwicklungstheorie besagt, daß die kognitive Entwicklung geistig Behinderter lediglich langsamer verlaufe als bei normalen Kindern. Ein qualitativer Unterschied bestehe nicht. Gegensatz: *Defekttheorie.*

Entzugssymptome. Unangenehme körperliche und psychische Reaktionen, die bei einer Person nach Absetzen oder Reduktion einer Substanz, die abhängig macht, auftreten. Beispiele sind: Krämpfe, Ruhelosigkeit. Siehe *Substanzmißbrauch.*

Enuresis. Psychische Störung, bei der durch mangelnde Kontrolle der Blase entweder während der Nacht (Enuresis nocturna) oder am Tag wiederholtes Einnässen in einem Alter auftritt, in dem Kontinenz erwartet wird.

Enzyme. Für den Stoffwechsel aller Organismen unentbehrliche Eiweißkörper, die als Biokatalysatoren die biochemischen Vorgänge regulieren.

Epidemiologie. Die Erforschung von Häufigkeiten und Verteilung von Krankheiten in einer Population.

Epilepsie. Ein veränderter Bewußtseinszustand, der begleitet wird von einer plötzlichen Änderung der rhythmischen elektrischen Aktivität des Gehirns. Siehe auch: *Grand mal, Petit mal* und *psychomotorische Epilepsie.*

Ergebnisforschung. Ermittlung der Effektivität von Psychotherapieformen. Gegensatz: *Prozeßforschung.*

Erogen. In der Lage sein, sexuelle Lust zu empfinden, wenn man sexuell stimuliert wird.

Eros (Libido). *Freuds* Bezeichnung für den lebensintegrierenden Instinkt oder die Kraft des *Es,* manchmal mit sexuellem Trieb gleichgesetzt. Gegensatz: *Thanatos.*

Erregung. Ein entweder im Verhalten oder in körperlichen Reaktionen zum Ausdruck kommender Aktivierungszustand.

Erregungsphase. Nach Masters und Johnson die erste Phase der sexuellen Aktivierung, die durch einen geeigneten Reiz in Gang gesetzt wird.

Es. In der *Psychoanalyse* der Teil der Persönlichkeit, der zum Zeitpunkt der Geburt vorhanden ist, die gesamte Energie der *Psyche* umfaßt und sich in biologischen Trieben zeigt, die auf sofortige Befriedigung zielen.

Essentielle Hypertonie. *Psychophysiologische Störung,* die durch hohen Blutdruck gekennzeichnet ist, der nicht auf organische Ursachen zurückgeführt werden kann. Sie verursacht Ausweitungen und Degeneration kleiner Arterien, Vergrößerung des Herzens und Nierenschäden.

Eugenik. Wissenschaft, die sich mit der Verbesserung der Erbqualität der menschlichen Art durch soziale Kontrolle der Partnerwahl und der Reproduktion beschäftigt.

Exhibitionismus. Sexuelle Lust an der Entblößung der Geschlechtsteile in Gegenwart fremder Personen, die dies unfreiwillig verfolgen.

Existenzanalyse. Siehe *Existentielle Therapie.*

Existentielle Therapie. *Einsichts-Psychotherapie,* bei der die subjektiven Erfahrungen des Individuums, sein freier Wille und die immer vorhandene Fähigkeit, sich für ein neues Leben zu entscheiden, betont werden. Im Kontrast zur humanistischen Therapie tendiert diese Therapieform zu weniger freudvollem und optimistischem Ausblick des Lebens, sondern betont eher die Angst, die einen inhärent mit der ultimativen Einsamkeit eines jeden in dieser Welt konfrontiert.

Exogene Depression. Eine tiefe Traurigkeit, die auf ein äußeres Ereignis zurückzuführen ist.

Exogen. Auf äußere Ursachen zurückzuführen.

Exorzismus. Austreibung böser Geister durch rituelle Beschwörungen oder Folter.

Experiment. Anordnung zur Ermittlung eines kausalen Zusammenhangs. Das Experiment setzt die Manipulation einer *unabhängigen Variablen,* die Messung einer *abhängigen Variablen* und die *zufällige Zuweisung* der Versuchspersonen zu den verschiedenen Untersuchungsbedingungen voraus.

Ex-post-facto-Analyse. Versuch, das Problem der dritten Variablen dadurch zu reduzieren, daß parallele Gruppen von Versuchspersonen zusammengestellt werden, die sich hinsichtlich möglicher Störvariablen nicht unterscheiden.

Expressed emotion (EE). EE bezeichnet in der *Schizophrenie*-Forschung das Ausmaß an Feindseligkeit und Kritik, das dem Patienten gegenüber geäußert wird, gewöhnlich innerhalb der Familie.

Expressive Sprachstörung. Schwierigkeiten haben, sich beim Sprechen adäquat auszudrücken.

Extradurales Hämatom. Blutung zwischen Schädel und Dura mater nach einer Ruptur einer Meningealarterie aufgrund eines Schädelbruchs.

Fallstudie. Sammlung historischer oder lebensgeschichtlicher Informationen über eine Person, häufig unter Einschluß ihrer Erfahrungen mit einer Therapie.

Familieninteraktionsmethode. Das Verfahren, das Familienverhalten dadurch zu studieren, daß die Interaktion in einer strukturierten Laborsituation stattfindet und direkt beobachtet werden kann.

Familienmethode. Forschungsstrategie der *Verhaltensgenetik,* bei der die Häufigkeit eines Merkmals oder eines abnormen Verhaltens bei Verwandten ermittelt wird. Die Gemeinsamkeit der genetischen Ausstattung ist über das Verwandtschaftsverhältnis festgelegt.

Familiensystemischer Ansatz. Ein genereller Ansatz zu Ätiologie und Therapie, der die komplexen interaktionalen Beziehungen betont.

Familientherapie. Form der *Gruppentherapie,* bei der vorausgesetzt wird, daß Änderungen des familiären Beziehungssystems zu Veränderungen im Verhalten und Erleben der einzelnen Familienmitglieder führen.

Fellatio. Orale Stimulation des Penis.

Fetischismus. Die wiederholt bevorzugte oder ausschließliche Verwendung unbelebter Objekte zur Erreichung sexueller Erregung.

Fixierung. In der psychoanalytischen Theorie das Verharren auf einer bestimmten Stufe der *psychosexuellen Entwicklung,* in der man zu viel oder zu wenig Beachtung erfuhr.

Flacher Affekt. Fehlen der Merkmale des affektiven Ausdrucks, die Stimme ist monoton, das Gesicht unbewegt.

Forensische Psychiatrie oder Psychologie. Der Zweig der Psychiatrie oder Psychologie, der sich mit rechtlichen Fragen beschäftigt, die durch abweichendes Verhalten aufgeworfen werden.

Formatio reticularis. Dreidimensionales, z.T. Zellanhäufungen nach Art von Nervenkernen enthaltendes Maschenwerk des Nervensystems im Rauten-, Mittel- und Zwischenhirn. Ein Schaltzentrum, das hirnwärts geleitete Impulse von Sinnesorganen,

Rückenmark und *Großhirn* zu organgerichteten Impulsen im Sinne koordinierter, motorischer und vegetativer Leistungen umsetzt. Es ist maßgebend für den Bewußtseins- und Wachzustand, die Modulierung von Wahrnehmungen der Sinnesorgane, für die Beeinflussung von Haltung und Bewegung, die zentrale Kreislauf- und Atemregulation, die vegetativ-endokrinen Funktionen im *Hypothalamus* und für komplexe skelettmotorische Reflexe.

Freie Assoziation. Verfahren der *Psychoanalyse,* bei dem der *Analysand* dazu ermutigt wird, alles, was ihm in den Sinn kommt, zu verbalisieren, ohne den Inhalt zu überprüfen. Dabei wird angenommen, daß im Lauf der Zeit bislang verdrängtes Material auftaucht und durch den *Analysanden* und seinen Analytiker untersucht werden kann.

Frei flottierende Angst. Beständig vorhandene *Angst,* die nicht einer bestimmten Situation oder einer erkennbaren Gefahr zugeschrieben werden kann. Siehe *Generalisierte Angststörung.*

Frontallappen. Die vordere obere Hälfte jeder Großhirnhemisphäre vor dem Zentralsulcus: am Denken und anderen höheren kognitiven Prozessen beteiligt.

Fugue. *Dissoziative Reaktion,* bei der das Individuum seine gewohnte Umgebung verläßt, an einem anderen Ort ein neues Leben beginnt und eine *Amnesie* für seine Vergangenheit aufweist, obwohl es seine Fähigkeiten beibehält und anderen normal erscheint.

Funktionelle Psychose. Psychische Störung, bei der Denken, Verhalten und Emotionen ohne pathologische Veränderungen im Gewebe oder Zustand des Gehirns gestört sind.

Galvanische Hautreaktion (Galvanic skin response CSR). Veränderung der elektrischen Leitfähigkeit der Haut, die durch eine Zunahme der Aktivität der Schweißdrüsen verursacht wird. Ausgelöst wird diese Reaktion durch Emotionen wie *Angst.*

Geistige Behinderung. Deutlich unterdurchschnittliche allgemeine intellektuelle Leistungsfähigkeit verbunden mit einer Beeinträchtigung der sozialen Anpassung. Der Beginn der Störung liegt in der Kindheit.

Gelernte Hilflosigkeit. Bezieht sich auf die gelernte passive Akzeptanz von Unannehmlichkeiten durch den Organismus, nachdem festgestellt wurde, daß Reaktionen keine Fluchtmöglichkeiten eröffnen; führt nach Seligman zur *Depression.*

Gemeindepsychologie (Prävention). Ein therapeutisches Vorgehen, bei dem die Betonung auf der Verhütung und dem Ausfindigmachen potentieller Schwierigkeiten liegt. Eventuell erforderliche Behandlungen finden eher im natürlichen Umfeld der Person als in ausgegrenzten Institutionen statt.

Gemischter Versuchsplan. Forschungsstrategie, bei der sowohl korrelative als auch experimentelle Variablen verwendet werden; die Zuweisung von Versuchspersonen aus verschiedenen Populationen zu zwei experimentellen Bedingungen ist ein Beispiel.

Gen. Baustein der Erbsubstanz in den *Chromosomen* lokalisiert. Das Gen ist die kleinste Einheit des DNA-Moleküls, das einen Teil der Erbinformationen speichert.

Generalisierte Angststörung. Eine der Angststörungen, bei denen die Angst so chronisch, anhaltend und überwältigend ist, daß sie *frei flottierend* erscheint. Die Person ist nervös und angespannt und befürchtet, daß etwas Schlimmes passiert. Symptome: Motorische Spannung, vegetative Hyperaktivität, Erwartungsangst, Überwachheit und ständiges Überprüfen der Umgebung.

Genitale Phase. In der Theorie Freuds das *psychosexuelle Stadium,* das im Erwachsenenalter erreicht wird und in dem heterosexuelle Interessen vorherrschen.

Genotyp. Die nicht beobachtbare genetische Ausstattung eines Menschen. Vergleiche: *Phänotyp.*

Gerontologie. Die interdisziplinäre Erforschung von Alternsprozessen und von den speziellen Problemen älterer Menschen.

Geschlechtsidentität. Das Gefühl des Individuums, ein Mann oder eine Frau zu sein.

Gestalttherapie. Eine *humanistische Einsichtstherapie,* die von Fritz Perls entwickelt wurde. Die Klienten werden ermutigt, die auftretenden Bedürfnisse zu erfüllen, damit das angeborene Gute ausgedrückt werden kann; das Bewußtsein für unterdrückte Gefühle wird verbessert und Teile der Persönlichkeit, die vorher verleugnet wurden, angenommen.

Gestation. Schwangerschaft, der Zeitraum zwischen Befruchtung und Entbindung; beträgt beim Menschen 273-281 Tage.

Glatte Muskulatur. Dünne Muskelzellschichten in den Eingeweiden und den Wänden der Blutgefäße. Diese Muskulatur unterliegt nicht der direkten Willkürkontrolle.

Grand mal-Epilepsie. Generalisierte *Epilepsie* mit tonisch-klonischen Krämpfen („großer Anfall").

Graue Substanz. Nervengewebe, das hauptsächlich aus Nervenzellkörpern besteht. Diese Substanz bildet die Hirnrinde, die Kerne *(Nuklei)* in den unteren Hirnbereichen und die innere Struktur des Rückenmarks.

Grimassieren. Verziehen der Gesichtsmuskulatur ohne entsprechenden nachvollziehbaren seelischen Vorgang („leere" Mimik); kommt bei einer Unterform der *Schizophrenie (Hebephrenie)* häufig vor.

Großhirn. Paarige Struktur, die sich vom *Hirnstamm* aus erstreckt und den vorderen Bestandteil des Gehirns darstellt. Größter und in der Entwicklungsgeschichte jüngster Bestandteil des Gehirns beim Menschen: koordiniert sensorische und motorische Prozesse und ist entscheidend an den höheren kognitiven Funktionen beteiligt.

Großhirnrinde (Cortex cerebri). Dünne äußere Schicht der beiden Großhirnhemisphären. Besteht hauptsächlich aus der *grauen Substanz.*

Gruppentherapie. Methode der Behandlung psychischer Störungen, bei der mehrere Personen gleichzeitig mit einem Therapeuten zusammenkommen.

Gyrus. Bezeichnung für die Hirnwindungen, die an der Großhirnoberfläche ausgebildeten, von Furchen *(Sulci)* begrenzten Gebilde, deren Zahl und Anordnung individuell stark variiert.

Habituation. Prozeß, bei dem die Reaktion eines Organismus auf den gleichen Reiz bei wiederholter Darbietung abnimmt.

Halluzination. Wahrnehmung, die nicht durch entsprechende äußere Sinnesreize hervorgerufen wird, jedoch für die betroffene Person Realitätscharakter besitzt.

Halluzinogen. Psychotrope Substanz, die *Halluzinationen* hervorrufen. *Mescalin, LSD, Psilobycin,* Scopolamin werden häufig auch psychedelische Drogen genannt.

Handschuhanästhesie. In handschuhförmiger Ausbreitung vorhandene Empfindungslosigkeit der Hand. Tritt bei *dissoziativen Störungen* auf.

Haschisch. Das getrocknete Harz der Cannabis-Pflanze, in seinen Auswirkungen stärker als die getrockneten Blätter und Stengel, aus denen *Marihuana* besteht.

Hebephrenie. Siehe *Schizophrenie, desorganisierter Typus.*

Hemisphäre. Eine der beiden Hälften des *Großhirns.*

Hermaphrodit. Person mit männlichen und weiblichen Geschlechtsorganen.

Heroin. Ein extrem abhängig machendes *Narkotikum,* welches aus *Morphinen* gewonnen wird.

Heterosexuell. Person, die sexuelle Beziehungen zum anderen Geschlecht unterhält.

Hirnstamm. Der Teil des Gehirns, der das Rückenmark mit dem *Großhirn* verbindet; enthält die *Pons* und die *Medulla oblongata* und stellt eine neuronale Schaltstation dar.

Hirnwellen. Rhythmische Spannungsfluktuationen in der elektrischen Aktivität des Gehirns, die durch die Aktivität der *Neuronen* entstehen. Der Verlauf wird mit dem *Elektroencephalographen* aufgezeichnet.

Homophobie. Angst vor Homosexualität.

Homosexualität. Sexuelle Anziehung zu oder Aktivitäten mit Angehörigen des eigenen Geschlechts.

Homovanillinsäure. Einer der wichtigsten Metaboliten des Dopamins. Abbauprodukt im *Katecholamin*-Stoffwechsel.

Hormon. Chemische Substanz, die von einer endokrinen Drüse produziert und in das Blut oder die Lymphe abgegeben wird. Die Hormone kontrollieren entfernte Organe oder Organsysteme. Dazu gehören: Stoffwechsel, Wachstum und Entwicklung der sekundären Geschlechtsmerkmale.

Humanistische und existentielle Therapien. Ein allgemeiner Ausdruck für *Einsichtstherapien,* die den Schwerpunkt auf die individuellen subjektiven Erfahrungen, den freien Willen und die allgegenwärtige Möglichkeit zur Entscheidungsfreiheit legen.

Humanistische Therapie. Eine *Einsichtstherapie,* die ihren Schwerpunkt auf die Wahlfreiheit, das menschliche Wachstum, die Freuden, ein Mensch zu sein und die Phänomenologie des Patienten legt.

Hyperaktivität. Siehe *Aufmerksamkeits- und Hyperaktivitätsstörung.*

Hyperkinese. Siehe *Aufmerksamkeits- und Hyperaktivitätsstörung.*

Hypertonie. Hoher arterieller Blutdruck mit oder ohne bekannte organische Ursachen.

Hyperventilation. Über den Bedarf hinaus gesteigerte Belüftung der Lunge; führt zum Abfall des Kohlendioxidgehalts im Blut und möglicherweise zur Bewußtlosigkeit. Hyperventilation tritt bei Angstreaktionen auf.

Hypnose. Durch Suggestion bewirkter schlafähnlicher Zustand mit Bewußtseinseinengung, stark herabgesetzter Willensbildung, besonderem Kontakt zum Hypnotiseur, dessen Anweisungen auch posthypnotisch befolgt werden.

Hypochondrie. *Somatoforme Störung.* Hauptkennzeichen ist die unrealistische Interpretation von körperlichen Zeichen und Empfindungen als abnorm, so daß es zu intensiver Beschäftigung mit der Furcht oder Überzeugung kommt, eine schwere Erkrankung zu haben. Schwierig von der *Somatisierungsstörung* zu unterscheiden.

Hypothalamus. Unterhalb des *Thalamus* gelegener Teil des Zwischenhirns. Stellt durch seine Kerne das zentrale Regulationsorgan der vegetativen Funktionen dar, so der Nahrungsaufnahme, der Wasseraufnahme, der Körpertemperatur, des Kreislaufs (zusammen mit Kreislaufzentrum der *Medulla oblongata)*, der Sexualität und des Schlafes.

Hysterie. Eine bereits in der Antike beschriebene Störung, bei der körperliche Krankheitssymptome wie Lähmung, Empfindungslosigkeit oder *Analgesie* nicht auf eine Fehlfunktion entsprechender Organe oder Organsysteme zurückgeführt werden können, z.B. bei der *Handschuhanästhesie.* Heute wird dieser historische Begriff durch *dissoziative Störung bzw. Konversionsstörung* ersetzt.

Ich. Begriff der *Psychoanalyse.* Der vorwiegend bewußte Bestandteil der Persönlichkeit, der für das Treffen von Entscheidungen und für den Umgang mit der Realität verantwortlich ist.

Ich-Analyse. Eine Modifikation der klassischen *Psychoanalyse,* die auf der Auffassung beruht, daß der Mensch ein stärkeres, autonomeres *Ich* hat und daß es Befriedigungen für das *Ich* gibt, die unabhängig vom *Es* sind. Gelegentlich auch Ich-Psychologie genannt.

Ideenflucht. Formale *Denkstörung,* gekennzeichnet durch vermehrten Zustrom an Denkinhalten, ständig wechselndes Denkziel, ablenkbares und oberflächliches Denken mit Verlorengehen des Leitgedankens; Symptom von *Manie.*

Idiot savant. Seltene Form der *geistigen Behinderung,* bei der in einem oder wenigen begrenzten Bereichen intellektueller Leistungen eine ungewöhnliche Begabung vorliegt.

Imipramin. *Trizyklisches Antidepressivum.*

Impotenz, primäre. Unvermögen des Mannes, den Geschlechtsverkehr regelrecht und befriedigend zu vollziehen. **Impotenz, sekundäre.** Häufigste Form der Impotenz, die z.B. durch Erwartungsspannungen, neurotische oder andere psychische Störungen entsteht; führt zu Erektionsschwäche oder zu verfrühtem bzw. verzögertem Samenerguß.

Indexfall. Bei einer genetischen Untersuchung die Person, die Träger des untersuchten Merkmals ist.

Individualpsychologie. Eine Abwandlung von Freuds *Psychoanalyse* durch Alfred Adler. Der Schwerpunkt liegt weniger auf biologischen Trieben als vielmehr auf Faktoren wie den bewußten Überzeugungen und der persönlichen Weiterbildung.

Indolamine. Verbindungen, die bei der neuralen Erregungsübertragung eine Rolle spielen und die einen Indolanteil enthalten. Dazu gehören Tryptamin und *Serotonin.*

Infantiler Autismus. Eine Störung, die vor dem Alter von 30 Monaten auftritt. Sie ist gekennzeichnet durch einen grundlegenden Mangel an Reaktion auf andere Menschen, große Defizite in der Sprachentwicklung, bizarre Reaktionen auf verschiedene Aspekte der Umgebung (Widerstand gegen Veränderungen. eigentümliche Interessiertheit an bzw. Beziehungen zu belebten und unbelebten Objekten). Wenn Sprache vorhanden ist, sind eigentümliche Sprachmuster. wie etwa prompte oder verzögerte *Echolalie,* metaphorische Sprache und Pronomenumkehr zu beobachten (auch frühkindlicher Autismus).

Infektionskrankheit. Eine durch das Eindringen von Mikroorganismen (z.B. Bakterien, Viren, Pilze, Parasiten) in den Körper und die anschließende Vermehrung dieser Organismen ausgelöste Erkrankung.

Inkohärenz. *Denkstörung,* bei der verbale Äußerungen durch fehlenden Zusammenhang, bruchstückhafte Gedanken, ungeordnete Sätze und Neologismen gekennzeichnet sind. Tritt bei *Schizophrenie* auf.

Instrumentelles Lernen. Siehe *Operantes Konditionieren.*

Intelligenzalter. Der Stand der Intelligenz eines Kindes bezogen auf die geistige Leistungsfähigkeit des altersgemäßen Intelligenzdurchschnitts. Dieser von Binet geprägte Begriff wurde durch den *Intelligenzquotienten* (IQ) ersetzt.

Intelligenzquotient (IQ). Das Verhältnis von Intelligenz-(Entwicklungs-)alter zu Lebensalter, multipliziert mit 100. Bei neueren Testverfahren wird dieser Wert aufgrund der Leistungsverteilung der Testrohwerte in einer repräsentativen Stichprobe ermittelt.

Intelligenztests. Bezeichnung für eine Gruppe von Verfahren, die auf der Grundlage unterschiedlicher Intelligenzdefinitionen und Intelligenztheorien die intellektuelle Leistungsfähigkeit quantitativ und qualitativ bestimmen.

Interpretation. In der *Psychoanalyse* das Vorgehen des Analytikers, der den *Analysanden* darauf hinweist, wo *Widerstände* vorhanden sind und was in den Träumen und verbalen Äußerungen über ins Unbewußte verdrängte Impulse zum Ausdruck kommt. Etwas allgemeiner: jede Äußerung eines Therapeuten, die das Problem des Klienten in neuem Zusammenhang erscheinen läßt.

Introjektion. Die unbewußte Übernahme von Werten, Einstellungen und Eigenschaften anderer Personen in die eigene Ich-Struktur.

Introspektive Methode. Verfahren, bei dem trainierte Versuchspersonen aufgefordert werden, über ihre Erlebnisse und Gedanken z.B. beim Lösen von Problemen zu berichten. Wichtiges Verfahren in der psychologischen Forschung zu Beginn des 20. Jahrhunderts.

In vivo. In der Psychologie: in der Alltagssituation.

Involutionsdepression. *Depression,* die im höheren Alter auftritt.

Inzest. Sexuelle Beziehungen zwischen unmittelbar verwandten Personen (Eltern – Kinder, Bruder – Schwester).

Inzidenz. In der Epidemiologie die Anzahl neuer Erkrankungsfälle in der Zeiteinheit. Vergleiche *Prävalenz.*

Irrationale Überzeugungen. Selbstschädigende Überzeugungen, die nach der *rational-emotiven Therapie* psychologischem Distreß zugrunde liegen.

Kastration. Vor oder nach der Pubertät erfolgende operative Entfernung der Keimdrüsen (Hoden oder Eierstöcke).

Katatone Schizophrenie. Eine Psychose, bei der die Hauptsymptome zwischen stuporöser Unbeweglichkeit und extremer Agitiertheit wechseln.

Katatonie. Bewegungsstarre mit manchmal grotesken Positionen, die über lange Zeit aufrechterhalten werden kann. Sie geht einher mit Muskelstarre, tranceartigen Bewußtseinszuständen und einer *wächsernen Biegsamkeit.*

Katecholamine. Gruppe von Monoamin-Verbindungen, zu denen sowohl *Neurotransmitter (Noradrenalin, Dopamin)* als auch *Hormone* gehören.

Kategoriale Klassifikation. Klassifikationsmethode, bei der grundsätzlich entschieden wird, ob eine Person ein Mitglied einer bestimmten Gruppe ist oder nicht. Gegensatz zu *Dimensionaler Klassifikation.*

Kathartische Methode. Therapeutisches Vorgehen, das gegen Ende des 19. Jahrhunderts von Breuer eingeführt und zusammen mit Freud weiterentwickelt wurde. Das Ziel besteht darin, durch „Offenlegen" früherer Erlebnisse zum Abreagieren und damit zur Heilung zu gelangen.

Klangassoziation. Verknüpfung von Wörtern aufgrund ihrer Klangähnlichkeit ohne Berücksichtigung des Inhalts.

Klassisches Konditionieren. Grundform des Lernens, bei der ein neutraler Reiz wiederholt mit einem anderen Reiz (dem sog. *unkonditionierten Stimulus),* der eine bestimmte Reaktion auslöst, gekoppelt wird. Nach wiederholter Darbietung der Kombinati-

on wird der früher neutrale Reiz zum *konditionierten Reiz* und ist in der Lage, die gleiche Reaktion wie der *unkonditionierte Reiz* auszulösen, jetzt *konditionierte Reaktion* genannt.

Kleinhirn. Hinten im Schädel liegender Teil des Gehirns, der für die motorische Koordination von Bewegungen und das Gleichgewicht zuständig ist.

Klientenzentrierte Therapie. Von Carl Rogers entwickelte Form der Psychotherapie, bei der es von besonderer Bedeutung ist, daß der Therapeut die subjektiven Erfahrungen des Klienten versteht und ihm dabei hilft, sein Bewußtsein für die gegenwärtig vorhandenen Motivationen seines Verhaltens zu erweitern. Das Ziel der Therapie besteht nicht nur darin, die Ängste und Probleme abzubauen, sondern in der Verwirklichung der Möglichkeiten des Klienten.

Klinische Psychologie. Das Teilgebiet der Psychologie, das sich mit der Erforschung der Psychopathologie, ihrer Ursachen, Prävention und Behandlung befaßt.

Klonische Phase. Stadium der heftigen Verdrehungen und Zuckungen der Glieder beim *epileptischen Grand mal-Anfall.*

Kognition. Sammelbegriff für alle Vorgänge oder Strukturen, die mit dem Gewahrwerden und Erkennen zusammenhängen, wie Wahrnehmung, Entscheidung, Erinnerung (Wiedererkennen), Vorstellung, Begriff, Denken, aber auch Vermutung, Erwartung, Planen.

Kognitive Therapie. Eine Therapie der kognitiven Umstrukturierung von Aaron T. Beck, die sich mit der Veränderung negativer Schemata und gewisser kognitiver Verzerrungen, die Personen zu einer negativen Weltsicht veranlassen, beschäftigt.

Kognitive Umstrukturierung. Verfahren der *Verhaltenstherapie,* bei dem versucht wird, die Ansichten und Gedanken des Klienten über sein Leben und damit sein offenes Verhalten zu ändern.

Kognitives Paradigma. Die generelle Anschauung, daß man Menschen am besten dann verstehen kann, wenn man untersucht, wie sie ihre Erfahrungen wahrnehmen und strukturieren.

Kohorteneffekte. Die Konsequenzen, die sich daraus ergeben, daß man in einem bestimmten Jahr geboren ist und in einer bestimmten Zeit mit ihren einzigartigen Sorgen, Problemen und Herausforderungen aufgewachsen ist. Zu unterscheiden von *Alterseffekten.*

Kokain. Schmerzminderndes und stimulierendes *Alkaloid,* das aus den Blättern des Koka-Strauchs gewonnen wird. Es erzeugt Euphorie und erhöht das sexuelle Verlangen; in höherer Dosierung kann es *Halluzinationen* und Wahnideen erzeugen.

Komorbidität. Das gemeinsame Auftreten zweier Störungen, z.B. *Depression* und *Alkoholismus.*

Konditionierte Reaktion. Siehe *klassische Konditionierung.*

Konditionierter Reiz. Siehe *klassische Konditionierung.*

Konfabulation. Ausfüllen von Gedächtnislücken mit erfundenen und häufig unwahrscheinlichen Geschichten, die von der Person, die sie erzählt, als wahr akzeptiert werden.

Kongenital. Zum Zeitpunkt der Geburt oder vorher vorhanden, jedoch nicht vererbt.

Konkordanz. In der Verhaltensgenetik Übereinstimmung bestimmter Eigenschaften, z.B. bestimmter Merkmale bei eineiigen Zwillingen.

Konstrukt. Ein nicht unmittelbar operational faßbarer Begriff, der sich auf nicht direkt beobachtbare oder erschließbare Entitäten oder Eigenschaften bezieht.

Kontingenz. Der Zusammenhang; das Miteinanderauftreten zweier qualitativer Merkmale.

Kontrollgruppe. Versuchspersonen bei einem *Experiment,* für die die *unabhängige Variable* nicht manipuliert wird. Dadurch besteht die Möglichkeit, die Effekte der Manipulation als Differenz gegen die Ausgangsbedingung zu untersuchen.

Konversionsstörung. *Somatoforme Störung,* bei der sensorische oder muskuläre Funktionen beeinträchtigt sind. Die *Symptome* legen gewöhnlich eine neurologische Erkrankung nahe, obwohl eine körperliche Untersuchung keine Bestätigung liefert. Empfindungslosigkeit und Lähmungen sind Beispiele.

Korrelation. In der Statistik die Wechselbeziehung zweier oder mehrerer variabler Merkmale, z.B. Größe und Gewicht.

Korsakow-Syndrom. Alkoholbedingte amnestische Störung nach lange dauerndem schweren Alkoholmißbrauch. Kennzeichen sind sowohl Beeinträchtigung des Kurzzeitgedächtnisses (Unfähigkeit, neue Informationen aufzunehmen) als auch des Langzeitgedächtnisses (Unfähigkeit, früher aufgenommene Informationen zu reproduzieren).

Kortison. Hormon der *Nebennierenrinde.*

Krampfanfall (Konvulsion). Ein sich in Serien wiederholendes klonisches oder tonisches Krampfgeschehen der Körpermuskulatur, ausgelöst durch ein „Krampfzentrum" im Gehirn oder Rückenmark, z.B. bei Durchblutungsnot, durch ein Krampfgift (Strychnin), bei *Epilepsie* oder Fieber.

Krankheit. 1. Subjektives und objektives Bestehen körperlicher oder psychischer Störungen bzw. Veränderungen. 2. Krankheitsbegriff: die Bezeichnung für eine zusammengefaßte Gruppe von Krankheitsabläufen, die als Entität mit mehr oder weniger typischen Zeichen *(Symptomen)* aufgefaßt wird.

Kretinismus. Angeborene, fehlende oder mangelhafte *Schilddrüsenfunktion* mit Wachstumshemmung (Zwergwuchs, Kurzfingrigkeit, aufgestülpte Nase, dicke Zunge, Taubheit) und Geistiger Behinderung (zurückgebliebene Sprachentwicklung).

Kriegsneurose (Granatenschock). Ein Begriff aus dem Ersten Weltkrieg für das, was heute als *Posttraumatische Belastungsreaktion* bezeichnet wird. Als Ursache wurden die plötzlichen Druckschwankungen durch nahe Explosionen angesehen.

Kritische Phase. Ein Stadium der frühen Entwicklung, in der der Organismus für bestimmte Einflüsse empfänglich ist und in der wichtige, irreversible Verhaltensmuster erworben werden. Siehe *Prägung.*

Läsion. Umschriebene Störung einer Funktion oder des Gewebegefüges im lebenden Organismus.

Langsame Hirnwellen. Thetarhythmus (4-7 Hz) des *EEG,* der gewöhnlich aus den subkortikalen Bestandteilen des Gehirns kommt und Deltarhythmus (weniger als 4 Hz), der normalerweise während des Tiefschlafs auftritt.

Latenz-Stadium. Nach der *Psychoanalyse* das vierte *psychosexuelle Stadium* im Alter von sechs bis zwölf Jahren. Während dieser Zeit spielen die Es-Impulse in der Motivation eine geringere Rolle.

Leichte geistige Behinderung. Einschränkung der allgemeinen intellektuellen Leistungsfähigkeit, die einem IQ zwischen 50 und 70 entspricht.

Lernstörungen. Eine Reihe von Entwicklungsstörungen, die Lesestörung, Rechenstörung und Störung des schriftsprachlichen Ausdrucks umfassen. Kennzeichnend sind die mangelhafte schulische Entwicklung in bestimmten Fächern, die nicht durch die Intelligenz des Kindes erklärt werden kann. Eine Lernstörung wird nicht diagnostiziert, wenn die Störung auf Sinnesbeeinträchtigungen zurückgeführt werden kann.

Libido. Siehe *Eros.*

Life Event-Fragebogen. Verfahren, das die subjektiv wahrgenommenen und erlebten Belastungen *(Streß)* einer abgegrenzten Zeit (üblicherweise von einem Jahr) erfaßt. Berücksichtigt werden dabei nicht nur negative Ereignisse (z.B. Verlust naher Angehöriger, Scheidung), sondern auch positive (z.B. Heirat, Geburt eines Kindes). Hohe Werte können mit dem Auftreten von Krankheiten in Zusammenhang stehen.

Limbisches System. Phylogenetisch altes, zwischen *Hirnstamm* und Neocortex gelegenes funktionelles System. Kontrolliert viszerale und körperliche Veränderungen, die mit Emotionen einhergehen.

Lithium. Therapeutische Anwendung finden Lithiumchlorid und Lithiumkarbonat bei *manisch-depressiven Störungen* als Dauer- bzw. Intervallbehandlung.

Lobotomie. Operative Durchtrennung der Stirnhirn-*Thalamus*-Verbindung vor allem zur Schmerzausschaltung.

Lockerung der Assoziationen. Ein Denken, bei dem die Sprache durch einen Wechsel der Ideen von einem Thema zum anderen gekennzeichnet ist, wobei die Themen gar nichts oder nur wenig miteinander zu tun haben, ohne daß dies dem Sprecher bewußt wird. Aussagen, denen ein sinnvoller, logischer Zusammenhang fehlt, werden einander gegenübergestellt, oder der Betreffende schweift idiosynkratisch von einem Bezugsrahmen zum anderen. Bei schwerer Assoziationslockerung wird die Sprache inkohärent. Die Lockerung der Assoziationen findet sich bei *Schizophrenie,* bei *manischen* Episoden und bei anderen *Psychosen.*

Logotherapie. Eine Existentialpsychotherapie von Viktor Frankl, die dem Patienten helfen soll, seinem Leben wieder einen Sinn zu geben, indem sein Leiden in einen größeren spirituellen und philosophischen Kontext gestellt wird. Das Individuum erhält die Verantwortung für seine Existenz und dafür, ein sinnvolles Leben zu führen.

Löschung (Extinktion). Beseitigung einer *klassisch* oder *operant konditionierten Reaktion* durch wiederholte Vorgabe des *konditionierten Reizes* ohne den *unkonditionierten Reiz* bzw. ohne nachfolgende Verstärkung.

LSD (D-Lysergsäurediäthylamid). *Halluzinogen,* verursacht nach oraler Aufnahme mit einer *Latenz* von 30-120 Minuten auftretende, 5-24 Stunden anhaltende psychotische Erscheinungen. Anfänglich finden sich Verzerrungen der Sinneswahrnehmungen, dann Gefühle der Geist-Körper-Trennung, Verlust des Raum-Zeit-Gefühls, *Halluzinationen,* Affektaktivierung und evtl. Auslösung einer Angstreaktion.

Lustprinzip. In der *psychoanalytischen* Theorie die Grundlage der Es-Funktion; das *Es* ist auf sofortige Befriedigung seiner Bedürfnisse aus.

Mäßige geistige Behinderung. Deutliche Beeinträchtigung der allgemeinen intellektuellen Leistungsfähigkeit. Der IQ der Betroffenen liegt zwischen 35 und 49. Kinder mit dieser Behinderung sind „praktisch bildbar". Sie können nach intensivem Training Fertigkeiten erwerben, die sich auf Anziehen, Waschen und Essen beziehen.

Major (unipolare) Depression. Eine Störung mit Episoden der *Depression*, aber nicht der *Manie.*

Malleus Maleficarum (Der Hexenhammer). Ein von zwei Dominikaner-Mönchen im 15. Jahrhundert geschriebenes Handbuch, das Regeln zur Identifikation von Hexen und für den Prozeß gegen sie enthält.

Manie. Ein emotionaler Zustand intensiver, jedoch unbegründeter Gesprächigkeit, extreme Unruhe, Enthemmung (evtl. auch Tobsucht), erhöhte Triebhaftigkeit, *Ideenflucht,* Selbstüberschätzung, plötzliche, grundlose Aktivität.

Manisch-depressive (bipolare) Störung. Zuerst von *Kraepelin* beschriebene *affektive Störung,* die durch wechselnde Phasen von *Manie* und *Depression* gekennzeichnet ist. Wird im DSM-IV als *Bipolare Störung* bezeichnet.

Marathon-Gruppe. Eine den ganzen Tag oder länger ununterbrochen andauernde Gruppensitzung, typischerweise als Bestandteil eines Sensitivity-Trainings, wobei angenommen wird, daß Abwehrhaltungen durch die körperliche und psychische Ermüdung durch die intensive Gruppeninteraktion erschöpft werden können.

Marihuana. Getrocknete Blätter, Blüten und Stengel des Indischen Hanfs. Wirkungen: Siehe *Haschisch.*

Masochismus. Siehe *Sexueller Masochismus.*

Massive Entwicklungsstörung, in der Kindheit beginnend. Schwere und anhaltende Behinderung der sozialen Beziehungen, z.B. Fehlen angemessener affektiver Reaktionen, unangemessen anklammerndes Verhalten, unsoziales Verhalten, Fehlen von *Empathie.* Weitere *Symptome* sind: plötzlich auftretende exzessive *Angst,* eingeengter oder unangemessener *Affekt* (Fehlen angemessener Furchtreaktionen), Widerstand gegen Veränderungen in der Umgebung, Eigentümlichkeiten der Motorik, Anomalien der Sprache, Über- oder Unterempfindlichkeit gegenüber Reizen, Selbstschädigung. Die Störung tritt nach dem 30. Lebensmonat und vor dem 12. Lebensjahr auf.

Mediationstheorie. Die Auffassung, daß bestimmte Reize nicht direkt zu einer offenen Reaktion führen, sondern daß sie intervenierende Prozesse aktivieren, die ihrerseits die Reaktion in Gang setzen. Sie bietet eine Erklärung des Denkens, der Triebe, Emotionen auf der Basis von Reiz und Reaktion.

Mediator. Ein erschlossener Zustand, der zwischen dem beobachtbaren Reiz und der beobachtbaren Reaktion liegt, durch den Reiz erzeugt wird und die Reaktion auslöst. Allgemeiner ausgedrückt: ein Gedanke, Trieb, Gefühl oder Überzeugung. Auch *Konstrukt* genannt.

Medizinisches Modell (Krankheitsmodell). Eine Reihe von Annahmen, nach denen abweichendes Verhalten Ähnlichkeiten zu körperlichen Krankheiten aufweist.

Produkt-Moment-Korrelation. Parametrisches Verfahren zur Bestimmung des Ausmaßes der Wechselbeziehungen zwischen zwei quantitativen *Variablen.* Die Werte liegen zwischen +1.0 und –1.0.

Prognose. Voraussage des wahrscheinlichen Verlaufs und des Endzustands einer Krankheit.

Projektion. *Abwehrmechanismus,* bei dem Merkmale oder Wünsche, die für das *Ich* nicht akzeptabel sind, einer anderen Person zugeschrieben werden.

Projektiver Test. Diagnostisches Verfahren, bei dem Vorlagen verwendet werden, die unstrukturiert sind. Die von dem Getesteten vorgenommene Strukturierung läßt Rückschlüsse auf Motive und die Persönlichkeitsstruktur zu. Beispiele für derartige Tests sind der *Rorschach-Test* und der *TAT (Thematischer Apperzeptionstest).*

Pronomenumkehr. Sprachproblem, bei dem das Kind sich selbst mit „er" und „du" bezeichnet und „ich" oder „mich" zur Bezeichnung anderer verwendet. Tritt bei *autistischen* Kindern auf.

Prozeßforschung. Erforschung der psychologischen Mechanismen, durch die eine Therapie zu einer Änderung führt. Gegensatz: *Ergebnisforschung.*

Psilobycin. *Halluzinogener* Inhaltsstoff mexikanischer Rauschpilze.

Psyche. Die Seele, der Geist oder der Verstand im Gegensatz zum Körper; in der psychoanalytischen Theorie die Gesamtheit des *Es,* des *Ichs,* des *Über-Ichs,* einschließlich bewußter und unbewußter Komponenten.

Psychoaktive Substanz. Eine chemische Verbindung, die eine psychische Wirkung hat, die Stimmung oder Denkprozesse verändert: Beispiel: *Tranquilizer.*

Psychoanalyse. Bezeichnet in erster Linie die von Freud entwickelten Techniken der Psychotherapie, zu denen *freies Assoziieren, Traumdeutung* und das Durcharbeiten der *Übertragungsneurose* gehören. In neuerer Zeit bezeichnet der Begriff die zahlreichen Varianten der Freudschen Therapie.

Psychodynamisch. Begriff der *psychoanalytischen* Theorie, der sich auf die geistigen und emotionalen Kräfte und Prozesse bezieht, die sich in der frühen Kindheit entwickeln, und deren Auswirkungen auf das Verhalten und den psychischen Zustand.

Psychologischer Test. Standardisiertes Verfahren zur Erfassung von Fertigkeiten (z.B. Rechtschreibung oder Rechnen), Fähigkeiten (z.B. räumliches Vorstellungsvermögen) oder Persönlichkeitsmerkmalen (z.B. Angst).

Psychomotorische Epilepsie. Form eines epileptischen Anfalls. bei dem Routinehandlungen, gelegentlich auch komplexere Aktivitäten, ausgeführt werden und der Betroffene den Kontakt zur Umwelt verloren hat, ohne anscheinend das Bewußtsein zu verlieren.

Psychopharmaka. Psychoaktive Medikamente, die nach der klinischen Wirkung in folgende Gruppen eingeteilt werden: 1. *Neuroleptika* (Medikamente mit antipsychotischer Wirkung), 2. *Tranquilizer* (Beruhigungsmittel) und 3. *Antidepressiva.*

Psychophysiologische Störung. Eine Störung, in deren Vordergrund körperliche *Symptome* stehen. Gewebsschädigungen in den betroffenen Organen oder Organsystemen können, bedingt durch die ständige Erregung des *autonomen Nervensystems,* auftreten. Magengeschwüre sind dafür ein Beispiel. Wird im DSM-IV nicht mehr als eigenständige Kategorie geführt.

Psychose. Vorübergehende oder sich stetig verschlechternde psychische Störung oder Abnormität mit erheblicher Beeinträchtigung psychischer Funktionen, gestörtem Realitätsbezug, mangelnder Einsicht und Fähigkeit, den üblichen sozialen Normen bzw. Lebensanforderungen zu genügen.

Psychosexuelle Stadien. In der *psychoanalytischen* Theorie kritische Entwicklungsphasen, die das Individuum durchläuft, wobei jede Phase durch den Körperbereich gekennzeichnet ist, an dem die maximale Befriedigung erlebt wird. Die Persönlichkeit des Erwachsenen hängt von dem Muster und der Intensität der erlebten Triebbefriedigung auf jeder einzelnen Stufe ab.

Psychosomatische Störung. Siehe *Psychophysiologische Störung.*

Psychotherapie. Psychotherapie versucht in erster Linie mit verbalen Mitteln, Menschen mit Problemen zu helfen, ihre Gedanken, Gefühle und Verhalten so zu ändern, daß ihr Leiden reduziert wird und sie eine größere Lebenszufriedenheit erreichen. Siehe auch *Einsichtstherapie* und *Verhaltenstherapie.*

Psychotische Depression. *Depression,* die mit *Wahn*vorstellungen und ungerechtfertigten Gefühlen der Wertlosigkeit oder der Schuld verbunden ist.

Rapport. Ein enges, vertrauensvolles Verhältnis, von dem angenommen wird, daß es für eine effektive *Psychotherapie* essentiell ist.

Rational-emotive Therapie. Von *Albert Ellis* eingeführte *Psychotherapie,* die auf der Annahme aufbaut, daß ein Großteil gestörten Verhaltens eine Funktion dessen ist, was die Personen erwarten. Die Therapie zielt direkt darauf ab, die Ziele, die sich die Individuen setzen, zu ändern, insbesondere die, die unrealistisch sind.

Raynaud-Krankheit. *Psychophysiologische Störung,* bei der die Kapillaren, insbesondere der Finger und

Zehen, Spasmen aufweisen. *Symptome* sind kalte und feuchte Hände, die mit Schmerzen einhergehen. Lokale Gewebsveränderungen sind eine häufige Folge.

Reaktionsbildung. *Abwehrmechanismus,* durch den ein unbewußter und unakzeptabler Impuls, der zur *Angst* führen würde, in sein Gegenteil verkehrt wird, so daß er bewußt werden und ausgedrückt werden kann.

Refraktärphase. An erregbaren Membranen der Zeitraum unmittelbar nach einer Erregung, in dem die Membran infolge der Inaktivierung des Natriumsystems völlig unerregbar ist. Entspricht zeitlich dem Aktionspotential (ohne Nachpotential), beträgt bei Nervenfasern 2, am Herzmuskel 200-500 msec.

Regression. *Abwehrmechanismus,* bei dem *Angst* durch Rückgriff auf Verhaltensmuster eines früheren *psychosexuellen Stadiums* vermieden wird.

Reliabilität (Zuverlässigkeit). Gütekriterium einer Meßmethode und speziell eines standardisierten Tests, welches die Meßgenauigkeit angibt.

Rendezvous-Vergewaltigung. Siehe *Vergewaltigung im Freundes- oder Bekanntenkreis.*

Retrograde Amnesie. Verlust des Gedächtnisses für Ereignisse unmittelbar vor einem traumatischen Ereignis; nach einer Hirnschädigung manchmal auch für Ereignisse, die weit in die Vergangenheit hineinreichen.

Rezessives Gen. Ein *Gen,* das nur dann als Merkmal im *Phänotyp* in Erscheinung tritt, wenn es mit einem gleichartigen Gen gekoppelt wird.

Rh(esus)-Faktor. Eine erbliche, der Membran der roten Blutkörperchen eigene, durch Rh-Sera nachweisbare Blutgruppeneigenschaft. Rh-positiv sind zu 95% die meisten Menschen, Rh-negative Personen sind im Fall der Rh-Sensibilisierung (bei der Schwangerschaft durch Bluttransfusion) zur Bildung von Rhesus-Antikörpern befähigt. Der Fötus kann dadurch geschädigt werden.

Röteln. Durch das Rötelnvirus verursachte akute Infektionskrankheit, die vor allem bei Kindern und Jugendlichen auftritt und eine lebenslange stabile Immunität hinterläßt. Wenn diese Infektionskrankheit bei einer werdenden Mutter in den ersten drei Schwangerschaftsmonaten auftritt, besteht ein großes Risiko für das Kind. Zu erwarten sind Mißbildungen (Herzmißbildung, Innenohrschwerhörigkeit, Glaukom, Hornhauttrübung) und *geistige Behinderung.*

Rorschach-Test. *Projektives Testverfahren,* bei dem einer Testperson nacheinander zehn Tafeln mit teilweise mehrfarbigen Klecksbildern mit der Bitte vorgelegt werden, mitzuteilen und zu zeigen, was sie darin sieht.

Scheidungsmediation. Eine Form von Vermittlung, bei der das scheidungswillige Paar in Fragen wie dem Sorgerecht für Kinder außerhalb des juristischen Rahmens Hilfe erhält.

Schilddrüse. Endokrine hufeisenförmige Drüse, die um die Luftröhre liegt. Die Schilddrüsenhormone Thyronin und *Thyroxin* steuern den Sauerstoffverbrauch und die Wärmeproduktion, über den Stoffwechsel auch das Wachstum und die körperliche Entwicklung.

Schizophrenie. Gruppe psychotischer Störungen, die durch ausgeprägte Störungen des Denkens, der Emotionen und des Verhaltens gekennzeichnet sind. *Denkstörungen,* bei denen zwischen den Gedanken kein logischer Zusammenhang besteht, fehlerhafte Wahrnehmung und Aufmerksamkeit; bizarre Störungen der motorischen Aktivität; Beeinträchtigung der Verbindung zwischen Wahrnehmung und Emotion, was zu flachen, unangemessenen, ambivalenten oder labilen Emotionen führt; verminderte Toleranz für Belastungen aus zwischenmenschlichen Beziehungen, was dazu führt, daß sich der Patient von anderen Menschen und von der Realität häufig in ein Phantasieleben von Wahnvorstellungen und *Halluzinationen* zurückzieht.

Schizophrenie, desorganisierter Typus. Bei dieser Form der Schizophrenie zeigt der Patient diffuse und regressive Symptome: Läppischkeit, Grimassieren, inkonsequente Rituale, wechselnde Stimmungen und mangelhafte Hygiene. Es gibt wenige bedeutsame Remissionen und möglicherweise bedeutende Verschlechterungen des Zustandes. Diese Form der Schizophrenie wurde früher *Hebephrenie* genannt.

Schizophreniforme Störung. Diese Diagnose wird gestellt, wenn die Patienten alle Symptome der *Schizophrenie* zeigen, ihre Dauer jedoch weniger als sechs Monate beträgt.

Schlafkrankheit. Siehe *Encephalitis lethargica.*

Schulphobie. Eine akute, irrationale *Angst* vor dem Schulbesuch, häufig mit somatischen Beschwerden einhergehend; die häufigste *Phobie* der Kindheit.

Schwere geistige Behinderung. Starke Beeinträchtigung der intellektuellen Leistungsfähigkeit mit IQ-Werten zwischen 20 und 34. Die Betroffenen sind kaum in der Lage, für sich selbst zu sorgen.

Sedativum. Eine Substanz, die die Körperaktivitäten verlangsamt, insbesondere diejenigen des Zentralnervensystems; angewandt zur Verminderung von Schmerz und Spannung und zur Erzeugung von Entspannung und Schlaf.

Sehr schwere geistige Behinderung. Sehr starke Beeinträchtigung der intellektuellen Leistungsfähigkeit. Der IQ liegt unter 20.

Sekundärprozeß. Das von der Realität ausgehende Treffen von Entscheidungen und Problemlösen des Ichs; vergleiche *Primärprozeß*.

Selbstbehauptungstraining. Eine Methode der *Verhaltenstherapie*, mit der die Patienten lernen sollen, ihre Gedanken, Wünsche, Überzeugungen und berechtigten Gefühle von Ärger oder Anerkennung leichter auszudrücken.

Selektive Verallgemeinerung. In Becks Depressionstheorie eine kognitive Verzerrung, bei der die Person sich auf ein aus dem Zusammenhang gerissenes Detail konzentriert und dabei bedeutsamere Situationsmerkmale ignoriert, die zu einer anderen Schlußfolgerung führen könnten.

Senile Demenz. Im höheren Lebensalter beginnende *Demenz* durch eine allgemeine Hirnatrophie oder *Alzheimersche Krankheit*.

Senile Plaques. Veränderungen in der Struktur des Großhirngewebes. Sie bestehen aus einem Amyloidkern, der von degenerierten neuronalen Fortsätzen und reaktiven nicht-neuronalen Zellen umgeben ist. Die senilen Plaques finden sich in hoher Konzentration bei *Dementen*.

Sensitivity-(encounter)-Gruppe. Eine Gruppe von Personen, die eine bestimmte Zeit zusammen verbringen. Die Teilnehmer werden ermutigt oder dazu gezwungen, ihre unterdrückten Gefühle sich selbst und anderen gegenüber zu erkunden und zu äußern.

Serotonin. Biogenes Amin, *Neurotransmitter*.

Sexueller Masochismus. Deutliche Vorliebe dafür, sexuelle Befriedigung durch Unterwerfung oder Schmerzen zu erreichen oder zu vermehren.

Sexueller Sadismus. Deutliche Vorliebe dafür, sexuelle Befriedigung durch das Zufügen von Schmerzen zu erreichen oder zu vermehren.

Skinner-Box. Apparatur für Tierexperimente, die eine Vorrichtung enthält, mittels derer bei Druck auf einen Hebel ein Stück Futter in einen Behälter fällt. Während das Tier gewöhnlich zunächst nur durch einen Zufall die richtige Bewegung macht, wird sein Verhalten mit der Zeit zielgerichtet. Der Lernerfolg wird durch die *operante Konditionierung* erklärt.

Soma. Die Gesamtheit der körperlichen Ausstattung eines Individuums.

Somatisierungsstörung (Briquet-Syndrom). Psychische Störung, bei der Patienten medizinische Hilfe für andauernde und multiple körperliche Beschwerden suchen, die keine körperlichen Ursachen haben. Die medizinische Vorgeschichte ist kompliziert und wird häufig dramatisch dargestellt. Vergleiche auch *Hypochondrie*.

Soziale Phobie. Eine Reihe von Befürchtungen, die im Zusammenhang mit der Anwesenheit von anderen Menschen stehen.

Somatoforme Störungen. Störungen. bei denen körperliche *Symptome* eine körperliche Krankheit nahelegen. für die jedoch keine Ursache zu finden ist. Es wird daher angenommen, daß diese Störungen in Verbindung mit psychischen Konflikten und Bedürfnissen stehen, aber nicht willentlicher Kontrolle unterliegen. Zu diesen Störungen gehören: *Somatisierungsstörung, Konversionsstörung* Schmerzstörung und *Hypochondrie*.

Somatogenese. Entwicklung aus körperlichen Ursprüngen im Gegensatz zur Entwicklung aus psychischen Ursprüngen.

Sozioökonomischer Status. Durch Beruf, Einkommen und Ausbildung bestimmte relative Position in der Gesellschaft.

Stabilität-Labilität. Dimension zur Klassifizierung der Reaktionsbereitschaft des *autonomen Nervensystems*. Labile Individuen sind diejenigen, bei denen eine große Vielfalt von Stimuli zur autonomen Erregung führen kann.

Statistische Signifikanz. Bezieht sich auf Unterschiede, die nur mit geringer Wahrscheinlichkeit zufällig auftreten und daher als bedeutsam eingestuft werden.

Stellvertretendes Konditionieren (Vicarious conditioning). Lernen durch die Beobachtung der Reaktionen anderer auf bestimmte Reize oder durch Zuhören.

Stimulans. Substanz, die Wachheit und motorische Aktivität vermehrt und gleichzeitig Müdigkeit verringert und es so einem Individuum ermöglicht, über einen ausgedehnten Zeitraum hinweg wach zu bleiben.

Störungen der Geschlechtsidentität. Inkongruenz zwischen anatomischem Geschlecht und dem Gefühl der Zugehörigkeit zu einem Geschlecht. Die Störung kann bereits im Kindesalter auftreten.

Streß. Reize, welche die physiologischen oder psychologischen Kapazitäten des Organismus belasten.

Subdurales Hämatom. Venöser Bluterguß zwischen den Hirnhäuten, vor allem nach Schädelverletzungen; führt bei größerer Blutung zu zunehmendem Hirndruck, wobei nach freiem Intervall Bewußtlosigkeit auftritt.

Substanzabhängigkeit. Drogenmißbrauch mit körperlicher Abhängigkeit, die sichtbar wird durch *Toleranz* und *Entzugssymptome*.

Substanzinduzierte Störungen. Störungen, bei denen Substanzen wie Alkohol und *Kokain* in einem so starken Ausmaß konsumiert werden, daß das Verhalten nicht mehr angepaßt ist. Soziale und berufliche Leistungen sind beeinträchtigt. Kontrolle des Konsums und Abstinenz wird unmöglich. Die Weiterverwendung der Droge kann entweder auf Mißbrauch oder *Sucht* zurückgeführt werden.

Substanzmißbrauch. Drogenkonsum in einem solchen Ausmaß, daß die Person häufig tagsüber intoxikiert ist, so daß sie wichtigen Verpflichtungen nicht nachkommen kann und Abstinenzversuche scheitern. Es besteht jedoch keine körperliche Abhängigkeit.

Sucht. Siehe *Substanzabhängigkeit.*

Suizid. Die freiwillige Beendigung des eigenen Lebens.

Sulcus. Furche in der Großhirnrinde, die nebeneinanderliegende Windungen oder *Gyri* voneinander trennt.

Sympathisches Nervensystem. Der Teil des *autonomen Nervensystems,* der so auf Körpersysteme einwirkt, daß der Organismus auf Erschöpfung, emotionale Belastung und extreme Kälte vorbereitet wird, z.B. durch Kontraktion der Blutgefäße, Verlangsamung der Peristaltik und Beschleunigung des Herzschlags.

Symptom. Beobachtbare physiologische oder psychologische Manifestation einer Krankheit.

Synapse. Kontaktstelle zwischen Nervenzellen, in der die Übertragung der Aktionspotentiale erfolgt und zwar beim Menschen vor allem biochemisch durch die *Neurotransmitter.*

Syndrom. Eine Gruppe oder ein Muster von *Symptomen,* die bei einer bestimmten Krankheit meist gemeinsam vorhanden sind.

Systematische Desensibilisierung. Verfahren der *Verhaltenstherapie,* bei dem von einer Person, die *Angst* hat, verlangt wird, sich in tiefer Entspannung eine Reihe progressiv mehr Angst erzeugender Situationen vorzustellen. Die beiden Reaktionen der Entspannung und der Angst sind miteinander nicht vereinbar und die Angst wird so vermindert.

Tachykardie. Herzrasen, häufig verbunden mit hohem Angstniveau.

Tarantismus. Im 13. Jahrhundert in Westeuropa verbreiteter, manieartiger Zustand mit wilden Tänzen, angeblich durch den Biß einer Tarantel ausgelöst.

Taylor Manifest Anxiety Scale (TMAS). 50 aus dem *MMPI* stammende Items, die als Fragebogen zur Angstdiagnostik verwendet werden.

Temporallappen. Ein großer Bezirk der Großhirnhemisphären unterhalb des *Sulcus lateralis* und vor dem *Occipitallappen;* enthält vor allem auditive Projektions- und Assoziationsbezirke und allgemeine Assoziationsbezirke.

Testosteron. Männliches Sexualhormon, das von den Hoden produziert wird; verantwortlich für die Ausbildung der sekundären männlichen Geschlechtsmerkmale wie zum Beispiel der Vergrößerung der Hoden und das Wachstum des Barthaars.

Tetrahydrocannabiol (THC). Die hauptsächliche Wirksubstanz in *Marihuana* und *Haschisch.*

Thalamus. Wichtige Relais-Station des Gehirns, die aus zwei eiförmigen Lappen besteht und im *Diencephalon* lokalisiert ist; erhält Impulse von allen sensorischen Bezirken, ausgenommen vom olfaktorischen, und überträgt sie auf das *Großhirn.*

Thanatos. In der *psychoanalytischen* Theorie der Todestrieb, der zweite der zwei grundlegenden Triebe im *Es,* neben dem *Eros.*

Thematischer Apperzeptionstest (TAT). *Projektiver Test,* der aus einer Reihe (20) von Bildern ambivalenter Situationen besteht, zu denen die Testpersonen jeweils eine Geschichte erzählen soll.

Theorie der spezifischen Reaktion. Annahme, daß ein Individuum eine bestimmte *psychophysiologische Störung* deshalb entwickelt, weil sie eine angeborene Tendenz des *autonomen Nervensystems* aufweist, in bestimmter Weise auf *Streß* zu reagieren, z.B. durch einen beschleunigten Herzschlag oder eine Erhöhung der Sekretion von Magensaft.

Thiamin. Vitamin des B-Komplexes.

Toleranz. Zum Wirkungsabfall eines wiederholt gegebenen Pharmakons führende Anpassung des Organismus an die Substanz. Vor allem bei Drogenabhängigkeit werden immer größere Mengen zur Erreichung der gleichen Wirkung benötigt.

Tonische Phase. Zustand rigider Muskelspannung und Atemstillstand bei einem *epileptischen Grand mal-Anfall.*

Training sozialer Kompetenz. Methoden der *Verhaltenstherapie,* bei Personen, die nur wenige soziale Fertigkeiten aufweisen, gezeigt wird, wie man andere Menschen trifft, sie anspricht und den Blickkontakt aufrecht erhält, Kritik übt und erhält, Komplimente macht und annimmt, Einwürfe macht und Gefühle ausdrückt sowie andere Verhaltensweisen, die die Beziehung zu anderen Menschen erleichtern. Modelling und *Verhaltensübungen* sind mögliche Techniken.

Tranquilizer. Medikament, das mäßige bis geringe Angstniveaus reduziert; häufig bei neurotischen Störungen verwandt; vor allem der Gruppe der Benzodiazepine (Schlafmittel) zugehörig.

Transsexualismus. Überzeugung, einem anderen Geschlecht als dem biologisch bestimmten anzugehören.

Transvestitismus. *Paraphilie,* bei der das Anziehen von

Kleidern des anderen Geschlechts, meist zum Zweck sexueller Erregung, im Vordergrund steht.

Trauerarbeit. In Freuds Depressionstheorie das Wiedererwecken von Erinnerungen, die mit einer verlorenen Person zu tun haben, bei einer trauernden Person mit dem Ziel, eine Trennung vom Verstorbenen herbeizuführen.

Trauma. Eine schwere körperliche Verletzung oder Verwundung des Körpers, die durch eine äußere Kraft verursacht wird, oder ein psychologischer Schock, der eine anhaltende Wirkung auf das psychische Leben ausübt.

Traumdeutung. Schlüsseltechnik der *Psychoanalyse,* bei der unbewußte Bedeutungen des Traummaterials aufgedeckt werden.

Tremor. Ein unwillkürliches Zittern der Muskulatur, gewöhnlich begrenzt auf die kleinen Muskeln bestimmter Körperbezirke.

Trennungsangst. Angststörung, bei der die exzessive Angst vor einer Trennung von einer Bezugsperson im Vordergrund steht. Möglicherweise eine wichtige Ursache der *Schulphobie.*

Trieb. Ein Konstrukt, das die Motivation von Verhalten erklären soll, oder eine internale physiologische Spannung, die den Organismus zur Aktivität drängt.

Trisomie. Vorhandensein von drei anstelle der zwei *Chromosomen* im Zellkern.

Trizyklische Antidepressiva. Medikamente, die zur Behandlung von *Depression* eingesetzt werden. Sie verhindern die Wiederaufnahme des *Noradrenalins* durch das *Neuron,* nachdem es erregt worden war.

Tumor (Neoplasma). Abnormes Zellwachstum, das, wenn es im Gehirn stattfindet, in jeder Hinsicht gefährlich werden kann. Maligne Tumore zerstören das Hirngewebe direkt, benigne führen zu einer Erhöhung des intrakraniellen Drucks und zu einer sekundären Schädigung des Hirngewebes.

Überflutungstherapie (flooding). Technik der *Verhaltenstherapie* zur Reduzierung neurotischer *Ängste;* der Klient wird ermuntert, sich die am meisten furchterregenden Situationen vorzustellen, wobei ein Ausweichen aus der Situation durch den Therapeuten verhindert wird.

Über-Ich. In der psychoanalytischen Theorie der Bestandteil der Persönlichkeit, der als Gewissen fungiert und die moralischen Normen der Gesellschaft, wie sie von den Eltern gelehrt werden, widerspiegelt.

Überprüfbarkeit. Das Ausmaß, in dem eine wissenschaftliche Aussage Gegenstand systematischer Prüfung ist, von denen jede den Erwartungen des Wissenschaftlers zuwiderlaufen könnte.

Übertragung. Die positiven oder negativen Gefühle des *Analysanden,* die dadurch zum Ausdruck kommen, daß er seinen Analytiker als symbolische Repräsentation einer wichtigen Person in seiner Vergangenheit behandelt. Beispiel: Der *Analysand* wird dem Analytiker gegenüber zornig und drückt dabei Emotionen aus, die er eigentlich seinem Vater gegenüber fühlt.

Unabhängige Variable. Der Faktor, die Erfahrung oder die Behandlung bei einem psychologischen *Experiment,* die der Kontrolle durch den Versuchsleiter unterliegen und von denen erwartet wird, daß sie einen Effekt auf die Versuchspersonen haben, der durch Veränderungen in der *abhängigen Variablen* zum Ausdruck kommt.

Unangemessener Affekt. Emotionale Reaktionen, die nicht zum Kontext passen, z.B. Lachen beim Erfahren trauriger Nachrichten.

Unipolare Depression. Bezeichnung für die psychische Störung, bei der die Betroffenen zwar *depressive* Episoden, aber keine Phasen von *Manie* erleiden. Im DSM-IV *Major Depression.*

Unkonditionierter Reiz. Reiz, der eine angeborene unkonditionierte Reaktion auslöst; Beispiel: Fleischpulver, das Speichelfluß auslöst.

Unterbewußtsein. In der *psychoanalytischen* Theorie der Teil der Persönlichkeit, insbesondere die Es-Impulse oder die Es-Energie, deren sich das *Ich* nicht bewußt ist.

Vaginalplethysmograph. Vorrichtung zur Aufzeichnung der Blutmenge in den Wänden der Vagina und damit zur Messung der Erregung.

Vaginismus. Schmerzhafte, krampfartige Kontraktionen des äußeren Drittels der Vaginalwand, das den Koitus fast oder vollständig unmöglich macht.

Validität, ätiologische. Das Ausmaß, in dem sich bei einer Anzahl von Patienten die gleiche Ursache oder die gleichen Ursachen für eine Störung finden lassen. **V., interne.** Das Ausmaß, in dem experimentelle Ergebnisse zuverlässig der Manipulation der *unabhängigen Variable* zugeschrieben werden können. **V., externe.** Das Ausmaß, in dem Forschungsergebnisse auf andere Populationen und Umstände übertragen werden können. **Übereinstimmungs-V.** Das Ausmaß, in dem vorher nicht entdeckte Merkmale bei Patienten mit der gleichen Diagnose gefunden werden. **Voraussage-V.** Das Ausmaß, in dem Voraussagen über das zukünftige Verhalten von Patienten mit der gleichen Diagnose gemacht werden können.

Valium. Das wahrscheinlich am häufigsten von Ärzten verschriebene angstreduzierende Medikament bzw. Anxiolytikum.

Variable. Ein Merkmal oder Aspekt, hinsichtlich dessen Personen, Objekte, Ereignisse oder Zustände variieren.

Verdrängung. *Abwehrmechanismus*, bei dem Impulse und Gedanken, die für das *Ich* nicht akzeptabel sind, in das Unbewußte verschoben werden.

Vergewaltigung im Freundes- oder Bekanntenkreis (date rape – Rendezvous-Vergewaltigung). Erzwungener Sex zwischen zwei einander bekannten Personen, tritt manchmal bei Verabredungen auf.

Verhaltensanalyse. Ermittlung der vorhandenen Bedingungen, Gefühle und des offenen Verhaltens in deren situativem Kontext; im Gegensatz zu *projektiven Tests* und *Persönlichkeitsfragebogen*.

Verhaltensformung (shaping). Beim *operanten Konditionieren* die *Verstärkung* von Reaktionen, die schrittweise näher an dem gewünschten Verhalten liegen.

Verhaltensgenetik. Die Untersuchung individueller Unterschiede im Verhalten, die teilweise Unterschieden in der genetischen Ausstattung zuzuschreiben sind.

Verhaltensmedizin. Ein interdisziplinäres Gebiet, in dem die Erkenntnisse aus Medizin und Verhaltenswissenschaften integriert werden. Ziel ist es, Gesundheit und Krankheit zu verstehen und psychophysiologischen Störungen und anderen Erkrankungen, in denen die Psyche eine Rolle spielt, vorzubeugen und zu behandeln.

Verhaltenstherapie. Anwendung experimentell begründeter Lernprinzipien mit dem Ziel, unangepaßtes Verhalten zu verändern.

Verhaltensübungen. Eine Methode der *Verhaltenstherapie*, bei der der Klient das neue Verhalten in den Therapieräumen übt, häufig mit Hilfe von Demonstration und Rollenspiel durch den Therapeuten.

Vermeidend selbstunsichere Persönlichkeitsstörung. Menschen mit der Vermeidend Selbstunsicheren Persönlichkeitsstörung haben ein geringes Selbstwertgefühl und sind deshalb extrem sensibel gegenüber möglichen Zurückweisungen. Sie stehen abseits, obwohl sie ein starkes Bedürfnis nach Anschluß und Zuneigung haben.

Vermeidungslernen. Ein experimentelles Verfahren, bei dem ein neutraler Reiz mit einem unangenehmen gepaart wird, so daß der Organismus lernt, den vorher neutralen Reiz zu vermeiden.

Verstärkung. Beim *operanten Konditionieren* die Erhöhung der Wahrscheinlichkeit, daß eine Reaktion erneut auftreten wird, entweder durch Darbietung eines kontingenten positiven Ereignisses oder durch Beseitigung eines negativen: oder jedes befriedigende Ereignis oder jeder befriedigende Reiz, der eine Reaktion, auf die hin er kontingent erfolgt, belohnt und stärkt und die Wahrscheinlichkeit erhöht, daß die Versuchsperson wieder so reagieren wird.

Versuchsplan mit multiplen Ausgangswerten (multiple baseline design). Versuchsplan, bei dem zwei Verhaltensweisen eines Individuums für eine Untersuchung ausgewählt werden und eine dieser Verhaltensweisen einer Behandlung unterzogen wird; das nicht behandelte Verhalten dient als Vergleichswert, gegen den die Effekte der Behandlung bestimmt werden können.

Versuchsplan mit Reversion (ABAB-Plan). Versuchsplan, bei dem Verhalten während einer Ausgangsperiode (A), während einer Behandlungsphase (B), während der Wiedereinführung der ursprünglich vorhandenen Bedingungen (A) und einer weiteren Behandlungsphase (B) gemessen wird.

Vineland Adaptive Behavior Scale. Verfahren zur Feststellung der Anzahl altersentsprechender, sozial angepaßter Verhaltensweisen eines Kindes.

Voodoo-Tod. Aus einer symptomatischen *Psychose* mit tödlicher Angst vor einem existenzbedrohenden Zauber resultierendes psychogenes Sterben.

Voyeurismus. Erreichen sexueller Befriedigung durch Beobachten anderer in unbekleidetem Zustand oder während sexueller Aktivitäten.

Wächserne Biegsamkeit. Aspekt der *Katatonie;* die Glieder des Patienten können in eine Vielzahl von Positionen gebracht werden und bleiben dann über ungewöhnlich lange Zeiträume in dieser Stellung.

Wahn. Eine Überzeugung, die zur Realität im Gegensatz steht und trotz des Beweises des Gegenteils unverrückbar beigehalten wird. **Beeinflussungs-W.** Überzeugung, daß man durch eine äußere Kraft, z.B. Radar, Fernsehen oder außerirdische Wesen manipuliert wird. **Größen-W.** Überzeugung, daß man eine besonders wichtige oder mächtige Person ist. **Verfolgungs-W.** Überzeugung, daß man von anderen verfolgt oder bedrängt wird.

Weiße Substanz. Struktur im Zentralnervensystem, die von Bündeln von Bahnen oder Nervenfasern gebildet wird.

Wernicke-Syndrom (Pseudoencephalitis haemorrhagica superior). Stammhirnerkrankung bei chronischem *Alkoholismus* durch Vitamin B-Mangel. Symptome: Verwirrung, Benommenheit, partielle Augenmuskellähmung und unsicherer Gang.

Widerstand. Eine während einer *Psychoanalyse* auftauchende Tendenz, die unbewußten Anteile des *Ichs* abzuwehren, um so zu verhindern, daß besonders bedrohliches, verdrängtes Material ins Bewußtsein gelangt.

Zentralnervensystem. Der Bestandteil des Nervensystems, der bei Wirbeltieren aus dem Gehirn und dem Rückenmark besteht und zu dem alle sensorischen Impulse übertragen werden und von dem motorische Impulse ausgehen; überwacht und koordiniert die Aktivitäten des gesamten Nervensystems.

Zerebro-vaskuläre Erkrankung. Eine Krankheit, bei der die Blutzufuhr im Gehirn unterbrochen wird, z.B. ein Schlaganfall.

Zufällige Zuweisung (random assignment). Verfahren, bei dem Versuchspersonen den verschiedenen Bedingungen eines *Experiments* zufällig zugewiesen werden. Das Verfahren trägt dazu bei, daß Unterschiede zwischen den verschiedenen Gruppen keine systematische Ursache haben.

Zwang. Unwiderstehlicher Drang, eine irrationale Handlung immer von neuem zu wiederholen.

Zwanghafte Persönlichkeitsstörung. Menschen mit Schwierigkeiten bei der Entscheidungsfindung, die völlig von unwichtigen Details und Effizienz in Anspruch genommen werden. Sie haben schlechte Beziehungen zu anderen, weil sie darauf bestehen, daß Dinge nur auf ihre Art und Weise erledigt werden können. Sie sind übermäßig gewissenhaft, seriös, formell und eingeschränkt im Ausdruck von Gefühlen.

Zwangsstörung. Eine *Angststörung*, bei der andauernd und unkontrollierbare Gedanken ins Bewußtsein fließen, oder das Individuum gezwungen wird, bestimmte Handlungen wieder und wieder zu wiederholen, so daß ein erhebliches Leiden und Störungen des normalen Tagesablaufs verursacht werden.

Zwei-Faktoren-Theorie. Mowrers Theorie des *Vermeidungslernens*, nach der 1. *Angst* mit einem neutralen Reiz durch Paarung dieses Reizes mit einem unangenehmen unkonditionierten Stimulus verbunden wird, und 2. die Person lernt, die durch den *konditionierten Reiz* erzeugte Angst und damit den unkonditionierten Reiz zu meiden.

Zwillingsmethode. Forschungsstrategie der *Verhaltensgenetik*, bei der die *Konkordanzraten monozygoter* und *dizygoter* Zwillinge verglichen werden.

Zygote. Befruchtete Eizelle.

Zyklothyme Störung. Ein Schwanken zwischen Hochstimmung und Depression, das nicht schwer genug ist, um die Diagnose *Bipolare Störung* zu stellen.

Literatur

Abel, G.G., Barlow, D.H., Blanchard, E.B., & Guild, D. (1977). The components of rapists' sexual arousal. *Archives of General Psychiatry, 34,* 895–903.

Abel, G.G., Becker, J.V., Murphy, W.D., & Flanagan, B. (1981). Identifying dangerous child molesters. In R. Stuart (Ed.), *Violent behavior: Social learning approaches to prediction, management, and treatment.* New York: Brunner.

Abel, G.G., Blanchard, E.B., & Barlow, D.H. (1981). Measurement of sexual arousal in several paraphilias: The effects of stimulus modality, instructional set, and stimulus content. *Behaviour Research and Therapy, 19,* 25–33.

Abel, G.G., Mittelman, M.S., & Becker, J.V. (1985). Sexual offenders: Results of assessment and recommendations for treatment. In M.H. Ben-Aron, S.J. Hucker, & C.D. Webster (Eds.), *Clinical criminology: The assessment and treatment of criminal behavior.* Toronto: M & M Graphics.

Abelin, T., Buehler, A., Mueller, P., Vesanen, K., & Imhof, P.R. (1989, January 7). Controlled trial of transdermal nicotine patch in tobacco withdrawal. *Lancet,* 7–10.

Abelin, T., Ehrsam, R., Buehler-Reichert, A., Imhof, P.R., Mueller, P., Thommen, A., & Vesanen, K. (1989). Effectiveness of a transdermal nicotine system in smoking cessation studies. *Methods and Findings in Experimental Clinical Pharmacology, 11,* 205–214.

Abrams, R., Swartz, C.M., & Vedak, C. (1991). Antidepressant effects of high-dose right unilateral electroconvulsive therapy. *Archives of General Psychiatry, 48,* 746–748.

Abramson, L.Y., Metalsky, G.I., & Alloy, L.B. (1989). Hopelessness depression: A theory-based subtype of depression. *Psychological Review, 96,* 358–372.

Abramson, L.Y., Seligman, M.E.P., & Teasdale, J.D. (1978). Learned helplessness in humans: Critique and reformulation. *Journal of Abnormal Psychology, 87,* 49–74.

Abramson, P.R., Parker, T., & Weisberg, S.R. (1988). Sexual expression of mentally retarded people: Educational and legal implications. *American Journal of Mental Retardation, 93,* 328–334.

Achenbach, T.M. (1982). *Developmental psychopathology* (2nd ed.). New York: Wiley.

Achenbach, T.M., & Edelbrock, C.S. (1978). The classification of child psychopathology: A review of empirical efforts. *Psychological Bulletin, 85,* 1275–1301.

Achenbach, T.M., & Edelbrock, C.S. (1983). *Manual for the child behavior checklist.* Burlington, VT: Author.

Ackerman, N.W. (1966). *Treating the troubled family.* New York: Basic Books.

Adams, E.H., & Durell, J. (1984). Cocaine: A growing public health problem. In J. Grabowski (Ed.), *Cocaine: Pharmacology, effects, and treatment of abuse.* Rockville, MD: NIDA.

Adams, K.M. (1980). In search of Luria's battery: A false start. *Journal of Consulting and Clinical Psychology, 48,* 511–516.

Adler, A. (1929). *Problems of neurosis.* New York: Harper & Row.

Adler, A. (1964). Compulsion neurosis. In H.L. Ansbacher, & R.R. Ansbacher (Eds.), *Superiority and social interest.* Evanston, IL: Northwestern University Press.

Agras, W.S., Sylvester, D., & Oliveau, D. (1969). *The epidemiology of common fears and phobias.* Unpublished manuscript.

Akhter, S., Wig, N.N., Varma, V.K., Pershad, D., & Varma, S.K. (1975). A phenomenological analysis of symptoms in obsessive-compulsive neurosis. *British Journal of Psychiatry, 127,* 342–348.

Albee, G.W., Lane, E.A., & Reuter, J.M. (1964). Childhood intelligence of future schizophrenics and neighborhood peers. *Journal of Psychology, 58,* 141–144.

Aldrich, C.K., & Mendkoff, E. (1963). Relocation of the aged and disabled: A mortality study. *Journal of the American Geriatrics Society, 11,* 185–194.

Alexander, F. (1950). *Psychosomatic medicine.* New York: Norton.

Alexander, F., & French, T.M. (1946). *Psychoanalytic therapy.* New York: Ronald Press.

Alexander, P.C., & Lupfer, S.L. (1987). Family characteristics and long-term consequences associated with sexual abuse. *Archives of Sexual Behaviour, 16,* 235–245.

Allderidge, P. (1979). Hospitals, mad houses, and asylums: Cycles in the care of the insane. *British Journal of Psychiatry, 134,* 321–324.

Allen, G.J., Chinsky, J.M., Larsen, S.W., Lockman, J.E., & Selinger, H.V. (1976). *Community psychology and the schools: A behaviourally oriented multilevel preventive approach.* Hillsdale, NJ: Erlbaum.

Allen, M.G. (1976). Twin studies of affective illness. *Archives of General Psychiatry, 33,* 1476–1478.

Allison, R.B. (1984). Difficulties diagnosing the multiple personality syndrome in a death penalty case. *International Journal of Clinical and Experimental Hypnosis, 32,* 102–117.

Alloy, L.B., & Abramson, L.Y. (1979). Judgment of contingency in depressed and nondepressed students: Sadder but wiser? *Journal of Experimental Psychology: General, 108,* 441–485.

Alloy, L.B., & Abramson, L.Y. (1988). Depressive realism: Four theoretical perspectives. In L.B. Alloy (Ed.), *Cognitive processes in depression* (pp. 223–265). New York: Guilford.

Alloy, L.B., Kelly, K.A., Mineka, S., & Clements, C.M. (1990). Comorbidity in anxiety and depressive disorders: A helplessness/hopelessness perspective. In J.D. Maser, & C.R. Cloninger (Eds.), *Comorbidity in anxiety and mood disorders.* Washington, DC: American Psychiatric Press.

Allport, G.W. (1937). *Personality: A psychological interpretation.* New York: Holt, Rinehart & Winston.

Allport, G.W. (1954). *The nature of prejudice.* Cambridge, Mass.; Addison-Wesley.

Allport, G.W. (1961). *Pattern and growth in personality.* New York: Holt, Rinehart & Winston.

Almada, S.J. et al. (1991). Neuroticism and cynicism and risk of death in middle aged men: The Western Electric study. *Psychosomatic Medicine, 53,* 165–175.

Altman, D.G., Flora, J.A., & Farquhar, J.W. (1986, August). *Institutionalizing community-based health promotion programs.* Paper presented at the annual meeting of the American Psychological Association, Washington, DC. As cited in Maccoby & Altman (1988).

Amaro, H. (1988). Considerations for prevention of HIV infection among

Hispanic women. *Psychology of Women Quarterly, 12,* 429–443.

American Cancer Society. (1976). *Task force on tobacco and cancer – Target 5.* Report to the Board of Directors, American Cancer Society.

American Cancer Society. (1991). *Cancer facts and figures – 1991.* Atlanta: Author.

American Heart Association. (1981). *Heart Facts.* Dallas: Author.

American Law Institute. (1962). *Model penal code: Proposed official draft.* Philadelphia: Author.

American Medical Association. (1987). *Report of the Council on Ethical and Judicial Affairs: Ethical issues involved in the growing AIDS crisis.* Chicago: Author.

American Psychiatric Association. *Diagnostic and statistical manual of mental disorders.* First edition, 1952; second edition, 1968; third edition, 1980; revised, 1987. Washington, DC: Author.

American Psychological Association Division 33. (1989). Guidelines on effective behavioral treatment for persons with mental retardation and developmental disabilities. *Psychology in Mental Retardation, 14,* 3–4.

Amoss, P.T., & Harrell, S. (1981). Introduction: An anthropological perspective on aging. In P.T. Amoss, & S. Harrell (Eds.), *Other ways of growing old* (pp. 1–24). Stanford, CA: Stanford University Press.

Anastasi, A. (1990). *Psychological testing.* (6th ed.). New York: Macmillan.

Anderson, B.J., & Wolf, F.M. (1986). Chronic physical illness and sexual behavior: Psychological issues. *Journal of Consulting and Clinical Psychology, 54,* 168–175.

Anderson, B.L. (1983). Primary orgasmic dysfunction: Diagnostic considerations and review of treatment. *Psychological Bulletin, 93,* 105–136.

Anderson, G.M., & Hoshino, Y. (1987). Neurochemical aspects of autism. In D.J. Cohen, A.M. Donnelan & R. Paul (Eds.), *Handbook of autism and pervasive developmental disorders* (pp. 166–191). New York: Wiley.

Anderson, L.P. (1991). Acculturative stress: A theory of relevance to black Americans. *Clinical Psychology Review, 11,* 685–702.

Anderson, N.B., Lane, J.D., Taguchi, F., & Williams, R.B. (1989). Patterns of cardiovascular responses to stress as a function of race and parental hypertension in men. *Health Psychology, 8,* 525–540.

Andreasen, N.C. (1979). Thought, language, and communication disorders: II. Diagnostic significance. *Archives of General Psychiatry, 36,* 1325–1330.

Andreasen, N.C., Flaum, M., Swayze,

V.W., Tyrrell, G., & Arndt, S. (1990). Positive and negative symptoms in schizophrenia: A critical reappraisal. *Archives of General Psychiatry, 47,* 615–621.

Andreasen, N.C., & Olsen, S.A. (1982). Negative versus positive schizophrenia. Definition and validation. *Archives of General Psychiatry, 39,* 789–794.

Andreasen, N.C., Olsen, S.A., Dennert, J.W., & Smith, M.R. (1982). Ventricular enlargement in schizophrenia: Relationship to positive and negative symptoms. *American Journal of Psychiatry, 139,* 297–302.

Andreasen, N.C., Rice, J., Endicott, J., Coryell, W., Grove, W.W., & Reich, T. (1987). Familial rates of affective disorder. *Archives of General Psychiatry, 44,* 461–472.

Andreasen, N.C., Swayze, V.W., Flaum, M. et al. (1990). Ventricular enlargement in schizophrenia evaluated with computed tomographic scanning: Effects of gender, age, and stage of illness. *Archives of General Psychiatry, 47,* 1008–1015.

Andress, V.R., & Corey, D.M. (1978). Survivor-victims: Who discovers or witnesses suicide? *Psychological Reports, 42,* 759–764.

Angier, N. (1990). Diagnosis of Alzheimer's is no matter of certainty. *The New York Times, 89,* p. A16.

Angrist, B., Lee, H.K., & Gershon, S. (1974). The antagonism of amphetamine-induced symptomatology by a neuroleptic. *American Journal of Psychiatry, 131,* 817–819.

Aniline, O., & Pitts, F.N., Jr. (1982). Phencyclidine (PCP): A review and perspectives. *CRC Critical Review of Toxicology, 10,* 145–177.

Anthony-Bergstone, C., Zarit, S.H., & Gatz, M. (1988). Symptoms of psychological distress among caregivers of dementia patients. *Psychology and Aging, 3,* 245–248.

Antoni, M.H., Schneiderman, N., Fletcher, M.A., Goldstein, D.A., Ironson, G., & Laperriere, A. (1990). Psychoneuroimmunology and HIV-1. *Journal of Consulting and Clinical Psychology, 58,* 38–49.

Appelbaum, P.S. (1985). *Tarasoff* and the clinician: Problems in fulfilling the duty to protect. *American Journal of Psychiatry, 142,* 425–429.

Appley, M., & Trumball, R. (1967). *Psychological Stress.* New York: Appleton-Century-Crofts.

Aragone, J., Cassady, J., & Drabman, R.S. (1975). Treating overweight children through parental training and contingency contracting. *Journal of Applied Behavior Analysis, 8,* 269–278.

Ard, B.N., Jr. (1977). Sex in lasting marriages: A longitudinal study. *Journal of Sex Research, 13,* 274–285.

Arieti, S. (1979). New views on the psychodynamics of phobias. *American Journal of Psychotherapy, 33,* 82–95.

Arkonac, O., & Guze, S.B. (1963). A family study of hysteria. *New England Journal of Medicine, 268,* 239–242.

Arkowitz, H. (1989). The role of theory in psychotherapy integration. *Journal of Integrative and Eclectic Psychotherapy, 8,* 8–16.

Arkowitz, H. (1992). Integrative theories of therapy. In D. Freedheim (Ed.), *The history of psychotherapy: A century of change.* Washington, DC: American Psychological Association.

Armor, D.J., Polich, J.M., & Stambul, H.B. (1978). *Alcoholism and treatment.* New York: Wiley.

Arndt, I.O., Dorozynsky, L., Woody, G.E., McLellan, A.T., & O'Brien, C.P. (1992). Desipramine treatment of cocaine dependence in methadone-maintained patients. *Archives of General Psychiatry, 49,* 888–893.

Arnetz, B.B., Wasserman, J., Petrini, B., Brenner, S.O., Levy, L., Eneroth, P., Salovaara, H., Lalovaara, L., Theorell, T., & Petterson, L.L. (1987). Immune function in unemployed women. *Psychosomatic Medicine, 49,* 3–12.

Aronson, E. (1972). *The social animal.* San Francisco: Freeman.

Aronson, E., & Carlsmith, J.R. (1968). Experimentation in social psychology. In G. Lindzey, & E. Aronson (Eds.), *The handbook of social psychology: Vol 2. Research methods.* Menlo Park, CA: Addison-Wesley.

Ascher, L.M., & Turner, R.M. (1979). Paradoxical intention and insomnia: An experimental investigation. *Behaviour Research and Therapy, 17,* 408–411.

Atchley, R. (1980). Aging and suicide: Reflection of the quality of life. In S. Haynes, & M. Feinleib (Eds.), *Proceedings of the Second Conference on the Epidemiology of Aging.* National Institute of Health, Washington, DC: U.S. Government Printing Office.

Atkeson, B.M., Calhoun, K.S., Resick, P.A., & Ellis, E.M. (1982). Victims of rape: Repeated assessment of depressive symptoms. *Journal of Consulting and Clinical Psychology, 50,* 96–102.

Atkinson, D.R., Maruyama, M., & Matsui, S. (1978). The effects of counselor race and counseling approach on Asian Americans' perception and counselor credibility and utility. *Journal of Counseling Psychology, 25,* 76–83.

Atkinson, D.R., Winzelberg, A., & Holland, A. (1985). Ethnicity, locus of control for family planning, and pregnancy counselor credibility. *Journal of Counseling Psychology, 32,* 417–421.

Atkinson, R.C., & Shiffrin, R.M. (1969). Human memory: A proposed system and its control processes. In K.W.

Spence, & J.T. Spence (Eds.), *The psychology of learning and motivation: Advances in research and theory* (Vol. 2). New York: Academic Press.

August, G.J., Stewart, M.A., & Tsai, L. (1981). The incidence of cognitive disabilities in siblings of autistic children. *British Journal of Psychiatry, 138,* 416–422.

Austin, L.S., Lydiard, R.B., Forey, M.D., & Zealberg, J.J. (1990). Panic and phobic disorders in patients with obsessive personality disorder. *Journal of Clinical Psychiatry, 51,* 456–458.

Axline, V.M. (1964). *Dibs: In search of self.* New York: Ballantine.

Ayllon, T., & Azrin, N.H. (1968). *The token economy: A motivational system for therapy and rehabilitation.* New York: Appleton-Century-Crofts.

Azrin, N.H. (1976). Improvements in the community-reinforcement approach to alcoholism. *Behaviour Research and Therapy, 14,* 339–348.

Azrin, N.H., Sisson, R.W., Meyers, R., & Godley, M. (1982). Alcoholism treatment by disulfiram and community reinforcement therapy. *Journal of Behaviour Therapy and Experimental Psychiatry, 13,* 105–112.

Azrin, N.H., Sneed, T.J., & Foxx, R.M. (1973). Dry bed: A rapid method of eliminating bedwetting (enuresis) of the retarded. *Behaviour Research and Therapy, 11,* 427–434.

Bach, G.R. (1966). The marathon group: Intensive practice of intimate interactions. *Psychological Reports, 181,* 995–1002.

Badian, N.A. (1983). Dyscalculia and non-verbal disorders of learning. In H.R. Myklebust (Ed.), *Progress in learning disabilities* (Vol. 5). New York: Grune & Stratton.

Baer, J.S., & Lichtenstein, E. (1988). Cognitive assessment. In D.M. Donovan, & G.A. Marlatt (Eds.), *Assessment of addictive behaviors* (pp. 189–213). New York: Guilford.

Baer, L. et al. (1990). Standardized assessment of personality disorders in obsessive compulsive disorder. *Archives of General Psychiatry, 47,* 826–831.

Baker, T., & Brandon, T.H. (1988). Behavioral treatment strategies. In *A report of the Surgeon General: The health consequences of smoking: Nicotine addiction.* Rockville, MD: U.S. Department of Health and Human Services.

Bakwin, H. (1973). The genetics of enuresis. In J. Kolvin, R.C. MacKeith, & S.R. Meadow (Eds.), *Enuresis and encopresis.* Philadelphia: Lippincott.

Ball, J.C., & Chambers, C.D. (Eds.). (1970). *The epidemiology of opiate addiction in the United States.* Springfield, IL: Charles C. Thomas.

Ballenger, J.C., Burrows, G.O., DuPont, R.L., Lesser, M., Noyes, R.C.,

Pecknold, J.C., Rifkin, A., & Swinson, R.P. (1988). Aprazolam in panic disorder and agoraphobia, results from multicenter trial. *Archives of General Psychiatry, 45,* 413–421.

Baller, W.R. (1975). *Bed-wetting: Origin and treatment.* Elmsford, NY: Pergamon.

Ball-Rokeach, S.J., Rokeach, M., & Grube, J.W. (1984). *The great American values test.* New York: Free Press.

Baltes, M.M. (1988). The etiology and maintenance of dependency in the elderly: Three phases of operant research. *Behavior Therapy, 19,* 301–319.

Bancroft, J.H. (1989). *Human sexuality and its problems* (2nd ed.). Edinburgh: Churchill Livingston.

Bancroft, J.H., Jones, G.H., & Pullan, B.R. (1966). A simple transducer for measurement penile erections, with comments on its use in the treatment of sexual disorders. *Behaviour Research and Therapy, 4,* 239–241.

Bancroft, J.H., & Bell, C. (1985). Simultaneous recording of penile diameter and penile arterial pulse during laboratory-based erotic stimulation in normal subjects. *Journal of Psychosomatic Research, 29,* 303–313.

Bandura, A. (1969). *Principles of behavior modification.* New York: Holt, Rinehart & Winston.

Bandura, A. (1973). *Aggression: A social learning analysis.* Englewood Cliffs, NJ: Prentice-Hall.

Bandura, A. (1977). Self-efficacy: Toward a unifying theory of behavioral change. *Psychological Review, 84,* 191–215.

Bandura, A. (1982). The psychology of chance encounters. *American Psychologist, 37,* 747–755.

Bandura, A. (1986). *Social foundations of thought and action: A social cognitive theory.* Englewood Cliffs, NJ: Prentice-Hall.

Bandura, A., Blanchard, E.B., & Ritter, B. (1969). Relative efficacy of desensitization and modeling approaches for inducing behavioral, affective, and attitudinal changes. *Journal of Personality and Social Psychology, 13,* 173–199.

Bandura, A., Grusec, J.E., & Menlove, F.L. (1967). Vicarious extinction of avoidance behavior. *Journal of Personality and Social Psychology, 5,* 16–23.

Bandura, A., Jeffrey, R.W., & Bachicha, D.L. (1974). Analysis of memory codes and cumulative rehearsal in observational learning. *Journal of Research in Personality, 7,* 295–305.

Bandura, A., & Menlove, F.L. (1968). Factors determining vicarious extinction of avoidance behavior through symbolic modeling. *Journal of Personality and Social Psychology, 8,* 99–108.

Bandura, A., & Perloff, B. (1967). Relative efficacy of self-monitored and ex-

ternally imposed reinforcement systems. *Journal of Personality and Social Psychology, 7,* 111–116.

Bandura, A., & Rosenthal, T.L. (1966). Vicarious classical conditioning as a function of arousal level. *Journal of Personality and Social Psychology, 3,* 54–62.

Bandura, A., & Walters, R.H. (1959). *Adolescent aggression.* New York: Ronald Press.

Bandura, A., & Walters, R.H. (1963). *Social learning and personality development.* New York: Holt, Rinehart & Winston.

Banis, H.T., Varni, J.W., Wallander, J.L., Korsch, B.M., Jay, S.M., Adler, R., Garcia-Temple, E., & Negrete, V. (1988). Psychological and social adjustment of obese children and their families. *Child: Care, Health, and Development, 14,* 157–173.

Barabee, H.E., Marshall, W.L., & Lanthier, R. (1979). Deviant sexual arousal in rapists. *Behaviour Research and Therapy, 17,* 215–222.

Barabee, H.E., Marshall, W.L., Yates, E., & Lightfoot, L. (1983). Alcohol intoxication and deviant sexual arousal in male social drinkers. *Behaviour Research and Therapy, 21,* 365–373.

Barber, T.X., & Silver, M.J. (1968). Fact, fiction, and the experimenter bias effect. *Psychological Bulletin, Monograph Supplement, 70,* 1–29.

Barefoot, J.C. et al. (1991). Hostility patterns and health implications: Correlates of Cook-Medley hostility scale scores in a national survey. *Health Psychology, 10,* 18–24.

Barefoot, J.C., Dahlstrom, G., & Williams, R.B. (1983). Hostility, CHD incidence, and total mortality: A 25-year follow-up study of 255 physicians. *Psychosomatic Medicine, 45,* 59–63.

Barkley, R.A. (1981). *Hyperactive children: A handbook for diagnosis and treatment.* New York: Guilford.

Barkley, R.A. (1990). *Attention-deficit hyperactivity disorder: A handbook for diagnosis and treatment.* New York: Guilford.

Barkley, R.A., & Cunningham, C.E. (1979). The effects of methylphenidate on the mother-child interactions of hyperactive children. *Archives of General Psychiatry, 36,* 201–208.

Barkley, R.A., DuPaul, G.J., & McMurray, M.B. (1990). A comprehensive evaluation of attention deficit disorder with and without hyperactivity defined by research criteria. *Journal of Consulting and Clinical Psychology, 58,* 775–789.

Barkley, R.A., Fischer, M., Edelbrock, C.S., & Smallish, L. (1990). The adolescent outcome of hyperactive children diagnosed by research criteria: I. An 8 year prospective follow-up study. *Jour-*

nal of the American Academy of Child and Adolescent Psychiatry, 29, 546–557.

Barkley, R.A., Grodzinsky, G., & Du-Paul, G.J. (1992). Frontal lobe functions in attention deficit disorder with and without hyperactivity: A review and research report. *Journal of Abnormal Child Psychology, 20,* 163–188.

Barkley, R.A., Karlsson, J., & Pollard, S. (1985). Effects of age on the mother-child interactions of hyperactive children. *Journal of Abnormal Child Psychology, 13,* 631–638.

Barlow, D.H. (1986). Causes of sexual dysfunction: The role of anxiety and cognitive interference. *Journal of Consulting and Clinical Psychology, 54,* 140–148.

Barlow, D.H. (1988). *Anxiety and its disorders: The nature and treatment of anxiety and panic.* New York: Guilford.

Barlow, D.H., Abel, G.G., & Blanchard, E.B. (1979). Gender identity change in transsexuals. *Archives of General Psychiatry, 36,* 1001–1007.

Barlow, D.H., Becker, R., Leitenberg, H., & Agras, W.S. (1970). A mechanical strain gauge for recording penile circumference. *Journal of Applied Behavior Analysis, 3,* 73–76.

Barlow, D.H., Blanchard, E.B., Vermilyea, J.A., Vermilyea, B.B., & DiNardo, P.A. (1986). Generalized anxiety and generalized anxiety disorder: Description and reconceptualization. *American Journal of Psychiatry, 143,* 40–44.

Barlow, D.H., Cohen, A.B., Waddell, M.T., Vermilyea, B.B., Klosko, J.S., Blanchard, E.B., & DiNardo, P.A. (1984). Panic and generalized anxiety disorders: Nature and treatment. *Behavior Therapy, 15,* 431–449.

Barlow, D.H., Reynolds, E.J., & Agras, W.S. (1973). Gender identity change in a transsexual. *Archives of General Psychiatry, 29,* 569–576.

Barlow, D.H., Sakheim, D.K., & Beck, J.G. (1983). Anxiety increases sexual arousal. *Journal of Abnormal Psychology, 92,* 49–54.

Barlow, D.H., & Waddell, M.T. (1985). Agoraphobia. In D.H. Barlow (Ed.), *Clinical handbook of psychological disorders.* New York: Guilford.

Baron, M., Gershon, E.S., Rudy, V., Jonas, W.Z., & Buchsbaum, M. (1975). Lithium carbonate response in depression. *Archives of General Psychiatry, 32,* 1107–1111.

Baron, M., Levitt, M., Gruen, R. et al. (1984). Platelet monoamine oxidase activity and genetic vulnerability to schizophrenia. *American Journal of Psychiatry, 141,* 836–842.

Baron, M., Risch, N., Levitt, M., & Gruen, R. (1985). Familial transmission of schizotypal and borderline personality disorders. *American Journal of Psychiatry, 142,* 927–934.

Baron, R.A., & Byrne, D. (1977). *Social psychology: Understanding human interaction* (2nd ed.). Boston: Allyn & Bacon.

Barr, C.E., Mednick, S.A., & Munk-Jorgensen, P. (1990). Exposure to influenza epidemics during gestation and adult schizophrenia: A 40-year study. *Archives of General Psychiatry, 47,* 869–874.

Barrett, C.L., Hampe, E., & Miller, L. (1978). Research on psychotherapy with children. In S.L. Garfield, & A.E. Bergin (Eds.), *Handbook of psychotherapy and behavior change: An empirical analysis* (2nd ed.). New York: Wiley.

Bartlett, F. (1932). *Remembering.* Cambridge: Cambridge University Press.

Bartzokis, G., Liberman, R.P., & Hierholzer, R. (1990). Behavior therapy in groups. In I.L. Kutash, & A. Wolf (Eds.), *The group psychotherapist's handbook: Contemporary theory and technique.* New York: Columbia University Press.

Basedow, H. (1925). *The Australian aboriginal.* London: Adelaide.

Basmajian, J.V. (1977). Learned control of single motor units. In G.E. Schwartz, & J. Beatty (Eds.), *Biofeedback: Theory and research.* New York: Academic Press.

Bastani, B., Nash, J.F., & Meltzer, H.Y. (1990). Prolactin and cortisol responses to MK-212, a serotonin agonist, in obsessive compulsive disorder. *Archives of General Psychiatry, 47,* 833–839.

Bates, G.W. (1990). *Social anxiety and self-presentation: Conversational behaviours and articulated thoughts of heterosexually anxious males.* Unpublished doctoral dissertation, University of Melbourne, Australia.

Bates, G.W., Campbell, T.M., & Burgess, P.M. (1990). Assessment of articulated thoughts in social anxiety: Modification of the ATSS procedure. *British Journal of Clinical Psychology, 29,* 91–98.

Bateson, G., Jackson, D.D., Haley, J., & Weakland, J. (1956). Toward a theory of schizophrenia. *Behavioral Science, 1,* 251–264.

Baucom, D.H., & Hoffman, J.A. (1986). The effectiveness of marital therapy: Current status and application to the clinical setting. In N.S. Jacobson, & A.S. Gurman (Eds.), *Clinical handbook of marital therapy* (pp. 597–620). New York: Guilford.

Baucom, D.H., & Lester, G.W. (1986). The usefulness of cognitive restructuring as an adjunct to behavioral marital therapy. *Behavior Therapy, 17,* 385–403.

Baumeister, A.A. (1984). Some methodological and conceptual issues in the study of cognitive processes with retarded people. In P.H. Brooks, R. Sperber, & C. McCauley (Eds.), *Learning and cognition in the mentally retarded.* Hillsdale, NJ: Erlbaum.

Baumeister, R.F. (1990). Suicide as escape from self. *Psychological Review, 97,* 90–113.

Baumgartner, G.R., & Rowen, R.C. (1987). Clonidine vs. chlordiazepoxide in the management of acute alcohol withdrawal. *Archives of Internal Medicine, 147,* 1223–1226.

Baxter, D.J., Marshall, W.L., Barabee, H.E., Davidson, P.R., & Malcolm, P.B. (1984). Deviant sexual behavior: Differentiating sex offenders by criminal and personal history, psychometric measures, and sexual response. *Criminal Justice and Behavior, 11,* 477–501.

Baxter, E., & Hopper, K. (1981). *Private lives/public places: Homeless adults on the streets of New York City.* New York: Community Service Society.

Baxter, L.R., Schwartz, J.M., Bergman, K.S., Szuba, M.P., Guze, B.H., Mazziotta, J.C., Alazraki, A., Selin, C.E., Ferng, H., Munford, P., & Phelps, M.E. (1992). Caudate glucose metabolic rate changes with both drug and behavior therapy for obsessive-compulsive disorder. *Archives of General Psychiatry, 49,* 681–689.

Beach, S.R.H., & O'Leary, K.D. (1986). The treatment of depression occurring in the context of marital discord. *Behavior Therapy, 17,* 43–49.

Beck, A.T. (1967). *Depression: Clinical, experimental and theoretical aspects.* New York: Harper & Row.

Beck, A.T. (1976). *Cognitive therapy and the emotional disorders.* New York: International Universities Press.

Beck, A.T. (1986a). Cognitive therapy: A sign of retrogression or progress. *The Behavior Therapist, 9,* 2–3.

Beck, A.T. (1986b). Hopelessness as a predictor of eventual suicide. In J.J. Mann, & M. Stanley (Eds.), *Psychobiology of suicidal behavior.* New York: New York Academy of Sciences.

Beck, A.T. (1987). Cognitive models of depression. *Journal of Cognitive Psychotherapy: An International Quarterly, 1,* 5–37.

Beck, A.T., Brown, G., Berchick, R.J., Stewart, B.L., & Steer, R.A. (1990). Relationship between hopelessness and ultimate suicide: A replication with psychiatric outpatients. *American Journal of Psychiatry, 147,* 190–195.

Beck, A.T., Brown, G., Steer, R.A., Eidelson, J.I., & Riskind, J.H. (1987). Differentiating anxiety and depression: A test of the cognitive-content-specificity hypothesis. *Journal of Abnormal Psychology, 96,* 179–183.

Beck, A.T., & Emery, G. (1985). *Anxiety disorders and phobias: A cognitive perspective.* New York: Basic Books.

Beck, A.T., Kovacs, M., & Weissman, A. (1975). Hopelessness and suicidal behavior: An overview. *Journal of American Medical Association, 234,* 1146–1149.

Beck, A.T., Kovacs, M., & Weissman, A. (1979). Assessment of suicidal ideation: The Scale for Suicide Ideation. *Journal of Consulting and Clinical Psychology, 47,* 343–352.

Beck, A.T., Rush, A.J., Shaw, B.F., & Emery, G. (1979). *Cognitive therapy of depression.* New York: Guilford.

Beck, A.T., Schuyler, D., & Herman, I. (1974). Development of suicidal intent scales. In A.T. Beck, H.L.P. Resnik, & D.J. Lettieri (Eds.), *The prediction of suicide.* Bowie, MD: Charles Press.

Beck, A.T., Steer, R.A., Kovacs, M., & Garrison, B. (1985). Hopelessness and eventual suicide: A 10-year prospective study of patients hospitalized with suicidal ideation. *American Journal of Psychiatry, 142,* 559–563.

Beck, A.T., & Ward, C.H. (1961). Dreams of depressed patients: Characteristic themes in manifest content. *Archives of General Psychiatry, 5,* 462–467.

Beck, A.T., Ward, C.H., Mendelson, M., Mock, J.E., & Erbaugh, J.K. (1962). Reliability of psychiatric diagnosis: II. A study of consistency of clinical judgments and ratings. *American Journal of Psychiatry, 119,* 351–357.

Beck, J.G., Barlow, D.H., Sakheim, D.K., & Abrahamson, D.J. (1984). *Sexual responding during anxiety: Clinical versus nonclinical patterns.* Paper presented at the 18th Annual Convention of the Association for Advancement of Behavior Therapy, Philadelphia. As cited in Barlow (1986).

Beck, M. (1979, November 12). Viet vets fight back. Newsweek, pp. 44–49.

Becker, J.V. (1988). Adolescent sex offenders. *The Behavior Therapist, 11,* 185–187.

Bedell, J.R., Archer, R.P., & Marlow, H.A. (1980). A description and evaluation of a problem-solving skills training program. In D. Upper, & S.M. Ross (Eds.), *Behavioral group therapy: An annual review* (pp. 3–35). Champaign, IL: Research Press.

Bednar, R.L., & Kaul, T.J. (in press). Experimental group research: Can the canon fire? In A.E. Bergin, & S.L. Garfield (Eds.), *Handbook of psychotherapy and behavior change* (4th ed.). New York: Wiley.

Beecher, H.K. (1966). Ethics and clinical research. *New England Journal of Medicine, 274,* 1354–1360.

Begelman, D.A. (1975). Ethical and legal issues of behavior modification. In M. Hersen, R. Eisler, & P.M. Miller (Eds.), *Progress in behavior modification.* New York: Academic Press.

Beidel, D.C. (1991). Social phobia and overanxious disorder in school-age children. *Journal of the American Academy of Child and Adolescent Psychiatry, 30,* 545–552.

Bell, J.E. (1961). *Family group therapy.* Washington, DC: U.S. Department of Health, Education, and Welfare.

Bellack, A.S., Hersen, M., & Turner, S.M. (1976). Generalization effects of social skills training in chronic schizophrenics: An experimental analysis. *Behavior Research and Therapy, 14,* 391–398.

Bell-Dolan, D.J., Last, C.G., & Strauss, C.C. (1990). Symptoms of anxiety disorders in normal children. *Journal of the American Academy of Child and Adolescent Psychiatry, 29,* 759–765.

Bem, D.J., & Allen, A. (1974). On predicting some of the people some of the time: The search for cross-situational consistencies in behavior. *Psychological Review, 81,* 506–520.

Bem, S.L. (1974). The measurement of psychological androgyny. *Journal of Consulting and Clinical Psychology, 42,* 155–162.

Bem, S.L. (1984). Gender schema theory and its implications for child development: Raising gender-aschematic children in a gender-schematic society. *Signs: Journal of Women in Culture and Society, 8,* 598–616.

Bemis, K.M. (1978). Current approaches to the etiology and treatment of anorexia nervosa. *Psychological Bulletin, 85,* 593–617.

Bender, L., & Blau, A. (1937). The reactions of children of sexual relations with adults. *American Journal of Orthopsychiatry, 7,* 500–518.

Bennett, C.C., Anderson, L.S., Cooper, S., Hassol, L., Klein, D.C., & Rosenblum, G. (Eds.). (1966). *Community psychology: A report of the Boston Conference on the education of psychologists for community mental health.* Boston: Boston University Press.

Bennett, I. (1960). *Delinquent and neurotic children.* London: Tavistock.

Bennett, W. (1980). The nicotine fix. *Harvard Magazine, 82,* 10–14.

Benowitz, N.L., & Jacob, P., III. (1984). Daily intake of nicotine during cigarette smoking. *Clinical Pharmacology Therapeutics, 35,* 499–504.

Ben-Porath, Y.S., & Butcher, J.N. (1989). The comparability of MMPI and MMPI-2 scales and profiles. *Psychological Assessment, 1,* 345–347.

Benson, H. (1975). *The relaxation response.* New York: Morrow.

Benson, H., Beary, J.F., & Carl, M.P. (1974). The relaxation response. *Psychiatry, 37,* 37.

Ben-Tovim, M.V., & Crisp, A.H. (1979).

Personality and mental state within anorexia nervosa. *Journal of Psychosomatic Research, 23,* 321–325.

Berger, K.S., & Zarit, S.H. (1978). Late life paranoid states: Assessment and treatment. *American Journal of Orthopsychiatry, 48,* 528–537.

Bergin, A.E. (1971). The evaluation of therapeutic outcomes. In A.E. Bergin, & S.L. Garfield (Eds.), *Handbook of psychotherapy and behavior change: An empirical analysis.* New York: Wiley.

Bergin, A.E., & Lambert, M.J. (1978). The evaluation of therapeutic outcomes. In S.L. Garfield, & A.E. Bergin (Eds.), *Handbook of psychotherapy and behavior change: An empirical analysis* (2nd ed.). New York: Wiley.

Bergman, J.D., Dykens, E., Watson, M., Ort, S.I., & Leckman, J.F. (1987). Fragile-X syndrome: Variability of phenotypic expression. *Journal of the American Academy of Child and Adolescent Psychiatry, 26,* 463–467.

Berlin, F.S., & Meinecke, C.F. (1981). Treatment of sex offenders with anti-androgenic medication: Conceptualization, review of treatment modalities, and preliminary findings. *American Journal of Psychiatry, 138,* 601–607.

Berman, E.M., & Lief, H.I. (1976). Sex and the aging process. In W.W. Oaks, G.A. Melchiode, & I. Ficher (Eds.), *Sex and the life cycle.* New York: Grune & Stratton.

Bernstein, D.A., & Nietzel, M.T. (1980). *Introduction to clinical psychology.* New York: McGraw-Hill.

Berrettini, W.H., Goldin, L.R., Gelernter, J. et al. (1990). X-chromosome markers and manic-depressive illness: Rejection of linkage to Xq28 in nine bipolar pedigrees. *Archives of General Psychiatry, 47,* 366–373.

Berry, J.C. (1967). *Antecedents of schizophrenia, impulsive character und alcoholism in males.* Paper presented at the 75th Annual Convention of the American Psychological Association, Washington, DC.

Besdine, R.W. (1980). Geriatric medicine: An overview. In C. Eisodorfer (Ed.), *Annual review of gerontology and geriatrics.* New York: Springer.

Betancourt, H., & Lopez, S.R. (in press). The study of culture, ethnicity, and race in American psychology. *American Psychologist.*

Bettelheim, B. (1967). *The empty fortress.* New York: Free Press.

Bettelheim, B. (1969). *Children of the dream.* London: Collier-Macmillan.

Bettelheim, B. (1973). Bringing up children. *Ladies Homes Journal, 90,* 28.

Bettelheim, B. (1974). *A home for the heart.* New York: Knopf.

Beutler, L.E. (1979). Toward specific psychological therapies for specific conditions. *Journal of Consulting and Clinical Psychology, 47,* 882–897.

Beutler, L.E. (1983). *Eclectic psychotherapy: A systematic approach.* New York: Pergamon.

Beutler, L.E. (1990). Introduction to the special series on advances in psychotherapy research. *Journal of Consulting and Clinical Psychology, 58,* 263–264.

Beutler, L.E., Crago, M., & Arizmendi, T.G. (1986). Therapist variables in psychotherapy process and outcome. In S.L. Garfield, & A.E. Bergin (Eds.), *Handbook of psychotherapy and behavior change* (3rd ed.). New York: Wiley.

Beutler, L.E., Scogin, F., Kirkish, P., Schretlen, D., Corbishley, A., Hamblin, D., Beutler, L., & Crago, M. (Eds.). (1991). *Psychotherapy research.* Washington, DC: American Psychological Association.

Beutler, L.E. (1991). Have all won and must all have prizes? Revisiting Luborsky et al.'s verdict. *Journal of Consulting and Clinical Psychology, 59,* 226–232.

Bieber, I., Dain, H.J., Dince, P.R., Drellich, M.G., Grand, H.C., Gundlach, R.H., Kremer, M.W., Rifkin, A.H., Wilbur, C.B., & Bieber, T.B. (1962). *Homosexuality: A psychoanalytical study.* New York: Random House.

Biederman, J., Rivinus, T.M., Herzog, D.B., Ferber, R.A., Harper, G.P., Orsulak, P.J., Harmatz, J.S., & Schildkraut, J.J. (1984). Platelet MAO activity in anorexia nervosa patients with and without a major depressive disorder. *American Journal of Psychiatry, 141,* 1244–1247.

Billings, A. (1979). Conflict resolution in distressed and nondistressed married couples. *Journal of Consulting and Clinical Psychology, 47,* 368–376.

Billings, A.G., Cronkite, R.C., & Moos, R.H. (1983). Social-environmental factors in unipolar depression: Comparisons of depressed patients and nondepressed controls. *Journal of Abnormal Psychology, 92,* 119–133.

Bion, W. (1959). *Experiences in groups.* New York: Basic Books.

Birbaumer, H. (1977). Biofeedback training: A critical review of its clinical applications and some possible future directions. *European Journal of Behavioral Analysis and Modification, 4,* 235–251.

Birnbaum, M. (1960). The right to treatment. *American Bar Association Journal, 46,* 499–505.

Birren, J.E., & Sloane, R.B. (Eds.). (1980). *Handbook of mental health and aging.* Englewood Cliffs, NJ: Prentice-Hall.

Bisette, G., Smith, W.H., Dole, K.C., Crain, B., Ghanbari, B., Miller, B., & Nemeroff, C.B. (1991). Alterations in Alzheimer's disease-associated protein in Alzheimer's disease frontal and temporal cortex. *Archives of General Psychiatry, 48,* 1009–1011.

Bitterman, M.E. (1975). Issues in the comparative psychology of learning. In R.B. Masterson, M.E. Bitterman, C.B.G. Campbell, & N. Hotten (Eds.), *The evolution of brain and behavior in vertebrates.* Hillsdale, NJ: Erlbaum.

Bjorkqvist, S.E. (1975). Clonidine in alcohol withdrawal. *Acta Psychiatrica Scandinavica, 52,* 256–263.

Blackburn, I.M., Eunson, K.M., & Bishop, S. (1986). A two-year naturalistic follow-up of depressed patients treated with cognitive therapy, pharmacotherapy, and a combination of both. *Journal of Affective Disorders, 10,* 67–75.

Blader, J.C., & Marshall, W.L. (1989). Is assessment of sexual arousal in rapists worthwhile? A critique of current methods and the development of a response compatibility approach. *Clinical Psychology Review, 9,* 569–587.

Blagg, N.R., & Yule, W. (1984). The behavioural treatment of school refusal: A comparative study. *Behaviour Research and Therapy, 22,* 119–127.

Blake, W. (1973). The influence of race on diagnosis. *Smith College Studies in Social Work, 43,* 184–192.

Blanchard, E.B., Andrasik, F., Neff, D.F., Arena, J.G., Ashles, T.A., Jursih, S.E., Pallmeyer, T.P., Saunders, N.L., & Teders, S.J. (1982). Biofeedback and relaxation training with three kinds of headache: Treatment effects and their prediction. *Journal of Consulting and Clinical Psychology, 50,* 562–575.

Blanchard, E.B., McCoy, G.C., Musso, A., Gerardi, M.A., Pallmeyer, T.P., Gerardi, R.J., Cotch, P.A., Siracusa, K., & Andrasik, F. (1986). A controlled comparison of thermal biofeedback and relaxation training in the treatment of essential hypertension: I. Short-term and long-term outcome. *Behavior Therapy, 17,* 563–579.

Blanchard, E.B., Miller, S.T., Abel, G.G., Haynes, M.R., & Wicker, R. (1979). Evaluation of biofeedback in the treatment of borderline essential hypertension. *Journal of Applied Behavior Analysis, 12,* 99–109.

Blanchard, E.B., Theobald, E.E., Williamson, D.A., Silver, B.V., & Brown, D.A. (1978). Temperature biofeedback in the treatment of migraine headaches: A controlled evaluation. *Archives of General Psychiatry, 35,* 581–588.

Bland, K., & Hallam, R. (1981). Relationship between response to graded exposure and marital satisfaction in agoraphobics. *Behaviour Research and Therapy, 19,* 335–338.

Blatt, B. (1966). The preparation of special educational personnel. *Review of Educational Research, 36,* 151–161.

Blau, Z.S., Oser, G.T., & Stephens, R.C. (1979). Aging, social class, and ethnicity: A comparison of Anglo, Black, and Mexican-American Texans. *Pacific Sociological Review, 22,* 501–525.

Blazer, D., Hughes, D., & George, L.K. (1987). Stressful life events and the onset of a generalized anxiety syndrome. *American Journal of Psychiatry, 144,* 1178–1183.

Blazer, D.G. (1982a). *Depression in late life.* St. Louis: Mosby.

Blazer, D.G. (1982b). Social support and mortality in an elderly community population. *American Journal of Epidemiology, 115,* 684–694.

Blazer, D.G., Bachar, J.R., & Manton, K.G. (1986). Suicide in late life: Review and commentary. *Journal of the American Geriatrics Society, 34,* 519–525.

Blazer, D.G., & Siegler, I.C. (1984). *A family approach to health care of the elderly.* Menlo Park, CA: Addison-Wesley.

Blazer, D.G., & Williams, C.D. (1980). Epidemiology of dysphoria and depression in the elderly population. *American Journal of Psychiatry, 137,* 439–444.

Blehar, M.C., & Rosenthal, N.E. (1989). Seasonal affective disorders and phototherapy: Report of a National Institute of Mental Health-sponsored workshop. *Archives of General Psychiatry, 46,* 469–474.

Blenker, M. (1967). Environmental change and the aging individual. *Gerontologist, 7,* 101–105.

Bleuler, E. (1923). *Lehrbuch der Psychiatrie* (4th ed.). Berlin: Springer.

Bliss, E.L. (1980). Multiple personalities: A report of 14 cases with implications for schizophrenia and hysteria. *Archives of General Psychiatry, 37,* 1388–1397.

Bliss, E.L. (1983). Multiple personalities, related disorders, and hypnosis. *American Journal of Clinical Hypnosis, 26,* 114–123.

Bliwise, D., Carskadon, M., Carey, E., & Dement, W. (1984). Longitudinal development of sleep-related respiratory disturbance in adult humans. *Journal of Gerontology, 39,* 290–293.

Block, A.P. (1990). Rape trauma syndrome as scientific expert testimony. *Archives of Sexual Behavior, 19,* 309–323.

Block, J. (1971). *Lives through time.* Berkeley, CA: Bancroft Books.

Bloomfield, H.H. (1973). Assertive training in an outpatient group of chronic schizophrenics: A preliminary report. *Behavior Therapy, 4,* 277–281.

Blowers, C., Cobb, J., & Mathews, A. (1987). Generalized anxiety: A controlled treatment study. *Behaviour Research and Therapy, 25,* 493–502.

Blumenthal, J.A., Williams, R.B., Kong, Y., Schanberg, S.M., & Thompson, I.W. (1978). Type A behavior and angiographically documented coronary disease. *Circulation, 58,* 634–639.

Bockhoven, J. (1963). *Moral treatment in American psychiatry.* New York: Springer.

Boesch, E. (1977). Authority and work attitude of Thais. In K. Wenk, & K. Rosenburg (Eds.), *Thai in German eyes* (pp. 176–231). Bangkok: Kledthai.

Bohman, M., Cloninger, R.C., Sigvardsson, S., & Knorring, A. von. (1982). Predisposition to criminality in Swedish adoptees: I. Genetic and environmental heterogeneity. *Archives of General Psychology, 39,* 1233–1241.

Boll, T.J. (1985). Developing issues in clinical neuropsychology. *Journal of Clinical and Experimental Neuropsychology, 7,* 473–485.

Boll, T.J., Heaton, R., & Reitan, R.M. (1974). Neuropsychological and emotional correlates of Huntington's chorea. *Journal of Nervous and Mental Disease, 158,* 61–69.

Bond, I.K., & Hutchinson, H.C. (1960). Application of reciprocal inhibition therapy to exhibitionism. *Canadian Medical Association Journal, 83,* 23–25.

Bonica, J.J. (1981). Pain research and therapy: Past and current status and future needs. In L. Ng, & J.J. Bonica (Eds.), *Pain, discomfort, and humanitarian care.* New York: Elsevier.

Bootzin, R.R., & Engle-Friedman, M. (1987). Sleep disturbances. In L.L. Carstensen, & B.A. Edelstein (Eds.), *Handbook of clinical gerontology.* New York: Pergamon.

Bootzin, R.R., Engle-Friedman, M., & Hazelwood, L. (1983). Sleep disorders and the elderly. In P.M. Lewinsohn, & L. Teri (Eds.), *Clinical geropsychology: New directions in assessment and treatment.* New York: Pergamon.

Borgatta, E.F., Montgomery, R.J.V., & Borgatta, M.L. (1982). Alcohol use and abuse, life crisis events, and the elderly. *Research on Aging, 4,* 378–408.

Borkenau, P. & Ostendorf, F. (1993). *NEO - Fünf Faktoren Inventar NEO-FFI).* Göttingen: Hogrefe.

Borkovec, T.D., & Inz, J. (1990). The nature of worry in generalized anxiety disorder: A predominance of thought activity. *Behaviour Research and Therapy, 28,* 153–158.

Borkovec, T.D., & Mathews, A. (1988). Treatment of nonphobic anxiety disorders: A comparison of nondirective, cognitive and coping desensitization therapy. *Journal of Consulting and Clinical Psychology, 56,* 877–884.

Bornstein, P.E., Clayton, P.J., Halikas, J.A., & Robins, E. (1973). The depression of widowhood after thirteen months. *British Journal of Psychiatry, 122,* 561–566.

Bornstein, R.F., Leone, D.R., & Galley, D.J. (1987). The generalizability of subliminal mere exposure effects: Influence of stimuli perceived without awareness on social behavior. *Journal of Personality and Social Psychology, 53,* 1070–1079.

Boskind-Lodahl, M., & White, W.C. (1978). The definition and treatment of bulimarexia in college women – A pilot study. *Journal of American College Health Association, 27,* 84–97.

Boudewyns, P.A., Fry, T.J., & Nightingale, E.J. (1986). Token economy programs in VA medical centers: Where are they today? *The Behavior Therapist, 9,* 126–127.

Bourne, P.G. (1970). *Men, stress, and Vietnam.* Boston: Little, Brown.

Boverman, H., & French, A.P. (1979). Treatment of the depressed child. In A. French, & I. Berlin (Eds.), *Depression in children and adolescents.* New York: Human Sciences Press.

Bower, G.H. (1981). Mood and memory. *American Psychologist, 36,* 129–148.

Bowers, J., Jorm, A.F., Henderson, S., & Harris, P. (1990). General practitioners' detection of depression and dementia in elderly patients. *The Medical Journal of Australia, 153,* 192–196.

Bowers, K.S., & Meichenbaum, D. (Eds.). (1984). *The Unconscious reconsidered.* New York: Praeger.

Bowers, M.B., Jr. (1974). Central dopamine turnover in schizophrenic syndromes. *Archives of General Psychiatry, 31,* 50–54.

Bowers, M.K., Brecher-Marer, S., Newton, B.W., Piotrowski, Z., Spyer, T.C., Taylor, W.S., & Watkins, J.G. (1971). Therapy of multiple personality. *International Journal of Clinical and Experimental Hypnosis, 19,* 57–65.

Boyle, M. (1991). *Schizophrenia: A scientific delusion?* NY: Routledge.

Bradley, L., & Bryant, P.E. (1985). *Rhyme and reason in reading and spelling.* Ann Arbor: University of Michigan Press.

Brady, J.P., Davison, G.C., DeWald, P.A., Egan, G., Fadiman, J., Frank, J.D., Gill, M.M., Hoffman, I., Kempler, W., Lazarus, A.A., Raimy, V., Rotter, J.B., & Strupp, H.H. (1980). Some views on effective principles of psychotherapy. *Cognitive Therapy and Research, 4,* 269–306.

Brand, F.N., Smith, R.T., & Brand, P.A. (1977). Effect of economic barriers to medical care on patients' noncompliance. *Public Health Reports, 92,* 72–78.

Brand, R.J., Rosenman, R.H., Jenkins, C.D., Sholtz, R.L., & Zyzanski, S.J. (in press). Comparison of coronary heart disease prediction in the Western Collaborative Group Study using the structured interview and the Jenkins Activity Survey assessments of coronary-prone Type A behavior pattern. *Journal of Chronic Diseases.*

Brandon, Y.H., Zelman, D.C., & Baker, T.B. (1987). Effects of maintenance sessions on smoking relapse: Delaying the inevitable? *Journal of Consulting and Clinical Psychology, 55,* 780–782.

Brandt, J., Buffers, N., Ryan, C., & Bayog, R. (1983). Cognitive loss and recovery in chronic alcohol abusers. *Archives of General Psychiatry, 40,* 435–442.

Bransford, J.D., & Johnson, M.K. (1973). Considerations of some problems of comprehension. In W.G. Chase (Ed.), *Visual information processing.* New York: Academic Press.

Brassier, R. (1987). Drug use in the geriatric patient. In L.L. Carstensen, & B.A. Edelstein (Eds.), *Handbook of clinical gerontology.* New York: Pergamon.

Braswell, L., & Kendall, P.C. (1988). Cognitive-behavioral methods with children. In K.S. Dobson (Ed.), *Handbook of cognitive-behavioral therapies.* New York: Guilford.

Brecher, E.M., & the Editors of *Consumer Reports.* (1972). *Licit and illicit drugs,* Mount Vernon, NY: Consumers Union.

Breen, M.J. (1989). Cognitive and behavioral differences in ADHD boys and girls. *Journal of Child Psychology and Psychiatry, 30,* 711–716.

Brehm, J.W. (1966). *A theory of psychological reactance.* New York: Academic Press.

Brehm, S.S., & Brehm, J.W. (1981). *Psychological reactance: A theory of freedom and control.* New York: Academic Press.

Brehony, K.A., & Geller, E.S. (1981). Agoraphobia: Appraisal of research and a proposal for an integrative model. In M. Hersen, R.M. Eisler, & P.M. Miller (Eds.), *Progress in behavior modification* (Vol.12). New York: Academic Press.

Breier, A., Charney, D.S., & Heninger, G.R. (1986). Agoraphobia with panic attacks. *Archives of General Psychiatry, 43,* 1029–1036.

Breier, A., Schreiber, J.L., Dyer, J., & Pickar, D. (1991). National Institute of Mental Health longitudinal study of chronic schizophrenia: Prognosis and predictors of outcome. *Archives of General Psychiatry, 48,* 239–246.

Brenner, J. (1973). *Mental illness and economics.* Cambridge, MA: Harvard University Press.

Bretschneider, J.G., & McCoy, N.L. (1988). Sexual interest and behavior in healthy 80 to 102-year-olds. *Archives of Sexual Behavior, 17,* 109–129.

Breuer, J., & Freud, S. (1982). *Studies in hysteria.* [J. Strachey, Trans. and Ed., (original work published 1895) with the collaboration of A. Freud]. New York: Basic Books.

Brickel, C.M. (1984). The clinical use of pets with the aged. *Clinical Gerontologist, 2,* 72–75.

Brickman, A.S., McManus, M., Grapentine, W.L., & Alessi, N. (1984). Neuropsychological assessment of seriously delinquent adolescents. *Journal of the American Academy of Child Psychiatry, 23,* 453–457.

Bridge, T.B., & Wyatt, R.J. (1980). Paraphrenia: Paranoid states of late life. II. American research. *Journal of the American Geriatrics Society, 28,* 205–210.

Bridge, T.B., Cannon, H.E., & Wyatt, R.J. (1978). Burned-out schizophrenia: Evidence for age effects on schizophrenic symptomatology. *Journal of Gerontology, 33,* 835–839.

Bridger, W.H., & Mandel, I.J. (1965). Abolition of the PRE by instructions in GSR conditioning. *Journal of Experimental Psychology, 69,* 476–482.

Brodie, H.K.H., & Leff, M.J. (1971). Bipolar depression: A comparative study of patient characteristics. *American Journal of Psychiatry, 127,* 1086–1090.

Brooks, J., & Weinraub, M. (1976). A history of infant intelligence testing. In M. Lewis (Ed.), *Origins of intelligence: Infancy and early childhood.* New York: Plenum.

Broverman, J.K., Broverman, D.M., & Clarkson, F.E. (1970). Sexual stereotypes and clinical judgments of mental health. *Journal of Consulting and Clinical Psychology, 34,* 1–7.

Brown, G.L., & Goodwin, F.K. (1986). Cerebrospinal fluid correlates of suicide attempts and aggression. *Annals of the New York Academy of Science, 487,* 175–188.

Brown, G.W., & Birley, J.L.T. (1968). Crises and life changes and the onset of schizophrenia. *Journal of Health and Social Behavior, 9,* 203–214.

Brown, G.W., Bone, M., Dalison, B., & Wing, J.K. (1966). *Schizophrenia and social care.* London: Oxford University Press.

Brown, G.W., & Harris, T.O. (1978). *Social origins of depression.* London: Tavistock.

Brown, J., Henteleff, P., Barakat, S., & Rowe, C.J. (1986). Is it normal for terminally ill patients to desire death? *American Journal of Psychiatry, 143,* 208–211.

Brown, S.A. et al. (1990). Severity of psychosocial stress and outcome of alcoholism treatment. *Journal of Abnormal Psychology, 99,* 344–348.

Brownell, K.D., Hayes, S.C., & Barlow, D.H. (1977). Patterns of appropriate and deviant sexual arousal: The behavioral treatment of multiple sexual deviations. *Journal of Consulting and Clinical Psychology, 45,* 1144–1155.

Brownell, K.D., Stunkard, A.J., & Albaum, J.M. (1980). Evaluation and modification of exercise patterns in the natural environment. *American Journal of Psychiatry, 137,* 1540–1545.

Brownmiller, S. (1975). *Against our will: Men, women and rape.* New York: Simon & Schuster.

Bruch, H. (1980). Preconditions for the development of anorexia nervosa. *American Journal of Psychoanalysis, 40,* 169–172.

Bruch, H. (1981). Developmental considerations of anorexia nervosa and obsity. *Canadian Journal of Psychiatry, 26,* 212–217.

Bruck, M. (1987). The adult outcomes of children with learning disabilities. *Annals of Dyslexia, 37,* 252–263.

Bryant, R.A., & McConkey, K.M. (1989). Visual conversion disorder: A case analysis of the influence of visual information. *Journal of Abnormal Psychology, 98,* 326–329.

Buchsbaum, M.S., Kessler, R., King, A., Johnson, J., & Cappelletti, J. (1984). Simultaneous cerebral glucography with positron emission tomography and topographic electroencephalography. In G. Pfurtscheller, E.J. Jonkman, & F.H. Lopes da Silva (Eds.), *Brain ischemia: Quantitative EEG and imaging techniques.* Amsterdam: Elsevier.

Buglass, D., Clarke, J., Henderson, A.S., Kreitman, N., & Presley, A.S. (1977). A study of agoraphobic housewives. *Psychological Medicine, 7,* 73–86.

Bulfinch's mythology. (1979). New York: Avenel Books.

Bunney, W.E., Goodwin, F.K., & Murphy, D.L. (1972). The "Switch Process" in manic-depressive illness. *Archives of General Psychiatry, 27,* 312–317.

Bunney, W.E., Murphy, D.L., Goodwin, F.K., & Borge, G.F. (1970). The switch process from depression to mania: Relationship to drugs which alter brain amines. *Lancet, 1,* 1022.

Burgess, A.W., & Holmstrom, L.L. (1974). *Rape: Victim of crisis.* Bowie, MD: Robert J. Brady Company.

Burgess, I.S. et al. (1981). The degree of control exerted by phobic and nonphobic verbal stimuli over the recognition behaviour of phobic and nonphobic subjects. *Behaviour Research and Therapy, 19,* 233–243.

Burgio, L.D., Burgio, K.L., Engel, B.T., & Tice, L.M. (1986). Increasing distance and independence of ambulation in elderly nursing home residents. *Journal of Applied Behavior Analysis, 19,* 357–366.

Burnam, M.A., Stein, J.A., Golding, J.M., Siegel, J.M., Sorenson, S.B., Forsythe, A.B., & Telles, C.A. (1988). Sexual assault and mental disorders in a community population. *Journal of Consulting and Clinical Psychology, 56,* 843–850.

Burns, B., & Taub, C.A. (1990). Mental health services in general medical care and nursing homes. In B.S. Fogel, A. Furino, & G. Gottlieb (Eds.), *Protecting minds at risk* (pp. 63–84). Washington, DC: American Psychiatric Association.

Buss, A.H. (1966). *Psychopathology.* New York: Wiley.

Busse, E.W. (1976). Hypochondriasis in the elderly: A reaction to social stress. *Journal of the American Geriatrics Society, 24,* 145–149.

Busse, E.W., & Blazer, D.G. (1979). Disorders related to biological functioning. In E.W. Busse, & D. Blazer (Eds.), *Handbook of geriatric psychiatry.* New York: Van Nostrand-Reinhold.

Butcher, J.N., Dahlstrom, W.G., Graham, J.R., Tellegen, A., & Kraemer, B. (1989). *Minnesota Multiphasic Personality Inventory-2: Manual for administration and scoring.* Minneapolis: University of Minnesota Press.

Butler, G., & Mathews, A. (1983). Cognitive processes in anxiety. *Advances in Behaviour Research and Therapy, 5,* 51–62.

Butler, R.N. (1963). The life review: An interpretation of reminiscence in the aged. *Psychiatry, 119,* 721–728.

Butler, R.N., & Lewis, M.I. (1982). *Aging and mental health: Positive psychosocial approaches* (3rd ed.). St. Louis: Mosby.

Butterfield, E.C., & Belmont, J.M. (1975). Assessing and improving the executive cognitive functions of mentally retarded people. In I. Bialer, & M. Sternlicht (Eds.), *Psychological issues in mental retardation.* New York: Psychological Dimensions.

Butterfield, E.C., & Belmont, J.M. (1977). Assessing and improving the cognitive functions of mentally retarded people. In I. Bialer and M. Sternlicht (Eds.), *The psychology of mental retardation: Issues and approaches.* New York: Psychological Dimensions.

Caccioppo, J.T., Glass, C.R., & Merluzzi, T.V. (1979). Self-statements and self-evaluations: A cognitive-response analysis of heterosexual social anxiety. *Cognitive Therapy and Research, 3,* 249–262.

Caddy, G.R. (1983). Alcohol use and abuse. In B. Tabakoff, P.B. Sutker, & C.L. Randell (Eds.), *Medical and social as-*

pects of alcohol use. New York: Plenum.

Caddy, G.R. (1985). Cognitive behavior therapy in the treatment of multiple personality. *Behavior Modification, 9,* 267–292.

Cadoret, R.J. (1978). Evidence for genetic inheritance of primary affective disorder in adoptees. *American Journal of Psychiatry, 135,* 463–466.

Calhoun, J.B. (1970). Space and the strategy of life. *Ekistics, 29,* 425–437.

Calhoun, K.S. and Atkeson, B.M. *Treatment of rape victims.* Elmsford, NY: Pergamon Press.

Calhoun, K.S., Atkeson, B.M., & Resick, P.A. (1982). A longitudinal examination of fear reactions in victims of rape. *Journal of Counseling Psychology, 29,* 655–661.

Cameron, D.J., Thomas, R.I., Mulvhill, M., & Bronheim, H. (1987). Delirium: A test of the Diagnostic and Statistical Manual III criteria on medical inpatients. *Journal of the American Geriatrics Society, 35,* 1007–1010.

Cameron, N. (1959). The paranoid pseudocommunity revisisted. *American Journal of Sociology, 65,* 52–58.

Cameron, N. (1963). *Personality development and psychopathology: A dynamic approach.* Boston: Houghton Mifflin.

Cameron, N., & Magaret, A. (1951). *Behavior pathology.* Boston: Houghton Mifflin.

Campbell, M. (1987). Drug treatment of infantile autism: The past decade. In H.Y. Meltzer (Ed.), *Psychopharmacology: The third generation of progress.* New York: Raven.

Campbell, M. (1988). Fenfluramine treatment of autism. *Journal of Child Psychoology and Psychiatry, 29,* 1–10.

Campbell, M., Adams, P., Small, A.M., Perry, R., Curren, E., Tesch, L. McV., Lynch, N., & Pidhorodeckyj, C. (in press). The effects of fenfluramine on behavioral symptoms and learning: A double-blind and placebo controlled study. Cited in Campbell (1988).

Campbell, M., Anderson, L.T., Small, A.M., Locascio, J.J., Lynch, N.S., & Choroco, M.C. (1990). Naltrexone in autistic children: A double-blind and placebo controlled study. *Psychopharmacology Bulletin, 26,* 130–135.

Campbell, M., Overall, J.E., Small, A.M., Sokol, M.S., Spencer, E.K., Adams, P., Foltz, R.L., Monti, K.M., Perry, R., Nobler, M., & Roberts, E. (1989). Naltrexone in autistic children: An acute dose range tolerance trial. *Journal of the American Academy of Child and Adolescent Psychiatry, 28,* 200–206.

Campbell, M., Rosenbloom, S., Perry, R., George, A.E., Kercheff, I.I., Anderson, L., Small, A.M., & Jennings, S.J. (1982). Computerized axial tomography in young autistic children. *American Journal of Psychiatry, 139,* 510–512.

Campbell, S.B. (1990). *Behavioral problems in preschoolers: Clinical and developmental issues.* New York: Guilford.

Camper, P.M., Jacobson, N.S., Holtzworth-Munroe, A., & Schmaling, K.B. (1988). Causal attributions for interactional behaviors in married couples. *Cognitive Therapy and Research, 12,* 195–209.

Cangelosi, A., Gressard, C.F., & Mines, R.A. (1980). The effects of a rational thinking group on self-concepts in adolescents. *The School Counselor, 27,* 357–361.

Cannon, D.S., & Baker, T.B. (1981). Emetic and electric shock alcohol aversion therapy: Assessment of conditioning. *Journal of Consulting and Clinical Psychology, 49,* 20–23.

Cannon, D.S., Baker, T.B., Gino, A., & Nathan, P.E. (1986). Alcohol-aversion therapy: Relation between strength of aversion and abstinence. *Journal of Consulting and Clinical Psychology, 54,* 825–830.

Cannon, D.S., Baker, T.B., & Wehl, C.K. (1981). Emetic and electric shock alcohol aversion therapy: Six- and twelve-month follow-up. *Journal of Consulting and Clinical Psychology, 49,* 360–368.

Cannon, T.D., Mednick, S.A., & Parnas, J. (1990). Antecedents of predominantly negative and predominantly positive-symptom schizophrenia in a high-risk population. *Archives of General Psychiatry, 47,* 622–632.

Cannon, W.E. (1942). "Voodoo" death. *American Anthropologist, 44,* 169–182.

Cantor, N., Markus, H., Niedenthal, P., & Nurius, P. (1986). On motivation and the self-concept. In R.M. Sorrentino, & E.T. Higgins (Eds.), *Handbook of motivation and cognition: Foundations of social behavior* (pp. 96–121). New York: Guilford.

Cantwell, D.P. (1983). Childhood depression: What do we know, where do we go? In S.B. Cruze, I.J. Baris, & J.E. Barrett (Eds.), *Childhood psychopathology and development.* New York: Raven.

Cantwell, D.P., Baker, L., & Rutter, M. (1978). Family factors. In M. Rutter, & E. Schopler (Eds.), *Autism: A reappraisal of concepts and treatment.* New York: Plenum.

Caplan, G. (1964). *Principles of preventive psychiatry.* New York: Basic Books.

Caporael, L. (1976). Ergotism: The satan loosed in Salem? *Science, 192,* 21–26.

Carey, G., & Gottesman, I.I. (1981). Twin and family studies of anxiety, phobic, and compulsive disorders. In D.F. Klein, & J.G. Rabkin (Eds.), *Anxiety:*

New research and changing concepts. New York: Raven.

Carone, B.J., Harrow, M., & Westermeyer, J.F. (1991). Posthospital course and outcome in schizophrenia. *Archives of General Psychiatry, 48,* 247–253.

Carpenter, W.T. (1986). Thoughts on the treatment of schizophrenia. *Schizophrenia Bulletin, 12,* 527–539.

Carpenter, W.T., Murphy, D.L., & Wyatt, R.J. (1975). Platelet monoamine oxidase activity in acute schizophrenia. *American Journal of Psychiatry, 132,* 438–441.

Carr, A.T. (1971). Compulsive neurosis: Two psychophysiological studies. *Bulletin of the British Psychological Society, 24,* 256–257.

Carr, A.T. (1974). Compulsive neurosis: A review of the literature. *Psychological Bulletin, 81,* 311–319.

Carr, E.G., Schreibman, L., & Lovaas, O.I. (1975). Control of echolalic speech in psychotic children. *Journal of Abnormal Child Psychology, 3,* 331–351.

Carroll, B.J. (1982). The dexamethasone suppression test for melancholia. *British Journal of Psychiatry, 140,* 292–304.

Carver, C.S., Scheier, M.F., & Weintraub, J.K. (1989). Assessing coping strategies: A theoretically based approach. *Journal of Personality and Social Psychology, 56,* 267–283.

Cashman, J.A. (1966). *The LSD story.* Greenwich, CT: Fawcett.

Casriel, D. (1971). The dynamics of Synanon. In R.W. Siroka, E.K. Siroka, & G.A. Schloss (Eds.), *Sensitivity training and group encounter.* New York: Grosser and Dunlap.

Cassell, S. (1965). Effect of brief puppet therapy upon the emotional responses of children undergoing cardiac catheterization. *Journal of Consulting Psychology, 29,* 1–8.

Casson, I.R., Siegel, O., Sham, R., Campbell, E.A., Tarlau, M., & DiDomenico, J. (1984). Brain damage in modern boxers. *Journal of the American Medical Association, 251,* 2263–2267.

Castaneda, R., & Galanter, M. (1988). Ethnic differences in drinking practices and cognitive impairment among detoxifying alcoholics. *Journal of Studies on Alcohol, 49,* 335–339.

Cautela, J.R. (1969). A classical conditioning approach to the development and modification of behavior in the aged. *The Gerontologist, 9,* 109–113.

Cautela, J.R. (1966). Behavior therapy and geriatrics. *Journal of Genetic Psychology, 108,* 9–17.

Cautela, J.R. (1966). Treatment of compulsive behavior by covert sensitization. *Psychological Record, 16,* 33–41.

Caven, R.S. (1973). Speculations on innovations to conventional marriage in old age. *The Gerontologist, 13,* 409–411.

Chambers, K.C. (1985). Sexual dimorphism as an index of hormonal influence on conditioned food aversions. *Annals of the New York Academy of Sciences, 443,* 110–125.

Chambers, K.C., Resko, J.A., & Phoenix, C. (1982). Correlations of diurnal changes in hormones with sexual behavior and age in male rhesus macques. *Neurobiology of Aging, 3,* 37–42.

Chambliss, C.A., & Murray, E.J. (1979). Efficacy attribution, locus of control, and weight loss. *Cognitive Therapy and Research, 3,* 349–353.

Chaney, E.F., O'Leary, M.R., & Marlatt, G.A. (1978). Skills training with alcoholics. *Journal of Consulting and Clinical Psychology, 46,* 1092–1104.

Chapman, L.J., & Chapman, J.P. (1969). Illusory correlation as an obstacle to the use of valid psychodiagnostic signs. *Journal of Abnormal Psychology, 74,* 271–287.

Charlesworth, W.B. (1976). Human intelligence as adaptation. An ethological approach. In L.E. Resnick (Ed.), *The nature of intelligence.* Hillsdale, NJ: Erlbaum.

Charney, D.S., Heniger, C.R., & Breier, A. (1984). Noradrenergic function in pain attacks. *Archives of General Psychiatry, 41,* 751–763.

Charney, D.S., Heniger, G.R., & Kleber, H.D. (1986). The combined use of clonidine and naltrexone as a rapid, safe, and effective treatment of abrupt withdrawal from methadone. *American Journal of Psychiatry, 143,* 831–837.

Chassin, L., Presson, C., Sherman, S.J., McLaughlin, L., & Gioia, D. (1985). Psychosocial correlates of adolescent smokeless tobacco use. *Addictive Behaviors, 10,* 431–436.

Chelune, G.J., Ferguson, W., Koon, R., & Dickey, T.O. (1986). Frontal lobe disinhibition in attention deficit disorder. *Child Psychiatry and Human Development, 16,* 264–281.

Chemtob, C., Roitblat, H.C., Hamada, R.S., Carlson, J.G., & Twentyman, C.T. (1988). A cognitive action theory of post-traumatic stress disorder. *Journal of Anxiety Disorders, 2,* 253–275.

Chesney, M.A., Eagleston, J.R., & Rosenman, R.H. (1980). The Type A structured interview: A behavioral assessment in the rough. *Journal of Behavioral Assessment, 2,* 255–272.

Chesler, P. (1972). *Women and madness.* Garden City, NY: Doubleday.

Chiles, J., Miller, M.L., & Cox, G.B. (1980). Depression in an adolescent delinquent population. *Archives of General Psychiatry, 37,* 1179–1184.

Choosing death. (1991, August 26). *Newsweek,* pp. 42–46.

Christensen, A. (1983). Intervention. In H.H. Kelley, E. Berscheid, A. Christensen, J.H. Harvey, T.L. Huston, G. Levinger, E. McClintock, L.A. Peplau, & D.R. Peterson (Eds.), *Close relationships.* San Francisco: Freeman.

Christensen, A., & Nies, D.C. (1980). The Spouse Observation Checklist: Empirical analysis and critique. *American Journal of Family Therapy, 8,* 69–79.

Christensen, A., Sullaway, M., & King, C. (1982). *Dysfunctional interaction patterns and marital happiness.* Paper presented at the annual meeting of the Association for Advancement of Behavior Therapy, Los Angeles. As cited in Margolin, Michelli & Jacobson (1988).

Christie, A.B. (1982). Changing patterns in mental illness in the elderly. *British Journal of Psychiatry, 140,* 154–159.

Churchill, D.W. (1969). Psychotic children and behavior modification. *American Journal of Psychiatry, 125,* 1585–1590.

Churchill, W. (1967). *Homosexual behavior among males: A cross-cultural and cross-species investigation.* Englewood Cliffs, NJ: Prentice-Hall.

Cimons, M. (1992, May 22). Record number of Americans stop smoking. *Los Angeles Times,* p. A4.

Clark, D.F. (1988). The validity of measures of cognition: A review of the literature. *Cognitive Therapy and Research, 12,* 1–20.

Clark, D.M. (1986). A cognitive approach to panic. *Behavior Research and Therapy, 24,* 461–470.

Clark, D.M., Salkovskis, P.M., & Chalkley, A.J. (1985). Respiratory control as a treatment for panic attacks. *Journal of Behavior Therapy and Experimental Psychiatry, 16,* 23–30.

Clark, J.V., & Arkowitz, H. (1975). Social anxiety and the self-evaluation of interpersonal performance. *Psychological Reports, 36,* 211–221.

Clark, W.B., & Cahalan, D. (1976). Changes in drinking behavior over a four-year span. *Addictive Behaviors, 1,* 251–259.

Clarke, K., & Greenberg, L. (1986). Differential effects of the gestalt two chair intervention and problem solving in resolving decisional conflict. *Journal of Counseling Psychology, 33,* 48–53.

Clausen, J.A., & Kohn, M.L. (1959). Relation of schizophrenia to the social structure of a small city. In B. Pasamanick (Ed.), *Epidemiology of mental disorder.* Washington, DC: American Association for the Advancement of Science.

Clayton, E.W. (1988). From Rogers to Rivers: The rights of the mentally ill to refuse medications. *American Journal of Law and Medicine, 13,* 7–52.

Clayton, P.J. (1973). The clinical morbidity of the first year of bereavement: A review. *Comparative Psychiatry, 14,* 151–157.

Clayton, P.J., Halikas, J.A., & Maurice, W.L. (1972). The depression of widowhood. *British Journal of Psychiatry, 129,* 532–538.

Clayton, V.P., & Birren, J.E. (1980). The development of wisdom across the life span: A reexamination of an ancient topic. In P.B. Baltes, & O.G. Brim (Eds.), *Life-span development and behavior* (Vol. 3). New York: Academic Press.

Cleckley, H. (1976). *The mask of sanity* (5th ed.). St. Louis: Mosby.

Climko, R.P., Roehrich, H., Sweeney, D.R., & Al-Razi, J. (1987). Ecstasy: A review of MDMA and MDA. *International Journal of Psychiatry in Medicine, 16,* 359–372.

Clomipramine Collaborative Study Group. (1991). Clomipramine in the treatment of patients with obsessive-compulsive disorder. *Archives of General Psychiatry, 48,* 730–738.

Cloninger, R.C., Bohman, M., & Sigvardsson, S. (1981). Inheritance of alcohol abuse: Cross-fostering analysis of adopted men. *Archives of General Psychiatry, 38,* 861–868.

Cloninger, R.C., Martin, R.L., Guze, S.B., & Clayton, P.L. (1986). A prospective follow-up and family study of somatization in men and women. *American Journal of Psychigary, 143,* 713–714.

Cloninger, R.C., Reich, T., & Guze, S.B. (1975). The multifactorial model of disease transmission: II. Sex differences in the familial transmission of sociopathy (antisocial personality). *British Journal of Psychiatry, 127,* 11–22.

Cloninger, R.C., Sigvardsson, S., Bohman, M., & Knorring, A. von. (1982). Predisposition to petty criminality in Swedish adoptees: II. Cross-fostering analysis of gene-environment interaction. *Archives of General Psychiatry, 39,* 1242–1247.

Clum, A., & Knowles, S.L. (1991). Why do some people with panic disorders become avoidant? A review. *Clinical Psychology Review, 11,* 295–314.

Clunies-Ross, G.G. (1979). Accelerating the development of Down's syndrome infants and young children. *The Journal of Special Education, 13,* 169–177.

Coates, S., & Person, E.S. (1985). Extreme boyhood femininity: Isolated behavior or pervasive disorder? *Journal of the American Academy of Child Psychiatry, 24,* 702–709.

Coates, T.J. (1990). Strategies of modifying sexual behavior for primary and secondary prevention of HIV disease.

Journal of Consulting and Clinical Psychology, 58, 57–69.

Coates, T.J., Kegeles, S., Stall, J.D., Lo, B., Morin, S., & McKusick, L. (1988). AIDS antibody testing: Will it stop the AIDS epidemic? Will it help persons infected with HIV? *American Psychologist, 43,* 859–864.

Coffey, C.E., Weiner, R.D., Djang, W.T., Figiel, G.S., Soady, S.A.R., Patterson, L.J., Holt, P.D., Spritzer, C.E., & Wilkinson, W.E. (1991). Brain anatomic effects of electroconvulsive therapy: A prospective magnetic resonance imaging study. *Archives of General Psychiatry, 48,* 1009–1012.

Cohen, A.H. (1986). Preventing adults from becoming sexual molesters. *Child Abuse and Neglect, 10,* 559–562.

Cohen, D., Eisdorfer, C., Prinz, P., Breen, A., Davis, M., & Gadsby, A. (1983). Sleep disturbances in the institutionalized aged. *Journal of the American Geriatrics Society, 31,* 79–82.

Cohen, D.J., Solnit, A.J., & Wohlford, P. (1979). Mental health services in Head Start. In E. Zigier, & J. Valentine (Eds.), *Project Head Start.* New York: Free Press.

Cohen, G.D. (1990). Psychopathology and mental health in the mature and elderly adult. In J.E. Birren, & K.W. Schaie (Eds.), *Handbook of the psychology of aging.* Third edition (pp. 359–371). New York: Academic Press.

Cohen, L.J., & Roth, S. (1987). The psychological aftermath of rape: Long-term effects and individual differences in recovery. *Journal of Social and Clinical Psychology, 5,* 525–534.

Cohen, S. (1981). Adverse effects of marijuana: Selected issues. *Annals of the New York Academy of Science, 362,* 119–124.

Cohen, S. (1988). Psychosocial models of the role of social support in the etiology of physical disease. *Health Psychology, 7,* 269–297.

Cohen, S., Evans, G.W., Krantz, D.S., & Stokols, D. (1980). Physiological, motivational and cognitive effects of aircraft noise on children. *American Psychologist, 35,* 231–243.

Cohen, S., Tyrell, D.A.J., & Smith, A.P. (1991). Psychological stress and susceptibility to the common cold. *New England Journal of Medicine, 325,* 606–612.

Cohen, S., & Wills, T.A. (1985). Stress, social support, and the buffering process. *Psychological Bulletin, 98,* 310–357.

Cole, J.D. (1988). Where are those new antidepressants we were promised? *Archives of General Psychiatry, 45,* 193–194.

Collaborative study of children treated for phenylketonuria, preliminary report 8. (1975, February). R. Koch, principal investigator. Presented at the Eleventh General Medicine Conference, Stateline, NV.

Colletti, G., & Kopel, S.A. (1979). Maintaining behavior change: An investigation of three maintenance strategies and the relationship of self-attribution to the long-term reduction of cigarette smoking. *Journal of Consulting and Clinical Psychology, 47,* 614–617.

Colligan, R.C., & Offord, D.P. (1988). The risky use of MMPI hostility scale in assessing risk for coronary heart disease. *Psychosomatics, 29,* 188–196.

Collins, L.F., Maxwell, A.E., & Cameron, C. (1962). A factor analysis of some child psychiatric clinic data. *Journal of Mental Science, 108,* 274–285.

Combs, G., Jr., & Ludwig, A.M. (1982). Dissociative disorders. In J.H. Greist, J.W. Jefferson, & R.L. Spitzer (Eds.), *Treatment of mental disorders.* New York: Oxford University Press.

Comfort, A. (1980). Sexuality in later life. In J.E. Birren, & R.B. Sloane (Eds.), *Handbook of mental health and aging.* Englewood Cliffs, NJ: Prentice-Hall.

Comfort, A. (1984). Sexuality and the elderly. In J.P. Abrahams, & V. Crooks (Eds.), *Geriatric mental health.* Orlando, FL: Grune & Stratton.

Committee on Government Operations. (1985). *The federal response to the homeless crisis.* Washington, DC: U.S. Government Printing Office.

Committee on Health Care for Homeless People. (1988). *Homelessness, health, and human needs.* Washington, DC: National Academic Press.

Compton, D.R., Dewey, W.L., & Martin, B.R. (1990). Cannabis dependence and tolerance production. *Advances in Alcohol and Substance Abuse, 9,* 129–147.

Conger, J.J. (1951). The effects of alcohol on conflict behavior in the albino rat. *Quarterly Journal of Studies on Alcohol, 12,* 1/9.

Connelly, M. (1992, March 7). 3 found dead after inhaling laughing gas. *Los Angeles Times,* pp. A1, A23.

Conners, C.K. (1969). A teacher rating scale for use in drug studies with children. *American Journal of Psychiatry, 126,* 884–888.

Conners, F.A., Caruso, D.R., & Detterman, D.K. (1986). Computer-assisted instruction for the mentally retarded. In N.R. Ellis, & N.W. Bray (Eds.), *International review of research in mental retardation* (Vol. 14). New York: Academic Press.

Conoley, C.W., Conoley, J.C., McConnell, J.A., & Kimzey, C.E. (1983). The effect of the ABCs of rational emotive therapy and the empty-chair technique of Gestalt therapy on anger reduction. *Psychotherapy: Theory, Research, and Practice, 20,* 112–117.

Cook, M., & Mineka, S. (1989). Observational conditioning of fear to fear-relevant versus fear-irrelevant stimuli in rhesus monkeys. *Journal of Abnormal Psychology, 98,* 448–459.

Cooper, A.F., Garside, R.F., & Kay, D.W.K. (1976). A comparison of deaf and non-deaf patients with paranoid and affective psychoses. *British Journal of Psychiatry, 129,* 532–538.

Cooper, A.F., Kay, D.W.K., Curry, A.R., Garside, R.F., & Roth, M. (1974). Hearing loss in paranoid and affective psychoses of the elderly. *Lancet, 2,* 851–854.

Cooper, A.F., & Porter, R. (1976). Visual acuity and ocular pathology in the paranoid and affective psychoses of later life. *Journal of Psychosomatic Research, 20,* 107–114.

Cooper, A.J. (1986). Progestogens in the treatment of male sex offenders: A review. *Canadian Journal of Psychiatry, 31,* 73–79.

Cooper, J.E., Kendell, R.E., Gurland, B.J., Sharpe, L., Copeland, J.R.M., & Simon, R. (1972). *Psychiatric diagnosis in New York and London.* London: Oxford University Press.

Coppen, A., Prange, A.J., Whybrow, P.C., & Noguera, R. (1972). Abnormalities in indoleamines in affective disorders. *Archives of General Psychiatry, 26,* 474–478.

Cornblatt, B., & Erlenmeyer-Kimling, L.E. (1985). Global attentional deviance in children at risk for schizophrenia: Specificity and predictive validity. *Journal of Abnormal Psychology, 94,* 470–486.

Costa, P.T., Jr., Zonderman, A.B., McCrae, R.R., Cornoni-Huntley, J., Locke, B.Z., & Barbano, H.E. (1987). Longitudinal analyses of psychological well-being in a national sample: Stability of mean levels. *Journal of Gerontology, 42,* 50–55.

Costello, E.J. (1989). Child psychiatric disorders and their correlates: A primary care pediatric sample. *Journal of the American Academy of Child and Adolescent Psychiatry, 28,* 851–855.

Cotton, D.J. (1988). The impact of AIDS on the medical care system. *Journal of the American Medical Association, 260,* 519–523.

Courchesne, E., Yeung-Courchesne, R., Press, G.A., Hesselink, J.R., & Jernigan, T.L. (1988). Hypoplasia of cerebellar vermal lobules VI and VII in autism. *New England Journal of Medicine, 318,* 1349–1354.

Covi, L., Lipman, R.S., Derogatis, L.R., Smith, J.E., & Pattison, J.H. (1974). Drugs and group psychotherapy in neurotic depression. *American Journal of Psychiatry, 131,* 191–197.

Cox, A., Rutter, M., Newman, S., & Bartak, L. (1975). A comparative study of infantile autism and specific developmental language disorders: II. Parental characteristics. *British Journal of Psychiatry, 126,* 146–159.

Cox, D.J., Freundlich, A., & Meyer, R.G. (1975). Differential effectiveness of electromyographic feedback, verbal relaxation instructions, and medication placebo with tension headaches. *Journal of Consulting and Clinical Psychology, 43,* 892–898.

Coyne, J.C. (1976). Depression and the response of others. *Journal of Abnormal Psychology, 85,* 186–193.

Coyne, J.C., & Gotlib, I.H. (1983). The role of cognition in depression: A critical appraisal. *Psychological Bulletin, 94,* 472–505.

Craft, M.J. (1969). The natural history of psychopathic disorder. *British Journal of Psychiatry, 115,* 39–44.

Craig, M.M., & Glick, S.J. (1963). Ten years' experience with the Glueck social prediction table. *Crime and Delinquency, 9,* 249–261.

Craighead, W.E., Evans, D.D., & Robins, C.J. (1992). Unipolar depression. In S.M. Turner, K.S. Calhoun, & H.E. Adams (Eds.), *Handbook of clinical behavior therapy* (2nd ed., pp. 99–116). New York: Wiley.

Craske, M.G., Brown, A.T., & Barlow, D.H. (1991). Behavioral treatment of panic disorder: A two-year follow-up. *Behavior Therapy, 22,* 289–304.

Craske, M.G., Rapee, R.M., & Barlow, D.H. (1992). Cognitive-behavioral treatment of panic disorder, agoraphobia, and generalized anxiety disorder. In S.M. Turner, K.S. Calhoun, & H.E. Adams (Eds.), *Handbook of clinical behavior therapy* (2nd ed. pp. 39–65). New York: Wiley.

Creer, T.L. (1982). Asthma. *Journal of Consulting and Clinical Psychology, 50,* 912–921.

Creer, T.L., Renna, C.M., & Chai, H. (1982). The application of behavioral techniques to childhood asthma. In D.C. Russo, & J.W. Varni (Eds.), *Behavioral pediatrics: Research and practice.* New York: Plenum.

Crisp, A.H. (1967). The possible significance of some behavioral correlates of weight and carbohydrate intake. *Journal of Psychosomatic Research, 11,* 117–131.

Crissey, M.S. (1975). Mental retardation. Past, present, and future. *American Psychologist, 30,* 800–808.

Crofton, J., Campbell, I.E., Cole, P.V., Friend, J.A.R., Oldham, P.D., Springett, V.H., Berry, G., & Raw, M. (1983). Comparison of four methods of smoking withdrawal in patients with smoking related diseases: Report by a subcommittee of the Research Committee of the British Thoracic Society. *British Medical Journal, 286,* 595–597.

Cross, D.G., & Sharpley, C.F. (1981). The Locke-Wallace Marital Adjustment Test reconsidered: Some psychometric findings as regards its reliability and factorial validity. *Educational and Psychological Measurement, 41,* 1303–1306.

Crow, T.J. (1980). Molecular pathology of schizophrenia: More than one disease process? *British Medical Journal, 280,* 784–788.

Crowe, R.R. (1974). An adoption study of antisocial personality. *Archives of General Psychiatry, 31,* 785–791.

Crowe, R.R., Noyes, R., Pauls, D.L., & Slymen, D.J. (1983). A family study of panic disorder. *Archives of General Psychiatry, 40,* 1065–1069.

Crowe, R.R., Pauls, D.L., Slymen, D.J., & Noyes, R. (1980). A family study of anxiety neurosis: Morbidity risk in families of patients with and without mitral valve prolapse. *Archives of General Psychiatry, 37,* 77–79.

Crtryn, L., & McKnew, D.H. (1979). Affective disorders. In J. Noshpitz (Ed.), *Basic handbook of child psychiatry* (Vol. 2). New York: Basic Books.

Cunningham, P.J., & Mueller, C.D. (1991). Individuals with mental retardation in residential facilities: Findings from the 1987 National Medical Expenditure Survey. *American Journal on Mental Retardation, 96,* 109–117.

Dackis, C.A., & Gold, M.S. (1985). Pharmacological approaches to cocaine addiction. *Journal of Substance Abuse Treatment, 2,* 139–145.

D'Amicis, L., Goldberg, D., LoPiccolo, J., Friedman, J., & Davies, L. (1985). Clinical follow-up of couples treated for sexual dysfunction. *Archives of Sexual Behavior, 14,* 461–483.

Daneman, E.A. (1961). Imipramine in office management of depressive reactions (a double-blind study). *Diseases of the Nervous System, 22,* 213–217.

Dauphinais, P., & King, J. (1992). Psychological assessment with American Indian children. *Applied and Preventive Psychology, 1,* 97–110.

Davidson, J., Kudler, H., Smith, R., Mahorney, S.L., Lipper, S., Hammett, W.B., Saunders, W.B., & Kavenar, J.O. (1990). Treatment of posttraumatic stress disorder with amitriptyline and placebo. *Archives of General Psychiatry, 47,* 259–268.

Davidson, J.T.R., Giller, E.L., Zisook, S., & Overall, J.E. (1988). An efficacy study of isocarboxazid in depression and its relationship to depressive nosology. *Archives of General Psychiatry, 45,* 120–128.

Davidson, W.S., Redner, R., Blakely, C.H., Mitchell, C.M., & Emshoff, J.G. (1987). Diversion of juvenile offenders: An experimental comparison. *Journal of Consulting and Clinical Psychology, 55,* 68–75.

Davila, R., Manero, E., Zumarraga, M. et al. (1988). Plasma homovanillic acid as a predictor of response to neuroleptics. *Archives of General Psychiatry, 45,* 564–567.

Davis, J.M. (1978). Dopamine theory of schizophrenia: A two-factor theory. In L.C. Wynne, R.L. Cromwell, & S. Matthysse (Eds.), *The nature of schizophrenia.* New York: Wiley.

Davis, K.L., Kahn, R.S., Ko, G., & Davidson, M. (1991). Dopamine and schizophrenia: A review and reconceptualization. *American Journal of Psychiatry, 148,* 1474–1486.

Davison, G.C. (1964). A social learning therapy programme with an autistic child. *Behaviour Research and Therapy, 2,* 146–159.

Davison, G.C. (1966). Differential relaxation and cognitive restructuring in therapy with a "paranoid schizophrenic" or "paranoid state." *Proceedings of the 74th Annual Convention of the American Psychological Association.* Washington, DC: American Psychological Association.

Davison, G.C. (1968a). Elimination of a sadistic fantasy by a client-controlled counterconditioning technique. *Journal of Abnormal Psychology, 73,* 84–90.

Davison, G.C. (1968b). Systematic desensitization as a counterconditioning process. *Journal of Abnormal Psychology, 73,* 91–99.

Davison, G.C. (1973). Counter control in behavior modification. In L.A. Hamerlynck, L.C. Handy, & E.J. Mash (Eds.), *Behavior change: Methodology, concepts and practice.* Champaign, IL: Research Press.

Davison, G.C. (1974). *Homosexuality: The ethical callenge.* Presidential address to the Eighth Annual Convention of the Association for Advancement of Behavior Therapy, Chicago.

Davison, G.C. (1976). Homosexuality: The ethical challenge. *Journal of Consulting and Clinical Psychology, 44,* 157–162.

Davison, G.C. (1977). *Theory and practice in behavior therapy: An unconsummated marriage.* Paper presented at the annual meeting of the Association for Advancement of Behavior Therapy, Atlanta. Audiotape distributed by Biomonitoring Associates, Guilford Press, New York.

Davison, G.C. (1978). Not can but ought: The treatment of homosexuality. *Journal of Consulting and Clinical Psychology, 46,* 170–172.

Davison, G.C. (1980). And now for something completely different: Cognition and litte r. In M.J. Mahoney (Ed.), *Psychotherapy process: Current issues and future directions.* New York: Plenum.

Davison, G.C. (1991). Constructionism

Fernando, C.K., & Basmajian, J.V. (1978). Biofeedback in physical medicine and rehabilitation. *Biofeedback and Self-regulation, 3,* 435–455.

Ferster, C.B. (1961). Positive reinforcement and behavioral deficits of autistic children. *Child Development, 32,* 437–456.

Ferster, C.B. (1965). Classification of behavioral pathology. In L. Krasner, & L.P. Ullmann (Eds.), *Research in behavior modification.* New York: Holt, Rinehart & Winston.

Field, T., Goldberg, S., Stern, D., & Sostek, A. (Eds.). (1980). *High-risk infants and children: Adult and peer interactions.* New York: Academic Press.

Field, T., Sostek, A., Goldberg, J., & Shuman, M. (Eds.). (1979). *Infants born at risk.* New York: Spectrum.

Figley, C.R. (1978a). Introduction. In C.R. Figley (Ed.), *Stress disorders among Vietnam veterans.* New York: Brunner/Mazel.

Figley, C.R. (1978b). Psychosocial adjustment among Vietnam veterans: An overview of the research. In C.R. Figley (Ed.), *Stress disorders among Vietnam veterans.* New York: Brunner/Mazel.

Figley, C.R., & Leventman, S. (1980). Introduction: Estrangement and victimization. In C.R. Figley, & S. Leventman (Eds.), *Strangers at home: Vietnam veterans since the war.* New York: Praeger.

Fillmore, K.M., & Caetano, R. (1980, May 22). *Epidemiology of occupational alcoholism.* Paper presented at the National Institute on Alcohol Abuse and Alcoholism's Workshop on Alcoholism in the Workplace, Reston, VA.

Finkelhor, D. (1979). *Sexually victimized children.* New York: Free Press.

Finkelhor, D. (1983). Removing the child – Prosecuting the offender in cases of sexual abuse: Evidence from the national reporting system for child abuse and neglect. *Child Abuse and Neglect, 7,* 195–205.

Finkelhor, D., & Araji, S. (1986). Explanations of pedophilia: A four-factor model. *Journal of Sex Research, 22,* 145–161.

Finn, S.E. (1982). Base rates, utilities, and DSM-III: Shortcomings of fixed-rule systems of psychodiagnosis. *Journal of Abnormal Psychology, 91,* 294–302.

Fiore, J., Becker, J., & Coppel, D.B. (1983). Social network interactions: A buffer or a stress? *American Journal of Community Psychology, 11,* 423–439.

Fiore, M.C., Novotny, T.F., Pierce, J.P., Giovino, G.A., Hatziandreu, E.J., Newcomb, P.A., Surawicz, T.S., & Davis, R.M. (1990). Methods used to quit smoking in the United States: Do cessation programs help? *Journal of the American Medical Association, 263,* 2760–2765.

Fischer, M. (1971). Psychoses in the offspring of schizophrenic monozygotic twins and their normal co-twins. *British Journal of Psychiatry, 118,* 43–52.

Fischetti, M., Curran, J.P., & Wessberg, H.W. (1977). Sense of timing. *Behavior Modification, 1,* 179–194.

Fishbain, D.A., & Goldberg, M. (1991). The misdiagnosis of conversion disorder in a psychiatric emergency service. *General Hospital Psychiatry, 13,* 177–181.

Fishman, D.B., Rodgers, F., & Franks, C.M. (Eds.). (1988). *Paradigms in behavior therapy: Present and promise* (pp. 254–293). New York: Springer.

Fitts, S.N., Gibson, P., Redding, C.A., & Deiter, P.J. (1989). Body dysmorphic disorder: Implications for its validity as a DSM-III-R clinical syndrome. *Psychological Reports, 64,* 655–658.

Fitzgerald, R.V. (1973). *Conjoint marital therapy.* New York: Jason Aronson.

Flemming, A.S., Rickards, L.D., Santos, J.F., & West, P.R. (1986). *Report on a survey of community mental health centers* (Vol. 3). Washington, DC: Action Committee to Implement the Mental Health Recommendations of the 1981 White House Conference on Aging. As cited in Roybal (1988).

Foa, E.B., Steketee, G.S., & Ozarow, B.J. (1985). Behavior therapy with obsessive-compulsives: From theory to treatment. In M. Mavissakalian, S.M. Turner, & L. Michelson (Eds.), *Obsessive-compulsive disorder: Psychological and pharmacological treatment.* New York: Plenum.

Foa, E.B., Feske, U., Murdock, T.B., Kozak, M.J., & McCarthy, P.R. (1991). Processing of threat-related information in rape victims. *Journal of Abnormal Psychology, 100,* 156–165.

Foa, E.B., & Kozak, M.J. (1986). Emotional processing of fear: Exposure to corrective information. *Psychological Bulletin, 99,* 20–35.

Foa, E.B., Kozak, M.J., Steketee, G.S., & McCarthy, P.R. (in press), Treatment of depressive and obsessive-compulsive symptoms in OCD by imipramine and behavior therapy. *British Journal of Clinical Psychology.*

Foa, E.B., Zinbarg, R., & Rothbaum, B.O. (in press). Uncontrollability and unpredictability in post-traumatic stress disorder: An animal model. *Psychological Bulletin.*

Fodor, I. (1978). Phobias in women: Therapeutic approaches. In *Helping women change: A guide for professional counseling.* New York: BMA Audio Cassette Program.

Folkman, S., Bernstein, L., & Lazarus, R.S. (1987). Stress processes and the misuse of drugs in older adults. *Psychology and Aging, 2,* 366–374.

Folkman, S., & Lazarus, R.S. (1985). If it changes it must be a process: Study of emotions and coping during 3 stages of college examination. *Journal of Personality and Social Psychology, 48,* 150–170.

Folks, D.G., Ford, C.V., & Regan, W.M. (1984). Conversion symptoms in a general hospital. *Psychosomatics, 25,* 285–295.

Folstein, M.F., Marshal, F., Bassett, S.S. et al. (1991). Dementia: A case ascertainment in a community survey. *Journals of Gerontology, 46,* 132–138.

Folstein, M.F., & McHugh, P.R. (1978). Dementia syndrome of depression. In R. Katzman, R.D. Terry, & K.L. Bick (Eds.), *Alzheimer's disease: Senile dementia and related disorders. Vol. 7. Aging.* New York: Raven.

Folstein, S., & Rutter, M. (1978). A twin study of individuals with infantile autism. In M. Rutter, & E. Schopler (Eds.), *Autism: A reappraisal of concepts and treatment.* New York: Plenum.

Ford, C., & Neale, J.M. (1985). Effects of a helplessness induction on judgements of control. *Journal of Personality and Social Psychology, 49,* 1330–1336.

Ford, C.S., & Beach, F.A. (1951). *Patterns of sexual behavior.* New York: Harper.

Ford, C.V., & Folks, D.G. (1985). Conversion disorders: An overview. *Psychosomatics, 26,* 371–383.

Ford, C.V., & Sbordone, R.J. (1980). Attitudes of psychiatrists towards elderly patients. *American Journal of Psychiatry, 137,* 571–575.

Ford, D.H., & Urban, H.B. (1963). *Systems of psychotherapy: A comparative study.* New York: Wiley.

Fordney-Settlage, D.S. (1975). Heterosexual dysfunction: Evaluation of treatment procedures. *Archives of Sexual Behavior, 4,* 367–388.

Fordyce, W.E., Brockway, J.A., Bergman, J.A., & Spengler, D. (1986). Acute back pain: A control-group comparison of behavioral vs. traditional methods. *Journal of Behavioral Medicine, 9,* 127–140.

Foreyt, J.P. (1990). Behavioral medicine. In C.M. Franks, G.T. Wilson, P.C. Kendall, & J.P. Foreyt (Eds.). *Annual review of behavior: Theory and practice* (Vol. 12). New York: Guilford.

Forstein, M. (1988). Homophobia: An overview. *Psychiatric Annals, 18,* 33–36.

Forsythe, W.I., & Redmond, A. (1974). Eneuresis and spontaneous cure rate: Study of 1129 enuretics. *Archives of Disease in Childhood, 49,* 259–263.

Forth, A.E., & Hare, R.D. (1989). The contingent negative variation in pseudopaths. *Psychophysiology, 26*, 676–682.

Foucault, M. (1965). *Madness and civilization.* New York: Random House.

Foulkes, S.H. (1964). *Therapeutic group analysis.* New York: International Universities Press.

Fox, R., Eldred, L.J., Fuchs, E.J., Kaslow, R.A., Visscher, B.R., Ho, M., Phair, J.P., & Polk, B.F. (1987). Clinical manifestations of acute infection with human immunodeficiency virus in a cohort of gay men. *AIDS, 1,* 35–38.

Foy, D.W., Carroll, E.M., & Donahoe, C.P., Jr. (in press). Etiological factors in the development of PTSD in clinical samples of combat veterans. *Journal of Consulting and Clinical Psychology.*

Foy, D.W., Resnick, H.S., Carroll, E.M., & Osato, S.S. (1990). Behavior therapy. In A.S. Bellack, & M. Hersen (Eds.), *Handbook of comparative treatments for adult disorders* (pp. 302–315). New York: Wiley.

Foy, D.W., Resnick, H.S., Sipprelle, R.C., & Carroll, E.M. (1987). Premilitary, military, and postmilitary factors in the development of combat-related posttraumatic stress disorder. *The Behavior Therapist, 10,* 3–9.

Foy, D.W., Sipprelle, R.C., Rueger, D.B., & Carroll, E.M. (1984). Etiology of posttraumatic stress disorder in Vietnam veterans: Analysis of premilitary, military, and combat exposure influences. *Journal of Consulting and Clinical Psychology, 52,* 79–87.

Frame, C., Matson, J.L., Sonis, W.A., Fialkov, M.J., & Kazdin, A.E. (1982). Behavioral treatment of depression in a prepubertal child. *Journal of Behaviour Therapy and Experimental Psychiatry, 3,* 239–243.

Frances, A. (1980). The DSM-III personality disorders section: A commentary. *American Journal of Psychiatry, 137,* 1050–1054.

Frank, E., Anderson, C., & Kupfer, D.J. (1976). Profiles of couples seeking sex therapy and marital therapy. *American Journal of Psychiatry, 133,* 559–562.

Frank, E., Anderson, C., & Rubenstein, D. (1978). Frequency of sexual dysfunctions in "normal" couples. *New England Journal of Medicine, 299,* 111–115.

Frank, E., Kupfer, D.J., Perel, J.M. et al. (1990). Three-year outcomes for maintenence therapies in recurrent depression. *Archives of General Psychiatry, 47,* 1093–1099.

Frank, J.D. (1961). *Persuasion and healing.* Baltimore: Johns Hopkins University Press.

Frank, J.D. (1971). Therapeutic factors in psychotherapy. *American Journal of Psychotherapy, 25,* 350–361.

Frank, J.D. (1973). *Persuasion and healing* (2nd ed.). Baltimore: Johns Hopkins University Press.

Frank, J.D. (1976). Psychotherapy and the sense of mastery. In R.L. Spitzer, & D.F. Klein (Eds.), *Evaluation of psychotherapies: Behavioral therapies, drug therapies and their interactions.* Baltimore: Johns Hopkins University Press.

Frank, J.D. (1982). Therapeutic components shared by all psychotherapies. In J.H. Harvey, & M.M. Parks (Eds.), *The Master Lecture Series. Vol. 1. Psychotherapy research and behavior change* (pp. 73–122). Washington, DC: American Psychological Association.

Frank, J.B., Giller, E.L., Koster, T.R., & Dan, E. (1988). A randomized clinical trial of phenelzine and imipramine for post-traumatic stress disorder. *American Journal of Psychiatry, 145,* 1289–1291.

Frankl, V. (1959). *From death camp to existentialism.* Boston: Beacon.

Frankl, V. (1963). *Man's search for meaning.* New York: Washington Square.

Frankl, V. (1967). *Psychotherapy and existentialism.* New York: Simon & Schuster.

Franks, C.M. (1990). Behavior therapy: An overview. In C.M. Franks, G.T. Wilson, P.C. Kendall, & J.P. Foreyt (Eds.), *Review of behavior therapy: Theory and practice* (Vol. 12). New York: Guilford.

Frazier, P.A. (1990). Victim attributions and post-rape trauma. *Journal of Personality & Social Psychology, 59,* 298–304.

Freeman, B.J., & Ritvo, E.R. (1976). Cognitive assessment. In E.R. Ritvo, B.J. Freeman, E.M. Ornitz, & P.E. Tanguay (Eds.), *Autism: Diagnosis, current research and management.* New York: Spectrum.

Fremouw, W.J., Perczel, W.J., & Ellis, T.E. (1990). *Suicide risk: Assessment and response guidelines.* Elmsford, NY: Pergamon.

Freud, A. (1946a). *The ego and mechanisms of defense.* New York: International Universities Press.

Freud, A. (1946b). *The psychoanalytic treatment of children: Lectures and essays.* London: Imago.

Freud, A. (1966). *The ego and the mechanisms of defense.* New York: International Universities Press.

Freud, S. (1936). *The problem of anxiety.* New York: Norton. (Original work published 1926).

Freud, S. (1937). Analysis terminable and interminable. *International Journal of Psychoanalysis, 18,* 373–391.

Freud, S. (1938). Three contributions to the theory of sex. In A.A. Brill (Ed.), *The Basic writings of Sigmund Freud.*

New York; Modern Library. (Original work published 1905).

Freud, S. (1949). *A general introduction to psychoanalysis.* New York: Garden City Publishing.

Freud, S. (1917). Mourning and melancholia. In *Collected papers* (Vol. 4). London: Hogarth and the Institute of Psychoanalysis, 1950.

Freud, S. (1955). Lines of advance in psychoanalytic therapy. In *The complete psychological works of Sigmund Freud.* J. Strachey (Ed. and Trans.) London: Hogarth and the Institute of Psychoanalysis. (Original work published 1918).

Freud, S. (1956). Analysis of a phobia in a five-year-old boy. In *Collected works of Sigmund Freud* (Vol. 10). London: Hogarth. (Original work published 1909).

Freud, S. (1956). A case of paranoia running counter to the psychoanalytical theory of the disease. In *Collected papers* (Vol. 2). London: Hogarth. (Original work published 1915).

Freud, S. (1964). New introductory lectures in psychoanalysis. In J. Strachey (Ed. and Trans.), *The standard edition of the complete psychological works of Sigmund Freud* (Vol. 22, pp. 7–184). London: Hogarth. (Original work published 1933).

Freund, K., Watson, R., & Dickey, R. (1990). Does sexual abuse in childhood cause pedophilia: An exploratory study. *Archives of Sexual Behavior, 19,* 557–568.

Freund, K., Watson, R., Dickey, R., & Rienzo, D. (1991). Erotic gender differentiation in pedophilia. *Archives of Sexual Behavior, 20,* 555–566.

Friar, L.R., & Beatty, J. (1976). Migraine: Management by trained control of vasoconstriction. *Journal of Consulting and Clinical Psychology, 44,* 46–53.

Frick, P.J., Lahey, B.B., Hardagen, S., & Hynd, G.W. (1989). Conduct problems in boys: Relations to maternal personality, marital satisfaction, & socioeconomic status. *Journal of Clinical Child Psychology, 18,* 11–12.

Friedberg, C.K. (1966). *Diseases of the heart* (3rd ed.). Philadelphia: Saunders.

Friedman, J.M. (1978). Sexual adjustment of the postcoronary male. In J. LoPiccolo, & L. LoPiccolo (Eds.), *Handbook of sex therapy.* New York: Plenum.

Friedman, J.M., & Hogan, D.R. (1985). Sexual dysfunction: Low sexual desire. In D.H. Barlow (Ed.), *Clinical handbook of psychological disorders.* New York: Guilford.

Friedman, M. (1969). *Pathogenesis of coronary artery disease.* New York: McGraw-Hill.

Friedman, M., Thoresen, C.E., Gill, J.J., Powell, L.H., Ulmer, D., Thompson, L., Price, V.A., Rabin, D.D., Breall, W.S., Dixon, T., Levy, R., & Bourg, E. (1984). Alteration of type A behavior and reduction in cardiac recurrences in post-myocardial infarction patients. *American Heart Journal, 108*, 237–248.

Friedman, M., Thoresen, C.E., Gill, J.J., Ulmer, D., Thompson, L., Powell, L., Price, A., Elek, S.R., Rabin, D.D., Breall, W.S., Piaget, G., Dixon, T., Bourg, E., Levy, R., & Tasto, D.I. (1982). Feasibility of altering type A behavior pattern after myocardial infarction. *Circulation, 66*, 83–92.

Friedman, M., & Ulmer, D. (1984). *Treating type A behavior and your heart.* New York: Fawcett Crest.

Fristoe, M., & Lloyd, L.L. (1979). Nonspeech communication. In N.R. Ellis (Ed.), *Handbook of mental deficiency, psychological theory and research* (2nd ed.). Hillsdale, NJ: Erlbaum.

Frith, U. (1989). *Autism: Explaining the enigma.* Cambridge, MA: Basil Blackwell.

Fromm-Reichmann, F. (1948). Notes on the development of treatment of schizophrenics by psychoanalytic psychotherapy, *Psychiatry, 11*, 263–273.

Fromm-Reichmann, F. (1952). Some aspects of psychoanalytic therapy with schizophrenics. In E. Brady, & F.C. Redlich (Eds.), *Psychotherapy with schizophrenics.* New York: International Universities Press.

Frude, N. (1982). The sexual nature of sexual abuse: A review of the literature. *Child Abuse and Neglect, 6*, 211–223.

Fuller, R.K. (1988). Disulfiram treatment of alcoholism. In R.M. Rose, & J.E. Barrett (Eds.), *Alcoholism: Treatment and Outcome.* New York: Raven.

Fuller, R.K., Branchey, L., Brightwell, D.R., Derman, R.M., Emrick, C.D., Iber, F.L., James, K.E., & Lacoursiere, R.B. (1986). Disulfiram treatment of alcoholism: A Veterans Administration cooperative study. *Journal of the American Medical Association, 256*, 1449–1455.

Furby, L., Weinrott, M.R., & Blacksbaw, L. (1989). Sex offender recidivism. A review. *Psychological Bulletin, 105*, 3–30.

Gabbay, F.H. (1992). Behavior genetic strategies in the study of emotion. *Psychological Science, 3*, 50–55.

Gagne, P. (1981). Treatment of sex offenders with medroxyprogesterone acetate. *American Journal of Psychiatry, 138*, 644–646.

Gagnon, J.H. (1977). *Human sexualities.* Chicago: Scott, Foresman.

Gagnon, J.H., & Davison, G.C. (1974). *Enhancement of sexual responsiveness in behavior therapy.* Paper presented at the 82nd Annual Convention of the American Psychological Association, New Orleans.

Gagnon, J.H., & Davison, G.C. (1976). Asylums, the token economy, and the metrics of mental life. *Behavior Therapy, 7*, 528–534.

Gagnon, J.H., & Simon, W. (1973). *Sexual conduct: The social origins of human sexuality.* Chicago: Aldine.

Gaines, J. (1974). The founder of Gestalt therapy: A sketch of Fritz Perls. *Psychology Today, 8*, 117–118.

Galaburda, A.M. (1989). Ordinary and extraordinary brain development: Anatomical variation in development dyslexia. *Annals of Dyslexia, 39*, 67–80.

Galanter, M., & Castaneda, R. (1985). Self-destructive behavior in the substance abuser. *Psychiatric Clinics of North America, 8*, 251–261.

Galanter, M., & Castaneda, R. (1990). Psychotherapy. In A.S. Bellack, & M. Hersen (Eds.), *Handbook of comparative treatments for adult disorders* (pp. 463–478). New York: Wiley.

Galin, D., Diamond, R., & Braff, D. (1977). Lateralization of conversion symptoms: More frequent on the left. *American Journal of Psychiatry, 134*, 578–580.

Gallagher, D., Breckenridge, J.N., Thompson, L.W., Dessonville, C., & Amaral, P. (1982). Similarities and differences between normal grief and depression in older adults. *Essence, 5*, 127–140.

Gallagher, D., & Thompson, L.W. (1982). *Elders' maintenance of treatment benefits following individual psychotherapy for depression: Results of a pilot study and preliminary data from an ongoing replication study.* Paper presented at the annual meeting of the American Psychological Association, Washington, DC.

Gallagher, D., & Thompson, L.W. (1983). Cognitive therapy for depression in the elderly. A promising model for treatment and research. In L.D. Breslau, & M.R. Haug (Eds.), *Depression and aging: Causes, care and consequences.* New York: Springer.

Garber, J., Kriss, M.R., Koch, M., & Lindholm, L. (1988). Recurrent depression in adolescents: A follow-up study. *Journal of the American Academy of Child and Adolescent Psychiatry, 27*, 49–54.

Garcia, J., McGowan, B.K., & Green, K.F. (1972). Biological constraints on conditioning. In A.H. Black, & W.F. Prokasy (Eds.), *Classical conditioning II: Current research and theory.* New York: Appleton-Century-Crofts.

Garfield, S.L., & Kurtz, R. (1974). A survey of clinical psychologists: Characteristics, activities, and orientations. *The Clinical Psychologist, 28*, 7–10.

Garfield, S.L. (1974). *Clinical psychology: The study of personality and behavior.* Chicago: Aldine.

Garfield, S.L. (1978). Research on client variables in psychotherapy. In S.L. Garfield, & A.E. Bergin (Eds.), *Handbook of psychotherapy and behavior change* (2nd ed.). New York: Wiley.

Garfield, S.L., & Bergin, A.E. (Eds.). (1986a). *Handbook of psychotherapy and behavior change* (3rd ed.). New York: Wiley.

Garfield, S.L., & Bergin, A.E. (1986b). Introduction and historical overview. In S.L. Garfield, & A.E. Bergin (Eds.), *Handbook of psychotherapy and behavior change* (3rd ed.). New York: Wiley.

Garfinkel, P.E., & Garner, D.M. (1982). *Anorexia nervosa: A multidimensional perspective.* New York: Brunner/Mazel.

Garmezy, N. (1977). DSM-III: Never mind the psychologists – Is it good for the children? *The Clinical Psychologist, 31*, 3–4.

Garner, D.M., Fairburn, C.G., & Davis, R. (1987). Cognitive-behavioral treatment of bulimia nervosa. *Behavior Modification, 11*, 398–431.

Garner, D.M., Olmsted, M.P., & Polivy, J. (1984). Comparison between weight-preoccupied women and anorexia nervosa. *Psychosomatic Medicine, 46*, 255–266.

Gatchel, R.J., Baum, A., & Krantz, D.S. (1989). *An introduction to health psychology* (2nd ed.). New York: Random House.

Gatz, M., Bengtson, V.L., & Blum, M.J. (1990). Caregiving families. In J.E. Birren, & K.W. Schaie (Eds.), *Handbook of the psychology of aging* Third edition (pp. 404–426). New York: Academic Press.

Gatz, M., & Pearson, C.G. (1988). Ageism revised and the provision of psychological services. *American Psychologist, 43*, 184–188.

Gatz, M., Pearson, C., & Fuentes, M. (1984). Older women and mental health. In A.U. Rickel, M. Gerrard, & I. Iscoe (Eds.), *Social and psychological problems of women: Prevention and crisis intervention.* Washington, DC: Hemisphere.

Gatz, M., & Smyer, M.A. (1992). The mental health system and older adults in the 1990s. *American Psychologist, 47*, 741–751.

Gatz, M., Karel, M.J., & Wolkenstein, B. (1991). Survey of providers of psychological services to older adults. *Professional Psychology: Research and Practice, 5*, 413–415.

Gauthier, J., Bois, R., Allaire, D., & Drollet, M. (1981). Evaluation of skin temperature biofeedback training at two different sites for migraine. *Jour-*

nal of Behavioral Medicine, 4, 407–419.

Gauthier, Y., Fortin, C., Drapeau, P., Breton, J., Gosselin, J., Quintal, L., Weisnagel, J., & Lamarre, A. (1978). Follow-up study of 35 asthmatic preschool children. Journal of the American Academy of Child Psychiatry, 17, 679–694.

Gauthier, Y., Fortin, C., Drapeau, P., Breton, J., Gosselin, J., Quintal, L., Weisnagel, J., Tetreault, L., & Pinard, G. (1977). The mother-child relationship and the development of autonomy and self-assertion in young (14–30 months) asthmatic children. Journal of the American Academy of Child Psychiatry, 16, 109–131.

Gawin, F.H., & Kleber, H.D. (1986). Abstinence symptomatology and psychiatric diagnosis in cocaine abusers. Archives of General Psychiatry, 43, 107–113.

Gebhard, P.H., Gagnon, J.H., Pomeroy, W.B., & Christenson, C.V. (1965). Sex offenders. New York: Harper & Row.

Geer, J.H., Davison, G.C., & Gatchel, R.I. (1970). Reduction of stress in humans through nonveridical perceived control of aversive stimulation. Journal of Personality and Social Psychology, 16, 731–738.

Geer, J.H., Heiman, J., & Leitenberg, H. (1984). Human sexuality. Englewood Cliffs, NJ: Prentice-Hall.

Geller, E., Ritvo, E.R., Freeman, B.J., & Yuwifler, A. (1982). Preliminary observations on the effect of fenfluramine on blood serotonin and symptoms in three autistic boys. New England Journal of Medicine, 307, 165–169.

Geller, E., Yokota, A., Schroth, P., & Novak, P. (1984). Study of fenfluramine in outpatients with the syndrome of autism. Journal of Pediatrics, 105, 823–828.

Geller, J.L., & Bertisch, G. (1985). Firesetting behavior in the histories of a state hospital population. American Journal of Psychiatry, 142, 464–468.

Gendlin, E.T. (1962). Experiencing and the creation of meaning: A philosophical and psychological approach to the subject. New York: Free Press.

General Register Office. (1968). A glossary of mental disorders. London: Author.

Gentry, W.D., Chesney, A.P., Gary, H.G., Hall, R.P., & Hamburg, E. (1982). Habitual anger-coping styles: I. Effect of mean blood pressure and risk for essential hypertension. Psychosomatic Medicine, 44, 195–202.

Gentry, W.D., Chesney, A.P., Hall, R.P., & Hamburg, E. (1981). Effect of habitual anger-coping pattern on blood pressure in black/white, high/low stress area respondents. Psychosomatic Medicine, 43, 88.

George, L.K. (1980). Role transitions in later life. Monterey, CA: Brooks/Cole.

George, L.K., & Gwynther, L.P. (1985). Support groups for caregivers of memory impaired elderly: Easing caregiver burden. Paper presented at the NMHA Commission on the Prevention of Mental and Emotional Disability, Alexandria, VA. As cited in Gesten & Jason (1987).

George, L.K., & Weiler, S.J. (1981). Sexuality in middle and late life: The effects of age, cohort, and gender. Archives of General Psychiatry, 38, 919–923.

Gerber, L.M. (1983). Ethnicity still matters: Socio-demographic profiles of the ethnic elderly in Ontario. Canadian Ethnic Studies, 15, 60–80.

Gergen, K.J. (1982). Toward transformation in social knowledge. New York: Plenum.

Gerson, S.C., Plotkin, D.A., & Jarvik, L.F. (1988). Antidepressant drug studies, 1964 to 1986: Empirical evidence for aging patients. Journal of Clinical Psychopharmacology, 8, 311–322.

Gesten, E.L., & Jason, L.A. (1987). Social and community interventions. Annual Review of Psychology, 38, 427–460.

Ghoneim, M.M., & Mewaldt, S.P. (1990). Benzodiazepines and human memory: A review. Anesthesiology, 72, 926–938.

Giarretto, H. (1982). A comprehensive child sexual abuse treatment program. Child Abuse and Neglect, 6, 263–278.

Gibbons, D.C. (1975). Delinquent behavior. Englewood Cliffs, NJ: Prentice-Hall.

Gibbs, J. (Ed.). (1968). Suicide. New York: Harper & Row.

Gibbs, J.T. (1980). The interpersonal orientation in mental health consultation: Toward a model of ethnic variations in consultation. American Journal of Orthopsychiatry, 45, 430–445.

Gibson, D., & Harris, A. (1988). Aggregated early intervention effects for Down's syndrome persons: Patterning and longevity of benefits. Journal of Mental Deficiency Research, 32, 1–17.

Gilboy, J.A., & Schmidt, J.R. (1971). "Voluntary" hospitalization of the mentally ill. Northwestern University Law Review, 66, 429–439.

Gillberg, C., & Svendsen, P. (1983). Childhood psychosis and computed tomographic brain scan findings. Journal of Autism and Developmental Disorders, 13, 19–32.

Gim, R., Atkinson, D., & Kim, S. (1991). Asian-American acculturation, counselor ethnicity, and cultural sensitivity. Journal of Counseling Psychology, 38, 57–62.

Ginsburg, A.B., & Goldstein, S.G. (1974). Age bias in referral to psychological consultation. Journal of Gerontology, 29, 410–415.

Ginzburg, H.M. (1986). Naltrexone: Its clinical utility. In B. Stimmel (Ed.), Advances in alcohol and substance abuse (pp. 83–101). New York: Haworth.

Gittelman, R., Abikoff, H., Pollack, E., Klein, D., Katz, F., & Mattes, J. (1980). A controlled trial of behavior modification and methylphenidate in hyperactive children. In C. Whalen, & B. Henker (Eds.), Hyperactive children: The social ecology of identification and treatment (pp. 221–246). New York: Academic Press.

Gittelman, R., Mannuzza, S., Shenker, R., & Bonagura, N. (1985). Hyperactive boys almost grown up. Archives of General Psychiatry, 42, 937–947.

Gladue, B.A. (1985). Neuroendocrine response to estrogen and sexual orientation. Science, 230, 961.

Glasner, P.D., & Kaslow, R.A. (1990). The epidemiology of Human Immunodeficiency Virus infection. Journal of Consulting and Clinical Psychology, 58, 13–21.

Glass, C.R., & Arnkoff, D.B. (1989). Behavioral assessment of social anxiety and social phobia. Clinical Psychology Review, 9, 75–90.

Glass, D.C. (1977). Behavior patterns, stress, and coronary disease. Hillsdale, NJ: Larry Erlbaum.

Glassman, A.H., & Roose, S.P. (1981). Delusional depression. Archives of General Psychiatry, 38, 424–427.

Glover, E. (1956). On the early development of mind. New York: International Universities Press.

Goffman, E. (1961). Asylums: Essays on the social situation of mental patients and other immates. Chicago: Aldine.

Gold, M.S., Pottash, A.C., Sweeney, D.R., & Kleber, H.D. (1980). Opiate withdrawal using clonidine. Journal of the American Medical Association, 243, 343–346.

Gold, M.S., Redmond, D.E., Jr., & Kleber, H.D. (1978). Clonidine in opiate withdrawal. Lancet, 1, 929–930.

Goldberg, E.M., & Morrison, S.L. (1963). Schizophrenia and social class. British Journal of Psychiatry, 109, 785–802.

Golden, C.J. (1981a). The Luria-Nebraska Children's Battery: Theory and formulation. In G.W. Hynd, & J.E. Obrzut (Eds.), Neuropsychological assessment and the school-age child: Issues and procedures. New York: Grune & Stratton.

Golden, C.J. (1981b). A standardized version of Luria's neuropsychological tests: A quantitative and qualitative approach to neuropsychological evaluation. In S.B. Filskov, & T.J. Boil (Eds.), Handbook of clinical neuropsychology. New York: Wiley.

Golden, C.J., Hammeke, T., & Purisch, A. (1978). Diagnostic validity of a standardized neuropsychological battery derived from Luria's neuropsychological test. *Journal of Consulting and Clinical Psychology, 46,* 1258–1265.

Goldfried, M.R. (1980). Toward the delineation of therapeutic change principles. *American Psychologist, 35,* 991–999.

Goldfried, M.R. (Ed.). (1982). *Converging themes in the practice of psychotherapy.* New York: Springer.

Goldfried, M.R. (1991). Research issues in psychotherapy integration. *Journal of Psychotherapy Integration, 1,* 5–25.

Goldfried, M.R., & Davison, G.C. (1976). *Clinical behavior therapy.* New York: Holt, Rinehart & Winston.

Goldfried, M.R., Decenteceo, E.T., & Weinberg, L. (1974). Systematic rational restructuring as a self-control technique. *Behavior Therapy, 5,* 247–254.

Goldfried, M.R., & D'Zurillia, T.J. (1969). A behavioral-analytic model for assessing competence. In C.D. Speilberger (Ed.), *Current topics in clinical and community psychology* (Vol. 1). New York: Academic Press.

Goldfried, M.R., Greenberg, L.S., & Marmar, C. (1990). Individual psychotherapy: Process and outcome. *Annual Review of Psychology, 41,* 659–688.

Goldfried, M.R., Linehan, M., & Smith, J.L. (1978). Reduction of test anxiety through cognitive restructuring. *Journal of Consulting and Clinical Psychology, 46,* 32–39.

Goldfried, M.R., Padawer, W., & Robins, C. (1984). Social anxiety and the semantic structure of heterosocial interactions. *Journal of Abnormal Psychology, 93,* 87–97.

Goldfried, M.R., Stricker, G., & Weiner, I.B. (1971). *Rorschach handbook of clinical and research applications.* Englewood Cliffs, NJ: Prentice-Hall.

Golding, J.M., Smith, G.R., & Kashner, T.M. (1991). Does somatization disorder occur in men? Clinical characteristics of women and men with unexplained somatic symptoms. *Archives of General Psychiatry, 48,* 231–235.

Goldmeier, J. (1988). Pets or people: Another research note. The Gerontologist, 26, 203–206.

Goldstein, A. (1976). Opioid peptides (endorphins) in pituitary and brain. *Science, 193,* 1081–1086.

Goldstein, A.J., & Chambless, D.L. (1978). A reanalysis of agoraphobic behavior. *Behavior Therapy, 9,* 47–59.

Goldstein, H.S., Edelberg, R., & Meier, C.F. (1988). Relationship of resting heart rate and blood pressure to experienced anger and expressed anger. *Psychosomatic Medicine, 50,* 321–329.

Goldstein, M.J., & Rodnick, E. (1975). The family's contribution to the etiology of schizophrenia: Current status. *Schizophrenia Bulletin, 14,* 48–63.

Goldstein, M.J., & Link, B.G. (1988). Gender differences in the clinical expression of schizophrenia. *Journal of Psychiatric Research, 22,* 141–155.

Goldstein, S.E., & Birnbom, F. (1976). Hypochondriasis and the elderly. *Journal of the American Geriatrics Society, 24,* 150–154.

Gomes-Schwartz, B. (1978). Effective ingredients in psychotherapy: Prediction of outcome from process variables. *Journal of Consulting and Clinical Psychology, 46,* 1023–1035.

Gomez, F.C., Piedmont, R.L., & Fleming, M.Z. (1992). Factor analysis of the Spanish version of the WAIS: The Escala de Inteligencia Wechsler para Adultos (EIWA). *Psychological Assessment, 4,* 317–321.

Gonnan, J.M., Fyer, M.R., Goetz, R., Askanazi, J., Leibowitz, M.R., Fyer, A.J., Kinney, J., & Klein, D.F. (1988). Ventilatory physiology of patients with panic disorder. *Archives of General Psychiatry, 45,* 53–60.

Goodman, R., & Stevenson, J. (1989). A twin study of hyperactivity: II. The aetiological role of genes, family relationships, and perinatal adversity. *Journal of Child Psychology and Psychiatry, 30,* 691–709.

Goodwin, D.W. (1979). Alcoholism and heredity: A review and hypothesis. *Archives of General Psychiatry, 36,* 57–61.

Goodwin, D.W. (1982). Substance induced and substance use disorders: Alcohol. In J.H. Griest, I.W. Jefferson, & R.L. Spitzer (Eds.), *Treatment of mental disorders.* New York: Oxford University Press.

Goodwin, D.W., Crane, J.B., & Guze, S.B. (1969). Alcoholic "blackouts": A review and clinical study of 100 alcoholics. *American Journal of Psychiatry, 26,* 191–198.

Goodwin, D.W., & Guze, S.B. (1984). *Psychiatric diagnosis* (3rd ed.). New York: Oxford University Press.

Goodwin, D.W., Schulsinger, F., Hermansen, L., Guze, S.B., & Winokur, G.A. (1973). Alcohol problems in adoptees raised apart from alcoholic biological parents. *Archives of General Psychiatry, 128,* 239–243.

Goodwin, D.W., Schulsinger, F., Knop, J., Mednick, S.A., & Guze, S.B. (1977). Psychopathology in adopted and non-adopted daughters of alcoholis. *Archives of General Psychiatry, 34,* 1005–1009.

Goodwin, F., & Jamison, K. (1990). *Manic-depressive illness.* New York: Oxford University Press.

Gorenstein, E.E. (1982). Frontal lobe functions in psychopaths. *Journal of Abnormal Psychology, 91,* 368–379.

Gorenstein, E.E. (1991). A cognitive perspective on antisocial personality. In

P.A. Magaro (Ed.), *Cognitive bases of mental disorders.* Newbury Park, CA: Sage.

Gorenstein, E.E., & Newman, J.P. (1980). Disinhibitory psychopathology: A new perspective and a model for research. *Psychological Review, 87,* 301–315.

Gorman, J.M., Fyer, M.R., Goetz, R., Askanazi, J., Leibowitz, M.R., Fyer, A.J., Kinney, J., & Klein, D.F. (1988). Ventilatory physiology of patients with panic disorder. *Archives of General Psychiatry, 45,* 53–60.

Gorman, J.M., Levy, G.F., Leibowitz, M.R., McGrath, P., Appleby, I.L., Dillon, D.J., Davies, S.O., & Klein, D.F. (1983). Effect of acute beta-adrenergic blockade on lactate-induced panic. *Archives of General Psychiatry, 40,* 1079–1082.

Gorman-Smith, D., & Matson, J.L. (1985). A review of the treatment research for self-injurious and stereotyped responding. *Journal of Mental Deficiency Research, 29,* 295–308.

Gotlib, I.H. (1982). Self-reinforcement and depression in interpersonal interaction: The role of performance level. *Journal of Abnormal Psychology, 93,* 19–30.

Gotlib, I.H., & Asarnow, R.E. (1979). Interpersonal and impersonal problem-solving skills in mildly and clinically depressed students. *Journal of Consulting and Clinical Psychology, 47,* 86–95.

Gotlib, I.H., & Robinson, L.A. (1982). Responses to depressed individuals: Discrepancies between self-report and observer-rated behavior. *Journal of Abnormal Psychology, 91,* 231–240.

Gotlib, I.H., & Whiten, V.E. (in press). The interpersonal context of depression: Implications for theory and research. In D. Perlman, & W. Jones (Eds.), *Advances in personal relationships.* Greenwich, CT: JAI Press.

Gottesman, I.I., McGuffin, P., & Farmer, A.E. (1987). Clinical genetics as clues to the "real" genetics of schizophrenia. *Schizophrenia Bulletin, 13,* 23–47.

Gottesman, I., & Shields, J. (1972). *Schizophrenia and genetics: A twin study vantage point.* New York: Academic Press.

Gottlieb, J. (1990). Mainstreaming and quality education. *American Journal on Mental Retardation, 95,* 16.

Gottman, I.M. (1979). *Marital interaction: Experimental investigations.* New York: Academic Press.

Gottman, I.M., & Levenson, R.W. (1986). Assessing the role of emotion in marriage. *Behavioral Assessment, 8,* 31–48.

Gottman, J.M., Markman, H., & Notarius, C. (1977). The topography of marital conflict: A sequential analysis of verbal and nonverbal behavior. *Jour-*

nal of Marriage and the Family, 39, 461–477.

Gottman, J., Notarius, C., Gonso, J., & Markman, H. (1976). A couple's guide to communication. Champaign, IL: Research Press.

Gove, W.R. (1970). Societal reaction as an explanation of mental illness: An evaluation. American Sociological Review, 35, 873–884.

Gove, W.R., & Fain, T. (1973). The stigma of mental hospitalization. Archives of General Psychiatry, 28, 494–500.

Goyette, C.H., & Conners, C.K. (1977). Food additives and hyperkinesis. Paper presented at the 85th Annual Convention of the American Psychological Association.

Grabowksi, J. (Ed.). (1984). Cocaine: Pharmacology, effects, and treatment of abuse. Rockville, MD: National Institute on Drug Abuse.

Graham, D.T. (1967). Health, disease and the mind-body problem: Linguistic parallelism. Psychosomatic Medicine, 29, 52–71.

Graham, J.R. (1988). Establishing validity of the revised form of the MMPI. Symposium presentation at the 96th Annual Convention of the American Psychological Association, Atlanta.

Graham, J.R. (1990). MMPI-2: Assessing personality and psychopathology. New York: Oxford University Press.

Graham, J.W., Johnson, C.A., Hansen, W.B., Flay, B.R., & Gee, M. (1990). Drug use prevention programs, gender, and ethnicity: Evaluation of three seventh-grade Project SMART cohorts. Preventive Medicine, 19, 305–313.

Graham, P.J., Rutter, M.L., Yule, W., & Pless, I.B. (1967). Childhood asthma: A psychosomatic disorder? Some epidemiological considerations. British Journal of Preventive Medicine, 21, 78–85.

Granick, A. (1986). Future of the chronic schizophrenic patient: Prediction and recommendation. American Journal of Psychotherapy, 40, 419–429.

Grant, I., & Heaton, R.K. (1990). Human Immunodeficiency Virus-1 (HIV-1) and the brain. Journal of Consulting and Clinical Psychology, 58, 13–21.

Grawe, K., Donati, R., & Bernauer, F. (1994). Psychotherapie im Wandel. Von der Konfession zur Profession. Göttingen: Hogrefe.

Gray, E.B. (1983). Final report: Collaborative research of community and minority group action to prevent child abuse and neglect. Vol. III. Public awareness and education using the creative arts. Chicago: National Committee for Prevention of Child Abuse.

Gray, J.A. (1971). The psychology of fear and stress. New York: McGraw-Hill.

Gray, J.A. (1982). The neuropsychology of anxiety: An enquiry into the functions of the septo-hippocampal system. Oxford: Oxford University Press.

Gray, J.A. (1987). The psychology of fear and stress (2nd Ed.). Cambridge: Cambridge University Press.

Green, R. (1969). Mythological, historical and cross-cultural aspects of transsexualism. In R. Green, & J. Money (Eds.), Transsexualism and sex reassignment. Baltimore: Johns Hopkins University Press.

Green, R. (1974). Sexual identity conflict in children and adults. New York: Basic Books.

Green, R. (1976). One hundred ten feminine and masculine boys: Behavioral contrasts and demographic similarities. Archives of Sexual Behavior, 5, 425–446.

Green, R. (1985). Gender identity in childhood and later sexual orientation: Follow-up of 78 males. American Journal of Psychiatry, 142, 339–341.

Green, R., & Fleming, D.T. (1990). Transsexual surgery follow-up: Status in the 1990s. In J. Bancroft, C. Davis, & D. Weinstein (Eds.), Annual review of sex research (pp. 163–174).

Green, R., & Money, J. (1969). Transsexualism and sex reassignment. Baltimore: Johns Hopkins University Press.

Greenberg, L., Fine, S.B., Cohen, C., Larson, K., Michaelson-Baily, A., Rubinton, P., & Glick, I.D. (1988). An interdisciplinary psychoeducation program for schizophrenic patients and their families in an acute care setting. Hospital and Community Psychiatry, 39, 277–281.

Greenberg, L.S., & Safran, J. (1984). Integrating affect and cognition: A perspective on the process of therapeutic change. Cognitive Therapy and Research, 8, 559–578.

Greenberg, L.S., & Johnson, S.M. (1988). Emotionally focussed couples therapy. New York: Guilford.

Greenberg, L.S., & Rice, L.N. (1981). The specific effects of a gestalt intervention. Psychotherapy: Theory, Research, and Practice, 18, 31–37.

Greenblatt, D.J., & Shader, R.I. (1978). Pharmacotherapy of anxiety with benzodiazepines and beta-adrenergic blockers. In: M.A. Lipton, A. DiMascio, & K.E. Kilham (Eds.), Psychopharmacology: A generation of progress. New York: Raven.

Greenblatt, M., Solomon, M.H., Evans, A.S., & Brooks, G.W. (Eds.). (1965). Drugs and social therapy in chronic schizophrenia. Springfield, IL: Charles C. Thomas.

Greene, B.A. (1985). Considerations in the treatment of black patients by white therapists. Psychotherapy, 22, 115–122.

Greene, B.L. (1960). Marital disharmony:

Concurrent analysis of husband and wife. Diseases of the Nervous System, 21, 1-6.

Greene, R.M. (1985). A study of the relationship between divorced mothers' attitude towards their ex-husbands, perceived supportive and coercive behavior in mother-son interactions, and aggressive behavior in boys. Dissertation Abstracts International, 45, 2039.

Greer, S., Morris, T., & Pettigale, K.W. (1979). Psychological response to breast cancer: Effect of outcome. Lancet, 2, 785–787.

Grings, W.W., & Dawson, M.E. (1978). Emotions and bodily responses: A psychophysiological approach. New York: Academic Press.

Grinker, R.R., & Spiegel, J.P. (1979). War neuroses. New York: Arno Press.

Grisso, T. (1986). Evaluating competencies: Forensic assessments and instruments. New York: Plenum.

Grisso, T., & Appelbaum, P.S. (in press). Mentally ill and non-mentally ill patients' abilities to understand informed consent disclosures for medication: Preliminary data. Law and Human Behavior.

Gross, M.D. (1984). Effects of sucrose on hyperkinetic children. Pediatrics, 74, 876–878.

Grossman, H.J. (Ed.). (1983). Classification in mental retardation. Washington, DC: American Association of Mental Deficiency.

Grosz, H.J., & Zimmerman, J. (1970). A second detailed case study of functional blindness: Further demonstration of the contribution of objective psychological laboratory data. Behavior Therapy, 1, 115–123.

Groth, N.A., & Burgess, A.W. (1977). Sexual dysfunction during rape. New England Journal of Medicine, 297, 764–766.

Groth, N.A., Hobson, W.F., & Guy, T.S. (1982). The child molester: Clinical observations. In J. Conte, & D.A. Shore (Eds.), Social work and child sexual abuse. New York: Haworth.

Group for Advancement of Psychiatry. (1966). Psychopathological disorders in childhood: Theoretical considerations and a proposed classification (Report 62). New York: Mental Health Memorials Center.

Guess, D., Helmstetter, E., Turnbull, H.R. III, & Knowlton, S. (1986). Use of aversive procedures with persons who are disabled: An historical review and critical analysis (Monograph). Seattle: The Association for Persons with Severe Handicaps.

Guidano, V.F., & Liotti, G. (1983). Cognitive processes and emotional disorders. New York: Guilford.

Gunderson, J.G. (1986). Pharmacotherapy for patients with borderline personality disorder. *Archives of General Psychiatry, 43,* 698–700.

Gunderson, J.G., Kolb, J.E., & Austin, V. (1981). The diagnostic interview for borderline patients. *American Journal of Psychiatry,* lu, 896–903.

Guralnik, J.M., Yanagashita, M., & Schneider, E.L. (1988). Projecting the older population of the United States: Lessons from the past and prospects for the future. *The Milbank Quarterly, 66,* 283–308.

Gurland, B.J., & Cross, P.S. (1982). Epidemiology of psychopathology in old age. In L.F. Jarvik, & G.W. Small (Eds.), *Psychiatric Clinics of North America.* Philadelphia: Saunders.

Gurland, B. (1991). Epidemiology of psychiatric disorders. In J. Sadavoy, & L.F. Jarvik (Eds.), *Comprehensive review of geriatric psychiatry* (pp. 25–40). Washington, DC: American Psychiatric Press.

Gurman, A.S., & Kniskern, D.P. (1978). Research on marital and family therapy: Progress, perspective, and prospect. In S.L. Garfield, & A.E. Bergin (Eds.), *Handbook of psychotherapy and behavior change: An empirical analysis* (2nd ed.). New York: Wiley.

Gurman, A.S., & Kniskern, D.P. (1981). Family therapy outcome research: Knowns and unknowns. In A.S. Gurman, & D.P. Kniskern (Eds.), *Handbook of family therapy.* New York: Brunner/Mazel.

Gurman, A.S., Kniskern, D.P., & Pinsoff, W.M. (1986). Research on the process and outcome of marital and family therapy. In S.L. Garfield, & A.E. Bergin (Eds.), *Handbook of psychotherapy and behavior change* (3rd ed.). New York: Wiley.

Gustafson, Y., Berggren, D., Bucht, B., Norberf, A., Hansson, L.I., & Winblad, B. (1988). Acute confusional states in elderly patients treated for femoral neck fracture. *Journal of the American Geriatrics Society, 36,* 525–530.

Guze, S.B. (1967). The diagnosis of hysteria: What are we trying to do? *American Journal of Psychiatry, 12A,* 491–498.

Guze, S.B. (1976). *Criminality and psychiatric disorders.* New York: Oxford University Press.

Gwynther, L.P., & George, L.K. (1986). Caregivers for dementia patients: Complex determinants of well-being and burden. *The Gerontologist, 26,* 245–247.

Haaga, D.A. (1986). A review of the common principles approach to integration of psychotherapies. *Cognitive Therapy and Research, 10,* 527–538.

Haaga, D.A. (1987a). *Smoking schemata revealed in articulated thoughts predict early relapse from smoking cessation.* Paper presented at the 21st Annual Convention of the Association for Advancement of Behavior Therapy, Boston.

Haaga, D.A. (1987b). Treatment of the type A behavior pattern. *Clinical Psychology Review, 7,* 557–574.

Haaga, D.A. (1988a). *Cognitive aspects of the relapse prevention model in the prediction of smoking relapse.* Paper presented at the 22nd Annual Convention of the Association for Advancement of Behavior Therapy, New York.

Haaga, D.A. (1988b). *Cognitive assessment in the prediction of smoking relapse.* Unpublished doctoral dissertation, University of Southern California, Los Angeles.

Haaga, D.A.F. (1989). Articulated thoughts and endorsement procedures for cognitive assessment in the prediction of smoking relapse. *Psychological Assessment: A Journal of Consulting and Clinical Psychology, 1,* 112–117.

Haaga, D.A.F. (1990). Issues in relating self-efficacy to smoking relapse: Importance of an "Achilles' Heel" situation and or prior quitting experience. *Journal of Substance Abuse, 2,* 191–200.

Haaga, D.A., & Davison, G.C. (1986). Cognitive change methods. In A.P. Goldstein, & F.H. Kanfer (Eds.), *Helping people change* (3rd ed.). Elmsford, NY: Pergamon.

Haaga, D.A., & Davison, G.C. (1989). Outcome studies of rational-emotive therapy. In M.E. Bernard, & R. DiGiuseppe (Eds.), *Inside rational-emotive therapy.* New York: Academic Press.

Haaga, D.A.F., & Davison, G.C. (1991). Cognitive change methods. In F.H. Kanfer, & A.P. Goldstein (Eds.), *Helping people change: A textbook of methods* (4th ed.), Elmsford, NY: Pergamon.

Haaga, D.A.F., & Davison, G.C. (1992). Disappearing differences do not always reflect healthy integration: An analysis of cognitive therapy and rational-emotive therapy. *Journal of Psychotherapy Integration, 1,* 287–303.

Haaga, D.A.F., Dyck, M.J., & Ernst, D. (1991). Empirical status of cognitive theory of depression. *Psychological Bulletin, 110,* 215–236.

Haaga, D.A.F., & Stewart, B.L. (1992). Self-efficacy for recovery from a lapse after smoking cessation. *Journal of Consulting and Clinical Psychology, 60,* 24–28.

Haas, G.L., Glick, I.D., Clarkin, J.F. et al. (1990). Gender and schizophrenia outcome: A clinical trial of an outpatient intervention. *Schizophrenia Bulletin, 16,* 277–292.

Habot, B., & Libow, L.S. (1980). The interrelationship of mental and physical status and its assessment in the older adult: Mind-body interaction. In J.E. Birren, & R.B. Sloane (Eds.), *Handbook of mental health and aging.* Englewood Cliffs, NJ: Prentice-Hall.

Hafner, R.J. (1982). Marital interaction in persisting obsessive-compulsive disorders. *Australian and New Zealand Journal of Psychiatry, 16,* 171–178.

Hafner, R.J., Gilchrist, P., Bowling, J., & Kalucy, R. (1981). The treatment of obsessional neurosis in a family setting. *Australian and New Zealand Journal of Psychiatry, 15,* 145–151.

Hahlweg, K., & Markman, H.J. (1988). The effectiveness of behavioral marital therapy: Empirical status of behavioral techniques in preventing and alleviating marital distress. *Journal of Consulting and Clinical Psychology, 56,* 440–447.

Haley, S.A. (1978). Treatment implications of post-combat stress response syndromes for mental health professionals. In C.R. Figley (Ed.), *Stress disorders among Vietnam veterans.* New York: Brunner/Mazel.

Haley, W.E., Levine, E.G., Brown, S.L., Berry, J.W., & Hughes, G.H. (1987). Psychological, social, and health consequences of caring for a relative with senile dementia. *Journal of American Geriatrics Society, 35,* 405–411.

Hall, C.S., Lindzey, G., Loehlin, J.C., & Manosevitz, M. (1985). *Introduction to theories of personality.* New York: Wiley.

Hall, S.M., Tunstall, C., Rugg, D., Jones, R.T., & Benowitz, N. (1985). Nicotine gum and behavioral treatment in smoking. *Journal of Consulting and Clinical Psychology, 53,* 256–258.

Halleck, S.L. (1971). *The politics of therapy.* New York: Science House.

Hamilton, E.W., & Abramson, L.Y. (1983). Cognitive patterns and major depressive disorder: A longitudinal study in a hospital setting. *Journal of Abnormal Psychology, 92,* 173–184.

Hammen, C.L. (1980). Depression in college students: Beyond the Beck Depression Inventory. *Journal of Consulting and Clinical Psychology, 48,* 126–128.

Hammen, C.L. (1991). Generation of stress in the course of unipolar depression. *Journal of Abnormal Psychology, 100,* 555–561.

Hammen, C.L., & Cochran, S.D. (1981). Cognitive correlates of life stress and depression in college students. *Journal of Abnormal Psychology, 90,* 23–27.

Hammen, C.L., Ellicott, A., & Gitlin, M. (1989). Vulnerability to specific life events and prediction of course of disorder in unipolar depressed patients. *Canadian Journal of Behavioral Science, 21,* 377–388.

Hammen, C., Marks, T., Mayol, A., & de-Mayo, R. (1985). Depressive self-schemas, life stress, and vulnerability to depression. *Journal of Abnormal Psychology, 94,* 308–319.

Hampe, E., Noble, H., Miller, L.C., & Barrett, C.L. (1973). Phobic children one and two years posttreatment. *Journal of Abnormal Psychology, 82,* 446–453.

Hansen, W.B., & Graham, J.W. (1991). Preventing alcohol, marijuana, and cigarette use among adolescents: Peer pressure resistance training versus establishing conservative norms. *Preventive Medicine, 20,* 414–430.

Hansen, W.B., Johnson, C.A., Flay, B.R., Graham, J.W., & Sobel, J. (1988). Affective and social influence approaches to the prevention of multiple substance abuse among seventh grade students. *Preventive Medicine, 17,* 135–154.

Hanusa, B.H., & Schulz, R. (1977). Attributional mediators of teamed helplessness. *Journal of Personality and Social Psychology, 35,* 602–611.

Haracz, J.L. (1982). The dopamine hypothesis: An overview of studies with schizophrenic patients. *Schizophrenia Bulletin, 8,* 438–469.

Harburg, E., Erfurt, J.C., Hauenstein, L.S., Chape, C., Schull, W.J., & Schork, M.A. (1973). Socioecological stress, suppressed hostility, skin color, and black-white male blood pressure: Detroit. *Psychosomatic Medicine, 35,* 276–296.

Harburg, E., Gleiberman, L., Russell, M., & Cooper, M.L. (1991). Anger-coping styles and blood pressure in black and white males: Buffalo, New York. *Psychosomatic Medicine, 53,* 153–162.

Hare, E. (1969). *Triennial statistical report of the Royal Maudsley and Bethlem Hospitals.* London: Bethlem and Maudsley Hospitals.

Hare, R.D. (1970). *Psychopathy: Theory and research.* New York: Wiley.

Hare, R.D. (1978). Electrodermal and cardiovascular correlates of sociopathy. In R.D. Hare, & D. Schalling (Eds.), *Psychopathic behaviour: Approaches to research.* New York: Wiley.

Hare, R.D. (1980). A research scale for the assessment of psychopathy in criminal populations. *Personality and Individual Differences, 1,* 111–119.

Hare, R.D. (1982). Psychopathy and physiological activity during anticipation of an aversive stimulus in a distraction paradigm. *Psychophysiology, 19,* 266–271.

Hare, R.D., Harpur, T.J., Hakstian, R.A. et al. (1990). The revised Psychopathy Checklist: Reliability and factor structure. *Psychological Assessment, 2,* 338–341.

Hare, R.D., Hart, S.D., & Harpur, T.J. (1991). Psychopathy and the DSM-IV criteria for antisocial personality disorder. *Journal of Abnormal Psychology, 100,* 391–398.

Hare, R.D., & Jutai, J.W. (1983). Psychopathy and electrocortical indices of perceptual processing during selective attention. *Psychophysiology, 20,* 146–151.

Harpur, T.J., & Hare, R.D. (1990). Psychopathy and attention. In J. Enns (Ed.), *The development of attention: Research and theory.* Amsterdam: New Holland.

Harrington, A., & Sutton-Simon, K. (1977). Rape. In A.P. Goldstein, P.J. Monti, T.J. Sardino, & D.J. Green (Eds.), *Police crisis intervention.* Kalamazoo, MI: Behaviordelia.

Harris, E.L., Noyes, R., Crowe, R.R., & Chaudhry, D.R. (1983). Family study of agoraphobia: Report of a pilot study. *Archives of General Psychiatry, 40,* 1061–1064.

Harris, K.R. (1986). The effects of cognitive-behavior modification on private speech and task performance during problem solving among learning disabled and normally achieving children. *Journal of Abnormal Child Psychology, 14,* 63–67.

Harris, L. (1987). *Inside America.* New York: Vintage Books.

Harris, M.J., & Jeste, D.V. (1988). Late-onset schizophrenia: A review. *Schizophrenia Bulletin, 14,* 39–55.

Harrison, E. (1992, February 6). "Dr. Death" arrested in 2 women's suicides. *Los Angeles Times,* p. A15.

Harrison, J., Chin, J., & Ficarrotto, T. (1989). Warning: Masculinity may be dangerous to your health. In M.S. Kimmel, & M.A. Messner (Eds.), *Men's lives* (pp. 296–309). New York: Macmillan.

Hart, S.D., & Hare, R.D. (1989). Discriminant validity of the Psychopathy Checklist in a forensic psychiatric population. *Psychological Assessment, 1,* 211–218.

Hartley, D.E., & Strupp, H.H. (1983). The therapeutic alliance: Its relationship to outcome in brief psychotherapy. In J. Masling (Ed.), *Empirical studies of psychoanalytical theories.* (Vol. 1). Hillsdale, NJ: Analytical Press.

Hartmann, H. (1958). *Ego psychology and the problem of adaptation.* New York: International Universities Press.

Hartsough, C.S., & Lamber, N.M. (1985). Medical factors in hyperactive and normal children: Prenatal, developmental, and health history findings. *American Journal of Orthopsychiatry, 55,* 190–201.

Harvey, J., Judge, C., & Wiener, S. (1977). Familial X-linked mental retardation with an X chromosome abnormality. *Journal of Medical Genetics, 14,* 45–50.

Harvey, P.D. (1987). Laboratory research: Its relevance to positive and negative symptoms. In P.D. Harvey and E.F. Walker (Eds.), *Positive and negative symptoms of psychosis.* Hillsdale, NJ: Erlbaum.

Hasin, D., Grant, B., Harford, T., Hilton, M., & Endicott, J. (1990). Multiple alcohol-related problems in the United States: On the rise? *Journal of Studies on Alcohol, 51,* 484–493.

Hastrup, J.L., Light, K.C., & Obrist, P.A. (1982). Parental hypertension and cardiovascular response to stress in healthy young adults. *Psychophysiology, 19,* 615–622.

Hathaway, S.R., & McKinley, J.C. (1943). *MMPI manual.* New York: Psychological Corporation.

Hautzinger, M., Luka, U. & Trautmann, R. (1985). Skala dysfunktionaler Einstellungen (DAS). *Diagnostica, 31,* 312-330.

Hay, D.P. (1991). Electroconvulsive therapy. In J. Sadavoy, L.W. Lazarus, & L.F. Jarvik (Eds.), *Comprehensive review of geriatric psychiatry* (pp. 469–485). Washington, DC: American Psychiatric Press.

Hayashi, K., Toyama, B., & Quay, H.C. (1976). A cross-cultural study concerned with differential behavioral classification: 1. The Behavior Checklist. *Japanese Journal of Criminal Psychology, 2,* 21–28.

Hayes, S.C. (1987). A contextual approach to therapeutic change. In N.S. Jacobson (Ed.), *Psychotherapists in clinical practice: Cognitive and behavioral perspectives* (pp. 327–387). New York: Guilford.

Haynes, S.N., & Horn, W.F. (1982). Reactivity in behavioral observation: A review. *Behavioral Assessment, 4,* 369–385.

Hays, P. (1976). Etiological factors in manic-depressive psychoses. *Archives of General Psychiatry, 33,* 1187–1188.

Hazelrigg, M.D., Cooper, H.M., & Borduin, C.M. (1987). Evaluating the effectiveness of family therapies: An integrative review and analysis. *Psychological Bulletin, 101,* 428–442.

Hearn, M.D. (1989). Hostility, coronary heart disease, and total mortality: A 33-year follow-up study of university students. *Journal of Behavioral Medicine, 12,* 105–121.

Hechtman, L., Weiss, G., & Perlman, T. (1984). Hyperactives as young adults: Past and current substance abuse and antisocial behavior. *American Journal of Orthopsychiatry, 54,* 415–425.

Heiman, J.R., & LoPiccolo, J. (1983). *Effectiveness of daily versus weekly therapy in the treatment of sexual dysfunction.* Unpublished manuscript, State University of New York at Stony Brook.

Heiman, J.R., & LoPiccolo, J. (1988). *Becoming orgasmic: A sexual and perso-*

cal coronary heart disease by a test for the coronary-prone behavior pattern. *New England Journal of Medicine, 290*, 1271–1275.

Jenkins, C.D., Zyzanski, S.J., & Rosenman, R.H. (1978). Coronary-prone behavior: One pattern or several? *Psychosomatic Medicine, 40*, 25–43.

Jerrell, J.M., & Larsen, J.K. (1986). Community mental health centers in transition: Who is benefitting? *American Journal of Orthopsychiatry, 56*, 78–88.

Jerremalm, A., Jansson, L., & Ost, L. (1986). Cognitive and physiological reactivity and the effects of different behavioral methods in the treatment of social phobia. *Behaviour Research and Therapy, 24*, 171–180.

Johnson, D.R. (1987). The role of the creative arts therapist in the diagnosis and treatment of psychological trauma. *The Arts in Psychotherapy, 14*, 7–13.

Johnson, E.H. (1984). *Anger and anxiety as determinants of elevated blood pressure in adolescents*. Unpublished doctoral dissertation, University of South Florida.

Johnson, E.H., Nazzaro, P., & Gilbert, D.C. (1991). Cardiovascular reactivity to stress in black male offspring of hypertensive parents. *Psychosomatic Medicine, 53*, 420–432.

Johnson, J., Horvath, E., & Weissman, M.M. (1991). The validity of depression with psychotic features based on a community study. *Archives of General Psychiatry, 48*, 1075–1081.

Johnson, J., Weissman, M.M., & Klerman, G.L. (1990). Panic disorder and suicide attempts. *Archives of General Psychiatry, 47*, 805–808.

Johnson, S.M., & Greenberg, L.S. (1985). Differential effects of experiential and problem-solving interventions in resolving marital conflict. *Journal of Consulting and Clinical Psychology, 53*, 175–184.

Johnston, D.G., Troyer, I.E., & Whitsett, S.F. (1988). Clomipramine treatment of agoraphobic women. *Archives of General Psychiatry, 45*, 453–459.

Johnston, M.B., Whitman, T.L., & Johnson, M. (1980). Teaching addition and subtraction to mentally retarded children: A self-instructional program. *Applied Research in Mental Retardation, 1*, 141–160.

Joiner, T.E., Alfano, M.S., & Metalsky, G.I. (1992). When depression breeds contempt: Reassurance seeking, self-esteem, and rejection of depressed college students by their roommates. *Journal of Abnormal Psychology, 101*, 165–173.

Jones, E. (1955). *The life and work of Sigmund Freud* (Vol. 2). New York: Basic Books.

Jones, M. (1953). *The therapeutic community*. New York: Basic Books.

Jones, M.C. (1924). A laboratory study of fear: The case of Peter. *Pedagogical Seminary, 31*, 308–315.

Jones, M.C. (1968). Personality correlates and antecedents of drinking patterns in males. *Journal of Consulting and Clinical Psychology, 32*, 2–12.

Jones, R.T. (1977). Human effects. In R.C. Peterson (Ed.), *Marijuana research findings: 1976* (NIDA Research Monograph 14). Washington, DC: U.S. Government Printing Office.

Jones, R.T. (1980). Human effects: An overview. In *Marijuana research findings*. Washington, DC: U.S. Government Printing Office.

Jones, R.T. (1983). Cannabis and health. *Annual Review of Medicine, 34*, 247–258.

Jones, R.T., & Benowitz, N. (1976). The 30-day trip – Clinical studies of cannabis tolerance and dependence. In M.C. Braude, & S. Szara (Eds.), *Pharmacology of marijuana*. New York: Raven.

Josephs, R.A., & Steele, C.M. (1990). The two faces of alcohol myopia: Attentional mediation of psychological stress. *Journal of Abnormal Psychology, 99*, 115–126.

Judson, F.N., Cohn, D., & Douglas, J. (1989, June). *Fear of AIDS and incidence of gonorrhea, syphilis, and hepatitis B. 1982–1988*. Paper presented at the Fifth International Conference on AIDS, Montreal. As cited in Coates (1990).

Jutai, J.W., & Hare, R.D. (1983). Psychopathy and selective attention during performance of a complex perceptual-motor task. *Psychophysiology, 20*, 140–151.

Kahana, R.J. (1987). Geriatric psychotherapy: Beyond crisis management. In J. Sadavoy, & M. Leszcz (Eds.), *Treating the elderly with psychotherapy*. Madison, CT: International Universities Press.

Kahn, R.L., Zarit, S.H., Hilbert, N.M., & Niederebe, G. (1975). Memory complaint and impairment in the aged. *Archives of General Psychiatry, 32*, 1569–1573.

Kahn, R.L., Zarit, S.H., Hilbert, N.M., & Niederehe, G. (1975). Memory complaint and impairment in the aged: The effect of depression and altered brain function. *Archives of General Psychiatry, 32*, 1569–1573.

Kahneman, D. (1973). *Attention and effort*. Englewood Cliffs, NJ: Prentice-Hall.

Kaiser, F.E., Viosca, S.P., Morley, J.E., Mooradian, A.D., Davis, S.S., & Korenman, S.G. (1988). Impotence and aging: Clinical and hormonal factors. *Journal of the American Geriatrics Society, 36*, 511–519.

Kalichman, S.C. (1991). Psychopathology and personality characteristics of criminal sexual offenders as a function of victim age. *Archives of Sexual Behavior, 20*, 187–198.

Kammen, D.P. van, Bunney, W.E., Docherty, J.P., Jimerson, D.C., Post, R.M., Sivis, S., Ebart, M., & Gillin, J.C. (1977). Amphetamine-induced catecholamine activation in schizophrenia and depression. *Advances in Biochemical Psychopharmacology, 16*, 655–659.

Kanas, N. (1986). Group therapy with schizophrenics: A review of controlled studies. *International Journal of Group Therapy, 36*, 339–351.

Kandel, D.B. (1984). Marijuana users in young, adulthood. *Archives of General Psychiatry, 41*, 200–209.

Kandel, D.B., Davies, M., Karus, D., & Yamaguchi, K. (1986). The consequences in young adulthood of adolescent drug involvement. *Archives of General Psychiatry, 43*, 746–754.

Kandel, D.B., Murphy, D., & Karus, D. (1985). *National Institute on Drug Abuse Research Monograph Series 61*. Washington, DC: NIDA.

Kane, J., Honigfeld, G., Singer, J., Meltzer, H. et al. (1988). Clozapine for treatment resistance schizophrenics. *Archives of General Psychiatry, 45*, 789–796.

Kane, J.M., Woerner, M., Weinhold, P., Wegner, J., Kinon, B., & Bernstein, M. (1986). Incidence of tardive dyskinesia: Five-year data from a prospective study. *Psychopharmacology Bulletin, 20*, 387–389.

Kane, R.L., Parsons, D.A., & Goldstein, G. (1983). Statistical relationships and discriminative accuracy of the Halstead-Reitan, Luria-Nebraska, and Wechsler IQ scores in the identification of brain damage. *Journal of Clinical and Experimental Neuropsychology, 7*, 211–223.

Kanfer, F.H. (1979). Self-management: Strategies and tactics. In A.P. Goldstein, & F.H. Kanfer (Eds.), *Maximizing treatment gains: Transfer enhancement in psychotherapy*. New York: Academic Press.

Kanfer, F.H., & Busenmeyer, J.R. (1982). The use of problem-solving and decision making in behavior therapy. *Clinical Psychology Review, 2*, 239–266.

Kanfer, F.H., & Phillips, J.S. (1970). *Learning foundations of behavior therapy*. New York: Wiley.

Kanner, L. (1943). Autistic disturbances of affective contact. *Nervous Child, 2*, 217–250.

Kanner, L. (1973). Follow-up of eleven autistic children originally reported in 1943. In L. Kanner (Ed.), *Childhood psychosis: Initial studies and new insights*. Washington, DC: Winston-Wiley.

Kanner, L., & Eisenberg, L. (1955). Notes on the follow-up studies of autistic children. In P. Hoch, & J. Zubin (Eds.), *Psychopathology of childhood.* New York: Grune & Stratton.

Kanter, J., Lamb, R., & Loeper, G. (1987). Expressed emotions in families: A critical review. *Hospital and Community Psychiatry, 38,* 374–380.

Kanter, J.S., Zitrin, C.M., & Zeldis, S.M. (1980). Mitral valve prolapse syndrome in agoraphobic patients. *American Journal of Psychiatry, 137,* 467–469.

Kantorovich, N.V. (1930). An attempt at associative-reflex therapy in alcoholism. *Psychological Abstracts, 4,* 493.

Kaplan, A.S., & Woodside, D.B. (1987). Biological aspects of anorexia nervosa and bulimia nervosa. *Journal of Consulting and Clinical Psychology, 55,* 645–653.

Kaplan, H.S. (1974). *The new sex therapy.* New York: Brunner/Mazel.

Karacan, I., Thornby, J., Holzer, C.E., Warheit, G.J., Schwab, J.J., & Williams, R.L. (1976). Prevalence of sleep disturbance in a primarily urban Florida county. *Social Science Medicine, 10,* 239–244.

Karasu, T.B., Stein, S.P., & Charles, E.S. (1979). Age factors in the patient-therapist relationship. *Journal of Nervous and Mental Disease, 167,* 100–104.

Karrer, R., Nelson, M., & Galbraith, G.C. (1979). Psychophysiological research with the mentally retarded. In N.R. Ellis (Ed.), *Handbook of mental deficiency. Psychological theory and research* (2nd ed.). Hillsdale, NJ: Erlbaum.

Kashani, J.H., & Orvaschel, H. (1988). Anxiety disorders in mid-adolescence: A community sample. *American Journal of Psychiatry, 145,* 960–964.

Kasindorf, J. (1988, May 2). The real story of Billie Boggs: Was Koch right – Or the civil libertarians? *New York,* pages 36–44.

Kasl, S.V., & Cobb, S. (1970). Blood pressure changes in men undergoing job loss: A preliminary report. *Psychosomatic Medicine, 32,* 19–38.

Kaslow, F.W. (1981). Divorce and divorce therapy. In A.S. Gurman, & D.P. Kniskern (Eds.), *Handbook of family therapy.* New York: Brunner/Mazel.

Kaslow, N.J., & Racusin, G.R. (1990). Childhood depression: Current status and future directions. In A.S. Bellack, M. Hersen, & A.E. Kazdin (Eds.), *International handbook of behavior modification and therapy* (2nd ed.). New York: Plenum.

Kasprowicz, A.L., Manuck, S.B., Malkoff, S., & Kranz, D.S. (1990). Individual differences in behaviorally evoked cardiovascular response: Temporal stability and hemodynamic patterning. *Psychophysiology, 27,* 605–619.

Kaszniak, A.W., Nussbaum, P.D., Berren, M.R., & Santiago, J. (1988). Amnesia as a consequence of male rape: A case report. *Journal of Abnormal Psychology, 97,* 100–104.

Katchadourian, H.A., & Lunde, D.T. (1972). *Fundamentals of human sexuality.* New York: Holt, Rinehart & Winston.

Katz, E.R. (1980). Illness impact and social reintegration. In J. Kellerman (Ed.), *Psychological aspects of childhood cancer.* Springfield, IL: Charles C. Thomas.

Katz, E.R., Kellerman, J., & Siegel, S.E. (1980). Behavioral distress in children with leukemia undergoing bone marrow aspirations. *Journal of Consulting and Clinical Psychology, 48,* 356–365.

Katz, R.C., Gipson, M.T., Kearl, A., & Kriskovich, M. (1989). Assessing sexual aversion in college students: The Sexual Aversion Scale. *Journal of Sex and Marital Therapy, 15,* 135–140.

Katz, S., & Kravetz, S. (1989). Facial plastic surgery for persons with Down syndrome: Research findings and their professional and social implications. *American Journal on Mental Retardation, 94,* 101–110.

Kaufmann, P.G., Jacob, R.G., Ewart, C.K., Chesney, M.A., Muenz, L.R., Doub, N., Mercer, W., & HIPP Investigators. (1988). Hypertension intervention pooling project. *Health Psychology, 7,* 209–224.

Kay, D.W.K., Cooper, A.F., Garside, R.F., & Roth, M. (1976). The differentiation of paranoid from affective psychoses by patient's premorbid characteristics. *British Journal of Psychiatry, 129,* 207–215.

Kazdin, A.E. (1985). *Treatment of antisocial behavior in children and adolescents.* Homewood, IL: Dorsey Press.

Kazdin, A.E. (1986). Research designs and methodology. In S.L. Garfield, & A.E. Bergin (Eds.), *Handbook of psychotherapy and behavior change* (3rd ed.). New York: Wiley.

Kazdin, A.E., Bass, D., Siegel, T., & Thomas, C. (1989). Cognitive-behavioral therapy and relationship therapy in the treatment of children referred for antisocial behavior. *Journal of Consulting and Clinical Psychology, 57,* 522–535.

Keane, T.M., Fairbank, J.A., Caddell, J.M., & Zimering, R.T. (1989). Implosive (flooding) therapy reduces symptoms of PTSD in Vietnam combat veterans. *Behavior Therapy, 20,* 245–260.

Keane, T.M., Foy, D.W., Nunn, B., & Rychtarik, R.G. (1984). Spouse contracting to increase antabuse compliance in alcoholic veterans. *Journal of Clinical Psychology, 40,* 340–344.

Keane, T.M., Gerardi, R.J., Quinn, S.J., &

Litz, B.T. (1992). Behavioral treatment of post-traumatic stress disorder. In S.M. Turner, K.S. Calhoun, & H.E. Adams (Eds.), *Handbook of clinical behavior therapy* 2nd ed., pp. 87–97. New York: Wiley.

Keane, T.M., Zimering, R.T., & Caddell, J. (1985). A behavioral formulation of post-traumatic stress disorder in Vietnam veterans. *The Behavior Therapist, 8,* 9–12.

Keefe, F.J., & Gil, K.M. (1986). Behavioral concepts in the analysis of chronic pain syndromes. *Journal of Consulting and Clinical Psychology, 54,* 776–783.

Keith, J. (1982). *Old people as people.* Boston: Little, Brown.

Keller, M.B., Shapiro, R.W., Lavori, P.W., & Wolpe, N. (1982). Relapse in major depressive disorder: Analysis with the life table. *Archives of General Psychiatry, 39,* 911–915.

Kellerman, J. (1989). *Silent partner.* New York: Bantam Books.

Kellerman, J., & Varni, J.W. (1982). Pediatric hematology/oncology. In D.C. Russo, & J.W. Varni (Eds.), *Behavioral pediatrics: Research and practice.* New York: Plenum.

Kellner, R. (1982). Disorders of impulse control (not elsewhere classified). In J.H. Griest, J.W. Jefferson, & R.L. Spitzer (Eds.), *Treatment of mental disorders.* New York: Oxford University Press.

Kelly, G.A. (1955). *The psychology of personal constructs.* New York: Norton.

Kelly, H.S. (1992). *Aggressive symptoms in children with behavior and comorbid mood disorders.* Unpublished manuscript, State University of New York at Stony Brook.

Kelly, J.A. (1985). Group social skills training. *The Behavior Therapist, 8,* 93–95.

Kelly, J.A., & St. Lawrence, J.S. (1988a). *The AIDS health crisis: Psychological and social interventions.* New York: Plenum.

Kelly, J.A., & St. Lawrence, J.S. (1988b). AIDS prevention and treatment: Psychology's role in the health crisis. *Clinical Psychology Review, 8,* 255–284.

Kelly, J.A., St. Lawrence, J.S., Betts, R., Brasfield, T., & Hood, H. (1990). A skills traning group intervention model to assist persons in reducing risk behaviors for HIV infection. *AIDS Education and Prevention, 2,* 24–35.

Kelly, J.A., St. Lawrence, J.S., Hood, H., & Brasfield, T. (1989). Behavioral intervention to reduce AIDS risk activities. *Journal of Consulting and Clinical Psychology, 57,* 60–67.

Kelly, J.A., St. Lawrence, J.S., Hood, H.V., Smith, S., Jr., & Cook, D. (1988). Nurses' attitudes towards AIDS. *The Jour-*

nal of Continuing Education in Nursing, 19, 78–83.

Kendall, P.C. (1990). Cognitive processes and procedures in behavior therapy. In C.M. Franks, G.T. Wilson, P.C. Kendall, & J.P. Foreyt (Eds.), *Review of behavior therapy: Theory and practice* (Vol. 12), pp. 103–137. New York: Guilford.

Kendall, P.C., & Braswell, L. (1985). *Cognitive-behavioral therapy for impulsive children.* New York: Guilford.

Kendall, P.C., & Hollon, S.D. (Eds.). (1981). *Assessment strategies for cognitive-behavioral interventions.* New York: Academic Press.

Kendall, P.C., & Ingram, R.E. (1989). Cognitive-behavioral perspectives: Theory and research on depression and anxiety. In P.C. Kendall, & D. Watson (Eds.), *Anxiety and depression: Distinctive and overlapping features* (pp. 27–54). New York: Academic Press.

Kendall, P.C., Reber, M., McLeer, S., Epps, J., & Ronan, K. (1990). Cognitive-behavioral treatment of conduct-disordered children. *Cognitive Therapy and Research, 14,* 279–297.

Kendall-Tackett, K.A., Williams, L.M., & Finkelhor, D. (1993). Impact of sexual abuse on children: A review and synthesis of recent empirical studies. *Psychological Bulletin, 113,* 164–180.

Kendell, R.E. (1975). *The role of diagnosis in psychiatry.* London: Blackwell.

Kendler, K.S., Masterson, C.C., & Davis, K.L. (1985). Psychiatric illness in first degree relatives of patients with paranoid psychosis, schizophrenia and medical controls. *British Journal of Psychiatry, 147,* 524–531.

Kennedy, W.A. (1965). School phobia: Rapid treatment of 50 cases. *Journal of Abnormal Psychology, 70,* 285–289.

Kent, R.N., O'Leary, K.D., Diament, C., & Dietz, A. (1974). Expectation biases in observational evaluation of therapeutic change. *Journal of Consulting and Clinical Psychology, 42,* 774–780.

Kermis, M.D. (1986). The epidemiology of mental disorder in the elderly: A response to the Senate/AARP report. *Gerontologist, 26,* 482–487.

Kernberg, O.F. (1985). *Borderline conditions and pathological narcissism.* Northvale, NJ: Jason Aronson.

Kernberg, O.F. (1973). Summary and conclusion. In "Psychotherapy and psychoanalysis: Final report of the Menninger Foundation's Psychotherapy Research Project." *International Journal of Psychiatry, 11,* 62–77.

Kernberg, O.F. (1970). A psychoanalytic classification of character pathology. *Journal of the American Psychoanalytic Association, 18,* 800–822.

Kernberg, O.F., Burstein, E.D., Coyne, L., Applebaum, A., Horwitz, L., & Voth, H. (1972). Psychotherapy and psychoanalysis: Final report of the Mennin-

ger Foundation's Psychotherapy Research Project. *Bulletin of the Menninger Clinic, 36,* 1–276.

Kessel, N., & Grossman, G. (1961). Suicide in alcoholics. *British Medical Journal, 2,* 1671–1672.

Kessler, J. (1966). *Psychopathology of childhood.* Englewood Cliffs, NJ: Prentice-Hall.

Kessler, R. C., McGonagle, K. A., Zhao, S., Nelson, C. B., Hughes, M., Eshleman, S., Wittchen, H. U. & Kendler, K. S. (1994). Lifetime and 12-month-prevalence of DSM-III-R psychiatric disorders in the US. Results from the National Comorbidity Survey. *Archives of General Psychiatry,* 51, 8-19.

Kessler, R.C., & Neighbors, H.W. (1986). A new perspective on the relationships among race, social class and psychological distress. *Journal of Health and Social Behavior, 27,* 107–115.

Kety, S.S. (1974). From rationalization to reason. *American Journal of Psychiatry, 131,* 957–963.

Kety, S.S., Rosenthal, D., Wender, P.H., & Schulsinger, F. (1968). The types and prevalence of mental illness in the biological and adoptive families of adopted schizophrenics. In D. Rosenthal, & S.S. Kety (Eds.), *The transmission of schizophrenia.* Elmsford, NY: Pergamon.

Kety, S.S., Rosenthal, D., Wender, P.H., Schulsinger, F., & Jacobson, B. (1975). Mental illness in the biological and adoptive families of adopted individuals who have become schizophrenic: A preliminary report based on psychiatric interviews. In R.R. Fieve, D. Rosenthal, & H. Brill (Eds.), *Genetic research in psychiatry.* Baltimore: Johns Hopkins University Press.

Keuthen, N. (1980). *Subjective probability estimation and somatic structures in phobic individuals.* Unpublished manuscript, State University of New York at Stony Brook.

Kidder, T. (1978). Soldiers of misfortune. *The Atlantic Monthly, 241,* 41–52.

Kiecolt-Glaser, J.K., Fisher, L.D., Ogrokki, P., Stout, J.C., Speicher, C.E., & Glaser, R. (1987). Marital quality, marital disruption, and immune function. *Psychosomatic Medicine, 49,* 13–34.

Kiecolt-Glaser, J.K., Garner, W., Speicher, C.E., Penn, G.M., Holliday, J., & Glaser, R. (1984). Psychosocial modifiers of immunocompetence in medical students. *Psychosomatic Medicine, 46,* 7–14.

Kiecolt-Glaser, J.K., & Glaser, R. (1987). Psychosocial moderators of immune function. *Annals of Behavioral Medicine, 9,* 16–20.

Kiecolt-Glaser, J., Dura, J.R., Speicher, C.E., & Trask, O. (1991). Spousal caregivers of dementia victims: Longitudi-

nal changes in immunity and health. Psychosomatic Medicine, 54, 345–362.

Kiecolt-Glaser, J., Glaser, R., Strain, E., Stout, J.C., Tarr, K.L., Holliday, J.E., & Speicher, C.E. (1986). Modulation of cellular immunity in medical students. *Journal of Behavioral Medicine, 9,* 5–21.

Kiecolt-Glaser, J.K., Glaser, R., Williger, D., Stout, J., Messick, G., Sheppard, S., Ricker, D., Romischer, S.C., Briner, W., Bonnell, G., & Donnerberg, R. (1985). Psychosocial enhancement of immunocompetence in a geriatric population. *Health Psychology, 4,* 25–41.

Kiecolt-Glaser, J.K., Kennedy, S., Malkoff, S., Fisher, L., Speicher, D.E., & Glaser, R. (1988). Marital discord and immunity in males. *Psychosomatic Medicine, 50,* 213–229.

Kiesler, C.A. (1991). Changes in general hospital psychiatric care. *American Psychologist, 46,* 416–421.

Kihlstrom, J.F., Barnhardt, T.M., & Tataryn, D.J. (1992). The psychological unconscious: Found, lost, and regained. *American Psychologist, 47,* 788–791.

Kihlstrom, J.F., Tataryn, D.J. (1991). Dissociative disorders. In P.B. Sutker, & H.E. Adams (Eds.), *Comprehensive handbook of psychopathology.* 2nd ed. New York: Plenum.

Killen, J.D., Fortmann, S.P., Newman, B., & Varady, A. (1990). Evaluation of a treatment approach combining nicotine gum with self-guided behavioral treatments for smoking relapse prevention. *Journal of Consulting and Clinical Psychology, 58,* 85–92.

Killen, J.D., Maccoby, N., & Taylor, C.B. (1984). Nicotine gum and self-regulation training in smoking relapse prevention. *Behavior Therapy, 15,* 234–248.

Kiloh, L.G. (1961). Pseudo-dementia. *Acta Psychiatrica Scandinavia, 37,* 336–351.

Kilpatrick, D.G., & Best, C.L. (1990, April). *Sexual assault victims: Data from a random national probability sample.* Paper presented at the annual convention of the Southeastern Psychological Association, Atlanta.

Kilpatrick, D.G., Best, C.L., Veronen, L.J., Amick, A.E., Villeponteaux, L.A., & Ruff, G.A. (1985). Mental health correlates of criminal victimization: A random community survey. *Journal of Consulting and Clinical Psychology, 53,* 866–873.

Kimble, G.A., Garmezy, N., & Zigler, E. (1980). *Principles of general psychology.* New York: Wiley.

Kimmel, D.C. (1979). Adjustments to aging among gay men. In B. Berzon, & R. Leighton (Eds.), *Positively gay.* Millbrae, CA: Celestial Arts.

Kimura, D. (1983). Sex differences in cerebral organization for speech and praxic functions. *Canadian Journal of Psychology, 37,* 19–35.

King, M.B. (1990). Sneezing as a fetishistic stimulus. *Sexual and Marital Therapy, 5,* 69–72.

Kingsley, L.A., Kaslow, R., Rinaldo, C.R., Detre, K., Odaka, N., Van-Raden, M., Detels, R., Polk, B.F., Chmiel, J., Kelsey, S.F., Ostrow, D., & Visscher, B. (1987). Risk factors for seroconversion to human immunodeficiency virus among male homosexuals. *Lancet, 1,* 345–348.

Kinsey, A.C., Pomeroy, W.B., Main, C.E., & Gebbard, P.H. (1953). *Sexual behavior in the human female.* Philadelphia: Saunders.

Kinsey, A.C., Pomeroy, W.B., & Martin, C.E. (1948). *Sexual behavior in the human male.* Philadelphia: Saunders.

Kinsman, R.A., Spector, S.L., Shucard, D.W., & Luparello, T.J. (1974). Observations on patterns of subjective symptomatology of acute asthma. *Psychosomatic Medicine, 36,* 129–143.

Kinzie, J.D. (1985). Overview of clinical issues in the treatment of Southeast Asian refugees. In T.C. Owan (Ed.), *Southeast Asian mental health treatment, prevention services, training, and research.* Washington, DC: National Institute of Mental Health.

Kivlighan, D.M., & Mullison, D. (1988). Participants' perception of therapeutic factors in group counseling: The role of interpersonal style and state of group development. *Small Group Development, 19,* 452–468.

Klee, G.D., & Weintraub, W. (1959). Paranoid reactions following lysergic acid diethylamide (LSD-25). In P.B. Bradley, P. Demicker, & C. Radonco-Thomas (Eds.), *Neuropsychopharmacology.* Amsterdam: Elsevier.

Kleeman, S.T. (1967). Psychiatric contributions in the treatment of asthma. *Annals of Allergy, 25,* 611–619.

Klein, D. (1992, April 1). The empty pot. *Los Angeles Times,* pp. A3, A14.

Klein, D.C., & Seligman, M.E.P. (1976). Reversal of performance deficits and perceptual deficits in learned helplessness and depression. *Journal of Abnormal Psychology, 85,* 11–26.

Klein, D.N., Taylor, E.B., Dickstein, S., & Harding, K. (1988). Primary early-onset dysthymia: Comparison with primary nonbipolar nonchronic major depression on demographic, clinical, familial, personality, and socioenvironmental characteristics and short-term outcome. *Journal of Abnormal Psychology, 97,* 387–398.

Klein, M. (1932). *The psychoanalysis of children.* London: Hogarth.

Kleinke, C.L., Staneski, R.A., & Mason, J.K. (1982). Sex differences in coping with depression. *Sex Roles, 8,* 877–889.

Klerman, G.L. (1972). Drug therapy of clinical depressions. *Journal of Psychiatric Research, 9,* 253–270.

Klerman, G.L. (1975). Drug therapy of clinical depressions – Current status and implications for research on neuropharmacology of the affective disorders. In D.F. Klein, & R. Gittelman-Klein (Eds.), *Progress in psychiatric drug treatment.* New York: Brunner/Mazel.

Klerman, G.L. (1983). Problems in the definition and diagnosis of depression in the elderly. In M. Hauge, & L. Breslau (Eds.), *Depression in the elderly: Causes, care, consequences.* New York: Springer.

Klerman, G.L. (1988). Depression and related disorders of mood (affective disorders). In A.M. Nicholi, Jr. (Ed.), *The new Harvard guide to psychiatry.* Cambridge, MA: Harvard University Press.

Klerman, G.L. (1990). Treatment of recurrent unipolar major depressive disorder. *Archives of General Psychiatry, 47,* 1158–1162.

Klerman, G.L., Weissman, M.M., Rounsaville, B.J., & Chevron, E.S. (1984). *Interpersonal psychotherapy of depression.* New York: Basic Books.

Kluft, R.P. (1984a). An introduction to multiple personality disorder. *Psychiatric Annals, 7,* 19–24.

Kluft, R.P. (1984b). Multiple personality in childhood. *Psychiatric Clinics of North America, 7,* 121–134.

Kluft, R.P. (1984c). Treatment of multiple personality disorder: A study of 33 cases. *Psychiatric Clinics of North America, 7,* 929.

Kluft, R.P. (1985a). The treatment of multiple personality disorder (MPD): Current concepts. In F.F. Flach (Ed.), *Directions in psychiatry.* New York: Hatherleigh.

Kluft, R.P. (1985b). Using hypnotic inquiry protocols to monitor treatment progress and stability in multiple personality disorder. *American Journal of Clinical Hypnosis, 28,* 63–75.

Kluger, J.M. (1969). Childhood asthma and the social milieu. *American Academy of Child Psychiatry, 8,* 353–366.

Knapp, P.H. (1969). The asthmatic and his environment. *Journal of Nervous and Mental Disease, 149,* 133–151.

Knapp, S., & Vandecreek, L. (1982). Tarasoff: Five years later. *Professional Psychology, 13,* 511–516.

Knaus, W., & Bokor, S. (1975). The effect of rational-emotive education lessons on anxiety and self-concept in sixth grade students. *Rational Living, 10,* 7–10.

Knight, B. (1983). An evaluation of a mobile geriatric team. In M.A. Smyer, & M. Gatz (Eds.), *Mental health and aging: Programs and evaluations.* Beverly Hills, CA: Sage.

Knight, B. (1986). *Psychotherapy with older adults.* Beverly Hills, CA: Sage.

Knight, B.G., & Davison, G.C. (1992). Caregiver distress: Method variance, gender, and ethnicity. Research grant proposal to the National Institute of Mental Health.

Knight, B.G., Kelly, M., & Gatz, M. (1992). Psychotherapy and the older adult. In D.K. Freedheim (Ed.), *History of psychotherapy: A century of change* (pp. 528–551). Washington, DC: American Psychological Association.

Knight, B.G., Lutzky, S.M., & Olshevski, J.L. (1992). A randomized comparison of stress reduction training to problem solving training for dementia caregivers: Processes and outcomes. Unpublished manuscript, University of Southern California.

Knight, B. (1989). *Outreach with the elderly: Community education, assessment, and therapy.* New York: New York University Press.

Knight, R.A., & Prentky, R.A. (1990). Classifying sexual offenders: The development and corroboration of taxonomic models. In W.L. Marshall, D.R. Laws, & H.E. Barabee (Eds.), *Handbook of sexual assault: Issues, theories, and treatment of the offender.* New York: Plenum.

Koegel, R.L., Schreibman, L., Britten, K.R., Burkey, J.C., & O'Neill, R.E. (1982). A comparison of parent training to direct child treatment. In R.L. Koegel, A. Rincover, & A.L. Egel (Eds.), *Educating and understanding autistic children.* San Diego, CA: College-Hill.

Koenig, K., & Masters, J. (1965). Experimental treatment of habitual smoking. *Behaviour Research and Therapy, 3,* 235–243.

Koenig, S., Gendelman, H., Orenstein, J., DeCanto, J.C., Pezeshkpour, G.H., Yougbluth, G., Janoffa, F., Aksamit, A., Main, M., & Fend, A. (1986). Detection of AIDS virus in macrophages in brain tissue from AIDS patients with encephalopathy. *Science, 233,* 1089–1093.

Koenigsberg, H.W., & Handley, R. (1986). Expressed emotion: From predictive index to clinical construct. *American Journal of Psychiatry, 143,* 1361–1373.

Kohn, M.L. (1968). Social class and schizophrenia: A critical review. In D. Rosenthal, & S.S. Kety (Eds.), The transmission of schizophrenia. Elmsford, NY: Pergamon.

Kohut, H. (1966). Forms and transformations of narcissism. *Journal of the American Psychoanalytic Association, 14,* 243–272.

Kohut, H. (1971). *The analysis of the self.*

New York: International Universities Press.

Kohut, H. (1977). *The restoration of the self.* New York: International Universities Press.

Kohut, H., & Wolf, E.S. (1978). The disorders of the self and their treatment: An outline. *International Journal of Psychoanalysis, 59,* 413–425.

Kolden, G.G. (1991). The generic model of psychotherapy: An empirical investigation of patterns of process and outcome relationships. *Psychotherapy Research, 1,* 62–73.

Kolvin, I., McKeith, R.C., & Meadows, S.R. (1973). *Bladder control and enuresis.* Philadelphia: Lippincott.

Konig, P., & Godfrey, S. (1973). Prevalence of exercise-induced bronchial liability in families of children with asthma. *Archives of Diseases of Childhood, 48,* 518.

Korchin, S.J. (1976). *Modern clinical psychology.* New York: Basic Books.

Kornetsky, C. (1976). Hyporesponsivity of chronic schizophrenic patients to dextroamphetamine. *Archives of General Psychiatry, 33,* 1425–1428.

Koss, M.P. (1985). The hidden rape victim: Personality, attitudinal, and situational characteristics. *Psychology of Women Quarterly, 9,* 193–212.

Koss, M.P., & Butcher, J.N. (1986). Research on brief psychotherapy. In S.L. Garfield, & A.E. Bergin (Eds.), *Handbook of psychotherapy and behavior change* (3rd ed.). New York: Wiley.

Koss, M.P., & Shiang, J. (in press). Research on brief psychotherapy. In A.E. Bergin, & S.L. Garfield (Eds.), *Handbook of psychotherapy and behavior change* (4th ed.). New York: Wiley.

Kosson, D.S., Smith, S.F., & Newman, J.P. (1990). Evaluating the construct validity of psychopathy in Black and white male inmates: Three preliminary studies. *Journal of Abnormal Psychology, 99,* 250–259.

Kosten, T.R., Mason, J.W., Giller, E.L., Ostroff, R., & Harkness, I. (1987). Sustained urinary norepinephrine and epinephrine elevation in posttraumatic stress disorder. *Psychoneuroendocrinology, 12,* 13–20.

Kosten, T.R., Morgan, C.M., Falcione, J., & Schottenfeld, R.S. (1992). Pharmacotherapy for cocaine-abusing methadone-maintained patients using amantadine or desipramine. *Archives of General Psychiatry, 49,* 894–898.

Kovacs, M., Feinberg, T.L., Crouse-Novack, M.A., Paulauskas, S.L., & Finkelstein, R. (1984). Depressive disorders in childhood: I. A longitudinal prospective study of characteristics and recovery. *Archives of General Psychiatry, 41,* 229–237.

Kovacs, M., Rush, A.J., Beck, A.T., & Hollon, S.D. (1981). Depressed outpatients treated with cognitive therapy or pharmacotherapy: A one-year follow-up. *Archives of General Psychiatry, 38,* 33–39.

Kowalik, D.L., & Gotlib, I.H. (1987). Depression and marital interaction: Concordance between intent and perception of communication. *Journal of Abnormal Psychology, 96,* 127–134.

Kowall, N.K., & Beal, M.F. (1988). Cortical somatostatin, neuropeptide Y, and NADPH diphorase neurons: Normal anatomy and alterations in Alzheimer's disease. *Annals of Neurology, 23,* 105–113.

Kozel, N.J., & Adams, E.H. (1986). Epidemiology of drug abuse: An overview. *Science, 234,* 970–974.

Kozel, N.J., Crider, R.A., & Adams, E.H. (1982). National surveillance of cocaine use and related health consequences. *Morbidity and Mortality Weekly Report 31, 20,* 265–273.

Kozlowski, L.T., Skinner, W., Kent, C., & Pope, M. (1989). Prospects for smoking treatment in individuals seeking treatment for alcohol and other drug problems. *Addictive Behaviors, 14,* 273–279.

Kozol, H., Boucher, R., & Garofalo, R. (1972). The diagnosis and treatment of dangerousness. *Crime and Delinquency, 18,* 37–92.

Kraepelin, E. (1981). *Clinical psychiatry.* (A.R. Diefendorf, Trans.), Delmar, NY: Scholars' Facsimiles and Reprints. (Original work published 1883).

Kramer, M. (1977). *Psychiatric services and the changing institutional scene 1950–1985.* Washington, DC: National Institute of Mental Health.

Krantz, S., & Hammen, C.L. (1979). Assessment of cognitive bias in depression. *Journal of Abnormal Psychology, 88,* 611–619.

Krech, D., Rosenzweig, M., & Bennett, E. (1966). Environmental impoverishment, social isolation, and changes in brain chemistry and anatomy. *Physiology and Behavior, 1,* 99–104.

Kringlen, E. (1970). Natural history of obsessional neurosis. *Seminars in Psychiatry, 2,* 403–419.

Kroll, P., Chamberlain, P., & Halpern, D. (1979). The diagnosis of Briquet's syndrome in a male population. *Journal of Nervous and Mental Disease, 169,* 171–174.

Krystal, J.H., Kosten, T.R., Southwick, S., Mason, J.W., Perry, B.D., & Giller, E.L. (1989). Neurobiological aspects of PTSD: Review of clinical and preclinical studies. *Behavior Therapy, 20,* 177–198.

Kucharski, L.T., White, R.M., & Schratz, M. (1979). Age bias, referral for psychological assistance and the private physician. *Journal of Gerontology, 34,* 423–428.

Kuhn, T.S. (1962). *The structure of scientific revolutions.* Chicago: University of Chicago Press.

Kundera, M. (1991). *Immortality.* New York: Grove Press.

Kunst-Wilson, W.R., & Zajonc, R.B. (1980). Affective discrimination of stimuli that cannot be recognized. *Science, 207,* 557–558.

Kuriansky, J.B., Deming, W.E., & Gurland, B.J. (1974). On trends in the diagnosis of schizophrenia. *American Journal of Psychiatry, 131,* 402–407.

Kutchinsky, B. (1970). *Studies on pornography and sex crimes in Denmark.* Copenhagen: New Social Science Monographs.

Lacey, J.I. (1967). Somatic response patterning and stress: Some revisions of activation theory. In M.H. Appley, & R. Trumball (Eds.), *Psychological stress.* New York: McGraw-Hill.

Ladd, G.W. (1981). Effectiveness of a social learning method for enhancing children's social interaction and peer acceptance. *Child Development, 52,* 171–178.

La Greca, A.J., Akers, R.L., & Dwyer, J.W. (1988). Life events and alcohol behavior among older adults. *The Gerontologist, 28,* 552–558.

Lahey, B.B., Piacentini, J.C., McBurnett, K., Stone, P., Hartdagen, S., & Hynd, G. (1988). Psychopathology in the parents of children with conduct disorder and hyperactivity. *Journal of the American Academy of Child and Adolescent Psychiatry, 27,* 163–170.

Lambert, M.J., Bergin, A.E., & Collins, J.L. (1977). Therapist-induced deterioration in psychotherapy. In A.S. Gurman, & A.M. Razin (Eds.), *Effective psychotherapy: A handbook of research.* Elmsford, New York: Pergamon.

Lambert, M.J., Shapiro, D.A., & Bergin, A.E. (1986). The effectiveness of psychotherapy. In S.L. Garfield, & A.E. Bergin (Eds.), Handbook of psychotherapy and behavior change (3rd ed.). New York: Wiley.

Lando, H.A. (1977). Successful treatment of smokers with a broad-spectrum behavioral approach. *Journal of Consulting and Clinical Psychology, 45,* 361–366.

Lane, E.A., & Albee, G.W. (1965). Childhood intellectual differences between schizophrenic adults and their siblings. *American Journal of Orthopsychiatry, 35,* 747–753.

Lang, A.R., Goeckner, D.J., Adessor, V.J., & Marlatt, G.A. (1975). Effects of alcohol on aggression in male social drinkers. *Journal of Abnormal Psychology, 84,* 508–518.

Lang, A.R., & Marlatt, G.A. (1982). Problem drinking: A social learning perspective. In R.J. Gatchel, A. Baum,

& J.E. Singer (Eds.), *Handbook of psychology and health*. Hillsdale, NJ: Erlbaum.

Lang, P.J. (1969). The mechanics of desensitization and the laboratory study of fear. In C.M. Franks (Ed.), *Behavior therapy: Appraisal and status*. New York: McGraw-Hill.

Lang, P.J., & Lazovik, A.D. (1963). Experimental desensitization of a phobia. *Journal of Abnormal and Social Psychology, 66*, 519–525.

Lang, P.J., & Melamed, B.G. (1969). Case report: Avoidance conditioning therapy of an infant with chronic ruminative vomiting. *Journal of Abnormal Psychology, 74*, 1–8.

Lang, R.A., Flor, H.P., & Frenzel, R.R. (1990). Sex hormone profiles in pedophilic and incestuous men. *Annals of Sex Research, 3*, 59–74.

Lange, A.J., & Jakubowski, P. (1976). *Responsible assertive behavior*. Champaign, IL: Research Press.

Langeluddeke, A. (1963). *Castration of sexual criminals*. Berlin: de Gruyter.

Langer, E.J. (1981). Old age: An artifact? In J. McGaugh, & S. Kiesler (Eds.), *Aging: Biology and behavior*. New York: Academic Press.

Langer, E.J., & Abelson, R.P. (1974). A patient by any other name ...: Clinician group differences in labelling bias. *Journal of Consulting and Clinical Psychology, 42*, 4–9.

Langer, E.J., & Rodin, J. (1976). The effects of choice and enhanced personal responsibility for the aged. *Journal of Personality and Social Psychology, 34*, 191–198.

Langevin, R., Paitich, D., & Russon, A.E. (1985). Are rapists sexually anomalous, aggressive, or both? In R. Langevin (Ed.), *Erotic preference, gender identity, and aggression in men: New research studies* (pp. 13–38). Hillsdale, NJ: Erlbaum.

Lanyon, R.I. (1986). Theory and treatment of child molestation. *Journal of Consulting and Clinical Psychology, 54*, 176–182.

LaRue, A., Dessonville, C., & Jarvik, L.F. (1985). Aging and mental disorders. In J.E. Birren, & K.W. Schaie (Eds.), *Handbook of psychology of aging* (2nd ed.). New York: Van Nostrand-Reinhold.

Last, C.G., & Strauss, C.C. (1990). School refusal in anxiety-disordered children and adolescents. *Journal of the American Academy of Child & Adolescent Psychiatry, 29*, 31–35.

Lavelle, T.L., Metalsky, G.I., & Coyne, J.C. (1979). Learned helplessness, test anxiety, and acknowledgment of contingencies. *Journal of Abnormal Psychology, 88*, 381–387.

Lawler, B.A., Sunderland, T., Mellow, A.M. et al. (1989). Hyperresponsivity to the serotonin agonist m-chlorophenylpiperazine in Alzheimer's disease. *Archives of General Psychiatry, 46*, 542–548.

Laws, D.R., & Hohnen, M.L. (1978). Sexual response faking by pedophiles. *Criminal Justice and Behavior, 5*, 343–356.

Lawton, M.P. (1972). Schizophrenia forty-five years later. *Journal of Genetic Psychology, 121*, 133–143.

Lawton, M.P. (1979). Clinical geropsychology: Problems and prospects. In *Master lecture series on the psychology of aging*. Washington, DC: American Psychological Association.

Layne, C. (1986). Painful truths about depressives' cognitions. *Journal of Clinical Psychology, 39*, 848–853.

Lazar, I. (1979). Social services in Head Start. In E. Zigler & J. Valentine (Eds.), *Project Head Start*. New York: Free Press.

Lazarus, A.A. (1961). Group therapy of phobic disorders by systematic desensitization. *Journal of Abnormal and Social Psychology, 63*, 504–510.

Lazarus, A.A. (1965). Behavior therapy, incomplete treatment, and symptom substitution. *Journal of Nervous and Mental Disease, 140*, 80–86.

Lazarus, A.A. (1968a). Behavior therapy in groups. In G.M. Gazda (Ed.), *Basic approaches to group psychotherapy and counseling*. Springfield, IL: Charles C. Thomas.

Lazarus, A.A. (1968b). Learning theory and the treatment of depression. *Behavior Research and Therapy, 6*, 83–89.

Lazarus, A.A. (1971). *Behavior therapy and beyond*. New York: McGraw-Hill.

Lazarus, A.A. (1973). Multimodal behavior therapy: Treating the basic ID. *Journal of Nervous and Mental Disease, 156*, 404–411.

Lazarus, A.A. (1989). *The practice of multimodal therapy*. Baltimore: Johns Hopkins University Press.

Lazarus, A.A., & Davison, G.C. (1971). Clinical innovation in research and practice. In A.E. Bergin & S.L. Garfield (Eds.), *Handbook of psychotherapy and behavior change: An empirical analysis*. New York: Wiley.

Lazarus, A.A., & Messer, S.B. (1991). Does chaos prevail? An exchange on technical eclecticism and assimilative integration. *Journal of Psychotherapy Integration, 1*, 143–158.

Lazarus, A.A., Davison, G.C., & Polefka, D. (1965). Classical and operant factors in the treatment of school phobia. *Journal of Abnormal Psychology, 70*, 225–229.

Lazarus, R.S. (1966). *Psychological stress and the coping process*. New York: McGraw-Hill.

Lazarus, R.S. (1984). Puzzles in the study of daily hassles. *Journal of Behavioral Medicine, 7*, 375–384.

Lazarus, R.S., & Cohen, J.P. (1977). Environmental stress. In I. Altman, & J.F. Wohlwill (Eds.), *Human behavior and the environment: Current theory and research*. New York: Plenum.

Lazarus, R.S., & Folkman, S. (1984). *Stress, appraisal, and coping*. New York: Springer.

Lazovik, A.D., & Lang, P.J. (1960). A laboratory demonstration of systematic desensitization psychotherapy. *Journal of Psychological Studies, 11*, 238–247.

Leach, S., & Roy, S.S. (1986). Adverse drug reactions: An investigation on an acute geriatric ward. *Age and Ageing, 15*, 241–246.

Lee, D., DeQuattro, V., Cox, T., Pyter, L., Foti, A., Allen, J., Barndt, R., Azen, S., & Davison, G.C. (1987). Neurohormonal mechanisms and left ventricular hypertrophy: Effects of hygienic therapy. *Journal of Human Hypertension, 1*, 147–151.

Lee, T., & Seeman, P. (1977). Dopamine receptors in normal and schizophrenic human brains. *Proceedings of the Society of Neurosciences, 3*, 443.

Lee, V.E., Brooks-Gunn, J., & Schnur, E. (1988). Does Head Start work? A 1-year follow-up comparison of disadvantaged children attending Head Start, no preschool, and other preschool programs. *Developmental Psychology, 24*, 210–222.

Leeper, P. (1988). Having a place to live is vital to good health. *News Report, 38*, 5–8.

Lehrer, P.M., & Woolfolk, R.L. (1982). Self-report assessment of anxiety: Somatic, cognitive, and behavioral modalities. *Behavioral Assessment, 4*, 167–177.

Lehrer, P.M., & Woolfolk, R.L. (1993). *Principles and practice of stress management*. Second edition. New York: Guilford.

Leiblum, S.R., & Rosen, R.C. (Eds.). (1988). *Sexual desire disorders*. New York: Guilford.

Lemieux, G., Davignon, A., & Genest, J. (1956). Depressive states during rauwolfia therapy for arterial hypertension. *Canadian Medical Association Journal, 74*, 522–526.

Lenane, M.C. et al. (1990). Psychiatric disorders in first degree relatives of children and adolescents with obsessive compulsive disorder. *Journal of the American Academy of Child and Adolescent Psychiatry, 29*, 407–412.

Leon, G.R., Gillum, B., Gillum, R., & Gouze, M. (1979). Personality stability and change over a 30-year-period – Middle age to old age. *Journal of Consulting and Clinical Psychology, 47*, 517–524.

Lerer, B., Bleich, A., Kotler, M., Garb, R.,

Hertzberg, M., & Levin, B. (1987). Post-traumatic stress disorder in Israeli combat veterans. *Archives of General Psychiatry, 44,* 976–981.

Lesage, A., & Lamontagne, Y. (1985). Paradoxical intention and exposure *in vivo* in the treatment of psychogenic nausea: Report of two cases. *Behavioral Psychotherapy, 13,* 69–75.

Lesch, K.P. et al. (1991). 5-Hydroxytryptamine 1A receptor responsivity in obsessive-compulsive disorder: Comparison of patients and controls. *Archives of General Psychiatry, 48,* 540–548.

Leuchter, A.F. (1985). Assessment and treatment of the late-onset psychoses. *Hospital and Community Psychiatry, 36,* 815–818.

Levenson, M. (1972). *Cognitive and perceptual factors in suicidal individuals.* Unpublished doctoral dissertation, University of Kansas, Lawrence, KS.

Levin, M., & Kaplan, T. (1992, September 6). Cigarettes for sale, 20 cents apiece. *Los Angeles Times,* pp. A1, A28, A29.

Levine, E.S., & Padilla, A.M. (1980). *Crossing cultures in therapy: Counseling for the Hispanic.* Monterey, CA: Brooks/Cole.

Levine, S.B., & Yost, M.A. (1976). Frequency of sexual dysfunction in a general gynecological clinic: An epidemiological approach. *Archives of Sexual Behavior, 5,* 229–238.

Levitsky, A., & Perls, F.S. (1970). The rules and games of Gestalt therapy. In J. Fagan, & I.L. Shepherd (Eds.), *Gestalt therapy now: Theory, techniques, applications.* Palo Alto, CA: Science and Behavior Books.

Levy, S.M., Herberman, R.B., Whiteside, T., Sanzo, K., Lee, J., & Kirkwood, J. (1990). Perceived social support and tumor estrogen/progesterone receptor status as predictors of natural killer cell activity in breast cancer patients. *Psychosomatic Medicine, 52,* 73–85.

Lewinsohn, P.M. (1974). A behavioral approach to depression. In R.J. Friedman and M.M. Katz (Eds.), *The psychology of depression: Contemporary theory and research.* Washington, DC: Winston-Wiley.

Lewinsohn, P.M., & Libet, J.M. (1972). Pleasant events, activity schedules and depression. *Journal of Abnormal Psychology, 79,* 291–295.

Lewinsohn, P.M., Weinstein, M., & Alper, T. (1970). A behavioral approach to the group treatment of depressed persons: A methodological contribution. *Journal of Clinical Psychology, 26,* 525–532.

Lewinsohn, P.M., Mischef, W., Chapion, W., & Barton, R. (1980). Social competence and depression: The role of illusory self-perceptions. *Journal of Abnormal Psychology, 89,* 203–212.

Lewinsohn, P.M., Steimetz, J.L., Larsen, D.W., & Franklin, J. (1981). Depression related cognitions: Antecedent or consequences? *Journal of Abnormal Psychology, 90,* 213–219.

Ley, R. (1987). Panic disorder: A hyperventilation interpretation. In L. Michelson, & L.M. Asher (Eds.), *Anxiety and stress disorders.* New York: Guilford.

Liberman, R.P. (1972). Reinforcement of social interaction in a group of chronic mental patients. In R. Rubin et al., *Advances in behavior therapy.* New York: Academic Press.

Liberman, R.P., DeRisi, W.J., & Mueser, K.T. (1989). *Social skills training for psychiatric patients.* Elmsford, NY: Pergamon Press.

Liberman, R.P., King, L.W., DeRisi, W.J., & McCann, M. (1975). *Personal effectiveness.* Champaign, IL: Research Press.

Liberman, R.P., Wheeler, E.G., & Kuehnel, J.M. (1983). Failures in behavioral marital therapy. In E.B. Foa, & P.M.G. Emmelkamp (Eds.), *Failures in behavior therapy.* New York: Wiley.

Lieberman, J.A., Yunis, J., Egea, E. et al. (1990). HLA-B38, DR4, DQw3, and clozapine-induced agranulocytosis in Jewish patients with schizophrenia. *Archives of General Psychiatry, 47,* 945–948.

Lieberman, M.A. (1987). Effects of large group awareness training on participants' psychiatric status. *American Journal of Psychiatry, 144,* 460–464.

Lieberman, M.A., Yalom, J.D., & Miles, M.B. (1973). *Encounter groups: First facts.* New York: Basic Books.

Lieberman, M.A., & Videka-Sherman, L. (1986). The impact of self-help groups on the mental health of widows and widowers. *American Journal of Orthopsychiatry, 56,* 435–449.

Liebert, R.M., Neale, J.M., & Davidson, E.S. (1973). *The early window.* Elmsford, NY: Pergamon.

Liebson, I. (1967). Conversion reaction: A teaming theory approach. *Behaviour Research and Therapy, 7,* 217–218.

Lief, H.I. (1988). Foreword. In S.R. Leiblum, & R.C. Rosen (Eds.), *Sexual desire disorders.* New York: Guilford.

Lifton, R.J. (1976). Advocacy and corruption in the healing profession. In N.L. Goldman, & D.R. Segal (Eds.), *The social psychology of military service.* Beverly Hills, CA: Sage.

Light, K.C., Dolan, C.A., Davis, M.R., & Sherwood, A. (1992). Cardiovascular responses to an active coping challenge as predictors of blood pressure patterns 10 to 15 years later. *Psychosomatic Medicine, 54,* 217–230.

Lindemann, E. (1944). Symptomatology and management of acute grief. *American Journal of Psychiatry, 101,* 141–148.

Lindsay, W.R. (1986). Cognitive changes after social skills training with young mildly mentally handicapped adults. *Journal of Mental Deficiency Research, 30,* 81–88.

Linehan, M.M. (1985). The reasons for living inventory. In P. Keller, & L. Ritt (Eds.), *Innovations in clinical practice: A sourcebook* (pp. 321–330). Sarasota, FL: Professional Resource Exchange.

Linehan, M.M. (1987). Dialectical behavior therapy for borderline personality disorder. *Bulletin of the Menninger Clinic, 51,* 261–276.

Linehan, M.M. (in press-b). *Behavioral skills training manual for treating borderline personality disorder.* New York: Guilford Press.

Linehan, M.M. (in press-a). *Cognitive behavioral treatment of borderline personality disorder: The dialectics of effective treatment.* New York: Guilford.

Linehan, M.M., Armstrong, H.E., Suarez, A., Allmon, D., & Heard, H.L. (1991). Cognitive-behavioral treatment of chronically parasuicidal borderline patients. *Archives of General Psychiatry, 48,* 1060–1064.

Linehan, M.M., Camper, P., Chiles, J.A., Strosahl, K., & Shearin, E.N. (1987). Interpersonal problem-solving and parasuicide. *Cognitive Therapy and Research, 11,* 1–12.

Linehan, M.M., Goodstein, J.L., Nielsen, S.L., & Chiles, J.A. (1983). Reasons for staying alive when you are thinking of killing yourself. *Journal of Consulting and Clinical Psychology, 51,* 276–286.

Linehan, M.M., Heard, H.L., & Armstrong, H.E. *Naturalistic follow-up of a behavioral treatment for chronically parasuicidal borderline patients.* Unpublished manuscript, University of Washington, 1992.

Linehan, M.M., & Shearin, E.N. (1988). Lethal stress: A social-behavioral model of suicidal behavior. In S. Fisher, & J. Reason (Eds.), *Handbook of life stress, cognition, and health.* New York: Wiley.

Links, P.S., Steiner, M., Boiago, I., & Irwin, D. (1990). Lithium therapy for borderline patients: Preliminary findings. *Journal of Personality Disorders, 4,* 173–181.

Linn, M.W., Linn, B.S., & Jensen, J. (1984). Stressful events, dysphoric mood, and immune responsiveness. *Psychological Reports, 54,* 219–222.

Linton, H.B., & Langs, R.J. (1964). Empirical dimensions of LSD-25 reactions. *Archives of General Psychiatry, 10,* 469–485.

Linz, D.G., Donnerstein, E., & Penrod, S. (1988). Effects of long-term exposure to violent and sexually degrading depictions of women. *Journal of Perso-*

nality and Social Psychology, 55, 758–768.

Lion, J.R. (1978). Outpatient treatment of psychopaths. In W.H. Reid (Ed.), *The psychopath: A comprehensive study of antisocial disorders and behaviors.* New York: Brunner/Mazel.

Lipman, A. (1984). Homosexuals. In E.B. Palmore (Ed.), *Handbook on the aged in the United States.* Westport, CT: Greenwood Press.

Lipowski, Z.J. (1980). *Delirium: Acute brain failure in man.* Springfield, IL: Charles C. Thomas.

Lipowski, Z.J. (1983). Transient cognitive disorders (delirium and acute confusional states) in the elderly. *American Journal of Psychiatry, 140,* 1426–1436.

Liskow, B. (1982). Substance induced and substance use disorders: Barbiturates and similarly acting sedative hypnotics. In J.H. Greist, J.W. Jefferson, & R.L. Spitzer (Eds.), *Treatment of mental disorders.* New York: Oxford University Press.

Liston, E.H. (1982). Delirium in the aged. In L.E. Jarvik, & G.W. Small (Eds.), *Psychiatric clinics of North America.* Philadelphia: Saunders.

Litwack, T.R. (1985). The prediction of violence. *The Clinical Psychologist, 38,* 87–90.

Livesley, W.J., Schroeder, M.L., & Jackson, D.N. (1990). Dependent personality and attachment problems. *Journal of Personality Disorders, 4,* 131–140.

Lloyd, L.L., & Karlan, G.R. (1984). Nonspeech communication symbols and systems: Where have we been and where are we going? *Journal of Mental Deficiency Research, 28,* 3–20.

Lobitz, W.C., & Post, R.D. (1979). Parameters of self-reinforcement and depression. *Journal of Abnormal Psychology, 88,* 33–41.

London, P. (1964). *The modes and morals of psychotherapy.* New York: Holt, Rinehart & Winston.

London, P. (1986). *The modes and morals of psychotherapy* (2nd ed.). New York: Hemisphere.

Loney, J., Langhorne, J.E., Jr., & Paternite, C.E. (1978). An empirical basis for sub-grouping the hyperkinetic-minimal brain dysfunction syndrome. *Journal of Abnormal Psychology, 87,* 431–441.

Lopez, S.R. (1988). The empirical basis of ethnocultural and linguistic bias in mental health evaluations of Hispanics. *American Psychologist, 43,* 1095–1097.

Lopez, S.R. (1989). Patient variable biases in clinical judgment: Conceptual overview and methodological considerations. *Psychological Bulletin, 106,* 184–203.

Lopez, S.R., & Hernandez, P. (1986). How culture is considered in evaluati-ons of psychopathology. *Journal of Nervous and Mental Disease, 176,* 598–606.

Lopez, S.R., Lopez, A.A., & Fong, K.T. (1991). Mexican Americans' initial preferences for counselors: The role of ethnic factors. *Journal of Counseling Psychology, 38,* 487–496.

Lopez, S., & Nunez, J.A. (1987). Cultural factors considered in selected diagnostic criteria and interview schedules. *Journal of Abnormal Psychology, 96,* 270–272.

Lopez, S.R., & Romero, A. (1988). Assessing the intellectual functioning of Spanish-speaking adults: Comparison of the EIWA and the WAIS. *Professional Psychology: Research and Practice, 19,* 263–270.

Lopez, S.R., & Taussig, I.M. (1991). Cognitive-intellectual functioning of Spanish-speaking impaired and nonimpaired elderly: Implications for culturally sensitive assessment. *Psychological Assessment: A Journal of Consulting and Clinical Psychology, 3,* 448–454.

LoPiccolo, J. (1977). Direct treatment of sexual dysfunction in the couple. In J. Money, & H. Musaph (Eds.), *Handbook of sexology.* New York: Elsevier/North-Holland.

LoPiccolo, J. (1980). Low sexual desire. In S. Leiblum, & L. Pervin (Eds.), *Principles and practice of sex therapy.* New York: Guilford.

LoPiccolo, J. (1991). Counseling and therapy for sexual problems in the elderly. *Clinics in Geriatric Medicine, 7,* 161–179.

LoPiccolo, J. (1992a). Post-modern sex therapy for erectile failure. In R.C. Rosen, & S.R. Leiblum (Eds.), *Erectile failure: Assessment and treatment.* New York: Guilford.

LoPiccolo, J. (1992b). Psychological evaluation of erectile failure. In R. Kirby, C. Carson, & G. Webster (Eds.), *Diagnosis and management of male erectile failure dysfunction.* Oxford: Butterworth-Heinemann.

LoPiccolo, J., & Friedman, J.M. (1985). Sex therapy: An integrated model. In S.J. Lynn, & J.P. Garskee (Eds.), *Contemporary psychotherapies: Models and methods.* New York: Merrill.

LoPiccolo, J., & Friedman, J. (1988). Broadspectrum treatment of low sexual desire: Integration of cognitive, behavioral, and systemic therapy. In S. Leiblum, & R.C. Rosen (Eds.), *Sexual desire disorders.* New York: Guilford.

LoPiccolo, J., Heiman, J., Hogan, D., & Roberts, C. (1985). Effectiveness of single therapists vs. co-therapy teams in sex therapy. *Journal of Consulting and Clinical Psychology, 53,* 287–294.

LoPiccolo, J., & Hogan, D.R. (1979). Multidimensional treatment of sexual dysfunction. In O.F. Pomerleau, & J.P. Brady (Eds.), *Behavioral medicine: Theory and practice.* Baltimore: Williams & Wilkins.

LoPiccolo, J., & Lobitz, W.C. (1972). The role of masturbation in the treatment of orgasmic dysfunction. *Archives of Sexual Behavior, 2,* 163–171.

LoPiccolo, J., & LoPiccolo, L. (1978). (Eds.), *Handbook of sex therapy.* New York: Plenum.

LoPiccolo, J., & Stock, W.E. (1986). Treatment of sexual dysfunction. *Journal of Consulting and Clinical Psychology, 54,* 158–167.

LoPiccolo, J., & Stock, W.E. (1987). Sexual function, dysfunction, and counseling in gynecological practice. In Z. Rosenwaks, F. Benjamin, & M.L. Stone (Eds.), *Gynecology.* New York: Macmillan.

Loranger, A., Oldham, J., Russakoff, L.M., & Susman, V. (1987). Structured interviews and borderline personality disorder. *Archives of General Psychiatry, 41,* 565–568.

Loranger, A.W., Oldham, J.M., & Tulis, E.H. (1983). Familial transmission of DSM-III borderline personality disorder. *Archives of General Psychiatry, 40,* 795–799.

Lostof, E.J. (1953). Intelligence, verbal fluency, and the Rorschach test. *Journal of Consulting Psychology, 17,* 21–24.

Lothstein, L.M. (1980). The postsurgical transsexual: Empirical and theoretical considerations. *Archives of Sexual Behavior, 9,* 547–564.

Lothstein, L.M. (1983). *Female-to-male transsexualism: Historical, clinical, and theoretical issues.* Boston: Routledge and Kegan Paul.

Lotter, V. (1966). Epidemiology of autistic conditions in young children: I. Prevalence. *Social Psychiatry, 1,* 124–137.

Lotter, V. (1974). Factors related to outcome in autistic children. *Journal of Autism and Childhood Schizophrenia, 4,* 263–277.

Lotter, V. (1978). Follow-up studies. In M. Rutter, & E. Schopler (Eds.), *Autism: A reappraisal of concepts and treatment.* New York: Plenum.

Lovaas, O.I. (1987). Behavioral treatment and normal educational and intellectual functioning in young autistic children. *Journal of Consulting and Clinical Psychology, 55,* 3–9.

Lovaas, O.I., Berberich, J.P., Perloff, B.F., & Schaeffer, B. (1966). Acquisition of imitative speech by schizophrenic children. *Science, 151,* 705–707.

Lovaas, O.I., Freitag, G., Gold, V.J., & Kassoria, I.C. (1965). Experimental studies in childhood schizophrenia: Analysis of self-destructive behavior.

Journal of Experimental Child Psychology, 2, 67–84.

Lovaas, O.I., Koegel, R., Simmons, J.Q., & Long, J.S. (1973). Some generalization and follow-up measures on autistic children in behavior therapy. *Journal of Applied Behavior Analysis, 6,* 131–166.

Lovaas, O.I., Litrownik, A., & Mann, R. (1971). Response latencies to auditory stimuli in autistic children engaged in self-stimulatory behavior. *Behaviour Research and Therapy, 9,* 39–49.

Lovaas, O.I., Newsom, C., & Hickman, C. (1987). Self-stimulatory behavior and perceptual reinforcement. *Journal of Applied Behavior Analysis, 20,* 45–68.

Lovaas, O.I., Schreibman, L., Koegel, R., & Rehm, R. (1971). Selective responding by autistic children to multiple sensory input. *Journal of Abnormal Psychology, 77,* 221–222.

Lowen, A. (1958). *The physical dynamics of character structure.* New York: Grune & Stratton.

Lowenthal, M.F., Berkman, P., & Associates (1967). *Aging and mental disorder in San Francisco.* San Francisco: Jossey-Bass.

Lubin, B. (1983). Group therapy. In I.B. Weiner (Ed.), *Clinical methods in psychology* (2nd ed.). New York: Wiley.

Luborsky, L., Barber, J.P., & Crits-Christoph, P. (1990). Theory-based research for understanding the process of dynamic psychotherapy. *Journal of Consulting and Clinical Psychology, 58,* 281–287.

Luborsky, L., Crits-Christoph, P., Melon, J., & Auerbach, A. (1988). *Who will benefit from psychotherapy: Predicting therapeutic outcomes.* New York: Basic Books.

Luborsky, L., & Spence, D.P. (1978). Quantitative research on psychoanalytic therapy. In S.L. Garfield, & A.E. Bergin (Eds.), *Handbook of psychotherapy and behavior change: An empirical analysis* (2nd ed.). New York: Wiley.

Luepnitz, R.R., Randolph, D.L., & Gutsch, K.U. (1982). Race and socioeconomic status as confounding variables in the accurate diagnosis of alcoholism. *Journal of Clinical Psychology, 38,* 665–669.

Luthe, W., & Schultz, J.H. (1969). *Autogenic therapy: Vol. 1. Autogenic methods.* New York: Grune & Stratton.

Lykken, D.T. (1957). A study of anxiety in the sociopathic personality. *Journal of Abnormal and Social Psychology, 55,* 6–10.

Lyon, G.R., & Moats, L.C. (1988). Critical issues in the instruction of the learning disabled. *Journal of Consulting and Clinical Psychology, 56,* 830–835.

Lystad, M.M. (1957). Social mobility among selected groups of schizophrenics. *American Sociological Review, 22,* 288–292.

Maccoby, E.E., & Jacklin, C.N. (1974). *The psychology of sex differences.* Stanford, CA: Stanford University Press.

Maccoby, N., & Alexander, J. (1980). Use of media in lifestyle programs. In P.O. Davidson, & S.M. Davidson (Eds.), *Behavioral medicine: Changing health lifestyles.* New York: Brunner/Mazel.

Maccoby, N., & Altman, D.G. (1988). Disease prevention in communities: The Stanford Heart Disease Prevention Program. In R.H. Price, E.L. Cowen, R.P. Lorion, & J. Ramos-McKay (Eds.), *14 ounces of prevention: A casebook for practitioners* (pp. 165–174). Washington, DC: American Psychological Association.

Maccoby, N., Farquhar, J.W., Wood, P.D., & Alexander, J. (1977). Reducing the risk of cardiovascular disease: Effects of a community-based campaign on knowledge and behavior. *Journal of Community Health, 3,* 100–114.

MacDonald, D.I. (1987, March). Testimony before the U.S. Senate of Representatives Committee on Appropriations, Subcommittee on the Departments of Labor, Health and Human Services, and Education, 100th Congress, 1st Session. Washington, DC: U.S. Government Printing Office. As cited in Roybal (1988).

Mackay, A.V.P., Iversen, L.L., Rossor, M., Spokes, E., Arregio, A., Crease, I., & Snyder, S.H. (1982). Increased brain dopamine and dopamine receptors in schizophrenia. *Archives of General Psychiatry, 39,* 991–997.

MacLeod, C., & Hemsley, D.R. (1985). Visual feedback of vocal intensity in the treatment of hysterical aphonia. *Journal of Behaviour Therapy and Experimental Psychiatry, 4,* 347–353.

MacLeod, C., Mathews, A., & Tata, P. (1986). Attentional bias in emotional disorders. *Journal of Abnormal Psychology, 95,* 15–20.

Madonna, P.G., Van Scoyk, S., & Jones, D.B. (1991). Family interactions within incest and nonincest families. *American Journal of Psychiatry, 148,* 46–49.

Magenis, R.E., Overton, K.M., Chamberlin, J., Brady, T., & Lovrien, E. (1977). Paternal origin of the extra chromosome in Down's syndrome. *Human Genetics, 37,* 7–16.

Magraf, J., Ehlers, A., & Roth, W.T. (1986). Sodium lactate infusions and panic attacks: A review and critique. *Psychosomatic Medicine, 48,* 23–51.

Maher, B.A. (1966). *Principles of psychopathology: An experimental approach.* New York: McGraw-Hill.

Maher, B.A. (1974). *Journal of Consulting and Clinical Psychology, 42,* 1–3 [Editorial].

Mahoney, L.J. (1977). Early diagnosis of breast cancer: The breast self-examination problem. *Progress in Clinical and Biological Research, 12,* 203–206.

Mahoney, M.J. (1972). Research issues in self-management. *Behavior Therapy, 3,* 45–63.

Mahoney, M.J. (1974). *Cognition and behavior modification.* Cambridge, MA: Ballinger.

Mahoney, M.J. (1982). Psychotherapy and human change processes. In *Psychotherapy research and behavior change* (Vol. 1). Washington, DC: American Psychological Association.

Mahoney, M.J. (1991). *Human change processes: Notes on the facilitation of human development.* New York: Basic Books.

Mahoney, M.J. (1993). Theoretical developments in the cognitive psychotherapies. *Journal of Consulting and Clinical Psychology, 7,* 138–157.

Main, T.F. (1958). Perception and egofunction. *British Journal of Medical Psychology, 31,* 1–7.

Malamuth, N.M. (1981). Rape proclivity among males. *Journal of Social Issues, 37,* 138–157.

Malamuth, N.M., & Check, J.V.P. (1981). The effects of mass media exposure on acceptance of violence against women: A field experiment. *Journal of Research in Personality, 15,* 436–446.

Malamuth, N.M., & Check, J.V.P. (1983). Sexual arousal to rape depictions: Individual differences. *Journal of Abnormal Psychology, 92,* 55–67.

Malamuth, N.M., Feshbach, S., & Jaffe, Y. (1977). Sexual arousal and aggression: Recent experiments and theoretical issues. *Journal of Social Issues, 33,* 110–133.

Malamuth, N.M., Haber, S., & Feshbach, S. (1980). Testing hypotheses regarding rape: Exposure to sexual violence, sex differences, and the "normality" of rapists. *Journal of Research in Personality, 14,* 121–137.

Malgady, R.G., Rogler, L.H., & Constantino, G. (1987). Ethnocultural and linguistic bias in mental health evaluation of Hispanics. *American Psychologist, 42,* 228–234.

Malin, H., Coakley, J., Kaelber, C., Munch, N., & Houand, W. (1982). An epidemiologic perspective on alcohol abuse in the United States. In *Alcohol consumption and related problems.* National Institute of Alcohol Abuse and Alcoholism. Washington, DC: U.S. Government Printing Office.

Mandler, G. (1966). Anxiety. In D.L. Sills (Ed.), *International encyclopedia of the social sciences.* New York: Macmillan.

Mandler, G. (1972). Helplessness: Theory and research in anxiety. In C.D. Spielberger (Ed.), *Anxiety: Current trends in theory and research.* New York: Academic Press.

Manji, H.K., Hsiao, J.K., Risby, E.D. et al. (1991). The mechanisms of action of lithium: I. Effects of serotonergic and noradrenergic systems in normal subjects. *Archives of General Psychiatry, 48,* 505–512.

Mann, V.A., & Brady, S. (1988). Reading disability: The role of language deficiencies. *Journal of Consulting and Clinical Psychology, 56,* 811–816.

Mannello, T.A., & Seaman, F.J. (1979). *Prevalence, costs, and handling of drinking problems on seven railroads.* Washington, DC: University Research Corporation.

Manos, N., Vasilopoulou, E., & Sotiriou, M. (1987). DSM-III diagnoses of borderline disorder and depression. *Journal of Personality Disorders, 1,* 263–268.

Manson, S.M., Walker, R.D., & Kivlahan, D.R. (1987). Psychiatric assessment and treatment of American Indians and Alaskan natives. *Hospital and Community Psychiatry, 38,* 165–173.

Manton, K.G., Blazer, D.G., & Woodbury, M.A. (1987). Suicide in middle age and later life: Sex and race specific life table and cohort analyses. *Journal of Gerontology, 42,* 219–227.

Manuck, S.B. et al. (1989). Behaviorally elicited heart rate reactivity and atherosclerosis in female cynomolgus monkeys *(Macaca fascicularis). Psychosomatic Medicine, 51,* 306–318.

Manuck, S.B., Kaplan, J.R., & Clarkson, T.B. (1983). Behaviorally induced heart rate reactivity and atherosclerosis in cynomolgus monkeys. *Psychosomatic Medicine, 49,* 95–108.

Manuck, S.B., Kasprowicz, A.L., & Muldoon, M.F. (1990). Behaviorally-evoked cardiovascular reactivity and hypertension: Conceptual issues and potential associations. *Annals of Behavioral Medicine, 12,* 17–29.

Manuck, S.B., & Krantz, D.S. (1986). Psychophysiologic reactivity in coronary heart disease and essential hypertension. In K.A. Matthews, S.M. Weiss, T. Detre, T.M. Dembroski, B.F.Faulkner, S.B. Manuck, & R.B. Williams (Eds.), *Handbook of stress, reactivity, and cardiovascular disease.* New York: Wiley.

Marcus, J., Hans, S.L., Nagier, S., Auerbach, J.G., Mirsky, A.F., & Aubrey, A. (1987). Review of the NIMH Israeli Kibbutz-City and the Jerusalem infant development study. *Schizophrenia Bulletin, 13,* 425–438.

Margolin, G. (1978). The relationship among marital assessment procedures: A correlational study. *Journal of Consulting and Clinical Psychology, 46,* 1556–1558.

Margolin, G. (1981). Behavior exchange in happy and unhappy marriages: A family cycle perspective. *Behavior Therapy, 12,* 329–343.

Margolin, G. (1982). Ethical and legal considerations in marital and family therapy. *American Psychologist, 37,* 788–801.

Margolin, G., & Fernandez, V. (1985). Marital dysfunction. In M. Hersen, & A.S. Bellack (Eds.), *Handbook of clinical behavior therapy with adults.* New York: Plenum.

Margolin, G., Michelli, J., & Jacobson, N.S. (1988). Assessment of marital dysfunction. In M. Hersen, & A.S. Bellack (Eds.), *Behavioral assessment: A practical handbook* (3rd ed.). New York: Pergamon.

Margolin, G., & Wampold, B.F. (1981). Sequential analysis of conflict and accord in distressed and non-distressed marital partners. *Journal of Consulting and Clinical Psychology, 49,* 554–567.

Margolin, G., & Weiss, R.L. (1978). Comparative evaluation of therapeutic components associated with behavioral marital treatment. *Journal of Consulting and Clinical Psychology, 46,* 1476–1486.

Margolin, L. (1990). Gender and the stolen kiss: Social support of male and female to violate a partner's sexual consent in a noncoercive situation. *Archives of Sexual Behavior, 19,* 281–291.

Marijuana research findings. (1980). Washington, DC: U.S. Government Printing Office.

Marin, G. (1989). Prevention among Hispanics: Needs, risk behaviors, and cultural values. *Public Health Reports, 104,* 411–415.

Markman, H.J., Floyd, F.J., Stanley, S.M., & Storaasli, R.D. (1989). Prevention of marital distress: A longitudinal investigation. *Journal of Consulting and Clinical Psychology, 56,* 210–217.

Marks, I.M. (1969). *Fears and phobias.* New York: Academic Press.

Marks, I.M. (1981a). *Care and cure of neuroses: Theory and practice of behavioral psychotherapy.* New York: Wiley.

Marks, I.M. (1981b). Review of behavioral psychotherapy: 1. Obsessive-compulsive disorders. *American Journal of Psychiatry, 138,* 584–592.

Marks, I.M. (1983a). Are there anticompulsive or antiphobic drugs? Review of the evidence. *British Journal of Psychiatry, 143,* 338–347.

Marks, I.M. (1983b). Behavioral psychotherapy for anxiety disorders. *Psychiatric Clinics of North America, 8,* 25–34.

Marks, I.M., & Gelder, M.G. (1967). Transvestism and fetishism: Clinical and psychological changes during faradic aversion. *British Journal of Psychiatry, 113,* 711–729.

Marks, I.M., Gelder, M.G., & Bancroft, J. (1970). Sexual deviants two years after electrical aversion. *British Journal of Psychiatry, 117,* 73–85.

Marlatt, G.A. (1983). The controlled drinking controversy: A commentary. *American Psychologist, 38,* 1097–1110.

Marlatt, G.A. (1985). Relapse prevention: Theoretical rationale and overview of the model. In G.A. Marlatt, & J. Gordon (Eds.), *Relapse prevention: Maintenance strategies in addictive behavior change.* New York: Guilford.

Marlatt, G.A., Demming, B., & Reid, J.B. (1973). Loss of control drinking in alcoholis: An experimental analogue. *Journal of Abnormal Psychology, 81,* 233–241.

Marlatt, G.A., & Gordon, J.R. (Eds.). (1985). *Relapse prevention.* New York: Guilford.

Marmor, J. (1962). Psychoanalytic therapy as an aducational process: Common denominators in the therapeutic approaches of different psychoanalytic schools. In J.H. Masserman (Ed.), *Science and psychoanalysis: Vol. 5. Psychoanalytic education.* New York: Grune & Stratton.

Marmor, J. (1971). Dynamic psychotherapy and behavior therapy: Are they irreconcilable? *Archives of General Psychiatry, 24,* 22–28.

Marshall, W.L., Barabee, H.E., & Christophe, D. (1986). Sexual offenders against female children: Sexual preferences for age of victims and type of behavior. *Canadian Journal of Behavioural Science, 18,* 424–439.

Marshall, W.L., Jones, R., Ward, T., Johnston, P., & Barabee, H.E. (1991). Treatment outcomes with sex offenders. *Clinical Psychology Review, 11,* 465–485.

Martin, B. (1961). The assessment of anxiety by physiological behavioral measures. *Psychological Bulletin, 58,* 234–255.

Martin, D., & Lyon, P. (1972). *Lesbian woman.* New York: Bantam.

Martin, P.A., & Bird, H.W. (1953). An approach to the psychotherapy of marriage partners – The stereoscopic technique. *Psychiatry, 16,* 123–127.

Martin, R. (1975). *Legal challenges to behavior modification: Trends in schools, corrections, and mental health.* Champaign, IL: Research Press.

Maruish, M.E., Sawicki, R.F., Franzen, M.D., & Golden, C.J. (1984). Alpha coefficient reliabilities for the Luria-Nebraska Neuropsychological Battery summary and localization scales by diagnostic category. *The International Journal of Clinical Neuropsychology, 7,* 10–12.

Marziali, E. (1984). Prediction of outcome of brief psychotherapy from therapist interpretive interventions. *Archives of General Psychiatry, 41,* 301–304.

Masling, J. (1960). The influences of situational and interpersonal variables in projective testing. *Psychological Bulletin, 57*, 65–85.

Maslow, A.H. (1968). *Toward a psychology of being.* New York: Van Nostrand-Reinhold.

Masson, J.M. (1984). *The addault on truth: Freud's suppression of the seduction theory.* New York: Farrar, Strauss, Giroux.

Masters, W.H., & Johnson, V.E. (1966). *Human sexual response.* Boston: Little, Brown.

Masters, W.H., & Johnson, V.E. (1970). *Human sexual inadequacy.* Boston: Little, Brown,

Masters, W.H., Johnson, V.E., & Kolodny, R.C. (1988). *Human sexuality* (3rd ed.). Boston: Little, Brown.

Matarazzo, J.D. (1972). *Wechsler's measurement and appraisal of adult intelligence* (5th ed.). Baltimore: Williams & Wilkins.

Mateer, C.A., Polen, S.B., & Ojemann, G.A. (1982). Sexual variation in cortical localization of naming as determined by stimulation mapping. *The Behavioral and Brain Sciences, 5*, 310–311.

Mathe, A., & Knapp, P. (1971). Emotional and adrenal reactions of stress in bronchial asthma. *Psychosomatic Medicine, 33*, 323–329.

Matheny, A.P., Jr., Dolan, A.B., & Wilson, R.S. (1976). Twins with academic problems: Antecedent characteristics. *American Journal of Orthopsychiatry, 46*, 464–469.

Matsuyama, S.S., & Jarvik, L.F. (1989). Hypothesis: Microtubules, a net to Alzheimer disease. *Neurobiology, 86*, 8152–8156.

Matthews, K.A. (1978). Assessment and developmental antecedents of pattern A behavior in children. In T.M. Dembroski, S.M. Weiss, J.L. Shields, S.G. Haynes, & M. Feinleib (Eds.), *Coronary-prone behavior.* New York: Springer-Verlag.

Matthews, K.A. (1982). Psychological perspectives on the type A behavior pattern. *Psychological Bulletin, 91*, 293–323.

Matthews, K.A. et al. (1989). Menopause and risk factors in coronary heart disease. *New England Journal of Medicine, 321*, 641–646.

Matthews, K.A., Glass, D.C., Rosenman, R.H., & Bonner, R.W. (1977). Competitive drive, pattern A, and coronary heart disease: A further analysis of some data from the Western Collaborative Group Study. *Journal of Chronic Diseases, 30*, 489–498.

Matthews, K.A., & Rakaczky, C.J. (1987). Familial aspects of type A behavior and physiologic reactivity to stress. In T. Dembroski and T. Schmidt (Eds.),

Behavioral factors in coronary heart disease. Heidelberg: Springer-Verlag.

Mattick, R.P., Peters, L., & Clarke, J.C. (1989). Exposure and cognitive restructuring for severe social phobia. *Behavior Therapy, 20*, 3–23.

Mavissikalian, M., Hammen, M.S., & Jones, B. (1990). DSM-III personality disorders in obsessive-compulsive disorder. *Comprehensive Psychiatry, 31*, 432–437.

Mays, D.T., & Franks, C.M. (1980). Getting worse: Psychotherapy or no treatment – The jury should still be out. *Professional Psychology, 11*, 78–92.

McAllister, T.W., & Price, T.R.P. (1982). Severe depressive pseudodementia with and without dementia. *American Journal of Psychiatry, 139*, 626–629.

McAnulty, R.D., & Adams, H.E. (1990). Patterns of sexual arousal of accused child molesters involved in custody disputes. *Archives of Sexual Behavior, 19*, 541–556.

McCarthy, B.W. (1986). A cognitive-behavioral approach to understanding and treating sexual trauma. *Journal of Sex and Marital Therapy, 12*, 322–329.

McCary, J.L. (1973). *Human sexuality* (2nd ed.). New York: Van Nostrand-Reinhold.

McClelland, D.C. (1976). *The achieving society.* New York: Irvington.

McConaghy, N. (1990). Sexual deviation. In A.S. Bellack, M. Hersen, & A.E. Kazdin (Eds.), *International handbook of behavior modification and therapy* (2nd ed., pp. 565–580). New York: Plenum.

McConaghy, N., Blaszczynski, A., & Kidson, W. (1988). Treatment of sex offenders with imaginal desensitization and/or medroxyprogesterone. *Acta Psychiatrica Scandinavica, 77*, 199–206.

McCord, W., & McCord, J. (1964). *The psychopath: An essay on the criminal mind.* New York: Van Nostrand-Reinhold.

McCrady, B.S. (1985). Alcoholism. In D.H. Barlow (Ed.), *Clinical handbook of psychological disorders.* New York: Guilford.

McCraine, E.W., Watkins, L.O., Brandsma, J.M. et al. (1986). Hostility, coronary heart disease (CHD) incidence, and total mortality: Lack of association in a 25-year follow-up study of 478 physicians. *Journal of Behavioral Medicine, 9*, 119–125.

McCutchan, J.A. (1990). Virology, immunology, and clinical course of HIV infection. *Journal of Consulting and Clinical Psychology, 58*, 5–12.

McFall, R.M., & Hammen, C.L. (1971). Motivation, structure, and self-monitoring: Role of nonspecific factors in smoking reduction. *Journal of Consul-*

ting and Clinical Psychology, 37, 80–86.

McFall, R.M., & Lillesand, D.B. (1971). Behavior rehearsal with modeling and coaching in assertion training. *Journal of Abnormal Psychology, 77*, 313–323.

McGee, R., Feehan, M., Williams, S., Partridge, F., Silva, P.A., & Kelly, J. (1990). DSM-III disorders in a large sample of adolescents. *Journal of the American Academy of Child and Adolescent Psychiatry, 29*, 611–619.

McGee, R., & Williams, S. (1988). A longitudinal study of depression in nine-year-old children. *Journal of the American Academy of Child and Adolescent Psychiatry, 27*, 49–54.

McGee, R., Williams, S., & Silva, P. (1987). A comparison of girls and boys with teacher-identified problems of attention. *Journal of the American Academy of Child and Adolescent Psychiatry, 26*, 711–717.

McGhie, A., & Chapman, I.S. (1961). Disorders of attention and perception in early schizophrenia. *British Journal of Medical Psychology, 34*, 103–116.

McGlashan, T.M. (1983). The borderline syndrome: I. Testing three diagnostic systems. *Archives of General Psychiatry, 40*, 1311–1318.

McGue, M., Pickens, R.W., & Svikis, D.S. (1992). Sex and age effects on the inheritance of alcohol problems: A twin study. *Journal of Abnormal Psychology, 101*, 3–17.

McGuiness, D. (1981). Auditory and motor aspects of language development in males and females. In A. Ansara (Ed.), *Sex differences in dyslexia.* Towson, MD: The Orton Dyslexia Society.

McGuiness, D. (1985). *When children don't learn.* New York: Basic Books.

McGuire, R.J., Carlisle, J.M., & Young, B.G. (1965). Sexual deviations as conditioned behaviour: A hypothesis. *Behaviour Research and Therapy, 2*, 185–190.

McIntyre-Kingsolver, K., Lichtenstein, E., & Mermelstein, R.J. (1986). Spouse training in a multicomponent smoking-cessation program. *Behavior Therapy, 17*, 67–74.

McKeon, P., & Murray, R. (1987). Familial aspects of obsessive-compulsive neurosis. *British Journal of Psychiatry, 151*, 528–534.

McKnight, D.L., Nelson, R.O., Hayes, S.C., & Jarrett, R.B. (1984). Importance of treating individually assessed response classes in the amelioration of depression. *Behavior Therapy, 15*, 315–335.

McKusick, L., Coates, T.J., & Morin, S. (in press). Longitudinal predictors of unprotected anal intercourse among gay and bisexual men in San Francisco: The AIDS Behavioral Research Project. *American Journal of Public Health.*

McLarnon, L.D., & Kaloupek, D.G. (1988). Psychological investigation of genital herpes recurrence: Prospective assessment and cognitive-behavioral intervention for a chronic physical disorder. *Health Psychology, 7,* 231–249.

McMullen, S., & Rosen, R.C. (1979). Self-administered masturbation training in the treatment of primary orgasmic dysfunction. *Journal of Consulting and Clinical Psychology, 47,* 912–918.

McNally, R.J. (1987). Preparedness and phobias: A review. *Psychological Bulletin, 101,* 283–303.

McNally, R.J., & Reiss, S. (1982). The preparedness theory of phobias and human safety-signal conditioning. *Behaviour Research and Therapy, 20,* 153–159.

McNally, R.J. et al. (1990). Selective processing of threat cues in posttraumatic stress disorder. *Journal of Abnormal Psychology, 99,* 398–406.

McNeal, E.T., & Cimbolic, P. (1986). Antidepressants and biochemical theories of depression. *Psychological Bulletin, 99,* 361–374.

McNeil, E. (1967). *The quiet furies.* Englewood Cliffs, NJ: Prentice-Hall.

Medical Research Council Working Party on Mild to Moderate Hypertension. Adverse reactions to bendroflumethiazide and propanadol for the treatment of mild hypertension. *Lancet, 11,* 539.

Mednick, S.A., Gabrielli, W.F., & Hutchings, B. (1984). Genetic influences in criminal convictions: Evidence from an adoption cohort. *Science, 224,* 891–894.

Mednick, S.A., & Hutchings, B. (1978). Genetic and psychophysiological factors in psychopathic behaviour. In R.D. Hare, & D. Schalling (Eds.), *Psychopathic behavior: Approaches to research.* New York: Wiley.

Mednick, S.A., Machon, R., Hottunen, M.O., & Bonett, D. (1988). Fetal viral infection and adult schizophrenia. *Archives of General Psychiatry, 45,* 189–192.

Mednick, S.A., & Schulsinger, F. (1968). Some premorbid characteristics related to breakdown in children with schizophrenic mothers. In D. Rosenthal, & S.S. Kety (Eds.), *The transmission of schizophrenia.* Elmsford, NY: Pergamon.

Medvedev, Z. (1972). *A question of madness.* New York: Knopf.

Meehl, P.E. (1962). Schizotaxia, schizotypy, schizophrenia. *American Psychologist, 17,* 827–838.

Meehl, P.E. (1986). Diagnostic taxa as open concepts: Methodological and statistical questions about reliability

and construct validity in the grand strategy of nosological revision. In T. Millon, & G.L. Klerman (Eds.), *Contemporary directions in psychopathology.* New York: Wiley.

Meichenbaum, D.H. (1971). Examination of model characteristics in reducing avoidance behavior. *Journal of Personality and Social Psychology, 17,* 298–307.

Meichenbaum, D.H. (1975). A self-instructional approach to stress inoculation training. In I. Sarason, & C.D. Spielberger (Eds.), *Stress and anxiety* (Vol. 2). New York: Wiley.

Meichenbaum, D.H., & Asarnow, J. (1979). Cognitive-behavioral modification and metacognitive development: Implications for the classroom. In P.C. Kendall, & S.D. Hollon (Eds.), *Cognitive-behavioral interventions: Theory, research, and procedures.* New York: Academic Press.

Meichenbaum, D.H., & Goodman, J. (1969). Reflection-impulsivity and verbal control of motor behavior. *Child Development, 40,* 785–797.

Meichenbaum, D.H., & Goodman, J. (1971). Training impulsive children to talk to themselves. A means of developing self-control. *Journal of Abnormal Psychology, 77,* 115–126.

Meiselman, K.C. (1978). *Incest: A psychological study of causes and effects with treatment considerations.* San Francisco: Jossey-Bass.

Melamed, B.G., Hawes, R.R., Heiby, E., & Glick, J. (1975). Use of filmed modeling to reduce uncooperative behavior of children during dental treatment. *Journal of Dental Research, 54,* 797–801.

Melamed, B.G., & Siegel, L.J. (1975). Reduction of anxiety in children facing hospitalization and surgery by use of filmed modeling. *Journal of Consulting and Clinical Psychology, 43,* 511–521.

Mellinger, G.D., Balter, M.B., & Uhlenhuth, E.H. (1985). Insomnia and its treatment. *Archives of General Psychiatry, 42,* 225–232.

Mello, N.K., & Mendelson, J.H. (1970). Experimentally induced intoxication in alcoholics: A comparison between programmed and spontaneous drinking. *Journal of Pharmacology and Experimental Therapy, 173,* 101.

Mellor, C.S. (1970). First rank symptoms of schizophrenia. *British Journal of Psychiatry, 117,* 15–23.

Melman, A., & Rossman, B. (1989). *Penile vein ligation for corporal incompetence: An evaluation of short and long term results.* Paper presented at the 15th Annual Meeting of the International Academy of Sex Research, Princeton. As cited in Wincze & Carey (1991).

Meltzer, H.Y., Sachar, E.J., & Frantz, A.G. (1974). Serum prolactin levels in acutely psychotic patients: An indirect measurement of central dopaminergic activity. In E. Usdin (Ed.), *Neuropsychopharmacology of monoamines and their regulatory enzymes.* New York: Raven.

Mendels, J. (1970). *Concepts of depression.* New York: Wiley.

Mendels, J., & Cochrane, C. (1968). The nosology of depression: The endogenous-reactive concept. *American Journal of Psychiatry, 12,* 1–11.

Mendels, J., Fieve, A., Fitzgerand, R.G., Ramsey, T.A., & Stokes, J.W. (1972). Biogenic amine metabolites in cerebrospinal fluid of depressed and manic patients. *Science, 175,* 1380–1382.

Mendels, J., Stinnett, J.L., Burns, D., & Frazer, A. (1975). Amine precursors and depression. *Archives of General Psychiatry, 32,* 22–30.

Mendelson, J.H. (1964). Experimentally induced chronic intoxication and withdrawal in alcoholics. *Quarterly Journal of Studies on Alcohol* (Suppl. 2).

Mendelson, J.H., Rossi, A.M., & Meyer, R.E. (Eds.). (1974). *The use of marijuana: A psychological and physiological inquiry.* New York: Plenum.

Mendlewicz, J., & Rainer, J.D. (1977). Adoption study supporting genetic transmission in manic-depressive illness. *Nature, 268,* 327–329.

Messer, S.B., Sass, L.A., & Woolfolk, R.L. (Eds.). *Hermeneutics and psychological theory: Integrative perspectives on personality, psychotherapy and psychopathology.* New Brunswick, NJ: Rutgers University Press.

Metalsky, G.I., Abramson, L.V., Seligman, M.E.P., Semmel, A., & Peterson, C. (1982). Attributional styles and life events in the classroom: Vulnerability and invulnerability to depressive mood reactions. *Journal of Personality and Social Psychology, 43,* 612–617.

Metalsky, G.I., Haberstadt, L.J., & Abramson, L.Y. (1987). Vulnerability and invulnerability to depressive mood reactions: Toward a more powerful test of the diathesis-stress and causal mediation components of the reformulated theory of depression. *Journal of Personality and Social Psychology, 52,* 386–393.

Metzner, R., Litwin, G., & Weil, G.M. (1965). The relation of expectation and mood to psilocybin reactions. *Psychedelic Review, 5,* 3–39.

Meuwissen, I., & Over, R. (1992). Sexual arousal across phases of the human menstrual cycle. *Archives of Sexual Behavior, 21,* 101–119.

Meyer, A. (1917). The aims and meaning of psychiatric diagnosis. *American Journal of Insanity, 74,* 163–168.

Meyer, J.J. (1988). Impotence: Assessment in the private-practice office. *Postgraduate Medicine, 84,* 87–91.

Meyer, J.J., & Peter, D.J. (1979). Sex reassignment follow-up. *Archives of General Psychiatry, 36,* 1010–1015.

Meyer, R.E. (1988). Overview of the concept of alcoholism. In R.M. Rose, & J.E. Barrett (Eds.), *Alcoholism: Origins and outcome.* New York: Raven.

Meyer, V. (1966). Modification of expectations in cases with obsessional rituals. *Behaviour Research and Therapy, 4,* 273–280.

Meyer, V., & Chesser, E.S. (1970). *Behavior therapy in clinical psychiatry.* Baltimore: Penguin.

Meyer-Bahlburg, H. (1979). Sex hormones and female homosexuality: A critical examination. *Archives of Sexual Behavior, 8,* 101–119.

Meyerowitz, B.E., & Chaiken, S. (1987). The effect of message framing on breast self-examination attitudes, intentions, and behavior. *Journal of Personality and Social Psychology, 52,* 500–510.

Michelson, L., Mavissakalian, M., & Marchione, K. (1985). Cognitive and behavioral treatments of agoraphobia: Clinical, behavioral, and psychophysiological treatments of agoraphobia. *Journal of Consulting and Clinical Psychology, 53,* 913–925.

Michelson, L., Sugai, D.P., Wood, R.P., & Kazdin, A.E. (1983). *Social skills assessment and training with children: An empirically based handbook.* New York: Plenum.

Miklich, D.R., Rewey, H.H., Weiss, J.H., & Kolton, S. (1973). A preliminary investigation of psychophysiological responses to stress among different subgroups of asthmatic children. *Journal of Psychosomatic Research, 17,* 1–8.

Miklowitz, D.J. (1985). *Family interaction and illness outcome in bipolar and schizophrenic patients.* Unpublished Ph.D. thesis, University of California at Los Angeles.

Miklulineen, M., & Solomon, Z. (1988). Attributional style and posttraumatic stress disorder. *Journal of Abnormal Psychology, 97,* 308–313.

Miles, L.E., & Dement, W.C. (1980). Sleep and aging. *Sleep, 3,* 119–220.

Milgram, N.A. (1973). Cognition and language in mental retardation: Directions and implications. In D.K. Routh (Ed.), *The experimental psychology of mental retardation.* Chicago: Aldine.

Miller, E. (1975). Impaired recall and the memory disturbance in presenile dementia. *British Journal of Social and Clinical Psychology, 14,* 73–79.

Miller, H.R. (1981). Psychiatric morbidity in elderly surgical patients. *British Journal of Psychiatry, LM,* 17–20.

Miller, N.E. (1948). Studies of fear as an acquirable drive: I. Fear as motivation and fear-reduction as reinforcement in the learning of new responses. *Journal of Experimental Psychology, 38,* 89–101.

Miller, N.E. (1959). Liberalization of basic S-R concepts: Extensions to conflict behavior, motivation, and social learning. In S. Koch (Ed.), *Psychology: A study of a science* (Vol. 2). New York: McGraw-Hill.

Miller, S.O. (1989). Optical differences in cases of multiple personality disorder. *Journal of Nervous and Mental Disease, 177,* 480–487.

Miller, W.R., Seligman, M.E.P., & Kurlander, H.M. (1975). Learned helplessness, depression, and anxiety. *Journal of Nervous and Mental Disease, 161,* 347–357.

Millon, T. (1981). *Disorders of personality: DSM III. Axis II.* New York: Wiley.

Milton, F., & Hafner, J. (1979). The outcome of behavior therapy for agoraphobia in relation to marital adjustment. *Archives of General Psychiatry, 36,* 807–811.

Milton, O., & Wahler, R.G. (Eds.). (1969). *Behavior disorders: Perspectives and trends* (2nd ed.). Philadelphia: Lippincott.

Mineka, S. (1985). Animal models of anxiety-based disorders: Their usefulness and limitations. In A.H. Tuma, & J.D. Maser (Eds.), *Anxiety and the anxiety disorders.* Hillsdale, NJ: Erlbaum.

Mineka, S. (1992). Evolutionary memories, emotional processing, and the emotional disorders. In D. Medin (Ed.), *The psychology of learning and motivation* (Vol. 28). New York: Academic Press.

Mineka, S., Davidson, M., Cook, M., & Keir, R. (1984). Observational conditioning of snake fear in rhesus monkeys. *Journal of Abnormal Psychology, 93,* 355–372.

Mineka, S., Gunnar, M., & Champoux, M. (1986). Control and early socioemotional development: Infant rhesus monkeys reared in controllable versus uncontrollable environments. *Child Development, 57,* 1241–1256.

Mintz, E. (1967). Time-extended marathon groups. *Psychotherapy, 4,* 65–70.

Mintz, J. (1983). Integrating research evidence. *Journal of Consulting and Clinical Psychology, 51,* 71–75.

Mintz, R.S. (1968). Psychotherapy of the suicidal patient. In H.L.P. Resnik (Ed.), *Suicidal behaviors.* Boston: Little, Brown.

Minuchin, S. (1974). *Families and family therapy.* Cambridge, MA: Harvard University Press.

Minuchin, S., Baker, L., Rosman, B.L., Liebman, R., Milman, L., & Todd, T.C. (1975). A conceptual model of psychosomatic illness in children: Family organization and family therapy. *Archives of General Psychiatry, 32,* 1031–1038.

Mirenda, P.L., Donnelflan, A.M., & Yoder, D.E. (1983). Gaze behavior: A new look at an old problem. *Journal of Autism and Developmental Disorders, 13,* 397–409.

Mirsky, A.F. (1987). Behavioral and psychophysiological markers of disordered attention. *Environmental Health Perspectives, 74,* 191–199.

Mischel, W. (1968). *Personality and assessment.* New York: Wiley.

Mischel, W. (1973). Toward a cognitive social learning reconceptualization of personality. *Psychological Review, 80,* 252–283.

Mischel, W. (1977). On the future of personality assessment. *American Psychologist, 32,* 246–254.

Mischel, W., & Peake, P.K. (1982). Beyond déjà vu in the search for cross-situational consistency. *Psychological Review, 89,* 730–755.

Mitchell, J., McCauley, E., Burke, P.M., & Moss, S.J. (1988). Phenomenology of depression in children and adolescents. *Journal of the American Academy of Child and Adolescent Psychiatry, 27,* 12–20.

Mitchell, J.E., Hatsukami, D., Eckert, E.D., & Pyle, R.L. (1985). Characteristics of 275 patients with bulimia. *American Journal of Psychiatry, 142,* 482–485.

Mitchell-Heggs, N., Kelly, D., & Richardson, A. (1976). Stereotactic limbic leucotomy – A follow-up at 16 months. *British Journal of Psychiatry, 128,* 226–240.

Modestin, J. (1987). Quality of interpersonal relationships: The most characteristic DSM-III BPD characteristic. *Comprehensive Psychiatry, 28,* 397–402.

Moffatt, M.E.K., Kato, C., & Pless, I.B. (1987). Improvements in self-concept after treatment of nocturnal enuresis: Randomized controlled trial. *The Journal of Pediatrics, 110,* 647–652.

Mohr, D.C., Beutler, L.E. (1990). Erectile dysfunction: A review of diagnostic and treatment procedures. *Clinical Psychology Review, 10,* 123–150.

Mohr, J.W., Turner, R.E., & Jerry, M.B. (1964). *Pedophilia and exhibitionism.* Toronto: University of Toronto Press.

Mohs, R.C., Breftner, J.C.S., Silverman, J.M., Davis, K.L. (1987). Alzheimer's disease: Morbid risk among first-degree relatives approximates 50% by 90 years of age. *Archives of General Psychiatry, 44,* 405–408.

Mollica, R.F., & Milic, M. (1986). Social class and psychiatric practice: A revision of the Hollingshead and Redlich model. *American Journal of Psychiatry, 143,* 12–17.

Money, J., Hampson, J.G., & Hampson, J.L. (1955). An examination of some basic sexual concepts: The evidence of human hermaphroditism. *Johns Hopkins Hospital Bulletin, 97,* 301–319.

Moniz, E. (1936). *Tentatives opératoires dans le traitement de certaines psychoses.* Paris: Masson.

Monahan, J. (1973). The psychiatrization of criminal behavior. *Hospital and Community Psychiatry, 24,* 105–107.

Monahan, J. (1976). The prevention of violence. In J. Monahan (Ed.), *Community mental health and the criminal justice system.* Elmsford, NY: Pergamon.

Monahan, J. (1977, April 30). Prisons: A wary verdict on rehabilitation. *Washington Post,* p. A13.

Monahan, J. (1978). Prediction research and the emergency commitment of dangerous mentally ill persons: A reconsideration. *American Journal of Psychiatry, 135,* 198–201.

Monahan, J. (1981). *The clinical prediction of violent behavior.* Rockville, MD: National Institution of Mental Health.

Monahan, J. (1984). The prediction of violent behavior: Toward a second generation of theory and policy. *American Journal of Psychiatry, 141,* 10–15.

Monahan, J., Caldeira, C., & Friedlander, H. (1979). The police and the mentally ill: A comparison of arrested and committed persons. *International Journal of Law and Psychiatry, 2,* 509–518.

Monahan, J. *Limiting Therapist Exposure to Tarasoff Liability: Guidelines to Risk Containment.* American Psychologist, 1993, Vol. 4, 242–250.

Moran, M. (1991). Psychological factors affecting pulmonary and rheumatological diseases: A review. *Psychosomatics, 32,* 14–23.

Morey, L.C. (1988). Personality disorders in DSM-III and DSM-IIIR: Convergence, coverage, and internal consistency. *American Journal of Psychiatry, 145,* 573–577.

Morey, L.C., & Ochoa, E.S. (1989). An investigation of adherence to diagnostic criteria: Clinical diagnosis of the DSM-III personality disorders. *Journal of Personality Disorders, 3,* 180–192.

Morin, C.M., & Azrin, N.H. (1988). Behavioral and cognitive treatments of geriatric insomnia. *Journal of Consulting and Clinical Psychology, 56,* 748–753.

Morokoff, P. (1985). Effects of sex guilt, repression, sexual "arousability," and sexual experience on female sexual arousal during erotica and fantasy. *Journal of Personality and Social Psychology, 49,* 177–187.

Morokoff, P.J. (1988). Sexuality in perimenopausal and postmenopausal women. *Psychology of Women Quarterly, 12,* 489–511.

Morris, A.A. (1968). Criminal insanity. *Washington Review, 43,* 583–622.

Morris, J. (1974). *Conundrum.* New York: Harcourt, Brace, Jovanovich.

Morris, J.B., & Beck, A.T. (1974). The efficacy of antidepressant drugs. *Archives of General Psychiatry, 30,* 667–674.

Morris, N. (1966). Impediments ot legal reform. *University of Chicago Law Review, 33,* 627–656.

Morris, N. (1968). Psychiatry and the dangerous criminal. *Southern California Law Review, 41,* 514–547.

Morrow, J., & Nolen-Hoeksema, S. (1990). Effects of responses to depression on the remediation of depressive affect. *Journal of Personality and Social Psychology, 58,* 519–527.

Morse, S.J. (1978). Crazy behavior, morals, and science: An analysis of mental health law. *Southern California Law Review, 51,* 527–654.

Morse, S.J. (1979). Diminished capacity: A moral and legal conundrum. *International Journal of Law and Psychiatry, 2,* 271–298.

Morse, S.J. (1982a, June 23). In defense of the insanity defense. *Los Angeles Times.*

Morse, S.J. (1982b). Failed explanation and criminal responsibility: Experts and the unconscious. *Virginia Law Review, 678,* 971–1084.

Morse, S.J. (1982c). A preference for liberty: The case against involuntary commitment of the mentally disordered. *California Law Review, 70,* 54–106.

Morse, S.J. (1992). The "guilty mind": Mens rea. In D.K. Kagehiro, & W.S. Laufer (Eds.), *Handbook of psychology and law* (pp. 207–229). New York: Springer-Verlag.

Moser, C., & Levitt, E.E. (1987). An exploratory-descriptive study of a sadomasochistically oriented sample. *The Journal of Sex Research, 23,* 322–337.

Moser, P.W. (1989, January). Double vision: Why do we never match up to our mind's ideal? *Self Magazine,* pp. 51–52.

Moses, J.A. (1983). Luria-Nebraska Neuropsychological Battery performance of brain dysfunctional patients with positive or negative findings on current neurological examination. *International Journal of Neuroscience, 22,* 135–146.

Moses, J.A., & Schefft, B.K. (1984). Interrater reliability analyses of the Luria-Nebraska Neuropsychological Battery. *The International Journal of Clinical Neuropsychology, 7,* 31–38.

Mosher, L.R., & Burti, L. (1989). *Community mental health: Principles and practice.* New York: Norton.

Mosher, L.R., Kresky-Wolff, M., Mathews, S., & Menn, A. (1986). Milieu therapy in the 1980s: A comparison of two residential alternatives to hospitalization. *Bulletin of the Menninger Clinic, 50,* 257–268.

Moss, H.B. (1990). Pharmacotherapy. In A.S. Bellack, & M. Hersen (Eds.), *Handbook of comparative treatments for adult disorders* (pp. 506–520). New York: Wiley.

Moss, H.B., & Procci, W.R. (1982). Sexual dysfunction associated with oral antihypertensive medication: A critical survey of the literature. *General Hospital Psychiatry, 4,* 121–129.

Mothersill, K.J., McDowell, I., & Rosser, R. (1988). Subject characteristics and long term post-program smoking cessation. *Addictive Behaviors, 13,* 29–36.

Mowrer, O.H. (1939). A stimulus-response analysis of anxiety and its role as a reinforcing agent. *Psychological Review, 46,* 553–565.

Mowrer, O.H. (1947). On the dual nature of learning – A reinterpretation of "conditioning" and "problem-solving." *Harvard Educational Review, 17,* 102–148.

Mowrer, O.H. (1950). *Learning theory and personality dynamics.* New York: Ronald Press.

Mowrer, O.H., & Mowrer, W.M. (1938). Enuresis: A method for its study and treatment. *American Journal of Orthopsychiatry, 8,* 436–459.

Mowrer, O.H., & Viek, P. (1948). An experimental analogue of fear from a sense of helplessness. *Journal of Abnormal and Social Psychology, 43,* 193–200.

Mrazek, D.A. et al. (1991). Early asthma onset: Consideration of parenting issues. *Journal of the American Academy of Child and Adolescent Psychiatry, 30,* 277–282.

Mrazek, F.J. (1984). Sexual abuse of children. In B. Lahey, & A.E. Kazdin (Eds.), *Advances in child clinical psychology* (Vol. 6). New York: Plenum.

Mueller, P., Abelin, R., Ehrsam, P., Imhof, P.R., Howard, H., & Mauli, D. (1990). The use of transdermal nicotine in smoking cessation. *Lung,* (Suppl.), 445–453.

Mukherjee, S., Shukla, S., Woodle, J., Rosen, A.M., & Olarte, S. (1983). Misdiagnosis of schizophrenia in bipolar patients: A multiethnic comparison. *American Journal of Psychiatry, 140,* 1571–1574.

Mulick, J.A. (1990). The ideology and science of punishment in mental retardation. *American Journal of Mental Retardation, 95,* 142–156.

Muller, D., Roeder, F., & Orthner, H. (1973). Further results of stereotaxis in human hypothalamus in sexual deviations: First use of this operation in addiction to drugs. *Neurochirurgia, 16,* 113–126.

Mulligan, T., & Palguta, R.F. (1991). Sexual interest, activity, and satisfaction among male nursing home residents. *Archives of Sexual Behavior, 20,* 199–204.

Mulligan, T., Retchin, S.M., Chinchilli, V.M., & Bettinger, C.B. (1988). *Journal of the American Geriatrics Society, 36,* 520–524.

Munby, M., & Johnston, D.W. (1980). Agoraphobia: The long-term follow-up of behavioural treatment. *British Journal of Psychiatry, 137,* 418–427.

Munjack, D.J., & Kanno, P.H. (1979). Retarded ejaculation: A review. *Archives of Sexual Behavior, 8,* 139–150.

Murphy, J. (1976). Psychiatric labeling in cross-cultural perspective. *Science, 191,* 1019–1028.

Muscettola, G., Potter, W.Z., Pickar, D., & Goodwin, F.K. (1984). Urinary 3-methoxy-4-hydroxyphenyl glycol and major affective disorders. *Archives of General Psychiatry, 41,* 337–342.

Musetti, L., Perugi, G., Soriani, A., Rossi, V.M., Cassano, G.B., & Akiskal, H.S. (1989). Depression before and after age 65: A re-examination. *British Journal of Psychiatry, 155,* 330–336.

Muse, M. (1986). Stress-related, post-traumatic chronic pain syndrome: Behavioral treatment approach. *Pain, 25,* 389–394.

Myers, H.F. (1982). Stress, ethnicity, and social class: A model for research with black populations. In E. Jones, & S. Korchin (Eds.), *Minority mental health.* New York: Holt, Rinehart & Winston.

Myers, J.K., & Weissman, M.M. (1980). Psychiatric disorders and their treatment. *Medical Care, 18,* 117–123.

Myers, J.K., Weissman, M.M., Tischler, G.L., Holzer, C.E., Leaf, P.J., Orvaschel, H.A., Anthony, J.C., Boyd, J.H., Burke, J.E., Kramer, M., & Stoltzman, R. (1984). Six-month prevalence of psychiatric disorders in three communities: 1980–1982. *Archives of General Psychiatry, 41,* 959–967.

Nastadt, G., Romanoski, A.J., Chahal, R., Merchant, A., Folstein, A.F. et al. (1990). An epidemiological study of narcissistic personality disorder. *Psychological Medicine, 20,* 413–422.

National Advisory Mental Health Council. (1990). *National plan for research on child and adolescent mental disorders.* Rockville, MD: National Institute of Mental Health.

National Cancer Institute. (1977). *The smoking digest: Progress report on a nation kicking the habit.* Washington, DC: U.S. Department of Health, Education and Welfare.

National Center for Health Statistics. (1979). *The National Nursing Home Survey: 1977 Summary for the United States* (Department of Health, Education and Welfare Publication No. PHS 79-1794). Hyattsville, MD: U.S. Department of Health and Human Services.

National Center for Health Statistics. (1985). *Vital statistics of the United States, 1980: Vol. II. Mortality, Part B.* Hyattsville, MD: U.S. Department of Health and Human Services.

National Center for Health Statistics. (1988). Advance report of final mortality statistics, 1986. *NCHS Monthly Vital Statistics Report, 37* (Suppl. 6).

National Center for Health Statistics (1989). *National nursing home survey* (DHHS Publication No. PHS 89-1758, Series 13, No. 97). Washington, DC: U.S. Government Printing Office.

National Commission on Testing and Public Policy. (1990). *From gatekeeper to gateway: Transforming testing in America.* Chestnut Hill, MA: Boston College.

National Council on Alcoholism. (1986). *Facts on alcoholism.* New York: Author.

National Institute on Alcohol Abuse and Alcoholism. (1983). *Special Report to the U.S. Congress on Alcohol and Health.* Washington, DC: U.S. Government Printing Office.

National Institute on Alcohol Abuse and Alcoholism. (1990). *Seventh special report to the U.S. Congress on alcohol and health* (DHHS Publication No. ADM 90-1656). Washington, DC: U.S. Government Printing Office.

National Institute on Drug Abuse. (1979). *National Survey on Drug Abuse.* Washington, DC: Author.

National Institute on Drug Abuse. (1982). *National Survey on Drug Abuse.* Washington, DC: Author.

National Institute on Drug Abuse. (1983a). *National Survey on Drug Abuse: Main Findings 1982* (DHHS Publication No. ADM 83–1263). Washington, DC: U.S. Government Printing Office.

National Institute on Drug Abuse. (1983b). *Population projections, based on the National Survey on Drug Abuse, 1982.* Rockville, MD: Author.

National Institute on Drug Abuse. (1988). *National household survey on drug abuse: Main findings 1985.* Washington, DC: Department of Health and Human Services.

National Institute on Drug Abuse. (1991). *National Household Survey on Drug Abuse: Population Estimates, 1991.* Washington, DC.

Navia, B.A., Cho, E., Petito, C.K., & Price, R.W. (1986). The AIDS dementia complex: II. Neuropathology. *Annals of Neurology, 19,* 525–535.

Nawas, M.M., Fishman, S.T., & Pucel, J.C. (1970). The standardized desensitization program applicable to group and individual treatment. *Behaviour Research and Therapy, 6,* 63–68.

Neale, J.M. (1971). Perceptual span in schizophrenia. *Journal of Abnormal Psychology, 77,* 196–204.

Neale, J.M., & Katahn, M. (1968). Anxiety, choice and stimulus uncertainty. *Journal of Personality, 36,* 238–245.

Neale, J.M., & Liebert, R.M. (1986). *Science and behavior: An introduction of methods of research* (3rd ed.). Englewood Cliffs, NJ: Prentice-Hall.

Neighbors, H., Jackson, J., Bowman, P., & Gunn, G. (1983). Stress, coping and black mental health: Preliminary findings from a national study. *Prevention in Human Services, 2,* 5–29.

Neisser, U. (1976). *Cognition and reality.* San Francisco: Freeman.

Nelson, J.C., & Bowers, M.B. (1978). Delusional unipolar depression. *Archives of General Psychiatry, 35,* 1321–1328.

Nelson, R.E., & Craighead, W.E. (1977). Selective recall of positive and negative feedback, self-control behaviors, and depression. *Journal of Abnormal Psychology, 86,* 379–388.

Nelson, R.O., Lipinski, D.P., & Black, J.L. (1976). The reactivity of adult retardates' self-monitoring: A comparison among behaviors of different valences, and a comparison with token reinforcement. *Psychological Record, 26,* 189–201.

Nemeroff, C.J., & Karoly, P. (1991). Operant methods. In F.H. Kanfer, & A.P. Goldstein (Eds.), *Helping people change: A textbook of methods.* Fourth edition. Elmsford, NY: Pergamon Press.

Nemetz, G.H., Craig, K.D., & Reith, G. (1978). Treatment of female sexual dysfunction through symbolic modeling. *Journal of Consulting and Clinical Psychology, 46,* 62–73.

Nemiroff, R.A., & Colarusso, C.A. (1985). *The race against time: Psychotherapy and psychoanalysis in the second half of life.* New York: Plenum.

Nesselroade, J.R., & Labouvie, E.W. (1985). Experimental design in research on aging. In J.E. Birren, & K.W. Schaie (Eds.), *Handbook of the psychology of aging.* Second edition (pp. 35–60). New York: Van Nostrand Reinhold.

Nettelbeck, T. (1985). Inspection time and mild mental retardation. In N.R. Ellis, & N.W. Bray (Eds.), *International review of research in mental retardation* (Vol. 13). New York: Academic Press.

Neugebauer, R. (1979). Mediaeval and early modern theories of mental illness. *Archives of General Psychiatry, 36,* 477–484.

Neuhaus, E.C. (1958). A personality study of asthmatic and cardiac children. *Psychosomatic Medicine, 20,* 181–186.

Neuringer, C. (1964). Rigid thinking in suicidal individuals. *Journal of Consulting Psychology, 28,* 54–58.

Newman, J.P., & Kosson, D.S. (1986). Passive avoidance learning in psychopathic and nonpsychopathic offenders. *Journal of Abnormal Psychology, 95,* 257–263.

Nezu, A.M. (1986). Efficacy of a social problem-solving therapy approach for unipolar depression. *Journal of Consulting and Clinical Psychology, 54,* 196–202.

Nicholson, R.A., & Berman, J.S. (1983). Is follow-up necessary in evaluating psychotherapy? *Psychological Bulletin, 93,* 261–278.

Nihira, K., Foster, R., Shenhaas, M., & Leland, H. (1975). *AAMD-Adaptive Behavior Scale.* Washington, DC: American Association on Mental Deficiency.

Nisbett, R.E., & Wilson, T.D. (1977). Telling more than we can know: Verbal reports on mental processes. *Psychological Review, 84,* 231–259.

Nocks, B.C., Learner, R.M., Blackman, D., & Brown, T.E. (1986). The effects of a community-based long term care project on nursing home utilization. *The Gerontologist, 26,* 150–157.

Nolen-Hoeksema, S. (1987). Sex differences in unipolar depression: Evidence and theory. *Psychological Bulletin, 101,* 259–282.

Nolen-Hoeksema, S. (1990). *Sex differences in depression.* Stanford, CA: Stanford University Press.

Nolen-Hoeksema, S. (1991). Responses to depression and their effects on the duration of depressive episodes. *Journal of Abnormal Psychology, 100,* 569–582.

Nolen-Hoeksema, S., & Morrow, J. (1991a). *The effects of rumination and distraction on naturally occurring depressed moods.* Manuscript submitted for publication, cited in Nolen-Hoeksema (1991).

Nolen-Hoeksema, S., & Morrow, J. (1991b). A prospective study of depression and distress following a natural disaster: The 1989 Loma Prieta earthquake. *Journal of Personality and Social Psychology, 61,* 115–121.

Nolen-Hoeksema, S., Morrow, J., & Frederickson, B.L. (1991). *The effects of response styles on the duration of depressed mood: A field study.* Manuscript submitted for publication. Cited in Nolen-Hoeksema (1991).

Norgaard, J.P. (1989a). Urodynamics in enuretics: I. Reservoir function. *Neurourology and Urodynamics, 8,* 199–211.

Norgaard, J.P. (1989b). Urodynamics in enuretics: II. A pressure/flow study. *Neurourology and Urodynamics, 8,* 213–217.

North, A.F. (1979). Health services in Head Start. In E. Zigler, & J. Valentine (Eds.), *Project Head Start.* New York: Free Press.

Norton, G.R., Harrison, B., Hauch, J., & Rhodes, L. (1985). Characteristics of people with infrequent panic attacks. *Journal of Abnormal Psychology, 94,* 216–221.

Norton, J.P. (1982). *Expressed emotion, affective style, voice tone and communication deviance as predictors of offspring schizophrenia spectrum disorders.* Unpublished doctoral dissertation, University of California at Los Angeles.

Noshirvani, H.F. et al. (1991). Gender-divergent factors in obsessive-compulsive disorder. *British Journal of Psychiatry, 158,* 260–263.

Nowlan, R., Cohen, S. (1977). Tolerance to marijuana: Heart rate and subjective "high." *Clinical Pharmacology Therapeutics, 22,* 550–556.

Noyes, R., Anderson, D.J., Ciancy, J., Crowe, R.R., Slyman, D.J., Ghoneim, M.M., & Hinrichs, J.V. (1984). Diazepam and propanolol in panic disorder and agoraphobia. *Archives of General Psychiatry, 41,* 287–292.

Noyes, R., Crowe, R.R., Harris, E.L., Hamra, B.J., McChesney, C.M., & Chandry, D.R. (1986). Relationship between panic disorder and agoraphobia: A family study. *Archives of General Psychiatry, 43,* 227–232.

Noyes, R. et al. (1990). Outcome of panic disorder: Relationship to diagnostic subtypes and comorbidity. *Archives of General Psychiatry, 47,* 809–818.

Nurnberg, H.G., Prudic, J., Fiori, M., & Freedman, E. (1984). Psychopathology complicating acquired immune deficiency syndrome (AIDS). *American Journal of Psychiatry, 141,* 95–96.

Nyth, A.L., Gottfries, C.G., Blennow, F. et al. (1991). Heterogeneity in the course of *Alzheimer's disease:* A differentiation of subgroups. *Dementia, 2,* 18–24.

Obler, M. (1973). Systematic desensitization in sexual disorders. *Journal of Behavior Therapy and Experimental Psychiatry, 4,* 93–101.

Obrist, P.A., Gaebelein, C.J., Teller, E.S., Langer, A.W., Grignolo, A., Light, K.C., & McCubbin, J.A. (1978). The relationship among heart rate, carotid *dP/dt,* and blood pressure in humans as a function of the type of stress. *Psychophysiology, 15,* 102–115.

Ochitil, H. (1982). Conversion disorder. In J.H. Greist, J.W. Jefferson, & R.L. Spitzer (Eds.), *Treatment of mental disorders.* New York: Oxford University Press.

O'Connor, D.W., Pollitt, P.A., Roth, M., Brook, P.B., & Reiss, B.B. (1990). Memory complaints and impairment in normal, depressed, and demented elderly persons identified in a community survey. *Archives of General Psychiatry, 47,* 224–227.

O'Connor, M.C. (1989). Aspects of differential performance by minorities on standardized tests: Linguistic and sociocultural factors. In B.R. Gifford (Ed.), *Test policy and test performance: Education, language, and culture* (pp. 129–181). Boston: Kluwer Academic Publishers.

O'Connor, R.D. (1969). Modification of social withdrawal through symbolic modeling. *Journal of Applied Behavior Analysis, 2,* 15–22.

O'Donohue, W.T. (1987). The sexual behavior and problems of the elderly. In L.L. Carstensen, & B.A. Edelstein (Eds.), *Handbook of clinical gerontology.* New York: Pergamon.

Offord, D.R., Boyle, M.H., Szatmari, P., Rae-Grant, N.I., Links, P.S., Cadman, D.T., Byles, J.A., Crawford, J.W., Blum, H.M., Byrne, C., Thomas, H., & Woodward, C.A. (1987). Ontario Child Health Study: II. Six-month prevalence of disorder and rates of service utilization. *Archives of General Psychiatry, 44,* 832–836.

Ogata, S.N., Silk, K.R., Goodrich, S. et al. (1990). Childhood sexual and physical abuse in adult patients with borderline personality disorder. *American Journal of Psychiatry, 147,* 1008–1013.

Ogilvie, D.M., Stone, P.J., & Shneidman, E.S. (1983). A computer analysis of suicide notes. In E.S. Shneidman, N. Farberow, & R. Litman (Eds.), *The psychology of suicide* (pp. 249–256). New York: Jason Aronson.

Ogloff, J.R., & Wong, S. (1990). Electrodermal and cardiovascular evidence of a coping response in psychopaths. *Criminal Justice and Behavior, 17,* 231–245.

O'Hara, M.W., Hinrichs, J.V., Kohout, F.J., Wallace, R.B., & Lemke, J.H. (1986). Memory complaint and memory performance in the depressed elderly. *Psychology and Aging, 1,* 208–214.

Öhman, A., Erixon, G., & Loftberg, I. (1975). Phobias and preparedness: Phobic versus neutral pictures as conditional stimuli for human autonomic responses. *Journal of Abnormal Psychology, 34,* 41–45.

Olds, D.L. (1984). *Final report: Prenatal/early infancy project.* Washington, DC: Maternal and Child Health Research, National Institute of Health.

O'Leary, K.D. (1980). Pills or skills for hyperactive children. *Journal of Applied Behavior Analysis, 13,* 191–204.

O'Leary, K.D., & Beach, S.R.H. (1990). Marital therapy: A viable treatment for depression and marital discord. *American Journal of Psychiatry, 147,* 183–186.

O'Leary, K.D., & Emery, R.E. (1984). Marital discord and child behavior problems. In M.D. Levine, & P. Satz (Eds.), *Middle childhood: Development and dysfunction* (pp. 345–364). Baltimore: University Park Press.

O'Leary, K.D., & O'Leary, S.G. (Eds.). (1977). *Classroom management* (2nd ed.). Elmsford, NY: Pergamon.

O'Leary, K.D., Pelham, W.E., Rosenbaum, A., & Price, G.H. (1976). Behavioral treatment of hyperkinetic children: An experimental evaluation of its usefulness. *Clinical Pediatrics, 15,* 510–515.

O'Leary, K.D., & Turkewitz, H. (1978). Marital therapy from a behavioral perspective. In T.J. Paolino, Jr., & B.S. McCrady (Eds.), *Marriage and marital therapy.* New York: Brunner/Mazel.

O'Leary, K.D., Turkewitz, H., & Taffel, S.I. (1973). Parent and therapist evaluation of behavior therapy in a child psychological clinic. *Journal of Consulting and Clinical Psychology, 41,* 289–293.

O'Leary, K.D., & Wilson, G.T. (1975). *Behavior therapy: Application and outcome.* Englewood Cliffs, NJ: Prentice-Hall.

Oltmanns, T.F., Broderick, J.E., & O'Leary, K.D. (1976). *Marital adjustment and the efficacy of behavior therapy with children.* Paper presented at the Association for the Advancement of Behavior Therapy, New York.

Olweus, D. (1979). Stability of aggressive reaction in males: A review. *Psychological Bulletin, 86,* 852–875.

Omizo, M.M., Cubberly, W.E., & Omizo, S.A. (1985). The effects of rational-emotive education groups on self-concept and locus of control among learning disabled children. *The Exceptional Child, 32,* 13–19.

O'Neal, J.M. (1984). First person account: Finding myself and loving it. *Schizophrenia Bulletin, 10,* 109–110.

O'Reilly, K., Higgins, D.L., Galavottio, C., Sheridan, J., Wood, R., & Cohn, D. (1989, June). *Perceived community norms and risk reduction: Behavior change in a cohort of gay men.* Paper presented at the Fifth International Conference on AIDS, Montreal. As cited in Coates (1990).

Orleans, C.T., Schoenbach, V.J., Wagner, E.H., Quade, D., Salmon, M.A., Pearson, D.C., Fiedler, J., Porter, C.Q., & Kaplan, B.H. (1991). Self-help quit smoking interventions: Effects of self-help materials, social support instructions, and telephone counseling. *Journal of Consulting and Clinical Psychology, 59,* 439–448.

Orlinsky, D.E., & Howard, K.L. (1986). The psychological interior of psychotherapy: Explorations with therapy session reports. In L.S. Greenberg, & W.M. Pinsof (Eds.), *The psychotherapeutic process: A research handbook.* New York: Guilford.

Orne, M.T., Dinges, D.F., & Orne, E.C. (1984). The differential diagnosis of multiple personality in the forensic court. *International Journal of Clinical and Experimental Hypnosis, 32,* 118–169.

Ornitz, E. (1973). Childhood autism: A review of the clinical and experimental literature. *California Medicine, 118,* 21–47.

Osgood, N.J. (1984). Suicides. In E.B. Palmore (Ed.), *Handbook on the aged in the United States.* Westport, CT: Greenwood Press.

Ost, L.G. (1987). Age of onset in different phobias. *Journal of Abnormal Psychology, 96,* 223–229.

Ost, L.G., Jerremalm, A., & Johansson, J. (1981). Individual response patterns and the effects of different behavioral methods in the treatment of social phobia. *Behaviour Research and Therapy, 19,* 1–16.

Overholser, J.C., & Beck, S. (1986). Multimethod assessment of rapists, child molesters, and three control groups on behavioral and psychological measures. *Journal of Consulting and Clinical Psychology, 54,* 682–687.

Ozer, E. (1986). *Health status of minority women.* Washington, DC: American Psychological Association.

Pahnke, W.N. (1963). *Drugs and mysticism.* Unpublished doctoral dissertation, Harvard University, Cambridge.

Paris, J. (1990). Completed suicide in borderline personality disorder. *Psychiatric Annals, 20,* 19–21.

Park, C.C. (1987). Growing out of autism. In E. Schopler, & G.B. Mesibov (Eds.), *Autism in adolescents and adults.* New York: Plenum.

Parkes, C.M., & Brown, R.J. (1972). Health after bereavement: A controlled study of young Boston widowers. *Psychosomatic Medicine, 34,* 49–461.

Parks, C.V., Jr., & Hollon, S.D. (1988). Cognitive assessment. In A.S. Bellack, & M. Hersen (Eds.), *Behavioral assessment* (3rd ed.). Elmsford, NY: Pergamon.

Parsons, O.A. (1975). Brain damage in alcoholics: Altered states of consciousness. In M.M. Gross (Ed.), *Alcohol intoxication and withdrawal.* New York: Plenum.

Patel, C., Marmot, M.G., Terry, D.J., Carruthers, M., Hunt, B., & Patel, M. (1985). Trial of relaxation in reducing coronary risk: Four year follow-up. *British Medical Journal, 290,* 1103–1106.

Pato, M.T., Zohar-Kadouch, R., Zohar, J., & Murphy, D.L. (1988). Return of symptoms after desensitization of clomipramine and patients with obsessive-compulsive disorder. *American Journal of Psychiatry, 145,* 1521–1525.

Patterson, G.R. (1974a). A basis for identifying stimuli which control behaviors in natural settings. *Child Development, 45,* 900–911.

Patterson, G.R. (1974b). Interventions for boys with conduct problems: Multiple settings, treatments, and criteria. *Journal of Consulting and Clinical Psychology, 42,* 471–481.

Patterson, G.R. (1982). *Coercive family process.* Eugene, OR: Castalia.

Patterson, G.R. (1986). Performance models for antisocial boys. *American Psychologist, 41,* 432–444.

Patterson, G.R., Cobb, J.A., & Ray, R.S. (1973). A social engineering technology for retraining families of aggressive boys. In H.E. Adams, & I.P. Unikel (Eds.), *Issues and trends in behavior therapy.* Springfield, IL: Charles C. Thomas.

Patterson, G.R., Ray, R.S., Shaw, D.A., & Cobb, J.A. (1969). *Manual for coding of family interactions.* New York: ASIS/NAPS, Microfiche Publications.

Patterson, G.R., & Reid, J.B. (1970). Reciprocity and coercion: Two facets of social systems. In C. Neuringer, & J. Michael (Eds.), *Behavior modification in clinical psychology.* New York: Appleton-Century-Crofts.

Paul, G.L. (1966). *Insight vs. desensitization in psychotherapy.* Stanford, CA: Stanford University Press.

Paul, G.L. (1967). Insight versus desensitization in psychotherapy two years after termination. *Journal of Consulting Psychology, 31,* 333–348.

Paul, G.L. (1969). Chronic mental patient: Current status-future directions. *Psychological Bulletin, 71,* 81–94.

Paul, G.L., & Lentz, R.J. (1977). *Psychosocial treatment of chronic mental patients: Milieu versus social learning programs.* Cambridge, MA: Harvard University Press.

Paul, G.L., & Menditto, A.A. (1992). Effectiveness of inpatient treatment programs for mentally ill adults in public psychiatric facilities. *Applied and Preventive Psychology: Current Scientific Perspectives, 1,* 41–63.

Paul, G.L., & Shannon, D.T. (1966). Treatment of anxiety through systematic desensitization in therapy groups. *Journal of Abnormal Psychology, 71,* 124–135.

Paul, R. (1987). Communication. In D.J. Cohen, A.M. Donnellan, & R. Paul (Eds.), *Handbook of Autism and Pervasive Developmental Disorders* (pp. 61–84). New York: Wiley.

Paulauskas, S.L., & Campbell, S.B.G. (1979). Social perspective-taking and teacher ratings of peer interaction in hyperactive boys. *Journal of Abnormal Child Psychology, 7,* 483–493.

Pavlov, I.P. (1928). *Lectures on conditioned reflexes.* New York: International Publishers.

Paykel, E.S. (1979). Recent life events in the development of the depressive disorders. In R.A. Depue (Ed.), *The psychobiology of the depressive disorders.* New York: Academic Press.

Peachey, J.E. (1986). The role of drugs in the treatment of opioid addicts. *Medical Journal of Australia, 145,* 395–399.

Pearlin, L.I., Mullan, J.T., Semple, S.J., & Skaff, M.M. (1990). Caregiving and the stress process: An overview of concepts and their measures. *Gerentologist, 30,* 583–594.

Pearson, C., & Gatz, M. (1982). Health and mental health in older adults: First steps in the study of a pedestrian complaint. *Rehabilitation Psychology, 27,* 37–50.

Peck, E. (1974). The relationship of disease and other stress to second language. *International Journal of Social Psychiatry, 20,* 128–133.

Pedro-Carroll, J.L., & Cowen, E.L. (1985). The children of divorce intervention program: An investigation of the efficacy of a school-based prevention program. *Journal of Consulting and Clinical Psychology, 53,* 603–611.

Pedro-Carroll, J.L., Cowen, E.L., Hightower, A.D., & Guare, J.C. (1986). Preventive intervention with latency-aged children of divorce: A replication study. *American Journal of Community Psychology, 14,* 277–290.

Pelham, W.E., McBurnett, K., Harper, G.W., Milich, R., Murphy, D.A., Clinton, J., & Thiele, C. (1990). Methylphenidate and baseball playing in ADHD children: Who's on first? *Journal of Consulting and Clinical Psychology, 58,* 130–133.

Pendery, M.L., Maltzman, I.M., & West, L.J. (1982). Controlled drinking by alcoholics? New findings and a reevaluation of a major affirmative study. *Science, 217,* 169–175.

Pennebaker, J., Kiecolt-Glaser, J.K., & Glaser, R. (1988). Disclosure of traumas and immune function: Health implications for psychotherapy. *Journal of Consulting and Clinical Psychology, 56,* 239–245.

Pennington, B.F., & Smith, S.D. (1988). Genetic influences on learning disabilities: An update. *Journal of Consulting and Clinical Psychology, 56,* 817–823.

Pentoney, P. (1966). Value change in psychotherapy. *Human Relations, 19,* 39–46.

Perley, M.J., & Guze, S.B. (1962). Hysteria – The stability and useful ness of clinical criteria. *New England Journal of Medicine, 266,* 421–426.

Perls, F.S. (1947). *Ego, hunger, and aggression.* New York: Vintage.

Perls, F.S. (1969). *Gestalt therapy verbatim.* Moab, UT: Real People Press.

Perls, F.S. (1970). Four lectures. In J. Fagan, & I.L. Shepherd (Eds.), *Gestalt therapy now: Therapy, techniques, applications.* Palo Alto, CA: Science and Behavior Books.

Perls, F.S., Hefferline, R.F., & Goodman, P. (1951). *Gestalt therapy: Excitement and growth in the human personality.* New York: Julian Press.

Perris, L. (1969). The separation of bipolar (manic-depressive) from unipolar recurrent depressive psychoses. *Behavioral Neuropsychatry, 1,* 17–25.

Peters, J.J. (1977). The Philadelphia rape victim project. In D. Chappell, R. Geis, & G. Geis (Eds.), *Forcible rape: The crime, the victim, and the offender.* New York: Columbia University Press.

Peters, M. (1977). Hypertension and the nature of stress. *Science, 198,* 80.

Peterson, C., & Seligman, M.E.P. (1984). Causal explanations as a risk factor for depression: Theory and evidence. *Psychological Review, 91,* 347–374.

Pfeiffer, E. (1977). Psychopathology and social pathology. In J.E. Birren, & K.W. Schaie (Eds.), *Handbook of psychology and aging.* New York: Van Nostrand-Reinhold.

Pfeiffer, E., & Busse, E.W. (1973). Mental disorders in later life – Affective disorders: Paranoid, neurotic and situational reactions. In E.W. Busse, & E. Pfeiffer (Eds.), *Mental illness in later life.* Washington, DC: American Psychiatric Association.

Pfeiffer, E., Eisenstein, R.B., & Dabbs, G.E. (1967). Mental competency evaluation for the federal courts: 1. Methods and results. *Journal of Nervous and Mental Disease, 144,* 320–328.

Pfeiffer, E., Verwoerdt, A., & Wang, H.S. (1968). Sexual behavior in aged men and women: I. Observations on 254 community volunteers. *Archives of General Psychiatry, 19,* 753–758.

Pfeiffer, E., Verwoerdt, A., & Wang, H.H. (1969). The natural history of sexual behavior in a biologically advantaged group of aged individuals. *Journal of Gerontology, 24,* 193–198.

Phares, E.J. (1992). *Clinical psychology: Concepts, methods, and profession* (4th ed.). Pacific Grove, CA: Brooks/Cole.

Phares, E.J. (1979). *Clinical psychology: Concepts, methods, and professions.* Homewood, Ill: Dorsey Press.

Phelps, L., Wallace, D., & Waigant, A. (1989, August). *Impact of sexual assault: Post assault behavior and health status.* Paper presented at the annual convention of the American Psychological Association, New Orleans. As cited in Calhoun & Atkeson (1991).

Phillips, D.P. (1974). The influence of suggestion on suicide: Substantive and theoretical implications of the Werther effect. *American Sociological Review, 39,* 340–354.

Phillips, D.P. (1977). Motor vehicle fatalities increase just after publicized suicide stories. *Science, 196,* 1464–1465.

Phillips, D.P. (1985). The found experiment: A new technique for assessing impact of mass media violence on realworld aggressive behavior. In G. Comstock (Ed.), *Public communication and behavior* (Vol. 1). New York: Academic Press.

Phillips, L. (1953). Case history data and prognosis in schizophrenia. *Journal of Nervous and Mental Disease, 117,* 515–525.

Phillips, R.D. (1985). Whistling in the dark? A review of play therapy research. *Psychotherapy, 22,* 752–760.

Pierce, C.M. (1980). Enuresis. In H.I. Kaplan, A.H. Friedman, & B.J. Sadock (Eds.), *Comprehensive textbook of psychiatry* (3rd ed.). Baltimore: Williams & Wilkins.

Pierce, C.M. (1985). Enuresis. In H.I. Kaplan, & B.J. Sadock (Eds.), *Comprehensive textbook of psychiatry* (4th ed.). Baltimore: Williams & Wilkins.

Pigott, T.A. et al. (1990). Controlled comparison of clomipramine and fluoxetine in the treatment of obsessive-compulsive disorder. *Archives of General Psychiatry, 47,* 926–932.

Pilowsky, I. (1970). Primary and secondary hypochondriasis. *Acta Psychiatrica Scandinavica, 46,* 273–285.

Pinel, P. (1962). *A treatise on insanity, 1801.* English (D.D. Davis, Trans.). New York: Hafner.

Pinkston, E., & Linsk, N. (1984). Behavioral family intervention with the impaired elderly. *The Gerontologist, 24,* 576–583.

Pirsig, R.M. (1974). *Zen and the art of motorcycle maintenance: An inquiry into values.* New York: Morrow.

Pitman, R.K. et al. (1990). Psychophysiologic responses to combat imagery of Vietnam veterans with post-traumatic stress disorder vs. other anxiety disorders. *Journal of Abnormal Psychology, 99,* 49–54.

Plotkin, D.A., Mintz, J., & Jarvik, L.F. (1985). Subjective memory complaints in geriatric depression. *American Journal of Psychiatry, 142,* 1103–1105.

Pokorny, A.D. (1968). Myths about suicide. In H.L.P. Resnik (Ed.), *Suicidal behaviors.* Boston: Little, Brown.

Poland, R.E., Rubin, R.T., Lesser, I.M., Lane, L.A., & Hart, P.J. (1987). Neuroendocrine aspects of primary endogenous depression. *Archives of General Psychiatry, 44,* 790–796.

Pollard, C.A., Pollard, H.J., & Corn, K.J. (1989). Panic onset and major events in the lives of agoraphobics: A test of contiguity. *Journal of Abnormal Psychology, 98,* 318–321.

Pope, H.G., & Hudson, J.I. (1984). *New hope for binge eaters: Advances in the understanding and treatment of bulimia.* New York: Harper & Row.

Pope, H.G., Jonas, J.M., Hudson, J.I., Cohen, B.M., & Gunderson, J.G. (1983). The validity of DSM-III borderline personality disorder. *Archives of General Psychiatry, 40,* 23–30.

Posner, M.I. (1988). Structures and functions of selective attention. In T. Boll, & B. Bryant (Eds.), *Master lectures in clinical neuropsychology* (pp. 173–202). Washington, DC: American Psychological Association.

Post, F. (1975). Dementia, depression, and pseudodementia. In D.F. Benson, & D. Blumer (Eds.), *Psychiatric aspects of neurologic disease.* New York: Grune & Stratton.

Post, F. (1978). The functional psychosis. In A.D. Isaacs, & F. Post (Eds.), *Studies in geriatric psychiatry.* Chichester, England: Wiley.

Post, F. (1980). Paranoid, schizophrenia-like and schizophrenic states in the aged. In J.E. Birren, & R.B. Sloane (Eds.), *Handbook of mental health and aging.* Englewood Cliffs, NJ: Prentice-Hall.

Post, F. (1987). Paranoid and schizophrenic disorders among the aging. In L.L. Carstensen, & B.A. Edelstein (Eds.), *Handbook of clinical gerontology.* New York: Pergamon.

Poster, D.S., Penta, J.S., Bruno, S., & Macdonald, J.S. (1981). Delta 9-tetrahydrocannabinol in clinical oncology. *Journal of the American Medical Association, 245,* 2047–2051.

Potashnik, S., & Pruchno, R. (1988, November). *Spouse caregivers: Physical and mental health in perspective.* Paper presented at the meeting of the Gerontological Society of America, San Francisco.

Powell, L.H., Friedman, M., Thoresen, C.E., Gill, J.J., & Ulmer, D.K. (1984). Can the type A behavior pattern be altered after myocardial infarction? A second year report from the Recurrent Coronary Prevention Project. *Psychosomatic Medicine, 46,* 293–313.

Praderas, K., & MacDonald, M.L. (1986). Telephone conversational skills training with socially isolated impaired nursing home residents. *Journal of Applied Behavior Analysis, 19,* 337–348.

Premack, D. (1959). Toward empirical behavior laws: I. Positive reinforcement. *Psychological Review, 66,* 219–233.

President's Commission on Mental Health (1978). *Report to the President.* Washington, DC: Superintendent of Documents, U.S. Government Printing Office.

Price, L.H., Charney, D.S., Rubin, A.L., &

Heninger, G.R. (1986). Alpha-2 adrenergic receptor function in depression. *Archives of General Psychiatry, 43,* 849–860.

Price, V.A. (1982). *Type A behavior pattern: A model for research and practice.* New York: Academic Press.

Prieto, S.L., Cole, D.A., & Tageson, C.W. (1992). Depressive self-schemas in clinic and nonclinic children. *Cognitive Therapy & Research, 16,* 521–534.

Prinz, P., & Raskind, M. (1978). Aging and sleep disorders. In R. Williams, & R. Karacan (Eds.), *Sleep disorders: Diagnosis and treatment.* New York: Wiley.

Prioleau, L., Murdock, M., & Brody, N. (1983). An analysis of psychotherapy versus placebo studies. *The Behavioral and Brain Sciences, 6,* 275–310.

Prochaska, J.O. (1984). *Systems of psychotherapy* (2nd ed.). Homewood, Ill: Dorsey Press.

Proctor, J.T. (1958). Hysteria in childhood. *American Journal of Orthopsychiatry, 28,* 394–407.

Psychosocial intervention and the natural history of cancer [Editorial]. (1989). *Lancet, 2,* 901–902.

Pu, T., Mohamed, E., Imam, K., & El-Roey, A.M. (1986). One hundred cases of hysteria in eastern Libya. *British Journal of Psychiatry, 148,* 606–609.

Puig-Antich, J. (1982). Major depression and conduct disorder in prepuberty. *Journal of the American Academy of Child and Adolescent Psychiatry, 21,* 118–128.

Puig-Antich, J., Lukens, E., Davies, M., Goetz, D., Brennan-Quattrock, J., & Todak, G. (1985). Psychosocial functioning in prepubertal major depressive disorders: 1. Interpersonal relationships during the depressive episode. *Archives of General Psychiatry, 42,* 500–507.

Puig-Antich, J., Perel, J.M., Lupatkin, W., Chambers, W.J., Tabrizi, M.A., King, J., Goetz, R., Davies, M., & Stiller, R.L. (1987). Imipramine in prepubertal major depressive disorders. *Archives of General Psychiatry, 44,* 81–89.

Puig-Antich, J., & Rabinovich, H. (1986). Relationship between affective and anxiety disorders in childhood. In R.G. Helman (Ed.), *Anxiety disorders of childhood.* New York: Guilford Press.

Purcell, K., & Weiss, J.H. (1970). Asthma. In C.G. Costello (Ed.), *Symptoms of psychopathology: A handbook.* New York: Wiley.

Purdie, F.R., Honigman, T.B., & Rosen, P. (1981). Acute organic brain syndrome: A view of 100 cases. *Annals of Emergency Medicine, 10,* 455–461.

Purpura, D.P. (1976). Discussants' comments. In T.D. Tjossem (Ed.), *Intervention strategies for high risk infants and*

young children. Baltimore: University Park Press.

Putnam, F.W., Guroff, J.J., Silberman, E.K., Barban, L., & Post, R.M. (1986). The clinical phenomenology of multiple personality disorder: Review of 100 recent cases. *Journal of Clinical Psychiatry, 47,* 285–293.

Putnam, F.W., Post, R.M., & Guroff, J.J. (1983). *100 cases of multiple personality disorder.* Paper presented at the annual meeting of the American Psychiatric Association, New York.

Putnam, F.W., Zahn, T.P., & Post, R.M. (1990). Differential autonomic nervous system activity in multiple personality disorder. *Psychiatry Research, 31,* 251–260.

Quay, H.C. (1965). Psychopathic personality as pathological stimulus seeking. *American Journal of Psychiatry, 122,* 180–183.

Quay, H.C. (1964). Personality dimensions in delinquent males as inferred from the factor analysis of behavior ratings. *Journal of Research in Crime and Delinquency, 1,* 33–37.

Quay, H.C. (1979). Classification. In H.C. Quay, & J.S. Werry (Eds.), *Psychopathological disorders of childhood* (2nd ed.). New York: Wiley.

Quay, H.C. (1986). Conduct disorders. In H.C. Quay, & J.S. Werry (Eds.), *Psychopathological disorders in childhood* (3rd ed.). New York: Wiley.

Quay, H.C., & Parskeuopoulos, I.N. (1972, August). *Dimensions of problem behavior in elementary school children in Greece, Iran, and Finland.* Paper presented at the 20th International Congress of Psychology, Tokyo.

Quinsey, V.L., & Chaplin, T.C. (1982). Penile responses to nonsexual violence among rapists. *Criminal Justice and Behavior, 9,* 372–384.

Rabavilas, A., & Boulougouris, J. (1974). Psychological accompaniments of ruminations, flooding and thought-stopping in obsessional patients. *Behaviour Research and Therapy, 12,* 239–244.

Rabins, P.V., & Folstein, M.F. (1982). Delirium and dementia: Diagnostic criteria and fatality rates. *British Journal of Psychiatry, 140,* 149–153.

Rabkin, J.G. (1974). Public attitudes toward mental illness: A review of the literature. *Schizophrenia Bulletin, 9,* 33.

Rachman, S.J. (1966). Sexual fetishism: An experimental analogue. *Psychological Record, 16,* 293–296.

Rachman, S.J., & Hodgson, R.J. (1980). *Obsessions and compulsions.* Englewood Cliffs, NJ: Prentice-Hall.

Rachman, S.J., & Wilson, G.T. (1980). *The effects of psychological therapy* (2nd ed.). Elmsford, NY: Pergamon.

Radloff, L. (1975). Sex differences in depression: The effects of occupation and marital status. *Sex Roles, 1,* 249–265.

Ragland, D.R., & Brand, R.J. (1988). Type A behavior and mortality from coronary heart disease. *The New England Journal of Medicine, 318,* 65–69.

Rahe, R.H., & Lind, E. (1971). Psychosocial factors and sudden cardiac death: A pilot study. *Journal of Psychosomatic Research, 15,* 19–24.

Raine, A., O'Brien, M., Chan, C.J. et al. (1990). Reward learning in adolescent psychopaths. *Journal of Abnormal Child Psychology, 18,* 451–463.

Rapaport, D. (1951). *The organization and pathology of thought.* New York: Columbia University Press.

Rapaport, K., & Burkhart, B.R. (1984). Personality and attitudinal characteristics of sexually coercive college males. *Journal of Abnormal Psychology, 93,* 216–221.

Rapee, R.M. (1991). Generalized anxiety disorder: A review of clinical features and theoretical concepts. *Clinical Psychology Review, 11,* 419–440.

Rapoport, J.L., Buchsbaum, M.S., Zahn, T.P., Weingartner, H., Ludlow, D., & Mikkelson, E.J. (1978). Dextroamphetamine: Cognitive and behavioral effects in normal prepubertal boys. *Science, 199,* 560–563.

Rapp, S.R., Parisi, S.A., & Walsh, D.A. (1988). Psychological dysfunction and physical health among elderly medical inpatients. *Journal of Consulting and Clinical Psychology, 56,* 851–855.

Rapp, S.R., Parisi, S.A., Walsh, D.A., & Wallace, C.E. (1988). Detecting depression in elderly medical impatients. *Journal of Consulting and Clinical Psychology, 56,* 509–513.

Rappaport, J. (1977). *Community psychology: Values, research, and action.* New York: Holt, Rinehart & Winston.

Rappaport, J. (1981). In praise of paradox: A social policy of empowerment over prevention. *American Journal of Community Psychology, 9,* 1–25.

Rappaport, J., & Chinsky, J.M. (1974). Models for delivery of service from a historical and conceptual perspective. *Professional Psychology, 5,* 42–50.

Raskin, F., & Rae, D.S. (1981). Psychiatric symptoms in the elderly. *Psychopharmacology Bulletin, 17,* 96–99.

Rather, B.C., Goldman, M.S., Roehrich, L., & Brannick, M. (1992). Empirical modeling of an alcohol expectancy memory network using multidimensional scaling. *Journal of Abnormal Psychology, 101,* 174–183.

Raymond, J., Rhoads, D., & Raymond, R. (1980). The relative impact of family and social involvement on Chicano mental health. *American Journal of Community Psychology, 5,* 557–569.

Raymond, J.G. (1979). *The transsexual empire: The making of the she-male.* Boston: Beacon.

Redfield, J., & Stone, A.A. (1979). Individual viewpoints of stressful life events. *Journal of Consulting and Clinical Psychology, 47,* 147–154.

Redfield, P.R., Wright, D.G., & Tramont, E.C. (1986). The Walter Reed staging classification for HTLV III/LAV infection. *New England Journal of Medicine, 314,* 131–132.

Red Horse, Y. (1982). A cultural network model: Perspectives for adolescent services and paraprofessional traning. In S. Manson (Ed.), *New directions in prevention among American Indians and Alaskan Native communities.* Portland: Oregon Health Sciences University.

Redick, R.W., & Taube, C.A. (1980). Demography and mental health care of the aged. In J.E. Birren, & R.B. Sloane (Eds.), *Handbook of mental health and aging.* Englewood Cliffs, NJ: Prentice-Hall.

Redmond, D.E. (1977). Alterations in the function of the nucleus locus coeruleus. In I. Hanin, & E. Usdin (Eds.), *Animal models in psychiatry and neurology.* New York: Pergamon.

Reed, D., McGhee, D., Yano, K., & Feinleib, M. (1983). Social networks and coronary heart disease among Japanese men in Hawaii. *American Journal of Epidemiology, 119,* 356–370.

Reed, S.D., Katkin, E.S., & Goldband, S. (1986). Biofeedback and behavioral medicine. In F.H. Kanfer, & A.P. Goldstein (Eds.), *Helping people change: A textbook of methods* (3rd ed.). Elmsford, NY: Pergamon.

Rees, L. (1964). The importance of psychological, allergic and infective factors in childhood asthma. *Journal of Psychosomatic Research, 7,* 253–262.

Regier, D.A., Boyd, J.H., Burke, J.D., Jr., Rae, D.S., Myers, J.K., Kramer, M., Robins, L.N., George, L.K., Karno, M., & Locke, B.Z. (1988). One-mouth prevalence of mental disorders in the United States. *Archives of General Psychiatry, 45,* 977–1986.

Rehm, L.P., Kaslow, N.J., & Rabin, A.S. (1987). Cognitive and behavioral targets in a self-control therapy program for depression. *Journal of Consulting and Clinical Psychology, 55,* 60–67.

Reich, J. (1987). Sex distribution of DSM-III personality disorders in psychiatric outpatients. *American Journal of Psychiatry, 144,* 485–488.

Reich, J. (1990). Comparison of males and females with DSM-III dependent personality disorder. *Psychiatry Research, 33,* 207–214.

Reid, E.C. (1910). Autopsychology of the manic-depressive. *Journal of Nervous and Mental Disease, 37,* 606–620.

Reifler, B.V., Larson, E., & Hanley, R. (1982). Coexistence of cognitive impairment and depression in geriatric outpatients. *American Journal of Psychiatry, 139,* 623–626.

Reiss, I.L., & Leik, R.K. (1989). Evaluating strategies to avoid AIDS: Number of partners vs. use of condoms. *The Journal of Sex Research, 26,* 411–433.

Rekers, G.A., & Lovaas, O.I. (1974). Behavioral treatment of deviant sex role behaviors in a male child. *Journal of Applied Behavioral Analysis, 7,* 173–190.

Renshaw, D.C. (1988). Profile of 2376 patients treated at Loyola Sex Clinic between 1972 and 1987. *Sexual and Marital Therapy, 3,* 111–117.

Renvoize, E.B., & Beveridge, A.W. (1989). Mental illness and the late Victorians: A study of patients admitted to three asylums in York, 1880–1884. *Psychological Medicine, 19,* 19–28.

Reppucci, N.D. (1987). Prevention and ecology: Teen-age pregnancy, child sexual abuse, and organized youth sports. *American Journal of Community Psychology, 15,* 1–22.

Rescorla, R.A., & Solomon, R.L. (1967). Two-processes learning theory: Relationships between Pavlovian conditioning and instrumental learning. *Psychological Review, 74,* 151–182.

Resick, P.A., Veronen, L.J., Calhoun, K.S., Kilpatrick, D.G., & Atkeson, B.M. (1986). Assessment of fear reactions in sexual assault victims: A factor-analytic study of the Veronen-Kilpatrick Modified Fear Survey. *Behavioral Assessment, 8,* 271–283.

Resnik, H.L.P. (Ed.). (1968). *Suicidal behaviors.* Boston: Little, Brown.

Review Panel on Coronary-Prone Behavior and Coronary Heart Disease (1981). Coronary-prone behavior and coronary heart disease: A critical review. *Circulation, 63,* 1199–1215.

Riccio, D., Richardson, R., & Ebner, D. (1984). Memory retrieval deficits based upon altered contextual cues: A paradox. *Psychological Bulletin, 96,* 152–165.

Rice, J., Reich, T., Andreasen, N.N., Endicott, J., Eerdewegh, M. Van, Fishman, R., Hirschfeld, R.M.A., & Klerman, G.L. (1987). The familial transmission of bipolar illness. *Archives of General Psychiatry, 44,* 451–460.

Richards, P., Berk, R.A., & Forster, B. (1979). *Crime as play – Delinquency in a middle class suburb.* Cambridge, MA: Ballinger.

Richardson, S.A., Katz, M., & Koller, H. (1986). Sex differences in number of children administratively classified as mildly mentally retarded: An epidemiological review. *American Journal of Mental Deficiency, 91,* 250–256.

Richardson, J.L., Dwyer, K.M., McGuigan, K., Hansen, W.B., Dent, C.W.,

Johnson, C.A., Sussman, S.Y., Brannon, B., & Flay, B. (1989). Substance use among eighth grade students who take care of themselves after school. *Pediatrics, 84,* 556–566.

Richter, C.P. (1957). On the phenomenon of sudden death in animals and man. *Psychosomatic Medicine, 19,* 191–198.

Ricks, D.M. (1972). *The beginning of vocal communication in infants and autistic children.* Unpublished doctoral dissertation. University of London.

Ridley, C.R. (1984). Clinical treatment of the nondisclosing black client. *American Psychologist, 39,* 1234–1244.

Rieder, R.O., Mann, L.S., Weinberger, D.R., Kammen, D.P. van, & Post, R.M. (1983). Computer tomographic scans in patients with schizophrenia, schizoaffective, and bipolar affective disorder. *Archives of General Psychiatry, 40,* 735–739.

Riessman, F. (1985). New dimensions in self-help. *Social Policy, 15,* 2–5.

Riggs, D. et al. (1991). Post-traumatic stress disorder following rape and nonsexual assault: A predictive model. Unpublished manuscript.

Rimland, B. (1964). *Infantile autism.* New York: Appleton-Century-Crofts.

Ritter, B. (1968). The group treatment of children's snake phobias, using vicarious and contact desensitization procedures. *Behaviour Research and Therapy, 6,* 1–6.

Rittig, S., Knudsen, U.B., Norgaard, J.P., Pedersen, E.B., & Djurhuus, J.C. (1989). Abnormal diurnal rhythm of plasma vasopressin and urinary output in patients with enuresis. *American Journal of Physiology, 256,* 664–671.

Ritvo, E.R., Freeman, B.J., Geller, E., & Yuwiler, A. (1983). Effects of fenfluramine on 14 outpatients with the syndrome of autism. *Journal of the American Academy of Child Psychiatry, 22,* 549–558.

Ritvo, E.R., Yuwiler, A., Geller, E., Ornitz, E.M., Saeger, K., & Plotkin, S. (1970). Increased blood serotonin and platelets in early infantile autism. *Archives of General Psychiatry, 23,* 556–572.

Roan, S. (1992, October 15). Giving up coffee tied to withdrawal symptoms. *Los Angeles Times,* p. A26.

Roberts, M.C., Wurtele, S.K., Boone, R.R., Ginther, L.J., & Elkins, P.D. (1981). Reduction of medical fears by use of modeling: A preventive application in a general population of children. *Journal of Pediatric Psychology, 6,* 293–300.

Robins, C.J., Block, P., & Peselow, E.D. (1989). Relations of sociotropic and autonomous personality characteristics to specific symptoms in depressed patients. *Journal of Abnormal Psychology, 98,* 86–88.

Robins, L.N. (1966). *Deviant children grown up.* Baltimore: Williams & Wilkins.

Robins, L.N. (1972). Follow-up studies of behavior disorders in children. In H.C. Quay, & J.S. Werry (Eds.), *Psychopathological disorders of childhood.* New York: Wiley.

Robins, L.N. (1978). Sturdy childhood predictors of adult antisocial behavior: Replications from longitudinal studies. *Psychological Medicine, 8,* 611–622.

Robins, L.N., Helzer, J.E., Croughan, J., & Ratliff, K.S. (1981). National Institute of Mental Health: Diagnostic Interview Schedule. *Archives of General Psychiatry, 38,* 381–389.

Robins, L.N., Helzer, J.E., Przybec, T.R., & Regier, D.A. (1988). Alcohol disorders in the community: A report from the Epidemiologic Catchment Area. In R.M. Rose, & J.E. Barrett (Eds.), *Alcoholism: Origins and Outcome.* NY: Raven, 1988.

Robins, L.N., Helzer, J.E., Weissman, M.M., Orvaschel, H., Gruenberg, E., Burke, J.D., & Reiger, D.A. (1984). Life-time prevalence of specific psychiatric disorders in three sites. *Archives of General Psychiatry, 41,* 942–949.

Robinson, N.M., & Robinson, H.B. (1976). *The mentally retarded child* (2nd ed.). New York: McGraw-Hill.

Rodin, J. (1980). Managing the stress of aging: The control of control and coping. In H. Ursin, & S. Levine (Eds.), *Coping and Health.* New York: Academic Press.

Rodin, J. (1983). Behavioral medicine: Beneficial effects of self-control training in aging. *International Review of Applied Psychology, 32,* 153–181.

Rodin, J. (1986). Aging and health: Effects of the sense of control. *Science, 233,* 1271–1276.

Rodin, J., & Ickovics, J.R. (1990). Women's health: Review and research agenda as we approach the 21st century. *American Psychologist, 45,* 1018–1034.

Rodin, J., & Langer, E.J. (1977). Long-term effects of a control-relevant intervention with the institutionalized aged. *Journal of Personality and Social Psychology, 35,* 897–902.

Rodin, J., McAvay, G., & Timko, C. (1988). A longitudinal study of depressed mood and sleep disturbances in elderly adults. *Journal of Gerontology: Psychological Sciences, 43,* 45–53.

Roesch, R., & Golding, S.L. (1980). *Competency to stand trial.* Urbana: University of Illinois Press.

Rogers, C.R. (1942). *Counseling and psychotherapy: New concepts in practice.* Boston: Houghton Mifflin.

Rogers, C.R. (1951). *Client-centered therapy.* Boston: Houghton Mifflin.

Rogers, C.R. (1961). *On becoming a person: A therapist's view of psychotherapy.* Boston: Houghton Mifflin.

Rogers, C.R. (1970). *Carl Rogers on encounter groups.* New York: Harper & Row.

Rogers, C.R., Gendlin, G.T., Kiesler, D.V., & Truax, C.B. (1967). *The therapeutic relationship and its impact: A study of psychotherapy with schizophrenics.* Madison: University of Wisconsin Press.

Rogler, L.H., & Hollingshead, A.B. (1985). *Trapped: Families and schizophrenia* (3rd ed.). Maplewood, NJ: Waterfront Press.

Rohde, P., Lewinsohn, P.M., & Seeley, J.R. (1991). Comorbidity of unipolar depression: II Comorbidity with other mental disorders in adolescents and adults. *Journal of Abnormal Psychology, 100,* 214–222.

Rokeach, M. (1973). *The nature of human values.* New York: Free Press.

Rokeach, M. (1979). Some unresolved issues in theories of beliefs, attitudes, and values. *Proceedings of the Nebraska Symposium on Motivation.* Lincoln: University of Nebraska Press.

Romanczyk, R.G., Diament, C., Goren, E.R., Trundeff, G., & Harris, S.L. (1975). Increasing isolate and social play in severely disturbed children: Intervention and postintervention effectiveness. *Journal of Austim and Childhood Schizophrenia, 43,* 730–739.

Romanczyk, R.G., Kent, R.N., Diament, C., & O'Leary, K.D. (1973). Measuring the reliability of observational data: A reactive process. *Journal of Applied Behavior Analysis, 6,* 175–184.

Romero, D. (1992, March 7). Two drugs crash the party scene. *Los Angeles Times,* pp. A1, A22–23.

Ronningstam, E., & Gunderson, J.G. (1990). Identifying criteria for narcissistic personality disorder. *American Journal of Psychiatry, 147,* 918–922.

Rooth, F.G. (1973). Exhibitionism, sexual violence, and pedophilia. *British Journal of Psychiatry, 122,* 705–710.

Rose, S.D. (1986). Group methods. In F.H. Kanfer, & A.P. Goldstein (Eds.), *Helping people change: A textbook of methods* (3rd ed.). Elmsford, NY: Pergamon.

Rosen, E., Fox, R., & Gregory, I. (1972). *Abnormal psychology* (2nd ed.). Philadelphia: Saunders.

Rosen, J., & Bohon, S. (1990). Pharmacotherapy. In A.S. Bellack, & M. Hersen (Eds.), *Handbook of comparative treatments for adult disorders* (pp. 316–326). New York: Wiley.

Rosen, J.C., & Leitenberg, H.C. (1985). Exposure plus response prevention treatment of bulimia. In D.M. Garner,

& P.E. Garfinkel (Eds.), *Handbook of psychotherapy for anorexia nervosa and bulimia*. New York: Guilford.

Rosen, J.N. (1964). A method of resolving acute catatonic excitement. *Psychiatric quarterly, 20*, 183–198.

Rosen, R.C., & Beck, J.G. (1988). *Patterns of sexual arousal: Psychophysiological processes and clinical applications*. New York: Guilford.

Rosen, R.C., & Hall, E. (1984). *Sexuality*. New York: Random House.

Rosen, R.C., & Rosen, L. (1981). *Human sexuality*. New York: Knopf.

Rosenbaum, M. (1980). The role of the term schizophrenia in the decline of diagnoses of multiple personality. *Archives of General Psychiatry, 37*, 1383–1385.

Rosenbaum, M. (1980). A schedule for assessing self-control behaviors: Preliminary findings. *Behavior Therapy, 11*, 109–121.

Rosenberg, M.S., & Reppucci, N.D. (1985). Primary prevention of child abuse. *Journal of Consulting and Clinical Psychology, 53*, 576–585.

Rosenblatt, R.A., & Spiegel, C. (1988, December 2). Half of state's nursing homes fall short in federal study. *Los Angeles Times*, pp. 3, 34.

Rosenman, R.H., Brand, R.J., Jenkins, C.D., Friedman, M., Straus, R., & Wurm, M. (1975). Coronary heart disease in the Western Collaborative Group Study: Final follow-up experience of 8½ years. *Journal of the American Medical Association, 233*, 872–877.

Rosenman, R.H., Friedman, M., Straus, R., Wurm, M., Kositichek, R., Hahn, W., & Werthessen, N.T. (1964). A predictive study of coronary heart disease. *Journal of the American Medical Association, 189*, 103–110.

Rosenthal, D. (1955). Changes in some moral values following psychotherapy. *Journal of Consulting Psychology, 19*, 431–436.

Rosenthal, D. (1970). *Genetic theory and abnormal behavior*. New York: McGraw-Hill.

Rosenthal, N.E., Carpenter, C.J., James, S.P., Parry, B.L., Rogers, S.L.B., & Wehr, T.A. (1986). Seasonal affective disorder in children and adolescents. *American Journal of Psychiatry, 143*, 356–358.

Rosenthal, N.E., Sack, D.A., Carpenter, C.J., Parry, B.L., Mendelson, W.B., & Wehr, T.A. (1985). Antidepressant effects of light in seasonal affective disorder. *American Journal of Psychiatry, 142*, 163–170.

Rosenthal, R. (1966). *Experimenter bias in behavioral research*. New York: Appleton-Century-Crofts.

Rosenthal, T.L., & Bandura, A. (1978). Psychological modeling: Theory and practice. In S.L. Garfield, & A.E. Bergin (Eds.), *Handbook of psychotherapy and behavior change: An empirical analysis* (2nd ed.). New York: Wiley.

Rosin, A.J., & Glatt, M.M. (1971). Alcohol excess in the elderly. *Quarterly Journal of Studies on Alcoholism, 32*, 53–59.

Rosman, B.L., Minuchin, S., & Liebman, R. (1975). Family lunch session: An introduction of family therapy in anorexia nervosa. *American Journal of Orthopsychiatry, 45*, 846–852.

Rosman, B.L., Minuchin, S., & Liebman, R. (1976). Input and outcome of family therapy of anorexia nervosa. In J.L. Claghorn (Ed.), *Successful psychotherapy*. New York: Brunner/Mazel.

Ross, A.O. (1981). *Psychological disorders of childhood: A behavioral approach to theory, research, and practice* (2nd ed.). New York: McGraw-Hill.

Ross, C.A. (1989). *Multiple personality disorder: Diagnosis, clinical features, and treatment*. New York: Wiley.

Ross, C.A. (1991). Epidemiology of multiple personality disorder and dissociation. *Psychiatric Clinics of North America, 14*, 503–517.

Ross, C.A., Miller, S.D., Reagor, P. et al. (1990). Structured interview data on 102 cases of multiple personality from four centers. *American Journal of Psychiatry, 147*, 596–600.

Ross, C.E., & Huber, J. (1985). Hardship and depression. *Journal of Health and Social Behavior, 75*, 668–670.

Ross, D.M., & Ross, S.A. (1973). Storage and utilization of previously formulated mediators in educable mentally retarded children. *Journal of Educational Psychology, 65*, 205–210.

Ross, D.M., & Ross, S.A. (1976). *Hyperactivity: Research, theory, and action*. New York: Wiley.

Ross, D.M., & Ross, S.A. (1982). *Hyperactivity: Research, theory, and action*. New York: Wiley.

Ross, J.L. (1977). Anorexia nervosa: An overview. *Bulletin of the Menninger Clinic, 41*, 418–436.

Rossiter, E.M., & Wilson, G.T. (1985). Cognitive restructuring and response prevention in the treatment of bulimia nervosa. *Behaviour Research and Therapy, 23*, 349–359.

Roth, D., & Rehm, L.P. (1980). Relationships among self-monitoring processes, memory, and depression. *Cognitive Therapy and Research, 4*, 149–157.

Roth, M. (1955). The natural history of mental disorder in old age. *Journal of Mental Science, 99*, 439–450.

Roth, M., & Kay, D.W.K. (1956). Affective disorder arising in the senium: II. Physical disability as an etiological factor. *Journal of Mental Science, 102*, 141–150.

Roth, S., & Kubal, L. (1975). The effects of noncontingent reinforcement on tasks of differing importance: Facilitation and learned hleplessness effects. *Journal of Personality and Social Psychology, 32*, 680–691.

Rothbaum, B.O., & Foa, E.B. (1992). Exposure therapy for rape victims with post-traumatic stress disorder. *The Behavior Therapist, 15*, 219–222.

Rothbaum, B.O., & Foa, E.B. (in press). Cognitive-behavioral treatment of post-traumatic stress disorder. In P.A. Saigh (Ed.), *Posttraumatic stress disorder: A behavioral approach to assessment and treatment*. New York: Pergamon.

Rothbaum, B.O. et al. (in press). A prospective examination of post-traumatic stress disorder in rape victims. *Journal of Traumatic Stress*.

Rounsaville, B.J., Chevron, E.S., & Weissman, M.M. (1984). Specification of techniques in Interpersonal Psychotherapy. In J.B.W. Williams, & R.L. Spitzer (Eds.), *Psychotherapy research: Where are we and where should we go?* New York: Guilford.

Rovner, B.W., Kafonek, S., Filipp, L., Lucas, M.J., & Folstein, M.F. (1986). Prevalence of mental illness in a community nursing home. *American Journal of Psychiatry, 143*, 1446–1449.

Roy, A. (1982). Suicide in chronic schizophrenics. *British Journal of Psychiatry, 141*, 171–177.

Roy, A. et al. (1991). Mental disorders among alcoholics: Relationship to age of onset and cerebrospinal fluid neuropeptides. *Archives of General Psychiatry, 48*, 423–427.

Roy, A., Everett, D., Pickar, D., & Paul, S.M. (1987). Platelet tritiated imipramine binding and serotonin uptake in depressed patients. *Archives of General Psychiatry, 44*, 320–327.

Roybal, E.R. (1988). Mental health and aging: The need for an expanded federal response. *American Psychologist, 43*, 189–194.

Ruberman, W., Weinblatt, E., Goldberg, J.D., & Chaudhary, B.S. (1984). Psychosocial influences on mortality after myocardial infarction. *New England Journal of Medicine, 311*, 552–559.

Ruch, L.O., & Leon, J.J. (1983). Sexual assault trauma and trauma change. *Women and Health, 8*, 5–21.

Runck, B. (1980). *Biofeedback – Issues in treatment assessment*. Rockville, MD: National Institute of Mental Health.

Runck, B. (1982). *Behavioral self-control: Issues in treatment assessment*. Rockville, MD: National Institute of Mental Health.

Runt, M.A.H., Merriman, R., Stapleton, J., & Taylor, W. (1983). Effect of nicotine chewing gum as an adjunct to general practitioners' adive against smoking. *British Medical Journal, 287,* 1782–1785.

Rush, A.J., Beck, A.T., Kovacs, M., & Hollon, S.D. (1977). Comparative efficacy of cognitive therapy and pharmacotherapy in the treatment of depressed outpatients. *Cognitive Therapy and Research, 1,* 17–39.

Rush, A.J., Beck, A.T., Kovacs, M., Weissenberger, J., & Hollon, S.D. (1982). Comparison of the effects of cognitive therapy on hopelessness and self-concept. *American Journal of Psychiatry, 139,* 862–866.

Russell, D.E.H. (1982). *Rape in marriage.* New York: Macmillan.

Russell, M.A.H., Feyeranbend, C., & Cole, P.V. (1976). Plasma nicotine levels after cigarette smoking and chewing nicotine gum. *British Medical Journal, 1,* 1043–1046.

Russo, D.C., & Varni, J.W. (1982). Behavioral pediatrics. In D.C. Russo, & J.W. Varni (Eds.), *Behavioral pediatrics: Research and practice.* New York: Plenum.

Rutter, M. (1967). Psychotic disorders in early childhood. In A.J. Cooper (Ed.), Recent developments in schizophrenia. [Special Publication] *British Journal of Psychiatry.*

Rutter, M. (1971). Parent-child separation: Psychological effects on the children. *Journal of Child Psychology and Psychiatry, 12,* 233–260.

Rutter, M. (1979). Maternal deprivation, 1972–1978: New findings, new concepts, new approaches. *Child Development, 50,* 283–305.

Rutter, M., & Schopler, E. (1987). Autism and pervasive developmental disorders: Concepts and diagnostic issues. *Journal of Autism and Developmental Disorders, 17,* 159–186.

Rutter, M., Tizard, J., & Whitmore, K. (1970). *Education, health, and behavior.* London: Longmans.

Ryall, R. (1974). Delinquency: The problem for treatment. *Social Work Today, 15,* 98–104.

Ryan, G., Lane, S., Davis, J., & Isaac, C. (1987). Juvenile sex offenders: Development and correction. *Child Abuse and Neglect, 11,* 385–395.

Ryan, W. (1971). *Blaming the victim.* New York: Random House.

Rybstein-Blinchik, E. (1979). Effects of different cognitive strategies on chronic pain experience. *Journal of Behavioral Medicine, 2,* 93–101.

Sabin, J.E. (1975). Translating despair. *American Journal of Psychiatry, 132,* 197–199.

Sachs, J.S. (1983). Negative factors in brief psychotherapy: An empirical assessment. *Journal of Consulting and Clinical Psychology, 51,* 557–564.

Sackeim, H.A., Nordlie, J.W., & Gur, R.C. (1979). A model of hysterical and hypnotic blindness: Cognition, motivation and awareness. *Journal of Abnormal Psychology, 88,* 474–489.

Sacks, O. (1985). The twins. In *The man who mistook his wife for a hat and other clinical tales.* New York: Harper & Row.

Safer, D.J., & Krager, J.M. (1983). Trends in medication treatment of hyperactive school children. *Clinical Pediatrics, 22,* 500–504.

Safran, J.D., Vallis, T.M., Segal, Z.V., & Shaw, B.F. (1986). Assessment of core cognitive processes in cognitive therapy. *Cognitive Therapy and Research, 10,* 509–526.

Sager, C.J. (1990). Foreword. In I.L. Kutash, & A. Wolf (Eds.), *The group psychotherapist's handbook: Contemporary theory and technique.* New York: Columbia University Press.

Sakel, M. (1938). The pharmacological shock treatment of schizophrenia. *Nervous and Mental Disease Monograph, 62.*

Salan, S.E., Zinberg, N.E., & Frei, E. (1975). Antiemetic effect of delta-9-THC in patients receiving cancer chemotherapy. *New England Journal of Medicine, 293,* 795–797.

Salovey, P., & Singer, J.A. (1991). Cognitive behavior modification. In F.H. Kanfer, & A.P. Goldstein (Eds.), *Helping people change: A textbook of methods* (4th ed.), Elmsford, NY: Pergamon.

Salter, A. (1949). *Conditioned reflex therapy.* New York: Farrar, Straus.

Salzman, L. (1980). *Psychotherapy of the obsessive personality.* New York: Jason Aronson.

Salzman, L. (1985). Psychotherapeutic management of obsessive-compulsive patients. *American Journal of Psychotherapy, 39,* 323–330.

Salzman, L., & Thaler, F.H. (1981). Obsessive-compulsive disorders: A review of the literature. *American Journal of Psychiatry, 138,* 286–296.

Sanchez-Craig, M., & Wilkinson, D.A. (1987). Treating problem drinkers who are not severely dependent on alcohol. *Drugs and Society, 1,* 39–67.

Sanday, P.R. (1981). The socio-cultural context of rape: A cross-cultural study. *The Journal of Social Issues, 37,* 5–27.

Sanderson, W.C., Rapee, R.M., & Barlow, D.H. (1989). The influence of an illusion of control on panic attacks induced via inhalation of 5,5% carbon dioxide-enriched air. *Archives of General Psychiatry, 46,* 157–162.

Sanderson, W.C. et al. (1990). Syndrome comorbidity in patients diagnosed with a DSM-IIIR anxiety disorder. *Journal of Abnormal Psychology, 99,* 308–312.

Sandler, J. (1986). Aversion methods. In

E.H. Kanfer, & A.P. Goldstein (Eds.), *Helping people change: A textbook of methods* (3rd ed.). Elmsford, NY: Pergamon.

Sangsingkeo, P. (1969). Buddhism and some effects on the rearing of children in Thailand. In W. Caudhill, & T.Y. Lin (Eds.), *Mental health research in Asia and the Pacific* (pp. 286–295). Honolulu: East-West Center Press.

Sarngadharan, M.G., Popovic, M., Bruch, L., Schupbach, J., & Gallo, R.C. (1984). Antibodies reactive with human T-lymphotropic retroviruses (HTLV-III) in the serum of patients with AIDS. *Science, 224,* 506–508.

Sargent, J.D., Green, E.E., & Walters, E.D. (1972). Preliminary report on the use of autogenic feedback techniques in the treatment of migraine headaches. *Headache, 12,* 120–124.

Sargent, J.D., Green, E.E., & Walters, E.D. (1973). The age of autogenic feedback training in a pilot study of migraine and tension headaches. *Psychosomatic Medicine, 35,* 129–135.

Sartorius, N., Kaelber, C. T., Cooper, J. E., Roper, M. T., Rae, D. S., Gulbinat, W., Üstün, T. B. & Regier, D. A. (1993). Progress toward achieving a common language in psychiatry. Results from the field trials of the clinical guideline accompanying the WHO classification of mental and behavioral disorders in ICD-10. *Archives of General Psychiatry, 50,* 115-124.

Sartorius, N., Shapiro, R., & Jablonsky, A. (1974). The international pilot study of schizophrenia. *Schizophrenia Bulletin, 2,* 21–35.

Sassenrath, E.N., Chapman, L.F., & Goo, G.P. (1979). Reproduction in rhesus monkeys chronically exposed to moderate amounts of delta-9-tetrahydrocanabinol. In G.G. Nahas, & W.D.M. Paton (Eds.), *Marihuana: Biological effects.* Elmsford, NY: Pergamon.

Saunders, E.A. (1991). Rorschach indicators of chronic childhood sexual abuse in female borderline patients. *Bulletin of the Menninger Clinic, 55,* 48–71.

Saunders, S.M., Howard, K.I., & Orlinsky, D.E. (1989). Therapeutic Bond Scales: Psychometric characteristics and relationship to treatment effectiveness. *Psychological Assessment: A Journal of Consulting and Clinical Psychology, 1,* 323–330.

Sayette, M.A., & Wilson, G.T. (1991). Intoxication and exposure to stress: Effects of temporal patterning. *Journal of Abnormal Psychology, 100,* 56–62.

Scarborough, H.S. (1990). Very early language deficits in dyslexic children. *Child Development, 61,* 128–174.

Scarlett, W. (1980). Social isolation from age-mates among nursery school children. *Journal of Child Psychology and Psychiatry, 21,* 231–240.

Schachter, D.L., Kihlstrom, J.F., Kihlstrom, L.C., & Berren, M.B. (1989). Autobiographical memory in a case of multiple personality disorder. Journal of Abnormal Psychology, 98, 508–514.

Schachter, S., & Latané, B. (1964). Crime, cognition, and the autonomic nervous system. In D. Levine (Ed.), Nebraska symposium on motivation (Vol. 12). Lincoln: University of Nebraska Press.

Schaie, K.W. (1965). A general model for the study of developmental problems. Psychological Bulletin, 64, 92–107.

Schaie, K.W., & Hertzog, C. (1982). Longitudinal methods. In B.B. Wolman (Ed.), Handbook of developmental psychology. Englewood Cliffs, NJ: Prentice-Hall.

Scharff, J.S. (in press). Psychoanalytic marital therapy. In N.S. Jacobson, & A.S. Gurman (Eds.), Clinical handbook of couple therapy (2nd ed.). New York: Guilford.

Schatzberg, A.F., & Colem, J.O. (1991). Manual of clinical psychopharmacology. Second edition. Washington, DC: American Psychiatric Press.

Schatzberg, A.F., Orsulak, P.J., Rosenbaum, A.H., Cole, J.O., & Scheerenberger, R.C. (1983). A history of mental retardation. Baltimore: P.H. Brookes.

Scheerer, M., Rothman, E., & Goldstein, K. (1945). A case of "idiot savant": An experimental study of personality organization. Psychological Monographs, 58 (Whole No. 269).

Scheff, T.J. (1966). Being mentally ill: A sociological theory. Chicago: Aldine.

Schellenberg, G.D., Bird, T.D., Wijsman, E.M., Moore, D.K., Boehkne, E.M., Bryant, E.M., Lampe, T.H., Nochlin, D., Sumi, S.M., Deeb, S.S., Bayreuther, K., & Martin, G.M. (1988). Absence of linkage of chromosome 21p21 markers to familial Alzheimer's disease. Science, 241, 1507–1510.

Schinke, S.P., & Gilchrist, L.D. (1985). Preventing substance abuse with children and adolescents. Journal of Consulting and Clinical Psychology, 53, 596–602.

Schleifer, S.J., Keller, S.E., Camerino, M., Thronton, J.C., & Stein, M. (1983). Suppression of lymphocyte stimulation following bereavement. Journal of the American Medical Association, 250, 374–377.

Schlesier-Stropp, B. (1984). Bulimia: A review of the literature. Psychological Bulletin, 95, 247–257.

Schmauk, F.J. (1970). Punishment, arousal, and avoidance learning in sociopaths. Journal of Abnormal Psychology, 76, 443–453.

Schneider, K. (1959). Clinical psychopathology. New York: Grune & Stratton.

Schneider, N.G. (1987). Nicotine gum in smoking cessation: Rationale, efficacy, and proper use. Comprehensive Therapy, 13, 32–37.

Schneider, N.G., & Jarvik, M.E. (1984). Time course of smoking withdrawal symptoms as a function of nicotine replacement. Psychopharmacology, 82, 143–144.

Schneider, N.G., Jarvik, M.E., & Forsythe, A.B. (1984). Nicotine vs. placebo gum in the alleviation of withdrawal during smoking cessation. Addictive Behaviors, 9, 149–156.

Schneider, N.G., Jarvik, M.E., Forsythe, A.B., Read, L.L., Elliott, M.L., & Schweiger, A. (1983). Nicotine gum in smoking cessation: A placebo-controlled, double-blind trial. Addictive Behaviors, 8, 253–261.

Schoenbach, V., Kaplan, B.H., Fredman, L., & Kleinaum, D.G. (1986). Social ties and mortality in Evans County, Georgia. American Journal of Epidemiology, 123, 577–591.

Schoeneman, T.J. (1977). The role of mental illness in the European witch-hunts of the sixteenth and seventeenth centuries: An assessment. Journal of the History of the Behavioral Sciences, 13, 337–351.

Schofield, W. (1964). Psychotherapy: The purchase of friendship. Englewood Cliffs, NJ: Prentice-Hall.

Schopler, E., Short, B., & Mesibov, G.B. (1989). Comments. Journal of Consulting and Clinical Psychology, 157, 162–167.

Schover, L.R. (1981). Unpublished research. As cited in Spector & Carey (1990).

Schuckit, M.A. (1983). The genetics of alcoholism. In B. Tabakoff, P.B. Sulker, & C.L. Randall (Eds.), Medical and social aspects of alcohol use. New York: Plenum.

Schuckit, M.A., & Gold, E.O. (1988). A simultaneous evaluation of multiple ethanol challenges to sons of alcoholics and controls. Archives of General Psychiatry, 45, 211–216.

Schuckit, M.A., & Moore, M.A. (1979). Drug problems in the elderly. In O.J. Kaplan (Ed.), Psychopathology of aging. New York: Academic Press.

Schuckit, M.A., & Rayses, V. (1979). Ethanol ingestion: Differences in blood acetaldehyde concentrations in relatives of alcoholics and controls. Science, 203, 54–55.

Schulsinger, F. (1972). Psychopathy: Heredity and environment. International Journal of Mental Health, 1, 190–206.

Schultz, R., & Brenner, G. (1977). Relocation of the aged: A review and theoretical analysis. Journal of Gerontology, 32, 323–333.

Schulz, R., & Williamson, G.M. (1991). A 2-year longitudinal study of depression among Alzheimer's caregivers. Psychology and Aging, 6, 569–578.

Schwab, J.J., Fennell, E.B., & Warheit, G.J. (1974). The epidemiology of psychosomatic disorders. Psychosomatics, 15, 88–93.

Schwartz, G.E. (1973). Biofeedback as therapy: Some theoretical and practical issues. American Psychologist, 28, 666–673.

Schwartz, G.E., & Weiss, S. (1977). What is behavioral medicine? Psychosomatic Medicine, 36, 377–381.

Schwartz, G.E., & Weiss, S.M. (1978). Behavioral medicine revisited: An amended definition. Journal of Behavioral Medicine, 1, 249–252.

Schwartz, M.S. (1946). The economic and spatial mobility of paranoid schizophrenics. Unpublished master's thesis, University of Chicago.

Schwartz, R., & Schwartz, L.J. (1980). Becoming a couple. Englewood Cliffs, NJ: Prentice-Hall.

Schwartz, R.M., & Gottman, J.M. (1976). Toward a task analysis of assertive behavior. Journal of Consulting and Clinical Psychology, 44, 910–920.

Schwartz, S.H., & Inbar-Saban, N. (1988). Value self-confrontation as a method to aid in weight loss. Journal of Personality and Social Psychology, 54, 396–404.

Schwarz, J.R. (1981). The Hillside strangler: A murderer's mind. New York: New American Library.

Schweizer, E. et al. (1990). Long-term therapeutic use of benzodiazapines: Effects of gradual taper. Archives of General Psychiatry, 47, 908–915.

Schwitzgebel, R.L., & Schwitzgebel, R.K. (1980). Law and psychological practice. New York: Wiley.

Scientific perspectives on cocaine abuse. (1987). Pharmacologist, 29, 20–27.

Seeman, T.E., & Syme, S.L. (1987). Social networks and coronary artery disease: A comparison of the structure and function of social relations as predictors of disease. Psychosomatic Medicine, 49, 381–406.

Segal, Z.V., & Shaw, B.F. (1988). Cognitive assessment: Issues and methods. In K.S. Dobson (Ed.), Handbook of cognitive-behavioral therapies (pp. 39–81). New York: Guilford.

Segal, Z.V., Shaw, B.F., Vella, D.D., & Katz, R. (1992). Cognitive and life stress predictors of relapse in remitted unipolar depressed patients: Test of the congruency hypothesis. Journal of Abnormal Psychology, 101, 26–37.

Segovia-Riquelman, N., Varela, A., & Mardones, J. (1971). Appetite for alcohol. In Y. Israel, & J. Mardones (Eds.), Biological basis of alcoholism. New York: Wiley.

Segraves, R.T. (1990). Theoretical orientations in the treatment of marital discord. In F.D. Fincham, & T.N. Bradbury (Eds.), *The psychology of marriage: Basic issues and applications* (pp. 281–298). New York: Guilford.

Seiden, R.H. (1974). Suicide: Preventable death. *Public Affairs Report, 15,* 1–5.

Seidman, L.J. (1983). Schizophrenia and brain dysfunction: An integration of recent neurodiagnostic findings. *Psychological Bulletin, 94,* 195–238.

Seligman, L. (1990). *Selecting effective treatments: A comprehensive, systematic guide to treating adult mental disorders.* San Francisco: Jossey-Bass.

Seligman, M.E.P., & Binik, Y. (1977). The safety signal hypothesis. In H. Davis, & H. Hurwitz (Eds.), *Operant-Pavlovian interactions.* Hillsdale, NJ: Erlbaum.

Seligman, M.E.P. (1971). Phobias and preparedness. *Behavior Therapy, 2,* 307–320.

Seligman, M.E.P. (1974). Depression and learned helplessness. In R.J. Friedman, & M.M. Katz (Eds.), *The psychology of depression: Contemporary theory and research.* Washington, DC: Winston-Wiley.

Seligman, M.E.P. (1978). Comment and integration. *Journal of Abnormal Psychology, 87,* 165–179.

Seligman, M.E.P., Abramson, L.V., Semmel, A., & Von Beyer, C. (1979). Depressive attributional style. *Journal of Abnormal Psychology, 88,* 242–247.

Seligman, M.E.P., Castellon, C., Cacciola, J., Schulman, P., Luborsky, L., Ollove, M., & Downing, R. (1988). Explanatory style change during cognitive therapy for unipolar depression. *Journal of Abnormal Psychology, 97,* 13–18.

Seligman, M.E.P., & Hager, M. (Eds.). (1972). *Biological boundaries of learning.* New York: Appleton-Century-Crofts.

Selling, L.S. (1940). *Men against madness.* New York: Greenberg.

Seltzer, L.F. (1986). *Paradoxical strategies in psychotherapy: A comprehensive overview and guidebook.* New York: Wiley.

Selye, H. (1950). *The physiology and pathology of exposure to stress.* Montreal: Acta.

Serban, G., Conte, H.R., & Plutchik, R. (1987). Borderline and schizotypal personality disorders: Mutually exclusive or overlapping? *Journal of Personality Assessment, 5,* 15–22.

Settin, J.M. (1982). Clinical judgment in geropsychology practice. *Psychotherapy: Theory, Research and Practice, 19,* 397–404.

Shader, R.I., Caine, E.D., & Meyer, R.E. (1975). Treatment of dependence on barbiturates and sedative hypnotics. In R.I. Shader (Ed.), *Manual of psychiatric therapeutics: Practical psychopharmacology and psychiatry.* Boston: Little, Brown.

Shader, R.I., & DiMascio, A. (1970). *Psychotropic drug side-effects: Clinical and theoretical perspectives.* Baltimore: Williams & Wilkins.

Shaffer, D., Campbell, M., Cantwell, D., Bradley, S., Carlson, G., Cohen, D., Denckla, M., Frances, A., Garfinkel, B., Klein, R., Pincus, H., Spitzer, R.L., Volkmar, F., & Widiger, T. (1989). Child and adolescent psychiatric disorders in the DSM-IV: Issues facing the working group. *Journal of the American Academy of Child and Adolescent Psychiatry, 28,* 830–835.

Shapiro, D., & Surwit, R.S. (1979). Biofeedback. In O.E. Pomerleau, & J.P. Brady (Eds.), *Behavioral medicine: Theory and practice.* Baltimore: Williams & Wilkins.

Shapiro, D., Tursky, B., & Schwartz, G.E. (1970). Control of blood pressure in man by operant conditioning. *Circulation Research, 26,* 127–132.

Shapiro, D.A., & Shapiro, D. (1983). Comparative therapy outcome research: Methodological implications of metaanalysis. *Journal of Consulting and Clinical Psychology, 51,* 42–53.

Shatan, C.F. (1978). Stress disorders among Vietnam veterans: The emotional content of combat continues. In C.R. Figley (Ed.), *Stress disorders among Vietnam veterans.* New York: Brunner/Mazel.

Shaw, B.F. (1977). Comparison of cognitive therapy and behavior therapy in the treatment of depression. *Journal of Consulting and Clinical Psychology, 45,* 543–551.

Shaw, B.F. (1984). Specification of the training and evaluation of cognitive therapists for outcome studies. In J.B.W. Williams, & R.L. Spitzer (Eds.), *Psychotherapy research: Where are we and where should we go?* New York: Guilford.

Shea, M.T., Pilkonis, P.A., Beckham, E., Collins, J.F., Elkin, I., Sotsky, S.M., & Docherty, J.P. (1990). Personality disorders and treatment outcome in the NIMH Treatment of Depression Collaborative Research Program. *American Journal of Psychiatry, 147,* 711–718.

Shekelle, R.B., Honey, S.B., Neaton, J., Billings, J., Borlani, N., Gerace, T., Jacobs, D., Lasser, N., & Stander, J. (1983). Type A behavior pattern and coronary death in MRFIT. *American Heart Association Cardiovascular Disease Newsletter, 33,* 34.

Sher, K.J., Frost, R.O., Kushner, M., Crew, T.M., & Alexander, J.E. (1989). Memory deficits in compulsive checkers in a clinical sample. *Behaviour Research and Therapy, 27,* 65–69.

Sher, K.J., Frost, R.O., & Otto, R. (1983). Cognitive deficits in compulsive chek-

kers: An exploratory study. *Behaviour Research and Therapy, 21,* 357–363.

Sher, K.J., & Levenson, R.W. (1982). Risk for alcoholism and individual differences in the stress-response-dampening effects of alcohol. *Journal of Abnormal Psychology, 91,* 350–367.

Sher, K.J., Walitzer, K.S., Wood, P.K., & Brent, E.F. (1991). Characteristics of children of alcoholics: Putative risk factors, substance use and abuse, and psychopathology. *Journal of Abnormal Psychology, 100,* 427–448.

Sherman, A.R. (1972). Real-life exposures as a primary therapeutic factor in the desensitization treatment of fear. *Journal of Abnormal Psychology, 79,* 19–28.

Sherwin, B.B., Gelfand, M.M., & Brender, W. (1985). Androgen enhances sexual motivation in females: A prospective, crossover study of sex steroid administration in the surgical menopause. *Psychosomatic Medicine, 47,* 339–351.

Shneidman, E.S. (1973). Suicide. In *Encyclopedia Britannica.* Chicago: Encyclopedia Britannica.

Shneidman, E.S. (1976). A psychological theory of suicide. *Psychiatric Annals, 6,* 51–66.

Shneidman, E.S. (1981). Suicide thoughts and reflections: 1960–1980. *Suicide and Life-Threatening Behavior, 11,* 197–360.

Shneidman, E.S. (1985). *Definition of suicide.* New York: Wiley.

Shneidman, E.S. (1987). A psychological approach to suicide. In G.R. VandenBos, & B.K. Bryant (Eds.), *Cataclysms, crises, and catastrophes: Psychology in action.* Washington, DC: American Psychological Association.

Shneidman, E.S., & Farberow, N.L. (1970). A psychological approach to the study of suicide notes. In E.S. Shneidman, N.L. Farberow, & R.E. Litman (Eds.), *The psychology of suicide.* New York: Jason Aronson.

Shneidman, E.S., Farberow, N.L., & Litman, R.E. (Eds.). (1970). *The psychology of suicide.* New York: Jason Aronson.

Shoham-Salomon, V., Avner, R., & Neeman, R. (1989). You're changed if you do and changed if you don't: Mechanisms underlying paradoxical interventions. *Journal of Consulting and Clinical Psychology, 57,* 590–598.

Shoham-Salomon, V., & Rosenthal, R. (1987). Paradoxical interventions: A meta-analysis. *Journal of Consulting and Clinical Psychology, 55,* 22–27.

Shontz, F.C., & Green, P. (1992). Trends in research on the Rorschach: Review and recommendations. *Applied and Preventive Psychology, 1,* 149–156.

Shopsin, B., Friedman, E., & Gershon, S. (1976). Parachlorophenylalanine reversal of tranylcypromine effects in depressed patients. *Archives of General Psychiatry, 33,* 811–819.

Shopsin, B., Gershon, S., Thompson, H., & Collins, P. (1975). Psychoactive drugs in mania. *Archives of General Psychiatry, 32,* 34–42.

Short, J.F., & Nye, F.I. (1958). Extent of unrecorded juvenile delinquency: Tentative conclusions. *Journal of Criminal Law, Criminology, and Police Science, 29,* 296–302.

Siegel, J.M., Sorenson, S.B., Golding, J.M., Burnam, M.A., & Stein, J.A. (1987). The prevalence of childhood sexual assault: The Los Angeles Epidemiological Catchment Area Project. *American Journal of Epidemiology, 126,* 1141–1153.

Siegel, R.K. (1982). Cocaine smoking. *Journal of Psychoactive Drugs, 14,* 277–359.

Siegler, I.C., & Costa, P.T., Jr. (1985). Health behavior relationships. In J.E. Birren, & K.W. Schaie (Eds.), *Handbook of the psychology of aging* (2nd ed.). New York: Van Nostrand-Reinhold.

Siegler, I.C., George, L.K., & Okun, M.A. (1979). A cross-sequential analysis of adult personality. *Developmental Psychology, 15,* 350–351.

Siemens, A.J. (1980). Effects of cannabis in combination with ethanol and other drugs. In *Marijuana research findings: 1980.* Washington, DC: U.S. Government Printing Office.

Siever, L.J., Silverman, J.M., Horvath, T.B. et al. (1990). Increased morbid risk for schizophrenia-related disorders in relatives of schizotypal personality disordered patients. *Archives of General Psychiatry, 47,* 634–640.

Siever, L.J., & Uhde, T.W. (1984). New studies and perspectives on the noradrenergic receptor system in depression. *Biological Psychiatry, 19,* 131.

Sigman, M., Ungerer, J.A., Mundy, P., & Sherman, T. (1987). Cognition in autistic children. In D.J. Cohen, A.M. Donnellan, & R. Paul (Eds.), *Handbook of autism and pervasive developmental disorders* (pp. 103–120). New York: Wiley.

Silberman, E.K., Reus, V.I., Jimerson, D.C. et al. (1981). Heterogeneity of amphetamine response in depressed patients. *American Journal of Psychiatry, 118,* 1302–1307.

Silverman, K., Evans, S.M., Strain, E.C., & Griffiths, R.R. (1992). Withdrawal syndrome after the double-blind cessation of caffeine consumption. *New England Journal of Medicine, 327,* 1109–1114.

Silverstein, B., Feld, S., Kozlowki, L.T. (1980). The availability of low-nicotine cigarettes as a cause of cigarette smoking among teenage females. *Journal of Health & Social Behavior, 21,* 383–388.

Silverstein, C. (1972). *Behavior modification and the gay community.* Paper presented at the annual convention of the Association for Advancement of Behavior Therapy, New York.

Simeons, A.T.W. (1961). *Man's presumptuous brain: An evolutionary interpretation of psychosomatic disease.* New York: Dutton.

Simon, R.J., & Aaronson, D.E. (1988). *The insanity defense: A critical assessment of law and policy in the post-Hinckley era.* New York: Praeger.

Simons, A.D., Garfield, S.L., & Murphy, G.E. (1984). The process of change in cognitive therapy and pharmacotherapy for depression: Changes in mood and cognition. *Archives of General Psychiatry, 41,* 45–51.

Simons, A.D., Lustman, P.J., Wetzel, R.D., & Murphy, G.E. (1985). Predicting response to cognitive therapy of depression: The role of learned resourcefulness. *Cognitive Therapy and Research, 9,* 79–89.

Simons, A.D., Murphy, G.E., Levine, J.L., & Wetzel, R.D. (1985). Sustained improvement one year after cognitive and/or pharmacotherapy of depression. *Archives of General Psychiatry, 43,* 43–48.

Singer, J.L. (1984). The private personality. *Personality and Social Psychology Bulletin, 10,* 7–30.

Singer, M., & Wynne, L.C. (1963). Differentiating characteristics of the parents of childhood schizophrenics. *American Journal of Psychiatry, 120,* 234–243.

Sintchak, G.H., & Geer, J.H. (1975). A vaginal plethysmograph system. *Psychophysiology, 12,* 113–115.

Sisson, L.A., Van Hasselt, V.B., Hersen, M., & Awid, J.C. (in press). Tripartite behavioral intervention to reduce stereotypic and disruptive behaviors in young multihandicapped children. *Behavior Therapy.*

Sisson, R.W., & Azrin, N.H. (1989). The community-reinforcement approach. In R.K. Hester, & W.R. Miller (Eds.), *Handbook of alcoholism treatment approaches: Effective alternatives* (pp. 242–258). New York: Pergamon.

Sizemore, C.C., & Pittillo, E.S. (1977). *I'm Eve.* Garden City, NY: Doubleday.

Skinner, B.F. (1953). *Science and human behavior.* New York: Macmillan.

Sklar, L.A., & Anisman, H. (1979). Stress and coping factors influence tumor growth. *Science, 205,* 513–515.

Slater, E. (1961). The thirty-fifth Maudsley lecture: Hysteria 311. *Journal of Mental Science, 107,* 358–381.

Slater, E., & Glithero, E. (1965). A follow-up of patients diagnosed as suffering from hysteria. *Journal of Psychosomatic Research, 9,* 9–13.

Slater, E., & Shields, J. (1969). Genetic aspects of anxiety. In M.H. Lader (Ed.), *Studies of anxiety.* Ashford, England: Headley Brothers.

Slavson, S.R. (1950). *Analytic group psychotherapy with children, adolescents and adults.* New York: Columbia University Press.

Sloane, R.B. (1980). Organic brain syndrome. In J.E. Birren, & R.B. Sloane (Eds.), *Handbook of mental health and aging.* Englewood Cliffs, NJ: Prentice-Hall.

Sloane, R.B., Staples, F.R., Cristol, A.H., Yorkston, N.J., & Whipple, K. (1975). *Psychoanalysis versus behavior therapy.* Cambridge, MA: Harvard University Press.

Small, G.W., & Jarvik, L.F. (1982). The dementia syndrome. *Lancet,* 1443–1446.

Small, G.W., Komanduri, R., Gitlin, M., & Jarvik, L.F. (1986). The influence of age on guilt expression in major depression. *International Journal of Geriatric Psychiatry, 1,* 121–126.

Small, G.W., Kuhl, D.E., Riege, W.H. et al. (1989). Cerebral glucose metabolic patterns in Alzheimer's disease: Effects of gender and age at dementia onset. *Archives of General Psychiatry, 46,* 527–533.

Small, J.C., Klapper, M.H., Milstein, V. et al. (1991). Carbamazine compared with lithium in the treatment of mania. *Archives of General Psychiatry, 48,* 915–921.

Smith, D.W., Bierman, E.L., & Robinson, N.M. (1978). *The biologic ages of man: From conception through old age.* Philadelphia: Saunders.

Smith, K.F., & Bengston, V.L. (1979). Positive consequences of institutionalization: Solidarity between elderly parents and their middle aged children. *The Gerontologist, 5,* 438–447.

Smith, M.L., Glass, G., & Miller, T. (1980). *The benefits of psychotherapy.* Baltimore: Johns Hopkins University Press.

Smith, P.B. (1975). Controlled studies of the outcome of sensitivity training. *Psychological Bulletin, 82,* 597–622.

Smith, S.S., & Newman, J.P. (1990). Alcohol and drug dependence in psychopathic and nonpsychopathic criminal offenders. *Journal of Abnormal Psychology, 99,* 430–439.

Smith, T., Snyder, C.R., & Perkins, S.C. (1983). Self-serving function of hypochondriacal complaints: Physical symptoms as self-handicapping strategies. *Journal of Personality and Social Psychology, 44,* 787–797.

Smith, T.W. (1983). Change in irrational beliefs and the outcome of rational-emotive psychotherapy. *Journal of*

Consulting and Clinical Psychology, 51, 156–157.

Smith, T.W., & Anderson, N.N. (1986). Models of personality and disease: An interactional approach to Type A behavior and cardiovascular risk. Journal of Personality and Social Psychology, 50, 1166–1173.

Smith, T.W., & Frohm, K.D. (1985). What's so unhealthy about hostility? Construct validity and psychosocial correlates of the Cook and Medley Ho scale. Health Psychology, 4, 503–520.

Smyer, M.A., Zarit, S.H., & Qualls, S.H. (1990). Psychological interventions with the aging individual. In J.E. Birren, & K.W. Schaie (Eds.), Handbook of the psychology of aging. Third edition (pp. 375–403). New York: Academic Press.

Snyder, D.K., & Wills, R.M. (1989). Behavioral versus insight-oriented marital therapy: Effects of individual and interspousal functioning. Journal of Consulting and Clinical Psychology, 57, 39–46.

Snyder, D.K., Wills, R.M., & Grady-Fletcher, A. (1991). Long-term effectiveness of behavioral vs. insight-oriented marital therapy. Journal of Consulting and Clinical Psychology, 59, 138–141.

Snyder, M. (1983). The influence of individuals on situations: Implications for understanding the links between personality and social behavior. Journal of Personality, 51, 497–516.

Snyder, M., & White, E. (1982). Moods and memories: Elation, depression, and remembering the events of one's life. Journal of Personality, 50, 149–167.

Snyder, S.H. (1974). Madness and the brain. New York: McGraw-Hill.

Snyder, S.H., Banerjee, S.P., Yamamora, H.I., & Greenberg, D. (1974). Drugs, neurotransmitters, and schizophrenia. Science, 184, 1243–1253.

Sobell, L.C., Toneatto, A., & Sobell, M.B. (1990). Behavior therapy. In A.S. Bellack, & M. Hersen (Eds.), Handbook of comparative treatments for adult disorders (pp. 479–505). New York: Wiley.

Sobell, M.B., & Sobell, L.C. (1976). Second-year treatment outcome of alcoholics treated by individualized behavior therapy: Results. Behaviour Research and Therapy, 14, 195–215.

Sobell, M.B., & Sobell, L.C. (1978). Behavioral treatment of alcohol problems: Individualized therapy and controlled drinking. New York: Plenum.

Sobell, M.B., & Sobell, L.C. (1987). Conceptual issues regarding goals in the treatment of alcohol problems. Drugs and Society, 1, 1–37.

Society of Behavioral Medicine. (1989). Bylaws of the Society of Behavioral Medicine. Washington, DC: Author.

Solnick, R.L., & Corby, N. (1983). Human sexuality and aging. In D.S. Woodruff, & J.E. Birren (Eds.), Aging: Scientific perspectives and social issues (2nd ed.). Monterey, CA: Brooks/Cole.

Soloff, P.H. et al. (1986). Paradoxical affects of amitriptyline on borderline patients. American Journal of Psychiatry, 143, 1603–1605.

Solomon, Z., Mikulincev, M., & Flum, H. (1988). Negative life events, coping response, and combat-related psychopathology: A prospective study. Journal of Abnormal Psychology, 97, 302–307.

Sonda, P., Mazo, R., & Chancellor, M.B. (1990). The role of yohimbine for the treatment of erectile impotence. Journal of Sex and Marital Therapy, 16, 15–21.

Soothill, K.L., & Gibbons, T.C.N. (1978). Recidivism of sexual offenders: A reappraisal. British Journal of Criminology, 18, 267–276.

Sorenson, S.B., & Brown, V.B. (1990). Interpersonal violence and crisis intervention on the college campus. New Directions for Student Services, 49, 57–66.

Sorenson, S.B., & Rutter, C.M. (1991). Transgenerational patterns of suicide attempts. Journal of Consulting and Clinical Psychology, 59, 861–866.

Sorotzin, B. (1984). Nocturnal enuresis: Current perspectives. Clinical Psychology Review, 4, 293–316.

Soueif, M.I. (1976). Some determinants of psychological deficits associated with chronic cannabis consumption. Bulletin of Narcotics, 28, 25–42.

Sourcebook of criminal justice statistics. (1983). Washington, DC: Bureau of Justice and Statistics.

Spadoni, A.J., & Smith, J.A. (1969). Milieu therapy in schizophrenia. Archives of General Psychiatry, 20, 547–557.

Spanier, G.B. (1976). Measuring dyadic adjustment: New scales for assessing the quality of marriage and similar dyads. Journal of Marriage and the Family, 38, 15–28.

Spanos, N.P., Weekes, J.R., & Bertrand, L.D. (1985). Multiple personality: A social psychological perspective. Journal of Abnormal Psychology, 94, 362–376.

Sparrow, S.S., Ballo, D.A., & Cicchetti, D.V. (1984). Vineland Adaptive Behavior Scales. Circle Pines, MI: American Guidance Service.

Special Report to the U.S. Congress on Alcohol and Health. (1983). Washington, DC: NIAA.

Spector, I.P., & Carey, M.P. (1990). Incidence and prevalence of the sexual dysfunctions: A critical review of the empirical literature. Archives of Sexual Behavior, 19, 389–408.

Spengler, A. (1977). Manifest sadomasochism of males: Results of an empirical study. Archives of Sexual Behavior, 6, 441–456.

Spiegel, D. (1990). Can psychotherapy prolong cancer survival? Psychosomatics, 31, 361–366.

Spiegel, D., Bloom, J.R., Kraemer, H.C., & Gottheil, E. (1989). Effect of psychosocial treatment on survival of patients with metastatic breast cancer. Lancet, 2, 888–891.

Spiegel, D., Bloom, J.R., & Yalom, I. (1981). Group support for patients with metastatic cancer: A randomized prospective outcome study. Archives of General Psychiatry, 38, 527–534.

Spielberger, C.D. (1972). The nature and measurement of anxiety. In C.D. Spielberger (Ed.), Anxiety: Current trends in theory and research. New York: Academic Press.

Spielberger, C.D. (1988). State-trait anger expression inventory: Professional manual. Odessa, FL: Psychological Assessment Resources.

Spielberger, C.D., Johnson, E.H., Russell, S.F., Crane, R.J., & Worden, T.J. (1985). The experience and expression of anger. In M.A. Chesney, & R.H. Rosenman (Eds.), Anger and hostility in cardiovascular and behavioral disorders. New York: Hemisphere.

Spiess, W.F.J., Geer, J.H., & O'Donohue, W.T. (1984). Premature ejaculation: Investigation of factors in ejaculatory latency. Journal of Abnormal Psychology, 93, 242–245.

Spinetta, J.J. (1980). Disease-related communication: How to tell. In J. Kenerman (Ed.), Psychological aspects of childhood cancer. Springfield, IL: Charles C. Thomas.

Spitzer, R.L., & Endicott, J. (1978). Schedule for affective disorders and schizophrenia. New York: New York State Psychiatric Institute, Biometrics Research Division.

Spitzer, R.L., Endicott, J., & Gibbon, M. (1979). Crossing the border into borderline personality and borderline schizophrenia. Archives of General Psychiatry, 36, 17–24.

Spitzer, R.L., Endicott, J., & Robins, E. (1977). Research diagnostic criteria (3rd ed.). New York: New York State Psychiatric Institute, Biometrics Research Division.

Spitzer, R.L., Skodol, A.E., Gibbon, M., & Williams, J.B.W. (1981). DSM-III casebook. Washington, DC: American Psychiatric Press.

Spitzer, R.L., & Williams, J.D.W. (1985). Structured clinical interview for DSM-IIIR. Patient version. New York: New York State Psychiatric Institute, Biometrics Research Division.

Spitzer, R., & Williams, J.D.W. (1986). Structured clinical interview for DSM-

IIIR. New York: New York State Psychiatric Institute, Biometrics Research Division.

Spivak, G., Platt, J., & Shure, M. (1976). *The problem-solving approach to adjustment.* San Francisco: Jossey-Bass.

Sprague, R.L., & Gadow, K.D. (1976). The role of the teacher in drug treatment. *School Review, 85,* 109–140.

Sprenkle, D.H., & Storm, C.L. (1983). Divorce therapy outcome research: A substantive and methodological review. *Journal of Marital and Family Therapy, 9,* 239–258.

Squires-Wheeler, E., Skodol, A.E., Friedman, D., & Erlenmeyer-Kimling, L. (1988). The specificity of DSM-III schizotypal personality traits. *Psychological Medicine, 18,* 757–765.

Srole, L., Langner, T.S., Michael, S.T., Opler, M.K., & Rennie, T.A.C. (1962). *Mental health in the metropolis: The midtwon Manhattan study.* New York: McGraw-Hill.

Staats, A.W., & Staats, C.K. (1963). *Complex human behavior.* New York: Holt, Rinehart & Winston.

Stacy, A.W., Newcomb, M.D., & Bentler, P.M. (1991). Cognitive motivation and drug use: A 9-year longitudinal study. *Journal of Abnormal Psychology, 100,* 502–515.

Stacy, A.W., Sussman, S., Dent, C.W., Burton, D., & Flay, B.R. (1992). Moderators of peer social influence in adolescent smoking. *Personality and Social Psychology Bulletin, 18,* 163–172.

Stall, R.D., McKusick, L., Wiley, J., Coates, T., & Ostrow, D. (1986). Alcohol and drug use during sexual activity and compliance with safe sex guidelines for AIDS: The AIDS Behavioral Research Project. *Health Education Quarterly, 13,* 359–371.

Stampfer, M.J., Colditz, G.A., Willett, W.C., Speizer, F.E., & Hennekens, C.H. (1988). A prospective study of moderate alcohol consumption and risk of coronary disease and stroke in women. *New England Journal of Medicine, 319,* 267–273.

Stanton, A.H., & Schwartz, M.S. (1954). *The mental hospital.* New York: Basic Books.

Stanton, M.D., & Bardoni, A. (1972). Drug flashbacks: Reported frequency in a military population. *American Journal of Psychiatry, 1B,* 751–755.

Stanton, M.D., & Figley, C.R. (1978). Treating the Vietnam veteran within the family system. In C.R. Figley (Ed.), *Stress disorders among Vietnam veterans.* New York: Brunner/Mazel.

Starfield, B. (1972). Enuresis: Its pathogenesis and management. *Clinical Pediatrics, 11,* 343–350.

Stark, K.D., Kaslow, N.J., & Reynolds, W.M. (1987). A comparison of the relative efficacy of self-control therapy and a behavioral problem-solving therapy for depression in children. *Journal of Abnormal Child Psychology, 15,* 91–113.

Starr, B.D., & Weiner, M.B. (1981). *The Starr-Weiner report on sex and sexuality in the mature years.* New York: Stein & Day.

Steadman, H.J. (1979). *Beating a rap: Defendants found incompetent to stand trial.* Chicago: University of Chicago Press.

Steele, C.M., & Josephs, R.A. (1988). Drinking your troubles away: II An attention-allocation model of alcohol's effects on psychological stress. *Journal of Abnormal Psychology, 97,* 196–205.

Stenmark, D.E., & Dunn, V.K. (1982). Issues related to the training of geropsychologists. In J.F. Santos, & G.R. VandenBos (Eds.), *Psychology and the older adult.* Washington, DC: American Psychological Association.

Stephens, B.J. (1985). Suicidal women and their relationships with husbands, boyfriends, and lovers. *Suicide and Life-Threatening Behavior, 15,* 77–89.

Stephens, J.H., & Kamp, M. (1962). On some aspects of hysteria: A clinical study. *Journal of Nervous and Mental Disease, 134,* 305–315.

Stern, D.B. (1977). Handedness and the lateral distribution of conversion reactions. *Journal of Nervous and Mental Disease, 164,* 122–128.

Stern, R.S., & Cobb, J.P. (1978). Phenomenology of obsessive-compulsive neurosis. *British Journal of Psychiatry, 132,* 233–234.

Steuer, J.L. (1982). Psychotherapy with older women: Ageism and sexism in traditional practice. *Psychotherapy: Theory, research and practice, 19,* 429–436.

Stevenson, J., & Jones, I.H. (1972). Behavior therapy technique for exhibitionism: A preliminary report. *Archives of General Psychiatry, 27,* 839–841.

Stolbach, L.L., Brandt, U.C., Borysenko, J.Z., Albright, T.E., & Albright, N.L. (1988, April). *Benefits of a mind/body group program for cancer patients.* Paper presented at the annual meeting of the Society for Behavioral Medicine, Boston.

Stolberg, A.L., & Garrison, K.M. (1985). Evaluating a primary prevention program for children of divorce. *American Journal of Community Psychology, 13,* 111–124.

Stoller, F.H. (1968). Accelerated interaction: A time-limited approach based on the brief intensive group. *International Journal of Group Psychotherapy, 18,* 220–235.

Stone, A.A. (1975). *Mental health and law: A system in transition.* Rockville, MD: National Institute of Mental Health.

Stone, A.A. (1986). Vermont adopts *Tarasoff:* A real barn-burner. *American Journal of Psychiatry, 143,* 352–355.

Stone, A.A., Cox, D.S., Valdimarsdottir, H., Jandorf, L., & Neale, J.M. (1987). Evidence that secretory IgA antibody is associated with daily mood. *Journal of Personality and Social Psychology, 52,* 988–993.

Stone, A.A., & Neale, J.M. (1982). Development of a methodology for assessing daily experiences. In A. Baum, & J. Singer (Eds.), *Environment and health.* Hillsdale, NJ: Erlbaum.

Stone, A.A., & Neale, J.M. (1984). The effects of "severe" daily events on mood. *Journal of Personality and Social Psychology, 46,* 137–144.

Stone, A.A., Reed, B.R., & Neale, J.M. (1987). Changes in daily event frequency precede episodes of physical symptoms. *Journal of Human Stress, 13,* 70–74.

Stone, G. (1982). *Health psychology,* a new journal for a new field. *Health Psychology, 1,* 1–6.

Stone, L.J., & Hokanson, J.E. (1967). Arousal reduction via self-unitive behavior. *Journal of Personality and Social Psychology, 12,* 72–79.

Stone, M.H. (1986). Exploratory psychotherapy in schizophrenia-spectrum patients: A reevaluation in the light of long-term follow-up of schizophrenic and borderline patients. *Bulletin of the Menninger Clinic, 50,* 287–306.

Stone, M.H. (1987). Psychotherapy of borderline patients in light of long-term follow-up. *Bulletin of the Menninger Clinic, 51,* 231–247.

Storandt, M. (1977). Age, ability level and methods of administering and scoring the WAIS. *Journal of Gerontology, 32,* 175–178.

Storandt, M. (1983). *Counseling and therapy with older adults.* Boston: Little, Brown.

Strauss, J.S., Carpenter, W.T., & Bartko, J.J. (1974). The diagnosis and understanding of schizophrenia: Part III. Speculations on the processes that underlie schizophrenic signs and symptoms. *Schizophrenia Bulletin, 1,* 61–69.

Strauss, R.P., Feuerstein, R., Mintzker, Y., Rand, Y., & Wexler, M. (1989). Ordinary faces? Down syndrome, facial surgery, active modification, and social perceptions. *American Journal on Mental Retardation, 94,* 115–118.

Stringer, A.Y., & Josef, N.C. (1983). Methylphenidate in the treatment of aggression in two patients with antisocial personality disorder. *American Journal of Psychiatry, 140,* 1365–1366.

Strong, R., Huang, J.S., Huang, S.S. et al. (1991). Degeneration of the locus ceruleus in Alzheimer's disease. *Brain Research, 542,* 23–28.

Strub, R.L., & Black, F.W. (1981). *Organic brain syndromes: An introduction to neurobehavioral disorders*. Philadelphia: F.A. Davis.

Strube, M.J. (1987). A self-appraisal model of the Type A behavior pattern. *Perspectives in personality, 2*, 201–250.

Strunin, L., & Hingson, R. (1987). Acquired immunodeficiency syndrome: Knowledge, beliefs, attitudes, and behaviors. *Pediatrics, 79*, 825–828.

Strupp, H.H. (1989). Psychotherapy: Can the practitioner learn from the researcher? *American Psychologist, 44*, 717–724.

Strupp, H.H., Hadley, S.W., & Gomes-Schwartz, B. (1977). *Psychotherapy for better or worse: An analysis of the problem of negative effects*. New York: Jason Aronson.

Stuart, F.M., Hammond, D.C., & Pett, M.A. (1987). Inhibited sexual desire in women. *Archives of Sexual Behavior, 16*, 91106.

Stuart, I.R., & Greer, J.G. (Eds.). (1984). *Victims of sexual aggression: Treatment of children, women and men*. New York: VanNostrand Reinhold.

Stuart, R.B. (1976). An operant interpersonal program for couples. In D.H.L. Olson (Ed.), *Treating relationships*. Lake Mills, IA: Graphic Publishing Company.

Stuart, R.B. (1978). Protection of the right to informed consent to participate in research. *Behavior Therapy, 9*, 73–82.

Stuart, R.B. (1980). *Helping couples change: A social learning approach to marital therapy*. New York: Guilford.

Stunkard, A.J., & Rush, J. (1974). Dieting and depression reexamined: A critical review of reports of untoward responses during weight reduction for obesity. *Annals of Internal Medicine, 81*, 526–533.

Sturgis, E.T., & Adams, H.E. (1978). The right to treatment: Issues in the treatment of homosexuality. *Journal of Consulting and Clinical Psychology, 46*, 165–169.

Suddath, R.L., Christison, G.W., Torrey, E.F. et al. (1990). Anatomical abnormalities in the brains of monozygotic twins discordant for schizophrenia. *New England Journal of Medicine, 322*, 789–793.

Sue, D.W., & Sue, D. (1992). *Counseling the culturally different* (2nd ed.). New York: Wiley.

Sukhai, R.N., Mol, J., & Harris, A.S. (1989). Combined therapy of enuresis alarm and desmopressin in the treatment of nocturnal enuresis. *European Journal of Pediatrics, 148*, 465–467.

Sullivan, H.S. (1953). *The interpersonal theory of psychiatry*. New York: Norton.

Sullivan, H.S. (1929). Research in schizo-phrenia. *American Journal of Psychiatry, 9*, 553–567.

Suppes, T., Baldessarini, R.J., Faedda, G.L. et al. (1991). Risk of recurrence following discontinuation of lithium treatment in bipolar disorder. *Archives of General Psychiatry, 48*, 1082–1087.

Surwit, R.S. (1982). Behavioral treatment of Raynaud's syndrome in peripheral vascular disease. *Journal of Consulting and Clinical Psychology, 50*, 922–932.

Sussman, S.S. et al. (1990). Peer-group association and adolescent tobacco use. *Journal of Abnormal Psychology, 99*, 349–352.

Sutcliffe, J.P., & Jones, J. (1962). Personal identity, multiple personality, and hypnosis. *International Journal of Clinical and Experimental Hypnosis, 10*, 231–269.

Swartz, M., Blazer, D., George, L., & Landerman, R. (1986). Somatization disorder in a community population. *American Journal of Psychiatry, 143*, 1403–1408.

Swartz, M., Blazer, D., George, L., & Winfield, I. (1990). Estimating the prevalence of borderline personality in the community. *Journal of Personality Disorders, 1990*, 257–272.

Sweet, J.J., Carr, M.A., Rossini, E., & Kasper, C. (1986). Relationship between the Luria-Nebraska Neuropsychological Battery and the WISC-R: Further examination using Kaufman's factors. *International Journal of Clinical Neuropsychology, 8*, 177–180.

Swift, W.J., Andrews, D., & Barklage, N.E. (1986). The relationship between affective disorder and eating disorders: A review of the literature. *American Journal of Psychiatry, 143*, 290–299.

Syndulko, K. (1978). Electrocortical investigations of sociopathy. In R.D. Hare, & D. Schalling (Eds.), *Psychopathic behaviour: Approaches to research*. New York: Wiley.

Szasz, T.S. (1960). The myth of mental illness. *American Psychologist, 15*, 113–118.

Szasz, T.S. (1963). *Law, liberty, and psychiatry*. New York: Macmillan.

Szasz, T.S. (Ed.). (1974). *The age of madness: The history of involuntary hospitalization*. New York: Jason Aronson.

Szasz, T. (1986). The case against suicide prevention. *American Psychologist, 41*, 806–812.

Szatmari, P., Offord, D.R., & Boyle, M.H. (1989). Ontario child health study: Prevalence of attention deficit disorder with hyperactivity. *Journal of Child Psychology and Psychiatry, 30*, 219–230.

Tallmadge, J., & Barkley, R.A. (1983). The interactions of hyperactive and normal boys with their mothers and fathers. *Journal of Abnormal Child Psychology, 11*, 565–579.

Tanzi, R.E., Gusella, F., Watkins, P.C., Bruns, G.A.P., St. George-Hyslop, P., Van Keunen, M.L. et al. (1987). Amyloid B protein gene: cDNA, mRNA distribution, and genetic linkage near the Alzheimer locus. *Science, 235*, 880–884.

Tashkin, D.P., Calvarese, B., & Simmons, M. (1978). Respiratory status of 75 chronic marijuana smokers: Comparison with matched controls. University of California at Los Angeles School of Medicine. (Abstract). *American Review of Respiratory Diseases, 117*, 261.

Tate, B.G., & Baroff, G.S. (1966). Aversive control of self-injurious behavior in a psychotic boy. *Behaviour Research and Therapy, 4*, 281–287.

Taylor, C.B. (1983). DSM-III and behavioral assessment. *Behavioral Assessment, 5*, 5–14.

Taylor, C.B., Ironson, G., & Burnett, K. (1990). Adult medical disorders. In A.S. Bellack, M. Hersen, & A.E. Kazdin (Eds.), *International handbook of behavior modification and therapy* (2nd ed.). New York: Plenum.

Taylor, J.A. (1953). A personality scale of manifest anxiety. *Journal of Abnormal and Social Psychology, 48*, 285–290.

Taylor, S.E., & Brown, J.D. (1988). Illusion and well-being: A social psychological perspective on mental health. *Psychological Bulletin, 103*, 193–210.

Teasdale, J.D., Fennell, M.J.V., Hibbert, G.A., & Amies, P.L. (1984). Cognitive therapy for major depressive disorder in primary care. *British Journal of Psychiatry, 44*, 400–406.

Telch, M.J., Lucas, J.A., & Nelson, P. (1989). Nonclinical panic in college students: An investigation of prevalence and symptomatology. *Journal of Abnormal Psychology, 98*, 300–306.

Telch, C.F., & Telch, M.J. (1986). Group coping skills instruction and supportive group therapy for cancer patients: A comparison of strategies. *Journal of Consulting and Clinical Psychology, 54*, 802–808.

Tennant, F., & Rawson, R.A. (1982). Cocaine and amphetamine dependence treated with desipramine. In *Problems of drug dependence*. Washington, DC: National Institute of Drug Abuse.

Teplin, L.A. (1984). Criminalizing mental disorder: The comparative arrest rate of the mentally ill. *American Psychologist, 29*, 794–803.

Teri, L., & Lewinsohn, P.M. (1986). Individual and group treatment of unipolar depression: Comparison of treatment outcome and identification of predictors of successful treatment outcome. *Behavior Therapy, 17*, 215–228.

Teri, L., & Reiffler, B.V. (1987). Depression and dementia. In L.L. Carstensen,

& B.A. Edelstein (Eds.), *Handbook of clinical gerontology.* New York: Pergamon.

Terman, L.W. (1916). *The measurement of intelligence.* Boston: Houghton Mifflin.

Thaker, G.K., Tamminga, C.A., Alphs, L.D., Lafferman, J., Ferraro, T.N., & Hare, T.A. (1987). iß-aminobutyric acid abnormality in tardive dyskinesia. *Archives of General Psychiatry, 44,* 522–531.

Theodor, L.H., & Mandelcorn, M.S. (1973). Hysterical blindness: A case report and study using a modern psychophysical technique. *Journal of Abnormal Psychology, 82,* 552–553.

Thibaut, J.W., & Kelley, H.H. (1959). *The social psychology of groups.* New York: Wiley.

Thigpen, C.H., & Cleckley, H. (1954). *The three faces of Eve.* Kingsport, TN: Kingsport Press.

Thomas, S., Gilliam, A., & Iwrey, C. (1989). Knowledge about AIDS and reported risk behaviors among black college students. *Journal of American College Health, 31,* 61–66.

Thompson, G.O.B., Raab, G.M., Hepburn, W.S., Hunter, R., Fulton, M., & Laxen, D.P.H. (1989). Blood-lead levels and children's behaviour – Results from the Edinburgh lead study. *Journal of Child Psychology and Psychiatry, 30,* 515–528.

Thompson, L.W., Gallagher, D., & Brekkenridge, J.S. (1987). Comparative effectiveness of psychotherapies for depressed elders. *Journal of Consulting and Clinical Psychology, 55,* 385–390.

Thoresen, C.E. (1990, June). *The recurrent coronary prevention project: Findings at 8½ Years.* Invited paper, First International Congress of Behavioral Medicine, Uppsala, Sweden [as cited in Thoresen & Powell (1992)].

Thoresen, C.E., Friedman, M., Powell, L.H., Gill, J.J., & Ulmer, D.K. (1985). Altering the type A behavior pattern in postinfarction patients. *Journal of Cardiopulmonary Rehabilitation, 5,* 258–266.

Thoresen, C.E., & Graff-Low, K. (1991). Women and the Type A behavior pattern: Review and commentary. In M. Strube (Ed.), *Type A behavior.* (pp. 117–133). Newberry Park, CA: Sage.

Thoresen, C.E., & Powell, L.H. (1992). Type A behavior pattern: New perspectives on theory, assessment, and intervention. *Journal of Consulting and Clinical Psychology, 60,* 595–604.

Thorndike, E.L. (1935). *The psychology of wants, interests and attitudes.* New York: Appleton-Century.

Thorndike, R.L., Hagen, E.P., & Sattler, J.M. (1986). *The Stanford-Binet Intelligence Scale: Fourth edition, guide for administering and scoring.* Chicago: Riverside Publishing Co.

Thyer, B.A., & Curtis, G.C. (1984). The effects of ethanol on phobic anxiety. *Behaviour Reseach and Therapy, 22,* 599–610.

Tiefer, L., Pedersen, B., & Melman, A. (1988). Psychosocial follow-up of penile prosthesis implant patients and partners. *Journal of Sex and Marital Therapy, 14,* 184–201.

Tienari, P., Sorri, A., Lahti, I., Naarala, M.N., Wahlberg, E., Moring, J., Pohjola, J., & Wynne, L.C. (1987). Genetic and psychosocial factors in schizophrenia: The Finnish adoptive family study. *Schizophrenia Bulletin, 13,* 477–484.

Tillich, P. (1952). *The courage to be.* New Haven, CT: Yale University Press.

Tippin, J., & Henn, F.A. (1982). Modified leucotomy in the treatment of intractable obsessional neurosis. *American Journal of Psychiatry, 139,* 1601–1603.

Tolber, N. (1986). Meta-analysis of 143 adolescent drug prevention programs: Quantitative outcome results of program participants compared to a control or comparison group. *Journal of Drug Issues, 16,* 537–568.

Tollefson, D.J. (1972). *The relationship between the occurrence of fractures and life crises events.* Unpublished Master of Nursing thesis, University of Washington, Seattle.

Tomarken, A.J., Mineka, S., & Cook, M. (1989). Fear-relevant associations and covariation bias. *Journal of Abnormal Psychology, 98,* 381–394.

Torgersen, S. (1983). Genetic factors in anxiety disorders. *Archives of General Psychiatry, 40,* 1085–1089.

Torgersen, S. (1986). Genetics of somatoform disorder. *Archives of General Psychiatry, 43,* 502–505.

Tramontana, J., & Stimbert, V. (1970). Some techniques of behavior modification with an autistic child. *Psychological Reports, 27,* 498.

Treffert, D.A., McAndrew, J.B., & Dreifuerst, P. (1973). An inpatient treatment program and outcome for 57 autistic and schizophrenic children. *Journal of Autism and Childhood Schizophrenia, 3,* 138–153.

The Trials of Hypertension Prevention Collaborative Research Group. (1992). The effects of nonpharmacologic interventions on blood pressure of persons with high normal levels: Results of the Trials of Hypertension Prevention, Phase I. *Journal of the American Medical Association, 267,* 1213–1220.

Truett, J., Cornfield, J., & Kannel, W. (1967). Multivariate analysis of the risk of coronary heart disease in Framingham. *Journal of Chronic Disease, 20,* 511–524.

Trull, T.J., Widiger, T.A., & Frances, A. (1987). Covariation of criteria for avoidant, schizoid, and dependent personality disorders. *American Journal of Psychiatry, 144,* 767–771.

Tsoi, W.F. (1990). Developmental profile of 200 male and 100 female transsexuals in Singapore. *Archives of Sexual Behavior, 19,* 595–605.

Tucker, J.A., Vuchinich, R.E., & Downey, K.K. (1992). Substance abuse. In S.M. Turner, K.S. Calhoun, & H.E. Adams (Eds.), *Handbook of clinical behavior therapy* (pp. 203–223). New York: Wiley.

Tuckman, J., Kleiner, R.J., & Lavell, M. (1959). Emotional content of suicide notes. *American Journal of Psychiatry, 116,* 59–63.

Tuomilehto, J., Geboers, J., Salonen, J.T., Nissinen, A., Kuulasman, K., & Puska, P. (1986). Decline in cardiovascular mortality in North Karelia and other parts of Finland. *British Medical Journal, 293,* 1068–1071.

Turk, D.C., Meichenbaum, D.H., & Genest, M. (1983). *Pain and behavioral medicine: A cognitive behavioral perspective.* New York: Guilford.

Turk, D.C., Wack, J.T., & Kerns, R.D. (1985). An empirical examination of the "pain behavior" construct. *Journal of Behavioral Medicine, 8,* 119–130.

Turkat, I.D., & Maisto, S.A. (1985). Personality disorders: Application of the experimental method to the formulation and modification of personality disorders. In D.H. Barlow (Ed.), *Clinical handbooks of psychological disorders.* New York: Guilford.

Turkewitz, H., & O'Leary, K.D. (1977). *A comparison of communication and behavioral marital therapy.* Paper presented at the Eleventh Annual Convention of the Association for Advancement of Behavior Therapy, Atlanta.

Turner, B.F., & Adams, C.G. (1988). Reported change in preferred sexual acitivty. *The Journal of Sex Research, 25,* 289–303.

Turner, B.F., & Turner, C.B. (1987). Percentages of elderly in psychotherapists' practices in the mid-1980s. *Adult Development and Aging Newsletter, 15,* 11–12.

Turner, C., Miller, H., & Moses, L. (Eds.). (1989). *AIDS, sexual behavior, and intravenous drug use.* Washington, DC: National Academy Press.

Turner, L.A., Althof, S.E., Levine, S.B., Risen, C.B., Bodner, D.R., Kursh, E.D., & Resnick, M.I. (1989). Self-injection of papaverine and phentolamine in the treatment of psychogenic impotence. *Journal of Sex and Marital Therapy, 15,* 163–176.

Turner, R.J., & Sternberg, M.P. (1978). Psychosocial factors in elderly patients admitted to a psychiatric hosital. *Age and aging, 7,* 171–177.

Turner, R.J., & Wagonfeld, M.O. (1967). Occupational mobility and schizophrenia. *American Sociological Review, 32,* 104–113.

Turner, R.M., & Ascher, L.M. (1979). Controlled comparison of progressive relaxation, stimulus control, and paradoxical intervention therapies for insomnia. *Journal of Consulting and Clinical Psychology, 47,* 500–508.

Turner, S.M., Beidel, D.C., & Townsley, R.M. (1992). Behavioral treatment of social phobia. In S.M. Turner, K.S. Calhoun, & H.E. Adams (Eds.), *Handbook of clinical behavior therapy.* 2nd ed., pp. 13–37. New York: Wiley.

Turner, S.M. et al. (1991). Social phobia: Axis I and II correlates. *Journal of Abnormal Psychology, 100,* 102–106.

Twentyman, C.T., & McFall, R.M. (1975). Behavioral training of social skills in shy males. *Journal of Consulting and Clinical Psychology, 43,* 384–395.

Uhl, G.R., Persico, A.M., & Smith, S.S. (1992). Current excitement with D2 dopamine receptor alleles in substance abuse. *Archives of General Psychiatry, 49,* 157–160.

Ullmann, L., & Krasner, L. (1975). *A psychological approach to abnormal behavior* (2nd ed.). Englewood Cliffs, NJ: Prentice-Hall.

Upper, D., & Ross, S.M. (Eds.). (1980). *Behavioral group therapy 1980: An annual review.* Champaign, IL: Research Press.

U.S. Bureau of the Census. (1986). *Statistical brief.* Washington, DC: U.S. Government Printing Office.

U.S. Bureau of the Census. (1990). *Statistical abstract of the United States.* Washington, DC.

U.S. Department of Health and Human Services. (1982). Prevention in adulthood: Self-motivated quitting. In *Cancer: The health consequences of smoking, a report of the Surgeon General.* Washington, DC: U.S. Government Printing Office.

U.S. Department of Health and Human Services. (1986). *Report of the secretary's task force on black and minority health* (Vols. 1–8). Washington, DC: Author.

U.S. Department of Health and Human Services. (1989). *Reducing the health consequences of smoking: 25 years of progress. A report of the Surgeon General, Executive summary* (DHHS Publication No. CDC 89-8411). Washington, DC: U.S. Government Printing Office.

U.S. Department of Health and Human Services, National Center for Health Statistics. (1990, August 30). *Monthly vital statistics.*

U.S. Public Health Service (1976). *Physicans' drug prescribing patterns in skilled nursing facilities.* Washington, DC: U.S. Department of Health, Education, and Welfare.

Vaillant, G.E. (1979). Natural history of male psychologic health: Effects of mental health on physical health. *New England Journal of Medicine, 301,* 1249–1254.

Vaillant, G.E. (1983). *The natural history of alcoholism: Causes, patterns, and paths to recovery.* Cambridge, MA: Harvard University Press.

Van der Kolk, B., Greenberg, M., Boyd, H., & Krystal, J.H. (1985). Inescapable shock, neurotransmitters, and addiction to trauma: Toward a psychobiology of posttraumatic stress. *Biological Psychiatry, 20,* 314–325.

van Egeren, L.F., & Madarasmi, S. (1987). A computerized diary for ambulatory blood pressure monitoring. In N. Schneiderman (Ed.), *Handbook on methods and measurements in cardiovascular behavioral medicine.* New York: Plenum.

vanKammen, D.P., Hommer, D.W., & Malas, K.L. (1987). Effects of pimozide on positive and negative symptoms in schizophrenic patients: Are negative symptoms state dependent? *Neuropsychobiology, 18,* 113–117.

VanKammen, W.B., Loeber, R., & Stouthamer-Loeber, M. (1991). Substance use and its relationship to conduct problems and delinquency in young boys. *Journal of Youth and Adolescence, 20,* 399–413.

Van Putten, T., May, P.R.A., Marder, S.R., & Wittman, L.A. (1981). Subjective response to antipsychotic drugs. *Archives of General Psychiatry, 38,* 187–190.

Vardaris, R.M., Weisz, D.J., Fazel, A., & Rawitch, A.B. (1976). Chronic administration of delta-9-tetrahydrocannabinol to pregnant rats: Studies of pup behavior and placental transfer. *Pharmacology and Biochemistry of Behavior, 4,* 249–254.

Varner, R.V., & Gaitz, C.M. (1982). Schizophrenic and paranoid disorders in the aged. In L.F. Jarvik, & G.S. Small (Eds.), *Psychiatric clinics of North America.* Philadelphia: Saunders.

Varni, J.W. (1981). Self-regulation techniques in the management of chronic arthritic pain in hemophilia. *Behavior Therapy, 12,* 185–194.

Varni, J.W., & Bernstein, B.H. (1991). Evaluation and management of pain in children with rheumatoid diseases. *Pediatric Rheumatology, 17,* 985–1000.

Varni, J.W., & Dietrich, S.L. (1981). Behavioral pediatrics: Towards a reconceptualization. *Behavioral Medicine Update, 3,* 5–7.

Varni, J.W., & Wallander, J.L. (1984). Adherence to health-related regimens in pediatric chronic disorders. *Clinical Psychology Review, 4,* 585–596.

Vaughn, C.E., & Leff, J.P. (1976). The influence of family and social factors on the course of schizophrenic illness. A comparison of schizophrenic and depressed neurotic patients. *British Journal of Psychiatry, 129,* 125–137.

Vaux, A. (1988). *Social support: Theory, research, and intervention.* New York: Praeger.

Velez, C.N., & Cohen, P. (1988). Suicidal behavior and ideation in a community sample of children: Maternal and youth reports. *Journal of the American Academy of Child and Adolescent Psychiatry, 27,* 349–356.

Ventura, J., Neuchterlein, K.H., Lukoff, D., & Hardesty, J.D. (1989). A prospective study of stressful life events and schizophrenic relapse. *Journal of Abnormal Psychology, 98,* 407–411.

Verbrugge, L.M. (1979). Female illness rates and illness behavior. *Women's Health, 4,* 61–79.

Videka-Sherman, L., & Lieberman, M. (1985). The effects of self-help and psychotherapy interventions on child loss: The limits of recovery. *American Journal of Orthopsychiatry, 55,* 70–82.

Viederman, M. (1986). Somatoform and factitious disorders. In A.M. Cooper, A.J. Frances, & M.H. Sacks (Eds.), *The personality disorders and neuroses.* Philadelphia: Lippincott.

Volkmar, F., & Cohen, D.J. (1985). The experience of infantile autism: A first-person account by Tony W. *Journal of Autism and Developmental Disorders, 15,* 47–54.

Von Felsinger, J.M., Lasagna, L., & Beecher, H.K. (1956). The response of normal men to lysergic acid derivatives. *Journal of Clinical and Experimental Psychopathology, 17,* 414–428.

von Krafft-Ebing, R. (1902). *Psychopathia sexualis.* Brooklyn, NY: Physicians and Surgeons Books.

Vygotsky, L.S. (1978). *Mind in society: The development of higher physiological processes.* (M. Cole, V. John-Steiner, S. Scribner, & E. Souberman, Ed. and trans.). Cambridge, MA: Harvard University Press.

Wachtel, E.F., & Wachtel, P.L. (1986). *Family dynamics in individual psychotherapy: A guide to clinical strategies.* New York: Guilford.

Wachtel, P.L. (1973). Psychodynamics, behavior therapy, and the implacable experimenter: An inquiry into the consistency of personality. *Journal of Abnormal Psychology, 82,* 324–334.

Wachtel, P.L. (1977). *Psychoanalysis and behavior therapy: Toward an integration.* New York: Basic Books.

Wachtel, P.L. (1982). Vicious circles: The self and the rhetoric of emerging and unfolding. *Contemporary Psychoanalysis, 18,* 259–273.

Wadden, T.A. (1984). Relaxation therapy for essential hypertension: Specific or nonspecific effects. *Journal of Psychosomatic Research, 28,* 53–61.

Wahl, O.F., & Harrman, C.R. (1989). Family views of stigma. *Schizophrenia Bulletin, 15,* 131–139.

Wakefield, J. (1992). Disorder as dysfunction: A conceptual critique of DSM-III-R's definition of mental disorder. *Psychological Review, 99,* 232–247.

Walco, G.A., Varni, J.W., & Ilowite, N.T. (1992). Cognitive-behavioral pain management in children with juvenile rheumatoid arthritis. *Pediatrics, 89,* 1075–1079.

Waldron, I. (1976). Why do women live longer than men? *Journal of Human Stress, 2,* 1-13.

Waldron, I. (1978). The coronary-prone behavior pattern, blood pressure, employment and socioeconomic status in women. *Journal of Psychosomatic Research, 22,* 79–87.

Walen, S., Hauserman, N.M., & Lavin, P.J. (1977). *Clinical guide to behavior therapy.* Baltimore: Williams & Wilkins.

Wallace, C.J., Boone, S.E., Donahoe, C.P., & Foy, D.W. (1985). The chronically mentally disabled: Independent living skills training. In D.H. Barlow (Ed.), *Clinical handbook of psychological disorders.* New York: Guilford.

Wallace, C.J., & Liberman, R.P. (1985). Social skills training for patients with schizophrenia: A controlled clinical trial. *Psychiatry Research, 15,* 239–247.

Wallace, C.J., Nelson, C.J., Liberman, R.P., Aitchison, R.A., Lukoff, D., Elder, J.P., & Ferris, C. (1980). A review and critique of social skills training with schizophrenic patients. *Schizophrenia Bulletin, 6,* 42–63.

Walling, M., Anderson, B.L., & Johnson, S.R. (1990). Hormonal replacement therapy for postmenopausal women: A review of sexual outcomes and related gynecologic effects. *Archives of Sexual Behavior, 19,* 119–137.

Walsh, B.T., Stewart, J.W., Roose, S.P., Gladis, M., & Glassman, A.H. (1984). Treatment of bulimia with phenelzine. *Archives of General Psychiatry, 41,* 1105–1109.

Walsh, D.C. et al. (1991). A randomized trial of treatment for alcohol abusing workers. *New England Journal of Medicine, 325,* 775–782.

Ward, C.H., Beck, A.T., Mendelson, M., Mock, E., & Erbaugh, J.K. (1962). The psychiatric nomenclature: Reasons for diagnostic disagreement. *Archives of General Psychiatry, 7,* 198–205.

Warheit, G.J., Arey, S.A., & Swanson, E. (1976). Patterns of drug use: An epidemiologic overview. *Journal of Drug Issues, 6,* 223–237.

Warren, C.A.B. (1982). *The court as last resort: Mental illness and the law.* Chicago: University of Chicago Press.

Warren, N.C., & Rice, L.N. (1972). Structuring and stabilizing of psychotherapy for low prognosis clients. *Journal of Consulting and Clinical Psychology, 39,* 173–181.

Warren, R., Smith, G., & Velten, E. (1984). Rational-emotive therapy and the reduction of interpersonal anxiety in junior high school students. *Adolescence, 19,* 643–648.

Warshaw, R. (1988). *I never called it rape.* New York: Harper & Row.

Washton, A.M., & Resnick, R.B. (1980). Clonidine for opiate detoxification: Outpatient clinical trials. *American Journal of Psychiatry, 137,* 1121–1122.

Waskow, I.E. (1984). Specification of the technique variable in the NIMH Treatment of Depression Collaborative Research Program. In J.B.W. Williams, & R.L. Spitzer (Eds.), *Psychotherapy research: Where are we and where should we go?* New York: Guilford.

Watkins, J.G. (1984). The Bianchi (L.A. Hillside Strangler) case: Sociopath or multiple personality? *International Journal of Clinical and Experimental Hypnosis, 32,* 67–101.

Watson, D., & Pennebaker, J.W. (1989). Health complaints, stress, and distress: Exploring the central role of negative affectivity. *Psychological Review, 96,* 234–254.

Watson, G.C., & Buranen, C. (1979). The frequency and identification of false positive conversion reactions. *Journal of Nervous and Mental Disease, 167,* 243–247.

Watson, J.B. (1913). Psychology as the behaviorist views it. *Psychological Review, 20,* 158–177.

Watson, J.B., & Rayner, R. (1920). Conditioned emotional reactions. *Journal of Experimental Psychology, 3,* 1–14.

Watt, N.F. (1974). Childhood and adolescent roots of schizophrenia. In D. Ricks, A. Thomas, & M. Roll (Eds.), *Life history research in psychopathology* (Vol. 3). Minneapolis: University of Minnesota Press.

Watt, N.F., Stolorow, R.D., Lubensky, A.W., & McClelland, D.C. (1970). School adjustment and behavior of children hospitalized for schizophrenia as adults. *American Journal of Orthopsychiatry, 40,* 637–657.

Watts, F.N. (1986). Color naming of phobia-related works. *British Journal of Psychology, 77,* 97–108.

Watzlawick, P., Beavin, J., & Jackson, D.D. (1967). *Pragmatics of human communication: A study of interactional patterns, pathologies, and paradoxes.* New York: Norton.

Wechsler, D. (1968). *Escala de Inteligencia Wechsler para Adultos.* New York: Psychological Corporation.

Wechsler Intelligence Scale for Children – Third Edition (1991). San Antonio: The Psychological Corporation.

Weddington, W.W., Brown, B.S., Heartzen, M.H. et al. (1990). Changes in mood, craving, and sleep during short term abstinence reported by male cocaine addicts. *Archives of General Psychiatry, 47,* 861–868.

Weg, R.B. (Ed.). (1983). *Sexuality in the later years: Roles and behavior.* New York: Academic Press.

Wegner, D.M., Schneider, D.J., Carter, S.R., & White, T.L. (1987). Paradoxical effects of thought suppression. *Journal of Personality and Social Psychology, 53,* 5-13.

Wegner, D.M., Schneider, D.J., Knutson, B., & McMahon, S.R. (in press). Polluting the stream of consciousness: The effect of thought suppression on the mind's environment. *Cognitive Therapy and Research.*

Weicz, J.R., Suwanlert, S., Chaiyasit, W., & Walter, B.R. (1987). Over- and undercontrolled referral problems among children and adolescents from Thailand and the United States. The *wat* and *wai* of cultural differences. *Journal of Consulting and Clinical Psychology, 55,* 719–726.

Weidner, G. et al. (1987). The role of Type A behavior and hostility in an elevation of plasma lipids in adult women and men. *Psychosomatic Medicine, 49,* 136–146.

Weidner, G., & Collins, R.L. (in press). Gender, coping, and health. In H.W. Krohne (Ed.), *Attention and avoidance.* New York: Springer-Verlag.

Weidner, G., Friend, R., Ficarroto, T.J., & Mendell, N.R. (1989). Hostility and cardiovascular reactivity to stress in women and men. *Psychosomatic Medicine, 51,* 36–45.

Weinberg, G. (1972). *Society and the healthy homosexual.* New York: St. Martin's Press.

Weinberg, W.A., Rutman, J., Sullivan, L., Penick, E.C., & Dietz, S.G. (1973). Depression in children referred to an educational diagnostic center. *Journal of Pediatrics, 83,* 1065–1072.

Weinberger, D.R. (1987). Implications of normal brain development for the pathogenesis of schizophrenia. *Archives of General Psychiatry, 44,* 660–669.

Weinberger, D.R., Cannon-Spoor, H.E., Potkin, S.G., & Wyatt, R.J. (1980). Poor premorbid adjustment and CT scan abnormalities in chronic schizophrenia. *American Journal of Psychiatry, 137,* 1410–1413.

Weinberger, D.R., Wagner, R.L., & Wyatt, R.J. (1983). Neuropathological studies of schizophrenia: A selective review. *Schizophrenia Bulletin, 9,* 193–212.

Weiner, B. (1986). *An attributional theory of motivation and emotion.* Unpublis-

Sachwortregister

Personenregister

Abel 387, 400, 410, 411
Abelin 371
Abelson 24, 25
Abramovitz 384
Abrams 277
Abramson, L.Y. 260, 263 ff.
Abramson, P.R. 544, 675
Achenbach 104, 491, 493, 516 f.
Ackerman 704
Adams 89, 335, 337, 341, 344, 387, 411, 595
Addis 710
Adler 8, 40 ff., 82, 168
Agras 386
Akhter 166
Al-Razi 347
Albaum 672
Albee 476
Aldrich 599
Alessi 89
Alexander 156, 223, 240, 390, 392, 620, 715
Alfano 268
Allaire 243
Allderidge 14
Allen, C.K. 149, 513
Allen, G.J. 513
Allen, M.G. 216, 269 f.
Allison 204
Alloy 260, 265 ff.
Allport 113 f., 124
Almada 235
Alonso Salazar y Frias 14
Alper 699
Alpert, J.J. 516
Alpert, R. 347
Alpert 346
Altman 715 f.
Alzheimer 573
Amaro 442
Amies 274
Amos 572
Anastasi 97 f., 114
Anderson, B.J. 596
Anderson, B.L. 424 f., 433 ff.
Anderson, C. 421
Anderson, G.M. 564
Anderson, L.P. 160, 216 f.
Anderson, N.B. 229
Anderson, N.N. 233
Anderson, S.M. 586
Andreasen 270, 450, 461, 471
Andress 715

Andrews 521
Angier 292
Angrist 468
Aniline 351
Anisman 212
Anna O. 22 f., 190
Anthony-Bergstone 603
Anthony 477
Antoni 443
Appley 213
Aquin 279
Aragone 511
Araji 391
Archer 664
Aretaeus 252
Arey 590
Arieti 148, 156
Arizmendi 632
Arkonac 189
Arkowitz 686 f.
Armor 363
Armstrong 317
Arndt 366
Arnetz 221
Arnoff 153
Aronson 683, 696 ff., 700, 706
Asarnow 268, 664
Asher 676
Atchley 584, 593
Atkeson 403 f., 408
Atkinson, D.R. 625
Atkinson, R.C. 535
Attwood 551
August 561
Augustinus 279
Austin, L.S. 165
Austin, V. 301
Avner 677
Axline 514
Ayllon 483, 648 f.
Azrin 359, 362, 483, 593, 648, 649

Bach 698
Bachar 593
Bachica 654
Badian 527
Baer, J.S 372
Baer, L. 165
Baker, T. 560, 647
Baker, T.B. 372
Bakwin 505
Baldwin 557
Ball-Rokeach 443

Ball 590
Ballenger 161
Baller 505
Ballo 530
Bally 528
Balter 592
Baltes 606
Balzer 583
Bancroft 400, 427
Bandura 49, 53, 56, 113 f., 151, 164, 233, 248, 284, 352, 372, 406, 502, 509, 622, 652 ff., 657, 668, 676, 678 ff., 716, 720
Banis 149
Bansal 401
Barabee 391, 401, 404, 411
Barber 131
Bardoni 349
Barefoot 235
Barklage 521
Barkley 104, 494 ff.
Barlow, D.H. 133, 156 f., 159 ff., 386 f., 400, 411, 432, 710
Barnhardt 195
Baroff 133, 134
Baron, M. 279, 300, 302
Baron, R.A. 388
Barr 472
Barrabee 402
Barrett 514
Barsbee 400
Bartko 461
Bartlett 109
Bartzokis 699
Basedow 210
Basmajian 674
Bastani 169
Bates 108, 153
Bateson 474
Baucon 706, 710
Baum 221, 248
Baumeister, A.A. 535, 538
Baumeister, R.F. 284
Baumgartner 368
Baxter, D.J. 171
Baxter, E. 411
Beach, F.A. 389
Beach, S. 275
Beach, S.R.H. 707
Beal 573
Beary 241
Beatty 243
Beavin 676
Beck, A. 55, 106

Bildnachweis

Kapitel 1

S. 8: Sipa Press (oben). S. 8: John Ficara/Woodfin Camp & Associates (unten). S. 11: Topham, The Image Works. S. 12: Bettmann Archive (oben). S. 14: Culver Pictures, Inc (unten). S. 18: The Historical Society of Pennsylvania . S. 19: Bettmann Archive (oben). S. 19: Bulloz/Art Reference Bureau (oben). S. 21: Jean-Loup Charmet/Photo Researchers. S. 22: Bettmann Archive (links). S. 22: Bettmann Archive (rechts). S. 23: Lucy Freeman Walker & Co., New York.

Kapitel 2

S. 31: Dan McCoy/Rainbow. S. 35: The Bettmann Archive. S. 37: D. Chidester/The Image Works. S. 41: Courtesy The National Library of Medicine. S. 42: Courtesy Adler Consultation Center (links). S. 42: Courtesy Jon Erikson (rechts). S. 44: Ellan Young/Photo Researchers. S. 46: Culver Pictures. S. 47: Culver Pictures. S. 48 J.R. Holland/Stock, Boston. S. 56: Institute for Rational-Emotive Therapy (oben). S. 56: Dan Miller/The New York Times (unten).

Kapitel 3

S. 67: Bob Daemmrich/Stock, Boston. S. 69: William Thompson/ The Picture Cube.

Kapitel 4

S. 87: Dan McCoy/Rainbow (oben links). S. 87: Dan McCoy/Rainbow (oben rechts). S. 87: Dan McCoy/Rainbow (unten links). S. 87: Dan McCoy/Rainbow (unten rechts). S. 88: Van Bucher/Photo Researchers. S. 90: Brian Seed/Tony Stone World Wide. S. 95: Courtesy Dr. Henri F. Ellenberger. S. 96: Will & Deni McIntyre/Photo Researchers. S. 97: Copyright 1943 President and Fellows of Harvard College; copyright © 1971 Henry A. Murray. S. 102: Lew Merrim/Monkmeyer Press Photo. S. 104: Jeff Isaac Greenberg/Photo Researchers. S. 110: Jeff Albertson/Stock, Boston. S. 113: Courtesy Columbia University Department of Psychology.

Kapitel 5

S. 119: Peter Vandermark/Stock, Boston. S. 123: Geral Martineau/ The Washington Post. S. 132: Martin Rogers/Woodfin Camp & Associates.

Kapitel 6

S. 144: Harvey Stein. S. 146: M. Dwyer/Stock, Boston. S. 149: Courtesy Dr. Susan Mineka. S. 166: Syndicated International/Photo Trends. S. 175: Peter Blakely/Woodfin Camp & Associates. S. 159: Arlene Collins/Monkmeyer Press Photo.

Kapitel 7

S. 185: Schell/ Mullaney Health Care Marketing. S. 188: © Menschenfreund. S. 202: COMSTOCK, Inc. S. 203: Michal Heron.

Kapitel 8

S. 215: Will McIntyre/Photo Researchers. S. 227: Sepp Seitz, 1980/Woodfin Camp. S. 208: Simon Fraser/Photo Researchers. S. 234: Hattie Young/ Photo Researchers. S. 241: Dan McCoy/Rainbow.

Kapitel 9

S. 253: Everett Collection. S. 256: Griffin/The Image Works. S. 277: Will & Deni McIntyre/Photo Researchers. S. 281: Murray & Associates/Tony Stone World Wide. S. 286: Hazel Hankm/The New York Times Pictures. S. 291: Bettmann Archive.

Kapitel 10

S. 301: Jerry Ohlinger's Movie Material Store. S. 302: Culver Pictures, Inc. S. 304: Russell Dian/Monkmeyer Press Photo. S. 306: Gamma Liaison. S. 317: Courtesy Marsha Linehan.

Kapitel 11

S. 326: Chuck Nacke/Picture Group. S. 329: Gianni Tortoli/Photo Researchers. S. 330: Yoav Levy/Phototake. S. 331: Culver Pictures, Inc. S. 334: Steve Goldberg/Monkmeyer Press Photo. S. 335: Culver Pictures, Inc. S. 341: National Library of Medicine/Photo Researchers. S. 346: Bettmann Archive. S. 352: Eric Brissaud/Gamma Liaison. S. 353: Burk Ozzle/Actuality. S. 355: J. P. Laffont/Sygma. S. 359: Larry Mulvehill/Photo Researchers. S. 362: Courtesy Nathan Azrin. S. 367: Mark Antman/The Image Works. S. 373: Arnold J. Kaplan/The Picture Cube.

Kapitel 12

S. 379: Kermani/Gamma Liaison. S. 381: Francene Keery/Stock, Boston. S. 383: Bettmann Archive (links). S. 383: Robin Laurence/NYT Photos (rechts). S. 389: Frank Fournier/ Contact Press Images. S. 394: Jacques Chenet/Woodfin Camp & Associates. S. 398: Alon Reininger/ Contact Press Images. S. 405: Everett Collection. S. 412: Chuch Nacke/Picture Group.

Kapitel 13

S. 412: Bettmann Archive (links). S. 419: Ira Wyman/sygma (rechts). S. 420: Bernard Gotfryd/Woodfm Camp & Associates. S. 441: Bob Daemmrich/The Image Works.

Kapitel 14

S. 451: Courtesy of Mrs. Heidi Schneider. S. 453: Grunnitus/Monkmeyer Press Photo. S. 454: Radio Times Hulton Picture Library (links). S. 454: Bettmann Archive (rechts). S. 463: KaI Muller/Woodfin Camp & Associates. S. 471: Courtesy Daniel Weinberger, M.D., National Institute of Mental Health. S. 477: Museum of Modern Art FilmStills Archive.

Kapitel 15

S. 497: Courtesy Dr. A. Zametkin, Department of Health and Human Services. S. 498: Lew Merrim/Monkmeyer Press Photo. S. 499: Doris De Witt/Tony Stone World Wide. S. 502: Rick Kopstein/Monkmeyer Press Photo. S. 509: Laura Dwight/Peter Arnold. S. 511: Simon Fraser/ Photo Researchers. S. 515: M. Siluk/The Image Works. S. 517: Steve Schapiro/Sygma.

Kapitel 16

S. 532: Stephen Frisch/Stock, Boston. S. 535: Greenlar/The Image Works. S. 539: Kunkel/Phototake (links). S. 539: Kunkel/Phototake (rechts). S. 542: Hank Morgan/Rainbow. S. 543: Jeff Albertson/Stock, Boston. S. 544: Culver Pictures, Inc. S. 557: Glassman/The Image Works. S. 561: Alan Carey/The Image Works.

Kapitel 17

S. 570: Jackson Archives/The Image Works. S. 570: Bob Daemmrich/The Image Works. S. 576: Martin Rotker/Phototake. S. 579: Freda Leinwand/Monkmeyer Press Photo. S. 586: Leonard Lessin/Peter Arnold. S. 591: Bob Daemmrich/Stock, Boston. S. 594: Frank Siteman/Monkmeyer Press Photo. S. 599: Charles Harbutt/Actuality. S. 599: Don & Pat Valenti/Tony Stone World Wide. S. 602: Charles Gupton/Stock, Boston.

Kapitel 18

S. 620: Courtesy William Alanson White Psychiatnc Foundation. S. 629: Michael Rougier, Life Magazine © Time, Inc. S. 634: Bernard Gotfryd. S. 635: Courtesy Dr. Rollo May. S. 637: Courtesy Gestalt In stitute of Cleveland. S. 639: Peter Byron / Monkmeyer Press Photo.

Kapitel 19

S. 645: Courtesy of Public Relations Dept., Temple University Health Sciences Center. S. 648: Bob Daemmrich/The Image Works. S. 648: Courtesy Anthony Menditto, Ph. D. S. 670: Bob Daemmrich/Stock, Boston. S. 671: Peter Berndt, MD/Custom Medical Stock Photo. S. 673: Frank Siteman/Monkmeyer Press Photo. S. 686: Courtesy Dr. Arnold Lazarus.

Kapitel 20

S. 696: Joe Sohm/Stock, Boston. S. 717: Hank Morgan/Rainbow.

Die DSM-IV-Klassifikation (Fortsetzung)

SEXUELLE UND GESCHLECHTSIDENTITÄTSSTÖRUNGEN

Sexuelle Funktionsstörungen

Störungen der Sexuellen Appetenz
Störung mit Verminderter Sexueller Appetenz / Störung mit Sexueller Aversion

Störungen der Sexuellen Erregung
Störung der Sexuellen Erregung bei der Frau / Erektionsstörung beim Mann

Orgasmusstörungen
Weibliche Orgasmusstörung / Männliche Orgasmusstörung / Ejaculatio Praecox

Störungen mit Sexuell Bedingten Schmerzen
Dyspareunie (nicht Aufgrund eines Medizinischen Krankheitsfaktors) / Vaginismus (nicht Aufgrund eines Medizinischen Krankheitsfaktors)

Sexuelle Funktionsstörung Aufgrund eines Medizinischen Krankheitsfaktors
Störung mit Verminderter Sexueller Appetenz bei der Frau Aufgrund von... / Störung mit Verminderter Sexueller Appetenz beim Mann Aufgrund von... / Erektionsstörung beim Mann Aufgrund von... / Dyspareunie bei der Frau Aufgrund von / Dyspareunie beim Mann Aufgrund von... / Andere Sexuelle Funktionsstörungen bei der Frau Aufgrund von... / Andere Sexuelle Funktionsstörungen beim Mann Aufgrund von... / Substanzinduzierte Sexuelle Funktionsstörung / NNB

Paraphilien
Exhibitionismus / Fetischismus / Frotteurismus / Pädophilie / Sexueller Masochismus / Sexueller Sadismus / Transvestitischer Fetischismus / Voyeurismus / NNB

Geschlechtsidentitätsstörungen
Störung der Geschlechtsidentität / Bei Kindern / Bei Jugendlichen oder Erwachsenen / NNB

ESSSTÖRUNGEN

Anorexia Nervosa / Bulimia Nervosa / NNB

SCHLAFSTÖRUNGEN

Primäre Schlafstörungen

Dyssomnien
Primäre Insomnie / Primäre Hypersomnie / Narkolepsie / Atmungsgebundene Schlafstörung / Schlafstörung mit Störung des Zirkadianen Rhythmus / NNB

Parasomnien
Schlafstörung mit Alpträumen / Pavor Nocturnus / Schlafstörung mit Schlafwandeln / NNB

Schlafstörungen im Zusammenhang mit einer Anderen Psychischen Störung
Insomnie im Zusammenhang mit... / Hypersomnie im Zusammenhang mit...

Andere Schlafstörungen
Schlafstörung Aufgrund von... / *Insomnie-Typus* / *Hypersomnie-Typus* / *Parasomnie-Typus* / *Mischtypus* / Substanzinduzierte Schlafstörung

STÖRUNGEN DER IMPULSKONTROLLE, NICHT ANDERNORTS KLASSIFIZIERT

Intermittierende Explosible Störung / Kleptomanie / Pyromanie / Pathologisches Spielen / Trichotillomanie / NNB

ANPASSUNGSSTÖRUNGEN

Anpassungsstörung / *Mit depressiver Stimmung / Mit Angst / Mit Angst und Depressiver Stimmung / Mit Störung des Sozialverhaltens / Mit Emotionalen Störungen und Störungen des Sozialverhaltens, Gemischt / Unspezifisch*

Achse II

GEISTIGE BEHINDERUNGEN

Leichte Geistige Behinderung / Mittelgradige Geistige Behinderung / Schwere Geistige Behinderung / Schwerste Geistige Behinderung / Geistige Behinderung mit Unbestimmtem Schweregrad

PERSÖNLICHKEITSSTÖRUNGEN

Paranoide Persönlichkeitsstörung / Schizoide Persönlichkeitsstörung / Schizotypische Persönlichkeitsstörung / Antisoziale Persönlichkeitsstörung / Borderline Persönlichkeitsstörung / Histrionische Persönlichkeitsstörung / Narzißtische Persönlichkeitsstörung / Vermeidend-Selbstunsichere Persönlichkeitsstörung / Dependente Persönlichkeitsstörung / Zwanghafte Persönlichkeitsstörung / NNB

ANDERE KLINISCH RELEVANTE PROBLEME

Psychologische Faktoren, die einen Medizinischen Krankheitsfaktor Beeinflussen

Medikamenteninduzierte Bewegungsstörungen
Neuroleptikainduzierter Parkinsonismus / Malignes Neuroleptisches Syndrom / Neuroleptikainduzierte Akute Dystonie / Neuroleptikainduzierte Akute Akathisie / Neuroleptikainduzierte Tardive Dyskinesie / Medikamenteninduzierter Haltetremor / NNB

Andere Medikamenteninduzierte Störungen
NNB Ungünstige Wirkungen einer Medikation

Zwischenmenschliche Probleme
Zwischenmenschliches Problem im Zusammenhang mit einer Psychischen Störung oder einem Medizinischen Krankheitsfaktor / Eltern-Kind Problem / Partnerschaftsproblem / Problem zwischen Geschwistern / NNB

Probleme im Zusammenhang mit Mißbrauch oder Vernachlässigung
Körperliche Mißhandlung eines Kindes / Sexueller Mißbrauch eines Kindes / Vernachlässigung eines Kindes / Körperliche Mißhandlung eines Erwachsenen / Sexueller Mißbrauch eines Erwachsenen

Weitere Klinisch Relevante Probleme
Nichtbefolgen von Behandlungsanweisungen / Simulation / Antisoziales Verhalten im Erwachsenenalter / Antisoziales Verhalten in der Kindheit oder Adoleszenz / Grenzbereich der Intellektuellen Leistungsfähigkeit / Altersbedingter Kognitiver Abbau / Einfache Trauer / Schwierigkeiten in Schule oder Studium / Berufsproblem / Identitätsproblem / Religiöses oder Spirituelles Problem / Kulturelles Anpassungsproblem / Problem einer Lebensphase